Niemeier/Schnitter/Kober/Nöcker/Stuparu · Einkommensteuer

Grüne Reihe Band 3

Einkommensteuer

Von
Dr. Gerhard Niemeier, Rechtsanwalt,
Professor Dr. Georg Schnitter,
Dr. Michael Kober,
Professor Dr. jur. Gregor Nöcker, Richter am BFH,
Siegfried Stuparu

23. Auflage
2014

Herausgeber:
Deutsche Steuer-Gewerkschaft

efv Erich Fleischer Verlag, Achim

Bibliografische Information Der Deutschen Bibliothek

Die Deutsche Bibliothek verzeichnet diese Publikation in der Deutschen Nationalbibliografie; detaillierte bibliografische Daten sind im Internet über http://dnb.ddb.de abrufbar.

ISBN 978-3-8168-1033-9

© 2014 Erich Fleischer Verlag, Achim

Das Werk einschließlich aller seiner Teile ist urheberrechtlich geschützt. Jede Verwertung außerhalb der engen Grenzen des Urheberrechtsgesetzes ist ohne schriftliche Zustimmung des Verlages unzulässig und strafbar. Das gilt insbesondere für die Vervielfältigung, Übersetzung, Mikroverfilmung und die Einspeicherung und Verarbeitung in elektronischen Systemen.

Gesamtherstellung: Griebsch & Rochol Druck GmbH & Co. KG, Hamm

Vorwort zur 23. Auflage

Die Einkommensteuer, die als direkte Steuer fortlaufend und unmittelbar einen weitaus größeren Personenkreis betrifft oder berührt als andere Steuern, steht im Mittelpunkt der fachlichen und politischen Diskussionen. Das Einkommensteuerrecht ist immer komplexer und komplizierter geworden, ungeachtet aller wissenschaftlich oder politisch begründeten Vereinfachungsversuche.

Seit der 22. Auflage dieses Buches ist das Einkommensteuergesetz durch 19 Gesetze geändert worden. Insbesondere durch das Gesetz zur Änderung und zur Vereinfachung der Unternehmensbesteuerung und des steuerlichen Reisekostenrechts vom 20.02.2013 (BGBl 2013 I S. 285) sind zahlreiche Bestimmungen des Einkommensteuergesetzes geändert worden. Hervorzuheben ist im Regelungsbereich der Reisekosten die „Ablösung" der regelmäßigen Arbeitsstätte durch die erste Tätigkeitsstätte.

Mit dem Gesetz zur Änderung des Einkommensteuergesetzes in Umsetzung der Entscheidung des Bundesverfassungsgerichtes vom 7. Mai 2013 vom 15.07.2013 (BGBl 2013 I S. 2397) hat der Gesetzgeber noch in der letzten Legislaturperiode die Gleichstellung der Eingetragenen Lebenspartnerschaft mit der Ehe umgesetzt. Technisch geschah dies über die Generalklausel des § 2 Abs. 8 EStG.

Im Gesetzgebungsverfahren befindet sich der Entwurf eines Gesetzes zur weiteren Vereinfachung des Steuerrechts 2013 (StVereinfG 2013). Der Entwurf war bereits in der 17. Legislaturperiode eingebracht, aber nicht mehr behandelt worden. Der Beschluss des Bundesrats vom 14.03.2014 (Drucksache 92/14), durch den er den Gesetzentwurf beim Deutschen Bundestag einbrachte, hat zum Inhalt den Gesetzentwurf in der vom Bundesrat am 14.12.2012 beschlossenen Fassung (Drucksache 684/12).

Zwar enthält der Koalitionsvertrag zwischen CDU, CSU und SPD die Feststellung, dass Steuervereinfachung eine Daueraufgabe sei, aber die konkreten Aussagen beziehen sich nur auf das Besteuerungsverfahren (vorausgefüllte Steuererklärung, elektronische Kommunikation mit der Finanzverwaltung). Mit gesetzgeberischen Initiativen zum materiellen Steuerrecht kann deshalb in dieser Legislaturperiode wohl nicht gerechnet werden. Jedoch wird das für viele Bürger wichtige Einkommensteuerrecht von Finanzgerichten und Finanzverwaltung in zahlreichen Urteilen und Erlassen immer wieder neu interpretiert und fortentwickelt.

Angesichts der zahlreichen Änderungen in kurzen Zeitabständen kommt es darauf an, die Grundproblematiken der gesetzlichen Regelungen zu erfassen, um weitere Informationen zur Einzelfalllösung beschaffen zu können. Vor diesem Hintergrund waren die Verfasser bemüht, das vielschichtige und komplizierte Rechtsgebiet der Einkommensbesteuerung unter Beschränkung auf das Wesentliche übersichtlich und verständlich darzustellen, ohne die Verbindung zur Rechtswirklichkeit und zur praktischen Arbeit aus den Augen zu verlieren. Auch die vorliegende Darstellung stützt sich daher – wie bisher – auf viele Beispiele mit praxisnahen Sachverhalten, die noch ausgeweitet worden sind. Im Übrigen wurde unter weitgehender Beibehaltung der bisherigen Gliederung des zu behandelnden Stoffes angestrebt, den Lesern durch vermehrte systematische Übersichten und Hervorhebungen im Text die Nutzung weiter zu erleichtern.

Die Darstellung soll nicht nur den Studierenden und den angehenden Angehörigen der steuerberatenden Berufe als Lehrbuch, sondern auch den Steuerpraktikern in der Steuerberatung und Finanzverwaltung als praxisbezogenes Arbeitsmittel dienen. Es hat sich gezeigt, dass dieses Buch bislang schon zunehmend und mit Erfolg auch in der Steuerpraxis genutzt worden ist.

Der vorliegenden Darstellung liegen das Einkommensteuergesetz 2009 in der Fassung der Bekanntmachung vom 08.10.2009 (BGBl 2009 I S. 3369, 3862, BStBl 2009 I S. 1346) und die Einkommensteuer-Durchführungsverordnung 2000 (BGBl 2000 I S. 717, BStBl 2000 I S. 595) zugrunde. Die zahlreichen Änderungen zum 01.01.2014 sind eingearbeitet. Berücksichtigt werden auch die Allgemeine Verwaltungsvorschrift zur Anwendung des Einkommensteuerrechts (Einkommensteuer-Richtlinien 2012 – EStR 2012) und andere Anwendungsbestimmungen der Finanzverwaltung.

Abschließend danken die Verfasser Herrn Dr. Schlierenkämper, der aus dem Autorenkreis ausgeschieden ist. Eingetreten sind Herr Dr. Michael Kober, Herr Prof. Dr. Gregor Nöcker und Herr Siegfried Stuparu. Herr Dr. Kober ist nach einem Einsatz als Sachbearbeiter in der Finanzverwaltung und Richter in der Finanzgerichtsbarkeit in der Verwaltung des Landtags NRW tätig, Herr Prof. Dr. Nöcker ist seit 2012 Richter am Bundesfinanzhof und Honorarprofessor für Steuern der Hochschule Osnabrück, Herr Stuparu ist im richterlichen Dienst tätig und Gastdozent der Bundesfinanzakademie.

Coesfeld, Oberhausen, Düsseldorf, Ascheberg, Essen   im Juli 2014

Dr. Niemeier   Prof. Dr. Schnitter   Dr. Kober   Prof. Dr. Nöcker   Stuparu

Rechtsgrundlagen:	
EStG	i. d. F. vom 08.10.2009 (BStBl 2009 I S. 1346), zuletzt geändert durch das AIFM-Steuer-Anpassungsgesetz vom 18.12.2013 (BStBl 2014 I S. 2)
EStDV 2000	i. d. F. vom 10.05.2000 (BStBl 2000 I S. 595), zuletzt geändert durch die Änderungs-Verordnung vom 24.06.2013 (BGBl 2013 I S. 1679)
EStR	i. d. F. der EStÄR 2012 vom 25.03.2013 (BStBl 2013 I S. 276)
LStDV	i. d. F. vom 10.10.1989 (BStBl 1989 I S. 405), zuletzt geändert durch Art. 5 des Gesetzes zur Änderung und Vereinfachung der Unternehmensbesteuerung und des steuerlichen Reisekostenrechts vom 20.02.2013 (BStBl 2013 I S. 188)
LStR	i. d. F. vom 23.11.2010 (BStBl 2010 I S. 1325), zuletzt geändert durch die Lohnsteuer-Änderungsrichtlinien vom 08.07.2013 (BStBl 2013 I S. 851)

Inhaltsverzeichnis

		Seite
1	**Einführung**	31
1.1	Entwicklung des Einkommensteuergesetzes	31
1.2	Geltungsbereich des Einkommensteuergesetzes	33
1.3	Wesen der Einkommensteuer	33
1.4	Steuerhoheit und Verwaltung	33
1.5	Bedeutung der Einkommensteuer	34
1.6	Grundlagen der Einkommensbesteuerung	34
2	**Persönliche Steuerpflicht**	36
2.1	Allgemeines	36
2.2	Das Steuersubjekt	37
2.2.1	Natürliche Personen	37
2.2.2	Nicht natürliche Personen	38
2.2.3	Personengesellschaften	38
2.3	Unbeschränkte und beschränkte Einkommensteuerpflicht	39
2.3.1	Allgemeines	39
2.3.2	Unbeschränkte Einkommensteuerpflicht	40
2.3.3	Beschränkte Einkommensteuerpflicht	41
2.3.4	Wohnsitz	42
2.3.5	Gewöhnlicher Aufenthalt	46
2.3.6	Inland	48
2.3.7	Beschränkte und unbeschränkte Steuerpflicht während eines Kalenderjahres	49
2.4	Erweiterte unbeschränkte Steuerpflicht	49
2.5	Fiktive unbeschränkte Steuerpflicht	50
2.6	Fiktive unbeschränkte Steuerpflicht von EU- und EWR-Familienangehörigen	53
2.6.1	Steuerliche Begünstigungen für EU- und EWR-Bürger	53
2.6.2	Steuerliche Begünstigungen für nicht im Ausland ansässige Angehörige des öffentlichen Dienstes	56
3	**Sachliche Steuerpflicht**	57
3.1	Allgemeines	57
3.2	Einkunftsarten	59
3.3	Nicht steuerbare Zuflüsse	60
3.3.1	Gewinne und Verluste aus Liebhaberei	60
3.3.1.1	Begriff und Rechtsfolgen der Liebhaberei	60
3.3.1.2	Abgrenzung zwischen Land- und Forstwirtschaft und Liebhaberei	64
3.3.1.3	Abgrenzung zwischen Gewerbebetrieb und Liebhaberei	66
3.3.1.4	Abgrenzung zwischen selbständiger Arbeit und Liebhaberei	68
3.3.1.5	Abgrenzung zwischen Kapitaleinkünften und Liebhaberei	70
3.3.1.6	Abgrenzung zwischen Vermietung und Liebhaberei	71
3.3.2	Einmalige Vermögensanfälle	80

Inhaltsverzeichnis

3.3.3	Spiel- und Wettgewinne	82
3.3.4	Sonstige Einnahmen	82
3.4	Einkünfte	83
3.5	Summe der Einkünfte	85
3.6	Gesamtbetrag der Einkünfte	88
3.7	Einkommen	88
3.8	Zu versteuerndes Einkommen	88
3.9	Maßstab für außersteuerliche Rechtsnormen	89
3.10	Abgeltungsteuer	89
3.11	Tarifliche Einkommensteuer	90
3.12	Festzusetzende Einkommensteuer	90
3.13	Veranlagungszeitraum	90
3.14	Ermittlungszeitraum	91
3.15	Wirtschaftsjahr	92
3.15.1	Allgemeines	92
3.15.2	Abweichendes Wirtschaftsjahr bei Land- und Forstwirten	93
3.15.3	Abweichendes Wirtschaftsjahr bei Gewerbetreibenden	94
3.15.4	Umstellung des Wirtschaftsjahres	96
3.15.5	Folgen eines abweichenden Wirtschaftsjahres	98
3.16	Lebenspartner und Lebenspartnerschaften	100
4	**Negative Einkünfte mit Bezug zu Drittstaaten**	101
4.1	Allgemeines	101
4.2	Drittstaatenverluste	101
4.3	Produktivitätsklausel	105
4.4	Beschränkung des Verlustausgleichs	106
5	**Zurechnung von Einkünften**	108
5.1	Allgemeines	108
5.2	Die persönliche Zurechnung von Einkünften	108
5.2.1	Allgemeines	108
5.2.2	Einkünfte aus nichtselbständiger Arbeit	110
5.2.3	Einkünfte aus Gewerbebetrieb	111
5.2.4	Einkünfte aus Land- und Forstwirtschaft	111
5.2.5	Einkünfte aus selbständiger Arbeit	112
5.2.6	Einkünfte aus Kapitalvermögen	112
5.2.7	Einkünfte aus Vermietung und Verpachtung	112
6	**Steuerfreie Einnahmen**	114
6.1	Allgemeines	114
6.2	Steuerbefreiungen nach §§ 3, 3b EStG	114
6.3	Abzugsverbot nach § 3c EStG	139
6.3.1	Abzugsverbot nach § 3c Abs. 1 EStG	139
6.3.2	Abzugsverbot nach § 3c Abs. 2 EStG	140
6.3.3	Abzugsverbot nach § 3c Abs. 3 EStG	142

Inhaltsverzeichnis

7	Gewinnermittlungsarten	143
7.1	Allgemeines	143
7.2	Betriebsvermögensvergleich nach § 4 Abs. 1 EStG	145
7.2.1	Steuerlicher Gewinnbegriff	145
7.2.2	Betroffener Personenkreis	147
7.2.3	Abgrenzung zwischen Betriebsvermögen und Privatvermögen	148
7.2.3.1	Allgemeines	148
7.2.3.2	Wirtschaftsgüter als Gegenstände des Betriebsvermögens	150
7.2.3.3	Beziehung der Wirtschaftsgüter zum Betriebsinhaber	154
7.2.3.4	Die verschiedenen Vermögensarten	156
7.2.3.4.1	Allgemeines	156
7.2.3.4.2	Anlage- und Umlaufvermögen	156
7.2.3.4.3	Notwendiges Betriebsvermögen	158
7.2.3.4.4	Gewillkürtes Betriebsvermögen	162
7.2.3.4.5	Notwendiges Privatvermögen	166
7.2.3.5	Gemischt genutzte Wirtschaftsgüter	169
7.2.3.6	Besonderheiten bei Grundstücken	169
7.2.3.6.1	Allgemeines	169
7.2.3.6.2	Gebäudeteile als selbständige Wirtschaftsgüter	170
7.2.3.6.3	Sonstige selbständige Gebäudeteile	172
7.2.3.6.4	Aufteilung der Anschaffungs- oder Herstellungskosten bei Gebäudeteilen	173
7.2.3.6.5	Grundstücke und Grundstücksteile als notwendiges Betriebsvermögen	174
7.2.3.6.6	Grundstücksteile von untergeordnetem Wert	174
7.2.3.6.7	Grundstücke und Grundstücksteile als gewillkürtes Betriebsvermögen	175
7.2.3.7	Betriebsvermögen bei Personengesellschaften	176
7.2.3.7.1	Allgemeines	176
7.2.3.7.2	Gesamthandsvermögen	176
7.2.3.7.3	Sonderbetriebsvermögen	178
7.2.3.7.3.1	Allgemeines	178
7.2.3.7.3.2	Sonderbetriebsvermögen I	179
7.2.3.7.3.3	Sonderbetriebsvermögen II	180
7.2.3.7.3.4	Sonderbetriebsvermögen als notwendiges oder gewillkürtes Betriebsvermögen.	181
7.2.4	Entnahmen (§ 4 Abs. 1 Sätze 2 bis 7 EStG)	182
7.2.4.1	Allgemeines	182
7.2.4.2	Bedeutung der Entnahme	183
7.2.4.3	Begriff der Entnahme	183
7.2.4.4	Gegenstand der Entnahme	184
7.2.4.5	Entnahmefähige Wirtschaftsgüter	185
7.2.4.6	Arten der Entnahme	186
7.2.4.7	Entnahmehandlung	187
7.2.4.8	Zeitpunkt der Entnahme	191
7.2.4.9	Unentgeltliche Übertragung eines Betriebs, Teilbetriebs oder Mitunternehmeranteils	192
7.2.4.10	Überführung von Wirtschaftsgütern in ein anderes Betriebsvermögen desselben Steuerpflichtigen	192
7.2.4.11	Übertragung von Wirtschaftsgütern bei Mitunternehmerschaften	193
7.2.4.12	Steuerbefreiung der errichtungsbedingten Entnahme	194
7.2.4.13	Entstrickung	194
7.2.5	Einlagen	196
7.2.5.1	Allgemeines	196
7.2.5.2	Verstrickung	198

Inhaltsverzeichnis

7.3	Betriebsvermögensvergleich nach § 5 EStG	199
7.3.1	Allgemeines	199
7.3.2	Maßgeblichkeitsgrundsatz (§ 5 Abs. 1 Satz 1 Halbsatz 1 EStG)	199
7.3.3	Wahlrechtsvorbehalt (§ 5 Abs. 1 Satz 1 Halbsatz 2 EStG)	200
7.3.4	Aufzeichnungspflichten (§ 5 Abs. 1 Satz 2 und 3 EStG)	201
7.3.5	Verrechnungsverbot (§ 5 Abs. 1a Satz 1 EStG)	202
7.3.6	Bewertungseinheiten (§ 5 Abs. 1a Satz 2 EStG)	202
7.3.7	Immaterielle Wirtschaftsgüter des Anlagevermögens (§ 5 Abs. 2 EStG)	202
7.3.8	Abhängige Verbindlichkeiten (§ 5 Abs. 2a EStG)	207
7.3.9	Verletzung fremder Schutzrechte (§ 5 Abs. 3 EStG)	207
7.3.10	Dienstjubiläumszuwendungen (§ 5 Abs. 4 EStG)	207
7.3.11	Drohende Verluste (§ 5 Abs. 4a EStG)	207
7.3.12	Künftige Aufwendungen (§ 5 Abs. 4b EStG)	208
7.3.13	Rechnungsabgrenzungsposten (§ 5 Abs. 5 Satz 1 EStG)	208
7.3.13.1	Rechnungsabgrenzung auf der Aktivseite der Bilanz	208
7.3.13.2	Rechnungsabgrenzung auf der Passivseite der Bilanz	210
7.3.14	Bilanzierung von Zöllen und Verbrauchsteuern (§ 5 Abs. 5 Satz 2 Nr. 1 EStG)	211
7.3.15	Bilanzierung der Umsatzsteuer auf Anzahlungen (§ 5 Abs. 5 Satz 2 Nr. 2 EStG)	212
7.4	Bilanzberichtigung und Bilanzänderung (§ 4 Abs. 2 EStG)	212
7.4.1	Allgemeines	212
7.4.2	Bilanzberichtigung (§ 4 Abs. 2 Satz 1 EStG)	213
7.4.3	Bilanzänderung (§ 4 Abs. 2 Satz 2 EStG)	218
7.5	Gewinnermittlung nach § 4 Abs. 3 EStG (Überschuss der Betriebseinnahmen über die Betriebsausgaben)	219
7.5.1	Berechtigter Personenkreis	219
7.5.2	Wahl der Einnahmenüberschussrechnung	220
7.5.3	Wesen der Einnahmenüberschussrechnung	220
7.5.4	Steuerliche Betriebsvermögen	221
7.5.5	Betriebseinnahmen und Betriebsausgaben	222
7.5.6	Zufluss und Abfluss	224
7.5.7	Durchlaufende Posten	225
7.5.8	Umsatzsteuer	226
7.5.9	Nicht abnutzbares Anlagevermögen	226
7.5.10	Abnutzbares Anlagevermögen	227
7.5.11	Geringwertige Wirtschaftsgüter	229
7.5.12	Umlaufvermögen	229
7.5.13	Teilwertabschreibung	230
7.5.14	Entnahmen und Einlagen	230
7.5.15	Betriebsveräußerung und Betriebsaufgabe	231
7.6	Gewinnermittlung bei Handelsschiffen im internationalen Verkehr (§ 5a EStG)	232
7.6.1	Allgemeines	232
7.6.2	Voraussetzungen für die Tonnagebesteuerung	232
7.6.3	Betrieb von Handelsschiffen im internationalen Verkehr	233
7.6.4	Antragstellung	233
7.6.5	Rechtsfolgen	234
7.7	Ermittlung des Gewinns aus Land- und Forstwirtschaft nach Durchschnittssätzen (§ 13a EStG)	236
7.7.1	Allgemeines	236
7.7.2	Anwendungsvoraussetzungen	236

Inhaltsverzeichnis

7.7.3	Wegfall und Begründung der Gewinnermittlung nach § 13a EStG	237
7.7.4	Antragswahlrecht	238
7.7.5	Ermittlung des Durchschnittssatzgewinns	239
7.7.5.1	Bestandteile des Durchschnittssatzgewinns	239
7.7.5.2	Grundbetrag	240
7.7.5.3	Zuschläge für Sondernutzungen	240
7.7.5.4	Sondergewinne	241
7.7.5.5	Vereinnahmte Miet- und Pachtzinsen	242
7.7.5.6	Vereinnahmte Kapitalerträge	243
7.7.5.7	Verausgabte Pachtzinsen, Schuldzinsen und dauernde Lasten	243
7.7.6	Wechsel der Gewinnermittlungsart	243
7.8	Schätzung	244
7.9	Wechsel der Gewinnermittlungsart	246
7.9.1	Allgemeines	246
7.9.2	Übergang von der Gewinnermittlung nach § 4 Abs. 3 EStG zur Gewinnermittlung durch Bestandsvergleich	247
7.9.3	Übergang von der Gewinnermittlung durch Bestandsvergleich zur Gewinnermittlung nach § 4 Abs. 3 EStG	250
8	**Betriebseinnahmen**	**252**
8.1	Allgemeines	252
8.2	Begriff der Betriebseinnahme	252
8.3	Vorweggenommene Betriebseinnahmen	254
8.4	Nachträgliche Betriebseinnahmen	254
8.5	Abgrenzung zu den Einlagen	254
9	**Betriebsausgaben**	**255**
9.1	Begriff der Betriebsausgaben	255
9.1.1	Allgemeines	255
9.1.2	Begriffsbestimmung (§ 4 Abs. 4 EStG)	256
9.1.3	Vorweggenommene Betriebsausgaben	256
9.1.4	Nachträgliche Betriebsausgaben	257
9.2	Beschränkungen des Abzugs von Schuldzinsen (§ 4 Abs. 4a EStG)	258
9.2.1	Allgemeines	258
9.2.2	Betrieblich veranlasste Schuldzinsen	259
9.2.3	Begriffe Gewinn, Entnahme, Einlage	260
9.2.4	Auswirkung von Verlusten	262
9.2.5	Ermittlung des Hinzurechnungsbetrags	263
9.2.6	Schuldzinsen aus Investitionsdarlehen	264
9.2.7	Schuldzinsen bei Mitunternehmerschaften	266
9.2.8	Gewinnermittlung nach § 4 Abs. 3 EStG, § 5a und § 13a EStG	268
9.3	Nichtabzugsfähige Betriebsausgaben	269
9.3.1	Allgemeines	269
9.3.2	Aufwendungen für Geschenke (§ 4 Abs. 5 Satz 1 Nr. 1 EStG)	269
9.3.3	Bewirtungsaufwendungen (§ 4 Abs. 5 Satz 1 Nr. 2 EStG)	273
9.3.4	Aufwendungen für Gästehäuser (§ 4 Abs. 5 Satz 1 Nr. 3 EStG)	276
9.3.5	Aufwendungen für Jagd oder Fischerei, für Segel- oder Motorjachten sowie für ähnliche Zwecke (§ 4 Abs. 5 Satz 1 Nr. 4 EStG)	276

Inhaltsverzeichnis

9.3.6	Mehraufwendungen für Verpflegung (§ 4 Abs. 5 Satz 1 Nr. 5 EStG)	278
9.3.7	Aufwendungen für Fahrten zwischen Wohnung und Betriebsstätte und für Familienheimfahrten (§ 4 Abs. 5 Satz 1 Nr. 6 EStG)	278
9.3.8	Doppelte Haushaltsführung (§ 4 Abs. 5 Satz 1 Nr. 6a EStG)	279
9.3.9	Aufwendungen für ein häusliches Arbeitszimmer (§ 4 Abs. 5 Satz 1 Nr. 6b EStG)	279
9.3.9.1	Allgemeines	279
9.3.9.2	Begriff des häuslichen Arbeitszimmers	279
9.3.9.3	Betroffene Aufwendungen	281
9.3.9.4	Mittelpunkt der gesamten betrieblichen und beruflichen Betätigung	282
9.3.9.5	Für die betriebliche oder berufliche Betätigung steht kein anderer Arbeitsplatz zur Verfügung	284
9.3.9.6	Nutzung des Arbeitszimmers zur Erzielung unterschiedlicher Einkünfte	286
9.3.9.7	Nutzung des Arbeitszimmers durch mehrere Steuerpflichtige	287
9.3.9.8	Nicht ganzjährige Nutzung des häuslichen Arbeitszimmers	288
9.3.9.9	Nutzung eines häuslichen Arbeitszimmers zu Ausbildungszwecken	288
9.3.9.10	Besondere Aufzeichnungspflichten	289
9.3.10	Unangemessene Aufwendungen, die die Lebensführung berühren (§ 4 Abs. 5 Satz 1 Nr. 7 EStG)	289
9.3.11	Geldbußen, Ordnungsgelder, Verwarnungsgelder und Leistungen zur Erfüllung von Auflagen oder Weisungen in berufsgerichtlichen Verfahren (§ 4 Abs. 5 Satz 1 Nr. 8 EStG)	291
9.3.12	Zinsen auf hinterzogene Steuern (§ 4 Abs. 5 Satz 1 Nr. 8a EStG)	292
9.3.13	Ausgleichszahlungen (§ 4 Abs. 5 Satz 1 Nr. 9 EStG)	292
9.3.14	Bestechungs- und Schmiergelder (§ 4 Abs. 5 Satz 1 Nr. 10 EStG)	293
9.3.15	Nicht einlagefähige Vorteile im Zusammenhang mit der Tonnagebesteuerung (§ 4 Abs. 5 Satz 1 Nr. 11 EStG)	293
9.3.16	Zuschläge nach § 162 Abs. 4 AO (§ 4 Abs. 5 Satz 1 Nr. 12 EStG)	293
9.3.17	Beiträge nach dem Restrukturierungsfondsgesetz (§ 4 Abs. 5 Satz 1 Nr. 13 EStG)	294
9.3.18	Rückausnahmen (§ 4 Abs. 5 Satz 2 EStG)	294
9.3.19	Aufwendungen nach § 12 Nr. 1 EStG (§ 4 Abs. 5 Satz 3 EStG)	294
9.3.20	Nichtabzugsfähigkeit der Gewerbesteuer und der darauf entfallenden Nebenleistungen (§ 4 Abs. 5b EStG)	294
9.3.21	Mitgliedsbeiträge und Spenden an politische Parteien (§ 4 Abs. 6 EStG)	295
9.3.22	Besondere Aufzeichnungsregelung für bestimmte Betriebsausgaben (§ 4 Abs. 7 EStG)	295
9.4	Erhaltungsaufwand bei bestimmten Gebäuden (§ 4 Abs. 8 EStG)	296
9.5	Aufwendungen für eine erstmalige Berufsausbildung oder ein Erststudium (§ 4 Abs. 9 EStG)	296
9.6	Aufwendungen für die betriebliche Altersversorgung von Arbeitnehmern	297
9.6.1	Direktversicherung (§ 4b EStG)	297
9.6.2	Pensionskassen (§ 4c EStG)	301
9.6.3	Unterstützungskassen (§ 4d EStG)	301
9.6.4	Pensionsfonds (§ 4e EStG)	303
9.7	Verpflichtungsübernahmen, Schuldbeitritte und Erfüllungsübernahmen (§§ 4f und 5 Abs. 7 EStG)	304
9.8	Bildung eines Ausgleichspostens (§ 4g EStG)	306
9.9	Zinsschranke (§ 4h EStG)	306
9.9.1	Allgemeines	306

Inhaltsverzeichnis

9.9.2	Einschränkung des Zinsabzugs	307
9.9.3	Kapitalforderungen/Fremdkapital	309
9.9.4	Zinsaufwendungen/Zinserträge	310
9.9.5	Aufzinsung	312
9.9.6	Abtretung	313
9.9.6.1	Abtretung einer Forderung aus der Überlassung von Geldkapital	313
9.9.6.1.1	Unechte Forfaitierung/unechtes Factoring	313
9.9.6.1.2	Echte Forfaitierung/echtes Factoring	314
9.9.6.2	Abtretung einer Forderung aus schwebenden Geschäften	315
9.9.6.2.1	Unechte Forfaitierung	315
9.9.6.2.2	Echte Forfaitierung	316
9.9.7	Ausnahmen von der Anwendung der Zinsschranke	317
9.9.7.1	Freigrenze	318
9.9.7.2	Konzernzugehörigkeit	318
9.9.7.3	Eigenkapitalvergleich	320
9.9.8	Mitunternehmerschaften	322
10	**Bewertungs- und Bilanzierungsvorschriften nach dem EStG**	**323**
10.1	Allgemeines	323
10.2	Bewertungsstichtag	328
10.3	Einzelbewertung, Gruppenbewertung, Bewertungseinheiten	329
10.4	Festwerte	332
10.5	Wertzusammenhang, Bewertungsstetigkeit	334
10.6	Bewertung nach dem Lifo-Verfahren	335
10.7	Anschaffungskosten	338
10.7.1	Umfang der Anschaffungskosten	340
10.7.2	Einzelfragen in Anschaffungsfällen	341
10.7.2.1	Bauherrenmodelle	341
10.7.2.2	Erbauseinandersetzung	342
10.7.2.3	Erbbaurecht	347
10.7.2.4	Nießbrauch	347
10.7.2.5	Sachgesamtheiten	348
10.7.2.6	Versorgungsrente	348
10.7.2.7	Tausch	350
10.7.2.8	Zwangsversteigerung	351
10.7.3	Anschaffungsnebenkosten	351
10.7.4	Besondere Fragen bei Grundstücken	352
10.8	Herstellungskosten	355
10.8.1	Umfang der Herstellungskosten	355
10.8.2	Herstellungskosten bei Gebäuden	359
10.8.3	Abgrenzung zu Erhaltungsaufwendungen	362
10.9	Zuschüsse	371
10.10	Umsatzsteuer	373
10.11	Teilwert	375
10.12	Bewertung des abnutzbaren Anlagevermögens (§ 6 Abs. 1 Nr. 1 EStG)	384
10.13	Bewertung des nicht abnutzbaren Anlagevermögens und des Umlaufvermögens (§ 6 Abs. 1 Nr. 2 EStG)	386

Inhaltsverzeichnis

10.13.1	Einzelfragen bei der Bewertung	393
10.13.1.1	Forderungen	393
10.13.1.2	Geschäfts- oder Firmenwert	398
10.13.1.3	Praxiswert	400
10.13.1.4	GmbH-Anteile	400
10.13.1.5	Güterfernverkehrskonzessionen	403
10.13.1.6	Vorratsvermögen/Umlaufvermögen	403
10.13.1.7	Wertpapiere/Investmentanteile	406
10.14	Fiktive Anschaffungskosten nach § 55 EStG	406
10.15	Bewertung der Verbindlichkeiten (§ 6 Abs. 1 Nr. 3 EStG)	407
10.16	Bewertung der Entnahmen (§ 6 Abs. 1 Nr. 4 EStG)	412
10.17	Bewertung der Einlagen, Betriebseröffnung (§ 6 Abs. 1 Nr. 5 und 6 EStG)	417
10.18	Übertragung und Einlage von Betrieben, Teilbetrieben, Anteilen einer Mitunternehmerschaft und einzelnen Wirtschaftsgütern in besonderen Fällen	424
10.19	Entgeltlicher Betriebserwerb (§ 6 Abs. 1 Nr. 7 EStG)	444
10.20	Bewertungsfreiheit für geringwertige Wirtschaftsgüter (§ 6 Abs. 2 EStG)	447
10.21	Tabellarische Übersicht der Bewertungsvorschriften nach § 6 EStG	452
11	**Rückstellungen**	**456**
11.1	Allgemeines	456
11.2	Rückstellungen für ungewisse Verbindlichkeiten	458
11.3	Einzelfälle	467
11.4	Rückstellungen für drohende Verluste	493
11.5	Rückstellungen für betriebsinterne Lasten	495
11.6	Bildung und Auflösung der Rückstellungen	496
11.7	Pensionsrückstellungen	497
11.7.1	Allgemeines	497
11.7.2	Zulässigkeit von Pensionsrückstellungen	499
11.7.3	Höhe und Bemessungsgrundlage	503
11.7.4	Bildung und Auflösung der Rückstellung in besonderen Fällen	510
11.7.4.1	Mitunternehmer bei Personengesellschaften	510
11.7.4.2	Gesellschafter-Geschäftsführer einer Kapitalgesellschaft	511
11.7.4.3	Ehegatten	514
11.7.5	Konkurrenz zwischen Pensionsrückstellung und Zuwendung an Pensions- und Unterstützungskassen	517
12	**Rücklagen**	**519**
12.1	Rücklage für Ersatzbeschaffung	520
12.2	Übertragung stiller Reserven bei Veräußerung bestimmter Anlagegüter (§ 6b EStG)	526
12.2.1	Allgemeines	526
12.2.2	Begünstigte Wirtschaftsgüter	529
12.2.3	Begünstigte Reinvestitionsobjekte	531
12.2.4	Die Übertragung aufgedeckter stiller Reserven	533
12.2.5	Bildung und Auflösung sowie Verzinsung der Rücklage	539
12.2.6	Voraussetzungen der Übertragung stiller Reserven bzw. der Bildung einer Rücklage	541

12.2.7	Sonderregelung für städtebauliche Maßnahmen	546
12.2.8	Entsprechende Anwendung des § 6b EStG bei der Ermittlung des Gewinns nach § 4 Abs. 3 EStG oder nach Durchschnittssätzen (§ 6c EStG)	546
13	**Absetzungen für Abnutzung oder Substanzverringerung (§ 7 EStG)**	**548**
13.1	Allgemeines	548
13.2	Kreis der absetzungsfähigen Wirtschaftsgüter	549
13.3	Kreis der Absetzungsberechtigten	559
13.3.1	Eigentümer	559
13.3.2	Mieter und Pächter	560
13.3.3	Nießbraucher und Nutzungsberechtigter	560
13.3.4	Einzelfragen	566
13.4	Nutzungsdauer, Restwert	573
13.5	Pro-rata-temporis-Regel	576
13.6	Bemessungsgrundlage	576
13.7	AfA-Methoden	581
13.7.1	AfA in gleichen Jahresbeträgen (lineare AfA)	581
13.7.2	AfA nach Maßgabe der Leistung	582
13.7.3	AfA in fallenden Jahresbeträgen (degressive AfA)	583
13.8	Absetzungen für außergewöhnliche Abnutzung (AfaA)	584
13.9	Sonderregelung für Gebäude-AfA	587
13.9.1	Allgemeines	587
13.9.2	Lineare AfA nach § 7 Abs. 4 EStG	591
13.9.3	Degressive AfA nach § 7 Abs. 5 EStG	596
13.10	Absetzung für Substanzverringerung nach § 7 Abs. 6 EStG	601
13.11	Erhöhte Absetzungen und Sonderabschreibungen	603
13.11.1	Allgemeines	603
13.11.2	Gemeinsame Vorschriften für erhöhte Absetzungen und Sonderabschreibungen	604
13.11.3	Verhältnis der Sonderabschreibung zu einer Teilwertabschreibung	608
13.12	Erhöhte Absetzungen bei Gebäuden in Sanierungsgebieten und städtebaulichen Entwicklungsbereichen (§ 7h EStG)	609
13.13	Erhöhte Absetzungen bei Baudenkmalen (§ 7i EStG)	611
14	**Investitionsabzugsbeträge und Sonderabschreibungen zur Förderung kleiner und mittlerer Betriebe (§ 7g EStG)**	**614**
14.1	Allgemeines	614
14.2	Investitionsabzugsbetrag (§ 7g Abs. 1 EStG)	616
14.3	Gewinnerhöhende Auflösung des Investitionsabzugsbetrags bei Investition (§ 7g Abs. 2 EStG)	620
14.3.1	Minderung der Anschaffungs- und Herstellungskosten	620
14.3.2	Auswirkung auf geringwertige Wirtschaftsgüter/Sammelposten	622
14.3.3	Höhere Anschaffungs- oder Herstellungskosten als geplant	622
14.3.4	Niedrigere Anschaffungs- oder Herstellungskosten als geplant	623
14.4	Rückwirkende Auflösung des Investitionsabzugsbetrags	625
14.5	Verbleibens- und/oder Nutzungsvoraussetzungen	626
14.6	Sonderabschreibung	627
14.7	Erweiterte Ansparrücklage für Existenzgründer	630

Inhaltsverzeichnis

15	Überschuss der Einnahmen über die Werbungskosten	633
15.1	Allgemeines	633
15.2	Einnahmen (§ 8 EStG)	633
15.2.1	Geld oder geldwerte Güter	633
15.2.2	Zufluss im Rahmen einer Einkunftsart	635
15.2.3	Bewertung	636
15.3	Werbungskosten (§ 9 EStG)	642
15.3.1	Allgemeines	642
15.3.2	Die einzelnen Merkmale des Werbungskostenbegriffs	644
15.3.3	Schuldzinsen, Renten und dauernde Lasten	647
15.3.4	Steuern, Versicherungsbeiträge, Beiträge	650
15.3.5	Fahrten/Wege zwischen Wohnung und regelmäßiger Arbeitsstätte/erster Tätigkeitsstätte	650
15.3.6	Doppelte Haushaltsführung	656
15.3.7	Arbeitsmittel	659
15.3.8	Absetzungen für Abnutzung und Substanzverringerung	662
15.3.9	Erstmalige Berufsausbildung; Erststudium	663
15.3.10	Nichtabzugsfähige Werbungskosten und Lebenshaltungskosten	664
15.4	Werbungskosten-Pauschbeträge	664
15.4.1	Allgemeines	664
15.4.2	Arbeitnehmer-Pauschbetrag bei Einkünften aus nichtselbständiger Arbeit	666
15.4.3	Werbungskosten-Pauschbetrag bei sonstigen Einkünften i. S. des § 22 Nr. 1, 1a, 1b, 1c und 5 EStG	667
15.5	Kinderbetreuungskosten (§ 9c EStG a. F.)	668
15.6	Vereinnahmung und Verausgabung	668
15.6.1	Allgemeines	668
15.6.2	Zufluss von Einnahmen	670
15.6.3	Leistung von Ausgaben	673
15.6.4	Regelmäßig wiederkehrende Einnahmen und Ausgaben	674
16	Nichtabzugsfähige Ausgaben (§ 12 EStG)	677
16.1	Allgemeines	677
16.2	Lebenshaltungskosten	678
16.3	Zuwendungen an andere Personen	681
16.3.1	Allgemeines	681
16.3.2	Zuwendungsbegriff	681
16.3.3	Vermögensübergabe gegen Versorgungsleistungen	683
16.3.3.1	Allgemeines	683
16.3.3.2	Begünstigtes Vermögen	684
16.3.3.3	Übergangsregelungen	686
16.3.4	Zuwendungen an gesetzlich Unterhaltsberechtigte	687
16.4	Nichtabzugsfähige Steuern	688
16.5	Abzugsverbot für Geldstrafen und ähnliche Aufwendungen	689
16.6	Aufwendungen für die erstmalige Berufsausbildung	691
17	Einkünfte aus Land- und Forstwirtschaft (§ 13 EStG)	692
17.1	Allgemeines	692
17.2	Zurechnung der Einkünfte	692

17.3	Arten der Gewinnermittlung	693
17.4	Begriff der Einkünfte aus Land- und Forstwirtschaft	694
17.4.1	Allgemeines	694
17.4.2	Land- und forstwirtschaftlicher Betrieb	695
17.4.3	Strukturwandel	696
17.4.4	Land- und forstwirtschaftliche Tätigkeiten	698
17.4.4.1	Allgemeines	698
17.4.4.2	Landwirtschaft (§ 13 Abs. 1 Nr. 1 Satz 1 EStG)	698
17.4.4.3	Forstwirtschaft (§ 13 Abs. 1 Nr. 1 Satz 1 EStG)	699
17.4.4.4	Weinbau (§ 13 Abs. 1 Nr. 1 Satz 1 EStG)	700
17.4.4.5	Gartenbau (§ 13 Abs. 1 Nr. 1 Satz 1 EStG)	700
17.4.4.6	Gewinnung von Pflanzen und Pflanzenteilen mit Hilfe der Naturkräfte (§ 13 Abs. 1 Nr. 1 Satz 1 EStG)	701
17.4.4.7	Tierzucht und Tierhaltung (§ 13 Abs. 1 Nr. 1 Satz 2 bis 4 EStG)	702
17.4.4.8	Gemeinschaftliche Tierhaltung (§ 13 Abs. 1 Nr. 1 Satz 5 EStG)	708
17.4.4.9	Sonstige land- und forstwirtschaftliche Nutzung (§ 13 Abs. 1 Nr. 2 EStG)	712
17.4.4.10	Jagd (§ 13 Abs. 1 Nr. 3 EStG)	712
17.4.4.11	Land- und forstwirtschaftliche Genossenschaften und ähnliche Realgemeinden (§ 13 Abs. 1 Nr. 4 EStG)	713
17.5	Umfang der Einkünfte aus Land- und Forstwirtschaft	713
17.5.1	Allgemeines	713
17.5.2	Land- und forstwirtschaftlicher Nebenbetrieb (§ 13 Abs. 2 Nr. 1 EStG)	714
17.5.2.1	Allgemeines	714
17.5.2.2	Handelsgeschäfte	715
17.5.2.3	Be- und Verarbeitungsbetriebe	717
17.5.2.4	Substanzbetriebe	720
17.5.2.5	Verwertungsbetriebe	720
17.5.3	Nutzungswert der Wohnung des Steuerpflichtigen in einem Baudenkmal (§ 13 Abs. 2 Nr. 2, Abs. 4 und 5 EStG)	722
17.5.4	Produktionsaufgaberente (§ 13 Abs. 2 Nr. 3 EStG)	723
17.6	Abgrenzung der Land- und Forstwirtschaft vom Gewerbebetrieb	723
17.6.1	Allgemeines	723
17.6.2	Absatz eigener Erzeugnisse	724
17.6.3	Absatz eigener Getränke	725
17.6.4	Verwendung von Wirtschaftsgütern	726
17.6.5	Land- und forstwirtschaftliche Dienstleistungen	727
17.6.6	Energieerzeugung	727
17.6.7	Beherbergung von Fremden	728
17.7	Freibetrag für land- und forstwirtschaftliche Einkünfte (§ 13 Abs. 3 EStG)	728
17.8	Förderung der gemeinschaftlichen Tierhaltung (§ 13 Abs. 6 EStG)	728
17.9	Anwendung des § 15 Abs. 1 Satz 1 Nr. 2, Abs. 1a, Abs. 2 Satz 2 und 3 EStG und der §§ 15a und 15b EStG (§ 13 Abs. 7 EStG)	729
17.10	Veräußerung und Aufgabe eines Betriebs der Land- und Forstwirtschaft (§ 14 EStG)	729
18	**Einkünfte aus Gewerbebetrieb (§ 15 EStG)**	730
18.1	Allgemeines	730
18.2	Begriff des Gewerbebetriebs (§ 15 Abs. 2 EStG)	730
18.2.1	Allgemeines	730

Inhaltsverzeichnis

18.2.2	Selbständigkeit	731
18.2.3	Nachhaltigkeit	735
18.2.4	Gewinnerzielungsabsicht	736
18.2.5	Beteiligung am allgemeinen wirtschaftlichen Verkehr	744
18.3	Abgrenzung der gewerblichen Tätigkeit von der Vermögensverwaltung	746
18.3.1	Vermietung von beweglichen Sachen	746
18.3.2	Vermietung und Verpachtung von Grundbesitz	747
18.3.3	Gewerblicher Grundstückshandel	749
18.3.3.1	Allgemeines	749
18.3.3.2	Begriff des Gewerbebetriebs	750
18.3.3.3	Einzelne Merkmale der Dreiobjektgrenze	757
18.3.3.4	Fallgruppen	762
18.3.3.5	Gewerblicher Grundstückshandel bei Personengesellschaften	767
18.3.3.6	Gewerblicher Grundstückshandel bei Kapitalgesellschaften	770
18.3.3.7	Veräußerungen durch Ehegatten	771
18.3.3.8	Übertragungen im Wege der Realteilung	771
18.3.3.9	Rechtsfolgen des gewerblichen Grundstückshandels	771
18.3.4	Überlassung von Kapitalvermögen	774
18.3.5	Veräußerung beweglicher Wirtschaftsgüter	774
18.3.6	Betriebsverpachtung	775
18.3.7	Betriebsaufspaltung	776
18.3.7.1	Allgemeines	776
18.3.7.2	Personelle Verflechtung	777
18.3.7.3	Sachliche Verflechtung	784
18.3.7.4	Beginn und Ende der Betriebsaufspaltung	788
18.3.7.5	Rechtsfolgen der Betriebsaufspaltung	788
18.3.7.6	Besonderheiten bei der mitunternehmerischen Betriebsaufspaltung	793
18.4	Beginn und Ende des Gewerbebetriebs	794
18.5	Gewinn des Einzelunternehmers (§ 15 Abs. 1 Nr. 1 EStG)	795
18.6	Gewinn der Mitunternehmer (§ 15 Abs. 1 Nr. 2 EStG)	795
18.6.1	Allgemeines	795
18.6.2	Voraussetzungen der Mitunternehmerschaft	796
18.6.2.1	Zivilrechtliches Gesellschaftsverhältnis	797
18.6.2.2	Mitunternehmerschaft	798
18.6.2.3	Gewerbliche Einkünfte	801
18.6.3	Gesamtgewinn der Mitunternehmer	802
18.6.3.1	Gewinnanteil	802
18.6.3.2	Sondervergütungen	804
18.6.3.3	Sonderbetriebsvermögen	805
18.6.3.4	Sondervergütungen nach § 15 Abs. 1 Nr. 2 EStG	809
18.6.4	Leistungen zwischen Schwesterpersonengesellschaften	812
18.6.5	Doppelstöckige Personengesellschaften (§ 15 Abs. 1 Nr. 2 Satz 2 EStG)	813
18.6.6	Formen der Mitunternehmerschaft	816
18.6.6.1	Offene Handelsgesellschaft, Kommanditgesellschaft	816
18.6.6.2	Gesellschaft bürgerlichen Rechts	816
18.6.6.3	Europäische wirtschaftliche Interessenvereinigung (EWIV)	817
18.6.6.4	Partnerschaftsgesellschaft	817
18.6.6.5	Stille Gesellschaft	818
18.6.6.6	Unterbeteiligung	819
18.6.7	Besonderheiten bei Familienpersonengesellschaften	820

Inhaltsverzeichnis

18.6.7.1	Allgemeines	820
18.6.7.2	Voraussetzungen für die steuerliche Anerkennung	821
18.6.7.3	Wirksamer Gesellschaftsvertrag	822
18.6.7.4	Mitunternehmerschaft	823
18.6.7.5	Tatsächlicher Vollzug	825
18.6.7.6	Angemessenheit der Gewinnverteilung	825
18.6.7.7	Angemessene Gewinnverteilung bei schenkweise begründeter Familien-KG	826
18.6.7.8	Angemessene Gewinnverteilung bei entgeltlich erworbenem KG-Anteil	827
18.6.7.9	Besonderheiten bei der Familien-GmbH & Co. KG	827
18.6.7.10	Besonderheiten bei typischen stillen Beteiligungen	828
18.6.8	Besonderheiten bei der GmbH & Co. KG	829
18.7	Gewinn der persönlich haftenden Gesellschafter einer Kommanditgesellschaft auf Aktien (§ 15 Abs. 1 Nr. 3 EStG)	832
18.8	Nachträgliche Einkünfte (§ 15 Abs. 1 Satz 2 EStG)	832
18.9	Entnahme von Grund und Boden wegen Errichtung einer selbstgenutzten Wohnung (§ 15 Abs. 1 Satz 3 EStG)	833
18.10	Gewerbliche Tätigkeit von Mitunternehmerschaften	833
18.10.1	Einheitliche Tätigkeit bei Mitunternehmerschaften (§ 15 Abs. 3 Nr. 1 EStG)	833
18.10.2	Gewerblich geprägte Personengesellschaften (§ 15 Abs. 3 Nr. 2 EStG)	835
18.11	Spätere Veräußerung von Anteilen an Europäischer Gesellschaft bzw. Europäischer Genossenschaft (§ 15 Abs. 1a EStG)	837
18.12	Verluste aus gewerblicher Tierzucht und Tierhaltung, Termingeschäften sowie aus Innengesellschaften	838
19	**Beschränkung der Verlustverrechnung**	**840**
19.1	Beschränkung der Verlustverrechnung bei beschränkt haftenden Personengesellschaftern (§ 15a EStG)	840
19.1.1	Allgemeines	840
19.1.2	Ausgleichs- und Abzugsverbot (§ 15a Abs. 1 Satz 1 EStG)	841
19.1.3	Überschießende Außenhaftung (§ 15a Abs. 1 Satz 2 und 3 EStG)	845
19.1.4	Einlagen (§ 15a Abs. 1a EStG)	848
19.1.5	Verrechnung mit späteren Gewinnen (§ 15a Abs. 2 EStG)	848
19.1.6	Einlageminderung (§ 15a Abs. 3 Satz 1, 2 und 4 EStG)	849
19.1.7	Haftungsminderung (§ 15a Abs. 3 Satz 3 und 4 EStG)	851
19.1.8	Feststellung des verrechenbaren Verlustes	852
19.1.9	Persönlicher Geltungsbereich	853
19.1.10	Ausscheiden eines Kommanditisten mit negativem Kapitalkonto	854
19.2	Beschränkung der Verlustverrechnung bei Steuerstundungsmodellen (§ 15b EStG)	856
19.2.1	Allgemeines	856
19.2.2	Begriff des Steuerstundungsmodells (§ 15b Abs. 2 und 3 EStG)	857
19.2.3	Modellhafte Gestaltung	858
19.2.4	Erwerb von Wirtschaftsgütern des Umlaufvermögens (§ 15b Abs. 3a EStG)	862
19.2.5	Umfang der Verlustverrechnungsbeschränkung (§ 15b Abs. 1 und 4 EStG)	863
19.2.6	Zebragesellschaften	863
19.2.7	Mehrstöckige Gesellschaften	864
20	**Betriebsveräußerung und Betriebsaufgabe (§ 16 EStG)**	**865**
20.1	Allgemeines	865

Inhaltsverzeichnis

20.2	Betriebsveräußerung (§ 16 Abs. 1 Satz 1 Nr. 1 Satz 1 EStG)	866
20.2.1	Veräußerung	866
20.2.2	Wesentliche Betriebsgrundlagen	867
20.2.3	Beendigung der bisherigen gewerblichen Betätigung	868
20.2.4	Behandlung zurückbehaltener nicht wesentlicher Betriebsgrundlagen	869
20.3	Entgeltliche Veräußerung eines Teilbetriebs (§ 16 Abs. 1 Satz 1 Nr. 1 Satz 1 EStG)	869
20.3.1	Begriff des Teilbetriebs	870
20.3.2	100 %-Beteiligung an einer Kapitalgesellschaft (§ 16 Abs. 1 Satz 1 Nr. 1 Satz 2 EStG)	872
20.4	Veräußerung eines Mitunternehmeranteils	873
20.4.1	Veräußerung des gesamten Mitunternehmeranteils (§ 16 Abs. 1 Satz 1 Nr. 2 EStG)	873
20.4.2	Veräußerung eines Teils eines Mitunternehmeranteils (§ 16 Abs. 1 Satz 2 EStG)	876
20.5	Veräußerung des gesamten Anteils eines persönlich haftenden Gesellschafters einer Kommanditgesellschaft auf Aktien (§ 16 Abs. 1 Satz 1 Nr. 3 EStG)	876
20.6	Ausscheiden von Gesellschaftern	877
20.6.1	Gegen Barentgelt über dem Buchwert	877
20.6.2	Gegen Barentgelt unter dem Buchwert	878
20.6.3	Abfindung in Sachwerten	878
20.6.4	Änderung der Beteiligungsverhältnisse	878
20.7	Unentgeltliche Übertragung	878
20.8	Veräußerungsgewinn (§ 16 Abs. 2 EStG)	882
20.8.1	Ermittlung des Veräußerungsgewinns (§ 16 Abs. 2 Satz 1 und 2 EStG)	882
20.8.2	Veräußerungspreis	882
20.8.3	Veräußerungskosten	884
20.8.4	Wert des Betriebsvermögens	884
20.8.5	Dieselben Personen als Veräußerer und Erwerber (§ 16 Abs. 2 Satz 3 EStG)	885
20.8.6	Zeitpunkt der Erfassung des Veräußerungsgewinns	886
20.8.7	Betriebsveräußerung gegen wiederkehrende Bezüge	886
20.9	Betriebsaufgabe (§ 16 Abs. 3 Satz 1 EStG)	888
20.9.1	Begriff der Betriebsaufgabe	888
20.9.2	Aufgabehandlung	888
20.9.3	Beendigung der unternehmerischen Tätigkeit	889
20.9.4	Realisierung der stillen Reserven bezüglich aller wesentlichen Betriebsgrundlagen	890
20.9.5	Einheitlichkeit des Aufgabevorgangs	890
20.9.6	Abgrenzungsfragen	891
20.10	Realteilung (§ 16 Abs. 3 Satz 2 bis 4 EStG)	896
20.10.1	Allgemeines	896
20.10.2	Begriff der Realteilung	896
20.10.3	Abgrenzung der Realteilung von der Veräußerung bzw. Aufgabe eines Mitunternehmeranteils	897
20.10.4	Gegenstand der Realteilung	897
20.10.5	Übertragung in das jeweilige Betriebsvermögen der einzelnen Mitunternehmer	898
20.10.6	Sicherstellung der Versteuerung der stillen Reserven	899
20.10.7	Realteilung mit Spitzen- oder Wertausgleich	899
20.10.8	Ansatz des übernommenen Betriebsvermögens	899
20.10.9	Sperrfrist	901

Inhaltsverzeichnis

20.10.10	Folgen bei Veräußerung oder Entnahme während der Sperrfrist	901
20.11	Aufgabegewinn (§ 16 Abs. 3 Satz 5 bis 8 EStG)	902
20.11.1	Ermittlung des Aufgabegewinns	902
20.11.2	Veräußerungspreis	903
20.11.3	Gemeiner Wert	903
20.11.4	Aufgabekosten	903
20.11.5	Wert des Betriebsvermögens	903
20.11.6	Dieselben Personen als Veräußerer und Erwerber (§ 16 Abs. 3 Satz 5 EStG)	904
20.11.7	Zeitpunkt der Erfassung des Aufgabegewinns	904
20.12	Abgrenzung zum laufenden Gewinn	905
20.13	Ereignisse nach Betriebsveräußerung bzw. Betriebsaufgabe	906
20.14	Betriebsaufgabe durch Steuerentstrickung (§ 16 Abs. 3a EStG)	909
20.15	Betriebsunterbrechung/Betriebsverpachtung (§ 16 Abs. 3b EStG)	909
20.16	Begünstigung des Veräußerungs- bzw. Aufgabegewinns (§ 16 Abs. 4 EStG)	910
20.17	Missbrauchsklausel (§ 16 Abs. 5 EStG)	912
21	**Veräußerung von Anteilen an Kapitalgesellschaften im Privatvermögen (§ 17 EStG)**	**913**
21.1	Allgemeines	913
21.2	Veräußerung von Anteilen an einer Kapitalgesellschaft (§ 17 Abs. 1 Satz 1 EStG)	914
21.2.1	Anteile an einer Kapitalgesellschaft (§ 17 Abs. 1 Satz 3 EStG)	914
21.2.2	Beteiligungsgrenze	916
21.2.3	Fünfjahresfrist	919
21.2.4	Veräußerung	920
21.2.5	Anteile an Kapitalgesellschaften in vermögensverwaltenden Personengesellschaften	923
21.3	Verdeckte Einlage (§ 17 Abs. 1 Satz 2 EStG)	924
21.4	Unentgeltlich erworbene Anteile (§ 17 Abs. 1 Satz 4 EStG)	925
21.5	Veräußerungsgewinn bzw. Veräußerungsverlust (§ 17 Abs. 2 EStG)	925
21.5.1	Ermittlung des Veräußerungsgewinns oder -verlusts (§ 17 Abs. 2 Satz 1, 2 und 5 EStG)	925
21.5.2	Veräußerungspreis	927
21.5.3	Veräußerungskosten	928
21.5.4	Anschaffungskosten	929
21.6	Zuzug (§ 17 Abs. 2 Satz 3 und 4 EStG)	935
21.7	Veräußerungsverluste (§ 17 Abs. 2 Satz 6 EStG)	935
21.8	Freibetrag (§ 17 Abs. 3 EStG)	937
21.9	Liquidation und Kapitalherabsetzung (§ 17 Abs. 4 EStG)	939
21.10	Identitätswahrende Sitzverlegung (§ 17 Abs. 5 EStG)	940
21.11	Anteile unterhalb der Beteiligungsgrenze von 1 % (§ 17 Abs. 6 EStG)	940
21.12	Anteile an Genossenschaften (§ 17 Abs. 7 EStG)	940
22	**Einkünfte aus selbständiger Arbeit (§ 18 EStG)**	**941**
22.1	Allgemeines	941
22.2	Freiberufliche Tätigkeit	942
22.2.1	Die verschiedenen Gruppen der freiberuflichen Tätigkeit	942

Inhaltsverzeichnis

22.2.1.1	Die fünf abstrakten Tätigkeitsmerkmale	942
22.2.1.2	Katalogberufe	945
22.2.1.3	Die einem Katalogberuf ähnlichen Berufe	945
22.2.2	Abgrenzung zu den gewerblichen Einkünften	948
22.2.3	Personenzusammenschlüsse	951
22.3	Einnehmer einer staatlichen Lotterie	954
22.4	Einkünfte aus sonstiger selbständiger Arbeit	954
22.5	Einkünfte aus einer Beteiligung an einer Wagniskapital-Gesellschaft	955
22.6	Gewinnermittlung	956
22.7	Veräußerungsgewinne gem. § 18 Abs. 3 EStG	958
23	**Einkünfte aus nichtselbständiger Arbeit (§ 19 EStG)**	**964**
23.1	Allgemeines	964
23.2	Arbeitnehmer	965
23.3	Arbeitslohn	968
23.4	Einkunftsermittlung	972
23.5	Versorgungsbezüge, Versorgungsfreibetrag (§ 19 Abs. 2 EStG)	975
24	**Einkünfte aus Kapitalvermögen (§ 20 EStG)**	**979**
24.1	Allgemeines	979
24.2	Die einzelnen Einnahmen aus Kapitalvermögen	985
24.2.1	Einnahmen i. S. des § 20 Abs. 1 Nr. 1 EStG	985
24.2.2	Bezüge aufgrund von Kapitalherabsetzungen oder nach der Auflösung von Körperschaften	991
24.2.3	Einnahmen aus einer Beteiligung als stiller Gesellschafter	992
24.2.4	Einnahmen aus partiarischen Darlehen	994
24.2.5	Zinsen aus Hypotheken und Grundschulden	995
24.2.6	Renten aus Rentenschulden	995
24.2.7	Erträge aus Kapitalversicherungen	995
24.2.8	Zinsen aus sonstigen Kapitalforderungen	997
24.2.9	Diskontbeträge von Wechseln und Anweisungen	998
24.2.10	Einnahmen aus Leistungen	998
24.2.11	Stillhalteprämien	1000
24.2.12	Wertzuwächse	1001
24.2.13	Anteile an Kapitalgesellschaften	1002
24.2.14	Dividenden und Zinsen	1003
24.2.15	Termingeschäfte	1005
24.2.16	Partiarische Darlehen und stille Beteiligungen	1006
24.2.17	Hypotheken und Grundschulden	1006
24.2.18	Kapitalversicherungen	1006
24.2.19	Sonstige Kapitalforderungen	1007
24.2.20	Leistungen von Körperschaften i. S. des § 1 Abs. 1 Nr. 3 bis 5 KStG	1008
24.2.21	Ermittlung des Gewinns bei Veräußerungsgeschäften	1009
24.3	Verlustabzug	1010
24.4	Werbungskosten und Sparer-Pauschbetrag	1011
24.5	Zurechnung zu anderen Einkunftsarten	1012

Inhaltsverzeichnis

25	**Einkünfte aus Vermietung und Verpachtung (§ 21 EStG)**	1013
25.1	Allgemeines	1013
25.2	Die einzelnen Einkünfte des § 21 Abs. 1 EStG	1021
25.2.1	Einkünfte aus Vermietung und Verpachtung von unbeweglichem Vermögen (§ 21 Abs. 1 Nr. 1 EStG)	1021
25.2.2	Einkünfte aus Vermietung und Verpachtung von Sachinbegriffen	1024
25.2.3	Einkünfte aus zeitlich begrenzter Überlassung von Rechten	1024
25.2.4	Veräußerung von Miet- und Pachtzinsforderungen	1025
25.2.5	Nutzungswert der Wohnung im eigenen Haus	1026
25.3	Verbilligte Überlassung einer Wohnung gem. § 21 Abs. 2 EStG	1026
25.4	Einkunftsermittlung	1026
25.4.1	Einnahmen	1026
25.4.2	Werbungskosten	1030
25.5	Zurechnung zu anderen Einkunftsarten	1045
26	**Sonstige Einkünfte (§ 22 EStG)**	1047
26.1	Allgemeines	1047
26.2	Einkünfte aus wiederkehrenden Bezügen (§ 22 Nr. 1 EStG)	1049
26.2.1	Allgemeines	1049
26.2.2	Wiederkehrende Bezüge	1051
26.2.3	Renten und dauernde Lasten	1053
26.2.4	Besteuerung der Leibrenten	1056
26.2.5	Wiederkehrende Leistungen im Zusammenhang mit der Übertragung von Privat- und Betriebsvermögen	1067
26.3	Einkünfte aus Unterhaltsleistungen, Versorgungsleistungen und Leistungen aufgrund eines schuldrechtlichen Versorgungsausgleichs	1069
26.4	Einkünfte aus privaten Veräußerungsgeschäften (§ 22 Nr. 2, § 23 EStG)	1071
26.4.1	Allgemeines	1071
26.4.2	Anschaffung von Wirtschaftsgütern	1074
26.4.3	Veräußerung von Wirtschaftsgütern	1075
26.4.4	Ermittlung des Veräußerungsgewinns	1080
26.4.5	Freigrenze und Verlustverrechnung	1082
26.5	Sonstige Leistungseinkünfte (§ 22 Nr. 3 EStG)	1083
26.6	Einkünfte aufgrund des Abgeordnetengesetzes sowie vergleichbare Bezüge (§ 22 Nr. 4 EStG)	1087
26.7	Leistungen aus Altersvorsorgeverträgen	1088
26.7.1	Allgemeines	1088
26.7.2	Die Tatbestände des § 22 Nr. 5 EStG	1089
26.7.3	Schädliche Verwendung von Altersvorsorgevermögen	1093
26.8	Rentenbezugsmitteilungen (§ 22a EStG)	1094
27	**Entschädigungen und Einkünfte aus ehemaliger Tätigkeit (§ 24 EStG)**	1095
27.1	Allgemeines	1095
27.2	Entschädigungen	1095
27.2.1	Allgemeines	1095
27.2.2	Entschädigungen für entgangene oder entgehende Einnahmen	1096

Inhaltsverzeichnis

27.2.3	Entschädigungen für die Aufgabe oder Nichtausübung einer Tätigkeit	1097
27.2.4	Entschädigungen für die Aufgabe einer Gewinnbeteiligung oder einer entsprechenden Anwartschaft	1099
27.2.5	Ausgleichszahlungen an Handelsvertreter nach § 89b HGB	1100
27.3	Nachträgliche Einkünfte	1100
27.3.1	Allgemeines	1100
27.3.2	Einkünfte aus ehemaligen Tätigkeiten	1101
27.3.3	Einkünfte aus einem früheren Rechtsverhältnis	1102
27.3.4	Nachträgliche Einkünfte des Rechtsnachfolgers	1103
27.4	Nutzungsvergütungen	1104
28	**Ermittlung des Gesamtbetrags der Einkünfte**	**1105**
28.1	Allgemeines	1105
28.2	Altersentlastungsbetrag (§ 24a EStG)	1105
28.3	Entlastungsbetrag für Alleinerziehende	1109
28.4	Freibetrag für Land- und Forstwirte (§ 13 Abs. 3 EStG)	1111
29	**Einkommensermittlung**	**1113**
29.1	Sonderausgaben (§ 10 EStG)	1113
29.1.1	Allgemeines	1113
29.1.2	Unterhaltsleistungen i. S. des § 10 Abs. 1 Nr. 1 EStG	1117
29.1.3	Wiederkehrende Versorgungsleistungen (§ 10 Abs. 1 Nr. 1a EStG)	1122
29.1.3.1	Allgemeines	1122
29.1.3.2	Versorgungsleistungen	1124
29.1.3.3	Entgeltliche Vermögensübertragung gegen wiederkehrende Leistungen	1137
29.1.3.3.1	Übertragung von Betriebsvermögen	1137
29.1.3.3.2	Übertragung von Privatvermögen	1137
29.1.3.3.2.1	Vermögensübertragung gegen wiederkehrende Leistungen auf Lebenszeit	1137
29.1.3.3.2.2	Vermögensübertragung gegen wiederkehrende Leistungen auf bestimmte Zeit	1140
29.1.4	Schuldrechtlicher Versorgungsausgleich (§ 10 Abs. 1 Nr. 1b EStG)	1141
29.1.5	Kirchensteuer (§ 10 Abs. 1 Nr. 4 EStG)	1142
29.1.6	Steuerberatungskosten	1143
29.1.7	Ausbildungskosten (§ 10 Abs. 1 Nr. 7 EStG)	1146
29.1.8	Kinderbetreuungskosten (§ 10 Abs. 1 Nr. 5 EStG)	1156
29.1.9	Schulgeld für private Schulen und Ersatzschulen (§ 10 Abs. 1 Nr. 9 EStG)	1160
29.1.10	Vorsorgeaufwendungen	1162
29.1.10.1	Allgemeines	1162
29.1.10.2	Gemeinsame Regelungen für den Abzug von Vorsorgeaufwendungen	1163
29.1.10.2.1	Zu- und Abflussprinzip (§ 11 EStG)	1163
29.1.10.2.2	Kein unmittelbarer wirtschaftlicher Zusammenhang mit steuerfreien Einnahmen	1164
29.1.10.2.3	Erstattungsüberhänge (§ 10 Abs. 4b Satz 2 und 3 EStG)	1165
29.1.10.3	Sonderausgabenabzug für Beiträge nach § 10 Abs. 1 Nr. 2 EStG	1165
29.1.10.3.1	Beiträge i. S. des § 10 Abs. 1 Nr. 2 Buchst. a EStG	1165
29.1.10.3.2	Beiträge i. S. des § 10 Abs. 1 Nr. 2 Buchst. b EStG	1167
29.1.10.3.3	Beitragsempfänger	1174
29.1.10.3.4	Ermittlung des Höchstbetrags nach § 10 Abs. 3 EStG	1174
29.1.10.4	Sonderausgabenabzug für sonstige Vorsorgeaufwendungen nach § 10 Abs. 1 Nr. 3 und 3a EStG	1179

Inhaltsverzeichnis

29.1.10.4.1	Beiträge i. S. des § 10 Abs. 1 Nr. 3 Satz 1 Buchst. a EStG (Beiträge zur Basiskrankenversicherung)	1180
29.1.10.4.2	Beiträge i. S. des § 10 Abs. 1 Nr. 3 Satz 1 Buchst. b EStG (Beiträge zur gesetzlichen Pflegeversicherung)	1187
29.1.10.4.3	Beiträge i. S. des § 10 Abs. 1 Nr. 3a EStG (weitere sonstige Vorsorgeaufwendungen)	1187
29.1.10.5	Ermittlung des Höchstbetrags nach § 10 Abs. 4 EStG	1189
29.1.10.6	Günstigerprüfung nach § 10 Abs. 4a EStG	1191
29.1.11	Zusätzliche Altersvorsorge	1195
29.2	Steuerbegünstigte Zwecke (§ 10b EStG)	1218
29.2.1	Abzug von Zuwendungen zur Förderung steuerbegünstigter Zwecke (§ 10b Abs. 1 EStG)	1220
29.2.2	Spendenabzug für Zuwendungen an Stiftungen (§ 10b Abs. 1a EStG)	1230
29.2.3	Zuwendungen an politische Parteien (§ 10b Abs. 2 EStG)	1232
29.2.4	Sachspenden (§ 10b Abs. 3 EStG)	1233
29.2.5	Vertrauensschutz (§ 10b Abs. 4 EStG)	1235
29.3	Sonderausgaben-Pauschbetrag, Vorsorgepauschale (§ 10c EStG)	1237
29.4	Verlustabzug (§ 10d EStG)	1238
29.5	Baudenkmale und Gebäude in Sanierungsgebieten (§ 10f EStG)	1248
29.5.1	Anschaffungs- und Herstellungskosten (§ 10f Abs. 1 EStG)	1248
29.5.2	Erhaltungsaufwand (§ 10f Abs. 2 EStG)	1249
29.5.3	Objektbegrenzung (§ 10f Abs. 3 und 4 EStG)	1250
29.6	Steuerbegünstigung für schutzwürdige Kulturgüter, die weder zur Einkunftserzielung noch zu eigenen Wohnzwecken genutzt werden (§ 10g EStG)	1251
29.7	Außergewöhnliche Belastungen	1251
29.7.1	Außergewöhnliche Belastung (§ 33 EStG)	1252
29.7.2	Einzelfälle	1260
29.8	Die typisierten Fälle des § 33a und des § 33b EStG	1279
29.9	Außergewöhnliche Belastung in besonderen Fällen (§ 33a EStG)	1280
29.9.1	Aufwendungen für den Unterhalt und eine etwaige Berufsausbildung (§ 33a Abs. 1 EStG)	1280
29.9.1.1	Überblick	1281
29.9.1.2	Gesetzlich unterhaltsberechtigte Personen und gleichgestellte Unterhaltsempfänger	1281
29.9.1.3	Kein Anspruch auf einen Freibetrag für Kinder oder Kindergeld (§§ 31, 32, 61 ff. EStG)	1284
29.9.1.4	Berücksichtigung von Vermögen und Einkünften oder Bezügen des Unterhaltsempfängers	1285
29.9.1.5	Unterhaltsaufwendungen/Aufwendungen für eine Berufsausbildung	1287
29.9.1.6	Opfergrenze	1289
29.9.1.7	Nachweisanforderungen	1291
29.9.1.8	Unterhaltsaufwendungen mehrerer Steuerpflichtiger und/oder zugunsten mehrerer Unterhaltsempfänger	1291
29.9.1.9	Unterhaltsaufwendungen für Personen, die nicht im Inland leben (§ 33a Abs. 1 Satz 6 EStG)	1293
29.9.1.10	Unterhalt des Ehegatten bzw. eingetragenen Lebenspartners	1294
29.9.1.11	Zeitanteilige Anwendung (§ 33a Abs. 5 EStG)	1295
29.9.2	Ausbildungsfreibetrag (§ 33a Abs. 2 EStG)	1297
29.10	Pauschbeträge für behinderte Menschen, Hinterbliebene und Pflegepersonen (§ 33b EStG)	1297

Inhaltsverzeichnis

29.10.1	Behinderten-Pauschbetrag (§ 33b Abs. 1 bis 3 EStG)	1297
29.10.2	Hinterbliebenen-Pauschbetrag (§ 33b Abs. 4 EStG)	1300
29.10.3	Übertragung von Pauschbeträgen (§ 33b Abs. 5 EStG)	1300
29.10.4	Pflege-Pauschbetrag (§ 33b Abs. 6 EStG)	1302
29.11	Ergänzende Hinweise zur Einkommensermittlung	1304
30	**Ermittlung des zu versteuernden Einkommens**	**1305**
30.1	Allgemeines	1305
30.2	Familienleistungsausgleich (§§ 31, 32, 62 bis 78 EStG)	1306
30.2.1	Allgemeines	1306
30.2.2	Kindergeld	1307
30.2.2.1	Allgemeines	1307
30.2.2.2	Anspruchsberechtigte	1308
30.2.2.3	Zählkinder	1312
30.2.2.4	Verfahren und Auszahlung	1313
30.2.2.5	Kindergeldabhängige Steuervergünstigungen	1315
30.2.3	Freibeträge für Kinder (§ 32 Abs. 6 EStG)	1316
30.2.3.1	Allgemeines	1316
30.2.3.2	Kindbegriff	1318
30.2.3.3	Kinder bis 18 Jahre	1320
30.2.3.4	Kinder über 18 Jahre	1320
30.2.3.5	Ausschlussgründe	1327
30.2.4	Vergleichsberechnung	1333
30.3	Ausbildungsfreibetrag	1335
30.4	Kinderbetreuungskosten	1337
31	**Veranlagung und Veranlagungsarten**	**1339**
31.1	Allgemeines	1339
31.2	Veranlagung von Ehegatten	1343
31.2.1	Allgemeines	1343
31.2.2	Wahl der Veranlagungsart	1349
31.2.3	Zusammenveranlagung von Ehegatten (§ 26b EStG)	1353
31.2.4	Einzelveranlagung (bis 31.12.2012: getrennte Veranlagung) von Ehegatten (§ 26a EStG)	1356
31.2.5	Besondere Veranlagung nach § 26c EStG (Geltung bis 31.12.2012)	1360
31.2.6	Zurechnung der Einkünfte von Ehegatten	1362
31.2.6.1	Güterstand der Ehegatten	1362
31.2.6.2	Vereinbarungen zwischen Ehegatten	1364
31.2.6.2.1	Allgemeines	1364
31.2.6.2.2	Arbeitsverhältnisse	1365
31.2.6.2.3	Gesellschaftsverträge	1368
31.2.6.2.4	Pachtverträge, Darlehensverträge usw.	1369
31.2.6.3	Nichteheliche Lebensgemeinschaften	1369
31.3	Veranlagung von Arbeitnehmern (§ 46 EStG)	1369
31.3.1	Allgemeines	1369
31.3.2	Pflichtveranlagungen (§ 46 Abs. 2 Nr. 1 bis 7 EStG)	1371
31.3.3	Veranlagung auf Antrag	1375
31.3.4	Härteausgleich nach § 46 Abs. 3 EStG	1376
31.3.5	Härteausgleich nach § 70 EStDV	1377

Inhaltsverzeichnis

32	Ermittlung der tariflichen Einkommensteuer	1378
32.1	Allgemeines	1378
32.2	Grundtarif, Splitting	1379
32.2.1	Veranlagungsarten und Tarif	1379
32.2.2	Grundtarif und Splittingverfahren	1381
32.2.3	Verwitwetenregelung	1382
32.2.4	Splitting nach Auflösung der Ehe	1383
32.2.5	Lebenspartnerschaften	1384
32.3	Progressionsvorbehalt (§ 32b EStG)	1385
32.3.1	Allgemeines	1385
32.3.2	Lohn- und Einkommensersatzleistungen	1386
32.3.3	Ausländische Einkünfte	1387
32.3.4	Besonderer Steuersatz	1389
32.3.5	Mitteilungspflichten und Bescheinigungen	1391
32.4	Tarifbegrenzung bei Gewinneinkünften	1392
32.5	Gesonderter Steuertarif für Einkünfte aus Kapitalvermögen	1393
32.5.1	Allgemeines	1393
32.5.2	Kapitalerträge	1395
32.5.2.1	Laufende Einnahmen	1395
32.5.2.2	Veräußerungs- und Einlösungserträge	1395
32.5.3	Werbungskosten	1396
32.5.4	Verluste	1397
32.5.5	Ausnahmen vom gesonderten Steuertarif	1398
32.5.5.1	Allgemeines	1398
32.5.5.2	Kreditgewährung	1399
32.5.5.3	Kapitalüberlassung an Körperschaften	1399
32.5.5.4	Back-to-back-Finanzierungen	1400
32.5.5.5	Unternehmerische Beteiligungen	1400
32.5.5.6	Korrespondenzregelung	1401
32.5.6	Ausländische Steuern	1401
32.5.7	Veranlagung zur Einkommensteuer	1402
32.5.8	Veranlagung zur Kirchensteuer	1403
32.6	Außerordentliche Einkünfte	1405
32.6.1	Allgemeines	1405
32.6.2	Begünstigte Einkünfte	1405
32.6.2.1	Veräußerungsgewinne	1406
32.6.2.2	Entschädigungen	1407
32.6.2.3	Nutzungsvergütungen und Zinsen	1409
32.6.2.4	Vergütungen für mehrjährige Tätigkeiten	1409
32.6.3	Berechnung der Einkommensteuer	1411
32.6.4	Steuersätze bei außerordentlichen Einkünften aus Forstwirtschaft	1414
32.7	Begünstigung der nicht entnommenen Gewinne	1415
32.7.1	Allgemeines	1415
32.7.2	Thesaurierungsbegünstigung	1416
32.7.3	Nachversteuerung	1419
33	**Ermittlung der festzusetzenden Einkommensteuer**	**1421**
33.1	Allgemeines	1421
33.2	Anrechnung ausländischer Steuern (§ 34c EStG)	1421

Inhaltsverzeichnis

33.3	Steuerermäßigung bei Einkünften aus Land- und Forstwirtschaft	1424
33.4	Steuerermäßigung bei Mitgliedsbeiträgen und Spenden an politische Parteien und an unabhängige Wählervereinigungen (§ 34g EStG)	1424
33.5	Steuerermäßigung bei Einkünften aus Gewerbebetrieb (§ 35 EStG)	1425
33.5.1	Allgemeines	1425
33.5.2	Ermittlung des Ermäßigungsbetrags	1425
33.5.3	Mitunternehmerschaften und Verfahren	1428
33.6	Steuerermäßigung bei Aufwendungen für haushaltsnahe Beschäftigungsverhältnisse und für die Inanspruchnahme haushaltsnaher Dienstleistungen (§ 35a EStG)	1429
33.6.1	Allgemeines	1429
33.6.2	Haushaltsnahe Beschäftigungsverhältnisse und Dienstleistungen	1430
33.6.3	Handwerkerleistungen	1432
33.6.4	Anspruchsberechtigte	1433
33.6.5	Begünstigte Aufwendungen und ihr Nachweis	1434
33.7	Steuerermäßigung bei Belastung mit Erbschaftsteuer (§ 35b EStG)	1435
34	**Steuererhebung**	**1439**
34.1	Erhebung der Einkommensteuer	1439
34.1.1	Allgemeines	1439
34.1.2	Tilgung der Einkommensteuer	1439
34.1.3	Anzurechnende Beträge	1440
34.1.4	Einkommensteuer-Vorauszahlung (§ 37 EStG)	1443
34.1.5	Pauschalierung der Einkommensteuer durch Dritte (§ 37a EStG)	1447
34.1.6	Pauschalierung der Einkommensteuer bei Sachzuwendungen (§ 37b EStG)	1448
34.1.6.1	Allgemeines	1448
34.1.6.2	Sachzuwendungen und Geschenke an Dritte	1449
34.1.6.3	Sachzuwendungen an eigene Arbeitnehmer	1450
34.1.6.4	Verfahren der Pauschalierung	1451
34.2	Steuerabzug vom Arbeitslohn (Lohnsteuer)	1452
34.2.1	Erhebung der Lohnsteuer (§ 38 EStG)	1452
34.2.2	Höhe der Lohnsteuer (§ 38a EStG)	1455
34.2.3	Lohnsteuerklassen, Zahl der Kinderfreibeträge (§ 38b EStG)	1455
34.2.4	Lohnsteuerabzugsmerkmale (§ 39 EStG)	1458
34.2.5	Freibetrag und Hinzurechnungsbetrag beim Lohnsteuerabzug (§ 39a EStG)	1462
34.2.6	Einbehaltung der Lohnsteuer (§§ 39b, 39c EStG)	1464
34.2.7	Elektronische Lohnsteuerabzugsmerkmale	1467
34.2.8	Faktorverfahren anstelle Steuerklassenkombination III/V	1469
34.2.9	Pauschalierung der Lohnsteuer	1471
34.2.10	Aufzeichnungspflicht beim Lohnsteuerabzug	1475
34.2.11	Anmeldung und Abführung der Lohnsteuer, Abschluss und Änderung des Lohnsteuerabzugs	1475
34.2.12	Lohnsteuer-Jahresausgleich durch den Arbeitgeber	1478
34.2.13	Haftung des Arbeitgebers und Haftung bei Arbeitnehmerüberlassung	1479
34.2.14	Anrufungsauskunft, Lohnsteuer-Außenprüfung, Lohnsteuer-Nachschau (§§ 42e, 42f, 42g EStG)	1480
34.3	Steuerabzug vom Kapitalertrag (Kapitalertragsteuer)	1481
34.3.1	Allgemeines	1481
34.3.2	Kapitalertragsteuerpflichtige Kapitalerträge	1482

Inhaltsverzeichnis

34.3.3	Bemessung der Kapitalertragsteuer	1486
34.3.4	Entrichtung der Kapitalertragsteuer	1487
34.3.5	Abstandnahme vom Kapitalertragsteuerabzug	1488
34.3.6	Erstattung von Kapitalertragsteuer	1492
34.3.7	Anmeldung und Bescheinigung der Kapitalertragsteuer	1493
34.3.8	Mitteilungen an das Bundeszentralamt für Steuern	1493
34.3.9	Zinsinformationsverordnung	1494
34.4	Steuerabzug von Vergütungen für im Inland erbrachte Bauleistungen	1495
34.4.1	Allgemeines	1495
34.4.2	Steuerabzugspflicht	1495
34.4.2.1	Leistender	1495
34.4.2.2	Leistungsempfänger	1496
34.4.2.3	Bauleistungen im Inland	1497
34.4.2.4	Gegenleistung	1498
34.4.3	Abstandnahme vom Steuerabzug	1499
34.4.3.1	Freigrenzen	1500
34.4.3.2	Freistellungsbescheinigung	1500
35	**Beschränkte Steuerpflicht**	1503
35.1	Allgemeines	1503
35.2	Inländische Einkünfte (§ 49 EStG)	1505
35.3	Sondervorschriften für beschränkt Steuerpflichtige	1511
35.4	Steuerabzug bei beschränkt Steuerpflichtigen	1514
35.5	Besonderheiten im Fall von Doppelbesteuerungsabkommen	1519

1 Einführung

1.1 Entwicklung des Einkommensteuergesetzes

Die Einkommensteuer ist eine verhältnismäßig junge Steuer. Bei der Ermittlung des zu versteuernden Einkommens als Besteuerungsgrundlage der Einkommensteuer werden die Gesichtspunkte der Steuergerechtigkeit stärker als bei jeder anderen Steuer berücksichtigt. Insbesondere deswegen erfordert die Einkommensteuerveranlagung einen großen Verwaltungsaufwand und eine umfangreiche Mitwirkung des Steuerpflichtigen zur Ermittlung der Besteuerungsgrundlagen.

Mit der Währungsreform am 20.06.1948 wurde erstmals nach dem Krieg die Grundlage für eine Normalisierung der Einkommensbesteuerung gelegt. Das erste Gesetz zur vorläufigen Neuordnung von Steuern vom 22.06.1948 brachte eine erste fühlbare Entlastung durch Tarifsenkungen bei kleinen Einkommen und die Wiedereinführung bestimmter Steuervergünstigungen. Die Änderungen des Einkommensteuergesetzes in den Jahren 1949 bis 2009 werden hier nicht wiederholt; sie sind in den vorherigen Auflagen im Einzelnen aufgeführt.

Es gilt das Einkommensteuergesetz in der Fassung der Bekanntmachung vom 08.10.2009[1]. Das Einkommensteuergesetz ist geändert worden durch

1. das Gesetz zur Beschleunigung des Wirtschaftswachstums (Wachstumsbeschleunigungsgesetz) vom 22.12.2009,[2]
2. das Gesetz zur Umsetzung steuerlicher EU-Vorgaben sowie zur Änderung steuerlicher Vorschriften vom 08.04.2010,[3]
3. das Jahressteuergesetz 2010 (JStG 2010) vom 08.12.2010,[4]
4. das Gesetz zur Restrukturierung und geordneten Abwicklung von Kreditinstituten, zur Errichtung eines Restrukturierungsfonds für Kreditinstitute und zur Verlängerung der Verjährungsfrist der aktienrechtlichen Organhaftung (Restrukturierungsgesetz) vom 09.12.2010,[5]
5. das Gesetz zur bestätigenden Regelung verschiedener steuerlicher und verkehrsrechtlicher Vorschriften des Haushaltsbegleitgesetzes 2004 vom 05.04.2011,[6]
6. das Gesetz zur Umsetzung der Richtlinie 2009/65/EG zur Koordinierung der Rechts- und Verwaltungsvorschriften betreffend bestimmte Organismen für gemeinsame Anlagen in Wertpapieren (OGAW-IV-UmsG) vom 22.06.2011,[7]

---

1 BGBl 2009 I S. 3366 (Berichtigung: BGBl 2009 I S. 3862).
2 BGBl 2009 I S. 3950.
3 BGBl 2010 I S. 386.
4 BGBl 2010 I S. 1768.
5 BGBl 2010 I S. 1900.
6 BGBl 2011 I S. 554.
7 BGBl 2011 I S. 1126.

1 Einführung

7. das Steuervereinfachungsgesetz 2011 vom 01.11.2011,[8]

8. das Gesetz zur Umsetzung der Beitreibungsrichtlinie sowie zur Änderung steuerlicher Vorschriften (BeitrRLUmsG) vom 07.12.2011,[9]

9. das Gesetz zur Verbesserung der Eingliederungschancen am Arbeitsmarkt vom 20.12.2011,[10]

10. das Gesetz zur Neuordnung der Organisation der landwirtschaftlichen Sozialversicherung (LSV-NOG) vom 12.04.2012,[11]

11. das Gesetz zur Änderung des Gemeindefinanzreformgesetzes und von steuerlichen Vorschriften vom 08.05.2012,[12]

12. das Gesetz zum Abbau der kalten Progression vom 20.02.2013,[13]

13. das Gesetz zur Änderung und Vereinfachung der Unternehmensbesteuerung und des steuerlichen Reisekostenrechts vom 20.02.2013,[14]

14. das Gesetz zur Stärkung des Ehrenamtes (Ehrenamtsstärkungsgesetz) vom 21.03.2013,[15]

15. das Gesetz zur Fortentwicklung des Meldewesens (MeldFortG) vom 03.05.2013,[16]

16. das Gesetz zur Verbesserung der steuerlichen Förderung der privaten Altersvorsorge (AltvVerbG) vom 24.06.2013,[17]

17. das Gesetz zur Umsetzung der Amtshilferichtlinie sowie zur Änderung steuerlicher Vorschriften (AmtshilfeRLUmsG) vom 26.06.2013,[18]

18. das Gesetz zur Änderung des Einkommensteuergesetzes in Umsetzung der Entscheidung des Bundesverfassungsgerichtes vom 07.05.2013 vom 15.07.2013,[19]

19. das Gesetz zur Anpassung des Investmentsteuergesetzes und anderer Gesetze an das AIFM-Umsetzungsgesetz (AIFM-Steuer-Anpassungsgesetz – AIFM-StAnpG) vom 18.12.2013.[20]

---

8 BGBl 2011 I S. 2131.
9 BGBl 2011 I S. 2592.
10 BGBl 2011 I S. 2854.
11 BGBl 2012 I S. 579.
12 BGBl 2012 I S. 1030.
13 BGBl 2013 I S. 283.
14 BGBl 2013 I S. 285.
15 BGBl 2013 I S. 556.
16 BGBl 2013 I S. 1084.
17 BGBl 2013 I S. 1667.
18 BGBl 2013 I S. 1809.
19 BGBl 2013 I S. 2397.
20 BGBl 2013 I S. 4318.

1.2 Geltungsbereich des Einkommensteuergesetzes

Nachdem das Einkommensteuerrecht nach der staatsrechtlichen Vereinigung der Bundesrepublik Deutschland und der früheren Deutschen Demokratischen Republik in mehreren Schritten vereinheitlicht worden ist, gilt das Einkommensteuergesetz seit dem 01.01.1992 für den gesamten Geltungsbereich des Grundgesetzes.

1.3 Wesen der Einkommensteuer

Die Einkommensteuer ist eine **Personensteuer.** Gegenstand der Besteuerung ist das Einkommen einer natürlichen Person. Bei der Besteuerung stehen die persönlichen Verhältnisse des Steuerpflichtigen im Vordergrund. Besondere Umstände, die seine wirtschaftliche Leistungsfähigkeit beeinträchtigen (z. B. Familienstand, Alter, außergewöhnliche Belastungen), werden berücksichtigt. Für beschränkt Steuerpflichtige gilt dies mit der Einschränkung, dass die Einkommensteuer mehr nach objektsteuerartigen Grundsätzen erhoben wird.

Als Personensteuer ist die Einkommensteuer eine **nichtabzugsfähige Steuer,** d. h., sie gehört zu den Aufwendungen der Lebensführung und darf weder bei den einzelnen Einkunftsarten noch vom Gesamtbetrag der Einkünfte abgezogen werden.

Der nach dem Einkommensteuergesetz Steuerpflichtige ist auch gleichzeitig der wirtschaftliche Träger der Einkommensteuer. Die Einkommensteuer ist damit eine **direkte Steuer** (gesetzlicher Steuerschuldner und wirtschaftlicher Steuerträger sind identisch).

Die Verwaltung unterteilt die Steuern in Besitzsteuern und Verkehrsteuern. Verwaltungsmäßig rechnet die Einkommensteuer zu den **Besitzsteuern.**

Die Einkommensteuer ist eine **Veranlagungssteuer,** d. h., der einzelne Steuerpflichtige wird nach Ablauf eines Kalenderjahres mit dem Einkommen veranlagt, das er im abgelaufenen Veranlagungszeitraum erzielt hat.

Auch die **Körperschaftsteuer** ist eine Einkommensteuer. Nach dem Körperschaftsteuergesetz wird das Einkommen der Körperschaften, Personenvereinigungen und Vermögensmassen besteuert.

Lohnsteuer, Kapitalertragsteuer und Bauabzugsteuer sind lediglich besondere Erhebungsformen der Einkommensteuer.

1.4 Steuerhoheit und Verwaltung

Der Bund hat die **konkurrierende Gesetzgebungskompetenz** über die Steuern vom Einkommen (Art. 105 Abs. 2 GG). Die Zustimmung des Bundesrates ist erforderlich (Art. 105 Abs. 3, Art. 106 GG). Der Bund hat bisher von seinem Recht, den

1 Einführung

Gemeinden ein Hebesatzrecht für den Gemeindeanteil an der Einkommensteuer einzuräumen (Art. 106 Abs. 5 Satz 3 GG), keinen Gebrauch gemacht.

Die Einkommensteuer ist eine **Gemeinschaftsteuer**. Das Aufkommen der Einkommensteuer steht dem Bund und den Ländern gemeinsam zu, soweit das Aufkommen der Einkommensteuer nicht nach Art. 106 Abs. 5 GG den Gemeinden zugewiesen wird. Am Aufkommen der Einkommensteuer sind der Bund und die Länder je zur Hälfte beteiligt (Art. 106 Abs. 3 GG).

Nach Art. 106 Abs. 5 GG erhalten die Gemeinden auch einen Anteil an dem Aufkommen der Einkommensteuer. Durch das Gemeindefinanzreformgesetz wurde der **Gemeindeanteil an der Einkommensteuer** auf 15 % des Aufkommens der Lohnsteuer und der veranlagten Einkommensteuer sowie 12 % des Aufkommens an Kapitalertragsteuer nach § 43 Abs. 1 Satz 1 Nr. 6, 7 und 8 bis 12 sowie Satz 2 EStG festgesetzt. Der Gemeindeanteil an der Einkommensteuer wird für jedes Land nach den Steuerbeträgen bemessen, die von den Finanzbehörden im Gebiet des jeweiligen Landes unter Berücksichtigung der Zerlegung nach Art. 107 Abs. 1 GG vereinnahmt werden.

Die **Verwaltung** der Einkommensteuer obliegt den Landesfinanzbehörden (Art. 108 Abs. 2 und 3 GG).

Für die **Zuständigkeit** bei der Besteuerung gelten die §§ 16 bis 29 AO.

1.5 Bedeutung der Einkommensteuer

Die Einkommensteuer ist eine **wichtige Einnahmequelle** des Bundes und der Länder. Einen besonderen Anteil an diesen Einnahmen hat die Lohnsteuer. Seit Jahren übersteigt das Aufkommen aus der Lohnsteuer das Aufkommen aus der veranlagten Einkommensteuer und Körperschaftsteuer erheblich.

Da die Einkommensteuer mit dem Einkommen verknüpft ist, ist sie in starkem Maße **konjunkturabhängig**.

Die Bedeutung der Einkommensteuer erschöpft sich nicht in ihrem fiskalischen Aufkommen. Es ist ein besonderes Merkmal moderner Steuerpolitik, die Steuererhebung nicht allein als Mittel zur Erzielung öffentlicher Einnahmen anzusehen, sondern gleichzeitig auch als ein **Instrument der Wirtschafts-, Sozial- und Gesellschaftspolitik**. Dies gilt in besonderem Maße für die Einkommensteuer. Diese Zielsetzungen stehen mit dem Grundgesetz im Einklang.[21]

1.6 Grundlagen der Einkommensbesteuerung

Die Rechtsgrundlagen für die Einkommensbesteuerung ergeben sich aus dem **Einkommensteuergesetz (EStG)** und der **Einkommensteuer-Durchführungsverord-**

---
21 BVerfG vom 23.01.1990 (BStBl 1990 II S. 483).

1.6 Grundlagen der Einkommensbesteuerung

nung (EStDV). Ergänzend gelten die Vorschriften der Abgabenordnung und des Finanzverwaltungsgesetzes, soweit das Einkommensteuerrecht keine besonderen Regelungen enthält. Einkommensteuerliche Regelungen enthalten auch andere Gesetze, z. B. das Fördergebietsgesetz, das Investitionszulagengesetz, das Außensteuergesetz, das Umwandlungssteuergesetz oder die Doppelbesteuerungsabkommen.

Die Finanzverwaltung bindende Anweisungen zur Anwendung des Einkommensteuergesetzes sind in den **Einkommensteuer-Richtlinien (EStR)** zusammengefasst. Soweit in der folgenden Darstellung die EStR ohne Zusatz zitiert werden, handelt es sich um die EStR 2012.

Die Einkommensteuer-Richtlinien behandeln Zweifelsfragen und Auslegungsfragen von allgemeiner Bedeutung, um eine einheitliche Anwendung des Einkommensteuerrechts durch die Finanzbehörden sicherzustellen. Sie geben außerdem zur Vermeidung unbilliger Härten und aus Gründen der Verwaltungsvereinfachung Anweisungen an die Finanzbehörden.

Ergänzt werden die Einkommensteuer-Richtlinien durch die **Hinweise im ESt-Handbuch (EStH)**, die jährlich aktualisiert werden.

Des Weiteren zu beachten sind die **Lohnsteuerrichtlinien (LStR)** 2013 einschließlich der dazu ergangenen Hinweise.

2 Persönliche Steuerpflicht

2.1 Allgemeines

§ 1 EStG regelt die **Steuerpflicht**. Zu unterscheiden ist zwischen persönlicher (subjektiver) und sachlicher Steuerpflicht.

Persönlich steuerpflichtig ist, wer nach den Steuergesetzen als solcher bezeichnet wird.

Von **sachlicher Steuerpflicht** spricht man, wenn ein Tatbestand verwirklicht ist, der allein oder in Verbindung mit anderen Tatbeständen nach den Steuergesetzen eine Steuerschuld entstehen lässt.[1]

Das Einkommensteuergesetz verwendet das Wort „steuerpflichtig" sowohl im Sinne der persönlichen als auch im Hinblick auf die sachliche Steuerpflicht. Ob mit dem Wort die persönliche oder sachliche Steuerpflicht gemeint ist, ergibt sich aus dem Inhalt der betreffenden Vorschriften.

Die Frage nach der persönlichen Steuerpflicht lautet: Wer kommt nach einem Einzelsteuergesetz persönlich für eine bestimmte Besteuerung in Betracht? Prüft man die sachliche Steuerpflicht, muss man fragen: Ist ein Tatbestand verwirklicht, der allein oder in Verbindung mit anderen Tatbeständen nach den Steuergesetzen eine Steuerschuld entstehen lässt?

Zwischen der persönlichen und der sachlichen Steuerpflicht steht die Frage nach der unbeschränkten oder beschränkten Steuerpflicht.

Unbeschränkte Steuerpflicht bedeutet, dass ein subjektiv Steuerpflichtiger mit sämtlichen Einkünften und unter Beachtung aller die sachliche Steuerpflicht betreffenden Vorschriften zur Einkommensbesteuerung herangezogen wird.

Bei **beschränkter Steuerpflicht** unterliegt ein subjektiv Steuerpflichtiger der deutschen Einkommensbesteuerung nur mit bestimmten im Gesetz bezeichneten inländischen Einkünften und unter Beachtung der Sonderregelungen in den §§ 50, 50a EStG. Beschränkte Steuerpflicht besteht nur, wenn bestimmte inländische Einkünfte tatsächlich bezogen worden sind.

Wenngleich die Frage der unbeschränkten und beschränkten Steuerpflicht nicht unmittelbar mit der persönlichen Steuerpflicht zusammenhängt, so wird sie doch vom Einkommensteuergesetz mit dieser zusammen behandelt.

---

1 Vgl. § 38 AO.

2.2 Das Steuersubjekt

2.2.1 Natürliche Personen

Als Steuersubjekte können nach § 1 EStG nur **natürliche Personen,** also lebende Menschen, von der Vollendung ihrer Geburt bis zu ihrem Tode in Betracht kommen. Sonstige Persönlichkeitsmerkmale, wie z. B. die Staatsangehörigkeit, die Geschäftsfähigkeit oder das Alter, berühren die Steuerpflicht grundsätzlich nicht.

Die persönliche Steuerpflicht erlischt mit dem Tod. Im **Todesjahr** sind zwei getrennte Veranlagungen erforderlich, zum einen die des Erblassers und zum anderen die des Erben. Die bis zum Todeszeitpunkt erzielten Einkünfte sind dem Erblasser zuzurechnen. Sie sind nicht mit den Einkünften des Erben zusammenzurechnen. Der Steuerbescheid ist allerdings an den Erben als Rechtsnachfolger zu adressieren und ihm bekannt zu geben. Die Steuer schuldet er als Nachlassverbindlichkeit. Nach dem Tod bezogene Einkünfte des Erblassers sind dem Erben als Gesamtrechtsnachfolger zuzurechnen. Zu prüfen in der Person des Erben sind nur höchstpersönliche Besteuerungsmerkmale, wie z. B. die Voraussetzungen für eine freiberufliche Tätigkeit i. S. von § 18 Abs. 1 Nr. 1 EStG.

Auch ist jede natürliche Person **einzeln steuerpflichtig.** Die Fiktion des § 26b EStG, wonach zusammenveranlagte Ehegatten als gemeinsame Steuerpflichtige behandelt werden, ist für die Qualifikation der unbeschränkten oder beschränkten Steuerpflicht nicht entscheidend.[2]

> **Beispiele:**
>
> **a)** A hat den bereits gezeugten, aber noch nicht geborenen B zum Erben eingesetzt. A verstirbt am 30.06.01. B wird am 01.08.01 geboren.
> Etwaige Einkünfte in der Zeit vom 01.07.01 bis zum 31.07.01 können dem B nicht zugerechnet werden. § 1923 Abs. 2 BGB, der bestimmt, dass derjenige, der zum Zeitpunkt des Erbfalls noch nicht lebte, aber bereits erzeugt war, als vor dem Erbfall geboren gilt, ist eine spezielle Regelung im Rahmen des Erbrechts. Einkommensteuerlich ist der Nasciturus keine natürliche Person. Er kann daher auch nicht steuerpflichtig sein.
>
> **b)** A vererbt seinem vierjährigen Kind ein Mietwohnhaus.
> Das geschäftsunfähige Kind ist Steuersubjekt i. S. von § 1 EStG. Eine Veranlagung ist durchzuführen. Bei der Erfüllung seiner steuerlichen Angelegenheiten muss sich das Kind seines gesetzlichen Vertreters bedienen.
>
> **c)** Die Eheleute A und B werden seit Jahren zusammen veranlagt. Ehemann A wird nach einem Flugzeugunglück vermisst. Er wird mit Beschluss des zuständigen Amtsgerichts vom 29.07.06 zum 29.07.01 auf Antrag seiner Ehefrau für tot erklärt. Zugestellt wird der Beschluss der Ehefrau am 01.08.06.
> Wird ein Verschollener für tot erklärt, besteht nach § 9 Abs. 1 VerschG die Vermutung, dass der Verstorbene in dem im Beschluss über die Todeserklärung genannten Zeitpunkt verstorben ist. Von dieser zivilrechtlichen Bestimmung abweichend legt § 49

---

2 BFH, BStBl 1980 II S. 244.

AO fest, dass bei Verschollenen derjenige Tag als Todestag gilt, mit dessen Ablauf der Beschluss über die Todeserklärung des Verschollenen rechtskräftig wird. A gilt bürgerlich-rechtlich mit dem 29.07.01 als verstorben. Mit diesem Zeitpunkt treten auch die erbrechtlichen Konsequenzen ein. Die Steuerpflicht des A endet jedoch erst mit Rechtskraft des Todeserklärungsbeschlusses. Bis zu diesem Zeitpunkt ist grundsätzlich eine Zusammenveranlagung durchzuführen.

2.2.2 Nicht natürliche Personen

Nicht natürliche Personen, also insbesondere die Kapitalgesellschaften (Aktiengesellschaft, Gesellschaft mit beschränkter Haftung, Kommanditgesellschaft auf Aktien), Erwerbs- und Wirtschaftsgenossenschaften, sonstige juristische Personen, nichtrechtsfähige Vereine, Anstalten, Stiftungen und Zweckvermögen, fallen nicht unter das Einkommensteuergesetz. Sie können allenfalls Steuersubjekte im Sinne des Körperschaftsteuergesetzes sein. Dies gilt auch für Kapitalgesellschaften, die als sog. Einmanngesellschaften bestehen.

Beispiel:

Ein Unternehmen wird in der Rechtsform einer Aktiengesellschaft betrieben. Die Aktionäre erhalten jährlich ihren Gewinnanteil als Dividenden ausgeschüttet.

Das Einkommen der Aktiengesellschaft unterliegt der Körperschaftsteuer. Die ausgeschütteten Dividenden unterliegen bei den Aktionären – je nachdem, ob es sich bei ihnen um natürliche oder juristische Personen handelt – der Einkommensteuer bzw. der Körperschaftsteuer.

2.2.3 Personengesellschaften

Personengesellschaften des Handelsrechts (z. B. offene Handelsgesellschaft und Kommanditgesellschaft), Gesellschaften des bürgerlichen Rechts und **Gemeinschaften** (z. B. Erbengemeinschaften) unterliegen als solche zwar der Umsatz- und Gewerbesteuer, aber nicht der Einkommensteuer und auch nicht der Körperschaftsteuer. Sie können insoweit nicht Steuersubjekt in unbeschränktem Umfang sein. Subjektiv steuerpflichtig (im vollen Wortsinn) können nur **die Gesellschafter (Gemeinschafter)** sein. Die Personengesellschaft als solche ist jedoch für die Einkommensteuer insoweit Steuersubjekt, als sie in der Einheit der Gesellschafter Merkmale eines Besteuerungstatbestands verwirklicht, welche den Gesellschaftern für deren Besteuerung zuzurechnen sind. Solche Merkmale sind insbesondere die Verwirklichung oder Nichtverwirklichung des Tatbestands einer bestimmten Einkunftsart, wenn die Gesellschafter gemeinsam einen der Einkünftetatbestände der §§ 13 bis 24 EStG erfüllen. In diesem Sinne ist eine Personengesellschaft Steuerrechtssubjekt in begrenztem Umfang.[3] In Fortführung dieses Gedankens wird die Art der Einkünfte der Gesellschafter (Gemeinschafter) in erster Linie durch die Tätigkeit der

---

3 BFH, BStBl 1984 II S. 751.

Gesellschafter (Gemeinschafter) in ihrer gesamthänderischen Verbundenheit selbst bestimmt.[4]

Die unmittelbare Besteuerung der Einkünfte, die von Personengesellschaften und Gemeinschaften erzielt werden, macht bei ihren Gesellschaftern (Gemeinschaftern) einen zusätzlichen Verfahrensweg, nämlich eine **gesonderte und einheitliche Feststellung der Einkünfte** nach den Grundsätzen der §§ 179 bis 183 AO, notwendig. Insoweit als es sich z. B. bei den Gesellschaftern der Personengesellschaft um **natürliche Personen** handelt, unterliegen diese mit ihrem Gewinnanteil der Einkommensteuer (§ 15 Abs. 1 Nr. 2 EStG).

Beispiel:
Zwei Brüder sind Inhaber einer im Handelsregister eingetragenen offenen Handelsgesellschaft. Der Gewinn der Gesellschaft wird zwar in einem selbständigen Verfahren (gesonderte und einheitliche Gewinnfeststellung) festgestellt, aber als solcher nicht selbständig besteuert. In der gesonderten und einheitlichen Gewinnfeststellung wird zugleich die Aufteilung des Gewinns auf die einzelnen Gesellschafter vorgenommen. Der einzelne Gesellschafter unterliegt mit seinem Gewinnanteil als natürliche Person der Einkommensteuer (§ 15 Abs. 1 Nr. 2 EStG).

Wenn eine Kapitalgesellschaft oder eine sonstige **Körperschaft** Gesellschafter einer Personengesellschaft ist, so unterliegt ihr Anteil an den Einkünften der Gesellschaft als ein Teil ihres körperschaftsteuerlichen Einkommens der Körperschaftsteuer.

2.3 Unbeschränkte und beschränkte Einkommensteuerpflicht

2.3.1 Allgemeines

§ 1 EStG regelt die **Steuerpflicht von natürlichen Personen.** Danach können natürliche Personen sein

- unbeschränkt steuerpflichtig (§ 1 Abs. 1 EStG),
- erweitert unbeschränkt steuerpflichtig (§ 1 Abs. 2 EStG),
- fiktiv unbeschränkt steuerpflichtig (§ 1 Abs. 3 EStG) oder
- beschränkt steuerpflichtig (§ 1 Abs. 4 EStG).

Gegen § 1 EStG bestehen grundsätzlich **keine verfassungsrechtlichen oder unionsrechtlichen Bedenken.**[5]

Maßgebend für die Frage, ob eine natürliche Person unbeschränkt oder beschränkt steuerpflichtig i. S. von § 1 EStG ist, sind ausschließlich die **Regelungen des deut-**

---
4 BFH, BStBl 1984 II S. 751.
5 Gosch, in: Kirchhof, EStG, 12. Auflage, § 1 Rdnr. 2, 3.

schen Steuerrechts. Insbesondere sind nicht maßgebend die Regelungen in Doppelbesteuerungsabkommen.

Modifikationen der Steuerpflicht beinhalten

- das Nato-Truppenstatut vom 19.06.1951[6] für Truppenmitglieder sowie das Zusatzabkommen vom 03.08.1959[7] für deren Angehörige und das zivile Gefolge,
- das WÜD vom 18.04.1961[8] und das WÜK vom 24.04.1963[9] für deutsche Diplomaten und Konsuln einschließlich der zum Haushalt gehörenden Familienmitglieder und des Verwaltungs- und des technischen Personals,
- das Protokoll über die Vorrechte und Befreiungen der EU vom 08.04.1965[10] und
- das Übereinkommen über die Vorrechte und Immunitäten der Vereinten Nationen vom 13.02.1946[11].

Ergänzt wird § 1 EStG auch durch § 2 AStG, der die **erweiterte beschränkte Steuerpflicht** regelt.

2.3.2 Unbeschränkte Einkommensteuerpflicht

Unbeschränkt steuerpflichtig ist – unabhängig von ihrer Staatsangehörigkeit – jede natürliche Person, die im Inland einen Wohnsitz oder ihren gewöhnlichen Aufenthalt hat. Zu beurteilen ist dies für jede einzelne natürliche Person eigenständig. Dies gilt insbesondere auch für Ehegatten und Kinder. Unerheblich ist, ob und in welchem Land der Steuerpflichtige weitere Wohnsitze hat.[12] Alter und Geschäftsfähigkeit sind für die Frage der unbeschränkten Steuerpflicht ebenso ohne Bedeutung wie das Vorhandensein von Einkünften. Ob bestimmte Einkünfte den Regeln über die unbeschränkte Steuerpflicht unterliegen, ist nach den Verhältnissen im Zeitpunkt des Erzielens der Einkünfte zu beurteilen.[13]

Die unbeschränkte Einkommensteuerpflicht erstreckt sich auf sämtliche Einkünfte. Es gilt insoweit das Prinzip der **Besteuerung des Welteinkommens**. Ob die Einkünfte aus dem Inland oder aus dem Ausland stammen, ist insoweit ebenso ohne Bedeutung wie die Frage, ob und inwieweit ausländische Einkünfte im Ausland bereits besteuert worden sind.

Das Prinzip der Besteuerung des Welteinkommens wird allerdings eingeschränkt durch **Doppelbesteuerungsabkommen**.

---

6 BGBl 1961 II S. 1190.
7 BGBl 1961 II S. 1218.
8 BGBl 1964 II S. 957.
9 BGBl 1969 II S. 1585 und BGBl 1971 II S. 1285.
10 BGBl 1965 II S. 482.
11 BGBl 1980 II S. 941.
12 BFH, BStBl 1975 II S. 708.
13 BFH, BStBl 2003 II S. 278.

2.3.3 Beschränkte Einkommensteuerpflicht

Eine natürliche Person, die im Inland weder einen Wohnsitz noch ihren gewöhnlichen Aufenthalt hat, ist nach § 1 Abs. **4 EStG** beschränkt steuerpflichtig, wenn sie inländische Einkünfte i. S. von § 49 EStG bezogen hat. Voraussetzung ist jedoch, wie sich aus der Vorschrift des § 1 Abs. 4 EStG ergibt, dass diese Person nicht ausnahmsweise nach § 1 Abs. 2 oder Abs. 3 EStG als unbeschränkt steuerpflichtig zu behandeln ist. § 1 Abs. 1 bis 3 EStG geht also der Anwendung von § 1 Abs. 4 EStG vor.

Die beschränkte Steuerpflicht einer natürlichen Person **beginnt,** sofern sie nicht oder nicht mehr über einen inländischen Wohnsitz oder gewöhnlichen Aufenthalt verfügt, mit dem Bezug inländischer Einkünfte und endet mit deren Wegfall. Voraussetzung für im Inland beschränkt steuerpflichtige Einkünfte ist, dass ein Veranlassungszusammenhang besteht zwischen den Einkünften und im Inland steuerpflichtigen Tätigkeiten i. S. von § 49 EStG.[14]

Beschränkt Steuerpflichtige unterliegen der Einkommensteuer nur mit ihren **inländischen Einkünften,** und zwar mit den in § 49 EStG aufgeführten inländischen Einkünften. Auch der Grundsatz, dass bei beschränkter Steuerpflicht die inländischen Einkünfte i. S. des § 49 EStG im Inland zur Einkommensteuer herangezogen werden, erfährt durch Abkommen zur Vermeidung von Doppelbesteuerungen Einschränkungen.

Bei der Besteuerung beschränkt Steuerpflichtiger gelten **Besonderheiten.** So werden z. B. deren persönliche Verhältnisse bei der Besteuerung grundsätzlich nicht berücksichtigt. Auch finden Einkünfte, die der Abgeltung unterliegen, im Rahmen der Veranlagung des beschränkt Steuerpflichtigen keine Berücksichtigung.

Beispiele:

a) Ein Steuerpflichtiger unterhält einen Wohnsitz in München und einen zweiten Wohnsitz in Luzern (Schweiz).

Der Steuerpflichtige hat einen Wohnsitz im Inland, nämlich in München, und ist somit unbeschränkt einkommensteuerpflichtig i. S. des § 1 Abs. 1 EStG. Dass er einen zweiten Wohnsitz im Ausland unterhält, ist unwesentlich.

b) Ein Steuerpflichtiger hat seinen Wohnsitz in Zürich und hält sich andauernd (gewöhnlicher Aufenthalt) in Deutschland auf.

Der Steuerpflichtige hat einen gewöhnlichen Aufenthalt im Inland und ist somit unbeschränkt einkommensteuerpflichtig i. S. des § 1 Abs. 1 EStG. Dass er einen Wohnsitz im Ausland hat, ist unwesentlich.

c) A hat im Inland weder einen Wohnsitz noch seinen gewöhnlichen Aufenthalt. Er ist Eigentümer eines Mehrfamilienhauses in München, welches er vermietet.

A ist beschränkt einkommensteuerpflichtig nach § 1 Abs. 4 EStG. Er erzielt nach § 49 Abs. 1 Nr. 6 EStG inländische Einkünfte. Bei Personen, die im Inland weder Wohnsitz noch gewöhnlichen Aufenthalt haben, hängt die persönliche Steuerpflicht davon ab,

---

[14] BFH vom 19.12.2001 I R 63/00 (BStBl 2003 II S. 302).

dass sie inländische Einkünfte i. S. von § 49 EStG haben. Die Einkommensteuerpflicht erstreckt sich lediglich auf diese inländischen Einkünfte.

Im Rahmen der **erweiterten beschränkten Steuerpflicht** nach § 2 AStG können Personen, die ihren Wohnsitz und gewöhnlichen Aufenthalt als Deutsche nach einer unbeschränkten Steuerpflicht von mindestens 5 Jahren aus dem Inland wegverlegt haben, über einen Zeitraum von 10 Jahren mit anderen als den in § 49 EStG aufgezählten, nach dem Wegzug erzielten Einkünften, die bei unbeschränkter Einkommensteuerpflicht nicht ausländische Einkünfte i. S. d. § 34d EStG sind, in Deutschland fiktiv beschränkt steuerpflichtig sein. Dies gilt aber nur unter der Voraussetzung, dass die entsprechenden Personen in einem niedrig besteuerten Land ansässig sind und wesentliche wirtschaftliche Interessen im Inland haben.

Übersicht:

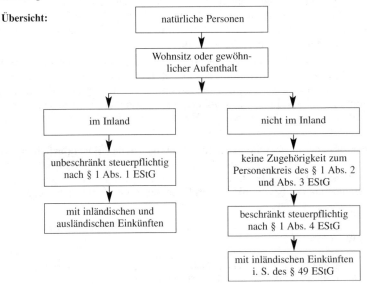

2.3.4 Wohnsitz

Einen Wohnsitz im Sinne der Steuergesetze hat jemand dort, wo er eine Wohnung innehat unter Umständen, die darauf schließen lassen, dass er die Wohnung beibehalten und benutzen wird (§ 8 AO).[15]

Eine **Wohnung** setzt eingerichtete, zum dauerhaften Wohnen geeignete Räume voraus, die den Verhältnissen des Steuerpflichtigen angemessen sind, sodass sie ihm ein Heim bieten können. Es muss sich um einen festen, zum Wohnen geeigneten

---

15 Vgl. AEAO zu § 8 AO.

2.3 Unbeschränkte und beschränkte Einkommensteuerpflicht

Raum handeln, der mit Möbeln ausgestattet, heizbar und mit einer Kochgelegenheit versehen ist. Die Frage der Wohnungsbegründung ist steuerlich (anders als im bürgerlichen Recht, §§ 7 und 8 BGB) nur nach tatsächlichen und wirtschaftlichen Gesichtspunkten zu beurteilen.[16] Maßgebend ist nur der äußere Tatbestand, auf die Absicht des Steuerpflichtigen kommt es nicht an. Die Entscheidung kann nur nach den Verhältnissen des jeweiligen Veranlagungszeitraums getroffen werden.[17]

Entscheidend für das Vorliegen einer Wohnung ist die Verkehrsauffassung, für die die besonderen Umstände des Einzelfalls und die örtlichen Verhältnisse ausschlaggebend sind.[18] Betriebliche oder geschäftliche Räume, Gemeinschaftslager und einfache Notunterkünfte, die nur zur vorübergehenden Unterkunft eingerichtet sind, sind keine Wohnungen. Möblierte Zimmer können im Einzelfall als Wohnung anzusehen sein.[19] Das gilt insbesondere, wenn der Steuerpflichtige an dem Ort, wo er das möblierte Zimmer unterhält, mit Rücksicht auf seine Berufstätigkeit wohnen muss.[20]

Wesentlich für den Wohnsitzbegriff ist das **Innehaben einer Wohnung,** d. h., dass der Steuerpflichtige über eine Wohnung rechtlich oder tatsächlich verfügt, sie also insbesondere jederzeit benutzen kann.[21] Die Verfügungsmacht kann auch durch Haushaltsangehörige ausgeübt werden. Man kann daher auch eine Wohnung durch Familienangehörige innehaben, begründen oder aufrechterhalten. Eheleute haben grundsätzlich einen gemeinsamen Wohnsitz; er befindet sich dort, wo die Familie wohnt. Zwingend ist dies aber nicht. Insbesondere teilt die Ehefrau nicht ohne Weiteres den Wohnsitz des Ehemannes. Ob der eine oder der andere Ehegatte aus beruflichen oder persönlichen Gründen von der Wohnung mehr oder weniger häufig, ja selbst das ganze Jahr hindurch keinen Gebrauch macht, ist belanglos. Wird eine inländische Wohnung von ihrem Eigentümer immer wieder nicht nur geschäftlich oder besuchsweise, sondern als „eigene" genutzt, so ist sie auch dann sein Wohnsitz i. S. von § 8 AO, wenn sich der Eigentümer zeitlich überwiegend im Ausland aufhält.[22] Eine Person, die eine Wohnung im ständigen Wechsel mit anderen Personen nutzt, begründet dort in aller Regel keinen Wohnsitz. In einem solchen Fall hat die betreffende Person nicht die Möglichkeit, in zeitlicher Hinsicht uneingeschränkt über die Wohnung verfügen zu können.[23]

Abweichend von § 11 BGB können auch minderjährige **Kinder** einen eigenen steuerlichen Wohnsitz begründen.[24] Kinder teilen jedoch dann den elterlichen Wohnsitz,

---

16 BFH, BStBl 1970 II S. 153.
17 BFH, BStBl 1964 III S. 462.
18 BFH, BStBl 1951 III S. 176.
19 RFH, RStBl 1936 S. 797.
20 RFH, RStBl 1940 S. 858; RStBl 1942 S. 549.
21 BFH, BStBl 1989 II S. 182.
22 BFH vom 24.04.2007 I R 64/06 (BFH/NV 2007 S. 1893).
23 FG Hessen vom 13.11.2013 3 K 1062/02 (EFG 2013 S. 742), Rev. I R 38/13.
24 BFH, BStBl 1994 II S. 887.

wenn eine Beziehung zur elterlichen Wohnung vorhanden ist, die über die allein durch das Kindschaftsverhältnis begründete Beziehung hinausgeht und erkennen lässt, dass das Kind die elterliche Wohnung nach wie vor auch als seine Wohnung betrachtet und nicht nur besuchsweise, sondern auch sonst, z. B. bei Krankheit, in die Wohnung der Eltern zurückkehrt. Dies gilt insbesondere, wenn es sich um volljährige Kinder handelt.[25] Ein ausländisches Kind, das im Heimatland bei Verwandten untergebracht ist und dort die Schule besucht, hat danach auch dann keinen inländischen Wohnsitz, wenn es sich während der Schulferien bei seinen Eltern im Inland aufhält.[26] Gleiches gilt auch, wenn die Eltern ihr 6-jähriges Kind zum Zweck des für die Dauer von 9 Jahren angelegten Schulbesuchs zu den Großeltern ins Ausland schicken. Besuchsweise Aufenthalte des Kindes in der elterlichen Wohnung führen auch dann nicht zur Beibehaltung des Wohnsitzes, wenn die Rückkehr des Kindes nach Deutschland nach Erreichen des Schulabschlusses beabsichtigt ist.[27] Bei der Frage, ob durch einen längeren Auslandsaufenthalt eines Kindes der inländische Wohnsitz aufgegeben wird bzw. unter welchen Voraussetzungen ein inländischer Wohnsitz neu begründet wird, ist in die Gesamtwürdigung der tatsächlichen Umstände insbesondere einzubeziehen, wie oft und wie lange sich das Kind zwischenzeitlich im Inland aufgehalten hat und ob sich bei einem minderjährigen Kind aus den familiären und kulturellen Umständen am Aufenthaltsort Hinweise für das Entstehen neuer Beziehungen und die Lockerung der bisher bestehenden Bindungen ergeben.[28] Die Frage, ob ein Kind seinen inländischen Wohnsitz beibehält, wenn es sich zwecks Schulbesuchs außerhalb des elterlichen Haushalts im Ausland aufhält, hängt von einer Vielzahl von Faktoren ab. Für die Dauer des Auslandsaufenthalts lässt sich keine allgemeingültige maximale zeitliche Grenze festlegen.[29]

Die Merkmale der **„Beibehaltung"** und **„Benutzung"** sind nach dem äußeren Tatbestand zu beurteilen. Wer eine inländische Wohnung trotz seines Umzugs ins Ausland noch für längere Zeit beibehält und mit einer gewissen Regelmäßigkeit benutzt, hat danach im Inland jedenfalls dann noch eine Wohnung, wenn diese seinen Raumbedürfnissen entspricht.[30] Es genügt, dass die Wohnung z. B. über Jahre hinweg regelmäßig zweimal zu bestimmten Zeiten über einige Wochen benutzt wird. Wer aber eine Wohnung von vornherein nur in der Absicht nimmt, sie nur vorübergehend (weniger als 6 Monate) beizubehalten und zu benutzen, begründet dort keinen Wohnsitz.[31]

Ein **mehrfacher Wohnsitz** ist möglich, z. B., wenn ein Steuerpflichtiger neben seinem Familienwohnsitz noch einen zweiten Wohnsitz für sich allein unterhält; auch

---

25 BFH, BStBl 1961 III S. 298.
26 BFH, BStBl 1994 II S. 887.
27 BFH, BStBl 2001 II S. 279.
28 BFH vom 27.12.2011 III B 24/10 (BFH/NV 2012 S. 917).
29 BFH vom 27.11.2011 III B 154/11 (BFH/NV 2012 S. 375).
30 BFH vom 19.02.1993 I B 112/92 (BFH/NV 1994 S. 456).
31 BFH, BStBl 1989 II S. 956.

2.3 Unbeschränkte und beschränkte Einkommensteuerpflicht

kann neben einem Wohnsitz noch an einem anderen Ort ein gewöhnlicher Aufenthalt bestehen. Mehrere Wohnsitze i. S. von § 8 AO können im In- und/oder Ausland belegen sein. Auch unregelmäßige Aufenthalte in einer Wohnung können zur Aufrechterhaltung eines Wohnsitzes führen. Ein inländischer Wohnsitz führt auch dann zu einer unbeschränkten Steuerpflicht, wenn er nicht den Mittelpunkt der Lebensinteressen des Steuerpflichtigen darstellt.[32]

Durch eine **vorübergehende Unterbrechung** im Innehaben einer inländischen Wohnung wird der inländische Wohnsitz nicht beendet, falls die Umstände bestehen bleiben, die auf die Beibehaltung einer solchen – wenn auch anderen – Wohnung schließen lassen.[33]

Ob die Tatbestandsmerkmale der Wohnsitzbegründung erfüllt sind, muss nach den **Verhältnissen des jeweiligen Veranlagungszeitraums** geprüft werden. Die Verhältnisse in den Folgejahren bleiben unberücksichtigt.[34]

Wer im Inland einen Wohnsitz hat, ist auch dann unbeschränkt einkommensteuerpflichtig, wenn sich der Mittelpunkt seiner Lebensinteressen im Ausland befindet.[35]

Beispiele:

a) Ein deutscher Seemann, dessen Familie in Hamburg wohnt, fährt auf ausländischen Schiffen zur See und kommt nur in größeren Zeitabständen nach Hamburg zu seiner Familie zurück.

Der Seemann ist, wie seine Angehörigen, unbeschränkt steuerpflichtig. Er unterhält einen Wohnsitz in Hamburg.

b) Ein 22-jähriger Student, Sohn eines Münchner Kaufmanns, studiert in London. Nach Ablauf seiner Studienzeit wird er zu seinen Eltern nach München zurückkehren.

Der Sohn bleibt für die Studiendauer nur dann unbeschränkt steuerpflichtig, wenn er seinen Wohnsitz im elterlichen Haus durch das auswärtige Studium nicht aufgibt. Begibt sich ein Kind zum Zweck des Studiums für mehrere Jahre ins Ausland, behält es seinen Wohnsitz in der Wohnung der Eltern im Inland nur dann bei, wenn es diese Wohnung zum zwischenzeitlichen Wohnen in den ausbildungsfreien Zeiten nutzt. Die Absicht des Kindes, nach Beendigung des Auslandsstudiums nach Deutschland zurückzukehren, besagt nichts darüber, ob der Wohnsitz bei den Eltern zwischenzeitlich beibehalten wird. Auch bei langjährigen Auslandsaufenthalten kann ein Wohnsitz des Kindes in Deutschland jedenfalls dann gegeben sein, wenn es sich im Jahr 5 Monate im Inland in der Wohnung der Eltern aufhält.[36]

Ein Wohnsitz besteht nicht mehr, wenn die inländische Wohnung aufgegeben wird. Das ist z. B. der Fall, wenn eine Mietwohnung gekündigt und aufgelöst wird oder wenn eine selbstgenutzte Wohnung im eigenen Haus nicht nur kurzfristig vermietet wird. Nicht erforderlich ist die Begründung eines neuen Wohnsitzes. Die Begrün-

---

32 BFH vom 28.01.2004 I R 56/02 (BFH/NV 2004 S. 917).
33 BFH, BStBl 1972 II S. 949.
34 BFH, BStBl 1968 II S. 439.
35 BFH vom 24.01.2001 I R 100/99 (BFH/NV 2001 S. 1402.)
36 BFH, BStBl 2001 II S. 294.

dung eines zweiten Wohnsitzes muss nicht die Aufgabe des ersten Wohnsitzes zur Folge haben.

2.3.5 Gewöhnlicher Aufenthalt

Auf den gewöhnlichen Aufenthalt kommt es für die Begründung der unbeschränkten Steuerpflicht nur dann an, wenn es an einem Wohnsitz fehlt.

Den gewöhnlichen Aufenthalt im Sinne der Steuergesetze hat jemand dort, wo er sich unter Umständen aufhält, die erkennen lassen, dass er an diesem Ort oder in diesem Gebiet nicht nur vorübergehend verweilt (§ 9 AO).[37]
Der gewöhnliche Aufenthalt ist danach ein **Zustandsverhältnis**, welches der Steuerpflichtige durch längeren Aufenthalt an einem Ort begründet. Das Vorhandensein einer wirtschaftlichen Existenzgrundlage im Inland, die eine tägliche Anwesenheit im Inland erfordert, reicht für einen gewöhnlichen Aufenthalt nicht aus.[38] So hat ein Unternehmer mit einem Wohnsitz im Ausland keinen gewöhnlichen Aufenthalt im Inland, wenn er regelmäßig von seinem Betrieb im Inland zu seiner Wohnung im Ausland zurückkehrt.[39] Etwas anderes gilt jedoch, wenn sich der Betriebsinhaber nur an Wochenenden zu seiner Wohnung im Ausland begibt und an Arbeitstagen am Arbeitsort im Inland übernachtet.[40] In diesem Fall hat der Betriebsinhaber seinen gewöhnlichen Aufenthalt im Inland.

Eine längere Abwesenheit (mehr als ein Jahr) von diesem Ort beendet i. d. R. dieses Zustandsverhältnis.[41]

Ein nur **vorübergehender Aufenthalt** im Inland begründet die unbeschränkte Steuerpflicht nicht.

Beispiele:

a) Ein Deutschamerikaner verbringt für 4 Monate einen Urlaub in Deutschland.

b) Ein ausländischer Saisonarbeiter hält sich, ohne einen Wohnsitz im Inland zu begründen, für eine Beschäftigungsdauer von weniger als 6 Monaten in Deutschland auf.

c) Ein niederländischer Arbeitnehmer mit Wohnsitz in Holland übt eine nichtselbständige Tätigkeit in Deutschland aus, hält sich nur während der Arbeitszeit im Inland auf und kehrt täglich zu seinem Wohnsitz in Holland zurück (Grenzgänger).

Ein gewöhnlicher Aufenthalt im Inland ist in keinem der Fälle begründet worden.

Um Abgrenzungsschwierigkeiten zwischen einem vorübergehenden und einem gewöhnlichen (andauernden) Aufenthalt auszuschließen, bestimmt § 9 AO, dass als gewöhnlicher Aufenthalt stets und von Beginn an ein zeitlich zusammenhängender

---

37 Vgl. AEAO zu § 9 AO.
38 BFH, BStBl 1990 II S. 701.
39 BFH, BStBl 1985 II S. 331.
40 BFH, BStBl 1988 II S. 944.
41 BFH, BStBl 1962 III S. 429.

2.3 Unbeschränkte und beschränkte Einkommensteuerpflicht

Aufenthalt von **mehr als 6 Monaten** Dauer anzusehen ist, wobei kurzfristige Unterbrechungen unberücksichtigt bleiben.

Beispiele:

a) Ein Steuerpflichtiger, der bis zu seiner Festnahme seinen Wohnsitz oder einen gewöhnlichen Aufenthalt in Deutschland hatte, verbüßt im Ausland eine Freiheitsstrafe.

Der Steuerpflichtige ist unbeschränkt steuerpflichtig, wenn anzunehmen ist, dass er nach der Freilassung ins Inland zurückkehren wird. Dann kann zumindest angenommen werden, dass er den „gewöhnlichen Aufenthalt" im Inland hat.[42]

b) Ein Niederländer mit Wohnsitz in Holland arbeitet in Deutschland und kehrt nur zum Wochenende zu seiner Familie nach Holland zurück. Die Nächte zwischen den Arbeitstagen bleibt er im Inland.

Der Steuerpflichtige ist kein Grenzgänger, sondern unterhält einen gewöhnlichen Aufenthalt im Inland.[43]

c) Ein ausländischer Arbeitnehmer (Gastarbeiter) reist nach Deutschland ein, nimmt ein Dienstverhältnis bei einer Firma im Inland auf und bleibt länger als 6 Monate in Deutschland, ohne einen Wohnsitz im Inland zu begründen.

Der Gastarbeiter hat seinen gewöhnlichen Aufenthalt im Inland und ist somit vom Zeitpunkt seiner Einreise an unbeschränkt steuerpflichtig.

Es ist nicht erforderlich, dass der mehr als sechsmonatige Aufenthalt in ein und dasselbe Kalenderjahr fällt.

Beispiel:

Ein Ausländer begründet ab 01.12. dieses Jahres seinen Aufenthalt im Inland. Wenn dieser Aufenthalt über den 31.05. des nächsten Jahres hinausgeht, ist der Ausländer ab 01.12. dieses Jahres unbeschränkt steuerpflichtig.

Bei der **Fristberechnung** ist der Tag des Beginns des Aufenthalts nicht mitzuzählen (§ 187 Abs. 1 BGB). Bei einem ununterbrochenen Aufenthalt endet die Frist mit Ablauf des Tages des 6. Monats, der nach seinem Monatsdatum dem Tag der Aufenthaltsbegründung entspricht (§ 188 Abs. 2 BGB). Demgegenüber wird bei einem unterbrochenen Aufenthalt die Frist von 6 Monaten nach Tagen berechnet (§ 191 BGB).

Bei **Unterbrechungen der Anwesenheit** kommt es darauf an, ob noch ein einheitlicher Aufenthalt anzunehmen ist oder mehrere getrennte Aufenthalte. Ein einheitlicher Aufenthalt liegt dann vor, wenn der Aufenthalt nach den Verhältnissen fortgesetzt werden sollte und die Unterbrechungen nur kurzfristig sind. Als kurzfristige Unterbrechungen kommen in Betracht Familienheimfahrten, Jahresurlaub, längerer Heimaturlaub, Kur und Erholung, aber auch geschäftliche Reisen. Bei einem einheitlichen Aufenthalt ist die Zeit der Abwesenheit bei der Fristberechnung mitzuzählen.

---
42 RFH, RStBl 1935 S. 1219.
43 BFH, BStBl 1990 II S. 701.

Auch wenn die 6-Monats-Frist überschritten wird, ist ein gewöhnlicher Aufenthalt nicht anzunehmen, wenn der Aufenthalt ausschließlich **Besuchs-, Erholungs-, Kur- oder ähnlichen privaten** (nicht geschäftlichen) **Zwecken** dient und nicht länger als ein Jahr dauert (§ 9 Satz 3 AO).

Da es auf die Absichten des Steuerpflichtigen ankommt, kann im Einzelfall auch ein tatsächlicher Aufenthalt von weniger als 6 Monaten als nicht nur vorübergehend anzusehen sein. Die ursprüngliche Absicht muss sich aber auf einen längeren Zeitraum bezogen haben.[44]

Während ein Steuerpflichtiger möglicherweise gleichzeitig mehrere Wohnsitze nebeneinander haben kann, kann er immer **nur einen gewöhnlichen Aufenthalt** haben.[45]

Der gewöhnliche Aufenthalt im Inland ist aufgegeben, wenn der Steuerpflichtige zusammenhängend mehr als 6 Monate im Ausland lebt. Etwas anderes gilt, wenn besondere Umstände darauf schließen lassen, dass die Beziehungen zum Inland bestehen bleiben. Hierbei ist es als entscheidend anzusehen, ob der Steuerpflichtige den persönlichen und geschäftlichen Lebensmittelpunkt ins Ausland verlegt hat und ob er seinen Willen, in den Geltungsbereich dieses Gesetzes zurückzukehren, aufgegeben hat.[46] Hält sich der Steuerpflichtige zusammenhängend mehr als ein Jahr im Ausland auf, ist grundsätzlich von einer Aufgabe des gewöhnlichen Aufenthalts im Inland auszugehen. Vor diesem Hintergrund verliert der Steuerpflichtige seinen gewöhnlichen Aufenthalt im Inland, wenn er sich zwecks Durchführung eines nahezu zwei Jahre dauernden Aufbaustudiums ins Ausland begibt.[47]

2.3.6 Inland

Inland ist das Gebiet Deutschlands innerhalb der Hoheitsgrenzen. Hierzu gehören auch die Zollausschlüsse, die Zollfreigebiete und die Freihäfen. Zum Inland im Sinne des Einkommensteuerrechts gehört auch der Deutschland zustehende **Anteil am Festlandsockel,** soweit es sich um die Erforschung und Ausbeutung der Naturschätze des Meeresgrundes und des Meeresuntergrundes handelt (§ 1 Abs. 1 Satz 2 EStG). Die hier erzielten Einkünfte sind Einkünfte i. S. von § 49 EStG. Der gewöhnliche Aufenthalt auf einer Bohrinsel dürfte allerdings nicht ausreichend sei, um die unbeschränkte Steuerpflicht zu begründen. Im Schiffsregister eingetragene Kauffahrteischiffe und Seeschiffe unter deutscher Flagge gehören auch dann zum Inland, wenn sie sich auf hoher See befinden.[48] Gleiches gilt auch für deutsche Flugzeuge. Im Ausland belegene Grundstücke des Bundes und der Länder, z. B. Konsulargebäude, gehören nicht zum Inland. Im Besitz ausländischer Staaten befindli-

---

44 BFH vom 30.08.1989 I R 212/85 (BFH/NV 1990 S. 211).
45 BFH, BStBl 1984 II S. 11.
46 BFH, BStBl 1962 III S. 429.
47 BFH vom 27.04.2005 I R 112/04 (BFH/NV 2005 S. 1756).
48 BFH, BStBl 1987 II S. 377.

che, im Inland belegene Botschaftsgrundstücke sind einkommensteuerrechtlich Inland. Ab dem Veranlagungszeitraum 2008 gehört auch der Deutschland zustehende Anteil am Festlandsockel insoweit zum einkommensteuerrechtlichen Inland, soweit dieser der Energieerzeugung unter Nutzung erneuerbarer Energien dient.

2.3.7 Beschränkte und unbeschränkte Steuerpflicht während eines Kalenderjahres

Bei einem Wechsel während des Kalenderjahres zwischen unbeschränkter und beschränkter Steuerpflicht und umgekehrt sind die gesamten Einkünfte in eine **Veranlagung nach den Vorschriften der unbeschränkten Steuerpflicht** einzubeziehen (§ 2 Abs. 7 Satz 3 EStG). Es wird eine einheitliche Veranlagung nach den Grundsätzen der unbeschränkten Steuerpflicht durchgeführt. Die während der beschränkten Steuerpflicht erzielten Einkünfte i. S. von § 49 EStG sind nach §§ 49 ff. EStG zu ermitteln. Sie sind den unbeschränkt steuerpflichtigen Einkünften hinzuzurechnen. Die Abgeltungswirkung greift allerdings nach § 50 Abs. 2 Satz 2 Nr. 3 EStG nicht. Wegen des Progressionsvorbehalts werden auch die ausländischen Einkünfte einbezogen, die aufgrund von Doppelbesteuerungsabkommen im Inland nicht der Besteuerung unterliegen.[49] Während der Zeit der beschränkten Steuerpflicht sind Abzugsbeträge und Freibeträge nur im Rahmen von § 50 Abs. 1, Abs. 2 EStG zu gewähren. Veranlagungsart und Tarif bestimmen sich nach den Gegebenheiten während des Zeitraums der unbeschränkten Steuerpflicht.

2.4 Erweiterte unbeschränkte Steuerpflicht

Unbeschränkt einkommensteuerpflichtig sind nach § 1 Abs. 2 Satz 1 EStG auch deutsche Staatsangehörige, die keinen Wohnsitz oder gewöhnlichen Aufenthalt im Inland haben, wenn sie zu einer inländischen juristischen Person des öffentlichen Rechts in einem aktiven Dienstverhältnis stehen und dafür Arbeitslohn aus einer inländischen öffentlichen Kasse beziehen.

Das Dienstverhältnis kann öffentlich-rechtlicher oder zivilrechtlicher Art sein. Auch Angestellte und Arbeiter können neben Beamten unter den Anwendungsbereich der erweiterten unbeschränkten Steuerpflicht fallen.

Inländische juristische Personen des öffentlichen Rechts sind grundsätzlich alle öffentlich-rechtlichen Körperschaften, insbesondere Bund, Länder und Gemeinden einschließlich deren Anstalten und Stiftungen. Aber auch öffentlich-rechtliche Religionsgesellschaften, Berufskammern, Universitäten oder Rundfunk- und Fernsehanstalten fallen unter den Begriff der inländischen juristischen Person.[50]

---

49 BFH vom 15.05.2002 I R 40/01 (BStBl 2002 II S. 660).
50 Kessler, BB 1986 S. 1890.

2 Persönliche Steuerpflicht

Unter die erweiterte unbeschränkte Steuerpflicht fallen insbesondere **Bedienstete mit diplomatischem Status**. Sie gilt dagegen nicht für deutsche Beschäftigte internationaler Organisationen und auch nicht für Empfänger von Versorgungsbezügen. Auch Mitarbeiter des Goethe-Instituts mit Wohnsitz im Ausland stehen nicht zu einer inländischen juristischen Person des öffentlichen Rechts in einem Dienstverhältnis und sind daher nicht nach § 1 Abs. 2 EStG unbeschränkt einkommensteuerpflichtig.[51]

Die erweitere unbeschränkte Steuerpflicht tritt nach § 1 Abs. 2 Satz 2 EStG aber nur ein, wenn die Person in dem Staat ihres Wohnsitzes oder gewöhnlichen Aufenthalts lediglich in einem Umfang zu einer Steuer vom Einkommen herangezogen wird, der der beschränkten Einkommensteuerpflicht ähnlich ist. Ob eine Person in dem Staat, in dem sie ihren Wohnsitz oder gewöhnlichen Aufenthalt hat, lediglich in einem der beschränkten Einkommensteuerpflicht ähnlichen Umfang zu einer Steuer vom Einkommen herangezogen wird, ist nach den Vorschriften des maßgebenden ausländischen Steuerrechts zu prüfen.[52]

Deutsche Bedienstete der EU sind nicht nach § 1 Abs. 2 EStG unbeschränkt steuerpflichtig. Nach Art. 14 des Protokolls über die Vorrechte und Befreiungen der Europäischen Gemeinschaften vom 08.04.1965[53] werden sie – sowie deren Kinder und Ehegatten, soweit diese keine eigenen Bezüge haben – wie unbeschränkt Steuerpflichtige behandelt, wobei die EU-Bezüge nach Art. 13 i. V. m. Art. 14 des oben genannten Protokolls von innerstaatlichen Steuern befreit bleiben. **Deutsche Bedienstete der Vereinten Nationen** genießen nach Abschn. 18 des Übereinkommens vom 13.02.1946 über die Vorrechte und Befreiungen der Vereinten Nationen[54] ebenfalls Steuerbefreiung hinsichtlich der an sie gezahlten Bezüge. Die erweiterte unbeschränkte Steuerpflicht nach § 1 Abs. 2 EStG ist auf sie nicht anwendbar.

Die erweiterte unbeschränkte Steuerpflicht einer Person erstreckt sich auch auf deren **Angehörige** i. S. des § 15 AO, die zu ihrem Haushalt gehören und die entweder die deutsche Staatsangehörigkeit besitzen oder – im Fall einer ausschließlich ausländischen Staatsangehörigkeit – keine Einkünfte bzw. nur Einkünfte beziehen, die ausschließlich im Inland einkommensteuerpflichtig sind.

Hinsichtlich der Besteuerung bestehen grundsätzlich keine Unterschiede zur unbeschränkten Steuerpflicht nach § 1 Abs. 1 EStG.

2.5 Fiktive unbeschränkte Steuerpflicht

Auch natürliche Personen, die im Inland weder einen Wohnsitz noch ihren gewöhnlichen Aufenthalt haben und daher eigentlich als beschränkt steuerpflichtig anzuse-

---

[51] BFH, BStBl 2007 II S. 106.
[52] BFH, BStBl 2007 II S. 106.
[53] BGBl 1965 II S. 1482.
[54] BGBl 1980 II S. 941.

2.5 Fiktive unbeschränkte Steuerpflicht

hen sind, werden nach § 1 Abs. 3 Satz 1 EStG **auf Antrag** allgemein unter bestimmten Voraussetzungen **als unbeschränkt steuerpflichtig behandelt,** soweit sie inländische Einkünfte i. S. des § 49 EStG haben. Welche Staatsangehörigkeit diese Personen haben, ist ohne Bedeutung. Die fiktive unbeschränkte Steuerpflicht erfasst somit nicht nur Staatsangehörige der EU, sondern alle Auslandsbewohner mit Inlandseinkünften. Geltung hat die Regelung auch nicht nur für Grenzpendler im eigentlichen Sinne.

Erzielt werden müssen **inländische Einkünfte i. S. von § 49 EStG.** Die Einkunftsart ist nicht maßgeblich. Der Steuerpflichtige unterliegt nur mit diesen Einkünften der unbeschränkten Steuerpflicht. Erfasst wird also nicht das Welteinkommen.

Wirksam ist ein Antrag dieser Personen nach § 1 Abs. 3 Satz 2 EStG zunächst nur, wenn ihre gesamten Einkünfte im Kalenderjahr mindestens zu 90 % der deutschen Einkommensteuer unterliegen **(relative Grenze).**

Ein Antrag dieser Personen ist nach § 1 Abs. 3 Satz 2 und Satz 5 EStG ferner auch dann wirksam, wenn die nicht der deutschen Einkommensteuer unterliegenden Einkünfte den Grundfreibetrag nach § 32a Abs. 1 Satz 2 Nr. 1 EStG nicht übersteigen **(absolute Grenze).** Die Grundfreibeträge betragen ab dem Veranlagungszeitraum 2010 8.004 Euro, ab dem Veranlagungszeitraum 2013 8.130 Euro und ab dem Veranlagungszeitraum 2014 8.355 Euro. Die Höhe dieser Einkünfte muss durch eine Bescheinigung der zuständigen ausländischen Steuerbehörde nachgewiesen werden. Die jeweiligen Grundfreibeträge sind zu kürzen, soweit dies nach den Verhältnissen im Wohnsitzstaat notwendig und angemessen ist.[55]

Die **Bescheinigung der ausländischen Steuerbehörde** ist materielle Voraussetzung für die Veranlagung eines beschränkt Steuerpflichtigen als unbeschränkt steuerpflichtig nach § 1 Abs. 3 EStG.[56] Dies gilt auch dann, wenn der im Ausland ansässige Steuerpflichtige im Ansässigkeitsstaat keine Einkünfte erzielt und die ausländische Steuerbehörde demzufolge lediglich eine „Nullbescheinigung" ausstellen kann. Der Wortlaut von § 1 Abs. 3 Satz 5 EStG schließt das Verlangen einer „Nullbescheinigung" nicht aus.[57]

Die Einkunftsgrenzen des § 1 Abs. 3 EStG verstoßen nicht gegen das Gemeinschaftsrecht.[58]

Ermittlungszeitraum für die Schädlichkeitsgrenzen ist das Kalenderjahr. Dies gilt auch in den Fällen, in denen der Steuerpflichtige im Laufe des Kalenderjahres seine Einkommensteuerpflicht beginnt oder beendet. Die **Einkunftsermittlung** erfolgt nach deutschem Steuerrecht. Steuerfreie inländische Einkünfte sowie nach §§ 40 bis 40b EStG pauschal besteuerter Arbeitslohn bleiben bei der Ermittlung der

---

55 Vgl. insoweit die Ländergruppeneinteilung ab 2010 (BStBl 2009 I S. 1323), ab 2012 (BStBl 2011 I S. 961) und ab 2014 (BStBl 2013 I S. 1462).
56 BFH vom 08.09.2012 I R 80/09 (BStBl 2011 II S. 447).
57 BFH vom 08.09.2012 I R 80/09 (BStBl 2011 II S. 447).
58 EuGH, BStBl 1999 II S. 841; BFH, BStBl 2002 II S. 660.

51

2 Persönliche Steuerpflicht

Schädlichkeitsgrenzen außen vor. Nach § 1 Abs. 3 Satz 4 EStG sind nicht der deutschen Einkommensteuer unterliegende Einkünfte nicht bei der Ermittlung der Einkommensgrenzen zu berücksichtigen, wenn sie im Ausland nicht besteuert werden und soweit vergleichbare Einkünfte im Inland steuerfrei sind. Inländische Einkünfte, die nach einem Doppelbesteuerungsabkommen nur der Höhe nach beschränkt besteuert werden dürfen, gelten nach § 1 Abs. 3 Satz 3 EStG als nicht der deutschen Einkommensteuer unterliegend. Hierunter fallen in erster Linie Zinsen, Dividenden und Lizenzgebühren. Der Regelungsgehalt von § 1 Abs. 3 Satz 3 EStG bezieht sich nur auf § 1 Abs. 3 Satz 2 EStG. Auch die Einkünfte, für die Deutschland nur ein beschränktes Besteuerungsrecht besitzt, sind in die Veranlagung einzubeziehen.[59]

Zur Ermittlung der relativen Grenze werden auf der ersten Stufe sämtliche steuerbaren und steuerpflichtigen in- und ausländischen Einkünfte mit und ohne Inlandsbezug berücksichtigt, also die Welteinkünfte unabhängig von der Art der Steuererhebung und unabhängig davon, welchem Staat das Besteuerungsrecht zusteht. Hierbei bleiben die nicht der deutschen Einkommensteuer unterliegenden Einkünfte, die im Ausland nicht besteuert werden, soweit vergleichbare Einkünfte im Inland steuerfrei sind, nach § 1 Abs. 3 Satz 4 EStG unberücksichtigt. Auf der zweiten Stufe werden diese Einkünfte nach dem Verhältnis des in- und ausländischen Besteuerungsrechts aufgeteilt. Dabei gelten inländische Einkünfte, die nach einem Doppelbesteuerungsabkommen nur der Höhe nach beschränkt besteuert werden dürfen, nach § 1 Abs. 3 Satz 3 EStG als nicht der deutschen Einkommensteuer unterliegend. Inländische Kapitalerträge, die dem gesonderten Steuertarif nach § 32d Abs. 1 EStG unterliegen, sind auf der ersten Ermittlungsstufe für die relative Einkunftsgrenze zu berücksichtigen. Auf der zweiten Stufe sind diese als der deutschen Einkommensteuer unterliegend einzuordnen. Kapitalerträge aus ausländischer Quelle, die keine inländischen Einkünfte nach § 49 Abs. 1 Nr. 5 EStG darstellen, sind in die erste Stufe der Einkunftsgrenzenermittlung einzubeziehen. Sie sind auf der zweiten Stufe der Gruppe der Einkünfte zuzuordnen, die nicht der deutschen Einkommensteuer unterliegen.[60]

Beispiel:

Ein Inder, der in der Schweiz wohnt und in Deutschland arbeitet, ist auf Antrag als unbeschränkt Einkommensteuerpflichtiger zu behandeln, wenn er seine Einkünfte nahezu ausschließlich im Inland erzielt.

Die **Rechtsfolgen der fiktiven unbeschränkten Steuerpflicht** beschränken sich auf die inländischen Einkünfte i. S. von § 49 EStG. Auch betrifft § 1 Abs. 3 EStG nur die Besteuerung des fiktiv unbeschränkt Steuerpflichtigen selbst. Nicht möglich sind somit z. B. Ehegattenveranlagung und Splittingtarif.[61] Anwendung finden kann aber § 1a EStG. Zu beachten ist der Progressionsvorbehalt hinsichtlich der nicht der

---

[59] BFH vom 13.11.2002 I R 67/01 (BStBl 2003 II S. 587).
[60] FinMin Schleswig Holstein vom 21.06.2013 – S 2104–003 (juris).
[61] BFH, BStBl 2007 II S. 106.

deutschen Einkommensteuer unterliegenden Einkünfte nach § 32b Abs. 1 Nr. 5 EStG.

Der Steuerabzug nach § 50a EStG ist nach § 1 Abs. 3 Satz 6 EStG ungeachtet der Steuerpflicht nach § 1 Abs. 3 EStG vorzunehmen. Das Abgeltungsprinzip nach § 50 Abs. 2 EStG gilt nicht. Die Abzugsteuer ist nach § 36 Abs. 2 Nr. 2 EStG im Rahmen der Veranlagung zur unbeschränkten Steuerpflicht nach § 1 Abs. 3 EStG anzurechnen.

2.6 Fiktive unbeschränkte Steuerpflicht von EU- und EWR-Familienangehörigen

§ 1a EStG ist eine **Ergänzungsvorschrift zu § 1 Abs. 1 bis Abs. 3 EStG.** Die Vorschrift begründet keine besondere Form der unbeschränkten Einkommensteuerpflicht. Die Regelung in § 1a EStG ist abschließend.

2.6.1 Steuerliche Begünstigungen für EU- und EWR-Bürger

§ 1a EStG gilt für Steuerpflichtige, die unbeschränkt steuerpflichtig nach § 1 Abs. 1 EStG sind oder wie unbeschränkt Steuerpflichtige nach § 1 Abs. 3 EStG behandelt werden. Außerdem muss es sich um **Angehörige eines Mitgliedstaates der EU oder eines Staates, auf den der EWR-Vertrag anwendbar ist,** handeln. Mitgliedstaaten der EU sind neben Deutschland Belgien, Dänemark, Finnland, Österreich, Portugal, Spanien, Schweden, Estland, Lettland, Litauen, Malta, Polen, Slowakei, Slowenien, Tschechien, Ungarn, der griechische Teil von Zypern, Bulgarien, Rumänien und Kroatien. Der EWR-Vertrag ist anwendbar auf Island, Norwegen und Liechtenstein. Nicht einbezogen werden Steuerpflichtige mit Staatsangehörigkeiten aus anderen Staaten. Dies gilt auch für Steuerpflichtige aus Staaten, die mit der EU, wie z. B. die Türkei, assoziiert sind.[62]

Die Vergünstigungen nach § 1a Abs. 1 Nr. 1, Nr. 1a, Nr. 1b und Nr. 2 EStG beziehen sich auf in Deutschland nicht unbeschränkt steuerpflichtige Personen im Ausland, für welche die dort angesprochenen Vorschriften sonst nicht anwendbar wären. Die betreffenden Angehörigen müssen ihren Wohnsitz oder ihren gewöhnlichen Aufenthalt im Hoheitsgebiet eines Staates der EU oder des EWR haben oder zu einem Haushalt gehören, der in einem solchen Staat belegen ist. Ihre Staatsangehörigkeit ist gleichgültig.

Der EuGH hat mit Urteil vom 28.02.2013[63] entschieden, dass Eheleuten, die deutsche Staatsangehörige sind und mit ihren gesamten steuerpflichtigen Einkünften der Besteuerung in Deutschland unterliegen, das Recht auf Zusammenveranlagung unter Berücksichtigung des Splittingverfahrens nicht allein deshalb verweigert wer-

---

62 EuGH vom 30.09.1987 C-12/86 (EuGHE 1987 S. 3719).
63 C-425/11 (DStR 2013 S. 514).

den darf, weil sie ihren Wohnsitz in der Schweiz haben. Darüber hinaus ist § 1a Abs. 1 EStG bei Staatsangehörigen eines EU- oder EWR-Staates auch dann anwendbar, wenn die in § 1a Abs. 1 EStG genannten Personen ihren Wohnsitz oder gewöhnlichen Aufenthalt in der Schweiz haben[64].

Liegen die genannten Voraussetzungen vor, ermöglicht § 1a EStG bei den nach § 1 Abs. 1 bzw. Abs. 3 EStG unbeschränkt Steuerpflichtigen

- den Abzug von Unterhaltsleistungen an den geschiedenen oder dauernd getrennt lebenden Ehegatten als Sonderausgaben nach § 10 Abs. 1 Nr. 1 EStG (§ 1a Abs. 1 Nr. 1 EStG).

Die Berücksichtigung erfolgt nur unter der Voraussetzung, dass der Empfänger seinen Wohnsitz oder gewöhnlichen Aufenthalt im Hoheitsgebiet eines anderen EU- bzw. EWR-Staates hat und die Besteuerung der Unterhaltszahlung beim Empfänger durch eine Bescheinigung der zuständigen ausländischen Steuerbehörde nachgewiesen werden kann. Die Bescheinigung tritt an die Stelle der sonst erforderlichen Zustimmung des empfangenden Ehegatten. Auf die Art der ausländischen Besteuerung kommt es nicht an. Gleiches gilt auch für die Staatsangehörigkeit des unterhaltsberechtigten Ehegatten. Dem unterhaltsgewährenden Ehegatten ist der Sonderausgabenabzug zu versagen, wenn der im Ausland lebende geschiedene oder dauernd getrennt lebende Ehegatte die Unterhaltsleistungen nach ausländischem Recht nicht zu versteuern hat, da das ausländische Recht deren Versteuerung nicht vorsieht.[65] Diese Regelung ist mit Art. 18 Abs. 1 und Art. 21 Abs. 1 AEUV vereinbar.[66]

- den Abzug von auf besonderen Verpflichtungsgründen beruhenden Versorgungsleistungen als Sonderausgaben nach § 10 Abs. 1 Nr. 1a EStG (§ 1a Abs. 1 Nr. 1a EStG).

Der Abzug kommt auch dann in Betracht, wenn der Empfänger nicht i. S. von § 1 Abs. 1 EStG unbeschränkt steuerpflichtig ist. Voraussetzung ist auch hier, dass der Empfänger in einem Mitgliedstaat der EU bzw. des EWR wohnt und er die Besteuerung der Versorgungsleistungen durch eine Bescheinigung der zuständigen ausländischen Steuerbehörde nachweist.

- den Abzug von Ausgleichszahlungen im Rahmen des Versorgungsausgleichs nach §§ 20, 21, 22, 26 VersAusglG, §§ 1587f, 1587g, 1587i BGB a. F.[67] und § 3a VersorgAusglHärteG a. F.[68] nach § 10 Abs. 1 Nr. 1b EStG (§ 1a Abs. 1 Nr. 1a EStG).

---

64 BMF vom 16.09.2013 – IV C 3 – S 1325/11/10014 (BStBl 2013 I S. 1325).
65 BFH vom 13.12.2005 XI R 5/02 (BFH/NV 2006 S. 1069).
66 EuGH vom 12.07.2005 C-403/03 (DStR 2005 S. 1265).
67 Aufgehoben durch VersAusglG vom 01.09.2009, BGBl 2009 I S. 700.
68 Aufgehoben durch VersAusglG vom 01.09.2009, BGBl 2009 I S. 700.

2.6 Fiktive unbeschränkte Steuerpflicht von EU- und EWR-Familienangehörigen

Der Abzug kommt auch dann in Betracht, wenn der Empfänger nicht i. S. von § 1 Abs. 1 EStG unbeschränkt steuerpflichtig ist. Voraussetzung ist auch hier, dass der Empfänger in einem Mitgliedstaat der EU bzw. des EWR wohnt und er die Besteuerung der Ausgleichszahlungen durch eine Bescheinigung der zuständigen ausländischen Steuerbehörde nachweist.

- auf Antrag die Zusammenveranlagung mit dem nicht dauernd getrennt lebenden Ehegatten ohne Wohnsitz oder gewöhnlichen Aufenthalt im Inland, der für die Anwendung von § 26 Abs. 1 Satz 1 EStG als unbeschränkt steuerpflichtig behandelt wird (§ 1a Abs. 1 Nr. 2 EStG).

Danach ist die Zusammenveranlagung nach § 26 Abs. 1 Satz 1 EStG auch dann zu gewähren, wenn der nicht dauernd getrennt lebende Ehegatte keinen Wohnsitz oder gewöhnlichen Aufenthalt im Inland, sondern in einem anderen EU- bzw. EWR-Staat hat. Dabei ist nach § 1a Abs. 1 Nr. 2 Satz 3 EStG bei der Anwendung von § 1 Abs. 3 Satz 2 EStG auf die Einkünfte beider Ehegatten abzustellen und der Grundfreibetrag nach § 32a Abs. 1 Satz 2 Nr. 1 EStG zu verdoppeln. Hierbei kommt es nicht darauf an, wie sich die ausländischen Einkünfte bis zu diesem verdoppelten Betrag auf die Ehegatten verteilen. Die Ländergruppeneinteilung findet ebenfalls Anwendung.[69] Die Regelung in § 1a Abs. 1 Nr. 2 Satz 3 EStG gilt nur für unbeschränkt Steuerpflichtige nach § 1 Abs. 3 EStG, nicht dagegen für unbeschränkt Steuerpflichtige nach § 1 Abs. 1 EStG.[70]

Im Fall einer unbeschränkten Steuerpflicht nach § 1 Abs. 3 EStG ist Voraussetzung für eine Zusammenveranlagung zunächst, dass der Steuerpflichtige selbst, der zunächst an sich nur beschränkt steuerpflichtig ist, die Voraussetzungen der unbeschränkten Steuerpflicht auf Antrag nach § 1 Abs. 3 EStG in seiner Person erfüllt. Dazu ist in einem ersten Schritt zu prüfen, ob die Einkünfte dieses Ehegatten mindestens zu 90 % der deutschen Einkommensteuer unterliegen oder ob die nicht der deutschen Einkommensteuer unterliegenden Einkünfte dieses Ehegatten den einfachen Grundfreibetrag nicht übersteigen. Nur wenn die Voraussetzungen des § 1 Abs. 3 EStG gegeben sind, kommt in einem zweiten Schritt die Prüfung einer Zusammenveranlagung in Betracht. Dabei ist neben weiteren Voraussetzungen nach § 1a Abs. 1 Nr. 2 Satz 3 EStG zu prüfen, ob die gemeinsamen Einkünfte beider Ehegatten mindestens zu 90 % der deutschen Einkommensteuer unterliegen oder ob die nicht der deutschen Einkommensteuer unterliegenden Einkünfte den doppelten Grundfreibetrag nicht übersteigen.

Des Weiteren muss sich die Bescheinigung der ausländischen Steuerbehörde über die Höhe der nicht der deutschen Einkommensteuer unterliegenden Einkünfte nach § 1 Abs. 3 Satz 4 EStG auch auf die Einkünfte des Ehegatten beziehen.

---

69 Vgl. insoweit die Ländergruppeneinteilung ab 2010 (BStBl 2009 I S. 1323), ab 2012 (BStBl 2011 I S. 961) und ab 2014 (BStBl 2013 I S. 1462).
70 BFH vom 08.09.2010 I R 28/10 (BStBl 2011 II S. 269).

2 Persönliche Steuerpflicht

Beispiele:
a) A ist Deutscher und verheiratet. Er wohnt in Belgien und arbeitet in Deutschland. Seine Einkünfte unterliegen ausschließlich der deutschen Einkommensteuer. Auf Antrag unterliegt A der unbeschränkten Steuerpflicht nach § 1 Abs. 3 EStG. Die Eheleute können nach § 1a Abs. 1 Nr. 2 EStG zusammen veranlagt werden.
b) A ist Deutscher und verheiratet. Die Eheleute wohnen in der Schweiz. Die Einkünfte von A unterliegen ausschließlich der deutschen Einkommensteuer. A ist auf Antrag unbeschränkt steuerpflichtig nach § 1 Abs. 3 EStG. Eine Zusammenveranlagung nach § 1a Abs. 1 Nr. 2 EStG kommt nicht in Betracht. Der Wohnsitz befindet sich nicht in einem EU- oder EWR-Staat.

2.6.2 Steuerliche Begünstigungen für nicht im Ausland ansässige Angehörige des öffentlichen Dienstes

§ 1a EStG gilt über § 1a Abs. 2 EStG auch für öffentlich Bedienstete mit diplomatischem oder konsularischem Status im Ausland, die mit ihren Ehegatten nicht die Voraussetzungen der unbeschränkten Steuerpflicht nach § 1 Abs. 2 EStG erfüllen, aber i. S. des § 1 Abs. 3 Satz 2 bis 5 EStG ausschließlich oder fast ausschließlich ihre Einkünfte im Inland erzielen. Dies ist z. B. der Fall bei deutschen Diplomaten, die gemeinsam mit ihrem Ehegatten nicht unbeschränkt steuerpflichtig sind, weil der Ehegatte nicht die deutsche Staatsangehörigkeit besitzt und eigene Einkünfte im Ausland erzielt.

§ 1a Abs. 2 EStG richtet sich ferner an nicht bevorrechtigte Angehörige des öffentlichen Dienstes, die die Voraussetzungen einer fiktiven unbeschränkten Steuerpflicht nach § 1 Abs. 3 EStG erfüllen und an einem ausländischen Dienstort tätig sind. Bei dem ausländischen Dienstort muss es sich um einen Ort außerhalb der EU oder des EWR handeln. Soweit sich bei ihnen der Dienstort im Raum der EU oder des EWR befindet, werden die familienbezogenen Entlastungen bereits nach § 1a Abs. 1 EStG gewährt.

Die Regelung gilt nicht für öffentlich Bedienstete, die aus privaten Gründen im Ausland wohnen. Gleiches gilt auch für Versorgungsempfänger mit bloßem Auslandswohnsitz.

Auf den genannten Personenkreis findet § 1a Abs. 1 Nr. 2 EStG Anwendung mit der Maßgabe, dass auf Wohnsitz und gewöhnlichen Aufenthalt im Staat des ausländischen Dienstorts abzustellen ist.

3 Sachliche Steuerpflicht

3.1 Allgemeines

§ 2 EStG regelt die im Einkommensteuerrecht allgemein geltenden Grundbegriffe.

Gegenstand der Einkommensbesteuerung ist das Einkommen. Der Gesetzgeber hat sich bei der Abgrenzung und Umschreibung des Einkommensbegriffs keiner der bestehenden Lehrmeinungen zum Wirtschaftsbegriff des Einkommens angeschlossen. Er hat vielmehr einen selbständigen Einkommensbegriff geprägt.

Einkommen ist nach § 2 Abs. 4 EStG der Gesamtbetrag der Einkünfte, vermindert um die Sonderausgaben und die außergewöhnlichen Belastungen.

Die tarifliche Einkommensteuer bemisst sich jedoch nicht (nur) nach dem Einkommen i. S. des § 2 Abs. 4 EStG. Bemessungsgrundlage für die tarifliche Einkommensteuer ist nach § 2 Abs. 5 EStG vielmehr das **zu versteuernde Einkommen,** d. h. das Einkommen, vermindert um die Freibeträge für Kinder nach § 32 Abs. 6 EStG und um die sonstigen Beträge, die vom Einkommen abzuziehen sind.

Aus den Regelungen in § 2 EStG ergeben sich jedoch nicht alle Schritte, die man gehen muss, um zur festzusetzenden Einkommensteuer zu gelangen. Diese Vorschriften sind insoweit unvollständig. Man muss daher auf weitere Vorschriften zurückgreifen, um zum Gesamtbetrag der Einkünfte, zum Einkommen, zum zu versteuernden Einkommen und zur festzusetzenden Einkommensteuer zu gelangen. **Die einzelnen Ermittlungsschritte** ergeben sich aus der nachfolgend dargestellten Übersicht.

Das **zu versteuernde Einkommen** ist für **Veranlagungszeiträume ab 2012** wie folgt zu ermitteln (R 2 EStR):

    Summe der Einkünfte aus den Einkunftsarten

=   Summe der Einkünfte
-   Altersentlastungsbetrag (§ 24a EStG)
-   Entlastungsbetrag für Alleinerziehende (§ 24b EStG)
-   Freibetrag für Land- und Forstwirte (§ 13 Abs. 3 EStG)
+   Hinzurechnungsbetrag (§ 52 Abs. 3 Satz 5 EStG sowie § 8 Abs. 5 Satz 2 AIG)

=   Gesamtbetrag der Einkünfte (§ 2 Abs. 3 EStG)
-   Verlustabzug nach § 10d EStG
-   Sonderausgaben (§§ 10, 10a, 10b, 10c EStG)
-   außergewöhnliche Belastungen (§§ 33 bis 33b EStG)

3 Sachliche Steuerpflicht

- Steuerbegünstigung der zu Wohnzwecken genutzten Wohnungen, Gebäude und Baudenkmale sowie der schutzwürdigen Kulturgüter (§§ 10e bis 10i EStG, § 52 Abs. 21 Satz 6 EStG i. d. F. vom 16.04.1997, BGBl I S. 821 und § 7 FördG)
+ Erstattungsüberhänge (§ 10 Abs. 4b Satz 3 EStG)
+ zuzurechnendes Einkommen gem. § 15 Abs. 1 AStG

= Einkommen (§ 2 Abs. 4 EStG)
- Freibeträge für Kinder (§§ 31, 32 Abs. 6 EStG)
- Härteausgleich nach § 46 Abs. 3 EStG, § 70 EStDV

= zu versteuerndes Einkommen (§ 2 Abs. 5 EStG)

Die **festzusetzende Einkommensteuer** für **Veranlagungszeiträume ab 2012** wird wie folgt ermittelt (R 2 EStR):

Steuerbetrag

a) nach § 32a Abs. 1, 5, § 50 Abs. 1 Satz 2 EStG

oder

b) nach dem bei Anwendung des Progressionsvorbehalts (§ 32b EStG) oder der Steuersatzbegrenzung sich ergebenden Steuersatz

+ Steuer aufgrund Berechnung nach den §§ 34, 34b EStG
+ Steuer aufgrund der Berechnung nach § 34a Abs. 1, 4 bis 6 EStG

= tarifliche Einkommensteuer (§ 32a Abs. 1, 5 EStG)
- Minderungsbetrag nach Punkt 11 Ziffer 2 des Schlussprotokolls zu Art. 23 DBA Belgien in der durch Art. 2 des Zusatzabkommens vom 05.11.2002 geänderten Fassung (BGBl 2003 II S. 1615)
- ausländische Steuern nach § 34c Abs. 1 und 6 EStG, § 12 AStG
- Steuerermäßigung nach § 35 EStG
- Steuerermäßigung für Steuerpflichtige mit Kindern bei Inanspruchnahme erhöhter Absetzungen für Wohngebäude oder der Steuerbegünstigungen für eigengenutztes Wohneigentum (§ 34f Abs. 1 und 2 EStG)
- Steuerermäßigung bei Zuwendungen an politische Parteien und unabhängige Wählervereinigungen (§ 34g EStG)
- Steuerermäßigung nach § 34f Abs. 3 EStG
- Steuerermäßigung nach § 35a EStG
- Ermäßigung bei Belastung mit Erbschaftsteuer (§ 35b EStG)
+ Steuer aufgrund Berechnung nach § 32d Abs. 3 und 4 EStG
+ Steuern nach § 34c Abs. 5 EStG
+ Nachsteuer nach § 10 Abs. 5 EStG i. V. m. § 30 EStDV
+ Zuschlag nach § 3 Abs. 4 Satz 2 Forstschäden-Ausgleichsgesetz
+ Anspruch auf Zulage für Altersvorsorge, wenn Beiträge als Sonderausgaben abgezogen worden sind (§ 10a Abs. 2 EStG)

\+ Anspruch auf Kindergeld oder vergleichbare Leistungen, soweit in den Fällen des § 31 EStG das Einkommen um Freibeträge für Kinder gemindert wurde

-----

= festzusetzende Einkommensteuer (§ 2 Abs. 6 EStG)

Die Einkommensteuer wird vom Prinzip der **Besteuerung nach der individuellen Leistungsfähigkeit** beherrscht. Nach dem **objektiven Nettoprinzip** werden nur die Einkünfte als Nettogrößen (Gewinn oder Überschuss der Einnahmen über die Werbungskosten) erfasst. Dieses muss nach dem Maßstab des Gleichheitssatzes (Art. 3 Abs. 1 GG) folgerichtig und widerspruchsfrei umgesetzt werden. Dem Gesetzgeber steht insoweit aber ein Gestaltungsspielraum für generalisierende, typisierende und pauschalierende Regelungen zu. Vom Gesamtbetrag der Einkünfte sind die existenzsichernden Aufwendungen (Sonderausgaben und außergewöhnliche Belastungen) abzuziehen. Hierdurch wird das **subjektive Nettoprinzip verwirklicht.** Im Ergebnis wird im Rahmen des Einkommensteuerrechts die Besteuerung nach der persönlichen Leistungsfähigkeit erreicht durch den Abzug von Sonderausgaben und außergewöhnlichen Belastungen (§ 2 Abs. 4 EStG), durch den Abzug der Kinderfreibeträge des § 32 Abs. 6 EStG (§ 2 Abs. 5 EStG) sowie des Grundfreibetrages (§ 32a EStG).

3.2 Einkunftsarten

Das Einkommensteuergesetz zählt **7 Einkunftsarten** auf, die der Einkommensteuer unterliegen (§ 2 Abs. 1 EStG). Diese sind:

1. Einkünfte aus Land- und Forstwirtschaft,
2. Einkünfte aus Gewerbebetrieb,
3. Einkünfte aus selbständiger Arbeit,
4. Einkünfte aus nichtselbständiger Arbeit,
5. Einkünfte aus Kapitalvermögen,
6. Einkünfte aus Vermietung und Verpachtung,
7. sonstige Einkünfte i. S. des § 22 EStG.

Die §§ 13 bis 24 EStG bestimmen eingehend, welche Einkünfte bei den einzelnen Einkunftsarten erfasst werden. Dabei kann ein Steuerpflichtiger Einkünfte aus mehreren Einkunftsarten nebeneinander erzielen.

Die einzelnen Einkunftsarten stehen nicht alle gleichrangig nebeneinander, sondern das Gesetz begründet teilweise ein **Vorrangverhältnis**. Dabei können Einkünfte aus einigen Einkunftsarten, z. B. Kapitalvermögen oder Vermietung und Verpachtung, nur dann angenommen werden, wenn die Einkünfte nicht schon einer anderen Einkunftsart zuzurechnen sind (subsidiärer Charakter). So sind z. B. Kapitalvermögens- oder Vermietungserträge, die im Rahmen eines Gewerbebetriebs anfallen, Einkünfte aus Gewerbebetrieb.

3 Sachliche Steuerpflicht

Die **Abgrenzung zwischen den verschiedenen Einkunftsarten** ist von besonderer Bedeutung. Die einzelnen Einkunftsarten weisen so wesentliche Eigengesetzlichkeiten auf, dass der Umfang der Steuerpflicht dadurch weitgehend beeinflusst wird.

- Die Maßstäbe hinsichtlich der Einkünfteermittlung sind unterschiedlich. Zu unterscheiden ist zwischen Gewinn- und Überschusseinkünften. Im Rahmen der Gewinneinkünfte kann die Gewinnermittlung erfolgen durch Bilanzierung oder Einnahmenüberschussrechnung, wobei Land- und Forstwirte auch die Möglichkeit der Gewinnermittlung nach § 13a EStG haben.

- Die Einkunftsart bestimmt die Art der Steuererhebung. So wird z. B. bei den Einkünften aus nichtselbständiger Arbeit die Einkommensteuer durch den Lohnsteuerabzug erhoben oder bei den Einkünften aus Kapitalvermögen durch den Abzug vom Kapitalertrag bzw. durch die Abgeltungsteuer.

- Der Verlustausgleich und der Verlustabzug sind je nach Einkunftsart unterschiedlich ausgestaltet (vgl. z. B. § 15 Abs. 4, §§ 15a oder 20 Abs. 6 EStG).

- Je nach Einkunftsart kommen unterschiedliche Befreiungen, Freibeträge und Freigrenzen in Betracht (vgl. z. B. §§ 3, 13 Abs. 3, § 16 Abs. 4 oder § 20 Abs. 9 EStG).

- Erwerbsaufwendungen werden je nach Einkunftsart unterschiedlich pauschaliert (vgl. z. B. § 3 Nr. 26 oder § 9a Abs. 1 Satz 1 EStG).

Erfüllt ein Verhalten eines Steuerpflichtigen einen steuerbaren Tatbestand, ist dies unabhängig davon der Besteuerung zugrunde zu legen, ob dieses Tun oder Unterlassen **gegen ein gesetzliches Gebot oder Verbot verstößt oder sittenwidrig ist** (z. B. Geschäfte des Schwarzhandels oder des Schmuggels). Scheingeschäfte und Scheinhandlungen sind steuerlich unbeachtlich (§ 41 Abs. 2 AO).

Die Aufzählung der einzelnen Einkunftsarten im § 2 Abs. 1 EStG ist **erschöpfend.** Welche Vermögensmehrungen unter die sieben Einkunftsarten fallen, wird in den §§ 13 bis 24 EStG im Einzelnen in dem Sinne festgelegt, dass andere Vermögensmehrungen nicht der Einkommensbesteuerung unterliegen. Auch was zu den sonstigen Einkünften des § 2 Abs. 1 Nr. 7 EStG zählt, wird in den §§ 22, 23 EStG abschließend erwähnt. Daher unterliegt z. B. der Verkauf eines privaten Grundstücks grundsätzlich nicht der Einkommensbesteuerung, wenn es sich nicht um ein privates Veräußerungsgeschäft handelt.

3.3 Nicht steuerbare Zuflüsse

3.3.1 Gewinne und Verluste aus Liebhaberei

3.3.1.1 Begriff und Rechtsfolgen der Liebhaberei

Nicht jede Betätigung, die nach ihren äußeren Merkmalen unter eine der in § 2 Abs. 1 i. V. m. §§ 13 bis 24 EStG umschriebenen Einkunftsarten fällt, ist einkommensteuerlich als bedeutsam anzusehen. Sofern es sich nämlich um Liebhaberei handelt, bleiben Gewinn und Verlust bzw. Überschuss und Verlust aus der Betätigung einkommensteuerlich außer Ansatz. Die Liebhaberei zählt zu keiner Einkunftsart. Bei ihr handelt es sich um eine Betätigung, die nicht Ausdruck eines wirtschaftlichen, auf Erzielung von Erträgen gerichteten Verhaltens ist, sondern auf **privaten Neigungen** beruht.[1]

Als Betätigung, die Liebhaberei sein kann, ist bei den Gewinneinkünften i. d. R. auf den Betrieb oder Teilbetrieb abzustellen,[2] sodass es nicht möglich ist, einzelne überhöhte Aufwendungen unter dem Gesichtspunkt der Liebhaberei nicht zum Abzug zuzulassen, den verbleibenden Gewinn aber einkommensteuerlich zu erfassen. Bei den Überschusseinkünften kommt es i. d. R. auf den einzelnen Vermögensgegenstand an, z. B. das Gebäude bei der Einkunftsart Vermietung und Verpachtung.

Der Dualismus der Einkunftsarten und einkunftsspezifische Besonderheiten machen es erforderlich, zunächst die Einkunftsart zu klären, bevor die Frage der Liebhaberei zu prüfen ist.[3]

Es kommt für die Abgrenzung zur Liebhaberei auf die **Absicht der Einkünfteerzielung** an. Für diese innere Tatsache müssen aber äußere Umstände vorliegen, aus denen auf ihr Vorhandensein geschlossen werden kann. Auf das Fehlen der Einkünfteerzielungsabsicht als innere Tatsache kann nur aus objektiven Umständen und Verhältnissen geschlossen werden, wie umgekehrt eine bloße Absichtserklärung für die Annahme einer Einkünfteerzielungsabsicht nicht ausreicht.[4] Dabei bedeuten Gewinn eine Betriebsvermögensmehrung im Sinne eines Totalgewinns, d. h. eines Gewinns in der Zeit von der Gründung des Betriebs bis zu seiner Veräußerung, Aufgabe oder Liquidation, und Überschuss ein Mehr an Vermögen gegenüber dem bei Beginn der Tätigkeit eingesetzten Kapital.[5]

Einkünfteerzielungsabsicht verlangt das Streben nach einer Mehrung des Vermögens in Form eines **Totalgewinns bzw. Totalüberschusses in der Totalperiode.** In die vorzunehmende Totalgewinn- bzw. Totalüberschussprognose sind Veräußerungsgewinne nur im Rahmen der Gewinneinkünfte, nicht dagegen bei den Überschusseinkünften einzubeziehen.[6] Nicht steuerbare bzw. steuerfreie Einnahmen sowie nichtabzugsfähige Aufwendungen bleiben bei der Ergebnisprognose außer Ansatz.[7] Für die Berechnung ist auf die tatsächlichen Aufwendungen und Erträge abzustellen. Einen Mindestumfang für den Totalgewinn bzw. Totalüberschuss gibt

---

1 BFH, BStBl 1980 II S. 152.
2 BFH, BStBl 1986 II S. 516.
3 BFH vom 29.03.2001 IV R 88/99 (BStBl 2002 II S. 791).
4 BFH, BStBl 1985 II S. 205.
5 BFH, BStBl 1987 II S. 10, 778.
6 BFH, BStBl 1987 II S. 668.
7 BFH, BStBl 1984 II S. 751.

es nicht. Keine Einkünfteerzielungsabsicht liegt allerdings vor, wenn das Streben des Steuerpflichtigen lediglich auf eine Deckung der Selbstkosten zielt.[8] Bei einer **Personengesellschaft** muss die Gewinnerzielungsabsicht auf eine Mehrung des Betriebsvermögens der Gesellschaft einschließlich der Sonder-Betriebsvermögen der Gesellschafter gerichtet sein.[9] Bei Beurteilung der Einkünfteerzielungsabsicht in den Fällen der Umqualifizierung der Einkünfte nach § 15 Abs. 3 EStG sind die Einkünfte im Rahmen eines Betriebsvermögensvergleichs unter Einbeziehung eines Veräußerungs- bzw. Aufgabegewinns zu ermitteln.

Der Beurteilungsspielraum für die Totalgewinnprognose umfasst nur bei **neu eröffneten Betrieben** die gesamte Lebensdauer des Unternehmens von der Gründung bis zur voraussehbaren Aufgabe oder Veräußerung. Dagegen beschränkt sich der Beurteilungsspielraum für die Totalgewinnprognose bei **gewinnzielenden Betrieben, die erst nach Jahren in die Verlustzone** geraten, ausschließlich auf die verbleibenden Jahre bis zur voraussichtlichen Aufgabe oder Veräußerung.[10]

Fällt die Ergebnisprognose positiv aus, kann also langfristig mit einem Totalgewinn bzw. Totalüberschuss gerechnet werden, ist die Einkünfteerzielungsabsicht stets zu bejahen.

Allerdings führt eine negative Ergebnisprognose nicht stets zur Annahme der Liebhaberei. Das wirtschaftlich erfolglose Unternehmen, bei dem sich die wirtschaftlichen Bedingungen wider Erwarten als negativ erweisen, wird deshalb noch nicht ohne Gewinnabsicht betrieben. Liebhaberei liegt bei einer negativen Ergebnisprognose vielmehr erst dann vor, wenn aus weiteren Beweisanzeichen die Feststellung möglich ist, dass der Steuerpflichtige die verlustbringende Tätigkeit nur aus im Bereich seiner Lebensführung liegenden **persönlichen Gründen oder Neigungen** ausübt. Hierzu gehören z. B. die Absicht zur Erzielung von Steuerersparnissen oder die Art der Tätigkeit, wie z. B. der Betrieb eines Weinbergs, die Vermietung eines Motorboots oder die temporär eigengenutzte Ferienwohnung. Diese können aber auch darin bestehen, dass eine Betätigung durch den Steuerpflichtigen nur aufgenommen wird, um seinen Kindern nach Abschluss von deren Ausbildung die Fortführung der entsprechenden Tätigkeit zu ermöglichen.[11] Dauerhafte Verluste werden auch dann aus persönlichen Gründen hingenommen, wenn die Fortführung der verlustbringenden Tätigkeit den Abzug von Gehaltszahlungen an nahe Angehörige als Betriebsausgaben ermöglichen soll.[12]

Besonderheiten gelten für **Anlaufverluste**. Verluste aus der Anlaufzeit von neu gegründeten Betrieben können nur dann steuerlich nicht anerkannt werden, wenn aufgrund der vorgegebenen Entwicklung des Betriebs eindeutig feststeht, dass der

---

8 BFH, BStBl 1985 II S. 549.
9 BFH vom 21.08.1990 VIII R 25/86 (BStBl 1991 II S. 564).
10 BFH, BStBl 2004 II S. 455.
11 BFH, BStBl 2002 II S. 276.
12 BFH, BStBl 2004 II S. 455.

3.3 Nicht steuerbare Zuflüsse

Betrieb, so wie ihn der Steuerpflichtige betrieben hat, von vornherein nicht in der Lage war, nachhaltig Gewinne zu erzielen, und er deshalb nach objektiver Beurteilung von Anfang an keine Einkunftsquelle im Sinne des Einkommensteuerrechts dargestellt hat.[13] Bei neu gegründeten Betrieben spricht allerdings der Beweis des ersten Anscheins für eine Gewinnerzielungsabsicht. Etwas anderes gilt, wenn die Art des Betriebs bzw. seine Bewirtschaftung von vornherein dagegenspricht, weil das Unternehmen nach der Lebenserfahrung typischerweise dazu bestimmt und geeignet ist, persönlichen Neigungen des Steuerpflichtigen oder der Erlangung wirtschaftlicher Vorteile außerhalb der Einkommenssphäre zu dienen.[14] Die Anlaufzeit eines neu aufgebauten Betriebs, während der die allgemeinen Grundsätze für die Annahme steuerlicher Liebhaberei i. d. R. nicht gelten, ist nach der Eigenart des Betriebs jeweils betriebsspezifisch festzulegen.[15] Anlaufverluste werden nur bei den Gewinn-, nicht aber bei den Überschusseinkünften anerkannt.

Ob eine Tätigkeit der steuerrechtlich relevanten Einkunftserzielung oder dem Bereich der Liebhaberei zuzuordnen ist, muss bei **beschränkt Steuerpflichtigen** nach denselben Kriterien wie bei unbeschränkt Steuerpflichtigen beurteilt werden. Das Fehlen einer Gewinnerzielungsabsicht ist kein im Ausland gegebenes Besteuerungsmerkmal, das nach § 49 Abs. 2 EStG außer Betracht bleiben kann.[16]

Erscheint die Einkünfteerzielungsabsicht zweifelhaft, kann das Finanzamt über mehrere Jahre **vorläufige Steuerbescheide** gem. § 165 AO erlassen.[17]

Der **Übergang** von einer einkünfterelevanten Betätigung im Rahmen einer Gewinneinkunftsart zu einer Liebhaberei führt nicht zwangsweise zu einer Betriebsaufgabe. Der Betriebsinhaber hat allerdings die Möglichkeit, die Betriebsaufgabe zu erklären. Es entsteht dann ein nach §§ 16, 34 EStG begünstigter Aufgabegewinn. Sofern keine Betriebsaufgabeerklärung vorliegt, sind die stillen Reserven in jedem Wirtschaftsgut des Anlagevermögens auf den Zeitpunkt, ab dem ein Liebhabereibetrieb vorliegt, gesondert und bei mehreren Beteiligten einheitlich festzustellen. Die stillen Reserven stellen dabei die Differenz zwischen dem Verkehrswert und dem Buchwert dar.

Der Übergang von einem Liebhabereibetrieb zur Einkünfteerzielung stellt eine Betriebseröffnung dar. Bei den Gewinneinkünften sind die der nun einkunftsrelevanten Tätigkeit gewidmeten Wirtschaftsgüter mit ihrem Teilwert bzw. mit ihren fortgeführten Anschaffungskosten anzusetzen.

Die Frage, ob eine bestimmte Tätigkeit als Liebhaberei oder als steuerlich beachtliche Tätigkeit einzuordnen ist, kann nicht Gegenstand einer verbindlichen Zusage

---

[13] BFH vom 11.04.1990 I R 22/88 (BFH/NV 1990 S. 768).
[14] BFH vom 09.03.1999 X B 156/98 (BFH/NV 1999 S. 1204).
[15] BFH vom 02.08.1994 VIII R 55/93 (BFH/NV 1995 S. 866).
[16] BFH, BStBl 2002 II S. 861.
[17] BFH, BStBl 1990 II S. 278.

i. S. des § 204 AO sein, da dies erst nach einer mehrjährigen Beobachtungsphase prognostiziert werden kann.[18]

3.3.1.2 Abgrenzung zwischen Land- und Forstwirtschaft und Liebhaberei

Erscheint nach der Wesensart und der Art seiner Bewirtschaftung ein – wenn auch bescheidener – Gewinn des Betriebsinhabers erreichbar, dann ist ein land- und forstwirtschaftlicher Erwerbsbetrieb auch dann anzunehmen, wenn der Betrieb im Übrigen nicht nach den Maßstäben der landwirtschaftlichen Betriebswirtschaftslehre rationell bewirtschaftet wird.[19] Ist nach der Größe des Betriebs, der Bodenqualität, den klimatischen Verhältnissen, der Bewässerung und ähnlichen, die Wesensart des Betriebs bestimmenden Faktoren sowie ferner nach der Anbauart, dem Einsatz von Mensch und Maschinen und anderen die Art der Bewirtschaftung bestimmenden Faktoren mit Gewinn zu rechnen, kommt es nicht darauf an, dass der Steuerpflichtige auch im Übrigen so rationell wie möglich verfährt. Er darf seinen Betrieb, auch wenn er wegen seiner Betriebsgröße bei betriebswirtschaftlicher Betrachtung von ihm selbst bewirtschaftet werden müsste, durch einen Verwalter bewirtschaften lassen, sofern auch dann noch ein positives Ergebnis erwartet werden kann.

Ergibt sich für einen langen Zeitraum, dass der Steuerpflichtige nachhaltig nur Verluste erzielt, und kann er diese Verluste überhaupt nur wegen seiner erheblichen anderen Einkünfte, wegen seines Vermögens oder wegen erheblicher Zuschüsse von Seiten nahestehender Personen verkraften, so kann demgegenüber der Einwand, er habe aber Gewinne erzielen wollen und bei theoretisch optimalen Bedingungen auch erzielen können, in aller Regel keine Bedeutung haben.[20] Sofern keine besonderen Verhältnisse vorliegen, sprechen dauernde Verluste während eines Zeitraums von acht und mehr Jahren für die Annahme eines Totalverlustes.[21] Umgekehrt können Verluste einer Anlaufzeit steuerlich nur dann den Schluss auf einen Totalverlust zulassen, wenn aufgrund der Entwicklung des Betriebs eindeutig feststeht, dass das Unternehmen, so wie es vom Steuerpflichtigen betrieben wurde, von vornherein nicht in der Lage war, nachhaltig Gewinne zu erzielen.[22]

Ein persönliches Motiv, dass die fehlende Gewinnerzielungsabsicht bei der Führung eines land- und forstwirtschaftlichen Betriebs mit langjährigen Verlusten indiziert, ist auch die Absicht, die Weinbautradition der Familie fortzuführen.[23]

Für die Annahme eines **forstwirtschaftlichen Betriebs** ist eine Mindestgröße Grundvoraussetzung. Nur dadurch kann ein Totalgewinn während der Gesamtdauer des forstwirtschaftlichen Betriebs ermöglicht werden. Eine generelle Fixierung die-

---

18 FG Hessen vom 26.07.1989 (EFG 1990 S. 210).
19 BFH, BStBl 1969 II S. 815.
20 BFH, BStBl 1976 II S. 485; BStBl 1983 II S. 2.
21 BFH, BStBl 1980 II S. 718; BStBl 1983 II S. 2.
22 BFH, BStBl 1982 II S. 381; BStBl 1983 II S. 2.
23 BFH, BStBl 2003 II S. 804.

3.3 Nicht steuerbare Zuflüsse

ser Mindestgröße ist aber nicht möglich, weil sie von den Umständen des Einzelfalls, vor allem von der Art des Nutzholzes, abhängt.[24] Es ist aber nicht erforderlich, dass die Holzernte schon während der Besitzzeit des jeweiligen Eigentümers anfällt.[25] Werden sowohl Landwirtschaft als auch Forstwirtschaft betrieben, die beide von ihrer Größe her für sich lebensfähige Betriebe darstellen, sind sie für die Prüfung der Liebhaberei zu trennen. Wenn die Verluste aus der Landwirtschaft nicht steuerbare Einkünfte aus Liebhaberei darstellen, können sie also nicht mit den Gewinnen der Forstwirtschaft verrechnet werden.[26]

Für die Gewinnerzielungsabsicht einer **Pferdezucht** ist insbesondere bedeutsam, ob der Betrieb bei objektiver Betrachtung nach seiner Art, der Gestaltung seiner Betriebsführung und den gegebenen Ertragsaussichten einen Totalgewinn erwarten lässt. Doch kann der Steuerpflichtige nachweisen, dass er die objektiven Gegebenheiten verkannt und mit einem Ausgleich der zunächst angefallenen Verluste gerechnet hat. Gelingt ihm dieser Nachweis nicht, folgt daraus, dass er die verlustbringende Tätigkeit nur aus im Bereich der Lebensführung liegenden persönlichen Gründen und Neigungen ausgeübt hat. Pferdezuchtbetriebe können von Beginn an typische Liebhabereibetriebe sein, wenn sie objektiv zur Gewinnerzielung untauglich sind. Einer besonderen Passion zu Pferden bedarf es nicht.[27]

Steht eine **Jagd** mit dem Betrieb einer Land- und Forstwirtschaft, die als solche einen Erwerbsbetrieb darstellt, im Zusammenhang, so ist die Jagdausübung des betreffenden Land- und Forstwirts auch dann keine Liebhaberei, wenn sie – für sich betrachtet – nur Verluste bringen würde. Ein solcher Zusammenhang besteht nur dann, wenn das Jagdrevier des Land- und Forstwirts zumindest überwiegend aus den land- und forstwirtschaftlich genutzten Grundflächen des betreffenden Betriebs besteht.[28]

Andauernde Verluste aus Land- und Forstwirtschaft können auch bei der **Gewinnermittlung nach Durchschnittssätzen** einer Totalgewinnprognose zugrunde gelegt werden und zur Annahme einer Liebhaberei führen.[29]

Weitere Einzelfälle:

- Liegt ein landwirtschaftlicher Betrieb mit Wohnteil und Wirtschaftsteil vor und übersteigt die Größe der bewirtschafteten Fläche die für die Abgrenzung von einer privaten Gartenbewirtschaftung von der Rechtsprechung entwickelte Grenze von 3.000 Quadratmeter, ist grundsätzlich von einem land- und forstwirtschaftlichen Betrieb auszugehen.[30]

---

24 BFH, BStBl 1985 II S. 549.
25 BFH vom 14.07.1988 IV R 88/86 (BFH/NV 1989 S. 771).
26 BFH, BStBl 1991 II S. 452.
27 BFH vom 30.12.2002 IV B 168/01 (BFH/NV 2003 S. 896).
28 BFH, BStBl 1979 II S. 100.
29 BFH, BStBl 2003 II S. 702.
30 BFH vom 05.05.2011 IV R 48/08 (BStBl 2011 II S. 792).

- Die Totalgewinnprognose ist bei einem land- und forstwirtschaftlichen Betrieb objektbezogen und kann deshalb mehr als eine Generation umfassen. Dies gilt allerdings nur für Vollerwerbslandwirte, da deren land- und forstwirtschaftliche Betriebe an die nächste Generation weitergegeben werden. Bei Nebenerwerbsbetrieben ist demgegenüber regelmäßig eine generationsübergreifende Totalgewinnprognose nicht vorzunehmen.[31]

3.3.1.3 Abgrenzung zwischen Gewerbebetrieb und Liebhaberei

Wie bei einer Abgrenzung der Land- und Forstwirtschaft zur Liebhaberei lässt auch bei der Abgrenzung einer gewerblichen Tätigkeit zur Liebhaberei eine längere Verlustperiode nicht ohne Weiteres den Schluss zu, dem Steuerpflichtigen habe die Gewinnerzielungsabsicht gefehlt. Hintergrund ist, dass Gewerbebetriebe im Allgemeinen nicht aus Gründen der Liebhaberei geführt werden. Vielmehr muss aus weiteren Beweisanzeichen gefolgert werden können, dass der Steuerpflichtige die verlustbringende Tätigkeit aus in der Lebensführung liegenden Gründen ausübt.[32] Es kann mithin Gewinnerzielungsabsicht nach dem Beweis des ersten Anscheins auch anzunehmen sein, wenn es an einem Totalgewinn fehlt. Dies ist insbesondere der Fall, wenn das Ergebnis durch nicht vorhersehbare und nicht von vornherein in Kauf genommene Fehlschläge oder Fehlmaßnahmen negativ beeinflusst ist. Auch bei einem Großhandelsunternehmen spricht der Beweis des ersten Anscheins dafür, dass es in der Absicht der Gewinnerzielung betrieben wird. Dieser Anscheinsbeweis gilt als entkräftet, wenn bei ständigen Verlusten vom Steuerpflichtigen nicht substantiiert Umstände dargelegt werden, die die Annahme rechtfertigen, dass die Verluste im Laufe der weiteren Entwicklung durch Gewinne ausgeglichen werden und ein positives Gesamtergebnis erzielt wird, und die ernsthafte Möglichkeit besteht, dass persönliche Gründe für die Fortführung des Unternehmens bestimmend waren.[33]

Der Steuerpflichtige muss den Nachweis führen, dass sein Handeln nicht auf persönlichen Motiven beruht, wenn er z. B. die Vercharterung eines Motorboots in einer Art betreibt, die auf Dauer gesehen nicht geeignet ist, Gewinne abzuwerfen; denn die Benutzung eines Motorboots dient in erster Linie der Freizeitgestaltung, sodass persönliche Interessen und Neigungen eine wesentlich größere Rolle spielen als z. B. bei der Vermietung eines Gebäudes.[34]

Die Rechtsprechung anerkennt grundsätzlich für neu gegründete Gewerbebetriebe im Wege des Anscheinsbeweises eine bloße steuerlich unbeachtliche Liebhaberei ausschließende Anlaufverluste. Reagiert indes ein Steuerpflichtiger trotz einer länger andauernden Verlustperiode nicht mit Umstrukturierungsmaßnahmen, so kann

---
31 BFH vom 10.03.2009 IV B 62/08 (juris).
32 BFH, BStBl 1985 II S. 455.
33 BFH, BStBl 1986 II S. 289; 1990 II S. 278.
34 BFH, BStBl 1988 II S. 10.

darin ein gewichtiges äußeres Beweisanzeichen gegen das Vorliegen einer mit Gewinnabsicht betriebenen Tätigkeit vorliegen.[35] Fehlende Reaktionen auf bereits eingetretene hohe Verluste und das unveränderte Beibehalten eines verlustbringenden Geschäftskonzepts sind ein gewichtiges Beweisanzeichen für eine fehlende Gewinnerzielungsabsicht. An der Feststellung persönlicher Gründe und Motive, die den Steuerpflichtigen zur Weiterführung seines Unternehmens bewogen haben könnten, sind in diesen Fällen keine hohen Anforderungen zu stellen.[36] Trotz langjähriger Verluste kann die Vornahme geeigneter Umstrukturierungsmaßnahmen ein gewichtiges Indiz für das Vorhandensein einer Gewinnerzielungsabsicht darstellen. Diese Maßnahmen sind als geeignet anzusehen, wenn nach dem damaligen Erkenntnishorizont aus der Sicht eines wirtschaftlich vernünftig denkenden Betriebsinhabers eine hinreichende Wahrscheinlichkeit dafür bestand, dass sie innerhalb eines überschaubaren Zeitraums zum Erreichen der Gewinnzone führen würden. Eine hauptsächlich in einer Kostensenkung bestehende Umstrukturierung ist auch dann als geeignete Maßnahme anzusehen, wenn sie nur bei Außerachtlassung der Zinsen auf Verbindlichkeiten aus früheren Fehlmaßnahmen zu künftig positiven Ergebnissen führt.[37]

Auch bei **Verlustzuweisungsgesellschaften** gilt die Vermutung, dass eine Gewinnerzielungsabsicht nicht vorhanden ist.[38]

Der für die Prüfung der Gewinnerzielungsabsicht maßgebliche erzielbare Totalgewinn setzt sich aus den in der Vergangenheit erzielten und künftig zu erwartenden laufenden Gewinnen und Verlusten und dem sich bei Betriebsbeendigung voraussichtlich ergebenden Veräußerungs- bzw. Aufgabegewinn bzw. -verlust zusammen. Der Aufgabegewinn lässt sich durch Gegenüberstellung des Aufgabe-Anfangsvermögens und des Aufgabe-Endvermögens ermitteln. Da die Verbindlichkeiten im Anfangs- und Endvermögen jeweils mangels stiller Reserven mit denselben Werten auszuweisen sind, wirken sie sich auf die Höhe des Aufgabegewinns nicht aus.[39]

Wird ein der Gewinnerzielung dienender Betrieb so gewandelt, dass er von einem bestimmten Zeitpunkt an als Liebhaberei angesehen werden muss, liegt in dieser steuerlichen Einordnung **keine Betriebsaufgabe,** bei der das Betriebsvermögen unter Gewinnrealisierung in das Privatvermögen überführt wird. Dies tritt nur ein, wenn der Steuerpflichtige selbst die Betriebsaufgabe erklärt.[40] Bei einer späteren ausdrücklich erklärten Betriebsaufgabe sind die vorhandenen stillen Reserven als nachträgliche Betriebseinnahmen zu versteuern.[41] Maßgeblich für die Ermittlung des Aufgabegewinns ist der Wert des Betriebsvermögens im Zeitpunkt des Über-

---

35 BFH vom 07.12.2006 VIII B 48/05 (BFH/NV 2007 S. 712).
36 BFH, BStBl 2005 II S. 336.
37 BFH, BStBl 2004 II S. 1063.
38 BFH, BStBl 1991 II S. 564.
39 BFH, BStBl 1998 II S. 727.
40 BFH, BStBl 1982 II S. 381.
41 BFH, BStBl 2000 II S. 524.

gangs des Betriebs zur Liebhaberei. Die zu diesem Zeitpunkt vorhandenen stillen Reserven sind festzuhalten. Sie sind bei einem späteren gewinnrealisierenden Vorgang aufzulösen. Die seit dem Übergang zur Liebhaberei eingetretenen Wertveränderungen bleiben allerdings unberücksichtigt. Schuldzinsen für betrieblich begründete Verbindlichkeiten sind auch nach Übergang des Gewerbebetriebs zur Liebhaberei als nachträgliche Betriebsausgaben abziehbar, wenn und soweit die zugrunde liegenden Verbindlichkeiten nicht durch eine mögliche Verwertung von Aktivvermögen beglichen werden können.[42]

Weitere Einzelfälle:

- Der Zeitpunkt des Übergangs zur Liebhaberei wird nicht dadurch bestimmt, dass die aufgelaufenen Verluste die stillen Reserven übersteigen, sondern dadurch, dass der Steuerpflichtige keine Gewinnerzielungsabsicht mehr hat.[43]

- Zur Feststellung der Gewinnerzielungsabsicht ist der zu erwirtschaftende Totalgewinn zu prognostizieren und nicht auf die einzelnen Periodengewinne abzustellen.[44]

- Allein der Umstand, dass eine verlustbringende Tätigkeit während der Anlaufphase wieder eingestellt wird, beweist nicht, dass sie vom Beginn an mit Gewinnerzielungsabsicht betrieben wurde.[45]

- Liebhaberei liegt auch dann vor, wenn neben einer negativen Ergebnisprognose die Tätigkeit auf einkommensteuerlich unbeachtlichen Motiven beruht und sich der Steuerpflichtige nicht wie ein Gewerbetreibender verhält. Wohnungsnahe Beschäftigung von Angehörigen und die Möglichkeit der Steuerersparnis durch Verlustverrechnung können als private Motive bei länger anhaltenden Verlusten berücksichtigt werden.[46]

- Ein vom Steuerpflichtigen erzielter erheblicher Gewinn ist nicht geeignet, Zweifel an der Gewinnerzielungsabsicht auszuräumen, wenn er nicht auf einer erfolgreichen Umstellung des geschäftlichen Konzepts, sondern auf der Verjährung einer Forderung beruht und offensichtlich nicht zu einem Totalgewinn führen kann.[47]

3.3.1.4 Abgrenzung zwischen selbständiger Arbeit und Liebhaberei

Die Frage, ob eine Liebhaberei anzunehmen ist, kann sich auch in Ausnahmefällen in Abgrenzung zu Einkünften aus selbständiger Tätigkeit, so z. B. bei einem Schrift-

---

42 BFH, BStBl 2002 II S. 809.
43 BFH vom 13.04.2011 X B 186/10 (BFH/NV 2011 S. 1137).
44 BFH vom 31.01.2011 III B 107/09 (BFH/NV 2011 S. 804).
45 BFH vom 05.03.2013 X B 98/11 (BFH/NV 2013 S. 924).
46 BFH vom 07.11.2012 X B 4/12 (BFH/NV 2013 S. 370).
47 BFH vom 20.09.2012 IV R 43/10 (BFH/NV 2013 S. 408).

steller[48], einem Kunstmaler[49], einem Rezitator[50], einer Reisejournalistin[51], einem freien Erfinder[52] oder einem Rechtsanwalt[53], stellen. Ein wichtiges Merkmal für die Feststellung der Gewinnerzielungsabsicht ist dabei, wie der Steuerpflichtige auf eine längere Verlustperiode reagiert, ob er also unverändert das verlustbringende Geschäftskonzept beibehält, Umstrukturierungsmaßnahmen ergreift oder sich um eine Beendigung der Tätigkeit bemüht.[54] Zu berücksichtigen bei der Entscheidung ist auch, ob die selbständige Tätigkeit im Rahmen einer Haupt- oder einer Nebentätigkeit ausgeübt wird, wobei eine Haupttätigkeit grundsätzlich einen Erwerbsbetrieb vermuten lässt.

Aus einer objektiv negativen Gewinnprognose kann nur dann auf das Fehlen der Gewinnerzielungsabsicht geschlossen werden, wenn die verlustbringende Tätigkeit typischerweise dazu bestimmt und geeignet ist, der Befriedigung persönlicher Neigungen oder der Erlangung wirtschaftlicher Vorteile außerhalb der Einkunftssphäre zu dienen. Bei anderen Tätigkeiten, z. B. Tätigkeiten als Steuerberater oder Rechtsanwalt, müssen zusätzliche Anhaltspunkte dafür vorliegen, dass die Verluste aus persönlichen Gründen oder Neigungen hingenommen werden.[55] So sprechen langjährige Verluste eines selbständig tätigen Rechtsanwalts, dessen Einnahmen ohne plausible Gründe auf niedrigstem Niveau stagnieren und der seinen Lebensunterhalt aus erheblichen anderweitigen Einkünften bestreitet, regelmäßig dafür, dass er seine Tätigkeit nur aus persönlichen Gründen fortführt.[56] Dauerhafte Verluste werden auch dann aus persönlichen Gründen hingenommen, wenn die Fortführung der verlustbringenden Tätigkeit den Abzug von Gehaltszahlungen an nahe Angehörige als Betriebsausgaben ermöglichen soll.[57]

Bei bildenden Künstlern ist zu beachten, dass bei der Ausübung des Künstlerberufs eine planmäßige Betriebsführung, Marktpreise oder eine nachprüfbare Kalkulation nicht wesensmäßig sind.[58]

Weitere Einzelfälle:

- Der Rechtsprechung lässt sich nicht der allgemeine Rechtsgrundsatz entnehmen, dass bei einer Beschäftigung von Mitarbeitern in einer Anwaltskanzlei und der Erzielung sechsstelliger Honorareinnahmen i. d. R. davon auszugehen ist, dass die Kanzlei mit Gewinnerzielungsabsicht betrieben wird. Entscheidend für die

---

48 BFH, BStBl 1985 II S. 515.
49 RFH, Bd. 15 S. 290.
50 RFH, RStBl 1929 S. 329.
51 BFH, BStBl 1980 II S. 152.
52 BFH, BStBl 1985 II S. 424.
53 BFH, BStBl 1998 II S. 663.
54 BFH vom 15.11.2006 XI R 58/04 (BFH/NV 2007 S. 434).
55 BFH, BStBl 1998 II S. 663.
56 BFH, BStBl 2005 II S. 392.
57 BFH, BStBl 2004 II S. 455.
58 BFH, BStBl 2003 II S. 602.

Beurteilung der Gewinnerzielungsabsicht ist vielmehr, ob die Kanzlei bei einer Gesamtbetrachtung nach der Art ihrer Führung geeignet ist, Gewinne zu erzielen, und der Steuerpflichtige durch ein marktgerechtes Verhalten auf die Verlustsituation reagiert. Dem Motiv, durch die Verrechnung der Verluste aus dem Betrieb der Rechtsanwaltskanzlei mit anderweitigen Einkünften Steuern zu sparen, kann hinsichtlich der Annahme der fehlenden Gewinnerzielungsabsicht nicht jegliche indizielle Wirkung abgesprochen werden.[59]

3.3.1.5 Abgrenzung zwischen Kapitaleinkünften und Liebhaberei

Bei den Einkünften aus Kapitalvermögen kommt es darauf an, ob während der Gesamtdauer der Kapitalanlage mit einem Überschuss der Einnahmen über die Werbungskosten zu rechnen ist.[60]

Werden in einem einheitlichen Erwerbsvorgang festverzinsliche Bundesanleihen zu einem unter ihrem Nominalwert liegenden Kurswert **teils mit Krediten, teils mit Eigenmitteln** angeschafft, ist die Kapitalanlage nicht in einen eigen- und einen fremdfinanzierten Anteil aufzuteilen. Die Einkunftserzielung ist beabsichtigt, wenn auf Dauer die gesamten Zinseinnahmen die gesamten Zinsaufwendungen übersteigen.[61] Dies gilt auch bei Geringfügigkeit des erzielten Überschusses.[62] Auch kann der Steuerpflichtige eigene Mittel und Fremdkapital so verwenden, wie es für ihn steuerlich günstig ist.[63] Wird ein Kredit zum Erwerb einer Kapitalanlage aufgenommen, ist der Veranlassungszusammenhang mit den Einkünften aus Kapitalvermögen zu bejahen, wenn bei einer Kapitalanlage die Absicht der Erzielung steuerfreier Vermögensvorteile nicht im Vordergrund steht. Folglich tritt eine etwaig bestehende Absicht, steuerfreie Vermögensvorteile zu realisieren, zurück, sofern daneben eine Überschusserzielungsabsicht besteht. Das gilt selbst dann, wenn die erwarteten steuerfreien Vermögensvorteile die prognostizierten steuerpflichtigen Einnahmeüberschüsse übersteigen.[64] Bei verschiedenartigen Wertpapieren ist abzustellen auf die einzelnen Wertpapiergruppen.[65]

Mit dem begrenzten Abzug von Werbungskosten bei den Einkünften aus Kapitalvermögen durch die Einführung der Abgeltungsteuer ab dem Veranlagungszeitraum 2009 werden Verluste aus dieser Erwerbsgrundlage unmöglich. Sie ist daher immer auf ein positives Gesamtergebnis gerichtet.[66]

---

59 BFH vom 18.04.2013 VIII B 135/12 (BFH/NV 2013 S. 1556).
60 BFH, BStBl 1991 II S. 744.
61 BFH, BStBl 2003 II S. 937.
62 BFH vom 28.10.1999 VIII R 7/97 (BFH/NV 2000 S. 564).
63 BFH, BStBl 1998 II S. 147.
64 BFH, BStBl 1993 II S. 803.
65 BFH vom 27.03.1996 I R 87/95 (BStBl 1996 II S. 473).
66 Kirchhof, in: Kirchhof, EStG, 12. Auflage, § 2 Rdnr. 5.

3.3.1.6 Abgrenzung zwischen Vermietung und Liebhaberei

Die Frage, ob eine Liebhaberei anzunehmen ist, kann schließlich auch in Abgrenzung zu Einkünften aus Vermietung und Verpachtung aufkommen, wenn der Steuerpflichtige den vermieteten Gegenstand als wertbeständige Vermögensanlage betrachtet und deshalb die nachhaltige Entstehung von Verlusten aus der Vermietung in Kauf nimmt[67] bzw. wenn der den Einnahmezwecken dienende Aufwand nachhaltig die Einnahmen übersteigt.[68]

Auf Dauer angelegte Vermietungstätigkeit[69]

Bei den Einkünften aus Vermietung und Verpachtung ist bei einer auf Dauer angelegten Vermietungstätigkeit grundsätzlich ohne weitere Prüfung vom Vorliegen der Einkunftserzielungsabsicht auszugehen.[70] Geltung hat dies nur für die Vermietung von Wohnungen, nicht dagegen für die Vermietung von Gewerbeobjekten[71] und die Vermietung unbebauter Grundstücke[72]. Bei der Vermietung mehrerer Objekte, die sich auf einem Grundstück befinden, bezieht sich die Prüfung der Einkünfteerzielungsabsicht auf jedes einzelne Objekt.[73] Auch bei Vorliegen eines einheitlichen Mietvertrags ist die Einkünfteerzielungsabsicht im Hinblick auf jedes einzelne Objekt gesondert zu prüfen.[74]

Eine Vermietungstätigkeit ist auf Dauer angelegt, wenn sie nach den bei Beginn der Vermietung ersichtlichen Umständen keiner Befristung unterliegt. Hat der Steuerpflichtige den Entschluss, auf Dauer zu vermieten, endgültig gefasst, liegt Einkunftserzielungsabsicht auch dann vor, wenn er das bebaute Grundstück später aufgrund eines neu gefassten Entschlusses veräußert.[75]

Im Rahmen der Einkunftsart Vermietung und Verpachtung ist die Einkunftserzielungsabsicht nicht entgegen der auf § 21 Abs. 1 Nr. 1 EStG beruhenden typisierenden Annahme, eine langfristige Vermietung werde i. d. R. zu positiven Einkünften führen, deshalb zu prüfen, weil der Steuerpflichtige die Anschaffungs- oder Herstellungskosten des Vermietungsobjekts sowie anfallende Schuldzinsen mittels Darlehen finanziert, die zwar nicht getilgt, indes bei Fälligkeit durch den Einsatz von parallel laufenden Lebensversicherungen abgelöst werden sollen.[76] Eine Vollfinanzierung steht also in den Fällen einer auf Dauer angelegten Vermietung der Einkunftserzielungsabsicht nicht entgegen. Die Einkünfteerzielungsabsicht ist bei lang-

---

67 BFH, BStBl 1977 II S. 305.
68 BFH, BStBl 1979 II S. 14; 1980 II S. 447.
69 BMF vom 08.10.2004 – IV C 3 – S 2253 – 91/4 (BStBl 2004 I S. 933).
70 BFH, BStBl 1998 II S. 771.
71 BFH vom 20.07.2010 IX R 49/09 (BStBl 2010 II S. 1038).
72 BFH vom 01.04.2009 IX R 39/08 (BStBl 2009 II S. 776).
73 BFH vom 01.04.2009 IX R 39/08 (BStBl 2009 II S. 776).
74 BFH vom 26.11.2008 IX R 67/07 (BStBl 2009 II S. 370).
75 BFH, BStBl 2003 II S. 580.
76 BFH vom 19.04.2005 IX R 15/04 (BStBl 2005 II S. 754).

fristiger Vermietung jedoch zu prüfen, wenn der Steuerpflichtige die Anschaffungs- bzw. Herstellungskosten des Vermietungsobjekts sowie anfallende Schuldzinsen fremdfinanziert und somit Zinsen auflaufen lässt, ohne dass durch ein Finanzierungskonzept von vornherein deren Kompensation durch spätere positive Ergebnisse vorgesehen ist.[77]

Hat sich der Steuerpflichtige nur für eine vorübergehende Vermietung entschieden, wie es regelmäßig bei der Beteiligung an einem Mietkaufmodell[78] oder einem Bauherrenmodell mit Rückkaufangebot oder Verkaufsgarantie[79] der Fall ist, bildet dies ein gegen die Einkunftserzielungsabsicht sprechendes Beweisanzeichen, wenn voraussichtlich Werbungskostenüberschüsse erzielt werden. Gleiches gilt auch außerhalb modellhafter Gestaltungen, wenn sich der Steuerpflichtige bei der Anschaffung oder Herstellung noch nicht endgültig entschieden hat, ob er das Grundstück langfristig vermieten will. Soll nach dem Konzept eines geschlossenen Immobilienfonds in der Rechtsform einer Personengesellschaft die Vermietungstätigkeit des Fonds nur einen Zeitraum von 20 Jahren umfassen, fehlt es an einer auf Dauer angelegten Vermietungstätigkeit.[80]

Liegen Umstände vor, aus denen geschlossen werden kann, dass sich der Steuerpflichtige die Möglichkeit ausbedungen oder offengehalten hat, das Mietobjekt innerhalb einer bestimmten Frist, innerhalb der er einen positiven Gesamtüberschuss nicht erzielen kann, unabhängig von einer Zwangslage zu verkaufen oder nicht mehr zur Einkunftserzielung zu nutzen, ist die Einkunftserzielungsabsicht zu verneinen. Beweisanzeichen hierfür können zum Beispiel der Abschluss eines entsprechenden Zeitmietvertrags, einer entsprechenden kurzen Fremdfinanzierung oder die Suche nach einem Käufer schon kurze Zeit nach Anschaffung oder Herstellung des Gebäudes sein. Gleiches gilt für den Fall der Kündigung eines bestehenden Mietverhältnisses, in das der Steuerpflichtige mit der Anschaffung des Objekts eingetreten ist. Die Inanspruchnahme von Sonderabschreibungen oder erhöhten Absetzungen bei Gebäuden reicht zur Widerlegung der Einkunftserzielungsabsicht allein nicht aus.

Ein gegen die Einkunftserzielungsabsicht sprechendes Beweisanzeichen liegt auch dann vor, wenn der Steuerpflichtige ein bebautes Grundstück oder eine Wohnung innerhalb eines engen zeitlichen Zusammenhangs – von i. d. R. bis zu 5 Jahren – seit der Anschaffung oder Herstellung veräußert oder selbst nutzt und innerhalb dieser Zeit nur einen Werbungskostenüberschuss erzielt. Auch die Veräußerung innerhalb eines engen zeitlichen Zusammenhangs seit der Anschaffung bzw. Herstellung an eine die Vermietung der Immobilie fortführende gewerblich geprägte Personengesellschaft, an der der bisherige Vermieter selbst beteiligt ist, spricht gegen die

---
77 BFH vom 10.05.2007 IX R 7/07 (BStBl 2007 II S. 873).
78 BFH, BStBl 1993 II S. 658.
79 BFH, BStBl 1997 II S. 650.
80 BFH vom 02.07.2008 IX B 46/08 (BStBl 2008 II S. 815).

3.3 Nicht steuerbare Zuflüsse

Einkünfteerzielungsabsicht.[81] Je kürzer der Abstand zwischen der Anschaffung oder Errichtung des Objekts und der nachfolgenden Veräußerung oder Selbstnutzung ist, umso mehr spricht dies gegen eine auf Dauer angelegte Vermietungstätigkeit und für eine von vornherein bestehende Veräußerungs- oder Selbstnutzungsabsicht. Selbstnutzung ist gegeben, wenn der Steuerpflichtige die Wohnung selbst nutzt oder sie unentgeltlich Dritten zur Nutzung überlässt.

Weitere Einzelfälle:

- Eine vorangegangene Vermietung von später in einer größeren Wohneinheit aufgegangenen Wohnräumen entfaltet keine Indizwirkung für eine Einkünfteerzielungsabsicht bezogen auf das Gesamtobjekt.[82]
- Allein der Abschluss eines Mietvertrags auf eine nur bestimmte Zeit rechtfertigt noch nicht den Schluss, auch die Vermietungstätigkeit sei nicht auf Dauer ausgerichtet. Auch sind neben der Vermietung erfolgte, gleichzeitige Verkaufsbemühungen oder eine auch vorhandene Verkaufsabsicht nicht notwendig schädlich.[83]
- Für eine Zurechnung der Einkünfteerzielungsabsicht des Rechtsvorgängers, von dem der Erwerber das Vermietungsobjekt entgeltlich erworben hat, auf den Rechtsnachfolger fehlt jegliche Rechtsgrundlage.[84]

Verbilligte Überlassung einer Wohnung

Nach § 21 Abs. 2 EStG ist die Nutzungsüberlassung in einen entgeltlichen und in einen unentgeltlichen Teil aufzuteilen, wenn das Entgelt für die Überlassung einer Wohnung zu Wohnzwecken (Kaltmiete und gezahlte Umlagen) weniger als 66 % der ortsüblichen Marktmiete beträgt. Die geltend gemachten Aufwendungen sind insoweit zu berücksichtigen, als sie auf den entgeltlichen Teil entfallen. In diesem Fall entfällt die Prüfung der Einkunftserzielungsabsicht in Bezug auf die verbilligte Miete. Gleiches gilt nach § 21 Abs. 2 Satz 2 EStG auch in den Fällen, in denen das Entgelt bei auf Dauer angelegter Wohnungsvermietung mindestens 66 % der ortsüblichen Miete beträgt.

Vermietung von Ferienwohnungen bei ausschließlicher Vermietung[85]

Bei einer ausschließlich an wechselnde Feriengäste vermieteten und in der übrigen Zeit hierfür bereitgehaltenen Ferienwohnung ist ohne weitere Prüfung von der Einkunftserzielungsabsicht des Steuerpflichtigen auszugehen. Die Einkunftserzielungsabsicht des Steuerpflichtigen ist nicht allein wegen hoher Werbungskostenüber-

---

81 BFH vom 09.03.2011 IX R 50/10 (BStBl 2011 II S. 704).
82 BFH vom 11.08.2010 IX R 3/10 (BStBl 2011 II S. 166).
83 BFH vom 24.02.2010 IX B 53/09 (BFH/NV 2010 S. 1098).
84 BFH vom 22.01.2013 IX R 13/12 (BStBl 2013 II S. 533).
85 BMF vom 08.10.2004 – IV C 3 – S 2253 – 91/4 (BStBl 2004 I S. 933).

schüsse zu überprüfen.[86] Diese Grundsätze gelten unabhängig davon, ob der Steuerpflichtige die Ferienwohnung in Eigenregie oder durch Einschalten eines fremden Dritten vermietet.[87] Von einer ausschließlichen Vermietung der Ferienwohnung kann ausgegangen werden, wenn der Steuerpflichtige einen der folgenden Umstände glaubhaft macht:

- Der Steuerpflichtige hat die Entscheidung über die Vermietung der Ferienwohnung einem ihm nicht nahestehenden Vermittler (überregionaler Reiseveranstalter, Kurverwaltung o. Ä.) übertragen und eine Eigennutzung vertraglich für das gesamte Jahr ausgeschlossen.

- Die Ferienwohnung befindet sich im ansonsten selbstgenutzten Zwei- oder Mehrfamilienhaus des Steuerpflichtigen oder in unmittelbarer Nähe zu seiner selbstgenutzten Wohnung. Voraussetzung ist jedoch, dass die selbstgenutzte Wohnung nach Größe und Ausstattung den Wohnbedürfnissen des Steuerpflichtigen entspricht. Nur wenn die selbstgenutzte Wohnung die Möglichkeit zur Unterbringung von Gästen bietet, kann davon ausgegangen werden, dass der Steuerpflichtige die Ferienwohnung nicht selbst nutzt.

- Der Steuerpflichtige hat an demselben Ort mehr als eine Ferienwohnung und nutzt nur eine dieser Ferienwohnungen für eigene Wohnzwecke oder in Form der unentgeltlichen Überlassung. Hiervon kann ausgegangen werden, wenn Ausstattung und Größe einer Wohnung auf die besonderen Verhältnisse des Steuerpflichtigen zugeschnitten sind.

- Die Dauer der Vermietung der Ferienwohnung entspricht zumindest dem Durchschnitt der Vermietungen in der am Ferienort üblichen Saison. Bei der Prüfung der Frage, ob das Vermieten einer Ferienwohnung die ortsübliche Vermietungszeit von Ferienwohnungen – ohne dass Vermietungshindernisse gegeben sind – erheblich unterschreitet, ist von der durchschnittlichen Vermietungszeit der Ferienwohnungen an einem Ferienort auszugehen. Ein Vermietungshindernis liegt vor, wenn eine Ferienwohnung aus tatsächlichen Gründen – z. B. wegen einer notwendigen Renovierung oder wegen höherer Gewalt – eine Zeit nicht vermietet werden kann.[88] Bei einer ausschließlich an wechselnde Feriengäste vermieteten und in der übrigen Zeit hierfür bereitgehaltenen Ferienwohnung ist die Einkünfteerzielungsabsicht des Steuerpflichtigen ausnahmsweise anhand einer Prognose zu überprüfen, wenn das Vermieten die ortsübliche Vermietungszeit von Ferienwohnungen erheblich unterschreitet. Hiervon ist bei einem Unterschreiten von mindestens 25 % auszugehen.[89]

In den übrigen Fällen muss der Steuerpflichtige das Fehlen der Selbstnutzung schlüssig darlegen und ggf. nachweisen.

---

86 BFH, BStBl 2007 II S. 256.
87 BFH, BStBl 2001 II S. 705; 2003 II S. 914.
88 BFH vom 29.11.2005 IX B 109/05 (BFH/NV 2006 S. 719).
89 BFH vom 15.02.2005 IX R 53/09 (BFH/NV 2005 S. 1059).

3.3 Nicht steuerbare Zuflüsse

Keine Selbstnutzung sind kurzfristige Aufenthalte des Steuerpflichtigen in der Ferienwohnung zu Wartungsarbeiten, Schlüsselübergabe an Feriengäste, Reinigung bei Mieterwechsel, allgemeiner Kontrolle, Beseitigung von durch Mieter verursachten Schäden, Durchführung von Schönheitsreparaturen oder Teilnahme an Eigentümerversammlungen. Begleiten den Steuerpflichtigen jedoch dabei Familienmitglieder oder Dritte oder dauert der Aufenthalt mehr als einen Tag, sind die dafür maßgebenden Gründe zu erläutern. Dabei ist schlüssig darzulegen und ggf. nachzuweisen, dass der mehrtägige Aufenthalt während der normalen Arbeitszeit vollständig mit Arbeiten für die Wohnung ausgefüllt war.[90] Dies gilt insbesondere dann, wenn es sich um Aufenthalte während der am Ferienort üblichen Saison handelt.

Weitere Einzelfälle:

- Ist die Vermietung des Ferienobjekts nur halbjährig vorgesehen und wird es im Übrigen weder selbst genutzt noch zur Vermietung bereitgehalten, ist die Einkünfteerzielungsabsicht zu prüfen.[91]

Vermietung von Ferienwohnungen bei zeitweiser Vermietung und zeitweiser Selbstnutzung[92]

Selbstnutzung ist gegeben, wenn der Steuerpflichtige die Wohnung selbst nutzt oder sie unentgeltlich Dritten zur Nutzung überlässt. Wird eine Ferienwohnung zeitweise vermietet und zeitweise selbst genutzt oder behält sich der Steuerpflichtige eine zeitweise Selbstnutzung vor, ist diese Art der Nutzung Beweisanzeichen für eine auch private, nicht mit der Einkunftserzielung zusammenhängende Veranlassung der Aufwendungen. In diesen Fällen ist die Einkunftserzielungsabsicht stets zu prüfen. Der Steuerpflichtige muss im Rahmen der ihm obliegenden Feststellungslast für die Anerkennung dieser Absicht objektive Umstände vortragen, aufgrund derer im Beurteilungszeitraum ein Totalüberschuss erwartet werden konnte.

Hat der Steuerpflichtige die Selbstnutzung zeitlich beschränkt, z. B. bei der Vermietung durch einen Dritten, ist nur die vorbehaltene Zeit der Selbstnutzung zuzurechnen. Im Übrigen ist die Leerstandszeit der Vermietung zuzuordnen. Ist die Selbstnutzung dagegen jederzeit möglich, sind die Leerstandszeiten im Wege der Schätzung entsprechend dem Verhältnis der tatsächlichen Selbstnutzung zur tatsächlichen Vermietung aufzuteilen.

Lässt sich der Umfang der Selbstnutzung nicht aufklären, ist davon auszugehen, dass die Leerstandszeiten der Ferienwohnung zu gleichen Teilen durch das Vorhalten zur Selbstnutzung und das Bereithalten zur Vermietung entstanden sind und damit die hierauf entfallenden Aufwendungen zu je 50 % der Selbstnutzung und der Vermietung zuzuordnen sind.

---

90 BFH vom 25.11.1993 IV R 37/93 (BStBl 1994 II S. 350.)
91 BFH vom 28.10.2009 IX R 30/08 (BFH/NV 2010 S. 850).
92 BMF vom 08.10.2004 – IV C 3 – S 2253 – 91/4 (BStBl 2004 I S. 933).

Nutzt der Steuerpflichtige die Ferienwohnung auch selbst, ist die Überschusserzielungsabsicht immer durch eine auf **30 Jahre** angelegte Prognose zu überprüfen.[93] Dies gilt unabhängig davon, ob und inwieweit der Steuerpflichtige tatsächlich von seinem Eigennutzungsrecht Gebrauch macht.[94] Im Rahmen der Prognose ist festzustellen, ob in einem Zeitraum von 30 Jahren aus der Vermietungstätigkeit ein Totalüberschuss erzielt werden kann.[95]

Gewerbliche Vermietung von Ferienwohnungen

Der Grundsatz, wonach bei einer ausschließlich an wechselnde Feriengäste vermieteten und in der übrigen Zeit hierfür bereitgehaltenen Ferienwohnung ohne weitere Prüfung von der Überschusserzielungsabsicht des Steuerpflichtigen auszugehen ist, ist auf die Feststellung der Gewinnerzielungsabsicht bei der gewerblichen Vermietung eines Ferienhauses nicht übertragbar. Ist für die Dauer der gewerblichen Vermietung eines Ferienhauses kein bestimmter Zeitraum festgelegt, kann für die Prognoseberechnung des Totalergebnisses nur darauf abgestellt werden, ob sich nach den Ansichten des Steuerpflichtigen in absehbarer Zeit ein Überschuss des Betriebsvermögens ergibt. Ein Zeitraum von 50 Jahren oder gar von 100 Jahren kommt hierfür nicht in Betracht, da Gewinnvorhersagen über einen solchen Zeitraum zu viele spekulative Elemente enthalten würden.[96]

Bei der Vermietung einzelner Ferienwohnungen kann ein Gewerbebetrieb nur angenommen werden, wenn vom Vermieter bestimmte ins Gewicht fallende, bei der Vermietung von Räumen nicht übliche Sonderleistungen erbracht werden oder wenn wegen eines besonders häufigen Wechsels der Mieter eine gewisse – einem gewerblichen Beherbergungsbetrieb vergleichbare – unternehmerische Organisation erforderlich ist. Maßgebend sind jeweils die besonderen Umstände des Einzelfalls. Dabei führt die Zwischenschaltung eines gewerblichen Vermittlers nicht zwangsläufig dazu, dass deshalb auch der Vermieter eine gewerbliche Tätigkeit ausübt. Entscheidend ist vielmehr, inwieweit – in der Person des Vermieters – die Vermietung einer Ferienwohnung im Hinblick auf die Art des vermieteten Objekts und die Art der Vermietung einem gewerblichen Beherbergungsbetrieb vergleichbar ist. Daher können dem Vermieter nur solche Tätigkeiten zugerechnet werden, die der gewerbliche Vermittler für ihn erbringt. Dessen Eigenschaft als Gewerbetreibender ist dem Vermieter nicht zuzurechnen.[97]

---

93 BFH vom 03.05.2006 IX B 16/06 (BFH/NV 2006 S. 1471).
94 BFH vom 09.03.2006 IX B 143/05 (BFH/NV 2006 S. 1281).
95 BFH vom 26.10.2004 IX R 26/02 (BFH/NV 2005 S. 688).
96 BFH vom 05.03.2007 X B 146/08 (BFH/NV 2007 S. 1125).
97 BFH vom 14.07.2004 IX R 69/02 (BFH/NV 2004 S. 1640).

3.3 Nicht steuerbare Zuflüsse

Leer stehende Immobilien[98]

Ein gegen die Einkunftserzielungsabsicht sprechendes Beweisanzeichen liegt dann vor, wenn sich der Steuerpflichtige bei Erwerb eines Objekts noch nicht entschieden hat, ob er dieses veräußern, selbst nutzen oder dauerhaft vermieten will. Sind z. B. bei mehrjähriger Renovierung Bemühungen zur Fertigstellung der Baumaßnahmen nicht erkennbar, kann dies Beweisanzeichen für einen fehlenden Entschluss zur dauerhaften Vermietung sein. Hat sich der Steuerpflichtige jedoch zur dauerhaften Vermietung einer leer stehenden Wohnung entschlossen, ist ohne weitere Prüfung von der Einkunftserzielungsabsicht auszugehen. Dies gilt auch dann, wenn er die leer stehende Immobilie aufgrund eines neu gefassten Beschlusses selbst nutzt oder veräußert.

Eine Einkunftserzielungsabsicht kann schon vor Abschluss eines Mietvertrags über eine leer stehende Wohnung vorliegen. Dementsprechend können bereits vor dem Anfall von Einnahmen Aufwendungen als vorab entstandene Werbungskosten abgezogen werden, sofern anhand objektiver Umstände festgestellt werden kann, dass der Steuerpflichtige den Entschluss zur dauerhaften Vermietung endgültig gefasst hat. Lässt sich allerdings nach einem längeren Zeitraum des Wohnungsleerstandes nicht absehen, ob und wann das Objekt im Rahmen der Einkunftsart Vermietung und Verpachtung genutzt werden kann, und wurden keine nachhaltigen Vermietungsbemühungen entfaltet, kann ein wirtschaftlicher Zusammenhang zwischen den Aufwendungen sowie der Einkünfteerzielungsabsicht zu verneinen sein.[99]

Steht eine Wohnung nach vorheriger auf Dauer angelegter Vermietung leer, sind Aufwendungen als Werbungskosten so lange abziehbar, wie der Steuerpflichtige den Entschluss, mit dieser Wohnung Einkünfte zu erzielen, nicht endgültig aufgegeben hat. Solange sich der Steuerpflichtige ernsthaft und nachhaltig um eine Vermietung der leer stehenden Wohnung bemüht – z. B. durch Einschaltung eines Maklers, fortgesetzte Zeitungsinserate –, kann regelmäßig nicht von einer endgültigen Aufgabe der Einkunftserzielungsabsicht ausgegangen werden, selbst wenn er – z. B. wegen mehrjähriger Erfolglosigkeit einer Vermietung – die Wohnung zugleich zum Verkauf anbietet.[100]

Weitere Einzelfälle:

- Zeigt sich aufgrund bislang vergeblicher Vermietungsbemühungen, dass für ein leer stehendes Objekt, so wie es baulich gestaltet ist, kein Markt besteht und die Immobilie deshalb nicht vermietbar ist, muss der Steuerpflichtige, will er seine fortbestehende Vermietungsabsicht belegen, zielgerichtet darauf hinwirken, unter Umständen auch durch bauliche Umgestaltungen einen vermietbaren Zustand des Objekts zu erreichen. Bleibt er untätig und nimmt er den Leerstand

---

98 BMF vom 08.10.2004 – IV C 3 – S 2253 – 91/4 (BStBl 2004 I S. 933).
99 BFH vom 11.08.2010 IX R 3/10 (BStBl 2011 II S. 166).
100 BFH, BStBl 2003 II S. 940.

3 Sachliche Steuerpflicht

auch künftig hin, spricht dieses Verhalten gegen den endgültigen Entschluss zu vermieten oder, sollte er bei seinen bisherigen, vergeblichen Vermietungsbemühungen mit Einkünfteerzielungsabsicht gehandelt haben, für deren Aufgabe.[101]

- Ein besonders lang andauernder, strukturell bedingter Leerstand einer Wohnimmobilie kann auch nach vorheriger, auf Dauer angelegter Vermietung dazu führen, dass beim Steuerpflichtigen die Einkünfteerzielungsabsicht ohne sein Zutun oder Verschulden wegfällt. Das ist der Fall, wenn das leer stehende Gebäude zur Erreichung der Vermietbarkeit grundlegend saniert werden muss, dies jedoch aufgrund des aus dem Überangebot von Immobilien resultierenden Mietpreisniveaus als unwirtschaftlich einzuschätzen ist, sodass eine Vermietung in absehbarer Zeit objektiv nicht möglich sein wird.[102]

Entstehen oder Wegfall der Einkunftserzielungsabsicht[103]

Die Einkunftserzielungsabsicht kann zu einem späteren Zeitpunkt sowohl begründet werden als auch wegfallen.[104] Deshalb ist z. B. bei Umwandlung eines ausdrücklich mit Veräußerungs- oder Selbstnutzungsabsicht vereinbarten befristeten Mietvertrags in ein unbefristetes Mietverhältnis oder bei erneuter Vermietung dieser Immobilie nach Auszug des Mieters erneut zu prüfen, ob eine dauernde Vermietungsabsicht vorliegt. Entsprechend ist bei Vereinbarung eines befristeten Mietverhältnisses im Anschluss an eine unbefristete Vermietung oder bei verbilligter Überlassung einer Wohnung nach vorheriger nicht verbilligter Überlassung die Einkunftserzielungsabsicht zu prüfen. Hat das Fehlen einer Gewinnerzielungsabsicht zu einem bestimmten Zeitpunkt festgestanden und entsteht die Gewinnerzielungsabsicht später, verliert der Betrieb von dem entsprechenden Zeitpunkt an seine Eigenschaft als Liebhaberei.[105] Der BFH hat offengelassen, ob für die nachträglich entstehende Absicht zur Erzielung eines Totalgewinns die vor dem Übergang zur Liebhaberei erzielten Einkünfte einzubeziehen sind.

Unbebaute Grundstücke[106]

Die Grundsätze zur Einkunftserzielungsabsicht bei auf Dauer angelegter Vermietung gelten nicht für die dauerhafte Vermietung und Verpachtung von unbebautem Grundbesitz.[107] Die Einkunftserzielungsabsicht ist zu prüfen. Vermietet z. B. ein Steuerpflichtiger aufgrund eines einheitlichen Mietvertrags ein bebautes zusammen

---
101 BFH vom 25.06.2009 IX R 54/08 (BFH/NV 2010 S. 91).
102 BFH vom 09.07.2013 IX R 48/12 (BStBl 2013 II S. 693).
103 BMF vom 08.10.2004 – IV C 3 – S 2253 – 91/4 (BStBl 2004 I S. 933).
104 BFH, BStBl 2003 II S. 914.
105 BFH vom 16.03.2012 IV B 155/11 (BFH/NV 2012 S. 950).
106 BMF vom 08.10.2004 – IV C 3 – S 2253 – 91/4 (BStBl 2004 I S. 933).
107 BFH, BStBl 2003 II S. 479.

mit einem unbebauten Grundstück, gilt die Typisierung der Einkünfteerzielungsabsicht bei auf Dauer angelegter Vermietungstätigkeit grundsätzlich nicht für die Vermietung des unbebauten Grundstücks.[108]

Personengesellschaften und -gemeinschaften[109]

Bei Grundstücksverwaltungsgesellschaften oder -gemeinschaften mit Einkünften aus Vermietung und Verpachtung von Grundstücken sowie bei geschlossenen Immobilienfonds gelten die o. g. Grundsätze entsprechend. Vermietet eine vermögensverwaltende Personengesellschaft die ihr vom Gesellschafter veräußerten Grundstücke weiter, erfüllt der Gesellschafter gemeinschaftlich mit anderen nach wie vor den objektiven und subjektiven Tatbestand der Einkunftsart Vermietung und Verpachtung, den er zuvor allein verwirklicht hat. Er hat dann kontinuierlich Einkünfteerzielungsabsicht, vor der Veräußerung allein und nach der Veräußerung zusammen mit den anderen. Diese Kontinuität wird unterbrochen, wenn die Personengesellschaft, die die Grundstücke weiterhin vermietet, gewerblich geprägt ist und damit Einkünfte aus Gewerbebetrieb erzielt.[110]

Bei einer Personengesellschaft mit Einkünften aus Vermietung und Verpachtung, bei der die Einkünfte zunächst auf der Ebene der Gesellschaft zu ermitteln und sodann auf die Gesellschafter zu verteilen sind, muss die Einkunftserzielungsabsicht sowohl auf der Ebene der Gesellschaft als auch auf der Ebene des einzelnen Gesellschafters gegeben sein. Im Regelfall bedarf es insoweit allerdings keiner getrennten Beurteilung.[111] Insbesondere können den einzelnen Gesellschaftern keine steuerrechtlich relevanten Einkünfte zugerechnet werden, wenn (bereits) auf der Gesellschaftsebene keine Einkunftserzielungsabsicht besteht. Liegt hingegen auf der Gesellschaftsebene Einkunftserzielungsabsicht vor, kann gleichwohl diese Absicht eines Gesellschafters dann zweifelhaft sein, wenn er sich z. B. nur kurzfristig zur Verlustmitnahme an einer Gesellschaft beteiligt hat.[112]

Soweit es sich bei der Personengesellschaft jedoch um eine Verlustzuweisungsgesellschaft handelt, besteht zunächst die Vermutung der fehlenden Einkunftserzielungsabsicht.[113] Bei einer Verlustzuweisungsgesellschaft liegt i. d. R. eine Einkunftserzielungsabsicht erst von dem Zeitpunkt an vor, in dem nach dem Urteil eines ordentlichen Kaufmanns mit großer Wahrscheinlichkeit ein Totalüberschuss erzielt werden kann.

---

108 BFH vom 26.11.2008, BStBl 2009 II S. 370.
109 BMF vom 08.10.2004 – IV C 3 – S 2253 – 91/4 (BStBl 2004 I S. 933).
110 BFH vom 09.03.2011 IX R 50/10 (BStBl 2011 II S. 704).
111 BFH, BStBl 1999 II S. 468.
112 BFH, BStBl 2001 II S. 789.
113 BFH, BStBl 2001 II S. 789.

Prognoseentscheidung[114]

Soweit im Einzelfall die Einkünfteerzielungsabsicht nicht typisierend angenommen werden kann, ist eine Prognose erforderlich, ob auf Dauer gesehen nachhaltig Überschüsse zu erzielen sind. Maßgebend für die Prognoseentscheidung ist die voraussichtliche Dauer der konkreten Nutzung durch den Steuerpflichtigen. Typisierend ist ein Prognosezeitraum von **30 Jahren** zugrunde zu legen.[115]

3.3.2 Einmalige Vermögensanfälle

Ein einmaliger Vermögensanfall, insbesondere durch Schenkung, Erbschaft, Vermächtnis, Ausstattung (Aussteuer), fällt unter keine Einkunftsart des Einkommensteuergesetzes und unterliegt damit nicht der Einkommensteuer. Anders verhält es sich indessen mit den **Erträgnissen dieses Vermögens.** Sie zählen regelmäßig zu einer der sieben Einkunftsarten.

Beispiele:

a) A erbt von seinem Vater ein privates Mietwohngrundstück. Der Erwerb des Eigentums an dem Grundstück fällt unter keine Einkunftsart.

Der Überschuss, den A aus der Vermietung erzielt, gehört zu den Einkünften aus Vermietung und Verpachtung.

b) A wendet seiner langjährigen Haushälterin letztwillig durch Vermächtnis eine lebenslängliche Versorgungsrente zu, die sein als Alleinerbe eingesetzter Sohn B an die Haushälterin zu zahlen hat.

Der Erwerb des Rentenstammrechts (Recht, aus dem die einzelnen Rentenzahlungen fließen) ist ein einmaliger Vermögensanfall, der zu keiner Einkommensteuer führt. Die einzelnen Zahlungen unterliegen als Leibrente der Besteuerung nach § 22 EStG.

Nicht einkommensteuerpflichtig sind auch **Film- und Kunstpreise,**[116] soweit die Preise nicht für eine bestimmte Leistung verliehen werden (z. B. Goethepreis; Großer Kunstpreis des Landes Nordrhein-Westfalen).

Ein **Preis für wissenschaftliche oder künstlerische Leistungen,** der von der öffentlichen Hand, von wissenschaftlichen oder künstlerischen Institutionen, Stiftungen und Kuratorien für das Lebenswerk oder das Gesamtschaffen einer Persönlichkeit verliehen wird, unterliegt demnach als einmaliger Vermögensanfall nicht der Einkommensteuer. Es wird das Gesamtschaffen eines Menschen gewürdigt, wenn eine umfassende Wertung aller Hauptwerke und aller von ihnen ausgestrahlten Wirkungen vorgenommen wird.[117] Dementsprechend ist ein Preis auch dann eine

---

114 BMF vom 08.10.2004 – IV C 3 – S 2253 – 91/4 (BStBl 2004 I S. 933).
115 BFH, BStBl 2002 II S. 726; vgl. zur Prognoseberechnung im Einzelnen BMF vom 08.10.2004 – IV C 3 – S 2253 – 91/4 (BStBl 2004 I S. 933).
116 BMF vom 05.09.1996 (BStBl 1996 I S. 1150) und vom 23.12.2002 (BStBl 2003 I S. 76).
117 BFH, BStBl 1964 III S. 629.

steuerfreie Einnahme, wenn die Preisverleihung vor allem eine Ehrung der Persönlichkeit des Preisträgers darstellt.[118]

Ein Preis gehört zu den steuerpflichtigen Einnahmen, wenn zwischen der wissenschaftlichen oder künstlerischen Leistung und dem Preis ein ursächlicher Zusammenhang besteht. Ein solcher Zusammenhang ist anzunehmen, wenn der Preisträger zur Erzielung eines Preises ein besonderes Werk geschaffen, eine besondere Leistung erbracht oder sich um den Preis beworben hat (z. B. Bundesfilmpreis für Spielfilme). Sind wissenschaftliche oder künstlerische Leistungen ohne Bezug auf ein Preisausschreiben erbracht worden, so wird ein ursächlicher Zusammenhang zwischen der Leistung und dem Preis i. d. R. zu verneinen sein.

Wird die Leistung **im Rahmen eines Berufs,** so z. B. bei einem Architektenwettbewerb,[119] oder Gewerbes erbracht, so gehört der Preis zu den beruflichen Einkünften. Liegt die Leistung außerhalb der beruflichen Tätigkeit, so ist der Preis nicht zu den Einnahmen i. S. des § 2 Abs. 1 EStG zu rechnen.[120]

Ähnlich verhält es sich bei **Preisen aus Preisausschreiben** der gewerblichen Wirtschaft. Nur wenn diese das Entgelt für eine besondere Leistung darstellen (z. B. für den besten Werbespruch), können sie als berufliche oder gewerbliche Einnahmen oder als Leistungsentgelte nach § 22 Nr. 3 EStG zu den sonstigen Einkünften zählen. Sonst zählen sie zu keiner Einkunftsart.

Auch Gewinne aus der **Teilnahme an einem Rundfunk- und Fernsehquiz** fallen regelmäßig unter keine Einkunftsart. Es handelt sich i. d. R. nicht um ein Tun, das Gegenstand eines entgeltlichen Vertrags ist (andernfalls lägen sonstige Einkünfte nach § 22 Nr. 3 EStG vor). Allerdings führen Preisgelder für die Teilnahme als Kandidat an einer Fernsehshow zu sonstigen Einkünften nach § 22 Nr. 3 EStG, wenn zwischen dem Auftritt des Kandidaten und dem gewonnenen Preisgeld ein gegenseitiges Leistungsverhältnis besteht. Für ein gegenseitiges Leistungsverhältnis sprechen folgende Anhaltspunkte:

- Dem Kandidaten wird von Seiten des Produzenten ein bestimmtes Verhaltensmuster oder Ähnliches vorgegeben.

- Dem Kandidaten wird neben der Gewinnchance und dem damit verbundenen Preisgeld noch ein erfolgsunabhängiges Auftritts-, Tagegeld etc. gezahlt.

- Das Format sieht grundsätzlich nicht nur einen einmaligen Auftritt vor, sondern erstreckt sich über mehrere Folgen. Der Kandidat muss hierfür ggf. Urlaub nehmen oder von der Arbeit freigestellt werden.

- Das Preisgeld hat die Funktion einer Entlohnung für ein Leistung. Es fließt als Erfolgshonorar zu.

---

118 BFH, BStBl 1985 II S. 427.
119 BFH, BStBl 1975 II S. 558.
120 BFH, BStBl 1989 II S. 650.

3 Sachliche Steuerpflicht

Vor diesem Hintergrund ist ein dem Gewinner der Fernsehshow „Big Brother" ausgezahltes Preisgeld als sonstige Einkünfte nach § 22 Nr. 3 EStG zu besteuern, wenn die Auskehrung des Preisgeldes nach Maßgabe und Durchführung des entgeltlichen Teilnahmevertrags als Gegenleistung für sein aktives wie passives Verhalten während seines Aufenthalts im „Big-Brother-Haus" zu beurteilen ist.[121] Liegen allerdings keine der vorstehenden Anhaltspunkte vor, bleibt es auch bei im Rahmen von Fernsehsendungen gewonnenen Geldern bei nicht steuerbaren Einnahmen.[122]

3.3.3 Spiel- und Wettgewinne

Einnahmen aus Glücksspiel, z. B. Lotterie-, Lotto-, Toto- und Rennwettgewinne, die außerhalb eines Betriebs anfallen, sind nicht steuerbar. Werden solche Gewinne **im Rahmen eines Betriebs** erzielt, z. B. bei einem Lotterieeinnehmer oder Buchmacher[123], so sind sie steuerpflichtig.

Ein betrieblicher Zusammenhang muss jedoch klar und eindeutig feststellbar sein. Die Einkünfte aus dem Betrieb eines Trabrennstalls sind nicht als wettähnliche Gewinne generell steuerfrei. Ob ein Gewerbebetrieb oder eine Liebhaberei vorliegt, richtet sich nach den Umständen des Einzelfalls.[124] Allerdings sind Gewinne aus Tunierpokerspielen eines jahrelang erfolgreichen und seine besonderen Fertigkeiten im Pokerspiel in einem Internetblock, als Fernsehkommentator und einer Pokerschule weitergebenden Steuerpflichtigen, der vom Durchschnittsspieler abzugrenzen ist, als Einkünfte aus Gewerbebetrieb steuerbar.[125]

Spieleinsätze können grundsätzlich nicht als Betriebsausgaben anerkannt werden, weil sie weder durch den Betrieb veranlasst sind oder sonst in einem wirtschaftlichen Zusammenhang mit dem Betrieb stehen noch zur Förderung des Betriebs des Steuerpflichtigen gemacht werden. Die durch den Abschluss der Spielverträge entstandenen Vertragsrechte vor der Ausspielung können auch nicht als gewillkürtes Betriebsvermögen behandelt werden.[126]

3.3.4 Sonstige Einnahmen

Arbeitnehmer-Sparzulagen (§ 13 Abs. 3 5. VermBG), Investitionszulagen (§ 13 InvZulG 2010), neue Anteilsrechte aufgrund der Umwandlung von Rücklagen in Nennkapital (§§ 1, 7 KapErhStG) und Wohnungsbau-Prämien (§ 6 WoPG) stellen ebenfalls keine Einnahmen dar.[127]

---

121 BFH vom 24.04.2012 IX R 6/10 (BStBl 2012 II S. 581), BVerfG: 2 BvR 1503/12.
122 BFH vom 28.11.2007 IX R 39/06 (BStBl 2008 II S. 469); BMF vom 30.05.2008 (BStBl 2008 I S. 645) und vom 27.04.2006 (BStBl 2006 I S. 342).
123 RFH, RStBl 1932 S. 547.
124 BFH, BStBl 1991 II S. 333.
125 FG Köln vom 31.10.2012 12 K 1136/11 (EFG 2013 S. 612), Rev. X R 43/12.
126 BFH, BStBl 1970 II S. 865.
127 H 2 „Keine Einnahmen oder Einkünfte" EStH.

3.4 Einkünfte

Das Gesetz bezeichnet den Reinertrag aus allen wirtschaftlichen Betätigungen, die zu derselben Einkunftsart gehören, als **Einkünfte**. Bei der Ermittlung der Einkünfte einer Einkunftsart muss man daher zunächst feststellen, zu welcher Einkunftsart eine bestimmte Betätigung führt (sachliche Zurechnung). Sodann erst werden die Einkünfte aller zu einer Einkunftsart gehörenden Betätigungen, und zwar getrennt von den Einkünften anderer Einkunftsarten, betragsmäßig berechnet. Da die einzelnen Einkunftsarten sehr verschieden sind, hat das Gesetz zwei unterschiedliche Arten der Einkunftsermittlung festgesetzt, nämlich

- die Gewinnermittlung für die Einkunftsarten 1 bis 3 (Land- und Forstwirtschaft, Gewerbebetrieb, selbständige Arbeit) nach den Vorschriften der §§ 4 bis 7k und § 13a EStG[128] (§ 2 Abs. 2 Satz 1 Nr. 1 EStG);
- die Ermittlung des Überschusses der Einnahmen über die Werbungskosten für die Einkunftsarten 4 bis 7 (nichtselbständige Arbeit, Kapitalvermögen, Vermietung und Verpachtung, sonstige Einkünfte) nach den Vorschriften der §§ 8 bis 9a EStG (§ 2 Abs. 2 Satz 2 Nr. 2 EStG) (siehe Grafik nächste Seite).

Dieser Dualismus der Einkünfteermittlung kann Ursache erheblicher Belastungsunterschiede sein.

Ab dem Veranlagungszeitraum 2009 gibt es im Hinblick auf die Einführung der Abgeltungsteuer nach § 2 Abs. 2 Satz 2 EStG eine gesonderte Definition für die Überschusseinkunftsart „Einkünfte aus Kapitalvermögen". Abweichend von § 2 Abs. 2 Satz 1 Nr. 2 EStG werden diese Einkünfte – soweit sie nicht unter § 32d Abs. 2 EStG fallen – nicht mehr definiert als Differenz von Einnahmen und Werbungskosten. Vielmehr werden nach § 20 Abs. 9 EStG einheitlich 801 Euro in Form eines Sparer-Pauschbetrags von den Einnahmen abgezogen. Bei Ehegatten, die zusammen veranlagt werden, beträgt der Sparer-Pauschbetrag 1.602 Euro (gemeinsamer Sparer-Pauschbetrag). Der Sparer-Pauschbetrag und der gemeinsame Sparer-Pauschbetrag dürfen nicht höher sein als die nach Maßgabe des § 20 Abs. 6 EStG verrechneten Kapitalerträge. Die Möglichkeit, tatsächlich nachgewiesene Werbungskosten geltend zu machen, entfällt. Ausnahmen vom fehlenden Abzug tatsächlich nachgewiesener Werbungskosten und der damit im Zusammenhang stehenden Pauschalbesteuerung mit Abgeltungswirkung nach § 32d Abs. 1 EStG sowie der speziellen Verlustverrechnungsregel nach § 20 Abs. 6 EStG betreffen solche Kapitaleinkünfte, die unter § 32d Abs. 2 EStG fallen. Einkünfte aus Kapitalvermögen i. S. von § 32d Abs. 2 EStG werden ermittelt als Differenz von Einnahmen und Werbungskosten.

Die Einkünfte der Einkunftsarten 1 bis 3 werden als **Gewinn** und die Einkünfte der Einkunftsarten 4 bis 7 als **Überschuss der Einnahmen über die Werbungskosten**

---

[128] Eingefügt wurde der Verweis auf § 13a EStG durch Gesetz vom 08.12.2010 (BGBl 2010 I S. 1768) mit Wirkung vom Veranlagungszeitraum 2009.

bezeichnet. Ergibt die Einkunftsermittlung einen negativen Betrag, so ist das Ergebnis bei allen Einkunftsarten der **Verlust,** wie sich aus dem Sprachgebrauch in § 10d EStG ergibt. Verluste sind somit negative Einkünfte.

Bei den Gewinneinkunftsarten erfolgt die Gewinnermittlung grundsätzlich durch Betriebsvermögensvergleich, während bei den Überschusseinkünften lediglich die Einnahmen den Werbungskosten auf der Grundlage des Zu- und Abflussprinzips gegenübergestellt werden. Auch die nach § 13a EStG ermittelten Einkünfte aus Land- und Forstwirtschaft gehören zu den Gewinneinkünften.

Es muss streng zwischen „Einkünften" und „Einnahmen" unterschieden werden. Bei den Einkünften handelt es sich um die Reineinkünfte (Gewinn, Überschuss der Einnahmen über die Werbungskosten, Verlust); die **Einnahmen** sind dagegen die Roheinnahmen ohne jeden Abzug.

Die Ergebnisse aller wirtschaftlichen Betätigungen im Rahmen einer bestimmten Einkunftsart werden bei der Veranlagung zusammengefasst und als Einkünfte aus dieser Einkunftsart in einem Betrag ausgewiesen. Positive und negative Ergebnisse werden dabei verrechnet (horizontaler Verlustausgleich). Der horizontale Verlustausgleich erfolgt bei der Ermittlung der jeweiligen Einkünfte.

Beispiel:

Ein Steuerpflichtiger ist Eigentümer von drei Mietwohngrundstücken. Aus zwei Häusern erzielte er in einem Kalenderjahr einen Überschuss der Einnahmen über die Werbungskosten i. H. von je 1.000 €; aus dem dritten Haus erzielte er einen Verlust i. H. von 500 €.

Die Einkünfte aus Vermietung und Verpachtung betragen 1.500 € (horizontaler Verlustausgleich).

3.5 Summe der Einkünfte

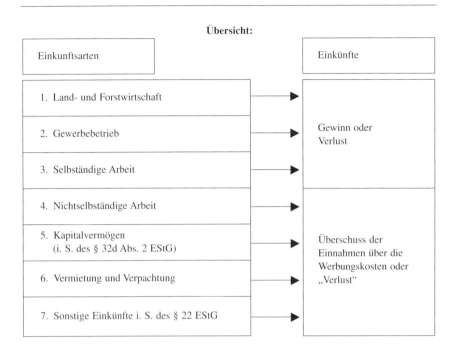

3.5 Summe der Einkünfte

Hat der Steuerpflichtige sowohl positive als auch negative Einkünfte, so sind die Einkünfte grundsätzlich miteinander zu verrechnen. Diese Verrechnung wird als Verlustausgleich bezeichnet. Dabei ist zu unterscheiden zwischen dem **horizontalen und dem vertikalen Verlustausgleich.** Unter dem horizontalen Verlustausgleich versteht man den Verlustausgleich innerhalb derselben Einkunftsart und unter dem vertikalen Verlustausgleich den Ausgleich von Verlusten einer Einkunftsart mit positiven Einkünften einer anderen Einkunftsart. Der horizontale Verlustausgleich hat Vorrang vor dem vertikalen Verlustausgleich. Der vertikale Verlustausgleich erfolgt im Rahmen der Ermittlung der Summe der Einkünfte.

Verluste sind ab dem Veranlagungszeitraum 2004 **im Verlustentstehungsjahr** uneingeschränkt bis zur Höhe der positiven Einkünfte ausgleichsfähig. Dies gilt auch im Fall der Zusammenveranlagung von Ehegatten nach § 26b EStG. Vor dem Verlustausgleich hat im Rahmen der Ermittlung der Einkünfte der einzelnen Einkunftsarten allerdings die Verlustverrechnung der positiven und negativen Ergebnisse innerhalb der einzelnen Einkunftsarten zu erfolgen.[129]

Beispiel:
X erzielt in einem VZ aus seinem Gewerbebetrieb in A einen Verlust von 80.000 € und aus seinem Gewerbebetrieb in B einen Gewinn von 40.000 €. Außerdem hat er einen Überschuss aus Vermietung und Verpachtung von 50.000 €.
Der Verlust aus Gewerbebetrieb von 80.000 € ist zunächst mit dem Gewinn aus Gewerbebetrieb von 40.000 € zu verrechnen, sodass noch ein Verlust aus Gewerbebetrieb von 40.000 € verbleibt. Dieser ist mit dem Überschuss aus Vermietung und Verpachtung von 50.000 € auszugleichen, sodass positive Einkünfte aus Vermietung und Verpachtung von 10.000 € verbleiben.

An diesen Verlustausgleich schließt sich der **Verlustabzug** an. Dieser gestattet eine die Steuerperiode übergreifende Verlustverrechnung zum einen durch einen Verlustrücktrag in den unmittelbar vorangegangenen Veranlagungszeitraum und zum anderen durch einen Verlustvortrag in die folgenden Veranlagungszeiträume ohne zeitliche Begrenzung. Einzelheiten hierzu sind in § 10d EStG geregelt.

Verlustverrechnungsbeschränkungen sind zu beachten. Solche bestehen z. B. bei

- Auslandseinkünften (§ 2a EStG),
- gewerblicher Tierzucht und Tierhaltung (§ 15 Abs. 4 Satz 1 EStG),
- Termingeschäften (§ 15 Abs. 4 Satz 3 bis 5 EStG),
- stillen Gesellschaften (§ 15 Abs. 4 Satz 6 bis 8 EStG),
- Verlusten eines Kommanditisten (§ 15a EStG),
- Verlusten aus Kapitalvermögen (§ 20 Abs. 6 Satz 2 bis 6 EStG),
- Einkünften aus sonstigen Leistungen (§ 22 Nr. 3 Satz 3 bis 6 EStG) oder
- privaten Veräußerungsgeschäften (§ 23 Abs. 3 Satz 7 bis 9 EStG).

Der BFH hat entschieden, dass der Erbe einen vom Erblasser nicht ausgenutzten Verlustabzug nicht bei seiner eigenen Einkommensteuerveranlagung geltend machen kann.[130] Dies deshalb, weil die einzelne natürliche Person das Zurechnungssubjekt der von ihr erzielten Einkünfte ist. Die persönliche Steuerpflicht erstreckt sich auf die Lebenszeit einer Person und endet mit ihrem Tod. Ungenutzte vortragsfähige **Verluste des Erblassers** verfallen grundsätzlich; sie können nicht im Rahmen des Verlustausgleichs und Verlustabzugs bei der Veranlagung des Erben berücksichtigt werden. Erblasser und Erbe sind verschiedene Rechtssubjekte, die jeweils für sich zur Einkommensteuer herangezogen werden. Im Todeszeitpunkt nicht ausgeglichene Verluste des Erblassers können im Todesjahr nur über den Verlustausgleich nach § 2 Abs. 3 EStG oder den Verlustabzug nach § 10d EStG bei der Veranlagung des Erblassers Berücksichtigung finden.[131]

---
129 BFH, BStBl 1975 II S. 698, 1980 II S. 406.
130 BFH vom 17.12.2007 GrS 2/04 (BStBl 2008 II S. 608).
131 OFD Magdeburg vom 18.06.2012 – S 2225 – 11 – St 214 (juris).

3.5 Summe der Einkünfte

Bei Ehegatten können im Todeszeitpunkt noch nicht ausgeglichene Verluste des Erblassers bei der Veranlagung für das Todesjahr im Rahmen der Zusammenveranlagung mit positiven Einkünften des überlebenden Ehegatten, wenn er Erbe ist, ausgeglichen werden.[132]

- Werden die Ehegatten für das Todesjahr zusammen veranlagt und erfolgte für das Vorjahr eine Zusammenveranlagung, ist ein Rücktrag des nicht ausgeglichenen Verlustes des Erblassers in das Vorjahr möglich. Werden die Ehegatten für das Todesjahr zusammen veranlagt und erfolgte für das Vorjahr eine getrennte Veranlagung, ist ein Rücktrag des noch nicht ausgeglichenen Verlustes des Erblassers nur bei der getrennten Veranlagung des Erblassers zu berücksichtigen (§ 62d Abs. 1 Satz 2 EStDV).

- Werden die Ehegatten für das Todesjahr getrennt veranlagt und erfolgt für das Vorjahr eine Zusammenveranlagung, ist ein Rücktrag des nicht ausgeglichenen Verlustes des Erblassers in das Vorjahr möglich (§ 62d Abs. 2 Satz 1 EStDV). Werden die Ehegatten für das Todesjahr getrennt veranlagt und erfolgt auch für das Vorjahr eine getrennte Veranlagung, ist ein Rücktrag des noch nicht ausgeglichenen Verlustes des Erblassers nur bei der getrennten Veranlagung des Erblassers zu berücksichtigen.

Die Frage der Vererblichkeit von Verlusten beurteilt sich hinsichtlich der Verlustverrechnungsbeschränkungen wie folgt:

- Verrechenbare Verluste nach § 2a Abs. 1 EStG sind nicht vererblich.

- In den Fällen, in denen ein Betrieb, Mitunternehmeranteil oder Teilbetrieb nach § 6 Abs. 3 EStG auf den Erben übergeht, geht auch ein nach § 15 Abs. 4 Satz 1 und 2 EStG (Verluste aus gewerblicher Tierzucht oder gewerblicher Tierhaltung) festgestellter Verlust auf den Erben über. In Fällen, in denen der Betrieb, Mitunternehmeranteil oder Teilbetrieb jedoch bereits durch den Erblasser zu Lebzeiten aufgegeben oder veräußert wurde, und in den Fällen des § 15 Abs. 4 Satz 3 bis 5 EStG (Verluste aus Termingeschäften) gehen die verrechenbar festgestellten Verluste nicht auf den Erben über.

- Verrechenbare Verluste nach § 15a EStG und nach § 15b EStG gehen auf den Erben über.[133]

- Nicht übertragbar sind verrechenbare Verluste nach § 20 Abs. 6 EStG bzw. § 43a Abs. 3 EStG.

- Verrechenbare Verluste nach § 22 Nr. 2 EStG i. V. m. § 23 Abs. 3 Satz 7 bis 10 EStG, die vor dem Erbfall entstanden sind, sind nicht vererblich. Anders ist dies, wenn der Erbfall nach dem Anschaffungsvorgang und vor dem Veräußerungsgeschäft nach § 23 EStG eintritt. Wird der Tatbestand der verlustbehafteten Veräußerung erst durch den Erben verwirklicht, ist dem Erben der nach dem Erbfall

---
132 OFD Magdeburg vom 18.06.2012 – S 2225 – 11 – St 214 (juris).
133 BFH vom 10.03.1998 VIII R 76/96 (BStBl 1999 II S. 269).

tatsächlich realisierte Verlust zuzurechnen. Mit dem Erbvorgang wird der Erbe Gesamtrechtsnachfolger und tritt in die Rechtsstellung des Erwerbers ein.

- Die Nichtvererblichkeit von Verlusten gilt auch für Verluste nach § 22 Nr. 3 Satz 4 bis 6 EStG.

3.6 Gesamtbetrag der Einkünfte

Gesamtbetrag der Einkünfte ist nach § 2 Abs. 3 EStG der Betrag, der sich ergibt, wenn man die Summe der Einkünfte
- um den Altersentlastungsbetrag (§ 24a EStG),
- um den Entlastungsbetrag für Alleinerziehende (§ 24b EStG) und
- um den Freibetrag für Land- und Forstwirte (§ 13 Abs. 3 EStG)

mindert.

3.7 Einkommen

Werden vom Gesamtbetrag der Einkünfte die Sonderausgaben und die außergewöhnlichen Belastungen abgesetzt, so ergibt sich nach dem Wortlaut des § 2 Abs. 4 EStG das Einkommen. Sonderausgaben sind bestimmte vom Gesetzgeber abschließend aufgezählte Ausgaben, wenn sie weder Betriebsausgaben noch Werbungskosten sind (§§ 10 bis 10i EStG). Auch die außergewöhnlichen Belastungen fallen im privaten, nicht zur Einkunftssphäre zählenden Bereich an. Im Ergebnis erlaubt § 2 Abs. 4 EStG den Abzug privat veranlasster, zwangsläufiger Ausgaben. Verwirklicht wird hierdurch das subjektive Nettoprinzip.

3.8 Zu versteuerndes Einkommen

Das zu versteuernde Einkommen ist der Betrag, der als Bemessungsgrundlage für die tarifliche Einkommensteuer dient (§ 2 Abs. 5 Satz 1 EStG).

Zum zu versteuernden Einkommen gelangt man, wenn man
- die Freibeträge für Kinder (§ 32 Abs. 6 EStG) und
- die sonstigen vom Einkommen abzuziehenden Beträge
- vom Einkommen abzieht.
- Als sonstiger Betrag kommt derzeit nur der Härteausgleich nach § 46 Abs. 3 EStG in Betracht.

Wird **in anderen Gesetzen** der Begriff „zu versteuerndes Einkommen" verwendet, dann ist damit jeweils der Betrag unter Abzug der Freibeträge für Kinder gemeint, und zwar auch dann, wenn tatsächlich Kindergeld bezogen wurde (§ 2 Abs. 5 Satz 2 EStG).

3.9 Maßstab für außersteuerliche Rechtsnormen

Knüpfen außersteuerliche Rechtsnormen an die Begriffe „Einkünfte, Summe der Einkünfte, Gesamtbetrag der Einkünfte, Einkommen, zu versteuerndes Einkommen" an, erhöhen sich für deren Zwecke die genannten Größen um die nach § 3 Nr. 40 EStG steuerfreien Beträge und mindern sich um die nach § 3c Abs. 2 EStG nicht abziehbaren Beträge (§ 2 Abs. 5a Satz 1 EStG). Ab dem Veranlagungszeitraum 2009 gilt dies auch für die mit einem besonderen Steuersatz besteuerten Einkünfte nach § 32d Abs. 1 EStG und nach § 43 Abs. 5 EStG.

Nach § 2 Abs. 5a Satz 2 EStG mindern sich die Größen „Einkünfte, Summe der Einkünfte, Gesamtbetrag der Einkünfte", soweit außersteuerliche Rechtsnormen an diese Begriffe anknüpfen, um die Kinderbetreuungskosten, die nach § 10 Abs. 1 Nr. 5 EStG abziehbar sind.[134]

Außersteuerliche Rechtsnormen sind Rechtsnormen, die keine unmittelbare Geltung für Steuern haben und von daher auch nicht in den unmittelbaren Anwendungsbereich der Abgabenordnung fallen (§ 1 Abs. 1 AO). Hierunter fallen auch gesetzliche Regelungen, für die nach ausdrücklicher Regelung die Abgabenordnung nur entsprechend anzuwenden ist. Unter § 2 Abs. 5a EStG fallen insbesondere Gesetze mit Leistungscharakter.

3.10 Abgeltungsteuer

Soweit Rechtsnormen des Einkommensteuergesetzes an die Begriffe „Einkünfte, Summe der Einkünfte, Gesamtbetrag der Einkünfte, Einkommen, zu versteuerndes Einkommen" anknüpfen, sind die der Abgeltungsteuer nach § 32d Abs. 1 und § 43 Abs. 5 EStG unterliegenden Kapitalerträge nicht einzubeziehen (§ 2 Abs. 5b EStG).[135] Die genannten Kapitalerträge sind von der üblichen Ermittlung des zu versteuernden Einkommens ausgenommen.

Die Absonderung der genannten Kapitalerträge von den übrigen Einkünften unterliegt verfassungsrechtlichen Bedenken.[136] Zum einen liegt im Hinblick auf die Regelung in § 20 Abs. 9 EStG ein Verstoß gegen das objektive Nettoprinzip vor. Zum anderen ist die Besteuerung dieser Kapitalerträge mit einem von den übrigen Einkünften abweichenden Steuersatz mit dem Grundsatz der Besteuerung nach der Leistungsfähigkeit nicht vereinbar.

---

134 Eingefügt wurde § 2 Abs. 5a Satz 2 EStG durch Gesetz vom 01.11.2011 (BGBl 2011 I S. 2131) mit Wirkung vom Veranlagungszeitraum 2012.
135 Die bisherige Regelung in § 2 Abs. 5b Satz 2 EStG wurde aufgehoben durch Gesetz vom 01.11.2011 (BGBl 2011 I S. 2131) mit Wirkung vom Veranlagungszeitraum 2012.
136 Kirchhof, in: Kirchhof, EStG, 12. Auflage, § 2 Rdnr. 110.

3.11 Tarifliche Einkommensteuer

Die tarifliche Einkommensteuer ergibt sich durch die Anwendung des Grund- bzw. Splittingtarifs (§ 32a Abs. 1, 5 und § 50 Abs. 1 Satz 2 EStG). Zu berücksichtigen ist der bei Anwendung des Progressionsvorbehalts (§ 32b EStG) oder der Steuersatzbegrenzung sich ergebende Steuersatz. Bei der Festsetzung der Einkommensteuer ist in den Fällen der Steuersatzbegrenzung die rechnerische Gesamtsteuer quotal aufzuteilen und sodann der Steuersatz für die der Höhe nach nur beschränkt zu besteuernden Einkünfte zu ermäßigen.[137] Ebenfalls zu berücksichtigen sind die Steuersätze bei außerordentlichen Einkünften nach §§ 34, 34b EStG und die Begünstigung des nicht entnommenen Gewinns nach § 34a Abs. 1, 4 bis 6 EStG.

3.12 Festzusetzende Einkommensteuer

Vermindert man die tarifliche Einkommensteuer um die anzurechnende ausländische Steuer nach § 34c Abs. 1 und 6 EStG, § 12 AStG sowie um die Steuerermäßigung nach § 35 EStG, die Steuerermäßigung für Steuerpflichtige mit Kindern bei Inanspruchnahme erhöhter Absetzungen für Wohngebäude oder der Steuerbegünstigungen für eigengenutztes Wohneigentum nach § 34f Abs. 1 und 2 EStG, die Steuerermäßigung bei Zuwendungen an politische Parteien und unabhängige Wählervereinigungen nach § 34g EStG, die Steuerermäßigung nach § 34f Abs. 3 EStG, die Steuerermäßigung nach § 34a EStG und die Ermäßigung bei Belastung mit Erbschaftsteuer und erhöht man den sich daraus ergebenden Betrag um die Steuer aufgrund der Berechnung nach § 32d Abs. 3 und 4 EStG, die Steuer nach § 34c Abs. 5 EStG, die Nachsteuer nach § 10 Abs. 5 EStG i. V. m. § 30 EStDV, den Zuschlag nach § 3 Abs. 4 Satz 2 des Forstschäden-Ausgleichsgesetzes, den Anspruch auf Zulage für Altersvorsorge, wenn Beiträge als Sonderausgaben abgezogen worden sind (§ 10a Abs. 2 EStG) und den Anspruch auf Kindergeld oder vergleichbare Leistungen, soweit in den Fällen des § 32 EStG das Einkommen um Freibeträge für Kinder gemindert wurde, so ergibt sich die festzusetzende Einkommensteuer (§ 2 Abs. 6 EStG). Bei der Ermittlung der dem Steuerpflichtigen zustehenden Zulage bleibt die Erhöhung der Grundzulage nach § 84 Satz 2 EStG außer Betracht (§ 2 Abs. 6 Satz 2 EStG).

3.13 Veranlagungszeitraum

Die Einkommensteuer ist eine Jahressteuer (§ 2 Abs. 7 Satz 1 EStG). Die Grundlagen für die Festsetzung sind jeweils für ein Kalenderjahr zu ermitteln (§ 2 Abs. 7 Satz 2 EStG). Nach § 25 Abs. 1 EStG wird die Einkommensteuer **nach Ablauf des Kalenderjahres** nach dem Einkommen veranlagt, das der Steuerpflichtige in die-

---

137 BFH vom 13.11.2002 I R 67/01 (BStBl 2003 II S. 587).

sem Veranlagungszeitraum bezogen hat. Der Veranlagungszeitraum ist also das Kalenderjahr. Der Steuerpflichtige hat für den abgelaufenen Veranlagungszeitraum die Einkommensteuererklärung abzugeben (§ 25 Abs. 3 Satz 1 EStG).

Hat die Steuerpflicht **nicht während des vollen Veranlagungszeitraums** bestanden, so wird das während der Dauer der Steuerpflicht bezogene Einkommen zugrunde gelegt. In diesem Fall kann die Veranlagung bei Wegfall der Steuerpflicht nicht sofort vorgenommen werden.

> **Beispiel:**
> Ein unbeschränkt Steuerpflichtiger ist am 30.07. dieses Jahres verstorben. Er erzielte bis zu diesem Zeitpunkt steuerpflichtige Einkünfte aus Gewerbebetrieb.
> Mit dem Tode des Steuerpflichtigen endet seine Steuerpflicht (§ 1 EStG). Für die Zeit vom 01.01. bis 30.07. sind seine Einkünfte zu ermitteln. Das während der Dauer der Steuerpflicht bezogene Einkommen bildet die Grundlage für die Veranlagung. Die Veranlagung kann nicht sofort nach Wegfall der Steuerpflicht, sondern erst nach Ablauf des Kalenderjahres vorgenommen werden. Für die Berechnung der Steuer ist auf das tatsächlich erzielte zu versteuernde Einkommen abzustellen. Eine Umrechnung des zu versteuernden Einkommensbetrages auf einen Jahresbetrag erfolgt nicht.

Auch in den Fällen der vorbeschriebenen Art ist das Kalenderjahr der Veranlagungszeitraum, nur der Ermittlungszeitraum ist abgekürzt.

Besteht während eines Kalenderjahres **sowohl unbeschränkte als auch beschränkte Steuerpflicht,** so sind nach § 2 Abs. 7 Satz 3 EStG die während der beschränkten Einkommensteuerpflicht erzielten inländischen Einkünfte in die Veranlagung zur unbeschränkten Steuerpflicht einzubeziehen. Die Veranlagung erfolgt nach Maßgabe der für unbeschränkt Steuerpflichtige geltenden Vorschriften. Die Abgeltungswirkung nach § 50 Abs. 2 Satz 1 EStG tritt nicht ein. Die Veranlagungsart und der maßgebende Tarif bestimmen sich nach den Gegebenheiten in der Zeit der unbeschränkten Steuerpflicht.

Eine Veranlagung unterbleibt, wenn § 46 EStG dies zulässt. Gleiches gilt ab dem Veranlagungszeitraum 2009 auch in den Fällen von § 43 Abs. 5 EStG.

3.14 Ermittlungszeitraum

Die Einkommensteuer ist eine Jahressteuer. Daher sind die Grundlagen für ihre Festsetzung grundsätzlich für ein Kalenderjahr zu ermitteln. Ermittlungszeitraum ist daher **grundsätzlich das Kalenderjahr** (§ 2 Abs. 7 Satz 2 EStG).

Sind nur während eines Teils des Kalenderjahres Einkünfte bezogen worden, so sind nur diese Einkünfte als Besteuerungsgrundlage anzusetzen; eine **Umrechnung auf einen Jahresbetrag** erfolgt nicht.

Besteht die unbeschränkte oder beschränkte Einkommensteuerpflicht nicht jeweils während des ganzen Kalenderjahres, so tritt an die Stelle des Kalenderjahres als Ermittlungszeitraum der **Zeitraum der jeweiligen Steuerpflicht.** In diesem Fall sind die Einkünfte für den Zeitraum der unbeschränkten und beschränkten Steuerpflicht getrennt zu ermitteln (§ 2 Abs. 7 Satz 3 EStG). Dies gilt insbesondere für den Fall, dass der Steuerpflichtige während eines Kalenderjahres von der unbeschränkten zur beschränkten Steuerpflicht oder umgekehrt wechselt. Die beschränkte Steuerpflicht fällt aber auch fort, wenn der Steuerpflichtige keine inländischen Einkünfte i. S. von § 49 EStG mehr bezieht (§ 1 Abs. 4 EStG). Eine Umrechnung auf das Kalenderjahr (Jahresbetrag) wird auch insoweit nicht vorgenommen.

Bei der getrennten Ermittlung erfolgt die Abgrenzung bei den Überschusseinkünften (§ 2 Abs. 1 Nr. 4 bis 7 EStG) und bei der Gewinnermittlung nach § 4 Abs. 3 EStG unter Beachtung der Zufluss- und Abflusstatbestände des § 11 EStG;[138] bei der Gewinnermittlung nach § 4 Abs. 1 und § 5 EStG, insbesondere auch bei Gewinnanteilen eines Mitunternehmers i. S. von § 15 Abs. 1 Nr. 2 EStG, ist der Gewinn nach geeigneten Maßstäben (z. B. Umsatz- oder Zeitanteil) aufzuteilen, wenn für den Zeitpunkt des Wechsels der Steuerpflicht kein besonderer Abschluss gemacht worden ist.

3.15 Wirtschaftsjahr

3.15.1 Allgemeines

Bei **Land- und Forstwirten** und bei **Gewerbetreibenden** ist der Gewinn nach dem Wirtschaftsjahr zu ermitteln (§ 4a Abs. 1 Satz 1 EStG). §§ 8b und 8c EStDV regeln Einzelheiten des Wirtschaftsjahres im Hinblick auf dessen zeitlichen Umfang sowie dessen Beginn und Ende innerhalb eines Kalenderjahres. Das Wirtschaftsjahr entspricht dem handelsrechtlichen Geschäftsjahr (§ 240 Abs. 2 HGB).

Das Wirtschaftsjahr stimmt bei Gewerbetreibenden grundsätzlich mit dem Kalenderjahr überein. Bei Gewerbetreibenden, die im Handelsregister eingetragen sind, kann ein vom Kalenderjahr abweichendes Wirtschaftsjahr bestimmt werden.

Da der Gewinn für den einzelnen Betrieb ermittelt wird, ist das Wirtschaftsjahr als Gewinnermittlungszeitraum des einzelnen Betriebs zu verstehen. Betreibt ein Steuerpflichtiger mehrere Gewerbebetriebe, kommen für diese verschiedene Wirtschaftsjahre in Betracht.

Die Regelung gilt ausschließlich für die Gewinnermittlung bei Einkünften aus Gewerbebetrieb oder aus Land- und Forstwirtschaft. Für freiberufliche und sonstige **Einkünfte aus selbständiger Arbeit** (§ 18 EStG) gilt sie nicht. Der Gewinn ist zwingend für das Kalenderjahr zu ermitteln. Das gilt auch bei ins Handelsregister eingetragenen Partnerschaftsgesellschaften. Entsprechendes gilt auch für freiberuflich tätige Personengesellschaften, die zu Unrecht in das Handelsregister eingetra-

---

138 RFH, RStBl 1940 S. 355.

gen sind.[139] Ermittelt ein Freiberufler dennoch seinen Gewinn für ein vom Kalenderjahr abweichendes Wirtschaftsjahr, kann die Gewinnermittlung der Besteuerung nicht zugrunde gelegt werden. Der im Kalenderjahr bezogene Gewinn ist im Wege der Schätzung zu ermitteln. Dies kann in der Regel durch eine zeitanteilige Aufteilung der für die abweichenden Wirtschaftsjahre ermittelten Gewinne erfolgen.[140]

Das **Wirtschaftsjahr** ist der Zeitraum, für den ein Steuerpflichtiger regelmäßig seinen Gewinn ermittelt. Das Wirtschaftsjahr umfasst grundsätzlich einen Zeitraum von zwölf Monaten. Dieser Zeitraum kann kürzer sein, wenn ein Betrieb eröffnet, erworben, aufgegeben und veräußert wird oder ein Steuerpflichtiger von regelmäßigen Abschlüssen auf einen bestimmten Tag zu regelmäßigen Abschlüssen auf einen anderen bestimmten Tag übergeht und dieser Übergang steuerlich zulässig ist (§ 8b EStDV). In diesen Fällen spricht man von einem Rumpfwirtschaftsjahr.

§ 8b EStDV beschreibt die Möglichkeit der Bildung eines Rumpfwirtschaftsjahres nicht abschließend. Ein **Rumpfwirtschaftsjahr** ist auch zu bilden, wenn ein land- und forstwirtschaftlicher Betrieb im Wege vorweggenommener Erbfolge unentgeltlich auf einen Familienangehörigen übertragen wird.[141] Auch die Beendigung einer zweigliedrigen Gesellschaft führt zur Bildung eines Rumpfwirtschaftsjahres. Das gilt auch, wenn aus einer zweigliedrigen atypisch stillen Gesellschaft der stille Gesellschafter ausscheidet.[142]

Das Wirtschaftsjahr darf einen **Zeitraum von zwölf Monaten** nicht überschreiten; andernfalls ist die Buchführung nicht ordnungsgemäß.[143]

3.15.2 Abweichendes Wirtschaftsjahr bei Land- und Forstwirten

Land- und Forstwirte i. S. des § 13 EStG haben grundsätzlich ein abweichendes Wirtschaftsjahr (§ 4a Abs. 1 Nr. 1 EStG).

Das abweichende Wirtschaftsjahr der Land- und Forstwirte umfasst grundsätzlich den Zeitraum **vom 01.07. bis zum 30.06.** Für bestimmte Betriebsarten land- und forstwirtschaftlicher Betätigung sind **andere Abschlusszeitpunkte** möglich (§ 8c Abs. 1 EStDV). So kann das Wirtschaftsjahr i. S. des § 4a Abs. 1 Nr. 1 EStG bei

- Betrieben mit einem Futterbauanteil von 80 % und mehr der Fläche der landwirtschaftlichen Nutzung der Zeitraum vom 01.05. bis 30.04.,

- reiner Forstwirtschaft der Zeitraum vom 01.10. bis 30.09. und

- reinem Weinbau der Zeitraum von 01.09. bis 31.08.

sein.

---
139 BFH, BStBl 2000 II S. 498.
140 BFH, BStBl 2000 II S. 24.
141 BFH, BStBl 1980 II S. 8.
142 BFH vom 03.06.1997 VIII B 73/96 (BFH/NV 1997 S. 838).
143 BFH, BStBl 1979 II S. 303.

Ein solcher Betrieb liegt nach § 8c Abs. 1 Satz 2 EStDV auch dann vor, wenn daneben in geringem Umfang noch eine andere land- oder forstwirtschaftliche Nutzung vorhanden ist.

Gartenbaubetriebe und reine Forstbetriebe können auch das Kalenderjahr als Wirtschaftsjahr bestimmen (§ 8c Abs. 2 EStDV).

Die Verpflichtung, nach einem abweichenden Wirtschaftsjahr den Gewinn aus Land- und Forstwirtschaft zu ermitteln, besteht für buchführende und auch für nicht buchführende Land- und Forstwirte. Wird der Gewinn nicht ermittelt, sondern geschätzt, so muss er ebenfalls für das abweichende Wirtschaftsjahr geschätzt werden.

Ist ein land- oder forstwirtschaftlicher Betrieb verpachtet und sind die Einkünfte aus der Verpachtung als Einkünfte aus Land- und Forstwirtschaft zu behandeln, so ist für die Ermittlung des Gewinns weiterhin das nach § 4a Abs. 1 Nr. 1 EStG oder § 8c EStDV in Betracht kommende abweichende Wirtschaftsjahr maßgebend.[144]

Verpachtet ein Einzelunternehmer seine Baumschule an eine OHG, an der er als Gesellschafter beteiligt ist, stellt dies eine Einbringung zur Nutzung dar. Mit der Einbringung des Betriebs endet das Wirtschaftsjahr des Einzelunternehmens. Der verpachtete Betrieb hört auf, ein eigenständiger Betrieb zu sein. Das Betriebsvermögen des Einzelunternehmens besteht nur noch als Sonderbetriebsvermögen des Mitunternehmers fort.[145]

3.15.3 Abweichendes Wirtschaftsjahr bei Gewerbetreibenden

Gewerbetreibende, deren **Firma im Handelsregister eingetragen ist,** können ihren Gewinn nach einem abweichenden Wirtschaftsjahr ermitteln (§ 4a Abs. 1 Nr. 2 EStG). Maßgebend ist allein die formelle Registereintragung. Auf deren Rechtmäßigkeit kommt es nicht an. Vorliegen muss die Eintragung zu Beginn des abweichenden Wirtschaftsjahres.

Das **Wahlrecht zur Festlegung des Wirtschaftsjahres** wird durch Aufstellung der ersten Bilanz ausgeübt und nicht durch vorbereitende Jahresabschlussarbeiten oder Erklärung gegenüber dem Finanzamt.[146] Ein vom Kalenderjahr abweichendes Wirtschaftsjahr kann nur gewählt werden, wenn tatsächlich ein Abschluss erstellt wird. Unterbleibt die Aufstellung eines ersten Jahresabschlusses und wird der Gewinn deshalb geschätzt, kommt als Gewinnermittlungszeitraum nur das Kalenderjahr in Betracht.[147]

Das steuerrechtliche Wahlrecht nach § 5 Abs. 1 Satz 1 EStG muss mit dem Handelsrecht übereinstimmen. Damit muss auch das handelsrechtliche Geschäftsjahr mit

---
144 BFH, BStBl 1965 III S. 286.
145 BFH vom 25.03.2004 IV R 49/02 (BFH/NV 2004 S. 1247).
146 BFH vom 16.02.1989 IV R 307/84 (BFH/NV 1990 S. 632).
147 BFH vom 16.02.1989 IV R 307/84 (BFH/NV 1990 S. 632).

3.15 Wirtschaftsjahr

dem steuerrechtlichen Wirtschaftsjahr übereinstimmen.[148] Von daher muss bei einer GmbH, deren Satzungsänderung eine Regelung über das abweichende Wirtschaftsjahr betrifft, diese Änderung von Beginn des betreffenden Wirtschaftsjahres im Handelsregister eingetragen sein, um eine wirksame Umstellung auf das abweichende Wirtschaftsjahr zu erreichen.[149]

Die Änderungsmöglichkeit für das ausgeübte Wahlrecht endet mit Ablauf des betreffenden Kalenderjahres.[150]

Eine **ordnungsgemäße Buchführung** als Grundlage des ersten Jahresabschlusses ist allerdings nicht erforderlich. Wird aufgrund eines erstellten oder fehlerhaften Jahresabschlusses der Gewinn geschätzt, ist das abweichende Wirtschaftsjahr für die Schätzung maßgeblich (R 4a Abs. 4 EStR).

Abschlusszeitpunkt kann jeder beliebige Zeitpunkt sein. Er muss aber als regelmäßiger Abschlusszeitpunkt beibehalten werden. Ein willkürlicher Wechsel ist nicht möglich. Zu beachten ist, dass die Umstellung eines Wirtschaftsjahres, das mit dem Kalenderjahr übereinstimmt, auf einen vom Kalenderjahr abweichenden Zeitraum und von einem abweichenden Wirtschaftsjahr auf ein anderes abweichendes Wirtschaftsjahr das Einvernehmen mit dem Finanzamt voraussetzt (§ 4a Abs. 1 Nr. 2 Satz 2 EStG; § 8b Nr. 2 EStDV). Einvernehmen bedeutet Zustimmung bzw. Genehmigung des Finanzamts zur Umstellung des Wirtschaftsjahres. Über einen Antrag auf Umstellung des Wirtschaftsjahres wird entweder im Veranlagungsverfahren oder bei einem außerhalb des Veranlagungsverfahrens gestellten Antrag durch besonderen Bescheid entschieden. Hierbei handelt es sich um einen Grundlagenbescheid nach § 171 Abs. 10 AO. Es erfolgt eine Ermessensentscheidung.

Bei der Umstellung darf nur ein Rumpfwirtschaftsjahr entstehen.[151]

Nicht im Handelsregister eingetragene Gewerbetreibende können nur unter den Voraussetzungen des § 4a Abs. 1 Nr. 3 EStG ein abweichendes Wirtschaftsjahr haben.

Buchführende Gewerbetreibende, die gleichzeitig buchführende Land- und Forstwirte sind, können mit Zustimmung des Finanzamts das für den land- und forstwirtschaftlichen Betrieb maßgebende Wirtschaftsjahr auch als Wirtschaftsjahr für den Gewerbebetrieb bestimmen. Voraussetzung ist aber, dass sie für den Gewerbebetrieb Bücher führen und für diesen Zeitraum regelmäßige Abschlüsse machen. Diese Vorschrift dient der Vereinfachung.

Buchführende Land- und Forstwirte im Sinne dieser Vorschrift sind Land- und Forstwirte, die aufgrund einer gesetzlichen Verpflichtung oder freiwillig Bücher führen und regelmäßige Abschlüsse machen.

---

148 Lambrecht, in: Kirchhof, EStG, 12. Auflage, § 4a Rdnr. 4.
149 FG Nürnberg vom 06.10.1998 I 243/96 (EFG 1998 S. 1693).
150 Lambrecht, in Kirchhof, EStG, 12. Auflage, § 4a Rdnr. 4.
151 BFH, BStBl 1969 II S. 33.

3.15.4 Umstellung des Wirtschaftsjahres

Einer Zustimmung des Finanzamts nach § 4a Abs. 1 Nr. 2 EStG bedarf es nur, wenn die Umstellung des Wirtschaftsjahres im Rahmen eines bestehenden Gewerbebetriebs stattfindet. Sie ist nicht erforderlich, wenn ein Gewerbetreibender sein abweichendes Wirtschaftsjahr auf das Kalenderjahr umstellen will. Die Umstellung kann sich empfehlen, um einen Verlustabzug nach § 10d EStG optimal zu nutzen, indem im Jahr der Umstellung das abgelaufene Wirtschaftsjahr sowie das sich ergebende Rumpfwirtschaftsjahr zusammengefasst werden.

Von einer „**Umstellung**" des Wirtschaftsjahres kann man nicht sprechen, wenn jemand einen Betrieb neu eröffnet. Die erstmalige Wahl des Wirtschaftsjahres ist somit ohne Zustimmung des Finanzamts möglich. Auch wenn ein Kaufmann sein Handelsgeschäft an einen anderen veräußert, der bisher an dem Unternehmen noch nicht gesellschaftsrechtlich beteiligt war, kann sich eine Bindung des Erwerbers an das Wirtschaftsjahr des Veräußerers nicht ergeben. Der Erwerber kann daher frei bestimmen, welcher Zeitraum sein Wirtschaftsjahr sein soll. Das soll nach dem Urteil des BFH vom 11.10.1966[152] auch gelten, wenn der bisherige Unternehmer das Geschäft unentgeltlich im Wege der vorweggenommenen Erbfolge auf einen anderen überträgt und daher nach § 6 Abs. 3 EStG der Erwerber an die Buchwerte des Veräußerers gebunden ist. Dagegen wird nach dem Urteil des BFH vom 22.08.1968[153] im Fall des unentgeltlichen Übergangs des Betriebs durch Erbfolge eine Fortführung des Betriebs des Erblassers durch den Erben angenommen, sodass der Erbe für die Umstellung des Wirtschaftsjahres der Zustimmung des Finanzamts bedarf.

Gesellschafterwechsel oder Ausscheiden einzelner Gesellschafter berühren nicht den Bestand der Personengesellschaft mit der Folge, dass kein Wechsel des Wirtschaftsjahres vorliegt.[154] In der Umwandlung oder Einbringung eines Einzelunternehmens in eine neu gegründete Personengesellschaft liegt eine Neueröffnung eines Betriebs. Der Zeitpunkt der Umwandlung oder Einbringung ist das Ende des Wirtschaftsjahres des bisherigen Einzelunternehmens und der Beginn des ersten Wirtschaftsjahres der neu gegründeten Personengesellschaft.[155] Vor diesem Hintergrund hat der BFH[156] auch entschieden, dass es ernstlich zweifelhaft ist, ob das Wirtschaftsjahr eines Einzelbetriebs fortläuft, wenn ihn der Einzelunternehmer an eine Personengesellschaft verpachtet, an der er selbst als Mitunternehmer beteiligt ist. Wird ein bisher als Personengesellschaft geführter Betrieb nach Ausscheiden der Mitgesellschafter als Einzelunternehmen fortgeführt, liegt darin die Eröffnung eines neuen Betriebs mit der Folge, dass das Wirtschaftsjahr der Personengesellschaft im

---

152 BFH vom 11.10.1966 I 47/64 (BStBl 1967 III S. 86).
153 BFH vom 22.08.1968 IV 244/63 (BStBl 1969 II S. 34).
154 BFH, BStBl 1979 II S. 159.
155 BFH, BStBl 1994 II S. 891.
156 BFH vom 18.09.2002 IV S 3/02 (BFH/NV 2003 S. 187).

3.15 Wirtschaftsjahr

Zeitpunkt der Umwandlung endet und das erste Wirtschaftsjahr des Einzelunternehmens beginnt.[157] Die formwechselnde Umwandlung einer Personengesellschaft in eine andere Personengesellschaft (z. B. OHG zu KG) bedeutet keinen Betriebsübergang und berührt damit das Wirtschaftsjahr nicht.[158]

Keine Umstellung eines Wirtschaftsjahres ist anzunehmen, wenn eine im Wege der Betriebsaufspaltung entstandene Betriebsgesellschaft ein vom Kalenderjahr abweichendes Wirtschaftsjahr wählt, weil Besitz- und Betriebsgesellschaft selbständige Unternehmen darstellen, die selbständig zu bilanzieren haben.[159]

Im Veranlagungszeitraum der Umstellung von einem zulässigerweise abweichenden Wirtschaftsjahr eines Gewerbetreibenden auf das Kalenderjahr enden zwei Wirtschaftsjahre, nämlich das letzte abweichende Wirtschaftsjahr und das Rumpfwirtschaftsjahr. Diese Grundsätze gelten auch für die Umstellung von einem unzulässigerweise gewählten abweichenden Wirtschaftsjahr auf das Kalenderjahr im Jahr der letzten noch änderbaren Veranlagung entsprechend.[160]

Durch die Mitwirkung des Finanzamts sollen in erster Linie Missbräuche verhindert werden, z. B. in der Form, dass ein Steuerpflichtiger willkürlich den Bilanzstichtag wechselt, um dadurch steuerliche Vorteile zu gewinnen.[161]

Die **Zustimmung bzw. Genehmigung** wird das Finanzamt nur dann erteilen, wenn der Steuerpflichtige gewichtige, in der Organisation des Betriebs liegende Gründe („vernünftige betriebswirtschaftliche Gründe") für die Umstellung des Wirtschaftsjahres anführen kann. Dass die angeführten Gründe die Umstellung als „betriebsnotwendig" darstellen, ist hingegen nicht erforderlich.[162] Die Erreichung einer „Steuerpause" oder die Ermöglichung eines Verlustrücktrags ist kein betrieblicher Grund, der die Zustimmung des Finanzamts zur Umstellung des Wirtschaftsjahres rechtfertigt.[163] Auch eine branchenübliche Erschwernis in der Warenbestandsaufnahme zum bisherigen Abschlusszeitpunkt gegenüber einem anderen Abschlusszeitpunkt reicht in der Regel allein nicht aus.[164]

Will ein Pächter sein Wirtschaftsjahr auf das vom Kalenderjahr abweichende Pachtjahr umstellen, weil dieses in mehrfacher Beziehung für die Abrechnung mit dem Verpächter maßgebend ist, so ist die Zustimmung im Allgemeinen zu erteilen.[165]

Ist ein Gewerbebetrieb verpachtet und sind die Einkünfte aus der Verpachtung als Einkünfte aus Gewerbebetrieb auszuweisen, so kann der Verpächter ein abwei-

---

157 BFH, BStBl 1989 II S. 519.
158 BFH, BStBl 1989 II S. 312.
159 BFH, BStBl 1980 II S. 94.
160 BFH vom 12.07.2007 X R 34/05 (BStBl 2007 II S. 775).
161 BFH, BStBl 1981 II S. 50.
162 BFH, BStBl 1974 II S. 238.
163 BFH, BStBl 1965 III S. 287, 1981 II S. 50, 1983 II S. 672.
164 BFH, BStBl 1967 III S. 111.
165 BFH, BStBl 1970 II S. 85.

chendes Wirtschaftsjahr beibehalten, wenn weiterhin die Voraussetzungen des § 4a Abs. 1 Nr. 2 oder Nr. 3 Satz 2 EStG erfüllt sind (R 4a Abs. 3 EStR).

Legt eine Personen-Obergesellschaft ihr Wirtschaftsjahr abweichend von den Wirtschaftsjahren der Untergesellschaft fest, so liegt hierin jedenfalls dann kein Missbrauch von Gestaltungsmöglichkeiten des Rechts, wenn dadurch die Entstehung eines Rumpfwirtschaftsjahres vermieden wird.[166]

3.15.5 Folgen eines abweichenden Wirtschaftsjahres

Da die Grundlagen für die Festsetzung der Einkommensteuer für ein Kalenderjahr zu ermitteln sind, muss gesetzlich geregelt sein, in welchem Kalenderjahr der für ein abweichendes Wirtschaftsjahr ermittelte Gewinn zu berücksichtigen ist.

In einfacher Weise erfolgt die Aufteilung bei **Land- und Forstwirten**, und zwar wird der für das abweichende Wirtschaftsjahr ermittelte Gewinn entsprechend dem zeitlichen Anteil auf die zugehörigen Kalenderjahre verteilt (§ 4a Abs. 2 Nr. 1 EStG).

> **Beispiel:**
> Ein Landwirt erzielt für das Wirtschaftsjahr 01.07.01 bis 30.06.02 einen Gewinn von 52.000 € und für das Wirtschaftsjahr 01.07.02 bis 30.06.03 einen Gewinn von 58.000 €. Abschlusszeitpunkt ist der 30.06.
>
> Bei der Veranlagung für das Kalenderjahr 02 wird ein Gewinn von 55.000 € als Einkünfte aus Land- und Forstwirtschaft angesetzt.
>
> $1/_2$ von 52.000 € = 26.000 €
> $1/_2$ von 58.000 € = 29.000 €
>   55.000 €

Eine entsprechende Aufteilung der Gewinne der einzelnen Wirtschaftsjahre muss auch bei den Landwirten, deren Gewinn nach Durchschnittssätzen gem. § 13a EStG ermittelt wird, und den Schätzungslandwirten erfolgen. Bei der Aufteilung sind Veräußerungsgewinne i. S. des § 14 EStG auszuscheiden und dem Gewinn des Kalenderjahres hinzuzurechnen, in dem sie entstanden sind. Für Veräußerungsverluste gelten die allgemeinen Regelungen.

Bei **Gewerbetreibenden** gilt hingegen der Gewinn des Wirtschaftsjahres einschließlich der Veräußerungsgewinne i. S. des § 16 EStG als in dem Kalenderjahr bezogen, in dem das Wirtschaftsjahr endet (§ 4a Abs. 2 Nr. 2 EStG). Bei Mitunternehmerschaften gilt dies nur für die Mitunternehmerschaft selbst. § 4a Abs. 2 Nr. 2 EStG gilt im Fall der Veräußerung bzw. der Aufgabe eines Mitunternehmeranteils bei einer fortbestehenden Mitunternehmerschaft nicht für den ausscheidenden Mit-

---
166 BFH vom 09.11.2006 IV R 21/05 (BStBl 2010 II S. 230).

3.15 Wirtschaftsjahr

unternehmer.[167] Das Ergebnis des ausscheidenden Mitunternehmers ist im Zeitpunkt des Ausscheidens zu erfassen.

Beispiel:
Ein im Handelsregister eingetragener Gewerbetreibender hat ein abweichendes Wirtschaftsjahr und macht seinen Abschluss jeweils zum 31.03. In dem Wirtschaftsjahr vom 01.04.01 bis 31.03.02 hat er einen Gewinn von 64.000 € erzielt.
Bei der Einkommensteuerveranlagung für das Kalenderjahr 02 wird bei den Einkünften aus Gewerbebetrieb ein Gewinn von 64.000 € angesetzt. Der Steuerpflichtige wird so behandelt, als ob der Gewinn des abweichenden Wirtschaftsjahres 01/02 im Kalenderjahr 02 bezogen worden wäre.

Durch diese für Gewerbetreibende getroffene Regelung tritt eine Verlagerung der Besteuerung ein, die auch einen Grund dafür abgibt, dass ein Wechsel des Abschlusszeitpunkts grundsätzlich nur im Einvernehmen mit dem Finanzamt erfolgen darf. Ein weiterer Grund ist, dass durch die Bildung eines Rumpfwirtschaftsjahres das Einkommen so gering werden kann, dass es nur mit einem erheblich niedrigeren Steuersatz besteuert wird oder ganz steuerfrei bleibt.

Beispiele:

a) A eröffnet am 01.04.01 einen im Handelsregister eingetragenen Gewerbebetrieb und wählt als regelmäßigen Abschlusszeitpunkt den 31.03.
Der im ersten Wirtschaftsjahr erzielte Gewinn kommt erst bei der Veranlagung des Steuerpflichtigen für das Kalenderjahr 02 zum Ansatz. Es dürfen daher die Einkommensteuervorauszahlungen für das Kalenderjahr der Eröffnung des Gewerbebetriebs den gewerblichen Gewinn noch nicht berücksichtigen. Wenn der Steuerpflichtige nur Einkünfte aus diesem Gewerbebetrieb hat, können Vorauszahlungen erst ab dem 1. Vierteljahr 02 gefordert werden.

b) Der Gewerbetreibende B hat bisher seinen Gewinn nach dem Kalenderjahr ermittelt. Er stellt im Einvernehmen mit dem Finanzamt sein Wirtschaftsjahr um und schließt nunmehr am 31.01., erstmalig am 31.01.05, ab.
Für das Kalenderjahr 05 ist zur Einkommensteuerveranlagung nur der Gewinn des Rumpfwirtschaftsjahres vom 01.01. bis 31.01.05, also nur das Gewinnergebnis eines Monats, zu erfassen. Der Gewinn des nachfolgenden Wirtschaftsjahres gilt als im Kalenderjahr 06 bezogen.

c) Der Gewerbetreibende C hatte ein abweichendes Wirtschaftsjahr mit Abschlusszeitpunkt 31.03. Im Kalenderjahr 05 stellt er sein Wirtschaftsjahr auf das Kalenderjahr um.
Für das Kalenderjahr 05 sind bei der Einkommensteuerveranlagung anzusetzen:
- der Gewinn des Wirtschaftsjahres vom 01.04.04 bis 31.03.05,
- der Gewinn des Rumpfwirtschaftsjahres vom 01.04. bis 31.12.05,

insgesamt also ein Gewinnergebnis aus 21 Monaten.

Stellt ein Steuerpflichtiger sein Wirtschaftsjahr vom Kalenderjahr auf einen abweichenden Zeitraum um, obwohl er steuerlich mangels Eintragung im Handelsregister oder wegen fehlender Zustimmung des Finanzamts nicht dazu berechtigt ist, so ist

---
167 BFH vom 18.08.2010 X R 8/07 (BStBl 2010 II S. 1043).

der Gewinn steuerlich nach wie vor nach dem Kalenderjahr zu ermitteln. Obwohl nun für den Schluss des Kalenderjahres keine Bilanzen aufgestellt werden, ist die Buchführung des Steuerpflichtigen ordnungsmäßig, wenn er nur handelsrechtlich zur Umstellung des Wirtschaftsjahres befugt war und die nach Handelsrecht geforderten Abschlüsse aufstellt.[168]

3.16 Lebenspartner und Lebenspartnerschaften

Das Bundesverfassungsgericht hat entschieden, dass die Ungleichbehandlung von Verheirateten und eingetragenen Lebenspartnerschaften im Hinblick auf das Ehegattensplitting mit dem allgemeinen Gleichheitssatz nach Art. 3 Abs. 1 GG nicht vereinbar ist.[169] Es hat den Gesetzgeber aufgefordert, unverzüglich eine gesetzliche Regelung zu treffen, die Ehegatten und eingetragene Lebenspartner bezüglich des Ehegattensplitting gleichbehandelt. Dabei muss die Gleichbehandlung der eingetragenen Lebenspartnerschaft rückwirkend ab der Einführung des Lebenspartnerschaftsgesetzes zum 01.08.2001 erfolgen. Die Entscheidung des Bundesverfassungsgerichts wurde umgesetzt mit Gesetz vom 15.07.2013.[170] Nach § 2 Abs. 8 EStG sind nunmehr die Regelungen des Einkommensteuergesetzes zu Ehegatten und Ehen auch auf Lebenspartner und Lebenspartnerschaften anzuwenden. Geltung hat die Regelung ab dem Veranlagungszeitraum 2001.

Bei § 2 Abs. 8 EStG handelt es sich um eine Generalnorm. In den Genuss des Splittingtarifs kommen nur Lebenspartner und Lebenspartnerschaften in den Fällen, in denen die Einkommensteuer noch nicht bestandskräftig festgesetzt ist. Die Voraussetzungen der Zusammenveranlagung müssen vorliegen. Ab dem Veranlagungszeitraum 2013 sind die Besonderheiten bei der Wahl der Veranlagungsart zu beachten.

---

168 BFH, BStBl 1953 III S. 117 und 1969 II S. 337.
169 BVerfG vom 07.05.2013 2 BvR 909/06, 2 BvR 1981/06, 2 BvR 288/07 (BGBl 2013 I S. 1647).
170 BGBl 2013 I S. 2397.

4 Negative Einkünfte mit Bezug zu Drittstaaten

4.1 Allgemeines

Im Rahmen der unbeschränkten Steuerpflicht unterliegen nach dem Welteinkommensprinzip grundsätzlich alle in- und ausländischen Einkünfte der Besteuerung. Dies gilt sowohl für positive als auch für negative Einkünfte. Ausnahmen hiervon ergeben sich zum einen aufgrund von Doppelbesteuerungsabkommen und zum anderen aufgrund von § 2a EStG. Dabei betrifft § 2a EStG nur bestimmte negative Einkünfte aus Drittstaaten. Positive Einkünfte werden also immer besteuert. Die von § 2a EStG erfassten negativen Einkünfte können mit ausländischen Einkünften der jeweils selben Art aus demselben Staat ausgeglichen werden. In diesem Rahmen sind die entsprechenden negativen Einkünfte auch vortragsfähig.

Soweit neben § 2a EStG andere Verlustausgleichsbeschränkungen Anwendung finden, geht der weiter reichende Ausschluss vor. Stehen mehrere Verlustverrechnungsregelungen nebeneinander, gilt der Grundsatz der Meistbegünstigung. Vor diesem Hintergrund geht z. B. die Verlustverrechnung nach § 15a Abs. 2 und 3 EStG der Verlustverrechnung nach § 2a EStG vor.

Verfassungsrechtliche Bedenken bestehen gegen § 2a EStG nicht.[1]

§ 2a Abs. 3 und 4 EStG ist letztmals für den Veranlagungszeitraum 1998 anzuwenden. Hinsichtlich der möglichen Weiteranwendung von § 2a Abs. 3 Satz 3, 5 und 6 und Abs. 4 EStG vgl. Vorauflage.

4.2 Drittstaatenverluste

§ 2a EStG gilt grundsätzlich für alle beschränkt und unbeschränkt Steuerpflichtige. Im Regelfall werden beschränkt Steuerpflichtige vom Anwendungsbereich des § 2a EStG aber nicht erfasst, da ausländische Einkünfte bei diesen nicht der Besteuerung unterliegen.

Durch § 2a Abs. 1 Satz 1 EStG wird das Prinzip der Besteuerung des Welteinkommens teilweise durchbrochen, indem die in den in Nr. 1 bis 7 dieser Vorschrift abschließend aufgezählten Auslandsverluste, soweit sie aus Drittstaaten stammen, nicht mit anderen Einkünften ausgeglichen werden dürfen. Damit wird verhindert, dass zulasten des inländischen Steueraufkommens volkswirtschaftlich nicht sinnvolle oder nicht erwünschte Verwendungszwecke verfolgt werden, z. B. Beteiligungen an Touristikvorhaben, Plantagen oder Tierfarmen.

---

1 BVerfG vom 31.05.1988 1 BvR 520/83 (BVerfGE 78 S. 214); BFH vom 17.10.1990 I R 182/87 (BStBl 1991 II S. 1366).

4 Negative Einkünfte mit Bezug zu Drittstaaten

Die Ermittlung des Verlustes erfolgt nach den allgemeinen **Vorschriften des deutschen Steuerrechts**.

Soweit nach einem **Doppelbesteuerungsabkommen** die in § 2a Abs. 1 Satz 1 Nr. 1 bis 7 EStG genannten Einkünfte durch Anwendung der Freistellungsmethode unberücksichtigt bleiben, besteht die Funktion des § 2a EStG darin, den negativen Progressionsvorbehalt einzuschränken. Dagegen verhindert § 2a EStG die Verlustverrechnung, wenn in einem Doppelbesteuerungsabkommen die Anrechnungsmethode vorgesehen ist hinsichtlich der in § 2a Abs. 1 Satz 1 EStG aufgeführten Einkünfte oder wenn mit dem ausländischen Staat überhaupt kein Doppelbesteuerungsabkommen besteht.

§ 2a EStG betrifft lediglich den Ausschluss von bestimmten ausländischen Verlusten vom Verlustabzug. Die entsprechenden **positiven Einkünfte** werden hingegen in die inländische Besteuerung nach dem Welteinkommensprinzip einbezogen.[2]

Ob es sich um Verluste handelt, die vom Ausschluss nach § 2a Abs. 1 EStG betroffen sind, richtet sich danach, welcher Einkunftsart die betreffenden Einkünfte ihrer Natur nach zuzurechnen sind, nicht welcher Einkunftsart sie gemäß den Subsidiaritätsklauseln – z. B. § 20 Abs. 8, § 21 Abs. 3 EStG oder § 8 Abs. 2 KStG – zugerechnet werden. Maßgeblich ist also ausschließlich die tatsächlich verwirklichte Einkunftsart.

§ 2a Abs. 1 EStG ist nur auf Tatbestände mit **Drittstaatenbezug** anzuwenden. Die Verlustausgleichs- und Verlustabzugsbeschränkung gilt nicht für Tatbestände, die innerhalb von Mitgliedstaaten der Europäischen Union bzw. Staaten, auf die das Abkommen über den Europäischen Wirtschaftsraum anwendbar ist, verwirklicht werden. § 2a Abs. 2a EStG definiert, welche Staaten als Drittstaaten bzw. welche Körperschaften oder Kapitalgesellschaften als Drittstaaten-Körperschaften oder Drittstaaten-Kapitalgesellschaften anzusehen sind. Nach § 2a Abs. 2a Satz 1 Nr. 1 EStG sind als Drittstaaten die Staaten anzusehen, die nicht Mitgliedstaaten der Europäischen Union sind, und nach § 2a Abs. 2a Satz 1 Nr. 2 EStG als Drittstaaten-Körperschaften und Drittstaaten-Kapitalgesellschaften solche Körperschaften und Kapitalgesellschaften, die weder ihre Geschäftsleitung noch ihren Sitz in einem der Mitgliedstaaten der Europäischen Union haben. Den Mitgliedstaaten der Europäischen Union sind nach § 2a Abs. 2a Satz 2 EStG[3] die Staaten gleichgestellt, auf die das Abkommen über den Europäischen Wirtschaftsraum anwendbar ist, soweit zwischen der Bundesrepublik Deutschland und dem anderen Staat aufgrund der Amtshilferichtlinie nach § 2 Abs. 2 EU-Amtshilfegesetz oder einer vergleichbaren zwei- oder mehrseitigen Vereinbarung Auskünfte erteilt werden, die erforderlich sind, um die Besteuerung durchzuführen. § 2a Abs. 2a Satz 2 EStG soll sicherstellen, dass Sachverhalte in Bezug auf Staaten, auf die das Abkommen über den Europäischen

---
2 BFH, BStBl 1991 II S. 704.
3 § 2 Abs. 2a Satz 2 EStG wurde geändert durch Gesetz vom 26.06.2013 (BGBl 2013 I S. 1809) mit Wirkung vom Veranlagungszeitraum 2013.

4.2 Drittstaatenverluste

Wirtschaftsraum anzuwenden ist, nur dann aus dem Anwendungsbereich des § 2a EStG ausgenommen sind, wenn durch diese Staaten die Amtshilfe gewährleistet ist. Im Ergebnis gelten mittlerweile die Regelungen des § 2a EStG für alle EU- und EWR-Staaten nicht. Anwendbar ist § 2a EStG dagegen – trotz der EU-Freizügigkeitsabkommen – gegenüber der Schweiz.[4] Die Schweiz gehört weder zu den Europäischen Mitgliedstaaten noch ist sie ein gleichgestelltes Drittland. Insbesondere besteht zwischen der Bundesrepublik Deutschland und der Schweiz kein umfassendes Amtshilfeabkommen über die Erteilung von Auskünften, um die Besteuerung durchzuführen.

Die Schlechterstellung von Drittstaatenverlusten gegenüber Verlusten aus EU- und EWR-Staaten ist mit dem Unionsrecht vereinbar.[5]

§ 2a Abs. 1 Satz 1 EStG schließt **den Verlustausgleich und -abzug grundsätzlich aus für Einkünfte**

- aus einer in einem Drittstaat belegenen land- und forstwirtschaftlichen Betriebsstätte (§ 2a Abs. 1 Satz 1 Nr. 1 EStG),

Die Regelung gilt für negative Einkünfte jeglicher Art aus einer in einem Drittstaat belegenen land- und forstwirtschaftlichen Betriebsstätte i. S. von § 12 AO. Ob eine land- und forstwirtschaftliche Tätigkeit vorliegt, beurteilt sich nach den Maßstäben von § 13 EStG.

- aus einer in einem Drittstaat belegenen gewerblichen Betriebsstätte (§ 2a Abs. 1 Satz 1 Nr. 2 EStG),

Die Regelung gilt für negative Einkünfte jeglicher Art aus einer in einem Drittstaat belegenen gewerblichen Betriebsstätte i. S. von § 12 AO. Ob eine gewerbliche Tätigkeit vorliegt, beurteilt sich nach § 15 Abs. 2 EStG. Bloße Auslandsgeschäfte vom Inland aus ohne Vorliegen einer Betriebsstätte im Drittstaat genügen nicht. Auch das Vorhandensein eines ständigen Vertreters i. S. von § 13 AO allein reicht zur Begründung einer Betriebsstätte im Drittstaat nicht aus.

- aus dem Ansatz des niedrigeren Teilwerts eines zum Betriebsvermögen gehörenden Anteils an einer Drittstaaten-Körperschaft (§ 2a Abs. 1 Satz 1 Nr. 3 Buchst. a EStG) oder aus der Veräußerung oder Entnahme eines zum Betriebsvermögen gehörenden Anteils an einer Drittstaaten-Körperschaft oder aus der Auflösung oder Herabsetzung des Kapitals einer Drittstaaten-Körperschaft (§ 2a Abs. 1 Satz 1 Nr. 3 Buchst. b EStG),

Die Beteiligung an der Drittstaaten-Körperschaft muss zu einem inländischen Betriebsvermögen gehören. Auf die Höhe der Beteiligung kommt es nicht an. Verdeckte Einlagen fallen nicht in den Anwendungsbereich von § 2a Abs. 1 Satz 1 Nr. 3 EStG. Drittstaaten-Körperschaften sind solche Körperschaften, die weder über

---
4 FG Münster vom 22.09.2011 2 K 2779/06 E, F (juris).
5 Vgl. EuGH vom 06.11.2001 C-415/06 (DB 2007 S. 2747).

Sitz noch Geschäftsleitung im Inland verfügen und von daher im Inland nicht unbeschränkt steuerpflichtig sind.

- in den Fällen des § 17 EStG bei einem Anteil an einer Drittstaaten-Kapitalgesellschaft (§ 2a Abs. 1 Satz 1 Nr. 4 EStG),

§ 2a Abs. 1 Satz 1 Nr. 4 EStG erfasst negative Einkünfte nach § 17 EStG aus Beteiligungen an Drittstaaten-Kapitalgesellschaften. Es muss sich um eine qualifizierte Beteiligung i. S. von § 17 EStG im Privatvermögen handeln. Die Drittstaaten-Kapitalgesellschaft darf weder Sitz noch Geschäftsleitung im Inland haben.

- aus der Beteiligung an einem Handelsgewerbe als stiller Gesellschafter und aus partiarischen Darlehen, wenn der Schuldner Wohnsitz, Sitz oder Geschäftsleitung in einem Drittstaat hat (§ 2a Abs. 1 Satz 1 Nr. 5 EStG),

Erfasst werden Verluste aus typischen stillen Beteiligungen und Verluste aus partiarischen Darlehen i. S. von § 20 Abs. 1 Nr. 4 EStG. Sind die stillen Beteiligungen bzw. die partiarischen Darlehen einer in einem Drittstaat belegenen Betriebsstätte zuzuordnen, gilt § 2a Abs. 1 Satz 1 Nr. 2 EStG. Auch Verluste aus atypischen stillen Beteiligungen fallen – bei Vorliegen der Voraussetzungen – in den Anwendungsbereich von § 2a Abs. 1 Satz 1 Nr. 2 EStG.

- aus der Vermietung und Verpachtung von unbeweglichem Vermögen oder von Sachbegriffen, wenn diese in einem Drittstaat belegen sind (§ 2a Abs. 1 Satz 1 Nr. 6 Buchst. a EStG),

Hinsichtlich der Begriffe „unbewegliches Vermögen" und „Sachinbegriff" gelten § 21 Abs. 1 Nr. 1 und 2 EStG.

- aus der entgeltlichen Überlassung von Schiffen (§ 2a Abs. 1 Satz 1 Nr. 6 Buchst. b EStG),

Etwas anderes gilt, wenn der Überlassende nachweist, dass die überlassenen Schiffe ausschließlich oder fast ausschließlich in einem anderen Staat als einem Drittstaat eingesetzt worden sind. Dieses Nachweises bedarf es jedoch nicht, wenn es sich bei den überlassenen Schiffen um Handelsschiffe handelt, die

- von einem Vercharterer ausgerüstet überlassen (§ 2a Abs. 1 Satz 1 Buchst. b Doppelbuchst. aa EStG) oder

- an in einem anderen als in einem Drittstaat ansässige Ausrüster, die die Voraussetzungen des § 510 Abs. 1 HGB erfüllen, überlassen (§ 2a Abs. 1 Satz 1 Buchst. b Doppelbuchst. bb EStG) oder

- insgesamt nur vorübergehend an in einem Drittstaat ansässige Ausrüster überlassen worden sind, die die Voraussetzungen des § 510 Abs. 1 HGB erfüllen (§ 2a Abs. 1 Satz 1 Buchst. b Doppelbuchst. cc EStG).

§ 2a Abs. 1 Satz 1 Nr. 6 Buchst. b EStG betrifft nur nicht registrierte Schiffe. Für registrierte Schiffe gilt § 2a Abs. 1 Satz 1 Nr. 6 Buchst. a EStG.

- aus dem Ansatz des niedrigeren Teilwerts oder der Übertragung eines zu einem Betriebsvermögen gehörenden Wirtschaftsguts i. S. von § 6 Abs. 1 Nr. 6 Satz 1 Buchst. a und b EStG (§ 6 Abs. 1 Nr. 6 Satz 1 Buchst. c EStG),

- aus dem Ansatz des niedrigeren Teilwerts, der Veräußerung oder Entnahme eines zum Betriebsvermögen gehörenden Anteils an einer Körperschaft mit Sitz oder Geschäftsleitung in einem anderen Staat als einem Drittstaat (§ 2a Abs. 1 Satz 1 Nr. 7 Buchst. a EStG), aus der Auflösung oder Herabsetzung des Kapitals einer Körperschaft mit Sitz oder Geschäftsleitung in einem anderen Staat als einem Drittstaat (§ 2a Abs. 1 Satz 1 Nr. 7 Buchst. b EStG) und in den Fällen des § 17 EStG bei einem Anteil an einer Körperschaft mit Sitz oder Geschäftsleitung in einem anderen Staat als einem Drittstaat (§ 2a Abs. 1 Satz 1 Nr. 7 Buchst. c EStG).

In den Fällen von § 2a Abs. 1 Satz 1 Nr. 7 Buchst. a bis c EStG ist der Verlustausgleich und -abzug jedoch nur ausgeschlossen, soweit die negativen Einkünfte auf einen der Tatbestände zurückzuführen sind, die in § 2a Abs. 1 Satz 1 Nr. 1 bis 6 EStG aufgeführt sind. § 2a Abs. 1 Satz 1 Nr. 7 EStG dient der Verhinderung von Umgehungsversuchen durch zwischengeschaltete Inlandsbeteiligungen.

4.3 Produktivitätsklausel

Negative ausländische Einkünfte i. S. von § 2a Abs. 1 EStG, die unter die Produktivitätsklausel nach § 2a Abs. 2 EStG fallen, sind im Inland nach Maßgabe der allgemeinen Vorschriften zu berücksichtigen.

In den Fällen des § 2a Abs. 1 Satz 1 Nr. 2 EStG ist dies der Fall, wenn die negativen Einkünfte aus einer gewerblichen Betriebsstätte im Drittstaat stammen, die ausschließlich oder fast ausschließlich die Herstellung oder Lieferung von Waren (außer Waffen), die Gewinnung von Bodenschätzen sowie die Bewirkung gewerblicher Leistungen zum Gegenstand hat, soweit diese nicht in der Errichtung oder dem Betrieb von Anlagen, die dem Fremdenverkehr dienen, oder in der Vermietung oder der Verpachtung von Wirtschaftsgütern einschließlich der Überlassung von Rechten, Plänen, Mustern, Verfahren, Erfahrungen und Kenntnissen bestehen. Auch das unmittelbare Halten einer Beteiligung von mindestens einem Viertel am Nennkapital einer Kapitalgesellschaft, die ausschließlich oder fast ausschließlich die vorgenannten Tätigkeiten zum Gegenstand hat, sowie die mit dem Halten der Beteiligung in Zusammenhang stehende Finanzierung gilt als Bewirkung gewerblicher Leistungen, wenn die Kapitalgesellschaft weder ihre Geschäftsleitung noch ihren Sitz im Inland hat.

Des Weiteren sind negative Einkünfte i. S. von § 2a Abs. 1 Satz 1 Nr. 3 und 4 EStG im Inland zu berücksichtigen, wenn der Steuerpflichtige nachweist, dass die Körperschaft ausschließlich oder fast ausschließlich Tätigkeiten im Sinne der Produktivitätsklausel des § 2a Abs. 2 Satz 1 EStG nachgegangen ist und noch nachgeht. Dieser

4 Negative Einkünfte mit Bezug zu Drittstaaten

Nachweis muss für die letzten fünf Jahre und den Veranlagungszeitraum erbracht werden, in dem die negativen Einkünfte bezogen wurden, oder – wenn dieser Zeitraum kürzer ist – seit Gründung der Gesellschaft.

4.4 Beschränkung des Verlustausgleichs

Die unter § 2a Abs. 1 EStG fallenden ausländischen Verluste dürfen grundsätzlich nicht mit positiven Einkünften ausgeglichen werden. Der Ausgleich ist jedoch zulässig **mit positiven ausländischen Einkünften jeweils derselben Art aus demselben Staat.** „Derselben Art" bedeutet, dass es sich um Einkünfte handelt, die unter dieselbe Katalognummer des § 2a Abs. 1 EStG fallen. Ausgenommen hiervon sind § 2a Abs. 1 Satz 1 Nr. 3 und 4 EStG, die zusammengefasst werden (R 2a Abs. 1 Satz 2 EStR).

Nach § 2a Abs. 1 Satz 1 EStG können negative Einkünfte aus einer Tätigkeit der in § 2a Abs. 1 Satz 1 Nr. 6 Buchst. b EStG umschriebenen Art mit positiven Einkünften derselben Art auch dann ausgeglichen werden, wenn sie nicht aus demselben Staat stammen.

Negative Einkünfte nach § 2a Abs. 1 Satz 1 Nr. 7 EStG, die mittelbar auf einen bei der inländischen Körperschaft verwirklichten Tatbestand der Katalognummern 1 bis 6 zurückzuführen sind, dürfen beim Anteilseigner mit positiven Einkünften der Katalognummer 7 ausgeglichen werden, wenn die Einkünfte auf Tatbestände derselben Katalognummer oder im Fall der Katalognummer 3 und 4 auf Tatbestände dieser beiden Katalognummern zurückzuführen sind. Einkünfte der Katalognummer 7 sind auch mit Einkünften nach der jeweiligen Katalognummer auszugleichen, auf deren Tatbestände die Einkünfte der Katalognummer 7 zurückzuführen sind (R 2a Abs. 1 Satz 3 und 4 EStR).

Gleichgestellt werden den negativen Einkünften Gewinnminderungen (§ 2a Abs. 1 Satz 2 EStG).

Die Anwendung von § 10d EStG ist ausgeschlossen. Möglich ist aber ein zeitlich unbegrenzter Verlustvortrag. § 2a Abs. 1 Satz 3 EStG bestimmt, dass negative Einkünfte, soweit sie nicht nach § 2a Abs. 1 Satz 1 EStG ausgeglichen werden können, die positivem Einkünfte der jeweils selben Art, die der Steuerpflichtige in folgenden Veranlagungszeiträumen aus demselben Staat erzielt, mindern. Hinsichtlich der Verrechnung gelten die obigen Grundsätze entsprechend. Die Minderung ist nach § 2a Abs. 1 Satz 4 EStG nur insoweit zulässig, als die negativen Einkünfte in den vorangegangenen Veranlagungszeiträumen nicht berücksichtigt werden konnten. Die am Schluss eines Veranlagungszeitraums verbleibenden negativen Einkünfte sind gesondert festzustellen. § 10d Abs. 4 EStG gilt insoweit sinngemäß. Ein Verlustrücktrag ist ausgeschlossen. Auch ein Wahlrecht zwischen Verlustausgleich und Verlustabzug besteht nicht. Konkurrieren verbleibende negative Einkünfte nach § 10d und § 2a Abs. 1 EStG, geht § 2a EStG vor.

4.4 Beschränkung des Verlustausgleichs

Bei **zusammenveranlagten Ehegatten** sind negative Einkünfte nach § 2a Abs. 1 EStG des einen Ehegatten mit positiven Einkünften des anderen Ehegatten der jeweils selben Art und aus demselben Staat – mit Ausnahme der Fälle des § 2a Abs. 1 Nr. 6 Buchst. b EStG – auszugleichen oder zu verrechnen, soweit sie nicht mit eigenen positiven Einkünften ausgeglichen oder verrechnet werden können (R 2a Abs. 7 EStR).

Beispiele:

a) Der Steuerpflichtige hält im Betriebsvermögen eine Beteiligung an der inländischen Kapitalgesellschaft A, die eine nicht aktive gewerbliche Betriebsstätte im Drittstaat X hat. Außerdem hat er im Privatvermögen eine Beteiligung an der inländischen Kapitalgesellschaft B, die ebenfalls über eine nicht aktive gewerbliche Betriebsstätte im Drittstaat X verfügt. Während die A in den Jahren 01 bis 03 in ihrer ausländischen Betriebsstätte Verluste erleidet, erzielt die B in diesem Zeitraum Gewinne. Im Jahr 02 nimmt der Steuerpflichtige eine Teilwertabschreibung auf die Beteiligung an der A vor. Im Jahr 03 veräußert der Steuerpflichtige die Beteiligung an der B und erzielt hieraus einen Veräußerungsgewinn nach § 17 EStG.

Die Gewinnminderung aufgrund der Teilwertabschreibung in 02 erfüllt den Tatbestand des § 2a Abs. 1 Satz 1 Nr. 7 Buchst. a i. V. m. Nr. 2 EStG.

Die Veräußerung der Beteiligung an der B in 03 erfüllt den Tatbestand des § 2a Abs. 1 Satz 1 Nr. 7 Buchst. c i. V. m. Nr. 2 EStG. Die negativen Einkünfte aus der Teilwertabschreibung in 02 sind daher in 03 mit dem Veräußerungsgewinn zu verrechnen.

b) Der Steuerpflichtige hat eine nicht aktive gewerbliche Betriebsstätte im Drittstaat X und eine Beteiligung an einer inländischen Kapitalgesellschaft A, die in X ebenfalls eine nicht aktive gewerbliche Betriebsstätte unterhält. Während der Steuerpflichtige mit seiner ausländischen Betriebsstätte Gewinne erzielt, erleidet die ausländische Betriebsstätte der A Verluste. Der Steuerpflichtige veräußert die Beteiligung an der A mit Verlust.

Die negativen Einkünfte aus der Veräußerung der Beteiligung erfüllen den Tatbestand des § 2a Abs. 1 Satz 1 Nr. 7 Buchst. a oder c i. V. m. Nr. 2 EStG. Sie sind mit den positiven Einkünften aus der eigengewerblichen ausländischen Betriebsstätte auszugleichen, da diese Betriebsstätte den Tatbestand des § 2a Abs. 1 Satz 1 Nr. 2 EStG erfüllt.

5 Zurechnung von Einkünften

5.1 Allgemeines

Nach § 25 Abs. 1 EStG wird die Einkommensteuer nach dem (zu versteuernden) Einkommen veranlagt, das der Steuerpflichtige im Veranlagungszeitraum bezogen hat.

Zur Ermittlung der Bemessungsgrundlage der Einkommensteuer muss das zu versteuernde Einkommen nicht nur einem bestimmten Kalenderjahr, sondern auch einem bestimmten Steuerpflichtigen zugerechnet werden. Neben der rein **zeitlichen Zurechnung** ist somit in jedem Fall auch eine **persönliche Zurechnung** des zu versteuernden Einkommens erforderlich.

Gegenstand der persönlichen Zurechnung kann trotz des Wortlauts der Vorschrift des § 25 EStG allerdings nicht das zu versteuernde Einkommen als solches sein. Die Frage der Zurechnung kann und muss vielmehr auch insoweit für die verschiedenen Bestandteile des zu versteuernden Einkommens getrennt gestellt und beantwortet werden.

5.2 Die persönliche Zurechnung von Einkünften

5.2.1 Allgemeines

Als Hauptbestandteile des Einkommens sind auch die verschiedenen Einkünfte demjenigen zuzurechnen, der sie i. S. des § 25 EStG bezogen bzw. – wie es in § 2 Abs. 1 EStG heißt – erzielt hat. Die Frage, wem die zu einer bestimmten Einkunftsart zählenden Erträge steuerlich als Einkünfte zuzurechnen sind, muss **nach objektiven Merkmalen** entschieden werden. Dass einer natürlichen Person tatsächlich bestimmte Erträge aus der wirtschaftlichen Nutzung von Tätigkeiten und Vermögen zufließen, reicht keinesfalls aus, um ihr diese Erträge steuerlich zuzurechnen, sie damit als Beziehser dieser Einkünfte zu behandeln.[1]

> **Beispiel:**
> Der Steuerpflichtige A hat seinem Sohn B im November 01 20 % seines Arbeitslohns für den Monat Dezember 01 unentgeltlich abgetreten. Der abgetretene Betrag ist daher durch den Arbeitgeber des A unmittelbar an B gezahlt worden.
> Auch der dem B tatsächlich zugeflossene Teil des Arbeitslohns ist steuerlich A zuzurechnen. B ist durch den bloßen Zufluss dieses Betrags nicht zum Beziseher von Einkünften aus nichtselbständiger Arbeit geworden.

---

[1] BFH, BStBl 1991 II S. 82.

5.2 Die persönliche Zurechnung von Einkünften

Die **Abtretung einer Forderung**, die aus der Verwirklichung des Tatbestands der Einkunftserzielung durch einen Dritten herrührt, bewirkt also nicht, dass dieser Tatbestand nunmehr vom Abtretungsempfänger verwirklicht wurde.[2]

Bezieher bestimmter Einkünfte kann grundsätzlich nur sein, wer in seiner Person die **Tatbestandsmerkmale der jeweiligen Einkunftsart** erfüllt.[3] Für die Frage, wer als Bezieher bestimmter Einkünfte anzusehen ist, kommt es grundsätzlich nicht darauf an, wer zur Verfügung über diese Einkünfte berechtigt ist. Im Fall der Insolvenz sind daher dem Gemeinschuldner auch die Einkünfte steuerlich zuzurechnen, über die ihm die Verfügungsbefugnis entzogen ist.

Schließen sich mehrere Personen zusammen, um in Form einer **Personengesellschaft** Einkünfte zu erzielen, müssen die Gesellschafter in ihrer gesamthänderischen Verbundenheit den Tatbestand der Einkunftsart verwirklichen.[4] Sofern hinsichtlich einer bestimmten wirtschaftlichen Betätigung mehrere Personen die Tatbestandsmerkmale einer bestimmten Einkunftsart erfüllen, entsteht die weitere Frage, in welchem Umfang die Einkünfte aus dieser Betätigung den einzelnen Berechtigten zuzurechnen sind. Für die Zurechnung bei den einzelnen Berechtigten ist insoweit grundsätzlich darauf abzustellen, in welchem Umfang ihnen die erzielten Einkünfte aufgrund der getroffenen Vereinbarungen oder der tatsächlichen Handhabung tatsächlich zufließen. Etwas anderes gilt nur, wenn und soweit in den getroffenen Vereinbarungen oder der tatsächlichen Handhabung eine Einkommensverwendung, z. B. in Form von Zuwendungen i. S. des § 12 Nr. 2 EStG, liegt.

Ganz allgemein gilt für die Zurechnung von Einkünften der Grundsatz, dass die **tatsächlichen Verhältnisse** nach ihrem wirtschaftlichen Inhalt Grundlage der Besteuerung bleiben müssen. Scheingeschäfte und andere Scheinhandlungen sind steuerlich unbeachtlich (§ 41 Abs. 2 AO). Auch kann durch Missbrauch von Formen und Gestaltungsmöglichkeiten des bürgerlichen Rechts die Steuerpflicht nicht umgangen oder gemindert werden (§ 42 AO).

Vereinbarungen zwischen nahen Angehörigen können zu erheblichen Steuerersparnissen führen, wenn dadurch eine Einkunftsquelle verlagert wird. Nach der Rechtsprechung des BFH[5] steht es Angehörigen frei, ihre Rechtsverhältnisse so zu gestalten, dass sie steuerlich möglichst günstig sind. Das Vereinbarte muss nach Inhalt und Durchführung aber dem entsprechen, was fremde Dritte bei der Gestaltung eines entsprechenden Rechtsverhältnisses üblicherweise vereinbaren würden. Auch können Verträge zwischen nahen Angehörigen steuerlich nur berücksichtigt werden, wenn sie bürgerlich-rechtlich wirksam sind, da hier der zwischen Fremden

---

[2] BFH, BStBl 1969 II S. 188, 1985 II S. 330, 1990 II S. 377.
[3] BFH, BStBl 1983 II S. 272.
[4] BFH, BStBl 1984 II S. 751, 1986 II S. 792.
[5] BStBl 1991 II S. 391.

vorhandene natürliche Interessengegensatz fehlt, der sonst i. d. R. verhindert, dass Vertragsgestaltungen privat beeinflusst werden.[6]

Die **Ehe** hat grundsätzlich keine unmittelbaren Folgen hinsichtlich der Zurechnung der Einkünfte. Jedem Ehegatten werden die von ihm bezogenen Einkünfte zugerechnet. Im Fall der Gütergemeinschaft sind die Einkünfte hinsichtlich des Gesamtguts den Ehegatten jeweils zur Hälfte zuzurechnen.

Zuzurechnen sind die Einkünfte in dem **Zeitpunkt,** in dem sie von dem jeweiligen Steuerpflichtigen erzielt werden.

Bei **Gewinneinkünften** ist der Zeitpunkt maßgebend, in dem der Gewinn entsteht. Maßgebend ist die rechtliche Zuweisung des Gewinns.[7] Vor diesem Hintergrund ist z. B. dem aus einer freiberuflichen Personengesellschaft ausgeschiedenen Gesellschafter der gemeinschaftlich erzielte laufende Gewinn auch dann anteilig persönlich zuzurechnen, wenn die verbleibenden Gesellschafter die Auszahlung verweigern, weil der ausgeschiedene Gesellschafter ihnen Schadensersatz in übersteigender Höhe schuldet.[8] Daran ändert sich auch dann nichts, wenn der Anspruch des ausgeschiedenen Gesellschafters der sog. Durchsetzungssperre unterliegt und deshalb nicht mehr isoliert, sondern nur noch als Abrechnungsposten im Rahmen des Rechtsstreits um den Auseinandersetzungsanspruch geltend gemacht werden kann.[9] Sich daraus ergebende persönliche Härten sind durch Billigkeitsentscheid zu mildern.[10]

Überschusseinkünfte werden in dem Jahr bezogen, in dem sie zufließen. Dies ist der Zeitpunkt der Erlangung der wirtschaftlichen Verfügungsmacht. Betreibt z. B. ein Steuerpflichtiger aus einem Urteil die Zwangsvollstreckung gegen Erbringung einer selbstschuldnerischen Bürgschaft und vereinbart er mit der Bank als Sicherheit für die Bürgschaft die Hinterlegung des erstrittenen Geldbetrags auf einem verzinslichen Sperrkonto, fließen ihm die Zinsen im Zeitpunkt der jeweiligen Gutschrift auf dem Sperrkonto zu.[11]

5.2.2 Einkünfte aus nichtselbständiger Arbeit

Keine besonderen Schwierigkeiten macht die Zurechnung der Einkünfte aus nichtselbständiger Arbeit i. S. des § 19 EStG. Diese Einkünfte sind nach § 2 Abs. 1 LStDV ausnahmslos dem Arbeitnehmer zuzurechnen. Der Begriff des Arbeitnehmers ist in § 1 Abs. 1 und 2 LStDV eindeutig bestimmt. Arbeitnehmer ist danach in erster Linie, wer einer anderen Person seine Arbeitskraft schuldet und in der Betätigung seines geschäftlichen Willens unter der Leitung des Arbeitgebers steht oder im

---

6 BFH, BStBl 1988 II S. 245.
7 Kirchhof, in: Kirchhof, EStG, 12. Auflage, § 2 Rdnr. 72b.
8 BFH vom 15.11.2011 VIII R 12/09 (BStBl 2012 II S. 207).
9 BFH vom 15.11.2011 VIII R 12/09 (BStBl 2012 II S. 207).
10 BFH vom 15.11.2011 VIII R 12/09 (BStBl 2012 II S. 207).
11 BFH vom 28.09.2011 VIII R 10/08 (BStBl 2012 II S. 315).

5.2 Die persönliche Zurechnung von Einkünften

geschäftlichen Organismus des Arbeitgebers dessen Weisungen zu folgen verpflichtet ist. Wem der Arbeitslohn zufließt, ist daher für die Zurechnung der Einkünfte aus nichtselbständiger Arbeit ohne Bedeutung. Die Einkünfte aus nichtselbständiger Arbeit sind daher grundsätzlich selbst dann dem Arbeitnehmer zuzurechnen, wenn die Lohnforderungen nach bürgerlichem Recht von vornherein nicht oder nicht in vollem Umfange in seiner Person entstehen.[12]

5.2.3 Einkünfte aus Gewerbebetrieb

Die Einkünfte aus Gewerbebetrieb sind, wie sich aus § 15 Abs. 1 EStG ergibt, dem Unternehmer bzw. den Unternehmern zuzurechnen. Unternehmer ist nach der insoweit auch einkommensteuerlich bedeutsamen Vorschrift des § 5 Abs. 1 Satz 2 GewStG derjenige, für dessen Rechnung das Gewerbe betrieben wird. Dass der Unternehmer in seinem Betrieb selbst tätig wird, dass er also das Gewerbe selbst betreibt, ist danach nicht erforderlich.

Der **Unternehmer** braucht nicht notwendig mit dem eingetragenen Firmeninhaber oder mit der Person, die nach außen hin als verantwortlicher Inhaber hervortritt, identisch zu sein. Für die Beurteilung, ob jemand Unternehmer ist, ist insoweit nicht sein Auftreten nach außen, sondern seine Stellung im Innenverhältnis entscheidend. Auch wer als Kommanditist oder als atypischer stiller Gesellschafter an einem Unternehmen beteiligt ist, ist daher steuerlich grundsätzlich selbst dann als (Mit-)Unternehmer zu behandeln, wenn er in keiner Weise an der Geschäftsführung beteiligt ist, denn Mitunternehmer ist, wer Mitunternehmerinitiative entfalten kann und Mitunternehmerrisiko trägt.[13]

Für die Frage, wer steuerlich als Unternehmer zu behandeln ist, kommt es grundsätzlich auch nicht auf die bürgerlich-rechtlichen Eigentumsverhältnisse bei den zum Betriebsvermögen gehörenden Wirtschaftsgütern an. Auch der Pächter eines Gewerbebetriebs wird daher im Allgemeinen der Unternehmer des von ihm geführten Betriebs sein.

Die Regelungen über die Zurechnung von Einkünften bei Vereinbarungen zwischen nahen Angehörigen gelten auch, wenn die Vereinbarungen zwischen einer Personengesellschaft und Angehörigen eines beherrschenden Gesellschafters geschlossen werden.[14]

5.2.4 Einkünfte aus Land- und Forstwirtschaft

Die Einkünfte aus Land- und Forstwirtschaft sind ebenso wie die Einkünfte aus Gewerbebetrieb demjenigen zuzurechnen, für dessen Rechnung ein land- und forstwirtschaftlicher Betrieb bewirtschaftet wird und der damit das unternehmerische

---

12 BFH, BStBl 1959 III S. 263 und 1951 III S. 73.
13 BFH, BStBl 1989 II S. 877.
14 BFH, BStBl 1991 II S. 18.

Risiko zu tragen hat. Das kann nach der Auffassung des BFH i. d. R. nur derjenige sein, dem die Nutzung des Grund und Bodens auch rechtlich zusteht, dem damit die Früchte des Grund und Bodens gehören und der sie verwerten darf.[15] Unternehmer eines land- und forstwirtschaftlichen Betriebs ist daher in aller Regel der Eigentümer eines land- und forstwirtschaftlichen Vermögens, sofern er nicht aufgrund auch steuerlich anzuerkennender Rechtsbeziehungen (z. B. aufgrund eines Pachtvertrags oder eines Betriebsüberlassungsvertrags) die Nutzungen aus diesem Vermögen einem anderen überlassen muss oder die Nutzungen aus diesem Vermögen aufgrund besonderer Rechtsbeziehungen (z. B. aufgrund eines Nießbrauchs) bei einem anderen anfallen. Im Übrigen gelten die für die Beurteilung der Unternehmereigenschaft im gewerblichen Bereich maßgebenden Grundsätze insoweit entsprechend. Besonderheiten gelten allerdings bei Ehegatten.

5.2.5 Einkünfte aus selbständiger Arbeit

Wie bei den Einkünften aus nichtselbständiger Arbeit kommt es bei den Einkünften aus selbständiger Arbeit auf die persönliche Arbeitsleistung an. Die Zurechnung der Einkünfte kann nicht durch ihre Abtretung verändert werden, sodass z. B. ein selbständiger Erfinder weiter Einkünfte aus selbständiger Arbeit erzielt, wenn er Ansprüche aus einem **Lizenzvertrag** veräußert.[16]

5.2.6 Einkünfte aus Kapitalvermögen

Bei den Einkünften aus Kapitalvermögen kommt es für die persönliche Zurechnung grundsätzlich darauf an, wer Kapitalvermögen im eigenen Namen und auf eigene Rechnung gegen Entgelt zur Nutzung überlässt.[17] So erzielt z. B. Einkünfte aus Kapitalvermögen im Regelfall derjenige, der ein verzinsliches Darlehen im eigenen Namen vergibt. Eine vom Zivilrecht abweichende Zurechnung kommt nur dann in Betracht, wenn ein anderer als der zivilrechtliche Darlehensgläubiger wirtschaftlich Inhaber der Darlehensforderung ist.[18]

5.2.7 Einkünfte aus Vermietung und Verpachtung

Einkünfte aus Vermietung und Verpachtung sind steuerlich grundsätzlich demjenigen zuzurechnen, der die rechtliche und tatsächliche Macht hat, die in § 21 Abs. 1 EStG aufgeführten Wirtschaftsgüter anderen entgeltlich zur Nutzung auf Zeit zu überlassen.[19] Vor diesem Hintergrund erzielt Einkünfte nach § 21 Abs. 1 Nr. 1 EStG

---

15 BFH, BStBl 1989 II S. 504.
16 BFH, BStBl 1990 II S. 377.
17 BFH, BStBl 1990 II S. 539, 1998 II S. 190.
18 BFH vom 07.09.2005 VIII R 80/99 (BFH/NV 2006 S. 57).
19 BFH, BStBl 1987 II S. 707.

5.2 Die persönliche Zurechnung von Einkünften

grundsätzlich, wer Träger der Rechte und Pflichten aus dem Mietvertrag ist. Dies gilt auch für den Erwerber eines zwangsverwalteten Mietwohngrundstücks.[20]

Beispiele:
a) A hat ein Zimmer der von ihm gemieteten Wohnung für 100 € monatlich an B vermietet.
Die von B gezahlten Beträge sind dem A als Vermieter des dem B überlassenen Raums zuzurechnen.
b) C hat von seinem Vater unter anderem ein von diesem für die Dauer von 20 Jahren fest an D verpachtetes Grundstück geerbt.
Die Einnahmen aus der Verpachtung dieses Grundstücks sind dem C zuzurechnen, weil er anstelle seines Vaters gem. § 566 BGB in den Mietvertrag eingetreten ist.

Steht die Berechtigung zur Nutzung von Vermögenswerten der in § 21 EStG bezeichneten Art bürgerlich-rechtlich ausnahmsweise nicht dem bürgerlichen oder wirtschaftlichen Eigentümer oder Inhaber dieser Vermögenswerte, sondern einer anderen Person (z. B. dem **Nießbraucher** oder **schuldrechtlich Nutzungsberechtigten**) zu, so kommt es für die Frage, wer als Einkunftsbezieher anzusehen ist, darauf an, wer die vorbezeichneten Vermögensgegenstände durch Handlungen, die den Tatbestand der Einkunftserzielung erfüllen, rechtlich und wirtschaftlich nutzt.[21]

Bei Grundstücksgemeinschaften sind die Vermietungseinkünfte den Miteigentümern grundsätzlich nach Maßgabe ihrer zivilrechtlichen Beteiligungsverhältnisse anteilig zuzurechnen. Eine Ausnahme besteht dann, wenn aus besonderen Gründen des Gemeinschaftsverhältnisses eine steuerrechtlich abweichende Zurechnung angezeigt ist.[22] Vermietet eine Grundstücksgemeinschaft eine Wohnung eines im Miteigentum stehenden Wohnhauses an einen Miteigentümer und nutzt dieser das gemeinschaftliche Wohnhaus insgesamt über seinen Miteigentumsanteil hinaus, so erzielt der andere Miteigentümer anteilig Einkünfte aus der Vermietung. Der die Wohnung nutzende Miteigentümer hat hinsichtlich seiner auf fremdem – von dem anderen Miteigentümer überlassenen – Recht beruhenden Nutzung eine mieterähnliche Stellung. Er erzielt insoweit keine Vermietungseinkünfte.[23]

---

20 BFH vom 11.03.2003 IX R 65-67/01 (BFH/NV 2003 S. 778).
21 BFH, BStBl 1981 II S. 295, 1983 II S. 502, 606, 1984 II S. 366, 1986 II S. 605.
22 BFH vom 21.02.2006 IX B 119/05 (BFH/NV 2006 S. 1297).
23 BFH vom 07.06.2006 IX R 14/04 (BFH/NV 2006 S. 2053).

6 Steuerfreie Einnahmen

6.1 Allgemeines

Auch Einnahmen, die begrifflich unter eine der in § 2 Abs. 1 EStG aufgezählten Einkunftsarten fallen, können durch besondere Bestimmung der sachlichen Einkommensteuerpflicht entzogen werden. Von dieser Möglichkeit hat der Gesetzgeber aus wirtschaftspolitischen, sozialpolitischen und verschiedenen anderen Gründen in den §§ 3, 3b EStG und durch entsprechende Vorschriften in anderen Gesetzen Gebrauch gemacht.

§§ 3, 3b EStG enthalten **keine abschließende Aufzählung.**

Bestimmte steuerfreie Einnahmen, die § 3 EStG nennt – z. B. Lohnersatzleistungen –, unterliegen dem **Progressionsvorbehalt** nach § 32b EStG. Wirtschaftlich mit den steuerfreien Einnahmen im Zusammenhang stehende Aufwendungen sind von der einkommensteuerlichen Bemessungsgrundlage nicht abzuziehen (§ 3c Abs. 1 EStG).

6.2 Steuerbefreiungen nach §§ 3, 3b EStG

Steuerfrei sind nach §§ 3, 3b EStG:

- **Versicherungsleistungen (§ 3 Nr. 1 EStG);**

Steuerfrei sind Leistungen aus einer Krankenversicherung, Pflegeversicherung und der gesetzlichen Unfallversicherung. Gleiches gilt insbesondere auch für Sachleistungen und Kinderzuschüsse aus der gesetzlichen Rentenversicherung, Übergangsgelder nach dem SGB VI und dem Mutterschaftsgeld.

Bei Krankenversicherungen sind befreit sowohl Sach- als auch Geldleistungen. Entsprechendes gilt für Leistungen von Krankenhaustagegeld- und Krankentagegeldversicherungen. Steuerfrei sind auch Leistungen aus einer ausländischen Krankenversicherung.[1]

Die Steuerfreiheit betreffend Leistungen aus der Pflegeversicherung betrifft Leistungen an den Pflegebedürftigen. Bezüge der Pflegepersonen werden nach § 3 Nr. 26 und Nr. 36 EStG befreit.

Die Steuerfreiheit kann auch für Leistungen aus einer ausländischen gesetzlichen Unfallversicherung in Betracht kommen.[2]

---

1 H 3.1 „Krankenversicherung" EStH.
2 H 3.1 „Unfallversicherung" EStH.

6.2 Steuerbefreiungen nach §§ 3, 3b EStG

§ 3 Nr. 1 Buchst. b EStG erfasst nur Kinderzuschüsse der gesetzlichen Rentenversicherungen, nicht dagegen die der berufsständischen Versorgungseinrichtungen. Ein Verstoß gegen Art. 3 Abs. 1 EStG liegt insoweit nicht vor.[3]

- **Leistungen der Arbeitsförderung (§ 3 Nr. 2[4], 2a und 2b EStG);**

Steuerfrei sind Leistungen zur Arbeitsförderung, insbesondere Leistungen nach dem SGB III. Hierunter fallen z. B. das Arbeitslosen- und Teilarbeitslosengeld, das Kurzarbeitergeld und das Winterausfallgeld. Ebenfalls steuerfrei sind die Arbeitslosenbeihilfe und die Arbeitslosenhilfe nach dem Soldatenversorgungsgesetz und die Leistungen zur Sicherung des Lebensunterhalts und zur Eingliederung in Arbeit nach dem SGB II.

Aus dem Ausland bezogenes Arbeitslosengeld gehört nicht zu den nach § 3 Nr. 2 EStG steuerfreien Leistungen. Insoweit liegen Einkünfte nach § 22 Nr. 1 EStG vor, die nach einem Doppelbesteuerungsabkommen steuerfrei sein können.[5]

Zuschüsse zur Förderung von Existenzgründern aus Mitteln des Europäischen Sozialfonds und aus Landesmitteln sind nicht steuerfrei, wenn sie nicht der Aufstockung des Überbrückungsgeldes nach dem SGB III dienen.[6]

- **Abfindungen von Renten und anderen Versorgungsansprüchen (§ 3 Nr. 3 EStG); Dienstkleidung, Verpflegung und Heilfürsorge für Angehörige der Bundeswehr, Polizei, Feuerwehr usw. (§ 3 Nr. 4 EStG);**
- **Bezüge von Wehr- und Zivildienstleistenden etc. (§ 3 Nr. 5 EStG[7]);**

Steuerfrei ist der Wehrsold nach § 2 Abs. 1 Wehrsoldgesetz. Gleiches gilt für die Geld- und Sachbezüge, die Wehrpflichtige während des Wehrdienstes nach § 4 Wehrpflichtgesetz und Zivildienstleistende nach § 35 Zivildienstgesetz erhalten, die Bezüge, die an Reservistinnen und Reservisten gezahlt werden, und die Heilfürsorge und das Taschengeld nach § 2 Bundesfreiwilligendienstgesetz. Weitere Bezüge, wie z. B. der Wehrdienstzuschlag, besondere Zuwendungen sowie die unentgeltliche Unterkunft und Verpflegung, sind steuerpflichtig. Die Neuregelung gilt erstmals für den Veranlagungszeitraum 2013. Für freiwillig Wehrdienstleistende, die das Dienstverhältnis vor dem 01.01.2014 begonnen haben, gilt ebenfalls die Neuregelung.

- **Leistungen an Wehr-, Zivildienst- und Kriegsbeschädigte und ihre Hinterbliebenen (§ 3 Nr. 6 EStG); Lastenausgleichsleistungen und Zahlungen zur Wiedergutmachung nationalsozialistischen Unrechts (§ 3 Nr. 7 und 8 EStG); Renten an Verfolgte i. S. des § 1 Bundesentschädigungsgesetz (§ 3 Nr. 8a EStG); Erstattungen an Pflegepersonen (§ 3 Nr. 9 EStG);**

---

3 BFH vom 31.08.2011 X R 11/10 (BStBl 2012 II S. 312).
4 § 3 Nr. 2 EStG wurde geändert durch Gesetz vom 20.12.2011 (BGBl 2011 I S. 2854) mit Wirkung vom 01.04.2012.
5 R 3.2 EStR
6 H 3.2 „Existenzgründerzuschuss" EStH.
7 § 3 Nr. 5 EStG wurde neu gefasst durch Gesetz vom 26.06.2013 (BGBl 2013 I S. 1809) mit Wirkung vom Veranlagungszeitraum 2013.

6 Steuerfreie Einnahmen

- **Einnahmen einer Gastfamilie für die Aufnahme eines behinderten Menschen (§ 3 Nr. 10 EStG);**

Auf Leistungen eines Sozialleistungsträgers beruhende Einnahmen von Gastfamilien zur Pflege, Betreuung, Unterbringung und Verpflegung behinderter oder von einer Behinderung bedrohter Menschen sind steuerfrei. Gleiches gilt auch bei Zahlungen für die gleichen Zwecke von selbstzahlenden behinderten oder von einer Behinderung bedrohten Menschen, soweit die Zahlungen nicht den Betrag übersteigen, den die Sozialhilfe bei Bedürftigkeit aufzubringen hätte. Überschreiten die Einnahmen der Gastfamilie den steuerfreien Betrag, dürfen die mit der Tätigkeit in unmittelbarem wirtschaftlichem Zusammenhang stehenden Ausgaben – abweichend von § 3c Abs. 1 EStG – nur insoweit als Betriebsausgaben abgezogen werden, als sie den Betrag der steuerfreien Einnahmen übersteigen. Fraglich ist, wie der Fall zu behandeln ist, in dem die Einnahmen den steuerfreien Betrag zwar nicht überschreiten, die Ausgaben aber höher als die Einnahmen sind. Hier müsste an sich § 3c Abs. 1 EStG zur Anwendung kommen mit der Folge, dass die Aufwendungen in voller Höhe vom Abzug ausgeschlossen sind. Vor dem Hintergrund der Regelung in § 3 Nr. 10 Satz 3 EStG erscheint es aber sachgerecht, auch in diesem Fall den Abzug der Ausgaben insoweit zuzulassen, als sie die steuerfreien Einnahmen übersteigen.[8]

- **Beihilfen und Unterstützungen wegen Hilfsbedürftigkeit und Beihilfen aus öffentlichen Mitteln für Zwecke der Erziehung, Ausbildung, Forschung, Wissenschaft und Kunst, sofern der Empfänger nicht zu einer Gegenleistung verpflichtet ist (§ 3 Nr. 11 EStG);**

- **Aufwandsentschädigungen aus einer öffentlichen Kasse (§ 3 Nr. 12 EStG);**

§ 3 Nr. 12 EStG stellt aus öffentlichen Kassen gezahlte Aufwandsentschädigungen steuerfrei. Dabei stellt auch die Steuerfreiheit der nach den Abgeordnetengesetzen des Bundes und der Länder gewährten Abgeordnetenpauschalen keinen Verstoß gegen Art. 3 Abs. 1 GG dar.[9] Die Steuerfreiheit der Abgeordnetenpauschale ist sachlich gerechtfertigt, wobei sich die sachliche Rechtfertigung aus der besonderen Stellung des Abgeordnetenmandats ergibt. Die Steuerfreiheit der Aufwandsentschädigung dient der Vereinfachung und der Vermeidung von Abgrenzungsschwierigkeiten. Von daher ist die von der Besteuerung von Einkünften aus nichtselbständiger Arbeit unterschiedliche steuerliche Berücksichtigung von mandatsbedingten Aufwendungen verfassungsgemäß. Soweit die Höhe der Abgeordnetenentschädigung gerügt wird, fehlt es am Rechtsschutzinteresse. In diesem Zusammenhang ist beim Europäischen Gerichtshof für Menschenrechte eine Beschwerde (Aktenzeichen 7258/11) anhängig. Ein Ruhen des Verfahrens insoweit nach § 363 Abs. 2 Satz 2 AO kommt nicht in Betracht. Mit dem in dieser Vorschrift angeführten Europäischen Gerichtshof ist der in Luxemburg ansässige Gerichtshof der Europäischen

---

8 Von Beckerath, in: Kirchhof, EStG, 12. Auflage, § 3 RdNr. 27.
9 BVerfG vom 26.07.2010 2 BvR 2227/08, 2 BvR 2228/08 (DStRE 2010 S. 1058).

6.2 Steuerbefreiungen nach §§ 3, 3b EStG

Union gemeint, nicht dagegen der Europäische Gerichtshof für Menschenrechte mit Sitz in Straßburg.[10]

- **Reise- und Umzugskostenvergütungen, Trennungsgeld im öffentlichen Dienst (§ 3 Nr. 13 EStG[11]);**

Steuerfrei sind aus öffentlichen Kassen gezahlte Reisekostenvergütungen, Umzugskostenvergütungen und Trennungsgelder. Das steuerliche Reisekostenrecht wurde ab dem Veranlagungszeitraum 2014 neu geregelt. Die Regelungen für den steuerfreien Arbeitgeberersatz wurden ab dem Veranlagungszeitraum 2014 an die Neuregelungen des steuerlichen Reisekostenrechts im Rahmen des Werbungskostenabzugs angepasst.

- **Krankenversicherungszuschüsse an Rentner (§ 3 Nr. 14 EStG);**

- **Reise- und Umzugskostenvergütungen, Auslösungen usw. außerhalb des öffentlichen Dienstes (§ 3 Nr. 16 EStG[12]);**

Steuerfrei sind vom Arbeitgeber an Arbeitnehmer außerhalb des öffentlichen Dienstes gezahlte Vergütungen zur Erstattung von Reisekosten, Umzugskosten und Mehraufwendungen wegen doppelter Haushaltsführung. Die Steuerfreiheit ist nur insoweit gegeben, als die Vergütungen die nach § 9 EStG als Werbungskosten abziehbaren Aufwendungen nicht übersteigen. Das steuerliche Reisekostenrecht wurde ab dem Veranlagungszeitraum 2014 neu geregelt. Die Regelungen für den steuerfreien Arbeitgeberersatz wurden ab dem Veranlagungszeitraum 2014 an die Neuregelungen des steuerlichen Reisekostenrechts im Rahmen des Werbungskostenabzugs angepasst.

- **Zuschüsse zur Alterssicherung der Landwirte (§ 3 Nr. 17 EStG); Aufgeld für Darlehen an die Lastenausgleichsbank (§ 3 Nr. 18 EStG); Zuwendungen des Bundespräsidenten (§ 3 Nr. 20 EStG); Leistungen der Häftlingshilfe und Rehabilitierung (§ 3 Nr. 23 EStG); Kindergeld (§ 3 Nr. 24 EStG); Entschädigungen nach dem Infektionsschutzgesetz (§ 3 Nr. 25 EStG);**

- **Steuerbefreiung für nebenberufliche Tätigkeiten (§ 3 Nr. 26 EStG[13]);**

Allgemeines

Durch den Freibetrag für nebenberufliche Tätigkeiten im Dienst oder Auftrag einer gemeinnützigen Einrichtung im erzieherischen oder künstlerischen Bereich oder zur Pflege alter, kranker oder behinderter Menschen werden Bürger, die sich mit das Allgemeinwohl in besonderem Maße fördernden Betätigungen ehrenamtlich enga-

---

10 FG Münster vom 25.04.2013 3 K 3754/11 E (EFG 2012 S. 1288).
11 § 3 Nr. 13 Satz 2 EStG wurde geändert durch Gesetz vom 20.02.2013 (BGBl 2013 I S. 285) mit Wirkung vom 01.01.2014.
12 § 3 Nr. 16 EStG wurde geändert durch Gesetz vom 20.02.2013 (BGBl 2013 I S. 285) mit Wirkung vom 01.01.2014.
13 § 3 Nr. 26 EStG wurde geändert durch Gesetz vom 01.03.2013 (BGBl 2013 I S. 556) mit Wirkung vom 01.01.2013.

gieren und dafür eine geringe Entschädigung erhalten, durch die (teilweise) Freistellung der Vergütungen von der Steuerpflicht entlastet. Durch die Anhebung des bisherigen Freibetrags von 2.100 Euro im Kalenderjahr ab dem Veranlagungszeitraum 2013 auf 2.400 Euro soll der Anreiz für das bürgerliche Engagement weiter verstärkt werden. Einzelheiten zu § 3 Nr. 26 EStG ergeben sich aus R 3.26 LStR.

Begünstigte Tätigkeiten

Begünstigt sind nach § 3 Nr. 26 EStG drei Tätigkeitsbereiche:

- nebenberufliche Tätigkeit als Übungsleiter, Ausbilder, Erzieher, Betreuer oder eine vergleichbare Tätigkeit,
- nebenberufliche künstlerische Tätigkeit und
- nebenberufliche Pflege alter, kranker oder behinderter Menschen.

Die Tätigkeiten als Übungsleiter, Ausbilder, Erzieher oder Betreuer haben miteinander gemeinsam, dass sie auf andere Menschen durch persönlichen Kontakt Einfluss nehmen, um auf diese Weise deren geistige und körperliche Fähigkeiten zu entwickeln und zu fördern. Gemeinsames Merkmal der Tätigkeiten ist eine pädagogische Ausrichtung. Zu den begünstigten Tätigkeiten gehören z. B. die Tätigkeit eines Sporttrainers, eines Chorleiters oder Orchesterdirigenten, die Lehr- und Vortragstätigkeit im Rahmen der allgemeinen Bildung und Ausbildung, z. B. Kurse und Vorträge an Schulen und Volkshochschulen, Mütterberatung, Erste-Hilfe-Kurse, Schwimmunterricht, oder im Rahmen der beruflichen Ausbildung und Fortbildung, nicht dagegen die Ausbildung von Tieren, z. B. von Rennpferden oder Diensthunden. Die aufgezeigten Grundsätze gelten auch für Betreuer. Auch hier müssen die entsprechenden Tätigkeiten pädagogisch ausgerichtet sein. Von daher ist nicht begünstigt die Betreuungstätigkeit des gesetzlichen Betreuers nach § 1835a BGB sowie der Verfahrenspfleger nach dem Gesetz über die Angelegenheiten der freiwilligen Gerichtsbarkeit.

Im Rahmen der nebenberuflichen künstlerischen Tätigkeit sind an die künstlerische Tätigkeit die gleichen Anforderungen wie im Rahmen von § 18 Abs. 1 Nr. 1 EStG zu stellen.

Die Pflege alter, kranker oder behinderter Menschen umfasst außer der Dauerpflege auch Hilfsdienste bei der häuslichen Betreuung durch ambulante Pflegedienste, z. B. Unterstützung bei der Grund- und Behandlungspflege, bei häuslichen Verrichtungen und Einkäufen, beim Schriftverkehr, bei der Altenhilfe entsprechend § 71 SGB XII, z. B. Hilfe bei der Wohnungs- und Heimplatzbeschaffung, in Fragen der Inanspruchnahme altersgerechter Dienste, und bei Sofortmaßnahmen gegenüber Schwerkranken und Verunglückten, z. B. durch Rettungssanitäter und Ersthelfer.

Eine Tätigkeit, die ihrer Art nach keine übungsleitende, ausbildende, erzieherische, betreuende oder künstlerische Tätigkeit und keine Pflege alter, kranker oder behinderter Menschen ist, ist keine begünstigte Tätigkeit, auch wenn sie die übrigen

6.2 Steuerbefreiungen nach §§ 3, 3b EStG

Voraussetzungen des § 3 Nr. 26 EStG erfüllt, z. B. eine Tätigkeit als Vorstandsmitglied, als Vereinskassierer oder als Gerätewart bei einem Sportverein. Hier kann allerdings die Anwendung von § 3 Nr. 26a EStG in Betracht kommen.

Nebenberuflichkeit

Eine Tätigkeit wird nebenberuflich ausgeübt, wenn sie – bezogen auf das Kalenderjahr – nicht mehr als ein Drittel der Arbeitszeit eines vergleichbaren Vollzeiterwerbs in Anspruch nimmt. Es können deshalb auch solche Personen nebenberuflich tätig sein, die im steuerrechtlichen Sinne keinen Hauptberuf ausüben, z. B. Hausfrauen, Vermieter, Studenten, Rentner oder Arbeitslose. Übt ein Steuerpflichtiger mehrere verschiedenartige Tätigkeiten i. S. des § 3 Nr. 26 EStG aus, ist die Nebenberuflichkeit für jede Tätigkeit getrennt zu beurteilen. Mehrere gleichartige Tätigkeiten sind zusammenzufassen, wenn sie sich nach der Verkehrsanschauung als Ausübung eines einheitlichen Hauptberufs darstellen, z. B. Unterricht von jeweils weniger als dem dritten Teil des Pensums einer Vollzeitkraft in mehreren Schulen. Eine Tätigkeit wird nicht nebenberuflich ausgeübt, wenn sie als Teil der Haupttätigkeit anzusehen ist.

Arbeitgeber/Auftraggeber

Der Freibetrag wird nur gewährt, wenn die Tätigkeit im Dienst oder im Auftrag einer der in § 3 Nr. 26 EStG genannten Personen erfolgt. Als juristische Personen des öffentlichen Rechts kommen beispielsweise Bund, Länder, Gemeinden, Gemeindeverbände, Industrie- und Handelskammern, Handwerkskammern, Rechtsanwaltskammern, Steuerberaterkammern, Wirtschaftsprüferkammern, Ärztekammern, Universitäten oder die Träger der Sozialversicherung in Betracht. Zu den Einrichtungen i. S. des § 5 Abs. 1 Nr. 9 KStG gehören Körperschaften, Personenvereinigungen, Stiftungen und Vermögensmassen, die nach der Satzung oder dem Stiftungsgeschäft und nach der tatsächlichen Geschäftsführung ausschließlich und unmittelbar gemeinnützige, mildtätige oder kirchliche Zwecke verfolgen. Nicht zu den begünstigten Einrichtungen gehören beispielsweise Berufsverbände (Arbeitgeberverband, Gewerkschaft) oder Parteien. Fehlt es an einem begünstigten Auftraggeber/Arbeitgeber, kann der Freibetrag nicht in Anspruch genommen werden. Bei einer Tätigkeit für juristische Personen des öffentlichen Rechts ist es unschädlich, wenn sie für einen Betrieb gewerblicher Art ausgeführt wird. Auch Betriebe gewerblicher Art können gemeinnützigen Zwecken, wie z. B. Krankenhäuser oder Kindergärten, dienen. Ausreichend ist eine Tätigkeit für eine juristische Person des öffentlichen Rechts, die in einem Mitgliedstaat der EU oder in einem Staat belegen ist, auf den das Abkommen über den EWR Anwendung findet.

6 Steuerfreie Einnahmen

Förderung gemeinnütziger, mildtätiger und kirchlicher Zwecke

Die Begriffe der gemeinnützigen, mildtätigen und kirchlichen Zwecke ergeben sich aus den §§ 52 bis 54 AO. Eine Tätigkeit dient auch dann der selbstlosen Förderung begünstigter Zwecke, wenn sie diesen Zwecken nur mittelbar zugutekommt.

Wird die Tätigkeit im Rahmen der Erfüllung der Satzungszwecke einer juristischen Person ausgeübt, die wegen Förderung gemeinnütziger, mildtätiger oder kirchlicher Zwecke steuerbegünstigt ist, ist im Allgemeinen davon auszugehen, dass die Tätigkeit ebenfalls der Förderung dieser steuerbegünstigten Zwecke dient. Dies gilt auch dann, wenn die nebenberufliche Tätigkeit in einem sog. Zweckbetrieb i. S. der §§ 65 bis 68 AO ausgeübt wird, z. B. als nebenberuflicher Übungsleiter bei sportlichen Veranstaltungen nach § 67a Abs. 1 AO, als nebenberuflicher Erzieher in einer Einrichtung der Fürsorgeerziehung oder der freiwilligen Erziehungshilfe nach § 68 Nr. 5 AO. Eine Tätigkeit in einem steuerpflichtigen wirtschaftlichen Geschäftsbetrieb einer im Übrigen steuerbegünstigten juristischen Person (§§ 64, 14 AO) erfüllt dagegen nicht das Merkmal der Förderung gemeinnütziger, mildtätiger oder kirchlicher Zwecke.

Der Förderung begünstigter Zwecke kann auch eine Tätigkeit für eine juristische Person des öffentlichen Rechts dienen, z. B. nebenberufliche Lehrtätigkeit an einer Universität, nebenberufliche Ausbildungstätigkeit bei der Feuerwehr, nebenberufliche Fortbildungstätigkeit für eine Anwalts- oder Ärztekammer. Dem steht nicht entgegen, dass die Tätigkeit in den Hoheitsbereich der juristischen Person des öffentlichen Rechts fallen kann.

Gemischte Tätigkeiten

Erzielt der Steuerpflichtige Einnahmen, die teils für eine Tätigkeit, die unter § 3 Nr. 26 EStG fällt, und teils für eine andere Tätigkeit gezahlt werden, ist lediglich für den entsprechenden Anteil nach § 3 Nr. 26 EStG der Freibetrag zu gewähren. Die Steuerfreiheit von Bezügen nach anderen Vorschriften, z. B. nach § 3 Nr. 12, 13, 16 EStG, bleibt unberührt; wenn auf bestimmte Bezüge sowohl § 3 Nr. 26 EStG als auch andere Steuerbefreiungsvorschriften anwendbar sind, sind die Vorschriften in der Reihenfolge anzuwenden, die für den Steuerpflichtigen am günstigsten ist.

Höchstbetrag

Der Freibetrag nach § 3 Nr. 26 EStG ist ein Jahresbetrag. Dieser wird auch dann nur einmal gewährt, wenn mehrere begünstigte Tätigkeiten ausgeübt werden. Er ist nicht zeitanteilig aufzuteilen, wenn die begünstigte Tätigkeit lediglich wenige Monate ausgeübt wird. Der Höchstbetrag beträgt ab dem Veranlagungszeitraum 2013 2.400 Euro. Bis zu diesem Zeitpunkt betrug er 2.100 Euro.

6.2 Steuerbefreiungen nach §§ 3, 3b EStG

Werbungskosten- bzw. Betriebsausgabenabzug

Ein Abzug von Werbungskosten bzw. Betriebsausgaben, die mit den steuerfreien Einnahmen nach § 3 Nr. 26 EStG in einem unmittelbaren wirtschaftlichen Zusammenhang stehen, ist nur dann möglich, wenn die Einnahmen aus der Tätigkeit und gleichzeitig auch die jeweiligen Ausgaben den Freibetrag übersteigen (§ 3 Nr. 26 Satz 2 EStG). In Arbeitnehmerfällen ist in jedem Fall der Arbeitnehmer-Pauschbetrag anzusetzen, soweit er nicht bei anderen Dienstverhältnissen verbraucht ist. Vor dem Hintergrund von dessen Sinn und Zweck muss § 3 Nr. 26 Satz 2 EStG – entgegen seinem Wortlaut – auch dann anwendbar sein, wenn die Einnahmen den steuerfreien Betrag von 2.400 Euro nicht überschreiten mit der Folge, dass die Aufwendungen, soweit sie den Betrag der steuerfreien Einnahmen übersteigen, abziehbar sind.[14]

Beispiel:

Entgelt Vollzeittätigkeit		30.000 €
Entgelt Nebentätigkeit		3.750 €
Werbungskosten Vollzeit		800 €
Werbungskosten Nebentätigkeit		2.150 €
Entgelt Vollzeit		30.000 €
Entgelt Nebentätigkeit	3.750 €	
§ 3 Nr. 26 EStG	− 2.400 €	
	1.350 €	1.350 €
		31.350 €
Werbungskosten Nebentätigkeit	2.150 €	
Steuerfrei	− 2.400 €	
	0 €	
Werbungskosten Haupttätigkeit	800 €	
Werbungskosten Nebentätigkeit	0 €	
	800 €	
– Arbeitnehmer-Pauschbetrag		− 1.000 €
Einkünfte § 19 EStG		30.350 €

- **Freibetrag für nebenberufliche Tätigkeiten (§ 3 Nr. 26a EStG[15])**

Allgemeines

Steuerfrei sind Einnahmen aus nebenberuflichen Tätigkeiten im Dienst oder Auftrag einer inländischen juristischen Person des öffentlichen Rechts oder einer unter § 5

---
14 Von Beckerath, in: Kirchhof, EStG, 12. Auflage, § 3 RdNr. 51.
15 § 3 Nr. 26a EStG wurde geändert durch Gesetz vom 01.03.2013 (BGBl 2013 I S. 556) mit Wirkung vom 01.01.2013.

6 Steuerfreie Einnahmen

Abs. 1 Nr. 9 KStG fallenden Einrichtung zur Förderung gemeinnütziger, mildtätiger und kirchlicher Zwecke i. S. der §§ 52 bis 54 AO bis zur Höhe von insgesamt 500 Euro im Kalenderjahr. Ab dem Veranlagungszeitraum 2013 beträgt der Freibetrag 720 Euro. § 3 Nr. 26a EStG findet auch dann Anwendung, wenn eine Person im Dienst oder Auftrag einer Körperschaft des öffentlichen Rechts, die in einem anderen Mitgliedstaat der EU oder in einem Staat belegen ist, auf den das Abkommen über den EWR Anwendung findet, nebenberuflich zur Förderung gemeinnütziger, mildtätiger oder kirchlicher Zwecke tätig wird. Die Steuerbefreiung ist ausgeschlossen, wenn für die Einnahmen aus der Tätigkeit – ganz oder teilweise – eine Steuerbefreiung nach § 3 Nr. 12, 26 oder 26b EStG gewährt wird. Überschreiten die Einnahmen für die jeweiligen Tätigkeiten den steuerfreien Betrag, dürfen die mit den nebenberuflichen Tätigkeiten in unmittelbarem wirtschaftlichem Zusammenhang stehenden Ausgaben abweichend von § 3c EStG nur insoweit als Betriebsausgaben oder Werbungskosten abgezogen werden, als sie den Betrag der steuerfreien Einnahmen übersteigen.

Die Regelung erfasst Einnahmen aus nebenberuflichen Tätigkeiten, die bisher nicht von § 3 Nr. 26 EStG erfasst wurden. Zu nennen sind z. B. Aufwandsentschädigungen von Vereinsvorständen oder Aufwandsentschädigungen für die Wartung von Feuerwehrgeräten.

Hinsichtlich der einkommensteuerlichen Behandlung von Aufwandsentschädigungen für ehrenamtliche rechtliche Betreuer nach § 1835a BGB ist ab dem Veranlagungszeitraum 2011 § 3 Nr. 26b EStG zu beachten.

Im Übrigen stellt es keine verfassungswidrige Ungleichbehandlung dar, nur diejenigen zu begünstigen, die Einnahmen aus einer nebenberuflichen gemeinnützigen Tätigkeit erzielen, nicht aber jene, die aus solchen Tätigkeiten keine Einnahmen erzielen.

Einzelheiten zu § 3 Nr. 26a EStG ergeben sich aus dem BMF-Schreiben vom 25.11.2008[16] unter Berücksichtigung der Änderungen durch das BMF-Schreiben vom 14.10.2009[17].

Begünstigte Tätigkeiten

§ 3 Nr. 26a EStG sieht im Gegensatz zu § 3 Nr. 26 EStG keine Begrenzung auf bestimmte Tätigkeiten im gemeinnützigen Bereich vor. Begünstigt sind z. B. die Tätigkeiten der Mitglieder des Vorstands, des Kassierers, der Bürokräfte, des Reinigungspersonals, des Platzwartes, des Aufsichtspersonals, der Betreuer und Assistenzbetreuer im Sinne des Betreuungsrechts. Die Tätigkeit der Amateursportler ist nicht begünstigt. Eine Tätigkeit im Dienst oder Auftrag einer steuerbegünstigten Körperschaft muss für deren ideellen Bereich einschließlich ihrer Zweckbetriebe

---

[16] BMF vom 25.11.2008 – IV C 4 – S 2121/07/0010 – 2008/0656438 (BStBl 2008 I S. 985).
[17] BMF vom 14.10.2009 – IV C 4 – S 2121/07/0010 – 2009/0680374 (BStBl 2009 I S. 1318).

6.2 Steuerbefreiungen nach §§ 3, 3b EStG

ausgeübt werden. Tätigkeiten in einem steuerpflichtigen wirtschaftlichen Geschäftsbetrieb und bei der Verwaltung des Vermögens sind nicht begünstigt.

Nebenberuflichkeit

Eine Tätigkeit wird nebenberuflich ausgeübt, wenn sie – bezogen auf das Kalenderjahr – nicht mehr als ein Drittel der Arbeitszeit eines vergleichbaren Vollzeiterwerbs in Anspruch nimmt. Es können deshalb auch solche Personen nebenberuflich tätig sein, die im steuerrechtlichen Sinne keinen Hauptberuf ausüben, z. B. Hausfrauen, Vermieter, Studenten, Rentner oder Arbeitslose. Übt ein Steuerpflichtiger mehrere verschiedenartige Tätigkeiten i. S. z. B. des § 3 Nr. 26 oder 26a EStG aus, ist die Nebenberuflichkeit für jede Tätigkeit getrennt zu beurteilen. Mehrere gleichartige Tätigkeiten sind zusammenzufassen, wenn sie sich nach der Verkehrsanschauung als Ausübung eines einheitlichen Hauptberufs darstellen, z. B. Erledigung der Buchführung oder Aufzeichnungen von jeweils weniger als dem dritten Teil des Pensums einer Bürokraft für mehrere gemeinnützige Körperschaften. Eine Tätigkeit wird nicht nebenberuflich ausgeübt, wenn sie als Teil der Haupttätigkeit anzusehen ist. Dies ist auch bei formaler Trennung von haupt- und nebenberuflicher selbständiger oder nichtselbständiger Tätigkeit für denselben Arbeitgeber anzunehmen, wenn beide Tätigkeiten gleichartig sind und die Nebentätigkeit unter ähnlichen organisatorischen Bedingungen wie die Haupttätigkeit ausgeübt wird oder der Steuerpflichtige mit der Nebentätigkeit eine ihm aus seinem Dienstverhältnis faktisch oder rechtlich obliegende Nebenpflicht erfüllt.

Auftraggeber/Arbeitgeber

Der Freibetrag wird nur gewährt, wenn die Tätigkeit im Dienst oder im Auftrag einer der in § 3 Nr. 26a EStG genannten Personen erfolgt. Als juristische Personen des öffentlichen Rechts kommen beispielsweise in Betracht Bund, Länder, Gemeinden, Gemeindeverbände, Industrie- und Handelskammern, Handwerkskammern, Rechtsanwaltskammern, Steuerberaterkammern, Wirtschaftsprüferkammern, Ärztekammern, Universitäten oder die Träger der Sozialversicherung. Zu den Einrichtungen i. S. des § 5 Abs. 1 Nr. 9 KStG gehören Körperschaften, Personenvereinigungen, Stiftungen und Vermögensmassen, die nach der Satzung oder dem Stiftungsgeschäft und nach der tatsächlichen Geschäftsführung ausschließlich und unmittelbar gemeinnützige, mildtätige oder kirchliche Zwecke verfolgen. Nicht zu den begünstigten Einrichtungen gehören beispielsweise Berufsverbände (Arbeitgeberverband, Gewerkschaft) oder Parteien. Fehlt es an einem begünstigten Auftraggeber/Arbeitgeber, kann der Freibetrag nicht in Anspruch genommen werden.

Rechtliche Betreuer handeln wegen der rechtlichen und tatsächlichen Ausgestaltung des Vormundschafts- und Betreuungswesens im Dienst oder Auftrag einer juristischen Person des öffentlichen Rechts.

6 Steuerfreie Einnahmen

Förderung gemeinnütziger, mildtätiger und kirchlicher Zwecke

Die Begriffe der gemeinnützigen, mildtätigen und kirchlichen Zwecke ergeben sich aus §§ 52 bis 54 AO. Eine Tätigkeit dient auch dann der selbstlosen Förderung begünstigter Zwecke, wenn sie diesen Zwecken nur mittelbar zugutekommt.

Wird die Tätigkeit im Rahmen der Erfüllung der Satzungszwecke einer juristischen Person ausgeübt, die wegen Förderung gemeinnütziger, mildtätiger oder kirchlicher Zwecke steuerbegünstigt ist, ist im Allgemeinen davon auszugehen, dass die Tätigkeit ebenfalls der Förderung dieser steuerbegünstigten Zwecke dient. Dies gilt auch dann, wenn die nebenberufliche Tätigkeit in einem sog. Zweckbetrieb i. S. der §§ 65 bis 68 AO ausgeübt wird, z. B. als nebenberuflicher Kartenverkäufer in einem Museum, Theater oder Opernhaus nach § 68 Nr. 7 AO.

Der Förderung begünstigter Zwecke kann auch eine Tätigkeit für eine juristische Person des öffentlichen Rechts dienen, z. B. nebenberufliche Aufsichtstätigkeit in einem Schwimmbad, nebenberuflicher Kirchenvorstand. Dem steht nicht entgegen, dass die Tätigkeit in den Hoheitsbereich der juristischen Person des öffentlichen Rechts fallen kann.

Nach § 3 Nr. 12, 26 oder 26b EStG begünstigte Tätigkeiten

Der Freibetrag nach § 3 Nr. 26a EStG kann nicht in Anspruch genommen werden, wenn für die Einnahmen aus derselben Tätigkeit ganz oder teilweise eine Steuerbefreiung nach § 3 Nr. 12, 26 oder 26b EStG gewährt wird. Die Tätigkeit der Versichertenältesten fällt unter die schlichte Hoheitsverwaltung, sodass die Steuerbefreiungsvorschrift des § 3 Nr. 12 Satz 2 EStG anwendbar ist. Für eine andere Tätigkeit, die z. B. neben einer nach § 3 Nr. 12 oder 26 EStG begünstigten Tätigkeit bei einer anderen oder derselben Körperschaft ausgeübt wird, kann die Steuerbefreiung nach § 3 Nr. 26a EStG nur dann in Anspruch genommen werden, wenn die Tätigkeit nebenberuflich ausgeübt wird und die Tätigkeiten voneinander trennbar sind, gesondert vergütet werden und die dazu getroffenen Vereinbarungen eindeutig sind und durchgeführt werden. Einsatz- und Bereitschaftsdienstzeiten der Rettungssanitäter und Ersthelfer sind als einheitliche Tätigkeit zu behandeln, die insgesamt nach § 3 Nr. 26 EStG begünstigt sein kann und für die deshalb auch nicht teilweise die Steuerbefreiung nach § 3 Nr. 26a EStG gewährt wird.

Verschiedenartige Tätigkeiten

Erzielt der Steuerpflichtige Einnahmen, die z. B. teils für eine Tätigkeit, die unter § 3 Nr. 26a EStG fällt, und teils für eine andere Tätigkeit, die nicht unter § 3 Nr. 12, 26 oder 26a EStG fällt, gezahlt werden, ist lediglich für den entsprechenden Anteil nach § 3 Nr. 26a EStG der Freibetrag zu gewähren. Die Steuerfreiheit von Bezügen nach anderen Vorschriften, z. B. nach § 3 Nr. 13, 16 EStG, bleibt unberührt. Wenn auf bestimmte Bezüge sowohl § 3 Nr. 26a EStG als auch andere Steuerbefreiungs-

6.2 Steuerbefreiungen nach §§ 3, 3b EStG

vorschriften anwendbar sind, sind die Vorschriften in der Reihenfolge anzuwenden, die für den Steuerpflichtigen am günstigsten ist.

Höchstbetrag

Der Freibetrag nach § 3 Nr. 26a EStG ist ein Jahresbetrag. Dieser wird auch dann nur einmal gewährt, wenn mehrere begünstigte Tätigkeiten ausgeübt werden. Er ist nicht zeitanteilig aufzuteilen, wenn die begünstigte Tätigkeit lediglich wenige Monate ausgeübt wird. Der Freibetrag beträgt ab dem Veranlagungszeitraum 2013 720 Euro. Bis zu diesem Zeitpunkt betrug er 500 Euro.

Die Steuerbefreiung ist auch bei Ehegatten personenbezogen vorzunehmen. Auch bei der Zusammenveranlagung von Ehegatten kann der Freibetrag demnach von jedem Ehegatten bis zur Höhe der Einnahmen, höchstens 500 Euro bzw. 720 Euro, die er für eine eigene begünstigte Tätigkeit erhält, in Anspruch genommen werden. Eine Übertragung des nicht ausgeschöpften Teils des Freibetrags eines Ehegatten auf höhere Einnahmen des anderen Ehegatten aus der begünstigten nebenberuflichen Tätigkeit ist nicht zulässig.

Ehrenamtlicher Vorstand

Nach dem gesetzlichen Regelstatut des BGB hat ein Vorstandsmitglied Anspruch auf Auslagenersatz (§§ 27, 670 BGB). Die Zahlung von pauschalen Vergütungen für Arbeits- oder Zeitaufwand (Tätigkeitsvergütungen) an den Vorstand ist nur dann zulässig, wenn dies durch bzw. aufgrund einer Satzungsregelung ausdrücklich zugelassen ist. Ein Verein, der nicht ausdrücklich die Bezahlung des Vorstands regelt und der dennoch Tätigkeitsvergütungen an Mitglieder des Vorstands zahlt, verstößt gegen das Gebot der Selbstlosigkeit. Die regelmäßig in den Satzungen enthaltene Formulierung, wonach keine Person durch unverhältnismäßig hohe Vergütungen begünstigt werden darf, ist keine satzungsmäßige Zulassung von Tätigkeitsvergütungen an Vorstandsmitglieder.

Eine Vergütung ist auch dann anzunehmen, wenn sie nach der Auszahlung eines entstandenen Vergütungsanspruchs an den Verein gespendet wird.

Der Ersatz tatsächlich entstandener Auslagen (z. B. Büromaterial, Telefon- und Fahrtkosten) ist auch ohne entsprechende Regelung in der Satzung zulässig. Der Einzelnachweis der Auslagen ist nicht erforderlich, wenn pauschale Zahlungen den tatsächlichen Aufwand offensichtlich nicht übersteigen; dies gilt nicht, wenn durch die pauschalen Zahlungen auch Arbeits- oder Zeitaufwand abgedeckt werden soll. Die Zahlungen dürfen nicht unangemessen hoch sein (§ 55 Abs. 1 Nr. 1 AO).

Werbungskosten- bzw. Betriebsausgabenabzug

Ein Abzug von Werbungskosten bzw. Betriebsausgaben, die mit den steuerfreien Einnahmen nach § 3 Nr. 26a EStG in einem unmittelbaren wirtschaftlichen Zusammenhang stehen, ist nur dann möglich, wenn die Einnahmen aus der Tätigkeit und gleichzeitig auch die jeweiligen Ausgaben den Freibetrag übersteigen. In Arbeitnehmerfällen ist in jedem Fall der Arbeitnehmer-Pauschbetrag anzusetzen, soweit er nicht bei anderen Dienstverhältnissen verbraucht ist.

Beispiel:

Ein Student, der keine anderen Einnahmen aus nichtselbständiger Arbeit erzielt, arbeitet nebenberuflich im Dienst der Stadt als Tierpfleger bei deren als gemeinnützig anerkanntem Tierheim. Dafür erhält er insgesamt 1.200 € im Jahr. Von den Einnahmen sind der Arbeitnehmer-Pauschbetrag von 1.000 € (§ 9a Satz 1 Nr. 1 Buchst. b EStG) und der Freibetrag nach § 3 Nr. 26a EStG bis zur Höhe der verbliebenen Einnahmen (200 €) abzuziehen. Die Einkünfte aus der nebenberuflichen Tätigkeit betragen 0 €.

Freigrenze des § 22 Nr. 3 EStG

Gehören die Einnahmen des Steuerpflichtigen aus seiner nebenberuflichen Tätigkeit zu den sonstigen Einkünften (§ 22 Nr. 3 EStG), ist der Freibetrag nach § 3 Nr. 26a EStG bei der Prüfung der Frage, ob die bei dieser Einkunftsart zu beachtende gesetzliche Freigrenze i. H. von weniger als 256 Euro im Jahr überschritten ist, zu berücksichtigen.

- **Aufwandsentschädigungen nach § 1835a BGB (§ 3 Nr. 26b EStG[18]);**

Ab dem Veranlagungszeitraum 2011 wurde mit § 3 Nr. 26b EStG eine spezielle Steuerbefreiungsvorschrift für Steuerpflichtige eingeführt, die als ehrenamtliche Vormünder (§§ 1793 ff. BGB), ehrenamtliche rechtliche Betreuer (§§ 1896 ff. BGB) oder als ehrenamtliche Pfleger (§§ 1909 ff. BGB) eine Aufwandsentschädigung nach § 1835a BGB erhalten. Während von diesem Personenkreis bis einschließlich Veranlagungszeitraum 2010 der Freibetrag nach § 3 Nr. 26a EStG in Anspruch genommen werden konnte, sind ab dem Veranlagungszeitraum 2011 die Aufwandsentschädigungen i. S. von § 1835a BGB steuerfrei, soweit sie zusammen mit den Einnahmen i. S. von § 3 Nr. 26 EStG den Freibetrag nach § 3 Nr. 26 Satz 1 EStG i. H. von 2.100 Euro bzw. ab dem Veranlagungszeitraum 2013 von 2.400 Euro nicht überschreiten; d. h., für alle in § 3 Nr. 26 und 26b EStG genannten Tätigkeiten gilt insgesamt nur ein Freibetrag i. H. von 2.100 Euro bzw. ab Veranlagungszeitraum 2013 ein Freibetrag von 2.400 Euro. Nach § 3 Nr. 26a Satz 2 EStG ist § 3 Nr. 26a EStG auf die genannten Aufwandsentschädigungen nicht mehr anwendbar. Diese Neuregelung kann sich in den Fällen nachteilig auswirken, in denen ehrenamtliche Betreuer, Vormünder und Pfleger bisher den Freibetrag nach § 3 Nr. 26a EStG in Anspruch nahmen und gleichzeitig als Übungsleiter 2.100 Euro gem. § 3 Nr. 26 EStG steuerfrei vereinnahmen konnten.

Ehrenamtliche Betreuer erhalten derzeit eine jährliche pauschale Aufwandsentschädigung i. H. von 323 Euro. Die Aufwandsentschädigung wird für jede einzelne Vor-

---

18 § 3 Nr. 26b EStG wurde eingefügt durch Gesetz vom 08.12.2010 (BGBl 2010 I S. 1768) mit Wirkung vom Veranlagungszeitraum 2011.

6.2 Steuerbefreiungen nach §§ 3, 3b EStG

mundschaft, Pflegschaft und Betreuung gewährt. Es ist in Ausnahmefällen möglich, dass eine Betreuungsperson den Betrag mehrfach bekommt. Die Aufwandsentschädigungen sind sonstige Einkünfte i. S. des § 22 Nr. 3 EStG und daher grundsätzlich einkommensteuerpflichtig. Solche Einkünfte sind jedoch nach § 22 Abs. 3 Satz 2 EStG nicht einkommensteuerpflichtig, wenn sie – nach Abzug des Steuerfreibetrages und der mit der Tätigkeit im Zusammenhang stehenden Werbungskosten und gegebenenfalls zusammen mit weiteren Einkünften im Sinne dieser Vorschrift – weniger als 256 Euro im Kalenderjahr (Freigrenze) betragen haben. Berufsbetreuer erzielen Einkünfte nach § 18 Abs. 1 Nr. 3 EStG.[19]

Mit der Gewährung der pauschalen Aufwandsentschädigung entfällt für den ehrenamtlichen Betreuer die Möglichkeit, Aufwendungsersatz gem. § 1835 BGB zu verlangen; die Aufwendungen des Betreuers bei Ausübung seiner Tätigkeit (wie z. B. Fahrtkosten, Telefongebühren, Brief- und Portokosten) sind somit durch die Pauschale abgegolten. Ein Abzug der mit den steuerfreien Einnahmen nach § 3 Nr. 26b EStG in einem unmittelbaren wirtschaftlichen Zusammenhang stehenden Werbungskosten ist abweichend von § 3c EStG nur insoweit möglich, als die Einnahmen des ehrenamtlichen Betreuers und gleichzeitig auch die berücksichtigungsfähigen Werbungskosten die steuerfreien Einnahmen übersteigen (§ 3 Nr. 26b Satz 2 EStG i. V. m. § 3 Nr. 26 Satz 2 EStG). Sind die Einnahmen nicht höher als 2.100 Euro bzw. ab dem Veranlagungszeitraum 2013 nicht höher als 2.400 Euro, muss nach Sinn und Zweck § 3 Nr. 26 Satz 2 EStG – entgegen seinem Wortlaut – auch dann anwendbar sein, wenn die Einnahmen den steuerfreien Betrag nicht überschreiten mit der Folge, dass die Aufwendungen, soweit sie den Betrag der steuerfreien Einnahmen übersteigen, abziehbar sind.[20]

Beispiele:

a) A hat die rechtliche Betreuung für acht Personen übernommen und erhält hierfür Aufwandsentschädigungen i. H. von insgesamt 2.548 € (8 × 323 €). Weitere ehrenamtliche Tätigkeiten übt er nicht aus.

Einnahmen als ehrenamtlicher rechtlicher Betreuer	2.548 €
./. Steuerfreibetrag nach § 3 Nr. 26b EStG	2.400 €
Einkünfte	148 €

Die Einkünfte übersteigen die Freigrenze nach § 22 Nr. 3 EStG nicht, sodass sie in vollem Umfang steuerfrei sind.

b) A ist nebenberuflich als selbständiger Übungsleiter in einem gemeinnützigen Verein tätig und erhält hierfür Einnahmen i. H. von 3.000 €, für die er die Übungsleiterpauschale in Anspruch nimmt. Zusätzlich hat A zwei rechtliche Betreuungen übernommen, für die er eine Aufwandsentschädigung i. H. von 2 × 323 € erhält.

Einnahmen als Übungsleiter	3.000 €
./. Steuerfreibetrag nach § 3 Nr. 26 EStG	2.400 €
Einkünfte (§ 18 EStG)	600 €

---

19 BFH vom 15.06.2010 VIII R 14/09 (BStBl 2010 II S. 909).
20 Von Beckerath, in: Kirchhof, EStG, 12. Auflage, § 3 RdNr. 55h.

6 Steuerfreie Einnahmen

Einnahmen als ehrenamtlich rechtlicher Betreuer	646 €
./. Steuerfreibetrag nach § 3 Nr. 26b EStG (für die Tätigkeit als Übungsleiter verbraucht)	0 €
./. Werbungskosten	200 €
Einkünfte (§ 22 Nr. 3 EStG)	446 €

Die Einkünfte nach § 22 Nr. 3 EStG übersteigen die Freigrenze, sodass sie in vollem Umfang steuerpflichtig sind.

- **Produktionsaufgaberente und Ausgleichsgeld bis zu einem Höchstbetrag von 18.407 Euro (§ 3 Nr. 27 EStG); Leistungen zur Förderung der Altersteilzeit (§ 3 Nr. 28 EStG);**

- **Gehälter und Bezüge der Diplomaten und Konsulatsangehörigen (§ 3 Nr. 29 EStG);**

Die Vorschrift wird praktisch von den Bestimmungen der Wiener Übereinkommen vom 18.04.1961 über diplomatische Beziehungen[21] und vom 24.04.1963 über konsularische Beziehungen[22] verdrängt.

- **Werkzeuggeld (§ 3 Nr. 30 EStG); Überlassung typischer Berufskleidung (§ 3 Nr. 31 EStG); Sammelbeförderung von Arbeitnehmern zwischen Wohnung und Arbeitsstätte (§ 3 Nr. 32 EStG); Leistungen des Arbeitgebers für Kinderbetreuung und Betreuung von nicht schulpflichtigen Kindern (§ 3 Nr. 33 EStG); Leistungen des Arbeitgebers zur Gesundheitsförderung (§ 3 Nr. 34 EStG); bestimmte Leistungen an Beamte von Post und Telekom (§ 3 Nr. 35 EStG); Pflegegeld (§ 3 Nr. 36 EStG); Sachprämien zur Kundenbindung (§ 3 Nr. 38 EStG); Mitarbeiterkapitalbeteiligung (§ 3 Nr. 39 EStG);**

- **40 % der dem Teileinkünfteverfahren unterliegenden Einnahmen (§ 3 Nr. 40 EStG[23]);**

Zentrale Vorschriften des Teileinkünfteverfahrens sind § 3 Nr. 40 EStG und § 3c Abs. 2 EStG.

Beim Teileinkünfteverfahren unterliegen 60 % der in § 3 Nr. 40 EStG genannten Einnahmen der Besteuerung. Im Gegenzug ist ein Abzug der mit den jeweiligen Einnahmen im Zusammenhang stehenden Aufwendungen nach § 3c Abs. 2 EStG nur i. H. von 60 % zulässig. Der Sinn und Zweck des Teileinkünfteverfahrens besteht in der Vermeidung der Doppelbelastung des Gewinns von Körperschaften.

Anwendbar ist das Teileinkünfteverfahren ab dem Veranlagungszeitraum 2009. Das Teileinkünfteverfahren gilt in den Fällen des § 3 Nr. 40 Satz 1 Buchst. d bis h EStG nur i. V. m. § 20 Abs. 8 EStG. Danach müssen die dort genannten Vermögensmehrungen bei der natürlichen Person zu den Einkünften aus Land- und Forstwirt-

---

21 BGBl 1964 II S. 957 und 1965 II S. 147.
22 BGBl 1969 II S. 1585 und 1971 II S. 1285.
23 § 3 Nr. 40 Satz 4 EStG wurde geändert durch Gesetz vom 26.06.2013 (BGBl 2013 I S. 1809) mit Wirkung ab dem Veranlagungszeitraum 2013.

6.2 Steuerbefreiungen nach §§ 3, 3b EStG

schaft, aus Gewerbebetrieb, aus selbständiger Arbeit oder aus Vermietung und Verpachtung gehören (§ 3 Nr. 40 Satz 2 EStG). Vor diesem Hintergrund beschränkt sich das Teileinkünfteverfahren in den genannten Fällen auf den betrieblichen Bereich von Personenunternehmen. Entsprechendes gilt auch, abgesehen von der Veräußerung von Anteilen an Kapitalgesellschaften i. S. von § 17 EStG, in den übrigen Fällen des § 3 Nr. 40 EStG.

§ 3 Nr. 40 Satz 1 Buchst. a, b und d bis h EStG ist nicht anzuwenden für Anteile, die bei Kreditinstituten und Finanzdienstleistungsinstituten nach § 1a KWG dem Handelsbuch zuzurechnen sind. Gleiches gilt auch für Anteile, die von Finanzunternehmen im Sinne des KWG mit dem Ziel der kurzfristigen Erzielung eines Eigenhandelserfolgs erworben werden (§ 3 Nr. 40 Satz 3 EStG). Letzteres gilt auch für Kreditinstitute, Finanzdienstleistungsinstitute und Finanzunternehmen mit Sitz in einem EU- bzw. EWR-Staat (§ 3 Nr. 40 Satz 4 EStG). Die Absicht, einen kurzfristigen Eigenhandelserfolg zu erzielen, ist nach den Verhältnissen im Zeitpunkt des Anteilserwerbs zu beurteilen.

Dem Teileinkünfteverfahren unterliegen nach § 3 Nr. 40 EStG **folgende Vorgänge:**

- Veräußerungs-, Entnahme-, Auflösungs- und Aufstockungserträge im Betriebsvermögen (§ 3 Nr. 40 Satz 1 Buchst. a EStG);

Das Halbeinkünfteverfahren findet Anwendung auf den Erlös aus der Veräußerung von Anteilen an Körperschaften, Personenvereinigungen und Vermögensmassen i. S. von § 20 Abs. 1 Nr. 1 und Nr. 9 EStG, wenn der Erlös den Gewinneinkünften zuzuordnen ist. Unter § 20 Abs. 1 Nr. 9 EStG fallen Versicherungs- und Pensionsfonds, sonstige juristische Personen des privaten Rechts, nichtrechtsfähige Vereine, Anstalten, Stiftungen und andere Zweckvermögen des privaten Rechts, die den Dividenden wirtschaftlich vergleichbare offene oder verdeckte Gewinnausschüttungen gewähren. Auch Anteile an ausländischen Gesellschaften werden von der Vorschrift begünstigt. Die Begünstigung gilt unabhängig von einer Mindestbeteiligungsquote oder einer Aktivitätsklausel. Dabei vermittelt eine ausländische Gesellschaft ihren Anteilseignern z. B. Einnahmen i. S. von § 20 Abs. 1 Nr. 1 EStG, wenn die nach ausländischem Recht gegründete Gesellschaft ihrer inneren Struktur nach einer deutschen Kapitalgesellschaft im Wesentlichen entspricht. Begünstigt ist auch die Veräußerung von Anteilen an einer Organgesellschaft durch den Organträger. Ebenfalls begünstigt sind die Betriebsvermögensmehrungen bzw. Einnahmen aus der Entnahme von Anteilen an Körperschaften, Personenvereinigungen und Vermögensmassen i. S. von § 20 Abs. 1 Nr. 1 und Nr. 9 EStG sowie aus der Auflösung oder Herabsetzung von deren Nennkapital. Auch Entnahmen in Form von verdeckten Einlagen von Gesellschaftsanteilen in eine andere Kapitalgesellschaft fallen unter die Regelung. Begünstigt wird auch eine Wertzuschreibung nach § 6 Abs. 1 Nr. 2 Satz 3 i. V. m. Nr. 1 Satz 4 EStG. Die Wertaufholung unterliegt nicht dem Teileinkünfteverfahren, wenn und soweit sich die Teilwertabschreibung in den Vorjahren im vollen Umfang gewinnmindernd ausgewirkt hat (§ 3 Nr. 40 Satz 1 Buchst. a

Satz 2 EStG). In dem Umfang, in dem die Gewinnminderung bereits durch eine gewinnwirksame Wertaufholung kompensiert worden ist, findet das Teileinkünfteverfahren wieder uneingeschränkte Anwendung. Entsprechendes gilt auch, wenn der Gewinn durch Veräußerung oder Entnahme realisiert wird. Des Weiteren gilt das Teileinkünfteverfahren nicht, soweit ein voll steuerwirksamer Abzug nach § 6b EStG oder hiermit vergleichbare Abzüge vorgenommen worden sind (§ 3 Nr. 40 Satz 1 Buchst. a Satz 3 EStG). Dem § 6b EStG ähnliche Abzüge sind z. B. die Begünstigungen nach § 30 BergBauRatG zur Förderung des Steinkohlebergbaus.

- Veräußerungs- und Aufgabeerlöse im Rahmen des § 16 EStG (§ 3 Nr. 40 Satz 1 Buchst. b EStG);

Die Veräußerung von Anteilen an einer Körperschaft, Personenvereinigung oder Vermögensmasse, deren Leistungen beim Empfänger zu Einnahmen i. S. von § 20 Abs. 1 Nr. 1 und Nr. 9 EStG gehören, ist begünstigt, wenn die Übertragung im Rahmen einer Veräußerung bzw. Aufgabe eines Betriebs, Teilbetriebs oder Mitunternehmeranteils i. S. von § 16 EStG erfolgt. Dabei gilt als Teilbetrieb auch die das gesamte Nennkapital umfassende Beteiligung an einer Kapitalgesellschaft. Nach § 34 Abs. 2 Nr. 1 EStG findet die Tarifermäßigung für außerordentliche Einkünfte insoweit allerdings keine Anwendung. Wird ein Betrieb, Teilbetrieb oder Mitunternehmeranteil übertragen, ist der Veräußerungserlös somit insoweit steuerfrei, als er auf die zum Betriebsvermögen gehörenden Beteiligungen entfällt. Auch im Fall der Aufgabe eines Betriebs, Teilbetriebs oder Mitunternehmeranteils kommt die Steuerbefreiung zum Tragen, soweit die Beteiligungen zum Betriebsvermögen gehören. Die Veräußerung einer Organgesellschaft im Rahmen einer Betriebsveräußerung ist ebenfalls begünstigt. Das Teileinkünfteverfahren greift nur für den Kaufpreisteil i. S. von § 16 Abs. 2 EStG, der anteilig auf die betroffenen Anteile entfällt. Entsprechendes gilt in den Fällen des § 16 Abs. 3 EStG. Soweit die Voraussetzungen des § 16 Abs. 4 EStG vorliegen, wird der Freibetrag erst nach Gewährung der Steuerbefreiung nach § 3 Nr. 40 Satz 1 Buchst. b EStG vom verbleibenden Gewinn abgezogen. § 3 Nr. 40 Satz 1 Buchst. b EStG ist analog auf Veräußerungsvorgänge i. S. von §§ 14, 18 Abs. 3 EStG anzuwenden. Des Weiteren verweist § 3 Nr. 40 Satz 1 Buchst. b Satz 3 EStG auf die Regelung in § 3 Nr. 40 Satz 1 Buchst. a Satz 3 EStG (Rücklagen nach § 6b EStG oder vergleichbare Abzüge).

- Veräußerungserlöse i. S. von § 17 EStG (§ 3 Nr. 40 Satz 1 Buchst. c EStG);

Veräußerungserlöse i. S. von § 17 Abs. 2 EStG aus der Veräußerung von Anteilen nach § 17 EStG unterliegen dem Teileinkünfteverfahren. Veräußerungsgewinn i. S. von § 17 Abs. 3 EStG ist derjenige nach Anwendung des Teileinkünfteverfahrens. Dabei steht nach § 17 Abs. 1 Satz 2 EStG die verdeckte Einlage in eine Kapitalgesellschaft der Veräußerung der Anteile gleich. Anwendung findet § 3 Nr. 40 Satz 1 Buchst. c EStG auch in den Fällen von § 17 Abs. 4 EStG. Die Auflösung und die Liquidation einer Kapitalgesellschaft und die Herabsetzung und Rückzahlung ihres Nennkapitals werden einer Anteilsveräußerung gleichgestellt. Das Teileinkünftever-

6.2 Steuerbefreiungen nach §§ 3, 3b EStG

fahren gilt also für alle Anwendungsfälle von § 17 EStG. Die Tarifermäßigung nach § 34 EStG findet allerdings keine Anwendung (§ 34 Abs. 2 Nr. 1 EStG).

- Bezüge i. S. des § 20 Abs. 1 Nr. 1 und Nr. 9 EStG (§ 3 Nr. 40 Satz 1 Buchst. d EStG[24]);

Dem Teileinkünfteverfahren unterliegen alle Einnahmen i. S. von § 20 Abs. 1 Nr. 1 und Nr. 9 EStG, die ein Anteilseigner von der Körperschaft, an der er beteiligt ist, erhält. Erfasst werden sowohl offene Gewinnausschüttungen als auch verdeckte Gewinnausschüttungen sowie Vorabausschüttungen. Beim Anteilseigner werden 40 % der Dividende freigestellt. Gleichgültig ist, ob die Dividende von einer inländischen oder ausländischen Gesellschaft stammt. Bezüge i. S. von § 20 Abs. 1 Nr. 1 EStG kann auch eine ausländische Gesellschaft vermitteln. Voraussetzung ist, dass die ausländische Gesellschaft mit einer inländischen Körperschaft i. S. von § 20 Abs. 1 Nr. 1 EStG vergleichbar ist. Zu den Einnahmen nach § 20 Abs. 1 Nr. 9 EStG gehören auch Leistungen von nicht von der Körperschaftsteuer befreiten Versicherungsvereinen auf Gegenseitigkeit, von sonstigen juristischen Personen des privaten Rechts und von nichtrechtsfähigen Vereinen, Anstalten, Stiftungen und anderen Zweckvermögen des privaten Rechts. Diese Leistungen an die hinter diesen Körperschaften stehenden Personen werden, sofern sie mit einer Gewinnausschüttung i. S. von § 20 Abs. 1 Nr. 1 EStG vergleichbar sind, ebenfalls zu 40 % steuerfrei gestellt. Geltung hat das Teileinkünfteverfahren in den genannten Fällen nur dann, wenn die in § 3 Nr. 40 Satz 1 Buchst. d EStG genannten Vermögensmehrungen zum betrieblichen Bereich eines Personenunternehmens gehören (§ 3 Nr. 40 Satz 2 EStG). Für sonstige Bezüge i. S. von § 20 Abs. 1 Nr. 1 Satz 2 EStG und für Einnahmen nach § 20 Abs. 1 Nr. 9 Halbsatz 2 EStG kommt nach § 3 Nr. 40 Satz 1 Buchst. d Satz 2 EStG die Steuerbefreiung von 40 % nicht in Betracht, soweit sie das Einkommen der leistenden Körperschaft gemindert haben. Voraussetzung für die Anwendung des Teileinkünfteverfahrens ist somit, dass die Bezüge bzw. die Einnahmen bei der leistenden Körperschaft das Einkommen nicht gemindert haben. Daran fehlt es, wenn ein Körperschaftsteuerbescheid vorliegt, in dem die verdeckte Gewinnausschüttung nicht erfasst ist. Zum anderen gilt dies auch dann, solange keine erstmalige Festsetzung von Körperschaftsteuer für die Körperschaft vorliegt. Ist dagegen die verdeckte Gewinnausschüttung in einem Körperschaftsteuerbescheid einkommenserhöhend erfasst, gilt das Teileinkünfteverfahren. In diesem Fall ist nicht maßgebend, ob die Erhöhung des Einkommens der Körperschaft zu einer Körperschaftsteuerbelastung geführt hat, ob die entsprechende Körperschaftsteuer bezahlt oder eine Anfechtung des Körperschaftsteuerbescheids erfolgt ist. Die Regelung in § 3 Nr. 40 Satz 1 Buchst. d Satz 2 EStG wurde erweitert. Die Steuerbefreiung nach § 3 Nr. 40 Satz 1 Buchst. d Satz 1 EStG findet nunmehr nur dann

---

24 § 3 Nr. 40 Buchst. d Satz 2 EStG wurde geändert durch Gesetz vom 26.06.2013 (BGBl 2013 I S. 1809) mit Wirkung vom Veranlagungszeitraum 2014. Ebenfalls geändert durch Gesetz vom 26.06.2013 (BGBl 2013 I S. 1809) wurde, allerdings mit Wirkung vom Veranlagungszeitraum 2013, § 3 Nr. 40 Buchst. d Satz 3 EStG.

Anwendung, wenn die Bezüge i. S. des § 20 Abs. 1 Nr. 1 EStG und die Einnahmen i. S. des § 20 Abs. 1 Nr. 9 EStG das Einkommen der leistenden Körperschaft nicht gemindert haben. Erfasst von dieser Regelung werden nunmehr auch hybride Finanzierungen. Hierbei handelt es sich um die Hingabe von Kapital an ausländische Körperschaften, welches im Hinblick auf die Konditionen der Kapitalhingabe in dem einen Staat als Fremdkapital und in dem anderen Staat als Eigenkapital angesehen wird. Dementsprechend werden die Vergütungen für die Kapitalhingabe bei dem Empfänger in dem einen Staat als Betriebsausgaben und in dem anderen Staat als Dividenden angesehen. Vor dem Hintergrund der Erweiterung des § 3 Nr. 40 Satz 1 Buchst. d Satz 2 EStG findet in diesen Fällen das Teileinkünfteverfahren auch dann keine Anwendung, wenn die Vergütungen für die Kapitalhingabe im ausländischen Staat Betriebsausgaben darstellen. Die Erweiterung ist erstmals für den Veranlagungszeitraum 2014 anzuwenden. Bei vom Kalenderjahr abweichenden Wirtschaftsjahren gilt die Erweiterung erstmals für den Veranlagungszeitraum, in dem das Wirtschaftsjahr endet, das nach dem 31.12.2013 begonnen hat (§ 52 Abs. 4d EStG). § 3 Nr. 40 Satz 1 Buchst. d Satz 2 EStG findet keine Anwendung, soweit eine verdeckte Gewinnausschüttung das Einkommen einer dem Steuerpflichtigen nahestehenden Person erhöht hat und § 32a KStG auf die Veranlagung dieser nahestehenden Person keine Anwendung findet (§ 3 Nr. 40 Satz 1 Buchst. d Satz 3 EStG). Durch diese Vorschrift werden von dem Grundsatz, nach dem verdeckte Gewinnausschüttungen beim Gesellschafter der vollen Besteuerung unterliegen, soweit sie bei der leistenden Körperschaft das Einkommen gemindert haben, bestimmte Dreieckskonstellationen ausgenommen, in denen die verdeckte Gewinnausschüttung bei einer nahestehenden Person der Besteuerung unterlegen hat, die Veranlagung der nahestehenden Person trotz § 32a KStG aber nicht geändert werden kann.

- Bezüge i. S. des § 20 Abs. 1 Nr. 2 EStG (§ 3 Nr. 40 Satz 1 Buchst. e EStG);

Das Teileinkünfteverfahren gilt für Bezüge i. S. des § 20 Abs. 1 Nr. 2 EStG. Als Einkünfte aus Kapitalvermögen nach § 20 Abs. 1 Nr. 2 Satz 1 EStG gelten alle Bezüge, die nach der Auflösung einer Körperschaft oder Personenvereinigung dem Anteilseigner zufließen. Ausgenommen von der Steuerpflicht sind die Rückzahlung von Nennkapital sowie Bezüge, für die Beträge aus dem steuerlichen Einlagekonto nach § 27 KStG als verwendet gelten. Zu den steuerpflichtigen Einkünften aus Kapitalvermögen gehören auch die Bezüge nach § 28 Abs. 2 Satz 2 und Satz 4 KStG. Hierbei handelt es sich um die Rückzahlung von Nennkapital im Rahmen einer Kapitalherabsetzung oder nach Auflösung einer Körperschaft, soweit der Sonderausweis zu mindern ist. Dies gilt allerdings nur dann, wenn die in § 3 Nr. 40 Satz 1 Buchst. e EStG genannten Vermögensmehrungen zum betrieblichen Bereich eines Personenunternehmens gehören (§ 3 Nr. 40 Satz 2 EStG).

- Entgelte oder Vorteile i. S. des § 20 Abs. 3 EStG (§ 3 Nr. 40 Satz 1 Buchst. f EStG);

6.2 Steuerbefreiungen nach §§ 3, 3b EStG

Zu den Einnahmen aus Kapitalvermögen gehören nach § 20 Abs. 3 EStG auch besondere Entgelte oder Vorteile, die neben den nach § 20 Abs. 1 und Abs. 2 EStG bezeichneten Einnahmen oder an deren Stelle gewährt werden. Soweit diese Einnahmen neben oder anstelle von Einnahmen i. S. von § 20 Abs. 1 Nr. 1 EStG bzw. von Einnahmen i. S. von § 20 Abs. 2 Satz 1 Nr. 2 Buchst. a EStG gewährt werden, unterliegen sie dem Teileinkünfteverfahren. Dies gilt allerdings nur dann, wenn die in § 3 Nr. 40 Satz 1 Buchst. f EStG genannten Vermögensmehrungen zum betrieblichen Bereich eines Personenunternehmens gehören (§ 3 Nr. 40 Satz 2 EStG).

- Einnahmen aus der Veräußerung von Dividendenscheinen und sonstigen Ansprüchen i. S. des § 20 Abs. 2 Satz 1 Nr. 2 Buchst. a EStG (§ 3 Nr. 40 Satz 1 Buchst. g EStG);

Nach § 20 Abs. 2 Satz 1 Nr. 2 Buchst. a EStG führt die Veräußerung von Dividendenscheinen und sonstigen Ansprüchen durch den Inhaber des Stammrechts zu Einkünften aus Kapitalvermögen, wenn die dazugehörige Aktie oder sonstige Anteile nicht mitveräußert werden. Der Veräußerungserlös unterliegt dem Teileinkünfteverfahren. Besteuert werden nicht die erst später zufließenden Dividenden, sondern bereits die Einnahmen aus der Veräußerung des Dividendenscheins und sonstiger Ansprüche. Erfasst von der Regelung wird nur die Veräußerung zukünftiger Gewinnansprüche. Veräußert der Anteilseigner bereits entstandene Gewinnansprüche, sind diese nach § 20 Abs. 1 Nr. 1 EStG zu versteuern. Das Teileinkünfteverfahren gilt in den genannten Fällen nur dann, wenn die in § 3 Nr. 40 Satz 1 Buchst. g EStG genannten Vermögensmehrungen zum betrieblichen Bereich eines Personenunternehmens gehören (§ 3 Nr. 40 Satz 2 EStG).

- Einnahmen aus der Abtretung von Dividendenansprüchen oder sonstigen Ansprüchen i. S. des § 20 Abs. 2 Satz 1 Nr. 2 Buchst. a EStG i. V. m. § 20 Abs. 2 Satz 2 EStG (§ 3 Nr. 40 Satz 1 Buchst. h EStG)

Zu den Einkünften aus Kapitalvermögen gehören nach § 20 Abs. 2 Satz 2 EStG Einnahmen aus der Abtretung von Dividendenansprüchen, auch wenn sie im Unterschied zu § 20 Abs. 2 Satz 1 Nr. 2 Buchst. a EStG nicht in einem Wertpapier verbrieft sind. Dies gilt auch für die Abtretung sonstiger Ansprüche i. S. von § 20 Abs. 2 Satz 2 EStG i. V. m. § 20 Abs. 2 Satz 1 Nr. 2 Buchst. a EStG. Die Einnahmen unterliegen dem Teileinkünfteverfahren. Dies gilt in den genannten Fällen allerdings nur dann, wenn die in § 3 Nr. 40 Satz 1 Buchst. h EStG genannten Vermögensmehrungen zum betrieblichen Bereich eines Personenunternehmens gehören (§ 3 Nr. 40 Satz 2 EStG).

- und Bezüge i. S. des § 22 Nr. 1 Satz 2 EStG (§ 3 Nr. 40 Satz 1 Buchst. i EStG).

Der Empfänger hat nach § 22 Nr. 1 Satz 2 EStG Bezüge, die er von einer unbeschränkt steuerpflichtigen Körperschaft, Personenvereinigung oder Vermögensmasse außerhalb der Erfüllung steuerbegünstigter Zwecke erhält, als sonstige Einkünfte zu versteuern. Dies gilt insbesondere für Zuwendungen von Stiftungen an ihre Stifter oder deren nahe Angehörige sowie für Zuwendungen von Familienstiftungen an ihre Destinatäre. Soweit die Bezüge von einer nicht steuerbefreiten Körperschaft, Personenvereinigung oder Vermögensmasse stammen, unterliegen sie dem Teileinkünfteverfahren. Stammen sie jedoch von einer steuerbefreiten Körperschaft, Personenvereinigung oder Vermögensmasse, greift § 3 Nr. 40 Satz 1 Buchst. i EStG nicht ein. Die Zahlungen unterliegen in voller Höhe beim Empfänger der Besteuerung.

- **40 % der Vergütungen i. S. des § 18 Abs. 1 Nr. 4 EStG (§ 3 Nr. 40a EStG);**

Nach § 18 Abs. 1 Nr. 4 EStG gehören zu den Einkünften aus selbständiger Arbeit auch Einkünfte, die ein Beteiligter aus einer vermögensverwaltenden Gesellschaft oder Gemeinschaft erhält, deren Zweck im Erwerb, Halten oder in der Veräußerung von Anteilen an Kapitalgesellschaften besteht. Die Einkünfte müssen als Vergütungen für Leistungen zur Förderung des Gesellschafts- oder Gemeinschaftszwecks erzielt werden und der Anspruch auf die Vergütung unter der Voraussetzung eingeräumt worden sein, dass die Gesellschafter oder Gemeinschafter ihr eingezahltes Kapital vollständig zurückerhalten. Die entsprechenden Vergütungen unterliegen nur zu 60 % der Besteuerung.

- **Entlastung bei Hinzurechnungsbesteuerung (§ 3 Nr. 41 EStG);**

Insgesamt steuerfrei sind Gewinnausschüttungen, soweit für das Kalenderjahr oder Wirtschaftsjahr, in dem sie bezogen werden, oder für die vorangegangenen sieben Jahre aus einer Beteiligung an derselben ausländischen Gesellschaft Hinzurechnungsbeträge i. S. des § 10 Abs. 2 AStG der Einkommensteuer unterlegen haben, § 11 Abs. 1 und Abs. 2 AStG a. F. nicht anzuwenden war und der Steuerpflichtige dies nachweist (§ 3 Nr. 41 Buchst. a EStG). § 3c Abs. 2 EStG gilt insoweit entsprechend. Steuerfrei sind nach § 3 Nr. 41 Buchst. b EStG auch Gewinne aus der Veräußerung eines Anteils an einer ausländischen Kapitalgesellschaft sowie aus deren Auflösung oder Herabsetzung ihres Kapitals, soweit für das Kalenderjahr oder Wirtschaftsjahr, in dem sie bezogen werden, oder für die vorangegangenen sieben Kalenderjahre oder Wirtschaftsjahre aus einer Beteiligung an derselben ausländischen Gesellschaft Hinzurechnungsbeträge nach § 10 Abs. 2 AStG der Einkommensteuer unterlegen haben, § 11 Abs. 1 und Abs. 2 AStG a. F. nicht anzuwenden war, der Steuerpflichtige dies nachweist und der Hinzurechnungsbetrag ihm nicht als Gewinnanteil zugeflossen ist. Die Prüfung, ob Hinzurechnungsbeträge der Einkommensteuer unterlegen haben, erfolgt im Rahmen der gesonderten Feststellung nach § 18 AStG.

- **Zuwendungen nach dem Fulbright-Abkommen (§ 3 Nr. 42 EStG); Ehrensold für Künstler (§ 3 Nr. 43 EStG); Stipendien (§ 3 Nr. 44 EStG);**

6.2 Steuerbefreiungen nach §§ 3, 3b EStG

- **Nutzungsvorteile durch Datenverarbeitungs- und Telekommunikationsgeräte (§ 3 Nr. 45 EStG[25]);**

Die Privatnutzung betrieblicher Personalcomputer und Telekommunikationsgeräte durch den Arbeitnehmer ist unabhängig vom Verhältnis der beruflichen zur privaten Nutzung steuerfrei. Die Steuerfreiheit umfasst auch die Nutzung von Zubehör und Software. Sie ist nicht auf die private Nutzung im Betrieb beschränkt, sondern gilt beispielsweise auch für Mobiltelefone im Auto oder Personalcomputer in der Wohnung des Arbeitnehmers. Die Steuerfreiheit gilt nur für die Überlassung zur Nutzung durch den Arbeitgeber oder aufgrund des Dienstverhältnisses durch einen Dritten. In diesen Fällen sind auch die vom Arbeitgeber getragenen Verbindungsentgelte (Grundgebühr und sonstige laufende Kosten) steuerfrei. Für die Steuerfreiheit kommt es nicht darauf an, ob die Vorteile zusätzlich zum ohnehin geschuldeten Arbeitslohn oder aufgrund einer Vereinbarung mit dem Arbeitgeber über die Herabsetzung von Arbeitslohn erbracht werden.[26]

Betriebliche Geräte sind solche Geräte, die der Arbeitgeber dem Arbeitnehmer im Rahmen des Dienstverhältnisses überlässt. Hierzu gehören auch gemietete oder geleaste Geräte oder Geräte in der Wohnung des Arbeitnehmers. Der Arbeitgeber muss aber zumindest wirtschaftlicher Eigentümer des Geräts sein. Es darf nicht in das zivilrechtliche oder wirtschaftliche Eigentum des Arbeitnehmers übergehen. Unschädlich ist auch eine vorübergehende Überlassung zur ausschließlich privaten Nutzung. Zur privaten Nutzung überlassene System- und Anwendungsprogramme unterliegen allerdings nur dann der Steuerbefreiung, wenn der Arbeitgeber sie auch in seinem Betrieb einsetzt.

Die auf Arbeitnehmer beschränkte Steuerfreiheit für die Vorteile aus der privaten Nutzung von betrieblichen Personalcomputern und Telekommunikationsgeräten verletzt nicht den Gleichheitssatz.[27]

Unter § 3 Nr. 45 EStG fallen z. B.:

- Betriebliche Datenverarbeitungsgeräte und Telekommunikationsgeräte,

Begünstigt sind u. a. Personalcomputer, Laptop, Handy, Smartphone, Tablet, Autotelefon.

Regelmäßig nicht begünstigt sind Smart TV, Konsole, MP3-Player, Spielautomat, E-Book-Reader, Gebrauchsgegenstand mit eingebautem Mikrochip, Digitalkamera und digitaler Videocamcorder, weil es sich nicht um betriebliche Geräte des Arbeitgebers handelt. Nicht begünstigt ist auch ein vorinstalliertes Navigationsgerät im PKW.[28]

---

25 § 3 Nr. 45 EStG wurde neu gefasst durch Gesetz vom 08.05.2012 (BGBl 2012 I S. 1030). Anzuwenden ist die Regelung erstmals auf Vorteile, die in einem nach dem 31.12.1999 endenden Lohnzahlungszeitraum oder als sonstige Bezüge nach dem 31.12.1999 zugewendet werden.
26 R 3.45 LStR.
27 BFH vom 21.06.2006 XI R 50/05 (BStBl 2006 II S. 715).
28 BFH vom 16.02.2005 VI R 37/04 (BStBl 2005 II S. 563).

6 Steuerfreie Einnahmen

- System- und Anwendungsprogramme,

Begünstigt sind z. B. Betriebssystem, Browser, Virenscanner, Softwareprogramm (z. B. Home-Use-Programme, Volumenlizenzvereinbarung).

Regelmäßig nicht begünstigt sind mangels Einsatzes im Betrieb des Arbeitgebers z. B. Computerspiele.

- Zubehör

Begünstigt sind z. B. Monitor, Drucker, Beamer, Scanner, Modem, Netzwerkswitch, Router, Hub, Bridge, ISDN-Karte, SIM-Karte, UMTS-Karte, LTE-Karte, Ladegeräte und Transportbehältnisse.

- und Dienstleistungen.

Begünstigt ist insbesondere die Installation oder Inbetriebnahme der begünstigten Geräte und Programme i. S. des § 3 Nr. 45 EStG durch einen IT-Service des Arbeitgebers.

- **Leistungen nach dem Arbeitsplatzschutzgesetz (§ 3 Nr. 47 EStG); Leistungen nach dem Unterhaltssicherungsgesetz (§ 3 Nr. 48 EStG);**
- **durchlaufende Gelder und Auslagenersatz (§ 3 Nr. 50 EStG);**

Durchlaufende Gelder oder Auslagenersatz liegen vor, wenn der Arbeitnehmer die Ausgaben für Rechnung des Arbeitgebers macht, wobei es gleichgültig ist, ob das im Namen des Arbeitgebers oder im eigenen Namen geschieht, und über die Ausgaben im Einzelnen abgerechnet wird. Durchlaufende Posten und Auslagenersatz unterscheiden sich dadurch, dass einmal der Arbeitgeber und einmal der Arbeitnehmer in Vorleistung treten. Dabei sind die Ausgaben des Arbeitnehmers bei ihm so zu beurteilen, als hätte der Arbeitgeber sie selbst getätigt. Vor diesem Hintergrund ist die Steuerfreiheit der durchlaufenden Gelder oder des Auslagenersatzes stets ausgeschlossen, wenn die Ausgaben durch das Dienstverhältnis des Arbeitnehmers veranlasst sind. Ausgaben für den Arbeitgeber sind anzunehmen, wenn diese ausschließlich oder doch bei weitem überwiegend durch die Belange des Arbeitgebers bedingt und von diesem veranlasst und gebilligt sind.

Pauschaler Auslagenersatz führt regelmäßig zu Arbeitslohn. Ausnahmsweise kann pauschaler Auslagenersatz steuerfrei bleiben, wenn er regelmäßig wiederkehrt und der Arbeitnehmer die entstandenen Aufwendungen für einen repräsentativen Zeitraum von drei Monaten im Einzelnen nachweist. Dabei können bei Aufwendungen für Telekommunikation auch die Aufwendungen für das Nutzungsentgelt einer Telefonanlage sowie für den Grundpreis der Anschlüsse entsprechend dem beruflichen Anteil der Verbindungsentgelte an den gesamten Verbindungsentgelten (Telefon und Internet) steuerfrei ersetzt werden. Fallen erfahrungsgemäß beruflich veranlasste Telekommunikationsaufwendungen an, können aus Vereinfachungsgründen ohne Einzelnachweis bis zu 20 % des Rechnungsbetrags, höchstens 20 Euro monatlich, steuerfrei ersetzt werden. Zur weiteren Vereinfachung kann der monatliche Durchschnittsbetrag, der sich aus den Rechnungsbeträgen für einen repräsentativen Zeit-

6.2 Steuerbefreiungen nach §§ 3, 3b EStG

raum von drei Monaten ergibt, für den pauschalen Auslagenersatz fortgeführt werden. Der pauschale Auslagenersatz bleibt grundsätzlich so lange steuerfrei, bis sich die Verhältnisse wesentlich ändern. Eine wesentliche Änderung der Verhältnisse kann sich insbesondere im Zusammenhang mit einer Änderung der Berufstätigkeit ergeben.[29]

Nicht nach § 3 Nr. 50 EStG steuerfrei ist z. B. der Ersatz von Werbungskosten oder der Ersatz von Kosten der privaten Lebensführung des Arbeitnehmers. Steuerfrei ist z. B. der Ersatz von Gebühren für ein geschäftliches Telefongespräch, das der Arbeitnehmer für den Arbeitgeber außerhalb des Betriebs führt. Ersetzt der Arbeitgeber aufgrund einer tarifvertraglichen Verpflichtung dem als Orchestermusiker beschäftigten Arbeitnehmer die Kosten der Instandsetzung des dem Arbeitnehmer gehörenden Musikinstruments, so handelt es sich dabei um steuerfreien Auslagenersatz.[30] Gleiches gilt für die vom Arbeitgeber erstattete Garagenmiete, wenn der Arbeitnehmer den Dienstwagen in einer von ihm angemieteten Garage unterstellt.[31]

- **Trinkgelder (§ 3 Nr. 51 EStG);**

Trinkgelder, die anlässlich einer Arbeitsleistung dem Arbeitnehmer von Dritten freiwillig und ohne dass ein Rechtsanspruch auf sie besteht, zusätzlich zu dem Betrag gegeben werden, der für diese Arbeitsleistung zu zahlen ist, sind nach § 3 Nr. 51 EStG steuerfrei. Es muss sich um Trinkgelder an Arbeitnehmer handeln. § 3 Nr. 51 EStG hat konstitutive Wirkung. Ohne die gesetzliche Regelung wären Trinkgelder als Arbeitslohn anzusehen.[32] Eine betragsmäßige Begrenzung für die Steuerbefreiung von Trinkgeldern besteht nicht.

Bei den Trinkgeldern kann es sich um Geld- oder Sachzuwendungen handeln. Voraussetzung ist das Bestehen eines gast- oder kundenähnlichen Rechtsverhältnisses. Es muss ein Mindestmaß an persönlicher Beziehung zwischen dem Trinkgeldgeber und dem Trinkgeldnehmer bestehen. Das Trinkgeld muss anlässlich einer Arbeitsleistung gegeben werden. Die Zahlung durch Dritte muss sich also als Gegenleistung für eine konkrete Arbeitsleistung darstellen. Begünstigt sind nur Trinkgelder durch Dritte, wobei als Dritte nur Personen angesehen werden können, die weder Arbeitgeber noch Arbeitnehmer sind. Um Trinkgelder handelt es sich auch dann, wenn das Trinkgeld in eine gemeinsame Kasse eingebracht und dann aufgeteilt wird. Die Trinkgelder müssen freiwillig gezahlt werden. Ein Rechtsanspruch darf auf sie nicht bestehen. Weder der Arbeitgeber noch der Arbeitnehmer darf einen Rechtsanspruch gegen den Dritten haben. Ebenfalls darf kein Rechtsanspruch des Arbeitnehmers gegen den Arbeitgeber bestehen. Des Weiteren muss das Trinkgeld zusätzlich zu dem Betrag gegeben werden, den der Empfänger der Leistung für die Arbeitsleistung an den Arbeitgeber zahlen muss.

---

29 R 3.50 Abs. 2 LStR.
30 BFH vom 28.03.2006 VI R 24/03 (BStBl 2006 II S. 473).
31 BFH vom 07.06.2002 VI R 145/99 (BStBl 2002 II S. 829).
32 BFH vom 19.02.1999 VI R 43/95 (BStBl 1999 II S. 361).

Begünstigt sind z. B. auch Trinkgelder an das Verkaufspersonal oder an Postzusteller. Nicht begünstigt sind Sonderzahlungen an Arbeitnehmer eines konzernverbundenen Unternehmens.[33] Gleiches gilt für aus dem Spielbanktronc finanzierte Zahlungen an die Arbeitnehmer der Spielbank.[34]

- **Übertragung von Wertguthaben nach § 7f Abs. 1 Satz 1 Nr. 2 SGB IV (§ 3 Nr. 53 EStG); Zinsen aus Entschädigungsansprüchen für deutsche Auslandsbonds (§ 3 Nr. 54 EStG); Übertragung von Versorgungsanwartschaften und Versorgungsverpflichtungen bei Arbeitgeberwechsel (§ 3 Nr. 55 EStG); Versorgungsausgleich bei interner Teilung (§ 3 Nr. 55a EStG); Versorgungsausgleich bei externer Teilung (§ 3 Nr. 55b EStG); Übertragung von Altersvorsorgevermögen (§ 3 Nr. 55c EStG); Übertragung von Anrechten auf Basisrente (§ 3 Nr. 55d EStG); Anrechte bei einer zwischen- oder überstaatlichen Einrichtung (§ 3 Nr. 55e EStG); Zuwendungen an eine Pensionskasse (§ 3 Nr. 56 EStG); Zahlungen der Künstlersozialkasse (§ 3 Nr. 57 EStG); Leistungen nach dem Wohngeldgesetz (§ 3 Nr. 58 EStG); Wohnkostenentlastung für Mieter bei Arbeitsverhältnissen (§ 3 Nr. 59 EStG); Leistungen an Arbeitnehmer der Montanindustrie (§ 3 Nr. 60 EStG); Leistungen nach dem Entwicklungshelfer-Gesetz (§ 3 Nr. 61 EStG); Zukunftssicherungsleistungen (§ 3 Nr. 62 EStG); Arbeitgeberbeiträge zur zusätzlichen Altersversorgung (§ 3 Nr. 63 EStG); Auslandszuschläge und Kaufkraftausgleich (§ 3 Nr. 64 EStG); Leistungen zur Insolvenzsicherung von Versorgungsanwartschaften (§ 3 Nr. 65 EStG); Arbeitgeberleistungen an Pensionsfonds zur Übernahme von Versorgungsverpflichtungen (§ 3 Nr. 66 EStG); Erziehungs- und Elterngeld (§ 3 Nr. 67 EStG); Leistungen nach dem Anti-D-Hilfegesetz (§ 3 Nr. 68 EStG); Leistungen nach dem HIV-Hilfegesetz (§ 3 Nr. 69 EStG);**

- **Hälfte der Betriebsvermögensmehrungen oder Einnahmen aus der Veräußerung von Grund und Boden und Gebäude an eine REIT-AG oder eine Vor-REIT (§ 3 Nr. 70 EStG)**

§ 3 Nr. 70 EStG wurde durch das Gesetz zur Schaffung deutscher Immobilien-Aktiengesellschaften mit börsennotierten Anteilen geschaffen. Die Regelung gilt mit Wirkung vom 01.01.2007. § 3 Nr. 70 Satz 1 Buchst. a EStG stellt Betriebsvermögensmehrungen und Einnahmen aus der Veräußerung von Grund und Boden und Gebäuden mit einer Mindestzugehörigkeitsdauer am 01.01.2007 von fünf Jahren zum Anlagevermögen eines inländischen Betriebsvermögens zur Hälfte steuerfrei, sofern die Veräußerung an eine REIT-AG oder einen Vor-REIT erfolgt. Der schuldrechtliche Übertragungsvertrag muss zwischen dem 01.01.2007 und dem 31.12.2009 liegen. Gleiches gilt nach § 3 Nr. 70 Satz 1 Buchst. b EStG für die Hälfte der Betriebsvermögensmehrungen, die aufgrund der Eintragung eines Steuerpflichtigen in das Handelsregister als REIT-AG durch Anwendung von § 13 Abs. 1

---

33 H 3.51 „Freiwillige Sonderzahlungen" LStH.
34 H 3.51 „Spielbanktronc" LStH.

und Abs. 3 Satz 1 KStG auf Grund und Boden und Gebäude entstehen, wenn diese Wirtschaftsgüter vor dem 01.01.2005 angeschafft oder hergestellt wurden, und die Schlussbilanz i. S. von § 13 Abs. 1 und Abs. 3 KStG auf einen Zeitpunkt vor dem 01.01.2010 aufzustellen ist. Die Steuerbefreiungen nach § 3 Nr. 70 Satz 1 EStG bestehen in den in Satz 2 genannten Fällen nicht. Werden bestimmte Voraussetzungen im Anschluss an die Veräußerung der Immobilien nicht erfüllt, entfällt in den in § 3 Nr. 70 Satz 3 und 4 EStG genannten Fällen die Steuerbefreiung rückwirkend. Für die sich aus dem rückwirkenden Wegfall der Steuerbefreiung nach § 3 Nr. 70 Satz 3 und 4 EStG ergebenden Steuern haftet nach § 3 Nr. 70 Satz 5 EStG der Grundstückserwerber.

- **und Zuschläge für Sonntags-, Feiertags- oder Nachtarbeit (§ 3b EStG).**

6.3 Abzugsverbot nach § 3c EStG

6.3.1 Abzugsverbot nach § 3c Abs. 1 EStG

Soweit Ausgaben mit steuerfreien Einnahmen in unmittelbarem wirtschaftlichem Zusammenhang stehen, dürfen diese, wie in § 3c Abs. 1 EStG klargestellt ist, nicht als Betriebsausgaben oder Werbungskosten abgezogen werden. Die danach nichtabzugsfähigen Ausgaben verlieren dadurch jedoch keineswegs ihren Charakter als Betriebsausgaben oder Werbungskosten. Sonderausgaben oder außergewöhnliche Belastungen fallen nicht unter das Abzugsverbot des § 3c Abs. 1 EStG.

Stehen Ausgaben sowohl im Zusammenhang mit steuerfreien als auch mit nicht steuerfreien Einnahmen, hat für Zwecke des Abzugsverbots nach § 3c Abs. 1 EStG eine anteilige Berücksichtigung zu erfolgen.

§ 3c Abs. 1 EStG findet Anwendung auch auf nicht steuerbare Einkünfte.[35] Gleiches gilt auch für Zahlungen, die faktisch steuerfrei belassen werden.[36] Das Abzugsverbot nach § 3c Abs. 1 EStG gestattet nicht den Umkehrschluss, dass mit nicht zum Abzug als Werbungskosten oder Betriebsausgaben zugelassenen Aufwendungen zusammenhängende Einnahmen als Betriebseinnahmen steuerfrei sind.[37]

§ 3c Abs. 1 EStG verlangt, dass die Ausgaben in unmittelbarem wirtschaftlichem Zusammenhang mit den entsprechenden Einnahmen stehen. Die Einnahmen und Ausgaben müssen durch dasselbe Ereignis veranlasst sein.[38] Ein zeitlicher Zusammenhang zwischen den steuerfreien Einnahmen und den Betriebsausgaben bzw. Werbungskosten ist nicht erforderlich. Insbesondere ist das Abzugsverbot nicht

---
35 BFH, BStBl 1992 II S. 666.
36 BFH, BStBl 1989 II S. 351.
37 BFH, BStBl 1968 II S. 581.
38 BFH, BStBl 2005 II S. 581.

davon abhängig, dass die Zu- und Abflüsse im gleichen Veranlagungszeitraum anfallen.[39] Ein rechtlicher Zusammenhang reicht nicht aus.

§ 3c Abs. 1 findet somit auch Anwendung auf vorweggenommene bzw. nachträgliche Betriebsausgaben.

Ausgaben zur Erzielung steuerfreier Einnahmen sind auch dann vom Abzug ausgenommen, wenn sie die steuerfreien Einnahmen übersteigen.[40] Bei Ausgaben allerdings, die steuerfrei z. B. nach § 3 Nr. 16 EStG ersetzt werden, beschränkt sich das Abzugsverbot auf die Höhe der steuerfreien Ersatzleistung.[41]

§ 3c Abs. 1 EStG lässt die Regelung in § 3c Abs. 2 EStG unberührt.

6.3.2 Abzugsverbot nach § 3c Abs. 2 EStG

Nach der Vorschrift des § 3c Abs. 2 Satz 1 EStG, die der allgemeinen Regelung in § 3c Abs. 1 EStG vorgeht, dürfen Betriebsvermögensminderungen, Betriebsausgaben, Veräußerungskosten oder Werbungskosten, die mit den dem § 3 Nr. 40 EStG zugrunde liegenden Betriebsvermögensmehrungen oder Einnahmen oder mit Vergütungen nach § 3 Nr. 40a EStG in wirtschaftlichem Zusammenhang stehen, bei der Ermittlung der Einkünfte **nur zu 60 % abgezogen** werden. Dies gilt unabhängig davon, in welchem Veranlagungszeitraum die Betriebsvermögensmehrungen oder Einnahmen anfallen. Wenn bei der Ermittlung der Einkünfte der Wert des Betriebsvermögens oder des Anteils am Betriebsvermögen oder die Anschaffungs- oder Herstellungskosten oder der an deren Stelle tretende Wert mindernd zu berücksichtigen sind, so sind auch diese nur zu 60 % anzusetzen.

Voraussetzung ist ein wirtschaftlicher Zusammenhang der in § 3c Abs. 2 Satz 1 EStG genannten Aufwendungen mit den nach § 3 Nr. 40 EStG unter das Teileinkünfteverfahren fallenden Betriebsvermögensmehrungen bzw. Erträgen oder Einnahmen. Ausreichend ist ein mittelbarer wirtschaftlicher Zusammenhang. Ein zeitlicher Zusammenhang zwischen Einnahmen und Erträgen einerseits und Aufwendungen andererseits fordert § 3c Abs. 2 Satz 1 EStG nicht.[42] Keine Anwendung findet § 3c Abs. 2 Satz 1 EStG auf Werbungskosten-Pauschbeträge, Freibeträge – z. B. nach § 16 Abs. 4 oder nach § 17 Abs. 3 EStG – oder Freigrenzen.

Substanzverluste von im Betriebsvermögen gehaltenen **Gesellschafterdarlehen** aufgrund von Wertminderungen, wie sie durch Teilwertabschreibungen abgebildet werden, unterliegen, unabhängig von der Frage der Fremdüblichkeit der Darlehensüberlassung und einer etwaigen Veranlassung durch das Gesellschaftsverhältnis, mangels wirtschaftlichen Zusammenhangs mit nach § 3 Nr. 40 EStG teilweise steu-

---

39 BFH, BStBl 1983 II S. 566.
40 BFH vom 24.03.2011 VI R 11/10 (BStBl 2011 II S. 829).
41 BFH vom 24.03.2011 VI R 11/10 (BStBl 2011 II S. 829).
42 BFH vom 27.03.2007 VIII R 10/06 (BStBl 2007 II S. 866) und VIII R 23/06 (BFH/NV 2007 S. 1842).

6.3 Abzugsverbot nach § 3c EStG

erbefreiten Beteiligungserträgen nicht dem Abzugsverbot des § 3c Abs. 2 Satz 1 EStG.[43] In gleicher Weise unterfallen auch substanzbezogene Wertminderungen von Rückgriffsforderungen aus der Inanspruchnahme aus im Betriebsvermögen gehaltenen Bürgschaften eines Gesellschafters für seine Gesellschaft sowie eine Rückstellungsbildung für die drohende Inanspruchnahme aus solchen Bürgschaften nicht dem Abzugsverbot des § 3c Abs. 2 Satz 1 EStG.[44]

Dem Teilabzugsverbot des § 3c Abs. 2 EStG unterfallen grundsätzlich auch **Aufwendungen auf Wirtschaftsgüter,** die der an einer Kapitalgesellschaft beteiligte Gesellschafter dieser unentgeltlich oder zu einem geringen Entgelt zur Nutzung überlässt, sofern die Nutzungsentgeltvorteile ausschließlich gesellschaftsrechtlich veranlasst sind.[45] Keine Anwendung findet das Teilabzugsverbot, wenn die Nachlässe deshalb erfolgen, weil auf dem Markt keine höheren Entgelte erzielbar sind oder die künftigen Mieteinnahmen sichergestellt werden sollen. Gleiches gilt in den Fällen, in denen die Gesellschafter mit anderen Gläubigern die notleidende Kapitalgesellschaft sanieren, um sie als Geschäftspartner zu erhalten. Das Teilabzugsverbot findet jedoch keine Anwendung auf Aufwendungen, die vorrangig durch voll steuerpflichtige Einnahmen veranlasst und daher bei der Ermittlung der Einkünfte in voller Höhe als Werbungskosten bzw. Betriebsausgaben zu berücksichtigen sind. Das Teilabzugsverbot des § 3c Abs. 2 EStG gilt ebenfalls nicht für Wertminderungen und Aufwendungen auf Wirtschaftsgüter, die zum Betriebsvermögen des Gesellschafters einer Kapitalgesellschaft gehören und der Kapitalgesellschaft zur Nutzung überlassen werden.

§ 3c Abs. 2 Satz 2 EStG setzt einen wirtschaftlichen Zusammenhang mit nach § 3 Nr. 40 bzw. Nr. 40a EStG steuerfreien Einnahmen voraus. Dieser kann auch dann bestehen, wenn Einnahmen tatsächlich nicht erzielt werden. Dies stellt § 3c Abs. 2 Satz 2 EStG klar, wonach für die Anwendung von § 3c Abs. 2 Satz 1 EStG die Absicht zur Erzielung von Einnahmen i. S. von § 3 Nr. 40 EStG oder von Vergütungen i. S. von § 3 Nr. 40a EStG ausreicht. Die Regelung gilt mit Wirkung ab dem Veranlagungszeitraum 2011.

§ 3c Abs. 2 Satz 1 EStG gilt nach § 3c Abs. 2 Satz 3 EStG auch für Wertminderungen des Anteils an einer Organgesellschaft, die nicht auf Gewinnausschüttungen zurückzuführen sind. Derartige Wertminderungen sind nur zu 60 % berücksichtigungsfähig.

Nach § 3c Abs. 2 Satz 4 EStG gilt § 8b Abs. 10 KStG sinngemäß. Der Gesetzgeber will damit unerwünschte Gestaltungen bei der Wertpapierleihe unterbinden. Hierdurch wird in den Fällen, in denen der Entleiher der Einkommensteuer unterliegt, erreicht, dass der Abzug der Betriebsausgaben für die Kompensationszahlung zu

---

43 BFH vom 11.10.2012 IV R 45/10 (BFH/NV 2013 S. 518).
44 BFH vom 11.10.2012 IV R 45/10 (BFH/NV 2013 S. 518).
45 BFH vom 28.02.2013 IV R 49/11 (BFH/NV 2013 S. 1022).

40 % ausgeschlossen ist. Entsprechendes gilt auch in den Fällen, in denen der Entleiher keine Kompensationszahlungen leistet, sondern eine Einkunftsquelle überlässt. Das Halbabzugsverbot nach § 3c Abs. 2 EStG ist mit dem GG vereinbar.[46]

6.3.3 Abzugsverbot nach § 3c Abs. 3 EStG

Nach § 3c Abs. 3 EStG dürfen Betriebsvermögensminderungen, Betriebsausgaben oder Veräußerungskosten, die mit den Betriebsvermögensmehrungen oder Einnahmen i. S. des § 3 Nr. 70 EStG im wirtschaftlichen Zusammenhang stehen, unabhängig davon, in welchem Veranlagungszeitraum die Betriebsvermögensmehrungen oder Einnahmen anfallen, nur zur Hälfte abgezogen werden. § 3c Abs. 3 EStG betrifft die REIT-AG und die Vor-Reit.

---

[46] BFH vom 19.06.2007 VIII R 69/05 (BStBl 2008 II S. 551).

7 Gewinnermittlungsarten[1]

7.1 Allgemeines

Einkünfte aus Land- und Forstwirtschaft, aus Gewerbebetrieb und aus selbständiger Arbeit sind der Gewinn. Das Einkommensteuergesetz sieht folgende **Arten der Gewinnermittlung** vor:

a) Betriebsvermögensvergleich nach § 4 Abs. 1 EStG für Land- und Forstwirte und selbständig Tätige i. S. des § 18 EStG;

b) Betriebsvermögensvergleich nach § 5 EStG für Gewerbetreibende;

c) Überschuss der Betriebseinnahmen über die Betriebsausgaben nach § 4 Abs. 3 EStG für Land- und Forstwirte, Gewerbetreibende und selbständig Tätige i. S. des § 18 EStG;

d) Gewinnermittlung nach Durchschnittssätzen für Land- und Forstwirte, die nicht zur Buchführung oder Gewinnermittlung nach § 4 Abs. 3 EStG verpflichtet sind und im Übrigen die Voraussetzungen des § 13a Abs. 1 EStG erfüllen, gem. § 13a Abs. 3 bis 6 EStG;

e) Gewinnermittlung bei Handelsschiffen im internationalen Verkehr nach der im Betrieb geführten Tonnage nach § 5a EStG.

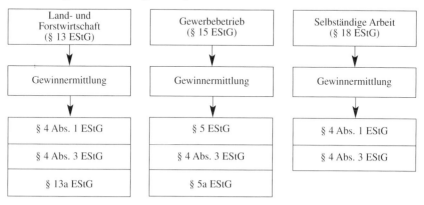

---

1 Dieser Abschnitt des Einkommensteuerbandes beschränkt sich auf die rechtliche Darstellung der Gewinnermittlungsvorschriften. Für das Studium der „Buchführung und Bilanz" wird auf Band 10 der Grünen Reihe verwiesen.

7 Gewinnermittlungsarten

Eine **Schätzung des Gewinns** nach § 162 AO ist keine zusätzliche Gewinnermittlungsart. Das Ergebnis der Schätzung kann nur ein Gewinn i. S. der §§ 4 oder 5 EStG sein, und zwar

- bei zur Buchführung verpflichteten oder freiwillig Bücher führenden Gewerbetreibenden ein Gewinn i. S. des § 5 EStG,

- in allen anderen Fällen ein Gewinn i. S. des § 4 Abs. 1 oder Abs. 3 EStG.

Die wichtigste Konsequenz aus der unterschiedlichen Ermittlung der Einkünfte bei den Gewinn- und den Überschusseinkünften (Dualismus der Einkünfteermittlung) ist, dass bei den Gewinneinkünften alle zum Betriebsvermögen gehörenden Wirtschaftsgüter steuerverstrickt sind. Die sich daraus ergebenden erheblichen Belastungsdifferenzen zwischen Gewinneinkünften einerseits und Überschusseinkünften andererseits sind mittlerweile allerdings – bedingt durch die Einführung der Abgeltungsteuer – teilweise aufgeweicht worden.

§ 4 EStG stellt für die Gewinnermittlung eine zentrale Norm dar. Die Vorschrift regelt mit den Begriffen Betrieb, Betriebsvermögen, Betriebseinnahmen, Betriebsausgaben, Entnahmen, Einlagen, Bilanzänderung, Bilanzberichtigung und Bilanzenzusammenhang die grundlegenden Begriffe und Grundsätze der Gewinnermittlung. Geltung haben die genannten Begriffe in gleicher Weise auch für die Gewinnermittlung nach § 5 EStG.

§ 5 EStG bestimmt insbesondere, welche Wirtschaftsgüter des Betriebsvermögens zu bilanzieren sind. Die entsprechenden Grundsätze gelten auch bei der Gewinnermittlung nach § 4 Abs. 1 EStG.

Insgesamt sind die Unterschiede zwischen dem Betriebsvermögensvergleich nach § 4 Abs. 1 EStG und dem Betriebsvermögensvergleich nach § 5 EStG gering. Sie beschränken sich im Hinblick auf die Maßgeblichkeit der Handelsbilanz für die Steuerbilanz auf wenige Besonderheiten.

Von zentraler Bedeutung sowohl für den Betriebsvermögensvergleich nach § 4 Abs. 1 EStG als auch für den Betriebsvermögensvergleich nach § 5 EStG ist die betriebliche Veranlassung. Geltung hat dies insbesondere für die Begriffe Betriebsvermögen, Betriebseinnahmen und Betriebsausgaben. Die betriebliche Veranlassung setzt voraus, dass das jeweils auslösende Moment dem betrieblichen Bereich zuzuordnen ist. Es muss ein tatsächlicher oder wirtschaftlicher Zusammenhang mit dem Betrieb bzw. einer betrieblichen Einkunftsart bestehen. Ein lediglich rechtlicher Zusammenhang genügt nicht. Ausgeschlossen wird die betriebliche Veranlassung weder durch ein Verschulden noch durch einen Gesetzesverstoß des Steuerpflichtigen. Eine strafbare Handlung kann den betrieblichen Zusammenhang jedoch unterbrechen. An einer betrieblichen Veranlassung fehlt es, sofern bei objektiver Betrachtung der sachliche Zusammenhang mit der betrieblichen Sphäre nicht mehr begründbar ist.

7.2 Betriebsvermögensvergleich nach § 4 Abs. 1 EStG

7.2.1 Steuerlicher Gewinnbegriff

§ 4 Abs. 1 EStG ist die Grundnorm der Gewinnermittlung. Ergänzt wird sie bei Gewerbetreibenden durch § 5 EStG. Gegenüber der Gewinnermittlung nach § 4 Abs. 3 EStG stellt der Betriebsvermögensvergleich nach § 4 Abs. 1 EStG die Regelgewinnermittlungsart dar. Auch bei § 4 Abs. 3 EStG handelt es sich um eine Vorschrift zur Ermittlung des Gewinns. Dabei führt die Gewinnermittlung nach § 4 Abs. 3 EStG über die Gesamtheit aller Jahre hinweg zum gleichen Totalgewinn wie die Gewinnermittlung durch Bestandsvergleich. Die unterschiedliche Technik der Gewinnermittlung hat lediglich eine zeitliche Verschiebung des Gewinns bzw. Verlusts zur Folge.

Nach § 4 Abs. 1 Satz 1 EStG ist **Gewinn** der Unterschiedsbetrag zwischen dem Betriebsvermögen am Schluss des Wirtschaftsjahres und dem Betriebsvermögen am Schluss des vorangegangenen Wirtschaftsjahres, vermehrt um den Wert der Entnahmen und vermindert um den Wert der Einlagen.

Der Gewinn ist danach in **zwei Stufen**[2] wie folgt zu ermitteln:

1. Ermittlung des Unterschiedsbetrags zwischen dem Betriebsvermögen am Schluss des Wirtschaftsjahres und dem Betriebsvermögen am Schluss des vorangegangenen Wirtschaftsjahres.

2. Hinzurechnung des Werts der Entnahmen im Laufe des Wirtschaftsjahres und Verminderung um den Wert der im Wirtschaftsjahr erfolgten Einlagen.

> **Beispiel:**
> Das Betriebsvermögen eines Gewerbebetriebs beträgt ausweislich der Bilanz zum 31.12.01 = 120.000 € und der Bilanz zum 31.12.02 = 190.000 €. Im Wirtschaftsjahr 01 haben sich keine Entnahmen oder Einlagen ergeben.
> Die Vermögensvermehrung von (190.000 € ./. 120.000 €) = 70.000 € ist der Gewinn des Jahres 02.

Unter Betriebsvermögen ist das eingesetzte Eigenkapital als Differenz zwischen der Summe aller aktiver und aller passiver Wirtschaftsgüter zu verstehen. Bei Betriebseröffnung oder Betriebserwerb tritt an die Stelle des Betriebsvermögens am Schluss des vorangegangenen Wirtschaftsjahres das Betriebsvermögen im Zeitpunkt der Eröffnung oder des Erwerbs des Betriebs (§ 6 Abs. 1 EStDV). Handelt es sich um eine Betriebsaufgabe oder eine Betriebsveräußerung, tritt an die Stelle des Betriebsvermögens am Schluss des Wirtschaftsjahres das Betriebsvermögen im Zeitpunkt der Aufgabe oder der Veräußerung des Betriebs (§ 6 Abs. 2 EStDV).

Die Gegenüberstellung zweier Betriebsvermögen, wie sie der vorgenannte Gewinnbegriff fordert, setzt voraus, dass das Betriebsvermögen zu Beginn der Tätigkeit und

---
[2] BFH, BStBl 1999 II S. 14.

7 Gewinnermittlungsarten

zum Schluss jeden Wirtschaftsjahres durch Bestandsaufnahme (Inventur) mengenmäßig festgestellt, bewertet und dargestellt wird. Diese Darstellung, also das Verzeichnis der einzelnen positiven und negativen Wirtschaftsgüter des Betriebs nach Art, Menge und Wert, nennt man **Inventar.**

Das Inventar ist die Grundlage der **Bilanz.** Darunter versteht man „einen das Verhältnis des Vermögens und der Schulden darstellenden Abschluss" oder kürzer: eine Vermögensübersicht (§ 4 Abs. 2 EStG). Die Bilanz bildet mit der Gewinn-und-Verlust-Rechnung den Jahresabschluss.

Das Ergebnis des Vergleichs zweier Betriebsvermögen, der Unterschiedsbetrag, der positiv oder negativ sein kann, ist im Allgemeinen noch nicht der Gewinn oder Verlust. Sind dem Betriebsvermögen aus dem Privatvermögen des Unternehmers Wirtschaftsgüter zugeführt worden (Einlagen) oder sind aus dem Betriebsvermögen Wirtschaftsgüter aus nicht betrieblichen Gründen abgezogen worden (Entnahmen), so darf die dadurch herbeigeführte Vermögensmehrung oder -minderung den Gewinn (Verlust) nicht beeinflussen, da sie nicht ein Ergebnis des Betriebs ist.

Haben Entnahmen und (oder) Einlagen stattgefunden, so muss der Unterschiedsbetrag für die richtige Feststellung des Gewinns (Verlusts) um die entsprechenden Beträge korrigiert werden.

Beispiel:
Das Betriebsvermögen eines Gewerbetreibenden beträgt ausweislich der Bilanz zum 31.12.01 = 120.000 € und der Bilanz zum 31.12.02 = 190.000 €. Im abgelaufenen Kalenderjahr 02 betrugen die Entnahmen = 40.000 €, die Einlagen 2.000 €.
Zur Feststellung des Gewinns des Jahres 02 müssen dem Unterschiedsbetrag zwischen dem Betriebsvermögen am Ende des Jahres 02 und am Ende des vorausgegangenen Jahres die Entnahmen zugerechnet, die Einlagen müssen von ihm abgerechnet werden.

Betriebsvermögen zum 31.12.02	190.000 €
Betriebsvermögen zum 31.12.01	120.000 €
Unterschied	+ 70.000 €
Entnahmen	+ 40.000 €
	+ 110.000 €
Einlagen	./. 2.000 €
Gewinn	+ 108.000 €

Das Einkommensteuergesetz sieht zwei verschiedene Arten des Betriebsvermögensvergleichs vor, und zwar
- den **Betriebsvermögensvergleich nach § 4 Abs. 1 EStG** und
- den **Betriebsvermögensvergleich nach § 5 EStG.**

Beide Arten des Betriebsvermögensvergleichs haben als Grundlage den Gewinnbegriff des § 4 Abs. 1 Satz 1 EStG.

Nach § 5 Abs. 1 Satz 1 EStG ist allerdings – im Gegensatz zu § 4 Abs. 1 EStG – für den Schluss des Wirtschaftsjahres das Betriebsvermögen anzusetzen, das nach den **handelsrechtlichen Grundsätzen ordnungsmäßiger Buchführung** auszuweisen

7.2 Betriebsvermögensvergleich nach § 4 Abs. 1 EStG

ist. Bei der Gewinnermittlung nach § 5 Abs. 1 EStG handelt es sich gegenüber der Gewinnermittlung nach § 4 Abs. 1 EStG um eine spezialgesetzliche Sonderregelung. Die Unterschiede sind allerdings gering. Zum einen sind die handelsrechtlichen Grundsätze ordnungsgemäßer Buchführung, wie sich aus § 4 Abs. 2 EStG ergibt, grundsätzlich auch im Rahmen der Gewinnermittlung nach § 4 Abs. 1 EStG zu beachten. Zum anderen gelten die Regelungen in § 5 Abs. 2 bis 5 EStG nach Auffassung der Rechtsprechung auch im Rahmen von § 4 Abs. 1 EStG.[3]

7.2.2 Betroffener Personenkreis

Nach § 5 EStG ist der Gewinn zu ermitteln von allen **Gewerbetreibenden,**

- die aufgrund gesetzlicher Vorschriften verpflichtet sind, Bücher zu führen und regelmäßige Abschlüsse zu machen,
- oder dies ohne eine solche Verpflichtung freiwillig tun.

Ob ein Steuerpflichtiger einkommensteuerlich als Gewerbetreibender anzusehen ist, ist nach § 15 EStG zu beurteilen.

Darüber hinaus sind gem. § 141 Abs. 1 AO alle sonstigen Gewerbetreibenden zur Führung von Büchern verpflichtet, die nach den Feststellungen des Finanzamts für den einzelnen Betrieb entweder

- Umsätze einschließlich der steuerfreien Umsätze – ausgenommen die Umsätze nach § 4 Nr. 8 bis 10 UStG – von mehr als 500.000 Euro oder
- einen Gewinn aus Gewerbebetrieb von mehr als 50.000 Euro

im Wirtschaftsjahr gehabt haben.

Werden für einen buchführungspflichtigen Gewerbebetrieb keine Bücher geführt oder ist die Buchführung nicht ordnungsmäßig, so ist der Gewinn nach § 5 EStG zu schätzen. Das gilt auch, wenn die freiwillige Buchführung nach § 5 EStG nicht ordnungsmäßig ist. Lediglich dann, wenn er nicht buchführungspflichtig ist, freiwillig keine Bücher führt und nicht festgestellt werden kann, dass er die Gewinnermittlung nach § 4 Abs. 3 EStG gewählt hat, ist der Gewinn nach § 4 Abs. 1 EStG zu schätzen. Ist für den Betrieb zulässigerweise die Gewinnermittlung nach § 4 Abs. 3 EStG gewählt worden, so ist auch eine Gewinnschätzung nach § 4 Abs. 3 EStG durchzuführen.[4]

Land- und Forstwirte (§ 13 EStG) sind nach § 141 Abs. 1 AO dann zur Buchführung und damit zur Gewinnermittlung nach § 4 Abs. 1 EStG verpflichtet, wenn sie nach den Feststellungen des Finanzamts für den einzelnen Betrieb entweder

- Umsätze einschließlich der steuerfreien Umsätze – ausgenommen die Umsätze nach § 4 Nr. 8 bis 10 UStG – von mehr als 500.000 Euro oder

---
3 BFH vom 08.11.1979 IV R 145/77 (BStBl 1980 II S. 146).
4 BFH, BStBl 1981 II S. 301, 1984 II S. 504.

- eine selbst bewirtschaftete land- und forstwirtschaftliche Fläche mit einem Wirtschaftswert von mehr als 25.000 Euro oder
- einen Gewinn aus Land- und Forstwirtschaft von mehr als 50.000 Euro im Kalenderjahr gehabt haben.

Land- und Forstwirte können auch nach § 140 AO i. V. m. §§ 238 ff. HGB zur Buchführung verpflichtet sein, wenn ihr Unternehmen (ausnahmsweise) gem. § 3 HGB im Handelsregister eingetragen ist.

Land- und Forstwirte, deren Gewinn an sich nach den Vorschriften des § 13a Abs. 3 bis 6 EStG nach Durchschnittssätzen zu ermitteln ist, haben ihren Gewinn für vier aufeinanderfolgende Wirtschaftsjahre nach § 4 Abs. 1 EStG oder durch Vergleich der Betriebseinnahmen mit den Betriebsausgaben zu ermitteln, wenn sie nach § 13a Abs. 2 EStG rechtzeitig den Antrag gestellt haben, den freiwillig nach § 4 Abs. 1 EStG bzw. durch Vergleich der Betriebseinnahmen mit den Betriebsausgaben ermittelten Gewinn der Besteuerung zugrunde zu legen.

Angehörige der freien Berufe und sonstige selbständig Tätige i. S. des § 18 EStG sind weder nach § 140 noch nach § 141 AO zur Buchführung verpflichtet. Der Gewinn dieses Personenkreises wird daher nur dann nach § 4 Abs. 1 EStG ermittelt, wenn freiwillig Bücher geführt und regelmäßige Abschlüsse gemacht werden.

Geltung hat § 4 Abs. 1 EStG auch für die Gewinne ausländischer Betriebsstätten, soweit diese für die inländische Besteuerung unbeschränkt einkommen- bzw. körperschaftsteuerpflichtiger Personen von Bedeutung sind.[5] Gleiches gilt auch für die Gewinne ausländischer Personengesellschaften, die über keine Betriebsstätte bzw. keinen ständigen Vertreter im Inland verfügen, soweit die Gewinnanteile für die inländische Besteuerung unbeschränkt steuerpflichtiger Gesellschafter relevant sind.[6]

Das Recht und die Pflicht zur Gewinnermittlung durch Vermögensvergleich enden mit der **Betriebsveräußerung oder Betriebsaufgabe**.

Zwar können nach diesem Zeitpunkt noch Betriebsausgaben und -einnahmen anfallen. Die darauf beruhenden Einkünfte sind jedoch in sinngemäßer Anwendung der Einnahmenüberschussrechnung gem. § 4 Abs. 3 EStG zu ermitteln.[7]

7.2.3 Abgrenzung zwischen Betriebsvermögen und Privatvermögen

7.2.3.1 Allgemeines

Ob ein Wirtschaftsgut zum Betriebsvermögen oder Privatvermögen gehört, hat zunächst für die **Abgrenzung zwischen den verschiedenen Einkunftsarten** Bedeutung.

---

5 BFH vom 16.02.1996 I R 43/95 (BStBl 1997 II S. 128).
6 BFH vom 13.09.1989 I R 117/87 (BStBl 1990 II S. 57).
7 BFH, BStBl 1978 II S. 430.

7.2 Betriebsvermögensvergleich nach § 4 Abs. 1 EStG

Beispiel:
Ein Fabrikant ist Eigentümer eines Mietwohngrundstücks. Wird es von seinen Arbeitnehmern bewohnt und gehört es deshalb zu seinem Betriebsvermögen, dann stellen die Mieteinnahmen Betriebseinnahmen und die Hausaufwendungen Betriebsausgaben dar. Gehört das Haus zu seinem Privatvermögen, so fallen Einnahmen und Ausgaben unter die Einkunftsart Vermietung und Verpachtung.

Einnahmen aus einem Wirtschaftsgut, das zum Betriebsvermögen gehört, sind grundsätzlich Betriebseinnahmen. Entsprechend gehören alle Aufwendungen, die mit dem betreffenden Wirtschaftsgut in wirtschaftlichem Zusammenhang stehen, zu den Betriebsausgaben. Nutzt ein Steuerpflichtiger ein Wirtschaftsgut des Betriebsvermögens zum Teil privat, so stellt die private Nutzung eine Entnahme dar.[8]

Beispiel:
A benutzt seinen zum Betriebsvermögen gehörenden PKW zu 25 % privat. Fahrten zwischen Wohnung und Betrieb werden mit diesem Wagen nicht unternommen. Sämtliche mit dem PKW zusammenhängenden Aufwendungen einschl. der Absetzung für Abnutzung sind zunächst Betriebsausgaben. Der Wert der privaten Nutzung stellt eine Privatentnahme dar. Dieser Wert wird mit Hilfe der sog. 1 %-Methode ermittelt oder durch die sog. Fahrtenbuchmethode, d. h. durch eine anteilige Aufteilung der gesamten Aufwendungen im Verhältnis der privaten zur betrieblichen Nutzung.[9]

Gehört ein Wirtschaftsgut zum Privatvermögen und nutzt es der Steuerpflichtige teilweise auch betrieblich, so ist der der betrieblichen Nutzung entsprechende Teil der Gesamtaufwendungen Betriebsausgabe.[10]

Beispiel:
Ein praktischer Arzt hat sich eine zum Privatvermögen gehörende Waschmaschine angeschafft, die er zu $^1/_3$ für das Waschen seiner Praxiswäsche, im Übrigen aber privat nutzt. Die Aufwendungen für die Waschmaschine, z. B. für Reparaturen, sowie die Absetzung für Abnutzung stellen zu $^1/_3$ Betriebsausgaben dar.

Die Frage der Zugehörigkeit von Wirtschaftsgütern zum Betriebsvermögen oder Privatvermögen ist einkommensteuerlich aber auch deshalb von Bedeutung, weil **nur die Wirtschaftsgüter des Betriebsvermögens in den Bestandsvergleich** (Vergleich des Vermögens am Bilanzstichtag mit dem Vermögen am vorhergehenden Bilanzstichtag) **einbezogen werden.** Die Zugehörigkeit zum Betriebsvermögen wirkt sich bei der Veräußerung eines Wirtschaftsguts oder bei dessen Wertänderungen aus. Die Steuerverstrickung ist somit notwendige Konsequenz der Qualifizierung eines Wirtschaftsguts als Betriebsvermögen.

Beispiel:
A veräußert sein Mietwohngrundstück. Ein dabei erzielter Gewinn oder Verlust wird einkommensteuerlich grundsätzlich nur dann berücksichtigt, wenn das Grundstück zum Betriebsvermögen gehört. Stellt es hingegen Privatvermögen dar, bleibt ein

---
[8] BFH, BStBl 1961 III S. 183.
[9] BFH, BStBl 1953 III S. 337 und 1955 III S. 205.
[10] BFH, BStBl 1988 II S. 348.

Gewinn oder Verlust einkommensteuerlich außer Ansatz, sofern es sich nicht ausnahmsweise um ein privates Veräußerungsgeschäft i. S. von § 23 EStG handelt.

7.2.3.2 Wirtschaftsgüter als Gegenstände des Betriebsvermögens

Das Betriebsvermögen stellt dar die Summe aller im Eigentum des Unternehmers stehenden Wirtschaftsgüter, die in einem tatsächlichen oder wirtschaftlichen Förderungszusammenhang zum Betrieb stehen. Die Voraussetzungen sind für jeden Veranlagungszeitraum neu zu prüfen. Maßgebend sind die jeweiligen Verhältnisse am Bilanzstichtag.

Das Betriebsvermögen besteht aus den Wirtschaftsgütern des Betriebs. Es gibt aktive und passive Wirtschaftsgüter. Der Wert des Betriebsvermögens wird durch das Eigenkapital ausgedrückt. Es kann, je nachdem, ob die Summe der positiven oder negativen Wirtschaftsgüter überwiegt, positiv oder negativ sein.

Die Zugehörigkeit zum Betriebsvermögen ist **für jedes einzelne Wirtschaftsgut eigenständig** zu prüfen. Ein Wirtschaftsgut kann grundsätzlich nur einheitlich zum Betriebsvermögen oder zum Privatvermögen gehören. Eine Ausnahme besteht allerdings für Grundstücke.

Zum Betriebsvermögen gehören alle Wirtschaftsgüter, die aus **betrieblicher Veranlassung angeschafft, hergestellt oder eingelegt** werden. Die betriebliche Veranlassung ist zu bejahen, wenn ein objektiver wirtschaftlicher und tatsächlicher Zusammenhang mit dem Betrieb besteht.[11] Die Eigenschaft als Betriebsvermögen ist unabhängig von einem Abzugsverbot für betrieblich veranlasste Aufwendungen gem. § 4 Abs. 5 EStG.[12] Ein Wirtschaftsgut scheidet aus dem Betriebsvermögen aus, indem der persönliche oder der sachliche Betriebszusammenhang gelöst wird.

Die **konkrete Bilanzierbarkeit** ist kein Merkmal dafür, ob ein Vermögensgegenstand als bilanzierungsfähiges (abstrakt bilanzierbares) Wirtschaftsgut anzusehen ist oder nicht.[13] Von der Frage, ob ein bestimmtes Wirtschaftsgut vorhanden ist und zum Betriebsvermögen gehört, muss daher die andere Frage unterschieden werden, ob für dieses Wirtschaftsgut in der Bilanz ein Wert anzusetzen ist.

Beispiel:

A nutzt in seinem Unternehmen ein selbst geschaffenes Patent. Das Patent darf nach § 5 Abs. 2 EStG nicht bilanziert werden. Wenn das Patent veräußert wird, ist das Entgelt eine Betriebseinnahme, weil es zum Betriebsvermögen gehörte. Würde das Patent nicht zum Betriebsvermögen gehören, könnte der Erlös aus der Veräußerung nicht als Betriebseinnahme erfasst werden.[14] Aus demselben Grund ist das Patent auch als entnahmefähiges Wirtschaftsgut anzusehen und daher als entnommen zu behandeln, wenn A es z. B. seinem Sohn B schenkt.

---

11 BFH vom 13.09.2000 X R 140/97 (BFH/NV 2001 S. 431).
12 BFH, BStBl 1993 II S. 367.
13 BFH, BStBl 1979 II S. 298.
14 BFH, BStBl 1974 II S. 767.

7.2 Betriebsvermögensvergleich nach § 4 Abs. 1 EStG

Der **Begriff des Wirtschaftsguts** ist im Einkommensteuergesetz nicht definiert. Er ist nach wirtschaftlichen Grundsätzen zu bestimmen und weit zu fassen.[15] Der Begriff des Wirtschaftsguts ist für alle Einkunftsarten gleich, wie sich aus der gleichmäßigen Verwendung des Begriffs in §§ 4 ff. sowie §§ 7 ff. und § 23 Abs. 1 bis 3 EStG ergibt.[16]

Unter den Begriff des Wirtschaftsguts fallen Sachen (z. B. Grundstücke, Maschinen, Waren), Rechte und Verpflichtungen (z. B. Forderungen, Schulden, Mietverträge, Brennrechte), tatsächliche Zustände sowie konkrete Möglichkeiten und Vorteile für den Betrieb (z. B. Firmenwert, ungeschützte Erfindungen, Know-how), deren Erlangung der Kaufmann sich etwas kosten lässt und die nach der Verkehrsauffassung einer besonderen Bewertung zugänglich sind.[17] Ein Wirtschaftsgut ist jedes nach der Verkehrsanschauung im Wirtschaftsleben selbständig bewertbare Gut, das in seiner Einzelheit von Bedeutung und bei einer Veräußerung greifbar ist.[18] Für die Entscheidung ist darüber hinaus von besonderer Bedeutung, inwieweit die Aufwendungen dem Kaufmann einen über mehrere Wirtschaftsjahre sich erstreckenden greifbaren Nutzen bringen und ob ein Käufer des Betriebs den durch die Aufwendungen geschaffenen Vorteil bei der Bemessung des Kaufpreises berücksichtigen würde. Den Gegensatz zu selbständigen Wirtschaftsgütern bilden unselbständige Teile (z. B. Kiesvorkommen als Teil eines Grundstücks), wertbildende Faktoren, Rechtsreflexe oder Nutzungsvorteile eines Wirtschaftsguts.

Voraussetzung für ein Wirtschaftsgut ist,

- **dass sich der Kaufmann dessen Erlangung etwas kosten lässt**

Es ist nicht erforderlich, dass der Steuerpflichtige tatsächlich etwas aufgewendet hat. Auch unentgeltlich erlangte Güter können Wirtschaftsgüter sein. Nach der Rechtsprechung des BFH muss es sich aber um ein Gut handeln, für das üblicherweise etwas aufgewendet wird, das sich als einmaliger, vom laufenden klar abgrenzbarer Aufwand darstellt.[19]

- **dass die Gegenstände nach der Verkehrsauffassung einer selbständigen Bewertung zugänglich sind**

Ob es sich um ein selbständig bewertbares Gut handelt, entscheidet sich nicht nach bürgerlichem Recht, sondern nach wirtschaftlicher Betrachtung, wie sie in handelsrechtlichen Bilanzierungsgrundsätzen bzw. in der Verkehrsauffassung zum Ausdruck kommt (BFH, BStBl 1984 II S. 554). Die selbständige Bewertbarkeit setzt voraus, dass das Gut sowohl in seiner Einzelheit von Bedeutung als auch bei einer Veräußerung greifbar, nicht aber dass es selbständig nutzbar ist (BFH, BStBl 1975 II S. 511, 1974 II S. 337, 1979 II S. 298). Aus der Tatsache, dass ein Wirtschaftsgut

---

15 BFH, BStBl 1984 II S. 554.
16 BFH, BStBl 1974 II S. 132.
17 BFH, BStBl 1969 II S. 291.
18 BFH, BStBl 1974 II S. 337, 1975 II S. 511.
19 BFH, BStBl 1970 II S. 178, 1975 II S. 56, 1976 II S. 382.

7 Gewinnermittlungsarten

nicht selbständig nutzbar ist, kann noch nicht abgeleitet werden, dass es auch an der selbständigen Bewertbarkeit fehlt (BFH, BStBl 1996 II S. 166).

Greifbar bei der Veräußerung ist ein Gut, für das ein Erwerber des ganzen Unternehmens im Rahmen des Gesamtkaufpreises ein besonderes Entgelt ansetzen würde (BFH, BStBl 1975 II S. 809, 1976 II S. 202).

Als in seiner Einzelheit von Bedeutung ist ein Gut anzusehen, das realisierbar und individualisierbar ist, wobei das Merkmal der Realisierbarkeit auf das handelsrechtliche Realisationsprinzip zurückgreift. Für die Individualisierbarkeit kommt es nicht auf die zivilrechtliche Selbständigkeit und auf die Einzelveräußerbarkeit, wohl aber auf die Verkehrsanschauung und den Nutzungs- und Funktionszusammenhang an.

- dass **die Gegenstände übertragbar sind**

  Kein Merkmal des Wirtschaftsgutsbegriffs ist die Einzelveräußerbarkeit. Es genügt die Übertragbarkeit mit dem Betrieb.[20] So sind das Recht auf die Firma, der Geschäftswert, das Warenzeichenrecht sowie Belieferungsrechte, die nur mit dem Unternehmen übertragbar sind, Wirtschaftsgüter.[21] Dabei ist unter Übertragbarkeit nicht notwendig auch die zivilrechtliche Übertragbarkeit zu verstehen; es genügt eine Übertragbarkeit im wirtschaftlichen Sinne, z. B. durch Überlassung zur Ausübung oder durch Übertragung dem Werte nach.[22]

- dass **die Gegenstände i. d. R. eine Nutzung über mehrere Wirtschaftsjahre ermöglichen**

  Es muss sich also um einen Vorteil handeln, der sich nicht im Jahr der Entstehung verflüchtigt.[23]

Keine Wirtschaftsgüter sind z. B. das Eigenkapital, Wertberichtigungen, die eigene Arbeitskraft des Unternehmers, Posten der Rechnungsabgrenzung und Damnen.

Der in § 4 Abs. 1 EStG verwendete Begriff des Wirtschaftsguts **entspricht dem handelsrechtlichen Begriff des Vermögensgegenstandes.**[24] Es bleibt jedoch zu beachten, dass von diesem Grundsatz abgewichen werden kann und muss, wenn und soweit steuerrechtliche Gewinnermittlungsgrundsätze eine andere Behandlung erzwingen.

Unterschieden wird zwischen beweglichen und unbeweglichen, abnutzbaren und nicht abnutzbaren und materiellen (körperlichen) und immateriellen Wirtschaftsgütern. Des Weiteren wird auch unterschieden zwischen Wirtschaftsgütern des Anlage- und des Umlaufvermögens.

---

20 BFH, BStBl 1984 II S. 825, 1982 II S. 695.
21 BFH, BStBl 1976 II S. 13.
22 BFH, BStBl 1984 II S. 825.
23 BFH, BStBl 1975 II S. 56, 1977 II S. 380.
24 BFH, BStBl 1988 II S. 348, 1992 II S. 977, sowie Groh, DB 1988 S. 514, und Westerfelhaus, DB 1995 S. 885; anderer Ansicht ist Costede, StuW 1995 S. 115.

7.2 Betriebsvermögensvergleich nach § 4 Abs. 1 EStG

- Zu den **unbeweglichen Wirtschaftsgütern** gehören insbesondere der Grund und Boden, Gebäude, Gebäudeteile, die selbständige Wirtschaftsgüter sind, Eigentumswohnungen und im Teileigentum stehende Räume. Betriebsvorrichtungen und Scheinbestandteile sind bewegliche Wirtschaftsgüter. Immaterielle Wirtschaftsgüter sind weder bewegliche noch unbewegliche Wirtschaftsgüter.

- Bei **abnutzbaren Wirtschaftsgütern** beschränkt sich dessen Nutzbarkeit aufgrund des Wertverzehrs auf einen begrenzten Zeitraum. Die Unterscheidung betrifft nur das Anlagevermögen. Wirtschaftsgüter des Umlaufvermögens werden nicht abgenutzt, sondern verbraucht. Abnutzbare Wirtschaftsgüter sind z. B. Gebäude, selbständige Gebäudeteile, Maschinen und die Betriebs- und Geschäftsausstattung. Nicht abnutzbare Wirtschaftsgüter sind antiquarische Gegenstände, die nicht unmittelbar betrieblich genutzt werden und keiner nennenswerten technischen Abnutzung unterliegen, wie z. B. Gemälde anerkannter Meister. Auch immaterielle Anlagegüter sind abnutzbar, wenn ihre Nutzbarkeit für den Betrieb zeitlich begrenzt ist. Beispiele sind der Geschäfts- und der Praxiswert.

- **Immaterielle Wirtschaftsgüter** sind nur solche Werte, die nicht zu den materiellen (körperlichen) Wirtschaftsgütern gehören. Zu ihnen zählen insbesondere bestimmte absolute Rechte, wie Patente, Gebrauchsmuster- und Warenzeichenrechte, Urheber- und Verlagsrechte, ferner auch bestimmte relative Rechte wie Lizenzen und ähnliche Nutzungsrechte, Belieferungsverträge und Wettbewerbsabsprachen. Schließlich gehören auch dazu Werte ohne Rechtscharakter wie Geheimverfahren, Know-how, Firmenwert und andere tatsächliche Zustände, Möglichkeiten und Vorteile für den Betrieb, deren Erwerb der Kaufmann sich etwas kosten lässt und die nach der Verkehrsauffassung einer besonderen Bewertung zugänglich sind. Vom Geschäfts- oder Firmenwert sind die immateriellen Einzelwirtschaftsgüter zu unterscheiden.[25] Geschäftswertbildende Faktoren wie eine eingespielte Gruppe erfahrener Fachleute, der Standort, die Organisation oder der gute Ruf und der Kundenstamm eines Unternehmens entziehen sich als Elemente des Geschäftswerts der selbständigen Bewertung und sind deshalb keine immateriellen Einzelwirtschaftsgüter.[26] Materielle Wirtschaftsgüter sind Sachen i. S. des § 90 BGB und Tiere i. S. des § 90a BGB.

- Beim **Anlagevermögen** sind diejenigen Wirtschaftsgüter auszuweisen, die dazu bestimmt sind, dauernd dem Betrieb zu dienen. Das **Umlaufvermögen** besteht aus den Wirtschaftsgütern, die zur Be- oder Verarbeitung sowie zum Umsatz bestimmt sind.

---

25 BFH, BStBl 1998 II S. 775.
26 BFH, BStBl 1982 II S. 189, 1986 II S. 176.

7 Gewinnermittlungsarten

7.2.3.3 Beziehung der Wirtschaftsgüter zum Betriebsinhaber

Ob ein Wirtschaftsgut zum Betriebsvermögen oder Privatvermögen gehört, ist eine Frage, die stets nur im Hinblick auf das Vermögen eines bestimmten Steuerpflichtigen zu beantworten ist. Bevor man also untersucht, ob ein Wirtschaftsgut nach seinen besonderen Beziehungen zum betrieblichen oder privaten Bereich zum Betriebsvermögen oder Privatvermögen gehört, muss man klären, ob das Wirtschaftsgut überhaupt dem betreffenden Steuerpflichtigen steuerlich zuzurechnen ist.

Beispiel:

A hat für seinen Betrieb eine Datenverarbeitungsanlage gemietet. Bevor man prüft, ob die Anlage zum Betriebsvermögen gehört, muss untersucht werden, ob die Anlage überhaupt dem A steuerlich persönlich zuzurechnen ist. Verneint man die persönliche Zurechnung, dann kann das Wirtschaftsgut weder zum Betriebsvermögen noch zum Privatvermögen des A gerechnet werden.

Wirtschaftsgüter sind steuerlich **dem Eigentümer zuzurechnen** (§ 39 Abs. 1 AO). Eigentümer i. S. von § 39 Abs. 1 AO ist zunächst der **zivilrechtliche Eigentümer.** Da Eigentum zivilrechtlich jedoch nur an Sachen (= körperlichen Gegenständen, § 90 BGB) bestehen kann, kann unter „Eigentümer" bei Rechten nur die zivilrechtliche Rechtsinhaberschaft verstanden werden. Schließlich zählen zu den immateriellen Wirtschaftsgütern auch tatsächliche Zustände, die keine Rechte sind. Eigentümer i. S. von § 39 Abs. 1 AO kann hinsichtlich dieser immateriellen Wirtschaftsgüter nur derjenige sein, der über sie eine solche tatsächliche Herrschaft ausübt, dass er im Regelfall auf die Dauer ihrer gewöhnlichen Nutzung andere von der Einwirkung auf sie wirtschaftlich ausschließen kann. Hinsichtlich der Wirtschaftsgüter, die weder Sachen noch Rechte sind, deckt sich der Begriff „Eigentümer" i. S. von § 39 Abs. 1 AO somit im sachlichen Inhalt mit dem Begriff des **wirtschaftlichen Eigentums** i. S. von § 39 Abs. 2 AO.

Nach § 39 Abs. 2 Nr. 1 AO ist ein Wirtschaftsgut einem anderen als dem zivilrechtlichen Eigentümer steuerlich zuzurechnen, wenn er **die tatsächliche Herrschaft** über ein Wirtschaftsgut in der Weise ausübt, dass er den Eigentümer im Regelfall für die Dauer der tatsächlichen Nutzung von der Einwirkung auf das Wirtschaftsgut ausschließen kann.

Fälle dieser Art sind z. B. bei der Veräußerung von Wirtschaftsgütern anzutreffen. Geht in diesen Fällen am Ende eines Wirtschaftsjahres das wirtschaftliche Eigentum vor dem bürgerlich-rechtlichen Eigentum über, kann das Wirtschaftsgut bereits im abgelaufenen Wirtschaftsjahr dem Erwerber zuzurechnen sein, obwohl das zivilrechtliche Eigentum erst im neuen Wirtschaftsjahr übergeht.[27]

---

[27] BFH, BStBl 1973 II S. 209, 1988 II S. 832.

7.2 Betriebsvermögensvergleich nach § 4 Abs. 1 EStG

Beispiel:
Mit notariellem Kaufvertrag vom 01.12. dieses Jahres verpflichtet sich A, das Eigentum an einem Grundstück auf B gegen Zahlung eines bestimmten Kaufpreises zu übertragen. Gleichzeitig einigen sich die Parteien über den Eigentumsübergang, und A bewilligt und B beantragt die Umschreibung des Grundbuchs. Nach dem Vertrag soll ferner der Besitz an dem Grundstück am 10.12. dieses Jahres auf B übergehen. Der Kaufpreis ist zur Hälfte am 10.12. dieses Jahres und zur anderen Hälfte eine Woche nach Eintragung des B im Grundbuch fällig. B wird am 01.02. des nächsten Jahres als Eigentümer im Grundbuch eingetragen.

Obwohl B erst im nächsten Jahr, und zwar mit der Eintragung im Grundbuch, zivilrechtlicher Eigentümer wird, ist ihm bereits in diesem Jahr das Grundstück als wirtschaftlichem Eigentümer zuzurechnen. Denn A hat alles, wozu er verpflichtet war, getan, um B das zivilrechtliche Eigentum zu verschaffen.

Das wirtschaftliche Eigentum an einem Grundstück geht auch i. d. R. bei einem wegen Formmangels nichtigen Grundstückskaufvertrag auf den Erwerber über, wenn der Veräußerer bis auf die zivilrechtliche Eigentumsübertragung seine Leistungen voll erbracht hat, der Erwerber die Leistungen abgenommen hat und die ihm obliegenden Leistungen erbracht, insbesondere den Kaufpreis gezahlt hat und nach den Umständen nicht damit zu rechnen ist, dass sich einer der Vertragspartner später auf die Nichtigkeit des Vertrags berufen wird.[28]

Der Pächter oder Nießbraucher eines Grundstücks ist regelmäßig nicht bereits wirtschaftlicher Eigentümer. Werden aber Grundstücke im Wege der vorweggenommenen Erbfolge übertragen und nutzt der Übertragende aufgrund eines unentgeltlichen, auf Lebenszeit vorbehaltenen Nießbrauchs das übereignete Grundstück im gleichen Maße, gegen Entzug gleich gesichert und auf die gleiche Weise wie zuvor, so ist der Nießbraucher wirtschaftlicher Eigentümer des nießbrauchbelasteten Grundstücks.[29]

Einige Fälle des wirtschaftlichen Eigentums hat § 39 Abs. 2 Nr. 1 AO ausdrücklich aufgeführt. Danach sind bei **Treuhandverhältnissen** die Wirtschaftsgüter dem Treugeber, bei **Sicherungseigentum** dem Sicherungsgeber und beim **Eigenbesitz** dem Eigenbesitzer (der das Wirtschaftsgut, wie ihm gehörig, besitzt) zuzurechnen.

Beispiel:
Ein Fabrikant hat Forderungen gegen seine Abnehmer an seine Bank zur Sicherung eines Kredits abgetreten. Inhaber der Forderungen und damit bürgerlich-rechtlich Berechtigter ist die Bank geworden. Da aber die Bank über die Forderungen nur im Sicherungsfall verfügen darf und im Übrigen den Forderungsbetrag bei Bezahlung dem Fabrikanten gutschreiben muss, ist dieser als wirtschaftlicher Eigentümer anzusehen. Ihm sind die Forderungen steuerlich nach wie vor zuzurechnen.

Wirtschaftsgüter, die mehreren Personen bürgerlich-rechtlich anteilig zur gesamten Hand gehören, sind einem einzelnen Berechtigten steuerlich zuzurechnen, soweit eine getrennte Zurechnung für die Besteuerung erforderlich ist (§ 39

---
28 BFH, BStBl 1974 II S. 202.
29 BFH, BStBl 1977 II S. 629, 1978 II S. 303.

7 Gewinnermittlungsarten

Abs. 2 Nr. 2 AO). Etwas anderes gilt nur, wenn der Mitberechtigte als wirtschaftlicher Eigentümer des ganzen Wirtschaftsguts angesehen werden könnte.

Beispiel:
A betreibt seinen Baustoffgroßhandel auf einem Grundstück, das ihm und seiner Schwester in ungeteilter Erbengemeinschaft zu je 50 % zur gesamten Hand gehört. Die Schwester ist an dem Unternehmen nicht beteiligt. Das Grundstück kann nur mit der Hälfte dem A als Betriebsvermögen zugerechnet werden.

Bei Mitunternehmer-Ehegatten zählen alle in ihrem Eigentum stehenden betrieblichen Wirtschaftsgüter zum Betriebsvermögen. Unter bestimmten Voraussetzungen kann der Unternehmer-Ehegatte den zivilrechtlich dem anderen Ehegatten zustehenden Teil in seinem Betriebsvermögen erfassen. Zum einen ist dies dann der Fall, wenn er die tatsächliche Sachherrschaft über den dem anderen **Ehegatten** zustehenden Teil ausübt und er diesen auf Dauer von der Einwirkung auf das Wirtschaftsgut ausschließen kann. Gleiches gilt, wenn ihm der betriebsfremde Ehegatte gestattet, aus betrieblichen Gründen auf dem gemeinschaftlichen Grundstück auf eigene Kosten ein Betriebsgebäude zu errichten und dies ohne zeitliche Begrenzung unentgeltlich zu nutzen. In diesen Fällen kann der Unternehmer-Ehegatte die gesamten Herstellungskosten, auch soweit das Gebäude in das Eigentum des betriebsfremden Ehegatten fällt, gesondert wie Herstellungskosten eines eigenen materiellen Wirtschaftsguts geltend machen und auf die Dauer der tatsächlichen und rechtlichen Nutzungsdauer absetzen.[30]

7.2.3.4 Die verschiedenen Vermögensarten

7.2.3.4.1 Allgemeines

Man unterscheidet gemeinhin zwischen

– notwendigem Betriebsvermögen,

– notwendigem Privatvermögen und

– gewillkürtem Betriebsvermögen.

Wirtschaftsgüter gehören grundsätzlich entweder **ganz zum Betriebsvermögen oder ganz zum Privatvermögen.**

7.2.3.4.2 Anlage- und Umlaufvermögen

Die in verschiedenen gesetzlichen Vorschriften getroffene Unterscheidung zwischen Anlagevermögen und Umlaufvermögen gilt nur für Betriebsvermögen. Anlagevermögen kann sowohl notwendiges wie gewillkürtes Betriebsvermögen sein. Gleiches gilt für Umlaufvermögen.

---

30 BFH vom 30.01.1995 GrS 4/92 (BStBl 1995 II S. 281).

7.2 Betriebsvermögensvergleich nach § 4 Abs. 1 EStG

Zum **Anlagevermögen** gehören alle Wirtschaftsgüter, die dem Betrieb dauernd zu dienen bestimmt sind (§ 247 Abs. 2 HGB), z. B. Fabrikgebäude, Maschinen und maschinelle Anlagen, Betriebs- und Geschäftsausstattungen, Patente, Verlagsrechte, Beteiligungen usw. Dies gilt auch für Wirtschaftsgüter, die im Betrieb einem Verbrauch ihrer Substanz unterliegen.[31] Wirtschaftsgüter, die zum Zweck der dauerhaften Einbindung in einen bereits bestehenden Geschäftsbetrieb erworben werden, sind auch dann im Anlagevermögen auszuweisen, wenn die gesamte organisatorische Einheit – Betrieb einschließlich erworbener Wirtschaftsgüter – kurze Zeit später mit der Absicht der Weiterführung veräußert wird.[32]

Zum **Umlaufvermögen** gehören die Wirtschaftsgüter, die nicht dazu bestimmt sind, dauernd dem Geschäftsbetrieb zu dienen, die – positiv ausgedrückt – in einem einmaligen Akt veräußert oder verbraucht werden sollen.[33] Das sind insbesondere Wirtschaftsgüter, deren Zweck im Verbrauch oder der Weiterveräußerung liegt – z. B. Roh-, Hilfs- und Betriebsstoffe, Halbfertigwaren und Fertigerzeugnisse, Waren, Forderungen aufgrund von Warenlieferungen, Bankguthaben, Kassenbestand.[34]

Die **Abgrenzung des Anlagevermögens vom Umlaufvermögen** ist nicht immer einfach, weil für die Abgrenzung die vom Steuerpflichtigen getroffene Zweckbestimmung maßgebend ist. Es kommt darauf an, welchem Zweck das Unternehmen das Wirtschaftsgut widmet, wobei der Unternehmer die fertigen Erzeugnisse oder Waren, die er dem Vorratsvermögen zuordnen will, zur sofortigen Lieferung auf eintreffende Bestellungen hin bereithalten muss.[35] So gehört z. B. der Kraftfahrzeugpark eines Fuhrunternehmers zu seinem Anlagevermögen, während die auf Vorrat zum Verkauf bereitgehaltenen Kraftfahrzeuge eines Kraftfahrzeughändlers zu seinem Umlaufvermögen gehören. Vorführwagen, die nach relativ kurzer Zeit veräußert zu werden pflegen, hat der BFH[36] zum Anlagevermögen gerechnet. Er hat dabei dem zeitlichen Gesichtspunkt keine Bedeutung beigemessen, sondern allein darauf abgestellt, dass die Vorführwagen dazu bestimmt sind, das Verkaufsprogramm vorzustellen.

Gehört ein Wirtschaftsgut zum Anlagevermögen, so reicht allein der Entschluss des Unternehmers, es zu verbrauchen oder zu veräußern, i. d. R. nicht aus, um es dem Umlaufvermögen zuzuordnen. Dies gilt vor allem, wenn es trotz des Entschlusses weiter wie bisher genutzt wird. Zu dem Entschluss müssen noch Maßnahmen treten, die die anderweitige Widmung eindeutig erkennen lassen.[37] Im Allgemeinen wird ein Wirtschaftsgut aus dem Anlage- in das Umlaufvermögen dadurch überführt, dass es dem bisherigen Wirkungskreis entzogen wird, um es, wenn es verkauft wer-

---

31 BFH, BStBl 1977 II S. 825.
32 BFH, BStBl 2005 II S. 58.
33 BFH, BStBl 1988 II S. 502.
34 BFH, BStBl 1977 II S. 825.
35 BFH, BStBl 1977 II S. 825.
36 BStBl 1982 II S. 344.
37 BFH, BStBl 1959 III S. 423.

den soll, zum Verkauf herzurichten oder einem Händler zu übergeben.[38] Die Parzellierung des zum Anlagevermögen gehörenden Grund und Bodens führt nicht dazu, dass der Grund und Boden Umlaufvermögen wird, wenn der Grund und Boden bis zur Veräußerung wie bisher genutzt wird (R 6.1 Satz 8 EStR). Gleiches gilt für die in Veräußerungsabsicht vorgenommene Aufteilung eines bebauten Grundstücks in Eigentumswohnungen, sofern bis zur Veräußerung die bisherige Nutzung nicht geändert wird.[39] Wird dagegen ein Grundstück des Anlagevermögens in Veräußerungsabsicht parzelliert und wirkt der Steuerpflichtige an der Aufbereitung zum Bauland aktiv mit oder nimmt er darauf Einfluss, wechselt das Grundstück auch bei zunächst unveränderter Nutzung zum Umlaufvermögen.[40]

Die Abgrenzung des Anlagevermögens vom Umlaufvermögen ist von erheblicher steuerlicher Bedeutung, insbesondere für die Bewertung der Wirtschaftsgüter nach der Vorschrift des § 6 EStG und für die Inanspruchnahme bestimmter Steuervergünstigungen, z. B. nach §§ 6b, 6c EStG.

7.2.3.4.3 Notwendiges Betriebsvermögen

Wirtschaftsgüter des notwendigen Betriebsvermögens gehören auch dann zum Betriebsvermögen, wenn der Steuerpflichtige sie nicht durch Ausweis in der Buchführung und Bilanz in das Betriebsvermögen aufgenommen hat.[41] Der Ansatz eines Wirtschaftsguts als notwendiges Betriebsvermögen ist steuerrechtlich auch nicht deshalb ausgeschlossen, weil sein Einsatz gegen ein gesetzliches Verbot verstößt.[42]

Die **Bilanz ist zu berichtigen,** wenn ein Wirtschaftsgut des notwendigen Betriebsvermögens zu Unrecht als Privatvermögen behandelt worden ist. Insoweit handelt es sich nicht um eine Einlage. Vielmehr ist das Wirtschaftsgut mit dem Wert in die Bilanz aufzunehmen, mit dem es bei von Anfang an richtiger Bilanzierung auszuweisen gewesen wäre. Bisher unterlassene AfA kann somit nicht nachgeholt werden, wenn ein Wirtschaftsgut des notwendigen Betriebsvermögens im Wege der Fehlerberichtigung erstmals als Betriebsvermögen ausgewiesen wird.[43]

Notwendiges Betriebsvermögen ist **Betriebsvermögen kraft seiner betrieblichen Funktion.** Für die Zugehörigkeit eines Wirtschaftsguts zum notwendigen Betriebsvermögen kommt es auf einen Zuordnungswillen des Steuerpflichtigen nicht an. Ein Wirtschaftsgut wird mit der Übernahme dieser Funktion Betriebsvermögen und bleibt es, solange es diese Funktion innehat.[44] Notwendiges Betriebsvermögen sind

---

38 BFH, BStBl 1972 II S. 528.
39 BFH, BStBl 1975 II S. 352.
40 BFH, BStBl 2002 II S. 289.
41 BFH, BStBl 1974 II S. 734, 1978 II S. 191.
42 BFH vom 09.02.2006 VII B 52/05 (BFH/NV 2006 S. 1155).
43 BFH, BStBl 2002 II S. 75.
44 BFH, BStBl 1991 II S. 829.

7.2 Betriebsvermögensvergleich nach § 4 Abs. 1 EStG

kraft ihrer Funktion Wirtschaftsgüter, die dem Betrieb in dem Sinne dienen, dass sie objektiv erkennbar zum unmittelbaren Einsatz im Betrieb selbst bestimmt sind.[45]

Vor diesem Hintergrund gehören zum notwendigen Betriebsvermögen zunächst alle Wirtschaftsgüter, die ihrer Art (Natur) nach eine so enge Bindung zum Betrieb haben, dass diese nicht oder nur ausnahmsweise gelöst werden kann. Zum notwendigen Betriebsvermögen gehören aber auch Wirtschaftsgüter, die dem Betrieb objektiv in einer solchen Weise unmittelbar dienen oder zu dienen bestimmt sind, dass man die darauf beruhende Beziehung des Wirtschaftsguts zum Betrieb nur lösen kann, wenn man die wirtschaftliche Funktion (Zweckbestimmung) des Wirtschaftsguts entscheidend verändert.

Wirtschaftsgüter, die unmittelbar für betriebliche Zwecke tatsächlich genutzt werden, rechnen demnach ebenso zum notwendigen Betriebsvermögen wie diejenigen betrieblich noch nicht genutzten Wirtschaftsgüter, die objektiv erkennbar zum unmittelbaren Einsatz für einen betrieblichen Zweck bestimmt sind.

Wirtschaftsgüter dienen unmittelbar betrieblichen Zwecken, wenn sie

- einem betrieblichen Hauptzweck (z. B. Herstellung, Vertrieb, Handel, Tätigkeit der Katalogberufe des § 18 Abs. 1 EStG, Erzeugung und Absatz land- und forstwirtschaftlicher Erzeugnisse),
- einem betrieblichen Nebenzweck (Erzeugung und Vertrieb von Neben- oder Abfallprodukten) oder
- einem betrieblichen Hilfszweck (z. B. Ausbildung, Fortbildung, soziale Betreuung der Arbeitnehmer)

dienen.

Die Bestimmung des Wirtschaftsguts zum unmittelbaren betrieblichen Einsatz muss objektiv erkennbar sein. Die Beschaffenheit des Wirtschaftsguts kann objektiv für und gegen einen unmittelbaren betrieblichen Einsatz sprechen.[46]

Beispiele:

a) Der Unternehmer A hat für den Bau seines Betriebsgebäudes ein Darlehen aufgenommen. Die Darlehensschuld ist ihrer Art nach notwendiges Betriebsvermögen, da die Darlehensvaluta zur Herstellung eines betrieblichen Gegenstands gedient hat.[47] Sie ist mit dem Betrieb so eng verbunden, dass sie nicht von ihm gelöst werden kann.[48]

Ebenso würde es zu beurteilen sein, wenn A für den unmittelbaren Zweck seines Betriebs ein Wirtschaftsgut angeschafft und zu diesem Zwecke eine Schuld aufgenommen hätte. Der Vorgang könnte nicht in eine private Anschaffung einschl. der Schuldaufnahme einerseits und in eine Einlage des angeschafften Wirtschaftsguts andererseits zerlegt werden.

b) Der Kaufmann B hat gegen C eine Forderung aus Warenlieferung von 20.000 €. Als C zahlungsunfähig geworden ist, schreibt er sie zulasten des Gewinns auf 1 € ab.

---

45 BFH, BStBl 1976 II S. 179 und 617, 1977 II S. 315, 1978 II S. 53, 1980 II S. 40 und 633, 1982 II S. 250.
46 BFH, BStBl 1976 II S. 179, 1978 II S. 330, 1980 II S. 439, 1985 II S. 517.
47 BFH, BStBl 1968 II S. 177.
48 BFH, BStBl 1966 III S. 542.

7 Gewinnermittlungsarten

Für den Fall, dass sich die wirtschaftlichen Verhältnisse des C zu bessern beginnen, will B die Forderung entnehmen, um sie später privat einzuziehen. Das ist jedoch nicht möglich. Die Warenforderung ist ihrer Art nach notwendiges Betriebsvermögen, deren Beziehung zum Betrieb des B nicht nur unter diesen Umständen, sondern grundsätzlich nicht gelöst werden kann.

c) Der Kaufmann X will aus seinem Betrieb einen Warenposten, der seit der Anschaffung im Wert stark gestiegen ist, entnehmen, um ihn demnächst privat zu verkaufen. Das ist nicht zulässig. Ware gehört ihrer Art nach zum notwendigen Betriebsvermögen und kann grundsätzlich nicht zum Zwecke eines privaten Verkaufs entnommen werden. Jedoch ist es möglich, einzelne Waren zum eigenen privaten Gebrauch oder Verbrauch zu entnehmen.

d) A betreibt eine Bäckerei und Konditorei sowie ein Café. Er verpachtet das Cafégrundstück, das von den übrigen Betriebsgrundstücken getrennt liegt, nebst Inventar an B, der die vorhandene Ware käuflich übernimmt. B verpflichtet sich gegenüber A, alle Back- und Konditorwaren für das Café von A zu beziehen. Wegen dieser Verpflichtung dient das Cafégrundstück auch nach der Verpachtung dem Betrieb des A in einer solchen Weise, dass es notwendiges Betriebsvermögen bleibt.

Nur wenn diese Verpflichtung aufgehoben würde und B seine Ware anderswo bezöge, wäre die wirtschaftliche Funktion des Grundstücks so verändert, dass A das Grundstück ins Privatvermögen überführen könnte.[49]

Einen vergleichbaren Fall betrifft die Entscheidung des BFH vom 13.09.2000.[50] Hat der Verpächter einer Gaststätte, der als gewerblicher Unternehmer die Aufstellung von Spielautomaten betreibt, auf der Grundlage von Verträgen mit den Pächtern in den Governmenträumen jeweils durchschnittlich 4 bis 5 Automaten aufgestellt, können die als Gaststätten genutzten Grundstücksteile notwendiges Betriebsvermögen des Gewerbebetriebs Automatenaufstellung sein, wenn die Pachtverträge aus der Sicht des Unternehmers nicht durch die – geringe – Höhe der Pachtzinsen, sondern ausweislich der automatenbezogenen Sonderregelungen durch das wirtschaftliche Interesse am Erfolg der Automaten geprägt sind.

In den vorerwähnten Beispielen handelt es sich um Wirtschaftsgüter, die ihrer Art nach eine solche Beziehung zum Betrieb haben, dass sie nicht oder nur ausnahmsweise von ihm gelöst werden können. Das gilt i. d. R. für alle **Forderungen;** sie können in dieser Hinsicht nicht losgelöst von ihrem Entstehungsgrund betrachtet werden. Beruht ihre Entstehung auf einem Vorgang, der notwendig in den betrieblichen Bereich fällt, z. B. der Anspruch auf Erstattung überbezahlter Umsatzsteuer, so gehört auch die Forderung selbst und die Abwicklung notwendig in diesen Bereich. Eine Darlehensforderung zählt zum notwendigen Betriebsvermögen, wenn die Gewährung des Darlehens auf einem Vorgang beruht, der in den betrieblichen Bereich fällt.[51] Ähnliches gilt auch für **Schulden.** So ist eine Darlehensverbindlichkeit, die dadurch entsteht, dass ein Gewerbetreibender Kreditmittel zur Erhöhung seines bilanzmäßig ausgewiesenen Geldbestandes aufnimmt, ihrem Charakter nach notwendiges Betriebsvermögen, weil ihre Entstehung ein betrieblicher Vorgang

---
49 BFH, BStBl 1967 III S. 724.
50 BFH vom 13.09.2000 X R 140/97 (BFH/NV 2001 S. 431).
51 BFH, BStBl 1974 II S. 734, 1978 II S. 53, 1980 II S. 571.

7.2 Betriebsvermögensvergleich nach § 4 Abs. 1 EStG

ist.[52] Die betriebliche Veranlassung ist nach der Entscheidung des Großen Senats des BFH,[53] unabhängig von der Gewinnermittlungsart, Voraussetzung für die Anerkennung als betriebliche Darlehensschuld und für den Abzug der Schuldzinsen als Betriebsausgaben im Rahmen von § 4 Abs. 4a EStG. Notwendiges Betriebsvermögen nach ihrem Entstehungsgrund ist auch die Warenschuld; sie kann nicht entnommen werden. Schulden, die mit Wirtschaftsgütern des Betriebsvermögens im Zusammenhang stehen, können aber entnommen werden, wenn die betreffenden Wirtschaftsgüter ins Privatvermögen überführt werden können und auch tatsächlich überführt werden.[54]

Der Zusammenhang von Betriebsschulden mit dem betrieblichen Bereich wird gelöst, soweit ein Steuerpflichtiger bei Veräußerung oder Aufgabe seines Betriebs nicht sämtliche vorhandenen aktiven Werte zur Berichtigung der Betriebsschulden einsetzt.[55] Soweit ein Schuldenausgleich durch Verwertung aktiver Wirtschaftsgüter unterblieben ist, sind die verbliebenen Verbindlichkeiten nicht (mehr) durch die frühere betriebliche Tätigkeit veranlasst und daher Privatvermögen.[56] Dies gilt allerdings nicht, wenn der Veräußerungserlös z. B. dazu verwendet wird, anderes Betriebsvermögen zu erwerben. Die Schuld ist nunmehr Betriebsschuld im Rahmen des neuen Betriebsvermögens.[57]

Zum notwendigen Betriebsvermögen kann auch die Darlehensforderung eines Rechtsanwalts gehören, wenn die Gewährung des Darlehens auf einem in den betrieblichen Bereich fallenden Vorgang beruht. Dies kommt z. B. in Betracht, wenn das Darlehen gewährt wurde, um eine Honorarforderung zu retten. Im Übrigen stellt die Hingabe von Darlehen im Regelfall eine dem Rechtsanwalt berufsfremde Tätigkeit dar.[58]

Der Begriff des Betriebsvermögens lässt sich auch unter dem **Gesichtspunkt des Veranlassungsprinzips** sehen.[59] Danach rechnen zum Betriebsvermögen alle Wirtschaftsgüter, die betrieblich veranlasst angeschafft, hergestellt oder in den Betrieb eingelegt werden. Eine betriebliche Veranlassung liegt vor, wenn ein objektiver wirtschaftlicher oder tatsächlicher Zusammenhang mit dem Betrieb besteht. Dieser betriebliche Zusammenhang wird unabhängig von der tatsächlichen oder beabsichtigten Nutzung dadurch hergestellt, dass der Anschaffungsvorgang als solcher betrieblich veranlasst ist. Ein solcher Zusammenhang besteht bei allen Vermögenszuflüssen, die auf einem betrieblichen Vorgang beruhen, sodass ein Vermögensgegenstand, den ein Unternehmer als Entgelt für eine betriebliche Leistung statt

---

52 BFH, BStBl 1973 II S. 136.
53 Vom 04.07.1990 GrS 2-3/88 (BStBl 1990 II S. 817).
54 BFH, BStBl 1966 III S. 542.
55 BFH, BStBl 1985 II S. 323.
56 BFH, BStBl 1981 II S. 463; vgl. auch BFH, BStBl 1981 II S. 460, 1982 II S. 321.
57 BFH, BStBl 1991 II S. 14.
58 BFH vom 20.07.2007 XI B 25/07 (BFH/NV 2007 S. 1888).
59 BFH, BStBl 1988 II S. 424.

7 Gewinnermittlungsarten

Geld erhält, auch dann Betriebsvermögen wird, wenn eine betriebliche Verwendung weder vorgesehen noch möglich ist. Daher wird ein Grundstück, das ein Unternehmer in der Zwangsversteigerung zur Rettung des durch ein Grundpfandrecht gesicherten Werts einer betrieblichen Forderung erwirbt, unabhängig von dessen weiterer Verwendung notwendiges Betriebsvermögen, wenn der Unternehmer dazu wirtschaftlich gezwungen war.

Vor dem Hintergrund des Veranlassungsprinzips gibt es Wirtschaftsgüter, bei denen eine **tatsächliche Vermutung** dafür spricht, dass sie aus betrieblichem Anlass erworben wurden und damit zum notwendigen Betriebsvermögen gehören. Dies gilt z. B. für die Beteiligung eines Landwirts an einer landwirtschaftlichen Verwertungs- und Absatzgenossenschaft[60] – nicht aber auch für den Anteil an einer Weidegenossenschaft, der nur notwendiges Betriebsvermögen ist, wenn der Landwirt die Mitgliedsrechte tatsächlich für seinen Betrieb in Anspruch nimmt[61]. Auch Beteiligungen an einer Kapitalgesellschaft gehören zum notwendigen Betriebsvermögen, wenn sie dem Betrieb unmittelbar dienen. Diese Voraussetzung liegt vor, wenn die Beteiligung dazu bestimmt ist, die gewerbliche Betätigung des Steuerpflichtigen entscheidend zu fördern, oder wenn sie dazu dienen soll, den Absatz von Produkten des Steuerpflichtigen zu gewährleisten.[62] Eine umgekehrte Vermutung greift dann Platz, wenn erkennbar ist, dass das Wirtschaftsgut für den Betrieb nur Verlust bringt. In diesem Fall kann es an der objektiven Eignung fehlen, den Betrieb zu fördern.[63]

7.2.3.4.4 Gewillkürtes Betriebsvermögen

Wirtschaftsgüter, die weder notwendiges Betriebsvermögen noch notwendiges Privatvermögen darstellen, können als gewillkürtes Betriebsvermögen zu behandeln sein. **Voraussetzung für eine Behandlung als gewillkürtes Betriebsvermögen** ist nach der ständigen Rechtsprechung des BFH[64], dass ein Wirtschaftsgut

- objektiv geeignet ist, den Betrieb zu fördern, und
- vom Betriebsinhaber auch erkennbar dazu bestimmt ist.

Bei den Wirtschaftsgütern des notwendigen Betriebsvermögens oder des notwendigen Privatvermögens bestimmt sich die Zuordnung zum einen oder zum anderen Vermögensbereich primär nach objektiven, vom Willen des Steuerpflichtigen unabhängigen Merkmalen. Dagegen kommt es bei den Wirtschaftsgütern des gewillkürten Betriebsvermögens entscheidend auf den nach außen erkennbaren Willen des Steuerpflichtigen an, ob er das Wirtschaftsgut als Betriebsvermögen oder Privatvermögen behandeln will. Bekundet wird dieser Wille durch die **buchmäßige Behandlung**, indem der Steuerpflichtige das Wirtschaftsgut dem Betriebsvermögen dadurch

---

60 BFH, BStBl 1980 II S. 439.
61 BFH, BStBl 1982 II S. 250.
62 BFH vom 02.04.2002 X B 167/01 (BFH/NV 2002 S. 916).
63 BFH, BStBl 1980 II S. 571.
64 BStBl 1997 II S. 351.

7.2 Betriebsvermögensvergleich nach § 4 Abs. 1 EStG

zuführt, dass er es buchführungsmäßig einlegt. Ein freies Wahlrecht bezüglich der Bildung von gewillkürtem Betriebsvermögen besteht nicht.

Nicht nur Gewerbetreibende, sondern auch Land- und Forstwirte und selbständig Tätige können gewillkürtes Betriebsvermögen bilden.[65]

Der BFH hat die Aufnahme von Wirtschaftsgütern in das gewillkürte Betriebsvermögen zunächst davon abhängig gemacht, dass der Steuerpflichtige den Gewinn durch Bestandsvergleich ermittelt.[66] Mit Urteil vom 02.10.2003[67] hat er seine Rechtsauffassung geändert. Nach nunmehriger Auffassung des BFH steht die Gewinnermittlung durch Einnahmenüberschussrechnung der Bildung gewillkürten Betriebsvermögens nicht entgegen. Die Zuordnung eines gemischt genutzten Wirtschaftsguts zum gewillkürten Betriebsvermögen scheidet allerdings aus, wenn das Wirtschaftsgut nur in geringfügigem Umfang betrieblich genutzt wird und daher zum notwendigen Privatvermögen gehört. Als geringfügig ist ein betrieblicher Anteil von weniger als 10 % der gesamten Nutzung anzusehen. Bei der Einnahmenüberschussrechnung ist die Zuordnung eines Wirtschaftsguts zum gewillkürten Betriebsvermögen in unmissverständlicher Weise durch entsprechende, zeitnah erstellte Aufzeichnungen auszuweisen. Ein Wirtschaftsgut ist allerdings auch bei der Gewinnermittlung durch Einnahmenüberschussrechnung nicht als gewillkürtes Betriebsvermögen geeignet, wenn zum Einlagezeitpunkt erkennbar ist, dass es dem Betrieb nicht nutzt, sondern schadet.

Die Funktion, die ein Wirtschaftsgut des gewillkürten Betriebsvermögens besitzen muss, besteht – wie beim notwendigen Betriebsvermögen – darin, dass es dem Betrieb dient. Indessen dient gewillkürtes Betriebsvermögen einem Zweck des Betriebs nicht unmittelbar (dann notwendiges Betriebsvermögen), sondern nur mittelbar. Die Bestimmung zum Dienen kennzeichnet nicht nur den gegenwärtigen, sondern auch den künftigen Einsatz. Die „Eignung" zum Dienen, die sich nicht nur aus der Eigenheit des Wirtschaftsguts, sondern auch aus der des Betriebs ergibt, zeigt an, ob ein Wirtschaftsgut die Funktion des gewillkürten Betriebsvermögens übernehmen kann.

Wie eng die Beziehung eines Wirtschaftsguts zum Betrieb des Steuerpflichtigen sein muss, damit es gewillkürtes Betriebsvermögen sein kann, kann nur von Fall zu Fall unter Berücksichtigung **der Eigenart des Wirtschaftsguts und der Eigenart des Betriebs** beurteilt werden. Kaufleute können den Umfang ihres Geschäftskreises grundsätzlich frei bestimmen. Bei ihnen sind die Grenzen weiter zu ziehen als z. B. bei Land- und Forstwirten und den Angehörigen der freien Berufe, deren wirtschaftlicher Bereich durch die Eigenart ihres Berufs meist enger ist.[68] Aber auch der wirtschaftliche Charakter der einzelnen Arten der freien Berufe ist unterschiedlich;

---

[65] BFH, 1960 III S. 484 sowie 1984 II S. 294.
[66] BFH, BStBl 1972 II S. 936, 1983 II S. 448, 1985 II S. 517.
[67] BStBl 2004 II S. 985.
[68] BFH, BStBl 1981 II S. 564, 1982 II S. 526, 1985 II S. 517, 1988 II S. 440.

7 Gewinnermittlungsarten

manche nähern sich stark den Gewerbetreibenden.[69] Mindesterfordernis ist, dass das Wirtschaftsgut den Betrieb durch Einnahmen in Form von Vermögenserträgnissen zu fördern bestimmt ist.[70]

Einzelfälle:

- **Bargeld oder Bankguthaben** können grundsätzlich gewillkürtes Betriebsvermögen sein, weil sie einerseits geeignet sind, dem Betrieb zu dienen, andererseits auch jederzeit privat verwendet werden können (BFH, BStBl 1970 II S. 205, 1983 II S. 725, 1985 II S. 619). Das gilt auch für risikofreie, leicht liquidierbare Wertpapiere (BFH, BStBl 1964 III S. 574, 1973 II S. 289, 1975 II S. 582), und zwar auch bei Land- und Forstwirten und Freiberuflern, sofern sie bei diesen nicht nach der Art der Verwaltung und dem Umfang des Bestands zu einer selbständigen Erwerbsquelle geworden sind (BFH, BStBl 1964 III S. 574, 1973 II S. 289). Inwieweit dies auch für Barrengold gilt, ist zweifelhaft. Für gewerbliche Betriebe, die nach ihrer Art und Kapitalausstattung kurzfristig auf Liquidität für geplante Investitionen angewiesen sind, hat der BFH (BStBl 1997 II S. 351) Barrengold nicht als gewillkürtes Betriebsvermögen anerkannt. Ferner können der Höhe nach bestimmte und sichere Forderungen die Funktion von gewillkürtem Betriebsvermögen innehaben, sofern sie nicht notwendiges Betriebsvermögen oder notwendiges Privatvermögen sind (BFH, BStBl 1965 III S. 377).

- **Bodenschätze** (Sand, Kies, Gestein und sonstige Mineralien), die durch Ausbeute für den eigenen Gewerbebetrieb (z. B. Steinbruchunternehmen, Zementwerk) oder für die eigene Land- und Forstwirtschaft (z. B. beim Bau einer Forststraße) genutzt werden, sind notwendiges Betriebsvermögen (BFH, BStBl 1983 II S. 106). Anderenfalls sind sie, jedenfalls bei Land- und Forstwirten, nicht geeignet, dem Betrieb zu dienen, und daher notwendiges Privatvermögen (BFH, BStBl 1982 II S. 526, 1983 II S. 106).

- Ein **Grundstück,** das zu Wohnzwecken oder zu gewerblichen Zwecken an einen Dritten vermietet ist, kann im Allgemeinen nur als gewillkürtes Betriebsvermögen behandelt werden, wenn es dem Betrieb zu dienen bzw. ihm zu fördern bestimmt und geeignet ist (BFH, BStBl 1981 II S. 618). Ein Grundstück, das objektiv geeignet ist, dem Betrieb zu dienen, ist gewillkürtes Betriebsvermögen, wenn es der Eigentümer subjektiv dazu bestimmt, dem Betrieb z. B. als Vorratsgelände (oder auch Vorratsgebäude) zu dienen (BFH, BStBl 1981 II S. 731). Gewerbetreibende können demgegenüber i. d. R. Grundstücke, die nicht notwendiges Privatvermögen sind (z. B. Mietwohngrundstücke), stets als gewillkürtes Betriebsvermögen behandeln, es sei denn, dass dadurch das Gesamtbild der gewerblichen Tätigkeit so verändert wird, dass es den Charakter der Vermögensnutzung im nicht gewerblichen Bereich erhält (BFH, BStBl 1965 III S. 377).

---

69 BFH, BStBl 1960 III S. 484.
70 BFH, BStBl 1985 II S. 395, 1986 II S. 607.

7.2 Betriebsvermögensvergleich nach § 4 Abs. 1 EStG

- **Brachland** eines Land- und Forstwirts gehört zu dessen gewillkürtem Betriebsvermögen (BFH, BStBl 1986 II S. 516). Ein Land- und Forstwirt, der ein bisher land- und forstwirtschaftlich genutztes Grundstück bebaut und das Gebäude vermietet, kann den Grund und Boden und das Gebäude nur dann als gewillkürtes Betriebsvermögen führen, wenn sie dem Betrieb zu dienen bzw. ihn zu fördern bestimmt und geeignet sind (BFH, BStBl 1982 II S. 526). Die Finanzverwaltung (R 4.2 Abs. 9 Satz 4 EStR) nimmt diese Voraussetzungen in den beschriebenen Fällen grundsätzlich als gegeben an. Dagegen können Land- und Forstwirte Mietwohn- und Geschäftshäuser, die auf zugekauftem, bisher nicht zum Betriebsvermögen gehörendem Grund und Boden errichtet oder einschließlich Grund und Boden erworben werden, regelmäßig nicht als Betriebsvermögen behandeln (BFH vom 28.07.1994 IV R 80/92, BFH/NV 1995 S. 288).

- Ein von einem freiberuflich tätigen Ingenieur **zur künftigen Betriebserweiterung erworbenes Grundstück** kann gewillkürtes Betriebsvermögen sein (BFH, BStBl 1981 II S. 618).

- Auch ein unbebautes Grundstück, das ein Gewerbetreibender von einem Kunden an Erfüllungs statt erworben hat, als dieser in wirtschaftliche Schwierigkeiten geraten war, kann wie Geld und Wertpapiere Gegenstand der Vermögensanlage und damit gewillkürtes Betriebsvermögen sein (BFH, BStBl 1975 II S. 582). Dient der Erwerb eines Grundstücks in der Zwangsversteigerung der **Rettung einer betrieblichen Forderung,** so wird das Grundstück auch dann im Erwerbszeitpunkt notwendiges Betriebsvermögen, wenn es nicht zum Einsatz im Betrieb bestimmt ist (BFH, BStBl 1988 II S. 424).

- **Anteile eines Freiberuflers an einer GmbH** können dann nicht zum freiberuflichen Betriebsvermögen rechnen, wenn der Betrieb der GmbH der freiberuflichen Tätigkeit wesensfremd ist (BFH, BStBl 1985 II S. 517). Der Anteil eines Steuerberaters an einer GmbH gehört dagegen zum notwendigen Betriebsvermögen, wenn er ihn zur Begleichung seiner Honoraransprüche zu dem Zweck erhält, ihn später unter Realisierung einer Wertsteigerung zu veräußern (BFH, BStBl 2001 II S. 546).

- **Geldgeschäfte eines Angehörigen eines freien Berufs** können nur ausnahmsweise als gewillkürtes Betriebsvermögen behandelt werden (BFH, BStBl 1985 II S. 517). Während bei Gewerbetreibenden auch Finanzanlagen zu gewillkürtem Betriebsvermögen gemacht werden können, ist die Eingehung von Geldgeschäften zur dauerhaften oder spekulativen Vermögensanlage der Ausübung eines freien Berufs wesensfremd und kann nicht zu gewillkürtem Betriebsvermögen führen (BFH, BStBl 1986 II S. 607 betreffend Feingold, das nicht zur Verwendung in einer zahnärztlichen Praxis bestimmt und geeignet ist; anders die in einer Röntgenarztpraxis gewonnenen Silberabfälle, die zur Veräußerung bestimmt sind, BFH, BStBl 1986 II S. 907).

7 Gewinnermittlungsarten

- **Patente**, die durch Lizenzvergabe zum Zwecke der Einnahmenerzielung genutzt werden, können gewillkürtes Betriebsvermögen sein (BFH, BStBl 1970 II S. 317). Ausnahmsweise können sie auch notwendiges Betriebsvermögen sein, wenn die Nutzung durch Lizenzvergabe der Verwertung im eigenen Betrieb sehr nahekommt.

- Wirtschaftsgüter (z. B. Grundstücke oder Wertpapiere), die als **Sicherheit für betriebliche Kredite** dinglich belastet sind, dienen nur mittelbar betrieblichen Zwecken und können gewillkürtes Betriebsvermögen sein (BFH, BStBl 1966 III S. 350, 1973 II S. 626, 1975 II S. 282).

- Die Möglichkeit, ein Wirtschaftsgut ins gewillkürte Betriebsvermögen aufzunehmen, scheidet dann aus, wenn durch diese Aufnahme lediglich **Verluste** aus dem privaten Bereich in den betrieblichen Bereich verlagert werden sollen (BFH, BStBl 1973 II S. 303, 1982 II S. 461). Wann diese Voraussetzung im Einzelfall vorliegt, kann schwierig zu beurteilen sein. Der Kaufmann wird im Zweifel seine Gründe für die Behandlung des Wirtschaftsguts als Betriebsvermögen eingehend darlegen müssen. Hierunter fallen z. B. die Anschaffung bzw. Einlage verlustgezeichneter Wertpapiere, wertloser GmbH-Beteiligungen, minderwertiger Gemälde oder zweifelhafter Forderungen. Gleiches kann in Betracht kommen auch für Risikogeschäfte.

7.2.3.4.5 Notwendiges Privatvermögen

Zum notwendigen Privatvermögen gehören alle Wirtschaftsgüter, die weder zum notwendigen noch zum gewillkürten Betriebsvermögen gehören. Dazu zählen alle Wirtschaftsgüter, die der Steuerpflichtige für seine **private Lebensführung** und zur **Erzielung von Überschusseinkünften** i. S. des § 2 Abs. 1 Nr. 4 bis 7 EStG verwendet.

Die zum notwendigen Privatvermögen gehörenden Wirtschaftsgüter können auch nicht dadurch Betriebsvermögen werden, dass sie der Steuerpflichtige in den Bestandsvergleich einbezieht. Die Bilanz ist zu berichtigen, wenn ein Wirtschaftsgut des notwendigen Privatvermögens zu Unrecht als Betriebsvermögen behandelt worden ist. Es liegt keine Entnahme vor. Die Herausnahme erfolgt zum Buchwert.[71]

Was notwendiges Privatvermögen ist, lässt sich nur in Abgrenzung zum notwendigen und gewillkürten Betriebsvermögen definieren. Danach ist notwendiges Privatvermögen jenes Vermögen, das dem Betrieb nicht dient und dazu – jedenfalls bei seiner gegenwärtigen Funktion – auch nicht geeignet wäre. Notwendiges Privatvermögen kann ohne Funktionsänderung nicht Betriebsvermögen werden. Für die Charakterisierung des notwendigen Privatvermögens kommt es auf die Funktion, auf die Beziehung zum privaten Bereich an.[72]

---

71 BFH, BStBl 1976 II S. 378.
72 BFH, BStBl 1975 II S. 582, 1980 II S. 40 und 633, 1983 II S. 215.

7.2 Betriebsvermögensvergleich nach § 4 Abs. 1 EStG

Ein **Wirtschaftsgut ohne betriebliche Funktion** gilt als ein solches, das dem privaten Bereich dient.[73] Die vom BFH häufig allein als Kriterium genannte Veranlassung der Anschaffung, Herstellung oder Entstehung eines Wirtschaftsguts liefert für die funktionale Beziehung des Wirtschaftsguts zum privaten Bereich lediglich eine unterstützende oder ergänzende Indikation. Aus der Beschaffenheit (Art, Natur, Wesen) eines Wirtschaftsguts kann zu folgern sein, dass es ungeeignet ist, dem Betrieb zu dienen, was auf die Verwendung des Wirtschaftsguts im privaten Bereich hinweist.[74] Derselbe Schluss ist gerechtfertigt, wenn ein Wirtschaftsgut voraussichtlich keinen Nutzen, sondern nur Verluste bringt.[75]

Zum notwendigen Privatvermögen gehören mithin zunächst Wirtschaftsgüter, die ihrer Natur nach eine solche Beziehung zum privaten Bereich des Steuerpflichtigen haben, dass diese, auch wenn der Steuerpflichtige es wollte, grundsätzlich nicht gelöst werden kann.[76]

Beispiele:

a) A hat seiner Ehefrau aus Mitteln seines Betriebs ein Darlehen zur Verfügung gestellt, das diese zum Erwerb eines Grundstücks benutzt. Das Grundstück hat sie an A vermietet, der seinen Betrieb dorthin verlegt hat. Die Darlehensforderung an die Ehefrau stellt ihrer Art nach notwendiges Privatvermögen dar, da A das Darlehen an die Ehefrau gegeben hat, damit diese sich eine vermögensmäßige Sicherung schaffen konnte.[77]

b) Der Unternehmer X behandelt einen Anspruch auf Einkommensteuererstattung als Betriebsvermögen. Das ist nicht zulässig. Die Einkommensteuer ist eine Personensteuer, die den Steuerpflichtigen persönlich belasten soll. Ihre Zahlung fällt in den privaten Lebensbereich (§ 12 Nr. 3 EStG), auch wenn sie mit betrieblichen Mitteln geschieht. Diese müssen zuvor entnommen werden. Da die Entstehung und Bezahlung der Einkommensteuer in den privaten Lebensbereich gehören, muss umgekehrt auch der Anspruch auf Erstattung überzahlter Einkommensteuer seiner Art nach dem notwendigen Privatvermögen zugerechnet werden.[78]

Einzelfälle:

- **Darlehensforderungen** zählen zum notwendigen Privatvermögen, wenn Darlehen aus privaten, insbesondere familiären Gründen gegeben werden. Auch aus betrieblichen Mitteln eines Kaufmanns hingegebene Darlehen sind nicht ohne weiteres Betriebsvermögen.

- **Verbindlichkeiten** sind ihrer Natur nach notwendiges Privatvermögen, wenn ihre Entstehung private Ursachen hat. Das gilt selbst dann, wenn zur Sicherung

---

73 BFH, BStBl 1985 II S. 654.
74 BFH, BStBl 1965 III S. 377, 1966 III S. 542, 1981 II S. 564, 1982 II S. 526, 1983 II S. 106 und 715, 1986 II S. 607.
75 BFH, BStBl 1967 III S. 391, 1975 II S. 804, 1979 II S. 257, 1981 II S. 658, 1982 II S. 461.
76 BFH, BStBl 1960 III S. 484.
77 BFH, BStBl 1966 III S. 583; ebenso BFH, BStBl 1985 II S. 619 für den Fall, dass der Ehemann selbst zunächst ein Darlehen aufnimmt, um die Valuta an die Ehefrau weiterzuleiten; hier ist die Darlehensverbindlichkeit keine Betriebsschuld.
78 BFH, BStBl 1966 III S. 542.

7 Gewinnermittlungsarten

der Schuld ein Wirtschaftsgut des notwendigen Betriebsvermögens belastet wird. Auch die Eintragung einer Hypothek auf einem Betriebsgrundstück für eine zum privaten Lebensbedarf aufgenommene Schuld rechtfertigt es nicht, die Schuld als Betriebsvermögen zu behandeln (BFH, BStBl 1985 II S. 510, 619). Die Zuführung von Darlehensmitteln zum Betriebsvermögen reicht als solche nicht aus, um den für die Darlehensschuld erforderlichen Zusammenhang mit dem Betrieb herzustellen. Vielmehr muss die Darlehensaufnahme aus der Sicht des Verpflichteten ein betrieblicher Vorgang sein (BFH, BStBl 1974 II S. 88).

- Nach denselben Grundsätzen wie Verbindlichkeiten sind auch **dingliche Belastungen** zu beurteilen. So sind Erbabfindungshypotheken, beschränkt persönliche Dienstbarkeiten oder Reallasten zur Sicherung von Versorgungsansprüchen notwendiges Privatvermögen, wenn ihre Entstehungsursache im Privatbereich liegt.

- Zu dem seiner Art nach notwendigen Privatvermögen zählen insbesondere die Kleidung und sonstige für den **persönlichen Bedarf** bestimmte Sachen (z. B. eine Brille), aber auch die aus dem Abschluss von Spielverträgen entstandenen Vertragsrechte vor der Ausspielung (z. B. Lotterie-, Lotto-, Totoverträge; BFH, BStBl 1970 II S. 865).

- Zum notwendigen Privatvermögen gehören ferner **Wirtschaftsgüter, die dem privaten Bereich** des Steuerpflichtigen in einer solchen Weise dienen, dass man die darauf beruhende Beziehung des Wirtschaftsguts zum privaten Bereich nur lösen kann, wenn man die Funktion (Zweckbestimmung) des Wirtschaftsguts entscheidend verändert. Das ist z. B. bei einem PKW der Fall. Wird er ausschließlich privat genutzt, kann er nicht Betriebsvermögen werden. Nutzt man ihn in einem nicht untergeordneten Umfang (nach R 4.2 Abs. 1 Satz 6 EStR genügen 10 %) auch betrieblich, kann er zum Betriebsvermögen gezogen werden oder – bei überwiegender betrieblicher Nutzung – sogar notwendiges Betriebsvermögen werden. Ähnlich verhält es sich bei einem Einfamilienhaus. Solange es der Steuerpflichtige selbst benutzt, gehört es regelmäßig zum notwendigen Privatvermögen. Stellt er es aber aus betrieblichen Gründen z. B. seinem Prokuristen zur Verfügung, dann wird die Beziehung zum privaten Bereich gelöst. Entsprechende Grundsätze gelten ferner bei einem Wochenendhaus. Wird es auch Arbeitnehmern des Steuerpflichtigen zur Verfügung gestellt und/oder zeitweise vermietet, so kann es (zumindest) gewillkürtes Betriebsvermögen sein. Nur wenn feststeht, dass der Steuerpflichtige es ausschließlich für eigene Wohnzwecke verwendet und verwenden will, ist es notwendiges Privatvermögen (BFH, BStBl 1970 II S. 754). Nicht immer ist indessen das Wohnen des Steuerpflichtigen eine Sache seiner privaten Lebensführung; es kann auch überwiegend betriebsbedingt sein. Das kann z. B. für das Wohnen eines Schaustellers im Wohnwagen nahe seines Schaustellerbetriebs gelten, wenn es wegen eines reibungslosen Betriebsablaufs und aus Gründen der Betriebssicherheit geschieht. In diesem Fall kann der Wohnwagen gewillkürtes oder sogar notwendiges Betriebs-

7.2 Betriebsvermögensvergleich nach § 4 Abs. 1 EStG

vermögen sein (BFH, BStBl 1975 II S. 172 und 769). Entsprechendes gilt auch für eine Bordwohnung auf einem Frachtschiff (BFH, BStBl 1975 II S. 769).

7.2.3.5 Gemischt genutzte Wirtschaftsgüter

Wirtschaftsgüter, die weder Grundstücke noch Grundstücksteile sind und die zu **mehr als 50 %** eigenbetrieblich genutzt werden, gehören in vollem Umfang zum notwendigen Betriebsvermögen. Ein Wirtschaftsgut gehört auch dann zum notwendigen Betriebsvermögen, wenn es in mehreren Betrieben des Steuerpflichtigen genutzt wird und dessen gesamte eigenbetriebliche Nutzung mehr als 50 % beträgt (R 4.2 Abs. 1 Satz 7 EStR). In diesen Fällen dürfte es dem Steuerpflichtigen überlassen bleiben, welchem seiner Betriebe er das Wirtschaftsgut zuordnet.

Werden Wirtschaftsgüter zu **mehr als 90 %** privat genutzt, stellen sie in vollem Umfang notwendiges Privatvermögen dar.

Bei einer betrieblichen Nutzung von **mindestens 10 % bis zu 50 %** ist sowohl bei der Gewinnermittlung durch Betriebsvermögensvergleich als auch bei der Gewinnermittlung durch Einnahmenüberschussrechnung ein Ausweis dieser Wirtschaftsgüter als gewillkürtes Betriebsvermögen in vollem Umfang möglich (R 4.2 Abs. 1 Satz 3 EStR).

Handelt es sich um Betriebsvermögen, stellen Einnahmen aus der Nutzungsüberlassung in vollem Umfang Betriebseinnahmen dar. Gleiches gilt auch für Veräußerungsgewinne.[79] Die auf die Privatnutzung entfallenden Aufwendungen stellen nach § 12 Nr. 1 EStG keine Betriebsausgaben dar.

7.2.3.6 Besonderheiten bei Grundstücken

7.2.3.6.1 Allgemeines

Einkommensteuerlich sind Grund und Boden und ein darauf stehendes Gebäude selbständige Wirtschaftsgüter. In der Zuordnung zum Betriebs- oder Privatvermögen folgt der Grund und Boden dem Gebäude. Ist ein Grundstück somit sowohl mit einem Gebäude, das zum Privatvermögen gehört, als auch mit einem Gebäude, das zum Betriebsvermögen gehört, bebaut, ist der Grund und Boden flächenmäßig aufzuteilen und anteilig den Vermögensarten zuzuordnen.

Gebäude können **ein Wirtschaftsgut,** aber auch eine **Mehrheit von Wirtschaftsgütern** sein. Entsprechendes gilt für den Grund und Boden. Gebäudeteile, die nicht in einem einheitlichen Nutzungs- und Funktionszusammenhang mit dem übrigen Gebäude stehen, sind selbständige Wirtschaftsgüter.[80] Grundsätzlich sind getrennt – d. h. ohne bautechnische Verbindung – auf einem Grundstück stehende Baulichkeiten verschiedene Wirtschaftsgüter. Das gilt auch, wenn sie einem einheitlichen

---
79 BFH vom 10.01.1991 IV B 105/89 (BFH/NV 1991 S. 386).
80 BFH, BStBl 1974 II S. 132.

Zweck dienen. Wenn jedoch das eine Gebäude zu dem anderen im Verhältnis von Haupt- und Nebengebäude steht, sodass das eine ohne das andere unvollständig erscheint, handelt es sich um ein einheitliches Wirtschaftsgut. Dies gilt z. B. für ein auf demselben Grundstück stehendes selbstgenutztes Wohngebäude und eine frei stehende Garage.[81] Das Garagengebäude bildet jedoch nur dann eine wirtschaftliche Einheit mit dem Wohngebäude, wenn die Anzahl der Garagenplätze der Anzahl der vorhandenen Wohnungen entspricht. Garagen, die auf dem Gelände eines großen Mietwohnkomplexes nachträglich errichtet werden, sind dann als selbständige Wirtschaftsgüter anzusehen, wenn ihre Errichtung nicht Bestandteil der Baugenehmigung für das Mietwohngrundstück war und kein enger Zusammenhang zwischen der Nutzung der Wohnungen und der Garagen besteht, weil die Zahl der Garagen hinter der Zahl der Wohnungen deutlich zurückbleibt und die Garagen zum Teil an Dritte vermietet sind.[82]

Bei bebauten Grundstücken wird über die Zugehörigkeit des Grund und Bodens und des Gebäudes zum Betriebs- oder Privatvermögen nur einheitlich entschieden.[83] Wird also z. B. auf einem Betriebsgrundstück ein Gebäude errichtet, dessen unteres Stockwerk notwendiges Betriebsvermögen darstellt, dessen oberes Stockwerk hingegen dem Privatvermögen zuzurechnen ist, wird der dem Privatvermögensteil des Gebäudes (anteilig) zuzurechnende Grund und Boden durch Entnahme ebenfalls Privatvermögen.[84]

Für die einkommensteuerrechtliche Behandlung von Grundstücken und Grundstücksteilen als Betriebsvermögen kommt es nicht darauf an, wie ein Grundstück bei der Einheitsbewertung oder Bedarfsbewertung behandelt worden ist.

Die Grundsätze gelten entsprechend für das Wohnungseigentum und das Teileigentum im Sinne des Wohneigentumsgesetzes sowie für aufgrund eines Erbbaurechts errichtete Gebäude.

7.2.3.6.2 Gebäudeteile als selbständige Wirtschaftsgüter

Gebäudeteile, die nicht in einem einheitlichen Nutzungs- und Funktionszusammenhang mit dem Gebäude stehen, sind selbständige Wirtschaftsgüter. Ein Gebäudeteil ist selbständig, wenn er besonderen Zwecken dient, mithin in einem von der eigentlichen Gebäudenutzung verschiedenen Nutzungs- und Funktionszusammenhang steht. Selbständige Gebäudeteile in diesem Sinne sind:

- **Betriebsvorrichtungen** (R 7.1 Abs. 3 EStR)

    Betriebsvorrichtungen gehören auch dann zu den beweglichen Wirtschaftsgütern, wenn sie wesentliche Bestandteile eines Grundstücks sind.

---

81 BFH, BStBl 1984 II S. 196.
82 BFH, BStBl 2006 II S. 169.
83 BFH, BStBl 1977 II S. 388, 1980 II S. 740, 1985 II S. 495.
84 BFH, BStBl 1983 II S. 365.

7.2 Betriebsvermögensvergleich nach § 4 Abs. 1 EStG

- **Scheinbestandteile** (R 7.1 Abs. 4 EStR)
  Scheinbestandteile entstehen, wenn bewegliche Wirtschaftsgüter zu einem vorübergehenden Zweck in ein Gebäude eingefügt werden. Einbauten zu vorübergehenden Zwecken sind auch die vom Steuerpflichtigen für seine eigenen Zwecke vorübergehend eingefügten Anlagen und die vom Vermieter oder Verpächter zur Erfüllung besonderer Bedürfnisse des Mieters oder Pächters eingefügten Anlagen, deren Nutzungsdauer nicht länger als die Laufzeit des Vertragsverhältnisses ist.

- Ladeneinbauten, Schaufensteranlagen, Gaststätteneinbauten, Schalterhallen von Kreditinstituten sowie ähnliche **Einbauten,** die einem schnellen Wandel des modischen Geschmacks unterliegen

  Als Herstellungskosten dieser Einbauten kommen nur Aufwendungen für Gebäudeteile in Betracht, die statisch für das gesamte Gebäude unwesentlich sind, z. B. Aufwendungen für Trennwände, Fassaden, Passagen sowie für die Beseitigung und Neuerrichtung von nichttragenden Wänden und Decken.

- **sonstige Mietereinbauten**

  Mietereinbauten und -umbauten sind in der Bilanz des Mieters zu aktivieren, wenn es sich um gegenüber dem Gebäude selbständige Wirtschaftsgüter (verschiedener Nutzungs- und Funktionszusammenhang) handelt, für die der Mieter Herstellungskosten aufgewendet hat, die Wirtschaftsgüter seinem Betriebsvermögen zuzurechnen sind und die Nutzung durch den Mieter zur Einkünfteerzielung sich erfahrungsgemäß über einen Zeitraum von mehr als einem Jahr erstreckt.[85] Das gegenüber dem Gebäude selbständige, materielle Wirtschaftsgut kann beweglich oder unbeweglich sein. Ein bewegliches Wirtschaftsgut liegt vor, wenn der Mieter sachenrechtlicher Eigentümer ist oder eine Betriebsvorrichtung des Mieters besteht. Dagegen handelt es sich bei dem besonderen Zwecken dienenden und daher in einem von der eigentlichen Gebäudenutzung verschiedenen Nutzungs- und Funktionszusammenhang stehenden Gebäudebestandteil um ein unbewegliches Wirtschaftsgut. Das gilt auch für einen Gebäudebestandteil, der im wirtschaftlichen Eigentum des Mieters steht.

- **sonstige selbständige Gebäudeteile**

  Ein Gebäudeteil ist unselbständig, wenn er der eigentlichen Nutzung als Gebäude dient. Unselbständige Gebäudeteile sind auch räumlich vom Gebäude getrennt errichtete Baulichkeiten, die in einem so engen Nutzungs- und Funktionszusammenhang mit dem Gebäude stehen, dass es ohne diese Baulichkeiten als unvollständig erscheint. Unselbständige Gebäudeteile sind z. B. grundsätzlich Bäder und Duschen eines Hotels (BFH, BStBl 1982 II S. 782), Heizungsanlagen (BFH, BStBl 2001 II S. 253) oder Umzäunung und Garage bei einem Wohngebäude (BFH, BStBl 1978 II S. 210, 1984 II S. 196).

---

85 BFH, BStBl 1997 II S. 533.

7.2.3.6.3 Sonstige selbständige Gebäudeteile

Wird ein Gebäude **teils eigenbetrieblich, teils fremdbetrieblich, teils zu eigenen und teils zu fremden Wohnzwecken** genutzt, ist jeder der vier unterschiedlich genutzten Gebäudeteile ein besonderes Wirtschaftsgut, weil das Gebäude in verschiedenen Nutzungs- und Funktionszusammenhängen steht. Eine weitere Aufteilung ist ausgeschlossen. Folglich bilden alle fremdbetrieblich vermieteten Teile auch bei mehreren Mietern ein einheitliches Wirtschaftsgut. Entsprechendes gilt für mehrere zu fremden Wohnzwecken vermietete Wohnungen und für alle zu eigenbetrieblichen Zwecken genutzten Räume, auch wenn sie nicht zusammenhängen, sondern sich z. B. in verschiedenen Geschossen befinden oder mehreren Betrieben des Steuerpflichtigen dienen.

Die Aufteilung des gemischt genutzten Gebäudes in mehrere Wirtschaftsgüter ist von der zivilrechtlichen Beurteilung unabhängig.

Zu dem **eigenbetrieblich genutzten Gebäudeteil** gehören zunächst einmal die Gebäudeteile, die ausschließlich und unmittelbar für eigenbetriebliche Zwecke des Steuerpflichtigen genutzt werden. Eigenbetrieblich genutzt in diesem Sinne sind auch Gebäudeteile, die objektiv erkennbar zum unmittelbaren Einsatz im Betrieb bestimmt sind.[86] Unter eigenbetrieblich genutzten Gebäudeteilen werden darüber hinaus zutreffend alle Gebäudeteile verstanden, die den Charakter von notwendigem Betriebsvermögen haben. Dies gilt zunächst für Wohnräume, die wegen Vermietung an Arbeitnehmer notwendiges Betriebsvermögen sind (R 4.2 Abs. 4 Satz 2 EStR), wenngleich sie begrifflich auch zu den fremden Wohnzwecken dienenden Räumen gerechnet werden können. Das gilt ferner für zu fremden betrieblichen Zwecken vermietete Gebäudeteile, die ausnahmsweise notwendiges Betriebsvermögen sind, wie z. B. die Gaststättenräume einer Brauerei, die sie, verbunden mit einem Bierabnahmevertrag (Bier-Belieferungsvertrag), zum Zwecke des Biervertriebs an einen Gastwirt vermietet hat.[87] Es erscheint sachgerecht, möglichst alle Gebäudeteile, die den Charakter von notwendigem Betriebsvermögen haben, als unmittelbar eigenbetrieblich genutzte Gebäudeteile und damit als ein Wirtschaftsgut zu behandeln. Der eigenbetrieblich genutzte Teil eines Gebäudes ist stets auch dann nur ein Wirtschaftsgut, wenn er verschiedenen Betrieben desselben Steuerpflichtigen dient.

Die zu **fremden betrieblichen Zwecken** genutzten Räume sind nur dann ein gegenüber dem eigenbetrieblich genutzten Teil besonderes Wirtschaftsgut, wenn sie nicht notwendiges Betriebsvermögen sind. Sie sind auch dann nur als ein Wirtschaftsgut anzusehen, wenn sie an verschiedene Personen und zu unterschiedlichen betrieblichen Zwecken überlassen werden. Betriebliche Zwecke sind grundsätzlich alle Zwecke einer Gewinneinkunftsart. Darüber hinaus rechnet die Finanzverwaltung zutreffend auch die Vermietung zu hoheitlichen, zu gemeinnützigen oder zu Zwe-

---

86 BFH, BStBl 1975 II S. 282.
87 Vgl. BFH, BStBl 1967 II S. 724.

7.2 Betriebsvermögensvergleich nach § 4 Abs. 1 EStG

cken eines Berufsverbands zur fremdbetrieblichen Nutzung (R 4.2 Abs. 4 Satz 3 EStR).

Fremden Wohnzwecken dienende Gebäudeteile sind auch dann ein Wirtschaftsgut, wenn es sich um verschiedene Räume handelt, die an verschiedene Personen zur Nutzung überlassen sind.

Der einem der genannten Zwecke dienende Teil ist auch dann ein Wirtschaftsgut, wenn die einheitlich genutzten Teile räumlich nicht zusammenhängen.

Beispiel:
Das Erdgeschoss und die dritte Etage werden im eigenen Betrieb genutzt, die zweite Etage ist für fremde betriebliche Zwecke vermietet.

Wird die Nutzung eines gemischt genutzten Grundstücks, das wegen dieser unterschiedlichen Nutzung aus verschiedenen Wirtschaftsgütern besteht, in einer Weise geändert, dass der anders genutzte Teil ein anderes Wirtschaftsgut darstellt, dann kann dieser Teil je nach Lage des Falles ein **selbständiges Wirtschaftsgut** oder ein **unselbständiger Teil eines schon vorhandenen Wirtschaftsguts** werden. Wird z. B. ein bisher eigenen betrieblichen Zwecken dienender Teil zu fremden betrieblichen Zwecken vermietet, dann wird dieser Teil ein selbständiges neues Wirtschaftsgut, wenn der Steuerpflichtige bisher kein Wirtschaftsgut besaß, das durch die Nutzung zu fremden betrieblichen Zwecken charakterisiert ist. Im anderen Fall verschmilzt der Teil, dessen Nutzung sich ändert, mit dem bereits zu fremden betrieblichen Zwecken vermieteten Teil zu einem Wirtschaftsgut. Bei einer derartigen Verschmelzung kann ein bisher im Betriebsvermögen geführter unselbständiger oder selbständiger Teil ins Privatvermögen und umgekehrt ein bisher im Privatvermögen geführter Teil in das Betriebsvermögen zu überführen sein.

7.2.3.6.4 Aufteilung der Anschaffungs- oder Herstellungskosten bei Gebäudeteilen

Die Anschaffungs- oder Herstellungskosten des gesamten Gebäudes sind auf die einzelnen Gebäudeteile aufzuteilen. Für die Aufteilung ist das **Verhältnis der Nutzfläche eines Gebäudeteils zur Nutzfläche des ganzen Gebäudes** maßgebend, es sei denn, die Aufteilung nach dem Verhältnis der Nutzflächen führt zu einem unangemessenen Ergebnis. Hinsichtlich der Berechnung der Nutzfläche finden die Regelungen der Wohnflächenverordnung sinngemäße Anwendung.

Dienen Gebäudeteile, die keine selbständigen Wirtschaftsgüter sind, mehreren oder allen unterschiedlich genutzten selbständigen Raumteilen (z. B. Eingangshalle, Treppenhaus, Fahrstuhlanlage, Heizungskeller), dann sind diese Gebäudeteile den selbständigen Gebäudeteilen, denen sie dienen, anteilig zuzurechnen. Der BFH[88] rechnet Fahrstuhl- oder Heizungsanlagen usw. den selbständigen Gebäudeteilen entsprechend ihrem Wertverhältnis zu. Diese Aufteilung, die nach demselben Aufteilungsmaßstab wie bei der Aufteilung der selbständigen Raumteile erfolgt, kann

---
[88] BStBl 1974 II S. 132.

unter dem Gesichtspunkt der Vereinfachung auch für unselbständige Raumteile (Eingangshalle, Treppenhaus usw.) verwendet werden.

Sofern es **aus steuerlichen Gründen nicht erforderlich** ist, bei einem Gebäude, das aus mehreren selbständigen Wirtschaftsgütern besteht, die Anschaffungs- oder Herstellungskosten auf die einzelnen Wirtschaftsgüter aufzuteilen, kann nach R 4.2 Abs. 6 Satz 3 EStR auf eine Aufteilung verzichtet werden. Das bedeutet, dass ein Gebäude, welches aus mehreren Wirtschaftsgütern besteht, in diesen Fällen praktisch wie ein Wirtschaftsgut behandelt wird.

7.2.3.6.5 Grundstücke und Grundstücksteile als notwendiges Betriebsvermögen

Grundstücke und Grundstücksteile, die ausschließlich und unmittelbar für eigenbetriebliche Zwecke des Steuerpflichtigen genutzt werden, gehören regelmäßig zum notwendigen Betriebsvermögen. Wird ein Teil eines Gebäudes eigenbetrieblich genutzt, gehört der zum Gebäude gehörende Grund und Boden anteilig zum notwendigen Betriebsvermögen. In welchem Umfang der Grund und Boden anteilig zum Betriebsvermögen gehört, ist unter Berücksichtigung der Verhältnisse des Einzelfalls zu ermitteln.

Eigenbetrieblich genutzte Teile eines Einfamilienhauses gehören jedoch nur dann zum notwendigen Betriebsvermögen, wenn ihre private Nutzung völlig in den Hintergrund tritt.[89] Wird in eine Garage, die ein unselbständiger Teil eines zum Privatvermögen gehörenden Wohngebäudes ist, ein zum Betriebsvermögen gehörender PKW eingestellt, führt dies nicht dazu, dass die Garage ganz oder teilweise Betriebsvermögen wird.[90]

Sind neben dem Steuerpflichtigen noch andere Personen an dem ganz oder teilweise betrieblich genutzten Grundstück beteiligt, sind solche Grundstücke oder Grundstücksteile nur insoweit notwendiges Betriebsvermögen, als sie dem Betriebsinhaber zuzurechnen sind.[91]

7.2.3.6.6 Grundstücksteile von untergeordnetem Wert

Eigenbetrieblich genutzte Grundstücksteile brauchen nicht als Betriebsvermögen behandelt zu werden, wenn ihr Wert **nicht mehr als ein Fünftel** des gemeinen Werts des gesamten Grundstücks **und nicht mehr als 20.500 Euro** beträgt (§ 8 EStDV). Dabei ist auf den Wert des Gebäudeteils zzgl. des dazugehörenden Grund und Bodens abzustellen. Bei der Prüfung, ob der Wert eines Grundstücksteils mehr als ein Fünftel des Werts des ganzen Grundstücks beträgt, ist i. d. R. das Verhältnis der Nutzflächen zueinander zugrunde zu legen. Ein Grundstücksteil ist mehr als 20.500 Euro wert, wenn der Teil des gemeinen Werts des ganzen Grundstücks, der

---

89 BFH, BStBl 1973 II S. 477.
90 BFH, BStBl 1984 II S. 196.
91 BFH, BStBl 1969 II S. 233, 1978 II S. 299.

7.2 Betriebsvermögensvergleich nach § 4 Abs. 1 EStG

nach dem Verhältnis der Nutzflächen zueinander auf den Grundstücksteil entfällt, 20.500 Euro übersteigt. Führt der Ansatz der Nutzflächen zu einem unangemessenen Wertverhältnis der beiden Grundstücksteile, ist bei ihrer Wertermittlung anstelle der Nutzflächen der Rauminhalt oder ein anderer im Einzelfall zu einem angemessenen Ergebnis führender Maßstab zugrunde zu legen. Sind Nebenräume vorhanden, kann der Steuerpflichtige die Aufteilung auch nach dem Verhältnis der Haupträume vornehmen.

Beträgt der Wert eines eigenbetrieblich genutzten Grundstücksteils nicht mehr als ein Fünftel des gesamten Grundstückswerts und nicht mehr als 20.500 Euro, besteht ein Wahlrecht, den Grundstücksteil weiterhin als Betriebsvermögen zu behandeln oder zum Teilwert zu entnehmen. Aufwendungen für einen Grundstücksteil, der eigenbetrieblich genutzt wird, sind vorbehaltlich des § 4 Abs. 5 Satz 1 Nr. 6b EStG auch dann Betriebsausgaben, wenn der Grundstücksteil wegen seines untergeordneten Werts nicht als Betriebsvermögen behandelt wird.

Gehört ein Grundstück **dem Steuerpflichtigen nur zum Teil** und dient es nur zum Teil dem Betrieb des Steuerpflichtigen, kann bei Prüfung der Frage, ob und in welchem Umfang der betrieblich genutzte Teil des Grundstücks als notwendiges Betriebsvermögen zu behandeln ist, nur auf das Verhältnis des dem Steuerpflichtigen gehörenden eigenbetrieblich genutzten Grundstücksteils zum Gesamtgrundstück abgestellt werden.

> **Beispiel:**
> Ein Steuerpflichtiger ist an einer Grundstücksgemeinschaft zu 50 % beteiligt. Das dieser Gemeinschaft gehörende Grundstück hat einen gemeinen Wert von 100.000 € und dient zu 30 % dem Gewerbebetrieb des Steuerpflichtigen.
> Dem Steuerpflichtigen gehören somit auch von dem gewerblich genutzten Teil nur 50 %, das sind 15 % von 100.000 € = 15.000 €. Der dem Steuerpflichtigen gehörende eigenbetrieblich genutzte Grundstücksteil muss demnach nicht als notwendiges Betriebsvermögen behandelt werden, da sein Wert nicht mehr als ein Fünftel des Werts des ganzen Grundstücks beträgt und auch 20.500 € nicht übersteigt.

Ob der Grundstücksteil noch von untergeordneter Bedeutung ist, ist **für jeden Bilanzstichtag** neu zu prüfen. Für den Bilanzstichtag, an dem der Grundstücksteil erstmals nicht mehr von untergeordneter Bedeutung ist, muss er nach § 6 Abs. 1 Nr. 5 EStG als Einlage behandelt werden.

7.2.3.6.7 Grundstücke und Grundstücksteile als gewillkürtes Betriebsvermögen

Ermitteln Steuerpflichtige den Gewinn durch Betriebsvermögensvergleich oder durch Einnahmenüberschussrechnung, können sie die Grundstücke oder Grundstücksteile, die nicht eigenbetrieblich genutzt werden und weder eigenen Wohnzwecken dienen noch Dritten zu Wohnzwecken unentgeltlich überlassen werden, sondern z. B. zu Wohnzwecken oder zur gewerblichen Nutzung an Dritte vermietet werden, als gewillkürtes Betriebsvermögen behandeln, wenn die Grundstücke oder die Grundstücksteile in einem gewissen objektiven Zusammenhang mit dem Betrieb stehen und ihn zu fördern bestimmt und geeignet sind. Wegen dieser Voraussetzungen bestehen für den Ansatz von Wirtschaftsgütern als gewillkürtes Betriebsvermögen Einschränkungen, die sich nicht nur aus den Besonderheiten des einzelnen Betriebs, sondern auch aus der jeweiligen Einkunftsart ergeben können. Daher können Land- und Forstwirte Mietwohn- und Geschäftshäuser, die sie auf zugekauftem, bisher nicht zum Betriebsvermögen gehörendem Grund und Boden errichtet oder einschließlich Grund und Boden erworben haben, regelmäßig nicht als Betriebsvermögen behandeln. Dagegen kann ein Land- und Forstwirt, der sein bisher land- und forstwirtschaftlich genutztes Grundstück bebaut und das Gebäude an Betriebsfremde vermietet, dieses als gewillkürtes Betriebsvermögen behandeln, wenn dadurch das Gesamtbild der land- und forstwirtschaftlichen Tätigkeit nicht wesentlich verändert wird.

In Grenzfällen hat der Steuerpflichtige darzulegen, welche Beziehung das Grundstück oder der Grundstücksteil zu seinem Betrieb hat und welche vernünftigen wirtschaftlichen Überlegungen ihn veranlasst haben, das Grundstück oder den Grundstücksteil als gewillkürtes Betriebsvermögen zu behandeln. Voraussetzung für die Behandlung von Grundstücken oder Grundstücksteilen als gewillkürtes Betriebsvermögen ist, dass sie auch in der Buchführung und in der Bilanz eindeutig als Betriebsvermögen ausgewiesen werden. Wird ein Gebäude oder ein Gebäudeteil als gewillkürtes Betriebsvermögen behandelt, gehört auch der dazugehörende Grund und Boden zum Betriebsvermögen.

7.2.3.7 Betriebsvermögen bei Personengesellschaften

7.2.3.7.1 Allgemeines

Da Personengesellschaften im Einkommensteuerrecht als Mitunternehmergemeinschaften verstanden werden, ist zwischen

- dem Betriebsvermögen der Personengesellschaft (Gesamthandsvermögen) und
- dem Sonderbetriebsvermögen der Gesellschafter

zu unterscheiden.

7.2.3.7.2 Gesamthandsvermögen

Zum Betriebsvermögen der Gesellschaft (Gesamthandsvermögen) gehören grundsätzlich **alle Wirtschaftsgüter, die im bürgerlich-rechtlichen Gesamthandseigentum der Gesellschaft** stehen. Gleiches gilt auch für Wirtschaftsgüter, die wirtschaftlich dem Gesellschaftsvermögen der Mitunternehmerschaft zuzurechnen sind. Vor diesem Hintergrund gehört ein im Alleineigentum eines Gesellschafters stehendes Grundstück, das aufgrund einer im Innenverhältnis getroffenen Abrede von der Gesellschaft so umfassend genutzt werden darf, dass sie zur Verfügung über die

7.2 Betriebsvermögensvergleich nach § 4 Abs. 1 EStG

Substanz des Wirtschaftsguts befugt ist, zum Gesamthandsvermögen.[92] Bei den genannten Wirtschaftsgütern handelt es sich grundsätzlich um notwendiges Betriebsvermögen. Daran ändert auch eine zeitweise private Nutzung nichts.

Die vorgenannten Grundsätze gelten nicht nur für Vermögensgegenstände, sondern auch für Schulden (negative Wirtschaftsgüter – BFH, BStBl 1984 II S. 706).

Für Wirtschaftsgüter des Gesamthandsvermögens, die nicht unmittelbar dem Betrieb dienen, hat die Mitunternehmerschaft kein Wahlrecht, sie als Betriebsvermögen oder Privatvermögen zu behandeln. Gewillkürtes Betriebsvermögen ist insoweit nicht möglich. Diese Wirtschaftsgüter stellen, soweit es sich bei ihnen nicht um notwendiges Privatvermögen handelt, notwendiges Betriebsvermögen dar.[93]

Von dem Grundsatz, dass Wirtschaftsgüter des Gesamthandsvermögens notwendiges Betriebsvermögen darstellen, gibt es jedoch Ausnahmen, die ihre rechtliche Grundlage in den einkommensteuerrechtlichen Begriffen des Betriebsvermögens und der Betriebsausgaben haben.

Erwirbt eine Personengesellschaft zum Gesamthandsvermögen ein Wirtschaftsgut, ohne dass hierfür ein im Betrieb der Personengesellschaft wurzelnder Anlass besteht, so sind die Aufwendungen der Personengesellschaft für das Wirtschaftsgut keine Betriebsausgaben, weil sie nicht durch den Betrieb veranlasst sind. Demgemäß wird das Wirtschaftsgut nicht Betriebsvermögen, sondern **(notwendiges) Privatvermögen der Personengesellschaft**.[94] Ein zum Gesamthandsvermögen gehörendes Wirtschaftsgut kann nicht Betriebsvermögen sein, wenn es ausschließlich oder fast ausschließlich der privaten Lebensführung eines, mehrerer oder aller Mitunternehmer dient.[95]

Ein betrieblicher Anlass für den Erwerb eines Wirtschaftsguts fehlt z. B., wenn

- das Wirtschaftsgut aufgrund eines nicht notwendigen betrieblichen Vorgangs erworben wird und beim Erwerb bereits erkennbar ist, dass das Wirtschaftsgut dem Betrieb nur Verluste bringt,[96]
- bereits beim Erwerb eines Grundstücks deutlich ist, dass der Erwerb ausschließlich privaten Interessen der Gesellschaft dient,[97]
- der Veräußerer des Wirtschaftsguts Gesellschafter der Personengesellschaft ist oder einem Gesellschafter nahesteht und es nach Lage des Falls als ausgeschlossen angesehen werden kann, dass die Gesellschaft das Wirtschaftsgut auch von einem Fremden erworben hätte (z. B. Erwerb einer **„faulen" Forderung**[98]),

---

92 BFH, BStBl 1979 II S. 466.
93 Wacker, in: Schmidt, EStG, 32. Auflage, § 15 Rz. 481.
94 BFH, BStBl 1975 II S. 804, 1979 II S. 257; vgl. auch BFH, BStBl 1988 II S. 418.
95 BFH, BStBl 1973 II S. 705, 1975 II S. 804, 1983 II S. 459.
96 BFH, BStBl 1967 III S. 391.
97 BFH, BStBl 1973 II S. 705.
98 BFH, BStBl 1975 II S. 804.

7 Gewinnermittlungsarten

- ein Darlehen ohne betrieblichen Anlass der Gesellschaft allein im Hinblick auf die wirtschaftlichen Bedürfnisse eines Gesellschafters gewährt wurde[99] oder
- bei Übernahme einer Bürgschaft durch eine KG es nach Lage des Falls als ausgeschlossen angesehen werden kann, dass die Gesellschaft die Bürgschaft auch zugunsten eines Fremden übernommen hätte.[100]

Da ein zum Gesamthandsvermögen gehörendes Wirtschaftsgut nicht Betriebsvermögen sein kann, wenn es (fast) ausschließlich der privaten Lebensführung der Mitunternehmer dient, kann ein zum Gesamthandsvermögen gehörendes Wirtschaftsgut, das zunächst zu Recht als Betriebsvermögen der Personengesellschaft zu behandeln war, später auch (notwendiges) Privatvermögen der Personengesellschaft werden, wenn es auf Dauer nur noch den privaten Zwecken der (des) Gesellschafter(s) dient.[101]

7.2.3.7.3 Sonderbetriebsvermögen

7.2.3.7.3.1 Allgemeines

Aus § 15 Abs. 1 Nr. 2 EStG, wonach zu den Einkünften aus Gewerbebetrieb auch Vergütungen gehören, die der Gesellschafter von der Gesellschaft für die Überlassung von Wirtschaftsgütern bezogen hat, wird deutlich, dass die der Gesellschaft zur Nutzung überlassenen Wirtschaftsgüter des Gesellschafters zum Betriebsvermögen rechnen. Diese Wirtschaftsgüter rechnen zwar nicht zum Gesamthandsvermögen und damit auch nicht zum Gesellschaftsvermögen, wohl aber zum Sonderbetriebsvermögen des Gesellschafters, das mit dem Gesellschaftsvermögen eine wirtschaftliche Einheit bildet und ebenso wie das Gesellschaftsvermögen in den ertragsteuerlichen Betriebsvermögensvergleich einzubeziehen ist.[102] Rechtsgrundlage für diese Betrachtung ist allerdings nicht § 15 Abs. 1 Nr. 2 EStG, sondern § 4 Abs. 1 EStG.[103]

In der Handelsbilanz ist das Sonderbetriebsvermögen nicht auszuweisen, weil es kein Gesamthandsvermögen, sondern gesellschaftsfremdes Vermögen ist. Auch in der aus der Handelsbilanz abgeleiteten Steuerbilanz ist das Sonderbetriebsvermögen nicht auszuweisen. Auszuweisen ist es vielmehr in einer **Sonderbilanz des Gesellschafters**. Es geht insoweit in die Gesamtbilanz der Mitunternehmerschaft ein. Da nach § 141 Abs. 1 Satz 1 AO zum Betrieb der Personengesellschaft, für den Bücher zu führen und Abschlüsse zu machen sind, das gesamte steuerliche Betriebsvermögen und damit auch das Sonderbetriebsvermögen gehört, obliegt die Buchführungspflicht auch für das Sonderbetriebsvermögen der Gesellschaft.

---

99 BFH, BStBl 1985 II S. 6.
100 BFH, BStBl 1976 II S. 668.
101 BFH, BStBl 1988 II S. 418.
102 BFH, BStBl 1972 II S. 928, 1975 II S. 166 und 781, 1976 II S. 98, 179 und 188.
103 BFH, BStBl 1983 II S. 215.

7.2 Betriebsvermögensvergleich nach § 4 Abs. 1 EStG

Innerhalb des Sonderbetriebsvermögens wird zwischen dem Sonderbetriebsvermögen I und dem Sonderbetriebsvermögen II unterschieden.

7.2.3.7.3.2 Sonderbetriebsvermögen I

Wirtschaftsgüter im Sonderbetriebsvermögen I sind dazu bestimmt, dem gemeinschaftlichen Betrieb der Gesellschaft zu dienen. Die Zuordnung zum Betriebsvermögen hängt weder von einer besonderen Einlage noch von der buchmäßigen Behandlung ab. Maßgeblich ist vielmehr, ob ein dem Gesellschafter gehörendes Wirtschaftsgut objektiv erkennbar **zum unmittelbaren Einsatz im Betrieb der Gesellschaft** bestimmt ist.

Zum Sonderbetriebsvermögen I können z. B. gehören Wirtschaftsgüter, die einem Mitunternehmer allein zuzurechnen sind, die einer Bruchteilsgemeinschaft gehören, an der ein, mehrere oder alle Gesellschafter beteiligt sind,[104] oder die einer neben der Personengesellschaft bestehenden Gesamthandsgemeinschaft gehören, an der z. B. ein oder mehrere Gesellschafter beteiligt sind. Im letzteren Fall ist allerdings Voraussetzung, dass die Gesamthandsgemeinschaft nicht gewerblich tätig oder gewerblich geprägt ist, also nicht die Kriterien für die Anwendung der **Rechtsprechungsgrundsätze zu den Schwesterpersonengesellschaften** erfüllt sind.[105]

Gehört das einer Mitunternehmerschaft zur Nutzung überlassene Wirtschaftsgut zum gewerblichen Betriebsvermögen eines Mitunternehmers, so ist es grundsätzlich gleichwohl als dessen Sonderbetriebsvermögen I in die Gewinnermittlung der Mitunternehmerschaft einzubeziehen.[106] Es ist auch dann nicht dem Betrieb des Mitunternehmers zuzurechnen, wenn dieser eine Kapitalgesellschaft ist.[107]

Sonderbetriebsvermögen des Gesellschafters können nur die Wirtschaftsgüter werden, die **dem Gesellschafter zivilrechtlich oder wirtschaftlich gehören.**

> **Beispiele:**
>
> **a)** A verpachtet an eine KG, an der er als Kommanditist beteiligt ist, ein dem B gehörendes Grundstück, an dem A ein Nießbrauchsrecht besitzt. Das Grundstück wird nicht Sonderbetriebsvermögen des A, weil A weder zivilrechtlicher noch wirtschaftlicher Eigentümer des Grundstücks ist.[108]
>
> **b)** A hält eine Beteiligung an der X-GmbH und ist Komplementär der B-OHG. Die X-GmbH vertreibt die Erzeugnisse der B-OHG im Inland. Die B-OHG ist als Kommanditistin an der C-GmbH & Co. KG beteiligt, deren Komplementär die X-GmbH ist. Die C-GmbH & Co. KG vertreibt die Erzeugnisse der B-OHG im Ausland. Die GmbH-Anteile des A können zwar dessen Sonderbetriebsvermögen bei der B-OHG, nicht aber Sonderbetriebsvermögen der B-OHG bei der C-GmbH & Co. KG sein. Wirtschaftsgüter, die Sonderbetriebsvermögen des Gesellschafters einer Personengesellschaft sind, können nicht Sonderbetriebsvermögen dieser Personengesellschaft bei

---
104 BFH, BStBl 1981 II S. 430.
105 BFH, BStBl 1998 II S. 348.
106 BFH, BStBl 1979 II S. 750.
107 BFH, BStBl 1983 II S. 771.
108 BFH, BStBl 1972 II S. 174.

einer zweiten Personengesellschaft sein, an der die erste Personengesellschaft, nicht aber ihr Gesellschafter beteiligt ist.[109]

Bei einer **atypischen stillen Gesellschaft** sind betrieblich genutzte Wirtschaftsgüter, die dem Inhaber des Handelsgeschäfts gehören, nicht als dessen Sonderbetriebsvermögen anzusehen. Zwar hat die atypische stille Gesellschaft kein Gesellschaftsvermögen; bei der atypischen stillen Gesellschaft entspricht indessen das Betriebsvermögen des Inhabers des Handelsgeschäfts dem Gesellschaftsvermögen einer Personengesellschaft mit Gesamthandsvermögen. Sonderbetriebsvermögen kann demgegenüber der atypische stille Gesellschafter haben, wenn er dem Inhaber des Handelsgeschäfts Wirtschaftsgüter zur Nutzung überlässt.[110]

Grundstücke oder Grundstücksteile, die dem Betrieb einer Personengesellschaft dienen und einer Gesamthandsgemeinschaft (z. B. Erbengemeinschaft) gehören, an der auch Personen beteiligt sind, die nicht Mitunternehmer sind, gehören zum Betriebsvermögen der Personengesellschaft, soweit die Grundstücke oder Grundstücksteile nach § 39 Abs. 2 Nr. 2 AO den Gesellschaftern der Personengesellschaft zuzurechnen sind. Dient ein Grundstück dem Betrieb der Personengesellschaft nur zum Teil, so sind die den Gesellschaftern zuzurechnenden Grundstücksteile lediglich mit ihrem betrieblich genutzten Teil Betriebsvermögen. Ist dieser im Verhältnis zum Wert des ganzen Grundstücks von untergeordneter Bedeutung, so braucht dieser Teil, auch wenn im Übrigen die Voraussetzungen dafür vorliegen, nicht als notwendiges Betriebsvermögen behandelt zu werden (R 4.2 Abs. 12 Satz 3 EStR).

7.2.3.7.3.3 Sonderbetriebsvermögen II

Zum Sonderbetriebsvermögen II eines Gesellschafters gehören solche Wirtschaftsgüter, **die der eigenen Beteiligung des Gesellschafters an der Gesellschaft zu dienen bestimmt sind.**[111] Ein Wirtschaftsgut im Sonderbetriebsvermögen II muss dem Gesellschafter besonderen Einfluss auf die Personengesellschaft verschaffen und damit unmittelbar seine Position in der Personengesellschaft stärken. Als Beispiel von Sonderbetriebsvermögen dieser Art sind die den Kommanditisten gehörenden Anteile an der geschäftsführenden Komplementär-GmbH einer GmbH & Co. KG[112] und die den Kommanditisten einer KG gehörenden Anteile an einer GmbH, die ihr Unternehmen an die KG verpachtet hat und die ebenfalls Kommanditistin der KG ist,[113] zu nennen. In beiden Fällen üben die Kommanditisten ihre Gesellschaftsrechte an der GmbH selbst aus; die GmbH-Anteile sind also nicht der KG zur Nutzung überlassen. Sie sind aber bestimmt und geeignet, der KG-Beteiligung der Kommanditisten zu dienen (dies trifft nicht zu in dem Fall, in dem die GmbH Kom-

---

109 BFH, BStBl 1986 II S. 55.
110 BFH, BStBl 1984 II S. 820.
111 BFH, BStBl 1976 II S. 88, 179 und 188.
112 BFH, BStBl 1976 II S. 188, 1985 II S. 241.
113 BFH, BStBl 1976 II S. 88.

7.2 Betriebsvermögensvergleich nach § 4 Abs. 1 EStG

manditistin der KG ist, während ihre Anteilseigner gleichzeitig Komplementäre der KG sind[114]). Ein GmbH-Anteil des Mitunternehmers einer Personengesellschaft stellt nur dann Sonderbetriebsvermögen II bei der Personengesellschaft dar, wenn die Beteiligung an der Kapitalgesellschaft seiner Beteiligung an der Mitunternehmerschaft dient. Nicht ausreichend ist, wenn infolge der Beteiligung eines Mitunternehmers an einer Kapitalgesellschaft die Mitunternehmerschaft der Kapitalgesellschaft dient.[115]

Auch Gebäude oder Gebäudeteile, in denen ein Gesellschafter ausschließlich für die Gesellschaft tätig wird, können Wirtschaftsgüter sein, die der Beteiligung des Gesellschafters an der Personengesellschaft dienen und damit zu seinem Sonderbetriebsvermögen II zu rechnen sind.[116]

Unter demselben Gesichtspunkt ist ferner ein Grundstück, das der Gesellschafter an einen Dritten vermietet, damit dieser es der Gesellschaft zur betrieblichen Nutzung überlässt, als Sonderbetriebsvermögen II des Gesellschafters angesehen worden.[117] Dies kann, da die Mietzahlungen an den Gesellschafter nicht von der Gesellschaft, sondern von dem Dritten geleistet wurden, nicht aus § 15 Abs. 1 Nr. 2 EStG hergeleitet werden. Indessen hat der Gesellschafter das Mietverhältnis mit dem Dritten im Interesse seiner Gesellschafterstellung und zur Stärkung seiner Beteiligung abgeschlossen. Ist aber das Mietverhältnis betrieblich veranlasst, so ist auch das vermietete Grundstück Sonderbetriebsvermögen II.

Die Zuordnung zum Sonderbetriebsvermögen I geht einer Zuordnung zum Sonderbetriebsvermögen II vor.[118]

7.2.3.7.3.4 Sonderbetriebsvermögen als notwendiges oder gewillkürtes Betriebsvermögen

Sonderbetriebsvermögen kann grundsätzlich **notwendiges und gewillkürtes Betriebsvermögen** sein.[119] So können z. B. im Eigentum von Gesellschaftern stehende Mietwohngrundstücke geeignet und bestimmt sein, als gewillkürtes Sonderbetriebsvermögen den betrieblichen Zwecken der Personengesellschaft zu dienen, etwa indem der Gesellschaft aus den Erträgen zusätzliche Mittel für betriebliche Zwecke zugeführt werden oder das Grundstück zur Sicherung betrieblicher Rechte eingesetzt wird.[120]

Für die **Abgrenzung** zwischen notwendigem und gewillkürtem Betriebsvermögen kommt es grundsätzlich auf dieselben Merkmale an wie bei einem Einzelunterneh-

---
114 BFH, BStBl 1982 II S. 751.
115 BFH vom 31.08.2006 IV B 20/05 (BFH/NV 2006 S. 2257).
116 BFH, BStBl 1988 II S. 667.
117 BFH, BStBl 1981 II S. 314.
118 BFH, BStBl 1988 II S. 679.
119 BFH, BStBl 1976 II S. 180, 1977 II S. 150, 1980 II S. 40.
120 BFH vom 06.04.2006 IV B 131/04 (BFH/NV 2006 S. 1476).

men, wenn man davon absieht, dass im letztgenannten Fall die Beziehungen des Wirtschaftsguts zum Einzelunternehmen, beim Sonderbetriebsvermögen der genannten Art aber zum Betrieb der Personengesellschaft bestehen müssen.[121] So hat der BFH[122] notwendiges Sonderbetriebsvermögen I angenommen, wenn das Wirtschaftsgut unmittelbar dem Betrieb der Personengesellschaft zu dienen bestimmt ist, und gewillkürtes Sonderbetriebsvermögen I unter der Voraussetzung bejaht, dass das Wirtschaftsgut objektiv geeignet ist, den Betrieb der Gesellschaft zu fördern und subjektiv durch den Gesellschafter diesem Zweck gewidmet ist. Ferner hat der BFH die Voraussetzungen für notwendiges Sonderbetriebsvermögen II als erfüllt betrachtet, wenn bei einer Betriebsaufspaltung die Anteile der Betriebskapitalgesellschaft den Gesellschaftern der Besitzpersonengesellschaft gehören, weil sie das Mittel sind, auf die Pächtergesellschaft, von deren wirtschaftlichen Erfolgen die Erträge der Personengesellschaft abhängen, Einfluss zu nehmen.[123]

Wirtschaftsgüter, die der Beteiligung der Gesellschafter dienen, sind notwendiges Sonderbetriebsvermögen II, wenn sie unmittelbar zur Begründung und Verstärkung der Beteiligung des Gesellschafters an der Personengesellschaft eingesetzt sind. Auch bei ihnen dürfte grundsätzlich gewillkürtes Sonderbetriebsvermögen II möglich sein.[124] Die tatsächlichen Möglichkeiten dafür sind jedoch eng begrenzt. In den oben erwähnten Fällen der GmbH-Anteile hat der BFH zu Recht notwendiges Sonderbetriebsvermögen II angenommen. Gewillkürtes Sonderbetriebsvermögen II kann man nach allgemeinen Grundsätzen nur dann für zulässig halten, wenn die Beziehung des Wirtschaftsguts zum Anteil des Gesellschafters an der Personengesellschaft so gestaltet ist, dass das Wirtschaftsgut ohne Veränderung dieser Beziehung entnommen werden könnte.

Beispiel:

A hat für seine Beteiligung an der X-KG ein Darlehen aufgenommen und zur Sicherung dieses Darlehens Wertpapiere verpfändet. Die Wertpapiere dienen damit der KG-Beteiligung des A. Diese Beziehung ist jedoch nicht so stark, dass die Wertpapiere zum notwendigen Sonderbetriebsvermögen II des A rechnen. Sie können zu dessen gewillkürtem Sonderbetriebsvermögen II gezogen werden. Anders verhält es sich mit der Darlehensverbindlichkeit; sie ist notwendiges Sonderbetriebsvermögen II.

7.2.4 Entnahmen (§ 4 Abs. 1 Sätze 2 bis 7 EStG)

7.2.4.1 Allgemeines

Entnahmen sind nach § 4 Abs. 1 Satz 2 EStG alle Wirtschaftsgüter (Barentnahmen, Waren, Erzeugnisse, Nutzungen und Leistungen), die der Steuerpflichtige dem

---

121 BFH, BStBl 1977 II S. 150 und 388, 1983 II S. 215.
122 BStBl 1985 II S. 654.
123 BFH, BStBl 1975 II S. 781.
124 BFH, BStBl 1985 II S. 654.

7.2 Betriebsvermögensvergleich nach § 4 Abs. 1 EStG

Betrieb für sich, für seinen Haushalt oder für andere betriebsfremde Zwecke im Laufe des Wirtschaftsjahres entnommen hat. Unter Entnahmen sind demnach aus betriebsfremden Gründen veranlasste und somit gewinnneutrale Minderungen des Betriebsvermögens zu verstehen.

Die gesetzlichen Regelungen über die Entnahmen bezwecken, die Gewinnneutralität der betriebsfremden Betriebsvermögensminderungen zu gewährleisten. Außerdem soll die steuerliche Erfassung der stillen Reserven sichergestellt werden.

Zu bewerten sind Entnahmen grundsätzlich nach § 6 Abs. 1 Nr. 4 Satz 1 EStG mit dem Teilwert.

7.2.4.2 Bedeutung der Entnahme

Um die volle Bedeutung der Entnahme zu erfassen, muss man das Zusammenwirken mehrerer gesetzlicher Vorschriften sehen. Nach dem Gewinnbegriff des § 4 Abs. 1 Satz 1 EStG, der auch für die Gewinnermittlung nach § 5 EStG gilt, sind Entnahmen dem Unterschied der Betriebsvermögen beim Bestandsvergleich hinzuzurechnen. Damit wird erreicht, dass sich die durch die Entnahme als **außerbetrieblichen Vorgang** herbeigeführte Verminderung des Betriebsvermögens bei der Gewinnermittlung nicht auswirkt. Da die Entnahme nicht mit dem Buchwert, sondern nach § 6 Abs. 1 Nr. 4 Satz 1 EStG grundsätzlich mit dem Teilwert zu bewerten ist, kann die Entnahme ferner auch zu einem sog. Entnahmegewinn oder Entnahmeverlust führen, je nachdem, ob der Buchwert höher oder niedriger als der Teilwert ist.

> **Beispiel:**
> A entnimmt einen PKW, dessen letzter Buchwert 2.000 € beträgt, in sein Privatvermögen. Ist der Teilwert des PKW 3.000 €, so entsteht ein Entnahmegewinn von 1.000 €. Beträgt dagegen der Teilwert nur 1.000 €, so entsteht ein Entnahmeverlust von 1.000 €.

Eine Entnahme führt daher nicht nur zu einer Neutralisierung des Entnahmevorgangs bei der Gewinnermittlung. Sie hat vielmehr auch den Sinn, **stille Reserven,** die im betrieblichen Bereich entstanden sind, spätestens bei der Entnahme der betreffenden Wirtschaftsgüter als Gewinn zu erfassen und Verluste, die im betrieblichen Bereich entstanden sind, sich aber dort noch nicht ausgewirkt haben, bei der Entnahme noch zu berücksichtigen. Bei der Entnahme wirkt sich der gesamte Unterschied zwischen dem Buchwert und dem Entnahmewert auch dann auf den Gewinn aus, wenn das Wirtschaftsgut vor der Entnahme privat genutzt und die private Nutzung als Entnahme behandelt worden ist.[125]

7.2.4.3 Begriff der Entnahme

Entnahme ist zunächst einmal die Überführung eines Wirtschaftsguts in das private (außerbetriebliche) Vermögen, **in die private Sphäre.** Zur privaten Sphäre des Steu-

---
125 BFH, BStBl 1959 III S. 466.

erpflichtigen rechnet sein privater Lebenskreis im weitesten Sinne, seine Familie, sein Haushalt, seine Wohnung, seine Verwandten, Freunde usw.

Eine Überführung in die private Sphäre ist auch dann anzunehmen, wenn ein zum Betriebsvermögen gehörendes Wirtschaftsgut aus persönlichen (privaten) Gründen schenkweise einem Dritten übereignet wird. Dies gilt auch dann, wenn ein Wirtschaftsgut des Betriebsvermögens im Wege der vorweggenommenen Erbfolge auf einen Dritten übertragen wird. Voraussetzung ist allerdings in beiden Fällen, dass neben dem zivilrechtlichen Eigentum auch das wirtschaftliche Eigentum übergeht.[126]

Entnahmen sind ferner Wertabgaben des Betriebs **„für andere betriebsfremde Zwecke"**. Dazu zählen auch die Fälle, in denen ein Wirtschaftsgut innerhalb des betrieblichen Bereichs von einem Betrieb oder Betriebsteil in einen anderen übergeht und dabei eine spätere einkommensteuerliche Erfassung der im Buchansatz dieses Wirtschaftsguts enthaltenen stillen Reserven nicht gewährleistet ist.[127] Daraus folgt, dass ein Wirtschaftsgut in einen anderen Betrieb desselben Steuerpflichtigen gewinnneutral zu Buchwerten überführt werden kann, wenn die spätere Erfassung der im Buchansatz des Wirtschaftsguts enthaltenen stillen Reserven gewährleistet ist (vgl. § 6 Abs. 5 EStG). Die Fortführung der Buchwerte ist auch dann möglich, wenn die stillen Reserven nach der Überführung des Wirtschaftsguts in den anderen Betrieb desselben Steuerpflichtigen nicht mehr der Gewerbesteuer unterliegen.[128]

Keine Entnahme liegt in der **Strukturänderung eines Betriebs** mit der Folge, dass die Einkünfte aus dem Betrieb nunmehr einer anderen Einkunftsart zuzurechnen sind, indem z. B. ein land- und forstwirtschaftlicher Betrieb wegen Überschreitens der Grenzen des § 13 Abs. 1 Nr. 1 EStG oder eine freiberufliche Praxis durch Übergang i. S. des § 6 Abs. 3 EStG auf nicht qualifizierte Rechtsnachfolger zu einem Gewerbebetrieb wird.[129] Auch die räumliche Verlagerung von Betriebsteilen innerhalb eines Gebäudes führt nicht zu einer Entnahme, sofern sich die betrieblich genutzte Fläche per saldo nicht verkleinert.[130]

7.2.4.4 Gegenstand der Entnahme

Der Regelfall der Entnahme besteht darin, dass der Steuerpflichtige Wirtschaftsgüter des notwendigen oder gewillkürten Betriebsvermögens in seine private Sphäre überführt, z. B. Geld, Waren, Erzeugnisse des Betriebs, Inventar, Wertpapiere. Insbesondere stellen daher auch alle finanziellen Mittel des Betriebs, die zur Bezahlung persönlicher (nichtabzugsfähiger) Steuern (Einkommensteuer, Erbschaftsteuer) ver-

---

126 BFH, BStBl 1983 II S. 631.
127 BFH vom 07.10.1974 GrS 1/73 (BStBl 1975 II S. 168) sowie vom 14.06.1988 VIII R 387/83 (BStBl 1989 II S. 187).
128 BFH, BStBl 1989 II S. 187.
129 BFH, BStBl 1975 II S. 168.
130 FG Baden-Württemberg, EFG 1995 S. 107.

7.2 Betriebsvermögensvergleich nach § 4 Abs. 1 EStG

wendet werden, Entnahmen dar. Eine Entnahme liegt aber auch vor, wenn ein im Betrieb Beschäftigter für den privaten Bereich des Steuerpflichtigen tätig wird oder wenn der Steuerpflichtige Wirtschaftsgüter des Betriebs, z. B. einen PKW, privat nutzt. Entsprechend werden unterschieden **Sach-, Rechts-, Leistungs- und Nutzungsentnahmen.**

Gegenstand einer Entnahme können nur materielle oder immaterielle Wirtschaftsgüter sein, die ihrer Art nach entnahmefähig sind, die also auch Teil eines Privatvermögens sein können. Immaterielle Einzelwirtschaftsgüter (z. B. ein Patent oder auch der Verlagswert) können danach durchaus Gegenstand einer Entnahme sein.[131] Etwas anderes gilt jedoch für den Geschäfts- oder Firmenwert. Dieser kann als solcher, weil nicht entnahmefähig, in keinem Fall Gegenstand einer Entnahme sein.[132]

Die Arbeitskraft des Betriebsinhabers ist als solche nicht entnahmefähig und kann daher ebenfalls nicht Gegenstand einer Entnahme sein.[133] Dabei kann dahingestellt bleiben, ob die Arbeitskraft des Betriebsinhabers überhaupt als Wirtschaftsgut anzusehen ist. Keine Entnahme ist es daher, wenn ein Arzt seine Ehefrau oder einen Freund unentgeltlich behandelt. Verwendet er aber dabei Materialien des Betriebs, so liegt insoweit eine Entnahme vor.

7.2.4.5 Entnahmefähige Wirtschaftsgüter

Wirtschaftsgüter des **notwendigen Betriebsvermögens** können, solange sie die Eigenschaft des notwendigen Betriebsvermögens besitzen, nicht Gegenstand einer Entnahme sein. Die Ausbuchung derartiger Wirtschaftsgüter hat daher steuerlich keine Wirkung. Ein Wirtschaftsgut des notwendigen Betriebsvermögens wird erst dann entnahmefähig, wenn

- der sachliche Zusammenhang des Wirtschaftsguts mit dem Betrieb aufgelöst wird oder
- die Zuordnung des Wirtschaftsguts zum Betriebsinhaber entfällt.

Entnahmefähig sind dagegen Wirtschaftsgüter, die zum **gewillkürten Betriebsvermögen** gehören.

Keine Entnahmen sind die nach § 4 Abs. 5 EStG **nichtabzugsfähigen Betriebsausgaben.** Obwohl sie nichtabzugsfähig sind, bleiben sie ihrem Charakter nach Betriebsausgaben. Nicht zu den Betriebsausgaben gehören hingegen die nach § 12 EStG nichtabzugsfähigen Ausgaben.

Werden Wirtschaftsgüter des **notwendigen Privatvermögens,** die zu Unrecht als Betriebsvermögen bilanziert worden sind, im Wege der Bilanzberichtigung ausgebucht, so liegt darin keine Entnahme.[134] Die Ausbuchung ist auch nicht wie eine

---
131 BFH, BStBl 1983 II S. 113.
132 BFH, BStBl 1979 II S. 99.
133 BFH, BStBl 1988 II S. 342.
134 BFH, BStBl 1972 II S. 874.

Entnahme zu behandeln. Entnahme ist eine Wertabgabe aus dem Betrieb zu betriebsfremden Zwecken. Die Ausbuchung dagegen betrifft ein Wirtschaftsgut, das gar nicht zum Betriebsvermögen gehört hat, und bezweckt, den Anschein der Zugehörigkeit zum Betriebsvermögen zu beseitigen. Daher kann die Ausbuchung nicht zum Teilwert (§ 6 Abs. 1 Nr. 4 Satz 1 EStG) erfolgen. Das auszubuchende Wirtschaftsgut kann nur mit dem Buchwert zum Zeitpunkt der Ausbuchung aus dem scheinbaren Zusammenhang mit dem Betriebsvermögen gelöst werden.

Wird ein fremdfinanziertes Wirtschaftsgut entnommen, hat dies zur Folge, dass die zu seiner Finanzierung aufgenommenen Schulden – auch gegen den Willen des Steuerpflichtigen – zu privaten Verbindlichkeiten werden. Bei den Schuldzinsen handelt es sich nicht mehr um Betriebsausgaben. Eine steuerliche Berücksichtigung der Schuldzinsen kommt nur noch insoweit in Betracht, als das entnommene Wirtschaftsgut im Privatvermögen zur Erzielung von Einkünften genutzt wird. Die aufgezeigten Grundsätze gelten nur für die für die Finanzierung eines konkreten Wirtschaftsguts aufgenommenen Kredite. Handelt es sich um einen allgemeinen Betriebsmittelkredit ohne Bezug zu einem bestimmten Wirtschaftsgut, wird dieser Kredit auch beim Ausscheiden von Wirtschaftsgütern, sofern der Betrieb fortgeführt wird, nicht in einen betrieblichen und in einen privaten Teil aufgespalten. Vielmehr bleibt der Kredit in voller Höhe Betriebsvermögen.

7.2.4.6 Arten der Entnahme

Entnahmen können Sach-, Nutzungs- und Leistungsentnahmen sein.

Bei einer **Sachentnahme** wird ein Wirtschaftsgut aus dem Betriebsvermögen in das Privatvermögen überführt. Die Sachentnahme ist nach § 6 Abs. 1 Nr. 4 Satz 1 EStG grundsätzlich mit dem Teilwert zu bewerten. Die Sachentnahme kann auch durch einen Tausch vollzogen werden, sofern die Gegenleistung für die tauschweise Hingabe eines betrieblichen Wirtschaftsguts in der Erlangung eines Wirtschaftsguts des Privatvermögens oder in der Befreiung von einer privaten Schuld besteht.

Eine **Nutzungsentnahme** liegt vor, wenn ein Wirtschaftsgut des Betriebsvermögens für private Zwecke genutzt wird. In diesem Fall werden regelmäßig die gesamten laufenden Kosten einschließlich der Absetzungen als Betriebsausgabe gebucht. Der Teil der Kosten, der auf die private Nutzung entfällt, ist entnommen. Die Nutzungsentnahme führt nicht zur Lösung des Wirtschaftsguts aus dem betrieblichen Zusammenhang. Gestattet der Steuerpflichtige einem Dritten aus außerbetrieblichen Gründen Wirtschaftsgüter des Betriebsvermögens unentgeltlich zu nutzen, ist darin eine Entnahme der Nutzung zu sehen. Gleiches gilt, wenn und soweit er die Nutzung gegen ein Entgelt einräumt, das aus außerbetrieblichen Gründen hinter dem marktüblichen Entgelt zurückbleibt.[135] § 21 Abs. 2 EStG findet keine entsprechende Anwendung. Die Vorschrift betrifft nur die Einkünfte aus Vermietung und Verpach-

---
[135] BFH vom 14.01.1998 X R 57/93 (BFHE 185, 230).

7.2 Betriebsvermögensvergleich nach § 4 Abs. 1 EStG

tung. Sie ist nicht über die Subsidiaritätsklausel des § 21 Abs. 3 EStG auf Gewinneinkünfte anzuwenden. Somit stellt die außerbetrieblich veranlasste verbilligte Vermietung einer zum Betriebsvermögen gehörenden Wohnung eine Nutzungsentnahme dar.[136]

Eine Leistung wird entnommen, wenn der Steuerpflichtige betriebliche Leistungen für seinen privaten Bereich in Anspruch nimmt. Die **Leistungsentnahme** ist mit den Kosten zu bewerten. Nicht entnahmefähig ist allerdings die eigene Arbeitsleistung.

7.2.4.7 Entnahmehandlung

Die Entnahme eines Wirtschaftsguts setzt eine **auf einem Willensentschluss des Steuerpflichtigen beruhende eindeutige Entnahmehandlung voraus.**[137] Welchen Inhalt der Entnahmewille haben muss und ob eine ausdrückliche Entnahmehandlung, die in der Buchführung zum Ausdruck kommt, zu fordern ist oder ob eine Entnahme auch aus den Umständen gefolgert werden kann (schlüssige Entnahmehandlung), ist nach den Gegebenheiten des Einzelfalls zu beurteilen.

Entnahme ist eine von einem Entnahmewillen getragene Entnahmehandlung. Sie muss nach außen den Willen des Steuerpflichtigen erkennen lassen, ein Wirtschaftsgut nicht mehr für betriebliche Zwecke im betrieblichen Bereich, sondern für private Zwecke im privaten Bereich zu nutzen. Nur ein solcher auf eine bestimmte Art der Nutzung im betrieblichen oder privaten Bereich gerichteter Wille – nicht auch der Wille oder die ungefähre Vorstellung einer Gewinnverwirklichung – ist ein Entnahmewille.[138]

Eine Entnahme von zum notwendigen Betriebsvermögen gehörenden Wirtschaftsgütern erfordert eine Änderung der tatsächlichen Nutzung in der Weise, dass das Wirtschaftsgut die Eigenschaft von notwendigem Privatvermögen erlangt. Für die Entnahme von Wirtschaftsgütern des gewillkürten Betriebsvermögens genügt es, dass der Steuerpflichtige äußerlich erkennbar macht, dass das Wirtschaftsgut nicht mehr zur Erzielung betrieblicher Einkünfte eingesetzt, sondern privat verwendet werden soll. Eine Änderung der tatsächlichen Nutzung ist hier nicht erforderlich.[139] Die Verknüpfung des Wirtschaftsguts mit dem Betriebsvermögen muss aber in unmissverständlicher Weise gelöst werden.[140]

Vor diesem Hintergrund bleiben Wirtschaftsgüter, die zur Zeit der Aufnahme in das Betriebsvermögen zulässigerweise zum Betriebsvermögen gerechnet worden sind, bei einem fortbestehenden Betrieb bis zu einer eindeutigen Entnahmehandlung Betriebsvermögen. Eine solche Entnahmehandlung kann nur angenommen werden,

---

136 BFH, BStBl 1999 II S. 652.
137 BFH, BStBl 1961 III S. 517, 1965 III S. 666, und GrS, BStBl 1975 II S. 168.
138 BFH, BStBl 1985 II S. 395.
139 BFH, BStBl 1985 II S. 395.
140 BFH vom 11.12.2002 XI R 48/00 (BFH/NV 2003 S. 895).

wenn das Verhalten des Steuerpflichtigen einen eindeutigen Entnahmewillen erkennen lässt. Der Wille, ein Wirtschaftsgut durch Bilanzberichtigung gewinnneutral aus dem Betriebsvermögen herauszunehmen, kann nicht als Wille zur gewinnrealisierenden Entnahme gedeutet werden.[141]

Ein Steuerpflichtiger, der seine gewerbliche Tätigkeit einstellt, kann wählen, ob er sein bisheriges Betriebsvermögen veräußern oder in sein Privatvermögen überführen will. Diese Wahl muss eindeutig und klar zum Ausdruck kommen. Geschieht dies nicht, so kann auch nach Einstellung der gewerblichen Tätigkeit das bisherige Betriebsvermögen bis zum Zeitpunkt der tatsächlichen Verwertung oder der eindeutigen Übernahme in das Privatvermögen als Betriebsvermögen angesehen werden.[142]

Wirtschaftsgüter scheiden nicht bereits deshalb aus dem Betriebsvermögen aus, weil die **Gewinnermittlungsart wechselt.** Nach § 4 Abs. 1 Satz 6 EStG wird ein Wirtschaftsgut nicht dadurch entnommen, dass der Steuerpflichtige zur Gewinnermittlung nach Durchschnittssätzen gem. § 13a EStG übergeht. Eine Entnahme liegt im Übrigen auch dann nicht vor, wenn die Buchführung des Steuerpflichtigen nicht ordnungsgemäß ist oder der Steuerpflichtige aufhört, Bücher zu führen, und sein Gewinn demzufolge geschätzt wird. Hier fehlt es an einer für die Entnahme erforderlichen Entnahmehandlung.

Wird die Nutzung eines Wirtschaftsguts so geändert, dass es nach der Nutzungsänderung nicht mehr die Voraussetzungen für notwendiges, wohl aber für gewillkürtes Betriebsvermögen erfüllt, so stellt die **Nutzungsänderung** keine Entnahme dar. Dies gilt auch in den Fällen der Gewinnermittlung nach Durchschnittssätzen gem. § 13a EStG (§ 4 Abs. 1 Satz 7 EStG).

Beispiel:
Ein nicht buchführender Land- und Forstwirt errichtet auf einem bisher landwirtschaftlich genutzten Grundstück ein Mietwohngebäude.
Der Grund und Boden erfüllt nach der Bebauung zwar nicht mehr die Voraussetzungen für notwendiges, wohl aber für gewillkürtes Betriebsvermögen. Da der Grund und Boden und das aufstehende Gebäude hinsichtlich der Zuordnung zum Betriebsvermögen und zum Privatvermögen einheitlich zu behandeln sind, wird auch das Gebäude – ohne Entnahmehandlung – als gewillkürtes Betriebsvermögen zu betrachten sein.

Auch ein **schlüssiges Verhalten** kann eine Entnahmehandlung darstellen. Es muss nach außen hin den Willen des Steuerpflichtigen erkennen lassen, ein Wirtschaftsgut nicht mehr für betriebliche, sondern für private Zwecke nutzen zu wollen. Dabei bietet bei buchführenden Steuerpflichtigen die Buchführung einen wesentlichen Anhalt dafür, ob und wann ein Wirtschaftsgut entnommen worden ist. Entscheidend ist auch in den Fällen der schlüssigen Entnahmehandlung, dass das Wirtschaftsgut,

---
141 BFH, BStBl 1983 II S. 459.
142 BFH, BStB 1984 II S. 364.

7.2 Betriebsvermögensvergleich nach § 4 Abs. 1 EStG

das bisher zur Gewinnerzielung eingesetzt wurde, nicht nur vorübergehend, sondern vorbehaltlos und auf Dauer diesem Ziel nicht mehr dienen soll. Eine schlüssige Entnahmehandlung wird angenommen, wenn ein Steuerpflichtiger sein Grundstück oder einen Grundstücksteil nur noch für private Wohnzwecke nutzt oder es Dritten zu Wohnzwecken unentgeltlich überlässt oder auf einer Grundstücksfläche ein Gebäude errichtet, das nur noch privaten Zwecken dient.[143] Dies gilt nicht, wenn es nach den Umständen zweifelhaft erscheint, ob die Nutzung zu Wohnzwecken von Dauer ist.[144]

Will der Erbe ein zum landwirtschaftlichen Betriebsvermögen des Erblassers gehörendes verpachtetes Grundstück entnehmen, bedarf es einer unmissverständlichen, von einem entsprechenden Entnahmewillen getragenen Entnahmehandlung, wozu grundsätzlich auch die Erklärung eines etwaigen Entnahmegewinns gehört. Die objektiv falsche Zuordnung der Einkünfte zu der Einkunftsart Vermietung und Verpachtung ist i. d. R. weder subjektiv als Entnahmehandlung gemeint noch objektiv entsprechend zu verstehen. Daran ändert sich auch dann nichts, wenn langjährig unzutreffende Steuererklärungen eingereicht und die Veranlagungen entsprechend durchgeführt wurden.[145]

Wird ein zum Gesamthandseigentum der Gesellschafter einer Personengesellschaft gehörendes Grundstück, das zum Betriebsvermögen der Personengesellschaft gehört, einem Gesellschafter auf Dauer zur privaten Nutzung überlassen, so z. B., wenn es mit einem Gebäude bebaut wird, das einem, mehreren oder allen Gesellschaftern zu eigenen Wohnzwecken dienen soll, so verliert das Grundstück dadurch i. d. R. die Eigenschaft als Betriebsvermögen. Denn auch das Gesamthandsvermögen der Gesellschafter einer Personengesellschaft kann nur dann Betriebsvermögen sein, wenn es wenigstens die Voraussetzungen für gewillkürtes Betriebsvermögen erfüllt. Das ist bei nicht nur vorübergehender Nutzung zu privaten Wohnzwecken durch einen Gesellschafter nicht der Fall.[146] Die für die Entnahme des Grundstücks erforderliche Entnahmehandlung aller Gesellschafter besteht darin, dass alle Gesellschafter der Entnahme ausdrücklich oder durch schlüssiges Handeln (Einverständnis mit der Bebauung) zustimmen.[147]

In besonders gelagerten Fällen kann auch ein **Rechtsvorgang** genügen, der das Wirtschaftsgut aus dem Betriebsvermögen ausscheiden lässt.[148] Es kommen hier aber nur solche nicht auf dem Gebiet der steuerrechtlichen Wertung liegende Rechtsvorgänge in Betracht, durch die auf Wirtschaftsgüter in einer Weise eingewirkt wird, dass diese ihre Zugehörigkeit zum Betriebsvermögen verlieren.[149]

---

143 BFH, BStBl 1970 II S. 92, 1980 II S. 740, 1985 II S. 396, 1986 II S. 516, 1988 II S. 418.
144 BFH, BStBl 1974 II S. 240.
145 BFH vom 04.06.2007 IV B 88/06 (BFH/NV 2007 S. 2088).
146 BFH, BStBl 1988 II S. 418.
147 BFH, BStBl 1988 II S. 418.
148 BFH vom 07.10.1974 GrS 1/73 (BStBl 1975 II S. 168).
149 BFH, BStBl 1976 II S. 246, 1984 II S. 474.

7 Gewinnermittlungsarten

Scheidet ein Gesellschafter aus einer Personengesellschaft aus, so wird auch ein Grundstück, das dem ausscheidenden Gesellschafter gehört und der Gesellschaft zur Nutzung überlassen worden ist und weiterhin überlassen bleibt, ohne ausdrückliche Entnahmehandlung ins Privatvermögen des Ausscheidenden überführt.[150] Das gilt auch für den Fall, in dem der Gesellschafter durch Tod ausscheidet und die Gesellschaft nach dem Gesellschaftsvertrag von den verbleibenden Gesellschaftern unter Ausschluss der Erben fortgesetzt wird. Da der Gesellschaftsanteil in einem solchen Fall den verbleibenden Gesellschaftern zuwächst, entfallen die Voraussetzungen für die Zugehörigkeit des betreffenden Wirtschaftsguts als Sonderbetriebsvermögen des bisherigen Gesellschafters. Der Vorgang stellt sich als Entnahme des verstorbenen Gesellschafters dar (Entnahme durch Rechtsvorgang).[151]

Beispiele:

a) A will seinen zum (gewillkürten) Betriebsvermögen gehörenden PKW (betriebliche Nutzung zu 30 %) in sein Privatvermögen überführen, ohne dass sich an der Nutzung des PKW etwas geändert hätte. Hierzu ist eine ausdrückliche Entnahmehandlung, die in der Buchführung (ggf. im Bestandsverzeichnis) eindeutig zum Ausdruck kommt, erforderlich. Wirtschaftsgüter, die die Voraussetzungen für die Behandlung als gewillkürtes Betriebsvermögen erfüllen, können, solange der Betrieb und die Beziehung des Wirtschaftsguts zum Betrieb fortbestehen, grundsätzlich nur durch eine entsprechende Entnahmebuchung entnommen werden.

b) B überträgt Geld von seinem betrieblichen Bankkonto auf sein privates Bankkonto. Er will das Geld auch dort als betriebliche Liquiditätsreserve bereithalten. Hier liegt bereits in der Umbuchung die eindeutige Entnahmehandlung. Liegt eine solche Entnahmehandlung vor, so kommt es bei gewillkürtem Betriebsvermögen weder auf die weiterbestehende objektive Eignung des Wirtschaftsguts, dem Betrieb zu dienen – wie sie bei Barmitteln und Bankguthaben regelmäßig gegeben ist –, noch darauf an, welche Pläne der Steuerpflichtige mit dem Wirtschaftsgut hat.[152]

c) Der Arzt X, der seinen PKW bisher zu 55 % betrieblich genutzt hat und ihn nunmehr nur noch zu 40 % für die Zwecke seiner Praxis einsetzt, ist der Auffassung, der PKW könne nun nicht mehr Betriebsvermögen sein. Er meint ferner, seine Bilanz sei dadurch unrichtig geworden. Er berichtigt sie dadurch, dass er den Buchwert des PKW über das Kapitalkonto ausbucht. Der Vorgang kann nicht als Entnahme, die ja grundsätzlich zu einer Gewinnrealisierung führt, verstanden werden. Geht ein Steuerpflichtiger davon aus, er könne ein Wirtschaftsgut durch Bilanzberichtigung aus dem Betriebsvermögen herausnehmen, weil das Wirtschaftsgut nicht mehr die Voraussetzungen für die Behandlung als gewillkürtes Betriebsvermögen erfüllt, so kann darin keine gewinnrealisierende Entnahme gesehen werden, wenn der Steuerpflichtige klar zum Ausdruck bringt, dass er keine Entnahme, sondern nur eine Bilanzberichtigung wollte.

d) X stellt seinen bisher ausschließlich betrieblich genutzten PKW seiner Ehefrau zu deren ausschließlich privater Nutzung zur Verfügung. Hier liegt die Entnahmehandlung bereits in der Zurverfügungstellung (schlüssige Entnahmehandlung). Einer weiteren Entnahmehandlung, insbesondere einer Entnahmebuchung und eines besonderen Entnahmewillens, bedarf es nicht.

---

150 BFH, BStBl 1967 III S. 751.
151 BFH, BStBl 1975 II S. 58.
152 BFH, BStBl 1975 II S. 811.

7.2 Betriebsvermögensvergleich nach § 4 Abs. 1 EStG

e) Der Kaufmann A schenkt sein zum Betriebsvermögen gehörendes Grundstück seiner Tochter B als Voraus auf ihren Erbteil. B überlässt das Grundstück dem A zur weiteren betrieblichen Nutzung.

Sofern B nicht Mitunternehmerin am Unternehmen des A ist, wird das Grundstück durch den Rechtsakt der Schenkung entnommen. Denn Wirtschaftsgüter, die dem Unternehmer nicht zumindest als wirtschaftlichem Eigentümer zuzurechnen sind, können nicht zu dessen Betriebsvermögen gehören.

Bei der Frage, unter welchen Voraussetzungen Grundstücke als entnommen angesehen werden können, muss man unterscheiden zwischen Fällen, in denen der Betrieb fortbesteht, und solchen, in denen der Steuerpflichtige seine eigene betriebliche Tätigkeit einstellt.

Beispiele:

a) A betreibt einen Textilgroßhandel in einem eigenen Gebäude. Im Jahr 01 stellt A seine betriebliche Tätigkeit ein und wickelt sein Geschäft ab. Seine Geschäftsräume vermietet er an einen Tabakwarengroßhändler, um künftig allein aus den Erträgnissen seines Hauses zu leben. Der Entschluss des A, seinen Gewerbebetrieb aufgeben und das Gebäude nur noch durch Vermietung zu nutzen, stellt eine Willensentscheidung dar, das Gebäude in das Privatvermögen zu überführen.

b) X betreibt die Herstellung von Fahrrädern. Im Jahre 02 stellt er seine Fabrikation ein und veräußert die Restbestände an Fertig- und Halbfertigwaren. Die Veräußerung des Maschinenparks, die Einziehung der Forderungen und die Begleichung der Schulden erstrecken sich bis zum Herbst 04. Bereits im Jahr 03 hat er das Betriebsgrundstück an Y vermietet. Nach längeren Verhandlungen verkauft er es an ihn Anfang 05. Das Grundstück ist vor seiner Veräußerung nicht als entnommen anzusehen. X konnte das Grundstück jedenfalls bis zur Beendigung der Abwicklung als Betriebsvermögen behandeln. Wollte er es vorher ins Privatvermögen überführen, dann hätte es einer eindeutigen Entnahmehandlung bedurft.[153]

7.2.4.8 Zeitpunkt der Entnahme

Zeitpunkt der Entnahme ist der Zeitpunkt, zu dem die Entnahmehandlung äußerlich erkennbar und damit wirksam geworden ist. Das ist, sofern die Entnahme nicht unabhängig von einer Ausbuchung erfolgt ist, grundsätzlich nicht der Bilanzstichtag, sondern frühestens der Zeitpunkt der Ausbuchung bei der Bilanzaufstellung und spätestens der Zeitpunkt, zu dem die Bilanz beim Finanzamt eingegangen ist.[154] Bei der Entnahme durch Übertragung eines Wirtschaftsguts auf einen Dritten (Entnahme durch Schenkung) ist Zeitpunkt der Entnahme der Tag, an dem das Wirtschaftsgut nicht mehr dem bisherigen Eigentümer zuzurechnen ist. Das ist regelmäßig der Fall, wenn die wirtschaftliche Verfügungsmacht auf einen anderen übergeht.[155] Wird die Übertragung mit Wirkung vom 1. Januar eines Jahres verein-

---

153 BFH, BStBl 1964 III S. 406.
154 BFH, BStBl 1985 II S. 395.
155 BFH, BStBl 1998 II S. 490.

bart, so ist die Entnahme nicht mehr im vorangegangenen Kalenderjahr als erfolgt anzusehen.[156]

7.2.4.9 Unentgeltliche Übertragung eines Betriebs, Teilbetriebs oder Mitunternehmeranteils

Keine Entnahme ist die unentgeltliche Betriebs-, Teilbetriebs- und Anteilsübertragung (§ 6 Abs. 3 EStG). Wird mithin ein Betrieb, Teilbetrieb oder ein Mitunternehmeranteil unentgeltlich, z. B. durch Schenkung oder Erbschaft, übertragen, so sind bei der Ermittlung des Gewinns des bisherigen Betriebsinhabers die Wirtschaftsgüter mit den Werten anzusetzen, die sich nach den Vorschriften über die Gewinnermittlung ergeben. Der Rechtsnachfolger ist an diese Werte gebunden. Es gilt somit der **Grundsatz der Buchwertfortführung.** Dies gilt auch bei der unentgeltlichen Aufnahme einer natürlichen Person in ein bestehendes Einzelunternehmen sowie bei der unentgeltlichen Übertragung eines Teils eines Mitunternehmeranteils auf eine natürliche Person.

Diese Regelung ist auch dann anzuwenden, wenn der bisherige Betriebsinhaber bzw. Mitunternehmer Wirtschaftsgüter, die weiterhin zum Betriebsvermögen derselben Mitunternehmerschaft gehören, nicht überträgt, sofern der Rechtsnachfolger den übernommenen Mitunternehmeranteil über einen Zeitraum von mindestens 5 Jahren nicht veräußert oder aufgibt (§ 6 Abs. 3 Satz 2 EStG).

7.2.4.10 Überführung von Wirtschaftsgütern in ein anderes Betriebsvermögen desselben Steuerpflichtigen

Wird ein einzelnes betriebliches Wirtschaftsgut von einem Betrieb unmittelbar in einen anderen Betrieb desselben Steuerpflichtigen überführt und ist dabei eine spätere steuerrechtliche Erfassung der im Buchansatz für dieses Wirtschaftsgut enthaltenen stillen Reserven gesichert, so gilt § 6 Abs. 5 Satz 1 EStG. Eine Entnahme liegt nicht vor. Die Ausbuchung und die Übernahme des Wirtschaftsguts durch den aufnehmenden Betrieb haben zu **Buchwerten** zu erfolgen. Eine Gewinnrealisierung findet somit nicht statt.

Unter dem Betrieb ist das gesamte betriebliche Vermögen eines Steuerpflichtigen zu verstehen. Hierzu gehören nicht nur das gewerbliche Betriebsvermögen, sondern auch das freiberufliche und das land- und forstwirtschaftliche Betriebsvermögen.

Unerheblich ist, dass z. B. im Fall der Überführung eines Wirtschaftsguts von einem gewerblichen Betriebsvermögen in ein land- und forstwirtschaftliches Betriebsvermögen die stillen Reserven der Gewerbesteuer entzogen werden.[157]

---
156 BFH vom 10.08.1994 X R 14-15/93 (BFH/NV 1995 S. 219).
157 BFH, BStBl 1987 II S. 342.

7.2 Betriebsvermögensvergleich nach § 4 Abs. 1 EStG

Beispiel:
Ein Wirtschaftsgut wird aus einem gewerblichen Betriebsvermögen in ein land- und forstwirtschaftliches Betriebsvermögen desselben Steuerpflichtigen überführt. Die Gewinnermittlung erfolgt nach Durchschnittssätzen gem. § 13a EStG.
Es liegt eine Entnahme vor, die mit dem Teilwert zu bewerten ist. § 6 Abs. 5 Satz 1 EStG findet keine Anwendung, da die Versteuerung der stillen Reserven nicht gesichert ist.

Die **Erfassung der stillen Reserven** als Voraussetzung für die Buchwertfortführung ist nur sichergestellt, wenn das überführte Wirtschaftsgut im Betriebsvermögen eines Betriebs des Steuerpflichtigen verbleibt, der der deutschen Ertragsbesteuerung unterliegt. Fehlt es daran, liegt eine Entnahme vor.[158]

7.2.4.11 Übertragung von Wirtschaftsgütern bei Mitunternehmerschaften

§ 6 Abs. 5 Satz 1 EStG gilt entsprechend – auch in diesen Fällen liegt keine Entnahme vor – im Fall der Überführung eines Wirtschaftsguts aus einem eigenen Betriebsvermögen des Steuerpflichtigen in dessen Sonderbetriebsvermögen bei einer Mitunternehmerschaft und umgekehrt sowie für die Überführung zwischen verschiedenen Sonderbetriebsvermögen desselben Steuerpflichtigen bei verschiedenen Mitunternehmerschaften (§ 6 Abs. 5 Satz 2 EStG).

Gleiches gilt, soweit ein Wirtschaftsgut aus einem Betriebsvermögen des Mitunternehmers in das Gesamthandsvermögen einer Mitunternehmerschaft und umgekehrt sowie aus dem Sonderbetriebsvermögen eines Mitunternehmers in das Gesamthandsvermögen derselben Mitunternehmerschaft oder einer anderen Mitunternehmerschaft, an der er beteiligt ist, und umgekehrt übertragen wird. Hierbei ist es jeweils gleichgültig, ob die Übertragung unentgeltlich oder gegen Gewährung oder Minderung von Gesellschaftsrechten erfolgt. Ebenfalls findet § 6 Abs. 5 Satz 1 EStG Anwendung in den Fällen der unentgeltlichen Übertragung eines Wirtschaftsguts zwischen Sonderbetriebsvermögen verschiedener Mitunternehmer derselben Mitunternehmerschaft (§ 6 Abs. 5 Satz 3 EStG).

Wird in diesen Fällen das übertragene Wirtschaftsgut innerhalb einer **Sperrfrist** veräußert oder entnommen, ist rückwirkend auf den Zeitpunkt der Übertragung der Teilwert anzusetzen. Dies gilt nicht, wenn die bis zur Übertragung entstandenen stillen Reserven durch Erstellung einer Ergänzungsbilanz dem übertragenden Gesellschafter zugeordnet worden sind. Die Sperrfrist endet drei Jahre nach Abgabe der Steuererklärung des Übertragenden für den Veranlagungszeitraum, in dem die Übertragung erfolgt ist. Der Teilwert ist auch anzusetzen, soweit in den genannten Übertragungsfällen der Anteil einer Körperschaft, Vermögensvereinigung oder Vermögensmasse an dem Wirtschaftsgut unmittelbar oder mittelbar begründet wird oder sich erhöht. Soweit innerhalb von sieben Jahren nach der Übertragung des Wirtschaftsguts der Anteil einer Körperschaft, Personenvereinigung oder Vermögens-

---
158 BFH, BStBl 1972 II S. 760.

masse an dem übertragenen Wirtschaftsgut aus einem anderen Grund unmittelbar oder mittelbar begründet wird oder dieser sich erhöht, ist rückwirkend auf den Zeitpunkt der Übertragung ebenfalls der Teilwert anzusetzen (§ 6 Abs. 5 Satz 4 bis 6 EStG).

7.2.4.12 Steuerbefreiung der errichtungsbedingten Entnahme

Nach § 13 Abs. 5 EStG bleibt ein Entnahmegewinn außer Ansatz, der dadurch entsteht, dass zu einem land- und forstwirtschaftlichen Betriebsvermögen gehörender Grund und Boden zur Errichtung der Wohnung des Steuerpflichtigen oder einer Altenteilerwohnung genutzt wird. Diese Vorschrift gilt nach § 15 Abs. 1 Satz 3 EStG entsprechend, sofern das in Anspruch genommene Grundstück im Veranlagungszeitraum 1986 zu einem gewerblichen Betriebsvermögen gehört hat.

Die Steuerbefreiung ist nicht befristet. Sie bedeutet eine endgültige steuerfreie Entnahmemöglichkeit für den Grund und Boden. Sie gilt sowohl für erstmalige Bebauungen als auch für Aufstockungen. Voraussetzung ist allerdings, dass eine vollständige Wohnung neu gebaut wird. Die Schaffung einzelner Räume ist nicht begünstigt.

7.2.4.13 Entstrickung

Nach dem finalen Entnahmebegriff der Rechtsprechung ist eine Entnahme auch dann gegeben, wenn ein Wirtschaftsgut des Betriebsvermögens von einem Betrieb in einen anderen Betrieb übergeht und dabei eine spätere steuerliche Erfassung der stillen Reserven nicht gewährleistet ist.[159] Demgegenüber liegt eine Entnahme in diesen Fällen noch nicht vor, solange die Realisierung der im Bilanzansatz des jeweiligen Wirtschaftsguts enthaltenen stillen Reserven gesichert bleibt.[160]

Nach § 4 Abs. 1 Satz 3 EStG wird einer Entnahme für betriebsfremde Zwecke der Fall gleichgestellt, dass das deutsche Besteuerungsrecht hinsichtlich des Gewinns aus der Veräußerung oder Nutzung eines Wirtschaftsguts ausgeschlossen wird. Nach § 4 Abs. 1 Satz 4 EStG liegt ein Ausschluss oder eine Beschränkung des Besteuerungsrechts hinsichtlich des Gewinns aus der Veräußerung eines Wirtschaftsguts insbesondere dann vor, wenn ein bisher einer inländischen Betriebsstätte des Steuerpflichtigen zuzuordnendes Wirtschaftsgut einer ausländischen Betriebsstätte zuzuordnen ist.

Damit existiert erstmals im EStG ein allgemeiner steuerlicher Entstrickungstatbestand. Die Regelung ist für Wirtschaftsjahre anzuwenden, die nach dem 31.12.2005 enden.

§ 4 Abs. 1 Satz 3 EStG erfasst drei Fälle der Entstrickung:

---

159 BFH, BStBl 1975 II S. 168.
160 BFH, BStBl 2005 II S. 378.

7.2 Betriebsvermögensvergleich nach § 4 Abs. 1 EStG

- Ausschluss des deutschen Besteuerungsrechts für den Gewinn aus der Veräußerung des Wirtschaftsguts

  Erfasst wird die Überführung eines Wirtschaftsguts von einem inländischen Betrieb in eine ausländische Betriebsstätte des Steuerpflichtigen, wenn der Gewinn der ausländischen Betriebsstätte aufgrund eines DBA von der inländischen Besteuerung freigestellt ist oder die ausländische Steuer im Inland anzurechnen ist. Gleiches gilt auch, wenn ein unbeschränkt Steuerpflichtiger Wirtschaftsgüter aus einer ausländischen Anrechnungsbetriebsstätte in eine ausländische Freistellungsbetriebsstätte überführt oder ein beschränkt Steuerpflichtiger Wirtschaftsgüter aus einer inländischen Betriebsstätte in das ausländische Stammhaus oder eine ausländische Betriebsstätte überführt. Eine Entnahme im Wege der Entstrickung ist zu verneinen, wenn ein Wirtschaftsgut durch Abschluss eines DBA aus der deutschen Besteuerungshoheit ausscheidet.

- Beschränkung des deutschen Besteuerungsrechts für den Gewinn aus der Veräußerung des Wirtschaftsguts

  Erfasst wird die Überführung eines Wirtschaftsguts aus dem inländischen Stammhaus in eine Anrechnungsbetriebsstätte im Ausland, mit dem kein DBA oder ein DBA mit Anrechnungsmethode besteht. Die Beschränkung des deutschen Besteuerungsrechts liegt in diesen Fällen darin, dass auf einen künftigen Gewinn aus der Veräußerung des Wirtschaftsguts ausländische Steuern anzurechnen sind. Ob es im Fall der Veräußerung tatsächlich zu einer Anrechnung ausländischer Steuern kommt, ist nicht maßgebend. Die Beschränkung des deutschen Besteuerungsrechts ergibt sich schon abstrakt aus der Anrechnungsverpflichtung.

- Ausschluss oder Beschränkung des deutschen Besteuerungsrechts für den Gewinn aus der Nutzung des Wirtschaftsguts

  § 4 Abs. 1 Satz 3 EStG fingiert eine Entnahme auch dann, wenn das Besteuerungsrecht der Bundesrepublik Deutschlands hinsichtlich des Gewinns aus der Nutzung eines einer inländischen Betriebsstätte zugeordneten Wirtschaftsguts in einer ausländischen Betriebsstätte ausgeschlossen oder beschränkt wird. Betroffen sind Fallgestaltungen, in denen Wirtschaftsgüter einer ausländischen Betriebsstätte nur vorübergehend überlassen werden oder Wirtschaftsgüter nicht nur im Inland, sondern zusätzlich auch in einer oder mehreren ausländischen Betriebsstätten genutzt werden. Der Vorgang ist als eine fingierte Entnahme der Nutzung des Wirtschaftsguts anzusehen, die mit dem gemeinen Wert zu bewerten ist.

Die Verlegung des Sitzes einer Europäischen Gesellschaft oder einer Europäischen Genossenschaft kann hinsichtlich der Anteile, die einer inländischen Betriebsstätte zuzurechnen sind, zur Entstrickung i. S. von § 4 Abs. 1 Satz 3 EStG führen. Nach Art. 10d Abs. 2 FusionsRL ist eine Besteuerung der Gesellschafter aufgrund der Sitzverlegung einer Europäischen Gesellschaft oder einer Europäischen Genossenschaft unzulässig. § 4 Abs. 1 Satz 3 EStG findet nach § 4 Abs. 1 Satz 5 EStG keine Anwendung. Eine Besteuerung findet erst bei tatsächlicher Veräußerung statt (§ 15 Abs. 1a EStG).

Die fiktive Entnahme in den Fällen von § 4 Abs. 1 Satz 3 EStG ist nach § 6 Abs. 1 Nr. 4 Satz 1 EStG mit dem gemeinen Wert zu bewerten. Es besteht die Möglichkeit der Bildung eines Ausgleichspostens nach § 4g EStG. Letztere Regelung wird jedoch gegenstandslos, wenn das Wirtschaftsgut aus dem Betriebsvermögen des Steuerpflichtigen ausscheidet oder den EU/EWR-Raum verlässt, wobei der Steuerpflichtige insoweit mitteilungspflichtig ist. Der gemeine Wert bestimmt sich nach § 9 Abs. 2 BewG.

7.2.5 Einlagen

7.2.5.1 Allgemeines

Einlagen sind nach § 4 Abs. 1 Satz 8 EStG alle Wirtschaftsgüter (Bareinzahlungen und sonstige Wirtschaftsgüter), die der Steuerpflichtige dem Betrieb im Laufe des Wirtschaftsjahres zuführt.

Der Einlagetatbestand will zum einen verhindern, dass vom Steuerpflichtigen steuerfrei gebildetes oder bei ihm bereits versteuertes Vermögen nach Überführung des Wirtschaftsguts in das Betriebsvermögen erneut der Besteuerung unterworfen wird. Zum anderen soll er aber auch den Betriebsausgabenabzug für alle betrieblich veranlassten Aufwendungen sicherstellen.[161] Die Bewertung von Einlagen ist geregelt insbesondere in § 6 Abs. 1 Nr. 5, 5a und 6 EStG.

Der Begriff der Einlage ergibt sich aus der **Umkehrung des Begriffs der Entnahme.** Einlagen sind demnach zunächst einmal alle Wirtschaftsgüter, die der Steuerpflichtige dem Betrieb zu betrieblichen Zwecken aus der privaten Sphäre zuführt. Auf das Motiv der Zuführung kommt es für die Feststellung einer Einlage nicht an, sofern das zugeführte Wirtschaftsgut Betriebsvermögen werden kann. Die Einlagen können sich bei Wirtschaftsgütern des Umlaufvermögens und des Anlagevermögens ergeben. Der Steuerpflichtige muss aber bereits vor der Einlage Eigentümer oder aber wirtschaftlicher Eigentümer des Wirtschaftsguts gewesen sein oder dies mit der Einlage werden.

Wirtschaftsgüter, die notwendiges Privatvermögen sind, können nicht eingelegt werden.

Wirtschaftsgüter des gewillkürten Betriebsvermögens werden regelmäßig durch eindeutige Buchung Betriebsvermögen.[162] Eine Einlagehandlung ist jedoch nicht schon darin zu sehen, dass der Unternehmer ein vom Betriebsprüfer irrtümlich in die

---

161 BFH, BStBl 1990 II S. 368.
162 BFH, BStBl 1984 II S. 294.

7.2 Betriebsvermögensvergleich nach § 4 Abs. 1 EStG

Buchführung aufgenommenes Wirtschaftsgut darin belässt.[163] Einlagen erfordern eine den Einlagewillen dokumentierende konkludente oder ausdrückliche Einlagehandlung des Steuerpflichtigen.

Keine Einlage ist die Umwidmung von Anlage- zu Umlaufvermögen. Gleiches gilt auch für die Anschaffung von notwendigem oder gewillkürtem Betriebsvermögen, wenn ein hierauf gerichteter Widmungswille bereits vor Übergang des wirtschaftlichen Eigentums unmissverständlich bekundet wird.[164]

Die Einlage eines Grundstücks in das Betriebsvermögen bedeutet nicht, dass damit auch Rechte, die mit dem Eigentum an dem Grundstück bürgerlich-rechtlich verbunden und Bestandteile des Grundstücks sind (z. B. Grunddienstbarkeit und Reallast, § 96 BGB), in das Betriebsvermögen übergehen. Denn sie stellen steuerrechtlich besondere Wirtschaftsgüter dar.[165]

Wirtschaftsgüter des notwendigen Betriebsvermögens sind bereits mit dem Zeitpunkt der Anschaffung oder Herstellung Betriebsvermögen. Eine private Anschaffung und spätere Einlage dieser Wirtschaftsgüter ist nicht möglich.[166] Anders ist die Sachlage, wenn die Wirtschaftsgüter zur Zeit der Anschaffung dem Privatvermögen zugehören und durch eine spätere Änderung der Funktion notwendiges Betriebsvermögen werden.

Eine Einlage ist nicht nur dadurch möglich, dass Gegenstände des Aktivvermögens in das Betriebsvermögen eingebracht werden. Da eine Einlage eine außerbetrieblich verursachte Mehrung des Betriebsvermögens ist, kann sie auch durch die Verminderung einer (dinglichen oder schuldrechtlichen) betrieblichen Verbindlichkeit geschehen. Diese Verminderung betrieblicher Verbindlichkeiten kann durch Erlass oder Verzicht des Berechtigten aus privaten Gründen oder Tilgung mit privaten Mitteln erfolgen. Einlage ist aber auch die wirtschaftliche Umwandlung einer betrieblichen Verbindlichkeit in eine Privatschuld. Das ist z. B. der Fall, wenn ein Steuerpflichtiger die Valuta einer bisher betrieblichen Darlehensschuld aufgrund einer mit dem Darlehensgläubiger getroffenen Vereinbarung für die Anschaffung eines Gegenstandes des Privatvermögens verwendet.[167]

Nicht einlagefähig sind allerdings solche Wirtschaftsgüter, die einem Betrieb keinen Nutzen, sondern nur **Verluste** bringen können.[168]

Die Zuführung schlichter Nutzungen durch den Betriebsinhaber führt nicht zu einer Einlage in Höhe des Nutzungswerts. Dies gilt allerdings dann nicht, wenn es sich um dingliche oder obligatorische Nutzungsrechte handelt, die die Voraussetzungen des Wirtschaftsgutsbegriffs erfüllen.

---

163 BFH, BStBl 1969 II S. 616.
164 BFH, BStBl 1978 II S. 330.
165 BFH, BStBl 1974 II S. 767.
166 BFH, BStBl 1973 II S. 136.
167 BFH, BStBl 1972 II S. 620.
168 BFH, BStBl 1983 II S. 566.

Werden Wirtschaftsgüter des Privatvermögens teilweise betrieblich genutzt (ohne dass notwendiges Betriebsvermögen vorliegt), stellen die Aufwendungen insoweit Betriebsausgaben dar. Es handelt sich insoweit um eine Aufwandseinlage.[169]

Bei der verdeckten Einlage handelt es sich um den Gegenbegriff zur verdeckten Gewinnausschüttung. Eine verdeckte Einlage ist gegeben, wenn ein Gesellschafter einer Kapitalgesellschaft oder eine ihm nahestehende Person der Kapitalgesellschaft einen bilanzierungsfähigen Vermögensvorteil zuwendet und diese Zuwendung durch das Gesellschaftsverhältnis veranlasst ist. Die Veranlassung durch das Gesellschaftsverhältnis ist gegeben, wenn ein Nichtgesellschafter bei Anwendung der Sorgfalt eines ordentlichen Kaufmanns den Vermögensvorteil der Gesellschaft nicht eingeräumt hätte.[170]

Entnahmen und Einlagen sind tatsächliche Vorgänge. Sie können nicht auf einen anderen Zeitpunkt bezogen werden als auf den, zu dem sie tatsächlich geschehen sind.[171] Entnahmen und Einlagen können daher auch nicht durch eine Bilanzänderung auf einen Zeitpunkt vor dem Bilanzstichtag zurückbezogen werden.[172] Entnahmen können nur durch Einlagen (und Einlagen nur durch Entnahmen) in ihren Auswirkungen ausgeglichen, jedoch nicht in ihren steuerrechtlichen Auswirkungen rückgängig gemacht werden.[173]

7.2.5.2 Verstrickung

§ 4 Abs. 1 Satz 8 Halbsatz 2 EStG beinhaltet einen allgemeinen Verstrickungstatbestand. Anzuwenden ist dieser erstmals für Wirtschaftsjahre, die nach dem 31.12.2005 enden.

Nach § 4 Abs. 1 Satz 8 Halbsatz 2 EStG steht einer Einlage die Begründung des Besteuerungsrechts der Bundesrepublik Deutschland hinsichtlich des Gewinns aus der Veräußerung eines Wirtschaftsguts gleich. Erfasst werden soll die erstmalige steuerliche Verstrickung, nicht dagegen der Wechsel von einem eingeschränkten zu einem uneingeschränkten Besteuerungsrecht. Erfasst werden von der Neuregelung insbesondere im Fall eines DBA mit Freistellungsmethode die Überführung von Wirtschaftsgütern aus einer ausländischen Betriebsstätte oder aus einem ausländischen Stammhaus in eine inländische Betriebsstätte oder in ein inländisches Stammhaus. Bei beschränkt Steuerpflichtigen werden entsprechende Überführungen unabhängig davon erfasst, ob ein DBA mit Freistellungs- oder Anrechnungsmethode vorliegt.

---

169 BFH, BStBl 1988 II S. 348.
170 BFH, BStBl 1995 II S. 362.
171 BFH, BStBl 1973 II S. 628, 1975 II S. 811, 1983 II S. 365.
172 BFH, BStBl 1967 III S. 724.
173 BFH, BStBl 1968 II S. 4, 1983 II S. 736.

Die Bewertung der Einlage i. S. von § 4 Abs. 1 Satz 8 Halbsatz 2 EStG erfolgt – unabhängig von der steuerlichen Behandlung im Ausland – nach § 6 Abs. 1 Nr. 5a EStG mit dem gemeinen Wert.

7.3 Betriebsvermögensvergleich nach § 5 EStG

7.3.1 Allgemeines

Bei Gewerbetreibenden, die aufgrund gesetzlicher Vorschriften verpflichtet sind, Bücher zu führen und regelmäßig Abschlüsse zu machen, oder die ohne eine solche Verpflichtung Bücher führen und regelmäßig Abschlüsse machen, ist nach § 5 Abs. 1 Satz 1 EStG für den Schluss des Wirtschaftsjahres das Betriebsvermögen anzusetzen, das nach den handelsrechtlichen Grundsätzen ordnungsmäßiger Buchführung auszuweisen ist. Eine Ausnahme gilt dann, wenn im Rahmen der Ausübung eines steuerlichen Wahlrechts ein anderer Ansatz gewählt wird oder wurde. Sonderregelungen enthalten § 5 Abs. 2 bis 6 EStG.

Geltung hat § 5 EStG nur für Gewerbetreibende, die gesetzlich verpflichtet sind, Bücher zu führen und regelmäßig Abschlüsse zu machen oder dies freiwillig tun. Die gesetzlichen Buchführungspflichten ergeben sich hierbei aus §§ 140, 141 AO. Gewerbetreibender ist, wer ein gewerbliches Unternehmen i. S. von § 15 Abs. 1 Satz 1 Nr. 1 bis Nr. 3 EStG betreibt.

§ 5 EStG stellt eine Sonderregelung gegenüber § 4 Abs. 1 EStG dar. Bedeutsame Unterschiede zwischen den Gewinnermittlungen nach § 4 Abs. 1 und § 5 EStG bestehen nicht. Insbesondere gelten im Hinblick auf den Grundsatz der Gleichmäßigkeit der Besteuerung auch im Rahmen von § 4 Abs. 1 EStG die handelsrechtlichen Grundsätze ordnungsgemäßer Buchführung.

7.3.2 Maßgeblichkeitsgrundsatz (§ 5 Abs. 1 Satz 1 Halbsatz 1 EStG)

Ausgangspunkt für die Ermittlung des steuerlichen Gewinns ist der Betriebsvermögensvergleich nach § 4 Abs. 1 Satz 1 EStG. Bei Gewerbetreibenden, die aufgrund gesetzlicher Vorschriften verpflichtet sind, Bücher zu führen und regelmäßig Abschlüsse zu machen, oder die dies freiwillig machen, ist nach § 5 Abs. 1 Satz 1 EStG das Betriebsvermögen anzusetzen, das nach den handelsrechtlichen Grundsätzen ordnungsmäßiger Buchführung auszuweisen ist. Die allgemeinen Grundsätze zur Aktivierung, Passivierung und Bewertung der einzelnen Bilanzposten sind auch für die steuerliche Gewinnermittlung maßgeblich. Der Grundsatz der Maßgeblichkeit wird durch die steuerlichen Ansatz- und Bewertungsvorbehalte nach § 5 Abs. 1a bis 4b, Abs. 6, §§ 6, 6a und 7 EStG durchbrochen. Einzelheiten zum Maßgeblichkeitsgrundsatz sind im BMF-Schreiben vom 12.03.2010[174] geregelt.

---

174 BMF vom 12.03.2010 (BStBl 2010 I S. 239).

7 Gewinnermittlungsarten

Handelsrechtliche Aktivierungsgebote und Aktivierungswahlrechte führen zu Aktivierungsgeboten in der Steuerbilanz, es sei denn, die Aktivierung in der Steuerbilanz ist aufgrund einer steuerlichen Regelung ausgeschlossen. So können z. B. nach § 248 Abs. 2 HGB selbst geschaffene immaterielle Vermögensgegenstände des Anlagevermögens als Aktivposten in die Bilanz aufgenommen werden, soweit es sich nicht um Marken, Drucktitel, Verlagsrechte, Kundenlisten oder vergleichbare immaterielle Vermögensgegenstände des Anlagevermögens handelt. Eine Aktivierung selbst geschaffener immaterieller Wirtschaftsgüter des Anlagevermögens ist nach § 5 Abs. 2 EStG ausgeschlossen. Das Aktivierungswahlrecht in der Handelsbilanz führt nicht zu einem Aktivierungsgebot in der Steuerbilanz.

Handelsrechtliche Passivierungsgebote sind – vorbehaltlich steuerlicher Vorschriften – auch für die steuerliche Gewinnermittlung maßgeblich. So sind für Pensionsverpflichtungen nach den Grundsätzen ordnungsmäßiger Buchführung Rückstellungen für ungewisse Verbindlichkeiten zu bilden. Passivierungsverbote und Passivierungswahlrechte in der Handelsbilanz führen zu Passivierungsverboten in der Steuerbilanz.

Bewertungswahlrechte, die in der Handelsbilanz ausgeübt werden können, ohne dass eine eigenständige steuerliche Regelung besteht, wirken wegen des maßgeblichen Handelsbilanzansatzes auch auf den Wertansatz in der Steuerbilanz.

Nach § 249 HGB müssen in der Handelsbilanz für unmittelbare Pensionszusagen Rückstellungen gebildet werden. Dieses Passivierungsgebot gilt auch für die steuerliche Gewinnermittlung. Die bilanzsteuerlichen Ansatz- und Bewertungsvorschriften des § 6a EStG schränken jedoch die Maßgeblichkeit des handelsrechtlichen Passivierungsgebotes ein. In der steuerlichen Gewinnermittlung sind Pensionsrückstellungen nur anzusetzen, wenn die Voraussetzungen des § 6a Abs. 1 und 2 EStG erfüllt sind. Die Passivierung einer Pensionszusage unterliegt zudem dem Bewertungsvorbehalt des § 6a Abs. 3 und 4 EStG. Die Bewertung kann somit vom handelsrechtlichen Wert abweichen. Für laufende Pensionen und Anwartschaften auf Pensionen, die vor dem 01.01.1987 rechtsverbindlich zugesagt worden sind (Altzusagen), gilt weiterhin das handels- und steuerrechtliche Passivierungswahlrecht.

7.3.3 Wahlrechtsvorbehalt (§ 5 Abs. 1 Satz 1 Halbsatz 2 EStG)

Steuerliche Wahlrechte können sich aus dem Gesetz oder aus den Verwaltungsvorschriften, z. B. R 6.5 Abs. 2 EStR und R 6.6 EStR, ergeben.

Wahlrechte, die nur steuerrechtlich bestehen, können unabhängig vom handelsrechtlichen Wertansatz ausgeübt werden (§ 5 Abs. 1 Satz 1 EStG). Die Ausübung des steuerlichen Wahlrechtes wird insoweit nicht durch die Maßgeblichkeit der handelsrechtlichen Grundsätze ordnungsmäßiger Buchführung beschränkt. So können z. B. stille Reserven aus der Veräußerung bestimmter Anlagegüter zur Vermeidung der Besteuerung auf die Anschaffungs- oder Herstellungskosten anderer bestimmter Wirtschaftsgüter übertragen werden. Dazu sind deren Anschaffungs- oder Herstellungskosten zu mindern. Soweit die Übertragung auf ein anderes Wirtschaftsgut nicht vorgenommen wird, kann der Steuerpflichtige eine den steuerlichen Gewinn mindernde Rücklage bilden. Eine Minderung der Anschaffungs- oder Herstellungskosten oder die Bildung einer entsprechenden Rücklage in der Handelsbilanz ist nach den Vorschriften des HGB nicht zulässig. Die Abweichung vom Handelsbilanzansatz in der Steuerbilanz wird durch § 5 Abs. 1 Satz 1 EStG zugelassen.

Wahlrechte, die sowohl handelsrechtlich als auch steuerrechtlich bestehen, können aufgrund des § 5 Abs. 1 Satz 1 EStG in der Handelsbilanz und in der Steuerbilanz unterschiedlich ausgeübt werden. So kann nach § 256 HGB für den Wertansatz gleichartiger Vermögensgegenstände des Vorratsvermögens eine bestimmte Verbrauchsfolge unterstellt werden (Fifo und Lifo). Steuerrechtlich besteht nach § 6 Abs. 1 Nr. 2a EStG dieses Wahlrecht nur für das Verbrauchsfolgeverfahren, bei dem die zuletzt angeschafften oder hergestellten Wirtschaftsgüter zuerst verbraucht oder veräußert werden (Lifo). Die Anwendung des Verbrauchsfolgeverfahrens in der Steuerbilanz setzt nicht voraus, dass der Steuerpflichtige die Wirtschaftsgüter auch in der Handelsbilanz unter Verwendung von Verbrauchsfolgeverfahren bewertet. Eine Einzelbewertung der Wirtschaftsgüter in der Handelsbilanz steht der Anwendung des Verbrauchsfolgeverfahrens nach § 6 Abs. 1 Nr. 2a Satz 1 EStG unter Beachtung der dort genannten Voraussetzungen nicht entgegen.

7.3.4 Aufzeichnungspflichten (§ 5 Abs. 1 Satz 2 und 3 EStG)

Voraussetzung für die Ausübung steuerlicher Wahlrechte ist nach § 5 Abs. 1 Satz 2 EStG die Aufnahme der Wirtschaftsgüter, die nicht mit dem handelsrechtlich maßgeblichen Wert in der steuerlichen Gewinnermittlung ausgewiesen werden, in besondere, laufend zu führende Verzeichnisse. Die Verzeichnisse sind Bestandteil der Buchführung. Sie müssen nach § 5 Abs. 1 Satz 3 EStG den Tag der Anschaffung oder Herstellung, die Anschaffungs- oder Herstellungskosten, die Vorschrift des ausgeübten steuerlichen Wahlrechtes und die vorgenommenen Abschreibungen enthalten. Bei der Ausübung steuerlicher Wahlrechte für Wirtschaftsgüter des Sonderbetriebsvermögens ist eine gesonderte Aufzeichnung nach § 5 Abs. 1 Satz 2 EStG nicht erforderlich. Dies gilt auch für Umwandlungsvorgänge des Umwandlungssteuerrechtes.

Eine besondere Form der Verzeichnisse ist nicht vorgeschrieben. Soweit die Angaben bereits im Anlagenverzeichnis oder in einem Verzeichnis für geringwertige Wirtschaftsgüter gem. § 6 Abs. 2 Satz 4 EStG enthalten sind oder das Anlagenverzeichnis um diese Angaben ergänzt wird, ist diese Dokumentation ausreichend. Die Aufstellung der Verzeichnisse kann auch nach Ablauf des Wirtschaftsjahres im Rahmen der Erstellung der Steuererklärung, z. B. bei vorbereitenden Abschlussbuchungen, erfolgen.

Die laufende Führung des in § 5 Abs. 1 Satz 3 EStG genannten Verzeichnisses ist Tatbestandsvoraussetzung für die wirksame Ausübung des jeweiligen steuerlichen

Wahlrechtes. Wird das Verzeichnis nicht oder nicht vollständig geführt, ist der Gewinn hinsichtlich des betreffenden Wirtschaftsguts durch die Finanzbehörde so zu ermitteln, als wäre das Wahlrecht nicht ausgeübt worden. Wird ein steuerliches Wahlrecht im Wege der Bilanzänderung erstmals ausgeübt, ist dies durch eine Aufzeichnung nach § 5 Abs. 1 Satz 2 EStG zu dokumentieren.

Für die Bildung von steuerlichen Rücklagen ist eine Aufnahme in das besondere, laufend zu führende Verzeichnis nicht erforderlich, wenn die Rücklage in der Steuerbilanz abgebildet wird. Wird die Rücklage in einem folgenden Wirtschaftsjahr auf die Anschaffungs- oder Herstellungskosten eines Wirtschaftsgutes übertragen, handelt es sich um die Ausübung eines steuerlichen Wahlrechts i. S. des § 5 Abs. 1 Satz 1 EStG. Das Wirtschaftsgut ist mit den erforderlichen Angaben in das besondere, laufend zu führende Verzeichnis aufzunehmen. Soweit sich die Angaben aus der Buchführung i. S. des § 6b Abs. 4 EStG ergeben, ist diese Dokumentation ausreichend.

Behandelt ein Steuerpflichtiger Zuschüsse für Anlagegüter erfolgsneutral, indem er die Anschaffungs- oder Herstellungskosten für das Wirtschaftsgut um die erhaltenen Zuschüsse mindert (R 6.5 Abs. 2 Satz 3 EStR), ist die gesonderte Aufzeichnung nach § 5 Abs. 1 Satz 2 EStG erforderlich. Die Aufzeichnungspflicht entfällt, sofern der Steuerpflichtige die Zuschüsse als Betriebseinnahme ansetzt (R 6.5 Abs. 2 Satz 2 EStR).

7.3.5 Verrechnungsverbot (§ 5 Abs. 1a Satz 1 EStG)

Nach § 5 Abs. 1a Satz 1 EStG dürfen Aktiva nicht mit Passiva verrechnet werden.

7.3.6 Bewertungseinheiten (§ 5 Abs. 1a Satz 2 EStG)

Maßgeblich für die steuerliche Gewinnermittlung sind auch nach handelsrechtlichen Regelungen gebildete Bewertungseinheiten. Voraussetzung ist, dass sie in der Handelsbilanz ausgewiesen sind und der Absicherung finanzwirtschaftlicher Risiken dienen.

7.3.7 Immaterielle Wirtschaftsgüter des Anlagevermögens (§ 5 Abs. 2 EStG)

Selbständige immaterielle Wirtschaftsgüter des Anlagevermögens, die als solche vom Geschäftswert abgrenzbar sind und sich nicht als bloße geschäftswertbildende Faktoren darstellen, sind nach § 5 Abs. 2 EStG zu aktivieren, wenn sie entgeltlich erworben worden sind. Sie dürfen nicht bilanziert werden, wenn sie nicht gegen Entgelt erworben worden sind.

Nach R 5.5 Abs. 1 EStR **kommen als immaterielle Wirtschaftsgüter in Betracht:** Rechte, rechtsähnliche Werte und sonstige Vorteile. Dazu zählen insbesondere Nutzungsrechte an einem Gebäude, Patente und Markenrechte, Urheberrechte, Verlags-

7.3 Betriebsvermögensvergleich nach § 5 EStG

rechte, Belieferungsrechte, Optionsrechte, Konzessionen[175], Lizenzen, ungeschützte Erfindungen, Gebrauchsmuster, Fabrikationsverfahren, Know-how und Tonträger in der Schallplattenindustrie[176] sowie Computerprogramme[177]. Dies gilt jedoch nicht für Computerprogramme, die keine Befehlsstruktur, sondern nur allgemein bekannte und jedermann zugängliche Datenbestände (z. B. Zahlen und Buchstaben) enthalten, sowie Trivialprogramme. Diese sind als materielle und zugleich abnutzbare bewegliche Wirtschaftsgüter zu behandeln, soweit sie nicht unter anderen rechtlichen Gesichtspunkten (z. B. Kundenkartei oder Verlagsarchiv) als immaterielle Wirtschaftsgüter anzusehen sind.[178] Aus Vereinfachungsgründen sind Computerprogramme bei Anschaffungskosten von nicht mehr als 410 Euro stets als Trivialprogramme zu behandeln (R 5.5 Abs. 1 Satz 3 EStR). Nicht zu den immateriellen Wirtschaftsgütern zählen die Druckvorlagen eines Verlags für Zeitungen und Zeitschriften, weil sie keine in ihrer Einzelheit greifbaren Werte darstellen.[179]

Zu den immateriellen Wirtschaftsgütern rechnet auch der Geschäfts- oder Firmenwert.[180]

Auch die Aufwendungen für einen Domainnamen im Rahmen einer Gewinnermittlung sind als Anschaffungskosten für ein nicht abnutzbares immaterielles Wirtschaftsgut des Anlagevermögens zu behandeln.[181]

Für immaterielle Wirtschaftsgüter des Anlagevermögens ist ein Aktivposten nur anzusetzen, wenn sie **entgeltlich erworben** oder **in das Betriebsvermögen eingelegt** wurden. Ein immaterielles Wirtschaftsgut ist entgeltlich erworben worden, wenn es durch einen Hoheitsakt oder ein Rechtsgeschäft gegen Hingabe einer bestimmten Gegenleistung übergegangen oder eingeräumt worden ist. Es ist nicht erforderlich, dass das Wirtschaftsgut bereits vor Abschluss des Rechtsgeschäfts bestanden hat. Es kann auch erst durch den Abschluss des Rechtsgeschäfts entstehen, z. B. bei entgeltlich erworbenen Belieferungsrechten. Ein entgeltlicher Erwerb eines immateriellen Wirtschaftsguts liegt auch bei der Hingabe eines sog. verlorenen Zuschusses vor, wenn der Zuschussgeber von dem Zuschussempfänger eine bestimmte Gegenleistung erhält oder eine solche nach den Umständen zu erwarten ist oder wenn der Zuschussgeber durch die Zuschusshingabe einen besonderen Vorteil erlangt, der nur für ihn wirksam ist (R 5.5 Abs. 2 EStR).

Ein immaterielles Wirtschaftsgut ist nicht schon dann entgeltlich erworben, wenn im Zusammenhang mit dem Erwerb Aufwendungen entstanden sind. Es muss sich vielmehr um ein Entgelt für den abgeleiteten Erwerb des immateriellen Wirtschafts-

---

175 BFH vom 10.08.1989 X R 176-177/87 (BStBl 1990 II S. 15) und vom 13.03.1991 X R 81/89 (BFH/NV 1991 S. 529).
176 BFH, BStBl 1979 II S. 734.
177 BFH, BStBl 1987 II S. 728 und 787.
178 BFH, BStBl 1988 II S. 737 und 1989 II S. 160.
179 BFH, BStBl 1975 II S. 808.
180 BFH, BStBl 1982 II S. 189.
181 BFH, BStBl 2007 II S. 301.

guts handeln, das Entgelt muss sich also auf den Vorgang des Erwerbs als solchen beziehen.[182] Dass gelegentlich des Erwerbs irgendwelche Aufwendungen entstanden sind, reicht danach nicht aus. Kosten für die bloße Mitbenutzung einer Einrichtung (Stromnetz, Kläranlage) führen nicht zu einem abgeleiteten Erwerb eines besonderen Vorteils für den Betrieb des Zahlenden.[183]

Entgeltlich erworben ist auch ein immaterielles Wirtschaftsgut, das durch Tausch gegen ein anderes immaterielles Wirtschaftsgut erlangt wurde.[184] Die Anschaffungskosten des erworbenen Wirtschaftsguts bemessen sich nach dem gemeinen Wert des hingetauschten immateriellen Wirtschaftsguts (so z. B. für den Tausch einer Nahverkehrskonzession gegen eine Fernverkehrskonzession[185]). Das gilt ohne Rücksicht darauf, ob das hingetauschte immaterielle Wirtschaftsgut aktiviert worden ist oder mangels entgeltlichen Erwerbs nicht aktiviert werden durfte.[186] Da das PBefG mit Wirkung zum 01.01.2013 dahingehend novelliert wurde, dass bei der Vergabe von Personenbeförderungsverkehrsgenehmigungen ein europaweiter Ausschreibungswettbewerb zu erfolgen hat, können Verkehrsunternehmen nicht mehr davon ausgehen, dass eine einmal ausgegebene Personenbeförderungsverkehrsgenehmigung nach deren Ablauf regelmäßig erneuert wird. Von daher ist für eine entgeltlich erworbene Personenbeförderungsverkehrsgenehmigung eine AfA nach § 7 Abs. 1 Satz 1 EStG vorzunehmen, wenn sie im Rahmen eines europaweiten Ausschreibungswettbewerbs vergeben wurde.[187] Maßgebend für die Abschreibungsdauer ist der Geltungszeitraum der Konzession.

Beispiele:

a) Durch den Abschluss von Abonnentenverträgen hat ein Zeitschriftenverlag Belieferungsrechte erworben. Für die Vermittlung der Abonnenten hat der Verlag Provisionen gezahlt.

Die Belieferungsrechte sind nicht entgeltlich erworben worden, weil die gezahlten Provisionen sich nicht auf den Vorgang des Erwerbs als solchen beziehen.[188]

b) Wegen steigenden Strombedarfs der angeschlossenen Unternehmer waren Störungen in einer Trafostation eingetreten. Das E-Werk errichtet daraufhin drei neue Trafostationen, von denen eine ausschließlich zur Stromversorgung des A bestimmt ist. Es verlangt und erhält dafür von A einen verlorenen Bauzuschuss.

A erhält ein immaterielles Wirtschaftsgut „ungestörte Stromversorgung"; er zahlt dafür ein Entgelt. Dieses immaterielle Wirtschaftsgut ist zwar nicht bereits im Vermögen des E-Werks vorhanden. Es entsteht jedoch durch die Hingabe des Zuschusses. A kann nach den Umständen erwarten, dass ihm als Gegenleistung die gesamte Kapazität des einen Trafos zur Verfügung gestellt wird.[189]

---

182 BFH, BStBl 1975 II S. 443, 1985 II S. 289, 1994 II S. 444.
183 BFH, BStBl 1980 II S. 687, 1985 II S. 289.
184 BFH, BStBl 1970 II S. 743.
185 BFH, BStBl 1971 II S. 73.
186 BFH, BStBl 1971 II S. 237.
187 OFD Nordrhein-Westfalen vom 16.01.2014 (DStR 2014 S. 268).
188 BFH, BStBl 1994 II S. 444.
189 BFH, BStBl 1970 II S. 35.

7.3 Betriebsvermögensvergleich nach § 5 EStG

c) Ein Mineralölunternehmen zahlt an eine freie Tankstelle einen Zuschuss zur Verbesserung der Anlage. Der Tankstelleninhaber verpflichtet sich dafür, nur Mineralöl des zuschussgebenden Unternehmens abzunehmen.

Das Mineralölunternehmen erhält gegen Entgelt ein Belieferungsrecht. Das Belieferungsrecht ist nicht bereits im Vermögen des Zuschussempfängers vorhanden. Es wird aber dem Zuschussgeber vom Zuschussempfänger als Gegenleistung für den Zuschuss eingeräumt (so der BFH[190] hinsichtlich des Zuschusses einer Brauerei an eine Gastwirtschaft zur Erlangung von Bierlieferungsrechten).

d) Der Kaufmann X, der sein Geschäft in eigenen Räumen betreibt, gibt in seiner Eigenschaft als Geschäftsinhaber (wie alle Anlieger der Straße, die dort ein Geschäft unterhalten) einen Straßenbaukostenzuschuss an die Stadt Z. Diese verpflichtet sich, die Straße, an der das Geschäft des X liegt, zur Fußgängerstraße (Einkaufsstraße) auszubauen.

X erlangt möglicherweise ein immaterielles Wirtschaftsgut „besserer Zugang zum Betrieb". Die Stadt gibt jedoch nichts Entsprechendes aus ihrem Vermögen hin. Die Straße steht als öffentliche Straße allen Fußgängern gleichermaßen zur Verfügung. Auch wird dem X aus diesem Grunde nichts von der Stadt eingeräumt. Daher ist der Zuschuss nicht ein Entgelt für den abgeleiteten Erwerb eines immateriellen Wirtschaftsguts. Der Zuschuss ist bei X auch nicht als Anschaffungs- oder Herstellungskosten des Grund und Bodens zu aktivieren, weil X den Zuschuss nicht als Grundeigentümer geleistet hat;[191] Aufwendungen, die, wie im vorliegenden Fall, für die besondere Nutzung eines Grundstücks geleistet werden, zählen nicht zu den Anschaffungskosten des Grund und Bodens.[192] Sie sind, wenn sie mit einer Einkunftsart im Zusammenhang stehen, bei der Ermittlung der betreffenden Einkünfte abzuziehen. Hingegen sind Anliegerbeiträge, z. B. solche zur nachhaltigen Verbesserung einer Ortsstraße oder zur Schaffung einer Fußgängerzone, für die der Grundstückseigentümer als solcher in Anspruch genommen wird, Anschaffungs- oder Herstellungskosten des Grund und Bodens.[193]

e) Der Kaufmann A, der sein Geschäft in gemieteten Räumen betreibt, versieht den Laden mit einer neuen Schaufensteranlage, die entschädigungslos in das (zivilrechtliche und wirtschaftliche) Eigentum des Vermieters B übergeht.

A erlangt zwar ein immaterielles Wirtschaftsgut „bessere Nutzung der gemieteten Räume" gegen Entgelt. Das Recht der Nutzung hat A aber bereits aufgrund des bestehenden Mietvertrags. B verzichtet lediglich auf Mieterhöhung, da er die Aufwendungen für die Verbesserung nicht getragen hat. A hat also durch seine Aufwendungen von B weder etwas entgeltlich noch ist ihm etwas eingeräumt worden (so der BFH[194] hinsichtlich aller Mieterein- und -umbauten; Einbauten oder Umbauten des Mieters sind aber als Herstellungskosten eines materiellen Wirtschaftsguts zu aktivieren, wenn sie unmittelbar besonderen Zwecken dienen und in diesem Sinne in einem von der eigentlichen Gebäudenutzung verschiedenen Funktionszusammenhang stehen[195]).

f) Ein Schallplattenhersteller stellt einen Tonträger für die Herstellung von Schallplatten her. Zu diesem Zwecke zahlt er an die ausübenden Künstler einheitliche Vergütungen, durch die die Mitwirkung bei der Darbietung, die Einwilligung der Künstler zur

---

190 BStBl 1976 II S. 13.
191 BFH, BStBl 1984 II S. 489.
192 BFH, BStBl 1980 II S. 687, 1983 II S. 38.
193 BFH, BStBl 1974 II S. 337, 1983 II S. 111, 1984 II S. 480.
194 BStBl 1975 II S. 443.
195 Vgl. BFH, BStBl 1975 II S. 443.

Aufnahme der Darbietung auf Tonträger und die Vervielfältigung des Tonträgers abgegolten wird.

Die Tonträger sind als immaterielle Wirtschaftsgüter hergestellt und nicht entgeltlich erworben. Die an die Künstler gezahlten Vergütungen sind auch nicht als Anschaffungskosten für „erworbene Leistungsschutzrechte" zu bilanzieren. Diese Befugnisse sind nicht selbständig bewertungsfähig und greifbar.[196]

g) Ein Filmproduzent hat in echter Auftragsproduktion hergestellte Filme als immaterielle Wirtschaftsgüter des Umlaufvermögens zu aktivieren.[197]

Geht ein einmal entgeltlich erworbenes immaterielles Wirtschaftsgut bei Übergang eines ganzen Betriebs gem. § 6 Abs. 3 EStG unentgeltlich über, so greift das Aktivierungsverbot des § 5 Abs. 2 EStG nicht ein. Der Rechtsnachfolger ist nach § 6 Abs. 3 EStG an die Wertansätze des Rechtsvorgängers gebunden und tritt auch sonst in die Rechtsstellung des Rechtsvorgängers ein.[198]

Das Aktivierungsverbot des § 5 Abs. 2 EStG greift für immaterielle Wirtschaftsgüter nicht ein, wenn sie in eine Kapitalgesellschaft verdeckt eingelegt werden oder wenn ein Geschäfts- oder Firmenwert dem inländischen Gesellschafter zuvor als verdeckte Gewinnausschüttung zugewendet worden ist.[199] Das Aktivierungsverbot des § 5 Abs. 2 EStG findet nach R 5.5 Abs. 3 Satz 3 EStR auch dann keine Anwendung, wenn ein unentgeltlich erworbenes (selbst geschaffenes) immaterielles Wirtschaftsgut in den Betrieb eingelegt wird. Hier ist vielmehr das Wirtschaftsgut nach § 6 Abs. 1 Nr. 5 EStG grundsätzlich mit dem Teilwert im Zeitpunkt der Zuführung anzusetzen. Entsprechendes gilt, wenn ein immaterielles Wirtschaftsgut des Anlagevermögens unentgeltlich aus betrieblichem Anlass aus einem Betrieb in den Betrieb eines anderen Steuerpflichtigen übertragen wird. Hier ist allerdings das Wirtschaftsgut nach § 6 Abs. 4 EStG beim Erwerber mit dem gemeinen Wert anzusetzen. Das Aktivierungsverbot des § 5 Abs. 2 EStG wird auch nicht wirksam, wenn ein beim Rechtsvorgänger aktiviertes immaterielles Wirtschaftsgut des Anlagevermögens im Rahmen der unentgeltlichen Übertragung eines Betriebs, Teilbetriebs oder Mitunternehmeranteils auf einen anderen übergeht. In diesem Fall hat der Erwerber dieses immaterielle Wirtschaftsgut mit dem Betrag zu aktivieren, mit dem es beim Rechtsvorgänger aktiviert war (§ 6 Abs. 3 EStG; R 5.5 Abs. 3 Satz 1 und 2 EStR).

Wird einem ausscheidenden Mitunternehmer eine Abfindung gezahlt, die auch den selbst geschaffenen, bisher nicht bilanzierten Geschäftswert abgilt, ist der darauf entfallende Anteil der Abfindung als derivativer Geschäftswert zu aktivieren. Der auf den originären Geschäftswert entfallende Anteil bleibt außer Ansatz.[200]

Führt ein Nießbraucher aufgrund eines ihm aus außerbetrieblichen Gründen unentgeltlich vom Eigentümer eingeräumten Nießbrauchs das Unternehmen fort, dann ist

---

196 BFH, BStBl 1979 II S. 734.
197 BFH, BStBl 1997 II S. 320.
198 BFH, BStBl 1959 III S. 614.
199 BFH, BStBl 1987 II S. 455 und 705.
200 BFH, BStBl 2003 II S. 10.

er hinsichtlich der Nutzung des Unternehmens in die Rechtsstellung des Eigentümers gem. § 6 Abs. 3 EStG eingerückt und hat den Nießbrauch nicht in das Betriebsvermögen eingelegt, sodass er nicht bilanziert werden darf.[201]

7.3.8 Abhängige Verbindlichkeiten (§ 5 Abs. 2a EStG)

Verbindlichkeiten, die nur zu erfüllen sind, soweit künftig Einnahmen oder Gewinne anfallen, sind nach § 5 Abs. 2a EStG erst anzusetzen, wenn die Einnahmen oder Gewinne angefallen sind.

Keine Geltung hat § 5 Abs. 2a EStG für den Rangrücktritt ohne Besserungsabrede. Besteht eine Besserungsabrede, gilt § 5 Abs. 2a EStG ebenfalls nicht, sofern eine Tilgung aus sonstigem freien Vermögen vereinbart ist.

7.3.9 Verletzung fremder Schutzrechte (§ 5 Abs. 3 EStG)

Rückstellungen wegen Verletzung fremder Patent-, Urheber- oder ähnlicher Schutzrechte dürfen nach § 5 Abs. 3 EStG erst gebildet werden, wenn der Rechtsinhaber Ansprüche wegen Rechtsverletzung geltend gemacht hat (§ 5 Abs. 3 Satz 1 Nr. 1 EStG) oder mit einer Inanspruchnahme wegen der Rechtsverletzung ernsthaft zu rechnen ist (§ 5 Abs. 3 Satz 1 Nr. 2 EStG). Im letzteren Fall hat nach § 5 Abs. 3 Satz 2 EStG die gewinnerhöhende Auflösung der Rückstellung spätestens in der Bilanz des dritten auf die erstmalige Bildung folgenden Wirtschaftsjahres zu erfolgen, sofern Ansprüche bis zur fristgerechten Aufstellung der Bilanz nicht geltend gemacht worden sind. § 5 Abs. 3 EStG beinhaltet ein einkommensteuerrechtliches Passivierungsverbot.

7.3.10 Dienstjubiläumszuwendungen (§ 5 Abs. 4 EStG)

Rückstellungen für die Verpflichtung zu einer Zuwendung anlässlich eines Dienstjubiläums dürfen nach § 5 Abs. 4 EStG nur gebildet werden, wenn das Dienstverhältnis mindestens 10 Jahre bestanden hat, das Dienstjubiläum das Bestehen eines Dienstverhältnisses von mindestens 15 Jahren voraussetzt und die Zusage schriftlich erteilt ist. Auch muss der Zuwendungsberechtigte seine Anwartschaft nach dem 31.12.1992 erworben haben.

7.3.11 Drohende Verluste (§ 5 Abs. 4a EStG)

Rückstellungen für drohende Verluste aus schwebenden Geschäften dürfen nach § 5 Abs. 4a EStG nicht mehr gebildet werden. Betroffen hiervon sind weder Erfüllungsrückstände noch eingegangene Garantie- und Bürgschaftsverpflichtungen. Ebenfalls nicht erfasst werden negative Ergebnisse von Bewertungseinheiten.

---

201 BFH, BStBl 1981 II S. 396.

7.3.12 Künftige Aufwendungen (§ 5 Abs. 4b EStG)

Nach § 5 Abs. 4b Satz 1 EStG dürfen Rückstellungen für Aufwendungen, die in künftigen Wirtschaftsjahren als Anschaffungs- oder Herstellungskosten eines Wirtschaftsguts zu aktivieren sind, nicht gebildet werden. Auch für die Verpflichtung zur schadlosen Verwertung radioaktiver Reststoffe sowie ausgebauter oder abgebauter radioaktiver Anlageteile dürfen Rückstellungen nach § 5 Abs. 4b Satz 2 EStG nicht gebildet werden, soweit Aufwendungen im Zusammenhang mit der Bearbeitung oder Verarbeitung von Kernbrennstoffen stehen, die aus der Aufarbeitung bestrahlter Kernbrennstoffe gewonnen worden sind und keine radioaktiven Abfälle darstellen.

7.3.13 Rechnungsabgrenzungsposten (§ 5 Abs. 5 Satz 1 EStG)

7.3.13.1 Rechnungsabgrenzung auf der Aktivseite der Bilanz

Nach § 5 Abs. 5 Satz 1 Nr. 1 EStG sind als Rechnungsabgrenzungsposten nur anzusetzen auf der Aktivseite Ausgaben vor dem Abschlussstichtag, soweit sie Aufwand für eine bestimmte Zeit nach dem Stichtag sind. Solche Rechnungsabgrenzungsposten nennt man **transitorische Posten.**

Für sog. **antizipative Posten** (z. B. Miete, die der Vermieter für eine bestimmte Zeit vor dem Stichtag fordern kann, die aber erst nach dem Stichtag fällig wird) dürfen danach keine Rechnungsabgrenzungsposten gebildet werden (R 5.6 Abs. 3 EStR). Bei antizipativen Posten liegen aber i. d. R. echte Forderungen vor, die dann als solche zu bilanzieren sind.

> **Beispiel:**
> X führt in seinem Betriebsvermögen festverzinsliche Wertpapiere, deren Zinsen halbjährlich nach Ablauf des Zinszeitraums fällig werden. Am Bilanzstichtag ist nur ein Teil des Zinsabrechnungszeitraums abgelaufen.
> Eine Bilanzierung der Zinsen, die auf den abgelaufenen Teil des Zinsabrechnungszeitraums entfallen, ist zwar nicht als Rechnungsabgrenzungsposten (antizipativer Posten) zulässig, wohl aber als Forderung geboten. Denn die Zinsen entstehen als Vergütung für die Kapitalüberlassung fortlaufend.

§ 5 Abs. 5 Satz 1 Nr. 1 EStG enthält ein **Aktivierungsgebot** für Ausgaben vor dem Bilanzstichtag, die Aufwand für eine bestimmte Zeit nach diesem Tag darstellen. Für alle Fälle, in denen diese Voraussetzungen nicht vorliegen, enthält § 5 Abs. 5 Satz 1 Nr. 1 EStG zugleich ein **Aktivierungsverbot.**

Für die Bildung von Rechnungsabgrenzungsposten kommt es danach entscheidend auf das Merkmal **„Ausgaben vor dem Abschlussstichtag, die Aufwand für eine bestimmte Zeit nach diesem Tag darstellen"** an. Gemeint sind damit Ausgaben für Leistungen, die sich fortlaufend in der Zeit vollziehen, während die Gegenleistung für einen bestimmten Zeitraum auf einmal entrichtet wird. Rechnungsabgrenzungsposten setzen grundsätzlich voraus, dass einer Vorleistung des einen Vertrags-

7.3 Betriebsvermögensvergleich nach § 5 EStG

teils eine noch nicht erbrachte zeitbezogene Gegenleistung des anderen Vertragsteils gegenübersteht.[202] Damit werden die Rechnungsabgrenzungsposten im Allgemeinen auf Vorleistungen im Rahmen der auf wiederkehrende Leistungen gerichteten Rechtsverhältnisse, wie insbesondere auf Vorleistungen aus Miet- und Pachtverträgen, Darlehensverträgen und Versicherungsverträgen, beschränkt.[203]

Beispiel:
A leistet am 01.10. die Miete für das nächste halbe Jahr im Voraus. Für die auf die Zeit vom 01.01. bis 31.03. des nächsten Jahres entfallende Miete ist ein aktiver Rechnungsabgrenzungsposten in der Bilanz zum 31.12. zu bilden.

Ein Merkmal der Rechnungsabgrenzungsposten ist es mithin, dass der Zahlungsvorgang vor dem Bilanzstichtag liegt. Unter „Ausgaben" i. S. von § 5 Abs. 5 Satz 1 Nr. 1 EStG sind nicht nur bare oder unbare Zahlungsvorgänge vor dem Bilanzstichtag zu verstehen. Auch andere buchungspflichtige „Ausgaben" (insbesondere Verbindlichkeiten) fallen unter diese Begriffe, sofern vertragsgemäß bis zum Ende des Wirtschaftsjahres zu leisten war[204] und nicht der Grundsatz der Nichtbilanzierung von Forderungen und Verbindlichkeiten entgegensteht.[205]

Der Begriff „für eine bestimmte Zeit" kann nicht als „für eine schätzbare Zeit" verstanden werden. Ein nur durch Schätzung bestimmbarer Zeitraum genügt nicht. Vielmehr muss es sich um einen kalendermäßig festgelegten oder doch berechenbaren Zeitraum handeln.[206] Die Abschlussgebühr eines Bausparvertrags ist danach kein Ertrag (Aufwand) für eine bestimmte Zeit. Auch für Aufwendungen des Mieters zur Verbesserung gemieteter Räume können daher grundsätzlich keine Rechnungsabgrenzungsposten gebildet werden, da nur geschätzt werden kann, auf welche Jahre sich der Nutzen dieser Aufwendungen verteilt. Mangels Zeitbezogenheit sind auch Provisionen, die an Kreditvermittler gezahlt werden, nicht in einen aktiven Rechnungsabgrenzungsposten einzustellen.[207] Dies gilt auch für Provisionen, die der Steuerpflichtige seinen Werbern für die Vermittlung von Abonnementsverträgen (z. B. für Zeitschriften, Bücher, Schallplatten) zahlt.[208]

Hingegen sind Verwaltungs- bzw. Bearbeitungsgebühren, die ein Darlehensnehmer im Zusammenhang mit der Aufnahme eines Bankdarlehens an ein Bankinstitut zu entrichten hat, auf die Laufzeit des Darlehens, und Verwaltungsgebühren, die ein Schuldner an ein Bankinstitut für die Übernahme einer Bürgschaft zu zahlen hat, auf die Zeit, für die die Bürgschaft währt, aktiv abzugrenzen.[209]

---

202 BFH, BStBl 1983 II S. 572, 1984 II S. 552, 1988 II S. 327.
203 BFH, BStBl 1970 II S. 178, 1979 II S. 625.
204 BFH, BStBl 1967 III S. 607.
205 BFH, BStBl 1988 II S. 327.
206 BFH, BStBl 1983 II S. 132 und 572.
207 BFH, BStBl 1977 II S. 380.
208 BFH, BStBl 1970 II S. 178.
209 BFH, BStBl 1978 II S. 262.

7 Gewinnermittlungsarten

Für degressive Raten beim Leasing beweglicher Wirtschaftsgüter des Anlagevermögens ist regelmäßig kein aktiver Rechnungsabgrenzungsposten zu bilden.[210] Gegen den Wortlaut des Gesetzes nimmt die Praxis für geringfügige Beträge ein **Aktivierungswahlrecht** an. Begründet wird dies mit dem Grundsatz der Wesentlichkeit, wonach auf den Ausweis von Rechnungsabgrenzungsposten verzichtet werden kann, wenn der Einblick in die Vermögens- und Ertragslage wegen der Geringfügigkeit der Beträge nicht beeinträchtigt wird.[211] Als geringfügig anerkannt wurden bisher Beträge bis zu etwa 1.000 Euro.

Da Rechnungsabgrenzungsposten keine Wirtschaftsgüter sind, können sie auch nicht wie solche bewertet werden (keine Anwendung des § 6 EStG, insbesondere keine Teilwertabschreibung[212]). Bei der Berechnung der Höhe der Rechnungsabgrenzungsposten ist allein darauf abzustellen, inwieweit die gebuchten Ausgaben ein anderes Wirtschaftsjahr betreffen.[213]

7.3.13.2 Rechnungsabgrenzung auf der Passivseite der Bilanz

Auf der Passivseite der Bilanz sind nach § 5 Abs. 5 Satz 1 Nr. 2 EStG als Rechnungsabgrenzungsposten nur Einnahmen vor dem Abschlussstichtag anzusetzen, soweit sie Ertrag für eine bestimmte Zeit nach diesem Tag darstellen. Auch insoweit sind somit **nur transitorische Posten** zulässig.

Für **antizipative Posten** (z. B. Miete, die ein Mieter für eine bestimmte Zeit vor dem Abschlussstichtag schuldet, die er aber erst nach diesem Stichtag bezahlt) dürfen auch insoweit keine Rechnungsabgrenzungsposten gebildet werden.

Beispiel:
Ein Unternehmer hat die für das letzte Quartal des Geschäftsjahres 08 geschuldete Miete i. H. von 4.000 € erst im Februar 09 überwiesen.
In der Schlussbilanz auf den 31.12.08 darf der Unternehmer keinen passiven Rechnungsabgrenzungsposten bilden, weil es insoweit nicht um die Abgrenzung von Einnahmen vor dem Abschlussstichtag geht. Die noch zu zahlende Miete muss in der Schlussbilanz zum 31.12.08 jedoch als echte Verbindlichkeit ausgewiesen werden.

Hinsichtlich des Begriffs „für eine bestimmte Zeit" gelten die Ausführungen zu den aktiven Rechnungsabgrenzungsposten entsprechend. Weil es an der erforderlichen Zeitbezogenheit fehlt, sind daher z. B. Abschlussgebühren bei einer Bausparkasse nicht passiv abzugrenzen.[214]

Für bereits gezahlte Provisionen ist bei einer vom Wirtschaftsjahr des Assekuradeurs abweichenden Vertragslaufzeit insoweit ein passiver Rechnungsabgrenzungsposten zu bilden, als sie Entgelt für die erst nach dem Bilanzstichtag erfolgende Ver-

---

210 BFH, BStBl 2001 II S. 645.
211 Niedersächsisches FG, EFG 1981 S. 552.
212 BFH, BStBl 1970 II S. 209.
213 BFH, BStBl 1967 III S. 607.
214 BFH, BStBl 1998 II S. 381.

tragsbearbeitung sind. Statt eines passiven Rechnungsabgrenzungspostens kann auch eine Verbindlichkeit für erhaltene Anzahlungen auf Bestellungen zu passivieren sein.[215] Der Gewinn aus Verträgen über mehrmonatigen Unterricht zur Vorbereitung auf ein Berufsexamen wird zeitanteilig und nicht erst mit Abschluss der Schulung realisiert. Sind von den Teilnehmern Honorare für nach dem Bilanzstichtag zu erbringende Unterrichtseinheiten vorauszuleisten, ist für die anteilig auf folgende Wirtschaftsjahre entfallenden Honorare ein passiver Rechnungsabgrenzungsposten zu bilden.[216] Erhaltene Vergütungen für die Übernahme einer Ausbietungsgarantie sind beim Garantiegeber passiv abzugrenzen. Der Rechnungsabgrenzungsposten ist an den folgenden Bilanzstichtagen insoweit aufzulösen, als die Vergütungen auf den bereits abgelaufenen Garantiezeitraum entfallen.[217]

7.3.14 Bilanzierung von Zöllen und Verbrauchsteuern
(§ 5 Abs. 5 Satz 2 Nr. 1 EStG)

Nach § 5 Abs. 5 Satz 2 Nr. 1 EStG sind als Aufwand berücksichtigte Zölle und Verbrauchsteuern, soweit sie auf am Abschlussstichtag auszuweisende Wirtschaftsgüter des Vorratsvermögens entfallen, als Aktivposten eigener Art auf der Aktivseite anzusetzen. Es handelt sich insbesondere um die Biersteuer, Mineralölsteuer und Tabaksteuer. Sie zählen nicht zu den Herstellungskosten der Wirtschaftsgüter, auf die sie entfallen.[218] Dies gilt auch für die Branntweinsteuer, die auf dem Bezug von Monopolbranntwein lastet, der vom Spirituosenhersteller erworben und weiterverarbeitet wird.[219] Da Zölle und Verbrauchsteuern bereits vor der Lieferung der betreffenden Wirtschaftsgüter entstehen, ist vom Zeitpunkt der Entstehung an ein entsprechender Schuldposten in der Bilanz auszuweisen. Entfallen sie auf Wirtschaftsgüter, die in dieser Bilanz noch auszuweisen sind, so führt der Schuldposten zu einem Aufwand, ohne dass gleichzeitig bei den Wirtschaftsgütern ein Gewinn realisiert wird. Um diesen Aufwand auszugleichen, schreibt § 5 Abs. 5 Satz 2 Nr. 1 EStG einen entsprechend hohen Aktivposten vor. Eine Aktivierung nach § 5 Abs. 5 Satz 1 EStG als Rechnungsabgrenzungsposten wäre nicht zulässig, weil es sich nicht um Aufwand „für eine bestimmte Zeit nach dem Bilanzstichtag" handelt.[220]

Der Aktivposten ist aufzulösen, sobald Gewinnrealisierung bei den Wirtschaftsgütern eintritt, auf die die aktiv abgegrenzten Zölle und Verbrauchsteuern entfallen.

---

215 BFH, BStBl 2000 II S. 25.
216 BFH, BStBl 1999 II S. 21.
217 BFH, BStBl 1995 II S. 772.
218 BFH, BStBl 1976 II S. 15.
219 BFH, BStBl 1983 II S. 559.
220 BFH, BStBl 1976 II S. 15.

7.3.15 Bilanzierung der Umsatzsteuer auf Anzahlungen
(§ 5 Abs. 5 Satz 2 Nr. 2 EStG)

Nach § 13 Abs. 1 Nr. 1 Buchst. a UStG entsteht die Umsatzsteuer auf Anzahlungen mit Ablauf des Voranmeldungszeitraums, in dem die Anzahlung vereinnahmt worden ist. Nach § 5 Abs. 5 Satz 2 Nr. 2 EStG ist auch die als Aufwand berücksichtigte Umsatzsteuer auf am Abschlussstichtag auszuweisende Anzahlungen als Aktivposten eigener Art auf der Aktivseite anzusetzen.

In Höhe der auf die geleistete Anzahlung entfallenden Umsatzsteuer, die mit der Anzahlung entrichtet wurde und die sich als Aufwand darstellt, wird durch diesen Aktivposten der Aufwand neutralisiert. Dies gilt, solange auch in Höhe der geleisteten Anzahlung selbst ein Aktivposten gebildet wird.

Beispiel:
Der Bauunternehmer A erhält eine Anzahlung von 20.000 € zzgl. 3.800 € Umsatzsteuer auf die Anzahlung. Das Bauwerk wird im Jahr der Anzahlung noch nicht fertig gestellt. Die Umsatzsteuer wird im Jahr der Anzahlung an das Finanzamt geleistet.

Weist A auf der Passivseite als Anzahlung nur den Nettobetrag von 20.000 € aus und passiviert er die Zahlungsverpflichtung gegenüber dem Finanzamt als Umsatzsteuerschuld, dann wirkt sich die Zahlung der Umsatzsteuer auf die Anzahlung erfolgsneutral aus, weil der Vermögensabgang durch Zahlung durch den Fortfall der Verbindlichkeit ausgeglichen wird. Die Voraussetzung für die Bildung eines Aktivpostens nach § 5 Abs. 5 Satz 2 Nr. 2 EStG liegt nicht vor.

Wird hingegen als erhaltene Anzahlung der Bruttobetrag von 23.800 € passiviert und wirkt sich die Zahlung der Umsatzsteuer von 3.800 € dementsprechend als Aufwand aus, so ist nach § 5 Abs. 5 Satz 2 Nr. 2 EStG in Höhe der gezahlten Umsatzsteuer ein Aktivposten zu bilden, der den Zahlungsvorgang neutralisiert.

7.4 Bilanzberichtigung und Bilanzänderung
(§ 4 Abs. 2 EStG)

7.4.1 Allgemeines

Hat der Steuerpflichtige die Steuerbilanz dem Finanzamt eingereicht, darf er sie nach der Vorschrift des § 4 Abs. 2 EStG nur noch unter den dort genannten Voraussetzungen ändern.

Er darf sie ändern, soweit sie den Grundsätzen ordnungsmäßiger Buchführung unter Befolgung der Vorschriften des Einkommensteuergesetzes nicht entspricht. Diese Änderungsmöglichkeit nennt man, da sie die Richtigstellung einer objektiv unrichtigen Bilanz betrifft, **Bilanzberichtigung**. Eine Bilanzberichtigung kommt in Betracht, wenn ein Bilanzposten überhaupt nicht oder falsch angesetzt worden ist.

Handelt es sich nicht um eine Bilanzberichtigung, spricht man zur Unterscheidung von der Bilanzberichtigung von **Bilanzänderung**. Bei der Bilanzänderung wird ein richtiger durch einen anderen möglichen Bilanzansatz ersetzt. Eine Bilanzänderung

7.4 Bilanzberichtigung und Bilanzänderung

setzt somit ein Bilanzierungs- oder Bewertungswahlrecht voraus. Auch eine Bilanzänderung ist unter den in § 4 Abs. 2 Satz 2 EStG genannten Voraussetzungen zulässig. Entscheidend für den Ansatz eines Bilanzpostens sowie das Bestehen eines Wahlrechts sind die Verhältnisse am Bilanzstichtag.

Bilanzberichtigung und Bilanzänderung setzen eine wirksame Bilanz voraus. Bei einer nichtigen Bilanz kommt eine Bilanzberichtigung bzw. eine Bilanzänderung nicht in Betracht. Vielmehr ist das erstmalige Aufstellen einer wirksamen Bilanz erforderlich.

§ 4 Abs. 2 EStG gilt in allen Fällen des Vermögensvergleichs.

Von der Bilanzberichtigung zu unterscheiden ist die **Rückgängigmachung von Geschäftsvorfällen** nach Ablauf des Geschäftsjahres. Sie stellt eine rückwirkende Sachverhaltsgestaltung dar und ist steuerlich grundsätzlich nicht zulässig.[221]

7.4.2 Bilanzberichtigung (§ 4 Abs. 2 Satz 1 EStG)

Eine Bilanzberichtigung setzt voraus, dass **ein Ansatz in der Bilanz unrichtig ist.** Nach bisheriger Auffassung war ein Bilanzansatz fehlerhaft, wenn er objektiv gegen ein handelsrechtliches oder steuerrechtliches Bilanzierungsgebot oder Bilanzierungsverbot verstieß. Weitere Voraussetzung war, dass der Steuerpflichtige diesen Verstoß nach dem im Zeitpunkt der Bilanzerstellung bestehenden Erkenntnismöglichkeiten über die zum Bilanzstichtag gegebenen objektiven Verhältnisse bei pflichtgemäßer und gewissenhafter Prüfung erkennen konnte. Fehlte diese subjektive Erkenntnismöglichkeit, war die Bilanz nicht fehlerhaft. Eine Bilanzberichtigung nach § 4 Abs. 2 Satz 1 EStG schied aus.[222]

Diesem subjektiven Fehlerbegriff folgt der BFH[223] nicht mehr. Nach nunmehriger Auffassung ist das Finanzamt im Rahmen der ertragsteuerrechtlichen Gewinnermittlung auch dann nicht an die rechtliche Beurteilung gebunden, die der vom Steuerpflichtigen aufgestellten Bilanz und deren einzelnen Ansätzen zugrunde liegt, wenn diese Beurteilung aus der Sicht eines ordentlichen und gewissenhaften Kaufmanns im Zeitpunkt der Bilanzaufstellung vertretbar war. Das gilt auch für eine in diesem Zeitpunkt von Finanzverwaltung und Rechtsprechung praktizierte, später aber geänderte Rechtsauffassung. Für die Besteuerung ist abgesehen von im Einzelfall gebotenen Billigkeitsmaßnahmen generell die objektive Rechtslage maßgebend. Die Besteuerung knüpft an den tatsächlich verwirklichten Sachverhalt an, nicht aber an Rechtsansichten des Steuerpflichtigen. Sie erfolgt materiell-rechtlich ohne Rücksicht auf deren Vertretbarkeit oder Verschulden des Steuerpflichtigen. Entsprechen Bilanzansätze objektiv nicht den jeweils maßgebenden speziellen bilanzsteuerrechtlichen Vorschriften oder den handelsrechtlichen GoB, ist das Finanzamt unabhängig

---

221 BFH, BStBl 1981 II S. 620.
222 BFH vom 10.06.2010 IV R 66/07 (BFH/NV 2011 S. 211).
223 BFH vom 31.01.2013 GrS 1/10 (BStBl 2013 II S. 317).

von einem Recht oder einer Pflicht des Steuerpflichtigen zur Berichtigung der Bilanz zu einer eigenständigen Gewinnermittlung berechtigt und verpflichtet. Die Verpflichtung des Finanzamts, die Gewinnermittlung des Steuerpflichtigen ausschließlich auf der Grundlage des für den Bilanzstichtag objektiv geltenden Rechts ohne Rücksicht auf Rechtsansichten des Steuerpflichtigen zu prüfen und ggf. zu korrigieren, besteht unabhängig davon, ob sich die unzutreffende Rechtsansicht des Steuerpflichtigen zu seinen Gunsten oder zu seinen Lasten ausgewirkt hat. Entsprechendes dürfte nicht nur bei der Beurteilung reiner Rechtsfragen, sondern auch bei der Tatsachenbeurteilung gelten.[224]

Der Steuerpflichtige darf eine Bilanzberichtigung durchführen. Eine **Pflicht zur Bilanzberichtigung** besteht nicht. Der Steuerpflichtige ist nach § 153 Abs. 1 AO lediglich verpflichtet, vor Ablauf der Festsetzungsfrist seine Steuererklärung zu berichtigen, wenn sie unrichtig oder unvollständig ist und es dadurch zu einer Steuerverkürzung gekommen ist oder kommen kann. Das Finanzamt hat alle bekannten Bilanzierungsfehler bei der Veranlagung und im außergerichtlichen Rechtsbehelfsverfahren von Amts wegen zu korrigieren. Die Korrektur einer falschen Bilanz erfolgt durch das Finanzamt nicht.

Beim Betriebsvermögensvergleich ist nach § 4 Abs. 1 Satz 1 EStG das Betriebsvermögen am Schluss des Wirtschaftsjahres dem Betriebsvermögen am Schluss des vorangegangenen Wirtschaftsjahres gegenüberzustellen. Das bedeutet, dass das Betriebsvermögen am Schluss eines Wirtschaftsjahres eine zweifache Funktion hat. Es ist beim Vergleich der Betriebsvermögen für das abgelaufene Jahr Endvermögen und beim Vergleich der Betriebsvermögen des nächsten Jahres Anfangsvermögen. Das Betriebsvermögen am Schluss eines Jahres geht damit unverändert in das Betriebsvermögen am Anfang des folgenden Jahres ein.[225] Da das Betriebsvermögen in Bilanzen dargestellt wird, nennt man diesen Grundsatz den **Grundsatz des Bilanzenzusammenhangs**.

Bei der Bestimmung des Anfangsvermögens ist nach der Rechtsprechung des BFH an die Ansätze der Bilanz anzuknüpfen, die der Besteuerung des Vorjahres zugrunde lag (BFH, BStBl 1998 II S. 503). Das gilt selbst dann, wenn sie wegen Verletzung zwingender Bilanzierungsvorschriften unrichtig ist. Der Sinn des Bilanzenzusammenhangs besteht gerade darin, dass sich fehlerhafte Bilanzansätze im Gesamtergebnis mehrerer Jahre grundsätzlich nicht auswirken, mit anderen Worten, dass ein Weniger an Gewinn in einem Jahr durch ein entsprechendes Mehr an Gewinn in einem anderen Jahr oder umgekehrt ausgeglichen wird.[226]

Beispiel:
A hat versehentlich im Jahr 2006 keine Rückstellung für Gewerbesteuer bilanziert. Der Gewinn des betreffenden Jahres wird damit zu hoch ausgewiesen. Die Veranla-

---
224 Stapperfend, DStR 2010 S. 2161.
225 BFH, BStBl 1998 II S. 503.
226 BFH, BStBl 1988 II S. 825, 1988 II S. 887.

7.4 Bilanzberichtigung und Bilanzänderung

gung für dieses Jahr ist bestandskräftig. Die Gewerbesteuer wird im nächsten Jahr gezahlt. Die Zahlung wirkt sich dann in diesem Jahr gewinnmindernd aus, während sie, wenn eine entsprechende Rückstellung gebildet worden wäre, keinen Einfluss auf den Gewinn des Jahres der Zahlung mehr gehabt hätte.

Grundsätzlich ist eine fehlerhafte Bilanz im Jahr der Fehlerhaftigkeit zu berichtigen. Möglich ist dies aber nur, wenn die Steuerfestsetzung für das Jahr der Fehlerhaftigkeit nach den Vorschriften der AO noch änderbar ist. Entsprechendes gilt, wenn die Steuerfestsetzungen noch nicht durchgeführt oder noch nicht bestandskräftig sind. Dagegen ist nach § 4 Abs. 2 Satz 1 EStG eine Bilanzberichtigung grundsätzlich nicht zulässig, wenn die zu berichtigende Bilanz einer bestandskräftigen Steuerfestsetzung zugrunde liegt.

Allerdings ist die falsche Schlussbilanz des nicht mehr berichtigungsfähigen Fehlerjahres über den Bilanzenzusammenhang mit den Folgejahren verbunden. Vor diesem Hintergrund ist unter Wahrung des formellen Bilanzenzusammenhangs mit der fehlerhaften Bilanz eine Bilanzberichtigung im ersten berichtigungsfähigen Jahr durchzuführen.[227] Soweit der Fehler das steuerliche Ergebnis im Fehlerjahr beeinflusst hat, muss eine erfolgswirksame Berichtigung der Schlussbilanz des ersten nach der AO noch änderbaren Jahres erfolgen. Allerdings gilt dies nicht, wenn sich der Fehler aufgrund der Zweischneidigkeit der Bilanz in den folgenden nicht mehr änderbaren Jahren wieder ausgeglichen hat. Ist durch den Fehler das steuerliche Ergebnis im Fehlerjahr nicht beeinflusst worden, ist dieser erfolgsneutral im ersten noch änderbaren Jahr richtigzustellen.

Sofern ein Wirtschaftsgut nicht oder nicht mehr zum Betriebsvermögen gehört, ist die Berichtigung durch Ausbuchung des unrichtigen Bilanzansatzes vorzunehmen.[228] Ob die Ausbuchung erfolgswirksam, also als Aufwand, oder erfolgsneutral, also zulasten des Kapitalkontos, zu erfolgen hat, ist damit noch nicht entschieden. Eine **erfolgswirksame Berichtigung** kommt in Betracht,

- wenn ein Wirtschaftsgut in einem früheren Jahr zum Betriebsvermögen gehörte und durch einen Vorgang aus dem Betriebsvermögen ausschied, der damals zulasten des Erfolgs zu buchen gewesen wäre (z. B. ein betrieblicher PKW wurde auf einer Betriebsfahrt zerstört; die Ausbuchung unterblieb versehentlich),

- wenn zu Unrecht ein gewinnmindernder Posten (z. B. eine Verbindlichkeit oder eine Rückstellung) angesetzt oder nicht angesetzt worden ist,[229]

- wenn beim Tausch die Ausbuchung des hingetauschten Wirtschaftsguts und die Einbuchung der Forderung auf Lieferung des eingetauschten Wirtschaftsguts unterblieben ist,[230]

---

227 BFH vom 13.06.2006 I R 58/05 (BStBl 2006 II S. 928).
228 BFH, BStBl 1962 III S. 273, 1969 II S. 617.
229 BFH, BStBl 1977 II S. 148, 1977 II S. 472, 1984 II S. 695, 1985 II S. 308.
230 BFH, BStBl 1983 II S. 303.

- wenn eine Ausgabe als Anschaffungskosten eines Wirtschaftsguts aktiviert und nicht, wie es richtig gewesen wäre, als sofort abzugsfähige Betriebsausgabe behandelt wurde.[231]

In anderen Fällen (so insbesondere, wenn die Buchung einer Entnahme eines früheren Jahres unterblieben oder ein Wirtschaftsgut – auch negatives Wirtschaftsgut – zu Unrecht als Betriebsvermögen bilanziert worden ist) ist die **Bilanzberichtigung erfolgsneutral** durchzuführen.[232] Da eine Entnahme insoweit nicht vorliegt, hat die Ausbuchung, durch die lediglich der Anschein der Zugehörigkeit des Wirtschaftsguts zum Betriebsvermögen beseitigt wird, nicht zum Teilwert, sondern nur mit dem Buchwert zum Zeitpunkt der Ausbuchung zu erfolgen.[233] Wertänderungen, die zwischenzeitlich eingetreten sind, bleiben danach ebenso unberücksichtigt wie zwischenzeitlich vorgenommene AfA und ggf. Teilwertabschreibungen. Es ist auch nicht möglich, dem Buchwert den Betrag zuzurechnen, der bei der Veranlagung für vorausgegangene Zeiträume gewinnmindernd verrechnet wurde. Dem steht die Bestandskraft der Bescheide entgegen. Etwas anderes gilt nur für Aufwendungen und Erträge für das Jahr der Ausbuchung. Sie sind steuerlich außer Ansatz zu lassen, da die Bestandskraft oder die Festsetzungsverjährung nicht im Wege steht.

Beispiel:

A hat in seine Bilanz des Jahres 01 ein seiner Ehefrau gehörendes Mietwohngrundstück als gewillkürtes Betriebsvermögen aufgenommen. Die Einnahmen aus dem Grundstück hat er als Betriebseinnahmen und die Ausgaben für das Grundstück einschließlich der AfA hat er als Betriebsausgaben geltend gemacht. Bei Durchführung der Veranlagung für das Jahr 09 stellt das Finanzamt fest, dass das Grundstück nicht zum Betriebsvermögen des A gezogen werden durfte. Die Veranlagungen bis einschließlich für das Jahr 08 sind bestandskräftig und können auch nicht berichtigt werden.

Das Grundstück ist mit dem Wert, mit dem es in der Schlussbilanz des Jahres 08 enthalten ist, aus der Schlussbilanz des Jahres 09 herauszubuchen. Einnahmen und Ausgaben einschl. AfA des Jahres 09, die mit dem genannten Grundstück im Zusammenhang stehen, sind nicht als Betriebseinnahmen und Betriebsausgaben zu behandeln.

Ebenso wenig, wie die bilanzberichtigende Ausbuchung eines Wirtschaftsguts grundsätzlich eine Entnahme ist, ist die bilanzberichtigende Einbuchung eines Wirtschaftsguts eine Einlage. Dem Grundgedanken der Bilanzberichtigung in diesen Fällen entspricht es, dass das bisher zu Unrecht nicht bilanzierte Wirtschaftsgut mit dem Wert eingebucht wird, mit dem es zu Buche stehen würde, wenn es von Anfang an richtig bilanziert worden wäre.[234] Dies gilt auch für die Einbuchung eines negativen Wirtschaftsguts.[235]

---

231 BFH, BStBl 1985 II S. 617.
232 BFH, BStBl 1977 II S. 148, 1981 II S. 125, 1988 II S. 825.
233 BFH, BStBl 1971 II S. 181, 1972 II S. 874, 1983 II S. 469.
234 BFH, BStBl 1978 II S. 191.
235 BFH, BStBl 1978 II S. 301.

7.4 Bilanzberichtigung und Bilanzänderung

Beispiel:
A erwirbt einen Betrieb gegen Leibrente von B. Er versäumt zunächst die Passivierung des Rentenbarwerts. Im ersten noch offenen Jahr muss er den dann maßgeblichen Rentenbarwert (Gegenwartswert) zulasten des Erfolges als Verbindlichkeit einstellen.

Eine Bilanzberichtigung durch Ausbuchung eines Bilanzansatzes in der letzten noch offenen Schlussbilanz setzt voraus, dass diese Schlussbilanz nach den Umständen, die an dem betreffenden Bilanzstichtag vorliegen, unrichtig ist. Es genügt nicht, wenn nur eine vorhergehende Bilanz, die nicht mehr berichtigt werden kann, gegen zwingende Bilanzierungsgrundsätze verstößt.

Beispiel:
A erwirbt einen Betrieb und aktiviert einen erworbenen Geschäftswert. Nachdem die Veranlagungen für das Jahr des Erwerbs und die beiden folgenden Jahre rechtskräftig sind, bucht er den für den Geschäftswert bilanzierten Betrag in der Schlussbilanz des vierten Jahres nach dem Erwerb durch Bilanzberichtigung aus, weil sich herausgestellt habe, dass ein Geschäftswert beim Erwerb nicht vorhanden gewesen sei.

Selbst wenn die Behauptung des A zuträfe, dass bei Erwerb des Betriebs ein Geschäftswert nicht vorhanden gewesen sei, so wäre doch die Ausbuchung am Ende des vierten Jahres nach dem Erwerb unzulässig, wenn zu diesem Zeitpunkt ein Geschäftswert vorhanden wäre, dessen Wert dem bilanzierten Betrag zumindest entspräche.[236]

Ausnahmsweise kann eine **Durchbrechung des Bilanzenzusammenhangs,** also eine Berichtigung der Anfangsbilanz des ersten noch nicht bestandskräftig veranlagten oder berichtigungsfähigen Jahres, in Betracht kommen, wenn der Grundsatz von Treu und Glauben dies gebietet und wenn der unrichtige Bilanzansatz einen individuellen Gegenstand betrifft.[237] Das ist z. B. der Fall, wenn ein Steuerpflichtiger zur Erreichung beachtlicher ungerechtfertigter Steuervorteile bewusst einen Aktivposten zu hoch oder einen Passivposten zu niedrig angesetzt hat.[238]

Beispiel:
A hat im Jahr 01 die AfA für die Maschinen eines Betriebszweiges, den er im nächsten Jahr aufgeben will, unterlassen. Er will auf diese Weise erreichen, dass der Gewinn aus der Veräußerung dieser Maschinen um die unterlassenen AfA vermindert wird, und erhofft sich daraus einen nennenswerten steuerlichen Vorteil.

Da A die AfA willkürlich unterlassen hat (das ist der Fall, weil er durch die Unterlassung der AfA später in den Genuss steuerlicher Vorteile gelangen wollte), wird der Bilanzenzusammenhang nach dem Grundsatz von Treu und Glauben durchbrochen. Die genannten Maschinen werden in der Anfangsbilanz 02 mit den Werten angesetzt, die anzusetzen gewesen wären, wenn A die AfA für das Jahr 01 ordnungsgemäß vorgenommen hätte. Der Bilanzenzusammenhang wäre indessen zu wahren, wenn A die AfA für das Jahr 01 nicht willkürlich unterlassen hätte.[239]

---
236 BFH, BStBl 1973 II S. 846.
237 BFH, BStBl 1962 III S. 273 und 1966 III S. 142.
238 BFH, BStBl 1956 III S. 250.
239 BFH, BStBl 1972 II S. 271.

7 Gewinnermittlungsarten

In den anderen Fällen, in denen der Steuerpflichtige eine AfA nicht willkürlich unterlassen oder zu niedrig angesetzt hat oder in denen er eine zu hohe AfA geltend gemacht hat, unterbleibt eine Bilanzberichtigung, wenn die zu geringe AfA in den Folgejahren erfolgswirksam nachgeholt oder die zu hohe AfA in den Folgejahren erfolgswirksam korrigiert werden kann.[240]

Der Grundsatz des Bilanzenzusammenhangs gilt auch für den unentgeltlichen Rechtsnachfolger i. S. von § 6 Abs. 3 EStG.[241]

7.4.3 Bilanzänderung (§ 4 Abs. 2 Satz 2 EStG)

§ 4 Abs. 2 Satz 2 EStG eröffnet dem Steuerpflichtigen die Möglichkeit einer Bilanzänderung, wenn die Änderung in einem engen zeitlichen und sachlichen Zusammenhang mit einer Bilanzberichtigung gem. § 4 Abs. 2 Satz 1 EStG steht und soweit die Auswirkung der Bilanzberichtigung auf den Gewinn reicht. Zu Einzelheiten siehe das BMF-Schreiben vom 18.05.2000.[242]

Eine Bilanzberichtigung bezieht sich auf den unrichtigen Ansatz von Wirtschaftsgütern (aktive und passive Wirtschaftsgüter einschließlich Rückstellungen) sowie Rechnungsabgrenzungsposten dem Grunde oder der Höhe nach. Eine Änderung des steuerlichen Gewinns ohne Auswirkung auf den Ansatz eines Wirtschaftsguts oder eines Rechnungsabgrenzungspostens ist daher keine Bilanzberichtigung.

Dieser Rechtsauffassung der Finanzverwaltung, nach der eine Bilanzberichtigung sich nur auf den unrichtigen Ansatz von Wirtschaftsgütern (aktive und passive Wirtschaftsgüter einschließlich Rückstellungen) sowie Rechnungsabgrenzungsposten dem Grunde und der Höhe nach bezieht und eine Änderung des steuerlichen Gewinns ohne Auswirkungen auf deren Ansätze keine Bilanzberichtigung ist, ist im Hinblick auf das BFH-Urteil vom 31.05.2007[243] nicht mehr zu folgen.[244] Nach dem genannten Urteil liegt der Zusammenhang einer Bilanzänderung mit einer Bilanzberechtigung auch dann vor, wenn sich die Gewinnänderung im Rahmen der Bilanzberichtigung aus der Nicht- oder der fehlerhaften Buchung von Entnahmen und Einlagen ergibt. Änderungen des Gewinns aufgrund der Berücksichtigung außerbilanzieller Hinzu- oder Abrechnungen berühren keinen Bilanzansatz. Eine Bilanzänderung ist insoweit nicht zulässig.[245]

In Abgrenzung zur Bilanzberichtigung liegt eine Bilanzänderung vor, wenn ein handels- und steuerrechtlich zulässiger Bilanzansatz durch einen anderen handels- und steuerrechtlich ebenfalls zulässigen Bilanzansatz ersetzt wird.[246] Dabei erfasst die

---
240 BFH, BStBl 1981 II S. 255, 1988 II S. 335.
241 BFH, BStBl 1965 II S. 48.
242 BMF vom 18.05.2000 (BStBl 2000 I S. 587).
243 BFH vom 31.05.2007 IV R 54/05 (BStBl 2008 II S. 665).
244 BMF vom 13.08.2008 (BStBl 2008 I S. 845).
245 BFH vom 23.01.2008 I R 40/07 (BStBl 2008 II S. 669).
246 BFH, BStBl 1990 II S. 195.

Bilanzänderung sowohl Bewertungswahlrechte als auch Ansatzwahlrechte.[247] Zu beachten ist § 5 Abs. 1 Satz 1 EStG. Danach können steuerliche Wahlrechte unabhängig von der Handelsbilanz ausgeübt werden. Die Vorlage einer geänderten Handelsbilanz ist nicht erforderlich.

Der **enge zeitliche und sachliche Zusammenhang** zwischen Bilanzberichtigung und Bilanzänderung setzt voraus, dass sich beide Maßnahmen auf dieselbe Bilanz beziehen. Bei Personengesellschaften gehören zu den maßgebenden Bilanzen Gesamthandsbilanzen, Sonderbilanzen und Ergänzungsbilanzen. Die Änderung der Bilanz eines bestimmten Wirtschaftsjahres ist danach unabhängig von der Frage, auf z. B. welche Wirtschaftsgüter oder Rechnungsabgrenzungsposten sich die Berichtigung dieser Bilanz bezieht, bis zur Höhe des gesamten Berichtigungsbetrags zulässig. Möglich ist auch eine Bilanzänderung zum Ausgleich von Gewinnminderungen. Der Zusammenhang einer Bilanzänderung mit einer Bilanzberichtigung liegt auch dann vor, wenn sich die Gewinnänderung im Rahmen der Bilanzberichtigung aus der Nicht- oder fehlerhaften Buchung von Entnahmen und Einlagen ergibt.[248] Ein zeitlicher Zusammenhang liegt darüber hinaus nur vor, wenn die Bilanz unverzüglich nach einer Bilanzberichtigung geändert wird.

Die Bilanzänderung hat zur Folge, dass der zunächst gewählte Bilanzansatz durch den neuen zulässigen Ansatz rückwirkend ersetzt wird. Auch die Bilanzänderung, die in Abhängigkeit zur Bilanzberichtigung steht, ist nur so lange und in dem Umfang zulässig, als der entsprechende Steuerbescheid noch geändert werden kann.

7.5 Gewinnermittlung nach § 4 Abs. 3 EStG (Überschuss der Betriebseinnahmen über die Betriebsausgaben)

7.5.1 Berechtigter Personenkreis

Zur Ermittlung des Gewinns nach § 4 Abs. 3 EStG sind Land- und Forstwirte, Gewerbetreibende und Steuerpflichtige mit Einkünften aus selbständiger Arbeit berechtigt, die weder nach Handelsrecht noch nach sonstigen außersteuerlichen Gesetzesvorschriften oder nach den Steuergesetzen zur Buchführung und zu Jahresabschlüssen verpflichtet sind und die auch freiwillig keine Bücher führen und Abschlüsse erstellen. Sie können zwischen der Gewinnermittlung durch Betriebsvermögensvergleich und der Gewinnermittlung durch Überschussrechnung wählen. Auch Land- und Forstwirte, die ihren Gewinn grundsätzlich nach Durchschnittssätzen zu ermitteln haben, können sich für die Gewinnermittlung nach § 4 Abs. 3 EStG entscheiden (§ 13a Abs. 2 EStG). Das Ergebnis der Überschussrechnung kann nicht nur ein Gewinn, sondern auch ein Verlust sein.

---
247 BFH, BStBl 1999 II S. 272.
248 BFH vom 31.05.2007 IV R 25/06 (BFH/NV 2007 S. 2086).

Nach § 60 Abs. 4 EStDV haben Steuerpflichtige, die den Gewinn nach § 4 Abs. 3 EStG durch den Überschuss der Betriebseinnahmen über die Betriebsausgaben ermitteln, bei Betriebseinnahmen ab 17.500 Euro ihrer Steuererklärung eine Gewinnermittlung **nach amtlich vorgeschriebenem Vordruck** (Vordruck EÜR) beizufügen. Die Vorschrift stellt eine wirksame Rechtsgrundlage für die Pflicht zur Abgabe der Anlage EÜR dar.[249] Die Gewinnermittlung ist elektronisch zu übermitteln.

7.5.2 Wahl der Einnahmenüberschussrechnung

Die Wahl zwischen der Gewinnermittlung nach § 4 Abs. 1 EStG und nach § 4 Abs. 3 EStG wird i. d. R. durch **schlüssiges Verhalten** ausgeübt. An die Dokumentation der zugunsten der Gewinnermittlung nach § 4 Abs. 3 EStG getroffenen Wahl sind dabei keine hohen Anforderungen zu stellen.[250] Wenn ein unter den in § 4 Abs. 3 EStG umschriebenen Personenkreis fallender Steuerpflichtiger seine Einnahmen und Ausgaben aufzeichnet oder zumindest die Einnahme- und Ausgabebelege erstellt und sammelt, so ist davon auszugehen, dass er sich für die Gewinnermittlung nach § 4 Abs. 3 EStG entschieden hat.[251] Sofern der Steuerpflichtige eine Eröffnungsbilanz erstellt und eine Buchführung einrichtet, hat er sich noch nicht gegen eine Gewinnermittlung nach § 4 Abs. 3 EStG entschieden und die Gewinnermittlung durch Bestandsvergleich gewählt. Das Recht zur Wahl der Gewinnermittlung durch Einnahmenüberschussrechnung entfällt vielmehr erst mit der Erstellung des Jahresabschlusses.[252] Die für die Einnahmenüberschussrechnung im Hinblick auf § 4 Abs. 4a EStG erforderliche Aufzeichnung der Entnahmen und Einlagen ist kein Indiz für die Wahl der Gewinnermittlung durch Betriebsvermögensvergleich. Der Steuerpflichtige muss die gegenüber dem Finanzamt wirksam getroffene Entscheidung, den Gewinn durch Einnahmenüberschussrechnung zu ermitteln, nicht jährlich wiederholen.[253]

7.5.3 Wesen der Einnahmenüberschussrechnung

Gewinn nach § 4 Abs. 3 EStG ist der Überschuss der Betriebseinnahmen über die Betriebsausgaben. Das bedeutet, dass grundsätzlich nur die Betriebseinnahmen und Betriebsausgaben aufgezeichnet und gegenübergestellt werden. Eine Bestandsaufnahme und die Aufstellung einer Bilanz entfallen.

Obwohl die Gewinnermittlung durch Betriebsvermögensvergleich und die Gewinnermittlung nach § 4 Abs. 3 EStG für ein und denselben Gewinnermittlungszeitraum

---

249 BFH vom 16.11.2011 X R 18/09 (BStBl 2012 II S. 129).
250 BFH vom 13.10.1989 III R 30-31/85 (BStBl 1990 II S. 287).
251 BFH vom 13.10.1989 III R 30-31/85 (BStBl 1990 II S. 287) und vom 12.10.1994 X R 192/93 (BFH/NV 1995 S. 587).
252 BFH vom 19.03.2009 IV R 57/07 (BStBl 2009 II S. 659).
253 BFH vom 24.09.2008 X R 58/06 (BStBl 2009 II S. 368).

7.5 Gewinnermittlung nach § 4 Abs. 3 EStG

i. d. R. zu unterschiedlichen Ergebnissen führen, muss bei beiden Gewinnermittlungsarten der **Totalgewinn** grundsätzlich gleich sein. Totalgewinn ist das Ergebnis vom ersten bis zum letzten Geschäftsvorfall während der Existenz eines Betriebs. Es darf daher letzten Endes nur zu **periodischen Gewinnunterschieden** kommen. Die Gewinnermittlung nach § 4 Abs. 3 EStG setzt die Ermittlung der einkunftsrelevanten Betriebseinnahmen und Betriebsausgaben voraus. Eine bestimmte Form der Aufzeichnung ist dem Steuerpflichtigen nicht vorgeschrieben. Ausreichend ist grundsätzlich eine geordnete Zusammenstellung der Betriebseinnahmen und Betriebsausgaben aufgrund einer Belegsammlung.[254] § 4 Abs. 3 EStG selbst schreibt nur die Führung der in § 4 Abs. 3 Satz 5 EStG genannten Verzeichnisse vor. Es bestehen jedoch Aufzeichnungspflichten außerhalb von § 4 Abs. 3 EStG, die über § 140 AO auch von einem Gewinnermittler nach § 4 Abs. 3 EStG zu beachten sind (vgl. z. B. § 6 Abs. 2 Satz 4 oder § 4 Abs. 7 EStG).

7.5.4 Steuerliche Betriebsvermögen

Auch bei Steuerpflichtigen, die ihren Gewinn nach § 4 Abs. 3 EStG ermitteln, gehören die Wirtschaftsgüter, die ausschließlich und unmittelbar ihrem Betrieb dienen, zu ihrem **notwendigen Betriebsvermögen.**

Mit Urteil vom 02.10.2003[255] hat der BFH entschieden, dass die Bildung gewillkürten Betriebsvermögens auch bei einer Gewinnermittlung durch Einnahmenüberschussrechnung nach § 4 Abs. 3 EStG möglich ist. Die Zuordnung eines gemischt genutzten Wirtschaftsguts zum gewillkürten Betriebsvermögen scheidet aber aus, wenn das Wirtschaftsgut nur in geringfügigem Umfang, d. h. zu weniger als 10 %, betrieblich genutzt wird. Der Nachweis der Zuordnung zum gewillkürten Betriebsvermögen ist in unmissverständlicher Weise durch entsprechende zeitnah erstellte Aufzeichnungen zu erbringen. Ein sachverständiger Dritter, z. B. ein Betriebsprüfer, muss daher ohne eine weitere Erklärung des Steuerpflichtigen die Zugehörigkeit des erworbenen oder eingelegten Wirtschaftsguts zum Betriebsvermögen erkennen können.

Der Steuerpflichtige trägt für die Zuordnung eines Wirtschaftsguts zum gewillkürten Betriebsvermögen die Beweislast. Er hat die Zuordnung sowie den Zeitpunkt der Zuordnung nachzuweisen. Hierfür hat er entsprechende Beweisvorsorge zu treffen. Zweifel gehen zu seinen Lasten. Eine rückwirkende Zuordnung zum gewillkürten Betriebsvermögen scheidet aus. Als Nachweis ausreichend ist die zeitnahe Aufnahme in ein laufend zu führendes Bestandsverzeichnis oder vergleichbare Aufzeichnungen. Die Aufzeichnung hat dabei in einer Form zu erfolgen, die Zweifel in Bezug auf die Zuordnung eines Wirtschaftsguts zum gewillkürten Betriebsvermögen sowie deren Zeitpunkt ausschließt. Der Nachweis kann auch in anderer

---
[254] BFH, BStBl 1990 II S. 287.
[255] BStBl 2004 II S. 985.

Weise geführt werden, z. B. durch eine zeitnahe schriftliche Erklärung gegenüber dem zuständigen Finanzamt. Der Behandlung von Einnahmen und Ausgaben im Zusammenhang mit dem Wirtschaftsgut als Betriebseinnahmen und Betriebsausgaben kommt bei der Zuordnungsentscheidung Indizwirkung zu. Die Aufzeichnungen haben zeitnah, spätestens bis zum Ende des Veranlagungszeitraums zu erfolgen. Bei einer späteren Aufzeichnung, z. B. nach Ablauf des Veranlagungszeitraums im Rahmen der Erstellung der Einnahmenüberschussrechnung, ist die Zuordnung zum gewillkürten Betriebsvermögen erst zum Zeitpunkt des Eingangs der Einnahmenüberschussrechnung beim zuständigen Finanzamt anzuerkennen, es sei denn, der Steuerpflichtige kann auf andere Art und Weise einen früheren Zuordnungszeitpunkt nachweisen. Die Unterlagen, aus denen sich der Nachweis sowie der Zeitpunkt der Zuführung eines Wirtschaftsguts zum gewillkürten Betriebsvermögen ergeben, sind mit der Einnahmenüberschussrechnung beim Finanzamt einzureichen. Werden keine geeigneten Unterlagen zum Nachweis der Zuordnung eines Wirtschaftsguts zum gewillkürten Betriebsvermögen vorgelegt und ist die Zuordnung nicht durch andere Angaben belegt worden, ist die Zuordnung des Wirtschaftsguts zum gewillkürten Betriebsvermögen erst zum Zeitpunkt des Eingangs der Einnahmenüberschussrechnung beim zuständigen Finanzamt anzuerkennen. Vergleiche im Einzelnen BMF vom 17.11.2004.[256]

Einzelfälle:

- **Wertpapiere** können dem gewillkürten Betriebsvermögen einer freiberuflichen Praxis zugeordnet werden, wenn sie ihrer Art nach objektiv geeignet sind, dem Betrieb zu dienen und ihn zu fördern, und subjektiv von ihrem Eigentümer dazu bestimmt sind. Dies erfordert einen nach außen erkennbaren – eindeutig nach außen verbindlich manifestierten, d. h. unmissverständlich, zeitnah und unumkehrbar dokumentierten – Widmungsakt des Wirtschaftsguts für den Einsatz zur Erzielung freiberuflicher Einkünfte.[257]

7.5.5 Betriebseinnahmen und Betriebsausgaben

Was unter Betriebseinnahmen zu verstehen ist, wird im Einkommensteuergesetz nicht definiert, obwohl diesem Begriff im Rahmen der Gewinnermittlung nach § 4 Abs. 3 EStG unmittelbare Bedeutung zukommt. In Anlehnung an die Regelung in § 8 Abs. 1 EStG sind unter Betriebseinnahmen alle Zugänge in Geld oder Geldeswert zu verstehen, die durch den Betrieb veranlasst sind.

Betriebseinnahmen können auch nach einer Betriebsbeendigung anfallen. Dabei sind nachträgliche Einkünfte nach einer Betriebsaufgabe nicht mehr durch Betriebsvermögensvergleich, sondern in sinngemäßer Anwendung des § 4 Abs. 3 EStG unter Berücksichtigung des Zu- und Abflussprinzips zu ermitteln.[258]

---

256 BMF vom 17.11.2004 (BStBl 2004 I S. 1064).
257 BFH vom 08.11.2011 VIII R 18/09 (BFH/NV 2011 S. 1847).
258 BFH vom 23.02.2012 IV R 31/09 (BFH/NV 2012 S. 1448).

7.5 Gewinnermittlung nach § 4 Abs. 3 EStG

Betriebsausgaben sind nach § 4 Abs. 4 EStG die **Aufwendungen, die durch den Betrieb veranlasst sind.**

Einzelfälle:

- **An-, Voraus-, Nach- und Abschlagszahlungen sowie Vorschüsse** sind grundsätzlich im Zeitpunkt der Vereinnahmung bzw. Verausgabung Betriebseinnahmen bzw. Betriebsausgaben. Voraussetzung ist, dass es sich um Vorgänge handelt, die dem Grunde nach Betriebseinnahmen bzw. Betriebsausgaben sind. Handelt es sich um Anschaffungs- bzw. Herstellungskosten für Wirtschaftsgüter des abnutzbaren bzw. nicht abnutzbaren Anlagevermögens oder um Wirtschaftsgüter des Umlaufvermögens, sind die für diese Wirtschaftsgüter geltenden Besonderheiten zu beachten.

- Geldbeträge, die dem Betrieb durch die **Aufnahme von Darlehen** zugeflossen sind, sind keine Betriebseinnahmen, und Geldbeträge, die zur Tilgung von Darlehen abgeflossen sind, sind keine Betriebsausgaben. Gelder, die durch die Gewährung von Darlehen abfließen, führen ebenfalls nicht zu Betriebsausgaben. Hinsichtlich der Abzugsfähigkeit von Schuldzinsen gelten die allgemeinen Regeln, z. B. § 4 Abs. 4a EStG. Darlehensverluste können nur dann wie Betriebsausgaben abgesetzt werden, wenn feststeht, dass sie uneinbringlich sind, und wenn besondere Umstände ihre ausschließliche Zugehörigkeit zur betrieblichen Sphäre ergeben. Die Zugehörigkeit zur betrieblichen Sphäre ist z. B. zu bejahen, wenn eine Darlehensforderung verloren gegangen ist, die ein Rechtsanwalt einem Mandanten gewährt hat, um seine Honorarforderung zu retten.[259] Der Verlust ist in dem Zeitpunkt zu berücksichtigen, in dem er feststeht. Die Mehrausgaben, die sich bei der **Tilgung eines Fremdwährungsdarlehens** nach einer Kurssteigerung der ausländischen Währung ergeben, sind im Zeitpunkt der Zahlung als Betriebsausgabe, umgerechnet in Euro, abzuziehen; wird infolge eines Kursrückgangs der ausländischen Währung ein geringerer als der ursprünglich zugeflossene Betrag zurückgezahlt, ist der Unterschiedsbetrag, umgerechnet in Euro, im Zeitpunkt der Zahlung als Betriebseinnahme zu erfassen.[260]

- **Bargeldverluste** führen zu Betriebsausgaben, wenn nachgewiesen werden kann, dass gestohlenes betriebliches Bargeld im betrieblichen Bereich deponiert war. Gleiches gilt, wenn der Steuerpflichtige einen abgezählten Geldbetrag für die Bezahlung einer bestimmten betrieblichen Schuld vom betrieblichen Bankkonto abgehoben und getrennt von seinen außerbetrieblichen Mitteln in einer besonderen Kassette in seiner Privatwohnung aufbewahrt hatte, um ihn für einen bestimmten betrieblichen Zweck zu verwenden.[261] Von Angestellten des Steuerpflichtigen noch nicht aufgezeichnete und unterschlagene betriebliche Entgelte

---

259 BFH, BStBl 1972 II S. 334.
260 BFH vom 15.11.1990 IV R 103/89 (BStBl 1991 II S. 228).
261 BFH, BStBl 1992 II S. 343.

sind gleichzeitig Betriebseinnahmen und Betriebsausgaben.[262] Handelt es sich in diesen Fällen um einen im Betrieb des Steuerpflichtigen aufgrund eines Dienstverhältnisses mitarbeitenden Ehegatten, liegt eine Privatentnahme vor, wenn die Zugriffsmöglichkeit des Ehegatten nicht auf seiner Stellung als Arbeitnehmer, sondern auf dem Vertrauen beruht, das Ehegatten einander entgegenbringen.[263] Der Steuerpflichtige muss für den Betriebsausgabenabzug den Verlust von Bargeld und dessen betriebliche Ursache nachweisen.

- Die vom Versicherten zu zahlende **Praxisgebühr** stellt eine Betriebseinnahme und keinen durchlaufenden Posten dar.

- Durch die Lieferung von zum Betriebsvermögen gehörenden Wirtschaftsgütern im **Tausch** gegen andere Wirtschaftsgüter hat der Steuerpflichtige eine Betriebseinnahme im Rahmen von § 4 Abs. 3 EStG realisiert, da ihm dadurch ein geldwerter Gegenstand zugegangen ist und dieser Zugang im Hinblick auf die Hingabe von Betriebsgegenständen betrieblich veranlasst ist. Ob die erlangte Gegenleistung in den betrieblichen oder in den privaten Bereich des Steuerpflichtigen gelangt ist, hat dafür keine Bedeutung. Eine Betriebseinnahme setzt nicht voraus, dass die erlangte Leistung Betriebsvermögen wird.[264]

- Ausgaben eines Zahnarztes mit Gewinnermittlung nach § 4 Abs. 3 EStG für **Zahngold** bilden auch dann Betriebsausgaben, wenn der angeschaffte Goldvorrat den Verbrauch für einige Jahre deckt.[265]

7.5.6 Zufluss und Abfluss

Betriebseinnahmen sind in dem Kalenderjahr bezogen, in dem sie zugeflossen sind; Betriebsausgaben sind für das Kalenderjahr abzusetzen, in dem sie geleistet worden sind (§ 11 EStG). Die Entstehung der zugrunde liegenden Forderungen und Verbindlichkeiten ist grundsätzlich ohne Bedeutung.[266] Es spielt auch grundsätzlich keine Rolle, ob die Betriebseinnahme oder Betriebsausgabe nur eine Vermögensumschichtung darstellt oder ob im Zeitpunkt der Vereinnahmung bereits ein Ertrag oder im Zeitpunkt der Verausgabung bereits ein Aufwand vorliegt. Auch der Erlös aus dem Verkauf eines Wirtschaftsguts ist daher erst im Jahr des Zuflusses als Betriebseinnahme zu erfassen.[267] Es ist auch unerheblich, ob es sich um Nachzahlungen oder Vorauszahlungen, um eine Teil- oder Abschlagszahlung handelt; entscheidend ist grundsätzlich der Zeitpunkt der Vereinnahmung bzw. der Verausgabung.

---

262 BFH, BStBl 1993 II S. 509.
263 BFH vom 25.10.1989 X R 69/88 (BFH/NV 1990 S. 553).
264 BFH vom 17.04.1986 IV R 115/84 (BStBl 1986 II S. 607).
265 BFH vom 12.03.1992 IV R 29/91 (BStBl 1993 II S. 36).
266 BGH, HFR 1995 S. 97.
267 BFH, BStBl 1995 II S. 635.

7.5 Gewinnermittlung nach § 4 Abs. 3 EStG

Beispiele:
a) Beiträge zur Kraftfahrzeugversicherung für das II. Halbjahr 01 und das I. Halbjahr 02, gezahlt am 01.07.01, sind in voller Höhe Betriebsausgaben des Jahres 01.
b) Bezahlung von Waren im Dezember 01 ist in voller Höhe Betriebsausgabe des Jahres 01, ohne Rücksicht darauf, ob am Jahresende 01 die Ware noch auf Lager liegt oder bereits geliefert wurde.
c) Der Kaufpreis für eine im Jahr 01 verkaufte, aber erst im Jahr 02 vom Kunden bezahlte Ware ist als Betriebseinnahme des Jahres 02 anzusetzen.
d) Eine Ende 01 vereinnahmte Vorauszahlung auf eine im Jahr 02 zu liefernde Ware ist als Betriebseinnahme des Jahres 01 anzusetzen.

Die Gewinnermittlung nach § 4 Abs. 3 EStG ist eine einfache **Ist-Rechnung**. Das Ergebnis wird nicht durch Ertrag und Aufwand, sondern durch Einnahmen und Ausgaben bestimmt. Das führt zwar zu einem wirtschaftlich unrichtigen Gewinn, aber doch zu einer Besteuerungsgrundlage, die die steuerliche Leistungsfähigkeit des Steuerpflichtigen zutreffend ausdrückt.

Beispiel:
Wareneinkauf im Dezember 01 für 30.000 € gegen sofortige Zahlung. Die gesamte Ware wird erst im Jahr 02 für 40.000 € verkauft, Zahlungseingang ebenfalls im Jahr 02.

Die Bezahlung der Ware wirkt sich im Jahr 01 gewinnmindernd aus, obwohl der Gegenwert in Form der Ware vorhanden ist, ein Aufwand mithin nicht vorliegt. Der Warenverkauf wirkt sich im Jahr 02 in voller Höhe (mit 40.000 €) als Gewinn aus, obwohl wirtschaftlich nur ein Gewinn von 10.000 € erzielt wurde.

Abweichend vom Zeitpunkt ihres tatsächlichen Zuflusses gelten regelmäßig wiederkehrende Einnahmen, die einem Gewinnermittler nach § 4 Abs. 3 EStG kurze Zeit vor oder kurze Zeit nach Beendigung des Kalenderjahres zufließen, als in dem Kalenderjahr bezogen, zu dem sie wirtschaftlich gehören (§ 11 Abs. 1 Satz 2 EStG). Ebenfalls zu beachten haben Gewinnermittler nach § 4 Abs. 3 EStG auch die Sonderregelung in § 11 Abs. 1 Satz 3 EStG für vorausgezahlte Nutzungsentgelte.

Für regelmäßig wiederkehrende Betriebsausgaben gelten die gleichen Grundsätze wie für regelmäßig wiederkehrende Betriebseinnahmen (§ 11 Abs. 2 Satz 2 und 3 EStG).

Einzelfälle:
- Vorschussweise gezahlte Honorare sind auch dann zugeflossen, wenn im Zeitpunkt der Veranlagung feststeht, dass sie teilweise zurückzuzahlen sind; das „**Behaltendürfen**" ist nicht Merkmal des Zuflusses.[268]

7.5.7 Durchlaufende Posten

Bei der Gegenüberstellung der Betriebseinnahmen und Betriebsausgaben scheiden nach § 4 Abs. 3 Satz 2 EStG durchlaufende Posten aus. Darunter sind Betriebsein-

---
[268] BFH vom 13.10.1989 III R 30-31/85, III R 30/85, III R 31/85 (BStBl 1990 II S. 287).

nahmen und Betriebsausgaben zu verstehen, die **im Namen und für Rechnung eines anderen vereinnahmt und verausgabt** werden. Dabei ist es unerheblich, ob die Vereinnahmung vor der Verausgabung liegt oder ob es sich umgekehrt verhält.[269] Es darf sich allerdings nicht um eigene Verbindlichkeiten handeln, die der Steuerpflichtige abwälzen kann.

Zu den durchlaufenden Posten gehören vom Steuerpflichtigen vereinnahmte Beträge nicht bereits deshalb, weil der Steuerpflichtige sie als ihm möglicherweise nicht zustehend ansieht oder weil er sie zurückgewähren oder weiterleiten muss.[270] Nicht zu den durchlaufenden Posten gehört folglich auch die Umsatzsteuer. Denn der Steuerpflichtige vereinnahmt und verausgabt die Umsatzsteuer im eigenen Namen und für eigene Rechnung.

Beispiele:

a) Gerichtskosten, die ein Rechtsanwalt von seinem Mandanten erhält, um sie in dessen Namen und für dessen Rechnung an die Gerichtskasse zu verausgaben, sind durchlaufende Posten. Dies gilt allerdings nicht, wenn ein Anwalt die Gerichtskosten auf eigene Rechnung aufwendet und nicht mit dem Mandanten abrechnet.

b) Keine durchlaufenden Posten sind Ersatzleistungen des Mandanten für die Porto- und Telefonkosten eines Rechtsanwalts, denn zwischen dem Mandanten und der Post bzw. der Telekom bestehen keine Rechtsbeziehungen.

7.5.8 Umsatzsteuer

Die vereinnahmten Umsatzsteuerbeträge (für den Umsatz geschuldete Umsatzsteuer und vom Finanzamt erstattete Vorsteuer) gehören im Zeitpunkt ihrer Vereinnahmung zu den Betriebseinnahmen, die verausgabten Umsatzsteuerbeträge (gezahlte Vorsteuer und an das Finanzamt abgeführte Umsatzsteuerbeträge) im Zeitpunkt ihrer Verausgabung zu den Betriebsausgaben, es sei denn, dass die Vorsteuerbeträge den Anschaffungs- oder Herstellungskosten des zugehörigen Wirtschaftsguts zuzurechnen und diese nicht sofort abziehbar sind.[271] § 4 Abs. 3 Satz 2 EStG findet insoweit keine Anwendung. Hierbei spielt es keine Rolle, ob der Steuerpflichtige zum Vorsteuerabzug berechtigt ist und ob er seine Umsätze nach den allgemeinen umsatzsteuerrechtlichen Vorschriften versteuert oder ob die Umsatzsteuer nach § 19 Abs. 1 UStG nicht erhoben wird.

7.5.9 Nicht abnutzbares Anlagevermögen

Die Anschaffungs- oder Herstellungskosten bzw. die Einlagewerte nicht abnutzbarer Anlagegüter waren nach § 4 Abs. 3 Satz 4 EStG a. F. erst in dem Zeitpunkt als Betriebsausgabe abzuziehen, in dem die betreffenden Wirtschaftsgüter **veräußert**

---

269 BFH, BStBl 1976 II S. 370.
270 BFH, BStBl 1975 II S. 776, 1983 II S. 723.
271 BFH vom 29.06.1982 VIII R 6/79 (BStBl 1982 II S. 755).

7.5 Gewinnermittlung nach § 4 Abs. 3 EStG

oder entnommen wurden. Dies galt auch, soweit die entsprechenden Anschaffungskosten bzw. Herstellungskosten in diesem Zeitpunkt noch nicht verausgabt waren.

§ 4 Abs. 3 Satz 4 EStG wurde dahin gehend geändert, dass der Betriebsausgabenabzug in Fällen der Veräußerung erst im Zeitpunkt des Zuflusses des Veräußerungserlöses erfolgt. Dies gilt auch dann, wenn zu diesem Zeitpunkt die entsprechenden Anschaffungs- bzw. Herstellungskosten noch nicht verausgabt waren. Bei Entnahmen sind die Anschaffungs- bzw. Herstellungskosten für nicht abnutzbare Wirtschaftsgüter des Anlagevermögens – wie bisher – im Zeitpunkt der Entnahme zu berücksichtigen. Für nicht abnutzbare Wirtschaftsgüter des Anlagevermögens, die bereits von § 4 Abs. 3 Satz 4 EStG a. F. erfasst waren, ist die geänderte Rechtsfolge – Berücksichtigung der Anschaffungskosten bzw. Herstellungskosten als Betriebsausgabe erst im Zeitpunkt des Zuflusses des Veräußerungserlöses oder im Zeitpunkt der Entnahme – erstmals im Veranlagungszeitraum 2006 anzuwenden (§ 52 Abs. 10 EStG).

Um bei einer späteren Veräußerung oder Entnahme von nicht abnutzbaren Wirtschaftsgütern praktische Schwierigkeiten bei der Ermittlung der Anschaffungs- oder Herstellungskosten bzw. der Einlagewerte zu vermeiden, bestimmt § 4 Abs. 3 Satz 5 EStG, dass laufend **besondere Verzeichnisse** zu führen sind, in die die Anschaffungs- oder Herstellungskosten bzw. die Einlagewerte aufgenommen werden müssen.

Bei einem betrieblich veranlassten Verlust, z. B. infolge Zerstörung, erfolgt eine Betriebsausgabe in Höhe des aufgezeichneten Buchwerts und bei privater Veranlassung dessen gewinnneutrale Ausbuchung.

7.5.10 Abnutzbares Anlagevermögen

Bei der Gewinnermittlung nach § 4 Abs. 3 EStG sind die Vorschriften über die Absetzung für Abnutzung oder Substanzverringerung (§ 7 EStG) zu befolgen (§ 4 Abs. 3 Satz 3 EStG). Das bedeutet, dass als Betriebsausgaben die **Absetzungen für Abnutzung** (AfA) bzw. Absetzungen für Substanzverringerung geltend gemacht werden können, wie sie sich bei bilanzierenden Unternehmern ergeben würden. Die Nutzungsdauer muss allerdings ein Jahr übersteigen. Auch bei der Gewinnermittlung nach § 4 Abs. 3 EStG beginnt die AfA mit der Anschaffung bzw. Herstellung des Wirtschaftsguts. Auf den Zeitpunkt der Bezahlung kommt es nicht an. Im Übrigen gelten auch im Rahmen der Gewinnermittlung nach § 4 Abs. 3 EStG uneingeschränkt die Abschreibungsregelungen nach § 7 EStG. Somit können auch Gewinnermittler nach § 4 Abs. 3 EStG Abschreibungen für außergewöhnliche technische oder wirtschaftliche Abnutzung geltend machen. Auch Sonderabschreibungen und erhöhte Absetzungen sind bei ihnen nach den allgemeinen Vorschriften zulässig.

> **Beispiel:**
> Ein Steuerpflichtiger mit Überschussrechnung kauft einen gebrauchten Kraftwagen für 20.000 € und zahlt den Betrag in diesem Jahr in bar. Diese 20.000 € sind auch bei

7 Gewinnermittlungsarten

der Gewinnermittlung nach § 4 Abs. 3 EStG nicht voll in diesem Jahr absetzbar, sondern nur mit dem Absetzungsbetrag von beispielsweise 20 % = 4.000 €. In den folgenden Jahren sind die weiteren Absetzungsbeträge als Betriebsausgabe abzusetzen, obwohl keine Zahlungen erfolgen.

Im Fall der Veräußerung abnutzbarer Anlagegüter ist das Veräußerungsentgelt in voller Höhe Betriebseinnahme. Andererseits sind die bis zum Veräußerungszeitpunkt im Wege der AfA noch nicht als Betriebsausgabe abgesetzten Anschaffungs- oder Herstellungskosten im Jahr der Veräußerung als Betriebsausgabe abzusetzen.[272] In Betracht kommen kann auch R 4.5 Abs. 5 Satz 1, 2 EStR.

Beispiele:

a) Ein Gewerbetreibender mit Gewinnermittlung nach § 4 Abs. 3 EStG hat einen Kraftwagen für 25.000 € angeschafft. Der Kraftwagen gehört zum Betriebsvermögen. Für das Jahr der Anschaffung und das folgende Jahr hat er in zutreffender Weise eine Absetzung für Abnutzung mit je 5.000 € vorgenommen. Anschließend verkauft er Anfang Januar den Kraftwagen für 16.000 €.

Der Veräußerungserlös ist als Betriebseinnahme und der Restwert (Anschaffungskosten abzgl. bisher vorgenommener AfA) als Betriebsausgabe anzusehen, sodass sich ein Veräußerungsgewinn in Höhe von 1.000 € ergibt.

Betriebseinnahme		16.000 €
Betriebsausgabe		
Anschaffungskosten	25.000 €	
./. AfA	10.000 €	15.000 €
Veräußerungsgewinn		1.000 €

b) Wie Beispiel a), jedoch mit der Abweichung, dass der Steuerpflichtige im Jahr der Anschaffung den Abzug der AfA vergessen hat. Die betreffende Veranlagung ist rechtskräftig.

Die Anschaffungskosten des PKW, die sich in den Vorjahren noch nicht als Betriebsausgaben ausgewirkt haben, sind bei der Veräußerung des PKW auch dann vom Veräußerungspreis als Betriebsausgabe abzuziehen, wenn die AfA zu Unrecht unterlassen worden ist.[273] Dieser Grundsatz führt dazu, dass, wie bei der Gewinnermittlung durch Bestandsvergleich, der Erlös aus der Veräußerung von beweglichen Wirtschaftsgütern des Anlagevermögens nur dann in voller Höhe als Betriebseinnahme angesetzt werden kann, wenn vorher die Kosten der Anschaffung in voller Höhe Betriebsausgaben waren. Fehler in der AfA der Vorjahre gleichen sich wie beim Bestandsvergleich auch bei der Einnahmenüberschussrechnung im Augenblick der Veräußerung aus.

Es ergibt sich folgende Rechnung:

Betriebseinnahme		16.000 €
Anschaffungskosten	25.000 €	
./. AfA	5.000 €	20.000 €
Veräußerungsverlust		4.000 €

Die unterlassene AfA darf dann bei der Veräußerung nicht zur Auswirkung kommen, wenn die Unterlassung willkürlich war und gegen Treu und Glauben verstößt.

---

272 BFH, BStBl 1961 III S. 499.
273 BFH, BStBl 1972 II S. 271.

7.5 Gewinnermittlung nach § 4 Abs. 3 EStG

Der Verlust, z. B. infolge Zerstörung oder Diebstahl, führt bei betrieblicher Veranlassung zu Betriebsausgaben in Höhe des Restbuchwerts. Eine Teilwertabschreibung kommt nicht in Betracht. § 6 Abs. 1 Nr. 2 EStG ist im Rahmen der Gewinnermittlung nach § 4 Abs. 3 EStG nicht anwendbar. Bei Vorliegen der Voraussetzungen ist allerdings eine außerordentliche AfA nach § 7 Abs. 1 Satz 7 i. V. m. Abs. 4 Satz 3 EStG möglich. Im Falle einer privaten Veranlassung scheidet eine Entnahme des betreffenden Wirtschaftsguts aus. Ein Betriebsausgabenabzug, sei es im Wege der AfA oder in Höhe des Restbuchwerts, kommt ebenfalls nicht in Betracht.

7.5.11 Geringwertige Wirtschaftsgüter

Auch im Rahmen der Gewinnermittlung nach § 4 Abs. 3 EStG gelten § 6 Abs. 2 und Abs. 2a EStG. Der Abzug erfolgt auch hier im Zeitpunkt der Anschaffung oder Herstellung.

7.5.12 Umlaufvermögen

Handelt es sich bei den Wirtschaftsgütern des Betriebsvermögens um Umlaufvermögen, stellen die daraus erzielten Einnahmen im Zeitpunkt ihres Zuflusses Betriebseinnahmen dar.

Die Aufwendungen für die Anschaffung bzw. Herstellung von Umlaufvermögen sind – einschließlich der darin enthaltenen Umsatzsteuer – grundsätzlich unabhängig vom Zeitpunkt der Veräußerung oder des Verbrauchs Betriebsausgaben im Zeitpunkt des Abflusses.[274] Wird der Abzug von Betriebsausgaben für die Anschaffung bzw. Herstellung von Umlaufvermögen versäumt, welches in Folgejahren noch vorhanden ist, kann der Abzug zur Verwirklichung der Gesamtgewinngleichheit in dem Jahr nachgeholt werden, in dem das Umlaufvermögen veräußert wird.[275] Nicht in Betracht kommt ein vorzeitiger Abzug vor Veräußerung in einem Jahr nach der Verausgabung. Der Verlust von Umlaufvermögen, z. B. durch Verderb oder Zerstörung, hat bei betrieblicher Veranlassung grundsätzlich keine Auswirkung im Rahmen der Gewinnermittlung nach § 4 Abs. 3 EStG, soweit die Betriebsausgaben bereits abgesetzt waren.

Nach § 4 Abs. 3 Satz 4 EStG sind die Anschaffungs- bzw. Herstellungskosten für die dort genannten Wirtschaftsgüter des Umlaufvermögens nicht schon bei Verausgabung, sondern erst im Zeitpunkt des Zuflusses des Veräußerungserlöses oder bei Entnahmen im Zeitpunkt der Entnahme als Betriebsausgaben zu berücksichtigen. Hiervon betroffen sind im Umlaufvermögen sich befindliche Anteile an Kapitalgesellschaften, Wertpapiere und vergleichbare nicht verbriefte Forderungen und Rechte, Grund und Boden sowie Gebäude. Die Regelung ist erstmals anwendbar, wenn die in § 4 Abs. 3 Satz 4 EStG genannten Wirtschaftsgüter des Umlaufvermögens

---

274 BFH, BStBl 1994 II S. 750.
275 BFH, BStBl 2005 II S. 758.

nach dem 05.05.2006 angeschafft, hergestellt oder in das Betriebsvermögen eingelegt werden (§ 52 Abs. 10 Satz 2 EStG). § 4 Abs. 3 Satz 4 EStG gilt nicht bei anderen, mit Besitzkonstitut gehandelten Wirtschaftsgütern, wie z. B. Edelmetallen oder Kunstgegenständen.[276] Handelt es sich um Personengesellschaften, ist nicht auf die Gesellschaftsanteile, sondern auf die Wirtschaftsgüter der Personengesellschaft abzustellen.[277]

Des Weiteren bestimmt § 4 Abs. 3 Satz 5 EStG, dass die von § 4 Abs. 3 Satz 4 EStG betroffenen Wirtschaftsgüter des Umlaufvermögens unter Angabe des Tages der Anschaffung bzw. Herstellung und der Anschaffungs- bzw. Herstellungskosten oder des an deren Stelle tretenden Werts in ein besonderes, laufend zu führendes Verzeichnis aufzunehmen sind.

7.5.13 Teilwertabschreibung

Teilwertabschreibungen sind bei der Gewinnermittlung nach § 4 Abs. 3 EStG ausgeschlossen.[278]

7.5.14 Entnahmen und Einlagen

Auch bei der Gewinnermittlung nach § 4 Abs. 3 EStG sind Entnahmen und Einlagen zu berücksichtigen. Dies geschieht grundsätzlich in der Weise, dass der Überschuss der Betriebseinnahmen über die Betriebsausgaben

- um den Wert der Entnahmen erhöht und
- um den Wert der Einlagen vermindert

wird.[279] Ihre Rechtfertigung findet diese Behandlung in dem Verhältnis, in dem die Vorschrift des § 4 Abs. 1 EStG zu § 4 Abs. 3 EStG steht. Denn § 4 Abs. 3 EStG enthält keinen selbständigen Gewinnbegriff, sondern nur eine vereinfachte Technik der Gewinnermittlung. Demnach muss die Gewinnermittlung nach § 4 Abs. 3 EStG über die Gesamtheit aller Jahre hinweg letztlich zu demselben Gesamtgewinn führen wie die Gewinnermittlung nach § 4 Abs. 1 EStG.[280] Entnahmen und Einlagen sind daher bei der Gewinnermittlung nach § 4 Abs. 3 EStG – obwohl der Wortlaut der Vorschrift darüber nichts besagt – grundsätzlich in gleicher Weise zu berücksichtigen wie bei der Gewinnermittlung nach § 4 Abs. 1 EStG. Etwas anderes gilt nur, soweit sich dies aus der Eigenart der Gewinnermittlungstechnik des § 4 Abs. 3 EStG ergibt. Hinsichtlich der Bewertung gelten § 6 Abs. 1 Nr. 4 und 5 EStG.

Ebenso wie bei der Gewinnermittlung nach § 4 Abs. 1 EStG sind auch bei der Gewinnermittlung nach § 4 Abs. 3 EStG alle Wirtschaftsgüter entnahme- und ein-

---
276 Schulte-Frohlinde, BB 2012 S. 2791.
277 BFH vom 26.07.2011 X B 208/10 (BFH/NV 2011 S. 1868).
278 BFH, BStBl 1960 III S. 188.
279 BFH, BStBl 1975 II S. 526.
280 BFH, BStBl 1973 II S. 293, 1984 II S. 516, 1985 II S. 255.

lagefähig. Bei der Gewinnermittlung nach § 4 Abs. 3 EStG gilt dies allerdings nicht für Geld, weil das entnommene Geld bereits zuvor als Betriebseinnahme erfasst oder ohne die Fiktion einer Betriebsausgabe in den Betrieb eingelegt wurde und weil eingelegtes Geld bei seiner betrieblich veranlassten Verausgabung als Betriebsausgabe angesetzt wird.

Werden Sachwerte in den Betrieb eingelegt, so wird ihr Teilwert vom Unterschied der Betriebseinnahmen und Betriebsausgaben abgezogen. Handelt es sich bei den eingelegten Gütern um abnutzbare Wirtschaftsgüter des Anlagevermögens, so gilt dies nur in Höhe der nach dem Teilwert zu bemessenden Absetzungen für Abnutzung. Werden nicht abnutzbare Wirtschaftsgüter des Anlagevermögens eingelegt, so kann ihr Teilwert erst bei einer späteren Veräußerung oder Entnahme abgezogen werden. Für nicht abnutzbare Wirtschaftsgüter des Anlagevermögens, die bereits von § 4 Abs. 3 Satz 4 EStG a. F. erfasst waren, ist die Berücksichtigung der Anschaffungskosten bzw. Herstellungskosten als Betriebsausgabe erst im Zeitpunkt des Zuflusses des Veräußerungserlöses oder im Zeitpunkt der Entnahme – erstmals im Veranlagungszeitraum 2006 – anzuwenden. Die Einlage von Wirtschaftsgütern des Umlaufvermögens wird grundsätzlich mit ihrem Wert nach § 6 Abs. 1 Nr. 5 EStG sofort als Betriebsausgabe abgezogen. Dies gilt allerdings nicht für nach dem 05.05.2006 eingelegte Wirtschaftsgüter des Umlaufvermögens i. S. von § 4 Abs. 3 Satz 4 EStG. Hier wird der Wert nach § 6 Abs. 1 Nr. 5 EStG erst bei Entnahme oder Zufluss des Entgelts aus der Veräußerung als Betriebsausgabe abgezogen.

Entnahmen von Wirtschaftsgütern sind bei einem Gewinnermittler nach § 4 Abs. 3 EStG als Betriebseinnahme anzusetzen. Zu bewerten ist sie nach § 6 Abs. 1 Nr. 4 EStG. Bei der Entnahme von abnutzbaren Wirtschaftsgütern des Anlagevermögens ist der noch nicht im Wege der AfA als Betriebsausgabe berücksichtigte Restbetrag der Anschaffungskosten bzw. Herstellungskosten im Zeitpunkt der Entnahme als Betriebsausgabe abzuziehen.

Die durch Nutzungs- und Leistungsentnahmen entstandenen anteiligen Kosten sind einschließlich der Gemeinkosten wie Betriebseinnahmen anzusetzen. Dagegen stellen bei Nutzungs- und Leistungseinlagen die im Privatbereich entstandenen Kosten Betriebsausgaben dar. Der Wert der Arbeitsleistung des Steuerpflichtigen ist nicht einlagefähig.

7.5.15 Betriebsveräußerung und Betriebsaufgabe

Veräußert ein Steuerpflichtiger, der den Gewinn nach § 4 Abs. 3 EStG ermittelt, den Betrieb, ist der Steuerpflichtige so zu behandeln, als wäre er im Augenblick der Veräußerung zunächst zur Gewinnermittlung durch Betriebsvermögensvergleich nach § 4 Abs. 1 EStG übergegangen. Dies gilt auch bei der Veräußerung eines Teilbetriebs oder des gesamten Mitunternehmeranteiles und bei der Aufgabe eines Betriebs sowie in den Fällen der Einbringung, unabhängig davon, ob die Einbringung zu Buch-, Zwischen- oder gemeinen Werten erfolgt.

# 7 Gewinnermittlungsarten

Ist auf den Zeitpunkt der Betriebsveräußerung eine Schlussbilanz nicht erstellt worden und hat dies nicht zur Erlangung ungerechtfertigter Steuervorteile geführt, sind in späteren Jahren gezahlte abziehbare Betriebssteuern und andere Aufwendungen, die durch den veräußerten oder aufgegebenen Betrieb veranlasst sind, nachträgliche Betriebsausgaben.

Die wegen des Übergangs von der Einnahmenüberschussrechnung zum Betriebsvermögensvergleich erforderlichen Hinzurechnungen und Abrechnungen sind nicht bei dem Veräußerungsgewinn, sondern bei dem laufenden Gewinn des Wirtschaftsjahres vorzunehmen, in dem die Veräußerung stattfindet. Die dem Gewinn hinzuzurechnenden Beträge können nicht verteilt werden.

7.6 Gewinnermittlung bei Handelsschiffen im internationalen Verkehr (§ 5a EStG)

7.6.1 Allgemeines

Durch die **Tonnagebesteuerung** nach § 5a EStG sollen die steuerlichen Rahmenbedingungen in der Seeschifffahrt dem internationalen Standard angepasst werden. Einzelheiten sind geregelt im BMF-Schreiben vom 12.06.2002[281] und im BMF-Schreiben vom 31.10.2008[282]. Die Vorschrift des § 5a EStG ist nach § 52 Abs. 15 EStG erstmals für das Wirtschaftsjahr anzuwenden, das nach dem 31.12.1998 endet.

7.6.2 Voraussetzungen für die Tonnagebesteuerung

Voraussetzung für die Anwendung von § 5a EStG sind:

- der Betrieb von Handelsschiffen im internationalen Verkehr,
- die Bereederung der Handelsschiffe im Inland,
- das Vorliegen eines Gewerbebetriebs mit Geschäftsleitung im Inland,
- das Vorliegen einer Gewinnermittlung nach § 4 Abs. 1, § 5 EStG und
- ein unwiderruflicher Antrag auf Anwendung der Tonnagebesteuerung.

Wenn die genannten Voraussetzungen für die Tonnagebesteuerung vorliegen und der Steuerpflichtige dies beantragt, dann wird der erzielte Gewinn nicht insgesamt pauschaliert, sondern nur insoweit, als er auf den Betrieb von Handelsschiffen im internationalen Verkehr entfällt. Es gilt dann der degressiv gestaffelte Tarif in § 5a Abs. 1 Satz 2 EStG, und zwar pro Betriebstag im internationalen Verkehr zwischen 0,92 Euro und 0,23 Euro pro volle 100 Nettotonnen Frachtraum. Dabei kommt es nicht auf die tatsächliche Ausnutzung dieses Frachtraums an. Entscheidend ist vielmehr das Ergebnis der amtlichen Schiffsvermessung, welches als Nettofrachtvolu-

---

281 BStBl 2002 I S. 614.
282 BStBl 2008 I S. 956.

7.6 Gewinnermittlung bei Handelsschiffen im internationalen Verkehr

men im sog. Schiffsmessbrief dokumentiert ist. Wird die Tonnage mangels Auslastung nicht voll genutzt, wirkt sich dies auf die Gewinnermittlung nicht aus. **Verluste können nicht geltend gemacht werden.**

7.6.3 Betrieb von Handelsschiffen im internationalen Verkehr

Handelsschiffe werden im internationalen Verkehr betrieben, wenn eigene oder gecharterte Seeschiffe, die im Wirtschaftsjahr überwiegend in einem inländischen Schiffsregister eingetragen sind, in diesem Wirtschaftsjahr überwiegend zur Beförderung von Personen oder Gütern im Verkehr mit oder zwischen ausländischen Häfen, innerhalb eines ausländischen Hafens oder zwischen einem ausländischen Hafen und der hohen See eingesetzt werden (§ 5a Abs. 2 Satz 1 EStG). Zum Betrieb von Handelsschiffen im internationalen Verkehr gehören auch ihre Vercharterung, wenn sie vom Vercharterer ausgerüstet worden sind, und die unmittelbar mit ihrem Einsatz oder ihrer Vercharterung zusammenhängenden Neben- und Hilfsgeschäfte einschließlich der Veräußerung der Handelsschiffe und der unmittelbar ihrem Betrieb dienenden Wirtschaftsgüter (§ 5a Abs. 2 Satz 2 EStG). Bei der Verwendung gecharterter Schiffe müssen gleichzeitig mindestens ein eigenes oder ein selbst ausgerüstetes Schiff betrieben werden (§ 5a Abs. 2 Satz 3 EStG). Sind gecharterte Schiffe nicht in einem inländischen Register eingetragen, darf deren Nettotonnage nicht mehr als das Dreifache der nach § 5a Abs. 2 Satz 1, 2 EStG betriebenen Schiffe betragen (§ 5a Abs. 2 Satz 4 EStG). Dem Betrieb von Handelsschiffen im internationalen Verkehr ist gleichgestellt, wenn Seeschiffe, die im Wirtschaftsjahr überwiegend in einem inländischen Seeschiffsregister eingetragen sind, in diesem Wirtschaftsjahr überwiegend außerhalb der deutschen Hoheitsgewässer zum Schleppen, Bergen oder zur Aufsuchung von Bodenschätzen oder zur Vermessung von Energielagerstätten unter dem Meeresboden eingesetzt werden (§ 5a Abs. 2 Satz 5 EStG). Ausgenommen von der Anwendung des § 5a EStG sind der Baggersektor, die Seefischerei, das Lotsenwesen und die Vergnügungsfahrten.

7.6.4 Antragstellung

Geregelt ist die Antragstellung in § 5a Abs. 3 EStG. Der Antrag auf Anwendung der Tonnagebesteuerung ist im Wirtschaftsjahr der Anschaffung oder Herstellung des Handelsschiffs (Indienststellung) mit Wirkung ab Beginn dieses Wirtschaftsjahres zu stellen. Vor Indienststellung des Handelsschiffs erwirtschaftete Gewinne sind im Fall des Antrags auf Tonnagebesteuerung nicht zu besteuern. Entsprechende Verluste sind weder ausgleichsfähig noch verrechenbar. Bereits erlassene Steuerbescheide sind insoweit zu ändern. Der Steuerpflichtige ist an die Tonnagebesteuerung vom Beginn des Wirtschaftsjahres an, in dem er den Antrag stellt, 10 Jahre gebunden. Nach Ablauf dieses Zeitraums kann er den Antrag mit Wirkung für den Beginn jedes folgenden Wirtschaftsjahres bis zum Ende des Jahres unwiderruflich zurücknehmen. An die Gewinnermittlung nach allgemeinen Vorschriften ist der Steuerpflichtige dann ab dem Beginn des Wirtschaftsjahres, in dem er den Antrag zurücknimmt, 10 Jahre gebunden. Macht der Steuerpflichtige im Jahr der Indienststellung von der Option zur Tonnagebesteuerung Gebrauch, kann er auch weiterhin frühestmöglich einen Antrag in dem Wirtschaftsjahr stellen, das nach Ablauf eines Zeitraums von zehn Jahren – gerechnet vom Beginn des Jahres der Indienststellung an – endet.

7.6.5 Rechtsfolgen

Soweit der Gewinn auf den Betrieb von Handelsschiffen im internationalen Verkehr entfällt, kann dieser bei Vorliegen der Voraussetzungen nach § 5a EStG nach der in diesem Betrieb geführten vorhandenen – nicht tatsächlich genutzten – Tonnage ermittelt werden. Als Gewinn ist nach § 5a Abs. 1 Satz 2 EStG für jedes im internationalen Verkehr betriebene Handelsschiff für jeweils volle 100 Nettotonnen (Nettoraumzahl) pro Tag des Betriebs ein **pauschaler Betrag** anzusetzen. Dieser pauschale Betrag beläuft sich auf:

- 0,92 Euro bei einer Tonnage bis 1.000 Nettotonnen,
- 0,69 Euro für die 1.000 Nettotonnen übersteigende Tonnage bis zu 10.000 Nettotonnen,
- 0,46 Euro für die 10.000 Nettotonnen übersteigende Tonnage bis zu 25.000 Nettotonnen,
- 0,23 Euro für die 25.000 Nettotonnen übersteigende Tonnage.

> **Beispiel:**
> Ein Handelsschiff mit 60.000 Nettotonnen wird im Wirtschaftsjahr 02 an 200 Tagen im internationalen Verkehr betrieben.
> Für die einzelnen Tonnageklassen ergeben sich die folgenden Nettoraumzahlen:
> bis   1.000 Nettotonnen   (1.000: 100 =)   10
> bis   10.000 Nettotonnen   (9.000 : 100 =)   90
> bis   25.000 Nettotonnen   (15.00-: 100 =) 150
> 0
> über 25.000 Nettotonnen   (35.00-: 100 =) 350
> 0
> Anzusetzen ist danach ein Gewinn in Höhe von
> (0,92 € ×   10 × 200 Tage =)   1.840 €
> (0,69 € ×   90 × 200 Tage =)   12.420 €
> (0,46 € × 150 × 200 Tage =)   13.800 €
> (0,23 € × 350 × 200 Tage =)   16.100 €
> insgesamt   44.160 €

Die **Steuerbilanzen** sind nach den allgemeinen Vorschriften zu erstellen, fortzuführen und auch einzureichen (§ 60 Abs. 1 Satz 1 EStDV). Für die Tonnagebesteuerung haben sie keine Bedeutung. Aufgrund der Tonnagebesteuerung kann kein Verlust entstehen. Kosten, Abschreibungen etc. haben auf das Ergebnis keinen Einfluss. Der

7.6 Gewinnermittlung bei Handelsschiffen im internationalen Verkehr

Tonnagegewinn umfasst auch den Veräußerungs- und Aufgabegewinn. §§ 34, 34c Abs. 1 bis 3 und § 35 EStG sind nicht anzuwenden. Rücklagen nach §§ 6b und 6d EStG sind beim Übergang zur Tonnagebesteuerung dem Gewinn im Erstjahr hinzuzurechnen. Bis zum Übergang in Anspruch genommene Investitionsabzugsbeträge nach § 7g Abs. 1 EStG sind nach Maßgabe von § 7g Abs. 3 EStG rückgängig zu machen. Für die Anwendung des § 15a EStG ist der nach § 4 Abs. 1, § 5 EStG ermittelte Gewinn zugrunde zu legen (§ 5a Abs. 5 EStG).

Der während der Tonnagebesteuerung nach § 5a Abs. 5 Satz 4 EStG nach Maßgabe von § 4 Abs. 1 oder § 5 EStG im Wege einer Schattenrechnung zu ermittelnde, der Besteuerung jedoch nicht zugrunde zu legende Gewinn ist mit dem aus der Zeit vor der Gewinnermittlung nach § 5a Abs. 1 EStG entstandenen und festgestellten nur verrechenbaren Verlust nach § 15a Abs. 2 EStG zu saldieren. Davon unberührt bleibt die Verrechnung mit einem hinzuzurechnenden Unterschiedsbetrag nach § 5a Abs. 4 Satz 3 EStG.[283]

Zum Schluss des Wirtschaftsjahres, das der erstmaligen Anwendung der Tonnagebesteuerung vorangeht (Übergangsjahr), ist für jedes Wirtschaftsgut, das unmittelbar dem Betrieb von Handelsschiffen im internationalen Verkehr dient, der **Unterschiedsbetrag** zwischen Buchwert und Teilwert in **ein besonderes Verzeichnis** aufzunehmen. Der Unterschiedsbetrag ist gesondert und bei Gesellschaften i. S. des § 15 Abs. 1 Satz 1 Nr. 2 EStG einheitlich festzustellen. Der Unterschiedsbetrag ist dem Gewinn hinzuzurechnen:

- in den dem letzten Jahr der Anwendung der Tonnagebesteuerung folgenden fünf Wirtschaftsjahren jeweils in Höhe von mindestens einem Fünftel,
- in dem Jahr, in dem das Wirtschaftsgut aus dem Betriebsvermögen ausscheidet oder in dem es nicht mehr unmittelbar dem Betrieb von Handelsschiffen im internationalen Verkehr dient,
- in dem Jahr des Ausscheidens eines Gesellschafters hinsichtlich des auf ihn entfallenden Anteils.

Bei **Personengesellschaften** kommt die Tonnagebesteuerung nur einheitlich in Betracht. Der ermittelte Gewinn ist den Gesellschaftern entsprechend ihrem Anteil am Gesellschaftsvermögen zuzurechnen. Sondervergütungen sind hinzuzurechnen. Sie sind nicht Teil des Tonnagegewinns (§ 5a Abs. 4a EStG).

In der Bilanz zum Schluss des Wirtschaftsjahres, in dem die Tonnagebesteuerung letztmalig angewendet wird, ist für jedes Wirtschaftsgut, das unmittelbar dem Betrieb von Handelsschiffen im internationalen Verkehr dient, der Teilwert anzusetzen (§ 5a Abs. 6 EStG). Folge ist, dass die folgenden Gewinnermittlungen von den Ergebnissen der Vorjahre nicht berührt werden.

---

[283] BFH, BStBl 2007 II S. 261.

Des Weiteren sind Aufwendungen, die mit unmittelbaren oder mittelbaren Zuwendungen von nicht einlagefähigen Vorteilen an Unternehmen, die ihren Gewinn nach § 5a Abs. 1 EStG pauschal ermitteln, in Zusammenhang stehen, nicht abziehbar (§ 4 Abs. 5 Nr. 11 EStG).

7.7 Ermittlung des Gewinns aus Land- und Forstwirtschaft nach Durchschnittssätzen (§ 13a EStG)

7.7.1 Allgemeines

Die Gewinnermittlung nach Durchschnittssätzen entlastet kleinere landwirtschaftliche Betriebe von den Aufzeichnungs- und sonstigen Pflichten der Gewinnermittlungen nach § 4 Abs. 1 EStG bzw. § 4 Abs. 3 EStG. Folge ist eine erhebliche Vereinfachung.

7.7.2 Anwendungsvoraussetzungen

Die Gewinnermittlung nach Durchschnittssätzen gilt ausschließlich für die Ermittlung von **Einkünften aus Land- und Forstwirtschaft i. S. von § 13 EStG**. Unterhält ein Steuerpflichtiger mehrere Betriebe aus dem Bereich der Land- und Forstwirtschaft, ist für jeden Betrieb einzeln zu entscheiden, ob die Berechtigung zur Gewinnermittlung nach § 13a EStG gegeben ist.

Die Möglichkeit, den Gewinn aus Land- und Forstwirtschaft nach Durchschnittssätzen zu ermitteln, besteht nur für Steuerpflichtige, die nicht aufgrund gesetzlicher Vorschriften verpflichtet sind, Bücher zu führen und regelmäßige Abschlüsse zu machen (§ 13a Abs. 1 Nr. 1 EStG).

Darüber hinaus setzt die Gewinnermittlung nach Durchschnittssätzen voraus, dass der Gewinn aus Betrieben stammt, die die in § 13a Abs. 1 Nr. 2 bis 4 EStG umschriebenen Merkmale aufweisen. **Begünstigt sind danach nur Betriebe,**

- deren selbst bewirtschaftete Fläche der landwirtschaftlichen Nutzung i. S. des § 34 Abs. 2 Nr. 1 Buchst. a BewG ohne Sonderkulturen i. S. des § 52 BewG nicht 20 Hektar überschreitet,

Maßgebend für den Umfang der selbst bewirtschafteten Flächen sind jeweils die Verhältnisse zu Beginn des Wirtschaftsjahres. Einzubeziehen sind sowohl Eigentumsflächen als auch dem Steuerpflichtigen zur Nutzung überlassene Flächen. Maßgebend ist die tatsächliche Nutzung der Flächen, nicht deren bewertungsrechtliche Einordnung. Entgeltlich oder unentgeltlich an Dritte zur Nutzung überlassene Flächen sind nicht zu berücksichtigen. Zu den selbst bewirtschafteten Flächen rechnen auch Brachflächen sowie die nach öffentlich-rechtlichen Förderprogrammen stillgelegten Flächen. Für im Ausland belegene Flächen ist

7.7 Ermittlung des Gewinns aus Land- und Forstwirtschaft

§ 13a EStG nicht anwendbar. Gleiches gilt bei vollständigem Fehlen selbstbewirtschafteter Flächen der landwirtschaftlichen Nutzung.[284]

- und deren Tierbestände insgesamt 50 Vieheinheiten nicht übersteigen

  Der Bestand der landwirtschaftlichen Tierhaltung und -erzeugung ist nach der Anlage 1 zum BewG zu ermitteln. Durch Ländererlasse sind für weitere Tierbestände Vieheinheiten festgelegt worden (R 13.2 EStR). Bei der Feststellung der Tierbestände ist von den regelmäßig und nachhaltig erzeugten und den im Durchschnitt des Wirtschaftsjahres gehaltenen Tieren auszugehen. Ein einmaliges Überschreiten der Vieheinheitengrenze führt nicht zum Wegfall der Gewinnermittlungsberechtigung nach § 13a EStG. Wird die Vieheinheitengrenze über einen Zeitraum von drei Wirtschaftsjahren hinaus überschritten, entfällt die Berechtigung zur Gewinnermittlung nach § 13a EStG (R 13a.1 Abs. 1 Satz 2 i. V. m. R 15.5 Abs. 2 EStR).

- und bei denen der Wert der selbst bewirtschafteten Sondernutzungen nach § 13a Abs. 5 EStG nicht mehr als 2.000 DM je Sondernutzung beträgt.

  Die 2.000 DM-Grenze gilt für jede einzelne Sondernutzung. Als Sondernutzungen gelten die in § 34 Abs. 2 Nr. 1 Buchst. b bis e BewG genannten Nutzungen, die in § 34 Abs. 2 Nr. 2 BewG genannten Wirtschaftsgüter, die Nebenbetriebe i. S. des § 34 Abs. 2 Nr. 3 BewG i. V. m. § 42 BewG und die Sonderkulturen nach § 52 BewG. Nur selbst bewirtschaftete Sondernutzungen sind zu berücksichtigen. Für die Ermittlung der 2.000 DM-Grenze ist der bewertungsrechtliche Ansatz der jeweiligen Sondernutzung maßgebend. Dieser ist grundsätzlich aus dem zuletzt festgestellten Einheitswert oder dem Ersatzwirtschaftswert für Betriebe in den neuen Bundesländern abzuleiten. Maßgebend sind die Verhältnisse zu Beginn des Wirtschaftsjahres. Liegen mehrere Sondernutzungen vor, sind diese jeweils getrennt für sich zu bewerten. Beträgt der Wert einer dieser Nutzungen zu Beginn des Wirtschaftsjahres mehr als 2.000 DM, entfällt für den gesamten Betrieb die Berechtigung zur Gewinnermittlung nach § 13a EStG.

7.7.3 Wegfall und Begründung der Gewinnermittlung nach § 13a EStG

Die Berechtigung zur Gewinnermittlung nach § 13a EStG entfällt, sofern eine Verpflichtung zur Buchführung nach §§ 140 ff. AO besteht. Der Gewinn ist in diesem Fall letztmalig für das Wirtschaftsjahr nach § 13a EStG zu ermitteln, das nach Bekanntgabe der Mitteilung endet, durch die die Finanzbehörde auf den Beginn der Buchführungspflicht hingewiesen hat (§ 13a Abs. 1 Satz 2 EStG). Die Mitteilung soll innerhalb eines Monats vor Beginn des folgenden Wirtschaftsjahres bekannt gegeben werden (R 13a.1 Abs. 2 EStR). Entsprechendes gilt, wenn ein in § 13a Abs. 1 Nr. 2 bis 4 EStG genannter Ausschlusstatbestand eingetreten ist. Der Wirksamkeit einer Mitteilung nach § 13a Abs. 1 Satz 2 EStG steht nicht entgegen, dass

---
284 BFH vom 18.02.2011 IV R B 57/10 (BFH/NV 2011 S. 1331).

sie innerhalb einer Frist von weniger als einem Monat vor dem Beginn des folgenden Wirtschaftsjahres bekannt gegeben worden ist.[285]

Das Wort „letztmalig" in § 13a Abs. 1 Satz 2 EStG bedeutet nicht, dass eine Rückkehr zur Gewinnermittlung nach Durchschnittssätzen zu einem späteren Zeitpunkt ausgeschlossen ist. Der Gewinn ist erneut nach Durchschnittssätzen zu ermitteln, wenn die Voraussetzungen des § 13a Abs. 1 Satz 1 EStG wieder gegeben sind und ein Antrag nach § 13a Abs. 2 EStG nicht gestellt wird. Bestand für den Land- und Forstwirt Buchführungspflicht nach § 141 Abs. 1 AO, ist außerdem zuvor die Feststellung der Finanzbehörde erforderlich, dass die Voraussetzungen für die Buchführungspflicht nach § 141 Abs. 1 AO nicht mehr vorliegen (§ 141 Abs. 2 Satz 2 AO). Bei einem Land- und Forstwirt, der weder buchführungspflichtig ist noch die sonstigen Voraussetzungen des § 13a Abs. 1 Satz 1 EStG erfüllt und dessen Gewinn nach § 4 Abs. 1 oder § 4 Abs. 3 EStG ermittelt wird, ist der Gewinn bereits ab dem folgenden Wirtschaftsjahr nach Durchschnittssätzen zu ermitteln, wenn bis zum Beginn dieses Wirtschaftsjahres die Voraussetzungen des § 13a Abs. 1 Satz 1 EStG wieder erfüllt sind. § 141 Abs. 2 Satz 2 AO ist nur bei wegfallender Buchführungspflicht anzuwenden. Einer Mitteilung der Finanzbehörde bedarf es insoweit nicht. Ist eine Mitteilung nach § 13a Abs. 1 Satz 2 EStG über den Wegfall der Voraussetzungen des § 13a Abs. 1 Satz 1 EStG ergangen und liegen bis zum Beginn des auf die Bekanntgabe der Mitteilung folgenden Wirtschaftsjahres die Voraussetzungen für die Gewinnermittlung nach Durchschnittssätzen wieder vor, hat die Finanzbehörde die Rechtswirkungen dieser Mitteilung zu beseitigen. § 13a EStG ist weiterhin anzuwenden (R 13a.1 Abs. 3 EStR).

Liegt im Fall einer Betriebseröffnung ein Ausschlusstatbestand des § 13a Abs. 1 Nr. 2 bis 4 EStG vor, darf der Steuerpflichtige für diesen Betrieb auch ohne gesonderte Mitteilung seitens der Finanzverwaltung nicht die Gewinnermittlung nach Durchschnittssätzen anwenden.

7.7.4 Antragswahlrecht

Bei Betrieben i. S. von § 13a Abs. 1 EStG ist der Gewinn aus Land- und Forstwirtschaft nicht nach Durchschnittssätzen zu ermitteln, wenn der Land- und Forstwirt nach § 13a Abs. 2 EStG den Antrag stellt, den Gewinn

- durch Betriebsvermögensvergleich oder
- durch Vergleich der Betriebseinnahmen mit den Betriebsausgaben

zu ermitteln.

Bei einem entsprechenden Antrag des Steuerpflichtigen ist der Gewinn aus Land- und Forstwirtschaft für **vier aufeinanderfolgende Wirtschaftsjahre** nicht nach Durchschnittssätzen zu ermitteln. Wird der Gewinn eines dieser Wirtschaftsjahre

---
[285] BFH, BStBl 2007 II S. 816.

7.7 Ermittlung des Gewinns aus Land- und Forstwirtschaft

durch den Steuerpflichtigen nicht durch Betriebsvermögensvergleich oder durch Vergleich der Betriebseinnahmen mit den Betriebsausgaben ermittelt, ist der Gewinn nach § 13a Abs. 2 Satz 2 EStG für den gesamten Zeitraum von vier Wirtschaftsjahren nach Durchschnittssätzen nach § 13a EStG zu ermitteln.

Der **Antrag** muss bis zur Abgabe der Steuererklärung, spätestens jedoch zwölf Monate nach Ablauf des ersten Wirtschaftsjahres schriftlich gestellt werden, auf das er sich bezieht. Er kann innerhalb dieser Frist zurückgenommen werden und wird auch wirksam, wenn der Antrag nach einer Zurücknahme innerhalb dieser Frist erneut gestellt wird.

> **Beispiel:**
> Ein Land- und Forstwirt, dessen Betrieb im Wirtschaftsjahr 00/01 die in § 13a Abs. 1 Nr. 2 bis 4 EStG aufgeführten Merkmale aufweist, kann noch bis zum 30.06.02 den Antrag nach § 13a Abs. 2 EStG stellen, sofern er nicht vorher die Steuererklärung für dieses Wirtschaftsjahr abgibt.

Das Antragswahlrecht ist nur dann wirksam ausgeübt, wenn der Steuerpflichtige für vier aufeinanderfolgende Wirtschaftsjahre tatsächlich seinen Gewinn durch Betriebsvermögensvergleich bzw. Vergleich der Betriebseinnahmen mit den Betriebsausgaben ermittelt. Kommt der Steuerpflichtige dieser Verpflichtung nicht nach, erfolgt seitens der Finanzverwaltung eine Schätzung des Gewinns auf der Grundlage von § 13a EStG. Eine Schätzung nach § 4 Abs. 1 EStG bzw. § 4 Abs. 3 EStG ist ausgeschlossen.

Nach Ablauf des Vierjahreszeitraums ist der Gewinn wieder nach Durchschnittssätzen zu ermitteln, wenn die Voraussetzungen des § 13a Abs. 1 Satz 1 EStG erfüllt sind und der Land- und Forstwirt von der Möglichkeit der erneuten Ausübung des Wahlrechts (§ 13a Abs. 2 EStG) keinen Gebrauch macht oder wenn die Voraussetzungen nicht mehr erfüllt sind, der Land- und Forstwirt aber noch nicht zur Buchführung aufgefordert oder darauf hingewiesen worden ist, dass der Gewinn nicht mehr nach Durchschnittssätzen zu ermitteln ist.

7.7.5 Ermittlung des Durchschnittssatzgewinns

7.7.5.1 Bestandteile des Durchschnittssatzgewinns

Der Begriff des Durchschnittssatzgewinns ist definiert in § 13a Abs. 3 EStG. Danach ist der Durchschnittssatzgewinn die Summe aus dem Grundbetrag, den Zuschlägen für Sondernutzungen, den gesondert zu ermittelnden Gewinnen und den vereinnahmten Miet- und Pachtzinsen und den vereinnahmten Kapitalerträgen, die sich aus Kapitalanlagen von Veräußerungserlösen i. S. von § 13a Abs. 6 Satz 1 Nr. 2 EStG ergeben. Abzusetzen davon sind verausgabte Pachtzinsen und diejenigen Schuldzinsen und dauernden Lasten, die Betriebsausgaben sind, wobei die abzusetzenden Beträge nicht zu einem Verlust führen dürfen.

7.7.5.2 Grundbetrag

Bei der Gewinnermittlung nach § 13a EStG ist vom Grundbetrag auszugehen. Nach § 13a Abs. 4 EStG richtet sich die Höhe des Grundbetrags bei der landwirtschaftlichen Nutzung ohne Sonderkulturen nach dem Hektarwert der selbst bewirtschafteten Fläche i. S. des § 40 Abs. 1 Satz 3 BewG.

Je Hektar der landwirtschaftlichen Nutzung sind anzusetzen:

- bei einem Hektarwert bis 300 DM 205 Euro
- bei einem Hektarwert über 300 DM bis 500 DM 307 Euro
- bei einem Hektarwert über 500 DM bis 1.000 DM 358 Euro
- bei einem Hektarwert über 1.000 DM bis 1.500 DM 410 Euro
- bei einem Hektarwert über 1.500 DM bis 2.000 DM 461 Euro
- bei einem Hektarwert über 2.000 DM 512 Euro

Bei der Ermittlung des Grundbetrags sind alle selbst bewirtschafteten Flächen landwirtschaftlicher Nutzung i. S. des § 34 Abs. 2 Nr. 1 Buchst. a BewG ohne Sonderkulturen nach § 52 BewG zu berücksichtigen. Dazu gehören die in R 13.2 Abs. 3 Satz 1 EStR genannten Flächen sowie die auf die landwirtschaftliche Nutzung entfallenden Hof- und Gebäudeflächen, jedoch ohne den zur Wohnung gehörenden Grund und Boden. Dies gilt auch, soweit die Flächen als Grundvermögen bewertet wurden. Maßgebend ist der Umfang der selbst bewirtschafteten Fläche zu Beginn des Wirtschaftsjahres.

Der Hektarwert ist nach den Vorschriften des Bewertungsgesetzes zu ermitteln. Aus **Vereinfachungsgründen** kann als Hektarwert – auch in Fällen der Zupachtung von Einzelflächen – der im Einheitswert des Betriebs enthaltene oder der aus dem Ersatzwirtschaftswert abzuleitende Hektarwert für landwirtschaftliche Nutzungen ohne Sonderkulturen angesetzt werden. Hierbei ist der festgestellte Einheitswert bzw. der im Rahmen der Grundsteuermessbetragsveranlagung ermittelte Ersatzwirtschaftswert heranzuziehen, der auf den letzten Zeitpunkt festgestellt bzw. ermittelt worden ist, der vor dem Beginn des Wirtschaftsjahres liegt oder mit dem Beginn des Wirtschaftsjahres zusammenfällt, für den der Gewinn zu ermitteln ist. Fortschreibungen und Nachfeststellungen, die nach Bestandskraft des Steuerbescheides ergehen, bleiben unberücksichtigt (R 13a.2 Abs. 1 EStR).

Mit dem Grundbetrag sind sämtliche land- und forstwirtschaftlichen Einkünfte abgegolten, die in § 13a Abs. 3, 5 und 6 EStG nicht ausdrücklich gesondert erwähnt sind.

7.7.5.3 Zuschläge für Sondernutzungen

Der ermittelte Grundbetrag ist zu erhöhen um die Zuschläge für Sondernutzungen nach § 13a Abs. 5 EStG. Als Sondernutzungen gelten:

- die in § 34 Abs. 2 Nr. 1 Buchst. b bis e BewG bezeichneten Nutzungen,

7.7 Ermittlung des Gewinns aus Land- und Forstwirtschaft

- die in § 34 Abs. 2 Nr. 2 BewG genannten Wirtschaftsgüter,
- die Nebenbetriebe i. S. des § 34 Abs. 2 Nr. 3 BewG und
- die Sonderkulturen i. S. des § 52 BewG.

Die Werte der Sondernutzungen sind nach § 13a Abs. 5 Satz 2 EStG aus den jeweils zuletzt festgestellten Einheitswerten oder den nach § 125 BewG ermittelten Ersatzwirtschaftswerten abzuleiten. Bei Sondernutzungen, deren Werte jeweils 500 DM übersteigen, ist nach § 13a Abs. 5 Satz 3 EStG für jede Sondernutzung mit Ausnahme einer forstwirtschaftlichen Nutzung ein Zuschlag von 512 Euro zu machen.

Mit dem Zuschlag sind sämtliche Einnahmen und Ausgaben der jeweiligen Sondernutzung **abgegolten,** mit Ausnahme der Abzugsbeträge für Pachtzinsen, Schuldzinsen und dauernde Lasten. Für die forstwirtschaftliche Nutzung ist kein Gewinnzuschlag vorgesehen, sondern nach § 13a Abs. 6 Nr. 1 EStG der tatsächliche Gewinn zu ermitteln. Sondernutzungen, deren bewertungsrechtlicher Ansatz 500 DM nicht übersteigt, sind bei der Ermittlung des Durchschnittssatzgewinns nicht zu berücksichtigen.

7.7.5.4 Sondergewinne

In die Ermittlung des Durchschnittssatzgewinns sind nach § 13a Abs. 6 EStG auch die nachfolgend aufgezählten Gewinne einzubeziehen:

- Gewinne aus der forstwirtschaftlichen Nutzung

  Es sind alle Erträge einzubeziehen, die aus der Nutzung von Flächen der Forstwirtschaft erzielt werden. Die Gewinne sind in entsprechender Anwendung von § 4 Abs. 3 EStG zu ermitteln.

- Gewinne aus der Veräußerung von Grund und Boden sowie der im Zusammenhang mit einer Betriebsumstellung stehenden Veräußerung oder Entnahme von Wirtschaftsgütern des übrigen Anlagevermögens

  Die Veräußerung oder Entnahme von Wirtschaftsgütern des übrigen Anlagevermögens umfasst auch immaterielle Wirtschaftsgüter, wie z. B. ein Milchlieferrecht im Zusammenhang mit einer Betriebsumstellung. Ein Zusammenhang zwischen der Veräußerung eines Wirtschaftsguts und einer Betriebsumstellung wird nicht dadurch gelöst, dass das Wirtschaftsgut in einem anderen Wirtschaftsjahr als dem der Betriebsumstellung veräußert wird, um etwa eine günstige Marktsituation auszunutzen. Die Gewinne sind in entsprechender Anwendung von § 4 Abs. 3 EStG zu ermitteln.

Will der Erbe ein zum landwirtschaftlichen Betriebsvermögen des Erblassers gehörendes verpachtetes Grundstück entnehmen, bedarf es einer unmissverständlichen, von einem entsprechenden Entnahmewillen getragenen Entnahmehandlung, wozu grundsätzlich auch die Erklärung eines etwaigen Entnahmegewinns gehört. Die objektiv falsche Zuordnung der Einkünfte zu der Einkunftsart Vermietung und Verpachtung ist i. d. R. weder subjektiv als Entnahmehandlung gemeint noch objektiv entsprechend zu verstehen. Daran ändert sich auch nichts, wenn langjährig unzutreffende Steuererklärungen eingereicht und die Veranlagungen entsprechend durchgeführt wurden.[286]

- Gewinne aus Dienstleistungen und vergleichbaren Tätigkeiten, sofern diese dem Bereich der Land- und Forstwirtschaft zugerechnet und nicht für andere land- und forstwirtschaftliche Betriebe erbracht werden

  Als Dienstleistungen und vergleichbare Tätigkeiten, die dem Bereich der Land- und Forstwirtschaft zugerechnet werden, sind die in R 15.5 EStR genannten Tätigkeiten innerhalb der dort genannten Grenzen zu verstehen, wenn sie nicht für andere Betriebe der Land- und Forstwirtschaft erbracht werden. Der gesondert zu erfassende Gewinn für Dienstleistungen und vergleichbare Tätigkeiten ist nach § 13a Abs. 6 Satz 3 EStG pauschal mit 35 % der Bruttoeinnahmen anzusetzen. Durch den pauschalen Ansatz sind alle mit den gesondert zu erfassenden Gewinnen im Zusammenhang stehenden Aufwendungen, mit Ausnahme der gesonderten Abzugsbeträge für Pachtzinsen, Schuldzinsen und dauernde Lasten, abgegolten.

- Gewinne aus der Auflösung von Rücklagen nach § 6c EStG und von Rücklagen für Ersatzbeschaffung

§ 13a Abs. 6 EStG enthält eine **abschließende Aufzählung** der zu berücksichtigenden Betriebsvorgänge. Alle anderen Geschäftsvorfälle des Betriebs der Land- und Forstwirtschaft sind mit dem Ansatz des Grundbetrages abgegolten. Sondergewinne der genannten Art werden nur erfasst, soweit sie **insgesamt den Freibetrag von 1.534 Euro übersteigen.**

7.7.5.5 Vereinnahmte Miet- und Pachtzinsen

Als vereinnahmte Miet- und Pachtzinsen sind nach § 13a Abs. 3 Satz 1 Nr. 4 EStG sämtliche Gegenleistungen für entgeltliche Nutzungsüberlassungen anzusehen. Der Begriff umfasst die Entgelte für die Überlassung von Wirtschaftsgütern des Betriebsvermögens, wie z. B. Grund und Boden, Gebäude, Mietwohnungen, bewegliche oder immaterielle Wirtschaftsgüter. Die Miet- und Pachtzinsen sind mit ihren tatsächlichen Einnahmen im Wirtschaftsjahr anzusetzen. Ein Abzug von Betriebsausgaben kommt vorbehaltlich des § 13a Abs. 3 Satz 2 EStG nicht in Betracht.[287]

Werden Wirtschaftsgüter des Betriebsvermögens im Zusammenhang mit Dienstleistungen und vergleichbaren Tätigkeiten überlassen und ist die Dienstleistung hierbei nur von untergeordneter Bedeutung, sind die Gewinne daraus als Miet- oder Pachteinnahmen nach § 13a Abs. 3 Satz 1 Nr. 4 EStG und nicht als Sondergewinne nach § 13a Abs. 6 Nr. 3 EStG zu behandeln. Prämien, die für die Stilllegung landwirtschaftlicher Nutzflächen aufgrund öffentlicher Förderungsprogramme gezahlt wer-

---
286 BFH vom 04.06.2007 IV B 88/06 (BFH/NV 2007 S. 2088).
287 BFH, BStBl 2003 II S. 345.

7.7 Ermittlung des Gewinns aus Land- und Forstwirtschaft

den, sind nicht als Miet- und Pachtzinsen anzusehen und deshalb durch den Ansatz des Grundbetrags nach § 13a Abs. 4 EStG abgegolten.

7.7.5.6 Vereinnahmte Kapitalerträge

Kapitalerträge, z. B. Zinseinnahmen, werden bei § 13a EStG gesondert erfasst, wenn die Kapitalerträge als Betriebseinnahmen dem Betrieb der Land- und Forstwirtschaft zuzurechnen sind und aus Kapitalanlagen erzielt werden, die unmittelbar aus gesondert zu erfassenden Veräußerungserlösen des Betriebs der Land- und Forstwirtschaft i. S. des § 13a Abs. 6 Satz 1 Nr. 2 EStG stammen (§ 13a Abs. 3 Satz 1 Nr. 5 EStG). Auf die Art der Kapitalanlage oder der Kapitalerträge kommt es nicht an. Zu erfassen sind insbesondere Zinserträge aus betrieblichen Grundstücksverkäufen und von Lieferrechten im Zusammenhang mit einer Betriebsumstellung. Alle anderen Kapitalerträge sind mit dem Grundbetrag abgegolten, z. B. Erträge aus der Kapitalanlage laufender Gewinne. Ein Abzug von Betriebsausgaben kommt vorbehaltlich des § 13a Abs. 3 Satz 2 EStG nicht in Betracht.

7.7.5.7 Verausgabte Pachtzinsen, Schuldzinsen und dauernde Lasten

Verausgabte Pachtzinsen, Schuldzinsen und dauernde Lasten sind abzugsfähig, soweit sie Betriebsausgaben sind (§ 13a Abs. 3 Satz 2 EStG). § 4 Abs. 4a EStG ist nicht zu beachten. Dies gilt auch für auf Sondernutzungen entfallende Beträge. Der Abzug von Pachtzinsen, Schuldzinsen und dauernden Lasten darf insgesamt nicht zu einem Verlust führen (§ 13a Abs. 3 Satz 2 EStG). Diese Begrenzung des Abzugs bezieht sich auf den gesamten nach den Vorschriften des § 13a EStG zu ermittelnden Gewinn.

7.7.6 Wechsel der Gewinnermittlungsart

Geht ein Land- und Forstwirt zur Gewinnermittlung durch Betriebsvermögensvergleich über, so ist für die Aufstellung der Übergangsbilanz nach den Grundsätzen in R 4.6 EStR (Wechsel zum Betriebsvermögensvergleich, Wechsel zur Einnahmenüberschussrechnung) zu verfahren. Bei einem Wechsel der Gewinnermittlung ist zu beachten, dass die Gewinnermittlung nach § 13a Abs. 3 bis 6 EStG in diesem Zusammenhang der nach § 4 Abs. 1 EStG gleichzustellen ist. Beim Übergang von der Gewinnermittlung nach § 13a Abs. 3 bis 6 EStG zur Gewinnermittlung durch Betriebsvermögensvergleich sind die in die Übergangsbilanz einzustellenden Buchwerte der abnutzbaren Anlagegüter zu schätzen. Dazu sind die Anschaffungs- oder Herstellungskosten beweglicher Anlagegüter um die üblichen Absetzungen zu mindern, die den amtlichen AfA-Tabellen zu entnehmen sind. Die in die Übergangsbilanz einzustellenden Buchwerte landwirtschaftlicher Betriebsgebäude bestimmen sich demgemäß nach den um die üblichen AfA und etwaige Investitionszuschüsse geminderten Anschaffungs- oder Herstellungskosten.[288] Maßgebend für die Ermittlung des Übergangsgewinns ist die Verfahrensweise im Wirtschaftsjahr vor dem Wechsel der Gewinnermittlungsart.

7.8 Schätzung

Wenn ein Steuerpflichtiger Bücher oder Aufzeichnungen, die er nach den Steuergesetzen zu führen hat, nicht vorlegen kann oder wenn seine Bücher oder Aufzeichnungen unvollständig oder unrichtig sind, hat das Finanzamt den mutmaßlichen Gewinn nach § 162 AO zu schätzen.

Praxis und Rechtsprechung haben, je nach dem Ausmaß der Schätzung, **zwei Schätzungsarten** unterschieden:

- Vollschätzung,
- Teilschätzung oder ergänzende Schätzung (Zuschätzung).

Bei der **Vollschätzung,** die in Betracht kommt, wenn keinerlei brauchbare Aufzeichnungen für die Gewinnermittlung vorhanden sind, wird der gesamte Gewinn geschätzt. Dies wird meist anhand eines Vergleichs mit den Ergebnissen anderer gleich gelagerter Betriebe geschehen. Eine Vollschätzung in diesem Sinne stellt insbesondere die Schätzung nach Richtsätzen dar.

Eine **Teilschätzung** hat zu erfolgen, wenn die Besteuerungsgrundlagen nur zum Teil durch verwendbare Aufzeichnungen belegt sind. Es muss dann der übrige Teil der Besteuerungsgrundlagen geschätzt werden.

> **Beispiel:**
> Bei einem kleinen Gewerbetreibenden findet sich lediglich das Wareneingangsbuch, dessen Führung nicht zu beanstanden ist.
> Aufgrund des aufgezeichneten Wareneingangs kann in diesem Fall durch eine Teilschätzung der Umsatz und aufgrund des so ermittelten Umsatzes sodann der Gewinn geschätzt werden.

Sind über bestimmte Besteuerungsgrundlagen formell ordnungsmäßige Aufzeichnungen geführt worden, so kommt eine Schätzung wegen bestehender Zweifel an der sachlichen Richtigkeit dieser Aufzeichnungen nur in Betracht, wenn die sich aus § 158 AO ergebende Vermutung für deren Richtigkeit widerlegt ist.

Anhand eines sog. äußeren Betriebsvergleichs wird die sich aus § 158 AO ergebende Vermutung für die sachliche Richtigkeit formell ordnungsmäßiger Aufzeichnungen nur in besonderen Ausnahmefällen zu widerlegen sein, weil dem äußeren Betriebsvergleich wegen der Unterschiedlichkeit der einzelnen Betriebe im Allgemeinen ein starkes Unsicherheitsmoment anhaftet.[289] Auch das Unterschreiten des untersten

---
288 BFH, BStBl 2003 II S. 801.
289 BFH, BStBl 1983 II S. 618.

7.8 Schätzung

Rohgewinnsatzes der Richtsatzsammlung vermag eine Schätzung daher nur zu rechtfertigen, wenn der Steuerpflichtige selbst Unredlichkeiten eingesteht oder das Finanzamt zusätzliche konkrete Hinweise auf die tatsächliche Unrichtigkeit des Buchführungsergebnisses hat.[290]

Leichter zu widerlegen ist die sich aus § 158 AO ergebende Vermutung der sachlichen Richtigkeit formell ordnungsmäßiger Aufzeichnungen anhand eines sog. inneren Betriebsvergleichs, insbesondere durch eine Nachkalkulation.[291] Ergibt eine Nachkalkulation Abweichungen von dem Ergebnis der Aufzeichnungen der Betriebseinnahmen, so kann die Vermutung der Richtigkeit als widerlegt angesehen werden, wenn die Abweichungen nicht mehr auf den auch mit einer Nachkalkulation verbundenen Schätzungsunschärfen beruhen können. Liegen die Abweichungen noch im Unschärfebereich einer Nachkalkulation, kommt eine Schätzung danach ebenfalls nicht in Betracht.[292]

Die sich aus § 158 AO ergebende Vermutung für die sachliche Richtigkeit formell ordnungsmäßiger Aufzeichnungen ist auch dann als widerlegt anzusehen, wenn mit einer dem Einzelfall angepassten Vermögenszuwachs- und Geldverkehrsrechnung ein ungeklärter Vermögenszuwachs oder Ausgabenüberschuss aufgedeckt worden ist.[293]

Jede Schätzung hat nach § 162 Abs. 1 Satz 2 AO alle Umstände zu berücksichtigen, die für die Schätzung von Bedeutung sind, also auch solche, die für den Steuerpflichtigen sprechen. Das Finanzamt muss grundsätzlich bestrebt sein, die jeweiligen Besteuerungsgrundlagen so zu schätzen, dass für ihre Richtigkeit die größte Wahrscheinlichkeit spricht. Durch die Schätzung muss daher grundsätzlich versucht werden, dem tatsächlichen Sachverhalt möglichst nahezukommen. Da eine Schätzung notwendig auf Wahrscheinlichkeitserwägungen beruht, bietet sich dem Finanzamt häufig ein gewisser Schätzungsrahmen. Auch innerhalb eines solchen Schätzungsrahmens hat das Finanzamt jedoch grundsätzlich von dem Sachverhalt auszugehen, der nach seiner Überzeugung der Wirklichkeit am nächsten kommt. Die Ergebnisse einer Schätzung müssen in jedem Fall wirtschaftlich vernünftig und möglich sein.[294]

Welche Schätzungsmethode das Finanzamt wählt, liegt grundsätzlich in seinem pflichtgemäßen Ermessen. Die gewählte Methode muss jedoch stets zu einer in sich schlüssigen Schätzung führen.[295] Auch mehrere grobe Schätzungsfehler bei der Feststellung der Besteuerungsgrundlagen führen jedoch regelmäßig noch nicht zu

---
290 BFH, BStBl 1984 II S. 88.
291 BFH vom 08.09.1994 IV R 6/93 (BFH/NV 1995 S. 573).
292 BFH, BStBl 1983 II S. 618.
293 BFH vom 28.05.1986 I R 265/83 (BStBl 1986 II S. 732); vgl. auch BFH vom 08.09.1994 IV R 6/93 (BFH/NV 1995 S. 573).
294 BFH, BStBl 1986 II S. 226.
295 BFH, BStBl 1986 II S. 226.

der Annahme, das Finanzamt habe bewusst zum Nachteil des Steuerpflichtigen geschätzt.[296]

Die **Nichtigkeit eines Schätzungsbescheids** kann nur dann angenommen werden, wenn sich das Finanzamt nicht an den wahrscheinlichen Besteuerungsgrundlagen orientiert, sondern bewusst zum Nachteil des Steuerpflichtigen schätzt. Willkürlich und damit nichtig ist ein Schätzungsbescheid nicht nur bei subjektiver Willkür des handelnden Bediensteten, sondern auch dann, wenn das Schätzungsergebnis trotz der vorhandenen Möglichkeiten, den Sachverhalt aufzuklären, krass von den tatsächlichen Gegebenheiten abweicht und in keiner Weise erkennbar ist, dass überhaupt und ggf. welche Schätzungserwägungen angestellt wurden, wenn somit ein objektiv willkürlicher Hoheitsakt vorliegt.[297] Insbesondere kann ein Schätzungsergebnis, das schlüssig, wirtschaftlich möglich und vernünftig ist, nicht auf einem schwerwiegenden, zur Nichtigkeit führenden Fehler beruhen. Dies gilt umso mehr, wenn sich die Schätzung auf Aussagen des Steuerpflichtigen und mit ihm in Geschäftsbeziehung Stehende stützt.[298]

Das Ergebnis einer Vollschätzung des Gewinns ist grundsätzlich ein Gewinn i. S. des § 4 Abs. 1 oder des § 5 EStG. Bei zur Buchführung verpflichteten oder freiwillig Bücher führenden Gewerbetreibenden wird der Gewinn nach § 5 EStG, in allen anderen Fällen nach § 4 Abs. 1 EStG geschätzt. Eine Vollschätzung des Gewinns nach § 4 Abs. 3 EStG ist grundsätzlich nicht zulässig. Hat ein Steuerpflichtiger keine für eine Gewinnermittlung nach § 4 Abs. 3 EStG ausreichenden Aufzeichnungen und ist der Gewinn des Steuerpflichtigen daher in vollem Umfang zu schätzen, so muss die Schätzung grundsätzlich ebenfalls nach § 4 Abs. 1 EStG erfolgen.

7.9 Wechsel der Gewinnermittlungsart

7.9.1 Allgemeines

Die einzelnen Gewinnermittlungsarten weisen bestimmte Besonderheiten auf. Da sie gleichwohl, auf Dauer gesehen, grundsätzlich zu demselben Gewinn (Totalgewinn) führen müssen, ergibt sich bei einem möglichen Wechsel von der einen zu einer anderen Gewinnermittlungsart in aller Regel die Frage, in welcher Weise den jeweiligen Besonderheiten Rechnung getragen werden kann und muss. Im Grundsatz muss angestrebt werden, dass sich jeder erfolgswirksame Geschäftsvorfall einmal auf den Gewinn auswirkt. Es gilt damit in jedem Einzelfall zu verhindern, dass erfolgswirksame Geschäftsvorfälle überhaupt keine oder eine doppelte Gewinnauswirkung haben. Dies gilt nicht nur, wenn der Inhaber eines Betriebs die Gewinnermittlungsart wechselt. Auch wenn der Betrieb im Erbgang oder im Wege der vor-

---
296 BFH, BStBl 1993 II S. 259.
297 BFH vom 15.05.2002 X R 33/99 (BFH/NV 2002 S. 1415).
298 BFH vom 07.11.2005 X B 49/05 (BFH/NV 2006 II S. 359).

weggenommenen Erbfolge zwischenzeitlich auf eine andere Person übergeht, kann insoweit nichts anderes gelten.

Der Wechsel der Gewinnermittlungsart kann freiwillig erfolgen oder zwingend sein. Er ist zwingend, wenn eine außersteuerliche Buchführungspflicht besteht (§ 140 AO) oder die Grenzen nach § 141 AO überschritten sind und das Finanzamt die erforderliche Mitteilung vorgenommen hat. Ein zwingender Wechsel zum Bestandsvergleich liegt auch in den Fällen der Betriebsveräußerung und der Betriebsaufgabe i. S. von § 16 Abs. 1 und 3 EStG vor. Eine Gewinnberichtigung ist auch dann erforderlich, wenn nach einer Einnahmenüberschussrechnung im folgenden Jahr der Gewinn nach den Grundsätzen des § 4 Abs. 1 EStG geschätzt oder nach § 13a Abs. 3 bis 6 EStG ermittelt wird (R 4.6 Abs. 1 EStR).

Nach einem Wechsel der Gewinnermittlungsart ist der Steuerpflichtige grundsätzlich für 3 Wirtschaftsjahre an diese Wahl gebunden. Nur bei Vorliegen eines besonderen wirtschaftlichen Grundes kann er vor Ablauf dieser Frist zurückwechseln.[299]

7.9.2 Übergang von der Gewinnermittlung nach § 4 Abs. 3 EStG zur Gewinnermittlung durch Bestandsvergleich

Bei einem solchen Übergang ist dafür zu sorgen, dass betriebliche Vorgänge, die bei der Gewinnermittlung durch Bestandsvergleich sich auf den Gewinn ausgewirkt hätten, sich aber bei der Einnahmenüberschussrechnung nicht ausgewirkt haben, beim ersten Bestandsvergleich steuerlich erfasst werden. Das geschieht durch **Zu- und Abrechnungen.** Durch sie muss der Steuerpflichtige so gestellt werden, als habe er den Gewinn während der ganzen Zeit des Bestehens des Betriebs durch Vermögensvergleich ermittelt.[300]

Zu Beginn des Wirtschaftsjahres, in dem die Gewinnermittlung erstmals durch Betriebsvermögensvergleich ermittelt wird, ist eine Übergangsbilanz zu erstellen und eine Buchführung mit Bestandskonten einzurichten.[301]

Die einzelnen Wirtschaftsgüter sind beim Übergang zum Bestandsvergleich nach § 4 Abs. 1 oder § 5 EStG mit den Werten anzusetzen, mit denen sie zu Buch stehen würden, wenn von Anfang an der Gewinn durch Bestandsvergleich ermittelt worden wäre. Der Steuerpflichtige kann beim Übergang zum Bestandsvergleich bilanzielle Wahlrechte erstmals ausüben.[302] Zum Anlagevermögen gehörender Grund und Boden ist mit dem Wert anzusetzen, mit dem er im Zeitpunkt des Übergangs in das nach § 4 Abs. 3 Satz 5 EStG laufend zu führende Verzeichnis aufgenommen werden muss.

---

299 BFH, BStBl 2001 II S. 102.
300 BFH, BStBl 1962 III S. 199, 1985 II S. 255.
301 BFH vom 01.10.1996 VII R 40/94 (BFH/NV 1997 S. 403).
302 BFH, BStBl 1988 II S. 672.

7 Gewinnermittlungsarten

Der Wechsel von der Gewinnermittlung nach § 4 Abs. 3 EStG zur Gewinnermittlung nach § 4 Abs. 1, § 5 EStG hat zur Folge, dass sich betriebliche Vorgänge, die bisher nicht oder vorzeitig zum Zufluss von Betriebseinnahmen oder zum Abfluss von Betriebsausgaben geführt haben, nach dem Übergang zum Betriebsvermögensvergleich wegen der Technik dieser Gewinnermittlungsart ebenfalls nicht mehr auf den nun nach den Grundsätzen des Betriebsvermögensvergleichs ermittelten Gewinn auswirken. Zur Sicherstellung der Gesamtgewinngleichheit müssen sie beim Übergang zum Bestandsvergleich berücksichtigt werden. Vor diesem Hintergrund ist der erste durch Bestandsvergleich ermittelte laufende Gewinn bzw. Verlust durch entsprechende Zu- und Abschläge so zu korrigieren, dass sich für die Dauer der betrieblichen Betätigung des Steuerpflichtigen derselbe Totalgewinn ergibt, als wenn der Gewinn stets durch Betriebsvermögensvergleich ermittelt worden wäre.[303] Die zum Anlagevermögen gehörenden nicht abnutzbaren Wirtschaftsgüter und die in § 4 Abs. 3 Satz 4 EStG genannten Wirtschaftsgüter des Umlaufvermögens sind in der Eröffnungsbilanz mit dem Wert nach § 4 Abs. 3 Satz 5 EStG anzusetzen.

Das Übergangsergebnis unterliegt auch der Gewerbesteuer.

In der Anlage 1 zu R 4.6 EStR ist für die Berechnung der Zu- und Abrechnungen im Fall des Übergangs von der Einnahmenüberschussrechnung zum Bestandsvergleich ein Berechnungsschema aufgestellt, das jedoch nicht erschöpfend ist und auch nicht sein will. Beim Übergang von der Einnahmenüberschussrechnung zum Bestandsvergleich ist der Gewinn des ersten Jahres insbesondere um die folgenden Hinzurechnungen und Abrechnungen zu berichtigen:

+ Warenbestand
+ Warenforderungsanfangsbestand
+ Sonstige Forderungen
+ Anfangsbilanzwert (Anschaffungskosten) der nicht abnutzbaren Anlagegüter (mit Ausnahme des Grund und Bodens), soweit diese während der Dauer der Einnahmenüberschussrechnung angeschafft und ihre Anschaffungskosten vor dem 01.01.1971 als Betriebsausgaben abgesetzt wurden, ohne dass dafür ein Zuschlag nach § 4 Abs. 3 Satz 2 EStG in der vor dem Steuerneuordnungsgesetz geltenden Fassung gemacht wurde

./. Warenschuldenanfangsbestand

Hinsichtlich der Positionen Warenbestand und Warenschuldenanfangsbestand ist zu beachten, dass Zu- und Abrechnungen für Wirtschaftsgüter des Umlaufvermögens und Schulden für Wirtschaftsgüter des Umlaufvermögens, die von der Neuregelung nach § 4 Abs. 3 Satz 4 EStG erfasst werden, zu unterbleiben haben. Beim Wechsel der Gewinnermittlungsart sind auch andere als die oben bezeichneten Positionen durch Zu- und Abrechnungen zu berücksichtigen. Das gilt insbesondere für die

---
303 BFH, BStBl 1985 II S. 255.

7.9 Wechsel der Gewinnermittlungsart

Rechnungsabgrenzungsposten sowie für Rückstellungen. Mit der Hinzurechnung des Werts der Forderungen beim Übergangsgewinn erfolgt auch eine entsprechende Hinzurechnung der Umsatzsteuer. Die Vorsteuerbeträge wurden entweder während der Gewinnermittlung nach § 4 Abs. 3 EStG als Betriebsausgaben abgezogen oder sie führen als Teil – z. B. der Warenschulden – zu einer Minderung des Übergangsgewinns. Die zu Beginn der Bilanzierung bestehende Zahllast hinsichtlich der Umsatzsteuer ist in die Übergangsbilanz aufzunehmen. Die spätere Zahlung ist erfolgsneutral. Für einen etwaigen Erstattungsanspruch gilt Entsprechendes. Die Zahllast bei der Umsatzsteuer mindert den Übergangsgewinn; ein entsprechender Erstattungsanspruch erhöht den Übergangsgewinn.

Bei einer solchen Berechnung darf nicht berücksichtigt werden, dass das Finanzamt bei einem früheren Übergang vom Vermögensvergleich zur Überschussrechnung (oder umgekehrt) zu Unrecht eine Gewinnkorrektur unterließ und dieser Fehler nicht mehr berichtigt werden kann.[304]

Verluste, die sich in vorangegangenen Veranlagungszeiträumen bei der Gewinnermittlung nach § 4 Abs. 3 EStG ergeben haben, können beim Übergang zur Gewinnermittlung nach dem Betriebsvermögensvergleich auch dann nicht in der Übergangsrechnung abgezogen werden, wenn ein Ausgleich in dem betreffenden Veranlagungszeitraum nicht möglich war.[305]

Die Zu- und Abrechnungen sind grundsätzlich Teil des Gewinns oder Verlustes, der sich nach § 4 Abs. 1 oder § 5 EStG im Jahr des Übergangs ergibt. Sie sind daher steuerlich wie dieser zu behandeln und zählen damit zu der Einkunftsart, zu der das Ergebnis des Übergangsjahres zu rechnen ist. Dies gilt auch dann, wenn der nach § 4 Abs. 3 EStG ermittelte Gewinn oder Verlust noch einer anderen Einkunftsart zuzuordnen war.[306] Sofern der Gewinn oder Verlust des Übergangsjahres aufgrund ordnungsmäßiger Buchführung ermittelt worden ist, gilt dies daher auch für die Zu- und Abrechnungen.[307]

Ergibt sich beim Übergang zum Bestandsvergleich ein außergewöhnlich hoher Gewinn und eine außergewöhnlich hohe Steuer, so kann nach R 4.6 Abs. 1 Satz 4 EStR zur **Vermeidung von Härten** auf Antrag des Steuerpflichtigen der Übergangsgewinn gleichmäßig

- auf das Jahr des Übergangs und das folgende Jahr oder
- auf das Jahr des Übergangs und die beiden folgenden Jahre

verteilt werden. Dabei wird unterstellt, dass der Betrieb während dieses Zeitraums fortbesteht. Wird der Betrieb vorher veräußert oder aufgegeben, so sind die bis dahin noch nicht berücksichtigten Beträge nach R 4.6 Abs. 1 Satz 5 EStR dem lau-

---

304 BFH, BStBl 1970 II S. 745.
305 BFH, BStBl 1968 II S. 736.
306 BFH, BStBl 1981 II S. 780.
307 BFH, BStBl 1970 II S. 755.

fenden Gewinn des letzten Wirtschaftsjahres vor der Veräußerung oder Aufgabe hinzuzurechnen. Dies gilt auch, wenn es sich bei diesem Wirtschaftsjahr um ein Rumpfwirtschaftsjahr handelt. Entsteht in diesen Fällen ein Übergangsverlust, ist es aus sachlichen Billigkeitsgründen nicht geboten, diesen auf das Jahr des Übergangs und die beiden Folgejahre zu verteilen.[308]

Ist der Gewinn des Jahres vor dem Übergang zum Bestandsvergleich frei (griffweise) oder nach dem Umsatz unter Anwendung der Richtsätze geschätzt worden, so ist eine Gewinnkorrektur nach den vorstehend dargestellten Grundsätzen im Übergangsjahr nicht mehr zulässig. Dies gilt entsprechend, wenn eine Schätzung der entscheidenden Besteuerungsgrundlagen erfolgt ist. Dies folgt aus dem Wesen einer derartigen Schätzung, durch die der wahrscheinlich richtige Gewinn und damit der Vermögenszuwachs erfasst werden soll.[309] Eine andere Frage ist, ob und inwieweit schon im Jahr der Schätzung ein Übergang zur Gewinnermittlung durch Bestandsvergleich anzunehmen ist und daher bereits für dieses Jahr Zu- und Abrechnungen vorzunehmen sind.

Wenn ein Steuerpflichtiger, der den Gewinn nach § 4 Abs. 3 EStG ermittelt, seinen Betrieb veräußert oder aufgibt, so ist er so zu behandeln, als wäre er im Zeitpunkt der Veräußerung oder Aufgabe zunächst zum Bestandsvergleich übergegangen. Dies folgt aus der in § 16 Abs. 2 und 3 EStG getroffenen Regelung zur Ermittlung des Veräußerungs- und Aufgabegewinns. Die wegen des Übergangs zum Bestandsvergleich erforderlichen Zu- und Abrechnungen sind in diesem Fall, abweichend von der oben dargestellten Regel, nicht beim Veräußerungs- oder Aufgabegewinn, sondern beim laufenden Gewinn oder Verlust des Wirtschaftsjahres zu berücksichtigen, in dem die Veräußerung oder Aufgabe erfolgt ist. Die in R 4.6 Abs. 1 Satz 4 EStR getroffene Härteregelung ist in diesem Fall nicht anwendbar.[310]

7.9.3 Übergang von der Gewinnermittlung durch Bestandsvergleich zur Gewinnermittlung nach § 4 Abs. 3 EStG

Bei einem solchen Übergang muss dafür gesorgt werden, dass sich betriebliche Vorgänge, die sich bei der Gewinnermittlung durch Bestandsvergleich bereits auf den Gewinn ausgewirkt haben, im Rahmen der Einnahmenüberschussrechnung nicht nochmals auswirken. Auch dies geschieht durch Zu- und Abrechnungen, für die in der Anlage 1 zu R 4.6 EStR ein **Berechnungsschema** aufgestellt wird.

Danach ist beim Übergang vom Bestandsvergleich zur Einnahmenüberschussrechnung der Überschuss der Betriebseinnahmen insbesondere um die folgenden Hinzurechnungen und Abrechnungen zu berichtigen:

---
308 BFH vom 23.07.2013 VIII R 17/10 (BStBl 2013 II S. 820).
309 BFH, BStBl 1975 II S. 732.
310 BFH, BStBl 1967 II S. 755.

7.9 Wechsel der Gewinnermittlungsart

+ Warenschuldenbestand des Vorjahres
./. Warenendbestand des Vorjahres
./. Warenforderungsendbestand des Vorjahres
./. Sonstige Forderungen

Sind in früheren Jahren Korrektivposten gebildet und noch nicht oder noch nicht in voller Höhe aufgelöst worden, ist dies bei der Hinzurechnung des Unterschiedsbetrags zu berücksichtigen. Noch nicht aufgelöste Zuschläge vermindern, noch nicht aufgelöste Abschläge erhöhen den Unterschiedsbetrag. Auch hier unterbleiben bei den Positionen Warenschuldenbestand des Vorjahres und Warenendbestand des Vorjahres Zu- und Abrechnungen für Wirtschaftsgüter des Umlaufvermögens und Schulden für Wirtschaftsgüter des Umlaufvermögens, die von der Neuregelung in § 4 Abs. 3 Satz 4 EStG erfasst werden. Ansonsten entsprechen die Folgen des Übergangs vom Bestandsvergleich zur Überschussrechnung mit umgekehrten Vorzeichen denen des Wechsels von der Überschussrechnung zum Bestandsvergleich.

Auch dieses Schema ist nicht erschöpfend und bedarf u. U. der Ergänzung.

Die so bedingten Hinzurechnungen und Abrechnungen sind i. d. R. im ersten Jahr nach dem Übergang zur Gewinnermittlung nach § 4 Abs. 3 EStG vorzunehmen. Die in R 4.6 Abs. 1 Satz 4 EStR getroffene Härteregelung greift in diesen Fällen nicht ein.

Soweit sich allerdings die Betriebsvorgänge, die den vom Wechsel der Gewinnermittlungsart veranlassten Korrekturen entsprechen, im ersten Jahr nach dem Übergang zur Gewinnermittlung nach § 4 Abs. 3 EStG noch nicht ausgewirkt haben, können die einzelnen Korrekturen auf Antrag auch erst in dem Jahr vorgenommen werden, in dem sich die Betriebsvorgänge auswirken.[311]

Beispiel:
Zum 01.01.02 ist Rechtsanwalt A vom Betriebsvermögensvergleich zur Einnahmenüberschussrechnung übergegangen. Zu diesem Zeitpunkt hatte er Honorarforderungen von 100.000 €.
Die Honorarforderungen sind spätestens bei der durch Betriebsvermögensvergleich erfolgten Gewinnermittlung für 01 als Erträge erfasst worden. Zum Ausgleich dafür, dass sie beim späteren Zahlungseingang in der Einnahmenüberschussrechnung ein weiteres Mal als Betriebseinnahmen anzusetzen sind, wird der erstmals nach § 4 Abs. 3 EStG ermittelte Gewinn des Jahres 02 um einen Abzug von 100.000 € korrigiert. Auf Antrag von A können die Abzüge stattdessen im Jahr 03 und darüber hinaus jeweils in dem Umfang vorgenommen werden, in dem er die Forderungen vereinnahmt.

---
311 BFH, BStBl 1963 III S. 228.

8 Betriebseinnahmen

8.1 Allgemeines

Anders als der Begriff der Einnahmen, der im Hinblick auf die Ermittlung des Überschusses der Einnahmen über die Werbungskosten in § 8 EStG definiert ist, fehlt es an einer gesetzlichen Definition des Begriffs der Betriebseinnahmen, obwohl dieser Begriff bei der Gewinnermittlung nach § 4 Abs. 3 EStG, bei der Gewinn der Überschuss der Betriebseinnahmen über die Betriebsausgaben ist, von unmittelbarer Bedeutung ist. Auch bei der Gewinnermittlung durch Bestandsvergleich kommt dem Begriff der Betriebseinnahmen insbesondere für die Abgrenzung von den Privateinlagen Bedeutung zu.

8.2 Begriff der Betriebseinnahme

Unter Betriebseinnahmen versteht man in Anlehnung an § 8 Abs. 1 EStG und § 4 Abs. 4 EStG **alle Zugänge in Geld oder Geldeswert, die durch den Betrieb veranlasst sind.**[1] Als betrieblich veranlasst sind dabei alle Zugänge in Geld oder Geldeswert anzusehen, die in einem nicht nur äußerlichen, sondern sachlichen, wirtschaftlichen Zusammenhang zum Betrieb stehen. Es muss sich also um betrieblich veranlasste Wertzugänge handeln. Abzugrenzen sind die Betriebseinnahmen von den Einlagen.

Ob ein betrieblicher Zusammenhang besteht, ist für steuerliche Zwecke eigenständig zu beurteilen. Maßgebend ist, ob ein objektiver wirtschaftlicher oder tatsächlicher Zusammenhang mit dem Betrieb besteht. Subjektive Merkmale sind insoweit unbeachtlich. Abzustellen ist für die Beurteilung auf die Sicht des Steuerpflichtigen. Dabei können Betriebseinnahmen auch dann vorliegen, wenn die entsprechenden Aufwendungen auf der Ebene des Leistenden dem Abzugsverbot nach § 4 Abs. 5 EStG unterliegen.

Für das Vorliegen einer Betriebseinnahme ist nicht erforderlich, dass sich Zugänge in Geld oder Geldeswert als Entgelt für eine konkrete betriebliche Leistung darstellen. Auch geldwerte Zugänge, die in anderer Weise durch den Betrieb veranlasst sind, können Betriebseinnahmen sein. Dies gilt sogar für geldwerte Zugänge, die unentgeltlich erfolgen und als solche nicht einmal Betriebsvermögen werden.[2] Vor diesem Hintergrund ist z. B. eine für den Gewerbebetrieb des Steuerpflichtigen bestimmte Erbschaft als Betriebseinnahme zu versteuern.[3]

---

1 BFH, BStBl 1998 II S. 618.
2 BFH, BStBl 1986 II S. 607.
3 BFH, BStBl 2006 II S. 650.

8.2 Begriff der Betriebseinnahme

Beispiele:

a) Der Handwerksmeister A hat von der X-Stiftung wegen herausragender Leistungen in der Meisterprüfung eine Prämie von 5.000 € erhalten, deren Gewährung im Übrigen voraussetzte, dass sie im Jahr der Eintragung in der Handwerksrolle und der Aufnahme einer selbständigen Tätigkeit beantragt wurde.

Die gezahlte Prämie weist einen wirtschaftlichen Bezug zum Betrieb auf, weil ihre Zahlung auch von der Aufnahme einer selbständigen Tätigkeit abhängig war. Sie ist deshalb als Betriebseinnahme zu behandeln.[4]

b) Der Inhaber eines Fachgeschäfts hat von einem Lieferanten eine Einladung zu einer kostenlosen Reise nach Japan erhalten und angenommen. Durch die Zuwendung dieser Reise wollte der Lieferant die Geschäftsbeziehungen zu dem Inhaber des Fachgeschäfts festigen und vertiefen.

Die zugewendete Reise weist einen wirtschaftlichen Bezug zu dem Betrieb des Fachgeschäfts auf. Ihr – ggf. zu schätzender – Wert ist daher grundsätzlich als Betriebseinnahme zu erfassen.[5]

Keine Einnahmen sind ersparte Aufwendungen. Gleiches gilt auch für fiktive Einnahmen. Im Einkommensteuerrecht werden nur tatsächlich erzielte, nicht dagegen bloß erzielbare Einnahmen der Besteuerung unterworfen, da niemand verpflichtet ist, aus seinem Vermögen Nutzungen zu ziehen.[6]

Rückerstattete Betriebsausgaben sind Betriebseinnahmen. Auch der Rückfluss oder die Ersatzleistung von nicht abziehbaren Betriebsausgaben z. B. nach § 160 AO oder nach § 4 Abs. 5 EStG führen zu Betriebseinnahmen. Es gibt keinen Grundsatz im Einkommensteuerrecht, dass Betriebseinnahmen, die mit nicht abziehbaren Betriebsausgaben im wirtschaftlichen Zusammenhang stehen, bei der Gewinnermittlung außer Ansatz bleiben.[7]

Keine Betriebseinnahmen sind Einnahmen, die nicht durch den Betrieb, sondern durch private Umstände veranlasst sind. Dabei ist bei typischen Geschäften eines Gewerbetreibenden von der **widerlegbaren Vermutung einer betrieblichen Veranlassung** auszugehen. Es kommt nicht darauf an, dass die Zugänge in Geld oder Geldeswert im Betrieb erwirtschaftet worden sind. Es ist auch nicht erheblich, ob die für eine Betriebsleistung erlangte Gegenleistung in den betrieblichen oder privaten Bereich des Steuerpflichtigen gelangt. In den Rahmen des Betriebs fallen nicht nur Geschäfte, die den eigentlichen Gegenstand des Betriebs ausmachen, sondern auch Nebengeschäfte und Nebentätigkeiten. Dies gilt auch für Hilfsgeschäfte, insbesondere die Einnahmen aus der Veräußerung von Gegenständen des Anlagevermögens. Für die betriebliche Veranlassung spielt es ebenfalls keine Rolle, ob es sich um laufende, vorbereitende, abwickelnde, einmalige oder außerordentliche Einnahmen handelt.

---

4 BFH, BStBl 1989 II S. 650.
5 BFH, BStBl 1989 II S. 641.
6 BFH, BStBl 1962 III S. 338.
7 BFH, BStBl 1977 II S. 220.

8 Betriebseinnahmen

Einnahmen, die teils den betrieblichen und teils den privaten Bereich betreffen, sind – notfalls im Schätzungswege – aufzuteilen. In Betracht kommt dies z. B. für Entschädigungszahlungen für die Aufgabe von Wohn- und Geschäftsräumen. Auf eine Schätzung kann verzichtet werden, wenn die Einnahmen ausschließlich oder ganz überwiegend betrieblich oder privat veranlasst sind. Maßgebend für eine überwiegende betriebliche oder private Veranlassung dürfte die 10 %-Grenze sein. Die Regelung in § 12 Nr. 1 Satz 2 EStG gilt insoweit allerdings nicht. Sie ist nicht in dem Sinne auf Einnahmen anwendbar, dass gemischte Einnahmen stets in vollem Umfang betrieblich veranlasst sind.

Betrieblich veranlasst können Einnahmen auch bei gesetz- und sittenwidrigem Handeln sein (§ 40 AO). Gleiches gilt auch bei Einnahmen aus einem unwirksamen Rechtsgeschäft unter den Voraussetzungen nach § 41 AO.

Der Zufluss stellt kein Begriffsmerkmal für das Vorhandensein von Betriebseinnahmen dar. Bedeutung hat das Zuflussprinzip nur im Rahmen der Gewinnermittlung nach § 4 Abs. 3 EStG.

8.3 Vorweggenommene Betriebseinnahmen

Vorweggenommene Betriebseinnahmen sind Einnahmen, die einem im Aufbau befindlichen Betrieb zufließen und die als betrieblich veranlasste Einnahmen auch dann zu erfassen sind, wenn der Betrieb nicht aufgenommen wird, weil die Vorbereitungshandlungen z. B. eingestellt werden.[8] Dabei sind vorweggenommene Betriebseinnahmen im Wege der Einnahmenüberschussrechnung zu erfassen, da ein im Aufbau begriffener Betrieb noch keine Buchführungspflicht auslöst.

8.4 Nachträgliche Betriebseinnahmen

Nachträgliche Betriebseinnahmen sind Einnahmen, die nach Beendigung der betrieblichen Tätigkeit aus betrieblicher Veranlassung anfallen. Diese Betriebseinnahmen können sowohl dem früheren Betriebsinhaber als auch seinem Erben zufließen. Da der Steuerpflichtige nach Aufgabe des Betriebs nicht mehr zur Buchführung verpflichtet ist, gilt für die Gewinnermittlung § 4 Abs. 3 EStG.

8.5 Abgrenzung zu den Einlagen

Betriebseinnahmen und Einlagen schließen sich gegenseitig aus. Betriebseinnahmen haben ihren Grund im betrieblichen Wirtschaftsgeschehen. Anders ist dies bei Einlagen. Sie haben ihren Grund in der außerbetrieblichen Sphäre des Steuerpflichtigen.

---

8 BFH, BStBl 1992 II S. 380.

9 Betriebsausgaben

9.1 Begriff der Betriebsausgaben

9.1.1 Allgemeines

Der Betriebsausgabenbegriff ist primär zwar lediglich bei einer Gewinnermittlung nach § 4 Abs. 3 EStG von Bedeutung, bei der als Gewinn der Überschuss der Betriebseinnahmen über die Betriebsausgaben anzusetzen ist. Nach § 4 Abs. 1 Satz 9 und § 5 Abs. 6 EStG sind die Vorschriften über die Betriebsausgaben jedoch auch bei einer Gewinnermittlung durch Bestandsvergleich zu befolgen. Im Rahmen dieser Gewinnermittlungsarten dient der Begriff der Betriebsausgaben insbesondere der Abgrenzung von den Privatentnahmen.

Das Vorliegen von Aufwendungen, die begrifflich als Betriebsausgaben anzusehen sind, besagt allein noch nichts über deren steuerliche Behandlung. Wie Betriebsausgaben steuerlich zu behandeln sind, ergibt sich vielmehr aus den verschiedenen steuerlichen Vorschriften, die sich mit dieser Frage befassen.

Nach § 4 Abs. 3 Satz 2 EStG scheiden Betriebsausgaben z. B. bei der Gewinnermittlung nach § 4 Abs. 3 EStG aus, die im Namen und für Rechnung eines anderen verausgabt werden und damit nur durchlaufende Posten darstellen. Da nach § 4 Abs. 3 Satz 3 EStG auch bei der Gewinnermittlung nach dieser Vorschrift auch die Bestimmungen über die Absetzung für Abnutzung und Substanzverringerung zu befolgen sind, können Betriebsausgaben für die Anschaffung oder Herstellung abnutzbarer Anlagegüter nicht als sofort abzugsfähig angesehen werden. Etwas anderes gilt nur, wenn es sich bei diesen Wirtschaftsgütern z. B. um geringwertige Anlagegüter i. S. des § 6 Abs. 2 EStG handelt. Betriebsausgaben z. B. für die Anschaffung oder Herstellung nicht abnutzbarer Wirtschaftsgüter des Anlagevermögens sind nach § 4 Abs. 3 Satz 4 EStG erst im Zeitpunkt des Zuflusses des Veräußerungserlöses oder bei Entnahme im Zeitpunkt der Entnahme als Betriebsausgaben zu berücksichtigen.

Nach der Rechtsprechung des BFH[1] ist es Steuerpflichtigen über das Zwei- bzw. Dreikontenmodell möglich, betriebliche Geldmittel aus dem Betrieb für private Zwecke zu entnehmen, den dadurch im betrieblichen Bereich entstehenden Finanzierungsbedarf durch Aufnahme von Fremdmitteln zu decken und die darauf entfallenden Schuldzinsen als betrieblich veranlasst zu behandeln und als Betriebsausgaben abzuziehen. Daran hat auch die Neuregelung in § 4 Abs. 4a EStG nichts geändert. Sie führt lediglich dazu, dass der betrieblich veranlasste Teil der Schuldzinsen bei Vorliegen von Überentnahmen nur eingeschränkt abzugsfähig ist.

Wegen der Abgrenzung der Betriebsausgaben von den nichtabzugsfähigen Kosten der Lebensführung wird auf die Ausführungen zu § 12 EStG verwiesen.

---
1 BFH vom 08.12.1997 GrS 1-2/95 (BStBl 1998 II S. 193).

9 Betriebsausgaben

Für das Vorliegen von Betriebsausgaben trägt nach der Rechtsprechung des BFH grundsätzlich der Steuerpflichtige die objektive Beweis- oder Feststellungslast.[2]

9.1.2 Begriffsbestimmung (§ 4 Abs. 4 EStG)

Betriebsausgaben sind nach § 4 Abs. 4 EStG die **Aufwendungen, die durch den Betrieb veranlasst sind.** Diese Begriffsbestimmung gilt einheitlich für die Einkünfte aus Land- und Forstwirtschaft, Gewerbebetrieb und selbständiger Arbeit.

Aufwendungen sind in Geld oder Geldeswert bestehende Güter, die aus dem Vermögen des Steuerpflichtigen ausscheiden. Dass sich das Ausscheiden derartiger Güter aus dem Vermögen des Steuerpflichtigen betriebswirtschaftlich als Aufwand darstellt, ist für die Annahme von Aufwendungen nicht erforderlich.

Durch den Betrieb veranlasst sind alle Aufwendungen, die ihre Ursache im Betrieb haben oder die sonst in einem engen wirtschaftlichen Zusammenhang mit dem Betrieb stehen.[3]

Die betriebliche Veranlassung von Aufwendungen ist danach stets zu bejahen, wenn sie objektiv durch den Betrieb des Steuerpflichtigen, d. h. durch die besonderen betrieblichen Gegebenheiten des Steuerpflichtigen, verursacht sind.[4] Auch Aufwendungen, die objektiv nicht durch den Betrieb verursacht sind, können als Betriebsausgaben zu behandeln sein. Es genügt, dass ein Steuerpflichtiger Aufwendungen im Interesse seines Betriebs macht. Welche Aufwendungen der Steuerpflichtige im Interesse eines Betriebs machen will, ist ihm grundsätzlich freigestellt. Dass eine Aufwendung objektiv für den Betrieb notwendig oder auch nur zweckmäßig ist, ist ebenfalls nicht erforderlich. Es kann schließlich auch nicht verlangt werden, dass die im Interesse des Betriebs gemachten Aufwendungen üblich sind, dass es sich dabei also um typische Betriebsausgaben handelt.

Bei der Prüfung, ob die Anschaffung von Wirtschaftsgütern betrieblich veranlasst ist, ist grundsätzlich auf die tatsächliche Zweckbestimmung, also die dem Wirtschaftsgut im Einzelfall zugedachte Funktion, abzustellen. Dabei spielt auch der objektive Charakter des Wirtschaftsguts eine große Rolle.

9.1.3 Vorweggenommene Betriebsausgaben

Abzugsfähig sind nicht nur die im laufenden Betrieb anfallenden Betriebsausgaben. Auch vorweggenommene Betriebsausgaben, also die vor Eröffnung eines Betriebs gemachten Ausgaben zum Erwerb oder zur Vorbereitung des Betriebs, können abgezogen werden. Zu den vorweggenommenen Betriebsausgaben gehören insbesondere Reisekosten und sonstige Aufwendungen, die dem Steuerpflichtigen durch Besichtigung des tatsächlich erworbenen Betriebs und anderer zum Verkauf stehender

---
2 BFH, BStBl 1976 II S. 562.
3 BFH, BStBl 1976 II S. 560 und 1978 II S. 499.
4 BFH, BStBl 1979 II S. 213.

9.1 Begriff der Betriebsausgaben

Betriebe entstanden sind.[5] Das gilt auch dann, wenn es sich dabei um vergebliche Aufwendungen handelt.[6] Voraussetzung ist allerdings, dass die Aufwendungen mit einer bestimmten Einkunftsart in konkreter Verbindung stehen.

9.1.4 Nachträgliche Betriebsausgaben

Als Betriebsausgaben abziehbar sind auch solche Aufwendungen, die anfallen, nachdem der Betrieb beendet ist, die aber noch mit dem ehemaligen Betrieb in einem objektiven wirtschaftlichen Zusammenhang stehen. Vor diesem Hintergrund sind z. B. Schuldzinsen, die durch den früheren Betrieb veranlasst wurden, auch nach Einstellung der werbenden Tätigkeit als nachträgliche Betriebsausgaben abziehbar, soweit die ihnen zugrunde liegenden Verbindlichkeiten während des Bestehens und nicht erst anlässlich der Veräußerung des Betriebs begründet wurden. Schuldzinsen für betrieblich begründete Verbindlichkeiten sind nur insoweit nachträgliche Betriebsausgaben, als die zugrunde liegenden Verbindlichkeiten nicht durch den Veräußerungserlös oder durch mögliche Verwertung von Aktivvermögen beglichen werden können.[7] Im Fall einer Betriebsaufgabe sind allerdings Schuldzinsen für betrieblich begründete Verbindlichkeiten nur insoweit nachträgliche Betriebsausgaben, als die zugrunde liegenden Verbindlichkeiten nicht durch eine mögliche Verwertung von Aktivvermögen beglichen werden können. Nicht tilgbare frühere Verbindlichkeiten bleiben so lange noch betrieblich veranlasst, bis ein etwaiges Verwertungshindernis entfallen ist. Eine Ausnahme vom Grundsatz des Vorrangs der Schuldberichtigung rechtfertigen jedoch nur solche Verwertungshindernisse, die ihren Grund in der ursprünglichen betrieblichen Sphäre haben. Werden im Fall einer Betriebsaufgabe aktive Wirtschaftsgüter aus privaten Gründen zusammen mit der ursprünglich betrieblich begründeten Verbindlichkeit ins Privatvermögen übernommen, sind die Schulden – gleichgültig, ob sie zur Finanzierung allgemein betrieblicher Zwecke oder bestimmter, nun nicht mehr im Betriebsvermögen vorhandener Wirtschaftsgüter aufgenommen wurden – bis zur Höhe des Werts der ins Privatvermögen übernommenen Wirtschaftsgüter diesen zuzuordnen. Werden die ins Privatvermögen überführten Wirtschaftsgüter im Rahmen einer anderen Einkunftsart genutzt, stehen die durch die ursprünglich betrieblichen Verbindlichkeiten verursachten Schuldzinsen nun in wirtschaftlichem Zusammenhang mit dieser neuen Einkunftsart und können bei dieser ggf. als Betriebsausgaben bzw. Werbungskosten steuerlich geltend gemacht werden.[8]

Beispiel:
Die Steuerpflichtige war Inhaberin eines Einzelhandelsgeschäfts für Silber- und Schmuckwaren. Sie betrieb das Einzelhandelsgeschäft bis zum 31.12.04 mit Gewinn-

---

5 BFH, BStBl 1992 II S. 819.
6 BFH vom 21.09.1995 IV R 117/94 (BFH/NV 1996 S. 461).
7 BFH vom 28.02.2005 XI B 140/03 (BFH/NV 2005 S. 1282).
8 BFH, BStBl 2007 II S. 642.

erzielungsabsicht und in der Folgezeit dann als Liebhaberei. Die Steuerpflichtige machte Schuldzinsen auf Darlehensverbindlichkeiten, die bereits im Zeitpunkt des Übergangs des Betriebs zur Liebhaberei bestanden, während der Zeit der Liebhaberei als nachträgliche Betriebsausgaben geltend.

Die Schuldzinsen können als nachträgliche Betriebsausgaben geltend gemacht werden. Der Übergang des Gewerbebetriebs zur Liebhaberei steht dem nicht entgegen. Allerdings sind die Schuldzinsen nur insoweit abziehbar, als sie auch im Fall einer zum Zeitpunkt des Übergangs zur Liebhaberei vollzogenen Betriebsveräußerung oder Betriebsaufgabe abziehbar gewesen wären.[9]

9.2 Beschränkungen des Abzugs von Schuldzinsen (§ 4 Abs. 4a EStG)

9.2.1 Allgemeines

In § 4 Abs. 4a EStG ist die Abziehbarkeit von Schuldzinsen als Betriebsausgaben gesetzlich geregelt.

Einzelheiten sind im BMF-Schreiben vom 17.11.2005[10] – geändert durch BMF-Schreiben vom 07.05.2008[11] und 18.02.2013[12] – geregelt.

Die Regelung der Einschränkung des Schuldzinsenabzugs ist erstmals für Wirtschaftsjahre anzuwenden, die nach dem 31.12.1998 enden (§ 52 Abs. 11 Satz 1 EStG). Die Über- und Unterentnahmen in Wirtschaftsjahren, die vor dem Jahr 1999 geendet haben, bleiben unberücksichtigt. Die davon abweichende Auffassung des BFH gilt nur für Veranlagungszeiträume 1999 und 2000.[13]

Der Regelung unterliegen nur Schuldzinsen, die betrieblich veranlasst sind. § 4 Abs. 4a EStG gilt für Gewinneinkünfte, nicht aber für Überschusseinkünfte. Dies gilt auch für den Fall, dass der Gewinn nach § 4 Abs. 3 EStG ermittelt wird. Keine Anwendung findet § 4 Abs. 4a EStG im Körperschaftsteuerrecht, da Körperschaften keine Privatsphäre haben.

Die Anwendung von § 4 Abs. 4a EStG erfordert eine zweistufige Prüfung. In einem ersten Schritt ist zu ermitteln, ob und inwieweit Schuldzinsen zu den betrieblich veranlassten Aufwendungen gehören. In einem zweiten Schritt muss geprüft werden, ob der Betriebsausgabenabzug im Hinblick auf Überentnahmen eingeschränkt ist. Die Hinzurechnung der nach § 4 Abs. 4a EStG nicht abziehbaren Schuldzinsen erfolgt außerhalb der Bilanz.

---

9 BFH, BStBl 2002 II S. 809.
10 BStBl 2005 I S. 1019.
11 BStBl 2008 I S. 588.
12 BStBl 2013 I S. 197.
13 BMF vom 12.06.2006 – IV B 2 – S 23144 – 39/06 (BStBl 2006 I S. 416); BFH vom 09.05.2012 X R 30/06 (BStBl 2012 II S. 667).

9.2.2 Betrieblich veranlasste Schuldzinsen

Die betriebliche Veranlassung von Schuldzinsen bestimmt sich nach den vom BFH entwickelten Grundsätzen.[14] Danach sind Schuldzinsen anhand des tatsächlichen Verwendungszwecks der Darlehensmittel der Erwerbs- oder der Privatsphäre zuzuordnen.

Darlehen zur Finanzierung außerbetrieblicher Zwecke, insbesondere zur Finanzierung von Entnahmen, sind nicht betrieblich veranlasst. Unterhält der Steuerpflichtige für den betrieblich und den privat veranlassten Zahlungsverkehr ein einheitliches – gemischtes – Kontokorrentkonto, ist für die Ermittlung der als Betriebsausgaben abziehbaren Schuldzinsen der Sollsaldo grundsätzlich aufzuteilen. Folge ist, dass bei einem negativen Kontostand privat veranlasste Abbuchungen als private Kreditaufnahme zu werten sind. Die nicht abziehbaren privaten Schuldzinsenanteile sind nach der sog. Zinszahlenstaffelrechnung exakt zu berechnen oder plausibel zu schätzen, soweit die Anwendung der Zinsstaffelrechnung mit unzumutbarem Ermittlungsaufwand verbunden ist. Geldeingänge auf dem gemischten Kontokorrentkonto gelten vorrangig zur Tilgung des Privatkredits als verwendet. Eine anteilige Tilgung erfolgt nicht.

Dem Steuerpflichtigen steht es frei, zunächst dem Betrieb Barmittel ohne Begrenzung auf einen Zahlungsmittelüberschuss zu entnehmen und im Anschluss hieran betriebliche Aufwendungen durch Darlehen zu finanzieren (sog. Zweikontenmodell). Wird allerdings ein Darlehen nicht zur Finanzierung betrieblicher Aufwendungen, sondern tatsächlich zur Finanzierung einer Entnahme verwendet, ist dieses Darlehen außerbetrieblich veranlasst. Ein solcher Fall ist dann gegeben, wenn dem Betrieb keine entnahmefähigen Barmittel zur Verfügung stehen und die Entnahme von Barmitteln erst dadurch möglich wird, dass Darlehensmittel in das Unternehmen fließen.

Beispiele:

a) Der Steuerpflichtige unterhält ein Betriebsausgabenkonto, das einen Schuldsaldo von 100.000 € aufweist. Auf dem Betriebseinnahmenkonto besteht ein Guthaben von 50.000 €. Hiervon entnimmt der Steuerpflichtige 40.000 €.

Die Schuldzinsen auf dem Betriebsausgabenkonto sind in vollem Umfang betrieblich veranlasst.

b) Der Steuerpflichtige unterhält ein einziges betriebliches Girokonto, über das Einnahmen wie Ausgaben gebucht werden. Dieses Konto weist zum Zeitpunkt der Geldentnahme einen Schuldsaldo i. H. von 50.000 € aus, der unstreitig betrieblich veranlasst ist. Durch die privat veranlasste Erhöhung des Schuldsaldos um 40.000 € auf 90.000 € ergeben sich höhere Schuldzinsen.

Durch Anwendung der Zinszahlenstaffelmethode muss der privat veranlasste Anteil der Schuldzinsen ermittelt werden. Die privat veranlasste Erhöhung des Schuldsaldos von 40.000 € führt nicht bereits zu einer Entnahme von zum Betriebsvermögen gehö-

---

14 BFH, BStBl 1990 II S. 817, 1998 II S. 193, 1998 II S. 511, 1998 II S. 513.

renden Wirtschaftsgütern und ist daher nicht bei der Ermittlung der Entnahmen i. S. des § 4 Abs. 4a EStG zu berücksichtigen.

Eine Entnahme i. S. des § 4 Abs. 4a Satz 2 EStG liegt erst in dem Zeitpunkt vor, in dem der privat veranlasste Teil des Schuldsaldos durch eingehende Betriebseinnahmen getilgt wird, weil insoweit betriebliche Mittel zur Tilgung einer privaten Schuld verwendet werden. Aus Vereinfachungsgründen ist es jedoch nicht zu beanstanden, wenn der Steuerpflichtige schon die Erhöhung des Schuldsaldos aus privaten Gründen als Entnahme bucht und bei der Tilgung des privat veranlassten Schuldsaldos keine Entnahmebuchung mehr vornimmt.

Entsprechendes gilt, wenn der Steuerpflichtige zwei Konten unterhält und die privat veranlasste Erhöhung des Schuldsaldos durch betriebliche Zahlungseingänge oder durch Umbuchung vom Betriebseinnahmenkonto tilgt.

c) Der Steuerpflichtige benötigt zur Anschaffung einer Motorjacht, die er zu Freizeitzwecken nutzen will, 100.000 €. Mangels ausreichender Liquidität in seinem Unternehmen kann er diesen Betrag nicht entnehmen. Er möchte auch sein bereits debitorisch geführtes betriebliches Girokonto hierdurch nicht weiter belasten. Daher nimmt er zur Verstärkung seines betrieblichen Girokontos einen „betrieblichen" Kredit auf und entnimmt von diesem den benötigten Betrag.

Das Darlehen ist privat veranlasst, da es tatsächlich zur Finanzierung einer Entnahme verwendet wird und dem Betrieb keine entnahmefähigen Barmittel zur Verfügung standen. Die auf das Darlehen entfallenden Schuldzinsen sind dem privaten Bereich zuzuordnen. Der Betrag von 100.000 € ist nicht bei der Ermittlung der Entnahmen i. S. des § 4 Abs. 4a EStG zu berücksichtigen.

9.2.3 Begriffe Gewinn, Entnahme, Einlage

Der Abzug betrieblich veranlasster Schuldzinsen ist eingeschränkt, wenn Überentnahmen vorliegen. Dies ist grundsätzlich der Fall, wenn die Entnahmen höher sind als die Summe aus Gewinn und Einlagen des Wirtschaftsjahres.

§ 4 Abs. 4a EStG enthält zu den Begriffen Gewinn, Entnahme und Einlage keine von § 4 Abs. 1 EStG abweichenden Bestimmungen. Es gelten daher die allgemeinen Grundsätze. Tilgt der Steuerpflichtige beim umgekehrten Zweikontenmodell mit eingehenden Betriebseinnahmen einen Sollsaldo, der durch Entnahmen entstanden ist oder sich erhöht hat, liegt im Zeitpunkt der Gutschrift eine Entnahme vor, die bei der Ermittlung der Überentnahmen zu berücksichtigen ist.[15] Die kurzfristige Einlage von Geld stellt einen Missbrauch von Gestaltungsmöglichkeiten des Rechts dar, wenn sie allein dazu dient, die Hinzurechnung nicht abziehbarer Schuldzinsen zu umgehen.[16]

Maßgebend ist der steuerliche Gewinn unter Berücksichtigung außerbilanzieller Hinzurechnungen vor Anwendung des § 4 Abs. 4a EStG. Hierzu gehören auch Übergangsgewinne i. S. von R 4.6 EStR. Hierbei ist auf den Gewinn des jeweiligen Betriebs abzustellen. Daher bleiben gesondert und einheitlich festgestellte Gewinn- bzw. Verlustanteile aus im Betriebsvermögen gehaltenen Beteiligungen an Mitunter-

---

15 BFH vom 03.03.2011 IV R 53/07 (BStBl 2011 II S. 688).
16 BFH vom 21.08.2010 VIII R 32/09 (BStBl 2013 II S. 16).

9.2 Beschränkungen des Abzugs von Schuldzinsen

nehmerschaften (z. B. bei doppelstöckigen Personengesellschaften) unberücksichtigt. Erst Auszahlungen aus Gewinnanteilen zwischen den verbundenen Unternehmen sind wie Entnahmen oder Einlagen zu behandeln. Steuerfreie Gewinne gehören zum Gewinn. Bei steuerfreien Entnahmen – z. B. nach § 13 Abs. 4 und 5, § 14a Abs. 4 EStG – ist grundsätzlich der sich aus § 6 Abs. 1 Nr. 4 EStG ergebende Wert anzusetzen. Aus Vereinfachungsgründen kann jedoch die Entnahme mit dem Buchwert angesetzt werden, wenn die darauf beruhende Gewinnerhöhung ebenfalls außer Ansatz bleibt. Dies gilt sinngemäß in den Fällen des § 55 Abs. 6 EStG.

Zum Gewinn gehört grundsätzlich auch der Gewinn aus der Veräußerung oder Aufgabe eines Betriebs. Zu den Entnahmen gehören auch Überführungen von Wirtschaftsgütern des Betriebsvermögens in das Privatvermögen anlässlich einer Betriebsaufgabe sowie der Erlös aus der Veräußerung eines Betriebs, soweit er in das Privatvermögen überführt wird. Verbleibt nach der Betriebsaufgabe oder Betriebsveräußerung im Ganzen noch eine Überentnahme, sind Schuldzinsen nur unter den Voraussetzungen des § 4 Abs. 4a EStG als nachträgliche Betriebsausgaben zu berücksichtigen.

Die Überführung oder Übertragung von Wirtschaftsgütern aus einem Betriebsvermögen in ein anderes Betriebsvermögen ist als Entnahme aus dem abgebenden Betriebsvermögen und als Einlage in das aufnehmende Betriebsvermögen zu behandeln, auch wenn dieser Vorgang nach § 6 Abs. 5 EStG zu Buchwerten erfolgt.

Der unentgeltliche Übergang eines Betriebs oder eines Mitunternehmeranteils führt beim bisherigen Betriebsinhaber (Mitunternehmer) nicht zu Entnahmen i. S. des § 4 Abs. 4a EStG und beim Rechtsnachfolger nicht zu Einlagen i. S. des § 4 Abs. 4a EStG. Die beim bisherigen Betriebsinhaber entstandenen Über- oder Unterentnahmen sowie verbliebene Verluste gehen auf den Rechtsnachfolger über.

Die geänderte betriebsvermögensmäßige Zuordnung eines Wirtschaftsguts aufgrund des Bestehens einer Bilanzierungskonkurrenz stellt weder eine Entnahme beim abgebenden Betrieb noch eine Einlage beim aufnehmenden Betrieb i. S. von § 4 Abs. 4a EStG dar, sofern der Vorgang zum Buchwert stattgefunden hat.[17] Eine derartige geänderte betriebsvermögensmäßige Zuordnung eines Wirtschaftsguts aufgrund des Bestehens einer Bilanzierungskonkurrenz liegt z. B. vor, wenn ein Wirtschaftsgut nach Begründung einer mitunternehmerischen Betriebsaufspaltung oder nach Verschmelzung einem anderen Betriebsvermögen zuzuordnen ist.

Wird ein Betrieb, der zunächst nur pachtweise überlassen wurde, ohne dass der Betriebsverpächter die Betriebsaufgabe erklärt hat, mit der Folge unentgeltlich nach § 6 Abs. 3 EStG auf den bisherigen Pächter übertragen, dass der während der Verpachtung in zwei Betriebe (Verpachtungsbetrieb und Pachtbetrieb) aufgespaltene

---

[17] BFH vom 22.09.2011 IV R 33/08 (BStBl 2012 II S. 10).

Betrieb nunmehr in der Person des Pächters wiedervereinigt wird, liegt keine Entnahme bzw. Einlage i. S. des § 4 Abs. 4a EStG vor.[18]

9.2.4 Auswirkung von Verlusten

Mangels eigenständigen Gewinnbegriffs müssten Verluste in die Berechnung der Überentnahmen einfließen. Nach Sinn und Zweck des Gesetzes ist aber in einem Verlustjahr die Überentnahme nicht höher als der Betrag anzusetzen, um den die Entnahmen die Einlagen des Wirtschaftsjahres übersteigen (Entnahmenüberschuss). Der Verlust ist jedoch stets vorrangig mit Unterentnahmen vergangener und zukünftiger Wirtschaftsjahre zu verrechnen, d. h., Unterentnahmen des laufenden Wirtschaftsjahres sind primär mit nicht ausgeglichenen Verlusten des Vorjahres und umgekehrt Unterentnahmen des Vorjahres primär mit nicht ausgeglichenen Verlusten des laufenden Jahres zu verrechnen. Entsprechendes gilt für einen Verlust, soweit er nicht durch einen Einlagenüberschuss ausgeglichen wird.[19]

Verbleibende Verluste sind – ebenso wie die verbleibende Über- oder Unterentnahme – formlos festzuhalten.

Beispiel:
Der Betrieb des Steuerpflichtigen hat für das Wirtschaftsjahr mit einem Verlust von 100.000 € abgeschlossen. Im Hinblick auf die Ertragslage des Betriebs hat der Steuerpflichtige keine Entnahmen durchgeführt. Dem Betrieb wurden aber auch keine Einlagen zugeführt. Aus dem vorangegangenen Wirtschaftsjahr stammt eine Unterentnahme von 10.000 €.
Der Verlust bewirkt keine Überentnahme. Der Verlust ist mit der Unterentnahme des Vorjahres zu verrechnen, sodass ein Verlustbetrag von 90.000 € zur Verrechnung mit künftigen Unterentnahmen verbleibt.

Das Gleiche gilt, wenn der Steuerpflichtige in einer Verlustsituation Entnahmen tätigt, die zu einem Entnahmenüberschuss dieses Wirtschaftsjahres führen. In diesen Fällen ergibt sich im Hinblick auf diese Entnahmen eine Überentnahme, die sich jedoch nicht noch um den Verlust erhöht.

Beispiele:
a) Der Betrieb des Steuerpflichtigen hat für das Wirtschaftsjahr mit einem Verlust von 100.000 € abgeschlossen. Dem Betrieb wurden Einlagen i. H. von 80.000 € zugeführt. Der Steuerpflichtige entnimmt keine liquiden Mittel, er nutzt indes – wie bisher – einen zum Betriebsvermögen gehörenden PKW auch für Privatfahrten. Die Nutzungsentnahme wird nach der 1 %-Methode, bezogen auf einen Listenpreis von 60.000 €, mit 7.200 € angesetzt. Aus dem vorangegangenen Wirtschaftsjahr stammt eine Unterentnahme von 10.000 €.
Zunächst ist der Einlagenüberschuss zu ermitteln. Die Einlagen von 80.000 € abzgl. Entnahmen von 7.200 € ergeben einen Einlagenüberschuss von 72.800 €. Der Einlagenüberschuss ist mit dem Verlust zu verrechnen. Soweit der Verlust von 100.000 €

---
18 BFH vom 12.12.2013 IV R 17/10 (BStBl 2014 II S. 316).
19 Vgl. auch BFH vom 03.03.2011 IV R 53/07 (BStBl 2011 II S. 688).

9.2 Beschränkungen des Abzugs von Schuldzinsen

nicht mit dem Einlagenüberschuss von 72.800 € verrechnet werden kann, ist er mit der Unterentnahme des Vorjahres zu verrechnen. Der verbleibende Verlust von 17.200 € ist mit künftigen Unterentnahmen zu verrechnen.

b) Aus dem Wirtschaftsjahr 01 resultiert eine Unterentnahme von 20.000 €. Im Wirtschaftsjahr 02 entsteht ein Verlust i. H. von 15.000 €. Die Einlagen betragen 3.000 €, die Entnahmen 40.000 €.

Im Wirtschaftsjahr 03 beträgt der Verlust 10.000 €. Die Einlagen belaufen sich auf 30.000 €, die Entnahmen auf 10.000 €.

Wirtschaftsjahr 02: Zunächst ist der Entnahmenüberschuss i. H. von (3.000 € ./. 40.000 € =) 37.000 € zu ermitteln. Dieser Betrag erhöht sich nicht um den Verlust i. H. von 15.000 €. Der Verlust ist jedoch mit der Unterentnahme des Vorjahrs zu verrechnen. Die verbleibende Unterentnahme i. H. von (20.000 € ./. 15.000 € =) 5.000 € ist vom Entnahmenüberschuss des laufenden Jahres abzusetzen, sodass eine Überentnahme i. H. von 32.000 € verbleibt. Der Verlust ist aufgezehrt.

Wirtschaftsjahr 03: Der Einlagenüberschuss dieses Wirtschaftsjahres (20.000 €) ist vorrangig mit dem Verlust dieses Wirtschaftsjahres (10.000 €) zu verrechnen. Der danach verbleibende Einlagenüberschuss (10.000 €) ist mit der Überentnahme des Wirtschaftsjahres 02 (32.000 €) zu verrechnen, sodass sich für das Wirtschaftsjahr 03 eine Überentnahme von 22.000 € ergibt.

c) Abwandlung des Beispiels b: Der Betrieb wurde im Wirtschaftsjahr 02 eröffnet. Wirtschaftsjahr 02: Der Entnahmenüberschuss beträgt auc (3.000 € ./. 40.000 € =) 37.000 €. Der Verlust i. H. von 15.000 € erhöht diesen Betrag nicht, er bleibt zur Verrechnung mit zukünftigen Unterentnahmen bestehen. Die Überentnahme im Wirtschaftsjahr 02 beträgt 37.000 €.

Wirtschaftsjahr 03: Der Einlagenüberschuss des Wirtschaftsjahres (20.000 €) ist zuerst mit dem Verlust dieses Wirtschaftsjahres (10.000 €) zu verrechnen. Der danach verbleibende Einlagenüberschuss (10.000 €) ist vorrangig mit dem verbliebenen Verlust des Vorjahres (15.000 €) zu verrechnen. Danach verbleibt kein Verrechnungspotenzial für die Überentnahme des Vorjahres, sodass für die Berechnung der nicht abziehbaren Schuldzinsen die Überentnahme des Vorjahres i. H. von 37.000 € heranzuziehen ist. Das nicht ausgeglichene Verlustpotenzial i. H. von 5.000 € ist in den Folgejahren zu berücksichtigen.

9.2.5 Ermittlung des Hinzurechnungsbetrags

§ 4 Abs. 4a Satz 3 EStG bestimmt, dass die betrieblich veranlassten Schuldzinsen pauschal i. H. von 6 % der Überentnahme des Wirtschaftsjahres zzgl. der verbliebenen Überentnahme oder abzüglich der verbliebenen Unterentnahme des vorangegangenen Wirtschaftsjahres zu nicht abziehbaren Betriebsausgaben umqualifiziert werden. Der sich dabei ergebende Betrag, höchstens jedoch der um 2.050 Euro verminderte Betrag der im Wirtschaftsjahr angefallenen Schuldzinsen, ist nach § 4 Abs. 4a Satz 4 EStG dem Gewinn hinzuzurechnen.

Beispiel:

A hat sein Unternehmen am 01.06.02 mit einer Einlage von 50.000 € eröffnet. Er erwirtschaftete in 02 einen Verlust von 50.000 €. Entnahmen tätigte er i. H. von 70.000 €. Betrieblich veranlasste Schuldzinsen – ohne Berücksichtigung von Zinsen für ein Investitionsdarlehen – fielen i. H. von 15.000 € an.

9 Betriebsausgaben

Berechnung der Überentnahme:
Einlage 50.000 €
Entnahmen ./. 70.000 €
Entnahmenüberschuss 20.000 €
Verlust 50.000 €
Überentnahme 20.000 €

Berechnung des Hinzurechnungsbetrags:
20.000 € × 6 % = 1.200 €
Berechnung des Höchstbetrags:
Tatsächlich angefallene Zinsen: 15.000 € ./. Kürzungsbetrag 2.050 € = 12.950 €
Da der Hinzurechnungsbetrag den Höchstbetrag nicht übersteigt, ist er in voller Höhe von 1.200 € dem Gewinn hinzuzurechnen.

Bei der pauschalen Ermittlung des Hinzurechnungsbetrags handelt es sich lediglich um einen Berechnungsmodus, bei dem die unmittelbare und die mittelbare Gewinnauswirkung der Rechtsfolge nicht zu berücksichtigen ist (§ 4 Abs. 4a Satz 3 Halbsatz 2 EStG). Im Hinblick auf den Ansatz des Hinzurechnungsbetrags ist eine Neuberechnung der Gewerbesteuer-Rückstellung nicht erforderlich, aber auch nicht zu beanstanden.

Zu den im Wirtschaftsjahr angefallenen Schuldzinsen gehören alle Aufwendungen zur Erlangung wie Sicherung eines Kredits einschließlich der Nebenkosten der Darlehensaufnahme und der Geldbeschaffungskosten.[20] Nachzahlungs-, Aussetzungs- und Stundungszinsen im Sinne der AO sind ebenfalls in die nach § 4 Abs. 4a EStG zu kürzenden Zinsen einzubeziehen.

Eine Überentnahme liegt auch vor, wenn sie sich lediglich aus Überentnahmen vorangegangener Wirtschaftsjahre ergibt. Überentnahmen und Unterentnahmen sind nicht nur zur Ermittlung der Berechnungsgrundlage für die hinzuzurechnenden Schuldzinsen, sondern auch zur Fortführung in den Folgejahren zu saldieren.[21]

Beispiel:
Im Wirtschaftsjahr 02 ergibt sich eine Unterentnahme i. H. von 50.000 €. Die Überentnahme des Wirtschaftsjahres 01 betrug 60.000 €.
Die Überentnahme für das Wirtschaftsjahr 02 wird wie folgt berechnet:
Unterentnahme Wj. 02 ./. 50.000 € + Überentnahme Wj. 01 60.000 € = verbleibende Überentnahme 10.000 €

Der Kürzungsbetrag von höchstens 2.050 Euro ist betriebsbezogen.

9.2.6 Schuldzinsen aus Investitionsdarlehen

Die Regelung nimmt Zinsen für Darlehen aus der Abzugsbeschränkung aus, wenn diese zur Finanzierung von Anschaffungs- oder Herstellungskosten betrieblicher

---
20 BFH, BStBl 2003 II S. 399.
21 Vgl. auch BFH vom 17.08.2010 VIII R 42/07 (BStBl 2010 II S. 1041).

9.2 Beschränkungen des Abzugs von Schuldzinsen

Anlagegüter verwendet werden. Nicht begünstigt ist Umlaufvermögen, welches im Rahmen der Betriebseröffnung erworben und fremdfinanziert wird.[22]

Es ist nicht erforderlich, dass zur Finanzierung von Anschaffungs- oder Herstellungskosten von Wirtschaftsgütern des Anlagevermögens ein gesondertes Darlehen aufgenommen wird. Ob Schuldzinsen i. S. des § 4 Abs. 4a Satz 5 EStG für Darlehen zur Finanzierung von Anschaffungs- oder Herstellungskosten von Wirtschaftsgütern des Anlagevermögens vorliegen, ist ausschließlich nach der tatsächlichen Verwendung der Darlehensmittel zu bestimmen. Werden Darlehensmittel zunächst auf ein betriebliches Kontokorrentkonto überwiesen, von dem sodann die Anschaffungs- oder Herstellungskosten von Wirtschaftsgütern des Anlagevermögens bezahlt werden, oder wird zunächst das Kontokorrentkonto belastet und anschließend eine Umschuldung in ein Darlehen vorgenommen, kann ein Finanzierungszusammenhang mit den Anschaffungs- oder Herstellungskosten von Wirtschaftsgütern des Anlagevermögens nur angenommen werden, wenn ein enger zeitlicher und betragsmäßiger Zusammenhang zwischen der Belastung auf dem Kontokorrentkonto und der Darlehensaufnahme besteht. Dabei wird unwiderlegbar vermutet, dass die dem Kontokorrentkonto gutgeschriebenen Darlehensmittel zur Finanzierung der Anschaffungs- oder Herstellungskosten von Wirtschaftsgütern des Anlagevermögens verwendet werden, wenn diese innerhalb von 30 Tagen vor oder nach Auszahlung der Darlehensmittel tatsächlich über das entsprechende Kontokorrentkonto finanziert wurden.[23] Beträgt der Zeitraum mehr als 30 Tage, muss der Steuerpflichtige den erforderlichen Finanzierungszusammenhang zwischen der Verwendung der Darlehensmittel und der Bezahlung der Anschaffungs- oder Herstellungskosten für die Wirtschaftsgüter des Anlagevermögens nachweisen.[24] Eine Verwendung der Darlehensmittel zur Finanzierung von Anschaffungs- oder Herstellungskosten von Wirtschaftsgütern des Anlagevermögens scheidet aus, wenn die Anschaffungs- oder Herstellungskosten im Zeitpunkt der Verwendung der Darlehensmittel bereits abschließend finanziert waren und die erhaltenen Darlehensmittel lediglich das eingesetzte Eigenkapital wieder auffüllen.[25]

Werden die Anschaffungs- oder Herstellungskosten von Wirtschaftsgütern des Anlagevermögens über ein Kontokorrentkonto finanziert und entsteht oder erhöht sich dadurch ein negativer Saldo des Kontokorrentkontos, sind die dadurch veranlassten Schuldzinsen gem. § 4 Abs. 4a Satz 5 EStG unbeschränkt als Betriebsausgaben abziehbar. Der Anteil der unbeschränkt abziehbaren Schuldzinsen ist dabei nach der Zinszahlenstaffelmethode oder durch Schätzung zu ermitteln. Entsprechend dem BMF-Schreiben vom 10.11.1993[26] ist für die Ermittlung der als Betriebsausgaben abziehbaren Schuldzinsen der Sollsaldo des Kontokorrentkontos anhand der

---

22 BFH vom 23.03.2011 X R 28/09 (BStBl 2011 II S. 753).
23 BMF vom 18.02.2013 – IV C 6 – S 2144/07/10001, 2013/0017820 (BStBl 2013 I S. 197).
24 BMF vom 18.02.2013 – IV C 6 – S 2144/07/10001, 2013/0017820 (BStBl 2013 I S. 197).
25 BFH vom 09.02.2010 VIII R 21/07 (BStBl 2011 II S. 257).
26 BMF vom 10.11.1993 – IV B 2 – S 2144 – 94/93 (BStBl 1993 I S. 930).

zugrunde liegenden Geschäftsvorfälle nach seiner Veranlassung aufzuteilen und sind die Sollsalden des betrieblichen Unterkontos zu ermitteln. Hierbei ist davon auszugehen, dass mit den eingehenden Betriebseinnahmen zunächst private Schuldenteile, dann die durch sonstige betriebliche Aufwendungen entstandenen Schuldenteile und zuletzt die durch die Investitionen entstandenen Schuldenteile getilgt werden.

Wird demgegenüber ein gesondertes Darlehen aufgenommen, mit dem teilweise Wirtschaftsgüter des Anlagevermögens finanziert, teilweise aber auch sonstiger betrieblicher Aufwand bezahlt wird, können die Schuldzinsen nach § 4 Abs. 4a Satz 5 EStG – ungeachtet etwaiger Überentnahmen – als Betriebsausgaben abgezogen werden, soweit sie nachweislich auf die Anschaffungs- oder Herstellungskosten der Wirtschaftsgüter des Anlagevermögens entfallen. Der Steuerpflichtige ist hierfür nachweispflichtig.

9.2.7 Schuldzinsen bei Mitunternehmerschaften

Gesellschafts- bzw. gesellschafterbezogene Betrachtungsweise

Die Regelung des § 4 Abs. 4a EStG ist eine betriebsbezogene Gewinnhinzurechnung. Der Hinzurechnungsbetrag ist daher auch für jede einzelne Mitunternehmerschaft zu ermitteln. Der Begriff der Überentnahme sowie die ihn bestimmenden Merkmale (Einlage, Entnahme, Gewinn und ggf. Verlust) ist dagegen gesellschafterbezogen auszulegen.[27] Die Überentnahme bestimmt sich nach dem Anteil des einzelnen Mitunternehmers am Gesamtgewinn der Mitunternehmerschaft (Anteil am Gewinn der Gesellschaft einschließlich Ergänzungsbilanzen zuzüglich/abzüglich seines im Sonderbetriebsvermögen erzielten Ergebnisses) und der Höhe seiner Einlagen und Entnahmen (einschließlich Sonderbetriebsvermögen).

Der Kürzungsbetrag nach § 4 Abs. 4a Satz 4 EStG i. H. von 2.050 Euro ist gesellschaftsbezogen anzuwenden, d. h., er ist nicht mit der Anzahl der Mitunternehmer zu vervielfältigen. Er ist auf die einzelnen Mitunternehmer entsprechend ihrer Schuldzinsenquote aufzuteilen; dabei sind Schuldzinsen, die im Zusammenhang mit der Anschaffung oder Herstellung von Wirtschaftsgütern des Sonderbetriebsvermögens stehen, zu berücksichtigen.[28]

> **Beispiel:**
> An der X-OHG sind A, B und C zu jeweils einem Drittel beteiligt. Weitere Abreden bestehen nicht. Der Gewinn der OHG hat im Wirtschaftsjahr 120.000 € und die Schuldzinsen zur Finanzierung laufender Aufwendungen haben 10.000 € betragen. Die Entnahmen verteilen sich auf die Mitunternehmer wie folgt: B und C haben jeweils 80.000 € entnommen, während sich A auf eine Entnahme i. H. von 20.000 € beschränkte. Einlagen wurden nicht getätigt.

---

27 BFH vom 29.03.2007 IV R 72/02 (BStBl 2008 II S. 420).
28 BFH vom 29.03.2007 IV R 72/02 (BStBl 2008 II S. 420).

9.2 Beschränkungen des Abzugs von Schuldzinsen

Die Über- und Unterentnahmen entwickeln sich wie folgt:

	A	B	C
Gewinnanteil	40.000	40.000	40.000
Entnahmen	20.000	80.000	80.000
Über-/Unterentnahmen	20.000	– 40.000	– 40.000
6 %	0	2.400	2.400
Anteilige Zinsen	3.334	3.333	3.333
Mindestabzug	684	683	683
Höchstbetrag	2.650	2.650	2.650
Hinzurechnungsbetrag	0	2.400	2.400

Bei den Gesellschaftern B und C sind Überentnahmen i. H. von jeweils 40.000 € entstanden. Demzufolge können Schuldzinsen i. H. von jeweils 2.400 € (= 6 % aus 40.000 €) nicht als Betriebsausgaben abgezogen werden. Hieraus ergibt sich ein korrigierter Gewinn der Mitunternehmerschaft i. H. von 124.800 €, der den Mitunternehmern A i. H. von 40.000 € und den Mitunternehmern B und C zu jeweils 42.400 € zuzurechnen ist.

Gewinnermittlung der Personengesellschaft und Schuldzinsen

Zinsaufwendungen werden nur einbezogen, wenn sie im Rahmen der Ermittlung des Gesamtgewinns als Betriebsausgaben berücksichtigt worden sind. Zinsen eines Darlehens des Gesellschafters an die Gesellschaft i. S. des § 15 Abs. 1 Satz 1 Nr. 2 Halbsatz 2 EStG gleichen sich im Rahmen ihrer Gesamtgewinnauswirkung aus (Betriebsausgaben im Gesamthandsvermögen und Betriebseinnahmen im Sonderbetriebsvermögen), sie sind keine Schuldzinsen i. S. des § 4 Abs. 4a EStG.

Die von der Personengesellschaft geleisteten Zinsen sind den Gesellschaftern nach dem Gewinnverteilungsschlüssel zuzurechnen.

Darlehen im Sonderbetriebsvermögen und Schuldzinsen

Ein Investitionsdarlehen i. S. des § 4 Abs. 4a Satz 5 EStG liegt auch dann vor, wenn die Darlehensverbindlichkeit zwar im Sonderbetriebsvermögen auszuweisen ist, die Darlehensmittel aber zur Finanzierung von Anschaffungs- oder Herstellungskosten von Wirtschaftsgütern des Anlagevermögens des Gesamthandsvermögens eingesetzt werden.

In diesem Fall sind die Schuldzinsen in vollem Umfang abziehbar (§ 4 Abs. 4a Satz 5 EStG), unabhängig davon, ob das Darlehen im Gesamthandsvermögen als Verbindlichkeit gegenüber dem Gesellschafter ausgewiesen ist oder dem Gesellschafter für die Hingabe der Darlehensmittel (weitere) Gesellschaftsrechte gewährt werden.

Zinsen aus Darlehen (im Sonderbetriebsvermögen des Gesellschafters) zur Finanzierung des Erwerbs eines Mitunternehmeranteils sind, soweit sie auf die

Finanzierung von anteilig erworbenen Wirtschaftsgütern des Anlagevermögens (Gesamthands- und Sonderbetriebsvermögen) entfallen, wie Schuldzinsen aus Investitionsdarlehen zu behandeln. Soweit diese nicht auf anteilig erworbene Wirtschaftsgüter des Anlagevermögens entfallen, sind sie in die Berechnung der nicht abziehbaren Schuldzinsen gem. § 4 Abs. 4a EStG einzubeziehen. Bei der Refinanzierung der Gesellschaftereinlage oder des Kaufpreises des Mitunternehmeranteils mit einem einheitlichen Darlehen sind die Schuldzinsen im Verhältnis der Teilwerte der anteilig erworbenen Wirtschaftsgüter aufzuteilen.

Zinsen, die Sonderbetriebsausgaben eines Mitunternehmers darstellen, sind diesem bei der Ermittlung der nicht abziehbaren Schuldzinsen zuzurechnen.

Entnahmen/Einlagen

Entnahmen liegen vor, wenn Wirtschaftsgüter (Barentnahmen, Waren, Erzeugnisse, Nutzungen und Leistungen) in den privaten Bereich der Gesellschafter oder in einen anderen betriebsfremden Bereich überführt werden. In diesem Sinne ist die Zahlung der Geschäftsführungsvergütung i. S. des § 15 Abs. 1 Satz 1 Nr. 2 Halbsatz 2 EStG auf ein privates Konto des Gesellschafters eine Entnahme, die bloße Gutschrift auf dem Kapitalkonto des Gesellschafters jedoch nicht. Bei Darlehen des Gesellschafters an die Gesellschaft i. S. des § 15 Abs. 1 Satz 1 Nr. 2 Halbsatz 2 EStG stellt die Zuführung der Darlehensvaluta eine Einlage und die Rückzahlung des Darlehens an den Gesellschafter eine Entnahme dar. Die unentgeltliche Übertragung eines Wirtschaftsguts in das Sonderbetriebsvermögen eines anderen Mitunternehmers derselben Mitunternehmerschaft ist als Entnahme i. S. des § 4 Abs. 4a EStG beim abgebenden und als Einlage i. S. des § 4 Abs. 4a EStG beim aufnehmenden Mitunternehmer zu berücksichtigen.

9.2.8 Gewinnermittlung nach § 4 Abs. 3 EStG, § 5a und § 13a EStG

Die genannten Grundsätze gelten auch bei der Gewinnermittlung durch Einnahmenüberschussrechnung nach § 4 Abs. 3 EStG (§ 4 Abs. 4a Satz 6 EStG). Hierzu müssen ab dem Jahr 2000 alle Entnahmen und Einlagen gesondert aufgezeichnet werden (§ 52 Abs. 11 Satz 4 EStG). Für die Anwendung des § 4 Abs. 4a EStG sind die Entnahmen und Einlagen von Geld im Rahmen der Gewinnermittlung nach § 4 Abs. 3 EStG in gleicher Weise zu beachten wie bei der Gewinnermittlung nach § 4 Abs. 1 EStG.[29]

Werden ab dem Jahr 2000 die erforderlichen Aufzeichnungen nicht geführt, sind zumindest die nach § 4 Abs. 4a Satz 5 EStG privilegierten Schuldzinsen für „Investitionsdarlehen" sowie tatsächlich entstandene nicht begünstigte Schuldzinsen bis zum Sockelbetrag i. H. von 2.050 Euro als Betriebsausgaben abziehbar.

---

29 BFH vom 21.08.2012 VIII R 32/09 (BStBl 2013 II S. 16).

Bei der Gewinnermittlung nach § 5a oder § 13a EStG findet § 4 Abs. 4a EStG hingegen keine Anwendung.

9.3 Nichtabzugsfähige Betriebsausgaben

9.3.1 Allgemeines

Nach § 4 Abs. 5 EStG sind bestimmte Aufwendungen, obwohl sie betrieblich veranlasst und daher als Betriebsausgaben anzusehen sind, in vollem Umfang oder zum Teil bei der steuerlichen Gewinnermittlung auszuscheiden. Durch diese Vorschrift soll verhindert werden, dass unangemessener betrieblicher Repräsentationsaufwand bei der Einkommensteuer berücksichtigt und damit teilweise auf die Allgemeinheit abgewälzt wird.[30]

Bei den dadurch auszuscheidenden Aufwendungen handelt es sich nicht etwa um Privatentnahmen, sondern lediglich um nichtabzugsfähige Betriebsausgaben.

Soweit Aufwendungen nicht abziehbar sind, ist ein hierfür gebuchter Aufwand **außerhalb der Bilanz** dem Gewinn wieder hinzuzurechnen. Bei Gewinnermittlungen nach § 4 Abs. 3 EStG sind die nicht abziehbaren Aufwendungen den Betriebseinnahmen zuzurechnen. Stattdessen kann auch eine Beschränkung der Betriebsausgaben erfolgen.

§ 4 Abs. 5 Satz 1 Nr. 1 bis 5, 6b bis 8a, 10, 12 und Abs. 6 EStG gelten im Bereich der Werbungskosten entsprechend (§ 9 Abs. 5 EStG).

9.3.2 Aufwendungen für Geschenke (§ 4 Abs. 5 Satz 1 Nr. 1 EStG)

Aufwendungen für Geschenke dürfen den Gewinn nach § 4 Abs. 5 Satz 1 Nr. 1 Satz 1 EStG grundsätzlich nicht mindern, wenn sie

- an Personen gemacht werden, die nicht Arbeitnehmer des Steuerpflichtigen sind, und
- die zugewendeten Wirtschaftsgüter beim Empfänger nicht ausschließlich betrieblich genutzt werden können (R 4.10 Abs. 2 EStR).

Eine Ausnahme von diesem Abzugsverbot gilt nach § 4 Abs. 5 Satz 1 Nr. 1 Satz 2 EStG lediglich, wenn die Anschaffungs- oder Herstellungskosten der einem Empfänger im Wirtschaftsjahr zugewendeten Gegenstände insgesamt 35 Euro nicht übersteigen.

Ein Geschenk ist eine **unentgeltliche Vermögenszuwendung** an einen Dritten. Gegenstand einer solchen Zuwendung können alle Güter sein, die in Geld oder Geldeswert bestehen.

---

30 BFH, BStBl 1981 II S. 58.

Beispiele:

a) Der Steuerberater A lässt einem Mandanten anlässlich des Geschäftsjubiläums einen Blumenstrauß zum Preis von 30 € übermitteln.

b) Der Unternehmer B hat seine Handelsvertreter zu einer Theateraufführung eingeladen. Für die Eintrittskarten hat er jeweils 30 € aufgewandt.

Es handelt sich in beiden Fällen um Zuwendungen, die bei Vorliegen der übrigen Voraussetzungen abzugsfähig sind.

Die unter die Vorschrift des § 4 Abs. 5 Satz 1 Nr. 2 EStG fallende Bewirtung von Personen stellt dagegen keine Zuwendung i. S. des § 4 Abs. 5 Satz 1 Nr. 1 EStG dar. Entsprechendes gilt nach R 4.10 Abs. 4 Satz 6 EStR für die mit einer Bewirtung verbundene Unterhaltung sowie für die Beherbergung der bewirteten Personen.

Unentgeltlich ist eine Zuwendung, der keine bestimmte Gegenleistung des Empfängers gegenübersteht und die nach dem Willen des Gebers auch nicht als Gegenleistung für eine bestimmte Leistung des Empfängers erbracht wird.[31] Eine Zuwendung, der eine bestimmte Gegenleistung des Empfängers gegenübersteht, ist daher kein Geschenk. Die Unentgeltlichkeit einer Zuwendung ist allerdings nicht schon dann zu verneinen, wenn durch die Zuwendung lediglich eine Geschäftsbeziehung gesichert oder verbessert oder für ein bestimmtes Erzeugnis geworben werden soll.

Beispiele:

a) Der Versicherungsagent A gibt dem Angestellten B des Autohändlers C für jeden Versicherungsabschluss eines Autokäufers, den ihm B benennt, eine Flasche Wein oder eine andere Zuwendung.

Hier liegt eine unmittelbare Gegenleistung vor. Die Zuwendungen stellen somit kein Geschenk i. S. des § 4 Abs. 5 Satz 1 Nr. 1 EStG dar und sind daher stets abzugsfähig (ohne Rücksicht auf die Höhe der im Wirtschaftsjahr erfolgten Zuwendungen).

b) Der Handelsvertreter Z macht den Angestellten der von ihm betreuten Firmen zu den Feiertagen und bei persönlichen Anlässen kleinere Sach- oder Geldgeschenke, um ein freundliches, für etwaige Geschäftsabschlüsse förderliches Klima zu schaffen.

Die Zuwendungen des Z stehen nicht im Zusammenhang mit einer bestimmten Gegenleistung und stellen daher Geschenke i. S. des § 4 Abs. 5 Satz 1 Nr. 1 EStG dar.

Kein Geschenk stellt danach auch eine Zuwendung dar, die nach dem Willen des Gebers als **Gegenleistung** für eine bestimmte Leistung des Empfängers und damit aus der Sicht des Gebers nicht unentgeltlich erbracht wird. Auch Zugaben, d. h. Waren oder Leistungen, die neben einer Hauptware (-leistung) zwar ohne besonderes Entgelt, aber mit Rücksicht auf den Erwerb der Hauptware (-leistung) angeboten, angekündigt oder gewährt werden, sind daher keine Geschenke i. S. des § 4 Abs. 5 Satz 1 Nr. 1 EStG.[32]

---

31 BFH, BStBl 1982 II S. 394.
32 BFH, BStBl 1994 II S. 170.

9.3 Nichtabzugsfähige Betriebsausgaben

Beispiel:
Ein Unternehmer verteilte aus Werbegründen zur Weihnachtszeit an seine Kunden Badethermometer, Kugelschreiber und Taschenkalender. Er bedachte dabei nur solche Personen, die in der entsprechenden Zeit bei ihm einkauften.
Es handelt sich um Zugaben, die keine Geschenke i. S. des § 4 Abs. 5 Satz 1 Nr. 1 EStG darstellen.

Eine unentgeltliche **Zuwendung an einen Dritten** liegt vor, wenn der Gegenstand der Zuwendung in das wirtschaftliche Eigentum einer anderen Person übergeht. Kranz- oder Blumenspenden anlässlich von Beerdigungen stellen danach z. B. keine Geschenke i. S. des § 4 Abs. 5 Satz 1 Nr. 1 EStG dar (R 4.10 Abs. 4 Satz 5 EStR).

Ein Geschenk liegt nur vor, wenn der Zuwendung ein wirtschaftlicher Vorteil zukommt und ein Empfänger vorhanden ist. Hieran fehlt es bei bloßen Annehmlichkeiten, die den Empfänger nicht bereichern und über die er – etwa durch Weitergabe an einen Dritten – nicht verfügen kann.

Beispiel:
Ein Schuhgeschäft lässt Passanten unentgeltlich die Schuhe putzen. Ein Geschenk liegt nicht vor.

Das Abzugsverbot des § 4 Abs. 5 Satz 1 Nr. 1 Satz 1 EStG greift nach dem Wortlaut der Vorschrift stets ein, wenn der Empfänger eines Geschenks **nicht Arbeitnehmer** des Steuerpflichtigen ist. Diese Voraussetzung liegt daher auch dann vor, wenn zwischen dem Steuerpflichtigen und dem Empfänger eines Geschenks ein Verhältnis besteht, das einem Arbeitsverhältnis ähnlich ist.

Beispiel:
Der Chefarzt eines Krankenhauses, der aufgrund seines eigenen Liquidationsrechts für ärztliche Tätigkeiten und Leistungen im stationären und nichtstationären Bereich des Krankenhauses neben seinen Einkünften aus nichtselbständiger Tätigkeit auch Einkünfte aus selbständiger Tätigkeit bezieht, macht den im Bereich seiner selbständigen Tätigkeit für ihn tätigen Mitarbeitern unter dem Krankenhauspersonal zu Weihnachten Geldgeschenke in unterschiedlicher Höhe.
Die Geschenke sind nicht an Personen erfolgt, die in einem Arbeitsverhältnis zum Steuerpflichtigen stehen, und fallen daher grundsätzlich unter das Abzugsverbot des § 4 Abs. 5 Nr. 1 Satz 1 EStG.[33]

Wenn die **Anschaffungs- oder Herstellungskosten** der einem Empfänger, der nicht Arbeitnehmer des Steuerpflichtigen ist, im Wirtschaftsjahr zugewendeten Gegenstände insgesamt 35 Euro nicht übersteigen, lässt § 4 Abs. 5 Satz 1 Nr. 1 Satz 2 EStG den Betriebsausgabenabzug zu, sofern auch die übrigen Voraussetzungen für diesen Abzug gegeben sind.

Haben sich die Aufwendungen für ein Geschenk in einem anderen Wirtschaftsjahr als dem der Hingabe gewinnmindernd ausgewirkt, ist der Gewinn im Wirtschaftsjahr der Hingabe entsprechend zu erhöhen (R 4.10 Abs. 2 Satz 3 EStR).

---

33 BFH vom 28.03.1985 IV R 178/84 (BFH/NV 1987 S. 231).

9 Betriebsausgaben

Beispiel:

Der Unternehmer X wendet verschiedenen Geschäftsfreunden im Jahr 02 Geschenke im Wert von jeweils 50 € zu, die bereits im Jahr 01 angeschafft wurden.

Bei der Gewinnermittlung nach § 4 Abs. 1 bzw. § 5 EStG sind die in 01 angeschafften, aber erst im Jahr 02 zugewendeten Geschenke zum 31.12.01 als Vorratsvermögen zu bilanzieren. Die Gewinnminderung durch die Hingabe tritt damit erst im Jahr 02 ein, die außerhalb der Bilanz zu korrigieren ist.

Wird der Gewinn nach § 4 Abs. 3 EStG ermittelt, ist bei Bezahlung der Geschenke noch im Jahr 01 der Gewinn gemindert worden. Die Korrektur nach § 4 Abs. 5 Satz 1 Nr. 1 EStG durch Hinzurechnung zum Gewinn hat erst im Jahr 02, dem Jahr der Hingabe, zu erfolgen.

Zu den Anschaffungskosten gehört auch die **Umsatzsteuer,** soweit diese nicht als Vorsteuer abzugsfähig ist (§ 9b Abs. 1 EStG). Für Unternehmer mit ausschließlich zum Vorsteuerabzug berechtigenden Umsätzen gehört die auf die Geschenke ausgewiesene Umsatzsteuer somit nicht zu den Anschaffungs- bzw. Herstellungskosten. Die Grenze von 35 Euro ist ein Nettobetrag. Wird diese Nettogrenze nicht überschritten, sind sowohl die Nettoaufwendungen für das Geschenk wie auch die ausgewiesene Umsatzsteuer ertragsteuerlich abziehbar. Für den Unternehmer mit ausschließlich nicht zum Vorsteuerabzug berechtigenden Umsätzen zählt dagegen auch die ausgewiesene Umsatzsteuer zu den Anschaffungs- bzw. Herstellungskosten des Geschenks. Die Grenze von 35 Euro ist hier ein Bruttobetrag. Die nicht abziehbare Vorsteuer ist den Anschaffungs- bzw. Herstellungskosten zuzurechnen. Nur wenn der Bruttobetrag der Geschenkaufwendungen nicht die Grenze von 35 Euro übersteigt, besteht ertragsteuerlich eine Abzugsmöglichkeit. Für Unternehmer mit sowohl zum Vorsteuerabzug berechtigenden als auch nicht zum Vorsteuerabzug berechtigenden Umsätzen ist eine entsprechende Aufteilung vorzunehmen.

Lässt der Steuerpflichtige die zugewendeten Gegenstände als Werbeträger kennzeichnen, so gehören auch die ihm dadurch entstandenen Kosten zu den Anschaffungs- oder Herstellungskosten. Dass für den Abzug nicht mehr auf die Kennzeichnung als Werbeträger abgestellt wird und durch die Kennzeichnung im Allgemeinen keine Werterhöhung aus der Sicht des Empfängers eintritt, ist insoweit ohne Bedeutung.

Der maßgebende Höchstbetrag stellt eine **Freigrenze,** keinen Freibetrag dar. Wenn die Anschaffungs- oder Herstellungskosten der im Wirtschaftsjahr an eine Person gemachten Zuwendungen 35 Euro übersteigen, so entfällt daher der Abzug insgesamt (R 4.10 Abs. 3 Satz 2 EStR).

Beispiel:

A übermittelte dem Geschäftsfreund B zur Hochzeit im Juli 01 ein Blumengebinde (Anschaffungskosten 20 €) und zu Weihnachten desselben Jahres eine Geschenkpackung mit drei Flaschen Wein (Anschaffungskosten 30 €).

Es handelt sich um Geschenke i. S. des § 4 Abs. 5 Satz 1 Nr. 1 EStG. Da die Anschaffungskosten der Geschenke an denselben Geschäftsfreund B im Wirtschaftsjahr 35 € übersteigen, sind beide Geschenke nichtabzugsfähig.

9.3.3 Bewirtungsaufwendungen (§ 4 Abs. 5 Satz 1 Nr. 2 EStG)

Für Bewirtungsaufwendungen sieht § 4 Abs. 5 Satz 1 Nr. 2 EStG ein Abzugsverbot bzw. eine Abzugsbeschränkung vor. Zu beachten ist § 4 Abs. 5 Satz 2 EStG.

Eine **Bewirtung** liegt nur dann vor, wenn die Darreichung von Speisen und Getränken im Vordergrund steht.

Bewirtungsaufwendungen sind daher Aufwendungen des Steuerpflichtigen für den Verzehr von Speisen und Getränken und sonstigen Genussmitteln durch Dritte. Dazu können auch zwangsläufig im Zusammenhang mit der Bewirtung anfallende Aufwendungen (z. B. Trinkgelder und Garderobengebühren) gehören. Voraussetzung ist jedoch, dass diese Aufwendungen im Rahmen des insgesamt geforderten Preises von untergeordneter Bedeutung sind (R 4.10 Abs. 5 Satz 4 EStR). Werden daneben noch andere Leistungen angeboten (z. B. Varieté, Striptease oder Ähnliches) und steht der insgesamt geforderte Preis in einem offensichtlichen Missverhältnis zum Wert der Speisen und Getränke, geht der BFH[34] von dem Grunde nach unangemessenen Aufwendungen aus, die nach § 4 Abs. 5 Nr. 7 EStG nicht abziehbar sind. Die Prüfung der Angemessenheit kann nur anhand der individuellen Verhältnisse des Einzelfalls vorgenommen werden.

Die Veranlassung der Bewirtung ist maßgebend dafür, in welchem Umfang die Bewirtungskosten abziehbar sind. Aufwendungen können betrieblich, geschäftlich oder privat veranlasst sein.

Privat veranlasste Aufwendungen, zu denen auch die Lebenshaltungskosten sowie der Repräsentationsaufwand gehören, dürfen nach § 12 Nr. 1 EStG steuerlich nicht berücksichtigt werden.

Aufwendungen für **betrieblich veranlasste Bewirtungen** sind grundsätzlich in voller Höhe als Betriebsausgaben abzugsfähig. Als betrieblich veranlasst sind in diesem Sinne nur Aufwendungen anzusehen, die ein Unternehmer für die Bewirtung seiner eigenen Arbeitnehmer (z. B. bei Weihnachtsfeiern oder Betriebsfesten) gemacht hat.

Bei geschäftlichem Anlass sind die Bewirtungsaufwendungen nach § 4 Abs. 5 Satz 1 Nr. 2 Satz 1 EStG nicht zum Abzug zugelassen, soweit sie 70 % der angemessenen und nachgewiesenen Aufwendungen übersteigen. Ein geschäftlicher Anlass besteht insbesondere bei der Bewirtung von Personen, zu denen schon Geschäftsbeziehungen bestehen oder zu denen sie angebahnt werden sollen oder die im Rahmen der Besichtigung des Betriebs bewirtet werden.

Die Abzugsbeschränkung gilt auch für den Teil der Aufwendungen, der auf den an der Bewirtung teilnehmenden Steuerpflichtigen oder dessen Arbeitnehmer entfällt.

---

[34] BStBl 1990 II S. 575.

9 Betriebsausgaben

Aufwendungen für die Bewirtung von Personen aus geschäftlichem Anlass in der Wohnung des Steuerpflichtigen gehören i. d. R. nicht zu den Betriebsausgaben, sondern zu den Kosten der Lebensführung (R 4.10 Abs. 6 Satz 8 EStR).

Der **Nachweis** der Höhe und der betrieblichen Veranlassung der Aufwendungen durch schriftliche Angaben zu Ort, Tag, Teilnehmer und Anlass der Bewirtung sowie Höhe der Aufwendungen nach § 4 Abs. 5 Satz 1 Nr. 2 EStG ist gesetzliches Tatbestandsmerkmal für den Abzug der Bewirtungsaufwendungen als Betriebsausgaben.

Bei Bewirtung in einer Gaststätte genügen neben der beizufügenden Rechnung Angaben zu dem Anlass und den Teilnehmern der Bewirtung. Aus der Rechnung müssen sich Name und Anschrift der Gaststätte sowie der Tag der Bewirtung ergeben. Die Rechnung muss grundsätzlich auch den Namen des bewirtenden Steuerpflichtigen enthalten. Die schriftlichen Angaben können auf der Rechnung oder getrennt gemacht werden. Erfolgen die Angaben getrennt von der Rechnung, müssen das Schriftstück über die Angaben und die Rechnung grundsätzlich zusammengefügt werden. Ausnahmsweise genügt es, den Zusammenhang dadurch darzustellen, dass auf der Rechnung und dem Schriftstück über die Angaben Gegenseitigkeitshinweise angebracht werden, sodass Rechnung und Schriftstück jederzeit zusammengefügt werden können. Die Rechnung muss den Anforderungen des § 14 UStG genügen und maschinell erstellt und registriert sein. Die in Anspruch genommenen Leistungen sind nach Art, Umfang, Entgelt und Tag der Bewirtung in der Rechnung gesondert zu bezeichnen. Die für den Vorsteuerabzug ausreichende Angabe „Speisen und Getränke" und die Angabe der für die Bewirtung in Rechnung gestellten Gesamtsumme sind für den Betriebsausgabenabzug nicht ausreichend (R 4.10 Abs. 8 EStR).

Zur Bezeichnung der Teilnehmer der Bewirtung ist grundsätzlich die Angabe ihres Namens erforderlich. Auf die Angabe der Namen kann jedoch verzichtet werden, wenn ihre Feststellung dem Steuerpflichtigen nicht zugemutet werden kann. Das ist z. B. bei Bewirtungen anlässlich von Betriebsbesichtigungen durch eine größere Personenzahl und bei vergleichbaren Anlässen der Fall. In diesen Fällen sind die Zahl der Teilnehmer der Bewirtung sowie eine die Personengruppe kennzeichnende Sammelbezeichnung anzugeben. Die Angaben über den Anlass der Bewirtung müssen den Zusammenhang mit einem geschäftlichen Vorgang oder eine Geschäftsbeziehung erkennen lassen (R 4.10 Abs. 9 EStR).

Bei **Bewirtungen in einer betriebseigenen Kantine** wird aus Vereinfachungsgründen zugelassen, dass die Aufwendungen nur aus den Sachkonten der verabreichten Speisen und Getränke sowie den Personalkosten ermittelt werden. Sofern dies nicht zu einer offenbar unzutreffenden Besteuerung führt, ist es nicht zu beanstanden, wenn einheitlich im Wirtschaftsjahr je Bewirtung ein Betrag von 15 Euro angesetzt wird (R 4.10 Abs. 6 Satz 9 EStR). Bei einer Geschäftsfreundebewirtung in der Kantine muss der zunächst vorgenommene Betriebsausgabenabzug nicht rückgängig

9.3 Nichtabzugsfähige Betriebsausgaben

gemacht werden; es ist lediglich der nach § 4 Abs. 5 Satz 1 Nr. 2 EStG nicht abziehbare Teil auf der Grundlage des Betrags von 15 Euro zu ermitteln.

Für das Anbieten von Kaffee, Mineralwasser und Tabakwaren in geringem Umfang während einer geschäftlichen Besprechung gilt die Beschränkung des Abzugs der Bewirtungskosten nicht, da es sich um eine übliche Geste der Höflichkeit handelt (R 4.10 Abs. 5 Satz 9 Nr. 1 EStR). Eine betragsmäßige Abgrenzung zwischen einer Bewirtung und einer Aufmerksamkeit ist nicht möglich.

Ebenfalls liegt bei **Produkt- oder Warenverkostungen** keine Bewirtung vor, da hier ein unmittelbarer Zusammenhang mit dem Verkauf der Produkte oder Waren gegeben ist (R 4.10 Abs. 5 Satz 9 Nr. 2 EStR).

Werden bei einer Messeveranstaltung anlässlich betrieblicher Besprechungen Aufmerksamkeiten in geringem Umfang gereicht oder werden z. B. bei einer Nahrungsmittelmesse die Produkte der ausstellenden Firmen verkostet, können die Aufwendungen grundsätzlich in vollem Umfang als Betriebsausgaben abgezogen werden. Wird dagegen z. B. bei einer Eröffnung einer Messeveranstaltung ein Büfett geboten, liegt eine Bewirtung vor. Die Aufwendungen können von dem bewirtenden Unternehmer nur beschränkt und nur unter den besonderen Voraussetzungen des § 4 Abs. 5 Satz 1 Nr. 2 EStG als Betriebsausgaben abgezogen werden.

Zur Ermittlung des abziehbaren Teils der Bewirtungsaufwendungen sind diese zunächst um folgende Kosten zu bereinigen:

- privat veranlasste Teile der Bewirtungskosten, wenn eine Aufteilung möglich und zulässig ist;[35]
- nach der allgemeinen Verkehrsauffassung als unangemessen anzusehende Teile der Bewirtungsaufwendungen;
- Bewirtungsaufwendungen, deren Höhe und betriebliche Veranlassung nicht nachgewiesen sind (§ 4 Abs. 7 EStG);
- Aufwendungen, die ihrer Art nach keine Bewirtungsaufwendungen sind (z. B. Aufwendungen für Konzert- oder Theaterbesuch), es sei denn, sie sind von untergeordneter Bedeutung (z. B. Trinkgelder).

Von der so ermittelten Summe der als Betriebsausgaben abziehbaren Teile der Bewirtungsaufwendungen sind zunächst die zu 100 % abziehbaren Aufwendungen (bei allgemeiner betrieblicher Veranlassung), dann die verbleibenden Aufwendungen zu 70 % als Betriebsausgaben zu berücksichtigen.

Die Vorsteuern auf die angemessenen Bewirtungsaufwendungen sind in voller Höhe – und nicht nur i. H. von 70 % – abzugsfähig.[36] Voraussetzung für den Vorsteuerabzug ist neben den allgemeinen Voraussetzungen des § 15 UStG, dass die Bewirtungsaufwendungen nach der allgemeinen Verkehrsauffassung als angemessen zu

---
35 BFH, BStBl 1988 II S. 771.
36 BFH, BStBl 2005 II S. 509.

9 Betriebsausgaben

beurteilen sind. Soweit es sich nach der Verkehrsauffassung nicht um angemessene Aufwendungen handelt, ist der Vorsteuerabzug zu versagen. Die Versagung des Vorsteuerabzugs für einkommensteuerrechtlich angemessene Bewirtungsaufwendungen allein wegen nicht eingehaltener Formvorschriften für den Nachweis von Betriebsausgaben – einzelne und getrennte Aufzeichnung nach § 4 Abs. 7 EStG – ist nicht zulässig.[37]

9.3.4 Aufwendungen für Gästehäuser (§ 4 Abs. 5 Satz 1 Nr. 3 EStG)

In vollem Umfang nichtabzugsfähig sind nach § 4 Abs. 5 Satz 1 Nr. 3 EStG ferner die Aufwendungen für Einrichtungen des Steuerpflichtigen, soweit sie der Bewirtung oder der Beherbergung von Personen, die nicht Arbeitnehmer des Steuerpflichtigen sind, dienen, nicht Gegenstand einer mit Gewinnabsicht ausgeübten Betätigung des Steuerpflichtigen sind und sich außerhalb des Ortes eines Betriebs des Steuerpflichtigen befinden (R 4.10 Abs. 10 Satz 1 EStR).

Unter das Abzugsverbot fallen alle Aufwendungen für Herstellung oder Anschaffung der Einrichtung und deren Unterhalt einschließlich der Absetzungen für Abnutzung sowie Personalkosten und sonstige Sachaufwendungen (z. B. Strom, Heizung).

Beispiele:

a) Eine Firma mit Sitz in Frankfurt baut und unterhält ein Gästehaus mit zehn Zimmern (gleicher Größe) am Walchensee (Oberbayern). Acht Zimmer werden regelmäßig für Erholungsurlaube der Arbeitnehmer benutzt, zwei Zimmer für Geschäftsfreunde.

80 % der Kosten (Gebäude-AfA, Unterhaltung usw.) sind abzugsfähige, 20 % nichtabzugsfähige Betriebsausgaben.

b) Eine Firma mit Sitz in Hamburg hat einen Betrieb in Lübeck. Sie baut und unterhält in Lübeck ein Gästehaus, um Geschäftsfreunden stets eine repräsentative Übernachtungs- und Aufenthaltsmöglichkeit anlässlich von Besprechungen usw. bieten zu können.

Die Kosten sind abzugsfähige Betriebsausgaben. § 4 Abs. 5 Satz 1 Nr. 3 EStG greift nicht ein, da sich das Gästehaus am Ort eines Betriebs befindet.

9.3.5 Aufwendungen für Jagd oder Fischerei, für Segel- oder Motorjachten sowie für ähnliche Zwecke (§ 4 Abs. 5 Satz 1 Nr. 4 EStG)

In vollem Umfang sind bei der steuerlichen Gewinnermittlung schließlich nach § 4 Abs. 5 Satz 1 Nr. 4 EStG auch die Aufwendungen für Jagd oder Fischerei, für Segeljachten oder Motorjachten und für die hiermit zusammenhängenden Bewirtungen auszuscheiden.

---

[37] BMF vom 23.06.2005 (BStBl 2005 I S. 816).

9.3 Nichtabzugsfähige Betriebsausgaben

Beispiel:

Ein Exportkaufmann unterhält eine Jagd, um seine Auslandskunden anlässlich von Geschäftsbesuchen zu unterhalten. Das ist notwendig, um „ins Geschäft" zu kommen. Außerdem hat er eine Segeljacht, die er vorwiegend für Privatsegelfahrten benutzt.

Die Ausgaben für die Segeljacht sind Kosten der Lebenshaltung (§ 12 EStG) und damit Privataufwendungen. Die Kosten der Jagd sind Betriebsausgaben, die jedoch gem. § 4 Abs. 5 Satz 1 Nr. 4 EStG nichtabzugsfähig sind.

Etwas anderes gilt nach § 4 Abs. 5 Satz 2 EStG auch insoweit nur, als die vorstehend aufgezählten Zwecke **Gegenstand einer mit Gewinnabsicht ausgeübten Betätigung** sind.

Beispiel:

Ein Steuerpflichtiger unterhält eine Segeljacht, mit der er mit fremden Personen gegen entsprechendes Entgelt Segelfahrten unternimmt.

Das Abzugsverbot des § 4 Abs. 5 Satz 1 Nr. 4 EStG greift nicht ein, da die Segeljacht mit Gewinnabsicht eingesetzt wird.

Entgegen dem Wortlaut des § 4 Abs. 5 Satz 1 Nr. 4 EStG gilt das Abzugsverbot seinem Sinn und Zweck entsprechend nicht, soweit sich die Aufwendungen als **Aufwand für betriebliche Sozialeinrichtungen** darstellen.

Beispiel:

Einem Unternehmen sind Aufwendungen für die Pacht und Unterhaltung eines Angelteichs entstanden, der ausschließlich den Betriebsangehörigen zur Verfügung steht.

Es handelt sich um Aufwendungen für eine den Betriebsangehörigen dienende Sozialeinrichtung, deren Abzug die Vorschrift des § 4 Abs. 5 Satz 1 Nr. 4 EStG nicht entgegensteht.[38]

§ 4 Abs. 5 Satz 1 Nr. 4 EStG ist nicht berührt, wenn eine Motorjacht nur als schwimmendes Konferenzimmer oder nur zum Transport und zur Unterbringung von Geschäftsfreunden verwendet wird.[39]

Dem Abzugsverbot des § 4 Abs. 5 Satz 1 Nr. 4 EStG unterliegen weiter auch **Aufwendungen für ähnliche Zwecke.** Damit wird deutlich, dass die zuvor aufgeführten Zwecke als eine beispielhafte Aufzählung zu verstehen sind und auch sonstige Repräsentationsaufwendungen in vollem Umfang nichtabzugsfähig sind. Auch die Unterhaltung eines Reitstalles und der Erwerb von Reitpferden kann daher unter das Abzugsverbot des § 4 Abs. 5 Satz 1 Nr. 4 EStG fallen.[40]

---
[38] BFH, BStBl 1981 II S. 58.
[39] BFH, BStBl 1993 II S. 367.
[40] BFH vom 11.08.1994 I B 235/93 (BFH/NV 1995 S. 205).

9 Betriebsausgaben

9.3.6 Mehraufwendungen für Verpflegung
(§ 4 Abs. 5 Satz 1 Nr. 5 EStG)

Der Abzug von Verpflegungsmehraufwendungen als Betriebsausgaben ist ab dem Veranlagungszeitraum 2014 neu geregelt worden (§ 52 Abs. 12 Satz 4 EStG). Danach sind Mehraufwendungen für Verpflegung des Steuerpflichtigen grundsätzlich keine Betriebsausgaben. Eine Ausnahme gilt nur dann, wenn der Steuerpflichtige vorübergehend von seiner Wohnung und dem Mittelpunkt seiner dauerhaft angelegten betrieblichen Tätigkeit entfernt betrieblich tätig wird. Die Mehraufwendungen für Verpflegung sind dann nach Maßgabe des § 9 Abs. 4a EStG abziehbar.

Zur Rechtslage bis einschließlich Veranlagungszeitraum 2013 vgl. Vorauflage.

9.3.7 Aufwendungen für Fahrten zwischen Wohnung und Betriebsstätte und für Familienheimfahrten
(§ 4 Abs. 5 Satz 1 Nr. 6 EStG)

§ 4 Abs. 5 Satz 1 Nr. 6 EStG betrifft Fälle der Kfz-Nutzung, bei denen sich die Aufwendungen für Fahrten zwischen Wohnung und Betriebsstätte und für Familienheimfahrten in voller Höhe als Betriebsausgaben ausgewirkt haben. Zur Abgeltung der Fahrtkosten gilt in diesen Fällen § 9 Abs. 1 Satz 3 Nr. 4, 5 EStG entsprechend. Bei der Nutzung eines Kfz dürfen die Aufwendungen in Höhe des positiven Unterschiedsbetrags zwischen 0,03 % des inländischen Listenpreises nach § 6 Abs. 1 Nr. 4 Satz 2 EStG im Zeitpunkt der Erstzulassung je Kalendermonat für jeden Entfernungskilometer und dem sich aus § 9 Abs. 1 Satz 3 Nr. 4 (ab 01.01.2014: § 9 Abs. 4 Satz 3 Nr. 4 Satz 2 bis 6 EStG) oder Abs. 2 EStG ergebenden Betrag sowie Aufwendungen für Familienheimfahrten in Höhe des positiven Unterschiedsbetrags zwischen 0,002 % des inländischen Listenpreises und dem sich nach § 9 Abs. 1 Satz 3 Nr. 5 Satz 4 bis 6 EStG (ab 01.01.2014: § 9 Abs. 1 Satz 3 Nr. 4 Satz 5 bis 7 EStG) oder Abs. 2 EStG ergebenden Betrags den Gewinn nicht mindern. Bei Nachweis der Nutzung durch ein ordnungsgemäßes Fahrtenbuch treten anstelle des vorgenannten Betrags die auf Fahrten zur Wohnung und Betriebsstätte und Familienheimfahrten entfallenden tatsächlichen Kosten.

Ab dem 01.01.2013 gilt § 6 Abs. 1 Nr. 4 Satz 3 Halbsatz 2 EStG sinngemäß. Der Bruttolistenpreis wird bei reinen Elektrofahrzeugen und extern aufladbaren Hybridelektrofahrzeugen bei bis zum 31.12.2013 angeschafften Fahrzeugen um 500 Euro pro kWh Batteriekapazität und maximal 10.000 Euro gesenkt. In den folgenden Jahren mindert sich die Förderung pro kWh Batteriekapazität jährlich um 50 Euro und der Höchstbetrag jährlich um 500 Euro. Entsprechendes gilt bei Anwendung der Fahrtenbuchmethode.

9.3 Nichtabzugsfähige Betriebsausgaben

9.3.8 Doppelte Haushaltsführung (§ 4 Abs. 5 Satz 1 Nr. 6a EStG)

Mehraufwendungen für eine betrieblich bedingte doppelte Haushaltsführung dürfen den Gewinn insoweit nicht mindern, wie sie den bei den Überschusseinkünften nach § 9 Abs. 1 Satz 3 Nr. 5 Satz 1 bis 4 EStG als Werbungskosten abziehbaren Betrag überschreiten. Gleiches gilt für die Mehraufwendungen für betrieblich veranlasste Übernachtungen, soweit sie nach § 9 Abs. 1 Satz 3 Nr. 5a EStG nicht als Werbungskosten abziehbar sind. Die Regelung gilt erstmals ab dem Veranlagungszeitraum 2014.

9.3.9 Aufwendungen für ein häusliches Arbeitszimmer (§ 4 Abs. 5 Satz 1 Nr. 6b EStG)

9.3.9.1 Allgemeines

Nach § 4 Abs. 5 Satz 1 Nr. 6b Satz 1 und § 9 Abs. 5 Satz 1 EStG dürfen die Aufwendungen für ein häusliches Arbeitszimmer sowie die Kosten der Ausstattung grundsätzlich nicht als Betriebsausgaben oder Werbungskosten abgezogen werden. Bildet das häusliche Arbeitszimmer den Mittelpunkt der gesamten betrieblichen und beruflichen Betätigung, können die Aufwendungen in voller Höhe steuerlich berücksichtigt werden. Steht für die betriebliche oder berufliche Tätigkeit kein anderer Arbeitsplatz zur Verfügung, sind die Aufwendungen bis zur Höhe von 1.250 Euro je Wirtschafts- oder Kalenderjahr als Betriebsausgaben oder Werbungskosten abziehbar.

Der Betrag von 1.250 Euro ist kein Pauschbetrag. Es handelt sich um einen objektbezogenen Höchstbetrag, der nicht mehrfach für verschiedene Tätigkeiten oder Personen in Anspruch genommen werden kann, sondern ggf. auf die unterschiedlichen Tätigkeiten oder Personen aufzuteilen ist.

Unter die Regelungen des § 4 Abs. 5 Satz 1 Nr. 6b und § 9 Abs. 5 EStG fällt die Nutzung eines häuslichen Arbeitszimmers zur Erzielung von Einkünften aus sämtlichen Einkunftsarten.

Einzelheiten sind geregelt im BMF-Schreiben vom 02.03.2011.[41]

9.3.9.2 Begriff des häuslichen Arbeitszimmers

Ein häusliches Arbeitszimmer ist ein Raum, der seiner Lage, Funktion und Ausstattung nach in die häusliche Sphäre des Steuerpflichtigen eingebunden ist, vorwiegend der Erledigung gedanklicher, schriftlicher, verwaltungstechnischer oder -organisatorischer Arbeiten dient und ausschließlich oder nahezu ausschließlich zu betrieblichen und/oder beruflichen Zwecken genutzt wird.[42] Eine untergeordnete private Mitbenutzung (< 10 %) ist unschädlich. In diesem Zusammenhang hat der

---

41 BMF vom 02.03.2011 – IV C – S 2145/07/10002 – 2011/0150549 (BStBl 2011 I S. 195).
42 BFH vom 19.09.2002 VI R 70/01 (BStBl 2003 II S. 139).

BFH dem Großen Senat die Frage vorgelegt, ob Aufwendungen für ein häusliches Arbeitszimmer steuerlich nur geltend gemacht werden können, wenn der jeweilige Raum nahezu ausschließlich für betriebliche bzw. berufliche Zwecke genutzt wird und diese Aufwendungen entsprechend der jeweiligen Nutzung aufgeteilt werden.[43] Es stellt sich also die Frage, ob die Rechtsprechung des BFH, wonach für gemischte Aufwendungen kein allgemeines Aufteilungs- und Abzugsverbot normiert ist, auch auf das häusliche Arbeitszimmer Anwendung finden kann.[44]

Bei den Tätigkeiten im häuslichen Arbeitszimmer muss es sich nicht zwingend um Arbeiten büromäßiger Art handeln. Ein häusliches Arbeitszimmer kann auch bei geistiger, künstlerischer oder schriftstellerischer Betätigung gegeben sein. In die häusliche Sphäre eingebunden ist ein als Arbeitszimmer genutzter Raum regelmäßig dann, wenn er zur privaten Wohnung oder zum Wohnhaus des Steuerpflichtigen gehört. Dies betrifft nicht nur die Wohnräume, sondern ebenso Zubehörräume.[45] So kann auch ein Raum, z. B. im Keller oder unter dem Dach (Mansarde) des Wohnhauses, in dem der Steuerpflichtige seine Wohnung hat, ein häusliches Arbeitszimmer sein, wenn die Räumlichkeiten aufgrund der unmittelbaren Nähe mit den privaten Wohnräumen des Steuerpflichtigen als gemeinsame Wohneinheit verbunden sind.

Dagegen kann es sich bei einem im Keller oder Dachgeschoss eines Mehrfamilienhauses befindlichen Raum, der nicht zur Privatwohnung des Steuerpflichtigen gehört, sondern zusätzlich angemietet wurde, um ein außerhäusliches Arbeitszimmer handeln.[46] Maßgebend ist, ob eine innere häusliche Verbindung des Arbeitszimmers mit der privaten Lebenssphäre des Steuerpflichtigen besteht. Dabei ist das Gesamtbild der Verhältnisse im Einzelfall entscheidend. Für die Anwendung des § 4 Abs. 5 Satz 1 Nr. 6b, des § 9 Abs. 5 und des § 10 Abs. 1 Nr. 7 EStG ist es ohne Bedeutung, ob die Wohnung, zu der das häusliche Arbeitszimmer gehört, gemietet ist oder ob sie sich im Eigentum des Steuerpflichtigen befindet. Auch mehrere Räume können als ein häusliches Arbeitszimmer anzusehen sein. Die Abtrennung der Räumlichkeiten vom übrigen Wohnbereich ist erforderlich.

Nicht unter die Abzugsbeschränkung des § 4 Abs. 5 Satz 1 Nr. 6b und § 9 Abs. 5 EStG fallen Räume, die ihrer Ausstattung und Funktion nach nicht einem Büro entsprechen. Hierzu gehören z. B. Betriebsräume, Lagerräume oder Ausstellungsräume. Dies gilt selbst dann, wenn diese ihrer Lage nach mit dem Wohnraum des Steuerpflichtigen verbunden und so in dessen häusliche Sphäre eingebunden sind.[47]

Beispiele:
Ein häusliches Arbeitszimmer liegt in folgenden Fällen regelmäßig vor:

---

43 BFH vom 21.11.2013 IX R 23/12 (BStBl 2014 II S. 312).
44 BFH vom 21.09.2009 GrS 1/06 (BStBl 2010 II S. 672).
45 BFH vom 26.02.2003 VI R 130/01 (BStBl 2004 II S. 74).
46 BFH vom 18.08.2005 VI R 39/04 (BStBl 2006 II S. 428).
47 BFH vom 26.03.2009 VI R 15/07 (BStBl 2009 II S. 598).

9.3 Nichtabzugsfähige Betriebsausgaben

- häusliches Büro eines selbständigen Handelsvertreters, eines selbständigen Übersetzers oder eines selbständigen Journalisten,
- bei Anmietung einer unmittelbar angrenzenden oder unmittelbar gegenüberliegenden Zweitwohnung in einem Mehrfamilienhaus,[48]
- häusliches ausschließlich beruflich genutztes Musikzimmer der freiberuflich tätigen Konzertpianistin, in dem diese Musikunterricht erteilt.

Kein häusliches Arbeitszimmer, sondern betrieblich genutzte Räume liegen regelmäßig in folgenden Fällen vor:

- Arzt-, Steuerberater- oder Anwaltspraxis grenzt an das Einfamilienhaus an oder befindet sich im selben Gebäude wie die Privatwohnung, wenn diese Räumlichkeiten für einen intensiven und dauerhaften Publikumsverkehr geöffnet und z. B. bei häuslichen Arztpraxen für Patientenbesuche und -untersuchungen eingerichtet sind.[49]
- In einem Geschäftshaus befinden sich neben der Wohnung des Bäckermeisters die Backstube, der Verkaufsraum, ein Aufenthaltsraum für das Verkaufspersonal und das Büro, in dem die Buchhaltungsarbeiten durchgeführt werden. Das Büro ist in diesem Fall aufgrund der Nähe zu den übrigen Betriebsräumen nicht als häusliches Arbeitszimmer zu werten.
- Im Keller ist ein Arbeitsraum belegen, der – anders als z. B. ein Archiv[50] – keine Teilfunktionen erfüllt, die typischerweise einem häuslichen Arbeitszimmer zukommen, z. B. Lager für Waren und Werbematerialien.

9.3.9.3 Betroffene Aufwendungen

Zu den Aufwendungen für ein häusliches Arbeitszimmer gehören insbesondere die anteiligen Aufwendungen für:

- Miete,
- Gebäude-AfA, Absetzungen für außergewöhnliche technische oder wirtschaftliche Abnutzung, Sonderabschreibungen,
- Schuldzinsen für Kredite, die zur Anschaffung, Herstellung oder Reparatur des Gebäudes oder der Eigentumswohnung verwendet worden sind,
- Wasser- und Energiekosten,
- Reinigungskosten,
- Grundsteuer, Müllabfuhrgebühren, Schornsteinfegergebühren, Gebäudeversicherungen,
- Renovierungskosten,
- Aufwendungen für die Ausstattung des Zimmers wie z. B. Tapeten, Teppiche, Fenstervorhänge, Gardinen und Lampen.

Die Kosten einer Gartenerneuerung können anteilig den Kosten des häuslichen Arbeitszimmers zuzurechnen sein, wenn bei einer Reparatur des Gebäudes Schäden

---
48 BFH, BStBl 2004 II S. 69, 2004 II S. 72.
49 BFH, BStBl 2003 II S. 463, 2004 II S. 43.
50 BFH, BStBl 2003 II S. 139.

am Garten verursacht worden sind. Den Kosten des Arbeitszimmers zuzurechnen sind allerdings nur diejenigen Aufwendungen, die der Wiederherstellung des ursprünglichen Zustands dienen.[51]

Luxusgegenstände wie z. B. Kunstgegenstände, die vorrangig der Ausschmückung des Arbeitszimmers dienen, gehören zu den nach § 12 Nr. 1 EStG nicht abziehbaren Aufwendungen.[52]

Keine Aufwendungen i. S. des § 4 Abs. 5 Satz 1 Nr. 6b EStG sind die Aufwendungen für Arbeitsmittel.[53] Diese werden daher von § 4 Abs. 5 Satz 1 Nr. 6b EStG nicht berührt.

9.3.9.4 Mittelpunkt der gesamten betrieblichen und beruflichen Betätigung

Ein häusliches Arbeitszimmer ist der Mittelpunkt der gesamten betrieblichen und beruflichen Betätigung des Steuerpflichtigen, wenn nach Würdigung des Gesamtbilds der Verhältnisse und der Tätigkeitsmerkmale dort diejenigen Handlungen vorgenommen und Leistungen erbracht werden, die für die konkret ausgeübte betriebliche oder berufliche Tätigkeit wesentlich und prägend sind. Der Tätigkeitsmittelpunkt bestimmt sich nach dem inhaltlichen – qualitativen – Schwerpunkt der betrieblichen und beruflichen Betätigung des Steuerpflichtigen.

Dem zeitlichen – quantitativen – Umfang der Nutzung des häuslichen Arbeitszimmers kommt im Rahmen dieser Würdigung lediglich eine indizielle Bedeutung zu. Das zeitliche Überwiegen der außerhäuslichen Tätigkeit schließt einen unbeschränkten Abzug der Aufwendungen für das häusliche Arbeitszimmer nicht von vornherein aus.[54]

Übt ein Steuerpflichtiger nur eine betriebliche oder berufliche Tätigkeit aus, die in qualitativer Hinsicht gleichwertig sowohl im häuslichen Arbeitszimmer als auch am außerhäuslichen Arbeitsort erbracht wird, so liegt der Mittelpunkt der gesamten beruflichen und betrieblichen Betätigung dann im häuslichen Arbeitszimmer, wenn der Steuerpflichtige mehr als die Hälfte der Arbeitszeit im häuslichen Arbeitszimmer tätig wird.[55]

Übt ein Steuerpflichtiger mehrere betriebliche und berufliche Tätigkeiten nebeneinander aus, ist nicht auf eine Einzelbetrachtung der jeweiligen Betätigung abzustellen; vielmehr sind alle Tätigkeiten in ihrer Gesamtheit zu erfassen. Grundsätzlich lassen sich folgende Fallgruppen unterscheiden:

---

51 BFH, BStBl 2004 II S. 1071.
52 BFH, BStBl 1991 II S. 340.
53 BFH, BStBl 1998 II S. 351.
54 BFH, BStBl 2004 II S. 62, 2004 II S. 65, 2004 II S. 59.
55 BFH, BStBl 2006 II S. 600.

9.3 Nichtabzugsfähige Betriebsausgaben

- Bilden bei allen Erwerbstätigkeiten – jeweils – die im häuslichen Arbeitszimmer verrichteten Arbeiten den qualitativen Schwerpunkt, so liegt dort auch der Mittelpunkt der Gesamttätigkeit.

- Bilden hingegen die außerhäuslichen Tätigkeiten – jeweils – den qualitativen Schwerpunkt der Einzeltätigkeiten oder lassen sich diese keinem Schwerpunkt zuordnen, so kann das häusliche Arbeitszimmer auch nicht durch die Summe der darin verrichteten Arbeiten zum Mittelpunkt der Gesamttätigkeit werden.

- Bildet das häusliche Arbeitszimmer schließlich den qualitativen Mittelpunkt lediglich einer Einzeltätigkeit, nicht jedoch im Hinblick auf die übrigen Tätigkeiten, ist regelmäßig davon auszugehen, dass das Arbeitszimmer nicht den Mittelpunkt der Gesamttätigkeit bildet. Der Steuerpflichtige hat jedoch die Möglichkeit, anhand konkreter Umstände des Einzelfalls glaubhaft zu machen oder nachzuweisen, dass die Gesamttätigkeit gleichwohl einem einzelnen qualitativen Schwerpunkt zugeordnet werden kann und dass dieser im häuslichen Arbeitszimmer liegt. Abzustellen ist dabei auf das Gesamtbild der Verhältnisse und auf die Verkehrsanschauung, nicht auf die Vorstellung des betroffenen Steuerpflichtigen.[56]

Das häusliche Arbeitszimmer und der Außendienst können nicht gleichermaßen „Mittelpunkt" der beruflichen Betätigung eines Steuerpflichtigen i. S. des § 4 Abs. 5 Satz 1 Nr. 6b Satz 2 EStG sein.[57]

Beispiele:

Beispiele, in denen das häusliche Arbeitszimmer den Mittelpunkt der gesamten betrieblichen und beruflichen Betätigung bilden kann:

- Bei einem Verkaufsleiter, der zur Überwachung von Mitarbeitern und zur Betreuung von Großkunden auch im Außendienst tätig ist, kann das häusliche Arbeitszimmer Tätigkeitsmittelpunkt sein, wenn er dort die für den Beruf wesentlichen Leistungen (z. B. Organisation der Betriebsabläufe) erbringt.[58]

- Bei einem Ingenieur, dessen Tätigkeit durch die Erarbeitung theoretischer, komplexer Problemlösungen im häuslichen Arbeitszimmer geprägt ist, kann dieses auch dann der Mittelpunkt der beruflichen Betätigung sein, wenn die Betreuung von Kunden im Außendienst ebenfalls zu seinen Aufgaben gehört.[59]

- Bei einem Praxis-Konsultant, der ärztliche Praxen in betriebswirtschaftlichen Fragen berät, betreut und unterstützt, kann das häusliche Arbeitszimmer auch dann den Mittelpunkt der gesamten beruflichen Tätigkeit bilden, wenn er einen nicht unerheblichen Teil seiner Arbeitszeit im Außendienst verbringt.[60]

Beispiele, in denen das Arbeitszimmer **nicht** den Mittelpunkt der gesamten betrieblichen und beruflichen Betätigung bildet:

---

56 BFH, BStBl 2004 II S. 771, 2005 II S. 212.
57 BFH, BStBl 2004 II S. 68.
58 BFH, BStBl 2004 II S. 65.
59 BFH, BStBl 2004 II S. 59.
60 BFH, BStBl 2004 II S. 76.

9 Betriebsausgaben

- Bei einem – freien oder angestellten – Handelsvertreter liegt der Tätigkeitsschwerpunkt außerhalb des häuslichen Arbeitszimmers, wenn die Tätigkeit nach dem Gesamtbild der Verhältnisse durch die Arbeit im Außendienst geprägt ist, auch wenn die zu Hause verrichteten Tätigkeiten zur Erfüllung der beruflichen Aufgaben unerlässlich sind.[61]

- Ein kaufmännischer Angestellter eines Industrieunternehmens ist nebenbei als Mitarbeiter für einen Lohnsteuerhilfeverein selbständig tätig und nutzt für letztere Tätigkeit sein häusliches Arbeitszimmer als „Beratungsstelle", in dem er Steuererklärungen erstellt, Beratungsgespräche führt und Rechtsbehelfe bearbeitet. Für diese Nebentätigkeit ist das Arbeitszimmer zwar der Tätigkeitsmittelpunkt. Aufgrund der erforderlichen Gesamtbetrachtung ist das Arbeitszimmer jedoch nicht Mittelpunkt seiner gesamten betrieblichen und beruflichen Betätigung.[62]

- Bei einer Ärztin, die Gutachten über die Einstufung der Pflegebedürftigkeit erstellt und dazu ihre Patienten ausschließlich außerhalb des häuslichen Arbeitszimmers untersucht und dort vor Ort alle erforderlichen Befunde erhebt, liegt der qualitative Schwerpunkt nicht im häuslichen Arbeitszimmer, in welchem lediglich die Tätigkeit begleitende Aufgaben erledigt werden.[63]

- Bei einem Architekten, der neben der Planung auch mit der Ausführung der Bauwerke bzw. Bauüberwachung betraut ist, kann diese Gesamttätigkeit keinem konkreten Tätigkeitsschwerpunkt zugeordnet werden. Das häusliche Arbeitszimmer bildet in diesem Fall nicht den Mittelpunkt der gesamten beruflichen und betrieblichen Betätigung.[64]

- Bei Lehrern befindet sich der Mittelpunkt der betrieblichen und beruflichen Betätigung regelmäßig nicht im häuslichen Arbeitszimmer, weil die berufsprägenden Merkmale eines Lehrers im Unterrichten bestehen und diese Leistungen in der Schule o. Ä. erbracht werden.[65] Deshalb sind die Aufwendungen für das häusliche Arbeitszimmer auch dann nicht abziehbar, wenn die überwiegende Arbeitszeit auf die Vor- und Nachbereitung des Unterrichts verwendet und diese Tätigkeit im häuslichen Arbeitszimmer ausgeübt wird.

- Bei einem Richter liegt der Mittelpunkt der beruflichen Tätigkeit im Gericht.[66]

- Des Weiteren ist auch bei einem Hochschullehrer das häusliche Arbeitszimmer grundsätzlich nicht der Mittelpunkt der beruflichen Tätigkeit.[67]

9.3.9.5 Für die betriebliche oder berufliche Betätigung steht kein anderer Arbeitsplatz zur Verfügung

Anderer Arbeitsplatz i. S. des § 4 Abs. 5 Satz 1 Nr. 6b Satz 2 EStG ist grundsätzlich jeder Arbeitsplatz, der zur Erledigung büromäßiger Arbeiten geeignet ist.[68] Weitere Anforderungen an die Beschaffenheit des Arbeitsplatzes werden nicht gestellt. Unbeachtlich sind mithin grundsätzlich die konkreten Arbeitsbedingungen und

---

61 BFH, BStBl 2004 II S. 62.
62 BFH, BStBl 2000 II S. 7.
63 BFH, BStBl 2004 II S. 43.
64 BFH, BStBl 2004 II S. 50.
65 BFH, BStBl 2004 II S. 72.
66 BFH vom 08.12.2011 VI R 13/11 (BStBl 2012 II S. 236).
67 BFH vom 27.10.2011 IV R 71/10 (BStBl 2012 II S. 234).
68 BFH vom 07.08.2003 VI R 17/01 (BStBl 2004 II S. 78).

9.3 Nichtabzugsfähige Betriebsausgaben

Umstände wie beispielsweise Lärmbelästigung oder Publikumsverkehr.[69] Voraussetzung ist auch nicht das Vorhandensein eines eigenen, räumlich abgeschlossenen Arbeitsbereichs oder eines individuell zugeordneten Arbeitsplatzes, sodass auch ein Arbeitsplatz in einem Großraumbüro oder in der Schalterhalle einer Bank ein anderer Arbeitsplatz ist.[70] Die Ausstattung des häuslichen Arbeitszimmers mit Arbeitsmitteln, die im Betrieb bzw. in dem vom Arbeitgeber zur Verfügung gestellten Raum nicht vorhanden sind, ist ohne Bedeutung. Ob ein anderer Arbeitsplatz vorliegt, ist nach objektiven Gesichtspunkten zu beurteilen. Subjektive Erwägungen des Steuerpflichtigen zur Annehmbarkeit des Arbeitsplatzes sind unbeachtlich.

Ein anderer Arbeitsplatz steht dem Steuerpflichtigen dann zur Verfügung, wenn dieser ihn in dem konkret erforderlichen Umfang und in der konkret erforderlichen Art und Weise tatsächlich nutzen kann. Die Erforderlichkeit des häuslichen Arbeitszimmers entfällt nicht bereits dann, wenn dem Steuerpflichtigen irgendein Arbeitsplatz zur Verfügung steht, sondern nur dann, wenn dieser Arbeitsplatz grundsätzlich so beschaffen ist, dass der Steuerpflichtige auf das häusliche Arbeitszimmer nicht angewiesen ist.[71] Die Beurteilung, ob für die betriebliche oder berufliche Tätigkeit kein anderer Arbeitsplatz zur Verfügung steht, ist jeweils tätigkeitsbezogen vorzunehmen. Ein anderer Arbeitsplatz steht auch dann zur Verfügung, wenn er außerhalb der üblichen Arbeitszeiten, wie z. B. am Wochenende oder in den Ferien, nicht zugänglich ist. Ändern sich die Nutzungsverhältnisse des Arbeitszimmers innerhalb eines Veranlagungszeitraums, ist auf den Zeitraum der begünstigten Nutzung abzustellen. Werden in einem Arbeitszimmer sowohl Tätigkeiten, für die ein anderer Arbeitsplatz zur Verfügung steht, als auch Tätigkeiten, für die ein anderer Arbeitsplatz nicht zur Verfügung steht, ausgeübt, sind die Aufwendungen dem Grunde nach nur zu berücksichtigen, soweit sie auf Tätigkeiten entfallen, für die ein anderer Arbeitsplatz nicht zur Verfügung steht.

Übt ein Steuerpflichtiger mehrere betriebliche oder berufliche Tätigkeiten nebeneinander aus, ist für jede Tätigkeit zu prüfen, ob ein anderer Arbeitsplatz zur Verfügung steht. Dabei kommt es nicht darauf an, ob ein für eine Tätigkeit zur Verfügung stehender Arbeitsplatz auch für eine andere Tätigkeit genutzt werden kann (z. B. ein Firmenarbeitsplatz auch für eine schriftstellerische Nebentätigkeit).

Geht ein Steuerpflichtiger nur einer betrieblichen oder beruflichen Tätigkeit nach, muss ein vorhandener anderer Arbeitsplatz auch tatsächlich für alle Aufgabenbereiche dieser Erwerbstätigkeit genutzt werden können. Ist ein Steuerpflichtiger auf sein häusliches Arbeitszimmer angewiesen, weil er dort einen nicht unerheblichen Teil seiner betrieblichen oder beruflichen Tätigkeit verrichten muss, ist der andere Arbeitsplatz unschädlich. Es genügt allerdings nicht, wenn er im häuslichen

---

69 BFH vom 07.08.2003 VI R 162/00 (BStBl 2004 II S. 83).
70 BFH vom 07.08.2003 VI R 17/01 (BStBl 2004 II S. 78).
71 BFH vom 07.08.2003 VI R 17/01 (BStBl 2004 II S. 78).

9 Betriebsausgaben

Arbeitszimmer Arbeiten verrichtet, die er grundsätzlich auch an einem anderen Arbeitsplatz verrichten könnte.[72]

Beispiele (kein anderer Arbeitsplatz vorhanden):

- Ein Lehrer hat für seine Unterrichtsvorbereitung in der Schule keinen Schreibtisch. Das jeweilige Klassenzimmer oder das Lehrerzimmer stellt keinen Arbeitsplatz i. S. der Abzugsbeschränkung dar.
- Ein angestellter oder selbständiger Orchestermusiker hat im Konzertsaal keine Möglichkeit zu üben. Hierfür hat er sich ein häusliches Arbeitszimmer eingerichtet.
- Ein angestellter Krankenhausarzt übt eine freiberufliche Gutachtertätigkeit aus. Dafür steht ihm im Krankenhaus kein Arbeitsplatz zur Verfügung.

Beispiele (vorhandener anderer Arbeitsplatz steht nicht für alle Aufgabenbereiche der Erwerbstätigkeit zur Verfügung):

- Ein EDV-Berater übt außerhalb seiner regulären Arbeitszeit vom häuslichen Arbeitszimmer aus Bereitschaftsdienst aus und kann dafür den Arbeitsplatz bei seinem Arbeitgeber tatsächlich nicht nutzen.[73]
- Einer Schulleiterin mit einem Unterrichtspensum von 18 Wochenstunden steht im Schulsekretariat ein Schreibtisch nur für die Verwaltungsarbeiten zur Verfügung. Für die Vor- und Nachbereitung des Unterrichts kann dieser Arbeitsplatz nach objektiven Kriterien wie Größe, Ausstattung und Nutzung nicht genutzt werden; diese Arbeiten müssen im häuslichen Arbeitszimmer verrichtet werden.[74]
- Einem Grundschulleiter, der zu 50 % von der Unterrichtsverpflichtung freigestellt ist, steht für die Verwaltungstätigkeit ein Dienstzimmer von 11 m^2 zur Verfügung. Das Dienstzimmer bietet keinen ausreichenden Platz zur Unterbringung der für die Vor- und Nachbereitung des Unterrichts erforderlichen Gegenstände.[75]
- Muss ein Bankangestellter in einem nicht unerheblichen Umfang Büroarbeiten auch außerhalb der üblichen Bürozeiten verrichten und steht ihm hierfür sein regulärer Arbeitsplatz nicht zur Verfügung, können die Aufwendungen für ein häusliches Arbeitszimmer grundsätzlich (bis zu einer Höhe von 1.250 €) als Werbungskosten zu berücksichtigen sein.[76]

Der Steuerpflichtige muss konkret darlegen, dass ein anderer Arbeitsplatz für die jeweilige betriebliche oder berufliche Tätigkeit nicht zur Verfügung steht. Die Art der Tätigkeit kann hierfür Anhaltspunkte bieten. Zusätzliches Indiz kann eine entsprechende Bescheinigung des Arbeitgebers sein.

9.3.9.6 Nutzung des Arbeitszimmers zur Erzielung unterschiedlicher Einkünfte

Übt ein Steuerpflichtiger mehrere betriebliche und berufliche Tätigkeiten nebeneinander aus und bildet das häusliche Arbeitszimmer den Mittelpunkt der gesamten betrieblichen und beruflichen Betätigung, so sind die Aufwendungen für das

---

72 BFH vom 07.08.2003 VI R 17/01 (BStBl 2004 II S. 78).
73 BFH vom 07.08.2003 VI R 41/98 (BStBl 2004 II S. 80).
74 BFH vom 07.08.2003 VI R 118/00 (BStBl 2004 II S. 82).
75 BFH vom 07.08.2003 VI R 16/01 (BStBl 2004 II S. 77).
76 BFH vom 07.08.2003 VI R 162/00 (BStBl 2004 II S. 83).

9.3 Nichtabzugsfähige Betriebsausgaben

Arbeitszimmer entsprechend dem Nutzungsumfang den darin ausgeübten Tätigkeiten zuzuordnen. Liegt dabei der Mittelpunkt einzelner Tätigkeiten außerhalb des häuslichen Arbeitszimmers, ist der Abzug der anteiligen Aufwendungen auch für diese Tätigkeiten möglich.

Liegt der Mittelpunkt der gesamten betrieblichen und beruflichen Betätigung nicht im häuslichen Arbeitszimmer, steht für einzelne Tätigkeiten jedoch kein anderer Arbeitsplatz zur Verfügung, können die Aufwendungen bis zur Höhe von 1.250 Euro abgezogen werden. Dabei sind die Aufwendungen für das Arbeitszimmer entsprechend dem Nutzungsumfang den darin ausgeübten Tätigkeiten zuzuordnen. Soweit der Kostenabzug für eine oder mehrere Tätigkeiten möglich ist, kann der Steuerpflichtige diese anteilig insgesamt bis zum Höchstbetrag abziehen. Eine Vervielfachung des Höchstbetrags ist allerdings ausgeschlossen.

Beispiel:
Ein Angestellter nutzt sein Arbeitszimmer zu 40 % für seine nichtselbständige Tätigkeit und zu 60 % für eine unternehmerische Nebentätigkeit. Nur für die Nebentätigkeit steht ihm kein anderer Arbeitsplatz zur Verfügung. An Aufwendungen sind für das Arbeitszimmer insgesamt 2.500 € entstanden. Diese sind nach dem Nutzungsverhältnis aufzuteilen. Auf die nichtselbständige Tätigkeit entfallen 40 % von 2.500 € = 1.000 €, die nicht abgezogen werden können. Auf die Nebentätigkeit entfallen 60 % von 2.500 € = 1.500 €, die bis zu 1.250 € als Betriebsausgaben abgezogen werden können.

9.3.9.7 Nutzung des Arbeitszimmers durch mehrere Steuerpflichtige

Jeder Nutzende darf die Aufwendungen abziehen, die er getragen hat, wenn die Voraussetzungen des § 4 Abs. 5 Satz 1 Nr. 6b Satz 2 oder 3 EStG in seiner Person vorliegen. Steht allen Nutzenden jeweils dem Grunde nach nur ein Abzug in beschränkter Höhe zu, ist der Höchstbetrag dabei auf den jeweiligen Nutzenden nach seinem Nutzungsanteil aufzuteilen. Er ist nicht mehrfach zu gewähren. Gleiches gilt auch, wenn nur einem Nutzenden ein beschränkter Abzug zusteht.[77]

Beispiele:
a) A und B nutzen gemeinsam ein häusliches Arbeitszimmer jeweils zu 50 %. Die Gesamtaufwendungen betragen 4.000 €. Sowohl A als auch B steht für die im häuslichen Arbeitszimmer ausgeübte betriebliche oder berufliche Tätigkeit kein anderer Arbeitsplatz zur Verfügung.
Sie können daher jeweils 625 € (50 % des begrenzten Abzugs) als Betriebsausgaben oder Werbungskosten abziehen.

b) A und B nutzen gemeinsam ein häusliches Arbeitszimmer jeweils zu 50 % (zeitlicher Nutzungsanteil). Die Gesamtaufwendungen betragen 4.000 €. Für A bildet das häusliche Arbeitszimmer den Mittelpunkt der gesamten betrieblichen und beruflichen Betätigung.
A kann 2.000 € als Betriebsausgaben oder Werbungskosten abziehen. B steht für die im häuslichen Arbeitszimmer ausgeübte betriebliche oder berufliche Tätigkeit kein

---
[77] BFH vom 23.09.2009 IV R 21/08 (BStBl 2010 II S. 337).

anderer Arbeitsplatz zur Verfügung. Er kann 625 € (50 % des begrenzten Abzugs) als Betriebsausgaben oder Werbungskosten abziehen.

9.3.9.8 Nicht ganzjährige Nutzung des häuslichen Arbeitszimmers

Ändern sich die Nutzungsverhältnisse innerhalb eines Wirtschafts- oder Kalenderjahres, können nur die auf den Zeitraum, in dem das Arbeitszimmer den Mittelpunkt der gesamten betrieblichen und beruflichen Betätigung bildet, entfallenden Aufwendungen in voller Höhe abgezogen werden. Für den übrigen Zeitraum kommt ein beschränkter Abzug nur in Betracht, wenn für die betriebliche oder berufliche Betätigung kein anderer Arbeitsplatz zur Verfügung steht. Der Höchstbetrag von 1.250 Euro ist auch bei nicht ganzjähriger Nutzung eines häuslichen Arbeitszimmers in voller Höhe zum Abzug zuzulassen.

Beispiele:

a) Ein Arbeitnehmer hat im 1. Halbjahr den Mittelpunkt seiner gesamten betrieblichen und beruflichen Tätigkeit in seinem häuslichen Arbeitszimmer. Im 2. Halbjahr übt er die Tätigkeit am Arbeitsplatz bei seinem Arbeitgeber aus.

Die Aufwendungen für das Arbeitszimmer, die auf das 1. Halbjahr entfallen, sind in voller Höhe als Werbungskosten abziehbar. Für das 2. Halbjahr kommt ein Abzug nicht in Betracht.

b) Ein Arbeitnehmer hat ein häusliches Arbeitszimmer, das er nur nach Feierabend und am Wochenende auch für seine nichtselbständige Tätigkeit nutzt. Seit 15. Juni ist er in diesem Raum auch schriftstellerisch tätig. Mit der schriftstellerischen Tätigkeit erzielt er Einkünfte aus selbständiger Arbeit. Fortan nutzt der Steuerpflichtige sein Arbeitszimmer zu 30 % für die nichtselbständige Tätigkeit und zu 70 % für die schriftstellerische Tätigkeit, wofür ihm kein anderer Arbeitsplatz zur Verfügung steht. Die Gesamtaufwendungen für das Arbeitszimmer betrugen 5.000 €. Davon entfallen auf den Zeitraum ab 15. Juni (6,5/12 =) 2.708 €.

Der auf die nichtselbständige Tätigkeit entfallende Kostenanteil ist insgesamt nicht abziehbar. Auf die selbständige Tätigkeit entfallen 70 % von 2.708 € = 1.896 €, die bis zum Höchstbetrag von 1.250 € als Betriebsausgaben abgezogen werden können. Eine zeitanteilige Kürzung des Höchstbetrages ist nicht vorzunehmen.

Wird das Arbeitszimmer für eine spätere Nutzung vorbereitet, bei der die Abzugsvoraussetzungen vorliegen, sind die darauf entfallenden Aufwendungen entsprechend zu berücksichtigen.[78]

9.3.9.9 Nutzung eines häuslichen Arbeitszimmers zu Ausbildungszwecken

Nach § 10 Abs. 1 Nr. 7 Satz 4 EStG ist die Regelung des § 4 Abs. 5 Satz 1 Nr. 6b EStG auch für Aufwendungen für ein häusliches Arbeitszimmer anzuwenden, das für die eigene Berufsausbildung genutzt wird. Im Rahmen der Ausbildungskosten können jedoch in jedem Fall Aufwendungen nur bis zu insgesamt 6.000 Euro als Sonderausgaben abgezogen werden (§ 10 Abs. 1 Nr. 7 Satz 1 EStG). Wird das häus-

---

[78] BFH vom 23.05.2006 VI R 21/03 (BStBl 2006 II S. 600).

9.3 Nichtabzugsfähige Betriebsausgaben

liche Arbeitszimmer auch zur Einkunftserzielung genutzt, sind die Kosten entsprechend aufzuteilen.

9.3.9.10 Besondere Aufzeichnungspflichten

Nach § 4 Abs. 7 EStG dürfen Aufwendungen für ein häusliches Arbeitszimmer bei der Gewinnermittlung nur berücksichtigt werden, wenn sie besonders aufgezeichnet sind. Es bestehen keine Bedenken, wenn die auf das Arbeitszimmer anteilig entfallenden Finanzierungskosten im Wege der Schätzung ermittelt werden und nach Ablauf des Wirtschafts- oder Kalenderjahres eine Aufzeichnung aufgrund der Jahresabrechnung des Kreditinstitutes erfolgt. Entsprechendes gilt für die verbrauchsabhängigen Kosten wie z. B. Wasser- und Energiekosten. Es ist ausreichend, Abschreibungsbeträge einmal jährlich – zeitnah nach Ablauf des Kalender- oder Wirtschaftsjahres – aufzuzeichnen.

9.3.10 Unangemessene Aufwendungen, die die Lebensführung berühren (§ 4 Abs. 5 Satz 1 Nr. 7 EStG)

Außer den bisher behandelten fest umrissenen Aufwendungen sind nach § 4 Abs. 5 Satz 1 Nr. 7 EStG ganz allgemein Aufwendungen, die die Lebensführung des Steuerpflichtigen oder anderer Personen berühren, nichtabzugsfähig, soweit sie **nach der allgemeinen Verkehrsauffassung** als unangemessen anzusehen sind. Der allgemeine Grundsatz, dass der Steuerpflichtige selbst bestimmen kann, welche Ausgaben er im betrieblichen Interesse tätigen will, hat damit insoweit eine Einschränkung erfahren. Durch diese Einschränkung soll verhindert werden, dass unangemessener betrieblicher Repräsentationsaufwand mit steuerlicher Auswirkung gewinnmindernd berücksichtigt werden kann.

Das Abzugsverbot des § 4 Abs. 5 Satz 1 Nr. 7 EStG greift nur ein, wenn Aufwendungen gemacht worden sind, die ohne Anwendung dieser Vorschrift als Betriebsausgaben abzuziehen wären.[79] Aktivierungspflichtige Aufwendungen, die schon aufgrund des Aktivierungsgebots vom sofortigen Abzug ausgeschlossen sind, fallen daher nicht unter das Abzugsverbot des § 4 Abs. 5 Satz 1 Nr. 7 EStG. Dies schließt jedoch nicht aus, dass bei abnutzbaren Wirtschaftsgütern die AfA als Aufwendungen i. S. des § 4 Abs. 5 Satz 1 Nr. 7 EStG zu behandeln sein können.

Bei aktivierungspflichtigen Gegenständen sind die vollen Anschaffungs- bzw. Herstellungskosten zu aktivieren.[80] Das Abzugsverbot nach § 4 Abs. 5 Satz 1 Nr. 7 EStG betrifft nur die Abschreibungen. Diese sind insoweit nichtabzugsfähig, als sie auf dem nichtabzugsfähigen Teil der Anschaffungs- bzw. Herstellungskosten beruhen.[81] Wird das entsprechende Wirtschaftsgut veräußert, ist der Veräußerungs-

---

[79] BFH, BStBl 1986 II S. 904.
[80] BFH vom 23.04.1985 VIII R 300/81 (BFH/NV 1986 S. 18).
[81] BFH vom 20.08.1986 I R 80/83 (BFH/NV 1987 S. 91).

gewinn bzw. Veräußerungsverlust aus dem Vergleich des Veräußerungspreises abzüglich der Veräußerungskosten auf der einen Seite mit dem Buchwert unter Berücksichtigung der gesamten AfA auf der anderen Seite zu ermitteln. Es wird also nicht nur die AfA auf die als angemessen angesehenen Anschaffungs- bzw. Herstellungskosten berücksichtigt.

Die Lebensführung eines Steuerpflichtigen berühren Aufwendungen, die durch persönliche Motive eines Steuerpflichtigen mitveranlasst sind.[82] Hierunter fallen insbesondere Aufwendungen, die ein Steuerpflichtiger in seinem repräsentativen Bereich macht.[83] Neben Aufwendungen für Personenkraftwagen[84] und Reiseaufwendungen[85] sind diesem Bereich grundsätzlich auch die Aufwendungen eines Steuerpflichtigen für seine Büroeinrichtung zuzuordnen.[86]

Bei der Entscheidung, ob bestimmte Aufwendungen nach der allgemeinen Verkehrsauffassung als unangemessen anzusehen sind, ist auf die **Umstände des Einzelfalls** abzustellen, da der Vorschrift des § 4 Abs. 5 Satz 1 Nr. 7 EStG absolute Höchstbeträge nicht zu entnehmen sind.[87] Maßstab für die vorzunehmende Angemessenheitsprüfung ist dabei, ob ein ordentlicher und gewissenhafter Unternehmer angesichts der erwarteten Vorteile und Kosten die betreffenden Aufwendungen dem Grunde und der Höhe nach ebenfalls auf sich genommen haben würde.[88] Als Beurteilungskriterien sind dabei neben der Größe des Unternehmens, der Höhe des längerfristigen Umsatzes und des Gewinns vor allem die Bedeutung der Aufwendungen für den Geschäftserfolg nach der Art der ausgeübten Tätigkeit und ihre Üblichkeit in vergleichbaren Betrieben heranzuziehen. Daneben ist auch der Grund der Berührung der privaten Lebensführung des Steuerpflichtigen oder anderer Personen zu berücksichtigen. Aufwendungen sind daher umso weniger als unangemessen anzusehen, je stärker die Berührung mit der Lebensführung des Steuerpflichtigen oder anderer Personen hinter der betrieblichen Veranlassung zurücktritt.[89]

Beispiel:

Ein Rechtsanwalt und Notar hat im Jahr 08 für seine Praxis einen Perserteppich für 97.000 € erworben. Angemessen wären allenfalls 15.000 €.

Die Kosten des Teppichs überschreiten die Angemessenheit erheblich, berühren die Lebensführung und scheiden daher für die Ermittlung der anzuerkennenden AfA-Beträge teilweise aus. Vorliegend sind Aufwendungen i. H. von 15.000 € als angemessen anzusehen. Für die Ermittlung der anzuerkennenden AfA-Beträge ist von entsprechend gekürzten Anschaffungskosten auszugehen.

---

82 BFH, BStBl 1976 II S. 97.
83 BFH, BStBl 1986 II S. 904.
84 BFH, BStBl 1980 II S. 340.
85 BFH, BStBl 1985 II S. 458 und 1987 II S. 853.
86 BFH, BStBl 1986 II S. 904.
87 BFH, BStBl 1987 II S. 853, 1988 II S. 629 und 1990 II S. 575.
88 BFH, BStBl 1986 II S. 904.
89 BFH, BStBl 1986 II S. 904.

Die Vorsteuern hinsichtlich des unangemessenen Anteils der Aufwendungen sind nichtabzugsfähig (§ 15 Abs. 1a UStG).

9.3.11 Geldbußen, Ordnungsgelder, Verwarnungsgelder und Leistungen zur Erfüllung von Auflagen oder Weisungen in berufsgerichtlichen Verfahren (§ 4 Abs. 5 Satz 1 Nr. 8 EStG)

Geldbußen, Ordnungsgelder und Verwarnungsgelder, die von einem Gericht oder einer Behörde in der Bundesrepublik Deutschland oder von Organen der Europäischen Union festgesetzt werden, dürfen nach § 4 Abs. 5 Satz 1 Nr. 8 Satz 1 EStG den Gewinn auch dann nicht mindern, wenn sie betrieblich veranlasst sind. Dasselbe gilt für Leistungen zur Erfüllung von Auflagen oder Weisungen, die in einem berufsgerichtlichen Verfahren erteilt werden, soweit die Auflagen oder Weisungen nicht lediglich der Wiedergutmachung des durch die Tat verursachten Schadens dienen (§ 4 Abs. 5 Satz 1 Nr. 8 Satz 2 EStG). Dagegen gilt das Abzugsverbot nicht für Nebenfolgen vermögensrechtlicher Art, z. B. die Abführung des Mehrerlöses nach § 8 des Wirtschaftsstrafgesetzes, den Verfall nach § 29a OWiG und die Einziehung nach § 22 OWiG (R 4.13 Abs. 1 EStR).

Zu den **Geldbußen** rechnen alle Sanktionen, die nach dem Recht der Bundesrepublik Deutschland so bezeichnet sind, insbesondere Geldbußen nach dem Ordnungswidrigkeitenrecht einschließlich der nach § 30 OWiG vorgesehenen Geldbußen gegen juristische Personen oder Personenvereinigungen, Geldbußen nach den berufsgerichtlichen Gesetzen des Bundes oder der Länder, z. B. der Bundesrechtsanwaltsordnung, der Bundesnotarordnung, der Patentanwaltsordnung, der Wirtschaftsprüferordnung oder dem Steuerberatungsgesetz, sowie Geldbußen nach den Disziplinargesetzen des Bundes oder der Länder. Geldbußen, die von Organen der Europäischen Union festgesetzt werden, sind Geldbußen nach den Art. 101, 102, 103 Abs. 2 AEUV insbesondere i. V. m. Art. 23 Abs. 2 der Verordnung (EG) Nr. 1/2003 des Rates vom 16.12.2002. Betrieblich veranlasste Geldbußen, die von Gerichten oder Behörden anderer Staaten festgesetzt werden, fallen nicht unter das Abzugsverbot (R 4.13 Abs. 2 EStR).

Das Abzugsverbot für Geldbußen, die von Gerichten oder Behörden in der Bundesrepublik Deutschland oder von Organen der Europäischen Union verhängt werden, gilt uneingeschränkt für den Teil, der die rechtswidrige und vorwerfbare Handlung ahndet. Wurde bei der Festsetzung der Geldbuße auch der **rechtswidrig erlangte Vermögensvorteil abgeschöpft,** so gilt das Abzugsverbot für die Geldbuße nur dann uneingeschränkt, wenn bei der Berechnung des Vermögensvorteils die darauf entfallende ertragsteuerliche Belastung – ggf. im Wege der Schätzung – berücksichtigt worden ist. Macht der Steuerpflichtige durch geeignete Unterlagen glaubhaft, dass diese ertragsteuerliche Belastung nicht berücksichtigt und der gesamte rechtswidrig erlangte Vermögensvorteil abgeschöpft wurde, so darf der auf die Abschöpfung entfallende Teil der Geldbuße als Betriebsausgabe abgezogen werden. Die von der Europäischen Kommission festgesetzten Geldbußen wegen Verstoßes gegen das Wettbewerbsverbot enthalten keinen Anteil, der den rechtswidrig erlangten Vorteil abschöpft und unterliegen in vollem Umfang dem Betriebsausgabenabzugsverbot (R 4.13 Abs. 3 EStR).[90]

Ordnungsgelder sind die nach dem Recht der Bundesrepublik Deutschland so bezeichneten Unrechtsfolgen, die namentlich in den Verfahrensordnungen oder in verfahrensrechtlichen Vorschriften anderer Gesetze vorgesehen sind, z. B. das Ordnungsgeld gegen einen Zeugen wegen Verletzung seiner Pflicht zum Erscheinen und das Ordnungsgeld nach § 890 ZPO wegen Verstoßes gegen eine nach einem Vollstreckungstitel (z. B. Urteil) bestehende Verpflichtung, eine Handlung zu unterlassen oder die Vornahme einer Handlung zu dulden. Nicht unter das Abzugsverbot fallen Zwangsgelder (R 4.13 Abs. 4 EStR).

Verwarnungsgelder sind die in § 56 OWiG so bezeichneten geldlichen Einbußen, die dem Betroffenen aus Anlass einer geringfügigen Ordnungswidrigkeit, z. B. wegen falschen Parkens, mit seinem Einverständnis auferlegt werden, um der Verwarnung Nachdruck zu verleihen (R 4.13 Abs. 5 EStR).

Nicht unter das Abzugsverbot fällt auch der **Ersatz von Geldbußen etc. durch den Arbeitgeber.** Insoweit handelt es sich um Arbeitslohn.

Verteidigungs- und Gerichtskosten sind grundsätzlich abzugsfähige Betriebsausgaben, sofern das Verfahren dem betrieblichen Bereich zuzuordnen ist.

9.3.12 Zinsen auf hinterzogene Steuern (§ 4 Abs. 5 Satz 1 Nr. 8a EStG)

Steuerliche Nebenleistungen i. S. von § 3 Abs. 4 AO teilen das Schicksal der zugrunde liegenden Steuer. Vor diesem Hintergrund sind steuerliche Nebenleistungen auf betriebliche Steuern grundsätzlich als Betriebsausgaben abzugsfähig.

Nach § 4 Abs. 5 Nr. 8a EStG gilt jedoch ein Abzugsverbot für Hinterziehungszinsen, die nach § 235 AO für hinterzogene Steuerbeträge zu entrichten sind, die als Betriebsausgaben abgezogen werden können. Soweit die hinterzogene Steuer nicht betrieblich veranlasst war, sind die Hinterziehungszinsen nach § 12 Nr. 3 EStG nicht abziehbar.

9.3.13 Ausgleichszahlungen (§ 4 Abs. 5 Satz 1 Nr. 9 EStG)

Nach § 4 Abs. 5 Satz 1 Nr. 9 EStG sind Ausgleichszahlungen, die in den Fällen der §§ 14, 17 und 18 KStG an außenstehende Anteilsigner geleistet werden, nicht abziehbare Betriebsausgaben.

Die Vorschrift betrifft organschaftliche Ausgleichszahlungen an Minderheitsgesellschafter.

---
90 BFH vom 07.11.2013 IV R 4/12 (BStBl 2014 II S. 306).

9.3 Nichtabzugsfähige Betriebsausgaben

9.3.14 Bestechungs- und Schmiergelder (§ 4 Abs. 5 Satz 1 Nr. 10 EStG)

Die Vorschrift des § 4 Abs. 5 Satz 1 Nr. 10 EStG verbietet den Abzug von Bestechungs- und Schmiergeldern als Betriebsausgaben, wenn die Zuwendung der Vorteile eine rechtswidrige Handlung darstellt, die den Tatbestand eines Strafgesetzes oder eines Gesetzes verwirklicht, das die Ahndung mit einer Geldbuße zulässt.

Zuwendungen i. S. des § 4 Abs. 5 Satz 1 Nr. 10 EStG dürfen nicht als Betriebsausgaben abgezogen werden, wenn mit der Zuwendung von Vorteilen objektiv gegen das Straf- oder Ordnungswidrigkeitenrecht verstoßen wird. Auf ein Verschulden des Zuwendenden, auf die Stellung eines Strafantrags oder auf eine tatsächliche Ahndung kommt es nicht an.

Mit der Anknüpfung an die Tatbestände des Straf- und Ordnungswidrigkeitenrechts werden auch Leistungen an ausländische Amtsträger und Abgeordnete vom Abzugsverbot erfasst.

Zu den Tatbeständen im Einzelnen vgl. H 4.14 (Zuwendungen) EStH.

Nach § 4 Abs. 5 Nr. 10 Satz 2 EStG haben Gerichte, Staatsanwaltschaften oder Verwaltungsbehörden, die Kenntnis von entsprechenden Sachverhalten erhalten, diese der zuständigen Finanzbehörde mitzuteilen. Die Finanzbehörde teilt Tatsachen, die den Verdacht einer Tat im obigen Sinne begründen, der Staatsanwaltschaft oder der Ordnungsbehörde mit.

9.3.15 Nicht einlagefähige Vorteile im Zusammenhang mit der Tonnagebesteuerung (§ 4 Abs. 5 Satz 1 Nr. 11 EStG)

Die Tonnagebesteuerung wurde oftmals dadurch missbraucht, dass das Betriebsergebnis künstlich aufgespalten wurde. Die Erträge fallen bei einer Betriebs-Kapitalgesellschaft an, die ihren Gewinn nach den Regeln der Tonnagebesteuerung pauschal versteuert. Die Betriebsausgaben hingegen mindern bei einer Besitz-Kapitalgesellschaft deren Gewinn in voller Höhe. Die Besitz-Kapitalgesellschaft überlässt hierzu der Betriebs-Kapitalgesellschaft unentgeltlich abnutzbare Wirtschaftsgüter. Da Nutzungen nicht einlagefähig sind, verbleibt der volle Betriebsausgabenabzug bei der Besitz-Kapitalgesellschaft. Um diese Gestaltung zu unterbinden, sind Aufwendungen, die mit unmittelbaren oder mittelbaren Zuwendungen von nicht einlagefähigen Vorteilen an Unternehmen, die ihren Gewinn nach § 5a Abs. 1 EStG pauschal ermitteln, in Zusammenhang stehen, nach § 4 Abs. 5 Satz 1 Nr. 11 EStG nicht abziehbar.

9.3.16 Zuschläge nach § 162 Abs. 4 AO (§ 4 Abs. 5 Satz 1 Nr. 12 EStG)

Nach § 4 Abs. 5 Satz 1 Nr. 12 EStG sind die Zuschläge nach § 162 Abs. 4 AO wegen Nichterfüllung der Dokumentationspflicht nach § 90 Abs. 3 AO oder wegen verzögerter Vorlage der Dokumentation steuerlich nicht als Betriebsausgaben abzugsfähig.

9.3.17 Beiträge nach dem Restrukturierungsfondsgesetz (§ 4 Abs. 5 Satz 1 Nr. 13 EStG)

Jahresbeiträge, die beitragspflichtige Kreditinstitute nach § 12 Abs. 2 RestrukturierungsfondsG an den Restrukturierungsfonds zu leisten haben, sind nicht als Betriebsausgaben abzugsfähig. Durch die Beiträge werden Bankgeschäfte, von denen systemische Risiken ausgehen, belastet. Geltung hat die Regelung erstmals für Wirtschaftsjahre, die nach dem 30.09.2010 beginnen (§ 52 Abs. 12 Satz 10 EStG).

9.3.18 Rückausnahmen (§ 4 Abs. 5 Satz 2 EStG)

Die Abzugsverbote nach § 4 Abs. 5 Satz 1 Nr. 2 bis 4 EStG gelten nicht, sofern die dort genannten Zwecke Gegenstand einer mit Gewinnerzielungsabsicht ausgeübten Betätigung sind.

9.3.19 Aufwendungen nach § 12 Nr. 1 EStG (§ 4 Abs. 5 Satz 3 EStG)

Vorrangig gegenüber der Abzugsbeschränkung nach § 4 Abs. 5 Satz 1 EStG ist die Regelung in § 12 Nr. 1 EStG. Es ist also zunächst die betriebliche Veranlassung der Aufwendungen zu prüfen bzw. die Frage, inwieweit gemischte Aufwendungen abzugsfähig sind. Dies stellt § 4 Abs. 5 Satz 3 EStG klar.

9.3.20 Nichtabzugsfähigkeit der Gewerbesteuer und der darauf entfallenden Nebenleistungen (§ 4 Abs. 5b EStG)

Nach § 4 Abs. 5b EStG sind die Gewerbesteuer und die darauf entfallenden Nebenleistungen keine Betriebsausgaben. Der Wortlaut der gesetzlichen Regelung ist verfehlt. Gemeint ist wohl, dass die Gewerbesteuer und die darauf entfallenden Nebenleistungen zu den nichtabziehbaren Betriebsausgaben zu rechnen sind. Auch insoweit hat eine außerbilanzielle Korrektur zu erfolgen.

§ 4 Abs. 5b EStG ist eine Gewinnermittlungsvorschrift. Sie gilt sowohl bei der Gewinnermittlung nach § 4 Abs. 1, § 5 EStG als auch bei der Gewinnermittlung nach § 4 Abs. 3 EStG. Sie gilt für Personenunternehmen und für Körperschaften (§ 8 Abs. 1 KStG).

Mangels privater Veranlassung ist damit weder die Bildung einer Gewerbesteuer-Rückstellung noch die Zahlung der Gewerbesteuer eine Entnahme. Wird Gewerbesteuer erstattet, die dem Abzugsverbot unterlegen hat, liegt keine Betriebseinnahme vor.

9.3 Nichtabzugsfähige Betriebsausgaben

Unter das Abzugsverbot fallen auch die auf die Gewerbesteuer entfallenden Nebenleistungen i. S. von § 3 Abs. 4 AO.

Die Nichtabziehbarkeit der Gewerbesteuer bei der Gewinnermittlung ist verfassungsgemäß.[91]

9.3.21 Mitgliedsbeiträge und Spenden an politische Parteien (§ 4 Abs. 6 EStG)

Aufwendungen zur Förderung staatspolitischer Zwecke sind nach § 4 Abs. 6 EStG keine Betriebsausgaben. Unter Aufwendungen zur Förderung staatspolitischer Zwecke sind Mitgliedsbeiträge und Spenden an politische Parteien zu verstehen (§ 10b Abs. 2 EStG). Der Spendenbegriff umfasst dabei auch Sachleistungen.

9.3.22 Besondere Aufzeichnungsregelung für bestimmte Betriebsausgaben (§ 4 Abs. 7 EStG)

Nach § 4 Abs. 7 Satz 1 EStG sind Aufwendungen i. S. des § 4 Abs. 5 Satz 1 Nr. 1 bis 4, 6b und 7 EStG einzeln und getrennt von den sonstigen Betriebsausgaben aufzuzeichnen.

Ist eine solche Aufzeichnung nicht erfolgt, dürfen die Aufwendungen nach § 4 Abs. 7 Satz 2 EStG bei der Gewinnermittlung nicht berücksichtigt werden. Die Beachtung dieser Aufzeichnungsvorschrift stellt eine **materiell-rechtliche Voraussetzung** für die Anerkennung als Betriebsausgaben dar.[92] Die damit getroffene Regelung ist zwar sehr formal, gleichwohl aber als sachgerecht und legitim anzusehen.[93]

Die Pflicht zur besonderen Aufzeichnung der vorbezeichneten Aufwendungen ist erfüllt, wenn diese Aufwendungen vom Steuerpflichtigen fortlaufend, zeitnah und bei Gewinnermittlung nach § 4 Abs. 1 oder nach § 5 EStG unmittelbar ohne Vermischung mit anderen Aufwendungen auf besonderen Konten im Rahmen der Buchführung gebucht und vom Steuerpflichtigen mit Gewinnermittlung nach § 4 Abs. 3 EStG von Anfang an getrennt von den sonstigen Betriebsausgaben fortlaufend und einzeln aufgezeichnet werden. Auch eine Buchung in der letzten Spalte des Amerikanischen Journals reicht insoweit nicht aus, wenn die vorbezeichneten Aufwendungen zusammen mit anderen Aufwendungen gebucht werden.[94]

Statistische Zusammenstellungen oder die geordnete Sammlung von Belegen genügen nur dann, wenn zusätzlich die Summe der Aufwendungen periodisch und zeit-

---
91 BFH vom 16.01.2014 I R 21/12 (BFH/NV 2014, 967).
92 BFH, BStBl 1986 II S. 651.
93 BFH, BStBl 1974 II S. 211 und 1988 II S. 535.
94 BFH, BStBl 1980 II S. 745.

nah auf einem besonderen Konto eingetragen wird oder vergleichbare andere Aufzeichnungen geführt werden.[95]

Sofern es sich um Kassenausgaben handelt, muss die Aufzeichnung auch insoweit täglich, spätestens am nächsten Geschäftstag, erfolgen.

Die Pflicht zur besonderen Aufzeichnung erstreckt sich nach dem Sinn und Zweck des § 4 Abs. 7 EStG auf alles, was im Regelfall auch in einem ordnungsmäßigen Beleg angegeben werden muss.[96] Bei den Aufwendungen für Geschenke muss daher grundsätzlich der Name des Empfängers, bei den Aufwendungen für Bewirtung, Unterhaltung und Beherbergung von Geschäftsfreunden in aller Regel der Name des Geschäftsfreundes aus der Buchung oder zumindest dem Buchungsbeleg zu ersehen sein.

Aufwendungen für die Bewirtung von Personen aus geschäftlichem Anlass sind auch dann i. S. von § 4 Abs. 7 Satz 1 EStG getrennt von den sonstigen Betriebsausgaben aufgezeichnet, wenn in der Buchführung nur ein Konto für Bewirtungsaufwendungen vorgesehen ist und auf diesem Konto auch Bewirtungsaufwendungen gebucht werden, die nicht der Abzugsbeschränkung gem. § 4 Abs. 5 Satz 1 Nr. 2 EStG unterliegen. Eine **Fehlbuchung** auf einem Konto, das für die in § 4 Abs. 7 Satz 1 EStG bezeichneten Aufwendungen vorgesehen ist, steht einer getrennten Aufzeichnung dieser Aufwendungen nicht entgegen, wenn sich die Fehlbuchung nach dem Rechtsgedanken des § 129 Satz 1 AO als offenbare Unrichtigkeit darstellt.[97]

9.4 Erhaltungsaufwand bei bestimmten Gebäuden (§ 4 Abs. 8 EStG)

Nach § 4 Abs. 8 EStG kann Erhaltungsaufwand bei Gebäuden in Sanierungsgebieten und städtebaulichen Entwicklungsbereichen sowie bei Baudenkmalen entsprechend §§ 11a, 11b EStG auf 2 bis 5 Jahre verteilt werden. § 4 Abs. 8 EStG ist anwendbar nur für den Bereich der Gewinnermittlung nach § 4 Abs. 1, § 5 EStG. Für die Gewinnermittlung nach § 4 Abs. 3 EStG gelten §§ 11a, 11b EStG unmittelbar.

9.5 Aufwendungen für eine erstmalige Berufsausbildung oder ein Erststudium (§ 4 Abs. 9 EStG)

Nach § 4 Abs. 9 EStG sind Aufwendungen des Steuerpflichtigen für seine erstmalige Berufsausbildung oder für ein Erststudium, das zugleich eine Erstausbildung

---

95 BFH, BStBl 1988 II S. 613.
96 BFH, BStBl 1972 II S. 694.
97 BFH, BStBl 2000 II S. 203.

vermittelt, keine Betriebsausgaben. Die entsprechenden Aufwendungen sind den Lebenshaltungskosten zuzuordnen.

9.6 Aufwendungen für die betriebliche Altersversorgung von Arbeitnehmern

Aufwendungen für eine betriebliche Altersversorgung liegen vor, wenn einem Arbeitnehmer oder einer ihm nach § 17 BetrAVG gleichgestellten Person aus Anlass seines Arbeitsverhältnisses bzw. einer Tätigkeit für das Unternehmen Leistungen der Alters-, Invaliditäts- oder Hinterbliebenenversorgung vom Arbeitgeber bzw. Unternehmer zugesagt werden. Arbeitsrecht und Steuerrecht stellen dafür die folgenden fünf unterschiedlichen Durchführungswege zur Verfügung:

- Direktversicherung
- Pensionskasse
- Unterstützungskasse
- Pensionsfonds
- Direktzusage

In den §§ 4b bis 4e EStG sind die Direktversicherung, die Pensionskasse, die Unterstützungskasse und der Pensionsfonds geregelt. Die Regelung der Direktzusage ist in § 6a EStG enthalten.

9.6.1 Direktversicherung (§ 4b EStG)

Allgemeines

Eine Direktversicherung ist eine vom Arbeitgeber auf das Leben eines Arbeitnehmers abgeschlossene Lebensversicherung, aus der dieser oder seine Hinterbliebenen ganz oder teilweise bezugsberechtigt sind. Wie eine derartige Versicherung ist auch eine Lebensversicherung zu behandeln, die durch den Arbeitnehmer abgeschlossen und danach vom Arbeitgeber übernommen worden ist (R 4b Abs. 1 Satz 2 EStR).

Nach § 4b Satz 1 EStG ist der Versicherungsanspruch aus einer vom Arbeitgeber aus betrieblichem Anlass abgeschlossenen Direktversicherung dem Betriebsvermögen des Arbeitgebers nicht zuzurechnen, soweit am Schluss des Wirtschaftsjahres hinsichtlich der Leistungen des Versicherers die Person, auf deren Leben die Lebensversicherung abgeschlossen ist, oder deren Hinterbliebene bezugsberechtigt sind. Eine Erfassung des Versicherungsanspruchs als Betriebsvermögen des Arbeitgebers kommt nach § 4b Satz 2 EStG selbst dann nicht in Betracht, wenn der Arbeitgeber die Ansprüche aus dem Versicherungsvertrag abgetreten oder beliehen hat. Voraussetzung ist insoweit allerdings, dass der Arbeitgeber sich der bezugsberechtigten Person gegenüber schriftlich verpflichtet, sie bei Eintritt des Versicherungsfalls so zu stellen, als ob die Abtretung oder Beleihung nicht erfolgt wäre.

Wenn und soweit die Vorschriften des § 4b EStG eingreifen, sind die vom Arbeitgeber geleisteten Versicherungsbeiträge in vollem Umfang als Betriebsausgaben abzugsfähig.

Direktversicherung zugunsten des mitarbeitenden Ehegatten

Ob eine Direktversicherung aus betrieblichem Anlass abgeschlossen worden ist, kann vor allem dann zweifelhaft sein, wenn der Abschluss zugunsten des im Betrieb mitarbeitenden Ehegatten erfolgt ist. Nach der Rechtsprechung des BFH sind Beiträge des Arbeitgebers zu einer Direktversicherung zugunsten des im Betrieb mitarbeitenden Ehegatten als Betriebsausgaben abziehbar, wenn sie einem **Fremdvergleich** standhalten.

Die Versicherung muss im Rahmen eines **steuerlich anzuerkennenden Arbeitsverhältnisses** abgeschlossen sein.[98]

Der Versicherungsvertrag muss **ernstlich gewollt und klar und eindeutig vereinbart** sein.

Die Versicherung muss **dem Grunde nach angemessen** sein. Diese Voraussetzung kann regelmäßig als erfüllt angesehen werden, wenn auch für familienfremde Arbeitnehmer, die eine gleiche, ähnliche oder geringerwertige Tätigkeit wie der Arbeitnehmer-Ehegatte ausüben, eine vergleichbare Direktversicherung abgeschlossen oder zumindest ernsthaft angeboten worden ist und diese Arbeitnehmer bei Abschluss der Versicherung dem Betrieb nicht länger angehört haben als der Arbeitnehmer-Ehegatte bei Abschluss der Versicherung auf sein Leben.

Beispiele:

a) Ein Arzt hat neben einer fremden Kraft auch seine Ehefrau als Sprechstundenhilfe in seiner Praxis beschäftigt. Gegen die steuerliche Anerkennung des mit der Ehefrau abgeschlossenen Arbeitsvertrags bestehen keine Bedenken.

Im Jahr 05 hat der Arzt zugunsten seiner Ehefrau einen Lebensversicherungsvertrag abgeschlossen, während er zugunsten der fremden Sprechstundenhilfe keinen entsprechenden Vertrag abgeschlossen hat.

Der Lebensversicherungsvertrag zugunsten der Ehefrau kann nicht als aus betrieblichem Anlass abgeschlossen angesehen werden, weil die fremde Sprechstundenhilfe nicht entsprechend begünstigt worden ist.

b) Ein Unternehmer hat im Jahr 06 zugunsten aller Arbeitnehmer, die seinem Betrieb zu der Zeit länger als 10 Jahre angehörten, eine Direktversicherung abgeschlossen. Eine Direktversicherung hat er darüber hinaus auch zugunsten seiner Ehefrau abgeschlossen, die seit 01 aufgrund eines auch steuerlich anzuerkennenden Arbeitsvertrags im Betrieb mitarbeitet.

Die Direktversicherung zugunsten der Ehefrau kann nicht als betrieblich veranlasst angesehen werden, weil zugunsten familienfremder Arbeitnehmer erst nach längerer Betriebszugehörigkeit entsprechende Versicherungen abgeschlossen worden sind.

---

98 BFH, BStBl 1982 II S. 126 und 1987 II S. 205.

9.6 Aufwendungen für die betriebliche Altersversorgung von Arbeitnehmern

Dass eine entsprechende Altersversorgung nur einem bestimmten Kreis der Arbeitnehmer, insbesondere den Mitgliedern der Geschäftsführung, vorbehalten worden ist, steht der Annahme des betrieblichen Charakters der dem Arbeitnehmer-Ehegatten eingeräumten Direktversicherung nicht entgegen, wenn dieser zu dem betreffenden Personenkreis gehört.[99]

Werden neben dem Arbeitnehmer-Ehegatten keine weiteren Arbeitnehmer beschäftigt oder wird eine der Tätigkeit des Arbeitnehmer-Ehegatten gleichwertige Tätigkeit von anderen Arbeitnehmern im Betrieb nicht ausgeübt und für Arbeitnehmer mit geringerwertiger Tätigkeit keine Direktversicherung abgeschlossen, so kann der Abschluss einer Direktversicherung zugunsten des Arbeitnehmer-Ehegatten nur dann als dem Grunde nach angemessen angesehen werden, wenn andere betriebliche Erwägungen dafür sprechen, diesen Teil des Arbeitsentgelts für Versorgungszwecke zu verwenden.[100] Dies ist i. d. R. der Fall, wenn die Direktversicherung als Ersatz für Sozialversicherungsbeiträge für den Arbeitnehmer-Ehegatten eingeräumt worden ist[101] oder wenn die Leistungen für die Direktversicherung aus den Beträgen erbracht werden, die durch Kürzung des Barlohns und die durch den Abschluss der Direktversicherung eintretende Lohnsteuerermäßigung eingespart werden.[102] Entsprechendes gilt, wenn zwar keine Kürzung des Barlohns erfolgt, für die Leistungen an die Versicherung jedoch eine anstehende Lohnerhöhung verwendet wird. Liegen Fälle der dargestellten Art nicht vor, so kann der Abschluss einer Direktversicherung nur dann als dem Grunde nach angemessen angesehen werden, wenn ein hohes Maß an Wahrscheinlichkeit dafür spricht, dass auch einem familienfremden Arbeitnehmer bei vergleichbaren Tätigkeits- und Leistungsmerkmalen eine entsprechende Altersversorgung gewährt worden wäre.[103] Die Versorgungszusage muss nicht betriebsexternen Vergleichen standhalten.[104] Der Abschluss einer dem Arbeitnehmer-Ehegatten zusätzlich gewährten Direktversicherung kann jedoch nicht schon deswegen als dem Grunde nach angemessen und damit betrieblich veranlasst angesehen werden, weil der gezahlte Barlohn bis dahin zu gering war.[105]

Als dem Grunde nach angemessen kann der Abschluss einer Direktversicherung im Übrigen in keinem Fall angesehen werden, wenn die Versicherung fällig werden soll, bevor der Arbeitnehmer-Ehegatte das 60. Lebensjahr vollendet hat. Etwas anderes könnte nur gelten, wenn bei familienfremden Arbeitnehmern ein niedrigeres Pensionsalter im Betrieb üblich wäre.

Der Versicherungsbeitrag muss im Übrigen auch **der Höhe nach angemessen** sein. Die Angemessenheit ist regelmäßig durch Vergleich mit Beiträgen zu Direktver-

---

99 BFH, BStBl 1983 II S. 500.
100 BFH, BStBl 1987 II S. 205.
101 BFH, BStBl 1983 II S. 209.
102 BFH, BStBl 1987 II S. 557.
103 BFH, BStBl 1984 II S. 60.
104 BFH, BStBl 1985 II S. 124.
105 BFH, BStBl 1987 II S. 557.

sicherungen zugunsten familienfremder Arbeitnehmer zu prüfen. Werden keine vergleichbaren familienfremden Arbeitnehmer beschäftigt, so ist anhand aller Umstände des Einzelfalls zu entscheiden, ob die Versicherungsbeiträge auch der Höhe nach als angemessen anzusehen sind.

Im Hinblick auf die Schwierigkeit der diesbezüglichen Ermittlungen kann jedoch von der Prüfung einer etwaigen Überversorgung des Arbeitnehmer-Ehegatten abgesehen werden, wenn die laufenden Aufwendungen für die Altersvorsorge 30 % des steuerpflichtigen Jahresarbeitslohns nicht übersteigen.[106] Zu den laufenden Aufwendungen für die Altersversorgung sind insoweit der Arbeitgeber- und der Arbeitnehmeranteil zur gesetzlichen Sozialversicherung, freiwillige Leistungen des Arbeitgebers für Zwecke der Altersversorgung und Zuführungen zu einer Pensionsrückstellung jedenfalls dann zu rechnen, wenn es sich nicht um die erstmalige Bildung einer Pensionsrückstellung handelt. Ansonsten ist von einer Überversorgung auszugehen, wenn die aus der Direktversicherung etc. zugesagten Leistungen und die zu erwartende Sozialversicherungsrente 75 % des letzten steuerrechtlichen Arbeitslohns übersteigen.[107] Die Vereinfachungsregelung von 30 % ist letztmals für Wirtschaftsjahre anzuwenden, die vor dem 01.01.2005 beginnen.[108]

Als der Höhe nach angemessen können Beiträge für eine Direktversicherung somit nur angesehen werden, wenn sie zusammen mit dem tatsächlich gezahlten Arbeitsentgelt insgesamt nicht zu einer überhöhten Lohnzahlung führen[109] und die Versorgungsleistungen insgesamt in einem angemessenen Verhältnis zu den tatsächlich ausgezahlten Bezügen stehen.[110]

Dass die Versicherungsleistung einer danach anzuerkennenden Direktversicherung für den Fall des Todes des Arbeitnehmer-Ehegatten ganz oder teilweise dem Arbeitgeber-Ehegatten oder den gemeinsamen Kindern zusteht, steht der Abzugsfähigkeit der Versicherungsbeiträge als Betriebsausgaben nicht entgegen.

Die Grundsätze der BFH-Rechtsprechung zur Ernsthaftigkeit bei der Pensionszusage an einen Arbeitnehmer-Ehegatten lassen sich nicht unbesehen auf eine Direktversicherung zugunsten des Arbeitnehmer-Ehegatten übertragen. Auch hinsichtlich der betrieblichen Veranlassung gelten bei der Direktversicherung gegenüber der Pensionszusage Besonderheiten.[111]

---

106 BFH, BStBl 1987 II S. 205.
107 BFH, BStBl 1983 II S. 173.
108 BMF vom 03.11.2004 (BStBl 2004 I S. 1045).
109 BFH, BStBl 1983 II S. 664.
110 BFH, BStBl 1987 II S. 205; vgl. auch BFH, BStBl 1985 II S. 124.
111 BFH, BStBl 1987 II S. 557.

9.6 Aufwendungen für die betriebliche Altersversorgung von Arbeitnehmern

9.6.2 Pensionskassen (§ 4c EStG)

Statt durch Abschluss einer Direktversicherung können Arbeitgeber die Altersversorgung ihrer Arbeitnehmer auch durch Einschaltung einer Pensionskasse sicherstellen.

Als Pensionskassen sind sowohl rechtsfähige Versorgungseinrichtungen i. S. des § 1b Abs. 3 Satz 1 BetrAVG als auch rechtlich unselbständige Zusatzversorgungseinrichtungen des öffentlichen Dienstes i. S. des § 18 BetrAVG anzusehen, die den Leistungsberechtigten – Arbeitnehmer und Personen i. S. des § 17 Abs. 1 Satz 2 BetrAVG sowie deren Hinterbliebene – auf ihre Leistung einen Rechtsanspruch gewähren (R 4c Abs. 1 EStR).

Zuwendungen an eine Pensionskasse dürfen nach § 4c Abs. 1 EStG von dem diese Kasse tragenden Unternehmen (Trägerunternehmen) als Betriebsausgaben abgezogen werden, soweit sie auf einer in der Satzung oder im Geschäftsplan der Kasse festgelegten Verpflichtung oder auf einer Anordnung der Versicherungsaufsichtsbehörde beruhen oder der Abdeckung von Fehlbeträgen bei der Kasse dienen.

Soweit die Leistungen einer Pensionskasse allerdings, wenn sie vom Trägerunternehmen unmittelbar erbracht würden, bei diesem nicht betrieblich veranlasst wären, dürfen nach § 4c Abs. 2 EStG auch Zuwendungen des Trägerunternehmens an die Pensionskasse nicht als Betriebsausgaben abgezogen werden.

Beispiel:
Ein Unternehmer hat eine Pensionskasse gegründet, die neben den von ihm beschäftigten Arbeitnehmern auch ihm selbst und seinen Hinterbliebenen einen Pensionsanspruch eingeräumt hat.
Soweit die Zuwendungen an die Pensionskasse auf diesen Anspruch entfallen, sind sie nach § 4c Abs. 2 EStG nicht als Betriebsausgaben abzugsfähig und als Privatentnahmen zu behandeln.

9.6.3 Unterstützungskassen (§ 4d EStG)

Auch durch Einschaltung einer Unterstützungskasse kann der Arbeitgeber die Altersversorgung seiner Arbeitnehmer durchführen. Eine Unterstützungskasse ist eine rechtsfähige Versorgungseinrichtung, die auf ihre Leistungen keinen Rechtsanspruch gewährt.

Da sich die Abzugsfähigkeit der **Zuwendungen an Unterstützungskassen** nach dem früher geltenden Zuwendungsgesetz teilweise nicht nach den tatsächlichen Kassenleistungen, sondern nach der Lohn- und Gehaltssumme des Trägerunternehmens richtete, haben die Unterstützungskassen in der Vergangenheit zum Teil Vermögen angesammelt, das in keinem Verhältnis zu ihren Leistungen steht. Diese vom Gesetzgeber nicht für vertretbar gehaltenen Überdotierungen sollen durch die Vorschrift des § 4d EStG abgebaut werden, indem die abzugfähigen Zuwendungen stärker als bisher an die Höhe der Leistungen gekoppelt werden.

Bei **Unterstützungskassen, die lebenslänglich laufende Leistungen gewähren,** dürfen nach § 4d Abs. 1 Nr. 1 Buchst. a EStG zunächst nur noch Zuwendungen in Höhe des Deckungskapitals für die laufenden Leistungen als Betriebsausgaben abgezogen werden. Um den Kassen die Bildung eines gewissen Reservepolsters zu ermöglichen, aus dem sie auch beim vorübergehenden Ausbleiben entsprechender Zuwendungen durch das Trägerunternehmen Leistungen in neu hinzukommenden Versorgungsfällen erbringen können, dürfen nach § 4d Abs. 1 Nr. 1 Buchst. b EStG ferner in jedem Wirtschaftsjahr für jeden Leistungsanwärter Beträge bis zu jeweils 6 bzw. 25 % des Durchschnittsbetrags der von der Kasse im Wirtschaftsjahr gewährten Leistungen als Betriebsausgaben abgesetzt werden.

Soweit sich eine Unterstützungskasse die Mittel für ihre Leistungen (ausnahmsweise) durch Abschluss einer (Rückdeckungs-)Versicherung verschafft, kann das Trägerunternehmen nach § 4d Abs. 1 Nr. 1 Buchst. c EStG Zuwendungen in Höhe der an die Versicherung gezahlten Jahresprämie als Betriebsausgaben abziehen.

Findet die Unterstützungskasse einen Leistungsanwärter vor Eintritt des Versorgungsfalls hinsichtlich seiner künftigen Versorgungsleistungen ab oder zahlt sie einem anderen Versorgungsträger einen bestimmten Betrag für die Übernahme der ihr obliegenden Versorgungsverpflichtung, so kann das Trägerunternehmen schließlich nach § 4d Abs. 1 Nr. 1 Buchst. d EStG Zuwendungen an die Unterstützungskasse bis zur Höhe der von dieser gezahlten Beträge als Betriebsausgaben abziehen. Ab 01.01.2005 gilt dies entsprechend für den Übertragungswert nach § 4 Abs. 5 des Betriebsrentengesetzes. Bei Bestehen einer Rückdeckungsversicherung vermindert sich der abzugsfähige Höchstbetrag allerdings um den Anspruch gegen die Versicherung.

Bei **Unterstützungskassen, die keine lebenslänglich laufenden Leistungen gewähren,** dürfen nach § 4d Abs. 1 Nr. 2 EStG für jedes Wirtschaftsjahr regelmäßig Zuwendungen bis zur Höhe von 0,2 % der Lohn- und Gehaltssumme des Trägerunternehmens als Betriebsausgaben abgezogen werden. Löhne und Gehälter von Personen, die von der Kasse lebenslänglich laufende Leistungen erhalten können, sind insoweit bei der Berechnung der Lohn- und Gehaltssumme selbstverständlich auszuscheiden. Soweit der Betrag der von der Kasse für das betreffende Wirtschaftsjahr erbrachten Leistungen höher ist als die in den vorangegangenen 5 Wirtschaftsjahren vorgenommenen Zuwendungen abzüglich der in dem gleichen Zeitraum erbrachten Leistungen, dürfen Zuwendungen des Trägerunternehmens mindestens bis zur Höhe dieses Betrags als Betriebsausgaben abgezogen werden.

Die Abzugsfähigkeit der genannten Aufwendungen als Betriebsausgaben wird des Weiteren durch das sog. zulässige Kassenvermögen beschränkt, wobei sich das steuerliche Abzugsvolumen durch den Unterschiedsbetrag zwischen dem zulässigen und dem tatsächlichen Kassenvermögen bestimmt (§ 4d Abs. 1 Satz 1 Nr. 1 Satz 4 und 5, § 4d Abs. 1 Satz 1 Nr. 2 Satz 3 und 4 EStG). Bei der Berechnung des zulässi-

9.6 Aufwendungen für die betriebliche Altersversorgung von Arbeitnehmern

gen Kassenvermögens ist zwischen Unterstützungskassen mit lebenslänglich und nicht lebenslänglich laufenden Leistungen zu unterscheiden. Die jeweiligen Zuwendungen sind in dem Wirtschaftsjahr als Betriebsausgaben abzuziehen, in dem sie geleistet worden sind (§ 4d Abs. 2 Satz 1 EStG). Zuwendungen eines Wirtschaftsjahres, die die nach § 4d Abs. 1 EStG abzugsfähigen Höchstbeträge übersteigen, bleiben steuerlich unbeachtlich. § 4d Abs. 2 Satz 3 EStG gibt allerdings die Möglichkeit, die im jeweiligen Wirtschaftsjahr übersteigenden Beträge auf die folgenden 3 Wirtschaftsjahre aktiv abzugrenzen und erst in diesen Jahren, spätestens im 3. Wirtschaftsjahr, gewinnmindernd aufzulösen. Die Regelung gilt entsprechend auch im Rahmen der Gewinnermittlung nach § 4 Abs. 3 EStG.[112]

§ 4d Abs. 3 Satz 1 EStG ermöglicht bei Übertragung von Versicherungverpflichtungen und -anwartschaften auf Pensionsfonds, den dadurch ausgelösten Abzug von Betriebsausgaben aufgrund der Ausgleichszahlung abweichend von § 4d Abs. 1 Satz 1 Nr. 1 und § 4d Abs. 2 EStG auf die dem Wirtschaftsjahr der Zuwendung folgenden 10 Wirtschaftsjahre gleichmäßig zu verteilen. Das Verteilungsrecht setzt einen unwiderruflichen Antrag voraus, an den auch der Rechtsnachfolger gebunden ist. Stellt das Trägerunternehmen den Verteilungsantrag nicht, bleibt es dabei, dass die jeweiligen Zuwendungen in voller Höhe als Betriebsausgaben abgezogen werden können.

Durch das RV-Altersgrenzenanpassungsgesetz vom 20.04.2007[113] wurden die Altersgrenzen in der gesetzlichen Rentenversicherung in Abhängigkeit vom Geburtsjahrgang der Versicherten mit Wirkung vom 01.01.2008 stufenweise heraufgesetzt (§ 35 und § 235 SGB VI). Die in § 4d Abs. 1 Satz Nr. 1 Satz 1 Buchst. b Satz 1 EStG genannte Altersgrenze ist an die Gesetzesänderung angepasst worden durch das Jahressteuergesetz 2009.

Die Änderung ist nach § 52 Abs. 12a Satz 1 EStG erstmals für das Wirtschaftsjahr anzuwenden, das nach dem 31.12.2007 endet.

9.6.4 Pensionsfonds (§ 4e EStG)

Mit der Pensionsfondszusage ist ein weiterer Durchführungsweg der betrieblichen Altersversorgung eingeführt worden. § 4e EStG regelt die steuerlichen Rahmenbedingungen für die Abzugsfähigkeit der Zuwendungen, die an den Fonds zu erbringen sind, als Betriebsausgaben. § 4e EStG gilt erstmals für Wirtschaftsjahre, die nach dem 31.12.2000 enden (§ 52 Abs. 12b EStG).

Ein Pensionsfonds ist eine rechtsfähige Einrichtung in der Rechtsform der AG oder des Pensionsfondsvereins aG, die gegen Zahlung von Beiträgen eine kapitalgedeckte betriebliche Altersversorgung für einen oder mehrere Arbeitgeber als leistendes Unternehmen durchführt. Die Fondsleistungen sind als lebenslange Altersrente,

---
112 BMF vom 28.11.1996 (BStBl 1996 I S. 1435).
113 BGBl 2007 I S. 554.

als Invaliditäts- oder als Hinterbliebenenversorgung zu erbringen. Auf die Fondsleistungen besteht ein Rechtsanspruch des Begünstigten.

Beiträge, die das Trägerunternehmen an den Fonds leistet und die der Finanzierung von Versorgungsleistungen dienen, sind Betriebsausgaben, soweit sie nach § 4e Abs. 1 EStG auf einer festgelegten Verpflichtung beruhen oder der Abdeckung von Fehlbeträgen bei dem Fonds dienen. Nicht als Betriebsausgaben abzugsfähig sind nach § 4e Abs. 2 EStG solche Zuwendungen, die beim Trägerunternehmen nicht betrieblich veranlasste Leistungen des Pensionsfonds finanzieren.

Vorzunehmen ist der Abzug als Betriebsausgabe grundsätzlich in dem Wirtschaftsjahr, in dem die entsprechenden Beiträge an den Fonds geleistet werden. Hiervon macht § 4e Abs. 3 EStG eine Ausnahme für den Fall des Wechsels des Versorgungswegs auf einen Pensionsfonds. Der dabei entstehende einmalige Zuwendungsbedarf kann nur auf die dem Wirtschaftsjahr der Übertragung folgenden 10 Wirtschaftsjahre gleichmäßig verteilt werden, sofern vom Steuerpflichtigen ein entsprechender Antrag gestellt wird. Ohne einen derartigen Antrag scheidet der Abzug des geleisteten Einmalbetrags als Betriebsausgabe aus. Beim Wechsel des Durchführungswegs von einer Direkt- auf eine Fondszusage dagegen sind die vom Arbeitgeber zum Übertragungszeitpunkt an den Fonds erbrachten Beiträge unmittelbar im Wirtschaftsjahr der Übertragung nur in der Höhe als Betriebsausgabe abzuziehen, in der infolge der Übertragung zeitgleich die für die Direktzusage nach § 6a EStG gebildete Rückstellung aufzulösen ist. Übersteigt der Einmalbetrag die Rückstellung, kann dieser übersteigende Betrag in den folgenden 10 Wirtschaftsjahren gleichmäßig als Betriebsausgabe abgezogen werden. Letzteres gilt auch dann, wenn es im Zuge der Leistungen des Arbeitgebers an den Pensionsfonds zu Vermögensübertragungen einer Unterstützungskasse an den Arbeitgeber kommt.

9.7 Verpflichtungsübernahmen, Schuldbeitritte und Erfüllungsübernahmen (§§ 4f und 5 Abs. 7 EStG)

Nach § 4f Abs. 1 Satz 1 EStG ist der Aufwand aus der Übertragung einer Verpflichtung, die beim ursprünglich Verpflichteten Ansatzverboten, Ansatzbeschränkungen oder Bewertungsvorbehalten unterlegen hat, im Wirtschaftsjahr der Schuldübernahme und den folgenden 14 Jahren gleichmäßig verteilt als Betriebsausgabe abziehbar. Erfasst werden die Fälle, in denen bisher beim ursprünglich Verpflichteten noch keine Passivierung vorgenommen werden durfte. Hierunter fallen z. B. Drohverluste aus schwebenden Geschäften, die unter Berücksichtigung des § 5 Abs. 4a EStG nicht zu bilanzieren sind. § 4f Abs. 1 Satz 2 EStG betrifft dagegen die Fälle, in denen die Passivierung der entsprechenden Verpflichtungen bereits in der Bilanz erfolgt ist, wobei Bewertungsvorbehalte – z. B. nach § 6 Abs. 1 Nr. 3 oder nach § 6 Abs. 1 Nr. 3a EStG – zu beachten waren. In den Fällen des § 4f Abs. 1 Satz 2 EStG dürfen die Betriebsausgaben, die anlässlich der Übertragung entstehen

9.7 Verpflichtungsübernahmen, Schuldbeitritte und Erfüllungsübernahmen

in Höhe des aufgelösten Passivpostens sofort und im Übrigen ab dem Übertragungsjahr mit 1/15 des verbleibenden Betrags verteilt auf die nächsten 15 Wirtschaftsjahre außerbilanziell berücksichtigt werden. Keine Anwendung finden § 4f Abs. 1 Satz 1 und Satz 2 EStG nach Satz 3 in den Fällen, in denen die Schuldübernahme im Rahmen einer Veräußerung oder Aufgabe des ganzen Betriebs oder des ganzen Mitunternehmeranteils i. S. der §§ 14, 16 Abs. 1, 3 und 3a sowie des § 18 Abs. 3 EStG erfolgt. Gleiches gilt, wenn ein Arbeitnehmer unter Mitnahme seiner erworbenen Pensionsansprüche zu einem neuen Arbeitgeber wechselt oder wenn der Betrieb am Schluss des vorangehenden Wirtschaftsjahres die Größenmerkmale des § 7g Abs. 1 Satz 2 Nr. 1 Buchst. a bis c EStG nicht überschreitet. Nach § 4f Abs. 1 Satz 4 bis 6 EStG erfolgt auch in den Fällen der Teilbetriebsveräußerung bzw. der Teilbetriebsaufgabe i. S. der §§ 14, 16 Abs. 1, 3 und 3a sowie § 18 Abs. 3 EStG eine zeitliche Verteilung der aus der Übertragung der Verpflichtung resultierenden Betriebsausgaben. Dies gilt jedoch nur insoweit, als diese den Verlust aus der Teilbetriebsveräußerung oder Teilbetriebsaufgabe begründet oder erhöht haben. Allerdings bleibt auch in diesen Fällen der Sofortabzug des Aufwands möglich, wenn Pensionsverpflichtungen übertragen werden oder aber der Betrieb die Größenmerkmale des § 7g EStG nicht überschreitet. Der jeweilige Rechtsnachfolger des ursprünglich Verpflichteten ist nach § 4f Abs. 1 Satz 7 EStG an die vorgenannte Aufwandsverteilung gebunden.

Die Regelungen des § 4f Abs. 1 Satz 1, 2 und 7 EStG finden Anwendung auch im Falle des Schuldbeitritts oder einer Erfüllungsübernahme mit ganzer oder teilweise Freistellung. Geltung hat die Neuregelung erstmals für Wirtschaftsjahre, die nach dem 28.11.2013 enden.

Nach § 5 Abs. 7 Satz 1 EStG sind die übernommenen Verpflichtungen, die beim ursprünglich Verpflichteten Ansatzverboten, Ansatzbeschränkungen oder Bewertungsvorbehalten unterlegen haben, beim Übernehmer oder dessen Rechtsnachfolger auf den auf die Übernahme folgenden Abschlussstichtag so zu bilanzieren, wie sie beim ursprünglich Verpflichteten ohne die Übernahme zu bilanzieren gewesen wären. Dies gilt nach § 5 Abs. 7 Satz 2 EStG auch in den Fällen des Schuldbeitritts oder der Erfüllungsübernahme mit vollständiger oder teilweiser Schuldfreistellung für die sich aus dem Rechtsgeschäft ergebenden Verpflichtungen. Entsprechend anzuwenden ist § 5 Abs. 7 Satz 1 EStG nach Satz 3 auch für den Erwerb eines Mitunternehmeranteils. Ergibt sich bei der Anwendung des § 5 Abs. 7 Satz 1 bis 3 EStG ein Erwerbsgewinn, ist dieser grundsätzlich im Wirtschaftsjahr der Übernahme zu versteuern. Nach § 5 Abs. 7 Satz 5 EStG kann der Übernehmer aber im Jahr der Übernahme diesen Erwerbsgewinn zu 14/15 in eine Rücklage einstellen und diese in den nächsten 14 Wirtschaftsjahren mit mindestens 1/14 gewinnerhöhend auflösen. Besteht die Verpflichtung, für eine Rücklage gebildet wurde, vor Ablauf des maßgebenden Auflösungszeitraums nicht mehr, ist die verbleibende Rücklage nach § 5 Abs. 7 Satz 6 EStG aufzulösen. Wird eine Pensionsverpflichtung unter gleichzeitiger Übernahme von Vermögenswerten gegenüber einem Arbeitnehmer übernommen, der bisher in einem anderen Unternehmen tätig war, ist nach § 5 Abs. 7 Satz 4 EStG die Pensionsrückstellung mit dem Wert des übernommenen Vermögens in Ansatz zu bringen, sofern der Anwartschaftsbarwert mindestens so hoch ist wie der Wert des übernommenen Vermögens. § 5 Abs. 7 EStG ist zwingend für Wirtschaftsjahre anzuwenden, die nach dem 28.11.2013 enden (§ 52 Abs. 14a Satz 1 EStG). Auf Antrag kann § 5 Abs. 7 EStG für frühere Wirtschaftsjahre angewendet werden, wenn keine rechtskräftige Veranlagung vorliegt (§ 5 Abs. 7 Satz 2 EStG). Wurde die Verpflichtung vor dem 14.12.2011 übernommen, kann nach § 52 Abs. 14a Satz 3 EStG der sich ergebende Gewinn unter den Voraussetzungen des § 5 Abs. 7 Satz 5 EStG auf bis zu 20 Jahre verteilt werden.

Mit der gesetzlichen Neuregelung werden die Auswirkungen, die sich aus der entgegenstehenden Rechtsprechung des BFH[114] zu dieser Problematik ergeben, verhindert bzw. abgemildert.

9.8 Bildung eines Ausgleichspostens (§ 4g EStG)

§ 4g EStG ist im Zusammenhang mit der Entstrickungsregelung in § 4 Abs. 1 Satz 3 EStG zu sehen. Nach § 4 Abs. 1 Satz 3 EStG wird eine Entnahme fingiert, soweit ein Wirtschaftsgut in eine ausländische Betriebsstätte überführt wird und das Besteuerungsrecht der Bundesrepublik Deutschland dadurch ausgeschlossen oder beschränkt wird. Folge wäre grundsätzlich eine Sofortversteuerung der aufgedeckten stillen Reserven. Diese Sofortversteuerung kann auf Antrag durch eine über 5 Jahre gestreckte Besteuerung ersetzt werden.

Nach § 4g Abs. 1 EStG kann ein unbeschränkt Steuerpflichtiger in den Fällen der Entnahme von Wirtschaftsgütern des Anlagevermögens nach § 4 Abs. 1 Satz 3 EStG in Höhe des Unterschieds zwischen dem gemeinen Wert zum Zeitpunkt der Entnahme und dem Buchwert einen gewinnmindernden Ausgleichsposten bilden, wenn das Wirtschaftsgut einer Betriebsstätte desselben Steuerpflichtigen in einem anderen EU-Staat zugeordnet worden ist. Nach § 4g Abs. 2 Satz 1 EStG ist der gebildete Ausgleichsposten im Wirtschaftsjahr der Bildung und in den 4 folgenden Wirtschaftsjahren zu jeweils einem Fünftel gewinnerhöhend aufzulösen.

9.9 Zinsschranke (§ 4h EStG)

9.9.1 Allgemeines

Die Zinsschranke gilt grundsätzlich für alle natürlichen Personen, Mitunternehmerschaften und Körperschaften. Sie ist Bestandteil der Vorschriften über die Gewinnermittlung. Unerheblich ist hierbei, um welche Gewinneinkunftsart es sich handelt.

---

114 BFH vom 26.04.2012 IV R 43/09 (DStR 2012 S. 1128), vom 12.12.2012 I R 28/11 (DStR 2013 S. 585) und vom 12.12.2012 I R 69/12 (DStR 2013 S. 570).

9.9 Zinsschranke

Ob der Gewinn durch Vermögensvergleich oder als Überschuss der Betriebseinnahmen über die Betriebsausgaben ermittelt wird, ist ebenfalls ohne Bedeutung. Allerdings betrifft die Zinsschranke nur die Ermittlung des Gewinns, soweit dieser im Inland steuerpflichtig ist.

§ 8a KStG enthält ergänzende Regelungen für Körperschaften im Hinblick auf die Zinsschranke in § 4h EStG.

Der BFH hat in einem Verfahren des vorläufigen Rechtsschutzes entschieden, dass es ernstlich zweifelhaft ist, ob die Einschränkung des Betriebsausgabenabzugs durch § 4h EStG mit Art. 3 Abs. 1 GG vereinbar ist. Möglicherweise liegt ein Verstoß gegen das objektive Nettoprinzip sowie das Gebot der Folgerichtigkeit vor. Einzelheiten zu § 4h EStG sind geregelt im BMF-Schreiben vom 04.07.2008.[115]

9.9.2 Einschränkung des Zinsabzugs

Nach § 4h Abs. 1 EStG sind Zinsaufwendungen eines Betriebs abziehbar in Höhe des Zinsertrags, darüber hinaus nur bis zur Höhe des verrechenbaren EBITDA. Das verrechenbare EBITDA ist 30 % des um die Zinsaufwendungen und um die nach § 6 Abs. 2 Satz 1 EStG abzuziehenden, nach § 6 Abs. 2a Satz 2 EStG gewinnmindernd aufzulösenden und nach § 7 EStG abgesetzten Beträge erhöhten und um die Zinserträge verminderten maßgeblichen Gewinns. Soweit das verrechenbare EBITDA die um die Zinserträge geminderten Zinsaufwendungen des Betriebs übersteigt, ist es in die folgenden fünf Wirtschaftsjahre vorzutragen (EBITDA-Vortrag). Ein EBITDA-Vortrag entsteht nicht in Wirtschaftsjahren, in denen § 4h Abs. 2 EStG die Anwendung von § 4h Abs. 1 Satz 1 EStG ausschließt. Zinsaufwendungen, die nach § 4h Abs. 1 Satz 1 EStG nicht abgezogen werden können, sind bis zur Höhe der EBITDA-Vorträge aus vorangegangenen Wirtschaftsjahren abziehbar und mindern die EBITDA-Vorträge in ihrer zeitlichen Reihenfolge. Danach verbleibende nicht abziehbare Zinsaufwendungen sind in die folgenden Wirtschaftsjahre vorzutragen (Zinsvortrag). Sie erhöhen die Zinsaufwendungen dieser Wirtschaftsjahre, nicht aber den maßgeblichen Gewinn.[116]

Der maßgebliche Zinsaufwand (Zinsaufwendungen ./. Zinserträge) ist nur bis zur Höhe des verrechenbaren EBITDA sofort als Betriebsausgabe abziehbar. Das verrechenbare EBITDA wird wie folgt ermittelt:

Gewinn (steuerpflichtiger Gewinn)
+ Zinsaufwendungen
./. Zinserträge
+ Beträge i. S. des § 6 Abs. 2 Satz 1, § 6 Abs. 2a Satz 2 und § 7 EStG
= steuerliches EBITDA
davon 30 % = verrechenbares EBITDA

---
115 BMF vom 04.07.2008 (BStBl 2008 I S. 718).
116 Vgl. insoweit FinMin Brandenburg vom 22.03.2010 – 35 – S 2742 – 1/07 (juris).

9 Betriebsausgaben

Soweit der maßgebliche Zinsaufwand (Zinsaufwendungen ./. Zinserträge) den Betrag des verrechenbaren EBITDA, d. h. den nach dem Gesetz rechnerisch höchstzulässigen Zinsaufwand, unterschreitet, ist der Differenzbetrag in die folgenden 5 Wirtschaftsjahre vorzutragen.

> **Beispiel:**
>
> Der maßgebliche Zinsaufwand beträgt 3.500.000 €. Das steuerliche EBITDA beträgt 15.000.000 €. Mithin beläuft sich das verrechenbare EBITDA auf 4.500.000 € (30 % des steuerlichen EBITDA). Die Stand-alone-Klausel und die Escape-Klausel kommen nicht zur Anwendung.
>
> Ungeachtet des Umstands, dass die Freigrenze i. H. von 3.000.000 € nicht anwendbar ist, ist der maßgebliche Zinsaufwand in voller Höhe sofort als Betriebsausgaben abziehbar. Der maßgebliche Zinsaufwand (3.500.000 €) überschreitet nicht das verrechenbare EBITDA (4.500.000 €). Außerdem ist der Differenzbetrag i. H. von 1.000.000 € zwischen dem maßgeblichen Zinsaufwand und dem verrechenbaren EBITDA als EBITDA-Vortrag in die 5 folgenden Wirtschaftsjahre vorzutragen.

Dies gilt allerdings nicht, wenn § 4h Abs. 2 EStG (Freigrenze, Stand-alone-Klausel, Escape-Klausel) die tatsächliche Anwendung der Zinsschranke ausschließt. In diesen Fällen unterbleibt zum einen die Ermittlung des verrechenbaren EBITDA (für dieses Wirtschaftsjahr). Zum anderen ist ein ggf. bestehender EBITDA-Vortrag in Höhe des Bestands vom vorangegangenen Feststellungszeitpunkt unverändert fortzuschreiben und entsprechend festzustellen.

> **Beispiel:**
>
> Der maßgebliche Zinsaufwand beträgt 2.900.000 €. Das steuerliche EBITDA beträgt 15.000.000 €. Mithin beläuft sich das verrechenbare EBITDA auf 4.500.000 € (30 % des steuerlichen EBITDA). Die Stand-alone-Klausel und die Escape-Klausel kommen nicht zur Anwendung.
>
> Die Zinsschranke kommt nicht zur Anwendung. Denn der maßgebliche Zinsaufwand (2.900.000 €) übersteigt nicht die Freigrenze i. H. von 3.000.000 €. Obgleich der maßgebliche Zinsaufwand (2.900.000 €) das verrechenbare EBITDA (4.500.000 €) unterschreitet, ist der Differenzbetrag i. H. von 1.600.000 € nicht als EBITDA-Vortrag in die 5 folgenden Wirtschaftsjahre vorzutragen.

Zinsaufwendungen, die nach § 4h Abs. 1 Satz 1 und 2 EStG nicht abgezogen werden können, sind gleichwohl bis zur Höhe der EBITDA-Vorträge aus vorangegangenen Wirtschaftsjahren abziehbar. Sie mindern die EBITDA-Vorträge in ihrer zeitlichen Reihenfolge. Ein bis zum Ende des 5. Wirtschaftsjahres nach seiner Entstehung noch nicht verbrauchter EBITDA-Vortrag entfällt insoweit.

> **Beispiel:**
>
> Der maßgebliche Zinsaufwand beträgt 3.500.000 €. Das steuerliche EBITDA beträgt 10.000.000 €. Mithin beläuft sich das verrechenbare EBITDA auf 3.000.000 €. Außerdem beträgt der EBITDA-Vortrag aus dem Vorjahr 800.000 €. Ein Zinsvortrag zum Ende des Vorjahres ist nicht vorhanden. Die Stand-alone-Klausel und die Escape-Klausel kommen nicht zur Anwendung.

9.9 Zinsschranke

Der maßgebliche Zinsaufwand (3.500.000 €) ist nur i. H. von 3.000.000 € sofort als Betriebsausgabe abziehbar. Ein weiterer Betrag von 500.000 € ist ebenfalls sofort als Betriebsausgabe abziehbar. Der Betrag mindert den EBITDA-Vortrag aus dem Vorjahr mit der Folge, dass der EBITDA-Vortrag aus dem Vorjahr (i. H. von 800.000 €) zum Ende dieses Wirtschaftsjahres nur noch 300.000 € (800.000 € ./. 500.000 €) beträgt.

Nach Berücksichtigung von EBITDA-Vorträgen noch verbleibende nicht abziehbare Zinsaufwendungen sind – wie bisher – in die folgenden Wirtschaftsjahre vorzutragen und erhöhen dort die Zinsaufwendungen.

Beispiel:
Der maßgebliche Zinsaufwand beträgt 3.500.000 €. Das steuerliche EBITDA beträgt 10.000.000 €. Mithin beläuft sich das verrechenbare EBITDA auf 3.000.000 €. Außerdem beträgt der EBITDA-Vortrag aus dem Vorjahr 300.000 €. Ein Zinsvortrag zum Ende des Vorjahres ist nicht vorhanden. Die Stand-alone-Klausel und die Escape-Klausel kommen nicht zur Anwendung.
Der maßgebliche Zinsaufwand (3.500.000 €) ist i. H. von 3.000.000 € sofort als Betriebsausgabe abziehbar. Von dem Betrag i. H. von 500.000 € ist ein Teilbetrag i. H. von 300.000 € sofort als Betriebsausgabe abziehbar. Insoweit verringert sich der EBITDA-Vortrag aus dem Vorjahr mit der Folge, dass der EBITDA-Vortrag aus dem Vorjahr (i. H. von 300.000 €) zum Ende dieses Wirtschaftsjahres verbraucht ist. Der verbleibende Differenzbetrag i. H. von 200.000 € (500.000 € ./. 300.000 €) ist nicht sofort als Betriebsausgabe abziehbar; vielmehr ist er als Zinsvortrag in die folgenden Wirtschaftsjahre vorzutragen.

Der EBITDA-Vortrag und der Zinsvortrag sind jeweils gesondert festzustellen. Dabei ist der EBITDA-Vortrag hinsichtlich des Betrags eines jeden Wirtschaftsjahres festzustellen.

Nach § 4h Abs. 5 EStG geht ein nicht verbrauchter EBITDA-Vortrag und ein nicht verbrauchter Zinsvortrag bei Aufgabe oder Übertragung des Betriebs unter.

9.9.3 Kapitalforderungen/Fremdkapital

Die Zinsschranke erfasst grundsätzlich nur Erträge und Aufwendungen aus der Überlassung von Geldkapital (Zinserträge und Zinsaufwendungen im engeren Sinne) und nicht solche aus der Überlassung von Sachkapital. Fremdkapital i. S. des § 4h Abs. 3 EStG sind damit alle als Verbindlichkeit passivierungspflichtigen Kapitalzuführungen in Geld, die nach steuerlichen Kriterien nicht zum Eigenkapital gehören. Das sind insbesondere:

- fest und variabel verzinsliche Darlehen (auch soweit es sich um Darlehensforderungen und -verbindlichkeiten i. S. des § 8b Abs. 3 Satz 4 ff. KStG handelt),
- partiarische Darlehen,
- typisch stille Beteiligungen,
- Gewinnschuldverschreibungen und
- Genussrechtskapital (mit Ausnahme des Genussrechtskapitals i. S. des § 8 Abs. 3 Satz 2 KStG).

9 Betriebsausgaben

Auf die Dauer der Überlassung des Fremdkapitals kommt es nicht an. Die Abtretung einer Forderung zu einem Betrag unter dem Nennwert gilt als eigenständige Überlassung von Fremdkapital i. S. von § 4h Abs. 3 EStG, wenn die Abtretung nach allgemeinen Grundsätzen als Darlehensgewährung durch den Zessionar an den Zedenten zu beurteilen ist (sog. **unechte Forfaitierung/unechtes Factoring**). Übernimmt der Zessionar zusätzlich das Risiko der Zahlungsunfähigkeit des Schuldners der abgetretenen Forderung (sog. **echte Forfaitierung/echtes Factoring**), ergeben sich durch die Abtretung grundsätzlich weder beim Zedenten noch beim Zessionar Zinsaufwendungen und Zinserträge i. S. des § 4h Abs. 3 EStG. Es wird aber nicht beanstandet, wenn Zessionar und Zedent aufgrund eines übereinstimmenden schriftlichen Antrags die echte Forfaitierung bzw. das echte Factoring als Überlassung von Fremdkapital i. S. von § 4h Abs. 3 EStG behandeln.[117] Entgelte für die Übernahme des Bonitätsrisikos und anderer Kosten stellen keine Zinsaufwendungen beim Zedenten und keine Zinserträge beim Zessionar dar.

9.9.4 Zinsaufwendungen/Zinserträge

Zinsaufwendungen im Sinne der Zinsschranke sind Vergütungen für Fremdkapital (§ 4h Abs. 3 Satz 2 EStG). **Zinserträge** im Sinne der Zinsschranke sind Erträge aus Kapitalforderungen jeder Art (§ 4h Abs. 3 Satz 3 EStG). Hierzu gehören auch Zinsen zu einem festen oder variablen Zinssatz, aber auch Gewinnbeteiligungen (Vergütungen für partiarische Darlehen, typisch stille Beteiligungen, Genussrechte und Gewinnschuldverschreibungen) und Umsatzbeteiligungen. Zinsaufwendungen bzw. Zinserträge sind auch Vergütungen, die zwar nicht als Zins berechnet werden, aber Vergütungscharakter haben (z. B. Damnum, Disagio, Vorfälligkeitsentscheidungen, Provisionen und Gebühren, die an den Geber des Fremdkapitals gezahlt werden).

Keine Zinsaufwendungen oder -erträge sind Dividenden, Zinsen nach §§ 233 ff. AO sowie Skonti und Boni.

Der Zinsschranke unterliegen nur solche Zinsaufwendungen und Zinserträge, die den maßgeblichen Gewinn bzw. das maßgebliche Einkommen gemindert oder erhöht haben. Insbesondere nicht abziehbare Zinsen gem. § 3c Abs. 1 und Abs. 2 EStG, § 4 Abs. 4a EStG, § 4 Abs. 5 Satz 1 Nr. 8a EStG und Zinsen, die gem. § 8 Abs. 3 Satz 1 KStG als verdeckte Gewinnausschüttungen das Einkommen einer Körperschaft nicht gemindert haben, sind keine Zinsaufwendungen i. S. des § 4h Abs. 3 Satz 2 EStG.

Zinsaufwendungen, die im Inland steuerpflichtige **Sondervergütungen** eines Mitunternehmers i. S. des § 15 Abs. 1 Satz 1 Nr. 2 EStG sind, stellen weder Zinsaufwendungen der Mitunternehmerschaft noch Zinserträge des Mitunternehmers dar. Zinsaufwendungen und -erträge, die Sonderbetriebsausgaben oder -einnahmen sind, werden der Mitunternehmerschaft zugeordnet.

---

117 BMF vom 04.07.2008 (BStBl 2008 I S. 718), Tz. 14.

9.9 Zinsschranke

Gewinnauswirkungen in Zusammenhang mit **Rückstellungen** in der Steuerbilanz sind keine Zinserträge und keine Zinsaufwendungen im Rahmen der Zinsschranke. Dies gilt nicht, soweit Zinsaufwendungen i. S. des § 4h Abs. 3 Satz 2 EStG zurückgestellt werden.

Vergütungen für die vorübergehende Nutzung von fremdem Sachkapital stellen grundsätzlich keine Zinserträge bzw. Zinsaufwendungen im Sinne der Zinsschranke dar. Dazu gehören auch Aufwendungen und Erträge, die Scheideanstalten aus der Goldleihe bzw. aus Edelmetallkonten erzielen.

Zinsanteile in **Leasingraten** führen zu Zinsaufwendungen oder -erträgen, wenn das wirtschaftliche Eigentum am Leasinggegenstand (Sachkapital) auf den Leasingnehmer übergeht, der Leasinggeber also eine Darlehensforderung und der Leasingnehmer eine Darlehensverbindlichkeit auszuweisen hat. Verbleibt das wirtschaftliche Eigentum am Leasinggegenstand beim Leasinggeber (Voll- und Teilamortisationsverträge) und handelt es sich um Finanzierungsleasing von Immobilien, ist eine Erfassung von Zinsanteilen in Leasingraten möglich, wenn der Leasinggeber mit den in der Grundmietzeit zu entrichtenden Raten zuzüglich des Erlöses aus einer Ausübung eines von Anfang an zum Ende der Grundmietzeit vertraglich vereinbarten Optionsrechts seine Anschaffungs- oder Herstellungskosten für den Leasinggegenstand sowie alle Nebenkosten einschließlich der Finanzierungskosten deckt und er dies gegenüber den Finanzbehörden nachweist. Der Leasinggeber kann in diesen Fällen die Zinsanteile als Zinserträge im Rahmen der Zinsschranke saldieren, soweit er in Leasingraten enthaltene Zinsanteile gegenüber dem Leasingnehmer offen ausweist; der Leasingnehmer hat seinerseits die Zinsanteile als Zinsaufwendungen im Rahmen der Zinsschranke zu erfassen. Die Erfassung von Zinsanteilen in Leasingraten setzt einen gemeinsamen schriftlichen Antrag von Leasinggeber und Leasingnehmer bei dem für den Leasinggeber örtlich zuständigen Finanzamt voraus. Der Leasinggeber muss außerdem nachweisen, dass der Leasingnehmer gegenüber dem für ihn örtlich zuständigen Veranlagungsfinanzamt eine schriftliche und unwiderrufliche Einverständniserklärung abgegeben hat, dass er mit der Erfassung der Zinsanteile als Zinsaufwendungen im Rahmen der Zinsschranke einverstanden ist. Die Anwendung der Billigkeitsregelung beim Leasinggeber hängt von der korrespondierenden Erfassung der Zinsen beim Leasingnehmer ab. Bei Leasingverträgen über Immobilien, die bis zum 25.05.2007 abgeschlossen worden sind, wird es im Zeitraum bis zur erstmaligen Änderungsmöglichkeit des Leasingvertrags nicht beanstandet, wenn der Leasinggeber in Leasingraten enthaltene Zinsanteile auch ohne Ausweis gegenüber dem Leasingnehmer als Zinserträge im Rahmen der Zinsschranke saldiert. Voraussetzung hierfür ist ein schriftlicher Antrag des Leasinggebers und der Nachweis des enthaltenen Zinsanteils gegenüber den Finanzbehörden.[118]

---

118 Vgl. BMF vom 04.07.2008 (BStBl 2008 I S. 718), Tz. 25 ff.

9 Betriebsausgaben

9.9.5 Aufzinsung

Die Aufzinsung unverzinslicher oder niedrigverzinslicher Verbindlichkeiten oder Kapitalforderungen führt zu Zinserträgen oder Zinsaufwendungen im Sinne der Zinsschranke (§ 4h Abs. 3 Satz 4 EStG). Ausgenommen sind Erträge anlässlich der erstmaligen Bewertung von Verbindlichkeiten (Abzinsung). Die vom Nennwert abweichende Bewertung von Kapitalforderungen mit dem Barwert führt ebenfalls nicht zu Zinsaufwendungen im Sinne der Zinsschranke. Die Auf- und Abzinsung und Bewertungskorrekturen von Verbindlichkeiten oder Kapitalforderungen mit einer Laufzeit am Bilanzstichtag von weniger als 12 Monaten bleiben unberücksichtigt.

Beispiel:

Die V-GmbH liefert am 30.12.01 Waren an die S-GmbH. Der Kaufpreis beträgt 10 Mio. € und ist am 31.12.10 endfällig. Das Wirtschaftsjahr aller Beteiligten entspricht dem Kalenderjahr. Die Voraussetzungen für die Anwendbarkeit der Zinsschranke (Überschreiten der Freigrenze etc.) sind bei allen Beteiligten gegeben.

Die S-GmbH hat die Waren zu dem Barwert der Kaufpreisverpflichtung angeschafft. Zum Zwecke der Ermittlung des Barwerts kann der Vervielfältiger 0,618 nach Tabelle 2 des BMF-Schreibens vom 26.05.2005[119] verwendet werden. Der durch die Neubewertung der Verbindlichkeit zu den nachfolgenden Stichtagen sukzessiv entstehende Aufwand ist Zinsaufwand i. S. des § 4h Abs. 3 Satz 2 EStG. Im Wirtschaftsjahr 02 entsteht auf diese Weise ein Zinsaufwand i. H. von 340.000 €, im Wirtschaftsjahr 03 von 350.000 €, im Wirtschaftsjahr 04 von 380.000 € etc.; im Wirtschaftsjahr 10 wird die Verbindlichkeit vollständig getilgt, und der Zinsaufwand beträgt 520.000 €. Der berücksichtigungsfähige Gesamtzinsaufwand der S-GmbH über die Laufzeit der Verbindlichkeit beläuft sich auf 3,82 Mio. €.

Die V-GmbH hat auf den 31.12.01 eine Forderung gegen die S-GmbH auszuweisen. Die Forderung ist in Höhe der Anschaffungskosten der Forderung, die deren Barwert entspricht, zu bilanzieren. Zur Ermittlung der Anschaffungskosten (Barwert) kann ebenfalls der Vervielfältiger 0,618 nach Tabelle 2 des o. g. BMF-Schreibens vom 26.05.2005 verwendet werden. Der Barwert der Forderung beläuft sich auf 6,18 Mio. €. Der durch die Neubewertung der Forderung zu den nachfolgenden Stichtagen sukzessiv entstehende Ertrag ist Zinsertrag i. S. des § 4h Abs. 3 Satz 3 EStG. Im Wirtschaftsjahr 02 kommt es zu einem Zinsertrag i. H. von 340.000 €, in 03 von 350.000 € etc. Der berücksichtigungsfähige Gesamtzinsertrag der V-GmbH über die Laufzeit der Forderung beträgt 3,82 Mio. €.

Teilwertberichtigungen führen grundsätzlich nicht zu Zinsaufwendungen oder Zinserträgen i. S. von § 4h Abs. 3 Satz 2 und 3 EStG.

---

119 BMF vom 26.05.2005 (BStBl 2005 I S. 699).

9.9 Zinsschranke

9.9.6 Abtretung

9.9.6.1 Abtretung einer Forderung aus der Überlassung von Geldkapital

9.9.6.1.1 Unechte Forfaitierung/unechtes Factoring

Bei der unechten Forfaitierung bzw. dem unechten Factoring bleibt die Forderung beim Zedenten weiterhin mit ihrem Barwert aktiviert. Der Zedent hat eine verzinsliche Darlehensschuld in Höhe des Nennwerts der gegenüber dem Zessionar bestehenden Rückzahlungsverpflichtung (= Nennwert der abgetretenen Forderung) zu passivieren.

In Höhe der Differenz zwischen dem Nennwert der Verbindlichkeit und dem überlassenen Geldkapital hat der Zedent einen aktiven Rechnungsabgrenzungsposten zu bilden. Der Zessionar weist eine Darlehensforderung gegenüber dem Zedenten und einen passiven Rechnungsabgrenzungsposten in entsprechender Höhe aus. Die Rechnungsabgrenzungsposten sind bei Fälligkeitsdarlehen linear aufzulösen. Der hierdurch entstehende Aufwand bzw. Ertrag ist Zinsaufwand bzw. -ertrag i. S. des § 4h Abs. 3 EStG. Factoring-Gebühren bzw. Forfaitierungs-Gebühren, die sonstige Kosten – z. B. für die Übernahme der Debitorenbuchhaltung durch den Zessionar – abdecken, stellen keine Zinsaufwendungen und keine Zinserträge dar. Die Zinsaufwendungen des Zedenten vermindern sich um Factoring-Gebühren bzw. Forfaitierungs-Gebühren nur insoweit, als er eine ordnungsgemäße Rechnung des Zessionars über diese Beträge vorlegt.

Abwandlung zum vorhergehenden Beispiel:
Die V-GmbH verkauft ihre endfällige Forderung gegen die S-GmbH noch am 30.12.01 an die K-GmbH und tritt sie mit sofortiger Wirkung ab. Der Kaufpreis beträgt 6,0 Mio. € und wird sofort gezahlt. Das Risiko der Zahlungsunfähigkeit der S-GmbH trägt laut Kaufvertrag weiterhin die V-GmbH. Ein gesonderter Abschlag für Inkassokosten etc. ist nicht vereinbart worden. Das Wirtschaftsjahr aller Beteiligten entspricht dem Kalenderjahr. Die Voraussetzungen für die Anwendbarkeit der Zinsschranke (Überschreiten der Freigrenze etc.) sind bei allen Beteiligten gegeben.
Die bilanzielle Behandlung der Verbindlichkeit der S-GmbH gegenüber der V-GmbH wird von der Forderungsabtretung nicht berührt. Der berücksichtigungsfähige Gesamtzinsaufwand der S-GmbH über die Laufzeit der Verbindlichkeit beträgt unverändert 3,82 Mio. €.
Die V-GmbH hat auf den 31.12.01 – neben der Forderung gegen die S-GmbH – nunmehr eine Darlehensverbindlichkeit i. H. von 10,0 Mio. € gegenüber der K-GmbH sowie einen aktiven Rechnungsabgrenzungsposten i. H. von 4,0 Mio. € auszuweisen:

V-GmbH 31.12.01

Aktiva		Passiva	
Forderung gegen S-GmbH	6.180.000	Eigenkapital	6.180.000
Bankguthaben	6.000.000	Darlehensverbindlichkeit	10.000.000
aktiver RAP	4.000.000		
	16.180.000		16.180.000

Die Darlehensverbindlichkeit unterliegt keiner Abzinsung nach § 6 Abs. 1 Nr. 3 EStG, da sie verzinslich ist. Zu den nachfolgenden Abschlussstichtagen entstehen durch die Neubewertung der Forderung Erträge, die über die Gesamtlaufzeit zu einem Zinsertrag i. S. des § 4h Abs. 3 Satz 3 EStG i. H. von 3,82 Mio. € führen. Der aktive Rechnungsabgrenzungsposten ist linear (endfällige Verbindlichkeit) über die Laufzeit der Darlehensverbindlichkeit aufzulösen und führt jährlich zu einem Zinsaufwand i. S. des § 4h Abs. 3 Satz 2 EStG i. H. von 444.444 €. Über die Laufzeit der Darlehensverbindlichkeit kommt es bei V insgesamt zu einem Zinsaufwand von 180.000 €.

Die K-GmbH erwirbt durch den Forderungskauf eine Darlehensforderung gegen die V-GmbH. Das Bilanzbild stellt sich auf den 31.12.01 wie folgt dar:

K-GmbH 31.12.01

Aktiva		Passiva	
Forderung gegen V-GmbH	10.000.000	Bank	6.000.000
		passiver RAP	4.000.000
	10.000.000		10.000.000

Die Darlehensforderung unterliegt keiner Bewertungskorrektur nach § 6 Abs. 1 Nr. 2 EStG, da sie verzinslich ist. Der passive Rechnungsabgrenzungsposten ist linear (endfällige Forderung) über die Laufzeit der Forderung aufzulösen und führt jährlich zu einem Zinsertrag i. S. des § 4h Abs. 3 Satz 3 EStG i. H. von 444.444 €.

Erfolgt die Tilgung der (abgetretenen) Forderung in Raten, sind die Rechnungsabgrenzungsposten nach der Zinsstaffelmethode aufzulösen.

9.9.6.1.2 Echte Forfaitierung/echtes Factoring

Bei der echten Forfaitierung bzw. dem echten Factoring übernimmt der Zessionar das Risiko der Uneinbringlichkeit der abgetretenen Forderung. Die Forderung ist bilanziell bei ihm zu aktivieren. Die Abtretung gilt nur auf übereinstimmenden schriftlichen Antrag von Zessionar und Zedent[120] als Überlassung von Fremdkapital i. S. von § 4h Abs. 3 EStG. Als Zinsertrag des Zessionars im Sinne der Zinsschranke ist in diesen Fällen die Differenz zwischen Nennwert und Kaufpreis der erworbenen, bereits realisierten Forderung anzusetzen. Factoring-Gebühren bzw. Forfaitierungs-Gebühren, die sonstige Kosten – z. B. für die Übernahme des Delkredererisikos und der Debitorenbuchhaltung durch den Zessionar – abdecken, stellen jedoch keine Zinserträge i. S. des § 4h Abs. 3 Satz 3 EStG dar.

Der Zedent hat in diesen Fällen i. H. des Differenzbetrags zwischen Verkaufserlös und Buchwert der verkauften Forderung einen Zinsertrag bzw. -aufwand im Sinne der Zinsschranke. Soweit dieser Differenzbetrag auf in einer ordnungsgemäßen Rechnung offen ausgewiesene Factoring-Gebühren bzw. Forfaitierungs-Gebühren entfällt, liegen keine Zinsaufwendungen i. S. des § 4h Abs. 3 Satz 2 EStG vor.

---

120 BMF vom 04.07.2008 (BStBl 2008 I S. 718), Tz. 14.

9.9 Zinsschranke

Abwandlung zur Abwandlung:
Das Risiko der Zahlungsunfähigkeit der S-GmbH trägt laut Kaufvertrag die K-GmbH. Ein gesondertes Entgelt für Risikoübernahme und Inkasso wurde in der Rechnung i. H. von 100.000 € von dem Kaufpreis der Forderung (6,1 Mio. €) abgesetzt. V erhält 6 Mio. € ausbezahlt. Die V-GmbH und die K-GmbH haben einen übereinstimmenden schriftlichen Antrag auf Behandlung der Abtretung als Überlassung von Fremdkapital i. S. von § 4h Abs. 3 EStG gestellt.[121]

Die bilanzielle Behandlung der Verbindlichkeit der S-GmbH gegenüber der V-GmbH wird von der Forderungsabtretung nicht berührt. Der berücksichtigungsfähige Gesamtzinsaufwand der S-GmbH über die Laufzeit der Verbindlichkeit beträgt 3,82 Mio. €.

Die V-GmbH hat die Forderung auszubuchen und den Verkaufserlös einzubuchen. In Höhe der Wertdifferenz zwischen dem Buchwert der abgetretenen Forderung und dem Verkaufspreis kommt es zu einem Zinsaufwand bzw. einem Zinsertrag im Sinne der Zinsschranke. Bei der V-GmbH entsteht damit ein sofort zu berücksichtigender Zinsaufwand i. S. von § 4h Abs. 3 Satz 2 EStG i. H. von 80.000 € (= 6,1 Mio. € ./. 6,18 Mio. €). In Höhe der offen in der Rechnung ausgewiesenen Prämien für Risikoübernahme und Inkasso entstehen sofort abziehbare Betriebsausgaben i. H. von 100.000 €, die keine Zinsaufwendungen i. S. des § 4h Abs. 3 EStG sind.

Die K-GmbH erwirbt eine Forderung gegen die S-GmbH und realisiert einen Ertrag i. H. von 100.000 € für Risikoübernahme und Inkasso. Die Forderung gegen die S-GmbH ist zum 31.12.01 mit 6,1 Mio. € zu bilanzieren. Zu den nachfolgenden Bilanzstichtagen ist die Forderung grundsätzlich mit ihren Anschaffungskosten von 6,1 Mio. € zu bewerten. Bei Erfüllung der Forderung im Wirtschaftsjahr 10 realisiert die K-GmbH einen Zinsertrag i. S. von § 4h Abs. 3 Satz 3 EStG i. H. von 3,9 Mio. €.

In den Fällen der echten Forfaitierung/des echten Factorings einer ratenweise zu tilgenden Forderung ist sinngemäß zu verfahren.

9.9.6.2 Abtretung einer Forderung aus schwebenden Geschäften

Im Fall der Abtretung einer noch nicht realisierten Geldforderung aus einem Dauerschuldverhältnis ergeben sich vor der Abtretung keine Zinsaufwendungen oder -erträge im Sinne der Zinsschranke aus der Auf- oder Abzinsung der Forderung und Verbindlichkeit, da diese bilanziell noch nicht erfasst sind.

9.9.6.2.1 Unechte Forfaitierung

Die Abtretung einer Forderung zu einem Betrag unter dem Nennwert ist eine eigenständige Überlassung von Fremdkapital i. S. des § 4h Abs. 3 EStG, wenn der Vorgang bilanziell als Darlehensgeschäft auszuweisen ist (sog. unechte Forfaitierung). Bei der Ermittlung der Zinsaufwendungen und Zinserträge aus der Abtretung einer Forderung im o. g. Sinne sind die Grundsätze zur Abtretung einer Forderung aus der Überlassung von Geldkapital und das BMF-Schreiben vom 09.01.1996[122] zu beachten. Der Zedent hat in Höhe der Differenz zwischen dem Nennwert der Darlehensschuld und dem überlassenen Geldkapital einen aktiven Rechnungsabgrenzungspos-

---
121 BMF vom 04.07.2008 (BStBl 2008 I S. 718), Tz. 14.
122 BMF vom 09.01.1996 (BStBl 1996 I S. 9).

9 Betriebsausgaben

ten zu bilden, der nach der Zinsstaffelmethode aufzulösen ist. Der hierdurch entstehende Aufwand ist Zinsaufwand i. S. des § 4h Abs. 3 EStG. Der Zessionar hat einen Zinsertrag in entsprechender Höhe. Factoring-Gebühren bzw. Forfaitierungs-Gebühren, die sonstige Kosten – z. B. für die Übernahme der Debitorenbuchhaltung durch den Zessionar – abdecken, stellen keine Zinsaufwendungen und keine Zinserträge i. S. des § 4h Abs. 3 Satz 2 und 3 EStG dar. Die Zinsaufwendungen des Zedenten vermindern sich um Forfaitierungs-Gebühren nur insoweit, als er eine ordnungsgemäße Rechnung des Zessionars über diese Beträge vorlegt.

Beispiel:

Die V-GmbH überlässt der S-GmbH ab dem 01.01.01 ein Grundstück zur Miete. Der Mietvertrag ist bis zum 31.12.10 befristet. Der jährlich auf den 01.01. zu entrichtende Mietzins beträgt 1 Mio. €. Die V-GmbH verkauft sämtliche noch nicht beglichenen Mietzinsansprüche mit einem Nennwert von 9 Mio. € am 30.12.01 an die K-GmbH und tritt sie mit sofortiger Wirkung ab. Der Kaufpreis beträgt 7,5 Mio. € und wird sofort gezahlt. Das Risiko der Zahlungsunfähigkeit der S-GmbH trägt laut Kaufvertrag weiterhin die V-GmbH. Ein gesonderter Abschlag für Inkassokosten etc. ist nicht vereinbart worden. Das Wirtschaftsjahr aller Beteiligten entspricht dem Kalenderjahr. Die Voraussetzungen für die Anwendbarkeit der Zinsschranke (Überschreiten der Freigrenze etc.) sind bei allen Beteiligten gegeben.

Die S-GmbH als Mieterin bilanziert ihre zukünftigen, wirtschaftlich noch nicht entstandenen Verbindlichkeiten aus dem Mietvertrag nicht. Der von ihr für das jeweils laufende Wirtschaftsjahr entrichtete Mietzins für den Gebrauch der Mietsache führt unmittelbar zu Mietaufwand.

Die V-GmbH hat der K-GmbH gegenüber eine Darlehensverbindlichkeit in Höhe des Nennwerts der veräußerten Mietzinsansprüche zu passivieren. Sie vereinnahmt den Mietzins bei Zahlung durch die S-GmbH erfolgswirksam als Mietertrag, der in voller Höhe an die K-GmbH weitergeleitet gilt. Die Darlehensverbindlichkeit mindert sich um den jeweiligen Mietzins. In Höhe der Differenz zwischen dem Nennwert der abgetretenen Mietzinsansprüche und dem Kaufpreis ist ein aktiver Rechnungsabgrenzungsposten i. H. von 1,5 Mio. € zu bilden, der entsprechend der Zinsstaffelmethode aufzulösen ist und zu Zinsaufwand i. S. des § 4h Abs. 3 Satz 2 EStG führt. Der zu berücksichtigende Gesamtzinsaufwand i. S. des § 4h Abs. 3 Satz 2 EStG der V-GmbH beläuft sich auf 1,5 Mio. €.

Die K-GmbH aktiviert eine (Darlehens-)Forderung in Höhe des Nennwerts der Mietzinsansprüche gegen die V-GmbH und passiviert einen Rechnungsabgrenzungsposten in Höhe der Differenz zwischen Nennwert und Kaufpreis, der entsprechend der Zinsstaffelmethode aufzulösen ist. Der Gesamtzinsertrag i. S. des § 4h Abs. 3 Satz 3 EStG der K-GmbH über die Laufzeit der erworbenen Forderung beträgt **1,5 Mio. €**.

9.9.6.2.2 Echte Forfaitierung

In den Fällen, in denen der Zessionar zusätzlich das Risiko der Zahlungsunfähigkeit des Schuldners der abgetretenen Forderung übernimmt (sog. echte Forfaitierung), gilt die Abtretung einer Forderung zu einem Betrag unter dem Nennwert nur auf übereinstimmenden schriftlichen Antrag von Zessionar und Zedent als eigenständige Überlassung von Fremdkapital i. S. von § 4h Abs. 3 EStG.[123]

Als Zinsertrag des Zessionars i. S. des § 4h Abs. 3 Satz 3 EStG ist in diesen Fällen die Differenz zwischen den vereinnahmten Erlösen aus dem Dauerschuldverhältnis (z. B. Mieterträge) und dem Kaufpreis der Forderung anzusetzen. Forfaitierungs-Gebühren, die sonstige Kosten – z. B. für die Übernahme des Delkredererisikos und der Debitorenbuchhaltung durch den Zessionar – abdecken, stellen jedoch keine Zinserträge i. S. des § 4h Abs. 3 Satz 3 EStG dar.

Der Zedent hat in Höhe des Differenzbetrags zwischen Verkaufserlös und Nennwert der verkauften Forderung einen Zinsaufwand bzw. einen Zinsertrag im Sinne der Zinsschranke. Soweit dieser Differenzbetrag auf in einer ordnungsgemäßen Rechnung offen ausgewiesene Forfaitierungs-Gebühren entfällt, liegen keine Zinsaufwendungen i. S. des § 4h Abs. 3 Satz 2 EStG vor.

Abwandlung zum vorhergehenden Beispiel:
Das Risiko der Zahlungsunfähigkeit der S-GmbH trägt laut Kaufvertrag die K-GmbH. Ein gesondertes Entgelt für die Risikoübernahme wurde nicht vereinbart. Die V-GmbH und die K-GmbH haben einen übereinstimmenden schriftlichen Antrag auf Behandlung der Abtretung als Überlassung von Fremdkapital i. S. von § 4h Abs. 3 EStG gestellt.[124]

Die S-GmbH als Mieterin bilanziert ihre Verbindlichkeit aus dem Mietvertrag i. d. R. nicht. Der von ihr entrichtete Mietzins für den Gebrauch der Mietsache führt unmittelbar zu Aufwand, der kein Zinsaufwand im Sinne der Zinsschranke ist.

Es ist für Zwecke der Zinsschranke abweichend von den allgemeinen bilanzsteuerlichen Grundsätzen davon auszugehen, dass die V-GmbH eine Mieteinnahme in Höhe des Nennbetrags der (Summe der) abgetretenen Mietforderungen vereinnahmt. In Höhe des Differenzbetrags zwischen dem Nennbetrag der abgetretenen Mietforderungen und dem vereinnahmten Kaufpreis entsteht gleichzeitig ein Zinsaufwand der V-GmbH i. S. des § 4h Abs. 3 Satz 2 EStG. Der berücksichtigungsfähige Gesamtzinsaufwand der V-GmbH beläuft sich somit auf 1,5 Mio. €. Der durch die Mieteinnahme erlöste Ertrag und der Gesamtzinsaufwand sind über die Laufzeit des Mietvertrags wie ein Rechnungsabgrenzungsposten auf die Wirtschaftsjahre linear zu verteilen.

Die K-GmbH aktiviert die erworbenen Forderungen gegen die S-GmbH in Höhe des Kaufpreises. Der vereinnahmte Mietzins ist in einen Zinsertrag und einen Tilgungsanteil aufzuteilen. Die Ermittlung des Zinsanteils pro Rate erfolgt nach allgemeinen bilanzsteuerrechtlichen Grundsätzen. Der danach ermittelte Zinsanteil stellt Zinsertrag i. S. des § 4h Abs. 3 Satz 3 EStG dar. Die Forderung vermindert sich um den Tilgungsanteil. Der Gesamtzinsertrag beträgt 1,5 Mio. €.

9.9.7 Ausnahmen von der Anwendung der Zinsschranke

§ 4h Abs. 2 EStG enthält drei Ausnahmen von der Anwendung der Zinsschranke (Escape-Klauseln). Die Zinsschranke findet keine Anwendung, wenn

---
123 BMF vom 04.07.2008 (BStBl 2008 I S. 718), Tz. 14.
124 BMF vom 04.07.2008 (BStBl 2008 I S. 718), Tz. 14.

9 Betriebsausgaben

- der Betrag der Zinsaufwendungen, soweit er den Betrag der Zinserträge übersteigt, weniger als 3 Mio. Euro beträgt (Freigrenze) oder
- der Betrieb nicht oder nur anteilmäßig zu einem Konzern gehört (Konzernzugehörigkeit) oder
- der Betrieb zu einem Konzern gehört, seine Eigenkapitalquote aber am Schluss des vorangegangenen Abschlussstichtags nicht mehr als 2 % unter der der Eigenkapitalquote des Konzerns liegt (Eigenkapitalvergleich).

Die Anwendung der Zinsschranke scheidet bereits dann aus, wenn nur eine der Escape-Klauseln erfüllt ist. Bei Körperschaften und diesen nachgeordneten Mitunternehmerschaften sind in den Fällen von § 4h Abs. 2 Satz 1 Buchst. b und c EStG (Konzernzugehörigkeit und Eigenkapitalvergleich) die Rückausnahmen in § 8a KStG zu beachten. Die Ausnahmen von der Zinsschranke nach § 4h Abs. 2 Satz 1 Buchst. b und c EStG gelten nur, wenn keine schädliche Gesellschafterfremdfinanzierung vorliegt.

9.9.7.1 Freigrenze

Die Zinsschranke kommt nicht zur Anwendung, wenn die die Zinserträge übersteigenden Zinsaufwendungen (Zinssaldo) weniger als 3 Mio. Euro betragen (§ 4h Abs. 2 Satz 1 Buchst. a EStG). Wird die Freigrenze auch nur geringfügig überschritten, scheidet die Anwendung der Escape-Klausel aus.

Die Freigrenze ist betriebsbezogen. Sie gilt auch für Körperschaften, Personenvereinigungen und Vermögensmassen. Hat der Steuerpflichtige mehrere Betriebe, steht für jeden der Betriebe eine eigene Freigrenze zur Verfügung.

Die Freigrenze wird für den Organkreis nur einmal gewährt.

Die Freigrenze bezieht sich auf das jeweilige Wirtschaftsjahr des Betriebs.

9.9.7.2 Konzernzugehörigkeit

Die Zinsschranke findet keine Anwendung, wenn der Betrieb nicht oder nur anteilmäßig zu einem Konzern gehört. Zu beachten sind § 8a Abs. 2 und 3 KStG, § 4h Abs. 2 Satz 2 EStG, wonach die Escape-Klausel bei Körperschaften und diesen nachgeordneten Mitunternehmerschaften zusätzlich voraussetzt, dass keine schädliche Gesellschafterfremdfinanzierung vorliegt.

Der Zinsschranke liegt ein erweiterter Konzernbegriff zugrunde. Ein Betrieb kann nur durch einen Rechtsträger beherrscht werden. Ob ein Betrieb konzernzugehörig ist, bestimmt sich regelmäßig nach § 4h Abs. 3 Satz 5 EStG (**Grundfall**). Ein Betrieb gehört danach zu einem Konzern, wenn er nach dem einschlägigen Rechnungslegungsstandard in einen Konzernabschluss einzubeziehen ist oder einbezogen werden könnte.

9.9 Zinsschranke

Liegt kein Konzern i. S. des § 4h Abs. 3 Satz 5 EStG vor, sind die Voraussetzungen des § 4h Abs. 3 Satz 6 EStG (sog. **Gleichordnungskonzern**) zu prüfen. Voraussetzung für einen Gleichordnungskonzern ist, dass die Finanz- und Geschäftspolitik eines Betriebs mit einem oder mehreren anderen Betrieben einheitlich bestimmt werden kann. Ein Konzern kann somit auch dann vorliegen, wenn eine natürliche Person an der Spitze des Konzerns steht und die Beteiligungen an den beherrschten Rechtsträgern im Privatvermögen gehalten werden.

Gemeinschaftlich geführte Unternehmen nach § 310 HGB oder vergleichbare Unternehmen, die nach anderen zur Anwendung kommenden Rechnungslegungsstandards (z. B. IAS 31) nur anteilmäßig in den Konzernabschluss einbezogen werden, gehören für Zwecke der Zinsschranke nicht zu einem Konzern. Gleiches gilt für assoziierte Unternehmen (§ 311 HGB) oder diesen vergleichbare Unternehmen.

Umfasst ein nicht konzerngebundenes **Einzelunternehmen** mehrere Betriebe, liegt kein Konzern im Sinne der Zinsschranke vor.

Ergibt sich die Gewerblichkeit eines Besitzunternehmens nur aufgrund einer personellen und sachlichen Verflechtung mit dem Betriebsunternehmen (**Betriebsaufspaltung**), liegt ebenfalls kein Konzern im Sinne der Zinsschranke vor.

Ein Einzelunternehmen oder eine Gesellschaft gehören nicht bereits deshalb zu einem Konzern, weil sie eine oder mehrere **Betriebsstätten** im Ausland haben.

Ein **Organkreis** gilt als ein Betrieb (§ 15 Satz 1 Nr. 3 KStG) und bildet für sich allein keinen Konzern im Sinne der Zinsschranke.

Bei einer **GmbH & Co. KG** gelten die KG und die als Komplementär allein haftende GmbH als ein Betrieb im Sinne der Zinsschranke, wenn sich die Tätigkeit der GmbH – neben ihrer Vertretungsbefugnis – in der Übernahme der Haftung und Geschäftsführung für die KG erschöpft und weder die KG noch die als Komplementär allein haftende GmbH anderweitig zu einem Konzern gehören. Die GmbH & Co. KG ist in diesen Fällen nicht als Konzern anzusehen. Das gilt nicht, wenn die GmbH darüber hinaus eine eigene Geschäftstätigkeit entfaltet.

Zweckgesellschaften sind für Zwecke der Zinsschranke konzernangehörige Betriebe, wenn nach dem jeweils zur Anwendung kommenden Rechnungslegungsstandard eine Konsolidierung in den Konzernabschluss zu erfolgen hat. In den Fällen des Gleichordnungskonzerns nach § 4h Abs. 3 Satz 6 EStG sind Zweckgesellschaften dann als konzernangehörig anzusehen, wenn ihre Finanz- und Geschäftspolitik mit einem oder mehreren anderen Betrieben einheitlich bestimmt werden kann. **Verbriefungszweckgesellschaften** im Rahmen von Asset-backed-Securities-Gestaltungen, deren Unternehmensgegenstand in dem rechtlichen Erwerb von Forderungen aller Art und/oder der Übernahme von Risiken aus Forderung und Versicherungen liegt, gelten für Zwecke der Zinsschranke nicht als konzernangehörige Unternehmen, wenn eine Einbeziehung in den Konzernabschluss allein aufgrund einer wirtschaftlichen Betrachtungsweise unter Berücksichtigung der Nutzen- und Risikoverteilung erfolgt ist.

9 Betriebsausgaben

Für die Frage, ob ein Betrieb zu einem Konzern gehört, ist grundsätzlich auf die Verhältnisse am Schluss des vorangegangenen Wirtschaftsjahres abzustellen.

Unter die Escape-Klausel fallen insbesondere:

- Einzelunternehmer, die keine Beteiligungen an einem Tochterunternehmen halten oder die nur Beteiligungen an Gemeinschaftsunternehmen, assoziierten Unternehmen und sonstige Minderheitsbeteiligungen halten,
- Kapitalgesellschaften, die nicht Tochterunternehmen sind und die auch selbst keine Beteiligungen an einem Tochterunternehmen halten, und
- Personengesellschaften, die keine Beteiligung an einem Tochterunternehmen halten und die auch selbst nicht Tochterunternehmen sind.

9.9.7.3 Eigenkapitalvergleich

Nach § 4h Abs. 2 Satz 1 Buchst. c EStG unterliegt der Zinsabzug nicht den Beschränkungen des § 4h Abs. 1 EStG, wenn die Eigenkapitalquote des Betriebs die Eigenkapitalquote des Konzerns um nicht mehr als zwei Prozentpunkte unterschreitet. Die Eigenkapitalquote ermittelt sich als Verhältnis des Eigenkapitals zur Bilanzsumme.

Eigenkapitalquote ist das Verhältnis des Eigenkapitals zur Bilanzsumme. Sie bemisst sich nach dem Konzernabschluss, der den Betrieb umfasst, und ist für den Betrieb auf der Grundlage des Jahresabschlusses oder Einzelabschlusses zu ermitteln. Wahlrechte sind im Konzernabschluss und im Jahresabschluss oder Einzelabschluss einheitlich auszuüben. Bei gesellschaftsrechtlichen Kündigungsrechten ist insoweit mindestens das Eigenkapital anzusetzen, das sich nach den Vorschriften des Handelsgesetzbuchs ergeben würde.

Für die Anwendung der Escape-Klausel ist auf die Eigenkapitalquote am Schluss der vorangegangenen Abschlussstichtage abzustellen (§ 4h Abs. 2 Satz 1 Buchst. c Satz 1 EStG). Bei Neugründung eines Betriebs wird ausnahmsweise auf das Eigenkapital in der Eröffnungsbilanz abgestellt.

Bestehende Konzernabschlüsse werden in den Fällen des § 4h Abs. 3 Satz 5 EStG grundsätzlich unverändert für den Eigenkapitalvergleich herangezogen, wenn sie nach den §§ 291, 292 und 315a HGB befreiende Wirkung haben. Sie müssen nicht um diejenigen konzernabhängigen Betriebe erweitert werden, die zulässigerweise – etwa nach § 296 HGB – nicht in den Konzernabschluss aufgenommen wurden.

Für den Eigenkapitalvergleich sind – vorbehaltlich der nachfolgend dargestellten Korrekturen von Eigenkapital und Bilanzsumme – der Konzernabschluss und der Abschluss des Betriebs zugrunde zu legen.

Bei der Ermittlung der Eigenkapitalquote des Betriebs sind Vermögenswerte und Schulden, einschließlich Rückstellungen, Bilanzierungshilfen, Rechnungsabgrenzungsposten u. Ä., mit den Werten anzusetzen, mit denen sie im Konzernabschluss ausgewiesen sind. Ein im Konzernabschluss enthaltener Firmenwert und im Rah-

9.9 Zinsschranke

men eines Beteiligungserwerbs mitbezahlte stille Reserven der Beteiligungsgesellschaft sind dem Betrieb zuzuordnen, soweit sie auf diesen entfallen. Die Bilanzsumme des Betriebs ist ggf. anzupassen.

Die in § 4h Abs. 2 Satz 1 Buchst. c Satz 5 EStG vorgesehene Kürzung der Anteile an anderen inländischen und ausländischen Konzerngesellschaften umfasst auch die Beteiligungen an Mitunternehmerschaften. Die Beteiligungshöhe ist unmaßgeblich. Eine Kürzung um eigene Anteile und um Anteile an nicht konzernangehörigen Gesellschaften unterbleibt.

Bei der Ermittlung der Eigenkapitalquote des Betriebs ist das nach den jeweils relevanten Rechnungslegungsstandards ermittelte Eigenkapital um folgende Größen zu modifizieren (§ 4h Abs. 2 Satz 1 Buchst. c Satz 5 bis 7 EStG):

- `+` im Konzernabschluss enthaltener Firmenwert, soweit er auf den Betrieb entfällt,
- `+ ./.` Korrektur der Vermögenswerte und Schulden (Ausweis mit den im Konzernabschluss enthaltenen Werten),
- `+` die Hälfte des Sonderpostens mit Rücklagenanteil (§ 273 HGB),
- `./.` Eigenkapital, das keine Stimmrechte vermittelt – mit Ausnahme von Vorzugsaktien,
- `./.` Anteile an anderen Konzerngesellschaften,
- `./.` Einlagen der letzten 6 Monate vor dem maßgeblichen Abschlussstichtag, soweit ihnen Entnahmen oder Ausschüttungen innerhalb der ersten 6 Monate nach dem maßgeblichen Abschlussstichtag gegenüberstehen;
- `+ ./.` Sonderbetriebsvermögen ist dem Betrieb der Mitunternehmerschaft zuzuordnen.

Die Bilanzsumme des Betriebs ist wie folgt zu verändern:

- `+` im Konzernabschluss enthaltener Firmenwert, soweit er auf den Betrieb entfällt,
- `+ ./.` Korrektur der Vermögenswerte und Schulden (Ausweis mit den im Konzernabschluss enthaltenen Werten),
- `./.` Anteile an anderen Konzerngesellschaften,
- `./.` Einlagen der letzten 6 Monate vor dem maßgeblichen Abschlussstichtag, soweit ihnen Entnahmen oder Ausschüttungen innerhalb der ersten 6 Monate nach dem maßgeblichen Abschlussstichtag gegenüberstehen,
- `./.` Kapitalforderungen, die nicht im Konzernabschluss ausgewiesen sind und denen Verbindlichkeiten i. S. des § 4h Abs. 3 EStG in mindestens gleicher Höhe gegenüberstehen;
- `+ ./.` Sonderbetriebsvermögen ist dem Betrieb der Mitunternehmerschaft zuzuordnen.

9 Betriebsausgaben

Die für den Eigenkapitalvergleich maßgeblichen Abschlüsse sind einheitlich nach den International Financial Reporting Standards (IFRS) zu erstellen. Hiervon abweichend können Abschlüsse nach dem Handelsrecht eines Mitgliedstaats der Europäischen Union verwendet werden, wenn kein Konzernabschluss nach den IFRS zu erstellen und offenzulegen ist und für keines der letzten 5 Wirtschaftsjahre ein Konzernabschluss nach den IFRS erstellt wurde. Nach den Generally Accepted Accounting Principles der Vereinigten Staaten von Amerika (US-GAAP) aufzustellende und offenzulegende Abschlüsse sind zu verwenden, wenn kein Konzernabschluss nach den IFRS oder dem Handelsrecht eines Mitgliedstaats der Europäischen Union zu erstellen und offenzulegen ist. Der Konzernabschluss muss den Anforderungen an die handelsrechtliche Konzernrechnungslegung genügen oder die Voraussetzungen erfüllen, unter denen ein Abschluss nach den §§ 291 und 292 HGB befreiende Wirkung hätte. Wurde der Jahresabschluss oder Einzelabschluss nicht nach denselben Rechnungslegungsstandards wie der Konzernabschluss aufgestellt, ist die Eigenkapitalquote des Betriebs in einer Überleitungsrechnung nach den für den Konzernabschluss geltenden Rechnungslegungsstandards zu ermitteln. Die Überleitungsrechnung ist einer prüferischen Durchsicht zu unterziehen. Auf Verlangen der Finanzbehörde ist der Abschluss oder die Überleitungsrechnung des Betriebs durch einen Abschlussprüfer zu prüfen, der die Voraussetzungen des § 319 HGB erfüllt.

9.9.8 Mitunternehmerschaften

Die Ermittlung der nicht abziehbaren Zinsaufwendungen erfolgt betriebsbezogen. Nicht abziehbare Zinsaufwendungen sind den Mitunternehmern auch dann nach dem allgemeinen Gewinnverteilungsschlüssel zuzurechnen, wenn es sich um Zinsaufwendungen aus dem Sonderbetriebsvermögensbereich eines Mitunternehmers handelt.

Bei Ausscheiden eines Mitunternehmers aus einer Gesellschaft geht der Zinsvortrag anteilig mit der Quote unter, mit der der ausgeschiedene Mitunternehmer an der Gesellschaft beteiligt war (§ 4h Abs. 5 Satz 2 EStG).

In analoger Anwendung von § 8c KStG gehen auch Zinsvorträge einer Personengesellschaft unter, soweit an dieser unmittelbar oder unmittelbar eine Kapitalgesellschaft als Mitunternehmerin beteiligt ist und dort ein schädlicher Anteilseignerwechsel eintritt.

10 Bewertungs- und Bilanzierungsvorschriften nach dem EStG

10.1 Allgemeines

Der Bewertung des Betriebsvermögens kommt für die einkommensteuerliche Gewinnermittlung eine besondere Bedeutung zu. Die Gewinnermittlung durch Betriebsvermögensvergleich nach § 4 Abs. 1 und § 5 EStG setzt voraus, dass die einzelnen Wirtschaftsgüter des Betriebsvermögens in der Bilanz wertmäßig angesetzt werden. Es bedarf daher für die Aufstellung der Schlussbilanz eines Wirtschaftsjahres sowohl der bestandsmäßigen Erfassung aller zum Betriebsvermögen gehörenden Wirtschaftsgüter als auch der zutreffenden Bewertung dieser Wirtschaftsgüter. Die allgemeinen Bewertungsvorschriften gelten nach § 1 Abs. 2 BewG nicht, soweit in anderen Steuergesetzen besondere Bewertungsvorschriften enthalten sind. Das Einkommensteuergesetz hat insbesondere in § 6 seine besonderen Bewertungsvorschriften. Die allgemeinen Bewertungsvorschriften des Bewertungsgesetzes gelten nur ausnahmsweise, nämlich dann, wenn einkommensteuerliche Bewertungsvorschriften nicht vorhanden sind oder der Ergänzung durch die Bewertungsvorschriften des Bewertungsgesetzes bedürfen.

Beispiel:
Werden bei der Betriebsaufgabe Wirtschaftsgüter nicht veräußert, so sind sie gem. § 16 Abs. 3 Satz 7 EStG mit dem gemeinen Wert anzusetzen. Was unter gemeinem Wert zu verstehen ist, ergibt sich nicht aus dem Einkommensteuergesetz. Der Begriff des gemeinen Werts ist in § 9 BewG definiert.

Die steuerliche Bewertung von Wirtschaftsgütern kann sich auch nach handelsrechtlichen Regeln (vgl. §§ 252 ff. HGB) zu richten haben. Dies gilt, wenn und soweit der Grundsatz der **Maßgeblichkeit der Handelsbilanz** für die Steuerbilanz (§ 5 Abs. 1 und 5 EStG) eingreift. Eine Änderung durch das Gesetz zur Modernisierung des Bilanzrechts (BilMoG) vom 25.05.2009[1] erfolgte insoweit nicht.

Steuerbilanz und Handelsbilanz stehen nicht selbständig nebeneinander, die Handelsbilanz bildet die Grundlage der Steuerbilanz, vgl. auch 7.2.5 und 7.2.13.5.

§ 5 Abs. 1 Satz 1 EStG beschreibt den Grundsatz der Maßgeblichkeit der Handelsbilanz für die Steuerbilanz.

Aus der Formulierung „... ist (...) das Betriebsvermögen anzusetzen (...), das nach den handelsrechtlichen Grundsätzen ordnungsmäßiger Buchführung auszuweisen ist" ergibt sich der derivative und subsidiäre Charakter der Steuerbilanz und wird durch § 60 Abs. 1 und 2 EStDV unterstrichen.

---
1 BGBl 2009 I S. 1102, BStBl 2009 I S. 650.

10 Bewertungs- und Bilanzierungsvorschriften nach dem EStG

Die handelsrechtlichen Grundsätze ordnungsmäßiger Buchführung umfassen u. a. Bilanzierungsgrundsätze, d. h., ob Wirtschaftsgüter dem Grund nach als Aktiv- und Passivposten in der Handelsbilanz anzusetzen sind und ob sie auch in der Steuerbilanz angesetzt werden müssen (**Bilanzierung dem Grunde nach**), soweit für diese steuerrechtlich keine Sonderregelung besteht; insoweit spricht man auch von **Ansatzvorschriften**. Diese handelsrechtlichen Grundsätze ordnungsmäßiger Buchführung gelten über die Verweisung in § 141 Abs. 2 AO auch für diejenigen, die zur Buchführung nach § 4 Abs. 1 EStG (nicht aber aus § 5 EStG) verpflichtet sind. Stellt ein Steuerpflichtiger freiwillig eine Steuerbilanz nach § 4 Abs. 1 EStG auf, so besteht diese Verpflichtung nicht.

Die Steuerbilanz wird als abgeleitete Handelsbilanz bezeichnet bzw. vom Maßgeblichkeitsgrundsatz der Handelsbilanz für die Steuerbilanz bestimmt. Die handelsrechtlichen Bilanzierungsgrundsätze in Form von Geboten, Verboten oder Wahlrechten sind grundsätzlich auch für die Steuerbilanz zwingend.

Das gilt bezüglich der handelsrechtlichen Aktivierungs- und Passivierungsgebote, d. h., Aktiv- und Passivposten, die in der Handelsbilanz angesetzt werden müssen, sind auch in der Steuerbilanz anzusetzen, soweit für diese steuerrechtlich keine Sonderregelung besteht.

Auch an handelsrechtliche Aktivierungsverbote und Passivierungsverbote sind Steuerpflichtige mit Gewinnermittlungen nach § 5 EStG gebunden.

Was handelsrechtlich nicht aktiviert werden darf, darf auch steuerrechtlich nicht bilanziert werden (**Aktivierungsverbot**). Was handelsrechtlich nicht passiviert werden darf, ist auch in der Steuerbilanz nicht anzusetzen (**Passivierungsverbot**).[2]

Die Übernahme der handelsrechtlichen Aktivierungs- und Passivierungsverbote in § 5 Abs. 2 und 5 EStG stellen damit eine gesetzliche Fixierung des Maßgeblichkeitsgrundsatzes dar.

Was handelsrechtlich aktiviert werden darf, muss steuerrechtlich im Interesse einer möglichst zutreffenden Abschnittsbesteuerung auch bilanziert werden, dementsprechend darf steuerlich nicht passiviert werden, was handelsrechtlich nicht passiviert werden muss.

Beispiel:
Ein Unternehmen hat im Wirtschaftsjahr 01 in der eigenen Forschungsabteilung ein Beschichtungsverfahren entwickelt, das Küchenmöbel stoßunempfindlich macht und das durch die Eintragung als Patent gesichert ist. Es soll im Unternehmen dauerhaft genutzt werden. Die Aufwendungen dafür von 600.000 € darf das Unternehmen in der Handelsbilanz zum 31.12.01 nicht aktivieren, handelsrechtlich ist eine Aktivierung nicht zulässig, wenn ein immaterielles Anlagegut nicht entgeltlich erworben wurde (§ 248 Abs. 2 HGB).

Das patentierte Beschichtungsverfahren stellt ein selbst geschaffenes immaterielles Wirtschaftsgut des Anlagevermögens dar (R 5.5 und 6.1 EStR; § 247 Abs. 2 HGB).

---

2 Vgl. auch BFH vom 03.02.1969 (BStBl 1969 II S. 291).

10.1 Allgemeines

Deshalb dürfen die dafür entstandenen Aufwendungen steuerlich nicht aktiviert werden, sondern stellen sofort abziehbare Betriebsausgaben dar (§ 5 Abs. 2 EStG).

Dieser seit Jahrzehnten bestehende Grundsatz der Maßgeblichkeit im Bilanzrecht und **Bilanzsteuerrecht** wurde in der Vergangenheit durch selbständige Gewinnermittlungsvorschriften im Einkommensteuerrecht eingeschränkt, und zwar nicht durch begünstigende Steuerrechtsnormen, sondern es wurden zunehmend einschränkende Abweichungen vom geltenden Handelsrecht statuiert, wie z. B. die Nutzungsdauer und der Abschreibungszeitraum des Geschäfts- oder Firmenwerts über einen Zeitraum von 15 Jahren (§ 7 Abs. 1 Satz 2 EStG) oder die Einschränkung der Rückstellungsbildung von Jubiläumszuwendungen (7.2.6 und 11.3) und mit sehr weit reichender Bedeutung das Verbot der Rückstellungsbildung für drohende Verluste aus schwebenden Geschäften nach § 5 Abs. 4a EStG (7.2.6 und 11.4).

Beispiel:
Der Unternehmer hat vor Jahren einen lang laufenden Mietvertrag (umsatzsteuerfrei) über Büroräume in der Innenstadt von B. abgeschlossen, der noch eine Laufzeit bis 31.12.10 hat. Die monatliche Miete hierfür beträgt 12.000 €. Weil der Unternehmer zwischenzeitlich eigene Büroräume bezogen hat, die Miete jedoch nicht gekündigt werden konnte, vermietet der Unternehmer diese angemieteten Büros mit Zustimmung des Vermieters ab 01.07.02 weiter. Allerdings kann er hierfür nur noch einen Mietzins i. H. von 10.500 € monatlich erzielen.
Weil die Mieterträge die Mietaufwendungen bei dem Unternehmer nicht decken, wurde zum 31.12.02 in der Handelsbilanz eine Rückstellung in folgender Höhe gebildet:
– Mietaufwendungen 03 bis 10:
  12.000 € × 12 Monate × 8 Jahre =   1.152.000 €
– Mieterträge 03 bis 10:
  10.500 € × 12 Monate × 8 Jahre =   <u>1.008.000 €</u>
– Differenz = Rückstellung   144.000 €

Bei der Rückstellung handelt es sich um eine Rückstellung für drohende Verluste aus einem Dauerschuldverhältnis. Hierfür ist handelsrechtlich zwingend eine Rückstellung gem. § 249 Abs. 1 Satz 1 HGB zu bilden. Steuerlich ist die Bildung einer entsprechenden Rückstellung jedoch nicht zulässig (§ 5 Abs. 4a EStG).

Dies wurde damit begründet, dass das Gebot der Besteuerung nach der wirtschaftlichen Leistungsfähigkeit und einer periodengerechten Besteuerung mit der Möglichkeit der Bildung überhöhter stiller Reserven unzulässig begünstigt werde.

Ebenso wurde die Rückstellungsbildung weiter eingeschränkt, vgl. auch 11. So verbietet § 5 Abs. 2a EStG die Bildung von Rückstellungen, die aus Erlösen zu tilgen sind; § 5 Abs. 3 EStG schränkt die Bildung von Rückstellungen wegen Verletzung fremder Schutzrechte ein; § 5 Abs. 4b EStG verbietet steuerlich die Bildung von Rückstellungen, wenn die Erfüllung der Verpflichtung zur Entstehung eines aktivierungsfähigen Wirtschaftsguts führt, und es bestehen über das Handelsrecht hinaus steuerliche Abzinsungsverpflichtungen. Weitere Änderungen und eine fortschreitende Abkehr von der Einheitsbilanz betreffen vor allem den Bereich der (ungewissen) Verbindlichkeiten, den Bereich der Teilwertabschreibung und Wertaufholung (vgl. 10.11 bis 10.13) und den Bereich der Gewinnrealisierung bei Übertragungen von Betrieben und einzelnen Wirtschaftsgütern (vgl. 10.19).

Insoweit wird der Maßgeblichkeitsgrundsatz weiter durchbrochen, da in diesen Fällen die abweichenden steuerlichen Vorschriften maßgeblich sind (§ 5 Abs. 6 EStG).

Aufgrund einer deutlich erkennbaren Internationalisierung der Gewinnermittlung, z. B. nach den Regelungen der „International Financial Reporting Standards (IAS/IFRS)" oder der amerikanischen „Generally Accepted Accounting Principles (US-GAAP)" für international tätige Unternehmen, erfolgt eine weitere Aufgabe des Maßgeblichkeitsgrundsatzes.

Die International Financial Accounting bzw. Financial Reporting Standards (IAS/IFRS) sind vorwiegend auf kapitalmarktorientierte Unternehmen zugeschnitten, dienen also dem Informationsbedürfnis von Finanzanalysten, berufsmäßigen Investoren und anderen Kapitalmarktteilnehmern.

Die weit überwiegende Anzahl der rechnungslegungspflichtigen deutschen Unternehmen nimmt den Kapitalmarkt aber gar nicht in Anspruch.

Dem trägt das BilMoG Rechnung. Danach bleibt die Handelsbilanz Grundlage auch der steuerlichen Gewinnermittlung und es soll insbesondere den mittelständischen Unternehmen dadurch ermöglicht werden, nur ein Rechenwerk – die sog. Einheitsbilanz – aufzustellen.

Der durch das BilMoG geänderte § 5 Abs. 1 EStG ist nach § 52 Abs. 1 Satz 1 EStG i. V. m. Art. 15 BilMoG erstmals für den VZ 2009, also für Wirtschaftsjahre, die nach dem 31.12.2008 endeten, anzuwenden gewesen.

Werden handelsrechtliche Ansätze von Vermögensgegenständen und Schulden durch die steuerlichen Ansatz- und Bewertungsvorbehalte durchbrochen (§ 5 Abs. 1a bis 4b, Abs. 6, §§ 6, 6a und 7 EStG), erscheint in der Steuerbilanz ein abweichend bewerteter Posten (Durchbrechung des Maßgeblichkeitsgrundsatzes). Der Steuerpflichtige hat dabei die Wahl, entweder die Ansätze oder Beträge der Handelsbilanz, die den steuerlichen Vorschriften nicht entsprechen, durch Zusätze oder Anmerkungen entsprechend zu ergänzen (§ 60 Abs. 2 Satz 1 EStDV) oder eine den steuerlichen Vorschriften entsprechende Vermögensübersicht, die Steuerbilanz (§ 60 Abs. 2 Satz 2 EStDV), aufzustellen. Übt er steuerliche Wahlrechte nach § 5 Abs. 1 Satz 2 EStG aus, so hat er die Wirtschaftsgüter, die nicht mit dem handelsrechtlich maßgeblichen Wert in der steuerlichen Gewinnermittlung ausgewiesen werden, in besondere, laufend zu führende Verzeichnisse aufzunehmen. Diese Verzeichnisse sind Bestandteil der Buchführung und müssen gem. § 5 Abs. 1 Satz 3 EStG den Tag der Anschaffung oder Herstellung, die Anschaffungs- oder Herstellungskosten, die Vorschrift des ausgeübten steuerlichen Wahlrechtes und die vorgenommenen Abschreibungen enthalten. Dies gilt nicht für die Ausübung steuerlicher Wahlrechte im Sonderbetriebsvermögen. Grundsätzlich besagt der Maßgeblichkeitsgrundsatz aber (auch weiterhin), dass die konkrete ordnungsmäßig auf-

10.1 Allgemeines

gestellte Handelsbilanz als Grundlage für die steuerliche Gewinnermittlung dient (vgl. § 5 Abs. 1 EStG).

Die umgekehrte Maßgeblichkeit nach § 5 Abs. 1 Satz 2 EStG, die bis zum VZ 2008 besagte, dass bei der steuerlichen Gewinnermittlung die Anwendung steuerrechtlicher Vorschriften davon abhängig gewesen ist, dass sich diese aus der (Handels-)Bilanz ergab, gilt seit VZ 2009 nicht mehr.

Somit können seit VZ 2009 erhöhte Absetzungen, Sonderabschreibungen, die Übertragung stiller Reserven bei der Veräußerung bestimmter Anlagegüter nach § 6b EStG und bei Bildung einer Zuschussrücklage (R 6.5 Abs. 4 Satz 2 EStR) sowie der Übertragung stiller Reserven bei der Ersatzbeschaffung nach R 6.6 EStR und der Rückgängigmachung durch Zuschreibung (R 6.6 Abs. 1 Satz 2 Nr. 3 EStR) in der Steuerbilanz ausgeübt werden, ohne dass es einer entsprechenden Ausübung in der Handelsbilanz bedarf. Dies gilt insbesondere auch für die Teilwertabschreibungen nach § 6 Abs. 1 Nr. 1 Satz 2 und Nr. 2 Satz 2 EStG.

Bei der Gegenüberstellung des Betriebsvermögens am Anfang und am Ende des Wirtschaftsjahres sind die Wirtschaftsgüter mit den Anschaffungs- oder Herstellungskosten (ggf. vermindert um die Absetzungen für Abnutzung) oder dem Teilwert zu bewerten. Im Einzelnen gelten bei den verschiedenen Bewertungsgegenständen u. a. folgende Bewertungsmaßstäbe:

1. Wirtschaftsgüter des Anlagevermögens, die der Abnutzung unterliegen, sind mit den Anschaffungs- oder Herstellungskosten, vermindert um die Absetzungen für Abnutzung, anzusetzen. Ist der Teilwert aufgrund einer voraussichtlich dauernden Wertminderung niedriger, so kann dieser angesetzt werden (§ 6 Abs. 1 Nr. 1 EStG).

2. Andere als die in § 6 Abs. 1 Nr. 1 EStG bezeichneten Wirtschaftsgüter (Grund und Boden, Beteiligungen, Umlaufvermögen) sind mit den Anschaffungs- oder Herstellungskosten anzusetzen. Stattdessen kann aufgrund einer voraussichtlich dauernden Wertminderung der niedrigere Teilwert angesetzt werden (§ 6 Abs. 1 Nr. 2 EStG).

Diese Regelung gilt sinngemäß auch für Verbindlichkeiten (§ 6 Abs. 1 Nr. 3 EStG).

3. Entnahmen und Einlagen sind grundsätzlich mit dem Teilwert zu bewerten, Einlagen jedoch höchstens mit den Anschaffungs- oder Herstellungskosten, wenn das zugeführte Wirtschaftsgut insbesondere innerhalb der letzten 3 Jahre vor dem Zeitpunkt der Zuführung angeschafft oder hergestellt worden ist (§ 6 Abs. 1 Nr. 4 und 5 EStG).

Entsprechendes gilt für die Bewertung von Wirtschaftsgütern bei der Eröffnung eines Betriebs (§ 6 Abs. 1 Nr. 6 EStG).

4. Beim entgeltlichen Erwerb eines Betriebs sind die Wirtschaftsgüter mit dem Teilwert, höchstens jedoch mit den Anschaffungs- oder Herstellungskosten anzusetzen (§ 6 Abs. 1 Nr. 7 EStG).

Bei den einzelnen Bewertungsregeln des § 6 EStG gelten folgende allgemeine Begriffe und Grundsätze (vgl. u. a. tabellarische Übersicht 10.22).

10.2 Bewertungsstichtag

Die Bewertung richtet sich nach den Verhältnissen am Bewertungsstichtag. Bewertungsstichtag ist im Allgemeinen der Bilanzstichtag. Einlagen sind hingegen für den Zeitpunkt der Zuführung zu bewerten (§ 6 Abs. 1 Nr. 5 EStG). Entnahmen müssen entsprechend nach den Verhältnissen im Zeitpunkt der Entnahme bewertet werden, wenngleich das Gesetz ausdrücklich nichts darüber aussagt.

Die Bewertung richtet sich also regelmäßig nach den Verhältnissen des Bilanzstichtags. **Bilanzstichtag** ist der Tag, auf den die Bilanz aufgestellt wird, bei Wirtschaftsjahren vom 1. Januar bis 31. Dezember mithin der 31. Dezember. Tag der Bilanzaufstellung ist der Tag, an dem die entscheidenden Bilanzarbeiten abgeschlossen werden, an dem die Bilanz im Wesentlichen fertig gestellt ist.

Für die Bewertung sind nur solche Umstände von Bedeutung, die am Bewertungsstichtag vorhanden sind. Nicht erforderlich ist es, dass diese Umstände am Bewertungsstichtag bereits bekannt werden. Es genügt, dass sie dem Steuerpflichtigen bei Bilanzaufstellung bekannt sind (wertaufhellende im Gegensatz zu wertbeeinflussenden Tatsachen; § 252 Abs. 1 Nr. 4 HGB).[3]

Beispiele:

a) A schuldet B 5.000 € aus Warenlieferungen. Über das Vermögen des A wird am 20.12. das Insolvenzverfahren eröffnet. Davon erfährt B aber erst im Januar des nächsten Jahres. Gleichwohl kann B den Umstand, dass seine Forderung nicht voll erfüllt werden wird, bereits bei der Bilanz zum 31.12. berücksichtigen.

b) Am 05.01. bricht im Betrieb des X ein Brand aus, durch den seine Ware teilweise beschädigt wird. Die dadurch eingetretene Wertminderung kann X nicht bereits zum vorhergehenden Bilanzstichtag 31.12. berücksichtigen.

Es können bereits Geschehnisse, die am Bewertungsstichtag noch nicht abgeschlossen, wohl aber im Ansatz vorhanden und vorhersehbar waren, berücksichtigt werden. Dabei muss es sich um Umstände handeln, die „sozusagen bereits am Bilanzstichtag in der Luft lagen"[4]. Die voraussehbare künftige Gestaltung der Verhältnisse wird dann zu einem am Bewertungsstichtag eingetretenen Ereignis, wenn sie bereits in dem am Bewertungsstichtag vorhandenen Sachverhalt ihre Grundlage findet.

Beispiel:

Im Warenlager des Schuhwareneinzelhändlers A befindet sich Ware, die voraussichtlich nur zu einem Preis, der unter den Selbstkosten liegt, verkauft werden kann. Dieser in der Zukunft liegende Umstand kann bei der Bewertung bereits berücksichtigt werden.

---

3 BFH, BStBl 1996 II S. 153.
4 BFH, BStBl 1968 II S. 5.

10.3 Einzelbewertung, Gruppenbewertung, Bewertungseinheiten

Nach der ständigen Rechtsprechung des BFH kann ferner die nachhaltige Minderung der Wiederbeschaffungskosten für Vorratsvermögen, die innerhalb von sechs Wochen nach dem Bilanzstichtag eintritt, bereits bei der Bewertung zum Bilanzstichtag berücksichtigt werden, wenn sie am Bilanzstichtag schon feststand.

Auch im Fall einer Außenprüfung kann die Bewertung nur nach diesen Gesichtspunkten geprüft werden, nicht etwa nach den Erkenntnissen im Zeitpunkt der Außenprüfung.

Zum Bilanzstichtag ist generell die objektive Rechtslage entscheidend. Die Besteuerung knüpft an den tatsächlich verwirklichten Sachverhalt an (§ 38 AO), nicht aber an Rechtsansichten des Steuerpflichtigen, und erfolgt materiell-rechtlich ohne Rücksicht auf deren Vertretbarkeit oder Verschulden des Steuerpflichtigen.[5]

Beispiel:[6]
Ein Steuerpflichtiger verspricht seinen Kunden den verbilligten Erwerb von Handys, wenn diese einen Mobilfunkdienstleistungsvertrag mit einer mindestens 24-monatigen Laufzeit abschließen. Die aus der verbilligten Überlassung der Handys herrührenden Aufwendungen (Saldo aus Einkaufspreis des Unternehmers abzgl. Abgabepreis an Kunden) buchte der Steuerpflichtige als Betriebsausgaben. Zum Bilanzstichtag war die bilanzielle Behandlung dieses Problems noch ungeklärt. Erst später stellte sich heraus, dass in diesen Fällen eine periodengerechte Verteilung des Aufwands auf die Laufzeit des Mobilfunkdienstleistungsvertrags durch Bildung eines (aktiven) Rechnungsabgrenzungspostens geboten war.
Entscheidend ist in diesem Fall die (sich später) herausbildende objektive Rechtslage, sodass ein aktiver Rechnungsabgrenzungsposten (ggf. auch noch nachträglich, soweit möglich) zu bilden ist.

10.3 Einzelbewertung, Gruppenbewertung, Bewertungseinheiten

Die Bewertung erfolgt nach dem Grundsatz der **Einzelbewertung**. Jedes einzelne Wirtschaftsgut ist für sich zu bewerten. Eine Zusammenfassung mehrerer Wirtschaftsgüter zum Zwecke der Bewertung ist im Allgemeinen unzulässig.

Zur Erleichterung der Inventur und der Bewertung können jedoch

1. **gleichartige** Wirtschaftsgüter des **Vorratsvermögens oder**
2. **andere gleichartige oder annähernd gleichwertige bewegliche** Wirtschaftsgüter

jeweils zu einer Gruppe zusammengefasst und als solche mit dem gewogenen **Durchschnittswert** bewertet werden (§ 240 Abs. 4 HGB).

---

5 So klarstellend: BFH vom 31.01.2013 GrS 1/10 (BStBl 2013 II S. 317).
6 Vgl. BFH vom 15.05.2013 I R 77/08 (BStBl 2013 II S. 730).

10 Bewertungs- und Bilanzierungsvorschriften nach dem EStG

Beispiel:
Ein Großhändler hat am 31.12.01 noch 1.000 kg Lack im Lager, deren Anschaffungskosten unterschiedlich hoch sind. Die zuletzt angeschafften Lacke wurden zu 45 €/kg angeschafft. Im Laufe des Wirtschaftsjahres wurden folgende Eingänge gebucht:

Anschaffungskosten	kg	€/kg	Gesamtpreis
15.04.01	400	50	20.000 €
17.05.01	400	40	16.000 €
10.08.01	600	50	30.000 €
14.10.01	250	24	6.000 €
30.11.01	150	40	6.000 €
15.12.01	500	45	22.500 €
	2.300		100.500 €

Am 31.12.01 beträgt der Wiederbeschaffungspreis der Lacke 46 € je kg.
Am 31.12.01 ergibt sich laut Inventur ein Bestand von 1.000 kg. Es ist nicht mehr feststellbar, aus welcher Lieferung diese Menge stammt. Auch aus der Lagerung ergeben sich keine Anhaltspunkte. Die Wiederbeschaffungskosten zum Stichtag würden 1.000 kg × 46 €/kg = 46.000 € betragen. Die Bewertung hat jedoch nach dem gewogenen Mittel zu erfolgen.

Das ergibt die folgende Rechnung:

$$\frac{\text{Anschaffungskosten insgesamt } 100.500 \text{ €}}{\text{gesamte Einkaufsmenge von } 2.300 \text{ kg}} = \text{Durchschnittspreis je kg } 43{,}70 \text{ €}$$

Die durchschnittlichen Anschaffungskosten betragen 43,70 €, sodass der Bestand von 1.000 kg mit 43.700 € zu bewerten ist.

Da der Stichtagswert (46 € je kg) über dem Durchschnittspreis liegt, ist keine Abschreibung auf den niedrigen Teilwert erforderlich.

Noch genauer ist die Ermittlung des Durchschnittswerts aufgrund permanenter Fortschreibung der Zu- und Abgänge. Dabei wird nach jedem Zugang ein neuer Durchschnittspreis ermittelt, und der daraus erfolgte Abgang wird mit diesem Durchschnittspreis abgezogen.

Mit der Durchschnittsbewertung wird lediglich die Ermittlung der Anschaffungskosten bezweckt. Die Bewertung in der Bilanz richtet sich letztlich nach § 6 Abs. 1 Nr. 2 EStG. Danach sind die Anschaffungskosten maßgebend; bei niedrigem Teilwert ist dieser jedoch anzusetzen.

Die Gruppenbildung und **Gruppenbewertung** darf im einzelnen Fall nicht gegen die Grundsätze ordnungsmäßiger Buchführung verstoßen (§ 256 HGB).

Beim **Vorratsvermögen** (Roh-, Hilfs- und Betriebsstoffe, unfertige Erzeugnisse und unfertige Leistungen, fertige Erzeugnisse und Waren) wird immer **Gleichartigkeit** vorausgesetzt. Annähernde Gleichwertigkeit genügt nicht, andererseits setzt Gleichartigkeit nicht Gleichwertigkeit voraus.[7] Ob Gleichartigkeit gegeben ist, entscheidet sich nach der Verkehrsauffassung und der Branchenüblichkeit. Die Wirtschaftsgüter müssen nicht einander gleich sein, aber zur **gleichen Warengattung**

---
7 R 6.8 Abs. 4 Satz 3 EStR.

10.3 Einzelbewertung, Gruppenbewertung, Bewertungseinheiten

zählen und im Wesentlichen die **gleiche Marktgängigkeit** haben, können aber unterschiedlichen Preisklassen angehören.

Beispiele für eine Gruppenbewertung:
Einzelteile von Baugerüsten und Gleisanlagen, Hotelgeschirr und -wäsche, Werkzeuge, Schrauben verschiedener Abmessungen mit Durchschnittswert je kg.

Vermögensgegenstände sind annähernd gleichwertig, wenn ihre Preise (je nach Bewertungsverfahren Einkaufspreise oder Verkaufspreise) nur geringfügig voneinander abweichen. Die zu einer Gruppe zusammengefassten annähernd gleichwertigen Wirtschaftsgüter brauchen zwar nicht gleichartig zu sein; sie dürfen aber auch nicht gänzlich verschiedenartig sein.

Gleichartige Wirtschaftsgüter brauchen für die Zusammenfassung zu einer Gruppe nicht gleichwertig zu sein (z. B. Herrensocken verschiedener Preislagen in einem Kaufhaus). Es muss jedoch für sie ein Durchschnittswert bekannt sein. Das ist der Fall, wenn bei der Bewertung der gleichartigen Wirtschaftsgüter ein ohne Weiteres feststellbarer, nach den Erfahrungen der betreffenden Branche sachgemäßer Durchschnittswert verwendet wird.[8] Besonders wertvolle Wirtschaftsgüter sind regelmäßig einzeln zu bewerten.

Von dem Grundsatz der Einzelbewertung besteht gem. **§ 5 Abs. 1a EStG** bei sog. **Bewertungseinheiten** eine gesetzliche Ausnahme, dass bilanziell und bewertungsmäßig sog. **Risikokompensationsgeschäfte** abweichend von dem allgemeinen Grundsatz bilanziell zu behandeln sind.

Als Spezialvorschrift geht die Regelung allen anderen steuerlichen Vorschriften zur Bilanzierung und Bewertung vor.

§ 5 Abs. 1a EStG begründet eine besondere Verknüpfung zwischen handels- und steuerbilanziellen Wertansätzen, wonach die Ergebnisse der in der handelsrechtlichen Rechnungslegung zur Absicherung **finanzwirtschaftlicher Risiken** gebildeten Bewertungseinheiten auch für die steuerliche Gewinnermittlung maßgeblich sind.

Beispiel:
Unternehmer U hat eine Verbindlichkeit i. H. von 1 Mio. US-Dollar aufgenommen. Die Laufzeit der Verbindlichkeit beträgt 3 Jahre. Der Wechselkurs bei Kreditaufnahme betrug 1 € = 1,50 US-Dollar. Zur Absicherung des Wechselkursrisikos kauft der Unternehmer 1 Mio. US-Dollar per Termin (Devisentermingeschäft). Der Terminkurs beträgt ebenfalls 1 € = 1,50 US-Dollar. Zum Bilanzstichtag steigt der Wechselkurs auf 1 € = 1,30 US-Dollar, sodass der Wert der Verbindlichkeiten von 666.666 € auf 769.230 € steigt und in dem Devisentermingeschäft ein unrealisierter Ertrag i. H. von 102.564 € ruht, da der Zeitwert ebenfalls 769.230 € beträgt.

Lösung:
Die US-Dollar-Verbindlichkeit ist zum Bilanzstichtag mit 769.230 €˙ zu bewerten (**aufwandswirksame Zuschreibung**). Der Bewertungsgewinn aus dem Devisenter-

---
8 R 6.8 Abs. 4 EStR.

mingeschäft ist zum Bilanzstichtag zwar noch nicht realisiert; nach § 5 Abs. 1a EStG sind die Voraussetzungen für eine Bewertungseinheit aber erfüllt, dementsprechend kann der Bewertungsertrag von 102.564 € erfolgswirksam bilanziell erfasst werden, sodass sich die gegenläufigen Bewertungsergebnisse neutralisieren.

Diese gesetzliche Regelung widerspricht dem allgemeinen steuerlichen und handelsrechtlichen Grundsatz, wonach Vermögensgegenstände und Schulden einzeln, d. h. unabhängig von anderen Geschäftsvorfällen, zu bewerten sind.

Grundsätzlich sind zwingend unrealisierte Gewinne und Verluste aus einzelnen Bewertungsobjekten imparitätisch zu erfassen.

Nach allgemeinen handelsrechtlichen und damit auch für die steuerliche Beurteilung grundsätzlich maßgeblichen Bilanzierungsgrundsätzen dürfen Gewinne gem. § 252 Abs. 1 Nr. 4 Halbsatz 2 HGB nur ausgewiesen werden, wenn sie realisiert sind (**Ertragsrealisationsprinzip**).

Demgegenüber sind Verluste gem. § 252 Abs. 1 Nr. 4 Halbsatz 1 HGB bereits auszuweisen, wenn sie entstanden sind; auf eine Realisation der Verluste kommt es gerade nicht an (**Imparitätsprinzip**).

Von diesem allgemeinen Grundsatz sind auch steuerlich aufgrund der Sonderregelung nach § 5 Abs. 1a EStG risikokompensierende Geschäftsvorfälle ausgenommen, um damit zu einer den tatsächlichen Verhältnissen entsprechenden Darstellung der wirtschaftlichen Lage des Unternehmens zu gelangen.

Dies erfolgt durch die partielle Einschränkung des Grundsatzes der Einzelbewertung. Damit wird der Saldierungsbereich unrealisierter Werterhöhungen und -minderungen über den Wert des einzelnen Bewertungsobjektes hinaus ausgedehnt.

Durch die Bildung von Bewertungseinheiten gelingt damit eine Zusammenfassung von Risikopositionen über die Grenzen der Einzelgeschäfte hinweg.

Dies ist eine gesetzlich normierte Ausnahme von dem sonst grundsätzlich zu beachtenden Gebot der Einzelbewertung.

10.4 Festwerte

Nach § 240 Abs. 3 HGB können Gegenstände des Anlagevermögens sowie Roh-, Hilfs- und Betriebsstoffe des Vorratsvermögens mit einem Festwert angesetzt werden, wenn ihr Bestand in seiner Größe, seinem Wert und seiner Zusammensetzung nur geringen Schwankungen und Veränderungen unterliegt. Dabei muss es sich um Wirtschaftsgüter handeln, die regelmäßig ersetzt werden und deren Gesamtwert für das Unternehmen von nachrangiger Bedeutung ist. Das ist regelmäßig der Fall, wenn der Gesamtwert der für einen einzelnen Festwert in Betracht kommenden Wirtschaftsgüter an den dem Bilanzstichtag vorangegangenen fünf Bilanzstichtagen im Durchschnitt 10 % der Bilanzsumme nicht übersteigt.[9]

---

[9] BMF, BStBl 1993 I S. 276.

10.4 Festwerte

Gemäß § 5 Abs. 1 EStG gilt bei der steuerlichen Gewinnermittlung der Grundsatz der **Maßgeblichkeit der Handelsbilanz** für die Steuerbilanz. Wird das Festwertverfahren in der Handelsbilanz angewandt, so ist es auch in der Steuerbilanz anzuwenden.

Übersteigt der für diesen Bilanzstichtag durch körperliche Bestandsaufnahme ermittelte Wert den bisherigen Festwert um mehr als 10 %, so ist der ermittelte Wert als neuer Festwert maßgebend. Bis er erreicht ist, sind die nach dem Bilanzstichtag des vorausgegangenen Wirtschaftsjahres entstandenen Anschaffungskosten der Neuanschaffungen nicht gewinnmindernd zu buchen, sondern der Festwert ist um diese aufzustocken.

Ist der ermittelte Festwert niedriger als der bisherige Festwert, so kann der Steuerpflichtige den ermittelten Wert als neuen Festwert ansetzen.

Steuerpflichtige, die ihren Gewinn nach § 5 Abs. 1 EStG ermitteln, müssen den niedrigen Wert als neuen Festwert ansetzen, weil nach § 6 Abs. 1 EStG ein Ausweis oberhalb der Anschaffungskosten bzw. Herstellungskosten nicht zulässig ist.

Beruht die Minderung des Festwerts dagegen nicht auf einem niedrigen Bestand, sondern auf einer Wertminderung wegen Preisrückgangs oder stärkerer Abnutzung, dann ist in der Handelsbilanz das Niederstwertprinzip zu beachten, eine Teilwertabschreibung aufgrund des Wahlrechts in § 6 Abs. 1 Nr. 1 EStG seit dem VZ 2009 aber nicht mehr zwingend.

Geringe Wertschwankungen sind unbeachtlich, da es zum Charakter des Festwertansatzes gehört, dass geringe Wertschwankungen aus Gründen der Vereinfachung nicht berücksichtigt werden.

Typische Roh-, Hilfs- und Betriebsstoffe, für die ein Festwert sinnvoll ist, sind Farblager, Schmier- und Reinigungsmittel, Nieten, Schrauben und sonstiges Kleinmaterial, Heizölbestände. Für Gegenstände, die besonders wertvoll sind (Gold und Platin) oder regelmäßig erheblichen Preisschwankungen unterliegen (Blei, Kupfer), kann ein Festwert nicht gebildet werden. Festwerte dürfen gebildet werden für Roh-, Hilfs- und Betriebsstoffe, die sich nach Menge und Wert und Zusammensetzung nur geringfügig verändern.

Für das Festwertverfahren eignen sich insbesondere Behälter wie Flaschen, Kisten, Kübel; Beleuchtungsanlagen, soweit es sich um Betriebsvorrichtungen und nicht um unselbständige Gebäudeteile handelt; Gläser, Geschirr, Bestecke, Wäsche in Gaststätten und Hotelbetrieben; Fahrzeuge wie Elektrokarren, Tunnelofenwagen in Ziegeleien; Flaschenzüge, Kokillen, Zeichengeräte, Ladeneinrichtungen, Vorrichtungen, Stanzen, Modelle; Werkzeuge wie Zangen, Schraubenschlüssel, Meißel, Bohrer, Schaufeln usw.

Kleinwerkzeuge sind als kurzlebige Wirtschaftsgüter regelmäßig wie Ersatz- und Ergänzungsteile zu behandeln, von denen eine Erstausstattung mit den Maschinen zu aktivieren ist. Nachgekaufte Kleinwerkzeuge gehören grundsätzlich zum Vorratsvermögen. Ersatzbeschaffung, Herauf- oder Herabsetzungen sind regelmäßig sofortiger Aufwand.

Es muss jedoch i. d. R. **an jedem dritten Bilanzstichtag** eine körperliche Bestandsaufnahme durchgeführt werden, um zu überprüfen, ob der Ansatz der bisherigen Menge und des bisherigen Werts noch gerechtfertigt ist. Der Festwert darf nur der Erleichterung der Inventur und der Bewertung, nicht jedoch dem Ausgleich von Preisschwankungen, insbesondere Preissteigerungen, dienen.[10]

Der als Festwert zu bildende Durchschnittswert wird beeinflusst durch die **altersmäßige Schichtung der einzubeziehenden Wirtschaftsgüter.** Im Regelfall setzt sich der zum Festwert geeignete Bestand aus neuwertigen wie alten und mehr oder weniger abgenutzten Wirtschaftsgütern zusammen. Je nach der durchschnittlichen Nutzungsdauer und der Gleich- oder Verschiedenartigkeit der betreffenden Güter ergibt sich ein **Durchschnittswert von 40 bis 50 % der Anschaffungs- oder Herstellungskosten.**[11]

Für **Gerüst- und Schalungsteile** ist ein **Durchschnittswert von 40 %** der tatsächlichen Anschaffungs- oder Herstellungskosten oder der am Bilanzstichtag niedrigeren Wiederbeschaffungskosten zugelassen.

10.5 Wertzusammenhang, Bewertungsstetigkeit

Der Grundsatz des Wertzusammenhangs besagt, dass ein Wirtschaftsgut, welches bereits in der Schlussbilanz des Vorjahres im Betriebsvermögen enthalten war, in der folgenden Schlussbilanz nicht höher bewertet werden darf. Der Bilanzzusammenhang ist gewahrt, wenn eine Übereinstimmung der Eröffnungsbilanz des Folgejahres mit der Jahresabschlussbilanz des Vorjahres besteht, kein Bilanzposten verschwindet oder neu hinzukommt und keine Bewertungsunterschiede bestehen, die sog. Zweischneidigkeit der Bilanz.

Durch eine formelle und materielle Bilanzkontinuität soll die Vergleichbarkeit gewährleistet sein, wobei die Grundsätze der Bilanzklarheit (§ 243 Abs. 2 HGB) und der Bilanzwahrheit (§ 242 Abs. 3 HGB) zu beachten sind.

Beim eingeschränkten Wertzusammenhang können durch Ansatz des Teilwerts die vorhergehenden Bilanzansätze überschritten werden. Es dürfen jedoch höchstens die Anschaffungs- oder Herstellungskosten angesetzt werden. Diese Einschränkung gilt nicht bei land- und forstwirtschaftlichen Betrieben; hier ist auch der Ansatz eines höheren Teilwerts zulässig, wenn das den Grundsätzen ordnungsmäßiger Buchführung entspricht (§ 6 Abs. 1 Nr. 2 letzter Satz EStG).

Der Grundsatz der Bewertungsstetigkeit bedeutet, dass zwischen verschiedenen Bewertungsmöglichkeiten (Bewertungswahlrechte und Methodenwahlrechte) nicht

---
10 H 6.8 „Festwert" EStH.
11 BMF, BStBl 1993 I S. 276.

beliebig gewechselt werden darf. Ein nach dem Gesetzeswortlaut an sich zulässiger Wechsel in der Bewertung darf nicht missbräuchlich sein; siehe auch § 252 Abs. 1 Nr. 6 HGB.

10.6 Bewertung nach dem Lifo-Verfahren

Abweichend vom Prinzip der Einzelbewertung, d. h. anstelle einer Ermittlung der Anschaffungs- oder Herstellungskosten, lässt § 6 Abs. 1 Nr. 2a EStG für die Wertermittlung gleichartiger Vermögensgegenstände die Anwendung bestimmter **Verbrauchsfolgeverfahren** zu. Es handelt sich hierbei – ebenso wie bei der Festbewertung (10.4) und der Gruppenbewertung (10.3) – um Bewertungsvereinfachungsverfahren, deren Zweck darin besteht, die Ermittlung der Anschaffungs- oder Herstellungskosten gleichartiger Vermögensgegenstände zu vereinfachen.

Steuerpflichtige, die den Gewinn nach § 5 EStG ermitteln, können nach § 6 Abs. 1 Nr. 2a EStG für den Wertansatz gleichartiger Wirtschaftsgüter des Vorratsvermögens unterstellen, dass die zuletzt angeschafften oder hergestellten Wirtschaftsgüter zuerst verbraucht oder veräußert werden, soweit das den handelsrechtlichen Grundsätzen ordnungsmäßiger Buchführung entspricht. Wegen regelmäßiger Schwankungen der Einkaufspreise im Laufe eines Jahres lassen sich die tatsächlichen Anschaffungs- oder Herstellungskosten des Warenendbestandes häufig im Einzelnen nicht mehr feststellen. **Die Lifo-Methode unterstellt, dass die zuletzt angeschafften oder hergestellten Wirtschaftsgüter zuerst wieder verbraucht oder veräußert werden („last in – first out").** Diese Bewertungsmethode ermöglicht die zeitnahe Verrechnung von Einkaufs- und Verkaufspreisen und vermeidet dadurch eine preissteigerungsbedingte und vor allem mit der Durchschnittswertermittlung einhergehende Besteuerung von Scheingewinnen. Das Verbot eines höheren Wertausweises als die Anschaffungs- oder Herstellungskosten abzüglich AfA (abnutzbares Anlagevermögen) bzw. die Anschaffungskosten (nicht abnutzbares Anlagevermögen) bzw. die Anschaffungs- oder Herstellungskosten (Umlaufvermögen) verhindert, dass nicht verwirklichte Gewinne ausgewiesen und versteuert werden; siehe dazu im Einzelnen 10.12.

Für den Wertansatz **gleichartiger Wirtschaftsgüter des Vorratsvermögens** gestattet § 6 Abs. 1 Nr. 2a EStG unter folgenden **Voraussetzungen** das Lifo-Verfahren:

- der Gewinn wird nach § 5 EStG ermittelt,
- die angewandte Methode entspricht den handelsrechtlichen Grundsätzen der Ordnungsmäßigkeit der Buchführung.
- Die Anwendung der Lifo-Methode setzt (seit VZ 2009) nicht voraus, dass der Steuerpflichtige die Wirtschaftsgüter auch in der Handelsbilanz nach dieser Methode bewertet. Eine Einzelbewertung der Wirtschaftsgüter in der Handelsbilanz steht der Anwendung der Lifo-Methode nicht entgegen. Bei einer Abwei-

chung von der Handelsbilanz sind die Wirtschaftsgüter in besondere, laufend zu führende Verzeichnisse aufzunehmen (§ 5 Abs. 1 Satz 2 EStG).[12] Die Verbrauchsfolge wird als Fiktion unterstellt. Bei der Lifo-Methode geht die Fiktion davon aus, dass bei unveränderten Mengen am Schluss des Wirtschaftsjahres der Bestand am Ende des vorangegangenen Wirtschaftsjahres noch vorhanden ist, also eine Art Stockfunktion innehat, obwohl in der Praxis die Fifo-Verbrauchsfolge („first in – first out") der tatsächlichen Verbrauchsfolge entspricht; insoweit ist das Lifo-Verfahren besonders in Zeiten mit anhaltenden Preissteigerungen von besonderem Interesse. Mit seiner Hilfe können stille Reserven geschaffen werden. Diese Methode unterstellt, dass die teureren, zuletzt angeschafften oder hergestellten Güter zuerst verbraucht werden.

Die Anwendung der Lifo-Methode setzt im Einzelnen voraus, dass die Bewertung nach der Lifo-Methode den handelsrechtlichen Grundsätzen ordnungsmäßiger Buchführung entspricht. Dieselbe Voraussetzung enthält § 256 HGB.

Im Gegensatz zu der Regelung nach § 256 HGB besteht aber keine andere Verbrauchsfolgewahl.[13]

Die Lifo-Methode muss also mit der tatsächlichen Verbrauchsfolge nicht übereinstimmen; sie darf jedoch, wie z. B. bei leicht verderblicher Ware, nicht völlig unvereinbar mit dem betrieblichen Geschehensablauf sein. Die Lifo-Methode muss auch nicht auf das gesamte Vorratsvermögen angewandt werden. Sie kann aber grundsätzlich für den gesamten Bereich des Vorratsvermögens (Roh-, Hilfs- und Betriebsstoffe, unfertige Erzeugnisse sowie Waren) Anwendung finden. Das Lifo-Verfahren ist nur bei **gleichartigen** Wirtschaftsgütern des Vorratsvermögens zulässig (§ 6 Abs. 1 Nr. 2a EStG), damit müssen jeweilig gleichartige Wirtschaftsgüter in Gruppen zusammengefasst werden.

Zur Beurteilung der Gleichartigkeit sind die kaufmännischen Gepflogenheiten und die allgemeine Verkehrsanschauung heranzuziehen. Es muss sich regelmäßig um gleiche Warengattungen und annähernde Preisgleichheit oder um Funktionsgleichheit und regelmäßig annähernde Preisgleichheit handeln. Erhebliche Preisunterschiede sind zumindest Anzeichen für Qualitätsunterschiede.[14] Wann die Grenze der Erheblichkeit erreicht ist, ist offen; u. E. dürfte das bei einer Preisabweichung innerhalb einer Grenze von 20 bis 25 % regelmäßig noch nicht der Fall sein.

Eine Bewertung nach der Lifo-Methode entspricht nicht den handelsrechtlichen Grundsätzen ordnungsgemäßer Buchführung und ist deshalb auch steuerrechtlich ausgeschlossen, wenn Vorräte mit – absolut betrachtet – hohen Erwerbsaufwendungen infrage stehen, die Anschaffungskosten ohne Weiteres identifiziert und den einzelnen Vermögensgegenständen angesichts deren individueller Merkmale ohne

---

12 So R 6.9 Satz 2 EStR.
13 So ausdrücklich auch R 6.9 Satz 1 EStR.
14 R 6.9 Abs. 3 Satz 4 EStR.

10.6 Bewertung nach dem Lifo-Verfahren

Schwierigkeiten zugeordnet werden können, wie z. B. zum Verkauf bestimmte Kraftfahrzeuge.[15]

Die Bewertung nach der Lifo-Methode kann sowohl durch permanente Lifo als auch durch Perioden-Lifo erfolgen. Bei der Perioden-Lifo wird der Bestand lediglich am Ende des Wirtschaftsjahres bewertet. Dabei können Mehrbestände mit den Anfangsbeständen zu einem neuen Gesamtbestand zusammengefasst oder als besonderer Posten (**Layer**) ausgewiesen werden. Der Steuerpflichtige kann den so **bewerteten Überbestand** für jedes Wirtschaftsjahr **als eigenen Posten** (Layer) fortführen und bei einem Endbestand, der niedriger als der Anfangsbestand ist, nach der Lifo-Methode auflösen.

Durch § 256 Satz 1 HGB wird das bei der Bewertung des Umlaufvermögens in der Handelsbilanz zwingend zu beachtende Niederstwertprinzip (§ 253 Abs. 3 HGB) nicht beeinträchtigt. In der Steuerbilanz besteht seit der Aufgabe der umgekehrten Maßgeblichkeit durch das BilMoG ein Wahlrecht zur Teilwertabschreibung.

Ist **der Endbestand** ggf. mit dem handelsrechtlichen Vergleichswert (der sich aus dem Marktpreis ergebende Wert [steuerrechtliche Teilwert]) niedriger als der nach der Lifo-Methode ermittelte Wert, so kann der niedrigere Teilwert angesetzt werden.

Beispiel:

Ein Großhändler hat in einem Wirtschaftsjahr 1.000 kg Lacke im Lager. Die Anschaffungskosten sind unterschiedlich hoch. Am 31.12. des entsprechenden Wirtschaftsjahres betragen die Wiederbeschaffungskosten der Lacke je kg 46 €. Folgende Mengen wurden im Laufe des Jahres angeschafft:

Anschaffungskosten	kg	€/kg	Gesamtpreis
15.04.01	400	50	20.000 €
17.05.01	400	40	16.000 €
10.08.01	600	50	30.000 €
14.10.01	250	24	6.000 €
30.11.01	150	40	6.000 €
15.12.01	500	45	22.500 €
	2.300		100.500 €

Die Bewertung nach der Lifo-Methode würde zu folgendem Wert führen:

15.04.01	400	50	20.000 €
17.05.01	400	40	16.000 €
10.08.01	200	50	10.000 €
Endbestand	1.000		46.000 €

Die Bewertung nach der Durchschnittsmethode führt zu folgendem Wert:

$$\frac{\text{Gesamtpreis } 100.500 \text{ €}}{\text{Anschaffungsmenge } 2.300 \text{ kg}} = \text{Durchschnittspreis je kg } 43{,}70 \text{ €}$$

Endbestand 1.000 kg × durchschnittliche Anschaffungskosten = 43.700 €

---

15 BFH, BStBl 2001 II S. 636.

10 Bewertungs- und Bilanzierungsvorschriften nach dem EStG

Die Bewertung nach der Durchschnittsmethode führt zu einem niedrigeren Bilanzansatz als nach der Lifo-Methode und damit zu einem höheren Wareneinsatz. Deshalb muss die Durchschnittsmethode angewandt werden.

Da der Stichtagswert (46 €/kg) über dem Durchschnittspreis liegt, ist keine Abschreibung auf den niedrigeren Teilwert möglich. Etwas anderes würde beispielsweise gelten, wenn die Wiederbeschaffungskosten am Bilanzstichtag unter den Wert von 43,70 € gefallen wären. In dem Fall wäre der niedrigere Teilwert ansetzbar.

Die Ausübung des Wahlrechts hat nach § 6 Abs. 1 Nr. 2a Satz 2 EStG zur Folge, dass der Vorratsbestand am Schluss des Wirtschaftsjahres, das der erstmaligen Anwendung der Bewertung nach der Lifo-Methode vorangeht, mit seinem Bilanzansatz als erster Zugang des neuen Wirtschaftsjahres gilt. Ermittlungen zur Zugangsfolge des Vorratsbestandes am Schluss des Wirtschaftsjahres, das der erstmaligen Anwendung der Lifo-Methode vorangeht, entfallen dadurch.

Von der einmal gewählten Verbrauchs- oder Veräußerungsfolge nach der Lifo-Methode kann in folgenden Wirtschaftsjahren nur mit **Zustimmung des Finanzamts** abgewichen werden (§ 6 Abs. 1 Nr. 2a Satz 3 EStG). Dadurch soll sichergestellt werden, dass ein Wechsel zur Durchschnittsbewertung nicht willkürlich erfolgt. Die Entscheidung des Finanzamts über die Erteilung oder Versagung der Zustimmung ist eine Ermessensentscheidung. Dabei ist auch der Zweck der Gesetzesregelung zu berücksichtigen, durch die allgemeine Einführung der Lifo-Methode im Steuerrecht dem Problem der Scheingewinnbesteuerung abzuhelfen und eine weitere Angleichung an das Handelsrecht zu erreichen. Der Wechsel der Methodenwahl bei Anwendung der Lifo-Methode bedarf hingegen nicht der Zustimmung des Finanzamts.[16]

10.7 Anschaffungskosten

Der Begriff der Anschaffungskosten ist nicht im Einkommensteuergesetz geregelt, sondern von der Rechtsprechung des BFH ausgehend von der handelsrechtlichen Vorschrift des § 255 Abs. 1 HGB entwickelt worden. **Anschaffungskosten sind danach alle Aufwendungen, die geleistet werden, um ein bestehendes Wirtschaftsgut zu erwerben**, d. h. von der fremden in die eigene Verfügungsgewalt zu überführen, **und es in einen dem angestrebten Zweck entsprechenden betriebsbereiten (nutzungsbereiten) Zustand zu versetzen.** Dazu gehören der **Anschaffungspreis** (abzüglich Anschaffungspreisminderungen) und die **Anschaffungsnebenkosten**, d. h. alle Aufwendungen, die im Zusammenhang mit dem Erwerb des Wirtschaftsguts und der Versetzung in einen zweckentsprechenden Zustand stehen, soweit diese Aufwendungen dem Wirtschaftsgut einzeln zugeordnet werden können.[17]

---

16 R 6.9 Abs. 5 EStR.
17 BFH, BStBl 1999 II S. 638, 1995 II S. 89.

10.7 Anschaffungskosten

Im Einzelnen gilt Folgendes:
Anschaffungspreis
+ Aufwendungen für die Versetzung in den betriebsbereiten Zustand (soweit einzeln zuzuordnen)
+ Anschaffungsnebenkosten
+ nachträgliche Anschaffungskosten
− Anschaffungspreisminderungen
= **Anschaffungskosten**

Beispiele:

a) A kauft ein Grundstück zum Kaufpreis von   100.000 €
hinzu kommen
Notariatskosten   1.000 €
Kosten des eigenen Maklers   4.000 €
Reisekosten für Besichtigung vor Kauf   180 €
Kosten für Prüfung der Bodenbeschaffenheit   1.250 €
vom Verkäufer noch geschuldete Grundsteuer   2.000 €
Grunderwerbsteuer (3,5 % von 102.000 €)   3.570 €
    112.000 €

Die Anschaffungskosten des Grundstücks betragen 112.000 €. Dazu gehört auch die Übernahme der Grundsteuerschuld des Verkäufers. Sie ist für den Käufer wirtschaftlich keine Grundsteuerzahlung, sondern Übernahme einer Schuld im Zusammenhang mit dem Grundstückserwerb und damit Teil des Kaufpreises. Ob die Reisekosten zu den Anschaffungskosten rechnen oder sofort bei einem Unternehmer als Betriebsausgaben abgezogen werden können, richtet sich danach, ob sie dem erworbenen Grundstück zugeordnet werden können, weil sie zur Besichtigung dieses Grundstücks aufgewendet worden sind.[18]

b) B kauft einen PKW, der von ihm ausschließlich betrieblich genutzt wird. Der Rechnungsbetrag setzt sich wie folgt zusammen:

PKW-Listenpreis   20.000 €
Überführungskosten   230 €
Autoradio   400 €
Zulassungsgebühr und Kraftfahrzeugbrief   100 €
    20.730 €

Alle Aufwendungen rechnen zu den Anschaffungskosten. Wegen der Behandlung der gesondert ausgewiesenen Umsatzsteuer s. u. 10.10.

Der Begriff der Anschaffungskosten gilt gleichermaßen für Wirtschaftsgüter des Anlagevermögens wie des Umlaufvermögens; er hat grundsätzlich im Bereich aller Einkunftsarten denselben Inhalt.[19]

Keine Erwerbsnebenkosten sind **Gemeinkosten,** die im Beschaffungsbereich anfallen, z. B. die anteiligen Kosten der Einkaufsabteilung,[20] daher spricht man in diesem

---
18 BFH, BStBl 1981 II S. 470.
19 BFH, BStBl 1987 II S. 180.
20 H 6.2 „Gemeinkosten" EStH.

Zusammenhang auch vom **Einstandspreis;** insofern besteht ein wesentlicher Unterschied zum Begriff und der Bewertung der Herstellungskosten.

Der Ansatz eines Wirtschaftsguts mit dessen Anschaffungskosten setzt einen **Anschaffungsvorgang,** d. h. einen entgeltlichen Erwerb eines bestehenden Wirtschaftsguts, voraus.[21] Darunter ist ein abgeleiteter Erwerb auf dem Markt zu verstehen, im Gegensatz zur eigenen Herstellung eines noch nicht existierenden Wirtschaftsguts einerseits und dem unentgeltlichen Erwerb andererseits.

Das jeweilige Wirtschaftsgut ist dem Erwerber zuzurechnen und ggf. bei ihm zu bilanzieren ab dem Zeitpunkt der Übertragung des wirtschaftlichen Eigentums an ihn.

Insoweit kommt es nicht auf das zivilrechtliche Eigentum an, der Erwerber eines unter Eigentumsvorbehalt erworbenen Gegenstandes ist wirtschaftlicher Eigentümer; bei der Sicherungsübereignung geht das zivilrechtliche Eigentum bereits über, aber nicht das wirtschaftliche Eigentum.

Bei Grundstücken führen weder der Abschluss des schuldrechtlichen Kaufvertrags noch die Auflassung (§§ 873, 925 BGB) als solche zum Übergang des wirtschaftlichen Eigentums. Maßgebend ist allein, wann der Erwerber vereinbarungsgemäß wirtschaftlich über das Wirtschaftsgut verfügen kann. Das ist bei der Übertragung eines Grundstücks i. d. R. der Fall, wenn Eigenbesitz, Gefahr, Lasten und Nutzen auf diesen übergehen.[22] Denn maßgeblich für eine Zurechnung aufgrund wirtschaftlichen Eigentums ist vor allem, dass Substanz und Ertrag des Grundstücks wirtschaftlich dem Nutzungsberechtigten zustehen. Solange Nutzen, Lasten und die Gefahr des zufälligen Untergangs noch nicht auf den Erwerber übergangen sind, sind diese Voraussetzungen nicht erfüllt.

10.7.1 Umfang der Anschaffungskosten

Zu den **Anschaffungskosten** eines Wirtschaftsguts gehören **alle Kosten,** die aufgewendet werden, um das Wirtschaftsgut aus der fremden **in die eigene Verfügungsmacht zu überführen.** Es ist ohne Bedeutung, ob die Anschaffung aus eigenen oder aus fremden, durch Kreditaufnahme beschafften Mitteln erfolgt.

So rechnen **Finanzierungskosten** bei Abzahlungskäufen, z. B. Provisionen und Zinsen eines zur Anschaffung eines Wirtschaftsguts aufgenommenen Kredits, **nicht zu den Anschaffungskosten** des Wirtschaftsguts. Die Anschaffung eines Gegenstandes und die Finanzierung sind nach kaufmännischer Übung als getrennte Vorgänge zu behandeln. Die Kosten eines Kredits, der zur Anschaffung eines Wirtschaftsguts aufgenommen wird, gehört deshalb nicht zu den Anschaffungskosten, es sei denn, durch eine Kreditaufnahme verringert sich der Kaufpreis.

---
21 BFH, BStBl 1993 II S. 346.
22 BFH, BStBl 2002 II S. 284.

Wechseldiskont und -spesen sind wie Darlehenszinsen Finanzierungskosten und gehören ebenfalls nicht zu den Anschaffungskosten. Wird ein Ratenzahlungsgeschäft durch Hingabe einer Anzahl von Wechseln abgeschlossen, so ist nur der Teil der Wechselverbindlichkeiten Kaufpreisschuld, der dem vereinbarten Kaufpreis entspricht, während der auf Wechseldiskont, Spesen und Zinsen entfallende Teil der Wechselverbindlichkeit Finanzierungskosten darstellt.

Übernimmt der Erwerber eines Wirtschaftsguts neben dem Kaufpreis oder statt des Kaufpreises **Schulden des Veräußerers,** so stellen diese Schulden (einen Teil der) Anschaffungskosten dar und sind mit ihrem Teilwert, d. h. mit dem Betrag anzusetzen, den ein Erwerber des ganzen Betriebs in der Übernahmebilanz ansetzen würde. Bei der Übernahme von Hypothekenschulden ist der Teilwert der der Hypothek zugrunde liegenden Verbindlichkeit maßgebend.

Zu den Anschaffungskosten gehören auch Zahlungen, die der Erwerber erst **nachträglich leistet,** z. B. bei Stundung des Kaufpreises oder bei Zurückbehaltung eines Teils des Kaufpreises durch den Erwerber, um bei Auftreten von Mängeln der erworbenen Sache Gewährleistungsansprüche zu sichern. Kann der Käufer bei späterem Auftreten von Mängeln den zurückbehaltenen Betrag endgültig behalten, so sind die Anschaffungskosten entsprechend niedriger zu berechnen.

Skontoabzüge, Rabatte und Preisnachlässe[23] mindern die Anschaffungskosten. Am Bilanzstichtag zwar gelieferte, aber noch nicht bezahlte Ware ist mit dem Bruttoeinkaufspreis zu bewerten, da eine Minderung der Anschaffungskosten durch Skontoabzug noch nicht eingetreten ist.[24]

10.7.2 Einzelfragen in Anschaffungsfällen

10.7.2.1 Bauherrenmodelle

Beim Erwerb sog. Bauherren- und Erwerber-Modelle sowie der Beteiligung an Fonds sind die Aufwendungen, die für die Mehrzahl von Leistungen erbracht werden, den einzelnen Leistungen entsprechend ihrem wirtschaftlichen Gehalt zuzuordnen.[25] Bei einheitlicher Beurteilung des Vertragswerks sind jedoch – mit Ausnahme der Finanzierungskosten im engeren Sinne und der mit der Vermietung in Zusammenhang stehenden Aufwendungen – alle Aufwendungen, die final mit dem Erwerb des bebauten Grundstücks zusammenhängen, insgesamt Anschaffungskosten.[26]

Daher gehören die Baukosten, Baubetreuungsgebühren, Treuhandgebühren, Gebühren für wirtschaftliche Beratung, Entgelte für Finanzierungs- und Höchstpreisgarantien zu den Anschaffungskosten auf den Grund und Boden bzw. des Gebäudes.[27]

---

23 Zur Abgrenzung von Zuschuss siehe BFH, BStBl 1988 II S. 901.
24 BFH, BStBl 1991 II S. 456.
25 BFH, BStBl 1995 II S. 166.
26 BFH, BStBl 1990 II S. 299.
27 Siehe im Einzelnen auch: BMF, BStBl 2003 I S. 546.

Der Gesamtaufwand ist, soweit das eindeutig möglich ist, unmittelbar dem Grund und Boden, soweit es sich um den Erwerb eines Altgebäudes handelt, diesem zuzuordnen und ggf. den übrigen Baumaßnahmen sowie den sofortigen abziehbaren Werbungskosten.

Aufwendungen, die sich nicht eindeutig zuordnen lassen, sind auf die Kostenarten, mit denen sie zusammenhängen, aufzuteilen. Die Aufteilung erfolgt im Verhältnis der auf diese Kostenarten eindeutig entfallenden Kosten.

Ab 01.01.2004 sind Damnumsbeträge grundsätzlich nur noch bis höchstens 5 % steuerlich sofort abzugsfähig. Der über die marktüblichen Beträge hinausgehende Teil ist auf den Zinsfestschreibungszeitraum oder bei dessen Fehlen auf die Laufzeiten des Darlehens zu verteilen.[28]

Für die wirtschaftliche Betreuung können i. d. R. nicht mehr als 0,5 % des Gesamtaufwands sofort als Werbungskosten geltend gemacht werden. Konzeptionsgebühren und Verzinsungsgarantiegebühren gehören nicht zu den sofort abzugsfähigen Betriebsausgaben oder Werbungskosten. Erfahrungsgemäß betrifft die Tätigkeit von Treuhändern überwiegend den Herstellungsbereich, während auf die Finanzierungsberatung und die spätere Vermietung nur ein geringer Teil der gesamten Tätigkeit entfällt. Deshalb wird nach der Erlassregelung grundsätzlich nur $1/4$ der Kosten des Treuhänders, in aller Regel jedoch nicht mehr als 0,5 % der Gesamtaufwendungen, den Werbungskosten zugeordnet. Der nicht als Werbungskosten anzuerkennende Teil der Treuhandgebühren ist anteilig den Herstellungskosten des Gebäudes zuzuordnen.

Gebühren für die erstmalige Vermietung des Objekts sind Werbungskosten, soweit sie die ortsübliche Maklerprovision nicht überschreiten. Im Allgemeinen kann eine Gebühr i. H. von bis zu 2 Monatsmieten als angemessen angesehen werden.

Aufwendungen für sog. Konzeptionskosten einer Vermögensanlagegesellschaft können als Anschaffungskosten eines immateriellen Wirtschaftsguts zu aktivieren sein. Entscheidend sind dabei die Verhältnisse des jeweiligen Einzelfalls. Werden bloße Beratungsleistungen zu rechtlichen oder steuerlichen Teilbereichen erbracht, wird es regelmäßig an den Voraussetzungen für die Annahme eines selbständigen Wirtschaftsguts „Konzeptionserstellung" fehlen. Ein selbständiges Wirtschaftsgut liegt dann vor, wenn eine Verlustzuweisungsgesellschaft von einem Dritten ein fertiges und selbständig handelbares Anlagekonzept erwirbt, mit dem sie werbend an die Öffentlichkeit tritt und das die Basis für die unternehmerische Tätigkeit bildet.[29]

10.7.2.2 Erbauseinandersetzung

Abfindungszahlungen eines Erben im Rahmen der Erbauseinandersetzung sowie Aufwendungen für den Erwerb des Erbteils eines Miterben führen beim Leistenden

---

28 BMF, BStBl 2005 I S. 1052.
29 BFH, BStBl 1993 II S. 538.

10.7 Anschaffungskosten

grundsätzlich zu Anschaffungskosten.[30] Bei dem weichenden Miterben entsteht ein Veräußerungserlös auch dann, wenn die erbrachten Leistungen aus dem erlangten Nachlassvermögen erbracht werden.

Erbanfall und Erbauseinandersetzungen sind damit steuerrechtlich zu unterscheiden. Nach dem Erbfall wird die Erbengemeinschaft zunächst einmal eine Mitunternehmerschaft, soweit es sich um einen Erbfall im **unternehmerischen Recht** handelt, auch wenn die Erbauseinandersetzung kurzfristig vollzogen wird. Die Erbauseinandersetzung wird dann behandelt wie eine Auseinandersetzung zwischen Gesellschaftern. Abfindungen, die der übernehmende Erbe für die Anteile seiner Miterben zahlt, sind für ihn Anschaffungskosten, für die weichenden Erben Veräußerungserlöse, die, sofern sie Veräußerungsgewinne sind, auch zur Einkommensteuer herangezogen werden. Erhält der ausscheidende Miterbe eine Geldabfindung, so erzielt er einen tarifbegünstigten Veräußerungsgewinn in Höhe des Unterschieds zwischen der Geldabfindung einerseits und dem seiner Erbquote entsprechenden Teil des Buchwerts des Kapitalkontos andererseits.[31] Die verbleibenden Miterben stocken entsprechend die Buchwerte auf.

Beispiel:
Erben sind A, B und C zu je $^1/_3$. Zum Nachlass gehört nur ein Betrieb (Wert 900.000 €, Buchwert 300.000 €). C scheidet aus der Erbengemeinschaft aus und erhält hierfür von A und B jeweils 150.000 €.
C erzielt einen tarifbegünstigten Veräußerungsgewinn gem. §§ 16, 34 EStG von 200.000 € (300.000 € ./. 100.000 € Buchwert). A und B stocken die Buchwerte jeweils um 100.000 € auf.

Wird einer der Miterben durch Sachwerte abgefunden, so erzielt der ausscheidende Miterbe ebenfalls einen begünstigten Veräußerungsgewinn, und das führt bei den verbleibenden Miterben zu einer entsprechenden Aufstockung der Buchwerte.

Geht im Rahmen der Auseinandersetzung über einen **Mischnachlass**, d. h. sowohl Betriebs- als auch Privatvermögen, der Betrieb auf einen der Miterben über und muss dieser eine entsprechend niedrigere Abfindung zahlen, weil der weichende Miterbe private Nachlassgegenstände erhält, so ist nur die gezahlte Abfindung Veräußerungsentgelt und stellt Anschaffungskosten dar.[32]

Im Fall der Erbauseinandersetzung über ein Wirtschaftsgut des **Privatvermögens** ist die zu zahlende Abfindung als Anschaffungskosten für den erhaltenen Nachlassgegenstand zu behandeln. Der weichende Miterbe erzielt ggf. einen Veräußerungsgewinn, der jedoch nur steuerbar ist, soweit er auf eine im Nachlass vorhandene wesentliche Beteiligung (§ 17 EStG) oder auf einbringungsgeborene Anteile i. S. von § 21 UmwStG a. F. oder ein privates Veräußerungsgeschäft i. S. von § 23 EStG

---

30 BFH, BStBl 1990 II S. 837.
31 BMF, BStBl 2006 I S. 253, Rz. 48 ff.
32 BMF, BStBl 2006 I S. 253, Rz. 44 ff.

entfällt.³³ Eine Entgeltlichkeit und damit Anschaffungskosten sind auch gegeben, wenn zur Abfindung Vermögen aus der Erbmasse eingesetzt wird, z. B. ebenfalls geerbtes Kapitalvermögen. Die Rechtsprechung des BFH orientiert sich damit an der bürgerlich-rechtlichen Rechtslage, demnach führt die Erfüllung von **Vermächtnissen** nach der Systematik des Erbrechts **nicht** zu Anschaffungskosten bei dem zur Erfüllung verpflichteten Erben, das gilt auch, wenn ein Sachvermächtnis ausgesetzt wird. Auch die Begleichung von Erbfallschulden **(Pflichtteils- und Erbersatzansprüchen) führt nicht zu Anschaffungskosten.**³⁴

Die Erfüllung von **Nachlassverbindlichkeiten** führt nicht zu Anschaffungskosten des Erben für die Wirtschaftsgüter des Nachlasses, weil ihre Entstehung und Erfüllung nicht auf einem entgeltlichen Rechtsgeschäft zwischen Erben und Berechtigten beruhen.³⁵ Bei einer Auseinandersetzung einer Erbengemeinschaft führt eine Schuldübernahme durch einen Miterben ebenfalls nicht zu Anschaffungskosten.³⁶

Soweit von einem Miterben im Rahmen einer Erbauseinandersetzung Schulden der Erbengemeinschaft übernommen werden, die seinen Anteil am Nachlass übersteigen, handelt es sich insoweit um zusätzliche Anschaffungskosten.³⁷ Die Finanzverwaltung wendet diese Entscheidung über den Einzelfall hinaus nicht an.³⁸

Im Bereich der vorweggenommenen Erbfolge sind Ausgleichszahlungen an Angehörige Anschaffungskosten, ggf. handelt es sich um ein teilentgeltliches Rechtsgeschäft.

Im Bereich der vorweggenommenen Erbfolge stellt der Große Senat des BFH³⁹ fest: Überträgt ein Vermögensinhaber der Einkünfteerzielung dienendes Privatvermögen im Rahmen der vorweggenommenen Erbfolge, so stellen vom Vermögensübernehmer zugesagte Versorgungsleistungen weder Veräußerungsentgelte noch Anschaffungskosten, sondern wiederkehrende Bezüge (§ 22 Nr. 1 EStG) und Sonderausgaben (§ 10 Abs. 1 Nr. 1a EStG) dar.⁴⁰

Die Übernahme von Verbindlichkeiten bei der Übertragung von Vermögensgegenständen des Privatvermögens führt zu steuerlichen Anschaffungskosten, der BFH nennt dabei die Übernahme von dinglichen Belastungen, insbesondere von Grundpfandrechten, aber auch von persönlichen Verbindlichkeiten. Das gilt nicht im betrieblichen Bereich, infolge der Buchwertverknüpfung von § 6 Abs. 3 EStG ist in der Übernahme der betrieblichen Verbindlichkeiten kein Entgelt zu sehen. Anders verhält es sich bei der Übernahme außerbetrieblicher Verbindlichkeiten im Rahmen

---

33 BFH, BStBl 1987 II S. 616; BMF, BStBl 2006 I S. 253, Rz. 23 ff.
34 Vgl. BMF, BStBl 1993 I S. 62, Tz. 23 ff.
35 BFH, BStBl 1993 II S. 275.
36 Vgl. BMF, BStBl 2006 I S. 253, Tz. 25.
37 BFH, BStBl 2006 II S. 296.
38 Nichtanwendungserlass BMF, BStBl 2006 I S. 306.
39 BFH, BStBl 1990 II S. 847.
40 Vgl. BMF, BStBl 1993 I S. 80, Tz. 4 ff., und BFH, BStBl 1994 II S. 633, vgl. aber auch BFH, BStBl 2008 II S. 123.

10.7 Anschaffungskosten

der vorweggenommenen Erbfolge; insoweit führen die übernommenen Verbindlichkeiten zu Veräußerungsentgelten und Anschaffungskosten.[41]

Bei einer teilentgeltlichen Eigentumsübertragung gehören auch die Kosten eines Wertschätzungsgutachtens im Rahmen der Erbauseinandersetzung, die zum Erwerb eines Wirtschaftsguts aufgewendet werden müssen, zu den Anschaffungskosten (im Urteilsfall eines Grundstücks).

Wird dagegen im Rahmen einer Vermögensübertragung zur vorweggenommenen Erbfolge eine Restkaufgeldforderung in ein Darlehen umgewandelt, das bis zum Tod des Gläubigers nicht getilgt werden muss, so stellt das Restkaufgeld keine Anschaffungskosten dar, wenn sich durch den Tod des Gläubigers Forderung und Schuld in der Person des Schuldners beim Alleinerben des Gläubigers vereinigen.[42]

Der Vorbehalt eines Wohnrechts und anderer Nutzungsrechte, selbst wenn dies zugunsten eines Dritten erfolgt, stellt keine Gegenleistung des Erwerbers für die Übertragung des Vermögensgegenstandes dar und bewirkt keine Anschaffungskosten. Der Erwerber erhält nur das von vornherein um das Nutzungsrecht geminderte Vermögen.[43] Hinsichtlich der Verpflichtung im Zusammenhang mit einer Hausübertragung, die Eltern „in alten und kranken Tagen" zu versorgen, hat der BFH[44] die bereits in dem Beschluss des Großen Senats angeführte Rechtsprechung zur einkommensteuerlichen Behandlung von Altenteils- oder Leibgedinge-Verträgen bestätigt, dass Aufwendungen aus solchen Verträgen als wiederkehrende Bezüge i. S. von § 22 EStG und bei dem Leistenden als Sonderausgaben i. S. von § 10 EStG zu behandeln sind und beim Verpflichteten nicht zu Anschaffungskosten führen.

Bei einer **teilentgeltlichen Erbauseinandersetzung** sind übernommene Schulden Anschaffungskosten, soweit sie die Erbquote des Übernehmers übersteigen. Werden Ausgleichszahlungen erst zu einem späteren Zeitpunkt fällig, so sind Anschaffungskosten des Erwerbers nicht das vereinbarte Entgelt, sondern dessen Barwert im Zeitpunkt des Erwerbs. Ebenso wie beim Veräußerer das vereinbarte Entgelt bei längerfristiger zinsloser Stundung in einen Kapital- und einen Zinsanteil aufzuteilen ist,[45] ist die zinslose Stundung auf Seiten des Erwerbers zu beachten. Als Anschaffungskosten ist nicht das vereinbarte Entgelt, sondern dessen Barwert im Zeitpunkt des Erwerbs anzusetzen.[46]

Für die Praxis empfehlen sich demnach klare Zinsvereinbarungen bei gestundeten Ausgleichszahlungen, da ansonsten nur ein abgezinster Betrag als Anschaffungskosten angesetzt werden kann.

---
41 BFH, BStBl 1991 II S. 450, vgl. aber BFH, BStBl 1997 II S. 458 für übernommene Versorgungsleistungen.
42 BFH vom 20.12.1990 XI R 1/83 (BFH/NV 1991 S. 309).
43 BFH, BStBl 1991 II S. 794.
44 BFH, BStBl 1991 II S. 794.
45 BFH, BStBl 1995 II S. 47.
46 BFH, BStBl 1991 II S. 794.

Soweit beim Kauf eines Grundstücks als Entgelt laufende monatliche Zahlungen vereinbart sind, die als dauernde Last zu behandeln sind, liegen in Höhe des Barwerts der dauernden Last (§ 14 BewG i. V. m. Anlage 9 zum BewG) Anschaffungskosten vor.[47] Entsprechendes gilt beim Erwerb eines Miteigentumsanteils.[48]

Hinsichtlich der steuerlichen Beurteilung im Fall einer **gemischten Schenkung** ist sowohl in Fällen der vorweggenommenen Erbfolge wie auch bei teilentgeltlichen Erbauseinandersetzungen grundsätzlich eine Aufteilung des Veräußerungs- und Anschaffungsvorgangs in einen entgeltlichen und einen unentgeltlichen Teil vorzunehmen.

Das gilt in den Fällen, wenn nur **ein** Wirtschaftsgut **teilentgeltlich** übertragen wird, dann ist der Vorgang in einen entgeltlichen und unentgeltlichen Teil aufzuteilen.[49]

Dabei berechnen sich der entgeltlich und der unentgeltlich erworbene Teil des Wirtschaftsguts nach dem Verhältnis des Entgelts (ohne Anschaffungsnebenkosten) zu dem Verkehrswert des Wirtschaftsguts.

Werden mehrere Wirtschaftsgüter teilentgeltlich übertragen, ist eine von den Vertragsparteien vorgenommene Zuordnung der Anschaffungskosten auf die einzelnen Wirtschaftsgüter maßgeblich für die Besteuerung, wenn die Zuordnung nach außen hin erkennbar ist und die Aufteilung nicht zu einer nach § 42 AO unangemessenen wertmäßigen Berücksichtigung der einzelnen Wirtschaftsgüter führt.[50]

Dieser Rechtsauffassung hat sich auch die Finanzverwaltung angeschlossen.[51]

Das gilt auch bei einem **Mischnachlass.**

Besteht das übertragene Vermögen sowohl aus Privatvermögen als auch aus Betriebsvermögen, sind der steuerlichen Beurteilung nach dieser Rechtsprechung die für die jeweiligen Vermögensarten geltenden Grundsätze zugrunde zu legen.

Werden zusammen mit dem Betrieb auch Wirtschaftsgüter des Privatvermögens übertragen, sind vertraglich vereinbarte Einzelpreise für das gesamte Betriebsvermögen einerseits und für das jeweilige Wirtschaftsgut des Privatvermögens andererseits bis zur Höhe der jeweiligen Verkehrswerte anzusetzen.

Beispiel:
Im Rahmen der vorweggenommenen Erbfolge erhält der Sohn S von seinem Vater V ein Einzelunternehmen mit einem Verkehrswert von 500.000 € (Buchwert: 200.000 €) und ein Mietwohngrundstück mit einem Verkehrswert von 800.000 €. S ist verpflichtet, an V einen Betrag von 900.000 € zu zahlen. Sie vereinbaren einen Preis von 800.000 € für das Mietwohngrundstück und einen Preis von 100.000 € für das Einzelunternehmen.

---

47 BFH, BStBl 1995 II S. 47.
48 BFH, BStBl 1995 II S. 169.
49 Vgl. aber BFH vom 29.09.2012 IV R 11/12 (DStR 2012 S. 2051), und die sich hieran anschließende Diskussion auch im BFH.
50 BFH, BStBl 2006 II S. 9.
51 BMF, BStBl 2007 I S. 269.

10.7 Anschaffungskosten

Lösung:
S hat Anschaffungskosten für das Einzelunternehmen und das Mietwohngrundstück in Höhe der Zahlung von 900.000 €. Aufgrund der vereinbarten Einzelpreise ist das Mietwohngrundstück vollentgeltlich erworben worden, die Übernahme des Einzelbetriebs wird wegen Unterschreitung des Kapitalkontos dagegen steuerlich neutral behandelt. Zur Bemessung der Abschreibung ist für das Mietwohngrundstück eine Kaufpreisaufteilung (nach den Verkehrswertanteilen von Grund und Boden und vom Gebäude) vorzunehmen.

Firmenwert

Übersteigt bei einer Betriebsveräußerung im Ganzen der Gesamtkaufpreis die Teilwerte der übernommenen Wirtschaftsgüter im Zeitpunkt der Übernahme, so stellt der überschießende Betrag grundsätzlich Anschaffungskosten für einen **Firmen-(Geschäfts-)Wert** dar. Anschaffungskosten für einen Geschäftswert sind jedoch insoweit nicht anzusetzen, als der Kaufpreis auf andere (möglicherweise bisher nicht bilanzierte) immaterielle Wirtschaftsgüter entfällt, insoweit muss zwischen immateriellen Einzelwirtschaftsgütern wie Patenten, Markenrechten, Urheberrechten, Lizenzen und Geschäfts- oder Firmenwert unterschieden werden.[52]

10.7.2.3 Erbbaurecht

Zu den Anschaffungskosten eines Erbbaurechts zählen alle einmaligen Aufwendungen zum Erwerb eines solchen Rechts wie Notariats-, Vermessungs- und Gerichtskosten, Maklergebühr, Grunderwerbsteuer.[53]

Diese Kosten sind im Unterschied zu den laufenden Erbbauzinszahlungen Anschaffungskosten des Wirtschaftsguts „Erbbaurecht", das als grundstücksgleiches Recht anzusehen ist.[54] Für den Erwerb eines bereits bestehenden Erbbaurechts können als Anschaffungskosten im Rahmen des Kaufpreises z. B. die Übernahme von Erschließungskosten vereinbart werden.[55]

10.7.2.4 Nießbrauch

Behält sich der Eigentümer bei der Veräußerung eines Grundstücks den Nießbrauch daran vor, dann ist die Bestellung des Nießbrauchs keine Gegenleistung des Erwerbers, sodass der Barwert des Nießbrauchs nicht zu den Anschaffungskosten des Grundstücks rechnet. Denn bei der Übertragung eines Grundstücks unter gleichzeitiger Bestellung des Nießbrauchs erwirbt der Erwerber bei wirtschaftlicher Betrachtung nur das mit dem Nießbrauch belastete Eigentum an dem Grundstück.[56]

---
52 BFH, BStBl 1982 II S. 189; wegen weiterer Einzelheiten siehe 10.13.1.2.
53 BFH, BStBl 1992 II S. 70.
54 BMF, BStBl 1996 I S. 1440.
55 BFH, BStBl 1994 II S. 934; anders bei Erwerb vom Eigentümer: BFH vom 04.09.1997 IV R 40/96 (BFH/NV 1998 S. 569).
56 BFH, BStBl 1995 II S. 281; BMF, BStBl 1998 I S. 914 ff.; vgl. im Einzelnen 13.3.3.

10.7.2.5 Sachgesamtheiten

Werden in einem **einheitlichen Vertrag mehrere Wirtschaftsgüter** zu einem für jedes von ihnen **einzeln vereinbarten Kaufpreis** erworben, so sind die vereinbarten Kaufpreise als Anschaffungskosten maßgeblich, sofern sie nach den Umständen, die der Erwerber im Zeitpunkt des Vertragsabschlusses kannte oder kennen musste, sachlich gerechtfertigt waren und den wirtschaftlichen Gegebenheiten entsprachen.[57]

Werden gleichzeitig **mehrere Wirtschaftsgüter zu einem Gesamtkaufpreis** erworben, muss dieser auf die einzelnen erworbenen Güter aufgeteilt werden. Dabei kommt es im Regelfall auf das Verhältnis der Teilwerte (Verkehrswerte bei Privatvermögen) der einzelnen Wirtschaftsgüter an.[58] Das gilt auch dann, wenn der Erwerber einen ungewöhnlich hohen Kaufpreis bezahlt und keine gewichtigen Anhaltspunkte dafür bestehen, dass der Überpreis nur für ganz bestimmte einzelne Geschäftsgüter aufgewendet worden ist.[59]

10.7.2.6 Versorgungsrente

Die Anschaffungskosten eines Wirtschaftsguts, das gegen die **Zusage einer Leibrente** erworben wird, bemessen sich nach dem **Barwert** der wiederkehrenden Leistungen, ggf. nach dem anteiligen Barwert, der nach §§ 12 ff. BewG (bei lebenslänglichen Leistungen nach § 14 Abs. 1 i. V. m. Anlage 9 BewG) oder nach versicherungsmathematischen Grundsätzen berechnet werden kann.[60] Bei der Berechnung des Barwerts ungleichmäßig wiederkehrender Leistungen (dauernde Lasten) ist als Jahreswert der Betrag zugrunde zu legen, der aus der Sicht des Anschaffungszeitpunkts in Zukunft im Durchschnitt der Jahre voraussichtlich erzielt wird.[61]

Werden die wiederkehrenden Leistungen für den Erwerb eines zur Einkunftserzielung dienenden abnutzbaren Wirtschaftsguts gezahlt, ist der Barwert der Rente oder dauernden Last **Bemessungsgrundlage für die Absetzungen für Abnutzung, erhöhten Absetzungen und Sonderabschreibungen**.[62] Der in den dauernden Lasten enthaltene Tilgungsanteil kann nicht abgezogen werden.[63]

Im Hinblick auf die Anerkennung der Vorsorgeaufwendungen als unbeschränkt abzugsfähige Sonderausgaben unterscheidet die Finanzverwaltung im sog. Rentenerlass[64] zwischen ausreichend ertragbringenden Wirtschaftseinheiten „Typus 1" und

---

57 BFH, BStBl 1988 II S. 441.
58 BFH, BStBl 1989 II S. 604.
59 BFH, BStBl 1982 II S. 320.
60 Vgl. H 6.2 „Rentenverpflichtung" EStH.
61 BFH, BStBl 1995 II S. 169.
62 BFH, BStBl 1995 II S. 47.
63 BMF, BStBl 2004 I S. 922 ff., Tz. 524; BFH, BStBl 2001 II S. 175.
64 BMF, BStBl 2002 I S. 893, 2004 I S. 191.

10.7 Anschaffungskosten

existenzsichernden Wirtschaftseinheiten, deren Erträge nicht ausreichen, um die wiederkehrenden Leistungen zu erbringen („Typus 2").

Der große Senat des BFH[65] hat sich in zwei grundsätzlichen Entscheidungen mit der Frage der Vermögensübergabe gegen wiederkehrende Leistungen befasst.

Können die an den Übertragenden zu zahlenden Versorgungsleistungen aus den Nettoerträgen des übertragenen Vermögens aufgebracht werden und wird auch insgesamt ein positiver Wert übertragen, sind die Versorgungsleistungen als dauernde Last i. S. des § 10 Abs. 1 Nr. 1a EStG in voller Höhe steuerlich abzugsfähig.

Dagegen mindern bei einem entgeltlichen Erwerb lediglich die jährlichen Abschreibungsbeträge das zu versteuernde Einkommen.

Der große Senat des BFH hat darüber hinaus entschieden, dass der sog. „Typus 2" nicht als Vermögensübergabe anerkannt werden kann.

Der BFH stellt klar, dass der Grund für die Anerkennung der Versorgungsleistung als dauernde Last i. S. des § 10 Abs. 1 Nr. 1a EStG in einer unentgeltlichen Vermögensübertragung zu sehen ist.

Der Übertragende behält sich in der Gestalt der Versorgungsleistungen die Erträge seines Vermögens vor, die nunmehr von dem Übernehmer erwirtschaftet werden müssen. Die Versorgungsleistung ist daher keine Gegenleistung für das übertragene Vermögen. Demnach kann von einer unentgeltlichen Übertragung nur ausgegangen werden, wenn die erzielbaren Nettoerträge des überlassenen Wirtschaftsguts im konkreten Fall ausreichen, um die Versorgungsleistung abzudecken.

Bei der Übergabe eines Unternehmens, das weder über eine positive Substanz noch über einen positiven Ertrag verfügt, wird kein „Vermögen" an die nachfolgende Generation übertragen.

Wenn die Nettoerträge des übergebenden Betriebs ausreichen, um die dem Übergeber versprochene Leistung abzudecken, kann der Ertragswert sogar negativ sein, weil die der Wertermittlung zugrunde gelegten Gewinne um einen Unternehmerlohn zu kürzen sind.

Unter Fremden besteht eine nur in Ausnahmefällen widerlegbare Vermutung, dass bei der Übertragung von Vermögen Leistung und Gegenleistung kaufmännisch gegeneinander abgewogen sind. Ein Anhaltspunkt für ein entgeltliches Rechtsgeschäft kann sich auch daraus ergeben, dass die wiederkehrenden Leistungen auf Dauer die erzielbaren Erträge übersteigen. Die für die Entgeltlichkeit des Übertragungsvorgangs sprechende Vermutung kann hingegen zum Beispiel widerlegt sein, wenn der Übernehmer aufgrund besonderer persönlicher (insbesondere familienähnlicher) Beziehungen zum Übergeber ein persönliches Interesse an der lebenslangen angemessenen Versorgung des Übergebers hat.[66]

---
65 BFH, BStBl 2004 II S. 95 und 100.
66 BFH vom 16.12.1997 IX R 11/94 (BStBl 1998 II S. 718) und vom 08.06.2011 X B 196/10 (BFH/NV 2011 S. 1856).

10 Bewertungs- und Bilanzierungsvorschriften nach dem EStG

> **Beispiel:**
> X erwirbt von Z am 01.07. ein Grundstück gegen Leibrente, deren Kapitalwert 80.000 € beträgt. Er zahlt die monatlichen Rentenzahlungen von 200 € bis einschl. Dezember des Erwerbsjahres. Am 15.12. stirbt Z, sodass X von der Pflicht zur weiteren Rentenzahlung frei wird. Am Bilanzstichtag 31.12. ist also der Wert der Rentenlast 0 €. X muss trotzdem das Grundstück mit dem Wert der Rentenlast zum Anschaffungszeitpunkt, also mit 80.000 € Anschaffungskosten, ansetzen.[67]

10.7.2.7 Tausch

Steuerrechtlich stellt der Tausch eine Veräußerung bzw. Anschaffung dar (§ 255 Abs. 1 HGB, R 6b.1 Abs. 1 Satz 3 EStR).

Wird ein Wirtschaftsgut durch Tausch gegen ein anderes Wirtschaftsgut (hingetauschtes Wirtschaftsgut) erworben, so stellt der **gemeine Wert** des hingetauschten Wirtschaftsguts die **Anschaffungskosten** für das eingetauschte Wirtschaftsgut dar.

Es sind die stillen Reserven in Höhe der Differenz zwischen dem gemeinen Wert und dem Buchwert des weggetauschten Wirtschaftsguts aufzudecken und zu versteuern.

> **Beispiel:**
> A hat ein Gebrauchsmuster und B ein selbst entwickeltes Patent. Das Gebrauchsmuster des A ist mit 30.000 € bilanziert. Der gemeine Wert beträgt 40.000 €. Das Patent ist bei B nicht bilanziert, da es nicht entgeltlich erworben worden ist (§ 5 Abs. 2 EStG). A tauscht das Gebrauchsmuster gegen das Patent des B ohne Wertausgleich. A hat das erworbene Patent mit dem gemeinen Wert des hingetauschten Gebrauchsmusters = 40.000 € zu bilanzieren. Es entsteht dadurch bei ihm ein Gewinn von 10.000 €.

Der Tausch von **Anteilen an Kapitalgesellschaften** stellt aus steuerlicher Sicht eine Veräußerung der hingegebenen und einen entgeltlichen Erwerb der erhaltenen Anteile dar. Die Veräußerung führt grundsätzlich zur Aufdeckung der in den hingegebenen Anteilen enthaltenen stillen Reserven. Nach § 6 Abs. 6 Satz 1 EStG wird der Gewinn auch realisiert, wenn die hingegebenen und erlangten Anteile an der Kapitalgesellschaft wert-, art- und funktionsgleich sind.[68]

Wird eine „wesentliche" Beteiligung aus dem Privatvermögen eines Mitunternehmers gegen Gewährung von Gesellschaftsrechten in die Mitunternehmerschaft eingebracht, handelt es sich um einen tauschähnlichen Vorgang, der bei der Mitunternehmerschaft zu einem Anschaffungsgeschäft führt. Beim Gesellschafter liegt eine entgeltliche Veräußerung i. S. von § 17 EStG vor. Die Anschaffungskosten der Mitunternehmerschaft entsprechen dem Betrag, den auch ein fremder Dritter bezahlt und erhalten hätte. Der Tausch von Mitunternehmeranteilen führt zur Gewinnrealisierung. Dies gilt auch für den Tausch von Anteilen an gesellschafteridentischen Personengesellschaften.[69] Der Tausch von Mitunternehmeranteilen kann nicht einer

---

67 BFH, BStBl 1995 II S. 47.
68 BMF, BStBl 1998 I S. 163.
69 BFH, BStBl 1992 II S. 946.

10.7 Anschaffungskosten

gewinnneutralen Realteilung gleichgesetzt werden. Der dabei erzielte Veräußerungsgewinn unterliegt der Besteuerung, wenn die hingegebenen Anteile zu einem Betriebsvermögen gehören und keine Rücklage nach § 6b EStG gebildet wird, wenn sie i. S. des § 21 UmwStG a. F. einbringungsgeboren sind, wenn sie einer Beteiligung i. S. des § 17 EStG zuzurechnen sind oder wenn ein privates Veräußerungsgeschäft i. S. von § 23 EStG vorliegt.

Nach § 6 Abs. 6 Satz 4 EStG erfasst § 6 Abs. 5 Satz 3 EStG die **Übertragung von Einzelwirtschaftsgütern gegen Gewährung oder Minderung von Gesellschaftsrechten als Spezialform** des Tauschs **zwischen dem Mitunternehmer und seiner Mitunternehmerschaft.** Damit geht § 6 Abs. 5 Satz 3 EStG als Lex specialis den allgemeinen Regeln über die Gewinnrealisierung bei Tauschvorgängen (§ 6 Abs. 6 Satz 1 EStG) vor, sodass dann die Übertragung zwingend zum Buchwert vorzunehmen ist.

Vergleiche auch 10.19.

10.7.2.8 Zwangsversteigerung

Zu den Anschaffungskosten beim Erwerb im Zwangsversteigerungsverfahren gehören nicht nur die Beträge, die im Zuschlagbeschluss erwähnt sind, sondern auch alle Verpflichtungen, die der Ersteigerer gegenüber dem Schuldner oder gegenüber Dritten übernimmt. Auch nicht ausgebotene Hypotheken des Ersteigerers (Eigenhypotheken) sind in die Anschaffungskosten einzubeziehen, wenn ihr Wert durch den Verkehrswert des ersteigerten Grundstücks gedeckt ist.

10.7.3 Anschaffungsnebenkosten

Zu den Anschaffungskosten gehören ferner die Anschaffungsnebenkosten, die mit dem Erwerb des Wirtschaftsguts im Zusammenhang stehen. Hierzu zählen bei der Anschaffung eines Grundstücks die Makler-, Notar- und Gerichtskosten, bei der Anschaffung eines beweglichen Wirtschaftsguts u. a. Kosten des Transports zum Betriebsgrundstück[70] und die Montagekosten[71] sowie Verpackungs-, Überführungs- und Frachtkosten, Rollgelder, Zölle und Aufstellungskosten. Bei Wertpapieren und Beteiligungen gehören auch Bankprovisionen, Maklercourtage und Bearbeitungsgebühren sowie bei GmbH-Anteilen die Kosten für die Beurkundung zu den Anschaffungskosten.

Darüber hinaus zählen in jedem Fall auch jene Aufwendungen dazu, die erforderlich sind, um den Gegenstand **in einen betriebsbereiten Zustand zu versetzen.**[72]

---

[70] BFH, BStBl 1968 II S. 22.
[71] BFH, BStBl 1988 II S. 1009.
[72] BFH, BStBl 1990 II S. 53.

Wird ein Grundstück mit aufstehendem Gebäude veräußert, so ist der Gesamtkaufpreis nach dem Verhältnis der Teilwerte (im Privatbereich der gemeinen Werte) von Grund und Boden und Gebäude aufzuteilen.[73]

Zur Aufteilung der Anschaffungskosten eines gemischt genutzten Gebäudes auf die (selbständigen) einzelnen Gebäudeteile vgl. R 4.2 Abs. 2 EStR.

10.7.4 Besondere Fragen bei Grundstücken

Zu den Anschaffungskosten eines Grundstücks gehören auch die **Erschließungsbeiträge** zur Durchführung erster Erschließungsmaßnahmen, soweit der Grundstückseigentümer dafür in Anspruch genommen wird.

Beiträge zur Finanzierung **erstmals** durchgeführter Erschließungsmaßnahmen sind den **Anschaffungskosten von Grund und Boden** zuzurechnen, da sie dazu dienen, das Grundstück baureif zu machen.

Entsprechendes gilt für die erstmalige Anlage einer Straße,[74] für den Anschluss an die Wasserversorgung,[75] für den Anschluss an die Kanalisation und für den erstmaligen Anschluss an die Gas- und Wasserversorgung. Dieser Rechtsprechung liegt die Erwägung zugrunde, dass mit der Erschließung die bisherige Nutzbarkeit des Grundstücks erweitert wird, dass durch die finanzierten Maßnahmen nunmehr ein erschlossenes Grundstück existiert und dass eine Werterhöhung entsteht, die unabhängig von der Bebauung des Grundstücks und von dem Bestand der auf dem Grundstück vorhandenen Gebäude ist.

Gleichgültig ist, ob die Zahlungen erst mit der Bautätigkeit anfallen, anfänglich entrichtet oder aufgrund geänderter Satzung nachgefordert werden, da sich im letzteren Fall lediglich die Rechnungsmaßstäbe verändert haben, die Beitragspflicht als solche aber unverändert ihren Grund in der erstmaligen Erschließungsverpflichtung hat.[76]

Wird hingegen die vorhandene Erschließungseinrichtung **ersetzt oder modernisiert,** so führen Erschließungsbeiträge **nicht zu nachträglichen Anschaffungskosten,** es sei denn, das Grundstück wird durch die Maßnahme in seiner Substanz oder in seinem Wesen verändert. Der Charakter eines Grundstücks wird durch grundstücksbezogene Kriterien wie Größe, Erschließung oder Grad der Bebaubarkeit bestimmt. Solange diese Merkmale unverändert bleiben, werden Substanz oder Wesen des Grundstücks nicht berührt. Nicht entscheidend ist, ob die Maßnahme aus anderen Gründen zu einer Wertminderung geführt hat.

So sind Erschließungsbeiträge (Kanalanschlusskosten), die keine erstmalige Entsorgungsmaßnahme betreffen, sondern den Ersatz einer bereits bestehenden Anlage,

---

73 BFH, BStBl 1989 II S. 604.
74 BFH, BStBl 1995 II S. 632.
75 BFH, BStBl 1987 II S. 333.
76 BFH, BStBl 1997 II S. 811.

10.7 Anschaffungskosten

als Erhaltungsaufwand sofort abziehbar;[77] das entspricht dem allgemeinen Grundsatz, dass Ersatzmaßnahmen nicht der Herstellung dienen, sondern nur eine weitere Nutzung ermöglichen.

Erschließungsbeiträge für eine öffentliche Straße, durch die eine bisherige private Anbindung eines Grundstücks an das öffentliche Straßennetz ersetzt wird, stellen einen sofort abziehbaren Erhaltungsaufwand dar, wenn die Nutzbarkeit des Grundstücks durch die öffentliche Erschließungsmaßnahme nicht verändert wird, weil sich diese öffentliche Straße nicht wesentlich von der bisherigen privaten Erschließung unterscheidet.[78]

Ebenso gehören die Aufwendungen für eine verkehrsberuhigte Zone oder Fußgängerzone insoweit zu den sofort abzugsfähigen Kosten.[79]

Davon sind Aufwendungen von Grundstückseigentümern für die Erschließung durch eine **Privatstraße** zu unterscheiden. Im Fall der Kostenbeteiligung an einer Privatstraße haben die Grundstückseigentümer ein selbständiges – abnutzbares – Wirtschaftsgut erworben und dessen Unterhaltung zu übernehmen, während in den Fällen einer öffentlichen Erschließung eines Grundstücks die betreffende Gemeinde das Wirtschaftsgut „Straße" herstellt und regelmäßig dessen Unterhalt übernimmt. Hier wird der Anlieger lediglich im Wege eines Betrags an den Kosten beteiligt und erwirbt kein eigenes Wirtschaftsgut.[80]

Der Wert eines in Abbruchabsicht erworbenen Gebäudes und die **Abbruchkosten** gehören zu den Anschaffungskosten des Grund und Bodens, wenn kein neues Gebäude oder ein sonstiges Wirtschaftsgut an seiner Stelle errichtet wird.[81]

Abstandszahlungen, die der Erwerber eines Grundstücks vor oder nach dem Erwerb an den Mieter oder Pächter eines auf diesem Grundstück befindlichen Gewerbebetriebes leistet, um ihn zur vorzeitigen Räumung zu veranlassen, gehören dagegen nicht zu den Anschaffungskosten des Grundstücks. Wird ein Gebäude in der Absicht erworben, einen erweiternden Umbau durchzuführen, bei dem die tragende Bausubstanz erhalten werden soll, und erweist sich die Bausubstanz erst nach Beginn der Umbauarbeiten als so schlecht, dass das Bauvorhaben nur durch Totalabriss und anschließenden Neubau verwirklicht werden kann, gehören die Abbruchkosten und der Restwert des abgerissenen Gebäudes nur insoweit zu den Herstellungskosten des neuen Gebäudes, als sie auf Gebäudeteile entfallen, die bei Durchführung des im Erwerbszeitpunkt geplanten Umbaus ohnehin hätten entfernt werden sollen. Der – ggf. im Wege der Schätzung zu ermittelnde – übrige Teil der Abbruchkosten und des Gebäuderestwerts ist als Werbungskosten abziehbar.

---
77 BFH vom 28.02.2003 IV B 19/01 (BFH/NV 2003 S. 1159).
78 BFH, BStBl 1996 II S. 134.
79 BFH, BStBl 1994 II S. 842.
80 BFH, BStBl 2000 II S. 257.
81 H 6.4 „Abbruchkosten" EStH.

Nicht zu den Anschaffungskosten gehören die allgemeinen **Verwaltungsgemeinkosten,** auch wenn sie im Anschaffungsbereich des Unternehmers entstehen.[82] Dazu zählen insbesondere die Löhne, die durch die mit dem Wareneinkauf beschäftigten Arbeitnehmer anfallen, sowie Aufwendungen für Geschäftsleitung und Rechnungswesen.[83] Kosten, die beim Transport, Ausladen, Umladen oder erstmaligen Einlagern von gekaufter Ware anfallen, gehören im Allgemeinen auch dann, wenn ihr Umfang für eine bestimmte Menge von Waren leicht feststellbar und zurechenbar ist, zu den Gemeinkosten, wenn sie im eigenen Beschaffungsbereich des Unternehmens anfallen, d. h. für eigene Arbeitnehmer und eigene Fahrzeuge aufgewendet werden. Sie zählen zu den sofort abzugsfähigen Betriebsausgaben. Etwas anderes gilt indes dann, wenn diese Transportkosten und Transportlöhne durch die Inanspruchnahme fremder Unternehmer entstehen und den einzelnen Waren im Wege der Aufteilung anteilmäßig zugerechnet werden können. Reisekosten zum Einkauf von Ware gehören grundsätzlich zu den Verwaltungsgemeinkosten. Etwas anderes gilt, wenn die Reise ganz überwiegend der Besichtigung, Beurteilung und dem Erwerb einer bestimmten Ware dient und mit dieser Reise weder eine allgemeine geschäftliche Orientierung noch die Ermittlung weiterer Einkaufsmöglichkeiten beabsichtigt wird.

Für die Zuordnung der Aufwendungen zu den Anschaffungskosten kommt es darauf an, ob die Aufwendungen bei wirtschaftlicher Betrachtungsweise[84] nach ihrer **Zweckbestimmung** dem Erwerb des Wirtschaftsguts dienen **(finales Element).** Maßgebend ist, welchen Zweck der Erwerber in dem Zeitpunkt verfolgte, zu dem die Aufwendungen angefallen sind. Auch Aufwendungen für ein tatsächlich angeschafftes Wirtschaftsgut, die sich später als vergeblich erweisen oder die (z. B. wegen Insolvenz des Lieferanten) ohne Gegenleistung bleiben, behalten daher ihren Charakter als Anschaffungskosten.[85] Sind aber die Aufwendungen für die Herstellung des geplanten Wirtschaftsguts deshalb verloren, weil der Empfänger der Zahlung in Insolvenz fällt, ohne die Gegenleistung erbracht zu haben, so gehören die Aufwendungen nicht zu den Herstellungskosten eines alternativ angeschafften Wirtschaftsguts.[86]

Daher sind vergebliche Aufwendungen für ein Wirtschaftsgut, die nicht wertbestimmend in ein stattdessen angeschafftes anderes Wirtschaftsgut eingegangen sind, nicht in dessen Anschaffungskosten einzubeziehen.[87]

Beispiel:
Der Steuerpflichtige besichtigt zehn Eigentumswohnungen, davon kauft er eine. Die Kosten für die Fahrten zu den neun nicht erworbenen Wohnungen sind keine Anschaf-

---

82 BFH, BStBl 1988 II S. 892.
83 R 6.3 Abs. 3 EStR.
84 BFH, BStBl 1987 II S. 17.
85 BFH vom 04.07.1990 GrS 1/89 (BStBl 1990 II S. 830); vgl. 10.8.2.
86 BFH, BStBl 1999 II S. 20.
87 BFH, BStBl 1999 II S. 20.

fungskosten der letztlich gekauften Wohnung, sondern sofort abziehbare Werbungskosten bei Vermietung und Verpachtung.[88]
Andererseits ist ein Schadensersatz, den eine gewerblich tätige GbR von ihrem Steuerberater dafür erhält, dass bei anderer als der von ihm vorgeschlagenen steuerlichen Gestaltung keine Grunderwerbsteuer angefallen wäre, nicht als Minderung der Anschaffungskosten der Grundstücke, sondern als steuerpflichtiger Ertrag zu behandeln.[89]

Zu den Anschaffungskosten gehören auch die sog. **nachträglichen Anschaffungskosten,** wenn sie von vornherein in sachlichem Zusammenhang zum Erwerb stehen, d. h., wenn sie unmittelbare Folgekosten des Erwerbsvorgangs sind, um zu einer Erhöhung des Werts des Wirtschaftsguts zu führen.[90] Der endgültige Ausweis einer vormals bedingten Verbindlichkeit kann zu nachträglichen Anschaffungskosten führen.[91] Zahlungen, die der Gesellschafter einer Kapitalgesellschaft aufgrund einer für diese übernommenen Bürgschaft leistet, können verdeckte Einlagen und damit nachträgliche Anschaffungskosten der Anteile darstellen.[92]

10.8 Herstellungskosten

10.8.1 Umfang der Herstellungskosten

Herstellungskosten i. S. des § 6 EStG sind die Aufwendungen, die durch den Verbrauch von Gütern und die Inanspruchnahme von Diensten für die Herstellung eines noch nicht existierenden Wirtschaftsguts, seine Erweiterung oder für eine über den ursprünglichen Zustand hinausgehende wesentliche Verbesserung **entstehen,** wobei auch angemessene Teile der notwendigen Materialgemeinkosten und Fertigungsgemeinkosten sowie der Wertverzehr von Anlagevermögen, soweit er durch die Herstellung des Wirtschaftsguts veranlasst ist, und nun seit den EStÄR 2012 mit Wirkung ab 25.03.2013 auch die angemessenen Kosten der allgemeinen Verwaltung, der angemessenen Aufwendungen für soziale Einrichtungen des Betriebs, für freiwillige soziale Leistungen und für die betriebliche Altersversorgung einzubeziehen sind.[93]

Das Steuerrecht verwendet den Begriff der Herstellungskosten, ohne ihn zu definieren; aufgrund der Maßgeblichkeit der Handelsbilanz über § 5 Abs. 1 EStG ist die handelsrechtliche Definition der Herstellungskosten nach § 255 Abs. 2 und 3 HGB auch steuerrechtlich maßgebend.[94]

---

88 BFH, BStBl 1981 II S. 470.
89 BFH, BStBl 1993 II S. 96.
90 BFH, BStBl 1990 II S. 126.
91 BFH, BStBl 1987 II S. 423.
92 BFH, BStBl 1999 II S. 817; H 15 (5) „Bürgschaft" EStH.
93 R 6.3 Abs. 1 EStR; ebenso, nun aber als Wahlrecht: § 255 Abs. 2 und 3 HGB.
94 BFH, BStBl 1994 II S. 176.

Zu den Herstellungskosten gehören sowohl die Kosten, die unmittelbar der Herstellung dienen, als auch Aufwendungen, die zwangsläufig im Zusammenhang mit der Herstellung anfallen oder mit der Herstellung in einem engen wirtschaftlichen Zusammenhang stehen,[95] sofern sie dem Wirtschaftsgut einzeln zugeordnet werden können.[96] Zu den Herstellungskosten gehören auch Kosten, die aufgewendet werden, um das Wirtschaftsgut in einen dem angestrebten Zweck entsprechenden (betriebsbereiten) Zustand zu versetzen. Ebenso wie bei den Anschaffungskosten kommt bei den Herstellungskosten der Zweckrichtung der Aufwendungen als finalem Element entscheidende Bedeutung zu.[97]

Ein bloßer kausaler oder zeitlicher Zusammenhang mit der Herstellung reicht nicht aus, vielmehr kommt es auf die Zweckbestimmung der Aufwendungen an. Folgekosten sind nicht als Herstellungskosten zu erfassen.

Die Herstellungskosten setzen sich zusammen **aus den Materialkosten einschließlich der notwendigen Materialgemeinkosten und den Fertigungskosten** (insbesondere den Fertigungslöhnen) **einschließlich der notwendigen Fertigungsgemeinkosten.**

Zu den Herstellungskosten gehören auch **die Sonderkosten der Fertigung** und der **Wertverzehr des Anlagevermögens,** soweit er der Fertigung der Erzeugnisse gedient hat.

Spätestens seit der Veröffentlichung der EStR 2012 sind auch die angemessenen Kosten der allgemeinen Verwaltung, die angemessenen Aufwendungen für soziale Einrichtungen des Betriebs, für freiwillige soziale Leistungen und für die betriebliche Altersversorgung einzubeziehen. R 6.3 Abs. 9 EStR lässt allerdings zu, das die Neuregelung in den Absätzen 1 und 3 nicht für Wirtschaftsgüter angewendet wird, mit deren Herstellung vor Veröffentlichung der EStÄR 2012 am 25.03.2013 im Bundessteuerblatt[98] begonnen wurde.

Außerdem gilt nunmehr das handelsrechtliche Bewertungswahlrecht für Fremdkapitalzinsen auch für die steuerliche Gewinnermittlung. Sind handelsrechtlich Fremdkapitalzinsen in die Herstellungskosten einbezogen worden, sind sie gem. § 5 Abs. 1 Satz 1 Halbsatz 1 EStG auch in der steuerlichen Gewinnermittlung als Herstellungskosten zu beurteilen.

Kosten für die allgemeine Verwaltung sowie Aufwendungen für soziale Leistungen des Betriebs und für betriebliche Altersversorgung können, brauchen aber nicht in die Herstellungskosten einbezogen zu werden.

Die bilanzsteuerrechtlich nach § 6 Abs. 1 EStG, R 6.3 EStR maßgebenden Herstellungskosten ergeben sich daher wie folgt:

---

95 BFH, BStBl 1986 II S. 367.
96 BFH, BStBl 1987 II S. 14.
97 BFH, BStBl 1986 II S. 367.
98 BStBl 2013 I S. 296.

10.8 Herstellungskosten

Pflichtbestandteile:		Materialeinzelkosten
	+	Materialgemeinkosten
	+	Fertigungseinzelkosten
	+	Fertigungsgemeinkosten
	+	Sonderkosten der Fertigung
	+	Wertverzehr von Anlagevermögen, soweit durch die Herstellung des Wirtschaftsguts veranlasst
	+	Kosten für die allgemeine Verwaltung
	+	Aufwendungen für soziale Einrichtungen des Betriebs
	+	Aufwendungen für freiwillige soziale Leistungen
	+	Aufwendungen für betriebliche Altersversorgung
		Wertuntergrenze der steuerlichen Herstellungskosten
Wahlbestandteile:	+	Zinsen für Fremdkapital
	=	**Wertobergrenze der steuerlichen Herstellungskosten**

Material- und Fertigungsgemeinkosten sind seit 2010 nach § 255 Abs. 2 HGB in die Ermittlung der Herstellungskosten einzubeziehen. Einzubeziehen sind nun auch der durch die Fertigung veranlasste Wertverzehr des Anlagevermögens. Die Untergrenze der nach Handelsrecht zwingend anzusetzenden Herstellungskosten ergibt sich demgemäß nur durch Material- und Fertigungskosten zzgl. Sonderkosten der Fertigung und den Wertverzehr von Anlagevermögen, soweit durch die Herstellung des Wirtschaftsguts veranlasst. **Steuerrechtlich** müssen angemessene Teile der notwendigen Materialgemeinkosten und Fertigungsgemeinkosten sowie der Wertverzehr von Anlagevermögen, soweit er durch die Herstellung des Wirtschaftsguts veranlasst ist, seit langem einbezogen werden.[99] Das Steuerrecht enthielt – anders als § 255 Abs. 2 HGB a. F. – kein Wahlrecht, von der Einbeziehung der Gemeinkosten abzusehen. Da § 6 Abs. 1 EStG den Ansatz der Herstellungskosten ohne Einschränkung vorschreibt, geht diese Regelung nach § 5 Abs. 6 EStG in der Steuerbilanz vor. Diese Regelung ist nicht nur im Rahmen der Gewinnermittlung für buchführende Kaufleute maßgebend, sondern generell für die Ermittlung aller steuerpflichtigen Einkünfte, bei denen die Abgrenzung von Aufwendungen eines Steuerpflichtigen für die Einstufung als sofort abzugsfähige Betriebsausgaben oder Werbungskosten oder als aktivierungspflichtige Herstellungskosten von Bedeutung ist.

Die Kosten bzw. Aufwendungen werden wie folgt definiert:

Materialeinzelkosten: direkt zurechenbare Stoffkosten, insbesondere der Verbrauch an Roh-, Hilfs- und Betriebsstoffen, Halb- und Teilerzeugnissen.
Fertigungseinzelkosten: Fertigungslöhne einschl. aller Zuschläge (z. B. Überstunden, Feiertag), gesetzlicher und tariflicher Sozialleistungen.
Sonderkosten der Fertigung: Einzelaufwendungen für Modelle, Spezialwerkzeug, Lizenzen (keine Vertriebslizenzen) usw.; auftragsbezogene Entwicklungs-, Versuchs- und Konstruktionskosten, Materialprüfungskosten; nicht dazu gehören Forschungs- und Entwicklungsaufwendungen für Grundlagenforschung und Neuentwicklungen,

---
99 BFH, BStBl 1994 II S. 176, und R 6.3 Abs. 1 EStR.

weil sie grundsätzlich nicht der laufenden, sondern erst späterer Herstellung zugutekommen.

Materialgemeinkosten: Lagerhaltung, Transport und Prüfung des Materials, Werkzeuglager.

Fertigungsgemeinkosten: notwendige Aufwendungen für Vorbereitung und Kontrolle der Fertigung, technische Betriebsleitung, Raumkosten, Sachversicherung, Unfall- und Unfallverhütungseinrichtungen der Fertigungsstätten, Lohnbüro für Arbeitnehmer des Fertigungsbereichs und ähnliche Kosten. Kosten der Lagerung und Verpackung fertiger Erzeugnisse gehören grundsätzlich nicht zu den Herstellungskosten. Ist jedoch die Lagerung erforderlich, um erst die Absatzreife des Erzeugnisses herbeizuführen (z. B. Gärung alkoholischer Getränke, Trocknung von Holz), so sind die entsprechenden Lagerkosten Herstellungsaufwendungen.

Entsprechend wird man auch in Ausnahmefällen Kosten der Warenumschließung (Verpackungskosten) den Herstellungskosten zuzurechnen haben, wenn eine bestimmte Verpackung erforderlich ist, ohne die die Erzeugnisse nicht auslieferbar sind.

Wertverzehr des Anlagevermögens (R 6.3 Abs. 4 EStR): soweit er fertigungsbezogen ist, grundsätzlich Ansatz der bilanziellen Abschreibungen.

Kosten für die allgemeine Verwaltung (R 6.3 Abs. 3 EStG): u. a. die Aufwendungen für Geschäftsleitung, Einkauf und Wareneingang, Betriebsrat, Personalbüro, Nachrichtenwesen, Ausbildungswesen, Rechnungswesen – z. B. Buchführung, Betriebsabrechnung, Statistik und Kalkulation –, Feuerwehr, Werkschutz sowie allgemeine Fürsorge einschl. Betriebskrankenkasse.

Aufwendungen für soziale Einrichtungen (R 6.3 Abs. 3 EStR): Hierzu gehören z. B. Aufwendungen für Kantine einschließlich der Essenszuschüsse sowie für Freizeitgestaltung der Arbeitnehmer.

Aufwendungen für freiwillige soziale Leistungen (R 6.3 Abs. 3 EStG): Hierzu gehören nur Aufwendungen, die nicht arbeitsvertraglich oder tarifvertraglich vereinbart worden sind, z. B. Jubiläumsgeschenke, Wohnungs- und andere freiwillige Beihilfen, Weihnachtszuwendungen oder Aufwendungen für die Beteiligung der Arbeitnehmer am Ergebnis des Unternehmens.

Aufwendungen für die betriebliche Altersversorgung (R 6.3 Abs. 3 EStR): Beiträge an Direktversicherungen und Pensionsfonds, Zuwendungen an Pensions- und Unterstützungskassen sowie Zuführungen zu Pensionsrückstellungen.

Vertriebskosten gehören nicht zu den Herstellungskosten (§ 255 Abs. 2 Satz 5 HGB). Verpackungskosten werden grundsätzlich den Vertriebskosten zugerechnet,[100] man spricht insoweit auch von der **Außenverpackung.**

Demgegenüber ist die **Innenverpackung** der Herstellung zuzurechnen. Dies gilt, wenn die Verpackung notwendig ist, um das Erzeugnis in den Verkehr bringen zu können. Beispiele: Bier in Flaschen, Dosen oder Fässern, Milch in Tüten, Pulverkaffee in Gläsern, Schnittbrot in Folie oder Stanniol.

Finanzierungs-(Geldbeschaffungs-)Kosten und Zinsen für Fremdkapital gehören nicht zu den Herstellungskosten; das gilt auch für kalkulatorische Zinsen für Eigenkapital. Zinsen für Fremdkapital, das nachweislich in unmittelbarem wirtschaftlichem Zusammenhang mit der Herstellung eines Wirtschaftsguts aufgenommen wird, können hingegen in die Herstellungskosten des Wirtschaftsguts einbezogen werden, soweit sie auf den Herstellungszeitraum entfallen. Im Einzelnen wird auf die Erläuterungen in

---

100 BFH, BStBl 1988 II S. 961.

10.8 Herstellungskosten

R 33 Abs. 11 EStR verwiesen. Nach der Rechtsprechung des BFH[101] war das nur möglich, wenn sowohl in der Steuerbilanz wie auch der Handelsbilanz entsprechend verfahren wurde. Nach Wegfall der umgekehrten Maßgeblichkeit ist dies m. E. nicht zwingend. Allerdings ist es nach Auffassung des BFH nicht zulässig, Zinsen auch in die Herstellungskosten eines zum Privatvermögen gehörenden Wirtschaftsguts einzubeziehen.

Halbfertige Arbeiten sind mit den Herstellungskosten ohne die in solchen Arbeiten ruhenden, im Laufe des Geschäftsbetriebs noch nicht aufzudeckenden Gewinnanteile anzusetzen.

Steht bereits fest, dass die vereinbarte Vergütung am Bilanzstichtag unter den bisher angefallenen Herstellungskosten liegt und ist diese Wertminderung voraussichtlich von Dauer, sind die halbfertigen Arbeiten mit dem niedrigeren Wert zu bewerten.[102]

10.8.2 Herstellungskosten bei Gebäuden

Die wichtigsten Einzelfragen der **Herstellungskosten eines Gebäudes** sind in R 6.4 EStR aufgeführt und ergänzt im BMF-Schreiben[103] sowie H 6.4 EStH.

Hinsichtlich der Abgrenzung der Anschaffungskosten für ein Grundstück von den Herstellungskosten für ein Gebäude hat die Rechtsprechung des BFH zunehmend klarer folgenden Grundsatz aufgestellt: Aufwendungen, die sich auf die besondere Nutzung von Grundstücken – z. B. den Bau von Wohnungen – beziehen, zählen nicht zu den Anschaffungskosten des Grund und Bodens, auch wenn es sich um einmalige Aufwendungen (z. B. um bei einer erstmaligen Bebauung erhobene Abgaben) handelt.[104]

Wird ein objektiv technisch oder wirtschaftlich noch nicht verbrauchtes Gebäude in der Absicht erworben, es abzureißen, so kann der Zweck des Abbruchs (a) in der Herstellung eines neuen Gebäudes oder sonstigen Wirtschaftsguts (z. B. Parkplatz) oder (b) lediglich in der Beseitigung des alten Gebäudes ohne weiter gehenden Zweck liegen. Der Wert des Gebäudes und die **Abbruchkosten** sind dann (a) Herstellungskosten des neuen Gebäudes oder sonstigen Wirtschaftsguts oder (b) nachträgliche Anschaffungskosten des Grund und Bodens. Kommt die Anschaffung mehrerer Wirtschaftsgüter in Betracht (z. B. Gebäude und Parkfläche), so sind der Restwert und die Abbruchkosten entsprechend dem wirtschaftlichen Zusammenhang zwischen dem Abbruch und der Herstellung der neuen Wirtschaftsgüter zu verteilen.[105] Fehlt es an einem solchen Zusammenhang, weil etwa ein Teil der frei gemachten Fläche nicht als Grundlage neuer Wirtschaftsgüter dient, so gehört der entsprechende Teil des Restwerts und der Abbruchkosten zu den Anschaffungskosten des Grund und Bodens.

---

101 BFH, BStBl 1990 II S. 460.
102 BMF, BStBl 2000 I S. 1514, und BFH, BStBl 2002 II S. 784.
103 BMF, BStBl 2003 I S. 386.
104 BFH, BStBl 1996 II S. 134.
105 H 6.4 „Abbruchkosten" EStH.

Wird ein Gebäude hingegen in der Absicht erworben, es als Gebäude zu nutzen, und entschließt sich der Steuerpflichtige erst nach dem Erwerb, das Gebäude abzureißen, so sind im Jahr des Abbruchs die restlichen Anschaffungskosten und die Abbruchkosten als Betriebsausgaben oder Werbungskosten abzusetzen. Dies gilt auch bei einem in Teilabbruchabsicht erworbenen Gebäude für die Teile, deren Abbruch **nicht** geplant war.[106] Dies gilt auch für den Fall, dass das Gebäude nicht erworben, sondern von dem Steuerpflichtigen errichtet worden war. Wird mit dem Abbruch des Gebäudes innerhalb von 3 Jahren nach dem schuldrechtlichen Erwerbsgeschäft begonnen, so spricht der Beweis des ersten Anscheins dafür, dass das Gebäude in Abbruchabsicht erworben wurde.[107] Dasselbe gilt, wenn das Gebäude in der Absicht erworben wurde, es alsbald unter Aufgabe wesentlicher Bausubstanz grundlegend umzubauen. Wird das Gebäude bis zum Abbruch durch Vermietung und Verpachtung genutzt, so sind für die Zeit der Zwischennutzung AfA nach § 7 Abs. 4 Satz 1 EStG vorzunehmen (siehe 13.9.2). Nur der dadurch nicht verbrauchte Restwert des Gebäudes zählt zu den Anschaffungs- oder Herstellungskosten im vorgenannten Sinne.

Wurde das abgebrochene Gebäude zuvor zu Wohnzwecken oder in einer anderen nicht einkommensteuerrelevanten Weise genutzt, stehen die Abbruchkosten und ggf. die Absetzung für außergewöhnliche Abnutzung in ausschließlichem Zusammenhang mit dem Neubau und sind den Herstellungskosten des neuen Gebäudes zuzurechnen.[108]

Bricht der Steuerpflichtige ein zum Privatvermögen gehörendes Gebäude ab, um ein zum Betriebsvermögen gehörendes Gebäude zu errichten, dann ist der Teilwert des alten Gebäudes als Einlagewert so anzusetzen, als wenn der Abbruch nicht beabsichtigt gewesen sei.[109]

Aufwendungen für die Umzäunung eines Mietwohngrundstücks gehören dann zu den Gebäudeherstellungskosten, wenn sie bestimmt und geeignet sind, das Gebäude nutzbar zu machen.[110] Dagegen ist die zu einem Wohngebäude gehörende Gartenanlage ein selbständiges Wirtschaftsgut.[111] Zu den Herstellungskosten eines Gebäudes können auch Planungskosten gehören, wenn der Bauherr die Baupläne nicht verwirklicht, sondern ein Gebäude aufgrund neu erstellter Baupläne errichtet. Voraussetzung dafür ist jedoch, dass das später errichtete Gebäude von dem zunächst geplanten nach Zweck und Bauart nicht völlig verschieden ist (z. B. Wohnhaus statt Fabrikgebäude) und damit die Kosten der ersten Planung wertbestimmend in das neue Gebäude eingehen[112] oder dass sie – bei Verschiedenheit der Gebäude –

---

106 BFH, BStBl 1997 II S. 325.
107 H 6.4 „Abbruchkosten" EStH.
108 BFH, BStBl 2002 II S. 805.
109 BFH, BStBl 1983 II S. 451.
110 BFH, BStBl 1978 II S. 210.
111 BFH, BStBl 1997 II S. 25.
112 BFH, BStBl 1984 II S. 306.

10.8 Herstellungskosten

sonst in irgendeiner Weise der Errichtung des Gebäudes (z. B. als Planungserfahrung) gedient haben.[113]

Herstellungskosten für Wirtschaftsgüter, mit deren Herstellung am Bilanzstichtag begonnen ist, sind, soweit sie am Bilanzstichtag angefallen sind, unabhängig davon zu aktivieren, ob sie bereits zu einem als Einheit greifbaren Wirtschaftsgut geführt haben.[114] Zu den Herstellungskosten gehören auch die Aufwendungen, die mit der Herstellung in einem engen wirtschaftlichen Zusammenhang stehen. Daher sind Aufwendungen für die Beseitigung von Baumängeln vor Fertigstellung des Gebäudes Herstellungskosten.[115]

Aufwendungen aufgrund einer Unterschlagung des Architekten oder wegen Unbrauchbarkeit der von ihm erbrachten Leistungen sind den Herstellungskosten des fertig gestellten Gebäudes zuzurechnen.[116]

Hinsichtlich der Behandlung **verlorener Vorauszahlungen** auf Bauvorhaben hat der Große Senat des BFH[117] entschieden, dass derartige Aufwendungen zu Betriebsausgaben oder Werbungskosten führen. Derartige Aufwendungen gehören nicht zu den Herstellungskosten, weil entsprechend der Legaldefinition des § 255 Abs. 2 Satz 1 HGB es insoweit nicht zum Verbrauch von Gütern oder zur Inanspruchnahme von Diensten für das herzustellende Gebäude gekommen ist. Die Aufwendungen sind wirtschaftlich verbraucht, ohne dass Herstellungsleistungen erbracht wurden. Leistet der Besteller auf die noch zu erbringende Herstellungsleistung eine Vorauszahlung, so ist diese nicht sogleich den Herstellungskosten des bestellten Werks zuzurechnen, sondern zunächst als Forderung zu aktivieren, die den Anspruch auf die Werkleistung oder auf Rückzahlung wiedergibt. Bei Uneinbringlichkeit der Forderung wegen der Insolvenz des Bauunternehmers ist sie als Betriebsausgabe auszubuchen.[118] Auch bei den Einkünften aus Vermietung und Verpachtung rechnen zu den Herstellungskosten nur Ausgaben für tatsächlich erbrachte Leistungen, die zum Bereich der Gebäudeherstellung gehören. Verlorene Vorauszahlungen können als Werbungskosten berücksichtigt werden, wenn ein ausreichender wirtschaftlicher Zusammenhang zwischen den Aufwendungen und der Einkunftsart besteht. Vorauszahlungen sind insoweit nicht als Werbungskosten abziehbar, sondern zu den Herstellungskosten des Gebäudes zu rechnen, als ihnen Herstellungsleistungen des Bauunternehmers gegenüberstehen, selbst wenn diese mangelhaft sind.[119]

---

113 H 6.4 „Bauplanungskosten" EStH.
114 So für Kosten der Bauplanung, wenn am Bilanzstichtag mit den eigentlichen Bauarbeiten noch nicht begonnen ist, BFH, BStBl 1984 II S. 101.
115 BFH, BStBl 1992 II S. 807.
116 BFH, BStBl 1988 II S. 431.
117 BFH, BStBl 1990 II S. 830.
118 BFH, BStBl 2002 II S. 758.
119 BFH, BStBl 1990 II S. 830.

10 Bewertungs- und Bilanzierungsvorschriften nach dem EStG

Soweit ein Dritter Aufwendungen tätigt (**Drittaufwand**), können diese fremden Mittel grundsätzlich steuerlich nicht geltend gemacht werden.[120] Baumängel vor Fertigstellung eines Gebäudes rechtfertigen keine Absetzung für außergewöhnliche technische oder wirtschaftliche Abnutzung nach § 7 Abs. 1 Satz 4 EStG. Aufwendungen zur Beseitigung von Baumängeln vor Fertigstellung des Gebäudes sind keine sofort abziehbaren Werbungskosten, sondern gehören zu den Herstellungskosten des Gebäudes.[121]

Beispiel:
Der mit der Errichtung eines privaten Wohnhauses beauftragte Bauunternehmer wird insolvent, es sind bereits über den Baufortschritt hinaus Vorauszahlungen geleistet worden. Der Bauherr klagt vergeblich die Rückzahlung ein, zumal die Bauleistungen mit Mängeln behaftet sind und weitere Kosten für die Reparatur entstehen.

Die ohne Gegenleistung gebliebenen Vorauszahlungen sind als Werbungskosten bei den Einkünften aus Vermietung und Verpachtung abziehbar wie auch die Prozesskosten, die das Schicksal der Vorauszahlungen teilen.

Dagegen gehören die Kosten für die Mängelbeseitigung mit zu den Herstellungskosten, da ein Herstellungsvorgang tatsächlich erbracht wurde; es ist ohne Bedeutung, ob diese Leistung vertragsgemäß oder mangelhaft ist. Es ist auch keine Absetzung für außergewöhnliche technische oder wirtschaftliche Abnutzung gerechtfertigt.

Auch nach der Fertigstellung des Wirtschaftsguts anfallende Aufwendungen können den Herstellungskosten zuzuordnen sein, wenn sie noch in einem wirtschaftlichen Zusammenhang mit dem Herstellungsvorgang stehen.[122] Daher sind auch Aufwendungen für die Beseitigung von **Baumängeln,** die nach der Fertigstellung des Gebäudes behoben, aber vor der Fertigstellung aufgetreten sind, Herstellungskosten.[123]

10.8.3 Abgrenzung zu Erhaltungsaufwendungen

Von den Herstellungskosten zu unterscheiden sind die **Erhaltungsaufwendungen.**

Größere Erhaltungskosten können bei Gebäuden, die nicht zu einem Betriebsvermögen gehören und überwiegend zu Wohnzwecken dienen, abweichend von § 11 Abs. 2 EStG auf 2 bis 5 Jahre gleichmäßig verteilt werden (§ 82b EStDV).

Wird das Gebäude während des Verteilungszeitraums veräußert, ist der steuerlich noch nicht berücksichtigte Teil der Erhaltungskosten im Jahr der Veräußerung als Werbungskosten abzusetzen; Entsprechendes gilt, wenn ein Gebäude in ein Betriebsvermögen eingebracht wird. Soweit das Gebäude im Eigentum mehrerer

---

[120] BFH, BStBl 2000 II S. 310, 314; vgl. aber auch BFH vom 15.11.IX R 25/03 (BStBl 2006 II S. 623) zum „abgekürzten Vertragsweg" und vom 23.08.1999 GrS 2/97 (BStBl 1999 II S. 782) zum „abgekürzten Zahlungsweg".
[121] BFH, BStBl 1992 II S. 805.
[122] BFH, BStBl 1988 II S. 431.
[123] BFH, BStBl 1995 II S. 306.

10.8 Herstellungskosten

Personen steht, ist der Aufwand von allen Eigentümern einheitlich steuerlich aufzuteilen.

Aufwendungen eines Steuerpflichtigen **auf bereits vorhandene Wirtschaftsgüter,** die nach Abschluss des Erwerbs- oder des Herstellungsvorgangs erfolgen, sind entweder Erhaltungs- oder Herstellungsaufwand. Diese Unterscheidung ist von Bedeutung, weil Aufwendungen, die der Erhaltung eines Wirtschaftsguts dienen, sofort als Werbungskosten oder Betriebsausgaben abgezogen werden können, während Herstellungsaufwand zu aktivieren und im Wege der AfA auf die Gesamtdauer der (Rest-)Nutzung zu verteilen ist. Für die somit wichtige **Abgrenzung** gibt es keine allgemeingültigen Regeln. Die Grenze ist vielmehr fließend.

Erhaltungsaufwendungen sind Aufwendungen, die weder die Substanz des Wirtschaftsguts wesentlich vermehren noch seine Wesensart verändern und die dazu bestimmt sind, das Wirtschaftsgut in ordnungsmäßigem gebrauchsfähigem Zustand zu erhalten. Insbesondere gehören zu den Erhaltungsaufwendungen die Aufwendungen für die laufende Instandhaltung und Instandsetzung (vgl. auch R 21.1 EStR). Erhaltungsaufwendungen können auch dann anfallen, wenn das Wirtschaftsgut bereits voll abgeschrieben ist, sofern die Aufwendungen den zuvor beschriebenen Charakter haben.

Wird ein technisch oder wirtschaftlich verbrauchtes Wirtschaftsgut durch ein anderes ersetzt, dann sind die darauf entfallenden Aufwendungen Anschaffungs- oder Herstellungskosten.

Aufwendungen für die **Erneuerung von bereits** in den Herstellungskosten eines Wirtschaftsguts (z. B. eines Gebäudes) **enthaltenen Teilen,** Einrichtungen oder Anlagen **sind nur in Ausnahmefällen als Herstellungskosten** des Wirtschaftsguts zu behandeln, wenn die Maßnahme nach der Verkehrsanschauung nicht mehr in erster Linie dazu dient, das Wirtschaftsgut in seiner bestimmungsgemäßen Nutzungsmöglichkeit zu erhalten, sondern dazu, etwas Neues, bisher nicht Vorhandenes zu schaffen.[124]

In den vorgenannten Fällen liegen Herstellungskosten bei einem Gebäude nur dann vor, wenn das Gebäude durch die Baumaßnahme wesentlich in seiner Substanz vermehrt, in seinem Wesen verändert oder – von der üblichen Modernisierung abgesehen – über seinen bisherigen Zustand hinaus wesentlich verbessert wird.[125] Das zeigt sich u. a. in einer deutlichen Verlängerung der Gesamtnutzungsdauer des Gebäudes und einer deutlichen Verbesserung der Substanz;[126] weiteres Indiz für einen deutlich gesteigerten Gebrauchswert ist ein deutlicher Anstieg der erzielbaren

---

124 BFH, BStBl 1992 II S. 73.
125 BFH, BStBl 1996 II S. 632.
126 BMF, BStBl 2003 I S. 386.

Miete.

Wegen der weiteren Einzelheiten vgl. den sog. Dachgeschossausbauerlass[127] und 26.4.2.

Eine Werterhöhung ist unschädlich, wenn das Gebäude wieder den zeitgemäßen Wohnkomfort erhält, den es ursprünglich besessen, aber durch den technischen Fortschritt und die Veränderung der Lebensgewohnheiten verloren hatte. Insofern führen auch hohe, kumuliert angefallene Instandsetzungs- oder Modernisierungskosten für Wohngebäude außerhalb des anschaffungsnahen Zeitraums zu Erhaltungsaufwand, wenn das Haus noch bewohnbar war, die Kategorie der Wohnungen sich nicht wesentlich verändert hat und die Maßnahmen sich darauf beschränkten, Schäden zu beseitigen und technisch oder wirtschaftlich überholte Gebäudeteile zwecks zeitgemäßer Wohnungsausstattung zu ersetzen.

Instandsetzungs- und Modernisierungsaufwendungen für ein Gebäude sind auch nicht allein deshalb als Herstellungskosten zu beurteilen, weil die Wohnungen wegen Abnutzung und Verwahrlosung nicht mehr zeitgemäßen Wohnvorstellungen entsprechen und deshalb nicht mehr vermietbar sind.[128]

Die Entscheidung macht deutlich, welcher Wandel sich in der Rechtsprechung zu Erhaltungsaufwendungen in Abgrenzung von Herstellungskosten in den letzten Jahren vollzogen hat.

Im Urteilsfall hatte der Kläger Fenster und Türen, Heizungs- und Sanitäranlagen, Elektroinstallationen und Badezimmer erneuert, die Innenraumgestaltung durch den Einbau von Trennwänden und Einzug teilweise neuer Decken verändert sowie Decken und Fußböden ausgebessert. Die Fassade wurde neu verputzt und gestrichen, ein Teil des Gebäudes verklinkert und das Dach neu gedeckt.

Andererseits sind Instandsetzungs- und Modernisierungsaufwendungen für ein Wohngebäude, die für sich genommen teils als Erhaltungsaufwand zu beurteilen wären, insgesamt als Herstellungskosten anzusehen, wenn die Arbeiten zwar in verschiedenen Stockwerken ausgeführt werden, aber bautechnisch ineinandergreifen.[129]

Beispiel:
Vermieter V baut den Dachboden zu einer Wohnung aus. Neben dem Einbau einer Dachgaube lässt V auch das **sanierungsbedürftige** Dach erneuern; der Dachstuhl bleibt ansonsten unverändert.
In dem Zusammenhang lässt V zeitgleich das bestehende Treppenhaus sanieren.

Lösung:
Die Erneuerung des Daches stellt für sich gesehen Erhaltungsaufwand dar. Bei dem Dachgeschossausbau handelt es sich um eine Erweiterung, also um Herstellungskos-

---
127 BMF, BStBl 1996 I S. 689.
128 BFH, BStBl 1999 II S. 282.
129 BFH, BStBl 1996 II S. 639.

10.8 Herstellungskosten

ten. Diese stehen zwar in einem engen räumlichen und zeitlichen Zusammenhang mit der Sanierung des gesamten Dachs, aber nicht in einem sachlichen Zusammenhang, weil die Maßnahmen nicht bautechnisch ineinandergreifen. Es ist deshalb – ggf. im Schätzungswege – folgende Aufteilung vorzunehmen:

- Dachbodenausbau und Gaube = Herstellungskosten
- Dachziegel für die Gaube = Herstellungskosten
- Dachziegel übriges Dach = Erhaltungsaufwand
- Treppenhaussanierung = Erhaltungsaufwand

Die Renovierung des Treppenhauses ist zwar zeitgleich mit dem Ausbau des Dachgeschosses durchgeführt worden. Die Maßnahme ist aber nicht Voraussetzung zum Ausbau. Sie ist weiterhin nicht unmittelbar durch den Ausbau verursacht.

Die Vergrößerung der Nutzfläche eines Gebäudes **und erstmalige Erstellung von bisher nicht vorhandenen Teilen und Anlagen (funktionale Betrachtungsweise) führt immer zu Herstellungskosten.**[130]

Werden nach dem Erwerb eines Mietwohnhauses die auf den Treppenpodesten gelegenen Toiletten entfernt und in allen Wohnungen bisher nicht vorhandene Badezimmer eingebaut, so sind die dafür geleisteten Aufwendungen nachträgliche Herstellungskosten.[131] Die erstmalige Anlage oder die Vergrößerung einer Dachgaube, der Kellerräume, die Umfunktionierung von Kellern in Spielräume sind demnach dem Herstellungsaufwand zuzuordnen. Aufwendungen für eine Vergrößerung der Wohnfläche eines Mietwohnhauses sind Herstellungskosten, auch wenn die Vergrößerung nur unwesentlich ist.

Das BMF-Schreiben vom 18.07.2003[132] enthält als weitere Beispiele für eine Vergrößerung der nutzbaren Fläche: den Anbau eines Balkons oder die Vergrößerung einer Terrasse über die gesamte Gebäudebreite sowie als Beispiele für eine Vermehrung der Substanz: Einsetzen von zusätzlichen Trennwänden, Errichtung einer Außentreppe, einer Treppe zum Spitzboden, eines Kachelofens oder eines Kamins.

Keine zu den Herstellungskosten führende Substanzmehrung liegt dagegen vor, wenn der neue Gebäudebestandteil oder die neue Anlage die Funktion des bisherigen Gebäudebestandteils für das Gebäude in vergleichbarer Weise erfüllt. Danach ist regelmäßig z. B. nicht von einer Substanzmehrung auszugehen bei: Anbringen einer zusätzlichen Fassadenverkleidung zu Wärme- oder Schallschutzzwecken, Umstellung einer Heizungsanlage auf Zentralheizung, Ersatz eines Flachdachs durch ein Satteldach lediglich wegen größerer Raumhöhe ohne Ausbaumöglichkeit, Vergrößern eines vorhandenen Fensters, Versetzen von Wänden, aber auch bei Anbringung einer Betonvorsatzschale zur Trockenlegung der Fundamente, Überdachung von Wohnungszugängen oder einer Dachterrasse mit einem Glasdach zum Schutz vor weiteren Wasserschäden.

---

130 BFH, BStBl 1996 II S. 628.
131 BFH, BStBl 1996 II S. 630.
132 BMF vom 18.07.2003 (BStBl 2003 I S. 386).

Beispiel:
In einem Betriebsgebäude wird die technisch nicht verbrauchte zentrale Koksheizung durch eine Ölheizung ersetzt. Da die Heizungsanlage zu den unselbständigen Gebäudeteilen zählt,[133] sind die Kosten der Erneuerung grundsätzlich Erhaltungs- und nicht Herstellungsaufwand. Die Entscheidung, ob Herstellungs- oder Erhaltungsaufwand anzunehmen ist, wird durch den Zustand der Brauchbarkeit der erneuerten Anlage nicht beeinflusst.[134]

Aufwendungen zur Instandsetzung und Modernisierung von Gebäuden müssen nur dann den Anschaffungskosten zugerechnet werden, wenn durch die Aufwendungen eine wesentliche Verbesserung des Gebrauchswerts des Gebäudes eingetreten ist.

Hierfür muss die Funktion des Gebäudes erweitert und ergänzt und Wohnkomfort deutlich gesteigert werden.[135]

Anschaffungskosten liegen insbesondere vor, wenn Aufwendungen geleistet werden, um das erworbene Gebäude in einen betriebsbereiten Zustand zu versetzen.

Ein Gebäude ist erst dann betriebsbereit, wenn es entsprechend seiner Zweckbestimmung genutzt werden kann. Im Anschluss an den Erwerb entstandene Kosten für Baumaßnahmen sind stets darauf zu untersuchen, ob sie der Herstellung der Betriebsbereitschaft gedient haben.

Dabei ist zu unterscheiden, ob das Gebäude im genutzten oder ungenutzten Zustand erworben wurde.

Soweit das Gebäude im Zeitpunkt des Erwerbs bereits genutzt wurde (z. B. das Gebäude an verschiedene Mieter zu Wohnzwecken vermietet ist), sind die im Anschluss an den Erwerb anfallenden Kosten den Anschaffungskosten zuzuordnen, wenn sie der Herstellung der objektiven Funktionstüchtigkeit gedient haben.

Das ist insbesondere der Fall, wenn die wesentlichen Teile des Gebäudes zum Zeitpunkt des Erwerbs nicht nutzbar waren und erst funktionstüchtig gemacht werden mussten.

Ist das Gebäude dagegen zum Zeitpunkt des Erwerbs ungenutzt, muss neben der objektiven auch die subjektive Funktionstüchtigkeit geprüft werden. Ein Gebäude ist subjektiv funktionsuntüchtig, wenn es für die konkrete Zweckbestimmung des Erwerbers nicht nutzbar ist (z. B. Büroräume, die bisher als Anwaltskanzlei genutzt wurden, sollen zukünftig als Zahnarztpraxis genutzt werden). Die Aufwendungen zur Herstellung dieser subjektiven Funktionstüchtigkeit rechnen stets zu den Anschaffungskosten.

Kosten der Urbarmachung des Grund und Bodens zählen bei den Einkünften aus Land- und Forstwirtschaft zu den Herstellungskosten, weil mit der Urbarmachung der für den Betrieb der Land- und Forstwirtschaft erforderliche Grund und Boden

---

133 BFH, BStBl 1980 II S. 7.
134 BFH, BStBl 1986 II S. 9.
135 BMF, BStBl 2003 I S. 386.

10.8 Herstellungskosten

erst geschaffen wird. Demgegenüber sind die Aufwendungen zur Verbesserung des Grund und Bodens keine Herstellungskosten, sondern laufender Aufwand.

Wird eine **bisher bestehende Zufahrtsstraße** zu einem Grundstück durch eine neu gebaute andere Straße ersetzt, so sind die hierfür zu entrichtenden Erschließungsbeiträge nicht nachträgliche Anschaffungskosten des Grundstücks, sondern Erhaltungsaufwand. Beiträge für die Zweiterschließung eines Betriebsgrundstücks durch eine weitere Straße sind nur dann als nachträgliche Anschaffungskosten des Grund und Bodens zu aktivieren, wenn sich der Wert des Grundstücks aufgrund einer Erweiterung der Nutzbarkeit oder einer günstigeren Lage erhöht.[136]

Nach ständiger Rechtsprechung des BFH[137] sind Beitragsleistungen von Anliegern zur Finanzierung einer erstmaligen Erschließung ihrer Grundstücke durch eine öffentliche Straße Anschaffungskosten des Grund und Bodens der Anliegergrundstücke.

Davon sind steuerrechtlich Aufwendungen von Grundstückseigentümern für die Erschließung durch eine **Privatstraße** zu unterscheiden.

Im Fall der Kostenbeteiligung an einer Privatstraße haben die Grundstückseigentümer ein selbständiges – abnutzbares – Wirtschaftsgut erworben und dessen Unterhaltung zu übernehmen, während in den Fällen einer öffentlichen Erschließung eines Grundstücks die betreffende Gemeinde das Wirtschaftsgut „Straße" herstellt und regelmäßig dessen Unterhalt übernimmt. Hier wird der Anlieger lediglich im Wege eines Beitrags an den Kosten beteiligt und erwirbt kein eigenes Wirtschaftsgut.

Selbst die Auswechslung des Zufahrtsweges ist keine Neuerschließung, sondern sofort abzugsfähiger Erhaltungsaufwand. Im Urteilsfall wurde das Grundstück unstrittig in gleicher Weise genutzt wie vor Herstellung der Ersatzstraße. Die bauliche Ausführung des Straßenkörpers ist unerheblich, wenn sich wie im Streitfall keine funktionalen Veränderungen daraus ergeben.

Fallen Aufwendungen an, die für sich betrachtet teilweise Herstellungsaufwand und teilweise Erhaltungsaufwand sind, so ist Herstellungsaufwand bei allen Maßnahmen anzunehmen, die mit den eigentlichen Herstellungsmaßnahmen in einem engen räumlichen, zeitlichen und sachlichen Zusammenhang stehen, wie das insbesondere bei der Generalüberholung der Fall ist.[138]

Anschaffungsnahe Aufwendungen, die im Zusammenhang mit der entgeltlichen Anschaffung eines Gebäudes gemacht werden und für sich betrachtet Erhaltungsaufwand darstellen, sind gleichwohl als Herstellungskosten zu behandeln, wenn sie im Verhältnis zum Kaufpreis hoch sind und durch sie das Wesen des Wirtschaftsguts

---
136 BFH, BStBl 1996 II S. 134, und 10.7.4.
137 BFH, BStBl 2000 II S. 25.
138 BFH, BStBl 1996 II S. 628.

verändert, der Nutzungswert erheblich erhöht oder die Nutzungsdauer erheblich verlängert wird.[139] Nach dieser Definition entstehen durch Aufwendungen nachträgliche Herstellungskosten, wenn eine wesentliche Verbesserung des Gegenstandes erfolgt; das ist insbesondere der Fall, wenn ein Vermögensgegenstand in erheblich instandsetzungsbedürftigem Zustand gekauft wird und sodann vom Erwerber repariert oder modernisiert wird.[140] Andererseits können Aufwendungen zur Beseitigung versteckter Mängel bei neu erworbenen Gebäuden sofort als Werbungskosten bzw. Betriebsausgaben abgezogen werden. Keine aktivierungspflichtigen anschaffungsnahen Aufwendungen sind übliche Schönheitsreparaturen, dementsprechend können z. B. Malerarbeiten, die im zeitlichen Zusammenhang mit der Anschaffung eines Gebäudes üblicherweise anfallen, auch bei neu erworbenen Gebäuden sofort als Werbungskosten abgezogen werden.[141]

Werden jedoch Schönheitsreparaturen, die im Zusammenhang mit der Anschaffung eines Gebäudes vorgenommen werden, im Rahmen einer umfassenden Renovierung oder Modernisierung durchgeführt, so können diese Aufwendungen nicht als Erhaltungsaufwendungen sofort abgezogen werden. Ein Bündel von Einzelmaßnahmen, die für sich genommen teils Herstellungs-, teils Erhaltungsaufwand darstellen, sind insgesamt als Herstellungskosten zu behandeln, wenn sie in engem räumlichem, zeitlichem und sachlichem Zusammenhang zueinander stehen und in ihrer Gesamtheit eine einheitliche Baumaßnahme bilden, wie das bei einer Generalüberholung und Modernisierung eines Hauses im Ganzen und von Grund auf der Fall ist.[142] Das Gleiche gilt für die jährlich üblicherweise anfallenden Erhaltungsarbeiten i. S. des § 6 Abs. 1 Nr. 1a Satz 2 EStG, wenn sie im Rahmen einer einheitlich zu würdigenden Instandsetzungs- und Modernisierungsmaßnahme i. S. des § 6 Abs. 1 Nr. 1a Satz 1 EStG stehen.[143]

Werden von dem Veräußerer bereits im Kaufvertrag später durchzuführende Renovierungsarbeiten in Rechnung gestellt, so handelt es sich um einen Bestandteil des Kaufpreises und damit um Anschaffungskosten.

Ob sich durch die Renovierungsarbeiten auch der Verkehrswert des Gebäudes wesentlich erhöht, ist ohne Belang.

Der BFH hat mit zwei Grundsatzentscheidungen[144] seine Rechtsprechung zum sog. anschaffungsnahen Aufwand bei Immobilien fortgeschrieben.

Welche Aufwendungen zu den Anschaffungs- oder Herstellungskosten zählen, bestimmt sich allein nach § 255 HGB:

---

139 BFH, BStBl 1996 II S. 632.
140 BFH, BStBl 1990 II S. 53.
141 BFH, BStBl 2003 II S. 574.
142 BFH, BStBl 1992 II S. 285, 940.
143 BFH, BStBl 2010 II S. 125.
144 BFH, BStBl 2003 II S. 569, 574.

10.8 Herstellungskosten

1. Aufwendungen für die Instandsetzung und Modernisierung eines Wohngebäudes im Anschluss an den Erwerb sind **Anschaffungskosten,** wenn sie geleistet werden, **um das Gebäude „in einen betriebsbereiten Zustand zu versetzen"** (§ 255 Abs. 1 Satz 1 HGB), d. h., um es bestimmungsgemäß nutzen zu können. Die konkrete Art und Weise, in der das Grundstück zur Erzielung von Einnahmen im Rahmen einer Einkunftsart genutzt werden soll, bestimmt der Erwerber. Will er ein leer stehend erworbenes Gebäude zu Wohnzwecken nutzen, dann gehört zur Zweckbestimmung auch die Entscheidung, welchem Standard das Gebäude entsprechen soll (sehr einfach, mittel oder sehr anspruchsvoll). Baumaßnahmen, die das Gebäude auf einen höheren Standard bringen, machen es betriebsbereit; ihre Kosten sind Anschaffungskosten. Für den Standard eines Wohngebäudes ist in diesem Zusammenhang vor allem die Ausstattung und Qualität der Heizungs-, Sanitär- und Elektroinstallationen und der Fenster ausschlaggebend.[145]

    Abgesehen davon sind Kosten für Baumaßnahmen nach dem Erwerb und vor der erstmaligen Nutzung eines Gebäudes Anschaffungskosten, wenn **funktionsuntüchtige** Teile wiederhergestellt werden, die für seine Nutzung unerlässlich sind, z. B. bei einer defekten Heizung, bei die Bewohnbarkeit ausschließenden Wasser- oder Brandschäden.

2. Wird ein Gebäude im Zeitpunkt des Erwerbs bereits genutzt, z. B. durch Vermietung, und setzt der Erwerber die Vermietung fort, so ist das Gebäude insoweit **bereits betriebsbereit.** Aufwendungen nach dem Erwerb sind dann **entweder sofort abziehbare Werbungskosten oder Herstellungskosten.** Instandsetzungs- und Modernisierungsmaßnahmen, die für sich allein noch als Erhaltungsmaßnahmen zu beurteilen wären, können in ihrer Gesamtheit zu einer „wesentlichen Verbesserung" (§ 255 Abs. 2 Satz 1 HGB) und damit zu Herstellungskosten führen. Dies ist der Fall, wenn durch die Modernisierung vor allem der Heizungs-, Sanitär- und Elektroinstallationen und der Fenster ein Wohngebäude von einem sehr einfachen auf einen mittleren oder von einem mittleren auf einen sehr anspruchsvollen Standard gehoben wird.

Nach § 6 Abs. 1 Nr. 1a EStG ist geregelt, dass zu den Herstellungskosten eines Gebäudes alle Aufwendungen für Instandsetzungs- und Modernisierungsmaßnahmen gehören, die innerhalb von 3 Jahren nach der Anschaffung des Gebäudes durchgeführt werden, wenn die Aufwendungen (ohne Umsatzsteuer) 15 % der Anschaffungskosten des Gebäudes übersteigen **(anschaffungsnahe Herstellungskosten).**

Diese gesetzliche Regelung gilt nur im Anschaffungsfall, d. h. bei entgeltlichem Erwerb und nicht bei einem unentgeltlichen Erwerb.

Nach der Rechtsprechung[146] kann anschaffungsnaher Aufwand ausnahmsweise auch bei Instandsetzungsarbeiten entstehen, die zwar erst nach Ablauf von 3 Jahren seit dem Erwerb des Gebäudes durchgeführt werden, aber einen schon im Zeitpunkt der Anschaffung vorhandenen erheblichen Instandhaltungsrückstau aufholen. Das ist insbesondere der Fall, wenn wegen der Gewichtigkeit der Mängel der Kaufpreis gemindert wurde. Eine Ausnahme vom Dreijahreszeitraum liegt auch vor, wenn nach dem Erwerb eines reparaturbedürftigen Mietwohnhauses über einen längeren

---

145 Vgl. BMF, BStBl 2003 I S. 386.
146 BFH, BStBl 1992 II S. 30.

Zeitraum gleichsam in Raten die jeweilig frei werdenden Mietwohnungen instand gesetzt werden.[147]
Wird ein Gebäude nach dem Erwerb renoviert, um es teils als eigene Wohnung, teils zu betrieblichen Zwecken und teils durch Vermietung zu nutzen, so sind die unterschiedlich genutzten Gebäudeteile als besondere Wirtschaftsgüter anzusehen.[148] Hieraus lässt sich jedoch für die Höhe der anschaffungsnahen Herstellungskosten nicht schließen, dass die einzelnen Baumaßnahmen den einzelnen Gebäudeteilen zuzuordnen und damit entsprechend geringer und sofort als Erhaltungsaufwendungen abziehbar sind. Maßgebend ist die Gesamtinvestition für die Renovierung bzw. Modernisierung im Verhältnis zum Gesamtkaufpreis.[149]

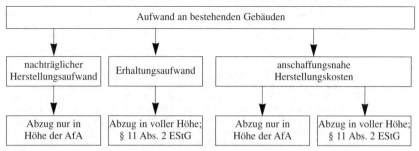

Soweit im Anschluss an einen **unentgeltlichen** Erwerb erhebliche Renovierungsarbeiten durchgeführt werden, die aber keine Herstellungskosten sind, können diese Aufwendungen sofort in voller Höhe als Werbungskosten berücksichtigt werden; die Grundsätze des sog. anschaffungsnahen Aufwands gelten dann nicht, wenn der Steuerpflichtige ein Grundstück in vollem Umfang unentgeltlich erworben hat.[150]

Bei einem **teilentgeltlichen** Erwerb (z. B. bei einer vorweggenommenen Erbfolge) ist bei der Frage der Abgrenzung der Aufwendungen der Erwerb in einen entgeltlichen und einen unentgeltlichen Teil **aufzuteilen.** Die Überprüfung, inwieweit anschaffungsnaher Herstellungsaufwand vorliegt, ist nur hinsichtlich des entgeltlich erworbenen Teils vorzunehmen.

Beispiel:
S erhält in 02 von seiner Mutter im Wege der vorweggenommenen Erbfolge ein Mehrfamilienhaus (Baujahr 2010), welches vollständig vermietet ist.

Verkehrswert	600.000 €
Anteil Grund und Boden	120.000 €
S zahlt an den Bruder	300.000 €

---

147 BFH vom 23.06.1988 IX B 178/87 (BFH/NV 1989 S. 165).
148 Vgl. R 21.1 Abs. 4 i. V. m. R 4.2 Abs. 4 und Abs. 5 EStR.
149 BFH, BStBl 1992 II S. 940.
150 BFH, BStBl 1998 II S. 515.

davon Gebäude 240.000 €
Grund und Boden 60.000 €
Renovierungskosten 80.000 €
Soweit die Aufwendungen auf den unentgeltlich erworbenen Teil entfallen, kommt ein sofortiger Werbungskostenabzug in Betracht. Für den entgeltlich erworbenen Teil sind anschaffungsnahe Herstellungskosten zu prüfen:

$^1/_2$ entgeltlich erworben 300.000 € von 600.000 €
$^1/_2$ der Renovierungskosten 40.000 € von 80.000 €
Gebäude-Anschaffungskosten 240.000 €
Wertgrenze 15 % 36.000 €

Da die Aufwendungen i. H. von 40.000 € über der Unschädlichkeitsgrenze liegen, gehen sie als anschaffungsnahe Herstellungskosten in die AfA-Bemessungsgrundlage für den entgeltlich erworbenen Teil ein.

Soweit der Restbetrag von 40.000 € auf den unentgeltlich erworbenen Teil entfällt, kommt der sofortige Werbungskostenabzug in Betracht.

10.9 Zuschüsse

Als Zuschüsse sind **Zuwendungen** anzusehen, mit denen unmittelbar keine Gegenleistungen im marktüblichen Geschäftsverkehr erkauft werden. Das Ziel ist, den Empfänger zu einem wirtschaftlichen Verhalten zu veranlassen, an dem der Zuschussgeber wirtschaftlich oder wirtschaftspolitisch interessiert ist, das der Empfänger aber sonst nicht zeigen würde, weil es ihm keine Rendite zu bringen verspricht.

Werden (nicht abnutzbare oder abnutzbare) Anlagegüter mit Zuschüssen aus öffentlichen oder privaten Mitteln angeschafft oder hergestellt, so hat der Steuerpflichtige grundsätzlich ein **Wahlrecht**.[151] Er kann zum einen die Zuschüsse als Betriebseinnahmen ansetzen. Das hat zur Folge, dass sich der Gewinn um die Zuschüsse erhöht, dass aber die Anschaffungs- oder Herstellungskosten durch die Zuschüsse nicht berührt werden. Er kann zum anderen die Zuschüsse auch erfolgsneutral behandeln, sofern er in der Handelsbilanz entsprechend verfährt.[152] In diesem Fall dürfen die Anlagegüter, für die die Zuschüsse gewährt worden sind, nur mit den Anschaffungs- oder Herstellungskosten bewertet werden, die der Steuerpflichtige selbst – also ohne Berücksichtigung der Zuschüsse – aufgewendet hat. Bei abnutzbaren Wirtschaftsgütern bilden dann lediglich diese eigenen Aufwendungen die Grundlage für die Bemessung der AfA.

Werden Zuschüsse erst nach Anschaffung der Herstellung von Wirtschaftsgütern des Anlagevermögens gewährt und erfolgsneutral behandelt, so müssen sie **nachträglich** von den gebuchten Anschaffungskosten oder Herstellungskosten abgesetzt werden. Der Buchungssatz darf wegen der etwaigen vorher vorgenommenen AfA

---
151 BFH, BStBl 1996 II S. 28.
152 R 6.5 Abs. 2 EStR und BFH, BStBl 1997 II S. 390.

nicht berichtigt werden. Die AfA nach Gewährung des Zuschusses bemisst sich lediglich nach den eigenen Aufwendungen des Steuerpflichtigen. Diese Regelung gilt auch, wenn die Anlagegüter zunächst mit Hilfe eines Darlehens angeschafft oder hergestellt worden sind und der nachträglich gewährte Zuschuss zur Tilgung des Darlehens verwendet oder auf das Darlehen verrechnet wird.[153]

Soweit die Bewertung von der Handelsbilanz abweicht, sind nach § 5 Abs. 1 Satz 2 EStG die entsprechenden Anlagegüter in ein besonderes, laufend zu führendes Verzeichnis aufzunehmen.

Soll ein Zuschuss zur Anschaffung (Herstellung) eines Anlageguts erfolgsneutral behandelt werden und erfolgt die Anschaffung (Herstellung) ganz oder teilweise erst in dem Jahr, das auf die Gewährung des Zuschusses folgt, so kann in Höhe der nicht verwendeten Zuschussbeträge zunächst eine steuerfreie **Rücklage** gebildet werden. Diese Rücklage ist im Wirtschaftsjahr der (vollständigen) Anschaffung oder Herstellung auf das Anlagegut zu übertragen. Voraussetzung ist, dass handelsbilanzmäßig entsprechend verfahren wird.

Als **private** Zuschüsse kommen nur Zuschüsse in Betracht, die mit der rechtlichen Zweckbestimmung gegeben werden, sie bei der Anschaffung oder Herstellung des Wirtschaftsguts zu verwenden,[154] und zwar in dem Sinne, dass die Leistung zurückgefordert werden kann, wenn der Empfänger nicht der Zweckbindung entsprechend verfährt.[155] Auch in diesem Fall sind zwar die in § 5 Abs. 1 Satz 2 EStG genannten Aufzeichnungspflichten zu erfüllen. Allerdings reicht der Ansatz in der Steuerbilanz aus. In das besondere Verzeichnis ist das Wirtschaftsgut aufzunehmen, und zwar bei Übertragung der Rücklage.

Erhält ein Unternehmen von seinen Kunden Zuschüsse zu den Herstellungskosten für Werkzeuge, die es bei der Preisgestaltung für die von ihm mittels dieser Werkzeuge herzustellenden und zu liefernden Produkte preismindernd berücksichtigen muss, so sind einerseits die Zuschüsse im Zeitpunkt ihrer Vereinnahmung gewinnerhöhend zu erfassen und andererseits ist in derselben Höhe eine gewinnmindernde Rückstellung für ungewisse Verbindlichkeiten zu bilden. Diese Rückstellung ist sodann über die voraussichtliche Dauer der Lieferverpflichtung gewinnerhöhend aufzulösen. Das gilt auch dann, wenn die genannten Verpflichtungen des Zuschussempfängers sich nicht aus einem am Bilanzstichtag bestehenden Vertrag, sondern nur aus einer Branchenübung ergeben (faktischer Leistungszwang).

Auch Leistungen aus einer **Betriebsunterbrechungsversicherung** sind keine Zuschüsse, und zwar selbst dann nicht, wenn der Versicherer zwecks Begrenzung des Unterbrechungsschadens Kosten für die Anschaffung oder Herstellung eines bestimmten Wirtschaftsguts übernimmt; in diesen Fällen kann ausnahmsweise eine

---
153 Vgl. R 6.5 Abs. 2 EStR.
154 BFH, BStBl 1969 II S. 381.
155 BFH, BStBl 1982 II S. 591; wegen der öffentlichen Investitionszuschüsse siehe BFH, BStBl 1989 II S. 189 und 618; BMF, BStBl 1985 I S. 568.

Behandlung nach den Grundsätzen des H 6.5 „Betriebsunterbrechungsversicherung" EStH in Betracht kommen.[156]

Die tatsächlichen Anschaffungs- oder Herstellungskosten sind um die stillen Reserven, die nach R 6.6 EStR oder nach § 6b EStG übertragen werden, zu vermindern.[157] Hingegen mindern die Investitionszulagen nach dem **Investitionszulagengesetz** (**§ 12 Satz 2 InvZulG**) nicht die Anschaffungs- oder Herstellungskosten.

Übersicht

Rücklage/begünstigte Vorgänge	Berechtigte Personen	Sachliche Voraussetzungen	Zeitliche Voraussetzungen	Buchnachweis	Rechtsgrundlage
Anschaffung oder Herstellung von Anlagegütern mit Zuschüssen aus öffentlichen oder privaten Mitteln berechtigt zur Bildung einer steuerfreien Rücklage, wenn das Anlagegut ganz oder teilweise erst in dem auf die Gewährung des Zuschusses folgenden Wirtschaftsjahr angeschafft oder hergestellt wird.	Land- und Forstwirte, Gewerbetreibende und freiberuflich Tätige	Die Rücklage kann in Höhe der noch nicht verwendeten Zuschussbeträge gebildet werden und ist im Wirtschaftsjahr der Anschaffung oder Herstellung auf das Anlagegut zu übertragen.	Keine	Bildung und Auflösung können in der Buchhaltung verfolgt werden. Bei Gewinnermittlung nach § 5 EStG Bildung eines entsprechenden Passivpostens in der handelsrechtlichen Jahresbilanz. Bei Abweichung von der Handelsbilanz reicht der Ausweis in der Steuerbilanz (§ 5 Abs. 1 Satz 2 EStG).	R 6.5 Abs. 4 EStR

10.10 Umsatzsteuer

Der Vorsteuerbetrag nach § 15 UStG gehört, soweit er bei der Umsatzsteuer abgezogen werden kann, nicht zu den Anschaffungs- oder Herstellungskosten des Wirtschaftsguts, auf dessen Anschaffung oder Herstellung er entfällt (§ 9b EStG).

Die Umsatzsteuer ist im Unternehmensbereich grundsätzlich kostenneutral. Das wird durch den Vorsteuerabzug erreicht, dementsprechend ist sie auch kein Kostenfaktor. Sie ist begrifflich nicht Teil des Entgelts (§ 10 UStG), sondern bemisst sich nach dem reinen Nettowarenpreis bzw. Leistungsentgelt. Der Unternehmer kann die Umsatzsteuer, die ihm von einem anderen Unternehmer für Lieferungen und sonstige Leistungen, die für sein Unternehmen durchgeführt werden, in Rechnung gestellt wird, als regelmäßige Vorsteuer abziehen. Auf diese Weise werden Wirtschaftsgüter, solange sie im Unternehmensbereich verbleiben, grundsätzlich nicht mit Umsatzsteuer belastet.

---

156 BFH, BStBl 1983 II S. 371 – siehe dazu 12.1.
157 BFH, BStBl 1989 II S. 697.

Der Vorsteuerabzug ist jedoch grundsätzlich nicht zulässig, soweit steuerfreie Umsätze ausgeführt werden (vgl. § 15 Abs. 2 und 3 UStG). Die Vorsteuerbeträge müssen deshalb beim Zusammentreffen von steuerpflichtigen und steuerfreien Umsätzen in einen abziehbaren und einen nicht abziehbaren Teil aufgeteilt werden.

Soweit die Vorsteuer nach § 15 UStG nicht abziehbar ist, ist sie den Anschaffungs- oder Herstellungskosten der zugehörigen Wirtschaftsgüter zuzurechnen.

Verwendet der Unternehmer einen für sein Unternehmen gelieferten, eingeführten oder erworbenen Gegenstand **nur zum Teil** zur Ausführung von Umsätzen, die den Vorsteuerabzug ausschließen, so ist der Teil der jeweiligen Vorsteuerbeträge nicht abziehbar, der den zum Ausschluss vom Vorsteuerabzug führenden Umsätzen wirtschaftlich zuzurechnen ist (§ 15 Abs. 4 Satz 1 UStG).

Die Vorschrift macht es erforderlich, einen Aufteilungsmaßstab für die betreffende Vorsteuer zu finden. Dazu bestimmt § 15 Abs. 4 Satz 2 UStG, dass der Unternehmer die nicht abziehbaren Teilbeträge im Wege einer sachgerechten Schätzung ermitteln muss, dabei erfolgt die Aufteilung der Vorsteuer regelmäßig nach dem Prinzip der wirtschaftlichen Zurechnung durch die sog. gegenständliche Zuordnung oder nach Kostenzurechnungsgesichtspunkten. Hierbei ist die betriebliche Kostenberechnung oder die Aufwands- und Ertragsrechnung als geeigneter Maßstab heranzuziehen.

Bei Gebäuden – für die § 15 Abs. 4 UStG die weitaus größte praktische Bedeutung besitzt – wird die Vorsteuer i. d. R. nach dem Verhältnis der Nutzflächen aufgeteilt.

Nach **§ 15 Abs. 4 Satz 3 UStG** ist eine Ermittlung des nicht abziehbaren Teils der Vorsteuerbeträge nach dem **Verhältnis der Umsätze,** die den Vorsteuerabzug ausschließen, zu den Umsätzen, die zum Vorsteuerabzug berechtigen, nur zulässig, wenn keine andere wirtschaftliche Zurechnung möglich ist.

Diese Zurechnung gilt sowohl für Wirtschaftsgüter des Anlage- als auch des Umlaufvermögens. In die Herstellungskosten von Wirtschaftsgütern sind die auf den Materialeinsatz und die Gemeinkosten entfallenden nicht abziehbaren Vorsteuerbeträge einzubeziehen (R 9b Abs. 1 EStR).

Wurde die umsatzsteuerrechtliche Aufteilung eines Vorsteuerabzugs in einen abziehbaren und in einen nicht abziehbaren Teil später geändert, so muss auch die Zurechnung des nicht abziehbaren Teils zu den Anschaffungs- oder Herstellungskosten geändert werden.

Vorsteuerberichtigungen lassen die Anschaffungs- oder Herstellungskosten unberührt. Das gilt jedoch nicht, wenn diese nicht im Zusammenhang mit Einkünften stehen (§ 9b Abs. 2 EStG). Deshalb führt eine spätere private Nutzung eines Grundstücks mit der Folge der Vorsteuerberichtigung nach § 15a Abs. 6a UStG ausnahmsweise zur Reduzierung von Anschaffungs- oder Herstellungskosten (mit Wirkung ab dem 28.11.2013).

Beispiel:
A erwirbt in 01 eine Immobilie, die er nach Option zur Umsatzsteuer (§ 9 Abs. 2 UStG) zunächst an einen Unternehmer vermietet. Ab Januar 04 nutzt er die Immobilie zu eigenen privaten Wohnzwecken.

Lösung:
In diesem Fall hat A eine Vorsteuerberichtigung nach § 15a Abs. 1 Satz 2 UStG vorzunehmen. Die private Nutzung führt nach § 15 Abs. 1b UStG zum Vorsteuerausschluss und zu einer Berichtigung nach § 15b Abs. 6a UStG. Da kein Einkünftetatbestand nach § 21 EStG vorliegt, führt die Vorsteuerberichtigung zu (hier steuerlich irrelevanten) nachträglichen Anschaffungskosten.

Wegen der Behandlung der Vorsteuer bei den geringwertigen Wirtschaftsgütern vgl. 10.22.

10.11 Teilwert

Der Teilwert ist der Betrag, den ein Erwerber des ganzen Betriebs im Rahmen des Gesamtkaufpreises für das einzelne Wirtschaftsgut ansetzen würde; dabei ist davon auszugehen, dass der Erwerber den Betrieb fortführt (§ 6 Abs. 1 Nr. 1 Satz 3 EStG).

Der Begriff Teilwert geht also von einer doppelten Fiktion aus: Einmal wird der Verkauf des gesamten laufenden Unternehmens und die Fortführung des Unternehmens durch den Erwerber unterstellt, zum anderen soll der fiktive Kaufpreis zerlegt und den einzelnen Wirtschaftsgütern zugeordnet werden. Da Erwerber und Veräußerer eines Betriebs den Wert für die einzelnen Wirtschaftsgüter selten genau feststellen und häufig auch gar nicht feststellen können, da ferner beide Vertragspartner ihre eigenen Ansichten über die Werte der einzelnen Wirtschaftsgüter haben, ist es schwer, in der Praxis den Teilwert zu ermitteln.

Für den Regelfall sind Wirtschaftsgüter mit ihren Anschaffungs- oder Herstellungskosten, ggf. vermindert um die AfA, zu bewerten (§ 6 Abs. 1 Nr. 1 und 2 EStG), daneben ist der Teilwert der dritte mögliche Bewertungsmaßstab für die Bewertung in der Steuerbilanz.

Entnahmen und Einlagen sind für den Regelfall mit dem Teilwert zu bewerten (§ 6 Abs. 1 Nr. 4 und 5 EStG).

Nach § 6 Abs. 1 Nr. 1 Satz 2 EStG und § 6 Abs. 1 Nr. 2 Satz 2 EStG sind **Teilwertabschreibungen** nur bei einer voraussichtlich **dauernden Wertminderung** zulässig. Nach § 253 Abs. 2 HGB beinhaltet eine dauernde Wertminderung ein nachhaltiges Absinken unter den maßgeblichen Buchwert.

Die für den Ansatz des niedrigen Teilwerts gem. § 6 Abs. 1 Nr. 1 Satz 2 EStG erforderliche voraussichtlich dauernde Wertminderung ist bei abnutzbaren Wirtschaftsgütern des Anlagevermögens gegeben, wenn der Teilwert des Wirtschaftsguts zum Bilanzstichtag mindestens für die halbe Restnutzungsdauer unter dem planmäßigen

Restbuchwert liegt.[158] Eine **„dauernde Wertminderung"** ist nur dann anzunehmen, wenn der Teilwert des Wirtschaftsguts während seiner maßgeblichen Nutzungsdauer im Betrieb überwiegend unter seinem Buchwert liegt. Zu vergleichen sind die (weitere) planmäßige Abschreibung und der Wertverlauf bei Ansatz des niedrigeren Teilwerts. Unterschreitet dieser Ansatz den planmäßigen Ansatz in der Hälfte des Restnutzungsdauerzeitraums, ist von einer dauernden Wertminderung auszugehen, nicht von einer bloßen Wertschwankung.[159]

Eine in der Handelsbilanz wegen einer **nur vorübergehenden** Wertminderung vorgenommene außerplanmäßige Abschreibung ist in der Steuerbilanz nicht zulässig.

Eine voraussichtlich dauernde Wertminderung bedeutet ein voraussichtlich nachhaltiges Absinken des Werts des Wirtschaftsguts unter den maßgeblichen Buchwert; eine nur vorübergehende Wertminderung reicht für eine Teilwertabschreibung nicht aus (vgl. auch § 253 Abs. 2 HGB).

Die Wertminderung ist voraussichtlich nachhaltig, wenn der Steuerpflichtige hiermit aus der Sicht am Bilanzstichtag aufgrund objektiver Anzeichen ernsthaft zu rechnen hat. Aus der Sicht eines sorgfältigen und gewissenhaften Kaufmanns müssen mehr Gründe für als gegen eine Nachhaltigkeit sprechen. Grundsätzlich ist von einer voraussichtlich dauernden Wertminderung auszugehen, wenn der Wert des Wirtschaftsguts die Bewertungsobergrenze während eines erheblichen Teils der voraussichtlichen Verweildauer im Unternehmen nicht erreichen wird. Wertminderungen aus besonderem Anlass (z. B. Katastrophen oder technischer Fortschritt) sind regelmäßig von Dauer. Zusätzliche Erkenntnisse bis zum Zeitpunkt der Aufstellung der Handelsbilanz sind zu berücksichtigen. Wenn keine Handelsbilanz aufzustellen ist, ist der Zeitpunkt der Aufstellung der Steuerbilanz maßgebend.

Für die Beurteilung eines voraussichtlich dauernden Wertverlustes zum Bilanzstichtag kommt der Eigenart des betreffenden Wirtschaftsguts eine maßgebliche Bedeutung zu (vgl. u. a. 10.12 und 10.13).

Der BFH hat mit Urteil vom 26.09.2007[160] entschieden, dass eine Teilwertabschreibung bei Aktien, die als Finanzanlage gehalten werden, immer dann zulässig ist, wenn der Börsenkurs zum Bilanzstichtag unter die Anschaffungskosten gesunken ist und keine konkreten Anhaltspunkte für ein alsbaldiges Ansteigen vorliegen. Ob diese Voraussetzung vorliegt, ist danach zu entscheiden, ob aus Sicht des Bilanzstichtags mehr Gründe für ein Anhalten der Wertminderung sprechen als dagegen. Bei börsennotierten Wertpapieren des Anlagevermögens spiegelt nach Auffassung des BFH der aktuelle Börsenkurs die Einschätzung der Marktteilnehmer auch über die künftige Entwicklung des Börsenkurses wider, sodass dem aktuellen Kurs eine größere Wahrscheinlichkeit zukommt, den künftigen Wert der Wertpapiere zu prognostizieren, als den ursprünglichen Anschaffungskosten. Der BFH verwirft damit

---
158 BFH, BStBl 2006 II S. 680.
159 BMF, BStBl 2000 I S. 372.
160 BFH vom 26.09.2007 I R 58/06 (BStBl 2009 II S. 294).

10.11 Teilwert

die entgegenstehende Praxis der Finanzverwaltung, die in dem Börsenkurs eine bloße Wertschwankung sieht.

Bei festverzinslichen Wertpapieren – auch solchen im Umlaufvermögen –, die eine Forderung in Höhe seines Nominalwerts verbriefen, ist eine Teilwertabschreibung unter ihren Nennwert allein wegen gesunkener Kurse nicht zulässig.[161]

Die Zahlung eines Überpreises für die Anschaffung eines Wirtschaftsguts rechtfertigt allein keine Teilwertabschreibung auf den niedrigen Vergleichswert zu einem späteren Bilanzstichtag.

Eine Berufung auf eine Fehlmaßnahme im Hinblick auf die Zahlung eines Überpreises ist nicht möglich.

Der Überpreis nimmt jedoch an einer aus anderen Gründen gerechtfertigten Teilwertabschreibung in dem Verhältnis teil, das dem gegenüber dem Anschaffungszeitpunkt gesunkenen Vergleichswert entspricht.[162]

Wird eine Teilwertabschreibung vorgenommen, ist der Steuerpflichtige nach § 6 Abs. 1 Satz 4 EStG verpflichtet, das Wirtschaftsgut in der nachfolgenden Bilanz wieder mit dem sich nach § 6 Abs. 1 Nr. 1 Satz 1 EStG ergebenden Wert anzusetzen (**striktes Wertaufholungsgebot**), wenn der niedrigere Wert im Folgejahr nicht mehr besteht. Es besteht damit eine unbedingte Zuschreibungspflicht auf den höheren tatsächlichen Wert.

Sofern die Gründe für außerplanmäßige Abschreibungen nicht mehr bestehen, können Nichtkapitalgesellschaften handelsrechtlich nach § 253 Abs. 5 und § 254 Satz 2 HGB weiterhin den niedrigeren Teilwert beibehalten, aber auch höchstens bis zu den (fortgeführten) Anschaffungs- oder Herstellungskosten zuschreiben.

Handelsrechtlich besteht damit weiterhin ein Wertaufholungswahlrecht bzw. ein Zuschreibungswahlrecht.

Dieses handelsrechtliche Beibehaltungswahlrecht ist steuerlich durch § 6 Abs. 1 Nr. 1 und 2 EStG sowie § 7 Abs. 1 und 4 EStG in ein Zuschreibungsgebot abgeändert worden.

An die Stelle der ursprünglichen Anschaffungs- oder Herstellungskosten kann auch der Einlagewert oder der Wert anlässlich einer Betriebseröffnung oder einer Neubewertung treten, und über die Absetzungen für Abnutzung nach § 7 EStG können ggf. auch erhöhte Absetzungen sowie Sonderabschreibungen und andere Abzugsbeträge den Wert mindern. Dieser Wertansatz bildet in Zukunft die Ausgangsgröße bzw. Bewertungsobergrenze für die Durchführung und ggf. Rückgängigmachung der Teilwertabschreibung.

Damit wird bei allen Wirtschaftsgütern eine Wertaufholung erforderlich, bei denen in der Vergangenheit eine Teilwertabschreibung vorgenommen wurde und sich bei

---
161 BFH, BStBl 2012 II S. 716.
162 BFH, BStBl 2002 II S. 294.

10 Bewertungs- und Bilanzierungsvorschriften nach dem EStG

Anwendung der Bewertungsvorschrift des § 6 Abs. 1 Nr. 1 Satz 1 EStG ein höherer Buchwert ergibt.[163]

Bei konsequenter Anwendung des Gesetzes ist eine Rückbeurteilung ggf. ab 1948 bzw. 1990 (DM-Eröffnungsbilanz) vorzunehmen. Dies könnte bei Wegfall oder teilweisem Wegfall der tatsächlichen Wertminderung maximal eine Wertzuschreibung auf die historischen Anschaffungskosten bedeuten.

Dem Steuerpflichtigen obliegt im Einzelfall der Nachweis, dass die Voraussetzungen für die Wertaufholung nicht oder nicht im vollen Umfang vorliegen.

Der für das Erstjahr durch Wertaufholungen entstehende Gewinn kann mit vier Fünfteln in eine den steuerlichen **Gewinn mindernde Rücklage** eingestellt werden, die in den nachfolgenden Wirtschaftsjahren mit mindestens einem Viertel gewinnerhöhend aufzulösen ist. Bei Entnahme oder Veräußerung des betreffenden Wirtschaftsguts ist der verbleibende Teil der Rücklage im betreffenden Wirtschaftsjahr insgesamt aufzulösen. Entsprechendes gilt, wenn während des Bestehens der Wertaufholungsrücklage eine erneute Teilwertabschreibung erfolgt.

Sofern eine erhöhte Absetzung für außergewöhnliche technische oder wirtschaftliche Abnutzung nach § 7 Abs. 1 Satz 5 EStG nicht mehr begründet ist, muss in diesen Fällen ebenfalls eine entsprechende Zuschreibung erfolgen. Insoweit ist jedoch zwischen einer außergewöhnlichen technischen und wirtschaftlichen Abnutzung und einer Teilwertabschreibung zu unterscheiden, da im Einzelfall eine AfaA bereits dann vorgenommen werden kann, wenn auch keine dauerhafte Wertminderung gegeben ist. Insoweit kann bedeutsam sein, ob eine AfaA oder eine Teilwertabschreibung vorzunehmen ist. Die vorgenannten Grundsätze gelten zunächst für das abnutzbare Anlagevermögen, sind aber nach § 6 Abs. 1 Nr. 2 Satz 1 und 2 EStG sinngemäß auch für die Wirtschaftsgüter des nicht abnutzbaren Anlagevermögens und des Umlaufvermögens anzuwenden.

Der Teilwert ist der Wert, den das einzelne Wirtschaftsgut wegen seiner Zugehörigkeit zum Betrieb, also unter Berücksichtigung seiner Bedeutung für das Unternehmen, hat. Er ist daher grundsätzlich nicht der Wert, der bei einer Einzelveräußerung der Wirtschaftsgüter, etwa bei Auflösung des Unternehmens, zu erzielen wäre. Teilwert ist ein objektiver Wert, der von der Marktlage am Bilanzstichtag bestimmt wird.[164] Für die Bemessung des Teilwerts kommt es dabei nach ständiger Rechtsprechung nur auf die **objektiven Verhältnisse des Betriebs,** nicht aber auf die persönlichen Umstände, Absichten, Fähigkeiten oder Preisvorstellungen des jeweiligen konkreten Betriebsinhabers an.[165]

---

163 BMF, BStBl 2000 I S. 372.
164 BFH, BStBl 1991 II S. 627.
165 H 6.7 „Teilwertbegriff" EStH.

10.11 Teilwert

Subjektive Umstände, wie z. B. die Tüchtigkeit des Unternehmers in der Leitung des Unternehmens, sind für die Ermittlung des Teilwerts der einzelnen Wirtschaftsgüter unerheblich.[166]

Wenn auch für die Teilwertermittlung von einer gedachten Betriebsveräußerung im Ganzen auszugehen ist, so ist doch nicht zu prüfen, ob am Bewertungsstichtag für das Unternehmen auch tatsächlich ein Käufer vorhanden war. Es ist vielmehr zu unterstellen, dass in diesem Zeitpunkt ein Erwerber tatsächlich bereit gewesen wäre, das Unternehmen zu erwerben und fortzuführen.

Bei der Ermittlung des Teilwerts muss davon ausgegangen werden, dass der gedachte Erwerber das Unternehmen fortführt (sog. Going-concern-Prinzip nach § 252 Abs. 1 Nr. 2 HGB).

Bei der Beantwortung der Frage, welchen Preis der Erwerber für das einzelne Wirtschaftsgut im Rahmen des Gesamtkaufpreises zahlen würde, ist nicht auf die persönlichen Anschauungen eines einzelnen Kaufmanns abzustellen, sondern auf die allgemeine Auffassung, wie sie in der Marktlage und in der Situation der Wirtschaft des betreffenden Wirtschaftszweiges ihren Ausdruck findet.

Bei der Ermittlung des Teilwerts muss ferner davon ausgegangen werden, dass der gedachte Erwerber die Maßnahmen des bisherigen Unternehmers, die wirtschaftlich sinnvoll und richtig sind, ebenso treffen würde.[167] Es kann also nicht eingewendet werden, der Erwerber hätte aus irgendwelchen Gründen anders disponiert. Es muss schließlich beachtet werden, dass der Veräußerer nur bei Erfüllung ganz bestimmter Preisvorstellungen zum Verkauf bereit wäre.

Beispiel:
A will bei einem neuen PKW schon zu Beginn der Nutzung eine Teilwertabschreibung vornehmen, weil der PKW bereits mit der Ingebrauchnahme einen erheblichen Teil seines Werts eingebüßt habe, wie die Preise auf dem Gebrauchtwagenmarkt zeigten. Die Preise auf dem Gebrauchtwagenmarkt können aber in einem derartigen Fall allenfalls einen Hinweis für den gemeinen Wert, nicht aber für den Teilwert geben. Ein vernünftiger Kaufmann würde ein gebrauchsfähiges, eben erst erworbenes Fahrzeug in aller Regel bei der Betriebsveräußerung nicht zum gemeinen Wert abgeben.

Schätzung des Teilwerts

In der Praxis muss der Teilwert regelmäßig durch **Schätzung** ermittelt werden, weil der gedachte Fall der Betriebsveräußerung ja tatsächlich nicht eingetreten ist. Im Regelfall entspricht der Teilwert bei abnutzbaren **Wirtschaftsgütern des Anlagevermögens** den um die AfA verminderten Anschaffungs- oder Herstellungskosten, wobei grundsätzlich von einer linearen AfA auszugehen ist.

Bei täglich ersetzbaren Wirtschaftsgütern, wie insbesondere bei **Umlaufgütern,** wird sich der Teilwert im Allgemeinen mit dem jeweiligen Wiederbeschaffungspreis

---

166 BFH, BStBl 1991 II S. 627.
167 BFH, BStBl 1966 III S. 310 und 643.

am Abschlussstichtag decken. Er umfasst die Anschaffungskosten oder Herstellungskosten einschließlich aller Nebenkosten. Die **unterste Grenze** ist der **Einzelveräußerungspreis** (Liquidationswert), d. h. der Preis, der (ohne Umsatzsteuer) zu erzielen wäre, wenn das zu bewertende Wirtschaftsgut einzeln und ohne Rücksicht auf seine Betriebszugehörigkeit veräußert werden würde, z. B. bei einer Auflösung des Betriebs. Der Einzelveräußerungspreis bildet insbesondere dann den Teilwert eines Wirtschaftsguts, wenn es zur Fortführung des Betriebs nicht benötigt wird. Der Einzelveräußerungspreis kann nicht unter dem **Material- oder Schrottwert** liegen. Bei Wirtschaftsgütern, die täglich ersetzbar sind, wird je nach den weiteren Umständen entweder der Einzelveräußerungspreis oder der Wiederbeschaffungspreis einen Anhalt für den Teilwert bieten.

Bei entbehrlichen Wirtschaftsgütern (z. B. überzähligen Büromaschinen) wird der Einzelveräußerungspreis dem Teilwert entsprechen, da an einer Wiederbeschaffung regelmäßig kein Interesse besteht. Für Wirtschaftsgüter, die für die Betriebsfortführung notwendig sind, wird regelmäßig der Wiederbeschaffungspreis einen Anhalt für den Teilwert geben. Dabei sind die Anschaffungsnebenkosten mit zu berücksichtigen.

Beispiele:

a) Zu den Anschaffungskosten von Wertpapieren gehören auch die Bankprovisionen, Maklergebühren und dergleichen. Hat sich seit der Anschaffung der Kurswert nicht verändert, entspricht der Teilwert dem Kaufpreis einschl. der Nebenkosten. Sinkt der Kurswert, entspricht der Teilwert dem niedrigeren Kurswert zzgl. der Anschaffungsnebenkosten, die beim Erwerb der Wertpapiere zum niedrigeren Kurswert erforderlich wären – soweit die Wertpapiere als Finanzanlagen gehalten werden.[168]

b) Eine hochwertige Spezialmaschine, die als Teil eines Fabrikationsgangs in einem Betrieb unentbehrlich ist, würde bei Einstellung des Betriebs oder bei Herauslösung aus dem Betriebsablauf möglicherweise nur Schrottwert haben. Der Unternehmer kann die Maschine aber deshalb nicht sofort auf den Schrottwert abschreiben, weil der Teilwert der Maschine derjenige Wert ist, den die Maschine aufgrund ihrer tatsächlichen Verwendung für den Betrieb hat.

Nach ständiger Rechtsprechung wird vermutet, dass der Teilwert eines Wirtschaftsguts für den Zeitpunkt der Anschaffung oder Herstellung nicht unter den tatsächlichen Anschaffungs- oder Herstellungskosten liegt und den Wiederbeschaffungskosten entspricht.[169] Dieser Grundsatz beruht auf der Annahme, ein Kaufmann werde i. d. R. für ein Wirtschaftsgut so viel aufwenden, wie es vernünftiger Wirtschaftsführung entspricht. **Je kürzer** der zeitliche Abstand zwischen Anschaffung oder Herstellung und dem Bilanzstichtag ist, **umso stärker ist die Vermutung der Übereinstimmung zwischen Teilwert und Anschaffungs- oder Herstellungskosten.**[170]

---

168 BFH, BStBl 2009 II S. 294.
169 So BFH, BStBl 1989 II S. 183.
170 BFH, BStBl 1989 II S. 269.

10.11 Teilwert

Bei Wirtschaftsgütern des **Umlaufvermögens,** insbesondere bei Waren und Rohstoffen, deckt sich der Teilwert im Allgemeinen mit den Wiederbeschaffungskosten, die den Markt- und Börsenpreisen je nach Wirtschaftsstufe (Erzeuger, Großhandel, Einzelhandel) entsprechen.[171] Er sinkt darunter nur bei Ladenhütern, unmodern gewordenen Sachen. Die Teilwertvermutung kann der Steuerpflichtige widerlegen. Er kann konkrete Tatsachen und Umstände darlegen und nachweisen, die den Schluss rechtfertigen, dass die Teilwertvermutung nicht zutrifft, wobei beim Umlaufvermögen das **strenge Niederstwertprinzip** gilt.

Soweit für Wirtschaftsgüter des Vorratsvermögens kein Börsen- oder Marktpreis festgestellt werden kann, erfolgt die Bewertung in der Handelsbilanz **verlustfrei,** d. h. mit dem beizulegenden Wert (§ 253 Abs. 3 Satz 2 HGB).

Das ist aus der Sicht des Bilanzstichtags der erzielbare Veräußerungspreis nach Abzug der Verwaltungs- und Vertriebskosten.

Nach § 5 Abs. 1 EStG ist dieser Wert auch für die Steuerbilanz maßgeblich.

Er kann im Wege der vom **Absatzmarkt** ausgehenden **retrograden Bewertung** in Handels- und Steuerbilanz unterschritten werden, denn bei der Berechnung des Teilwerts darf neben den Verkaufskosten auch der **durchschnittliche Unternehmergewinn** abgezogen werden.

Dem entspricht auch die Anweisung in R 6.8 Abs. 2 EStR, wonach eine Teilwertabschreibung für Waren ohne Wiederbeschaffungsmarkt in der Steuerbilanz in Betracht kommt, wenn nach einer **Preisherabsetzung** der voraussichtlich noch **erzielbaren Verkaufspreis** nicht mehr die **Selbstkosten** zzgl. eines durchschnittlichen **Unternehmergewinns** abdeckt.

Wenn der Bewertungsstichtag und der Anschaffungs- oder Herstellungszeitpunkt nicht sehr nah beieinanderliegen, so stellen bei nicht abnutzbaren Wirtschaftsgütern des **Anlagevermögens** die Wiederbeschaffungskosten den Teilwert dar, sofern gleichwertige Wirtschaftsgüter jederzeit wieder zu beschaffen sind. Bei nicht täglich ersetzbaren Wirtschaftsgütern können die früheren Anschaffungs- oder Herstellungskosten einen Anhalt für die Schätzung bieten. Bei abnutzbaren Wirtschaftsgütern dürfte der Absetzungswert (Anschaffungs- oder Herstellungskosten vermindert um die Absetzungen für Abnutzung) i. d. R. dem Teilwert entsprechen.[172] Sind die Ertragsverhältnisse eines ganzen Betriebs durch technische oder strukturelle Veränderungen auf die Dauer stark rückläufig, dann beeinträchtigt dieser Umstand i. d. R. den Teilwert der einzelnen hiervon betroffenen Wirtschaftsgüter.

Beispiel:
Der bilanzierende Schuhgroßhändler S erwirbt Anfang Dezember 02 einen größeren Posten modischer Damenschuhe für 30.000 € (ohne Umsatzsteuer). Im Jahr 03 ändert sich der modische Geschmack, sodass S das ganze Jahr hindurch den Posten Schuhe

---
171 BFH, BStBl 1995 II S. 336.
172 BFH, BStBl 1989 II S. 183.

10 Bewertungs- und Bilanzierungsvorschriften nach dem EStG

nicht zu seinen Preisvorstellungen verkaufen konnte. Der am 31.12.03 voraussichtliche Verkaufserlös beträgt nur noch 24.000 € (ohne Umsatzsteuer), wobei noch Vertriebskosten von rd. 1.600 € zu erwarten sind und der durchschnittlich erzielbare Reingewinn 10 % des Netto-Verkaufspreises beträgt.

Lösung:

Wertminderungen durch Preisänderungen rechtfertigen eine Teilwertabschreibung,[173] jedoch nur insoweit, als die voraussichtlich erzielbaren Verkaufspreise die bis zum Bilanzstichtag angefallenen Selbstkosten zzgl. des durchschnittlichen Unternehmergewinns nicht erreichen (vgl. R 6.8 Abs. 2 Satz 3 EStR).

Der Teilwert wird damit wie folgt errechnet:

erzielbarer Verkaufserlös (ohne Umsatzsteuer)	24.000 €
./. nach dem 31.12.03 noch anfallende Vertriebskosten	1.600 €
./. durchschnittlicher Reingewinn (10 % von 24.000 €)	2.400 €
	20.000 €

Ein gedachter Erwerber des ganzen Betriebs wäre bereit, im Rahmen des Gesamtkaufpreises 20.000 € aufzuwenden. Auch wenn S nach § 5 EStG bilanziert, kann er (muss es aber nicht mehr) entsprechend dem strengen Niederstwertprinzip sogar diesen Wert ansetzen.

Bei der Schätzung des Teilwerts muss man aber auch die Möglichkeit in Betracht ziehen, dass dem Kaufmann bei seinen Dispositionen ein Fehler unterläuft. Es sind durchaus Fälle denkbar, in denen ein Kaufmann in Unkenntnis wertbeeinflussender Umstände nach objektiven Gesichtspunkten zu viel für ein Wirtschaftsgut aufgewendet hat. In einem derartigen Fall spricht man von einer **Fehlmaßnahme**.[174]

Beispiel:

A erwirbt ein bebautes Grundstück. Den Keller des Gebäudes will er als Lagerraum benutzen. Nach dem Erwerb stellt sich heraus, dass die Kellerräume feucht sind, bei starken Niederschlägen unter Wasser stehen und daher zur Lagerung der Ware ungeeignet sind. A hätte bei Kenntnis dieses Mangels das Haus nicht oder nur zu einem erheblich niedrigeren Preis erworben. In diesem Fall liegt der Teilwert unter den Anschaffungskosten.

Eine Fehlmaßnahme liegt dagegen nicht vor, wenn dem Steuerpflichtigen wertmindernde Mängel des Wirtschaftsguts rechtzeitig bekannt waren und er dennoch von seinen Plänen nicht ablässt, obgleich er das ohne nennenswerte wirtschaftliche Nachteile noch könnte.[175] Auch Übergröße und aufwendige Bauweise eines neuen Betriebsgebäudes stellen regelmäßig keine Fehlmaßnahme dar und rechtfertigen deshalb keine Teilwertabschreibung.[176] Wegen Überdimensionierung eines Wirtschaftsguts kann aber eine Teilwertabschreibung gerechtfertigt sein.[177]

---

173 BFH, BStBl 1984 II S. 35.
174 BFH, BStBl 1989 II S. 274.
175 BFH, BStBl 1966 III S. 310.
176 BFH, BStBl 1978 II S. 335.
177 BFH, BStBl 1988 II S. 488.

10.11 Teilwert

Ein Wirtschaftsgut des Umlaufvermögens, mit dessen Verkauf wirtschaftliche Vorteile für das Unternehmen im Ganzen verbunden sind, ist auch dann mit den Anschaffungskosten und nicht mit einem niedrigeren Teilwert zu bewerten, wenn der Verkaufspreis bewusst nicht kostendeckend kalkuliert ist (sog. **Verlustprodukt**). Das gilt jedenfalls dann, wenn das Unternehmen Gewinne erzielt. Die Berücksichtigung des mit dem Verlustprodukt verbundenen Erfolgsbeitrags für das Unternehmen bei der Bewertung dieses Wirtschaftsguts verstößt, auch wenn es sich dabei um geschäftswertbeeinflussende Umstände handelt, nicht gegen den Grundsatz der Einzelbewertung.[178]

Ungeachtet der grundsätzlich vorzunehmenden Einzelbewertung fließen im Rahmen der Teilwertermittlung gerade auch Gesichtspunkte ein, die nicht unmittelbar mit dem zu bewertenden Wirtschaftsgut zusammenhängen.

Der Teilwert ist begrifflich vom **gemeinen Wert** (§ 9 Abs. 2 BewG) zu unterscheiden.

Der gemeine Wert wird durch den Preis bestimmt, der im gewöhnlichen Geschäftsverkehr nach der Beschaffenheit des Wirtschaftsguts bei einer Veräußerung zu erzielen wäre. Dabei sind alle Umstände, die den Preis beeinflussen, zu berücksichtigen. Ungewöhnliche oder persönliche Verhältnisse sind nicht zu berücksichtigen (§ 9 BewG). Der gemeine Wert ist i. d. R. der Einzelveräußerungspreis.

Daraus ergibt sich zugleich, dass Teilwert und gemeiner Wert nicht unbedingt unterschiedlich sein müssen, sondern insbesondere dort wertmäßig zusammenfallen, wo der Teilwert den Anschaffungskosten eines auf dem Markt erworbenen Wirtschaftsguts entspricht.

Zur Ermittlung des **Teilwerts von Grund und Boden** ist grundsätzlich[179] auf folgende Wertermittlung – in entsprechender Reihenfolge – abzustellen:

1. Verkaufspreise für benachbarte vergleichbare Grundstücke
2. Durchschnittswerte (Richtwerte)
3. in Ausnahmefällen auf Einzelgutachten

Der Wertermittlung unmittelbar aus Verkaufspreisen für benachbarte Vergleichsgrundstücke kommt grundsätzlich der Vorrang vor den anderen Wertermittlungsmethoden zu. Voraussetzung ist jedoch, dass eine ausreichende Zahl repräsentativer und stichtagsnaher Verkaufsfälle in der näheren Umgebung vorliegt. Andernfalls ist aus Gründen der gleichmäßigen Besteuerung die Ableitung des gemeinen Werts aus Richtwerten zu bevorzugen; dies dürfte in der Praxis die Regel sein.

Die Ableitung aus Verkaufspreisen setzt normale Preisbildungsverhältnisse voraus. Demzufolge darf ein überhöhter Kaufpreis, den nur ein einzelner Käufer aus rein

---
178 BFH, BStBl 1999 II S. 681.
179 BFH, BStBl 1995 II S. 309.

spekulativen Erwägungen gezahlt hat, nicht zum Vergleich herangezogen werden. Entsprechendes gilt für einen ansiedlungspolitisch bedingten Vorzugspreis, den eine Gemeinde gewährt. Derartige Vorzugspreise können sich nur dann mit dem im gewöhnlichen Geschäftsverkehr erzielbaren Preis decken, wenn die Gemeinde mit den Vorzugspreisen den Grundstücksmarkt zum Stichtag so stark bestimmt, dass auch andere Eigentümer ihre Grundstücke nicht teurer verkaufen können. Ebenso können Subventionszuschüsse den Teilwert eines Wirtschaftsguts nur dann beeinflussen, wenn dadurch nachhaltig, über längere Zeit und in etwa gleich bleibender Höhe in das Marktgeschehen eingegriffen wird.

10.12 Bewertung des abnutzbaren Anlagevermögens (§ 6 Abs. 1 Nr. 1 EStG)

Die Wirtschaftsgüter des Anlagevermögens, die der Abnutzung unterliegen, sind mit den Anschaffungs- oder Herstellungskosten, vermindert um die Absetzung für Abnutzung nach § 7 EStG, anzusetzen.

Ist der Teilwert niedriger, so kann dieser nur angesetzt werden, wenn voraussichtlich eine **dauernde Wertminderung** vorliegt. Zusätzlich besteht ein **strenges Wertaufholungsgebot** (vgl. 10.11).

Zum Begriff „Anlagevermögen" siehe unter 7.2.2.

Anlagevermögen, das der Abnutzung unterliegt (abnutzbares Anlagevermögen), ist das Vermögen, das sich innerhalb absehbarer Zeit verbraucht,[180] z. B. Gebäude, Maschinen, Einrichtungen, Fahrzeuge usw.; vgl. R 7.1 EStR. Nicht zum abnutzbaren Anlagevermögen gehören z. B. Grund und Boden sowie Beteiligungen.

Die abnutzbaren Wirtschaftsgüter des Anlagevermögens sind somit grundsätzlich mit den Anschaffungs- oder Herstellungskosten, vermindert um die Absetzungen für Abnutzung nach § 7 EStG, erhöhte Absetzungen, Sonderabschreibungen, Abzug nach § 6b EStG, anzusetzen. Die laufende Berücksichtigung der Absetzungen für Abnutzung ist zwingend.

Ist der Teilwert des Wirtschaftsguts auf Dauer niedriger als die Anschaffungs- oder Herstellungskosten abzüglich AfA, so hat der Steuerpflichtige nach dem Wortlaut des § 6 Abs. 1 Satz 2 EStG ein Wahlrecht, ob er die um die AfA verminderten Anschaffungs- oder Herstellungskosten oder den niedrigeren Teilwert ansetzen will.

Für die Wirtschaftsgüter des abnutzbaren Anlagevermögens kann von einer voraussichtlich dauernden Wertminderung ausgegangen werden, wenn der Wert des jeweiligen Wirtschaftsguts zum Bilanzstichtag mindestens für die halbe Restnutzungsdauer unter dem planmäßigen Restbuchwert liegt. Die verbleibende Nutzungsdauer

---

180 BFH, BStBl 1979 II S. 38.

10.12 Bewertung des abnutzbaren Anlagevermögens

ist für Gebäude nach § 7 Abs. 4 und 5 EStG, für andere Wirtschaftsgüter grundsätzlich nach den amtlichen AfA-Tabellen zu bestimmen.

Beispiele:

a) Ein Steuerpflichtiger kaufte im Juli dieses Jahres einen PKW für 20.000 € Anschaffungskosten. Bei einer voraussichtlichen Gesamtnutzungsdauer von 5 Jahren ergibt sich eine jährliche AfA nach § 7 Abs. 1 Satz 1 EStG von 20 %, für das Jahr der Anschaffung zeitanteilig eine Halbjahres-AfA von 10 %.

Der PKW ist in der Bilanz zum 31.12. dieses Jahres mit (20.000 € ./. 2.000 €) 18.000 € anzusetzen.

b) Der Steuerpflichtige hat eine Maschine zu Anschaffungskosten von 100.000 € erworben. Bei einer Nutzungsdauer von 10 Jahren beträgt die jährliche AfA 10.000 €. Im Jahr 02 beträgt der Teilwert nur noch 30.000 € bei einer Restnutzungsdauer von 8 Jahren.

Eine Teilwertabschreibung auf 30.000 € ist zulässig. Die Minderung ist voraussichtlich von Dauer, da der Wert des Wirtschaftsguts zum Bilanzstichtag bei planmäßiger Abschreibung erst nach 5 Jahren, d. h. erst nach mehr als der Hälfte der Restnutzungsdauer, erreicht wird.

Abwandlung: Der Teilwert beträgt 50.000 €.

Eine Teilwertabschreibung auf 50.000 € ist nicht zulässig. Die Minderung ist voraussichtlich nicht von Dauer, da der Wert des Wirtschaftsguts zum Bilanzstichtag bei planmäßiger Abschreibung schon nach 3 Jahren und damit früher als nach mehr als der Hälfte der Restnutzungsdauer erreicht wird.

Bei einer Personengesellschaft kann das Bewertungswahlrecht nur einheitlich für die Gesellschaft ausgeübt werden.[181]

Nach § 6 Abs. 1 Nr. 1 Satz 4 EStG besteht ein strenges **Wertaufholungsgebot** in den folgenden Wirtschaftsjahren, es sei denn, der Steuerpflichtige weist nach (**Umkehr der Beweislast**), dass ein niedrigerer Teilwert nach § 6 Abs. 1 Nr. 1 Satz 2 EStG angesetzt werden kann. Bei Wegfall der Wertminderung besteht damit eine unbedingte Zuschreibungspflicht auf einen höheren tatsächlichen Wert, der begrenzt ist auf die Bewertungsobergrenze i. S. von § 6 Abs. 1 Nr. 1 Satz 1 EStG.

Zu berücksichtigen ist, dass nach jüngerer Rechtsprechung steuerliche Sonderabschreibungen den Teilwert nicht mindern und grundsätzlich von der linearen AfA auszugehen ist. Die Obergrenze sind also die planmäßig fortgeführten Anschaffungs- oder Herstellungskosten. Der Ansatz eines wieder gestiegenen Teilwerts führt nicht zum Ausweis eines nicht realisierten Gewinns, sondern es wird nur eine in den Vorjahren vorgenommene Teilwertabschreibung rückgängig gemacht.

§ 253 Abs. 5 HGB sieht zwar ein Wertaufholungswahlrecht vor. Nach dieser Vorschrift darf ein niedrigerer Wertansatz aufgrund einer außerplanmäßigen Abschreibung beibehalten werden, auch wenn der Grund dafür nicht mehr besteht. Aus einem Umkehrschluss folgt, dass auch eine Zuschreibung auf den (wieder) höheren

---

[181] BFH, BStBl 1986 II S. 910.

Wert in der Handelsbilanz zulässig ist. Dieses handelsrechtliche Wahlrecht gilt nicht für die Steuerbilanz.

Kapitalgesellschaften haben im Gegensatz zu Personengesellschaften und zum Einzelunternehmer auch handelsrechtlich **kein Wertbeibehaltungswahlrecht.** Sie haben grundsätzlich Zuschreibungen auch in der Handelsbilanz vorzunehmen **(Wertaufholungsgebot, § 280 HGB).**

Die Bewertungsgrundsätze des § 6 Abs. 1 Nr. 1 EStG für das abnutzbare Anlagevermögen erfahren durch die Bewertungsfreiheit des § 6 Abs. 2 EStG für geringwertige Wirtschaftsgüter und die sog. Poolabschreibung nach § 6 Abs. 2a EStG eine Einschränkung (siehe dazu 10.22).

10.13 Bewertung des nicht abnutzbaren Anlagevermögens und des Umlaufvermögens (§ 6 Abs. 1 Nr. 2 EStG)

Die Wirtschaftsgüter des nicht abnutzbaren Anlagevermögens und des Umlaufvermögens sind mit den Anschaffungs- oder Herstellungskosten anzusetzen.

Statt der Anschaffungs- oder Herstellungskosten kann der niedrigere Teilwert angesetzt werden (§ 6 Abs. 1 Nr. 2 EStG), wobei eine voraussichtlich dauernde Wertminderung vorliegen muss (vgl. 10.11).

Wirtschaftsgüter, die nicht der Abnutzung unterliegen, sind z. B. Grund und Boden, Beteiligungen, Wertpapiere und Anteile an Kapitalgesellschaften, auch wenn sie keine Beteiligung darstellen. Das gilt auch dann, wenn sich in den Anschaffungskosten für die Anteile ein Praxiswert der Kapitalgesellschaften niedergeschlagen hat.[182]

Für die Wirtschaftsgüter des nicht abnutzbaren Anlagevermögens ist grundsätzlich darauf abzustellen, ob die Gründe für eine niedrigere Bewertung voraussichtlich anhalten werden. Kursschwankungen von börsennotierten Wirtschaftsgütern des Anlagevermögens stellen nach Auffassung der Finanzverwaltung eine nur vorübergehende Wertminderung dar; sie berechtigen demgemäß nicht zum Ansatz des niedrigeren Teilwerts.[183] Demgegenüber hat der BFH mit Urteil vom 26.09.2007[184] entschieden, dass eine Teilwertabschreibung bei Aktien, die als Finanzanlage gehalten werden, immer dann zulässig ist, wenn der Börsenkurs zum Bilanzstichtag unter die Anschaffungskosten gesunken ist und keine konkreten Anhaltspunkte für ein alsbaldiges Ansteigen vorliegen. Nach Auffassung des BFH spiegelt der aktuelle Börsenkurs die Einschätzung der Marktteilnehmer auch über die künftige Entwicklung des Börsenkurses wider, sodass dem aktuellen Kurs eine größere Wahrscheinlichkeit zukommt, den Wert der Wertpapiere zu ermitteln, als den ursprünglichen Anschaf-

---

182 BFH, BStBl 1986 II S. 142.
183 BMF, BStBl 2000 I S. 372.
184 BFH, BStBl 2009 II S. 294.

10.13 Bewertung des nicht abnutzbaren Anlagevermögens

fungskosten. Der BFH verwirft damit die entgegenstehende Praxis der Finanzverwaltung, die in dem Börsenkurs eine bloße Wertschwankung sieht.

Beispiel:
Der Steuerpflichtige ist Eigentümer eines mit Altlasten verseuchten Grundstücks. Die ursprünglichen Anschaffungskosten des Grund und Bodens betragen 200.000 €. Zum Bilanzstichtag ermittelt ein Gutachter den Wert des Grundstücks aufgrund der festgelegten Altlast mit nur noch 10.000 €. Aus umweltrechtlichen Gründen ist der Steuerpflichtige grundsätzlich verpflichtet, die Altlast zu beseitigen. Mangels akuter Umweltgefährdung wird die zuständige Behörde die Schadensbeseitigung jedoch erst fordern, wenn der Steuerpflichtige die derzeitige Nutzung des Grundstücks ändert. Die Bildung einer Rückstellung ist aus diesem Grund nicht zulässig.

Eine Teilwertabschreibung i. H. von 190.000 € auf den vom Gutachter ermittelten Wert ist zulässig. Zwar ist der Steuerpflichtige grundsätzlich verpflichtet, die Altlast zu beseitigen. Allerdings ist vor dem Hintergrund einer eventuellen Nutzungsänderung des Grundstücks nicht zu erwarten, dass der Steuerpflichtige in absehbarer Zeit behördlich zur Beseitigung des Schadens aufgefordert wird. Aus der Sicht am Bilanzstichtag ist daher von einer voraussichtlich dauernden Wertminderung des Grundstücks auszugehen. Wird die Altlast später beseitigt und erhöht sich dementsprechend der Wert des Grundstücks, ist eine Zuschreibung bis höchstens zu den ursprünglichen Anschaffungskosten vorzunehmen.

Wird eine Teilwertabschreibung vorgenommen, ist der Steuerpflichtige nach § 6 Abs. 1 Nr. 2 Satz 3 EStG verpflichtet, das Wirtschaftsgut in der nachfolgenden Bilanz wieder mit dem sich nach § 6 Abs. 1 Nr. 1 Satz 1 EStG ergebenden Wert anzusetzen **(striktes Wertaufholungsgebot),** wenn der niedrigere Wert im Folgejahr nicht mehr besteht. Es besteht damit eine unbedingte Zuschreibungspflicht auf den höheren tatsächlichen Wert.

Beispiele:

a) Ein vor 10 Jahren für 100.000 € käuflich erworbenes Betriebsgrundstück wurde 02 auf 30.000 € außerplanmäßig abgeschrieben, weil der Stadtrat beschlossen hatte, nahe des Betriebsgrundstücks eine Schnellstraße bauen zu lassen. Dadurch sank der Wert des Grundstücks nachhaltig auf 30.000 €. Mitte 03 ist die ursprüngliche Absicht zum Bau einer Schnellstraße vom Stadtrat endgültig verworfen worden. Der Grundstückswert stieg auf 90.000 € an. In der Bilanz zum 31.12.03 ist das Grundstück mit einem Wert von 30.000 € ausgewiesen.

Kann der Wertansatz auch in der Bilanz zum 31.12.03 beibehalten werden?

Für Wirtschaftsgüter des **nicht abnutzbaren Anlagevermögens** ist grundsätzlich darauf abzustellen, ob die Gründe für die niedrigere Bewertung voraussichtlich anhalten werden. Gemäß § 7 Abs. 1 Satz 6 Halbsatz 1 EStG ist zwar eine Absetzung für außergewöhnliche technische oder wirtschaftliche Abnutzung zulässig, sie ist jedoch nach § 7 Abs. 1 Satz 6 Halbsatz 2 EStG durch eine Zuschreibung rückgängig zu machen, sofern der Grund für die Teilwertabschreibung in späteren Wirtschaftsjahren nicht mehr besteht. Aus dem steuerlichen Beibehaltungswahlrecht ist ein Zuschreibungsgebot geworden, wenn die Gründe für die in der Vergangenheit vorgenommene Teilwertabschreibung nicht mehr bestehen.

Die Zuschreibungsobergrenze bilden bei nicht abnutzbaren Wirtschaftsgütern des Anlagevermögens die ursprünglichen Anschaffungskosten vermindert um die Abzüge nach § 6b EStG oder ähnliche Abzüge (gem. § 6 Abs. 1 Nr. 2 EStG). Ist der Teilwert niedriger, stellt er die Wertobergrenze dar.

Die Gründe für die im Jahr 02 vorgenommene Teilwertabschreibung bestehen seit Mitte 03 nicht mehr. Nach § 6 Abs. 1 Nr. 2 Satz 2 i. V. m. § 7 Abs. 1 Satz 6 Halbsatz 2 EStG ist das Grundstück in der Bilanz zum 31.12.03 mit einem Wert von 90.000 € anzusetzen. Im Rahmen der Jahresabschlussarbeiten muss noch gebucht werden: Grundstück an sonstige betriebliche Erträge 60.000 €

b) Der Steuerpflichtige hat Aktien der Z-AG zum Preis von 100 €/Stück erworben. Die Aktien sind als langfristige Kapitalanlage dazu bestimmt, dauernd dem Geschäftsbetrieb zu dienen.

aa) Der Kurs der Aktien schwankt nach der Anschaffung regelmäßig zwischen 70 und 80 €.

Die Anschaffungskosten haben 80 € betragen.

Am Bilanzstichtag beträgt der Börsenkurs 70 €.

Eine Teilwertabschreibung ist nicht zulässig. Der durch die Kursschwankung verursachte niedrigere Börsenpreis am Bilanzstichtag stellt eine nur vorübergehende Wertminderung dar.

Es liegt insoweit keine „voraussichtlich dauernde Wertminderung" vor. Nur bei einer „anhaltenden" Wertminderung wäre eine Teilwertabschreibung zulässig.[185]

bb) Die Z-AG gerät im Laufe des Wirtschaftsjahres unerwartet in Zahlungsschwierigkeiten und es droht ein Insolvenzverfahren. Der Aktienkurs bricht daraufhin auf 20 € ein. Nachfolgend wird ein Sanierungsplan für die Gesellschaft erstellt. Im Zusammenhang damit erhält die Gesellschaft einen Liquiditätskredit. Daraufhin erholt sich der Aktienkurs auf 40 € und schwankt bis zum Bilanzstichtag zwischen 35 und 40 €. Am Bilanzstichtag beträgt der Kurs 38 €.

Der durch die plötzliche Zahlungsnot verursachte Kurseinbruch stellt eine Wertminderung aus besonderem Anlass und keine bloße Kursschwankung dar. Aus diesem Grund ist eine Teilwertabschreibung zulässig, für den in Höhe auch die Kurserholung zu berücksichtigen ist. Die Aktien können hiernach mit 40 €/Stück angesetzt werden. Der demgegenüber niedrigere Börsenpreis am Bilanzstichtag folgt aus einer Kursschwankung und stellt insoweit eine nur vorübergehende Wertminderung dar.

Die Wirtschaftsgüter des **Umlaufvermögens** sind nicht dazu bestimmt, dem Betrieb auf Dauer zu dienen. Sie werden stattdessen regelmäßig für den Verkauf oder den Verbrauch gehalten. Demgemäß kommt dem Zeitpunkt der Veräußerung oder Verwendung für die Bestimmung einer voraussichtlich dauernden Wertminderung eine besondere Bedeutung zu. Hält die Minderung bis zum Zeitpunkt der Aufstellung der Bilanz oder dem vorangegangenen Verkaufs- oder Verbrauchszeitpunkt an, so ist die Wertminderung voraussichtlich von Dauer. Zusätzliche Erkenntnisse bis zu diesem Zeitpunkt sind zu berücksichtigen. Allgemeine Marktentwicklungen, z. B. Kursschwankungen von börsennotierten Wirtschaftsgütern des Umlaufvermögens, sind zusätzliche Erkenntnisse und als solche in die Beurteilung einer voraussichtlich dauernden Wertminderung der Wirtschaftsgüter zum Bilanzstichtag einzubeziehen.

c) Der Steuerpflichtige tätigt mit der New Tech AG im Jahr 02 zahlreiche Geschäfte. Die Gesamtforderung beläuft sich am 31.12.02 auf insgesamt 200.000 €. Vor der Bilanzaufstellung wird bekannt, dass die New Tech AG wegen erheblicher Zahlungsausfälle im Jahr 02 nicht mehr in der Lage ist, ihre Verbindlichkeiten in voller Höhe zu begleichen. Unterlagen der New Tech AG zufolge kann die Gesamtforderung des

---

185 Vgl. BFH, BStBl 2009 II S. 294.

10.13 Bewertung des nicht abnutzbaren Anlagevermögens

Steuerpflichtigen höchstens mit 50.000 € bedient werden. Aufgrund der wirtschaftlichen Bedeutung und Erhaltung von zahlreichen Arbeitsplätzen in der New Tech AG wird dem Steuerpflichtigen bis zum Tag der Bilanzaufstellung bekannt, dass sich die Hausbank der New Tech AG im Februar 03 bereit erklärt hat, eine Sicherheit für die fällige Forderung i. H. von 80.000 € zu stellen.

Von welchem Wert ist in der Forderung in der Bilanz zum 31.12.02 auszugehen?

Ist der Teilwert bei Wirtschaftsgütern des **Umlaufvermögens** aufgrund einer voraussichtlich dauernden Wertminderung niedriger, so kann dieser angesetzt werden (§ 6 Abs. 1 Nr. 2 Satz 2 EStG). Von einer voraussichtlich dauernden Wertminderung ist auszugehen, wenn die Minderung bis zum Zeitpunkt der Bilanzaufstellung anhält. Dabei sind zusätzliche Erkenntnisse (z. B. allgemeine Marktentwicklungen) zu berücksichtigen. Die unerwartete Stellung einer Sicherheit stellt ein unerwartetes Ereignis nach dem Bilanzstichtag dar und scheidet insofern als zusätzliche Erkenntnis aus. Obwohl die Forderung durch die Stellung einer Sicherheit werthaltiger wird, findet sie bei der Teilwertabschreibung keine Berücksichtigung. Zum Bilanzstichtag ist eine Teilwertabschreibung auf die Forderung i. H. von 150.000 € zulässig, da mit überwiegender Wahrscheinlichkeit zum Bilanzstichtag nur mit einem Zahlungseingang von 50.000 € gerechnet werden kann. Zum Jahresende ist noch folgende Buchung vorzunehmen:

Einzelwertberichtigung auf Forderungen
unter sonstige betriebliche
Aufwendungen   150.000 €   an Forderungen aus Lieferung und Leistung 150.000 €

Der Steuerpflichtige hat ein Wahlrecht, ob er beim nicht abnutzbaren Anlagevermögen und Umlaufvermögen die Anschaffungs- oder Herstellungskosten oder den niedrigeren Teilwert ansetzt.

Das Wahlrecht wird auch für alle Steuerpflichtigen, die ihren Gewinn nach § 5 EStG ermitteln, seit dem BilMoG nicht mehr insoweit eingeschränkt, als diese Steuerpflichtigen nach handelsrechtlichen Vorschriften Wirtschaftsgüter des Umlaufvermögens mit dem niedrigeren Börsen- oder Marktpreis bzw. dem niedrigeren Stichtagswert, der i. d. R. dem niedrigeren Teilwert entspricht, ansetzen müssen (§ 253 Abs. 3 HGB; uneingeschränktes Niederstwertprinzip). Trotz der handelsrechtlichen Verpflichtung zum Ansatz des Niederstwerts und der Maßgeblichkeit der Handelsbilanz für die Steuerbilanz haben buchführende Steuerpflichtige steuerlich nun ein Wahlrecht.

Für das Umlaufvermögen gelten folgende Bewertungsgrundsätze:
- Nicht realisierte Gewinne dürfen nicht ausgewiesen werden.
- Nicht realisierte Verluste müssen grundsätzlich ausgewiesen werden.

Wirtschaftsgüter des Anlagevermögens können bei nicht vorübergehenden Wertminderungen mit dem niedrigeren Stichtagswert, der ebenfalls im Allgemeinen dem niedrigeren Teilwert gleichkommt, bewertet werden (handelsrechtlich vgl. § 253 Abs. 2 Satz 3 HGB; **eingeschränktes Niederstwertprinzip**). Eine Teilwertabschreibung hinsichtlich des Umlaufvermögens ist nur insoweit gerechtfertigt, als der voraussichtlich erzielbare Verkaufserlös die Selbstkosten und den durchschnittlichen Unternehmergewinn nicht deckt. Im Regelfall kann davon ausgegangen werden,

10 Bewertungs- und Bilanzierungsvorschriften nach dem EStG

dass der Teilwert dem Betrag entspricht, der sich nach Kürzung des erzielbaren Verkaufserlöses um den durchschnittlichen Rohgewinnaufschlag ergibt. Der Rohgewinnaufschlag kann, in einem Prozentsatz (Rohgewinnaufschlagsatz) ausgedrückt, dadurch ermittelt werden, dass der betriebliche Aufwand und der durchschnittliche Unternehmergewinn dem Jahresabschluss entnommen und zum Wareneinsatz in Beziehung gesetzt werden. Vergleiche dazu die Formel in R 6.8 Abs. 2 Satz 5 und 6 EStR. Da der Ansatz des niedrigeren Teilwerts in der Handelsbilanz den steuerlichen Vorschriften nicht widerspricht, **muss dieser niedrigere Teilwert**, wenn auch in der Steuerbilanz der Teilwert gewählt wird, nach dem Grundsatz der Maßgeblichkeit der Handelsbilanz für die Steuerbilanz auch **in die Steuerbilanz übernommen werden.**

Beispiel:

Ein Textilwareneinzelhändler hat nach Ablauf der Saison noch Bademoden auf Lager. Die Anschaffungskosten je Artikel haben 70 € betragen. Nachhaltig erzielt das Unternehmen einen Reingewinn von 10 % des Umsatzes.

Der geschätzte und später tatsächlich erzielte Netto-Verkaufspreis der herabgesetzten Artikel beträgt 90 €, wobei geschätzte Verwaltungs- und Vertriebskosten von 15 € entstehen werden.

Lösung:

Voraussichtlich erzielbarer Netto-Verkaufserlös		90 €
Anschaffungskosten	70 €	
+ noch anfallende Kosten	15 €	
= **Selbstkosten**	**85 €**	
+ durchschnittlicher Gewinn 10 %	9 €	**94 €**
= **zulässige Teilwertabschreibung**		**4 €**
Der Teilwert beträgt 90 € ./. 15 € ./. 9 € =		66 €

Die Abschreibung entspricht der Differenz zwischen den Anschaffungskosten von 70 € und dem Teilwert von 66 €.

Die verlustfreie Bewertung ist nicht ausschließlich beschränkt auf Waren und sonstige Vorratsvermögen, sondern bezieht sich auch auf andere aktivierungsfähige Wirtschaftsgüter.

Sie findet insbesondere dann Anwendung, wenn aufgrund bekannter Tatsachen oder aufgrund der Erfahrung der Vergangenheit davon ausgegangen werden muss, dass der voraussichtlich erzielbare Veräußerungserlös nur den Anschaffungskosten entspricht oder sogar darunter liegt.

Bei der retrograden Bestimmung des Teilwerts sind als Selbstkosten die noch anfallenden Verkaufs-, Vertriebs- und Reparaturkosten sowie ggf. auch anteilige betriebliche Fixkosten zu berücksichtigen.[186]

Der niedrigere Teilwert von Wirtschaftsgütern des Vorratsvermögens kann entweder nach der **Subtraktions-** oder nach der **Formelmethode** ermittelt werden. Bei

---

186 BFH, BStBl 2001 II S. 566.

10.13 Bewertung des nicht abnutzbaren Anlagevermögens

Anwendung der Subtraktionsmethode wird vom voraussichtlich erzielbaren Veräußerungserlös der nach dem Bilanzstichtag noch anfallende Aufwand und der durchschnittliche Unternehmensgewinn abgezogen. Bisher wurde angenommen, dass der Teilwert dem Betrag entspricht, der sich nach Kürzung des Veräußerungserlöses um den durchschnittlichen Rohgewinnaufschlag ergibt. Nun unterstellt R 6.8 Abs. 2 Satz 4 EStR, dass vom Veräußerungserlös der Teil des – nach dem Bilanzstichtag noch anfallenden – Rohgewinnaufschlags abzuziehen ist.

Die Formelmethode ist anzuwenden, wenn das Unternehmen nicht über die zum Einsatz der Subtraktionsmethode erforderlichen Daten verfügt. Um zum Teilwert (T) zu gelangen, wurde der Veräußerungserlös (Z) bisher durch den um 1 erhöhten und durch 100 dividierten Rohgewinnaufschlagsatz (Y) geteilt. Die neue Formel sieht dagegen vor, dass der Rohgewinnaufschlagsatz aufgeteilt wird in den Durchschnittsunternehmergewinnprozentsatz (Y1) und den Rohgewinnaufschlagrest (Y2). Daneben wird der Prozentsatz der Kosten (W) benötigt, die nach Abzug des durchschnittlichen Unternehmergewinnprozentsatzes vom Rohgewinnaufschlagsatz nach dem Bilanzstichtag noch anfallen. Der Teilwert ist dann wie folgt zu berechnen T = Z : (1 + Y1 + Y2 × W).

Es besteht ein **strenges Wertaufholungsgebot** (§ 6 Abs. 1 Nr. 2 Satz 3 i. V. m. § 6 Abs. 1 Nr. 1 Satz 4 EStG).

Der Steuerpflichtige hat die Bewertungsobergrenze anhand geeigneter Unterlagen (Anschaffungskosten/Herstellungskosten) nachzuweisen. Ist er hierzu nicht in der Lage, gilt der Buchwert, der in der ältesten noch vorhandenen Bilanz als Anfangswert für das Wirtschaftsgut ausgewiesen ist, als Bewertungsobergrenze, es sei denn, das Finanzamt verfügt über abweichende Erkenntnisse.

Bei Wegfall einer Wertminderung muss somit eine früher vorgenommene Teilwertabschreibung wieder rückgängig gemacht und damit der letzte Bilanzansatz überschritten werden. Die Höchstgrenze bilden aber die Anschaffungs- oder Herstellungskosten (**eingeschränkter Wertzusammenhang).**

Der Ansatz eines wieder gestiegenen Teilwerts führt nicht zum Ausweis eines nicht realisierten Gewinns, sondern es wird nur eine in den Vorjahren vorgenommene Teilwertabschreibung wieder rückgängig gemacht. Ein nicht realisierter Gewinn würde allerdings entstehen, wenn ein Wertansatz über die ursprünglichen Anschaffungs- oder Herstellungskosten zulässig wäre. Für die Bewertung des **Umlaufvermögens kommt dieser Regelung jedoch kaum praktische Bedeutung zu,** da i. d. R. Waren schnell umgeschlagen werden und damit selten über mehrere Jahre im Bestand sind oder ihr Teilwert, da es sich dann häufig um sog. Ladenhüter handelt, ohnehin unter den ursprünglichen Anschaffungs- oder Herstellungskosten liegt.

Beispiel:
Ein Elektrohändler hat im November Kühlschränke zum Preise von 500 € eingekauft. Zum 31.12. dieses Jahres betrug der Teilwert 400 €. Die Firma muss die Kühlschränke, da sie zum Umlaufvermögen gehören, bei der Gewinnermittlung nach § 5 EStG

mit 400 € in die Bilanz einsetzen. Am 31.12. des folgenden Jahres ist aus dieser Warenlieferung noch ein Kühlschrank am Lager. Der Teilwert beträgt aufgrund verschiedener Preissteigerungen jetzt 540 €.

Die Firma hat folgende Möglichkeiten: Sie kann den Bilanzansatz des Vorjahres (400 €) beibehalten; sie kann aber auch, weil der Teilwert gestiegen ist, einen höheren Wert, höchstens jedoch 500 €, ansetzen. Welchen Wert die Firma innerhalb des ihr gezogenen Rahmens (mindestens 400 €, höchstens 500 €) für den Kühlschrank in die Bilanz (Inventur) einsetzt, steht ihr frei.

Hinsichtlich des **handelsrechtlichen Wahlrechts** für den Ansatz der **nicht abnutzbaren Anlagegüter** mit den Anschaffungs- bzw. Herstellungskosten oder dem niedrigeren Teilwert oder einem Zwischenwert gelten die gleichen Grundsätze wie für das abnutzbare Anlagevermögen, bei dem die Wertminderung nicht von Dauer ist. Dementsprechend ist der Ansatz des niedrigeren Teilwerts bei den nicht abnutzbaren Anlagegütern handelsrechtlich und steuerrechtlich nur zwingend, wenn es sich um eine voraussichtlich dauernde Wertminderung handelt (§ 253 Abs. 2 Satz 3 HGB).

Nach § 6 Abs. 1 Nr. 1 und 2 EStG muss in der Steuerbilanz zugeschrieben werden, auch wenn dies in der Handelsbilanz nicht zwingend geboten ist.

Nach § 280 Abs. 1 HGB besteht für Kapitalgesellschaften ein Wertaufholungsgebot. Dementsprechend muss nach Wegfall der Abschreibungsgründe gem. § 6 Abs. 1 Nr. 1 Satz 4 bzw. Nr. 2 Satz 3 EStG in der Steuerbilanz auf die (fortgeschriebenen) Anschaffungs- oder Herstellungskosten zugeschrieben werden.

Das gilt dementsprechend auch in der Handelsbilanz.

Folglich gilt bei Kapitalgesellschaften handels- und steuerrechtlich ein Wertaufholungsgebot.

Für nicht abnutzbare Anlagegüter gilt nach § 6 Abs. 1 Nr. 2 Satz 3 EStG nur der **eingeschränkte Wertzusammenhang**, d. h., Wirtschaftsgüter, die bereits in der Vorjahresbilanz ausgewiesen waren und für die eine Teilwertabschreibung vorgenommen worden ist, müssen, wenn der Teilwert wieder gestiegen ist, mit dem höheren Teilwert angesetzt werden. Die Obergrenze für den Wertansatz bilden die Anschaffungs- oder Herstellungskosten.

Beispiel:

Einzelunternehmer (E) hat im Wirtschaftsjahr 02 eine zu seinem Anlagevermögen gehörende Beteiligung erworben. Die Anschaffungskosten haben 100.000 € betragen. Wegen eines angestrebten Vergleichsverfahrens beträgt der Teilwert der Beteiligung am Ende des Wirtschaftsjahres 03 nur noch 60.000 €. Im Wirtschaftsjahr 04 gelingt eine Sanierung und es entsteht sogar eine Wertsteigerung auf 150.000 €.

Lösung:

E kann in der Steuerbilanz zum 31.12.03 die Beteiligung wie folgt bilanzieren:
- Beibehaltung der Anschaffungskosten (§ 253 Abs. 1 Satz 1 HGB) i. H. von 100.000 €
- Ansatz des niedrigeren Teilwerts i. H. von 60.000 €
- Ansatz eines Werts zwischen 60.000 € und 100.000 €

10.13 Bewertung des nicht abnutzbaren Anlagevermögens

Wurde die Beteiligung in der Bilanz zum 31.12.03 mit 60.000 € bilanziert, muss S in der Steuerbilanz zum 31.12.04 die Beteiligung i. H. der Anschaffungskosten von 100.000 € bilanzieren; die Anschaffungskosten dürfen nicht überschritten werden.

Zur Bewertung des Vorratsvermögens vgl. 10.13.1 und R 6.8 Abs. 2 Satz 3 ff. EStR.

Überblick

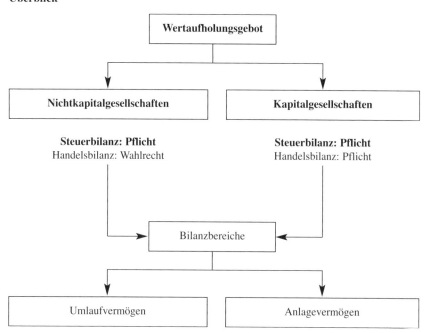

10.13.1 Einzelfragen bei der Bewertung

10.13.1.1 Forderungen

Begrifflich versteht man unter einer Forderung das Recht auf eine Leistung, wobei Gegenstand dieses Rechts jede mögliche Leistung (Tun oder Unterlassen, § 241 BGB) sein kann. Forderungen können durch Abtretung (§ 398 BGB) erworben oder durch Vertrag (z. B. Kaufvertrag, Werkvertrag oder Dienstleistungsvertrag) oder durch Gesetz (z. B. unerlaubte Handlung, § 823 BGB) begründet werden. Forderungen unterliegen grundsätzlich keiner Abnutzung. Sie sind daher gem. § 6 Abs. 1 Nr. 2 EStG grundsätzlich mit den **Anschaffungskosten oder** dem niedrigeren **Teil-**

wert zu bewerten, gleichgültig, ob sie zum Anlage- oder zum Umlaufvermögen gehören. Solange das Schuldverhältnis noch von keiner Seite erfüllt wurde, handelt es sich um ein **schwebendes Geschäft,** das grundsätzlich nicht bilanziert wird, weil davon ausgegangen wird, dass sich Anspruch und Verpflichtung ausgleichen. Aktivierung und Passivierung unterbleiben, solange das Gleichgewicht der Vertragsbeziehungen nicht durch schuldrechtliche Vorleistungen oder Erfüllungsrückstände gestört ist.[187]

Forderungen **aus Lieferungen und Leistungen** sind u. a. auszuweisen, wenn die für die Entstehung wesentlichen wirtschaftlichen Ursachen im abgelaufenen Geschäftsjahr gesetzt worden sind und der Kaufmann mit der künftigen rechtlichen Entstehung des Anspruchs fest rechnen kann.

Diese Voraussetzungen sind gegeben, wenn der Leistungsverpflichtete die von ihm geschuldeten Erfüllungshandlung erbracht, d. h. seine Verpflichtung „wirtschaftlich erfüllt" hat, sodass dem Schuldner der Gegenleistung die Einrede des nicht erfüllten Vertrages gem. § 320 BGB nicht mehr zusteht. Damit ist dem Leistenden der Anspruch auf die Gegenleistung (die Zahlung) so gut wie sicher. Sein Zahlungsrisiko reduziert sich darauf, dass der Empfänger im Einzelfall Gewährleistungsansprüche geltend macht oder sich als zahlungsunfähig erweist. Dann aber ist der Schwebezustand des zugrunde liegenden Geschäfts beendet und der Gewinn aus dieser Leistungsbeziehung realisiert (§ 252 Abs. 1 Nr. 4 Halbsatz 2 HGB). Ohne Bedeutung für die Gewinnrealisierung ist, ob am Bilanzstichtag die Rechnung bereits erteilt worden ist, ob die geltend gemachten Ansprüche noch abgerechnet werden müssen oder ob die Forderung erst nach dem Bilanzstichtag fällig wird.

Erst von dem Zeitpunkt an, in dem ein Vertragsteil seine Leistung ganz oder teilweise bewirkt und der andere sie abgenommen hat, ist eine Bilanzierung des Geschäftsvorfalls vorzunehmen. Bei **Warengeschäften** ist somit nach Lieferung der Ware diese beim Lieferanten auszubuchen und dafür der Anspruch auf die Kaufpreisforderung auszuweisen. Beim Abnehmer ist die gelieferte Ware zu bilanzieren und als Gegenposten die Zahlungsverpflichtung in die Bilanz aufzunehmen.

Bei **teilweise erfüllten Verträgen** kommt es auf den Einzelfall an. Sind **Anzahlungen** geleistet worden, so hat der Empfänger der Zahlung zum erfolgsneutralen Bilanzausgleich einen Passivposten in Höhe der Anzahlung und der Kunde einen entsprechenden Aktivposten auszuweisen. Eine Gewinnrealisierung beim Anzahlungsempfänger erfolgt erst dann, wenn er seiner Lieferverpflichtung nachgekommen ist.

„**Halbfertige Bauten auf fremdem Grund und Boden**" sind von den Bauunternehmen handels- und einkommensteuerrechtlich als **Forderungen** gegen die Bauherren und damit als Umlaufvermögen zu behandeln. Da der Begründung dieser Forderungen kein Anschaffungsvorgang zugrunde liegt, sind sie mit den Herstel-

---

187 BFH, BStBl 1991 II S. 213.

lungskosten zu bewerten. Für den Fall, dass der auf die halbfertigen Bauten entfallende Anteil der vereinbarten Vergütung am Bilanzstichtag unter den bisher angefallenen Herstellungskosten liegt und diese Wertminderung voraussichtlich von Dauer ist, ist der niedrigere Wert anzusetzen. Insoweit wirkt sich der bisher aufgelaufene Verlust bei der Bewertung der halbfertigen Arbeiten steuerlich aus. Ein anteiliger künftiger Verlust, der auf noch zu erbringende Leistungen entfällt (drohende Verluste aus schwebenden Geschäften), ist jedoch nicht in die nach den allgemeinen Grundsätzen vorzunehmende Bewertung der als Forderungen auszuweisenden halbfertigen Arbeiten auf fremdem Grund und Boden einzubeziehen.

Wird eine bereits bestehende Forderung von einem Dritten gegen Entgelt erworben, so bestehen die Anschaffungskosten aus der Gegenleistung einschließlich etwaiger Nebenleistungen; bei einem Erwerb gegen Sachleistung bestimmen sich die Anschaffungskosten nach dem gemeinen Wert der Sachleistung. In den anderen Fällen, in denen die Forderung erst in der Person des Steuerpflichtigen begründet wird, ist grundsätzlich der Nennbetrag der Forderung anzusetzen.[188]

Wird bei Gewährung eines Darlehens nicht der volle Betrag ausgezahlt, so ist der Nennbetrag der Darlehensforderung (Rückzahlungsbetrag) als Anschaffungskosten zu aktivieren und der Unterschiedsbetrag als Damnum, Disagio oder Gebühr zu passivieren und, verteilt über die Laufzeit der Kreditgewährung bzw. der Zinsfestschreibung,[189] in jährlichen Teilbeträgen gewinnerhöhend aufzulösen.

Bei **unverzinslichen** oder **niedrigverzinslichen Forderungen** entspricht der Nennbetrag den Anschaffungskosten, dadurch wird aber der Teilwert der Forderung grundsätzlich gesenkt.[190] Der Teilwert entspricht dem durch Abzinsung ermittelten **Barwert**; grundsätzlich ist der Barwert nach dem BewG zu ermitteln.

Der Unterschied, ob eine Forderung zum Anlagevermögen oder zum Umlaufvermögen gehört, ist nicht mehr für die Beantwortung der Frage von Bedeutung, wann der niedrigere Teilwert einer Forderung angesetzt werden muss und wann nicht. Bei zum Anlagevermögen gehörenden Forderungen (z. B. langfristig durch Hypotheken gesicherte Forderungen) bestand bis zur Geltung des BilMoG ein Zwang zum Ansatz des niedrigeren Teilwerts erst dann, wenn eine voraussichtlich dauernde Wertminderung der Forderung eingetreten war (§ 253 Abs. 2 HGB). Bei Forderungen, die zum Umlaufvermögen gehören, muss handelsrechtlich hingegen schon dann eine Teilwertabschreibung vorgenommen werden, wenn der Wert der Forderung am Bilanzstichtag effektiv niedriger als ihre Anschaffungskosten ist (§ 253 Abs. 3 HGB). Dementsprechend musste auch eine Teilwertabschreibung – entgegen dem Wortlaut des § 6 Abs. 1 Nr. 1 Satz 4 EStG – zwingend erfolgen.

---

188 BFH, BStBl 1981 II S. 734.
189 BFH, BStBl 1989 II S. 722.
190 BFH, BStBl 1990 II S. 639.

Unverzinsliche oder niedrigverzinsliche Darlehen an Betriebsangehörige oder für den Betrieb tätige Handelsvertreter sind mit dem Nennwert zu aktivieren. Nach der Rechtsprechung[191] gilt dies auch dann, wenn den Darlehen keine bestimmten Gegenleistungen der Darlehensempfänger gegenüberstehen.

Auch wenn Forderungen nach bürgerlichem Recht nicht einklagbar sind, können sie in der Bilanz auszuweisen sein, wenn sie einen Teilwert haben.[192]

Bei geringfügigen Forderungen darf von einer Bilanzierung nicht einfach deshalb abgesehen werden, weil die Bilanzierung Mehrarbeit verursachen würde und sich die Nichtaktivierung nicht nennenswert auf den Gewinn auswirkt. Auch geringfügige Forderungen müssen vielmehr aktiviert werden, es sei denn, die richtige Bilanzierung würde bei Aufstellung der Bilanz unverhältnismäßige Schwierigkeiten bereiten.

Der **Teilwert einer Forderung** wird regelmäßig nach ihrer Fälligkeit, ihrer Verzinslichkeit (Zinslosigkeit) sowie dem Zahlungsvermögen des Schuldners zu beurteilen sein. Ein nachprüfbares Risiko, dass der Schuldner die Forderung nicht oder nicht in voller Höhe erfüllen wird (Ausfallrisiko), beeinflusst den Teilwert der Forderung.

Der Teilwert einer Forderung wird insoweit durch subjektive, in der Person des Schuldners liegende Umstände, wie z. B. Zahlungsunfähigkeit, aber auch durch objektive, der Forderung unmittelbar anhaftende Umstände, wie z. B. Ausfallrisiko, Skonti, Kosten für Einziehung und Beitreibung, Provisionen und insbesondere Unverzinslichkeit, beeinflusst. Diese **wertmindernden Umstände** sind jedoch dann nicht zu berücksichtigen, wenn ihnen andere Umstände gegenüberstehen, die die Wertminderung ganz oder teilweise kompensieren, wie die Möglichkeit einer vollständigen anderweitigen Befriedigung des Gläubigers, z. B. durch Verwertung von Sicherheiten (Hypotheken, Bürgschaften).

Maßgebend für die Forderungsbewertung sind die **Verhältnisse am Bilanzstichtag**, so wie sie sich in diesem Zusammenhang dem Steuerpflichtigen darstellen. Der Steuerpflichtige muss jedoch die Kenntnisse über die Verhältnisse am Bilanzstichtag, die er nach dem Bilanzstichtag bis zum Zeitpunkt der Bilanzaufstellung erlangt hat, berücksichtigen. Es müssen daher alle bis zum Tage der Bilanzaufstellung eingetretenen und bekannt gewordenen Umstände berücksichtigt werden, die Rückschlüsse auf die Bonität der Forderungen am Bilanzstichtag zulassen (**wertaufhellende Tatsachen**).

Die Durchführung der Teilwertabschreibung kann auf zweierlei Arten erfolgen: Es kann auf der Aktivseite der Bilanz statt der Anschaffungskosten der niedrigere Teilwert angesetzt werden (sog. **aktivische Wertberichtigung** oder auch sog. **direkte Methode**).

---

191 BFH, BStBl 1990 II S. 117.
192 BFH, BStBl 1968 II S. 79.

10.13 Bewertung des nicht abnutzbaren Anlagevermögens

Üblich ist jedoch die **indirekte Methode (passivische Wertberichtigung)**. Die Forderung wird auf der Aktivseite weiterhin mit den Anschaffungskosten ausgewiesen. Die Wertminderung wird durch die Einstellung eines **Wertberichtigungspostens (Delkredere)** auf der Passivseite zum Ausdruck gebracht.

Es ist damit nicht zu beanstanden, wenn Zahlungsabzüge, Zinsverluste und Ausfälle durch eine pauschale Abschreibung (Delkredere) vom Forderungsbestand berücksichtigt werden. Erforderlich ist aber, dass die Gründe um die Höhe der Abschreibungen im Einzelnen anhand der Erfahrungen der Vergangenheit dargetan und glaubhaft gemacht werden. Es genügt nicht, dass sich der Steuerpflichtige auf allgemeine branchenübliche Erfahrungswerte beruft.

Die Finanzverwaltung erkennt ohne Einzelnachweis entsprechend dem Rationalisierungserlass regelmäßig 0,5 % des Forderungsbestandes als Pauschalwertberichtigung wegen eines Ausfallwagnisses an.

Steuerpflichtige, die ihre Umsätze nach vereinbarten Entgelten versteuern, dürfen die pauschalen Wertberichtigungen nur vom Nettorechnungsbetrag vornehmen, denn der Forderungsausfall führt nach § 17 UStG zu einer Ermäßigung der Bemessungsgrundlage und damit zu einer entsprechenden Rückzahlung oder Verrechnung der abgeführten Umsatzsteuer.

Neben der Pauschalwertberichtigung besteht auch die Möglichkeit der Einzelwertberichtigung.

Auch ein **gemischtes Verfahren,** bei dem ein Teil der Forderung pauschal, ein anderer Teil einzeln bewertet wird, ist zulässig. Ein und dieselbe Forderung darf jedoch stets nur in ein Wertberichtigungsverfahren einbezogen werden.

Bestrittene Forderungen können erst am Schluss des Wirtschaftsjahres angesetzt werden (§ 5 Abs. 1 EStG), das dem Zeitpunkt nachfolgt, zu dem über den Anspruch rechtskräftig entschieden wird bzw. zu dem eine Einigung mit dem Schuldner zustande kommt. Das ergibt sich aus dem Grundsatz der Vorsichtigkeit, der in § 252 Abs. 1 Nr. 4 HGB gesetzlich geregelt ist. Das gilt insbesondere für Forderungen aufgrund einer Vertragsverletzung, einer unerlaubten Handlung oder einer ungerechtfertigten Bereicherung, bei denen normalerweise mit Widerstand des in Anspruch Genommenen zu rechnen ist. Nach der Wertaufhellungstheorie ist es jedoch nicht gerechtfertigt, das Anerkenntnis einer Forderung bzw. das rechtskräftige Urteil bereits zu einem Bilanzstichtag zu berücksichtigen, der vor diesen Ereignissen liegt.

Ein schleppender Zahlungseingang allein rechtfertigt noch keine Abschreibung wegen eines Ausfallrisikos. Es sind vielmehr Anhaltspunkte dafür erforderlich, dass mit einem völligen oder teilweisen Ausfall objektiv zu rechnen ist. Solange der Steuerpflichtige nicht nur Gläubiger, sondern auch Schuldner derselben Person ist, ist nur insoweit eine Abschreibung der Forderung möglich, als diese nicht durch die bestehende Schuld gedeckt ist.

Im Fall einer Betriebsaufspaltung (siehe unter 18.4) hat das Besitzunternehmen eine aus dem Pachtvertrag abgeleitete Warenrückgabeforderung und eine Forderung auf Erneuerung der Pachtgegenstände sowie sonstige Forderungen (sog. korrespondierender Ansatz) gegen die Betriebskapitalgesellschaft regelmäßig mit den gleichen Werten zu aktivieren, mit denen die Betriebskapitalgesellschaft die entsprechenden Verpflichtungen passiviert hat; dies gilt jedoch nicht ausnahmslos.[193]

10.13.1.2 Geschäfts- oder Firmenwert

Der Gesamtwert eines Betriebs ergibt sich nicht nur aus den in der Bilanz ausgewiesenen Vermögenswerten, sondern auch aus Faktoren, die in der Bilanz keinen wertmäßigen Niederschlag finden, also der im Wirtschaftsleben anerkannte Mehrwert, der einem Unternehmen über die Teilwerte der einzelnen Wirtschaftsgüter hinaus innewohnt.[194]

Er umfasst neben den Gewinnchancen des Unternehmens nicht messbare, positiv beeinflussbare Faktoren wie Kundenstamm des Unternehmens, Werbungskraft, Fertigungsverfahren, Organisationswert, Ruf der Firma, Qualität des Mitarbeiterstamms, Standortvorteile, Marktmacht u. Ä.; das ist der originäre Firmenwert.

Steuerrechtlich und handelsrechtlich darf **nur ein entgeltlich erworbener,** sog. **derivativer Geschäfts- oder Firmenwert aktiviert werden;** der Begriff ergibt sich aus § 255 Abs. 4 Satz 1 HGB, es handelt sich um ein immaterielles Wirtschaftsgut.[195]

Wird einem ausscheidenden Mitunternehmer eine Abfindung gezahlt, die auch den selbst geschaffenen, bisher nicht bilanzierten Geschäftswert abgilt, ist der darauf entfallende Anteil der Abfindung als derivativer Geschäftswert zu aktivieren.

Der auf den originären Geschäftswert entfallende Anteil bleibt außer Ansatz.[196]

Soweit ein **Geschäftswert** im Rahmen der Übernahme eines ganzen Unternehmens **entgeltlich erworben** wurde, ist er aktivierungsfähig und nach § 6 Abs. 1 Nr. 1 EStG mit den Anschaffungskosten, vermindert um die AfA gem. § 7 EStG, anzusetzen. Der Geschäfts- oder Firmenwert ist als **abnutzbares Wirtschaftsgut** anzusehen. Es können also **AfA** auf alle entgeltlich erworbenen Geschäfts- oder Firmenwerte vorgenommen werden, wobei gem. § 7 Abs. 1 Satz 3 EStG von einer **15-jährigen Nutzungsdauer** auszugehen ist. Diese **fingierte betriebsgewöhnliche Nutzungsdauer ist zwingend.** Eine Ausnahme hiervon kommt allenfalls in Betracht, wenn die Abschreibung des Geschäftswerts über die 15-jährige Nutzungsdauer zu einer offensichtlich unzutreffenden Besteuerung führen würde.[197]

---

[193] BFH, BStBl 1989 II S. 714.
[194] BFH, BStBl 1994 II S. 224.
[195] Vgl. R 5.5 EStR.
[196] BFH, BStBl 2003 II S. 10.
[197] BFH, BStBl 1994 II S. 449.

10.13 Bewertung des nicht abnutzbaren Anlagevermögens

Ein derartiger Ausnahmetatbestand kommt in Betracht, wenn der Unternehmenswert so eng mit der Person des Betriebsinhabers verbunden ist, dass nach dessen Ausscheiden mit einer kürzeren Nutzungsdauer des erworbenen Geschäftswerts zu rechnen ist. Personenbezogen kann sein z. B. Friseur, Kunsthandwerker, Handelsvertreter oder Werbegrafiker.

Gemäß § 246 Abs. 1 Satz 4 HGB (n. F.) ist ein derivater Geschäfts- und Firmenwert zu aktivieren. Früher bestimmte § 255 Abs. 4 Satz 2 HGB a. F. für das Handelsrecht, dass der derivative Geschäfts- oder Firmenwert in jedem folgenden Jahr zu mindestens einem Viertel durch Abschreibung zu tilgen ist. Durch das Wort „mindestens" ermöglicht der Gesetzgeber, handelsrechtlich den Wert auch mit mehr als 25 % abzuschreiben. Vorgaben insoweit bestehen handelsrechtlich nicht mehr.

Wenn man insoweit von einer unterschiedlichen Behandlung in der Handels- und Steuerbilanz ausgeht, kommt eine aktivische latente Steuerabgrenzung in Betracht, für die handelsrechtlich allerdings ein Aktivierungswahlrecht (§ 274 Abs. 2 HGB) besteht. Es ist jedoch auch möglich, den Geschäfts- oder Firmenwert auch in der Handelsbilanz, wie in der Steuerbilanz, über 15 Jahre planmäßig abzuschreiben.

Die Aktivierung eines solchen (derivativen) Geschäftswerts kommt nur beim Erwerb eines Unternehmens im Ganzen, eines Mitunternehmeranteils an einem solchen Unternehmen oder eines mit einer gewissen Selbständigkeit ausgestatteten Teilbetriebs in Betracht. Auch bei der Aufteilung eines Unternehmens in Teilbetriebe geht damit der Geschäftswert nicht notwendigerweise unter.

Aufwendungen für den Eintritt in einen langjährigen Mietvertrag oder ähnlichen Nutzungsvertrag stellen Anschaffungskosten für ein selbständig zu aktivierendes immaterielles Einzelwirtschaftsgut dar.[198]

Im Einzelfall ist die Abgrenzung schwierig, ob es sich jeweilig um einen Aufwand für ein einzeln abgrenzbares immaterielles Wirtschaftsgut handelt.

Hingegen ist der Kundenstamm grundsätzlich Teil des Firmenwerts. Seine gesonderte Bilanzierung ist nur dann geboten, wenn er gesondert Gegenstand eines Anschaffungsgeschäfts war. Es ist also zwischen selbständigen immateriellen Einzelwirtschaftsgütern und unselbständigen geschäftswertbildenden Faktoren zu unterscheiden.[199] Zahlt ein Unternehmer eine Ablösesumme für die Befreiung aus einem sein Unternehmen belastenden (nicht bilanzierten) Vertrag, so erhöht die Befreiung zwar seinen Geschäftswert. Die Entschädigung ist jedoch mangels eines abgeleiteten Erwerbs des Geschäftswerts nicht zu aktivieren.[200]

---

[198] BFH, BStBl 1995 II S. 505.
[199] BFH, BStBl 1986 II S. 176.
[200] BFH, BStBl 1982 II S. 56.

10.13.1.3 Praxiswert

Der Praxiswert eines **freien Berufs** ist vom Geschäftswert eines gewerblichen Unternehmens zu unterscheiden. Im Unterschied zum Geschäftswert, der als ein objektivierter, dem Unternehmen selbst innewohnender und von der persönlichen Tätigkeit des Unternehmers unabhängiger Wert anzusehen ist, wird der Praxiswert von der **persönlichen Leistungsfähigkeit des Praxisinhabers** geprägt. Der Praxiswert verkörpert den Wert, den eine Praxis aufgrund des Vertrauensverhältnisses zwischen Auftraggebern und Praxisinhabern erhält.[201] Diese dem Praxiswert immanente **Personenbezogenheit** führt zur Bejahung seiner Abnutzbarkeit im Fall einer Praxisveräußerung. Denn das dem Praxiswert zugrunde liegende **persönliche Vertrauensverhältnis** verflüchtigt sich zwangsläufig mit Ausscheiden des ehemaligen Praxisinhabers. Die gesetzliche Fiktion der Nutzungsdauer von 15 Jahren gilt nur für derivative Geschäfts- oder Firmenwerte von Gewerbebetrieben. Bei dem derivativen Praxiswert eines entgeltlich erworbenen freiberuflichen Unternehmens verflüchtigt sich der Praxiswert aufgrund der Personenbezogenheit relativ rasch, sodass im Allgemeinen eine **Abschreibung in einem Zeitraum von nur 3 bis 5 Jahren** vorzunehmen ist.[202]

Soweit eine **Mehrpersonensozietät** gegründet wird unter Beteiligung und weiterer Mitwirkung des bisherigen Praxisinhabers, ist davon auszugehen, dass die betriebsgewöhnliche Nutzungsdauer des aufgedeckten Praxiswerts **doppelt so lang ist** wie die Nutzungsdauer des Werts einer Einzelpraxis, es ist daher von einer regelmäßigen betriebsgewöhnlichen Nutzungsdauer von 6 bis 10 Jahren auszugehen.[203]

Diese Grundsätze gelten entsprechend bei dem Praxiswert einer Wirtschaftsprüfer- oder Steuerberater-GmbH, wobei im Einzelfall davon abzugrenzen ist, ob nicht nur ein Mandantenstamm erworben wurde.

10.13.1.4 GmbH-Anteile

Bei dem Erwerb von **GmbH-Anteilen** besteht die Vermutung, dass sich der Teilwert mit den Anschaffungskosten abzüglich der AfA deckt; es wird vermutet, dass, solange die bei der Gründung einer GmbH bestehenden Verhältnisse fortdauern, die Anteile noch dem Wert der aufgewendeten Anschaffungskosten entsprechen.

Diese Vermutung ist widerlegbar, und zwar, wenn

- sich die Zahlung als Fehlmaßnahme erwiesen hat oder
- der Wert unter den gezahlten und nicht durch AfA aufgezehrten Betrag gesunken bzw. ein Geschäftswert überhaupt nicht mehr vorhanden ist.

---

201 BFH, BStBl 1994 II S. 590.
202 BFH, BStBl 1994 II S. 903.
203 BMF, BStBl 1995 I S. 14.

10.13 Bewertung des nicht abnutzbaren Anlagevermögens

Hat eine GmbH bereits längere Zeit mit Gewinnen gearbeitet, so wird ein einmaliges Verlustjahr im Allgemeinen noch keine Teilwertabschreibung rechtfertigen.

> **Beispiel:**
> Das Stammkapital der GmbH beträgt 50.000 €, die Anschaffungskosten der Beteiligung von 50 % beliefen sich auf 25.000 €. Mit diesem Betrag sind sie bilanziert. An offenen Reserven sind 100.000 € vorhanden. Im Jahr 02 erleidet die GmbH einen Verlust von 50.000 €. Eine Teilwertabschreibung auf den 31.12.02 ist nicht begründet, weil der Wert der Beteiligung wegen der erheblichen Reserven nicht unter den Anschaffungswert gesunken ist.

Selbst wenn die offenen Reserven durch Verluste voll aufgezehrt sein sollten und das Kapital der GmbH unter das Stammkapital gesunken ist, braucht dies eine Teilwertabschreibung so lange nicht zu rechtfertigen, als die GmbH noch entsprechende stille Reserven hat. Auch wenn im Rahmen der Unternehmensbewertung der gemeine Wert der Beteiligung niedriger als die Anschaffungskosten festgestellt wird, so rechtfertigt dies in aller Regel für sich allein noch keine Teilwertabschreibung.[204]

Beteiligt sich ein Steuerpflichtiger an der Gründung einer GmbH und ergeben sich bei der GmbH **Anlaufverluste,** so rechtfertigt dies nicht ohne Weiteres eine Teilwertabschreibung.

> **Beispiel:**
> A gründet mit seiner Frau die A-GmbH. Das Stammkapital beträgt 25.000 €. Es stellt sich heraus, dass diese Kapitalausstattung nicht ausreicht, um auf dem vorgesehenen Gebiet eine gewinnbringende Tätigkeit zu entfalten. Führt A nunmehr der GmbH die erforderlichen Mittel durch eine Erhöhung des Stammkapitals zu und kann bei objektiver Beurteilung des Sachverhalts davon ausgegangen werden, dass durch diese Kapitalzuführung nach einer gewissen Übergangszeit Gewinne erwirtschaftet werden, ist auch bei vorübergehenden Verlusten eine Teilwertabschreibung nicht zulässig.
>
> Etwas anderes wird nur zu gelten haben, wenn A es unterlässt, die GmbH mit dem zusätzlich erforderlichen Kapital auszustatten, sodass mit weiteren nicht nur vorübergehenden Verlusten zu rechnen ist.
>
> Entsprechendes gilt, wenn sich ein Steuerpflichtiger an einer GmbH maßgeblich beteiligt, die mit Verlusten gearbeitet hat. Wenn zu erwarten ist, dass der neu hinzugetretene Gesellschafter durch die von ihm eingeleiteten Maßnahmen die GmbH auf die Dauer gesehen wieder gewinnbringend gestaltet, rechtfertigen die zunächst eintretenden Verluste keine Teilwertabschreibungen.

Die Vermutung, dass die Anschaffungs- oder Herstellungskosten eines Wirtschaftsguts auch den Teilwert dieses Wirtschaftsguts im Zeitpunkt der Anschaffung oder Herstellung darstellen, gilt also grundsätzlich auch für GmbH-Anteile. Zusätzliche Anschaffungskosten durch verdeckte Stammeinlage führen jedoch nicht zum Erwerb neuer Anteile, sondern allenfalls zur Erhöhung des Werts alter Anteile. Diese Werterhöhung kann durch andere Umstände, die den Wert mindern, ausgegli-

---
204 BFH, BStBl 1961 III S. 463.

chen werden, sodass neben der Werterhöhung eine Teilwertabschreibung zulässig ist.[205] Grundsätzlich ist die Bewertung einer Beteiligung mit den Anschaffungskosten die Regel und die mit dem Teilwert die Ausnahme; es handelt sich insoweit um eine im Einzelfall widerlegbare Vermutung.[206]

Kapitalrückzahlungen aufgrund einer handelsrechtlich wirksamen Kapitalherabsetzung sind von den buchmäßigen Anschaffungskosten abzusetzen.[207]

Eine Teilwertabschreibung mit Rücksicht auf eine Fehlmaßnahme ist i. d. R. nur zulässig, wenn sich die Annahme eines Geschäftswerts bereits bis zum Ende desjenigen Geschäftsjahres, in dem die Zahlung geleistet wurde, als Fehlmaßnahme erwiesen hat.[208]

Anhaltspunkte für eine Wertabschreibung sind z. B. darin zu sehen, dass die Entwicklung der Umsätze und Gewinne eines Unternehmens mindestens während eines längeren Zeitraums (regelmäßig fünf Jahre) stagnieren oder zurückgehen und deutlich hinter der allgemeinen Entwicklung vergleichbarer Unternehmen zurückstehen;[209] ein kurzfristiger Gewinnrückgang anlässlich des Erwerbs genügt nicht.[210]

Übernimmt ein Steuerpflichtiger Stammeinlagen auf das Stammkapital einer Unterstützungskasse in der Rechtsform einer GmbH und dient die Unterstützungskasse den Arbeitnehmern seines Betriebs, so kann bei den zum Betriebsvermögen des Steuerpflichtigen gehörenden GmbH-Anteilen grundsätzlich nicht bereits deshalb eine Teilwertabschreibung vorgenommen werden, weil der Steuerpflichtige nicht damit rechnen kann, dass er seine Einlagen jemals zurückerlangt. Denn ihm waren die mit dem Erwerb der Anteile verbundenen Vorteile den Aufwand wert.[211]

Nach § 3c Abs. 2 EStG dürfen Teilwertabschreibungen, die in Zusammenhang mit den in § 3 Nr. 40 EStG genannten Betriebsvermögensmehrungen stehen, nur zu 60 % (ab 01.01.2009) abgezogen werden. Diese Einschränkung gilt unabhängig davon, in welchem Veranlagungszeitraum die Betriebsvermögensmehrungen anfallen. Somit können Wertminderungen, die an Anteilen an inländischen Kapitalgesellschaften entstehen, im Betriebsvermögen eines Einzelunternehmens oder einer Personengesellschaft dementsprechend steuerlich geltend gemacht werden.

Bis zum 31.12.2008 galt das sog. Halbausgabenverfahren. Nach § 3 Nr. 40 EStG waren als Folge auf die hälftige Steuerfreistellung der Einnahmen im Halbeinkünfteverfahren damit im wirtschaftlichen Zusammenhang stehende steuerliche Ausgaben auch nur zur Hälfte zu berücksichtigen.

---
205 BFH, BStBl 1977 II S. 515.
206 BFH, BStBl 1991 II S. 344.
207 BFH, BStBl 1993 II S. 189.
208 BFH, BStBl 1977 II S. 412.
209 BFH, BStBl 1983 II S. 667.
210 BFH, BStBl 1991 II S. 595.
211 BFH, BStBl 1973 II S. 79.

10.13 Bewertung des nicht abnutzbaren Anlagevermögens

Im Hinblick auf die Absenkung des steuerfreien Anteils auf 40 % ab 01.01.2009 in § 3 Nr. 40 EStG wurde folgerichtig der Anteil des steuerlich abziehbaren Betrages auf 60 % erhöht.

Entsprechend werden grundsätzlich Betriebsvermögensmehrungen aufgrund von Zuschreibungen i. S. des § 6 Abs. 1 Satz 1 Nr. 2 Satz 3 EStG nach § 3 Nr. 40 Satz 1 Buchst. a EStG auch nur entsprechend besteuert. Allerdings gilt das Teileinkünfteverfahren nicht für Wertaufholungen, soweit der vorangegangene Ansatz des niedrigeren Teilwerts in vollem Umfang zu einer Gewinnminderung geführt hat (§ 3 Nr. 40 Satz 1 Buchst. a Satz 2 EStG).

Gemäß § 8b Abs. 3 KStG sind Teilwertabschreibungen auf Anteile an einer Kapitalgesellschaft, die von einer anderen Kapitalgesellschaft gehalten werden, nicht mehr bei der Gewinnermittlung zu berücksichtigen.

Korrespondierend hierzu bleiben bei Körperschaften als Anteilseignern Gewinne aus der Zuschreibung i. S. des § 6 Abs. 1 Nr. 2 Satz 3 EStG außer Ansatz. Dies gilt nicht, soweit die Beteiligung in früheren Jahren steuerwirksam auf den Teilwert abgeschrieben wurde und die Gewinnminderung nicht durch den Ansatz eines höheren Werts ausgeglichen worden ist (§ 8b Abs. 2 Satz 2 KStG).

10.13.1.5 Güterfernverkehrskonzessionen

Der mit dem entgeltlichen Erwerb von Güterfernverkehrsgenehmigungen verbundene wirtschaftliche Vorteil ist ein vom Geschäfts- und Firmenwert unabhängiges, selbständig zu aktivierendes Wirtschaftsgut des Anlagevermögens. Es unterliegt keiner Abnutzung, weil die Genehmigung zwar auf Zeit, aber mit der Aussicht auf Verlängerung erteilt wird. Abschreibungen nach § 7 Abs. 1 Satz 1 oder 3 EStG sind daher nicht zulässig. Im Einzelfall kann jedoch der Ansatz des niedrigeren Teilwerts (§ 6 Abs. 1 Nr. 2 Satz 2 EStG) in Betracht kommen.

10.13.1.6 Vorratsvermögen/Umlaufvermögen

Der Teilwert von Wirtschaftsgütern des Vorratsvermögens (Roh-, Hilfs- und Betriebsstoffe, halbfertige und fertige Erzeugnisse, Ware) deckt sich für den Zeitpunkt der Anschaffung oder Herstellung mit den Anschaffungs- oder Herstellungskosten, für einen späteren Zeitpunkt mit deren Wiederbeschaffungskosten am Bilanzstichtag,[212] und zwar auch dann, wenn mit einem entsprechenden Rückgang der Verkaufspreise nicht gerechnet zu werden braucht.

Beispiel:
A hat am Bilanzstichtag einen Posten Ware auf Lager, den er für 12.000 € eingekauft hat und den er nun wegen eines allgemeinen Sinkens der Einkaufspreise für 10.000 € wiederbeschaffen könnte. A kann die gesunkenen Wiederbeschaffungskosten von

---
212 BFH, BStBl 1980 II S. 327.

10 Bewertungs- und Bilanzierungsvorschriften nach dem EStG

10.000 € als Teilwert der Ware ansetzen, auch wenn damit zu rechnen ist, dass er die Ware nach wie vor für 14.000 € absetzen kann (R 6.8 Abs. 2 EStR).

Bei Erzeugnissen entsprechen die Wiederbeschaffungskosten den Wiederherstellungs- oder Reproduktionskosten.

Zur Bewertung des Vorratsvermögens vgl. im Einzelnen R 6.8 EStR und 10.13.1.

Beispiel:
Die A-OHG betreibt die Herstellung und den Vertrieb von Rasenmähern und anderen Gartengeräten. Die von der A-OHG hergestellten Rasenmäher hat diese mit den dafür angefallenen Einzelkosten i. S. von § 255 Abs. 2 Satz 2 HGB bewertet. Die danach in der Handelsbilanz zum 31.12.01 ausgewiesenen Herstellungskosten betragen 7 Mio. €. Bei Einbeziehung der Materialgemeinkosten, der notwendigen Fertigungsgemeinkosten und der Sondereinzelkosten der Fertigung würde sich ein Wert für die zu aktivierenden Waren und fertigen Erzeugnisse von 9 Mio. € ergeben.

Die Rasenmäher gehören zum Umlaufvermögen (§ 266 Abs. 2 HGB) und sind nach § 6 Abs. 1 Nr. 2 EStG mit den Herstellungskosten zu bewerten. Bei der steuerlichen Bewertung sind die Material- und Fertigungsgemeinkosten sowie die produktionsbedingte AfA einzubeziehen (R 6.3 Abs. 1 EStR). Der steuerliche Wert beträgt 9 Mio. €.

Die Anschaffungskosten von **Warenvorräten** mindern sich auch nicht zum Anschaffungszeitpunkt oder zu einem nachfolgenden Bilanzstichtag um einen möglichen Skontoabzug, wenn bis zum Bilanzstichtag von der Möglichkeit des Skontoabzuges tatsächlich kein Gebrauch gemacht wurde.[213]

Der Teilwert entspricht nicht dem um einen möglichen Skontoabzug geminderten Kaufpreis, sondern den Wiederbeschaffungskosten. Wird das Lifo-Verfahren (siehe 10.6) angewendet, dürfte sich der Warenbestand regelmäßig erheblich vermindern, für den die Skontofrage eine Rolle spielt.

Sind Wirtschaftsgüter des Vorratsvermögens durch Lagerung, Änderung des modischen Geschmacks, Sinken der Einkaufspreise, Sinken der Herstellungskosten oder aus anderen Gründen im Wert dauernd gemindert, so rechtfertigen diese Wertminderungen eine Teilwertabschreibung nur insoweit, als die voraussichtlich erzielbaren Verkaufserlöse die Selbstkosten zzgl. des durchschnittlichen Unternehmergewinns nicht erreichen; dabei sind jedoch die bis zum Bilanzstichtag angefallenen und bereits gewinnmindernd verrechneten Aufwendungen in die Selbstkosten nicht einzubeziehen. Als Selbstkosten einer Ware sind ihre Anschaffungs- oder Herstellungskosten und ein Aufschlag für ihren Anteil am betrieblichen Aufwand zu berücksichtigen. Es wird also davon ausgegangen, dass der Erwerber des Unternehmens für diese Ware nur so viel aufwenden würde, dass er bei deren Veräußerung noch den durchschnittlichen Gewinn erzielen kann. Nach R 6.8 Abs. 2 Satz 4 EStR erfolgt das regelmäßig nach der **Subtraktionsmethode,** d. h., dass vom Veräußerungserlös der Teil des – nach dem Bilanzstichtag anfallenden – Rohgewinnaufschlags abzuziehen ist.

---

[213] BFH, BStBl 1991 II S. 456.

10.13 Bewertung des nicht abnutzbaren Anlagevermögens

Die **Formelmethode** ist anzuwenden, wenn das Unternehmen nicht über die zum Einsatz der Subtraktionsmethode erforderlichen Daten verfügt. Um zum Teilwert (T) zu gelangen, wurde der Veräußerungserlös (Z) bisher durch den um 1 erhöhten und durch 100 dividierten Rohgewinnaufschlagsatz (Y) geteilt. Die neue Formel sieht dagegen vor, dass der Rohgewinnaufschlagsatz aufgeteilt wird in den Durchschnittsunternehmergewinnprozentsatz (Y1) und den Rohgewinnaufschlagrest (Y2). Daneben wird der Prozentsatz der Kosten (W) benötigt, die nach Abzug des durchschnittlichen Unternehmergewinnprozentsatzes vom Rohgewinnaufschlagsatz nach dem Bilanzstichtag noch anfallen. Der Teilwert wird dann wie folgt berechnet: T = Z : (1 + Y1 + Y2 × W).

Beispiel:

Der Schuhwareneinzelhändler A hat am Bilanzstichtag 200 Paar Schuhe auf Lager, die er wegen eines Wandels in der Mode nur noch mit einem Preisnachlass von 10 % veräußern kann. Er hat diese Schuhe für 8.000 € eingekauft. Seine Selbstkosten betragen 10.000 € und sein durchschnittlicher Unternehmergewinn 40 %. A hätte also die Schuhe früher für 14.000 € verkauft; nunmehr kann er sie nur noch für 12.600 € absetzen. A kann also von den Anschaffungskosten der Schuhe eine Teilwertabschreibung von 1.400 € (14.000 € ./. 12.600 €) vornehmen.

Macht ein Steuerpflichtiger für Wertminderungen dieser Art eine Teilwertabschreibung geltend, so muss er die Wertminderung nachweisen. Dazu muss er Unterlagen vorlegen, die aus den Verhältnissen seines Betriebs gewonnen sind und die eine sachgemäße Schätzung des Teilwerts ermöglichen. In der Regel sind die tatsächlich erzielten Verkaufspreise für die im Wert geminderten Wirtschaftsgüter in der Weise und in einer so großen Anzahl von Fällen nachzuweisen, dass sich daraus ein repräsentativer Querschnitt für die zu bewertenden Wirtschaftsgüter ergibt.[214] Solange die bisherigen Preise gehalten werden, gilt die Vermutung, dass der Wert der Ware nicht gemindert ist. Diese Vermutung kann jedoch durch den Nachweis widerlegt werden, dass gewichtige Gründe, die nicht mit dem Wert der Ware zusammenhängen, ein Festhalten an den ursprünglichen Preisen gebieten.

Der Steuerpflichtige trägt die Feststellungslast für die wertmindernden Tatsachen; soweit die behaupteten Tatsachen unbewiesen sind, ist eine Wertminderung ausgeschlossen.[215]

Gleichartige Wirtschaftsgüter des Vorratsvermögens sowie andere gleichartige oder annähernd gleichwertige bewegliche Wirtschaftsgüter können jeweils zu einer Gruppe zusammengefasst und mit dem gewogenen Durchschnittswert angesetzt werden.[216]

---

214 BFH, BStBl 1984 II S. 35.
215 BFH, BStBl 1994 II S. 514.
216 R 6.8 Abs. 4 EStR; siehe 10.3.

10.13.1.7 Wertpapiere/Investmentanteile

Sinkt bei **Wertpapieren** des Umlaufvermögens ihr Börsenkurs, so ist ihr Teilwert der Betrag, der sich ergibt, wenn die Anschaffungskosten (Kaufpreis und Nebenkosten) in dem gleichen Verhältnis gemindert werden, in dem der Kaufpreis (ohne Nebenkosten) zum gesunkenen Börsenkurs steht.[217]

Beispiel:
1. Anschaffungskosten (Kaufpreis und Nebenkosten)   210 €
2. Gesunkener Börsenkurs   150 €
3. Kaufpreis (ohne Nebenkosten)   200 €
4. Verhältnis von 2. zu 3. = 150 € / 200 € = $^3/_4$

$$\text{Teilwert } \frac{210\ € \times 3}{4} = 157{,}50\ €$$

Dieser Grundsatz gilt jedoch nicht, wenn bei einem Erwerb einer Beteiligung ein sog. Paketzuschlag gezahlt wird. In diesem Fall kann der Wert einer Beteiligung nicht ohne Weiteres in einen Börsenkurswert und einen Paketzuschlag aufgeteilt werden, die Beteiligung muss als Ganzes gesehen werden.

Hingegen entspricht der Teilwert von **Investmentanteilen,** wenn sie für den Betrieb entbehrlich sind, dem Rücknahmepreis der Anteile, da es neben dem Ausgabepreis und dem Rücknahmepreis keinen Marktpreis gibt.[218] Bei Anschaffung oder im zeitlichen Zusammenhang mit ihr können die Investmentanteile jedoch noch nicht als entbehrlich (überflüssig) angesehen werden. Ihr Teilwert entspricht dann i. d. R. den Anschaffungskosten.

Bei festverzinslichen Wertpapieren ist das Urteil vom 08.06.2011[219] zu beachten. Eine Teilwertabschreibung unter ihren Nennwert allein wegen gesunkener Kurse ist deshalb regelmäßig nicht zulässig.

10.14 Fiktive Anschaffungskosten nach § 55 EStG

Durch § 55 EStG werden alle vor dem 01.07.1970 eingetretenen Wertsteigerungen des Grund und Bodens, wenn der Grund und Boden mit Ablauf des 30.06.1970 zum Anlagevermögen gehört hat, begünstigt. Dieser Verzicht hat zur Folge, dass bei der Ermittlung des Bodengewinns bei Land- und Forstwirten, Kleinstgewerbetreibenden und selbständig Tätigen statt von den Anschaffungs- oder Herstellungskosten des verkauften oder entnommenen Grund und Bodens von dessen Teilwert am 01.07.1970 auszugehen ist.

---

217 BFH, BStBl 1966 III S. 643.
218 BFH, BStBl 1973 II S. 207.
219 BFH, BStBl 2012 II S. 716.

Verwaltungsmäßig wäre es jedoch unmöglich gewesen, für jede von der Neuregelung betroffene Grundstücksparzelle den Teilwert am 01.07.1970 festzustellen. Es wäre auch nicht zweckmäßig, eine solche Feststellung erst im Zeitpunkt der Veräußerung oder Entnahme zu treffen. Daher geht das Gesetz bei der Ermittlung zukünftiger Bodengewinne für den Regelfall von pauschalen Werten (den sog. Ausgangsbeträgen) aus, die so bemessen wurden, dass die mit ihrer Hilfe ermittelten fiktiven Anschaffungskosten nicht unter dem Teilwert am 01.07.1970 liegen.

Ergeben sich bei der Veräußerung oder Entnahme von Grund und Boden Verluste, so dürfen diese bei der Gewinnermittlung insoweit nicht berücksichtigt werden, als der Veräußerungspreis bzw. der an seine Stelle tretende Wert nach Abzug der Veräußerungskosten unter dem Zweifachen des Ausgangsbetrags liegt. Durch diese Regelung soll verhindert werden, dass in Fällen, in denen der doppelte Ausgangsbetrag über dem wirklichen Teilwert zum 01.07.1970 liegt, der Steuerpflichtige bei einer späteren Veräußerung oder Entnahme einen steuerlich ausgleichs- oder abzugsfähigen Verlust geltend machen kann. Die gleiche Regelung gilt für Teilwertabschreibungen nach § 6 Abs. 1 Nr. 2 Satz 2 EStG (§ 55 Abs. 6 EStG).[220]

Da die Vorschrift nur noch in wenigen Fällen zur Anwendung kommen dürfte, wird im Übrigen auf R 55 EStR verwiesen.

10.15 Bewertung der Verbindlichkeiten
(§ 6 Abs. 1 Nr. 3 EStG)

Verbindlichkeiten sind unter **sinngemäßer Anwendung** der Vorschriften des **§ 6 Abs. 1 Nr. 2 EStG** anzusetzen, d. h., sie sind mit den **Anschaffungskosten** oder mit dem Teilwert zu bewerten (§ 6 Abs. 1 Nr. 3 EStG). Da es bei Verbindlichkeiten Anschaffungskosten im eigentlichen Sinne nicht gibt,[221] sind diese mit dem als Anschaffungskosten geltenden sog. Erfüllungsbetrag zu bewerten. Als Anschaffungskosten einer Verpflichtung zu einer Leistung, die nicht in Geld besteht (Sachwertschuld), gilt danach der Geldwert der Aufwendungen, die zur Bewirkung der Leistung erforderlich sind. Als Anschaffungskosten einer in Geld zu erfüllenden Verbindlichkeit gilt der Nennwert (Rückzahlungsbetrag) der Verbindlichkeit (siehe § 253 Abs. 1 Satz 2 HGB).

Verbindlichkeiten sind grundsätzlich mit **5,5 % abzuzinsen**. Vom Abzinsungsgebot sind **ausgenommen**
- Verbindlichkeiten mit weniger als 12 Monaten Laufzeit am Bilanzstichtag,
- verzinsliche Verbindlichkeiten,
- Verbindlichkeiten, die auf einer Vorauszahlung oder einer Vorleistung beruhen.

---
220 Vgl. BFH, BStBl 1979 II S. 103.
221 BFH, BStBl 1980 II S. 491.

Es ist unerheblich, welche Art von Verpflichtung der Verbindlichkeit zugrunde liegt, d. h., nicht nur Geldleistungsverbindlichkeiten müssen abgezinst werden, sondern auch andere Arten von Verbindlichkeiten, wie z. B. Sach- oder Dienstleistungsverpflichtungen.

Es darf nicht verkannt werden, dass insofern eine Abkehr von dem handelsrechtlichen Prinzip des Realisationsgrundsatzes erfolgt, denn im Zeitpunkt der Rückstellungsbildung sind Zinsen noch nicht entstanden.

Trotz formaler Unverzinslichkeit erfolgt keine Abzinsung, wenn das Darlehen unter Bedingungen oder Auflagen gewährt wurde.[222] Eine Abzinsung ist auch bei solchen Darlehen nicht vorzunehmen, die nur deswegen zinslos sind, weil der Darlehensnehmer auf einen ihm alternativ zustehenden Investitionszuschuss verzichtet.[223]

Nicht zu den Anschaffungskosten einer Darlehensverbindlichkeit zählen Verwaltungsgebühren, die ein Darlehensnehmer im Zusammenhang mit der Aufnahme des Darlehens an das Bankinstitut entrichtet, und Kreditprovisionen, die er an einen Dritten für die Vermittlung des Kredits leistet. Die Letztgenannten sind sofort abzugsfähige Betriebsausgaben.[224] Der erstgenannte Betrag ist in einen aktiven Rechnungsabgrenzungsposten einzustellen. Ist nämlich bei Darlehensschulden der dem Darlehensnehmer zugeflossene Betrag (Ausgabebetrag) niedriger als der Rückzahlungsbetrag, so sind die Schulden gleichwohl mit dem Rückzahlungsbetrag anzusetzen. Der Unterschiedsbetrag (**Agio, Disagio, Damnum, Abschluss-, Bearbeitungs- oder Verwaltungsgebühren**) ist als **Rechnungsabgrenzungsposten** auf die Laufzeit des Darlehens zu verteilen.[225]

Beispiel:

A hat einen Darlehensvertrag über den Nennbetrag von 100.000 € abgeschlossen, aber nur 95.000 € ausbezahlt erhalten, während die Bank die restlichen 5.000 € als Damnum und Bearbeitungsgebühr einbehalten hat. A ist verpflichtet, 100.000 € in jährlichen Raten von je 10.000 € zurückzuzahlen. Er hat die Darlehensschuld i. H. von 100.000 € zu passivieren und i. H. von 5.000 € auf der Aktivseite einen Posten „Damnum" zu bilden.

Bei **zinslosen Darlehen** ist als Nennbetrag nicht der abgezinste Betrag, sondern der **Darlehensbetrag** als Verbindlichkeit auszuweisen, da dieser Betrag dem Schuldner zugeflossen ist. Die Zinsersparnis wirkt sich während der Laufzeit dadurch aus, dass der Gewinn nicht um die normalerweise gezahlten Zinsen gemindert wird. **Unverzinslichkeit** liegt jedoch nur dann vor, wenn der Schuldner wegen der Zinsersparnis einen Vorteil erlangt. Hat der Schuldner dem Gläubiger andere Vorteile als Zinsen zu gewähren und wird er dadurch wirtschaftlich belastet, so liegt keine

---

[222] BMF, BStBl 1999 I S. 818.
[223] OFD München vom 25.08.2000 (DStR 2000 S. 1690).
[224] BFH, BStBl 1977 II S. 802.
[225] BFH, BStBl 1978 II S. 262; H 6.10 „Damnum" EStH.

10.15 Bewertung der Verbindlichkeiten

Unverzinslichkeit vor.[226] Bei der Bewertung von **Verbindlichkeiten aus Anschaffungsgeschäften** (z. B. Zielkauf und Ratenkauf) ist davon auszugehen, dass der Zahlungsbetrag regelmäßig einen **Zinsanteil** enthält. Die Verbindlichkeit ist daher nicht zinslos. Der Nennbetrag ist in Gegenleistung für das Wirtschaftsgut und Zins aufzuteilen.[227] Die Verbindlichkeit ist gleichwohl mit dem Nennbetrag zu passivieren, und in Höhe des Zinsanteilsbetrags ist ein aktiver Rechnungsabgrenzungsposten zu bilden.

Schulden in ausländischer Währung (Valutaverbindlichkeiten) sind mit dem Kurs in ausländischer Währung im Zeitpunkt der Aufnahme der Verbindlichkeit anzusetzen. Dies gilt auch dann, wenn der Kurs sinkt.[228]

Verbindlichkeiten sind in entsprechender Anwendung von § 6 Abs. 1 Nr. 2 EStG zu bewerten, insoweit stellt sich die Frage der **sinngemäßen Anwendung des Wertaufholungsgebots.**

Verbindlichkeiten, die mit an Sicherheit grenzender Wahrscheinlichkeit nicht erfüllt werden müssen[229] oder bei denen sich der Schuldner voraussichtlich auf die Verjährung berufen wird,[230] sind mit 0 Euro zu bewerten; die Verbindlichkeit stellt keine wirtschaftliche Last mehr dar. Dies gilt auch für die Verpflichtungen aus langjährigen umsatzlos gebliebenen Sparkonten bei Kreditinstituten.

Dagegen rechtfertigt der Umstand, dass der Schuldner bei Fälligkeit zahlungsunfähig ist, für sich gesehen nicht, dass die Verbindlichkeit gewinnerhöhend ausgebucht wird;[231] dasselbe gilt für die Vereinbarung eines Rangrücktritts.[232]

Verbindlichkeiten aus betrieblichen Zuwendungen, die nur unter einer anderen noch nicht eingetretenen Bedingung zurückzuzahlen sind, wie z. B. Förderungsmittel, sind unabhängig davon zu bewerten, ob das Rechtsverhältnis als auflösend oder aufschiebend bedingte Liquiditätshilfe oder als bedingt nicht rückzahlbarer Zuschuss anzusehen ist.[233]

Im Gegensatz zu Darlehensverbindlichkeiten hat eine Leibrentenverpflichtung keinen Nennwert, der gem. § 6 Abs. 1 Nr. 3 EStG als Anschaffungskosten angesehen werden könnte. Hier besagt die sinngemäße Anwendung von § 6 Abs. 1 Nr. 2 EStG, dass diese mit dem Kapitalwert (Rentenbarwert) anzusetzen ist. Dieser Wert stellt sowohl die Anschaffungskosten als auch den Teilwert der Leibrentenverpflichtung dar (vgl. auch **§ 253 Abs. 1 Satz 2 HGB**). Ist hingegen die Leibrentenverpflichtung als Gegenleistung für die Hingabe eines bestimmten Geldbetrages begründet wor-

---

226 BFH, BStBl 1982 II S. 639.
227 BFH, BStBl 1981 II S. 160.
228 H 6.10 „Fremdwährungsverbindlichkeiten" EStH.
229 BFH, BStBl 1989 II S. 359.
230 BFH, BStBl 1993 II S. 543.
231 BFH, BStBl 1993 II S. 747.
232 BFH, BStBl 1993 II S. 502.
233 BFH, BStBl 2000 II S. 116.

den, muss sie im Zeitpunkt ihrer Begründung in Höhe dieses Geldbetrags bewertet werden.[234]

Bei der Bewertung von **Schulden** ist das **Höchstwertprinzip** zu beachten. Im Gegensatz zum aktiven Betriebsvermögen bedeutet die Beachtung dieses Prinzips bei den Verbindlichkeiten, dass mindestens die Anschaffungskosten anzusetzen sind. Ist der Teilwert höher (ist die Schuld höher), so muss auch weiterhin der höhere Teilwert ausgewiesen werden, wenn der Gewinn nach § 5 EStG ermittelt wird.[235] Ist mithin bei Schulden in ausländischer Währung der Kurs gestiegen, so müssen diese Steuerpflichtigen den höheren Teilwert der Schuld ansetzen; die übrigen Steuerpflichtigen dürfen ihn ansetzen.

Nach dem Gebot des **Imparitätsprinzips,** d. h. der Verpflichtung zum Ausweis von Verlusten, auch wenn sie noch nicht realisiert sind, muss der höhere Teilwert einer Verbindlichkeit – auch seit Geltung des BilMoG – ausgewiesen werden.

Der **niedrigere Teilwert** einer Verbindlichkeit darf nicht ausgewiesen werden, weil dann ein nicht realisierter Gewinn ausgewiesen werden würde, was nach den Grundsätzen ordnungsmäßiger Buchführung nicht zulässig ist.

Beispiele:

a) A, der seinen Gewinn nach § 5 EStG ermittelt, hat ein Grundstück gegen Leibrente mit Wertsicherungsklausel erworben. Er hat das Grundstück mit dem Kapitalwert der Rente i. H. von 80.000 € aktiviert und einen gleich hohen Schuldposten in die Bilanz aufgenommen. Im dritten Jahr nach dem Erwerb wird die Wertsicherungsklausel wirksam. Der Gegenwartswert der Rente, der zu diesem Zeitpunkt noch 70.000 € beträgt, erhöht sich dadurch auf 78.000 €. A muss die Rente nunmehr mit 78.000 € bilanzieren und erleidet dadurch einen bilanzmäßigen Verlust von 8.000 €, da die Werterhöhung der Rente keine nachträglichen Anschaffungskosten des Grundstücks sind.

b) Ein Steuerpflichtiger hat ein Darlehen in ausländischer Währung von umgerechnet 10.000 € aufgenommen. Zum Ende dieses Wirtschaftsjahres beträgt die Darlehensschuld nach den geänderten Kursverhältnissen umgerechnet 11.000 €.

aa) Ermittelt der Steuerpflichtige seinen Gewinn nach § 5 EStG, so muss er unter Beachtung des Niederstwertprinzips die höhere Schuld mit 11.000 € bilanzmäßig ausweisen.

bb) Ermittelt der Steuerpflichtige seinen Gewinn nach § 4 Abs. 1 EStG, so muss er die Schuld mit mindestens 10.000 € ausweisen, kann sie aber auch mit 11.000 € bzw. einem Zwischenwert zwischen 10.000 € und 11.000 € ansetzen.

c) Ein Steuerpflichtiger hat ein Darlehen in ausländischer Währung von umgerechnet 10.000 € aufgenommen und zum Ende des vorangegangenen Wirtschaftsjahres nach den geänderten Kursverhältnissen mit 11.000 € in seiner Bilanz ausgewiesen. Zum Ende dieses Wirtschaftsjahres beträgt die Darlehensschuld nach dem Kurs zum Abschlusstag umgerechnet nur noch 9.500 €.

Der Steuerpflichtige **kann** die Verbindlichkeiten weiter mit dem Vorjahresbetrag von 11.000 € ansetzen. Er kann aber auch die Schuld mit einem beliebigen Betrag zwi-

---

234 BFH, BStBl 1980 II S. 491.
235 BFH, BStBl 1991 II S. 228.

schen 10.000 € und 11.000 € ansetzen. Der zugeflossene Betrag von 10.000 € darf nicht unterschritten werden.

Der **Teilwert einer Schuld** ist der Wert, den der Erwerber eines Unternehmens für das Rohvermögen weniger zahlen würde, wenn er die Schuld übernehmen würde. Bei verzinslichen Verbindlichkeiten, deren Höhe und Fälligkeit feststeht, wird der Teilwert im Allgemeinen der **Nennwert** (= Erfüllungsbetrag), bei nicht verzinslichen Verbindlichkeiten der abgezinste Nennwert (Kapitalwert) sein. Eine Abzinsung kommt jedenfalls dann in Betracht, wenn in dem Erfüllungsbetrag rechnerisch Zinsen enthalten sind, die über die Laufzeit der Verbindlichkeit verteilt werden müssten.[236]

Soweit im Rahmen einer **Erbauseinandersetzung** Zahlungen an weichende Miterben geleistet werden und es sich um die Erbauseinandersetzung eines Betriebsvermögens handelt, liegt ein entgeltlicher Erwerbsvorgang vor[237] und bei einem finanzierten Erwerb wird eine betriebliche Verbindlichkeit begründet.

Entsprechendes gilt im Rahmen der **vorweggenommenen Erbfolge**.[238] Die Verbindlichkeit ist, soweit sich aus ihrer Entstehung Anschaffungskosten des Betriebsvermögens ergeben, als Betriebsschuld zu passivieren.[239]

Soweit aber Ansprüche des **Vermächtnisnehmers, Pflichtteilsberechtigten oder Ersatzerben** erfüllt werden, liegen keine Anschaffungskosten vor, da der Erbe im Rahmen der Gesamtrechtsnachfolge unentgeltlich erworben hat (§ 6 Abs. 3 EStG).[240]

Eine begründete Verbindlichkeit stellt dann keine Betriebsschuld dar, da insoweit nicht betrieblich veranlasste Aufwendungen getilgt werden, und auch gezahlte Schuldzinsen können nicht als Betriebsausgabe abgezogen werden.[241]

Die steuerliche Anerkennung von Darlehensverträgen zwischen Angehörigen hängt grundsätzlich davon ab, dass die Vereinbarung in jedem Fall und während der gesamten Vertragsdauer nach Inhalt und Durchführung dem entspricht, was fremde Dritte bei der Gestaltung eines entsprechenden Darlehensverhältnisses vereinbaren würden.[242]

Wird die Zuwendung eines Geldbetrages an einen Angehörigen davon abhängig gemacht, dass der Empfänger den Betrag als Darlehen wieder zurückgeben muss, ist regelmäßig das Darlehen nicht anzuerkennen;[243] Entsprechendes kann selbst

---

236 BFH, BStBl 1983 II S. 763.
237 BFH, BStBl 1990 II S. 837.
238 BMF, BStBl 1993 I S. 80.
239 BFH, BStBl 1991 II S. 450.
240 BFH, BStBl 1987 II S. 621.
241 H 4.7 „Schuldzinsen" EStH.
242 BFH, BStBl 1992 II S. 468, und BMF, BStBl 2011 I S. 37.
243 Vgl. im Einzelnen BMF, BStBl 2011 I S. 37, Rz. 10 ff.

dann gelten, wenn dem Darlehen eine Schenkung des Geldbetrages durch den anderen Elternteil vorangegangen ist.[244]

Zur Frage der fehlenden betrieblichen Veranlassung bei Vergabe eines zinslosen und ungesicherten Darlehens durch eine Personengesellschaft an ihre Gesellschafter vgl. BFH vom 09.05.1996.[245]

Für die **Bewertung der Rückstellungen** für ungewisse Verbindlichkeiten gelten die gleichen Grundsätze wie für die Bewertung der Verbindlichkeiten.[246] In derartigen Fällen ist es regelmäßig nur möglich, die Höhe dieser Schuld zu schätzen. Dabei ist der Wert der Schuld nach den Verhältnissen des Einzelfalles so zutreffend wie möglich zu schätzen. Wegen der Abzinsung von Rückstellungen Hinweis auf BFH vom 21.07.1983.[247]

Für den Gewinn, der sich aus der erstmaligen Anwendung des BilMoG durch die Auflösung von Rückstellungen ergibt, die bereits in dem vor dem 01.01.2010 endenden Wirtschaftsjahr passiviert wurden, kann jeweils in Höhe von $^{14}/_{15}$ eine gewinnmindernde Rücklage passiviert werden, die in den folgenden 14 Wirtschaftsjahren jeweils mit mindestens $^{1}/_{15}$ gewinnerhöhend aufzulösen ist (Auflösungszeitraum). Besteht eine Verpflichtung, für die eine Rücklage passiviert wurde, bereits vor Ablauf des maßgebenden Auflösungszeitraums nicht mehr, ist die insoweit verbleibende Rücklage zum Ende des Wirtschaftsjahres des Wegfalls der Verpflichtung in vollem Umfang gewinnerhöhend aufzulösen; Entsprechendes gilt, wenn sich der Verpflichtungsumfang innerhalb des Auflösungszeitraums verringert.

10.16 Bewertung der Entnahmen (§ 6 Abs. 1 Nr. 4 EStG)

Entnahmen sind laut § 4 Abs. 1 Satz 2 EStG alle Wirtschaftsgüter, die der Steuerpflichtige dem Unternehmen für sich, für seinen Haushalt oder für andere betriebsfremde Zwecke entnommen hat, wobei eine eindeutige **Entnahmehandlung** vorliegen muss.

Durch die Hinzurechnung der Entnahmen beim Betriebsvermögensvergleich soll erreicht werden, dass sich **Verminderungen** des Betriebsvermögens, die durch **außerbetriebliche Vorgänge** hervorgerufen wurden, nicht auf den Erfolg auswirken. Bei der Erfolgsermittlung nach § 5 Abs. 1 EStG ist eine Hinzurechnung der Entnahmen zum Bilanzgewinn nicht erforderlich, da sie erfolgsneutral über das Privatkonto gebucht werden (Hinzurechnungen sind nur bei fehlerhaften Buchungen vorzunehmen).

---

244 BFH, BStBl 1996 II S. 443.
245 BStBl 1996 II S. 642.
246 BFH, BStBl 1983 II S. 763.
247 BStBl 1983 II S. 763.

10.16 Bewertung der Entnahmen

Entnahmearten:
Barentnahmen: Verwendung von liquiden Mitteln der Unternehmung für betriebsfremde Zwecke.
Sachentnahmen: Überführung von materiellen oder immateriellen Wirtschaftsgütern des Anlage- oder Umlaufvermögens aus dem Betriebs- in das Privatvermögen oder in ein anderes Betriebsvermögen des Steuerpflichtigen.
Nutzungsentnahmen liegen vor, wenn nicht das Wirtschaftsgut selbst, sondern nur seine Nutzung dem Unternehmen für betriebsfremde Zwecke entzogen wird.
Leistungsentnahmen liegen vor, wenn im Unternehmen beschäftigte Arbeitnehmer für betriebsfremde Zwecke in Anspruch genommen werden. Hierzu zählen nicht Leistungen, die der Steuerpflichtige für sich selbst oder andere betriebsfremde Zwecke erbringt, da durch diese Eigenleistungen dem Unternehmen nichts entzogen wurde, für das er Betriebsausgaben aufgewendet hat.

Nach § 4 Abs. 1 Satz 3 EStG steht der Ausschluss oder die Beschränkung des Besteuerungsrechts der Bundesrepublik Deutschland hinsichtlich des Gewinns aus der Veräußerung oder der Nutzung eines Wirtschaftsguts der Entnahme gleich. Dabei regelt § 4 Abs. 1 Satz 4 EStG nunmehr – aus Sicht der Finanzverwaltung klarstellend –, dass ein Ausschluss oder eine Beschränkung des Besteuerungsrechts hinsichtlich des Gewinns aus der Veräußerung eines Wirtschaftsguts insbesondere dann vorliegt, wenn ein bisher einer inländischen Betriebsstätte des Steuerpflichtigen zuzuordnendes Wirtschaftsgut einer ausländischen Betriebsstätte zuzuordnen ist. Danach ist die Überführung von Wirtschaftsgütern in eine ausländische Betriebsstätte als Entnahme zu berücksichtigen.

Grundsätzlich sind alle Wirtschaftsgüter entnahmefähig. Eine Ausnahme besteht aber hinsichtlich des Firmenwerts, der mit dem Unternehmen untrennbar verbunden ist und nur im Rahmen eines lebenden Betriebs, Teilbetriebs oder Mitunternehmeranteils übertragen werden kann.[248]

Entnahmen des Steuerpflichtigen für sich, für seinen Haushalt oder für andere betriebsfremde Zwecke sind mit dem **Teilwert** anzusetzen (§ 6 Abs. 1 Nr. 4 Satz 1 EStG).

Bei der Entnahme von Geldbeträgen ergeben sich keine Schwierigkeiten; der nominelle Geldbetrag entspricht dem Teilwert.

Die Bestimmung hat in erster Linie Bedeutung für die **Sachentnahmen.** Wie bei Sachentnahmen die Teilwerte zu ermitteln sind, richtet sich nach den gleichen Grundsätzen, wie sie für die Teilwertbewertung der Wirtschaftsgüter dargestellt sind.[249] Soweit dort jedoch als obere Grenze des Teilwerts die Anschaffungs- oder Herstellungskosten in Betracht kamen, gilt das bei der Bewertung der Sachentnahmen nicht. Sie sind stets mit dem Teilwert anzusetzen, auch wenn dieser über den Anschaffungs- oder Herstellungskosten liegt. Daher kommt es für die Höhe des Teilwerts bei der Entnahme eines im Betrieb des Steuerpflichtigen hergestellten

---
248 Vgl. H 4.3 (2–4) „Geschäfts- oder Firmenwert" EStH.
249 BFH, BStBl 1986 II S. 17.

Wirtschaftsguts auch nicht darauf an, inwieweit die eigene Arbeitskraft des Unternehmers auf die Herstellung des nach der Fertigstellung entnommenen Gegenstands im Betrieb verwendet worden ist. Wenn allerdings ein Steuerpflichtiger von vornherein einen Gegenstand für private Zwecke herstellt, dann entnimmt er nur das hierfür verwendete Material und die Arbeitsleistung seiner Arbeitnehmer. Das gilt z. B., wenn ein Schneidermeister für sich einen Anzug anfertigt. Entsprechend bestimmt sich die Höhe der Entnahme durch die Wertabgabe des Betriebs (ohne Ansatz der eigenen Arbeitsleistung des Gewerbetreibenden), wenn ein Bauunternehmer auf seinem Privatgrundstück ein zur eigenen Nutzung bestimmtes Einfamilienhaus errichtet. Wird aber ein Gebäude auf einem Betriebsgrundstück errichtet und erst später in das Privatvermögen überführt, so ist als Teilwert der Preis anzusetzen, den ein Fremder für das Grundstück aufwenden würde.

Beispiel:
V ist Eigentümer eines Einfamilienhauses, das er seit 00 umsatzsteuerfrei ausschließlich an geschäftsleitende Personen seines Betriebs vermietet und wofür er keinerlei Vorsteuerabzug in Anspruch nahm. Das Grundstück wurde deshalb bisher zu Recht in den Bilanzen und bei der Gewinnermittlung als Betriebsvermögen behandelt. Zum 31.12.08 sind dafür folgende Werte ausgewiesen:

Grund und Boden	50.000 €
Gebäude	100.000 €

Der bisherige Mieter ist zum 31.12.08 ausgezogen. V hat noch Ende 08 Maßnahmen für die ausschließliche Eigennutzung getroffen.
In den Bilanzen zum 31.12.08 ist außerdem eine Darlehensschuld von 50.000 € ausgewiesen, die in unmittelbarem Zusammenhang mit diesem Einfamilienhaus steht.
V hat aus dem Umstand der künftigen privaten Nutzung keine Konsequenzen gezogen.
Die Teilwerte haben am 31.12.08 betragen:

Grund und Boden	150.000 €
Gebäude	300.000 €

Lösung:
Durch die noch im Wj. 08 eindeutig getroffenen Maßnahmen, das Einfamilienhaus ausschließlich und auf Dauer für private Wohnzwecke zu nutzen, hat V die Nutzung so geändert, dass das Grundstück seine Beziehung zum Betrieb verliert und zu notwendigem Privatvermögen[250] wird. Damit liegt bereits im Wj. 08 eine Entnahmehandlung[251] und eine Entnahme i. S. des § 4 Abs. 1 Satz 2 EStG vor, die mit dem Teilwert zu bewerten ist (§ 6 Abs. 1 Nr. 4 Satz 1 EStG).
Der Entnahmegewinn wird wie folgt berechnet:

	Grund und Boden	Gebäude	gesamt
Entnahmewert	150.000 €	300.000 €	450.000 €
Buchwert	– 50.000 €	– 100.000 €	– 150.000 €
Entnahmegewinn	100.000 €	200.000 €	300.000 €

---

250 R 4.2 Abs. 1 Satz 5 EStR.
251 R 4.3 Abs. 3 EStR.

10.16 Bewertung der Entnahmen

Mit der Entnahme des Einfamilienhauses wird die zur Finanzierung dieses Wirtschaftsguts aufgenommene betriebliche Schuld (Darlehen) zu einer privaten Schuld.[252] Da sich der Wert des Darlehens i. S. von § 225 Abs. 1 HGB, § 6 Abs. 1 Nr. 3 EStG und der Entnahmewert des Darlehens (§ 6 Abs. 1 Nr. 4 EStG) decken – beide Werte entsprechen dem Nennwert von 50.000 € –, ergibt sich keine Gewinnauswirkung.

§ 6 Abs. 1 Nr. 4 EStG enthält nur eine Bewertungsvorschrift für die Entnahme von Wirtschaftsgütern. Für die Bewertung der Entnahme von **Nutzungen und Leistungen** besteht eine gesetzliche Regelungslücke. Diese hat der BFH[253] im Wege der richterlichen Rechtsfortbildung durch Ansatz der **Selbstkosten** geschlossen. Bei der Entnahme von Nutzungen, die durch die private Nutzung eines zum Betriebsvermögen gehörenden Wirtschaftsguts entstehen, ist daher nicht der Wert der Nutzung, sondern der durch sie verursachte Aufwand als entnommen anzusetzen. Dieser Wert wird durch eine anteilige Aufteilung der jährlichen Gesamtaufwendungen, einschließlich sämtlicher fixer Kosten (Selbstkosten), die mit der Nutzung des Wirtschaftsguts im Zusammenhang stehen, im Verhältnis der privaten zur betrieblichen Nutzung ermittelt. Dies gilt auch für die private Nutzung eines zum Betriebsvermögen gehörenden Gebäudes.[254] Der Wert von entnommenen Leistungen (z. B. Arbeitsleistung eines Betriebsangehörigen) bemisst sich nach den auf diese Leistungen entfallenden Selbstkosten einschließlich der darauf entfallenden Gemeinkostenzuschläge.

Bei der privaten Nutzung eines betrieblichen Wirtschaftsguts (z. B. Flugzeug) sind die im Betrieb entstandenen Selbstkosten, zu denen auch Finanzierungskosten gehören,[255] anteilig den festen und variablen Kosten zuzurechnen, selbst wenn sie höher sind als verkehrsübliche Entgelte. Ein späterer Veräußerungsgewinn darf nicht gegengerechnet werden.

Unfallschäden teilen steuerrechtlich das Schicksal der Fahrt, auf der sie entstanden sind. Unfallbedingte Schadensersatzleistungen sind daher betrieblich bedingte Aufwendungen, soweit sich der Unfall auf einer betriebliche Reise ereignet hat.[256]

Bei einem Unfall des betrieblichen PKW auf einer **Privatfahrt** liegt **nur** eine Nutzungsentnahme in Höhe des Buchwerts vor.[257] Ob bei der Nutzungsentnahme im Buchwertansatz des PKW ruhende stille Reserven mit einzubeziehen sind, diese Frage war Gegenstand eines beim Großen Senat des BFH anhängigen Verfahrens,[258] welches aber aus verfahrensrechtlichen Gründen nicht zur Entscheidung gekommen ist. Ob der Große Senat des BFH deshalb die Ansicht des I. Senats des BFH in der

---

252 R 4.2 Abs. 15 EStR.
253 BFH, BStBl 1990 II S. 8.
254 H 4.3 (2–4) „Nutzungsentnahme" EStH.
255 BFH, BStBl 1994 II S. 353.
256 BFH, BStBl 2006 II S. 182.
257 BFH, BStBl 1990 II S. 8.
258 BFH, BStBl 2001 II S. 395.

Entscheidung vom 24.05.1989[259] korrigiert, bleibt unklar. Bezüglich der stillen Reserven, die sich bis zur Zerstörung ergeben haben, erfolgt keine Gewinnrealisierung; der PKW ist nur in Höhe des Buchwerts zulasten des Privatkontos auszubuchen. Ein Restverkaufserlös und ggf. Schadensersatzansprüche sind als Betriebseinnahme zu behandeln; die übrigen Aufwendungen (z. B. Reparaturkosten, Anwaltskosten) dürfen den Gewinn nicht mindern.[260]

Für die **private Nutzung eines Kraftfahrzeugs,** das zu **mehr als 50 %** betrieblich genutzt wird, ist für jeden Kalendermonat 1 % des inländischen Listenpreises im Zeitpunkt der Erstzulassung zzgl. der Kosten für Sonderausstattung einschließlich Umsatzsteuer anzusetzen (§ 6 Abs. 1 Nr. 4 Satz 2 EStG). Die private Nutzung kann auch mit den auf die Privatfahrten entfallenden Aufwendungen angesetzt werden, wenn die insgesamt entstehenden Aufwendungen nachgewiesen und das Verhältnis der privaten zu den übrigen Fahrten durch ein ordnungsgemäßes Fahrtenbuch nachgewiesen werden (§ 6 Abs. 1 Nr. 4 Satz 3 EStG).

Die Anforderungen für die Ermittlung des Nutzungsumfangs ergeben sich aus dem BMF-Schreiben vom 18.11.2009.[261] Ein Fahrtenbuch muss mindestens folgende Angaben enthalten:

Datum und Kilometerstand zu Beginn und Ende jeder einzelnen betrieblich/beruflich veranlassten Fahrt, Reiseziel, Reisezweck und aufgesuchter Geschäftspartner. Zur Definition des Listenpreises, der Nutzungsbesteuerung bei mehreren Kraftfahrzeugen und den Fragen der nur gelegentlichen Nutzung des Kraftfahrzeuges und zum Problem der Kostendeckelung vgl. im Einzelnen BMF vom 18.11.2009.[262]

Beispiel:
Zum Betriebsvermögen des Einzelunternehmers A gehört ein PKW. Diesen nutzt A auch für Privatfahrten und an 180 Tagen für Fahrten zwischen Wohnung und Betrieb. Die einfache Entfernung zur Betriebsstätte beträgt 10 km. Im Zeitpunkt der Erstzulassung hat der Bruttolisteninlandspreis 60.000 € betragen. A führt kein Fahrtenbuch.

Lösung:
Die private Nutzung ist mit folgendem Betrag anzusetzen:

60.000 € × 1 % × 12 Monate	7.200 €
Keine Betriebsausgaben sind die Aufwendungen für die Wege zwischen Wohnung und Betriebsstätte (§ 4 Abs. 5a EStG):	
60.000 € × 0,03 % × 10 km × 12 Monate	+ 2.160 €
Das Privatkonto ist insgesamt zu belasten mit	9.360 €

§ 6 Abs. 1 Nr. 4 Satz 5 und 6 EStG räumt für Entnahmen ein Wahlrecht auf Bewertung mit dem Buchwert für Sachspendenentnahmen aus dem Betriebsvermögen ein, soweit die Sachspende einer Körperschaft, Personengesellschaft oder Vermögens-

---

259 I R 213/85 (BStBl 1990 II S. 8).
260 BFH, BStBl 1996 II S. 375.
261 BStBl 2009 I S. 1326.
262 BStBl 2009 I S. 1326.

masse für gemeinnützige, mildtätige oder kirchliche Zwecke i. S. von § 10b Abs. 1 EStG zugewendet wird. Soweit die übernehmende steuerbegünstigte Körperschaft das ihr überlassene Wirtschaftsgut zeitnah weiterveräußert, findet das Buchwertprivileg nach § 6 Abs. 1 Nr. 4 Satz 4 EStG Anwendung.[263]

Durch dieses sog. **Buchwertprivileg** sind sämtliche im Sinne des Spendenrechts anerkannten Zwecke bei Sachspenden begünstigt; ausdrücklich ausgenommen ist weiterhin die Entnahme von Nutzungen und Leistungen (§ 6 Abs. 1 Nr. 4 Satz 7 EStG).

Entsprechend dem ausgeübten Wahlrecht kann der Steuerpflichtige den entsprechenden Wert andernfalls nach § 10b EStG als Sonderausgaben geltend machen.

Nach § 6 Abs. 1 Nr. 4 Satz 6 EStG besteht das Buchwertprivileg auch bei Sachzuwendungen an Stiftungen des öffentlichen Rechts und an nach § 5 Abs. 1 Nr. 9 KStG steuerbefreite **Stiftungen des privaten Rechts** (rechtsfähige und nichtrechtsfähige Stiftungen), für die der besondere Spendenabzug von 20.450 Euro gilt, die aber keine spendenbegünstigten Zwecke i. S. des § 10b Abs. 1 Satz 1 EStG (z. B. Förderung des demokratischen Staatswesens) verfolgen. Durch § 6 Abs. 1 Nr. 4 Satz 6 EStG werden die bisherigen Buchwertprivilegien nicht eingeschränkt. Dies bedeutet, dass eine Sachzuwendung an eine Stiftung zur Förderung des Sports wie bisher zum Buchwert aus dem Betriebsvermögen entnommen werden kann, da das Wirtschaftsgut nach seiner Entnahme einer nach § 5 Abs. 1 Nr. 9 KStG von der Körperschaft befreiten Stiftung zur Verwendung für steuerbegünstigte Zwecke i. S. des § 10b Abs. 1 Satz 1 EStG unentgeltlich überlassen wird.

Es sollen bestimmte gesellschaftspolitische Ziele dadurch gefördert werden, dass bei der Entnahme von Wirtschaftsgütern für die begünstigten Zwecke auf eine Gewinnrealisierung verzichtet wird.

10.17 Bewertung der Einlagen, Betriebseröffnung (§ 6 Abs. 1 Nr. 5 und 6 EStG)

Unter Einlagen sind alle Wertzuführungen des Eigners/der Eigner aus der privaten oder einer anderen betriebsfremden Sphäre zu verstehen, wobei eine **Einlagehandlung** (entweder durch schlüssiges Verhalten oder durch eine Willenserklärung in Form einer Einlagebuchung) vorliegen muss (vgl. § 4 Abs. 1 Satz 7 EStG).

Die Begründung des Besteuerungsrechts der Bundesrepublik Deutschland hinsichtlich des Gewinns aus der Veräußerung eines Wirtschaftsguts steht einer Einlage gleich. Danach sind Zuführungen aus einem ausländischen Betriebsvermögen wie Einlagen zu behandeln.

---

263 R 6.12 Abs. 3 EStR.

Durch den Abzug der Einlagen beim Betriebsvermögensvergleich soll sichergestellt werden, dass sich Vermehrungen des Betriebsvermögens, die durch **außerbetriebliche Vorgänge** hervorgerufen wurden, nicht auf den Erfolg auswirken. Im Rahmen der Gewinnermittlung nach § 5 Abs. 1 EStG werden Einlagen als erfolgsneutrale Eigenkapitalerhöhungen berücksichtigt und brauchen deshalb nicht noch einmal korrigierend verrechnet zu werden. Lediglich bei Buchungsfehlern (häufig bei Nutzungs- und Leistungseinlagen) wird eine Berichtigung erforderlich.

Einlagearten
Bareinlage: Zuführung von liquiden Mitteln.
Sacheinlage: Zuführung von materiellen oder immateriellen Wirtschaftsgütern (z. B. Maschinen, Kraftfahrzeuge, Waren, Wertpapiere).
Nutzungseinlage: Nicht das Wirtschaftsgut selbst, sondern nur seine Nutzung wird dem Betrieb zugeführt.
Leistungseinlage: Vom Unternehmer privat beschäftigte Personen werden für betriebliche Zwecke in Anspruch genommen. Da als Einlagen nur solche Leistungen erfasst werden können, die zu einer Ersparnis von Betriebsausgaben (und somit zu einer Gewinnminderung) geführt haben, sind Eigenleistungen, die kalkulatorischen Unternehmerlohn auslösen, nicht zu berücksichtigen (z. B. ein Ingenieur entwickelt in seiner Freizeit ein Patent für sein Unternehmen).

Gegenstand von Einlagen können abnutzbare und nicht abnutzbare materielle und immaterielle Wirtschaftsgüter aller Art sein, unabhängig davon, ob sie dem Anlage- oder dem Umlaufvermögen zuzuordnen sind. Maßgebend ist der Teilwert zum Zeitpunkt der Zuführung. Diese Bewertungsvorschrift interessiert auch hier besonders für Sacheinlagen. Die zuvor zur Bewertung der Entnahmen gemachten Ausführungen gelten entsprechend.

Die **Einlage** von Wirtschaftsgütern ist grundsätzlich wie die Entnahme mit dem **Teilwert** anzusetzen, wenn das zugeführte Wirtschaftsgut nicht innerhalb der **letzten 3 Jahre** vor dem Zeitpunkt der Einlage **angeschafft** oder **hergestellt worden ist oder** es sich **nicht um eine Beteiligung i. S. von § 17 EStG** handelt sowie bei Anteilen an Körperschaften, soweit die Einlage nach dem 31.12.2007 erfolgt, selbst wenn der Anteil an der Gesellschaft kleiner als 1 % ist.[264]

Durch diese ab 01.01.2008 nach § 6 Abs. 1 Nr. 5 Buchst. c EStG neu eingefügte Regelung wird gewährleistet, dass die stillen Reserven, die sich vor der Einlage gebildet haben, bei einer späteren Veräußerung steuerlich erfasst werden. Gegenstand von Einlagen können abnutzbare und nicht abnutzbare, materielle und immaterielle Wirtschaftsgüter aller Art sein, unabhängig davon, ob sie dem Anlage- oder dem Umlaufvermögen zuzuordnen sind. Maßgebend ist der Teilwert für den Zeitpunkt der Zuführung. Diese Bewertungsvorschrift interessiert auch hier besonders für Sacheinlagen. Die zuvor zur Bewertung der Entnahmen gemachten Ausführungen sind sinngemäß anzuwenden. Danach sind die Einlagen grundsätzlich mit den

---

[264] Siehe auch BFH vom 02.08.2008 X R 48/02 (BStBl 2010 II S. 162) für Einlage einer wertgeminderten Beteiligung i. S. des § 17 EStG nach § 6 Abs. 1 Nr. 5 Satz 1 Buchst. b EStG.

10.17 Bewertung der Einlagen, Betriebseröffnung

Wiederbeschaffungskosten, z. B. mit dem Einkaufspreis, und Wertpapiere mit dem Börsenpreis anzusetzen. Laufende Nutzungen und Leistungen sind keine einlagefähigen Wirtschaftsgüter.[265] Obligatorische oder dingliche Nutzungsrechte sind demgegenüber selbständige Wirtschaftsgüter und damit grundsätzlich für eine Einlage geeignet. Ihre Bewertung mit dem Teilwert würde jedoch dem Zweck der Einlageregelung widersprechen.[266] Bei der Einlage eines Nutzungsrechts am eigenen betriebsfremden Vermögen können daher nur die entsprechenden laufenden Aufwendungen des Steuerpflichtigen als Betriebsausgabe abgezogen werden.[267] Bei der Einlage eines Nutzungsrechts am Vermögen eines Angehörigen können dessen Aufwendungen vom Steuerpflichtigen nicht als Betriebsausgabe abgezogen werden, da es sich für den Steuerpflichtigen um sog. Drittaufwand handelt.

Von besonderer Bedeutung ist die Einschränkung des § 6 Abs. 1 Nr. 5 Satz 1 Buchst. a und Satz 3 EStG, nach der die Einlage **höchstens mit den Anschaffungs- oder Herstellungskosten anzusetzen ist, wenn das zugeführte Wirtschaftsgut innerhalb der letzten 3 Jahre vor dem Zeitpunkt der Zuführung angeschafft oder hergestellt worden ist.** Diese Vorschrift soll Gewinnmanipulationen ausschließen, die sich dadurch ergeben können, dass ein Wirtschaftsgut bei niedrigerem Preis privat angeschafft und bei nachfolgender Wertsteigerung mit einem wesentlich höheren Wert ins Betriebsvermögen eingebracht wird. Das Risiko einer nachfolgenden Wertminderung des Wirtschaftsguts würde dann zulasten des Betriebsgewinns gehen.

Beispiele:

a) Ein Gewerbetreibender kaufte am 31.03.00 Wertpapiere aus privaten Mitteln zum Nennwert von 1.000 € für 600 € (= zum Kurs von 60 %). Im Februar des Jahres 03 beträgt der Kurs 80 %, im April des Jahres 03 90 %.

Werden die Wertpapiere im Februar des Jahres 03 in den Betrieb eingelegt, so kann diese Einlage höchstens mit den Anschaffungskosten von 600 € bewertet werden, obwohl der Teilwert 800 € beträgt, weil die Anschaffung innerhalb der letzten 3 Jahre vor der Einlage erfolgte. Werden dagegen die Wertpapiere erst im April des Jahres 03 eingebracht, sodass seit der Anschaffung über 3 Jahre verstrichen sind, kann die Einlage der Wertpapiere ohne Rücksicht auf die Höhe der Anschaffungskosten mit 900 € angesetzt werden. Ein späterer Kursrückgang würde sich, da die Wertpapiere Betriebsvermögen geworden sind, gewinnmindernd auswirken, und zwar ohne Rücksicht darauf, dass sich der Kursgewinn von 300 € steuerlich nicht ausgewirkt hat.

b) K führt am 01.12.02 des Wj. 02 einen PKW seinem Betriebsvermögen zu. Den PKW hatte er am 01.06.01 zunächst für private Zwecke angeschafft (Zweitwagen für die Ehefrau). Ab dem 01.12.02 dient das Fahrzeug zu 100 % eigengewerblichen Zwecken des Unternehmens. Für die Anschaffung am 01.06.01 wurden 23.000 € (einschl. 19 % Umsatzsteuer) aufgewendet. Das Fahrzeug hat insgesamt eine betriebsgewöhnliche Nutzungsdauer von 4 Jahren.

---
265 BFH, BStBl 1988 II S. 348.
266 BFH, BStBl 1991 II S. 82.
267 BFH, BStBl 1989 II S. 763.

10 Bewertungs- und Bilanzierungsvorschriften nach dem EStG

Der Teilwert am 01.12.02 beträgt:
- 15.000 € (aa)
- 10.000 € (bb)

Mit welchem Wert ist das Fahrzeug in das Betriebsvermögen einzulegen? Welcher Buchwert ergibt sich per 31.12.02?

Lösung:

Einlagen sind alle Wirtschaftsgüter, die der Steuerpflichtige dem Unternehmen im Laufe des Wirtschaftsjahres zugeführt hat (vgl. § 4 Abs. 1 Satz 5 EStG). Sie werden mit dem Teilwert für den Zeitpunkt der Zuführung angesetzt. Allerdings sind sie jedoch höchstens mit den Anschaffungs- oder Herstellungskosten zu bilanzieren, wenn das zugeführte Wirtschaftsgut innerhalb der letzten 3 Jahre vor dem Zeitpunkt der Zuführung angeschafft oder hergestellt worden ist (vgl. § 6 Abs. 1 Nr. 5 Buchst. a EStG). Die mit dem Teilwert zu vergleichenden Anschaffungs- oder Herstellungskosten abnutzbarer Anlagegüter des Betriebsvermögens sind um die AfA zu kürzen, die auf die Zeit vor ihrer Einbringung in den Betrieb entfallen (vgl. § 6 Abs. 1 Nr. 5 Satz 2 EStG). Sie werden als fortgeführte Anschaffungs- oder Herstellungskosten bezeichnet und sind im vorliegenden Fall wie folgt zu berechnen:

Private Anschaffungskosten 01.06.01	23.000 €
AfA 01.06.01 bis 30.11.02 (18 Monate à 479,17 €)	./. 8.625 €
Fortgeführte Anschaffungskosten	14.375 €

Fall (aa):

Das Fahrzeug ist mit 14.375 € einzulegen. Nach der ausdrücklichen Bestimmung des § 6 Abs. 1 Nr. 5 Satz 1 EStG ist zwar grundsätzlich der Teilwert anzusetzen (15.000 €), höchstens dürfen jedoch die (fortgeführten) Anschaffungskosten zum Ansatz kommen, wenn die private Anschaffung weniger als 3 Jahre vor der Einlage zurückliegt. Das ist hier der Fall. Die Restnutzungsdauer beträgt $2^1/_2$ Jahre, sodass sich das Wirtschaftsgut bilanziell wie folgt fortentwickelt:

Einlage 01.12.02	14.375 €
Jahres-AfA (14.375 € : 2,5 = 5.750 €)	
AfA für 1 Monat	./. 479 €
Bilanzansatz 31.12.02	13.896 €

Fall (bb):

In diesem Fall ist der Teilwert von 10.000 € zugrunde zu legen, da die (fortgeführten) Anschaffungskosten höher sind. Es ergibt sich folgende Kontenentwicklung:

Einlage 01.12.02	10.000 €
Jahres-AfA (10.000 € : 2,5 = 4.000 €)	
AfA für 1 Monat	./. 333 €
Bilanzansatz 31.12.02	9.667 €

Werden Wirtschaftsgüter einem Betriebsvermögen entnommen und sodann in ein Betriebsvermögen (wieder) eingelegt, so stellt die Entnahme eine Anschaffung i. S. von § 6 Abs. 1 Nr. 5 Satz 3 EStG dar. In diesen Fällen ist der Zeitpunkt der Entnahme als Tag der Anschaffung oder Herstellung und der Teilwert in diesem Zeitpunkt als Anschaffungs- oder Herstellungskosten i. S. von § 6 Abs. 1 Nr. 5 Buchst. a EStG anzusehen.

10.17 Bewertung der Einlagen, Betriebseröffnung

Dem Steuerpflichtigen soll durch diese Einschränkung erschwert werden, unbesteuerte Gewinne aufgrund von Wertsteigerungen durch Hinausschieben des Einlagezeitpunkts oder durch zeitweilige Entnahme in das Privatvermögen – d. h. ohne Steuerbelastung – zu erzielen.

Nach § 6 Abs. 1 Nr. 5 Satz 2 EStG sind die Anschaffungs- oder Herstellungskosten abnutzbarer Anlagegüter des Betriebsvermögens um die AfA nach § 7 EStG zu kürzen, die auf die Zeit vor ihrer Einbringung in den Betrieb entfallen.

Dadurch soll verhindert werden, dass AfA, die auf die Zeit der Zugehörigkeit des Wirtschaftsguts zum Privatvermögen entfällt, nach Einlage in das Betriebsvermögen erneut vorgenommen werden kann. Der Begriff der Absetzung für Abnutzung ist der allgemeine Oberbegriff, der auch erhöhte Absetzungen und Sonderabschreibungen umfasst. Der Sinn und Zweck der Regelung, Missbräuche bei Einlagen und deren Bewertung mit dem Teilwert zu verhindern, spricht eindeutig für die Berücksichtigung aller Absetzungen.

Daraus ergibt sich, dass bei der Einlage eines Wirtschaftsguts innerhalb des 3-Jahres-Zeitraums auch Absetzungen von den Anschaffungs- oder Herstellungskosten abzuziehen sind, die die Zeit anteilig linearer Absetzung überschreiten, insbesondere Sonderabschreibungen und erhöhte Absetzungen.[268]

Es ist unerheblich, ob sich die Absetzung während der Zugehörigkeit des Wirtschaftsguts zum Privatvermögen einkommensmindernd ausgewirkt hat.

Unter AfA i. S. des § 6 Abs. 1 Nr. 5 Satz 2 EStG ist auch die Absetzung nach § 6 Abs. 2 EStG zu verstehen. Da nach § 9 Abs. 1 Nr. 7 Satz 2 EStG die Bewertungsfreiheit für **geringwertige Wirtschaftsgüter** auch bei den Überschusseinkünften zu sofortigem Aufwand führt, können geringwertige Wirtschaftsgüter innerhalb von 3 Jahren nach der Anschaffung nur mit dem nach § 6 Abs. 2 EStG maßgeblichen Wert in ein Betriebsvermögen eingelegt werden.[269]

Soweit ein Wirtschaftsgut vor mehr als 3 Jahren angeschafft wurde, ist es mit dem Teilwert einzulegen. Grundlage für die weitere AfA sind die fortgeführten Anschaffungskosten nach § 7 Abs. 1 Satz 5 EStG.

> **Beispiel:**
>
> A hat auf einem für 500.000 € erworbenen Grundstück im Jahr 1999 für 1.200.000 € ein Wohngebäude errichtet und nach § 7 Abs. 5 EStG die entsprechende Abschreibung vorgenommen. Ab 01.01.2007 wird das Grundstück ausschließlich für eigene betriebliche Zwecke genutzt. Die fortgeführten Anschaffungskosten (= Restwert nach AfA) betragen 720.000 €.
>
> Laut Gutachten beträgt der Wert des Grund und Bodens 600.000 € und des Gebäudes 900.000 €.

---

268 BFH vom 15.11.2002 XI B 2/02 (BFH/NV 2003 S. 466).
269 BFH, BStBl 1994 II S. 638, und H 6.12 „Geringwertiges Wirtschaftsgut" EStH.

Lösung:

Zum 01.01.2007 ist das Bürogebäude gem. § 6 Abs. 1 Nr. 1 EStG i. V. m. § 6 Abs. 1 Nr. 5 EStG mit dem Teilwert i. H. von 900.000 € in das Betriebsvermögen einzulegen und der Grund und Boden gem. § 6 Abs. 1 Nr. 2 EStG i. V. m. § 6 Abs. 1 Nr. 5 EStG mit dem Teilwert i. H. von 600.000 €.

Da das Gebäude bisher bereits zur Erzielung von Überschusseinkünften i. S. von § 2 Abs. 1 Nr. 6 EStG verwendet wurde, sind Grundlage für weitere AfA – unabhängig vom Wert der Einlage – die fortgeführten Anschaffungskosten i. H. von 720.000 € nach § 7 Abs. 1 Satz 5 EStG und R 7.3 Abs. 6 EStR.

Die Summe der AfA darf die Herstellungskosten nicht übersteigen (H 7.3 „Einlage eines Wirtschaftsguts" EStH).

Da die Voraussetzungen für die Inanspruchnahme der AfA nach § 7 Abs. 5 EStG nicht mehr vorliegen (keine Nutzung zu Wohnzwecken), ist die weitere AfA nach Einlage gem. § 7 Abs. 4 Satz 1 Nr. 1 EStG mit 3 % jährlich zu berechnen. Von dem danach verbleibenden Restbuchwert i. H. von 180.000 € darf keine AfA vorgenommen werden.

Ein dem Steuerpflichtigen **geschenktes** Wirtschaftsgut ist auch dann mit dem Teilwert in das Betriebsvermögen einzulegen, wenn der Schenker das eingelegte Wirtschaftsgut innerhalb der letzten 3 Jahre vor dem Zeitpunkt der Zuführung angeschafft, hergestellt oder entnommen hat.[270]

Der unentgeltliche Erwerb durch Einzelrechtsnachfolge ist nicht als eine Anschaffung i. S. des § 6 Abs. 1 Nr. 5 EStG zu verstehen, denn andernfalls hätte das zur Folge, dass Anschaffungskosten von 0 Euro anzusetzen wären. Dementsprechend ist die Einlage mit dem Teilwert zu bewerten und Bemessungsgrundlage für die AfA, da der Beschenkte keinen Einfluss auf den Zeitpunkt der Zuwendung hat und bisherige Wertveränderungen bzw. Erwerbstatbestände des Rechtsvorgängers nicht seinen Einkunfts- und Vermögensbereich, sondern den des Schenkers betreffen.

Wird eine Beteiligung i. S. des § 17 Abs. 1 EStG in ein Betriebsvermögen eingelegt, so ist die Einlage mit dem Teilwert, höchstens aber mit den Anschaffungskosten zu bewerten (§ 6 Abs. 1 Nr. 5 Buchst. b EStG). Diese Vorschrift soll die Erfassung von steuerpflichtigen Veräußerungsgewinnen der zum Privatvermögen gehörenden Beteiligungen i. S. des § 17 Abs. 1 EStG sicherstellen. Würde die Einlage einer solchen Beteiligung zum über den Anschaffungskosten liegenden Teilwert ermöglicht, so könnte die Besteuerung der in wesentlichen Beteiligungen ruhenden stillen Reserven nach § 17 EStG durch Einlage dieser Beteiligungen in ein Betriebsvermögen umgangen werden. Daher bilden die Anschaffungskosten in jedem Fall die Höchstgrenze des Einlagewerts.

Beispiel:

Ein Gewerbetreibender hat vor 10 Jahren eine Beteiligung i. S. des § 17 EStG an einer GmbH für 200.000 € erworben und als Privatvermögen behandelt. In diesem Jahr legt er die Beteiligung in sein Betriebsvermögen ein. Der Teilwert der Beteiligung im Zeitpunkt der Zuführung beträgt:

---

270 BFH, BStBl 1994 II S. 15.

10.17 Bewertung der Einlagen, Betriebseröffnung

a) 180.000 €
b) 240.000 €

Lösung:

a) Ist der Teilwert im Zeitpunkt der Zuführung niedriger als die Anschaffungskosten, so ist die Einlage mit dem niedrigeren Teilwert (180.000 €) zu bewerten.

b) Ist der Teilwert im Zeitpunkt der Zuführung höher als die Anschaffungskosten, so ist die Einlage mit den Anschaffungskosten (200.000 €) zu bewerten.

Entsprechendes gilt nach § 6 Abs. 1 Nr. 5 Buchst. c EStG für Wirtschaftsgüter i. S. des § 20 Abs. 2 EStG (2008), d. h. bei der Einlage von Anteilen an einer Körperschaft, insbesondere wenn der Umfang der Beteiligung unter 1 % liegt.

Damit soll ebenfalls verhindert werden, dass die Besteuerung von Veräußerungsgewinnen unterlaufen wird.

In dem Beschluss vom 07.07.2010 hat das BVerfG[271] entschieden, dass es gegen die verfassungsrechtlichen Grundsätze des Vertrauensschutzes verstößt und nichtig ist, wenn in einem Veräußerungsgewinn Wertsteigerungen steuerlich erfasst werden, die bis zur Verkündung des StEntlG 1999/2000/2002 am 31.03.1999 zwar entstanden waren, aber bei einer Veräußerung bis zu diesem Zeitpunkt nach der bisherigen Rechtslage steuerfrei realisiert werden konnten. Das Gleiche gilt für den Fall, dass diese Wertsteigerungen bei einer Veräußerung nach Verkündung des Gesetzes sowohl zum Zeitpunkt der Verkündung als auch zum Zeitpunkt der Veräußerung nach der bislang geltenden Rechtslage hätten steuerfrei realisiert werden können. Soweit diese Beteiligung in ein Betriebsvermögen eingelegt worden ist, ist ein späterer Veräußerungsgewinn außerbilanziell zu korrigieren.[272]

Wird ein **Betrieb eröffnet,** so sind für die Bewertung der in der Eröffnungsbilanz anzusetzenden Wirtschaftsgüter die vorstehenden Grundsätze über die Bewertung von Einlagen zu beachten (§ 6 Abs. 1 Nr. 6 EStG). Der gesetzliche Begriff des Teilwerts setzt allerdings die Vorstellung voraus, dass ein Betrieb bereits besteht und von einem Erwerber fortgeführt wird. Dieses Vorstellungsbild versagt, wenn es um die Bewertung von Wirtschaftsgütern in einem Zeitpunkt geht, in dem der Betrieb erst eröffnet wird. Der Teilwert eines Wirtschaftsguts ist, bezogen auf diesen Zeitpunkt, der Preis, den ein fremder Dritter für die Beschaffung des Wirtschaftsguts aufgewendet hätte, wenn er anstelle des Steuerpflichtigen den Betrieb eröffnet und fortgeführt hätte. Dies sind die Beschaffungskosten. Die Beschaffungskosten stimmen i. d. R. mit dem Preis überein, der auf dem Markt als Veräußerungspreis verlangt und erzielt worden wäre.[273]

---

271 BVerfG, BStBl 2011 II S. 86.
272 So BMF, BStBl 2012 I S. 42.
273 Gemeiner Wert, so auch BFH, BStBl 1991 II S. 840.

10.18 Übertragung und Einlage von Betrieben, Teilbetrieben, Anteilen einer Mitunternehmerschaft und einzelnen Wirtschaftsgütern in besonderen Fällen

Unentgeltliche Betriebsübertragung (§ 6 Abs. 3 EStG)

Soweit ein **Betrieb**, ein **Teilbetrieb** oder der **Anteil eines Mitunternehmers** an einem Betrieb **unentgeltlich** übertragen wird oder eine natürliche Person in ein bestehendes Einzelunternehmen aufgenommen wird oder ein Teil eines Mitunternehmeranteils auf eine natürliche Person übertragen wird, sind bei der Ermittlung des Gewinns des bisherigen Betriebsinhabers (Mitunternehmers) die Wirtschaftsgüter mit den Werten anzusetzen, die sich nach den Vorschriften über die Gewinnermittlung ergeben.

Da der Übergeber danach keinen Gewinn verwirklicht, muss der Übernehmer hinsichtlich der vorhandenen positiven und negativen Wirtschaftsgüter des Betriebs an die Buchwerte des Rechtsvorgängers anknüpfen.

Die Übertragung der Wirtschaftsgüter erfolgt damit zwingend zu Buchwerten.

Die unentgeltliche Übertragung eines Betriebs (Teilbetriebs) i. S. von § 6 Abs. 3 EStG setzt voraus, dass die wesentlichen Betriebsgrundlagen durch einheitlichen Übertragungsakt auf einen Erwerber überführt werden.

Der Rechtsnachfolger ist an diese Werte gebunden. Diese zwingende Buchwertfortführung ermöglicht die Übertragung eines Betriebs, Teilbetriebs oder eines Mitunternehmeranteils zu Buchwerten und darüber hinaus die unentgeltliche Aufnahme einer natürlichen Person in ein bestehendes Einzelunternehmen ohne Aufdeckung der stillen Reserven (wie auch durch die Regelungen des Umwandlungssteuerrechts).

Damit unterbleibt die Aufdeckung der in dem Buchwert des Gesellschafteranteils steckenden stillen Reserven.

Das Sonderbetriebsvermögen wird ebenfalls mit dem Buchwert fortgeführt.

Anwendungsbereich dieser Regelung ist **insbesondere die unentgeltliche Übertragung im Rahmen der vorweggenommenen Erbfolge** bzw. bei der Begründung einer **ehelichen Gütergemeinschaft,** soweit durch die Vereinbarung ein Betrieb des Ehegatten in das Gesamtgut der ehelichen Gütergemeinschaft übergeht.

Entsprechendes gilt im Rahmen der Erbfolge.

Bei Erbnachfolge eines Alleinerben oder aller Miterben (sog. **einfache Nachfolgeklausel**) wird der Alleinerbe bzw. werden sämtliche Miterben zivilrechtlich unmittelbar Gesellschafter.

10.18 Übertragung und Einlage von Betrieben, Teilbetrieben

Einkommensteuerrechtlich erwerben die Erben ihre Mitunternehmeranteile, indem der Unternehmens-/Gesellschaftsanteil des verstorbenen Unternehmers/Gesellschafters zum Buchwert insgesamt auf den Alleinerben oder anteilig auf die Miterben übergeht (§ 6 Abs. 3 EStG).

Soweit Miterben nach dem Erbfall ausscheiden und ihren Anteil veräußern, handelt es sich um eine Veräußerung i. S. von § 16 Abs. 1 Nr. 2 EStG und für den Erwerbenden bzw. fortführenden Miterben um nachträgliche Anschaffungskosten.

Soweit Pflichtteils-, Erbersatz- oder Vermächtnisverbindlichkeiten bestehen, handelt es sich nicht um zu aktivierende Anschaffungskosten.

Bei der Fortführung des Unternehmens bzw. der Gesellschaft durch einen oder einige bestimmte Miterben (sog. **qualifizierte Nachfolgeklausel**) werden zivilrechtlich nur der oder die bestimmten Miterben unmittelbar Gesellschafter.

Auch insoweit ist der Buchwert des erworbenen Unternehmens bzw. übergegangenen Mitunternehmeranteils fortzuführen (§ 6 Abs. 3 EStG).

In dem Fall stellen die erbrechtlichen Wertausgleichsansprüche der anderen Miterben keine Anschaffungskosten des Unternehmens bzw. des Mitunternehmeranteils dar, weil die übrigen Miterben zivilrechtlich zu keinem Zeitpunkt Gesellschafter geworden sind.

Die Buchwertverknüpfung gilt nach § 6 Abs. 3 Satz 2 EStG auch dann, wenn der bisherige Betriebsinhaber (Mitunternehmer) Wirtschaftsgüter, die weiterhin zum Betriebsvermögen derselben Mitunternehmerschaft gehören, nicht überträgt, sofern der Rechtsnachfolger den übernommenen Mitunternehmeranteil über einen Zeitraum von mindestens 5 Jahren nicht veräußert oder aufgibt (Behaltefrist).

Beispiele:

a) A ist alleiniger Kommanditist der A-GmbH & Co. KG. In seinem Sonderbetriebsvermögen befindet sich ein Grundstück, das er der KG zur Nutzung überlassen hat. Das Grundstück stellt eine wesentliche Betriebsgrundlage dar. A will 20 % seines Mitunternehmeranteils auf seinen Sohn im Wege der vorweggenommenen Erbfolge übertragen; das Grundstück will er jedoch unter Fortsetzung der Nutzungsüberlassung an die KG zurückbehalten.

§ 6 Abs. 3 Satz 2 EStG begünstigt die unentgeltliche Übertragung des 20 %igen KG-Anteils (Mitunternehmeranteils), obwohl das Grundstück, das weiterhin zum Sonderbetriebsvermögen des A bei der KG gehört, zurückbehalten wird. Zu beachten ist jedoch die fünfjährige Sperrfrist des § 6 Abs. 3 Satz 2 EStG für den Sohn als Rechtsnachfolger. Der Sohn darf seinen Mitunternehmeranteil über einen Zeitraum von fünf Jahren weder veräußern noch aufgeben. Ansonsten sind rückwirkend (§ 175 Abs. 1 Nr. 2 AO) die stillen Reserven aufzudecken.

b) Wie Beispiel a, jedoch veräußert der Sohn seine Beteiligung 2 Jahre später. Die Übertragung erfolgt zunächst zu Buchwerten, obwohl das zurückbehaltene Grundstück eine wesentliche Betriebsgrundlage darstellt, aber weiterhin als Sonderbetriebsvermögen zum Betriebsvermögen derselben Mitunternehmerschaft gehört (§ 6 Abs. 3 Satz 3 EStG).

Da der Sohn seinen Mitunternehmeranteil innerhalb von 5 Jahren veräußert, ist der Vorgang rückwirkend steuerpflichtig (Rückwirkungsklausel des § 6 Abs. 3 Satz 2 EStG).

Hinsichtlich des übertragenen Anteils führt dies bei A rückwirkend zu laufendem Gewinn und Bewertung zum Teilwert (ESt und GewSt). Die ursprünglichen Steuerfestsetzungen sind sowohl bei A als auch bei dem Sohn des A nach § 175 Abs. 1 Nr. 2 AO zu ändern.

Der Sohn verliert außerdem die schenkungsteuerliche Vergünstigung für die Übertragung von Betriebsvermögen in Form des Freibetrags nach § 13a ErbStG i. H. von bis zu 256.000 € sowie des 40 %igen Bewertungsabschlags nach § 13a Abs. 2 ErbStG.

c) V hält eine 50 %ige Beteiligung an der A-KG, außerdem hat er ein Grundstück an die A-KG vermietet. V überträgt seine Beteiligung unentgeltlich auf den Sohn bei gleichzeitigem Verkauf des Grundstücks an einen fremden Dritten.

Eine Buchwertübertragung nach § 6 Abs. 3 Satz 1 und 2 EStG ist nicht möglich, da V nicht alle wesentlichen Betriebsgrundlagen des Mitunternehmeranteils übertragen hat und das zurückbehaltene Wirtschaftsgut (Grundstück) des Sonderbetriebsvermögens nicht mehr zum Betriebsvermögen der KG gehört. V ist nicht mehr Mitunternehmer. V muss die stillen Reserven aufdecken, wobei es sich um einen begünstigten Aufgabegewinn nach §§ 16, 34 EStG handelt. Der Aufgabegewinn ist aber gewerbesteuerfrei.

d) V hält eine 50 %ige KG-Beteiligung an der A-KG und hat ein Grundstück an die KG vermietet. V überträgt die KG-Beteiligung auf seinen Sohn (ohne das Grundstück); das Grundstück wird weiter durch den V an die A-KG vermietet.

Eine Buchwertübertragung nach § 6 Abs. 3 Satz 1 EStG ist nicht möglich, da nicht alle Wirtschaftsgüter der Beteiligung übertragen worden sind.

Auch ist keine Buchwertübertragung nach § 6 Abs. 3 Satz 2 EStG zulässig, da V nicht mehr Mitunternehmer ist und somit das zurückbehaltene Grundstück nicht mehr als Sonderbetriebsvermögen der KG angesehen werden kann.

e) Wie Beispiel d, aber V überträgt das Grundstück auf eine andere KG, an der er beteiligt ist.

Falls V das Grundstück im Rahmen der Übertragung in ein anderes Betriebsvermögen überführt, so ist der Vorgang unter Berücksichtigung der Gesamtplanrechtsprechung des BFH insgesamt nach § 6 Abs. 3 EStG zu beurteilen.[274]
Die stillen Reserven hinsichtlich der Übertragung des Mitunternehmeranteils sind dann als laufender Gewinn zu versteuern.

Das Grundstück ist zwingend nach § 6 Abs. 5 Satz 2 EStG zum Buchwert in das andere Betriebsvermögen des V zu übertragen. Der Aufgabegewinn ist jedoch gewerbesteuerfrei.[275]

Nach dem Wortlaut von § 6 Abs. 3 Satz 2 EStG löst die Zurückbehaltung jedweder Wirtschaftsgüter, z. B. die Zurückbehaltung von Forderungen oder Verbindlichkeiten des bisherigen Betriebsinhabers oder bisher als negatives Sonderbetriebsvermögen II berücksichtigte Refinanzierungsverbindlichkeiten eines Mitunternehmers, die 5-Jahres-Frist aus. Gegebenenfalls kann es sich vor der unentgeltlichen Aufnahme bzw. Übertragung eines Teils eines Mitunternehmeranteils empfehlen, Wirt-

---

[274] So BMF vom 03.03.2005 (BStBl 2005 I S. 458); a. A. aber nun: BFH vom 02.08.2012 IV R 41/11 (DStR 2012 S. 2118), weitere Entwicklung offen; vgl. auch BMF vom 12.09.2013 (BStBl 2013 I S. 1164).
[275] BFH, BStBl 2000 II S. 316.

10.18 Übertragung und Einlage von Betrieben, Teilbetrieben

schaftsgüter, die keine wesentlichen Betriebsgrundlagen darstellen, steuerpflichtig (nicht begünstigt) in das steuerliche Privatvermögen des bisherigen Betriebsinhabers (Mitunternehmers) zu überführen.

Die Begriffe Veräußerung und Aufgabe ergeben sich aus § 16 Abs. 1 und 3 EStG. Keine Veräußerung/Aufgabe ist dagegen eine unentgeltliche Übertragung des Mitunternehmeranteils i. S. von § 6 Abs. 3 EStG durch den Rechtsnachfolger oder eine erfolgsneutrale Realteilung der Mitunternehmerschaft gem. § 16 Abs. 3 Satz 2 EStG. Ebenfalls keine Veräußerung ist die Einbringung des Mitunternehmeranteils durch den Rechtsnachfolger zu Buchwerten in eine Kapitalgesellschaft gem. § 20 Abs. 1 Satz 1 UmStG oder in eine Personengesellschaft gem. § 24 Abs. 1 UmStG. Eine Veräußerung/Aufgabe innerhalb der 5-Jahres-Frist durch den bisherigen Betriebsinhaber (Mitunternehmer) ist unschädlich.

Wird der gesamte Anteil des Mitunternehmers an der Gesellschaft übertragen, setzt § 6 Abs. 3 Satz 1 EStG voraus, dass neben dem Anteil am Gesamthandsvermögen auch sämtliche Wirtschaftsgüter des Sonderbetriebsvermögens, die für die Funktion des Betriebs von Bedeutung sind (funktional wesentliches Sonderbetriebsvermögen), übertragen werden.

Wird anlässlich der Übertragung des Anteils am Gesamthandsvermögen funktional wesentliches Sonderbetriebsvermögen zurückbehalten und in das Privatvermögen des Übertragenden überführt, ist eine Buchwertfortführung nach § 6 Abs. 3 Satz 1 EStG nicht zulässig; dann liegt insgesamt eine tarifbegünstigte Aufgabe des gesamten Mitunternehmeranteils vor.[276]

Als Rechtsfolge waren bislang die stillen Reserven im Gesamthandsvermögen und im Sonderbetriebsvermögen aufzudecken. Es kann nunmehr sein, dass die Finanzverwaltung „nur" die Aufdeckung der stillen Reserven im Sonderbetriebsvermögen verlangt (so hat das BMF ein Urteil des BFH[277] zur Auslagerung vor Einbringung des „Rest"-Betriebs in eine Personengesellschaft insoweit anerkannt, als in diesem Fall die Einbringung dieses Restes ohne Aufdeckung der stillen Reserven zugelassen worden ist). Ob dies nun auch für die Fälle der Übertragung nach § 6 Abs. 3 EStG gilt, ist noch unklar.

Wird im zeitlichen und sachlichen Zusammenhang mit der Übertragung des Mitunternehmeranteils funktional wesentliches Sonderbetriebsvermögen entnommen oder (z. B. nach § 6 Abs. 5 EStG) zum Buchwert in ein anderes Betriebsvermögen überführt oder übertragen, kann nach der sog. **Gesamtplanrechtsprechung**[278] der Anteil am Gesamthandsvermögen nicht nach § 6 Abs. 3 EStG zum Buchwert übertragen werden.[279]

---
276 BMF, BStBl 2005 I S. 458, unter Hinweis auf BFH, BStBl 1995 II S. 890.
277 BFH, BStBl 2012 II S. 638.
278 BFH, BStBl 2001 II S. 229.
279 So bislang BMF, BStBl 2005 I S. 458; auch BMF, BStBl 2013 I S. 1164.

10 Bewertungs- und Bilanzierungsvorschriften nach dem EStG

Die in dem Mitunternehmeranteil enthaltenen stillen Reserven sind in den Fällen, in denen das Sonderbetriebsvermögen zum Buchwert überführt oder übertragen wird, als laufender Gewinn zu versteuern; insoweit kommt ein Buchwertansatz nicht in Betracht.

Aufgrund der Unklarheiten und weiterer zu erwartender Entscheidungen des BFH soll im Weiteren wie schon vorher noch von der bisherigen Rechtsansicht der Finanzverwaltung ausgegangen werden.

Beispiel:
Vater V war Kommanditist bei der X-KG, an die er ein Grundstück (wesentliche Betriebsgrundlage) vermietet hatte. V übertrug im Juli 03 seinen Kommanditanteil unentgeltlich auf seinen Sohn S. Bereits im März 03 hat V das Grundstück nach § 6 Abs. 5 Satz 3 Nr. 2 EStG zum Buchwert auf die von ihm neu gegründete gewerblich geprägte Y-GmbH & Co. KG übertragen.

Lösung:
Die Buchwertübertragung des Grundstücks ist nach der sog. **Gesamtplanrechtsprechung** im Zusammenhang mit der Übertragung des Kommanditanteils nach § 6 Abs. 3 EStG zu beurteilen. Die Voraussetzungen für eine Buchwertübertragung nach § 6 Abs. 3 EStG liegen danach nicht vor, weil das Grundstück (wesentliche Betriebsgrundlage im Sonderbetriebsvermögen) nicht auch an den Sohn übertragen wurde. Ein Anwendungsfall von § 6 Abs. 3 Satz 2 EStG (unschädliches Zurückbehalten einer wesentlichen Betriebsgrundlage) liegt nicht vor, weil das Grundstück nicht mehr Sonderbetriebsvermögen der X-KG ist, sondern zum Betriebsvermögen der Y-GmbH & Co. KG gehört. V muss deshalb die stillen Reserven in seinem Kommanditanteil als laufenden Gewinn versteuern.[280]

Wird ein Teil eines Mitunternehmeranteils unentgeltlich übertragen, jedoch für die Mitunternehmerschaft funktional nicht wesentliches Sonderbetriebsvermögen zurückbehalten, ist § 6 Abs. 3 Satz 1 EStG uneingeschränkt anwendbar.

Das gilt auch, wenn funktional nicht wesentliches Sonderbetriebsvermögen in größerem Umfang übertragen wird, als es dem übertragenen Teil des Gesamtgesellschaftsanteils entspricht.

Der übernehmende Gesellschafter hat die Buchwerte fortzuführen.

§ 6 Abs. 3 EStG gilt für alle **unentgeltlichen Übertragungen betrieblicher Einheiten** sowie beim Eintritt bei Einzelbetrieben und Personengesellschaften. Die Übertragung einzelner Wirtschaftsgüter fällt nicht unter diese Regelung.

Welche Wirtschaftsgüter zu einer betrieblichen Einheit gehören, bestimmt sich nach ihrer funktionalen Bestimmung. Bei einer Übertragung von Mitunternehmeranteilen kann daher auch vorhandenes Sonderbetriebsvermögen mitübertragen werden.

Bei Kapitalgesellschaften ist § 6 Abs. 3 EStG nicht anzuwenden. Wird eine betriebliche Einheit unentgeltlich auf eine GmbH übertragen, liegt ein betrieblicher Vor-

---

[280] Zur Buchwertfortführung aber BFH, BStBl 2012 II S. 638.

10.18 Übertragung und Einlage von Betrieben, Teilbetrieben

gang vor. Überträgt eine GmbH eine betriebliche Einheit unentgeltlich, liegt regelmäßig eine verdeckte Gewinnausschüttung vor.

Ein unentgeltlicher Erwerb i. S. des § 6 Abs. 3 EStG liegt nur vor, wenn die wesentlichen Betriebsgrundlagen unentgeltlich übertragen worden sind.[281] Werden wesentliche Betriebsgrundlagen zurückbehalten, z. B. an Dritte verkauft oder ins Privatvermögen übernommen, so liegt grundsätzlich eine Betriebsaufgabe i. S. des § 16 Abs. 3 EStG vor, die zur vollen Auflösung aller stillen Reserven führt. Anders ist es, wenn die zurückbehaltenen Wirtschaftsgüter nicht zu den wesentlichen Betriebsgrundlagen zählen.[282] Hier steht der Umstand, dass einzelne Wirtschaftsgüter nicht mitübertragen werden, der Annahme einer unentgeltlichen Betriebsübertragung nicht entgegen.

Siehe dazu auch 20.2.

Ob ein Betrieb entgeltlich oder unentgeltlich erworben worden ist, kann zweifelhaft sein. Ein unentgeltlicher Erwerb liegt zweifelsfrei vor, wenn ein **Einzelner** den Betrieb **allein** durch Schenkung oder Erbfolge erwirbt und damit keinerlei Verpflichtungen gegenüber dem Übertragenden oder Auflagen, Vermächtnisse und Pflichtteilsverbindlichkeiten übernimmt.

Auch für den Fall, dass im Zusammenhang mit der Übertragung eines Betriebs von Eltern auf Kinder im Wege vorweggenommener Erbfolge von den Kindern Versorgungsverpflichtungen gegenüber den übertragenden Eltern übernommen werden, stellen diese Verpflichtungen weder Veräußerungsentgelte noch Anschaffungskosten dar und es handelt sich um einen unentgeltlichen Vorgang.[283] Der BFH begründet das damit, dass Versorgungsleistungen vorbehaltene Vermögenserträge darstellen.[284]

Bei der Übertragung von Vermögen gegen Versorgungsleistungen gelten daher weiterhin die Grundsätze zur Abgrenzung und Behandlung von Veräußerungsrente, Versorgungsrente und Unterhaltsrente. Entspricht die Rente nicht dem Wert des Vermögens und haben die Beteiligten die Leistungen nach dem Versorgungsbedarf des übertragenden bisherigen Eigentümers bemessen, so liegt eine abziehbare Versorgungsrente vor, wenn der Barwert nicht mehr als das Doppelte des Werts des erhaltenen Vermögens beträgt. Die Rente ist dann mit dem Ertragsanteil, eine dauernde Last in voller Höhe als Sonderausgaben abziehbar und korrespondierend beim Übertragenden als sonstige Einkünfte i. S. von § 22 EStG zu versteuern. Wenn jedoch bei überschlägiger Berechnung der Rentenbarwert mehr als das Doppelte des Werts des erhaltenen Vermögens beträgt, ist nach § 12 Nr. 2 EStG diese als Unterhaltsrente zu behandelnde Zahlung nichtabzugsfähig.

Bei der Übertragung eines Betriebs, Teilbetriebs oder Mitunternehmeranteils gegen Versorgungs- bzw. Unterhaltsleistungen führt der Übernehmer die Buchwerte fort.

---

281 BFH, BStBl 1989 II S. 653.
282 H 16 (6) „Übertragung der wesentlichen Betriebsgrundlagen" EStH.
283 Vgl. BFH, BStBl 1990 II S. 847, siehe auch 10.7.2.
284 BFH, BStBl 1992 II S. 612, 1012, 1020.

Demgegenüber ist eine Veräußerungsrente als entgeltlicher Vorgang zu behandeln; wenn der Barwert der Veräußerungsrente nach den Vorstellungen der Beteiligten dem Wert des übertragenen Vermögens entspricht, der Zuwendung also eine Gegenleistung gegenübersteht und die Werte der Leistung und Gegenleistung wie unter Fremden nach wirtschaftlichen Grundsätzen gegeneinander abgewogen sind, handelt es sich um einen entgeltlichen Vorgang (wegen des Besteuerungswahlrechts bei Betriebsveräußerung gegen wiederkehrende Bezüge siehe R 16 Abs. 11 EStR).

Bei Übertragung eines Betriebs vom Vater auf den Sohn ist eine unentgeltliche Betriebsübernahme nicht bereits deshalb ausgeschlossen, weil der Betrieb ein negatives Betriebsvermögen hat. Überträgt der Vater den Betrieb auf seinen Sohn im Wege vorweggenommener Erbfolge mit der Verpflichtung, den Geschwistern ein nach dem realen Wert des Betriebs berechnetes Gleichstellungsgeld zu zahlen, so führt das insoweit zu Anschaffungskosten und es liegt kein unentgeltlicher Erwerb vor.[285]

Bei teilentgeltlichen Übertragungen ist grundsätzlich eine Aufteilung eines Übertragungsvorgangs in einen entgeltlichen und einen unentgeltlichen Teil vorzunehmen und dabei grundsätzlich der von den Vertragsparteien vorgenommenen Aufteilung zu folgen.[286]

Ein unentgeltlicher Erwerb von Todes wegen ist auch anzunehmen, wenn der Erbe mit Auflagen, Vermächtnissen, Pflichtteilsverbindlichkeiten und Erbersatzansprüchen belastet ist. Diese sind keine Gegenleistungen für den Erwerb der Erbschaft, sondern Pflichten, die sich aus dem Erbfall selbst ergeben.[287]

Die vorstehend für den werbenden Betrieb genannten Grundsätze gelten auch für den fortgeführten verpachteten Betrieb (vgl. 20.5).

Die für die Rechtsnachfolge hinsichtlich eines ganzen erworbenen Betriebs aufgestellten Grundsätze gelten auch, wenn der Erblasser Gesellschafter einer Personengesellschaft war.

Ob ein oder mehrere Rechtsnachfolger in eine Personengesellschaft unter Lebenden oder von Todes wegen eintreten, hängt zivilrechtlich in erster Linie von den Regelungen im Gesellschaftsvertrag ab. Soweit zum Nachlass ein Gesellschaftsanteil gehört, werden aufgrund der Rechtsprechung des BFH[288] mehrere Miterben mit dem Erbfall Mitunternehmer, und zwar auch dann, wenn die Erbauseinandersetzung bereits kurze Zeit nach dem Erbfall durchgeführt wird. Einkommensteuerrechtlich werden alle Miterben aufgrund unentgeltlichen Erwerbs entsprechend ihrer Erbquote Mitunternehmer.[289]

---
285 Vgl. 10.7.2 und 20.4 sowie BMF, BStBl 1993 I S. 80.
286 BFH, BStBl 2006 II S. 9; BMF, BStBl 2007 I S. 269.
287 BFH, BStBl 1992 II S. 392.
288 BFH, BStBl 1992 II S. 510, 512.
289 Vgl. im Einzelnen BMF, BStBl 2006 I S. 253, Tz. 3 ff.

10.18 Übertragung und Einlage von Betrieben, Teilbetrieben

Werden aus betrieblichem Anlass einzelne Wirtschaftsgüter aus einem Betriebsvermögen unentgeltlich in das Betriebsvermögen eines anderen Steuerpflichtigen übertragen, so gilt für den Erwerber der Betrag als Anschaffungskosten, den er für das einzelne Wirtschaftsgut im Zeitpunkt des Erwerbs hätte aufwenden müssen (§ 6 Abs. 4 EStG). Diese Regelung gilt nur für die Übertragung von Wirtschaftsgütern aus betrieblichem Anlass. Werden die Wirtschaftsgüter aus außerbetrieblichen (privaten) Gründen übertragen, so werden sie entnommen und sind als Entnahme und Einlage, also mit dem Teilwert, zu bewerten.

Unentgeltliche Einzelwirtschaftsgutübertragung (§ 6 Abs. 4 EStG)

Im Fall der **unentgeltlichen Übertragung eines Einzelwirtschaftsguts** ist in dem aufnehmenden Betriebsvermögen eine Betriebseinnahme in Höhe des **gemeinen Werts** des erhaltenen Wirtschaftsguts anzusetzen, **sofern** die Übertragung nicht auf einer **Einlagehandlung** beruht (§ 6 Abs. 4 Satz 1 EStG).

Nicht darunter fallen aus der Sicht des Aufnehmenden Schenkungen aus privatem Anlass, die mit dem Teilwert einzulegen sind. Nicht erforderlich ist jedoch, dass auch beim Übertragenden ein betrieblicher Anlass vorliegen muss. Hier liegt einerseits eine mit dem Teilwert zu bewertende Entnahme und andererseits eine mit dem gemeinen Wert anzusetzende Betriebsvermögensmehrung vor.

Beim Übertragenden entsteht dann ein Aufwand in Höhe des Buchwerts bei Übertragungen aus betrieblichem Anlass oder er tätigt eine Entnahme zum Teilwert aus privatem Anlass.

Der Aufnehmende erzielt eine Betriebseinnahme in Höhe des gemeinen Werts des Wirtschaftsguts.

Beispiel:
Die Müller Verlag GmbH & Co. KG überträgt an den Subunternehmer Schmidt Druckerei (Einzelfirma) eine Vierfarb-Offsetdruckmaschine. Man erwartet eine nachhaltige Verbesserung der Geschäftsbeziehungen. Der Buchwert beträgt 10.000 €, der gemeine Wert beträgt 80.000 €.

Lösung:
Die Maschine wird aus betrieblichem Anlass unentgeltlich übertragen. Die Müller Verlag GmbH & Co. KG hat einen Aufwand i. H. des Buchwerts von 10.000 €. Die Schmidt Druckerei hat Anschaffungskosten i. H. des gemeinen Werts von 80.000 € (= Gewinn vor AfA).

Unentgeltliche Übertragung eines einzelnen Wirtschaftsguts zwischen verschiedenen Betriebsvermögen und Mitunternehmerschaften desselben Steuerpflichtigen (§ 6 Abs. 5 EStG)

Wird ein **einzelnes Wirtschaftsgut** außer in den Fällen der Einlage (§ 4 Abs. 1 Satz 5 EStG) unentgeltlich in das Betriebsvermögen eines anderen Steuerpflichtigen

übertragen, gilt sein **gemeiner Wert** für das aufnehmende Betriebsvermögen als Anschaffungskosten (§ 6 **Abs. 4** EStG).
Es kommt somit zwingend zur Aufdeckung der stillen Reserven.

Wird dagegen ein einzelnes Wirtschaftsgut von einem Betriebsvermögen in ein **anderes Betriebsvermögen desselben** Steuerpflichtigen **überführt,** ist bei der Überführung der Wert anzusetzen, der sich nach den Vorschriften über die Gewinnermittlung ergibt, sofern die Besteuerung der stillen Reserven sichergestellt ist (§ 6 **Abs. 5 Satz 1** EStG).

Als Rechtsfolge besteht eine Buchwertverknüpfung; AfA und Besitzzeiten (§ 6b EStG) sind fortzuführen.

Beispiel:

Der A hat eine Druckerei in Dortmund und eine weitere in Manchester, GB. Er überträgt eine Vierfarb-Offsetdruckmaschine in das Betriebsvermögen des englischen Betriebs.

Buchwert   200.000 €   Teilwert   600.000 €

Lösung:

Zwingend müssen die stillen Reserven aufgedeckt werden, da eine Versteuerung im Inland nicht mehr möglich ist.

Dies gilt auch für die Überführung aus einem eigenen Betriebsvermögen des Steuerpflichtigen in dessen **Sonderbetriebsvermögen** bei einer Mitunternehmerschaft und umgekehrt sowie für die Überführung zwischen verschiedenen Sonderbetriebsvermögen desselben Steuerpflichtigen bei verschiedenen **Mitunternehmerschaften** (§ 6 **Abs. 5 Satz 2** EStG).

Nach § 6 Abs. 5 Satz 1 und 2 EStG gelten damit folgende Grundsätze hinsichtlich der Besteuerung der stillen Reserven:

- Wird ein Wirtschaftsgut von einem Betriebsvermögen in ein anderes Betriebsvermögen desselben Steuerpflichtigen überführt, ist der Buchwert fortzuführen, sofern die Besteuerung der stillen Reserven sichergestellt ist.

- Zu einer Buchwertfortführung kommt es auch dann, wenn ein Wirtschaftsgut aus dem Betriebsvermögen eines Einzelunternehmens in das Sonderbetriebsvermögen bei einer Personengesellschaft überführt wird, an der der Einzelunternehmer beteiligt ist, oder umgekehrt bei Beteiligung an einer Personengesellschaft ein Wirtschaftsgut des Sonderbetriebsvermögens in das Einzelunternehmen des Gesellschafters überführt wird.

- Auch die Überführung eines Wirtschaftsguts zwischen verschiedenen Sonderbetriebsvermögen desselben Steuerpflichtigen bei verschiedenen Mitunternehmerschaften führt nicht zur Aufdeckung der stillen Reserven.

Da es sich bei § 6 Abs. 5 Satz 1 und 2 EStG lediglich um eine Bewertungsvorschrift handelt, liegt keine Entnahme oder Einlage i. S. des § 4 Abs. 1 EStG vor, solange

10.18 Übertragung und Einlage von Betrieben, Teilbetrieben

das Wirtschaftsgut im Betriebsvermögen irgendeiner Gewinneinkunftsart des Steuerpflichtigen verbleibt (weiter Entnahmebegriff).

Buchhalterisch wird der Vorgang durch die Buchung Wirtschaftsgut an Kapital (im aufnehmenden Betriebsvermögen) bzw. Kapital an Wirtschaftsgut (im abgebenden Betriebsvermögen) erfasst.

Beispiele:

a) A unterhält ein Einzelunternehmen. Daneben ist er Mitunternehmer in der A-OHG. Zum Betriebsvermögen des Einzelunternehmens gehört unter anderem ein Grundstück mit einem Buchwert von 300.000 € (Teilwert: 400.000 €). Dieses Grundstück wird ab 01.01.01 an die A-OHG vermietet.

Das Grundstück ist ab 01.01.01 Sonderbetriebsvermögen bei der A-OHG. Es ist in der Sonderbilanz nach § 6 Abs. 5 Satz 2 EStG mit dem Buchwert anzusetzen.

In dem Einzelunternehmen erfolgt ein Abgang zum Buchwert. Dementsprechend ist das Anfangskapital des Einzelunternehmens um den Buchwert i. H. von 300.000 € zu mindern. Soweit für A bereits eine Sonderbilanz in der A-OHG bestand, ist beim Betriebsvermögensvergleich für das Sonderbetriebsvermögen das Anfangskapital um den Buchwert zu erhöhen.

b) An der A-Transport KG sind beteiligt der Komplementär A zu 50 % sowie seine Ehefrau B und sein Sohn als Kommanditisten zu jeweils 25 %. Seit der Gründung der KG hat A ein ihm gehörendes unbebautes Grundstück unentgeltlich der KG zur Nutzung überlassen. Zum Ausgleich dafür, dass die KG keine Miete in Rechnung stellt, wurden alle Aufwendungen im Zusammenhang mit dem Grundstück von der KG getragen und als Privatentnahme gebucht. Durch notariellen Vertrag vom 01.07.01 wurde das Grundstück mit Wirkung zum 01.08.01 (Übergang von Nutzungen und Lasten) unentgeltlich auf den Sohn C übertragen. An der Nutzung ändert sich durch die Übertragung nichts, da das Grundstück der KG weiterhin zur Verfügung steht. Der ursprüngliche Kaufpreis des A betrug 60.000 €. Den Preis, den ein Betriebserwerber im Rahmen der Gesamtbetriebsveräußerung bezahlen würde (Teilwert), beträgt 200.000 €.

Das unbebaute Grundstück war bis zum 30.07.01 notwendiges Sonderbetriebsvermögen I des A, da es sich um ein Wirtschaftsgut handelt, das dem Gesellschafter gehört und der Gesellschaft zur Nutzung überlassen wurde.[290] Es war bis zu diesem Zeitpunkt in einer Sonderbilanz des A zu bilanzieren.

Durch die Übertragung auf C verliert das Grundstück die Eigenschaft als Sonderbetriebsvermögen nicht, weil sich die Nutzung nicht ändert. Es stellt ab 01.08.01 Sonderbetriebsvermögen des C dar. Aber auch bei diesem ist es in einer Sonderbilanz auszuweisen.

Die Übertragung des Grundstücks von dem Vater A auf den Sohn C erfolgt zwingend zum Buchwert von 60.000 €. Eine Aufdeckung der stillen Reserven findet nicht statt, weil die Besteuerung der stillen Reserven auch nach dem Übertragungsvorgang sichergestellt bleibt und das Grundstück weiter Sonderbetriebsvermögen derselben Mitunternehmerschaft darstellt (vgl. § 6 Abs. 5 Satz 3 Nr. 3 und Satz 1 EStG). Diese 60.000 € gelten gleichzeitig als Anschaffungskosten im Sonderbetriebsvermögen des Sohnes C (= Rechtsnachfolger – bzw. „Fußstapfentheorie").

Nach § 6 Abs. 5 Satz 3 EStG sind folgende Fälle begünstigt:

---

290 Vgl. R 4.2 Abs. 2 und 12 EStR.

10 Bewertungs- und Bilanzierungsvorschriften nach dem EStG

- Nr. 1 – unentgeltliche Übertragung oder Übertragung gegen Gewährung oder Minderung von Gesellschaftsrechten aus dem Betriebsvermögen des Mitunternehmers in das Gesamthandsvermögen der Mitunternehmerschaft und umgekehrt,
- Nr. 2 – unentgeltliche Übertragung oder Übertragung gegen Gewährung oder Minderung von Gesellschaftsrechten aus dem Sonderbetriebsvermögen eines Mitunternehmers in das Gesamthandsvermögen derselben oder einer anderen Mitunternehmerschaft, an der er beteiligt ist, und umgekehrt sowie
- Nr. 3 – unentgeltliche Übertragung zwischen den jeweiligen Sonderbetriebsvermögen verschiedener Mitunternehmer derselben Mitunternehmerschaft.

Übersicht:

Übertragung eines Einzelwirtschaftsguts			
aus	in		
Betriebsvermögen eines Einzelunternehmens des Gesellschafters	Gesamthandsvermögen der Mitunternehmerschaft	unentgeltlich	§ 6 Abs. 5 Satz 3 Nr. 1 EStG
Betriebsvermögen eines Einzelunternehmens des Gesellschafters	Gesamthandsvermögen der Mitunternehmerschaft	gegen Gewährung von Gesellschaftsrechten	§ 6 Abs. 5 Satz 3 Nr. 1 EStG
Gesamthandsvermögen einer Personengesellschaft	Betriebsvermögen eines Einzelunternehmens des Gesellschafters	unentgeltlich	§ 6 Abs. 5 Satz 3 Nr. 1 EStG
Gesamthandsvermögen einer Personengesellschaft	Betriebsvermögen eines Einzelunternehmens des Gesellschafters	gegen Minderung von Gesellschaftsrechten	§ 6 Abs. 5 Satz 3 Nr. 1 EStG
Sonderbetriebsvermögen eines Mitunternehmers	Gesamthandsvermögen derselben Mitunternehmerschaft	unentgeltlich	§ 6 Abs. 5 Satz 3 Nr. 2 EStG
Sonderbetriebsvermögen eines Mitunternehmers	Gesamthandsvermögen derselben Mitunternehmerschaft	gegen Gewährung von Gesellschaftsrechten	§ 6 Abs. 5 Satz 3 Nr. 2 EStG
Gesamthandsvermögen einer Mitunternehmerschaft	Sonderbetriebsvermögen eines Mitunternehmers derselben Mitunternehmerschaft	unentgeltlich	§ 6 Abs. 5 Satz 3 Nr. 2 EStG
Gesamthandsvermögen einer Mitunternehmerschaft	Sonderbetriebsvermögen eines Mitunternehmers derselben Mitunternehmerschaft	gegen Minderung von Gesellschaftsrechten	§ 6 Abs. 5 Satz 3 Nr. 2 EStG
Sonderbetriebsvermögen eines Mitunternehmers	Gesamthandsvermögen einer anderen Personengesellschaft, an der der Mitunternehmer beteiligt ist	unentgeltlich	§ 6 Abs. 5 Satz 3 Nr. 2 EStG

10.18 Übertragung und Einlage von Betrieben, Teilbetrieben

Sonderbetriebsvermögen eines Mitunternehmers	Gesamthandsvermögen einer anderen Personengesellschaft, an der der Mitunternehmer beteiligt ist	gegen Minderung von Gesellschaftsrechten	§ 6 Abs. 5 Satz 3 Nr. 2 EStG
Gesamthandsvermögen einer Personengesellschaft	Sonderbetriebsvermögen einer anderen Personengesellschaft, an der derselbe Mitunternehmer beteiligt ist	unentgeltlich	§ 6 Abs. 5 Satz 3 Nr. 2 EStG
Gesamthandsvermögen einer Personengesellschaft	Sonderbetriebsvermögen einer anderen Personengesellschaft, an der derselbe Mitunternehmer beteiligt ist	gegen Minderung von Gesellschaftsrechten	§ 6 Abs. 5 Satz 3 Nr. 2 EStG
Sonderbetriebsvermögen eines Mitunternehmers	Sonderbetriebsvermögen eines anderen Mitunternehmers derselben Personengesellschaft	unentgeltlich	§ 6 Abs. 5 Satz 3 Nr. 3 EStG

Folgende Fälle sind nach dem Wortlaut des § 6 Abs. 5 Satz 1 bis 3 EStG **nicht** begünstigt:

- Übertragung zwischen Sonderbetriebsvermögen verschiedener Mitunternehmer bei verschiedenen Mitunternehmerschaften und
- Übertragung aus dem Gesamthandsvermögen einer Mitunternehmerschaft in das Gesamthandsvermögen einer anderen Mitunternehmerschaft, an der dieselben Mitunternehmer beteiligt sind (sog. Schwesterpersonengesellschaften).[291]

§ 6 Abs. 5 Satz 3 EStG erfasst nicht Veräußerungsvorgänge, die nach den allgemeinen Regeln wie zwischen fremden Dritten abgewickelt werden. In diesen Fällen ist das Einzelwirtschaftsgut beim Erwerber nach § 6 Abs. 1 Nr. 1 und 2 EStG mit den Anschaffungskosten anzusetzen. Der Veräußerer erzielt einen Veräußerungserlös.

Einzelwirtschaftsgüter können nach § 6 Abs. 5 Satz 3 EStG nur dann zu Buchwerten auf einen anderen Rechtsträger übertragen werden, wenn diese Übertragung zum Zweck der Umstrukturierung und nicht auch zum Zweck der Vorbereitung einer nachfolgenden Veräußerung oder Entnahme erfolgt. Denn begünstigt werden soll nur die Fortsetzung des unternehmerischen Engagements in anderer Form. Bei einer Veräußerung oder Entnahme wird dagegen die unternehmerische Tätigkeit nicht fortgesetzt, sondern bezogen auf das veräußerte oder entnommene Wirtschaftsgut vielmehr beendet. Dies ergibt sich durch die in § 6 Abs. 5 Satz 4 EStG vorgesehene Behaltefrist von 3 Jahren (nach Abgabe einer Steuererklärung durch den Übertragenden) bzw. 7 Jahren (bei fehlender Abgabe einer Steuererklärung).

Zwingend besteht eine Buchwertverknüpfung; AfA und Besitzzeiten (z. B. § 6b EStG) sind fortzuführen.

Beispiel:
A ist Kommanditist der B-GmbH & Co. KG. Zu seinem notwendigen Sonderbetriebsvermögen gehört ein Grundstück. Ab dem 01.06.02 erwirbt A außerdem einen Mitunternehmeranteil an der C-KG. Das Grundstück dient fortan ausschließlich eigen-

---
[291] Insoweit vgl. Vorlagebeschluss des BFH an das BVerfG vom 10.04.2013 I R 80/12 (BStBl 2013 II S. 1004), dort 2 BvL 8/13

betrieblichen Zwecken der C-KG. Der Buchwert beträgt 100.000 €, der Teilwert 500.000 €.

Lösung:

Ein Wirtschaftsgut wird aus einem Sonderbetriebsvermögen in ein anderes Sonderbetriebsvermögen desselben Mitunternehmers übertragen. Es ist zwingend der Buchwert anzusetzen.

Die Buchwertfortführung des § 6 Abs. 5 Satz 3 EStG ist jedoch nur zulässig und zwingend, als die Erfassung der stillen Reserven sichergestellt ist.

Unerheblich für die Buchwertfortführung ist hingegen, ob ganz oder teilweise die stillen Reserven auf andere Personen verlagert werden.

In der Regel wird es wegen der steuerlich zu beachtenden Norm des § 6 Abs. 5 Satz 3 EStG zu einem Auseinanderfallen von Handelsbilanz und Steuerbilanz kommen, insbesondere wenn bei der Einbringung von Wirtschaftsgütern dem Einbringenden der volle Verkehrswert des Wirtschaftsguts gutgebracht wird, wie es insbesondere unter fremden dritten Gesellschaftern üblich ist.

Es muss dann in der Steuerbilanz zwingend wegen § 6 Abs. 5 Satz 3 EStG der Buchwert fortgeführt werden, wobei in der Handelsbilanz i. d. R. der Teilwert angesetzt wird. In der Steuerbilanz wird i. d. R. eine negative Ergänzungsbilanz zu erstellen sein.

§ 6 Abs. 5 Satz EStG ist auf alle unentgeltlichen Übertragungen anzuwenden.

Dazu gehören aber nach dem Wortlaut dieser Vorschrift auch Übertragungen gegen Gewährung oder Minderung von Gesellschaftsrechten.

Eine Übertragung gegen Gewährung von Gesellschaftsrechten liegt vor, wenn die Gutschrift auf einem steuerlichen Kapitalkonto erfolgt.

Erfolgt die Gutschrift auf einem Darlehens- oder Verrechnungskonto, liegt keine unentgeltliche Übertragung vor. Zur Abgrenzung siehe Tz. 24.07 des Anwendungserlasses zum Umwandlungssteuergesetz.[292] Unerheblich ist, ob das Wirtschaftsgut in einen Betrieb derselben Gewinneinkunftsart überführt wird oder nicht. Die Buchwertfortführung ist auch dann zwingend, wenn Wirtschaftsgüter z. B. aus einem Gewerbebetrieb in einen Betrieb der Land- und Forstwirtschaft bzw. in einen freiberuflichen Betrieb oder umgekehrt überführt werden.

§ 6 Abs. 5 Satz 3 EStG erfasst nicht Veräußerungsvorgänge, die nach den allgemeinen Regelungen über Veräußerungsgeschäfte wie zwischen fremden Dritten abgewickelt werden.

Teilentgeltliche Übertragungen sind in eine vollentgeltliche und in eine voll unentgeltliche Übertragung aufzuteilen. Der Umfang der Entgeltlichkeit bestimmt sich

---

292 BMF vom 11.11.2011 (BStBl 2011 I S. 1314), vgl. aber hinsichtlich des sog. Mischentgelts auch BFH vom 18.09.2013 X R 42/10 (DStR 2013 S. 2380).

10.18 Übertragung und Einlage von Betrieben, Teilbetrieben

dabei nach dem Verhältnis des Kaufpreises zum Verkehrswert des übertragenen Wirtschaftsguts.

Soweit Einzelwirtschaftsgüter gegen Übernahme von Verbindlichkeiten übertragen werden, steht dies einer erfolgsneutralen Übertragung nach Ansicht der Finanzverwaltung entgegen.[293]

Die Übernahme von Verbindlichkeiten ist als gesondertes Entgelt anzusehen.[294] Etwas anderes könnte sich aufgrund der neuen Rechtsprechung des BFH[295] ergeben, wonach eine Entgeltlichkeit dann abzulehnen ist, wenn die Übertragung den Buchwert nicht überschreitet.

Die steuerneutralen Übertragungsmöglichkeiten im Zusammenhang mit Einzelwirtschaftsgütern sind eingeschränkt. Diese Einschränkungen werden auch als **„Sicherungsklauseln"** bezeichnet:

– Zum einen ist nach § 6 Abs. 5 Satz 4 EStG (Sicherungsklausel gem. Satz 4) rückwirkend zum Zeitpunkt der Übertragung der Teilwert anzusetzen, wenn das übertragene Wirtschaftsgut innerhalb einer **Sperrfrist** veräußert oder entnommen wird. Dies gilt nicht, wenn die bis zur Übertragung entstandenen stillen Reserven durch Erstellung einer Ergänzungsbilanz dem übertragenden Gesellschafter zugeordnet worden sind, eine interpersonelle Verlagerung („Überspringen") stiller Reserven also nicht stattgefunden hat. Die Sperrfrist endet 3 Jahre nach Abgabe der Steuererklärung des Übertragenden für den Veranlagungszeitraum, in dem die (zunächst steuerneutrale) Übertragung erfolgt ist. Durch die Einschränkung soll vermieden werden, dass die Übertragung zur Vorbereitung einer nachfolgenden Veräußerung oder Entnahme und nicht zum Zwecke der Umstrukturierung erfolgte.

– Nach § 6 Abs. 5 Satz 5 EStG (Sicherungsklausel gem. Satz 5) ist der Teilwert des übertragenen Wirtschaftsguts auch anzusetzen, soweit der **Anteil einer Kapitalgesellschaft** an dem Wirtschaftsgut unmittelbar oder mittelbar **begründet wird oder dieser sich erhöht.**

– Nach § 6 Abs. 5 Satz 6 EStG (Sicherungsklausel gem. Satz 6) ist rückwirkend auf den Zeitpunkt der Übertragung ebenfalls der Teilwert anzusetzen, soweit **innerhalb von 7 Jahren** nach der (zunächst steuerneutralen) Übertragung des Wirtschaftsguts der Anteil einer Kapitalgesellschaft aus einem anderen Grund unmittelbar oder mittelbar begründet wird oder dieser sich erhöht. Die Begrenzung auf 7 Jahre dient im Wesentlichen der Praktikabilität und soll vermeiden, dass die Berichtigung von Veranlagungen auch noch nach einem sehr langen Zeitraum erforderlich wird.

---
293 vgl. BMF vom 12.09.2013 (BStBl 2013 I S. 1164).
294 BFH, BStBl 2002 II S. 420.
295 BFH vom 19.09.2012 IV R 11/12 (DStR 2012 S. 2051).

Beispiele:

a) An der AB-OHG sind die beiden natürlichen Personen A und B zu jeweils 50 % beteiligt. A überträgt in 01 ein bisher zu seinem Sonderbetriebsvermögen gehörendes Grundstück (Buchwert 100, Teilwert 200) unentgeltlich (verdeckt) zum Buchwert gem. § 6 Abs. 5 Satz 3 Nr. 1 EStG auf die AB-OHG. Innerhalb der Sperrfrist i. S. von § 6 Abs. 5 Satz 4 EStG wird das Grundstück durch die AB-OHG veräußert.

Lösung:

Nach der Sicherungsklausel gem. § 6 Abs. 5 Satz 4 EStG ist rückwirkend auf den Zeitpunkt der Übertragung (01) der Teilwert des Grundstücks (200) anzusetzen. Es ergibt sich bei der AB-OHG (da Übertragung aus dem Sonderbetriebsvermögen) ein der GewSt und bei A der ESt unterliegender Übertragungsgewinn. Korrespondierend hierzu hat die AB-OHG das Grundstück rückwirkend in 01 mit dem Teilwert anzusetzen. Die Sperrfrist endet 3 Jahre nach Abgabe der Steuererklärung des übertragenden A.

Der rückwirkende Teilwertansatz kann gem. § 6 Abs. 5 Satz 4 EStG verhindert werden, wenn die bis zur Übertragung entstandenen stillen Reserven durch Erstellung einer Ergänzungsbilanz dem übertragenden Gesellschafter zugeordnet worden sind. Diese Möglichkeit stellt ein Wahlrecht dar. Im Beispielsfall könnte eine interpersonelle Verlagerung stiller Reserven (nämlich von A auf B) z. B. dadurch vermieden werden, dass der Grundbesitz in der Handelsbilanz der AB-OHG mit dem Teilwert von 200 angesetzt wird, gleichzeitig die Kapitalkonten der Gesellschafter A und B um jeweils 100 erhöht werden und für A eine negative Ergänzungsbilanz von 100 gebildet wird. Im Fall einer nachfolgenden Veräußerung des Grundbesitzes wäre die zum Zeitpunkt der Veräußerung vorhandene negative Ergänzungsbilanz des A erfolgswirksam (steuerpflichtig) aufzulösen und der Gewinn für Zwecke der Einkommensbesteuerung allein von A zu versteuern.

b) A ist gewerblicher Einzelunternehmer und zu 50 % an der AB-OHG beteiligt. A überträgt ein Grundstück (Teilwert: 50.000 €, Buchwert 25.000 €) aus seinem Einzelunternehmen in das Gesamthandsvermögen der AB-OHG gegen Gewährung von Gesellschaftsrechten. Innerhalb von 2 Jahren nach der Übertragung verkauft die AB-OHG das Grundstück an die XY-GmbH.

Lösung:

Nach § 6 Abs. 5 Satz 3 Nr. 1 EStG ist das Grundstück mit dem Buchwert anzusetzen. Da das Wirtschaftsgut innerhalb der dreijährigen Sperrfrist von der AB-OHG veräußert wird, ist gem. § 6 Abs. 5 Satz 4 EStG im Einzelunternehmen des A rückwirkend auf den Zeitpunkt der Übertragung der Teilwert anzusetzen (Gewinn + 25.000 €). Außerdem sind im Betriebsvermögen der AB-OHG die Anschaffungskosten und Abschreibung entsprechend zu korrigieren und von einer Bemessungsgrundlage von 50.000 € auszugehen. Die Sperrfrist von 3 Jahren beginnt mit Abgabe der Steuererklärung des A für den Veranlagungszeitraum der Übertragung. Die Änderungen erfolgen verfahrensrechtlich sowohl bei dem Einzelunternehmer A als auch bei der AB-OHG nach § 175 Abs. 1 Nr. 2 AO.

c) A ist gewerblicher Einzelunternehmer und zu 50 % an der AB-OHG beteiligt. A überträgt ein einzelnes Wirtschaftsgut aus dem Einzelunternehmen (Teilwert 50.000 €, Buchwert 25.000 €) in das Gesamthandsvermögen der AB-OHG gegen Gewährung von Gesellschaftsrechten. Nach 2 Jahren überträgt die AB-OHG dieses Wirtschaftsgut unentgeltlich aus dem Gesamthandsvermögen in das Sonderbetriebsvermögen des Mitgesellschafters B.

10.18 Übertragung und Einlage von Betrieben, Teilbetrieben

Lösung:
Die Übertragung aus dem Einzelunternehmen des A in das Gesamthandsvermögen (Betriebsvermögen) der AB-OHG ist nach § 6 Abs. 5 Satz 3 Nr. 1 EStG zwingend mit dem Buchwert anzusetzen. Die anschließende unentgeltliche Übertragung innerhalb von 2 Jahren aus dem Gesamthandsvermögen der AB-OHG in das Sonderbetriebsvermögen des Mitgesellschafters B ist kein schädlicher Vorgang i. S. des § 6 Abs. 5 Satz 4 EStG, da die Sperrfristregelung des § 6 Abs. 5 Satz 4 EStG nur dann anzuwenden wäre, wenn der Übertragungsempfänger (die AB-OHG) das zunächst in das Betriebsvermögen übertragene Wirtschaftsgut innerhalb von 3 Jahren veräußert oder entnommen hätte. Die Übertragung in das Sonderbetriebsvermögen des Mitgesellschafters B ist nicht als Entnahme bzw. Veräußerung anzusehen. Die Übertragung des Wirtschaftsguts aus dem Gesamthandsvermögen der AB-OHG in das Sonderbetriebsvermögen des Mitgesellschafters B muss zwingend nach § 6 Abs. 5 Satz 3 Nr. 2 EStG zum Buchwert erfolgen.

Bei der Sicherungsklausel gem. § 6 Abs. 5 Satz 4 EStG ist zu berücksichtigen, dass eine Verlagerung von stillen Reserven des übertragenen Wirtschaftsguts bei Übertragungsvorgängen in das Gesamthandsvermögen gem. § 6 Abs. 5 Satz 3 Nr. 1 und 2 EStG nur dann eintreten kann, wenn die Gesellschaftsrechte des Einbringenden nicht verhältniswahrend erhöht werden (Erhöhung entsprechend den Teilwerten des eingebrachten Wirtschaftsguts/Gesamthandsvermögens) oder die übrigen Gesellschafter keine entsprechende Einlage (z. B. Geldeinlage) in die Gesamthand erbringen.

Einlagen aus Privatvermögen fallen nicht unter § 6 Abs. 5 Satz 3 EStG. Dasselbe gilt für Entnahmen.

Beispiele:

a) A ist Alleingesellschafter der A-GmbH & Co. KG. Sein Kommanditkapitalkonto beträgt 100.000 €. Zum Gesamthandsvermögen gehört ein Betriebsgrundstück (Buchwert: 200.000 €, Teilwert: 2.200.000 €). Die übrigen stillen Reserven betragen 1.000.000 €. A verkauft 50 % seiner Kommanditanteile an B für 500.000 €. Zuvor wird das Grundstück in das Sonderbetriebsvermögen des A übertragen.

Lösung:
Das Grundstück ist zum Buchwert in das Sonderbetriebsvermögen zu übertragen.
A erzielt einen Veräußerungsgewinn i. H. von 450.000 €.

Veräußerungserlös	500.000 €
Kapitalkonto	./. 50.000 €
	450.000 €

Der Gewinn unterliegt der Gewerbesteuer, da nicht der gesamte Mitunternehmeranteil veräußert wurde.

Die das übernommene Kapitalkonto übersteigenden Kosten sind von B als Anschaffungskosten in einer Ergänzungsbilanz zu aktivieren und gleichmäßig auf die Wirtschaftsgüter zu verteilen, die stille Reserven enthalten.

b) Vater und Sohn sind zu 90 bzw. 10 % Gesellschafter der VS-GmbH & Co. KG beteiligt. Zum Sonderbetriebsvermögen des Vaters gehört ein Grundstück (Buchwert: 200.000 €, Teilwert: 2.200.000 €). Zum 01.06.02 wird das Grundstück auf den Sohn übertragen, der es unverändert der GmbH & Co. KG für deren Zwecke überlässt.

Lösung:
Überführung zum Buchwert. Übernimmt der Sohn aber eine Darlehensverbindlichkeit, liegt ein teilentgeltliches Rechtsgeschäft vor.

Übertragung bei Beteiligung von Kapitalgesellschaften

§ 6 Abs. 5 Satz 5 und 6 EStG enthält Sondervorschriften für die Bewertung der Wirtschaftsgüter, wenn an der Mitunternehmerschaft **eine Kapitalgesellschaft** (oder eine andere Körperschaft i. S. des § 1 KStG) zum Zeitpunkt der Übertragung beteiligt (§ 6 Abs. 5 Satz 5 EStG) ist oder sich nachträglich beteiligt (§ 6 Abs. 5 Satz 6 EStG) oder eine Mitunternehmerschaft in eine Kapitalgesellschaft umgewandelt wird (§ 6 Abs. 5 Satz 6 EStG), insbesondere durch einen Formwechsel nach §§ 20, 25 UmwStG.

Nach § 6 Abs. 5 Satz 5 EStG ist der Teilwert des übertragenen Wirtschaftsguts zum Übertragungszeitpunkt anzusetzen, soweit durch eine Übertragung nach Satz 3 der Anteil einer Körperschaft, Personenvereinigung oder Vermögensmasse an dem übertragenen Wirtschaftsgut unmittelbar oder mittelbar begründet wird oder sich dieser erhöht. Damit soll einerseits das Überspringen stiller Reserven auf Kapitalgesellschaften verhindert werden. Andererseits sollen Gestaltungen unterbunden werden, in denen zunächst Wirtschaftsgüter steuerfrei (ohne Teilwertrealisierung) in das Gesamthandsvermögen einer Mitunternehmerschaft übertragen werden, an der eine Kapitalgesellschaft beteiligt ist und deren Anteile anschließend nach § 8b Abs. 2 KStG steuerfrei bzw. nach § 3 Nr. 40 i. V. m. § 3c Abs. 2 EStG anteilig steuerfrei veräußert werden.

Ein rückwirkender Ansatz des Teilwerts zum Übertragungszeitpunkt wird nach § 6 Abs. 5 Satz 6 EStG auch dann erforderlich, wenn innerhalb von 7 Jahren nach der Übertragung des Wirtschaftsguts der Anteil einer Körperschaft an dem übertragenen Wirtschaftsgut aus einem anderen Grund unmittelbar oder mittelbar begründet wird oder sich dieser erhöht. Sofern ein solcher Vorgang 7 Jahre nach der Übertragung erfolgt, wird auf den rückwirkenden Teilwertansatz verzichtet. Dies begründet der Gesetzgeber mit Praktikabilitätsgründen, da durch die Einführung einer Frist vermieden wird, dass die Berichtigungen von Veranlagungen auch noch nach einem sehr langen Zeitraum erforderlich werden.

Die stillen Reserven sind auch dann aufzudecken, wenn sich der Anteil der Kapitalgesellschaft am übertragenen Wirtschaftsgut zukünftig erhöht.

Beispiele:
a) Alleiniger Kommanditist der A-GmbH & Co. KG ist der A. A hält außerdem 100 % der Anteile der Verwaltungs-GmbH, die am Vermögen der KG zu 10 % beteiligt ist. Zum Sonderbetriebsvermögen des A gehört außerdem ein Grundstück, das er an die A-GmbH & Co. KG vermietet. Der Buchwert beträgt 100.000 €, der Teilwert beträgt 1.000.000 €.
Zum 01.06.02 überführt A das Grundstück in das Gesamthandsvermögen der A-GmbH & Co. KG.

10.18 Übertragung und Einlage von Betrieben, Teilbetrieben

Lösung:
Die Überführung in das Gesamthandsvermögen der A-GmbH & Co. KG erfolgt zu 90 % zum Buchwert – § 6 Abs. 5 Satz 3 EStG. Soweit die Verwaltungs-GmbH am übertragenen Wirtschaftsgut beteiligt wird, sind die stillen Reserven aufzudecken – § 6 Abs. 5 Satz 5 EStG.
Es entsteht ein laufender Gewinn i. H. von 90.000 €.
b) Wie Beispiel a; zum 01.06.2006 scheidet A aus der A-GmbH & Co. KG aus. Es kommt zur Anwachsung des bisherigen Gesamthandsvermögens bei der Verwaltungs-GmbH.
Zum 01.06.2006 veräußert A seine GmbH-Beteiligung.

Lösung:
Durch die Anwachsung in 06 wird die Verwaltungs-GmbH auch an den restlichen 90 % der stillen Reserven des Grundstücks beteiligt. Die anteiligen stillen Reserven sind **rückwirkend** aufzudecken. Es entsteht ein weiterer laufender Gewinn im Veranlagungszeitraum **02** i. H. von 810.000 €.

Abweichend von § 6 Abs. 5 Satz 3 EStG wird zwingend der Teilwertansatz vorgeschrieben, soweit durch die Übertragung der Wirtschaftsgüter auf die Personengesellschaft stille Reserven auf eine beteiligte Kapitalgesellschaft bei Buchwertfortführung übergeben würden, entweder bereits zum Zeitpunkt der Übertragung oder aber auch erst später.

Im letzten Fall muss rückwirkend nach § 175 Abs. 1 Nr. 2 AO der Teilwertansatz vorgenommen werden, wobei nur Übertragungen innerhalb einer 7-jährigen Frist schädlich sind.

Beispiel:
Am Festkapital und am Gewinn der X-GmbH & Co. KG sind A und B mit jeweils 40 % sowie die C-GmbH mit 20 % beteiligt. A möchte ein Grundstück aus seinem eigenen Betrieb steuerneutral auf die KG übertragen.

Lösung:
Nach § 6 Abs. 5 Satz 5 EStG muss der Teilwert angesetzt werden, soweit eine Kapitalgesellschaft Anteile an einem Wirtschaftsgut erlangt. Damit soll verhindert werden, dass die stillen Reserven auf die Kapitalgesellschaft übergehen und ggf. später bei einer Veräußerung die Einkünfte im Teil- oder Nulleinkünfteverfahren nicht realisiert werden (vgl. § 3 Nr. 40 EStG bzw. § 8b Abs. 1 KStG).
Dementsprechend müssen zwingend 20 % der stillen Reserven aufgelöst werden. Soweit dementsprechend die Gesellschaftsbilanz erhöht würde, würden an den aufgelösten stillen Reserven auch die Mitgesellschafter A und B beteiligt sein und darüber hinaus wäre die C-GmbH an den verbleibenden stillen Reserven beteiligt. Um das zu verhindern, muss der Einbringende (A) in Höhe der stillen Reserven, jedoch abzgl. des Anteils der Kapitalgesellschaft (C-GmbH 20 %) eine negative Ergänzungsbilanz bilden.
Das entspricht im Zweifel auch der wirtschaftlich gewollten Zielrichtung, dass insbesondere der Mitgesellschafter B nicht an den stillen Reserven des Grundstücks beteiligt werden soll.
Deshalb muss für die C-GmbH eine positive Ergänzungsbilanz gebildet werden. Soweit dementsprechend in der Gesellschaftsbilanz für die C-GmbH die stillen Reser-

ven aufgelöst werden und zu versteuern sind, neutralisiert die C-GmbH den auf sie entfallenden Anteil durch die spätere entsprechende Abschreibung.

Soweit Beteiligungen i. S. von § 17 EStG, d. h. aus dem Privatvermögen, in das Gesellschaftsvermögen einer Personengesellschaft gegen Gewährung von Gesellschaftsrechten als tauschähnlicher Vorgang eingebracht werden, erfolgt bei dem einbringenden Gesellschafter eine entgeltliche Veräußerung i. S. des § 17 EStG und eine Anschaffung aus Sicht der aufnehmenden Personengesellschaft.[296] Insoweit ist eine steuerneutrale Einbringung aus dem Privatvermögen nicht möglich und führt damit zu einer steuerlichen Ungleichbehandlung.

Diese Grundsätze gelten nicht nur bei der Einbringung wesentlicher Beteiligungen i. S. des § 17 EStG, sondern für alle Einzelwirtschaftsgüter, und damit führt z. B. die Einbringung von Grundstücken und grundstücksgleichen Rechten durch offene oder auch verdeckte Einlagen in das betriebliche Gesamthandsvermögen einer Personengesellschaft innerhalb von 10 Jahren seit der Anschaffung im Privatvermögen zu einem privaten Veräußerungsgeschäft i. S. des § 23 Abs. 1 Satz 1 Nr. 1 EStG. Diese Grundsätze gelten nicht nur bei der Einbringung in eine Personengesellschaft, sondern auch in eine andere Gesamthandsgemeinschaft (Gütergemeinschaft, Erbengemeinschaft).

Entsprechendes gilt bei der Übertragung eines Einzelwirtschaftsguts aus dem betrieblichen Gesamthandsvermögen einer Personengesellschaft oder anderen Gesamthandsgemeinschaft in das Privatvermögen. Das bedeutet, dass es sich auch im Fall der Übertragung gegen Minderung von Gesellschaftsrechten um einen tauschähnlichen und damit steuerwirksamen Vorgang handelt.

Nach § 6 Abs. 6 Satz 4 EStG erfasst § 6 Abs. 5 Satz 3 EStG auch die Übertragung von Einzelwirtschaftsgütern **gegen Gewährung oder Minderung von Gesellschaftsrechten** als Spezialform des Tausches zwischen dem Mitunternehmer und seiner Mitunternehmerschaft. Damit geht § 6 Abs. 5 Satz 3 EStG als Lex specialis den allgemeinen Regeln über die Gewinnrealisierung bei Tauschvorgängen (§ 6 Abs. 6 Satz 1 EStG) vor. Die Übertragung ist zwingend mit dem Buchwert vorzunehmen.

§ 6 Abs. 5 Satz 3 EStG erfasst nicht Veräußerungsvorgänge, die nach den allgemeinen Regelungen über Veräußerungsgeschäfte wie zwischen fremden Dritten abgewickelt werden. In diesen Fällen ist das Einzelwirtschaftsgut beim Erwerber gem. § 6 Abs. 1 Nr. 1 und 2 EStG mit den Anschaffungskosten anzusetzen; der Veräußerer erzielt in derselben Höhe einen Veräußerungserlös.

§ 6 Abs. 6 EStG (Tausch)

Werden **Einzelwirtschaftsgüter** im Wege des **Tausches** übertragen, handelt es sich dabei nach § 6 Abs. 6 EStG um einen normalen Veräußerungsvorgang, sodass die

---

296 BFH, BStBl 2000 II S. 230; BMF, BStBl 2000 I S. 462.

10.18 Übertragung und Einlage von Betrieben, Teilbetrieben

stillen Reserven in Höhe der Differenz zwischen dem gemeinen Wert und dem Buchwert des weggetauschten Wirtschaftsguts aufzudecken und zu versteuern sind. Dies gilt auch, wenn die Tauschobjekte Anteile an Kapitalgesellschaften sind.

Als Rechtsfolge entsteht ein Aufwand in Höhe des Buchwerts des hingegebenen Wirtschaftsguts und eine Betriebseinnahme für das erhaltene Wirtschaftsgut in Höhe des gemeinen Werts des hingegebenen Wirtschaftsguts.

Beispiel:

Die A-GmbH & Co. KG überträgt einen Autokran (gemeiner Wert: 100.000 €) an die B-Schwertransporte KG. Im Gegenzug erhält sie einen Tieflader (gemeiner Wert: 80.000 €). Der Buchwert beider Wirtschaftsgüter beträgt jeweils 10.000 €.

Lösung:

Es wird ein Wirtschaftsgut aus verschiedenen Betriebsvermögen gegen ein anderes getauscht.

A-GmbH & Co. KG
Anschaffungskosten Tieflader   100.000 €
Aufwand Abgang Autokran   ./. 10.000 €
Gewinn vor AfA   90.000 €
B-Schwertransporte KG
Anschaffungskosten Autokran   80.000 €
Aufwand Abgang Tieflader   ./. 10.000 €
Gewinn vor AfA   70.000 €

Erfolgt die Übertragung im Wege der verdeckten Einlage, erhöhen sich die Anschaffungskosten der Beteiligung an der Kapitalgesellschaft um den Teilwert des eingelegten Wirtschaftsguts (§ 6 Abs. 2 Satz 2 EStG).

Die verdeckte Einlage wird dem Veräußerungsvorgang gleichgestellt. Soweit Wirtschaftsgüter aus einem Betriebsvermögen in eine Kapitalgesellschaft, die zum selben Betriebsvermögen gehört, verdeckt eingelegt werden, erhöhen sich die Anschaffungskosten der Beteiligung an der Kapitalgesellschaft um den Teilwert des eingelegten Wirtschaftsguts. Wurde das Wirtschaftsgut innerhalb der letzten 3 Jahre angeschafft, sind die fortgeführten niedrigeren Anschaffungskosten anzusetzen.

Gehört die Beteiligung an der Kapitalgesellschaft zum Privatvermögen, liegt eine mit dem Teilwert zu bewertende Entnahme vor. Es folgt kein Ansatz der niedrigeren fortgeführten Anschaffungskosten, wenn das Wirtschaftsgut innerhalb der letzten 3 Jahre angeschafft wurde.

Beispiel:

Zum Gesamthandsvermögen der X-KG gehört die Beteiligung an der A-GmbH (Buchwert: 100.000 €). Zum 03.01.02 wird aus dem Betriebsvermögen der X-KG ein Grundstück in die A-GmbH verdeckt eingelegt. Der Buchwert beträgt 500.000 €, der Teilwert 5 Mio. €.

Lösung:
Die Anschaffungskosten der A-GmbH erhöhen sich um den Teilwert des Grundstücks. Es entsteht ein Gewinn i. H. von 4.500.000 €.

Bestandsvergleich	01.01.02	Änderung	03.01.02
Grundstück	500.000 €	./. 500.000 €	0 €
A-GmbH	100.000 €	+ 5.000.000 €	5.100.000 €
Summen	600.000 €	+ 4.500.000 €	5.100.000 €

Dies hat zur Folge, dass beim abgebenden Betriebsvermögen die stillen Reserven des ausscheidenden Wirtschaftsguts aufzudecken sind. Eine Ausnahme wird in dem Fall gemacht, in dem das eingelegte Wirtschaftsgut gem. § 6 Abs. 1 Nr. 5 Satz 1 Buchst. a EStG mit den den Teilwert unterschreitenden Anschaffungs- oder Herstellungskosten anzusetzen ist, um eine Übermaßbesteuerung zu vermeiden. Des Weiteren sind Übertragungen von Einzelwirtschaftsgütern im Rahmen der Begründung einer Betriebsaufspaltung unter Beteiligung einer Betriebskapitalgesellschaft oder während ihres Bestehens nicht mehr steuerneutral möglich.

§ 6 Abs. 7 EStG (Überschussrechner)

Im Fall des § 4 Abs. 3 EStG sind bei der Bemessung der Absetzungen für Abnutzung oder Substanzverringerung durch den Rechtsnachfolger oder den Erwerber die sich bei Anwendung des § 6 Abs. 3 bis 6 EStG ergebenden Werte als Anschaffungskosten zugrunde zu legen.

10.19 Entgeltlicher Betriebserwerb (§ 6 Abs. 1 Nr. 7 EStG)

Wird ein Betrieb entgeltlich erworben, so sind für die Bewertung in der Eröffnungsbilanz des Erwerbers die einzelnen Wirtschaftsgüter mit dem **Teilwert, höchstens** jedoch mit den **Anschaffungs- oder Herstellungskosten** anzusetzen. Regelmäßig wird der Teilwert des einzelnen Wirtschaftsguts im Zeitpunkt des Erwerbs den für den Erwerb aufgewendeten Anschaffungskosten entsprechen. Dem Teilwert kommt aber dann eine besondere Bedeutung zu, wenn ein Betrieb im Ganzen erworben worden und dafür ein Gesamtpreis gezahlt worden ist. Dieser Gesamtpreis ist dann bei der Aufstellung der Eröffnungsbilanz auf die einzelnen Wirtschaftsgüter, auch soweit es sich um bisher nicht bilanzierte besondere immaterielle Wirtschaftsgüter handelt (§ 248 Abs. 2 HGB, § 5 Abs. 2 EStG),[297] zu verteilen. Um ungerechtfertigte Steuervergünstigungen, z. B. zu hohe Absetzungen für Abnutzung, auszuschließen, ist für die Bewertung jedes einzelnen Wirtschaftsguts § 6 Abs. 1 Nr. 7 EStG zu beachten. Geht der für den Gesamtbetrieb gezahlte Kaufpreis über die Teilwerte der einzelnen Wirtschaftsgüter hinaus, so muss der Unterschied grundsätzlich als Geschäftswert ausgewiesen werden. Bleibt der Gesamtkaufpreis hinter der Summe der einzelnen Teilwerte zurück, müssen die einzelnen Wirtschaftsgüter mit den

---
297 BFH, BStBl 1989 II S. 89.

10.19 Entgeltlicher Betriebserwerb

niedrigeren Anschaffungskosten angesetzt werden. Dazu muss der Gesamtkaufpreis im Zweifel im Verhältnis der Teilwerte der Wirtschaftsgüter aufgeteilt werden. Es wäre nicht zulässig, die Wirtschaftsgüter mit dem Teilwert zu bilanzieren und zum Ausgleich einen negativen Geschäftswert anzusetzen.[298]

Beispiel:
Ein Steuerpflichtiger hat einen gewerblichen Betrieb im Ganzen für 100.000 € erworben. Es betragen die Teilwerte
der Maschinen und sonstigen abnutzbaren Anlagegüter   60.000 €
des Vorratsvermögens und sonstigen Umlaufvermögens   30.000 €
und eines selbst geschaffenen, bisher nicht bilanzierten Patents   5.000 €

Für die Eröffnungsbilanz ist von dem Grundsatz auszugehen, dass die Anschaffungskosten der einzelnen Wirtschaftsgüter den Teilwerten entsprechen. Entsprechend dürfen Maschinen und Vorratsvermögen usw. höchstens mit diesen Anschaffungskosten (Teilwerten) angesetzt werden. Es ist nicht zulässig, den Unterschiedsbetrag von 5.000 € (100.000 € ./. 95.000 €) etwa dem Anlagevermögen oder Umlaufvermögen hinzuzurechnen; vielmehr ist der Unterschiedsbetrag grundsätzlich als Geschäftswert gesondert auszuweisen.

Entsprechendes gilt, wenn ein Anteil (Mitunternehmeranteil) an einem bestehenden Personenunternehmen erworben wird, soweit nicht die Regelungen des § 24 UmwStG zu beachten sind. In solchen Fällen gezahlte Eintrittsgelder (Agio-Beträge) sind als Anschaffungskosten der Anteile an den übernommenen Wirtschaftsgütern und ggf. des Anteils am Firmenwert zu bilanzieren.[299] Dasselbe gilt für Provisionen, die der Steuerpflichtige für die Vermittlung des Beitritts in eine Personengesellschaft oder Bauherrengemeinschaft zahlt;[300] Vermittlungsprovisionen, die eine gewerblich tätige Personengesellschaft leistet, sind bei dieser hingegen Betriebsausgaben.[301]

Scheidet ein Gesellschafter aus einer Personengesellschaft aus, so erwerben die verbleibenden Gesellschafter seine Anteile an den Wirtschaftsgütern des Betriebs. Erhält der Ausscheidende eine Abfindung in Höhe des Buchwerts seiner Beteiligung, so werden die Anteile des Ausscheidenden an den Wirtschaftsgütern zu ihren bisherigen Buchwerten fortgeführt. Ist die Abfindung höher als der Buchwert der Beteiligung, so erwerben die verbleibenden Gesellschafter die Anteile des Ausscheidenden an den Wirtschaftsgütern zu einem über dem Buchwert liegenden Betrag. Die Buchwerte sind entsprechend aufzustocken, höchstens jedoch bis zu ihren Teilwerten. Ein überschießender Betrag ist grundsätzlich als Firmenwert anzusetzen. Das gilt nur dann nicht, wenn ein Firmenwert nachweislich nicht vorhanden ist. In diesem Fall ist der die Teilwerte der einzelnen Wirtschaftsgüter übersteigende Betrag eine sofort abzugsfähige Betriebsausgabe.

---
298 Vgl. BFH, BStBl 1981 II S. 730.
299 BFH, BStBl 1980 II S. 499.
300 BFH, BStBl 1987 II S. 810.
301 BFH, BStBl 1988 II S. 128.

Entsprechendes gilt, wenn ein Gesellschafter in der Weise aus der Gesellschaft ausscheidet, dass sein Anteil mit Zustimmung aller Gesellschafter gegen Entgelt auf einen von mehreren verbleibenden oder auf einen neu hinzutretenden Gesellschafter übergeht. Hier liegt für den Ausscheidenden eine Veräußerung und für den übernehmenden Gesellschafter eine Anschaffung des Anteils des Ausscheidenden an den zum Gesamthandsvermögen der Gesellschaft gehörenden Wirtschaftsgütern vor. Macht in einem solchen Fall der erwerbende Gesellschafter z. B. geltend, seine Gegenleistung sei nicht nur ein Entgelt für den erworbenen Gesellschaftsanteil, sondern auch die Abgeltung eines betrieblichen Schadensersatzanspruchs des ausgeschiedenen Gesellschafters, so kann er nur dann einen Teil der Gegenleistung sofort als Betriebsausgabe abziehen, wenn festgestellt ist, dass, soweit die Gegenleistung den Buchwert des Gesellschaftsanteils übersteigt, die Teilwerte der Wirtschaftsgüter nicht über den Buchwerten liegen und kein Geschäftswert vorhanden war. Erhält der Ausscheidende weniger als den Buchwert seiner Beteiligung, so führt das regelmäßig zu einer entsprechenden Herabsetzung der Buchwerte der Wirtschaftsgüter. Etwas anderes gilt nur dann, wenn die verbleibenden Gesellschafter die Wirtschaftsgüter zum Teil unentgeltlich erwerben.

Ein entgeltlicher Erwerb eines Anteils am Betrieb liegt auch dann vor, wenn im Gesellschaftsvertrag bestimmt ist, dass beim Tode eines Gesellschafters die Gesellschaft nur unter den bisherigen übrigen Gesellschaftern fortgesetzt wird. Zivilrechtlich scheidet der verstorbene Gesellschafter mit seinem Tode aus der Gesellschaft aus; seine Beteiligung wächst den übrigen Gesellschaftern anteilig an, und seine Erben erwerben nur einen gegen die Gesellschaft gerichteten schuldrechtlichen Abfindungsanspruch, zivilrechtlich handelt es sich um eine Fortsetzungsklausel ohne Nachfolgeklausel.[302] Einkommensteuerrechtlich liegt hierin eine entgeltliche Veräußerung des Mitunternehmeranteils des verstorbenen Gesellschafters an die übrigen Gesellschafter, der zu einem dem Verstorbenen zuzurechnenden tarifbegünstigten Veräußerungsgewinn und zu entsprechenden Anschaffungskosten der übrigen Gesellschafter führt.

Ist das Kapitalkonto eines ausscheidenden Kommanditisten negativ und übernimmt der Erwerber des Kommanditanteils dieses negative Kapitalkonto, so liegt darin eine Gegenleistung des Erwerbers für den Anteil des Ausscheidenden an den stillen Reserven und/oder am Geschäftswert. Der Erwerber hat demgemäß einen Betrag in Höhe des übernommenen negativen Kapitalkontos und eines etwaigen zusätzlichen Entgelts als Anschaffungskosten für die entsprechenden Wirtschaftsgüter zu aktivieren.[303]

---

302 BMF, BStBl 2006 I S. 253, Rz. 69.
303 BFH, BStBl 1981 II S. 795.

10.20 Bewertungsfreiheit für geringwertige Wirtschaftsgüter (§ 6 Abs. 2 EStG)

Die Anschaffungs- oder Herstellungskosten von beweglichen Wirtschaftsgütern des **Anlagevermögens**, die der Abnutzung unterliegen und die einer selbständigen Nutzung fähig sind, sind im Jahr der Anschaffung oder Herstellung in voller Höhe als Betriebsausgaben abzusetzen, wenn die Anschaffungs- oder Herstellungskosten für das einzelne Wirtschaftsgut, vermindert um einen darin enthaltenen Vorsteuerbetrag (§ 9b Abs. 1 EStG), 410 Euro nicht übersteigen (§ 6 Abs. 2 Satz 1 EStG). Das Gleiche gilt im Fall der Einlage dieser Wirtschaftsgüter und der Betriebseröffnung, wenn der Teilwert dieser Wirtschaftsgüter oder der nach § 6 Abs. 1 Nr. 5 oder 6 EStG an dessen Stelle tretende Wert 410 Euro nicht übersteigt.[304]

Diese Regelung fand Anwendung bis zum 31.12.2007 und gilt wieder seit dem 01.01.2010.

Vom 01.01.2008 bis zum 31.12.2009 waren die Anschaffungs- oder Herstellungskosten von Wirtschaftsgütern bis zu einem Betrag von 150 Euro sofort als Betriebsausgaben abgesetzt werden; ein Wahlrecht, wie heute wieder vorgesehen, existierte nicht.

Demgegenüber gilt und galt die Betragsgrenze von 410 Euro netto bei den Überschusseinkünften unverändert weiter.

Damit können und konnten die Anschaffungskosten bis zu 410 Euro geringwertiger Wirtschaftsgüter bei den Überschusseinkünften nach wie vor sofort als Werbungskosten abgezogen werden.

Insoweit fallen systemwidrig die entsprechende Wertgrenze und damit die sofortige Abzugsfähigkeit für die Zeit vom 01.01.2008 bis 31.12.2009 zwischen Gewinn- und Überschusseinkünften auseinander.

Die bisherige Aufzeichnungspflicht bei den Gewinneinkünften ist für Wirtschaftsgüter, deren Wert 150 Euro nicht übersteigt, seit dem 01.01.2008 entfallen.

Für bewegliche abnutzbare Wirtschaftsgüter des Anlagevermögens mit Anschaffungskosten oder Herstellungskosten von mehr als 150 Euro bis 1.000 Euro sind (kein Wahlrecht) vom 01.01.2008 bis zum 31.12.2009 die Aufwendungen in einen jahresbezogenen Sammelposten einzustellen und können diese ab 01.01.2010 eingestellt werden (§ 6 Abs. 2a EStG).

Dieser Sammelposten ist über eine Dauer von 5 Jahren gleichmäßig verteilt gewinnmindernd aufzulösen (sog. Poolabschreibung).

Abgesehen von der buchmäßigen Erfassung des Zugangs des jeweiligen Wirtschaftsguts bestehen keine weiteren Dokumentationspflichten.

---

304 Vgl. H 6.12 „Geringwertige Wirtschaftsgüter" EStH.

Die Einbeziehung der Wirtschaftsgüter in einen Sammelposten bedingt eine zusammenfassende Behandlung der einzelnen Wirtschaftsgüter. In der Folge wirken sich Vorgänge nicht aus, wenn sie sich nur auf das einzelne Wirtschaftsgut beziehen.

Durch Veräußerung, Entnahmen oder Wertminderung wird der Wert des Sammelpostens nicht beeinflusst, ebenso wenig wie bei Zerstörung.

Wird der Sammelposten gebildet, ist eine gewinnwirksame Teilwertabschreibung einzelner Wirtschaftsgüter im Sammelposten nicht möglich. Das hat zur Folge, dass ein Veräußerungserlös bzw. eine Entnahme in voller Höhe, d. h. bei der Entnahme in Höhe des Teilwerts und sonst in Höhe des Erlöses, gewinnwirksam ist, da der Wert des Wirtschaftsguts trotz tatsächlichen Ausscheidens im Sammelposten über die gesamte 5-jährige Zeit weiter fortgeführt wird.

Bei entgeltlichem Übergang des gesamten Betriebs oder Teilbetriebs auf einen Rechtsnachfolger erwirbt dieser die einzelnen Wirtschaftsgüter, die in dem Sammelposten enthalten sind. Diese Wirtschaftsgüter sind – soweit die Anschaffungskosten innerhalb der genannten Werte liegen – entsprechend der Neuregelung in einem Sammelposten auszuweisen. Bei unentgeltlichem Übergang werden die jeweiligen Sammelposten mit ihren Buchwerten fortgeführt.

Über die buchmäßige Erfassung gibt es keine weiteren besonderen Aufzeichnungspflichten.

Beispiel:
A erwirbt in einen Schreibtisch mit einer betrieblichen Nutzungsdauer gemäß AfA-Tabelle von 13 Jahren für 750 €.

Da der Betrag von 150 € überschritten und der Betrag von 1.000 € nicht überschritten wird, kann A den Schreibtisch in einen Sammelposten überführen und zusammen mit diesen Wirtschaftsgütern im Sammelposten über 5 Jahre abschreiben; ein Abzug als geringwertiges Wirtschaftsgut nach § 6 Abs. 2 EStG ist dagegen nicht möglich, da die Anschaffungskosten 410 € übersteigen.

§ 6 Abs. 2 und 2a EStG bringen Vorteile, dass die Buchführungs- und Bilanzierungsarbeit im Unternehmen vereinfacht werden, weil die einbezogenen Wirtschaftsgüter nicht einzeln auf einem Bestandskonto geführt und jährlich abgeschrieben werden müssen.

Andererseits sind für bewegliche abnutzbare Wirtschaftsgüter mit Anschaffungs- oder Herstellungskosten von mehr als 150 Euro bis zu 1.000 Euro, soweit der Sammelposten nach § 6 Abs. 2a EStG gebildet wird, über die Dauer von 5 Jahren gleichmäßig gewinnmindernd aufzulösen, unabhängig davon, ob die Nutzungsdauer des einzelnen Wirtschaftsguts geringer ist und es überhaupt noch zum Betriebsvermögen gehört.

Bewegliche Wirtschaftsgüter können nur Sachen i. S. des § 90 BGB, also **nur körperliche Gegenstände,** nicht aber immaterielle Wirtschaftsgüter sein.[305]

---
305 BFH, BStBl 1987 II S. 728.

10.20 Bewertungsfreiheit für geringwertige Wirtschaftsgüter

Zum Begriff der immateriellen Wirtschaftsgüter siehe 7.1.7.

Besonderheiten gelten bei der Behandlung von Software. Anwendersoftware (Individual- oder Standardsoftware) ist grundsätzlich ein immaterielles Wirtschaftsgut.[306] Datenträger, die nur Datenbestände und keine Befehlsstruktur enthalten, sowie Trivialprogramme gelten jedoch als abnutzbare bewegliche Wirtschaftsgüter. Computerprogramme, deren Anschaffungskosten nicht mehr als 410 Euro betragen, sind stets als Trivialprogramme und damit als materielle bewegliche Wirtschaftsgüter zu behandeln.[307]

Die Bewertungsfreiheit kann nur für Wirtschaftsgüter in Anspruch genommen werden, die **einer selbständigen Nutzung fähig** sind.

Bei der Frage, ob ein Wirtschaftsgut nicht selbständig nutzungsfähig ist, ist darauf abzustellen, ob

(a) das Wirtschaftsgut nach seiner betrieblichen Zweckbestimmung nur im Zusammenhang mit anderen Wirtschaftsgütern genutzt werden kann und ob

(b) die in den Nutzungszusammenhang eingefügten Wirtschaftsgüter technisch aufeinander abgestimmt sind oder mit anderen Wirtschaftsgütern des Anlagevermögens in einen ausschließlichen betrieblichen Nutzungszusammenhang eingefügt sind.

Es fragt sich, ob danach nur solche Wirtschaftsgüter zu den nicht selbständig nutzungsfähigen gerechnet werden können, die technisch aufeinander abgestimmt sind, oder ob auch nicht technisch aufeinander abgestimmte Wirtschaftsgüter unter bestimmten Voraussetzungen dazu zählen.

Wirtschaftsgüter, die zwar in einen betrieblichen Nutzungszusammenhang mit anderen Wirtschaftsgütern eingefügt sind, sind trotzdem selbständig nutzungsfähig, wenn sie nach ihrer betrieblichen Zweckbestimmung auch ohne die anderen Wirtschaftsgüter im Betrieb genutzt werden können (z. B. Müllbehälter eines Müllabfuhrunternehmens). Auch Wirtschaftsgüter, die nach ihrer betrieblichen Zweckbestimmung nur mit anderen Wirtschaftsgütern genutzt werden können, sind selbständig nutzungsfähig, wenn sie nicht in einen Nutzungszusammenhang eingefügt sind und nicht als ein einheitliches Ganzes in Erscheinung treten (Stühle einer Gaststätte, Bestecke, Schallplatten, Trivialprogramme, Videokassetten).

Wirtschaftsgüter sind nicht selbständig nutzungsfähig, wenn sie nach außen als ein einheitliches Ganzes in Erscheinung treten. Das Bild des einheitlichen Ganzen ergibt sich danach in vielen Fällen schon aus der betrieblich bedingten Art und Dauer der Verbindung und der Abstimmung der verbundenen Wirtschaftsgüter aufeinander. Die Festigkeit der Verbindung, ihre technische Gestaltung und ihre Dauer sind nicht immer entscheidend. Bei technisch aufeinander abgestimmten Wirtschaftsgütern kann eine selbständige Nutzungsfähigkeit des einzelnen Wirtschafts-

---

306 BFH, BStBl 1987 II S. 728.
307 Vgl. R 5.5 Abs. 1 EStR und H 5.5 „Keine immateriellen Wirtschaftsgüter" EStH.

guts nicht angenommen werden, wenn eines der verbundenen Wirtschaftsgüter durch die Trennung seine Nutzbarkeit verliert. Im Übrigen ist maßgeblich auf die betriebliche Zweckbestimmung des Wirtschaftsguts abzustellen.[308]

Als nicht selbständig nutzungsfähig kommen nur solche Wirtschaftsgüter in Betracht, die technisch aufeinander abgestimmt sind.[309] Unter welchen Voraussetzungen es sich im Einzelnen um technisch aufeinander abgestimmte Wirtschaftsgüter handelt, kann allerdings zweifelhaft sein.

In Übereinstimmung mit den vorgenannten Grundsätzen sind in der Rechtsprechung des BFH z. B. **nicht als selbständig nutzbar** angesehen worden: technisch aufeinander abgestimmte Gerüst- und Schalungsteile,[310] Leuchtstoffröhren, die in Lichtbändern zu einer Beleuchtungsanlage für die Beleuchtung eines ganzen Fabrikraums verbunden sind,[311] Motoren zum Einzelantrieb von Drehbänken,[312] Werkzeuge, die für ihre betriebliche Verwendung mit entsprechenden Werkzeugmaschinen verbunden werden müssen,[313] auf Vorrat beschaffte Hilfsstoffe und Reparaturmaterial für betriebliche Maschinen,[314] einheitlich gestaltete Fässer und Kisten zum Transport von Materialien,[315] Kühlkanäle von Getreidekühlgeräten.[316]

Hingegen sind nach den vorgenannten Grundsätzen als **selbständig nutzungsfähig** zu betrachten: Flachpaletten, die zusammen mit Gabelstaplern zum Befördern und Lagern von Ware dienen.[317] Dies deshalb, weil es sich nicht um technisch aufeinander abgestimmte Wirtschaftsgüter handelt. Einen Sonderfall bilden die genormten Stahlregalteile, die in einem Betrieb zu Regalen und anderen Vorrichtungen für unbegrenzte Dauer zusammengesetzt sind und so genutzt werden sollen. Hier stellen die einzelnen Regale und Vorrichtungen die selbständig nutzungsfähigen Wirtschaftsgüter dar.[318] Nach wie vor genügt ferner die einheitliche Zweckbestimmung einer Summe von Wirtschaftsgütern nicht, um eine selbständige Nutzungsfähigkeit zu verneinen. Das gilt selbst dann, wenn eine bestimmte Anzahl dieser Wirtschaftsgüter für den Betrieb vorhanden sein muss. So hat der BFH z. B. die selbständige Nutzungsfähigkeit für einheitlich beschaffte und genormte Transportkästen,[319] für die Beleuchtungsträger und Beleuchtungskörper einer Gaststätte[320] und für die

---

308 BFH, BStBl 1991 II S. 682.
309 R 6.13 Abs. 1 EStR.
310 BFH, BStBl 1967 III S. 151; vgl. aber BFH vom 01.08.1985 V R 84/78 (BFH/NV 1987 S. 331).
311 BFH, BStBl 1974 II S. 353.
312 BFH, BStBl 1959 III S. 77.
313 BFH, BStBl 1961 III S. 384.
314 BFH, BStBl 1968 II S. 568.
315 BFH, BStBl 1982 II S. 246.
316 BFH, BStBl 1988 II S. 126.
317 BFH, BStBl 1990 II S. 82.
318 BFH, BStBl 1980 II S. 176.
319 BFH, BStBl 1968 II S. 568.
320 BFH, BStBl 1968 II S. 567.

10.20 Bewertungsfreiheit für geringwertige Wirtschaftsgüter

Grundausrüstung an Spezialwerkzeugen, die eine Kfz-Reparaturwerkstatt bei der Übernahme einer bestimmten Automobilmarke zu beschaffen hat,[321] bejaht.

Einzelne miteinander nicht verbundene, zusammen als Schreibarbeitsplatz genutzte Teile einer Schreibtischkombination, bestehend aus Tisch, daruntergeschobenem Rollcontainer und seitlich an den Tisch gestelltem (selbständig stehendem) Computertisch, deren Anschaffungskosten jeweils 410 Euro nicht übersteigen, sind geringwertige Wirtschaftsgüter.

Im Übrigen wird auf die zahlreichen Beispiele in den Hinweisen[322] verwiesen.

Bei der Beurteilung der Frage, ob die Anschaffungs- oder Herstellungskosten für das einzelne Wirtschaftsgut 150 Euro, 410 Euro bzw. 1.000 Euro nicht übersteigen, ist, wenn von den Anschaffungs- oder Herstellungskosten des Wirtschaftsguts nach § 6b oder § 6c EStG übertragene stille Reserven abgesetzt worden sind, von den um den abgesetzten Betrag verminderten Anschaffungs- oder Herstellungskosten auszugehen. Ist das Wirtschaftsgut mit einem erfolgsneutralen Zuschuss aus öffentlichen und privaten Mitteln i. S. der R 6.5 Abs. 2 EStR angeschafft oder hergestellt worden, so sind als Anschaffungs- oder Herstellungskosten im vorgenannten Sinne die um den Zuschuss verminderten Kosten anzusehen. Ist von den Anschaffungs- oder Herstellungskosten ein Betrag nach § 6b oder § 6c EStG abgezogen worden, so sind die um diesen Betrag gekürzten Kosten maßgeblich.[323]

Sind die Anschaffungskosten von geringwertigen Wirtschaftsgütern im Rahmen einer Überschusseinkunftsart sofort in voller Höhe als Werbungskosten abgesetzt worden, können sie innerhalb von 3 Jahren nach ihrer Anschaffung nur mit 0 Euro in ein Betriebsvermögen eingelegt werden.[324]

Die beim Erwerb eines Wirtschaftsguts vom Veräußerer in Rechnung gestellte **Umsatzsteuer** gehört, soweit sie beim Erwerber als Vorsteuer abzugsfähig ist, nicht zu den Anschaffungs- oder Herstellungskosten. Soweit die Vorsteuer nicht abziehbar ist, ist sie den Anschaffungs- oder Herstellungskosten der zugehörigen Wirtschaftsgüter zuzurechnen (§ 9b Abs. 1 EStG). § 6 Abs. 2 EStG bestimmt, dass auch in den Fällen, in denen die Vorsteuer zu den Anschaffungs- oder Herstellungskosten rechnet, diese bei der Wertgrenze aber nicht zu berücksichtigen ist. Auf diese Weise wird erreicht, dass die Grenze, bis zu der geringwertige Wirtschaftsgüter i. S. von § 6 Abs. 2 und Abs. 2a EStG angenommen werden können, in gleicher Weise zu ermitteln ist, gleichgültig, ob die Vorsteuer zu den Anschaffungs- oder Herstellungskosten rechnet oder nicht.

Ebenso wie die AfA gem. § 7 EStG auch bei der Gewinnermittlung nach § 4 Abs. 3 EStG unabhängig von der Zahlung erfolgt, kann entsprechend die Vollabschreibung nach § 6 Abs. 2 EStG im Jahr der Anschaffung, Herstellung, Einlage oder Betriebs-

---

321 BFH, BStBl 1968 II S. 571.
322 H 6.13 „ABC: Beispiele für selbständig nutzungsfähige Wirtschaftsgüter" EStH.
323 So auch R 6.13 Abs. 2 EStR.
324 BFH, BStBl 1994 II S. 638.

eröffnung vorgenommen werden bzw. kann das Wirtschaftsgut in den Sammelposten nach § 6 Abs. 2a EStG eingestellt werden.

Das gilt auch, wenn die tatsächliche Nutzungsdauer über den Bilanzstichtag hinausreicht.

10.21 Tabellarische Übersicht der Bewertungsvorschriften nach § 6 EStG

Wirtschaftsgut/Vorgang	Zu bewerten mit	Rechtsgrundlage und Bemerkungen
1. **Abnutzbares Anlagevermögen,** z. B. Gebäude (ohne Grund und Boden), Maschinen, Büroeinrichtung, Fahrzeuge	Anschaffungs- oder Herstellungskosten abzüglich Absetzung für Abnutzung. Ist der Teilwert niedriger, kann dieser angesetzt werden. Bei gestiegenem (höherem) Teilwert muss – „Wertaufholungsgebot" – über den letzten Bilanzansatz, nicht aber über die Anschaffungs- oder Herstellungskosten u. Ä. hinausgegangen werden.	§ 6 Abs. 1 Nr. 1 EStG
	Ausnahme: geringwertige Anlagegüter.	§ 6 Abs. 2 und Abs. 2a EStG.
2. **Nicht abnutzbares Anlagevermögen,** z. B. Grund und Boden, Beteiligungen	Anschaffungs- oder Herstellungskosten. Ist der Teilwert niedriger, kann dieser angesetzt werden. Ist der Teilwert höher als der letzte Bilanzansatz, muss – „Wertaufholungsgebot" – der höhere Teilwert angesetzt werden. Übersteigt der höhere Teilwert die Anschaffungs- oder Herstellungskosten u. Ä., dürfen jedoch höchstens diese angesetzt werden.	§ 6 Abs. 1 Nr. 2 EStG

10.21 Tabellarische Übersicht der Bewertungsvorschriften nach § 6 EStG

3. **Umlaufvermögen,** z. B. Waren, Roh-, Hilfs- und Betriebsstoffe, Forderungen aufgrund von Warenlieferungen und Leistungen, Geld	Wie abnutzbares Anlagevermögen (Nr. 2).	§ 6 Abs. 1 Nr. 2 EStG
4. **Verbindlichkeiten**	Wie Umlaufvermögen (Nr. 3) in entsprechender Anwendung und ggf. Abzinsung.	§ 6 Abs. 1 Nr. 3 EStG
5. **Entnahmen**	Teilwert. Ausnahmsweise mit dem Buchwert. Bei Nutzungen und Leistungen: Selbstkosten.	§ 6 Abs. 1 Nr. 4 Satz 1 EStG § 6 Abs. 1 Nr. 4 Satz 4 und 5 EStG
6. **Einlagen**	Teilwert. Ausnahmen: bei Wirtschaftsgütern, die innerhalb der letzten 3 Jahre vor dem Zeitpunkt der Einlage angeschafft oder hergestellt worden sind: Teilwert, höchstens Anschaffungs- oder Herstellungskosten. Anteile an einer Kapitalgesellschaft mit dem Teilwert, höchstens jedoch mit den Anschaffungskosten, wenn der Steuerpflichtige am Kapital der Gesellschaft i. S. des § 17 Abs. 1 Satz 2 EStG beteiligt ist und bei Einlagen nach dem 31.12.2007 anderer Beteiligungen an Körperschaften bzw. bei Einlagen von Wirtschaftsgütern i. S. des § 20 Abs. 2 EStG bei Einlagen nach dem 31.12.2008.	§ 6 Abs. 1 Nr. 5 EStG
7. **Betriebseröffnung**	Wie Einlagen (Nr. 6).	§ 6 Abs. 1 Nr. 6 EStG
8. **Entgeltlicher Erwerb eines Betriebes**	Teilwert, höchstens Anschaffungs- oder Herstellungskosten.	§ 6 Abs. 1 Nr. 7 EStG

10 Bewertungs- und Bilanzierungsvorschriften nach dem EStG

	Bei Einbringung eines Betriebs in eine Personengesellschaft: Buchwert, Teilwert oder ein dazwischenliegender Wert.	§ 24 Umwandlungssteuergesetz
9. Übertragung		
a) eines Betriebs oder Teilbetriebs	Buchwerte des Vorgängers sind bindend für den Erwerber.	§ 6 Abs. 3 EStG
b) einzelner Wirtschaftsgüter, die zu einem Betriebsvermögen gehören und aus betrieblichem Anlass übertragen werden	Beim Erwerber Ansatz mit dem Betrag, der im Zeitpunkt des Erwerbs für das einzelne Wirtschaftsgut hätte aufgewendet werden müssen (gemeiner Wert).	§ 6 Abs. 4 EStG
c) Übertragung von Wirtschaftsgütern zwischen zwei Betrieben eines Steuerpflichtigen	Buchwertfortführung zwingend.	§ 6 Abs. 5 Satz 1 EStG
d) Übertragung aus dem Einzelunternehmen des Steuerpflichtigen in sein Sonderbetriebsvermögen bei einer anderen Personengesellschaft	Buchwertfortführung zwingend.	§ 6 Abs. 5 Satz 2 (1. Alt.) EStG
e) Übertragung vom Sonderbetriebsvermögen des Steuerpflichtigen bei einer Personengesellschaft in sein Sonderbetriebsvermögen bei einer anderen Personengesellschaft	Buchwertfortführung zwingend.	§ 6 Abs. 5 Satz 2 (2. Alt.) EStG
f) Übertragung aus dem Einzelunternehmen eines Steuerpflichtigen in das Gesamthandsvermögen einer Personengesellschaft und umgekehrt	Buchwertfortführung zwingend.	§ 6 Abs. 5 Satz 3 (1. Alt.) EStG

10.21 Tabellarische Übersicht der Bewertungsvorschriften nach § 6 EStG

	g) Übertragung aus dem Gesamthandsvermögen in das Sonderbetriebsvermögen eines Mitunternehmers und umgekehrt	Buchwertfortführung zwingend.	§ 6 Abs. 5 Satz 3 (2. Alt.) EStG
	h) Übertragung vom Sonderbetriebsvermögen eines Mitunternehmers in das Sonderbetriebsvermögen eines anderen Mitunternehmers	Buchwertfortführung zwingend.	§ 6 Abs. 5 Satz 3 (2. Alt.) EStG
	i) Übergang von stillen Reserven auf Mitunternehmeranteile von Kapitalgesellschaften	Teilwertansatz in Höhe der übergegangenen stillen Reserven = Missbrauchsregelung für Übertragungen ab dem 01.01.2001.	§ 6 Abs. 5 Satz 4 und 5 EStG
10.	**Betriebsaufgabe**		
	a) eines Einzelbetriebs	Wenn die Wirtschaftsgüter veräußert werden: Veräußerungspreise, wenn keine Veräußerung erfolgt: gemeiner Wert.	§ 16 Abs. 3 Satz 3 EStG § 16 Abs. 3 Satz 4 EStG
	b) einer Personengesellschaft	Gemeiner Wert für die Wirtschaftsgüter, die der Gesellschafter bei der Auseinandersetzung erhalten hat.	§ 16 Abs. 3 Satz 5 EStG

11 Rückstellungen

11.1 Allgemeines

Rückstellungen sind Passivposten, die das Kapital des Unternehmens wie eine laufende Ausgabe mindern. Da beim Betriebsvermögensvergleich das Kapital am Anfang und am Schluss des Wirtschaftsjahres verglichen wird, wird auch der Gewinn im Jahr der Rückstellungsbildung um die Höhe der Rückstellung gemindert. Durch Rückstellungen werden also zu erwartende künftige Ausgaben in einem Wirtschaftsjahr gewinnmindernd berücksichtigt, das vor dem Wirtschaftsjahr der Verausgabung liegt. Sinn und Zweck der Rückstellungsbildung ist es demnach, künftige Betriebsausgaben in dem Jahr gewinnmindernd zu berücksichtigen, in das sie wirtschaftlich gehören, mithin einen vernünftigen Ausgleich der Erfolgsrechnungen verschiedener Wirtschafts-(Gewinnermittlungs-)Zeiträume herbeizuführen. Diese Zielsetzung nennt man auch die **richtige Periodenabgrenzung.**

Der richtigen Periodenabgrenzung dienen nicht nur die Rückstellungen, sondern auch die Posten der Rechnungsabgrenzung (vgl. § 250 HGB). Nach § 5 Abs. 5 EStG sind sie nur unter ganz bestimmten Voraussetzungen zu bilden, und zwar auf der Aktivseite für Ausgaben vor dem Abschlussstichtag, soweit sie Aufwand für eine bestimmte Zeit nach diesem Tag darstellen (z. B. vorauszahlte Miete), und auf der Passivseite für Einnahmen vor dem Abschlussstichtag, soweit sie Ertrag für eine bestimmte Zeit nach diesem Tag darstellen (z. B. im Voraus erhaltene Miete); vgl. dazu R 5.6 EStR. Die passiven Posten der Rechnungsabgrenzung sind von den hier behandelten Rückstellungen zu unterscheiden.

Von den Rückstellungen sind ferner zu unterscheiden die passiven Posten der Wertberichtigung. Die Wertberichtigung ist nur eine besondere bilanzmäßige Darstellungsweise der Bewertung eines bilanzierten Wirtschaftsguts, während die Rückstellung einen selbständigen Bilanzposten bildet. Den wichtigsten Wertberichtigungsposten stellt das Delkredere dar. Anstatt Forderungen wegen ihrer Unverzinslichkeit, eines Ausfallwagnisses und zu erwartender Einzugskosten mit dem niedrigeren Teilwert zu bilanzieren, aktiviert man sie mit dem Nennwert und bildet einen passiven Wertberichtigungsposten in Höhe des Unterschieds zwischen dem Nominalwert und dem niedrigeren Teilwert, den man Delkredere nennt.

Handelsrechtlich (§ 249 HGB) **sind (Passivierungsgebot)** Rückstellungen zu bilden für

1. ungewisse Verbindlichkeiten,
2. drohende Verluste aus schwebenden Geschäften,
3. im Geschäftsjahr unterlassene Aufwendungen für Instandhaltung, die im folgenden Geschäftsjahr innerhalb von drei Monaten nachgeholt werden,

11.1 Allgemeines

4. im Geschäftsjahr unterlassene Aufwendungen für Abraumbeseitigung, die im folgenden Geschäftsjahr nachgeholt werden, und
5. Gewährleistungen, die ohne rechtliche Verpflichtung erbracht werden.

Darüber hinaus **dürfen (Passivierungswahlrecht)** handelsrechtlich Rückstellungen gebildet werden für

1. unterlassene Aufwendungen für Instandhaltung, wenn die Instandhaltung nach dem ersten Quartal, jedoch innerhalb des folgenden Geschäftsjahres nachgeholt wird, und
2. ihrer Eigenart nach genau umschriebene, dem Geschäftsjahr oder einem früheren Geschäftsjahr zuzuordnende Aufwendungen, die am Abschlussstichtag wahrscheinlich oder sicher, aber hinsichtlich ihrer Höhe oder des Zeitpunkts ihres Eintritts unbestimmt sind.

Für andere Zwecke dürfen handelsrechtlich Rückstellungen nicht gebildet werden.

Steuerrechtlich gilt für Steuerpflichtige, die ihren Gewinn nach § 5 EStG ermitteln, aufgrund der Maßgeblichkeit der handelsrechtlichen Grundsätze ordnungsmäßiger Bilanzierung Folgendes: Handelsrechtliche Passivierungsverbote sowie handelsrechtliche Passivierungsgebote[1] sind auch für die Steuerbilanz maßgeblich. Handelsrechtliche Passivierungswahlrechte führen hingegen zu einem steuerrechtlichen Passivierungsverbot.[2]

Aufgrund des § 5 Abs. 1 EStG bzw. der Sondervorschriften § 5 Abs. 2a, 3, 4, 4a und 4b, § 6 und § 6a EStG sind steuerrechtlich daher Rückstellungen nur in den Fällen zu bilden, in denen handelsrechtlich ein Passivierungsgebot besteht. Für die steuerliche Bewertung der Rückstellungen gilt § 6 Abs. 1 Nr. 3 i. V. m. Nr. 2 EStG entsprechend.[3]

Im Jahr der Bildung von Rückstellungen vermindert sich durch die entsprechende Aufwandsbuchung der ausgewiesene Periodengewinn. Soweit die Rückstellungsbildung in der steuerlichen Gewinnermittlung erfolgt, reduziert sich dadurch der Gewinn und damit die Steuerschuld. Tritt die mit der Rückstellung antizipierte Auszahlung nicht ein oder nicht in voller Höhe, so entsteht zumindest eine Stundung der Steuerzahlung.

Dieser Effekt ermöglicht eine sog. Finanzierung aus Rückstellungsgegenwerten, d. h., die Vermeidung von Liquiditätsabflüssen kann für Finanzierungszwecke nutzbar gemacht werden. Voraussetzung hierfür ist jedoch, dass aus den Umsätzen des Unternehmens liquide Mittel zufließen, deren Abfluss durch Buchung von auszahlungslosem Aufwand (zunächst) verhindert werden kann.

---
1 BFH, BStBl 1989 II S. 893.
2 BFH, BStBl 1992 II S. 336.
3 Vgl. auch § 253 Abs. 1 Satz 2 HGB und R 5.7 und R 6.11 EStR.

Rückstellungen weisen somit einen Finanzierungseffekt auf, indem liquide Mittel, die durch den Umsatzprozess durchgeflossen sind, für eine bestimmte Zeit – zwischen Bildung und Auflösung, d. h. Inanspruchnahme der Rückstellung – im Unternehmen verbleiben. Der Umfang des Finanzierungseffekts hängt neben der Höhe insbesondere von der Fristigkeit der Rückstellung ab.

Die Bewertung der Rückstellungen sind in § 6 Abs. 1 Nr. 3a Buchst. a bis e EStG enthalten.

Zu einem grundlegenden Unterschied zu den handelsrechtlichen Bewertungsregelungen führt u. a. die in § 6 Abs. 1 Nr. 3a Buchst. e EStG enthaltene Abzinsungsverpflichtung von Rückstellungen.

Im Gegensatz zur steuerrechtlichen Regelung besteht im HGB ein grundlegendes Abzinsungsverbot, von dem nur bei Vorliegen eines Zinsanteils im Rückstellungsbetrag abgewichen werden darf.

Der steuerrechtlich dagegen geforderten Abzinsung des Rückstellungsbetrages liegt die Annahme zugrunde, dass die als Folge der Passivierung zurückbehaltenen liquiden Mittel im Unternehmen zumindest in Höhe des Abzinsungssatzes verzinst werden.[4]

Im Ergebnis bedeutet damit die Abzinsung der Rückstellung und die Passivierung des Barwertes, dass der bestehende Schuldbetrag mit dem noch zu erwirtschaftenden Zins saldiert wird. Da diese Vorgehensweise im handelsrechtlichen Jahresabschluss nur dann zulässig ist, wenn die Verpflichtung einen Zinsanteil enthält, kommt es i. d. R. zu Abweichungen zwischen handels- und steuerrechtlichem Wertansatz.

Zu den Bewertungsregelungen vgl. 11.2.

11.2 Rückstellungen für ungewisse Verbindlichkeiten

Eine Rückstellung für ungewisse Verbindlichkeiten darf nur gebildet werden, wenn

1. es sich um eine Verbindlichkeit gegenüber einem Dritten oder eine öffentlich-rechtliche Verpflichtung handelt,
2. die Verbindlichkeit vor dem Bilanzstichtag verursacht ist und
3. mit einer Inanspruchnahme aus einer nach ihrer Entstehung oder Höhe ungewissen Verbindlichkeit ernsthaft zu rechnen ist,[5]

sowie negativ, dass

– die künftigen Ausgaben nicht zur Entstehung eines aktivierungspflichtigen Wirtschaftsguts führen (§ 5 Abs. 4b EStG) und

---
4 Vgl. BMF, BStBl 2005 I S. 699.
5 R 5.7 Abs. 2 EStR.

11.2 Rückstellungen für ungewisse Verbindlichkeiten

– kein Passivierungsverbot nach spezialgesetzlichen steuerrechtlichen Normen besteht.

Eine Rückstellung für ungewisse Schulden (Verbindlichkeitsrückstellung) erfordert[6] eine Verpflichtung gegenüber einem anderen,[7] die nach Entstehung **(dem Grunde nach)** oder wenn zwar sicher ist, dass der Steuerpflichtige für eine Schuld einstehen muss, aber noch nicht feststeht, in welcher Höhe die Schuld sein wird **(der Höhe nach), oder** wenn die Verpflichtung **sowohl dem Grunde als auch der Höhe** nach ungewiss ist.

Die Verbindlichkeit muss zum Betriebsvermögen gehören und aus der Sicht eines fiktiven Betriebserwerbers als negatives Wirtschaftsgut anzusehen sein, sie muss betrieblich veranlasst sein, und die Aufwendungen zu ihrer Erfüllung müssen abzugsfähige Betriebsausgaben sein.

Für Verpflichtungen, die nur zu erfüllen sind, soweit künftige Einnahmen oder Gewinne anfallen, sind Verbindlichkeiten oder Rückstellungen nach § 5 Abs. 2a EStG erst anzusetzen, wenn die Einnahmen oder Gewinne angefallen sind.

Ist z. B. gegen einen Unternehmer aus betrieblich veranlassten Haftpflichtgründen **ein Schadensersatzanspruch geltend gemacht worden,** so kann zweifelhaft sein, ob der Schadensfall überhaupt zu einer Ersatzpflicht des Unternehmens führt, z. B. weil die Frage der Verursachung oder des Verschuldens des Unternehmers zweifelhaft ist. Ferner kann, wenn die Ersatzpflicht des Unternehmers dem Grunde nach feststeht, ungewiss sein, wie hoch der Schaden ist oder ob der Unternehmer wegen mitwirkenden Verschuldens des Geschädigten nur einen Teil des Schadens zu ersetzen hat. Trotz dieser oder jener Unsicherheit kann aber bereits eine Belastung des Unternehmers vorliegen, wenngleich es noch an einer fest umrissenen Verbindlichkeit fehlt. Diese Belastung muss durch eine Rückstellung berücksichtigt werden. Das setzt jedoch voraus, dass das Bestehen oder Entstehen einer Verbindlichkeit wahrscheinlich ist,[8] d. h. nach objektiven Gesichtspunkten auf der Grundlage der am Bilanzstichtag vorliegenden und bis zur Aufstellung der Bilanz erkennbaren Tatsachen mehr Gründe dafür- als dagegensprechen.

Anders ist es, wenn noch ungewiss ist, ob ein Schadensfall überhaupt eintritt. So darf ein Brückenbauingenieur eine Rückstellung für Schadensersatz oder eine Garantierückstellung für einen bestimmten Auftrag nur bilden, wenn Tatsachen am Bilanzstichtag festgestellt werden, aus denen sich eine spätere Inanspruchnahme mit einer gewissen Wahrscheinlichkeit herleiten lässt; die Neuartigkeit einer Brückenkonstruktion im Ausland und das darin liegende erhöhte Risiko reichen dafür nicht aus.

---

6 BFH, BStBl 1992 II S. 910.
7 BFH, BStBl 1992 II S. 177.
8 BFH, BStBl 1989 II S. 893.

Dabei muss sowohl die Wahrscheinlichkeit, überhaupt in Anspruch genommen zu werden, als auch das zahlenmäßige Ausmaß der möglichen Inanspruchnahme geschätzt werden, wobei Rückgriffsmöglichkeiten gegen Dritte zu berücksichtigen sind.[9]

Die Verpflichtung zu einer Leistung kann unter anderem auf eine Geld-, Sach-, Dienst- oder Werkleistung gerichtet sein; die nicht in Geld bestehenden Verpflichtungen sind bei Sachwertverpflichtungen mit den Einzelkosten und notwendigen Gemeinkosten nach Preisverhältnissen am Bilanzstichtag (§ 6 Abs. 1 Nr. 3a Buchst. b EStG) anzusetzen.[10] Künftige Preis- und Kostensteigerungen dürfen nicht berücksichtigt werden (§ 6 Abs. 1 Nr. 3a Buchst. f EStG).

Die Bildung einer Rückstellung für ungewisse Verbindlichkeiten setzt eine **rechtliche Verpflichtung gegenüber einem anderen,** also einem „Gläubiger" (vgl. § 241 BGB), voraus. Wesensmerkmal ist der **Verpflichtungscharakter.** Nicht erforderlich ist, dass der dem Dritten zustehende Anspruch fällig oder geltend gemacht ist. Der Dritte muss seinen Anspruch grundsätzlich kennen.[11] In begründeten Fällen umfasst der Begriff Verbindlichkeit i. S. des § 249 Abs. 1 Satz 1 HGB auch Verpflichtungen, denen sich der Bilanzierende aus sittlichen oder moralischen Gründen praktisch nicht entziehen kann.

Auch eine öffentlich-rechtliche Verpflichtung[12] kann Grundlage einer Verbindlichkeitsrückstellung sein.

Voraussetzung ist jedoch, dass diese Verpflichtung hinreichend konkretisiert ist, d. h., es muss ein inhaltlich genau bestimmter Zeitraum vorgeschrieben sein, und an die Verletzung der Verpflichtung müssen Sanktionen geknüpft sein. Außerdem muss die ungewisse Verbindlichkeit im abgelaufenen Wirtschaftsjahr oder in der davorliegenden Zeit wirtschaftlich verursacht sein.

Alle diese Voraussetzungen sind nach Auffassung des BFH[13] z. B. bei der Verpflichtung der Buchung laufender Geschäftsvorfälle des Vorjahres erfüllt (soll nach Auffassung der Finanzverwaltung[14] nicht mehr für Großbetriebe gelten). Entsprechendes gilt – jetzt aber auch für Großbetriebe – für die gesetzliche Verpflichtung zur Prüfung des Jahresabschlusses, zur Veröffentlichung des Jahresabschlusses im Bundesanzeiger, zur Erstellung des Geschäftsberichts der Steuererklärung für die Betriebssteuern.

Die Bildung der Rückstellungen setzt nicht stets das Vorliegen einer einklagbaren Verpflichtung voraus. Es genügt, dass der Tatbestand, an den das Gesetz oder der Vertrag das rechtliche Entstehen einer Verbindlichkeit knüpft, im Wesentlichen

---

9 BFH, BStBl 1993 II S. 437.
10 Vgl. auch BMF, BStBl 2005 I S. 1047.
11 BFH, BStBl 1993 II S. 891.
12 BFH, BStBl 1993 II S. 891.
13 BFH, BStBl 1992 II S. 1010.
14 BMF vom 07.03.2013 (BStBl 2013 I S. 274).

11.2 Rückstellungen für ungewisse Verbindlichkeiten

bereits verwirklicht ist und die künftigen Ereignisse, die zur unbedingten Entstehung der Verpflichtung führen, wirtschaftlich dem abgelaufenen Jahr zuzurechnen sind.[15]

Die Erfüllung der Verpflichtung darf nicht nur an Vergangenes anknüpfen, sondern muss auch Vergangenes abgelten.[16] Für Verpflichtungen, die eng mit der künftigen Ertragslage eines Unternehmens verknüpft sind, sind Rückstellungen erst in dem Jahr zulässig, in dem die Gewinne entstehen, aus denen die Verpflichtungen zu erfüllen sind.[17] Dies gilt z. B. für sog. Erfolgsprämien, die erst in späteren Jahren nach Maßgabe der Ertrags- und Liquiditätslagen des Unternehmens dieser Jahre ratenweise zu zahlen sind.[18]

In **tatsächlicher** Hinsicht ist erforderlich, dass die Verbindlichkeit, die der Rückstellung zugrunde liegt, entstanden ist oder mit einiger **Wahrscheinlichkeit** entstehen wird und dass nach den am Bilanzstichtag objektiv gegebenen und bis zur Aufstellung der Bilanz subjektiv erkennbaren Verhältnissen ernsthaft damit gerechnet werden muss, dass eine Verbindlichkeit besteht.[19] Die Inanspruchnahme muss wahrscheinlich sein (R 5.7 Abs. 6 EStR); es müssen mehr Gründe dafür- als dagegensprechen (d. h. 51 %).

Ein Verkäufer darf wegen seiner Verpflichtung zur Rückerstattung des Kaufpreises keine Rückstellung bilden, wenn er am Bilanzstichtag mit einer **Wandlung des Kaufvertrags** nicht rechnen muss.

Das gilt nach Auffassung des BFH[20] auch dann, wenn die Wandlung noch **vor** Aufstellung der Bilanz erklärt wird. Nach Auffassung des BFH[21] ist die Ausübung des Wahlrechts zur Wandlung eine rechtsgestaltende Erklärung und damit keine ansatzaufhellende, sondern eine ansatzbeeinflussende Tatsache. Es reiche nicht aus, dass die zur Wandlung führenden Mängel objektiv bereits am Bilanzstichtag vorhanden gewesen seien. Eine ansatzaufhellende Tatsache für das Entstehen einer unbedingten Verpflichtung zur Rückerstattung des Kaufpreises und für eine Inanspruchnahme aus dieser Verpflichtung könnte die Wandlung allenfalls dann sein, wenn bereits am Bilanzstichtag Verhandlungen über eine mögliche Rückabwicklung des Kaufvertrags aufgenommen worden seien und die Rückabwicklung nach dem Stand der Verhandlungen in diesem Zeitpunkt wahrscheinlich sei.

Die Bildung von Rückstellungen in der Steuerbilanz richtet sich bei Gewinnermittlung nach § 5 EStG nach den handelsrechtlichen Grundsätzen ordnungsmäßiger Buchführung.

---

15 BFH, BStBl 1992 II S. 600.
16 BFH, BStBl 1989 II S. 893.
17 BFH, BStBl 1993 II S. 502.
18 BFH, BStBl 1980 II S. 741.
19 BFH, BStBl 1992 II S. 910.
20 BFH, BStBl 2002 II S. 227.
21 BFH, BStBl 2002 II S. 227.

11 Rückstellungen

Soweit nach **Handelsrecht** eine Rückstellung **geboten** ist, ist auch in der **Steuerbilanz** grundsätzlich eine Rückstellung **auszuweisen.** Das handelsrechtliche Passivierungsgebot begründet grundsätzlich auch eine steuerrechtliche Passierungspflicht, sodass in diesen Fällen Rückstellungsbildungen aus der Handelsbilanz auch für die Steuerbilanz zu übernehmen sind.

Soweit zu Unrecht eine Rückstellung in der Handelsbilanz nicht passiviert worden ist, muss sie dennoch in der Steuerbilanz ausgewiesen werden.

Besteht dagegen **handelsrechtlich keine Pflicht** zur Passivierung einer Rückstellung, so darf im Allgemeinen eine Rückstellung in der **Steuerbilanz nicht** ausgewiesen werden.

Beispiel:

In der Handelsbilanz der A-OHG ist für das Wirtschaftsjahr 08 u. a. folgende Rückstellung passiviert worden:

Rückstellung für die Generalüberholung des Maschinenparks i. H. von 115.000 €.

Diese Rückstellung wurde im abgelaufenen Wirtschaftsjahr gebildet. Die Generalüberholung wird voraussichtlich im Wirtschaftsjahr 09 durchgeführt und auch abgeschlossen sein.

Unter Berücksichtigung der steuerlichen Abzinsungsverpflichtung ergäbe sich ein Wert i. H. von 106.000 €.

Lösung:

Bei der Rückstellung für die Generalüberholung des Maschinenparks handelt es sich um eine Aufwandsrückstellung gem. § 249 Abs. 2 HGB.

Hierfür kann handelsrechtlich wahlweise eine Rückstellung gebildet werden, steuerrechtlich hingegen ist die Bildung dieser Rückstellung nicht zulässig (§ 5 Abs. 1 Satz 1 EStG und H 5.7 (1) „Handelsrechtliches Passivierungswahlrecht" EStH).

Somit ist eine Zurechnung gem. § 5 Abs. 1 Satz 1 EStG i. V. m. H 5.7 (3) „Aufwandsrückstellung" EStH für 08 nach § 60 Abs. 2 EStDV in der Steuerbilanz vorzunehmen.

Außerbilanzielle Hinzurechnung 115.000 €

In der **Steuerbilanz** ist in folgenden Fällen die Bildung von **Rückstellungen eingeschränkt** oder **unzulässig:**

- **§ 5 Abs. 2a EStG** verbietet Rückstellungen **für ungewisse Verbindlichkeiten,** die nur zu tilgen sind, soweit künftige Gewinne oder Einnahmen anfallen.

- **§ 5 Abs. 3 EStG** schränkt die Bildung von Rückstellungen wegen **Verletzung fremder Patent-, Urheber- oder ähnlicher Schutzrechte ein,** Rückstellungen dürfen in diesen Fällen nur gebildet werden, wenn der Rechtsinhaber Ansprüche wegen der Rechtsverletzung bereits geltend gemacht hat oder aber mit einer Inanspruchnahme ernsthaft zu rechnen ist.

  Im letzten Fall ist die Rückstellung spätestens in der Steuerbilanz des dritten auf ihre erstmalige Bildung folgenden Wirtschaftsjahres gewinnerhöhend wieder aufzulösen, wenn Ansprüche bis dahin nicht geltend gemacht worden sind.

11.2 Rückstellungen für ungewisse Verbindlichkeiten

- **§ 5 Abs. 4 EStG** schränkt die Bildung von Rückstellungen für die Verpflichtung zu einer Zuwendung aus Anlass eines **Dienstjubiläums** ein.
- **§ 5 Abs. 4a EStG** verbietet die Rückstellung **für drohende Verluste** aus schwebenden Geschäften.
- **§ 5 Abs. 4b EStG** verbietet die Passivierung einer Rückstellung, wenn die Erfüllung der Verpflichtung zur Entstehung eines **aktivierungspflichtigen Wirtschaftsguts** führt.

Beispiel:
V wurde mit Anordnung des Gewerbeaufsichtsamtes der Stadt B vom 21.12.13 verpflichtet, in der Reparaturwerkstatt eine neue Anlage für die Durchführung von Inspektionen zu errichten. Die neue Anlage soll das Absickern von Alt- und Maschinenölen in das Grundwasser verhindern. Die voraussichtlichen Anschaffungskosten für die Anlage betragen 150.000 €.
V hat deshalb zum 31.12.13 gewinnmindernd eine Rückstellung i. H. von 150.000 € gebildet.

Lösung:
Nach § 5 Abs. 4b EStG dürfen für Aufwendungen, die in den künftigen Jahren zu aktivierungspflichtigen Anschaffungskosten führen, keine Rückstellungen gebildet werden.
Deshalb ist die in der Handelsbilanz/Steuerbilanz zum 31.12.13 gebildete Rückstellung wieder aufzulösen.

Steuerbilanz – Wert bisher	150.000 €
Steuerbilanz – Wert richtig	0 €
Minderwert	– 150.000 €
Gewinnerhöhung	+ 150.000 €

Die Bildung einer Rückstellung ist nur zulässig, wenn die künftigen Aufwendungen zur Erfüllung der Verpflichtung steuerrechtlich sofort abziehbare Ausgaben darstellen, also ihrer Art nach **nicht** als Anschaffungs- oder Herstellungskosten aktiviert werden müssen.[22]

Das können auch herzustellende Betriebsvorrichtungen sein (z. B. Fettabscheider in Speisewirtschaft), auch soweit sie als Mietereinbauten zu selbständigen aktivierbaren Wirtschaftsgütern führen, z. B. als Scheinbestandteil oder Betriebsvorrichtung.

- **§ 4 Abs. 5 EStG** verbietet für die Steuerbilanz die Passivierung einer Rückstellung, wenn der zugrunde liegende Aufwand nach den Regelungen des § 4 Abs. 5 EStG zu den **nicht abziehbaren Ausgaben** gehört.

Das gilt insbesondere für Geldbußen, mit deren Festsetzung der Steuerpflichtige aufgrund eines betrieblich veranlassten Fehlverhaltens rechnen muss.

---
[22] BFH, BStBl 1999 II S. 18.

11 Rückstellungen

Beispiel:
Die OHG erhielt am 10.01.14 einen Bußgeldbescheid wegen unerlaubter Preisabsprache im Wirtschaftsjahr 13 i. H. von 50.000 €.
Aus diesem Grunde stellte die OHG mit gewinnmindernder Wirkung eine entsprechende Rückstellung in die Handelsbilanz zum 31.12.13 gem. § 249 Abs. 2 HGB ein.

Lösung:
Für Aufwendungen, die steuerlich nicht abziehbar sind (hier gem. § 4 Abs. 5 Nr. 8 EStG), darf in der Steuerbilanz keine Rückstellung gebildet werden (H 5.7 „Abzugsverbot" EStH).

Wertansatz berichtigt	0 €
Wertansatz bisher	– 50.000 €
Minderung – Rückstellungsbetrag	50.000 €
Gewinnerhöhung innerbilanziell	+ 50.000 €

Lässt das Abzugsverbot Ausnahmen zu (z. B. gem. § 4 Abs. 5 Nr. 8 Satz 4 EStG für die Abschöpfung des wirtschaftlichen Vorteils), müssen die Voraussetzungen dafür am Bilanzstichtag objektiv vorliegen.[23]

- Ungeachtet des Abzugsverbots des § 4 Abs. 5b EStG ist in der Steuerbilanz eine Gewerbesteuerrückstellung zu bilden, da die hierdurch verursachten Gewinnauswirkungen außerbilanziell zu neutralisieren sind (R 5.7 Abs. 1 Satz 2 EStR).
- Die Regelung nach **§ 5 Abs. 4b Satz 2 EStG** betrifft eine Sonderregelung für die Atomindustrie zur Wiederaufbereitung von Kernbrennelementen.

Nach § 253 Abs. 1 Satz 2 HGB ist bei der Bildung von Rückstellungen nur der Betrag anzusetzen, der nach vernünftiger kaufmännischer Beurteilung notwendig ist, um die Verpflichtung zu erfüllen.

Nach § 6 Abs. 1 Nr. 3a Buchst. a EStG ist auf der Grundlage der Erfahrungen der Vergangenheit die Wahrscheinlichkeit der Inanspruchnahme zu beurteilen.

Dabei kommt der Schätzung des Kaufmanns in der Handelsbilanz eine wesentliche Bedeutung zu, soweit sie sich im Rahmen einer vernünftigen kaufmännischen Beurteilung hält.

Bei der **Bewertung** von Rückstellungen ist nach **§ 6 Abs. 1 Nr. 3a EStG** Folgendes zu berücksichtigen:

Nach **§ 6 Abs. 1 Nr. 3a Buchst. a EStG** wird darüber hinaus klarstellend geregelt, dass bei der Rückstellungsbildung für gleichartige ungewisse Verbindlichkeiten (typische Geschäftsrisiken wie z. B. Rückstellungen für Garantieverpflichtungen) zu berücksichtigen ist, dass der Steuerpflichtige regelmäßig **nur für einen Teil** dieser Verbindlichkeiten oder Gewährleistungsverpflichtungen in Anspruch genommen wird.

---
23 BFH, BStBl 2001 II S. 536.

11.2 Rückstellungen für ungewisse Verbindlichkeiten

Der Wert der Rückstellung ist durch Schätzung zu bestimmen, sie kann als Einzel- oder Pauschalbewertung ausgewiesen werden.

Nach § 6 Abs. 1 Nr. 3a Buchst. b EStG sind Rückstellungen für Sach-, Dienst- oder Werkleistungsverpflichtungen nur mit den Einzel- und den angemessenen Teilen der notwendigen Gemeinkosten nach den Preisverhältnissen am Bilanzstichtag zu bewerten, nicht auch mit (zeitraumbezogenen) Fixkosten, die mit der Verpflichtung in keinem unmittelbaren ursächlichen Zusammenhang stehen.

Nicht ansetzbar sind damit die in § 255 Abs. 2 Satz 4 HGB genannten Kosten der allgemeinen Verwaltung, der sozialen Einrichtungen des Betriebs und freiwilliger sozialer Leistungen, auch Aufwendungen für die betriebliche Altersversorgung sind nicht rückstellungsfähig.

Künftige Ausgaben, die auch ohne die Verpflichtung entstehen werden, mindern damit folgerichtig zum gegenwärtigen Zeitpunkt nicht die steuerliche Leistungsfähigkeit und bleiben unberücksichtigt.

Nach **§ 6 Abs. 1 Nr. 3a Buchst. c EStG** sind bei der Bewertung von Rückstellungen **künftige Vorteile,** die mit der Erfüllung der Verpflichtung voraussichtlich verbunden sind, **mindernd zu berücksichtigen,** soweit keine Forderung zu aktivieren ist. Der Grund für die Verrechnungsverpflichtung besteht nach Auffassung des Gesetzgebers darin, dass die künftigen Einnahmen die später zu erfüllende Verbindlichkeit in ihrer Belastungswirkung mindern werden.

Das schließt im Einzelfall nicht aus, dass gem. § 6 Abs. 1 Nr. 3 Buchst. c EStG Rückgriffsmöglichkeiten mindernd zu berücksichtigen sind.

Das gilt insbesondere dann, wenn diese Rückgriffsmöglichkeit in einem unmittelbaren Zusammenhang mit der drohenden Inanspruchnahme steht und vollwertig ist, weil der Anspruch nicht bestritten wird.[24]

> **Beispiel:**
> Für Mängel im Zusammenhang mit der Herstellung und Lieferung von Bauwerken (Gebäude und dergleichen) hat die Firma B Garantieleistungen zu erbringen.
> Die Rückstellungen für die unbestrittenen Garantieleistungen wurden auf Vollkostenbasis einschl. eines Gewinnzuschlags ermittelt und mit dem so errechneten Wert von 400.000 € am 31.12.13 passiviert. Bei Berücksichtigung ausschließlich der notwendigen Gemeinkosten würde die Rückstellung nur 300.000 € betragen.
> Gegen Subunternehmen, die an den betreffenden Objekten beteiligt waren, bestehen unbestrittene Regressansprüche von 80.000 €.
>
> **Lösung:**
> Für Garantieleistungen muss in der Handels- und in der Steuerbilanz zum 31.12.13 eine Rückstellung gebildet werden (§ 249 Abs. 1 Satz 1 HGB, § 5 Abs. 1 Satz 1 EStG, H 5.7 (5) „Garantierückstellung" EStH).

---
[24] BFH, BStBl 2006 II S. 647.

11 Rückstellungen

Die Höhe der Rückstellung ergibt sich aus § 6 Abs. 1 Nr. 3a Buchst. b i. V. m. § 5 Abs. 6 EStG. Danach dürfen nicht die Vollkosten (gesamte Gemeinkosten), sondern nur angemessene Teile der Gemeinkosten berücksichtigt werden.

Außerdem darf die Garantierückstellung nur gekürzt um die bestehenden, unbestrittenen Regressansprüche gegen die Subunternehmer passiviert werden.[25]

Der für die Steuerbilanz maßgebliche Wert wird wie folgt berechnet, wobei die Garantierückstellung nicht nach § 6 Abs. 1 Nr. 3 EStG abzuzinsen ist:

Höhe der Rückstellung bei Ansatz der notwendigen Gemeinkosten	300.000 €
Regressansprüche gegen Subunternehmer	– 80.000 €
berichtigter Steuerbilanzwert	220.000 €
Rückstellung bisher	400.000 €
Minderung der Rückstellung	– 180.000 €
= Gewinnerhöhung	+ 180.000 €

Nach **§ 6 Abs. 1 Nr. 3a Buchst. d EStG** sind Rückstellungen für Verpflichtungen, für deren Entstehen im wirtschaftlichen Sinne der laufende Betrieb ursächlich ist, zeitanteilig in gleichen Raten anzusammeln.

Es handelt sich dabei um Sachverhalte, bei denen das Unternehmen nach Ablauf eines bestimmten Zeitraums eine bestimmte Verpflichtung zu erfüllen hat, z. B. ein angemietetes Gebäude in seinen ursprünglichen Nutzungszweck zurückzuversetzen. In diesen Fällen darf die Rückstellung nur ratierlich angesammelt werden.

Nicht unter diese Regelung fallen jedoch solche Verpflichtungen, die durch den Geschäftsbetrieb laufend entstehen bzw. sich erhöhen, wie die Rekultivierungsverpflichtung für abgebaute Flächen.

Nach **§ 6 Abs. 1 Nr. 3a Buchst. d Satz 2 EStG** sind hinsichtlich der Verpflichtung zur Rücknahme und Verwertung von **Altfahrzeugen** nach den §§ 3 bis 5 der Altfahrzeug-Verordnung Rückstellungen zeitanteilig in gleichen Raten bis zum Beginn der jeweiligen Erfüllung anzusammeln.

§ 6 Abs. 1 Nr. 3a Buchst. d Satz 3 EStG enthält eine Sonderregelung für Verpflichtungen, die sich aus der Stilllegung von **Kernkraftwerken** ergeben.

Nach **§ 6 Abs. 1 Nr. 3a Buchst. e EStG** sind Rückstellungen für Verpflichtungen mit einem Zinssatz von 5,5 % abzuzinsen. Vom **Abzinsungs**gebot sind ausgenommen:

- Verpflichtungen mit einer Laufzeit am Bilanzstichtag von weniger als 12 Monaten,
- verzinsliche Verpflichtungen,
- Verpflichtungen, die auf einer Vorauszahlung oder einer Vorausleistung beruhen.

---

25 H 6.11 „Rückgriffsansprüche" EStH

Es kann sich dabei sowohl um **Geldleistungs-** wie auch um **Sachleistungsverpflichtungen** handeln.

Beispiel:
In der Handelsbilanz der A-OHG ist für das Wirtschaftsjahr 13 folgende Rückstellung passiviert:
Rückstellung für die Verpflichtung zur Pachtanlagenerneuerung i. H. von 89.000 € (1. Pachtjahr, erstmalige Zuführung). Diese resultiert aus einem Pachtvertrag über ein Werkstattgebäude, der noch bis zum 31.12.23 läuft. Zu diesem Zeitpunkt ist dann eine entsprechende Ausgleichszahlung zu leisten. Würde man die Rückstellung abzinsen, so ergäbe sich zum Ende des Wirtschaftsjahres 13 ein Wert von 55.000 €.

Lösung:
Die Rückstellung für die Pachtanlagenerneuerung stellt eine langfristige laufende unverzinsliche Verpflichtung dar, für die steuerlich das Abzinsungsgebot des § 6 Abs. 1 Nr. 3a Buchst. e i. V. m. § 5 Abs. 6 EStG gilt.

Ansatz lt. Handelsbilanz	89.000 €
Ansatz lt. Steuerbilanz	55.000 €
Differenz = Abweichung nach § 60 Abs. 2 EStDV	34.000 €
außerbilanzielle Hinzurechnung	+ 34.000 €

Der Gesetzgeber begründet das damit, dass unverzinsliche oder niedrig verzinste ungewisse Geldleistungsverpflichtungen bei längerer Laufzeit wirtschaftlich weniger belastend sind als marktüblich verzinste Schulden. Der Ausweis der Rückstellungen zum voraussichtlichen Erfüllungsbetrag führe zu beträchtlichen steuerlichen Entlastungen, ohne dass dem eine entsprechende die Leistungsfähigkeit des Steuerpflichtigen herabsetzende Belastung gegenüberstehe. Dies könne sogar dazu führen, dass allein die Zinsvorteile aufgrund der ersparten Steuer die Verpflichtung kompensieren könne oder sogar bei langer Laufzeit die Belastung übersteige.

11.3 Einzelfälle

Altersteilzeit

Für Verpflichtungen im Rahmen einer Vereinbarung über Altersteilzeit nach dem Altersteilzeitgesetz ist in der Freistellungsphase ein bestimmter Prozentsatz des bisherigen Arbeitsentgelts weiter zu zahlen und dafür ist bereits in der Beschäftigungsphase eine ratierlich anzusammelnde Rückstellung zu bilden.[26]

Diese Rückstellungsverpflichtung aus der vertraglichen Altersteilzeitvereinbarung für die in der Freistellungsphase weiterhin zu zahlende laufende Vergütung ist erstmals am Ende des Wirtschaftsjahres zu passivieren, in dem die Altersteilzeit (Beschäftigungsphase) beginnt.

---
26 BFH, BStBl 2007 II S. 251.

11 Rückstellungen

Es ist eine Rückstellung für ungewisse Verbindlichkeiten zu passivieren.

Bemessungsgrundlage sind die gesamten in der Freistellungsphase zu gewährenden Vergütungen einschließlich der zu erbringenden Aufstockungsbeträge sowie sonstige Nebenleistungen (z. B. Urlaubs- und Weihnachtsgeld, Arbeitgeberanteile zur gesetzlichen Sozialversicherung) nach den Kosten- und Wertverhältnissen des jeweiligen Bilanzstichtags.

Dabei sind künftige Vorteile nach § 6 Abs. 1 Nr. 3a Buchst. c EStG wertmindernd zu berücksichtigen.[27]

Das können Erstattungsansprüche nach § 4 Abs. 1 des Altersteilzeitgesetzes sein, nämlich wenn bei Wiederbesetzung ein entsprechender Erstattungsanspruch besteht. Spätestens bei Abschluss eines neuen Arbeitsvertrags mit einem Arbeitnehmer, der den frei gewordenen Arbeitsplatz i. S. von § 3 Abs. 1 Satz 1 Nr. 2 des Altersteilzeitgesetzes übernimmt, ist von einem voraussichtlichen Vorteilseintritt auszugehen.

Die Rückstellung für die laufenden Vergütungen in der Freistellungsphase sind entsprechend der ratierlichen wirtschaftlichen Verursachung in der Beschäftigungsphase zeitanteilig in gleichen Raten anzusammeln und dabei gem. § 6 Abs. 1 Nr. 3a Buchst. e Satz 1 EStG mit einem Zinssatz von 5,5 % abzuzinsen.

Ausgenommen sind davon lediglich Rückstellungen, deren Laufzeit am Bilanzstichtag weniger als 12 Monate betragen, die verzinslich sind oder auf einer Anzahlung oder Vorausleistung beruhen.

Die Bewertung der Rückstellungen hat grundsätzlich nach versicherungsmathematischen Grundsätzen zu erfolgen.[28] Es ist auch im Einzelfall nicht zu beanstanden, wenn aus Vereinfachungsgründen ein entsprechendes pauschales Verfahren nach den BMF-Schreiben vom 28.03.2007[29] erfolgt.

Vergleiche auch BMF Schreiben vom 11.03.2008[30].

Ärztemuster

Eine Rückstellung oder ein anderer Schuldposten darf nicht deshalb angesetzt werden, weil der Arzneimittelhersteller in Werbeprospekten versprochen hat, den Interessenten auf Verlangen ein Ärztemuster abzugeben.[31] Von einer Schuld im Sinne eines schuldrechtlichen Anspruchs eines Gläubigers kann bei Werbemaßnahmen der vorliegenden Art nicht gesprochen werden. Es handelt sich um Aufwand, der jeweils das Wirtschaftsjahr belastet, in dem er tatsächlich anfällt. Rückstellungen oder andere Schuldposten sind für derartige Aufwendungen, auch wenn diese als sichtlich bevorstehend anzusehen sind, nicht zulässig.

---

27 Vgl. R 6.11 Abs. 1 EStR.
28 Vgl. u. a. Anwendung der „Richttafel 2005 G" von Prof. Klaus Heubeck und BMF, BStBl 2005 I S. 1054.
29 BMF, BStBl 2007 I S. 297 ff.
30 BMF, BStBl 2008 I S. 496.
31 BFH, BStBl 1977 II S. 278.

11.3 Einzelfälle

Arbeitnehmerprämien

Leistungsprämien, die ein Arbeitgeber seinen Mitarbeitern zahlt, um sie am wirtschaftlichen Ertrag des Unternehmens teilhaben zu lassen, und deren Höhe vom Ertrag abhängig ist, mindern den Gewinn des Wirtschaftsjahres, **für das** sie gezahlt werden. Dies gilt auch dann, wenn sich die Prämie teilweise nach dem in einem früheren Wirtschaftsjahr bezogenen Arbeitslohn bemisst.[32]

Tantiemen, die sich auf den Gewinn des abgelaufenen Wirtschaftsjahres beziehen, können bei Bilanzaufstellung auch dann schon durch Einsetzen eines Passivpostens berücksichtigt werden, wenn am Bilanzstichtag zwar noch kein einklagbarer Rechtsanspruch auf die Tantiemezahlung bestand, jedoch bereits konkrete Anhaltspunkte für die Zahlung feststellbar waren, z. B. betriebliche Übung oder Vorbehalte, von deren Eintritt mit hinreichender Wahrscheinlichkeit ausgegangen werden konnte.

Erfolgsprämien, die an die künftige Ertrags- und Liquiditätslage des Unternehmens anknüpfen, fehlt die wirtschaftliche Verursachung in den abgelaufenen Wirtschaftsjahren. Sie sind mithin nicht rückstellungsfähig.[33]

Gratifikationen (Treueprämien), die im Wesentlichen an Merkmale in der Vergangenheit anknüpfen (Dauer der Betriebszugehörigkeit, erreichter Arbeitslohn), sind bereits im Jahr der Zusage durch eine Rückstellung zu berücksichtigen. Bei ihrer Abhängigkeit auch von der weiteren Betriebstreue ist ein **Fluktuationsabschlag** und bei erst späterer Fälligkeit zudem eine **Abzinsung** vorzunehmen.[34]

Abfindungsverpflichtungen aufgrund von **Sozialplänen** machen eine Rückstellungsbildung erstmals für den Bilanzstichtag zulässig, vor dem der Betriebsrat über die geplante Betriebsänderung unterrichtet worden ist. Bei der Unterrichtung bis zur Bilanzaufstellung genügt auch der Entschluss zur Betriebsänderung oder der Eintritt ihrer wirtschaftlichen Notwendigkeit vor dem Bilanzstichtag.[35]

Aufbewahrungspflichten von Geschäftsunterlagen

Nach §§ 238, 257 HGB und §§ 140, 147 AO ist jeder Kaufmann verpflichtet, die in § 257 Abs. 1 Nr. 1 und 4 HGB aufgeführten Unterlagen (Handelsbücher, Inventare, Eröffnungsbilanzen, Jahresabschlüsse, Lageberichte, Konzernabschlüsse und Ähnliches) sowie Buchungsbelege 10 Jahre lang aufzubewahren.

Die übrigen in § 257 Abs. 1 HGB aufgeführten Unterlagen (empfangenen Handelsbriefe, Wiedergaben der abgesandten Handelsbriefe) müssen 6 Jahre lang aufbewahrt werden.

---

32 BFH, BStBl 1993 II S. 109.
33 BFH, BStBl 1993 II S. 502.
34 H 6.11 „Gratifikationen" EStH.
35 R 5.7 Abs. 9 EStR.

11 Rückstellungen

Für Umsatzsteuerzwecke sind darüber hinaus ein Doppel der Rechnungen 10 Jahre lang aufzubewahren und über den gesamten Zeitraum hinweg lesbar bereitzuhalten (§ 14b Abs. 1 UStG).

Für nicht bereits nach handelsrechtlichen Vorschriften zur Buchführung/Aufbewahrung Verpflichtete enthält § 147 Abs. 1 AO eine vergleichbare Aufzählung hinsichtlich der aufzubewahrenden Unterlagen.

Darüber hinaus sind öffentlich-rechtliche Aufbewahrungspflichten in einer Vielzahl weiterer Gesetze festgelegt.

Für die **zukünftigen Kosten dieser Aufbewahrungsverpflichtungen ist eine Rückstellung im Jahresabschluss zu bilden.**[36]

Als Kosten können beispielsweise Mietaufwendungen zu berücksichtigen sein. Obwohl es sich grundsätzlich bei einem Mietvertrag um ein schwebendes Geschäft (ausgeglichenes Dauerschuldverhältnis) handelt, sind, soweit entsprechende Mietaufwendungen für die zukünftige Aufbewahrung der Geschäftsunterlagen entstehen, diese Kosten rückstellungsfähig.

Entsprechendes gilt, wenn im Zusammenhang mit der Aufbewahrung der Unterlagen Kosten bezüglich des mit der Aufbewahrung befassten Personals zukünftig entstehen. Nicht rückstellungsfähig sind kalkulatorische Wiederbeschaffungskosten, z. B. die Kosten für Sachmittel (z. B. Regale).

Die Höhe der Kosten richtet sich nach dem voraussichtlichen Erfüllungsbetrag; damit ist steuerlich für die Verpflichtung ein Vollkostenansatz vorzunehmen, d. h., es sind sowohl die Einzelkosten wie auch ein angemessener Teil der Gemeinkosten rückstellungspflichtig.

Eine Abzinsung ergibt sich in der Handelsbilanz nicht, da in den zukünftigen Mietzahlungen und den übrigen Kosten regelmäßig kein Zinsanteil i. S. des § 253 Abs. 1 Satz 2 letzter Teilsatz HGB enthalten ist.

In der Steuerbilanz ist nach § 6 Abs. 1 Nr. 3a Buchst. e Satz 1 und 2 EStG eine Abzinsung i. H. von 5,5 % vorzunehmen.

Bei den Aufbewahrungsverpflichtungen handelt es sich um vergangenheitsorientierte öffentlich-rechtliche Verpflichtungen, die z. B. mit den zukünftig entstehenden Aufwendungen für den Jahresabschluss vergleichbar sind.

Entsprechendes gilt für Kosten, die im Zusammenhang mit § 147 Abs. 6 AO entstehen, wonach der Unternehmer verpflichtet ist, für den Datenzugriff im Rahmen von Außenprüfungen die entsprechenden gespeicherten Unterlagen und Aufzeichnungen auf einem Datenträger zur Verfügung zu stellen und bereitzuhalten (Datenzugriff der Finanzverwaltung).

---

36 So schon BFH, BStBl 2003 II S. 131, und H 5.7 (4) „Rückstellungen für öffentlich-rechtliche Verpflichtungen" EStH.

11.3 Einzelfälle

Für die Berechnung der Rückstellung sind nur diejenigen Unterlagen zu berücksichtigen, die zum betreffenden Bilanzstichtag entstanden sind.[37]

Ausgleichsansprüche des Handelsvertreters

Wegen des Ausgleichsanspruchs eines ausscheidenden Handelsvertreters nach § 89b HGB kann der Geschäftsherr, solange der Handelsvertretervertrag läuft, keine Rückstellung bilden, auch wenn er gleichzeitig viele Handelsvertreter beschäftigt.[38]

Beihilfen an Pensionäre

Für die Verpflichtung, Pensionären in Krankheits-, Geburts- und Todesfällen Beihilfe zu gewähren, muss eine Rückstellung gebildet werden.

Die hinreichende Wahrscheinlichkeit der Inanspruchnahme begründet der BFH[39] mit der Lebenserfahrung, wonach beihilfeberechtigte Pensionäre im Laufe ihres Ruhestands zugesagte Beihilfeleistungen tatsächlich in Anspruch nehmen.

Die Verpflichtung, Beihilfe zu leisten, findet nach Auffassung des BFH ihren wesentlichen Bezugspunkt bereits im erfüllten Arbeitsverhältnis, wobei der Gesamtbetrag der Verpflichtungen nicht bereits in voller Höhe im Vorhinein gebildet werden darf, sondern die Rückstellung ratierlich anzusammeln ist.

Beiträge an Berufsgenossenschaften

Für Beiträge eines Unternehmens an die Berufsgenossenschaft für das kommende Wirtschaftsjahr können keine Rückstellungen gebildet werden, da diese Beiträge wirtschaftlich nicht das abgelaufene, sondern das kommende Jahr belasten.

Bergschäden

Bergwerksunternehmen haben für Bergschäden den Geschädigten Schadensersatz zu leisten (§ 148 PrBergG). Für verursachte, aber noch nicht behobene Bergschäden und künftig zu erwartende Ersatzansprüche aus Bergschäden können Rückstellungen gebildet werden. Die Höhe der Rückstellungen ist nach vorhandenen Unterlagen, z. B. Kostenvoranschlägen für die Schadensbehebung, und nach den Erfahrungen der Vergangenheit zu schätzen.

Betriebsprüfungskosten

Die sich aus § 200 AO für die Steuerpflichtigen bei einer künftig durchzuführenden Betriebsprüfung ergebenden Mitwirkungspflichten sind zunächst lediglich latent vorhanden. Die einzelnen Pflichten, z. B. Bereitstellung von Arbeitsräumen und

---

37 BFH, BStBl 2011 II S. 496.
38 BFH, BStBl 1983 II S. 375; H 5.7 (5) „Ausgleichsanspruch Handelsvertreter" EStH.
39 BFH, BStBl 2003 II S. 279.

11 Rückstellungen

Auskunftspersonen, werden erst durch die Aufforderung der Behörde konkretisiert und aktualisiert, sind erst durchsetzbar aufgrund der entsprechenden Anordnungen. Zu einem früheren Zeitpunkt bestehen danach keinerlei konkret erzwingbare Verpflichtungen, sodass die Voraussetzung für eine Rückstellung wegen einer ungewissen Verbindlichkeit i. S. des § 249 Abs. 1 Satz 1 HGB nicht vorliegt. Aufwendungen, die dadurch entstehen können, dass aus Anlass einer späteren Betriebsprüfung zusätzliche Buchführungsarbeiten erforderlich sein können, sind ebenfalls nicht rückstellungsfähig.

Buchführungskosten

Die Verpflichtung zur Buchung laufender Geschäftsvorfälle des Vorjahres berechtigt zur Bildung einer eigenständigen Rückstellung in der Steuerbilanz.[40] Die Verpflichtung, laufende Geschäftsvorfälle des abgelaufenen Wirtschaftsjahres zu buchen, ist kein unselbständiger Teil der Verpflichtung zur Erstellung des Jahresabschlusses, sondern eine selbständig zu beurteilende öffentlich-rechtliche Verpflichtung (§ 238 HGB, §§ 140, 141, 146 AO), die hinreichend konkretisiert ist und deren Verletzung mit Sanktionen bedroht ist. Da jeder Geschäftsvorfall die Verpflichtung zu einer Buchung auslöst, ist das wesentliche Tatbestandsmerkmal der öffentlich-rechtlichen Verpflichtung bereits im abgelaufenen Wirtschaftsjahr erfüllt. Entscheidend ist, dass die Buchungspflicht der Geschäftsvorfälle des abgelaufenen Wirtschaftsjahres ausgelöst wird und wirtschaftlich eine von diesen Vorgängen nicht trennbare Belastung darstellt. Dabei ist die Aufzeichnungspflicht nicht wirtschaftlich mit künftigen Gewinnchancen, sondern mit Erträgen und/oder Aufwendungen der Vergangenheit verbunden.

Bürgschaften, Wechselobligo

Ist eine Bürgschaft aus betrieblichen Gründen übernommen worden, so sind Verluste hieraus Betriebsverluste, die den steuerlichen Gewinn mindern. Besteht am Bilanzstichtag die ernsthafte Gefahr einer Inanspruchnahme aus der Bürgschaft, so kann das die Gefahr des Eintritts eines Verlustes aus der Bürgschaft bedeuten. Diesem Umstand kann durch Bildung einer entsprechenden Rückstellung Rechnung getragen werden. Dabei sind alle das Risiko aufhellenden Umstände, die bis zur Aufstellung der Bilanz eintreten, zu berücksichtigen. Zahlt der Schuldner bis zu diesem Zeitpunkt die Schuld, so entfällt die Haftung des Bürgen. Eine Rückstellung kommt dann grundsätzlich nicht in Betracht.

Ähnlich liegen die Verhältnisse bei Gefahr der Inanspruchnahme aus weitergegebenen Kundenwechseln (Wechselobligo). Die Bezahlung einer Schuld durch Hingabe eines Wechsels ist wirtschaftlich noch keine Schuldtilgung. Hat der Steuerpflichtige am Bilanzstichtag Kundenwechsel in Besitz, so sind weiterhin die zugrunde liegen-

---

40 BFH, BStBl 1992 II S. 1010.

11.3 Einzelfälle

den Forderungen zu bilanzieren. Hat der Kaufmann die erhaltenen Kundenwechsel weitergegeben und sind sie am Bilanzstichtag nicht eingelöst, so muss er damit rechnen, vom Wechselgläubiger in Anspruch genommen zu werden, wenn der Kunde den Wechsel nicht einlöst. Wegen dieses Risikos kann er eine Rückstellung bilden, die unter Berücksichtigung aller Umstände zu schätzen ist.[41] Bei der Schätzung des Wechselobligos sind alle wertaufhellenden Umstände zu berücksichtigen, die bis zur Bilanzaufstellung eintreten oder bekannt werden und aus denen Schlüsse über das Bestehen oder Nichtbestehen eines Risikos am Bilanzstichtag gezogen werden können (sog. Aufhellungstheorie).

Die Einlösung eines Wechsels bis zur Bilanzaufstellung schließt daher grundsätzlich die Bildung einer Rückstellung für Wechselobligo insoweit aus.[42] Etwas anderes gilt nur dann, wenn die Einlösung auf Umständen beruht, die erst nach dem Bilanzstichtag eingetreten sind (wertbeeinflussende Umstände).

Beispiel:
Ein am Bilanzstichtag zahlungsunfähiger Kunde wird durch eine Erbschaft nach dem Bilanzstichtag in die Lage versetzt, den Wechsel einzulösen.

Kann ein konkretes Einzelrisiko nicht nachgewiesen werden, so ist eine **Pauschalrückstellung** zu bilden.

Bei Pauschalrückstellungen (das sind Rückstellungen für das Risiko aus allen weitergegebenen Kundenwechseln, für die keine Einzelrückstellungen gebildet sind) wird das Risiko nach einem Prozentsatz der Nennbeträge der Wechsel bemessen. Dieser Prozentsatz ergibt sich aus den betrieblichen Erfahrungen der vergangenen Wirtschaftsjahre (§ 6 Abs. 1 Nr. 3a Buchst. a EStG). Sind alle für eine Pauschalrückstellung in Betracht kommenden Kundenwechsel bis zur Bilanzaufstellung eingelöst, so darf eine Pauschalrückstellung nicht gebildet werden. Sind diese Wechsel im Zeitpunkt der Bilanzaufstellung nur zum Teil eingelöst, so darf die Pauschalrückstellung die Nennbeträge der bei Bilanzaufstellung nicht eingelösten Kundenwechsel nicht übersteigen.

Beispiel:

Gesamtnennbetrag der weitergegebenen Kundenwechsel, für die eine Pauschalrückstellung in Betracht kommt	200.000 €
Prozentsatz nach Erfahrung 3 %	6.000 €
Bei Bilanzaufstellung noch nicht eingelöste Wechsel	5.500 €
Zulässige Pauschalrückstellung	5.500 €

Entsorgungsverpflichtung

Die Verpflichtung, Entsorgung von Altmaterialien und Ähnlichem vornehmen zu müssen, hat inzwischen eine große Bedeutung; so handelt es sich z. B. bei der Ver-

---
41 BFH, BStBl 1967 III S. 335.
42 BFH, BStBl 1973 II S. 218.

nichtung gelagerter Altreifen und von Altöl um derartige Entsorgungsverpflichtungen. Diese sind öffentlich-rechtlicher Natur. Eine öffentlich-rechtliche Verpflichtung kann nur dann Grundlage für eine Rückstellung sein, wenn sie hinreichend konkretisiert ist, d. h., es muss ein inhaltlich genau bestimmtes Handeln durch Gesetz oder Verwaltungsakt innerhalb eines bestimmten Zeitraums vorgeschrieben und an die Verletzung der Verpflichtung müssen Sanktionen geknüpft sein. Entscheidet das Unternehmen selbst, dass es z. B. die Altreifen bzw. das Altöl entsorgen will, so liegt zwar nach § 3 Abs. 4 AbfG eine öffentlich-rechtliche Verpflichtung vor, diese ist aber noch nicht hinreichend konkretisiert, da es in einem solchen Fall dem Unternehmen freisteht, wann und wie es die Entsorgung vornimmt. Insbesondere das zeitliche Moment ist aber für die Konkretisierung der Verpflichtung von wesentlicher Bedeutung. Für eine derartige Verpflichtung kann im Grunde **keine Rückstellung für ungewisse Verbindlichkeiten** gebildet werden.

Nach **§ 3 Abs. 4 AbfG** ist der Besitzer von Abfall, soweit dieser nach Art oder Menge nicht mit den in Haushaltungen anfallenden Abfällen zu entsorgen ist, selbst zur Entsorgung verpflichtet.

Für die Entsorgung eigenen Abfalls kann in der Steuerbilanz keine Rückstellung gebildet werden.

Der BFH hat sich mit dieser Problematik in einem Verfahren befasst, das ein Unternehmen betraf, welches Lacke und Lackfarben für industrielle Verarbeitung herstellt.

Die hierbei entstehenden Abfälle mussten entsorgt werden. Die Abfallbeseitigung war einer Drittfirma übertragen worden, von der Abfallbehälter gemietet wurden. Die Abfälle waren in diesen Behältern zwischengelagert. Ein konkreter Auftrag zum Abtransport war noch nicht erteilt. Nach der Entscheidung des BFH fehlte es am Bilanzstichtag an einer konkreten öffentlich-rechtlichen Verpflichtung zur Abfallentsorgung. Es liegt weder eine Verfügung der zuständigen Behörde noch eine Vereinbarung zwischen dem Unternehmen und der Behörde vor, den Abfall innerhalb einer vorgegebenen Zeit zu entsorgen. Auch das Abfallgesetz regelt nur die Art der Abfallentsorgung in einer Weise, welche die Allgemeinheit nicht beeinträchtigt, es setzt nur den ordnungspolitischen Rahmen für die Entsorgung. Der Zwang zur Entsorgung selbst ergibt sich aus betrieblichen Notwendigkeiten. Der Betrieb ist faktisch gezwungen, die Abfälle zu entsorgen, um nicht seinen Betriebsablauf zu gefährden. Der hierzu erforderliche Aufwand stellt somit eigenbetrieblichen Aufwand dar, für den keine Rückstellung gebildet werden kann.[43]

Nachsorge von Abfalldeponien: Entsprechendes gilt für **§ 10 AbfG,** der die Verpflichtungen nach Stilllegung einer Entsorgungsanlage regelt. Nach Abs. 2 soll der Inhaber verpflichtet werden, auf seine Kosten das Gelände zu rekultivieren und sonstige Vorkehrungen zu treffen, die erforderlich sind, Beeinträchtigungen des

---

43 BFH, BStBl 2001 II S. 570.

11.3 Einzelfälle

Wohls der Allgemeinheit zu verhindern. Die Vorschrift ist eine Sollvorschrift. Es steht im Belieben der zuständigen Behörde, ob sie entsprechende Auflagen erteilt oder nicht. Sanktionen sind an die Nichtbeachtung nicht geknüpft, wie sich aus § 18 Abs. 1 Nr. 5 AbfG ergibt.

Auch die **Technische Anleitung Abfall (TA Abfall, Teil 1, Tz. 9.7)** gibt lediglich allgemeine, von Fall zu Fall auszuführende Standards für den Betrieb und die Nachbehandlung von Deponien vor, ohne konkrete individuelle Verpflichtungen zu begründen.

Eine hinreichende Konkretisierung kann sich aus **§ 6 AbfG i. V. m. §§ 16 bis 19 LAbfG** ergeben, soweit die danach zu erstellenden Abfallentsorgungspläne konkrete Anweisungen für Maßnahmen nach Beendigung der Deponie enthalten (z. B. Maßnahmen zur Grund- und Sickerwasserbehandlung, der Entgasung).

Betreibt ein Unternehmen das Recycling von Bauschutt, so kann es eine Rückstellung für die nach dem jeweiligen Bilanzstichtag anfallenden Aufbereitungskosten bilden, sofern die zeitnahe Verarbeitung behördlich überprüft wird.[44] § 5 Abs. 4b EStG ist zu beachten.

Garantieverpflichtungen

Die Anerkennung einer Rückstellung für Garantieverpflichtungen setzt voraus, dass am Bilanzstichtag mit einer Inanspruchnahme aus bestehenden Garantieverpflichtungen mit einiger Sicherheit oder wenigstens Wahrscheinlichkeit gerechnet werden muss. Der Steuerpflichtige ist berechtigt, Rückstellungen aufgrund der in der Vergangenheit gemachten Erfahrungen auch dann in gewissem Umfang zu bilden, wenn zwar am Bilanzstichtag oder am Tag der Bilanzaufstellung Garantiefälle noch nicht bekannt geworden sind, er aber auf mit einer gewissen Regelmäßigkeit nach Grund und Höhe auftretende tatsächliche Garantieinanspruchnahmen hinweisen kann.[45] Auch wenn das Letztere nicht der Fall ist, ist eine vorsichtige Rückstellungsbildung zulässig, sofern sich aus den branchenmäßigen Erfahrungen und der individuellen Gestaltung des Betriebs die Wahrscheinlichkeit ergibt, Garantieleistungen erbringen zu müssen.

Bei bereits bekannten Mängeln, deren kostenlose Beseitigung der Kunde fordert, ist der hierfür erforderliche Aufwand anhand von Kalkulationsunterlagen usw. zu ermitteln. Werden die Gewährleistungsverpflichtungen durch die Ersatzlieferung mangelfreier Ware erfüllt, so sind sie mit dem Betrag anzusetzen, den der Steuerpflichtige voraussichtlich aufwenden muss, um seine Ersatzlieferungen zu erfüllen. Die Höhe der Rückstellungen für noch unbekannte Inanspruchnahmen ist nach den am Bilanzstichtage gegebenen Verhältnissen so zu schätzen, wie sie ein Erwerber des Betriebs ansetzen würde (Teilwert). Die Schätzung muss einer objektiven Prü-

---

[44] BFH, BStBl 2006 II S. 644, 647.
[45] BFH, BStBl 2001 II S. 612.

fung standhalten und darf das angemessene, der Lage des Einzelfalls entsprechende Maß nicht überschreiten. Bei der Schätzung ist auf die Erfahrungen, die der Steuerpflichtige im eigenen Betriebe machte, entscheidendes Gewicht zu legen. Kann der Steuerpflichtige keine konkreten und im Einzelnen nachprüfbaren Tatsachen für seine Schätzung anführen, ist es im Allgemeinen gerechtfertigt, aus der Vergangenheit Rückschlüsse zu ziehen. Hierbei können beispielsweise die Risikominderung infolge einer zu erwartenden Regressforderung gegenüber einem Dritten oder der Ausschluss oder die Minderung der Gewährleistungsverpflichtung durch eine Produkthaftpflichtversicherung bei der Bewertung zu berücksichtigen sein;[46] insoweit sind nach § 6 Abs. 1 Nr. 3a Buchst. c EStG künftige Einnahmen und Vorteile zu saldieren (**Saldierungsgebot**).

Nach den vorgenannten Gesichtspunkten kann der Steuerpflichtige Garantierückstellungen als Einzelrückstellungen für die bis zum Tag der Bilanzaufstellung bekannt gewordenen einzelnen Garantiefälle oder als Pauschalrückstellungen bilden.

Bei einem Automobilhersteller sind die Gewährleistungsverpflichtungen gegenüber den Vertragshändlern bei Sachleistungen nach den Anschaffungskosten für das Ersatzmaterial bzw. bei Geldzahlungen nach den Netto-Verkaufspreisen zu bemessen.[47]

Zusätzlich ist die **Abzinsungsverpflichtung** zu beachten.

Im Einzelfall bedarf es der Abgrenzung zu § 5 Abs. 4a EStG; danach sind in der Steuerbilanz Rückstellungsbildungen für drohende Verluste aus schwebenden Geschäften unzulässig. Garantieverpflichtungen sind nur dann rückstellungsfähig, wenn es sich um bereits begründete Verpflichtungen aus der Vergangenheit handelt. Die Garantieverpflichtung muss sich auf bereits erbrachte Leistungen beziehen. Wegen weiterer zukünftig befürchteter Inanspruchnahme darf keine Rückstellung gebildet werden.

Mit dem Problem der Garantieverpflichtung befasst sich das Urteil des Europäischen Gerichtshofs.[48]

Der EuGH bezieht ausdrücklich die grundsätzliche Bedeutung des sog. „True and Fair View" in die Bilanzierungsgrundsätze ein; danach ist, ohne die Interessen des Bilanzierenden zu beeinträchtigen, der Grundsatz der Vorsichtigkeit bei der Bewertung zu beachten. Die nationalen Bewertungsgrundsätze würden sich immer stärker den IAS angleichen. Garantieverpflichtungen seien i. d. R. nur unter der Bilanz oder im Anhang auszuweisen.

---

46 BFH, BStBl 1993 II S. 437.
47 BFH, BStBl 1992 II S. 519.
48 EuGH vom 07.01.2003 (BStBl 2004 II S. 144).

11.3 Einzelfälle

Sie seien dann noch keine gewinnwirksamen Passivposten, solange aufgrund dieser Verpflichtungen am Bilanzstichtag weder ein Verlust noch eine Verbindlichkeit wahrscheinlich oder gar sicher sei.

Damit ist jeweilig zu prüfen, ob es sich um Garantieverpflichtungen im engeren Sinne handelt, die bereits passiviert werden müssen, oder aber um steuerlich nicht passivierungsfähige Rückstellungen in Form von Drohverlustrückstellungen nach § 5 Abs. 4a EStG.[49]

Gewährleistungsverpflichtung

Unter Gewährleistungsverpflichtung versteht man ganz allgemein „das Einstehenmüssen einer Vertragspartei für Rechts- oder Sachmängel bei Kaufverträgen oder anderen Austauschverhältnissen".

Die Erfüllung der Gewährleistungsverpflichtung hat insbesondere durch kostenlose Nacharbeiten, Ersatzlieferung oder Minderung zu erfolgen. Besondere Aktualität erhalten die Gewährleistungsverpflichtungen auch aufgrund der Schuldrechtsreform.

Gewährleistungsverpflichtungen nach dem BGB sind grundsätzlich rückstellungspflichtig.

Grundsätzlich ist bei der Bewertung von Gewährleistungsrückstellungen zwischen den Einzelrückstellungen und den pauschalen Gewährleistungsrückstellungen zu unterscheiden.

Nach dem Grundsatz der Einzelbewertung ist für jede Gewährleistungsverpflichtung, die bis zur Aufstellung der Bilanz geltend gemacht wird, eine (Einzel-)Rückstellung zu bilden.

Das bedeutet, einzelne Ansprüche sind für sich – unter Berücksichtigung wertaufhellender Erkenntnisse – zu analysieren und zu bewerten. Besondere Probleme bereiten jedoch die pauschalen Gewährleistungsrückstellungen.

Sie werden für die bis zur Bilanzerstellung noch nicht bekannt gewordenen Verpflichtungen gebildet, wenn der Bilanzierende aufgrund der Erfahrungen in der Vergangenheit mit einer gewissen Wahrscheinlichkeit mit Ansprüchen rechnen muss oder wenn sich aus der branchenmäßigen Erfahrung und der individuellen Gestaltung des Betriebes die Wahrscheinlichkeit ergibt, Gewährleistungen erbringen zu müssen.[50]

Aus den Erfahrungen der Vergangenheit kann regelmäßig davon ausgegangen werden, dass aus den bis zum Bilanzstichtag verkauften Produkten in der Folgezeit Gewährleistungsansprüche geltend gemacht werden, auch wenn dies bis zur Bilanzerstellung noch nicht erfolgt ist.

---

49 EuGH vom 07.01.2003 (BStBl 2004 II S. 144).
50 BFH, BStBl 2001 II S. 612.

11 Rückstellungen

In der Praxis wird häufig versucht, die pauschale Gewährleistungsrückstellung mittels Ansatz eines pauschalen Prozentsatzes auf den gewährleistungsbehafteten Jahresumsatz zu ermitteln.

Die Finanzverwaltung fordert darüber hinaus i. d. R. neben dem Vorliegen bzw. den detaillierten Nachweisen für die Vergangenheit zusätzlich betriebliche oder branchenbezogene Unterlagen bezüglich der Bewertung einer pauschalen Gewährleistungsrückstellung.

Bewertungsmaßstab ist nach § 6 Abs. 1 Nr. 3 i. V. m. Nr. 2 EStG der Teilwert, der im Sinne des Erfüllungsbetrags der passivierten Verpflichtung anzusetzen ist.

Zu beachten ist dabei § 6 Abs. 1 Nr. 3a Buchst. b EStG, d. h., Sachleistungsverpflichtungen sind mit den Einzelkosten und den angemessenen Teilen der notwendigen Gemeinkosten zu bewerten (Vollkostenansatz). Es dürfen jedoch keine anteiligen Verwaltungskosten berücksichtigt werden, da diese nicht Teil der zu passivierenden Außenverpflichtung sind, sondern betriebsinterner Aufwand.

Künftige Kosten- und Preissteigerungen können nach der Rechtsprechung des BFH mit Blick auf das Stichtags- und Nominalwertprinzip nicht berücksichtigt werden.[51]

Nach § 6 Abs. 1 Nr. 3a Buchst. e EStG sind auch Gewährleistungsrückstellungen im Regelfall mit einem Zinsanteil von 5,5 % abzuzinsen. Ob der Erfüllungsbetrag einen Zinsanteil enthält, ist im Gegensatz zum Handelsrecht dabei völlig unbeachtlich.

Auch die bei Gewährleistung häufigen Sachleistungsverpflichtungen unterliegen dem Abzinsungsgebot. Ausgenommen sind lediglich Rückstellungen, deren Laufzeit am Bilanzstichtag weniger als 12 Monate betragen.

Gewerbesteuer

Ab dem Veranlagungszeitraum 2008 ist die Gewerbesteuer nach **§ 4 Abs. 5b EStG** und die darauf entfallenden Nebenleistungen **keine Betriebsausgabe** mehr. Dementsprechend entfällt eine ertragsteuerliche Abzugsmöglichkeit. Die Bildung einer Gewerbesteuerrückstellung in der Handelsbilanz bleibt davon unberührt, in der Steuerbilanz kommt gem. § 60 Abs. 2 EStDV ein Ansatz nicht mehr in Betracht. Dies bedeutet, dass die Gewerbesteuerrückstellung zwar (auch) in der Steuerbilanz zu bilden ist, die Gewinnauswirkungen insoweit aber außerbilanziell zu neutralisieren sind.[52]

Zur Errechnung der Rückstellung kann die Gewerbesteuer bis einschließlich dem Veranlagungszeitraum 2007 schätzungsweise mit $5/6$ des Betrags der Gewerbesteuer angesetzt werden, die sich ohne Berücksichtigung der Gewerbesteuer als Betriebsausgabe ergeben würde.[53] Entsprechend ist für die Ermittlung etwaiger Erstattungsansprüche an Gewerbesteuer zu verfahren.

---

51 BFH, BStBl 1983 II S. 104 ff.
52 R 5.7 Abs. 1 EStR.
53 R 4.9 Abs. 2 EStR, vom BFH, BStBl 1991 II S. 752, als zutreffende Schätzung anerkannt.

11.3 Einzelfälle

In den Unternehmungen wird jedoch weitestgehend inzwischen die genauere sog. Divisormethode angewendet.

In der Handelsbilanz ist die Gewerbesteuer in voller Höhe zulasten des Gewinns dieses Wirtschaftsjahres passivierbar. Es kommt dabei eine Rückstellung nur in Höhe der unter Berücksichtigung der Verhältnisse am Bilanzstichtag (voraussichtlich) geschuldeten Gewerbesteuer in Betracht. Dies ist die (volle oder anteilige) Steuer des Erhebungszeitraums, abzüglich der bis zum Bilanzstichtag tatsächlich für den Erhebungszeitraum geleisteten Vorauszahlungen. Die für den Erhebungszeitraum, jedoch für Vorauszahlungszeitpunkte nach dem Bilanzstichtag festgesetzten Vorauszahlungen bleiben außer Anrechnung, weil es sich (bezogen auf den Bilanzstichtag) um künftige Ereignisse handelt.

Haftungsverpflichtungen

Grundsätzliche Voraussetzung für die Bildung einer Rückstellung für Haftungsverpflichtungen ist, dass sich die aus der Haftung zu erwartende Inanspruchnahme bereits erkennbar abzeichnet. Das kann nur in Fällen anerkannt werden, in denen spätestens bis zum Tag der Bilanzaufstellung ein Schadensersatz gegenüber dem Verpflichteten geltend gemacht wird oder wenigstens die den Anspruch begründenden Tatsachen im Einzelnen bekannt geworden sind. So können z. B. Rückstellungen für Schadensersatzpflichten eines Kraftfahrzeughalters aus Unfällen bei Geschäftsfahrten infrage kommen. Etwaige Ansprüche an Versicherungsgesellschaften sind demgegenüber zu aktivieren.

Ist noch völlig ungewiss, ob und in welcher Höhe eine Haftung entstehen wird, entfällt die Grundlage einer Rückstellung. Die Bildung von Pauschalrückstellungen für Haftpflichtverbindlichkeiten kommt grundsätzlich nicht in Betracht.

Die **Außenverpflichtung** ergibt sich in der überwiegenden Zahl der Fälle aufgrund einer zivilrechtlichen Anspruchsgrundlage (Gesetz oder Vertrag). Dabei ist nicht entscheidend, ob dem Bilanzierenden der Anspruchsberechtigte bekannt ist. Die Außenverpflichtung kann auch auf öffentlich-rechtlichen Normen beruhen; so stellen die Abgabenverpflichtungen (Verpflichtung zur Entrichtung von Steuern, Gebühren und Beiträgen) passivierungsfähige Außenverpflichtungen dar. Darüber hinaus ist neben der allgemeinen Gesetzeslage eine besondere Konkretisierung gegenüber dem Steuerpflichtigen erforderlich.

Allgemein sind solche Tatbestände nur dann als rückstellungsfähig anzuerkennen, wenn eine Verfügung einer Behörde vorliegt, die ein konkret bestimmtes Handeln verlangt. Ergibt sich eine Verpflichtung dagegen nur aus einem Gesetz, so wird weiter gefordert, dass die Norm

– in sachlicher Hinsicht ein inhaltlich genau bestimmtes Handeln vorsieht,

- in zeitlicher Hinsicht ein Tätigwerden innerhalb einer bestimmten Zeit verlangt, wobei der Entstehungszeitraum der Verpflichtung in der Nähe des betrachtenden Wirtschaftsjahres liegen muss, und dass
- an die Verletzung der Verpflichtung Sanktionen geknüpft sind.

Daneben können auch solche Verpflichtungen begründet werden, die sich zwar nicht aus dem Gesetz ergeben, die aber zu sog. **faktischen Verpflichtungen** führen, insbesondere wenn solche Leistungsverpflichtungen vorliegen, zu denen sich der Steuerpflichtige aus sittlichen, wirtschaftlichen oder aus anderen betrieblichen Gründen verpflichtet glaubt.

Die Passivierung von Außenverpflichtungen setzt voraus, dass die Inanspruchnahme auch wahrscheinlich ist. Eine hinreichende Wahrscheinlichkeit wird dann angenommen, wenn mehr Gründe für als gegen die Be- oder Entstehung der Verpflichtung und der Geltendmachung der Ansprüche sprechen.

Daneben ist eine wirtschaftliche Verursachung erforderlich. Dieses Kriterium bildet i. d. R. das zentrale, aber auch das umstrittenste Merkmal der Passivierung von Verbindlichkeitsrückstellungen.

Grundsätzlich muss es sich um Verpflichtungen handeln, die vergangenheitsbezogen sind, d. h. eine Beziehung zum abgelaufenen Wirtschaftsjahr oder Vorjahren ausweisen.

Die Vergangenheitsbezogenheit liegt insbesondere dann vor, wenn mit der Erfüllung der Verpflichtung etwas Vergangenes abgegolten wird (vergangenheitsbezogener Schuldgrund) und der Bilanzierende diese endgültige, rechtlich voll entstandene Außenverpflichtung nach dem Bilanzstichtag einseitig nicht mehr verhindern kann.

Jubiläumszuwendungen

Nach § 5 Abs. 4 EStG dürfen Rückstellungen für Zuwendungen anlässlich eines Dienstjubiläums nur gebildet werden, wenn das Dienstverhältnis mindestens 10 Jahre bestanden hat, das Dienstjubiläum das Bestehen eines Dienstverhältnisses von mindestens 15 Jahren voraussetzt und die Zusage schriftlich erteilt ist. Erst zum Schluss des 1. Wirtschaftsjahres nach dieser Zeitspanne kann die Rückstellung in der Steuerbilanz gebildet werden. Hierdurch wird einerseits die Fluktuation im Arbeitnehmerbestand in den ersten Dienstjahren berücksichtigt, zum anderen bedeutet dies, dass Jubiläumsrückstellungen für 10-jährige Dienstjubiläen nicht gebildet werden können.

Außerdem ist im Gesetz festgeschrieben, dass eine Rückstellung erstmalig für 15-jährige Dienstjubiläen gebildet werden darf.[54]

Damit wird die steuerliche Anerkennung von Jubiläumsrückstellungen auf die Zuwendungen für langjährige Betriebstreue beschränkt. Anders als bei Pensions-

---

54 BMF, BStBl 2008 I S. 1013, Tz. 2.

rückstellungen nach § 6a EStG können auch die Zeiten berücksichtigt werden, die der Arbeitnehmer in einem mit dem Arbeitgeber durch Organschaft verbundenen Unternehmen tätig gewesen ist.

Die Zusage muss **schriftlich** erteilt worden sein; durch diese Voraussetzungen sollen Nachweisprobleme vermindert werden. Mündlich erteilte Zusagen und Verpflichtungen, die sich aus betrieblicher Übung ergeben, rechtfertigen keine Rückstellungsbildung; i. d. R. liegen Betriebsvereinbarungen und Tarifverträge vor. Die Erfordernisse der R 6a Abs. 7 EStR sind anzuwenden.

Nach dem Wortlaut des § 5 Abs. 4 EStG „dürfen" Rückstellungen für die Verpflichtung zu einer Zuwendung anlässlich eines Dienstjubiläums nur gebildet werden, wenn die vorbezeichneten Voraussetzungen vorliegen. Diese Formulierung begründet jedoch kein steuerrechtliches Wahlrecht. Liegen die genannten Voraussetzungen vor, muss eine Rückstellung für Jubiläumszuwendungen gebildet werden (Passivierungspflicht).

Für die Bewertung der zugesagten Leistungen sind die Wertverhältnisse am Bilanzstichtag maßgebend, z. B. ist bei Nettolohnvereinbarung der am Bilanzstichtag geltende Steuertarif maßgebend.

Grundsätzlich gilt als Ende des Arbeitsverhältnisses das vertraglich bestimmte Alter. Besteht jedoch eine Pensionszusage, so gilt dieses Pensionsalter zur Finanzierung und auch zur Bestimmung der erreichbaren Dienstjubiläen (wichtig bei 35. oder 40. Dienstjubiläum).

Grundsätzlich gilt beim Bewertungsverfahren das **Teilwertverfahren** mit einem Zinssatz von 5,5 % (versicherungsmathematische Berechnung). Ein vereinfachtes **Pauschalwertverfahren** ist zugelassen. Hierbei sind die in der Tabelle abgedruckten Werte zwingend vorgeschrieben. Dieses Verfahren bietet sich bei geringem Arbeitnehmerbestand an. Es ist für alle Verpflichtungen nur ein Verfahren anzuwenden. An die Entscheidung ist der Steuerpflichtige 5 Wirtschaftsjahre gebunden.[55]

Jubiläumsrückstellungen dürfen nur gebildet werden, soweit der Zuwendungsberechtigte seine Anwartschaft nach dem 31.12.1992 erwirbt. Das bedeutet, dass nicht nur neu entstandene Anwartschaften, sondern auch die Aufstockungen von bereits vor dem 31.12.1992 bestehenden Anwartschaften rückstellungsfähig sind. Demgegenüber muss für rechtsverbindlich zugesagte Zuwendungen aus Anlass eines **Geschäfts- oder Firmenjubiläums,** die sich nach der Dauer der Betriebszugehörigkeit der einzelnen Mitarbeiter bemessen, eine Rückstellung in dem Umfang gebildet werden, in dem die Anspruchsvoraussetzungen durch die vergangene Betriebszugehörigkeit des jeweiligen Mitarbeiters erfüllt sind. Die Bildung der Rückstellung für die Jubiläumszuwendungen unterliegt nicht den einschränkenden Voraussetzungen des § 5 Abs. 4 EStG.[56] Die Bildung von Geschäfts- oder Firmenju-

---
55 BMF, BStBl 2008 I S. 1013.
56 BFH, BStBl 2004 II S. 41.

biläumsrückstellungen verlangt, dass die ungewisse Verbindlichkeit im abgelaufenen Wirtschaftsjahr oder in der davorliegenden Zeit wirtschaftlich verursacht wurde.

Bezogen auf ein laufendes Arbeitsverhältnis ist dieses Erfordernis erfüllt, wenn eine künftige Leistung des Arbeitgebers im Hinblick auf eine schon bewirkte Leistung des Arbeitnehmers geschuldet wird. Das liegt i. d. R. bei einem Firmenjubiläum vor, da der Arbeitgeber auch schon Jahre vor dem Jubiläum Leistungen für dieses Ereignis rechtsverbindlich in den entsprechenden Verträgen zusagt und diese Zusage an die Betriebstreue des einzelnen Arbeitnehmers knüpft.

Derartige dienstzeitabhängige Jubiläumsverpflichtungen sind rückstellungspflichtig, da sie im Wesentlichen mit den anteilig in der Vergangenheit erbrachten Diensten des einzelnen Arbeitnehmers zusammenhängen.

Denn diese Einschränkungen verlangen Zuwendungen anlässlich eines Dienstjubiläums, also eines Jubiläums des jeweiligen Arbeitnehmers durch Erreichen einer bestimmten Beschäftigungszugehörigkeit bei ein und demselben Arbeitgeber. Nicht um ein Dienstjubiläum in diesem Sinne handelt es sich hingegen bei einem Arbeitgeber-Dienstjubiläum.

Klageverfahren

Eine Rückstellung wegen eines gerichtsanhängigen Schadensersatzprozesses ist erst dann endgültig aufzulösen, wenn über den Anspruch endgültig und rechtskräftig ablehnend entschieden worden ist.[57]

Insbesondere ist die Rückstellung nicht deshalb bereits aufzulösen, weil der Steuerpflichtige in einer Instanz obsiegt hat, der Prozessgegner aber gegen diese Entscheidung noch ein Rechtsmittel eingelegt hat[58] oder innerhalb der Rechtsmittelfrist noch einlegen kann.

**Kundendienstverpflichtungen eines Kraftfahrzeughändlers,
Rücknahme und Verwertungsverpflichtung von Altfahrzeugen**

Rückstellungen für Kundendienstverpflichtungen (Freiinspektionen und verbilligte entgeltliche Inspektionen) eines Kraftfahrzeughändlers sind nicht zulässig, wenn diese Verpflichtungen bereits im Händlervertrag übernommen worden sind und damit ein wirtschaftlicher Zusammenhang mit dem Verkauf der einzelnen Kraftfahrzeuge in den Hintergrund tritt. Das ist im Allgemeinen anzunehmen, wenn nach dem Händlervertrag der Kundendienst von jedem der Vertriebsorganisation des Kraftfahrzeugherstellers angehörenden Händler ohne Rücksicht darauf geleistet werden muss, bei welchem Händler der Kunde sein Kraftfahrzeug gekauft hat.

---
57 BFH, BStBl 1998 II S. 375.
58 BFH, BStBl 2002 II S. 688.

Für Verpflichtungen zur Rücknahme und Verwertung von Altfahrzeugen nach den §§ 3 bis 5 der Altfahrzeug-Verordnung sind Rückstellungen hinsichtlich der bis zum jeweiligen Abschlussstichtag in Verkehr gebrachten Fahrzeuge nach § 6 Abs. 1 Nr. 3a Buchst. d Satz 2 EStG zeitanteilig in gleichen Raten bis zum Beginn der jeweiligen Erfüllung zu bilden.

Leihgut

Wird für Leihgut (Kisten, Fässer, Säcke, Flaschen usw.) ein Pfandgeld einbehalten, das der Kunde bei Rückgabe des Leihguts zurückerhält, so kann der Kaufmann wegen der Verpflichtung zur Rückgabe des Pfandes jedenfalls handelsrechtlich eine Rückstellung bilden, wenn ernsthaft mit der Rückgabe des Leihguts zu rechnen ist. Das ist vor allem der Fall, wenn das Pfand den Wert des Leihguts erheblich übersteigt und der Kunde hierdurch geradezu zur Rückgabe gezwungen werden soll. Die Wahrscheinlichkeit der Rückgabe kann sich aber auch in anderen Fällen aus den Umständen ergeben (z. B. bei Getränkeflaschen). Bei der Höhe der Rückstellung ist zu berücksichtigen, dass erfahrungsgemäß nicht alles Leihgut zurückgegeben wird.

Ist das Leihgut in der Bilanz des Steuerpflichtigen als geringwertiges Wirtschaftsgut mit einem Erinnerungswert ausgewiesen, so kann es auch bei Rückgabe wiederum mit dem Erinnerungswert angesetzt werden. Unter diesen Umständen braucht der Anspruch auf Rückgabe des Leihguts weder in der Bilanz besonders ausgewiesen zu werden, noch ist der Pfandgeldrückstellungsbetrag um den Wert des Leihguts zu kürzen.

Steuerrechtlich ist für die Verpflichtung Rückstellung zu bilden. Deren Höhe richtet sich nach den Umständen des Einzelfalls.[59]

Für die Bildung einer Rückstellung kommt es nicht darauf an, ob der Steuerpflichtige Eigentümer des bepfandeten Gegenstandes ist, ebenfalls ist es ohne Bedeutung, ob es sich um Individualleergut oder um sog. Einheitsleergut handelt.[60]

Mehrsteuern aufgrund von Betriebsprüfungen

Betriebsprüfungen führen oft zu einer Nachforderung von als Betriebsausgaben abzugsfähigen Steuern.

Dabei hat eine Passivierung zulasten des Wirtschaftsjahres zu erfolgen, zu dem die Mehrsteuern wirtschaftlich gehören. Die Erfassung dieser Steuern ist als **Bilanzberichtigung** anzusehen. Ergeben sich für dasselbe Jahr sowohl Nachforderungen wie Erstattungsansprüche, so ist die Rückstellung entsprechend zu kürzen. Wegen möglicher Steuernachforderungen aufgrund einer zukünftigen Betriebsprüfung können Rückstellungen nicht gebildet werden. Dasselbe gilt für mögliche Nachzahlungen von Zinsen auf Betriebssteuern (§ 223a AO).

---

59 BMF, BStBl 2005 I S. 275; BFH vom 06.10.2009 I R 36/07 (BStBl 2010 II S. 232).
60 BMF, BStBl 2005 I S. 715.

Soweit der Unternehmer bezüglich der **Lohnsteuer** in Anspruch genommen wird, ist zu unterscheiden, ob er als Haftungsschuldner oder als Steuerpflichtiger in engerem Sinne in Anspruch genommen wird.

Die Haftungsinanspruchnahme des Arbeitgebers beruht grundsätzlich auf dem Ausüben eines Auswahlermessens durch das Finanzamt. Erst aufgrund dieser Ermessensentscheidung oder der schriftlichen Anerkennung der Zahlungsverpflichtung durch den Arbeitgeber (§ 42d Abs. 4 EStG) ergibt sich eine hinreichende Konkretisierung der Inanspruchnahme des Arbeitgebers als Haftungsschuldner für die Lohnsteuer des Arbeitnehmers. Somit kommt eine Rückstellung erstmals an dem der Ermessensausübung durch das Finanzamt bzw. der schriftlichen Anerkennung folgenden Bilanzstichtag in Betracht. Die pauschalierte Lohnsteuer i. S. von §§ 40 bis 40b EStG stellt eine eigene Steuerschuld des Arbeitgebers und damit eine Betriebssteuer dar. Sie entsteht nach dem Urteil des BFH[61] bereits zum Zeitpunkt des Zuflusses des Arbeitslohns. Eine Passivierung hat zulasten des Wirtschaftsjahres zu erfolgen, zu dem die Mehrsteuern wirtschaftlich gehören. Hinsichtlich der Sozialversicherungsbeiträge (Arbeitgeber- und Arbeitnehmerbeiträge) erfüllt der Arbeitgeber unabhängig von evtl. bestehenden Rückforderungsansprüchen gegen seine Arbeitnehmer sozialversicherungsrechtlich eine eigene Schuld. Die Passivierung von nachzuentrichtenden Beiträgen zur **Sozialversicherung** nach einer Außenprüfung richtet sich ebenfalls nach den allgemeinen Grundsätzen zur Bildung von Rückstellungen für ungewisse Verbindlichkeiten.

Eine Rückstellung für hinterzogene Steuern kann dagegen erst zu dem Bilanzstichtag gebildet werden, zu dem der Steuerpflichtige mit der Aufdeckung der Steuerhinterziehung rechnen muss.[62]

Nachbetreuung von verkauften Hör- und Sehhilfen

Hörgeräte-Akustiker und Optiker dürfen für Nachbetreuungsleistungen an Hör- und Sehhilfen keine Rückstellung bilden.[63] Wesentliche Ursache für das wirtschaftliche Entstehen der künftigen Verpflichtung zur Nachbetreuungsleistung ist nicht schon der Verkauf von Hör- und Sehhilfen an den Kunden, sondern erst das zukünftige Auftreten der Mängel. Die Verpflichtung, Nachbetreuungsleistungen vorzunehmen, ist damit zukunftsbezogen und deshalb nicht rückstellungsfähig.

Die Nachbetreuungsverpflichtungen sind im Zeitpunkt der Veräußerung der Hörhilfen auch wirtschaftlich verursacht.[64]

---

61 BFH, BStBl 1994 II S. 715.
62 BFH, BStBl 2013 II S. 76.
63 BFH, BStBl 1994 II S. 158.
64 BMF, BStBl 2005 I S. 953.

11.3 Einzelfälle

Rückstellung für die Betreuung bereits abgeschlossener Lebensversicherungen

Bereits nach der Entscheidung des BFH[65] können für abgeschlossene Lebensversicherungen aus der künftigen Vertragsbetreuung Rückstellungen wegen Erfüllungsrückstand gebildet werden.

Die Finanzverwaltung sah darin keine wirtschaftlich wesentlich belastende Verpflichtung, da die betreuten Kunden ihre Zahlungen regelmäßig per Lastschriftzahlungen vornehmen und tatsächlich eine Betreuung nur in Ausnahmefällen in Betracht käme.

Nach erneuter Entscheidung des BFH[66] wendet die Finanzverwaltung die Rechtsprechung nun an und lässt für die Verpflichtung zur Nachbetreuung bereits abgeschlossener Versicherungen Rückstellungen wegen Erfüllungsrückstand zu.[67]

Patentverletzung (§ 5 Abs. 3 EStG)

Rückstellungen wegen Verletzung fremder Patent-, Urheber- oder ähnlicher Schutzrechte dürfen nach § 5 Abs. 3 EStG erst gebildet werden, wenn

1. der Rechtsinhaber Ansprüche wegen der Rechtsverletzung geltend gemacht hat oder
2. mit einer Inanspruchnahme wegen der Rechtsverletzung ernsthaft zu rechnen ist.

Fremde Patente sind auch offengelegte, noch nicht geschützte Erfindungen. Zu den ähnlichen Schutzrechten gehören z. B. Gebrauchsmuster und Warenzeichen.

Eine Geltendmachung von Ansprüchen (Fallgruppe 1) liegt nicht erst dann vor, wenn der Inhaber des verletzten Rechts den Verletzer auf Schadensersatz verklagt, sondern schon dann, wenn konkret Ansprüche wegen Patentverletzung geltend gemacht worden sind.

Vor Geltendmachung von Ansprüchen ist mit einer Inanspruchnahme im Allgemeinen ernsthaft zu rechnen (Fallgruppe 2), wenn ein fremdes Patent, Urheberrecht oder ähnliches Schutzrecht objektiv verletzt ist und der Inhaber des verletzten Rechts mit Aussicht auf Erfolg Schadensersatzansprüche, bei Patentverletzung also den Schadensersatzanspruch gem. § 139 PatG, geltend machen kann. Die Verletzung eines Patents dürfte im Allgemeinen durch ein Sachverständigengutachten zu belegen sein.

Nur für diesen Fall der Rückstellung (Fallgruppe 2) sieht § 5 Abs. 3 EStG vor, dass die Rückstellung spätestens in der Bilanz des dritten auf ihre erstmalige Bildung folgenden Wirtschaftsjahrs gewinnerhöhend aufzulösen ist, wenn Ansprüche nicht geltend gemacht worden sind. Ist also in der Bilanz zum 31.12.01 eine Rückstellung wegen Verletzung eines fremden Patents gebildet worden, weil mit einer Inan-

---
65 BFH, BStBl 2006 II S. 866.
66 BFH, BStBl 2012 II S. 239.
67 BMF, BStBl 2012 I S. 1100.

spruchnahme ernsthaft zu rechnen ist, so kann diese Rückstellung auch in den Bilanzen der Jahre 02 und 03 ausgewiesen werden; dabei ist es nicht erforderlich, dass der geschädigte Patentinhaber in irgendeiner Weise reagiert hat, insbesondere ist es nicht erforderlich, dass er seinen Anspruch tatsächlich geltend gemacht hat.[68] Wird ein Patent in mehreren Jahren verletzt, bestimmt sich der Ablauf der Auflösungsfrist nach der erstmaligen Rechtsverletzung. Das Gesetz geht davon aus, dass die Wahrscheinlichkeit der Inanspruchnahme vier Jahre nach der erstmaligen Verletzungshandlung nicht mehr hinreichend groß ist, wenn zwischenzeitlich keine Ansprüche geltend gemacht worden sind.

Beispiel:
A hat in der Bilanz des Jahres 01 eine Rückstellung wegen Patentverletzung i. H. von 10.000 € zu Recht gebildet, weil mit einer Inanspruchnahme ernsthaft zu rechnen ist. In den Jahren 02 und 03 stockt er diese Rückstellung um jeweils 10.000 € auf, weil er dasselbe Patent weiterhin verletzt hat. Bis zum Ende des Jahres 04 sind Ansprüche wegen der Verletzung nicht geltend gemacht worden. Hier sind auch die Aufstockungen der Rückstellung in den Jahren 02 und 03 am Ende des Jahres 04 mit aufzulösen. Denn nach § 5 Abs. 3 Satz 2 EStG ist die Rückstellung spätestens in der Bilanz des dritten auf die **erstmalige** Bildung der Rückstellung folgenden Wirtschaftsjahres aufzulösen.

Pensionsabsicherungen

Pensionszusagen nach § 6a EStG sind gegen Insolvenzen abzusichern (§§ 7 bis 14 BetrAVG). Träger der Insolvenzsicherung ist der Pensionssicherungsverein auf Gegenseitigkeit (PSV), der bei Insolvenz eines Mitglieds die laufenden Rentenzahlungen weiterzuführen und die Verbindlichkeiten aus unverfallbaren Anwartschaften zu übernehmen hat. Die vom Arbeitgeber zu leistenden laufenden Beiträge an den PSV sind als Betriebsausgabe abzugsfähig. Demgegenüber können für künftige Beiträge keine Rückstellungen gebildet werden. Dies gilt auch insoweit, als die künftigen Beiträge erforderlich sind, um die Ansprüche von Personen zu befriedigen, denen am Bilanzstichtag unverfallbare Anwartschaften gegenüber Arbeitgebern zustehen, über deren Vermögen das Konkursverfahren eröffnet ist bzw. bei denen Umstände eingetreten sind, die der Eröffnung des Konkursverfahrens gleichstehen.[69] Insoweit gilt für Beiträge zum PSV das Umlageverfahren. Dem Wesen eines solchen Verfahrens entspricht es, dass die wirtschaftliche Ursache des Beitrages nicht im Entstehen des Anwartschaftsrechts zu sehen ist, sondern erst in dem Beginn der zu erbringenden Leistung.

Provisionsverpflichtungen

Die Provisionsverpflichtung kann bei dem Geschäftsherrn regelmäßig nicht schon bei Vermittlung des Geschäfts durch den Handelsvertreter, sondern erst in dem

---
68 BFH, BStBl 2006 II S. 517.
69 BFH, BStBl 1996 II S. 406.

Augenblick bilanzmäßig als Rückstellung berücksichtigt werden, in dem die Lieferung erfolgt. Bis zu diesem Zeitpunkt ist der Provisionsanspruch aufschiebend bedingt (§ 87a Abs. 1 Satz 1 HGB). Allerdings können grundsätzlich auch für aufschiebend bedingte Verbindlichkeiten Rückstellungen gebildet werden. Voraussetzung ist jedoch, dass die Verbindlichkeit im abgelaufenen Jahr wirtschaftlich verursacht ist. Das trifft für die Provisionsverpflichtung nicht zu. Sie ist erfolgsabhängig, und zwar von der Ausführung des vermittelten Geschäfts.

Ist die Entstehung des Provisionsanspruchs jedoch durch entsprechende Vereinbarungen (§ 87a Abs. 1 Satz 2 HGB) zeitlich z. B. auf den Zeitpunkt der Vermittlung des Geschäfts vorverlegt, ist die Provisionsverpflichtung bereits zu diesem Zeitpunkt zu passivieren.

Prozesskosten

Kosten für einen am Bilanzstichtag aus betrieblichen Gründen laufenden Prozess sind rückstellungsfähig, sofern damit zu rechnen ist, dass durch Verlieren des Prozesses besondere Ausgaben (Gerichts- und Anwaltskosten) erwachsen. Die Höhe der Rückstellung ist nach den vermutlichen Kosten zu schätzen. Sind Prozesskosten bei Bewertung des Betriebsvermögens bereits berücksichtigt (z. B. bei den Forderungen), kommt insoweit eine Rückstellung nicht in Betracht.

Die Rückstellung beschränkt sich auf die Kosten derjenigen Instanz, vor der der Prozess am Bilanzstichtag anhängig ist. Eine weiter gehende Rückstellung, z. B. für die Kosten des noch gegebenen Instanzenzugs, ist steuerlich nicht zugelassen, da sie die Vorwegnahme späteren Aufwands bedeuten würde. Dies gilt selbst dann, wenn die Anrufung weiterer Instanzen für den Fall des Unterliegens von vornherein geplant ist und später auch verwirklicht wird.[70]

Wesentliches Tatbestandsmerkmal für das Entstehen von Prozesskostenverpflichtungen für eine spätere Instanz ist die Einlegung des Rechtsmittels. Liegt die das anhängige Verfahren abschließende Entscheidung zum Bilanzstichtag vor, so kann die tatsächliche Rechtsmitteleinlegung nach dem Bilanzstichtag als werterhellender Faktor berücksichtigt werden.

Für sog. **Musterprozesse** gilt nichts anderes. Ob ein Verfahren durch sämtliche Instanzen läuft, hängt von einer Vielzahl tatsächlicher und rechtlicher Faktoren ab. Insbesondere wird auch ein Musterprozess nicht ohne Einschätzung des Prozessrisikos durch die Prozessbeteiligten durchgezogen.

Keinesfalls kann für die Frage nach dem Entstehen von Rechtsmittelkosten nach **Aktiv- und Passivprozessen** unterschieden werden, da, solange das Verfahren der unteren Instanz noch nicht entschieden ist, nicht festzustellen ist, ob der Steuerpflichtige in der nächsten Instanz Rechtsmittelkläger oder -beklagter sein wird.

---

[70] BFH, BStBl 1996 II S. 406.

11 Rückstellungen

Ist am Bilanzstichtag ein Prozess noch nicht anhängig, dann dürfen auch noch keine Prozesskosten zurückgestellt werden.

Rückabwicklung von Verträgen

Ein Verkäufer darf wegen seiner Verpflichtung zur Rückerstattung des Kaufpreises oder Rücknahme der verkauften Sache aufgrund des Rücktritts des Käufers von einem Kaufvertrag dann noch keine Rückstellung bilden, wenn der Vertragspartner bis zum Bilanzstichtag den Rücktritt noch nicht erklärt hat.

Ist jedoch am Bilanzstichtag eine Vertragsauflösung durch Erklärung des Rücktritts wahrscheinlich, so ist eine Rückstellung für ungewisse Verbindlichkeiten wegen des Risikos der drohenden Vertragsauflösung zu bilden.

Dem steht auch die Vorschrift des § 5 Abs. 4b Satz 1 EStG nicht entgegen.

Die Rückstellung ist in Höhe der Differenz zwischen dem zurückzuzahlenden Kaufpreis und dem Buchwert des veräußerten Wirtschaftsguts zu bilden.[71]

Eine öffentlich-rechtliche Verpflichtung kann Grundlage für eine Rückstellungsbildung sein.

Im Gegensatz zu einer nicht zulässigen reinen Aufwandsrückstellung ist Voraussetzung, dass die Verpflichtung hinreichend konkretisiert ist. Damit muss regelmäßig ein inhaltlich bestimmtes Handeln durch Gesetz oder Verwaltungsakt innerhalb eines bestimmten Zeitraums vorgeschrieben und an die Verletzung der Verpflichtung müssen Sanktionen geknüpft sein.

Im Einzelfall kann sich die Verpflichtung zur Rückstellungsbildung auch aus einem faktischen Leistungszwang ergeben, soweit dieses branchenüblich ist. Das ist z. B. der Fall, wenn ein Unternehmen von seinen Kunden Zuschüsse zu den Herstellungskosten für Werkzeuge erhält, die bei der Preisgestaltung der herzustellenden Produkte preismindernd zu berücksichtigen sind.[72]

Schadensersatzverpflichtung aus strafbarer Handlung

Für betriebliche Schadensersatzverpflichtungen aus strafbaren Handlungen sind Rückstellungen zu bilden, wenn mit einiger Wahrscheinlichkeit damit zu rechnen ist, dass der Steuerpflichtige in Anspruch genommen wird; diese Wahrscheinlichkeit ist gegeben, wenn bis zum Tag der Bilanzaufstellung die den Anspruch begründenden Tatsachen durch Aufdeckung der Tat bekannt geworden sind.

So kann ein untreuer Gesellschafter in seiner Sonderbilanz eine Rückstellung wegen der zu erwartenden Inanspruchnahme durch die Gesellschaft oder die geschädigten Mitgesellschafter so lange nicht bilden, wie die geschädigten Gesellschafter von der Veruntreuung keine Kenntnis haben. Die Bildung einer Rückstellung ist – wie bei

---

71 Vgl. im Einzelnen BMF, BStBl 2002 I S. 335.
72 BFH, BStBl 2002 II S. 655.

Rückstellungen wegen Schadensersatzforderungen aufgrund strafbarer Handlungen generell – so lange nicht zulässig, wie die geschädigten Gesellschafter von den Veruntreuungen in Unkenntnis sind. Maßgebend sind die tatsächlichen Verhältnisse des Bilanzstichtages, z. B. wenn der Steuerpflichtige von den zivil- und strafrechtlichen Folgen durch die Behörde unterrichtet wurde.

Dabei ist § 4 Abs. 5 EStG zu beachten, wonach in der Steuerbilanz Passivierungen nicht zulässig sind, wenn es sich um nicht abziehbare Ausgaben handelt. Das gilt insbesondere für Geldbußen, mit deren Festsetzung der Steuerpflichtige aufgrund eines betrieblich veranlassten Fehlverhaltens rechnen muss (§ 4 Abs. 5 Nr. 8 EStG).

Soweit privat-rechtliche Schadensersatzansprüche betroffen sind, kommt es entweder auf die Kenntnis des Gläubigers von den insoweit relevanten Umständen an oder eine derartige unmittelbar bevorstehende Kenntniserlangung ist notwendig.[73]

Sozialpläne nach dem Betriebsverfassungsgesetz

Bei geplanten Betriebsänderungen i. S. von § 111 Satz 1 BetrVG, die wesentliche Nachteile für die Belegschaft oder erhebliche Teile der Belegschaft zur Folge haben können (z. B. Einschränkungen, Stilllegungen, Verlegungen oder Zusammenschluss von Betrieben), haben Arbeitgeber und Betriebsrat zum Zweck des Ausgleichs oder der Milderung der wirtschaftlichen Nachteile, die den Arbeitnehmern infolge der geplanten Betriebsänderungen entstehen, einen Sozialplan aufzustellen. Kommt zwischen Arbeitgeber und Betriebsrat eine Einigung über den Sozialplan nicht zustande, so entscheidet auf Antrag eines Beteiligten die Einigungsstelle über die Aufstellung des Sozialplans (§ 112 Abs. 4, § 76 BetrVG). Der Sozialplan hat die Wirkung einer Betriebsvereinbarung, die den Arbeitnehmern unmittelbare Rechtsansprüche einräumt. Hinsichtlich der aufgrund eines Sozialplans zu erbringenden Leistungen besteht eine ungewisse Verbindlichkeit im Allgemeinen ab dem Zeitpunkt, in dem der Unternehmer den Betriebsrat über die geplante Betriebsänderung unterrichtet hat.[74] Eine ungewisse Verbindlichkeit liegt am Bilanzstichtag auch vor, wenn der Betriebsrat erst nach dem Bilanzstichtag, aber vor der Aufstellung oder Feststellung der Bilanz unterrichtet wird und der Unternehmer sich bereits vor dem Bilanzstichtag zur Betriebsänderung entschlossen hat oder schon vor dem Bilanzstichtag eine wirtschaftliche Notwendigkeit bestand, eine zur Aufstellung eines Sozialplans verpflichtende Maßnahme durchzuführen. Bei der Bemessung der Rückstellung sind grundsätzlich alle Leistungen zu berücksichtigen, die aufgrund des Sozialplans zusätzlich oder vorzeitig zu erbringen sind. Soweit vorzeitige betriebliche Pensionsleistungen bei alsbaldigem Ausscheiden infolge der Betriebsänderungen erbracht werden, richtet sich die Rückstellungsbildung ausschließlich nach § 6a EStG. Diese Grundsätze gelten sinngemäß für Leistungen, die aufgrund einer sozialplanähnlichen Vereinbarung zu erbringen sind.

---

73 BFH, BStBl 2006 II S. 749.
74 R 5.7 Abs. 9 EStR.

11 Rückstellungen

Substanzerhaltungsverpflichtung

Bei der Verpachtung abnutzbaren Anlagevermögens mit Substanzerhaltungspflicht des Pächters stehen dem Verpächter die Absetzungen für Abnutzung sowohl an den im Zeitpunkt des Pachtbeginns vorhandenen als auch an den ersatzbeschafften Anlagegütern zu. Der Verpächter hat den gegen den Pächter gerichteten Anspruch auf Substanzerhaltung laufend mit dem Teilwert (unter Berücksichtigung der Wiederbeschaffungskosten am Bilanzstichtag) zu aktivieren. Der Pächter hat entsprechend die Substanzerhaltungsverpflichtung zu passivieren.

Für die noch nicht fällige Verpflichtung zur Erneuerung unbrauchbar gewordener Pachtgegenstände (Gebäudebestandteile und Betriebsvorrichtungen) kann eine Rückstellung – Pachterneuerungsrückstellung – gebildet werden, sog. Erfüllungsrückstand.[75]

Im Gegensatz zum Verpächter, der seine Vertragsverpflichtung durch Nutzungsüberlassung erfüllt hat, besteht in derartigen Fällen ein Erfüllungsrückstand, da der Pächter neben den regelmäßigen Pachtzinszahlungen die Sachleistungs-Erneuerungsverpflichtung erst im Zeitpunkt des Ausscheidens des Wirtschaftsguts über die Ersatzbeschaffung vornimmt.

Ähnliches gilt für Rekultivierung, Auffüllungs-, Abbruch- und Entfernungsverpflichtungen des Nutzungsberechtigten.[76] Die Höhe der Pachterneuerungsrückstellung richtet sich nach den steigenden Wiederbeschaffungskosten am Bilanzstichtag. Die Rückstellung ist nicht abzuzinsen. Eine Bemessung der Pachterneuerungsrückstellung auf der Basis der historischen Anschaffungskosten würde dem Vorsichtigkeitsprinzip widersprechen.

Bei Betriebsaufspaltungen (siehe dazu 18.4) müssen die Substanzerhaltungsrückstellung des Pächters und der aktive Substanzerhaltungsanspruch des Verpächters regelmäßig gleich hoch sein;[77] dies gilt jedoch nicht ausnahmslos.[78]

Erlässt der Verpächter dem Pächter die Verpflichtung aus Schenkungsgründen, ist die gebildete Rückstellung vom Pächter erfolgsneutral aufzulösen.[79]

Umweltschutz und -schäden

Schadstoffbeseitigungspflichten (z. B. die Beseitigung von Altlasten bei der Sanierung schadstoffbelasteter Böden oder Gewässer), die sich aus dem Abfallgesetz, Wasserhaushaltsgesetz, Bundesimmissionsgesetz, Atomgesetz ergeben, müssen nach Auffassung des BFH[80] hinreichend konkretisiert sein. Eine Rückstellung für

---

[75] BFH, BStBl 1993 II S. 89.
[76] Vgl. H 6.11 „Deponien" EStH und BFH, BStBl 2012 II S. 98.
[77] BFH, BStBl 1998 II S. 505.
[78] BFH, BStBl 1989 II S. 714.
[79] BFH, BStBl 1989 II S. 612.
[80] BFH, BStBl 1993 II S. 891.

derartige öffentlich-rechtliche Verpflichtungen darf erst dann gebildet werden, wenn die Tatsachen, die eine Altlastensanierung erforderlich machen, der zuständigen Fachbehörde bekannt geworden sind oder dieses unmittelbar bevorsteht. Nach Auffassung des BFH setzt jede Verbindlichkeit – auch eine ungewisse – einen Gläubiger voraus, deshalb sei auch bei öffentlich-rechtlichen Verbindlichkeiten erst dann eine Inanspruchnahme wahrscheinlich; erst von diesem Zeitpunkt an besteht eine inhaltlich und zeitlich hinreichend konkretisierte wirtschaftliche Last.

Dieses „Konkretisierungserfordernis" ist im Schrifttum umstritten. Die Zulässigkeit einer Rückstellung sagt noch nichts über die Zulässigkeit einer Teilwertabschreibung aus, die geboten wäre, wenn Schadstoffe zu einer dauernden Wertminderung des Grundstücks führen.

Urlaubsverpflichtungen

Die rückständige Urlaubsverpflichtung ist eine Verbindlichkeitsrückstellung; es besteht eine Passivierungspflicht, da über die Höhe der Verbindlichkeit Unsicherheit besteht, die künftigen Ausgaben im wirtschaftlich abgelaufenen Jahr verursacht wurden und die Inanspruchnahme nach dem Bilanzstichtag wahrscheinlich ist.[81]

Dabei sind in die Berechnung das Brutto-Arbeitsentgelt, die Arbeitgeberanteile zur Sozialversicherung, das Urlaubsgeld sowie weitere lohnabhängige Nebenkosten einzubeziehen. Nicht zu berücksichtigen sind dagegen jährlich vereinbarte Sondervergütungen wie Weihnachtsgeld, Tantiemezahlungen, Zuführungen zu Pensions- und Jubiläumsrückstellungen oder Zahlungen, die, wie etwa vermögenswirksame Leistungen, nicht Bestandteile von Lohn und Gehalt sind. Außerdem können im Rahmen der Berechnung nicht allgemeine Verwaltungskosten berücksichtigt werden. Außer Betracht bleiben darüber hinaus Änderungen des Entgelts, die erst im Folgejahr wirksam werden. Die für die Höhe der Rückstellung für Urlaubsverpflichtungen maßgebenden Ausgaben können individuell für jeden Urlaubsberechtigten nach Maßgabe des geschuldeten Urlaubsentgelts oder per Durchschnittsberechnung für die Belegschaft ermittelt werden. Im Fall der Durchschnittsberechnung muss der maßgebliche Lohnaufwand durch die Zahl der regulären Arbeitstage dividiert und mit der Zahl der offenen Urlaubstage vervielfacht werden. Hat der Arbeitnehmer am Bilanzstichtag bereits mehr Urlaub genommen, als ihm anteilig für die Zeit vom Beginn des Urlaubsjahres bis zum Bilanzstichtag zusteht, so ist hierfür in der Bilanz ein aktiver Rechnungsabgrenzungsposten auszuweisen.[82]

Bei der Bewertung von Urlaubsrückstellungen sind Ausgleichsansprüche gegen Urlaubskassen zu berücksichtigen.[83]

---
81 BFH, BStBl 1992 II S. 910.
82 BFH, BStBl 1996 II S. 406.
83 BFH, BStBl 1995 II S. 412.

11 Rückstellungen

Beispiel:

- Bruttoarbeitslohn (einschl. aller leistungsabhängigen – steuerfreien und -pflichtigen – Vergütungen, wie z. B. Sachbezüge, Zulagen, Überstundenvergütungen, Prämien, Provisionen)   85.000 €
- Arbeitgeberanteile zur Sozialversicherung   12.000 €
- Lohnabhängige Nebenkosten (z. B. Berufsgenossenschaft)   3.000 €

Bemessungsgrundlage   100.000 €

Division durch die Zahl der regulären Arbeitstage
– nicht die Zahl der (geringeren) tatsächlichen Arbeitstage –

Kalendertage	365	
arbeitsfreie Samstage und Sonntage	./. 104	
arbeitsfreie Feiertage	./. 11	250 Tage
• Arbeitslohn pro regulärem Arbeitstag		400 €
• Urlaubsgeld pro Tag rückständigen Urlaubs, aber nur, wenn das Urlaubsgeld nicht bereits insgesamt – z. B. im Urlaubsmonat Juli – vergütet wurde, sondern pro genommenem Urlaubstag zu zahlen ist (einschl. Arbeitgeberanteile und Lohnnebenkosten, s. o.)		120 €
Tageskostensatz		520 €
Multiplikation mit der Zahl der offenen Urlaubstage	×	10 Tage
Urlaubsrückstellung (Urlaubsentgelt)		5.200 €

Verpflichtung zur Wiederauffüllung einer Kiesgrube, Rekultivierungsverpflichtung

Übernimmt ein Steuerpflichtiger in einem Kiesausbeutevertrag gegenüber dem Eigentümer des Grundstücks die Verpflichtung, eine Kiesgrube wieder aufzufüllen, oder beruht eine solche Verpflichtung auf öffentlichem Recht, so muss er für die ihm daraus erwachsenden künftigen Aufwendungen eine Rückstellung bilden und jährlich (ratierlich) erhöhen.[84] Am jeweiligen Bilanzstichtag liegt die Verpflichtung zur Rekultivierung des bisher abgebauten Grundstücksteils vor und die dafür künftig aufzuwendenden Kosten sind abgezinst und gegengerechnet mit künftigen Einnahmen zu passivieren.

Die Summe der in früheren Wirtschaftsjahren angesammelten Rückstellungsraten ist am Bilanzstichtag auf das Preisniveau dieses Stichtags in einem Einmalbetrag anzuheben.

Nach wirtschaftlicher Beurteilung besteht ein Erfüllungsrückstand, für den nach Maßgabe des Abbaus, Abbruchs usw. kontinuierlich jährlich während des Nutzungszeitraums Rückstellungen zu bilden sind.[85]

---

[84] R 6.11 Abs. 2 EStR.
[85] BFH, BStBl 1993 II S. 89, vgl. auch: BFH, BStBl 2012 II S. 98.

Verpflichtung zur Aufstellung und Prüfung des Jahresabschlusses

Für die aus Rechtsgeschäft sich ergebenden Kosten der Aufstellung und Prüfung des Jahresabschlusses (Bilanz und GuV-Rechnung) dürfen nach den Grundsätzen der Bilanzierung schwebender Verträge (siehe nachfolgend) keine Rückstellungen gebildet werden, solange die Arbeiten noch nicht ausgeführt sind. Für die Kosten der gesetzlichen Verpflichtung zur Aufstellung und Prüfung des Jahresabschlusses, für einen gesetzlich vorgeschriebenen Geschäftsbericht sowie für die gesetzlich vorgeschriebene Veröffentlichung des Jahresabschlusses sind indessen bereits am Ende des betreffenden Geschäftsjahres Rückstellungen zu bilden. Das Gleiche gilt für die Verpflichtung zur Erstellung der die Betriebssteuern des laufenden Jahres betreffenden Steuererklärungen.[86] Dies gilt, weil alle wesentlichen, die Pflicht zum Jahresabschluss, zum Geschäftsbericht und zur Abgabe der Steuererklärungen begründenden Umstände (das sind die Geschäftsvorfälle) im abgelaufenen Jahr verwirklicht worden sind und die Verpflichtung damit wirtschaftlich mit Ablauf dieses Jahres entstanden ist. Neben den Fremdkosten gehören zu den rückstellungsfähigen Kosten als betriebsinterne Kosten nur die (anteiligen) Aufwendungen für Löhne der mit dem Jahresabschluss befassten Personen (Löhne, Gehälter, Personalnebenkosten), soweit diese zeitanteilig auf den Jahresabschluss entfallen, sowie die Materialeinzelkosten.

11.4 Rückstellungen für drohende Verluste

Rückstellungen für drohende Verluste **aus schwebenden Geschäften** dürfen nach § 5 Abs. 4a EStG **nicht gebildet werden.**

Ein schwebendes Geschäft liegt vor, wenn ein gegenseitiger, auf Leistungsaustausch gerichteter Vertrag abgeschlossen ist oder ein bindendes Vertragsangebot vorliegt, dessen Annahme sicher ist, und dieser von der zur Sach- oder Dienstleistung verpflichteten Vertragspartei noch nicht erfüllt ist.[87]

Nach den handelsrechtlichen Grundsätzen ordnungsmäßiger Buchführung werden Verpflichtungen aus schwebenden Geschäften grundsätzlich nicht passiviert, weil davon ausgegangen wird, dass sich Leistung und Gegenleistung ausgleichen,[88] es sei denn

a) in der Vergangenheit ist das Verhältnis von Leistung und Gegenleistung durch Erfüllungsrückstand gestört oder

b) künftig droht ein Verlust.

Bei drohenden Verlusten aus schwebenden Geschäften ist handelsrechtlich eine Rückstellung in Höhe des Teils der eigenen Verpflichtung zu bilden, der den Wert

---

86 Nicht Erklärung zur gesonderten und einheitlichen Gewinnfeststellung – BFH, BStBl 1984 II S. 301.
87 BFH, BStBl 1997 II S. 735.
88 BFH, BStBl 1995 II S. 312.

der Gegenleistung übersteigt (**Verpflichtungsüberschuss**); bei Dauerschuldverhältnissen sind ausschließlich die zukünftigen Ansprüche und Verpflichtungen zurückzustellen (§ 249 Abs. 1 Satz 1 HGB).

Rückstellungen für drohende Verluste aus schwebenden Geschäften dürfen **in der Steuerbilanz nicht** gebildet werden, insoweit fallen Handelsbilanz und Steuerbilanz auseinander; es liegt eine wesentliche Durchbrechung des Maßgeblichkeitsgrundsatzes vor.

Handelsrechtlich sind Unternehmen verpflichtet, Rückstellungen für drohende Verluste aus schwebenden Geschäften zu bilden. Zulässigerweise gebildete Rückstellungen für drohende Verluste aus schwebenden Geschäften dürfen – solange der Grund für ihre Bilanz fortbesteht – handelsrechtlich nicht aufgelöst werden.

Im Ergebnis sind damit Rückstellungen für drohende Verluste aus schwebenden Geschäften aus versteuertem Einkommen zu bilden und in der Handelsbilanz in die Steuerabgrenzung (latente Steuern) einzubeziehen.

Die Einschränkung betrifft sowohl Drohverlustrückstellungen aus Dauerschuldverhältnissen wie Darlehens-, Miet-, Pachtverhältnissen und Dauerlieferungsverträgen als auch solche aus einmaligen schwebenden Geschäften, z. B. Absatz- und Beschaffungsgeschäften.

§ 5 Abs. 4a EStG sieht **keine Unterscheidung zwischen Drohverlusten aus Dauerschuldverhältnissen und anderen Schuldverhältnissen** vor.

Das steuerliche Passivierungsverbot bewirkt, dass der Verlust sich erst in dem Jahr auf die Höhe des zu versteuernden Einkommens auswirkt, in dem er tatsächlich eintritt, d. h. realisiert wird. Der drohende Verlust wird so dem zu erwartenden Gewinn gleichgestellt. Der drohende Verlust darf ebenso wenig berücksichtigt werden wie der nicht realisierte Gewinn.

Das Imparitätsprinzip ist insoweit aufgehoben

Während zu erwartende Gewinne aus Gründen der Vorsichtigkeit weiterhin bei der Gewinnermittlung auch für steuerliche Zwecke außer Betracht bleiben, wird das Vorsichtigkeitsprinzip bei zu erwartenden Verlusten steuerlich außer Betracht gelassen.

Aus einem Dauerschuldverhältnis kann sich durch Vorleistungen oder Leistungsrückstände eines Vertragspartners jedoch die Notwendigkeit der Bildung von Verbindlichkeitsrückstellungen ergeben.

Dauerschuldverhältnisse, z. B. Mietverträge, Arbeitsverträge, sind für die bilanzrechtliche Betrachtung in zwei Abschnitte aufzuteilen, nämlich den bereits abgewickelten und der Vergangenheit angehörenden und den noch abzuwickelnden Vertragsteil. Nur hinsichtlich des noch abzuwickelnden Vertragsteils liegt ein schwebendes Geschäft vor. Nur auf diesen Teil des Vertrags wirkt sich die Gesetzesänderung aus. Soweit hingegen bei einem Vertragspartner ein Erfüllungsrückstand für die Vergangenheit besteht, liegt eine gewisse oder ungewisse Verbindlichkeit vor, für die eine entsprechende Verbindlichkeit oder Rückstellung zu passivieren ist. Diese Rückstellung ist, obwohl sie ihre Grundlage in einem schwebenden Geschäft hat, keine Rückstellung für einen Verlust aus diesem Geschäft, sondern eine Rückstellung für eine ungewisse Verbindlichkeit aus dem Geschäft. Diese Verbindlichkeitsrückstellung muss ebenso wie bisher auch in der Steuerbilanz berücksichtigt werden. Deshalb gewinnt die Abgrenzung zwischen Verbindlichkeitsrückstellung und Verlustrückstellung künftig zunehmende Bedeutung.

11.5 Rückstellungen für betriebsinterne Lasten

Neben den Rückstellungen mit Verbindlichkeitscharakter sind nach Handelsrecht auch Rückstellungen für bestimmte Betriebslasten zulässig. Sie beruhen ebenso wie die Rückstellungen mit Verbindlichkeitscharakter auf einer Wertminderung des Gesamtunternehmens, veranlasst durch bestimmte Geschäfts- bzw. Betriebsvorfälle. Von den Rückstellungen für ungewisse Verbindlichkeiten und für drohende Verluste unterscheiden sich die Rückstellungen für Betriebslasten dadurch, dass diesen weder eine gegenwärtige noch eine zukünftige Verpflichtung gegenüber einem Dritten zugrunde liegt.

Die einzigen vom HGB (§ 249 Abs. 1) geregelten Fälle der Rückstellung für Betriebslasten stellen die unterlassene Instandhaltung und der Abraumrückstand sowie die Gewährleistung ohne rechtliche Verpflichtung dar.

Rückstellungen für im Geschäftsjahr unterlassene Aufwendungen für **Instandhaltung** sind handelsrechtlich nach § 249 Abs. 1 Nr. 1 HGB zu bilden (Passivierungspflicht), wenn die unterlassenen Aufwendungen innerhalb von drei Monaten nachgeholt werden; wird die Instandhaltung später im folgenden Geschäftsjahr nachgeholt, dürfen Rückstellungen gebildet werden (Passivierungswahlrecht). Da handelsrechtliche Passivierungsgebote zu einem steuerrechtlichen Passivierungsgebot, handelsrechtliche Passivierungswahlrechte hingegen zu einem steuerrechtlichen Passivierungsverbot führen, sind in der **Steuerbilanz Rückstellungen für unterlassene Instandhaltungsaufwendungen** nur zu bilden, **wenn die unterlassenen Aufwendungen innerhalb von 3 Monaten nachgeholt werden.**[89]

Rückstellungen für unterlassene Aufwendungen für **Abraumbeseitigung** sind handelsrechtlich nach § 249 Abs. 1 Nr. 1 HGB zu bilden, wenn die Aufwendungen im folgenden Geschäftsjahr nachgeholt werden (Passivierungspflicht). Daraus folgt auch steuerlich eine Passivierungspflicht.

Für Kosten, die der Erschließung des erst künftig zu fördernden Gesteins dienen, kommt hingegen keine Rückstellung in Betracht. Hierbei handelt es sich um Kosten

---
[89] Vgl. BFH, BStBl 1994 II S. 176, und R 5.7 Abs. 11 EStR.

für Abraumvorrat, die als Herstellungskosten der gewonnenen Bodensubstanz zu aktivieren sind.

Rückstellungen für **Gewährleistungen,** die ohne rechtliche Verpflichtung erbracht werden (sog. **Kulanzgewährleistungen**), sind handelsrechtlich nach § 249 Abs. 1 Nr. 2 HGB zu bilden. Für sie besteht daher auch steuerrechtlich eine Passivierungspflicht. Dies setzt allerdings voraus, dass die tatsächliche Pflicht zur Kulanzleistung wirtschaftlich einer rechtlichen Verpflichtung gleichsteht[90] und der Kaufmann sich den Gewährleistungen aus geschäftlichen Erwägungen nicht entziehen kann. Die ist insbesondere anzunehmen, wenn aufgrund von in der Vergangenheit nachgewiesenen erbrachten Kulanzleistungen auch in Zukunft damit zu rechnen ist, dass Kulanzleistungen bewilligt werden müssen.

Rückstellungen für sonstige Aufwendungen sind steuerrechtlich nicht zulässig; das handelsrechtliche Passivierungswahlrecht nach § 249 Abs. 2 HGB führt steuerlich zu einem Passivierungsverbot.

11.6 Bildung und Auflösung der Rückstellungen

Eine Rückstellung ist zu dem Bilanzstichtag zu bilden, an dem die Tatsachen, die ihre Bildung rechtfertigen, gegeben sind. Hat ein Steuerpflichtiger zu einem Bilanzstichtag eine Rückstellung unterlassen, so kann eine Nachholung der Rückstellung zu einem späteren Zeitpunkt unzulässig sein. Für die Frage muss man unterscheiden, ob eine Rückstellungspflicht oder ein Passivierungswahlrecht besteht. Soweit nur ein Passivierungswahlrecht besteht, ist eine Nachholung der Rückstellung in späteren Jahren nicht zulässig. Besteht jedoch ein Passivierungszwang, so ist die in früheren Jahren unterlassene Rückstellung in der nächsten noch offenen Bilanz nachzuholen, sofern zu diesem Stichtag die Voraussetzungen ihrer Bildung noch vorliegen. Einer späteren besseren Erkenntnis hat der Steuerpflichtige allerdings durch Erhöhung oder Bildung einer erstmaligen Rückstellung zu einem späteren Zeitpunkt Rechnung zu tragen. Eine Rückstellung ist dann aufzulösen, wenn die Umstände, die ihre Bildung gerechtfertigt haben, weggefallen sind – z. B. Bezahlung der Schuld, Wegfall eines Risikos.[91] Dasselbe gilt, wenn eine Rückstellung von vornherein zu Unrecht gebildet worden ist.

Eine Rückstellung wegen eines gerichtlich geltend gemachten Schadensersatzanspruchs ist erst zum Schluss des Wirtschaftsjahres aufzulösen, in dem über den Anspruch endgültig und rechtskräftig entschieden ist.[92]

Da Verbindlichkeiten grundsätzlich mit ihrem **Erfüllungsbetrag** (Rückzahlungsbetrag) zu bewerten sind, ist der Grundsatz vorsichtiger Bewertung insoweit eingeschränkt, als unabhängig von subjektiven Einschätzungen des Kaufmanns auf das

---
90 R 5.7 Abs. 12 EStR.
91 BFH, BStBl 1989 II S. 612.
92 BFH, BStBl 1998 II S. 375.

gerade noch Erforderliche abzustellen ist. Der künftige Aufwand macht in der Gegenwart lediglich die Bereitstellung des abgezinsten Aufwands erforderlich. Dabei ist es unerheblich, ob künftig Geld- oder Sachleistungen zu erbringen sind.[93]

§ 253 Abs. 2 Satz 2 a. E. HGB enthält für die Abzinsung eine ausdrückliche Regelung. Danach dürfen Rückstellungen abgezinst werden, soweit die ihnen zugrunde liegenden Verbindlichkeiten einen Zinsanteil enthalten. Ein solcher Fall wird angenommen, wenn unterstellt werden kann, dass bei einer sofortigen Begleichung der Verpflichtung ein geringerer Geldaufwand erforderlich wäre als bei der zukünftigen Tilgung der Geldleistung.

Die Auflösung der Rückstellung erfolgt i. d. R. gewinnerhöhend. Beruht jedoch der Wegfall der Voraussetzungen für die Bildung oder Beibehaltung der Rückstellung auf Umständen, die als Einlage zu beurteilen sind, ist die Rückstellung ausnahmsweise erfolgsneutral aufzulösen.[94]

11.7 Pensionsrückstellungen

11.7.1 Allgemeines

Die betriebliche Altersversorgung wird durch die Normen und Vorschriften des Arbeitsrechts geregelt. Die einkommensteuerlichen Bestimmungen haben nur eine unterstützende Funktion. Denn der Entschluss des Arbeitgebers zu sozialen Leistungen der betrieblichen Altersversorgung hängt von der damit verbundenen Belastung und diese davon ab, wie die Aufwendungen steuerlich behandelt werden.

Aufwendungen für die betriebliche Altersversorgung sind grundsätzlich als **Betriebsausgaben** abzugsfähig. Für die Finanzierung der Versorgungsleistungen ist es wesentlich, ob die Aufwendungen erst bei ihrer tatsächlichen Zahlung oder bereits bei Ansammlung des für künftige Leistungen erforderlichen Deckungskapitals zum Abzug zugelassen werden und damit das Betriebsergebnis und die Steuerlast mindern. Die unterstützende Wirkung der steuerlichen Regelungen über die betriebliche Altersversorgung liegt darin, dass sie den Abzug im Allgemeinen schon bei der Ansammlung des Deckungskapitals ermöglichen, wobei das angesammelte Deckungskapital bis zur tatsächlichen Zahlung der Versorgungsleistungen im Betrieb verbleiben oder zumindest dem Betrieb nutzbar gemacht werden kann.

Sie bringt keine endgültige Steuerersparnis, weil sich spätere Pensionszahlungen wegen der gleichzeitig erfolgenden gewinnerhöhenden Auflösung der Rückstellung nicht voll gewinnmindernd auswirken; sie führt aber zu einer für die Unternehmen liquiditätsstärkenden, Fremdkapitalkosten sparenden und **langfristigen Steuerstundung.**

---

93 Vgl. im Einzelnen 11.2 und § 6 Abs. 1 Nr. 3a Buchst. a bis e EStG.
94 BFH, BStBl 1989 II S. 612.

11 Rückstellungen

Diese unterstützende Wirkung trägt zur sozialpolitisch erwünschten Ausbreitung der betrieblichen Altersversorgung bei.

In diesem Rahmen ist auch die Vorschrift des § 6a EStG zu sehen, die die Rückstellung für Pensionsverpflichtungen regelt.

Pensionsverpflichtungen sind **rechtsverbindliche Verpflichtungen** eines Arbeitgebers gegenüber einem Arbeitnehmer, nach dessen Ausscheiden unter bestimmten Voraussetzungen (insbesondere Ausscheiden durch Invalidität, Alter, Tod) an ihn oder seine Hinterbliebenen eine Rente oder einen Kapitalbetrag zu zahlen.

Für die Pensionsverpflichtungen im vorgenannten Sinne werden Pensionsrückstellungen gebildet. Auch für die Verpflichtungen zur Zahlung von Vorruhestandsleistungen können Rückstellungen nach Maßgabe des § 6a EStG gebildet werden. Die steuerlichen Regelungen über Bildung von und Zuführung zu Pensionsrückstellungen (§ 6a Abs. 3 und 4 EStG) gelten auch dann, wenn der Pensionsberechtigte zu dem Pensionsverpflichteten in einem anderen Rechtsverhältnis als einem Dienstverhältnis steht (§ 6a Abs. 5 EStG). Als Empfänger von Pensionszusagen kommen deshalb neben den im Betrieb beschäftigten Arbeitnehmern auch für den Betrieb tätige Handelsvertreter, Wirtschaftsprüfer, Betriebsberater und dgl. in Betracht.[95] Voraussetzung für die Bildung der Pensionsrückstellung ist, dass die Pensionszusage **betrieblich veranlasst** ist.

Die Pensionsverpflichtungen sind zumindest im Zeitpunkt ihrer Entstehung ungewisse Verbindlichkeiten. Die Ungewissheit kann sich auf die Frage des Eintritts des Versorgungsfalls und die Höhe der Inanspruchnahme oder auf eines von beiden beziehen.

Arbeitsrechtlich kann ein Pensionsanspruch vor Eintritt des Versorgungsfalls bei vorzeitigem Ausscheiden des Arbeitnehmers unter bestimmten Voraussetzungen unverfallbar werden (§§ 1 ff. BetrAVG). Die Zulässigkeit der Pensionsrückstellungen ist nicht von der arbeitsrechtlichen Unverfallbarkeit abhängig. Der Eintritt der Unverfallbarkeit bei vorzeitigem Ausscheiden hat aber wie auch der Eintritt des Versorgungsfalls auf die zulässige Höhe der Rückstellung einen Einfluss.[96]

Hinsichtlich der Bildung und des Ausweises von betrieblichen Teilrenten wird auf das BMF-Schreiben vom 25.04.1995[97] verwiesen.

Nach § 249 HGB müssen für unmittelbare Pensionszusagen Rückstellungen in der Handelsbilanz gebildet werden. Entsprechend dem Grundsatz der **Maßgeblichkeit** der Handelsbilanz hat die handelsrechtliche Passivierungspflicht die Passivierungspflicht für Pensionen in der Steuerbilanz zur Folge, wenn die Voraussetzungen des § 6a Abs. 1 Nr. 1 bis 3 EStG vorliegen.[98]

---

95 BFH, BStBl 1986 II S. 51.
96 BMF vom 17.11.2004 (BStBl 2004 I S. 1065 ff.).
97 BMF vom 25.04.1995 (BStBl 1995 I S. 250).
98 R 6a Abs. 1 Satz 2 EStR.

Steuerrechtlich ist aber das **Nachholverbot** zu beachten.[99]

Das Nachholverbot ist auch bei Pensionsrückstellungen anzuwenden, die in einem vorangegangenen Wirtschaftsjahr aufgrund einer zulässigen Bewertungsmethode niedriger als möglich bewertet worden sind.[100] Das Nachholverbot ist auch dann anzuwenden, wenn der fehlende oder fehlerhafte Ansatz einer Pensionsrückstellung auf einen Rechtsirrtum zurückzuführen ist. Das gilt unabhängig davon, ob nach den Umständen des jeweiligen Falls eine willkürliche Gewinnverschiebung anzunehmen ist.[101]

Ist die Rückstellung in der Steuerbilanz ganz oder teilweise aufgelöst worden, ohne dass sich die Pensionsverpflichtung entsprechend gemindert hat, so ist die Steuerbilanz insoweit unrichtig und im Wege der Bilanzberichtigung zu korrigieren. Dabei ist die Rückstellung mit dem Betrag anzusetzen, mit dem sie ohne die unzulässige Auflösung zu Buche stehen würde, höchstens jedoch mit dem Teilwert.

Geht in den Fällen der Auflösung oder Teilauflösung der Rückstellung der Auflösungsbetrag in der Handelsbilanz über den Auflösungsbetrag in der Steuerbilanz hinaus, so sind spätere Zuführungen in der Steuerbilanz nur insoweit zulässig, als der sich danach ergebende Rückstellungsbetrag auch in der Handelsbilanz ausgewiesen wird.

Beispiel:
Auflösung der Rückstellung im Jahre 01 in der Handelsbilanz = 50.000 €, Rückstellungsrest am 31.12.01 = 300.000 €. Auflösung der Rückstellung im Jahre 01 in der Steuerbilanz = 40.000 €, Rückstellungsrest am 31.12.01 = 310.000 €. Zuführung im Jahre 02 in der Handelsbilanz 60.000 €. In die Steuerbilanz dürfen danach im Jahre 02 höchstens (360.000 € ./. 310.000 €) 50.000 € zugeführt werden.

11.7.2 Zulässigkeit von Pensionsrückstellungen

Nach § 6a Abs. 1 und 2 EStG darf eine Pensionsrückstellung nur unter folgenden Voraussetzungen gebildet werden:

1. Der Pensionsberechtigte muss einen **Rechtsanspruch** auf einmalige oder laufende Pensionsleistung haben.
2. Sie darf **keinen schädlichen Vorbehalt** enthalten.
3. Er muss das 27. Lebensjahr vollendet haben, oder es muss der Versorgungsfall bereits eingetreten sein.
4. Die Pensionszusage muss **schriftlich** erteilt werden.
5. Sie darf **keine** Pensionsleistungen **in Abhängigkeit von künftigen gewinnabhängigen Bezügen vorsehen** und muss angemessen sein.

---
99 BMF, BStBl 1987 I S. 365.
100 BFH, BStBl 2003 II S. 936.
101 BMF, BStBl 2003 I S. 756.

11 Rückstellungen

Rechtsanspruch

Nach § 6a Abs. 1 Nr. 1 EStG ist eine Rückstellung für eine Pensionsverpflichtung nur zu bilden, wenn der Pensionsberechtigte einen Rechtsanspruch auf einmalige oder laufende Pensionsleistungen hat und keinen steuerschädlichen Widerrufsvorbehalt enthält.

Sie umfasst neben der Zusage einer Alters-, Invaliden- und Hinterbliebenenversorgung jede Leistungsverpflichtung eines Unternehmens aus eigenen Mitteln, die an Leib und Leben des Berechtigten gebunden und bei Eintritt des Versorgungsfalls zu erbringen sind. Ob eine rechtsverbindliche Pensionsverpflichtung besteht, richtet sich nach den Grundsätzen des Arbeitsrechts. Eine rechtsverbindliche Pensionsverpflichtung kann danach auf Einzelvertrag, Betriebsvereinbarung, Tarifvertrag, Besoldungsordnung oder Gesamtzusage (Pensionsordnung) beruhen.

Widerrufsvorbehalt

Widerrufsvorbehalte sind Vorbehalte, wonach die Pensionsanwartschaft oder Pensionsleistung gemindert oder entzogen werden kann. Eine Pensionszusage darf nach § 6a Abs. 1 Nr. 2 EStG keine steuerschädlichen Widerrufsvorbehalte enthalten. Wäre das der Fall, dürfte eine Rückstellung für sie nicht gebildet werden.

Widerrufsvorbehalte sind nach dem Gesetzeswortlaut dann **nicht steuerschädlich,** wenn sie sich nur auf Tatbestände erstrecken, bei deren Vorliegen nach allgemeinen Grundsätzen unter Beachtung billigen Ermessens eine Minderung oder ein Entzug der Pensionsanwartschaft oder Pensionsleistung zulässig ist.[102] Es handelt sich dabei um Vorbehalte, wonach der Widerruf bei geänderten Verhältnissen unter verständiger Abwägung der berechtigten Interessen des Pensionsberechtigten einerseits und des Unternehmens andererseits gestattet wird. Steuerunschädlich sind danach z. B. im Allgemeinen Vorbehalte, nach denen die Anpassung der zugesagten Pension an nicht voraussehbare künftige Entwicklungen und Ereignisse, insbesondere bei Verschlechterung der wirtschaftlichen Lage des Unternehmens oder einer Treuepflichtverletzung des Arbeitnehmers, vorgesehen wird.

Steuerschädlich sind hingegen Vorbehalte, nach denen der Arbeitgeber die Pensionszusage nach freiem Belieben, also nur nach seinen eigenen Interessen ohne Berücksichtigung der Interessen des Pensionsberechtigten, widerrufen kann. Das ist nach der Rechtsprechung des Bundesarbeitsgerichts gegenüber einem aktiven Arbeitnehmer der Fall, wenn die Pensionszusage folgende Formeln enthält: „freiwillig und ohne Rechtsanspruch", „jeder Widerruf vorbehalten", „ein Rechtsanspruch auf Leistung besteht nicht", „die Leistungen sind unverbindlich". Ist der Versorgungsfall jedoch bereits eingetreten oder steht sein Eintritt kurz bevor, so können nach dieser Rechtsprechung Pensionszusagen, die unter den vorbezeichneten Vorbehalten erteilt worden sind, nicht mehr nach freiem Belieben, sondern nur noch

---

102 R 6a Abs. 4 EStR.

nach billigem Ermessen widerrufen werden. Daher kann mit Eintritt des Versorgungsfalls die Rückstellung trotz der Vorbehalte gebildet werden. Dies gilt auch hinsichtlich einer zugesagten Hinterbliebenenversorgung.[103]

Ein schädlicher Vorbehalt liegt schließlich auch dann vor, wenn die Anwartschaft oder der Anspruch auf Ruhegeld eines im Betrieb mitarbeitenden Ehegatten des Unternehmers im Fall einer Ehescheidung oder Aufhebung der ehelichen und häuslichen Gemeinschaft wegfallen soll.

Steuerunschädlich sind sog. arbeitnehmerfinanzierte Pensionszusagen, in denen den Arbeitnehmern u. a. das Recht eingeräumt wird, anstelle einer bisher zugesagten Altersversorgung zugunsten eines höheren (laufenden) Gehalts wieder zu verzichten.[104] Entsprechendes gilt, wenn der Arbeitgeber bei Ausscheiden des Arbeitnehmers Anwartschaften abfinden kann. Steuerschädlich ist die sog. Inhaberklausel (R 6a Abs. 6 EStR). Sie besagt, dass ein Pensionsanspruch erlischt, wenn das Unternehmen veräußert wird oder aus anderen Gründen ein Wechsel des Inhabers eintritt. Diese Klausel ist steuerschädlich, solange die Pensionsansprüche der Arbeitnehmer arbeitsrechtlich noch nicht unverfallbar sind. Nach ihrer Unverfallbarkeit haben die Inhaberklauseln arbeitsrechtlich keine Wirkung und damit auch steuerlich keine Bedeutung mehr. Nach R 6a Abs. 6 EStR soll die Inhaberklausel offenbar stets als steuerschädlich anzusehen sein; dem könnte jedoch nicht zugestimmt werden. In den Fällen eines schädlichen Vorbehalts ist die Bildung einer Pensionsrückstellung auch dann nicht zulässig, wenn bereits Pensionszahlungen geleistet wurden oder eine Rückdeckungsversicherung abgeschlossen wurde oder wenn die unter den schädlichen Vorbehalten gegebene Pensionszusage die weitere Bestimmung enthält, dass der Widerruf nur nach billigem Ermessen ausgeübt werden darf oder dass im Fall eines Widerrufs die gebildeten Rückstellungen dem Versorgungszweck zu erhalten sind.

Bei der Beurteilung der Unschädlichkeit eines Vorbehalts in einer Pensionszusage ist ein **strenger Maßstab** anzulegen.

Lebensalter

Nach § 6a Abs. 2 EStG darf eine Pensionsrückstellung erstmals gebildet werden vor Eintritt des Versorgungsfalls für das Wirtschaftsjahr, in dem die Pensionszusage erteilt wird, frühestens jedoch für das Wirtschaftsjahr, bis zu dessen Mitte der Pensionsberechtigte das 27. Lebensjahr vollendet. Oder für das Wirtschaftsjahr, in dessen Verlauf die Pensionsanwartschaft gemäß den Vorschriften des Gesetzes zur Verbesserung der betrieblichen Altersversorgung unverfallbar wird. Soweit die Pensionszusagen erstmals bis zum 31.12.2008 erteilt worden sind, kommt es auf die Vollendung des 28. Lebensjahres an.

---

103 R 6a Abs. 4 EStR.
104 R 6a Abs. 4 Satz 4 EStR.

Schriftform

Pensionszusagen bedürfen für die steuerliche Berücksichtigung der Schriftform (§ 6a Abs. 1 Nr. 3 EStG). Aus der schriftlichen Festlegung müssen sich insbesondere die Voraussetzungen für Pensionsleistungen sowie deren Höhe ergeben. Durch das Erfordernis der Schriftform sollen Unklarheiten vermieden werden.

Die Zusage an den Gesellschafter-Geschäftsführer einer GmbH, dass seine künftige Betriebsrente um jährlich zwei Prozent erhöht werde, ist klar und fest vereinbart und darum auch zulässig.[105]

Als Schriftform kommt jede schriftliche Festlegung in Betracht, aus der sich der Pensionsanspruch nach Voraussetzungen, Art und Höhe ergibt (Einzelvertrag, Pensionsordnung, Tarifvertrag usw.). Bei Pensionsverpflichtungen, die nicht auf Einzelvertrag beruhen, ist eine besondere Verpflichtungserklärung gegenüber dem einzelnen Berechtigten nicht erforderlich. Gesamtzusagen sind jedoch schriftlich in geeigneter Form bekannt zu machen.[106]

Für Pensionsverpflichtungen, die auf betrieblicher Übung oder dem Grundsatz der Gleichbehandlung beruhen, darf schon wegen des Fehlens der Schriftform keine Rückstellung gebildet werden.

Die Schriftform muss am Bilanzstichtag vorliegen. Fehlt die Schriftform am Bilanzstichtag, so mangelt es an einer Zulässigkeitsvoraussetzung für die Rückstellungsbildung. Der Mangel kann grundsätzlich nicht rückwirkend geheilt werden.

Dem Schriftformerfordernis nach § 6a Abs. 1 Nr. 3 EStG wird durch jede schriftliche Fixierung genügt, in der der Pensionsanspruch nach Art und Höhe festgelegt wird. Zweifel daran, ob Schriftstücke eine bindende Zusage einer betragsmäßig fixierten Altersversorgung enthalten, gehen zulasten desjenigen, der den Ansatz der Pensionsrückstellung in der Steuerbilanz begehrt.

Eine in der Steuerbilanz für eine nicht schriftlich erteilte Pensionszusage gebildete Rückstellung ist in der ersten noch änderbaren Bilanz gewinnerhöhend aufzulösen. Eine schriftliche Pensionszusage liegt auch dann vor, wenn der Berechtigte diese Zusage auch nur durch mündliche Erklärung annimmt.[107]

Es ist dabei aber keine besondere Form zu beachten.

Zur Auslegung von Verträgen zwischen einer Kapitalgesellschaft und ihrem beherrschenden Gesellschafter-Geschäftsführer im Zusammenhang mit einer Pensionszusage hat der BFH[108] Stellung genommen und ausgeführt, dass eine Vereinbarung, die nicht klar und eindeutig ist, anhand der allgemein geltenden Auslegungsregelung zu beurteilen ist. Gegebenenfalls könne über den Inhalt der Vereinbarungen auch Beweis erhoben werden. Aussagen zum Vorliegen der besonderen Vorausset-

---

105 BFH, BStBl 1996 II S. 403.
106 R 6a Abs. 7 EStR.
107 BFH, BStBl 2005 II S. 702.
108 BFH, BStBl 2001 II S. 612.

zung der Schriftform i. S. von § 6a Abs. 1 Nr. 3 EStG enthält die Entscheidung jedoch nicht.

Voraussetzung für die steuerliche Anerkennung einer Pensionsrückstellung nach § 6a EStG ist u. a. eine schriftlich erteilte Pensionszusage (§ 6a Abs. 1 Nr. 3 EStG). Die Vereinbarung muss neben dem Zusagezeitpunkt eindeutige und präzise Angaben zu Art, Form, Voraussetzung und Höhe der in Aussicht gestellten künftigen Leistungen enthalten (vgl. H 6a (7) „Schriftformerfordernis" EStH). Sofern es zur eindeutigen Ermittlung der in Aussicht gestellten Leistungen erforderlich ist, sind auch Angaben für die **versicherungsmathematische** Ermittlung der Höhe der Versorgungsverpflichtung (z. B. anzuwendender Rechnungszinsfuß oder anzuwendende biometrische Ausscheidewahrscheinlichkeiten) schriftlich festzulegen.

Sind die genannten Angaben nicht vorhanden, scheidet nach Auffassung der Finanzverwaltung die Bildung einer Pensionsrückstellung jedenfalls **in der Steuerbilanz** aus.

11.7.3 Höhe und Bemessungsgrundlage

Bei Pensionszusagen dürfen **keine Pensionsleistungen in Abhängigkeit von künftigen gewinnabhängigen Gehaltsbestandteilen vereinbart werden,** da dadurch erhebliche steuerliche Gestaltungsmöglichkeiten eröffnet werden. Durch die Bildung von Pensionsrückstellungen kann im Einzelfall die Versteuerung von Gewinnen in ertragreichen Jahren vermieden werden (die Verpflichtung und damit die Pensionsrückstellung, die abhängig von der Gewinnsituation ist, steigt stark an), um die Rückstellungen in ertragsschwachen Jahren wieder aufzulösen und damit zur Unternehmensfinanzierung beizutragen (die Verpflichtung und damit die Pensionsrückstellung, die abhängig von der Gewinnsituation wäre, nimmt stark ab). Das ist mit dem Sinn und Zweck des § 6a EStG nicht vereinbar.

Fest zugesagte prozentuale Erhöhungen von Renten (Rentendynamik) und Rentenanwartschaften (Anwartschaftsdynamik) sind bei der Bewertung von Pensionsrückstellungen zu berücksichtigen. In den Pensionsvereinbarungen vorgesehene und vertraglich klar vereinbarte Erhöhungen um einen festen Prozentsatz (**Dynamisierungsklauseln**) sind hinsichtlich ihres Umfangs und des Zeitpunkts ihres Wirksamwerdens nicht ungewiss i. S. von § 6a Abs. 3 Nr. 1 Satz 4 EStG.[109]

Davon unabhängig hat in jedem Fall eine Angemessenheitsprüfung der zugesagten Pension zu erfolgen. Nach der Rechtsprechung ist für eine im Verhältnis zu den Aktivbezügen am Bilanzstichtag überhöhte Pension (**Überversorgung**) die Rückstellung nach § 6a EStG so zu ermitteln, als ob Versorgungsbezüge in Höhe eines angemessenen Prozentsatzes der jeweiligen Aktivbezüge zugesagt worden wären.[110] Die Angemessenheit einer Pension ist danach regelmäßig dann noch zu bejahen,

---
109 BFH, BStBl 1996 II S. 403.
110 BFH, BStBl 2004 II S. 937 und 940 sowie BStBl 2005 II S. 176.

wenn die zugesagten Leistungen zusammen mit der zu erwartenden Sozialversicherungsrente **etwa 75 % der Aktivbezüge** nicht übersteigen. Soweit eine Überversorgung vorliegt, ist die Verpflichtung dagegen nicht rückstellungsfähig, da sie als Vorwegnahme künftiger Einkommenssteigerung zu werten und damit wirtschaftlich erst in der Zukunft verursacht ist. Nach § 6a Abs. 3 Nr. 1 Satz 4 EStG sind künftige, am Bilanzstichtag noch nicht eingetretene Ereignisse nicht zu berücksichtigen. Dieser Gesichtspunkt ist sowohl bei Pensionszusagen an Gesellschafter-Geschäftsführer bzw. nahe Angehörige als auch bei Zusagen an übrige Arbeitnehmer zu beachten.

Die Pensionsrückstellung wird in einer Wahrscheinlichkeitsrechnung **nach der versicherungsmathematischen Methode** berechnet. Versicherungsmathematische Berechnungsmethode bedeutet Berücksichtigung von Wahrscheinlichkeitsfaktoren und Zins. Die Wahrscheinlichkeitsfaktoren werden bestimmten von der Finanzverwaltung anerkannten Tabellen entnommen. Der Rechnungszinsfuß beträgt 6 % (§ 6a Abs. 3 Satz 3 EStG). Der jeweils gültige Rechnungszinsfuß darf nicht über- oder unterschritten werden. Tabellen, aus denen unter Berücksichtigung aller Faktoren die Höhe der Rückstellungen ohne Weiteres entnommen werden kann, gibt es nicht. Wegen der komplizierten Berechnung wird sich der Steuerpflichtige i. d. R. von einem Fachmann ein versicherungsmathematisches Gutachten erstellen lassen. In der Regel werden für die Berechnung die „Richttafeln 2005 von Prof. Heubeck" angewendet, die als mit den anerkannten versicherungsmathematischen Grundsätzen übereinstimmend anerkannt sind. Liegen die dargestellten Voraussetzungen für Rückstellungsbildung vor, so kann die Pensionsrückstellung in voller Höhe des sich nach § 6a Abs. 3 Nr. 1 und 2 EStG ergebenden Werts gebildet werden.[111]

Vergleiche auch wegen der Anhebung der Altersgrenze der gesetzlichen Rentenversicherung (Altersgrenzenanpassungsgesetz) BMF vom 05.05.2008.[112]

Nach § 6a Abs. 3 EStG ist die Pensionsrückstellung so zu bemessen, als ob die Pensionszusage bereits zu **Beginn** des Wirtschaftsjahres gegeben worden wäre, in dem das Dienstverhältnis begonnen hat, frühestens jedoch mit dem versicherungstechnischen 27. Lebensjahr des Berechtigten. Hat das Dienstverhältnis vor dem versicherungstechnischen 27. Lebensjahr begonnen, so ist für die Berechnung der Pensionsrückstellung auf das versicherungstechnische 27. Lebensjahr abzustellen. Nach dem Gesetzeswortlaut wird dabei auf das Wirtschaftsjahr abgestellt, bis zu dessen Mitte der Pensionsberechtigte das 27. Lebensjahr vollendet hat.

Als Beginn des Dienstverhältnisses im vorgenannten Sinne ist grundsätzlich der tatsächliche Dienstantritt im Rahmen des bestehenden Dienstverhältnisses anzusehen. Daneben können Zeiten angerechnet werden, die nach gesetzlichen Vorschriften als Zeiten der Betriebszugehörigkeit gelten, und Zeiten aus einem früheren Dienstverhältnis im gleichen Unternehmen sowie Dienstzeiten beim Rechtsvorgänger des Pensionsverpflichteten, wenn dieser aufgrund gesetzlicher Vorschriften (z. B. § 613a

---
111 BMF, BStBl 2005 I S. 1054.
112 BMF vom 05.05.2008 (BStBl 2008 I S. 569).

11.7 Pensionsrückstellungen

BGB) in die Pflichten des Dienstverhältnisses mit dem Rechtsvorgänger eintritt.[113] Jedoch gilt auch hier als frühester Dienstbeginn das versicherungstechnische Alter von 27. Dienstzeiten, die der Arbeitnehmer in einem anderen Unternehmen als dem des Arbeitgebers verbracht hat, bleiben bei der Ermittlung unberücksichtigt.

Tritt der Versorgungsfall ein, so ist nach § 6a Abs. 2 Nr. 2 EStG sofort eine Rückstellung in Höhe des versicherungsmathematischen Barwerts zu bilden, auch wenn der Eintritt des Versorgungsfalls vor dem 27. Lebensjahr liegt.

Die Pensionsverpflichtungen müssen (bei Altzusagen: dürfen) mit dem **Teilwert** angesetzt werden. Die Definition des Teilwerts lehnt sich in § 6a Abs. 3 EStG an die versicherungsmathematischen Begriffe des Barwerts und der Jahresbeträge an. Teilwert einer Pensionsverpflichtung ist – vereinfacht ausgedrückt – der Rückstellungsbetrag, der sich ergibt, wenn die Pensionsrückstellung nicht erst vom Zeitpunkt der Pensionszusage an, sondern bereits vom Beginn des Dienstverhältnisses an gebildet worden wäre. Dabei darf aber nicht vor das 27. Lebensjahr zurückgegriffen werden.

Bei dem Teilwertverfahren werden mithin die Rückstellungen unabhängig vom Zeitpunkt der Pensionszusage stets so berechnet, als wäre die Zusage mit dem Beginn des Arbeitsverhältnisses, frühestens mit dem 27. Lebensjahr, erteilt worden und gleichzeitig mit der Rückstellungsbildung begonnen worden. Nach dem Teilwertverfahren ist sofort der Betrag der Rückstellung zu bilanzieren, der der Rückstellung hätte zugeführt werden müssen, wenn die Pensionszusage mit Beginn des Dienstverhältnisses bereits erteilt worden wäre. Diese zusammengeballte Zuführung (Einmalrückstellung) soll die Belastung abdecken, die auf die bei Erteilung der Pensionszusage abgeleisteten Dienste entfällt. Ferner ergeben sich beim Teilwertverfahren zusammengeballte Rückstellungen (**Einmalrückstellung),** wenn sich der Pensionsanspruch erhöht. Die Pensionsrückstellung muss dann sofort auf den Betrag aufgefüllt werden, der sich ergeben hätte, wenn die Pensionsrückstellung von Anfang an für den erhöhten Pensionsanspruch gebildet worden wäre (§ 6a Abs. 4 EStG).

Tritt der Versorgungsfall ein oder endet das Dienstverhältnis vor Eintritt des Versorgungsfalls und hat der Versorgungsberechtigte im letztgenannten Fall eine unverfallbare Pensionsanwartschaft, so ist als Teilwert der Pensionsverpflichtung der Barwert der künftigen Leistungen anzusetzen (§ 6a Abs. 3 Nr. 2 EStG). Dies gilt auch für den Fall, dass bei einer laufenden Pensionsverpflichtung in der Pensionsrückstellung eine Unterdeckung vorhanden ist. Hier kann bis zur Höhe des Barwerts der künftigen Pensionsleistungen die Rückstellung aufgefüllt werden. Auch durch diese Regelung kann es zu Einmalrückstellungen kommen.

Abgesehen von den vorgenannten Situationen muss nach § 6a Abs. 4 EStG jährlich der Unterschiedsbetrag zwischen dem Teilwert der Pensionsverpflichtung am Schluss des Wirtschaftsjahres und am Schluss des vergangenen Wirtschaftsjahres

---

113 R 6a Abs. 13 EStR.

der Rückstellung zugeführt werden. Die Höhe der Pensionsrückstellung in der Steuerbilanz darf jedoch den Ansatz in der Handelsbilanz nicht übersteigen.

Sagt der Arbeitgeber seinem Arbeitnehmer für den Fall, dass er seine bisherige Tätigkeit altersbedingt in bestimmtem Umfang reduziert und deshalb einen verminderten Lohn erhält, eine Zusatzleistung zu, so ist die übernommene Verpflichtung nur dann als Zusage einer betrieblichen **Teilrente** zu beurteilen, wenn die Gewährung der Zusatzleistung davon abhängig gemacht wird, dass der Arbeitnehmer auch die Voraussetzungen zum Erhalt einer Teilrente aus der gesetzlichen Rentenversicherung erfüllt. Ist dies zu bejahen, so sind die (Zusatz-)Leistungen nach § 6a EStG rückstellungsfähig. In allen anderen Fällen kann der Arbeitgeber für die Verpflichtung, altersbedingte Zusatzleistungen erbringen zu müssen, Pensionsrückstellungen nicht bilden.[114]

Bei der Berechnung des Teilwerts einer Pensionsrückstellung gem. § 6a Abs. 3 EStG darf der Steuerpflichtige die Vordienstzeit des Pensionsberechtigten in einem Betrieb eines anderen Arbeitgebers berücksichtigen, wenn der Betrieb durch Rechtsgeschäft auf den Steuerpflichtigen übergegangen ist und der Steuerpflichtige in die Rechte und Pflichten aus dem zwischen dem anderen Arbeitgeber und dem Pensionsberechtigten im Zeitpunkt des Betriebsübergangs bestehenden Arbeitsverhältnis kraft Gesetzes nach § 613a Abs. 1 Satz 1 BGB getreten ist.[115]

Bei der Ermittlung des Teilwerts der Pensionsanwartschaft nach § 6a Abs. 3 EStG kann mit Rücksicht auf § 6 BetrAVG anstelle des vertraglichen Pensionsalters nach § 6a Abs. 3 Satz 1 EStG für alle oder für einzelne Pensionsverpflichtungen als Zeitpunkt des Eintritts des Versorgungsfalls der Zeitpunkt der frühestmöglichen Inanspruchnahme der vorzeitigen Altersrente aus der gesetzlichen Rentenversicherung angenommen werden (zweites Wahlrecht).

Einmalrückstellungen können auf das Erstjahr und die beiden folgenden Jahre gleichmäßig verteilt werden. Beruht die Einmalrückstellung auf einer Erhöhung des Pensionsanspruchs, so ist diese Verteilung nur zulässig, wenn sich zugleich der Barwert der Pensionsverpflichtung um mehr als 25 % erhöht hat (§ 6a Abs. 4 EStG).

In § 6a Abs. 1 Nr. 1 EStG wird klargestellt, dass die Regelungen des § 6a EStG nicht nur für die Zusage laufender Rentenzahlungen, sondern auch für die Zusage eines einmaligen Kapitalbetrags gelten, wenn dieser Versorgungscharakter hat. Das ist im Allgemeinen dann der Fall, wenn die Zahlung bei Erreichung des üblichen Pensionsalters oder bei vorheriger Invalidität oder vorherigem Tod fällig wird.[116] Damit ist eine Einmalrückstellung für Anwartschaften in diesen Fällen ausgeschlossen.

Für die Bildung der Pensionsrückstellung sind die Verhältnisse am Bilanzstichtag maßgeblich. Die Pensionsverpflichtungen sind grundsätzlich aufgrund einer körper-

---

[114] So auch BMF vom 25.04.1995 (BStBl 1995 I S. 250).
[115] BFH, BStBl 1995 II S. 250.
[116] So auch schon BFH, BStBl 1973 II S. 359.

lichen **Bestandsaufnahme** (Feststellung der pensionsberechtigten Personen und Höhe ihrer Pensionsansprüche) für den Bilanzstichtag zu ermitteln. In Anwendung des § 241 Abs. 3 HGB kann der für die Berechnung der Pensionsrückstellung maßgebende Personenstand auch auf einen Tag (Inventurstichtag) innerhalb von 3 Monaten vor oder 2 Monaten nach dem Bilanzstichtag aufgenommen werden, wenn sichergestellt ist, dass die Pensionsverpflichtungen für den Bilanzstichtag ordnungsmäßig bewertet werden können.[117]

Künftige Erhöhungen oder Verminderungen der Pensionsleistungen, bei denen der Zeitpunkt ihres Wirksamwerdens oder ihres Umfangs ungewiss ist, dürfen erst berücksichtigt werden, wenn sie eingetreten sind (§ 6a Abs. 3 Nr. 1 Satz 4 EStG). Indessen sind Erhöhungen von Anwartschaften und laufenden Renten, die nach dem Bilanzstichtag eintreten, in die Rückstellungsberechnung zum Bilanzstichtag einzubeziehen, wenn sowohl ihr Ausmaß als auch der Zeitpunkt ihres Eintritts feststeht.[118]

> **Beispiel:**
> Dem A ist eine Pension i. H. von 30 % seiner letzten aktiven Bezüge zugesagt. Auch wenn anzunehmen ist, dass seine Bezüge bis zu seinem Ausscheiden noch steigen werden, ist die Pensionszusage nach den gegenwärtigen Bezügen zu berechnen. Wäre jedoch vor Ablauf des Wirtschaftsjahres, aber erst mit Wirkung für das nächste Wirtschaftsjahr das Gehalt des A erhöht worden, müsste das erhöhte Gehalt bereits am Ende des laufenden Wirtschaftsjahres der Rückstellungsberechnung zugrunde gelegt werden (wegen der Berücksichtigung der Bezugsgrößen der gesetzlichen Rentenversicherung siehe R 6a Abs. 14 EStR).

Nach denselben Grundsätzen ist eine Pensionszusage zu beurteilen, durch die Versorgungsbezüge in Höhe eines festen Betrags zugesagt sind, dieser feste Betrag aber wegen der Annahme eines ansteigenden Einkommenstrends im Verhältnis zu den aktiven Bezügen am Bilanzstichtag überhöht ist.

> **Beispiel:**
> Ein Arbeitgeber gibt seinem Arbeitnehmer eine Pensionszusage über monatlich 1.500 €. Am Bilanzstichtag erhält der Arbeitnehmer Aktivbezüge von 6.000 €. Der Arbeitgeber ist bei der Pensionszusage davon ausgegangen, dass die Löhne und Gehälter vom Zeitpunkt der Pensionszusage an laufend steigen und die zugesagten Versorgungsbezüge deshalb im Zeitpunkt des Eintritts des Versorgungsfalls in einem angemessenen Verhältnis (ca. 75 %) zu den letzten Aktivbezügen stünden.
>
> In diesem Fall sind die zulässigen Rückstellungen so zu ermitteln, als wenn Versorgungsbezüge in Höhe eines angemessenen Prozentsatzes der am jeweiligen Bilanzstichtag bezahlten oder doch für das nächste Jahr festgelegten Aktivbezüge zugesagt worden wären (Verhältnis 1 : 4).

Bei der Ermittlung des Teilwerts der Pensionsanwartschaft ist das vertraglich vereinbarte Pensionsalter zugrunde zu legen (erstes Wahlrecht).

---
117 Wegen weiterer Einzelheiten vgl. R 6a Abs. 18 EStR.
118 R 6a Abs. 17 EStR.

Stattdessen kann für alle oder für einzelne Pensionsverpflichtungen von einem höheren Pensionsalter ausgegangen werden, sofern mit einer Beschäftigung des Arbeitnehmers bis zu diesem Alter gerechnet werden kann. Das Wahlrecht muss bei Rückstellungsbeginn ausgeübt werden (zweites Wahlrecht).

Nach § 6 BetrAVG sind einem Arbeitnehmer, der das Altersruhegeld nach der gesetzlichen Rentenversicherung vor der Vollendung des 65. Lebensjahres in Anspruch nimmt, auf sein Verlangen auch Leistungen der betrieblichen Altersversorgung zu gewähren, wenn die Voraussetzungen hierfür erfüllt sind. Bei der Berechnung des Barwerts der künftigen Pensionsleistungen und der Jahresbeträge nach § 6a Abs. 3 Nr. 1 EStG kann daher als Zeitpunkt des Eintritts des Versorgungsfalls bei Frauen das 60. und bei Männern das 63. bzw. bei Schwerbehinderten das 60. Lebensjahr angenommen werden, auch wenn in der Pensionszusage ein höheres Lebensalter vereinbart worden ist; es kann aber auch von dem vertraglich vereinbarten Lebensalter ausgegangen werden (Wahlrecht).[119] Voraussetzung für dieses Wahlrecht ist, dass in der Pensionszusage festgelegt ist, in welcher Höhe Versorgungsleistungen von diesem Zeitpunkt an gewährt werden. Das Wahlrecht kann nur bei der erstmaligen Festlegung ausgeübt werden; es besteht für jede Pensionsverpflichtung gesondert; die einmal ausgeübte Wahl kann nicht geändert werden.

Hat der Steuerpflichtige bei der Ermittlung des Teilwerts einer Pensionsanwartschaft bereits bisher vom zweiten Wahlrecht Gebrauch gemacht, ist er bei einer Änderung des frühestmöglichen Pensionsalters aufgrund einer gesetzlichen Neuregelung auch künftig an diese Entscheidung gebunden.

Für die sich wegen der Änderung des frühestmöglichen Pensionsalters ergebende Änderung der Teilwerte der Pensionsanwartschaften gilt das Nachholverbot, das sich aus § 6a Abs. 4 EStG herleitet, nicht. Liegen die Voraussetzungen für die Anwendung des zweiten Wahlrechts am Bilanzstichtag nicht vor, so ist das vertragliche Pensionsalter bei der Ermittlung des Teilwerts der Pensionsanwartschaft zugrunde zu legen.

Setzt der Arbeitnehmer nach Erreichen des bei der Rückstellungsbildung zugrunde gelegten Pensionierungsalters das Arbeitsverhältnis fort und erhöht sich dadurch sein Ruhegeldanspruch, so kann der Rückstellung in dem betreffenden Wirtschaftsjahr der Unterschiedsbetrag zwischen den bisher zulässigen Rückstellungen und dem versicherungsmathematischen Barwert der um den Erhöhungsbetrag vermehrten Rentenleistungen zugeführt werden.

§ 6a EStG enthält keine ausdrückliche Bestimmung über die Auflösung der Pensionsrückstellungen. Diese erübrigt sich dadurch, dass die Pensionsrückstellungen höchstens mit dem Teilwert der Pensionsverpflichtungen ausgewiesen werden dürfen. Pensionsrückstellungen sind daher gewinnerhöhend aufzulösen, wenn die

---

119 Hinsichtlich der Anhebung der Altersgrenzen der gesetzlichen Rentenversicherung durch das Rentenversicherungsanpassungsgesetz vgl. BMF vom 05.05.2008 (BStBl 2008 I S. 569).

Gründe für ihre Bildung weggefallen sind. Entsprechendes gilt, wenn die Rückstellung von Anfang an zu Unrecht gebildet worden ist oder die Voraussetzungen für ihre Bildung schon in früheren Jahren weggefallen sind, soweit die entsprechenden Bilanzen und Veranlagungen nicht mehr berichtigt werden können.[120] Der Teilwert ist beim Eintritt des Versorgungsfalls gleich dem Barwert künftiger Pensionsleistungen.

Wird eine Pensionszusage herabgesetzt und ist die bisher gebildete Pensionsrückstellung höher als der Teilwert der herabgesetzten Pensionsverpflichtung, so ist die Rückstellung in dem Wirtschaftsjahr, in dem die Herabsetzung der Pensionsverpflichtung eintritt, bis zu diesem Teilwert aufzulösen.

Nach dem Eintritt des Versorgungsfalls ist die Pensionsrückstellung in jedem Wirtschaftsjahr mindestens in Höhe des Unterschiedsbetrags zwischen dem versicherungsmathematischen Barwert der künftigen Pensionsleistungen am Schluss des Wirtschaftsjahres und am Schluss des vorangegangenen Wirtschaftsjahres gewinnerhöhend aufzulösen. Die geleisteten Pensionszahlungen sind dabei als Betriebsausgaben gewinnmindernd abzusetzen.

Bei Wegfall der Pensionsverpflichtung durch vorzeitiges Ausscheiden des begünstigten Arbeitnehmers infolge Verzichts[121] oder durch Tod ist eine gebildete Rückstellung gleichfalls aufzulösen. Dabei kann der dadurch frei werdende Rückstellungsbetrag nicht zur Auffüllung von Fehlbeträgen bei anderen Pensionsanwartschaften verwendet werden. Die Pensionsrückstellung ist vielmehr zum Schluss des betreffenden Wirtschaftsjahres **in voller Höhe** zugunsten des Gewinns **aufzulösen.**

Eine Pensionsrückstellung ist auch dann aufzulösen, wenn der Pensionsberechtigte nach dem Zeitpunkt des vertraglich vorgesehenen Eintritts des Versorgungsfalls noch weiter gegen Entgelt tätig bleibt (technischer Rentner). Das gilt nicht, wenn sich von vornherein die Rückstellungsbildung auf diese Zeit erstrecken sollte.[122]

Ist für ein Wirtschaftsjahr, das nach dem Zeitpunkt des vertraglich vorgesehenen Eintritts des Versorgungsfalls endet, die am Schluss des vorangegangenen Wirtschaftsjahres ausgewiesene Rückstellung niedriger als der versicherungsmathematische Barwert der künftigen Pensionsleistungen am Schluss des Wirtschaftsjahres, so ist die Rückstellung erst von dem Wirtschaftsjahr an aufzulösen, in dem der Barwert der künftigen Pensionsleistungen am Schluss des Wirtschaftsjahres niedriger ist als der am Schluss des vorangegangenen Wirtschaftsjahres ausgewiesene Betrag der Rückstellung. In dem Wirtschaftsjahr, in dem eine bereits laufende Pension herabgesetzt wird oder eine Hinterbliebenenrente beginnt, ist eine bisher ausgewiesene Rückstellung, die höher ist als der Barwert, nur bis zur Höhe des Barwerts aufzulösen.

---
120 BFH, BStBl 1986 II S. 51.
121 BFH, BStBl 1998 II S. 307.
122 R 6a Abs. 22 Satz 2 EStR.

11 Rückstellungen

Werden die aufgrund einer Pensionszusage zu erbringenden laufenden Leistungen wegen des Eintritts der Voraussetzungen eines Widerrufvorbehalts eingestellt, so liegt insoweit ein Fortfall der Pensionsverpflichtung vor. Die vorhandene Pensionsrückstellung muss deshalb aufgelöst werden, soweit sie auf die laufenden Leistungen entfällt. Werden die Pensionszahlungen später wieder aufgenommen, so entsteht insoweit eine neue Pensionsverpflichtung, für die dann eine neue Rückstellung – da es sich um bereits laufende Leistungen handelt, als Einmalrückstellung – gebildet werden kann.

Pensionszusagen sehen häufig eine volle oder teilweise **Anrechnung** von Renten aus der gesetzlichen Rentenversicherung auf die betrieblichen Renten **oder** eine **Begrenzung** der Gesamtversorgung aus betrieblichen Renten und Renten aus der gesetzlichen Rentenversicherung vor. Die Pensionsrückstellungen dürfen in diesen Fällen nur auf der Grundlage der von den Unternehmen nach Berücksichtigung der Renten aus der gesetzlichen Rentenversicherung und der Begrenzung der Gesamtversorgung tatsächlich noch zu zahlenden Beträge berechnet werden. Die genaue Berücksichtigung der Renten aus der gesetzlichen Rentenversicherung bereitet in der Praxis erhebliche Schwierigkeiten, da sich bei der geltenden Rentenformel die künftig zu erwartende Rente aus der gesetzlichen Rentenversicherung eines noch aktiven Arbeitnehmers nur schwer errechnen lässt. Aus diesem Grund ist ein **Näherungsverfahren** zur Anrechnung der Renten aus der gesetzlichen Rentenversicherung bei der Berechnung der Pensionsrückstellungen nach § 6a EStG zugelassen.[123]

Hinsichtlich der Berechnung dieses Näherungsverfahrens und der dabei anzuwendenden **Näherungsformel** und der Berechnung der **maßgebenden Entgeltpunkte** wird verwiesen auf die BMF-Schreiben vom 15.03.2007 und vom 05.05.2008.[124]

11.7.4 Bildung und Auflösung der Rückstellung in besonderen Fällen

11.7.4.1 Mitunternehmer bei Personengesellschaften

Auf der Grundlage der Einheitsbetrachtung bei der Personengesellschaft sind die Pensionsrückstellungen als Aufwand in der Steuerbilanz der Personengesellschaft zu berücksichtigen. Mit der korrespondierenden Bilanzierung als Forderung in der Sonderbilanz des begünstigten Gesellschafters als Aktivposten bleibt dadurch der Gesamtgewinn der Personengesellschaft unverändert. Diese Neutralisierung im Rahmen der Gesamtbilanz lässt sich damit rechtfertigen, dass Mitunternehmer einer Personengesellschaft dem Einzelunternehmer gleichgestellt werden sollen.

Im Ergebnis ist die in der Steuerbilanz der Gesellschaft passivierte Verbindlichkeit mit einem gleich hohen Aktivposten in den Sonderbilanzen der begünstigten Gesellschafter auszugleichen.[125]

---

123 Vgl. BMF, BStBl 2005 I S. 1056.
124 BMF vom 15.03.2007 (BStBl 2007 I S. 290) und vom 05.05.2008 (BStBl 2008 I S. 570).
125 BFH, BStBl 1997 II S. 799.

Wird ein **Angestellter** einer Personengesellschaft, dem eine Pensionszusage erteilt wurde, **Gesellschafter,** so ist die bisher gebildete Pensionsrückstellung in der Steuerbilanz der Gesellschaft nicht aufzulösen, da die Pensionszusage insoweit keine Vergütung für die Tätigkeit eines Gesellschafters im Dienste der Gesellschaft gem. § 15 Abs. 1 Nr. 2 EStG ist.[126] Wird eine GmbH in eine Personengesellschaft umgewandelt, so ist eine Pensionsrückstellung, die die GmbH für ihren Gesellschafter-Geschäftsführer gebildet hatte, von der KG fortzuführen.

Wird ein **Gesellschafter Arbeitnehmer,** so verliert die ihm gegebene Pensionszusage mit dem Fortfall der Gesellschaftereigenschaft ihren steuerlichen Charakter als Gewinnverteilungsabrede und wird auch steuerlich zur Pensionszusage. Die Personengesellschaft kann nunmehr für die Pensionszusage mit der Rückstellung nach Maßgabe des § 6a EStG beginnen. Der Rückstellungsbildung kann dabei der volle Pensionsanspruch des Berechtigten zugrunde gelegt werden. Soweit die Pensionszusage bürgerlich-rechtlich schon auf die Zeit der Gesellschaftereigenschaft des Berechtigten entfällt, kommt ein Nachholverbot nicht in Betracht, da das Nachholverbot eine bereits bestehende steuerrechtlich wirksame Pensionsverpflichtung voraussetzt, eine solche aber wegen der steuerlichen Umdeutung der Pensionszusage in eine Gewinnverteilungsabrede nicht gegeben war.

11.7.4.2 Gesellschafter-Geschäftsführer einer Kapitalgesellschaft

Bei der Bildung von Pensionsrückstellungen für beherrschende Gesellschafter-Geschäftsführer von Kapitalgesellschaften ist grundsätzlich der in der Pensionszusage vorgesehene Zeitpunkt des Eintritts des Versorgungsfalls maßgebend, sofern sich nicht im Einzelfall gewichtige Bedenken gegen die Ernsthaftigkeit und **betriebliche Veranlassung** der Festlegung des Pensionsalters ergeben.[127]

Neben den allgemeinen Voraussetzungen des § 6a EStG für die Anerkennung einer Pensionszusage gelten für den Gesellschafter-Geschäftsführer körperschaftsteuerlich erhöhte Anforderungen. Danach muss die Zusage

a) **zivilrechtlich wirksam vereinbart,**

b) **ernsthaft gewollt,**

c) **in der restlichen Dienstzeit erdienbar,**

d) **die Qualifikation des Geschäftsführers und die voraussichtliche Ertragsentwicklung aufgrund einer Wartezeit zu beurteilen sein,**

e) **insgesamt angemessen sein und es dürfen**

f) **keine anderen betrieblichen Gründe wie die Wahrung des sozialen Friedens der Zusage entgegenstehen.**

---
126 So BFH, BStBl 1975 II S. 437.
127 BFH, BStBl 1995 II S. 419, und BMF, BStBl 2002 I S. 1393.

11 Rückstellungen

Wird eine unverfallbare Pensionszusage unmittelbar nach der Anstellung und ohne die unter Fremden üblichen Wartezeiten erteilt, liegt in aller Regel keine ernsthafte Versorgungsvereinbarung vor.[128] Eine wichtige Voraussetzung für die Anerkennung einer Pensionszusage ist die Ernsthaftigkeit der Vereinbarung. Diese liegt dann vor, wenn die GmbH tatsächlich in der Lage ist, im Zeitpunkt des Versorgungsfalls die eingegangene Verpflichtung erfüllen zu können. Ein ordentlicher und gewissenhafter Geschäftsführer würde andernfalls eine derartige Zusage nicht erteilen. Als Beurteilungskriterium mag dabei die Überlegung dienen, ob bei Ansatz des Barwerts der Pensionszusage eine Überschuldung der GmbH eintritt, der Geschäftsführer also gezwungen wäre, Insolvenz anzumelden. Die Finanzverwaltung hat sich bisher darauf konzentriert, ob eine Rückdeckungsversicherung für die Verpflichtung abgeschlossen wurde. Nach der neueren BFH-Rechtsprechung[129] lässt sich aber die mangelnde Ernsthaftigkeit einer Zusage nicht allein aus einer fehlenden Rückdeckungsversicherung ableiten. Die Rückdeckungsversicherung sei danach lediglich ein Indiz für die Ernsthaftigkeit der getroffenen Vereinbarung.

Die Voraussetzungen der **Erdienbarkeit** sind nur dann erfüllt, wenn der beherrschende Gesellschafter-Geschäftsführer im **Zeitpunkt der Zusage** das **60. Lebensjahr noch nicht vollendet** hat **und der Erdienungszeitraum**, d. h. der Zeitraum zwischen der Erteilung der Zusage und dem vorgesehenen Eintritt in den Ruhestand, **mindestens 10 Jahre beträgt**.[130] Wobei grundsätzlich auch Vordienstzeiten in einem anderen Betrieb, der etwa infolge einer Umwandlung auf den Arbeitgeber übergegangen ist, angerechnet werden können.[131]

Bei **beherrschenden Gesellschafter-Geschäftsführern** können aufgrund des Nachzahlungsverbots vor Erteilung der Pensionszusage geleistete Dienstzeiten nicht berücksichtigt werden.

Im Gegensatz zu beherrschenden Gesellschaftern unterliegen **nicht beherrschende Gesellschafter nicht dem Nachzahlungsverbot**. Die Rechtsprechung bezieht daher in Anlehnung an die Unverfallbarkeitsregelung des § 1 Abs. 1 BetrAVG auch die Dauer der Betriebszugehörigkeit vor der Erteilung einer Pensionszusage an einen nicht beherrschenden Gesellschafter-Geschäftsführer in die Beurteilung mit ein.

Der BFH[132] erkennt die Erdienbarkeit für den Fall an, dass ein nicht beherrschender Gesellschafter im Zeitpunkt der Erteilung der Zusage **seit mindestens 12 Jahren** im Betrieb tätig gewesen ist und sichergestellt ist, dass ihm im Betrieb **eine aktive Tätigkeit von mindestens 3 Jahren** verbleibt. Der BFH geht insoweit von einer maßgeblichen **Gesamtdauer** der Betriebszugehörigkeit **von 15 Jahren aus**. Aller-

---

128 BFH, BStBl 1993 II S. 455.
129 BFH, BStBl 1999 II S. 316.
130 BFH, BStBl 1995 II S. 419, 478.
131 BFH, BStBl 1997 II S. 799.
132 BFH, BStBl 1997 II S. 410, 440.

dings kann die Unverfallbarkeit auch bereits nach 12 Jahren eintreten. Dies gilt beispielsweise für eine nach 6-jähriger Betriebszugehörigkeit erteilten Versorgungszusage, wenn der Berechtigte dem Betrieb weitere 6 Jahre angehört hat. In entsprechenden Fällen wird daher von der Finanzverwaltung auch eine 12-jährige Betriebszugehörigkeit als ausreichend angesehen.[133]

Bei einem Gesellschafter-Geschäftsführer einer Kapitalgesellschaft ist der **Verzicht auf eine Pensionszusage** nach dem Beschluss des Großen Senats[134] **als verdeckte Einlage** zu behandeln und mit dem Teilwert der Pensionsanwartschaft zu bewerten.

Beim Gesellschafter führt der Verzicht auf die Pensionsanwartschaft zu einem steuerlichen Zufluss bei den Einnahmen aus § 19 EStG in Höhe des Teilwerts. Gleichzeitig erhöhen sich seine Anschaffungskosten der Beteiligung. Der dem Gesellschafter zufließende Arbeitslohn stellt eine Vergütung für eine mehrjährige Tätigkeit dar und unterliegt daher der Progressionsminderung des § 34 Abs. 3 EStG. Unter Umständen kann eine Entschädigung i. S. von § 24 Nr. 1, § 34 Abs. 2 Nr. 2 EStG vorliegen.

Bei der Vereinbarung einer neuen Pension nach dem Verzicht sind insbesondere das Rückwirkungsverbot und das Gebot der Erdienbarkeit zu beachten.

Ist die Pensionszusage ein Hemmnis im Rahmen einer Betriebsübertragung, könnte statt eines Verzichts erwogen werden, die Pensionsverpflichtung auf eine andere (neu gegründete) GmbH zu übertragen. Durch die Übertragung wird ein sofortiger Zufluss des Arbeitslohns beim Gesellschafter verhindert.

Bei einer GmbH, die sich in der Krise befindet, kann sich statt eines Verzichts ein Rangrücktritt anbieten. Handelsbilanziell und steuerrechtlich wirkt sich der Rangrücktritt nicht aus, die Pensionsverpflichtung ist im Überschuldungsstatus nicht aufzuführen.

Zur Witwengeld-Zusage bei Gesellschafter-Geschäftsführern vgl. BFH vom 27.06.1989.[135] Erteilt eine GmbH der als Geschäftsführerin angestellten Ehefrau des beherrschenden Gesellschafters eine Pensionszusage unter sonst unüblichen Bedingungen, so ist diese durch das Gesellschaftsverhältnis veranlasst.[136]

Gibt bei einer GmbH & Co. KG die lediglich die Geschäfte führende GmbH ihrem Geschäftsführer, der zugleich Kommanditist ist, eine Pensionszusage, ist einerseits in der Steuerbilanz der GmbH nach § 6a EStG eine Rückstellung und andererseits in der Sonderbilanz des begünstigten Gesellschafters ein korrespondierender Aktivposten zu bilden.[137]

---
133 BMF, BStBl 1997 I S. 637.
134 BFH vom 09.06.1997 GrS 1/94 (BStBl 1998 II S. 307).
135 BFH vom 27.06.1989 VIII R 337/83 (BStBl 1989 II S. 888).
136 BFH, BStBl 1993 II S. 455.
137 BFH, BStBl 1993 II S. 792.

11 Rückstellungen

Die **Umwandlung einer Kapitalgesellschaft in eine Personengesellschaft** hat für die rückgedeckte Pensionszusage an einen Gesellschafter-Geschäftsführer zur Folge, dass die bei der Überträgerin ausgewiesenen Bilanzposten aufgrund der Gesamtrechtsnachfolge von der Übernehmerin unverändert auszuweisen und entsprechend fortzuführen sind. Steuerlich muss sich der aus der Pensionszusage begünstigte Mitunternehmer so behandeln lassen, als ob das zivilrechtlich unverändert fortbestehende Anstellungsverhältnis mit der Übernehmerin beendet wurde. Dies wird dadurch erreicht, dass für den zusagebegünstigten Gesellschafter eine Sonderbilanz aufzustellen ist, die eine Korrektur der in der Gesamthandsbilanz ausgewiesenen Bilanzposten bewirkt. Der Gesellschafter hat in dieser Sonderbilanz für den in der Gesamthandsbilanz gebildeten Passivposten spiegelbildlich einen Aktivposten auszuweisen, soweit der in der Gesamthandsbilanz gebildete Passivposten auf nach der Umwandlung entstandene Anwartschaften entfällt.

Hat der übertragende Rechtsträger die betriebliche Pensionsverpflichtung rückgedeckt, so wird dieser Rückdeckungsanspruch sowohl in der Handels- als auch in der Steuerbilanz der Personengesellschaft unverändert fortgeführt. Für die nach der Umwandlung entstandenen Pensionsanwartschaften muss der anteilige Rückdeckungsanspruch jedoch in der Sonderbilanz als Passivposten eingestellt werden.

Die vom übernehmenden Rechtsträger an den Rückdeckungsversicherer zu zahlenden Versicherungsprämien stellen handelsrechtlich in voller Höhe betrieblichen Aufwand dar. Steuerlich wird der Betriebsausgabenabzug jedoch insoweit korrigiert, als Teile der Versicherungsprämien auf Zeiträume nach dem Umwandlungsstichtag entfallen. Diese Prämienteile sind als Vorabvergütung dem aus der Pensionszusage begünstigten Gesellschafter zuzurechnen.

11.7.4.3 Ehegatten

Rückstellungen für eine Pensionszusage an den im Betrieb des Steuerpflichtigen im Rahmen eines Arbeitsverhältnisses mitarbeitenden Ehegatten sind nach Maßgabe des § 6a EStG zu bilden, wenn und soweit eine Pensionsverpflichtung betrieblich veranlasst ist. Dies liegt vor, wenn die Pensionszusage eindeutig erklärt und ernsthaft gewollt ist, mit einer tatsächlichen Inanspruchnahme aus der Pensionsverpflichtung gerechnet werden muss und die Pensionsverpflichtung dem Grunde und der Höhe nach angemessen ist.[138] An den Nachweis der Eindeutigkeit und Ernsthaftigkeit einer derartigen Pensionszusage sind mit Rücksicht auf die besonderen persönlichen Beziehungen der Vertragspartner strenge Anforderungen zu stellen. Die Ernsthaftigkeit einer getroffenen Vereinbarung ist insbesondere dann zu verneinen, wenn nach den Umständen des Einzelfalls bereits bei der Erteilung der Zusage mit einer späteren Inanspruchnahme aus der Verpflichtung nicht zu rechnen ist. Bei Erteilung einer Pensionszusage durch einen Einzelunternehmer an seinen wesentlich jüngeren Arbeitnehmer-Ehegatten ist eine Pensionsrückstellung daher nur zulässig,

---

138 BFH, BStBl 1989 II S. 969; H 6a (9) „Arbeitnehmer-Ehegatte" EStH.

wenn eine Betriebsübernahme durch den Arbeitnehmer-Ehegatten ausgeschlossen werden kann und wenn bei einer Betriebsveräußerung mit einer Übernahme der Pensionsverpflichtung durch den Erwerber zu rechnen ist, soweit diese Verpflichtung nicht aus dem Veräußerungserlös erfüllt werden kann.

Die Pensionszusage ist dem Grunde nach nur dann betrieblich veranlasst, wenn das zugrunde liegende Arbeitsverhältnis steuerlich anzuerkennen ist.[139] Sie ist hingegen nicht unwesentlich privat veranlasst, wenn sie im Zusammenhang mit einem Verzicht auf Erb- und Pflichtteilsansprüche des mitarbeitenden Ehegatten gegenüber dem Unternehmer steht.

Eine ernstlich gewollte und dem Grunde nach angemessene Pensionszusage an den Arbeitnehmer-Ehegatten kann regelmäßig angenommen werden, wenn **auch vergleichbare familienfremde Arbeitnehmer** eine vergleichbare Pensionszusage erhalten haben oder wenn ihnen eine solche zumindest ernsthaft angeboten worden ist – sog. betriebsinterner Vergleich.[140] Vergleichbare familienfremde Arbeitnehmer in diesem Sinne sind solche, die

– eine gleiche (oder geringerwertige) Tätigkeit wie der Arbeitnehmer-Ehegatte ausüben und

– kein höheres Pensionsalter als der Arbeitnehmer-Ehegatte haben. Auf die Dauer der Betriebszugehörigkeit darf für die Vergleichbarkeit nicht abgestellt werden.

Bei dem Vergleich der Tätigkeits- und Leistungsmerkmale des Arbeitnehmer-Ehegatten mit denen anderer Arbeitnehmer kann nur die entlohnte Tätigkeit des Ehegatten berücksichtigt werden.[141]

Bei einem Fremdvergleich sind insbesondere das Verhältnis der jeweiligen Aktivbezüge und die Höhe der zugesagten Versorgungsleistungen bedeutsam.[142]

Eine Versorgungszusage kann im Rahmen eines Ehegatten-Arbeitsverhältnisses steuerlich nicht anerkannt werden, wenn der Arbeitgeber-Ehegatte vergleichbaren anderen Angestellten seines Betriebs keine vergleichbaren Versorgungszusagen erteilt.[143]

Inzwischen hat der BFH diese Grundsätze erneut mit der Maßgabe bestätigt, dass in der Vergangenheit danach zu Unrecht gebildete Rückstellungen unter Beachtung der für eine Bilanzberichtigung maßgebenden Grundsätze[144] erfolgswirksam aufzulösen sind.

Werden neben dem Arbeitnehmer-Ehegatten keine weiteren Arbeitnehmer beschäftigt oder wird eine der Tätigkeit des Arbeitnehmer-Ehegatten gleichwertige Tätig-

---
139 BFH, BStBl 1991 II S. 842; vgl. R 4.8 EStR.
140 Siehe dazu auch BFH, BStBl 1996 II S. 153, zum **Drittvergleich.**
141 BFH, BStBl 1986 II S. 559.
142 BFH, BStBl 1994 II S. 381.
143 BFH, BStBl 1993 II S. 604.
144 Vgl. R 4.4 EStR.

keit von anderen Arbeitnehmern im Betrieb nicht ausgeübt und Arbeitnehmern mit geringerwertiger Tätigkeit keine Pensionszusage gewährt, so ist die Pensionszusage an den Arbeitnehmer-Ehegatten i. d. R. als ernstlich gewollt anzuerkennen, wenn in vergleichbaren Betrieben des Wirtschaftszweigs familienfremden Arbeitnehmern, die eine der Tätigkeit des Arbeitnehmer-Ehegatten gleichwertige oder geringerwertige Tätigkeit ausüben, vergleichbare Pensionszusagen gegeben werden. Der betriebsexterne – auch aus statistischen Erhebungen gewonnene – Vergleich ist als positives Indiz für die betriebliche Veranlassung zu werten. Aus dem Fehlen einer solchen Vergleichsmöglichkeit darf aber nicht ohne Weiteres gefolgert werden, dass eine betriebliche Veranlassung verneint werden müsse. Fehlt es an einer Vergleichsmöglichkeit, so ist vielmehr die Pensionszusage an den Arbeitnehmer-Ehegatten anzuerkennen, wenn aufgrund der Umstände des Einzelfalls eine hohe Wahrscheinlichkeit dafür spricht, dass die Pensionszusage auch einem fremden Arbeitnehmer erteilt worden wäre.[145] Hat z. B. der Ehegatte eines Einzelunternehmens die Geschäftsleitung inne und sind ihm andere Betriebsangehörige unterstellt, so ist die ihm erteilte Pensionszusage nicht deshalb zu beanstanden, weil anderen Arbeitnehmern keine betriebliche Altersversorgung zugesagt ist.

Bei **Aushilfs- oder Kurzbeschäftigung** des Arbeitnehmer-Ehegatten dürfte eine ihm gegebene Pensionszusage dem Grunde nach nicht zu berücksichtigen sein, da bei derartigen Beschäftigungen bisher Pensionszusagen **nicht üblich sind.** Das gilt nicht für Teilzeitbeschäftigung, soweit Pensionszusagen an Teilzeitbeschäftigte im vorerörterten Sinne gewährt oder ernsthaft angeboten werden bzw. wahrscheinlich sind.

Pensionszusagen an Ehegatten sind ferner nicht anzuerkennen, wenn sie zu einem Lebensalter erteilt werden, in dem einem familienfremden Arbeitnehmer keine Pensionszusage mehr eingeräumt würde, weil seine Dienste bald enden.

Ist als **Pensionsaltersgrenze,** sofern der Ehemann der Arbeitnehmer-Ehegatte ist, ein Alter unter 63 Jahren und, sofern die Ehefrau der Arbeitnehmer-Ehegatte ist, ein Alter unter 60 Jahren festgelegt, dürfte nach der für den Regelfall zutreffenden Auffassung der Finanzverwaltung eine Pensionszusage ebenfalls dem Grunde nach nicht anzuerkennen sein, sofern nicht ein niedrigeres Pensionsalter bei familienfremden Arbeitnehmern im Betrieb üblich ist. Bei der Würdigung der Gründe einer dem Arbeitnehmer-Ehegatten erteilten Pensionszusage ist auch der Inhalt der getroffenen Vereinbarung heranzuziehen. So hat der BFH bei einer Vereinbarung, bei der das mit Wertsicherungsklausel zugesagte Ruhegeld erheblich höher als die Bruttobezüge lag und eine Anrechnung der zu erwartenden Sozialversicherungsrente nicht vorgesehen war, die Pensionszusage insgesamt nicht anerkannt, weil sie einem familienfremden Arbeitnehmer nicht erteilt worden wäre.

Eine Zusage auf **Witwen-/Witwerversorgung** ist im Rahmen von Ehegatten-Pensionszusagen in Einzelunternehmen nicht rückstellungsfähig, da hier bei Eintritt des

---

[145] Siehe dazu auch BFH, BStBl 1993 II S. 604.

11.7 Pensionsrückstellungen

Versorgungsfalls Berechtigter und Verpflichteter zusammenfallen. Sagt hingegen eine Personengesellschaft einem Arbeitnehmer, dessen Ehegatte Mitunternehmer der Personengesellschaft ist, eine Witwen-/Witwerrente zu, so kann sie hierfür eine Pensionsrückstellung bilden.[146]

Die Angemessenheit der Pensionszusage an den Arbeitnehmer-Ehegatten der Höhe nach ist ebenfalls grundsätzlich durch Vergleich mit Pensionszusagen bzw. ernsthaften Angeboten von Pensionszusagen an familienfremde Arbeitnehmer zu prüfen. Werden keine familienfremden Arbeitnehmer beschäftigt oder werden nur Arbeitnehmer mit einer geringerwertigen Tätigkeit als der des Arbeitnehmer-Ehegatten beschäftigt und wird diesen keine vergleichbare Pensionszusage gegeben, so ist die Pensionszusage der Höhe nach nur dann angemessen, wenn die zugesagten Pensionsleistungen – zusammen mit einer zu erwartenden Sozialversicherungsrente – **75 %** des letzten steuerlich anzuerkennenden Arbeitslohns des Arbeitnehmer-Ehegatten nicht übersteigen.[147] Ist die Pensionszusage dem Arbeitnehmer-Ehegatten anstelle eines Eintritts in die gesetzliche Sozialversicherung erteilt worden, so können die hierdurch veranlassten Aufwendungen des Arbeitgeber-Ehegatten den betrieblichen Gewinn nur in der Höhe mindern, in der sich die im Falle der Sozialversicherungspflicht zu erbringenden Arbeitgeberbeiträge ausgewirkt hätten.

Ist ein Teil der zugesagten Versorgung als nicht angemessen anzusehen, so ist nicht die betriebliche Veranlassung der gesamten Altersversorgung des Ehegatten, sondern nur des nicht angemessenen Teils zu verneinen und nur der angemessene Teil als Betriebsausgabe abzugsfähig.

Für die Frage, ob Pensionszusagen einer Personengesellschaft an den Ehegatten eines Mitunternehmers betrieblich veranlasst sind, gelten die gleichen Grundsätze, die auch bei der Altersversorgung des Ehegatten eines Einzelunternehmers zu beachten sind. Etwas anderes gilt indessen, wenn der Mitunternehmer-Ehegatte im Betrieb keine beherrschende Stellung einnimmt und sein Ehegatte wie ein fremder Arbeitnehmer beschäftigt wird.

11.7.5 Konkurrenz zwischen Pensionsrückstellung und Zuwendung an Pensions- und Unterstützungskassen

Zuwendungen an Pensions- und Unterstützungskassen und die Bildung von Pensionsrückstellungen schließen sich gegenseitig aus. Dies gilt jedoch nur für den Fall, dass die gleichen Versorgungsleistungen an denselben Empfängerkreis sowohl über eine Pensions- oder Unterstützungskasse als auch über Pensionsrückstellungen finanziert werden sollen. Zulässig ist dagegen die Finanzierung verschiedener Versorgungsleistungen über verschiedene Maßnahmen der betrieblichen Altersversor-

---

146 BFH, BStBl 1988 II S. 883; siehe dazu auch 18.7.3.
147 So auch BFH, BStBl 1994 II S. 381.

gung, z. B. der Invaliditätsrente über Pensions- oder Unterstützungskassen und der Altersrente über Pensionszusage.[148]

Es ist auch möglich, dass der Arbeitgeber nach Eintritt des Versorgungsfalls die eigene Pensionszahlungsverpflichtung auf eine Unterstützungskasse überträgt, es liegt darin keine unzulässige Parallelfinanzierung. Das Hintereinanderschalten beider Neuversorgungswege, also zunächst die Ausfinanzierung der Direktzusage über eine Rückstellung und sodann die Auslagerung der unternehmensinternen finanzierten Zusage in die externe Unterstützungskasse, wird durch § 6a EStG und § 4d EStG nicht ausgeschlossen.

---

148 So auch R 6a Abs. 15 EStR.

12 Rücklagen

Von den Rückstellungen, die einen Verpflichtungscharakter haben und insbesondere gebildet werden, um noch erwartete Ausgaben periodengerecht abzugrenzen, sind Rücklagen zu unterscheiden, die Teile des Eigenkapitals darstellen.

Handelsrechtlich werden im Wesentlichen unterschieden:

1. **Offene Rücklagen,** die auf der Passivseite der Bilanz offen ausgewiesen sind.
2. So genannte **stille Rücklagen.** Sie erscheinen nicht offen in der Bilanz, sondern sind in Vermögensteilen enthalten, deren Bilanzwert z. B. wegen überhöhter Abschreibungen gegenüber dem tatsächlichen Wert zu niedrig ist (Unterbewertung). Sie treten auch in Form überhöhter Passivposten (Rückstellung für ungewisse Schulden) in der Bilanz auf.
3. **Gesetzliche Rücklagen;** z. B. bei Aktiengesellschaften müssen bestimmte Teile des Gewinns einer gesetzlichen Rücklage zugeführt werden und sind in der Bilanz offen auszuweisen.
4. **Freiwillige Rücklagen.** Sie können von Kapitalgesellschaften aus den verschiedensten Gründen gebildet werden.

Grundsätzlich haben Rücklagen als Teil des Eigenkapitals den Gewinn nicht gemindert, das führt im Einzelfall zu einer steuerrechtlichen Härte, deshalb sind aus wirtschaftlichen und auch aus steuerlichen Gründen unter bestimmten Voraussetzungen steuerfreie (bzw. gewinnmindernde) Rücklagen zulässig.

Zu den wichtigsten steuerfreien Rücklagen zählen:

– Rücklage für Kapitalanlagen in Entwicklungsländern (§ 1 EntwLStG);
– Rücklage für Beteiligungen an Kapitalgesellschaften in Entwicklungsländern (§ 3 EntwLStG);
– Rücklage für Zuschüsse aus öffentlichen Mitteln (H 21.5 „Zuschüsse" EStH, vgl. 10.9);
– Rücklage für Ersatzbeschaffung (R 6.6 Abs. 4 EStR, vgl. 12.1);
– Rücklage für Beschädigung (R 6.6 Abs. 7 EStR, vgl. 12.1.1);
– Rücklage für Veräußerungsgewinn (§ 6b EStG, vgl. 12.2);
– Rücklage zur Vermeidung der Gewinnerhöhung durch Vereinigung von Forderungen und Verbindlichkeiten bei Vermögensübergang (§ 6 Abs. 1 Satz 1 UmwStG, vgl. 22);
– Ansparrücklage zur Förderung kleiner und mittlerer Betriebe (§ 7g Abs. 3 EStG – alt –, vgl. 14.3).

12 Rücklagen

12.1 Rücklage für Ersatzbeschaffung

Sachliche Voraussetzungen

Die Veräußerung und die Entnahme von Wirtschaftsgütern des Betriebsvermögens führt in Höhe der dabei aufgedeckten stillen Reserven, d. h. des Betrags, um den das Entgelt oder der Teilwert (§ 6 Abs. 1 Nr. 4 EStG) bzw. der gemeine Wert (§ 16 Abs. 3 EStG) den Buchwert des Wirtschaftsguts im Zeitpunkt der Veräußerung oder Entnahme übersteigt, regelmäßig zur Gewinnverwirklichung. Eine Ausnahme hat die Rechtsprechung jedoch für den Fall zugelassen, dass

1. ein Wirtschaftsgut infolge höherer Gewalt oder infolge oder zur Vermeidung eines gesetzlichen oder behördlichen Eingriffs gegen eine Entschädigung aus dem Betriebsvermögen ausscheidet,

2. alsbald ein Ersatzwirtschaftsgut angeschafft wird, das wirtschaftlich dieselben oder eine entsprechende Aufgabe erfüllt wie das ausgeschiedene Wirtschaftsgut, und

3. in der handelsrechtlichen Jahresbilanz des Steuerpflichtigen entsprechend verfahren wird.

Unter diesen Voraussetzungen kann der Steuerpflichtige entweder die Anschaffungs- oder Herstellungskosten eines im Wirtschaftsjahr des Ausscheidens des Wirtschaftsguts angeschafften oder hergestellten Ersatzwirtschaftsguts um einen Betrag in Höhe der aufgedeckten stillen Reserven kürzen oder in derselben Höhe eine Rücklage für Ersatzbeschaffung bilden. Dies gilt auch dann, wenn die Entschädigung höher ist als der Teilwert des ausgeschiedenen Wirtschaftsguts (z. B. bei gleitender Neuwertversicherung).

Beispiel:

Bei einem Gewerbetreibenden, der seinen Gewinn nach § 5 EStG ermittelt, wird im Wirtschaftsjahr eine Maschine, die mit 3.000 € zu Buche steht, durch Brand zerstört. Die Feuerversicherung zahlt für den Schaden eine Entschädigung i. H. von 12.000 €. Im gleichen Wirtschaftsjahr wird eine gleichartige Maschine für 20.000 € angeschafft. Die Ersatzmaschine hat eine betriebsgewöhnliche Nutzungsdauer von zehn Jahren.

Durch Übertragung der stillen Reserven der durch Brand ausgeschiedenen Maschine auf das Ersatzwirtschaftsgut ist die Ersatzmaschine in der Schlussbilanz mit (20.000 € ./. 9.000 €) 11.000 € zu aktivieren. Der Betrag, um den die Entschädigung (12.000 €) den Buchwert des ausgeschiedenen Wirtschaftsguts (3.000 €) übersteigt, wird von den Anschaffungskosten (20.000 €) abgesetzt. Die jährlichen Absetzungen für Abnutzung betragen nach der linearen Methode (10 % von 11.000 €) 1.100 €.

Höhere Gewalt und behördlicher Eingriff

Ausscheiden durch **höhere Gewalt** bedeutet grundsätzlich, dass es sich um ein Ausscheiden infolge eines Elementarereignisses handeln muss, wie z. B. Brand, Blitzschlag, Hochwasserkatastrophe oder Sturm. In Ausnahmefällen kann auch ein vom

Steuerpflichtigen nicht gewolltes Zufallsereignis ausreichen. Hierzu gehören z. B. Diebstahl[1] und Abriss eines Gebäudes wegen erheblicher, kurze Zeit nach der Fertigstellung aufgetretener Baumängel.[2] Im Übrigen genügt es hingegen nicht, dass das Ausscheiden auf so genannten Zufallsschäden wie Konstruktionsschäden, Bedienungsschäden oder Materialfehlern beruht. Einen allgemeinen Grundsatz, dass eine Gewinnrealisierung dann nicht eintritt, wenn ein Wirtschaftsgut gegen den Willen des Steuerpflichtigen aus dem Betriebsvermögen ausscheidet, gibt es nicht.

In einem **unverschuldeten Verkehrsunfall** ist ein Ereignis höherer Gewalt zu sehen, das zur Übertragung der stillen Reserven zum Zwecke der Ersatzbeschaffung berechtigt. Danach ist „höhere Gewalt" ein „betriebsfremdes, von außen durch elementare Naturkräfte oder Handlungen dritter Personen einwirkendes Ereignis, das nach menschlicher Einsicht und Erfahrung unvorhersehbar ist, mit wirtschaftlich erträglichen Mitteln auch durch die äußerste, nach der Sachlage vernünftigerweise zu erwartende Sorgfalt nicht verhütet oder unschädlich gemacht werden kann und auch nicht wegen seiner Häufigkeit vom Geschädigten in Kauf zu nehmen ist". Schäden aufgrund höherer Gewalt ist gemeinsam, dass sie unverschuldet erlitten werden. Der BFH[3] sieht keinen Ansatzpunkt, zwischen Elementarereignissen und anderen unverschuldet erlittenen Schäden zu unterscheiden. Für beide Fälle müsse der Grundgedanke einschlägig sein, wonach die für die ausgeschiedenen Wirtschaftsgüter erlangten Beträge ungeschmälert einer Ersatzbeschaffung zur Verfügung stehen würden. Eine Mithaftung aufgrund der Betriebsgefahr ist dabei unschädlich.[4]

Als **gesetzlicher oder behördlicher Eingriff** sind anzusehen Enteignung, enteignungsgleicher Eingriff, Entziehung des Eigentums im Rahmen eines Umlegungs- oder Flurbereinigungsverfahrens, wenn dem Steuerpflichtigen kein wertgleiches Grundstück zugewiesen wird.[5]

Zwischen dem behördlichen Eingriff und der Ersatzbeschaffung muss ein ursächlicher Zusammenhang bestehen. Hierfür ist der Steuerpflichtige nachweispflichtig.[6] Unter besonderen Umständen, z. B. wenn der Steuerpflichtige einen behördlichen Eingriff als unmittelbar bevorstehend erkennt, kann die Ersatzbeschaffung auch der Aufdeckung der stillen Reserven vorangehen, sofern der genannte ursächliche Zusammenhang gegeben ist.

Der (drohende) behördliche Eingriff muss die Hauptursache (das Hauptmotiv) für die Veräußerung des Wirtschaftsguts sein. Die Veräußerung des Wirtschaftsguts darf nicht etwa in erster Linie auf dem eigenen geschäftlichen Verhalten des Steuer-

---

1 R 6.6 Abs. 2 EStR.
2 H 6.6 (2) „Höhere Gewalt" EStH.
3 BFH, BStBl 2001 II S. 130.
4 R 6.6 Abs. 2 EStR.
5 BFH, BStBl 1991 II S. 222.
6 BFH, BStBl 1989 II S. 802.

pflichtigen beruhen. Musste z. B. ein Steuerpflichtiger bei Bebauung oder Erwerb eines Grundstücks mit hoher Wahrscheinlichkeit damit rechnen, dass ihn ein behördlicher Eingriff dazu zwingen werde, das Grundstück wieder zu räumen oder zu veräußern, ist es nicht gerechtfertigt, dem Steuerpflichtigen die Übertragung der stillen Reserven auf ein Ersatzwirtschaftsgut zu gestatten. Die Veräußerung eines Wirtschaftsguts infolge einer wirtschaftlichen Zwangslage steht einem behördlichen Eingriff auch dann nicht gleich, wenn die Unterlassung der Veräußerung unter Berücksichtigung aller Umstände eine wirtschaftliche Fehlmaßnahme gewesen wäre. So rechtfertigt die drohende behördliche Beschränkung des Straßenverkehrs, die den Inhaber eines gewerblichen Betriebs zur Betriebsverlegung veranlasst, nicht die Bildung einer Rücklage für Ersatzbeschaffung. Auch eine moralische Zwangslage (z. B. Veräußerung zum Bau eines Krankenhauses) kann einem behördlichen Eingriff oder einer höheren Gewalt nicht gleichgesetzt werden. Schließlich ist auch die Geltendmachung eines bürgerlich-rechtlichen Wiederkaufsrechts durch eine Behörde kein behördlicher Eingriff. Demgegenüber ist ein zur Übertragung stiller Reserven berechtigender behördlicher Eingriff auch dann anzunehmen, wenn die Enteignung nur einem Teil zusammenhängender Grundstücke droht, die Restgrundstücke aber nicht mehr wirtschaftlich genutzt werden können.

Entschädigung

Das Wirtschaftsgut muss gegen Entschädigung (Brandentschädigung, Enteignungsentschädigung, Zwangsveräußerungserlös) aus dem Betriebsvermögen ausgeschieden sein, da es der Sinn der Regelung der R 6.6 EStR ist, dass die erlangte Gegenleistung voll zur Ersatzbeschaffung zur Verfügung stehen soll. Gleichgültig ist indessen, wie sich die Entschädigung für das ausgeschiedene Wirtschaftsgut zusammensetzt, ob sie ausschließlich in Geld besteht, ob Sachwerte übertragen werden und ob die Sachwerte ins Betriebsvermögen oder ins Privatvermögen des Empfängers übergehen. Zur Entschädigung können auch ausnahmsweise Zinsen gehören, die dem Steuerpflichtigen aus der vorübergehenden Anlage der vorzeitig ausgezahlten Entschädigungssumme zugeflossen sind, oder Leistungen aus einer Betriebsunterbrechungsversicherung, mit denen Mehrkosten für die beschleunigte Wiederbeschaffung des zerstörten Wirtschaftsguts ersetzt werden.[7]

Die Entschädigung muss für das ausgeschiedene Wirtschaftsgut als solches geleistet worden sein. Buchgewinne, die nur anlässlich des Ausscheidens des Wirtschaftsguts entstanden sind, und Gewinne aus Entschädigungen für sonstige Folgeschäden (z. B. Aufräumkosten, entgangener Gewinn, Umzugskosten) sind demgegenüber nicht übertragbar.[8]

---

7 BFH, BStBl 1983 II S. 371.
8 BFH, BStBl 1988 II S. 330.

12.1 Rücklage für Ersatzbeschaffung

Wird ein Wirtschaftsgut infolge einer behördlichen Anordnung oder zur Vermeidung eines behördlichen Eingriffs veräußert, so tritt der Veräußerungserlös an die Stelle der Entschädigung.[9]

Ersatzbeschaffung

Die Übertragung der stillen Reserven setzt die Anschaffung oder Herstellung eines Ersatzwirtschaftsguts voraus. Diese kann zeitlich dem Ausscheiden des Wirtschaftsguts vorhergehen. Die Einlage ist hingegen keine Ersatzbeschaffung.

Das Ersatzwirtschaftsgut muss wirtschaftlich dieselbe oder eine entsprechende Aufgabe erfüllen wie das ausgeschiedene Wirtschaftsgut. Aufgrund der im Steuerrecht gebotenen wirtschaftlichen Betrachtungsweise sind ausscheidende Wirtschaftsgüter mit Ersatzwirtschaftsgütern dann identisch, wenn zwischen ihnen **Funktionsgleichheit** besteht. Funktionsgleichheit bedeutet, dass das Ersatzwirtschaftsgut dieselbe oder eine entsprechende Aufgabe erfüllt wie das ausgeschiedene Wirtschaftsgut. Der Ersatz muss in wirtschaftlicher und technischer Hinsicht die Lücke im Betrieb ausfüllen, die das ausscheidende Wirtschaftsgut hinterlassen hat. Es muss im Rahmen des Betriebs die gleiche Funktion übernehmen, d. h. dem gleichen konkreten Betriebszweck dienen wie das ausgeschiedene Wirtschaftsgut. Dabei kann das Ersatzwirtschaftsgut den neuesten technischen und wirtschaftlichen Erkenntnissen und dem neuesten Entwicklungsstand entsprechen.

Die für die Bildung einer Rücklage für Ersatzbeschaffung erforderliche Funktionsgleichheit des Ersatzwirtschaftsguts ist grundsätzlich nur erfüllt, wenn das neue Wirtschaftsgut in demselben Betrieb hergestellt oder angeschafft wird, dem das entzogene Wirtschaftsgut diente.

Ausnahmsweise ist die Übertragung stiller Reserven auf Wirtschaftsgüter eines anderen Betriebs des Steuerpflichtigen nach den Grundsätzen der Ersatzbeschaffungsrücklage zulässig, wenn die Zwangslage durch Enteignung oder höhere Gewalt zugleich den Fortbestand des bisherigen Betriebs selbst gefährdet oder beeinträchtigt hat.[10]

Unter diesem Gesichtspunkt muss z. B. eine Funktionsgleichheit zwischen einem Fabrikgebäude und den darin untergebrachten Maschinen und Anlagen verneint werden, weil das Betriebsgebäude zur Aufnahme von Maschinen und Anlagen bestimmt ist, während die Maschinen und Anlagen unmittelbar der Produktion dienen.

Obwohl Grund und Boden und Gebäude grundsätzlich nicht funktionsgleich sind, wird zugelassen, dass, soweit eine Übertragung der bei dem Grund und Boden aufgedeckten stillen Reserven auf die Anschaffungskosten des erworbenen Grund und Bodens nicht möglich ist, diese auf die Anschaffungs- oder Herstellungskosten des

---

9 BFH, BStBl 2001 II S. 830.
10 BFH, BStBl 2004 II S. 421.

12 Rücklagen

Gebäudes übertragen werden können.[11] Entsprechendes gilt für die beim Gebäude aufgedeckten stillen Reserven.

Die Übertragung der stillen Reserven setzt nicht mehr voraus, dass in der Handelsbilanz des Steuerpflichtigen entsprechend verfahren wird (§ 247 Abs. 3 HGB ist aufgehoben worden). Es kann folglich zu einer Abweichung von der Handelsbilanz kommen. Wegen dieser Abweichung ist das Wirtschaftsgut in ein besonderes laufend zu führendes Verzeichnis aufzunehmen (§ 5 Abs. 1 Satz 2 EStG).

Ersatzbeschaffung in einem späteren Wirtschaftsjahr

Ist ein Ersatzwirtschaftsgut in dem Wirtschaftsjahr, in dem die stillen Reserven des alten Wirtschaftsguts aufgedeckt worden sind, noch nicht angeschafft oder hergestellt worden, kann zulasten des Gewinns eine entsprechende **Rücklage für Ersatzbeschaffung** gebildet werden.

Dies setzt jedoch voraus, dass zu diesem Zeitpunkt eine Ersatzbeschaffung noch ernsthaft beabsichtigt ist.[12] Die Rücklage für Ersatzbeschaffung kann in Höhe des Unterschieds zwischen dem Buchwert des ausgeschiedenen Wirtschaftsguts und der Entschädigung (dem Entschädigungsanspruch) gebildet werden. Im Zeitpunkt der Ersatzbeschaffung ist sie durch Übertragung auf die Anschaffungs- oder Herstellungskosten des Ersatzwirtschaftsguts aufzulösen. Die Aktivierung des Ersatzwirtschaftsguts erfolgt daher mit den Anschaffungs- oder Herstellungskosten abzüglich des Betrags der aufgelösten Rücklage für Ersatzbeschaffung. Dieser Betrag gilt fortan als Anschaffungs- oder Herstellungskosten.

Gewinnauflösung der Rücklage

Der Gewinn, der infolge der **Auflösung** der im ausgeschiedenen Wirtschaftsgut enthaltenen stillen Rücklagen entsteht, ist voll zu versteuern, wenn die Anschaffung noch die Herstellung eines Ersatzwirtschaftsguts am Schluss des Wirtschaftsjahres, in dem das Wirtschaftsgut ausgeschieden ist, nicht ernsthaft geplant und nicht zu erwarten ist. Das Gleiche gilt, wenn ein bewegliches Ersatzwirtschaftsgut bis zum Schluss des ersten Wirtschaftsjahres oder wenn ein Grundstück oder ein Gebäude bis zum Schluss des zweiten Wirtschaftsjahres, das auf das Wirtschaftsjahr der Bildung der Rücklage für Ersatzbeschaffung folgt, weder angeschafft oder hergestellt noch bestellt worden ist. Die Frist von einem Jahr verlängert sich, wenn aufgrund des Ausscheidens des Wirtschaftsguts eine Rücklage i. S. des § 6b Abs. 1 Satz 1 EStG gebildet worden ist. Diese Verlängerung erfolgt auf 4 Jahre, bei neu hergestellten Gebäuden verlängert sie sich auf 6 Jahre. Für die Verlängerung der Jahresfrist auf 4 Jahre setzt R 6.6 Abs. 4 EStR voraus, dass der Steuerpflichtige glaubhaft macht, dass die Ersatzbeschaffung noch ernstlich geplant und zu erwarten ist, aber

---

11 R 6.6 Abs. 3 EStR.
12 R 6.6 Abs. 4 EStR.

12.1 Rücklage für Ersatzbeschaffung

aus besonderen Gründen noch nicht durchgeführt werden konnte. Die Verlängerung auf bis zu 6 Jahre ist danach möglich, wenn die Ersatzbeschaffung im Zusammenhang mit der Neuherstellung eines Gebäudes i. S. von R 6.6 Abs. 4 Satz 4 Halbsatz 2 EStR erfolgt. Die Rechtsprechung wendet diese Fristen ebenfalls an, allerdings im Hinblick auf § 6b EStG, und lehnt weitere Fristverlängerungen ab.[13]

Wird die erhaltene Entschädigung nicht in voller Höhe zur Beschaffung eines Ersatzwirtschaftsguts verwendet, so darf die Rücklage nur anteilig auf das Ersatzwirtschaftsgut übertragen werden. Siehe dazu im Einzelnen H 6.6 (3) „Mehrentschädigung" EStH. Die Fortführung des nicht verbrauchten Teils der Rücklage kommt im Rahmen der genannten Fristen nur dann in Betracht, wenn es sich bei der Ersatzbeschaffung um einen Teilersatz gehandelt hat und eine ergänzende Ersatzbeschaffung ernstlich geplant ist.

Scheidet ein Wirtschaftsgut gegen Erhalt eines Ersatzwirtschaftsguts und einer zusätzlichen Barentschädigung aus, dürfen die aufgelösten stillen Reserven nur anteilig auf das Ersatzwirtschaftsgut übertragen werden.

> **Beispiel:**
> A überträgt der Stadt B zur Abwendung einer drohenden Enteignung ein 2.000 m² großes Grundstück, dessen Buchwert 50.000 € beträgt. Hierfür erhält er 50.000 € in bar sowie ein 1.000 m² großes Ersatzgrundstück im Wert von 70.000 €.
> Die aufgelösten stillen Reserven betragen 120.000 € ./. 50.000 € = 70.000 €. Hiervon kann A $^7/_{12}$ = 40.833 € auf das Ersatzgrundstück übertragen. In Höhe der verbleibenden stillen Reserven von 29.167 € kann A eine Rücklage für Ersatzbeschaffung bilden, wenn die Anschaffung eines weiteren Ersatzgrundstücks ernsthaft beabsichtigt ist.

Einzelfälle

Die vorstehenden Grundsätze sind auch anzuwenden, wenn ein Wirtschaftsgut infolge höherer Gewalt oder eines behördlichen Eingriffs **beschädigt** wird und die dafür gewährte Entschädigung den zu berücksichtigenden Schaden übersteigt. An die Stelle des Zeitpunkts der Ersatzbeschaffung tritt dabei der Zeitpunkt der Instandsetzung.[14]

> **Beispiel:**
> Ein Gebäude des Betriebsvermögens, das mit 400.000 € zu Buche steht, wird im Jahr 01 durch Brand zu 10 % beschädigt. Die Feuerversicherung zahlt im Jahr 02 eine Entschädigung von 60.000 €; der Steuerpflichtige lässt den Schaden in diesem Jahr mit einem Reparaturaufwand von 52.000 € beseitigen.
> Zum 31.12.01 hat er den Versicherungsanspruch zu aktivieren. In Höhe der aufgedeckten Reserven von (60.000 € ./. 40.000 € =) 20.000 € kann er eine Rücklage für Ersatzbeschaffung bilden. Diese wird im Jahr 02 insoweit von dem Reparaturaufwand abgezogen, als dieser den anteiligen Buchwert übersteigt: 52.000 € ./. 40.000 € =

---

13 BFH vom 12.01.2012 IV R 4/09 (DStR 2012 S. 945).
14 R 6.6 Abs. 7 EStR.

12.000 €. In Höhe der verbleibenden 8.000 € ist die Rücklage aufzulösen; insoweit entsteht ein außerordentlicher Ertrag.

Diese Rücklage ist aufzulösen, wenn bei beweglichen Gegenständen am Ende des ersten und bei Wirtschaftsgütern nach § 6b EStG am Ende des vierten auf die Bildung der Rücklage folgenden Wirtschaftsjahres eine Reparatur noch nicht durchgeführt worden ist.[15]

Land- und Forstwirte, Gewerbetreibende und **selbständig Tätige,** die den Gewinn nach **§ 4 Abs. 3 EStG** ermitteln, können entsprechend verfahren.[16] Die einfache Einnahmenüberschussrechnung bedingt dabei eine andere verfahrensmäßige Behandlung, und zwar sind sämtliche Entschädigungsleistungen Betriebseinnahmen und der noch nicht abgesetzte Betrag der Anschaffungs- oder Herstellungskosten des ausgeschiedenen Wirtschaftsguts eine Betriebsausgabe. Die durch eine Entschädigungsleistung offengelegte stille Reserve wird in der Weise auf das Ersatzwirtschaftsgut übertragen, dass sie im Wirtschaftsjahr der Ersatzbeschaffung von den Anschaffungs- oder Herstellungskosten des Ersatzwirtschaftsguts sofort voll abgesetzt wird. Der Restbetrag ist auf die Gesamtnutzungsdauer des Ersatzwirtschaftsguts zu verteilen. Fallen zeitlich das Ausscheiden des Wirtschaftsguts aus dem Betriebsvermögen, die Entschädigungsleistung und die Schadensbeseitigung in verschiedene Wirtschaftsjahre, so kann der Schaden in dem Wirtschaftsjahr berücksichtigt werden, in dem die Entschädigung geleistet wird, wenn die Entschädigung nicht in dem Wirtschaftsjahr zufließt, in dem der Schaden entstanden ist; andererseits kann der Schaden und auch die Entschädigungsleistung in dem Wirtschaftsjahr berücksichtigt werden, in dem der Schaden beseitigt wird, wenn der Schaden nicht in dem Wirtschaftsjahr beseitigt wird, in dem er eingetreten ist oder in dem die Entschädigung gezahlt wird. Die zeitlichen Fristen für die Beseitigung des Schadens gelten auch bei diesen Steuerpflichtigen entsprechend. Bei Richtsatzschätzungen und bei der Gewinnermittlung nach Durchschnittssätzen gem. § 13a EStG ist R 6.6 Abs. 6 EStR zu beachten.

12.2 Übertragung stiller Reserven bei Veräußerung bestimmter Anlagegüter (§ 6b EStG)

12.2.1 Allgemeines

Nach § 6b EStG kann der Gewinn aus der Veräußerung bestimmter Wirtschaftsgüter des Anlagevermögens (nachfolgend als begünstigter Gewinn bezeichnet) unter gewissen Voraussetzungen in voller Höhe oder bis zu einem bestimmten Hundertsatz von den Anschaffungs- oder Herstellungskosten bestimmter neu angeschaffter oder hergestellter Wirtschaftsgüter des Anlagevermögens abgezogen werden.

---
15 R 6.6 Abs. 7 Satz 3 EStR.
16 R 6.6 Abs. 5 EStR.

12.2 Übertragung stiller Reserven bei Veräußerung bestimmter Anlagegüter

Zweck dieser Vorschrift ist es, den Unternehmern die Möglichkeit zu geben, Wirtschaftsgüter des Anlagevermögens, die für den Betrieb nicht mehr benötigt werden oder infolge von Standortverlagerungen oder Strukturveränderungen aufgegeben werden müssen, ohne bzw. mit nur geringer Steuerbelastung zu veräußern und den Veräußerungserlös voll oder zu einem erheblichen Teil zur Finanzierung von betriebsnotwendigen Neuinvestitionen oder zur Rationalisierung oder Modernisierung der Produktionsanlagen zu verwenden.

§ 6b EStG führt zu keiner endgültigen Steuerermäßigung (von der Progressionsauswirkung abgesehen), sondern lediglich zu einer die Liquidität des Unternehmens fördernden Steuerstundung.

Beispiel:
Unternehmer A, Hersteller von Büromöbeln, veräußert am 31.05.02 das Betriebsgebäude und erzielt dabei einen Veräußerungsgewinn von 500.000 €. Am 01.07.02 erwirbt er ein in 01 fertig gestelltes Betriebsgebäude zum Kaufpreis von 2,5 Mio. €. Die Voraussetzungen für die Bildung einer Rücklage nach § 6b Abs. 1 und 4 EStG sollen vorliegen, sodass dem A grundsätzlich die Möglichkeit einer steuerneutralen Übertragung des Veräußerungsgewinns offensteht. Wie ist die steuerliche Auswirkung?

Lösung:
Ohne die Möglichkeit der Übertragung des Veräußerungsgewinns müsste A im Veranlagungszeitraum einen Gewinn von 500.000 € der Einkommensteuer – Gewerbesteuer – unterwerfen. Um eine sofortige Besteuerung des Gewinns zu vermeiden, kann er den Gewinn steuerneutral auf die Anschaffungskosten des neu angeschafften Gebäudes übertragen.

Abschreibung bei Übertragung des Veräußerungsgewinns:
Anschaffungskosten des Gebäudes	2.500.000 €
./. Übertragung des Veräußerungsgewinns nach § 6b EStG	500.000 €
Bemessungsgrundlage für die Abschreibung	2.000.000 €
Abschreibung gem. § 7 Abs. 4 Satz 1 Nr. 1 EStG für 6 Monate	**30.000 €**

Abschreibung ohne Übertragung des Veräußerungsgewinns:
Anschaffungskosten des Gebäudes = Bemessungsgrundlage für die Abschreibung	2,5 Mio. €
Abschreibung gem. § 7 Abs. 4 Satz 1 Nr. 1 EStG für 6 Monate	**37.500 €**

Wie aus der Gegenüberstellung ersichtlich ist, wirkt sich die steuerneutrale Übertragung des Veräußerungsgewinns durch die geringere Abschreibung des neu angeschafften Gebäudes über den gesamten Abschreibungszeitraum aus.

Wird der Veräußerungsgewinn auf ein nicht abnutzbares Wirtschaftsgut übertragen, z. B. auf ein Grundstück, so wirkt sich die Minderung der Anschaffungskosten des angeschafften Grundstücks erst in dem Zeitpunkt aus, zu dem es veräußert wird und ein höherer Gewinn entsteht.

Folglich wird die Versteuerung des ursprünglichen Veräußerungsgewinns auf diesen späteren Zeitpunkt verlagert.

12 Rücklagen

Liegen sowohl die **Voraussetzungen** für die Bildung einer **Rücklage für Ersatzbeschaffung** als auch die Voraussetzungen des § 6b EStG vor, so hat der Steuerpflichtige die **Wahl**, von welcher Möglichkeit er Gebrauch machen will. **Beide Rechtsinstitute stehen selbständig nebeneinander.** Ihre Anwendbarkeit unterscheidet sich sowohl hinsichtlich der jeweiligen Voraussetzungen als auch der sich aus ihnen ergebenden Folgerungen.

So kann z. B. die Rücklage für Ersatzbeschaffung beim Ausscheiden aller Wirtschaftsgüter infolge höherer Gewalt oder behördlichen Eingriffs ohne Rücksicht auf die Dauer ihrer Zugehörigkeit zum Betriebsvermögen gebildet werden, während die Reinvestitionsrücklage die Veräußerung und die Anschaffung oder Herstellung bestimmter Wirtschaftsgüter und außerdem eine mindestens sechsjährige Zugehörigkeit zum Betriebsvermögen verlangt. Die Rücklage für Ersatzbeschaffung kann ferner nur auf ein **(funktionsgleiches) Ersatzwirtschaftsgut** übertragen werden, während die Reinvestitionsrücklage keine Ersatzbeschaffung im engeren Sinne verlangt, andererseits aber die Übertragung der aufgedeckten stillen Reserven nur auf **ganz bestimmte Wirtschaftsgüter** zulässt. Ein weiterer Unterschied besteht darin, dass die Rücklage für Ersatzbeschaffung nur gebildet werden kann, wenn die Absicht der Ersatzbeschaffung besteht, andererseits aber die Fristen für die Ersatzbeschaffung verlängert werden können, solange die Absicht der Ersatzbeschaffung noch vorhanden ist. Die Reinvestitionsrücklage nach § 6b EStG kann dagegen auch dann gebildet werden, wenn bereits im Zeitpunkt ihrer Bildung die spätere gewinnerhöhende Auflösung feststeht;[17] andererseits muss sie bis zum Ende des auf ihre Bildung folgenden vierten bzw. bei Gebäuden 6. Wirtschaftsjahres aufgelöst werden, ohne dass im Einzelfall eine Verlängerungsmöglichkeit besteht.

Dadurch, dass beide Rechtsinstitute mit unterschiedlichen Voraussetzungen und unterschiedlichen Folgen selbständig nebeneinanderstehen, ohne dass der Gesetzgeber eines der beiden Rechtsinstitute mit Vorrang bedacht hätte, ist es möglich, dass die Versteuerung aufgedeckter stiller Rücklagen bei der Veräußerung eines Wirtschaftsguts sowohl durch eine Rücklage für Ersatzbeschaffung als auch durch eine Reinvestitionsrücklage nach § 6b EStG vermieden werden kann.

Die Möglichkeit, die sofortige Besteuerung zu vermeiden, besteht z. B. bei einer Betriebsverlagerung, wenn das alte Betriebsgelände veräußert wird. Entsprechendes gilt, wenn es im Zusammenhang mit der Um- bzw. Aussiedlung eines land- und forstwirtschaftlichen Betriebs zu Grundstücksveräußerungen kommt.

§ 6b Abs. 1 EStG enthält eine abschließende Aufzählung der begünstigten Veräußerungsobjekte. Auf nicht aufgeführte Wirtschaftsgüter ist eine entsprechende Anwendung nicht zulässig. Nach § 6b Abs. 1 Satz 2 EStG ist nur die Reinvestition in Grund und Boden begünstigt, soweit der Gewinn bei der Veräußerung von Grund und Boden entstanden ist, die Reinvestition in Aufwuchs auf dem Grund und Boden mit

---

17 BFH, BStBl 1996 II S. 568.

12.2 Übertragung stiller Reserven bei Veräußerung bestimmter Anlagegüter

dem dazugehörigen Grund und Boden, wenn er zu einem land- und forstwirtschaftlichen Betriebsvermögen gehört, soweit der Gewinn bei der Veräußerung von Grund und Boden, beim Aufwuchs auf dem Grund und Boden mit dem dazugehörigen Grund und Boden entstanden ist, und die Reinvestition in Gebäude, soweit der Gewinn bei Veräußerung von Grund und Boden, Aufwuchs im vorgenannten Sinne oder Gebäuden entstanden ist.

Die Anschaffung oder Umstellung von Gebäuden steht ihrer Erweiterung, ihrem Ausbau oder ihrem Umbau gleich.

Die Vergünstigung kann nur in Anspruch genommen werden, wenn der Steuerpflichtige selbst eine begünstigte Neuinvestition vornimmt. Damit ist sichergestellt, dass die Vergünstigung nur denjenigen gewährt wird, die den Veräußerungsgewinn erzielt haben. Nach § 6b Abs. 10 EStG gilt dies auch für Personengesellschaften und Gemeinschaften.

Für die Beurteilung, ob eine Rücklage nach § 6b EStG gebildet werden kann, ist die **gesellschafter-** und nicht die gesellschafts**bezogene** Betrachtungsweise maßgebend. Veräußert ein **Personenunternehmen** gem. § 6b Abs. 1 i. V. m. § 6b Abs. 10 EStG begünstigte Wirtschaftsgüter, Grund und Boden, Gebäude sowie Kapitalgesellschaftsanteile, kann der Veräußerungsgewinn steuerneutral auf Anschaffungen im Gesamthandsvermögen übertragen werden, soweit die einzelnen Gesellschafter die Voraussetzungen des § 6b Abs. 4 EStG erfüllen. Darüber hinaus können Gewinne, die bei Veräußerungen von Wirtschaftsgütern im Gesamthandsvermögen angefallen sind, auch anteilig vom Gesellschafter zu Reinvestitionen in seinem Sonderbetriebsvermögen genutzt werden. Die gesellschafterbezogene Betrachtungsweise der Reinvestitionsrücklage bewirkt letztlich, dass dem Gesellschafter einer Personengesellschaft mehr Möglichkeiten offenstehen, Veräußerungsgewinne steuerneutral zu übertragen (vgl. im Einzelnen 12.2.6 Tz. 6).

12.2.2 Begünstigte Wirtschaftsgüter

Nach § 6b EStG ist nur der Gewinn aus der Veräußerung bestimmter Wirtschaftsgüter des Anlagevermögens begünstigt, die in § 6b Abs. 1 Satz 1 EStG im Einzelnen abschließend aufgeführt sind. Eine Ausdehnung auf andere Wirtschaftsgüter kommt insoweit nicht in Betracht.[18]

Grund und Boden

Der Begriff „Grund und Boden" umfasst lediglich den „nackten" Grund und Boden. Bodenschätze, aufstehende Gebäude, Betriebsvorrichtungen und sonstige Anlagen auf und in der Erde sind selbst dann nicht dazuzurechnen, wenn sie fest mit dem Grund und Boden verbunden sind.[19]

---
[18] BFH, BStBl 1989 II S. 1016.
[19] H 6b.1 „Grund und Boden" EStH.

12 Rücklagen

Ebenfalls nicht zum Grund und Boden gehören Rechte, den Grund und Boden zu nutzen.[20]

Aufwuchs

Aufwuchs auf oder Anlagen im Grund und Boden mit dem dazugehörigen Grund und Boden sind begünstigt, wenn der Aufwuchs oder die Anlagen zu einem land- und forstwirtschaftlichen Betriebsvermögen gehören.

Aufwuchs auf dem Grund und Boden sind alle Pflanzen (z. B. Rebstöcke, Obstbäume und insbesondere das stehende Holz), die auf dem Grund und Boden gewachsen und noch darin verwurzelt sind. Unter „Anlagen im Grund und Boden" sind insbesondere Be- und Entwässerungsanlagen, Hofbefestigungen, Wirtschaftswege und Brücken zu verstehen.

Der Gewinn aus der Veräußerung dieser Wirtschaftsgüter ist jedoch nur dann begünstigt, wenn sie zu einem land- und forstwirtschaftlichen Betriebsvermögen gehören und mit dem dazugehörigen Grund und Boden veräußert werden. Es sollen damit nur solche Veräußerungen begünstigt werden, die der agrarpolitisch erwünschten Strukturverbesserung in der Land- und Forstwirtschaft zu dienen geeignet sind.

Gebäude

Ein Gebäude ist ein Bauwerk auf eigenem oder fremdem Grund und Boden, das Menschen oder Sachen Schutz gegen äußere Einflüsse gewährt, den Aufenthalt von Menschen gestattet, fest mit dem Grund und Boden verbunden, von einiger Beständigkeit und standfest ist.

Begünstigt sind nicht nur Betriebsgebäude, sondern alle Arten von Gebäuden, also insbesondere auch Wohngebäude. Auch Eigentumswohnungen sind insoweit als Gebäude anzusehen und somit begünstigt. Wie ein Gebäude ist auch ein Nutzungsrecht an einem Gebäude zu behandeln, das vom Steuerpflichtigen hergestellt worden und wie ein materielles Wirtschaftsgut mit den Herstellungskosten zu aktivieren ist.

Anteile an Kapitalgesellschaften

Nach § 6b Abs. 10 EStG besteht für Einzelunternehmer und Personengesellschaften die Möglichkeit der Rücklagenbildung bei der Veräußerung von Anteilen an Kapitalgesellschaften.

Die Begriffsbestimmung richtet sich nach § 17 Abs. 1 Satz 3 EStG, d. h., insbesondere Anteile an Aktiengesellschaften, Anteile an einer Gesellschaft mit beschränkter

---

20 BFH, BStBl 1989 II S. 1016.

12.2 Übertragung stiller Reserven bei Veräußerung bestimmter Anlagegüter

Haftung, Genussscheine oder ähnliche Beteiligungen und Anwartschaften auf solche Beteiligungen sind betroffen.

Die Übertragungsmöglichkeit ist nur für in den folgenden **2 Jahren** nach der Veräußerung auf neu angeschaffte Anteile an Kapitalgesellschaften oder abnutzbare bewegliche Wirtschaftsgüter oder in den folgenden **4 Jahren** auf die Anschaffungs- oder Herstellungskosten von neu angeschafften Gebäuden gegeben.

Der übertragbare Gewinn ist der Höhe nach **auf 500.000 Euro begrenzt**.

Beispiel:

Die A-KG hält seit dem Jahr 01 eine 80 %ige Beteiligung an der Dresdner Logistik AG. Die A-KG war Gründungsgesellschafterin der AG. Aus diesem Grund war die Beteiligung zum Nennwert erworben worden. Das gesamte Grundkapital der AG beläuft sich seit Gründung auf 60.000 €.

Weil ein Kaufinteressent ein sehr gutes Angebot für die Aktien unterbreitet, veräußert die A-KG ihre Beteiligung an der AG am 30.06.09 zu einem Veräußerungspreis von 540.000 €.

Für das Wirtschaftsjahr 09 ist geplant, neue Speditionslastkraftwagen im Werte von insgesamt ca. 950.000 € anzuschaffen.

Bisher wurde bei der Veräußerung der Aktien lediglich der Veräußerungsvorgang zutreffend gebucht.

Bilanzierungs- bzw. Bewertungswahlrechte wurden nicht ausgeübt. Die im Zusammenhang mit der Veräußerung angefallenen Kosten von 2.000 € wurden als Aufwand erfasst.

Lösung:

Aus der Veräußerung der Beteiligung an der AG entsteht der A-KG ein Veräußerungsgewinn nach § 15 EStG, der nach § 3 Nr. 40 Satz 1 Buchst. a EStG begünstigt ist, d. h. der Besteuerung nur teilweise (bis 2008: 50 %; ab 2009: 60 %) unterliegt.

Die Veräußerung der Anteile an der Kapitalgesellschaft ist ein nach § 6b Abs. 10 Satz 1 EStG begünstigter Vorgang, zumal die Anteile seit mindestens 6 Jahren zum Anlagevermögen einer inländischen Betriebsstätte gehört haben (vgl. § 6b Abs. 10 Satz 4 i. V. m. § 6b Abs. 4 Nr. 4 EStG).

Der Veräußerungsgewinn ist wie folgt zu berechnen:

Veräußerungserlös	540.000 €
Buchwert = Anschaffungskosten 80 % von 60.000 €	./. 48.000 €
Veräußerungskosten	./. 2.000 €
Veräußerungsgewinn	490.000 €

Die Übertragung der stillen Reserven auf die im Folgejahr geplante Anschaffung der LKW ist möglich, weil es sich hierbei um die Anschaffung von abnutzbaren beweglichen Wirtschaftsgütern handelt; somit ist eine steuerfreie Rücklage nach § 6b Abs. 10 Satz 4 i. V. m. Abs. 3 EStG zu bilden, die den Gewinn in der Bilanz mindert.

12.2.3 Begünstigte Reinvestitionsobjekte

Die Vorschrift des § 6b Abs. 1 Satz 2 EStG bestimmt im Einzelnen abschließend, auf welche Wirtschaftsgüter die bei der Veräußerung eines begünstigten Wirtschaftsguts aufgedeckten stillen Reserven übertragen werden können.

12 Rücklagen

Nach § 6b EStG ist die Rücklagenbildung nur möglich bei den Anschaffungs- oder Herstellungskosten von

1. **Grund und Boden**, soweit der **Gewinn bei der Veräußerung von Grund und Boden** entstanden ist,
2. **Aufwuchs von Grund und Boden** mit dem dazugehörigen **Grund und Boden**, soweit der Gewinn bei der **Veräußerung von Grund und Boden** oder der **Veräußerung von Aufwuchs auf Grund und Boden mit dem dazugehörigen Grund und Boden** entstanden ist, oder
3. **Gebäuden**, soweit der **Gewinn bei der Veräußerung von Grund und Boden** oder von Aufwuchs auf Grund und Boden mit dem dazugehörigen Grund und Boden **oder Gebäuden** entstanden ist,
4. **Anteilen an Kapitalgesellschaften, Gebäuden oder abnutzbaren beweglichen Wirtschaftsgütern**, soweit **der Gewinn aus der Veräußerung von Anteilen an Kapitalgesellschaften bis zu einem Betrag von 500.000 Euro** entstanden ist, soweit **ein Einzelunternehmen** oder ein **Personenunternehmen**, soweit an diesen **keine Körperschaften**, Personenvereinigungen oder Vermögensmassen beteiligt sind, die Veräußerung vorgenommen hat. Für Kapitalgesellschaften ist die Veräußerung von Anteilen an Kapitalgesellschaften grundsätzlich nach § 8b Abs. 2 KStG steuerbefreit, dementsprechend bedarf es insoweit keiner Rücklagenbildung,
5. **Binnenschiffen** bei der Veräußerung von Binnenschiffen.

Veräußerungsgewinn aus:	Übertragung auf:
Grund und Boden	a) Grund und Boden b) Aufwuchs auf Grund und Boden c) Gebäude
Aufwuchs auf Grund und Boden	a) Aufwuchs auf Grund und Boden b) Gebäude
Gebäude	Gebäude
Kapitalgesellschaftsanteilen durch Personenunternehmen	a) Anteile an Kapitalgesellschaften b) Abnutzbare bewegliche Wirtschaftsgüter c) Gebäude
Binnenschiffen	Binnenschiffe

12.2 Übertragung stiller Reserven bei Veräußerung bestimmter Anlagegüter

Begünstigt ist nur die Anschaffung oder Herstellung eines Wirtschaftsguts. Die Einlage eines Wirtschaftsguts ist nicht begünstigt. Der Anschaffung oder Herstellung von Gebäuden steht in diesem Zusammenhang ihre Erweiterung, ihr Ausbau oder ihr Umbau gleich. Ein Abzug ist in diesem Fall jedoch nur von dem Aufwand für die Erweiterung, den Ausbau oder den Umbau der Gebäude zulässig. Ein Abzug von dem bisherigen Buchwert eines Gebäudes kommt daher nicht in Betracht.

12.2.4 Die Übertragung aufgedeckter stiller Reserven

Die Begünstigung des § 6b EStG besteht darin, dass der Steuerpflichtige den durch die Veräußerung eines begünstigten Wirtschaftsguts entstandenen Gewinn von den Anschaffungs- oder Herstellungskosten der von ihm angeschafften oder hergestellten Wirtschaftsgüter abziehen kann. Der entstandene Gewinn kann **in voller Höhe** auf das Ersatzwirtschaftsgut übertragen werden bzw. zunächst steuerneutral in die sog. **Reinvestitionsrücklage** eingestellt werden. In den anschließenden zwei, vier bzw. sechs Wirtschaftsjahren ist die Reinvestitionsrücklage aufzulösen und auf die Anschaffungskosten neu erworbener Wirtschaftsgüter zu übertragen. Werden keine neuen Wirtschaftsgüter angeschafft, ist die Reinvestitionsrücklage gewinnerhöhend aufzulösen.

Voraussetzung für die Übertragung ist, dass die Reinvestitionsgüter zu einer inländischen Betriebsstätte eines Betriebs des Steuerpflichtigen gehören müssen. Der Steuerpflichtige kann nach § 6b EStG begünstigte Veräußerungsgewinne auf Wirtschaftsgüter eines anderen ihm gehörenden Betriebs übertragen oder auf Wirtschaftsgüter, die zum Sonderbetriebsvermögen einer Personengesellschaft gehören, an der er beteiligt ist. Eine Übertragung von Veräußerungsgewinnen auf das Gesamthandsvermögen der Mitunternehmerschaft ist nicht möglich.

Bei Personengesellschaften und Gemeinschaften tritt nach § 6b Abs. 10 EStG an die Stelle des Steuerpflichtigen die Gesellschaft oder Gemeinschaft, soweit Wirtschaftsgüter zum Gesamthandsvermögen gehören, wobei die Gewinne der einzelnen Gesellschafter auch für Reinvestitionen in dem Sonderbetriebsvermögen genutzt werden können.

Veräußert ein Personenunternehmen, also ein Einzelunternehmen oder eine Personengesellschaft, **Anteile an einer Kapitalgesellschaft,** kann der erzielte Veräußerungsgewinn im Wirtschaftsjahr der Veräußerung oder in den folgenden 2 Wirtschaftsjahren auf neu angeschaffte Kapitalgesellschaftsanteile oder abnutzbare bewegliche Wirtschaftsgüter übertragen werden. Diese Frist verlängert sich auf 4 Jahre, soweit die Ersatzinvestition auf die Anschaffungskosten eines neu angeschafften Gebäudes erfolgt. Allerdings können **Gewinne nur bis maximal 500.000 Euro** der Sofortbesteuerung entzogen werden (vgl. im Einzelnen 12.2.6 Tz. 6).

12 Rücklagen

Für die Berechnung des Höchstbetrags nach § 6b Abs. 10 Satz 1 EStG ist der einzelne Mitunternehmer als Steuerpflichtiger anzusehen mit der Folge, dass der Höchstbetrag von 500.000 Euro für jeden Mitunternehmer zur Anwendung kommt.

Eine Übertragung des Gewinns auf die in dem der Veräußerung vorausgegangenen Wirtschaftsjahr angeschafften oder hergestellten Wirtschaftsgüter sieht § 6b Abs. 10 Satz 1 EStG ausdrücklich nicht vor.

Eine Übertragung des Gewinns ist auf die frühestens im gleichen Wirtschaftsjahr angeschafften oder hergestellten Reinvestitionsgüter möglich.

Weitere Voraussetzungen für die steuerneutrale Übertragung stiller Reserven bei der Veräußerung von Kapitalgesellschaftsanteilen durch Personenunternehmen nach § 6b Abs. 10 EStG sind:

– Bei im Gesamthandsvermögen von Personengesellschaften gehaltenen Anteilen an Kapitalgesellschaften kann § 6b EStG nur insoweit Anwendung finden, als nach § 6b Abs. 10 Satz 10 EStG an der Gesamthandsgemeinschaft **keine Körperschaften, Personenvereinigungen oder Vermögensmassen** beteiligt sind. Es wird dadurch sichergestellt, dass letztlich nur natürliche Personen die Möglichkeit der steuerneutralen Übertragung stiller Reserven erhalten. Soweit etwa Kapitalgesellschaften an einer Personengesellschaft beteiligt sind, ist eine Rücklagenbildung nicht erforderlich, da der Gewinn aus der Veräußerung der Kapitalgesellschaftsanteile auf der Ebene der Kapitalgesellschaft, der in dem zugerechneten Mitunternehmergewinn enthalten ist, steuerfrei gestellt wird.

– Die Voraussetzungen, die **allgemein** nach geltender Rechtslage für die Reinvestitionsrücklage gelten, sind auch im Rahmen des § 6b Abs. 10 EStG zu prüfen. Der Steuerpflichtige muss demnach seinen Gewinn durch Betriebsvermögensvergleich gem. § 4 Abs. 1 oder § 5 EStG ermitteln (§ 6b Abs. 4 Satz 1 Nr. 1 EStG). Soweit der Gewinn nach § 4 Abs. 3 EStG bzw. nach § 13a EStG ermittelt wird, kann gem. § 6b Abs. 1 Satz 1 EStG dennoch die Übertragungsmöglichkeit stiller Reserven gem. § 6b EStG genutzt werden.

Die veräußerten Anteile an der Kapitalgesellschaft müssen im Zeitpunkt der Veräußerung mindestens sechs Jahre zum Anlagevermögen einer inländischen Betriebsstätte gehört haben (§ 6b Abs. 4 Satz 1 Nr. 2 EStG).

Nach § 6b Abs. 1 EStG kann dieser Abzug nur im Wirtschaftsjahr der Veräußerung und lediglich von den Anschaffungs- oder Herstellungskosten der in diesem oder dem vorangegangenen Wirtschaftsjahr angeschafften oder hergestellten Wirtschaftsgüter erfolgen.

Beispiel:
An der S-Maschinenbau Kommanditgesellschaft (= KG) sind seit dem 01.01.1995
– S als Komplementär mit einer Einlage von 200.000 €
– A als Kommanditist mit einer Einlage von 100.000 €
– B als Kommanditist mit einer Einlage von 100.000 €
am Gesellschaftskapital i. H. von 400.000 € beteiligt.

12.2 Übertragung stiller Reserven bei Veräußerung bestimmter Anlagegüter

S ist Eigentümer des mit einer Lagerhalle überbauten Grundstücks R-Straße 38 in B, das er seit dem Jahr 1995 an die KG vermietet hat. Er lässt an die Lagerhalle ein nach den Wünschen der KG selbständig nutzbares Gießereigebäude mit einem Aufwand von 601.600 € (netto) anbauen, das am 01.12.2012 fertig gestellt wurde.

In der Steuerbilanz werden für das Betriebsgrundstück im Sonderbetriebsvermögen des Komplementärs am 31.12.2012 nach Verrechnung einer anteiligen 3%igen AfA ausgewiesen:

R-Straße 38

Grund und Boden	25.000 €
Lagerhalle (Restwert)	1 €
Neubau Gießerei	600.096 €

Am 01.07.2013 hat die KG das ihr seit dem Jahr 1995 gehörende Grundstück R-Straße 40, in dem sich die alte Gießerei befindet, für (netto) 400.000 € veräußert. In der Steuerbilanz der KG werden für das Betriebsgrundstück am 31.12.2012 ausgewiesen:

R-Straße 40

Grund und Boden	50.000 €
Gebäude	312.500 €

Vom Veräußerungspreis entfallen 100.000 € auf den Grund und Boden und 300.000 € auf das Betriebsgebäude. Die AfA für die Zeit vom 01.01.2013 bis zum 30.06.2013 beläuft sich auf 2.000 €, die seither noch nicht gebucht wurde. An Veräußerungskosten sind 6.000 € angefallen.

Lösung:

a) Veräußerungsgewinn

R-Straße 40	Gesamt	Grund und Boden	Gebäude
Veräußerungspreis	400.000 €	100.000 €	300.000 €
Veräußerungskosten	– 6.000 €		
Grund und Boden = 25 % von 6.000 €		– 1.500 €	
Gebäude = 75 % von 6.000 €			– 4.500 €
Zwischensumme	394.000 €	98.500 €	295.500 €
Buchwert am 01.07.2013	– 180.500 €		
Grund und Boden		– 50.000 €	
Gebäude (132.500 – 2.000)			– 130.500 €
Veräußerungsgewinn	213.500 €	48.500 €	165.000 €

b) Übertragungsmöglichkeiten

Die Voraussetzungen des § 6b Abs. 4 EStG sind erfüllt.

Der Gewinn aus der Veräußerung eines Wirtschaftsguts, das zum Gesamthandsvermögen einer Mitunternehmerschaft gehört, kann auf Wirtschaftsgüter übertragen werden, die zum Sonderbetriebsvermögen eines Mitunternehmers der Personengesellschaft gehören, aus deren Betriebsvermögen das veräußerte Wirtschaftsgut ausgeschieden ist.

Der Komplementär ist mit 50 % an der KG beteiligt. Demnach sind auch (nur) die Hälfte des Veräußerungsgewinns i. H. von (48.500 € + 165.000 € =) 213.500 €, nämlich 106.750 €, bei ihm steuerbegünstigt (R 6b.2 Abs. 7 EStR).

Die gesetzlichen Voraussetzungen des § 6b Abs. 1 EStG für die Übertragung stiller Reserven bei der Veräußerung bestimmter Anlagegüter treffen zweifelsohne auf das im Dezember 2012 fertig gestellte neue Gießereigebäude zu.

Das Reinvestitionsobjekt wurde im Wirtschaftsjahr 2012, also vor der Aufdeckung der stillen Reserven im Jahr 2013, hergestellt. In § 6b Abs. 5 EStG lässt der Gesetzgeber ausdrücklich die sog. Rückwärtsübertragung auf Vorjahresinvestitionen zum Buchwert zu (R 6b.2 Abs. 1 Satz 5 und 6 EStR).

c) AfA-Bemessungsgrundlage, AfA und Buchwert

Bei der Rückwärtsübertragung auf Vorjahresinvestitionen wird bei beweglichen Anlagegütern der Gewinn vom Buchwert abgezogen, mit dem das Reinvestitionsobjekt in der Bilanz zum Ende des Wirtschaftsjahres seiner Anschaffung oder Herstellung ausgewiesen ist (§ 6b Abs. 5 EStG).

Handelt es sich bei dem Reinvestitionsgut um ein Gebäude, also um ein unbewegliches Wirtschaftsgut, sind als Bemessungsgrundlage dann die um den Abzugsbetrag geminderten Anschaffungs- oder Herstellungskosten anzusetzen (§ 6b Abs. 6 Satz 2 EStG).

Dies gilt unabhängig davon, ob das Gebäude im Jahr des Abzuges oder im vorangegangenen Wirtschaftsjahr angeschafft oder hergestellt worden ist.

Herstellungskosten in 2012	601.600 €
AfA in 2012 3 %: 1/12	1.504 €
Buchwert 31.12.2012	600.096 €
Anteiliger Veräußerungswert	106.750 €
AfA-Bemessungsgrundlagen	493.346 €
AfA in 2013	14.800 €
Buchwert 31.12.2013	478.546 €

Da es dem Steuerpflichtigen jedoch vielfach nicht möglich sein wird, bereits im Jahr der Veräußerung eines begünstigten Wirtschaftsguts geeignete Reinvestitionsobjekte anzuschaffen oder herzustellen, ist in § 6b Abs. 3 EStG ferner zugelassen, dass der Steuerpflichtige den begünstigten Gewinn im Wirtschaftsjahr der Veräußerung zunächst einer den **steuerlichen Gewinn mindernden Rücklage** zuführen kann. Der Steuerpflichtige hat sodann die Möglichkeit, einen Betrag bis zur Höhe dieser Rücklage von den Anschaffungs- oder Herstellungskosten geeigneter Wirtschaftsgüter abzuziehen, die in den **folgenden 4 bzw. 6 Wirtschaftsjahren** angeschafft oder hergestellt werden, soweit es sich nicht um einen steuerlichen Gewinn aus der Veräußerung von Gesellschaftsanteilen handelt, da dann die Investitionsfristen 2 bzw. 4 Jahre betragen. Die Rücklage ist in diesem Fall zugunsten des Gewinns aufzulösen.

12.2 Übertragung stiller Reserven bei Veräußerung bestimmter Anlagegüter

Abgezogen werden kann nach § 6b EStG ein Betrag bis zur vollen Höhe des bei der Veräußerung eines begünstigten Wirtschaftsguts entstandenen Gewinns.

Veräußerung ist die entgeltliche Übertragung des wirtschaftlichen Eigentums an einem Wirtschaftsgut.[21] Das wirtschaftliche Eigentum ist in dem Zeitpunkt übertragen, in dem die Verfügungsmacht (Herrschaftsgewalt) auf den Erwerber übergeht. In diesem Zeitpunkt scheidet das Wirtschaftsgut bestandsmäßig aus dem Betriebsvermögen des veräußernden Steuerpflichtigen aus und darf dementsprechend (auch handelsrechtlich) nicht mehr bilanziert werden. Ohne Bedeutung ist, ob das Wirtschaftsgut freiwillig oder unter Zwang veräußert wird. Die Veräußerung setzt den Übergang eines Wirtschaftsguts von einer Person auf eine andere voraus. Auch der Tausch von Wirtschaftsgütern ist eine Veräußerung. Soweit im Rahmen eines Umlegungs- und Flurbereinigungsverfahrens Grundstücke getauscht werden, kann für den Differenzbetrag zwischen dem Buchwert des hingegebenen Grundstücks und dem Wert des eingetauschten Grundstücks eine Rücklage für Ersatzbeschaffung gebildet werden.[22]

Der Steuerpflichtige kann die Rücklage nach § 6b Abs. 3 EStG, die er für den Gewinn aus der Veräußerung eines bebauten Grundstücks gebildet hat, rückwirkend aufstocken, wenn sich der Veräußerungspreis in einem späteren Veranlagungszeitraum erhöht.[23]

Die bei **Entnahmen** aufgedeckten stillen Reserven können nicht nach § 6b EStG übertragen werden. Weil die Entnahme die aufgedeckten Reserven dem Betrieb nicht erhält, sondern entzieht, Reinvestitionsmöglichkeiten also nicht begründet, sondern kürzt, kann sie nicht als Veräußerung gelten.[24] Eine Entnahme liegt dann vor, wenn ein Steuerpflichtiger beim Tausch für die Hingabe eines Wirtschaftsguts seines Betriebsvermögens ein Investitionsgut des Privatvermögens erwirbt oder von einer privaten Schuld befreit wird; und auch dann, wenn ein Wirtschaftsgut im Wege der vorweggenommenen Erbfolge auf einen künftigen Erben, der nicht Mitunternehmer des Betriebs ist, übertragen wird, liegt eine Entnahme vor. Der Entnahmegewinn ist nicht nach § 6b EStG begünstigt.[25]

Die Überführung von Wirtschaftsgütern aus einem Betrieb in einen anderen Betrieb des Steuerpflichtigen und die Überführung von Wirtschaftsgütern aus dem Betriebsvermögen in das Privatvermögen sowie das Ausscheiden von Wirtschaftsgütern infolge höherer Gewalt sind keine Veräußerungen.[26] Eine Veräußerung kann auch in dem Ausscheiden eines Mitunternehmers aus einer Personengesellschaft zu sehen sein. Das Ausscheiden wird einkommensteuerlich so angesehen, als wenn der Aus-

---

21 BFH, BStBl 1993 II S. 225.
22 BFH, BStBl 1996 II S. 60.
23 BFH, BStBl 2001 II S. 641.
24 BFH, BStBl 1993 II S. 225.
25 BFH, BStBl 1993 II S. 225.
26 BFH, BStBl 1993 II S. 225.

scheidende seine Anteile an den Wirtschaftsgütern des Betriebs auf einen Rechtsnachfolger überträgt. Veräußert eine Personengesellschaft ein Wirtschaftsgut aus dem Gesellschaftsvermögen an einen Gesellschafter zu Bedingungen, die bei entgeltlichen Veräußerungen zwischen Fremden üblich sind, und wird das Wirtschaftsgut bei dem Erwerber Privatvermögen, so ist der dabei realisierte Gewinn regelmäßig insgesamt ein begünstigungsfähiger Veräußerungsgewinn i. S. des § 6b EStG; er ist, auch soweit der Erwerber als Gesellschafter am Vermögen der veräußernden Personengesellschaft beteiligt ist, kein Entnahmegewinn, der nicht begünstigungsfähig wäre.

Realteilungen von Mitunternehmerschaften sind ebenso wie Erbauseinandersetzungen bei Ausgleichszahlungen unter den Beteiligten als teilentgeltliche oder entgeltliche Vorgänge anzusehen. Die dabei gewählte Gewinnrealisierung bei Überführung der Wirtschaftsgüter in ein Betriebsvermögen des ausscheidenden Gesellschafters ist ebenso wie eine Sachwertabfindung als Veräußerung im vorgenannten Sinne zu behandeln.

Veräußerungsgewinn i. S. des § 6b EStG ist der Betrag, um den der Veräußerungserlös nach Abzug der Veräußerungskosten den Buchwert übersteigt, mit dem das veräußerte Anlagegut im Zeitpunkt der Veräußerung anzusetzen gewesen wäre (§ 6b Abs. 2 EStG). Als Veräußerungskosten i. S. des § 6b Abs. 2 Satz 1 EStG sind die Aufwendungen anzusehen, die in unmittelbarer sachlicher Beziehung zu dem Veräußerungsgeschäft stehen.[27] Dazu zählen alle durch die Veräußerung unmittelbar veranlassten Kosten (z. B. Notariatskosten, Maklerprovisionen, Grundbuchgebühren, Reisekosten, Beratungskosten, Gutachterkosten, Verkehrsteuern).

Durch die Übertragung des begünstigten Veräußerungsgewinns oder der aufgelösten steuerfreien Rücklage auf die Anschaffungs- oder Herstellungskosten von Neuinvestitionen werden deren Anschaffungs- oder Herstellungskosten entsprechend gemindert. Der Abzug aufgedeckter stiller Reserven von den Anschaffungs- oder Herstellungskosten eines Wirtschaftsguts und die Rücklagenbildung nach § 6b Abs. 3 EStG sind nur in Höhe des jeweils begünstigten Gewinns zulässig. Der geminderte Betrag gilt nach § 6b Abs. 6 EStG als Anschaffungs- oder Herstellungskosten der betreffenden neuen Anlagegüter. Im Fall der Veräußerung oder Entnahme dieser Wirtschaftsgüter werden somit entsprechend höhere stille Reserven aufgedeckt. Bei abnutzbaren Wirtschaftsgütern hat die Kürzung der Anschaffungs- oder Herstellungskosten darüber hinaus zur Folge, dass die künftigen AfA-Beträge entsprechend niedriger sind und der zu versteuernde Gewinn sich infolgedessen entsprechend erhöht. Die Übertragung stiller Reserven nach § 6b EStG bewirkt somit ebenso wie eine Übertragung nach R 6.6 EStR lediglich eine mehr oder weniger langfristige Steuerstundung. Infolge der Progression des Steuertarifs kann allerdings in bestimmten Fällen auch eine endgültige Steuerermäßigung eintreten.

---

27 BFH, BStBl 1991 II S. 628.

12.2 Übertragung stiller Reserven bei Veräußerung bestimmter Anlagegüter

Im Einzelfall kann die Ersatzbeschaffung aber auch vorangehen, z. B. wenn ein Unternehmer einen behördlichen Eingriff (Enteignung) als unmittelbar bevorstehend erkennt und bereits vor dem Eingriff ein Ersatzgut beschafft, weil sich eine günstige Gelegenheit bietet. In diesen Fällen macht der BFH aber die Neutralisierung der aufgedeckten stillen Reserven durch Abzug von den Anschaffungs- oder Herstellungskosten des Ersatzguts davon abhängig, dass ein ursächlicher Zusammenhang zwischen dem behördlichen Eingriff und der Ersatzbeschaffung einwandfrei dargetan werden kann.[28]

Bei vorgezogener Ersatzbeschaffung erscheint dem BFH ein Zeitraum von 2 bis 3 Jahren zwischen Erwerb und Veräußerung noch angemessen, um den Zusammenhang zwischen den beiden Vorgängen zu bejahen. Er orientiert sich dabei ausdrücklich daran, dass nach § 6b EStG für den Fall eines der Veräußerung vorangegangenen Erwerbs ein Zeitraum von äußerstenfalls 2 Jahren unschädlich ist (§ 6b Abs. 1 EStG). Wenn ein Unternehmer dagegen freiwillig oder aus spekulativen Gründen zwischen Veräußerung und Ersatzbeschaffung eine unangemessen lange Zeit verstreichen lässt, so ist eine Übertragung der stillen Reserven ausgeschlossen, der Gewinn ist dann als verwirklicht zu behandeln. Da im Streitfall zwischen der Anschaffung des neuen Grundstücks und der späteren Veräußerung des alten Grundstücks ein Zeitraum von mehr als sechs Jahren lag, sah der BFH keine Möglichkeit zur Anerkennung der Gewinnübertragung.

12.2.5 Bildung und Auflösung sowie Verzinsung der Rücklage

Soweit der Steuerpflichtige den begünstigten Gewinn nicht schon im Wirtschaftsjahr der Veräußerung auf in diesem Wirtschaftsjahr oder dem vorangegangenen Wirtschaftsjahr angeschaffte oder hergestellte Anlagegüter übertragen hat, kann er ihn nach § 6b Abs. 3 EStG ganz oder teilweise in eine gewinnmindernde Rücklage einstellen. Ob der Steuerpflichtige den Veräußerungserlös zu reinvestieren beabsichtigt, ist für die Bildung der Rücklage ohne Bedeutung. Selbst wenn der Steuerpflichtige von vornherein nicht die Absicht hat, den Veräußerungserlös zu reinvestieren, darf er den Veräußerungsgewinn in eine Rücklage einstellen.

Das ihm insoweit eingeräumte Bilanzierungswahlrecht kann der Steuerpflichtige nur durch den entsprechenden Ausweis in der (Handels- und Steuer-)Bilanz ausüben. Ein Ausweis in Konten der Buchführung oder anderen Unterlagen reicht zur Ausübung des Bilanzierungswahlrechts noch nicht aus.[29]

Ist der Gewinn für das Jahr der Veräußerung des begünstigten Wirtschaftsguts geschätzt worden, darf bereits dabei die Bildung einer Rücklage nicht berücksichtigt werden. Wurde hingegen die Rücklage rechtmäßig gebildet und wird für ein nachfolgendes Wirtschaftsjahr der Gewinn geschätzt, ist die Rücklage für das erste Jahr

---

28 BFH, BStBl 2001 II S. 830.
29 Vgl. BFH, BStBl 1990 II S. 426.

der Gewinnschätzung aufzulösen, der Auflösungsbetrag ist im Rahmen der Schätzung zu berücksichtigen.[30]

Veräußert der Steuerpflichtige seinen Betrieb, so kann er zwar ebenfalls eine Rücklage bilden und für die Zeit weiterführen, für die sie ohne Veräußerung des Betriebs zulässig gewesen wäre. Entsprechendes gilt, wenn zum Betriebsvermögen eines veräußerten Betriebs eine Rücklage i. S. des § 6b Abs. 3 EStG gehört. Voraussetzung für die Bildung und Weiterführung der Rücklage soll jedoch in diesen Fällen nach R 6b.2 Abs. 10 EStR sein, dass der Steuerpflichtige die Absicht erkennen lässt, mit den Vermögenswerten, die er bei der Veräußerung erlöst hat, einen Betrieb weiterzuführen.

Die Bildung einer gewinnmindernden Rücklage ist nicht mehr davon abhängig, dass auch in der handelsrechtlichen Jahresschlussbilanz ein entsprechender Passivposten in mindestens gleicher Höhe ausgewiesen wird, da die umgekehrte Maßgeblichkeit nach Novellierung des Handelsgesetzbuchs durch das Bilanzrechtsmodernisierungsgesetz vom 25.05.2009 nicht mehr gilt. Der Ansatz in der Steuerbilanz ist ausreichend. Erst bei Übertragung der Rücklage ist die Aufnahme des Wirtschaftsguts in das besondere Verzeichnis erforderlich (§ 5 Abs. 1 Satz 2 EStG).

Wenn im Fall der Betriebsveräußerung eine Rücklage gebildet oder eine bereits bestehende Rücklage weitergeführt werden soll, so soll der Steuerpflichtige nach R 6b.2 Abs. 10 EStR nicht nur die Rücklage selbst, sondern auch die Vermögenswerte, die er bei der Veräußerung erlöst hat, buch- und bestandsmäßig weiter nachzuweisen haben.

Die Rücklage kann in den folgenden 4 Wirtschaftsjahren ganz oder teilweise auf in diesen Wirtschaftsjahren angeschaffte oder hergestellte Anlagegüter übertragen und dadurch aufgelöst werden. Die Frist von 4 Jahren verlängert sich bei neu hergestellten Gebäuden auf 6 Jahre, wenn mit der Herstellung vor Ablauf des vierten auf die Bildung der Rücklage folgenden Wirtschaftsjahres begonnen worden ist. Diese 6-jährige Frist gilt nicht für die Erweiterung, den Ausbau oder den Umbau eines Gebäudes.

Nach Ablauf der Frist von 4 Jahren kann die Rücklage jedoch nur noch in Höhe der zu erwartenden Herstellungskosten fortgeführt werden.[31]

Die Rücklage kann innerhalb der vorbezeichneten Fristen jederzeit ganz oder teilweise zugunsten des laufenden Gewinns aufgelöst werden.

Soweit die Rücklage **innerhalb der Frist von zwei, vier bzw. sechs Jahren** nicht durch Übertragung auf die Anschaffungs- oder Herstellungskosten der in diesen Jahren angeschafften oder hergestellten Wirtschaftsgüter oder **zugunsten des laufenden Gewinns aufgelöst** worden ist oder der Gewinn in einem Wirtschaftsjahr innerhalb der Frist geschätzt wird, muss sie am Schluss des zweiten, vierten bzw.

---

30 R 6b.2 Abs. 4 EStR.
31 BFH, BStBl 1990 II S. 290.

12.2 Übertragung stiller Reserven bei Veräußerung bestimmter Anlagegüter

sechsten auf ihre Bildung folgenden Wirtschaftsjahres gewinnerhöhend aufgelöst werden. Die Fristsetzung für die Übertragung oder Auflösung der Rücklage ist zwingend. Es ist also unerheblich, ob es dem Steuerpflichtigen objektiv unmöglich war, die beabsichtigten Neuinvestitionen rechtzeitig durchzuführen, oder ob er die Frist schuldhaft überschritten hat. Da § 6b EStG eine Ausnahme von den allgemeinen Bestimmungen über die Gewinnermittlung bildet, darf der Anwendungsbereich dieser Vorschrift auch nicht aus Billigkeitsgründen ausgedehnt werden.

Soweit eine nach § 6b Abs. 3 EStG gebildete steuerfreie Rücklage in einem nachfolgenden Wirtschaftsjahr gewinnerhöhend aufgelöst wird, ohne dass ein entsprechender Betrag von den Anschaffungs- oder Herstellungskosten eines Reinvestitionsobjekts abgezogen wird, sieht § 6b Abs. 7 EStG, um den mit der Rücklage verbundenen Vorteil rückgängig zu machen, eine **Verzinsung** des Steuerbetrags vor, der sich durch die Auflösung der Rücklage ergibt. Aus steuertechnischen Gründen wird diese Verzinsung dadurch erreicht, dass der Gewinn des Wirtschaftsjahres, in dem die Rücklage aufgelöst wird, **für jedes volle Wirtschaftsjahr,** in dem die Rücklage bestanden hat, um **6 % des aufgelösten Rücklagenbetrags erhöht wird.** Dabei macht es keinen Unterschied, ob die Rücklage freiwillig aufgelöst wird oder wegen Ablaufs der entsprechenden Fristen aufgelöst werden muss. Das Wirtschaftsjahr der Auflösung zählt dabei auch dann als volles Wirtschaftsjahr, wenn die Rücklage während dieses Wirtschaftsjahres aufgelöst worden ist.[32]

> **Beispiel:**
> B hat zum 31.12.01 eine Rücklage i. S. des § 6b Abs. 3 EStG i. H. von 800.000 € gebildet, die zulässigerweise auf ein Gebäude übertragen werden soll. Mit der Herstellung des Gebäudes wurde im Laufe des Jahres 05 begonnen. Nach der Ausschreibung werden die Herstellungskosten 700.000 € betragen. Die Rücklage ist dementsprechend zum 31.12.05 i. H. eines Teilbetrags von 100.000 € erfolgswirksam aufzulösen und mit 700.000 € fortzuführen. Auf den Teilbetrag von 100.000 € ist ein Gewinnzuschlag für die Wirtschaftsjahre 01 bis 05 von jährlich 6 % gem. § 6b Abs. 7 EStG zu erheben.
> Zur Berechnung des **Gewinnzuschlags** wird auf das Beispiel zu H 6b.2 „Beispiel zur Berechnung des Gewinnzuschlags" EStH verwiesen.

12.2.6 Voraussetzungen der Übertragung stiller Reserven bzw. der Bildung einer Rücklage

Der bei der Veräußerung eines begünstigten Wirtschaftsguts angefallene begünstigte Gewinn kann nur dann von den Anschaffungs- oder Herstellungskosten eines als Reinvestitionsobjekt geeigneten Wirtschaftsguts abgezogen bzw. einer steuerfreien Rücklage zugeführt werden, wenn die nachfolgenden Voraussetzungen vorliegen.

1. Der Steuerpflichtige muss den **Gewinn nach § 4 Abs. 1 oder § 5 EStG ermitteln** (§ 6b Abs. 4 Nr. 1 EStG).

---
32 Vgl. BFH, BStBl 1990 II S. 290.

2. Nach § 6b Abs. 4 Nr. 5 EStG müssen sich die Übertragung bzw. die Bildung und Auflösung der Rücklage in der **Buchführung lückenlos verfolgen** lassen.

3. Die veräußerten Wirtschaftsgüter müssen noch im Zeitpunkt der Veräußerung und bis dahin **mindestens 6 Jahre ununterbrochen zum Anlagevermögen** einer inländischen Betriebsstätte **gehört haben.** Die Voraussetzung der mindestens 6-jährigen Zugehörigkeit entfällt lediglich für das zum Anlagevermögen eines land- und forstwirtschaftlichen Betriebs gehörende lebende Inventar sowie für Anteile von Minderheitsgesellschaftern, die bei der Umwandlung einer Kapitalgesellschaft aus der umgewandelten Kapitalgesellschaft ausscheiden (§ 17 UmwStG). Auch in diesen Fällen müssen die veräußerten Wirtschaftsgüter jedoch im Zeitpunkt der Veräußerung noch Anlagevermögen einer inländischen Betriebsstätte gewesen sein.[33] Durch das Erfordernis einer mindestens 6-jährigen Zugehörigkeit sollen Geschäfte spekulativer Art von der Steuerbegünstigung des § 6b EStG ausgeschlossen werden.

Die 6-jährige Zugehörigkeit i. S. des § 6b Abs. 4 Nr. 2 EStG ist nur gegeben, wenn das Wirtschaftsgut 6 Jahre ununterbrochen zum Betriebsvermögen einer inländischen Betriebsstätte des veräußernden Steuerpflichtigen gehört hat. Hat der Steuerpflichtige mehrere inländische Betriebsstätten oder Betriebe, deren Einkünfte zu verschiedenen Einkunftsarten gehören, so ist die 6-Jahres-Frist auch dann gewahrt, wenn das veräußerte Wirtschaftsgut innerhalb der letzten 6 Jahre zum Betriebsvermögen verschiedener Betriebe oder Betriebsstätten des Steuerpflichtigen gehörte.[34] § 6b EStG ist keine „objektbezogene Steuervergünstigung" (anders ggf. Rücklage nach § 7g EStG).[35] Demgemäß unterbricht auch die Veräußerung des gesamten Gewerbebetriebs (oder eines Teilbetriebs bzw. Mitunternehmeranteils) die 6-Jahres-Frist.

Bei einer unentgeltlichen Betriebsübertragung (Schenkung, Erbgang) gehen die Rechte und Pflichten nach § 6b EStG auf den Rechtsnachfolger über.[36] Die Besitzzeiten des Vorgängers werden angerechnet, gebildete Rücklagen können fortgeführt werden. Im Gegensatz dazu bewirkt eine entgeltliche Veräußerung einen Neubeginn der Besitzzeit. Eine Übernahme und Fortführung einer vom Veräußerer gebildeten Rücklage ist nicht möglich.

Nach § 6b Abs. 10 EStG ist eine Personengesellschaft hinsichtlich der zum Gesamthandsvermögen gehörenden Wirtschaftsgüter selbst berechtigt, eine Rücklage für Ersatzbeschaffung zu bilden. Dies hat erhebliche Auswirkungen auf die Übertragungsmöglichkeiten.

Wegen der Besitzanrechnung im Fall der Erbauseinandersetzung und der vorweggenommenen Erbfolge vgl. BMF, BStBl 2006 I S. 235, BStBl 1993 I S. 80.

---
33 Vgl. dazu R 6.1 EStR.
34 Vgl. dazu R 6.1 EStR.
35 Vgl. Vorlagebeschluss zum Großen Senat, BFH vom 22.08.2012 X R 21/09 (DB 2012 S. 2495)
36 BFH, BStBl 1995 II S. 367.

12.2 Übertragung stiller Reserven bei Veräußerung bestimmter Anlagegüter

Die Dauer der Zugehörigkeit eines Wirtschaftsguts zum Betriebsvermögen wird durch nachträgliche Herstellungskosten nicht berührt, außer wenn das Wirtschaftsgut durch nachträgliche Herstellungskosten so entscheidend über seinen bisherigen Zustand hinaus verändert wird, dass wirtschaftlich betrachtet ein neues Wirtschaftsgut entstanden ist.[37] Ist durch eine Generalüberholung ein neues Wirtschaftsgut entstanden, so müssen seit der Generalüberholung 6 Jahre vergangen sein und das Wirtschaftsgut seit dieser Zeit ununterbrochen zum Anlagevermögen einer inländischen Betriebsstätte des veräußernden Steuerpflichtigen gehört haben.[38]

Bei einem Ersatzwirtschaftsgut i. S. der R 6.6 EStR ist die 6-Jahres-Frist erfüllt, wenn das zwangsweise ausgeschiedene Wirtschaftsgut und das Ersatzwirtschaftsgut zusammen 6 Jahre zum Anlagevermögen des Steuerpflichtigen gehört haben.

4. Der bei der Veräußerung entstandene begünstigte Gewinn darf bei der Ermittlung **des im Inland steuerpflichtigen Gewinns nicht außer Ansatz bleiben** (§ 6b Abs. 4 Nr. 4 EStG).

Begünstigt ist danach nur ein steuerpflichtiger Veräußerungsgewinn; denn § 6b EStG will nur die steuerpflichtige Aufdeckung stiller Reserven vermeiden. Eine Begünstigung entfällt daher insbesondere für Veräußerungsgewinne, die aufgrund eines Doppelbesteuerungsabkommens außer Ansatz bleiben oder die aufgrund der Freibeträge des § 16 Abs. 4 sowie der §§ 14, 14a oder 18 Abs. 3 EStG steuerfrei sind. Die Bestimmung des § 6b Abs. 4 Nr. 4 EStG besagt demgegenüber nicht, dass eine Rücklage nur dann gebildet werden darf, wenn sichergestellt ist, dass ihre Auflösung auch zur Besteuerung des Auflösungsbetrags führt.[39]

5. Die angeschafften oder hergestellten Wirtschaftsgüter, auf die der begünstigte Gewinn bzw. die zunächst gebildete steuerfreie Rücklage übertragen werden sollen, müssen **zum Anlagevermögen einer inländischen Betriebsstätte** des veräußernden Steuerpflichtigen **gehören** (§ 6b Abs. 4 Nr. 3 EStG). Dadurch soll verhindert werden, dass die aufgedeckten stillen Reserven durch die Übertragung endgültig der deutschen Besteuerung entzogen werden können.

Im Hinblick auf die darin zum Ausdruck kommende Zweckbestimmung der Vorschrift des § 6b EStG können begünstigte Gewinne bzw. eine zunächst gebildete steuerfreie Rücklage nach Auffassung der Finanzverwaltung auch auf Wirtschaftsgüter einer inländischen Betriebsstätte des Steuerpflichtigen nur übertragen werden, wenn und soweit bei der Veräußerung dieser Wirtschaftsgüter die Besteuerung der dabei aufgedeckten stillen Reserven sichergestellt ist.

6. Anspruchsberechtigter für die Bildung einer Rücklage nach § 6b EStG ist der **Steuerpflichtige.** Damit können bei der Personengesellschaft entstandene Veräußerungsgewinne – soweit sie auf den jeweiligen Steuerpflichtigen entfallen – auch auf

---
37 R 6b.3 Abs. 3 EStR.
38 R 6b.3 Abs. 2 EStR.
39 BFH, BStBl 1980 II S. 577.

die Anschaffungskosten von Wirtschaftsgütern im Sonderbetriebsvermögen des Steuerpflichtigen bei der betreffenden Personengesellschaft oder im Einzelunternehmen des Steuerpflichtigen übertragen werden. Umgekehrt können auch im Einzelunternehmen oder im Sonderbetriebsvermögen des Steuerpflichtigen realisierte Veräußerungsgewinne auf die von der betreffenden Personengesellschaft angeschafften Wirtschaftsgüter übertragen werden, soweit sie anteilig auf den Steuerpflichtigen entfallen.

Durch § 6b Abs. 10 EStG wird für Steuerpflichtige, die nicht von der Steuerfreiheit von Veräußerungsgewinnen gem. § 8b Abs. 2 KStG profitieren, ein Ausgleich geschaffen. Keine Anwendung findet die Regelung daher für Körperschaften, Personenvereinigungen oder Vermögensmassen im Sinne des KStG (Satz 1) bzw. soweit an einer Kapitalgesellschaftsanteile veräußernden Personengesellschaft Körperschaften, Personenvereinigungen oder Vermögensmassen beteiligt sind (§ 6b Abs. 10 Satz 10 EStG).

Gemäß § 6b Abs. 10 Satz 1 EStG können Gewinne aus der Veräußerung von Kapitalgesellschaftsanteilen steuerfrei auf bestimmte Reinvestitionsobjekte übertragen werden.

Als Reinvestitionsobjekte kommen neu angeschaffte Kapitalgesellschaftsanteile, abnutzbare bewegliche Wirtschaftsgüter oder Gebäude in Betracht, nicht dagegen Grund und Boden oder Aufwuchs. Die maximale Reinvestitionszeit beträgt bei Kapitalgesellschaftsanteilen oder abnutzbaren beweglichen Wirtschaftsgütern 2 Wirtschaftsjahre nach dem Jahr der Veräußerung, bei Gebäuden 4 Wirtschaftsjahre nach dem Jahr der Veräußerung. Im Übrigen gilt § 6b Abs. 2, 4 Satz 1 Nr. 1 bis 3 und 5, Satz 2 sowie Abs. 5 EStG sinngemäß (§ 6b Abs. 10 Satz 4 EStG).

Betragsmäßig ist die steuerfreie Reinvestition auf 500.000 Euro beschränkt. Bezüglich der Höhe des zu übertragenden Veräußerungsgewinns wird zwischen den Reinvestitionsobjekten unterschieden. So kann bei der Reinvestition in Gebäude oder abnutzbare bewegliche Wirtschaftsgüter maximal der nach dem Teileinkünfteverfahren steuerpflichtig verbleibende Teil des Veräußerungsgewinns reinvestiert werden (§ 6b Abs. 10 Satz 2 EStG). Wird der Gewinn auf neu angeschaffte Kapitalgesellschaftsanteile übertragen, so kann maximal der volle Veräußerungsgewinn (einschließlich des nach dem Teileinkünfteverfahren steuerfrei bleibenden Teilbetrags) auf die Anschaffungskosten der neuen Anteile übertragen werden (§ 6b Abs. 10 Satz 3 EStG).

Beispiel:

Die X-KG, an der die Eheleute A und B zu je 50 % als Gesellschafter beteiligt sind, veräußert im Dezember 03 eine seit mehr als 10 Jahren zu ihrem Anlagevermögen gehörende GmbH-Beteiligung und erzielt dabei einen Veräußerungsgewinn von 1 Mio. € (Veräußerungserlös 1.150.000 € ./. Anschaffungskosten 150.000 €).

Die KG kann den Veräußerungsgewinn von 1 Mio. € in voller Höhe in ihrer Bilanz zum 31.12.2003 in eine § 6b-Rücklage einstellen und auf diese Weise die Besteuerung hinausschieben.

12.2 Übertragung stiller Reserven bei Veräußerung bestimmter Anlagegüter

Im Einzelnen ergeben sich folgende Übertragungsmöglichkeiten für nach § 6b EStG begünstigte Gewinne:

- **von einem Einzelunternehmen des Steuerpflichtigen**
  a) zu demselben oder einem anderen als Einzelunternehmen geführten Betrieb des Steuerpflichtigen
  b) zu einer Personengesellschaft, an der der Steuerpflichtige als Mitunternehmer beteiligt ist, soweit ihm die Wirtschaftsgüter als Mitunternehmer zuzurechnen sind
- **von einer Personengesellschaft**
  a) auf Wirtschaftsgüter, die zum Gesellschaftsvermögen der Personengesellschaft gehören (einheitliche Übertragung bei allen Mitunternehmern)
  b) auf Wirtschaftsgüter des Sonderbetriebsvermögens eines Mitunternehmers, soweit der begünstigte Gewinn anteilig auf ihn entfällt
  c) auf Wirtschaftsgüter, die zum Betriebsvermögen eines anderen Einzelunternehmens eines Mitunternehmers gehören, soweit der begünstigte Gewinn anteilig auf ihn entfällt
  d) auf Wirtschaftsgüter, die zum Gesellschaftsvermögen einer anderen Personengesellschaft oder zum Sonderbetriebsvermögen des Mitunternehmers bei einer anderen Personengesellschaft gehören, soweit diese Wirtschaftsgüter dem Mitunternehmer zuzurechnen sind und soweit der begünstigte Gewinn anteilig auf diesen Mitunternehmer entfällt

Gleiches gilt bei einer Umwandlung einer Personengesellschaft für den den Betrieb fortführenden Einzelunternehmer bzw. im Fall der Realteilung für die fortgeführten Einzelunternehmen.

Ein Transfer ist allerdings unzulässig von einem gewerblichen Unternehmen auf ein land- und forstwirtschaftliches oder ein der selbständigen Arbeit dienendes Unternehmen.

Bei der Umwandlung eines Einzelunternehmens in eine Personengesellschaft kann der Einzelunternehmer eine § 6b-Rücklage in seiner Ergänzungsbilanz fortführen. Zu Gewinnen aus der Veräußerung von Anteilen an Kapitalgesellschaften weisen R 6b.2 Abs. 12 und 13 EStR darauf hin, dass

- der Höchstbetrag von 500.000 Euro bei Personengesellschaft je Gesellschafter gilt,
- eine Übertragung begünstigter Gewinne nur auf im gleichen oder in einem späteren Veranlagungszeitraum angeschaffte Wirtschaftsgüter zulässig ist.

7. Sollen begünstigte Gewinne auf Wirtschaftsgüter übertragen werden, die zu einem land- und forstwirtschaftlichen Betrieb gehören oder der selbständigen Arbeit dienen, so dürfen sie nach § 6b Abs. 4 letzter Satz EStG nicht bei der Veräußerung von Wirtschaftsgütern eines Gewerbebetriebs entstanden sein. Dadurch soll verhindert werden, dass gewerbliche Gewinne durch Verlagerung auf nicht gewerbesteuer-

pflichtige Betriebe endgültig der Gewerbesteuer entzogen werden. Zur gewerbesteuerlichen Auswirkung des § 6b EStG siehe BFH-Urteil vom 25.04.1985.[40]

12.2.7 Sonderregelung für städtebauliche Maßnahmen

Für Gewinne, die bei der Übertragung von Wirtschaftsgütern des Anlagevermögens i. S. des § 6b Abs. 1 EStG zur Vorbereitung oder Durchführung von städtebaulichen Sanierungs- oder Entwicklungsmaßnahmen auf eine Gebietskörperschaft, einen Gemeindeverband oder einen anderen in § 6b Abs. 8 Satz 3 EStG bezeichneten Erwerber entstanden sind, gelten nach § 6b Abs. 8 EStG die folgenden Besonderheiten:

1. Die Übertragung einer nach § 6b Abs. 3 EStG gebildeten Rücklage auf Wirtschaftsgüter i. S. des § 6b Abs. 1 Satz 2 Nr. 1 bis 4 EStG kann abweichend von § 6b Abs. 3 Satz 2 EStG grundsätzlich in den auf das Wirtschaftsjahr der Veräußerung folgenden sieben Wirtschaftsjahren vorgenommen werden. Bei neu hergestellten Gebäuden verlängert sich diese Frist abweichend von § 6b Abs. 3 Satz 3 EStG auf **neun** Wirtschaftsjahre, wenn mit ihrer Herstellung vor dem Schluss des siebenten auf die Bildung der Rücklage folgenden Wirtschaftsjahres begonnen worden ist. Ist die Rücklage am Schluss des siebten bzw. neunten Wirtschaftsjahres noch vorhanden, so muss sie jedoch in diesem Zeitpunkt gewinnerhöhend aufgelöst werden.

2. Abweichend von § 6b Abs. 4 Nr. 2 EStG brauchen Wirtschaftsgüter, die nur nach sechsjähriger Zugehörigkeit zum Anlagevermögen einer inländischen Betriebsstätte des veräußernden Steuerpflichtigen zum Kreis der begünstigten Wirtschaftsgüter gehören, nur zwei Jahre ununterbrochen zum Betriebsvermögen einer inländischen Betriebsstätte des Steuerpflichtigen gehört zu haben.

Diese Sonderregelung gilt nicht für den Abzug von Anschaffungs- oder Herstellungskosten von Anteilen an Kapitalgesellschaften oder Schiffen. Sie setzt ferner das Vorliegen einer Bescheinigung der nach Landesrecht zuständigen Behörde voraus (§ 6b Abs. 9 EStG).

12.2.8 Entsprechende Anwendung des § 6b EStG bei der Ermittlung des Gewinns nach § 4 Abs. 3 EStG oder nach Durchschnittssätzen (§ 6c EStG)

Die Vorschrift des § 6b EStG ist nur für solche Steuerpflichtige anwendbar, die ihren Gewinn nach § 4 Abs. 1 oder nach § 5 EStG ermitteln. Zur Vermeidung unbilliger Härten ist jedoch durch die Vorschrift des § 6c EStG auch Steuerpflichtigen, die ihren Gewinn zu Recht nach § 4 Abs. 3 EStG oder nach Durchschnittssätzen ermitteln, die Übertragung stiller Reserven gestattet.

---

40 BFH vom 25.04.1985 IV R 83/83 (BStBl 1986 II S. 350).

12.2 Übertragung stiller Reserven bei Veräußerung bestimmter Anlagegüter

Soweit nach § 6b Abs. 3 EStG eine Rücklage gebildet werden kann, ist ihre Bildung als Betriebsausgabe (Abzug) und ihre Auflösung als Betriebseinnahme (Zuschlag) zu behandeln.

Da die Anwendung des § 6c EStG nicht anhand der Buchführung überwacht werden kann, müssen diese Steuerpflichtigen die Wirtschaftsgüter, bei denen ein Abzug von den Anschaffungs- oder Herstellungskosten bzw. von dem an deren Stelle tretenden Buchwert vorgenommen worden ist, in besondere, laufend zu führende Verzeichnisse aufnehmen. In den Verzeichnissen sind der Tag der Anschaffung oder Herstellung, die Anschaffungs- oder Herstellungskosten, der Abzug nach § 6b Abs. 1 und 3 EStG, die Absetzungen für Abnutzung, die Abschreibungen sowie die Beträge nachzuweisen, die nach § 6b Abs. 3 EStG als Betriebsausgabe (Abzug) oder Betriebseinnahme (Zuschlag) behandelt worden sind.

Für die Ermittlung des nach § 6c EStG begünstigten Gewinns gilt § 6b Abs. 2 EStG entsprechend. Danach ist bei der Veräußerung eines nach § 6c EStG begünstigten Wirtschaftsguts ohne Rücksicht auf den Zeitpunkt des Zufließens des Veräußerungspreises als Gewinn der Betrag begünstigt, um den der Veräußerungspreis nach Abzug der Veräußerungskosten die Aufwendungen für das veräußerte Wirtschaftsgut übersteigt, die bis zu einer Veräußerung noch nicht als Betriebsausgabe abgesetzt worden sind. Der früher oder später tatsächlich zufließende Veräußerungserlös bleibt außer Betracht, wird also nicht als Betriebseinnahme angesetzt. Wegen der Einzelheiten wird auf H 6c „Berechnungsbeispiel" EStH hingewiesen.

Zur Behandlung eines nach §§ 6b, 6c EStG begünstigten Gewinns bei Wechsel der Gewinnermittlung vgl. R 6b.2 Abs. 11 EStR.

Für die Verzinsung gilt der Zeitraum zwischen dem Abzug des für eine Rücklage in Betracht kommenden Betrags als Betriebsausgabe und dem Zuschlag dieses Betrags zum Gewinn als der Zeitraum, in dem die Rücklage bestanden hat (§ 6c Abs. 1 Satz 2 EStG).

13 Absetzungen für Abnutzung oder Substanzverringerung (§ 7 EStG)

13.1 Allgemeines

Durch die Absetzungen für Abnutzung oder Substanzverringerung sollen die Anschaffungs- oder Herstellungskosten eines abnutzbaren Wirtschaftsguts des Anlagevermögens auf die Dauer der Verwendung oder Nutzung des Wirtschaftsguts verteilt werden, wenn die Verwendung oder Nutzung durch den Steuerpflichtigen zur Erzielung von Einkünften sich erfahrungsgemäß auf einen Zeitraum von mehr als einem Jahr erstreckt.

Nach der BFH-Rechtsprechung[1] wird der Zweck der Absetzung auch durch die Stichworte **Aufwandsverteilungsthese** und **Wertverzehrthese** umschrieben, wodurch eine periodengerechte Aufwandsverteilung erfolgt.

Die in § 7 EStG geregelten Absetzungen für Abnutzung oder Substanzverringerung knüpfen grundsätzlich an den im Rahmen der **betriebsgewöhnlichen Nutzung anfallenden Substanz- oder Wertverzehr** der Wirtschaftsgüter an. Man nennt sie daher auch die normalen Absetzungen für Abnutzung. Diese sind zunächst zu unterscheiden von den Absetzungen für außergewöhnliche technische oder wirtschaftliche Abnutzung und den Teilwertabschreibungen, die ihren Grund in wertmindernden Umständen haben, die nicht unmittelbar mit der betriebsgewöhnlichen Nutzung der Wirtschaftsgüter zusammenhängen. Die normalen Absetzungen müssen ferner von den erhöhten Absetzungen und Sonderabschreibungen unterschieden werden, mit denen der Gesetzgeber bestimmte sozial- und wirtschaftspolitische Ziele verfolgt. Sie knüpfen nicht oder nur zum Teil an Werteinbußen der Wirtschaftsgüter an.

Mit Wirkung vom **01.01.2008** bis 31.12.2008 und ab 01.01.2011 hat der Gesetzgeber die über Jahrzehnte gültige **degressive AfA** nach § 7 Abs. 2 EStG **abgeschafft** und dies u. a. damit begründet, dass der Wegfall zu der „weltweit vorherrschenden Tendenz passe, Ausnahmen abzuschaffen und stattdessen die Steuersätze zu senken", zumal dadurch ein zusätzlicher Zinsvorteil geschaffen werde, der nicht mehr erforderlich sei.

Der Unterschied zwischen der linearen und der degressiven AfA liegt in den für den Abschreibungszeitraum anzuwendenden Abschreibungssätzen. Bei der **linearen AfA** ist der Abschreibungssatz über den Abschreibungszeitraum konstant (z. B. jedes Jahr 2 %). Der Abschreibungsbetrag bleibt ebenfalls pro Jahr gleich.

Die **degressive AfA** hat zwar auch einen gleich bleibenden Abschreibungssatz (z. B. bei Anschaffung vor 01.01.2008: 30 % und nach 31.12.2008 bis vor 01.01.2011: 25%), jedoch wird der Abschreibungsbetrag jedes Jahr kleiner. Dies resultiert

---
[1] BFH, BStBl 1990 II S. 623.

daraus, dass bei der degressiven AfA der AfA-Satz auf die aus dem Vorjahr um die Abschreibung verminderten Anschaffungs- oder Herstellungskosten angewendet wird.

Bei der **degressiven Staffelsatz-AfA,** die bei den Gebäuden anwendbar ist, wird der Abschreibungssatz innerhalb der Abschreibungsdauer gesenkt (vgl. 13.3.9).

Die Regelungen des § 7 EStG gelten zunächst einmal für die Ermittlung des Gewinns durch Betriebsvermögensvergleich. Hier mindern die Absetzungen den Wertansatz der Wirtschaftsgüter des Betriebsvermögens und damit den Gewinn. Bei der Gewinnermittlung durch Einnahmenüberschussrechnung sind die Anschaffungs- oder Herstellungskosten für abnutzbare Wirtschaftsgüter des Anlagevermögens ebenfalls nicht sofort in voller Höhe als Betriebsausgaben abzugsfähig. Sie mindern vielmehr den Gewinn nur durch die jährlich nach § 7 EStG vorzunehmenden Absetzungen (§ 4 Abs. 3 Satz 3 EStG). Bei den Einkünften, die durch Gegenüberstellungen der Einnahmen und der Werbungskosten zu ermitteln sind, stellen die Absetzungen nach § 7 Abs. 1 und 4 bis 6 EStG Werbungskosten dar (§ 9 Abs. 1 Nr. 7 EStG). Das gilt insbesondere bei den Einkünften aus Vermietung und Verpachtung (§ 21 EStG), bei denen die Absetzungen der vermieteten Gegenstände (Gebäude) als Werbungskosten in Betracht kommen.

13.2 Kreis der absetzungsfähigen Wirtschaftsgüter

Abschreibungen sind vorzunehmen für

1. **bewegliche** Wirtschaftsgüter (§ 7 Abs. 1 Satz 1, 2, 4 bis 7 EStG),
2. **immaterielle** Wirtschaftsgüter (§ 7 Abs. 1 Satz 1 bis 3 und 5 EStG),
3. **unbewegliche** Wirtschaftsgüter, die keine Gebäude oder Gebäudeteile sind (§ 7 Abs. 1 Satz 1, 2, 5 und 7 EStG), und
4. **Gebäude oder Gebäudeteile** (§ 7 Abs. 4, 5 und 5a EStG),

die zur Erzielung von Einkünften verwendet werden und einer wirtschaftlichen oder technischen Abnutzung unterliegen.

Die Vornahme von Absetzungen für Abnutzung setzt voraus, dass es sich um ein **Wirtschaftsgut** handelt, dessen Nutzung oder Verwendung durch den Steuerpflichtigen sich erfahrungsgemäß auf einen Zeitraum von mehr als einem Jahr erstreckt (vgl. 7.2.2). Das Wirtschaftsgut muss abnutzbar sein und entweder zum Anlagevermögen gehören (bei den Gewinneinkünften) oder der Erzielung von Einnahmen dienen (bei den Überschusseinkünften). Zu unterscheiden sind bewegliche und unbewegliche Wirtschaftsgüter. Die AfA nach § 7 Abs. 1 kommt nur bei beweglichen Wirtschaftsgütern in Betracht. Die unbeweglichen Wirtschaftsgüter sind zu unterteilen in Gebäude (AfA nach § 7 Abs. 4, 5, 5a EStG) und sonstige unbewegliche Wirtschaftsgüter (AfA nach § 7 Abs. 1 EStG). Hinzu kommen immaterielle Wirtschaftsgüter (AfA nach § 7 Abs. 1 EStG; vgl. 7.2.2).

13 Absetzungen für Abnutzung oder Substanzverringerung

In Betracht kommt bei materiellen Wirtschaftsgütern eine wirtschaftliche oder technische Abnutzung. Einer wirtschaftlichen Abnutzung unterliegen Wirtschaftsgüter, wenn deren wirtschaftliche Verwendbarkeit erfahrungsgemäß zeitlich beschränkt ist. **Kunstgegenstände,** alte Möbel (antiker Schreibtisch), deren Wert erfahrungsgemäß steigt, sind nicht abnutzbar in diesem Sinne. Hier kann aber eine technische AfA zu berücksichtigen sein, wenn diese Wirtschaftsgüter durch den bestimmungsgemäßen Gebrauch einer technischen Abnutzung im Sinne eines körperlichen Verschleißes durch Gebrauch unterliegen, z. B. der als Arbeitsmittel benutzte antike Schreibtisch. Das gilt auch für eine über 300 Jahre alte und im Konzertalltag regelmäßig bespielte Meistergeige hinsichtlich des technischen Verschleißes, der eine AfA auch dann rechtfertigt, wenn es wirtschaftlich zu einem Wertzuwachs kommt.[2] Eine technische AfA ist allerdings nicht möglich bei Gebrauchsgegenständen, die nicht bestimmungsgemäß benutzt werden, sondern wie Kunstgegenstände als Sammlungs- und Anschauungsobjekte dienen, z. B. wertvolle alte optische Geräte, die ein Optiker in seinen Verkaufsräumen ausstellt.[3] Kunstgegenstände wie Gemälde anerkannter Meister rechnen zu den nicht abnutzungsfähigen Wirtschaftsgütern.[4] Ferner können vom **Umlaufvermögen** (Waren, Hilfs- und Betriebsstoffe) keine Absetzungen für Abnutzung vorgenommen werden. Hier sind nur Abschreibungen auf den niedrigeren Teilwert möglich. Entsprechendes gilt für Brennrechte, Braurechte und andere nicht abnutzbare immaterielle Wirtschaftsgüter,[5] sofern sie als immaterielle Wirtschaftsgüter überhaupt aktiviert werden (vgl. § 5 Abs. 2 EStG).

Der **Geschäfts- oder Firmenwert** eines Gewerbebetriebs oder eines Betriebs der Land- und Forstwirtschaft gehört zu den abnutzbaren Wirtschaftsgütern des Anlagevermögens (§ 6 Abs. 1 Nr. 1 EStG) und ist nach einer Nutzungsdauer von 15 Jahren abzuschreiben (§ 7 Abs. 1 Satz 3 EStG). Das gilt auch bei einem entgeltlichen Erwerb des Geschäfts- oder Firmenwerts durch eine aus zwei Gesellschaften bestehende gewerbliche Grundstücksverwaltungs-KG.[6] Die AfA darf auch dann nicht nach einer kürzeren Nutzungsdauer bemessen werden, wenn Erkenntnisse dafür vorliegen, dass die tatsächliche Nutzungsdauer kürzer als 15 Jahre sein wird, beispielsweise bei sog. personenbezogenen Betrieben, bei denen der Unternehmenswert so eng mit der Person des Betriebsinhabers verbunden ist, dass nach dessen Ausscheiden mit einer kürzeren Nutzungsdauer des erworbenen Geschäfts- und Firmenwerts zu rechnen ist; ggf. kommt aber eine Teilwertabschreibung in Betracht; vgl. auch 10.13.1.

Dagegen ist der erworbene **Praxiswert eines Freiberuflers** nicht nach einer fiktiven Nutzungsdauer von 15 Jahren, sondern immer nach der tatsächlichen Nut-

---

2 BFH, BStBl 2001 II S. 194.
3 BFH, BStBl 1990 II S. 50.
4 BFH, BStBl 1978 II S. 164.
5 BFH, BStBl 1990 II S. 15; R 5.5 Abs. 1 EStR.
6 BFH, BStBl 1994 II S. 449.

13.2 Kreis der absetzungsfähigen Wirtschaftsgüter

zungsdauer abzuschreiben, wobei i. d. R. von einer Nutzungsdauer von 3 bis 5 Jahren auszugehen ist.[7]

Bei einem „Sozietätspraxiswert" ist diese Abschreibung wegen der Beteiligung und weiteren Mitwirkung des bisherigen Praxisinhabers doppelt so lang (6 bis 10 Jahre) wie bei dem Wert einer Einzelpraxis,[8] auch in diesen Fällen verflüchtigt sich der ursprüngliche Praxiswert. Das gilt z. B. auch, wenn eine Einzelpraxis in eine GmbH eingebracht wird und der frühere Praxisinhaber Alleingesellschafter der GmbH wird oder wenn eine freiberufliche Gemeinschaft unter Beibehaltung des bisherigen persönlichen Einflusses aller Beteiligten lediglich ihre Rechtsform ändert.[9]

Für andere nichtabzugsfähige immaterielle Wirtschaftsgüter ist die Abschreibungsregelung für den Geschäfts- oder Firmenwert nicht entsprechend anwendbar. Zu diesen nicht abnutzbaren Wirtschaftsgütern rechnen auch die Anteile an einer Kapitalgesellschaft, selbst wenn die Kapitalgesellschaft eine Art freiberufliche Tätigkeit ausübt und sich in den Anschaffungskosten für die Anteile ein Praxiswert der freiberuflichen Tätigkeit niedergeschlagen hat.

Von dem Firmenwert zu unterscheiden als **immaterielles Wirtschaftsgut** ist der **Wert einer Marke, unter der ein Produkt bekannt ist** (Warenzeichen).

Der BFH[10] hat entschieden, dass Marken als immaterielle Einzelwirtschaftsgüter nicht abnutzbar sind; das wird unter anderem damit begründet, dass eine unbeschränkte rechtlich-zeitliche Schutzmöglichkeit für Marken nach § 47 Abs. 2 MarkenG bestehe.

Die Finanzverwaltung hat auf diese Rechtsprechung reagiert und lässt demgegenüber entsprechend dem Firmenwert auch für Warenzeichen eine 15-jährige Abschreibung zu. Entsprechendes gilt für Arzneimittelzulassungen.

Bei den Einkünften i. S. von § 2 Abs. 1 Nr. 4 bis 7 EStG (Überschusseinkünfte) ist zu beachten, dass Aufwendungen für den Erwerb der Einkunftsquelle selbst grundsätzlich keine Werbungskosten darstellen. Dazu zählen auch Aufwendungen für den Erwerb eines Nießbrauchsrechts, eines dinglichen Wohnrechts und eines obligatorischen Nutzungsrechts. Derartige Aufwendungen können aber im Wege der AfA als Werbungskosten abgezogen werden.

Zeitlich begrenzte Nutzungsrechte gehören zu den abnutzbaren Wirtschaftsgütern. Nach dem Wortlaut des § 7 EStG sind nicht nur solche Wirtschaftsgüter abnutzbar, deren Wert gerade infolge der Nutzung vermindert wird. Die Vorschrift verlangt nur eine Verwendung oder Nutzung, die sich auf mehr als ein Jahr erstreckt, und dass sich das Wirtschaftsgut innerhalb absehbarer Zeit verbraucht.[11] Daher ist auch ein

---

7 BFH, BStBl 1994 II S. 903; vgl. auch 10.13.1.
8 BFH, BStBl 1994 II S. 590.
9 BMF, BStBl 1995 I S. 14.
10 BFH, BStBl 1996 II S. 586.
11 BFH, BStBl 1980 II S. 244.

13 Absetzungen für Abnutzung oder Substanzverringerung

unbefristetes Wettbewerbsverbot oder eine persönliche Dienstbarkeit, die mit dem Tod des Verpflichteten erlöscht, auf die mutmaßliche Lebenszeit des Verpflichteten abzuschreiben.[12]

Soweit **immaterielle** Wirtschaftsgüter der Abnutzung unterliegen, werden sie grundsätzlich über den Zeitraum des gesetzlichen Schutzes der mit ihnen verbundenen Rechte abgeschrieben. **Copyright für Filme** und ähnliche schnell abnutzbare Wirtschaftsgüter können über einen kürzeren Zeitraum abgeschrieben werden. Bei **Patenten** und Erfindungen wird grundsätzlich eine Nutzungsdauer von 8 Jahren angenommen, soweit nicht die vertraglichen Vereinbarungen über die Nutzung der Patente oder Erfindungen die Annahme einer anderen Nutzungsdauer geboten erscheinen lassen. Zeitlich begrenzte Rechte, z. B. Sand-Abbaurechte, werden entsprechend ihrem Wertverzehr abgeschrieben.

Wegen der AfA bei Nutzungsrechten siehe auch 13.3.3.

Erfolglose Aufwendungen für die Anschaffung und Herstellung abnutzbarer Wirtschaftsgüter sind in dem Veranlagungszeitraum als Werbungskosten zu erfassen, in dem sich herausstellt, dass es zu keiner Verteilung des Aufwands kommen kann, z. B. Vorauszahlungen für ein Bauvorhaben nach Konkurs des Bauunternehmers.[13]

Jedes Wirtschaftsgut unterliegt als solches einer einheitlichen AfA. Teile eines Wirtschaftsguts können nicht rascher abgeschrieben werden, weil sie sich schneller abnutzen.

Auch **Gebäude** sind hinsichtlich der AfA **grundsätzlich als Einheit** zu behandeln. Nach wirtschaftlicher Betrachtung und unter Berücksichtigung der Verkehrsauffassung gehören zum Gebäude auch solche Gebäudeteile und -einrichtungen, die dem Gebäude ein besonderes Gepräge geben und deren Fehlen ein negatives Gepräge bewirkt, die mithin in einem einheitlichen Nutzungs- und Funktionszusammenhang mit dem Gebäude stehen. Diese Voraussetzungen treffen z. B. zu bei Fahrstuhl-, Heizungs-, Belüftungs- und Entlüftungsanlagen, soweit sie nicht als Betriebsvorrichtungen anzusehen sind, bei einer Feuerlösch- oder Sprinkleranlage einer Fabrik oder eines Warenhauses, bei Bädern und Duschen eines Hotels, bei Rolltreppen eines Kaufhauses oder bei der Markise eines Wohnhauses.[14] Eine gesonderte AfA ist deshalb für solche Gebäudeteile nicht zulässig.[15]

Das Gebäude bleibt auch ein **einheitliches Wirtschaftsgut,** wenn der Innenausbau abschnittsweise vorgenommen wird, solange nicht ein weiterer Gebäudeteil als selbständiges Wirtschaftsgut entstanden ist.[16]

---

12 BFH, BStBl 1979 II S. 369.
13 BFH vom 04.07.1990 GrS 1/89 (BStBl 1990 II S. 830).
14 BFH, BStBl 1990 II S. 430.
15 H 4.2 (5) „Unselbständige Gebäudeteile" EStH.
16 BFH, BStBl 1991 II S. 132.

13.2 Kreis der absetzungsfähigen Wirtschaftsgüter

Beispiel:
Der Steuerpflichtige beginnt 01 mit der Errichtung eines zweigeschossigen Wohn- und Geschäftshauses. Nach der Bauplanung soll es im Erdgeschoss einen Laden und im Obergeschoss eine Wohnung enthalten. 01 stellt er außer dem Rohbau auch den Laden fertig und benutzt ihn, während der Ausbau des Obergeschosses zunächst unterbleibt. Das Gebäude ist als abschreibungsfähiges Wirtschaftsgut 01 fertig gestellt, einschließlich des Gebäudeteils, der später zu Wohnzwecken genutzt werden soll; denn Letzterer ist mangels Nutzbarkeit noch nicht als selbständiges Wirtschaftsgut entstanden.

Grundsätzlich sind getrennt – ohne bautechnische Verbindung – auf einem Grundstück stehende Baulichkeiten gesonderte Wirtschaftsgüter. Das gilt auch, wenn sie einem einheitlichen Zweck dienen. Als einheitliches Wirtschaftsgut sind sie jedoch zu betrachten, wenn eine Baulichkeit zu der anderen sich auf demselben Grundstück befindenden Baulichkeit im Verhältnis von Haupt- und Nebengebäude derart steht, dass die eine ohne die andere unvollständig erscheint (so für die Umzäunung eines Grundstücks; für die frei stehende Garage[17]).

Um ein **eigenständiges** abnutzbares **unbewegliches Wirtschaftsgut** handelt es sich insbesondere bei den **Außenanlagen.**[18] Es handelt sich zwar zivilrechtlich um Grundstücksbestandteile, sie sind aber bilanzsteuerrechtlich neben dem nicht der Abnutzung unterliegenden Grund und Boden und dem Gebäude ein selbständiges Wirtschaftsgut, das regelmäßig nach § 7 Abs. 1 EStG abzuschreiben ist. Dazu gehören insbesondere Einfriedungen von Betriebsgrundstücken, Hof- und Platzbefestigungen, Straßen und Gräben, Uferbefestigungen und Brücken.

Selbständige Gebäudeteile sind selbständige Wirtschaftsgüter und deshalb auch gesondert vom Gebäude abzuschreiben. Ein Gebäudeteil ist selbständig, wenn er in einem von der Gebäudenutzung unabhängigen Nutzungs- und Funktionszusammenhang steht.[19]

Selbständige Gebäudeteile sind vor allem **Betriebsvorrichtungen,** auch wenn sie bürgerlich-rechtlich wesentliche Bestandteile des Gebäudes sind (§§ 93, 94 Abs. 2 BGB). Betriebsvorrichtungen sind Maschinen und sonstige Vorrichtungen aller Art, die zu einem Betriebsvermögen gehören und nicht der Nutzung des Gebäudes, sondern den **besonderen Zwecken eines Betriebs dienen,** der auf dem Grundstück oder in dem Gebäude betrieben wird (z. B. Lastenaufzug, Verkaufsautomaten, Schauvitrinen, H 7.1 „Betriebsvorrichtungen" EStH). Sie gehören auch dann zu den beweglichen Wirtschaftsgütern, wenn sie wesentliche Bestandteile eines Grundstücks sind.

Vergleiche zu den Kriterien für die Abgrenzung des Grundvermögens von den Betriebsvorrichtungen die gleichlautenden Ländererlasse vom 15.03.2006.[20]

---
17 BFH vom 28.06.1983 VIII R 179/79 (BStBl 1984 II S. 196).
18 Vgl. H 7.1 „Unbewegliche Wirtschaftsgüter, die keine Gebäude oder Gebäudeteile sind" EStH.
19 R 4.2 Abs. 3 EStR.
20 BStBl 2006 I S. 314 und 342.

13 Absetzungen für Abnutzung oder Substanzverringerung

Zu den selbständigen Gebäudeteilen zählen ferner **Einbauten zu vorübergehenden Zwecken (Scheinbestandteile, § 95 BGB)**. Das sind die vom Vermieter oder Verpächter zur Erfüllung besonderer Bedürfnisse des Mieters oder Pächters eingefügten Anlagen, deren Nutzungszeit nicht länger als die Laufzeit des Vertragsverhältnisses ist, oder die vom Steuerpflichtigen für seine eigenen Zwecke vorübergehend eingefügten Anlagen[21] und Einbauten des Mieters oder Pächters, die bei Vertragsende wieder zu entfernen sind.

Ladeneinbauten, -umbauten, Schaufensteranlagen, Gaststätteneinbauten und ähnliche Einbauten sind ebenfalls selbständige Gebäudeteile.[22]

Ein **Scheinbestandteil** bei Mietereinbauten ist ein gegenüber dem Gebäude gesondertes Wirtschaftsgut, das rechtlich und wirtschaftlich im Eigentum des Mieters oder Pächters steht und diesem zuzurechnen ist. Nach der Rechtsprechung des BFH ist eine Einfügung zu einem vorübergehenden Zweck anzunehmen, wenn die Nutzungsdauer der eingefügten Sachen länger als die voraussichtliche Mietdauer ist, die eingefügten Sachen auch nach ihrem Ausbau nicht nur einen Schrottwert, sondern noch einen beachtlichen Wiederverwendungswert repräsentieren und nach den gesamten Umständen, insbesondere nach Art und Zweck der Verbindung, damit gerechnet werden kann, dass die eingebauten Sachen später wieder entfernt werden; Beispiele für Scheinbestandteile: vom Mieter eingebaute (transportable und variable) Zwischenwände, Sicherheitskammern, Sicherheitsausstellungsvitrinen.

Aufwendungen des Mieters für Mietereinbauten oder Mieterumbauten, durch die weder ein Scheinbestandteil noch eine Betriebsvorrichtung entsteht **(sonstige Mietereinbauten und Mieterumbauten),** sind Aufwendungen für die Herstellung eines materiellen Wirtschaftsguts des Anlagevermögens, wenn

a) entweder der Mieter wirtschaftlicher Eigentümer der von ihm geschaffenen sonstigen Mietereinbauten oder Mieterumbauten ist[23] oder

b) die Mietereinbauten oder Mieterumbauten unmittelbar den besonderen betrieblichen oder beruflichen Zwecken des Mieters dienen und mit dem Gebäude nicht in einem einheitlichen Nutzungs- und Funktionszusammenhang stehen.

Unter dem Gesichtspunkt des wirtschaftlichen Eigentums können Aufwendungen, die für Mietereinbauten und sonstige Bauten auf fremdem Grund und Boden vorgenommen werden, nach den allgemeinen Regeln abgesetzt werden, sofern der Steuerpflichtige die **Kosten getragen hat,** den **Bau tatsächlich nutzt** und dem Steuerpflichtigen bei Beendigung der Nutzung **ein Entschädigungsanspruch zusteht.**[24] Hat ein Mieter bei Beendigung des Mietverhältnisses Anspruch auf eine Entschädigung in Höhe des Restwerts der Einbauten, so ist er grundsätzlich wirt-

---
21 H 7.1 „Scheinbestandteile" EStH.
22 R 4.2 Abs. 3 EStR und H 7.4 „Mietereinbauten" EStH.
23 BFH, BStBl 1997 II S. 774.
24 H 4.7 „Eigenaufwand für ein fremdes Wirtschaftsgut" EStH.

13.2 Kreis der absetzungsfähigen Wirtschaftsgüter

schaftlicher Eigentümer des materiellen Wirtschaftsguts und als solcher zur AfA berechtigt.[25]

Ist ein Anspruch auf Entschädigung hingegen nicht gegeben, z. B. weil auf ihn verzichtet wurde, so ist davon auszugehen, dass der Mieter bzw. der auf fremdem Grund und Boden Bauende die Aufwendungen dem rechtlichen Eigentümer zuwendet und damit die Berechtigung, Aufwendungen als eigene abzuziehen, verloren hat.

Die AfA für die unbeweglichen Wirtschaftsgüter wird nach den für Gebäude geltenden Grundsätzen vorgenommen, d. h. nach § 7 Abs. 4 und 5 EStG.[26]

Die Mietereinbauten und -umbauten sind in der **Bilanz des Mieters zu aktivieren,** wenn es sich um gegenüber dem Gebäude selbständige Wirtschaftsgüter handelt, für die der Mieter Herstellungskosten aufgewendet hat, die Wirtschaftsgüter seinem Betriebsvermögen zuzurechnen sind und die Nutzung durch den Mieter zur Einkünfteerzielung sich erfahrungsgemäß über einen Zeitraum von mehr als einem Jahr erstreckt.[27]

Der Mieter oder Pächter ist nicht wirtschaftlicher Eigentümer des angemieteten bzw. angepachteten Wirtschaftsguts, wohl aber der selbständigen Gebäudeteile wie Betriebsvorrichtungen, Ladeneinbauten und sonstigen Mietereinbauten, soweit er die Aufwendungen getragen hat (vgl. im Einzelnen 13.3.2).

Entstehen durch die Mietereinbauten oder -umbauten weder ein Scheinbestandteil noch eine Betriebsvorrichtung noch dem Mieter zuzurechnende sonstige körperliche Wirtschaftsgüter, so sind die Aufwendungen als **sonstiges Nutzungsrecht** zu aktivieren.

Bei Nutzungsrechten, insbesondere an Gebäuden oder Gebäudeteilen auf fremdem Grund und Boden, steht dem Nutzenden, wenn er im eigenen Namen und für eigene Rechnung (**sog. Eigenaufwand**) getätigt hat, ebenfalls als wirtschaftlicher Eigentümer die Abschreibung zu.

Das Problem der steuerlichen Berücksichtigung von Aufwendungen bei der unentgeltlichen Nutzungsüberlassung an Gebäuden oder Gebäudeteilen stellt sich insbesondere, wenn ein Ehegatte auf dem Grundstück des Ehepartners oder ein Ehepartner auf dem gemeinsamen Grundstück der Eheleute ein Gebäude oder einen Gebäudeteil errichtet (z. B. der Ehemann eine Arztpraxis auf dem Grundstück der Ehefrau).

---

25 BFH, BStBl 1997 II S. 774.
26 BFH, BStBl 1997 II S. 533.
27 BFH, BStBl 1997 II S. 533.

13 Absetzungen für Abnutzung oder Substanzverringerung

Überblick:

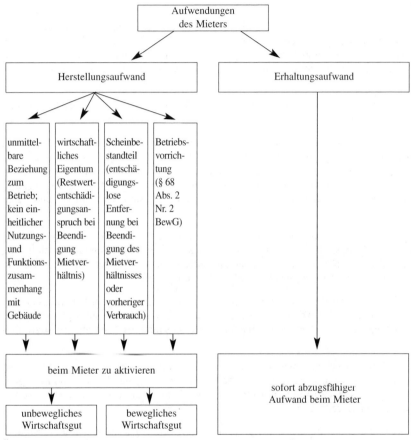

Ähnliche Probleme können sich bei Erben, Gesellschaftern bzw. auch bei Mietern bzw. Pächtern bei Bauten auf fremdem Grund und Boden ergeben. Dabei ist zu unterscheiden zwischen den eigenen Aufwendungen, die der Steuerpflichtige für ein fremdes Wirtschaftsgut trägt (Eigenaufwand), und Aufwendungen eines Dritten, die durch die Einkunftserzielung des Steuerpflichtigen veranlasst sind (Drittaufwand).[28]

Trägt der Steuerpflichtige aus betrieblichem Anlass auf eigene Rechnung Anschaffungs- oder Herstellungskosten für ein Gebäude oder einen Gebäudeteil (Berück-

---
28 Vgl. BFH, BStBl 1995 II S. 281, 1997 II S. 718.

13.2 Kreis der absetzungsfähigen Wirtschaftsgüter

sichtigung von Eigenaufwand), die im Alleineigentum eines Dritten oder im gemeinsamen Eigentum des Steuerpflichtigen und des Dritten stehen, so hat er die durch die Baumaßnahmen geschaffene Nutzungsmöglichkeit an dem fremden Gebäude oder Gebäudeteil wie ein **eigenes materielles Wirtschaftsgut mit den Anschaffungs- oder Herstellungskosten anzusetzen und nach den für Gebäude geltenden Regelungen abzuschreiben.**[29]

Endet das Nutzungsverhältnis vor Ablauf der betriebsgewöhnlichen Nutzungsdauer des Gebäudes oder Gebäudeteils, hat der Steuerpflichtige bei Gewinnermittlung durch Bestandsvergleich den Aktivposten mit dem Restbuchwert auszubuchen[30] und einen Ausgleichsanspruch gem. §§ 951, 812 BGB in Höhe des Verkehrswerts des Gebäudes oder des Gebäudeteils gegen den Eigentümer gewinnwirksam anzusetzen.[31] Bei der Gewinnermittlung durch Einnahmenüberschussrechnung sind die Anschaffungs- oder Herstellungskosten des Gebäudes oder Gebäudeteils, soweit sie noch nicht im Wege der Absetzung für Abnutzung (AfA) berücksichtigt worden sind oder die AfA nicht willkürlich unterlassen wurde, als Betriebsausgaben abzuziehen.[32] Die Ausgleichsleistung gem. §§ 951, 812 BGB ist im Zeitpunkt des Zuflusses als Betriebseinnahme zu erfassen.[33]

Wird der Ausgleichsanspruch nicht in unmittelbarem sachlichem und zeitlichem Zusammenhang mit der Beendigung des Nutzungsverhältnisses geltend gemacht, liegt hierin eine Entnahme, die mit dem Teilwert, der dem Verkehrswert des Gebäudes oder Gebäudeteils entspricht, zu bewerten ist.

Soweit der Steuerpflichtige auch laufende Aufwendungen (z. B. Gebäudeversicherungsbeiträge, Instandhaltungskosten) für dies Gebäude oder diese Gebäudeteile trägt, sind sie als Betriebsausgaben abzuziehen.[34]

Trägt jedoch ein Dritter die Anschaffungs- oder Herstellungskosten für ein Wirtschaftsgut **(Drittaufwand),** das der Steuerpflichtige unentgeltlich zur Einkünfteerzielung nutzt, so darf der Steuerpflichtige die Aufwendungen des Dritten nicht als Betriebsausgaben abziehen.

Hiervon ist zu unterscheiden der Fall des sog. **abgekürzten Zahlungswegs**[35] und der sog. **abgekürzte Vertragsweg**[36].

In diesen Fällen handelt es sich dann um Aufwand des Begünstigten.

---

29 BFH, BStBl 1995 II S. 281, 1999 II S. 774, 778.
30 BFH, BStBl 1999 II S. 523.
31 H 4.7 „Eigenaufwand für ein fremdes Wirtschaftsgut" EStH.
32 BFH, BStBl 1995 II S. 635.
33 BFH, BStBl 1999 II S. 523.
34 BMF, BStBl 1996 I S. 1257.
35 BFH, BStBl 1999 II S. 785.
36 BFH, BStBl 2006 II S. 623.

13 Absetzungen für Abnutzung oder Substanzverringerung

Der BFH bestätigt in seinem Urteil vom 15.01.2008[37] diese Rechtsprechung, nach der Erhaltungsaufwendungen auch dann Werbungskosten des Steuerpflichtigen bei den Einkünften aus Vermietung und Verpachtung sind, wenn sie auf einem von einem Dritten im eigenen Namen, aber im Interesse des Steuerpflichtigen abgeschlossenen Werkvertrag beruhen und der Dritte die geschuldeten Zahlungen auch selbst leistet. Nach dem BMF-Schreiben vom 07.07.2008[38] sind die Rechtsgrundsätze des BFH-Urteils vom 15.01.2008 anzuwenden. Entsprechendes gilt für den Betriebsausgabenabzug nach § 4 Abs. 4 EStG. Bei Kreditverbindlichkeiten und anderen Dauerschuldverhältnissen (z. B. Miet- und Pacht-Verträgen) kommt eine Berücksichtigung der Zahlung unter dem Gesichtspunkt der Abkürzung des Vertragsweges weiterhin nicht in Betracht.[39] Gleiches gilt für Aufwendungen, die Sonderausgaben oder außergewöhnliche Belastungen darstellen.

Vergleiche auch 13.3.4 Einzelfragen.

Entsprechend dem **Gebot der Besteuerung nach der individuellen Leistungsfähigkeit** dürfen nur **eigene Aufwendungen des Steuerpflichtigen berücksichtigt werden.**[40] Betriebsausgaben oder Werbungskosten des Steuerpflichtigen liegen auch vor, wenn sie zwar von einem Dritten in dessen Namen, aber im Interesse des Steuerpflichtigen erfolgen. Dies ist selbst dann der Fall, wenn der Dritte einen im Interesse des Steuerpflichtigen abgeschlossenen Werkvertrag selbst bezahlt.[41]

Es handelt sich um einen den eigenen Erwerb sichernden Aufwand, der „wie ein materielles Wirtschaftsgut" anzusehen ist.[42]

Wer auf fremdem Grund und Boden für eigene Rechnung Aufwendungen an einem Gebäude tätigt bzw. ein Gebäude errichtet, kann als **wirtschaftlicher Eigentümer** die entsprechenden Kosten steuerlich geltend machen, insbesondere als Abschreibungsberechtigter, wenn ihm für den Fall der Nutzungsbeendigung ein Anspruch auf Ersatz des Verkehrswerts des Gebäudes zusteht.

Ein solcher Anspruch kann sich zum einen aufgrund einer vertraglichen Vereinbarung oder insbesondere aus dem Gesetz, nämlich dem Bereicherungsrecht, d. h. §§ 951, 812 BGB, ergeben.[43]

Trägt ein Dritter die Anschaffungs- oder Herstellungskosten für ein Wirtschaftsgut, das der Steuerpflichtige unentgeltlich zur Einkunftserzielung nutzt, so kann der

---

[37] BFH vom 15.01.2008 IX R 45/07 (BStBl 2008 II S. 572).
[38] BMF vom 07.07.2008 (BStBl 2008 I S. 717).
[39] BFH vom 24.02.2000 (BStBl 2000 II S. 314).
[40] H 4.7 „Drittaufwand" EStH.
[41] BFH, BStBl 2011 II S. 271.
[42] Vgl. unter anderem H 4.7 „Eigenaufwand für ein fremdes Wirtschaftsgut" EStH sowie auch BFH, BStBl 1997 II S. 808 und 2002 II S. 741.
[43] BFH, BStBl 2002 II S. 741.

Steuerpflichtige die Aufwendungen des Dritten nicht als Werbungskosten abziehen.[44]

Dieser Grundsatz gilt auch für zusammenveranlagte Ehepartner, weil die Einkünfte für jeden getrennt ermittelt werden.

Ausnahmsweise kann der Steuerpflichtige dagegen Aufwendungen eines Dritten als Werbungskosten abziehen, wenn es sich um ein Geschäft des täglichen Lebens, sog. abgekürzter Zahlungsweg, handelt. Entsprechendes gilt im Zusammenhang mit Bargeschäften des täglichen Lebens, wenn der Dritte im eigenen Namen für den Steuerpflichtigen einen Vertrag abschließt, das bedeutet, dem Vertragspartner dabei vorenthält, dass er im fremden Namen handelt, und auch selbst die geschuldeten Zahlungen leistet (z. B. Auftragserteilung Reparatur eines Fensters; sog. Abkürzung des Vertragswegs).

BFH und Finanzverwaltung nehmen zum Problem des abgekürzten Zahlungswegs und abgekürzten Vertragswegs ausführlich Stellung.[45]

Wird ein Gebäude teils eigenbetrieblich, teils zu eigenen Wohnzwecken und teils durch Vermietung zu fremden betrieblichen oder fremden Wohnzwecken genutzt, so stehen diese Gebäudeteile in einem unterschiedlichen Nutzungs- und Funktionszusammenhang und es sind ebenso viele Wirtschaftsgüter anzunehmen (siehe hierzu im Einzelnen 7.1.5 und R 4.2 Abs. 4 EStR).

Insoweit kann z. B. die AfA nach § 7 Abs. 4 Nr. 1 oder Nr. 2 EStG bzw. § 7 Abs. 5 Nr. 3 EStG in Betracht kommen (vgl. § 7 Abs. 5a EStG).

Im Einzelfall muss bei Aufwendungen des Mieters oder Pächters bei Ein- bzw. Umbauarbeiten abgegrenzt werden, ob es sich um Erhaltungsaufwand oder um ein selbständig aktivierungspflichtiges Wirtschaftsgut handelt.

13.3 Kreis der Absetzungsberechtigten

13.3.1 Eigentümer

Das Recht, die AfA geltend zu machen, steht demjenigen zu, der die Abnutzung wirtschaftlich trägt. Das ist grundsätzlich der bürgerlich-rechtliche Eigentümer. Dieser Grundsatz gilt aber nicht ausnahmslos. Ist jemand wirtschaftlicher Eigentümer (§ 39 AO), so steht diesem die AfA zu.[46]

> **Beispiele:**
>
> **a)** Beim Kauf eines bebauten Grundstücks ist der Käufer berechtigt, AfA von dem Zeitpunkt an vorzunehmen, von dem an die Nutzungen und Lasten auf ihn übergehen.

---
44 BFH, BStBl 1999 II S. 782, 2000 II S. 310, 314.
45 Vgl. u. a. BFH, BStBl 2006 II S. 623 und 2008 II S. 572, sowie BMF, BStBl 2008 I S. 717.
46 BFH, BStBl 1992 II S. 182.

Auf den evtl. erst späteren Eigentumsübergang durch die Eintragung im Grundbuch ist nicht abzustellen.

b) Beim Kauf unter Eigentumsvorbehalt ist der Käufer berechtigt, ohne Rücksicht auf den von der Zahlung abhängigen Eigentumsübergang die AfA vom Zeitpunkt der Anschaffung an vorzunehmen.

Dagegen hat der Mieter und Pächter an dem gemieteten bzw. gepachteten Wirtschaftsgut grundsätzlich kein wirtschaftliches Eigentum.[47]

13.3.2 Mieter und Pächter

Mietereinbauten sind im Betriebsvermögen des Mieters zu aktivieren, wenn es sich um Herstellungsaufwand handelt und die Einbauten als gegenüber dem Gebäude selbständige Wirtschaftsgüter zu qualifizieren sind.[48] Hat der Mieter bei Beendigung des Mietverhältnisses Anspruch auf eine Entschädigung in Höhe des Restwerts der Einbauten, so ist er grundsätzlich wirtschaftlicher Eigentümer.[49]

Die Höhe der AfA bestimmt sich nach den Grundsätzen für ein Gebäude. Die anlässlich von Mieterein- bzw. -umbauten entstandenen Herstellungskosten sind nach den Grundsätzen von auf fremdem Grund und Boden errichteten Gebäuden abzuschreiben (§ 7 Abs. 4 bis Abs. 5a EStG), vgl. H 4.2 (3) „Mietereinbauten" EStH.

Soweit es sich um sog. Scheinbestandteile handelt, führt das stets zur Annahme eines beweglichen Wirtschaftsguts,[50] wobei die Obergrenze der Nutzungsdauer die voraussichtliche Mietdauer ist.[51] Problematisch kann dabei die Beurteilung von eingeräumten Optionsrechten oder automatischen Verlängerungsklauseln sein.

Vergleiche auch 13.2.

13.3.3 Nießbraucher und Nutzungsberechtigter

Im Zusammenhang mit der Einräumung von **Nutzungsrechten** ist die Bestimmung der Person, die AfA geltend machen kann, oft schwierig. Soweit es sich um Wirtschaftsgüter des Betriebsvermögens handelt, hängt die Berechtigung, AfA vorzunehmen, davon ab, ob das Wirtschaftsgut nach § 6 EStG in den Betriebsvermögensvergleich einzubeziehen ist.

Bei den Überschusseinkünften ergibt sich die Berechtigung zur Inanspruchnahme von AfA aus § 9 Abs. 1 Satz 3 Nr. 7 EStG.[52]

---

47 BMF, BStBl 1992 I S. 13, zum Immobilienleasing.
48 BFH, BStBl 1994 II S. 164.
49 BFH, BStBl 1997 II S. 774.
50 R 7.1 Abs. 6 EStR.
51 BFH, BStBl 1994 II S. 164.
52 BFH, BStBl 1989 II S. 922.

13.3 Kreis der Absetzungsberechtigten

Die einkommensteuerrechtliche Behandlung von Nutzungsrechten bei den Einkünften aus Vermietung und Verpachtung hat die Finanzverwaltung im sog. Nießbraucherlass ausführlich geregelt.[53]

Vergleiche auch 26.1.

Allgemeines

Das Nutzungsrecht an einem Grundstück, aber auch an Forderungen und Rechten, kann zivilrechtlich insbesondere durch die Stellung eines **Nießbrauchs** eingeräumt werden (§§ 1030 ff. BGB). Entsprechendes gilt bei der Bestellung **anderer dinglicher Nutzungsrechte** (z. B. Grunddienstbarkeiten, §§ 1018 ff. BGB).

Entsprechendes gilt, wenn lediglich ein **obligatorisches Nutzungsrecht** bestellt ist und der Berechtigte eine gesicherte Rechtsposition erlangt hat und die Stellung der eines dinglich Nutzungsberechtigten entspricht.

Eine gesicherte Rechtsposition ist gegeben, wenn der Eigentümer dem Nutzenden den Gebrauch des Grundstücks für eine festgelegte Zeit entziehen kann.[54]

Ein unentgeltlich begründetes Nutzungsrecht kann regelmäßig nur anerkannt werden, wenn der Überlassungsvertrag schriftlich abgeschlossen und das Nutzungsrecht für einen festgelegten Zeitraum, mindestens für die Dauer von einem Jahr, vereinbart worden ist. Bei einem teilweise entgeltlich begründeten Nutzungsrecht ist grundsätzlich ein schriftlicher Mietvertrag erforderlich; der Festlegung einer Mindestzeit bedarf es nicht.

Ist ein Nießbrauch mangels Eintragung im Grundbuch bürgerlich-rechtlich nicht wirksam bestellt worden, sind die Grundsätze zu den obligatorischen Nutzungsrechten anzuwenden.

Begrifflich ist zu unterscheiden zwischen **zugewendeten Nutzungsrechten,** die entgeltlich, teilweise entgeltlich und unentgeltlich bestellt werden,[55] und **vorbehaltenen Nutzungsrechten.**

Vorbehaltene Nutzungsrechte

Ein Vorbehaltsnießbrauch (sonstiges dingliches oder obligatorisches Nutzungsrecht) liegt vor, wenn bei der Übertragung insbesondere eines Grundstücks gleichzeitig ein Nießbrauch oder Nutzungsrecht für den bisherigen Eigentümer oder Rechtsinhaber an dem übertragenen Grundstück oder Recht bestellt wird.

Ein Vorbehaltsnießbraucher ist einem Schenker gleichzustellen, der mit dem Beschenkten im Voraus eine klare und eindeutige Schenkungsabrede über den Erwerb eines bestimmten Grundstücks und die Bestellung eines Nießbrauchsrechts

---
53 BMF, BStBl 1998 I S. 914.
54 BFH, BStBl 1984 II S. 366.
55 BMF, BStBl 1998 I S. 914, Tz. 10 ff.

13 Absetzungen für Abnutzung oder Substanzverringerung

an diesem Grundstück trifft. Gleiches gilt für einen vorläufigen Erben, der die Erbschaft mit der Maßgabe ausgeschlagen hat, dass ihm ein Nießbrauchsrecht an dem zum Nachlass gehörenden Gegenstand eingeräumt wird.[56] Die Bestellung des Nießbrauchs ist keine Gegenleistung des Erwerbers, unabhängig davon, ob das Grundstück entgeltlich oder unentgeltlich übertragen wird.

Ist ein mit dem vorbehaltenen Nutzungsrecht belastetes Grundstück vermietet, so erzielt der Nutzungsberechtigte Einkünfte; dies gilt auch, wenn der Nutzungsberechtigte das Grundstück dem Grundstückseigentümer entgeltlich zur Nutzung überlässt.

Bei privat veranlassten Schenkungen von Grundstücken des Betriebsvermögens unter Vorbehalt des Nießbrauchs liegt eine Entnahme des Grundstücks aus dem Betriebsvermögen vor (§ 4 Abs. 1 Satz 2 EStG), die gem. § 6 Abs. 1 Nr. 4 EStG mit dem Teilwert zu bewerten ist.[57]

Der **Vorbehaltsnießbraucher darf im Fall der Nutzung durch Vermietung die AfA für das Gebäude wie zuvor als Eigentümer in Anspruch nehmen.**[58]

Der Vorbehaltsnießbraucher ist daneben berechtigt, die von ihm getragenen Aufwendungen für das Grundstück als Werbungskosten abzuziehen. Ist das Grundstück unter Vorbehalt des Nießbrauchs entgeltlich übertragen worden, ist die Bemessungsgrundlage für die AfA nicht um die Gegenleistung des Erwerbers zu kürzen.

Da dem **Eigentümer** aus dem nießbrauchbelasteten Grundstück regelmäßig keine Einnahmen zufließen, darf er auch **Aufwendungen** auf das Grundstück **nicht abziehen**. Bei einem Bruchteilsnießbrauch muss eine Aufteilung erfolgen.

Nach Erlöschen des Nießbrauchs stehen dem Eigentümer die AfA auf das Gebäude zu.

Ist das Grundstück entgeltlich unter Vorbehalt des Nießbrauchs übertragen worden, bemessen sich die AfA nach den Anschaffungskosten des Eigentümers. Der Kapitalwert des Nießbrauchs gehört nicht zu den Anschaffungskosten. Die AfA-Bemessungsgrundlage erhöht sich um die zusätzlichen Herstellungskosten, die der Eigentümer getragen hat. Das AfA-Volumen ist um die AfA-Beträge zu kürzen, die von den Anschaffungskosten des Eigentümers auf den Zeitraum zwischen Anschaffung des Grundstücks und dem Erlöschen des Nießbrauchs entfallen.[59]

Ist das Grundstück unentgeltlich unter Vorbehalt des Nießbrauchs übertragen worden, führt der Eigentümer nach Erlöschen des Nießbrauchs die AfA nach § 11d EStDV fort.

---

56 BFH, BStBl 1998 II S. 431.
57 Vgl. H 4.3 (1) „Vorbehaltsnießbrauch" EStH.
58 BFH, BStBl 1995 II S. 281.
59 BMF, BStBl 1998 I S. 914, Rz. 47.

13.3 Kreis der Absetzungsberechtigten

Bei teilentgeltlichem Erwerb gelten die Grundsätze der Tz. 14 und 15 des BMF-Schreibens vom 13.01.1993[60] entsprechend.

Einmalige Zahlungen zur Ablösung des Vorbehaltsnießbrauchs sind Abstandszahlungen an den Vermögensübergeber und erhöhen die Bemessungsgrundlage für die AfA des Grundstückseigentümers.

Die Ablösung eines vorbehaltenen Nießbrauchs gegen Einmalzahlung ist eine beim Nießbraucher nicht steuerbare Vermögensumschichtung. Wiederkehrende Leistungen, die nicht als Versorgungsleistungen im Rahmen einer Vermögensübergabe erbracht werden, sind mit ihrem Zinsanteil nach § 20 Abs. 1 Nr. 7 EStG oder bei Veräußerungsleibrenten mit dem Ertragsanteil steuerbar.

Zugewendete Nutzungsrechte

Der Nutzungsberechtigte tritt bei zugewendeten Nutzungsrechten grundsätzlich in die Rechtsstellung des Eigentümers.

Nach § 577 BGB tritt der Nießbraucher in die Rechtsstellung des Eigentümers als Vermieter ein.

Die Ausgestaltung eines Nießbrauchs als Bruttonießbrauch beeinträchtigt die Vermieterstellung eines Nießbrauchers nicht. Es handelt sich dabei um einen Nießbrauch, bei dem sich der Nießbrauchbesteller verpflichtet, die den Nießbrauchberechtigten nach §§ 1041, 1045, 1047 BGB treffenden Kosten und Lasten zu tragen, sodass dem Nießbraucher die Bruttoerträge verbleiben.

Mietzahlungen sind an den Nießbraucher zu leisten. Vertreten Eltern ihre minderjährigen Kinder, müssen die Willenserklärungen im Namen der Kinder abgegeben werden.

Ein **Quotennießbrauch** liegt vor, wenn dem Nießbraucher ein bestimmter Anteil an den Einkünften des Grundstücks zusteht; ein **Bruchteilsnießbrauch** liegt vor, wenn der Nießbrauch an einem Bruchteil eines Grundstücks bestellt wird. Mietzahlungen auf ein gemeinsames Konto beeinträchtigen die Vermieterstellung des Quotennießbrauchers oder Bruchteilsnießbrauchers nicht, wenn sichergestellt ist, dass der anteilige Überschuss in die alleinige Verfügungsmacht des Nießbrauchers gelangt.

AfA auf das Gebäude darf der Nießbraucher nicht abziehen.[61]

Von den Herstellungskosten für in Ausübung des Nießbrauchs eingebaute Anlagen und Einrichtungen i. S. des § 95 Abs. 1 Satz 2 BGB darf der Nießbraucher AfA in Anspruch nehmen. Ferner darf er AfA für Aufwendungen für Einbauten zu vorübergehenden Zwecken i. S. des § 95 Abs. 1 Satz 1 BGB abziehen. Auf das unentgeltlich erworbene Nießbrauchsrecht darf der Nießbraucher keine AfA vornehmen.

---

60 BMF vom 13.01.1993 (BStBl 1993 I S. 80).
61 BFH, BStBl 1990 II S. 888.

13 Absetzungen für Abnutzung oder Substanzverringerung

Andere Werbungskosten darf der Nießbraucher abziehen, soweit er sie im Rahmen der Nießbrauchbestellung vertraglich übernommen und tatsächlich geleistet hat. Aufwendungen, zu dem der Nießbraucher nicht verpflichtet, aber nach § 1043 BGB berechtigt ist und die in seinem Interesse erfolgen, sind abziehbar. Verzichtet der Nießbraucher jedoch gegenüber dem Eigentümer von vornherein auf den Ersatzanspruch nach § 1049 BGB oder steht schon bei der Aufwendung fest, dass der Ersatzanspruch nicht zu realisieren ist, ist von einer Zuwendung gem. § 12 Nr. 2 EStG durch die Erhaltungsmaßnahme auszugehen.[62] Dem Eigentümer sind keine Einkünfte aus dem nießbrauchbelasteten Grundstück zuzurechnen.

Der Eigentümer darf AfA auf das Grundstück und Grundstücksaufwendungen, die er getragen hat, nicht als Werbungskosten abziehen, da er keine Einnahmen erzielt.

Soweit ein entgeltliches Nutzungsrecht, insbesondere ein Nießbrauchsrecht, bestellt ist, kann der Nießbraucher oder sonst dinglich oder obligatorisch Nutzungsberechtigte im Fall der Nutzung durch Vermietung die nach der Dauer des Nießbrauchs bemessene AfA nach § 7 Abs. 1 EStG auf das Nutzungsrecht vornehmen. Ist der Nießbrauch für die Lebenszeit des Berechtigten oder einer anderen Person eingeräumt, sind die Aufwendungen für den Erwerb des Nießbrauchs durch AfA auf die mutmaßliche Lebenszeit der betreffenden Person zu verteilen (Tabelle 6 zu § 12 BewG).

Leistet der Nießbraucher als Gegenleistung für die Einräumung des Nießbrauchs ausschließlich gleichmäßige laufende Zahlungen, ist es aus Vereinfachungsgründen nicht zu beanstanden, wenn nur die laufenden gezahlten Beträge als Werbungskosten abgezogen werden.[63]

Nutzt der Nießbraucher das Gebäude durch Vermietung, darf er Aufwendungen, die er aufgrund vertraglicher Bestimmungen getragen hat, als Werbungskosten abziehen. Haben die Vertragsparteien bei Einräumung des Nießbrauchs keine besonderen Regelungen getroffen, sind Aufwendungen des Nießbrauchers als Werbungskosten zu berücksichtigen, soweit er sie nach den gesetzlichen Bestimmungen getragen hat.

Beim Eigentümer ist das für die Bestellung des Nießbrauchs bezahlte Entgelt im Jahr des Zuflusses als Einnahme aus Vermietung und Verpachtung zu erfassen, und er ist berechtigt, AfA für das Gebäude in Anspruch zu nehmen.

Bei einem **Vermächtnisnießbrauch** kann der Vermächtnisnehmer **nicht die AfA** für das vom Erblasser hinterlassene Gebäude **in Anspruch nehmen.**[64]

Hat dagegen ein Erbe die Erbschaft mit der Maßgabe ausgeschlagen, dass ihm ein lebenslanger unentgeltlicher Nießbrauch an dem zum Nachlass gehörenden Grundstück eingeräumt wird, so ist er befugt, AfA als Werbungskosten auf das Nachlass-

---
62 BFH, BStBl 1992 II S. 192.
63 BMF vom 24.07.1998 (BStBl 1998 I S. 914), Rz. 26.
64 BFH, BStBl 1994 II S. 319.

grundstück bei seinen aus dem Nachlassgrundstück erzielten Einkünften aus Vermietung und Verpachtung geltend zu machen.[65] Er ist insoweit einem Vorbehaltsnießbraucher gleichzustellen, der ein unentgeltlich erworbenes Grundstück unter Zurückbehaltung des Nießbrauchs auf einen Dritten überträgt. Die AfA ist entsprechend § 11d EStDV zu berechnen, da er insoweit an die Stelle des Rechtsvorgängers tritt.

Überblick:

	Einkünfte		Werbungskosten			
			AfA		Werbungskosten	
	Eigentümer	Nutzungsberechtigter	Eigentümer	Nutzungsberechtigter	Eigentümer	Nutzungsberechtigter
vorbehaltenes Nutzungsrecht	keine Einkunftserzielung, soweit das Nutzungsrecht reicht (Rz. 45)	Einkunftserzielung, soweit der Tatbestand des § 21 EStG verwirklicht wird (Rz. 41)	keine AfA für das Gebäude (Rz. 45)	AfA für das Gebäude wie bisher als Eigentümer (Rz. 42/44)	kein Abzug, soweit das Grdst. belastet ist (Rz. 45)	Abzug, soweit gesetzlich oder vertraglich geschuldet und tatsächlich getragen (Rz. 43 i. V. m. Rz. 21)
unentgeltlich zugewendetes Nutzungsrecht und Vermächtnisnießbrauch	keine Einkunftserzielung, soweit das Nutzungsrecht reicht (Rz. 23)	Einkunftserzielung, soweit der Tatbestand des § 21 EStG verwirklicht wird (Rz. 18 i. V. m. Rz. 1 und 6)	keine AfA für das Gebäude (Rz. 24)	keine AfA für das Gebäude (Rz. 19) und das unentgeltliche Nutzungsrecht (Rz. 20); AfA für Anlagen i. S. des § 95 Abs. 1 BGB (Rz. 19)	kein Abzug, soweit das Nutzungsrecht reicht (Rz. 24)	Abzug, soweit gesetzlich oder vertraglich geschuldet und tatsächlich getragen (Rz. 21)
entgeltlich zugewendetes Nutzungsrecht	Einnahmen aus § 21 Abs. 1 Nr. 1 EStG in Höhe des Entgelts für die Nießbrauchsbestellung, Verteilung auf Laufzeit des Nutzungsrechts, max. auf 10 Jahre möglich (Rz. 28/29)	Einkunftserzielung, soweit der Tatbestand des § 21 EStG verwirklicht wird (Rz. 26 i. V. m. Rz. 1 und 6)	AfA für das Gebäude (Rz. 30)	keine AfA für das Gebäude (Rz. 27); AfA für das Nutzungsrecht (Rz. 26); AfA für Anlagen i. S. des § 95 Abs. 1 BGB (Rz. 27 i. V. m. Rz. 19)	Abzug, soweit gesetzlich oder vertraglich geschuldet und tatsächlich getragen (Rz. 30)	Abzug, soweit gesetzlich oder vertraglich geschuldet und tatsächlich getragen (Rz. 27 i. V. m. Rz. 21)

Die zitierten Rz. beziehen sich auf das BMF-Schreiben vom 24.07.1998.[66]

Bei der in der Praxis weit verbreiteten unentgeltlichen Übertragung eines Betriebsgrundstücks in vorweggenommener Erbfolge unter Vereinbarung eines dinglichen Nießbrauchsrechts für den Übertragenden liegt grundsätzlich eine Entnahme des

---
65 BFH, BStBl 1998 II S. 431
66 BMF vom 24.07.1998 (BStBl 1998 I S. 914).

Grundstücks aus dem Betriebsvermögen vor, sodass das Nießbrauchsrecht im Privatvermögen entsteht.[67] Selbst wenn das Wirtschaftsgut aufgrund des Nießbrauchsrechts weiterhin betrieblich genutzt wird, so wird das Wirtschaftsgut insgesamt entnommen, nicht nur ein um den Wert des Nießbrauchs geminderter Teil des Wirtschaftsguts. Es liegt eine Entnahme des Grundstücks aus dem Betriebsvermögen vor (§ 4 Abs. 1 Satz 2 EStG), die gem. § 6 Abs. 1 Nr. 4 EStG mit dem Teilwert zu bewerten ist. Dem Vorbehaltsnießbraucher (früherer Eigentümer) steht die AfA zu, die der neue Eigentümer bei steuerlich relevanter Nutzung hätte, wobei für die AfA der Entnahmewert die Bemessungsgrundlage ist.[68]

Bei der Übertragung eines Grundstücks von Eltern auf Kind unter Vorbehalt eines dinglichen oder obligatorischen Nutzungsrechts, in dessen Ausübung die Eltern das Grundstück an das Kind vermieten, sind bei gewerblichen Einkünften des Kindes nur die Mietzahlungen, nicht auch die AfA abzugsfähig. Die AfA können grundsätzlich die Eltern geltend machen.[69]

Bestellen jedoch Eltern ihrem Kind nur einen **befristeten** Nießbrauch an einem Grundstück und vermietet das Kind den Grundbesitz anschließend an die Eltern zurück, stellt eine solche Gestaltung regelmäßig einen Missbrauch von rechtlichen Gestaltungsmöglichkeiten i. S. des § 42 AO dar.[70] Eine missbräuchliche Gestaltung kann auch in der **Unkündbarkeit** eines im zeitlichen Zusammenhang mit der Nießbrauchbestellung mit dem Nießbrauchbesteller vereinbarten **Mietverhältnisses** oder darin liegen, dass die Dauer eines befristeten Nießbrauchs auf die Unterhaltsbedürftigkeit des Nießbrauchers abgestimmt ist.

Überträgt der Ehemann als Alleineigentümer z. B. ein Hausgrundstück auf einen Dritten und behält er sich und seiner Ehefrau den Nießbrauch vor, handelt es sich bei ihm um einen Vorbehaltsnießbrauch, bei der Ehefrau aber um einen Zuwendungsnießbrauch. Hier steht dem Ehemann als Vorbehaltsnießbraucher nur dann die volle AfA zu, wenn er den Tatbestand der Einkunftserzielung allein erfüllt. Im Fall der gemeinsamen Vermietung mit der Ehefrau als Zuwendungsnießbraucherin kann der Ehemann dagegen nur die halbe AfA geltend machen.

13.3.4 Einzelfragen

Die Rechtsprechung setzt sich seit Jahren mit dem Problem auseinander, ob man Aufwand, der die Erzielung von steuerpflichtigen Einnahmen ermöglicht, deshalb vom Abzug als Betriebsausgabe ausschließen kann, weil ein Dritter den Aufwand für den Steuerpflichtigen trägt **(Drittaufwand)**, vgl. auch 13.2.

---

67 BMF, BStBl 1993 I S. 80, Tz. 10, 33, und H 4.3 (1) „Vorbehaltsnießbrauch" EStH.
68 BFH, BStBl 1995 II S. 281.
69 BFH, BStBl 1990 II S. 368.
70 BFH, BStBl 1991 II S. 205.

13.3 Kreis der Absetzungsberechtigten

„**Echter Drittaufwand**" kann steuerrechtlich nicht geltend gemacht werden.[71] So genannter **Drittaufwand** liegt vor, wenn ein Dritter Kosten trägt, die durch die Einkunftserzielung des Steuerpflichtigen veranlasst sind. Die von dem Dritten getragenen Aufwendungen können grundsätzlich nicht in die Sphäre des Steuerpflichtigen transferiert werden.[72]

Etwas anderes gilt im Fall der sog. **Abkürzung des Zahlungswegs,** nämlich Zuwendung eines Geldbetrags an den Steuerpflichtigen in der Weise, dass die Zuwendung im Einvernehmen mit dem Steuerpflichtigen dessen Schuld tilgt, statt ihm den Geldbetrag unmittelbar zu geben, wenn also der Dritte für Rechnung des Steuerpflichtigen an den Gläubiger leistet.[73]

Nach Auffassung des BFH[74] gilt das nicht nur im Fall des abgekürzten Zahlungswegs, sondern ebenso, wenn der Dritte im eigenen Namen für den Steuerpflichtigen einen Vertrag eingeht und die geschuldete Zahlung auch selbst erbringt (**abgekürzter Vertragsweg).**

Dieses gilt beispielsweise bei den Einkünften aus Vermietung und Verpachtung hinsichtlich des Werbungskostenabzugs, wenn sie auf einem von einem Dritten im eigenen Namen, aber im Interesse des Steuerpflichtigen abgeschlossenen Werkvertrag beruhen und der Dritte die geschuldeten Zahlungen auch selbst leistet.

Entsprechendes gilt für den Betriebsausgabenabzug nach § 4 Abs. 4 EStG. Bei Kreditverbindlichkeiten und anderen Dauerschuldverhältnissen (z. B. Miet- und Pacht-Verträgen) kommt eine Berücksichtigung der Zahlung unter dem Gesichtspunkt der Abkürzung des Vertragsweges weiterhin nicht in Betracht.[75] Gleiches gilt für Aufwendungen, die Sonderausgaben oder außergewöhnliche Belastungen darstellen.

Entsprechend dem Gebot der Besteuerung nach der individuellen Leistungsfähigkeit dürfen nur eigene Aufwendungen des Steuerpflichtigen steuerlich berücksichtigt werden.

Trägt ein Dritter die Anschaffungs- oder Herstellungskosten für ein Wirtschaftsgut, das der Steuerpflichtige nutzt, so kann der Steuerpflichtige die Aufwendungen des Dritten nicht als Werbungskosten abziehen.[76]

Dieser Grundsatz gilt auch für zusammenveranlagte Ehepartner, weil die Einkünfte für jeden getrennt ermittelt werden. Dementsprechend hat der Große Senat des BFH[77] auch die AfA-Befugnis des Nichteigentümers für das von ihm zu beruflichen Zwecken genutzte häusliche Arbeitszimmer im Gebäude seines Ehegatten versagt.

---

71 BFH, BStBl 1995 II S. 281.
72 H 4.7 „Drittaufwand" EStH.
73 BFH, BStBl 1999 II S. 782.
74 BFH, BStBl 2006 II S. 623 und 2008 II S. 572.
75 BFH, BStBl 2000 II S. 314.
76 BFH, BStBl 1999 II S. 782, 2000 II S. 310, 314.
77 BFH vom 23.08.1999 GrS 2/97 (BStBl 1999 II S. 782).

Davon ist zu unterscheiden der sog. **„unechte Drittaufwand"**; es handelt sich um Aufwendungen, die der Steuerpflichtige auf eigene Kosten als Eigenaufwand tätigt, d. h. auf eigene Rechnung ein Gebäude oder Gebäudeteil auf fremdem Grund und Boden errichtet; dann entsteht ein abschreibungsfähiges Nutzungsrecht in Höhe der Aufwendungen.[78]

Die Kostenbeteiligung für Gebäude, die sich auf fremdem Grund und Boden befinden, führt **zu einem eigenen materiellen Wirtschaftsgut**,[79] wenn die Maßnahme auf einem von dem Dritten unentgeltlich eingeräumten Recht beruht.[80]

Es handelt sich insoweit um eigenen erwerbssichernden Aufwand, der grundsätzlich wie ein materielles Wirtschaftsgut zu behandeln ist; das gilt aber auch entsprechend, wenn diese Aufwendungen bilanziell ausnahmsweise nicht als Wirtschaftsgut anzusehen sind.

Erforderlich ist, dass die Kostenbeteiligung zur Nutzung des Wirtschaftsguts im eigenen Interesse erfolgen muss und die Aufwendungen ohne Zuwendungsabsicht an den Dritten vorgenommen werden. Es genügt auch nicht, dass der Eigentümer des Gebäudes die Nutzung lediglich duldet. Der Nichteigentümer muss die Aufwendungen im eigenen beruflichen Interesse tätigen.

Der Steuerpflichtige, der seinen Gewinn durch Bestandsvergleich ermittelt, hat einen Aktiv-Posten „Nutzungsrecht" erfolgsneutral einzubuchen, damit sind aber nicht die Voraussetzungen für eine Qualifizierung als Betriebsvermögen zwingend gegeben. Es liegt insoweit bei unentgeltlicher Nutzung und alleiniger Kostentragung ein einem materiellen Wirtschaftsgut gleich zu behandelndes Nutzungsrecht vor, das zur Inanspruchnahme von AfA berechtigt. Die AfA richtet sich nach den für Gebäude geltenden Vorschriften.

Die laufenden Aufwendungen stellen insoweit Werbungskosten bzw. Betriebsausgaben dar, als sie durch die Nutzung veranlasst sind und von dem Nutzenden aufgewendet werden.

Unter dem Gesichtspunkt eigener betrieblich veranlasster Aufwendungen sind die **nutzungsbezogenen** Aufwendungen, wie z. B. Energiekosten, konkret zuzuordnende Reparaturkosten oder eigene Schuldzinsen aus dem Anschaffungs- bzw. Herstellungsvorgang, in vollem Umfang steuerlich zu berücksichtigender Aufwand.

Soweit ein Dritter im eigenen Namen für den Steuerpflichtigen einen Vertrag abschließt, sind die Aufwendungen als solche des Steuerpflichtigen abziehbar, wenn es sich um Geschäfte des täglichen Lebens handelt. Dagegen führt bei Dauerschuldverhältnissen eine Abkürzung des Vertragswegs bzw. Zahlungswegs nicht zu eigenen abziehbaren Aufwendungen des Steuerpflichtigen.[81]

---

[78] BFH, BStBl 1999 II S. 774, 778.
[79] BFH, BStBl 1997 II S. 808.
[80] H 4.7 „Eigenaufwand für ein fremdes Wirtschaftsgut" EStH.
[81] BFH, BStBl 2000 II S. 314.

13.3 Kreis der Absetzungsberechtigten

Bei einer **gemeinsamen Nutzung eines Arbeitszimmers** durch den **Alleineigentümer und** den **Nichteigentümer** bei alleiniger Kostentragung durch den Eigentümer können auch die dem Nichteigentümer zuzurechnenden Herstellungs- bzw. Anschaffungskosten in voller Höhe von dem Alleineigentümer in Anspruch genommen werden,[82] die AfA auf die gesamten Herstellungs- bzw. Anschaffungskosten sind von dem Alleineigentümer geltend zu machen. Dem Nichteigentümer kann eine AfA entsprechend seiner Nutzung nicht zugerechnet werden.

Miteigentümer, die gemeinsam die Herstellungskosten des von ihnen bewohnten Hauses getragen haben und die darin jeweils Räume für eigenbetriebliche Zwecke nutzen, können jeweils die auf diese Räume entfallenden Herstellungskosten für die Dauer der betrieblichen Nutzung als Betriebsausgaben bzw. Werbungskosten (AfA) geltend machen. Insbesondere bei einem Arbeitszimmer ist die anteilig entfallende AfA grundsätzlich ohne Rücksicht auf den Miteigentumsanteil des Ehegatten aufgrund eigener Rechtszuständigkeit in voller Höhe zu berücksichtigen.

Bei der Berücksichtigung der vollen AfA insbesondere bei einem Arbeitszimmer ist dabei entscheidend, dass bei gemeinschaftlichem Eigentum das Gebäude auch bezüglich des Arbeitszimmers weder real noch ideell geteilt sein darf.

Soweit sich die dem jeweiligen Ehegatten jeweils zuzurechnenden Herstellungskosten auf den Miteigentumsanteil des anderen Ehegatten an dem beruflich oder gewerblich genutzten Raum beziehen, sind sie „wie ein materielles Wirtschaftsgut" zu behandeln.[83]

Insbesondere Miteigentümerehegatten sind damit nicht zu fragwürdigen Rechtskonstruktionen wie etwa den Abschluss gegenseitiger Mietverträge gezwungen, um den vollständigen Abzug der AfA und der laufenden Kosten zu erreichen.

Mit den Rechtsgrundsätzen des wirtschaftlichen Eigentums hat sich auch der BFH[84] grundsätzlich auseinandergesetzt und bestehende Zweifelsfragen geklärt. Zu unterscheiden sind drei verschiedene Fallgruppen: die Eltern-Kind-Baufälle, Bauten auf dem Grundstück des Lebenspartners und des Ehegatten auf dem Grundstück des anderen Ehegatten.

Grundsätzlich erlangt der jeweilig Errichtende das wirtschaftliche Eigentum, selbst wenn das Grundstück dem anderen (Eltern, Lebenspartner, Ehegatte) gehört. Substanz (AfA) und Ertrag des Gebäudes werden dem Hersteller nicht nur dann zugerechnet, wenn das Gebäude nach Ablauf der voraussichtlichen Nutzungsdauer wirtschaftlich verbraucht ist, sondern auch, wenn zwar die voraussichtliche Nutzungsdauer des Gebäudes die Dauer der Nutzungsbefugnis überschreitet, der Hersteller aber dann einen Anspruch gegen den Grundstückseigentümer auf Ersatz des Ver-

---

82 BFH, BStBl 1999 II S. 787.
83 BFH, BStBl 1999 II S. 774.
84 BFH, BStBl 2002 II S. 281.

kehrswerts des Gebäudes hat. Ob für diesen Ausgleichsanspruch Vereinbarungen zwischen den nahestehenden Personen insbesondere bezüglich des Bereicherungsanspruchs i. S. von §§ 812, 851 BGB erforderlich sind, lässt die Entscheidung offen.

Nach der späteren Entscheidung des BFH[85] ist eine derartige Vereinbarung nicht erforderlich. Danach steht dem Hersteller eines Gebäudes auf einem fremden Grundstück kraft Gesetzes ein Ersatzanspruch gem. §§ 951, 812 BGB zu, wenn er die Baulichkeiten aufgrund eines Nutzungsrechts im eigenen Interesse und ohne Zuwendungsabsicht errichtet hat.

Eine zusätzliche ausdrückliche zivilrechtliche Vereinbarung ist nicht erforderlich, da sich der Ersatzanspruch unmittelbar aus dem Gesetz ergibt.

Etwas anderes gilt nur dann, wenn der gesetzlich bestehende Wertausgleichsanspruch ausdrücklich abbedungen wurde, d. h. ausgeschlossen ist.

Nach der diesbezüglichen Rechtsprechung wird nur noch eine ausdrückliche zivilrechtliche Ausgleichsanspruchsvereinbarung nach §§ 951, 812 BGB bei Baumaßnahmen auf dem Grundstück des anderen Ehepartners verlangt.

Nach der zivilrechtlichen Rechtsprechung ergibt sich das aus der besonderen familienrechtlichen Situation von Ehepartnern, da derartige getätigte Aufwendungen zwischen Ehepartnern regelmäßig als „Zuwendungen" angesehen werden und daher unter Ehegatten eine ausdrückliche Vereinbarung erforderlich ist, dass die Ehepartner ihren schuldrechtlichen Anspruch nach §§ 951, 812 BGB durch den güterrechtlichen Ausgleichsanspruch verdrängt sehen wollen.[86]

Errichtet der Ehegatte aus **betrieblichen Gründen** mit eigenen Mitteln für einen eigenbetrieblichen Zweck ein Gebäude auf einem in (Mit-)Eigentum des anderen Ehegatten stehenden Grundstück, so bedarf es für die Erlangung des wirtschaftlichen Eigentums des Bauenden keines besonderen Vertrags. Anders als bei dem Bau eines privaten Hauses zu eigenen Wohnzwecken spricht bei der Errichtung eines betrieblichen Gebäudes nach Auffassung des BFH[87] keine tatsächliche Vermutung für eine **unbenannte Zuwendung** aus privaten Gründen an den Grundstückseigentümer – Ehegatten – und den Eigenverzicht auf einen Ausgleichsanspruch nach §§ 951, 812 BGB. Der (Unternehmer-)Ehegatte hat die vollen Herstellungskosten des Gebäudes zu aktivieren.

Endet die Nutzungsbefugnis vor Ablauf der betriebsgewöhnlichen Nutzungsdauer des Gebäudes oder des Gebäudeteils (z. B. durch Veräußerung des Grundstücks und Entnahme oder Einbringung), so wird in Höhe des Unterschiedsbetrags zwischen dem Wert der Ausgleichsforderung gegenüber dem Eigentümer (§§ 951, 812 BGB)

---

85 BFH, BStBl 2002 II S. 741.
86 BGH, NJW 1991 S. 872; vgl. auch: BFH vom 25.06.2003 X R 72/98 (BStBl 2004 II S. 403) m. w. N.
87 BFH, BStBl 2002 II S. 741.

13.3 Kreis der Absetzungsberechtigten

in Höhe des Verkehrswerts des Gebäudes oder des Gebäudeteils und dem Restbuchwert der Nutzungsbefugnis ein Gewinn realisiert.[88]

Im Fall der Aktivierung eines bisher irrtümlich nicht bilanzierten abnutzbaren Wirtschaftsguts des Anlagevermögens kann die unterlassene AfA nicht nachgeholt werden.[89]

Die nachträgliche Aufnahme eines solchen Wirtschaftsguts in die Bilanz ist eine berichtigte Einbuchung und keine Einlage i. S. des § 4 Abs. 1 EStG.

Der für die Bilanzierung maßgebende Wert ergibt sich aus den um die AfA der vorangegangenen Jahre verminderten Anschaffungskosten.

Für die Nachholung der AfA findet sich nach Auffassung des BFH keine Stütze im Gesetz. Sie widerspräche vor allem dem Grundsatz, dass die Einkommensteuer dem Grunde und der Höhe nach als Jahressteuer mit Ablauf eines jeden Kalenderzeitraums entsteht.

AfA darf nur zeitanteilig abgezogen werden in den Veranlagungszeiträumen zwischen Anschaffung und dem Ende der betriebsgewöhnlichen Nutzungsdauer. Diese Aufteilung ist zwingend.

Aus den Grundsätzen des formellen Bilanzzusammenhangs kann nach Ansicht des BFH eine Nachholung der AfA ebenfalls nicht abgeleitet werden, da es an einem Bilanzansatz fehlt, der so fortgeführt werden könnte. BFH-Entscheidungen, die sich für eine Nachholung ausgesprochen haben, beträfen ausnahmslos Fälle, in denen das betreffende Wirtschaftsgut in der Bilanz angesetzt und nur die AfA entweder gar nicht oder in unzutreffender Höhe berücksichtigt worden war.

Im Streitfall hatte der Steuerpflichtige als Inhaber eines Gewerbebetriebs den angeschafften PKW (notwendiges Betriebsvermögen) nicht aktiviert. Nach Ablauf von 4 Jahren bilanzierte er den PKW zu Anschaffungskosten und verteilte unter Zugrundelegung einer betriebsgewöhnlichen Nutzungsdauer von 6 Jahren die Anschaffungskosten auf eine Restnutzungsdauer von 2 Jahren.

Da der PKW nach den bindenden Feststellungen des FG notwendiges Betriebsvermögen des Gewerbebetriebs darstellte, war er nach § 6 Abs. 1 Nr. 1 Satz 1 EStG als Wirtschaftsgut des Anlagevermögens, das der Abnutzung unterliegt, mit den Anschaffungskosten, vermindert um die AfA, anzusetzen.

Beim **Leasing** bestimmt sich die AfA-Berechtigung danach, wem das Wirtschaftsgut zuzurechnen ist. Sie steht daher grundsätzlich dem Leasinggeber und nur bei wirtschaftlichem Eigentum dem Leasingnehmer zu.[90]

---

88 BFH, BStBl 1999 II S. 523.
89 BFH, BStBl 2002 II S. 75.
90 BMF, BStBl 1987 I S. 440.

Bei Vermögensübertragungen im Zusammenhang mit einem **Erbfall** setzt der Erbe die AfA des Erblassers fort, soweit er unentgeltlich erwirbt (§ 11d EStDV). Der BFH[91] geht davon aus, dass die **Erbauseinandersetzung sowohl über Betriebsvermögen als auch über Privatvermögen** insoweit entgeltlich ist, als der übernehmende Erbe Abfindungszahlungen leistet. Wenn z. B. bei einer aus zwei Personen bestehenden Miterbengemeinschaft ein Miterbe ein Grundstück übernimmt gegen Zahlung der Hälfte des Wertes an den anderen Miterben, erwirbt er zur Hälfte unentgeltlich und führt insoweit die AfA des Erblassers fort (§ 11d EStDV). Hinsichtlich der zweiten Hälfte hat er Anschaffungskosten, sodass sich z. B. für Gebäude eine AfA nach § 7 Abs. 4 Satz 1 oder Satz 2 EStG ergibt, für die die tatsächliche Nutzungsdauer des Gebäudes im Zeitpunkt der Erbauseinandersetzung maßgebend ist.[92]

Im Rahmen der **vorweggenommenen Erbfolge** hat der Große Senat des BFH[93] entschieden, dass für den Fall der Entrichtung von Gleichstellungsgeldern an Dritte, der Zahlung von Abstandszahlungen an den Schenker und des Eintritts in bestehende Schulden (Schuldübernahme) durch jemanden, der im Wege der vorweggenommenen Erbfolge bedacht wurde, in Höhe der Zahlungen bzw. Schuldübernahme Anschaffungskosten beim Beschenkten vorliegen.[94]

Die vorgenannten Grundsätze gelten sowohl für die vorweggenommene Erbfolge im **Privatvermögen**, vom **Betriebsvermögen und in sog. Mischfällen**.[95] Eine unentgeltliche Übertragung liegt vor, soweit Versorgungsleistungen (Versorgungsrenten und dauernde Lasten) bei der Übertragung von Vermögen vom Übernehmer dem Übergeber oder Dritten (z. B. Ehegatten des Übergebers) zugesagt werden. Es sind die als Anschaffungskosten zu beurteilenden Veräußerungsleistungen von den steuerlich nicht abziehbaren Unterhaltsleistungen abzugrenzen.[96]

Bei der Abgrenzung ist H 12.6 „Abgrenzung zwischen Unterhalts- und Versorgungsleistungen" EStH zu beachten.

Beispiel:
Der Steuerpflichtige zahlt aufgrund eines „Grundstücksübertragungsvertrags" nebst „Erbverzichtsvertrags", aufgrund dessen ihm von seiner Mutter, die sich ein Wohnrecht vorbehalten hat, ein mit einem Mehrfamilienhaus bebautes Grundstück im Wege vorweggenommener Erbfolge übertragen wird, an seinen Bruder eine Abfindung. Insoweit handelt es sich in Höhe der Ausgleichszahlung um Anschaffungskosten. Zwecks Aufspaltung der Grundstücksübertragung in einen entgeltlichen und einen unentgeltlichen Teil muss der geleistete Betrag zum Verkehrswert des Grundstücks abzgl. des der Mutter vorbehaltenen Wohnrechts ins Verhältnis gesetzt werden. Die AfA wird aus der anteiligen vom Steuerpflichtigen fortzuführenden AfA seiner Mutter

---

91 BFH, BStBl 1992 II S. 512.
92 BMF, BStBl 2006 I S. 253, und 10.7.2.
93 BFH vom 08.07.1990 GrS 4-6/89 (BStBl 1990 II S. 847).
94 BMF, BStBl 2006 I S. 253, und 10.7.2.
95 Privat- und Betriebsvermögen; vgl. BMF, BStBl 2006 I S. 253, Tz. 32 ff.
96 BMF, BStBl 1998 I S. 914.

und der auf die Gebäudeanschaffungskosten anfallenden AfA abzgl. des AfA-Anteils, der auf die von der Mutter genutzten Räume entfällt, errechnet, sofern es sich um eine abgeschlossene Wohnung handelt.

Mit dem Tod des Erblassers geht der gesamte Nachlass im Wege der Gesamtrechtsnachfolge auf den Alleinerben oder die Erbengemeinschaft über. Bei einer anschließenden Erbauseinandersetzung ohne Abfindungsleistungen (Realteilung) übertragen die Miterben ihre Anteile an den Wirtschaftsgütern des Erblassers unentgeltlich. Nach der Rechtsprechung werden auch bei Wirtschaftsgütern des Betriebsvermögens Erbfall und Erbauseinandersetzung als selbständige Rechtsvorgänge angesehen und die Miterben mit dem ihnen bei der Erbauseinandersetzung zugeteilten Vermögen nicht als unmittelbare Rechtsnachfolger des Erblassers behandelt.[97]

13.4 Nutzungsdauer, Restwert

Die Anschaffungs- oder Herstellungskosten eines Wirtschaftsguts sind nach § 7 EStG auf die Nutzungsdauer zu verteilen. Bei zum Betriebsvermögen gehörenden Wirtschaftsgütern ist dies die betriebsgewöhnliche Nutzungsdauer. Für den Geschäfts- oder Firmenwert ist die betriebsgewöhnliche Nutzungsdauer gesetzlich auf 15 Jahre festgelegt (§ 7 Abs. 1 Satz 3 EStG).

Bei den Überschusseinkünften ist zu beachten, dass eine dem § 6 Abs. 1 Nr. 4 und 5 EStG entsprechende Vorschrift fehlt. § 7 Abs. 1 EStG ist also in der Weise gem. § 9 Abs. 1 Nr. 7 EStG anzuwenden, dass nicht nur auf den Zeitraum der Verwendung oder Nutzung durch den Steuerpflichtigen „zur Erzielung von Einkünften", sondern auch auf den der privaten Nutzung durch den Steuerpflichtigen abzustellen ist, z. B. bei einem PKW, der beruflich und privat genutzt wird.

Beispiel:
A kauft Anfang 01 für 5.000 € einen Schreibtisch mit einer voraussichtlichen Nutzungsdauer von 10 Jahren, den er für private Zwecke im Wohnzimmer aufstellt. 06 richtet er mit dem Schreibtisch und weiteren Möbeln ein Arbeitszimmer ein, das er ausschließlich beruflich nutzt. Für den Schreibtisch kann er als AfA noch 5 Jahre jeweils 500 € geltend machen, weil die Anschaffungskosten auf den gesamten Zeitraum von 10 Jahren zu verteilen sind.

Die AfA nach § 7 EStG sind so zu bemessen, dass die Anschaffungs- oder Herstellungskosten nach Ablauf der betriebsgewöhnlichen Nutzungsdauer bis auf den Erinnerungswert von 1 Euro verteilt sind. Nur wenn, wie im Allgemeinen bei Gegenständen von großem Gewicht oder aus wertvollem Material (z. B. bei Seeschiffen), ein Schrottwert zu erwarten ist, der im Vergleich zu den Anschaffungs- oder Herstellungskosten und bei Anlegung eines absoluten Maßstabs erheblich ins Gewicht fällt, ist dieser bei der Verteilung der Anschaffungs- oder Herstellungskosten auf die betriebsgewöhnliche Nutzungsdauer in der Weise zu berücksichtigen, dass lediglich

---
97 BFH, BStBl 1990 II S. 837.

der Unterschied zwischen den Anschaffungs- oder Herstellungskosten und dem Schrottwert verteilt wird.

Die betriebsgewöhnliche Nutzungsdauer ist nicht identisch mit der tatsächlichen Nutzungsmöglichkeit, weil die **betriebstypische** Nutzungsdauer sowohl durch die Art des Wirtschaftsguts und die Verhältnisse des Betriebs als auch durch die fortschreitende technische Entwicklung und neue Erfindungen beeinflusst wird. Die zu schätzende Nutzungsdauer wird bestimmt durch den technischen Verschleiß, die wirtschaftliche Entwertung sowie rechtliche Gegebenheiten, welche die Nutzungsdauer eines Gegenstands begrenzen können. Auszugehen ist von der technischen Nutzungsdauer, also dem Zeitraum, in dem sich das Wirtschaftsgut technisch abnutzt. **Technische und wirtschaftliche Nutzungsdauer fallen i. d. R. zusammen.**

Für die Schätzung der Nutzungsdauer ist regelmäßig von dem Zeitraum auszugehen, in dem sich das Wirtschaftsgut technisch abnutzt. Eine hiervon abweichende kürzere wirtschaftliche Nutzungsdauer kommt nur in Betracht, wenn das Wirtschaftsgut erfahrungsgemäß vor Ablauf der technischen Nutzungsdauer objektiv wirtschaftlich wertlos wird. Ist ein Wirtschaftsgut im Betrieb zwar nicht mehr entsprechend der ursprünglichen Zweckbestimmung rentabel nutzbar, lassen sich aber durch Veräußerung erhebliche Erlöse erzielen, ist es auch für den Unternehmer wirtschaftlich noch nicht verbraucht.[98]

Die Schätzung der Nutzungsdauer hat nach objektiven Erfahrungssätzen zu erfolgen. Dabei kommt es auf die bei Aufstellung der Bilanz eines jeden Jahres vorhandenen Erkenntnismöglichkeiten an. Anhaltspunkt für eine angemessene Nutzungsdauer können die vom BMF herausgegebenen AfA-Tabellen für verschiedene Wirtschaftszweige sein.[99]

Bei der Ermittlung der betriebsgewöhnlichen Nutzungsdauer, die gleichzeitig der Feststellung des anzuwendenden AfA-Satzes dient, ist im Regelfall von einem unter üblichen Bedingungen **in einer Schicht arbeitenden Betrieb** nach dem gegenwärtigen Stand der wirtschaftlichen und technischen Verhältnisse auszugehen. Die **mehrschichtige Nutzung** der Anlagegüter wird von der Finanzverwaltung durch eine **Verkürzung der Nutzungsdauer** berücksichtigt. Dies gilt jedoch nicht für diejenigen Fälle, in denen die mehrschichtige Nutzung eines Wirtschaftsguts branchenüblich ist und die festgelegte Nutzungsdauer bzw. der AfA-Satz dies bereits berücksichtigt (z. B. Nutzungsdauer bei Hochöfen).

Dieser (nicht branchenüblichen) mehrschichtigen Nutzung wird durch eine **Verkürzung der Nutzungsdauer bei doppelschichtiger** Nutzung um **20 %** und bei **dreischichtiger** Nutzung um **33 $^1/_3$ %** Rechnung getragen.

---

98 BFH, BStBl 1998 II S. 59.
99 BMF, BStBl 2000 I S. 1532.

13.4 Nutzungsdauer, Restwert

Eine Wertminderung verändert die wirtschaftliche Nutzungsdauer nicht. Sie kann nur über eine Teilwertabschreibung berücksichtigt werden. Durch die AfA wird der aktivierte Aufwand verteilt, während die Teilwertabschreibung der Bewertung des Wirtschaftsguts dient.[100]

Einigen sich Finanzamt und Steuerpflichtiger bei einer Schlussbesprechung oder im Rechtsmittelverfahren auf eine bestimmte Nutzungsdauer, so sind beide nach Treu und Glauben auch für die künftigen Jahre daran gebunden, sofern sich nicht später herausstellt, dass die Nutzungsdauer erheblich anders ist. Ergibt sich später eine erheblich längere Nutzungsdauer als die zunächst angenommene, so ist die AfA für die noch nicht veranlagten Kalenderjahre unter Berücksichtigung der zu hohen früheren AfA zu bemessen.

Beispiel:
A, der ein mit dem Kalenderjahr übereinstimmendes Wirtschaftsjahr hat, erwirbt am 01.07. einen LKW für 60.000 €. Bei der Veranlagung für das 1. bis 3. Jahr wird eine betriebsgewöhnliche Nutzungsdauer von 3 Jahren zugrunde gelegt. Bei der Bilanzaufstellung für das 4. Jahr steht fest, dass die betriebsgewöhnliche Nutzungsdauer 5 Jahre beträgt.

AfA bei fünfjähriger Nutzungsdauer:
Für das 1. Jahr $^1/_2$ von 12.000 € =   6.000 €
Für das 2. bis 5. Jahr 4 × 12.000 € =   48.000 €
Für das 6. Jahr $^1/_2$ von 12.000 € =   6.000 €
Summe: 60.000 €
Bei der Veranlagung bereits berücksichtigte AfA:
Für das 1. Jahr $^1/_2$ von 20.000 € =   10.000 €
Für das 2. und 3. Jahr je 20.000 € =   40.000 €
Summe: 50.000 €
Der Unterschied von   10.000 €
ist auf die Veranlagung für das 4. bis 6. Jahr mit 4.000 €, 4.000 € und 2.000 € zu verteilen.

Da die Absetzungen für Abnutzung in jedem Jahr vorgenommen werden müssen („ist abzusetzen"), und zwar auch in Verlustjahren, dürfen willkürlich unterlassene AfA nicht nachgeholt werden.

Wenn sich der Steuerpflichtige über die Nutzungsdauer geirrt hat, kann er die AfA durch eine Verteilung des überhöhten Restbuchwerts auf die Restnutzungsdauer nachholen, soweit dies nach § 4 Abs. 2 EStG noch möglich ist. Bei Gebäuden ist der bisherige AfA-Satz anzuwenden, sodass sich die Abschreibungsdauer verlängert. Eine AfA ist nicht willkürlich unterlassen worden, wenn ausschließlich aus nichtsteuerlichen Gründen eine zu niedrige AfA angesetzt worden ist.[101] Entsprechendes gilt auch für den Fall der Inanspruchnahme einer zu hohen AfA, denn auch insoweit gleicht sich der Fehler durch den Ausfall von AfA im Wege höherer Gewinnrealisie-

---
100 BFH, BStBl 1994 II S. 11.
101 BFH, BStBl 1981 II S. 255.

rung in den Folgejahren aus.[102] Dasselbe gilt bei überhöhter degressiver AfA nach § 7 Abs. 5 EStG.[103]

Die AfA beginnen mit dem Zeitpunkt der Anschaffung oder Herstellung. Zeitpunkt der Anschaffung ist der Zeitpunkt der Lieferung; Zeitpunkt der Herstellung ist der Zeitpunkt der Fertigstellung (§ 9a EStDV).

13.5 Pro-rata-temporis-Regel

Die AfA kann für ein Wirtschaftsgut, das im Laufe eines Wirtschaftsjahres (Kalenderjahres) angeschafft oder hergestellt wird, in diesem Wirtschaftsjahr nur zeitanteilig (pro rata temporis) verrechnet werden. Entsprechendes gilt, wenn ein Wirtschaftsgut im Laufe des Wirtschaftsjahres (Kalenderjahres) ausscheidet, z. B. veräußert oder aus einem Betriebsvermögen entnommen wird. Dabei wird allgemein nicht beanstandet, wenn die zeitanteilige Nutzung auf volle Monate aufgerechnet wird.

Die Pro-rata-temporis-Regel gilt allerdings nicht, wenn nach dem Gesetz ausdrücklich für das Jahr des Beginns der Absetzungen (Jahr der Fertigstellung bzw. Jahr des Erwerbs) der volle Jahresbetrag abzusetzen ist, wie dies bei den degressiven Absetzungen für Gebäude nach § 7 Abs. 5 EStG vorgesehen ist.[104]

Nach § 7 Abs. 1 Satz 4 EStG ist nur noch eine zeitanteilige monatliche Abschreibung der Anschaffungs- bzw. Herstellungskosten für Anschaffungen bzw. Herstellungen zeitentsprechend für den jeweiligen Monat vorzunehmen, in dem die Anschaffung oder Herstellung erfolgt (**pro rata temporis**).

13.6 Bemessungsgrundlage

Die AfA bemisst sich **grundsätzlich nach den Anschaffungs- oder Herstellungskosten,** beim Geschäfts- oder Firmenwert nur nach den Anschaffungskosten, weil nur der erworbene Geschäfts- oder Firmenwert bilanzierbar ist (§ 5 Abs. 2 EStG).

Hat der Steuerpflichtige die Wirtschaftsgüter **unentgeltlich** (durch Schenkung unter Lebenden oder durch Erbschaft) erworben, dann sind ihm insoweit keine Anschaffungs- oder Herstellungskosten entstanden (wegen des Erwerbs im Rahmen einer Erbauseinandersetzung und der vorweggenommenen Erbfolge siehe 10.7.2.2). Bei Prüfung der Frage, von welcher Bemessungsgrundlage in diesen Fällen auszugehen ist, muss man zwischen Wirtschaftsgütern, die zu einem Betriebsvermögen gehören, und Wirtschaftsgütern, die nicht zu einem Betriebsvermögen gehören, unterscheiden.

---

102 BFH, BStBl 1988 II S. 335.
103 BFH, BStBl 1993 II S. 661.
104 BFH, BStBl 1974 II S. 704.

13.6 Bemessungsgrundlage

Bei Wirtschaftsgütern, die **zu einem Betriebsvermögen gehören,** gelten die Bewertungsvorschriften über die Bewertung der Einlagen nach § 6 Abs. 1 Nr. 5 EStG, wobei zusätzlich § 6 Abs. 1 Nr. 5 Satz 3 EStG zu beachten ist, soweit für Wirtschaftsgüter zuvor bereits AfA in Anspruch genommen wurde. Das gilt auch für die Gewinnermittlung nach § 4 Abs. 3 EStG.

Wegen des Teilwerts von unentgeltlich erlangten und in den Betrieb eingelegten schuldrechtlichen oder dinglichen Nutzungsrechten (z. B. an einem Gebäude) siehe 13.3.3.

Bei den **nicht zu einem Betriebsvermögen gehörenden Wirtschaftsgütern,** die der Steuerpflichtige unentgeltlich erworben hat, bemessen sich die AfA nach den Anschaffungs- oder Herstellungskosten des Rechtsvorgängers oder dem Wert, der beim Rechtsvorgänger an deren Stelle getreten ist oder treten würde, wenn er noch Eigentümer des Wirtschaftsguts wäre, zzgl. der vom Erwerber aufgewendeten Herstellungskosten (§ 11d EStDV). Diese Regeln gelten für den unentgeltlichen Erwerb durch Einzelrechtsnachfolge und durch Gesamtrechtsnachfolge (H 7.3 „Vorweggenommene Erbfolge, Erbauseinandersetzung" EStH; wegen der Frage eines unentgeltlichen Erwerbs siehe auch 13.3). Wird jemandem unentgeltlich ein Nutzungsrecht (z. B. an einem Grundstück, z. B. als Zuwendungsnießbrauch) eingeräumt, dann stellen die Anschaffungs- oder Herstellungskosten des Eigentümers der zur Nutzung überlassenen Sache nicht solche Kosten des Rechtsvorgängers im Sinne der vorgenannten Regelung dar (siehe dazu im Einzelnen 13.3).

Wird ein Wirtschaftsgut, das **zuvor zur Erzielung von Überschusseinkünften verwendet** wurde, in ein Betriebsvermögen eingelegt, mindert sich nach § 7 Abs. 1 Satz 5 EStG der Einlagewert um die Absetzungen, die bis zum Zeitpunkt der Einlage vorgenommen worden sind, höchstens jedoch bis zu den fortgeführten Anschaffungs- oder Herstellungskosten. Ist der Einlagewert niedriger als dieser Wert, bemisst sich die weitere AfA vom Einlagewert[105]. Die Regelung hat Bedeutung für die Ermittlung der AfA-Bemessungsgrundlage und des AfA-Volumens nach der Einlage des Wirtschaftsguts. Demgegenüber erfolgt die Bewertung der Einlage gem. § 6 Abs. 1 Nr. 5 EStG grundsätzlich weiterhin mit dem Teilwert.

Soweit beim Kauf eines Wirtschaftsguts als Entgelt laufende monatliche Zahlungen vereinbart sind, die als **dauernde Last** zu behandeln sind, so liegen in Höhe des Barwerts der dauernden Last (§ 14 BewG i. V. m. Anlage 9 zum BewG) Anschaffungskosten vor.[106]

Ist der Barwert der wiederkehrenden Leistungen höher als der Wert des Grundstücks, ist Entgeltlichkeit nur in Höhe des angemessenen Kaufpreises anzunehmen. Der übersteigende Betrag ist eine Zuwendung i. S. des § 12 EStG. Ist der Barwert

---
105 Vgl. im Einzelnen: BMF vom 27.10.2010 (BStBl 2010 I S. 1204).
106 BFH, BStBl 1995 II S. 47.

mehr als doppelt so hoch wie der Wert des Grundstücks, liegt insgesamt eine Zuwendung i. S. des § 12 EStG vor.[107]

Im Fall des vorzeitigen Todes des Veräußerers bleiben die Anschaffungskosten unverändert, wenn die tatsächliche Lebensdauer des Veräußerers von der im Zeitpunkt der Veräußerung angenommenen statistischen Lebenserwartung nach der Sterbetafel abweicht. Das – gemessen an der Sterbetafel vorzeitige – Ableben des Veräußerers stellt kein Ereignis mit steuerrechtlicher Wirkung dar, das eine Korrektur der Anschaffungskosten nach § 175 Abs. 1 Satz 1 Nr. 2 AO erfordert. Die Anschaffungskosten bleiben als AfA-Bemessungsgrundlage unberührt. Der in den dauernden Lasten enthaltene Zinsanteil ist in entsprechender Anwendung der Ertragsteiltabelle des § 22 Nr. 1 Satz 3 Buchst. a Doppelbuchst. bb EStG zu ermitteln und als Werbungskosten nach § 9 Abs. 1 Satz 3 Nr. 1 EStG neben der AfA abziehbar. Entsprechendes gilt beim Erwerb eines Miteigentumsanteils.[108]

Bei Bodenschätzen, die ein Steuerpflichtiger auf einem ihm gehörenden Grundstück entdeckt, sind Absetzungen für Substanzverringerungen (AfS) nicht zulässig (§ 11d Abs. 2 EStDV). Wird hingegen ein Bodenschatz im Privatvermögen durch gemischte Schenkung erworben, dann ist der dabei gezahlte Geldbetrag Anschaffungsaufwand und damit Bemessungsgrundlage für die Absetzung für Substanzverringerungen.[109]

Ein Bodenschatz, der sich bereits im Privatvermögen zu einem selbständigen Wirtschaftsgut konkretisiert hat, kann nach der Eröffnung eines gewerblichen Anbaubetriebs in das Betriebsvermögen eingelegt werden. Die AfS bemessen sich nach dem Einlagewert als fiktive Anschaffungskosten.

Bei einem Gebäude, das der Steuerpflichtige aus einem Betriebsvermögen in das Privatvermögen überführt, sind die weiteren Absetzungen nach dem Teilwert oder gemeinen Wert zu bemessen, mit dem das Gebäude bei der Überführung steuerlich angesetzt wurde.[110] Das gilt nicht, wenn der bei der Überführung entstehende Entnahmegewinn steuerlich außer Ansatz bleibt. In diesem Fall bleiben die bisherigen Anschaffungs- oder Herstellungskosten oder der an deren Stelle tretende Wert für die weitere AfA des Gebäudes als Bemessungsgrundlage maßgeblich. Dasselbe gilt, wenn der Betrieb, zu dessen Betriebsvermögen das Gebäude gehört, von der Schätzung nach Richtsätzen oder der Gewinnermittlung nach Durchschnittssätzen gem. § 13a EStG zum Bestandsvergleich übergeht oder wenn ein Gebäude, das wegen Nutzung zu eigenen Wohnzwecken oder wegen unentgeltlicher Überlassung zu fremden Wohnzwecken nicht zu Einkünften führt, zur Erzielung von Einkünften i. S. von § 21 EStG verwendet wird.[111] In diesen Fällen gilt im Zeitpunkt des Über-

---

107 BFH, BStBl 1996 II S. 663, und BMF, BStBl 1998 I S. 914, Tz. 59.
108 BFH, BStBl 1995 II S. 169.
109 BFH, BStBl 1981 II S. 794.
110 BFH, BStBl 1983 II S. 759; R 7.3 Abs. 6 Satz 1 EStR.
111 R 7.3 Abs. 6 Satz 2 Nr. 1 bis 2 EStR.

13.6 Bemessungsgrundlage

gangs in das Privatvermögen, zum Bestandsvergleich oder zur Einkunftserzielung der Teil der Anschaffungs- oder Herstellungskosten als abgesetzt, der nach § 7 Abs. 4 und 5 EStG auf den Zeitpunkt vor dem Übergang entfällt. Entsprechendes gilt auch für bewegliche Wirtschaftsgüter, die in ein Betriebsvermögen eingelegt oder aus einem Betriebsvermögen entnommen werden. Bleiben danach die bisherigen Anschaffungs- oder Herstellungskosten oder der an deren Stelle tretende Wert für die weiteren AfA maßgeblich, so gilt der Teil der Anschaffungs- oder Herstellungskosten als abgesetzt, der bei entsprechender Anwendung des § 7 Abs. 1 Satz 1 EStG auf den Zeitraum vor dem Übergang zum Bestandsvergleich oder vor der Verwendung zur Erzielung von Einkünften entfällt.[112] Nach Betriebsaufgabe oder Entnahme bilden gemeiner Wert oder Teilwert nur dann die Bemessungsgrundlage für die Gebäude-AfA, wenn die stillen Reserven aufgedeckt und versteuert werden.[113]

Vergleiche Beispiele in H 7.4 „AfA nach einer Nutzungsänderung" EStH.

Bei der Überführung eines Wirtschaftsguts in das Privatvermögen ist die AfA auch dann nach dem Wert zu bemessen, mit dem das Wirtschaftsgut steuerlich erfasst worden ist, wenn er falsch ermittelt wurde.[114]

Bei Wirtschaftsgütern, die der Erzielung von Überschusseinkünften dienen, sind immer die Anschaffungs- oder Herstellungskosten und nicht der Verkehrswert maßgebend für die Berechnung der AfA. Wenn das Wirtschaftsgut nicht von vornherein für die Einkunftserzielung verwendet wird, wirkt sich im Zeitraum der Einkünfteerzielung nur noch der Teil der Anschaffungskosten als Werbungskosten aus, der auf den Einkünfteerzielungszeitraum entfällt.[115]

Die Anschaffungs- oder Herstellungskosten sind auf die Gesamtnutzungsdauer einschließlich der Zeit vor der Umwidmung zu verteilen. Als Werbungskosten (AfA) ist nur der Teil abziehbar, der auf die Zeit nach der Umwidmung entfällt.

> **Beispiel:**
> Ein Arbeitszimmer wird mit einem vor vielen Jahren angeschafften Schreibtisch ausgestattet, dessen übliche Nutzungsdauer bei Beginn der beruflichen Nutzung bereits abgelaufen ist. Eine AfA kann nicht mehr geltend gemacht werden, weil der Schreibtisch bereits abgeschrieben gewesen wäre, wenn er von vornherein der Einkünfteerzielung gedient hätte.

Zur AfA-Bemessungsgrundlage zählen auch **nachträgliche Anschaffungs- oder Herstellungskosten.** Nachträgliche Anschaffungs- oder Herstellungskosten sind solche, die nach dem Zeitpunkt der Anschaffung oder Herstellung anfallen. Hinsichtlich der Frage der AfA-Bemessungsgrundlage bei nachträglichen Anschaffungs- oder Herstellungskosten ist zwischen den Fällen zu unterscheiden, in denen

---

112 R 7.4 Abs. 10 EStR, wegen der Bemessung der weiteren AfA nach der Überführung siehe 13.9.2.
113 BFH, BStBl 1994 II S. 749.
114 BMF, BStBl 1992 I S. 651.
115 BFH, BStBl 1990 II S. 692.

13 Absetzungen für Abnutzung oder Substanzverringerung

erhöhte Absetzungen und Sonderabschreibungen in Anspruch genommen werden, und denjenigen, in denen das nicht geschieht.

Werden erhöhte Absetzungen und Sonderabschreibungen nicht in Anspruch genommen, so sind die nachträglichen Anschaffungs- oder Herstellungskosten grundsätzlich dem letzten Buchwert bzw. Restwert zuzuschlagen. Verändert sich durch nachträgliche Herstellungskosten die Nutzungsdauer des Wirtschaftsguts, so ist ferner grundsätzlich die veränderte Restnutzungsdauer der AfA-Bemessung zugrunde zu legen.

Beispiel:
Bei einem beweglichen Wirtschaftsgut mit einer betriebsgewöhnlichen Nutzungsdauer von 20 Jahren, dessen Anschaffungskosten 20.000 € betragen, entstehen im 11. Jahr nach der Anschaffung nachträgliche Herstellungskosten von 10.000 €. Dadurch erhöht sich die Nutzungsdauer des Wirtschaftsguts um weitere 10 Jahre. Die Abschreibung erfolgt in gleichen Jahresbeträgen nach § 7 Abs. 1 EStG.

Ursprüngliche Anschaffungskosten	20.000 €
AfA vom 1. bis 10. Jahr	
(= 10 × 5 % von 20.000 €)	10.000 €
Restwert	10.000 €
+ nachträgliche Herstellungskosten	10.000 €
AfA-Bemessungsgrundlage ab 11. Jahr	20.000 €
AfA vom 11. bis 30. Jahr =	
5 % von 20.000 € = je 1.000 € pro Jahr	20.000 €
	0 €

Bei der Bemessung der AfA für das Jahr der Entstehung nachträglicher Anschaffungs- oder Herstellungskosten können diese Kosten aus Vereinfachungsgründen so berücksichtigt werden, als wären sie zu Beginn dieses Jahres aufgewendet worden (R 7.4 Abs. 9 Satz 3 EStR). Dabei ist als Jahr der nachträglichen Anschaffung das Jahr der Lieferung und als Jahr der nachträglichen Herstellung das Jahr der Fertigstellung anzusehen (§ 9a EStDV).

Die vorstehenden Grundsätze gelten nicht für Gebäude, bei denen die Abschreibung gem. § 7 Abs. 4 Satz 1 EStG in festen Prozentsätzen vorgenommen wird (siehe dazu 13.9.2). Wegen der Besonderheiten bei degressiver AfA vgl. 13.9.3.

Entstehen nachträgliche Anschaffungs- oder Herstellungskosten bei einem Wirtschaftsgut, bei dem erhöhte Absetzungen und Sonderabschreibungen in Anspruch genommen werden, innerhalb des Begünstigungszeitraums, so trifft § 7a Abs. 1 EStG für die AfA-Bemessungsgrundlage eine Sonderregelung (vgl. R 7a Abs. 3 EStR). Danach bemessen sich vom Jahr der Entstehung der nachträglichen Anschaffungs- oder Herstellungskosten an bis zum Ende des Begünstigungszeitraums die Absetzungen für Abnutzung, erhöhten Absetzungen und Sonderabschreibungen nach den um die nachträglichen Anschaffungs- oder Herstellungskosten erhöhten (ursprünglichen) Anschaffungs- oder Herstellungskosten. Als Begünstigungszeitraum ist der Zeitraum anzusehen, in dem erhöhte Absetzungen oder Sonderabschreibungen in Anspruch genommen werden können.

Vergleiche dazu Beispiel in H 7a „Anzahlungen auf Anschaffungskosten" Beispiele EStH.

13.7 AfA-Methoden

13.7.1 AfA in gleichen Jahresbeträgen (lineare AfA)

Bei der linearen AfA (§ 7 Abs. 1 Satz 1 und 2 EStG) werden die Anschaffungs- oder Herstellungskosten in gleichmäßigen Jahresbeträgen auf die betriebsgewöhnliche Nutzungsdauer verteilt (Absetzung für Abnutzung in gleichen Jahresbeträgen).

Die AfA bemisst sich dabei nach der **betriebsgewöhnlichen Nutzungsdauer.** Diese AfA in gleichen Jahresbeträgen geht davon aus, dass bei dem Wirtschaftsgut in **allen Jahren** der **Nutzung** ein **gleich großer Wertverzehr** bzw. Verschleiß gegeben ist.

Der **AfA-Betrag je Jahr** ergibt sich, wenn man die Anschaffungs- oder Herstellungskosten durch die Anzahl der Jahre der betriebsgewöhnlichen Nutzungsdauer dividiert. Den **AfA-Satz** (in % der Anschaffungs- oder Herstellungskosten) erhält man, wenn man 100 durch die Anzahl der Jahre der betriebsgewöhnlichen Nutzungsdauer dividiert.

Die AfA ist in gleichen Jahresbeträgen nach § 7 Abs. 1 Satz 1 EStG **bei allen Wirtschaftsgütern** und **bei allen Einkunftsarten** anzuwenden.

> **Beispiel:**
> Im ersten Monat eines Wirtschaftsjahres wird eine Maschine mit Anschaffungskosten von 10.000 € erworben. Die betriebsgewöhnliche Nutzungsdauer soll 5 Jahre betragen.
> Die Absetzungen für Abnutzung werden wie folgt berechnet:
>
> | | |
> |---|---:|
> | Anschaffungskosten | 10.000 € |
> | AfA für das Erstjahr 20 % von 10.000 € | = 2.000 € |
> | Restwert nach Ablauf des 1. Jahres | 8.000 € |
> | AfA für zweites Jahr 20 % von 10.000 € | 2.000 € |
> | Restwert nach Ablauf des zweiten Jahres usw. | = 6.000 € |
>
> Nach Ablauf des fünften Jahres ist die Maschine voll abgesetzt.

Die lineare AfA ist bei abnutzbaren **beweglichen** Wirtschaftsgütern, die zu einem Betriebsvermögen gehören, allgemein zulässig.

Bei abnutzbaren **unbeweglichen** Wirtschaftsgütern, die nicht Gebäude oder selbständige Gebäudeteile sind (z. B. Außenanlagen) und auch nicht zu den Betriebsvorrichtungen zählen, und bei zeitlich begrenzten **immateriellen** Wirtschaftsgütern (auch Geschäfts- oder Firmenwert) wird die AfA ebenfalls nach § 7 Abs. 1 Satz 1 EStG in gleichen Jahresbeträgen vorgenommen. **Dies gilt auch für abnutzbare**

13 Absetzungen für Abnutzung oder Substanzverringerung

Wirtschaftsgüter, die nicht zu einem Betriebsvermögen gehören (§ 9 Abs. 1 Nr. 7 EStG). Absetzungen für außergewöhnliche technische und wirtschaftliche Abnutzung sind dabei zulässig (§ 7 Abs. 1 Satz 7 und Abs. 4 Satz 3 EStG). Soweit der Grund dafür entfällt, z. B. eine Werterholung eintritt, ist zwingend eine Wertaufholung durch eine Zuschreibung vorzunehmen (so § 7 Abs. 1 Satz 7 Halbsatz 2 EStG). Buchführende Steuerpflichtige können auch von der Möglichkeit der Teilwertabschreibung nach § 6 Abs. 1 Nr. 1 EStG Gebrauch machen, wenn die Voraussetzungen dafür vorliegen.

13.7.2 AfA nach Maßgabe der Leistung

Bei beweglichen Wirtschaftsgütern des Anlagevermögens, bei denen es wirtschaftlich begründet ist, die Absetzung für Abnutzung nach Maßgabe der Leistung des Wirtschaftsguts vorzunehmen, kann der Steuerpflichtige dieses Verfahren statt der Absetzung für Abnutzung in gleichen Jahresbeträgen anwenden, wenn er den auf das einzelne Jahr entfallenden Umfang der Leistung nachweist (§ 7 Abs. 1 Satz 6 EStG).

Bei der AfA nach Maßgabe der Leistung tritt an die Stelle der betriebsgewöhnlichen Nutzungsdauer die betriebsgewöhnliche Gesamtleistung, die nach den Verhältnissen des Einzelfalls unter Berücksichtigung aller Umstände geschätzt werden muss.

Die Bemessung der AfA nach Maßgabe der Leistung ist bei solchen beweglichen Anlagegütern wirtschaftlich begründet, deren Leistung i. d. R. erheblich schwankt und deren Verschleiß dementsprechend wesentliche Unterschiede aufweist. Der auf das einzelne Wirtschaftsjahr entfallende Umfang der Leistung muss nachgewiesen werden.

Diese sog. **Leistungsabschreibung** führt i. d. R. zu unterschiedlichen AfA-Beträgen. Sie findet ihre Berechtigung in dem durch die unterschiedliche Beanspruchung des Wirtschaftsguts eintretenden, in der Höhe **wechselnden Wertverzehr je Zeiteinheit** (z. B. Arbeitsstunden je Maschine) oder Leistungseinheit (z. B. km-Leistung eines LKW).

Beispiel:

Die Gesamtleistung eines Kraftfahrzeugs wird auf 100.000 km geschätzt. Der Steuerpflichtige fährt im ersten Jahr 20.000 km, im zweiten Jahr 30.000 km, im dritten Jahr 15.000 km, im vierten Jahr 18.000 km und im fünften Jahr 17.000 km.

Nach Maßgabe der Leistung sind im ersten Jahr 20 %, im zweiten Jahr 30 %, im dritten Jahr 15 %, im vierten Jahr 18 % und im fünften Jahr 17 % der Anschaffungskosten als AfA abzusetzen.

13.7.3 AfA in fallenden Jahresbeträgen (degressive AfA)

Bei beweglichen (dies sind stets nur körperliche, nicht aber auch immaterielle Wirtschaftsgüter) abnutzbaren Wirtschaftsgütern des Anlagevermögens konnte bis zum 31.12.2007 und vom 01.01.2009 bis zum 31.12.2010 statt der Absetzung für Abnutzung in gleichen Jahresbeträgen die Absetzung für Abnutzung in fallenden Jahresbeträgen angewendet werden (§ 7 Abs. 2 EStG a. F.).

Dem häufig gegebenen Umstand, dass ein Wirtschaftsgut in den ersten Jahren der Nutzung wesentlich schneller veraltet als in den folgenden Jahren, trug diese Regelung Rechnung. Bei der degressiven AfA (Absetzung für Abnutzung in fallenden Jahresbeträgen) werden die AfA-Beträge von Jahr zu Jahr niedriger.

Nach § 7 Abs. 2 EStG a. F. konnte der Steuerpflichtige ohne Rücksicht auf die Gesamtnutzungsdauer bei allen beweglichen Wirtschaftsgütern die AfA in fallenden Jahresbeträgen anwenden. Für Gebäude gilt die Sonderregelung nach § 7 Abs. 5 EStG (vgl. 13.9.3).

Bei Anschaffung oder Herstellung des Wirtschaftsguts **nach dem 31.12.2005** und vor dem 01.01.2008 beträgt der Prozentsatz höchstens das **Dreifache** des entsprechenden linearen AfA-Satzes **und** höchstens **30 %**. Soweit die Wirtschaftsgüter zwischen dem 01.01.2009 und dem 31.12.2010 angeschafft oder hergestellt worden sind, beträgt dieser Prozentsatz höchstens das Zweieinhalbfache des entsprechenden linearen AfA-Satzes und höchstens 25 %.

Dabei ist unter Anschaffung der Zeitpunkt der Lieferung und unter Herstellung der Zeitpunkt der Fertigstellung zu verstehen; vgl. § 9a EStDV, R 7.4 Abs. 1 EStG, H 7.4 „Fertigstellung" und „Lieferung" EStH.

Entsteht bei einem beweglichen Wirtschaftsgut nachträglicher Herstellungsaufwand, so sind bei Anwendung dieser Regelung von diesem Zeitpunkt an die degressiven Absetzungen so zu berechnen, dass auf die Summe aus dem Restwert des Wirtschaftsguts und dem nachträglichen Herstellungsaufwand der bisherige, der Gesamtnutzungsdauer des Wirtschaftsguts entsprechende AfA-Satz unverändert angewendet wird. Das gilt auch, wenn nachträglicher Herstellungsaufwand nach Ablauf der betriebsgewöhnlichen Nutzungsdauer entsteht, dann ist der zuletzt maßgebliche AfA-Satz anzuwenden.

Waren jedoch die nachträglichen Herstellungskosten so umfassend, dass hierdurch, wirtschaftlich betrachtet, ein neues Wirtschaftsgut entstanden ist, so sind die AfA nach § 7 Abs. 2 EStG a. F., soweit die Regelung noch zur Anwendung kommt (Anschaffung/Herstellung vor dem 01.01.2008 bzw. vom 01.01.2009 bis 31.12.2010), nach der Summe aus dem Buchwert (Restwert) des Wirtschaftsguts und den nachträglichen Herstellungskosten und nach dem Prozentsatz zu bemessen, der der voraussichtlichen Nutzungsdauer des neuen Wirtschaftsguts entspricht. Dabei ist der Prozentsatz anzuwenden, der im Zeitpunkt der Beendigung der nachträglichen Herstellung maßgeblich ist.

13 Absetzungen für Abnutzung oder Substanzverringerung

Der Übergang von der Absetzung für Abnutzung in fallenden Jahresbeträgen zur Absetzung für Abnutzung in gleichen Jahresbeträgen war nach diesen aufgehobenen Gesetzesregelung bei beweglichen Anlagegütern gestattet (§ 7 Abs. 3 Satz 1 EStG a. F.).

Die zunächst ab 01.01.2008 abgeschaffte gesetzliche Regelung der degressiven AfA wurde bereits ab dem 01.01.2009, begrenzt dann später bis zum 31.12.2010, im Rahmen des Konjunkturpakets I mit dem Gesetz zur Umsetzung steuerlicher Regelungen des Maßnahmenpakets „Beschäftigungssicherung durch Wachstumsstärkung" wieder eingeführt.

Die degressive AfA konnte allerdings in 2009 nur bei Nettopreisen über 1.000 € genutzt werden, weil ansonsten die Regelungen für geringwertige Wirtschaftsgüter (bis 150 €) bzw. für Sammelposten (150,01 € bis 1.000 €) verpflichtend sind. Für 2010 war diese Regelung in § 6 Abs. 2a Satz 1 EStG nur noch fakultativ („kann") (vgl. 10.20).

13.8 Absetzungen für außergewöhnliche Abnutzung (AfaA)

Es sind sowohl Absetzungen wegen außergewöhnlicher technischer als auch wegen außergewöhnlicher wirtschaftlicher Abnutzung zulässig (§ 7 Abs. 1 letzter Satz EStG). Soweit der Grund hierfür in Fällen der Gewinnermittlung nach § 4 Abs. 1 EStG oder nach § 5 EStG in späteren Wirtschaftsjahren entfällt, ist eine entsprechende **Zuschreibung** vorzunehmen (§ 7 Abs. 1 Satz 7 Halbsatz 2 EStG). Eine Abnutzung ist dann außergewöhnlich, wenn sie im Rahmen der betriebsgewöhnlichen Nutzung normalerweise nicht eintritt und daher bei Bemessung der betriebsgewöhnlichen Nutzungsdauer nicht berücksichtigt worden ist.

Eine außergewöhnliche **technische Abnutzung** setzt einen Substanzverzehr voraus. Er kann durch alle möglichen mechanischen Einwirkungen auf das Wirtschaftsgut verursacht werden. Diese Einflüsse müssen entweder zu einer Verkürzung der betriebsgewöhnlichen Nutzungsdauer oder zu einer Einschränkung der gewöhnlichen Nutzung führen. Zu den mechanischen Einwirkungen gehören einmal solche, die vom Willen des Menschen unabhängig sind, also Einwirkungen durch höhere Gewalt, z. B. Brand, Wasser, Sturm, Bergschäden.[116] Dazu gehören aber auch sog. innere Mängel eines Wirtschaftsguts (Fäulnis oder Schwamm an einem Gebäude, Materialmängel bei einer Maschine).

Beispiel:

A erwirbt ein Gebäude. Es stellt sich später heraus, dass das Balkenwerk mit Schwamm befallen ist. A kann eine Absetzung wegen außergewöhnlicher technischer Abnutzung oder die Kosten für die Beseitigung dieses Schadens als Aufwand buchen.

---
116 BFH, BStBl 1994 II S. 11.

13.8 Absetzungen für außergewöhnliche Abnutzung (AfaA)

Zu einer außergewöhnlichen technischen Abnutzung können auch solche Einwirkungen auf das Wirtschaftsgut führen, die vom Willen des Steuerpflichtigen nicht unabhängig sind.

Beispiel:
A kann seinen Maschinenpark nicht in dem erforderlichen Umfang instand setzen, weil ihm die nötigen Arbeitskräfte oder entsprechende Ersatzteile fehlen. Tritt dadurch eine außergewöhnliche technische Abnutzung ein, ist eine entsprechende Absetzung zulässig.

Eine Absetzung wegen außergewöhnlicher **wirtschaftlicher Abnutzung** erfordert eine Verminderung der Verwendungsmöglichkeit des Wirtschaftsguts. Sie ist grundsätzlich dann zulässig, wenn durch außergewöhnliche Einflüsse die wirtschaftliche Nutzbarkeit des Wirtschaftsguts im Jahr der Geltendmachung der außergewöhnlichen Abnutzung sinkt. Eine Beeinträchtigung der Nutzung ohne Verkürzung der Nutzungsdauer wird nur in Ausnahmefällen zu Absetzungen wegen außergewöhnlicher wirtschaftlicher Abnutzung führen.

Beispiele:
a) A besitzt in seiner Weberei einen Webstuhl, der 100 Arbeitsgänge in einer Minute leistet. Auf dem Markt wird eine Maschine angeboten, die 500 Arbeitsgänge in der Minute leistet. A muss sich spätestens in zwei Jahren eine neue Maschine anschaffen, um konkurrenzfähig zu bleiben. Er kann nach § 7 Abs. 1 letzter Satz EStG den Restwert der Maschine auf zwei Jahre verteilen.

b) Eine Präzisionsmaschine wird wegen unterlassener Instandhaltung für die Präzisionsarbeiten unbrauchbar. Sie kann jedoch noch für gröbere Arbeiten, die üblicherweise von minderwertigen Maschinen ausgeführt werden, ohne Beeinträchtigung der Nutzungsdauer genutzt werden. Auch hier erscheint eine entsprechende Absetzung gerechtfertigt.

AfA ist grundsätzlich im Jahr des Schadenseintritts, spätestens jedoch im Jahr der Entdeckung des Schadens vorzunehmen.[117]

Baumängel vor Fertigstellung eines Gebäudes rechtfertigen keine AfaA, auch wenn infolge dieser Baumängel noch in der Bauphase unselbständige Gebäudeteile wieder abgetragen werden.[118] Das gilt auch, wenn die Baumängel erst nach Fertigstellung entdeckt werden.[119] Zum Abriss eines Gebäudes und AfaA vgl. auch H 7.4 „AfaA" EStH.

Ebenso wenig kommt eine AfaA in Betracht, wenn das Gebäude in Abbruchabsicht oder in Absicht erworben ist, es alsbald unter Aufgabe erheblicher Bausubstanz umzubauen, und es dann innerhalb von drei Jahren abgerissen worden ist.[120]

Wegen der Behandlung des Restbuchwerts und der Abbruchkosten in diesen Fällen siehe 10.7.4.

---
117 BFH, BStBl 1994 II S. 11 und 12.
118 BFH, BStBl 1995 II S. 306.
119 BFH, BStBl 1993 II S. 702.
120 BFH, BStBl 1993 II S. 504.

13 Absetzungen für Abnutzung oder Substanzverringerung

Die AfaA ist in dem Veranlagungszeitraum vorzunehmen, in dem eine außergewöhnliche technische oder wirtschaftliche Abnutzung vorliegt, in dem also der Tatbestand des § 7 Abs. 1 Satz 7 EStG erfüllt ist. Ausnahmsweise sind die AfaA in einem späteren Veranlagungszeitraum zu gewähren, und zwar dann, wenn der Steuerpflichtige die außergewöhnliche technische oder wirtschaftliche Abnutzung erst in einem späteren Veranlagungszeitraum entdeckt.[121]

Der Steuerpflichtige hat auch kein Wahlrecht, ob er die AfaA in dem Veranlagungszeitraum geltend macht, in dem die außergewöhnliche technische oder wirtschaftliche Abnutzung erfolgt ist, oder ob er sie in dem Veranlagungszeitraum vornimmt, in dem feststeht, ob und in welcher Höhe der Schaden – etwa von einer Versicherung – ersetzt wird.

Der Grund liegt darin, dass § 7 Abs. 1 EStG für die Absetzungen auf die Abnutzung des einzelnen Wirtschaftsguts abstellt. Dabei sind die AfaA für den Bereich der Überschusseinkünfte nach den gleichen Grundsätzen zu bestimmen, wie sie für die Gewinneinkünfte gelten.

So wie die AfaA dienen auch die AfA dem Zweck, die Anschaffungs- oder Herstellungskosten auf die Nutzungsdauer eines Wirtschaftsguts zu verteilen. Die AfaA werden in § 7 Abs. 1 Satz 7 EStG zugelassen, wenn infolge einer außergewöhnlichen Abnutzung eine Verteilung der Anschaffungs- oder Herstellungskosten nach dem bisherigen Verfahren nicht mehr gerechtfertigt ist.

Absetzungen wegen außergewöhnlicher technischer oder wirtschaftlicher Abnutzung sind zulässig bei abnutzbaren Wirtschaftsgütern des Betriebsvermögens und des Privatvermögens. Bei Gebäuden schließt die degressive AfA nach § 7 Abs. 5 EStG Absetzungen wegen außergewöhnlicher Abnutzung nicht aus.[122]

Außergewöhnliche technische oder wirtschaftliche Wertminderungen können bei linear oder nach der Leistung abgeschriebenen Wirtschaftsgütern unabhängig von der Einkunftsart durch eine entsprechend höhere AfA für außergewöhnliche Abnutzung berücksichtigt werden, und zwar ohne Rücksicht darauf, ob der Buchwert unter den Teilwert sinkt.

Beispiel:
Eine für 10.000 € angeschaffte Maschine hat eine 10-jährige Nutzungsdauer. Im 2. Jahr erfolgt eine außergewöhnliche technische Abnutzung, die 10 % der Anschaffungskosten ausmacht. Der Teilwert beträgt nach dem 2. Jahr 7.500 €.

		lineare AfA
Anschaffungskosten		10.000 €
1. Jahr		1.000 €
2. Jahr	1.000 €	
+ außergewöhnliche AfA	1.000 €	2.000 €
Restwert		7.000 €

---
121 BFH, BStBl 1998 II S. 443.
122 R 7.4 Abs. 11 Satz 2 EStR.

Wird ein Schaden, der für sich betrachtet eine Absetzung wegen außergewöhnlicher technischer Abnutzung rechtfertigen würde, ersetzt und unterliegt der Schadensersatz nicht der Besteuerung, so kommt steuerlich eine Absetzung wegen außergewöhnlicher Abnutzung nicht in Betracht.

Beispiel:
Ein durch Vermietung genutztes Gebäude des Privatvermögens brennt ab. Der Schaden wird durch die Feuerversicherung voll ersetzt. Eine Absetzung wegen außergewöhnlicher technischer Abnutzung kann nicht als Werbungskosten (§ 9 EStG) bei den Einkünften aus Vermietung und Verpachtung abgezogen werden, da Werbungskosten einen Aufwand voraussetzen, ein Aufwand aber wegen der Versicherungsleistung nicht entstanden ist.

Nach dem Wortlaut des § 7 Abs. 1 EStG sind Absetzungen für außergewöhnliche technische oder wirtschaftliche Abnutzung „zulässig". Aus dieser Fassung kann nicht gefolgert werden, dass der Steuerpflichtige ein Wahlrecht hat, ob und wann er diese Absetzungen geltend macht. Ist das Wirtschaftsgut aus dem Betriebsvermögen ausgeschieden, insbesondere untergegangen, so muss die Absetzung im Jahr des Ausscheidens oder Untergangs vorgenommen werden.[123] Entsprechendes gilt, wenn der außergewöhnliche Wertverlust zu einer einmaligen Teilabsetzung führt. Hat die außergewöhnliche Abnutzung lediglich eine Verkürzung der noch laufenden Nutzungsdauer zur Folge, so gilt das für die normale AfA Gesagte entsprechend (vgl. insbesondere 13.3.4 und 13.3.5).

Ist die AfaA nicht mehr begründet, besteht ein strenges Wertaufholungsgebot; wie bei einer Teilwertabschreibung besteht ab diesem Zeitpunkt eine **Zuschreibungsverpflichtung,** auch soweit die AfaA bereits in den Vorjahren erfolgte (§ 7 Abs. 1 Satz 6 EStG). Im Gegensatz zur Teilwertabschreibung darf eine AfaA bereits dann vorgenommen werden, wenn es sich um keine dauerhafte Wertminderung handelt, insoweit ist die Unterscheidung bedeutsam.

13.9 Sonderregelung für Gebäude-AfA

13.9.1 Allgemeines

Für die Bemessung der AfA bei Gebäuden ist nach § 7 Abs. 4 und 5 EStG zu unterscheiden zwischen

a) Gebäuden, soweit sie zu einem Betriebsvermögen gehören und nicht Wohnzwecken dienen und für die der Bauantrag nach dem 31.03.1985 gestellt worden ist **(Wirtschaftsgebäude),** und

b) **Mietwohnneubauten** und

---
123 BFH, BStBl 1998 II S. 443.

13 Absetzungen für Abnutzung oder Substanzverringerung

c) Gebäuden, die weder die Voraussetzungen des Buchst. a noch des Buchst. b erfüllen (**andere Gebäude**).

Zur Frage der Zugehörigkeit von Gebäuden zum Betriebsvermögen siehe 7.1.4.

Das Gesetz sieht grundsätzlich für jede Gruppe einen bestimmten AfA-Prozentsatz vor. Danach sind

– bei Gebäuden, soweit sie zu einem **Betriebsvermögen** gehören **und nicht Wohnzwecken** dienen, soweit nicht § 7 Abs. 5 Nr. 1 EStG in Betracht kommt, jährlich 3 % für Anschaffungen bzw. Baubeginn nach dem 31.12.2000,

– bei Gebäuden, die nach dem 31.12.1924 fertig gestellt sind, jährlich **2 %** und

– bei Gebäuden, die vor dem 01.01.1925 fertig gestellt sind, jährlich **2,5 %**

der Anschaffungs- oder Herstellungskosten bis zum vollen Verbrauch dieser Kosten als jährliche AfA abzusetzen, soweit nicht § 7 Abs. 5 EStG in Betracht kommt.

Diese allgemeinen Absetzungsquoten gelten auch für Gebäude, deren Nutzungsdauer länger ist (Mindest-AfA). Sind sie unterblieben und hat sich die tatsächliche Nutzungsdauer des Gebäudes nicht verändert, so sind weiterhin die gesetzlichen AfA-Sätze anzuwenden, auch wenn sich hierfür der Abschreibungszeitraum, den der Gesetzgeber bei der Mindest-AfA zugrunde gelegt hat, verlängert.[124]

Bei der Festlegung dieser allgemeinen Absetzungsquoten ist der Gesetzgeber von einer 50- bzw. 40-, $33^1/_3$- oder 25-jährigen Nutzungsdauer ausgegangen. Sollte in einem Einzelfall die nach den technischen oder wirtschaftlichen Umständen anzunehmende tatsächliche Nutzungsdauer geringer als 50 bzw. 40, $33^1/_3$ oder 25 Jahre sein, dann hat der Steuerpflichtige die Möglichkeit, die jährliche AfA statt nach den festgesetzten Absetzungsquoten entsprechend der kürzeren Nutzungszeit höher zu berechnen. Soll ein noch genutztes Gebäude abgebrochen oder veräußert werden, so rechtfertigt dieser Umstand allein nicht die Annahme einer verkürzten Nutzungsdauer. Eine verkürzte Nutzungsdauer kann erst anerkannt werden, wenn die Vorbereitungen für einen Gebäudeabbruch so weit gediehen sind, dass die bisherige Nutzung des Hauses künftig so gut wie ausgeschlossen erscheint. Eine der verkürzten Nutzung entsprechende AfA kann vorgenommen werden, wenn der Zeitpunkt der Beendigung der Nutzung feststeht (z. B. bei einer Abbruchverpflichtung).

Anstelle der linearen AfA ist bei bestimmten Gebäuden auch die degressive AfA möglich. Die gesetzliche Regelung in § 7 Abs. 5 EStG ist mehrfach geändert worden.

Die Neuerrichtung oder Anschaffung von **Wirtschaftsgebäuden** wird derzeit nicht mehr durch degressive Abschreibungsmöglichkeiten gefördert.

Die degressive AfA betrug bei Wirtschaftsgebäuden, die im Inland belegen sind und für die der Bauantrag nach dem 31.03.1985 und vor dem 01.01.1994 gestellt wurde oder die innerhalb dieser Zeit angeschafft wurden (§ 7 Abs. 5 Nr. 1 EStG), im Jahr

---

[124] BFH, BStBl 1987 II S. 491.

13.9 Sonderregelung für Gebäude-AfA

der Fertigstellung bzw. Anschaffung und in den folgenden 3 Jahren jeweils 10 %, in den darauf folgenden 3 Jahren jeweils 5 % und in den darauf folgenden 18 Jahren jeweils 2,5 % der Herstellungs- oder Anschaffungskosten.

Soweit nicht zu Wohnzwecken genutzte Gebäude zum Privatvermögen gehören, die im Inland belegen sind und für die der Bauantrag vor dem 01.01.1995 gestellt wurde oder die vor dem 01.01.1995 angeschafft wurden, können gem. § 7 Abs. 3 Nr. 2 EStG in den ersten 8 Jahren jeweils 5 %, danach 6 Jahre jeweils 2,5 % und in den restlichen 36 Jahren 1,25 % als AfA abgezogen werden.

Bei Stellung des Bauantrags ab 01.01.1994 beträgt der AfA-Satz jährlich 3 %, soweit die Wirtschaftsgebäude zu einem Betriebsvermögen gehören. Soweit derartige Gebäude (nicht Wohnzwecke) zum Privatvermögen gehören, beträgt der AfA-Satz bei Bauantragstellung ab 01.01.1995 jährlich nur 2 %.

§ 7 Abs. 5 Nr. 1 und Nr. 2 EStG ist ab 1995 damit nur noch für „Altfälle" anzuwenden.

Für Gebäude, die **Wohnzwecken** dienen, gilt § 7 Abs. 5 Nr. 3 EStG. Als Wohnzwecke können nur fremde Wohnzwecke in Betracht kommen, weil bei einer Nutzung zu eigenen Wohnzwecken die Wohnung nicht der Einkünfteerzielung dient. Wohnräume, die wegen Vermietung an Arbeitnehmer Betriebsvermögen sind, gehören zwar zum eigenbetrieblich genutzten Gebäudeteil, dienen aber Wohnzwecken i. S. des § 7 Abs. 5 Nr. 3 EStG (R 7.2 Abs. 1 EStR).

Soweit der Bauantrag für das Gebäude nach dem 28.02.1989 und vor dem 01.01.1996 gestellt worden ist und der Steuerpflichtige es hergestellt hat oder soweit es vom Steuerpflichtigen nach dem 28.02.1989 und vor dem 01.01.1996 aufgrund eines rechtswirksam abgeschlossenen obligatorischen Vertrags[125] bis zum Ende des Jahres der Fertigstellung angeschafft worden ist, beträgt die AfA in den ersten 4 Jahren 7 %, in den darauf folgenden 6 Jahren jeweils 5 %, in den darauf folgenden 6 Jahren jeweils 2 % und in den darauf folgenden 24 Jahren jeweils 1,25 % der Anschaffungs- oder Herstellungskosten (§ 7 Abs. 5 Nr. 3 Buchst. a EStG).

Für **nach dem 31.12.1995 und vor dem 01.01.2004** angeschaffte oder hergestellte Gebäude können im Jahr der Anschaffung oder Herstellung und in den folgenden 7 Jahren jeweils 5 %, in den darauf folgenden 6 Jahren jeweils 2,5 % und in den darauf folgenden 36 Jahren jeweils 1,25 % der Anschaffungs- oder Herstellungskosten als AfA in Anspruch genommen werden.

Für **nach dem 31.12.2003 und vor dem 01.01.2006** hergestellte oder angeschaffte Gebäude können in den ersten 10 Jahren jeweils **4 %,** in den folgenden 8 Jahren jeweils **2,5 %** und den darauf folgenden 32 Jahren jeweils **1,25 %** als AfA beansprucht werden.

---

125 H 7.2 „Bauantrag" und „Obligatorischer Vertrag" EStH.

13 Absetzungen für Abnutzung oder Substanzverringerung

Die degressive AfA kann nicht mehr für Anschaffungen und Herstellungen nach dem 31.12.2005 in Anspruch genommen werden (§ 7 Abs. 5 Nr. 3 Buchst. c EStG).

Voraussetzung für Inanspruchnahme der degressiven AfA nach § 7 Abs. 5 EStG ist in den Fällen des Erwerbs, dass der Hersteller für das Gebäude weder AfA nach § 7 Abs. 5 EStG vorgenommen noch erhöhte Absetzung oder Sonderabschreibung in Anspruch genommen hat und das Gebäude im Jahr der Fertigstellung angeschafft wurde.

Die Regelung des § 7 Abs. 4 und 5 EStG gilt auch für Eigentumswohnungen und im Teileigentum stehende Räume sowie für Gebäudeteile, die selbständige unbewegliche Wirtschaftsgüter sind (§ 7 Abs. 5a EStG).

Ob der Steuerpflichtige im Einzelfall die lineare AfA nach § 7 Abs. 4 oder die degressive AfA nach § 7 Abs. 5 EStG unter den dort benannten Voraussetzungen wählt, bleibt ihm überlassen. Ein **Übergang** von einem nach § 7 Abs. 4 oder 5 EStG zulässigen Absetzungsverfahren zu einem anderen nach diesen Vorschriften zulässigen Absetzungsverfahren ist unzulässig. Ein Wechsel zwischen den Absetzungsverfahren nach § 7 Abs. 5 und § 7 Abs. 4 EStG ist zulässig, wenn ein Gebäude in einem auf das Jahr der Anschaffung oder Herstellung folgenden Jahr erstmals die Voraussetzungen des § 7 Abs. 4 Satz 1 Nr. 1 EStG erfüllt oder, umgekehrt, nicht mehr erfüllt oder ein nach § 7 Abs. 5 Satz 1 Nr. 3 EStG abgeschriebener Mietwohnbau nicht mehr Wohnzwecken dient (R 7.4 Abs. 8 EStR).

Soweit ein zunächst zu fremden Wohnzwecken genutztes und gem. § 7 Abs. 5 Satz 1 Nr. 3 EStG degressiv abgeschriebenes Gebäude anschließend zu fremdbetrieblichen Zwecken genutzt wird, kann es nach § 7 Abs. 5 Satz 1 Nr. 2 EStG weiter degressiv abgeschrieben werden.[126]

Bei der Anwendung des **§ 7 Abs. 4 EStG ist die Pro-rata-temporis-Regel** zu beachten. Das bedeutet, dass bei Gebäuden, die im Laufe eines Kalenderjahres (Wirtschaftsjahres) angeschafft oder hergestellt werden, für das Kalenderjahr (Wirtschaftsjahr) der Anschaffung oder Herstellung nur der Teil des auf das Kalenderjahr (Wirtschaftsjahr) entfallenden Absetzungsbetrags abgesetzt werden kann, der dem Zeitraum zwischen der Anschaffung oder Herstellung des Gebäudes und dem Ende des Kalenderjahres (Wirtschaftsjahres) entspricht; eine Aufrundung auf volle Monate wird toleriert. Demgegenüber können die **degressiven Absetzungen nach § 7 Abs. 5 EStG im Jahr der Fertigstellung (des Erwerbs) des Gebäudes stets mit dem vollen Jahresbetrag abgezogen werden.**[127] Für das Jahr der Veräußerung des Gebäudes dürfen sowohl die lineare Absetzung nach § 7 Abs. 4 EStG als auch die degressive AfA nach § 7 Abs. 5 EStG nur zeitanteilig vorgenommen werden.[128]

---

126 BFH, BStBl 2006 II S. 51.
127 BFH, BStBl 1974 II S. 704.
128 R 7.4 Abs. 8 EStR.

Wie ein Gebäude ist auch ein Nutzungsrecht, insbesondere Nießbrauchsrechte, zu behandeln, das durch Baumaßnahmen an einem Gebäude des Nutzungsberechtigten entstanden und wie ein materielles Wirtschaftsgut mit den Herstellungskosten zu aktivieren ist.[129]

13.9.2 Lineare AfA nach § 7 Abs. 4 EStG

Die lineare AfA bei Gebäuden unterscheidet sich von der AfA nach § 7 Abs. 1 EStG dadurch, dass bestimmte AfA-Sätze gesetzlich festgelegt sind.

AfA für Wirtschaftsgebäude (§ 7 Abs. 4 Satz 1 Nr. 1 EStG)

Nach § 7 Abs. 4 Satz 1 Nr. 1 EStG beträgt die AfA bei Gebäuden, soweit sie zu einem Betriebsvermögen gehören und nicht Wohnzwecken dienen und der Bauantrag nach dem 31.03.1985 gestellt worden ist, 4 % der Anschaffungs- oder Herstellungskosten, soweit mit der Herstellung des Gebäudes vor dem 01.01.2001 begonnen oder im Fall der Anschaffung des Objekts vor dem 01.01.2001 ein rechtswirksamer obligatorischer Vertrag geschlossen wurde.

Bei Herstellungsbeginn bzw. Anschaffung **nach** dem **31.12.2000** ist der Abschreibungssatz für Wirtschaftsgebäude auf **3 %** gesenkt worden, wodurch sich die Abschreibungsdauer der tatsächlichen Nutzungsdauer annähert.

Beispiele:

a) A errichtet auf seinem Betriebsgrundstück eine Fabrikationshalle für 430.000 DM, die seit ihrer Fertigstellung am 01.09.2001 betrieblichen Zwecken dient.
In welcher Höhe ist AfA als Betriebsausgabe zu berücksichtigen, wenn der Bauantrag
aa) am 15.12.2000,
bb) am 15.01.2001
bei der nach Landesrecht zuständigen Baugenehmigungsbehörde gestellt wurde?

Lösung:

aa) Da hier die Investitionsentscheidung durch die Bauantragstellung noch im Jahre 2000 getroffen wurde, gilt altes Recht, wonach für das Wirtschaftsgebäude eine AfA nach § 7 Abs. 4 Satz 1 Nr. 1 EStG von 4 % der Herstellungskosten, allerdings erst mit Beginn der AfA ab Fertigstellung 01.09.2001, zeitanteilig gewährt wird:
AfA 2001:
4 % von 430.000 DM × $^4/_{12}$ =   **5.734 DM**

bb) Die Investitionsentscheidung im Wege der Bauantragstellung nach dem 31.12.2000 (§ 52 Abs. 21b EStG) führt zur Anwendung des neuen Rechts, wonach lediglich 3 % als AfA-Satz gewährt werden können:
AfA 2001:
3 % von 430.000 DM × $^4/_{12}$ =   **4.300 DM**

---

129 H 7.1 „Nießbrauch und andere Nutzungsrechte" EStH und BMF, BStBl 1998 I S. 914.

13 Absetzungen für Abnutzung oder Substanzverringerung

b) Die B-GmbH erwirbt für ihren Gewerbebetrieb für 190.600 DM einschl. aller Erwerbsnebenkosten ein mit einer Lagerhalle bebautes Grundstück (Grund-und-Boden-Anteil 25 %, Baujahr 1984).
Tag der Übergabe ist der 01.03.2001. Der Kaufvertrag wurde
aa) am 15.12.2000,
bb) am 15.02.2001
notariell geschlossen.
In welcher Höhe ist AfA zu gewähren und im Rahmen der Gewinnermittlung der GmbH zu berücksichtigen?

Lösung:
In beiden Fällen kommt – hier unabhängig vom Zeitpunkt des Kaufvertragsabschlusses – nur die AfA nach § 7 Abs. 4 Satz 1 Nr. 2 Buchst. a EStG i. H. von 2 %, beginnend ab dem Übergang von Nutzen und Lasten am 01.03.2001, in Betracht. Denn auch nach neuem Recht ist die höhere AfA für Wirtschaftsgebäude nach § 7 Abs. 4 Satz 1 Nr. 1 EStG nur für Wirtschaftsgebäude anwendbar, für die der Bauantrag nach dem 31.03.1985 gestellt worden ist. Da es aber das Baujahr 1984 war, ist diese Voraussetzung nicht erfüllt.

Damit beträgt die AfA 2001 in beiden Fällen:

Anschaffungskosten	190.600 DM	
./. Grund-und-Boden-Anteil	47.650 DM	(25 %)
Gebäude-Anschaffungskosten	142.950 DM	
× 2 %	2.859 DM	
× $^{10}/_{12}$ (ab März 2001)	**2.383 DM**	(AfA 2001)

Ab 2002 beträgt die AfA 2.859 DM bzw. 1.462 € jährlich.

AfA bei sonstigen Gebäuden (§ 7 Abs. 4 Satz 1 Nr. 2 EStG)

Bei den sonstigen Gebäuden unterscheidet § 7 Abs. 4 Satz 1 Nr. 2 EStG zwischen Gebäuden, die vor dem 01.01.1925 fertig gestellt worden sind (AfA-Satz 2,5 %), und Gebäuden, die nach dem 31.12.1924 fertig gestellt worden sind (AfA-Satz 2 %).

Aus den gesetzlich festgelegten AfA-Sätzen ergibt sich die Nutzungsdauer. Das ist die Dauer der Nutzung durch den Steuerpflichtigen. Es wird also unterstellt, dass der jeweilige Eigentümer das Gebäude bis zum Substanzverbrauch nutzt. Nach jedem Eigentumswechsel beginnt eine neue Nutzungsdauer, der Gesamtzeitraum kann also länger sein als die sich aus dem Gesetz ergebende Nutzungsdauer von 25, 40 und 50 Jahren.

Der Zeitraum der Nutzungsdauer beginnt grundsätzlich mit dem Zeitpunkt der Anschaffung oder Herstellung (vgl. auch § 11c EStDV).

Im Fall einer Zuschreibung nach § 7 Abs. 4 Satz 3 EStG oder der Wertaufholung nach § 6 Abs. 1 Nr. 1 Satz 4 EStG erhöht sich entsprechend die Bemessungsgrundlage von dem folgenden Wirtschaftsjahr oder Kalenderjahr an (§ 11c Abs. 2 Satz 3 EStDV).

13.9 Sonderregelung für Gebäude-AfA

Sofern eine kürzere als 25-, 33¹/₃-, 40- bzw. 50-jährige Nutzungsdauer nicht nachgewiesen ist, können auch versehentlich unterlassene AfA nur in der Weise nachgeholt werden, dass weiterhin die gesetzlich vorgeschriebenen Prozentsätze angesetzt werden, auch wenn hierdurch der Abschreibungszeitraum über 40 bzw. 50 Jahre hinaus verlängert wird.[130]

Besteht ein Gebäude wegen seiner unterschiedlichen Nutzung aus mehreren Wirtschaftsgütern (vgl. 7.1.5), so ist von einer einheitlichen Nutzungsdauer aller Gebäudeteile auszugehen. Für die einzelnen Gebäudeteile sind unterschiedliche AfA-Methoden und AfA-Sätze zulässig (R 7.4 Abs. 6 Satz 2 EStR).

Auch bei einem Gebäude, das in Abbruchabsicht erworben wurde und dessen Wert vom Zeitpunkt des Abbruchs an zu den Herstellungskosten eines neuen Gebäudes oder den Anschaffungskosten des Grund und Bodens zählt (siehe 10.7.4), sind, wenn es zwischenzeitlich durch Vermietung und Verpachtung genutzt wird, AfA nach § 7 Abs. 4 Satz 1 EStG abzuziehen.

Die **Bemessungsgrundlage** für die Absetzungen für Abnutzung bestimmt sich bei Gebäuden grundsätzlich nach den Anschaffungs- oder Herstellungskosten des Gebäudes (§ 7 Abs. 4 Satz 1 EStG). Besteht ein Gebäude wegen seiner gemischten Nutzung aus mehreren Wirtschaftsgütern, so sind die Anschaffungs- oder Herstellungskosten anteilig auf die Teile aufzuteilen.

Ist ein Gebäude vom Steuerpflichtigen vor dem 21.06.1948 angeschafft oder hergestellt worden, so ist als Anschaffungs- oder Herstellungskosten der am 21.06.1948 maßgebende Einheitswert, soweit er auf das Gebäude entfällt, anzusetzen, zzgl. der nach dem 20.06.1948 aufgewendeten Herstellungskosten.

Beispiele:

a) Ein Steuerpflichtiger besitzt ein privates Mehrfamilienhaus, das 1920 errichtet worden ist. Der Gebäudeanteil des am 21.06.1948 maßgeblichen Einheitswerts beträgt 40.000 DM. Durch einen Dachgeschossausbau sind 1968 Herstellungskosten i. H. von 20.000 DM entstanden. Die Nutzungsdauer ab 21.06.1948 beträgt 40 Jahre.
AfA-Bemessungsgrundlage ab 21.06.1948 ist zunächst der Gebäudeanteil des Einheitswerts = 40.000 DM. Dieser erhöht sich 1968 um die nachträglichen Herstellungskosten von 20.000 DM.
Der AfA-Satz beträgt nach § 7 Abs. 4 Satz 1 Nr. 2 Buchst. b EStG 2,5 % der jeweiligen Bemessungsgrundlage, weil das Gebäude vor dem 01.01.1925 fertig gestellt worden ist und die Nutzungsdauer nicht weniger als 40 Jahre währt.

b) Ein zu Beginn des Jahres 1967 angeschafftes Gebäude, für das lineare AfA nach § 7 Abs. 4 Satz 1 Nr. 2 EStG vorgenommen worden ist, wird im Jahre 1990 erweitert. Die Restnutzungsdauer beträgt danach noch mindestens 50 Jahre.

Herstellungskosten	200.000 DM
AfA von 1967 bis 1989: 23 × 2 % = 92.000 DM	
Nachträgliche Herstellungskosten 1990	+ 100.000 DM
Bemessungsgrundlage ab 1990	300.000 DM

---
[130] BFH, BStBl 1988 II S. 335; wegen der abweichenden allgemeinen Regel siehe 13.3.4.

13 Absetzungen für Abnutzung oder Substanzverringerung

Von 1990 an bis zur vollen Absetzung des Betrags von 208.000 DM (Restwert 108.000 DM zzgl. nachträglicher Herstellungskosten 100.000 DM) beträgt die AfA jährlich 2 % von 300.000 DM = 6.000 DM.

Wie die Beispiele zeigen, haben die nachträglichen Herstellungskosten in den Fällen des § 7 Abs. 4 Satz 1 EStG grundsätzlich keinen Einfluss auf die Höhe der AfA-Sätze. Sie wirken sich nur auf die Höhe der Bemessungsgrundlage aus und damit auf den jährlichen AfA-Betrag. Angewendet wird der bisherige AfA-Satz, also bei Wirtschaftsgebäuden ab 1985 4 % bzw. 3 %, bei den übrigen 2 % bzw. 2,5 %. Das führt zu einer Verlängerung des Absetzungszeitraums.[131] Bei der Bemessung der AfA für das Jahr der Entstehung von nachträglichen Herstellungskosten sind diese so zu berücksichtigen, als wären sie zu Beginn des Jahres aufgewendet worden.[132] Der Steuerpflichtige kann zu Beginn der Absetzungen mit höheren als den gesetzlichen AfA-Sätzen abschreiben, wenn er glaubhaft macht, dass die tatsächliche Nutzungsdauer geringer ist als die gesetzliche (§ 7 Abs. 4 Satz 2 EStG). Bei Wirtschaftsgebäuden i. S. des § 7 Abs. 4 Nr. 1 EStG wird die tatsächliche Nutzungsdauer allerdings i. d. R. mindestens so lang sein wie die gesetzliche von 25 bzw. 33^1/$_3$ Jahren.[133]

In den Fällen der Abschreibung nach der tatsächlichen Nutzungsdauer ist bei nachträglichen Herstellungskosten die Restnutzungsdauer unter Berücksichtigung des Zustandes des Gebäudes im Zeitpunkt der Beendigung der nachträglichen Herstellungsarbeiten neu zu schätzen.[134] Die nachträglichen Herstellungskosten sind dem Restwert (nicht der ursprünglichen Bemessungsgrundlage) hinzuzurechnen und auf die Restnutzungsdauer zu verteilen. Zulässig ist aber auch die Beibehaltung des ursprünglichen AfA-Satzes.[135] Die dargestellten Grundsätze gelten auch für einen Ausbau, einen Umbau oder eine Erweiterung des Gebäudes[136] oder für eine nachträglich errichtete Baulichkeit oder sonstige Einrichtung, die wegen ihres Nutzungs- und Funktionszusammenhangs mit dem bisher vorhandenen Gebäude kein selbständiges Wirtschaftsgut ist (siehe dazu 13.2).

Wird durch die Baumaßnahmen ein selbständiges Gebäude geschaffen (z. B. Anbau eines Hinterhauses, das nicht eine Ergänzung der bisherigen Baulichkeit ist[137]) oder ist der Umbau eines bestehenden Gebäudes so grundlegend, dass wirtschaftlich ein neues Gebäude entsteht, so sind die AfA nach der Summe aus dem Buchwert oder dem Restwert und den durch den Anbau oder Umbau veranlassten Herstellungskos-

---

131 BFH, BStBl 1977 II S. 606; H 7.3 „Nachträgliche Anschaffungs- oder Herstellungskosten" EStH.
132 R 7.4 Abs. 9 EStR.
133 Vgl. auch § 7 Abs. 4 Satz 4 EStG und BMF, BStBl 2003 I S. 386.
134 R 7.4 Abs. 9 Satz 1 EStR.
135 R 7.4 Abs. 9 Satz 2 EStR.
136 BFH, BStBl 1977 II S. 725.
137 BFH, BStBl 1984 II S. 196.

13.9 Sonderregelung für Gebäude-AfA

ten zu bemessen.[138] Im letztgenannten Fall kann nach dem Urteil des BFH[139] ein Neubau nur ausnahmsweise dann angenommen werden, wenn die wiederverwendeten Teile des alten Gebäudes keine Bedeutung haben.

Bei nicht zu einem Betriebsvermögen gehörenden Gebäuden, die der Steuerpflichtige unentgeltlich erworben hat, bemessen sich die AfA nach den Anschaffungs- oder Herstellungskosten des Rechtsvorgängers oder dem Wert, der beim Rechtsvorgänger an die Stelle getreten ist oder treten würde, wenn er noch Eigentümer des Gebäudes wäre, zzgl. der vom Erwerber aufgewendeten Herstellungskosten.

Bei Gebäuden, die der Steuerpflichtige aus einem Betriebsvermögen in das Privatvermögen entnommen hat, sind die weiteren AfA nach dem Teilwert (§ 6 Abs. 1 Nr. 4 EStG) oder gemeinen Wert (§ 16 Abs. 3 Satz 3 EStG) zu bemessen, mit dem das Gebäude bei der Entnahme erfasst worden ist. Bei Gebäuden, die aus dem Privatvermögen in ein Betriebsvermögen eingelegt worden sind, sind die weiteren AfA nach dem nach § 6 Abs. 1 Nr. 5 EStG maßgebenden Wert zu bemessen. Die Höhe der weiteren AfA richtet sich in diesen Fällen nach § 7 Abs. 4 Satz 1 und 2 EStG und der tatsächlichen Restnutzungsdauer des Gebäudes im Zeitpunkt der Entnahme bzw. Einlage.[140]

Hat der Steuerpflichtige bei einem Gebäude eine Absetzung für außergewöhnliche technische oder wirtschaftliche Abnutzung nach § 7 Abs. 4 Satz 3 EStG oder eine Teilwertabschreibung nach § 6 Abs. 1 Nr. 1 EStG vorgenommen, so bemessen sich die Absetzungen für Abnutzung von dem folgenden Kalenderjahr (Wirtschaftsjahr) an nach den Anschaffungs- oder Herstellungskosten des Gebäudes abzüglich des Betrags der Absetzung für technische oder wirtschaftliche Abnutzung bzw. der Teilwertabschreibung (§ 11c Abs. 2 EStDV).

Beispiel:
A hat im Januar 2005 ein in 1998 errichtetes Betriebsgebäude für 1 Mio. € erworben und aktiviert. Die Kellerräume sollten als Lagerraum benutzt werden. Sie erwiesen sich auf Dauer wegen Feuchtigkeit dafür als ungeeignet. Dies stellte sich nach bautechnischen Untersuchungen endgültig im Jahre 2008 heraus. Das Gebäude hat deshalb einen Minderwert von 100.000 €, doch ist vom Veräußerer nichts zu erlangen. A, der das Gebäude nach § 7 Abs. 4 Nr. 1 EStG mit 3 % abschreibt, nimmt in 2008 eine Absetzung wegen außerordentlicher technischer Abnutzung nach § 7 Abs. 1 EStG von 100.000 € vor.

Die AfA ist ab 2009 wie folgt zu berechnen:

Alte Bemessungsgrundlage	1.000.000 €
Jährliche AfA bis 2008	30.000 €
Alte Bemessungsgrundlage	1.000.000 €
./. außerordentliche AfA	100.000 €
Neue Bemessungsgrundlage	900.000 €
Jährliche AfA ab 2009: 27.000 € bis zum Verbrauch	

---
138 R 7.4 Abs. 9 Satz 4 EStR.
139 BFH, BStBl 1977 II S. 725.
140 R 7.4 Abs. 10 EStR.

13 Absetzungen für Abnutzung oder Substanzverringerung

Werden von den Anschaffungs- oder Herstellungskosten eines Gebäudes Sonderabschreibungen vorgenommen, so bemessen sich die Absetzungen für Abnutzung in den auf die Sonderabschreibung folgenden Jahren im Allgemeinen nach dem Restwert und dem nach § 7 Abs. 4 EStG maßgeblichen Prozentsatz (§ 7a Abs. 9 EStG und 13.11.2). Wird indessen durch die AfA nach § 7 Abs. 4 Satz 1 EStG die volle Absetzung des Gebäudes innerhalb der tatsächlichen Restnutzungsdauer nicht erreicht, bemisst sich die AfA nach der tatsächlichen Restnutzungsdauer des Gebäudes bei Ablauf des Begünstigungszeitraums.

13.9.3 Degressive AfA nach § 7 Abs. 5 EStG

Die nach § 7 Abs. 5 Satz 1 Nr. 1 EStG mögliche degressive Abschreibung für inländische Gebäude, soweit sie zu einem Betriebsvermögen gehören und nicht Wohnzwecken dienen (z. B. Büro- und Fabrikationsgebäude), ist beschränkt auf Neubauten, die vom Steuerpflichtigen aufgrund eines vor dem 01.01.1994 gestellten Bauantrags hergestellt oder aufgrund eines vor diesem Zeitpunkt rechtswirksam abgeschlossenen obligatorischen Vertrags angeschafft worden sind (§ 7 Abs. 5 Nr. 1 EStG).

Im Fall der Herstellung oder des Erwerbs von Wirtschaftsgebäuden i. S. von **§ 7 Abs. 4 Satz 1 Nr. 1 EStG** beträgt der Abschreibungssatz **3 %**, eine degressive AfA ist nicht möglich bei Bauantrag/Kaufvertrag nach dem 31.12.1993.

Dient ein Gebäude (Gebäudeteil) zu betrieblichen (eigen- oder fremdbetrieblichen) Zwecken, gehört es aber nicht zum Betriebsvermögen, so kommt entweder die AfA nach **§ 7 Abs. 4 Satz 1 Nr. 2 EStG** oder nach § 7 Abs. 5 Satz 1 Nr. 2 EStG in Betracht (betrieblich genutzte Gebäude des Privatvermögens). Soweit ein derartiges Gebäude (z. B. Altenheim, Bürogebäude) aufgrund eines **vor dem 01.01.1995** gestellten Bauantrags hergestellt und vor diesem Zeitpunkt rechtswirksam abgeschlossenen Vertrags angeschafft worden ist, kann für einen Neubau noch die degressive AfA beansprucht werden.

Nach dem 31.12.1994 (Bauantrag, Vertrag) kann nur die lineare AfA in Höhe von **2 % gem. § 7 Abs. 4 Satz 2 EStG** in Anspruch genommen werden. Bei Umbauten, Ausbauten und Modernisierungsmaßnahmen liegt ein Neubau nicht bereits dann vor, wenn eine Nutzungs- und Funktionsänderung (z. B. Gewerberäume zur Wohnnutzungsänderung) erfolgt. Ein Neubau entsteht nur, wenn die eingefügten Neubauteile dem Gesamtgebäude das Gepräge geben, sodass es in bautechnischer Hinsicht neu ist. Es ist insbesondere der Fall, wenn verbrauchte Teile ersetzt werden, die für die Nutzungsdauer des Gebäudes bestimmend sind, wie z. B. Fundamente, tragende Außen- und Innenwände, Geschossdecken und die Dachkonstruktion.[141]

---

141 BFH, BStBl 1996 II S. 632; BMF, BStBl 1996 I S. 689, und 10.8.3.

13.9 Sonderregelung für Gebäude-AfA

Aus Vereinfachungsgründen kann der Steuerpflichtige bei unbeweglichen Wirtschaftsgütern von der Herstellung eines anderen Wirtschaftsguts ausgehen, wenn der im zeitlichen und sachlichen Zusammenhang mit der Herstellung des Wirtschaftsguts angefallene Bauaufwand zzgl. des Werts der Eigenleistung nach überschlägiger Berechnung den Verkehrswert des bisherigen Wirtschaftsguts übersteigt.

Eine Eigentumswohnung wird nicht allein schon durch die rechtliche Umwandlung eines bestehenden Gebäudes in Eigentumswohnungen gem. § 8 WEG (neu) hergestellt.[142]

Da die Grundsätze der umgekehrten Maßgeblichkeit der Handelsbilanz für die Steuerbilanz nicht mehr gelten, kann auch die Absetzung für Abnutzung nach § 7 Abs. 4 und 5 EStG auf Anschaffungs- oder Herstellungskosten von Betriebsgebäuden in der Steuerbilanz gebildet werden, ohne dass diese Methode in der Handelsbilanz ausgeübt wird. Werden allerdings zunächst in der Handelsbilanz andere degressive AfA-Beträge als steuerrechtlich zulässig angesetzt, führt das in der Steuerbilanz zwangsläufig zum Ansatz der linearen AfA.

Für Gebäude, die **Wohnzwecken** dienen, die der Steuerpflichtige hergestellt oder im Jahr der Fertigstellung angeschafft hat (Neubauten), kommt eine AfA nach **§ 7 Abs. 5 Nr. 3 EStG** in Betracht. § 7 Abs. 5 Nr. 1 und 2 EStG findet durch Zeitablauf nach dem 31.12.1993/1994 auf heute errichtete Gebäude keine Anwendung mehr, und auch für neue Gebäude bzw. Gebäudeteile (§ 7 Abs. 5a EStG), die Wohnzwecken dienen und nicht zu einem Betriebsvermögen gehören, findet § 7 Abs. 5 Nr. 3 Buchst. c EStG als verbleibende Vorschrift keine Anwendung, wenn Bauantrag/Kaufvertrag nach dem 31.12.2005 gestellt oder abgeschlossen wurden.

Die AfA nach § 7 Abs. 5 Nr. 3 Buchst. b EStG ist ab 01.01.1996 eingeschränkt worden. Soweit das Gebäude aufgrund eines nach dem 31.12.1995 und vor dem 01.01.2004 gestellten Bauantrags hergestellt oder aufgrund eines nach diesem Zeitpunkt rechtswirksam abgeschlossenen obligatorischen Vertrags angeschafft worden ist, können im Jahr der Fertigstellung und in den folgenden 7 Jahren jeweils 5 %, in den darauf folgenden 6 Jahren jeweils 2,5 % und in den darauf folgenden 36 Jahren jeweils 1,25 % der Anschaffungs- oder Herstellungskosten als AfA in Anspruch genommen werden.

Nach § 7 Abs. 5 Satz 1 Nr. 3 Buchst. c EStG können für Gebäude, die Wohnzwecken dienen, die aufgrund eines nach dem 31.12.2003 **und vor dem 01.01.2006** gestellten Bauantrags hergestellt oder aufgrund eines nach dem 31.12.2003 rechtswirksam abgeschlossenen Vertrags angeschafft werden, nur noch

– im Jahr der Fertigstellung und in den folgenden **9 Jahren jeweils 4 %**,
– in den darauf folgenden **8 Jahren jeweils 2,5 %**,
– in den darauf folgenden **32 Jahren jeweils 1,25 %**

---
142 BFH, BStBl 1993 II S. 188.

13 Absetzungen für Abnutzung oder Substanzverringerung

der Anschaffungs- oder Herstellungskosten als jährliche AfA in Anspruch genommen werden.

In den Fällen des Erwerbs ist Voraussetzung, dass das Gebäude spätestens im Jahr der Fertigstellung erworben worden ist und dass der Hersteller für das veräußerte Gebäude weder degressive Absetzung noch erhöhte Absetzung oder Sonderabschreibung in Anspruch genommen hat.

§ 7 Abs. 5 Satz 1 Nr. 3 Buchst. c EStG findet damit nur für vor dem 01.01.2006 angeschaffte oder hergestellte Wohnhäuser Anwendung. Entsprechende Gebäude können heute **nur mit 2 %** nach § 7 Abs. 4 Satz 1 Nr. 2 EStG abgeschrieben werden.

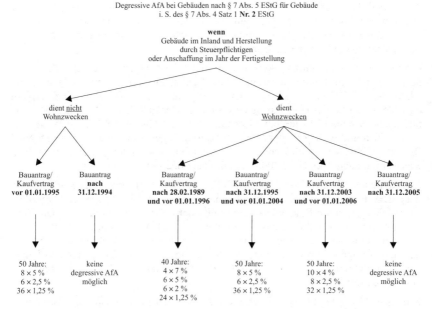

Ein Gebäude dient Wohnzwecken, wenn es dazu bestimmt und geeignet ist, Menschen auf Dauer Aufenthalt und Unterkunft zu ermöglichen. Gebäude, die überwiegend der vorübergehenden Beherbergung von Personen dienen oder kurzfristig an einen häufig wechselnden Personenkreis vermietet werden, z. B. Ferienwohnungen, dienen deshalb nicht Wohnzwecken. Dasselbe gilt für Gebäude, bei denen die Überlassung von Wohnräumen von den damit verbundenen Dienstleistungen überlagert wird, wie z. B. bei Kurheimen, Sanatorien, Altenheimen und Pflegeheimen.[143]

---

143 BFH, BStBl 1992 II S. 1044.

13.9 Sonderregelung für Gebäude-AfA

Die AfA richtet sich bei einem selbstgenutzten häuslichen Arbeitszimmer im eigenen Einfamilienhaus nach § 7 Abs. 4 Satz 1 Nr. 2 oder Abs. 5 Satz 1 Nr. 2 EStG. Eine (höhere) Absetzung nach § 7 Abs. 5 Nr. 3 EStG ist nicht zulässig, da das Gebäude insoweit nicht Wohnzwecken dient.[144]

Degressive AfA gem. § 7 Abs. 5, 5a EStG kann nicht für neu geschaffene Wohnungen gewährt werden, die in einem einheitlichen Nutzungs- und Funktionszusammenhang mit einer bereits vorhandenen Wohnung stehen.[145]

Dient ein Gebäude unterschiedlichen Zwecken, kann es nach R 4.2 Abs. 4 EStR aus mehreren Wirtschaftsgütern bestehen, auf die die AfA nach § 7 Abs. 4 oder 5 EStG unter Umständen nach unterschiedlichen Grundsätzen vorgenommen werden kann. Probleme können sich bei Fertigstellung eines derartigen Gebäudes in Bauabschnitten ergeben. Für die Bemessung der AfA sind die insgesamt angefallenen Herstellungskosten dem bereits fertig gestellten Gebäudeteil zuzurechnen.[146] Demgegenüber wird in R 7.3 Abs. 2 EStR dem Steuerpflichtigen das Wahlrecht eingeräumt, ob er die Herstellungskosten für den noch nicht fertig gestellten Gebäudeteil in die AfA-Bemessungsgrundlage des bereits fertig gestellten Gebäudes einbezieht oder ob er auf die AfA insoweit zunächst verzichtet. Der Steuerpflichtige wird im Zweifel die für ihn günstigere Wahl treffen.

Die Überführung eines Gebäudes aus dem Betriebsvermögen unter Aufdeckung und Versteuerung der stillen Reserven stellt einen anschaffungsähnlichen Vorgang dar, der die Inanspruchnahme degressiver AfA ausschließt, wenn die Überführung nicht im Jahr der Fertigstellung des Gebäudes erfolgt.[147] So kann ein Steuerpflichtiger, der als Gewerbetreibender Eigentumswohnungen errichtet und die nicht veräußerten Wohnungen später in das Privatvermögen überführt, nur die AfA nach § 7 Abs. 4 EStG in Anspruch nehmen, wenn die Entnahme nicht im Jahr der Fertigstellung des Gebäudes erfolgt.

Wird ein zunächst zu fremden Wohnzwecken genutztes und gem. § 7 Abs. 5 Satz 1 Nr. 3 EStG degressiv abgeschriebenes Gebäude anschließend zu betriebsfremden Zwecken genutzt, so kann weiterhin eine degressive AfA dann gem. § 7 Abs. 5 Satz 1 Nr. 2 EStG beansprucht werden und nicht nur eine lineare AfA gem. § 7 Abs. 4 Satz 1 Nr. 2 Buchst. a EStG.[148]

Die degressive AfA nach § 7 Abs. 5 EStG ist keine erhöhte Absetzung oder Sonderabschreibung (vgl. § 7 Abs. 5 Satz 2 EStG). Neben Sonderabschreibungen ist die degressive AfA nach § 7 Abs. 5 EStG nicht zulässig.

Andere als die nach § 7 Abs. 5 EStG vorgesehenen Staffelsätze sind unzulässig. Bei nachträglichen Herstellungskosten bemessen sich die weiteren AfA nach den um

---

144 BFH, BStBl 1995 II S. 598.
145 BFH, BStBl 1998 II S. 625.
146 BFH, BStBl 1992 II S. 132.
147 BFH, BStBl 1995 II S. 170.
148 BFH, BStBl 2006 II S. 51.

13 Absetzungen für Abnutzung oder Substanzverringerung

die nachträglichen Herstellungskosten erhöhten Anschaffungs- oder Herstellungskosten und dem für das Gebäude maßgebenden Prozentsatz.

Übersicht:

Abschreibung von Gebäuden nach § 7 Abs. 4 und 5 EStG

Vorschrift	Gebäudeart	Vermögens-zugehörigkeit	Voraussetzung	AfA-Satz
§ 7 Abs. 4 Nr. 1 EStG	Betriebsgebäude (keine Wohngebäude)	Betriebsvermögen	Beginn der Herstellung vor dem 01.01.2001 bzw. im Fall der Anschaffung vor dem 01.01.2001 für Objekt mit Baugenehmigung nach dem 31.03.1985	4 %
§ 7 Abs. 4 Nr. 1 EStG	Betriebsgebäude (keine Wohngebäude)	Betriebsvermögen	Beginn der Herstellung **nach dem 31.12.2000** bzw. Erwerb eines Objekts **nach dem 31.12.2000**	3 %
§ 7 Abs. 4 Nr. 2 Buchst. a EStG	Wohngebäude und Betriebsgebäude, die nicht unter § 7 Abs. 4 Nr. 1 EStG fallen	Betriebsvermögen/ Privatvermögen	Fertigstellung nach dem 31.12.1924	2 %
§ 7 Abs. 4 Nr. 2 Buchst. b EStG	Wohngebäude und Betriebsgebäude, die nicht unter § 7 Abs. 4 Nr. 1 EStG fallen	Betriebsvermögen/ Privatvermögen	Fertigstellung vor dem 01.01.1924	2,5 %
§ 7 Abs. 5 Nr. 1 EStG	Betriebsgebäude (keine Wohngebäude)	Betriebsvermögen	Bauantrag nach dem 31.03.1985 und vor dem 01.01.1994; Anschaffung vor dem 01.01.1994	4 Jahre × 10 % 3 Jahre × 5 % 18 Jahre × 2,5 %
§ 7 Abs. 5 Nr. 2 EStG	Wohngebäude	Privatvermögen	Bauantrag vor dem 01.03.1989 bzw. Anschaffung vor dem 01.03.1989	8 Jahre × 5 % 6 Jahre × 2,5 % 36 Jahre × 1,25 %
	Betriebsgebäude, die nicht unter § 7 Abs. 4 Nr. 1 EStG fallen	Privatvermögen	Bauantrag vor dem 01.01.1995 bzw. Anschaffung vor dem 01.01.1995	
§ 7 Abs. 5 Nr. 3 Buchst. a EStG	Wohngebäude	Betriebsvermögen/ Privatvermögen	Bauantrag nach dem 28.02.1989 und vor dem 01.01.1996; Anschaffung nach dem 28.02.1989 und vor dem 01.01.1996	4 Jahre × 7 % 6 Jahre x 5 % 6 Jahre × 2 % 24 Jahre x 1,25 %

Vorschrift	Gebäudeart	Vermögens-zugehörigkeit	Voraussetzung	AfA-Satz
§ 7 Abs. 5 Nr. 3 Buchst. b EStG	Wohngebäude	Betriebsvermögen/ Privatvermögen	Bauantrag nach dem 31.12.1995 und vor dem 01.01.2004; Anschaffung aufgrund eines obligatorischen Vertrages nach dem 31.12.1995 und vor dem 01.01.2004	8 Jahre x 5 % 6 Jahre x 2,5 % 36 Jahre x 1,25 %
§ 7 Abs. 5 Nr. 3 Buchst. c EStG	Wohngebäude	Betriebsvermögen/ Privatvermögen	Bauantrag nach dem 31.12.2003 und **vor dem 01.01.2006;** Anschaffung aufgrund eines obligatorischen Vertrages nach dem 31.12.2003 und **vor dem 01.01.2006**	10 Jahre x 4 % 8 Jahre x 2,5 % 32 Jahre x 1,25 %

13.10 Absetzung für Substanzverringerung nach § 7 Abs. 6 EStG

Nach § 7 Abs. 6 EStG ist die Vorschrift des § 7 Abs. 1 EStG bei Bergbauunternehmen, Steinbrüchen und anderen Betrieben, die einen Verbrauch der Substanz mit sich bringen, entsprechend anzuwenden. Bei diesen Betrieben sind danach ebenfalls Absetzungen vorzunehmen, die vom Gesetz allerdings als Absetzungen für Substanzverringerung bezeichnet werden.

Absetzungen für Substanzverringerung sind jedoch über den Wortlaut des § 7 Abs. 6 EStG hinaus nicht nur bei den dort angeführten Betrieben, sondern ganz allgemein immer dann vorzunehmen, wenn ein dem Substanzverzehr unterliegendes Wirtschaftsgut der Erzielung von Einkünften dient. Auch wer ein Grundstück zur Ausbeutung eines Substanzvorkommens verpachtet, kann daher im Rahmen der Ermittlung seiner Einkünfte aus Vermietung und Verpachtung Absetzungen für Substanzverringerung als Werbungskosten geltend machen (vgl. § 9 Abs. 1 Nr. 7 EStG).

Dem Substanzverzehr unterliegen Wirtschaftsgüter, die abbau- oder ausbeutefähig sind und die sich durch den Abbau oder die Ausbeute mengenmäßig verringern. Zu diesen Wirtschaftsgütern zählen z. B. Kohle-, Erz-, Kies- oder Sandvorkommen sowie das abbaufähige Gestein eines Steinbruchs oder der Torfvorrat einer Torfgrube. Derartige Wirtschaftsgüter gehören ebenfalls zu den abnutzbaren Wirtschaftsgütern i. S. des § 6 Abs. 1 Nr. 1 EStG.

Bemessungsgrundlage der Absetzungen für Substanzverringerung sind wie bei den Absetzungen für Abnutzung die Anschaffungs- oder Herstellungskosten des in Betracht kommenden Wirtschaftsguts. An die Stelle der tatsächlichen Anschaf-

13 Absetzungen für Abnutzung oder Substanzverringerung

fungs- oder Herstellungskosten treten jedoch wie bei den Absetzungen für Abnutzung in bestimmten Fällen fiktive Anschaffungs- oder Herstellungskosten (vgl. 13.6). Bei unentgeltlich erworbenen, nicht zu einem Betriebsvermögen gehörenden Wirtschaftsgütern bemessen sich auch die Absetzungen für Substanzverringerung nach den Anschaffungs- oder Herstellungskosten des Rechtsvorgängers oder dem Wert, der beim Rechtsvorgänger an deren Stelle getreten ist oder treten würde, wenn dieser noch Eigentümer wäre. Ein Bodenschatz wird erst dann zu einem Wirtschaftsgut, wenn er zur nachhaltigen Nutzung in den Verkehr gebracht wird, indem mit seiner Aufschließung begonnen wird oder mit ihr zu rechnen ist.[149]

Zu den Voraussetzungen, unter denen auf einen Bodenschatz eine Absetzung für Substanzverringerung nach § 7 Abs. 6 EStG zulässig ist, wird ergänzend zu R 7.5 EStR in dem BMF-Schreiben vom 09.08.1993[150] Stellung genommen.

Da die Vorschriften des § 7 Abs. 1 EStG entsprechend anzuwenden sind, hat auch die Absetzung für Substanzverringerung grundsätzlich in gleichen Jahresbeträgen zu erfolgen. Auch die Absetzung für Substanzverringerung ist somit grundsätzlich nach der betriebsgewöhnlichen Nutzungsdauer zu bemessen.

Bei der gewerblichen Bodenbewirtschaftung (z. B. dem Betrieb eines Steinbruchunternehmens) sind ebenfalls Absetzungen für Substanzverringerung nur zulässig, wenn tatsächliche oder fiktive Anschaffungskosten für das Substanzvorkommen gegeben sind. Dies ist nicht der Fall, wenn Grund und Boden für das Betriebsvermögen erworben wurde. Solange der darin lagernde Bodenschatz nicht zur Aufschließung gebracht wird, stellt er kein Wirtschaftsgut dar, sodass der für den Erwerb des Grund und Bodens aufgewendete Betrag nicht auch als Anschaffungskosten für die Bodensubstanz in Betracht kommt.

Da eine lineare Absetzung der Anschaffungs- oder Herstellungskosten den wirtschaftlichen Gegebenheiten i. d. R. nicht entsprechen wird, hat der Gesetzgeber in § 7 Abs. 6 EStG ausdrücklich zugelassen, dass die Absetzungen für Substanzverringerung auch nach Maßgabe des Substanzverzehrs erfolgen können. Von dieser Möglichkeit wird im Allgemeinen in der Praxis auch Gebrauch gemacht.

Für die Berechnung der Absetzungen muss die beim Erwerb vorhandene Substanzmenge geschätzt werden, damit die jährliche mengenmäßige Verminderung der Substanz entsprechend von den Anschaffungs- oder Herstellungskosten abgesetzt werden kann.

> **Beispiel:**
> Ein Steuerpflichtiger erwirbt ein Tonvorkommen für 100.000 €. Die Gesamtfördermenge wird mit 500.000 m^3 geschätzt. Die Förderung betrug in diesem Jahr tatsächlich 50.000 m^3.
> Die Förderung beträgt somit 10 % der Gesamtmenge; entsprechend beträgt die Absetzung für Substanzverringerung für dieses Jahr 10 % von 100.000 € = 10.000 €.

---

[149] BFH, BStBl 1994 II S. 293.
[150] BMF vom 09.08.1993 (BStBl 1993 I S. 678).

Da das Vorkommen im Erwerbszeitpunkt regelmäßig nicht genau ermittelt werden kann, wird die tatsächlich abgebaute Menge oft höher oder niedriger liegen. Wenn die fehlerhafte Schätzung erkannt wird, sind für die Folgezeit die Absetzungen für Substanzverringerung unter Zugrundelegung der neu geschätzten Substanz zu bemessen. Die Höhe der Absetzungen bemisst sich dann nach dem noch nicht abgeschriebenen Restwert der Anschaffungs- oder Herstellungskosten und dem laufenden Abbau der Restmenge.

Auch bei Wirtschaftsgütern, die einem Substanzverzehr unterliegen, sind entsprechend § 7 Abs. 1 letzter Satz EStG Absetzungen für außergewöhnliche technische oder wirtschaftliche Abnutzung zulässig.

13.11 Erhöhte Absetzungen und Sonderabschreibungen

13.11.1 Allgemeines

Seit langem bedient sich der Gesetzgeber insbesondere der Einkommensteuer, um die verschiedensten außerhalb des klassischen Aufgabenbereichs der Steuer liegenden Zwecke zu verfolgen. Soweit sich der Gesetzgeber veranlasst sah, zur Erreichung bestimmter wirtschafts- oder gesellschaftspolitischer Ziele zu Investitionen anzuregen, hat er dies in den zurückliegenden Jahren weitgehend durch Gewährung erhöhter Absetzungen und Sonderabschreibungen für bestimmte Personenkreise und bestimmte Wirtschaftsgüter versucht (z. B. §§ 7d bis 7k EStG, §§ 81 bis 82i EStDV).

Es ist deutlich erkennbar, dass diese progressionsbezogenen Steuerbegünstigungen zurückgehen und der Gesetzgeber in zunehmendem Maße Förderungen durch einkommensneutrale Investitionszulagen ersetzt (z. B. Investitionszulagengesetz).

Sonderabschreibungen sind Abschreibungen, die **neben** der normalen AfA nach § 7 EStG in Anspruch genommen werden können (§ 7a Abs. 4 EStG). Sie gehören zu jenen Abzügen, die bei der Ermittlung der Steuerbemessungsgrundlage vorgenommen werden. Sie vermindern als erhöhte Anfangsabschreibungen das spätere Abschreibungsvolumen. Es tritt somit nur eine zeitlich begrenzte vorläufige Minderung der Einkünfte ein, die in späteren Jahren durch ein vermindertes Abschreibungsvolumen wieder ausgeglichen wird. Praktisch findet also eine **Gewinnverlagerung in die Zukunft** statt. Der Effekt der Sonderabschreibung ist somit ein zinsloser Kredit in Höhe der darauf entfallenden Einkommensteuer. Wegen des Abzugs von der Bemessungsgrundlage wird die höchste Begünstigung bei Sonderabschreibungen in den Fällen erreicht, in denen der Steuersatz am höchsten ist. Entsprechendes gilt für erhöhte AfA, also solche Absetzungen, die anstelle von normalen AfA nach § 7 EStG steuerlich zugelassen werden (vgl. § 7a Abs. 3 EStG). Die degressive AfA nach § 7 Abs. 5 EStG ist keine erhöhte AfA.

13 Absetzungen für Abnutzung oder Substanzverringerung

Sonderabschreibungen und erhöhte AfA führen praktisch nur zum gewünschten Erfolg, wenn Gewinne erwirtschaftet werden und die darauf entfallende Steuer durch Anwendung dieser Maßnahmen ermäßigt wird; durch Investitionszulagen können dagegen auch solche Unternehmen gefördert werden, die keinen Gewinn haben und dementsprechend auch keine Ertragsteuern zu entrichten haben. Die Investitionszulage ist zwar kein steuerliches Mittel, sondern eine offene Subvention, sie steht aber mit dem Steuerrecht insoweit im Zusammenhang, als steuerliche Begriffe und Abgrenzungen den Maßstab für die Bemessungsgrundlage bilden.

Folgende Bestimmungen im EStG zu erhöhten Absetzungen und Sonderabschreibungen sollen erläutert werden:

- § 7h Erhöhte Absetzungen bei Gebäuden in Sanierungsgebieten und städtebaulichen Entwicklungsbereichen (13.12)
- § 7i Erhöhte Absetzungen bei Baudenkmalen (13.13)
- § 7k Erhöhte Absetzungen für Wohnungen mit Sozialbindung
- § 7g Investitionsabzugsbeträge und Sonderabschreibungen zur Förderung kleiner und mittlerer Betriebe (14)

Außerdem enthält die EStDV zum Teil sehr spezielle Bestimmungen über Sonderabschreibungen und erhöhte Absetzungen.

13.11.2 Gemeinsame Vorschriften für erhöhte Absetzungen und Sonderabschreibungen

In § 7a EStG sind die verschiedenen Bestimmungen zusammengefasst, die für die verschiedensten erhöhten Absetzungen und Sonderabschreibungen grundsätzlich gemeinsam gelten. Das entspricht auch der Rechtsprechung.[151] Der Begriff der „Absetzung für Abnutzung" ist der allgemeine Oberbegriff, der auch erhöhte Absetzungen und Sonderabschreibungen umfassen kann. Diese Bestimmungen gelten für alle erhöhten Absetzungen und Sonderabschreibungen. Ob diese ihre Rechtsgrundlage im EStG, in der EStDV oder in anderen Vorschriften haben, ist dabei ohne Bedeutung. Von **erhöhten Absetzungen** spricht man, wenn **anstelle** der sich aus § 7 EStG ergebenden Absetzungen für Abnutzung oder Substanzverringerung höhere Absetzungen zugelassen sind. Unter **Sonderabschreibungen** sind Absetzungen zu verstehen, die **neben** den nach § 7 EStG möglichen Absetzungen für Abnutzung oder Substanzverringerung vorgenommen werden können. Teilwertabschreibungen sind daher keine Sonderabschreibungen i. S. des § 7a EStG. Nicht anwendbar sind die Bestimmungen des § 7a EStG ferner bei den Steuervergünstigungen, die nicht in Form von erhöhten Absetzungen oder Sonderabschreibungen gewährt werden. Zu

---

151 BFH vom 15.11.2002 XI B 2/02 (BFH/NV 2003 S. 466); vgl. auch H 7a „Anzahlung auf Anschaffungskosten" Beispiele 1. Nachträgliche Anschaffungskosten EStH.

13.11 Erhöhte Absetzungen und Sonderabschreibungen

diesen Steuervergünstigungen zählt auch die Bewertungsfreiheit für geringwertige Wirtschaftsgüter nach § 6 Abs. 2 und Abs. 2a EStG.

Die einzelnen Bestimmungen des § 7a EStG sind nur anzuwenden, wenn und soweit sich aus der jeweiligen Vorschrift, durch die die erhöhten Absetzungen oder Sonderabschreibungen zugelassen werden, nicht etwas anderes ergibt. Im Übrigen finden die in § 7a EStG getroffenen Regelungen, soweit sich aus den einzelnen Bestimmungen keine Einschränkungen ergeben, sowohl auf zum Betriebsvermögen gehörende Wirtschaftsgüter als auch auf Wirtschaftsgüter Anwendung, die nicht zu einem Betriebsvermögen gehören.

Sachlich gilt § 7a EStG für die ertragsteuerliche Behandlung aller erhöhten AfA (z. B. §§ 7h, 7i, 7k EStG; §§ 82a, 82g, 82i EStDV) und Sonderabschreibungen (z. B. §§ 7f, 7g EStG; §§ 81, 82d, 82f EStDV).

Fallen während des Begünstigungszeitraums **nachträgliche Anschaffungs- oder Herstellungskosten** an, so bemessen sich vom Jahr ihrer Entstehung an bis zum Ende des Begünstigungszeitraums die erhöhten Absetzungen und Sonderabschreibungen nach § 7a Abs. 1 EStG ebenso wie die normalen Absetzungen für Abnutzung nach den um die angefallenen Beträge erhöhten Anschaffungs- oder Herstellungskosten.[152]

Werden im Begünstigungszeitraum die Anschaffungs- oder Herstellungskosten nachträglich gemindert (z. B. bei § 6b Abs. 1 oder 3 EStG), so bemessen sich vom Jahr der Minderung an bis zum Ende des Begünstigungszeitraums die Absetzungen für Abnutzung, erhöhten Absetzungen und Sonderabschreibungen nach den geminderten Anschaffungs- oder Herstellungskosten (§ 7a Abs. 1 Satz 3 EStG und R 7a Abs. 4 EStR).

Die Vorschrift des § 7a Abs. 1 EStG regelt nur die Ermittlung der (erhöhten) Absetzungen oder Sonderabschreibungen während des Begünstigungszeitraums. Wie nach Ablauf des Begünstigungszeitraums zu verfahren ist, ist den jeweiligen Begünstigungsvorschriften zu entnehmen.[153]

Nach verschiedenen Vorschriften können erhöhte Absetzungen oder Sonderabschreibungen bereits für **Anzahlungen** auf Anschaffungskosten oder für **Teilherstellungskosten** in Anspruch genommen werden. Hinsichtlich der Inanspruchnahme der erhöhten Absetzungen und Sonderabschreibungen in diesen Fällen sind in § 7a Abs. 2 EStG gemeinsame Regelungen getroffen worden.

Um sicherzustellen, dass erhöhte Absetzungen oder Sonderabschreibungen für ein bestimmtes Objekt nur einmal in dem vorgesehenen Umfang vorgenommen werden, sind nach § 7a Abs. 2 EStG nach Anschaffung oder Herstellung des Wirtschaftsguts erhöhte Absetzungen oder Sonderabschreibungen nur zulässig, soweit sie nicht

---
[152] R 7a Abs. 3 EStR.
[153] Vgl. auch H 7a Beispiele 4. EStH.

bereits für Anzahlungen auf Anschaffungskosten oder für Teilherstellungskosten in Anspruch genommen worden sind.[154]

Nach § 7a Abs. 3 EStG müssen bei Wirtschaftsgütern, bei denen erhöhte Absetzungen in Anspruch genommen werden, in jedem Jahr des Begünstigungszeitraums mindestens Absetzungen in Höhe der Absetzungen für Abnutzung nach § 7 Abs. 1 oder 4 EStG berücksichtigt werden (**Mindest-AfA**). Durch diese Regelung wird der Gestaltungsspielraum des Steuerpflichtigen hinsichtlich der Vornahme erhöhter Absetzungen auf die Absetzungsbeträge beschränkt, die über die normalen linearen Absetzungen für Abnutzung hinausgehen.

Bei Wirtschaftsgütern, bei denen Sonderabschreibungen in Anspruch genommen werden, sind nach § 7a Abs. 4 EStG die Absetzungen für Abnutzung nach § 7 Abs. 1 oder 4 EStG vorzunehmen.

Liegen bei einem Wirtschaftsgut die Voraussetzungen für die Inanspruchnahme von erhöhten Absetzungen oder Sonderabschreibungen aufgrund mehrerer Vorschriften vor, so dürfen erhöhte Absetzungen oder Sonderabschreibungen nach § 7a Abs. 5 EStG nur aufgrund einer dieser Vorschriften in Anspruch genommen werden. Dem Steuerpflichtigen steht damit in diesen Fällen ein Wahlrecht zwischen den verschiedenen erhöhten Absetzungen und Sonderabschreibungen zu.

Die Inanspruchnahme einer Sonderabschreibung wird nicht dadurch ausgeschlossen, dass für das betreffende Wirtschaftsgut in früheren Jahren eine AfA in fallenden Jahresbeträgen vorgenommen wurde.[155] § 7a Abs. 5 EStG untersagt nur die kumulative Inanspruchnahme von Sonderabschreibungen und degressiver AfA in ein und demselben Veranlagungszeitraum.

Das in § 7a Abs. 5 EStG ausgesprochene **Kumulierungsverbot** gilt allerdings nur für die unter diese Vorschrift fallenden erhöhten Absetzungen und Sonderabschreibungen. Andere Vergünstigungen (z. B. Investitionszulagen) können daher auch neben erhöhten Absetzungen oder Sonderabschreibungen in Anspruch genommen werden.

Bei der Prüfung, ob die in § 141 Abs. 1 Nr. 4 und 5 AO bezeichneten Buchführungsgrenzen überschritten sind, sind erhöhte Absetzungen oder Sonderabschreibungen nach § 7a Abs. 6 EStG nicht zu berücksichtigen. Dadurch soll verhindert werden, dass sich Minderungen des Gewinns durch die Inanspruchnahme von Abschreibungsvergünstigungen auf das Entstehen oder Fortbestehen der Buchführungspflicht auswirken.

Ist ein Wirtschaftsgut **mehreren Beteiligten** zuzurechnen und sind die Voraussetzungen für erhöhte Absetzungen oder Sonderabschreibungen nur bei einzelnen Beteiligten erfüllt, so dürfen die erhöhten Absetzungen oder Sonderabschreibungen

---

154 R 7a Abs. 5 und 6 EStR.
155 BFH, BStBl 2006 II S. 799.

13.11 Erhöhte Absetzungen und Sonderabschreibungen

nach § 7a Abs. 7 Satz 1 EStG nur anteilig für diese Beteiligten vorgenommen werden.

Nach § 7a Abs. 7 Satz 2 EStG dürfen die erhöhten Absetzungen oder Sonderabschreibungen im Übrigen von den Beteiligten, bei denen die Voraussetzungen dafür erfüllt sind, nur einheitlich vorgenommen werden. Dieser Vorschrift muss über ihren Wortlaut hinaus entnommen werden, dass erhöhte Absetzungen oder Sonderabschreibungen bei mehreren Beteiligten zuzurechnenden Wirtschaftsgütern auch dann einheitlich vorgenommen werden müssen, wenn sämtliche Beteiligten die Voraussetzungen für die Inanspruchnahme der erhöhten Absetzungen oder Sonderabschreibungen erfüllen.[156]

Bei Wirtschaftsgütern, die zu einem Betriebsvermögen gehören, sind erhöhte Absetzungen oder Sonderabschreibungen nach § 7a Abs. 8 EStG nur zulässig, wenn sie in ein besonderes, laufend zu führendes **Verzeichnis** aufgenommen werden, das den Tag der Anschaffung oder Herstellung, die Anschaffungs- oder Herstellungskosten, die betriebsgewöhnliche Nutzungsdauer und die Höhe der jährlichen Absetzungen für Abnutzung, erhöhten Absetzungen und Sonderabschreibungen enthält. Die Einführung dieser Vorschrift steht im Zusammenhang mit dem Wegfall der Ordnungsmäßigkeit der Buchführung als Voraussetzung für die Inanspruchnahme der verschiedenen Absetzungs- und Abschreibungsvergünstigungen. Wenn die geforderten Angaben aus der Buchführung ersichtlich sind, so wird jedoch in § 7a Abs. 8 Satz 2 EStG auf die Führung des vorbezeichneten besonderen Verzeichnisses verzichtet.

Sind für ein Wirtschaftsgut Sonderabschreibungen vorgenommen worden, so bemessen sich nach Ablauf des maßgebenden Begünstigungszeitraums die Absetzungen für Abnutzung bei Gebäuden und bei Wirtschaftsgütern i. S. des § 7 Abs. 5a EStG nach dem Restwert und dem nach § 7 Abs. 4 EStG unter Berücksichtigung der Restnutzungsdauer maßgebenden Prozentsatz, bei anderen Wirtschaftsgütern nach dem Restwert und der Restnutzungsdauer (§ 7a Abs. 9 EStG). Dabei ist die Restnutzungsdauer des Wirtschaftsguts bei Beginn der Restwertabschreibung neu zu schätzen, wobei für die weitere Bemessung der AfA die um den Begünstigungszeitraum verminderte ursprüngliche Nutzungsdauer als Restnutzungsdauer zugrunde gelegt werden kann.[157]

Die Absetzungen für Abnutzung nach Ablauf des maßgebenden Begünstigungszeitraums bemessen sich stets nach dem Restwert, der sich im Zeitpunkt des Ablaufs des Begünstigungszeitraums unter Berücksichtigung der vorgenommenen Sonderabschreibung und der bis dahin erfolgten Absetzungen für Abnutzung ergibt.

Beispiel:
Für ein am 30.06.01 fertig gestelltes Gebäude, dessen Herstellungskosten sich auf 900.000 € belaufen, werden in den Jahren 01 und 02 Sonderabschreibungen nach § 7f EStG in Höhe von 20 % bzw. 10 % vorgenommen.

---
156 BFH, BStBl 1990 II S. 953.
157 BFH, BStBl 1992 II S. 622.

13 Absetzungen für Abnutzung oder Substanzverringerung

Unter Berücksichtigung der Absetzungen für Abnutzung nach § 7 Abs. 4 EStG errechnet sich der Restwert bei Ablauf des Begünstigungszeitraums wie folgt:

	Sonderabschreibung	AfA
01	20 %	1 %
02	10 %	2 %
03		2 %
04		2 %
05		2 %
	30 %	9 %

Der Restwert beläuft sich damit auf (61 % von 900.000 € =) 549.000 €.

Unter Berücksichtigung einer Restnutzungsdauer von (50 ./. 4,5 =) 45,5 Jahren ergibt sich damit ein nach § 7 Abs. 4 EStG maßgebender Prozentsatz von rd. 2,2.

Bei Gebäudeteilen, die selbständige unbewegliche Wirtschaftsgüter sind, sowie bei Eigentumswohnungen und bei im Teileigentum stehenden Räumen ist entsprechend zu verfahren.

Bei anderen Wirtschaftsgütern ist der Restwert auf die sich im Einzelfall ergebende tatsächliche Restnutzungsdauer zu verteilen.

13.11.3 Verhältnis der Sonderabschreibung zu einer Teilwertabschreibung

Bei Wirtschaftsgütern des Anlagevermögens kommt eine Teilwertabschreibung in demselben Jahr, in dem Sonderabschreibungen in Anspruch genommen werden, nur in Betracht, wenn der Teilwert niedriger als der Buchwert des Wirtschaftsguts ist, der sich nach Vornahme der linearen AfA und Sonderabschreibungen ergibt.[158]

Beispiel:
Der Teilwert eines im Januar 05 für 1 Mio. € hergestellten Bürogebäudes des Anlagevermögens beträgt aufgrund eines Überangebots an Büroflächen 800.000 €. Im Jahr 05 werden Sonderabschreibungen von 20 % in Anspruch genommen.

Herstellungskosten 05	1.000.000 €
Lineare AfA 05: 3 %	./. 30.000 €
Sonderabschreibungen: 20 %	./. 200.000 €
Buchwert 31.12.05	770.000 €
Da der Buchwert zum 31.12.05 unter dem Teilwert von 800.000 € liegt, kommt eine Teilwertabschreibung nicht in Betracht. Lineare AfA 06 bis 09: 4 × (3 % =) 30.000 €	./. 120.000 €
Buchwert 31.12.2009	650.000 €
Restwertabschreibung ab dem Jahr 10 jährlich $1/_{28}$	je 23.214 €

Eine Teilwertabschreibung schließt in den folgenden Jahren die Vornahme von linearer AfA und Sonderabschreibungen nicht aus. Bei Gebäuden mindert die Teil-

---

[158] BFH, BStBl 1989 II S. 183.

wertabschreibung sowohl die Bemessungsgrundlage der linearen AfA (§ 11c Abs. 2 Satz 2 EStDV) als auch die Bemessungsgrundlage der Sonderabschreibungen.

Beispiel:
Der Teilwert eines im Januar 05 für 1 Mio. € hergestellten Gebäudes des Anlagevermögens beträgt ab Dezember 06 800.000 €. In den Jahren 05 und 07 werden Sonderabschreibungen von jeweils 10 % in Anspruch genommen.

Herstellungskosten 05	1.000.000 €	1.000.000 €
Lineare AfA 05: 3 %		./. 30.000 €
Sonderabschreibungen: 10 %		./. 100.000 €
Buchwert 31.12.05		870.000 €
Lineare AfA 06: 3 %		./. 30.000 €
Teilwertabschreibung 06	40.000 €	./. 40.000 €
Buchwert = Teilwert 31.12.06		800.000 €
Bemessungsgrundlage ab 06	960.000 €	
Lineare AfA 07 bis 09:		./. 86.400 €
3 × (3 % =) 28.800 €		
Sonderabschreibungen 07: 10 %		./. 96.000 €
Buchwert 31.12.09		617.600 €
Restwertabschreibung ab dem Jahr 10 jährlich $^{1}/_{28}$		je 22.057 €

13.12 Erhöhte Absetzungen bei Gebäuden in Sanierungsgebieten und städtebaulichen Entwicklungsbereichen (§ 7h EStG)

Allgemeines

§ 7h EStG begünstigt Baumaßnahmen an inländischen Gebäuden in Sanierungsgebieten und städtebaulichen Entwicklungsbereichen. Begünstigt sind Herstellungsmaßnahmen, aber auch Anschaffungskosten; dadurch ist auch eine steuerliche Förderung bei Maßnahmen in Bauherrenmodellen möglich. Unerheblich ist, ob das Objekt zum Betriebs- oder Privatvermögen gehört.

Begünstigte Maßnahmen

Begünstigt sind Herstellungskosten für Modernisierungs- und Instandsetzungsmaßnahmen an im Inland in einem förmlich festgelegten Sanierungsgebiet oder städtebaulichen Entwicklungsbereich gelegenen Gebäuden, zu denen der Eigentümer gem. § 177 BauG verpflichtet worden ist bzw. zu denen sich der Steuerpflichtige vertraglich verpflichtet hat. Außerdem sind Herstellungskosten begünstigt, die der Erhaltung, Erneuerung und funktionsgerechten Verwendung eines Gebäudes in einem Sanierungsgebiet oder städtebaulichen Entwicklungsgebiet dienen, das wegen seiner **geschichtlichen, künstlerischen oder städtebaulichen Bedeutung** erhalten bleiben soll und zu deren Durchführung sich der Eigentümer neben bestimmten Modernisierungsmaßnahmen gegenüber der Gemeinde verpflichtet hat.

Schließlich sind nach § 7h Abs. 1 Satz 3 EStG Anschaffungskosten insoweit begünstigt, als sie zeitlich nach dem rechtswirksamen Abschluss eines obligatorischen Erwerbsvertrages oder eines gleichstehenden Rechtsakts durchgeführt worden sind. Der eigentliche Kaufpreis ist nicht begünstigt. Dem Wesen nach handelt es sich bei den begünstigten Aufwendungen um anschaffungsnahe Herstellungskosten. Für selbstgenutzte Häuser ist § 7h EStG nicht anwendbar, dafür gilt § 10f EStG.

Die erhöhte Absetzung ist nicht zu gewähren, wenn durch die Baumaßnahmen ein Neubau oder ein bautechnisch neues Gebäude entstanden ist.

Bescheinigung

Voraussetzung für die Inspruchnahme erhöhter AfA ist eine Bescheinigung der zuständigen Gemeinde, mit der die zuvor genannten Begünstigungsvoraussetzungen nachgewiesen werden. Die Bescheinigung hat auch die Höhe etwaig gewährter Zuschüsse zu enthalten. Werden Zuschüsse nach Ausstellung der Bescheinigung gewährt, so ist diese entsprechend zu ändern (§ 7h Abs. 2 Satz 2 EStG). Die Bescheinigung ist materielle Voraussetzung für die erhöhte Absetzung, wobei die zuständige Gemeindebehörde die Begünstigungsvoraussetzungen und die Maßnahme wie ggf. sämtliche Zuschüsse aus Sanierungs- und Entwicklungsförderungsmitteln zu prüfen und zu bescheinigen hat.

Ob es sich dabei um ein Sanierungsgebiet und einen städtebaulichen Entwicklungsbereich handelt, unterliegt der Beurteilung der zuständigen Gemeinde oder Denkmalbehörde (**Bescheinigungsbehörde**) nach § 7h Abs. 2 EStG. Danach handelt es sich bei der Bescheinigung um einen Grundlagenbescheid nach § 171 Abs. 10 AO, dessen verbindliche Feststellungen sich auf die Tatbestände des zum Landesrecht gehörenden Denkmalsrechts beschränkt.

Dieser Grundlagenbescheid ist demnach für die Finanzverwaltung nur insoweit bindend, als er den Nachweis der denkmalschutzrechtlichen Voraussetzungen des § 7i Abs. 1 EStG erbringt.[159]

Die Entscheidung für das Vorliegen der übrigen steuerrechtlich bedeutsamen Tatbestandsmerkmale fällt jedoch in die Zuständigkeit der Finanzbehörden.

Unter dieses eigenständige Prüfungsrecht der Finanzbehörden fällt auch die Beurteilung, ob durch die Baumaßnahmen ein Neubau oder bautechnisch neues Gebäude entstanden ist, wonach dann die erhöhte Absetzung nicht zu gewähren ist.[160]

Bemessung der erhöhten Absetzungen

Bemessungsgrundlage sind grundsätzlich die Herstellungskosten, die für die bescheinigte Maßnahme entstanden sind. Daneben sind nach § 7h Abs. 1 Satz 3

---
159 BFH, BStBl 2004 II S. 711.
160 BFH, BStBl 2007 II S. 373, und BMF, BStBl 2007 I S. 475; vgl. auch BFH, BStBl 2009 II S. 596; zu § 7i EStG aber: BFH, BStBl 2009 II S. 960.

EStG auch Anschaffungskosten begünstigt, die nach dem rechtswirksamen Abschluss eines obligatorischen Erwerbsvertrags oder eines gleichstehenden Rechtsakts für eine Maßnahme aufgewendet worden sind. Zuschüsse aus Sanierungs- oder Entwicklungsförderungsmitteln mindern die Anschaffungs- oder Herstellungskosten; das ansonsten bei Zuschüssen zulässige Wahlrecht ist ausgeschlossen. Wird ein Wirtschaftsgut, bei dem für begünstigte Modernisierungs- oder Sanierungsmaßnahmen erhöhte Absetzungen vorgenommen worden sind, aus einem Betriebsvermögen in das Privatvermögen oder umgekehrt überführt, so ist eine sich dabei ergebende Erhöhung oder Minderung der Bemessungsgrundlage dem Teil des Gebäudes zuzuordnen, für den **keine** erhöhten Absetzungen vorgenommen sind, d. h., die erhöhte AfA wird von der unveränderten Bemessungsgrundlage fortgeführt.

Beispiel:
A hält in seinem Betriebsvermögen ein Gebäude im Sanierungsgebiet. Er gibt den Betrieb zum 31.12.05 auf. Das Grundstück wird Privatvermögen. Der Buchwert des Gebäudes setzt sich wie folgt zusammen:

Ursprüngliche Gebäudesubstanz	50.000 €
Aufwendung i. S. des § 7h EStG	50.000 €
Summe	100.000 €

Die begünstigten Aufwendungen i. S. des § 7h EStG haben insgesamt 100.000 € betragen. Der verbleibende Begünstigungszeitraum nach § 7h EStG beträgt noch fünf Jahre. Der gemeine Wert des Gebäudes beträgt zum 31.12.05 300.000 €. Die AfA-Bemessungsgrundlage beträgt ab 01.01.06 250.000 €. Die erhöhten Absetzungen nach § 7h EStG können ab 06 mit 9 % von 100.000 € beansprucht werden.

Die erhöhten Absetzungen betragen im Jahr der Beendigung der Maßnahme und in den 7 folgenden Jahren jeweils bis zu 9 % und in den folgenden 4 Jahren jeweils bis zu 7 % der Herstellungskosten für Modernisierungs- und Instandsetzungsmaßnahmen. Damit beträgt der Abschreibungszeitraum insgesamt 12 Jahre.

Nicht in Anspruch genomme Absetzungen dürfen nicht nachgeholt werden.[161]

Soweit es sich bei den Maßnahmen i. S. des § 7h EStG um Erhaltungsaufwand handelt, kann dieser gleichmäßig auf 2 bis 5 Jahre verteilt werden (§ 11a EStG).

13.13 Erhöhte Absetzungen bei Baudenkmalen (§ 7i EStG)

Nach § 7i EStG kann der Steuerpflichtige für Baumaßnahmen an Gebäuden oder Gebäudeteilen, die als Baudenkmale anzusehen sind, von den Herstellungskosten im Jahr der Herstellung und in den folgenden 7 Jahren jeweils bis zu **9 %** und in den folgenden 4 Jahren jeweils bis zu **7 %** der Herstellungskosten, die nach Art und Umfang zur Erhaltung des Gebäudes als Baudenkmal oder zu einer sinnvollen Nutzung erforderlich sind, absetzen.

---
161 R 7h Abs. 3 EStR.

13 Absetzungen für Abnutzung oder Substanzverringerung

Begünstigt sind Baudenkmale nach den jeweiligen landesrechtlichen Vorschriften oder solche Gebäude, die zwar keine Baudenkmale sind, aber zu einer als Einheit geschützten Gebäudegruppe oder Gesamtanlage gehören.

Sie müssen auf Baumaßnahmen entfallen, die zur Erhaltung oder sinnvollen Nutzung des Baudenkmals oder zur Erhaltung des schützenswerten Erscheinungsbildes der Gebäudegruppe oder Gesamtanlage erforderlich sind.

Erhöhte Absetzungen bei Baudenkmalen sind nicht zu gewähren, wenn durch die Baumaßnahmen ein Neubau oder ein bautechnisch neues Gebäude entstanden ist.

Nach ständiger Rechtsprechung[162] ist allein die **Bescheinigungsbehörde** für die Prüfung von Baumaßnahmen i. S. des § 177 BauGB zuständig.

Es handelt sich bei der Bescheinigung um einen Grundlagenbescheid, dessen verbindliche Feststellungen sich auf die Tatbestände des zum Landesrecht gehörenden Denkmalrechts beschränken.[163]

Die Entscheidung über das Vorliegen der übrigen steuerrechtlich bedeutsamen Tatbestandsmerkmale fällt in die Zuständigkeit der Finanzbehörden.

Unter dieses eigenständige Prüfungsrecht der Finanzbehörden fällt auch die Beurteilung, ob durch die Baumaßnahmen ein Neubau entstanden ist, da in diesen Fällen die erhöhte Absetzung nicht zu gewähren ist.[164] Bei einem bautechnisch neuem Gebäude soll dagegen ein Denkmal vorliegen und § 7i EStG (anders als – noch – § 7h EStG) zur Anwendung kommen.[165]

In gleicher Weise wie bei § 7h EStG (13.12) wird die Steuervergünstigung auf Anschaffungskosten von Erwerbern, die keine Bauherren sind, ausgedehnt. Baumaßnahmen im Rahmen von § 7i Abs. 1 Satz 4 EStG, d. h. bei Gebäuden oder Gebäudeteilen, die für sich allein nicht die Voraussetzungen eines Baudenkmals erfüllen, sog. Maßnahmen im Rahmen eines Ensembleschutzes, sind nur begünstigt, soweit Aufwendungen für das schützenswerte **äußere** Erscheinungsbild der Gebäudegruppe oder Gesamtanlage erforderlich sind. Im Gegensatz zu den Baumaßnahmen nach § 7i Abs. 1 Satz 3 EStG sind insoweit Aufwendungen für Baumaßnahmen im Inneren der Gebäude von der Begünstigung ausgeschlossen. In § 7i Abs. 1 Satz 7 EStG ist ausdrücklich bestimmt, dass die Steuervergünstigungen nur für Aufwendungen gelten, die nicht durch Zuschüsse aus öffentlichen Kassen gedeckt sind. Das Gebäude muss außerdem im Inland belegen sein. Begünstigt sind auch Gebäudeteile, die selbständige unbewegliche Wirtschaftsgüter sind, sowie Eigentumswohnungen und in Teileigentum stehende Räume (§ 7i Abs. 3 EStG).

Das betreffende Gebäude oder der Gebäudeteil muss ein geschütztes Baudenkmal im Sinne des Denkmalschutzgesetzes (DSchG, etwa DSchG NW) sein. Dies ist

---

162 BFH, BStBl 2007 II S. 373.
163 BFH, BStBl 2004 II S. 711.
164 BMF, BStBl 2007 I S. 475.
165 BFH, BStBl 2009 II S. 960.

13.13 Erhöhte Absetzungen bei Baudenkmalen

dann gegeben, wenn das Gebäude oder der Gebäudeteil nach § 3 DSchG in die Denkmalliste eingetragen ist oder gem. § 4 DSchG als vorläufig eingetragen gilt. Aufgrund der Zielsetzung des DSchG und des mit der Steuervergünstigung verfolgten Zweckes ist es unerlässlich, dass die Denkmaleigenschaft bereits vor Beginn der Baumaßnahmen bestandskräftig festgestellt worden ist. Dies bietet dem Bauherrn die Gewähr für eine frühzeitige Beratung und der Denkmalbehörde die Gelegenheit, das beabsichtigte Baugeschehen sowohl in der notwendigen Abstimmung als auch im denkmalrechtlichen Erlaubnisverfahren im Sinne der Denkmalpflege zu beeinflussen.

Die erhöhten Absetzungen kommen auch bei Gebäuden in Betracht, die zwar selbst kein Baudenkmal sind, aber innerhalb eines Denkmalbereichs liegen. Denkmalbereiche werden gem. §§ 5, 6 Abs. 4 DSchG mit einer besonderen gemeindlichen Satzung oder in einem Bebauungsplan festgesetzt. Begünstigt sind in diesem Fall nur die Herstellungskosten der Teile des Gebäudes, die nach Art und Umfang zur Erhaltung des schützenswerten äußeren Erscheinungsbildes des Denkmalbereichs erforderlich sind. Das sind regelmäßig nur die Kosten, die im Zusammenhang mit der Außenhaut des Gebäudes anfallen.

Die Bescheinigung kann nur erteilt werden, wenn die Baumaßnahmen in Abstimmung mit der Gemeinde vorgenommen worden sind. Der Bauherr muss also vor Beginn der Baumaßnahmen diese im Einzelnen mit der Gemeinde abstimmen.

Im Rahmen der Abstimmung ist Klarheit darüber herbeizuführen, welche Baumaßnahmen oder Gewerke für eine erhöhte Abschreibung bescheinigt werden können. Die Abstimmung kann auch innerhalb des denkmalrechtlichen Erlaubnisverfahrens erfolgen. Vom Bauherrn sind die Baumaßnahmen so auszuführen, wie dies in der Abstimmung vereinbart worden ist. Erfolgt dies nicht, ist eine Bescheinigung nicht möglich. Eine nachträgliche Abstimmung heilt diesen Verfahrensfehler nicht, auch wenn die Baumaßnahmen denkmalverträglich ausgeführt worden sind.

Die Aufwendungen müssen nach Art und Umfang dazu erforderlich sein, das Gebäude als Baudenkmal zu erhalten oder sinnvoll zu nutzen. Ausgangspunkt und übergreifender Gesichtspunkt ist die Erhaltung des Gebäudes als Baudenkmal. Diese im öffentlichen Interesse liegende denkmalpflegerische Aufgabe soll mit steuerlichen Anreizen gefördert werden. Führen Baumaßnahmen hingegen zum Verlust der Denkmaleigenschaft oder entsprechen sie nicht der Eigenart des Baudenkmals und damit der Denkmalpflege, so können diese Baumaßnahmen nicht „zur Erhaltung des Gebäudes als Baudenkmal erforderlich" bescheinigt werden, weil sie der denkmalpflegerischen Zielsetzung der Steuervergünstigung zuwiderlaufen.

Welche Aufwendungen nach diesen Kriterien begünstigt sind, kann regelmäßig nur im Einzelfall beurteilt werden.

14 Investitionsabzugsbeträge und Sonderabschreibungen zur Förderung kleiner und mittlerer Betriebe (§ 7g EStG)

14.1 Allgemeines

Durch § 7g EStG sollen die Investitionskraft und die Eigenkapitalausstattung kleiner und mittlerer Betriebe gestärkt werden.

Im Rahmen des Unternehmensteuerreformgesetzes 2008 ist § 7g EStG fortgeschrieben worden.

Durch die größtenteils am 18.08.2007 in Kraft getretene Neuregelung wird nach § 7g Abs. 1 bis 4 EStG die Vorverlagerung von Abschreibungspotenzial in ein Wirtschaftsjahr vor Anschaffung oder Herstellung eines begünstigen Wirtschaftsguts verlagert.

Dadurch wird die Wettbewerbssituation kleiner und mittlerer Betriebe verbessert, deren Liquidität und Eigenkapitalbildung unterstützt und die Investitions- und Innovationskraft gestärkt.

Durch den Investitionsabzugsbetrag nach § 7g Abs. 1 EStG bis zu 40 % der voraussichtlichen Anschaffungs- oder Herstellungskosten wird ein Steuerstundungseffekt erreicht, wodurch Mittel angespart werden können, um dem Unternehmen die Finanzierung von Investitionen zu erleichtern.

Investitionsabzugsbeträge können erstmals in nach dem 17.08.2007 endenden Wirtschaftsjahren berücksichtigt werden. Die vor diesen Wirtschaftsjahren gebildeten Ansparabschreibungen sind nach den bisherigen Regelungen des alten § 7g Abs. 3 ff. EStG zu bilden und aufzulösen. Dabei ist die Besonderheit zu beachten, dass noch nicht gewinnerhöhend aufgelöste Ansparabschreibung den Höchstbetrag des § 7g Abs. 1 Satz 4 EStG vermindern. Dadurch wird sichergestellt, dass die Höchstbeträge des alten und des neuen § 7g EStG nicht nebeneinander gewährt werden. Wurden z. B. zulässigerweise Existenzgründerrücklagen bis zum Höchstbetrag von 307.000 Euro passiviert, können so lange keine Investitionsabzugsbeträge geltend gemacht werden, bis die Existenzgründerrücklagen den Betrag von 200.000 Euro unterschreiten.

Die bereits bisher bestehenden Regelungen zu den Sonderabschreibungen wurden vereinfacht und einkommensneutral umgestaltet.

Der Gesetzgeber hat aber auf die Fortschreibung der sog. Existenzgründer-Rücklagen verzichtet, womit ein wesentliches Finanzierungselement für die Zukunft entfallen ist.

14.1 Allgemeines

Aus gesetzessystematischen Gründen wurden die bisherigen Regelungen in § 7g Abs. 3 bis 6 EStG a. F. in der Neufassung in den Absätzen 1 bis 4 den Sonderabschreibungen vorangestellt.

Die Vorverlagerung von Abschreibungspotenzial liegt zeitlich gesehen vor der Inanspruchnahme der Sonderabschreibungen bei Investition des begünstigten Wirtschaftsguts nach § 7g Abs. 5 EStG.

Für kleine und mittlere Unternehmen ist § 7g EStG durch das Unternehmensteuerreformgesetz 2008 wie folgt neu gefasst worden:

a) Außerbilanziell kann ein **Investitionsabzugsbetrag** bis zu **40 %** der voraussichtlichen Anschaffungs- oder Herstellungskosten gewinnmindernd abgezogen werden.

Der Investitionsabzugsbetrag gem. § 7g Abs. 1 bis 4 und 7 EStG ist erstmals für Wirtschaftsjahre anzuwenden, die nach dem 17.08.2007 enden, d. h. also bei kalenderjahrgleichem Wirtschaftsjahr bereits im Jahr **2007** (§ 52 Abs. 23 EStG).

Da der Investitionsabzugsbetrag außerbilanziell abzogen wird, gilt insoweit das Maßgeblichkeitsprinzip nicht, der Investitionsabzugsbetrag wirkt sich auch nicht auf die Größenmerkmale des § 7g Abs. 1 EStG aus. Darüber hinaus unterliegt die rückwirkende Inanspruchnahme oder Änderung des Investitionsabzugsbetrags nicht den Beschränkungen des § 4 Abs. 2 EStG hinsichtlich der Zulässigkeit einer Bilanzänderung oder Bilanzberichtigung, soweit die Investition noch möglich ist.

b) Bei getätigter Investition wird der Investitionsabzugsbetrag außerbilanziell gewinnerhöhend hinzugerechnet, gleichzeitig kann ein **Bewertungsabschlag** von **bis zu 40 %** der **getätigten Investition** gem. § 7g Abs. 2 EStG vorgenommen werden, der aber begrenzt ist auf den Hinzurechnungsbetrag nach § 7g Abs. 2 Satz 1 EStG; der Bewertungsabschlag reduziert die Bemessungsgrundlage für die Anschaffungskosten/Herstellungskosten für die Sonderabschreibungen.

c) Die **Sonderabschreibung** von **maximal 20 %** der Anschaffungs- oder Herstellungskosten der begünstigten Investition.

Die Regelungen zur Sonderabschreibung gem. § 7g Abs. 5 und 6 EStG ist **erstmals** bei Wirtschaftsgütern anzuwenden, die **nach dem 31.12.2007** angeschafft oder hergestellt werden. **Bei Investitionen vor dem 01.01.2008,** für die auch noch degressive AfA zum Tragen kommen, sind die **Sonderabschreibungen nach den bisherigen Grundsätzen** vorzunehmen. Daraus folgt auch, dass für Investitionen in 2007 ohne vorherige Bildung einer Ansparabschreibung keine Sonderabschreibung von 20 % geltend gemacht werden kann.

Bei Ansparabschreibungen, die in den vor dem Tag der Verkündung des Unternehmersteuerreformgesetzes 2008 endenden Wirtschaftsjahren gebildet worden sind, ist **§ 7g EStG a. F.** weiter anzuwenden. Soweit Ansparabschreibungen **noch nicht** gewinnerhöhend **aufgelöst** worden sind, **vermindert** sich der **Höchstbetrag von**

200.000 Euro nach § 7g Abs. 1 Satz 4 EStG um die noch vorhandenen Ansparabschreibungen.

Die bisherige Möglichkeit der Bildung einer Existenzgründer-Rücklage fällt ersatzlos weg.

Die Regelungen in § 7g Abs. 1 bis 4 EStG ermöglichen die Vorverlagerung von Abschreibungspotenzial in ein Wirtschaftsjahr vor Anschaffung oder Herstellung eines begünstigten Wirtschaftsgutes. Die Inanspruchnahme von § 7g Abs. 1 führt zu einer Steuerstundung, wodurch Mittel angespart werden können, die dem Unternehmen die Finanzierung von Investitionen erleichtern.

Darüber hinaus kann ein derartiger Betrieb unabhängig davon, ob er für das Wirtschaftsgut den Investitionsabzugsbetrag in Anspruch genommen hat, nach § 7g Abs. 5 EStG 20 % der Anschaffungs- oder Herstellungskosten als Sonderabschreibung geltend machen. Die Sonderabschreibungen können verteilt im Jahr der Anschaffung oder Herstellung oder in den folgenden vier Jahren in Anspruch genommen werden. Die Abschreibungsmöglichkeiten nach § 7 EStG bleiben hiervon unberührt.

14.2 Investitionsabzugsbetrag (§ 7g Abs. 1 EStG)

Danach können Steuerpflichtige **bis zu 40 % der voraussichtlichen Anschaffungs- oder Herstellungskosten** eines **beweglichen Wirtschaftsguts** des Anlagevermögens außerbilanziell gewinnmindernd abziehen (Investitionsabzugsbetrag). Die bisherige buchungsmäßige Bildung von Rücklagen (die sog. Ansparabschreibungen) entfällt. Der systematische Wechsel ist zum einen wegen der nach höchstrichterlicher Rechtsprechung missverständlichen Bezeichnung der Rücklagen nach § 7g Abs. 3 EStG als „Ansparabschreibungen" geboten.[1] Zudem kennt das Einkommensteuerrecht grundsätzlich nur sog. Gewinnrücklagen, die – abweichend von dem bisherigen § 7g EStG – auf bereits realisierten Gewinnen beruhen (z. B. § 6b EStG). Zum anderen werden durch den außerbilanziellen Abzug bilanztechnische Probleme wie z. B. Bilanzberichtigungen und Maßgeblichkeit der Handelsbilanz für die steuerliche Gewinnermittlung vermieden.

Begünstigt ist die Anschaffung oder Herstellung von abnutzbaren **neuen und von gebrauchten** beweglichen Anlagegütern. Gebrauchte Wirtschaftsgüter sind zur Kompensation des Wegfalls der degressiven AfA mit erfasst worden. **Voraussetzung** für die Inanspruchnahme des Investitionsabzugsbetrages ist gem. § 7g Abs. 1 Nr. 1 EStG, dass der Betrieb **am Schluss des Wirtschaftsjahres,** in dem der **Abzug vorgenommen** wird, die folgenden Größenmerkmale nicht überschreitet:

a) bei Gewerbebetrieben oder der selbständigen Arbeit dienenden Betrieben, die ihren Gewinn nach § 4 Abs. 1 oder § 5 EStG ermitteln, ein **Betriebsvermögen** (Steuerbilanzwerte) von **235.000 Euro**; irrelevant ist die nachfolgende Entwick-

---
1 BFH, BStBl 2006 II S. 910.

14.2 Investitionsabzugsbetrag

lung der Betriebsgröße. Für 2009 und 2010 war die Grenze auf 335.000 Euro angehoben worden.

b) bei Betrieben der Land- und Forstwirtschaft einen Wirtschaftswert oder einen Ersatzwirtschaftswert von **125.000 Euro** (bisher Einheitswert von maximal 122.710 Euro); für 2009 und 2010 galten 175.000 Euro.

c) bei Betrieben im Sinne der Buchstaben a und b, die ihren Gewinn nach **§ 4 Abs. 3 EStG** ermitteln, ein **Gewinn** – ohne Berücksichtigung des Investitionsabzugsbetrages – von **100.000 Euro;** für 2009 und 2010 betrug die Gewinnsumme 200.000 Euro.

Auf die Rechtsform des Unternehmens kommt es nicht an. Ein Investitionsabzugsbetrag ist damit sowohl bei bilanzierenden Unternehmen als auch bei Steuerpflichtigen mit Einnahmenüberschussrechnung zulässig. Je nach Einkunftsart und Art der Gewinngrenze ergeben sich verschiedene Größenkriterien.

Eine Verschlechterung ergibt sich aber aufgrund der Neuregelung für Steuerpflichtige mit Einnahmenüberschussrechnungen im Vergleich zur bisherigen Ansparabschreibung. Die bisherige Ansparabschreibung war bei Freiberuflern mit Einnahmenüberschussrechnung unabhängig von der Höhe des Gewinns immer zulässig.

Die vorstehenden Größenmerkmale geltend gesondert für jeden Betrieb, sodass die Betriebsgrößenmerkmale betriebs- und nicht personenbezogen sind.

Das gilt auch für Personengesellschaften und Gemeinschaften nach § 7g Abs. 7 EStG.

Die vorbezeichneten Wertgrenzen geltend für den einzelnen Betrieb. Hat ein Steuerpflichtiger mehrere Betriebe, so ist daher für jeden Betrieb gesondert zu prüfen, ob die Wertgrenzen eingehalten sind.

In den Fällen der Organschaft sind für den Organträger und die Organgesellschaft wie auch in Fällen der Betriebsaufspaltung die Anspruchsvoraussetzungen jeweils getrennt zu beurteilen. Die Zusammenfassung zu einem einheitlichen Unternehmen ist unzulässig.[2] Der Investitionsabzugsbetrag und die Sonderabschreibung können nicht nur bei entsprechenden Investitionen im Bereich des Gesamthandsvermögens der Personengesellschaft, sondern auch bei der Beschaffung von **beweglichen Sonderbetriebsvermögen der Mitunternehmer** beansprucht werden. Ob die Personengesellschaft insgesamt ein kleiner oder mittlerer Betrieb ist, entscheidet sich nach den gleichen Kriterien wie bei einem Einzelunternehmen.

Weitere Voraussetzung ist gem. § 7g Abs. 1 Nr. 2 EStG, dass der Steuerpflichtige beabsichtigt, das **begünstigte Wirtschaftsgut** voraussichtlich

a) in dem dem Wirtschaftsjahr des Abzugs folgenden **3 Wirtschaftsjahren** (Investitionszeitraum) anzuschaffen oder herzustellen;

---
[2] BFH, BStBl 1992 II S. 257, und BMF vom 08.05.2009 (BStBl 2009 I S. 633), Rz. 15.

b) mindestens bis zum Ende des dem Wirtschaftsjahr der Anschaffung oder Herstellung folgenden Wirtschaftsjahres in einer **inländischen Betriebsstätte** des Betriebs **ausschließlich oder fast ausschließlich** (zu mindestens 90 %) betrieblich zu nutzen. Dies wurde gesetzlich bisher nur für die Sonderabschreibung, nicht jedoch für die Ansparabschreibung gefordert. Damit dürfte in vielen Fällen sowohl die Bildung eines Investitionsabzugsbetrags für die geplante Anschaffung/Herstellung von Wirtschaftsgütern in einer ausländischen Betriebsstätte als auch die geplante Anschaffung z. B. eines vom Unternehmer genutzten PKW scheitern (Ausnahme: im Rahmen eines Arbeitsverhältnisses überlassener PKW wie z. B. beim Gesellschafter-Geschäftsführer einer GmbH).

Als **Verstoß gegen die Verbleibensvoraussetzung** gilt auch die **Vermietung oder Verpachtung** über die Dauer von mehr als 3 Monaten.[3] Dagegen ist die Überlassung im Rahmen einer Betriebsaufspaltung unschädlich,[4] während ein Investitionsabzugsbetrag bei einer Betriebsverpachtung nicht in Betracht kommt.[5]

Die Investitionsabzugsbeträge sollten unter Verwendung der in § 7g Abs. 1 Satz 2 Nr. 3 EStG genannten Angaben dem Finanzamt in den nach § 60 EStDV einzureichenden Unterlagen zur Steuererklärung mitgeteilt werden. Dadurch werden Rückfragen seitens des Finanzamtes vermieden und die Überprüfbarkeit der geltend gemachten Investitionsabzugsbeträge ist gewährleistet. Eine Geltendmachung ist aber auch noch später rückwirkend möglich (etwa im Einspruchs- oder Klageverfahren oder bei einer Betriebsprüfung). Dabei verlangt die Finanzverwaltung eine erhöhte Konkretisierung der Investitionsabsicht.[6]

Das begünstigte Wirtschaftsgut, das voraussichtlich angeschafft oder hergestellt werden soll, ist – wie bisher – hinreichend zu beschreiben. Jedes einzelne Wirtschaftsgut ist gesondert zu dokumentieren. Sammelbezeichnungen wie „Maschinen" oder „Fuhrpark" sind nicht ausreichend, wohl aber „PKW", „Bürotechnik-Gegenstand" (für Computer)[7]. Nicht erforderlich ist dagegen die Angabe des Wirtschaftsjahres der Investition.

Der Steuerpflichtige muss jedes einzelne begünstigte Wirtschaftsgut in den beim Finanzamt einzureichenden Unterlagen seiner **Funktion nach benennen** und **die Höhe** der voraussichtlichen Anschaffungs- oder Herstellungskosten angeben (§ 7g Abs. 1 Nr. 3 EStG). Bei einer Einnahmenüberschussrechnung nach § 4 Abs. 3 EStG müssen die investitionsbezogenen Angaben in der Gewinnermittlung verfolgt werden können. Dabei reicht es aus, wenn die notwendigen Angaben zum in Anspruch genommenen Abzugsbetrag in zeitnah erstellten Aufzeichnungen festgehalten wer-

---

[3] BMF vom 20.11.2013 (BStBl 2013 I S. 1493), Rz. 37.
[4] BFH, BStBl 2008 II S. 471; auch BMF vom 20.11.2013 (BStBl 2013 I S. 1493), Rz. 37.
[5] BFH, BStBl 2002 II S. 136.
[6] BMF vom 08.05.2009 (BStBl 2009 I S. 633), Rz. 25 ff. unter Bezugnahme auf BFH, BStBl 2004 II S. 184; großzügiger aber etwa BFH vom 17.01.2012 VIII R 23/09 (BFH/NV 2012 S. 933), deshalb nun auch BMF vom 20.11.2013 (BStBl 2013 I S. 1493), Rz. 19 f.
[7] BMF vom 20.11.2013 (BStBl 2013 I S. 1493), Rz. 34.

14.2 Investitionsabzugsbetrag

den, die in den steuerlichen Unterlagen des Steuerpflichtigen aufbewahrt werden und auf Verlangen des Finanzamts jederzeit zur Verfügung gestellt werden können.[8]

Die bisherige buchungsmäßige Bildung von Rücklagen (die sog. Ansparabschreibungen) entfällt. Die Inanspruchnahme von § 7g Abs. 1 EStG wird auch dadurch erleichtert, dass das begünstigte bewegliche Wirtschaftsgut des Anlagevermögens **nicht mehr „neu"** sein muss.

Für die hinreichende Konkretisierung der voraussichtlichen Investition ist weiterhin eine Prognoseentscheidung über das künftige Investitionsverhalten zu fordern.[9] Maßgebend sind die Verhältnisse am Ende des Wirtschaftsjahres der beabsichtigten Geltendmachung des Investitionsbetrags. Zu diesem Zeitpunkt muss die Investition auch noch durchführbar sein. Die Vorlage eines Investitionsplans oder eine feste Bestellung eines bestimmten Wirtschaftguts ist dagegen auch weiterhin regelmäßig nicht erforderlich.[10]

Der BFH hat entschieden, dass die Inanspruchnahme der Ansparabschreibung zu einem Zeitpunkt dann nicht mehr ausgeübt werden kann, wenn der Zeitraum zur Ausübung des Wahlrechts bereits abgelaufen ist und bis dahin keine Investition getätigt wurde,[11] das gilt entsprechend für die Inanspruchnahme des Investitionsabzugsbetrags und kurze Zeit vor Ablauf des Investitionszeitraums [12].

Im Übrigen kann der Investitionsabzugsbetrag auch dann nicht beansprucht werden, wenn der Steuerpflichtige bereits den Entschluss gefasst hat, seinen Betrieb zu veräußern oder aufzugeben, und bis dahin eine entsprechende Investition nicht mehr erfolgen wird.[13]

Ein Investitionsabzugsbetrag kann nur dann in Anspruch genommen werden, wenn das begünstigte Wirtschaftsgut voraussichtlich mindestens bis zum Ende des dem Wirtschaftsjahr der Investition folgenden Wirtschaftsjahres in einer inländischen Betriebsstätte des Betriebs ausschließlich oder fast ausschließlich, **d. h. zu mindestens 90 %, betrieblich genutzt** wird. Diese – für die Inanspruchnahme von Ansparabschreibungen bisher nicht geforderte Bedingung – lehnt sich an die Regelungen zu den Sonderabschreibungen im bisherigen § 7g Abs. 2 Nr. 2 EStG an. Hinsichtlich der Verbleibensvoraussetzung gilt die Regelung entsprechend.[14]

Stellt sich bei der Investition heraus, dass diese Voraussetzungen nicht erfüllt werden, oder wurde kein begünstigtes Wirtschaftsgut i. S. des § 7g Abs. 1 und 2 EStG

---

8 BFH, BStBl 2006 II S. 462.
9 BFH, BStBl 2004 II S. 184.
10 BMF vom 30.10.2007 (BStBl 2007 I S. 790), Tz. 1.
11 BFH, BStBl 2007 II S. 860.
12 BFH, BStBl 2013 II S. 8.
13 BFH, BStBl 2007 II S. 862; fraglich für den Fall der anschließenden Einbringung des Betriebs in eine Kapital-(wie Personen-)gesellschaft: BFH vom 22.08.2012 X R 21/09 (DStR 2012 S. 2171); im Zusammenhang mit der unentgeltlichen Betriebsübertragung nach § 6 Abs. 3 EStG beachte das Revisionsverfahren IV R 14/12.
14 BMF vom 08.05.2009 (BStBl 2009 I S. 633), Rz. 43 ff.

angeschafft oder hergestellt, ist § 7g Abs. 3 EStG anzuwenden. Werden die Voraussetzungen erst nach Beginn der Verbleibens- und Nutzungsfristen nicht mehr erfüllt, z. B. weil das Wirtschaftsgut vorzeitig in das Privatvermögen überführt wird, ist eine Rückgängigmachung der Steuervergünstigung nach § 7g Abs. 4 EStG erforderlich.

Die **Summe der Beträge,** die im Wirtschaftsjahr des Abzugs und in den drei vorangegangenen Wirtschaftsjahren insgesamt abgezogen und nicht nach § 7g Abs. 2 EStG hinzugerechnet oder nach § 7g Abs. 3 oder 4 EStG rückgängig gemacht werden, darf je Betrieb den **Höchstbetrag von 200.000 Euro** (vorher 154.000 Euro) nicht übersteigen.

Dabei bleiben die Investitionsabzugsbeträge, die bei erfolgter Investition nach § 7g Abs. 2 EStG wieder hinzuzurechnen sind, unberücksichtigt. Das gilt auch für die am Stichtag nach § 7g Abs. 3 und 4 EStG rückgängig zu machenden Abzugsbeträge, da diese im Ergebnis nicht berücksichtigt wurden.

14.3 Gewinnerhöhende Auflösung des Investitionsabzugsbetrags bei Investition (§ 7g Abs. 2 EStG)

Im Jahr der Anschaffung oder Herstellung des begünstigten Wirtschaftsguts ist gem. § 7g Abs. 2 EStG der Investitionsabzugsbetrag in Höhe von 40 % der Anschaffungs- oder Herstellungskosten **gewinnerhöhend hinzuzurechnen.** Die Hinzurechnung darf jedoch den abgezogenen Investitionsabzugsbetrag nicht übersteigen.

Nach § 7g Abs. 2 Satz 1 EStG ist der Investitionsabzugsbetrag gewinnerhöhend hinzuzurechnen, sobald für das begünstigte Wirtschaftsgut Abschreibungen vorgenommen werden dürfen. Welche Absetzungen für Abnutzung, erhöhte Absetzungen oder Sonderabschreibungen tatsächlich in Anspruch genommen werden, ist unerheblich.

Durch die gewinnerhöhende Auflösung des Investitionsabzugsbetrags entsteht im Investitionsjahr zwangsläufig ein Ertrag; es lässt sich durch den Investitionsabzugsbetrag damit nur eine verhältnismäßig kurzfristige Liquiditätsverlagerung erreichen.

Nach dem Sinn und Zweck des § 7g EStG soll die Finanzierung von Investitionen bei kleineren und mittleren Betrieben durch den gewinnmindernden, steuerentlastenden Investitionsabzugsbetrag vor der Anschaffung bzw. Herstellung begünstigter Wirtschaftsgüter erleichtert werden.

14.3.1 Minderung der Anschaffungs- und Herstellungskosten

Die Anschaffungs- oder Herstellungskosten des begünstigten Wirtschaftsguts können im Wirtschaftsjahr der tatsächlichen Investition **um bis zu 40 %, höchstens**

14.3 Gewinnerhöhende Auflösung des Investitionsabzugsbetrags bei Investition

jedoch um die Hinzurechnung nach § 7g Abs. 2 Satz 1 EStG, – wie eine steuerliche Sonderabschreibung – **gewinnmindernd herabgesetzt werden.** In Höhe des Kürzungsbetrags **verringert** sich die **Bemessungsgrundlage** für die Absetzungen für Abnutzung, erhöhten Absetzungen und Sonderabschreibungen sowie die Anschaffungs- oder Herstellungskosten i. S. von § 6 Abs. 2 und Abs. 2a EStG (GWG).

Mit der Regelung wird sichergestellt, dass die gewinnmindernde Herabsetzung der Anschaffungs- oder Herstellungskosten von bis zu 40 % nicht höher ist als der tatsächliche in Anspruch genommene Investitionsabzugsbetrag. Dadurch wird **verhindert,** dass für geplante Investitionen nur ein **geringer Investitionsabzugsbetrag von z. B. 1 Euro** in Anspruch genommen wird, bei der Investition **jedoch 40 % der Anschaffungs- oder Herstellungskosten** gewinnmindernd geltend gemacht werden.

Entsprechen die dem Investitionsabzugsbetrag zugrunde gelegten prognostizierten Anschaffungs- oder Herstellungskosten dem tatsächlichen Investitionsaufwand, ist im Wirtschaftsjahr der Anschaffung oder Herstellung der Investitionsabzugsbetrag in Höhe von 40 % der Anschaffungs- oder Herstellungskosten gewinnerhöhend hinzuzurechnen. Andererseits können die Anschaffungs- oder Herstellungskosten um bis zu 40 % gewinnmindernd herabgesetzt werden.

Im Wirtschaftsjahr der Anschaffung oder Herstellung ergeben sich bei Inanspruchnahme der **maximalen** Herabsetzung der Anschaffungs- oder Herstellungskosten **keine Gewinnauswirkungen.** Die außerbilanzielle gewinnerhöhende Hinzurechnung des Investitionsabzugsbetrags kann durch die gewinnmindernde Kürzung der Anschaffungs- oder Herstellungskosten des investierten Wirtschaftsguts vollständig kompensiert werden. Damit wird im Fall der getätigten Investition, wenn der Kürzungsbetrag der Höhe nach dem hierfür in Anspruch genommenen Investitionsbetrag entspricht, erfolgsneutral die außerbilanzielle Hinzurechnung durch den gleich hohen Herabsetzungsbetrag ausgeglichen.

Beispiel 1:

Einzelgewerbetreibender A bildet zum 31.12.12 für die geplante Anschaffung einer Verpackungsmaschine einen Investitionsabzugsbetrag von 40 % von 50.000 € = 20.000 €. Die Maschine wird im Juni 13 für 50.000 € angeschafft.

Lösung:

Im Jahr 13 ist der Investitionsabzugsbetrag von 20.000 € außerbilanziell dem Gewinn 13 hinzuzurechnen (§ 7g Abs. 2 Satz 1 EStG). Demgegenüber „können" die Anschaffungskosten um bis zu 40 % (= 20.000 €) als Betriebsausgaben abgezogen werden (§ 7g Abs. 2 Satz 2 Halbsatz 1 EStG). Die Bemessensgrundlage für die AfA beträgt dann 50.000 € ./. 20.000 € = 30.000 € (§ 7g Abs. 2 Satz 2 Halbsatz EStG).

Beispiel 2:

Der Steuerpflichtige A bildet im Jahr 12 für die im Jahr 14 geplante Anschaffung einer Maschine (Anschaffungskosten: 100.000 €, betriebsgewöhnliche Nutzungsdauer:

10 Jahre) einen Investitionsabzugsbetrag i. H. von 40 % = 40.000 €. Die Maschine wird im Januar 14 angeschafft und in Betrieb genommen.

Lösung:

Im Wirtschaftsjahr 14 ergibt sich:

Gewinnerhöhende Auflösung des Investitionsbetrags			+ 40.000 €
Anschaffung Maschine	100.000 €		
Gewinnmindernder Herabsetzungsbetrag 40 % der Anschaffungskosten	./. 40.000 €		./. 40.000 €
AfA-Bemessungsgrundlage	60.000 €		
Sonderabschreibung nach § 7g Abs. 5 EStG: 20 % von 60.000 €	./. 12.000 €		
Lineare AfA gem. § 7 Abs. 1 EStG 10 % von 60.000 €	./. 6.000 €		
AfA gesamt	./. 18.000 €	./. 18.000 €	./. 18.000 €
Buchwert am 31.12.14		42.000 €	
Gewinnauswirkung 14 insgesamt			./. 18.000 €

14.3.2 Auswirkung auf geringwertige Wirtschaftsgüter/Sammelposten

Bei geringwertigen Wirtschaftsgütern i. S. von § 6 Abs. 2 EStG sowie bei der Bildung des Sammelpostens i. S. von § 6 Abs. 2a EStG ist die Herabsetzung der Anschaffungs-/Herstellungskosten um bis zu 40 % entsprechend zu berücksichtigen. Dies wirkt sich auch auf die Anwendung von § 6 Abs. 2 und Abs. 2a EStG aus. Sinken nämlich durch den Herabsetzungsbetrag die maßgeblichen Anschaffungs- oder Herstellungskosten unter 410 Euro oder auf einen Betrag zwischen 150 Euro und 1.000 Euro, kann ein Sofortabzug nach § 6 Abs. 2 EStG vorgenommen bzw. das betreffende Wirtschaftsgut in den Sammelposten gem. § 6 Abs. 2a EStG aufgenommen werden.

Beispiel:

Der Steuerpflichtige X beansprucht im Jahr 12 einen Investitionsabzugsbetrag i. H. von 100 € bzw. von 600 € für den geplanten Erwerb eines Wirtschaftsguts mit Anschaffungskosten von 250 € bzw. von 1.500 €. Im Jahr 13 wird außerbilanziell und gewinnwirksam der Investitionsabzugsbetrag aufgelöst bzw. die Anschaffungskosten gewinnwirksam als Bewertungsabschlag in der Handels- und Steuerbilanz (§ 254 HGB) herabgesetzt. Nach Berücksichtigung des Herabsetzungsbetrags weist das Wirtschaftsgut Anschaffungskosten von lediglich 150 € bzw. 900 € auf, die zum Sofortabzug nach § 6 Abs. 2 EStG bzw. zur Aufnahme in den Sammelposten gem. § 6 Abs. 2a EStG führen können.

14.3.3 Höhere Anschaffungs- oder Herstellungskosten als geplant

Sind die **prognostizierten** Anschaffungs- oder Herstellungskosten **niedriger als die tatsächlichen,** ist der Investitionsabzugsbetrag im Jahr der Anschaffung oder Her-

14.3 Gewinnerhöhende Auflösung des Investitionsabzugsbetrags bei Investition

stellung des begünstigten Wirtschaftsgutes in Höhe von 40 % der Anschaffungs- oder Herstellungskosten, maximal in Höhe des in Anspruch genommenen Investitionsabzugsbetrags, **gewinnerhöhend** hinzuzurechnen (§ 7g Abs. 2 Satz 1 EStG).

Beispiel 1:
Einzelgewerbetreibender A bildet zum 31.12.12 für die geplante Anschaffung einer Verpackungsmaschine einen Investitionsabzugsbetrag von 40 % von 50.000 € = 20.000 €. Die Maschine wird im Juni 13 angeschafft, die Anschaffungskosten betragen 55.000 €, d. h., die tatsächlichen Anschaffungskosten sind **höher** als die prognostizierten Anschaffungskosten.

Lösung:
Der im Jahr 12 in Anspruch genommene Investitionsabzugsbetrag von 20.000 € ist kleiner als 40 % der Anschaffungskosten (= 22.000 €).
Dem Gewinn 13 ist daher außerbilanziell nur der im Jahr 12 in Anspruch genommene Investitionsabzugsbetrag von 20.000 € hinzuzurechnen (§ 7g Abs. 2 Satz 2 EStG). Andererseits können im Jahr 13 die Anschaffungskosten von 55.000 € bis zu 40 %, maximal in Höhe des bis 12 in Anspruch genommenen Abzugsbetrags von 20.000 €, gewinnmindernd herabgesetzt werden (§ 7g Abs. 2 Satz 2 EStG).
Die Bemessungsgrundlage für die AfA beträgt dann 55.000 € ./. 20.000 € = 35.000 €.

Beispiel 2:
Der Steuerpflichtige A bildet im Jahr 12 für die im Jahr 13 geplante Anschaffung einer Maschine (Anschaffungskosten 100.000 €) einen Investitionsabzugsbetrag i. H. von 40 % = 40.000 €.
Die Anschaffungskosten der Maschine im Jahr 13 betragen jedoch 110.000 €.

Lösung:

Rechtsfolgen im Jahr 13:

Gewinnerhöhende Auflösung des Investitionsabzugsbetrags		+ 40.000 €
Anschaffung Maschine:		110.000 €
Gewinnmindernder Herabsetzungsbetrag 40 % der Anschaffungskosten, max. 40.000 €		./. 40.000 €
AfA-Bemessungsgrundlage		70.000 €
Sonderabschreibung nach § 7g Abs. 5 EStG 20 % von 70.000 €	./. 14.000 €	
Lineare AfA gem. § 7 Abs. 1 EStG 10 % von 70.000 €	./. 7.000 €	
AfA gesamt	./. 21.000 €	./. 21.000 €
Buchwert 31.12.13		49.000 €

14.3.4 Niedrigere Anschaffungs- oder Herstellungskosten als geplant

Sind die **prognostizierten** Anschaffungs- oder Herstellungskosten **höher als die tatsächlichen,** wird ein „überhöhter" Investitionsabzugsbetrag gebildet, wenn der

14 Investitionsabzugsbeträge und Sonderabschreibungen nach § 7g EStG

maximale zulässige Betrag in Anspruch genommen wird. Im Wirtschaftsjahr der Anschaffung oder Herstellung des begünstigten Wirtschaftsguts ist dann der in Anspruch genommene („überhöhte") Investitionsabzugsbetrag nur in Höhe von 40 % der tatsächlichen Anschaffungs- oder Herstellungskosten außerbilanziell **gewinnerhöhend hinzuzurechnen** (§ 7g Abs. 2 Satz 1 EStG). Da der Investitionsabzugsbetrag in diesem Fall größer ist als 40 % der Anschaffungs- oder Herstellungskosten, verbleibt noch ein Restbetrag.

Beispiel 1:
Einzelgewerbetreibender A bildet zum 31.12.12 für die geplante Anschaffung einer Verpackungsmaschine mit prognostizierten Anschaffungskosten von 55.000 € einen Investitionsabzugsbetrag von 40 % von 55.000 € = 22.000 €. Die Maschine wird im Juni 13 für 50.000 € angeschafft.

Lösung:
Im Jahr 13 ist der Investitionsabzugsbetrag i. H. von 40 % der tatsächlichen Anschaffungskosten von 50.000 € = 20.000 € außerbilanziell gewinnerhöhend hinzuzurechnen (§ 7g Abs. 2 Satz 1 EStG).

Andererseits können im Jahr 13 die Anschaffungskosten von 50.000 € um bis zu 40 % = 20.000 € gewinnmindernd herabgesetzt werden (§ 7g Abs. 2 Satz 2 EStG). Die AfA-Bemessungsgrundlage beträgt dann 50.000 € ./. 20.000 € = 30.000 €.

40 % der Anschaffungskosten (= 20.000 €) sind niedriger als der 12 in Anspruch genommene Investitionsabzugsbetrag von 22.000 €. Es verbleibt also ein Restbetrag von 2.000 €. Dieser Restbetrag von 2.000 € ist spätestens nach Ablauf der Investitionsfrist gem. § 7g Abs. 1 Satz 2 Nr. 2 Buchst. a i. V. m. Abs. 3 Satz 1 EStG **rückwirkend** gewinnerhöhend zu erfassen. Diese rückwirkende Hinzurechnung entfällt nur dann, wenn innerhalb des verbleibenden Investitionszeitraums bis zum 31.12.15 nachträgliche Anschaffungs- oder Herstellungskosten i. S. von § 255 Abs. 1 HGB für das begünstigte Wirtschaftsgut von mindestens 5.000 € anfallen, die entsprechend den „Hauptkosten" zu behandeln sind (Berücksichtigung zu 40 %).

Beispiel 2:
Der Steuerpflichtige A bildet im Jahr 12 für die im Jahr 13 geplante Anschaffung einer Maschine (Anschaffungskosten 100.000 €, betriebsgewöhnliche Nutzungsdauer 10 Jahre) einen Investitionsabzugsbetrag i. H. von 40 % = 40.000 €. Die Maschine wird im Januar 13 angeschafft und in Betrieb genommen. Die tatsächlichen Anschaffungskosten betragen jedoch nur 90.000 €.

Lösung:

Rechtsfolgen im Jahr 13:	
Gewinnerhöhende Auflösung des Investitionsabzugsbetrags	+ 36.000 €
Anschaffung Maschine:	90.000 €
Gewinnmindernder Herabsetzungsbetrag 40 % der Anschaffungskosten	./. 36.000 €
AfA-Bemessungsgrundlage	54.000 €
Sonderabschreibung nach § 7g Abs. 5 EStG 20 % von 54.000 €	./. 10.800 €

624

Lineare AfA gem. § 7 Abs. 1 EStG		
10 % von 54.000 €	./. 5.400 €	
AfA gesamt	./. 16.200 €	./. 16.200 €
Buchwert 31.12.13		37.800 €

Der verbleibende Restbetrag von 4.000 € ist spätestens nach Ablauf der Investitionsfrist gem. § 7g Abs. 1 Satz 2 Nr. 2 Buchst. a i. V. m. Abs. 3 EStG **rückwirkend gewinnerhöhend** im Jahr 12 zu erfassen. Diese rückwirkende Hinzurechnung entfällt nur dann, wenn innerhalb des verbleibenden Investitionszeitraums bis zum 31.12.15 nachträgliche Anschaffungs- oder Herstellungskosten i. S. von § 255 Abs. 1 HGB für das begünstigte Wirtschaftsgut anfallen und ebenfalls zu 40 % von der Sonderabschreibung erfasst werden.

Es ist zulässig, den für eine bestimmte künftige Investition berücksichtigten Abzugsbetrag ganz oder teilweise für eine Investition anderer Art zu verwenden. Das bei Inanspruchnahme des Investitionsbetrags benannte Wirtschaftsgut und das später tatsächlich angeschaffte oder hergestellte Wirtschaftsgut müssen zumindest funktionsgleich sein.

14.4 Rückwirkende Auflösung des Investitionsabzugsbetrags

Gemäß § 7g Abs. 3 EStG ist der **Abzug des Investitionsabzugsbetrags rückgängig zu machen,** soweit dieser nicht **bis zum Ende des dritten** auf das Wirtschaftsjahr des Abzugs folgenden **Wirtschaftsjahres** nach § 7g Abs. 2 EStG hinzugerechnet wurde.

Der entsprechende Steuerbescheid oder Feststellungsbescheid ist insoweit zu ändern, wenn der Gewinn des maßgebenden Wirtschaftsjahres bereits bei einer Steuerfestsetzung oder einer gesonderten Feststellung zugrunde gelegt wurde. Die Änderung des jeweiligen Steuerbescheids erfolgt gem. § 7g Abs. 3 Satz 3 EStG auch dann, wenn der Steuer- oder Feststellungsbescheid bereits bestandskräftig geworden ist; die Feststellungsfrist endet insoweit nicht, bevor die Festsetzungsfrist für den Veranlagungszeitraum abgelaufen ist, in dem das dritte auf das Wirtschaftsjahr des Abzugs folgende Wirtschaftsjahr endet.

Die Vorschrift des **§ 7g Abs. 3 EStG** stellt eine **spezielle Änderungsvorschrift** für die Fälle dar, in denen innerhalb des Investitionszeitraums von 3 Jahren nicht wie ursprünglich geplant investiert wird. Die Vorschrift ist vor allem in folgenden Fällen anzuwenden:

- Unterlassen der geplanten begünstigten Investition innerhalb des dreijährigen Investitionszeitraums, wobei es auf die Gründe nicht ankommt.
- Anschaffung oder Herstellung der geplanten begünstigten Investition verschiebt sich ohne Verschulden des Steuerpflichtigen auf ein Jahr außerhalb des dreijährigen Investitionszeitraums.

14 Investitionsabzugsbeträge und Sonderabschreibungen nach § 7g EStG

- Die geplante und die tatsächliche Investition sind funktional nicht gleichartig (Beispiel: Statt des geplanten LKW wurde ein PKW gekauft).
- Die tatsächlichen Anschaffungs- oder Herstellungskosten der Investition unterschreiten die bei der Bildung des Investitionsabzugsbetrags geschätzten Anschaffungs- oder Herstellungskosten.

Die Veranlagung für das Wirtschaftsjahr des den Gewinn mindernden Abzugs wird entsprechend korrigiert und es kommt – nach der Gesetzesbegründung – zu einer Steuerverzinsung nach § 233a AO. **Da zwischenzeitlich die Rechtsprechung dies anders sah, weil – im Gegensatz zu** § 7g Abs. 4 letzter Satz EStG – die Vorschrift des § 233a Abs. 2 AO zum abweichenden Zinslauf nicht erwähnt wurde, ist das Gesetz entsprechend geändert worden. Aus Sicht der Finanzverwaltung soll dies nur klarstellend erfolgen. Im Gegenzug hierzu entfällt der bisherige Gewinnzuschlag von 6 %. Diese Regelung gilt allerdings erst für die seit dem Veranlagungszeitraum 2013 gebildeten Investitionsabzugsbeträge.

Beispiel:
Der Steuerpflichtige A beansprucht zum 31.12.14 für die geplante Anschaffung einer Maschine einen Investitionsabzugsbetrag von 40 % von 100.000 € = 40.000 €. Die Anschaffung der Maschine unterbleibt bis zum 31.12.17.
Die Veranlagung des Jahres 14 ist rückwirkend zu ändern. Dem Gewinn werden 40.000 € außerbilanziell wieder hinzugerechnet. Die auf den Hinzurechnungsbetrag entfallenden Mehrsteuern werden nach Ablauf der allgemeinen Karenzfrist von 15 Monaten (d. h. ab dem 01.04.16) mit 0,5 % pro Monat verzinst.

14.5 Verbleibens- und/oder Nutzungsvoraussetzungen

Wird in Fällen der Anschaffung oder Herstellung des begünstigten Wirtschaftsguts dieses nicht bis zum Ende des dem Wirtschaftsjahr der Anschaffung oder Herstellung folgenden Wirtschaftsjahres in einer inländischen Betriebsstätte des Betriebs ausschließlich oder fast ausschließlich betrieblich (mindestens 90 %) genutzt, ist der Abzug sowie die Herabsetzung der Anschaffungs- oder Herstellungskosten, die Verringerung der Bemessungsgrundlage und die Hinzurechnung des Abzugsbetrages nach § 7g Abs. 2 Satz 1 EStG rückgängig zu machen (§ 7g Abs. 4 Satz 1 EStG). Es kommt dann zu einer **„Rückabwicklung"**.

Wurden die Gewinne der maßgebenden Wirtschaftsjahre bereits Steuerfestsetzungen oder gesonderten Feststellungen zugrunde gelegt, sind die entsprechenden Steuerbescheide insoweit zu ändern (§ 7g Abs. 4 Satz 2 EStG). Das gilt auch, wenn sie bereits bestandskräftig sind; die Festsetzungsfrist endet insoweit nicht, bevor die Festsetzungsfrist für den Veranlagungszeitraum abgelaufen ist, in dem die Verbleibens- oder Nutzungsvoraussetzungen des § 7g Abs. 1 Satz 2 Nr. 2 Buchst. b EStG erstmals nicht mehr vorliegen.

Entsprechendes gilt, wenn die Verbleibens- und Nutzungsfristen nach Anschaffung des begünstigten Wirtschaftsguts nicht mehr vorliegen, z. B. weil das Wirtschaftsgut vorzeitig in einen anderen Betrieb des Steuerpflichtigen überführt wird; dann ist ebenfalls eine Rückgängigmachung der Steuervergünstigung erforderlich.

Beispiel:
Einzelgewerbetreibender A bildet zum 31.12.12 für die geplante Anschaffung eines Kleinlastwagens außerbilanziell einen Investitionsabzugsbetrag von 40 % von 50.000 € = 20.000 € und mindert auf diese Weise seinen Gewinn 12. Die Bescheide 12 sind bestandskräftig. Der Kleinlastwagen wird im Juni 13 für 50.000 € angeschafft. Im Jahr 13 ist der Investitionsabzugsbetrag von 20.000 € außerbilanziell dem Gewinn 13 hinzuzurechnen (§ 7g Abs. 2 Satz 1 EStG). Die Anschaffungskosten sind 13 gewinnmindernd um 20.000 € herabzusetzen (§ 7g Abs. 2 Satz 2 Halbsatz 1 EStG). Als Bemessungsgrundlage für die AfA sind 50.000 € ./. 20.000 € = 30.000 € anzusetzen (§ 7g Abs. 2 Satz 2 Halbsatz 2 EStG). Auch der Bescheid 13 wird bestandskräftig. Das Fahrzeug wird im Dezember 14 zum Buchwert in einen anderen Betrieb des A überführt (§ 6 Abs. 5 Satz 1 EStG).

Lösung:
Da die Verbleibensfristen im Betrieb des A, nämlich mindestens bis zum Ende des der Anschaffung folgenden Wirtschaftsjahres, d. h. mindestens bis zum 31.12.14, nach Anschaffung des begünstigten Wirtschaftsguts nicht eingehalten wird, weil das Wirtschaftsgut vorzeitig in einen anderen Betrieb des Steuerpflichtigen überführt wird, ist eine Rückgängigmachung der Steuervergünstigung nach § 7g Abs. 4 EStG erforderlich. Das bedeutet: Der außerbilanzielle Abzug 12, die außerbilanzielle Hinzurechnung im Anschaffungsjahr 13 und die Herabsetzung der Anschaffungskosten sind rückgängig zu machen. § 233a Abs. 2a AO ist nicht anzuwenden. Die bereits ergangenen Steuerbescheide 12 und 13 sind entsprechend zu ändern, obwohl sie bestandskräftig sind (§ 7g Abs. 4 EStG).

14.6 Sonderabschreibung

Ein Betrieb, der am Ende des der Anschaffung oder Herstellung eines Wirtschaftsguts vorangegangenen Jahres die Größenmerkmale des § 7g Abs. 1 Satz 2 Nr. 1 EStG nicht überschreitet, kann unabhängig davon, ob er für das Wirtschaftsgut den Investitionsabzugsbetrag in Anspruch genommen hat, 20 % der Anschaffungs- oder Herstellungskosten nach § 7g Abs. 5 EStG als Sonderabschreibung geltend machen. Die Sonderabschreibungen können im Jahr der Anschaffung oder Herstellung und in den folgenden 4 Jahren – beliebig verteilt – in Anspruch genommen werden. Abschreibungsmöglichkeiten nach § 7 EStG bleiben hiervon unberührt.

Für Anschaffungen und Herstellungen in der Zeit ab 01.01.2009 bis zum 31.12.2010 werden dabei die Größenmerkmale des § 7g Abs. 1 Satz 2 Nr. 1 Buchst. a EStG auf 335.000 Euro und für Buchst. b und c beim Wirtschaftswert in der Land- und Forstwirtschaft auf 175.000 Euro und bei der Einnahmenüberschussrechnung nach § 4 Abs. 3 EStG auf 200.000 Euro erhöht. Maßgebend sind dabei die Grenzen am Schluss des Wirtschaftsjahres vor der Anschaffung oder Herstellung. Darüber hinaus kann bei Anschaffung oder Herstellung in 2009 und 2010 die degressive AfA nach § 7 Abs. 2 EStG in Anspruch genommen werden.

14 Investitionsabzugsbeträge und Sonderabschreibungen nach § 7g EStG

Begünstigt sind dabei bewegliche neue und gebrauchte Wirtschaftsgüter des Anlagevermögens.

Immaterielle Wirtschaftsgüter, auch Software,[15] fallen nicht darunter und sind deshalb nicht begünstigt.

Die Sonderabschreibung kann ganz oder teilweise im **Jahr des Erwerbs** oder **der Fertigstellung** des abnutzbaren beweglichen Anlageguts in Anspruch genommen werden. Der Zeitpunkt der Bestellung oder der Beginn der Herstellung des Wirtschaftsguts ist für die Absetzung nach § 7g EStG ebenso bedeutungslos wie der Tag der Bezahlung der Anschaffungs- oder Herstellungskosten. Da die Sonderabschreibung erst nach vollendeter Anschaffung oder Herstellung gewährt werden kann, sind Anzahlungen auf die Anschaffungskosten oder Teilherstellungskosten nicht begünstigt.

Die Sonderabschreibung ist nicht zeitanteilig abzuziehen, d. h., der vom Steuerpflichtigen für das betreffende Jahr des Begünstigungszeitraums gewählte Absetzungsbetrag wird ohne Rücksicht auf das Datum der Zuführung des Wirtschaftsguts zum Betriebsvermögen (innerhalb des Wirtschafts- oder Kalenderjahres) in voller Höhe in Abzug gebracht.

Das Wirtschaftsgut muss in jedem Wirtschaftsjahr der Inanspruchnahme der Sonderabschreibung ausschließlich oder fast ausschließlich betrieblich genutzt werden. Nicht begünstigt ist also die dauernde Vermietung von Wirtschaftsgütern. Eine private Nutzung bis zu 10 % ist unschädlich, was z. B. bedeutsam sein kann bei der privaten Nutzung von betrieblichen PKW. Wenn die Nutzung in einem Wirtschaftsjahr nicht qualifiziert ist, kann die Sonderabschreibung trotzdem in einem anderen Wirtschaftsjahr gewährt werden, in dem diese Voraussetzung erfüllt ist.

Beispiel:

Ein Gewerbetreibender hat am 16.03.01 einen neuen PKW gekauft, den er zu 100 % betrieblich nutzt, weil für Privatfahrten ein Zweitwagen zur Verfügung steht. Am 13.06.03 wird der zweite PKW verkauft, sodass ab diesem Zeitpunkt der im März 01 angeschaffte Wagen zu 30 % privat genutzt wird. Vom 01.01.03 bis 12.06.03 werden mit diesem PKW 28.000 km nur betrieblich gefahren, und in der Zeit vom 13.06.03 bis 31.12.03 sind 30 % der insgesamt gefahrenen 42.000 km dem Privatbereich des Gewerbetreibenden zuzurechnen.

Für 03 kann der Steuerpflichtige die Sonderabschreibung nach § 7g EStG nicht erhalten, weil der Wagen insgesamt in 03 zu mehr als 10 % für Privatzwecke eingesetzt wurde. 30 % der ab 13.06.03 gefahrenen km (= 12.600 km) entfallen auf die Privatnutzung und sind gleichzeitig mehr als 10 % der 03 mit diesem PKW gefahrenen km (10 % von 70.000 km = 7.000 km).

Sollte in diesem Beispielsfall der Gewerbetreibende die mögliche Sonderabschreibung nicht bereits in 01 oder 02 voll ausgeschöpft haben, so kann er die restliche Sonderabschreibung bei erneuter Nutzungsänderung noch 04 oder 05 in Abzug bringen.

---

15 BMF vom 20.11.2013 (BStBl 2013 I S. 1493), Rz. 3.

14.6 Sonderabschreibung

Schädlich ist allerdings grundsätzlich die Anwendung der 1 %-Regelung (§ 6 Abs. 1 Nr. 4 Satz 2 EStG).[16]

Das neue oder aber auch gebrauchte bewegliche Anlagegut muss nach § 7g Abs. 6 Nr. 2 EStG mindestens im Jahr der Anschaffung oder Herstellung und im darauf folgenden Wirtschaftsjahr in einer inländischen Betriebsstätte dieses Betriebs verbleiben. Bei der Berechnung des Zeitraums sind die Zeiträume der Zugehörigkeit zum Betrieb des **Rechtsvorgängers** und des **Rechtsnachfolgers** sowohl im Erbfall als auch bei der unentgeltlichen Betriebsübertragung gem. § 6 Abs. 3 EStG wie auch bei Buchwerteinbringungen nach §§ 20, 24 UmwStG zusammenzurechnen.[17]

Liegen die Gründe für das **vorzeitige Ausscheiden** aus dem Betrieb in dem Wirtschaftsgut selbst, so ist kein Verstoß gegen die Verbleibensvoraussetzungen anzunehmen. Das ist insbesondere der Fall, wenn das Ausscheiden durch **höhere Gewalt** (z. B. Brand, Diebstahl oder Unfall) oder durch einen **Totalschaden** herbeigeführt wird. Das Gleiche gilt auch, wenn das Wirtschaftsgut durch wirtschaftlichen Verbrauch ausscheidet oder wenn ein Wirtschaftsgut innerhalb der Frist gegen ein anderes gleicher oder besserer Qualität umgetauscht wird, weil es mangelhaft ist und im Betrieb folglich nicht verwendet werden kann.

Hat der Steuerpflichtige für das Wirtschaftsgut einen Investitionsabzugsbetrag nach Absatz 1 abgezogen und die Anschaffungs- oder Herstellungskosten nach Absatz 2 entsprechend gemindert, ist die Sonderabschreibung von den gekürzten Anschaffungs- oder Herstellungskosten vorzunehmen.

In Anlehnung an die geänderten Voraussetzungen für die Inanspruchnahme des Investitionsabzugsbetrags ist die Inanspruchnahme von Sonderabschreibung **auch für nicht neue abnutzbare bewegliche Wirtschaftsgüter zulässig.**

Werden zusätzlich zu dem Investitionsabzugsbetrag eine Sonderabschreibung und die reguläre Abschreibung von den bereits um bis zu 40 % verminderten Anschaffungs- oder Herstellungskosten im Investitionsjahr geltend gemacht, wird der Buchwert dadurch im Erstjahr nochmals um die Sonderabschreibung von 20 % und die reguläre Abschreibung auf die bereits auf 60 % verringerte Bemessungsgrundlage vermindert. Die Gesamtabschreibung bis zum Ende des Erstjahres würde damit regelmäßig mindestens 52 % (plus lineare AfA) betragen.

> **Beispiel:**
> Steuerpflichtiger A beabsichtigt die Anschaffung einer Maschine im Jahr 13, die Anschaffungskosten betragen voraussichtlich 100.000 €. Dementsprechend wird im Jahr 12 der Investitionsabzugsbetrag geltend gemacht.
> Die Anschaffungskosten der Maschine im Januar 13 betragen dann jedoch 150.000 €, es ist von einer betriebsgewöhnlichen Nutzungsdauer von 5 Jahren auszugehen.

---
16 BMF vom 20.11.2013 (BStBl 2013 I S. 1493), Rz. 40.
17 BMF vom 20.11.2013 (BStBl 2013 I S. 1493), Rz. 18.

14 Investitionsabzugsbeträge und Sonderabschreibungen nach § 7g EStG

Lösung:

12
Investitionsabzugsbetrag nach § 7g Abs. 1 EStG im Jahr 12
(40 % von 100.000 €) **außerbilanziell** ./. 40.000 €

13
Investition in 13
Auflösung des Investitionsabzugsbetrags i. H. von 40 % der
Herstellungskosten von 150.000 € (60.000 €), aber maximal i. H.
des Abzugsbetrags von 40.000 €
(§ 7g Abs. 2 Satz 1 Halbsatz 2 EStG) + 40.000 €

Anschaffungskosten 150.000 €

Herabsetzung 40 % von 150.000 € maximal in Höhe
der Auflösung des Investitionsabzugsbetrags ./. 40.000 €

AfA-Bemessungsgrundlage 110.000 €

Mögliche Abschreibungen:
Sonderabschreibung
§ 7g Abs. 5 i. V. m. § 7g Abs. 2 Satz 2 Halbsatz 2 EStG
20 % von 110.000 € ./. 22.000 €

Lineare Abschreibung 20 % (5 Jahre Nutzungsdauer)
von 110.000 € gem. § 7 Abs. 1 EStG ./. 22.000 €

Buchwert per 31.12.13 66.000 €

Gewinnauswirkung:
Abschreibung im Jahr 13 insgesamt 84.000 €
./. Auflösung aus 12 Investitionsabzugsbetrag ./. 40.000 €
Gewinnminderung 13 **44.000 €**

14.7 Erweiterte Ansparrücklage für Existenzgründer

Um die Gründung neuer Betriebe steuerlich zu fördern, wurde mit § 7g Abs. 7 EStG a. F. Existenzgründern eine erhöhte und verlängerte Ansparrücklage eingeräumt. Die Ansparrücklage kann letztmalig für vor dem 16.08.2007 endende Wirtschaftsjahre in Anspruch genommen werden. Diese zusätzlichen Begünstigungen setzten aber nicht nur in der Person des Unternehmers einen Existenzgründer, sondern auch eine bestimmte Art eines eventuellen Betriebserwerbs voraus.

Wer als **Existenzgründer** anzusehen ist, ist in § 7g Abs. 7 Satz 2 EStG a. F. abschließend umschrieben worden. Existenzgründer ist danach:

- eine natürliche Person, die **innerhalb der letzten 5 Jahre** vor dem Wirtschaftsjahr der Betriebseröffnung **weder an einer Kapitalgesellschaft zu mehr als einem Zehntel beteiligt gewesen** ist **noch Einkünfte aus Land- und Forstwirtschaft, aus Gewerbebetrieb oder selbständiger Tätigkeit erzielt hat**. Ob die Beteiligung an einer Kapitalgesellschaft unmittelbar oder mittelbar bestanden hat, ist dabei ohne Bedeutung. Ohne Bedeutung ist insoweit auch, in welcher Höhe Einkünfte der vorbezeichneten Art bezogen worden sind.

14.7 Erweiterte Ansparrücklage für Existenzgründer

- eine Personengesellschaft i. S. des § 15 Abs. 1 Satz 1 Nr. 2 EStG, bei der alle Mitunternehmer die Voraussetzung für die Anerkennung als Existenzgründer erfüllen. Eine Personengesellschaft ist ferner auch dann als Existenzgründer anzusehen, wenn Mitunternehmer eine andere Gesellschaft i. S. des § 15 Abs. 1 Satz 1 Nr. 2 EStG ist und alle Gesellschafter, die unmittelbar oder mittelbar an dieser Gesellschaft beteiligt sind, die Voraussetzung für die Anerkennung als Existenzgründer erfüllen.

- eine Kapitalgesellschaft i. S. des § 1 Abs. 1 KStG, an der nur natürliche Personen beteiligt sind, die als Existenzgründer anerkannt werden könnten. Obwohl der Wortlaut der Vorschrift dies nicht deutlich zum Ausdruck bringt, wird man eine Kapitalgesellschaft als Existenzgründerin auch wohl dann anerkennen müssen, wenn an ihr nicht nur natürliche Personen unmittelbar beteiligt sind. Es muss auch reichen, wenn an einer Kapitalgesellschaft eine andere Kapitalgesellschaft oder eine Gesellschaft i. S. des § 15 Abs. 1 Nr. 2 EStG beteiligt ist, sofern alle deren Gesellschafter die Voraussetzungen für die Anerkennung als Existenzgründer erfüllen.

Nach § 7g Abs. 7 Satz 3 EStG a. F. gilt die Übernahme eines Betriebs im Wege der vorweggenommenen Erbfolge ebenso wenig als Existenzgründung wie die Übernahme eines Betriebs im Wege der Auseinandersetzung unmittelbar nach dem Erbfall.

Der neu gegründete Betrieb kann im **Wirtschaftsjahr der Betriebseröffnung** und in den **folgenden fünf Wirtschaftsjahren** bzw. Kalenderjahren (bei Freiberuflern) letztmalig für den Veranlagungszeitraum 2007 beanspruchen:

- Die Rücklage darf im Wirtschaftsjahr der Betriebseröffnung und in den folgenden **fünf Wirtschaftsjahren (Gründungszeitraum)** für alle Investitionen gebildet werden.

- Der Höchstbetrag der zulässigen Rücklage beträgt **307.000 Euro**.

- Die Rücklage muss nicht nach zwei Jahren, sondern erst am Ende des fünften auf Bildung der Rücklage folgende Wirtschaftsjahr **gewinnerhöhend aufgelöst** werden. Eine frühere Auflösung ist allerdings geboten, wenn die Investitionsabsicht vorher aufgegeben wird.

- Lässt der Betrieb seine Investitionspläne wieder fallen, müssen die Rücklagen gewinnerhöhend aufgelöst werden. **Ein Gewinnzuschlag wird bei Existenzgründern nicht erhoben.** Existenzgründer können also durch den Ausweis der Ansparrücklage eine zinslose Stundung der entsprechenden Steuerbeträge für bis zu fünf Jahre erreichen. Eine ernsthafte Investitionsabsicht ist auch bei Existenzgründern Voraussetzung für den Ausweis der Rücklage. Diese Investitionsabsicht ist im Zweifel durch Vorlage einer genauen Liste der geplanten Investitionen zu belegen.

14 Investitionsabzugsbeträge und Sonderabschreibungen nach § 7g EStG

§ 7g Abs. 8 EStG a. F. schränkt die Ansparabschreibung für Existenzgründer nach § 7g Abs. 7 EStG a. F. aufgrund EU-rechtlicher Vorgaben in sog. sensiblen Sektoren ein. Sensible Sektoren sind insbesondere Eisen- und Stahlindustrie, Schiffbau, Kraftfahrzeugindustrie, Kunstfaserindustrie, Landwirtschaftssektor, Fischerei- und Aquakultursektor, Verkehrssektor, Steinkohlenbergbau.

15 Überschuss der Einnahmen über die Werbungskosten

15.1 Allgemeines

Bei den in § 2 Abs. 1 Nr. 4 bis 7 EStG aufgeführten Einkunftsarten stellt der Überschuss der Einnahmen über die Werbungskosten die Einkünfte dar, **Überschusseinkünfte.** Übersteigen die Werbungskosten die Einnahmen, so ergeben sich negative Einkünfte, die im EStG (vgl. z. B. § 10d EStG) ebenfalls als Verluste bezeichnet werden.

Die Begriffe „Einnahmen" und „Werbungskosten" werden in den §§ 8 und 9 EStG bestimmt. In den Fällen des § 9a EStG kommt mindestens ein Werbungskosten-Pauschbetrag zum Abzug.

Die Ermittlung des Überschusses der Einnahmen über die Werbungskosten ist von der Gewinnermittlung nach § 4 Abs. 3 EStG zu unterscheiden, die zwar ebenfalls eine Überschussrechnung darstellt, bei der es aber um eine Gegenüberstellung der Betriebseinnahmen und der Betriebsausgaben geht, **Gewinneinkünfte.**

Wie die Gewinnermittlung nach § 4 Abs. 3 EStG stellt jedoch auch die Ermittlung des Überschusses der Einnahmen über die Werbungskosten eine reine Ist-Rechnung dar, bei der den tatsächlichen Einnahmen die tatsächlichen Ausgaben gegenübergestellt werden; Forderungen und Schulden bleiben dabei grundsätzlich ebenso außer Betracht wie die übrigen Vermögenswerte. Belastungsunterschiede zwischen Gewinn- und Überschusseinkunftsarten (dazu 3.4) entstehen z. B. bei Veräußerungsgewinnen und wegen der Abgeltungsteuer (3.10).

15.2 Einnahmen (§ 8 EStG)

Einnahmen sind nach § 8 Abs. 1 EStG alle Güter, die in Geld oder Geldeswert bestehen und dem Steuerpflichtigen im Rahmen einer der Einkunftsarten des § 2 Abs. 1 Satz 1 Nr. 4 bis 7 EStG zufließen. Wenn es sich um Einnahmen bei der Einkunftsart „nichtselbständige Arbeit" (§ 19 EStG) handelt, überprüft die Finanzverwaltung diese i. d. R. nicht bei der Veranlagung des Arbeitnehmers (§ 46 EStG), sondern dadurch, dass sie beim Arbeitgeber eine Lohnsteuer-Außenprüfung durchführt. Gemäß § 42f Abs. 1 EStG ist für die Außenprüfung der Einbehaltung oder Übernahme und Abführung der Lohnsteuer das Betriebsstättenfinanzamt zuständig.[1]

15.2.1 Geld oder geldwerte Güter

In Geldeswert bestehende Güter, die in § 8 Abs. 2 EStG nicht ganz zutreffend als Sachbezüge bezeichnet werden, sind alle Sachen, Rechte oder sonstigen Vorteile,

---

[1] Vgl. BFH vom 01.03.2012 VI R 33/10 (BStBl 2012 II S. 505).

15 Überschuss der Einnahmen über die Werbungskosten

denen ein wirtschaftlicher Wert zukommt, deren Zufluss also, wirtschaftlich gesehen, zu einer Vermögensmehrung führt.

Eine bloße Wertsteigerung bereits vorhandenen Vermögens stellt in diesem Sinne noch keine Vermögensmehrung dar.

Beispiel:

Ein Arbeitnehmer hat von seinem Arbeitgeber neben seinem Barlohn auch einige Aktien erhalten, deren Wert zur Zeit der Übergabe 150 € je Aktie betrug. Im Laufe des folgenden Kalenderjahres ist der Wert der Aktien auf 200 € je Stück gestiegen.

In Höhe des Werts der Aktien im Zeitpunkt der Übergabe stellt deren Hingabe ebenfalls Arbeitslohn dar. Die Werterhöhung der Aktien um 50 € je Stück gehört dagegen als bloße Werterhöhung bereits vorhandenen Vermögens nicht zu den Einnahmen aus nichtselbständiger Arbeit; seit 2009 führt eine Veräußerung aber zu Einnahmen aus Kapitalvermögen (24.1).

Ersparte Ausgaben sind ebenso wenig als Einnahmen anzusehen wie der Verzicht auf mögliche Einnahmen. In beiden Fällen fehlt es an der erforderlichen Vermögensmehrung. Eine Verbesserung der Vermögenslage und damit ein geldwerter Vorteil kann sich aber für den Nutznießer des Verzichts ergeben.

Beispiel:

Ein Arbeitnehmer verursacht mit dem Kraftfahrzeug seines Arbeitgebers auf einer Dienstreise im Zustand absoluter Fahruntüchtigkeit einen Verkehrsunfall. Wenn der Arbeitgeber auf die ihm zustehende Schadensersatzforderung verzichtet, fließt dem Arbeitnehmer ein geldwerter Vorteil zu. Der Vermögensvorteil ist nicht durch die 1 %-Regelung abgegolten.[2] Ein Werbungskostenabzug in Höhe der als Arbeitslohn zu erfassenden Schadensersatzforderung scheidet gem. § 12 Nr. 1 EStG wegen der absoluten Fahruntüchtigkeit aus.[3]

Vorteile, die sich auch bei wirtschaftlicher Betrachtung nicht als eine objektive Vermehrung des Vermögens des Steuerpflichtigen darstellen, sind keine Einnahmen. Zum Beispiel sind die Aufwendungen des Arbeitgebers zur Einrichtung von gut ausgestatteten Arbeitsplätzen nicht Einnahmen des Arbeitnehmers. Nutzen dagegen Arbeitnehmer unentgeltlich Tennisplätze, die der Arbeitgeber gemietet hat, ist der Nutzungswert steuerbarer Arbeitslohn.[4] Dieser Sachbezug ist aber gem. § 8 Abs. 2 Satz 9 (ab 2014: Satz 11) EStG steuerfrei, wenn er mit möglichen anderen Vorteilen insgesamt 44 Euro im Kalendermonat nicht übersteigt.[5] Mit Urteil vom 14.11.2013[6] hat der BFH seine Rechtsprechung zum sog. ganz überwiegend eigenbetrieblichen Interesse geändert. Er sieht in einem rechtswidrigen Tun keine Grundlage für betriebsfunktionale Ziele mehr. Übernimmt der eine Spedition betreibende Arbeitgeber die Bußgelder, die gegen bei ihm angestellte LKW-Fahrer wegen Verstößen

---

2 BFH vom 24.05.2007 VI R 73/05 (BStBl 2007 II S. 766).
3 BFH vom 27.03.1992 VI R 145/89 (BStBl 1992 II S. 837).
4 BFH vom 27.09.1996 VI R 44/96 (BStBl 1997 II S. 146).
5 Vgl. auch H 8.1 LStH.
6 BFH vom 14.11.2013 VI R 36/12 (BStBl 2014 II S. 278).

gegen die Lenk- und Ruhezeiten verhängt worden sind, dann handele es sich dabei um Arbeitslohn.

15.2.2 Zufluss im Rahmen einer Einkunftsart

Die einem Steuerpflichtigen zugeflossenen Güter in Geld oder Geldeswert sind nur dann Einnahmen, wenn ihr Zufluss im Rahmen einer bestimmten Einkunftsart erfolgt ist, ihr Zufließen also im Zusammenhang mit einer bestimmten Einkunftsart steht. Durch diese Einschränkung soll sichergestellt werden, dass als Einnahmen nur die Erträge aus den verschiedenen Einkunftsquellen erfasst werden.

Ob ein Zufluss bestimmter Güter in Geld oder Geldeswert in dem erforderlichen Zusammenhang mit einer bestimmten Einkunftsart steht, ergibt sich aus den Bestimmungen der §§ 19 bis 23 EStG und ist jeweils aufgrund der gesamten Umstände des Einzelfalls zu beurteilen.[7]

So ist der Schadensersatz für entgangenen Arbeitslohn als Arbeitslohn steuerpflichtig, unabhängig davon, ob er vom Arbeitgeber oder einem Dritten geleistet wird. Nicht zum Lohn gehört aber der Ersatz einer überhöhten Einkommensteuer, die der Arbeitnehmer gezahlt hat, weil der Arbeitgeber eine fehlerhafte Lohnsteuerbescheinigung ausstellte. Der Arbeitgeber zahlt hier nicht wegen der erbrachten Arbeitsleistung, sondern in Erfüllung einer zivilrechtlichen Schadensersatzverpflichtung.[8]

Zu den Einnahmen, die im Rahmen einer Einkunftsart zufließen, gehören auch zurückfließende Werbungskosten. Es gibt allerdings keinen Grundsatz, dass alle durch einen Werbungskostenaufwand verursachten Vorteile Einnahmen bei der Einkunftsart sind, für die der Werbungskostenabzug geltend gemacht worden ist.[9]

> **Beispiel:**
> Beiträge eines Arbeitnehmers an seine Gewerkschaft sind als Werbungskosten im Rahmen der nichtselbständigen Arbeit abzugsfähig, Streikunterstützungen der Gewerkschaft sind aber keine Einnahmen aus nichtselbständiger Arbeit.[10]

Auch Zuschüsse aus öffentlichen oder privaten Mitteln zu bestimmten Aufwendungen können Einnahmen darstellen, die im Rahmen einer Einkunftsart zufließen.[11]

Der Erlös aus der **Veräußerung von Wirtschaftsgütern des Privatvermögens** stellt grundsätzlich (Ausnahmen: §§ 17, 23 EStG und – seit 2009 – § 20 Abs. 2 EStG) auch dann keinen Zufluss im Rahmen einer der in § 2 Abs. 1 Nr. 4 bis 7 EStG aufgeführten Einkunftsarten dar, wenn diese Wirtschaftsgüter vom Steuerpflichtigen bei seiner Tätigkeit genutzt werden oder in anderer Weise der Erzielung der Einkünfte dienen.

---

7 Vgl. R 19.6 Abs. 1 LStR.
8 BFH vom 20.09.1996 VI R 57/95 (BStBl 1997 II S. 144).
9 BFH vom 01.12.1992 IX R 333/87 (BStBl 1994 II S. 12, 14).
10 BFH vom 24.10.1990 X R 161/88 (BStBl 1991 II S. 337).
11 Vgl. R 21.5 Abs. 2 EStR; BFH vom 13.02.2008 IX R 63/06 (BFH/NV 2008 S. 1138).

Beispiele:
a) Ein Steuerpflichtiger veräußert ein Mehrfamilienhaus, aus dem er seit vielen Jahren Einkünfte aus Vermietung und Verpachtung bezogen hat.
b) Ein Steuerpflichtiger veräußert einige Fachbücher, die er vor zwei Jahren angeschafft hat und seitdem genutzt hat, um sich in seinem Beruf fortzubilden.
In beiden Fällen stellt der Veräußerungserlös keine Einnahme dar.

15.2.3 Bewertung

Da die Ermittlung des Überschusses der Einnahmen über die Werbungskosten eine Rechnung in Euro ist, müssen die einem Steuerpflichtigen im Rahmen einer Einkunftsart zugeflossenen Güter in Euro ausgedrückt, d. h. bewertet werden.

Dem Steuerpflichtigen zugeflossene gesetzliche Zahlungsmittel sind selbstverständlich mit ihrem Nominalwert anzusetzen. Einkünfte in einer gängigen, frei konvertiblen und im Inland handelbaren ausländischen Währung sind als Einnahmen in Geld zu besteuern. Umrechnungsmaßstab ist – soweit vorhanden – der auf den Umrechnungszeitpunkt bezogene Euro-Referenzkurs der Europäischen Zentralbank.[12] Für die Abgrenzung der Sachbezüge von den Geldleistungen kommt es nicht auf die Art der Erfüllung, sondern auf den Rechtsgrund des Zuflusses an. Ein bei einer Buchhandelskette einlösbarer Gutschein, den ein Arbeitgeber seinen Arbeitnehmern überlässt, ist deshalb auch dann ein Sachbezug, wenn er auf einen in Euro festgesetzten Höchstbetrag lautet.[13]

§ 8 Abs. 2 und 3 EStG enthalten Bewertungsvorschriften für Einnahmen, die nicht in Geld bestehen. Die Grundsatzregelung enthält § 8 Abs. 2 Satz 1 EStG, wonach Sachbezüge mit den üblichen Endpreisen am Abgabeort zu bewerten sind, einschließlich Umsatzsteuer,[14] abzüglich üblicher Preisnachlässe. Die Finanzverwaltung nimmt 4 % an.[15] Für diese Sachbezüge (nicht für die gem. § 8 Abs. 2 Satz 2 bis 5 EStG) gilt die Freigrenze von 44 Euro. § 8 Abs. 2 Satz 2 bis 5 EStG enthalten vorrangige Sonderregelungen für die private Nutzung betrieblicher Kraftfahrzeuge, die Sätze 6 bis 8 regeln insbesondere durch Verweisung auf die Sozialversicherungsentgeltverordnung – SvEV – den Wert häufiger Sachzuwendungen an Arbeitnehmer. Schließlich enthält § 8 Abs. 3 EStG von Abs. 2 abweichende Regelungen für Personalrabatte. Durch das neue **steuerliche Reisekostenrecht (15.3.5)** wurden mit **Wirkung ab 2014** § 8 Abs. 2 Satz 3 und 4 EStG geändert und Abs. 2 Satz 8 und 9 eingefügt. Die bisherigen Sätze 8 und 9 wurden die Sätze 10 und 11. Bereits mit Wirkung ab 01.01.2013 wird durch das Amtshilferichtlinie-Umsetzungsgesetz zur Förderung der Elektrofahrzeuge im Rahmen der sog. 1 %-Regelung dem § 8 Abs. 2 Satz 2 EStG ein Hinweis auf § 6 Abs. 1 Nr. 4 Satz 3 EStG angefügt.

---
12 BFH vom 03.12.2009 VI R 4/08 (BStBl 2010 II S. 698).
13 BFH vom 11.11.2010 VI R 21/09 (BStBl 2011 II S. 383).
14 R 8.1 Abs. 2 Satz 3 LStR.
15 R 8.1 Abs. 2 Satz 9 LStR.

15.2 Einnahmen

Wenn der Wert aller Sachbezüge im Kalendermonat 44 Euro nicht übersteigt, ergibt sich eine Steuerfreiheit gem. § 8 Abs. 2 Satz 11 (bis 2013: Satz 9) EStG. Dabei bleiben die nach §§ 37b, 40 EStG pauschal versteuerten Vorteile außer Ansatz.[16] Die Sachbezugsfreigrenze des § 8 Abs. 2 Satz 11 EStG ist auf Barzahlungen nicht anwendbar. Die Privatnutzung betrieblicher Datenverarbeitungsgeräte und Telekommunikationsgeräte durch den Arbeitnehmer ist unabhängig vom Verhältnis der beruflichen zur privaten Nutzung steuerfrei (§ 3 Nr. 45 EStG; R 3.45 LStR).

Einem Arbeitnehmer, der aufgrund seines Dienstverhältnisses ein **betriebliches Kraftfahrzeug** für private Zwecke nutzt, fließen Einnahmen zu. Einnahmen fließen ihm auch zu in Höhe der nicht abziehbaren Kosten für Fahrten zwischen Wohnung und erster Tätigkeitsstätte (bis 2013: regelmäßiger Arbeitsstätte) und Familienheimfahrten. Nach ständiger Rechtsprechung des BFH[17] handelt es sich um einen als Lohnzufluss nach § 19 Abs. 1 Satz 1 Nr. 1 EStG zu erfassenden steuerbaren Nutzungsvorteil des Arbeitnehmers, wenn der Arbeitgeber ihm unentgeltlich oder verbilligt einen Dienstwagen auch zur privaten Nutzung überlässt. Abweichend von früherer Rechtsprechung[18] fließt der geldwerte Vorteil dem Arbeitnehmer nach der neuen Rechtsprechung des BFH[19] nicht erst mit der tatsächlichen privaten Nutzung des Dienstwagens zu, sondern bereits mit dessen Inbesitznahme. Den Anscheinsbeweis, dass ein solches Fahrzeug tatsächlich privat genutzt wird, kann der Arbeitnehmer nicht durch einen Gegenbeweis entkräften, indem er z. B. vorträgt, ihm stünde ein Privatwagen zur Verfügung, der dem Dienstwagen nach Status und Wert entspreche.[20] Die Besteuerung des Nutzungswerts kann nur vermieden werden, wenn dem Arbeitnehmer der Dienstwagen nicht für eine private Nutzung zur Verfügung steht. Wenn im Arbeitsvertrag keine Vereinbarung über eine private Nutzung getroffen worden ist, darf der Arbeitnehmer den Dienstwagen nur für Dienstfahrten nutzen.[21] Das gilt nach der neuen Rechtsprechung des BFH selbst bei dem Allein-Geschäftsführer einer GmbH[22] oder einem Gesellschafter-Geschäftsführer, dessen PKW-Nutzung nicht kontrolliert wird.[23] Der BFH geht davon aus, dass Finanzverwaltung und Finanzgerichte den vom Steuerpflichtigen vorgebrachten Sachverhalt von Amts wegen aufklären: Ist der Dienstwagen arbeitsvertraglich auch zur privaten Nutzung überlassen worden? Die unbefugte Privatnutzung eines betrieblichen Kraftfahrzeugs hat keinen Lohncharakter. Allein die Gestattung der Nutzung eines

---

16 R 8.1 Abs. 3 Satz 1 LStR.
17 BFH vom 06.10.2011 VI R 56/10 (BStBl 2012 II S. 362).
18 BFH vom 07.11.2006 VI R 19/05 (BStBl 2007 II S. 116).
19 BFH vom 21.03.2013 VI R 31/10 (BStBl 2013 II S. 700), VI R 42/12 (BStBl 2013 II S. 918) und VI R 46/11 (BStBl 2013 II S. 1044).
20 BFH vom 21.03.2013 VI R 31/10 (BStBl 2013 II S. 700).
21 BFH vom 18.04.2013 VI R 23/12 (BStBl 2013 II S. 920).
22 BFH vom 21.03.2013 VI R 42/12 (BStBl 2013 II S. 918).
23 BFH vom 21.03.2013 VI R 46/11 (BStBl 2013 II S. 1044).

betrieblichen Fahrzeugs für Fahrten zwischen Wohnung und Arbeitsstätte begründet noch keine Überlassung zur privaten Nutzung.[24] Diese Rechtsprechung gilt nicht für die Besteuerung des Nutzungswerts als Entnahme nach § 4 Abs. 1 Satz 2 EStG.[25] Für die Berechnung der Nutzungsvorteile sind zwei Varianten möglich:[26] Grundsätzlich ist eine Pauschalregelung vorgesehen (**1 %-Regelung**, § 8 Abs. 2 Satz 2 i. V. m. § 6 Abs. 1 Nr. 4 Satz 2 EStG). Der private Nutzungsvorteil ist also nicht mit den üblichen Endpreisen am Abgabeort anzusetzen, sondern pauschal mit 1 % des Bruttolistenpreises zu bemessen. Individuelle Besonderheiten der Art und der Nutzung des Dienstwagens bleiben für die Bewertung der Nutzungsvorteile ebenso unberücksichtigt wie nachträgliche Änderungen des Fahrzeugwerts.[27] Die Pauschalregelung kann nur vermieden werden, wenn für die gesamten Kosten Belege gesammelt werden und ein ordnungsgemäßes Fahrtenbuch geführt wird (**Fahrtenbuchmethode**). Ordnungsgemäß ist ein Fahrtenbuch dann, wenn es fortlaufend und geschlossen geführt wird.[28] Bei elektronischer Führung muss eine nachträgliche Veränderung ausgeschlossen sein.[29] Die zu erfassenden Fahrten einschließlich der dann erreichten Gesamtkilometerstände müssen im Fahrtenbuch vollständig und in ihrem fortlaufenden Zusammenhang wiedergegeben werden. Jede einzelne berufliche Verwendung ist grundsätzlich für sich und mit dem so erreichten Gesamtkilometerstand des Fahrzeugs aufzuzeichnen. Die Pauschalregelung legt für Privatfahrten 1 % des Listenneupreises einschließlich Umsatzsteuer zugrunde, der Listenneupreis gilt auch für Gebrauchtwagen oder für reimportierte Fahrzeuge.[30]

> **Beispiel:**
> Ein Arbeitgeber überlässt seinem Arbeitnehmer einen PKW unentgeltlich zur privaten Nutzung. Der Listpreis beträgt 45.000 €. Der Arbeitnehmer benutzt den PKW auch für Fahrten zwischen Wohnung und erster Tätigkeitsstätte. Die Entfernung beträgt 20 km. Der monatlich zu versteuernde geldwerte Vorteil wird aus 1 % des Listenpreises (450 €) für die private Nutzung, multipliziert mit 0,03 % des Listenpreises, multipliziert mit 20 km (270 €), berechnet und beträgt somit 720 €. Der Arbeitnehmer kann den Pauschbetrag gem. § 9 Abs. 2 EStG geltend machen, also 120 € bei 20 Arbeitstagen pro Monat. Der Arbeitnehmer kann den Privatanteil auch dadurch ermitteln, dass er durch Belege die gesamten Kosten und durch ein Fahrtenbuch das Verhältnis der privaten Fahrten und der Fahrten zwischen Wohnung und erster Tätigkeitsstätte zu den übrigen Fahrten nachweist (§ 8 Abs. 2 Satz 4 EStG).

Die Zuschlagsregelung des § 8 Abs. 2 Satz 3 EStG ist ein Korrekturposten zum Werbungskostenabzug des Arbeitnehmers. Sie ist nur insoweit anzuwenden wie der Arbeitnehmer den Firmenwagen tatsächlich für Fahrten zwischen Wohnung und ers-

---

24 BFH vom 06.10.2011 VI R 56/10 (BStBl 2012 II S. 362) und vom 06.02.2014 VI R 39/13 (DB 2014 S. 811).
25 BFH vom 04.12.2013 VIII R 42/09 (BStBl 2013 II S. 365).
26 Zu Einzelheiten vgl. BMF vom 19.04.2013 (BStBl 2013 I S. 513).
27 BFH vom 13.12.2012 VI R 51/11 (BStBl 2013 II S. 385).
28 R 8.1 Abs. 9 Nr. 2 LStR.
29 BFH vom 01.03.2012 VI R 33/10 (BStBl 2012 II S. 505).
30 BMF vom 18.11.2009 (BStBl 2009 I S. 1326) und vom 27.03.2012 Anlage 1 Nr. 658 (BStBl 2012 I S. 522).

15.2 Einnahmen

ter Tätigkeitsstätte (bis 2013: Arbeitsstätte) benutzt. Als Wert nimmt der BFH und ihm folgend die Finanzverwaltung 0,002 % des Listenpreises je Entfernungskilometer an. Für Fahrten auf Teilstrecken (park and ride) ergibt sich der Nutzungswert aus 0,002 % des Listenpreises multipliziert mit der tatsächlich gefahrenen Teilstrecke und der Anzahl der Fahrten.[31] Der pauschale Nutzungswert ist auf die Gesamtkosten des Fahrzeugs begrenzt. Der Nutzungswert mindert sich durch Zahlungen des Arbeitnehmers an den Arbeitgeber für die außerbetriebliche Nutzung des Kraftfahrzeugs. Bei der 1 %- und der 0,03 %-Regelung ist der pauschale Nutzungswert um das Nutzungsentgelt zu kürzen. Bei der Fahrtenbuchmethode fließen vom Arbeitnehmer selbst getragene Kosten nicht in die Gesamtkosten ein. Zahlt er einen Betrag pro privat gefahrenen Kilometer an den Arbeitgeber, mindert das Nutzungsentgelt den individuellen Nutzungswert des Arbeitnehmers.[32]

Für die Nutzung eines Kraftfahrzeugs im Rahmen einer **doppelten Haushaltsführung** ist ein Nutzungswert i. H. von 0,002 % des Listenpreises für jeden Kilometer der Entfernung zwischen dem Ort des eigenen Hausstandes und dem Beschäftigungsort anzusetzen für Fahrten, für die der Werbungskostenabzug ausgeschlossen ist (§ 8 Abs. 2 Satz 5 EStG), also z. B. bei mehr als einer Familienheimfahrt pro Woche. Die Zurechnung unterbleibt, wenn die Fahrtenbuchmethode gewählt wird (§ 8 Abs. 2 Satz 5 am Ende EStG). Mit der Regelung des § 8 Abs. 2 Satz 5 EStG korrespondiert die Regelung zum Werbungskostenabzug . Wenn kein Nutzungsvorteil angesetzt wird, soll auch kein Werbungskostenabzug möglich sein.[33] Ob die Sammlung von Kostenbelegen und die Führung eines Fahrtenbuchs[34] gegenüber der Pauschalregelung vorteilhaft sind, hängt vom Einzelfall ab. Die Pauschalregelung geht von einer Nutzung an 180 Arbeitstagen jährlich bzw. 15 Arbeitstagen monatlich aus. Bei nur kurzen Fahrten zwischen Wohnung und Arbeitsstätte, wenig Privatfahrten und umfangreichen Dienstreisen sowie einem hohen Listenpreis ist der Kostennachweis günstiger als die Pauschalregelung. Erstattet der Arbeitgeber dem Arbeitnehmer für dessen eigenen PKW sämtliche Kosten, handelt es sich um Barlohn.[35]

Bei Arbeitnehmern, für deren Sachbezüge durch Rechtsverordnung nach § 17 Abs. 1 Nr. 4 SGB IV (Sozialversicherungsentgeltverordnung – SvEV) Werte bestimmt sind, sind diese Werte maßgebend (§ 8 Abs. 2 Satz 6 bis 10 EStG; R 8.1 Abs. 4 LStR). Dabei handelt es sich um Kost, Wohnung und Unterbringung von rentenversicherungspflichtigen Arbeitnehmern.[36] Die Werte sind auch bei nicht rentenversicherungspflichtigen Arbeitnehmern (Beamte, Geschäftsführer, Vorstände)

---

31 BMF vom 01.04.2011 (BStBl 2011 I S. 301).
32 BMF vom 19. 04.2013 (BStBl 2013 I S. 513).
33 BFH vom 28.02.2013 VI R 33/11 (BStBl 2013 II S. 629).
34 Dazu BFH vom 01.03.2012 VI R 33/10 (BStBl 2012 II S. 505).
35 BFH vom 06.11.2001 VI R 54/00 (BStBl 2002 II S. 164).
36 Vgl. BMF vom 05.03.2010 (BStBl 2010 I S. 259) unter II.

anzusetzen (§ 8 Abs. 2 Satz 7 EStG). Die Werte werden jährlich amtlich veröffentlicht.[37] Schließlich ermächtigt § 8 Abs. 2 Satz 10 (bis 2013: Satz 8) EStG die oberste Finanzbehörde eines Landes, mit Zustimmung des BMF für weitere Sachbezüge der Arbeitnehmer Durchschnittswerte festzusetzen.[38]

Die steuerliche Behandlung von Mahlzeiten im Rahmen von auswärtigen beruflichen Tätigkeiten und die Auswirkung ihrer Gestellung auf die Verpflegungspauschalen ist mit Wirkung ab 2014 neu geregelt worden. Erstattet der Arbeitgeber bei einer achtstündigen Dienstreise die Kosten des Mittagessens, kann nach der bis 2013 geltenden Regelung der Sachbezugswert angesetzt werden (R 8.1 Abs. 8 Nr. 2 Satz 3 LStR) und der Arbeitnehmer kann die maßgebende Verpflegungspauschale von 6 € als Werbungskosten geltend machen (§ 9 Abs. 5 i. V. m. § 4 Abs. 5 Satz 1 Nr. 5 Satz 2 EStG a. F.). Ab 2014 wird die Wertgrenze für die Mahlzeit von 40 Euro auf 60 Euro angehoben. Bis zu diesem Betrag können sie mit dem amtlichen Sachbezugswert bewertet werden. Die Versteuerung kann unterbleiben, wenn der Arbeitnehmer für die jeweilige auswärtige berufliche Tätigkeit eine Verpflegungspauschale geltend machen könnte, also ab einer Abwesenheitsdauer von 8 Stunden (§ 8 Abs. 2 Satz 9 EStG in der ab 2014 geltenden Fassung).

Für nicht in Geld bestehende Einnahmen, die dem Steuerpflichtigen zufließen, ist in § 8 Abs. 3 EStG eine von § 8 Abs. 2 EStG abweichende Sonderregelung für den Fall getroffen worden, dass ein Arbeitnehmer aufgrund seines Dienstverhältnisses Waren oder Dienstleistungen erhält, die vom Arbeitgeber nicht überwiegend für den Bedarf seiner Arbeitnehmer hergestellt, vertrieben oder erbracht werden und deren Bezug nicht nach § 40 EStG pauschal versteuert wird (**Personalrabatte, R 8.2 LStR**).

Als Werte derartiger Waren und Dienstleistungen gelten nach § 8 Abs. 3 Satz 1 EStG die um 4 % geminderten Endpreise, zu denen der Arbeitgeber oder der dem Abgabeort nächstansässige Abnehmer die Waren oder Dienstleistungen fremden Letztverbrauchern im allgemeinen Geschäftsverkehr anbietet.

Wenn danach auf die Endpreise abgestellt wird, zu denen die Waren oder Dienstleistungen fremden Letztverbrauchern im allgemeinen Geschäftsverkehr angeboten werden, so soll damit zu einer Vereinfachung des Besteuerungsverfahrens beigetragen werden. Dem Arbeitgeber wird dadurch die Ermittlung der üblichen Endpreise am Abgabeort erspart, die ohne diese Sonderregelung nach § 8 Abs. 2 Satz 1 EStG zu erfolgen hätte.[39] Der Arbeitnehmer kann im Rahmen seiner Einkommensteuerveranlagung den geldwerten Vorteil wahlweise nach § 8 Abs. 2 EStG ohne Bewertungsabschlag und ohne Rabattfreibetrag oder mit diesen Abschlägen auf der Grundlage des Endpreises des Arbeitgebers nach § 8 Abs. 3 EStG bewerten lassen.

---

37 Vgl. BMF vom 20.12.2012 (BStBl 2013 I S. 86).
38 Z. B. gleichlautende Ländererlasse zur steuerlichen Behandlung der Überlassung von Elektrofahrrädern vom 23.11.2012 (BStBl 2012 I S. 1224).
39 BFH vom 05.09.2006 VI R 41/02 (BStBl 2007 II S. 309).

15.2 Einnahmen

Bei Anwendung des § 8 Abs. 2 EStG ist Vergleichspreis grundsätzlich der „günstigste Preis am Markt". Endpreis i. S. des § 8 Abs. 3 EStG ist nicht der Angebotspreis des Arbeitgebers an Letztverbraucher – so die frühere Rechtsprechung – sondern der am Ende von Verkaufsverhandlungen als letztes Angebot stehende Preis, der auch Rabatte umfasst.[40] Die Bewertung nach § 8 Abs. 2 Satz 1 EStG kann günstiger sein, wenn hohe Rabatte zwar nicht beim Arbeitgeber, aber am allgemeinen Markt ausgehandelt werden können, z. B. im Automobilhandel.

Die Vorteile, die sich für den einzelnen Arbeitnehmer nach Abzug der von ihm gezahlten Entgelte ergeben, sind nach § 8 Abs. 3 Satz 2 EStG steuerfrei, soweit sie aus dem Dienstverhältnis insgesamt 1.080 Euro im Kalenderjahr nicht übersteigen. Durch diesen Freibetrag soll die Besteuerung von Belegschaftsrabatten auf die Fälle beschränkt werden, in denen der Verwaltungsaufwand im Verhältnis zum steuerlichen Ergebnis vertretbar ist. Im Übrigen sollen durch diesen Freibetrag auch die Bewertungsungenauigkeiten abgegolten werden, deren Abgeltung durch den vorgeschriebenen Preisabschlag von 4 % noch nicht ausreichend erfolgt ist. Zum Beispiel bleibt bei einem Rabatt von 10 % unter Berücksichtigung des Preisnachlasses von 4 % ein Vorteil bei einem Ladenpreis von bis zu 18.750 Euro steuerfrei:

Preisabschlag 750 Euro $\hat{=}$ 4 %, Freibetrag = 1.080 Euro $\hat{=}$ 6 %.

Nach ihrem Wortlaut stellt die Vorschrift des § 8 Abs. 3 Satz 2 EStG auf die Vorteile ab, die ein Arbeitnehmer im Kalenderjahr insgesamt aus dem Dienstverhältnis, d. h. aus einem Dienstverhältnis zu einem bestimmten Arbeitgeber, gehabt hat. Wechselt ein Arbeitnehmer im Laufe eines Kalenderjahres zu einem anderen Arbeitgeber über oder steht er zu mehreren Arbeitgebern in einem Dienstverhältnis, so kann er den Freibetrag daher ggf. mehrfach in Anspruch nehmen (R 8.2 Abs. 1 Nr. 1 LStR).

Die Sonderregelung des § 8 Abs. 3 EStG gilt nur für Waren oder Dienstleistungen, die ein Arbeitnehmer von seinem Arbeitgeber verbilligt erhält. Für Waren oder Dienstleistungen, die ein Arbeitnehmer von dritter Seite verbilligt erhält, gilt diese Regelung daher selbst dann nicht, wenn die Waren oder Dienstleistungen von einer anderen Gesellschaft im Rahmen eines Konzernverbundes überlassen werden.

Die leih- oder mietweise Überlassung von Grundstücken, Wohnungen, möblierten Zimmern sowie die Gewährung von Darlehen[41] sind ebenfalls Dienstleistungen (R 8.2 Abs. 1 Nr. 2 LStR).

---

40 BMF vom 16.05.2013 (BStBl 2013 I S. 729).
41 Vgl. dazu BMF vom 01.10.2008 (BStBl 2008 I S. 892).

15.3 Werbungskosten (§ 9 EStG)

15.3.1 Allgemeines

Werbungskosten sind nach § 9 Abs. 1 Satz 1 EStG **Aufwendungen zur Erwerbung, Sicherung und Erhaltung der Einnahmen.**

Nach dem Wortlaut dieser Vorschrift setzt der Werbungskostenbegriff voraus, dass Aufwendungen zum Zweck der Erwerbung, Sicherung und Erhaltung bestimmter Einnahmen gemacht werden. Ein bloßer ursächlicher Zusammenhang der Aufwendungen mit einer bestimmten Einkunftsart reicht danach nicht aus, um das Vorliegen von Werbungskosten zu bejahen. Insoweit unterscheidet sich der Werbungskostenbegriff nach dem Wortlaut des § 9 Abs. 1 Satz 1 EStG von dem Begriff der Betriebsausgaben in § 4 Abs. 4 EStG.

Der Wortlaut des § 9 Abs. 1 Satz 1 EStG wird jedoch als zu eng angesehen. Unter Hinweis darauf, dass sich Betriebsausgaben und Werbungskosten ihrem Charakter nach nicht unterscheiden, stellen Rechtsprechung und die h. M. im Schrifttum darauf ab, dass die Aufwendungen durch die Erzielung steuerpflichtiger Einnahmen veranlasst sind.[42] Als maßgebliches Kriterium für einen steuerrechtlich anzuerkennenden wirtschaftlichen Zusammenhang zwischen Aufwendungen und einer Einkunftsart wird die wertende Beurteilung des die betreffenden Aufwendungen „auslösenden Moments" sowie dessen „Zuweisung zur einkommensteuerrechtlich relevanten Erwerbssphäre" angesehen.[43]

Bei den Einkünften aus nichtselbständiger Arbeit sind Werbungskosten danach alle Aufwendungen, die durch den ausgeübten Beruf in der Weise veranlasst sind, dass sie hierzu in einem steuerrechtlich anzuerkennenden wirtschaftlichen Zusammenhang stehen.[44] Der Begriff der Werbungskosten ist damit insoweit deckungsgleich mit dem Betriebsausgabenbegriff. Auch bei den Einkünften aus Vermietung und Verpachtung i. S. des § 21 EStG sind alle Aufwendungen, die durch den Besitz eines durch private Vermietung genutzten Hauses anfallen, als Werbungskosten anzusehen.[45] Zu beachten ist aber, dass sich aus der unterschiedlichen Ermittlung der Einkünfte eine Einschränkung des Werbungskostenbegriffs gegenüber dem Betriebsausgabenbegriff ergibt, weil bei den Überschusseinkünften Wertveränderungen und Veräußerungsgewinne oder -verluste außer Ansatz bleiben, es sei denn, es handelt sich um gem. § 9 Abs. 1 Satz 3 Nr. 7 EStG als AfA zu erfassende Wertminderungen.[46] Auch bei den Einkünften aus Kapitalvermögen[47] und den sonstigen Einkünf-

---
42 BFH vom 30.06.2010 VI R 45/09 (BStBl 2011 II S. 45).
43 Großer Senat des BFH vom 21.09 2009 GrS 1/06 (BStBl 2010 II S. 672).
44 BFH vom 11.02.2009 I R 25/08 (BStBl 2010 II S. 536).
45 BFH vom 22.01.2013 IX R 19/11 (BStBl 2013 II S. 376).
46 Siehe 15.3.8 und BFH vom 09.12.2003 VI R 185/97 (BStBl 2004 II S. 491) zum Verlust eines Arbeitsmittels.
47 BFH vom 24.05.2012 VIII R 3/09 (BStBl 2012 II S. 254).

ten[48] gilt für die Auslegung des Werbungskostenbegriffs das Veranlassungsprinzip. Wenn Aufwendungen mit mehreren Einkunftsarten in Zusammenhang stehen, sind sie nach objektiven Gesichtspunkten, nicht nach dem Verhältnis der Einnahmen, aufzuteilen.[49]

Als durch die Erzielung von Einkünften veranlasst sind insoweit alle Aufwendungen anzusehen, die in einem objektiven Zusammenhang mit dem Tatbestand der Einkunftserzielung stehen und subjektiv gemacht werden, um die Erfüllung dieses Tatbestandes zu fördern. Die subjektive Förderung stellt jedoch kein in jedem Fall notwendiges Merkmal des Werbungskostenbegriffs dar. Auch unfreiwillige Ausgaben und Zwangsaufwendungen müssen z. B. nach dem objektiven Nettoprinzip als Werbungskosten berücksichtigt werden.[50]

> **Beispiel:**
> Der Steuerpflichtige hat auf einer Dienstfahrt fahrlässig einen Unfall verursacht, bei dem sein PKW einen Totalschaden erlitten hat.
> Der durch den Unfall eingetretene Wertverlust kann als Werbungskosten geltend gemacht werden. Dabei ist es ohne Bedeutung, ob es sich bei dem PKW um ein Arbeitsmittel des Steuerpflichtigen gehandelt hat oder nicht. Ist der Unfall dagegen durch eine alkoholbedingte absolute Fahruntüchtigkeit verursacht worden, tritt zur beruflichen Veranlassung die Veranlassung aus dem Bereich der Lebensführung hinzu (§ 12 Nr. 1 EStG). Ein Werbungskostenabzug scheidet aus.[51]

Der objektive Zusammenhang mit dem Tatbestand der Einkunftserzielung kann auch durch das Verhalten eines Dritten hergestellt werden.[52]

> **Beispiel:**
> Während einer Dienstreise übernachtet ein Arbeitnehmer in einem Hotel. Sein auf dem Parkplatz vor dem Hotel abgestellter PKW wird gestohlen. Das Parken des PKW ist der beruflichen Sphäre zuzurechnen, der durch den Diebstahl verursachte Schaden ist als Werbungskosten zu berücksichtigen.[53] Ein Abzug ist nicht möglich, wenn der PKW während einer privat veranlassten Umwegfahrt gestohlen wird.[54]

Dagegen ist das Bewohnen einer Dienstwohnung nicht ausreichend, um alle Schäden an privaten Gegenständen als beruflich veranlasst zu werten.

> **Beispiel:**
> Der Platzwart einer Sportanlage bewohnt auf dem Gelände eine Dienstwohnung. Sein dort parkender PKW wird während der Öffnungszeiten von Unbekannten beschädigt. Der Schaden ist nicht beruflich veranlasst.[55]

---

48 BFH vom 08.03.2006 (BStBl 2006 II S. 446) zum Versorgungsausgleich.
49 BFH vom 10.06.2008 VIII R 76/05 (BStBl 2008 II S. 937).
50 BFH vom 07.02.2008 VI R 75/06 (BStBl 2010 II S. 48) zum Verlust des Darlehens eines Arbeitnehmers für seinen Arbeitgeber.
51 BFH vom 27.03.1992 VI R 145/89 (BStBl 1992 II S. 837, 839).
52 BFH vom 30.06.1995 VI R 26/95 (BStBl 1995 II S. 744).
53 BFH vom 25.05.1992 (BStBl 1993 II S. 44).
54 BFH vom 18.04.2007 XI R 60/04 (BStBl 2007 II S. 762).
55 BFH vom 28.01.1994 VI R 25/93 (BStBl 1994 II S. 355).

Auch nicht durch Einkünfteerzielung veranlasst sind Aufwendungen zur Abwendung einer Zwangsvollstreckung in ein Grundstück, wenn die Grundpfandrechte als Sicherheit für fremde Schulden bestellt worden sind.[56]

Ob Aufwendungen mit dem Tatbestand der Einkunftserzielung unmittelbar oder nur mittelbar in Zusammenhang stehen, ist im Übrigen grundsätzlich ohne Bedeutung. Der mittelbare Zusammenhang darf allerdings nicht allzu lose und entfernt sein.

Beispiel:
Ein Musikpädagoge unterrichtet als akademischer Angestellter einer Universität Musikstudenten. Außerdem führt er seit über zehn Jahren regelmäßig Konzertreisen durch. Die daraus erzielten Einnahmen waren immer geringer als die Kosten. Die Verluste nimmt er in Kauf, um seine Chancen bei Ausschreibungen von Professorenstellen zu verbessern.

Die Konzertreisen erfüllen bis auf die Überschusserzielungsabsicht den Tatbestand der selbständigen Arbeit gem. § 18 EStG. Der BFH[57] hat die Kosten als Werbungskosten bei der nichtselbständigen Arbeit anerkannt, weil die Verluste in Kauf genommen worden seien, um im Hauptberuf voranzukommen, sodass private Gründe ausgeschlossen seien.

Ob Einnahmerückzahlungen als **negative Einnahmen** (kein Verbrauch des Werbungskosten-Pauschbetrags) oder als Werbungskosten zu berücksichtigen sind, ließ der BFH[58] in einem Fall der Rückzahlung einer Abfindung offen. Zurückerstattete Werbungskosten sind Einnahmen bei der Einkunftsart, in deren Rahmen sie früher abgezogen worden sind, ebenso Schadensersatzleistungen, soweit sie als Werbungskosten abgezogene Aufwendungen ersetzen.

Welche Aufwendungen im Einzelnen als Werbungskosten berücksichtigt werden können, wird bei der Darstellung der einzelnen Einkunftsarten näher erläutert. Eine grundlegende Neuregelung im **steuerlichen Reisekostenrecht** erfolgt mit **Wirkung ab VZ 2014** durch das „Gesetz zur Änderung und Vereinfachung der Unternehmensbesteuerung und des steuerlichen Reisekostenrechts".[59]

15.3.2 Die einzelnen Merkmale des Werbungskostenbegriffs

Aufwendungen sind wie im Rahmen des § 4 Abs. 4 EStG Ausgaben, die in Geld oder Geldeswert (Sachaufwendungen) bestehen und aus dem Vermögen des Steuerpflichtigen ausscheiden. Bei den Überschusseinkünften sind sie von den Einnahmen abzuziehen, damit nur die Einkünfte besteuert werden (objektives Nettoprinzip).[60] Anschaffungs- und Herstellungskosten für Wirtschaftsgüter, die der Einnahmeerzielung dienen, sind auch Werbungskosten; sie können aber nur über die Nutzungsdauer verteilt als Aufwand abgezogen werden (§ 9 Abs. 1 Satz 3 Nr. 7 EStG). Zu

---
56 BFH vom 29.07.1997 IX R 89/94 (BStBl 1997 II S. 772).
57 BFH vom 22.07.1993 VI R 122/92 (BStBl 1994 II S. 510).
58 BFH vom 04.05.2006 VI R 33/03 (BStBl 2006 II S. 911, 912).
59 Siehe dazu 15.3.5 und 15.3.6.
60 BVerfG vom 04.12.2002 2 BvR 400/98 (BStBl 2003 II S. 534).

15.3 Werbungskosten

unterscheiden ist also zwischen Aufwand, der sich sofort verbraucht, z. B. Fahrtkosten, und Aufwand, der sich über einen Zeitraum verbraucht, z. B. Herstellungskosten. Auf welche Weise die aufgewendeten Güter in das Vermögen des Steuerpflichtigen gelangt sind und wie lange sie Bestandteil seines Vermögens waren, ist ohne Bedeutung. Auch Güter, die der Steuerpflichtige im Wege der Gesamtrechtsnachfolge oder einer Schenkung unentgeltlich erlangt und in unmittelbarem zeitlichem Zusammenhang weitergeleitet hat, sind daher als Aufwendungen anzusehen.[61]

> **Beispiel:**
> Der Steuerpflichtige hat Einkünfte aus Vermietung und Verpachtung. Da ihm sein Vater die Übernahme der Kosten versprochen hat, hat er sein Mietwohnhaus mit einem neuen Anstrich versehen lassen. Nach Eingang der Handwerkerrechnung erhält er von seinem Vater im Wege der Schenkung den Rechnungsbetrag bar ausgehändigt, den er auf der Stelle dem Handwerker weiterreicht, der mit ihm zusammen seinen Vater aufgesucht hat, um möglichst bald über den Betrag verfügen zu können.
> Der Rechnungsbetrag ist als Werbungskosten im Rahmen der Einkünfte aus Vermietung und Verpachtung zu berücksichtigen.

Ob Güter zum Vermögen des Steuerpflichtigen gehören, ist nicht nach zivilrechtlichen, sondern nach wirtschaftlichen Gesichtspunkten zu entscheiden.

Eigene Aufwendungen hat also auch derjenige, dem ein Dritter Geldbeträge zur Begleichung der Kosten zuwendet oder für den der Dritte unmittelbar unter **Abkürzung des Zahlungsweges** mit schuldbefreiender Wirkung zahlt.[62]

Der BFH rechnet darüber hinaus die Aufwendungen dem Steuerpflichtigen im Fall des **abgekürzten Vertragswegs** ebenso zu wie im Fall des abgekürzten Zahlungswegs mit der Begründung, dass die Mittelherkunft unerheblich sei.[63]

> **Beispiel:**
> S vermietet eine Wohnung in einem 50 km von seinem Wohnort entfernten Ort, um die sich seine Mutter M kümmert. M beauftragt nach Rücksprache mit S Handwerker für Erhaltungsarbeiten und bezahlt die Rechnungen, die nicht an S gerichtet waren.

Der BFH ist der Ansicht, dass M dem S Geld zuwendet, unabhängig davon, ob § 328 BGB erfüllt sei, indem sie den im Interesse des S geleisteten Betrag nicht zurückfordert und so das Vermögen des S vermehrt.[64] S mache damit eigenen Aufwand und keinen nichtabzugsfähigen **Drittaufwand** geltend.[65] Die Finanzverwaltung[66] schloss sich dieser Auffassung für Erhaltungsmaßnahmen an, dagegen hält sie bei Kreditverbindlichkeiten[67] und anderen Dauerschuldverhältnissen (z. B. Miet-

---
61 BFH vom 11.11.2008 IX R 27/08 (BFH/NV 2009 S. 901).
62 BFH vom 23.08.1999 GrS 2/97 (BStBl 1999 II S. 782, 785).
63 BFH vom 28.09.2010 IX R 42/09 (BStBl 2011 II S. 271).
64 BFH vom 15.01.2008 IX R 45/07 (BStBl 2008 II S. 572).
65 Vgl. BFH vom 25.06.2008 X R 36/05 (DStR 2008 S. 2204).
66 BMF vom 07.07.2008 (BStBl 2008 I S. 717).
67 Vgl. dazu BFH vom 24.02.2000 IV R 75/98 (BStBl 2000 II S. 314).

15 Überschuss der Einnahmen über die Werbungskosten

und Pachtverträge) daran fest, dass die Zahlung nicht unter dem Gesichtspunkt der Abkürzung des Vertragswegs berücksichtigt werden kann.[68] Aufwendungen zur **Erwerbung** der Einnahmen werden gemacht, um Einnahmen zu erzielen, die zu einer der Einkunftsarten des § 2 Abs. 1 Nr. 4 bis 7 EStG gehören.[69] Werbungskosten können daher ebenso wie Betriebsausgaben schon zu einem Zeitpunkt anfallen, in dem mit den Aufwendungen zusammenhängende Einnahmen noch nicht erzielt werden.[70] Voraussetzung für die Annahme solcher **vorweggenommener Werbungskosten** ist allerdings stets, dass ein ausreichend bestimmter wirtschaftlicher Zusammenhang zwischen den Aufwendungen und der Einkunftsart besteht, in deren Rahmen ein Abzug begehrt wird, und dass es sich nicht um Anschaffungs- oder Herstellungskosten handelt.[71] Ein solcher Zusammenhang besteht z. B. von dem Zeitpunkt an, zu dem sich anhand objektiver Umstände feststellen lässt, dass ein Steuerpflichtiger endgültig den Entschluss gefasst hat, durch die Errichtung oder den Erwerb eines Gebäudes die Einkunftsart Vermietung und Verpachtung zu begründen.[72] Vorab entstandene, vergebliche Werbungskosten können sogar vorliegen, wenn der Käufer eines Mietobjekts an den Verkäufer Schadensersatz infolge einer Vertragsaufhebung leistet, um sich von der gescheiterten Investition zu lösen.[73]

Aufwendungen zur Sicherung der Einnahmen dienen dem Schutz gegen Verluste fließender Einnahmen. Dazu gehören z. B. die Kosten der Sachversicherung der der Einnahmeerzielung dienenden Gegenstände (z. B. Feuerversicherung eines vermieteten Gebäudes).

Aufwendungen zur **Erhaltung** der Einnahmen werden gemacht, um den Weiterbezug von Einnahmen der betreffenden Art zu gewährleisten. Zu diesen Aufwendungen rechnen z. B. die Aufwendungen zur Erhaltung der Gegenstände, die der Einnahmeerzielung zu dienen bestimmt sind. Deshalb können auch Strafverteidigungskosten Werbungskosten sein, wenn der strafrechtliche Vorwurf durch das berufliche Verhalten veranlasst ist, weil die Tat in Ausübung des Berufs begangen wurde.[74] Aufwendungen, die der **Beendigung** der Einkunftserzielung dienen, z. B. für die Räumung eines zum Verkauf anstehenden Grundstücks, sind keine Werbungskosten.[75] Nach früherer Rechtsprechung des BFH[76] sind Schuldzinsen nach Beendigung der Einkunftserzielung bei den Überschusseinkünften im Gegensatz zu

---

68 BMF vom 27.03.2012 (BStBl 2012 I S. 370), Anlage 1 Positivliste Nr. 666.
69 BFH vom 09.06.2011 III R 28/09 (BStBl 2012 II S. 213).
70 BFH vom 19.09.2012 VI R 78/10 (BStBl 2013 II S. 284).
71 BFH vom 23.05.2012 IX R 2/12 (BStBl 2012 II S. 674).
72 BFH vom 04.03.1997 IX R 29/93 (BStBl 1997 II S. 610).
73 BFH vom 07.06.2006 IX R 45/05 (BStBl 2006 II S. 803).
74 BFH vom 18.10.2007 VI R 42/04 (BStBl 2008 II S. 223) und vom 17.08.2011 VI R 75/10 (BFH/NV 2011 S. 2040).
75 BFH vom 12.11.1991 IX R 15/90 (BStBl 1992 II S. 289).
76 Vgl. BFH vom 16.09.1999 IX R 42/97 (BStBl 2001 II S. 528); siehe auch 15.3.3 und 25.4.2.

15.3 Werbungskosten

den Betriebsausgaben bei den Gewinneinkünften nicht als **nachträgliche Werbungskosten** abzugsfähig, es sei denn, der Kredit ist zur Finanzierung von sofort abzugsfähigen Werbungskosten während der Vermietungsphase verwendet worden.[77] Diese einschränkende Rechtsprechung hat der BFH aufgegeben und Schuldzinsen für ein zur Anschaffung eines Mietobjekts aufgenommenes Darlehen nach einer gem. § 23 Abs. 1 Nr. 1 EStG steuerbaren Veräußerung dieser Immobilie als Werbungskosten bei den Einkünften aus Vermietung und Verpachtung zum Abzug zugelassen, wenn und soweit der Veräußerungserlös nicht zur Tilgung der Darlehensverbindlichkeit ausreicht.[78] Begründet wird dies mit der Verlängerung der Spekulationsfrist in § 23 EStG auf 10 Jahre. Die Finanzverwaltung hat sich dieser Rechtsprechung angeschlossen.[79] Schon vorher hatte der BFH den Schuldzinsenabzug nach Veräußerung einer wesentlichen Beteiligung gem. § 17 EStG zugelassen.[80] Die Begründung ergibt sich daraus, dass mit der Senkung der Wesentlichkeitsschwelle in § 17 Abs. 1 Satz 1 EStG ebenso wie mit der Verlängerung der Spekulationsfrist in § 23 Abs. 1 Satz 1 Nr. 1 EStG die Besteuerung von Vermögenszuwächsen im Privatvermögen denen im Betriebsvermögen weiter angeglichen wird.

Werbungskosten sind gem. § 9 Abs. 1 Satz 2 EStG bei der Einkunftsart abzuziehen, bei der sie erwachsen sind. Hängen Aufwendungen mit mehreren Einkunftsarten zusammen, sind sie auf die einzelnen Einkunftsarten aufzuteilen. Ist eine schätzungsweise Aufteilung nicht möglich, so sind sie der Einkunftsart zuzurechnen, mit der sie in engerer Beziehung stehen.[81] Der Veräußerungsgewinn aus einer Kapitalbeteiligung an einem Unternehmen führt nicht allein deshalb zu Einkünften aus nichtselbständiger Arbeit, weil die Beteiligung von einem Arbeitnehmer des Unternehmens gehalten und veräußert wurde und auch nur Arbeitnehmern angeboten worden war.[82] Schuldzinsen für Darlehen, mit denen Arbeitnehmer den Erwerb von Gesellschaftsanteilen an ihrem Arbeitgeber finanzieren, um damit die arbeitsvertragliche Voraussetzung für eine höher dotierte Position zu erfüllen, sind regelmäßig Werbungskosten bei den Einkünften aus Kapitalvermögen.[83]

15.3.3 Schuldzinsen, Renten und dauernde Lasten

Voraussetzung für den Abzug der in § 9 Abs. 1 Satz 3 Nr. 1 EStG aufgeführten Aufwendungen ist, dass sie mit einer Einkunftsart in wirtschaftlichem Zusammenhang

---
77 BMF vom 18.07.2001 (BStBl 2001 I S. 513).
78 BFH vom 20.06.2012 IX R 67/10 (BStBl 2013 II S. 275).
79 BMF vom 15.01.2014 (BStBl 2014 I S. 108).
80 BFH vom 16.03.2010 VIII R 20/08 (BStBl 2010 II S. 787).
81 BFH vom 02.05.2001 VIII R 32/00 (BStBl 2001 II S. 668).
82 BFH vom 17.06.2009 VI R 69/06 (BStBl 2010 II S. 69).
83 BFH vom 05.04.2006 IX R 111/00 (BStBl 2006 II S. 654); H 9.1 „Aktienoptionen" LStH.

15 Überschuss der Einnahmen über die Werbungskosten

stehen. Die Aufwendungen sind beispielhaft aufgezählte Anwendungsfälle der allgemeinen Werbungskosten-Definition.[84]

Schuldzinsen sind alle einmaligen oder laufenden Leistungen in Geld oder Geldeswert, die der Schuldner für die Überlassung von Kapital an den Gläubiger zu entrichten hat und die nicht zur Tilgung des Kapitals erbracht werden. Zu den Schuldzinsen gehören darüber hinaus aber auch die vom Schuldner aufgewandten Geldbeschaffungs- und Finanzierungskosten, z. B. Vermittlungsprovisionen, Kosten der Hypothekenbestellung, Notariatskosten. Bauzeitzinsen, die während der Herstellungsphase wegen Veräußerungsabsicht nicht nach § 9 Abs. 1 Satz 3 Nr. 1 EStG als vorab entstandene Werbungskosten abziehbar waren, können als Herstellungskosten in die AfA-Bemessungsgrundlage gem. § 9 Abs. 1 Satz 3 Nr. 7 EStG eingehen, wenn das Gebäude nach Fertigstellung durch Vermietung genutzt wird.[85]

Auch das **Damnum** ist als Werbungskosten abziehbar, sofern es marktüblich ist (§ 11 Abs. 2 Satz 4 EStG). Die Finanzverwaltung lässt ein Damnum bis zu 5 % bei einer Zinsfestschreibung von 5 Jahren zum Sofortabzug zu.[86]

Kursverluste bei Fremdwährungsdarlehen sind keine Werbungskosten.[87] Zinsen für gestundete Einkommensteuer sind nicht durch Einkünfte veranlasst.[88] Die in § 20 Abs. 1 Nr. 7 Satz 3 EStG normierte Steuerpflicht von Erstattungszinsen ist verfassungsrechtlich zweifelhaft.[89]

Wenn ein Kredit für mehrere Zwecke aufgenommen worden ist, müssen die Zinsen aufgeteilt werden, bei einem gemischten Kontokorrentkonto nach der Zinszahlenstaffelmethode.[90] Einfacher ist das sog. **Zweikontenmodell**: Private Schulden werden von dem Konto gezahlt, auf das die Einnahmen einer Einkunftsart, z. B. Lohn, fließen. Die als Werbungskosten abzugsfähigen Aufwendungen werden über ein zweites Konto beglichen. Die entstehenden Schuldzinsen auf diesem Konto sind abzugsfähige Werbungskosten. Damit werden die steuerlich nicht wirksamen Privatschulden zurückgeführt und durch steuerlich wirksame Schulden ersetzt. Diese vom Großen Senat des BFH[91] akzeptierte Gestaltung beruht auf dem Grundsatz, dass für den Abzug von Schuldzinsen als Werbungskosten nur die tatsächliche Verwendung des Darlehens maßgebend ist und dass es dem Steuepflichtigen freisteht, ob er für die Einkunftserzielung Eigen- oder Fremdmittel einsetzt. So können bei den Einkünften aus Vermietung und Verpachtung die auf einem Konto eingehenden Mieten für private Zwecke verwendet und die Schuldzinsen durch einen Kredit über ein anderes Schuldkonto finanziert werden. Diese Kontentrennung ist bei den Über-

---
84 BFH vom 09.02.1994 IX R 110/90 (BStBl 1995 II S. 47, 49).
85 BFH vom 23.05.2012 IX R 2/12 (BStBl 2012 II S. 674).
86 BMF vom 20.10.2003 (BStBl 2003 I S. 546).
87 BFH vom 30.11.2010 VIII R 58/07 (BStBl 2011 II S. 491).
88 BFH vom 28.11.1991 IV R 122/90 (BStBl 1992 II S. 342).
89 BFH vom 09.01.2012 VIII B 95/11 (BFH/NV 2012 S. 575).
90 BFH vom 17.12.2003 XI R 19/01 (BFH/NV 2004 S. 1277).
91 BFH vom 08.12.1997 GrS 1-2/95 (BStBl 1998 II S. 193).

15.3 Werbungskosten

schusseinkünften trotz der Regelung in § 4 Abs. 4a EStG anzuerkennen, weil § 9 Abs. 5 EStG nicht auf § 4 Abs. 4a EStG verweist (siehe 9.3).

Problematisch ist die **Änderung des Darlehenszwecks,** z. B. die Umwandlung eines Betriebskredits nach der Betriebseinstellung in eine Darlehensschuld im Rahmen der Einkunftsart Vermietung und Verpachtung (siehe auch 26.4.2). Der BFH erkennt den Abzug von Darlehenszinsen als Werbungskosten bei den Einkünften aus Kapitalvermögen an, wenn das mit dem Darlehen angeschaffte und der Erzielung von Mieteinnahmen dienende Gebäude veräußert und der Erlös z. b. als Festgeld zur Einkünfteerzielung eingesetzt wird.[92] Die Einführung der Abgeltungsteuer ab 2009 führt aber zu einer Einschränkung. Bei der Ermittlung der Einkünfte wird als Werbungskosten ein Betrag von 801 Euro bzw. 1.602 Euro (Sparer-Pauschbetrag) berücksichtigt. Der Abzug der tatsächlichen Werbungskosten ist nach § 20 Abs. 9 Satz 1 Halbsatz 2 EStG ausgeschlossen. Demnach kommt ein Abzug von Schuldzinsen ab 2009 nicht mehr in Betracht.

Eine zur vorzeitigen Ablösung eines Darlehens gezahlte **Vorfälligkeitsentschädigung** (§ 490 Abs. 2 Satz 3 BGB) fällt zwar unter den Begriff der Schuldzinsen. Sie ist als Werbungskosten abziehbar, wenn sie durch eine Umschuldung, nicht aber, wenn sie durch die Grundstücksveräußerung veranlasst ist. Nach Ansicht des BFH kann sie auch nicht als Werbungskosten im Zusammenhang mit einer aus dem Erlös finanzierten anderen Einkunftsquelle abgezogen werden.[93]

Renten und dauernde Lasten können wie Schuldzinsen als Werbungskosten nur abgezogen werden, wenn sie mit einer Einkunftsart im wirtschaftlichen Zusammenhang stehen.[94]

Der Abzug richtet sich nach den allgemeinen, für Werbungskosten geltenden Regeln, sodass z. B. im Fall der Anschaffung gegen dauernde Last die insoweit vorrangige Norm des § 9 Abs. 1 Satz 3 Nr. 7 EStG den vollen Abzug der Zahlungen im Zeitpunkt des Abflusses ausschließt und eine Verteilung des Barwerts (§ 14 BewG) der dauernden Last auf die Gesamtnutzungsdauer im Wege der AfA nach § 7 EStG vorschreibt.[95] Nach der Rechtsprechung des BFH sind auch bei dauernden Lasten, die das Entgelt für die Anschaffung eines Vermögensgegenstandes sind, wie bei Leibrenten neben der AfA Zinsanteile als Schuldzinsen abzugsfähig, weil bei der Ermittlung der Anschaffungskosten gem. § 14 BewG ein Zinsanteil ausgesondert wird.[96] Einzelheiten zu Renten und dauernden Lasten werden unter 26.2.3 dargestellt. Die Änderung des § 9 Abs. 1 Satz 3 Nr. 1 Satz 2 EStG durch das Alterseinkünftegesetz ab Veranlagungszeitraum 2005 ist eine Folgeänderung zur Änderung des § 22 Nr. 1 Satz 3 Buchst. a EStG (siehe 26.2.4). Zu beachten ist, dass § 10 EStG

---

[92] BFH vom 01.10.1996 VIII R 68/94 (BStBl 1997 II S. 454).
[93] BFH vom 06.12.2005 VIII R 34/04 (BStBl 2006 II S. 265).
[94] BFH, BStBl 1995 II S. 169.
[95] BFH, BStBl 1995 II S. 169.
[96] BFH vom 09.02.1994 IX R 110/90 (BStBl 1995 II S. 47).

im Gegensatz zu § 9 EStG nicht die Ermittlung der durch Einsatz von Arbeit und/ oder Kapital erwirtschafteten Einkünfte betrifft, sondern ausnahmsweise den Abzug von Ausgaben eröffnet, die nicht mit der Einkunftserzielung zusammenhängen. Deshalb gilt der von der Rechtsprechung entwickelte Grundsatz der **Wertverrechnung** auch nur für die §§ 10, 22 EStG und nicht für § 9 EStG.[97] Bei der Vermögensübergabe auf die nächste Generation gegen Versorgungsleistungen sind die Zahlungen i. d. R. nicht als Werbungskosten, sondern als Sonderausgaben ohne Wertverrechnung abzugsfähig (Einzelheiten unter 16.3.3 und 26.2.5).

15.3.4 Steuern, Versicherungsbeiträge, Beiträge

Steuern vom Grundbesitz, sonstige öffentliche Abgaben und Versicherungsbeiträge, soweit sich diese Ausgaben auf Gebäude oder auf Gegenstände beziehen, die dem Steuerpflichtigen zur Einnahmeerzielung dienen, sind als Werbungskosten abzugsfähig (§ 9 Abs. 1 Satz 3 Nr. 2 EStG).

Auch die Kosten für die Bauherrenhaftpflichtversicherung gehören zu den danach sofort abzugsfähigen Werbungskosten,[98] ebenso nachträgliche Erschließungsbeiträge.[99] Nicht zu den sofort abzugsfähigen Werbungskosten gehören jedoch die Beiträge zu einer Risikolebensversicherung, die der Bauherr oder Erwerber eines Hauses zur Absicherung von Hypotheken oder auch einer Rentenverpflichtung abgeschlossen hat, die er zur Finanzierung der Baukosten bzw. des Kaufpreises aufgenommen hat bzw. eingegangen ist.[100]

Beiträge zu Berufsständen und sonstigen Berufsverbänden,[101] deren Zweck nicht auf einen wirtschaftlichen Geschäftsbetrieb gerichtet ist, können als Werbungskosten abgezogen werden (§ 9 Abs. 1 Satz 3 Nr. 3 EStG). Beiträge an gemeinnützige Vereine können als Spenden abzugsfähig sein (siehe 30.2).

15.3.5 Fahrten/Wege zwischen Wohnung und regelmäßiger Arbeitsstätte/erster Tätigkeitsstätte

Wegen der auch privat veranlassten Wahl des Wohnorts sind Fahrten zwischen Wohnort und beruflichem Tätigkeitsort nicht ausschließlich beruflich veranlasst. Die Kosten dieser Mobilität erkennt der Gesetzgeber aber grundsätzlich als Werbungskosten an, und zwar uneingeschränkt, soweit es um berufstypische Auswärtstätigkeiten geht, eingeschränkt auf die seit 2004 in ihrer Höhe unveränderte Entfernungspauschale (§ 9 Abs. 2 EStG) bei Fahrten zwischen Wohnung und regelmäßiger Arbeitsstätte.

---

97 BFH vom 09.02.1994 IX R 110/90 (BStBl 1995 II S. 47, 48).
98 BFH vom 25.02.1976 VIII B 81/74 (BStBl 1980 II S. 294).
99 BFH vom 22.03.1994 IX R 52/90 (BStBl 1994 II S. 842).
100 Vgl. BFH vom 29.10.1985 IX R 61/82 (BStBl 1986 II S. 260).
101 Vgl. dazu BFH vom 13.08.1993 VI R 51/92 (BStBl 1994 II S. 33).

15.3 Werbungskosten

§ 9 Abs. 1 Satz 3 Nr. 4 EStG in der bis zum Veranlagungszeitraum 2013 geltenden Fassung enthält die regelmäßige Arbeitsstätte als zentralen Begriff ohne ihn zu definieren; das geschah durch Rechtsprechung und Verwaltungsanweisungen.[102] Durch das „Gesetz zur Änderung und Vereinfachung der Unternehmensbesteuerung und des steuerlichen Reisekostenrechts" vom 20.02.2013 (BGBl I S. 285) wird in § 9 Abs. 1 Nr. 4 Satz 1 EStG mit **Wirkung ab Veranlagungszeitraum 2014** die „regelmäßige Arbeitsstätte" durch „erste Tätigkeitsstätte" ersetzt und in § 9 Abs. 4 EStG gesetzlich definiert. Diese Begriffe sind Ausgangspunkt sowohl für den Werbungskostenabzug von Reisekosten als auch den steuerfreien Reisekostenersatz durch den Arbeitgeber. Das BMF-Schreiben vom 30.09.2013[103] enthält dazu Erläuterungen und Beispiele für Reisekosten von Arbeitnehmern.

Regelmäßige Arbeitsstätte ist der ortsgebundene Mittelpunkt der dauerhaft angelegten beruflichen Tätigkeit des Arbeitnehmers (R 9.4 Abs. 3 Satz 1 LStR a. F.) mit der Folge, dass der Arbeitnehmer Fahrtkosten nur in Höhe der Entfernungspauschale als Werbungskosten abziehen kann, während bei einer Auswärtstätigkeit (R 9.4 Abs. 2 LStR) Fahrtkosten, Verpflegungsmehraufwendungen, Übernachtungskosten, Reisenebenkosten als Werbungskosten abziehbar sind, z. B. 0,30 Euro bei einem PKW für jeden gefahrenen Kilometer.[104]

Die **ab 2014 gesetzlich definierte erste Tätigkeitsstätte** reicht weiter als die regelmäßige Arbeitsstätte. Es kommt nicht mehr auf die Regelmäßigkeit des Aufsuchens oder auf den qualitativen Schwerpunkt der Arbeit an, sondern primär auf die arbeits-/dienstrechtlichen bzw. subsidiär auf die quantitativen Festlegungen des Arbeitgebers an (dauerhafte **Zuordnung:** § 9 Abs. 4 EStG n. F.). Im Gegensatz zur Rechtsprechung des BFH[105] kann erste Tätigkeitsstätte auch die betriebliche Einrichtung eines verbundenen Unternehmens oder eines Dritten („Kunden des Arbeitgebers") sein, wenn der Arbeitgeber den Arbeitnehmer einer solchen Tätigkeitsstätte prognostisch länger als 48 Monate zuordnet. Legt der Arbeitgeber die erste Tätigkeitsstätte nicht – eindeutig – fest, kommt es auf den Umfang der an der Tätigkeitsstätte zu leistenden arbeitsvertraglichen Arbeitszeit an. Soll er an einer Tätigkeitsstätte mindestens $1/3$ der vereinbarten regelmäßigen Arbeitszeit tätig werden, dann ist dies die erste Tätigkeitsstätte. Fehlt die Bestimmung, wird zugunsten des Arbeitnehmers die Tätigkeitsstätte zugrunde gelegt, die der Wohnung des Arbeitnehmers am nächsten liegt mit der Folge, dass für die Kosten der Fahrten zu den anderen Tätigkeitstätten nicht die Entfernungspauschale gilt.

§ 9 Abs. 4 Satz 5 EStG n. F. bestimmt, dass der Arbeitnehmer je Dienstverhältnis nur eine erste Tätigkeitsstätte haben kann. Entgegen der BFH-Rechtsprechung,[106]

---
102 Vgl. BMF vom 15.12.2011 (BStBl 2012 I S. 57).
103 BMF vom 30.09.2013 (BStBl 2013 I S. 1279).
104 BMF vom 30.09.2013 (BStBl 2013 I S. 1279), Rz. 36; zu Verpflegungsmehraufwendungen Rz. 46 ff., zu Übernachtungen Rz. 104 ff. und zu Reisenebenkosten Rz. 117 ff.
105 BFH vom 13.06.2012 VI R 47/11 (BStBl 2013 II S. 169).
106 BFH vom 19.09.2012 VI R 78/10 (BStBl 2013 II S. 284).

die eine Auswärtstätigkeit annahm, enthält § 9 Abs. 4 Satz 8 EStG n. F. die ausdrückliche Regelung, dass auch eine Bildungsstätte erste Tätigkeitsstätte ist, wenn sie außerhalb eines Dienstverhältnisses zum Zwecke eines Vollzeitstudiums oder einer vollzeitigen Bildungsmaßnahme aufgesucht wird.

Beispiel:
A besucht im zweiten Ausbildungsjahr von **Januar bis Juli 2013** die Berufsschule in Form des Blockunterrichts. Es handelt sich um eine vorübergehende Auswärtstätigkeit. Die tatsächlichen Fahrtkosten können für den gesamten Zeitraum angesetzt werden (R 9.5 Abs. 1 LStR), während die gesetzlichen Pauschbeträge für Verpflegungsmehraufwendungen nur in den ersten drei Monaten geltend gemacht werden können (§ 9 Abs. 5 i. V. m. § 4 Abs. 5 Nr. 5 Satz 5 EStG a. F.).

Bei einem Besuch ab **Januar 2014** kann A nur die Entfernungspauschale als Werbungskosten geltend machen (§ 9 Abs. 1 Satz 3 Nr. 4 Satz 2 EStG n. F.). Verpflegungsmehraufwendungen können nicht geltend gemacht werden, weil der Berufsschulbesuch keine auswärtige berufliche Tätigkeit ist (§ 9 Abs. 4a Satz 2 EStG).

Auf die vollzeitigen Bildungsmaßnahmen der Bundesagentur für Arbeit wirkt sich diese Regelung nicht aus, weil die Leistungen nach § 3 Nr. 2 EStG steuerfrei sind (§ 3c Abs. 1 EStG).

Eine Beschränkung der abzugsfähigen Fahrtkosten auf die Entfernungspauschale regelt § 9 Abs. 1 Satz 3 Nr. 4a Satz 3 EStG n. F. für den Fall, dass überhaupt keine erste Tätigkeitsstätte vorliegt, z. B. bei Monteuren oder Bauarbeitern, bei Bus- und LKW-Fahrern. Nach der bis 2013 geltenden Regelung sind die tatsächlichen Fahrtkosten zu berücksichtigen, weil ohne regelmäßige Arbeitsstätte immer eine Außendiensttätigkeit vorliegt. Die Neuregelung verursacht Abgrenzungsprobleme, weil die Entfernungspauschale entgegen der bisherigen Rechtsprechung auch anzuwenden ist, wenn der Arbeitnehmer denselben Ort oder dasselbe weiträumige Tätigkeitsgebiet typischerweise arbeitstäglich aufzusuchen hat, ohne dass er dort eine erste Tätigkeitsstätte begründet, z. B. um Material oder Unterlagen am Betriebssitz abzuholen. Jedenfalls wird beim Outsourcing- und Leiharbeitnehmerfall[107] trotz Auswärtstätigkeit i. d. R. für die Fahrtkosten die Entfernungspauschale anzuwenden sein; allerdings eröffnet § 9 Abs. 4a Satz 4 EStG n. F. den Abzug von Verpflegungsmehraufwendungen. Arbeitgeberleistungen als gem. § 3 Nr. 32 EStG steuerfreie Sammelbeförderung schließen den Abzug der Entfernungspauschale aus.[108]

Die Entfernungspauschale beträgt für jeden Kilometer der Entfernung zwischen Wohnung und Arbeitsstätte 0,30 Euro, höchstens jedoch 4.500 Euro pro Kalenderjahr. Eine Ausnahme von dem jährlichen Höchstbetrag gilt bei Benutzung eines eigenen oder zur Nutzung überlassenen Kraftfahrzeugs. Diese für Fernpendler in Betracht kommende Ausnahme erfordert vom Arbeitnehmer erhöhte Nachweispflichten, z. B. durch Vorlage von Inspektionsrechnungen. Eine andere als die kür-

---

[107] Vgl. BFH vom 09.02.2012 VI R 22/10 (BStBl 2012 II S. 827) und vom 17.06.2010 VI R 35/08 (BStBl 2010 II S. 852).
[108] BMF vom 30.09.2013 (BStBl 2013 I S. 1279), Rz. 37 bis 45.

zeste Straßenverbindung kann zugrunde gelegt werden, wenn diese offensichtlich verkehrsgünstiger ist und vom Arbeitnehmer regelmäßig für die Wege zwischen Wohnung und regelmäßiger Arbeitsstätte/erster Tätigkeitsstätte benutzt wird. Eine Ausnahme von der Pauschale gilt bei Flugstrecken, weil die Kosten für ein Flugticket regelmäßig geringer sind, und für die nach § 3 Nr. 32 EStG steuerfreie Sammelbeförderung (§ 9 Abs. 1 Satz 3 Nr. 4 Satz bis 5 EStG alte und neue Fassung).

Die Entfernungspauschale wird für jeden Arbeitstag nur einmal angesetzt. Wenn der Arbeitnehmer an der Arbeitsstätte übernachtet und am nächsten Tag zurückfährt, steht ihm nur eine Entfernungspauschale zu.

Mit der **Entfernungspauschale** sind sämtliche Aufwendungen abgegolten, die durch die Wege zwischen Wohnung und regelmäßiger Arbeitsstätte – ab 2014: erster Tätigkeitsstätte – veranlasst sind (§ 9 Abs. 2 Satz 1 EStG). Nicht abgegolten sind Unfallkosten.[109]

Die Entfernungspauschale begünstigt Fahrgemeinschaften, auch bei Ehegatten, weil jedes Mitglied sie für die Strecke zwischen seiner Wohnung und seiner Arbeitsstätte erhält. Umwege und damit auch Unfälle auf diesen Strecken sind nicht zu berücksichtigen. Mitfahrvergütungen bei einseitiger Fahrgemeinschaft gehören zu den Einkünften gem. § 22 Nr. 3 EStG.[110]

Beispiele:

a) Ein Arbeitnehmer benutzt von Januar bis September (an 165 Arbeitstagen) für die Wege von seiner Wohnung zur 90 km entfernten regelmäßigen Arbeitsstätte und zurück den eigenen Kraftwagen. Dann verlegt er seinen Wohnsitz. Von der neuen Wohnung aus gelangt er ab Oktober (an 55 Arbeitstagen) zur noch 5 km entfernten regelmäßigen Arbeitsstätte mit dem öffentlichen Bus. Hierfür entstehen ihm tatsächliche Kosten i. H. von (3 × 70 € =) 210 €.

Für die Strecken mit dem eigenen Kraftwagen ergibt sich eine Entfernungspauschale von 165 Arbeitstagen × 90 km × 0,30 € = 4.455 €. Für die Strecke mit dem Bus errechnet sich eine Entfernungspauschale von 55 Arbeitstagen × 5 km × 0,30 € = 83 €. Die insgesamt im Kalenderjahr anzusetzende Entfernungspauschale i. H. von 4.538 € (4.455 € + 83 €) ist anzusetzen, da die tatsächlich angefallenen Aufwendungen für die Nutzung der öffentlichen Verkehrsmittel (210 €) diese nicht übersteigen.

b) Bei einer aus drei Arbeitnehmern bestehenden wechselseitigen Fahrgemeinschaft beträgt die Entfernung zwischen Wohnung und regelmäßiger Arbeitsstätte für jeden Arbeitnehmer 100 km. Bei tatsächlichen 210 Arbeitstagen benutzt jeder Arbeitnehmer seinen eigenen Kraftwagen an 70 Tagen für die Fahrten zwischen Wohnung und regelmäßiger Arbeitsstätte.

Die Entfernungspauschale ist für jeden Teilnehmer der Fahrgemeinschaft wie folgt zu ermitteln:

Zunächst ist die Entfernungspauschale für die Fahrten und Tage zu ermitteln, an denen der Arbeitnehmer mitgenommen wurde:
140 Arbeitstage × 100 km × 0,30 € = 4.200 €
(Höchstbetrag von 4.500 € ist nicht überschritten).

---

[109] BMF vom 31.10.2013 (BStBl 2013 I S. 1376), Nr. 4.
[110] BFH vom 15.03.1994 X R 58/91 (BStBl 1994 II S. 516).

Anschließend ist die Entfernungspauschale für die Fahrten und Tage zu ermitteln, an denen der Arbeitnehmer seinen eigenen Kraftwagen benutzt hat:

70 Arbeitstage × 100 km × 0,30 €	= 2.100 €
abziehbar (unbegrenzt)	
anzusetzende Entfernungspauschale	= 6.300 €

Setzt bei einer Fahrgemeinschaft nur ein Teilnehmer seinen Kraftwagen ein, kann er die Entfernungspauschale ohne Begrenzung auf den Höchstbetrag von 4.500 € für seine Entfernung zwischen Wohnung und regelmäßiger Arbeitsstätte geltend machen; eine Umwegstrecke zum Abholen der Mitfahrer ist nicht in die Entfernungsermittlung einzubeziehen. Bei den Mitfahrern wird gleichfalls die Entfernungspauschale angesetzt, allerdings bei ihnen begrenzt auf den Höchstbetrag von 4.500 €.

Bei behinderten Menschen, deren Grad der Behinderung mindestens 70 oder bei erheblicher Beeinträchtigung der Bewegungsfähigkeit im Straßenverkehr mindestens 50 beträgt, können auf Antrag anstelle der Entfernungspauschalen für die gesamte Strecke die tatsächlichen Aufwendungen für die Benutzung eines Kraftfahrzeugs abgezogen werden (§ 9 Abs. 2 Satz 3 EStG). Zu den tatsächlichen Aufwendungen für die Benutzung eines Kraftfahrzeugs gehören in Fällen, in denen der behinderte Mensch von einem Dritten gefahren wird, auch die durch die An- und Abfahrten des Fahrers (sog. Leerfahrten) entstehenden Kosten (R 9.10 Abs. 3 LStR). Anstelle der tatsächlichen Kosten können die Fahrtkosten auch mit pauschalen Kilometersätzen angesetzt werden, die das BMF im Einvernehmen mit den obersten Finanzbehörden der Länder nach der höchsten Wegstrecken- und Mitnahmeentschädigung nach dem Bundesreisekostengesetz (BRKG) festsetzt.[111]

Als **Wohnung** i. S. des § 9 Abs. 2 Satz 1 EStG ist jede irgendwie geartete Unterkunft zu verstehen, von der aus sich der Steuerpflichtige zu seiner ersten Tätigkeitsstätte (bis 2013: regelmäßigen Arbeitsstätte) begibt (R 9.10 Abs. 1 LStR). Die Entfernung zwischen Wohnung und Arbeitsstätte ist unerheblich.[112] Hat ein Steuerpflichtiger mehrere Wohnungen, so ist maßgebend, von welcher Wohnung aus er sich jeweils zu seiner Arbeitsstätte begibt. Tritt er die Fahrten zur Arbeitsstätte abwechselnd von den verschiedenen Wohnungen aus an, so können die Fahrtkosten für die Fahrten von jeder Wohnung aus wie Werbungskosten abgezogen werden. Für die Fahrtaufwendungen von einer weiter vom Beschäftigungsort entfernt liegenden Wohnung aus gilt dies allerdings nur, wenn diese Wohnung den örtlichen Mittelpunkt der Lebensinteressen des Steuerpflichtigen darstellt und diese Wohnung nicht nur gelegentlich aufgesucht wird (§ 9 Abs. 1 Satz 3 Nr. 4 Satz 6 EStG). Dabei verlangt die Finanzverwaltung mindestens sechs Besuche jährlich, wobei diese Regelung nur Bedeutung haben kann, wenn sich die Hauptwohnung im Ausland befindet (R 9.10 Abs. 1 Satz 5 LStR).

---

111 R 9.10 Abs. 3 Satz 2 LStR und BMF vom 03.01.2013 (BStBl 2013 I S. 215), Tz. 3 mit Beispielen.
112 BFH, BStBl 1986 II S. 221, 223.

15.3 Werbungskosten

Fraglich ist, ob ein **Home-Office** erste Tätigkeitsstätte sein kann. Das es nach der Neuregelung ab 2014 auf die arbeitsrechtliche Zuordnung ankommt, wird bei entsprechender arbeitsvertraglicher Vereinbarung auch ein Raum in der Wohnung des Arbeitnehmers eine ortsfeste betriebliche Einrichtung des Arbeitgebers sein können. Entscheidend wird sein, ob der Raum zwar in der Nähe der Wohnung, aber außerhalb der häuslichen Sphäre des Arbeitnehmers liegt;[113] denn nach der Gesetzesbegründung kann das häusliche Arbeitszimmer nicht erste Tätigkeitsstätte sein.[114]

Bei Fahrten von einer zweiten, näher am Beschäftigungsort liegenden Wohnung kommt auch ein Fahrtkostenabzug im Rahmen der **doppelten Haushaltsführung** (§ 9 Abs. 1 Satz 3 Nr. 5 EStG) in Betracht (siehe 15.3.6). Hier besteht ein Wahlrecht zwischen der Anwendung des § 9 Abs. 1 Satz 3 Nr. 4 und § 9 Abs. 1 Satz 3 Nr. 5 EStG, das innerhalb eines Kalenderjahres nur einmal ausgeübt werden darf (R 9.11 Abs. 5 Satz 3 LStR). Wenn die Unterkunftskosten am Beschäftigungsort gering sind und der Arbeitnehmer häufig zum eigenen Hausstand fährt, kann die Entfernungspauschale günstiger sein als die doppelte Haushaltsführung. Unterkunftskosten für eine gelegentliche beruflich bedingte Übernachtung in einem Hotel am Arbeitsort begründen keine doppelte Haushaltsführung und sind als Werbungskosten neben der Entfernungspauschale abzugsfähig.[115]

Durch das neue Reisekostenrecht sind auch die Regelungen zum Abzug von **Mehraufwendungen für Verpflegung** mit Wirkung ab 2014 verändert worden. In seiner bis 2013 geltenden Fassung bestimmt § 9 Abs. 5 Satz 1 EStG, dass § 4 Abs. 5 Satz 1 Nr. 1 bis 5 EStG entsprechend gelte mit der Folge, dass die in dessen Nr. 5 für Steuerpflichtige normierten Abzüge von Verpflegungsmehraufwendungen auch für Arbeitnehmer gelten. In der ab 2014 geltenden Fassung enthält § 9 EStG einen neuen Absatz 4a, in dem die Abziehbarkeit von Verpflegungsmehraufwendungen für Arbeitnehmer geregelt ist, während § 4 Abs. 5 Satz 1 Nr. 5 Satz 2 EStG auf § 9 Abs. 4a EStG verweist und bestimmt, dass die Mehraufwendung für die Verpflegung nach dessen Maßgabe abzugsfähig sind, wenn „der Steuerpflichtige vorübergehend von seiner Wohnung und dem Mittelpunkt seiner dauerhaft angelegten betrieblichen Tätigkeit entfernt betrieblich tätig" ist. Der neue § 9 Abs. 4a EStG enthält also ab 2014 die für alle Steuerpflichtigen geltenden Abzugsregelungen für Verpflegungsmehraufwendungen.

Inhaltlich werden durch § 9 Abs. 4a EStG n. F. die bisherigen Regelungen vereinfacht, indem eine zweistufige Staffelung eingeführt und auf Mindestabwesenheitszeiten bei mehrtägiger auswärtiger beruflicher Tätigkeit verzichtet wird. Bei eintägigen Auswärtstätigkeiten und einer Abwesenheit von mehr als 8 Stunden beträgt die Verpflegungspauschale 12 Euro. Sie gilt auch für berufliche Tätigkeiten von mehr als 8 Stunden über Nacht ohne Übernachtung und ist dann für den Kalendertag zu

---
113 Vgl. BFH vom 09.06.2011 VI R 55/10 (BStBl 2012 II S. 38).
114 BT-Drucksache 17/10774 S. 14 f.; vgl. BMF vom 30.09.2013 (BStBl 2013 I S. 1279) Rz. 3.
115 BFH vom 05.08.2004 VI R 40/03 (BStBl 2004 II S. 1074).

berücksichtigen, an dem der Arbeitnehmer den überwiegenden Teil der insgesamt mehr als 8 Stunden abwesend ist. Bei mehrtägigen Auswärtstätigkeiten wird am An- und Abreisetag ohne Prüfung einer Mindestabwesenheit eine Pauschale von jeweils 12 Euro angesetzt, für die Tage der vollen Abwesenheit dazwischen (24 Stunden) jeweils 24 Euro. Dieser Betrag ist auch anzusetzen für jeden Kalendertag, an dem der Arbeitnehmer 24 Stunden von seiner Wohnung abwesend ist. Für Tätigkeiten im **Ausland** gibt es ab 2014 auch nur noch zwei Pauschalen: i. H. von 120 % und 80 % der Auslandstagegelder nach dem Bundesreisekostengesetz[116] unter den gleichen Voraussetzungen wie bei den inländischen Pauschalen. Der Abzug der Verpflegungspauschalen ist auf die ersten 3 Monate einer längerfristigen beruflichen Tätigkeit an derselben Tätigkeitsstätte beschränkt. Eine Unterbrechung dieser beruflichen Tätigkeit an derselben Tätigkeitsstätte führt zu einem Neubeginn, wenn sie mindestens vier Wochen dauert (§ 9 Abs. 4a Satz 6, 7 EStG n. F.). Diese ab Veranlagungszeitraum 2014 geltende Regelung vereinfacht die bisherige Berechnung der 3-Monats-Frist. Die Regelungen des § 9 Abs. 4a EStG wirken sich aus auf die Pauschalbesteuerung von Vergütungen für Verpflegungsmehraufwendungen (§ 40 Abs. 2 Satz 1 Nr. 4 EStG; siehe 34.2.9).

Unterkunftskosten im Rahmen einer längerfristigen auswärtigen Tätigkeit an einer Tätigkeitsstätte, die nicht erste Tätigkeitsstätte ist, können auch ab 2014 wie bisher im Zeitraum von 48 Monaten unbeschränkt als Werbungskosten abgezogen werden. Der Arbeitnehmer muss sie nachweisen. Eine Einschränkung ergibt sich nach Ablauf dieser Zeit insoweit, als sie nur noch bis zur Höhe der vergleichbaren Aufwendungen im Rahmen der doppelten Haushaltsführung als Werbungskosten berücksichtigt werden (§ 9 Abs. 1 Satz 3 Nr. 5a Satz 4 EStG n. F.). Die zeitliche Begrenzung gilt nicht für Fahrtkosten.

Gemäß § 9 Abs. 3 EStG gilt § 9 Abs. 1 Satz 3 Nr. 4 bis 5a sowie Abs. 2 und 4a EStG bei den Einkunftsarten i. S. des § 2 Abs. 1 Satz 1 Nr. 5 bis 7 EStG entsprechend. Damit sollen Nichtarbeitnehmer den Arbeitnehmern gleichgestellt werden, z. B. bei Fahrten zu einem vermieteten Gebäude während eines langwierigen Umbaus. Dagegen sind die Fahrtkosten in tatsächlicher Höhe anzusetzen, wenn sie zu den Herstellungskosten gehören, z. B. die Kosten für Fahrten zur Baustelle bei einem teilweise in Eigenleistung errichteten Gebäude.[117]

15.3.6 Doppelte Haushaltsführung

Eine doppelte Haushaltsführung liegt vor, wenn der Arbeitnehmer außerhalb des Ortes, in dem er einen eigenen Hausstand unterhält, beschäftigt ist und auch am Beschäftigungsort übernachtet. Der Ort des eigenen Hausstands mit dem Lebensmittelpunkt und der Beschäftigungsort müssen auseinanderfallen. Wird der

---
116 BMF vom 11.11.2013 (BStBl 2013 I S. 1467).
117 BFH, BStBl 1995 II S. 713.

Beschäftigungsort zum – neuen – Lebensmittelpunkt, entfällt die doppelte Haushaltsführung.[118] Durch das Gesetz zur Änderung und Vereinfachung der Unternehmensbesteuerung und des steuerlichen Reisekostenrechts ist die Regelung der doppelten Haushaltsführung in § 9 Abs. 1 Satz 3 Nr. 5 EStG mit Wirkung ab 2014 inhaltlich geändert und mit neuen Begriffen definiert worden. Die bis 2013 geltende Definition geht aus von dem Ort, in dem der Arbeitnehmer einen eigenen Hausstand unterhält; eine doppelte Haushaltsführung setzt voraus, dass er in einem anderen Ort beschäftigt ist und an diesem **Beschäftigungsort** auch wohnt. Die ab 2014 geltende Definition geht aus von dem **Ort der ersten Tätigkeitsstätte**, an der der Arbeitnehmer aus beruflichen Gründen wohnt; eine doppelte Haushaltsführung liegt vor, wenn er außerhalb dieses Ortes seiner ersten Tätigkeitsstätte einen eigenen Hausstand unterhält.

Der Arbeitnehmer, der von einer zweiten Wohnung zur ersten Tätigkeitsstätte (bis 2013: Arbeitsstätte) fährt, hat ein Wahlrecht zwischen der doppelten Haushaltsführung und Fahrten zwischen Wohnung und erster Tätigkeitstätte (siehe 15.3.5).

Ein eigener Hausstand setzt eine eingerichtete, den Lebensbedürfnissen entsprechende Wohnung des Arbeitnehmers voraus. Die Wohnung muss der Mittelpunkt der Lebensinteressen sein.

Einen eigenen Hausstand unterhält in jedem Fall, wer eine i. d. R. mit eigenen oder selbst beschafften Möbeln ausgestattete Wohnung besitzt, deren Einrichtung seinen Lebensbedürfnissen entspricht. Es ist nicht erforderlich, dass in der Wohnung am Ort des eigenen Hausstands hauswirtschaftliches Leben herrscht, z. B. wenn der Arbeitnehmer seinen nicht berufstätigen Ehegatten an den auswärtigen Beschäftigungsort mitnimmt oder der Arbeitnehmer nicht verheiratet ist (R 9.11 Abs. 3 Satz 3 LStR). Bei einem alleinstehenden Arbeitnehmer ist allerdings zu prüfen, ob er einen eigenen Hausstand unterhält oder in einen fremden Haushalt eingegliedert ist. Die unentgeltliche Überlassung einer Wohnung im Haus der Eltern ist zwar ein Indiz gegen das Vorliegen eines eigenen Hausstands, es ist aber nicht ausgeschlossen, dass ein alleinstehender Steuerpflichtiger auch dann einen eigenen Haushalt unterhält, wenn nicht er selbst, sondern Dritte für diese Kosten aufkommen. Denn eine eigene Haushaltsführung des auswärts Beschäftigten ist nicht zwingend ausgeschlossen, wenn sich dessen finanzielle Beteiligung am Haushalt nicht feststellen lässt, wie auch umgekehrt aus einem finanziellen Beitrag allein nicht zwingend auf das Unterhalten eines eigenen Haushalts zu schließen ist.[119] Der nicht verheiratete Arbeitnehmer muss den eigenen Hausstand unterhalten (§ 9 Abs. 1 Satz 3 Nr. 5 Satz 2 EStG). Der „kleinfamilientypische" Haushalt der Eltern kann sich wandeln zu einem wohngemeinschaftsähnlichen Mehrgenerationenhaushalt oder gar zum Haushalt des erwachsenen Kindes, in den die Eltern beispielsweise wegen Krankheit

---
118 BFH vom 28.03.2012 VI R 25/11 (BStBl 2012 II S. 831).
119 BFH vom 28.03.2012 VI R 87/10 (BStBl 2012 II S. 800).

oder Pflegebedürftigkeit aufgenommen sind.[120] Nach § 9 Abs. 1 Satz 3 Nr. 5 Satz 3 EStG in der ab 2014 geltenden Fassung setzt ein eigener Haushalt voraus das „Innehaben einer Wohnung sowie eine finanzielle Beteiligung an den Kosten der Lebensführung". Damit soll nach der Gesetzesbegründung[121] zum Ausdruck kommen, dass kein eigener Hausstand vorliegt, wenn dem Arbeitnehmer eine Wohnung im Haus der Eltern unentgeltlich zur Nutzung überlassen wird. Die großzügigere Rechtsprechung des BFH[122] ist also ab 2014 nicht mehr anwendbar.

Weitere Voraussetzung für den Abzug von Mehraufwendungen als Werbungskosten ist, dass die doppelte Haushaltsführung aus beruflichem Anlass begründet worden ist (§ 9 Abs. 1 Satz 3 Nr. 5 Satz 1 EStG in der bis 2013 geltenden Fassung). Das Beziehen einer Zweitwohnung ist regelmäßig bei einem Wechsel des Beschäftigungsorts aufgrund einer Versetzung, des Wechsels oder der erstmaligen Begründung eines Dienstverhältnisses beruflich veranlasst. Beziehen beiderseits berufstätige Ehegatten am gemeinsamen Beschäftigungsort eine gemeinsame Zweitwohnung, liegt ebenfalls eine berufliche Veranlassung vor. Auch die Mitnahme des nicht berufstätigen Ehegatten an den Beschäftigungsort steht der beruflichen Veranlassung nicht entgegen (R 9.11 Abs. 2 Satz 3 LStR). Die Wegverlegung des Haupthausstands an einen anderen Ort als den Beschäftigungsort ist unschädlich; es kommt nur darauf an, dass der Arbeitnehmer den zweiten Haushalt führt, um von dort aus weiter seiner Beschäftigung nachzugehen (R 9.11 Abs. 2 Satz 5 LStR). Nach § 9 Abs. 1 Satz 3 Nr. 5 EStG in der ab 2014 geltenden Fassung genügt es nicht mehr, dass die doppelte Haushaltsführung aus beruflichem Anlass „begründet" wurde, sie muss vielmehr „beruflich veranlasst" sein. Solange der Arbeitnehmer am Ort der ersten Tätigkeitsstätte wohnt, dürfte die berufliche Veranlassung unabhängig davon gegeben sein, ob er den Ort seines eigenen Hausstands im Lauf der Zeit verändert. Nach der Gesetzesbegründung[123] reicht es für die berufliche Veranlassung aus, wenn der Weg von der Wohnung zur ersten Tätigkeitsstätte kürzer ist als die Hälfte der Entfernung zwischen eigenem Hausstand und der ersten Tätigkeitsstätte. Für diese Regel findet sich zwar im Gesetz kein Anhaltspunkt, sie ist aber praktikabel.

Abzugsfähig sind nur die **notwendigen** Mehraufwendungen aus Anlass einer doppelten Haushaltsführung (R 9.11 Abs. 5 LStR). In Betracht kommen: Die tatsächlichen **Fahrtkosten** für die erste Fahrt zum und die letzte Fahrt vom Ort der ersten Tätigkeitsstätte (keine Familienheimfahrt: R 9.11 Abs. 6 Nr. 1 Satz 2 LStR). Für PKW können 0,30 Euro pro gefahrenen Kilometer angesetzt werden. Während der Dauer der doppelten Haushaltsführung ist der Abzug beschränkt auf die Kosten für eine **Familienheimfahrt** pro Woche. Zur Abgeltung der Aufwendungen für eine Familienheimfahrt ist eine Entfernungspauschale von 0,30 Euro für jeden vollen

---

120 BFH vom 26.07.2012 VI R 10/12 (BStBl 2013 II S. 208).
121 BT-Drucksache 17/10774 S. 14.
122 Vgl. BFH vom 26.07.2012 VI R 10/12 (BStBl 2013 II S. 208).
123 BT-Drucksache 17/10774 S. 13 f.

15.3 Werbungskosten

Kilometer der Entfernung zwischen dem Ort des eigenen Hausstandes und dem Ort der ersten Tätigkeitsstätte anzusetzen (§ 9 Abs. 1 Satz 3 Nr. 5 Satz 6 EStG n. F.). Die Entfernungspauschale ist auch dann zu gewähren, wenn der Arbeitnehmer z. B. kostenfrei von Verwandten abgeholt wird oder als Mitfahrer einer Fahrgemeinschaft keine Aufwendungen hat.[124] Die Regelungen der Entfernungspauschale für Fahrten zwischen Wohnung und erster Tätigkeitsstätte gelten entsprechend (§ 9 Abs. 1 Satz 3 Nr. 5 Satz 7 EStG n. F.). Die Begrenzung auf den Höchstbetrag von 4.500 Euro gilt bei Familienheimfahrten nicht.[125]

Aufwendungen für Familienheimfahrten mit einem dem Steuerpflichtigen im Rahmen einer Einkunftsart überlassenen Kraftfahrzeug können nicht berücksichtigt werden (§ 9 Abs. 1 Satz 3 Nr. 5 Satz 8 EStG n. F.).

Abzugsfähig sind weiter **Verpflegungsmehraufwendungen.** Durch die Sätze 12 und 13 des neuen Absatzes 4a in § 9 EStG in der ab 2014 geltenden Fassung wird die bisher in § 4 Abs. 5 Satz 1 Nr. 5 Satz 6 EStG enthaltene Regelung übernommen und dadurch klargestellt, dass die Regelungen zu den Verpflegungspauschalen (dazu 15.3.5) auch im Rahmen der doppelten Haushaltsführung anzuwenden sind.

Nach der bis 2013 geltenden Regelung in der Auslegung durch die BFH-Rechtsprechung[126] können nur die **notwendigen Kosten der Unterkunft** am inländischen Beschäftigungsort in der nachgewiesenen Höhe anerkannt werden (R 9.11 Abs. 8 LStR). Der BFH typisiert die notwendigen Kosten dahin, dass Unterkunftskosten bis zu einem Durchschnittsmietzins für eine 60 m²-Wohnung abziehbar seien.[127] Ab 2014 lässt § 9 Abs. 1 Satz 3 Nr. 5 Satz 4 EStG n. F. die **tatsächlichen Aufwendungen** bis zu einem Betrag von 1.000 Euro ohne Angemessenheitsprüfung zu. Dieser Betrag umfasst alle für die Unterkunft oder Wohnung entstehenden Aufwendungen (Miete inklusive Betriebskosten, Kfz-Stellplatz, Gartennutzung).

Umzugskosten i. S. des § 10 Bundesumzugskostengesetz sind nachzuweisen, weil es keine Pauschalierung bei einem Umzug anlässlich der Begründung, Beendigung oder des Wechsels einer doppelten Haushaltsführung gibt (R 9.11 Abs. 9 LStR).

Die vorstehenden Regelungen gelten nach § 9 Abs. 3 EStG bei den Einkunftsarten i. S. des § 2 Abs. 1 Satz 1 Nr. 5 bis 7 EStG ebenfalls entsprechend. Diese Regelung hat aber kaum praktische Bedeutung.

15.3.7 Arbeitsmittel

Werbungskosten sind auch Aufwendungen für Arbeitsmittel, was bei den in § 9 Abs. 1 Satz 3 Nr. 6 EStG beispielhaft aufgeführten Werkzeugen i. d. R. unproblematisch ist. Aber schon bei der ebenfalls dort erwähnten typischen Berufskleidung kön-

---

124 BFH vom 18.04.2013 VI R 29/12 (BStBl 2013 II S. 735).
125 BMF vom 03.01.2013 (BStBl 2013 I S. 215), Tz. 2.
126 BFH vom 09.08.2007 VI R 10/06 (BStBl 2007 II S. 820).
127 BFH vom 09.08.2007 VI R 10/06 (BStBl 2007 II S. 820).

nen sich Abgrenzungsschwierigkeiten zur sog. **bürgerlichen Kleidung** ergeben, deren Kosten grundsätzlich nichtabzugsfähig sind. Stellt der Arbeitgeber dem Arbeitnehmer bürgerliche Kleidung zur Verfügung, handelt es sich deshalb um Arbeitslohn,[128] es sei denn, die Kleidungsstücke sind einheitlich für alle Arbeitnehmer vorgeschrieben, z. B. Pullunder für das Verkaufspersonal.[129]

Die Instandhaltungs- und **Reinigungskosten** typischer Berufskleidung sind Werbungskosten. Bei einer Reinigung in der privaten Waschmaschine können die Kosten pro Waschgang anhand von Erfahrungen der Verbraucherverbände geschätzt werden.[130]

Arbeitsmittel sind im Übrigen alle Wirtschaftsgüter, die entweder ausschließlich oder weitaus überwiegend beruflich verwendet werden. Maßgebend ist die tatsächliche Zweckbestimmung im Einzelfall. Auch ein **Diensthund** kann Arbeitsmittel eines Polizei-Hundeführers sein.[131] Bei einem privat angeschafften, in der Wohnung aufgestellten und beruflich genutzten **Computer** lässt die Finanzverwaltung einen Abzug der anteiligen Kosten als Werbungskosten auch dann zu, wenn die private Nutzung nicht nur von untergeordneter Bedeutung ist, also mehr als 10 % beträgt (H 9.12 „Aufteilung der Anschaffungs- und Herstellungskosten" LStH). Dieser Auffassung folgt auch der BFH.[132] Zunächst verweist er darauf, dass die private Nutzung unschädlich sei, wenn ihr Anteil 10 % nicht übersteige. Bei einer darüber hinausgehenden privaten Nutzung handele es sich zwar nicht mehr um ein Arbeitsmittel i. S. des § 9 Abs. 1 Satz 3 Nr. 6 EStG, in Betracht komme aber ein Abzug gem. § 9 Abs. 1 Satz 1 EStG, wenn der berufliche Anteil nicht unwesentlich sei. Die Aufwendungen seien dann aufzuteilen, das Aufteilungs- und Abzugsverbot des § 12 Nr. 1 Satz 2 EStG stehe dem nicht entgegen. Das folge aus der Regelung des § 3 Nr. 45 EStG, der die Wertung enthalte, dass der Gesetzgeber der privaten Nutzung eines PC eine nachrangige Bedeutung zumesse. Wenn der berufliche Nutzungsanteil nicht genau bestimmt werden könne, erscheine es aus Vereinfachungsgründen regelmäßig vertretbar, dass typisierend und pauschalierend von einer jeweils **hälftigen** privaten bzw. beruflichen Nutzung ausgegangen werde. So genannte **Peripherie-Geräte** (Drucker, Scanner) seien i. d. R. zwar selbständig bewertungs-, aber nicht selbständig nutzungsfähig und deshalb keine geringwertigen Wirtschaftsgüter (H 9.12 „Absetzung für Abnutzung" LStH). Etwas anderes gelte nur für Kombinationsgeräte, die nicht nur als Drucker, sondern unabhängig vom PC auch als Kopierer oder Faxgerät genutzt werden können. Die Nutzungsdauer von PC setzt die Finanzverwaltung mit drei Jahren an.[133]

---

128 BFH vom 11.04.2006 VI 60/02 (BStBl 2006 II S. 691).
129 BFH vom 22.06.2006 VI R 21/05 (BStBl 2006 II S. 915).
130 H 9.12 LStH, BFH vom 29.06.1993 VI R 53/92 (BStBl 1993 II S. 838).
131 BFH vom 30.06.2010 VI R 45/09 (BStBl 2011 II S. 45).
132 BFH vom 19.02.2004 VI R 135/01 (BStBl 2004 II S. 958).
133 BMF vom 15.12.2000 (BStBl 2000 I S. 1532), Tz. 6.14.3.2.

15.3 Werbungskosten

Fallen erfahrungsgemäß beruflich veranlasste **Telekommunikationsaufwendungen** an, können aus Vereinfachungsgründen ohne Einzelnachweis bis zu 20 % des Rechnungsbetrags, jedoch höchstens 20 Euro monatlich als Werbungskosten anerkannt werden (R 9.1 Abs. 5 Satz 4 LStR).

Aus der Bestimmung in § 9 Abs. 1 Satz 3 Nr. 6 Satz 2 EStG, dass Nr. 7 unberührt bleibe, folgt, dass die Aufwendungen für Arbeitsmittel auf die voraussichtliche Nutzungsdauer zu verteilen sind, wenn deren Verwendung oder Nutzung sich auf mehr als ein Jahr erstreckt. § 9 Abs. 1 Nr. 7 Satz 2 bestimmt, dass § 6 Abs. 2 Satz 1 bis 3 EStG mit der Maßgabe angewendet werden kann, dass Anschaffungs- oder Herstellungskosten bis zu 410 Euro sofort als Werbungskosten abgesetzt werden können. Das bedeutet, dass die Einschränkungen des § 6 Abs. 2 Satz 1 EStG zur Sofortabschreibung nicht für Arbeitsmittel bei den Überschusseinkunftsarten gelten. Der Betrag von 410 Euro ist ein Nettobetrag ohne Umsatzsteuer (R 9.12 Abs. 1 Satz 1 LStR). Bei Sachgesamtheiten, z. B. einem Personalcomputer, kann für die Ermittlung der Betragsgrenze nicht auf die einzelnen Komponenten abgestellt werden (zu weiteren Einzelheiten zur AfA siehe 15.3.8). Bei Anschaffungen im Laufe des Jahres verringert sich der AfA-Betrag um ein Zwölftel für jeden dem Anschaffungsmonat vorausgehenden vollen Monat (§ 7 Abs. 1 Satz 4 EStG).

Nach der Grundsatzregelung in § 4 Abs. 5 Satz 1 Nr. 6b Satz 1 EStG,[134] auf die § 9 Abs. 5 EStG verweist, sind Aufwendungen für ein **häusliches Arbeitszimmer** sowie die Kosten der Ausstattung nicht abziehbar, selbst wenn das Arbeitszimmer ausschließlich beruflich genutzt wird. Satz 2 enthält eine Ausnahme für den Fall, dass für die berufliche oder betriebliche Tätigkeit kein anderer Arbeitsplatz zur Verfügung steht; nach § 4 Abs. 5 Satz 1 Nr. 6b Satz 3 EStG wird allerdings die Höhe der abzugsfähigen Aufwendungen auf 1.250 Euro begrenzt. Diese Begrenzung gilt nicht, wenn das häusliche Arbeitszimmer den Mittelpunkt der gesamten betrieblichen **und** beruflichen Tätigkeit bildet, z. B. bei einem Ingenieur, dessen Tätigkeit durch die Erarbeitung theoretischer komplexer Problemlösungen im häuslichen Arbeitszimmer geprägt ist, auch wenn die Betreuung von Kunden im Außendienst ebenfalls zu seinen Aufgaben gehört.[135] Aufwendungen für Arbeitsmittel fallen nicht unter die Beschränkung der Abzugsfähigkeit.[136] Der Große Senat des BFH wird zu entscheiden haben, ob ein nur teilweise beruflich genutztes Zimmer ein häusliches Arbeitszimmer sein kann.[137]

Der Entwurf eines Gesetzes zur weiteren Vereinfachung des Steuerrechts 2013 (StVereinfG 2013) ist vom Bundesrat wieder in den Bundestag eingebracht worden.[138] Darin wird § 4 Abs. 5 EStG um einen Satz 5 ergänzt, der gem. § 9 Abs. 5 EStG auch für das häusliche Arbeitszimmer eines Arbeitnehmers gilt. Danach ist

---

[134] Einzelheiten unter 9.3.9.
[135] Weitere Beispiele in BMF vom 02.03.2011 (BStBl 2011 I S. 195).
[136] BMF vom 02.03.2011 (BStBl 2011 I S. 195), Tz. 8.
[137] Vorlagebeschluss des IX. Senats vom 21.11.2013 (BStBl 2014 II S. 312).
[138] BR-Drucksache 92/14.

unter bestimmten Voraussetzungen ein pauschaler Werbungskosten-Abzug von 100 Euro pro Monat zulässig.

Zum Drittaufwand beim häuslichen Arbeitszimmer siehe H 9.14 „Drittaufwand" LStH.

15.3.8 Absetzungen für Abnutzung und Substanzverringerung

§ 9 Abs. 1 Satz 3 Nr. 7 EStG enthält eine allgemeine Verweisung auf die AfA-Vorschriften (dazu 13). Die Anschaffungskosten eines der Einkünfteerzielung dienenden Wirtschaftsguts sind als Werbungskosten abziehbar, allerdings wegen § 9 Abs. 1 Satz 3 Nr. 7 EStG nicht bereits bei ihrem Abfluss, sondern nur in dem Umfang, in dem sich das erworbene Wirtschaftsgut abnutzt, d. h. in Form der AfA verteilt auf die Nutzungsdauer des Wirtschaftsguts.[139] Zwar kommt es nicht darauf an, ob die Anschaffungskosten oder Herstellungskosten bei Vornahme der AfA bereits bezahlt worden sind; wenn aber ein Kaufvertrag in vollem Umfang wieder aufgehoben worden ist, kann mangels Anschaffungskosten keine AfA geltend gemacht werden.[140] Für die Schätzung der Nutzungsdauer von Wirtschaftsgütern im Betriebsvermögen werden vom BMF sog. AfA-Tabellen herausgegeben, die auch auf Wirtschaftsgüter der Überschusseinkunftsarten angewendet werden können.[141]

Die Inanspruchnahme von AfA setzt nicht voraus, dass das Wirtschaftsgut von vornherein zu dem Zweck angeschafft wird, mit ihm steuerpflichtige Einkünfte zu erzielen. Ein zunächst für private Zwecke angeschaffter Gegenstand kann umgewidmet werden für Zwecke der Einkunftserzielung. Zulässig ist auch die Umwidmung eines geschenkten Gegenstandes.[142] Bemessungsgrundlage für die AfA sind die ursprünglichen Anschaffungs- oder Herstellungskosten, bei der Schenkung die des Schenkers; die für die Gewinneinkünfte geltende Vorschrift des § 6 Abs. 1 Nr. 5 EStG ist nicht anwendbar.[143] Das AfA-Volumen ist aber um die (fiktive) AfA zu kürzen, die während der privaten Nutzung hätte in Anspruch genommen werden können (H 9.12 „Absetzung für Abnutzung" LStH). Teilwertabschreibungen sind nicht zulässig, wohl aber eine außergewöhnliche Abnutzung, z. B. Unfall mit einem privaten PKW auf der Fahrt zwischen Wohnung und erster Tätigkeitsstrecke. Als Werbungskosten abziehbar ist die Differenz zwischen dem rechnerisch ermittelten fiktiven Buchwert vor dem Unfall (Anschaffungskosten abzüglich fiktiver AfA) und dem Wert des Fahrzeugs nach dem Unfall.[144]

---

139 BFH vom 26.04.2006 IX R 24/04 (BStBl 2006 II S. 754).
140 BFH vom 19.12.2007 IX R 50/06 (BStBl 2008 II S. 480).
141 BMF vom 15.12.2000 (BStBl 2000 I S. 1532) und vom 09.04.2013 (BStBl 2013 I S. 522), Anlage 1 Nr. 414.
142 BFH vom 16.02.1990 VI R 85/87 (BStBl 1990 II S. 883).
143 BFH vom 14.02.1989 IX R 109/84 (BStBl 1989 II S. 922).
144 BFH vom 21.08.2012 VIII R 33/09 (BStBl 2013 II S. 171).

Beispiel:

Bei einem Schreibtisch, dessen gewöhnliche Nutzungsdauer 13 Jahre beträgt[145] und der Anfang 2011 für 450 € angeschafft und im Wohnzimmer aufgestellt worden ist, sind 64 € (2 × 32 €) als fiktive AfA für die Zeit der privaten Nutzung abzuziehen, wenn er Anfang 2013 zur Einrichtung eines steuerlich anerkannten Arbeitszimmers verwendet wird. Es verbleiben noch 386 €, die als Werbungskosten geltend gemacht werden können. Stellt man auf die ursprünglichen Anschaffungskosten von 450 € ab, müssten die 386 € wegen des gem. § 9 Abs. 1 Satz 1 Nr. 7 Satz 2 EStG entsprechend anwendbaren § 6 Abs. 2 Satz 1 bis 3 EStG auf die restliche Nutzungsdauer von 11 Jahren verteilt werden, weil es sich nicht um ein geringwertiges Wirtschaftsgut handelt. Die Finanzverwaltung lässt den sofortigen Abzug in voller Höhe zu, weil der Restwert im Jahr der erstmaligen beruflichen Verwendung 410 € nicht übersteigt (H 9.12 „Absetzung für Abnutzung" LStH).

15.3.9 Erstmalige Berufsausbildung; Erststudium

Grundsätzlich sind Bildungsaufwendungen Werbungskosten, wenn und soweit sie beruflich veranlasst sind.[146] Nach § 9 Abs. 6 EStG gilt das jedoch nicht für die erstmalige Berufsausbildung oder für ein Erststudium, das zugleich eine Erstausbildung vermittelt, wenn diese Berufsausbildung oder dieses Erststudium nicht im Rahmen eines Dienstverhältnisses stattfindet. Diese Regelung ist – wie die in § 12 Nr. 5 EStG und § 4 Abs. 9 EStG – eine Reaktion des Gesetzgebers auf die Rechtsprechung des BFH, in der auch Kosten des Erststudiums als vorab entstandene Werbungskosten zum Abzug zugelassen wurden.[147] Die Neufassung des § 9 Abs. 6 EStG durch das BeitrRLUmsG vom 07.12.2011 ist gem. § 52 Abs. 23d Satz 5 EStG für die Veranlagungszeiträume ab 2004 anzuwenden. Der BFH setzt seine Rechtsprechung fort mit der Feststellung, dass weder die erstmalige Berufsausbildung i. S. des § 12 Nr. 5 EStG noch die i. S. des § 9 Abs. 6 EStG ein Berufsausbildungsverhältnis nach dem Berufsbildungsgesetz oder eine bestimmte Ausbildungsdauer voraussetzen: Entscheidend sei allein, ob die Ausbildung den Steuerpflichtigen befähige, aus der angestrebten Tätigkeit Einkünfte zu erzielen. Deshalb sei die Ausbildung zum Flugzeugführer keine Erstausbildung, wenn ihr eine Ausbildung zum Flugbegleiter vorausgegangen sei.[148] Daraus ergibt sich das Gestaltungsmodell, der kostspieligen, eigentlichen Berufsausbildung eine einfachere und kostengünstigere Ausbildung vorzuschalten, die zudem noch zu Befähigungen für den weiteren Berufsweg führt, z. B. vor dem Medizinstudium eine Ausbildung zur medizinisch-technische Assistentin zu absolvieren. Nach dem Wegfall der Einkünfte- und Bezügegrenze ab Veranlagungszeitraum 2012 in § 32 Abs. 4 EStG ergibt sich dadurch eine Doppelförderung des Studiums: Das Kind kann einen Verlustvortrag geltend

---
145 BMF vom 15.12.2000 (BStBl 2000 I S. 1532).
146 BFH vom 24.02.2011 VI R 12/10 (BStBl 2011 II S. 796).
147 BFH vom 28.07.2011 VI R 38/10 (BStBl 2012 II S. 561 – Pilotenausbildung) und vom 28.07.2011 VI R 7/10 (BStBl 2012 II S. 557 – Medizinstudium).
148 BFH vom 28.02.2013 VI R 6/12 (DStR 2013 S. 1223).

machen, und die Eltern haben Anspruch auf Kindergeld bzw. Kinderfreibetrag. Die Rückwirkung wurde vom BFH nicht beanstandet.[149]

Ab dem VZ 2014 gelten Bildungseinrichtungen im Rahmen einer vollzeitigen Bildungsmaßnahme als erste Tätigkeitsstätte (§ 9 Abs. 4 Satz 8 EStG; siehe 15.3.5)

15.3.10 Nichtabzugsfähige Werbungskosten und Lebenshaltungskosten

Aufwendungen, die die Lebensführung betreffen, sind gem. § 12 Nr. 1 EStG nichtabzugsfähig (s. 16.2). Davon zu unterscheiden sind Aufwendungen, die zwar durch steuerpflichtige Einnahmen veranlasst, also Werbungskosten sind, die aber gem. § 9 Abs. 5 EStG nicht abgezogen werden können. Die Verweisung in § 9 Abs. 5 EStG bezieht sich auf § 4 Abs. 5 Satz 1 Nr. 1 bis 4 (bis 2013: Nr. 1 bis 5), 6b bis 8a, 10, 12 und Abs. 6 EStG und auf § 6 Abs. 1 Nr. 1a EStG. Die Verweisung auf § 4 Abs. 5 EStG verhindert, dass ein Arbeitgeber das Abzugsverbot umgehen kann, indem er den als Betriebsausgaben abzugsfähigen Arbeitslohn um die nichtabzugsfähigen Ausgaben erhöht, die dann der Arbeitnehmer tätigt.

Zu den einzelnen Bestimmungen des § 4 Abs. 5 EStG siehe 9.4, des § 4 Abs. 6 i. V. m. § 10b EStG siehe 9.1; zu § 6 Abs. 1 Nr. 1a EStG siehe 10.1, zu den Lebenshaltungskosten siehe 16.2.

15.4 Werbungskosten-Pauschbeträge

15.4.1 Allgemeines

Bei der Ermittlung der Einkünfte aus nichtselbständiger Arbeit und der sonstigen Einkünfte i. S. des § 22 Nr. 1, 1a, 1b, 1c und 5 EStG sind, wenn nicht höhere Werbungskosten nachgewiesen werden, von Amts wegen mindestens die Werbungskosten-Pauschbeträge abzuziehen, die in § 9a EStG in unterschiedlicher Höhe vorgesehen sind. Der Arbeitnehmer-Pauschbetrag wurde 2010 von vorher 920 Euro auf 1.000 Euro angehoben. Im Entwurf des Gesetzes zur weiteren Vereinfachung des Steuerrechts 2013 (StVereinfG 2013) ist vorgesehen, diesen Betrag ab Veranlagungszeitraum 2014 auf 1.130 Euro anzuheben. Der Arbeitnehmer-Pauschbetrag für Versorgungsbezüge ist seit 2005 an den Pauschbetrag gem. § 9a Satz 1 Nr. 3 EStG angepasst. Der bis 2008 in § 9a Satz 1 Nr. 2 EStG enthaltene Pauschbetrag bei Einnahmen aus Kapitalvermögen wurde ab 2009 aufgehoben und in den als Sparer-Pauschbetrag bezeichneten Betrag gem. § 20 Abs. 9 Satz 1 EStG von 801 Euro übernommen. Im Anwendungsbereich der Abgeltungsteuer können keine höheren Werbungskosten abgezogen werden (siehe 3.4).

Durch diese Pauschbeträge sollen die im Allgemeinen entstandenen tatsächlichen Werbungskosten abgegolten werden. Die Vorschrift des § 9a EStG dient insoweit in

---

149 BFH vom 05.11.2013 VIII R 22/12 (BStBl 2014 II S. 165).

15.4 Werbungskosten-Pauschbeträge

erster Linie der Vereinfachung des Besteuerungsverfahrens. Sie gilt auch, wenn geringere oder gar keine Werbungskosten angefallen sind. Sind höhere Werbungskosten entstanden, ist der Pauschbetrag nicht außerdem noch anzusetzen. Aus dem Ansatz des Pauschbetrags darf sich kein Verlust ergeben.

Von den Pauschbeträgen in Euro zu unterscheiden sind die auf einen Prozentsatz der Einnahmen durch die Finanzverwaltung festgelegten Pauschsätze, z. B. die Betriebsausgabenpauschale bei nebenamtlicher Lehr- und Prüfungstätigkeit (H 18.2 „Betriebsausgabenpauschale" EStH).

Von den gesetzlichen Pauschbeträgen des § 9a EStG zu unterscheiden sind die von der Finanzverwaltung festgesetzten Pauschbeträge, z. B. für Fahrtkosten (R 9.5 Abs. 1 Satz 5 LStR).[150]

Für den Abzug der Werbungskosten-Pauschbeträge sind folgende **allgemeine Grundsätze** zu beachten:

Durch zurückgezahlte Einnahmen früherer Jahre wird der jeweilige Werbungskosten-Pauschbetrag nicht aufgezehrt, weil diese keine Werbungskosten, sondern negative Einnahmen darstellen.[151]

> **Beispiel:**
>
> Der Steuerpflichtige A hat einen Betrag von 3.000 € zurückgezahlt, der ihm im Vorjahr von seinem Arbeitgeber versehentlich zu viel an Arbeitslohn ausgezahlt worden war.
>
> A kann den Pauschbetrag von 920 € in voller Höhe in Anspruch nehmen.

Von den Einnahmen eines Steuerpflichtigen aus einer bestimmten Einkunftsart kann der Werbungskosten-Pauschbetrag nur einmal abgezogen werden.[152]

> **Beispiel:**
>
> Ein Buchhalter steht in unselbständigen Dienstverhältnissen zu drei verschiedenen Arbeitgebern.
>
> Der Buchhalter hat Einnahmen aus nichtselbständiger Arbeit aus drei Dienstverhältnissen. Er kann den Arbeitnehmer-Pauschbetrag zur Errechnung seiner Einkünfte aus nichtselbständiger Arbeit nur einmal absetzen. Weist er höhere Werbungskosten nach, so sind diese abzusetzen.

Die Pauschbeträge sind auch dann in voller Höhe zu gewähren, wenn ein Steuerpflichtiger die Einkünfte nicht während des ganzen Jahres bezogen hat. Sie sind auch dann nicht zu ermäßigen, wenn die persönliche (unbeschränkte) Steuerpflicht nicht während des ganzen Kalenderjahres bestanden hat (R 9a EStR).

---

150 BMF vom 30.09.2013 (BStBl 2013 I S. 1279), Rz. 36: PKW-Kilometersatz für Fahrtkosten; vgl. BVerfG Az.: 2 BvR 1008/11.
151 BFH vom 04.05.2006 VI R 33/03 (BStBl 2006 II S. 911).
152 BFH, BStBl 1959 III S. 220.

15 Überschuss der Einnahmen über die Werbungskosten

Beispiel:

Ein Steuerpflichtiger hat bis zum 30.04. eines Kalenderjahres als Angestellter Einnahmen aus nichtselbständiger Arbeit i. H. von 5.000 € und vom 01.05. bis zum Zeitpunkt seines Todes am 30.11. Einnahmen aus wiederkehrenden Bezügen (Ertragsanteil) i. H. von 900 € bezogen.

Von den Einnahmen aus nichtselbständiger Arbeit ist der volle Arbeitnehmer-Pauschbetrag von 1.000 € und von den Einnahmen aus wiederkehrenden Bezügen der volle Pauschbetrag von 102 € abzusetzen.

Beschränkt Steuerpflichtige, die zur Einkommensteuer veranlagt werden, können die Werbungskosten-Pauschbeträge seit dem Veranlagungszeitraum 2009 in Anspruch nehmen (§ 50 Abs. 1 Satz 5 EStG). Bestand die beschränkte Steuerpflicht nur während eines Teils des Kalenderjahres, verringert sich der Pauschbetrag nach § 9 Satz 1 Nr. 1 EStG entsprechend.

15.4.2 Arbeitnehmer-Pauschbetrag bei Einkünften aus nichtselbständiger Arbeit

Liegen bei einem Steuerpflichtigen Einnahmen aus nichtselbständiger Arbeit i. S. des § 19 EStG vor, so kann der Arbeitnehmer-Pauschbetrag von 1.000 Euro nach § 9a Satz 2 EStG nur bis zur Höhe der steuerpflichtigen Einnahmen abgesetzt werden (§ 19 Abs. 2 EStG). Ob es sich bei diesen Einnahmen um Arbeitslohn aus einem gegenwärtigen oder früheren Dienstverhältnis des Steuerpflichtigen oder um Bezüge aus einem früheren Dienstverhältnis eines Rechtsvorgängers des Steuerpflichtigen handelt, macht dabei keinen Unterschied. Neben dem Pauschbetrag konnten bis 2011 die Kinderbetreuungskosten nach § 4f/§ 9c EStG a. F. gesondert abgezogen werden. Seit 2012 richtet sich der Abzug nach § 10 Abs. 1 Nr. 5 EStG (siehe 29.1.8). Soweit es sich bei den Einnahmen aus nichtselbständiger Arbeit um Versorgungsbezüge handelt, wird nicht der Arbeitnehmer-Pauschbetrag von 1.000 Euro, sondern der Pauschbetrag von 102 Euro abgezogen. Damit wird der Pauschbetrag für Versorgungsbezüge an die Werbungskosten-Pauschbeträge für andere im Alter bezogene Einkünfte angepasst. In der Übergangsphase der Anpassung der Rentenbesteuerung an die Pensionsbesteuerung wird zum Ausgleich ein Zuschlag für den Versorgungsfreibetrag eingeführt, der dann parallel zum schrittweisen Abbau der steuerlichen Besserstellung der Renten zurückgeführt wird (siehe 23.5). Der Werbungskosten-Pauschbetrag darf – nach Abzug des Versorgungsfreibetrags und des Zuschlags dazu – nicht zu negativen Einkünften führen.

Beispiel:

Eine Steuerpflichtige war nur in der Zeit vom 15.08. bis zum 30.09. eines Kalenderjahres als Verkäuferin tätig und bezog für diese Tätigkeit einen Arbeitslohn von 900 €. Während der übrigen Zeit des Jahres war sie nicht beschäftigt.

Da die Steuerpflichtige keine höheren Werbungskosten nachweisen kann, werden ihre Einkünfte aus nichtselbständiger Arbeit wie folgt berechnet:

15.4 Werbungskosten-Pauschbeträge

Einnahmen	900 €
./. Arbeitnehmer-Pauschbetrag	900 €
Einkünfte	0 €

Werden Aufwendungen durch mehrere Einkunftsarten veranlasst, sind sie nach dem Umfang der Veranlassung und nicht nach dem Verhältnis der Einnahmen aufzuteilen.

Beispiel:

Ein Arbeitnehmer nutzt sein Arbeitszimmer sowohl für seinen Hauptberuf als Informatiker („home office") als auch für seine selbständige Vortragstätigkeit in einer Volkshochschule. Der zeitliche Umfang der Nutzung des Arbeitszimmers für beide Tätigkeiten ist ungefähr gleich groß. Die Kosten des Arbeitszimmers betragen 1.000 €. Damit sind 500 € als Werbungskosten bei den Einkünften aus nichtselbständiger Arbeit und 500 € bei den Einkünften aus selbständiger Tätigkeit anzusetzen. Da die Werbungskosten durch den Arbeitnehmer-Pauschbetrag abgegolten sind, wirken sich die Arbeitszimmerkosten nicht aus, wenn keine sonstigen Werbungskosten angefallen sind. Es ist nicht zulässig, 1.000 € als Betriebsausgaben anzusetzen und außerdem den Arbeitnehmer-Pauschbetrag in Anspruch zu nehmen.[153]

Werden Ehegatten zusammen veranlagt (§ 26b EStG) und haben beide Ehegatten Einnahmen aus nichtselbständiger Arbeit, so kann jeder Ehegatte ebenso wie bei seiner getrennten Veranlagung (§ 26a EStG) den Pauschbetrag nach § 9a Nr. 1 Buchst. a EStG bis zur Höhe seiner Einnahmen absetzen.

Beispiel:

Beide Ehegatten haben 2013 neben anderen Einkünften Einnahmen aus nichtselbständiger Arbeit i. H. von 12.000 € bzw. 900 € gehabt. Die Ehegatten beantragen die Zusammenveranlagung. Die Werbungskosten übersteigen nicht den maßgeblichen Arbeitnehmer-Pauschbetrag.

Die Einkünfte aus nichtselbständiger Arbeit werden wie folgt berechnet:

	Ehemann	Ehefrau
Einnahmen (§ 19 EStG)	12.000 €	900 €
./. Arbeitnehmer-Pauschbetrag	– 1.000 €	900 €
Einkünfte	11.000 €	0 €

Bei der Zusammenveranlagung sind als Einkünfte aus nichtselbständiger Arbeit 11.000 € anzusetzen.

15.4.3 Werbungskosten-Pauschbetrag bei sonstigen Einkünften i. S. des § 22 Nr. 1, 1a, 1b, 1c und 5 EStG

Von den Einnahmen i. S. des § 22 Nr. 1, 1a, 1b, 1c und 5 EStG ist ein Werbungskosten-Pauschbetrag von insgesamt 102 Euro abzuziehen.

---

[153] BFH vom 10.06.2008 VIII R 76/05 (BStBl 2008 II S. 937).

Beispiel:
Ein Steuerpflichtiger bezieht seit 2004 neben anderen steuerpflichtigen Einkünften ein Altersruhegeld von monatlich 2.000 €, jährlich 24.000 €. Der Besteuerungsanteil nach § 22 Nr. 1 Satz 3 Buchst. a Doppelbuchst. aa EStG beträgt 12.000 €.
Bei der Veranlagung sind die Einkünfte i. S. des § 22 Nr. 1 Satz 3 Buchst. a Doppelbuchst. aa EStG mit (12.000 € ./. 102 €) 11.898 € anzusetzen.

Hat ein Steuerpflichtiger neben Einnahmen i. S. des § 22 Nr. 1 und 1a EStG auch Einnahmen i. S. des § 22 Nr. 5 EStG bezogen, so kann ihm der Werbungskosten-Pauschbetrag von 102 Euro für alle Arten von Einnahmen nur einmal gewährt werden. Von welchen Einnahmen der Werbungskosten-Pauschbetrag abgesetzt werden soll, bleibt dem Steuerpflichtigen überlassen, da das Gesetz insoweit keine Regelung getroffen hat.

Werden Ehegatten zusammen veranlagt (§§ 26, 26b EStG) und haben beide Ehegatten Einnahmen i. S. des § 22 Nr. 1 und (oder) Nr. 1a, 1b, 1c bzw. Nr. 5 EStG, so kann jeder Ehegatte ebenso wie bei einer getrennten Veranlagung (§ 26a EStG) den Pauschbetrag nach § 9a Nr. 3 EStG mit 102 Euro bis zur Höhe seiner Einnahmen absetzen. Das Gleiche gilt, wenn ein Ehegatte den in seinem Alleineigentum stehenden Betrieb überträgt und beide Ehegatten nach § 22 Nr. 1 Satz 1 EStG steuerbare Altenteilsleistungen beziehen.[154]

15.5 Kinderbetreuungskosten (§ 9c EStG a. F.)

Durch das Gesetz zur Förderung von Familien und haushaltsnahen Dienstleistungen (Familienleistungsgesetz – FamLeistG) wurde mit Wirkung ab dem Veranlagungszeitraum 2009 die seit 2006 an mehreren Stellen des Einkommensteuergesetzes geregelte steuerliche Berücksichtigung von Kinderbetreuungskosten in § 9c EStG zusammengefasst. Seit 2012 richtet sich der Abzug ausschließlich nach § 10 Abs. 1 Nr. 5 EStG i. d. F. des Steuervereinfachungsgesetzes 2011.[155]

15.6 Vereinnahmung und Verausgabung

15.6.1 Allgemeines

Da sich die Einkommensteuer nach dem Einkommen bemisst, das der Steuerpflichtige innerhalb eines Kalenderjahres bezogen hat (§ 25 Abs. 1 EStG), muss auch die Ermittlung der Einkünfte durch Gegenüberstellung der Einnahmen und der Ausgaben jeweils für ein bestimmtes Kalenderjahr erfolgen. Damit stellt sich die Frage, welchem Kalenderjahr die einzelnen Einnahmen und Ausgaben zuzurechnen sind. Die Antwort auf diese Frage geben die Vorschriften des § 11 EStG. Sie regeln also

---
154 BFH vom 22.09.1993 X R 48/92 (BStBl 1994 II S. 107).
155 Siehe BMF vom 14.03.2012 (BStBl 2012 I S. 307) und 29.1.8.

15.6 Vereinnahmung und Verausgabung

die zeitliche Zuordnung.[156] Nach anderen Vorschriften bestimmt sich, ob überhaupt steuerpflichtige Einnahmen vorliegen (z. B. § 3 EStG) oder Ausgaben sofort bzw. verteilt abgesetzt werden können (vgl. § 7 EStG).

§ 11 Abs. 1 EStG gilt für die Einnahmen aus den Überschusseinkunftsarten (§ 2 Abs. 2 Nr. 2 EStG) und für die Betriebseinnahmen bei der Gewinnermittlung nach § 4 Abs. 3 EStG,[157] nicht jedoch für den Betriebsvermögensvergleich. § 11 Abs. 2 EStG gilt für die Werbungskosten, für die Betriebsausgaben bei § 4 Abs. 3 EStG (Ausnahme: § 4 Abs. 3 Satz 4 EStG)[158] sowie für die Sonderausgaben und außergewöhnlichen Belastungen. § 11 EStG gilt nicht für die Erstattung von Sonderausgaben.[159]

In den §§ 11a, 11b EStG sind Regelungen enthalten für den Fall, dass Baumaßnahmen an Objekten, die unter § 7h EStG oder § 7i EStG (siehe 14.6 und 14.7) fallen, nicht Herstellungskosten, sondern Erhaltungsaufwendungen darstellen (dazu 25.4.2).

Einnahmen sind nach § 11 Abs. 1 EStG grundsätzlich innerhalb des Kalenderjahres bezogen, in dem sie dem Steuerpflichtigen zugeflossen sind. Ausgaben sind nach § 11 Abs. 2 EStG grundsätzlich für das Kalenderjahr abzusetzen, in dem sie geleistet worden sind. Davon macht das Gesetz in § 11 Abs. 1 Satz 2 und Abs. 2 Satz 2 EStG Ausnahmen. Regelmäßig wiederkehrende Einnahmen oder Ausgaben, die kurze Zeit vor Beginn oder kurze Zeit nach Beendigung des Kalenderjahres, zu dem sie wirtschaftlich gehören, zugeflossen oder geleistet worden sind, gelten als in diesem Kalenderjahr bezogen bzw. verausgabt. Von diesen Fällen abgesehen, kommt es somit grundsätzlich nicht darauf an, zu welchem Kalenderjahr eine Einnahme oder Ausgabe wirtschaftlich gehört.

Beispiele:

a) In der Gesellschafterversammlung der A-GmbH wird am 20.08. dieses Jahres beschlossen, von dem erzielten Gewinn des Vorjahres 20.000 € auszuzahlen (auszuschütten). Die Auszahlung erfolgt wenige Tage nach der Beschlussfassung.
Bei den Gesellschaftern handelt es sich um Einkünfte aus Kapitalvermögen dieses Jahres, nicht des Vorjahres.

b) B hat ein privates Darlehen von 20.000 € an seinen Freund gegeben. Die für drei Jahre rückständigen Zinsen fließen B zusammen mit den Zinsen des laufenden Jahres i. H. von 4.000 € am 31.12. dieses Jahres zu.
Die Zinserträge gehören mit 4.000 € zu den Einkünften aus Kapitalvermögen des Zuflussjahres.

Bei Personengesellschaften oder Gemeinschaften kommt es für die Ermittlung der Einkünfte der einzelnen Beteiligten allein darauf an, in welchem Kalenderjahr die

---
156 BFH vom 07.12.2010 IX R 70/07 (BStBl 2011 II S. 346).
157 BFH vom 16.02.1995 IV R 29/94 (BStBl 1995 II S. 635).
158 Vgl. BFH vom 17.11.2011 IV R 2/09 (BFH/NV 2012 S. 1309).
159 BFH vom 21.07.2009 X R 32/07 (BStBl 2010 II S. 38).

Einnahmen und Ausgaben bei der Gesellschaft oder Gemeinschaft zugeflossen oder abgeflossen sind.

Beispiel:
A, B und C sind Miterben einer Grundstückserbengemeinschaft. Aus dem Mietüberschuss für das laufende Kalenderjahr sind ihnen im Laufe des Kalenderjahres je 1.000 € ausbezahlt worden. Nach der Hausabrechnung entfällt auf jeden Miterben für das laufende Kalenderjahr ein Überschussanteil i. H. von 1.500 €. Der Restbetrag von je 500 € wird ihnen im Laufe des nächsten Jahres ausgezahlt.
Bei der Veranlagung für das laufende Kalenderjahr ist bei jedem Miterben von einem Überschussanteil i. H. von 1.500 € auszugehen.

15.6.2 Zufluss von Einnahmen

Der Begriff „Zufluss" ist wirtschaftlich auszulegen. Einnahmen sind danach dem Steuerpflichtigen zugeflossen, sobald er über sie wirtschaftlich verfügen kann. Ob dies der Fall ist, ist nach den Umständen des Einzelfalls zu entscheiden.[160] Unerheblich sind grundsätzlich die Fälligkeit und der Zeitraum, für den die Leistung erfolgt ist.

Ein Zufluss von Einnahmen ist nicht nur in der tatsächlichen Zahlung bzw. in der tatsächlichen Übereignung geldwerter Güter zu sehen. Einnahmen können vielmehr auch z. B. durch Bankgutschrift, Annahme von Schecks und Wechseln sowie durch die Abtretung einer Forderung oder Aufrechnung zufließen. Bei **Banküberweisungen** ist der Wert des überwiesenen Betrags jedenfalls dann dem Empfänger zugeflossen, wenn die Gutschrift auf dem Empfängerkonto erfolgt ist. Bei dem Zahlungsverpflichteten führt schon der Überweisungsauftrag an die Bank zu einem Abfluss i. S. des § 11 Abs. 2 EStG, wenn eine Deckung entweder durch ein ausreichendes Guthaben oder einen entsprechenden Kreditrahmen gegeben ist.[161] Zinsen auf einem **Sperrkonto** fließen dem Bankkunden im Zeitpunkt der Gutschrift zu, soweit die Kontosperre auf einer freien Vereinbarung zwischen dem Leistenden und dem Bankkunden beruht.[162] Ein **Scheckbetrag** ist grundsätzlich nicht erst mit der Einlösung des Schecks, sondern bereits mit dessen Annahme zugeflossen, wenn der sofortigen Vorlage des Schecks keine zivilrechtlichen Abreden entgegenstehen und wenn davon ausgegangen werden kann, dass die bezogene Bank im Fall der sofortigen Vorlage des Schecks den Scheckbetrag auszahlen oder gutschreiben wird. Das gilt auch dann, wenn kein Anspruch besteht, z. B. bei Bestechungsgeldern.[163] Ein zahlungshalber angenommener **Wechsel** ist allerdings erst dann als zugeflossen anzusehen, wenn dem Wechselnehmer die Wechselsumme aufgrund der Diskontierung zur Verfügung steht.[164] Die **Abtretung** von Forderungen verändert grundsätz-

---

[160] BFH vom 11.11.2009 IX R 1/09 (BStBl 2010 II S. 746); weitere Beispiele in H 11 EStH.
[161] BFH vom 06.03.1997 IV R 47/95 (BStBl 1997 II S. 509, 510).
[162] BFH vom 28.09.2011 VIII R 10/08 (BStBl 2012 II S. 315).
[163] BFH vom 20.03.2001 IX R 97/97 (BStBl 2001 II S. 482); zur Steuerzahlung siehe § 224 Abs. 2 Nr. 1 AO.
[164] BFH vom 05.05.1971 I R 166/69 (BStBl 1971 II S. 624).

15.6 Vereinnahmung und Verausgabung

lich nicht die persönliche Zurechnung, sodass erst bei Zahlung Zufluss beim neuen Gläubiger und Zurechnung als Einnahme beim alten Gläubiger anzunehmen ist. Nur im Fall der Abtretung einer bereits fälligen, unbestrittenen und einziehbaren Forderung ist der Forderungsbetrag als bereits mit der Abtretung zugeflossen anzusehen, wenn seine Einziehung erst zu einem späteren Zeitpunkt erfolgt; auch ein gesetzlicher Forderungsübergang wirkt sich grundsätzlich nicht auf den Zufluss aus.[165] Von der **Aufrechnung,** durch die die Einnahmen zufließen, ist die Anrechnung zu unterscheiden, bei der zur Ermittlung der Höhe eines einzigen Anspruchs unselbständige Rechnungsposten in Abzug zu bringen sind.[166]

Selbst bei bloßer Gutschrift in den Büchern des Zahlungsverpflichteten können Einnahmen als zugeflossen anzusehen sein.[167] Voraussetzung für die Annahme eines Zuflusses ist jedoch in diesem Fall, dass die Gutschrift nicht nur das buchungsmäßige Festhalten einer Verpflichtung bedeutet, sondern darüber hinaus zum Ausdruck bringt, dass der Betrag dem Berechtigten nunmehr zur Verwendung bereitsteht. Dies ist z. B. problematisch bei den Schneeballsystemen im Bereich der Kapitalanlagen (Anlagebetrüger). Der BFH ist der Ansicht, dass außer einer Gutschrift in den Büchern des Verpflichteten der Zufluss auch dadurch bewirkt werden kann, dass ein anderer Rechtsgrund gesondert vereinbart wird (Novation), wenn der Betrüger im Zeitpunkt der Novation noch zu einer Zahlung im Stande und bereit gewesen wäre.[168] Diese Ansicht ist problematisch, weil sich kaum aufklären lässt, ob der später als Anlagebetrüger enttarnte Verpflichtete im Zeitpunkt der Novation noch leistungsfähig und -bereit war.[169]

Vorauszahlungen sind grundsätzlich bei ihrem Eingang zu erfassen, es sei denn, es liegt ein Rechtsmissbrauch i. S. des § 42 AO vor. Einnahmen, die auf einer **Nutzungsüberlassung** i. S. des § 11 Abs. 2 Satz 3 EStG beruhen (siehe 15.6.3), können auf den Zeitraum gleichmäßig verteilt werden, für den die Vorauszahlung geleistet wird. § 11 Abs. 1 Satz 3 EStG enthält also im Gegensatz zu § 11 Abs. 2 Satz 3 EStG ein Wahlrecht.

Bei einem **Verzicht** auf Einnahmen liegt i. d. R. kein Zufluss vor.[170] Anders dagegen bei einem Verzicht auf eine Honorarforderung aus privaten Gründen im Rahmen der Gewinnermittlung gem. § 4 Abs. 3 EStG (Gewinnerhöhung). Ein Zufluss von Einnahmen ist auch gegeben, wenn der Gesellschafter einer Kapitalgesellschaft auf eine Forderung gegen die Gesellschaft verzichtet, um eine Sacheinlage zu leisten. Auch der Forderungsverzicht, mit dem eine **verdeckte Einlage** erbracht wird, führt

---

165 BFH vom 15.11.2007 VI R 66/03 (BStBl 2008 II S. 375).
166 BFH vom 19.02.2002 IX R 36/98 (BStBl 2003 II S. 126); siehe auch Beispiel in 25.4.1.
167 BFH vom 22.07.1997 VIII R 57/95 (BStBl 1997 II S. 755).
168 BFH vom 28.10.2008 VIII R 36/04 (BStBl 2009 II S. 190), Tz. 4 a).
169 Vgl. FG Köln vom 10.04.2013 10 V 216/13 (EFG 2013 S. 1173).
170 BFH vom 25.11.1993 VI R 115/92 (BStBl 1994 II S. 424).

zum Zufluss des Forderungswerts. Das ist auch möglich, wenn der Forderungsverzicht von einer dem Gesellschafter nahestehenden Person ausgesprochen wird.[171]

Beispiel:
Dem Steuerpflichtigen A sind die Zinsen seines Sparguthabens für das Jahr 01 von seiner Bank Anfang Januar 02 gutgeschrieben worden. Mitte Januar 02 ist ein Guthaben einschließl. der gutgeschriebenen Zinsen von einem Gläubiger gepfändet worden.

Die Pfändung vermag nichts daran zu ändern, dass A die Verfügungsmacht über den Zinsbetrag erlangt hat und ihm der Zinsbetrag damit zugeflossen ist.

Ob Einnahmen dem Empfänger endgültig verbleiben, ist für die Annahme des Zuflusses ebenfalls ohne Bedeutung. Einnahmen sind daher auch als zugeflossen anzusehen, wenn sie zurückgezahlt werden müssen oder auf sie kein Anspruch besteht, z. B. Bestechungsgelder.[172]

Beispiel:
Einem Steuerpflichtigen ist von seinem Arbeitgeber im Dezember 01 versehentlich ein um 500 € überhöhtes Gehalt überwiesen worden. Im März 02 ist der Fehler berichtigt und dem Steuerpflichtigen ein um 500 € gekürztes Gehalt überwiesen worden.

Trotz der im März erfolgten Rückzahlung ist der im Dezember 01 überwiesene Mehrbetrag als zugeflossen zu behandeln.

Die Verpflichtung zur Weiterleitung an eine andere Person steht der Annahme des Zuflusses von Einnahmen nur dann entgegen, wenn bestimmte Beträge als Fremdgelder, d. h. im Namen und für Rechnung einer anderen Person, in Empfang genommen werden.

Die bloße Bildung einer Rückstellung in der Bilanz des Verpflichteten reicht grundsätzlich nicht aus, um beim Berechtigten einen Zufluss von Einnahmen anzunehmen. Eine Ausnahme gilt jedoch in den Fällen, in denen eine Kapitalgesellschaft den sie beherrschenden Gesellschaftern bestimmte Beträge schuldet. Den beherrschenden Gesellschaftern einer Kapitalgesellschaft fließen nach der höchstrichterlichen Rechtsprechung Beträge, die die Gesellschaft ihnen schuldet, bereits mit der Fälligkeit zu, sofern die Gesellschaft für diese Beträge eine Rückstellung bildet und nicht zahlungsunfähig ist.[173] Wegen der weitgehenden Identität ihrer Interessen soll es den Beteiligten in diesen Fällen nicht überlassen bleiben, den Gewinn des Schuldners zu kürzen, ohne die Einnahmen auf der anderen Seite zu versteuern.[174]

Überlässt eine Kapitalgesellschaft (Hapimag) ihren Aktionären Ferienwohnungen zur zeitlich vorübergehenden Nutzung nach Maßgabe eines Wohnberechtigungspunktesystems, so erzielt der Aktionär einen sonstigen Bezug i. S. des § 20 Abs. 1

---

171 BFH vom 09.06.1997 GrS 1/94 (BStBl 1998 II S. 307, 312).
172 BFH vom 07.11.2006 VI R 2/05 (BStBl 2007 II S. 315) und vom 02.09.2010 VIII B 261/09 (BFH/NV 2011 S. 28).
173 BFH vom 08.05.2007 VIII R 13/06 (BFH/NV 2007 S. 2249).
174 BFH vom 17.02.1997 I R 70/97 (BStBl 1998 II S. 545).

Nr. 1 Satz 1 EStG, der ihm mit der Nutzungsüberlassung der einzelnen Wohnung gem. § 11 Abs. 1 Satz 1 EStG zufließt.[175]

Einnahmen aus nichtselbständiger Arbeit (**Arbeitslohn**) sind steuerpflichtig, wenn sie zugeflossen sind (§ 8 Abs. 1 EStG). Arbeitslohn sind auch die Arbeitnehmeranteile zur Arbeitslosen-, Kranken- und Rentenversicherung (Gesamtsozialversicherung) als Gegenleistung für die Erbringung der Arbeitsleistung.[176]

Für die zeitliche Zuordnung der Einnahmen aus nichtselbständiger Arbeit gelten nach § 11 Abs. 1 Satz 4 EStG die Vorschriften des § 38a Abs. 1 Satz 2 und 3 und § 40 Abs. 3 Satz 2 EStG. Nach § 38a Abs. 1 Satz 2 EStG gilt laufender Arbeitslohn in dem Kalenderjahr als bezogen, in dem der Lohnzahlungszeitraum bzw. – bei Abschlagszahlungen (§ 39b Abs. 5 Satz 1 EStG) – der Lohnabrechnungszeitraum endet. Durch diese Vorschrift sollen die im Lohnsteuerverfahren notwendigen Lohnabrechnungen erleichtert werden. Arbeitslohn, der nicht als laufender Arbeitslohn gezahlt wird (sonstige Bezüge), ist jedoch nach § 38a Abs. 1 Satz 3 EStG weiterhin als in dem Kalenderjahr bezogen zu behandeln, in dem er dem Arbeitnehmer nach den allgemeinen Grundsätzen zufließt. Insoweit bleibt es also bei dem in § 11 Abs. 1 Satz 1 EStG verankerten Grundsatz. Bei Nachentrichtung hinterzogener Arbeitnehmeranteile zur Gesamtsozialversicherung führt die Nachzahlung als solche zum Zufluss eines zusätzlichen geldwerten Vorteils.[177]

15.6.3 Leistung von Ausgaben

Ausgaben sind für das Kalenderjahr abzusetzen, in dem sie geleistet worden sind (§ 11 Abs. 2 Satz 1 EStG). Sie sind in dem Zeitpunkt geleistet, in dem der Steuerpflichtige die wirtschaftliche Verfügungsmacht über die betreffenden geldwerten Güter verloren hat, d. h., in dem diese Güter aus dem Vermögen des Steuerpflichtigen abgeflossen sind. Zuwendungen in den Vermögensstock einer durch Erbeinsetzung von Todes wegen errichteten Stiftung sind keine Sonderausgaben des Erblassers, da sie erst mit dem Tod abfließen.[178]

In welchem Zeitpunkt sich der Steuerpflichtige seiner wirtschaftlichen Verfügungsmacht begeben hat, kann unter Umständen zweifelhaft sein.

Übergibt ein Steuerpflichtiger dem Empfänger einen von ihm ausgestellten Scheck, so ist nach Auffassung des BFH die Leistung grundsätzlich bereits mit der Hingabe des Schecks als erbracht anzusehen.[179] Etwas anderes gilt jedoch, wenn der Scheck vom Empfänger unter Vorbehalt angenommen wird und bei der bezogenen Bank keine Deckung vorhanden ist. In diesem Fall kann die Leistung nicht bereits mit der Hingabe des Schecks als bewirkt angesehen werden (H 11 „Scheck" EStH).

---

175 BFH vom 16.12.1992 I R 32/92 (BStBl 1993 II S. 399, 402).
176 BFH vom 16.01.2007 IX R 69/04 (BStBl 2007 II S. 579).
177 BFH vom 13.09.2007 VI R 54/03 (BStBl 2008 II S. 58).
178 BFH vom 16.02.2011 X R 46/09 (BStBl 2011 II S. 685).
179 BFH vom 24.09.1985 IX R 2/80 (BStBl 1986 II S. 284).

15 Überschuss der Einnahmen über die Werbungskosten

Erteilt ein Steuerpflichtiger seiner Bank einen Überweisungsauftrag, so tritt der Verlust der wirtschaftlichen Verfügungsmacht grundsätzlich im Zeitpunkt des Eingangs des Überweisungsauftrags bei der Überweisungsbank ein. Die Ausgabe ist damit i. S. des § 11 Abs. 2 Satz 1 EStG geleistet.[180] Beiträge zur Instandhaltungsrücklage bei Wohnungseigentumsgemeinschaften führen erst bei Verausgabung durch den Verwalter zu Werbungskosten (H 21.2 „Werbungskosten" EStH). Ausgaben, die für eine **Nutzungsüberlassung** von mehr als 5 Jahren im Voraus geleistet werden (z. B. Erbbauzinsen), sind abweichend vom Abflussprinzip insgesamt auf den Zeitraum gleichmäßig zu verteilen, für den die Vorauszahlung geleistet wird.[181] Die Pflicht zur Verteilung der Aufwendungen gilt nicht für ein **Damnum** oder **Disagio**, soweit dieses marktüblich ist (§ 11 Abs. 2 Satz 4 EStG). Aus Vereinfachungsgründen kann von einer Marktüblichkeit ausgegangen werden, wenn für ein Darlehen mit einem Zinsfestschreibungszeitraum von mindestens 5 Jahren ein Damnum i. H. von bis zu 5 % vereinbart worden ist.[182] Der über die marktüblichen Beträge hinausgehende Teil ist auf den Zinsfestschreibungszeitraum oder bei dessen Fehlen auf die Laufzeit des Darlehens zu verteilen.

15.6.4 Regelmäßig wiederkehrende Einnahmen und Ausgaben

Regelmäßig wiederkehrende Einnahmen und Ausgaben i. S. des § 11 EStG sind wiederkehrende Leistungen i. S. des § 197 Abs. 2 BGB,[183] also Leistungen, die nicht einmal, sondern in regelmäßiger zeitlicher Wiederkehr zu erbringen sind.[184]

Regelmäßig wiederkehrende Einnahmen und Ausgaben sind danach Zahlungen, die nach dem zugrunde liegenden Rechtsverhältnis grundsätzlich am Beginn oder am Ende des Kalenderjahres zahlbar sind, zu dem sie wirtschaftlich gehören. Die wirtschaftliche Zugehörigkeit bestimmt sich nach dem Jahr, in dem die Einnahmen zahlbar, d. h. fällig, sind. So kommt es z. B. bei Zinszahlungen nicht darauf an, für welchen Zeitraum sie geleistet werden oder wann die Gutschrift tatsächlich erfolgt.[185] Da die Vorschriften des § 11 Abs. 1 Satz 2 EStG und des § 11 Abs. 2 Satz 2 EStG sowohl nach ihrem Wortsinn als auch nach ihrem Sinn und Zweck auf die zeitliche Aufeinanderfolge von bestimmten Einnahmen und Ausgaben abstellen, kommt es für die Annahme regelmäßig wiederkehrender Einnahmen und Ausgaben nicht auf die Gleichmäßigkeit der Beträge an.[186]

Die Anwendung der Vorschriften des § 11 Abs. 1 Satz 2 EStG und des § 11 Abs. 2 Satz 2 EStG setzt im Übrigen voraus, dass die Vereinnahmung oder Verausgabung

---
180 BMF vom 07.06.2010 (BStBl 2010 I S. 588), Rz. 27.
181 Vgl. BFH vom 07.12.2010 IX R 48/07 (BStBl 2011 II S. 345).
182 BMF vom 20.10.2003 (BStBl 2003 I S. 546), Rz. 15.
183 BFH vom 24.07.1986 IV R 309/84 (BStBl 1987 II S. 16).
184 BFH vom 01.08.2007 XI R 48/05 (BStBl 2008 II S. 282).
185 BMF vom 05.11.2002 (BStBl 2002 I S. 1346), Rz. 1.
186 BFH vom 01.08.2007 XI R 48/05 (BStBl 2008 II S. 282).

15.6 Vereinnahmung und Verausgabung

tatsächlich kurze Zeit vor Beginn oder nach Ablauf des Kalenderjahres erfolgt ist, zu dem die Einnahmen oder Ausgaben wirtschaftlich gehören. Als kurze Zeit wird i. d. R. ein Zeitraum bis zu höchstens **10 Tagen** anzusehen sein, also vom 22.12. bis 10.01.[187] Liegt diese Voraussetzung vor, kommt es auf die Fälligkeit nicht an.[188]

Beispiele:

a) Ein Arzt erhält jeweils zu Anfang eines Monats eine Abschlagszahlung der Kassenärztlichen Vereinigung für den Vormonat, die sich in ihrer Höhe nach der Honorargutschrift im zuletzt abgerechneten Vierteljahr bemisst und die von der Kassenärztlichen Vereinigung jeweils bis zum 10. eines Monats geleistet werden muss.

Die Abschlagszahlungen, die der Arzt aufgrund der bestehenden Verpflichtung der Kassenärztlichen Vereinigung jeweils für den Monat Dezember Anfang Januar des Folgejahres erhält, sind als regelmäßig wiederkehrende Einnahmen dem vorangegangenen Kalenderjahr zuzurechnen, obwohl die Abschlagszahlungen in unterschiedlicher Höhe anfallen und zurückzuzahlen sind, soweit sie die tatsächliche Honorargutschrift für den Monat Dezember übersteigen.[189] Das Gleiche gilt für Abschlusszahlungen, die sich jeweils auf ein Vierteljahr beziehen.[190]

Dagegen sind Honorare von Privatpatienten, die ein Arzt durch eine privatärztliche Verrechnungsstelle einziehen lässt, dem Arzt bereits mit dem Eingang bei dieser Stelle zugeflossen, weil es sich dabei um eine Bevollmächtigte des Arztes handelt (R 11 EStR).

b) Ein Unternehmer mit Gewinnermittlung nach § 4 Abs. 3 EStG hat die **Umsatzsteuer-Vorauszahlung** für das IV. Quartal des Jahres 01 am 06.01.02 entrichtet. Die Vorauszahlung ist gem. § 11 Abs. 2 Satz 2 EStG dem Jahr 01 zuzurechnen. Umsatzsteuer-Vorauszahlungen sind regelmäßig wiederkehrende Ausgaben, deren Wiederholung von vornherein feststeht. Der die regelmäßige Wiederkehr bestimmende Zahlungs- und Fälligkeitstermin ist gesetzlich geregelt (§ 18 Abs. 1 UStG). Die Umsatzsteuer-Vorauszahlungen gehören wirtschaftlich zum abgelaufenen Jahr, weil sie auf Leistungen beruhen, die der Unternehmer im Vorjahr erbracht, bzw. auf Zahlungen, die er im Vorjahr erhalten hat.[191] Diese Grundsätze gelten auch für Umsatzsteuer-Erstattungen.[192]

c) Ein Unternehmer mit Gewinnermittlung nach § 4 Abs. 3 EStG hat die Umsatzsteuervorauszahlung für Dezember 01 am 10.01.02 bezahlt.

Die Umsatzsteuervorauszahlung ist eine regelmäßig wiederkehrende Ausgabe, die im Jahr 01 zu berücksichtigen ist (vgl. H 11 EStH).

d) Ein privater Hausbesitzer vereinnahmt die am 31.12. fällige Miete für den Monat Dezember erst am 08.01. des nächsten Jahres.

Die Mieteinnahme ist als im Dezember vereinnahmt anzusetzen. Mieten sind regelmäßig wiederkehrende Einnahmen.

e) Ein Steuerpflichtiger hat eine am 01.12. fällig gewordene laufende Versicherungsprämie für die Zeit vom 01.12. bis zum 30.11. des nächsten Jahres erst am 07.01. des nächsten Jahres gezahlt.

---

187 BFH vom 24.07.1986 IV R 309/84 (BStBl 1987 II S. 16).
188 BFH vom 23.09.1999 IV R 1/99 (BStBl 2000 II S. 121).
189 BFH vom 24.07.1986 IV R 309/84 (BStBl 1987 II S. 16).
190 BFH vom 06.07.1995 IV R 63/94 (BStBl 1996 II S. 266).
191 BFH vom 01.08.2007 XI R 48/05 (BStBl 2008 II S. 282).
192 BMF vom 10.11.2008 (BStBl 2008 I S. 958).

Es handelt sich nicht um eine regelmäßig wiederkehrende Ausgabe i. S. von § 11 Abs. 2 Satz 2 EStG, weil die Prämie nicht kurze Zeit vor dem Jahreswechsel fällig geworden ist. Nur bei Fälligkeitsterminen um die Jahreswende sollen durch die Ausnahmetatbestände des § 11 Abs. 1 Satz 2 und § 11 Abs. 2 Satz 2 EStG Verschiebungen dadurch verhindert werden, dass auf die wirtschaftliche Zugehörigkeit der Leistung abgestellt wird.

f) Ein Steuerpflichtiger hat für sein Sparguthaben bei einer Bank für das Jahr 01 Zinsen i. H. von 550 € gutgebracht bekommen. Die Zinsen sind am 20.01.02 in seinem Sparbuch eingetragen worden.

Es handelt sich um regelmäßig wiederkehrende Einnahmen, da die Zinsen dem Sparguthaben regelmäßig zu Beginn des neuen Jahres für das alte Jahr gutgebracht werden und es auf die Eintragung im Sparbuch für die Frage des Zuflusses nicht ankommt.[193]

g) Für die Inanspruchnahme der **Steuerermäßigung nach § 35a EStG** ist auf den Veranlagungszeitraum der Zahlung abzustellen. Bei regelmäßig wiederkehrenden Ausgaben (z. B. nachträgliche monatliche Zahlung oder monatliche Vorauszahlung einer Pflegeleistung), die innerhalb eines Zeitraums von bis zu 10 Tagen nach Beendigung bzw. vor Beginn eines Kalenderjahres fällig und geleistet worden sind, werden die Ausgaben dem Kalenderjahr zugerechnet, zu dem sie wirtschaftlich gehören. Bei geringfügigen Beschäftigungsverhältnissen gehören die Abgaben für das in den Monaten Juli bis Dezember erzielte Arbeitsentgelt, die erst am 15.01. des Folgejahres fällig werden, noch zu den begünstigten Aufwendungen des Vorjahres.[194]

Bei Wohnungseigentümergemeinschaften und Mietern werden Aufwendungen für regelmäßig wiederkehrende Dienstleistungen (wie z. B. Reinigung des Treppenhauses, Gartenpflege, Hausmeister) grundsätzlich anhand der geleisteten Vorauszahlungen im Jahr der Vorauszahlungen berücksichtigt, einmalige Aufwendungen (wie z. B. Handwerkerrechnungen) dagegen erst im Jahr der Genehmigung der Jahresabrechnung. Soweit einmalige Aufwendungen durch eine Entnahme aus der Instandhaltungsrücklage finanziert werden, können die Aufwendungen erst im Jahr des Abflusses aus der Instandhaltungsrücklage oder im Jahr der Genehmigung der Jahresabrechnung, die den Abfluss aus der Instandhaltungsrücklage beinhaltet, berücksichtigt werden.[195]

---

[193] BFH vom 03.06.1975 VIII R 47/70 (BStBl 1975 II S. 696) und vom 23.09.1999 IV R 1/99 (BStBl 2000 II S. 121).
[194] BMF vom 15.02.2010 (BStBl 2010 I S. 140), Rz. 40; vgl. BMF vom 09.04.2013 (BStBl 2013 I S. 522), Anlage 1 Nr. 825.
[195] Zu weiteren Einzelheiten siehe BMF vom 15.02.2010 (BStBl 2010 I S. 140), Rz. 43.

16 Nichtabzugsfähige Ausgaben (§ 12 EStG)

16.1 Allgemeines

§ 12 EStG bestimmt, dass Kosten der Lebensführung, also Privataufwendungen, weder bei den einzelnen Einkunftsarten noch vom Gesamtbetrag der Einkünfte (§ 2 Abs. 3 EStG) abgezogen werden dürfen, allerdings mit der Einschränkung: „Soweit in § 10 Abs. 1 Nr. 1, 2 bis 5, 7 und 9, den §§ 10a, 10b und den §§ 33 bis 33b nichts anderes bestimmt ist." Da § 10 Abs. 1 Nr. 1a EStG nicht erwähnt ist, können also freiwillig oder aufgrund einer freiwillig begründeten Rechtspflicht zugewendete Renten und dauernde Lasten nicht als Sonderausgaben abgezogen werden (siehe 16.3).

§ 12 Nr. 1 EStG grenzt die Einkunftssphäre von der Privatsphäre ab (zu nicht abzugsfähigen Betriebsausgaben siehe 9.3.1). Das Leistungsfähigkeitsprinzip des Einkommensteuerrechts bedeutet, dass die Besteuerung nicht an die Bruttoeinnahmen, sondern an die Nettoeinkünfte anknüpft (**objektives Nettoprinzip**)[1] und dass das Existenzminimum steuerfrei bleibt (**subjektives Nettoprinzip**)[2]. § 12 Nr. 1 EStG stellt also klar, dass Lebenshaltungskosten im Gegensatz zu erwerbssichernden Aufwendungen nicht abgezogen und die gem. § 32a Abs. 1 Nr. 1 EStG steuerfreien Aufwendungen nicht als Werbungskosten oder Betriebsausgaben berücksichtigt werden können.

§ 12 Nr. 2 EStG wird von der Rechtsprechung insbesondere als Abzugsverbot für Zahlungen im Familienverbund herangezogen, wenn Familienmitglieder Darlehens-, Arbeits- oder Nutzungsüberlassungsverträge abschließen.[3]

§ 12 Nr. 3 EStG enthält ein Abzugsverbot für Steuern, die nicht Werbungskosten, Betriebsausgaben oder außergewöhnliche Belastungen darstellen.[4]

§ 12 Nr. 4 EStG steht im Zusammenhang mit § 4 Abs. 5 Nr. 8 EStG. Auch weitere, in § 4 Abs. 5 EStG enthaltene Bestimmungen (Nr. 1, 2, 3, 4) dienen dazu, die Umgehung des Abzugsverbots des § 12 EStG durch wechselseitige Begünstigungen zu verhindern (siehe 15.3.10).

§ 12 Nr. 5 EStG ist eine Reaktion des Gesetzgebers auf die Rechtsprechung des BFH zum Abzug von Ausbildungskosten als Werbungskosten bzw. Betriebsausgaben

---

1 Vgl. BFH vom 28.03.2012 VI R 48/11 (BStBl 2012 II S. 926) und vom 05.07.2012 VI R 50/10 (BStBl 2013 II S. 282).
2 BVerfG vom 29.05.1990 1 BvL 20/84, 1 BvL 26/84, 1 BvL 4/86 (BStBl 1990 II S. 653, 664) und vom 13.02.2008 2 BvL 1/06 (DStR 2008 S. 604).
3 Vgl. BFH vom 16.01.2003 IX B 172/02 (BStBl 2003 II S. 301), vom 04.07.2007 IX B 50/07, BFH/NV 2007 S. 1875) und vom 22.10.2013 X R 26/11 (DStR 2013 S. 2677); BMF vom 29.04.2014 (BStBl 2014 I S. 809).
4 BFH vom 18.01.2011 X R 63/08 (BStBl 2011 II S. 680).

mit Wirkung ab dem Veranlagungszeitraum 2004.[5] Die Kosten der erstmaligen Berufsausbildung bzw. des Erststudiums fallen unter § 10 Abs. 1 Nr. 7 EStG (siehe 29.1.7). Weil sie Sonderausgaben sind, können sie nicht gem. § 10d EStG vorgetragen werden und wirken sich deshalb bei Studierenden ohne eigene Einkünfte nicht aus. Weil der BFH im Jahr 2011 trotz des Abzugsverbots des § 12 Nr. 5 EStG eine Erstausbildung weiter als Werbungskosten anerkannte,[6] hat der Gesetzgeber § 12 Nr. 5 EStG neu gefasst und zusätzlich in § 4 Abs. 9 EStG und § 9 Abs. 6 EStG ausdrücklich festgelegt, dass Berufsausbildungskosten keine Betriebsausgaben bzw. Werbungskosten sind. Diese neue Fassung des § 12 Nr. 5 EStG gilt gem. § 52 Abs. 30a EStG rückwirkend ab 2004.

16.2 Lebenshaltungskosten

Nichtabzugsfähig sind nach § 12 Nr. 1 EStG die Beträge, die der Steuerpflichtige für seinen Haushalt und für den Unterhalt seiner Familienangehörigen aufwendet. Dazu gehören auch die Aufwendungen für die Lebensführung, die die wirtschaftliche oder gesellschaftliche Stellung des Steuerpflichtigen mit sich bringt, auch wenn sie zur Förderung des Berufs oder der Tätigkeit des Steuerpflichtigen erfolgen. Zur Abgrenzung der Lebenshaltungskosten von den Betriebsausgaben siehe 9.3.10.

Dem ersten Satz des § 12 Nr. 1 EStG wird allgemein eine klarstellende Funktion zugeschrieben. Aus § 12 Nr. 1 Satz 2 EStG folgerte der BFH in langjähriger Rechtsprechung ein Aufteilungs- und Abzugsverbot für sog. gemischte Aufwendungen. 1970 und 1971 hatte der Große Senat des BFH entschieden, dass gemischt veranlasste Aufwendungen, die also sowohl der Lebensführung dienen als auch den steuerpflichtigen Erwerb fördern, überhaupt nicht als Betriebsausgaben oder Werbungskosten abzugsfähig seien. Diese Rechtsprechung hat der Große Senat aufgegeben.[7] Für Aufwendungen, die sowohl betrieblich/beruflich als auch privat veranlasst sind, ergebe sich aus § 12 Nr. 1 EStG **kein Aufteilungsverbot**. Die Finanzverwaltung hat sich dieser Rechtsprechung angeschlossen.[8] In der Entscheidung des Großen Senats ging es um eine sowohl beruflich als auch privat veranlasste Reise und die Aufteilung der Kosten dieser Reise. Für diese wie für andere Kosten gilt der auch früher angewendete Grundsatz weiter, dass eine unbedeutende private Veranlassung dem Abzug der gesamten Kosten als Werbungskosten/Betriebsausgaben nicht entgegensteht. Auch umgekehrt gilt weiter, dass eine geringe berufliche Veranlassung überhaupt keinen Abzug eröffnet. Wenn eine prozentuale Aufteilung möglich ist, bietet sich die 10 %-Grenze an.[9] Bei einer Reise sind entsprechend dem unterschiedlichen Gewicht der Veranlassungsbeiträge die Reisekosten im Verhältnis

---

5 BMF vom 22.09.2010 (BStBl 2010 I S. 721).
6 BFH vom 28.07.2011 VI R 38/10 (BStBl 2012 II S. 561).
7 Vgl. BFH vom 21.09.2009 GrS 1/06 (BStBl 2010 II S. 672).
8 BMF vom 06.07.2010 (BStBl 2010 I S. 614).
9 BMF vom 06.07.2010 (BStBl 2010 I S. 614), Rz. 11 mit Beispielen.

16.2 Lebenshaltungskosten

der beruflich und privat veranlassten Reiseanteile aufzuteilen. Im Einzelfall kann es auch erforderlich sein, einen anderen Aufteilungsmaßstab heranzuziehen oder von einer Aufteilung abzusehen; auch für **Auslandsgruppenreisen** hält der BFH an den früher entwickelten Abgrenzungsmerkmalen fest.[10] Die Teilnahme an der Auslandsreise eines Ministerpräsidenten als Mitglied einer Wirtschaftsdelegation (Weltwirtschaftsforum in Davos) ist regelmäßig beruflich bedingt.[11] Aufwendungen für die Teilnahme an einem sportmedizinischen Wochenkurs am Gardasee können aufgeteilt werden auf nicht abziehbare Kosten der Lebensführung (z. B. für sportliche Veranstaltungen) und als Werbungskosten bei den Einkünften aus nichtselbständiger Arbeit (z. B. Lehrgangsgebühren) abziehbare Aufwendungen.[12] Aufwendungen für den Unterhalt einer **Wohnung** sind ausschließlich privat veranlasste Kosten, wenn die Wohnung den Mittelpunkt der Lebensführung darstellt.[13] Etwas anderes gilt, wenn Kosten anfallen für das Wohnen außerhalb des Mittelpunkts der Lebensführung, also als beruflich bedingte Reisekosten (siehe 15.3.5) oder im Rahmen der doppelten Haushaltsführung (siehe 15.3.6).

Bereits in der früheren Rechtsprechung wurden Ausnahmen vom Aufteilungs- und Abzugsverbot zugelassen, zum einen, wenn objektive Merkmale und Unterlagen eine zutreffende und leicht nachprüfbare Trennung ermöglichen und der berufliche Nutzungsanteil nicht von untergeordneter Bedeutung ist (Aufteilung), zum andern, wenn das Hineinspielen der Lebensführung unbedeutend ist und nicht ins Gewicht fällt (Abzug). Nach Abkehr von dem Aufteilungs- und Abzugsverbot durch den Beschluss vom 21.09.2009 ist davon auszugehen, dass der BFH auch andere schon früher zugelassene Ausnahmen weiter gelten lassen wird. In seinem Beschluss vom 04.07.1990[14] zu den Kontokorrentzinsen eines gemischten Kontos hat der Große Senat des BFH eine Aufteilung zugelassen bei Einzelaufwendungen, die zusammen mit privat veranlassten Kosten abgerechnet werden, aber eindeutig ausschließlich beruflich oder betrieblich veranlasst sind, z. B. bei laufenden **Telefonkosten;** zur Schätzung des beruflichen Anteils siehe R 9.1 Abs. 5 Satz 4 LStR. Eine weitere Ausnahme vom Aufteilungsverbot wurde in ständiger Rechtsprechung anerkannt beim Gesamtaufwand für **Verpflegung,** der aufzuteilen ist in einen von § 12 Nr. 1 EStG erfassten Normalaufwand und in einen beruflich bzw. betrieblich veranlassten Mehraufwand, der als Werbungskosten bzw. Betriebsausgaben abziehbar ist.[15] Das Gleiche gilt für die **Reinigungskosten** von Berufskleidung.[16] Die private Mitbenut-

---

[10] BFH vom 19.01.2012 VI R 3/11 (BStBl 2012 II S. 416).
[11] BFH vom 09.03.2010 VIII R 32/07 (HFR 2010 S. 819).
[12] BFH vom 21.04.2010 VI R 66/10 (BStBl 2010 II S. 685).
[13] BFH vom 13.07.2011 VI R 2/11 (BStBl 2012 II S. 104), Rz. 13.
[14] BFH vom 04.07.1990 GrS 2-3/88 (BStBl 1990 II S. 817).
[15] BFH vom 13.01. 1995 VI R 82/94 (BStBl 1995 II S. 324); R 9.1 Abs. 2 Nr. 4 LStR.
[16] BFH vom 29.06.1993 (BStBl 1993 II S. 837, 838); FG Köln vom 20.12.2012 11 K 2001/11 (EFG 2013 S. 771); H 9.12 „Berufskleidung" LStH.

zung eines in der Wohnung aufgestellten PC ist unschädlich, wenn ihr Umfang 10 % nicht übersteigt.[17]

Auch für **Bewirtungskosten** ließ der BFH schon vor dem Beschluss des Großen Senats vom 21.09.2009 einen Abzug als Werbungskosten anlässlich persönlicher Ereignisse (Verabschiedung in den Ruhestand, Dienstjubiläum) zu. Er stellte auf die berufliche Veranlassung ab.[18] Trotz herausgehobener persönlicher Ereignisse können danach die Aufwendungen beruflich veranlasst sein, ausgehend von der Unterscheidung von Arbeitslohn und Zuwendungen des Arbeitgebers im eigenbetrieblichen Interesse. Lädt ein Arbeitgeber anlässlich eines Geburtstags eines Arbeitnehmers Geschäftsfreunde, Repräsentanten des öffentlichen Lebens, Vertreter von Verbänden und Berufsorganisationen sowie Mitarbeiter zu einem Empfang ein, ist unter Berücksichtigung aller Umstände des Einzelfalls zu entscheiden, ob es sich um ein Fest des Arbeitgebers (betriebliche Veranstaltung) oder um ein privates Fest des Arbeitnehmers handelt.[19] Wenn ein katholischer Priester anlässlich seines 25-jährigen Dienstjubiläums als Gastgeber aufgetreten ist, und die Gästeliste bestimmt hat, sind seine Aufwendungen privat veranlasst.[20] Die Abzugsbeschränkung des § 4 Abs. 5 Satz 1 Nr. 2 i. V. m. § 9 Abs. 5 EStG gilt nur, wenn die Bewirtung nicht vom Arbeitgeber organisiert wird, sondern der Arbeitnehmer selbst als bewirtende Person auftritt.[21] Sie gilt nicht, wenn an der Bewirtung ausschließlich betriebsinterne Arbeitnehmer(kollegen) teilnehmen.[22]

Schließlich hat der BFH in zahlreichen Entscheidungen die Abgrenzung der als Werbungskosten oder Betriebsausgaben abzugsfähigen **Fortbildungskosten** von den nur als Sonderausgaben abzugsfähigen Ausbildungskosten verschoben zugunsten der Fortbildungskosten (siehe 15.3.9, 16.6).

Das Abzugs- und Aufteilungsverbot wandte der BFH nicht an für die Zuordnung von Ausgaben zu verschiedenen Einkunftsarten, z. B. Nutzung eines Arbeitszimmers für die nichtselbständige und die selbständige Tätigkeit.[23] Das Gleiche gilt für die Abgrenzung zu Sonderausgaben, wenn z. B. der Personalcomputer von einem Ehegatten für seine nichtselbständige Arbeit und vom anderen Ehegatten für seine Ausbildung i. S. des § 10 Abs. 1 Nr. 7 EStG genutzt wird.[24]

---

17 BFH vom 19.02.2004 VI R 135/01 (BStBl 2004 II S. 958).
18 BFH vom 11.01.2007 VI R 52/03 (BStBl 2007 II S. 317) und vom 01.02.2007 VI R 25/03 (BStBl 2007 II S. 459).
19 BFH vom 28.03.2003 VI R 48/99 (BStBl 2003 II S. 724); OFD Niedersachsen vom 29.11.2011 – S 2350-32-St 215 (DB 2012 S. 12).
20 BFH vom 24.09.2013 VI R 35/11 (BFH/NV 2014 S. 500).
21 BFH vom 19.06.2008 VI R 48/07 (BStBl 2008 II S. 870).
22 BFH vom 18.09.2007 I R 75/06 (BStBl 2008 II S. 116) und vom 10.07.2008 VI R 26/07 (BFH/NV 2008 S. 1831).
23 Siehe 15.4.2 und BFH vom 10.06.2008 VIII R 76/05 (BStBl 2008 II S. 937).
24 BFH vom 22.06.1990 VI R 2/87 (BStBl 1990 II S. 901).

16.3 Zuwendungen an andere Personen

16.3.1 Allgemeines

Zuwendungen sind geldwerte Leistungen, denen keine Gegenleistungen gegenüberstehen. Durch die 2. Alternative des § 12 Nr. 2 EStG wird die Gleichbehandlung aller freiwillig begründeten Zuwendungen ohne Rücksicht auf ihren Entstehungsgrund sichergestellt.[25]

Das Abzugsverbot des § 12 Nr. 2 EStG für freiwillige Zuwendungen und Zuwendungen an eine gesetzlich unterhaltsberechtigte Person bezieht sich auch auf Renten und dauernde Lasten i. S. des § 10 Abs. 1 Nr. 1a EStG, weil diese Bestimmung im Einleitungssatz des § 12 EStG nicht genannt ist,[26] mit der Folge, dass die Abzugsfähigkeit dieser Leistungen als Sonderausgaben durch § 12 Nr. 2 EStG aufgehoben wird. Hier besteht also auch eine Wechselbeziehung zu § 22 Nr. 1 EStG, wenn die Leistungen wiederkehrende Bezüge i. S. des § 22 Nr. 1 EStG darstellen. In diesen Fällen bestimmt § 22 Nr. 1 Satz 2 EStG, dass wiederkehrende Bezüge, die freiwillig oder aufgrund einer freiwillig begründeten Rechtspflicht oder einer gesetzlich unterhaltsberechtigten Person gewährt werden, nicht dem Empfänger zuzurechnen sind, wenn der Geber unbeschränkt steuerpflichtig ist.

> **Beispiel:**
>
> Ein Onkel gewährt seiner Nichte freiwillig (unentgeltlich) einen monatlichen Unterhaltszuschuss.
>
> Der Unterhaltszuschuss stellt beim Onkel Einkommensverwendung dar und unterliegt dem Abzugsverbot des § 12 Nr. 2 EStG als freiwillige Zuwendung.

16.3.2 Zuwendungsbegriff

Zuwendungen i. S. des § 12 Nr. 2 EStG sind anzunehmen, wenn in Geld oder Geldeswert bestehende Güter aus dem Vermögen des Steuerpflichtigen in das Vermögen einer anderen Person übergehen, ohne dass die beim Steuerpflichtigen eintretende Vermögensminderung durch eine entsprechende Gegenleistung ausgeglichen wird oder der Steuerpflichtige zumindest mit einem solchen Ausgleich rechnen kann. Zur Berücksichtigung als außergewöhnliche Belastung siehe 30.10.1.[27]

Nur Güter, die – wirtschaftlich betrachtet – Bestandteile des Vermögens des Steuerpflichtigen waren, können damit Gegenstand einer Zuwendung sein.

---

[25] BFH vom 27.02.1992 X R 139/88 (BStBl 1992 II S. 612, 614) und vom 20.07.2010 IX R 30/09 (BFH/NV 2010 S. 2259).
[26] Vgl. BFH vom 14.07.1993 X R 54/91 (BStBl 1994 II S. 19).
[27] Siehe auch BFH vom 30.10.2003 III R 23/02 (BStBl 2004 II S. 267).

Beispiel:
Ein Steuerpflichtiger überträgt seinem Sohn unentgeltlich ein ihm gehörendes Mehrfamilienhaus.
Zugewendet ist dem Sohn lediglich das Mehrfamilienhaus. Die von dem Sohn daraus gezogenen Einkünfte aus Vermietung und Verpachtung stellen dagegen keine Zuwendungen des Steuerpflichtigen an seinen Sohn dar, weil sie nicht Bestandteil seines Vermögens geworden sind, sondern unmittelbar in das Vermögen des Sohnes fallen. Zu prüfen ist, ob die Zuwendung des Mehrfamilienhauses Schenkungsteuer auslöst.

Die Nutzungen einer Sache oder eines Rechts stellen grundsätzlich auch dann keine Zuwendungen i. S. des § 12 Nr. 2 EStG des (wirtschaftlichen) Eigentümers oder Inhabers dar, wenn sie von einer anderen Person aufgrund einer ihr eingeräumten Rechtsposition als eigene Einkünfte bezogen werden.

Beispiel:
A hat eine Wohnung in einem Mehrfamilienhaus des B gemietet. Er hat ein Zimmer für monatlich 100 € an C untervermietet.
A sind die Einnahmen aus der Untervermietung des Zimmers an C steuerlich zuzurechnen, weil er den Tatbestand der Einkunftserzielung in seiner Person erfüllt.
Die durch die Untervermietung erzielten Einnahmen stellen daher keine Zuwendung i. S. des § 12 Nr. 2 EStG des B an A dar.
Auch die Rechtsposition, durch die dem A die Untervermietung ermöglicht worden ist, kann nicht als dem A zugewendet angesehen werden, weil ihr in Form der vereinbarten Miete eine entsprechende Gegenleistung gegenübersteht.
Ob dem A die Untervermietung durch B gestattet ist, ist ohne steuerliche Bedeutung.

Welcher Art die Rechtsposition ist, durch die einer anderen Person die Erzielung eigener Einkünfte ermöglicht wird, ist ohne Bedeutung. Es macht grundsätzlich auch keinen Unterschied, ob die Rechtsposition gegen Entgelt oder unentgeltlich eingeräumt worden ist.

Beispiel:
Der Steuerpflichtige A hat seinem 20-jährigen Sohn B bürgerlich-rechtlich wirksam auf die Dauer von zehn Jahren unentgeltlich den Nießbrauch an einer ihm gehörenden Eigentumswohnung eingeräumt, die im Zeitpunkt der Nießbrauchsbestellung nicht mehr vermietet war. B hat die Eigentumswohnung im eigenen Namen an C vermietet.
Die dem B zufließenden Mieteinnahmen sind ihm auch steuerlich als eigene Einnahmen aus Vermietung und Verpachtung zuzurechnen und stellen daher keine Zuwendungen des A an den B dar. Die Nießbrauchsbestellung kann jedoch gem. § 42 AO unbeachtlich sein, wenn sie wirtschaftlich eine Unterhaltsleistung darstellt, indem A selbst die Wohnung mietet.[28]

Ob die Nutzungen einer Sache oder eines Rechts aufgrund einer vom (wirtschaftlichen) Eigentümer oder Inhaber eingeräumten Rechtsposition von einer anderen Person als eigene Einkünfte bezogen werden, ist unter Berücksichtigung aller Umstände des Einzelfalls zu entscheiden. Zu entscheiden ist dabei, ob die andere Person den Tatbestand der Einkunftserzielung erfüllt und ihr die Einkünfte daher

---

28 BFH vom 13.12.2005 X R 61/01 (BStBl 2008 II S. 16, 19).

einkommensteuerlich zuzurechnen sind.[29] Zum **Nießbrauch** und Nutzungsrecht im Rahmen der Einkünfte aus Kapitalvermögen siehe 24.1, im Rahmen der Einkünfte aus Vermietung und Verpachtung siehe 25.1.

Aus der Erkenntnis, dass Einkünfte demjenigen zuzurechnen sind, der den Tatbestand der Einkunftserzielung erfüllt, wird im Schrifttum gefolgert, dass § 12 Nr. 2 EStG insoweit keinen Regelungsgehalt habe. Der BFH zitiert in diesem Zusammenhang zwar § 12 Nr. 2 EStG, begründet aber z. B. die Erkenntnis, dass Aufwendungen nicht als Betriebsausgaben abziehbar seien, auch mit dem Hinweis, es fehle an der betrieblichen Veranlassung. Auch bei der Zahlung von Arbeitslohn oder Darlehenszinsen an Unterhaltsberechtigte prüft er jeweils am Maßstab des § 19 bzw. des § 20 EStG, ob der Empfänger Arbeitnehmer ist bzw. Einkünfte aus Kapitalvermögen bezieht. Zum Arbeitsvertrag zwischen Angehörigen siehe R 4.8 EStR und H 4.8 „Arbeitsverhältnisse mit Kindern" und „Arbeitsverhältnisse zwischen Ehegatten" EStH; zu Darlehensverträgen zwischen Angehörigen siehe 32.2.6.2.[30]

16.3.3 Vermögensübergabe gegen Versorgungsleistungen

16.3.3.1 Allgemeines

Nach § 12 Nr. 2 EStG sind nicht abziehbar u. a. freiwillige Zuwendungen und Zuwendungen aufgrund einer freiwillig begründeten Rechtspflicht. Das gilt auch für die im Einleitungssatz des § 12 EStG nicht erwähnten Renten und dauernden Lasten (§ 10 Abs. 1 Nr. 1a EStG), soweit diese Unterhaltsleistungen oder Leistungen aufgrund freiwillig begründeter Rechtspflicht sind. Daraus folgt, dass diese Leistungen beim Zuwendenden nicht als Sonderausgaben abgezogen werden können und dass sie dem Empfänger nicht als Einkünfte zuzurechnen sind. Insoweit korrespondiert § 12 Nr. 2 mit § 22 Nr. 1 Satz 2 EStG, d. h., ohne § 22 Nr. 1 Satz 2 EStG müsste der Empfänger die Zuwendung versteuern und ohne § 12 Nr. 2 EStG wären Renten oder dauernde Lasten beim Zuwendenden auch dann abzugsfähig, wenn sie freiwillig oder gegenüber einer unterhaltsberechtigten Person übernommen worden sind. Durch das Jahressteuergesetz 2008 sind die Einkünfte aus Versorgungsleistungen in § 22 Nr. 1b EStG als eigener Tatbestand normiert und in § 10 Abs. 1 Nr. 1a EStG die unentgeltliche Vermögensübergabe gegen Versorgungsleistungen neu und abschließend geregelt worden mit der Folge, dass wiederkehrende Versorgungsleistungen nur dann zum Rechtsinstitut der Vermögensübertragung gegen Versorgungsleistungen gehören, wenn es sich bei dem übertragenen Vermögen um Vermögen der Gewinneinkunftsarten handelt (siehe 29.1.3). Ihren Ursprung hatte die Vermögensübergabe gegen Versorgungsleistungen im Modell der Hof- und Betriebsübergabe. Hier gibt es zur Absicherung der weichenden Generation zwei Möglichkeiten: Entweder überträgt der Übergeber das Vermögen (teilweise) entgeltlich und

---

29 Vgl. BFH vom 17.12.2007 GrS 2/04 (BStBl 2008 II S. 608) zur Vererblichkeit des Verlustvortrags.
30 Siehe dazu auch BMF vom 23.12.2010 (BStBl 2011 I S. 37) und vom 09.04.2013 (BStBl 2013 I S. 522), Anlage 1 Nr. 565.

bestreitet seinen Unterhalt aus dem Entgelt oder er überträgt es unentgeltlich und vertraut auf die Unterhaltsleistungen der nachfolgenden Generation. Bei der ersten Alternative ergeben sich einkommensteuerrechtliche Folgen, die zweite Alternative ist grundsätzlich schenkungsteuerpflichtig. Das Rechtsinstitut der Vermögensübergabe gegen Versorgungsleistungen ermöglicht es, die Leistungen des Übernehmers einkommensteuerrechtlich als unentgeltlich zu qualifizieren, während sie schenkungsteuerrechtlich die Bemessungsgrundlage mindern (gemischte Schenkung). Von vornherein nicht unter § 12 Nr. 2 EStG fallen **entgeltliche** Vermögensübertragungen gegen wiederkehrende Leistungen.[31] Wird das entgeltlich übernommene Vermögen nicht zur Einkunftserzielung genutzt, ist beim Empfänger der Zinsanteil nach § 22 EStG zu versteuern.[32] Der Leistende kann die Zahlungen nicht abziehen, denn wenn bei einer auf die Lebenszeit einer Bezugsperson zeitlich gestreckten entgeltlichen privaten Vermögensumschichtung gleich bleibende wiederkehrende Leistungen vereinbart werden, ist deren Ertragsanteil (Zinsanteil) nicht als Sonderausgaben abziehbar, da dieser Entgelt für die Überlassung von Kapital (Zins) ist und private Schuldzinsen nicht abgezogen werden dürfen.[33]

Der Gesetzgeber hat das Rechtsinstitut der Vermögensübergabe gegen Versorgungsleistungen durch das JStG 2008 bei nach dem 31.12.2007 abgeschlossenen Vereinbarungen eingeschränkt auf die Übertragung von (Teil-)Betrieben, Mitunternehmeranteilen und Anteilen an Kapitalgesellschaften.

16.3.3.2 Begünstigtes Vermögen

Von dem ursprünglichen Modell der Hof- und Betriebsübergabe dehnte der BFH das Rechtsinstitut aus auf ausreichend ertragbringende, existenzsichernde Wirtschaftseinheiten des Privat- oder Betriebsvermögens. Die Finanzverwaltung ließ den Sonderausgabenabzug sogar zu, wenn die Wirtschaftseinheit überhaupt ertragbringend war, auch wenn die Erträge nicht ausreichten, um die wiederkehrenden Leistungen zu erbringen (sog. Typus 2).[34] Der BFH dehnte das Rechtsinstitut aus auf die Übergabe von Geldvermögen, Wertpapieren oder typisch stillen Beteiligungen.[35] Er eröffnete auch die Möglichkeit der Übertragung eines vom Übernehmer selbst genutzten Wohnhauses oder von Geldvermögen zur Tilgung von Schulden, da auch die Nutzungsvorteile (ersparte Miet- und Zinsaufwendungen) zu den Nettoerträgen zu rechnen seien. Die Finanzverwaltung[36] akzeptierte dies weitgehend, beim Geldvermögen allerdings nur bei nachfolgender Umschichtung in eine andere hinreichend ertragbringende Wirtschaftseinheit; nur die Berücksichtigung der

---

31 BFH vom 30.07.2003 X R 12/01 (BStBl 2004 II S. 211).
32 BFH vom 18.05.2010 X R 32-33/01 (BStBl 2011 II S. 675).
33 BFH vom 25.11.1992 X R 91/89 (BStBl 1996 II S. 666).
34 BMF vom 26.08.2002 (BStBl 2002 I S. 893), Rz. 17 bis 19.
35 BFH vom 12.05.2003 GrS 1/00 (BStBl 2004 II S. 95, 100).
36 BMF vom 16.09.2004 (BStBl 2004 I S. 922).

16.3 Zuwendungen an andere Personen

Ersparnis von Zinsaufwendungen als Erträge der übertragenen Wirtschaftseinheit wurde abgelehnt.

Mit der Ausdehnung auf die Übertragung von Geldvermögen wurden Steuergestaltungen ermöglicht, mit denen Unterhaltszahlungen von Kindern an Eltern nach Vermögensübertragungen entgegen dem Abzugsverbot nach § 12 Nr. 1 und Nr. 2 EStG abziehbar gemacht werden konnten. Durch die Neufassung des § 10 Abs. 1 Nr. 1a EStG im JStG 2008 wurde dieses Steuersparmodell abgeschafft. Ein Sonderausgabenabzug ist nur noch bei Versorgungsleistungen möglich, die im Zusammenhang mit der Übertragung von land- und forstwirtschaftlichen Betrieben, Gewerbebetrieben und von Betriebsvermögen Selbständiger in der Rechtsform des Einzelunternehmers oder der Personengesellschaft stehen, sowie bei Versorgungsleistungen im Zusammenhang mit der Übertragung von GmbH-Anteilen, wenn eine Beteiligung von mindestens 50 % übertragen wird, der Übergeber als Geschäftsführer tätig war und der Übernehmer diese Tätigkeit nach der Übertragung übernimmt. Dadurch soll die Übertragung von kleinen und mittelständischen Familienunternehmen in der Rechtsform der GmbH durch einen die Gesellschaft beherrschenden Gesellschafter-Geschäftsführer auch weiterhin steuerlich begünstigt werden. Mit der ausdrücklichen Aufnahme der auf den Wohnteil eines Betriebs der Land- und Forstwirtschaft entfallenden Versorgungsleistungen in § 10 Abs. 1 Nr. 1a EStG wird klargestellt, dass auch die auf den Wohnteil (Altenteiler) entfallende Versorgungsleistung als Sonderausgabe abziehbar ist.

Die nach dem bisherigen Recht mögliche Übertragung nicht ertragbringenden Vermögens mit der Auflage, damit zeitnah ertragbringendes Vermögen anzuschaffen, ist entfallen. Hier muss also der Übergeber vor Übertragung das Vermögen umschichten.

Durch die Regelung in § 22 Nr. 1b EStG wird klargestellt, dass der Sonderausgabenabzug von Versorgungsleistungen weiterhin zur Besteuerung dieser Leistungen beim Empfänger führt. Aus Vereinfachungsgründen wird nicht mehr zwischen Renten und dauernden Lasten unterschieden, sodass die **Versorgungsleistungen in vollem Umfang als Sonderausgaben** abgezogen werden können.

Durch die Formulierung in § 10 Abs. 1 Nr. 1a Satz 1 EStG, dass es sich um lebenslange Versorgungsleistungen handeln muss, sind die bisher möglichen zeitlichen Beschränkungen im Hinblick auf einen zukünftigen Wegfall des Versorgungsbedürfnisses des Übergebers entfallen.

Die Neuregelung bedeutet, dass die **Übertragung von privaten Immobilien und Kapitalanlagen nicht mehr begünstigt ist.** Wenn Privatvermögen übertragen wird, handelt es sich um ein voll- oder teilentgeltliches Rechtsgeschäft.[37] Wenn dieses Vermögen vom Übernehmer zur Einkunfterzielung eingesetzt wird, kommt es auf die Unterscheidung zwischen Rente und dauernde Last nicht mehr an. Die Ver-

---
37 BMF vom 11.03.2010 (BStBl 2010 I S. 227), Rz. 21, 57, 69.

pflichtung zu wiederkehrenden oder gleich bleibenden Leistungen werden mit dem Barwert als Anschaffungskosten bewertet. Die in den Zahlungen enthaltenen Zinsanteile sind als Werbungskosten bzw. Betriebsausgaben abziehbar. Geht beim teilentgeltlichen Geschäft der Barwert der wiederkehrenden Leistungen über einen angemessenen Kaufpreis hinaus, handelt es sich bei dem übersteigenden Betrag um eine gem. § 12 Nr. 2 EStG nicht abziehbare Zuwendung. Wenn der Barwert der wiederkehrenden Leistungen mehr als doppelt so hoch ist wie der Wert des übertragenen Vermögens, handelt es sich nach Ansicht der Finanzverwaltung[38] um ein voll unentgeltliches Rechtsgeschäft mit der Folge nicht abziehbarer Unterhaltsleistungen. Das gilt auch, wenn das übertragene Vermögen nicht zur Einkunftserzielung genutzt wird.

Bei der Übertragung von Grundbesitz ist § 23 Abs. 1 Satz 1 Nr. 1 EStG zu beachten. Bei Wertpapieren, die nach dem 31.12.2008 angeschafft werden, ergibt sich eine Steuerpflicht für den Veräußerungsgewinn aus § 20 Abs. 2 EStG. Maßgebliches Entgelt ist der Kapitalwert der wiederkehrenden Leistungen. Erst nachdem der in den wiederkehrenden Leistungen enthaltene Tilgungsanteil die Anschaffungskosten des Übergebers übersteigt, ergibt sich eine Steuerpflicht (§ 11 Abs. 1 EStG). Der Zinsanteil ist von Anfang an steuerpflichtig, entweder als wiederkehrender Bezug gem. § 20 Abs. 1 Nr. 7 EStG oder als Leibrente gem. § 22 Nr. 1 Satz 3 Buchst. a Doppelbuchst. bb EStG.

Die Übertragung einer mehr als 1 %igen Beteiligung an einer GmbH außerhalb des Anwendungsbereichs des § 10 Abs. 1 Nr. 1a Buchst. c EStG führt zu einem nach § 17 Abs. 1 Satz 1 EStG steuerpflichtigen Veräußerungsgewinn in Höhe der Differenz zwischen dem Kapitalwert der wiederkehrenden Leistungen und den Anschaffungskosten des Übergebers abzüglich der Veräußerungskosten.

16.3.3.3 Übergangsregelungen

Das neue Recht der Versorgungsleistungen, die auf Vermögensübertragungen beruhen, ist anzuwenden auf Verträge, die nach dem 31.12.2007 geschlossen werden (§ 52 Abs. 23g Satz 1 EStG).[39] Dies bedeutet, dass die vor dem 01.01.2008 vereinbarten Vermögensübergaben gegen Versorgungsleistungen wirksam bleiben, auch wenn sie sich auf Wirtschaftseinheiten beziehen, die nach der Neuregelung nicht mehr begünstigt sind. Allerdings ist für bestimmte Verträge eine Rückwirkung in § 52 Abs. 23g Satz 2 EStG angeordnet worden. Das sind solche, in denen das übertragene Vermögen nur deshalb einen Ertrag bringt, weil ersparte Zinsaufwendungen dazugerechnet wurden. Für diesen Sachverhalt hatte die Finanzverwaltung die Anwendung der entsprechenden Rechtsprechung des BFH abgelehnt.[40] Ersparte Aufwendungen durch eine selbstgenutzte Wohnung werden dagegen weiter als

---
38 BMF vom 11.03.2010 (BStBl 2010 I S. 227), Rz. 66.
39 BMF vom 11.03.2010 (BStBl 2010 I S. 227), Rz. 80 ff.
40 BMF vom 16.09.2004 (BStBl 2004 I S. 922).

ertragbringend anerkannt. Durch diese angeordnete Rückwirkung und die zugelassene Ausnahme von der Rückwirkung werden die Nichtanwendungserlasse der Finanzverwaltung mit Gesetzeskraft ausgestattet.[41]

16.3.4 Zuwendungen an gesetzlich Unterhaltsberechtigte

Zuwendungen an eine gegenüber dem Steuerpflichtigen oder seinem Ehegatten gesetzlich unterhaltsberechtigte Person oder deren Ehegatten sind nach § 12 Nr. 2 EStG selbst dann nichtabzugsfähig, wenn sie auf einer besonderen Vereinbarung beruhen, d. h., wenn sie in Erfüllung einer rechtswirksam begründeten Verpflichtung erbracht werden.

Gesetzliche Unterhaltsansprüche können bestehen

- zwischen Ehegatten (§ 1360 BGB) und geschiedenen Ehegatten (§§ 1569 ff. BGB);
- zwischen Partnern einer eingetragenen Lebenspartnerschaft (§ 5 LPartG, BGBl 2001 I S. 266);
- zwischen Verwandten in gerader Linie (Kinder, Enkelkinder, Eltern, Großeltern), nicht aber zwischen Verwandten in der Seitenlinie wie Geschwister, Stiefkinder und andere Verschwägerte (§ 1601 BGB);
- zwischen Adoptiveltern und Adoptivkind sowie dessen Abkömmlingen (§ 1754 BGB i. V. m. § 1770 Abs. 3 BGB; mit der Adoption eines noch nicht Volljährigen erlöschen dessen Unterhaltsansprüche und Unterhaltsverpflichtungen gegenüber den früheren Verwandten in gerader Linie, §§ 1755, 1756 BGB; vgl. H 32.1 „Annahme als Kind" EStH).

Für die Anwendung des § 12 Nr. 2 EStG kommt es nach der höchstrichterlichen Rechtsprechung grundsätzlich lediglich darauf an, ob der Empfänger nach bürgerlichem Recht einen Unterhaltsanspruch gegen den Zuwendenden haben kann. Dass ein Unterhaltsanspruch nach bürgerlichem Recht tatsächlich besteht, ist somit grundsätzlich nicht erforderlich.[42]

Zur Abgrenzung des Sonderrechts der Vermögensübergabe gegen Versorgungsleistungen vom Abzugsverbot des § 12 Nr. 2 EStG siehe 16.3.3.

Früher bejahte der BFH einen wirtschaftlichen Zusammenhang zwischen einem Darlehen und einer Einkunftsart, wenn mit dem Darlehen Verbindlichkeiten erfüllt wurden, die sich auf Vermögen bezogen, das der Einkunftserzielung diente.[43] Damit konnten Zinsen aus der Finanzierung des Zugewinnausgleichs zwischen Ehegatten (§ 1378 BGB) z. B. im Bereich der Einkünfte aus Vermietung und Verpachtung als

---
41 BMF vom 11.03.2010 (BStBl 2010 I S. 227), Rz. 83.
42 BFH vom 18.10.1974 VI R 175/72 (BStBl 1975 II S. 502).
43 BFH vom 19.05.1983 IV R 138/79 (BStBl 1983 II S. 380) und vom 24.01.1989 IX R 111/84 (BStBl 1989 II S. 706).

Werbungskosten abgezogen werden. Diese Rechtsprechung hat der BFH aufgegeben und z. B. Aufwendungen eines geschiedenen Ehepartners nicht als Werbungskosten bei den Einkünften aus Vermietung und Verpachtung anerkannt, die diesem dadurch entstanden, dass er seinen früheren Ehepartner aufgrund eines Scheidungsfolgenvergleichs zur Regelung des Zugewinnausgleichs an seinen Grundstückserträgen beteiligte.[44] Die Finanzverwaltung wendet diese Rechtsprechung an (Aufgabe der sog. Sekundärfolgenrechtsprechung).[45]

Im Gegensatz zum Zugewinnausgleich ergeben sich steuerlich wirksame Rechtsfolgen beim **Versorgungsausgleich**.[46] Ausgleichszahlungen können nach § 10 Abs. 1 Nr. 1b EStG abziehbar[47] und nach § 22 Nr. 1c EStG steuerbar sein[48] (Korrespondenzprinzip)[49]. Zum Versorgungsausgleichsgesetz siehe BMF vom 31.03.2010 (BStBl 2010 I S. 270), Rz. 356 ff., und vom 13.09.2010 (BStBl 2010 I S. 681), Rz. 204 ff.

16.4 Nichtabzugsfähige Steuern

Zu den nichtabzugsfähigen Aufwendungen gehören nach § 12 Nr. 3 EStG schließlich die Steuern vom Einkommen und sonstige Personensteuern. Nichtabzugsfähig sind somit die Einkommensteuer, die Lohnsteuer und die Kapitalertragsteuer. Nach § 4 Abs. 5b EStG sind die Gewerbesteuer und die darauf entfallenden Nebenleistungen keine Betriebsausgaben. Sie fallen damit seit 2008 unter § 12 Nr. 3 EStG. Eine Schadensersatzleistung, die wegen einer überhöhten Einkommensteuerfestsetzung von einem Steuerberater zu erbringen ist, stellt keine einkommensteuerpflichtige Einnahme, sondern eine private Vermögensmehrung dar.[50] Nichtabzugsfähig sind auch Zinsen für ein zur Begleichung der Einkommensteuer aufgenommenes Darlehen.[51] Zu den nichtabzugsfähigen Steuern gehört auch die Erbschaft- und Schenkungsteuer[52] sowie die Umsatzsteuer für die unentgeltlichen Wertabgaben und für Lieferungen und sonstige Leistungen, die Entnahmen sind.

> **Beispiel:**
> Die X-OHG stellt ihren Gesellschaftern einen zum Betriebsvermögen gehörenden PKW auch für private Fahrten zur Verfügung. Die Umsatzsteuer, die auf die sonstigen Leistungen der X-OHG entfällt, gehört zu den nach § 12 Nr. 3 EStG nichtabzugsfähi-

---

44 BFH vom 08.12.1992 IX R 68/89 (BStBl 1993 II S. 434).
45 BMF vom 11.08.1994 (BStBl 1994 I S. 603) und vom 09.04.2013 (BStBl 2013 I S. 522), Anlage 1 Nr. 771.
46 Vgl. BFH vom 22.08.2012 X R 36/09 (DStR 2013 S. 185).
47 Siehe 29.1.4.
48 Siehe 26.3.
49 BMF vom 09.04.2010 (BStBl 2010 I S. 323), Rz. 356 ff.
50 BFH vom 18.06.1998 IV R 61/97 (BStBl 1998 II S. 621).
51 BFH vom 28.11.1991 IV R 122/90 (BStBl 1992 II S. 342).
52 BFH vom 18.01.2011 X R 63/08 (BStBl 2011 II S. 680), Rz. 17; siehe § 35b EStG und BFH vom 17.02.2010 II R 23/09 (BStBl 2010 II S. 641).

gen Steuern, weil es sich bei diesen Leistungen einkommensteuerlich um Privatentnahmen der einzelnen Gesellschafter handelt.

Die nach § 12 Nr. 3 EStG nicht abziehbare Umsatzsteuer ist auch bei (ertragsteuerlicher) Anwendung der 1 %-Regelung nach umsatzsteuerrechtlichen Maßstäben zu berechnen. Der Entnahmewert nach § 6 Abs. 1 Nr. 4 Satz 2 EStG und die Bemessungsgrundlage für die Besteuerung der nichtunternehmerischen Nutzung eines dem Unternehmen zugeordneten Fahrzeugs sind deshalb unabhängig voneinander zu ermitteln. Führt der Unternehmer kein ordnungsgemäßes Fahrtenbuch und entscheidet er sich nicht von vornherein auch umsatzsteuerlich für die sog. 1 %-Regelung nach § 6 Abs. 1 Nr. 4 Satz 2 EStG, ist es unvermeidbar, dass die einkommensteuerrechtlichen und umsatzsteuerrechtlichen Bemessungsgrundlagen voneinander abweichen. Als Bemessungsgrundlage sind gem. § 10 Abs. 4 Satz 1 Nr. 2 UStG die Kosten anzusetzen, soweit sie zum vollen oder teilweisen Vorsteuerabzug berechtigt haben, d. h., die Kosten, die zum Vorsteuerabzug berechtigt haben, sind auf die privaten und unternehmerischen Fahrten aufzuteilen. Die so ermittelte Umsatzsteuer, die sich ertragsteuerlich auf die Höhe des Gewinns nicht auswirken darf, ist auch diejenige i. S. des § 12 Nr. 3 EStG.[53]

Das vorbezeichnete Abzugsverbot gilt, worauf in § 12 Nr. 3 EStG klarstellend hingewiesen wird, auch für Nebenleistungen, die auf diese Steuern entfallen (Aufzählung in H 12.4 „Nebenleistungen" EStH).

Verspätungszuschläge (§ 152 AO), Säumniszuschläge und Zwangsgelder (§ 329 AO) sind danach bei der Ermittlung der Einkünfte und des Einkommens nur dann abzugsfähig, wenn sie mit abzugsfähigen Steuern im Zusammenhang stehen. Dies gilt auch für Stundungszinsen (§ 234 AO), Hinterziehungszinsen (§ 235 AO) und Aussetzungszinsen (§ 237 AO). Zinsen für gestundete Einkommensteuer fallen unter § 12 Nr. 3 EStG,[54] auch Nachzahlungszinsen gem. § 233a AO sind nicht abzugsfähig.[55] Dagegen ordnet § 20 Abs. 1 Nr. 7 Satz 3 EStG die Einkommensteuerpflicht von Erstattungszinsen nach § 233a AO an. Der BFH hat keine Bedenken gegen die Verfassungsmäßigkeit der Regelung.[56]

16.5 Abzugsverbot für Geldstrafen und ähnliche Aufwendungen

In einem Strafverfahren festgesetzte Geldstrafen und sonstige Rechtsfolgen vermögensrechtlicher Art, bei denen der Strafcharakter überwiegt, können nach § 12 Nr. 4 EStG weder bei den einzelnen Einkunftsarten noch beim Gesamtbetrag der

---
53 BFH vom 07.12.2010 VIII R 54/07 (BStBl 2011 II S. 451).
54 BFH vom 28.11.1991 IV R 122/90 (BStBl 1992 II S. 342).
55 BFH vom 21.10.2010 IV R 6/08 (BFH/NV 2011 S. 430).
56 Urteil vom 12.11.2013 VIII R 36/10 (BStBl 2014 II S. 168).

Einkünfte abgezogen werden. Die Vorschrift gehört zu den Regelungen in § 4 Abs. 5 Satz 1 Nr. 8 und § 9 Abs. 5 EStG.

Dem Abzugsverbot nach § 12 Nr. 4 EStG unterliegen auf jeden Fall die Geldstrafen, die von einem Gericht aufgrund der Strafvorschriften des Bundes- oder Landesrechts verhängt werden. Auch im Ausland nach den dort geltenden Strafvorschriften verhängte Geldstrafen fallen grundsätzlich unter dieses Abzugsverbot. Etwas anderes gilt allerdings, wenn die verhängte Geldstrafe wesentlichen Grundsätzen der deutschen Rechtsordnung widerspricht.[57] Zu Geldbußen siehe § 4 Abs. 5 Nr. 8 EStG, R 4.13 und 12.3 EStR sowie 9.4.10.

Kosten der Strafverteidigung können aber im Gegensatz zur Strafe auch bei einer Verurteilung Werbungskosten bzw. Betriebsausgaben sein, wenn die zur Last gelegte Tat in Ausübung der beruflichen Tätigkeit begangen worden ist.[58] Ob die Beraterkosten einer Selbstanzeige als Werbungskosten bei den Einkünften aus Kapitalvermögen abzugsfähig sind, wird der BFH entscheiden.[59]

Zu den sonstigen Rechtsfolgen vermögensrechtlicher Art, bei denen der Strafcharakter überwiegt, zählen ebenfalls nur Rechtsfolgen, die in einem Strafverfahren angeordnet oder festgesetzt werden und nicht lediglich der Wiedergutmachung des durch die Tat verursachten Schadens dienen. Nichtabzugsfähig ist danach insbesondere der Wert der Gegenstände, deren Einziehung in den Fällen des § 74 Abs. 2 Nr. 1 oder des § 76a StGB angeordnet oder festgesetzt worden ist. Der Wert der Gegenstände, deren Verfall nach § 73 StGB angeordnet ist, unterliegt dagegen grundsätzlich nicht dem Abzugsverbot des § 12 Nr. 4 EStG, weil diese Anordnung in erster Linie dem Ausgleich von rechtswidrig erlangten Vermögensvorteilen dient, sodass der Strafcharakter einer solchen Anordnung im Allgemeinen keinesfalls überwiegt (R 12.3 Satz 4 EStR).

Zu den ebenfalls nicht abziehbaren Leistungen zur Erfüllung von Auflagen oder Weisungen, die in einem Strafverfahren erteilt werden und nicht lediglich der Wiedergutmachung dienen, zählen die Leistungen zugunsten einer gemeinnützigen Einrichtung oder der Staatskasse aufgrund einer gerichtlichen Auflage oder Weisung. Auch andere gemeinnützige Leistungen aufgrund einer gerichtlichen Auflage oder Weisung sind zu den nichtabzugsfähigen Leistungen zu rechnen. In einem Strafverfahren erteilt sind Auflagen oder Weisungen des Gerichts bei einer Strafaussetzung zur Bewährung, bei einer Verwarnung mit Strafvorbehalt oder im Zusammenhang mit der Einstellung eines Strafverfahrens.

Beispiel:
Gegen den Steuerpflichtigen wurde ein Steuerstrafverfahren wegen des Verdachts der Steuerhinterziehung eingeleitet, das später im Hinblick auf das geringe Verschulden

---

[57] BFH vom 31.07.1991 VIII R 89/86 (BStBl 1992 II S. 85).
[58] BFH vom 18.04.2007 VI R 42/04 (BStBl 2008 II S. 223) und vom 17.08.2011 VI R 75/10 (BFH/NV 2011 S. 2040); H 12.3 EStH.
[59] Revision Az. VIII R 34/13.

des Steuerpflichtigen mit der Auflage, 1.000 € an eine bestimmte gemeinnützige Einrichtung zu zahlen, gem. § 153a StPO vorläufig eingestellt wurde.
Der Betrag von 1.000 € ist nach § 12 Nr. 4 EStG nichtabzugsfähig.[60]

16.6 Aufwendungen für die erstmalige Berufsausbildung

Nach § 12 Nr. 5 EStG sind nichtabzugsfähig Ausbildungskosten, die zu einer ersten beruflichen Befähigung führen, und das Erststudium, gleichgültig, ob es unmittelbar nach dem Besuch allgemeinbildender Schulen oder nach einer ersten anderen Berufsausbildung aufgenommen wird. Sie werden typisierend den Lebensführungskosten zugerechnet. Die Regelung ist eine Reaktion des Gesetzgebers auf die BFH-Rechtsprechung, nach der auch Kosten eines Erststudiums Werbungskosten sein können.[61] Eine Ausnahme gilt gem. § 12 Nr. 5 zweiter Halbsatz EStG, wenn die Aufwendungen im Rahmen eines Dienstverhältnisses stattfinden. Das ist der Fall z. B. bei Beamtenanwärtern (Referendaren), die in ein Beamtenverhältnis auf Widerruf berufen werden und steuerrechtlich Arbeitnehmer sind. Ihre Aufwendungen, z. B. für den Besuch verwaltungsinterner Fachhochschulen, sind als Werbungskosten bei den Einkünften aus nichtselbständiger Arbeit abzugsfähig. Davon zu unterscheiden sind Kosten für eine Ausbildung, die nicht im Rahmen eines Dienstverhältnisses absolviert werden. Diese können unter § 10 Abs. 1 Nr. 7 EStG fallen, wenn sie keinen Bezug zu einem bereits ausgeübten Beruf haben (siehe 29.1.7). Sie sind dagegen als Werbungskosten abzugsfähig, wenn sie durch die ausgeübte berufliche Tätigkeit veranlasst sind (siehe 15.3.9). Da nur das Erststudium unter die Abzugsbeschränkung des § 12 Nr. 5 EStG fällt, sind auch Aufwendungen für ein Zweitstudium, das z. B. neben der beruflichen Tätigkeit an einer Fernuniversität absolviert wird, weiterhin als Werbungskosten im Rahmen dieser beruflichen Tätigkeit abzugsfähig.[62] Der BFH stellt keine hohen Anforderungen an die Erstausbildung.[63] Die Ausbildung zum Flugzeugführer ist keine Erstausbildung, wenn ihr eine Ausbildung zum Flugbegleiter vorausgegangen ist, die Ausbildung zur Ärztin ist keine Erstausbildung, wenn ihr eine Ausbildung zur medizinisch-technischen Assistentin vorausgegangen ist (siehe 15.3.9). Daraus ergeben sich steuersparende Gestaltungsmöglichkeiten, indem dem kostspieligen Hauptstudium eine kostengünstigere Ausbildung vorgeschaltet wird.

---
60 BFH vom 22.07.2008 VI R 47/06 (BStBl 2009 II S. 151).
61 BFH vom 28.07.2011 VI R 38/10 (BStBl 2012 II S. 561); BMF vom 22.09.2010 (BStBl 2010 I S. 721).
62 Vgl. BFH vom 19.09.2012 VI R 78/10 (BStBl 2013 II S. 284).
63 Vgl. Urteil vom 09.02.2012 VI R 42/11 (BStBl 2013 II S. 236).

17 Einkünfte aus Land- und Forstwirtschaft (§ 13 EStG)

17.1 Allgemeines

Land- und Forstwirtschaft kann steuerlich entweder in Form eines selbständigen land- und forstwirtschaftlichen Betriebs oder (ausnahmsweise) auch im Rahmen eines Gewerbebetriebs ausgeübt werden. Die Ausübung von Land- und Forstwirtschaft kann dementsprechend steuerlich entweder zu Einkünften aus Land- und Forstwirtschaft oder zu Einkünften aus Gewerbebetrieb führen. Einkünfte aus Land- und Forstwirtschaft sind lediglich die **Einkünfte i. S. von § 13 EStG**.

17.2 Zurechnung der Einkünfte

Einkünfte aus Land- und Forstwirtschaft bezieht, für dessen Rechnung ein land- und forstwirtschaftlicher Betrieb bewirtschaftet wird. **Bezieher von Einkünften aus Land- und Forstwirtschaft** kann danach sowohl der bürgerlich-rechtliche oder wirtschaftliche Eigentümer als auch der Pächter eines land- und forstwirtschaftlichen Betriebs oder derjenige sein, dem ein land- und forstwirtschaftlicher Betrieb durch einen bloßen Betriebsüberlassungsvertrag unentgeltlich zur Bewirtschaftung überlassen worden ist.[1] Die Einkünfte aus einem land- und forstwirtschaftlichen Betrieb können ferner auch demjenigen zuzurechnen sein, dem ein Nießbrauchsrecht an diesem Betrieb zusteht und für dessen Rechnung daher dieser Betrieb bewirtschaftet wird. Bei einer Betriebsverpachtung ist nicht entscheidungserheblich, ob der Verpächter am wirtschaftlichen Verkehr teilgenommen hat. Dies erlaubt keinen Rückschluss darauf, ob ein Verpächter Einkünfte aus Land- und Forstwirtschaft oder aus Vermietung und Verpachtung erzielt. Ebenso wie der Verpächter eines land- und forstwirtschaftlichen Betriebs, der die Betriebsaufgabe erklärt hat, bezieht auch der Verpächter, der den land- und forstwirtschaftlichen Betrieb ohne Betriebsaufgabeerklärung fortführt, Einkünfte aus einer Nutzungsüberlassung.[2]

Ein land- und forstwirtschaftlicher Betrieb kann auch im Rahmen einer **Gesellschaft oder Gemeinschaft** durch mehrere Personen bewirtschaftet werden. In diesem Fall sind die Einkünfte aus dem gemeinschaftlichen Betrieb den einzelnen Beteiligten anteilig zuzurechnen. Eine solche Gesellschaft kann auch von Familienangehörigen gegründet werden. Familienpersonengesellschaften sind nach der Rechtsprechung des BFH auch in der Land- und Forstwirtschaft anzuerkennen.[3] Auch Ehegatten können danach Mitunternehmer eines land- und forstwirtschaftlichen Betriebs sein, wenn entsprechende Verträge rechtswirksam zustande gekom-

---

1 BFH, BStBl 1976 II S. 335.
2 BFH vom 28.07.2006 IV B 39/05 (BFH/NV 2006 S. 2073).
3 BFH, BStBl 1959 III S. 322.

men sind, einem Fremdvergleich standhalten und tatsächlich vollzogen werden.[4] Selbst ein stillschweigender Abschluss einer Ehegatten-Innengesellschaft kann nach der Rechtsprechung des BFH auch steuerlich anzuerkennen sein. Voraussetzung dafür ist jedoch, dass der land- und forstwirtschaftliche Grundbesitz entweder den Ehegatten gemeinsam oder jedem Ehegatten ein erheblicher Teil des landwirtschaftlichen Grundbesitzes zu Alleineigentum oder zu Miteigentum gehört und darüber hinaus die Ehegatten in der Landwirtschaft auch gemeinsam arbeiten.[5] Zu bejahen ist dies, wenn jeder Landwirtsehegatte land- und forstwirtschaftliche Flächen zur Verfügung stellt, die mindestens 10 % der gemeinsam bewirtschafteten land- und forstwirtschaftlichen Flächen ausmachen.[6] Liegen diese Voraussetzungen nicht vor, vollzieht sich die Mitarbeit der entsprechenden Landwirtsehegatten auf familiärer Grundlage.

Landwirtsehegatten, die im Güterstand der Gütergemeinschaft leben, bewirtschaften ihren Hof als Mitunternehmer. Die Gewinne für eine solche Mitunternehmerschaft sind gesondert und einheitlich festzustellen, sofern nicht ein Fall von geringer Bedeutung vorliegt.[7]

17.3 Arten der Gewinnermittlung

Land- und Forstwirte, die zur Führung von Büchern verpflichtet sind, haben ihren Gewinn nach **§ 4 Abs. 1 EStG** zu ermitteln. Dabei sind die Vorschriften des § 142 AO zu beachten. Führen Land- und Forstwirte, die zur Buchführung verpflichtet sind, keine ordnungsmäßigen Bücher, ist der Gewinn i. S. des § 4 Abs. 1 EStG im Einzelfall zu schätzen (R 13.5 Abs. 1 EStR).

Land- und Forstwirte, die nicht zur Führung von Büchern verpflichtet sind, haben ihren Gewinn aus Land- und Forstwirtschaft nach den Vorschriften des **§ 13a EStG** zu ermitteln, wenn sie auch im Übrigen die Voraussetzungen des § 13a Abs. 1 EStG erfüllen.

Land- und Forstwirte, die nicht zur Buchführung verpflichtet sind und deren Gewinn auch nicht nach den Vorschriften des § 13a EStG zu ermitteln ist, haben ihren Gewinn nach § 4 Abs. 1 EStG zu ermitteln, sofern sie freiwillig Bücher führen und Abschlüsse machen. Führen diese Land- und Forstwirte auch freiwillig keine Bücher, können sie ihren Gewinn nach der Vorschrift des **§ 4 Abs. 3 EStG** ermitteln. Machen diese Land- und Forstwirte von der Möglichkeit, ihren Gewinn nach § 4 Abs. 3 EStG zu ermitteln, keinen Gebrauch, muss ihr Gewinn i. S. des § 4 Abs. 1 EStG ebenfalls im Einzelfall geschätzt werden (R 13.5 Abs. 1 EStR).

---

4 BFH, BStBl 1987 II S. 23.
5 BFH, BStBl 1994 II S. 462.
6 BFH vom 25.09.2008 IV R 16/07 (BStBl 2009 II S. 989).
7 BFH vom 18.08.2006 IV B 101/05 (BFH/NV 2007 S. 202).

17 Einkünfte aus Land- und Forstwirtschaft

Land- und Forstwirte müssen ihren Gewinn grundsätzlich nach einem **vom Kalenderjahr abweichenden Wirtschaftsjahr** ermitteln (§ 4a Abs. 1 Nr. 1 EStG, §§ 8b und 8c EStDV). Die Zurechnung der für das abweichende Wirtschaftsjahr ermittelten Einkünfte auf die zugehörigen Kalenderjahre erfolgt gem. § 4a Abs. 2 Nr. 1 EStG nach dem zeitlichen Anteil.

Land- und Forstwirte, die für ihren land- und forstwirtschaftlichen Betrieb von der Gewinnermittlung nach Durchschnittssätzen nach § 13a EStG oder der Einnahmenüberschussrechnung nach § 4 Abs. 3 EStG zum Betriebsvermögensvergleich nach § 4 Abs. 1 EStG übergehen, haben zum Beginn des Buchführungszeitraums eine **Übergangsbilanz** aufzustellen. Eine Übergangsbilanz ist auch bei Aufgabe oder Veräußerung eines nicht buchführenden Betriebs für die Ermittlung des Wertes des Betriebsvermögens nach §§ 14, 16 Abs. 2 EStG aufzustellen.

17.4 Begriff der Einkünfte aus Land- und Forstwirtschaft

17.4.1 Allgemeines

Nach § 13 Abs. 1 EStG sind Einkünfte aus Land- und Forstwirtschaft Einkünfte aus dem Betrieb von Landwirtschaft, Forstwirtschaft, Weinbau, Gartenbau und aus allen Betrieben, die Pflanzen und Pflanzenteile mit Hilfe der Naturkräfte gewinnen, wobei zu den Einkünften aus Land- und Forstwirtschaft unter bestimmten Voraussetzungen auch Einkünfte aus Tierzucht und Tierhaltung gehören. Ebenfalls zu den Einkünften aus Land- und Forstwirtschaft rechnen neben den Einkünfte aus sonstiger land- und forstwirtschaftlicher Nutzung, aus Jagd oder von Hauberg-, Wald-, Forst- und Laubgenossenschaften und ähnlichen Realgemeinden nach **§ 13 Abs. 2 EStG** auch die Einkünfte aus einem land- und forstwirtschaftlichen Nebenbetrieb, unter bestimmten Voraussetzungen der Nutzungswert der Wohnung des Land- und Forstwirts und die Produktionsaufgaberente.

§ 13 EStG gehört zu den Gewinneinkünften. Einkünfte aus Land- und Forstwirtschaft erzielt, wer mit Gewinnerzielungsabsicht unter Beteiligung am allgemeinen wirtschaftlichen Verkehr nachhaltig eine selbständige Tätigkeit ausübt, die einen der in § 13 Abs. 1 bzw. Abs. 2 EStG genannten Tatbestände erfüllt. Gewerbliche Einkünfte liegen nach § 15 Abs. 2 Satz 1 EStG nur vor, wenn die Tätigkeit nicht als Ausübung von Land- und Forstwirtschaft oder selbständiger Arbeit anzusehen ist. Gewinneinkünfte sind auch dann ausgeschlossen, wenn es sich um Einkünfte aus Vermögensverwaltung handelt.[8] Von Bedeutung ist die Abgrenzung land- und forstwirtschaftlicher Einkünfte von denen aus Gewerbebetrieb hauptsächlich im Hinblick auf steuerliche und nichtsteuerliche Vergünstigungen, die im Rahmen der Einkünfte aus Land- und Forstwirtschaft gewährt werden. Zu den steuerlichen Vergünstigun-

---

8 BFH vom 03.07.1995 GrS 1/93 (BStBl 1995 II S. 617).

17.4 Begriff der Einkünfte aus Land- und Forstwirtschaft

gen gehören z. B. – neben der Freiheit von der Gewerbesteuer – wahlrechtsabhängige Gewinnermittlungsmethoden oder der Abzug von Freibeträgen.

Überschreitet der Land- und Forstwirt die Grenzen der land- und forstwirtschaftlichen Tätigkeit, erzielt er **Einkünfte aus Gewerbebetrieb.** R 15.5 EStR enthält Vereinfachungsregelungen zur Abgrenzung der land- und forstwirtschaftlichen von den gewerblichen Einkünften. Die Beweislast insoweit trägt der Steuerpflichtige. Beim Übergang einer land- und forstwirtschaftlichen Tätigkeit in eine gewerbliche Tätigkeit sind die Grundsätze des Strukturwandels zu beachten.[9] Entsprechendes gilt auch umgekehrt. Tätigkeiten, die sich innerhalb der in R 15.5 EStR genannten Grenzen bewegen, gelten dabei, auch im Rahmen von § 15 Abs. 3 Nr. 1 EStG, nicht als gewerblich.[10]

17.4.2 Land- und forstwirtschaftlicher Betrieb

Unter welchen Voraussetzungen und in welchem Umfang ein land- und forstwirtschaftlicher Betrieb vorliegt, bestimmt sich nach den Regelungen des Bewertungsgesetzes.[11] Betrieb der Land- und Forstwirtschaft ist nach § 33 Abs. 1 BewG die wirtschaftliche Einheit des land- und forstwirtschaftlichen Vermögens, worunter die organisatorische Zusammenfassung der personellen, sachlichen und sonstigen Arbeitsmittel zu einer selbständigen Einheit, mittels derer die Einkünfte aus Land- und Forstwirtschaft erzielt werden, zu verstehen ist.[12]

Räumlich erheblich vom land- und forstwirtschaftlichen Betrieb **entfernt liegende land- und forstwirtschaftliche Flächen** bilden einen eigenständigen land- und forstwirtschaftlichen Betrieb, wenn die jeweiligen Teilbereiche mit Wirtschaftsgebäuden und Inventar ausreichend ausgestattet sind und auch eine wirtschaftliche Abhängigkeit zwischen den jeweiligen Teilbereichen nicht besteht. Ein einheitlicher land- und forstwirtschaftlicher Betrieb liegt vor, wenn die Bewirtschaftung der jeweiligen Teilbereiche nach einem einheitlichen Plan erfolgt, die räumliche Trennung der land- und forstwirtschaftlich genutzten Flächen einer einheitlichen planmäßigen Bewirtschaftung nicht entgegensteht und auch ein intensiver Leistungsaustausch zwischen den jeweiligen Teilbereichen besteht. Nicht maßgebend für die Beurteilung ist die verwaltungsmäßige Zusammenfassung der jeweiligen Teilbereiche. Im Regelfall ist davon auszugehen, dass ein land- und forstwirtschaftlich genutztes Grundstück, welches mehr als 100 km von der Hofstelle des land- und forstwirtschaftlichen Betriebs entfernt liegt, dem jeweiligen land- und forstwirtschaftlichen Betrieb nicht mehr zugeordnet werden kann.[13] In Ausnahmefällen kann dies aber auch anders sein. Land- und forstwirtschaftliche Flächen, die **in geringer**

---

9 R 15.5 Abs. 2 EStR.
10 R 15.5 Abs. 1 Satz 7 EStR.
11 BFH vom 10.04.1997 IV R 48/96 (BFH/NV 1997 S. 749).
12 BFH vom 29.03.2001 IV R 62/99 (BFH/NV 2001 S. 1248).
13 BFH vom 19.07.2011 IV R 10/09 (BStBl 2012 II S. 93).

Entfernung zum land- und forstwirtschaftlichen Betrieb liegen, sind bei einheitlicher Bewirtschaftung in den land- und forstwirtschaftlichen Betrieb einzubeziehen. Für die Frage, ob der Land- und Forstwirt **einen land- und forstwirtschaftlichen Betrieb** oder **mehrere land- und forstwirtschaftliche Betriebe** betreibt, ist abzustellen auf die Gesamtwürdigung der betrieblichen Verhältnisse. Entscheidend ist, ob ein wirtschaftlicher, finanzieller und organisatorischer Zusammenhang zwischen den verschiedenen Tätigkeitsbereichen besteht, ob es sich um gleichartige oder ungleichartige Betätigungen handelt und ob mit jeweils für einen selbständig existenzfähigen Betrieb ausreichenden Betriebsflächen von einer Hofstelle oder von mehreren Hofstellen aus mit jeweils den gleichen oder jeweils anderen Sachmitteln und Arbeitskräften gewirtschaftet wird.[14] Für den Regelfall ist davon auszugehen, dass verschiedene land- und forstwirtschaftliche Betriebszweige im Rahmen eines einheitlichen land- und forstwirtschaftlichen Betriebs ausgeführt werden. Liegt ein Gesamtbetrieb vor, ist maßgebend für die steuerliche Beurteilung der Betriebszweig, der dem Gesamtbetrieb das Gepräge gibt.

Wird der Land- und Forstwirt sowohl land- und forstwirtschaftlich als auch gewerblich tätig, muss eine **Abgrenzung zwischen land- und forstwirtschaftlichen und gewerblichen Einkünften** erfolgen. Die Tätigkeiten werden innerhalb eines einheitlichen Betriebs ausgeübt, wenn sie eng miteinander verflochten sind.[15] Sie können dann nur einheitlich beurteilt werden. Liegt in diesem Sinne ein einheitlicher Betrieb vor, kann dieser entweder einen land- und forstwirtschaftlichen Betrieb mit einem gewerblichen Nebenbetrieb darstellen, der insgesamt als einheitlicher land- und forstwirtschaftlicher Betrieb zu würdigen ist, oder einen gewerblichen Betrieb mit einem land- und forstwirtschaftlichen Nebenbetrieb, der insgesamt als einheitlicher Gewerbebetrieb anzusehen ist. Maßgebend für die Entscheidung ist, ob die land- und forstwirtschaftliche oder die gewerbliche Tätigkeit dem einheitlichen Betrieb das Gepräge gibt. Findet die Tätigkeit des Land- und Forstwirts teils in einem Gewerbebetrieb und teils in einem land- und forstwirtschaftlichen Betrieb statt, ohne dass zwischen den beiden Betrieben wirtschaftliche Beziehungen bestehen, sind der Gewerbebetrieb einerseits und der land- und forstwirtschaftliche Betrieb andererseits steuerlich getrennt zu beurteilen. Letzteres gilt auch, wenn die Verbindung zwischen den beiden Betrieben nur zufällig, vorübergehend und ohne Nachteile für das Gesamtunternehmen lösbar ist.[16]

17.4.3 Strukturwandel

Der land- und forstwirtschaftliche Betrieb kann durch einen Strukturwandel in die Gewerblichkeit hineinwachsen. Ebenfalls kann durch einen Strukturwandel aus einer land- und forstwirtschaftlichen Tätigkeit eine gewerbliche Tätigkeit entstehen.

---

14 BFH vom 13.10.1988 IV R 136/85 (BStBl 1989 II S. 7).
15 R 15.5 Abs. 1 Satz 6 EStR.
16 BFH vom 27.01.1995 IV B 109/94 (BFH/NV 1995 S. 772).

17.4 Begriff der Einkünfte aus Land- und Forstwirtschaft

Beim Strukturwandel ist zu unterscheiden zwischen dem allmählichen und dem sofortigen Strukturwandel.[17]

Der **allmähliche Strukturwandel** ist dadurch gekennzeichnet, dass es an einer äußerlich erkennbaren sofortigen und dauerhaften Umstrukturierung fehlt. In diesen Fällen ist ein nachhaltiges Überschreiten der Grenze zur Gewerblichkeit erst dann zu bejahen, wenn innerhalb von drei aufeinander folgenden Jahren die Grenze zum Gewerbebetrieb überschritten wird. Ab dem vierten Jahr liegen dann Einkünfte aus Gewerbebetrieb vor.[18] Für den allmählichen Strukturwandel beginnt der Beobachtungszeitraum ab dem Wirtschaftsjahr 2012 bzw. ab dem abweichenden Wirtschaftsjahr 2012/2013.[19]

> **Beispiel:**
> Die z. B. in R 15.5 Abs. 3 bis 10 EStR genannten Kriterien zur Abgrenzung der land- und forstwirtschaftlichen von der gewerblichen Tätigkeit werden in zwei aufeinander folgenden Jahren überschritten.
> Das Überschreiten ist unschädlich. Die entsprechende Tätigkeit führt zu Einkünften aus Land- und Forstwirtschaft.
> Werden die Abgrenzungskriterien dagegen in drei aufeinander folgenden Jahren überschritten, liegen ab dem vierten Jahr Einkünfte aus Gewerbebetrieb vor.

Der **sofortige Strukturwandel** ist gekennzeichnet durch die planmäßige Umstrukturierung des land- und forstwirtschaftlichen Betriebs hin zum Gewerbebetrieb. Anhaltspunkte hierfür sind z. B. die Vornahme erheblicher Investitionen oder die Anschaffung von Wirtschaftsgütern, die erkennen lassen, dass die Grenzen für die Annahme einer land- und forstwirtschaftlichen Tätigkeit erheblich und auf Dauer überschritten werden. Bei einem sofortigen Strukturwandel liegen gewerbliche Einkünfte ab dem Zeitpunkt vor, ab dem der Land- und Forstwirt mit Vorbereitungshandlungen beginnt, die die Fortführung des land- und forstwirtschaftlichen Betriebs als Gewerbebetrieb erkennen lassen.[20] Der Zeitpunkt, in dem der Strukturwandel abgeschlossen ist, ist nicht maßgebend.

Bei der **Neugründung** eines land- und forstwirtschaftlichen Betriebs kommt es für die Frage, ob eine bestimmte Tätigkeit des Land- und Forstwirts zu Einkünften aus Land- und Forstwirtschaft oder aus Gewerbebetrieb führt, auf die Verhältnisse im Erstjahr an.

> **Beispiel:**
> Bei Neugründung eines land- und forstwirtschaftlichen Betriebs überschreiten z. B. im Erstjahr die nicht dem land- und forstwirtschaftlichen Bereich zuzuordnenden Tätigkeiten erheblich die in R 15.5 Abs. 3 bis 10 EStR genannten Abgrenzungskriterien.
> Folge ist, dass von Beginn an gewerbliche Einkünfte vorliegen.

---

17 R 15.5 Abs. 2 EStR.
18 R 15.5 Abs. 2 EStR.
19 BMF vom 19.12.2011 – IV D 4 – S 2230/11/10001, 2011/0921081 (BStBl 2011 I S. 1249).
20 Paul, in: Herrmann/Heuer/Raupach, EStG/KStG, § 13 EStG Rz. 21; a. A. Mitterpleininger, in: Littmann/Bitz/Pust, EStG, § 13 Rz. 141b.

Bei einem nur geringfügigen Überschreiten gilt der Beobachtungszeitraum von drei Jahren. Der Land- und Forstwirt erzielt zunächst Einkünfte aus Land- und Forstwirtschaft. Diese können allerdings ab dem vierten Jahr in Einkünfte aus Gewerbebetrieb umschlagen. Ein geringfügiges Überschreiten liegt bei einem Überschreiten der jeweils maßgebenden Grenze von nicht mehr als 10 % vor.[21]

17.4.4 Land- und forstwirtschaftliche Tätigkeiten

17.4.4.1 Allgemeines

§ 13 EStG beinhaltet für die Einkünfte aus Land- und Forstwirtschaft keine Definition des Begriffs „Land- und Forstwirtschaft". Vielmehr umschreibt § 13 EStG die land- und forstwirtschaftlichen Einkünfte in Form einer beispielhaften Aufzählung.

Unter Land- und Forstwirtschaft sind die planmäßige Nutzung der natürlichen Kräfte des Bodens zur Erzeugung von Pflanzen und Tieren sowie die Verwertung der dadurch selbst gewonnenen Erzeugnisse zu verstehen.[22] Ob eine land- und forstwirtschaftliche Tätigkeit vorliegt, ist nach dem Gesamtbild der Verhältnisse zu entscheiden. Zu den land- und forstwirtschaftlichen Tätigkeiten gehören **nicht nur typische land- und forstwirtschaftliche Tätigkeiten,** sondern z. B. auch die Entsorgung von Klärschlamm, die Kompostierung von pflanzlichen Abfällen, die Pilzzucht in Kellern oder die Teichwirtschaft.

17.4.4.2 Landwirtschaft (§ 13 Abs. 1 Nr. 1 Satz 1 EStG)

Unter **Landwirtschaft** ist die selbständige und nachhaltige Gewinnung von Pflanzen und Pflanzenteilen mittels Nutzung der natürlichen Kräfte des Bodens mit Gewinnerzielungsabsicht und unter Beteiligung am allgemeinen wirtschaftlichen Verkehr zu verstehen.[23] Werden Pflanzen mittels anorganischer Stoffe erzeugt, liegt keine Landwirtschaft vor. Gleiches gilt nach § 15 Abs. 1 Nr. 1 Satz 2 EStG auch für die gewerbliche Bodenbewirtschaftung, sofern sie nicht im Rahmen eines landwirtschaftlichen Nebenbetriebs erfolgt. Unter den Begriff der Landwirtschaft fallen weder die in § 13 Abs. 1 Nr. 1 Satz 1 EStG aufgeführten weiteren Fälle von Pflanzenproduktion noch die in § 13 Abs. 1 Nr. 1 Satz 2 EStG genannte Tierzucht und Tierhaltung. Die landwirtschaftliche Tätigkeit umfasst auch die Verwertung der gewonnenen Pflanzen und Pflanzenteilen.

Der Begriff des landwirtschaftlichen Betriebs setzt grundsätzlich keine Mindestgröße voraus.[24] Vor dem Hintergrund der Abgrenzung zur Liebhaberei ist im Allgemeinen davon auszugehen, dass steuerlich kein landwirtschaftlicher Betrieb vorliegt, wenn die bewirtschafteten Grundstücksflächen, sofern sie nicht intensiv

---

21 Schnitter, in: Frotscher, EStG, § 13 Rz. 121.
22 BFH vom 23.01.1992 IV R 19/90 (BStBl 1992 II S. 651).
23 BFH vom 05.11.1981 IV R 180/77 (BStBl 1982 II S. 158).
24 BFH vom 04.03.1987 II R 8/86 (BStBl 1987 II S. 370) und vom 05.05.2011 IV R 48/08 (BStBl 2011 II S. 792).

genutzt werden, z. B. für Sonderkulturen, Gemüse-, Blumen- und Zierpflanzenbau, Baumschulen oder Weinbau, nicht größer als 0,3 ha sind.[25] Die 0,3 ha-Grenze ist keine starre Grenze.[26] Maßgebend für die Beurteilung sind die Verhältnisse des Einzelfalls. Ebenfalls nicht Voraussetzung für einen landwirtschaftlichen Betrieb ist voller **landwirtschaftlicher Besatz** (Betriebsgebäude, Maschinen, sonstige Betriebsmittel)[27] oder das Vorhandensein von **Eigentumsflächen** oder einer **Hofstelle**.[28]

17.4.4.3 Forstwirtschaft (§ 13 Abs. 1 Nr. 1 Satz 1 EStG)

Forstwirtschaft ist die unter Beteiligung am allgemeinen wirtschaftlichen Verkehr mit Gewinnerzielungsabsicht selbständig und nachhaltig ausgeübte Tätigkeit, die auf der planmäßigen Nutzung der natürlichen Kräfte des Waldbodens zur Gewinnung von Nutzhölzern und ihrer Verwertung im Weg der Holzernte beruht.[29] Des Weiteren umfasst der Begriff der Forstwirtschaft auch die Gewinnung von Baumfrüchten, Beeren, Pilzen, Nadeln, Laub und Moos sowie Heide. Hierbei ist unschädlich, wenn das Recht zum Sammeln Dritten gegen Entgelt eingeräumt wird.[30] Ohne Bedeutung für die Einordnung als forstwirtschaftlicher Betrieb ist auch, ob der Forstwirt das Holz selbst einschlägt und veräußert oder ob er Selbsterwerbern das Trennungs- und Aneignungsrecht für bestimmte Flächen oder Bäume überlässt.[31]

Eine gewisse Mindestgröße ist Voraussetzung für die Annahme eines Forstbetriebs. Eine generelle Festlegung der Mindestgröße ist wegen der unterschiedlichen Nutzholzarten nicht möglich. Vielmehr ist bei Flächen mit Nutzholzbestand zu prüfen, ob die Fläche nach ihrer Größe und dem jeweiligen Holzbestand zur Erzielung von Einkünften objektiv geeignet ist.

Im Regelfall **keine Forstwirtschaft** stellen dar einzelne Bäume oder Baumreihen, die ein landwirtschaftlich genutztes Grundstück einrahmen oder durchziehen.[32] Entsprechendes gilt für Forstflächen, die zu einem landwirtschaftlichen Betrieb gehören (Bauernwald). Stellt der Land- und Forstwirt Teile seines Waldes als Friedwald zur Verfügung, führen die daraus erzielten Einnahmen ebenfalls nicht zu land- und forstwirtschaftlichen Einkünften.[33] Gleiches gilt für die Unterhaltung eines Wild-

---

25 OFD Rheinland vom 16.12.2001 – S 2230 – St 157 (EStG-Kartei NW §§ 13, 13a EStG Fach 1 Nr. 800).
26 Giere, in: Felsmann, Einkommensbesteuerung der Land- und Forstwirte, A Rz. 3e; Schnitter, in: Frotscher, EStG, § 13 Rz. 45.
27 BFH vom 04.03.1987 II R 8/86 (BStBl 1987 II S. 370).
28 Mitterpleininger, in: Littmann/Bitz/Pust, EStG, § 13 Rz. 8.
29 BFH vom 18.03.1976 IV R 52/72 (BStBl 1976 II S. 482); vom 26.06.1985 IV R 149/83 (BStBl 1985 II S. 549); vom 13.04.1989 IV R 30/87 (BStBl 1989 II S. 718).
30 Giere, in: Felsmann, Einkommensbesteuerung der Land- und Forstwirte, A Rz. 11a.
31 Paul, in: Herrmann/Heuer/Raupach, EStG/KStG, § 13 EStG Rz. 62.
32 Mitterpleininger, in: Littmann/Bitz/Pust, EStG, § 13 Rz. 9.
33 Mitterpleininger, in: Littmann/Bitz/Pust, EStG, § 13 Rz. 9.

parks oder Wildgeheges auf eingezäunten Forstflächen, wenn die Bewirtschaftung der Forstflächen in den Hintergrund tritt.[34]

17.4.4.4 Weinbau (§ 13 Abs. 1 Nr. 1 Satz 1 EStG)

Zu den Einkünften aus Land- und Forstwirtschaft gehören nach § 13 Abs. 1 Nr. 1 Satz 1 EStG auch die Einkünfte aus dem **Weinbau,** der die Erzeugung von Trauben durch Bodenbewirtschaftung zum Gegenstand hat. Hierzu zählt auch die Verarbeitung der Trauben zu Wein oder Traubensaft.[35] Der sich an diese Tätigkeit anschließende Verkauf der Erzeugnisse stellt ein landwirtschaftliches Hilfsgeschäft dar. Die Herstellung des Weins kann dabei nur dann zu einer landwirtschaftlichen Betätigung führen, wenn sie überwiegend aus eigenen Trauben erfolgt.

Herstellung und Vertrieb von **Sekt** sind dem landwirtschaftlichen Bereich zuzuordnen, wenn der Sekt aus Grundweinen hergestellt wird, die ausschließlich aus selbst erzeugten Trauben gewonnen worden sind. Insoweit liegt ein landwirtschaftlicher Nebenbetrieb vor. Sekt aus zugekauften Grundweinen gilt als gewerbliches Produkt. Er kann ab dem Wirtschaftsjahr 2012 bzw. dem abweichenden Wirtschaftsjahr 2012/2013 nur dann dem Bereich der Landwirtschaft nach R 15.5 Abs. 3 Satz 6 und Satz 7 i. V. m. Abs. 11 EStR zugeordnet werden, wenn der Sekt im Rahmen der Direktvermarktung an Endverbraucher abgesetzt wird und der Umsatz daraus einschließlich weiterer Umsätze nach R 15.5 Abs. 3 bis Abs. 8 EStR nicht mehr als 1/3 des Gesamtumsatzes und nicht mehr als 51.500 Euro beträgt. Dabei dürfen die Umsätze aus den Tätigkeiten i. S. von R 15.5 Abs. 3 bis Abs. 8 EStR und R 15.5 Abs. 9 und Abs. 10 EStR nicht mehr als 50 % des Gesamtumsatzes betragen. Bei der Ermittlung der Umsätze ist von den Betriebseinnahmen ohne Umsatzsteuer auszugehen. Soweit es auf den Gesamtumsatz ankommt, ist hierunter die Summe der Betriebseinnahmen ohne Umsatzsteuer zu verstehen. Liegen die genannten Voraussetzungen nicht vor, erzielt der Steuerpflichtige unter den Voraussetzungen des Strukturwandels Einkünfte aus Gewerbebetrieb. Der daneben bestehende Betrieb der Land- und Forstwirtschaft bleibt hiervon unberührt.

17.4.4.5 Gartenbau (§ 13 Abs. 1 Nr. 1 Satz 1 EStG)

Zu den Einkünften aus Land- und Forstwirtschaft gehören nach § 13 Abs. 1 Nr. 1 Satz 1 EStG auch die Einkünfte aus dem **Gartenbau.** Hierunter fallen der Gemüse-, Blumen- und Zierpflanzenbau, der Obstbau und die Baumschulen. Zum Gartenbau gehören die planmäßige Gewinnung und Verwertung der genannten pflanzlichen Erzeugnisse. Der Gartenbau ist abzugrenzen gegenüber der Tätigkeit eines Gartenbauunternehmens, das sich ausschließlich oder überwiegend mit der Errichtung von

---

34 Giere, in: Felsmann, Einkommensbesteuerung der Land- und Forstwirte, A Rz. 11c.
35 BFH vom 27.02.1987 III R 270/83 (BFH/NV 1988 S. 85) und vom 10.11.1988 VIII R 419/83 (BStBl 1989 II S. 284).

Gartenanlagen befasst. Es liegt eine gewerbliche Betätigung vor.[36] Auch Landschafts- und Friedhofsgärtnereien sind im Regelfall mangels Zusammenhangs mit landwirtschaftlicher Urproduktion Gewerbebetriebe i. S. von § 15 EStG.[37]

Obstbau ist die planmäßige Gewinnung und Verwertung von Obst. Die Gewinnung von Weintrauben gehört zum Weinbau. Erfolgen kann der Obstbau – je nach Intensität der Bewirtschaftung - sowohl im Rahmen einer landwirtschaftlichen als auch im Rahmen einer gärtnerischen Nutzung, wobei der nicht planmäßige extensive Obstanbau zur landwirtschaftlichen Tätigkeit gehört.[38] Unter **Gemüsebau** ist zu verstehen die planmäßige Gewinnung und Verwertung von Gemüse unter besonders intensiver Bodenbearbeitung. Demgegenüber fällt der feldmäßige Anbau von Gemüsearten im Rahmen der Fruchtfolge als Hauptkultur unter die landwirtschaftliche Tätigkeit. Erfolgen kann der Gemüsebau auf Freilandflächen oder auf Flächen unter Glas oder Kunststoffen. **Baumschulen** sind Betriebe, in denen Pflanzen oder Pflanzenteile mit Hilfe der Naturkräfte gewonnen werden, um sie zu veräußern. Abzugrenzen sind die Baumschulen von den Forstbetrieben. Baumschulen erzeugen und verwerten Junggehölze aus Sämlingen, Ablegern oder Stecklingen mit Hilfe der Naturkräfte. Demgegenüber sind Forstbetriebe mit der Erzeugung von Nutzholz befasst. Unter den **Anbau von Zierpflanzen** fällt deren planmäßige Gewinnung und Verwertung durch verfeinerte Bodenbewirtschaftung. Erfolgen kann dies auf Freilandflächen oder auf Flächen unter Glas bzw. Kunststoffen.

17.4.4.6 Gewinnung von Pflanzen und Pflanzenteilen mit Hilfe der Naturkräfte
(§ 13 Abs. 1 Nr. 1 Satz 1 EStG)

Bei diesem Tatbestand handelt es sich um einen **Auffangtatbestand.** Hierunter fällt insbesondere die Erzeugung von Pflanzen, die weder Obst, Gemüse, Blumen, Zierpflanzen oder Gehölze darstellen. Dies sind z. B. Getreide, Kartoffeln, Gras oder Stamm- und Knüppelholz. Gleiches gilt auch für Schmuckgrün, Heilpflanzen oder fleischfressende Pflanzen. Es kommt nicht darauf an, ob die Pflanzen auf dem Acker oder Grünland, im Garten, im Freien oder im Gewächshaus, im Blumentopf oder in Kästen, in Containern oder z. B. in einem Hydrokultur-System gewachsen sind.

Die Pflanzen oder Pflanzenteile müssen im eigenen Betrieb mit Hilfe der Naturkräfte erzeugt werden. Der Erzeugungsprozess muss auf den Wachstumskräften der Natur beruhen. Dass dafür z. B. Saatgut, Sämlinge oder Jungpflanzen erworben werden müssen, steht der Erzeugung von Pflanzen oder Pflanzenteilen mit Hilfe der Naturkräfte nicht entgegen, solange für das Erzeugnis der natürliche Wachstumsprozess im eigenen Betrieb den Ausschlag gibt.

---
36 BFH vom 27.09.1963 VI 304/62 U (BStBl 1963 III S. 537).
37 Paul, in: Herrmann/Heuer/Raupach, EStG/KStG, § 13 EStG Rz. 67.
38 Schnitter, in: Frotscher, EStG, § 13 Rz. 70.

17.4.4.7 Tierzucht und Tierhaltung (§ 13 Abs. 1 Nr. 1 Satz 2 bis 4 EStG)

Zu den Einkünften aus Land- und Forstwirtschaft gehören auch Einkünfte aus landwirtschaftlicher Tierzucht und Tierhaltung, sofern die in § 13 Abs. 1 Nr. 1 Sätze 2 bis 4 EStG genannten Voraussetzungen vorliegen. Hierzu gehört auch die Veräußerung der entsprechenden tierischen Produkte, wie z. B. Lebendvieh, Schlachtkörper oder Milch und Wolle.

Tierzucht ist die planmäßige Paarung von Tieren zur Erzeugung von Nachkommen unter Selektion bestimmter erblicher Eigenschaften oder Merkmale.[39] **Tierhaltung** ist die Übernahme der Obhut über Tiere.[40] Dabei stellt auch die Haltung fremder Tiere grundsätzlich Tierhaltung dar.[41]

Die **Bodenbewirtschaftung** muss Grundlage für die Tierzucht und Tierhaltung sein.[42] Einkünfte aus Tierzucht und Tierhaltung gehören nur dann zu den Einkünften aus Land- und Forstwirtschaft, wenn die erzeugten oder gehaltenen Tiere je ha der regelmäßig landwirtschaftlich genutzten Fläche eine bestimmte Zahl nicht überschreiten. Tiere i. S. von § 13 Abs. 1 Nr. 1 Satz 2 EStG sind dabei nur auf pflanzlicher Basis bodenabhängig ernährte und nach der Verkehrsanschauung der Land- und Forstwirtschaft zuzurechnende Nutztiere.[43] Hierbei kommt es im konkreten Einzelfall nicht darauf an, ob tatsächlich selbst erzeugtes oder ausschließlich zugekauftes Futter verwendet wird.

Welche Tiere als landwirtschaftstypisch anzusehen sind, bestimmt sich nach der **Verkehrsauffassung.** Der Landwirtschaft zuzurechnen sind landwirtschaftliche Nutztiere. Dies sind in erster Linie Tiere, die in den Anlagen 1 und 2 zu § 51 BewG genannt sind.[44] Bei Tieren, die dort nicht genannt sind, kommt eine Zuordnung zur Land- und Forstwirtschaft nur in Betracht, wenn sie in der Land- und Forstwirtschaft entweder als Arbeitstiere gehalten werden oder bodenunabhängig sind und der menschlichen Ernährung dienen oder bodenabhängig sind und nach der in Deutschland bestehenden Verkehrsanschauung der Land- und Forstwirtschaft zugerechnet werden.[45] Zu den in diesem Sinne landwirtschaftstypischen Tieren gehören insbesondere Pferde, Rindvieh, Schafe, Ziegen, Schweine und Geflügel.[46] Gleiches gilt auch für Alpakas, Damtiere, (Zwerg-)Kaninchen, Lamas, Strauße, Jagdfasane und Wachteln.[47] Ebenso gehören hierzu Esel, Maultiere oder zum Verzehr bestimmte Schnecken.

---

39 Paul, in: Herrmann/Heuer/Raupach, EStG/KStG, § 13 EStG Rz. 76.
40 Paul, in: Herrmann/Heuer/Raupach, EStG/KStG, § 13 EStG Rz. 76.
41 Paul, in: Herrmann/Heuer/Raupach, EStG/KStG, § 13 EStG Rz. 76.
42 BFH vom 16.11.1978 IV R 191/74 (BStBl 1979 II S. 246).
43 BFH vom 16.12.2004 IV R 4/04 (BStBl 2005 II S. 347).
44 BFH vom 31.03.2004 I R 71/03 (BStBl 2004 II S. 742).
45 Giere, in: Felsmann, Einkommensbesteuerung der Land- und Forstwirte, A Rz. 32.
46 Anlage 1 zum BewG.
47 R 13.2 Abs. 1 EStR.

17.4 Begriff der Einkünfte aus Land- und Forstwirtschaft

Der Landwirtschaft zuzurechnen ist bei vorhandener flächenmäßiger Futtergrundlage auch die Pferdehaltung für Zwecke der **Vermietung zu Reitzwecken**. Voraussetzung ist, dass keine weiteren ins Gewicht fallenden Leistungen erbracht werden, die nicht der Landwirtschaft zuzurechnen sind.[48] Wird z. B. Reitunterricht von nicht nur untergeordneter Bedeutung erteilt, werden aus dem gesamten Pferdehaltungs- und Reitbetrieb gewerbliche Einkünfte erzielt.[49] Bei vorhandener flächenmäßiger Grundlage führen auch **Pferdezucht und Pferdehaltung** zu Einkünften aus Land- und Forstwirtschaft, sofern sie gegenüber anderen Tätigkeiten nicht völlig in den Hintergrund tritt. Der Fall ist dies z. B. beim Betrieb eines Rennstalls. Er führt, sofern keine Liebhaberei vorliegt, zu gewerblichen Einkünften.[50] Ebenfalls zu gewerblichen Einkünften führt der An- und Verkauf von Pferden i. S. eines Pferdehandels[51] oder die Ausbildung fremder Pferde.[52] Der Landwirtschaft zuzuordnen ist auch die **Pensionstierhaltung** von Pferden. Dabei darf die Betreuung der Pferde nicht über das Unterstellen und Füttern hinausgehen.[53] Unschädlich ist das Zurverfügungstellen von Reitanlagen oder Reithallen, wenn diese den Umfang, der für eine artgerechte Pferdehaltung erforderlich ist, nicht übersteigen.[54] Schädlich ist z. B. das Anbieten von Freizeit- oder Übernachtungsmöglichkeiten.[55]

Fleischfressende Tiere gehören nicht zu den Tieren i. S. von § 13 Abs. 1 Nr. 1 Satz 2 EStG. Von daher gehören **pflanzenfressende Pelztiere**, wie z. B. Sumpfbiber, Chinchilla oder Karakulschafe, zur landwirtschaftlichen Tierhaltung. Nach § 51 Abs. 5 BewG i. V. m. § 13 Abs. 1 Nr. 1 Satz 4 EStG gilt dies allerdings nur, wenn die für die erzeugten und gehaltenen Pelztiere erforderlichen Futtermittel überwiegend von der selbstgenutzten Fläche des Betriebsinhabers gewonnen werden. Hier müssen die verwendeten Futtermittel also tatsächlich überwiegend auf den landwirtschaftlich genutzten Flächen erzeugt werden. Die Haltung **fleischfressender Pelztiere,** wie z. B. von Nerzen, Iltissen oder Füchsen, führt zu gewerblichen Einkünften.[56] Zur land- und forstwirtschaftlichen Tierzucht und Tierhaltung gehören auch **Besamungsstationen**.[57] Die Zucht und das Halten von Brieftauben, Kanarienvögeln oder Kleintieren wie Meerschweinchen, Zwergkaninchen, Hamstern, Ratten und Mäusen stellen eine gewerbliche Tätigkeit dar.[58] Gleiches gilt für die Zucht von **Hunden und Katzen**.[59] Zu gewerblichen Einkünften führt auch das Abhalten von **Tier-**

---

48 BFH vom 24.01.1989 VIII R 91/83 (BStBl 1989 II S. 416).
49 BFH vom 23.09.1988 III R 182/84 (BStBl 1989 II S. 111).
50 BFH vom 19.07.1990 IV R 82/89 (BStBl 1991 II S. 333).
51 Mitterpleininger, in: Littmann/Bitz/Pust, EStG, § 13 Rz. 20c.
52 Giere, in: Felsmann, Einkommensbesteuerung der Land- und Forstwirte, A Rz. 33a.
53 Mitterpleininger, in: Littmann/Bitz/Pust, EStG, § 13 Rz. 20c.
54 BFH vom 23.09.1988 II R 182/84 (BStBl 1989 II S. 111).
55 BFH vom 25.10.1988 VIII R 262/80 (BStBl 1989 II S. 291).
56 BFH vom 19.12.2002 IV R 47/01 (BStBl 2003 II S. 507).
57 BFH vom 19.07.1955 I 203/53 U (BStBl 1955 III S. 281).
58 BFH vom 22.09.1992 VII R 45/92 (BStBl 1993 II S. 200) und vom 16.12.2004 IV R 4/04 (BStBl 2005 II S. 347).
59 BFH vom 30.10.1980 VIII R 22/79 (BStBl 1981 II S. 210).

schauen z. B. in Wildparks oder der Betrieb von **Tierheimen** oder **Hundepensionen.**
Die Abgrenzungsmerkmale „Anzahl der Vieheinheiten" und „Größe der landwirtschaftlich genutzten Fläche" gelten für den einzelnen Betrieb. Bei mehreren Betrieben kommt eine Zusammenrechnung der landwirtschaftlichen Nutzflächen bzw. der Vieheinheiten nicht in Betracht.

Die **Zahl der zulässigen Vieheinheiten** bestimmt sich nach der Größe der landwirtschaftlich genutzten Fläche. Es werden gewährt

- für die ersten 20 ha nicht mehr als 10 Vieheinheiten,
- für die nächsten 10 ha nicht mehr als 7 Vieheinheiten,
- für die nächsten 20 ha nicht mehr als 6 Vieheinheiten,
- für die nächsten 50 ha nicht mehr als 3 Vieheinheiten und
- für die weitere Fläche nicht mehr als 1,5 Vieheinheiten

je ha der vom Inhaber des Betriebs regelmäßig landwirtschaftlich genutzten Fläche.
Maßgebend sind zunächst die regelmäßig durch den Inhaber des landwirtschaftlichen Betriebs **selbst bewirtschafteten Flächen.** Berücksichtigt wird die Fläche je ha. Ein angefangener ha zählt nicht mit.[60] Nicht tatsächlich bewirtschaftete Flächen werden nicht berücksichtigt. Abzustellen ist auf die Verhältnisse im jeweiligen Wirtschaftsjahr. Ob auf den landwirtschaftlich genutzten Flächen tatsächlich das im Betrieb verwendete Futter angebaut wird, ist unmaßgeblich. § 13 Abs. 1 Nr. 1 Satz 2 EStG stellt nur ab auf das grundsätzliche Vorhandensein einer eigenen Futtergrundlage.[61] Von daher wäre bei ausreichender Futtergrundlage auch der Zukauf des gesamten Futters unschädlich.

Zu den **landwirtschaftlich genutzten Flächen** gehören die bewirtschafteten eigenen, die hinzugepachteten und die aufgrund anderer Nutzungsmöglichkeiten, wie z. B. Nießbrauch, bewirtschafteten Flächen.

Die Flächen müssen **landwirtschaftlich genutzt** werden. Dies bestimmt sich nach § 13 Abs. 1 Nr. 1 Satz 4 EStG i. V. m. § 51 Abs. 2 bis Abs. 5 i. V. m. Abs. 1 BewG. Zu den landwirtschaftlich genutzten Flächen gehören insbesondere die reinen landwirtschaftlichen Nutzflächen einschließlich der Flächen mit landwirtschaftlichen Sonderkulturen. Obstbauflächen werden zur Hälfte angerechnet[62] und Almen und Hutungen zu einem Viertel.[63] Keine landwirtschaftlich genutzten Flächen sind insbesondere Weinbau- und Forstflächen, Flächen, die dem Gemüse-, Blumen- und Zierpflanzenanbau sowie der sonstigen land- und forstwirtschaftlichen Nutzung dienen, Flächen der Nebenbetriebe, des Abbaulandes, des Geringstlandes und des

---
60 BFH vom 13.07.1989 V R 110/84 (BStBl 1989 II S. 1036).
61 BFH vom 17.12.2008 IV R 34/06 (BStBl 2009 II S. 453).
62 R 13.2 Abs. 3 EStR.
63 R 13.2 Abs. 3 EStR.

17.4 Begriff der Einkünfte aus Land- und Forstwirtschaft

Unlandes, Hof- und Gebäudeflächen[64] sowie Flächenteile, die für nicht landwirtschaftliche Zwecke verwendet werden. Berücksichtigt werden dabei nur solche landwirtschaftlich genutzten Flächen, die zum tierhaltenden Betrieb gehören.

Nach § 51 Abs. 5 BewG i. V. m. § 13 Abs. 1 Nr. 1 Satz 4 EStG sind **pflanzenfressende Pelztiere** nur dann der landwirtschaftlichen Tierhaltung zuzuordnen, wenn die für die erzeugten und gehaltenen Pelztiere erforderlichen Futtermittel überwiegend von der landwirtschaftlich selbstgenutzten Fläche des Betriebsinhabers gewonnen werden. Treffen Pelztierhaltung und landwirtschaftliche Tierhaltung zusammen, ist die für die Pelztierhaltung verwendete Fläche bei der Berechnung der regelmäßig landwirtschaftlich genutzten Fläche, die Grundlage der landwirtschaftlichen Tierhaltung ist, auszuscheiden.[65]

> **Beispiel:**[66]
> Der Landwirt A betreibt eine landwirtschaftliche Pelztierhaltung. Zur Gewinnung des nötigen Futters werden 3 ha landwirtschaftlich genutztes Land benötigt. Der landwirtschaftliche Betrieb umfasst insgesamt 10 ha.
> Bei der Prüfung der Frage, ob die Mindestflächendeckung gegeben ist, muss von einer landwirtschaftlich genutzten Fläche von 7 ha ausgegangen werden.

Nunmehr sind die im jeweiligen Wirtschaftsjahr erzeugten und gehaltenen Tiere zu ermitteln. Anschließend sind diese nach § 13 Abs. 1 Nr. 1 Satz 3 EStG nach dem Futterbedarf in Vieheinheiten umzurechnen.

Bei der **Ermittlung der Tierbestände** ist von den regelmäßig und nachhaltig im Wirtschaftsjahr erzeugten und den im Durchschnitt des Wirtschaftsjahres gehaltenen Tieren auszugehen. Erzeugte Tiere sind Tiere, deren Zugehörigkeit zum Betrieb sich auf eine Mastperiode oder auf einen Zeitraum von weniger als einem Jahr beschränkt und die danach verkauft oder verbraucht werden.[67] Gehaltene Tiere sind alle Tiere, bei denen es sich nicht um erzeugte Tiere handelt.[68] Bei der Ermittlung der Tierbestände kommt es auf die Eigentumsverhältnisse an den Tieren nicht an. Von daher sind z. B. auch Pensionstiere zu berücksichtigen.[69]

Umzurechnen sind die Tierbestände nach § 13 Abs. 1 Nr. 1 Satz 3 EStG typisierend nach dem Futterbedarf **in Vieheinheiten**. Anzuwenden ist nach § 13 Abs. 1 Nr. 1 Satz 4 EStG i. V. m. § 51 Abs. 4 Satz 1 BewG der Umrechnungsschlüssel nach Anlage 1 zum BewG. Er entspricht dem Umrechnungsschlüssel in R 13.2 Abs. 1 Satz 5 EStR. Auf den tatsächlichen Futterbedarfs der Tiere kommt es nicht an.[70]

---

64 R 13.2 Abs. 3 EStR.
65 Schnitter, in: Frotscher, EStG, § 13 Rz. 103.
66 Schnitter, in: Frotscher, EStG, § 13 Rz. 103.
67 R 13.2 Abs. 1 Satz 2 EStR.
68 R 13.2 Abs. 1 Satz 5 EStR.
69 BFH vom 14.04.1988 IV R 40/86 (BStBl 1988 II S. 774).
70 BFH vom 16.12.2009 II R 45/07 (BStBl 2011 II S. 808).

Beim **Zukauf von Tieren** kann es zur Anwendung der Differenzmethode kommen. In diesen Fällen ergibt sich die Schlüsselzahl aus der Differenz zwischen dem Umrechnungsschlüssel für das im Betrieb gehaltene Tier abzüglich der Schlüsselzahl für das Tier im Zeitpunkt des Erwerbs.

Beispiel:
Mastschweine werden aus zugekauften Läufern (über etwa 30 bis etwa 45 kg) erzeugt. Die anzuwendende Schlüsselzahl beträgt: 0,16 VE (Mastschweine) – 0,06 VE (Läufer) = 0,10 VE.

Übersteigt die Anzahl der Vieheinheiten nachhaltig den anhand der Flächen ermittelten Höchstbetrag, gehören nach § 13 Abs. 1 Nr. 1 Satz 4 EStG i. V. m. § 51 Abs. 2 BewG nur die Zweige des Tierbestands zur landwirtschaftlichen Nutzung, deren Vieheinheiten zusammen diese Grenzen nicht überschreiten. Auszuscheiden als gewerbliche Tierzucht und Tierhaltung sind zunächst die weniger flächenabhängigen Tierzweige und danach die mehr flächenabhängigen Tierzweige. Welche Tierzweige zu den mehr flächenabhängigen und welche zu den weniger flächenabhängigen gehören, folgt aus der Anlage 2 zum BewG. Zu den mehr flächenabhängigen Tierzweigen gehören die Pferdezucht bzw. Pferdehaltung, die Schafzucht bzw. Schafhaltung, die Rindviehzucht, die Milchviehhaltung und die Rindviehmast. Weniger flächenabhängige Tierzweige sind die Schweinezucht bzw. Schweinemast, die Geflügelzucht bzw. Geflügelmast und die Legehennenhaltung. Nicht aufgeführt in der Anlage 2 zum BewG sind der Tierzweig „Kälbermast" und die Tierarten „Kaninchen" und „Damwild". Sie zählen zu den mehr flächenabhängigen Tierzweigen.[71]

Als **Zweig des Tierbestands** gilt nach § 13 Abs. 1 Nr. 1 Satz 4 EStG i. V. m. § 53 Abs. 3 Satz 1 BewG bei jeder Tierart für sich das Zugvieh, das Zuchtvieh, das Mastvieh und das übrige Nutzvieh. Das Zuchtvieh einer Tierart gilt nach § 13 Abs. 1 Nr. 1 Satz 4 EStG i. V. m. § 51 Abs. 3 Satz 2 und Satz 3 BewG nur unter der Voraussetzung als besonderer Zweig des Tierbestands, dass die erzeugten Jungtiere überwiegend zum Verkauf bestimmt sind. Ist dem nicht so, ist das Zuchtvieh dem Zweig des Tierbestands zuzurechnen, dem es überwiegend dient.[72] Sind innerhalb der weniger flächenabhängigen Tierzweige bzw. der mehr flächenabhängigen Tierzweige Tierzweige auszuscheiden, ist zwingend mit dem Tierzweig, der die größere Anzahl an Vieheinheiten aufweist, zu beginnen. Eine Aufteilung innerhalb eines einzelnen Tierzweigs ist ausgeschlossen.

Übersteigt die Anzahl der tatsächlichen Vieheinheiten nachhaltig den anhand der landwirtschaftlich genutzten Flächen ermittelten Höchstbetrag an Vieheinheiten, gehört der Teil der Tierzucht und Tierhaltung, der nicht mehr der Landwirtschaft zugerechnet werden kann, in vollen Umfang zur gewerblichen Tierzucht und **Tierhaltung**. In diesen Fällen liegen ein landwirtschaftlicher und ein gewerblicher

---

71 Schnitter, in: Frotscher, EStG, § 13 Rz. 113.
72 H 13.2 „Zweige des Tierbestands bei jeder Tierart" EStH.

17.4 Begriff der Einkünfte aus Land- und Forstwirtschaft

Betrieb vor. Wird der Betrieb durch eine Personengesellschaft bewirtschaftet, gilt § 15 Abs. 3 Nr. 1 EStG.

Beispiele:[73]

a) Die landwirtschaftlich genutzte Fläche beträgt 5 ha. Es werden 1.500 Weideschafe von einem Jahr und älter gehalten.

Bei 5 ha können nach § 13 Abs. 1 Nr. 1 Satz 2 EStG 50 Vieheinheiten und damit nach der Anlage 1 zum BewG 500 Weideschafe (50 VE : 0,10 VE) von einem Jahr und älter gehalten werden. Es werden aber 1.500 Weideschafe von einem Jahr und älter gehalten. Die Grenze der zulässigen Vieheinheiten ist überschritten. Da es sich um einen einzigen Tierzweig handelt, ist der gesamte Tierbestand nicht mehr der landwirtschaftlichen Tierzucht und Tierhaltung, sondern der gewerblichen Tierzucht und Tierhaltung zuzurechnen.

b) Die landwirtschaftlich genutzte Fläche beträgt 50 ha. Es werden folgende Tiere gehalten: 5 Pferde über 3 Jahre, 5 Pferde unter 3 Jahren, 50 Zuchtbullen, 100 Mastrinder, 50 Kälber, 300 Mastschweine, 200 schwere Ferkel und 100.000 Jungmasthühner.

Bei 50 ha können nach § 13 Abs. 1 Nr. 1 Satz 2 EStG 390 Vieheinheiten (20 ha × 10 VE + 10 ha × 7 VE + 20 ha × 6 VE = 390 VE) gehalten werden.

Die tatsächlich gehaltenen Vieheinheiten ermitteln sich nach der Anlage 1 zum BewG wie folgt:

5 Pferde über drei Jahre (5 × 1,10 VE)	5,50 VE
5 Pferde unter drei Jahren (5 × 0,70 VE)	3,50 VE
50 Zuchtbullen (50 × 1,20 VE)	60,00 VE
100 Mastrinder (100 × 1,00 VE)	100,00 VE
50 Kälber (50 × 0,30 VE)	15,00 VE
300 Mastschweine (300 × 0,16 VE)	48,00 VE
200 schwere Ferkel (200 × 0,04 VE)	8,00 VE
100.000 Jungmasthühner (100.000 × 0,0017 VE)	170,00 VE
insgesamt	410,00 VE

Die Grenze der zulässigen Vieheinheiten ist überschritten.

Übersteigt die Anzahl der Vieheinheiten nachhaltig den anhand der Flächen ermittelten Höchstbetrag, gehören nach § 13 Abs. 1 Nr. 1 Satz 4 EStG i. V. m. § 51 Abs. 2 BewG nur die Zweige des Tierbestands zur landwirtschaftlichen Nutzung, deren Vieheinheiten zusammen diese Grenzen nicht überschreiten. Dabei sind als gewerbliche Tierzucht und Tierhaltung zunächst die weniger flächenabhängigen Tierzweige und danach, sofern die für die landwirtschaftliche Tierzucht und Tierhaltung geltenden Höchstgrenzen an Vieheinheiten immer noch nicht unterschritten ist, die mehr flächenabhängigen Tierzweige auszuscheiden. Bei Ausscheidung innerhalb der weniger flächenabhängigen Tierzweige bzw. der mehr flächenabhängigen Tierzweige ist zwingend mit dem Tierzweig zu beginnen, der die größere Anzahl an Vieheinheiten aufweist.

Nach der Anlage 2 zum BewG gehören zu den mehr flächenabhängigen Tierzweigen die Pferde, die Zuchtbullen, die Mastrinder und die Kälber. Zu den weniger flächenabhängigen Tierzweigen rechnen die Mastschweine, die schweren Ferkel und die Jungmasthühner.

---
[73] Schnitter, in: Frotscher, EStG, § 13 Rz. 116.

Demgemäß sind die Jungmasthühner auszuscheiden. Sie sind der gewerblichen Tierzucht und Tierhaltung zuzurechnen. Eine Aufteilung dieses einheitlichen Tierzweigs scheidet aus. Der übrige Tierbestand mit insgesamt 240 Vieheinheiten ist der landwirtschaftlichen Tierzucht und Tierhaltung zuzurechnen.

Zu dem Gewerbebetrieb „Jungmasthühner" gehören die hierfür verwendeten Gebäude nebst Grund und Boden einschließlich der dazugehörigen Betriebsmittel. Die nunmehr dem Gewerbebetrieb dienenden Wirtschaftsgüter sind nach § 6 Abs. 5 Satz 1 EStG zum Buchwert aus dem landwirtschaftlichen Betriebsvermögen in dasjenige des Gewerbebetriebs zu überführen.

Nur die **nachhaltige Überschreitung** der Mindestflächendeckung führt zu gewerblichen Einkünften aus Tierzucht und Tierhaltung.[74] Ein nur vorübergehendes Überschreiten führt noch nicht zur Annahme eines Gewerbebetriebs. Hinsichtlich des Merkmals der Nachhaltigkeit gelten die Grundsätze des Strukturwandels.

17.4.4.8 Gemeinschaftliche Tierhaltung (§ 13 Abs. 1 Nr. 1 Satz 5 EStG)

Nach § 13 Abs. 1 Nr. 1 Satz 5 EStG gehören Einkünfte aus Tierzucht und Tierhaltung einer Gesellschaft, bei der die Gesellschafter als Mitunternehmer anzusehen sind, zu den Einkünften aus Land- und Forstwirtschaft, wenn die Voraussetzungen nach § 51a BewG erfüllt sind und andere Einkünfte der Gesellschafter aus dieser Gesellschaft zu den Einkünften aus Land- und Forstwirtschaft gehören.

Eine der Landwirtschaft zuzuordnende Tierzucht und Tierhaltung kann nur vorliegen, wenn im landwirtschaftlichen Betrieb selbst in ausreichendem Maße landwirtschaftlich genutzte Flächen bewirtschaftet werden. Fehlt es daran, liegen ganz oder teilweise Einkünfte aus gewerblicher Tierzucht und Tierhaltung vor. Landwirte können sich nach § 13 Abs. 1 Nr. 1 Satz 5 EStG i. V. m. § 51a BewG zu **Tierhaltungsgemeinschaften** zusammenschließen. Derartige Tierhaltungsgemeinschaften bewirtschaften im Regelfall keine eigenen landwirtschaftlich genutzten Flächen. Dies würde zu Einkünften aus Gewerbebetrieb führen. Liegen allerdings die in § 13 Abs. 1 Nr. 1 Satz 5 EStG i. V. m. § 51a BewG genannten Voraussetzungen vor, erzielen die an der Tierhaltungsgemeinschaft beteiligten Landwirte Einkünfte aus Land- und Forstwirtschaft mit der Folge, dass sie die für die Land- und Forstwirtschaft geltenden Steuervergünstigungen in Anspruch nehmen können.

§ 13 Abs. 1 Nr. 1 Satz 5 EStG erfasst nur Mitunternehmerschaften.

Keine Tierhaltungsgemeinschaft i. S. des § 13 Abs. 1 Nr. 1 Satz 5 EStG liegt vor bei einer Gemeinschaft, die selbst über eine für die landwirtschaftliche Tierzucht und Tierhaltung notwendige regelmäßig landwirtschaftlich genutzte Fläche verfügt. Die gemeinschaftliche Tierzucht und Tierhaltung wird in diesen Fällen durch eine Mitunternehmerschaft betrieben.

---

[74] BFH vom 19.02.2009 IV R 18/06 (BStBl 2009 II S. 654).

17.4 Begriff der Einkünfte aus Land- und Forstwirtschaft

Eine Tierhaltungsgemeinschaft i. S. von § 13 Abs. 1 Nr. 1 Satz 5 EStG liegt nur vor, wenn alle persönlichen und sachlichen Voraussetzungen des § 13 Abs. 1 Nr. 1 Satz 5 EStG i. V. m. § 51a BewG erfüllt sind.[75]

Voraussetzungen für das Vorliegen einer Tierhaltungsgemeinschaft sind:

- Alle Gesellschafter müssen nach § 51a Abs. 1 Satz 1 Nr. 1 Buchst. a BewG aktive Inhaber eines Betriebs der Land- und Forstwirtschaft mit selbst bewirtschafteten regelmäßig landwirtschaftlich genutzten Flächen sein. Nur Inhaber von landwirtschaftlichen Betrieben können Beteiligte sein, nicht dagegen z. B. Inhaber von Weinbaubetrieben oder Nur-Forstwirte.

- Alle Gesellschafter müssen nach § 51a Abs. 1 Satz 1 Nr. 1 Buchst. b BewG nach dem Gesamtbild der Verhältnisse hauptberuflich Land- und Forstwirte sein. Abzustellen ist auf den jeweiligen Tätigkeitsumfang. Eine hauptberufliche land- und forstwirtschaftliche Tätigkeit liegt nach dem Gesamtbild der Verhältnisse vor, wenn der Land- und Forstwirt überwiegend als solcher tätig wird.[76]

- Alle Gesellschafter müssen nach § 51a Abs. 1 Satz 1 Nr. 1 Buchst. c BewG Landwirte i. S. von § 1 Abs. 2 GAL sein und dies durch eine Bescheinigung der zuständigen Alterskasse nachweisen. Darunter fallen alle Unternehmer der Land- und Forstwirtschaft, des Wein-, Obst-, Gemüse- und Gartenbaus sowie der Teichwirtschaft, deren Unternehmen eine auf Bodenbewirtschaftung beruhende Existenzgrundlage bildet. Nebenerwerbslandwirte gehören hierzu nicht.

- Alle Gesellschafter müssen nach § 51a Abs. 1 Satz 1 Nr. 1 Buchst. d BewG die sich nach § 51 Abs. 1a BewG für sie ergebende Möglichkeit zur landwirtschaftlichen Tiererzeugung und Tierhaltung in **Vieheinheiten ganz oder teilweise auf die Tierhaltungsgemeinschaft übertragen** haben. Ausreichend ist die Übertragung einer Vieheinheit. Der Tierhaltungsgemeinschaft können maximal nur die Vieheinheiten übertragen werden, die dem jeweiligen Gesellschafter nach § 13 Abs. 1 Nr. 1 Satz 2 EStG zustehen. Ein Landwirt kann sich auch an verschiedenen Tierhaltungsgemeinschaften beteiligen.

Zu beachten ist **§ 51a Abs. 1 Satz 1 Nr. 2 BewG.** Die Anzahl der von der Tierhaltungsgemeinschaft im Wirtschaftsjahr erzeugten und gehaltenen Vieheinheiten darf nicht die Summe der Vieheinheiten überschreiten, für die die Gesellschafter die Möglichkeit zur landwirtschaftlichen Tierzucht und Tierhaltung auf die Tierhaltungsgemeinschaft übertragen haben. Auch darf die Summe der Vieheinheiten von der Tierhaltungsgemeinschaft nicht überschritten werden, die sich nach § 51 Abs. 1a BewG auf der Grundlage derjenigen Flächen ergibt, die alle Gesellschafter zusammen regelmäßig landwirtschaftlich nutzen.

---

75 BFH vom 05.11.2009 IV R 13/07 (BFH/NV 2010 S. 652).
76 Paul, in: Herrmann/Heuer/Raupach, EStG/KStG, § 13 EStG Rz. 80.

Die Betriebe der Gesellschafter dürfen nach § 51a Abs. 1 Nr. 3 BewG nicht weiter als 40 km von der Produktionsstätte der Tierhaltungsgemeinschaft entfernt liegen. Geringfügige Überschreitungen dürften unerheblich sein.
Die Tierhaltungsgemeinschaft muss nach § 51a Abs. 1 Satz 2 BewG ein **Verzeichnis** führen. Aus diesem müssen für jedes einzelne Wirtschaftsjahr ersichtlich sein

- die Größe der von der Tierhaltungsgemeinschaft selbst bewirtschafteten landwirtschaftlichen Fläche in ha,
- die Größe der selbst bewirtschafteten landwirtschaftlichen Fläche der einzelnen land- und forstwirtschaftlichen Betriebe aller Gesellschafter in ha,
- die Höhe der Vieheinheiten, die jedem Gesellschafter in seinem land- und forstwirtschaftlichen Betrieb zuzurechnen sind,
- die Höhe der Vieheinheiten, die in den land- und forstwirtschaftlichen Betrieben der Gesellschafter oder innerhalb einer anderen Tierhaltungsgemeinschaft genutzt werden,
- die Höhe der von den einzelnen Gesellschaftern an die Tierhaltungsgemeinschaft übertragenen Vieheinheiten und
- die Summe der Vieheinheiten bei Einbeziehung aller selbst bewirtschafteten landwirtschaftlichen Flächen der einzelnen land- und forstwirtschaftlichen Betriebe der Gesellschafter in einen fiktiven Gesamtbetrieb, wobei die von einzelnen Gesellschaftern an eine andere Tierhaltungsgemeinschaft übertragenen Vieheinheiten abzuziehen sind.

Die Gesellschafter der Tierhaltungsgemeinschaft können **in ihrem eigenen landwirtschaftlichen Betrieb,** von dem aus sie die Möglichkeit der landwirtschaftlichen Tierzucht und Tierhaltung in Form von Vieheinheiten auf die Tierhaltungsgemeinschaft übertragen haben, selbst Tierzucht und Tierhaltung betreiben. Nach § 51a Abs. 4 BewG mindert sich bei ihnen allerdings die Möglichkeit für eine landwirtschaftliche Tierzucht und Tierhaltung um die von der Tierhaltungsgemeinschaft im Rahmen der an sie von den Gesellschaftern der Tierhaltungsgemeinschaft übertragenen Möglichkeit zur landwirtschaftlichen Tierzucht und Tierhaltung tatsächlich erzeugten und gehaltenen Vieheinheiten. Die Vieheinheiten bei den Gesellschaftern der Tierhaltungsgemeinschaft erhöhen sich insoweit, als die Tierhaltungsgemeinschaft die auf sie übertragenen Vieheinheiten nicht nutzt.

Beispiel:[77]
Die Landwirte A und B verfügen jeweils über eine landwirtschaftlich genutzte Fläche von 20 ha. Daraus ergeben sich jeweils 200 Vieheinheiten. Diese übertragen sie jeweils in voller Höhe auf eine Tierhaltungsgemeinschaft.
Auf die Tierhaltungsgemeinschaft sind 400 Vieheinheiten übertragen worden.
Zu beachten ist die Begrenzung nach § 51a Abs. 1 Satz 1 Nr. 2 BewG. Danach darf die Anzahl der von der Tierhaltungsgemeinschaft im Wirtschaftsjahr erzeugten und gehal-

---
[77] Schnitter, in: Frotscher, EStG, § 13 Rz. 143, 144.

17.4 Begriff der Einkünfte aus Land- und Forstwirtschaft

tenen Vieheinheiten weder die Summe der Vieheinheiten überschreiten, für die die Gesellschafter die Möglichkeit zur landwirtschaftlichen Tierzucht und Tierhaltung auf die Tierhaltungsgemeinschaft übertragen haben, noch die Summe der Vieheinheiten, die sich nach § 51 Abs. 1a BewG auf der Grundlage derjenigen Flächen ergibt, die alle Gesellschafter zusammen regelmäßig landwirtschaftlich nutzen.

Die Summe der Vieheinheiten, für die die Gesellschafter die Möglichkeit zur landwirtschaftlichen Tierzucht und Tierhaltung auf die Tierhaltungsgemeinschaft übertragen haben, beträgt 400 VE. Die Summe der Vieheinheiten, die sich nach § 51a Abs. 1 BewG auf der Grundlage derjenigen Flächen ergibt, die alle Gesellschafter zusammen regelmäßig landwirtschaftlich nutzen, beträgt (20 ha × 10 VE + 10 ha × 7 VE + 10 ha × 6 VE, also 200 VE + 70 VE + 60 VE =) 330 VE.

Somit kann die Tierhaltungsgemeinschaft Vieh nur bis zu einer Grenze von 330 Vieheinheiten halten.

Der Unterschied zwischen den beiden Werten resultiert aus der Degression der Staffel des § 13 Abs. 1 Nr. 1 Satz 2 EStG bzw. § 51 Abs. 1a BewG.

Hält die Tierhaltungsgemeinschaft eigene landwirtschaftlich genutzte Flächen, erhöht sich die Vergleichsfläche entsprechend. Diese Flächen sind nach § 51a Abs. 3 BewG im Rahmen der Berechnung der Begrenzung der Vieheinheiten wie eigene Flächen der Gesellschafter der Tierhaltungsgemeinschaft zu behandeln.

Würde vorliegend die Tierhaltungsgemeinschaft noch eine eigene Fläche von 20 ha halten, wäre von einer Vergleichsfläche von 60 ha auszugehen mit der Folge, dass die Tierhaltungsgemeinschaft Vieh bis zur Grenze von 420 Vieheinheiten halten könnte (20 ha × 10 VE + 10 ha × 7 VE + 20 ha × 6 VE + 10 ha × 3 VE, also 200 VE + 70 VE + 120 VE + 30 VE).

Bei den Gesellschaftern der Tierhaltungsgemeinschaft führen die Einkünfte aus der gemeinschaftlichen Tierzucht und Tierhaltung zu **Einkünften aus Land- und Forstwirtschaft** i. S. von § 13 Abs. 1 Nr. 1 Satz 1 EStG, wenn zum einen alle Voraussetzungen nach § 51a BewG erfüllt sind und zum anderen andere Einkünfte der Gesellschafter aus der Tierhaltungsgemeinschaft zu den Einkünften aus Land- und Forstwirtschaft gehören. Zu den anderen Einkünften gehören solche Einkünfte, die nicht aus der gemeinschaftlichen Tierzucht und Tierhaltung i. S. des § 51a BewG erzielt werden.[78]

Handelt es sich bei den anderen Einkünften um Einkünfte aus Gewerbebetrieb, sind nach § 15 Abs. 3 Nr. 1 EStG die gesamten Einkünfte der Tierhaltungsgemeinschaft als **gewerbliche Einkünfte** anzusehen. Es gilt § 3 Nr. 12 GewStG. Danach sind die gewerblichen Einkünfte der Tierhaltungsgemeinschaft, soweit sie aus der gemeinschaftlichen Tierzucht und Tierhaltung i. S. von § 51a BewG resultieren, von der Gewerbesteuer befreit. Fehlt oder entfällt eine der in § 51a BewG genannten Voraussetzungen, ist die Tierhaltungsgemeinschaft von diesem Zeitpunkt an insgesamt gewerblich tätig. Sie erzielt ab diesem Zeitpunkt Einkünfte aus Gewerbebetrieb.

Übersteigen die von der Tierhaltungsgemeinschaft erzeugten oder gehaltenen Vieheinheiten nachhaltig die Grenzen nach § 51a Abs. 1 Satz 1 Nr. 2 BewG, gilt **§ 51a**

---

78 Mitterpleininger, in: Littmann/Bitz/Pust, EStG, § 13 EStG Rz. 93.

Abs. 5 BewG. Bei Vorhandensein nur eines Tierzweigs liegt insgesamt eine gewerbliche Tierzucht und Tierhaltung vor. Bestehen mehrere Tierzweige, hat eine Aufteilung in eine landwirtschaftliche und eine gewerbliche Tierzucht und Tierhaltung zu erfolgen. § 15 Abs. 3 Nr. 1 EStG gilt insoweit nicht. **§ 13 Abs. 1 Nr. 1 Sätze 2 bis 4 EStG** findet Anwendung, wenn bei einem Gesellschafter der Tierhaltungsgemeinschaft die tatsächliche Tierzucht bzw. Tierhaltung unter Berücksichtigung der auf die Tierhaltungsgemeinschaft übertragenen und von ihr erzeugten und gehaltenen Vieheinheiten nachhaltig die Grenzen des § 13 Abs. 1 Nr. 1 Satz 2 EStG überschreitet. Auswirkungen auf die Tierhaltungsgemeinschaft hat dies nicht, soweit diese die Voraussetzungen nach § 13 Abs. 1 Nr. 1 Satz 5 EStG i. V. m. § 51a BewG erfüllt.

17.4.4.9 Sonstige land- und forstwirtschaftliche Nutzung (§ 13 Abs. 1 Nr. 2 EStG)

Einkünfte aus Land- und Forstwirtschaft stellen nach § 13 Abs. 1 Nr. 2 EStG Einkünfte aus sonstiger land- und forstwirtschaftlicher Nutzung i. S. des § 62 BewG wie **Binnenfischerei, Teichwirtschaft, Fischzucht für Binnenfischerei und Teichwirtschaft sowie Imkerei, Wanderschäferei und Saatzucht** dar. Auf das Vorhandensein einer entsprechenden Futtererzeugungsmöglichkeit im eigenen Betrieb kommt es nicht an. Diese Tätigkeiten brauchen nicht im Zusammenhang mit einer landwirtschaftlichen Betätigung i. S. des § 13 Abs. 1 Nr. 1 EStG ausgeübt zu werden. Es ist auch nicht erforderlich, dass die Binnenfischerei, die Teichwirtschaft oder die Fischzucht in eigenen oder gepachteten Gewässern ausgeübt wird.[79]

17.4.4.10 Jagd (§ 13 Abs. 1 Nr. 3 EStG)

Eine land- und forstwirtschaftliche Betätigung stellt nach § 13 Abs. 1 Nr. 3 EStG auch die Ausübung der Jagd dar, wenn diese mit dem Betrieb einer Landwirtschaft oder einer Forstwirtschaft im Zusammenhang steht. Zu welchen Zwecken der Ertrag der Jagd tatsächlich verwendet wird, ist ohne Bedeutung.

Die Jagd steht **mit dem land- und forstwirtschaftlichen Betrieb in wirtschaftlichem Zusammenhang,** wenn ein Land- und Forstwirt Eigentümer zusammenhängender land- und forstwirtschaftlich genutzter Ländereien ist, die nach § 7 BJagdG einen Eigenjagdbezirk bilden, und der Land- und Forstwirt diese Eigenjagd selbst betreibt. Der erforderliche Zusammenhang der Jagd mit dem land- und forstwirtschaftlichen Betrieb ist auch dann noch zu bejahen, wenn ein Land- und Forstwirt als Mitglied einer Jagdgenossenschaft einen Teil des gemeinschaftlichen Jagdbezirks gepachtet hat und das gepachtete Jagdrevier zum überwiegenden Teil aus seinen eigenen oder gepachteten land- und forstwirtschaftlichen Grundflächen besteht. Entsprechend ist der erforderliche Zusammenhang noch als gegeben anzusehen, wenn sich das Jagdrevier einer aus Land- und Forstwirten bestehenden Jagdgemeinschaft zum überwiegenden Teil aus Flächen zusammensetzt, die den Mitglie-

---

[79] BFH, BStBl 1957 III S. 37.

dern der Jagdgemeinschaft gehören und von ihnen land- und forstwirtschaftlich genutzt werden, und der einzelne Land- und Forstwirt die Jagd aufgrund der getroffenen Vereinbarungen überwiegend auf den ihm gehörenden Flächen ausübt.[80]

17.4.4.11 Land- und forstwirtschaftliche Genossenschaften und ähnliche Realgemeinden (§ 13 Abs. 1 Nr. 4 EStG)

Zu den land- und forstwirtschaftlichen Einkünften gehören auch Einkünfte aus Hauberg-, Wald-, Forst- und Laubgenossenschaften und ähnlichen Realgemeinden i. S. des § 3 Abs. 2 KStG (§ 13 Abs. 1 Nr. 4 EStG). Diese Einkünfte sind nach § 3 Abs. 2 Satz 2 KStG als Einkünfte aus Land- und Forstwirtschaft auch dann unmittelbar bei den Beteiligten zu erfassen, wenn die Realgemeinde an sich zu den in § 1 KStG bezeichneten körperschaftsteuerpflichtigen Gebilden gehört. Die Mitglieder einer Realgemeinde i. S. des § 3 Abs. 2 KStG sind danach wie bei einer land- und forstwirtschaftlichen Mitunternehmergemeinschaft mit allen Konsequenzen als Land- und Forstwirte zu behandeln.[81]

Unter § 3 Abs. 2 KStG fallen die zu den in § 1 KStG bezeichneten Steuerpflichtigen gehörenden Hauberg-, Wald-, Forst- und Laubgenossenschaften und ähnlichen Realgemeinden allerdings nur insoweit, als sie weder einen Gewerbebetrieb unterhalten, der über den Rahmen eines Nebenbetriebs hinausgeht, noch einen solchen Gewerbebetrieb verpachtet haben. Ihre Einkünfte sind daher ebenfalls als Einkünfte aus Land- und Forstwirtschaft unmittelbar bei den Beteiligten zu erfassen, soweit sie nicht aus einem von der Realgemeinde unterhaltenen oder verpachteten Gewerbebetrieb fließen, der über den Rahmen eines Nebenbetriebs hinausgeht.

17.5 Umfang der Einkünfte aus Land- und Forstwirtschaft

17.5.1 Allgemeines

Zu den Einkünften aus Land- und Forstwirtschaft gehören nicht nur die durch die eigentliche land- und forstwirtschaftliche Betätigung erzielten Gewinne, sondern **alle Erträge, die im Rahmen eines land- und forstwirtschaftlichen Betriebs** anfallen. So gehören z. B. auch Zinsen oder Dividenden, die ihrem Wesen nach Einkünfte aus Kapitalvermögen darstellen, zu den Einkünften aus Land- und Forstwirtschaft, wenn die Bankguthaben oder Wertpapiere zum notwendigen oder gewillkürten Betriebsvermögen eines land- und forstwirtschaftlichen Betriebs zu rechnen sind.

Die Veräußerung land- und forstwirtschaftlich genutzter Grundstücke stellt sich grundsätzlich ebenfalls als ein Hilfsgeschäft eines land- und forstwirtschaftlichen Betriebs dar. **Gewinne oder Verluste aus Hilfsgeschäften** dieser Art sind daher

---
80 BFH, BStBl 1979 II S. 100.
81 BFH, BStBl 1987 II S. 169.

ebenfalls bei der Ermittlung der Einkünfte aus Land- und Forstwirtschaft zu berücksichtigen. Etwas anderes gilt allerdings, wenn ein Land- und Forstwirt innerhalb eines überschaubaren Zeitraums wiederholt land- und forstwirtschaftlich genutzte Grundstücke oder Betriebe in Gewinnabsicht veräußert, die er bereits in der Absicht der Weiterveräußerung erworben hat.[82] In diesem Fall sind die Erwerbs- und Veräußerungsgeschäfte Gegenstand eines selbständigen gewerblichen Unternehmens. Die Grundstücksveräußerungen werden auch dann Gegenstand eines selbständigen gewerblichen Grundstückshandels, wenn der Landwirt Aktivitäten entfaltet, die über die Parzellierung und Veräußerung hinausgehen und die darauf gerichtet sind, den Grundbesitz zu einem Objekt anderer Marktgängigkeit zu machen.[83]

17.5.2 Land- und forstwirtschaftlicher Nebenbetrieb
(§ 13 Abs. 2 Nr. 1 EStG)

17.5.2.1 Allgemeines

§ 13 Abs. 2 Nr. 1 EStG bezieht Einkünfte aus land- und forstwirtschaftlichen Nebenbetrieben – hier handelt es sich an sich um gewerbliche Einkünfte – in die **Einkünfte aus Land- und Forstwirtschaft** ein. Nebenbetrieb ist ein Betrieb, der dem land- und forstwirtschaftlichen Hauptbetrieb zu dienen bestimmt ist. Im land- und forstwirtschaftlichen Hauptbetrieb erzeugte land- und forstwirtschaftliche Produkte müssen im land- und forstwirtschaftlichen Nebenbetrieb durch Be- oder Verarbeitung in ein Produkt anderer Marktgängigkeit mit dem Ziel einer nachhaltigen Ertragsteigerung verwandelt werden. Voraussetzung ist hierbei, dass die Be- oder Verarbeitung im Rahmen der ersten Be- oder Verarbeitungsstufe erfolgt.

Erfüllt der Nebenbetrieb nicht die Voraussetzungen für einen land- und forstwirtschaftlichen Nebenbetrieb – die Be- oder Verarbeitung erfolgt z. B. im Rahmen der zweiten Be- oder Verarbeitungsstufe –, liegt insoweit ein eigenständiger Gewerbebetrieb vor. Ausnahmsweise kann aber auch ein einheitlicher Betrieb vorliegen. Ob dieser Einkünfte aus Land- und Forstwirtschaft oder **Einkünfte aus Gewerbebetrieb** erzielt, hängt davon ab, ob die land- und forstwirtschaftliche oder die gewerbliche Tätigkeit überwiegt.

Eine **Personengesellschaft,** die sowohl einen land- und forstwirtschaftlichen Hauptbetrieb als auch einen land- und forstwirtschaftlichen Nebenbetrieb betreibt, erzielt ebenfalls Einkünfte aus Land- und Forstwirtschaft. Erfüllt der Nebenbetrieb nicht die Voraussetzungen für einen land- und forstwirtschaftlichen Nebenbetrieb, gilt § 15 Abs. 3 Nr. 1 EStG.

Der **land- und forstwirtschaftliche Nebenbetrieb** muss den land- und forstwirtschaftlichen Hauptbetrieb fördern und ergänzen. Er muss durch den land- und forstwirtschaftlichen Hauptbetrieb geprägt werden und in funktionaler Hinsicht von ihm

---

82 BFH, BStBl 1984 II S. 798.
83 BFH, BStBl 2006 II S. 166.

abhängig sein. Die Verbindung zwischen dem Hauptbetrieb und dem Nebenbetrieb darf nicht nur zufällig oder vorübergehend sein. Sie darf auch nicht ohne Nachteil für den Hauptbetrieb lösbar sein. Ein land- und forstwirtschaftlicher Nebenbetrieb setzt grundsätzlich eine identische Inhaberschaft von land- und forstwirtschaftlichem Haupt- und land- und forstwirtschaftlichem Nebenbetrieb voraus.

Zu den land- und forstwirtschaftlichen Nebenbetrieben gehören **Be- und Verarbeitungsbetriebe, Substanzbetriebe** und **Verwertungsbetriebe**.

17.5.2.2 Handelsgeschäfte

Werden ausschließlich **eigene Erzeugnisse** abgesetzt, stellt dies eine Vermarktung im Rahmen der Land- und Forstwirtschaft dar.[84] Dies gilt unabhängig davon, ob die Vermarktung über ein eigenständiges Handelsgeschäft oder eine Verkaufsstelle erfolgt. Verkaufsstellen in diesem Sinne können sein z. B. Großhandelsbetriebe, Einzelhandelsbetriebe, Ladengeschäfte, Marktstände oder Verkaufswagen. Unerheblich ist die Anzahl der Verkaufsstellen. Unerheblich ist auch, ob die Vermarktung in räumlicher Nähe zum land- und forstwirtschaftlichen Betrieb erfolgt oder nicht.

Eigene Erzeugnisse sind alle land- und forstwirtschaftlichen Erzeugnisse, die im Rahmen des Erzeugungsprozesses im eigenen Betrieb gewonnen werden.[85] Hierzu gehören auch die Erzeugnisse der ersten Stufe der Be- oder Verarbeitung und zugekaufte Waren, die als Roh-, Hilfs- oder Betriebsstoffe im Erzeugungsprozess verwendet werden. Rohstoffe sind Waren, die im Rahmen des Erzeugungsprozesses weiterkultiviert werden, z. B. Jungtiere, Saatgut oder Jungpflanzen. Hilfsstoffe sind Waren, die als nicht überwiegender Bestandteil in eigene Erzeugnisse eingehen, z. B. Futtermittelzusätze, Siliermittel, Starterkulturen und Lab zur Milchverarbeitung, Trauben, Traubenmost und Verschnittwein zur Weinerzeugung, Verpackungsmaterial, Blumentöpfe für die eigene Produktion oder als handelsübliche Verpackung. Betriebsstoffe sind Waren, die im Erzeugungsprozess verwendet werden, z. B. Düngemittel, Treibstoff, Heizöl. Unerheblich ist, ob die zugekaufte Ware bereits ein land- und forstwirtschaftliches Urprodukt im engeren Sinne oder ein gewerbliches Produkt darstellt.

Werden durch einen Land- und Forstwirt neben eigenen Erzeugnissen auch **fremde oder gewerbliche Erzeugnisse** abgesetzt, liegen eine land- und forstwirtschaftliche und eine gewerbliche Tätigkeit vor.[86] Fremde Erzeugnisse sind alle zur Weiterveräußerung zugekauften Erzeugnisse, Produkte oder Handelswaren, die nicht im land- und forstwirtschaftlichen Erzeugungsprozess des eigenen land- und forstwirtschaftlichen Betriebs verwendet werden.[87] Dies gilt unabhängig davon, ob es sich um betriebstypische oder betriebsuntypische Erzeugnisse, Handelsware zur Vervollstän-

---
84 R 15.5 Abs. 6 Satz 1 EStR.
85 R 15.5 Abs. 5 EStR.
86 R 15.5 Abs. 6 Satz 3 EStR.
87 R 15.5 Abs. 5 EStR.

digung einer für die Art des Erzeugungsbetriebs üblichen Produktpalette oder andere Waren aller Art handelt. Werden zugekaufte Roh-, Hilfs- oder Betriebsstoffe weiterveräußert, gelten diese im Zeitpunkt der Veräußerung als fremde Erzeugnisse. Dies gilt unabhängig davon, ob die Veräußerung gelegentlich oder laufend erfolgt. Als gewerbliche Erzeugnisse gelten die Be- oder Verarbeitung eigener Erzeugnisse im Rahmen einer zweiten Stufe der Be- oder Verarbeitung und die Be- oder Verarbeitung fremder Erzeugnisse.[88]

Werden durch einen Land- und Forstwirt **neben eigenen Erzeugnissen auch fremde oder gewerbliche Erzeugnisse** abgesetzt, liegen eine land- und forstwirtschaftliche und eine gewerbliche Tätigkeit vor. Die gewerbliche Tätigkeit kann noch der Land- und Forstwirtschaft zugerechnet werden, wenn die Umsätze aus allen gewerblichen Tätigkeiten i. S. von R 15.5 Abs. 3 bis Abs. 8 EStR dauerhaft nicht mehr als 1/3 des Gesamtumsatzes und nicht mehr als 51.500 Euro im Wirtschaftsjahr betragen. Dabei dürfen die Umsätze aus den Tätigkeiten i. S. von R 15.5 Abs. 3 bis Abs. 8 EStR und R 15.5 Abs. 9 und Abs. 10 EStR nicht mehr als 50 % des Gesamtumsatzes betragen. Bei der Ermittlung der Umsätze ist von den Betriebseinnahmen ohne Umsatzsteuer auszugehen. Soweit es auf den Gesamtumsatz ankommt, ist hierunter die Summe der Betriebseinnahmen ohne Umsatzsteuer zu verstehen. Liegen die genannten Voraussetzungen nicht vor, erzielt der Steuerpflichtige unter den Voraussetzungen des Strukturwandels Einkünfte aus Gewerbebetrieb. Der daneben bestehende Betrieb der Land- und Forstwirtschaft bleibt hiervon unberührt.

Der **ausschließliche Absatz fremder oder gewerblicher Erzeugnisse** stellt von Beginn an immer eine gewerbliche Tätigkeit dar.[89]

R 15.5 Abs. 6 EStR gilt erstmals für das Wirtschaftsjahr 2012 bzw. das abweichende Wirtschaftsjahr 2012/2013.

Beispiele:

a) Der Gesamtumsatz des land- und forstwirtschaftlichen Betriebs beträgt netto 300.000 €. Der Absatz der Erzeugnisse erfolgt über Wiederverkäufer und über einen Hofladen. Im Hofladen werden neben eigenen Erzeugnissen auch fremde Erzeugnisse verkauft. Der Umsatz hinsichtlich der verkauften fremden Erzeugnisse beträgt netto 75.000 €.

Werden durch einen Land- und Forstwirt neben eigenen Erzeugnissen auch fremde Erzeugnisse abgesetzt, liegen eine land- und forstwirtschaftliche und eine gewerbliche Tätigkeit vor. Die gewerbliche Tätigkeit kann noch der Land- und Forstwirtschaft zugerechnet werden, wenn die Umsätze aus allen gewerblichen Tätigkeiten i. S. von R 15.5 Abs. 3 bis Abs. 8 EStR nicht mehr als ein Drittel des Gesamtumsatzes und nicht mehr als 51.500 € im Wirtschaftsjahr betragen. Maßgebend sind jeweils die Nettowerte.[90]

---

88 R 15.5 Abs. 3 Satz 5 und Satz 6 EStR.
89 R 15.5 Abs. 6 Satz 3 bis 6 EStR.
90 R 15.5 Abs. 11 Satz 6 und Satz 7 EStR.

17.5 Umfang der Einkünfte aus Land- und Forstwirtschaft

Vorliegend wird die Drittelgrenze nicht überschritten, wohl aber die Betragsgrenze von 51.500 €. Damit liegt neben dem land- und forstwirtschaftlichen Betrieb hinsichtlich des Verkaufs der fremden Erzeugnisse ein eigenständiger Gewerbebetrieb vor.

b) Landwirt L richtet im Wirtschaftsjahr 2013/2014 in einem zum Betriebsvermögen gehörenden Wirtschaftsgebäude einen Hofladen ein, der zu 40 % dem Verkauf von eigenen land- und forstwirtschaftlichen Erzeugnissen dient und zu 60 % dem Verkauf von fremden Erzeugnissen. Die Umsätze des Betriebs entwickeln sich wie folgt:

2013/2014: Nettogesamtumsatz 175.000 € – Nettoumsatz fremde Erzeugnisse 25.000 €

2014/2015: Nettogesamtumsatz 190.000 € – Nettoumsatz fremde Erzeugnisse 40.000 €

2015/2016: Nettogesamtumsatz 205.000 € – Nettoumsatz fremde Erzeugnisse 55.000 €

2016/2017: Nettogesamtumsatz 210.000 € – Nettoumsatz fremde Erzeugnisse 60.000 €

2017/2018: Nettogesamtumsatz 210.000 € – Nettoumsatz fremde Erzeugnisse 60.000 €

Der im Wirtschaftsjahr 2013/2014 eingerichtete Hofladen steht aufgrund des Verkaufs eigener land- und forstwirtschaftlicher Erzeugnisse in engem sachlichem Zusammenhang mit dem land- und forstwirtschaftlichen Betrieb. Der Zu- und Verkauf fremder Erzeugnisse ist grundsätzlich eine gewerbliche Tätigkeit. Sämtliche im Hofladen erzielten Umsätze werden der Land- und Forstwirtschaft zugerechnet, wenn der nachhaltige Umsatzanteil sämtlicher Verkäufe von fremden Erzeugnissen nicht mehr als 1/3 des Gesamtumsatzes des land- und forstwirtschaftlichen Betriebs und nicht mehr als 51.500 € im Wirtschaftsjahr beträgt.

In den Wirtschaftsjahren 2013/2014 bis 2014/2015 sind die Voraussetzungen für eine Zurechnung zur Land- und Forstwirtschaft erfüllt. Ab dem Wirtschaftsjahr 2015/2016 wird die absolute Grenze von 51.500 € überschritten. Aufgrund des allmählichen Strukturwandels entsteht jedoch erst mit Ablauf des Wirtschaftsjahres 2017/2018 ein gesonderter Gewerbebetrieb.

Das Wirtschaftsgebäude wird eigenbetrieblich zu 60 % für gewerbliche Tätigkeiten genutzt, sodass der Hofladen mit dem dazu gehörenden Grund und Boden grundsätzlich gewerbliches Betriebsvermögen wäre. Da die Nutzung für land- und forstwirtschaftliche Tätigkeiten jedoch mindestens 10 % beträgt (R 15.5 Abs. 9 Satz 2 EStR), hat es der Steuerpflichtige in der Hand, den Umfang seiner betrieblichen Tätigkeit und seiner Betriebsausgaben zu bestimmen. Das Wirtschaftsgebäude kann deshalb aufgrund der Funktionszuweisung des Steuerpflichtigen auch über das Wirtschaftsjahr 2017/2018 hinaus dem land- und forstwirtschaftlichen Betriebsvermögen zugeordnet werden.

17.5.2.3 Be- und Verarbeitungsbetriebe

Die Be- und Verarbeitung von land- und forstwirtschaftlichen Produkten durch den Land- und Forstwirt nach Abschluss der Erzeugungsphase führt grundsätzlich zu **gewerblichen Einkünften,** soweit nicht die Voraussetzungen eines land- und forstwirtschaftlichen Nebenbetriebs vorliegen.

Be- und Verarbeitungsbetriebe sind **land- und forstwirtschaftliche Nebenbetriebe,** wenn überwiegend im eigenen land- und forstwirtschaftlichen Hauptbetrieb erzeugte Rohstoffe be- oder verarbeitet werden, sofern die dabei gewonnenen Erzeugnisse überwiegend für den Verkauf bestimmt sind. Auch muss die Herstellung der Erzeugnisse im Rahmen der ersten Stufe der Be- oder Verarbeitung – diese ist noch dem land- und forstwirtschaftlichen Bereich zuzuordnen – erfolgen.[91] Liegen diese Voraussetzungen vor, sind die Einkünfte aus dem land- und forstwirtschaftlichen Nebenbetrieb den Einkünften aus Land- und Forstwirtschaft zuzuordnen. Anderenfalls handelt es sich grundsätzlich um eine eigenständige gewerbliche Tätigkeit.

Die durch die Be- oder Verarbeitung gewonnenen Erzeugnisse müssen im Rahmen einer ersten Stufe der Be- oder Verarbeitung hergestellt werden. Die Be- oder Verarbeitung darf nicht den Rahmen der land- und forstwirtschaftlichen Veredelungswirtschaft überschreiten. Die Erzeugnisse müssen nach der Verkehrsauffassung noch als land- und forstwirtschaftliche Erzeugnisse angesehen werden können. Zu gewerblichen Einkünften führt dagegen die Weiterverarbeitung von land- und forstwirtschaftlichen Produkten zu Produkten der **zweiten Be- oder Verarbeitungsstufe.** Für diese ist kennzeichnend, dass die entsprechenden Produkte üblicherweise in industriellen oder handwerklichen Betrieben hergestellt werden.

Zu Produkten der ersten Be- oder Verarbeitungsstufe führt z. B. die Be- oder Verarbeitung von Getreide zu Mehl, von Holz zu Brettern, von Milch zu Käse oder Joghurt oder von Obst zu Obstsaft.

Zu Produkten der zweiten Be- oder Verarbeitungsstufe führt demgegenüber z. B. die Be- oder Verarbeitung von Gemüse zu Gemüsekonserven, von Getreide zu Brot oder Backwaren, von Milch zu Joghurt mit Fruchtzusätzen oder von Obst zu Obstkonserven.

Wird das land- und forstwirtschaftliche Erzeugnis lediglich gereinigt, getrocknet, sortiert oder in handelsübliche Portionen verpackt, erfolgt dies nicht im Rahmen eines land- und forstwirtschaftlichen Nebenbetriebs. Ein Produkt mit neuer Marktgängigkeit entsteht hier nicht. Gleiches gilt für das bloße Haltbarmachen oder für das bloße Schälen und Zerkleinern von land- und forstwirtschaftlichen Erzeugnissen.

Der BFH[92] stellt hinsichtlich der Frage, ob es sich bei dem Be- und Verarbeitungsbetrieb um einen land- und forstwirtschaftlichen Nebenbetrieb oder um einen eigenständigen Gewerbebetrieb handelt, in erster Linie auf den Umfang der Veränderung ab, den das land- und forstwirtschaftliche Produkt durch die Be- oder Verarbeitung erfährt. Danach liegt ein land- und forstwirtschaftlicher Nebenbetrieb vor, wenn die jeweiligen land- und forstwirtschaftlichen Erzeugnisse nur geringfügig be- oder verarbeitet werden. Bei nicht nur geringfügiger Be- oder Verarbeitung – hierbei handelt es sich um Be- oder Verarbeitungen, die üblicherweise auch im Rahmen selbständi-

---
[91] R 15.5 Abs. 3 Satz 1 Nr. 1 EStR.
[92] BFH vom 12.12.1996 IV R 78/95 (BStBl 1997 II S. 427).

17.5 Umfang der Einkünfte aus Land- und Forstwirtschaft

ger Handwerks- und Gewerbebetriebe erfolgen – ist von einem selbständigen gewerblichen Betrieb auszugehen. Die Finanzverwaltung folgt der Auffassung des BFH nicht.[93] Grundsätzlich ist der Auffassung des BFH zu folgen.[94] Allerdings führen sowohl die von der Finanzverwaltung als auch die vom BFH herangezogenen Differenzierungskriterien für den Regelfall zu gleichen Ergebnissen. In Grenzfällen ist gemäß der Auffassung des BFH zu entscheiden mit der Folge, dass gewerbliche Einkünfte hinsichtlich der Be- oder Verarbeitung vorliegen, wenn durch den Landwirt eine mehr als nur geringfügige Weiterverarbeitung in einer für einen Gewerbe- und Handwerksbetrieb üblichen Art und Weise erfolgt.

Vor diesem Hintergrund sind – bei Vorliegen der weiteren Voraussetzungen – als land- und forstwirtschaftliche Nebenbetriebe grundsätzlich anzusehen z. B. Fischräuchereien, Käsereien, Konservierungsanlagen, Molkereien, Mühlen oder Sägewerke.

Im Rahmen von **Weinbaubetrieben** ist die Be- oder Verarbeitung der Trauben zu Wein als Teil der landwirtschaftlichen Urerzeugung anzusehen. Die Sektherstellung eines Weinbaubetriebs ist nur dann als land- und forstwirtschaftlicher Nebenbetrieb anzusehen, wenn der Winzersekt aus Grundweinen des Weinbaubetriebs hergestellt wird, die ausschließlich aus selbst erzeugten Trauben dieses Weinbaubetriebs gewonnen wurden. Auch muss er als Erzeugnis dieses Weinbaubetriebs unter Angabe der Rebsorten, des Jahrgangs, der geografischen Herkunft und des Weinguts in Beachtung der bezeichnungsrechtlichen Vorschriften für Schaumwein gekennzeichnet und vom Weinbaubetrieb selbst vermarktet werden. Ebenfalls vorliegen müssen die übrigen Merkmale eines land- und forstwirtschaftlichen Nebenbetriebs.[95]

Die Be- oder Verarbeitung fremder Erzeugnisse führt immer zu gewerblichen Einkünften.[96] Gleiches gilt für die Be- oder Verarbeitung eigener Erzeugnisse im Rahmen der zweiten Be- oder Verarbeitungsstufe. Diese gewerblichen Tätigkeiten können noch der Land- und Forstwirtschaft zugerechnet werden, wenn die entsprechenden Erzeugnisse im Rahmen der Direktvermarktung abgesetzt werden und die Umsätze aus allen gewerblichen Tätigkeiten i. S. von R 15.5 Abs. 3 bis Abs. 8 EStR dauerhaft nicht mehr als 1/3 des Gesamtumsatzes und nicht mehr als 51.500 € im Wirtschaftsjahr betragen. Geltung hat diese Regelung erstmals ab dem **Wirtschaftsjahr 2012** bzw. dem **abweichenden Wirtschaftsjahr 2012/2013**. Dabei dürfen die Umsätze aus den Tätigkeiten i. S. von R 15.5 Abs. 3 bis Abs. 8 EStR und R 15.5 Abs. 9 und Abs. 10 EStR nicht mehr als 50 % des Gesamtumsatzes betragen. Bei der Ermittlung der Umsätze ist von den Betriebseinnahmen ohne Umsatzsteuer auszugehen. Soweit es auf den Gesamtumsatz ankommt, ist hierunter

---

[93] BMF vom 03.06.1997 – IV B 9 – S 2230 – 77/97 (BStBl 1997 I S. 629).
[94] Paul, in: Herrmann/Heuer/Raupach, EStG/KStG, § 13 EStG Rz. 107; Schnitter, in: Frotscher, EStG, § 13 Rz. 224.
[95] BMF vom 18.11.1996 – IV B 9 – S 2233 – 14/96 (BStBl 1996 I S. 1434).
[96] R 15.5 Abs. 3 Satz 6 EStR.

17 Einkünfte aus Land- und Forstwirtschaft

die Summe der Betriebseinnahmen ohne Umsatzsteuer zu verstehen. Liegen die genannten Voraussetzungen nicht vor, erzielt der Steuerpflichtige unter den Voraussetzungen des Strukturwandels Einkünfte aus Gewerbebetrieb. Der daneben bestehende Betrieb der Land- und Forstwirtschaft bleibt hiervon unberührt.

17.5.2.4 Substanzbetriebe

Substanzbetriebe sind Betriebe, in denen unter der Erdoberfläche befindliche bergbaufreie Bodenschätze, wie z. B. Sand, Kies oder Torf, abgebaut werden. Der Abbau der Substanz im Rahmen eines land- und forstwirtschaftlichen Nebenbetriebs setzt voraus, dass die gewonnene Substanz überwiegend, also zu mehr als 50 %, im eigenen land- und forstwirtschaftlichen Hauptbetrieb Verwendung findet.[97] Ansonsten liegt insoweit eine gewerbliche Tätigkeit vor.

Kommt es im Rahmen des die Voraussetzungen eines land- und forstwirtschaftlichen Nebenbetriebs erfüllenden Substanzbetriebs zur Be- oder Verarbeitung fremder Erzeugnisse oder zur Be- oder Verarbeitung eigener Erzeugnisse im Rahmen der zweiten Be- oder Verarbeitungsstufe, liegt eine gewerbliche Tätigkeit vor. Diese kann noch der Land- und Forstwirtschaft zugerechnet werden, wenn die entsprechenden Erzeugnisse im Rahmen der Direktvermarktung abgesetzt werden und die Umsätze aus allen gewerblichen Tätigkeiten i. S. von R 15.5 Abs. 3 bis Abs. 8 EStR dauerhaft nicht mehr als 1/3 des Gesamtumsatzes und nicht mehr als 51.500 Euro im Wirtschaftsjahr betragen. Geltung hat diese Regelung erstmals ab dem **Wirtschaftsjahr 2012** bzw. dem **abweichenden Wirtschaftsjahr 2012/2013**. Dabei dürfen die Umsätze aus den Tätigkeiten i. S. von R 15.5 Abs. 3 bis Abs. 8 EStR und R 15.5 Abs. 9 und Abs. 10 EStR nicht mehr als 50 % des Gesamtumsatzes betragen. Bei der Ermittlung der Umsätze ist von den Betriebseinnahmen ohne Umsatzsteuer auszugehen. Soweit es auf den Gesamtumsatz ankommt, ist hierunter die Summe der Betriebseinnahmen ohne Umsatzsteuer zu verstehen. Liegen die genannten Voraussetzungen nicht vor, erzielt der Steuerpflichtige unter den Voraussetzungen des Strukturwandels Einkünfte aus Gewerbebetrieb. Der daneben bestehende Betrieb der Land- und Forstwirtschaft bleibt hiervon unberührt.

17.5.2.5 Verwertungsbetriebe

Erhält der Land- und Forstwirt Entgelte für die Übernahme und Entsorgung organischer Abfälle **ohne weitere Be- oder Verarbeitung** im selbst bewirtschafteten land- und forstwirtschaftlichen Betrieb, wie z. B. Klärschlamm, Garten- und Küchenabfällen oder Gülle, führen diese unter der Voraussetzung, dass hierbei die planmäßige Nutzung der natürlichen Kräfte des Bodens zur Erzeugung von Pflanzen und Tieren sowie die Verwertung der dadurch gewonnenen Erzeugnisse im Vordergrund steht, zu Einkünften aus Land- und Forstwirtschaft. Der Fall ist dies z. B.

---

[97] R 15.5. Abs. 3 Satz 9 EStR.

17.5 Umfang der Einkünfte aus Land- und Forstwirtschaft

dann, wenn übernommene Küchenabfälle an die Nutztiere des land- und forstwirtschaftlichen Betriebs verfüttert werden. In diesen Fällen liegt eine originär land- und forstwirtschaftliche Tätigkeit vor.

Die Abnahme von organischen Abfällen gegen Entgelt und deren anschließende Be- oder Verarbeitung im land- und forstwirtschaftlichen Betrieb zu Kompost oder Viehfutter erfolgt im Rahmen eines **land- und forstwirtschaftlichen Nebenbetriebs,** wenn die dabei gewonnenen Erzeugnisse nahezu ausschließlich im eigenen land- und forstwirtschaftlichen Betrieb verwendet und die Erzeugnisse im Rahmen der ersten Be- und Verarbeitungsstufe hergestellt werden.[98] Eine nahezu ausschließliche Verwendung im eigenen land- und forstwirtschaftlichen Betrieb liegt vor, wenn die be- oder verarbeiteten organischen Abfälle zu mindestens 90 % auf selbst bewirtschafteten Flächen ausgebracht werden oder als Tierfutter an eigene Tiere verfüttert werden.

Gewerbliche Tätigkeiten liegen vor, soweit es im Rahmen des die Voraussetzungen eines land- und forstwirtschaftlichen Nebenbetriebs erfüllenden Verwertungsbetriebs zur Be- oder Verarbeitung fremder Erzeugnisse oder zur Be- oder Verarbeitung eigener Erzeugnisse im Rahmen der zweiten Be- oder Verarbeitungsstufe kommt. Diese gewerblichen Tätigkeiten können der Land- und Forstwirtschaft zugerechnet werden, wenn die entsprechenden Erzeugnisse im Rahmen der Direktvermarktung abgesetzt werden und die Umsätze aus allen gewerblichen Tätigkeiten i. S. von R 15.5 Abs. 3 bis Abs. 8 EStR dauerhaft nicht mehr als 1/3 des Gesamtumsatzes und nicht mehr als 51.500 Euro im Wirtschaftsjahr betragen. Geltung hat diese Regelung erstmals ab dem **Wirtschaftsjahr 2012** bzw. dem **abweichenden Wirtschaftsjahr 2012/2013.** Dabei dürfen die Umsätze aus Tätigkeiten i. S. von R 15.5 Abs. 3 bis Abs. 8 EStR und R 15.5 Abs. 9 und Abs. 10 EStR nicht mehr als 50 % des Gesamtumsatzes betragen. Bei der Ermittlung der Umsätze ist von den Betriebseinnahmen ohne Umsatzsteuer auszugehen. Soweit es auf den Gesamtumsatz ankommt, ist hierunter die Summe der Betriebseinnahmen ohne Umsatzsteuer zu verstehen. Liegen die genannten Voraussetzungen nicht vor, erzielt der Steuerpflichtige unter den Voraussetzungen des Strukturwandels Einkünfte aus Gewerbebetrieb. Der daneben bestehende Betrieb der Land- und Forstwirtschaft bleibt hiervon unberührt.

Entgelte, die der Land- und Forstwirt neben Entgelten für die Übernahme und Entsorgung organischer Abfälle für deren **Einsammeln, Abfahren und Sortieren** erhält, gehören zu den Einkünften aus Land- und Forstwirtschaft, wenn die entsprechenden Dienstleistungen in einem unmittelbaren sachlichen Zusammenhang mit deren Aufbringung auf Flächen oder deren Verfütterung an Tierbestände des selbst bewirtschafteten land- und forstwirtschaftlichen Betriebs stehen.[99] Für Land- und Forstwirte, die organische Abfälle, ohne diese im eigenen land- und forstwirtschaft-

---

[98] R 15.5 Abs. 4 Satz 1 EStR.
[99] R 15.5 Abs. 4 Satz 2 EStR.

lichen Betrieb zu verwerten, nur einsammeln, abfahren oder sortieren, gilt R 15.5 Abs. 9 und Abs. 10 EStR.

17.5.3 Nutzungswert der Wohnung des Steuerpflichtigen in einem Baudenkmal (§ 13 Abs. 2 Nr. 2, Abs. 4 und 5 EStG)

Nach § 13 Abs. 2 Nr. 2 EStG gehört der Nutzungswert der Wohnung des Steuerpflichtigen zu den Einkünften aus Land- und Forstwirtschaft, wenn die Wohnung nicht nur die bei vergleichbaren Betrieben übliche Größe nicht überschreitet, sondern auch nach landesrechtlichen Vorschriften ein Baudenkmal ist. Bei der Wohnung des Steuerpflichtigen muss es sich um eine selbstgenutzte Betriebsleiterwohnung oder um eine diesen Wohnungen gleichgestellte Altenteilerwohnung handeln. Diese Regelung gilt jedoch nach § 13 Abs. 4 Satz 1 EStG nur, sofern bei dem Steuerpflichtigen im Veranlagungszeitraum 1986 für die von ihm zu eigenen Wohnzwecken genutzte Wohnung die Voraussetzungen für die Anwendung des § 13 Abs. 2 Nr. 2 EStG a. F. vorlagen.

Gehört der Nutzungswert der Wohnung nach § 13 Abs. 4 Satz 1 EStG auch noch nach 1998 zu den Einkünften aus Land- und Forstwirtschaft, kann der Steuerpflichtige für einen Veranlagungszeitraum nach 1998 beantragen, dass § 13 Abs. 2 Nr. 2 EStG ab diesem Veranlagungszeitraum **nicht mehr angewendet wird** (§ 13 Abs. 4 Satz 2 EStG). Der Antrag ist unwiderruflich. Verzichtet der Steuerpflichtige in diesem Sinne auf die Nutzungswertbesteuerung, so gelten die Wohnung des Steuerpflichtigen und/oder die Altenteilerwohnung nebst dem dazugehörigen Grund und Boden als entnommen, und zwar zu dem Zeitpunkt, bis zu dem § 13 Abs. 2 Nr. 2 EStG letztmals angewendet wird (§ 13 Abs. 4 Satz 4 EStG). Der früheste Zeitpunkt wäre danach der 31.12.1999. Der Entnahmegewinn bleibt bei der Besteuerung außer Ansatz (§ 13 Abs. 4 Satz 5 EStG). Ein etwaiger Entnahmeverlust ist allerdings berücksichtigungsfähig. Die Abwahl der Nutzungswertbesteuerung führt nicht zu einer steuerpflichtigen Entnahme der Teile des Grund und Bodens, die der Steuerpflichtige unzutreffend als zur Wohnung dazugehörenden Grund und Boden beurteilt hat. Diese Flächen bleiben bis zu ihrer Veräußerung oder Entnahme land- und forstwirtschaftliches Betriebsvermögen.[100]

Wird die eigengenutzte Wohnung und der dazugehörige Grund und Boden **entnommen oder veräußert,** bevor sie wegen Verzichts auf die Besteuerung nach § 13 Abs. 2 Nr. 2 EStG nach § 13 Abs. 4 Satz 4 EStG als entnommen gelten, bleibt der Veräußerungs- bzw. Entnahmegewinn ebenfalls außer Ansatz (§ 13 Abs. 4 Satz 6 Nr. 1 EStG). Ebenfalls bleibt der Entnahmegewinn bei der Besteuerung außer Ansatz, wenn eine vor dem 01.01.1987 einem Dritten entgeltlich zur Nutzung überlassene Wohnung und der dazugehörige Grund und Boden für eigene Wohnzwecke oder für Wohnzwecke eines Altenteilers entnommen wird (§ 13 Abs. 4 Satz 6 Nr. 2

---

[100] BFH vom 24.02.2005 IV R 39/03 (BFH/NV 2005 S. 1273).

EStG). Dies gilt allerdings nur, soweit nicht Wohnungen vorhanden sind, die Wohnzwecken des Eigentümers des Betriebs oder eines Altenteilers dienen, und für die der Entnahme- oder Veräußerungsgewinn nach § 13 Abs. 4 Satz 4 EStG (Verzicht auf die Besteuerung des Nutzungswerts nach § 13 Abs. 2 Nr. 2 EStG) oder nach § 13 Abs. 4 Satz 6 Nr. 1 EStG (Entnahme oder Veräußerung der Wohnung) außer Ansatz geblieben ist.

Wird Grund und Boden dadurch entnommen, dass auf diesem Grund und Boden **die Wohnung des Steuerpflichtigen oder eine Altenteilerwohnung errichtet** wird, bleibt der Entnahmegewinn außer Ansatz. Der Steuerpflichtige kann die Regelung nur für eine zu eigenen Wohnzwecken genutzte Wohnung und für eine Altenteilerwohnung in Anspruch nehmen (§ 13 Abs. 5 EStG). Eine Fortsetzung der Nutzungswertbesteuerung ist für solche Wohnungen nicht möglich. Auch betrifft § 13 Abs. 5 EStG nur die Errichtung einer Wohnung. Das Entnahmeprivileg für den zu einer neu errichteten Altenteilerwohnung gehörenden Grund und Boden gem. § 13 Abs. 5 EStG setzt voraus, dass diese Wohnung nach ihrer Fertigstellung auch tatsächlich von einem Altenteiler genutzt wird.[101]

17.5.4 Produktionsaufgaberente (§ 13 Abs. 2 Nr. 3 EStG)

Zu den Einkünften aus Land- und Forstwirtschaft nach § 13 Abs. 2 Nr. 3 EStG gehört auch die Produktionsaufgaberente, die nach § 7 des Gesetzes zur Förderung der landwirtschaftlichen Erwerbstätigkeit (FELEG) gezahlt werden kann, die allerdings nach § 3 Nr. 27 EStG bis zur Höhe von 18.407 Euro steuerfrei ist.

17.6 Abgrenzung der Land- und Forstwirtschaft vom Gewerbebetrieb

17.6.1 Allgemeines

Land- und Forstwirtschaft ist die planmäßige Nutzung der natürlichen Kräfte des Bodens zur Erzeugung von Pflanzen und Tieren sowie die Verwertung der dadurch selbst gewonnenen Erzeugnisse. Ob eine land- und forstwirtschaftliche Tätigkeit vorliegt, ist jeweils nach dem **Gesamtbild der Verhältnisse** zu entscheiden.

Liegt eine **teils gewerbliche und teils land- und forstwirtschaftliche Betätigung** vor, sind beide Betriebe selbst dann getrennt zu beurteilen, wenn eine zufällige, vorübergehende wirtschaftliche Verbindung zwischen ihnen besteht, die ohne Nachteil für diese Betriebe gelöst werden kann. Nur eine über dieses Maß hinausgehende wirtschaftliche Beziehung zwischen beiden Betrieben, d. h. eine planmäßig im Interesse des Hauptbetriebs gewollte Verbindung, kann eine einheitliche Beurteilung verschiedenartiger Betätigungen rechtfertigen. Sie führt zur Annahme eines einheit-

---
101 BFH, BStBl 2006 II S. 68.

lichen land- und forstwirtschaftlichen Betriebs, wenn die Land- und Forstwirtschaft dem Unternehmen das Gepräge verleiht, und zur Annahme eines einheitlichen Gewerbebetriebs, wenn das Gewerbe im Vordergrund steht und die land- und forstwirtschaftliche Betätigung nur die untergeordnete Bedeutung einer Hilfstätigkeit hat.

In vollem Umfang als Gewerbebetrieb gilt nach **§ 15 Abs. 3 Nr. 1 EStG** die Tätigkeit der offenen Handelsgesellschaften, der Kommanditgesellschaften und anderer Personengesellschaften, wenn diese Gesellschaften auch eine gewerbliche Tätigkeit i. S. des § 15 Abs. 1 Nr. 1 EStG ausüben. Wird von einer Personengesellschaft oder sonstigen Mitunternehmergemeinschaft neben einer Land- und Forstwirtschaft auch ein Gewerbe betrieben, ist ihre gesamte Tätigkeit als gewerblich anzusehen, die Land- und Forstwirtschaft somit steuerlich als Teil eines einheitlichen Gewerbebetriebs zu behandeln. Es macht keinen Unterschied, ob die land- und forstwirtschaftliche oder die gewerbliche Betätigung überwiegt.[102] Beteiligt sich eine Land- und Forstwirtschaft betreibende Personengesellschaft an einer gewerblich tätigen Personengesellschaft, hat auch sie nach § 15 Abs. 3 Nr. 1 EStG in vollem Umfang gewerbliche Einkünfte.[103]

Die Vorschrift des § 15 Abs. 3 Nr. 1 EStG ist dann nicht anzuwenden, wenn eine Mehrheit von Erben einen ererbten Gewerbebetrieb und zugleich eine ererbte Land- und Forstwirtschaft betreibt. In diesem Fall muss auf die Behandlung der Sache beim Erblasser zurückgegangen werden.[104] Wenn bei dem Erblasser ein Gewerbebetrieb und daneben ein land- und forstwirtschaftlicher Betrieb angenommen worden ist, sind auch bei den Erben zwei selbständige Betriebe anzunehmen.

Auch eine Personengesellschaft, die keine gewerbliche Tätigkeit ausübt, sondern ausschließlich eine Land- und Forstwirtschaft betreibt, gilt als gewerblich tätig und hat daher Einkünfte aus Gewerbebetrieb, wenn sie sich als eine gewerblich geprägte Personengesellschaft i. S. des § 15 Abs. 3 Nr. 2 EStG darstellt.

17.6.2 Absatz eigener Erzeugnisse

Nach R 15.5 Abs. 7 EStR stellt die Dienstleistung eines Land- und Forstwirts im Zusammenhang mit dem Absatz eigener Erzeugnisse, die über den Transport und das Einbringen von Pflanzen hinausgeht, z. B. Grabpflege oder Gartengestaltung, grundsätzlich eine einheitlich zu beurteilende Tätigkeit mit Vereinbarungen über mehrere Leistungskomponenten dar. Dabei ist von einer einheitlich gewerblichen Tätigkeit auszugehen, wenn nach dem jeweiligen Vertragsinhalt der Umsatz aus den Dienstleistungen und den fremden Erzeugnissen überwiegt. Zu prüfen ist dies jeweils bezogen auf den einzelnen Vertrag.

---

102 BFH, BStBl 1977 II S. 660 und 1984 II S. 150.
103 BFH, BStBl 1996 II S. 264.
104 BFH, BStBl 1987 II S. 1.

17.6 Abgrenzung der Land- und Forstwirtschaft vom Gewerbebetrieb

Die gewerbliche Tätigkeit kann unter den Voraussetzungen der R 15.5 Abs. 11 EStR noch der Land- und Forstwirtschaft zugerechnet werden. Danach sind gewerbliche Tätigkeiten, die nach R 15.5 Abs. 3 bis Abs. 8 EStR dem Grunde nach die Voraussetzungen für eine Zurechnung zur Land- und Forstwirtschaft erfüllen, nur dann typisierend der Land- und Forstwirtschaft zuzurechnen, wenn die Umsätze aus diesen Tätigkeiten dauerhaft insgesamt nicht mehr als 1/3 des Gesamtumsatzes und nicht mehr als 51.500 Euro im Wirtschaftsjahr betragen. Diese Grenzen gelten für die Tätigkeiten nach R 15.5 Abs. 9 und Abs. 10 EStR entsprechend. Dabei dürfen die Umsätze aus den Tätigkeiten i. S. der R 15.5 Abs. 3 bis Abs. 8 EStR und R 15.5 Abs. 9 und Abs. 10 EStR nicht mehr als 50 % des Gesamtumsatzes betragen. Bei der Ermittlung der Umsätze ist von den Betriebseinnahmen ohne Umsatzsteuer auszugehen. Soweit es auf den Gesamtumsatz ankommt, ist hierunter die Summe der Betriebseinnahmen ohne Umsatzsteuer zu verstehen. Anderenfalls liegen hinsichtlich dieser Tätigkeiten unter den Voraussetzungen des Strukturwandels Einkünfte aus Gewerbebetrieb vor. Der daneben bestehende Betrieb der Land- und Forstwirtschaft bleibt hiervon unberührt.

Geltung hat R 15.5 Abs. 7 EStR erstmals ab dem Wirtschaftsjahr 2012 bzw. dem abweichenden Wirtschaftsjahr 2012/2013.

17.6.3 Absatz eigener Getränke

Nach R 15.5 Abs. 8 EStR ist der Ausschank von eigen erzeugten Getränken, z. B. Wein, lediglich eine Form der Vermarktung und somit eine land- und forstwirtschaftliche Tätigkeit. Werden daneben durch einen Land- und Forstwirt Speisen und andere Getränke abgegeben, liegt insoweit eine gewerbliche Tätigkeit vor.

Diese kann unter den Voraussetzungen der R 15.5 Abs. 11 EStR noch der Land- und Forstwirtschaft zugerechnet werden. Danach sind gewerbliche Tätigkeiten, die nach R 15.5 Abs. 3 bis Abs. 8 EStR dem Grunde nach die Voraussetzungen für eine Zurechnung zur Land- und Forstwirtschaft erfüllen, nur dann typisierend der Land- und Forstwirtschaft zuzurechnen, wenn die Umsätze aus diesen Tätigkeiten dauerhaft insgesamt nicht mehr als 1/3 des Gesamtumsatzes und nicht mehr als 51.500 Euro im Wirtschaftsjahr betragen. Diese Grenzen gelten für die Tätigkeiten nach R 15.5 Abs. 9 und Abs. 10 EStR entsprechend. Dabei dürfen die Umsätze aus den Tätigkeiten i. S. der R 15.5 Abs. 3 bis Abs. 8 EStR und R 15.5 Abs. 9 und Abs. 10 EStR nicht mehr als 50 % des Gesamtumsatzes betragen. Bei der Ermittlung der Umsätze ist von den Betriebseinnahmen ohne Umsatzsteuer auszugehen. Soweit es auf den Gesamtumsatz ankommt, ist hierunter die Summe der Betriebseinnahmen ohne Umsatzsteuer zu verstehen. Anderenfalls liegen hinsichtlich dieser Tätigkeiten unter den Voraussetzungen des Strukturwandels Einkünfte aus Gewerbebetrieb vor. Der daneben bestehende Betrieb der Land- und Forstwirtschaft bleibt hiervon unberührt.

Geltung hat R 15.5 Abs. 8 EStR erstmals ab dem Wirtschaftsjahr 2012 bzw. dem abweichenden Wirtschaftsjahr 2012/2013.

17.6.4 Verwendung von Wirtschaftsgütern

Nach R 15.5 Abs. 9 EStR liegt, wenn der Land- und Forstwirt Wirtschaftsgüter seines land- und forstwirtschaftlichen Betriebsvermögens Dritten entgeltlich überlässt oder mit ihnen für Dritte Dienstleistungen verrichtet, eine gewerbliche Tätigkeit vor. Dies gilt auch, wenn in diesem Zusammenhang fremde Erzeugnisse verwendet werden.

Unter den Voraussetzungen der R 15.5 Abs. 11 EStR kann die Tätigkeit noch der Land- und Forstwirtschaft zugerechnet werden, wenn der Einsatz für eigene land- und forstwirtschaftliche Zwecke einen Umfang von 10 % nicht unterschreitet. Nach der R 15.5 Abs. 11 EStR sind gewerbliche Tätigkeiten, die nach R 15.5 Abs. 9 und Abs. 10 EStR dem Grunde nach die Voraussetzungen für eine Zurechnung zur Land- und Forstwirtschaft erfüllen, nur dann typisierend der Land- und Forstwirtschaft zuzurechnen, wenn die Umsätze aus diesen Tätigkeiten dauerhaft insgesamt nicht mehr als 1/3 des Gesamtumsatzes und nicht mehr als 51.500 Euro im Wirtschaftsjahr betragen. Diese Grenzen gelten für die Tätigkeiten nach R 15.5 Abs. 3 bis Abs. 8 EStR entsprechend. Dabei dürfen die Umsätze aus den Tätigkeiten i. S. der R 15.5 Abs. 3 bis Abs. 8 EStR und R 15.5 Abs. 9 und Abs. 10 EStR nicht mehr als 50 % des Gesamtumsatzes betragen. Bei der Ermittlung der Umsätze ist von den Betriebseinnahmen ohne Umsatzsteuer auszugehen. Soweit es auf den Gesamtumsatz ankommt, ist hierunter die Summe der Betriebseinnahmen ohne Umsatzsteuer zu verstehen. Anderenfalls liegen hinsichtlich dieser Tätigkeiten unter den Voraussetzungen des Strukturwandels Einkünfte aus Gewerbebetrieb vor. Der daneben bestehende Betrieb der Land- und Forstwirtschaft bleibt hiervon unberührt.

Verwendet ein Land- und Forstwirt Wirtschaftsgüter für Dritte, die er eigens zu diesem Zweck angeschafft hat, liegt von Beginn an eine gewerbliche Tätigkeit vor.

Geltung hat R 15.5 Abs. 9 EStR erstmals ab dem Wirtschaftsjahr 2012 bzw. dem abweichenden Wirtschaftsjahr 2012/2013.

> **Beispiel:**
>
> Ein land- und forstwirtschaftlicher Betrieb erzielt aus eigenen und fremden Erzeugnissen insgesamt einen Umsatz von 130.000 € zzgl. Umsatzsteuer. Davon wurde ein Umsatzanteil i. H. von 45.000 € zzgl. Umsatzsteuer aus der Veräußerung zugekaufter Erzeugnisse und zugekaufter Handelswaren erzielt. Ferner führt der Betrieb Dienstleistungen mit eigenen Maschinen für andere Land- und Forstwirte und die örtliche Gemeinde aus. Daraus werden jeweils 15.000 € Umsatz zzgl. Umsatzsteuer erzielt.
>
> Die gekauften und weiterveräußerten Erzeugnisse, Produkte und Handelswaren sind fremde Erzeugnisse, da sie nicht im Rahmen des Erzeugungsprozesses im eigenen Betrieb verwendet wurden. Die Summe der Betriebseinnahmen ohne Umsatzsteuer aus eigenen Erzeugnissen und fremden Erzeugnisse sowie der Dienstleistungen beträgt 160.000 €.

Die Umsätze aus fremden Erzeugnissen i. H. von 45.000 € ohne Umsatzsteuer überschreiten weder die relative Grenze von einem Drittel des Gesamtumsatzes (53.333 €) noch die absolute Grenze von 51.500 €. Die Umsätze aller Dienstleistungen i. H. von 30.000 € ohne Umsatzsteuer überschreiten weder die relative Grenze von einem Drittel des Gesamtumsatzes (53.333 €) noch die absolute Grenze von 51.500 €. Es ist insoweit unerheblich, ob es sich beim Leistungsempfänger um einen Land- und Forstwirt handelt.

Die Umsätze aus den Tätigkeitsbereichen Absatz von fremden Erzeugnissen und Dienstleistungen überschreiten mit insgesamt 75.000 € nicht die Grenze von 50 % des Gesamtumsatzes (160.000 € × 50 % = 80.000 €).

Damit liegt insgesamt ein land- und forstwirtschaftlicher Betrieb vor.

17.6.5 Land- und forstwirtschaftliche Dienstleistungen

Nach R 15.5 Abs. 10 EStR liegt, wenn der Land- und Forstwirt ohne Verwendung von eigenen Erzeugnissen oder eigenen Wirtschaftsgütern Dienstleistungen verrichtet, eine gewerbliche Tätigkeit vor.

Unter den Voraussetzungen der R 15.5 Abs. 11 EStR kann die Tätigkeit noch der Land- und Forstwirtschaft zugerechnet werden, wenn ein funktionaler Zusammenhang mit typisch land- und forstwirtschaftlichen Tätigkeiten besteht. Nach der R 15.5 Abs. 11 EStR sind gewerbliche Tätigkeiten, die nach R 15.5 Abs. 9 und Abs. 10 EStR dem Grunde nach die Voraussetzungen für eine Zurechnung zur Land- und Forstwirtschaft erfüllen, nur dann typisierend der Land- und Forstwirtschaft zuzurechnen, wenn die Umsätze aus diesen Tätigkeiten dauerhaft insgesamt nicht mehr als 1/3 des Gesamtumsatzes und nicht mehr als 51.500 Euro im Wirtschaftsjahr betragen. Diese Grenzen gelten für die Tätigkeiten nach R 15.5 Abs. 3 bis Abs. 8 EStR entsprechend. Dabei dürfen die Umsätze aus den Tätigkeiten i. S. der R 15.5 Abs. 3 bis Abs. 8 EStR und R 15.5 Abs. 9 und Abs. 10 EStR nicht mehr als 50 % des Gesamtumsatzes betragen. Bei der Ermittlung der Umsätze ist von den Betriebseinnahmen ohne Umsatzsteuer auszugehen. Soweit es auf den Gesamtumsatz ankommt, ist hierunter die Summe der Betriebseinnahmen ohne Umsatzsteuer zu verstehen. Anderenfalls liegen hinsichtlich dieser Tätigkeiten unter den Voraussetzungen des Strukturwandels Einkünfte aus Gewerbebetrieb vor. Der daneben bestehende Betrieb der Land- und Forstwirtschaft bleibt hiervon unberührt.

Geltung hat R 15.5 Abs. 10 EStR erstmals ab dem Wirtschaftsjahr 2012 bzw. dem abweichenden Wirtschaftsjahr 2012/2013.

17.6.6 Energieerzeugung

Nach R 15.5 Abs. 12 EStR handelt es sich bei der Erzeugung von Energie, z. B. durch Wind-, Solar oder Wasserkraft, nicht um eine land- und forstwirtschaftliche Tätigkeit. Von daher führt der Absatz von Strom und Wärme zu gewerblichen Einkünften. Demgegenüber kann die Erzeugung von Biogas im Rahmen eines land- und forstwirtschaftlichen Nebenbetriebs erfolgen.[105]

17.6.7 Beherbergung von Fremden

Nach R 15.5 Abs. 13 EStR gelten bei der Beherbergung von Fremden hinsichtlich der Abgrenzung zwischen Einkünften aus Land- und Forstwirtschaft die allgemeinen Regelungen. Die Vermietung von Zimmern an Feriengäste rechnet aus Vereinfachungsgründen zu den Einkünften aus Land- und Forstwirtschaft, wenn weniger als vier Zimmer und weniger als sechs Betten zur Beherbergung von Fremden bereitgestellt werden und keine Hauptmahlzeit angeboten wird.

17.7 Freibetrag für land- und forstwirtschaftliche Einkünfte (§ 13 Abs. 3 EStG)

Nach § 13 Abs. 3 EStG werden die Einkünfte aus Land- und Forstwirtschaft nur berücksichtigt, soweit sie den Betrag von 670 Euro übersteigen. Diese Regelung gilt nur, wenn die Summe der Einkünfte 30.700 Euro nicht übersteigt. Im Fall der Zusammenveranlagung von Ehegatten verdoppeln sich die Beträge auf 1.340 Euro und 61.400 Euro. Die Verdoppelung ist unabhängig davon, ob einer oder beide Ehegatten land- und forstwirtschaftliche Einkünfte erzielen.

Der Freibetrag wird von Amts wegen gewährt und ist bei der Ermittlung des Gesamtbetrags der Einkünfte abzuziehen. Ein Verlust durch den Freibetrag ist nicht möglich. Bei dem Freibetrag handelt es sich um einen **Jahresbetrag.**

Der Freibetrag für land- und forstwirtschaftliche Einkünfte ist **personenbezogen.** Er steht allen Land- und Forstwirten zu, die land- und forstwirtschaftliche Einkünfte i. S. des § 13 EStG – unabhängig von der angewandten Gewinnermittlungsart – erzielen. Er wird auch für Betriebsveräußerungs- und -aufgabegewinne gewährt. Er steht jedem Land- und Forstwirt unabhängig von der Anzahl der vorhandenen Betriebe nur einmal zu. Bei Mitunternehmerschaften bekommt jeder Mitunternehmer einen eigenen Freibetrag.

Der Freibetrag nach § 14 EStG hat Vorrang vor dem allgemeinen Freibetrag.

17.8 Förderung der gemeinschaftlichen Tierhaltung (§ 13 Abs. 6 EStG)

§ 13 Abs. 6 EStG fördert die Beteiligung landwirtschaftlicher Betriebe an gemeinschaftlichen Tierhaltungskooperationen. Die durch die Übertragung einzelner Wirtschaftsgüter auf gemeinschaftliche Tierhaltungskooperationen in der Rechtsform

---

[105] BMF vom 06.03.2006 – IV C 2 – S 2236 – 10/05/IV B 7 – S 2734 – 4/05 (BStBl 2006 I S. 248).

von Genossenschaften oder Vereinen aufgedeckten stillen Reserven werden durch eine Verteilung der Steuerbelastung abgemildert, sofern die Übertragung gegen Gewährung von Gesellschaftsrechten erfolgt. Die Übertragung von Betrieben oder Teilbetrieben ist nicht begünstigt. Die Begünstigung erfolgt auf Antrag dadurch, dass die auf den Entnahmegewinn entfallende Steuerbelastung in jährlichen Teilbeträgen entrichtet werden kann, wobei eine **Verteilung auf höchstens fünf Jahre** zu erfolgen hat.

17.9 Anwendung des § 15 Abs. 1 Satz 1 Nr. 2, Abs. 1a, Abs. 2 Satz 2 und 3 EStG und der §§ 15a und 15b EStG (§ 13 Abs. 7 EStG)

Über § 13 Abs. 7 EStG sind die Vorschriften des § 15 Abs. 1 Satz 1 Nr. 2, Abs. 1a, Abs. 2 Satz 2 und 3 EStG und der §§ 15a und 15b EStG auf die Einkünfte aus Land- und Forstwirtschaft entsprechend anwendbar.

17.10 Veräußerung und Aufgabe eines Betriebs der Land- und Forstwirtschaft (§ 14 EStG)[106]

§ 14 EStG hat deklaratorischen Charakter. Nach § 14 Satz 1 EStG gehören auch Gewinne aus der Veräußerung bzw. Aufgabe eines land- und forstwirtschaftlichen Betriebs, Teilbetriebs oder Mitunternehmeranteils zu den Einkünften aus Land- und Forstwirtschaft. § 14 Satz 2 EStG regelt, dass für Veräußerungs- bzw. Aufgabegewinne land- und forstwirtschaftlicher Betriebe der Freibetrag nach § 16 Abs. 4 EStG unter den dort genannten Voraussetzungen zu gewähren ist.

Der Gewinn aus der Veräußerung oder Aufgabe eines land- und forstwirtschaftlichen Betriebs ist nach § 4 Abs. 1 EStG durch **Bestandsvergleich** zu ermitteln. Land- und forstwirtschaftliche Betriebe mit Einnahmenüberschussrechnung nach § 4 Abs. 3 EStG oder Gewinnermittlung nach § 13a EStG müssen zur Ermittlung ihres Veräußerungs- oder Aufgabegewinns zum Bestandsvergleich übergehen.

Der Teil des Veräußerungs- bzw. Aufgabegewinns, der den Freibetrag übersteigt, wird als nach § 34 Abs. 2 Nr. 1 EStG **tarifbegünstigter Gewinn** zur Einkommensteuer herangezogen.

Der Freibetrag für land- und forstwirtschaftliche Einkünfte nach § 13 Abs. 3 EStG wird nachrangig erst nach dem Freibetrag nach § 16 Abs. 4 EStG berücksichtigt.

---

[106] Die Freibetragsregelungen nach § 14a Abs. 1 bis 3 EStG gelten nur für Betriebsveräußerungen und Betriebsaufgaben vor dem 01.01.2001. Geltung hat der Freibetrag nach § 14a Abs. 4 EStG nur für Veräußerungen und Entnahmen von Grund und Boden vor dem 01.01.2006 und der Freibetrag nach § 14a Abs. 5 EStG nur für Veräußerungen von Grund und Boden vor dem 01.01.2001. Vgl. insoweit die Ausführungen in der Vorauflage.

18 Einkünfte aus Gewerbebetrieb (§ 15 EStG)

18.1 Allgemeines

Zu den laufenden Einkünften aus Gewerbebetrieb zählt die Vorschrift des § 15 Abs. 1 EStG
- Einkünfte aus gewerblichen Unternehmen (§ 15 Abs. 1 Nr. 1 EStG),
- die Gewinnanteile der Gesellschafter von Gesellschaften, bei der die Gesellschafter als Unternehmer (Mitunternehmer) des Betriebs anzusehen sind (§ 15 Abs. 1 Nr. 2 Satz 1 EStG), und
- die Gewinnanteile der persönlich haftenden Gesellschafter einer Kommanditgesellschaft auf Aktien, soweit sie nicht auf Anteile am Grundkapital entfallen (§ 15 Abs. 1 Nr. 3 EStG).

Was unter einem Gewerbebetrieb zu verstehen ist, wird in § 15 Abs. 2 EStG umschrieben.

§ 15 Abs. 1a EStG regelt die Veräußerung von Anteilen an Europäischen Gesellschaften und Europäischen Genossenschaften.

§ 15 Abs. 3 EStG regelt Besonderheiten der Gewerblichkeit von Personengesellschaften.

Ein Ausgleichs- und Abzugsverbot für Verluste aus gewerblicher Tierzucht und aus Termingeschäften sowie eine Verlustabzugsbeschränkung bei bestimmten gesellschaftsrechtlichen Beteiligungen von Kapitalgesellschaften an Kapitalgesellschaften ist in § 15 Abs. 4 EStG geregelt.

§ 15 EStG findet Anwendung nur auf natürliche Personen. Juristische Personen können allerdings Mitunternehmer i. S. von § 15 Abs. 1 Nr. 2 EStG sein.

Die Zuordnung der Einkünfte zu § 15 EStG hat, sofern keine Befreiungsvorschrift eingreift, die Gewerbesteuerpflicht und die Steuerermäßigung nach § 35 EStG zur Folge.

18.2 Begriff des Gewerbebetriebs (§ 15 Abs. 2 EStG)

18.2.1 Allgemeines

Merkmale eines Gewerbebetriebs sind nach der Legaldefinition in § 15 Abs. 2 EStG:
- Selbständigkeit,
- Nachhaltigkeit der Betätigung,
- Gewinnerzielungsabsicht und
- Beteiligung am allgemeinen wirtschaftlichen Verkehr.

18.2 Begriff des Gewerbebetriebs

Welcher Art die zu beurteilende Tätigkeit ist, ist für die Frage, ob ein Gewerbebetrieb zu bejahen ist, grundsätzlich ohne Bedeutung. Eine Ausnahme gilt insoweit für Betätigungen, die als Land- und Forstwirtschaft, als freie Berufstätigkeit oder als andere selbständige Arbeit zu qualifizieren sind. Diese Ausnahme ergibt sich unmittelbar aus der Legaldefinition in § 15 Abs. 2 EStG.

Als weiteres ungeschriebenes negatives Tatbestandsmerkmal muss jedoch nach der Rechtsprechung des BFH (BStBl 1998 II S. 774) hinzukommen, dass die Betätigung den Rahmen einer privaten Vermögensverwaltung überschreitet.

Typische gewerbliche Tätigkeiten sind Produktion, Dienstleistung und Handel. Für den Handel gilt dies allerdings nur dann, wenn er über die Vermögensverwaltung hinausgeht. Eine gewerbliche Tätigkeit kann auch dann vorliegen, wenn eine selbständige, nachhaltige, von Gewinnabsicht getragene Teilnahme am allgemeinen wirtschaftlichen Verkehr **gegen ein gesetzliches Verbot oder gegen die guten Sitten** verstößt oder gar strafbar ist, z. B. Rauschgifthandel oder Anbieten von Telefonsex.

Die gewerblichen Einkünfte sind grundsätzlich demjenigen zuzurechnen, der die Unternehmerinitiative ausübt und das Unternehmerrisiko trägt.

Der Begriff des Gewerbebetriebs i. S. von § 15 Abs. 2 EStG stimmt mit dem Begriff des Gewerbebetriebs im Sinne des GewStG überein. Es bestehen nur zeitliche Unterschiede insofern, als der Gewerbebetrieb im Sinne des EStG früher beginnt und später endet als der Gewerbebetrieb im Sinne des GewStG. Der Begriff des Gewerbebetriebs i. S. von § 15 Abs. 2 EStG ist allerdings nicht identisch mit gleichlautenden Begriffen aus anderen Rechtsgebieten. Dies gilt auch für den Begriff des Gewerbebetriebs nach dem HGB.

18.2.2 Selbständigkeit

Das Begriffsmerkmal der Selbständigkeit bedeutet zunächst einmal, dass eine Person die Tätigkeit auf eigene Rechnung und in eigener Verantwortung ausüben muss.[1] Gewerbetreibender ist derjenige, der die **Unternehmerinitiative** entfaltet und das **Unternehmerrisiko** trägt. Das Risiko der Tätigkeit trägt derjenige, für dessen Rechnung das Geschäft geführt wird, dem der Gewinn zufließt und der den Verlust trägt.[2]

Das Gegenteil von Selbständigkeit ist Abhängigkeit (**Nichtselbständigkeit**). Der unselbständig Tätige unterliegt der Lohnsteuer. Nichtselbständig Tätiger und damit Arbeitnehmer ist, wer in der Betätigung seines geschäftlichen Willens unter der Leitung des Arbeitgebers steht oder im geschäftlichen Organismus des Arbeitgebers dessen Weisungen zu folgen verpflichtet ist (§ 1 Abs. 2 LStDV). Ob dies im Einzel-

---

1 BFH, BStBl 1989 II S. 414.
2 BFH, BStBl 1980 II S. 303.

fall zutrifft, muss nach dem Gesamtbild der Verhältnisse unter Abwägung aller Umstände entschieden werden. Dabei ist besonders zu beachten, wie die Beteiligten ihr Rechtsverhältnis vertraglich gestaltet haben, sofern die Vereinbarungen ernsthaft sind und auch tatsächlich durchgeführt werden.[3]

Für die Frage, ob ein Steuerpflichtiger selbständig oder nichtselbständig tätig ist, kommt es nicht allein auf die Bezeichnung in Verträgen, die Art der Tätigkeit oder die Form der Entlohnung an. Es müssen die für und gegen die Selbständigkeit sprechenden Umstände gegeneinander abgewogen werden. Die gewichtigeren Merkmale sind dann für die Gesamtbeurteilung maßgeblich.[4] Der steuerrechtliche Begriff des Arbeitnehmers deckt sich nicht völlig mit dem in anderen Rechtsgebieten wortgleichen Begriff.[5]

Für die Unselbständigkeit der Tätigkeit sprechen insbesondere

- Weisungsgebundenheit hinsichtlich Ort, Zeit und Inhalt der Tätigkeit,
- Schulden der ganzen Arbeitskraft und nicht etwa eines Arbeitserfolges,
- überwiegend feste und erfolgsunabhängige Bezüge,
- Lohnfortzahlung bei Krankheit und Urlaub und
- fehlender Kapitaleinsatz.

Im Fall der Selbständigkeit der Tätigkeit ist insbesondere

- die Höhe der Einnahmen weitgehend von der eigenen Aktivität abhängig,
- Zeit, Ort und Umfang der Tätigkeit können im Wesentlichen selbst bestimmt werden und
- es besteht kein Anspruch auf bezahlten Urlaub oder Lohn bei Krankheit.

Eine natürliche Person kann allerdings bei verschiedenen Tätigkeiten **teils selbständig und teils nichtselbständig** tätig sein.

Neben dieser persönlichen Selbständigkeit ist die **sachliche Selbständigkeit** erforderlich. Sachlich selbständig ist ein Unternehmen, wenn es unabhängig von anderen Unternehmen eine wirtschaftliche Einheit bildet.[6]

Einzelfälle:

- **Arbeitnehmerähnliche Selbständige** i. S. des § 2 Satz 1 Nr. 9 SGB VI sind steuerlich regelmäßig selbständig tätig. Eine vertraglich vereinbarte freie Mitarbeit kann ein Arbeitsverhältnis begründen (BFH, BStBl 1993 II S. 155). Bauhandwerker sind bei nebenberuflicher Schwarzarbeit i. d. R. nicht Arbeitnehmer des Bauherrn (BFH, BStBl 1975 II S. 513). Ein früherer Berufssportler, der wie-

---

3 BFH, BStBl 1976 II S. 292.
4 BFH, BStBl 1991 II S. 409.
5 BFH, BStBl 1980 II S. 303.
6 BFH, BStBl 1981 II S. 602.

derholt entgeltlich bei industriellen Werbeveranstaltungen mitwirkt, ist selbständig tätig (BFH, BStBl 1983 II S. 182). Ein Gesellschafter-Geschäftsführer einer Baubetreuungs-GmbH, der neben dieser Tätigkeit als Makler und Finanzierungsvermittler tätig ist, ist auch insoweit selbständig tätig, als er sich zu Garantieleistungen nicht nur Dritten, sondern auch seiner Gesellschaft gegenüber gesondert verpflichtet und sich solche Dienste gesondert vergüten lässt (BFH, BStBl 1989 II S. 572). Bestimmt ein Rundfunkermittler im Wesentlichen selbst den Umfang der Tätigkeit und sind seine Einnahmen weitgehend von der Eigeninitiative abhängig, ist er selbständig tätig (BFH, BStBl 1999 II S. 534). Ein Spitzensportler, der Sportgeräte öffentlich deutlich sichtbar benutzt, ist mit dem entgeltlichen Werben selbständig tätig (BFH, BStBl 1986 II S. 424).

- Ein **Handelsvertreter** ist auch dann selbständig tätig, wenn Betriebsvermögen nur in geringem Umfang vorhanden ist (BFH, BStBl 1975 II S. 115). Bei einem Reisevertreter ist im Allgemeinen Selbständigkeit anzunehmen, wenn er die typische Tätigkeit eines Handelsvertreters i. S. des § 84 HGB ausübt, d. h. Geschäfte für ein anderes Unternehmen vermittelt oder abschließt und ein geschäftliches Risiko trägt. Nichtselbständigkeit ist jedoch gegeben, wenn der Reisevertreter in das Unternehmen seines Auftraggebers derart eingegliedert ist, dass er verpflichtet ist, dessen Weisungen zu folgen. Ob eine derartige Unterordnung unter den geschäftlichen Willen des Auftraggebers vorliegt, richtet sich nach der von dem Reisevertreter tatsächlich ausgeübten Tätigkeit und der Stellung gegenüber seinem Auftraggeber (BFH, BStBl 1952 III S. 79). Der Annahme der Nichtselbständigkeit steht nicht ohne Weiteres entgegen, dass die Entlohnung nach dem Erfolg der Tätigkeit vorgenommen wird. Hinsichtlich der Bewegungsfreiheit eines Vertreters kommt es bei der Abwägung, ob sie für eine Selbständigkeit oder Nichtselbständigkeit spricht, darauf an, ob das Maß der Bewegungsfreiheit auf der eigenen Machtvollkommenheit des Vertreters beruht oder Ausfluss des Willens des Geschäftsherrn ist (BFH, BStBl 1962 III S. 149).

- **Hausgewerbetreibende** sind im Gegensatz zu Heimarbeitern, deren Tätigkeit als nichtselbständige Arbeit anzusehen ist, selbständige Gewerbetreibende. Die Begriffe des Hausgewerbetreibenden und des Heimarbeiters sind im HAG bestimmt. Hausgewerbetreibender ist, wer in eigener Arbeitsstätte (eigener Wohnung oder Betriebsstätte) mit nicht mehr als zwei fremden Hilfskräften oder Heimarbeitern im Auftrag von Gewerbetreibenden oder Zwischenmeistern Waren herstellt, bearbeitet oder verpackt, wobei er selbst wesentlich am Stück mitarbeitet, jedoch die Verwertung der Arbeitsergebnisse dem unmittelbar oder mittelbar auftraggebenden Gewerbetreibenden überlässt. Beschafft der Hausgewerbetreibende die Roh- und Hilfsstoffe selbst oder arbeitet er vorübergehend unmittelbar für den Absatzmarkt, so wird hierdurch seine Eigenschaft als Hausgewerbetreibender nicht beeinträchtigt (§ 2 Abs. 2 HAG). Heimarbeiter ist, wer in selbstgewählter Arbeitsstätte (eigener Wohnung oder selbstgewählter Betriebsstätte) allein oder mit seinen Familienangehörigen im Auftrag von

Gewerbetreibenden oder Zwischenmeistern erwerbsmäßig arbeitet, jedoch die Verwertung der Arbeitsergebnisse dem unmittelbar oder mittelbar auftraggebenden Gewerbetreibenden überlässt. Beschafft der Heimarbeiter die Roh- und Hilfsstoffe selbst, so wird hierdurch seine Eigenschaft als Heimarbeiter nicht beeinträchtigt (§ 2 Abs. 1 HAG). Wie bei Heimarbeitern ist die Tätigkeit der nach § 1 Abs. 2 Buchst. a HAG gleichgestellten Personen, die i. d. R. allein oder mit ihren Familienangehörigen in eigener Wohnung oder selbstgewählter Betriebsstätte eine sich in regelmäßigen Arbeitsvorgängen wiederholende Arbeit im Auftrag eines anderen gegen Entgelt ausüben, ohne dass ihre Tätigkeit als gewerblich anzusehen oder dass der Auftraggeber ein Gewerbetreibender oder Zwischenmeister ist, als nichtselbständige Arbeit anzusehen. Dagegen sind die nach § 1 Abs. 2 Buchst. b bis d HAG gleichgestellten Personen wie Hausgewerbetreibende selbständige Gewerbetreibende. Über die Gleichstellung mit Hausgewerbetreibenden entscheiden nach dem HAG die von den zuständigen Arbeitsbehörden errichteten Heimarbeitsausschüsse. Für die Unterscheidung von Hausgewerbetreibenden und Heimarbeitern ist von dem Gesamtbild des einzelnen Falles auszugehen. Heimarbeiter ist nicht, wer fremde Hilfskräfte beschäftigt oder die Gefahr des Unternehmens, insbesondere auch wegen wertvoller Betriebsmittel, trägt. Auch eine größere Anzahl von Auftraggebern und ein größeres Betriebsvermögen können die Eigenschaft als Hausgewerbetreibender begründen. Die Tatsache der Zahlung von Sozialversicherungsbeiträgen durch den Auftraggeber ist für die Frage, ob ein Gewerbebetrieb vorliegt, ohne Bedeutung.

- Bei den sog. **Generalagenten** kommt eine Aufteilung der Tätigkeit in eine selbständige und in eine nichtselbständige Tätigkeit im Allgemeinen nicht in Betracht. Im Allgemeinen ist der Generalagent ein Gewerbetreibender, wenn er das Risiko seiner Tätigkeit trägt, ein Büro mit eigenen Angestellten unterhält, trotz der bestehenden Weisungsgebundenheit in der Gestaltung seines Büros und seiner Zeiteinteilung weitgehend frei ist, der Erfolg seiner Tätigkeit nicht unerheblich von seiner Tüchtigkeit und Initiative abhängt und ihn die Beteiligten selbst als Handelsvertreter und nicht als Arbeitnehmer bezeichnen (BFH, BStBl 1961 III S. 567). Dies gilt auch für Generalagenten eines Krankenversicherungsunternehmens (BFH, BStBl 1967 III S. 398).

- **Geschäftsführer** einer Kapitalgesellschaft werden grundsätzlich nichtselbständig tätig. Daran ändert sich auch dann nichts, wenn es sich bei ihnen um alleinige Gesellschafter-Geschäftsführer handelt.[7] Bei Vertretern juristischer Personen ist zu unterscheiden zwischen der Organstellung und dem ihr zugrunde liegenden Anstellungsverhältnis. Auch bei der Beurteilung der Tätigkeit des GmbH-Geschäftsführers ist vornehmlich auf die Umstände des Einzelfalles und nicht auf dessen organschaftliche Stellung abzustellen. Je nach Ausgestaltung

---

[7] BFH vom 09.10.1996 XI R 47/96 (BStBl 1997 II S. 255).

des Vertragsverhältnisses können GmbH-Gesellschafter selbständig tätig sein mit der Folge z. B. gewerblicher Einkünfte, wenn sie zugleich Geschäftsführer der Gesellschaft sind und mindestens 50 % des Stammkapitals innehaben.[8] Werden seitens des Geschäftsführers gegenüber der Kapitalgesellschaft Leistungen erbracht, die von seiner Stellung als Geschäftsführer nicht mit umfasst werden, kann er auch insoweit selbständig tätig sein.

- **Versicherungsvertreter,** die Versicherungsverträge selbst vermitteln (sog. Spezialagenten), sind in vollem Umfang als selbständig anzusehen. Das gilt auch dann, wenn sie neben Provisionsbezügen ein mäßiges festes Gehalt bekommen. Soweit ein Spezialagent nebenbei auch Verwaltungsaufgaben und die Einziehung von Prämien oder Beiträgen übernommen hat, sind die Einnahmen daraus als Entgelte für selbständige Nebentätigkeit zu behandeln. Es ist dabei unerheblich, ob sich z. B. Inkassoprovisionen auf Versicherungen beziehen, die der Spezialagent selbst geworben hat, oder auf andere Versicherungen. Versicherungsvertreter, die mit einem eigenen Büro für einen bestimmten Bezirk sowohl den Bestand zu verwalten als auch neue Geschäfte abzuschließen haben und im Wesentlichen auf Provisionsbasis arbeiten, sind i. d. R. Gewerbetreibende. Selbständige Versicherungsvertreter üben auch dann eine gewerbliche Tätigkeit aus, wenn sie nur für ein einziges Versicherungsunternehmen tätig sein dürfen (BFH, BStBl 1978 II S. 137).

18.2.3 Nachhaltigkeit

Nachhaltig ist eine Handlung, die **auf Wiederholung angelegt,**[9] d. h. von der Absicht getragen ist, sie zu wiederholen und daraus eine selbständige Erwerbsquelle zu machen.[10] Auch eine einmalige Handlung kann nachhaltig sein, wenn sie den Beginn einer fortgesetzten Tätigkeit begründet und die Absicht der Wiederholung erkennbar ist. Eine einmalige Handlung stellt keine nachhaltige Betätigung dar, wenn sie nicht weitere Tätigkeiten des Steuerpflichtigen (zumindest Dulden, Unterlassen) auslöst.[11] Nicht auf Wiederholung angelegt ist ein nur einmaliges Gelegenheitsgeschäft.[12] War der einmal Tätige noch unentschlossen, ob er seine Tätigkeit wiederholen wird, so ist die tatsächliche Wiederholung der Tätigkeit ebenfalls nicht nachhaltig, sondern nur gelegentlich.[13] Die Zeitdauer einer Tätigkeit allein lässt nicht auf die Nachhaltigkeit schließen.[14]

---

8 BFH vom 20.10.2010 VIII R 34/08 (BFH/NV 2011 S. 585).
9 BFH, BStBl 1991 II S. 66.
10 BFH, BStBl 1992 II S. 143.
11 BFH, BStBl 1964 III S. 139.
12 BFH, BStBl 1981 II S. 602.
13 BFH, BStBl 1977 II S. 728, 1986 II S. 88.
14 BFH, BStBl 1986 II S. 88.

Nachhaltigkeit liegt auch vor, wenn mehrere verschiedene einmalige Handlungen in einem bestimmten inneren Zusammenhang stehen.[15] Nachhaltigkeit ist insbesondere dann anzunehmen, wenn die Tätigkeit auf einem einmaligen Entschluss beruht, die Durchführung aber mehrere Handlungen erfordert.[16] Dasselbe gilt, wenn die Handlung der Schaffung eines auf Erzielung von Einnahmen gerichteten Dauerzustandes dient.

Nachhaltigkeit scheidet aus, wenn sich der Auftritt am Markt in einem **Beschaffen von Gegenständen zur eigenen Verwendung** erschöpft.

Einzelfälle:

- Bankgeschäfte eines Bankangestellten, die in fortgesetzter Untreue zulasten der Bank getätigt werden, sind nachhaltig (BFH, BStBl 1991 II S. 802).

- Besteht beim An- und Verkauf festverzinslicher Wertpapiere eine Wiederholungsabsicht, kann die Tätigkeit nachhaltig sein (BFH, BStBl 1991 II S. 66).

- Bedingen sich die Aktivitäten zweier selbständiger Rechtssubjekte gegenseitig und sind sie derart miteinander verflochten, dass sie nach der Verkehrsanschauung als einheitlich anzusehen sind, können bei der Prüfung der Nachhaltigkeit die Handlungen des Einen dem Anderen zugerechnet werden (BFH, BStBl 2007 II S. 885).

18.2.4 Gewinnerzielungsabsicht

Einkünfte aus Gewerbebetrieb erzielt, wer in der Absicht, Gewinn zu erzielen, handelt. Maßgebend ist die Absicht des Steuerpflichtigen. Es kommt nicht darauf an, dass letztlich tatsächlich ein Gewinn erzielt wird. Die Beurteilung erfolgt anhand der objektiven Verhältnisse und nicht nach den Vorstellungen des Steuerpflichtigen. Die Funktion des Merkmals Gewinnerzielungsabsicht besteht darin, einkommensteuerrechtlich relevante Tätigkeiten von einkommensteuerrechtlich irrelevanten Betätigungen – der **Liebhaberei** – abzugrenzen. Unter Liebhaberei ist ein Handeln ohne Gewinnerzielungsabsicht zu verstehen, wobei Zweck – zumindest aber Begleiterscheinung – der Liebhaberei ist, die Einkommensteuer zu mindern.

Die Gewinnerzielungsabsicht ist ein **zweigliedriger Tatbestand.**[17] Sie umfasst

- eine Ergebnisprognose und

- die Prüfung der einkommensteuerrechtlichen Relevanz der Tätigkeit.

Bei positiver Ergebnisprognose ist die Gewinnabsicht zu bejahen. Bei negativer Ergebnisprognose ist zu prüfen, welche Gründe dafür verantwortlich sind. Erforder-

---

15 RFH, RStBl 1943 S. 221.
16 BFH, BStBl 1973 II S. 260.
17 BFH, BStBl 1998 II S. 663.

18.2 Begriff des Gewerbebetriebs

lich ist hierbei eine in die Zukunft gerichtete langfristige Beurteilung, für die die Verhältnisse der Vergangenheit Anhaltspunkte bieten können.

Erforderlich – aber auch ausreichend – ist das Streben des Steuerpflichtigen nach einer Mehrung des Betriebsvermögens in der Form eines Totalgewinns in der Totalperiode. Es muss ein positives Gesamtergebnis erstrebt werden.[18] Dabei ist unter dem Begriff Totalgewinn bei neu eröffneten Betrieben das positive Gesamtergebnis des Betriebs von der Gründung bis zur Veräußerung, Aufgabe oder Liquidation zu verstehen. Bei bereits bestehenden Betrieben sind für die Gewinnprognose die in der Vergangenheit erzielten Gewinne ohne Bedeutung. Am Ende einer Berufstätigkeit umfasst der anzustrebende Totalgewinn daher nur die verbleibenden Jahre.[19] Der Aufgabegewinn wird durch Gegenüberstellung des Aufgabe-Anfangsvermögens und des Aufgabe-Endvermögens ermittelt. Da Verbindlichkeiten im Anfangs- und Endvermögen jeweils – mangels stiller Reserven – mit denselben Werten enthalten sind, wirken sie sich auf die Höhe des Aufgabegewinns nicht aus.[20]

Grundlage der Prognose sind insbesondere

- die Struktur des Betriebs,
- eine Betriebsführung, bei der der Betrieb nach seiner Wesensart und der Art seiner Bewirtschaftung auf Dauer gesehen dazu geeignet und bestimmt ist, mit Gewinn zu arbeiten, und
- die Betriebsergebnisse.

Steuerbare Veräußerungs- bzw. Aufgabegewinne sind in die Prognose einzubeziehen. Dies gilt auch insoweit, als der Gewinn nach § 16 Abs. 4 EStG steuerfrei ist.[21] Die Totalperiode beträgt typisierend 30 Jahre. Das Lebensalter des Steuerpflichtigen ist irrelevant. Nicht notwendig ist eine Mindestgröße für den erstrebten Totalgewinn. Es muss sich aber um einen wirtschaftlich ins Gewicht fallenden Gewinn handeln. Vor diesem Hintergrund fehlt die Gewinnerzielungsabsicht z. B. bei Streben nach bloßer Kostendeckung.[22]

In die Beurteilung der Totalgewinnprognose einzubeziehen sind nur die tatsächlich erzielten Erträge und die tatsächlich getätigten Aufwendungen. Lediglich eine durch Geldentwertung eingetretene Vermögensmehrung rechtfertigt nicht die Annahme einer Gewinnerzielungsabsicht.[23] Zu den zu berücksichtigenden Betriebsvermögensmehrungen gehören auch nicht reine Buchgewinne oder kalkulatorische Betriebsvermögensmehrungen. Durch Wechselkursschwankungen oder durch Subventionen, z. B. steuerfreie Investitionszulagen,[24] herbeigeführte Gewinne sind jedoch zu

---

18 BFH, BStBl 1984 II S. 751.
19 BFH, BStBl 2004 II S. 455.
20 BFH, BStBl 1968 II S. 727.
21 BFH vom 18.09.1996 I R 69/95 (BFH/NV 1997 S. 408).
22 BFH, BStBl 1995 II S. 718.
23 BFH vom 14.07.1998 IV R 88/86 (BFH/NV 1989 S. 771).
24 Reiß, in: Kirchhof, EStG, 12. Auflage, § 15 Rdnr. 15.

berücksichtigen. Soweit aus subventionellen Gründen erhöhte Absetzungen oder Sonderabschreibungen periodisch zu Verlusten führen, kommt dem für die Ermittlung des Totalgewinns im Rahmen der Gewinneinkünfte keine Bedeutung zu, da sich dies in späteren Perioden, spätestens aber bei der Betriebsaufgabe, ausgleicht.[25]

Anlaufverluste sind allerdings grundsätzlich abziehbar.[26] Ob Anfangsverluste in der Anlaufphase der Gewinnerzielungsabsicht entgegenstehen, lässt sich nicht pauschal beantworten. Gleiches gilt auch für den Zeitraum einer solchen Anlaufphase. Dies ist letztlich eine Frage des Einzelfalls. Zu berücksichtigen sind insbesondere branchenspezifische Besonderheiten.

Verluste der Anlaufzeit sind steuerlich nicht zu berücksichtigen, wenn die Tätigkeit von Anfang an erkennbar ungeeignet ist, auf Dauer einen Gewinn zu erbringen.[27] Bei der Totalgewinnprognose ist zu berücksichtigen, dass sich z. B. bei Künstlern und Schriftstellern positive Einkünfte vielfach erst nach einer längeren Anlaufzeit erzielen lassen.[28] Beruht die Entscheidung zur Neugründung eines Gewerbebetriebs im Wesentlichen auf den persönlichen Interessen und Neigungen des Steuerpflichtigen, sind die entstehenden Verluste nur dann für die Dauer einer betriebsspezifischen Anlaufphase steuerlich zu berücksichtigen, wenn der Steuerpflichtige zu Beginn seiner Tätigkeit ein schlüssiges Betriebskonzept erstellt hat, das ihn zu der Annahme veranlassen durfte, durch die gewerbliche Tätigkeit insgesamt ein positives Gesamtergebnis erzielen zu können. Besteht ein solches Betriebskonzept hingegen nicht und war der Betrieb bei objektiver Betrachtung nach seiner Art, nach der Gestaltung der Betriebsführung und nach den gegebenen Ertragsaussichten von vornherein zur Erzielung eines Totalgewinns nicht in der Lage, folgt daraus, dass der Steuerpflichtige die verlustbringende Tätigkeit nur aus im Bereich seiner Lebensführung liegenden persönlichen Gründen oder Neigungen ausgeübt hat.[29] Als betriebsspezifische Anlaufzeit bis zum Erforderlichwerden größerer Korrektur- und Umstrukturierungsmaßnahmen wird ein Zeitraum von weniger als 5 Jahren nur im Ausnahmefall in Betracht kommen. Daneben ist die Dauer der Anlaufphase vor allem vom Gegenstand und von der Art des jeweiligen Betriebs abhängig, sodass sich der Zeitraum, innerhalb dessen das Unterbleiben einer Reaktion auf bereits eingetretene Verluste für sich betrachtet noch nicht als Beweisanzeichen für eine mangelnde Gewinnerzielungsabsicht herangezogen werden kann, nicht allgemein verbindlich festlegen lässt.[30]

Beweisanzeichen für das Vorliegen einer Gewinnerzielungsabsicht ist eine Betriebsführung, bei der der Betrieb nach seiner Wesensart und der Art seiner Bewirtschaf-

---

25 Reiß, in: Kirchhof, EStG, 12. Auflage, § 15 Rdnr. 41; a. A. BFH vom 25.06.2009 IX R 24/07 (BStBl 2010 II S. 127).
26 BFH vom 24.02.1999 X R 106/95 (BFH/NV 1999 S. 1081).
27 BFH, BStBl 1988 II S. 10.
28 BFH, BStBl 2004 II S. 602.
29 BFH, BStBl 2007 II S. 874.
30 BFH, BStBl 2007 II S. 874.

tung auf die Dauer gesehen dazu geeignet und bestimmt ist, mit Gewinn zu arbeiten. Dies erfordert eine in die Zukunft gerichtete langfristige Beurteilung, wofür die Verhältnisse eines bereits abgelaufenen Zeitraums wichtige Anhaltspunkte bieten können.[31] Geeignete Umstrukturierungsmaßnahmen können ein gewichtiges Indiz für das Vorhandensein einer Gewinnerzielungsabsicht darstellen, wenn nach dem damaligen Erkenntnishorizont aus der Sicht eines wirtschaftlich vernünftig denkenden Betriebsinhabers eine hinreichende Wahrscheinlichkeit dafür bestand, dass sie innerhalb eines überschaubaren Zeitraums zum Erreichen der Gewinnzone führen würden.[32]

Ist die Ergebnisprognose negativ, kommt Liebhaberei nur in Betracht, wenn die Tätigkeit auf einkommensteuerrechtlich unbeachtlichen Motiven beruht. Im Lebensführungsbereich liegende persönliche Gründe für die Fortführung einer verlustbringenden Tätigkeit

- können sich aus der Befriedigung persönlicher Neigungen oder der Erlangung wirtschaftlicher Vorteile außerhalb der Einkommenssphäre ergeben (BFH, BStBl 2002 II S. 276),
- liegen vor, wenn die Fortführung der verlustbringenden Tätigkeit den Abzug von Gehaltszahlungen an nahe Angehörige ermöglichen soll (BFH, BStBl 2004 II S. 455),
- können wegen des mit dem ausgeübten Beruf verbundenen Sozialprestiges vorliegen (BFH, BStBl 2005 II S. 392).

Einkommensteuerrechtliche Irrelevanz wird auch indiziert, wenn der Steuerpflichtige den Betrieb trotz langjähriger Verluste fortführt, ohne die Verlustursachen zu ermitteln und oder ihnen zu begegnen.

Bei einer allgemein hauptberuflich und gewinnbringend ausgeübten Tätigkeit sprechen auch langjährige Verluste nicht für eine Liebhaberei.[33] Eine Ausnahme besteht nur dann, wenn der Nachweis möglich ist, dass die Verluste nur aus persönlichen Gründen – z. B. Fortführung einer verlustbringenden Steuerberater-Praxis, damit der studierende Sohn diese später fortführen kann – hingenommen werden.[34] Auch eine risikobehaftete Tätigkeit kann mit Gewinnabsicht betrieben werden, sofern vernünftige Anhaltspunkte für eine reale Gewinnchance bestehen. Nicht ausreichend ist eine nur theoretische oder glücksspielartige Gewinnchance.

Kein Gewinn im vorgenannten Sinne ist nach der ausdrücklichen gesetzlichen Regelung des § 15 Abs. 2 EStG eine durch die Betätigung verursachte **Minderung der Steuern vom Einkommen,** also die Minderung der Einkommensteuerbelastung durch Erzielung von Verlusten (§ 15 Abs. 2 Satz 2 EStG). Einem Gewerbebetrieb

---

31 BFH, BStBl 1988 II S. 778.
32 BFH, BStBl 2004 II S. 1096.
33 BFH, BStBl 1998 II S. 663.
34 BFH, BStBl 2002 II S. 276.

steht es auch nicht entgegen, wenn die Gewinnerzielungsabsicht nur Nebenzweck ist (§ 15 Abs. 2 Satz 3 EStG).

Ein Steuerpflichtiger kann **mehrere gewerbliche Tätigkeiten** ausüben. Für jede dieser Tätigkeiten ist zu prüfen, ob Gewinnerzielungsabsicht vorliegt.

Der **Wechsel von der Gewerblichkeit zur Liebhaberei** ist keine Betriebsaufgabe. Etwaige stille Reserven werden eingefroren. Bei ihrer Realisierung sind sie steuerlich zu erfassen.[35]

Was vorstehend für den Einzelunternehmer gesagt wurde, gilt auch für die Frage, ob eine **Personengesellschaft** ein gewerbliches Unternehmen betreibt. Bei einer Personengesellschaft muss die Gewinnerzielungsabsicht auf eine Mehrung des Betriebsvermögens der Gesellschaft gerichtet sein.[36] Die Gesellschafter müssen in ihrer gesamthänderischen Verbundenheit mit Gewinnerzielungsabsicht handeln. Eine Personengesellschaft betreibt daher dann kein gewerbliches Unternehmen, wenn sie lediglich in der Absicht tätig ist, ihren Gesellschaftern eine Minderung der Steuern vom Einkommen dergestalt zu vermitteln, dass durch Zuweisung von Verlustanteilen andere an sich tariflich zu versteuernde Einkünfte nicht versteuert werden müssen.[37] Bei der Prüfung der Frage, ob ein Totalgewinn erzielt wird, rechnet der Veräußerungsgewinn nach § 16 EStG zum Totalgewinn.

Ist auf der Stufe der Personengesellschaft eine Gewinnerzielungsabsicht zu bejahen, hat eine erneute Prüfung in den Personen eines jeden Gesellschafters zu erfolgen. In seiner Person muss unter Einbeziehung seines Sonderbetriebsvermögens und seiner Ergänzungsbilanz festgestellt werden, ob für ihn persönlich ein Totalgewinn zu erwarten ist. Ist dies zu verneinen, fehlt ihm die Eigenschaft als Mitunternehmer.[38]

Bei einer Personengesellschaft, die nach Art ihrer Betriebsführung keinen Totalgewinn erreichen kann und deren Tätigkeit nach der Gestaltung des Gesellschaftsvertrags und seiner tatsächlichen Durchführung allein darauf angelegt ist, ihren Gesellschaftern Steuervorteile dergestalt zu vermitteln, dass durch Verlustzuweisungen andere Einkünfte nicht und die Verlustanteile letztlich nur in Form buchmäßiger Veräußerungsgewinne versteuert werden müssen, liegt der Grund für die Fortführung der verlustbringenden Tätigkeit allein im Lebensführungsbereich der Gesellschafter. Bei derartigen sog. **Verlustzuweisungsgesellschaften** ist zu vermuten, dass sie zunächst keine Gewinnerzielungsabsicht haben. Bei ihnen liegt i. d. R. eine Gewinnerzielungsabsicht erst von dem Zeitpunkt an vor, in dem nach dem Urteil eines ordentlichen Kaufmanns ein Totalgewinn wahrscheinlich erzielt werden kann.[39] Die Vermutung der fehlenden Gewinnerzielungsabsicht gilt auch für eine

---

35 BFH, BStBl 1989 II S. 363.
36 BFH, BStBl 1996 II S. 219.
37 BFH, BStBl 1984 II S. 751.
38 BFH, BStBl 1984 II S. 751.
39 BFH, BStBl 1996 II S. 219.

18.2 Begriff des Gewerbebetriebs

KG, die ihren Kommanditisten aufgrund der Bewertungsfreiheit des § 6 Abs. 2 EStG Verluste zuweist.[40]

Einzelfälle:

- **Autovermietung an Selbstfahrer:** Der bei den Einkünfte aus Gewerbebetrieb geltend gemachte Verlust aus der Vermietung hochwertiger Automobile an Selbstfahrer ist nicht zu berücksichtigen, weil die Gewinnerzielungsabsicht zu verneinen ist, wenn im Vordergrund der Vermietung die Senkung der nicht unerheblichen Kosten eines in der Anschaffung und im Unterhalt teuren Sportwagens durch gelegentliche Vermietung an Dritte steht. Die Autovermietung an Selbstfahrer stellt keinen Gewerbebetrieb, sondern eine steuerlich unbeachtliche Liebhaberei dar.[41]

- **Bartender:** Allein die Tatsache, dass ein Steuerpflichtiger ein Gewerbe anmeldet und einen Barstock etc. kauft sowie Schulungen besucht, begründen noch keinen Gewerbebetrieb. Der Betrieb eines Bartenders ist nach seiner Wesens- und Bewirtschaftungsart auf Dauer gesehen von Beginn an nicht dazu geeignet, mit Gewinn zu arbeiten, wenn weder ein Betriebskonzept erarbeitet noch plausible Kalkulationsgrundlagen vorgelegt werden und Terminanfragen aus privaten Gründen abgesagt werden. Dies lässt den Schluss zu, dass die persönlichen Interessen und Neigungen des Steuerpflichtigen eine erhebliche Rolle spielen. Zudem ist nicht auszuschließen, dass Kosten der privaten Lebensführung durch den Kauf von Spirituosen in den steuerlich abzugsfähigen Bereich verlagert werden sollen.[42]

- **Forderungsverjährung:** Aus einer objektiv negativen Gewinnprognose kann nicht ohne Weiteres gefolgert werden, dass der Steuerpflichtige auch subjektiv die Erzielung eines Totalgewinns nicht beabsichtigt hat. Ein solcher – widerlegbarer – Schluss ist nur dann gerechtfertigt, wenn die verlustbringende Tätigkeit typischerweise dazu bestimmt und geeignet ist, der Befriedigung persönlicher Neigungen oder der Erlangung wirtschaftlicher Vorteile außerhalb der Einkunftssphäre zu dienen. Bei anderen Tätigkeiten müssen zusätzliche Anhaltspunkte dafür vorliegen, dass die Verluste aus persönlichen Gründen oder Neigungen hingenommen werden. Im Falle einer längeren Verlustperiode können die Reaktionen des Steuerpflichtigen auf die Verluste die Bedeutung wichtiger äußerer Beweisanzeichen erlangen. Fehlt es an dem Bemühen, die Verlustursachen zu ermitteln und ihnen mit geeigneten Maßnahmen zu begegnen, sind an die Feststellung persönlicher Gründe und Motive, die den Steuerpflichtigen trotz der Verluste zur Weiterführung seines Unternehmens bewogen haben können, keine hohen Anforderungen zu stellen. Ein vom Steuerpflichtigen erzielter erheblicher

---
40 BFH, BStBl 1992 II S. 328.
41 FG Berlin-Brandenburg vom 20.03.2013 3 K 3119/08 (EFG 2013 S. 1396).
42 FG München vom 17.10.2012 5 V 2168/12 (juris).

Gewinn ist nicht geeignet, Zweifel an der Gewinnerzielungsabsicht auszuräumen, wenn er nicht auf einer – erfolgreichen – Umstellung des geschäftlichen Konzepts, sondern auf der Verjährung einer Forderung beruht und offensichtlich nicht zu einem Totalgewinn führen kann.[43]

- **Gesamt- oder Einzelrechtsnachfolge:** Zwar unterbricht eine unentgeltliche Gesamt- oder Einzelrechtsnachfolge die Betrachtungsperiode nicht, in der ein Steuerpflichtiger die Erzielung positiver Einkünfte beabsichtigt. Gleichwohl ist die Gewinnerzielungsabsicht für jeden Steuerpflichtigen und für jeden Veranlagungszeitraum gesondert zu untersuchen. Nur im Fall der Übernahme und Fortführung eines Gewinnbetriebs oder eines wirtschaftlich bereits derart aufgestellten Betriebs, dass in der Totalperiode von der Erzielung positiver Einkünfte auszugehen ist, ist eine Gewinnerzielungsabsicht des Rechtsnachfolgers anzunehmen. Übernimmt ein Steuerpflichtiger einen Verlustbetrieb, der seiner Art nach oder nach seiner bisherigen unternehmerischen Führung nicht nachhaltig mit Gewinn arbeiten kann, kann eine Gewinnerzielungsabsicht des Übernehmers nur angenommen werden, wenn er die unternehmerische Führung oder die Art des Betriebs unter Renditegesichtspunkten ändert oder solche Änderungen vorbereitet. Gewinnerzielungsabsicht kann, obwohl sie sich im Ergebnis nicht verwirklichen lässt, auch dann vorliegen, wenn nach dem erkennbaren Scheitern einer Unternehmung, bei der Gewinnerzielungsabsicht, dokumentiert durch entsprechende Bemühungen, bestanden hat, das Auflaufen weiterer Verluste durch Betriebsaufgabe oder durch Betriebsveräußerung unter Hinnahme von Veräußerungsverlusten verhindert wird.[44]

- **Gewinnerzielungsabsicht:** Bei Tätigkeiten, die nicht typischerweise dazu bestimmt und geeignet sind, der Befriedigung persönlicher Neigungen zu dienen, lässt allein das Erzielen langjähriger Verluste noch keinen zwingenden Schluss auf das Nichtvorliegen der Gewinnerzielungsabsicht zu. Das Fehlen der Gewinnerzielungsabsicht von Anfang an kann aber dann angenommen werden, wenn aufgrund der wirtschaftlichen Entwicklung der Tätigkeit eindeutig feststeht, dass sie in der vom Steuerpflichtigen betriebenen Weise von vornherein nicht in der Lage ist, nachhaltig Gewinne zu erzielen.[45] Der für die Prüfung der Gewinnerzielungsabsicht maßgebliche erzielbare Totalgewinn setzt sich aus den in der Vergangenheit erzielten und künftig zu erwartenden laufenden Gewinnen/Verlusten und dem sich bei Betriebsbeendigung voraussichtlich ergebenden Veräußerungs- bzw. Aufgabegewinn/-verlust zusammen. Der Zeitpunkt des Übergangs zur Liebhaberei wird nicht dadurch bestimmt, dass die aufgelaufenen Verluste die stillen Reserven übersteigen, sondern dadurch, dass der Steuerpflichtige keine Gewinnerzielungsabsicht mehr hat.[46] Zur Feststellung der Ge-

---
43 BFH vom 20.09.2012 IV R 43/10 (BFH/NV 2013 S. 408).
44 FG Sachsen vom 09.08.2011 8 V 504/10 (juris).
45 BFH vom 10.05.2012 X B 57/11 (BFH/NV 2012 S. 1307).
46 BFH vom 13.04.2011 X B 186/10 (BFH/NV 2011 S. 1137).

18.2 Begriff des Gewerbebetriebs

winnerzielungsabsicht ist der zu erwirtschaftende Totalgewinn zu prognostizieren und nicht auf einzelne Periodengewinne abzustellen. Werden über mehrere Jahre Geschäftsergebnisse erzielt, die insgesamt zu einem Gewinn führen, liegt darin ein Beweisanzeichen dafür, dass die Tätigkeit mit Gewinnerzielungsabsicht ausgeübt wurde.[47]

- **Liebhaberei:** Liebhaberei liegt auch dann vor, wenn neben einer negativen Ergebnisprognose die Tätigkeit auf einkommensteuerlich unbeachtlichen Motiven beruht und sich der Steuerpflichtige nicht wie ein Gewerbetreibender verhält. Wohnungsnahe Beschäftigung von Angehörigen und die Möglichkeit der Steuerersparnis durch Verlustverrechnung können als private Motive bei länger anhaltenden Verlusten berücksichtigt werden.[48]

- **Pferdehandel:** Einkünfte einer Pferdewirtin aus dem Betrieb eines Pferdehandels sind der steuerlich nicht relevanten Liebhaberei zuzuordnen, wenn der Betrieb in der von der Pferdewirtin gewählten Form keine Chance hat, jemals einen Totalgewinn zu erzielen, und sich dies in einer relativ hohen Verlustsituation über die Jahre hinweg zeigt, die auf nicht nachvollziehbare betriebswirtschaftliche Annahmen der Pferdewirtin beruhen und unter Berücksichtigung der geringen stillen Reserven im Anlagevermögen nicht zu einem Totalgewinn führen können. Dies gilt umso mehr, wenn der Ehemann als Arzt hohe positive Einkünfte bezieht und persönliche Neigungen dadurch begründet sind, dass die Pferdewirtin seit Jahrzehnten Pferdeliebhaberin ist und auch eine ihrer Töchter den Reitsport betreibt.[49]

- **Reiki-Lebensberater:** Ein lediglich Verluste erzielender Reiki-Lebensberater ist ohne Gewinnerzielungsabsicht tätig, wenn er zu Beginn seiner Tätigkeit keine realistischen Überlegungen hinsichtlich der erzielbaren Einnahmen und anfallenden Ausgaben tätigt, weil genannte Kundenzahlen aufgrund der zur Verfügung stehenden Mittel für Werbung und aufgrund eines als Durchgangszimmer in der eigenen Wohnung genutzten Seminarraums nicht zu verwirklichen sind, und wenn die Tätigkeit dazu genutzt wird, um die der Religionsausübung dienenden Gegenstände in den betrieblichen Bereich zu verlagern.[50]

- **Segeljacht:** Die Vercharterung einer Segeljacht stellt aufgrund einer fehlenden Gewinnerzielungsabsicht einen steuerlich nicht zu beachtenden Liebhabereibetrieb dar, wenn über alle Jahre der Existenz des Betriebs nur Verluste angefallen sind und der Steuerpflichtige die Verluste aus dieser Betätigung hinnahm, ohne betriebswirtschaftlich geeignete Gegenmaßnahmen zu ergreifen. Ein deut-

---

47 BFH vom 31.01.2011 III B 107/09 (BFH/NV 2011 S. 804).
48 BFH vom 07.11.2013 X B 4/12 (BFH/NV 2013 S. 370).
49 FG Niedersachsen vom 18.04.2013 11 K 138/12 (EFG 2013 S. 1308).
50 FG Baden-Württemberg vom 21.06.2010 6 K 97/07 (EFG 2011 S. 231).

liches Indiz gegen das Vorliegen einer Gewinnerzielungsabsicht ist, wenn der Steuerpflichtige den Betrieb der Vercharterung nebenberuflich in der Freizeit ausführt.[51]

- **Siegprämien:** Siegprämien, die ein in der ersten Bundesliga tätiger Gewichtheber erhält, können gewerbliche Einkünfte sein, sofern diese vereinsinterne Prämien darstellen, die nicht durch den Wettkampfsieg „gewonnen" werden, sondern lediglich anlässlich eines Sieges als „Ansporn" oder „Belohnung" vom Verein gezahlt werden. Die Siegprämien können bei Nichtvorliegen des Tatbestandsmerkmals der „Teilnahme am wirtschaftlichen Verkehr" sonstige Einkünfte i. S. von § 22 Nr. 3 EStG sein. Für die Annahme einer Gewinnerzielungsabsicht ist nicht erforderlich, dass der Steuerpflichtige seinen Lebensunterhalt mit der Tätigkeit bestreiten kann.[52]

- **Verlustbetrieb:** Bei der Unterscheidung zwischen einer auf Gewinnerzielung ausgerichteten unternehmerischen Tätigkeit und der der Privatsphäre zuzurechnenden Liebhaberei ist auf die Besonderheiten der jeweils zu würdigenden Verhältnisse abzustellen. Einer unternehmerischen Tätigkeit kann in Ausnahmefällen die steuerliche Anerkennung versagt werden, selbst wenn der Anlaufzeitraum noch nicht abgeschlossen ist. Dies gilt u. a. in Fällen, in denen aufgrund der bekannten Entwicklung des Betriebs eindeutig feststeht, dass er so, wie er vom Steuerpflichtigen betrieben wurde, von vornherein nicht in der Lage war, nachhaltige Gewinne zu erzielen, und deshalb nach objektiver Beurteilung von Anfang an keine Einkunftsquelle im Sinne des Einkommensteuerrechts dargestellt hat.[53]

18.2.5 Beteiligung am allgemeinen wirtschaftlichen Verkehr

Eine Beteiligung am allgemeinen wirtschaftlichen Verkehr liegt vor, wenn Leistungen gegen Entgelt an den Markt gebracht und für Dritte äußerlich erkennbar angeboten werden.[54] Der Steuerpflichtige muss mit Gewinnerzielungsabsicht nachhaltig am Leistungs- und Güteraustausch teilnehmen, sich an eine – wenn auch begrenzte – **Allgemeinheit** wenden und dadurch für außenstehende Dritte zu erkennen geben, dass er ein Gewerbe betreibt.[55] Dass der Steuerpflichtige seine Leistungen einer Mehrzahl von Interessenten anbietet, ist nicht erforderlich. Selbst eine Tätigkeit für nur einen bestimmten Vertragspartner reicht aus, um eine Beteiligung am allgemeinen wirtschaftlichen Verkehr anzunehmen. Voraussetzung ist jedoch, dass die Tätigkeit für jeden erbracht werden soll, der die Vertragsbedingungen erfüllt,[56] oder sich

---

51 FG Münster vom 18.10.2011 1 K 4894/08 E (EFG 2012 S. 913).
52 FG Mecklenburg-Vorpommern vom 25.05.2011 3 K 469/09 (juris).
53 BFH vom 10.04.2013 X B 106/12 (BFH/NV 2013 S. 1090).
54 BFH, BStBl 1986 II S. 851 und 1989 II S. 24.
55 BFH, BStBl 1989 II S. 39.
56 BFH, BStBl 1992 II S. 143.

18.2 Begriff des Gewerbebetriebs

das mit einem Dritten getätigte Geschäft in Wirklichkeit und nach außen erkennbar nach Bestimmung des Steuerpflichtigen an den allgemeinen Markt wendet.[57] Auch der Abschluss von Wettbewerbsvereinbarungen unter Gewerbetreibenden schließt die Annahme einer Beteiligung am allgemeinen wirtschaftlichen Verkehr grundsätzlich nicht aus.

Der Steuerpflichtige muss nicht in eigener Person am allgemeinen Wirtschaftsverkehr teilnehmen. Es reicht aus, dass eine derartige Teilnahme für seine Rechnung ausgeübt wird.[58]

Bei **Glücksspielen** ist ein Leistungsaustausch mangels Entgelt nicht gegeben. Es wird um Geld gespielt. Es fehlt aber an der eigenen Leistung des Spielers, der nur seinem Glück vertraut. Keine Teilnahme am allgemeinen wirtschaftlichen Verkehr liegt deshalb im Abschluss von Rennwetten oder in der Teilnahme am Lottospiel. Anders verhält es sich bei Geschicklichkeitsspielen. Der Spielerfolg hängt hier entscheidend von den Fähigkeiten des Spielers ab. Er erbringt eine eigene Leistung. Ein Berufskartenspieler ist deshalb wegen seiner Teilnahme am allgemeinen wirtschaftlichen Verkehr Gewerbetreibender. Von daher sind z. B. auch Gewinne aus Turnierpokerspielen eines jahrelang erfolgreichen und seine besonderen Fertigkeiten im Pokerspiel in einem Internetblock, als Fernsehkommentator und einer Pokerschule weitergebenden Steuerpflichtigen, der vom Durchschnittsspieler abzugrenzen ist, als Einkünfte aus Gewerbebetrieb steuerbar.[59] Eine Teilnahme am allgemeinen wirtschaftlichen Verkehr ist auch bei der Beteiligung an Wettrennen – z. B. Pferderennen – gegeben. Die Teilnahme an dem Rennen ist eine Leistung, der die Chance gegenübersteht, einen Rennpreis zu erzielen.

Auch **selbständig tätige Prostituierte** erzielen Einkünfte aus Gewerbebetrieb.[60] Auch die Prostitution kann in Gestalt eines sich am wirtschaftlichen Verkehr beteiligenden Unternehmens betrieben werden.

Mit dem Merkmal der Beteiligung am allgemeinen wirtschaftlichen Verkehr werden solche Tätigkeiten aus dem gewerblichen Bereich ausgeklammert, die zwar von einer Gewinnerzielungsabsicht getragen werden, aber nicht auf einen Leistungs- oder Güteraustausch gerichtet sind, z. B. Bettelei.

Keine Teilnahme am allgemeinen wirtschaftlichen Verkehr liegt insbesondere vor

- bei Ausübung hoheitlicher Gewalt (BFH, BStBl 1988 II S. 615),
- bei Teilnahme am Markt als Abnehmer von Leistungen oder
- bei privatem An- und Verkauf von Wertpapieren oder Briefmarken ohne offene Marktteilnahme (BFH, BStBl 1999 II S. 448).

---

57 BFH, BStBl 1996 II S. 232.
58 BFH, BStBl 1991 II S. 66.
59 FG Köln vom 31.10.2012 12 K 1136/11 (EFG 2013 S. 612), Rev. X R 43/12.
60 BFH vom 20.02.2013 GrS 1/12 (BStBl 2013 II S. 441).

18.3 Abgrenzung der gewerblichen Tätigkeit von der Vermögensverwaltung

Ungeschriebenes Tatbestandsmerkmal des Gewerbebetriebs ist, dass die Betätigung über den Rahmen einer privaten Vermögensverwaltung hinausgehen muss. Während bei der privaten Vermögensverwaltung – von gesetzlich geregelten Ausnahmen abgesehen – grundsätzlich nur die Früchte der Nutzung eigenen Vermögens besteuert werden, unterliegen bei einer gewerblichen Tätigkeit auch die Veräußerungsgewinne der Einkommensteuer. Auch fällt bei einer gewerblichen Betätigung grundsätzlich Gewerbesteuer an. Maßgebend für die Abgrenzung zwischen gewerblichem Handeln und privater Vermögensverwaltung sind das **Gesamtbild der Verhältnisse** und die Verkehrsanschauung. In Zweifelsfällen kommt es darauf an, ob die Tätigkeit dem Bild entspricht, das nach der Verkehrsanschauung einen Gewerbebetrieb ausmacht und einer Vermögensverwaltung fremd ist.[61]

Die Grenze zwischen privater Vermögensverwaltung und gewerblicher Betätigung ist dann überschritten, wenn nach dem Gesamtbild der Betätigung und unter Berücksichtigung der Verkehrsauffassung die Ausnutzung substantieller Vermögenswerte durch Umschichtung gegenüber der Nutzung im Sinne der Fruchtziehung aus zu erhaltenden Substanzwerten entscheidend in den Vordergrund tritt.[62] Vermögensverwaltung liegt somit vor, wenn sich die Betätigung noch als Nutzung von Vermögen im Sinne einer Fruchtziehung aus zu erhaltenden Substanzwerten darstellt und die Ausnutzung substantieller Vermögenswerte durch Umschichtung nicht entscheidend in den Vordergrund tritt. Ein Gewerbebetrieb liegt dagegen vor, wenn eine selbständige nachhaltige Betätigung mit Gewinnabsicht unternommen wird, sich als Beteiligung am allgemeinen wirtschaftlichen Verkehr darstellt und über den Rahmen einer Vermögensverwaltung hinausgeht.

18.3.1 Vermietung von beweglichen Sachen

Die Vermietung beweglicher Gegenstände (z. B. PKW, Wohnmobile, Boote) führt grundsätzlich zu sonstigen Einkünften i. S. des § 22 Nr. 3 EStG, bei in ein öffentliches Register eingetragenen beweglichen Sachen (Schiffe, Flugzeuge) zu Einkünften i. S. des § 21 Abs. 1 Satz 1 Nr. 1 EStG oder bei Sachinbegriffen zu Einkünften i. S. des § 21 Abs. 1 Satz 1 Nr. 2 EStG. Auch die Vermietung von beweglichen Sachen kann jedoch unter besonderen Umständen als eigenständige gewerbliche Tätigkeit anzusehen sein. Dies ist jedoch erst dann der Fall, wenn im Einzelfall besondere Umstände hinzutreten, welche die Gebrauchsüberlassung der Mietsache in den Hintergrund treten lassen und der Vermieterleistung als Ganzes das Gepräge einer selbständigen, nachhaltigen, vom Gewinnstreben getragenen Beteiligung am

---

[61] BFH, BStBl 1995 II S. 617.
[62] BFH, BStBl 2002 II S. 291.

18.3 Abgrenzung der gewerblichen Tätigkeit von der Vermögensverwaltung

allgemeinen wirtschaftlichen Verkehr geben.[63] Der Fall ist dies insbesondere dann, wenn im Zusammenhang mit der Vermietung ins Gewicht fallende Sonderleistungen erbracht werden oder der Umfang der Tätigkeit eine unternehmerische Organisation erfordert. Auch die Vermietung eines Wohnmobils an wechselnde Mieter wird nicht dadurch zu einer gewerblichen Tätigkeit, dass der Vermieter die Pflege und Wartung des Wohnmobils übernimmt.[64] Die Pflege und Wartung der vermieteten Sache gehört nämlich zu den Leistungen, die dem Vermieter üblicherweise obliegen.[65] Der Erwerb, die Vermietung und Veräußerung von Wohnmobilen ist jedoch gewerblich, wenn die einzelnen Tätigkeiten sich gegenseitig bedingen und derart verflochten sind, dass sie nach der Verkehrsanschauung als einheitlich anzusehen sind.[66] Das Vermieten eines in die Luftfahrzeugrolle eingetragenen Flugzeugs ohne Sonderleistungen des Vermieters ist ebenfalls regelmäßig keine gewerbliche Tätigkeit, sondern führt zu Einkünften aus Vermietung und Verpachtung i. S. von § 21 Abs. 1 Satz 1 Nr. 1 EStG.[67] Werden allerdings aufgrund eines einheitlichen Geschäftskonzepts Vermietungen mit kurzfristigen Veräußerungen verbunden, insbesondere weil nur unter Einbeziehung der Veräußerungsvorgänge ein positives Ergebnis erzielt werden kann, liegt ein einheitlicher Gewerbebetrieb vor (z. B. bei Leasing und Verkauf von Flugzeugen).[68] Die Veräußerungsgewinne stellen laufende Gewinne dar.

Allein aus dem Umstand, dass vermietete bewegliche Wirtschaftsgüter vor Ablauf der gewöhnlichen oder tatsächlichen Nutzungsdauer gegen neuere, funktionstüchtigere Wirtschaftsgüter ausgetauscht werden, kann nicht auf eine gewerbliche Tätigkeit des Vermietungsunternehmens geschlossen werden. Der Bereich der privaten Vermögensverwaltung wird nur dann verlassen, wenn die Gebrauchsüberlassung der vermieteten Gegenstände gegenüber der Veräußerung in den Hintergrund tritt.[69]

18.3.2 Vermietung und Verpachtung von Grundbesitz

Die Vermietung und Verpachtung von Grundbesitz ist auch dann eine bloße Vermögensverwaltung, wenn der **vermietete Grundbesitz sehr umfangreich** ist, der Verkehr mit vielen Mietparteien eine erhebliche Verwaltungsarbeit erfordert oder die vermieteten Räume gewerblichen Zwecken dienen. Um der Tätigkeit des Grundstücksbesitzers gewerblichen Charakter zu geben, müssen besondere Umstände hinzutreten. Diese können z. B. darin bestehen, dass die Verwaltung des Grundbesitzes infolge des ständigen und schnellen Wechsels der Mieter eine Tätigkeit erfordert, die über das bei langfristigen Vermietungen übliche Maß hinausgeht, oder dass der Grundstücksbesitzer den Mietern gegenüber besondere Verpflichtungen übernimmt,

---

63 BFH, BStBl 1990 II S. 383.
64 BFH, BStBl 1998 II S. 774.
65 BFH, BStBl 1989 II S. 922.
66 BFH, BStBl 2003 II S. 464.
67 BFH, BStBl 2000 II S. 467.
68 BFH vom 11.08.2010 IV B 17/10 (BFH/NV 2010 S. 2268).
69 BFH, BStBl 2007 II S. 768.

die sich nicht in der bloßen Vermietungstätigkeit erschöpfen. So ist z. B. die Dauervermietung von leeren Wohn-, Büro-, Ladenräumen oder Garagen und die Errichtung von Häusern zum Zwecke der Vermietung private Vermögensverwaltung, auch wenn erhebliche Fremdmittel eingesetzt werden oder wegen des Umfangs des Besitzes und der Größe des Objekts für die Verwaltung ein in kaufmännischer Weise eingerichteter Geschäftsbetrieb erforderlich ist. Die private Vermögensverwaltung ist jedoch überschritten, wenn über die Überlassung von Räumen oder Flächen hinaus erhebliche Sonderleistungen – z. B. Werbe-, Service- oder Wartungsleistungen – erbracht werden. Ein Gewerbebetrieb ist dagegen i. d. R. gegeben bei der Vermietung von Ausstellungsräumen, Messeständen, Tennisplätzen und bei der ständig wechselnden kurzfristigen Vermietung von Sälen, z. B. für Konzerte.

Grundsätzlich nicht gewerblich ist die Vermietung bzw. Untervermietung von **möblierten Zimmern**. Gewerbebetrieb ist aber der Betrieb eines Hotels, eines Gasthofs, einer Fremdenpension oder eines Wohnheims.[70] Die Vermietung bzw. Untervermietung einzelner möblierter Zimmer an Dauermieter bleibt auch dann private Vermögensverwaltung, wenn übliche Nebenleistungen – wie z. B. Frühstück und Reinigung der Räume – erbracht werden.[71] Gleiches gilt auch für die Vermietung von Ferienzimmern in Privathäusern. Eine Ausnahme besteht nur dann, wenn wegen der Vielzahl der vermieteten Zimmer und der Nebenleistungen eine pensionsartige Organisation erforderlich ist.[72] Die Zimmervermietung an Prostituierte ist gewerblich, wenn eine prostitutionsfördernde Organisation bereitgestellt wird.[73]

Die Errichtung von Häusern durch Architekten oder Bauunternehmer zum Zweck späterer Vermietung stellt keine gewerbliche Tätigkeit dar, auch wenn sie in großem Umfang erfolgt und erhebliche Fremdmittel eingesetzt werden.[74] Der Betrieb eines Parkplatzes für Kurzparker ist dagegen eine gewerbliche Betätigung.[75] Auch der Inhaber eines Campingplatzes ist gewerblich tätig, wenn er über die Vermietung der einzelnen Plätze für das Aufstellen von Zelten und Wohnwagen hinaus wesentliche Nebenleistungen erbringt, wie die Zurverfügungstellung sanitärer Anlagen und ihrer Reinigung, die Trinkwasserversorgung, die Stromversorgung für die Gesamtanlage und die einzelnen Standplätze, die Abwässer- und Müllbeseitigung, die Instandhaltung, die Pflege und Überwachung des Platzes.[76] Das gilt auch, wenn die Benutzer überwiegend sog. Dauercamper sind.[77]

Bei Vermietung einer **Ferienwohnung** ist ein Gewerbebetrieb gegeben, wenn sämtliche der folgenden Voraussetzungen vorliegen:

---

70 BFH, BStBl 1984 II S. 722.
71 BFH, BStBl 1989 II S. 922.
72 BFH, BStBl 1985 II S. 211.
73 BFH vom 12.04.1988 VIII R 256/81 (BFH/NV 1989 S. 44).
74 BFH, BStBl 1964 III S. 364.
75 BFH, BStBl 2003 II S. 520.
76 BFH, BStBl 1983 II S. 80.
77 BFH, BStBl 1983 II S. 426.

18.3 Abgrenzung der gewerblichen Tätigkeit von der Vermögensverwaltung

- Die Wohnung muss für die Führung eines Haushalts voll eingerichtet sein, z. B. Möblierung, Wäsche und Geschirr enthalten. Sie muss in einem reinen Feriengebiet im Verband mit einer Vielzahl gleichartig genutzter Wohnungen liegen, die eine einheitliche Wohnanlage bilden.
- Die Werbung für die kurzfristige Vermietung der Wohnung an laufend wechselnde Mieter und die Verwaltung der Wohnung müssen von einer für die einheitliche Wohnanlage bestehenden Feriendienstorganisation durchgeführt werden.
- Die Wohnung muss jederzeit zur Vermietung bereitgehalten werden, und es muss nach Art der Rezeption eines Hotels laufend Personal anwesend sein, das mit den Feriengästen Mietverträge abschließt und abwickelt und dafür sorgt, dass die Wohnung in einem Ausstattungs-, Erhaltungs- und Reinigungszustand ist und bleibt, der die sofortige Vermietung zulässt.[78]

Ein Gewerbebetrieb ist auch anzunehmen, wenn eine hotelmäßige Nutzung der Ferienwohnung vorliegt oder die Vermietung nach Art einer Fremdenpension erfolgt. Ausschlaggebend ist, ob wegen der Häufigkeit des Gästewechsels oder im Hinblick auf zusätzlich zur Nutzungsüberlassung erbrachte Leistungen, z. B. Bereitstellung von Wäsche und Mobiliar, Reinigung der Räume, Übernahme sozialer Betreuung, eine Unternehmensorganisation erforderlich ist, wie sie auch in Fremdenpensionen vorkommt.[79]

18.3.3 Gewerblicher Grundstückshandel

18.3.3.1 Allgemeines

Bei Gewinnen und Verlusten aus der Veräußerung von Grundstücken des Privatvermögens kann es sich handeln

- um die **Veräußerung privater Vermögenssubstanz** mit der Folge, dass weder Einkommen- noch Gewerbesteuer anfällt,
- um **private Veräußerungsgeschäfte** nach § 22 Nr. 2, § 23 Abs. 1 Nr. 1 EStG mit der Folge der Einkommensteuerpflicht oder
- um eine **gewerbliche Tätigkeit** nach § 15 Abs. 1, 2 EStG, § 2 GewStG mit der Folge der Einkommen- und Gewerbesteuerpflicht.

Bei der Veräußerung von Grundstücken liegt private Vermögensverwaltung vor, wenn sich die Bau- und Veräußerungsmaßnahmen als Nutzung von Grundbesitz im Sinne einer Fruchtziehung aus zu erhaltenden Substanzwerten darstellen. Eine Besteuerung kommt in diesem Fall nur bei Vorliegen eines privaten Veräußerungsgeschäftes in Betracht. Stellt sich die Veräußerung dagegen als Ausnutzung substan-

---

78 BFH, BStBl 1976 II S. 728.
79 BFH, BStBl 1985 II S. 211.

tieller Vermögenswerte zum Zwecke der Vermögensmehrung durch Umschichtung dar, liegt gewerblicher Grundstückshandel vor.

Einzelheiten des gewerblichen Grundstückshandels sind geregelt im BMF-Schreiben vom 26.03.2004.[80]

18.3.3.2 Begriff des Gewerbebetriebs

Um einen gewerblichen Grundstückshandel bejahen zu können, müssen sämtliche Kriterien eines Gewerbebetriebs nach **§ 15 Abs. 2 EStG** gegeben sein. Dabei geht in seinem Anwendungsbereich der gewerbliche Grundstückshandel dem privaten Veräußerungsgeschäft nach § 23 Abs. 2 EStG vor.

Nach § 15 Abs. 2 EStG ist ein Gewerbebetrieb gegeben, wenn eine selbständige, nachhaltige Betätigung unter Beteiligung am allgemeinen wirtschaftlichen Verkehr mit Gewinnerzielungsabsicht unternommen wird, ohne dass es sich dabei um Land- und Forstwirtschaft, einen freien Beruf oder eine andere selbständige Tätigkeit handelt und ohne dass eine private Vermögensverwaltung vorliegt.

Im Verhältnis zu anderen gewerblichen Einkünften ist der Tatbestand des gewerblichen Grundstückshandels **subsidiär**. Gehört z. B. ein Grundstück mit aufstehendem Gebäude zum Betriebsvermögen (Umlaufvermögen) eines gewerblichen Grundstückshandels und wird anschließend ein Teil des Gebäudes im Rahmen einer unechten Betriebsaufspaltung als eine wesentliche Betriebsgrundlage an eine Betriebskapitalgesellschaft vermietet, wird das Gebäude – anteilig – unter Fortführung des Buchwerts notwendiges Betriebsvermögen (Anlagevermögen) bei dem Besitzunternehmen. Für die Zuordnung ist der aufgrund der tatsächlichen Nutzung im Rahmen der Betriebsaufspaltung bestehende ausschließliche sachliche Zusammenhang mit dem Betriebsvermögen des Besitzunternehmens maßgebend. Diese Zuordnung entfällt auch nicht allein deswegen, weil der Grundstücksteil bereits dem Gewerbebetrieb des gewerblichen Grundstückshandels zuzurechnen gewesen war.[81] Die Zuordnung des fremdvermieteten Grundstücks als Anlagevermögen des Besitzunternehmens geht einer Zuordnung zu einem Grundstückshandel unabhängig davon vor, ob er notwendig oder gewillkürt zum Besitzunternehmen gehört. Solange das Grundstück als wesentliche Betriebsgrundlage der Betriebsgesellschaft genutzt wird, bleibt es auch dann Anlagevermögen des Besitzunternehmens, wenn es zum Verkauf angeboten wird. Die sachliche Verflechtung besteht fort. Endet die Betriebsaufspaltung durch die Veräußerung des Grundstücks, scheidet es als Zählobjekt für einen gewerblichen Grundstückshandel aus.[82]

---

80 BMF vom 26.03.2004 (BStBl 2004 I S. 434).
81 BFH, BStBl 2002 II S. 537.
82 BFH vom 14.12.2006 III R 64/05 (BFH/NV 2007 S. 1659).

18.3 Abgrenzung der gewerblichen Tätigkeit von der Vermögensverwaltung

Selbständigkeit

Selbständigkeit ist in der Person desjenigen gegeben, der auf eigene Rechnung und Gefahr handelt, der also Unternehmerrisiko trägt und Unternehmerinitiative entfalten kann. Unerheblich ist, wenn sich der Steuerpflichtige bei der Veräußerung des Grundbesitzes der Mithilfe eines nichtselbständig oder eines selbständig Tätigen bedient.

Nachhaltigkeit

Eine Tätigkeit ist nachhaltig, wenn sie von der Absicht getragen wird, sie zu wiederholen und daraus eine ständige Erwerbsquelle zu machen, und wenn sie sich objektiv – z. B. durch Wiederholung – als nachhaltig darstellt. Bei der Prüfung der Wiederholungsabsicht ist es nicht erforderlich, dass die einzelnen Handlungen auf einem einheitlichen Willensentschluss beruhen, der die schon nach Zeit, Gegenstand und Umfang bestimmten Handlungen umfasst, oder dass vor Beginn einer jeden Tätigkeit ein neuer Entschluss gefasst wird, tätig zu werden. Es genügt vielmehr, wenn bei der Tätigkeit der allgemeine Wille besteht, gleichartige oder ähnliche Handlungen bei sich bietender Gelegenheit zu wiederholen.

Gewerblicher Grundstückshandel liegt daher grundsätzlich nur vor, wenn ein Steuerpflichtiger immer wieder Grundstücke an unterschiedliche Erwerber veräußert. Veräußert er z. B. ein Gebäude mit mehreren Eigentumswohnungen in mehreren gleichzeitigen Verkaufsakten **an einen einzigen Erwerber,** liegt i. d. R. keine nachhaltige Betätigung vor. Das gilt grundsätzlich auch dann, wenn er mehr als drei Objekte verkauft.[83]

Auch eine einmalige Tätigkeit kann nachhaltig sein, sofern aus den Umständen des Einzelfalls auf die Wiederholungsabsicht geschlossen werden kann.

Beispiele:

a) Ein Steuerpflichtiger, der im Bau- und Immobilienbereich tätig ist und darüber hinaus über langfristig vermieteten Grundbesitz verfügt, hat im Jahr 07 ein schon lange in seinem Eigentum stehendes unbebautes Grundstück mit einem Mehrfamilienhaus bebaut und es in fünf Eigentumswohnungen geteilt. Im September 09 hat er alle fünf Eigentumswohnungen in einem Verkaufsakt an einen Erwerber verkauft. Zuvor – im Oktober 08 – hatte er bereits eines seiner Mietwohngrundstücke veräußert.

Die Tätigkeit des Steuerpflichtigen im Bau- und Immobilienbereich und die beiden Verkaufsgeschäfte reichen aus, eine nachhaltige Tätigkeit anzunehmen.[84]

b) Ein Steuerpflichtiger will durch Zeitungsinserate und durch die Einschaltung von Maklern je nach Marktlage mehrere Grundstücke einzeln veräußern. Es kommt aber nicht zu mehreren Verkaufsgeschäften, weil er zufällig einen Abnehmer findet, der alle Grundstücke en bloc erwirbt.

---
83 BFH vom 22.04.1998 X R 17/96 (BFH/NV 1998 S. 1467).
84 BFH vom 30.06.1993 XI R 38-39/91 (BFH/NV 1994 S. 20).

18 Einkünfte aus Gewerbebetrieb

Obwohl es hier tatsächlich nur zu einem Verkaufsgeschäft gekommen ist, ist Nachhaltigkeit anzunehmen, weil sich in den Verkaufsbemühungen des Steuerpflichtigen die Absicht ausgedrückt hat, bei Gelegenheit weitere Grundstücksgeschäfte zu tätigen.

Die Nachhaltigkeit ist zu verneinen, wenn die Absicht, aus der Tätigkeit eine ständige Erwerbsquelle zu machen, nicht erkennbar ist oder wenn feststeht, dass die erste Handlung nicht auf Wiederholung angelegt war. Unter einer nachhaltigen Tätigkeit ist auch nicht der erneute Verkauf eines Wirtschaftsguts zu verstehen, wenn der erste Verkauf gescheitert ist. Die Nachhaltigkeit muss in Bezug auf die Veräußerungsgeschäfte eines Steuerpflichtigen gegeben sein. Auf die Zahl seiner Ankäufe kommt es nicht an. Eine wiederholte Tätigkeit auf der Beschaffungsseite führt somit nicht zur Nachhaltigkeit.

Gewinnerzielungsabsicht

Unter Gewinnerzielungsabsicht ist das Streben nach Mehrung des Betriebsvermögens in Gestalt eines Totalgewinns zu verstehen. Der Steuerpflichtige muss ein positives Gesamtergebnis der Betätigung von der Gründung bis zur Veräußerung oder Aufgabe des Betriebs erstreben. Will er nur eine Deckung der Selbstkosten erreichen, ist die Gewinnerzielungsabsicht zu verneinen. In die Beurteilung sind alle Umstände des Einzelfalls einzubeziehen.

An der Gewinnerzielungsabsicht fehlt es bei Grundstücken, die **ohne Gewinn** an Verwandte, Bekannte oder Freunde veräußert oder verschenkt werden. Es muss sich allerdings um Akte der Freigebigkeit oder der Gefälligkeit handeln, die der privaten Sphäre des Steuerpflichtigen zuzurechnen sind.[85] Entsprechendes gilt auch bei einer teilentgeltlichen Veräußerung, z. B. bei Veräußerung unter Übernahme von Schulden im Rahmen einer vorweggenommenen Erbfolge.[86] Die Gewinnerzielungsabsicht ist aber nicht schon dann zu verneinen, wenn einzelne Verkäufe aus einer Reihe von Grundstücksgeschäften keinen Gewinn oder gar einen Verlust gebracht haben.[87]

Beteiligung am allgemeinen wirtschaftlichen Verkehr

Eine Beteiligung am allgemeinen wirtschaftlichen Verkehr ist gegeben, wenn der Steuerpflichtige mit Gewinnerzielungsabsicht nachhaltig am Leistungs- und Güteraustausch teilnimmt. Die Tätigkeit muss nach außen in Erscheinung treten und sich an eine – wenn auch nur begrenzte – Allgemeinheit wenden. Ausreichend ist ein äußerlich erkennbares Anbieten einer entgeltlichen Tätigkeit, das sich an einen nicht abgeschlossenen Kreis von Personen richtet. Der Verkäufer muss sich insofern an den allgemeinen Markt wenden, als er an jeden, der die Verkaufsbedingungen erfüllt, verkaufen will.

---

[85] BFH vom 17.10.2002 X B 13/02 (BFH/NV 2003 S. 162).
[86] BFH vom 23.07.2002 VIII R 19/01 (BFH/NV 2002 S. 1571).
[87] BFH, BStBl 1996 II S. 369.

18.3 Abgrenzung der gewerblichen Tätigkeit von der Vermögensverwaltung

Eine Beteiligung am allgemeinen wirtschaftlichen Verkehr kann
- auch bei einer Tätigkeit für nur einen Vertragspartner oder bei Einschaltung eines Maklers vorliegen;[88]
- bereits dadurch vorliegen, dass die Verkaufsabsicht nur einem kleinen Personenkreis – unter Umständen einer einzigen Person – bekannt wird und der Verkäufer damit rechnet, die Verkaufsabsicht werde sich herumsprechen. Entscheidend ist, dass der Verkäufer an jeden, der die Kaufbedingungen erfüllt, verkaufen will. Das ist bereits dann der Fall, wenn er bereit ist, das fragliche Objekt an einen anderen Erwerber zu veräußern, falls sich der Verkauf an den ursprünglich vorgesehenen Käufer zerschlägt;
- durch den Verkauf an Bekannte erfolgen;[89]
- auch dann gegeben sein, wenn der Steuerpflichtige nur ein Geschäft mit einem Dritten tätigt, sich dieser aber in Wirklichkeit und nach außen erkennbar nach den Bestimmungen des Steuerpflichtigen an den allgemeinen Markt wendet.[90]

Auch ein entgeltlicher und von Gewinnerzielungsabsicht getragener Leistungsaustausch zwischen nahen Angehörigen erfüllt die Voraussetzung einer Teilnahme am allgemeinen wirtschaftlichen Verkehr.[91]

Keine Land- und Forstwirtschaft

Dass die Grundstücksveräußerungen der Land- und Forstwirtschaft zuzurechnen sind, kommt in Betracht, wenn z. B. ein Land- und Forstwirt Grundstücke seines betrieblichen Anlagevermögens parzelliert und sie dann ohne eine weitere Erschließungstätigkeit veräußert.[92]

Die Veräußerung land- und forstwirtschaftlicher Grundstücke kann allerdings auch Gegenstand eines selbständigen gewerblichen Unternehmens sein. Hat der Land- und Forstwirt schon mit Tätigkeiten begonnen, die objektiv erkennbar auf die Vorbereitung von Grundstücksgeschäften gerichtet sind, wechseln die Grundstücke auch bei zunächst unveränderter Nutzung nach § 6 Abs. 5 EStG zum Buchwert aus dem Anlagevermögen des landwirtschaftlichen Betriebs in das Umlaufvermögen des Gewerbebetriebs „gewerblicher Grundstückshandel".[93]

Grundstücksveräußerungen eines Land- und Forstwirts sind allerdings erst dann Gegenstand eines selbständigen gewerblichen Grundstückshandels und keine landwirtschaftlichen Hilfsgeschäfte mehr, wenn der Landwirt über die Parzellierung und Veräußerung hinausgehende Aktivitäten entfaltet, die darauf gerichtet sind, den zu

---

88 BFH, BStBl 1996 II S. 367.
89 BFH, BStBl 1996 II S. 369.
90 BFH, BStBl 1996 II S. 232.
91 BFH, BStBl 2002 II S. 811.
92 BFH vom 05.10.1989 IV R 35/88 (BFH/NV 1991 S. 317).
93 BFH, BStBl 2002 II S. 289.

veräußernden Grundbesitz zu einem Objekt anderer Marktgängigkeit zu machen.[94] Der Hinzutausch von Grundstücksflächen zur Optimierung der Bebaubarkeit von bisher landwirtschaftlich genutzten Grundstücksflächen und die Beantragung eines konkreten Bauvorbescheids sind Aktivitäten, die darauf gerichtet sind, den zu veräußernden Grundbesitz zu einem Objekt anderer Marktgängigkeit zu machen.[95]

Auch bei den Einkünften aus Land- und Forstwirtschaft führt die entgeltliche Bestellung einer Vielzahl von Erbbaurechten weder zu einer Entnahme noch zu einem gewerblichen Grundstückshandel. Es handelt sich vielmehr um eine Nutzungsüberlassung, die zu laufenden Erträgen, dem Erbbauzins, führt und damit nicht anders als eine Vermietung oder Verpachtung zu behandeln ist. Der Bereich der Vermögensverwaltung wird jedoch verlassen, wenn der Steuerpflichtige mit Erbbaurechten handelt, die bestellten Erbbaurechte also veräußert.[96]

Kein freier Beruf, keine andere selbständige Arbeit

Einen freien Beruf oder eine andere selbständige Arbeit werden Grundstücksveräußerungen kaum darstellen. Liegen gewerbliche Einkünfte und Einkünfte aus selbständiger Arbeit vor, sind die Tätigkeiten grundsätzlich getrennt zu erfassen. Allenfalls kann eine freie Berufstätigkeit durch untrennbar mit ihr verflochtene zahlreiche Grundstücksveräußerungen insgesamt zu einem Gewerbebetrieb werden, wenn sich die Tätigkeiten gegenseitig bedingen und derartig miteinander verflochten sind, dass sie nach der Verkehrsauffassung als Einheit anzusehen sind. In diesen Fällen erfolgt eine einheitliche Beurteilung. Es ist zu entscheiden, welche Tätigkeit der Gesamttätigkeit das Gepräge gibt. Erwirbt z. B. ein selbständiger Architekt planmäßig Baugrundstücke und veräußert er sie mit Architektenbindung weiter, werden die ursprünglich freiberuflichen Einnahmen durch den Zusammenhang mit den Einnahmen aus dem gewerblichen Grundstückshandel insgesamt zu gewerblichen Einnahmen.[97] Beide Tätigkeiten wären allerdings getrennt zu erfassen, wenn Grundstückskaufverträge und Architektenaufträge in getrennten Verträgen vereinbart und durchgeführt werden würden.[98]

Keine Vermögensverwaltung

Nach der **Fruchtziehungsformel**[99] ist die Grenze zwischen privater Vermögensverwaltung und gewerblicher Betätigung dann überschritten, wenn nach dem Gesamtbild der Betätigung und unter Berücksichtigung der Verkehrsauffassung die Ausnutzung substantieller Vermögenswerte durch Umschichtung gegenüber der Nutzung

---

94 BFH, BStBl 2006 II S. 166.
95 BFH, BStBl 2008 II S. 231.
96 BFH vom 26.08.2004 IV R 52/02 (BFH/NV 2005 S. 674).
97 BFH, BStBl 1984 II S. 129.
98 BFH, BStBl 1976 II S. 152.
99 BFH, BStBl 1995 II S. 617.

18.3 Abgrenzung der gewerblichen Tätigkeit von der Vermögensverwaltung

im Sinne einer Fruchtziehung aus zu erhaltenden Substanzwerten entscheidend in den Vordergrund tritt. In Zweifelsfällen ist die gerichtsbekannte und nicht beweisbedürftige Auffassung darüber maßgebend, ob die Tätigkeit, soll sie in den gewerblichen Bereich fallen, dem Bild entspricht, das nach der Verkehrsauffassung einen Gewerbebetrieb ausmacht und einer privaten Vermögensverwaltung fremd ist.[100]

Zur Konkretisierung der Fruchtziehungsformel wurde die Dreiobjektgrenze entwickelt.

Gewerblicher Grundstückshandel liegt nach der **Dreiobjektgrenze** vor, wenn innerhalb eines engen zeitlichen Zusammenhangs – i. d. R. fünf Jahre – mehr als drei Objekte veräußert werden. Dies ergibt sich aus der Annahme, dass eine Vermögensmehrung durch Umschichtung – also die Ausnutzung substantieller Vermögenswerte – umso mehr bezweckt wird, je höher der Umfang der Anschaffungen und Veräußerungen ist. Eine zahlenmäßige Begrenzung des Bereichs der privaten Vermögensverwaltung auf drei Objekte trägt auch der gebotenen Vereinfachung Rechnung und liegt im Interesse der Rechtssicherheit. Der zeitliche Zusammenhang muss dabei einerseits zwischen Anschaffung bzw. Errichtung und Veräußerung sowie andererseits zwischen den Veräußerungen der einzelnen Objekte bestehen.[101] Bei der Herstellung, Modernisierung und Sanierung beginnt die Frist mit dem Abschluss der entsprechenden Maßnahmen.[102] Hinsichtlich der Frage, ob die Veräußerung innerhalb von fünf Jahren erfolgt ist, ist abzustellen auf den Abschluss des Kaufvertrags. Die dingliche Übereignung ist nicht maßgebend.[103]

Die Dreiobjektgrenze ist nur ein Indiz für das Bestehen einer bedingten Veräußerungsabsicht.[104] Die durch die Veräußerung von mehr als drei Objekten innerhalb von fünf Jahren nach Erwerb bzw. Errichtung des Objekts begründete Vermutung für gewerbliches Handeln kann widerlegt werden. Dabei steht es der Annahme eines gewerblichen Grundstückshandels auch nicht entgegen, dass die tatsächliche Anzahl der Objekte im Sinne der Dreiobjektgrenze bei Erwerb bzw. Errichtung/Modernisierung nicht der tatsächlichen Anzahl der Objekte entspricht, die bei der Veräußerung durch zwischenzeitliche Aufteilung aus dem erworbenen Objekt entstanden sind.[105]

Auch kann eine Gewerblichkeit bei der **Veräußerung von weniger als vier Objekten** angenommen werden, wenn ganz besondere Umstände zweifelsfrei auf eine von Anfang an bestehende unbedingte Veräußerungsabsicht schließen lassen. Bedingte Veräußerungsabsicht genügt hier – anders als bei Überschreiten der Dreiobjektgrenze – nicht.[106] Die unbedingte Veräußerungsabsicht ist aus den äußeren Umstän-

---

100 BFH, BStBl 2002 II S. 291.
101 BFH vom 28.07.1993 XI R 21/92 (BFH/NV 1994 S. 463).
102 BFH vom 17.12.2009 III R 101/06 (BStBl 2010 II S. 541).
103 BFH vom 05.12.2002 IV R 57/01 (BStBl 2003 II S. 291).
104 BFH, BStBl 1988 II S. 293.
105 BFH vom 23.11.2011 IV B 107/10 (BFH/NV 2012 S. 414).
106 BFH vom 05.05.2011 IV R 34/08 (BStBl 2011 II S. 787).

den abzuleiten.[107] Liegt diese vor, kann schon die Veräußerung nur eines Objektes zur Gewerblichkeit führen.[108] Dies gilt bei Wohnobjekten (Ein-, Zweifamilienhäuser, Eigentumswohnungen) insbesondere in folgenden Fällen:

- Das Grundstück mit einem darauf vom Veräußerer zu errichtenden Gebäude wird bereits vor seiner Bebauung verkauft. Als Verkauf vor Bebauung ist ein Verkauf bis zur Fertigstellung des Gebäudes anzusehen.
- Das Grundstück wird von vornherein auf Rechnung und nach Wünschen des Erwerbers bebaut.
- Das Bauunternehmen des das Grundstück bebauenden Steuerpflichtigen erbringt erhebliche Leistungen für den Bau, die nicht wie unter fremden Dritten abgerechnet werden.
- Das Bauvorhaben wird nur kurzfristig finanziert.
- Der Steuerpflichtige beauftragt bereits während der Bauzeit einen Makler mit dem Verkauf des Objekts.
- Vor Fertigstellung wird ein Vorvertrag mit dem künftigen Erwerber geschlossen.
- Der Steuerpflichtige übernimmt über den bei Privatverkäufen üblichen Bereich hinaus Gewährleistungspflichten.
- Unmittelbar nach dem Erwerb des Grundstücks wird mit der Bebauung begonnen und das Grundstück wird unmittelbar nach Abschluss der Bauarbeiten veräußert.

Ausnahmsweise kann trotz der Veräußerung von mehr als drei Objekten die **Gewerblichkeit zu verneinen** sein, wenn eindeutige äußerlich erkennbare Anhaltspunkte bestehen, die gegen eine von Anfang an bestehende bedingte Veräußerungsabsicht sprechen. Solche Umstände sind z. B. das Bestehen langfristiger Mietverträge, die über einen Zeitraum von fünf Jahren hinausgehen, oder eine auf längere Dauer angelegte Eigennutzung zu Wohnzwecken.[109]

Ein gewerblicher Grundstückshandel kann auch dann gegeben sein, wenn der Steuerpflichtige **nur ein einziges Geschäft** oder einen einzigen Vertrag abschließt. Dies ist dann der Fall, wenn der Veräußerer zahlreiche Einzelaktivitäten zu einem Zeitpunkt entfaltet, in dem zweifelsfrei erwiesen ist, dass das Grundstück aus seinem Vermögen ausscheiden soll. Hat der Steuerpflichtige seine Veräußerungsabsicht bereits nach außen hin dokumentiert – z. B. durch Zeitungsanzeigen oder durch die Einschaltung eines Maklers –, können folgende Einzelaktivitäten in ihrer Gesamtheit zur Gewerblichkeit führen:

- Kooperation mit einer Baufirma, die die spätere Bebauung für den Erwerber übernehmen soll;

---

107 BFH vom 05.05.2011 IV R 34/08 (BStBl 2011 II S. 787).
108 BFH vom 19.02.2009 IV R 12/07 (BFH/NV 2009 S. 926).
109 BFH vom 20.02.2003 III R 10/01 (BStBl 2003 II S. 510).

18.3 Abgrenzung der gewerblichen Tätigkeit von der Vermögensverwaltung

- Übergabe von Bauplänen und Übernahme der Gewähr für die ausstehende Baugenehmigung;
- Bemühungen um zukünftige Mieter für den Erwerber;
- Verpflichtung zur Erbringung weiterer Leistungen nach Abschluss des Kaufvertrags.

18.3.3.3 Einzelne Merkmale der Dreiobjektgrenze

Art des Objekts

Der Steuerpflichtige muss innerhalb eines engen zeitlichen Zusammenhangs mehr als drei Objekte veräußert haben. Als Objekte im Sinne der Dreiobjektgrenze kommen alle selbständig verkehrsfähigen Objekte in Betracht, unabhängig von ihrer Größe, ihrem Wert oder ihrer Nutzungsart.[110] Objekte können somit z. B. sein:

- Einfamilienhäuser, Reihenhäuser, Mehrfamilienhäuser,
- Eigentumswohnungen,
- Gewerbebauten,
- unbebaute Grundstücke,
- Miteigentumsanteile an Wohneinheiten oder unbebauten Grundstücken,
- Anteile an Grundstücks-Personengesellschaften.

Objekt kann alles sein, was auch Gegenstand eines Grundstückskaufvertrags sein kann.[111] Vor diesem Hintergrund zählt z. B. bei Eigentumswohnungen oder unbebauten parzellierten Grundstücken jede Wohnung bzw. jedes Grundstück als ein Objekt. Unerheblich ist auch die Größe des jeweiligen Objekts. So sind auch **Mehrfamilienhäuser** und **Gewerbebauten** jeder Größe nur als ein Objekt anzusehen. Ein Objekt ist dabei auch ein ungeteiltes Grundstück mit fünf frei stehenden Mehrfamilienhäusern.[112] Als Objekt im Sinne der Dreiobjektgrenze kommen weiterhin auch Erbbaurechte in Betracht. Die erstmalige Bestellung eines Erbbaurechts ist allerdings noch kein Objekt im Sinne der Dreiobjektgrenze. Wird es dagegen veräußert, liegt ein Objekt im Sinne der Dreiobjektgrenze vor.[113]

Nach diesen Grundsätzen stellt auch ein im Teileigentum stehender Garagenabstellplatz ein selbständiges Objekt dar, wenn dieser nicht im Zusammenhang mit dem Verkauf einer Wohnung veräußert wird. Der Verkauf eines Garagenabstellplatzes ist jedoch dann nicht als eigenes Objekt zu zählen, wenn dieser als Zubehörraum einer Eigentumswohnung im Zusammenhang mit dem Verkauf der Eigentumswohnung an andere Erwerber als die Käufer der Eigentumswohnung veräußert wird.[114]

---
110 BFH, BStBl 2002 II S. 291.
111 BFH, BStBl 1991 II S. 844.
112 BFH vom 05.05.2011 IV R 34/08 (BStBl 2011 II S. 787).
113 BFH, BStBl 2007 II S. 885.
114 BFH, BStBl 2003 II S. 238.

18 Einkünfte aus Gewerbebetrieb

Durchgehandelte und erschlossene Objekte sind ebenfalls Zählobjekte für die Bestimmung des gewerblichen Grundstückshandels. Hinsichtlich der Dreiobjektgrenze sind sie zu addieren.[115]

Einzubeziehen in die Zählung sind auch **im Ausland belegene Objekte**.

In die Prüfung des gewerblichen Grundstückshandels und damit der Dreiobjektgrenze sind Grundstücke, die im Wege der **vorweggenommenen Erbfolge** oder durch Schenkung übertragen und vom Rechtsnachfolger in einem zeitlichen Zusammenhang veräußert worden sind, mit einzubeziehen. In diesem Fall ist hinsichtlich der unentgeltlich übertragenen Grundstücke für die Frage des zeitlichen Zusammenhangs auf die Anschaffung oder Herstellung durch den Rechtsvorgänger abzustellen. Werden im zeitlichen Zusammenhang durch den Rechtsvorgänger und den Rechtsnachfolger insgesamt mehr als drei Objekte veräußert, liegen gewerbliche Einkünfte vor

- beim Rechtsvorgänger hinsichtlich der veräußerten Grundstücke,
- beim Rechtsnachfolger hinsichtlich der unentgeltlich erworbenen und veräußerten Grundstücke.

In diesen Fällen sind beim Rechtsnachfolger die Veräußerungen der unentgeltlich erworbenen Grundstücke für die Frage, ob er daneben Einkünfte aus einem eigenen gewerblichen Grundstückshandel erzielt, als Objekte im Sinne der Dreiobjektgrenze mitzuzählen.

Beispiel:
V erwirbt im Jahr 01 vier Eigentumswohnungen E 1, E 2, E 3 und E 4. Im Jahr 03 veräußert er die Eigentumswohnungen E 1, E 2 und E 3. Die Eigentumswohnung E 4 überträgt er im Wege der vorweggenommenen Erbfolge im Jahr 03 auf seinen Sohn S. S hat im Jahr 02 die Reihenhäuser RH 1, RH 2 und RH 3 erworben. Im Jahr 04 veräußert S die Reihenhäuser und die Eigentumswohnung E 4.

Die Veräußerung der Eigentumswohnung E 4 innerhalb des zeitlichen Zusammenhangs durch S führt bei V zur Annahme eines gewerblichen Grundstückshandels. Der Gewinn aus der Veräußerung der Eigentumswohnungen E 1 bis E 3 ist bei V steuerpflichtig.

Bei S ist der Gewinn aus der Veräußerung der Eigentumswohnung E 4 steuerpflichtig. Auch aus der Veräußerung der drei Objekte – RH 1 bis RH 3 – erzielt er Einkünfte aus einem gewerblichen Grundstückshandel, weil die Veräußerung der Eigentumswohnung E 4 als sog. Zählobjekt mitzuzählen ist.

Nicht einzubeziehen sind – unabhängig vom Umfang des Grundbesitzes – Grundstücke, die durch **Erbfolge** übergegangen sind,[116] es sei denn, dass bereits der Erblasser in seiner Person einen gewerblichen Grundstückshandel begründet hat und der Erbe einen unternehmerischen Gesamtplan fortführt oder der Erbe die Grundstü-

---

115 BFH, BStBl 2007 II S. 375.
116 BFH, BStBl 2001 II S. 530.

18.3 Abgrenzung der gewerblichen Tätigkeit von der Vermögensverwaltung

cke vor Veräußerung in nicht unerheblichem Maße modernisiert und hierdurch ein Wirtschaftsgut anderer Marktgängigkeit entstanden ist.

Ebenfalls nicht einzubeziehen sind Grundstücke, die **eigenen Wohnzwecken** dienen. Zu eigenen Wohnzwecken genutzte bebaute Grundstücke gehören in aller Regel zum notwendigen Privatvermögen.[117] Etwas anderes kann sich allerdings ergeben, wenn ein zur Veräußerung bestimmtes Wohnobjekt nur vorübergehend zu eigenen Wohnzwecken genutzt wird.[118] Bei einer Selbstnutzung von weniger als fünf Jahren ist das Grundstück dann nicht einzubeziehen, wenn der Veräußerer eine auf Dauer angelegte Eigennutzung nachweist, indem er darlegt, dass die Veräußerung auf offensichtlichen Sachzwängen beruhte.[119]

Objekte, mit deren Weitergabe kein Gewinn erzielt werden soll, z. B. **teilentgeltliche Veräußerung** oder **Schenkung an Angehörige,** sind in die Betrachtung, ob die Dreiobjektgrenze überschritten ist, grundsätzlich ebenfalls nicht einzubeziehen.[120] Eine teilentgeltliche Veräußerung in diesem Sinne liegt vor, wenn der Verkaufspreis die Selbstkosten – Anschaffungs- oder Herstellungskosten oder Einlagewert – nicht übersteigt.[121] Eine Einbeziehung von auf Kinder übertragene Objekte hinsichtlich der Frage des Überschreitens der Dreiobjektgrenze kommt jedoch dann in Betracht, wenn der Steuerpflichtige – bevor er sich dazu entschlossen hat, diese Objekte unentgeltlich auf seine Kinder zu übertragen – die zumindest bedingte Absicht besaß, auch diese Objekte am Markt zu verwerten.[122] Grundstücke, die zwar mit der Absicht, Gewinn zu erzielen, veräußert wurden, mit deren Verkauf aber letztlich ein Verlust realisiert wurde, sind in die Betrachtung, ob die Dreiobjektgrenze überschritten ist, mit einzubeziehen.

Veräußerung eines Objekts

Eine Veräußerung ist gegeben, wenn der Steuerpflichtige das Objekt zu marktüblichen Konditionen veräußert. Die Bestellung von Erbbaurechten stellt keine Veräußerung dar.[123]

Als Veräußerung im Sinne der Dreiobjektgrenze gilt auch die **Einbringung eines Grundstücks** in das Gesamthandsvermögen einer Personengesellschaft gegen Gewährung von Gesellschaftsrechten, die als Veräußerung anzusehen ist. Grundstücksübertragungen in das Gesamthandsvermögen einer Personengesellschaft, für die der Übertragende keine Gegenleistung erhält (verdeckte Einlage), und die Übertragung von Grundstücken im Wege der Realteilung einer vermögensverwaltenden

---

117 BFH, BStBl 2003 II S. 245.
118 BFH, BStBl 1989 II S. 621.
119 BFH, BStBl 2003 II S. 133.
120 BFH, BStBl 2003 II S. 238.
121 BFH, BStBl 1990 II S. 1053.
122 BFH, BStBl 2003 II S. 238.
123 FG Niedersachsen, EFG 1991 S. 677.

Personengesellschaft oder Bruchteilsgemeinschaft auf die einzelnen Gesellschafter zu Alleineigentum gelten dagegen nicht als Veräußerung im Sinne der Dreiobjektgrenze. Als Veräußerung im Sinne der Dreiobjektgrenze gilt auch die Einbringung eines Grundstücks in eine Kapitalgesellschaft gegen Gewährung von Gesellschaftsrechten. Dies gilt auch in den sog. Mischfällen, in denen die dem Gesellschafter gewährte angemessene drittübliche Gegenleistung teils in der Gewährung von Gesellschaftsrechten und teils in anderen Entgelten, z. B. in der Zahlung eines Barkaufpreises, der Einräumung einer Forderung oder in der Übernahme von Schulden des Gesellschafters besteht.[124]

Enger zeitlicher Zusammenhang

Ein Steuerpflichtiger ist gewerblicher Grundstückshändler, wenn er durch den Umschlag von Grundbesitzobjekten Substanzwertsteigerungen realisiert und dadurch Gewinne erzielt. Weitere Voraussetzung dafür ist, dass er im Fall des reinen Grundstückshandels bereits beim Erwerb der veräußerten Grundstücke – also zum Zeitpunkt des Abschlusses des schuldrechtlichen Vertrags – die wenigstens bedingte Absicht der Weiterveräußerung hatte. Es genügt, wenn die Weiterveräußerung nur einen Nebenzweck des Erwerbs, der Bebauung etc. darstellt. Die ständige Wiederkehr gleichartiger (Veräußerungs-)Geschäfte ist ein Beweisanzeichen dafür, dass der Steuerpflichtige Grundstücke bereits in der (mindestens bedingten) Veräußerungsabsicht erworben hat.[125] Denn laufende Erwerbe und Veräußerungen von Grundstücken entsprechen dem Bild, das nach der Verkehrsanschauung einen Gewerbebetrieb ausmacht und einer privaten Vermögensverwaltung fremd ist.

Von der Rechtsprechung wird i. d. R. angenommen, dass ein gewerblicher Grundstückshandel vorliegt, wenn der Steuerpflichtige vier oder mehr Immobilienobjekte in zeitlichem Zusammenhang veräußert und die Veräußerung eines jeden Objekts darüber hinaus in einem zeitlichen Zusammenhang mit seinem Erwerb etc. steht.[126] Die Zahl und der zeitliche Zusammenhang der Grundstücksverkäufe sowie der zeitliche Zusammenhang mit dem Erwerb der veräußerten Grundstücke gestatten den Schluss, dass ein einheitlicher gewerblicher Betätigungswille wirksam geworden ist. Dabei muss ein enger zeitlicher Zusammenhang sowohl zwischen der Anschaffung – ggf. zwischen der Bebauung oder der Modernisierung – von Grundstücken und ihrer Veräußerung als auch zwischen den (mindestens vier) Objektveräußerungen bestehen.

Die bloße Behauptung des Steuerpflichtigen, er habe beim Erwerb der später veräußerten Grundstücke noch nicht die Absicht der Weiterveräußerung gehabt, wird grundsätzlich nicht anerkannt. Der zeitliche Zusammenhang als Indiz für die zumindest bedingte Veräußerungsabsicht schon beim Erwerb bzw. bei Bebauung etc. eines

---

124 BFH, BStBl 2003 II S. 394.
125 BFH vom 17.02.1993 X R 108/90 (BFH/NV 1994 S. 84).
126 BFH, BStBl 1992 II S. 135.

18.3 Abgrenzung der gewerblichen Tätigkeit von der Vermögensverwaltung

wieder veräußerten Grundstücks kann grundsätzlich auch nicht durch den Vortrag des Steuerpflichtigen entkräftet werden, er sei durch Umstände zum Verkauf gezwungen worden, die unabhängig von seinem Willen nachträglich eingetreten seien. Trotz des Überschreitens der Dreiobjektgrenze ist allerdings ein gewerblicher Grundstückshandel ausnahmsweise nicht anzunehmen, wenn aufgrund besonderer vom Steuerpflichtigen darzulegender Umstände eindeutige Anhaltspunkte gegen eine von Anfang an bestehende Veräußerungsabsicht sprechen. Als Umstand, der gegen eine bereits im Zeitpunkt der Anschaffung oder Errichtung des Objekts bestehende Veräußerungsabsicht spricht, kann eine vom Veräußerer selbst vorgenommene langfristige – über fünf Jahre hinausgehende – Vermietung eines Wohnobjektes angesehen werden. Die **konkreten Anlässe und Beweggründe** für die Veräußerungen (z. B. plötzliche Erkrankung, Finanzierungsschwierigkeiten, schlechte Vermietbarkeit, Scheidung, nachträgliche Entdeckung von Baumängeln, unvorhergesehene Notlagen) sind im Regelfall jedoch nicht geeignet, die aufgrund des zeitlichen Abstands der maßgebenden Tätigkeiten vermutete (bedingte) Veräußerungsabsicht im Zeitpunkt der Anschaffung oder Errichtung auszuschließen.[127]

Die zeitlichen Voraussetzungen eines gewerblichen Grundstückshandels sind grundsätzlich dann erfüllt, wenn innerhalb von fünf Jahren mehr als drei Objekte veräußert werden, die jeweils bis zu fünf Jahre vorher erworben, bebaut, umfassend modernisiert, in Eigentumswohnungen aufgeteilt oder baureif gemacht wurden.[128]

Zwischen dem Erwerb oder der Errichtung und der Veräußerung muss ein enger zeitlicher Zusammenhang bestehen. Als enger zeitlicher Zusammenhang gilt ein Zeitraum von **fünf Jahren.** Hierbei handelt es sich nicht um eine starre Grenze. Daher bleiben Objekte, die mehr als fünf Jahre nach ihrem Erwerb oder nach ihrer Errichtung veräußert werden, für die Prüfung der Dreiobjektgrenze im Fünfjahreszeitraum nicht generell außer Betracht.

Vielmehr ist nach Auffassung der Rechtsprechung von einem **zehnjährigen Betrachtungszeitraum** auszugehen, wobei innerhalb der ersten fünf Jahre die Gewerblichkeit indiziert wird und nur bei Vorliegen außergewöhnlicher Umstände ausgeschlossen werden kann. Nach Ablauf von fünf Jahren müssen weitere Beweisanzeichen hinzutreten, die für eine Gewerblichkeit sprechen. Hierzu zählen z. B. die Branchennähe des Steuerpflichtigen oder der zeitnahe Verkauf von mehr als vier Objekten.[129]

Nach Ablauf des zehnjährigen Betrachtungszeitraums ist grundsätzlich von privater Vermögensverwaltung auszugehen.[130] Der Verkauf von z. B. langjährig vermieteten Wohnungen fällt nicht aus dem Rahmen der Vermögensverwaltung heraus, da dies lediglich den Endpunkt der Vermögensverwaltung darstellt. Dies gilt auch dann,

---

127 BFH, BStBl 2003 II S. 510.
128 BFH, BStBl 1992 II S. 135.
129 BFH vom 12.10.1995 I B 46/95 (BFH/NV 1996 S. 266).
130 BFH vom 11.12.1996 X R 241/93 (BFH/NV 1997 S. 396).

wenn es sich um umfangreichen Grundbesitz handelt und sämtliche Objekte in einem verhältnismäßig kurzen Zeitraum an verschiedene Erwerber veräußert werden. Es bestehen allerdings Ausnahmen. Werden z. B. kontinuierlich unbebaute Grundstücke ge- und verkauft, kann allein die Tatsache eines zehnjährigen Eigentums nicht dazu führen, die Veräußerung der privaten Vermögensverwaltung zuzuordnen.[131]

Des Weiteren muss sich auch die Verwertung der einzelnen Objekte selbst in einem engen zeitlichen Zusammenhang – auch hier gilt ein Zeitraum von fünf Jahren – vollziehen.[132] Geringfügige Überschreitungen sind unschädlich, wenn weitere Umstände hinzutreten.

Es hat demnach eine **zweistufige Prüfung** stattzufinden. Zunächst sind die Objekte auszuscheiden, bei denen der zeitliche Zusammenhang zwischen Erwerb oder Errichtung und Veräußerung mehr als fünf Jahre beträgt. Sodann ist bei den verbleibenden Objekten zu prüfen, ob deren Veräußerungen untereinander in einem engen zeitlichen Zusammenhang von fünf Jahren stehen.

Betreibt der Steuerpflichtige bereits einen gewerblichen Grundstückshandel, ist es unschädlich, wenn einzelne Objekte länger als fünf Jahre gehalten wurden. Diese sind in den bestehenden Grundstückshandel einzubeziehen, wenn ihre Veräußerung in zeitlichem Zusammenhang mit der Veräußerung der übrigen Objekte erfolgt.[133]

Gewerblicher Grundstückshandel kann auch vorliegen, wenn auf die Veräußerung des ersten Objekts eine mehr als zweijährige inaktive Phase folgt, in der die späteren Grundstücksgeschäfte noch nicht konkret absehbar sind und während der keine Grundstücke im Umlaufvermögen gehalten werden.[134]

18.3.3.4 Fallgruppen

Veräußerung unbebauter Grundstücke

Der Erwerb und die anschließende Veräußerung von unbebauten Grundstücken sind nach Maßgabe der Dreiobjektgrenze gewerblich.[135] Bei Erwerb und Veräußerung von Grundstücken bestimmt sich die Frage, ob die Grenzen des Fünfjahreszeitraums eingehalten oder überschritten wurden, nach dem Datum der obligatorischen (notariellen) Kaufverträge. Wird das Grundstück vor der Veräußerung vom Steuerpflichtigen parzelliert, ist bei der Bestimmung der Anzahl der veräußerten Objekte die Anzahl der veräußerten Parzellen maßgebend. Werden sämtliche Parzellen an einen Erwerber veräußert, scheidet ein gewerblicher Grundstückshandel mangels Nachhaltigkeit aus.

---

131 BFH vom 17.02.1993 X R 108/90 (BFH/NV 1994 S. 84).
132 BFH, BStBl 1992 II S. 135.
133 BFH, BStBl 2003 II S. 245.
134 BFH, BStBl 2007 II S. 375.
135 BFH, BStBl 1996 II S. 232.

18.3 Abgrenzung der gewerblichen Tätigkeit von der Vermögensverwaltung

Bei unbebauten Grundstücken, die vor der Veräußerung selbst genutzt oder verpachtet wurden, führt die bloße Parzellierung für sich allein nicht zur Annahme eines gewerblichen Grundstückshandels. Als gewerblich einzustufen ist die Tätigkeit des Veräußerers allerdings, wenn er **über die Parzellierung und Veräußerung hinausgehende Aktivitäten** entfaltet. Dies ist z. B. der Fall, wenn er seinen Grundbesitz ganz oder teilweise durch Baureifmachung in Baugelände umzugestalten beginnt und zu diesem Zweck das Baugelände nach einem bestimmten Bebauungsplan in einzelne Parzellen aufteilt und diese an Interessenten veräußert.[136] Es genügt, dass der Steuerpflichtige wesentliche Voraussetzungen für die Erschließung und die künftige Bebauung des Geländes schafft, indem er z. B. auf eigene Kosten einen Erschließungs- und Bebauungsplan für das zu veräußernde Grundstück fertigen lässt oder sonst die behördliche Festsetzung des Bebauungsplans betreibt und damit maßgeblich bei der Vorbereitung der künftigen Erschließungsanlagen und der baulichen Nutzung der Flächen mitwirkt. Unerheblich ist, ob der Veräußerer diese Arbeiten selbst ausführt oder sich zu ihrer Durchführung eines Dritten bedient.[137] Die Gewerblichkeit tritt hier unabhängig von der Zahl der veräußerten Objekte ein, da der Steuerpflichtige sich hier wie ein Erschließungsunternehmer betätigt.[138]

Beispiel:
Ein Landwirt möchte zur Beschaffung liquider Mittel möglichst günstig einen Acker verkaufen. Er veranlasst die Belegenheitsgemeinde, den Acker als Bauland auszuweisen. Dafür muss er Straßen bauen, Versorgungsleitungen legen und Abwasseranlagen herstellen. Nach Durchführung dieser Erschließungsmaßnahmen – durch den Landwirt selbst oder in seinem Auftrag durch Dritte – und Parzellierung des Geländes veräußert er mindestens vier baureife Bauplätze an verschiedene Erwerber.
Der Landwirt handelt hier wie ein Baulanderschließungsunternehmer. Daher wird er unabhängig von der Zahl der veräußerten Objekte gewerblich tätig. Der Acker scheidet in dem Zeitpunkt aus dem landwirtschaftlichen Betriebsvermögen aus und wird zu gewerblichem Betriebsvermögen, in dem der Landwirt damit begonnen hat, den Ausweis des Grundstücks als Bauland zu betreiben.
Hätte die Belegenheitsgemeinde ohne Einflussnahme des Landwirts von sich aus einen Bebauungsplan erstellt und den Acker als Bauland ausgewiesen und hätte der Landwirt dieses Gelände nur parzelliert und verkauft, dann wäre er nur unter den Voraussetzungen des Fünfjahreszeitraums und der Dreiobjektgrenze gewerblich tätig geworden.

Veräußerung von bebauten Grundstücken

Auch beim Erwerb und der Veräußerung von bebauten Grundstücken gelten ohne Einschränkungen die Grundsätze der Fünfjahresfrist und der Dreiobjektgrenze.[139] Dies gilt insbesondere dann, wenn bebaute Grundstücke erworben und unverändert weiterveräußert werden. Unveränderte Weiterveräußerung liegt in diesen Fällen auch noch vor, wenn vor der Veräußerung an den Gebäuden lediglich Reparaturen

---
136 BFH, BStBl 1996 II S. 232.
137 BFH, BStBl 1986 II S. 666.
138 BFH vom 28.09.1987 VIII R 306/84 (BFH/NV 1988 S. 302).
139 BFH vom 28.04.1988 IV R 130, 131/86 (BFH/NV 1989 S. 102).

durchgeführt werden, die ihren vertragsgemäßen Gebrauch gewährleisten sollen. Zu diesen Maßnahmen gehören insbesondere Schönheitsreparaturen.[140]

Hat der Eigentümer z. B. nur ein Gebäude erworben, teilt er dieses jedoch in Eigentumswohnungen auf und veräußert dann in fünf Jahren mehr als drei davon, ist wie bei der Parzellierung unbebauter Grundstücke ein gewerblicher Grundstückshandel gegeben, wobei der Fünfjahreszeitraum mit dem Erwerb des Mietwohngrundstücks beginnt. Die bloße Aufteilung zuvor vom Steuerpflichtigen z. B. mehr als zehn Jahre vermieteter oder zum Teil auch eigengenutzter Mehrfamilienhäuser in Eigentumswohnungen und ihr anschließender alsbaldiger Verkauf allein gehören noch in den Bereich der Vermögensverwaltung und begründen keinen gewerblichen Grundstückshandel. Das gilt selbst dann, wenn der Steuerpflichtige vor der Veräußerung Schönheitsreparaturen ausgeführt hat.

Werden mehr als drei Objekte veräußert, die der Steuerpflichtige innerhalb von fünf Jahren vor ihrer Veräußerung **in erheblichem Umfang modernisiert** hat, wird dadurch ein gewerblicher Grundstückshandel begründet. Die Fünfjahresfrist beginnt in diesen Fällen mit dem Abschluss der Sanierungsarbeiten.[141] Schönheitsreparaturen und Maßnahmen zur Erhaltung oder zur Wiederherstellung eines vertragsgemäßen Gebrauchs der Gebäude gelten nicht als erhebliche Modernisierung. Eine erhebliche Modernisierung ist nur dann anzunehmen, wenn einer Neubebauung gleichzustellende, erheblich werterhöhende Maßnahmen durchgeführt werden. Dies ist insbesondere dann anzunehmen, wenn die grundlegende Modernisierung von Objekten je durch einen Bauunternehmer oder einen Bauträger erfolgt. In den Fällen der erheblichen Modernisierung beginnt die Fünfjahresfrist mit dem Abschluss der Modernisierung. Versetzt der Steuerpflichtige dagegen die Objekte vor der Veräußerung lediglich in einen zum vertragsgemäßen Gebrauch geeigneten Zustand, wozu unter Berücksichtigung des bei Mietwohnungen Üblichen auch die Schönheitsreparaturen gehören, beginnt die Fünfjahresfrist mit der Errichtung bzw. dem Erwerb der Objekte.

Veräußerung selbst errichteter Gebäude

Allein der Umstand, dass der Steuerpflichtige Objekte errichtet und diese in sachlichem sowie zeitlichem Zusammenhang hiermit veräußert, führt nicht deswegen zu einer gewerblichen Tätigkeit, weil sie dem Bild eines Bauunternehmers bzw. Bauträgers entspricht.[142] Dabei macht es keinen Unterschied, ob die Baugrundstücke eigens zum Zwecke der Bebauung erworben wurden oder ob sie schon längere Zeit im Eigentum des Steuerpflichtigen gestanden haben. Vielmehr ist auch in den Fällen der Veräußerung nach Errichtung an der – als Beweisanzeichen einzustufenden –

---

140 BFH, BStBl 1984 II S. 137.
141 BFH, BStBl 2003 II S. 291.
142 BFH, BStBl 2002 II S. 291.

18.3 Abgrenzung der gewerblichen Tätigkeit von der Vermögensverwaltung

Dreiobjektgrenze und der Fünfjahresfrist festzuhalten.[143] Dabei kommt es grundsätzlich auf die Motive des Verkaufs nicht an. Die Fünfjahresfrist beginnt in den Errichtungsfällen mit der Fertigstellung des Gebäudes.[144]

Die Veräußerungsabsicht ist anhand äußerlicher Merkmale zu beurteilen. Die bloße Erklärung des Steuerpflichtigen, er habe eine solche Absicht nicht gehabt, reicht nicht aus. Das Vorhandensein einer Veräußerungsabsicht kann allerdings nicht allein aus dem engen zeitlichen Zusammenhang zwischen Errichtung und Veräußerung hergeleitet werden.[145] Liegen von Anfang an eindeutige – vom Steuerpflichtigen darzulegende – Anhaltspunkte dafür vor, dass ausschließlich eine anderweitige Nutzung als die Veräußerung objektiv in Betracht gezogen worden ist, hat der enge zeitliche Zusammenhang für sich genommen keine Bedeutung. Fehlen solche Anhaltspunkte, zwingt der enge zeitliche Zusammenhang zwischen Errichtung und Veräußerung aber nach der Lebenserfahrung zu der Schlussfolgerung, dass bei der Errichtung der Objekte zumindest eine bedingte Veräußerungsabsicht bestanden hat. In diesen Fällen kann sich der Steuerpflichtige nicht darauf berufen, die Verkaufsabsicht sei erst später wegen Finanzierungsschwierigkeiten und zu hoher finanzieller Belastungen gefasst worden.[146]

Die von der Dreiobjektgrenze ausgehende Vermutung gilt in bestimmten Fällen nicht. Folge ist, dass auch **bei der Veräußerung von weniger als vier Objekten** ein Gewerbebetrieb anzunehmen ist, sofern die Voraussetzungen nach § 15 Abs. 2 EStG vorliegen. Die Rechtsprechung hat folgende Fallgruppen gebildet:

- Im Fall der Veräußerung von Objekten vor Bebauung liegt unabhängig von der Anzahl der Veräußerungen eine gewerbliche Tätigkeit vor.[147] Gleiches gilt, sofern der Veräußerer bereits in der Bauphase für die Veräußerung wirbt, eine Maklerfirma mit der Veräußerung beauftragt, eine einheitliche Preisliste für alle Räume des errichteten Objekts erstellt oder bereits einen Vorvertrag mit dem künftigen Erwerber abgeschlossen hat.

- Ein Gewerbebetrieb unabhängig von der Zahl der veräußerten Objekte liegt vor bei Errichtung von Objekten auf Rechnung oder nach den Wünschen des Erwerbers.

- Die Gewerblichkeit wird ebenfalls begründet, wenn der Steuerpflichtige das Bauunternehmen, welches die für die Errichtung des Objekts erheblichen Leistungen erbringt, selbst betreibt und dies mit ihm nicht wie unter Fremden üblich abrechnet.[148]

---

143 BFH, BStBl 2002 II S. 291.
144 BFH vom 18.09.2002 X R 4/02 (BFH/NV 2003 S. 457).
145 BFH, BStBl 2002 II S. 291.
146 BFH, BStBl 2003 II S. 297.
147 BFH, BStBl 2002 II S. 811.
148 BFH, BStBl 2002 II S. 291.

- Gewerblichkeit ist auch anzunehmen, wenn der Steuerpflichtige das Bauvorhaben kurzfristig finanziert.[149]
- Gewerblichkeit ist zu bejahen, wenn der Steuerpflichtige gegenüber dem Erwerber Gewährleistungspflichten übernimmt, die über das Maß dessen, was unter Privaten üblich ist, hinausgehen.[150]

Gewerbliche Großobjekte

Bei Grundstücksgeschäften mit gewerblichen Großobjekten ergibt sich die Gewerblichkeit nicht aus dem wiederholten, mit Gewinnerzielungsabsicht betriebenen marktmäßigen Umschlag von Sachwerten, sondern aus der unternehmerischen Wertschöpfung für Zwecke der Veräußerung. In diesem Sinne sieht der BFH die Errichtung von gewerblich genutzten Großgebäuden zum Zwecke der Veräußerung als eine Tätigkeit an, die dem Bild des typischen produzierenden Unternehmers entspricht, der eigeninitiativ tätig wird, Produktionsfaktoren zu einem marktfähigen Güterangebot bündelt und sie auf eigenes Risiko am Markt absetzt.[151]

Typische produzierende Unternehmer in Bezug auf Aktivitäten am Grundstücksmarkt sind:

- Bauunternehmer, die Grundstücke erwerben, bebauen und anschließend – gegebenenfalls nach kurzzeitiger Vermietung – veräußern oder im Auftrag von Bauherren auf deren Grundstücken Gebäude errichten,
- Generalübernehmer, die zwar selbst keine eigenen Bauleistungen erbringen, jedoch im Auftrag von Bauherren als Auftraggeber gegenüber den ausführenden Bauunternehmern auftreten und alle zur Erstellung eines Bauwerks notwendigen Maßnahmen koordinieren,
- Baubetreuer, sowohl bei umfassender als auch bei teilweiser Baubetreuung, und
- Bauträger, die auf eigenen Baugrundstücken im eigenen Namen und für Rechnung eines Auftraggebers Gebäude errichten.

Wer wie diese Unternehmer auftritt, kann gewerblich tätig sein, auch wenn er nicht mehr als drei Objekte im Sinne der Dreiobjekttheorie veräußert. Der BFH vertritt damit die Auffassung, dass bei der Produktion und beim Verkauf von Gebäudeobjekten unabhängig von der Dreiobjektgrenze für die Frage einer gewerblichen Tätigkeit wesentlich auf das Bild eines Bauunternehmers abzustellen ist. Vor diesem Hintergrund hat der BFH z. B. auch den Erwerb eines Grundstücks, dessen anschließende Bebauung mit einem Sechsfamilienhaus und die hiermit in sachlichem und zeitlichem Zusammenhang stehende Veräußerung als gewerbliche Tätigkeit im Sinne einer gewerblichen Bauunternehmung angesehen.[152]

---

149 BFH, BStBl 2003 II S. 238.
150 BFH, BStBl 2003 II S. 238.
151 BFH, BStBl 1996 II S. 303.
152 BFH, BStBl 1998 II S. 346.

18.3 Abgrenzung der gewerblichen Tätigkeit von der Vermögensverwaltung

18.3.3.5 Gewerblicher Grundstückshandel bei Personengesellschaften

Personengesellschaften sind selbständige Subjekte der Einkünfteerzielung mit der Folge, dass zwischen der Ebene der Gesellschaft und der der Gesellschafter zu differenzieren ist. Die für Personengesellschaften geltenden Grundsätze sind auch für **Bruchteilsgemeinschaften** anwendbar.[153]

Bei der Beteiligung eines Steuerpflichtigen an einer Grundstücksgesellschaft ist zunächst zu prüfen, ob die betreffende Gesellschaft ein gewerbliches Unternehmen nach § 15 Abs. 1 Nr. 2 EStG betreibt. Voraussetzung hierfür ist, dass ihre Gesellschafter gemeinsam die Merkmale des Gewerbebetriebs nach § 15 Abs. 2 EStG erfüllen. Erst wenn die Gesellschaft selbst keinen gewerblichen Grundstückshandel betreibt, ist auf der Ebene der Gesellschafter zu prüfen, ob hier ein gewerblicher Grundstückshandel zu bejahen ist.

Ebene der Gesellschaft

Ob die Personengesellschaft einen gewerblichen Grundstückshandel betreibt, richtet sich nach der Dreiobjektgrenze. Zu berücksichtigen sind nur solche Objekte, die die Personengesellschaft selbst angeschafft bzw. errichtet und veräußert hat. Veräußerungsvorgänge zwischen der Personengesellschaft und den Gesellschaftern sind in die Berechnung der Dreiobjektgrenze einzubeziehen, wenn das Veräußerungsgeschäft zu fremdüblichen Bedingungen erfolgt. Veräußerungen eines Gesellschafters werden der Personengesellschaft nicht zugerechnet. Folglich betreibt die Personengesellschaft z. B. keinen gewerblichen Grundstückshandel, sondern eine vermögensverwaltende Tätigkeit, wenn sie nur drei Objekte erwirbt und veräußert. Gewerblicher Grundstückshandel auf der Ebene der Personengesellschaft liegt z. B. vor, sofern sie vier Objekte erwirbt und veräußert. Betreibt eine Personengesellschaft gewerblichen Grundstückshandel, ist diese steuerliche Qualifikation auch maßgebend für eine außerhalb der Gesamthandsbindung betriebene Betätigung.

> **Beispiel:**
> A und B gründen eine GbR. Diese kauft und verkauft innerhalb von fünf Jahren vier unbebaute Grundstücke. Innerhalb dieses Zeitraums kauft und verkauft A noch ein weiteres Objekt.
>
> A und B haben aufgrund des gewerblichen Grundstückshandels der GbR nach § 15 Abs. 1 Nr. 2 EStG gewerbliche Einkünfte. Zu den gewerblichen Einkünften gehört auch der außerhalb der GbR von A erfolgte Ankauf und Verkauf des weiteren Objekts. Es liegt ein einheitlicher Gewerbebetrieb des Steuerpflichtigen vor.

Ebene der Gesellschafter

Auch Miteigentumsanteile an einem veräußerten Grundbesitz sind grundsätzlich bei der Bestimmung der Dreiobjektgrenze mitzuzählen. Daher ist es unerheblich, ob der

---
[153] BFH, BStBl 1995 II S. 617.

veräußerte Grundbesitz im Alleineigentum des Steuerpflichtigen stand, für den die Gewerblichkeit seiner Grundstücksgeschäfte zu prüfen ist, oder ob er zum Gesamthandsvermögen einer Grundbesitzvermögen nur verwaltenden oder einer mit Grundbesitz Handel treibenden Personengesellschaft gehörte. Dabei macht es für die Beurteilung der persönlichen Grundstücksaktivitäten des Gesellschafters einer Grundbesitz-Personengesellschaft nach der Dreiobjekttheorie keinen Unterschied, ob die von ihm im Rahmen einer Gesellschaft mit Dritten abgewickelten Grundstücksgeschäfte auf der Ebene der Gesellschaft als gewerblich oder lediglich als vermögensverwaltend zu beurteilen sind.[154] Dabei ist die Veräußerung eines Objekts durch die Personengesellschaft dem Gesellschafter ebenfalls als die Veräußerung eines Objekts zuzurechnen.[155]

Beispiel:
A und B sind jeweils zur Hälfte an einer GbR beteiligt, in deren Vermögen sich zwei Grundstücke befinden. Daneben besitzen A und B allein je zwei Grundstücke. Werden nun sämtliche Grundstücke veräußert, werden sowohl A als auch B zwei Objekte zugerechnet, mit der Folge, dass beide unter Hinzurechnung ihrer außerhalb der GbR verwirklichten Grundstücksaktivitäten die Dreiobjektgrenze überschritten haben. Bei beiden Gesellschaftern liegt gewerblicher Grundstückshandel vor.

Weitere Voraussetzungen für den Ansatz der von Personengesellschaften veräußerten Immobilienobjekte bei der Prüfung der Dreiobjektgrenze für Eigengeschäfte ihrer Gesellschafter sind schließlich noch, dass die Gesellschaftsanteile beim Gesellschafter nicht schon zu einem **Betriebsvermögen** gehören und dass der Steuerpflichtige mindestens einen Gesellschaftsanteil von **10 %** innehat oder dass der Verkehrswert des Gesellschaftsanteils oder des Anteils an dem veräußerten Grundstück bei einer Beteiligung von weniger als 10 % **mehr als 250.000 Euro** beträgt.[156] Die Grenzen sind jedoch unbeachtlich, wenn der Gesellschafter über eine Generalvollmacht oder aus anderen Gründen die Geschäfte der Grundstücksgesellschaft maßgeblich bestimmt.[157]

Überschreitet somit der Steuerpflichtige unter Hinzurechnung von Veräußerungen der Personengesellschaft die Dreiobjektgrenze, ist er Gewerbetreibender. Seine Beteiligung an der Personengesellschaft gehört zu seinem Betriebsvermögen. Gleiches würde gelten, wenn der Steuerpflichtige bereits für sich genommen die Dreiobjektgrenze überschreiten würde.

Die Dreiobjekttheorie gilt auch, wenn ein Steuerpflichtiger **an mehreren auf Grundstücksaktivitäten gerichteten Personengesellschaften beteiligt** ist. Bei der Prüfung der Frage, ob der Steuerpflichtige nach Maßgabe der Dreiobjekttheorie einen gewerblichen Grundstückshandel betreibt, sind in einem solchen Fall die Grundstücksgeschäfte aller Gesellschaften zusammenzurechnen. Beim Überschrei-

---

154 BFH, BStBl 1995 II S. 617.
155 BFH, BStBl 1992 II S. 668.
156 BMF vom 26.03.2004 (BStBl 2004 I S. 434).
157 BFH, BStBl 2007 II S. 885.

18.3 Abgrenzung der gewerblichen Tätigkeit von der Vermögensverwaltung

ten der Dreiobjektgrenze ist der Steuerpflichtige gewerblicher Grundstückshändler, auch wenn er selbst kein einziges Grundstück verkauft hat.[158]

Auch wenn ein Steuerpflichtiger in eigener Person kein einziges Objekt veräußert, kann er allein durch die Zurechnung der Grundstücksverkäufe von Personengesellschaften oder Gemeinschaften einen gewerblichen Grundstückshandel betreiben.[159]

Grundstücksverkäufe, die eine **nicht zur Durchführung von Grundstücksgeschäften gegründete gewerblich tätige Gesellschaft** im Rahmen ihres gewöhnlichen Geschäftsbetriebs ausführt, sind bei der Prüfung der Dreiobjektgrenze in Bezug auf die Grundstücksgeschäfte ihres Gesellschafters allerdings nicht anzusetzen.[160]

Beispiel:

Eine Personengesellschaft, die eine Maschinenfabrik betreibt, veräußert ein vor vier Jahren erworbenes und wegen der zwischenzeitlichen Errichtung eines größeren Neubaus nicht mehr benötigtes Lagerhausgrundstück.

Anteilsveräußerungen

Objekte im Sinne der Dreiobjekttheorie sind im Fall ihrer Veräußerung auch Anteile an Grundstücks-Personengesellschaften sowie das Ausscheiden gegen Entgelt aus diesen Gesellschaften.[161]

Für die Frage des engen zeitlichen Zusammenhangs ist die Dauer der Beteiligung maßgebend und nicht der zeitliche Abstand zwischen Erwerb bzw. Errichtung eines Gebäudes und dessen Veräußerung durch die Personengesellschaft.

Veräußert der Gesellschafter einer vermögensverwaltenden Personengesellschaft, die lediglich ihren Grundbesitz vermietet und selbst keine Grundstücksverkäufe getätigt hat, seine gesellschaftliche Beteiligung, dann ist dies der Veräußerung der dem Gesellschafter nach § 39 Abs. 2 Nr. 2 AO zuzurechnenden Miteigentumsanteile an den Grundstücken der Personengesellschaft gleichzusetzen. Somit enthält der Anteil so viele Objekte, wie die Personengesellschaft Grundstücke im Gesamthandsvermögen hält.[162]

Voraussetzung für die Anrechnung von Anteilsveräußerungen ist jedoch, dass der Gesellschafter an der jeweiligen Gesellschaft zu mindestens **10 %** beteiligt ist oder dass eine Beteiligung von weniger als 10 % einen Verkehrswert von **mehr als 250.000 Euro** hat.[163]

---

[158] FG München, EFG 1998 S. 293.
[159] BFH vom 22.08.2012 X R 24/11 (BStBl 2012 II S. 865).
[160] BFH, BStBl 1995 II S. 617.
[161] BFH, BStBl 2003 II S. 250.
[162] BFH, BStBl 2003 II S. 250.
[163] BMF vom 26.03.2004 (BStBl 2004 I S. 434).

Beispiele:

a) Ein Steuerpflichtiger erwirbt und veräußert innerhalb von vier Jahren drei Beteiligungen an verschiedenen Gesellschaften, zu deren Gesellschaftsvermögen jeweils ein Grundstück gehört.
Die Dreiobjektgrenze wird nicht überschritten. Der Steuerpflichtige wird nicht im Rahmen eines gewerblichen Grundstückshandels tätig.

b) Ein Steuerpflichtiger erwirbt und veräußert innerhalb von vier Jahren zwei Beteiligungen an verschiedenen Gesellschaften, zu deren Gesellschaftsvermögen jeweils zwei Grundstücke gehören.
Die Dreiobjektgrenze ist überschritten. Der Steuerpflichtige wird im Rahmen eines gewerblichen Grundstückshandels tätig.

Übernimmt einer der beiden Gesellschafter einer GbR, die einen gewerblichen Grundstückshandel betrieben hat, deren letztes Grundstück unentgeltlich zu Buchwerten, kann dieser Sachverhalt dahin gehend gewürdigt werden, dass dieser Gesellschafter den gewerblichen Grundstückshandel in Gestalt eines Einzelunternehmens fortsetzt.[164]

Die Veräußerung von Mitunternehmeranteilen an mehr als drei am Grundstücksmarkt tätigen Gesellschaften des bürgerlichen Rechts ist auch dann der Veräußerung der zum Gesamthandsvermögen gehörenden Grundstücke gleichzustellen, wenn es sich bei den Gesellschaften um gewerblich geprägte Personengesellschaften i. S. des § 15 Abs. 3 Nr. 2 EStG handelt. Die Gewinne aus den Anteilsveräußerungen sind daher, sofern die übrigen Voraussetzungen vorliegen, als laufende Gewinne aus dem gewerblichen Grundstückshandel zu erfassen.[165] Nichts anderes kann gelten, wenn der Steuerpflichtige weniger als vier Anteile an derartigen Personengesellschaften veräußert, er die Dreiobjektgrenze aber aufgrund der Veräußerung weiterer Grundstücke in eigener Person überschreitet. Auch dann stellt sich die Anteilsveräußerung im Licht der Gesamttätigkeit des Gesellschafters als Teil der laufenden Geschäftstätigkeit eines gewerblichen Grundstückshändlers dar.[166]

18.3.3.6 Gewerblicher Grundstückshandel bei Kapitalgesellschaften

Eine Beteiligung des Steuerpflichtigen an einer Kapitalgesellschaft, die ihrerseits Grundstücke veräußert, ist im Rahmen der Gesamtbetrachtung der Aktivitäten des Gesellschafters nicht zu berücksichtigen.

Etwas anderes kann dann in Betracht kommen, wenn die Zwischenschaltung einer Kapitalgesellschaft nur erfolgt, um die Dreiobjektgrenze zu umgehen. In diesen Fällen ließe sich ein **Rechtsmissbrauch i. S. von § 42 AO** bejahen.[167] Davon ist insbesondere dann auszugehen, wenn die Kapitalgesellschaft keine eigenen Risiken trägt und ihr auch kein wesentlicher Gewinn verbleibt. Anders ist dies bei eigener

---

164 BFH vom 20.06.2012 X B 165/11 (BFH/NV 2012 S. 1593).
165 BFH vom 05.06.2008 IV R 81/06 (BStBl 2010 II S. 974).
166 BFH vom 18.04.2012 X R 34/10 (BStBl 2012 II S. 647).
167 BFH vom 17.03.2010 IV R 25/08 (BStBl 2010 II S. 622).

18.3 Abgrenzung der gewerblichen Tätigkeit von der Vermögensverwaltung

Wertschöpfung der Kapitalgesellschaft.[168] Hierbei muss die Kapitalgesellschaft aber eine wesentliche wertschöpfende eigene Tätigkeit ausüben.[169]

Beauftragt allerdings ein Bauherr aufgrund diverser schuldrechtlicher Verträge verschiedene von ihm beherrschte Kapitalgesellschaften mit der Projektierung, Bebauung und Vermietung eines Einkaufszentrums, sind ihm die Aktivitäten dieser Gesellschaften bei der Prüfung seiner eigenen Einzelaktivitäten zuzurechnen.[170]

18.3.3.7 Veräußerungen durch Ehegatten

Bei Ehegatten ist eine Zusammenfassung der Grundstücksaktivitäten im Regelfall nicht zulässig. Dies bedeutet, dass jeder Ehegatte bis zu drei Objekte im Bereich der Vermögensverwaltung veräußern kann. Die Grundstücksaktivitäten von Ehegatten sind jedoch dann zusammenzurechnen, wenn die Ehegatten eine über ihre eheliche Lebensgemeinschaft hinausgehende, zusätzliche enge Wirtschaftsgemeinschaft, z. B. als Gesellschaft bürgerlichen Rechts, eingegangen sind, in die sie alle oder den größeren Teil der Grundstücke eingebracht haben.[171]

18.3.3.8 Übertragungen im Wege der Realteilung

Grundstücke, die im Wege der Realteilung einer vermögensverwaltenden Personengesellschaft oder Bruchteilsgemeinschaft den einzelnen Gesellschaftern zu Alleineigentum übertragen werden, sind ebenfalls nicht mit in die Dreiobjektgrenze einzubeziehen.[172]

18.3.3.9 Rechtsfolgen des gewerblichen Grundstückshandels

Beginn des gewerblichen Grundstückshandels

Der gewerbliche Grundstückshandel setzt grundsätzlich voraus, dass der Steuerpflichtige mit seinen Grundstücksverkäufen die Dreiobjektgrenze überschritten hat. Frühestens ist das mit dem vierten Veräußerungsgeschäft der Fall. Das bedeutet aber nicht, dass die drei vorangegangenen Veräußerungen noch nicht im Rahmen des gewerblichen Grundstückshandels stattgefunden hätten. Der vierte Verkauf stellt in diesem Zusammenhang lediglich klar, dass ein gewerblicher Grundstückshandel vorliegt. Über seinen Beginn sagt er unmittelbar nichts aus.

Bei einem gewerblichen Grundstückshandel beginnt der Gewerbebetrieb in dem Zeitpunkt, in dem der Steuerpflichtige mit Tätigkeiten beginnt, die objektiv erkennbar auf die Vorbereitung der Grundstücksgeschäfte gerichtet sind. Weil die hierfür ausschlaggebende subjektive Willensrichtung nur schwer nachweisbar ist, kommt

---

168 BFH vom 17.03.2010 IV R 25/08 (BStBl 2010 II S. 622).
169 BFH vom 17.03.2010 IV R 25/08 (BStBl 2010 II S. 622).
170 BFH vom 12.09.2007 X B 192/06 (BFH/NV 2008 S. 68).
171 BFH, BStBl 1986 II S. 913.
172 BFH, BStBl 1996 II S. 599.

18 Einkünfte aus Gewerbebetrieb

den objektiven Beweisanzeichen besondere Bedeutung zu. Dabei kann aus dem engen zeitlichen Zusammenhang zwischen Errichtung und Veräußerung auf eine von vornherein bestehende Veräußerungsabsicht geschlossen werden.

Der Gewerbebetrieb beginnt bei Erwerb und Veräußerung in engem zeitlichem Zusammenhang mit dem Erwerb des ersten Grundstücks und bei Errichtung und Veräußerung in engem zeitlichem Zusammenhang mit der Errichtung des ersten Gebäudes. Bei Modernisierung und Veräußerung in engem zeitlichem Zusammenhang ist der Beginn dieser Arbeiten maßgeblich. Der Zeitpunkt der Veräußerung ist unerheblich, da das entscheidende Merkmal für die Annahme von Gewerblichkeit die Absicht alsbaldiger Veräußerung zum Zeitpunkt des Erwerbs bzw. der Herstellung des Objekts ist. Die Veräußerung ist lediglich ein Beweisanzeichen für eine zum Zeitpunkt des Erwerbs bestehende Veräußerungsabsicht.

Betriebsvermögen

Mit Beginn des gewerblichen Grundstückshandels werden die jeweiligen Grundstücke notwendiges Betriebsvermögen dieses Gewerbebetriebs. Bis dahin zum Privatvermögen des Steuerpflichtigen gehörender Grundbesitz wird in das Betriebsvermögen eingelegt. Maßgebender Einlagewert ist der Teilwert (§ 6 Abs. 1 Nr. 5 und 6 EStG). Bei Anschaffung innerhalb von drei Jahren vor der Einlage sind höchstens die Anschaffungskosten anzusetzen (§ 6 Abs. 1 Nr. 5 Satz 1 Buchst. a EStG).

Der nach Maßgabe des zeitlichen Zusammenhangs in Veräußerungsabsicht erworbene oder bebaute Grundbesitz gehört grundsätzlich zum **Umlaufvermögen**. Während seiner Zugehörigkeit zum Betriebsvermögen stellen Erträge dieses Grundbesitzes – z. B. Miet- oder Pachteinnahmen – Betriebseinnahmen dar. Aufwendungen – insbesondere z. B. Finanzierungskosten – können grundsätzlich als Betriebsausgaben abgezogen werden. §§ 7, 6b und 6c EStG finden keine Anwendung. Da die betreffenden Grundbesitzobjekte regelmäßig zum Umlaufvermögen gehören, ist der Abzug einer Gebäude-AfA nicht möglich.

Zum Betriebsvermögen eines gewerblichen Grundstückshandels gehört in erster Linie der veräußerte Grundbesitz. Zur Entscheidung der Frage, ob Grundstücke eines gewerblichen Grundstückshändlers seinem Betriebsvermögen oder seinem Privatvermögen zuzurechnen sind, ist auch die **Zurechnungsvermutung nach § 344 Abs. 1 HGB** zu beachten. Danach gehören Geschäfte eines Kaufmanns insbesondere mit branchengleichen Wirtschaftsgütern – Grundstücke bei einem Grundstückshändler – im Zweifel zu seinem Handelsgewerbe.[173]

Aus dem Beginn eines gewerblichen Grundstückshandels kann jedoch nicht zwingend gefolgert werden, dass nun alle dem Steuerpflichtigen gehörenden Grundstücke zum Verkauf bestimmt sind und deshalb in sein Betriebsvermögen eingehen. Nicht zu seinem Betriebsvermögen gehören Objekte, die der Steuerpflichtige nach-

---
173 BFH, BStBl 1969 II S. 375.

18.3 Abgrenzung der gewerblichen Tätigkeit von der Vermögensverwaltung

weisbar zur persönlichen Vermögensanlage oder zur eigenen Wohnnutzung erworben oder errichtet hat.[174] Eine Vermögensanlage kann insbesondere bei der Absicht bestehen, die Grundstücke langfristig zu vermieten. Anhaltspunkte hierfür können der Abschluss langfristiger Mietverträge und der Abschluss langfristiger Finanzierungen sein. Die Einbeziehung einzelner Objekte in den gewerblichen Grundstückshandel ist aber auch nicht allein deshalb ausgeschlossen, weil der Verkäufer die zum Verkauf bestimmten Objekte mit seiner Familie vorübergehend bewohnt. Eine Ausnahme gilt nur für diejenigen Objekte, die der Steuerpflichtige nachweisbar zum Zwecke der Vermögensanlage gebaut hat. Dies ist z. B. der Fall, wenn die nur vorübergehende Nutzung zu eigenen Wohnzwecken auf plausiblen Gründen – z. B. Umzug in näher am Arbeitsplatz gelegene Wohnung, größerer Platzbedarf durch Familienzuwachs oder Trennung der Eheleute – beruht.

Auch Objekte, deren Erwerb und Veräußerung nicht in einem sachlichen und zeitlichen Zusammenhang mit einem bestehenden gewerblichen Grundstückshandel stehen, gehören nicht zu dessen Betriebsvermögen. Es handelt sich hier insbesondere um Grundstücke, die schon vor Beginn oder auch während des gewerblichen Grundstückshandels lange Zeit vom Steuerpflichtigen vermietet oder zu eigenen Wohnzwecken genutzt wurden und werden. Danach scheiden grundsätzlich Objekte aus, die mindestens zehn Jahre durch Vermietung oder zu eigenen Wohnzwecken des Steuerpflichtigen genutzt worden sind.

Gewinnermittlungsart

Der gewerbliche Gewinn des Grundstückshändlers ist bei Buchführungs- und Bilanzierungspflicht nach Handels- und/oder nach Steuerrecht durch Betriebsvermögensvergleich zu ermitteln (§ 4 Abs. 1, § 5 EStG), in anderen Fällen durch Einnahmenüberschussrechnung nach § 4 Abs. 3 EStG.

Das **Wahlrecht zur Gewinnermittlung** nach § 4 Abs. 3 EStG entfällt erst mit der Erstellung eines Abschlusses und nicht bereits mit der Einrichtung einer Buchführung oder der Aufstellung einer Eröffnungsbilanz.[175] Die Wahlentscheidung des Steuerpflichtigen setzt dessen Bewusstsein zur Einkünfteerzielung voraus.[176] Ist der Steuerpflichtige davon ausgegangen, gar nicht gewerblich tätig und demnach auch nicht verpflichtet gewesen zu sein, für Zwecke der Besteuerung einen Gewinn aus Gewerbebetrieb ermitteln und erklären zu müssen, ist die Ausübung des Wahlrechts nicht denkbar.[177] Hat somit ein gewerblicher Grundstückshändler in der Annahme, er betreibe lediglich die private Vermögensverwaltung, Einkünfte aus Vermietung und Verpachtung erklärt und deshalb ohne Einrichtung einer kaufmännischen Buchführung nur den Überschuss der Mieteinnahmen über die Werbungskosten ermittelt,

---
174 BFH, BStBl 1994 II S. 463.
175 BFH vom 19.03.2009 IV R 57/07 (BStBl 2009 II S. 659).
176 BFH vom 09.02.1999 VIII R 49/97 (BFH/NV 1999 S. 1195).
177 BFH vom 01.10.1996 VIII R 40/94 (BFH/NV 1997 S. 403).

ist sein gewerblicher Gewinn nach § 4 Abs. 1, § 5 EStG durch Betriebsvermögensvergleich zu ermitteln.

Ende des gewerblichen Grundstückshandels

Die Gewinne aus den Grundstücksveräußerungen sind regelmäßig nicht begünstigte laufende Gewinne, auch wenn zugleich der Gewerbebetrieb aufgegeben wird.[178] Ein gewerblicher Grundstückshandel wird mit Verkauf des letzten Objekts oder durch die endgültige Einstellung der Verkaufstätigkeiten beendet.

18.3.4 Überlassung von Kapitalvermögen

Bei der Überlassung von Kapitalvermögen kann Gewerblichkeit nur angenommen werden, wenn weitere Tätigkeiten hinzutreten, die über das hinausgehen, was typischerweise für die mit der Fruchtziehung verbundene Verwaltungstätigkeit erforderlich ist, sodass die Verwaltungstätigkeit im Einzelfall hinter die Bereitstellung einer einheitlichen unternehmerischen Organisation zurücktritt. Vor diesem Hintergrund ist insbesondere die **Beteiligung an Kapitalgesellschaften** Ausdruck privater Vermögensverwaltung. Dies gilt auch bei Beteiligungen i. S. von § 17 EStG oder auch dann, wenn die Gesellschafter die mit der Gesellschafterstellung zusammenhängenden Geschäftsführungstätigkeiten wahrnehmen. Gewerblichkeit liegt erst dann vor, wenn der Steuerpflichtige mehrere Beteiligungen hält und die Beteiligungsunternehmen unter einheitlicher Leitung zusammenfasst.[179]

Auch die **wiederholte Kreditgewährung** an verschiedene Personen ist Ausdruck privater Vermögensverwaltung. Gewerblichkeit liegt erst vor, wenn sie bankgeschäftsähnlich wird.[180]

18.3.5 Veräußerung beweglicher Wirtschaftsgüter

Die Veräußerung von beweglichen Sachen und Rechten ist Gewerbebetrieb nur, wenn der Rahmen der privaten Vermögensverwaltung überschritten wird. Dies ist insbesondere dann gegeben, wenn sie dem Bild ähnlich ist, das nach der Verkehrsanschauung einen Gewerbebetrieb ausmacht und einer Vermögensverwaltung fremd ist. Der Steuerpflichtige muss sich wie ein Händler verhalten. Kennzeichnend hierfür sind

- das Unterhalten eines Büros oder einer Organisation zur Durchführung der Geschäfte,
- das Anbieten der Wirtschaftsgüter gegenüber einer breiten Öffentlichkeit,
- Kreditfinanzierung,

---

178 BFH, BStBl 2003 II S. 467.
179 BFH, BStBl 1970 II S. 257.
180 BFH, BStBl 1980 II S. 571.

18.3 Abgrenzung der gewerblichen Tätigkeit von der Vermögensverwaltung

- das Ausnutzen eines bestimmten Marktes unter Einsatz von beruflichen Erfahrungen und
- der erhebliche Umfang der Geschäfte.

Die aufgezeigten Grundsätze gelten auch in den Fällen des Wertpapierhandels. Ob der **An- und Verkauf von Wertpapieren** als Vermögensverwaltung oder als eine gewerbliche Tätigkeit anzusehen ist, hängt, wenn eine selbständige und nachhaltige, mit Gewinnerzielungsabsicht betriebene Tätigkeit vorliegt, entscheidend davon ab, ob die Tätigkeit sich auch als Beteiligung am allgemeinen wirtschaftlichen Verkehr darstellt. Der fortgesetzte An- und Verkauf von Wertpapieren reicht für sich allein, auch wenn er einen erheblichen Umfang annimmt und sich über einen längeren Zeitraum erstreckt, zur Annahme eines Gewerbebetriebs nicht aus, solange er sich in den gewöhnlichen Formen abspielt, wie sie bei Privatleuten die Regel bilden, d. h. in der Erteilung von Aufträgen an eine Bank oder einen Bankier. Eine gewerbliche Tätigkeit ist aber grundsätzlich gegeben, wenn jemand entweder ein Ladenlokal unterhält oder regelmäßig die Börse besucht. Dies gilt insbesondere dann, wenn die entfaltete Tätigkeit dem Bild eines Wertpapierhandelsunternehmens i. S. des § 1 Abs. 3d Satz 2 KredWG bzw. eines Finanzunternehmens i. S. des § 1 Abs. 3 KredWG vergleichbar ist.[181] Indessen ist es auch denkbar, dass eine Person, die sich mit der gewerblichen Vermittlung von Wertpapiergeschäften befasst, selbst derartige Papiere zu ihren privaten Zwecken erwirbt. In einem solchen Fall muss sich aus den tatsächlichen Umständen eindeutig ergeben, dass ein Erwerb zum Privatvermögen vorliegt. Anderenfalls ist der Erwerbsvorgang als betrieblich anzusehen.[182] Betreibt ein Bankier Wertpapiergeschäfte, die im Bereich seiner Bank, aber auch im Bereich seiner privaten Vermögensverwaltung getätigt werden können, so sind diese dem betrieblichen Bereich zuzuordnen, wenn der Bankier für den Kauf der Wertpapiere häufig dem Betrieb Mittel entnimmt, Käufe und Verkäufe über die Bank abschließt und die Erlöse bald wieder dem Betrieb zuführt.[183] Zur Annahme eines die Gewerblichkeit begründenden besonderen Umstandes reicht es nicht aus, wenn mit dem Ankauf von Wertpapieren eine Dauerkapitalanlage mit bestimmendem Einfluss auf die Geschäftsführung einer Kapitalgesellschaft gesucht und erreicht wird.[184]

18.3.6 Betriebsverpachtung

Werden die wesentlichen Grundlagen eines Gewerbebetriebs als Ganzes verpachtet, so hat der Verpächter grundsätzlich ein Wahlrecht, ob darin eine Betriebsaufgabe i. S. von § 16 Abs. 3 EStG gesehen werden soll oder ob er den Gewerbebetrieb fortführen will. Im erstgenannten Fall stellen die Einkünfte aus der Verpachtung solche

---
181 BFH, BStBl 2004 II S. 408.
182 BFH, BStBl 1982 II S. 587.
183 BFH, BStBl 1977 II S. 287.
184 BFH, BStBl 1980 II S. 389.

nach § 21 EStG dar. Im letztgenannten Fall sind sie hingegen Einkünfte aus Gewerbebetrieb, die allerdings nicht der Gewerbesteuer unterliegen.[185]

18.3.7 Betriebsaufspaltung

18.3.7.1 Allgemeines

Die Betriebsaufspaltung ist ein Geschöpf der Rechtsprechung und der Finanzverwaltung. Eine gesetzliche Grundlage gibt es für die Betriebsaufspaltung nicht. Die **Rechtsgrundlagen der Betriebsaufspaltung** ergeben sich letztlich aber aus § 15 Abs. 1 und Abs. 2 EStG i. V. m. §§ 21, 20 EStG.[186]

Eine **echte Betriebsaufspaltung** liegt vor, wenn ein bisher einheitliches Unternehmen aufgespalten wird. Ob das bisherige Unternehmen als Einzelunternehmen oder in der Form einer Personengesellschaft geführt wurde, ist dabei ohne Bedeutung. Die Betriebsaufspaltung erfolgt i. d. R. in der Weise, dass das bisherige Unternehmen (Besitzunternehmen) die Produktion oder den Vertrieb, meist beide zusammen, auf eine neu gegründete Kapitalgesellschaft (meist GmbH) überträgt. Eine Betriebsaufspaltung kann jedoch auch in der Weise erfolgen, dass ein in der Rechtsform einer Personengesellschaft betriebenes einheitliches Unternehmen in eine Besitzpersonengesellschaft und eine Betriebspersonengesellschaft aufgespalten wird.[187] In einem solchen Fall spricht man von einer **mitunternehmerischen Betriebsaufspaltung.** Das Betriebsvermögen wird ohne Betriebsgrundstücke, teilweise auch ohne Betriebseinrichtung, in die Betriebsgesellschaft eingebracht, während das verbleibende Anlagevermögen vom Besitzunternehmen an die Betriebsgesellschaft vermietet oder verpachtet wird.[188]

Eine **unechte Betriebsaufspaltung** ist anzunehmen, wenn nicht ein ursprünglich einheitliches Unternehmen aufgeteilt wird, sondern zwei selbständig – gleichzeitig oder nacheinander – errichtete Unternehmen in der vorstehend beschriebenen Weise miteinander verbunden werden.

Aus Gründen der Gleichmäßigkeit sind die echte und die unechte Betriebsaufspaltung gleich zu behandeln.[189]

Überlassen z. B. mehrere Patentinhaber ihre Patente einer Betriebsgesellschaft, ohne ausdrücklich eine Gesellschaft bürgerlichen Rechts zu gründen, kann auch eine Bruchteilsgemeinschaft Besitzgesellschaft im Rahmen einer Betriebsaufspaltung sein.[190]

---

185 BFH, BStBl 1964 III S. 124.
186 BFH vom 23.03.2011 X R 45/09 (BStBl 2011 II S. 778).
187 BFH, BStBl 1998 II S. 325.
188 BFH, BStBl 1994 II S. 23.
189 BFH, BStBl 1982 II S. 60.
190 BFH vom 02.02.2006 XI B 91/05 (BFH/NV 2006 S. 1266).

18.3 Abgrenzung der gewerblichen Tätigkeit von der Vermögensverwaltung

Ist Besitzunternehmen eine Kapitalgesellschaft, liegt eine **kapitalistische Betriebsaufspaltung** vor, wenn z. B. die Besitz-Kapitalgesellschaft beherrschend an der Betriebs-Kapitalgesellschaft beteiligt ist. Keine kapitalistische Betriebsaufspaltung ist gegeben, wenn bei den beiden Kapitalgesellschaften nur Gesellschafteridentität besteht.[191]

Nicht Betriebsunternehmen sein kann ein **Einzelunternehmer.** Bei einer Personengesellschaft als Betriebsunternehmen ist, sofern die übrigen Voraussetzungen einer Betriebsaufspaltung vorliegen, eine Betriebsaufspaltung anzunehmen, wenn die Anteile an der Besitz-Kapitalgesellschaft zum Sonderbetriebsvermögen der Gesellschafter der Personengesellschaft gehören **(umgekehrte Betriebsaufspaltung).**[192]

Wenn die vermieteten oder verpachteten Vermögensgegenstände wesentliche Grundlagen für den Betrieb der Betriebsgesellschaft bilden und dieselben Personen in der Lage sind, beide Unternehmen tatsächlich zu beherrschen, so wird nach der Rechtsprechung des BFH wegen der engen Verbindung der beiden Rechtsgebilde außer der Betriebsgesellschaft auch das Besitzunternehmen als selbständiger Gewerbebetrieb behandelt.[193] In diesem Fall stellen die Miet- oder Pachteinnahmen sowie sämtliche anderen Einnahmen, die das Besitzunternehmen von der Betriebsgesellschaft erhält, bei der Besitzgesellschaft Einkünfte aus Gewerbebetrieb dar, die auch der Gewerbesteuer unterliegen.

Voraussetzung für das Vorliegen einer Betriebsaufspaltung ist somit die **personelle und sachliche Verflechtung** zwischen dem Besitz- und dem Betriebsunternehmen.

Die gewerbliche Tätigkeit des Besitzunternehmens besteht in der Nutzungsüberlassung. Dabei kann es sich auch um eine **unentgeltliche Nutzungsüberlassung** handeln. Die Unentgeltlichkeit der Nutzungsüberlassung steht der Gewinnerzielungsabsicht des Besitzunternehmens nicht entgegen. Da die Anteile an der Betriebs-Kapitalgesellschaft zum notwendigen Betriebsvermögen bzw. zum notwendigen Sonderbetriebsvermögen des Besitzunternehmens gehören, werden im Fall der unentgeltlichen Nutzungsüberlassung Gewinnausschüttungen oder eine Wertsteigerung der Anteile erstrebt.[194]

18.3.7.2 Personelle Verflechtung

Im Fall der Betriebsaufspaltung ist es Voraussetzung für die Bejahung eines Gewerbebetriebs des Besitzunternehmens, dass eine Person oder mehrere Personen zusammen sowohl das Besitzunternehmen als auch das Betriebsunternehmen in dem Sinne beherrschen, dass sie in der Lage sind, in beiden Unternehmen einen einheitlichen geschäftlichen Betätigungswillen durchzusetzen.[195] Ob diese Voraussetzung vor-

---
191 BFH vom 16.09.1994 III R 45/92 (BStBl 1995 II S. 75).
192 BFH vom 26.03.1993 III S 42/92 (BStBl 1993 II S. 723).
193 BFH, BStBl 1986 II S. 299.
194 BFH vom 13.11.1997 IV R 67/96 (BStBl 1998 II S. 254).
195 BFH, BStBl 1993 II S. 134.

liegt, ist nach den Verhältnissen des einzelnen Falls zu entscheiden. Maßgebend sind grundsätzlich die Stimmrechte der einzelnen Gesellschafter.[196] Diese bestimmen sich nach den gesellschaftsvertraglichen Regelungen. Wurden keine vertraglichen Vereinbarungen über das Stimmrecht getroffen, sind die gesetzlichen Vorschriften – z. B. § 709 BGB, §§ 119, 161 HGB, § 133 AktG, § 47 GmbHG – maßgebend.

Grundsätzlich gegeben ist die personelle Verflechtung in den Fällen der Beteiligungsidentität und der Beherrschungsidentität. Ausreichend ist grundsätzlich aber auch eine Mehrheitsbeteiligung an beiden Unternehmen von mehr als 50 %, sofern sie ausreicht, den Willen hinsichtlich der Nutzungsüberlassung in beiden Unternehmen durchzusetzen.[197] Entscheidend ist also, dass die an beiden Unternehmen mit Mehrheit beteiligten Personen durch gleichgerichtete Interessen verbunden sind und dadurch ein **einheitlicher Betätigungswille** im Besitz- und im Betriebsunternehmen sichergestellt ist.

Beteiligungsidentität

Die personelle Verflechtung liegt vor in den Fällen der Beteiligungsidentität. Diese ist gegeben, wenn an beiden Unternehmen dieselben Personen im gleichen Verhältnis beteiligt sind.[198]

Eine Betriebsaufspaltung, die zwischen Besitzeinzelunternehmer und Betriebs-GmbH bestand, setzt sich nach dem Tod des Besitzeinzelunternehmers und dem Übergang des Nachlasses auf mehrere Miterben unter den Miterben in Mitunternehmerschaft als Besitzgesellschaft und der Betriebs-GmbH fort, sofern die Beteiligungsverhältnisse nicht extrem unterschiedlich sind oder Interessengegensätze bestehen. Die Einkünfte der Mitunternehmerschaft sind gesondert und einheitlich festzustellen, unabhängig davon, ob die Miterben die Auseinandersetzung hinsichtlich des Besitzunternehmens schuldrechtlich auf den Erbfall zurückbezogen haben.[199]

Beherrschungsidentität

Sind die Beteiligungsverhältnisse in beiden Gesellschaften nicht identisch und/oder weitere Gesellschafter jeweils nur am Besitz- oder Betriebsunternehmen beteiligt, ist eine personelle Verflechtung auch dann anzunehmen, wenn eine durch gleichgerichtete Interessen verbundene Personengruppe ihren Willen in beiden Unternehmen durchsetzen kann (Beherrschungsidentität).[200] Gleichgerichtete Interessen sind

---

196 BFH vom 27.08.1992 IV R 13/91 (BStBl 1993 II S. 134).
197 BFH vom 08.11.1971 GrS 2/71 (BStBl 1972 II S. 63).
198 BFH, BStBl 1997 II S. 565.
199 BFH vom 21.04.2005 III R 7/03 (BFH/NV 2005 S. 1974).
200 BFH vom 16.06.1982 I R 118/80 (BStBl 1982 II S. 662).

18.3 Abgrenzung der gewerblichen Tätigkeit von der Vermögensverwaltung

grundsätzlich zu vermuten, da die beteiligten Personen sich i. d. R. zur Verfolgung eines bestimmten wirtschaftlichen Zwecks zusammengeschlossen haben.[201]

Eine personelle Verflechtung zwischen Besitz- und Betriebsunternehmen ist regelmäßig gegeben, wenn die Personen, die an beiden Unternehmen zusammen mehrheitlich beteiligt sind und damit das Betriebsunternehmen in Form einer Kapitalgesellschaft beherrschen, auch im Besitzunternehmen kraft Gesetzes oder vertraglich wenigstens für **Geschäfte des täglichen Lebens** das Mehrheitsprinzip maßgeblich ist. Stehen zugleich Geschäftsführungsbefugnisse im Besitzunternehmen und/oder Betriebsunternehmen nicht oder nicht ausschließlich den Mehrheitsgesellschaftern zu, ist ausnahmsweise im Rahmen einer Gesamtwürdigung aller Umstände des Einzelfalles zu entscheiden, ob die Regelungen zur Geschäftsführung der Annahme einer Beherrschungsidentität entgegenstehen.

Einer Betriebsaufspaltung stehen **Interessenkollisionen** nur entgegen, sofern sie aufgrund der Gestaltung der Verträge und der bestehenden wirtschaftlichen Interessenlagen nicht nur möglich, sondern auch nachgewiesen sind.[202] Ausnahmsweise können extrem konträre Beteiligungsverhältnisse, d. h., wenn mehrere Personen für sich an dem einen Unternehmen mit weniger als 50 %, am anderen Unternehmen mit mehr als 50 % beteiligt sind oder umgekehrt, der Annahme gleichgerichteter Interessen in der Personengruppe entgegenstehen, sofern die ungleiche Verteilung der Anteile auch zur Folge hat, dass der eine Beteiligte das Besitzunternehmen und der andere Beteiligte das Betriebsunternehmen jeweils allein beherrschen kann.[203]

Eine personelle Verflechtung ist auch gegeben bei einer **Mehrheitsbeteiligung von Erben** sowohl am Besitz- als auch am Betriebsunternehmen. Unschädlich ist in diesem Zusammenhang, wenn z. B. an einer dieser Beteiligungen eine Testamentsvollstreckung besteht. Die personelle Verflechtung kann aber aufgrund des Erbfalls auch entfallen, wenn an beiden Unternehmen eine Mehrheitsbeteiligung der jeweils beteiligten Erben nicht mehr besteht.[204]

Den maßgeblichen Einfluss auf das Betriebsunternehmen kann einem Gesellschafter auch eine mittelbare Beteiligung gewähren.[205] Dies kommt z. B. in den Fällen in Betracht, in denen eine Mehrheitsbeteiligung des Besitzunternehmens an einer Kapitalgesellschaft besteht, die ihrerseits mehrheitlich an der Betriebs-Kapitalgesellschaft beteiligt ist.[206] Im Hinblick auf das Durchgriffsverbot reicht die am Besitzunternehmen bestehende mittelbare Beteiligung des Betriebsunternehmers oder der das Betriebsunternehmen beherrschenden Gesellschafter über eine Kapitalgesellschaft – im Unterschied zu einer mittelbaren Beteiligung über eine Personen-

---

201 BFH vom 24.02.2000 IV R 62/98 (BStBl 2000 II S. 417).
202 BFH vom 05.09.1991 IV R 113/90 (BStBl 1992 II S. 349).
203 BFH vom 12.10.1988 X R 5/86 (BStBl 1989 II S. 152).
204 BFH vom 05.06.2008 IV R 76/05 (BStBl 2008 II S. 858).
205 BFH, BStBl 1988 II S. 537.
206 BFH vom 22.01.1998 III B 9/87 (BStBl 1988 II S. 537).

gesellschaft – nicht aus, um zwischen den beiden Gesellschaften eine personelle Verflechtung zu begründen.[207] Zu folgen ist dieser Auffassung nicht, denn entscheidend ist allein, ob im Besitz- und im Betriebsunternehmen im Hinblick auf die Nutzungsüberlassung eine einheitliche Willensbildung gewährleistet ist oder nicht.[208]

Zusammenrechnung von Ehegattenanteilen

Bei der Beurteilung der personellen Verflechtung darf nach der heutigen Rechtsprechung[209] nicht mehr von der Vermutung ausgegangen werden, Eheleute verfolgten gleichgerichtete wirtschaftliche Interessen. Vielmehr ist eine Zusammenrechnung von Anteilen der Eheleute nur dann gerechtfertigt, wenn hierfür konkrete Umstände vorliegen. Es müssen zusätzlich zur ehelichen Lebensgemeinschaft Beweisanzeichen gegeben sein, die für die Annahme einer personellen Verflechtung durch gleichgerichtete Interessen sprechen. Diese Voraussetzung hat der BFH in einem Fall als gegeben erachtet, in dem die Eheleute durch eine umfassende, planmäßige Gestaltung der wirtschaftlichen Verhältnisse mehrerer Unternehmen offenkundig gemacht hatten, dass sie zusätzlich zur ehelichen Lebensgemeinschaft eine **Zweck- und Wirtschaftsgemeinschaft unter gleichgerichteten Interessen** begründet haben.[210] Folgende Umstände rechtfertigen dagegen nicht, die Anteile der Ehefrau an einem Unternehmen denen des Ehemannes zuzurechnen:

- jahrelanges konfliktfreies Zusammenwirken der Eheleute innerhalb der Gesellschaft,
- Herkunft der Mittel für die Beteiligung der Ehefrau an der Betriebsgesellschaft vom Ehemann,
- „Gepräge" der Betriebsgesellschaft durch den Ehemann,
- Erbeinsetzung der Ehefrau durch den Ehemann als Alleinerbe, gesetzlicher Güterstand der Zugewinngemeinschaft, beabsichtigte Alterssicherung der Ehefrau.

Die vorgenannte Rechtsprechung des BFH ist in Fällen ergangen, in denen an einem der beiden Unternehmen nur ein Ehegatte mehrheitlich beteiligt ist und diesem Ehegatten zusammen mit dem anderen Ehegatten die Mehrheit der Anteile an dem anderen Unternehmen gehört. Unzulässig ist die Zusammenrechnung aber auch dann, wenn ein Ehegatte nur am Besitzunternehmen und der andere Ehegatte nur am Betriebsunternehmen beteiligt ist, sog. **Wiesbadener Modell**.[211]

Sind dagegen beide Eheleute jeweils an beiden Unternehmen in einem Maße beteiligt, dass ihnen zusammen die Mehrheit der Anteile gehört, stellen sie eine durch

---

207 BFH vom 08.09.2011 IV R 44/07 (BStBl 2012 II S. 136).
208 Reiß, in: Kirchhof, EStG, 12. Auflage, § 15 Rdnr. 96; Stoschek/Sommerfeld, DStR 2012 S. 215.
209 BVerfG, BStBl 1985 II S. 475, sowie BFH, BStBl 1986 II S. 362 und 1987 II S. 858.
210 BFH, BStBl 1986 II S. 913.
211 BFH, BStBl 1989 II S. 152.

18.3 Abgrenzung der gewerblichen Tätigkeit von der Vermögensverwaltung

gleichgerichtete Interessen geschlossene Personengruppe dar, die in der Lage ist, beide Unternehmen zu beherrschen, wie dies auch für Fremde zuträfe.[212] Eine personelle Verflechtung wäre hier nur bei nachweisbaren schwerwiegenden Interessenkollisionen nicht gegeben.[213]

Keine personelle Verflechtung im Sinne einer Betriebsaufspaltung liegt vor, wenn Ehegatten Grundbesitz, der ihnen gemeinschaftlich nach Bruchteilen gehört, an eine GmbH vermieten, deren Alleinanteilseigner einer der Ehegatten ist, sofern die Ehegatten vereinbart haben, dass sie über die Nutzung des ihnen gemeinschaftlich gehörenden Grundbesitzes nur einvernehmlich (einstimmig) entscheiden wollen.[214]

Zusammenrechnung der Anteile von Eltern und Kindern

Eine personelle Verflechtung liegt vor, wenn einem Elternteil oder beiden Elternteilen und einem minderjährigen Kind an beiden Unternehmen jeweils zusammen die Mehrheit der Stimmrechte zuzurechnen sind. Ist beiden Elternteilen an einem Unternehmen zusammen die Mehrheit der Stimmrechte zuzurechnen und halten sie nur zusammen mit dem minderjährigen Kind am anderen Unternehmen die Mehrheit der Stimmrechte, liegt, wenn das Vermögenssorgerecht beiden Elternteilen zusteht, grundsätzlich ebenfalls eine personelle Verflechtung vor. Hält nur ein Elternteil an dem einen Unternehmen die Mehrheit der Stimmrechte und hält er zusammen mit dem minderjährigen Kind die Mehrheit der Stimmrechte an dem anderen Unternehmen, liegt grundsätzlich keine personelle Verflechtung vor; auch in diesem Fall kann aber eine personelle Verflechtung anzunehmen sein, wenn das Vermögenssorgerecht allein beim beteiligten Elternteil liegt oder wenn das Vermögenssorgerecht bei beiden Elternteilen liegt und zusätzlich zur ehelichen Lebensgemeinschaft gleichgerichtete wirtschaftliche Interessen der Ehegatten vorliegen. Ist nur einem Elternteil an dem einen Unternehmen die Mehrheit der Stimmrechte zuzurechnen und halten an dem anderen Unternehmen beide Elternteile zusammen mit dem minderjährigen Kind die Mehrheit der Stimmrechte, liegt grundsätzlich keine personelle Verflechtung vor, es sei denn, die Elternanteile können zusammengerechnet werden und das Vermögenssorgerecht steht beiden Elternteilen zu (R 15.7 Abs. 8 EStR).

> **Beispiele:**
>
> **a)** Die Eheleute A sind zu je 50 % an dem Besitzunternehmen und zu je 25 % an der Betriebsgesellschaft beteiligt, an der im Übrigen neben fremden Personen zu 10 % ihr minderjähriger Sohn beteiligt ist.
> Wenn den Eheleuten A gemeinsam das Vermögenssorgerecht für ihren minderjährigen Sohn zusteht, ist nach R 15.7 Abs. 8 Satz 3 EStR eine personelle Verflechtung anzunehmen.
>
> **b)** B ist zu 60 % an dem Besitzunternehmen und zu 40 % an der Betriebsgesellschaft beteiligt, an der im Übrigen der minderjährige Sohn des B Anteile von 30 % hält.

---

212 BFH, BStBl 1986 II S. 364 und 1991 II S. 801.
213 BFH, BStBl 1982 II S. 662.
214 BFH vom 19.10.2007 IV B 163/06 (BFH/NV 2008 S. 212).

18 Einkünfte aus Gewerbebetrieb

Eine personelle Verflechtung liegt nach R 15.7 Abs. 8 Satz 4 EStR nur vor, wenn

- B allein das Vermögenssorgerecht für seinen Sohn ausübt oder
- das Vermögenssorgerecht für den Sohn zwar beiden Elternteilen zusteht und zusätzlich zur ehelichen Lebensgemeinschaft gleichberechtigte wirtschaftliche Interessen der Ehegatten vorliegen.

Dagegen werden Anteile von Eltern und **volljährigen Kindern** oder sonstigen Angehörigen grundsätzlich nicht zusammengerechnet.[215]

Faktische Beherrschung

Die Fähigkeit der das Besitzunternehmen beherrschenden Personen, ihren geschäftlichen Betätigungswillen in dem Betriebsunternehmen durchzusetzen, erfordert nicht notwendig einen bestimmten Anteilsbesitz an dem Betriebsunternehmen. Sie kann ausnahmsweise auch aufgrund einer durch die Besonderheiten des Einzelfalls bedingten tatsächlichen Machtstellung in dem Betriebsunternehmen gegeben sein.[216] Faktische Beherrschung ist z. B. anzunehmen, wenn der Alleininhaber des Besitzunternehmens und alleinige Geschäftsführer der Betriebs-GmbH aufgrund tatsächlicher Machtstellung jederzeit in der Lage ist, die Stimmenmehrheit in der Betriebs-GmbH zu erlangen.[217]

Keine faktische Beherrschung ist anzunehmen

- bei einer auf Lebenszeit eingeräumten Geschäftsführerstellung in dem Betriebsunternehmen für den Besitzunternehmer (BFH, BStBl 1989 II S. 155),
- bei Beteiligung nicht völlig fachunkundiger Gesellschafter an der Betriebsgesellschaft (BFH, BStBl 1989 II S. 152),
- bei einem größeren Darlehensanspruch gegen die Betriebs-GmbH, wenn der Gläubiger nicht vollständig die Geschäftsführung an sich zieht (BFH, BStBl 1990 II S. 500), und
- in den Fällen, in denen die das Besitzunternehmen beherrschenden Ehemänner bei der Betriebsgesellschaft, deren Anteile von den Ehefrauen gehalten werden, angestellt sind und vertraglich die Gesellschaftsanteile den Ehefrauen entzogen werden können, falls das Arbeitsverhältnis des jeweiligen Ehemanns beendet wird (BFH, BStBl 1999 II S. 445).

Gütergemeinschaft

Gehören sowohl die überlassenen wesentlichen Betriebsgrundlagen als auch die Mehrheit der Anteile an der Betriebskapitalgesellschaft zum Gesamtgut einer ehelichen Gütergemeinschaft, sind die Voraussetzungen der personellen Verflechtung

---

215 BFH, BStBl 1994 II S. 922.
216 BFH, BStBl 1982 II S. 662.
217 BFH, BStBl 1997 II S. 437.

18.3 Abgrenzung der gewerblichen Tätigkeit von der Vermögensverwaltung

erfüllt.[218] Die Beteiligung an der Betriebskapitalgesellschaft ist auch dann dem Gesamtgut zuzurechnen, wenn nach dem Gesellschaftsvertrag eine Übertragung von Gesellschaftsanteilen zwar nur mit Genehmigung aller Gesellschafter möglich ist, die Übertragung an einen Ehegatten aber keiner Beschränkung unterliegt.[219]

Einstimmigkeits- und Mehrheitsprinzip

Ist an der Besitzgesellschaft neben der mehrheitlich bei der Betriebsgesellschaft beteiligten Person oder Personengruppe mindestens ein weiterer Gesellschafter beteiligt (**Nur-Besitzgesellschafter**) und müssen Beschlüsse der Gesellschafterversammlung wegen vertraglicher oder gesetzlicher Bestimmungen einstimmig gefasst werden, ist eine Beherrschungsidentität auf vertraglicher und gesellschaftsrechtlicher Grundlage und damit eine personelle Verflechtung nicht gegeben. Die mehrheitlich beteiligte Person oder Personengruppe ist infolge des Widerspruchsrechts des nur an der Besitzgesellschaft beteiligten Gesellschafters nicht in der Lage, ihren geschäftlichen Betätigungswillen in der Besitzgesellschaft durchzusetzen. Dies gilt jedoch nur, wenn das Einstimmigkeitsprinzip auch die laufende Verwaltung der vermieteten Wirtschaftsgüter, also die Geschäfte des täglichen Lebens, einschließt. Ist die Einstimmigkeit nur bezüglich der Geschäfte außerhalb des täglichen Lebens vereinbart, wird die personelle Verflechtung dadurch nicht ausgeschlossen.[220] Entsprechendes gilt bei Vereinbarung einer qualifizierten Mehrheit, soweit diese ohne den Nur-Besitzgesellschafter nicht herzustellen ist. Ist z. B. der Nur-Besitzgesellschafter von der Geschäftsführung ausgeschlossen und obliegt diese allen beherrschenden Gesellschaftern, steht der Annahme einer Beherrschung nicht entgegen, dass bei Grundlagengeschäften, zu denen die Nutzungsüberlassung nicht gehört, auch der Nur-Besitzgesellschafter zustimmen muss.[221] Gleiches gilt z. B. in den Fällen, in denen zwar der Nur-Besitzgesellschafter Mitgeschäftsführer ist, aber in Bezug auf die laufende Geschäftsführung in der Besitzgesellschaft den Mehrheitsgesellschafterbeschlüssen zu folgen hat.[222] Vor diesem Hintergrund ist bei der Beteiligung eines Nur-Besitzgesellschafters über die entsprechende Ausgestaltung der Geschäftsführungsbefugnisse im Gesellschaftsvertrag das Vorliegen bzw. Nichtvorliegen der personellen Verflechtung gestaltbar.

Die personelle Verflechtung wird nicht ausgeschlossen durch ein bloßes **Stimmrechtsverbot** für die beherrschenden Gesellschafter in der Besitzgesellschaft für Geschäfte im Zusammenhang mit der Nutzungsüberlassung, sofern dieses tatsächlich nicht praktiziert wird, wovon im Regelfall auszugehen ist, oder dieses bedeu-

---

218 BFH vom 19.10.2006 IV R 22/02 (DStR 2006 S. 2207).
219 BFH vom 19.10.2006 IV R 22/02 (DStR 2006 S. 2207).
220 BFH vom 21.08.1996 X R 25/93 (BStBl 1997 II S. 44).
221 BFH vom 15.06.2011 X B 255/10 (BFH/NV 2011 S. 1859).
222 FG Schleswig-Holstein vom 25.08.2011 5 K 38/08 (EFG 2012 S. 41), Rev. IV R 54/11.

tungslos ist.²²³ Gleiches gilt auch für die fehlende Befreiung vom Selbstkontrahierungsverbot.²²⁴

Auch im Rahmen des **Betriebsunternehmens** ist im Hinblick auf die personelle Verflechtung abzustellen auf die Stimmrechtsmehrheit. Zu berücksichtigen sind hierbei Stimmrechtsvereinbarungen z. B. in Form von Stimmrechtsbindungsverträgen oder Stimmrechtsvollmachten. Unerheblich in diesem Zusammenhang ist, wenn die an der Betriebsgesellschaft mit Mehrheit beteiligten Gesellschafter zwar von Beschlüssen der Gesellschafterversammlung über Geschäfte mit dem Besitzunternehmen ausgeschlossen sind, sie aber Geschäftsführer sind, soweit diese Geschäfte, wie im Regelfall, zu den von der Geschäftsführung wahrzunehmenden Geschäften des täglichen Lebens gehören, weil und sofern ihnen die Geschäftsführung nicht gegen ihren Willen entzogen werden kann.²²⁵

Insolvenz des Betriebsunternehmens

Die Eröffnung des Insolvenzverfahrens über das Vermögen des Betriebsunternehmens führt zur Beendigung der personellen Verflechtung und zur Betriebsaufgabe des Besitzunternehmens, wenn nicht das laufende Insolvenzverfahren mit anschließender Fortsetzung des Betriebsunternehmens aufgehoben oder eingestellt wird.²²⁶

18.3.7.3 Sachliche Verflechtung

Sachliche Voraussetzung einer Betriebsaufspaltung ist, dass das Besitzunternehmen dem Betriebsunternehmen Vermögensgegenstände überlassen hat, die wesentliche Grundlagen des Betriebs des Betriebsunternehmens bilden. Dabei reicht es aus, wenn die überlassenen Vermögensgegenstände nur eine der **wesentlichen Betriebsgrundlagen** darstellen.²²⁷ Ob es sich bei den überlassenen Wirtschaftsgütern um materielle oder immaterielle Wirtschaftsgüter handelt, ist ohne Bedeutung.²²⁸ Unerheblich ist auch, ob die überlassenen Wirtschaftsgüter dem Besitzunternehmen gehören oder nicht.²²⁹ Es genügt daher auch, wenn das Besitzunternehmen ihm zur Nutzung überlassene Wirtschaftsgüter an das Betriebsunternehmen weiterverpachtet.

Wenn die überlassenen Wirtschaftsgüter zur Erreichung des Betriebszwecks des Betriebsunternehmens erforderlich sind und besonderes wirtschaftliches Gewicht für die Betriebsführung des Betriebsunternehmens besitzen, stellen diese grundsätz-

---
223 Reiß, in: Kirchhof, EStG, 12. Auflage, § 15 Rdnr. 92.
224 BFH vom 24.08.2006 IX R 52/04 (BStBl 2007 II S. 165).
225 BFH vom 30.11.2005 X R 56/04 (BStBl 2006 II S. 415).
226 BFH, BStBl 1997 II S. 460.
227 BFH, BStBl 1974 II S. 613.
228 BFH, BStBl 1966 III S. 601, 1989 II S. 455 und 1992 II S. 415.
229 BFH, BStBl 1989 II S. 192.

18.3 Abgrenzung der gewerblichen Tätigkeit von der Vermögensverwaltung

lich eine wesentliche Grundlage des Betriebs des Betriebsunternehmens dar.[230] Eine wesentliche Betriebsgrundlage bilden daher insbesondere Wirtschaftsgüter, die für den Betriebsablauf unerlässlich sind, die benötigt werden, um den Betrieb als intakte Wirtschafts- und Organisationseinheit zu erhalten.[231] Allein der Umstand, dass ein Wirtschaftsgut **erhebliche stille Reserven** beinhaltet, führt nicht zum Vorliegen einer wesentlichen Betriebsgrundlage. Grundstücke sind nur dann keine wesentlichen Betriebsgrundlagen, wenn sie für das Betriebsunternehmen lediglich von geringer wirtschaftlicher Bedeutung sind.[232] Eine sachliche Verflechtung liegt bei Nutzung eines Gebäudes dabei bereits schon dann vor, wenn der Betrieb der Betriebsgesellschaft ein Gebäude dieser Art benötigt, das Gebäude für den Betriebszweck geeignet ist und es die räumliche und funktionale Grundlage des Betriebs bildet. Mietet der Geschäftsführer einer GmbH ein Gebäude zu diesem Zweck an, so ist regelmäßig davon auszugehen, dass es für den Betrieb erforderlich ist.[233]

Ausreichend ist eine **mittelbare Nutzungsüberlassung** an das Betriebsunternehmen über eine zwischengeschaltete Personengesellschaft unter der Voraussetzung, dass die Wirtschaftsgüter ihrerseits der Betriebsgesellschaft zur Nutzung überlassen werden. Nicht erforderlich in diesem Zusammenhang ist eine gesellschaftsrechtliche Beherrschung der zwischengeschalteten Personengesellschaft durch das Besitzunternehmen.[234]

Einzelfälle:

- **Gebäude bzw. Gebäudeteile, die der Fabrikation dienen,** sind wesentliche Betriebsgrundlage, wenn sie nach Gliederung und Bauart dauernd für den Betrieb des Betriebsunternehmens eingerichtet sind oder nach Lage, Größe und Grundriss auf die Betriebsgesellschaft zugeschnitten sind oder das Betriebsunternehmen aus anderen innerbetrieblichen Gründen auf ein Gebäude dieser Art angewiesen ist.[235] Das mit einer Kfz-Werkstatt bebaute Grundstück ist auch dann wesentliche Betriebsgrundlage, wenn die Nutzung notwendig ist, damit der Betrieb für eine zu überbrückende Zeit bis zum Bezug eines angemessenen Grundstücks aufrechterhalten werden kann.[236] Für die Frage der wesentlichen Betriebsgrundlage ist unerheblich, dass das Betriebsunternehmen jederzeit am Markt ein für seine Belange gleichwertiges Grundstück mieten oder kaufen kann[237] oder die Gebäude bzw. Gebäudeteile auch von anderen branchengleichen oder branchenfremden Unternehmen genutzt werden können.[238] Ist ein Gebäude

---

230 BFH, BStBl 1989 II S. 455 und 1014.
231 BFH, BStBl 1989 II S. 1014.
232 BFH, BStBl 1993 II S. 245.
233 BFH vom 20.04.2004 VIII R 13/03 (BFH/NV 2004 S. 1253).
234 BFH vom 28.11.2001 X R 50/97 (BStBl 2002 II S. 363).
235 BFH, BStBl 1993 II S. 718.
236 BFH vom 11.09.2003 X B 103/02 (BFH/NV 2004 S. 180).
237 BFH, BStBl 1993 II S. 718.
238 BFH, BStBl 1993 II S. 718.

bzw. Gebäudeteil für den Betrieb nach dessen innerer Struktur nur von geringer wirtschaftlicher Bedeutung, liegt keine wesentliche Betriebsgrundlage vor.[239]

- **Andere Gebäude** stellen eine wesentliche Betriebsgrundlage dar, wenn der Betrieb seiner Art nach von der Lage des Grundstücks abhängig ist[240] oder wenn das Gebäude die örtliche und sachliche Grundlage für die betriebliche Organisation bildet.[241] Das gilt regelmäßig für Laden- und Verkaufsräume, da diese die Eigenart des Betriebs prägen und der Kundenstamm mit ihnen verbunden ist. Bei mehreren Geschäftslokalen eines Filialeinzelhandelsbetriebs sind die einzelnen Geschäftslokale auch dann eine wesentliche Betriebsgrundlage, wenn auf das einzelne Geschäftslokal weniger als 10 % der gesamten Nutzfläche des Unternehmens entfällt.[242] Eine wirtschaftlich untergeordnete Bedeutung aufgrund eines geringen Umsatz- bzw. Ertragsanteils ist auch dann nicht anzunehmen, wenn das einzelne Geschäftslokal nachhaltig Verluste erwirtschaftet, da gerade das Bestehenlassen der Filiale bei anhaltenden Verlusten für eine Einbindung ins Gesamtbetriebskonzept spricht.

- Ein **Büro- und Verwaltungsgebäude** ist jedenfalls dann eine wesentliche Betriebsgrundlage, wenn es die räumliche und funktionale Grundlage für die Geschäftstätigkeit der Betriebsgesellschaft bildet.[243] Büro- oder Verwaltungsgebäuden kann zumindest dann eine nicht unerhebliche wirtschaftliche Bedeutung zukommen, wenn sie zur büro- oder verwaltungsmäßigen Nutzung neu errichtet und für die Bedürfnisse des Betriebsunternehmens hergerichtet bzw. gestaltet worden sind. Unabhängig von der örtlichen Lage oder dem baulichen Zuschnitt kann sich die Wesentlichkeit auch aus einer funktionalen Betrachtung heraus ergeben, wenn das Betriebsunternehmen ohne dieses Gebäude nur durch wesentliche organisatorische Änderungen fortgeführt werden könnte. Hierbei ist auf die jeweiligen Umstände des Einzelfalls abzustellen. Nicht erforderlich ist, dass das Gebäude so hergerichtet wurde, dass es ohne bauliche Veränderung durch ein anderes Unternehmen nicht genutzt werden könnte. Ebenso wenig ist entscheidend, ob ein anderes Verwaltungsgebäude die betrieblichen Anforderungen hätte erfüllen können oder das angemietete Gebäude auch für andere Zwecke hätte genutzt werden können.[244] Des Weiteren sind Büro- und Verwaltungsgebäude immer dann wesentliche Betriebsgrundlagen, wenn die Grundstücke für die Betriebsgesellschaft von nicht untergeordneter Bedeutung sind. Hiervon muss bei einer Anmietung durch die Betriebsgesellschaft regelmäßig ausgegangen werden, wenn diese das Büro- und Verwaltungsgebäude benötigt, es für die betrieblichen Zwecke der Betriebsgesellschaft geeignet und wirtschaftlich von

---

239 BFH, BStBl 1997 II S. 565.
240 BFH, BStBl 1989 II S. 1014.
241 BFH, BStBl 1992 II S. 723.
242 BFH vom 19.03.2009 IV R 78/06 (BStBl 2009 II S. 803).
243 BFH, BStBl 2000 II S. 621.
244 BFH vom 02.04.1997 X R 21/93 (BStBl 1997 II S. 565).

18.3 Abgrenzung der gewerblichen Tätigkeit von der Vermögensverwaltung

nicht untergeordneter Bedeutung ist.[245] Wird ein Teil eines normalen Einfamilienhauses von den Gesellschaftern der Betriebs-GmbH an diese als einziges Büro (Sitz der Geschäftsleitung) vermietet, so stellen die Räume auch dann eine wesentliche, die sachliche Verflechtung begründende Betriebsgrundlage dar, wenn sie nicht für Zwecke des Betriebsunternehmens besonders hergerichtet und gestaltet sind. Das gilt jedenfalls dann, wenn der Gebäudeteil nicht die in § 8 EStDV genannten Grenzen unterschreitet.[246] Büroräume, die nur einen Anteil von 7,45 % an der Gesamtnutzfläche haben, sind nicht wesentlich.[247]

- Die **Bestellung eines Erbbaurechts** begründet unter denselben Voraussetzungen wie die Überlassung eines unbebauten Grundstücks durch das Besitzunternehmen an das Betriebsunternehmen eine sachliche Verflechtung. Eine solche ist z. B. anzunehmen, wenn das Grundstück vom Betriebsunternehmen unter Zustimmung des Besitzunternehmens mit Gebäuden und Vorrichtungen bebaut wird, die für das Betriebsunternehmen eine wesentliche Betriebsgrundlage sind, weil sie für die Bedürfnisse des Betriebsunternehmens besonders hergerichtet worden sind. Die sachliche Verflechtung beginnt in diesen Fällen mit dem Abschluss des Erbbaurechtsvertrags.[248]

- **Unbebaute Grundstücke** sind wesentliche Betriebsgrundlage, wenn sie von der Betriebsgesellschaft mit Zustimmung des Besitzunternehmens entsprechend ihren Bedürfnissen bebaut oder sonst gestaltet worden sind oder im Funktionszusammenhang mit Gebäuden stehen oder sonst betriebsnotwendig sind.[249]

- **Bewegliche Anlagegüter** sind i. d. R. wesentliche Betriebsgrundlage. Dies gilt nur dann nicht, wenn sie kurzfristig wieder beschafft werden können.[250]

- **Immaterielle Wirtschaftsgüter,** z. B. Patente, Mandanten- oder Kundenstamm, stellen wesentliche Betriebsgrundlagen dar, wenn die Umsätze des Betriebsunternehmens in erheblichem Umfang auf der Überlassung der Wirtschaftsgüter beruhen.[251]

Da es genügt, wenn eine von mehreren wesentlichen Betriebsgrundlagen von dem Besitzunternehmen dem Betriebsunternehmen überlassen wird, ist eine Betriebsaufspaltung auch im Verhältnis einer Betriebsgesellschaft zu mehreren Besitzunternehmen denkbar.[252] Umgekehrt kann eine Betriebsaufspaltung auch zwischen einem Besitzunternehmen und mehreren Betriebskapitalgesellschaften bestehen.[253]

---

245 BFH vom 23.05.2000 VIII R 11/99 (BStBl 2000 II S. 621).
246 BFH vom 13.07.2006 IV R 25/05 (BStBl 2006 II S. 804).
247 BFH vom 13.12.2005 XI R 45/04 (BFH/NV 2006 S. 1453).
248 BFH vom 23.01.1991 X R 47/87 (BStBl 1991 II S. 405).
249 BFH, BStBl 1998 II S. 478.
250 BFH, BStBl 1997 II S. 460.
251 BFH vom 27.08.1998 IV R 77/97 (BStBl 1999 II S. 279).
252 BFH, BStBl 1980 II S. 356.
253 BFH, BStBl 1983 II S. 299.

18.3.7.4 Beginn und Ende der Betriebsaufspaltung

Die Betriebsaufspaltung beginnt in dem Zeitpunkt, in dem erstmalig die personelle und sachliche Verflechtung gegeben ist.

Entfällt vorübergehend die personelle und/oder sachliche Verflechtung, führt dies zwar zur Beendigung der Betriebsaufspaltung, hat jedoch steuerlich keine Konsequenzen, wenn weiterhin die Voraussetzungen des **fortgesetzten Gewerbebetriebs** gegeben sind. Ein fortgesetzter Gewerbebetrieb ist anzunehmen, wenn nach der Beendigung der Verpachtung der Betrieb vom Verpächter fortgeführt werden kann, z. B. weil er von der Pächterin die dieser veräußerten Wirtschaftsgüter zurückerwerben kann.[254]

Wird eine Betriebsaufspaltung durch den bloßen Wegfall der personellen oder sachlichen Verflechtung beendet, so führt dies grundsätzlich zu einer **Betriebsaufgabe des Besitzunternehmens** i. S. des § 16 EStG. Es kommt zu einer Gewinnrealisierung im Betriebsvermögen einschließlich der Anteile an der Betriebskapitalgesellschaft beim Besitzunternehmen.[255]

Dies gilt dann nicht, wenn das Verpächterwahlrecht deshalb wieder auflebt, weil die Voraussetzungen einer **Betriebsverpachtung** im Zeitpunkt der Betriebsaufspaltung erfüllt waren.[256] Voraussetzung hierzu ist allerdings, dass vom Besitzunternehmen dem Betriebsunternehmen alle wesentlichen Betriebsgrundlagen überlassen worden sind. Zu einer Betriebsaufgabe kommt es ebenfalls nicht, wenn das Besitzunternehmen den Tatbestand einer gewerblich geprägten Personengesellschaft erfüllt, das Besitzunternehmen schon vorher eine andere gewerbliche Tätigkeit begonnen hatte oder der Wegfall der personellen oder sachlichen Verflechtung nur vorübergehend ist mit der Folge einer bloßen Betriebsunterbrechung.[257]

18.3.7.5 Rechtsfolgen der Betriebsaufspaltung

Besitz- und Betriebsunternehmen sind jeweils rechtlich selbständige Unternehmen, die ihren Gewinn eigenständig ermitteln. **Gewerbliche Einkünfte** erzielt nicht nur das Betriebsunternehmen, sondern auch das Besitzunternehmen. Mit seinen gewerblichen Einkünften unterliegt auch das Besitzunternehmen der **Gewerbesteuer**.[258] Der Gewinn des Besitzunternehmens ist grundsätzlich durch Betriebsvermögensvergleich zu ermitteln.[259] Die Befreiung der Betriebskapitalgesellschaft von der Gewerbesteuer – z. B. nach § 3 Nr. 20 Buchst. c GewStG – erstreckt sich bei einer Betriebsaufspaltung auch auf die Vermietungs- oder Verpachtungstätigkeit des

---

254 BFH, BStBl 2002 II S. 722.
255 BFH vom 22.09.1999 X B 47/99 (BFH/NV 2000 S. 559).
256 BFH, BStBl 1998 II S. 325.
257 BFH, BStBl 1997 II S. 460.
258 BFH, BStBl 1998 II S. 478.
259 BFH vom 07.10.1997 VIII R 63/95 (BFH/NV 1998 S. 1202).

18.3 Abgrenzung der gewerblichen Tätigkeit von der Vermögensverwaltung

Besitzpersonenunternehmens.[260] Entsprechendes gilt auch für Investitions-, Nutzungs- und Verbleibensvoraussetzungen bei Subventionsvorschriften, wie z. B. § 7g EStG, und für Investitionszulagen und Steuerbegünstigungen nach dem InvZulG.[261]

Die **Anteile an der Betriebskapitalgesellschaft** gehören zum notwendigen Betriebsvermögen der Besitzgesellschaft bzw. zum notwendigen Sonderbetriebsvermögen ihrer Gesellschafter, soweit sie der Durchsetzung eines einheitlichen geschäftlichen Betätigungswillens in der Betriebsgesellschaft dienen.[262] Zu deren notwendigem Betriebsvermögen gehören ferner grundsätzlich alle an die Betriebsgesellschaft verpachteten Wirtschaftsgüter.[263]

Notwendiges Betriebsvermögen des Besitzunternehmens können auch Wirtschaftsgüter sein, die keine wesentlichen Betriebsgrundlagen des Betriebsunternehmens darstellen. Allerdings muss ihre Überlassung in einem unmittelbaren wirtschaftlichen Zusammenhang mit der Überlassung wesentlicher Betriebsgrundlagen stehen. Dies gilt auch für Patente und Erfindungen unabhängig davon, ob sie bereits mit Begründung der Betriebsaufspaltung oder zu einem späteren Zeitpunkt überlassen werden.[264] Gehört ein Grundstück zum Betriebsvermögen (Umlaufvermögen) eines gewerblichen Grundstückshandels und wird es im Rahmen einer Betriebsaufspaltung als eine wesentliche Betriebsgrundlage an ein Betriebsunternehmen vermietet, wird das Grundstück unter Fortführung des Buchwerts notwendiges Betriebsvermögen (Anlagevermögen) bei dem Besitzunternehmen.[265] Die Anteile des Besitzunternehmers an einer anderen Kapitalgesellschaft, welche intensive und dauerhafte Geschäftsbeziehungen zur Betriebskapitalgesellschaft unterhält, gehören zum notwendigen Betriebsvermögen des Besitzunternehmens. Gewährt der Besitzunternehmer dieser anderen Kapitalgesellschaft zu deren Stützung in der Krise ein kapitalersetzendes Darlehen, gehört der Anspruch auf Rückzahlung grundsätzlich ebenfalls zum notwendigen Betriebsvermögen des Besitzunternehmens.[266]

Wird ein Wirtschaftsgut im Eigentum eines einzelnen Gesellschafters der Besitzpersonengesellschaft unmittelbar an eine Betriebskapitalgesellschaft verpachtet, kann es Sonderbetriebsvermögen II bei der Besitzpersonengesellschaft darstellen, wenn die Nutzungsüberlassung seitens des Gesellschafters nicht durch betriebliche oder private Interessen des Gesellschafters, sondern primär durch die betrieblichen Interessen der Besitzpersonengesellschaft oder der Betriebskapitalgesellschaft und somit gesellschaftlich veranlasst ist.[267] Diese Grundsätze gelten nicht, wenn es sich beim Betriebsunternehmen um eine Personengesellschaft handelt, an der der über-

---

260 BFH vom 29.03.2006 X R 59/00 (BStBl 2006 II S. 661).
261 BFH vom 20.05.2010 III R 28/08 (HFR 2010 S. 1326).
262 BFH, BStBl 1982 II S. 60.
263 BFH, BStBl 1978 II S. 67.
264 BFH, BStBl 1999 II S. 281.
265 BFH, BStBl 2002 II S. 537.
266 BFH, BStBl 2005 II S. 692.
267 BFH, BStBl 1999 II S. 715.

lassende Gesellschafter beteiligt ist; das überlassene Wirtschaftsgut stellt dann Sonderbetriebsvermögen I des Gesellschafters bei der Betriebspersonengesellschaft dar. Diese Zuordnung geht der als Sonderbetriebsvermögen II bei der Besitzpersonengesellschaft vor.[268] Verpachtet eine Besitzpersonengesellschaft das gesamte Betriebsvermögen an eine Betriebskapitalgesellschaft und wird dabei auch das Betriebsgrundstück, das einigen Gesellschaftern der Besitzpersonengesellschaft gehört, von diesen an die Betriebskapitalgesellschaft vermietet, gehören die Einkünfte aus der Vermietung des Grundstückes zum gewerblichen Steuerbilanzgewinn der Besitzpersonengesellschaft.[269] Das Sonderbetriebsvermögen I umfasst nicht nur die der Betriebspersonengesellschaft bereits tatsächlich zur Nutzung überlassenen, sondern auch die bereits zuvor angeschafften, aber für eine spätere Nutzungsüberlassung endgültig bestimmten Wirtschaftsgüter.[270] Anteile eines Gesellschafters der Besitzpersonengesellschaft an einer Kapitalgesellschaft, die mit der Betriebskapitalgesellschaft in einer für diese vorteilhaften und nicht nur kurzfristigen Geschäftsbeziehung steht, sind notwendiges Sonderbetriebsvermögen II des Gesellschafters der Besitzpersonengesellschaft.[271]

Eine Bürgschaft, die ein Gesellschafter der Besitzpersonengesellschaft für Verbindlichkeiten der Betriebskapitalgesellschaft übernimmt, ist durch den Betrieb der Besitzpersonengesellschaft veranlasst und gehört zu seinem negativen Sonderbetriebsvermögen II bei der Besitzpersonengesellschaft, wenn die Übernahme der Bürgschaft zu nicht marktüblichen (fremdüblichen) Bedingungen erfolgt. Die Inanspruchnahme aus einer solchen Bürgschaft führt nicht zu nachträglichen Anschaffungskosten der Anteile an der Betriebskapitalgesellschaft.[272]

Gewähren die Gesellschafter der Betriebskapitalgesellschaft bei deren Gründung ein Darlehen, dessen Laufzeit an die Dauer ihrer Beteiligung an dieser Gesellschaft gebunden ist, gehört dieses Darlehen zu ihrem notwendigen Sonderbetriebsvermögen II bei der Besitzpersonengesellschaft.[273] Dies gilt auch für ein ungesichertes, unkündbares Darlehen der Gesellschafter der Besitzpersonengesellschaft an die Betriebskapitalgesellschaft, für das Zinsen erst zum Ende der Laufzeit des Darlehens gezahlt werden sollen.[274] Gewährt die Besitzpersonengesellschaft einer Kapitalgesellschaft, die Geschäftspartner der Betriebskapitalgesellschaft ist, ein Darlehen, gehört dieses zum notwendigen Betriebsvermögen der Besitzpersonengesellschaft.[275]

---

268 BFH, BStBl 2005 II S. 830.
269 BFH, BStBl 1975 II S. 781.
270 BFH, BStBl 2001 II S. 316.
271 BFH, BStBl 2005 II S. 354.
272 BFH, BStBl 2002 II S. 733.
273 BFH, BStBl 1995 II S. 452.
274 BFH, BStBl 2001 II S. 335.
275 BFH, BStBl 2005 II S. 692.

18.3 Abgrenzung der gewerblichen Tätigkeit von der Vermögensverwaltung

Vermietet eine Eigentümergemeinschaft, an der der Besitzunternehmer nicht beherrschend beteiligt ist, ein Grundstück an die Betriebskapitalgesellschaft, ist die anteilige Zuordnung des Grundstücks zum Betriebsvermögen des Besitzunternehmens davon abhängig, ob die Vermietung an die Betriebskapitalgesellschaft durch die betrieblichen Interessen des Besitzunternehmens veranlasst ist.[276]

Werden bei der Begründung einer Betriebsaufspaltung sämtliche Aktiva und Passiva einschließlich der Firma mit Ausnahme des Immobilienvermögens auf die Betriebskapitalgesellschaft übertragen und das vom Besitzunternehmen zurückbehaltene Betriebsgrundstück der Betriebskapitalgesellschaft langfristig zur Nutzung überlassen, geht der im bisherigen (Einzel-)Unternehmen entstandene (originäre) Geschäftswert grundsätzlich auf die Betriebskapitalgesellschaft über.[277] Der Geschäftswert verbleibt dagegen bei der Besitzgesellschaft, wenn diese an das Betriebsunternehmen alle wesentlichen Betriebsgrundlagen nur verpachtet und damit den Betrieb jederzeit wieder selbst aufnehmen kann.

Gewinnausschüttungen während des Bestehens der Betriebsaufspaltung gehören auch insoweit zu den betrieblichen Einnahmen des Besitzunternehmens, als sie Zeiträume vor Begründung der Betriebsaufspaltung betreffen.[278] Voraussetzung ist hierbei, dass der entsprechende Gewinnverteilungsbeschluss nach Begründung der Betriebsaufspaltung gefasst worden ist. Dabei sind Gewinnansprüche gegen die Betriebskapitalgesellschaft grundsätzlich nicht phasengleich zu aktivieren.[279]

Die gewerbliche Tätigkeit des Besitzunternehmens umfasst auch die Anteile und die Einkünfte der Personen, die nur am Besitzunternehmen beteiligt sind.[280] Vermietet die Besitzgesellschaft Grundbesitz nicht nur an die Betriebskapitalgesellschaft, sondern auch an Dritte, liegt auch insoweit Betriebsvermögen nach § 15 Abs. 3 Nr. 1 EStG vor.

Das Gehalt, das der Inhaber des Besitzunternehmens als **Gesellschafter-Geschäftsführer** der Betriebs-GmbH bezieht, zählt nicht zu den Einkünften aus Gewerbebetrieb, sondern zu den Einkünften aus nichtselbständiger Arbeit.

Die entgeltliche **Übertragung von Wirtschaftsgütern** des Besitzunternehmens auf die Betriebskapitalgesellschaft stellt eine Veräußerung dar mit der Folge der Aufdeckung der stillen Reserven beim Besitzunternehmen. Handelt es sich um eine offene Sacheinlage in eine Kapitalgesellschaft, gilt § 6 Abs. 6 Satz 1 EStG. Bei verdeckten Sacheinlagen findet § 6 Abs. 6 Satz 2 EStG Anwendung. Damit ist eine

---

276 BFH, BStBl 2005 II S. 340.
277 BFH, BStBl 2005 II S. 378.
278 BFH, BStBl 2000 II S. 255.
279 BFH, BStBl 2000 II S. 632.
280 BFH, BStBl 1986 II S. 296.

steuerneutrale Übertragung von Wirtschaftsgütern auf eine Betriebskapitalgesellschaft nicht möglich. Werden vom Besitzunternehmer zum Betriebsvermögen gehörende Anteile an der Betriebskapitalgesellschaft unentgeltlich oder verbilligt auf Angehörige, die nicht am Besitzunternehmen beteiligt sind, übertragen, entsteht ein Entnahmegewinn in Höhe der Differenz zwischen dem Wert der übernommenen Anteile und der Einlage.[281]

Teilwertabschreibungen auf Forderungen gegen die Betriebskapitalgesellschaft sind grundsätzlich zulässig.[282] Gleiches gilt auch für Teilwertabschreibungen auf die Anteile an der Betriebskapitalgesellschaft. § 3c Abs. 2 EStG findet nur Anwendung in den Fällen der Teilwertabschreibung auf Anteile an Kapitalgesellschaften. Für die Anwendung von § 3c EStG reicht insoweit ab dem Veranlagungszeitraum 2011 die Absicht zur Erzielung von Einnahmen aus. Keine Anwendung findet § 3c Abs. 2 EStG bei Teilwertabschreibungen auf Darlehensforderungen oder sonstige Forderungen. Entsprechendes gilt auch bei Bürgschaften.

Dem Teilabzugsverbot nach § 3c Abs. 2 EStG unterfallen grundsätzlich auch **Aufwendungen auf Wirtschaftsgüter,** die der an einer Kapitalgesellschaft beteiligte Gesellschafter dieser im Rahmen einer Betriebsaufspaltung überlässt. Es findet jedoch keine Anwendung auf Aufwendungen, die vorrangig durch voll steuerpflichtige Einnahmen veranlasst und daher bei der Ermittlung der Einkünfte in voller Höhe als Betriebsausgaben zu berücksichtigen sind. Das Teilabzugsverbot gilt jedoch nicht für Wertminderungen und Aufwendungen auf Wirtschaftsgüter, die zum Betriebsvermögen des Gesellschafters einer Kapitalgesellschaft gehören und der Kapitalgesellschaft zur Nutzung überlassen werden.[283] § 3c Abs. 2 EStG bezweckt nur, dass bei steuerbefreiten Einnahmen kein doppelter steuerlicher Vorteil durch den zusätzlichen Abzug von mit diesen Einnahmen zusammenhängenden Aufwendungen erzielt wird. Erfolgt z. B. im Rahmen einer Betriebsaufspaltung der teilweise Verzicht des Gesellschafters einer Kapitalgesellschaft auf Pachtforderungen gegen diese, weil die vergleichbaren marktüblichen Pachtentgelte generell gesunken sind und auch fremde Dritte eine Pachtanpassung vereinbart hätten, oder erfolgt er zeitlich befristet im Rahmen von Sanierungsmaßnahmen, an denen auch gesellschaftsfremde Personen teilnehmen, spricht dies für einen durch das Pachtverhältnis veranlassten Verzicht. Ob und inwieweit Aufwendungen in wirtschaftlichem Zusammenhang mit einer Einkunftsart stehen, hängt von den Gründen ab, aus denen der Steuerpflichtige die Aufwendungen vornimmt. Die Gründe bilden das auslösende Moment, das den Steuerpflichtigen bewogen hat, die Kosten zu tragen. Dies gilt nicht nur für die Abgrenzung der erwerbsbedingten Aufwendungen zu solchen der Lebensführung, sondern auch für die Abgrenzung von Aufwendungen, die durch voll steuerpflichtige Einnahmen veranlasst sind, zu solchen, die durch teilweise

---
281 BFH, BStBl 1991 II S. 832.
282 BFH vom 18.04.2012 X R 7/10 (BStBl 2013 II S. 791).
283 BFH vom 28.02.2013 IV R 49/11 (BStBl 2013 II S. 802).

18.3 Abgrenzung der gewerblichen Tätigkeit von der Vermögensverwaltung

steuerfreie Einnahmen veranlasst sind. Besteht ein wirtschaftlicher Zusammenhang der Aufwendungen zu mehreren Einkunftsarten, entscheidet der engere und wirtschaftlich vorrangige Veranlassungszusammenhang. Danach sind Aufwendungen der Einkunftsart zuzuordnen, die im Vordergrund steht und die Beziehungen zu den anderen Einkünften verdrängt. Maßgebend sind insoweit die Gesamtumstände des jeweiligen Einzelfalls. Dies gilt gleichermaßen, wenn es darum geht, ob Aufwendungen vorrangig mit steuerpflichtigen Einnahmen oder mit steuerfreien Einnahmen in wirtschaftlichem Zusammenhang stehen. Überlässt der Gesellschafter einer Kapitalgesellschaft dieser im Rahmen einer Betriebsaufspaltung ein Wirtschaftsgut, können die mit der Nutzungsüberlassung im Zusammenhang stehenden Aufwendungen durch unterschiedliche Einnahmen veranlasst sein. Erfolgt die Nutzungsüberlassung zu Konditionen, die einem Fremdvergleich standhalten, ist davon auszugehen, dass voll steuerpflichtige Einnahmen aus der Nutzungsüberlassung erwirtschaftet werden sollen. In diesem Fall unterfallen die Aufwendungen nicht dem Teilabzugsverbot des § 3c Abs. 2 EStG. Eine Berücksichtigung der mit der Nutzungsüberlassung zusammenhängenden Aufwendungen als Betriebsausgaben kommt auch in Betracht, wenn die Nutzungsüberlassung unentgeltlich erfolgt. Erfolgt die Nutzungsüberlassung, um Erträge aus der Beteiligung zu erzielen, ist § 3c Abs. 2 EStG auf die mit der Nutzungsüberlassung zusammenhängenden Aufwendungen anzuwenden, denn die Aufwendungen stehen in diesem Fall nicht mit voll steuerpflichtigen Pachteinnahmen, sondern mit teilweise steuerfreien Einnahmen in einem wirtschaftlichen Zusammenhang. Werden Wirtschaftsgüter im Rahmen einer Betriebsaufspaltung verbilligt überlassen, ist eine anteilige Kürzung der Aufwendungen vorzunehmen. Auszugehen ist dabei regelmäßig von dem Verhältnis des tatsächlich gezahlten zum fremdüblichen Pachtentgelt. Nur in dem prozentualen Umfang, in dem das tatsächlich gezahlte Pachtentgelt hinter dem fremdüblichen Entgelt zurückbleibt, unterfallen die Aufwendungen dem Teilabzugsverbot. Der für den Abzug von Betriebsausgaben erforderliche Veranlassungszusammenhang zu einer Einkunftsart bzw. zu einer bestimmten Art von Einnahmen kann sich ändern. Nach dem Grundsatz der Abschnittsbesteuerung ist für jeden Veranlagungszeitraum zu prüfen, ob und ggf. durch welche Einkunftsart bzw. Einnahmen die geltend gemachten Aufwendungen veranlasst sind. Insoweit kann es zu einem steuerrechtlich zu berücksichtigenden Wechsel des Veranlassungszusammenhangs kommen.[284]

18.3.7.6 Besonderheiten bei der mitunternehmerischen Betriebsaufspaltung

Unter Aufgabe der früheren Rechtsprechung hat der BFH den Vorrang der Rechtsgrundsätze der mitunternehmerischen Betriebsaufspaltung vor der Anwendung des § 15 Abs. 1 Nr. 2 Satz 1 Halbsatz 1 EStG unterstrichen.[285] Die einer Betriebspersonengesellschaft von einer Besitzpersonengesellschaft im Wege der Vermietung

---
284 BFH vom 28.02.2013 IV R 4/11 (BFH/NV 2013 S. 1081).
285 BFH vom 23.04.1996 VIII R 13/95 (BStBl 1998 II S. 325).

überlassenen Wirtschaftsgüter sind danach wie Betriebsvermögen der Besitzpersonengesellschaft zu behandeln, sofern sowohl an der vermietenden als auch an der mietenden Personengesellschaft ganz oder teilweise dieselben Personen beteiligt sind, es sich also um sog. Schwestergesellschaften handelt. Überlässt eine vermögensverwaltende Personengesellschaft Wirtschaftsgüter im Rahmen einer mitunternehmerischen Betriebsaufspaltung, werden diese zwar für die Dauer der Betriebsaufspaltung als Betriebsvermögen der Besitzgesellschaft behandelt. Sofern gleichzeitig die Voraussetzungen für Sonderbetriebsvermögen bei der Betriebspersonengesellschaft erfüllt sind, tritt diese Eigenschaft mit Ende der Betriebsaufspaltung durch Wegfall der personellen Verflechtung aber wieder in Erscheinung.[286]

Der **Vorrang der mitunternehmerischen Betriebsaufspaltung** gilt unabhängig davon, ob die Besitz-Personengesellschaft originär gewerblich tätig oder gewerblich geprägt ist oder ob sie erst aufgrund der personellen und sachlichen Verflechtung mit der Betriebs-Personengesellschaft ihre Gewerblichkeit erlangt. Allerdings muss das Betriebsunternehmen gewerblich tätig sein. Die Überlassung eines Praxisgrundstücks seitens einer ganz oder teilweise personenidentischen Miteigentümergemeinschaft an eine Freiberufler-GbR begründet somit keine mitunternehmerische Betriebsaufspaltung.[287]

Für eine mitunternehmerische Betriebsaufspaltung fordert die Finanzverwaltung allerdings im Gegensatz zu einer vergleichbaren Nutzungsüberlassung an eine Kapitalgesellschaft, dass die Besitzpersonengesellschaft mit **Gewinnabsicht** tätig ist.[288]

18.4 Beginn und Ende des Gewerbebetriebs

Der Gewerbebetrieb entsteht einkommensteuerlich nicht erst mit seiner Eröffnung. Auch die auf die Eröffnung eines Gewerbebetriebs gerichtete vorbereitende Tätigkeit ist bereits Gewerbebetrieb.[289] Daher sind Ausgaben, die vor Eröffnung des Betriebs entstehen (z. B. vorausbezahlte Miete), Betriebsausgaben, und zwar auch dann, wenn in dem betreffenden Jahr keine Einnahmen erzielt worden sind.[290] Die vorbereitende Tätigkeit darf die Aufnahme der eigentlichen betrieblichen Tätigkeit aber nicht völlig ungewiss erscheinen lassen; es müssen schon Vorbereitungen sein, die auf eine bestimmte Tätigkeit hin konkretisiert sind.[291]

Entsprechend ist auch die abwickelnde Tätigkeit im Zusammenhang mit der Einstellung eines Gewerbebetriebs eine gewerbliche Tätigkeit. So wie der Gewerbebetrieb einkommensteuerlich mit der **ersten Vorbereitungshandlung** beginnt, endet er mit

---
286 BFH, BStBl 2008 II S. 12.
287 BFH, BStBl 2006 II S. 173.
288 BMF vom 28.04.1998 (BStBl 1998 I S. 583).
289 BFH, BStBl 1978 II S. 193.
290 BFH, BStBl 1952 III S. 292.
291 BFH, BStBl 1962 III S. 123.

der **letzten Abwicklungshandlung.**[292] Ergeben sich nach Einstellung des Gewerbebetriebs, d. h. nach der letzten Abwicklungshandlung, noch Einnahmen aus diesem Betrieb oder Ausgaben für den Betrieb, so sind diese einkommensteuerrechtlich im Rahmen des § 24 EStG zu berücksichtigen.

18.5 Gewinn des Einzelunternehmers (§ 15 Abs. 1 Nr. 1 EStG)

Nach § 15 Abs. 1 Nr. 1 Satz 1 EStG sind Einkünfte aus Gewerbebetrieb solche aus einem gewerblichen Unternehmen. Die Definition des Gewerbebetriebs enthält § 15 Abs. 2 EStG. § 15 Abs. 1 Nr. 1 Satz 2 EStG bestimmt, dass auch eine gewerbliche Bodenbewirtschaftung zu Einkünften aus Gewerbebetrieb führt, sofern nicht nur land- und forstwirtschaftliche Nebenbetriebe gegeben sind. Die Züchtung und das Halten von Kleintieren, wie Meerschweinchen, Zwergkaninchen, Hamstern, Ratten und Mäusen, die als Haustiere oder als Lebendfutter für andere Tiere verwendet werden, stellen ungeachtet einer vorhandenen Futtergrundlage eine gewerbliche Tätigkeit dar, nicht aber eine land- und forstwirtschaftliche Tierzucht und -haltung, die zur Gewinnermittlung nach Durchschnittssätzen gem. § 13a EStG berechtigen würde.[293]

18.6 Gewinn der Mitunternehmer (§ 15 Abs. 1 Nr. 2 EStG)

18.6.1 Allgemeines

Zu den Einkünften aus Gewerbebetrieb gehören auch

- die Gewinnanteile der Gesellschafter einer offenen Handelsgesellschaft, einer Kommanditgesellschaft und einer anderen Gesellschaft, z. B. Gesellschaft bürgerlichen Rechts, bei der der Gesellschafter als Unternehmer (Mitunternehmer) anzusehen ist, und
- die Vergütungen, die der Gesellschafter von der Gesellschaft für seine Tätigkeit im Dienst der Gesellschaft oder für die Hingabe von Darlehen oder für die Überlassung von Wirtschaftsgütern bezogen hat.

Der mittelbar über eine oder mehrere Personengesellschaften beteiligte Gesellschafter steht dem unmittelbar beteiligten Gesellschafter gleich; er ist als Mitunternehmer anzusehen, wenn jede der Personengesellschaften, die seine Beteiligung vermitteln, als Mitunternehmer anzusehen ist oder wenn er seine Beteiligung in einem Gewerbebetrieb hält.

---

292 BFH, BStBl 1952 III S. 120.
293 BFH, BStBl 2005 II S. 347.

Voraussetzung für die Anwendung von § 15 Abs. 1 Nr. 2 EStG ist, dass eine Personengesellschaft oder eine wirtschaftlich vergleichbare Gemeinschaft vorliegt, deren Gesellschafter bzw. Gemeinschafter in ihrer Verbundenheit einen Gewerbebetrieb als Mitunternehmer betreiben.[294] Der Begriff der Mitunternehmerschaft ist im Gesetz nicht geregelt. Er ist von der Rechtsprechung entwickelt worden.

Der Besteuerung unterliegt nach § 15 Abs. 1 Nr. 2 EStG als gewerbliche Einkünfte beim einzelnen Mitunternehmer sein Anteil am Gesamtgewinn der Mitunternehmerschaft. Dieser umfasst den Anteil am Gewinn nach der Steuerbilanz und die Ergebnisse einer Ergänzungsbilanz und der Sonderbilanz für den einzelnen Mitunternehmer.

Da der Gewinn der Personengesellschaft nicht selbständig besteuert, sondern den einzelnen Gesellschaftern unmittelbar zugerechnet wird, ist es erforderlich, dass der Gewinn der Gesellschaft gesondert und einheitlich festgestellt wird. In dem Gewinnfeststellungsverfahren nach § 180 AO wird entschieden über

- das Bestehen der Mitunternehmerschaft,
- die Höhe des Gewinns und dessen Verteilung.

Über die Frage, ob ein Gewinn ein laufender oder ein Veräußerungsgewinn ist, muss im Gewinnfeststellungsverfahren ebenso entschieden werden wie über die Höhe der Entnahmen der Mitunternehmer.[295]

Wird das Bestehen einer Mitunternehmerschaft verneint, so muss ein negativer Feststellungsbescheid ergehen.

Die im Gewinnfeststellungsverfahren vom Betriebsfinanzamt getroffenen Entscheidungen sind für die Veranlagungsfinanzämter der einzelnen Gesellschafter bindend. Daher müssen auch Sondereinnahmen und Sonderaufwendungen des einzelnen Gesellschafters im Rahmen der gesonderten und einheitlichen Gewinnfeststellung berücksichtigt werden; sie können nicht erst im Veranlagungsverfahren geltend gemacht werden.

Einwendungen gegen Entscheidungen im gesonderten und einheitlichen Gewinnfeststellungsverfahren können nur gegen die betreffende Gewinnfeststellung gerichtet werden. Der Bescheid über die gesonderte und einheitliche Gewinnfeststellung erwächst selbständig in Rechtskraft.

18.6.2 Voraussetzungen der Mitunternehmerschaft

Die Anwendung von § 15 Abs. 1 Nr. 2 EStG setzt voraus, dass eine Personengesellschaft oder eine wirtschaftlich vergleichbare Gemeinschaft vorliegt und die Gesellschafter bzw. Gemeinschafter in ihrer Verbundenheit gewerbliche Einkünfte als Mitunternehmer erzielen.

---
294 BFH, BStBl 1993 II S. 616.
295 BFH, BStBl 1957 II S. 414.

18.6.2.1 Zivilrechtliches Gesellschaftsverhältnis

§ 15 Abs. 1 Nr. 2 EStG setzt ein zivilrechtliches Gesellschaftsverhältnis oder in Ausnahmefällen ein wirtschaftlich vergleichbares Gemeinschaftsverhältnis voraus. Eine rein **faktische Mitunternehmerschaft,** der kein – ggf. verdecktes – Gesellschaftsverhältnis oder wirtschaftlich vergleichbares Gemeinschaftsverhältnis zugrunde liegt, ist steuerrechtlich unerheblich.[296]

Die Annahme einer zivilrechtlichen Gesellschaft setzt nach § 705 BGB voraus, dass sich mehrere Personen zur Erreichung eines gemeinsamen Zwecks vertraglich verbinden und sich verpflichten, diesen zu fördern. Schriftform ist nicht erforderlich. Ein Gesellschaftsvertrag kann auch mündlich oder stillschweigend durch konkludentes Handeln abgeschlossen werden. Es kommt dabei nicht auf die formale Bezeichnung der Rechtsbeziehungen an, sondern auf deren wirklichen Inhalt. So ist ein Vertrag, der von den Beteiligten als Dienstvertrag bezeichnet wird, zivilrechtlich als Gesellschaftsvertrag anzusehen, wenn sich die Beteiligten darin verpflichten, einen gemeinsamen Zweck durch gemeinsames Handeln zu fördern (verdeckte Mitunternehmerschaft). Dabei kann es sich auch um eine Innengesellschaft handeln. Haben die Beteiligten Dienst-, Pacht- oder Darlehensverträge geschlossen, die auch zivilrechtlich nicht als Gesellschaftsverträge ausgelegt werden können, kann der Dienstleistende, Verpächter oder Darlehensgeber kein Mitunternehmer sein. Rein tatsächliche Verhältnisse oder Einflussmöglichkeiten genügen nicht.[297] Für die Entscheidung sind alle Umstände des Einzelfalls zu berücksichtigen.

Ein dem zivilrechtlichen Gesellschaftsvertrag **wirtschaftlich vergleichbares Verhältnis** ist gegeben,

- wenn bei Erbengemeinschaften, Gütergemeinschaften und Bruchteilsgemeinschaften die Gemeinschafter über das gemeinsame Zustehen eines Rechts hinaus sich ausdrücklich oder stillschweigend gegenseitig verpflichtet haben, die Erreichung eines gemeinsamen Zwecks in der vereinbarten Weise zu fördern; denn nur wenn eine solche gegenseitige Verpflichtung vorliegt, kann man von einer wirtschaftlich vergleichbaren Stellung sprechen;[298]

- wenn eine fehlerhafte Gesellschaft vorliegt. Eine solche wird im Zivilrecht angenommen, wenn der Gesellschaftsvertrag nichtig ist, die Gesellschaft aber trotzdem in Vollzug gesetzt wird;

- wenn ein Unterbeteiligter über einen Hauptgesellschafter am Gewinn und Verlust und an den stillen Reserven der Personengesellschaft beteiligt ist und darüber hinaus als leitender Angestellter mit einem nicht unbedeutenden Dispositionsspielraum Geschäftsführung ausüben kann. Dabei muss der Unterbeteiligte

---

[296] BFH, BStBl 1997 II S. 272.
[297] BFH, BStBl 1986 II S. 10.
[298] BFH, BStBl 1986 II S. 455.

auf Dinge Einfluss nehmen, die nur von einem Gesellschafter, nicht aber auch von einem bloßen Geschäftsführer beeinflussbar sind.[299]
Allgemein ist es gerechtfertigt, von einem wirtschaftlich vergleichbaren Gemeinschaftsverhältnis und von einer einem Gesellschafter einer Personengesellschaft wirtschaftlich vergleichbaren Stellung dann zu sprechen, wenn Personen wirtschaftlich so gestellt sind, als wären sie Gesellschafter.[300]

18.6.2.2 Mitunternehmerschaft

Mitunternehmer ist, wer zusammen mit anderen Personen eine Unternehmerinitiative (Mitunternehmerinitiative) entfalten kann und zusammen mit anderen Personen ein Unternehmerrisiko (Mitunternehmerrisiko) trägt. Beide Merkmale müssen vorliegen, auch wenn sie im Einzelfall mehr oder weniger ausgeprägt sind.

Mitunternehmerinitiative

Mitunternehmerinitiative bedeutet vor allem Teilhabe an den unternehmerischen Entscheidungen, wie sie Gesellschaftern oder diesen vergleichbaren Personen als Geschäftsführern, Prokuristen oder anderen leitenden Angestellten obliegen. Ausreichend ist schon die Möglichkeit zur Ausübung von Gesellschafterrechten, die wenigstens den Stimm-, Kontroll- und Widerspruchsrechten angenähert sind, die einem Kommanditisten nach dem HGB zustehen oder die den gesellschaftsrechtlichen Kontrollrechten nach § 716 Abs. 1 BGB entsprechen.[301]
Ein Kommanditist ist mangels Mitunternehmerinitiative kein Mitunternehmer, wenn sowohl sein Stimmrecht als auch sein Widerspruchsrecht durch Gesellschaftsvertrag faktisch ausgeschlossen sind.[302]

Mitunternehmerrisiko

Mitunternehmerrisiko trägt im Regelfall, wer am Gewinn und Verlust des Unternehmens und an den stillen Reserven einschließlich eines etwaigen Geschäftswerts beteiligt ist.[303] Je nach den Umständen des Einzelfalls können jedoch auch andere Gesichtspunkte, z. B. eine besonders ausgeprägte unternehmerische Initiative, verbunden mit einem bedeutsamen Beitrag zur Kapitalausstattung des Unternehmens, in den Vordergrund treten.[304] Eine Vereinbarung über die Beteiligung an den stillen Reserven ist nicht ausschlaggebend, wenn die stillen Reserven für den Gesellschafter keine wesentliche wirtschaftliche Bedeutung haben.[305]

---

299 BFH, BStBl 1985 II S. 363.
300 BFH, BStBl 1986 II S. 599.
301 BFH, BStBl 1984 II S. 751.
302 BFH, BStBl 1989 II S. 762.
303 BFH, BStBl 1984 II S. 751.
304 BFH, BStBl 1981 II S. 210.
305 BFH, BStBl 1986 II S. 802.

18.6 Gewinn der Mitunternehmer

Ein **Kommanditist** ist nicht als Mitunternehmer i. S. von § 15 Abs. 1 Nr. 2 EStG anzusehen, wenn seine Stellung nach dem Gesellschaftsvertrag und der tatsächlichen Handhabung wesentlich hinter dem zurückbleibt, was handelsrechtlich das Bild des Kommanditisten bestimmt.[306] Schenkweise als Kommanditisten aufgenommene nahestehende Personen sind insbesondere dann nicht als Mitunternehmer anzusehen, wenn ihre Stellung als Gesellschafter zugunsten des bisherigen Einzelunternehmers extrem in einer Weise beschränkt ist, wie das in Verträgen zwischen Fremden nicht üblich ist.[307] So ist ein Kommanditist, der von einem Mitgesellschafter jederzeit aus der Gesellschaft ausgeschlossen werden kann, jedenfalls dann nicht Mitunternehmer, wenn bei der für diesen Fall zu zahlenden Abfindung seine Beteiligung am Firmenwert nicht abgegolten wird.[308]

Ein Kommanditist, der nicht an den stillen Reserven einschließlich eines etwaigen Geschäftswerts beteiligt ist und nach dem Gesellschaftsvertrag nur eine übliche Verzinsung seiner Kommanditeinlage erhält, trägt kein Mitunternehmerrisiko und ist deshalb auch dann nicht Mitunternehmer, wenn seine gesellschaftsrechtlichen Mitwirkungsrechte denjenigen eines Kommanditisten entsprechen.[309]

Eine Beteiligung am unternehmerischen Risiko liegt bei beschränkt haftenden Gesellschaftern von Personenhandelsgesellschaften, insbesondere bei Kommanditisten, und bei atypisch stillen Gesellschaftern nicht vor, wenn wegen der rechtlichen oder tatsächlichen Befristung ihrer gesellschaftlichen Beteiligung eine Teilhabe an der von der Gesellschaft beabsichtigten Betriebsvermögensmehrung in Form eines entnahmefähigen laufenden Gewinns oder eines die Einlage übersteigenden Abfindungsguthabens oder eines Gewinns aus der Veräußerung des Gesellschaftsanteils nicht zu erwarten ist.[310] Die zeitliche Befristung und die fehlende Gewinnerwartung können sich aus den Umständen des Einzelfalls ergeben.[311]

Der **persönlich haftende Gesellschafter** einer KG ist auch dann Mitunternehmer, wenn er keine Kapitaleinlage erbracht hat und im Innenverhältnis zu den übrigen Gesellschaftern wie ein Angestellter behandelt wird und von der Haftung freigestellt ist. Denn die Vertretungsbefugnis und der Eintritt der Haftung lassen sich letztlich nicht ausschließen.[312]

Hat eine Personengesellschaft kein Gesellschaftsvermögen, trägt der Gesellschafter Mitunternehmerrisiko, wenn er am laufenden Gewinn und Verlust und am Geschäftswert der Gesellschaft beteiligt ist und ihm die stillen Reserven seines Sonderbetriebsvermögens zuzurechnen sind.[313] Anders ist es, wenn die Geschäftsführer

---

306 BFH, BStBl 1975 II S. 818.
307 BFH, BStBl 1979 II S. 405, 1981 II S. 779.
308 BFH, BStBl 1982 II S. 342.
309 BFH, BStBl 2000 II S. 183.
310 BFH, BStBl 1984 II S. 751.
311 BFH, BStBl 1978 II S. 15.
312 BFH, BStBl 1987 II S. 33; siehe aber dazu BFH, BStBl 1987 II S. 60.
313 BFH, BStBl 1986 II S. 891.

18 Einkünfte aus Gewerbebetrieb

einer GmbH, die die Geschäfte einer GmbH & Co. KG kraft Anstellungsvertrag führen und die die Alleingesellschafter der persönlich haftenden GmbH sind, am Jahresgewinn der KG beteiligt sind. Hier begründet die Beteiligung am Jahresgewinn kein Mitunternehmerrisiko.[314]

Stille Gesellschaft

Bei einem stillen Gesellschafter ohne Unternehmerinitiative kommt der vermögensrechtlichen Stellung besondere Bedeutung zu.[315] Um als Mitunternehmer angesehen werden zu können, muss ein solcher stiller Gesellschafter einen Anspruch auf Beteiligung am tatsächlichen Zuwachs des Gesellschaftsvermögens unter Einschluss der stillen Reserven und eines Geschäftswerts haben.[316] Ohne eine Beteiligung an den stillen Reserven kann ein stiller Gesellschafter dann Mitunternehmer sein, wenn der Unternehmer ihm abweichend von der handelsrechtlichen Regelung ermöglicht, wie ein Unternehmer auf das Schicksal des Unternehmens Einfluss zu nehmen.[317]

Beteiligt sich der beherrschende Gesellschafter und alleinige Geschäftsführer einer GmbH an dieser auch noch als stiller Gesellschafter mit einer erheblichen Vermögenseinlage unter Vereinbarung einer hohen Gewinnbeteiligung sowie der Verpflichtung, die Belange bestimmter Geschäftspartner persönlich wahrzunehmen, handelt es sich um eine atypisch stille Gesellschaft, die eine Mitunternehmerschaft darstellt.[318] Gesamthandsvermögen braucht nicht vorhanden zu sein.[319]

Verdeckte Mitunternehmerschaft

Mitunternehmer kann auch sein, wer nicht als Gesellschafter, sondern z. B. als Arbeitnehmer oder Darlehensgeber bezeichnet ist, wenn die Vertragsbeziehung als Gesellschaftsverhältnis anzusehen ist.[320] Allerdings sind die zwischen den Beteiligten bestehenden Rechtsbeziehungen bei der Beurteilung der Gesellschaftereigenschaft sowohl zivil- als auch steuerrechtlich nicht allein nach deren formaler Bezeichnung zu würdigen, sondern nach den von ihnen gewollten Rechtswirkungen und der sich danach ergebenden zutreffenden rechtlichen Einordnung.[321]

Eine Mitunternehmerschaft setzt ein zivilrechtliches Gesellschaftsverhältnis oder ausnahmsweise ein wirtschaftlich vergleichbares Gemeinschaftsverhältnis voraus. Eine Mitunternehmerschaft liegt danach auch vor, wenn mehrere Personen durch gemeinsame Ausübung der Unternehmerinitiative und gemeinsame Übernahme des

---

314 BFH, BStBl 1986 II S. 599.
315 BFH, BStBl 1982 II S. 59.
316 BFH, BStBl 1994 II S. 700.
317 BFH, BStBl 1982 II S. 389.
318 BFH, BStBl 1994 II S. 702.
319 BFH, BStBl 1982 II S. 700.
320 BFH, BStBl 1981 II S. 310.
321 BFH, BStBl 1994 II S. 282.

Unternehmerrisikos auf einen bestimmten Zweck hin tatsächlich zusammenarbeiten. Erforderlich für ein stillschweigend begründetes Gesellschaftsverhältnis ist auch ein entsprechender Verpflichtungswille.[322] Mitunternehmerinitiative und -risiko dürfen nicht lediglich auf einzelne Schuldverhältnisse zurückzuführen sein. Die Bündelung von Risiken aus derartigen Austauschverhältnissen unter Vereinbarung angemessener und leistungsbezogener Entgelte begründet noch kein gesellschaftsrechtliches Risiko.[323] Tatsächliche Einflussmöglichkeiten allein genügen allerdings nicht.[324]

Der Geschäftsführer der Komplementär-GmbH ist nicht schon aufgrund des bloßen Abschlusses des Geschäftsführervertrags mit der GmbH als verdeckter Mitunternehmer der KG anzusehen.[325] Der alleinige Gesellschafter-Geschäftsführer der Komplementär-GmbH ist verdeckter Mitunternehmer der Familien-GmbH & Co. KG, wenn er für die Geschäftsführung unangemessene gewinnabhängige Bezüge erhält und sich – wie bisher als Einzelunternehmer – als Herr des Unternehmens verhält.[326]

Gewerbebetrieb im Gesamtgut

Wie Unternehmer sind i. d. R. Eheleute steuerlich zu behandeln, wenn ein Gewerbebetrieb nach ehelichem Güterrecht in das Gesamtgut der Eheleute fällt.[327] Betreibt nur einer der Ehegatten den Gewerbebetrieb und tritt die persönliche Arbeitsleistung dieses Ehegatten im Betrieb in den Vordergrund, während nennenswertes Kapital nicht eingesetzt ist, so ist der andere Ehegatte nicht Mitunternehmer.[328]

18.6.2.3 Gewerbliche Einkünfte

§ 15 Abs. 1 Nr. 2 EStG setzt voraus, dass Gegenstand des Gesellschaftsverhältnisses der gemeinsame Betrieb eines Gewerbebetriebs ist. Die Personengesellschaft betreibt als Subjekt der Einkunftserzielung nur dann ein Gewerbe, wenn die **Gesellschafter in ihrer gesamthänderischen Gebundenheit** einen Gewerbebetrieb führen.[329] Der Begriff der gewerblichen Tätigkeit bestimmt sich dabei nach § 15 Abs. 2 EStG.

Eine Personengesellschaft, die keinen Gewerbebetrieb i. S. von § 15 Abs. 2 EStG betreibt oder nicht mehr betreibt und die auch keine gewerblich geprägte Personengesellschaft i. S. von § 15 Abs. 3 Nr. 2 EStG ist, fällt nicht unter § 15 Abs. 1 Nr. 2 EStG mit der Folge, dass die Gesellschafter keine gewerblichen Einkünfte erzielen.

---

322 BFH, BStBl 1997 II S. 272.
323 BFH, BStBl 1994 II S. 282.
324 BFH, BStBl 1986 II S. 10.
325 BFH, BStBl 1997 II S. 272.
326 BFH, BStBl 1996 II S. 66.
327 BFH, BStBl 1959 III S. 263, 1966 III S. 389.
328 BFH, BStBl 1977 II S. 201 und 836, 1980 II S. 634.
329 BFH, BStBl 1984 II S. 751.

Im Hinblick auf §§ 2, 105 Abs. 2, § 161 Abs. 2 HGB kann nicht mehr unwiderlegbar vermutet werden, dass eine OHG oder KG, die im Handelsregister eingetragen ist, gewerbliche Einkünfte erzielt. Eine OHG oder KG kann auch dann in das Handelsregister eingetragen werden, wenn sie nur eigenes Vermögen verwaltet.

Die Gewerblichkeit der Personengesellschaft kann sich auch aus § 15 Abs. 3 Nr. 1 EStG ergeben. Ist eine Personengesellschaft teils freiberuflich, im Bereich der Land- und Forstwirtschaft oder vermögensverwaltend und teils gewerblich tätig, gilt die Tätigkeit der Personengesellschaft in vollem Umfang als Gewerbebetrieb mit allen sich daraus ergebenden Konsequenzen.

Beispiel:
Die Tätigkeit einer GbR umfasst den Bau und die Vermietung von Wohnungen. Nach § 15 Abs. 3 Nr. 1 EStG erzielt die Personengesellschaft insgesamt gewerbliche Einkünfte.

Die Regelung in § 15 Abs. 3 Nr. 1 EStG gilt nur für Personengesellschaften, nicht dagegen für Einzelunternehmen.

18.6.3 Gesamtgewinn der Mitunternehmer

Gewinnanteile i. S. des § 15 Abs. 1 Nr. 2 EStG sind die Anteile der Gesellschafter am Gewinn der Gesellschaft. Von ihnen zu unterscheiden sind die „Vergütungen, die der Gesellschafter von der Gesellschaft für seine Tätigkeit im Dienste der Gesellschaft oder für die Hingabe von Darlehen oder für die Überlassung von Wirtschaftsgütern bezogen hat". Die Einkünfte aus diesen sog. Sondervergütungen bilden zusammen mit den Gewinnanteilen den Gesamtgewinn der Mitunternehmerschaft.[330] Der Gewinnanteil ergibt sich aus der Steuerbilanz der Gesellschaft einschließlich eventueller Ergänzungsbilanzen und der Sondergewinn der Gesellschafter aus den Sonderbilanzen.

18.6.3.1 Gewinnanteil

Beim Gewinnanteil des Gesellschafters wird deutlich, dass das Einkommensteuergesetz zwischen persönlicher und sachlicher Steuerpflicht unterscheidet. Subjektiv steuerpflichtig ist die natürliche Person (§ 1 EStG). Die sachliche Steuerpflicht (der Besteuerungsgegenstand) wird unter anderem durch die sieben Einkunftsarten (§ 2 EStG) umschrieben, zu denen die Einkünfte aus Gewerbebetrieb rechnen. Diese wiederum sind der Gewinn (§ 2 Abs. 2 Nr. 1 EStG). Wenngleich die Personengesellschaft nicht als Subjekt der Einkommensbesteuerung anzusehen ist, so ist sie doch Subjekt der Erzielung von Einkünften, insbesondere auch von Gewinnen. Insofern ist die Gesellschaft als Einheit zu betrachten, die sich auch aus der weitgehend handelsrechtlichen Selbständigkeit ergibt; als Einheit verwirklicht sie Merkmale des Besteuerungstatbestands. Insofern ist sie **Steuersubjekt im beschränkten Sinn.**

---

[330] BFH, BStBl 1981 II S. 164.

18.6 Gewinn der Mitunternehmer

Auf die Qualität des Handelns der Gesellschaft (als Einheit der Gesellschafter) ist abzustellen bei der Frage, ob und welcher Tatbestand einer bestimmten Einkunftsart erfüllt ist oder nicht, also auch bei der Frage, ob durch das Handeln der Gesellschafter als Einheit ein Gewinn im Sinne der Einkünfte aus Gewerbebetrieb erzielt ist.[331] Für die freiberufliche Tätigkeit nach § 18 EStG muss hinzukommen, dass alle Gesellschafter die persönlichen Eigenschaften des Freiberuflers erfüllen.[332]

Der Gewinn, den eine Personengesellschaft als Zusammenschluss der Gesellschafter erzielt, muss, da nicht die Gesellschaft als solche, sondern die Gesellschafter subjektiv im uneingeschränkten Sinne einkommensteuerpflichtig sind, (auch) für einkommensteuerliche Zwecke **auf die Gesellschafter aufgeteilt** werden, und zwar nach dem Maße, in dem sie an ihm beteiligt sind. Mit diesem Gewinnanteil unterliegen die Gesellschafter der Einkommensbesteuerung. Treten mithin bei der Erwirtschaftung des Gewinns der Personengesellschaft die Gesellschafter als Einheit in Erscheinung, so werden sie bei der Besteuerung als Einzelne mit ihrem Gewinnanteil erfasst.

Dem Gewinnanteil des Gesellschafters steht der **Verlustanteil** des Gesellschafters gleich. Sind die Gewinnanteile Anteile am Gewinn der Gesellschaft, so sind auch die Verlustanteile Anteile am Verlust der Gesellschaft. Es ist also der Gewinn und Verlust der Gesellschaft, der den Gesellschaftern anteilig zum Zwecke der Besteuerung zuzurechnen ist, ohne dass es eines Zufließens des Gewinns oder Verlustes beim Gesellschafter bedarf.[333]

Der Gewinn oder Verlust ist durch einen **Vermögensvergleich der Gesellschaft** und nicht durch einen Vermögensvergleich der einzelnen Gesellschafter zu ermitteln.

Für die Ermittlung des Gewinnanteils des Gesellschafters ist von der Handelsbilanz der Gesellschaft auszugehen. Sie ist nach § 5 Abs. 1 EStG grundsätzlich für die Steuerbilanz und damit für die steuerliche Gewinnermittlung maßgeblich. Die Handelsbilanz ist jedoch zu korrigieren um die sich aus den steuerlichen Vorschriften über die Gewinnermittlung (§§ 5 bis 7k EStG) ergebenden Auswirkungen. Dieser Gewinn ist derjenige, von dem der Gewinnanteil des Gesellschafters nach § 15 Abs. 1 Nr. 2 EStG zu berechnen ist.[334]

Der aus dem Jahresgewinn der Gesellschaft kraft Gesetzes (§§ 121, 168 HGB) oder kraft Gesellschaftsvertrags gewährte **Vorabgewinn** ist Teil des dem Gesellschafter zustehenden Gewinnanteils.[335]

Wenngleich die Einkommensteuer eine Jahressteuer ist, die im Regelfall erst mit Ablauf des Veranlagungszeitraums entsteht, so wird doch bei den Gewinneinkünften

---
331 BFH, BStBl 1981 II S. 186, 1984 II S. 751.
332 BFH, BStBl 1985 II S. 584.
333 BFH, BStBl 1981 II S. 164.
334 BFH, BStBl 1981 II S. 164.
335 BFH, BStBl 1979 II S. 757.

der Tatbestand der Einkunftserzielung bereits mit den einzelnen im Rahmen des Betriebs anfallenden Geschäftsvorfällen verwirklicht, durch die Gewinn und Verlust realisiert werden. Daher ist es nicht möglich, beim **Eintritt eines neuen Gesellschafters** in eine Personengesellschaft während eines Wirtschaftsjahres den bis zum Eintrittszeitpunkt realisierten Gewinn und Verlust durch schuldrechtliche Rückbeziehung der Gewinnverteilungsabrede einkommensteuerrechtlich auf den neu eintretenden Gesellschafter zu verlagern.[336]

Bei Eintritt eines weiteren Gesellschafters in eine bestehende Personengesellschaft im Laufe eines Wirtschaftsjahres können allerdings Sonderabschreibungen aus Vereinfachungsgründen außerhalb der Verteilung des übrigen Betriebsergebnisses entsprechend der jeweiligen Beteiligung auf die Gesellschafter verteilt werden. Daher kann auch ein Gesellschafter, der am letzten Tag eines Wirtschaftsjahres der Personengesellschaft beitritt, seiner Beteiligung entsprechend für das gesamte Wirtschaftsjahr an den Sonderabschreibungen beteiligt sein.

18.6.3.2 Sondervergütungen

Nach § 15 Abs. 1 Nr. 2 EStG rechnen zu den Einkünften aus Gewerbebetrieb ferner „die Vergütungen, die der Gesellschafter von der Gesellschaft

- für seine Tätigkeit im Dienste der Gesellschaft oder
- für die Hingabe von Darlehen oder
- für die Überlassung von Wirtschaftsgütern

bezogen hat".

Die Vergütungen mindern grundsätzlich den Steuerbilanzgewinn der Gesellschaft, werden aber beim Gesellschafter in seiner Sonderbilanz erfasst und gehen so in den Gesamtgewinn der Mitunternehmerschaft ein. Zweck dieser Regelung ist, die Mitunternehmer einer Personengesellschaft dem Einzelunternehmer anzunähern, der keine Verträge mit sich selbst abschließen kann.[337] Darüber hinaus bezweckt diese Regelung auch, das Besteuerungsergebnis unabhängig davon zu machen, ob Leistungen eines Gesellschafters durch Gewinnvorabvergütung oder besonderes Entgelt vergütet werden.[338] Dabei sind Sondervergütungen dadurch gekennzeichnet, dass sie auch dann gezahlt werden sollen, wenn die Gesellschaft keinen Gewinn erzielt, während es sich beim **Vorabgewinn** um Vergütungen handelt, die nur aus einem Gewinn vorweg zu gewähren sind.[339]

Nach § 2 Abs. 2 Nr. 1 EStG sind Einkünfte aus Gewerbebetrieb der Gewinn. Mithin stellen auch die Sondervergütungen nach § 15 Abs. 1 Nr. 2 EStG, die zu den Einkünften aus Gewerbebetrieb rechnen, „Gewinn" dar. Auch sie sind nach einkom-

---
336 BFH, BStBl 1984 II S. 53.
337 BFH, BStBl 1992 II S. 798.
338 BFH, BStBl 1987 II S. 553.
339 BFH, BStBl 1999 II S. 284.

mensteuerlichen Gewinnermittlungsgrundsätzen zu ermitteln. Hierbei ist auch die Vorschrift des § 4 Abs. 4 EStG über Betriebsausgaben zu beachten. Dies bedeutet: Sind in die einheitliche Ermittlung des Gewinns aus Gewerbebetrieb nach § 15 Abs. 1 Nr. 2 EStG die Sondervergütungen der Gesellschafter mit einzubeziehen, so muss dies auch für solche Ausgaben der Gesellschafter gelten, die mit den Sondervergütungen im wirtschaftlichen Zusammenhang stehen (**Sonderbetriebsausgaben**). Nimmt z. B. ein Gesellschafter zum Erwerb eines Wirtschaftsguts, das er der Gesellschaft zur Nutzung überlässt, einen Kredit auf und zahlt er dafür Zinsen, so stehen diese Zinsen im wirtschaftlichen Zusammenhang mit den Nutzungsvergütungen, die er von der Gesellschaft für die Überlassung erhält; sie sind nach Gewinnermittlungsgrundsätzen als Betriebsausgaben abzuziehen. Dies geschieht bei der einheitlichen Ermittlung des Gewinns nach § 15 Abs. 1 Nr. 2 EStG. Entsprechendes gilt, wenn ein Gesellschafter, um der Gesellschaft neben seiner gesellschaftsrechtlichen Beteiligung ein Darlehen geben zu können, seinerseits ein Darlehen bei einem Dritten aufnimmt und dafür Zinsen zahlt.

18.6.3.3 Sonderbetriebsvermögen

Wirtschaftsgüter, die einem Gesellschafter (Mitunternehmer) gehören und die er der Gesellschaft zur Nutzung überlässt, rechnen zwar nicht zum Gesamthandsvermögen der Gesellschaft und damit nicht zum Betriebsvermögen der Personengesellschaft im handelsrechtlichen Sinne. Sie stellen jedoch grundsätzlich steuerliches Sonderbetriebsvermögen des Gesellschafters dar, das ebenso wie das Gesellschaftsvermögen (Betriebsvermögen im handelsrechtlichen Sinne) in den ertragsteuerrechtlichen Betriebsvermögensvergleich einzubeziehen ist.[340]

Zum **notwendigen Sonderbetriebsvermögen I** gehören alle Wirtschaftsgüter, die einer gewerblich tätigen Personengesellschaft von einem oder mehreren ihrer Gesellschafter zur Nutzung überlassen und von dieser für eigengewerbliche Zwecke genutzt werden.[341] Dies gilt im Hinblick auf § 39 Abs. 2 Nr. 2 AO auch für Wirtschaftsgüter, die im Gesamthandsvermögen einer Gesellschaft bürgerlichen Rechts stehen, deren Gesellschafter sämtlich oder zum Teil auch Mitunternehmer der nutzenden Personengesellschaft sind. Voraussetzung ist jedoch, dass die Gesellschaft bürgerlichen Rechts lediglich vermögensverwaltend tätig ist.

Stellt ein Gesellschafter einer Personengesellschaft, deren Gesellschaftszweck in der Errichtung und Vermarktung von Eigentumswohnungen im Bauherrenmodell besteht, ein ihm gehörendes Grundstück für diese Zwecke zur Verfügung, dann ist das Grundstück dem notwendigen Sonderbetriebsvermögen I des Gesellschafters zuzurechnen.[342] Die Beteiligung eines Gesellschafters (Mitunternehmers) eines in der Rechtsform der Personengesellschaft betriebenen Bankhauses an einer GmbH

---
340 BFH, BStBl 1991 II S. 800; vgl. auch BFH, BStBl 1996 II S. 82.
341 BFH, BStBl 1996 II S. 82.
342 BFH, BStBl 1991 II S. 789.

gehört dagegen nicht zum notwendigen Sonderbetriebsvermögen I des Gesellschafters, wenn das Bankhaus lediglich bankübliche Geschäftsbeziehungen zu der GmbH unterhält.[343] Entsprechendes gilt grundsätzlich auch für Darlehen, die das Bankhaus der GmbH gewährt.

Die Zurechnung der zur Nutzung der Gesellschaft überlassenen Wirtschaftsgüter des Gesellschafters zum Betriebsvermögen ist die Folge der Einbeziehung der Sondervergütungen einschließlich der damit zusammenhängenden Sonderbetriebsausgaben in die einheitliche Ermittlung des Gewinns der Gesellschaft. Der Ertrag und die Substanz des Wirtschaftsguts können insoweit grundsätzlich nicht getrennt beurteilt werden.[344] Dieser Gedanke wird noch bestärkt, wenn man berücksichtigt, dass die mit der Nutzung der überlassenen Wirtschaftsgüter im Zusammenhang stehenden Aufwendungen ihrem Charakter nach Sonderbetriebsausgaben der Gesellschafter sind. Dies gilt insbesondere für die AfA, für die zu Teilwertabschreibungen führenden Wertminderungen und die Erhaltungsaufwendungen. Überlässt z. B. ein Gesellschafter ein Gebäudegrundstück, das ihm gehört, der Gesellschaft zur Nutzung, so stellen der Wertverzehr dieses Grundstücks in Form von AfA oder Teilwertabschreibungen, der Erhaltungsaufwand für dieses Grundstück und sonstige abzugsfähige Aufwendungen (z. B. Grundsteuer), soweit sie vom Gesellschafter getragen werden, ihrem Charakter nach Sonderbetriebsausgaben des Gesellschafters dar, da sie mit den Sondervergütungen im wirtschaftlichen Zusammenhang stehen. Gehörten aber der Ertrag aus der Nutzung und der dafür gemachte Aufwand in die einheitliche Ermittlung des Gewinns der Gesellschaft aus Gewerbebetrieb, so ist es gerechtfertigt, auch die zur Nutzung der Gesellschaft überlassenen Wirtschaftsgüter selbst in das Betriebsvermögen einzubeziehen. Bei dieser Betrachtung führt die Auslegung des § 4 Abs. 1 EStG bereits zu dem Ergebnis, dass das Betriebsvermögen bei Mitunternehmerschaften auch das Sonderbetriebsvermögen einzelner Gesellschafter umfasst. Diese Erkenntnis erfährt durch § 15 Abs. 1 Nr. 2 EStG eine Bestätigung.[345]

Ertrag und Substanz des Wirtschaftsguts fallen jedoch dann auseinander, wenn der zur Nutzung überlassene Grundstücksteil von untergeordneter Bedeutung ist und deshalb gem. R 4.2 Abs. 8 EStR nicht ins Betriebsvermögen aufgenommen zu werden braucht.

Nicht zum Sonderbetriebsvermögen eines Gesellschafters gehören Wirtschaftsgüter, die der Gesellschafter der Gesellschaft zwar zur Nutzung überlassen hat, die ihm jedoch nicht gehören. Zwar rechnet auch hier die Nutzungsvergütung zu den Sondervergütungen des Gesellschafters nach § 15 Abs. 1 Nr. 2 EStG. Indessen ist Voraussetzung für die Zurechnung des Wirtschaftsguts zum Sonderbetriebsver-

---

343 BFH, BStBl 1991 II S. 786.
344 BFH, BStBl 1978 II S. 647.
345 BFH, BStBl 1983 II S. 215.

mögen, dass das Wirtschaftsgut dem Gesellschafter nach allgemeinen steuerlichen Grundsätzen zuzurechnen ist.[346]

Der BFH rechnet darüber hinaus nicht nur Wirtschaftsgüter, die der Gesellschafter zur Nutzung überlassen hat, sondern auch solche Wirtschaftsgüter zum Sonderbetriebsvermögen des Gesellschafters, die lediglich der Beteiligung eines Gesellschafters an der Gesellschaft dienen.[347] Man spricht insoweit von **notwendigem Sonderbetriebsvermögen II.** Dazu zählen z. B. die einem Kommanditisten gehörenden Anteile an der Komplementär-GmbH einer GmbH & Co. KG.[348] Dabei ist der BFH davon ausgegangen, dass es die GmbH-Anteile den Anteilseignern in ihrer Eigenschaft als Mitunternehmer der KG gestatten, über den Betrieb der GmbH – als Geschäftsführerin der KG – auf den Betrieb der KG besonderen Einfluss auszuüben, und dass die GmbH-Anteile damit der Beteiligung der Gesellschafter an der KG (nicht aber dem Betrieb der KG unmittelbar) dienen. Aus dem Sinnzusammenhang mehrerer Rechtsnormen, die die Besteuerung der Gesellschafter regeln (§§ 4 ff., 15 Abs. 1 Nr. 2, § 16 Abs. 1 Nr. 2 und Abs. 2 EStG), folgt, dass einkommensteuerlich nicht nur der Betrieb der Personengesellschaft, sondern auch die Beteiligung des Gesellschafters (Mitunternehmers) als gewerbliche Betätigung behandelt wird. Dieser Gesichtspunkt rechtfertigt es, die GmbH-Anteile als Betriebsvermögen zu betrachten. Als notwendiges Sonderbetriebsvermögen II kann eine Beteiligung an einer Kapitalgesellschaft selbst dann anzusehen sein, wenn sie dem Gesellschafter einer Personengesellschaft keinen beherrschenden Einfluss auf die Gesellschaft vermittelt.[349]

Auch Gebäude oder Gebäudeteile, in denen ein Gesellschafter für die Gesellschaft ausschließlich tätig wird, können Wirtschaftsgüter sein, die der Beteiligung des Gesellschafters an der Personengesellschaft dienen und damit zum notwendigen Sonderbetriebsvermögen II rechnen. Dies gilt selbst dann, wenn der Gesellschafter mit seiner Tätigkeit für die Gesellschaft einen eigenen Gewerbebetrieb unterhält (z. B. als Berater oder Handelsvertreter).[350]

Unter demselben Gesichtspunkt ist ferner ein Grundstück, das der Gesellschafter an einen Dritten vermietet, damit dieser es der Gesellschaft zur betrieblichen Nutzung überlässt, als notwendiges Sonderbetriebsvermögen II des Gesellschafters angesehen worden.[351] Dies kann, da die Mietzahlungen an den Gesellschafter nicht von der Gesellschaft, sondern von dem Dritten geleistet wurden, nicht aus § 15 Abs. 1 Satz 1 Nr. 2 EStG hergeleitet werden. Indessen hat der Gesellschafter das Mietverhältnis mit dem Dritten im Interesse seiner Gesellschafterstellung und zur Stärkung seiner

---
346 BFH, BStBl 1972 II S. 174.
347 BFH, BStBl 1998 II S. 383.
348 BFH, BStBl 1976 II S. 188 sowie 1985 II S. 241.
349 BFH, BStBl 1998 II S. 383.
350 BFH, BStBl 1988 II S. 667.
351 BFH, BStBl 1981 II S. 314.

Beteiligung abgeschlossen. Ist aber das Mietverhältnis betrieblich veranlasst, so ist auch das vermietete Grundstück notwendiges Sonderbetriebsvermögen II.

Gehören Wirtschaftsgüter, weil sie der Beteiligung des Gesellschafters an der Gesellschaft dienen, zum notwendigen Sonderbetriebsvermögen II, so folgt daraus, dass die Einnahmen, die der Gesellschafter durch den Einsatz dieser Wirtschaftsgüter erlangt, Sonderbetriebseinnahmen sind. Dies gilt bezüglich der Erträge des Kommanditisten aus seiner Beteiligung an der Komplementär-GmbH, wenngleich die Dividenden begrifflich weder Gewinnanteile noch Sondervergütungen sind. Gewinnanteile sind sie nicht, weil sie keine Anteile am Gewinn der KG, sondern Anteile am Gewinn der GmbH darstellen. Sondervergütungen sind sie nicht, weil die Kommanditisten ihre GmbH-Anteile nicht zur Nutzung überlassen haben, vielmehr die Rechte aus den GmbH-Anteilen selbst wahrnehmen.[352] Aus der Zugehörigkeit der genannten Wirtschaftsgüter zum notwendigen Sonderbetriebsvermögen II folgt ferner, dass die mit diesen Wirtschaftsgütern zusammenhängenden Aufwendungen Sonderbetriebsausgaben des Gesellschafters sind. Dies gilt z. B. für Zinsen, die der Gesellschafter für ein zum Zwecke des Erwerbs der GmbH-Anteile aufgenommenes Darlehen zahlt.

Verbindlichkeiten, die mit der Beteiligung an der Mitunternehmerschaft zusammenhängen, stellen ebenfalls notwendiges Sonderbetriebsvermögen II dar.[353]

Im Rahmen des Sonderbetriebsvermögens kann unter den gleichen Voraussetzungen wie beim Alleinunternehmer **gewillkürtes Sonderbetriebsvermögen II** gebildet werden. Hierzu ist Voraussetzung, dass das Wirtschaftsgut in der steuerlichen Sonderbilanz ausgewiesen wird. Die Bildung von gewillkürtem Betriebsvermögen im Rahmen des Sonderbetriebsvermögens I ist grundsätzlich ausgeschlossen.

Konkurrenzen ergeben sich, wenn ein Wirtschaftsgut zum eigenen gewerblichen Betrieb des Gesellschafters gehört und zugleich dem Betrieb der Personengesellschaft zur Nutzung dient (Sonderbetriebsvermögen I) oder mit der Beteiligung an der Personengesellschaft im Zusammenhang steht (Sonderbetriebsvermögen II). In diesen Fällen geht die Zugehörigkeit zum Sonderbetriebsvermögen vor.[354] Ist ein Gesellschafter an mehreren Personengesellschaften beteiligt und überlässt er einer Personengesellschaft ein Wirtschaftsgut (Sonderbetriebsvermögen I), wobei die Überlassung zugleich der Beteiligung an der anderen Personengesellschaft dient (Sonderbetriebsvermögen II), ist die Zugehörigkeit zum Sonderbetriebsvermögen I vorrangig gegenüber dem Sonderbetriebsvermögen II.[355]

---

[352] BFH, BStBl 1976 II S. 188 und 1980 II S. 119.
[353] BFH, BStBl 1992 II S. 586.
[354] BFH, BStBl 1988 II S. 667.
[355] BFH, BStBl 1988 II S. 679.

18.6.3.4 Sondervergütungen nach § 15 Abs. 1 Nr. 2 EStG

Sondervergütungen nach § 15 Abs. 1 Nr. 2 EStG sind Vergütungen, die der Gesellschafter von der Gesellschaft

- für seine Tätigkeit im Dienste der Gesellschaft,
- für die Hingabe von Darlehen und
- für die Überlassung von Wirtschaftsgütern

bezogen hat. Diese Vergütungen werden von § 15 Abs. 1 Nr. 2 EStG als Einkünfte aus Gewerbebetrieb qualifiziert. Diese Vorschrift hat Vorrang vor anderen Vorschriften des EStG, die bestimmen, zu welcher Einkunftsart Einkünfte zu rechnen sind.[356]

Diese Aufwendungen, die auf der Ebene der Personengesellschaft den Gewinn gemindert haben, werden im Rahmen der Sonderbilanzen wieder hinzugerechnet. Dies gilt ebenfalls für noch nicht erfüllte Sondervergütungsverbindlichkeiten und Rückstellungen für solche Verbindlichkeiten. Nach § 15 Abs. 1 Satz 2 EStG gilt das Abzugsverbot des § 15 Abs. 1 Nr. 2 EStG auch für Vergütungen, die als nachträgliche Einkünfte i. S. des § 24 Nr. 2 EStG bezogen werden.

Der Umfang der gewerblichen Einkünfte ist mit den in § 15 Abs. 1 Nr. 2 EStG erwähnten Sondervergütungen nicht abschließend umschrieben. Als Sonderbetriebseinnahmen sind darüber hinaus alle weiteren persönlichen Erträge eines Mitunternehmers zu erfassen, die wirtschaftlich durch die Mitunternehmerschaft bedingt sind. Umgekehrt sind Sonderbetriebsausgaben alle Aufwendungen des einzelnen Mitunternehmers, die durch seine Beteiligung an der Mitunternehmerschaft bedingt sind. Für die zeitliche Erfassung gelten die allgemeinen Bilanzierungsvorschriften.

Unter § 15 Abs. 1 Nr. 2 EStG fallen nur **Leistungsbeziehungen, die durch das Gesellschaftsverhältnis veranlasst** sind. Dies trifft zu, wenn die Vergütungen Entgelt für Leistungen sind, die der Gesellschafter zur Förderung des Gesellschaftszwecks erbringt (Beitragsgedanke). Dabei braucht die Leistungsbeziehung ihre Grundlage nicht im Gesellschaftsrechtsverhältnis zu haben, sie kann auch auf daneben bestehenden Rechtsbeziehungen beruhen.[357] Entscheidend dafür, dass Forderungen und Verbindlichkeiten zwischen Gesellschaftern und Gesellschaft steuerlich nicht anerkannt werden, ist nur, dass die Verbindlichkeiten ihre Ursache in der Überlassung von Arbeitskraft, Kapital oder Wirtschaftsgütern durch einen Gesellschafter haben. Aufgrund dieses weiten Verständnisses der gesellschaftlichen Veranlassung ergeben sich keine praktischen Abgrenzungsmerkmale, die eine Nichtanwendung des § 15 Abs. 1 Nr. 2 EStG auf Vergütungen für einen Gesellschafter erlauben.

Wird dem Gesellschafter einer Personengesellschaft eine zusätzliche Vergütung gewährt, die nicht durch Dienstleistungen oder Nutzungsüberlassungen i. S. des § 15 Abs. 1 Nr. 2 EStG, sondern durch das Bestreben veranlasst ist, ihn vorzeitig an

---
356 BFH, BStBl 1979 II S. 757.
357 BFH, BStBl 1979 II S. 757, 1982 II S. 192.

noch nicht realisierten Gewinnen der Gesellschaft zu beteiligen, so handelt es sich um eine Entnahme des Gesellschafters.[358]

Vergütungen für Tätigkeiten im Dienst der Gesellschaft

Das Tatbestandsmerkmal „Tätigkeit im Dienst der Gesellschaft" ist **weit auszulegen**.[359] Darunter fallen nicht nur Arbeitsleistungen des Mitunternehmers, zu denen er gesellschaftsvertraglich oder aufgrund eines Arbeitsverhältnisses verpflichtet ist,[360] sondern auch Leistungen aufgrund eines sonstigen Dienstvertrags (§ 611 BGB) sowie Tätigkeiten aufgrund eines Werkvertrags (§ 631 BGB) oder eines Geschäftsbesorgungsvertrags (§ 675 BGB). Die weite Auslegung des Begriffs „Tätigkeit im Dienst der Gesellschaft" führt auch dazu, dass zu den von § 15 Abs. 1 Nr. 2 EStG erfassten Vergütungen nicht nur arbeitnehmerähnliche, sondern auch solche für freiberufliche Tätigkeiten gehören.[361] Eine zum Gewinnanteil des Gesellschafters gehörende Vergütung für eine Tätigkeit im Dienst der Gesellschaft liegt auch dann vor, wenn der Gesellschafter für die Gesellschaft im Rahmen seines freien Berufs von Fall zu Fall gegen das übliche Honorar tätig wird und seine Tätigkeit nicht auf gesellschaftsrechtlichen Vereinbarungen beruht.[362] Die Vergütungen umfassen dabei auch die Arbeitgeberanteile zur Sozialversicherung, Arbeitgeberzuschüsse zu befreienden Lebensversicherungen sowie Abfindungen an Kommanditisten für das Ausscheiden aus einem Arbeitsverhältnis mit der eigenen KG.

Insbesondere Tätigkeitsvergütungen, die der Kommanditist für die Erfüllung der Aufgaben eines Geschäftsführers bezieht, gehören zu den Sondervergütungen. Für diese Wertung ist es unbeachtlich, ob er die Vergütung aufgrund eines Dienstvertrags mit der Komplementär-GmbH, im Wege eines abgekürzten Zahlungsweges von der KG oder aufgrund einer schuldrechtlichen Vereinbarung unmittelbar von der KG bezieht. Auch Versorgungsleistungen, insbesondere Pensionszahlungen, die eine Personengesellschaft an die Witwe eines verstorbenen Gesellschafters oder dessen Rechtsnachfolger aufgrund des Gesellschaftsvertrags als Geschäftsführervergütung für die Tätigkeit dieses Gesellschafters leistet, sind – auch wenn die Witwe nicht Gesellschafterin ist – nicht als Betriebsausgaben abzugsfähig.

Wenn ein Angestellter einer Gesellschaft, dem eine Pensionszusage erteilt wurde, als Gesellschafter in die Gesellschaft eintritt, stellt die für die Zeit bis zum Eintritt in die Gesellschaft gebildete Pensionsrückstellung keine Vergütung für die Tätigkeit eines Gesellschafters dar. Der Eintretende überlässt auch mit seiner Anwartschaft auf Ruhegehalt der Gesellschaft kein Kapital zur Nutzung. Denn er hat nur einen aufschiebend bedingten Anspruch auf Zahlung von Ruhegehalt.[363] Der Ruhegehalts-

---

358 BFH vom 24.01.2008 IV R 87/06 (BStBl 2008 II S. 428).
359 BFH, BStBl 1979 II S. 763 und 1982 II S. 192.
360 BFH, BStBl 1980 II S. 271.
361 BFH, BStBl 1982 II S. 192.
362 BFH, BStBl 1979 II S. 43.
363 BFH, BStBl 1975 II S. 437.

18.6 Gewinn der Mitunternehmer

anspruch beruht auch nicht auf einem anderen Beitrag eines Gesellschafters zur Förderung des Gesellschaftszwecks. Die für die Zeit bis zum Eintritt in die Gesellschaft gebildete Rückstellung ist daher nicht aufzulösen.

Ähnlich liegen die Verhältnisse, wenn eine Personengesellschaft einem Arbeitnehmer, der mit einer Gesellschafterin der Personengesellschaft verheiratet ist, im Rahmen des bestehenden Arbeitsverhältnisses – neben einer Alters- und Invaliditätsrente – eine Witwenrente zusagt. Die zugesagte Witwenrente ist keine Vergütung für die Tätigkeit eines Gesellschafters im Dienste seiner Gesellschaft, sofern die Personengesellschaft auch einem vergleichbaren Arbeitnehmer, der nicht in familiären Beziehungen zur Gesellschafterin steht, eine gleiche Versorgungszusage erteilt hätte. Die Gesellschafterin soll die Witwenrente nicht für ihre Tätigkeit im Dienste der Gesellschaft erhalten, sondern für die Tätigkeit eines Nichtgesellschafters, nämlich ihres Ehemanns, dessen Tätigkeit nicht der Ehefrau und Gesellschafterin wie eine eigene Tätigkeit zugerechnet werden kann.[364]

Vergütungen für die Hingabe von Darlehen

Grundsätzlich ist **jede Überlassung von Kapital zur Nutzung** eine solche i. S. von § 15 Abs. 1 Nr. 2 EStG. Vergütungen für die Hingabe von Darlehen sind nicht nur feste Darlehenszinsen, sondern auch Gewinnanteile aus partiarischen Darlehen oder stillen Gesellschaften, Avalprovisionen und Stundungszinsen.

Tritt ein Gewerbetreibender, der Forderungen aus Warenlieferungen gegen eine Personengesellschaft besitzt, als Gesellschafter in diese Personengesellschaft ein, wandeln sich die Forderungen nicht ohne Weiteres in steuerliches Eigenkapital. Dies trifft erst zu, wenn der Forderungsbetrag mit Rücksicht auf das Gesellschaftsverhältnis darlehensweise zur Verfügung gestellt oder vereinbarungsgemäß als Gesellschaftereinlage behandelt wird.[365]

Vergütungen für die Überlassung von Wirtschaftsgütern

Zu den Vergütungen für die Überlassung von Wirtschaftsgütern gehören z. B. Miet- und Pachtzinsen, Erbbauzinsen, Entgelte für die Einräumung dinglicher Nutzungsrechte wie etwa einen Nießbrauch, Honorare und Lizenzgebühren für die Überlassung von Urheberrechten und Patenten.

Die Lieferung von Waren im Rahmen des normalen – außerhalb der Gesellschaft betriebenen – Geschäftsbetriebs des Gesellschafters führt bei der Gesellschaft zu Betriebsausgaben.[366] In seinem Urteil vom 08.01.1975[367] hat der BFH solche Geschäfte als nicht in den Bereich des § 15 Abs. 1 Nr. 2 EStG fallend charakteri-

---

364 BFH, BStBl 1976 II S. 372 und – hinsichtlich der Ein-Mann-GmbH & Co. KG – BStBl 1988 II S. 883.
365 BFH, BStBl 1979 II S. 673.
366 BFH, BStBl 1969 II S. 480, 1970 II S. 43 und 1973 II S. 630.
367 BFH vom 08.01.75 I R 142/72 (BStBl 1975 II S. 437).

siert, weil die Rechtsbeziehungen dieser Geschäfte ihre Ursache nicht in einem gesellschaftsrechtlichen oder wirtschaftlichen Beitrag des Gesellschafters haben. Ergänzend muss hinzugefügt werden, dass die Lieferung von Ware nicht unter das Tatbestandsmerkmal „Überlassung von Wirtschaftsgütern" i. S. von § 15 Abs. 1 Nr. 2 EStG fällt, weil damit nur die Überlassung zur Nutzung gemeint ist.[368] Dies gilt jedoch nur, wenn die Warengeschäfte zu Bedingungen vereinbart und abgewickelt werden, die zwischen Fremden allgemein üblich sind. Forderungen eines Gesellschafters aus Warengeschäften an die Gesellschaft würden indessen wie Einlagen oder Darlehensforderungen, die durch das Gesellschaftsverhältnis veranlasst sind, anzusehen sein, wenn der Wareneinkauf der Gesellschaft hauptsächlich bei den Gesellschaftern erfolgt, diese fortgesetzt die Warenforderung stunden und dadurch der Gesellschaft die Mittel zuführen, die ihre wirtschaftliche Grundlage bilden.[369]

18.6.4 Leistungen zwischen Schwesterpersonengesellschaften

Im Fall einer Nutzungsüberlassung zwischen gewerblichen Schwesterpersonengesellschaften haben das **eigene gewerbliche Betriebsvermögen bzw. die eigenen gewerblichen Betriebseinnahmen Vorrang** gegenüber dem Sonderbetriebsvermögen und den Sondervergütungen.[370] § 15 Abs. 1 Nr. 2 EStG findet in diesen Fällen keine Anwendung mit der Folge, dass das überlassene Wirtschaftsgut zum Betriebsvermögen und die Nutzungsvergütungen zu den Betriebseinnahmen der überlassenden Personengesellschaft gehören.

Eine Nutzungsüberlassung zwischen gewerblichen Schwesterpersonengesellschaften liegt vor, wenn ein Wirtschaftsgut, das zum Gesamthandsvermögen einer gewerblichen Personengesellschaft gehört, einer anderen gewerblichen Personengesellschaft, an der ganz oder teilweise dieselben Gesellschafter beteiligt sind, überlassen wird. Dies gilt auch dann, wenn es sich bei der überlassenden Besitz-Personengesellschaft um eine gewerblich geprägte Personengesellschaft handelt[371] oder sich die Gewerblichkeit der Besitz-Personengesellschaft aus § 15 Abs. 3 Nr. 1 EStG oder nach den Grundsätzen der mitunternehmerischen Betriebsaufspaltung ergibt.[372]

Im Fall von Dienstleistungen zwischen Schwesterpersonengesellschaften gelten die aufgeführten Grundsätze entsprechend.

Sonderbetriebsvermögen ist aber nach wie vor gegeben, wenn Wirtschaftsgüter von einer natürlichen oder juristischen Person an eine Personengesellschaft überlassen werden, wenn diese Person an der Personengesellschaft als Mitunternehmer

---

368 BFH, BStBl 1979 II S. 757.
369 BFH, BStBl 1981 II S. 427.
370 BFH, BStBl 1998 II S. 325.
371 BFH, BStBl 1996 II S. 93.
372 BFH, BStBl 1999 II S. 483.

beteiligt ist. Entsprechendes gilt, wenn nicht gewerblich tätige Gemeinschaften Wirtschaftsgüter an eine gewerblich tätige Personengesellschaft überlassen.

18.6.5 Doppelstöckige Personengesellschaften
(§ 15 Abs. 1 Nr. 2 Satz 2 EStG)

Zwischen Personengesellschaften können in beliebigem Umfang wechselseitige Beteiligungsverhältnisse bestehen. Sowohl zivil- als auch steuerrechtlich werden die an einer Personengesellschaft als Gesellschafter beteiligten Personengesellschaften in gleicher Weise behandelt wie natürliche oder juristische Personen als Gesellschafter einer Personengesellschaft.

Bei Beteiligung einer Personengesellschaft (Obergesellschaft) an einer anderen Personengesellschaft (Untergesellschaft) ist § 15 Abs. 1 Nr. 2 Satz 2 EStG zu beachten. Danach steht der mittelbar über eine oder mehrere Personengesellschaften beteiligte Gesellschafter dem unmittelbar beteiligten Gesellschafter gleich. Er ist als Mitunternehmer des Betriebs der Personengesellschaft anzusehen, an der er mittelbar beteiligt ist, wenn er und die Personengesellschaften, die seine Beteiligung vermitteln, jeweils als Mitunternehmer der Betriebe der Personengesellschaft anzusehen sind, an denen sie unmittelbar beteiligt sind. Der Gesetzgeber behandelt den Gesellschafter der Obergesellschaft somit nicht nur als Mitunternehmer der Obergesellschaft, sondern auch als Mitunternehmer der Untergesellschaft.

Eine doppel- oder mehrstöckige Personengesellschaft kann grundsätzlich auch **Einkünfte aus selbständiger Arbeit** i. S. von § 18 EStG erzielen.[373] Folgende Voraussetzungen müssen dafür erfüllt sein:

- Alle Gesellschafter der Obergesellschaften, die mittelbar an den Untergesellschaften beteiligt sind, müssen die Voraussetzungen der Freiberuflichkeit nach § 18 Abs. 1 Nr. 1 EStG erfüllen.

- Alle Obergesellschafter müssen, zumindest geringfügig, leitend und eigenverantwortlich in den Untergesellschaften tätig werden. Allein das Halten einer unmittelbaren oder mittelbaren Beteiligung an einer anderen Freiberufler-(Unter-)Gesellschaft reicht nicht aus.

Ist mindestens eine berufsfremde Person an einer der Gesellschaften beteiligt oder wird nicht jeder der Obergesellschafter zumindest in geringem Umfang unmittelbar auch in der/den Untergesellschaften freiberuflich tätig, führt dies zu einer schädlichen Infizierung mit der Folge, dass auf allen Ebenen gewerbliche Einkünfte nach § 15 EStG vorliegen.

Ist eine Personengesellschaft (Obergesellschaft) an einer anderen Personengesellschaft beteiligt, so sind die Einkünfte beider Gesellschaften in zwei verschiedenen Verfahren gesondert und einheitlich festzustellen. Dabei darf ein Gewinn aus der

---
373 BFH vom 28.10.2008 VIII R 69/06 (BStBl 2009 II S. 642).

Veräußerung von Anteilen an der Obergesellschaft nur in dem diese Gesellschaft betreffenden Feststellungsbescheid erfasst werden.[374]

Gesellschafter der Obergesellschaft als Mitunternehmer der Untergesellschaft

Der Gesellschafter der Obergesellschaft ist als Mitunternehmer auch der Untergesellschaft anzusehen, wenn die nachfolgenden Voraussetzungen erfüllt sind:

- Die Obergesellschaft muss Mitunternehmer der Untergesellschaft sein, d. h., die Gesellschafter der Obergesellschaft müssen in ihrer gesamthänderischen Verbundenheit Mitunternehmerrisiko tragen und Mitunternehmerinitiative entfalten können. Obergesellschaften können neben gewerblich tätigen Personenhandelsgesellschaften und Gesellschaften bürgerlichen Rechts auch gewerblich geprägte Personengesellschaften oder wirtschaftlich vergleichbare Gemeinschaftsverhältnisse – wie z. B. eine Erbengemeinschaft als Mitglied einer durch Tod eines Gesellschafters in Abwicklung befindlichen Personengesellschaft – sein.

- Die Untergesellschaft muss eine gewerblich tätige oder gewerblich geprägte Personengesellschaft sein. Eine teilweise gewerbliche Tätigkeit ist im Hinblick auf § 15 Abs. 3 Nr. 1 EStG ausreichend.

- Der Gesellschafter der Obergesellschaft muss Mitunternehmer der Obergesellschaft sein. Keiner Prüfung bedarf es, ob er alle Merkmale eines Mitunternehmers gegenüber der Untergesellschaft erfüllt, da dies vom Gesetzgeber unterstellt wird.

- Es muss eine ununterbrochene Mitunternehmerkette in dem Sinne bestehen, dass der mittelbar beteiligte Gesellschafter Mitunternehmer bei der Obergesellschaft und diese Mitunternehmerin bei der Untergesellschaft ist.

Sonderbilanz des Gesellschafters der Obergesellschaft bei der Untergesellschaft

Sondervergütungen, die die Untergesellschaft einem Gesellschafter der Obergesellschaft für unmittelbare Leistungen gewährt, sind nach § 15 Abs. 1 Nr. 2 Satz 2 EStG im Gesamtgewinn der Untergesellschaft und damit auch in deren Gewerbeertrag zu erfassen. Sie stellen Aufwand in der Steuerbilanz der Untergesellschaft und Ertrag in der Sonderbilanz bei der Untergesellschaft für den Gesellschafter der Obergesellschaft als Mitunternehmer der Untergesellschaft dar. Bei den Aufwendungen, die mit den Vergütungen in einem unmittelbaren oder mittelbaren Zusammenhang stehen, handelt es sich um Sonderbetriebsausgaben. Sie sind bei der Gewinnermittlung der Untergesellschaft zu berücksichtigen.

> **Beispiel:**
> An einer KG sind C als Komplementär mit 70 % und die AB-OHG als Kommanditist mit 30 % beteiligt. Gesellschafter der OHG sind A und B je zur Hälfte. A ist

---

[374] BFH vom 18.09.2007 I R 79/06 (BFH/NV 2008 S. 729).

18.6 Gewinn der Mitunternehmer

Geschäftsführer der KG. Er erhält eine monatliche Vergütung von 10.000 €. Der Gewinn der KG beträgt 800.000 €, der Gewinn der OHG – ohne den Gewinnanteil an der KG – 1.200.000 €.

A ist Mitunternehmer der KG. Das Gehalt stellt für ihn eine Vergütung nach § 15 Abs. 1 Nr. 2 Satz 2 EStG bei der KG dar. Der Gesamtgewinn der KG beträgt 920.000 €. A erhält vorweg 120.000 €, C 70 % = 560.000 € und die AB-OHG 30 % = 240.000 €. Der steuerliche Gesamtgewinn der OHG beträgt 1.200.000 € + 240.000 € = 1.440.000 €.

Im Hinblick auf § 15 Abs. 1 Nr. 2 Satz 2 EStG sind Wirtschaftsgüter, die ein Gesellschafter der Obergesellschaft der Untergesellschaft unmittelbar zur Nutzung überlässt, als aktives Sonderbetriebsvermögen I Teil des Betriebsvermögens der Untergesellschaft. Damit zusammenhängende Schulden gehören zum passiven Sonderbetriebsvermögen II bei der Untergesellschaft. Da das vom Gesellschafter der Obergesellschaft der Untergesellschaft überlassene Wirtschaftsgut auch der Beteiligung des Gesellschafters an der Obergesellschaft dient, stellt es grundsätzlich auch Sonderbetriebsvermögen II bei der Obergesellschaft dar. Eine Bilanzierung dieser Wirtschaftsgüter als Sonderbetriebsvermögen II bei der Obergesellschaft scheidet aber aus. Das Sonderbetriebsvermögen I bei der Untergesellschaft ist vorrangig gegenüber dem Sonderbetriebsvermögen II bei der Obergesellschaft.

Beispiel:

An der A-OHG sind A und die BC-KG je zur Hälfte und an der BC-KG B und C je zur Hälfte beteiligt. B erwirbt ein Grundstück zu Anschaffungskosten von 400.000 €. Er überlässt es der OHG zu betriebliche Zwecke. Zur Finanzierung des Kaufpreises hat B ein Darlehen in Höhe von 250.000 € aufgenommen.

Das Grundstück ist notwendiges Sonderbetriebsvermögen I des B bei der OHG. Es ist in der Sonderbilanz des X bei der OHG zu bilanzieren. Das Darlehen stellt notwendiges Sonderbetriebsvermögen II in der Sonderbilanz des B bei der OHG dar.

Gesamtgewinn der Untergesellschaft

Grundlage des Gesamtgewinns der Untergesellschaft ist das Ergebnis der Steuerbilanz der Untergesellschaft. Das Ergebnis der Steuerbilanz ist anteilig den Gesellschaftern der Untergesellschaft einschließlich der Obergesellschaft in ihrer Eigenschaft als Gesellschafterin der Untergesellschaft nach Maßgabe des gesellschaftsrechtlichen Gewinnverteilungsschlüssels zuzurechnen. Das auf die Obergesellschaft entfallende Ergebnis geht in das Ergebnis der Obergesellschaft ein und ist von den Gesellschaftern der Obergesellschaft als Teil ihres Anteils am Gesamtgewinn der Obergesellschaft zu versteuern.

Zum steuerlichen Gesamtgewinn der Untergesellschaft und zum Gewinnanteil des Obergesellschafters gehören auch Gewinne und Verluste aus der Veräußerung oder Entnahme seines Sonderbetriebsvermögens bei der Untergesellschaft. Diese Gewinne sind nicht nach §§ 16, 34 EStG begünstigt. Es liegt keine Veräußerung eines Mitunternehmeranteils vor. Der Obergesellschafter ist auch dann Mitunternehmer der Untergesellschaft, wenn er der Untergesellschaft keine Wirtschaftsgüter zur Nutzung überlässt.

18.6.6 Formen der Mitunternehmerschaft

18.6.6.1 Offene Handelsgesellschaft, Kommanditgesellschaft

Die wichtigste Erscheinungsform der Personengesellschaft ist die **offene Handelsgesellschaft** (§§ 105 ff. HGB). Die offene Handelsgesellschaft ist eine Gesellschaft, deren Zweck auf den Betrieb eines Handelsgewerbes unter gemeinschaftlicher Firma gerichtet ist und deren Gesellschafter sämtlich den Gesellschaftsgläubigern unbeschränkt, d. h. mit ihrem ganzen Vermögen, haften. Die einzelnen Gesellschafter der offenen Handelsgesellschaft sind aufgrund ihrer unbeschränkten Außenhaftung grundsätzlich Mitunternehmer i. S. des § 15 Abs. 1 Nr. 2 EStG. Dies gilt auch dann, wenn einer der persönlich haftenden Gesellschafter im Innenverhältnis von der Außenhaftung freigestellt ist, sofern er am Gewinn beteiligt ist.

Die **Kommanditgesellschaft** (§§ 161 ff. HGB) ist eine Gesellschaft, deren Zweck auf den Betrieb eines Handelsgewerbes unter gemeinschaftlicher Firma gerichtet ist und bei der mindestens ein Gesellschafter unbeschränkt (Komplementär) und mindestens ein Gesellschafter nur mit einer bestimmten Vermögenseinlage (Kommanditist) haftet. Sowohl der Komplementär als auch der Kommanditist sind grundsätzlich Mitunternehmer i. S. des § 15 Abs. 1 Nr. 2 EStG. Für die Kommanditisten gilt dies allerdings nur dann, wenn deren Gesellschaftsverhältnis dem Regelstatut des HGB für die KG mindestens nahekommt.

Für eine nur vermögensverwaltende OHG bzw. KG gilt § 15 Abs. 1 Nr. 2 EStG nicht.

18.6.6.2 Gesellschaft bürgerlichen Rechts

Die **Gesellschaft bürgerlichen Rechts** ist zivilrechtlich dadurch gekennzeichnet, dass sich mehrere Personen gegenseitig verpflichten, in vereinbarter Weise die Erreichung eines gemeinsamen Zwecks zu fördern. Der gemeinsame Zweck kann grundsätzlich jeder erlaubte wirtschaftliche oder ideelle Zweck sein. Die Gesellschafter einer Gesellschaft bürgerlichen Rechts haften unbeschränkt.

Gesellschaften bürgerlichen Rechts, die ein Gewerbe betreiben, können ebenfalls Unternehmergemeinschaften i. S. des § 15 Abs. 1 Nr. 2 EStG sein. Solche Gesellschaften entstehen z. B. beim Zusammenschluss von Handwerkern und Kleingewerbetreibenden.

Arbeitsgemeinschaften sind i. d. R. ohne Rücksicht auf die Dauer ihres Bestehens, auf die Anzahl der beteiligten Unternehmen und auf die zur Ausführung kommenden Aufträge Personengesellschaften und auch selbständige Mitunternehmerschaften, wenn sie nach außen im eigenen Namen auftreten.[375]

So genannte **Joint Ventures** sind vertragliche Vereinbarungen über gemeinschaftliche wirtschaftliche Aktivitäten von zwei oder mehreren Partnern. Sie können die Rechtsform einer GbR haben und Mitunternehmerschaft sein, wenn die Partner gemeinsam oder einer für Rechnung aller gewerblich i. S. von § 15 Abs. 2 EStG tätig ist.

Hilfsgesellschaften, die nur ihren Gesellschaftern für deren Betriebe durch die gemeinsame Übernahme von Aufwendungen wirtschaftliche Vorteile vermitteln wollen – wie z. B. Laborgemeinschaften –, sind mangels Gewinnerzielungsabsicht i. d. R. keine Mitunternehmerschaften.[376]

18.6.6.3 Europäische wirtschaftliche Interessenvereinigung (EWIV)

Die Europäische wirtschaftliche Interessenvereinigung ist eine europarechtliche Gesellschaftsform. Hat sie ihren Sitz in Deutschland, sind auf sie die Vorschriften des HGB über die OHG anzuwenden. Eine EWIV ist i. d. R. keine Mitunternehmerschaft. Sie hat nicht den Zweck, selbst Gewinn zu erzielen. Sie ist nur Hilfsgesellschaft. Ist Gewinnerzielungsabsicht Nebenzweck einer EWIV und sind die übrigen Voraussetzungen eines Gewerbebetriebs erfüllt, ist die EWIV einkommensteuerlich wie eine OHG und damit als Mitunternehmerschaft zu behandeln.

18.6.6.4 Partnerschaftsgesellschaft

Mit den Partnerschaftsgesellschaften wird den Angehörigen freier Berufe mit Wirkung vom 01.07.1995 eine besondere, auf ihre Bedürfnisse zugeschnittene Gesellschaftsform zur gemeinsamen Berufsausübung zur Verfügung gestellt. Angelehnt an das Recht der OHG greift das Recht der Partnerschaftsgesellschaft viele Vorteile auf, die die Rechtsform der Kapitalgesellschaft bietet. Die Partnerschaftsgesellschaft ist rechtsfähig, kann also Rechte erwerben und Verbindlichkeiten eingehen; sie ist namens-, rechts-, partei-, grundbuch-, insolvenz- und deliktsfähig. Als rechtsfähige Gesamthandelsgesellschaft ist die Partnerschaft registerpflichtig. Sie wird in ein neu geschaffenes Partnerschaftsregister eingetragen, das von den Registergerichten geführt wird. Neben der Partnerschaft haften die Partner für die Verbindlichkeiten der Partnerschaft als Gesamtschuldner. Die Haftung kann jedoch vertraglich auf den handelnden Partner konzentriert werden. Damit bietet die Partnerschaftsgesellschaft insbesondere auch einen Organisationsrahmen für überörtliche und internationale Partner. Den einzelnen Berufsrechten bleibt allerdings die Entscheidung überlassen, ob ihre Angehörigen die neue Gesellschaftsform wählen und mit welchen anderen freien Berufen sie sich zusammenschließen dürfen.

---

375 BFH, BStBl 1993 II S. 577.
376 BFH, BStBl 1986 II S. 666.

Bei der Partnerschaftsgesellschaft handelt es sich einkommensteuerlich um eine andere Personengesellschaft i. S. von § 15 Abs. 1 Nr. 2 EStG. Sie ist Mitunternehmerschaft mit freiberuflichen Einkünften, wenn alle Partner eine freiberufliche Qualifikation haben und des Weiteren auch leitend und eigenverantwortlich tätig sind. Die Eintragung in das Partnerschaftsregister hat insoweit allenfalls eine indizielle Wirkung. Insgesamt gewerbliche Einkünfte liegen vor, wenn einem der Partner die Freiberuflerqualifikation fehlt oder wenn es an der eigenverantwortlichen und leitenden Tätigkeit mangelt.

18.6.6.5 Stille Gesellschaft

Von einer stillen Gesellschaft (§§ 230 ff. HGB) spricht man, wenn eine Gesellschaft nach außen nicht als solche in Erscheinung tritt, der Betrieb vielmehr nach außen z. B. als Einzelunternehmen geführt wird. Der stille Gesellschafter muss sich an dem Unternehmen mit einer Vermögenseinlage beteiligen, die in das Vermögen des Geschäftsinhabers übergeht. Er muss stets am Gewinn beteiligt sein. Eine Beteiligung am Verlust ist möglich, aber nicht erforderlich. Die Vermögenseinlage kann auch in der Leistung von Diensten bestehen. Der Inhaber ist dem stillen Gesellschafter gegenüber verpflichtet, das Geschäft zum gemeinsamen Nutzen zu betreiben. Er darf die Firma nicht gegen den Willen des Stillen aufgeben oder ändern. Dem Stillen stehen bestimmte Kontrollrechte zu. Die Haftung des stillen Gesellschafters ist auf seine Vermögenseinlage begrenzt.

Bei den stillen Gesellschaften muss man zwischen den typischen und den atypischen stillen Gesellschaften unterscheiden.

Die **typische stille Gesellschaft** ist keine Mitunternehmerschaft. Der typische stille Gesellschafter bezieht daher keine Einkünfte aus Gewerbebetrieb, sondern aus Kapitalvermögen (§ 20 Abs. 1 Nr. 4 EStG), sofern die Beteiligung nicht Betriebsvermögen eines eigenen Gewerbebetriebs ist.[377] Eine typische stille Gesellschaft liegt vor, wenn der Stille nur am Gewinn und Verlust beteiligt ist, nicht aber an den stillen Reserven und dem Geschäftswert.

Die **atypische stille Gesellschaft** ist hingegen eine Mitunternehmerschaft, sodass die Einkünfte des atypischen stillen Gesellschafters Einkünfte aus Gewerbebetrieb i. S. von § 15 Abs. 1 Nr. 2 EStG sind. Ob eine stille Gesellschaft eine Mitunternehmerschaft ist, richtet sich nach den allgemeinen Voraussetzungen der Mitunternehmerschaft. Eine Mitunternehmerschaft ist dann gegeben, wenn der stille Gesellschafter nach den vertraglichen Vereinbarungen im Innenverhältnis so gestellt wird, als ob er Kommanditist wäre, und ihm deshalb die einem Kommanditisten nach Handelsrecht zukommenden Rechte zustehen und Pflichten obliegen.[378] Eine Mitunternehmerschaft ist i. d. R. zu bejahen, wenn der nicht an der Unternehmensfüh-

---

377 BFH, BStBl 1991 II S. 569.
378 BFH, BStBl 1979 II S. 74, 1986 II S. 311 und 1994 II S. 243.

rung beteiligte Stille am laufenden Gewinn und Verlust teilnimmt und bei Auflösung der Gesellschaft auch an den stillen Reserven und dem Geschäftswert beteiligt ist.[379] Ist der stille Gesellschafter an den stillen Reserven und am Geschäftswert beteiligt, genügt es, dass er Mitunternehmerinitiative nur durch Ausübung von Kontrollrechten nach § 233 HGB entfalten kann.[380] Auch ohne Beteiligung an den stillen Reserven ist der Stille Mitunternehmer, wenn er eine hohe Beteiligung am Bilanzgewinn hat und ihm typische Unternehmerentscheidungen auch der laufenden Geschäftsführung übertragen sind.[381]

Die atypische stille Gesellschaft ist – wie jede andere Mitunternehmerschaft auch – Subjekt der Gewinnerzielung, der Gewinnermittlung und der Einkünftequalifizierung.[382] Das Betriebsvermögen der Mitunternehmerschaft umfasst das Betriebsvermögen des Inhabers des Handelsgeschäfts und das Sonderbetriebsvermögen des stillen Gesellschafters.[383]

Auch der Gesellschafter einer GmbH kann mit dieser eine typische oder atypische stille Gesellschaft eingehen.[384]

18.6.6.6 Unterbeteiligung

Eine Unterbeteiligung ist eine Beteiligung, die ein Hauptbeteiligter (Mitunternehmer) einem Dritten an seiner Beteiligung einräumt. Die Unterbeteiligung kann in der Form der echten stillen Unterbeteiligung gestaltet sein. Sie gleicht dann der echten stillen Beteiligung, unterscheidet sich von ihr aber dadurch, dass die Beteiligung nicht an dem Unternehmen, sondern nur an dem Mitunternehmeranteil eines Hauptbeteiligten besteht. Zu der Gesellschaft oder zu den anderen Gesellschaftern tritt der echte stille Unterbeteiligte nicht in Rechtsbeziehungen.

Die Unterbeteiligung kann ferner Mitunternehmerschaft am Anteil des Hauptbeteiligten sein (**atypische Unterbeteiligung**). Räumt derjenige, der Mitunternehmer an einer gewerblichen Personengesellschaft ist, einem Dritten an seinem Gesellschaftsanteil eine Unterbeteiligung ein, wird der Unterbeteiligte Mitunternehmer sowohl im Verhältnis zum Hauptbeteiligten als auch über § 15 Abs. 1 Nr. 2 Satz 2 EStG mittelbar im Verhältnis zur Hauptgesellschaft, sofern seine Rechtsstellung so ausgestaltet ist, dass der Gewerbebetrieb der Hauptgesellschaft mittelbar anteilig auch für Rechnung des Unterbeteiligten betrieben wird und dieser dem Typus eines Mitunternehmers genügt. Der Unterbeteiligte trägt Mitunternehmerrisiko, wenn er über den Hauptbeteiligten sowohl am Gewinn und Verlust der Hauptgesellschaft als auch entsprechend seinem Anteil am Gesellschaftsanteil des Hauptbeteiligten am

---

[379] BFH, BStBl 1994 II S. 700.
[380] BFH, BStBl 1994 II S. 635.
[381] BFH vom 13.05.1998 VIII R 81/96 (BFH/NV 1999 S. 355).
[382] BFH vom 14.07.1998 VIII B 112/97 (BFH/NV 1999 S. 169).
[383] BFH, BStBl 1994 II S. 709.
[384] BFH, BStBl 1983 II S. 563 und 1994 II S. 702.

Geschäftswert und an den stillen Reserven im Betriebsvermögen der Hauptgesellschaft beteiligt ist. Der Unterbeteiligte kann dabei nur dann Mitunternehmer sein, wenn der Hauptbeteiligte seinerseits Mitunternehmer ist.

Es bestehen **zwei Personengesellschaften** und damit auch zwei Mitunternehmerschaften, und zwar zum einen bezüglich der Hauptgesellschaft und zum anderen bezüglich der Unterbeteiligungsgesellschaft.[385] Deren Einkünfte sind gesondert festzustellen. Etwas anderes gilt nur dann, wenn alle Beteiligten mit einer Zusammenfassung einverstanden sind (§ 179 Abs. 2 Satz 3 AO).

Der Unterbeteiligte ist dagegen unmittelbarer Mitunternehmer des Betriebs der Hauptgesellschaft, wenn er kraft besonderer Vereinbarung handelsrechtlich teilweise als Gesellschafter der Hauptgesellschaft anzusehen ist.[386]

Eine Unterbeteiligung ist auch möglich an einer atypischen stillen Beteiligung. Je nach der Ausgestaltung der Rechtsverhältnisse kann der Unterbeteiligte die Stellung eines typischen stillen Gesellschafters oder die eines atypischen stillen Gesellschafters erlangen.[387]

Eine **Unterbeteiligung an einem GmbH-Anteil** oder an einer typischen stillen Beteiligung begründet keine Mitunternehmerschaft des Unterbeteiligten, sondern lediglich eine anteilige Zurechnung der Einkünfte aus den GmbH-Anteilen als Einkünfte aus Kapitalvermögen. Auch die Unterbeteiligung am Anteil an einer nicht gewerblich tätigen, aber gewerblich geprägten Personengesellschaft i. S. von § 15 Abs. 3 Nr. 2 EStG führt ebenso wenig zu einer Mitunternehmerschaft wie die atypische stille Beteiligung an einer nicht gewerblich tätigen GmbH.

18.6.7 Besonderheiten bei Familienpersonengesellschaften

18.6.7.1 Allgemeines

Für Personengesellschaften zwischen Familienangehörigen gelten grundsätzlich die allgemeinen steuerlichen Regelungen. Besonderheiten resultieren daraus, dass an Familienpersonengesellschaften Angehörige beteiligt sind, bei denen vom Grundsatz her gesehen nicht ausgeschlossen werden kann, dass sie übereinstimmende Interessen vertreten.

Familienpersonengesellschaften liegen insbesondere bei solchen Gesellschaftsverhältnissen vor, bei denen Ehegatten, Elternteile und/oder Kinder an einer Personengesellschaft als Mitunternehmer oder als stille Gesellschafter beteiligt sind. Großeltern und Enkel sind bei Abschluss von Gesellschaftsverträgen ebenfalls als nahe Angehörige anzusehen.[388] Gleiches gilt für Verträge zwischen Schwiegereltern und

---
385 BFH, BStBl 1998 II S. 137.
386 BFH, BStBl 1974 II S. 480.
387 BFH, BStBl 1979 II S. 768.
388 BFH, BStBl 1991 II S. 391.

Schwiegerkindern.[389] Sind neben Familienangehörigen fremde Dritte an der Gesellschaft beteiligt, kann eine Familienpersonengesellschaft nur angenommen werden, wenn die Familienangehörigen die Personengesellschaft beherrschen.

Geschwister können nicht generell als nahe Angehörige angesehen werden. Es kann nicht unterstellt werden, dass sie übereinstimmende Interessen vertreten. Gleiches gilt für gesellschaftsvertragliche Beziehungen zwischen Onkel bzw. Tante und Neffe bzw. Nichte. Die Rechtsprechungsgrundsätze zu den Familienpersonengesellschaften finden auch keine Anwendung auf Verlobte.[390]

Für die Gründung einer Familienpersonengesellschaft sprechen **steuerliche und außersteuerliche Gesichtspunkte.** Oftmals beabsichtigen Eltern, ihr Unternehmen nur mit Familienmitgliedern zu führen. Weitere Motive für die Gründung einer Familienpersonengesellschaft sind vielfach auch die Sicherung der Unternehmensnachfolge durch Aufnahme von Kindern in die Familienpersonengesellschaft, die Vornahme von Vermögensübertragungen unter Lebenden mit Rücksicht auf die künftige Erbfolge oder der Aspekt der Haftungsbeschränkung. Der steuerliche Vorteil besteht in der Hauptsache in der Ersparnis von Einkommensteuer und Erbschaftsteuer. Zusätzliche Steuerersparnisse lassen sich im Bereich der Gewerbesteuer erzielen.

18.6.7.2 Voraussetzungen für die steuerliche Anerkennung

Bei Gesellschaftsverhältnissen zwischen Fremden besteht ein natürlicher wirtschaftlicher Interessengegensatz, der die vertraglichen Vereinbarungen als betrieblich veranlasst erscheinen lässt. Daran fehlt es unter Umständen bei gesellschaftsvertraglichen Vereinbarungen mit nahen Angehörigen. Folge ist, dass sich die inhaltliche Ausgestaltung des Gesellschaftsverhältnisses als privat veranlasst und damit die Gewinnverteilung als Einkommensverwendung darstellt. Vor diesem Hintergrund sind gesellschaftsvertragliche Vereinbarungen mit Familienangehörigen steuerlich nur dann anzuerkennen,[391]

- wenn der Gesellschaftsvertrag bürgerlich-rechtlich wirksam ist,
- die vereinbarten vertraglichen Regelungen einem Fremdvergleich standhalten, d. h. Mitunternehmerschaft vorliegt,
- diese auch tatsächlich durchgeführt werden und
- die Gewinnverteilung der Höhe nach angemessen ist.

Im Fall der steuerlichen Nichtanerkennung der Familienpersonengesellschaft sind die im Betrieb der Familienpersonengesellschaft erwirtschafteten Gewinne und Verluste demjenigen zuzurechnen, der sie erzielt hat. Das nicht als Mitunternehmer zu

---

389 BFH vom 05.02.1988 III R 234/84 (BFH/NV 1988 S. 628).
390 BFH vom 17.01.1985 IV R 149/84 (BFH/NV 1986 S. 148).
391 BFH, BStBl 1989 II S. 758.

behandelnde Familienmitglied erhält Zuwendungen nach **§ 12 Nr. 2 EStG.**[392] Zu prüfen ist allerdings, ob der Vertrag bei Vorliegen der Voraussetzungen nicht in ein anderes Rechtsverhältnis – z. B. eine typische stille Gesellschaft i. S. von § 20 Abs. 1 Nr. 4 EStG – umgedeutet werden kann.

18.6.7.3 Wirksamer Gesellschaftsvertrag

Der Gesellschaftsvertrag zwischen nahen Angehörigen wird nur anerkannt, wenn er zivilrechtlich wirksam ist. Da er **grundsätzlich keiner Form** bedarf, kann er auch mündlich abgeschlossen werden. Ausnahmen bestehen z. B. bei Einbringung eines Grundstücks (§ 311b BGB) oder von GmbH-Anteilen (§ 15 Abs. 4 GmbHG). Hier muss der Gesellschaftsvertrag notariell beurkundet werden.

Bei **Schenkung** eines Anteils an einem Betrieb oder an einem Gesellschaftsanteil bedarf der Gesellschaftsvertrag nach § 518 Abs. 1 BGB der notariellen Beurkundung. Die notarielle Beurkundung bei schenkweiser Begründung einer Beteiligung ist allerdings nicht erforderlich für die schenkweise Aufnahme in eine Außengesellschaft, wie z. B. eine GbR, OHG oder KG. Der Mangel der Form wird hier nach § 518 Abs. 2 BGB durch die Einbuchung der Einlage auf dem Kapitalkonto des Geschenkten geheilt. Dies gilt nicht bei schenkweiser Aufnahme in eine Innengesellschaft.[393]

Werden minderjährige Kinder in eine Personengesellschaft aufgenommen, bedarf es beim Vertragsabschluss der **Mitwirkung eines Ergänzungspflegers.** Die Mitwirkung eines Ergänzungspflegers für die Dauer der Minderjährigkeit ist nicht erforderlich.[394] Soll eine Personengesellschaft mit mehreren minderjährigen Kindern gegründet werden oder sollen mehrere minderjährige Kinder in eine Personengesellschaft aufgenommen werden, muss für jedes Kind ein Ergänzungspfleger bestellt werden.[395] Bei stillen Beteiligungen kann ein Ergänzungspfleger mehrere minderjährige Kinder gleichzeitig vertreten. Ist der Gesellschaftsvertrag von einem minderjährigen Kind abgeschlossen worden, hängt dessen Wirksamkeit von der Genehmigung des Pflegers oder von der des später volljährig gewordenen Kindes ab. Die erteilte Genehmigung führt zur steuerlichen Anerkennung grundsätzlich nur für die Zukunft. Die rückwirkende steuerliche Anerkennung aufgrund der Genehmigung setzt voraus, dass es sich bei der Zeit bis zur Genehmigung um eine kurze Zeitspanne handelt und mit der Rückbeziehung keine besonderen steuerlichen Vorteile erstrebt werden.[396]

Der entgeltliche Erwerb eines Erwerbsgeschäfts sowie der Abschluss des Gesellschaftsvertrags, der zum Betrieb eines Erwerbsgeschäfts eingegangen wird, bedarf

---

392 BFH, BStBl 1985 II S. 243.
393 BFH, BStBl 1975 II S. 141.
394 BFH, BStBl 1976 II S. 678.
395 BFH, BStBl 1973 II S. 309.
396 BFH, BStBl 1992 II S. 1024.

bei minderjährigen Kindern der **vormundschaftsgerichtlichen Genehmigung** (§ 1822 Nr. 3, § 1643 Abs. 1 BGB). Gleiches gilt, wenn ein minderjähriges Kind in eine schon bestehende gewerblich tätige Personengesellschaft aufgenommen wird. Erforderlich ist die vormundschaftsgerichtliche Genehmigung insbesondere bei Beteiligung eines minderjährigen Kindes als Gesellschafter einer OHG oder als Komplementär oder Kommanditist einer KG. Die Genehmigung des Vormundschaftsgerichts wirkt zurück (§ 1829 BGB). Steuerlich wird die Rückwirkung nur anerkannt, wenn die Genehmigung unverzüglich nach Abschluss des Vertrags beantragt und in angemessener Frist vom Vormundschaftsgericht erteilt wird.[397]

Ein zunächst formunwirksamer Vertrag zwischen nahen Angehörigen ist ausnahmsweise allerdings dann von vornherein steuerlich anzuerkennen, wenn aus den besonderen übrigen Umständen des konkreten Einzelfalls ein ernsthafter Bindungswille der Angehörigen zweifelsfrei abgeleitet werden kann. Dies trifft jedenfalls dann zu, wenn den Angehörigen aufgrund der bestehenden Rechtslage nicht anzulasten ist, dass sie die Formvorschriften zunächst nicht beachtet haben, und wenn sie zeitnah nach dem Auftauchen von Zweifeln alle erforderlichen Maßnahmen ergriffen haben, um die zivilrechtliche Wirksamkeit des Vertrags herbeizuführen.[398]

18.6.7.4 Mitunternehmerschaft

Die nahen Angehörigen müssen als Mitunternehmer anzusehen sein, also Mitunternehmerrisiko tragen und Mitunternehmerinitiative entfalten können. Zur Beurteilung heranzuziehen ist das **Regelstatut der Rechte und Pflichten,** die nach den bürgerlich-rechtlichen Vorschriften für die jeweilige Rechtsform kennzeichnend sind. Dabei muss der nahe Angehörige nach der Gesamtschau aller Regelungen des Gesellschaftsvertrags mindestens eine annähernd dem gesetzlichen Regelstatut entsprechende Rechtsstellung haben.[399] So werden z. B. Kinder, die schenkweise als Kommanditisten in eine Familien-KG aufgenommen werden, nur dann Mitunternehmer, wenn ihnen wenigstens annäherungsweise diejenigen Rechte eingeräumt sind, die einem Kommanditisten nach den weitgehend dispositiven Vorschriften des HGB für die Kommanditgesellschaft zukommen. Werden demgegenüber Angehörige schenkweise als Gesellschafter in eine OHG oder als persönlich haftende Gesellschafter in eine KG aufgenommen, werden diese unabhängig von der Ausgestaltung des Gesellschaftsverhältnisses schon wegen ihrer Außenhaftung Mitunternehmer. Etwas anderes gilt nur dann, wenn ihre Außenhaftung z. B. wegen einer bankverbürgten Freistellungspflicht der übrigen Gesellschafter rein formaler Natur ist.

Bleiben die Rechte des nahen Angehörigen erheblich hinter dem jeweils maßgebenden Regelstatut zurück, hat dies grundsätzlich die Nichtanerkennung der Familien-

---

[397] BFH, BStBl 1973 II S. 307.
[398] BFH, BStBl 2000 II S. 386.
[399] BFH, BStBl 1989 II S. 758.

personengesellschaft zur Folge.[400] Nicht jede Einschränkung führt allerdings zur steuerlichen Nichtanerkennung. Unbeachtlich sind z. B. solche Einschränkungen, von denen alle Gesellschafter gleichmäßig betroffen sind.[401] Auch darf beim Fremdvergleich nicht berücksichtigt werden, dass die Beteiligung dem nahen Angehörigen unentgeltlich eingeräumt worden ist. Entscheidend ist vielmehr, ob ein fremder Dritter im Fall des entgeltlichen Erwerbs der Beteiligung sich mit einer entsprechenden Einschränkung seiner Rechtsstellung einverstanden erklärt hätte.[402]

Keine Einkunftsquelle wird bei schenkweiser Vermögensübertragung unter dem Vorbehalt, **jederzeit eine unentgeltliche Rückübertragung** des Vermögens verlangen zu können, übertragen.[403] Gleiches gilt, wenn der Rückfall einer Schenkung vereinbart ist oder verlangt werden kann, wenn z. B. der Beschenkte seinen Familienstand ändert, einen bestimmten Güterstand – z. B. Gütertrennung – mit seinem künftigen Ehegatten nicht vereinbart oder die begonnene Ausbildung abbricht. Notfall- und Undankklauseln sind allerdings steuerunschädlich, ebenso Vorversterbens-Klauseln.[404]

Kann dem Kind unter Ausschluss von anteiligen stillen Reserven gekündigt werden, dann ist es nicht Mitunternehmer geworden.[405] Gleiches gilt, wenn nur die Beteiligung am Firmenwert ausgeschlossen ist.[406] Schädlich ist die **Buchwertklausel** sowohl bei der atypisch stillen Beteiligung als auch bei der atypischen Unterbeteiligung. Als unschädlich wurde sie allerdings angesehen bei einmaliger Kündigungsmöglichkeit zum Volljährigkeitszeitpunkt des Kindes,[407] wenn sie für alle Gesellschafter gilt,[408] und bei eigener Kündigung durch den Kommanditisten.[409] Vereinbarungen über Kündigungsbeschränkungen mit einer für beide Seiten gleichmäßig geltenden Mindestlaufzeit sind nicht zu beanstanden.

Ist für **Beschlüsse der Gesellschafterversammlung** – abweichend vom Einstimmigkeitsprinzip – das Mehrheitsprinzip vereinbart und wird gleichzeitig das Widerspruchsrecht der Kinder-Kommanditisten ausdrücklich ausgeschlossen, dann ist die Familienpersonengesellschaft nicht anzuerkennen.[410] Der Anerkennung als Mitunternehmer steht nicht entgegen, dass Gesellschafterbeschlüsse mit einfacher Mehrheit zu fassen sind.[411] Sofern ausdrücklich nichts anderes vereinbart ist, sind

---

400 BFH, BStBl 1979 II S. 670.
401 BFH, BStBl 1979 II S. 670.
402 BFH, BStBl 1979 II S. 670.
403 BFH, BStBl 1974 II S. 740.
404 BFH, BStBl 1994 II S. 634.
405 BFH, BStBl 1986 II S. 798.
406 BFH, BStBl 1982 II S. 59.
407 BFH, BStBl 1976 II S. 678.
408 BFH, BStBl 1970 II S. 416.
409 BFH, BStBl 1989 II S. 758.
410 BFH vom 11.07.1989 VIII R 41/84 (BFH/NV 1990 S. 92).
411 BFH, BStBl 2001 II S. 186.

solche Klauseln eng auszulegen mit der Folge, dass sie sich nur auf solche Angelegenheiten beziehen, die der laufende Betrieb des Handelsgewerbes mit sich bringt.

Steuerlich unbedenklich sind grundsätzlich nur vorübergehende **Entnahmebeschränkungen**. Eine Ausnahme gilt dann, wenn sie einseitig das als Kommanditist oder als Stiller beteiligte Familienmitglied treffen. Langfristige Entnahmebeschränkungen zwischen Eltern und minderjährigen Kindern als Kommanditisten oder als stille Gesellschafter sind schädlich. Dies gilt auch dann, wenn die Eltern-Unternehmer Gewinne nur beschränkt entnehmen dürfen. Es führt im Jahr der Aufnahme als Gesellschafter auch zur Ablehnung der Mitunternehmerschaft, nominell einen Kapitalanteil eines eintretenden Gesellschafters festzulegen und diesen erst durch Stehenlassen künftiger Gewinnanteile anzusammeln[412] oder den nominell festgelegten Kapitalanteil durch Darlehen von Angehörigen zu leisten, die vertragsgemäß aus dem Gewinnanteil des eintretenden Gesellschafters getilgt werden müssen.[413]

18.6.7.5 Tatsächlicher Vollzug

Der geschlossene Gesellschaftsvertrag muss – wie vereinbart – durchgeführt werden. Im Hinblick auf die tatsächliche Durchführung ist es unschädlich, wenn entnahmefähige Gewinnanteile nicht entnommen, sondern in der Gesellschaft belassen werden. Zu beachten ist aber, dass bei volljährigen Kindern jegliche Einschränkung der Verfügungsmacht über ihren Gewinnanteil zur Versagung der steuerlichen Anerkennung der Familienpersonengesellschaft führt, wobei es auch schädlich ist, wenn Eltern als gesetzliche Vertreter ihrer Kinder deren Gewinnanteile nach getätigter Entnahme für eigene Zwecke verwenden.[414] Der tatsächliche Vollzug ist auch bei Verwendung entnommener Gewinnanteile für den Unterhalt der Abkömmlinge zu verneinen.[415]

18.6.7.6 Angemessenheit der Gewinnverteilung

Wird die Familienpersonengesellschaft steuerlich anerkannt, ist die Gewinnverteilungsabrede auf ihre Angemessenheit zu überprüfen. Die Zielsetzung besteht dabei darin, auch im Rahmen der Familienpersonengesellschaft eine Gewinnverteilung zu erreichen, wie sie zwischen fremden Dritten üblich ist. Führt der gesellschaftsvertraglich vereinbarte Gewinnverteilungsschlüssel zu einer höheren Gewinnverteilung zugunsten der nahen Angehörigen, ist diesen der Gewinn einkommensteuerrechtlich so zuzurechnen, als ob ein angemessener Gewinnanteil vereinbart worden wäre. Der darüber hinausgehende Gewinnanteil ist Einkommensverwendung.[416]

---
412 BFH, BStBl 1973 II S. 221.
413 BFH, BStBl 1973 II S. 526.
414 BFH, BStBl 1982 II S. 802.
415 BFH vom 30.03.1999 VIII R 19/98 (BFH/NV 1999 S. 1325).
416 BFH, BStBl 1987 II S. 54.

18.6.7.7 Angemessene Gewinnverteilung bei schenkweise begründeter Familien-KG

Bei **schenkweiser Aufnahme eines nicht mitarbeitenden minder- oder volljährigen Kindes** in eine Familien-KG ist dem Kind der gesellschaftsvertraglich vereinbarte Gewinnanteil nur insoweit einkommensteuerrechtlich als eigene gewerbliche Einkünfte zuzurechnen, als er angemessen ist. Von der Angemessenheit ist auszugehen, wenn er auf einer Gewinnverteilungsabrede beruht, bei der sich nach den Verhältnissen bei Vertragsabschluss auf längere Sicht eine Durchschnittsrendite von nicht mehr als 15 % des tatsächlichen Werts des geschenkten KG-Anteils ergibt. Der darüber hinausgehende Gewinnanteil ist dem an der KG als Mitunternehmer beteiligten Schenker als Teil seiner gewerblichen Einkünfte zuzurechnen. Im Fall der **überproportionalen Gewinnbeteiligung** ist die Gewinnverteilungsabrede auch dann unangemessen, wenn sie nicht zu einer höheren Rendite als 15 % des tatsächlichen Werts des geschenkten KG-Anteils führt.[417] Von einer überproportionalen Gewinnbeteiligung spricht man, wenn dem Komplementär unter Berücksichtigung der Vorabvergütungen für die Geschäftsführung und das Haftungsrisiko nicht wenigstens eine Rendite in Höhe des tatsächlichen Werts seines Gesellschaftsanteils verbleibt, die ebenso hoch ist wie die Rendite des geschenkten KG-Anteils.

Zur Bestimmung des tatsächlichen Werts des KG-Anteils ist der Wert des Unternehmens einschließlich des Geschäftswerts zum Zeitpunkt des Abschlusses der Gewinnverteilungsabrede zu ermitteln. Dieser Wert ist gemäß den Regelungen im Gesellschaftsvertrag auf die Gesellschafter zu verteilen, wenn keiner der Gesellschafter in seinen Rechten – z. B. Recht zur Gewinnentnahme – beschränkt ist oder Beschränkungen dieser Art für alle Gesellschafter gleichmäßig gelten. Bei einseitigen Beschränkungen einzelner Gesellschafter ist vom ermittelten Anteilswert ein entsprechender Abschlag vorzunehmen. Der angemessene Gewinnanteil ergibt sich, wenn der Satz von 15 % auf den Anteil des Kommanditisten angewendet wird. Dabei ist auf den fiktiven Gewinn abzustellen, der im Durchschnitt der folgenden fünf Jahre nach den zum Zeitpunkt der Gewinnverteilungsabrede bekannten Umständen erzielbar ist. Gesellschaftsbeiträge der tätigen Gesellschafter sind vorher abzuziehen. Der danach errechnete Gewinnsatz wird auf das jeweils tatsächlich erzielte Gesamtergebnis so lange unverändert angewendet, wie die betrieblichen Verhältnisse sich nicht ändern.[418] Bei Berechnung der Obergrenze für die Angemessenheit des Gewinnanteils ist der Wert des Sonderbetriebsvermögens in die Bemessungsgrundlage für den Höchstsatz von 15 % einzubeziehen.

Beispiel:

V betrieb bis zum 31.12.01 ein Einzelunternehmen. Sein Gewinn betrug in den vergangenen fünf Jahren durchschnittlich 700.000 €. Davon ist auch für die Zukunft auszugehen. Der Buchwert des Einzelunternehmens am 31.12.01 betrug 1.000.000 €, der

---

417 BFH vom 05.11.1985 VIII R 275/81 (BFH/NV 1986 S. 327).
418 BFH, BStBl 1973 II S. 489.

tatsächliche Wert 2.000.000 €. Am 01.01.02 gründet V mit seinen minderjährigen, künftig nicht mitarbeitenden Kindern K 1 und K 2 eine KG. Er überträgt auf sie vom Buchwert des Einzelunternehmens jeweils 200.000 € als Kommanditanteil, den Restbetrag führt er als Kapitalanteil weiter. Als Vorabvergütungen für V sind angemessen 100.000 € vereinbart.

Die angemessene Gewinnverteilung ist wie folgt zu ermitteln:

15 % von 400.000 € (tatsächlicher Wert des KG-Anteils) = 60.000, das sind 10 % von 600.000 € (700.000 € [durchschnittlich erwartbarer Gewinn] ./. 100.000 € [Vorabvergütung]).

Damit ergibt sich folgender steuerlich angemessener Gewinnverteilungsschlüssel der KG:

V = Vorabvergütungen + 80 % vom Restgewinn

K 1 und K 2 je 10 % vom Restgewinn

Bei schenkweise erworbenem KG-Anteil eines **mitarbeitenden Kommanditisten** sind die genannten Grundsätze nicht anzuwenden. Auch hier ist allerdings zu prüfen, ob der dem Kommanditisten eingeräumte Gewinnanteil nicht höher ist als der Gewinnanteil, der einem Fremden für einen gleichartigen Leistungsbeitrag eingeräumt worden wäre.[419]

Bei schenkweise erworbenen **atypischen stillen Beteiligungen** und **Unterbeteiligungen** gelten die genannten Grundsätze entsprechend.

18.6.7.8 Angemessene Gewinnverteilung bei entgeltlich erworbenem KG-Anteil

Sind die Geschäftsanteile ganz oder teilweise mit eigenen Mitteln – hierunter fallen auch geerbte Mittel – von dem aufgenommenen Familienangehörigen erworben worden, bildet die unter Fremden übliche Gestaltung den Maßstab für die Prüfung, ob die Gewinnverteilung angemessen ist.[420] Entsprechendes gilt auch hier für den entgeltlichen Erwerb von atypischen stillen Beteiligungen bzw. Unterbeteiligungen.

18.6.7.9 Besonderheiten bei der Familien-GmbH & Co. KG

Die Rechtsprechungsgrundsätze für Familienpersonengesellschaften gelten auch für die Familien-GmbH & Co. KG. Die überhöhten Gewinnanteile sind grundsätzlich der GmbH zuzurechnen, wobei insoweit auch eine verdeckte Gewinnausschüttung vorliegen kann.

Bei einer Familien-GmbH & Co. KG ist zu prüfen, ob Personen, die nicht Gesellschafter der GmbH & Co. KG sind – z. B. der bisherige Betriebsinhaber und jetzige Verpächter und/oder Geschäftsführer der Komplementär-GmbH –, wirtschaftliche Eigentümer der geschenkten KG-Anteile geblieben sind mit der Folge, dass sie weiterhin anstelle des zivilrechtlichen Gesellschafters als Mitunternehmer anzusehen sind.

---
419 BFH, BStBl 1980 II S. 437.
420 BFH, BStBl 1973 II S. 866.

Des Weiteren kann sich bei einer Familien-GmbH & Co. KG das Problem der **faktischen Mitunternehmerschaft** stellen. Die faktische Mitunternehmerschaft kann insbesondere in zwei Fällen in Betracht kommen. Zum einen stellt sich das Problem dann, wenn der bisherige Betriebsinhaber sein Unternehmen an eine neu gegründete Familien-GmbH & Co. KG verpachtet oder verkauft, an der er selbst nicht als Gesellschafter der KG – und unter Umständen auch nicht der GmbH – beteiligt ist, für die er aber als Geschäftsführer tätig ist. Zum anderen kann das Problem auch dann auftreten, wenn die Kommanditisten einer GmbH & Co. KG ihre KG-Anteile schenkweise z. B. auf ihre Angehörigen übertragen, aber selbst Geschäftsführer der Komplementär-GmbH bleiben. Hier stellt sich die Frage, ob die Rechtsbeziehungen zwischen dem bisherigen Betriebsinhaber und der neuen KG bzw. deren Gesellschafter – z. B. Pacht-, Dienst- oder Darlehensverträge – als solche anzuerkennen sind oder ob eine faktische Mitunternehmerschaft anzunehmen ist. Faktische Mitunternehmerschaft wird insbesondere angenommen bei unüblichen und unangemessenen Entgelten, bei Unwirksamkeit oder bei Nichtdurchführung von Austauschverträgen oder bei einem tatsächlichen Verhalten, das dem eines Gesellschafters, nicht aber dem eines Arbeitnehmers entspricht.[421]

18.6.7.10 Besonderheiten bei typischen stillen Beteiligungen

Bei typischer stiller Beteiligung wird die Höhe der vereinbarten Gewinnbeteiligung steuerlich nur zugrunde gelegt, soweit sie wirtschaftlich angemessen ist.

Stammt die Kapitalbeteiligung des stillen Gesellschafters nicht aus der Schenkung des Unternehmers, sondern wird sie **aus eigenen Mitteln** des stillen Gesellschafters geleistet, ist i. d. R. eine Gewinnverteilungsabrede angemessen, die im Zeitpunkt der Vereinbarung bei vernünftiger kaufmännischer Beurteilung eine durchschnittliche Rendite von 25 % der Einlage erwarten lässt, wenn der Beschenkte nicht am Verlust beteiligt ist.[422] Ist der stille Gesellschafter auch am Verlust beteiligt, gilt ein Satz von bis zu 35 % der Einlage noch als angemessen.[423]

Stammt die Kapitalbeteiligung des stillen Gesellschafters in vollem Umfang **aus einer Schenkung** des Unternehmers, so ist i. d. R. eine Gewinnverteilungsabrede angemessen, die im Zeitpunkt der Vereinbarung bei vernünftiger kaufmännischer Beurteilung eine durchschnittliche Rendite von 15 % der Einlage erwarten lässt, wenn der Beschenkte am Gewinn und Verlust beteiligt ist. Ist eine Beteiligung am Verlust ausgeschlossen, ist bei einem steuerlich anerkannten stillen Gesellschaftsverhältnis i. d. R. ein Satz von 12 % der Einlage angemessen.[424]

---

421 BFH, BStBl 1997 II S. 272.
422 BFH, BStBl 1973 II S. 395.
423 BFH, BStBl 1982 II S. 387.
424 BFH, BStBl 1973 II S. 650.

18.6.8 Besonderheiten bei der GmbH & Co. KG

Die GmbH & Co. KG ist eine Kommanditgesellschaft, also eine **Personengesellschaft**. Die Besonderheit dieser Kommanditgesellschaft besteht darin, dass Komplementär eine GmbH ist, deren Gesellschafter i. d. R. gleichzeitig Kommanditisten der Kommanditgesellschaft sind. Auch wenn der alleinige persönlich haftende Gesellschafter eine GmbH ist, ist sie keine Kapitalgesellschaft i. S. von § 1 Abs. 1 Nr. 1 KStG. Eine Publikums-GmbH & Co. KG (an ihr ist eine Vielzahl von Kommanditisten beteiligt) ist auch kein nichtrechtsfähiger Verein i. S. von § 1 Abs. 1 Nr. 5 KStG oder eine nichtrechtsfähige Personenvereinigung nach § 3 Abs. 1 KStG.[425]

Die Gesellschafter, so auch die GmbH, sind **Mitunternehmer** i. S. des § 15 Abs. 1 Nr. 2 EStG, wenn sie die Voraussetzungen der Mitunternehmerschaft erfüllen. Dies gilt für die GmbH selbst dann, wenn sie lediglich ihre Kosten ersetzt bekommt und von vornherein feststehende Beträge für das Haftungsrisiko als Kapitalverzinsung erhält. Denn das Unternehmen ist auf die Beteiligung der GmbH als persönlich haftende Gesellschafterin angelegt. Die GmbH bleibt als Komplementärin steuerlich selbständig, hat eine getrennte Buchführung und einen eigenen Jahresabschluss und versteuert ihren Gewinn selbständig nach den Grundsätzen des Körperschaftsteuergesetzes.

Die GmbH & Co. KG und ihre Gesellschafter haben nur dann **Einkünfte aus Gewerbebetrieb**, wenn die Kommanditgesellschaft einen Gewerbebetrieb i. S. von § 15 Abs. 2 EStG betreibt oder wenn sie eine gewerblich geprägte Personengesellschaft i. S. von § 15 Abs. 3 Nr. 2 EStG darstellt. Liegen diese Voraussetzungen nicht vor, handelt es sich bei der GmbH & Co. KG nicht um eine gewerbliche Personengesellschaft. Ihre Gesellschafter beziehen dann Einkünfte aus Vermögensverwaltung. Soweit aber die Einkünfte anteilig auf betrieblich beteiligte Gesellschafter – wie z. B. die GmbH – entfallen, beziehen diese Gesellschafter Einkünfte aus Gewerbebetrieb.

Handelsrechtlich ist seit dem 01.07.1998 eine ins Handelsregister als Kommanditgesellschaft eingetragene Personengesellschaft eine echte Kommanditgesellschaft, unabhängig davon, ob sie ein Handelsgewerbe i. S. von § 1 Abs. 2 HGB oder nur ein Kleingewerbe betreibt oder überhaupt nicht gewerblich tätig ist, sondern nur eigenes Vermögen verwaltet (§ 105 Abs. 2, § 161 Abs. 2 i. V. m. § 2 HGB).

Für die GmbH & Co. KG mit gewerblichen Einkünften, die eine bestimmte Größenklasse erreicht, gelten für Wirtschaftsjahre, die nach dem 31.12.1999 beginnen, die handelsrechtlichen **Rechnungslegungsvorschriften für Kapitalgesellschaften** (§§ 264a, 267 HGB).

---

425 BFH, BStBl 1984 II S. 751.

18 Einkünfte aus Gewerbebetrieb

Für die Ermittlung des Steuerbilanz- bzw. Gesamtgewinns und für den Umfang des Betriebsvermögens gelten bei der GmbH & Co. KG die allgemeinen für Personengesellschaften maßgeblichen Grundsätze.

Wirtschaftsgüter, die der GmbH gehören und die diese der Kommanditgesellschaft zur Nutzung überlassen hat, sind **notwendiges Sonderbetriebsvermögen I** der GmbH als Mitunternehmer der Kommanditgesellschaft. Auch Forderungen der GmbH gegen die Kommanditgesellschaft sind notwendiges Sonderbetriebsvermögen I, wenn sie auf einem schuldrechtlichen Rechtsverhältnis – z. B. Anspruch der GmbH auf Ersatz ihrer Auslagen für die Geschäftsführung – oder zwar auf dem Kommanditvertrag beruhen, aber gewinnunabhängig sind und bilanziell als Aufwand der Kommanditgesellschaft behandelt werden.[426] Sonderbetriebsausgaben der GmbH sind nur solche Aufwendungen, die unmittelbar durch die Beteiligung an der Kommanditgesellschaft veranlasst sind, auch wenn die GmbH nur die Beteiligung an der Kommanditgesellschaft hält und deren Geschäfte führt. Andere Aufwendungen – wie z. B. Jahresabschluss- und Steuerberatungskosten – sind laufende Betriebsausgaben im Rahmen des eigenen Gewerbebetriebs der GmbH.[427]

Anteile an der Komplementär-GmbH, die einem Kommanditisten gehören, sind **notwendiges Sonderbetriebsvermögen II**, weil die GmbH-Anteile einen Einfluss auf die Geschäftsführung der Kommanditgesellschaft vermitteln, es sei denn, die Komplementär-GmbH übt noch eine andere Geschäftstätigkeit von nicht ganz untergeordneter Bedeutung aus.[428] Gewinnausschüttungen der Komplementär-GmbH auf die Anteile im Sonderbetriebsvermögen der Kommanditisten sind demgemäß bei diesen Sonderbetriebseinnahmen.

Ist der Gesellschafter-Geschäftsführer der Komplementär-GmbH auch Gesellschafter und Mitunternehmer der Kommanditgesellschaft und erhält er aufgrund eines Dienstvertrags mit der GmbH von dieser Vergütungen dafür, dass er die Geschäfte der GmbH und über diese auch die der Kommanditgesellschaft führt, sind dies einerseits Sonderbetriebsausgaben der GmbH und andererseits Sondervergütungen des Geschäftsführers als Mitunternehmer der Kommanditgesellschaft.[429] Dabei ist unerheblich, ob die GmbH die Vergütungen gesondert ersetzt erhält oder aus ihrem allgemeinen Gewinnanteil bestreitet. Übt die Komplementär-GmbH auch eine eigene Geschäftstätigkeit von nicht untergeordneter Bedeutung aus, sind die **Tätigkeitsvergütungen** aufzuteilen. Nur der auf die Führung der Geschäfte der Kommanditgesellschaft entfallende Teil gehört zu den Sondervergütungen, der andere Teil ist Betriebsausgabe der GmbH und Einnahme des Geschäftsführers nach § 19 EStG. Überhöhte Tätigkeitsvergütungen des als Kommanditisten beteiligten Gesellschafter-Geschäftsführers sind im Hinblick auf die Minderung des Anteils der GmbH am

---

426 BFH, BStBl 1999 II S. 105.
427 BFH, BStBl 1996 II S. 295.
428 BFH, BStBl 1991 II S. 510.
429 BFH, BStBl 1999 II S. 720.

Restgewinn insoweit verdeckte Gewinnausschüttung und im Übrigen Entnahmen des Gesellschafter-Geschäftsführers in seiner Eigenschaft als Kommanditist der Kommanditgesellschaft.

Tritt eine GmbH als alleinige persönlich haftende Gesellschafterin in eine Kommanditgesellschaft ein und sind die Gesellschafter der GmbH zugleich Kommanditisten, ist eine **Gewinnverteilungsabrede** des Inhalts, dass der GmbH ein unangemessen niedriger und dafür den Kommanditisten ein umso höherer Gewinnanteil zusteht, eine verdeckte Gewinnausschüttung. Leistet die GmbH eine Vermögenseinlage, ist eine Gewinnverteilung angemessen, wenn der GmbH auf die Dauer Ersatz ihrer Auslagen und eine den Kapitaleinsatz und das vorhandene Haftungsrisiko berücksichtigende Beteiligung am Gewinn in einer Höhe eingeräumt ist, mit der sich eine aus gesellschaftsfremden Personen bestehende GmbH zufriedengegeben hätte.[430] Beschränkt sich der Beitrag der GmbH auf die unbeschränkte Haftung – neben Geschäftsführung und Vertretung der Kommanditgesellschaft – und wird sie demgemäß auch nicht am Kapital der Kommanditgesellschaft beteiligt, ist die Gewinnverteilungsabrede angemessen, wenn sie der GmbH – neben dem Auslagenersatz – ein Entgelt gewährt, für dessen Höhe eine dem Risiko des Einzelfalles entsprechende banktübliche Avalprovision einen Anhalt bietet.[431] Ist der im Gesellschaftsvertrag der Kommanditgesellschaft der GmbH zugebilligte Gewinnanteil unangemessen niedrig und deshalb eine verdeckte Gewinnausschüttung gegeben, ist zur Bestimmung der Rechtsfolgen dieser verdeckten Gewinnausschüttung davon auszugehen, dass die GmbH im Rahmen der Gewinnverteilung der Kommanditgesellschaft laufend zulasten der Kommanditisten einen angemessenen Gewinnanteil erhält, die GmbH aber die Differenz zum tatsächlichen Gewinnanteil laufend an ihre Gesellschafter ausschüttet und diese insoweit, da die Anteile an der Komplementär-GmbH Sonderbetriebsvermögen sind, Sonderbetriebseinnahmen haben. Die Gewinnanteile der GmbH und der Gesamtgewinn der Kommanditgesellschaft erhöhen sich um die verdeckte Gewinnausschüttung. Der Gewinnanteil der an der GmbH beteiligten Kommanditisten bleibt betragsmäßig unverändert. Er setzt sich nur anders zusammen, nämlich aus dem um die verdeckte Gewinnausschüttung verminderten Steuerbilanzanteil und aus Sonderbetriebseinnahmen in Höhe der verdeckten Gewinnausschüttung.[432] Ist der vertragliche Gewinnanteil der GmbH aus außerbetrieblichen Gründen zulasten der Kommanditisten, die zugleich Gesellschafter der GmbH sind, überhöht, ist dies eine verdeckte Einlage der GmbH-Gesellschafter mit der Folge, dass den Kommanditisten ein entsprechend höherer und der GmbH ein entsprechend niedrigerer Gewinnanteil zuzurechnen ist und der den Kommanditisten zusätzlich zugerechnete Gewinnanteil zu nachträglichen Anschaffungskosten für ihre dem

---

430 BFH, BStBl 1968 II S. 174.
431 BFH, BStBl 1977 II S. 346.
432 BFH, BStBl 1968 II S. 152.

Sonderbetriebsvermögen zugehörigen Anteile an der Komplementär-GmbH führt.[433]

18.7 Gewinn der persönlich haftenden Gesellschafter einer Kommanditgesellschaft auf Aktien (§ 15 Abs. 1 Nr. 3 EStG)

Einkünfte aus Gewerbebetrieb sind auch die Gewinnanteile der persönlich haftenden Gesellschafter einer Kommanditgesellschaft auf Aktien, soweit sie nicht auf Anteile am Grundkapital entfallen. Die Vergütungen, die der persönlich haftende Gesellschafter von der Gesellschaft für seine Tätigkeit im Dienst der Gesellschaft oder für die Hingabe von Darlehen oder für die Überlassung von Wirtschaftsgütern bezogen hat, gehören auch insoweit zu seinen Einkünften aus Gewerbebetrieb.

Die Kommanditgesellschaft auf Aktien ist eine **Kapitalgesellschaft** und unterliegt der Körperschaftsteuer. Neben den Kommanditisten, die sich nur mit Einlagen auf das in Aktien zerlegte Grundkapital beteiligen, muss mindestens ein Gesellschafter der Kommanditgesellschaft auf Aktien den Gläubigern unbeschränkt haften (persönlich haftender Gesellschafter oder Komplementär). Die nicht auf das Grundkapital gemachte Einlage des Komplementärs ist nicht aktienrechtlich gebunden.

Bei der Ermittlung des Gewinns der Gesellschaft ist der Gewinnanteil des persönlich haftenden Gesellschafters i. S. des § 15 Abs. 1 Nr. 3 EStG, der bei ihm der Einkommensteuer unterliegt, nach § 9 Nr. 1 KStG abzugsfähig und unterliegt beim Komplementär der Einkommensteuer nach § 15 Abs. 1 Nr. 3 EStG. Der Gewinnanteil des persönlich haftenden Gesellschafters, der durch Vermögensvergleich zu ermitteln ist, fließt ihm in dem Kalenderjahr zu, in dem die Hauptversammlung die Zahlung beschließt.[434] Der persönlich haftende Gesellschafter kann wie ein Mitunternehmer Sonderbetriebsvermögen haben. Die ihm gehörenden Kommanditaktien sind weder Betriebsvermögen noch Sonderbetriebsvermögen.[435]

Ausschüttungen auf Kommanditaktien sind im Zeitpunkt des Zuflusses als Einnahmen aus Kapitalvermögen zu erfassen.[436]

18.8 Nachträgliche Einkünfte (§ 15 Abs. 1 Satz 2 EStG)

Auch nachträgliche Einkünfte i. S. des § 24 Nr. 2 EStG gehören nach § 15 Abs. 1 Satz 2 EStG zu den Einkünften des Mitunternehmers bzw. des persönlich haftenden Gesellschafters einer Kommanditgesellschaft auf Aktien.

---

433 BFH, BStBl 1991 II S. 172.
434 RFH, RStBl 1930 S. 345.
435 BFH, BStBl 1989 II S. 881.
436 BFH, BStBl 1989 II S. 881.

18.9 Entnahme von Grund und Boden wegen Errichtung einer selbstgenutzten Wohnung (§ 15 Abs. 1 Satz 3 EStG)

Durch § 15 Abs. 1 Satz 3 EStG wird die steuerfreie Entnahme von Grund und Boden gestattet, der im Veranlagungszeitraum 1986 zum gewerblichen Betriebsvermögen gehört hat, wenn hierauf eine Wohnung für eigene Wohnzwecke des Steuerpflichtigen errichtet wird. Die Regelung gilt nicht nur für Einzelunternehmer, sondern auch für Mitunternehmer.

18.10 Gewerbliche Tätigkeit von Mitunternehmerschaften

18.10.1 Einheitliche Tätigkeit bei Mitunternehmerschaften (§ 15 Abs. 3 Nr. 1 EStG)

Übt eine Personengesellschaft eine ihrer Art nach gewerbliche Tätigkeit aus, gilt nach § 15 Abs. 3 Nr. 1 EStG ihre mit Einkünfteerzielungsabsicht unternommene Tätigkeit in vollem Umfang als Gewerbebetrieb. Auch weitere Einkünfte, die die Gesellschaft erzielt und die ihrem Charakter nach zu einer anderen Einkunftsart, z. B. zu den Einkünften aus Land- und Forstwirtschaft oder Vermietung und Verpachtung, rechnen, stellen danach Einkünfte aus Gewerbebetrieb der Personengesellschaft dar. Die Vorschrift des § 15 Abs. 3 Nr. 1 EStG führt damit insoweit zu einer Umqualifizierung von nicht gewerblichen Tätigkeiten durch eine gleichzeitig ausgeübte gewerbliche Tätigkeit.

Eine Umqualifizierung der nicht gewerblichen Einkünfte in gewerbliche Einkünfte findet auch in Fällen von **geringen gewerblichen Einkünften** statt.[437] Eine Ausnahme gilt nur dann, wenn die gewerblichen Einkünfte von völlig untergeordneter Bedeutung sind. Bejaht wurde dies bei gewerblichen Einnahmen i. H. von 1,25 % des gesamten Umsatzes.[438] Demgegenüber hat das FG Schleswig-Holstein entschieden, dass ein lediglich geringfügiger Anteil der gewerblichen Mieteinnahmen am Gesamtumsatz der ansonsten vermögensverwaltenden Personengesellschaft noch nicht zu einem Wegfall der Abfärbewirkung führt. Lediglich bei einem äußerst geringen Anteil der gewerblichen Einnahmen am Gesamtumsatz unterbleibt trotz der Regelung in § 15 Abs. 3 Nr. 1 EStG nach Maßgabe des Verhältnismäßigkeitsgrundsatzes eine Infizierung der übrigen (hier vermögensverwaltenden) Tätigkeit durch die gewerbliche Tätigkeit. Dabei liegt bei einem originär gewerblichen Umsatz am Gesamtumsatz von mehr als 5 % ein äußerst geringer Anteil nicht mehr vor.[439]

---

[437] BFH, BStBl 1998 II S. 254.
[438] BFH, BStBl 2000 II S. 229.
[439] FG Schleswig-Holstein vom 25.08.2011 5 K 38/08 (EFG 2012 S. 41), Rev. IV R 54/11.

Die Vorschrift des § 15 Abs. 3 Nr. 1 EStG kommt jeweils nur für eine konkrete Personengesellschaft zur Anwendung. Es ist daher durchaus möglich, dass die Personengesellschaft als solche nur den Gewerbebetrieb unterhält und daneben eine aus denselben Personen bestehende Gesellschaft bürgerlichen Rechts, die als solche nach außen erkennbar geworden sein muss, die anderen Einkünfte erzielt. In diesem Fall stellen die anderen Einkünfte keine gewerblichen Einkünfte der Personengesellschaft dar. Denn eine Personengesellschaft, die ausschließlich Einkünfte aus nicht gewerblicher Vermögensverwaltung oder aus Land- und Forstwirtschaft erzielt, ist nicht mit Einkünften aus Gewerbebetrieb zur Besteuerung heranzuziehen.[440] Dieses **Ausgliederungsmodell,** das vom BFH in ständiger Rechtsprechung anerkannt wird,[441] vermeidet eine gleichheitswidrige Behandlung von Mitunternehmergemeinschaften gegenüber Einzelunternehmern. Ob gesonderte Personengesellschaften anzunehmen sind, richtet sich entscheidend danach, ob der Rechtsfolgewille der Gesellschafter auf die Begründung von zwei Gesellschaftsverhältnissen mit unterschiedlichen Zwecken gerichtet war, ob diese Personengesellschaften unterschiedliches Gesellschaftervermögen gebildet und voneinander abgrenzbare Tätigkeiten entfaltet haben und ob auch nach außen eine Aufteilung der Tätigkeitsbereiche auf zwei Personengesellschaften erkennbar geworden ist.[442]

Eine Umqualifizierung nach § 15 Abs. 3 Nr. 1 EStG kommt nicht in Betracht, wenn eine gemischte Tätigkeit als einheitliche Gesamtbetätigung anzusehen ist. Eine solche Tätigkeit muss vielmehr unabhängig von der sog. Abfärbetheorie danach qualifiziert werden, welche Tätigkeit der Gesamtbetätigung das Gepräge gibt.[443]

Des Weiteren kommt es auch bei einer freiberuflich tätigen Personengesellschaft nicht zu einer Abfärbung gem. § 15 Abs. 3 Nr. 1 EStG ihrer Einkünfte im Gesamthandsbereich, wenn ein Gesellschafter gewerbliche Einkünfte im Sonderbereich erzielt.[444]

Nach der Rechtsprechung des BFH ist die Vorschrift des § 15 Abs. 3 Nr. 1 EStG auch anzuwenden, wenn eine Personengesellschaft, die eine Land- und Forstwirtschaft betreibt oder lediglich Vermögen verwaltet, sich an einer gewerblich tätigen Personengesellschaft beteiligt und diese **Beteiligung** in ihrem Gesamthandsvermögen hält[445]. Ob es sich bei der gehaltenen Beteiligung um eine Beteiligung als persönlich haftende Gesellschafterin oder als Kommanditistin handelt, ist insoweit ohne Bedeutung. Auch eine Beteiligung als atypische Gesellschafterin dürfte danach ausreichen, um das Vorliegen von gewerblichen Einkünften in vollem Umfang zu bewirken. Ohne Bedeutung dürfte in diesem Zusammenhang auch sein, wie lange eine solche schädliche Beteiligung an einer Personengesellschaft in dem

---

440 BFH, BStBl 1984 II S. 152.
441 BFH, BStBl 1998 II S. 603.
442 BFH vom 12.06.2002 XI R 21/99 (BFH/NV 2002 S. 1554).
443 BFH, BStBl 1997 II S. 567.
444 BFH, BStBl 2007 II S. 378.
445 BFH vom 08.12.1994 IV R 7/92 (BStBl 1996 II S. 264).

jeweiligen Wirtschaftsjahr bestanden hat, weil auch das nur zeitweise Vorliegen von gewerblichen Einkünften die Rechtsfolge des § 15 Abs. 3 Nr. 1 EStG für das ganze Wirtschaftsjahr auslöst. In Abkehr von seiner früheren Rechtsprechung hat der BFH mit Urteil vom 06.10.2004 entschieden, dass eine vermögensverwaltende Personengesellschaft mit Einkünften aus Vermietung und Verpachtung nicht deshalb in vollem Umfang gewerbliche Einkünfte erzielt, weil sie an einer anderen gewerblich tätigen Personengesellschaft beteiligt ist.[446] Mit § 15 Abs. 3 Nr. 1 EStG i. d. F. des Jahressteuergesetzes 2007 ist die bisherige Verwaltungsauffassung und frühere Rechtsprechung des BFH gesetzlich festgeschrieben worden, wonach eine land- und forstwirtschaftlich, freiberuflich oder vermögensverwaltend tätige Personengesellschaft, zu deren Gesamthandsvermögen eine Beteiligung an einer gewerblich tätigen Personengesellschaft gehört, in vollem Umfang gewerbliche Einkünfte bezieht.

Für eine **Erbengemeinschaft** gilt die Regelung des § 15 Abs. 3 Nr. 1 EStG nicht. Ihre gewerbliche Betätigung beschränkt sich vielmehr auf den zum Nachlass gehörenden Betrieb.[447] Entsprechendes gilt für eine eheliche Gütergemeinschaft. Auch findet § 15 Abs. 3 Nr. 1 EStG auf Einzelunternehmen keine Anwendung.

Liegt nur eine insgesamt **einheitliche Gesamttätigkeit** vor, muss vorrangig bestimmt werden, ob insoweit insgesamt gewerbliche Einkünfte vorliegen oder ob ein anderer Einkünftetatbestand verwirklicht ist. Auf eine derartige einheitliche Tätigkeit ist § 15 Abs. 3 Nr. 1 EStG nicht anwendbar. Von einer einheitlichen Tätigkeit kann nur dann ausgegangen werden, wenn die einzelnen Elemente der Tätigkeit derartig verflochten sind, dass eine Trennung willkürlich erscheint.

18.10.2 Gewerblich geprägte Personengesellschaften
(§ 15 Abs. 3 Nr. 2 EStG)

Kapitalgesellschaften, die mit ihrem Einkommen der Körperschaftsteuer unterliegen, haben infolge ihrer Rechtsform stets Einkünfte aus Gewerbebetrieb, auch wenn ihre Tätigkeit dem Charakter nach nicht gewerblich, sondern z. B. reine Vermögensverwaltung ist.[448] Anders verhält es sich bei den Personengesellschaften. Sie erzielen grundsätzlich nur Einkünfte aus Gewerbebetrieb, wenn die Voraussetzungen eines Gewerbebetriebs erfüllt sind.[449] Eine Ausnahme gilt insoweit lediglich für Personengesellschaften, auf die die Vorschriften des § 15 Abs. 3 Nr. 2 EStG anzuwenden sind.

Nach § 15 Abs. 3 Nr. 2 EStG gilt die mit Einkünfteerzielungsabsicht unternommene Betätigung einer nicht gewerblich tätigen Personengesellschaft, an der eine oder mehrere Kapitalgesellschaften unmittelbar oder mittelbar beteiligt sind, als Gewerbebetrieb, sofern ausschließlich eine oder mehrere dieser Kapitalgesellschaften –

---
446 BFH vom 06.10.2004 (BStBl 2005 II S. 383).
447 BFH, BStBl 1987 II S. 120.
448 BFH, BStBl 1977 II S. 96.
449 BFH, BStBl 1974 II S. 404, 1984 II S. 751.

oder diesen gem. § 15 Abs. 3 Nr. 2 Satz 2 EStG insoweit gleichgestellt gewerblich geprägte Personengesellschaften i. S. von § 15 Abs. 3 Nr. 2 Satz 1 EStG – persönlich haftende Gesellschafter sind und nur diese oder Personen, die nicht Gesellschafter sind, zur Geschäftsführung befugt sind. Negativ ist erforderlich, dass die Personengesellschaft nicht bereits gewerblich i. S. von § 15 Abs. 2 EStG tätig ist. Denn soweit eine Personengesellschaft auch nur teilweise gewerblich tätig ist, gilt ihre gesamte Betätigung ohnehin als Gewerbebetrieb.

Betroffen von der Regelung sind nur Personengesellschaften und andere Gemeinschaften, an denen Kapitalgesellschaften als persönlich haftende Gesellschafter beteiligt sind. § 15 Abs. 3 Nr. 2 EStG ist nicht erfüllt, wenn (auch) andere Personen – z. B. eine oder mehrere natürliche Personen – persönlich haftende Gesellschafter sind.

Zur Einzel- oder Gesamtgeschäftsführung befugt sein dürfen ausschließlich Kapitalgesellschaften oder natürliche Personen, die nicht Gesellschafter der Personengesellschaft sind. § 15 Abs. 3 Nr. 2 EStG ist nicht anwendbar, wenn neben einer Kapitalgesellschaft auch nur eine natürliche Person, die Gesellschafter der Personengesellschaft ist, geschäftsführungsbefugt ist, gleichgültig ob allein oder nur gemeinschaftlich mit einer Kapitalgesellschaft.

§ 15 Abs. 3 Nr. 2 EStG setzt voraus, dass die Personengesellschaft mit Einkünfteerzielungsabsicht tätig ist. Eine Personengesellschaft, die sich nur in einkommensteuerrechtlich irrelevanter Weise betätigt – z. B. ein Gestüt ohne Gewinnabsicht betreibt –, ist keine gewerblich geprägte Personengesellschaft.

Rechtsfolge des § 15 Abs. 3 Nr. 2 EStG ist, dass die Tätigkeit der Personengesellschaft in vollem Umfang einkommensteuerrechtlich als Gewerbebetrieb gilt und die Gesellschafter bei Vorliegen der entsprechenden Voraussetzungen als Mitunternehmer nach § 15 Abs. 1 Nr. 2 EStG Einkünfte aus Gewerbebetrieb beziehen. Das Gesellschaftsvermögen ist gewerbliches Betriebsvermögen. Wirtschaftsgüter eines Gesellschafters, die der einkommensteuerrechtlich relevanten Betätigung der Gesellschaft – oder der Beteiligung des Gesellschafter an der Gesellschaft – dienen, sind gewerbliches Sonderbetriebsvermögen. Für den Umfang und die Ermittlung der Einkünfte gelten uneingeschränkt die für gewerblich tätige Personengesellschaften maßgeblichen Grundsätze.

Auch eine ausländische Kapitalgesellschaft, die nach ihrem rechtlichen Aufbau und ihrer wirtschaftlichen Gestaltung einer inländischen Kapitalgesellschaft entspricht, ist geeignet, eine Personengesellschaft gewerblich i. S. von § 15 Abs. 3 Nr. 2 Satz 1 EStG zu prägen.[450]

Die vermögensverwaltende Tätigkeit einer gewerblich geprägten Personengesellschaft unterliegt der Gewerbesteuer. Die Gewerbesteuerpflicht beginnt mit der Auf-

---

[450] BFH, BStBl 2007 II S. 924.

nahme der vermögensverwaltenden Tätigkeit. Sie ist nicht von der Teilnahme am allgemeinen wirtschaftlichen Verkehr abhängig.[451]

Keine Gepräge-Gesellschaften sind **„Zebra-Gesellschaften"**. Eine „Zebra-Gesellschaft" ist eine Personengesellschaft, die nur vermögensverwaltend tätig und auch nicht gewerblich geprägt ist, an der aber eine Kapitalgesellschaft, eine gewerblich tätige bzw. geprägte Personengesellschaft oder eine natürliche Person, die die Beteiligung in ihrem Betriebsvermögen hält, beteiligt ist. Die „Zebra-Gesellschaft" ist zwar nur vermögensverwaltend tätig. Der auf die Gesellschafter, deren Gesellschaftsanteil zu einem gewerblichen Betriebsvermögen gehört, entfallende Ergebnisanteil gehört bei diesen aber zu den Einkünften aus Gewerbebetrieb. Die verbindliche Entscheidung über die Einkünfte eines betrieblich an einer vermögensverwaltenden Gesellschaft beteiligten Gesellschafters ist nicht nur ihrer Art, sondern auch ihrer Höhe nach durch das für die persönliche Besteuerung dieses Gesellschafters zuständige (Wohnsitz-)Finanzamt zu treffen.[452]

Ebenfalls liegt bei einer GbR keine gewerbliche Prägung nach § 15 Abs. 3 Nr. 2 EStG vor, wenn lediglich die GmbH persönlich haftende Gesellschafterin ist und die Haftung der übrigen Gesellschafter durch individualvertragliche Vereinbarungen ausgeschlossen ist.[453]

Fallen die Voraussetzungen des § 15 Abs. 3 Nr. 2 EStG weg, liegt eine Betriebsaufgabe vor.

18.11 Spätere Veräußerung von Anteilen an Europäischer Gesellschaft bzw. Europäischer Genossenschaft (§ 15 Abs. 1a EStG)

§ 15 Abs. 1a EStG ist im Zusammenhang zu sehen mit § 4 Abs. 1 Satz 4 und 5 EStG bzw. § 12 Abs. 1 Satz 1 KStG. Nach § 4 Abs. 1 Satz 3 EStG gilt es als Entnahme, wenn das Besteuerungsrecht der Bundesrepublik Deutschland in Bezug auf den Gewinn aus der Veräußerung oder der Nutzung eines Wirtschaftsguts ausgeschlossen oder beschränkt wird. Dies kann z. B. nach § 4 Abs. 1 Satz 4 EStG der Fall sein, wenn ein Steuerpflichtiger ein Wirtschaftsgut von seinem inländischen Betrieb in eine ausländische Betriebsstätte überführt. Nach § 4 Abs. 1 Satz 5 EStG gilt die Entnahmefiktion nach § 4 Abs. 1 Satz 3 EStG nicht, wenn das deutsche Besteuerungsrecht für Anteile an einer Europäischen Gesellschaft bzw. an einer Europäischen Genossenschaft eingeschränkt wird und diese ihren Sitz verlegt. Eine solche Sitzverlegung kann hinsichtlich der Anteile, die einer inländischen Betriebsstätte zuzurechnen sind, zur Entstrickung führen, sofern das Besteuerungsrecht der Bundesrepublik

---

451 BFH, BStBl 2004 II S. 464.
452 BFH vom 17.08.2005 X R 58/01 (BFH/NV 2006 S. 230).
453 BMF vom 17.03.2014 – IV C 6 – S 2241/07/10004 (BStBl 2014 I S. 555).

Deutschland an dem Betriebsstättenvermögen beschränkt wird. Art. 10d Abs. 1 der Fusionsrichtlinie untersagt im Fall der Sitzverlegung einer Europäischen Gesellschaft bzw. einer Europäischen Genossenschaft eine Besteuerung des Veräußerungsgewinns bei den Gesellschaftern. Deshalb gilt § 4 Abs. 1 Satz 3 EStG in diesen Fällen nicht. Die Anteile an der Europäischen Gesellschaft bzw. an der Europäischen Genossenschaft bleiben weiterhin steuerverstrickt.

Werden die im Betriebsvermögen gehaltenen Anteile an der Europäischen Gesellschaft bzw. an der Europäischen Genossenschaft später veräußert, gilt § 15 Abs. 1a Satz 1 EStG. Danach ist der durch die Aufdeckung der stillen Reserven entstehende Gewinn so zu versteuern, wie er ohne die Sitzverlegung zu versteuern gewesen wäre. Dies gilt unabhängig von den Bestimmungen eines DBA. Art. 10d Abs. 2 der Fusionsrichtlinie lässt diese Art der Besteuerung ausdrücklich zu.

Die Regelung in § 15 Abs. 1a Satz 1 EStG findet nach Satz 2 auch dann Anwendung, wenn die Anteile in eine Kapitalgesellschaft eingelegt werden, die Europäische Gesellschaft bzw. die Europäische Genossenschaft aufgelöst wird oder wenn ihr Kapital herabgesetzt und zurückgezahlt wird oder wenn Beträge aus dem steuerlichen Einlagenkonto i. S. von § 27 KStG ausgeschüttet oder zurückgezahlt werden.

18.12 Verluste aus gewerblicher Tierzucht und Tierhaltung, Termingeschäften sowie aus Innengesellschaften

Verluste aus gewerblicher Tierzucht oder gewerblicher Tierhaltung dürfen nach § 15 Abs. 4 Satz 1 EStG weder mit anderen Einkünften aus Gewerbebetrieb noch mit Einkünften aus anderen Einkunftsarten ausgeglichen werden. Sie dürfen auch nicht nach § 10d EStG abgezogen werden. Die Verluste mindern jedoch nach Maßgabe des § 10d EStG die Gewinne, die der Steuerpflichtige in dem unmittelbar vorangegangenen und in den folgenden Wirtschaftsjahren aus gewerblicher Tierzucht oder gewerblicher Tierhaltung erzielt hat oder erzielt (§ 15 Abs. 4 Satz 2 EStG). Einkünfte aus gewerblicher Tierzucht bzw. gewerblicher Tierhaltung liegen vor, wenn die Erzeugung und Haltung der Tiere der Erzielung von Einkünften dient und diese Einkünfte nicht den Einkünften aus Land- und Forstwirtschaft zuzurechnen sind, weil der Tierbestand i. S. von § 13 Abs. 1 Nr. 1 Satz 2 bis 4 EStG überhöht ist. Verluste in diesem Sinne sind auch Verluste aus der Veräußerung bzw. Aufgabe des entsprechenden Betriebs. Mangels Bezugs zur Land- und Forstwirtschaft gilt das Ausgleichs- und Abzugsverbot für Verluste aus gewerblicher Tierzucht oder gewerblicher Tierhaltung nicht für Verluste aus einer Nerzzucht.[454]

Betreibt ein Steuerpflichtiger gewerbliche Tierzucht oder Tierhaltung in mehreren selbständigen Betrieben, kann der in einem Betrieb erzielte Gewinn aus gewerb-

---

[454] BFH, BStBl 2003 II S. 507.

18.12 Verluste aus gewerblicher Tierzucht und Tierhaltung etc.

licher Tierzucht oder Tierhaltung mit dem in einem anderen Betrieb des Steuerpflichtigen erzielten Verlust aus gewerblicher Tierzucht oder Tierhaltung bis zum Betrag von 0 Euro verrechnet werden.

Wird in einem einheitlichen Betrieb neben gewerblicher Tierzucht oder gewerblicher Tierhaltung noch eine andere gewerbliche Tätigkeit ausgeübt, so darf der Verlust aus der gewerblichen Tierzucht oder Tierhaltung nicht mit einem Gewinn aus der anderen gewerblichen Tätigkeit verrechnet werden.[455]

Bei der Zusammenveranlagung von Ehegatten sind Verluste aus gewerblicher Tierzucht oder Tierhaltung des einen Ehegatten mit Gewinnen des anderen Ehegatten aus gewerblicher Tierzucht oder Tierhaltung auszugleichen.[456]

Diese Regelung gilt entsprechend für Verluste aus **betrieblich veranlassten Termingeschäften** (§ 15 Abs. 4 Satz 3 EStG). Eine Ausnahme besteht für Termingeschäfte, die zum gewöhnlichen Geschäftsbetrieb bei Kreditinstituten, Finanzdienstleistungsinstituten und Finanzunternehmen im Sinne des Gesetzes über das Kreditwesen gehören oder die der Absicherung von Geschäften des gewöhnlichen Geschäftsbetriebs dienen (§ 15 Abs. 4 Satz 4 EStG), sofern es sich nicht um Termingeschäfte handelt, die der Absicherung von Aktiengeschäften dienen, bei denen der Veräußerungsgewinn nach § 3 Nr. 40 Satz 1 Buchst. a und b EStG i. V. m. § 3c Abs. 2 EStG teilweise steuerfrei ist, oder die nach § 8b Abs. 2 KStG bei der Ermittlung des Einkommens außer Ansatz bleiben (§ 15 Abs. 4 Satz 5 EStG).

Nach § 15 Abs. 4 Satz 6 bis 8 EStG sind **Verluste aus stillen Gesellschaften,** Unterbeteiligungen oder sonstigen Innengesellschaften an Kapitalgesellschaften, bei denen der Gesellschafter oder Beteiligte eine Kapitalgesellschaft ist und als Mitunternehmer anzusehen ist, unter den Voraussetzungen des § 10d EStG nur mit Gewinnen aus dem unmittelbar vorangegangenen Veranlagungszeitraum oder mit zukünftigen Gewinnen aus derselben Unterbeteiligung oder Innengesellschaft verrechenbar. Die Regelung greift auch dann, wenn eine Personengesellschaft stille Gesellschafterin ist, soweit an dieser nicht natürliche Personen unmittelbar oder mittelbar beteiligt sind. Still beteiligte natürliche Personen sowie Personengesellschaften sind von der Verlustverrechnungsbeschränkung nicht betroffen. Die bereits bestehende Verlustverrechnungsbeschränkung nach § 15a EStG bleibt unberührt. Einzelheiten hinsichtlich der Verlustabzugsbeschränkung nach § 15 Abs. 4 Satz 6 bis 8 EStG sind im BMF-Schreiben vom 19.11.2008 geregelt.[457]

Verluste aus gewerblicher Tierzucht und Tierhaltung wie auch aus atypischen stillen Unterbeteiligungen an Kapitalgesellschaften müssen gesondert festgestellt werden, um mit Gewinnen aus diesem Bereich verrechnet werden zu können. Die Regelung gilt nach § 52 Abs. 32b Satz 2 EStG in allen Fällen, in denen am 30.06.2013 die Feststellungsfrist noch nicht abgelaufen ist.

---

[455] BFH, BStBl 1996 II S. 85.
[456] BFH, BStBl 1989 II S. 787.
[457] BMF vom 19.11.2008 (BStBl 2008 I S. 970).

19 Beschränkung der Verlustverrechnung

19.1 Beschränkung der Verlustverrechnung bei beschränkt haftenden Personengesellschaftern (§ 15a EStG)

19.1.1 Allgemeines

Gemäß § 171 Abs. 1 HGB haftet der Kommanditist den Gläubigern der Kommanditgesellschaft bis zur Höhe seiner Einlage unmittelbar. Die Haftung ist ausgeschlossen, soweit die Einlage geleistet ist. Hiermit korrespondiert die Regelung des § 167 Abs. 3 HGB. Danach nimmt der Kommanditist am Verlust der KG nur bis zum Betrag seines Kapitalanteils und seiner noch rückständigen Einlage teil. Die letztgenannte Regelung bestimmt lediglich die Grenzen der endgültigen Verlusttragung bei Ausscheiden des Kommanditisten oder Auflösung der Gesellschaft. Nach ihr sind gesellschaftsvertragliche Regelungen zulässig, nach denen Verlustanteile dem Kommanditisten zunächst auch zuzurechnen sind, wenn sein Kapitalkonto dadurch negativ wird. Der Ausgleich erfolgt dadurch, dass der Kommanditist die Auszahlung späterer Gewinnanteile nicht fordern kann, sondern zur Auffüllung seines negativen Kapitalkontos verwenden muss (§ 169 Abs. 1 HGB).

Einkommensteuerrechtlich ist einem Kommanditisten ein Verlustanteil, der nach dem allgemeinen Gewinn-und-Verlust-Verteilungsschlüssel der KG auf ihn entfällt, auch insoweit zuzurechnen, als er in einer den einkommensteuerrechtlichen Bilanzierungs- und Bewertungsvorschriften entsprechenden Bilanz der KG zu einem **negativen Kapitalkonto** führen würde.[1] Dies gilt nicht, soweit bei Aufstellung der Bilanz nach den Verhältnissen am Bilanzstichtag feststeht, dass ein Ausgleich des negativen Kapitalkontos mit künftigen Gewinnanteilen des Kommanditisten nicht mehr in Betracht kommt.

Diese Rechtslage führte zu Gesellschaftsgestaltungen, in denen bei geringem Eigenkapitaleinsatz und hoher Fremdfinanzierung den beschränkt haftenden Gesellschaftern hohe Verluste zugewiesen wurden. Durch diese den Kapitaleinsatz oft weit übersteigenden Verlustzuweisungen konnten einkommensstarke Gesellschafter Steuern in einem Umfang sparen, der den Kapitaleinsatz ausglich oder sogar überstieg.

Durch § 15a EStG sollen derartige Steuersparmodelle eingeschränkt werden. Zu beachten ist aber, dass § 15a EStG Geltung hat nicht nur für Verlustzuweisungsgesellschaften, sondern für **sämtliche Kommanditgesellschaften**.[2]

---

1 BFH vom 10.11.1980 GrS 1/79 (BStBl 1981 II S. 164).
2 BFH, BStBl 1996 II S. 474.

19.1 Beschränkung der Verlustverrechnung bei beschränkter Haftung

Nach Auffassung des BFH bestehen an der Verfassungsmäßigkeit der Vorschrift des § 15a EStG keine ernsthaften Zweifel.[3]

19.1.2 Ausgleichs- und Abzugsverbot (§ 15a Abs. 1 Satz 1 EStG)

Allgemeines

Nach § 15a Abs. 1 Satz 1 EStG darf der einem Kommanditisten zuzurechnende Anteil am Verlust der KG weder mit anderen Einkünften aus Gewerbebetrieb noch mit Einkünften aus anderen Einkunftsarten ausgeglichen werden, soweit ein negatives Kapitalkonto entsteht oder sich erhöht. Insoweit darf er auch nicht nach § 10d EStG abgezogen werden. Stattdessen mindert der Verlust, soweit er nach § 15a Abs. 1 Satz 1 EStG nicht ausgeglichen oder abgezogen werden darf, die Gewinne, die dem Kommanditisten in späteren Wirtschaftsjahren aus seiner Beteiligung an der KG zuzurechnen sind (§ 15a Abs. 2 Satz 1 EStG).

Kommanditist

§ 15a Abs. 1 bis 4 EStG gilt unmittelbar nur für Kommanditisten i. S. des § 161 Abs. 1 HGB, d. h. für die Gesellschafter einer KG, deren Haftung gegenüber den Gesellschaftsgläubigern auf den Betrag einer bestimmten Vermögenseinlage (Hafteinlage) beschränkt ist.

Maßgeblich ist, ob die beschränkte Haftung des Kommanditisten gegenüber den Gesellschaftsgläubigern auf einer Eintragung im Handelsregister beruht (§ 171 Abs. 1 HGB). § 15a EStG gilt daher auch, wenn die Gesellschafter nur im Innenverhältnis eine unbeschränkte Haftung des Kommanditisten vereinbart haben. Entsprechendes gilt, soweit nicht die Voraussetzungen des § 15a Abs. 1 Satz 2 und 3 EStG vorliegen, bei einer erweiterten Haftung des Kommanditisten gegenüber den Gesellschaftsgläubigern im Außenverhältnis. Der Fall ist dies z. B. bei der Haftung des Kommanditisten für Schulden der KG aufgrund einer Bürgschaft.[4] Wurde vereinbart, dass das Kapitalkonto eines Kommanditisten nicht negativ werden kann, sind entsprechende Verlustanteile den übrigen Gesellschaftern zuzuordnen.

Bei der KG muss es sich um eine gewerblich tätige bzw. eine gewerblich geprägte KG handeln. Auch muss der Kommanditist Mitunternehmer sein. Bestehen muss insbesondere Gewinnerzielungsabsicht.

Im Fall der Neugründung einer KG wird der Gesellschafter regelmäßig mit der Eintragung der KG in das Handelsregister Kommanditist. Im Fall des Beitritts zu einer bestehenden KG wird er jedoch – ohne Rücksicht auf den Zeitpunkt seiner Eintragung in das Handelsregister[5] – mit seinem Beitritt Kommanditist. Kommanditisten

---
3 BFH, BStBl 1996 II S. 474.
4 BFH vom 01.10.2002 IV B 91/01 (BFH/NV 2003 S. 304).
5 BFH vom 19.05.1987 VIII B 104/85 (BFH/NV 1987 S. 640).

können natürliche Personen, juristische Personen und Personenhandelsgesellschaften sein. Ist eine Personenhandelsgesellschaft Kommanditist, ist § 15a EStG für die Personenhandelsgesellschaft, nicht dagegen für deren Gesellschafter anzuwenden.

Wechselt der Komplementär während des Wirtschaftsjahres in die Rechtsstellung eines Kommanditisten, ist die Verlustverwertungsbeschränkung nach § 15a EStG für das gesamte Wirtschaftsjahr und damit für den dem Gesellschafter insgesamt zuzurechnenden Anteil am Verlust der KG zu beachten.[6] Der Wechsel des Kommanditisten in die Rechtsstellung eines persönlich haftenden Gesellschafters findet im Zeitpunkt des betreffenden Gesellschafterbeschlusses statt. Wird der Beschluss vor Ende des Wirtschaftsjahres zivilrechtlich wirksam gefasst, unterliegen die dem Gesellschafter zuzurechnenden Verlustanteile dieses Wirtschaftsjahres nicht der Ausgleichsbeschränkung des § 15a EStG, auch wenn der Antrag auf Eintragung ins Handelsregister erst nach Ablauf des Wirtschaftsjahres gestellt wird.[7] Allerdings ist allein aufgrund der Umwandlung der Rechtsstellung eines Kommanditisten in diejenige eines unbeschränkt haftenden Gesellschafters der für ihn bisher festgestellte verrechenbare Verlust nicht in einen ausgleichsfähigen Verlust umzuqualifizieren.[8]

Verlustanteil

Das Ausgleichs- und Abzugsverbot des § 15a Abs. 1 Satz 1 EStG erstreckt sich nicht auf den gesamten Verlust des Kommanditisten aus seiner Beteiligung an der KG, sondern nur auf seinen Anteil am Verlust der KG. Die Vorschrift knüpft an die Unterscheidung in § 15 Abs. 1 Nr. 2 EStG an und erstreckt sich nur auf den dort genannten Gewinn- bzw. Verlustanteil aus dem Gesamthandsvermögen der KG und einer etwaigen Ergänzungsbilanz des Gesellschafters. Hinzu kommt ein etwaiger Gewinn oder Verlust aus einer Anteilsveräußerung i. S. des § 16 Abs. 1 Nr. 2 EStG, soweit dieser auf Gesellschaftsvermögen entfällt. § 15a Abs. 1 Satz 1 EStG erfasst hingegen nicht Verluste, die sich aus dem **Sonderbetriebsvermögen** und aus den in § 15 Abs. 1 Nr. 2 EStG genannten Vergütungen ergeben.[9]

> **Beispiel:**
>
> Kommanditist K ist mit 20 % an der X-KG beteiligt. Sein Kapitalkonto beträgt 0 €. Sein Anteil am Verlust der KG beträgt 100.000 €. Der Verlust aus dem Sonderbetriebsvermögen (Teilwertabschreibung auf ein der KG vermietetes Wirtschaftsgut) beträgt 20.000 €.
>
> Der Anteil am Verlust der KG i. H. von 100.000 € ist nicht ausgleichs- oder abzugsfähig. Der Verlust aus dem Sonderbetriebsvermögen i. H. von 20.000 € ist dagegen unbeschränkt ausgleichs- und abzugsfähig.

---

6 BFH, BStBl 2004 II S. 118.
7 BFH, BStBl 2004 II S. 423.
8 BFH, BStBl 2004 II S. 115.
9 BFH, BStBl 1992 II S. 167.

19.1 Beschränkung der Verlustverrechnung bei beschränkter Haftung

Hinsichtlich der Ermittlung des Gewinn- und Verlustanteils gelten die allgemeinen Grundsätze. Maßgeblich ist auch im Rahmen des § 15a EStG die vertragliche Gewinn-und-Verlust-Verteilungsabrede.

Kapitalkonto

Die Ausgleichs- und Abzugsfähigkeit des Anteils am Verlust der KG ist nach § 15a Abs. 1 Satz 1 EStG nur insoweit eingeschränkt, als ein negatives Kapitalkonto entsteht oder sich erhöht. Die Höhe des Kapitalkontos bestimmt das Volumen der unbeschränkt ausgleichs- und abzugsfähigen Anteile des Kommanditisten am Verlust der KG.

Bei der Ermittlung der Höhe des Kapitalkontos i. S. des § 15a EStG bleibt, wie sich aus dem Zusammenhang des § 15a EStG mit § 15 Abs. 1 Nr. 2 EStG ergibt, das **Sonderbetriebsvermögen** des Kommanditisten außer Ansatz.[10] Maßgeblich für das Kapitalkonto des Kommanditisten ist damit nur die Steuerbilanz der Gesellschaft unter Einbeziehung der Ergänzungsbilanz, nicht aber die sog. Gesamtbilanz der Mitunternehmerschaft.

> **Beispiel:**
> Das Kapitalkonto des Kommanditisten K der X-KG beträgt 20.000 €, sein Anteil am Verlust der X-KG 50.000 €.
> In Höhe von 20.000 € ist der Anteil am Verlust der KG unbeschränkt ausgleichs- und abzugsfähig; insoweit entsteht ein negatives Kapitalkonto nicht. Die restlichen 30.000 € des Anteils am Verlust sind nicht ausgleichs- oder abzugsfähig, weil insoweit ein negatives Kapitalkonto entsteht.

Führt die KG für ihre Kommanditisten mehrere Konten mit unterschiedlichen Bezeichnungen (z. B. Verrechnungskonto, Privatkonto), ist anhand des Gesellschaftsvertrags zu ermitteln, welche zivilrechtliche Rechtsnatur die Konten haben. Es ist zu prüfen, ob sie Eigenkapital ausweisen oder Forderungen und Schulden. Teil des Kapitalkontos i. S. von § 15a EStG sind nur **Eigenkapitalkonten**. Eigenkapitalkonten liegen nach der Rechtsprechung[11] vor, wenn auf den entsprechenden Konten Verluste mit Guthaben verrechnet werden können.

Kapitalersetzende Gesellschafterdarlehen erhöhen nicht das Kapitalkonto i. S. von § 15a EStG.[12] Gleiches gilt auch für Gesellschafter-Darlehen mit vereinbartem Rangrücktritt.[13] Das von einem Kommanditisten der KG gewährte Darlehen erhöht allerdings sein Kapitalkonto i. S. des § 15a Abs. 1 Satz 1 EStG, wenn es den vertraglichen Bestimmungen zufolge während des Bestehens der Gesellschaft vom Kommanditisten nicht gekündigt werden kann und wenn das Guthaben im Fall seines Ausscheidens oder der Liquidation der Gesellschaft mit einem eventuell bestehen-

---
10 BFH, BStBl 1992 II S. 167.
11 BFH, BStBl 2000 II S. 347.
12 BFH, BStBl 2000 II S. 347.
13 BFH, BStBl 1993 II S. 502.

den negativen Kapitalkonto verrechnet wird.[14] Steuerfreie Einnahmen erhöhen das Kapitalkonto ebenfalls. Nicht abziehbare Betriebsausgaben führen zu einer entsprechenden Minderung.

Maßgeblich für die Höhe des in der Steuerbilanz der KG auszuweisenden Kapitalkontos ist nicht die vertragliche Pflichteinlage, sondern nur die am Bilanzstichtag tatsächlich geleistete Einlage.[15]

Entstehung oder Erhöhung des negativen Kapitalkontos

Nach § 15a Abs. 1 Satz 1 EStG darf der Anteil am Verlust der KG weder ausgeglichen noch abgezogen werden, soweit ein negatives Kapitalkonto des Kommanditisten entsteht oder sich erhöht. Solange das Kapitalkonto positiv oder gleich null ist oder ein bestehendes negatives Kapitalkonto sich nicht erhöht, ist der Anteil am Verlust der KG unbeschränkt ausgleichs- und abzugsfähig.

Entscheidend ist der Stand des Kapitalkontos des einzelnen Kommanditisten am **Ende des Wirtschaftsjahres**, für das dem Kommanditisten ein Verlustanteil zuzurechnen ist.[16] Durch Einlagen in das Gesellschaftsvermögen während des Wirtschaftsjahres erhöht sich ein positives und vermindert sich ein negatives Kapitalkonto. Entnahmen aus dem Gesellschaftsvermögen zulasten des Kapitals vermindern ein positives und erhöhen ein negatives Kapitalkonto.

Beispiel:

Kapitalkonto des Kommanditisten K am 31.12.01	./. 20.000 €
Einlage im Wirtschaftsjahr 02	+ 10.000 €
Anteil des Kommanditisten am Verlust der KG 02	./. 30.000 €
Kapitalkonto des K am 31.12.02	./. 40.000 €

Der Anteil am Verlust der KG ist i. H. von 10.000 € unbeschränkt ausgleichs- und abzugsfähig; ein negatives Kapitalkonto ist insoweit nicht entstanden, es bestand schon am 31.12.01. Es hat sich insoweit auch nicht erhöht; die Einlage im Wirtschaftsjahr 02 hat das Verlustausgleichsvolumen vergrößert.
Der restliche Anteil am Verlust der KG i. H. von 20.000 € ist nicht ausgleichs- oder abzugsfähig, da sich insoweit das negative Kapitalkonto von bisher ./. 20.000 € um weitere 20.000 € auf ./. 40.000 € erhöht.

Kein Verlustausgleich und Verlustabzug

Der dem Kommanditisten zuzurechnende Anteil am Verlust der KG darf, soweit ein negatives Kapitalkonto entsteht oder sich erhöht,

- weder mit anderen Einkünften aus Gewerbebetrieb verrechnet,
- noch mit Einkünften aus anderen Einkunftsarten ausgeglichen,
- noch nach § 10d EStG abgezogen werden.

---

14 BFH, BStBl 2005 II S. 598.
15 BFH, BStBl 1996 II S. 226.
16 BFH, BStBl 2001 II S. 166.

19.1 Beschränkung der Verlustverrechnung bei beschränkter Haftung

Keine anderen Einkünfte i. S. von § 15a Abs. 1 Satz 1 EStG sind steuerpflichtige Gewinne aus der Veräußerung des Mitunternehmeranteils nach § 16 Abs. 1 Nr. 2 EStG, soweit diese auf dem Gesellschaftsvermögen beruhen.[17] Andere Einkünfte aus Gewerbebetrieb i. S. von § 15a Abs. 1 Satz 1 EStG sind **Sonderbilanzgewinne** einschließlich der Sondervergütungen. Folge ist, dass Verlustanteile damit im selben Wirtschaftsjahr nicht ausgeglichen werden können. Steuerfreie Gewinne sind keine Einkünfte i. S. von § 15a Abs. 1 Satz 1, Abs. 2 Satz 1 EStG.

19.1.3 Überschießende Außenhaftung (§ 15a Abs. 1 Satz 2 und 3 EStG)

Nach § 15a Abs. 1 Satz 1 EStG wird das Verlustausgleichsvolumen eines Kommanditisten durch die Höhe des Kapitalkontos und damit durch die geleistete Einlage bestimmt. Für eine noch ausstehende Einlage ist zwar handelsrechtlich ein Aktivposten zu bilden; steuerlich gehört sie jedoch nicht zum Kapitalkonto. Der Kommanditist haftet aber auch bei nicht voll eingezahlter Einlage gem. § 171 Abs. 1 HGB bis zur Höhe des im Handelsregister eingetragenen Betrags der Einlage (Hafteinlage) den Gläubigern der KG unmittelbar; er steht insoweit einem Komplementär gleich. Diesem Umstand trägt § 15a Abs. 1 Satz 2 EStG Rechnung. Er bestimmt, dass abweichend von Satz 1 Verluste des Kommanditisten bis zur Höhe des Betrags, um den die im Handelsregister eingetragene Einlage des Kommanditisten seine geleistete Einlage übersteigt, auch ausgeglichen oder abgezogen werden können, soweit durch den Verlust ein negatives Kapitalkonto entsteht oder sich erhöht.

Dem Kommanditisten steht insoweit ein **Wahlrecht** zu.[18]

> **Beispiel:**
>
> Kommanditist K hat auf seine im Handelsregister eingetragene Hafteinlage von 30.000 € am 31.12.01 erst 20.000 € (= Kapitalkonto) geleistet. Sein Anteil am Verlust der KG beträgt 35.000 €.
>
> In Höhe von 20.000 € ist der Anteil am Verlust nach § 15a Abs. 1 Satz 1 EStG ausgleichs- und abzugsfähig, da ein negatives Kapitalkonto weder entsteht noch sich erhöht.
>
> In Höhe von weiteren 10.000 € kann K den Anteil am Verlust – da insoweit ein negatives Kapitalkonto entsteht – nicht nach § 15a Abs. 1 Satz 1 EStG, wohl aber nach § 15a Abs. 1 Satz 2 EStG ausgleichen oder abziehen, da K nach § 171 Abs. 1 HGB insoweit den Gesellschaftsgläubigern gegenüber haftet.
>
> In Höhe der restlichen 5.000 € ist der Anteil am Verlust nicht ausgleichs- oder abzugsfähig, sondern nur nach § 15a Abs. 2 EStG verrechenbar.

Dieser sog. erweiterte Verlustausgleich kommt **nur bei Kommanditisten,** nicht bei den in § 15a Abs. 5 EStG genannten Unternehmern in Betracht. Er setzt voraus,

---

[17] BFH, BStBl 1995 II S. 467.
[18] Wacker, in: Schmidt, EStG, 32. Auflage, § 15a Rdnr. 123; a. A. von Beckerath, in: Kirchhof, EStG, 12. Auflage, § 15a Rdnr. 40.

19 Beschränkung der Verlustverrechnung

dass der Kommanditist am Bilanzstichtag den Gläubigern der Gesellschaft aufgrund des § 171 Abs. 1 HGB haftet. § 15a Abs. 1 Satz 2 EStG knüpft, anders als Satz 1 der Vorschrift, ausschließlich an das Handelsrecht an.

Nach § 171 Abs. 1 i. V. m. § 172 Abs. 1 HGB haftet der Kommanditist den Gesellschaftsgläubigern unmittelbar, wenn die tatsächlich geleistete Einlage geringer ist als die Hafteinlage. Ob eine Einlage i. S. des § 172 Abs. 1 HGB vorliegt und wie sie zu bewerten ist, ist ausschließlich nach Handelsrecht, nicht nach Steuerrecht zu beurteilen. Zu berücksichtigen ist daher auch die Einlage von Wirtschaftsgütern in das Gesamthandsvermögen der KG, die steuerrechtlich notwendiges Privatvermögen sind, während die Einlage von Wirtschaftsgütern in das steuerrechtliche Sonderbetriebsvermögen des Kommanditisten unberücksichtigt bleibt.

Nach § 171 Abs. 1 i. V. m. § 172 Abs. 4 Satz 1 HGB gilt die Einlage eines Kommanditisten, soweit sie zurückgezahlt wird, den Gläubigern der Gesellschaft gegenüber **als nicht geleistet**. Auch die Frage, ob eine Einlage zurückgezahlt worden ist, ist ausschließlich nach Handelsrecht zu beurteilen. Die Rückzahlung der Einlage setzt daher eine Zuwendung aus dem Gesamthandsvermögen der KG voraus; ob das Wirtschaftsgut dem Betriebsvermögen oder dem Privatvermögen zuzurechnen war, ist dabei ohne Bedeutung. Entnahmen aus dem Sonderbetriebsvermögen des Kommanditisten und Vergütungen i. S. des § 15 Abs. 1 Nr. 2 EStG sind hingegen keine Rückzahlung der Einlage im handelsrechtlichen Sinne.

Nach § 171 Abs. 1 i. V. m. § 172 Abs. 4 Satz 2 HGB gilt die Einlage eines Kommanditisten auch insoweit als nicht geleistet, als der Kommanditist Gewinnanteile entnimmt. Auch das Vorliegen dieser Voraussetzung ist ausschließlich nach Handelsrecht zu beurteilen. Die Auszahlung von Vergütungen i. S. des § 15 Abs. 1 Nr. 2 EStG stellt daher keine Entnahme von Gewinnanteilen im Sinne dieser Vorschriften dar.

Es liegt weder eine Rückzahlung der Einlage noch eine Gewinnentnahme i. S. von § 172 Abs. 4 HGB vor, wenn der Kommanditist für eine Tätigkeit oder die Überlassung von Wirtschaftsgütern zur Nutzung eine angemessene Vergütungen erhält, die in der Handelsbilanz Aufwand darstellt. Eine Einlagerückgewähr ist z. B. anzunehmen bei Verkauf eines Wirtschaftsguts des Gesamthandsvermögens durch die KG an den Kommanditisten unter dem tatsächlichen Wert.

Die **Höhe der Einlage** i. S. des § 171 Abs. 1 HGB wird durch die Eintragung im Handelsregister bestimmt. Für den erweiterten Verlustausgleich nach § 15a Abs. 1 Satz 2 EStG ist daher nicht ausreichend, wenn sich die Haftung des Kommanditisten gegenüber den Gesellschaftsgläubigern aus dem Gesellschaftsvertrag, aus einer übernommenen Bürgschaft[19] oder aus sonstigen Gründen ohne Eintragung der Haftung im Handelsregister (vgl. § 172 Abs. 2, § 176 Abs. 1 und 2, § 172a HGB) ergibt. Maßgeblich ist die Eintragung der Einlage am Bilanzstichtag. Ein Antrag auf Ein-

---
19 BFH, BStBl 1998 II S. 109.

19.1 Beschränkung der Verlustverrechnung bei beschränkter Haftung

tragung reicht nicht aus.[20] Ferner muss derjenige, dem der Anteil am Verlust der KG zuzurechnen ist, am Bilanzstichtag namentlich im Handelsregister eingetragen sein (R 15a Abs. 3 EStR).

Nach § 15a Abs. 1 Satz 3 EStG setzt der erweiterte Verlustausgleich ferner voraus, dass das Bestehen der Haftung nachgewiesen wird. Hierbei handelt es sich um ein materielles Tatbestandsmerkmal, nicht nur um eine Regelung der Feststellungslast. Die Nachweispflicht erstreckt sich auf die Eintragung der Haftsumme und des Kommanditisten im Handelsregister, die erbrachten Einlagen und vorgenommenen Entnahmen sowie das Bestehen von Verbindlichkeiten der KG am Bilanzstichtag, für die der Kommanditist den Gesellschaftsgläubigern haftet.

Weitere Voraussetzung für den erweiterten Verlustausgleich ist nach § 15a Abs. 1 Satz 3 EStG schließlich, dass eine Vermögensminderung aufgrund der Haftung durch Vertrag nicht ausgeschlossen oder nach Art und Weise des Geschäftsbetriebs unwahrscheinlich ist.

Der **Ausschluss einer Vermögensminderung** durch Vertrag wäre z. B. anzunehmen, wenn und soweit der Kommanditist im Fall seiner Inanspruchnahme für Schulden der Gesellschaft vertragliche Erstattungsansprüche gegen eine Versicherung oder Freistellungs- oder Rückgriffsansprüche gegen die KG, seine Mitgesellschafter, Gläubiger der Gesellschaft oder andere Dritte hätte.

Als **unwahrscheinlich** ist eine Vermögensminderung aufgrund der Haftung nach Art und Weise des Geschäftsbetriebs nur anzusehen, wenn die finanzielle Ausstattung der Gesellschaft und deren gegenwärtige sowie zukünftige Liquidität im Verhältnis zum nach dem Gesellschaftsvertrag festgelegten Gesellschaftszweck und dessen Umfang so außergewöhnlich günstig sind, dass die finanzielle Inanspruchnahme des einzelnen zu beurteilenden Kommanditisten nicht zu erwarten ist.[21] Bei dieser Beurteilung ist zu beachten, dass der finanziellen Ausstattung der Gesellschaft umso weniger Gewicht zukommt, je weniger der nach dem Gesellschaftsvertrag festgelegte Gegenstand des Unternehmens verlustträchtig erscheint und je weniger die für einen überschaubaren Zeitraum zu erwartende Geschäftsentwicklung auch nur kurzfristige Liquiditätsengpässe der Gesellschaft als möglich erscheinen lässt. Bei der Gewichtung der genannten Komponenten ist ein vorsichtiger Maßstab in dem Sinne anzulegen, dass die für eine mögliche Vermögensminderung sprechenden Umstände im Zweifel eher über- denn unterzubewerten sind.

Der erweiterte Verlustausgleich kann insgesamt **nur einmal** beansprucht werden bis zur Höhe des Betrags der nachgewiesenen überschießenden Außenhaftung. Trotz fortbestehender Differenz zwischen Haftsumme und geleisteter Einlage i. S. von § 171 Abs. 1, § 172 Abs. 4 HGB ist nach der erstmaligen vollständigen Ausnutzung des zusätzlichen Verlustausgleichspotenzials Verbrauch eingetreten.[22]

---

20 BFH, BStBl 1988 II S. 5.
21 BFH, BStBl 1992 II S. 164.
22 BFH, BStBl 1994 II S. 627.

Fällt die überschießende Außenhaftung in späteren Wirtschaftsjahren durch Leistung der noch ausstehenden Einlage weg, bleibt der erweiterte Verlustausgleich in den vorangegangenen Wirtschaftsjahren davon unberührt.

19.1.4 Einlagen (§ 15a Abs. 1a EStG)

Nach § 15a Abs. 1a Satz 1 EStG führen nachträgliche Einlagen weder zu einer Ausgleichs- oder Abzugsfähigkeit eines vorhandenen verrechenbaren Verlusts noch zu einer Ausgleichs- oder Abzugsfähigkeit des dem Kommanditisten zuzurechnenden Anteils am Verlust eines zukünftigen Wirtschaftsjahres, soweit durch den Verlust ein negatives Kapitalkonto des Kommanditisten entsteht oder sich erhöht. Hierdurch wird erreicht, dass bei einem negativen Kapitalkonto Einlagen nur noch insoweit zu einem Verlustausgleichsvolumen führen, als es sich um Verluste des Wirtschaftsjahres der Einlage handelt. Somit können durch nachträgliche Einlagen verrechenbare Verluste der Vorjahre nicht in ausgleichsfähige Verluste umqualifiziert werden.

Nachträgliche Einlagen sind nach § 15a Abs. 1a Satz 2 EStG Einlagen, die nach Ablauf eines Wirtschaftsjahres geleistet werden, in dem ein nicht ausgleichs- oder abzugsfähiger Verlust i. S. des § 15a Abs. 1 EStG entstanden oder ein Gewinn i. S. des § 15a Abs. 3 Satz 1 EStG zugerechnet worden ist. Der Begriff der Einlage lässt sich aus § 4 Abs. 1 Satz 8 EStG entnehmen.

19.1.5 Verrechnung mit späteren Gewinnen (§ 15a Abs. 2 EStG)

Neben das Ausgleichs- bzw. Abzugsverbot nach § 15a Abs. 1 EStG tritt eine Umqualifikation dieser nicht ausgleichsfähigen Verlustanteile in verrechenbare Verluste. Verrechenbare Verluste mindern nach § 15a Abs. 2 EStG die Gewinne, die dem Kommanditisten in späteren Wirtschaftsjahren aus seiner Beteiligung an der KG zuzurechnen sind. Die künftigen Gewinne, die dem Kommanditisten aus seiner Beteiligung an der KG zuzurechnen sind, bleiben in Höhe des verrechenbaren Verlustes steuerfrei. Die Minderung hat **von Amts wegen** zu erfolgen. Dem Kommanditisten steht kein Wahlrecht zu.

Gewinne, die durch verrechenbare Verluste ausgeglichen werden können, sind nur Gewinne aus dem Gesellschaftsvermögen.[23] Hierzu gehören der Anteil am Steuerbilanzgewinn nebst Ergänzungsbilanzen und der Gewinn aus einer Anteilsveräußerung nach § 16 Abs. 1 Nr. 2 EStG, soweit er auf das Gesellschaftsvermögen entfällt. Nicht zu den Gewinnen, die dem Kommanditisten nach § 15a Abs. 2 EStG aus einer Beteiligung an der KG zuzurechnen sind, gehören **Sonderbetriebsgewinne.** Diese dürfen nicht um verrechenbare Verluste gemindert werden, gleichgültig, ob sie in späteren Wirtschaftsjahren oder im selben Wirtschaftsjahr anfallen.

Die Minderung des Gewinns nach § 15a Abs. 2 EStG setzt voraus, dass der Kommanditist, dem der Anteil am Verlust der KG i. S. des § 15a Abs. 1 EStG zuzurech-

---

[23] BFH, BStBl 1999 II S. 163.

19.1 Beschränkung der Verlustverrechnung bei beschränkter Haftung

nen ist, und der Kommanditist, dem die Gewinne aus der Beteiligung an der KG i. S. des § 15a Abs. 2 EStG zuzurechnen sind, identisch sind. Diese **Identität des Beteiligten** ist im Fall unentgeltlicher Übertragung des Mitunternehmeranteils nach § 6 Abs. 3 EStG gegeben, nicht hingegen bei entgeltlicher Übertragung des Kommanditanteils. Auch die Änderung der Art der Beteiligung steht grundsätzlich einer Gewinnminderung nach § 15a Abs. 2 EStG nicht entgegen. Wird der ursprüngliche Kommanditist später Komplementär oder wird die ursprüngliche KG in eine OHG umgewandelt, erfolgt dadurch keine Umqualifizierung des nur verrechenbaren Verlustes in einen unbeschränkt ausgleichs- und abzugsfähigen Verlust.[24] Der Gewinn, der dem früheren Kommanditisten in späteren Wirtschaftsjahren aus seiner Beteiligung nunmehr als Komplementär oder als OHG-Gesellschafter zuzurechnen ist, wird jedoch nach § 15a Abs. 2 EStG durch den verrechenbaren Verlust gemindert. Nach § 15a Abs. 2 EStG werden die Gewinne in späteren Wirtschaftsjahren gemindert. § 15a Abs. 2 EStG enthält in zeitlicher Hinsicht keine Beschränkung.

Nach § 15a Abs. 2 Satz 2 i. V. m. § 15a Abs. 1a EStG ist bei Veräußerung oder Aufgabe des gesamten Mitunternehmeranteils oder bei Betriebsveräußerung oder Betriebsaufgabe ein verrechenbarer Verlust, der nach Abzug des Veräußerungs- oder Aufgabegewinns verbleibt, bis zur Höhe der nachträglichen Einlagen ausgleichs- oder abzugsfähig.

19.1.6 Einlageminderung (§ 15a Abs. 3 Satz 1, 2 und 4 EStG)

Nach § 15a Abs. 1 Satz 1 EStG hängt das Verlustausgleichsvolumen von der Höhe des Kapitalkontos an dem jeweiligen Bilanzstichtag des Verlustentstehungsjahres ab. Spätere Erhöhungen bleiben für die Berücksichtigung dieses Verlustes außer Betracht. Würde man auch spätere Verminderungen des Kapitals ohne rechtliche Konsequenzen lassen, könnte § 15a EStG leicht umgangen werden. § 15a Abs. 3 EStG sieht daher im Ergebnis vor, dass ein früherer Verlustausgleich rückgängig gemacht wird, wenn der Kommanditist nach dem Bilanzstichtag das für den Verlustausgleich entscheidende Kapitalkonto durch Einlageminderung herabsetzt. Verfahrenstechnisch erfolgt die Rückgängigmachung allerdings nicht für das Verlustentstehungsjahr, sondern in dem Wirtschaftsjahr der Einlageminderung in der Weise, dass einerseits der Betrag der Einlageminderung dem Kommanditisten als Gewinn zugerechnet wird (§ 15a Abs. 3 Satz 1 EStG) und andererseits dieser zuzurechnende Betrag die Gewinne mindert, die dem Kommanditisten in diesem oder in späteren Wirtschaftsjahren aus seiner Beteiligung an der KG zuzurechnen sind (§ 15a Abs. 3 Satz 4 EStG). Im Ergebnis wird dadurch der ursprünglich ausgleichs- und abzugsfähige Anteil am Verlust der KG in einen nur verrechenbaren Verlust umgewandelt.

---

24 BFH, BStBl 2004 II S. 118.

19 Beschränkung der Verlustverrechnung

Eine Einlageminderung liegt vor, soweit ein negatives Kapitalkonto durch Entnahmen entsteht oder sich erhöht. Maßgeblich ist der Begriff des Kapitalkontos i. S. von § 15a Abs. 1 Satz 1 EStG. Erfasst werden nur **Entnahmen aus dem betrieblichen Gesamthandsvermögen.** Der Begriff der Entnahme orientiert sich am Entnahmebegriff des § 4 Abs. 1 Satz 2 EStG. Eine Entnahme kann liegen in der Überführung von Wirtschaftsgütern aus dem Betriebsvermögen der KG in das Privatvermögen, das Sonderbetriebsvermögen oder ein anderes Betriebsvermögen, nicht dagegen aus dem Sonderbetriebsvermögen in das Privatvermögen.

Die Einlageminderung ist dem Kommanditisten jedoch nur insoweit als Gewinn zuzurechnen, als nicht aufgrund der Entnahme eine nach § 15a Abs. 1 Satz 2 und 3 EStG zu berücksichtigende Haftung entsteht. Denn in diesem Fall darf der Anteil am Verlust nunmehr – statt nach § 15a Abs. 1 Satz 1 EStG – nach § 15a Abs. 1 Satz 2 EStG ausgeglichen werden; es wird nur der Rechtsgrund für den Verlustausgleich ausgewechselt.

Für die Zurechnung des Betrags der Einlageminderung als Gewinn ist in zeitlicher und betragsmäßiger Hinsicht eine **Begrenzung** vorgesehen. Zum einen können bei der Ermittlung des Höchstbetrags nur solche Anteile am Verlust der KG berücksichtigt werden, die unter den zeitlichen und sachlichen Geltungsbereich des § 15a Abs. 1 EStG fallen (§ 52 Abs. 33 Satz 5 EStG). Zum anderen darf der Betrag die Summe der Anteile am Verlust der KG nicht übersteigen, die im Wirtschaftsjahr der Einlageminderung und in den zehn vorangegangenen Wirtschaftsjahren ausgleichsoder abzugsfähig gewesen sind. Allerdings wird die einem Kommanditisten als fiktiver Gewinn zuzurechnende Einlagenminderung i. S. von § 15a Abs. 3 Satz 1 EStG nicht nur durch die ausgleichsfähigen Verlustanteile des Jahres der Einlagenminderung und der zehn vorausgegangenen Jahre begrenzt. Vielmehr sind diese ausgleichsfähigen Verlustanteile zuvor mit den Gewinnanteilen zu verrechnen, mit denen sie hätten verrechnet werden können, wenn sie mangels eines ausreichenden Kapitalkontos nicht ausgleichsfähig, sondern lediglich verrechenbar i. S. des § 15a Abs. 2 EStG gewesen wären. Für eine Saldierung kommen nur die Gewinne in Betracht, die für eine Verrechnung mit den jeweiligen Verlusten, wenn sie lediglich verrechenbar gewesen wären, zur Verfügung gestanden hätten. Es kann demnach nicht ein Verlustanteil fiktiv mit dem Gewinnanteil eines vorangegangenen Jahres verrechnet werden.[25]

Die Beträge, die dem Kommanditisten nach § 15a Abs. 3 Satz 1 und 2 EStG als Gewinn zuzurechnen sind, mindern die Gewinne, die dem Kommanditisten im Wirtschaftsjahr der Einlageminderung oder in späteren Wirtschaftsjahren aus seiner Beteiligung zuzurechnen sind (§ 15a Abs. 3 Satz 4 EStG). Diese Regelung entspricht im Wesentlichen der des § 15a Abs. 2 EStG. Treffen in einem Wirtschaftsjahr Gewinnminderungen nach § 15a Abs. 2 und Abs. 3 Satz 4 EStG zusammen, steht der Gewinn nur einmal zur Verrechnung zur Verfügung.

---

25 BFH, BStBl 2003 II S. 798.

19.1 Beschränkung der Verlustverrechnung bei beschränkter Haftung

Beispiel:
Die tatsächlich geleistete Einlage des Kommanditisten K beträgt 50.000 €. Am 20.12.01 erbringt er eine zusätzliche Einlage von 100.000 €, die er am 10.01.02 wieder entnimmt. Sein Anteil am Verlust der KG im Jahr 01 beträgt 150.000 €, sein Gewinn aus der Beteiligung an der KG im Jahr 02 beträgt 20.000 €.

Der Anteil am Verlust der KG des Jahres 01 von 150.000 € ist in vollem Umfang ausgleichs- oder abzugsfähig, da ein negatives Kapitalkonto weder entsteht noch sich erhöht. Die spätere Entnahme der 100.000 € führt für das Jahr 01 zu keiner Änderung.

Im Jahre 02 beträgt der Gewinn des K aus seiner Beteiligung an der KG 20.000 €. Nach § 15a Abs. 3 Satz 1 EStG ist K jedoch auch der Betrag der Einlageminderung von 100.000 € als Gewinn zuzurechnen. Dieser Betrag mindert andererseits nach § 15a Abs. 3 Satz 4 EStG im Jahr 02 den Gewinn des K aus seiner Beteiligung an der KG i. H. von 20.000 €. K hat damit im Jahre 02 nur den Betrag von 100.000 € zu versteuern.

Daneben bleibt K ein verrechenbarer Verlust i. H. von (100.000 € ./. 20.000 € =) 80.000 €, der die Gewinne mindert, die K in den Folgejahren aus seiner Beteiligung an der KG zuzurechnen sind.

Eine die Haftsumme übersteigende Pflichteinlage – also auch ein Agio, das vereinbarungsgemäß den Kapitalanteil des Kommanditisten mehren und der Stärkung des Eigenkapitals der Gesellschaft dienen soll – steht als „Polster" für haftungsunschädliche Entnahmen nicht zur Verfügung, wenn sie durch Verluste verbraucht ist. Das hat für die Gewinnzurechnung wegen Einlageminderung nach § 15a Abs. 3 EStG zur Folge, dass bei Bestehen eines negativen Kapitalkontos eine Entnahme auch insoweit, als sie die Differenz zwischen Haftsumme und überschießender Pflichteinlage nicht überschreitet, zum Wiederaufleben der nach § 15a Abs. 1 Satz 2 EStG zu berücksichtigenden Haftung führt und mithin eine Zurechnung nach § 15a Abs. 3 EStG zu unterbleiben hat.[26]

19.1.7 Haftungsminderung (§ 15a Abs. 3 Satz 3 und 4 EStG)

Eine entsprechende Regelung wie bei der Einlageminderung enthält § 15a EStG für die Haftungsminderung (§ 15a Abs. 3 Satz 3 EStG). Während die Regelung der Einlageminderung mit dem am Kapitalkonto orientierten Grundfall des § 15a Abs. 1 Satz 1 EStG korrespondiert, stellt die Regelung der Haftungsminderung auf den an der überschießenden Außenhaftung orientierten erweiterten Verlustausgleich des § 15a Abs. 1 Satz 2 EStG ab.

Nach § 15a Abs. 3 Satz 3 EStG erfolgt eine Zurechnung eines Gewinns in Höhe der Haftungsminderung und die Gewährung eines verrechenbaren Verlustes in gleicher Höhe. Voraussetzung ist, dass im Jahr der Haftungsminderung und den zehn vorangegangenen Veranlagungszeiträumen Verluste nach § 15a Abs. 1 Satz 2 EStG ausgleichs- oder abzugsfähig waren. Der Betrag der Haftungsminderung vermindert sich um aufgrund der Haftung tatsächlich geleistete Beträge.

---
26 BFH vom 06.03.2008 IV R 35/07 (BStBl 2008 II S. 676).

19 Beschränkung der Verlustverrechnung

Beispiel:
A ist an der AB-KG als Kommanditist mit einer im Handelsregister eingetragenen Kommanditeinlage von 150.000 € seit 08 beteiligt. Auf die Einlage hat er in 08 eine Einzahlung von 50.000 € geleistet. In 10 wird die im Handelsregister eingetragene Kommanditeinlage um 100.000 € herabgesetzt. Das Kapitalkonto hat sich bis zum 31.12.10 wie folgt entwickelt:

Einlage auf die Kommanditbeteiligung 08	50.000 €
Verlust 08	./. 80.000 €
Kapital 31.12.08	./. 30.000 €
Verlust 09	./. 90.000 €
Kapital 31.12.09	./. 120.000 €
Gewinn 10	15.000 €
Kapital 31.12.10	./. 105.000 €

A hat den Verlust in 08 i. H. von 80.000 € i. H. von 50.000 € nach § 15a Abs. 1 Satz 1 EStG und i. H. von 30.000 € nach § 15a Abs. 1 Satz 2 EStG ausgleichen können. Der Verlust i. H. von 90.000 € in 09 war i. H. von 70.000 € ausgleichsfähig nach § 15a Abs. 1 Satz 2 EStG. Für 09 waren 20.000 € verrechenbarer Verlust festzustellen. Der Gewinn 10 i. H. von 15.000 € ist mit den verrechenbaren Verlusten i. H. von 20.000 € zu verrechnen. Es verbleibt ein verrechenbarer Verlust i. H. von 5.000 €. Nach § 15a Abs. 3 Satz 3 EStG wird i. H. von 100.000 € der insoweit früher ausgleichs- und abzugsfähige Verlust in einen verrechenbaren Verlust umgewandelt und gleichzeitig als Gewinn erfasst. Der verrechenbare Verlust zum 31.12.10 beträgt nunmehr 105.000 €.

19.1.8 Feststellung des verrechenbaren Verlustes

Gewinne und Verluste einer KG werden nach § 180 AO gesondert und einheitlich festgestellt. Auch der einem Kommanditisten zuzurechnende Anteil am Verlust der KG i. S. des § 15a Abs. 1 EStG – unter Berücksichtigung der Hinzurechnungen und Minderungen gem. § 15a Abs. 2 und 3 EStG – wird von dieser Feststellung erfasst. Ein Teil dieses Verlustes kann ein nach § 15a Abs. 1 EStG im Verlustentstehungsjahr nicht ausgleichs- oder abzugsfähiger, sondern erst in späteren Jahren nach § 15a Abs. 2 EStG verrechenbarer Verlust sein. Dieser Teil des Verlustes sowie seine Fortschreibung wird in der Feststellung nach § 180 AO nicht besonders dargestellt. Aus Zweckmäßigkeitserwägungen hat der Gesetzgeber in § 15a Abs. 4 EStG vorgeschrieben, dass der verrechenbare Verlust des Kommanditisten durch einen eigenständigen Feststellungsbescheid jährlich gesondert festzustellen ist. Dessen Berechnung ergibt sich beispielhaft aus folgendem Schema:

+	Gesondert festgestellter Verlust des vorangegangenen Wj.	10.000 €
+	Anteil des Kommanditisten am Verlust der KG des lfd. Wj.	20.000 €
+	Hinzurechnungsbetrag wegen Einlageminderung des Wj.	10.000 €
+	Hinzurechnungsbetrag wegen Haftungsminderung des Wj.	0 €
./.	Gewinn, der dem Kommanditisten im Wj. aus seiner Beteiligung an der KG zuzurechnen ist	5.000 €
=	Verrechenbarer Verlust des Wj.	35.000 €

19.1 Beschränkung der Verlustverrechnung bei beschränkter Haftung

Für die Feststellung des verrechenbaren Verlustes ist dasselbe Finanzamt zuständig, das für die gesonderte und einheitliche Feststellung des Gewinns oder Verlustes der KG nach § 180 AO zuständig ist. Beide Feststellungen können miteinander verbunden werden; in diesen Fällen sind die gesonderten Feststellungen des verrechenbaren Verlustes der einzelnen Kommanditisten einheitlich durchzuführen, § 15a Abs. 4 Satz 5 und 6 EStG. Trotzdem bleiben beide Feststellungsverwaltungsakte rechtlich selbständig und damit auch selbständig anfechtbar.[27]

19.1.9 Persönlicher Geltungsbereich

§ 15a Abs. 1 bis 4 EStG gilt unmittelbar nur für Kommanditisten. Mit Ausnahme der Vorschriften über den erweiterten Verlustausgleich (§ 15a Abs. 1 Satz 2 und 3, Abs. 3 Satz 3 EStG) gelten diese Regelungen jedoch sinngemäß auch für andere Unternehmer, soweit deren Haftung der eines Kommanditisten vergleichbar ist (§ 15a Abs. 5 EStG). Dazu gehören insbesondere:

1. Gesellschafter einer (atypischen) **stillen Gesellschaft** i. S. des § 230 HGB, bei der der Gesellschafter als Mitunternehmer anzusehen ist. Für den typischen stillen Gesellschafter enthält § 20 Abs. 1 Nr. 4 EStG eine eigene Verweisungsvorschrift.[28]

2. Gesellschafter einer **Gesellschaft bürgerlichen Rechts,** soweit die Inanspruchnahme des Gesellschafters für Schulden im Zusammenhang mit dem Betrieb durch Vertrag ausgeschlossen oder nach Art und Weise des Geschäftsbetriebs unwahrscheinlich ist. Im Hinblick auf die erste Alternative hat der BGH entschieden, dass die Gesellschafter einer GbR, die nach außen hin tätig wird, persönlich unbeschränkt haften. Deren Haftung kann nicht durch Einschränkung der Vertretungsmacht des geschäftsführenden Gesellschafters, sondern nur durch eine mit dem jeweiligen Vertragspartner getroffene Abrede eingeschränkt werden.[29] Ergebnis dürfte damit sein, dass § 15a Abs. 5 Nr. 2 EStG für eine Außen-GbR keine Bedeutung hat.

3. Gesellschafter einer **ausländischen Personengesellschaft,** soweit die Haftung des Gesellschafters für Schulden im Zusammenhang mit dem Betrieb der eines Kommanditisten (dies betrifft den Kommanditisten einer ausländischen Kommanditgesellschaft) oder eines stillen Gesellschafters (dies betrifft den stillen Gesellschafter einer ausländischen stillen Gesellschaft) entspricht oder soweit die Haftung des Gesellschafters für Schulden im Zusammenhang mit dem Betrieb durch Vertrag ausgeschlossen oder nach Art und Weise des Geschäfts-

---

27 BFH, BStBl 1999 II S. 592.
28 Zur Ermittlung des Kapitalkontos des stillen Gesellschafters siehe BFH, BStBl 1974 II S. 100 und 1984 II S. 820.
29 BGH, NJW 1999 S. 3483.

betriebs unwahrscheinlich ist (dies betrifft den Gesellschafter einer ausländischen Gesellschaft bürgerlichen Rechts).
4. Unternehmer, soweit Verbindlichkeiten nur in Abhängigkeit von Erlösen oder Gewinnen aus der Nutzung, Veräußerung oder sonstigen Verwertung von Wirtschaftsgütern zu tilgen sind. Da sog. **haftungslose Darlehen** nicht passivierungsfähig sind,[30] geht diese Vorschrift ins Leere.
5. **Mitreeder einer Reederei** i. S. des § 489 HGB, bei der der Mitreeder als Unternehmer (Mitunternehmer) anzusehen ist, wenn die persönliche Haftung des Mitreeders für die Verbindlichkeiten der Reederei ganz oder teilweise ausgeschlossen oder soweit die Inanspruchnahme des Mitreeders für Verbindlichkeiten der Reederei nach Art und Weise des Geschäftsbetriebs unwahrscheinlich ist.

§ 15a Abs. 5 EStG enthält **keine abschließende Regelung.** Auch Gesellschafter einer OHG oder persönlich haftende Gesellschafter einer KG können daher unter die vorbezeichneten Regelungen fallen, sofern ihre Inanspruchnahme für Schulden der Gesellschaft vertraglich in einer Weise eingeschränkt ist, dass ihre Haftung der eines Kommanditisten vergleichbar ist.

19.1.10 Ausscheiden eines Kommanditisten mit negativem Kapitalkonto

Einem Kommanditisten sind Verlustanteile, die nach dem allgemeinen Gewinn-und-Verlust-Verteilungsschlüssel der KG auf ihn entfallen, steuerlich auch insoweit zuzurechnen, als sie zu einem **negativen Kapitalkonto** des Kommanditisten führen.[31] Dies gilt nicht, soweit bereits vor Veräußerung oder Aufgabe des Betriebs und vor der gesellschaftsrechtlichen Auflösung der KG feststeht, dass ein Ausgleich des negativen Kapitalkontos mit künftigen Gewinnanteilen des Kommanditisten nicht mehr in Betracht kommt. Ab diesem Zeitpunkt können Verlustanteile dem Kommanditisten nicht mehr zugerechnet werden. Das negative Kapitalkonto fällt zu diesem Zeitpunkt weg. Der Kommanditist hat einen nicht begünstigten laufenden Gewinn zu versteuern.[32] Den verbleibenden Gesellschaftern sind Verlustanteile in einer Höhe zuzurechnen, in der sie dem Kommanditisten nicht mehr zugerechnet werden dürfen oder in der bei diesem durch den Wegfall des negativen Kapitalkontos ein Gewinn entsteht.[33] Verlustanteile sind einem Kommanditisten selbst dann nicht mehr zuzurechnen, wenn dieser sich für Schulden der KG verbürgt hat, sofern feststeht, dass ein Ausgleich mit künftigen Gewinnanteilen ausscheidet.

Besteht im Fall einer **entgeltlichen Veräußerung eines KG-Anteils** mit einem negativen Kapitalkonto aus ausgleichs- und abzugsfähigen Verlustanteilen der Ver-

---
30 BFH, BStBl 1986 II S. 68.
31 BFH, BStBl 1986 II S. 136.
32 BFH, BStBl 1981 II S. 164.
33 BFH, BStBl 1992 II S. 650.

19.1 Beschränkung der Verlustverrechnung bei beschränkter Haftung

äußerungspreis in der Übernahme des negativen Kapitalkontos und einem zusätzlichen Entgelt, entsteht beim Veräußerer ein Veräußerungsgewinn i. S. von § 16 Abs. 1 Nr. 2 EStG in Höhe der Differenz zwischen dem zusätzlichen Entgelt und dem negativen Kapitalkonto.[34] Der Veräußerungsgewinn ist nach den §§ 16, 34 EStG begünstigt. In Höhe des Veräußerungspreises hat der Erwerber Anschaffungskosten für die Anteile an den Wirtschaftsgütern des Gesamthandsvermögens. Die genannten Rechtsfolgen ergeben sich auch dann, wenn der Erwerber zwar das negative Kapitalkonto übernimmt, aber kein zusätzliches Entgelt zahlt.

Im Fall der entgeltlichen Veräußerung bei negativem Kapitalkonto aus nur verrechenbaren Verlustanteilen und einem Veräußerungspreis in Form der Übernahme des negativen Kapitalkontos und einem zusätzlichen Entgelt entsteht beim Veräußerer ein Gewinn in Höhe des zusätzlichen Entgelts und des negativen Kapitalkontos, der jedoch nach § 15a Abs. 2 EStG um den noch vorhandenen verrechenbaren Verlust zu mindern ist. Der Erwerber hat Anschaffungskosten in Höhe des zusätzlichen Entgelts und des übernommenen negativen Kapitalkontos. Gleiches gilt, wenn der Veräußerungspreis nur in der Übernahme des negativen Kapitalkontos besteht.

Bei **unentgeltlicher Übertragung eines Kommanditanteils** mit negativem Kapitalkonto aus ausgleichs- und abzugsfähigen Verlustanteilen von Todes wegen gilt § 6 Abs. 3 EStG. Gleiches gilt auch bei unentgeltlichen Übertragungen unter Lebenden, sofern der Anteil an den stillen Reserven einschließlich Geschäftswert höher ist als das negative Kapitalkonto. § 52 Abs. 33 Satz 3 und 4 EStG findet entgegen seinem Wortlaut keine Anwendung. Bei unentgeltlicher Übertragung eines Kommanditanteils mit negativem Kapitalkonto aus nur verrechenbaren Verlustanteilen tritt der Rechtsnachfolger nicht nur in die bilanzrechtliche Rechtsstellung seines Rechtsvorgängers ein, sondern auch in das Recht zur Verlustverrechnung nach § 15a Abs. 2, § 15a Abs. 3 Satz 4 EStG.[35]

Soweit im Fall der **Auflösung, Liquidation und Vollbeendigung** der KG negative Kapitalkonten durch Zurechnung von Verlustanteilen entstanden sind, die rechtlich ausgleichs- und abzugsfähig waren, fallen sie weg. Beim Kommanditisten entsteht in dieser Höhe ein Gewinn, der nach § 52 Abs. 33 Satz 3 und 4 EStG auch dann nach den §§ 16, 34 EStG begünstigt ist, wenn keine Betriebsveräußerung oder Betriebsaufgabe, sondern nur eine allmähliche Abwicklung vorliegt. Gleiches gilt für negative Kapitalkonten, soweit diese durch Zurechnung von Verlustanteilen entstanden sind, die nach § 15a Abs. 1 Satz 2 und 3 EStG wegen überschießender Außenhaftung ausgleichs- und abzugsfähig waren. Voraussetzung ist, dass der Kommanditist aus dieser nicht in Anspruch genommen wird.[36]

Sind negative Kapitalkonten durch Zurechnung nur verrechenbarer Verlustanteile entstanden, ist ihr Wegfall für den Kommanditisten ohne einkommensteuerliche

---
34 BFH, BStBl 1995 II S. 112.
35 BFH, BStBl 1999 II S. 269.
36 BFH, BStBl 1995 II S. 253.

19 Beschränkung der Verlustverrechnung

Auswirkung unter der Voraussetzung, dass das negative Kapitalkonto dem noch vorhandenen verrechenbaren Verlust entspricht. Für die übrigen Gesellschafter entsteht in gleicher Höhe ein Verlust. War das negative Kapitalkonto niedriger als der noch verrechenbare Verlust, z. B. weil der Kommanditist weitere Einlagen in späteren Wirtschaftsjahren leistete, entsteht in Höhe der weiteren Einlagen ein nachträglich ausgleichs- und abzugsfähiger Verlust des Kommanditisten.[37] Der den übrigen Gesellschaftern zuzurechnende Verlust ist entsprechend geringer.

19.2 Beschränkung der Verlustverrechnung bei Steuerstundungsmodellen (§ 15b EStG)

Nach § 15b EStG sind Verluste im Zusammenhang mit Steuerstundungsmodellen nicht mehr mit den übrigen Einkünften des Steuerpflichtigen im Jahr der Verlustentstehung, sondern lediglich mit Gewinnen aus späteren Veranlagungszeiträumen aus dem nämlichen Steuerstundungsmodell verrechenbar, wenn die prognostizierten Verluste mehr als 10 % des gezeichneten und aufzubringenden oder eingesetzten Kapitals betragen. § 15b EStG gilt für Einkünfte aus Gewerbebetrieb. Im Rahmen der übrigen Einkunftsarten findet § 15b EStG entsprechende Anwendung (§ 13 Abs. 7, § 18 Abs. 4 Satz 2, § 21 Abs. 1 Satz 2, § 22 Nr. 1 Halbsatz 2, § 20 Abs. 7 EStG).

Einzelheiten zu § 15b EStG sind geregelt im BMF-Schreiben vom 17.07.2007.[38]

19.2.1 Allgemeines

§ 15b EStG gilt für negative Einkünfte aus Steuerstundungsmodellen. Auf welchen Ursachen die negativen Einkünfte aus dem Steuerstundungsmodell beruhen, ist irrelevant (§ 15b Abs. 2 Satz 3 EStG). § 15b EStG findet auf Anlaufverluste von Existenz- und Firmengründern keine Anwendung.

Des Weiteren setzt die Anwendung von § 15b EStG eine einkommensteuerrechtlich relevante Tätigkeit voraus. Daher ist vorrangig das Vorliegen einer Gewinn- oder Überschusserzielungsabsicht zu prüfen. Liegt bereits keine Gewinn- oder Überschusserzielungsabsicht vor, handelt es sich um eine einkommensteuerrechtlich nicht relevante Tätigkeit. Zu ermitteln sind die Einkünfte nach den allgemeinen Regelungen. Voraussetzung für die Anwendung von § 15b EStG ist aber, dass im Inland steuerbare positive oder negative Einkünfte vorliegen. Endet z. B. die Steuerbarkeit durch Wegzug, kann allenfalls ein Anwendungsfall von § 42 AO vorliegen.[39]

---
37 BFH, BStBl 1996 II S. 226.
38 BMF vom 17.07.2007 (BStBl 2007 I S. 542).
39 FG Baden-Württemberg vom 30.03.2011 4 K 1723/09 (DStRE 2012 S. 315).

19.2 Beschränkung der Verlustverrechnung bei Steuerstundungsmodellen

Nicht ausgeschlossen durch § 15b EStG wird der **negative Progressionsvorbehalt**.[40] Entgegenstehen dürfte der Berücksichtigung des negativen Progressionsvorbehalts aber § 42 AO.[41]

Bei unentgeltlichem Erwerb einer Beteiligung gehen die beim Rechtsvorgänger nach § 15b EStG verrechenbaren Verluste auf den oder die **Rechtsnachfolger** über.

§ 15b EStG ist Lex specialis gegenüber **§ 15a EStG** (§ 15b Abs. 1 Satz 3 EStG). Entsprechendes gilt auch gegenüber **§ 15 Abs. 4 EStG**.

Gegen die Verfassungsmäßigkeit von § 15b EStG bestehen keine Bedenken. Insbesondere ist die Regelung als hinreichend bestimmt und klar anzusehen.[42] Geltung hat dies insbesondere hinsichtlich des Tatbestandsmerkmals der modellhaften Gestaltung.

§ 15b EStG ist grundsätzlich auf Verluste aus Steuerstundungsmodellen anzuwenden, denen der Steuerpflichtige nach dem 10.11.2005 beigetreten ist oder für die nach dem 10.11.2005 mit dem Außenvertrieb begonnen wurde. Der Außenvertrieb beginnt in dem Zeitpunkt, in dem die Voraussetzungen für die Veräußerung der konkret bestimmbaren Fondsanteile erfüllt sind und die Gesellschaft selbst oder über ein Vertriebsunternehmen mit Außenwirkung an den Markt herangetreten ist. Zur Vermeidung von Umgehungsgestaltungen ist bei Fonds, die bereits vor dem 11.11.2005 mit dem Außenvertrieb begonnen haben, dem Beginn des Außenvertriebs der Beschluss von Kapitalerhöhungen und die Reinvestition von Erlösen in neue Projekte gleichgestellt. Bei Einzelinvestitionen ist § 15b EStG auf Investitionen anzuwenden, die nach dem 10.11.2005 rechtsverbindlich getätigt wurden.

19.2.2 Begriff des Steuerstundungsmodells (§ 15b Abs. 2 und 3 EStG)

Ein Steuerstundungsmodell i. S. von § 15b EStG liegt vor, wenn aufgrund einer modellhaften Gestaltung steuerliche Vorteile in Form negativer Einkünfte erzielt werden sollen (§ 15b Abs. 2 Satz 1 EStG). Das dem Steuerstundungsmodell zugrunde liegende Konzept muss sich an eine andere Person oder an eine Vielzahl anderer Personen richten und auf die Entstehung negativer Einkünfte zumindest in der Anfangsphase abzielen.[43] Nicht unter § 15b EStG fallen Modelle, die bereits in der Anfangsphase auf die Erzielung positiver Einkünfte ausgerichtet sind. Steuerstundungsmodelle können sowohl Einzelinvestitionen als auch Beteiligungen an Personengesellschaften (Fondsanteile) betreffen.

Bei **Beteiligung an einer Gesellschaft oder Gemeinschaft** kann als Indiz für die Annahme eines Steuerstundungsmodells gesehen werden, dass der Anleger vorran-

---

40 FG Hessen vom 29.10.2010 11 V 252/10 (DStRE 2011 S. 267); a. A. BMF vom 17.07.2007 – IV B 2 – S 2241 – b/07/0001/2007/0299270 (BStBl 2007 I S. 542).
41 FG München vom 05.05.2009 7 V 355/09 (juris).
42 BFH vom 06.02.2014 IV R 59/10 (DStR 2014 S. 688).
43 BFH vom 06.02.2014 IV R 59/10 (DStR 2014 S. 688).

gig eine kapitalmäßige Beteiligung ohne Interesse an einem Einfluss auf die Geschäftsführung anstrebt. Geschlossene Fonds in der Rechtsform einer Personengesellschaft, die ihren Anlegern in der Anfangsphase steuerliche Verluste zuweisen, sind regelmäßig als Steuerstundungsmodell zu klassifizieren, auch wenn die Gesellschafter in ihrer gesellschaftsrechtlichen Verbundenheit die Möglichkeit haben, auf die Vertragsgestaltung Einfluss zu nehmen. Hierzu gehören insbesondere Medienfonds, Gamefonds, New Energy Fonds, Lebensversicherungszweitmarktfonds und geschlossene Immobilienfonds.

§ 15b EStG erfasst aber auch **modellhafte Anlage- und Investitionstätigkeiten einzelner Steuerpflichtiger** außerhalb einer Gesellschaft oder Gemeinschaft. Es ist also nicht erforderlich, dass mehrere Steuerpflichtige im Hinblick auf die Einkünfteerzielung gemeinsam tätig werden. Einzelinvestitionen in diesem Sinne liegen vor, wenn einzelne Wirtschaftsgüter oder Sachgesamtheiten erworben werden und der Verkäufer gesondert zu bezahlende Nebenleistungen – wie z. B. die Finanzierungsvermittlung oder die Mietausfallgarantie – übernimmt, wobei die Entgelte für die Zusatzleistungen zu negativen Einkünften führen können. Keine Geltung hat dies, wenn die Gebühren für laufend zu erbringende Leistungen gezahlt werden. Ein Steuerstundungsmodell im Rahmen von Einzelinvestitionen ist z. B. die mit Darlehen gekoppelte Lebens- und Rentenversicherung gegen Einmalbetrag.

19.2.3 Modellhafte Gestaltung

Allgemeines

Für die Frage der Modellhaftigkeit sind vor allem folgende Kriterien maßgeblich:
- vorgefertigtes Konzept,
- gleichgerichtete Leistungsbeziehungen, die im Wesentlichen identisch sind.

Für die Modellhaftigkeit typisch ist die Bereitstellung eines Bündels an Haupt-, Zusatz- und Nebenleistungen. Zusatz- oder Nebenleistungen führen dann zur Modellhaftigkeit eines Vertragswerks, wenn sie es nach dem zugrunde liegenden Konzept ermöglichen, den sofort abziehbaren Aufwand zu erhöhen.

Wird den Anlegern neben der Hauptleistung ein Bündel von Neben- oder Zusatzleistungen gegen besonderes Entgelt angeboten, verzichtet ein Teil der Anleger jedoch darauf, liegen unterschiedliche Vertragskonstruktionen vor, die jeweils für sich auf ihre Modellhaftigkeit geprüft werden müssen (anlegerbezogene Betrachtungsweise).

> **Beispiel:**
> Ein Bauträger verkauft Wohnungen in einem Sanierungsgebiet, die von ihm auch saniert werden. Der Bauträger bietet daneben jeweils gegen ein gesondertes Entgelt eine Mietgarantie sowie die Übernahme einer Bürgschaft für die Endfinanzierung an. Anleger A kauft lediglich eine Wohnung, nimmt aber weder die Mietgarantie noch die Bürgschaft in Anspruch. Anleger B kauft eine Wohnung und nimmt sowohl die Miet-

19.2 Beschränkung der Verlustverrechnung bei Steuerstundungsmodellen

garantie als auch die Bürgschaft in Anspruch. Anleger C kauft eine Wohnung und nimmt lediglich die Mietgarantie in Anspruch.
Bei Anleger A liegt keine modellhafte Gestaltung vor.
Bei Anleger B ist aufgrund der Inanspruchnahme aller Nebenleistungen eine modellhafte Gestaltung gegeben.
Bei Anleger C liegt wegen der Annahme einer der angebotenen Nebenleistungen eine modellhafte Gestaltung vor.

Erwerb von Wohnungen von einem Bauträger

Der Erwerb einer Eigentumswohnung vom Bauträger zum Zwecke der Vermietung stellt grundsätzlich keine modellhafte Gestaltung dar, es sei denn, der Anleger nimmt modellhafte Zusatz- oder Nebenleistungen (z. B. Vermietungsgarantien)

- vom Bauträger selbst,
- von dem Bauträger nahestehenden Personen sowie von Gesellschaften, an denen der Bauträger selbst oder diesem nahestehende Personen beteiligt sind, oder
- auf Vermittlung des Bauträgers von Dritten

in Anspruch, die den Steuerstundungseffekt ermöglichen sollen. Zur Annahme einer Modellhaftigkeit ist es nicht erforderlich, dass der Anleger mehrere Nebenleistungen in Anspruch nimmt. Bereits die Inanspruchnahme einer einzigen Nebenleistung (wie z. B. Mietgarantie oder Bürgschaft für die Endfinanzierung) führt zur Modellhaftigkeit der Anlage. Unschädlich sind jedoch Vereinbarungen über Gegenleistungen, welche die Bewirtschaftung und Verwaltung des Objekts betreffen (z. B. Aufwendungen für die Hausverwaltung, Vereinbarung über den Abschluss eines Mietpools, Tätigkeit als WEG-Verwalter), soweit es sich nicht um Vorauszahlungen für mehr als 12 Monate handelt.

Keine modellhafte Gestaltung liegt vor, wenn der Bauträger mit dem Erwerber zugleich die Modernisierung des Objekts ohne weitere modellhafte Zusatz- oder Nebenleistungen vereinbart. Dies gilt insbesondere für Objekte in Sanierungsgebieten und Baudenkmale, für die erhöhte Absetzungen nach §§ 7h, 7i EStG geltend gemacht werden können und bei denen die Objekte vor Beginn der Sanierung an Erwerber außerhalb einer Fondskonstruktion veräußert werden.

Vorgefertigtes Konzept

Für die Modellhaftigkeit spricht das Vorhandensein eines vorgefertigten Konzepts, das die Erzielung steuerlicher Vorteile aufgrund negativer Einkünfte ermöglichen soll. Typischerweise, wenn auch nicht zwingend, wird das Konzept mittels eines Anlegerprospekts oder in vergleichbarer Form (z. B. Katalog, Verkaufsunterlagen, Beratungsbögen) vermarktet. Auch Blindpools haben typischerweise ein vorgefertigtes Konzept i. S. des § 15b EStG. Blindpools sind Gesellschaften oder Gemeinschaften, bei denen zum Zeitpunkt des Beitritts der Anleger das konkrete Investitionsobjekt noch nicht bestimmt ist. Nur wenn der Anleger die einzelnen Leistungen

19 Beschränkung der Verlustverrechnung

und Zusatzleistungen sowie deren Ausgestaltung vorgibt, handelt es sich nicht um ein vorgefertigtes Konzept.

Gleichgerichtete Leistungsbeziehungen

Gleichgerichtete Leistungsbeziehungen liegen vor, wenn gleichartige Verträge mit mehreren identischen Vertragsparteien abgeschlossen werden, z. B. mit demselben Treuhänder, demselben Vermittler, derselben Finanzierungsbank. Werden Zusatz- und Nebenleistungen, die den Steuerstundungseffekt ermöglichen sollen, unmittelbar vom Modellinitiator angeboten, kann dies ebenfalls zur Anwendung des § 15b EStG führen.

Steuerliche Vorteile

§ 15b EStG ist nur anzuwenden, wenn steuerliche Vorteile in Form von negativen Einkünften erzielt werden sollen. Die Bejahung eines Steuerstundungsmodells setzt damit entsprechende Feststellungen zum Werben mit Steuervorteilen durch Erzielung negativer Einkünfte voraus.[44]

Bei vermögensverwaltenden Venture-Capital- und Private-Equity-Fonds steht die Erzielung nicht steuerbarer Veräußerungsgewinne im Vordergrund, sodass § 15b EStG auf diese Fonds regelmäßig keine Anwendung findet, weil die Erzielung negativer Einkünfte grundsätzlich nicht Gegenstand des Fondskonzepts ist.

Bleiben Einkünfte im Inland aufgrund von Doppelbesteuerungsabkommen außer Ansatz, ist dies für sich gesehen kein Steuervorteil i. S. des § 15b EStG.

Einkunftsquelle

Einkunftsquelle ist die Beteiligung am jeweiligen Steuerstundungsmodell. Soweit es sich bei dem Steuerstundungsmodell um eine Gesellschaft oder Gemeinschaft in der Rechtsform einer gewerblichen oder gewerblich geprägten Personengesellschaft handelt, bildet der Mitunternehmeranteil (Gesamthands- und Sonderbetriebsvermögen) die Einkunftsquelle. Bei vermögensverwaltenden Personengesellschaften sind neben der Beteiligung an der Personengesellschaft für die Einkunftsquelle die Sondereinnahmen und Sonderwerbungskosten der einzelnen Gesellschafter einzubeziehen.

Erzielt der Anleger aus einer vermögensverwaltenden Gesellschaft oder Gemeinschaft nebeneinander Einkünfte aus verschiedenen Einkunftsarten (z. B. § 20 und § 21 EStG), handelt es sich für Zwecke des § 15b EStG dennoch nur um eine Einkunftsquelle. Eine Aufteilung in mehrere Einkunftsquellen ist nicht vorzunehmen.

Maßgeblich ist bei Beteiligungen an Gesellschaften oder Gemeinschaften nicht das einzelne Investitionsobjekt. Soweit also in einer Gesellschaft oder Gemeinschaft

---

44 BFH vom 06.02.2014 IV R 59/10 (DStR 2014 S. 688).

19.2 Beschränkung der Verlustverrechnung bei Steuerstundungsmodellen

Überschüsse erzielende und verlustbringende Investitionen kombiniert werden oder die Gesellschaft oder Gemeinschaft in mehrere Projekte investiert, sind diese für die Ermittlung der 10 %-Verlustgrenze zu saldieren.

Beispiel:
Anleger X hat in einen Windkraftfonds investiert, der zwei Windkraftparks mit jeweils 100 Windrädern betreibt. Für den Windkraftpark A werden aufgrund der dort herrschenden guten Windverhältnisse Überschüsse erwartet. Für den Windkraftpark B werden hingegen hohe Verluste prognostiziert.
Die Beteiligung an dem Windkraftfonds stellt eine einzige Einkunftsquelle dar.

Handelt es sich bei dem Steuerstundungsmodell nicht um eine Beteiligung an einer Gesellschaft oder Gemeinschaft, sondern um eine modellhafte Einzelinvestition, stellt die Einzelinvestition die Einkunftsquelle dar. Tätigt der Steuerpflichtige mehrere gleichartige Einzelinvestitionen, stellt jede für sich betrachtet eine Einkunftsquelle dar. Dies gilt grundsätzlich auch für stille Beteiligungen.

Auch eventuelles Sonderbetriebsvermögen oder Sondervermögen ist – unabhängig davon, ob dieses modellhaft ist oder nicht – Bestandteil der Einkunftsquelle.

Prognostizierte Verluste/10 %-Grenze

Die Verlustverrechnung ist nach § 15b Abs. 3 EStG nur zu beschränken, wenn bei Gesellschaften oder Gemeinschaften innerhalb der Anfangsphase die prognostizierten Verluste 10 % des gezeichneten und nach dem Konzept auch aufzubringenden Kapitals übersteigen. Bei Einzelinvestoren führt ein konzeptbedingter Verlust von mehr als 10 % des eingesetzten Eigenkapitals zur Anwendung des § 15b EStG.

Bei der Ermittlung der Verlustgrenze sind nach § 15b Abs. 2 Satz 3 EStG degressive Abschreibungen, Bewertungsfreiheiten und andere gesetzlich zugelassene Abzugsbeträge zu berücksichtigen.

Die Anfangsphase i. S. des § 15b EStG ist der Zeitraum, in dem nach dem zugrunde liegenden Konzept nicht nachhaltig positive Einkünfte erzielt werden. Sie ist damit im Regelfall identisch mit der Verlustphase. Der Abschluss der Investitionsphase ist zur Bestimmung der Anfangsphase ohne Bedeutung. Die Anfangsphase endet, wenn nach der Prognoserechnung des Konzepts ab einem bestimmten Veranlagungszeitraum dauerhaft und nachhaltig positive Einkünfte erzielt werden.

Maßgeblich für die Berechnung der 10 %-Grenze des § 15b EStG sind die prognostizierten Verluste, nicht jedoch die letztlich tatsächlich erzielten Verluste. Dies bedeutet, dass Aufwendungen (z. B. für die Erhaltung des Gebäudes), die im Zeitpunkt der Prognose nicht vorhersehbar sind, nicht in die Berechnung einzubeziehen sind. Enthält die Prognoserechnung Unrichtigkeiten, ist sie bei der Berechnung der 10 %-Grenze nicht zugrunde zu legen. Wird trotz Aufforderung eine berichtigte Prognoseberechnung nicht vorgelegt, können die fehlerhaften Angaben im Schätzungswege geändert werden. Eine Schätzung ist auch vorzunehmen, wenn keine Prognoserechnung vorgelegt wird.

19 Beschränkung der Verlustverrechnung

Für die Beteiligung an Gesellschaften ist auf das gezeichnete und nach dem Konzept auch aufzubringende Kapital abzustellen. Regelmäßig ist das sog. gezeichnete Eigenkapital, welches die Beteiligungssumme am Gesellschaftskapital darstellt, auch das aufzubringende Kapital. Als Ausschüttungen gestaltete planmäßige Eigenkapitalrückzahlungen sind für Zwecke der Berechnung der 10 %-Grenze vom gezeichneten Eigenkapital abzuziehen, soweit sie die aus dem normalen Geschäftsbetrieb planmäßig erwirtschafteten Liquiditätsüberschüsse übersteigen. Soweit das aufzubringende Kapital in Teilbeträgen zu leisten ist (z. B. bei Zahlungen nach dem Baufortschritt oder dem Fortschritt der Dreharbeiten), ist die Summe der geleisteten Teilbeträge zugrunde zu legen, soweit diese in der Anfangsphase zu leisten sind. Gleiches gilt für Nachschüsse, wenn diese bereits bei Begründung der Einkunftsquelle feststehen und in der Anfangsphase zu leisten sind. Wird ein Teil des aufzubringenden Kapitals modellhaft fremdfinanziert, ist das maßgebende Kapital um die Fremdfinanzierung zu kürzen. Es ist unerheblich, ob die Fremdfinanzierung auf der Ebene der Gesellschaft vorgenommen wird oder der Gesellschafter seine Einlage modellhaft finanziert.

Sind modellhaft Sonderbetriebsausgaben oder Sonderwerbungskosten (z. B. bei modellhafter Finanzierung der Einlage) vorgesehen, ist das Sonderbetriebsvermögen oder Sondervermögen Bestandteil des Steuerstundungsmodells. Die Verluste des Sonderbetriebsvermögens oder die Sonderwerbungskosten stehen somit im Zusammenhang mit dem Steuerstundungsmodell und sind demnach auch Bestandteil der prognostizierten Verluste. Die modellhaften Sonderbetriebsausgaben oder Sonderwerbungskosten sind daher bei der Berechnung der Verlustgrenze einzubeziehen.

Beispiel:
Anleger A beteiligt sich an einem Windkraftfonds mit 100.000 €. Das Konzept sieht eine 20 %ige Finanzierung der Einlage vor. Die restlichen 80.000 € erbringt A aus seinem Barvermögen. Die Verluste aus dem Gesamthandsvermögen betragen in der Anfangsphase 7.500 €, die modellhaften Zinsen für die Fremdfinanzierung (Sonderbetriebsausgaben) 1.500 €.
Der steuerliche Verlust des A beträgt insgesamt 9.000 € und liegt damit oberhalb von 10 % der aufzubringenden Einlage (80.000 €). Die Verlustverrechnungsbeschränkung des § 15b EStG ist anzuwenden.

19.2.4 Erwerb von Wirtschaftsgütern des Umlaufvermögens (§ 15b Abs. 3a EStG)

Nach § 15b Abs. 3a EStG liegt – unabhängig von den Voraussetzungen nach § 15b Abs. 2 und 3 EStG – ein Steuerstundungsmodell i. S. des § 15b Abs. 1 EStG vor, wenn ein Verlust aus Gewerbebetrieb entsteht oder sich erhöht, indem ein Steuerpflichtiger, der nicht aufgrund gesetzlicher Vorschriften verpflichtet ist, Bücher zu führen und regelmäßig Abschlüsse zu machen, aufgrund des Erwerbs von Wirtschaftsgütern des Umlaufvermögens sofort abziehbare Betriebsausgaben tätigt, wenn deren Übereignung ohne körperliche Übergabe durch Besitzkonstitut nach

19.2 Beschränkung der Verlustverrechnung bei Steuerstundungsmodellen

§ 930 BGB oder durch Abtretung des Herausgabeanspruchs nach § 931 BGB erfolgt. Die Regelung ist nach § 52 Abs. 33a Satz 5 EStG erstmals auf Steuerstundungsmodelle anzuwenden, bei denen Wirtschaftsgüter des Umlaufvermögens nach dem 28.11.2013 angeschafft, hergestellt oder in das Betriebsvermögen eingelegt werden.

19.2.5 Umfang der Verlustverrechnungsbeschränkung
(§ 15b Abs. 1 und 4 EStG)

Findet § 15b EStG dem Grunde nach Anwendung, erstreckt sich die Verlustverrechnungsbeschränkung auf sämtliche Verluste aus diesem Steuerstundungsmodell (Gesamthands- und Sondervermögen). Auch nicht modellhafte Sonderbetriebsausgaben oder Sonderwerbungskosten (z. B. bei individueller Finanzierung der Anlage durch den Anleger) und nicht prognostizierte Aufwendungen (z. B. bei unerwartetem Erhaltungsaufwand) unterliegen der Verlustverrechnungsbeschränkung.

> **Beispiel:**
> Anleger A beteiligt sich modellhaft an einem Medienfonds mit einer Einlage von 100.000 €, die er zu 80 % bei seiner Hausbank fremdfinanziert (= nicht modellhafte Fremdfinanzierung). Die prognostizierten Verluste betragen 100.000 €. Aufgrund unvorhersehbarer Ereignisse steigen die Produktionskosten für den Film um 20 %, sodass A einen Verlust aus dem Gesamthandsvermögen von 120.000 € erzielt. Daneben hat A in der Verlustphase für die Finanzierung Zinsen i. H. von 15.000 € zu bezahlen.
> Der Gesamtverlust aus der Anlage beträgt 135.000 €. Dieser unterliegt in voller Höhe der Verlustverrechnungsbeschränkung.

Die Verlustverrechnung ist nach § 15b Abs. 1 Satz 1 und 2 EStG auf spätere Gewinne aus derselben Einkunftsquelle beschränkt. Die nicht ausgleichsfähigen Verluste, die mit späteren positiven Einkünften verrechnet werden können, sind nach § 15b Abs. 4 EStG jährlich gesondert festzustellen. Dabei wird der Verlust eines Jahres zu dem Verlustbetrag des Vorjahres addiert. Anfechtbar ist die Verlustfeststellung nur hinsichtlich des jeweiligen Jahresbetrags.

19.2.6 Zebragesellschaften

Im Rahmen von Zebragesellschaften werden auf der Ebene der vermögensverwaltenden Personengesellschaft Überschusseinkünfte festgestellt. Diese werden auf der Ebene der Gesellschafter, die die Beteiligung an der vermögensverwaltenden Personengesellschaft im Betriebsvermögen halten, in gewerbliche Einkünfte umqualifiziert.[45] Ob ein Steuerstundungsmodell vorliegt, ist auf der Ebene der vermögensverwaltenden Personengesellschaft zu entscheiden.

---

45 BFH vom 11.04.2005 GrS 2/02 (BStBl 2005 II S. 679).

19.2.7 Mehrstöckige Gesellschaften

Bei mehrstöckigen Personengesellschaften ist bereits auf der Ebene der Untergesellschaften zu prüfen, ob § 15b EStG anzuwenden ist. Wird die Anwendung des § 15b EStG bereits auf der Ebene der Untergesellschaften bejaht, ist ein Verlustausgleich mit anderen Einkünften auf der Ebene der Obergesellschaft nicht möglich.
Es sind folgende Fälle zu unterscheiden:

- Untergesellschaft und Obergesellschaft sind Steuerstundungsmodelle. In diesem Fall werden die Verluste der Untergesellschaft für den Gesellschafter „Obergesellschaft" festgestellt und von dieser als § 15b-Verluste an ihre Gesellschafter weitergegeben. Da die Obergesellschaft selbst ebenfalls ein Steuerstundungsmodell darstellt, sind die Voraussetzungen für die Anwendung des § 15b EStG (z. B. 10 %-Grenze) ohne Berücksichtigung der § 15b-Verluste der Untergesellschaft zu prüfen.

- Die Untergesellschaft ist ein Steuerstundungsmodell, die Obergesellschaft jedoch nicht. In diesem Fall werden die Verluste der Untergesellschaft für den Gesellschafter „Obergesellschaft" festgestellt und von dieser als § 15b-Verluste an ihre Gesellschafter weitergegeben. Verluste, die nicht aus der Untergesellschaft stammen, sind beim Gesellschafter im Rahmen der übrigen Verlustverrechnungsregelungen (z. B. § 10d EStG) ausgleichsfähig.

- Die Untergesellschaft ist kein Steuerstundungsmodell; die Obergesellschaft ist ein Steuerstundungsmodell. In diesem Fall ist zu prüfen, ob auf die saldierten Einkünfte der Obergesellschaft (d. h. einschließlich der Einkünfte aus der Untergesellschaft) § 15b EStG anzuwenden ist.

20 Betriebsveräußerung und Betriebsaufgabe (§ 16 EStG)

20.1 Allgemeines

Nach § 16 Abs. 1 EStG gehören zu den gewerblichen Einkünften auch Gewinne und Verluste aus der Veräußerung von Betrieben, Teilbetrieben, 100 %-Beteiligungen an Kapitalgesellschaften im Betriebsvermögen, Mitunternehmeranteilen sowie von Anteilen persönlich haftender Gesellschafter einer Kommanditgesellschaft auf Aktien. Durch § 16 Abs. 3 Satz 1 EStG wird die Steuerpflicht auf Gewinne und Verluste, die aus entsprechenden Aufgabevorgängen resultieren, erweitert. Besonderheiten gelten bei der Realteilung einer Mitunternehmerschaft (§ 16 Abs. 3 Satz 2 ff. EStG).

Veräußerungsgewinne sind nach § 16 Abs. 2 EStG und Aufgabegewinne nach § 16 Abs. 3 Satz 5 bis 8 EStG zu ermitteln.

Der Anwendung des § 16 EStG gehen die Regelungen des UmwStG vor.

Veräußerungs- und Aufgabegewinne i. S. von § 16 EStG sind – bei Vorliegen der Voraussetzungen – begünstigt durch den Freibetrag nach § 16 Abs. 4 EStG und durch die Fünftelmethode nach § 34 Abs. 1 EStG bzw. den ermäßigten Steuersatz nach § 34 Abs. 3 EStG. Die begünstigten Veräußerungs- bzw. Aufgabegewinne nach § 16 EStG sind abzugrenzen von den laufenden Gewinnen. Gewinne, die während und nach der Veräußerung bzw. Aufgabe eines Betriebs aus normalen Geschäften und ihrer Abwicklung anfallen, gehören nicht zu den begünstigten Veräußerungs- und Aufgabegewinnen.[1]

Veräußerungs- und Aufgabegewinne i. S. von § 16 EStG unterliegen grundsätzlich nicht der **Gewerbesteuer** (vgl. aber § 7 Satz 2 GewStG).

Die Vergünstigungen nach § 16 EStG gelten entsprechend für freiberufliche (§ 18 Abs. 3 EStG) und land- und forstwirtschaftliche (§ 14 EStG) Veräußerungs- bzw. Aufgabegewinne.

§ 16 Abs. 3b EStG bestimmt, dass bei der Betriebsunterbrechung und der Betriebsverpachtung eine Betriebsaufgabe nicht vorliegt bis zu einer ausdrücklichen Erklärung der Betriebsaufgabe gegenüber dem Finanzamt oder bis dem Finanzamt Tatsachen bekannt werden, aus denen sich ergibt, dass der Betrieb aufgegeben wurde.

Geltung hat § 16 EStG für unbeschränkt Steuerpflichtige uneingeschränkt. Insoweit gilt die Regelung auch für ausländische Betriebe, Teilbetriebe und Mitunternehmeranteile. Bei beschränkt Steuerpflichtigen gilt § 16 EStG grundsätzlich nur insoweit, als eine inländische Betriebsstätte i. S. von § 49 Abs. 1 Nr. 2 Buchst. a bis d EStG oder ein ständiger Vertreter vorliegt. § 16 EStG ist verfassungsgemäß.[2]

---

1 BFH, BStBl 1970 II S. 719.
2 BFH vom 05.11.1998 VIII B 30/98 (BFH/NV 1999 S. 769).

20.2 Betriebsveräußerung (§ 16 Abs. 1 Satz 1 Nr. 1 Satz 1 EStG)

Nach § 16 Abs. 1 Satz 1 Nr. 1 Satz 1 EStG gehören zu den begünstigten Einkünften aus Gewerbebetrieb auch Gewinne, die erzielt werden bei der Veräußerung des ganzen Gewerbebetriebs.

Eine Veräußerung des ganzen Gewerbebetriebs liegt vor, wenn der Betrieb mit seinen wesentlichen Grundlagen gegen Entgelt in der Weise auf einen Erwerber übertragen wird, dass der Betrieb als geschäftlicher Organismus fortgeführt werden kann. Dabei kommt es nicht darauf an, ob der Erwerber den geschäftlichen Organismus als solchen fortführt, alsbald stilllegt oder als unselbständigen Teil seinem bisherigen Betrieb einfügt. Voraussetzung einer Betriebsveräußerung ist allerdings, dass der Veräußerer die mit dem veräußerten Betriebsvermögen verbundene Tätigkeit aufgibt.[3]

Für die Entscheidung, ob eine Betriebsveräußerung im Ganzen vorliegt, ist auf den Zeitpunkt abzustellen, in dem das wirtschaftliche Eigentum an den veräußerten Wirtschaftsgütern übertragen wird.[4]

20.2.1 Veräußerung

Alle wesentlichen Betriebsgrundlagen müssen auf ein anderes Steuersubjekt übertragen werden. Notwendig ist die Veräußerung aller wesentlichen Betriebsgrundlagen an einen Erwerber. Veräußert der Steuerpflichtige alle wesentlichen Betriebsgrundlagen nicht an einen einzelnen, sondern an verschiedene Erwerber, liegt keine Betriebsveräußerung, sondern eine Betriebsaufgabe vor. Gleiches gilt auch, wenn der Steuerpflichtige Teile der wesentlichen Betriebsgrundlagen veräußert und die anderen Teile ins Privatvermögen überführt.

Die Anwendung von § 16 Abs. 1 Satz 1 Nr. 1 EStG kommt nicht in Betracht, wenn wesentliche Betriebsgrundlagen nach **§ 6 Abs. 5 EStG** in ein anderes Betriebsvermögen des Steuerpflichtigen zu Buchwerten übertragen werden. In diesen Fällen liegt keine Betriebsveräußerung, sondern eine nicht begünstigte Veräußerung einzelner Wirtschaftsgüter vor.

Erwerber kann eine natürliche oder juristische Person oder eine Personengesellschaft sein.

Die Veräußerung muss in einem einheitlichen Vorgang erfolgen. Dabei kann die Erfüllung durch mehrere zeitlich gestreckte Einzelakte erfolgen. Erforderlich ist jedoch, dass die verschiedenen Übertragungsakte auf einem einheitlichen Entschluss beruhen und insoweit ein enger sachlicher und zeitlicher Zusammenhang besteht.

---

3 BFH, BStBl 1996 II S. 527.
4 BFH, BStBl 1985 II S. 245.

20.2.2 Wesentliche Betriebsgrundlagen

Die Betriebsveräußerung erfordert die Veräußerung aller wesentlichen Betriebsgrundlagen. Was als wesentliche Betriebsgrundlage anzusehen ist, kann nur nach den Verhältnissen des Einzelfalls beurteilt werden.

Zu den wesentlichen Betriebsgrundlagen gehören zum einen alle Wirtschaftsgüter, die funktionell die wesentliche Grundlage des Betriebs als Organismus des Wirtschaftslebens ausmachen (**wesentliche Betriebsgrundlage im funktionellen Sinne**). Das sind insbesondere Wirtschaftsgüter, die dem Betrieb das Gepräge geben,[5] die zur Erzielung des Betriebszwecks erforderlich sind und ein besonderes wirtschaftliches Gewicht für die Betriebsführung besitzen.[6] Der BFH hat z. B. Grundstücke jedenfalls dann stets zu den wesentlichen Betriebsgrundlagen gezählt, wenn sie ein besonderes wirtschaftliches Gewicht für die Betriebsführung besaßen,[7] insbesondere, wenn sie für die Bedürfnisse des Betriebs besonders gestaltet waren.[8]

Maschinen und Einrichtungsgegenstände rechnen zu den wesentlichen Betriebsgrundlagen, soweit sie für die Fortführung des Betriebs unentbehrlich oder nicht jederzeit ersetzbar sind.[9] Bei einem Produktionsunternehmen gehören zu den wesentlichen Betriebsgrundlagen die für die Produktion bestimmten und auf die Produktion abgestellten Betriebsgrundstücke und Betriebsvorrichtungen.[10] Grundsätzlich sind alle Wirtschaftsgüter des Anlagevermögens wesentliche Betriebsgrundlagen. Dies gilt auch für die beweglichen Wirtschaftsgüter, soweit sie notwendiges Betriebsvermögen sind, und zwar auch, soweit sie austauschbar sind, es sei denn, sie sind kurzfristig wiederbeschaffbar oder von relativ geringem Wert. Wirtschaftsgüter des Umlaufvermögens, die ihrem Zweck nach zur Veräußerung oder zum Verbrauch bestimmt sind, bilden allein regelmäßig nicht die wesentliche Grundlage eines Betriebs. Nach den Umständen des Einzelfalls können Waren bei bestimmten Betrieben jedoch zu den wesentlichen Grundlagen des Betriebs gehören.[11] Wesentliche Betriebsgrundlagen können auch immaterielle Werte sein, wie z. B. eine Fernverkehrsgenehmigung[12] oder der Geschäftswert und die ihn bestimmenden Faktoren.

Ob ein einzelnes Wirtschaftsgut allein als die wesentliche Grundlage des Betriebs anzusehen ist, kann nur nach den **Verhältnissen des Einzelfalls** beurteilt werden. So hat der BFH in dem Gebäudegrundstück eines Möbeleinzelhändlers, das vor allem die betriebsnotwendigen Ausstellungs- und Lagerräume enthielt und somit

---
5 BFH, BStBl 1980 II S. 181.
6 BFH, BStBl 1983 II S. 312.
7 BFH, BStBl 1975 II S. 234.
8 BFH, BStBl 1986 II S. 299.
9 BFH, BStBl 1983 II S. 312.
10 BFH, BStBl 1992 II S. 347.
11 BFH, BStBl 1976 II S. 672.
12 BFH, BStBl 1990 II S. 420.

auf den Betrieb zugeschnitten war, allein die wesentlichen Betriebsgrundlagen gesehen.[13] Die wesentliche Grundlage eines Cafés ist nach dem Urteil des BFH nicht der Warenbestand und das Inventar, sondern das dem Steuerpflichtigen gehörende Grundstück, auf dem das Café betrieben wird, da nach der Lebenserfahrung Umsatz und Gewinn des Cafés im Allgemeinen maßgeblich von seiner Lage sowie durch den Zustand des Betriebsgebäudes und seiner Räume beeinflusst werden.[14] Wird daher nur das Inventar und der Warenbestand des Cafés veräußert und das Grundstück an den Nachfolger verpachtet, liegt darin keine Betriebsveräußerung. Gleiches gilt für Gebäude, die für den Betrieb einer Bäckerei und Konditorei, einer Gastwirtschaft und eines Hotels besonders gestaltet sind.[15]

Zu den wesentlichen Betriebsgrundlagen zählen zum anderen nach der Rechtsprechung des BFH i. d. R. auch solche Wirtschaftsgüter, die funktional gesehen für den Betrieb nicht erforderlich sind, in denen aber erhebliche stille Reserven gebunden sind. Insoweit gilt also eine quantitative Betrachtungsweise (**wesentliche Betriebsgrundlage im quantitativen Sinne**).[16] Ob die Wirtschaftsgüter auch im funktionellen Sinne als Teil der wesentlichen Betriebsgrundlage anzusehen sind, ist insoweit ohne Bedeutung. Wesentliche Betriebsgrundlagen dieser Art stellen insbesondere Betriebsgrundstücke dar, die für den Betrieb keine oder nur geringe Bedeutung haben, sofern in ihnen erhebliche stille Reserven stecken.

20.2.3 Beendigung der bisherigen gewerblichen Betätigung

Eine Betriebsveräußerung seitens des Veräußerers setzt eine Beendigung derjenigen Betätigung voraus, die der Veräußerer bisher im Rahmen seines Betriebs ausgeübt hat. Ob die bisherige Tätigkeit eingestellt worden ist, beurteilt sich danach, ob eine wirtschaftliche Identität des bisherigen und des neuen Betriebs besteht. Eine anderweitige gewerbliche Tätigkeit des Veräußerers nach der Veräußerung steht der Betriebsveräußerung nicht entgegen.

Fehlt es an der endgültigen Einstellung der gewerblichen Tätigkeit, liegt i. d. R. nur eine innerbetriebliche Strukturänderung bzw. eine Betriebsverlegung vor. Werden nicht der Betriebsorganismus, sondern nur wichtige Betriebsmittel übertragen, während der Steuerpflichtige das Unternehmen in derselben oder in einer veränderten Form fortführt, liegt keine Betriebsveräußerung vor.[17] Eine Betriebsveräußerung kann auch dann vorliegen, wenn der Veräußerer mit den veräußerten wesentlichen Betriebsgrundlagen die eigentliche Geschäftstätigkeit noch gar nicht ausgeübt hat.[18] Des Weiteren ist es auch ernstlich zweifelhaft, ob die Voraussetzungen einer

---
13 BFH, BStBl 1966 III S. 49.
14 BFH, BStBl 1967 III S. 724.
15 BFH, BStBl 1980 II S. 181.
16 BFH, BStBl 1998 II S. 104.
17 BFH, BStBl 1985 II S. 131.
18 BFH, BStBl 1992 II S. 380.

Betriebsveräußerung im Ganzen deshalb verneint werden können, weil der Steuerpflichtige aufgrund eines Beratervertrags weiterhin für seinen früheren Betrieb tätig wird.[19] Eine Betriebsveräußerung liegt aber dann nicht vor, wenn der Veräußerer nach der Betriebsveräußerung den veräußerten Betrieb vom Erwerber anpachtet.[20]

20.2.4 Behandlung zurückbehaltener nicht wesentlicher Betriebsgrundlagen

Die Annahme einer Betriebsveräußerung im Ganzen wird nicht dadurch ausgeschlossen, dass der Veräußerer Wirtschaftsgüter, die nicht zu den wesentlichen Betriebsgrundlagen gehören, zurückbehält.[21] Das gilt auch, wenn einzelne nicht zu den wesentlichen Betriebsgrundlagen gehörende Wirtschaftsgüter in zeitlichem Zusammenhang mit der Veräußerung in das Privatvermögen überführt oder anderen betriebsfremden Zwecken zugeführt werden.[22] In diesem Fall ist ihr gemeiner Wert bzw. der Veräußerungsgewinn dem begünstigten Betriebsveräußerungsgewinn analog § 16 Abs. 3 Satz 7 EStG hinzuzurechnen. Der Steuerpflichtige kann solche Wirtschaftsgüter jeweils zum Buchwert auch in seinen anderen Betrieb oder in sein Sonderbetriebsvermögen bei einer anderen Mitunternehmerschaft überführen.

Wirtschaftsgüter, die ihrer Art nach nur betrieblich genutzt werden können, bleiben – auch ohne Betrieb – Betriebsvermögen, solange noch mit einer betrieblichen Verwertung gerechnet werden kann (z. B. Warenlager). Sie können nicht in das Privatvermögen überführt werden. Sie bleiben **Betriebsvermögen ohne Betrieb.** Ihre spätere Veräußerung führt zu nachträglichen – nicht begünstigten – Einkünften aus Gewerbebetrieb nach § 15 Abs. 1, § 24 Nr. 2 EStG. Vor diesem Hintergrund bleiben auch zurückbehaltene Verbindlichkeiten insoweit Betriebsvermögen, als sie nicht durch den Veräußerungserlös und die Verwertung zurückbehaltener Aktiva hätten abgedeckt werden können. Insoweit, als die Verbindlichkeiten Betriebsvermögen darstellen, sind auch die Kreditzinsen nachträgliche Betriebsausgaben.

20.3 Entgeltliche Veräußerung eines Teilbetriebs (§ 16 Abs. 1 Satz 1 Nr. 1 Satz 1 EStG)

§ 16 Abs. 1 Satz 1 Nr. 1 Satz 1 EStG begünstigt auch die Veräußerung eines Teilbetriebs. Dies erfordert, dass alle wesentlichen Betriebsgrundlagen des Teilbetriebs in einem einheitlichen Vorgang an einen Erwerber veräußert werden. Werden die wesentlichen Betriebsgrundlagen z. B. teilweise veräußert und teilweise in das Privatvermögen entnommen, liegt eine Teilbetriebsaufgabe vor. Erfolgt eine Über-

---
19 BFH vom 11.12.2007 X S 22/07 (BFH/NV 2008 S. 375).
20 BFH vom 02.09.1992 XI R 26/91 (BFH/NV 1992 S. 161).
21 BFH, BStBl 1993 II S. 710.
22 BFH, BStBl 1988 II S. 374.

nahme wesentlicher Betriebsgrundlagen nach § 6 Abs. 5 EStG zu Buchwerten in ein anderes Betriebsvermögen des Steuerpflichtigen, handelt es sich um einen nicht begünstigten laufenden Gewinn.

Als Teilbetrieb gilt auch die das gesamte Nennkapital umfassende Beteiligung an einer Kapitalgesellschaft (§ 16 Abs. 1 Satz 1 Nr. 1 Satz 2 EStG).

20.3.1 Begriff des Teilbetriebs

Teilbetrieb i. S. von § 16 Abs. 1 Satz 1 Nr. 1 Satz 1 EStG ist ein mit einer gewissen organisatorischen Selbständigkeit ausgestatteter, organisatorisch geschlossener Teil eines Gesamtbetriebs, der für sich lebensfähig ist. Es muss sich um einen in der Gliederung des Unternehmens gesondert geführten Betrieb handeln.[23] Für sich lebensfähig ist ein Teil des Gesamtunternehmens dann, wenn er seiner Struktur nach eine eigenständige betriebliche Tätigkeit ausüben kann.[24] Für die Annahme eines Teilbetriebs genügt nicht die Möglichkeit einer technischen Aufteilung des Unternehmens und die Tatsache, dass der betreffende Teil dann für sich lebensfähig wäre. Die Merkmale des Teilbetriebs müssen bereits auf Seiten des Veräußerers, und zwar im Zeitpunkt des Übergangs des wirtschaftlichen Eigentums an den veräußerten Wirtschaftsgütern, erfüllt sein.[25] Daher bedarf es bereits bei ihm der tatsächlichen Herauslösung aus dem organisatorischen Gesamtgefüge des Unternehmens und einer gewissen Verselbständigung des so geschaffenen Teilorganismus.[26]

Für das Bestehen eines Teilbetriebs sprechen folgende Merkmale:

- das selbständige Auftreten eines Betriebsteils als Zweigbetrieb,
- sein personelles Eigenleben innerhalb des Gesamtbetriebs,
- das Vorhandensein von eigenem Inventar und eigener Buchführung,
- die Möglichkeit eigener Preisgestaltung,
- seine örtliche Trennung vom Hauptbetrieb und
- der eigene Kundenkreis.

Nicht alle Merkmale müssen erfüllt sein. Die einzelnen Merkmale haben je nach Betriebsart ein unterschiedliches Gewicht. Entscheidend ist, ob nach dem Gesamtbild eine **gewisse Verselbständigung** besteht.[27]

Eine solche Verselbständigung ist z. B. dann nicht gegeben, wenn bei einem Fertigungsbetrieb mit mehreren Produktionszweigen die für die einzelne Produktion erforderlichen Maschinen nur für alle Produktionszweige gemeinsam zur Verfügung

---

23 BFH, BStBl 1985 II S. 245.
24 BFH, BStBl 1977 II S. 545.
25 BFH, BStBl 1985 II S. 244.
26 BFH, BStBl 1969 II S. 464.
27 BFH, BStBl 1989 II S. 458.

stehen. Der einzelne Produktionszweig ist dann kein Teilbetrieb.[28] Betreibt ein Steuerpflichtiger im Rahmen seines Unternehmens den Güternah- und Güterfernverkehr, liegen zwei Teilbetriebe nur dann vor, wenn beide Verkehrsarten nicht nur als Geschäftszweige des einheitlichen Unternehmens betrieben werden, sondern auch mit einer gewissen Selbständigkeit ausgestattet sind.[29] Eine völlig selbständige Organisation mit eigener Buchführung ist indessen nicht erforderlich, weil diese Merkmale bereits den eigenständigen Betrieb kennzeichnen.

Die Veräußerung eines Schiffes stellt nur dann eine Teilbetriebsveräußerung dar, wenn das Schiff die wesentliche Grundlage eines Zweigunternehmens bildet und das Zweigunternehmen im Ganzen veräußert wird.[30]

Auch die im Rahmen eines Gewerbebetriebs mit einer gewissen organisatorischen Selbständigkeit ausgestattete Verwaltung vermieteter oder verpachteter Grundstücke stellt i. d. R. keinen Teilbetrieb dar, weil diese Tätigkeit nicht die Eigenschaft eines Betriebs im Sinne des Einkommensteuerrechts besitzt. Eine Grundstücksverwaltung ist i. d. R. kein Gewerbebetrieb. Wenn ein Unternehmen im Rahmen eines Gewerbebetriebs auch Vermögen besitzt, das es durch Vermögensverwaltung nutzt, ergibt sich der gewerbliche Charakter dieser Vermögensverwaltung nicht aus der Art der Betätigung als solcher, sondern allein daraus, dass es sich um ein Unternehmen mit sonstiger gewerblicher Tätigkeit handelt, in dessen Rahmen die Vermögensverwaltung einbezogen wird. Das reicht aber für die Begründung eines Teilbetriebs nicht aus.[31]

Teilbetriebe können hingegen die Filialen der Kaufhausfilialunternehmen oder die von einer Brauerei betriebenen Gastwirtschaften sein.[32] Dabei kommt es jedoch auf die Einzelfallgestaltung an. Erforderlich für die Annahme einer Teilbetriebsveräußerung ist, dass das Unternehmen mit der Veräußerung des entsprechenden Betriebsteils einen eigenständigen Kundenkreis aufgibt.[33] Ein Einzelhandelsfilialbetrieb kann nur als Teilbetrieb angesehen werden, wenn er im Wesentlichen alle Funktionen des Einzelhandels erfüllt. Dazu gehört auch und insbesondere der selbständige Wareneinkauf.[34] Zwar können sich auch selbständige Teilbetriebe einer zentralen Einkaufsorganisation bedienen. Dann muss ihnen aber immer noch die Einflussnahme auf den Einkauf und die Preisgestaltung verbleiben.[35]

Ob eine Summe von Wirtschaftsgütern einen Teilbetrieb darstellt, ist nach den tatsächlichen Verhältnissen im Zeitpunkt der Veräußerung zu entscheiden.

---

28 BFH, BStBl 1972 II S. 118.
29 BFH, BStBl 1978 II S. 672.
30 BFH, BStBl 1966 III S. 168.
31 BFH, BStBl 1969 II S. 397.
32 BFH, BStBl 1967 III S. 47.
33 BFH, BStBl 1990 II S. 55.
34 BFH, BStBl 1980 II S. 690.
35 BFH, BStBl 1980 II S. 51; nicht als Teilbetrieb ist die Filiale eines Lebensmittelfilialnetzes angesehen worden, BFH, BStBl 1977 II S. 66.

Eine Teilbetriebsveräußerung erfordert nicht, dass der Veräußerer seine gewerblichen Tätigkeiten in vollem Umfang beendet. Es ist ausreichend, wenn er die gewerbliche Tätigkeit aufgibt, die sich auf die veräußerten wesentlichen Betriebsgrundlagen des Teilbetriebs bezieht.[36]

Die dargestellten Grundsätze sind auch auf im Aufbau befindliche Teilbetriebe anzuwenden, die ihre werbende Tätigkeit noch nicht aufgenommen haben. Ein im Aufbau befindlicher Teilbetrieb liegt allerdings erst dann vor, wenn die wesentlichen Betriebsgrundlagen bereits vorhanden sind und bei zielgerechter Weiterverfolgung des Aufbauplans ein selbständig lebensfähiger Organismus zu erwarten ist.[37]

Die Anteile an einer Betriebskapitalgesellschaft sind wesentliche Betriebsgrundlagen des Besitzunternehmens. Diese können nicht quotal den jeweiligen Teilbetrieben, sondern nur dem Besitzunternehmen insgesamt zugeordnet werden. Werden die Anteile an der Betriebskapitalgesellschaft nicht mitveräußert, kann daher von einer privilegierten Teilbetriebsveräußerung nicht ausgegangen werden.[38]

20.3.2 100 %-Beteiligung an einer Kapitalgesellschaft
(§ 16 Abs. 1 Satz 1 Nr. 1 Satz 2 EStG)

Als Teilbetrieb gilt auch eine Beteiligung an einer Kapitalgesellschaft, wenn diese das gesamte Nennkapital der Gesellschaft umfasst. Voraussetzung ist jedoch, dass die gesamte Beteiligung zum Betriebsvermögen eines einzelnen Steuerpflichtigen oder einer Personengesellschaft gehört und der gesamte Besitz im Laufe eines Wirtschaftsjahres veräußert wird. Eine Beteiligung gehört bei einer Personengesellschaft zum Betriebsvermögen, wenn die gesamte Beteiligung entweder im Gesamthandsvermögen oder im Sonderbetriebsvermögen eines Gesellschafters gehalten wird. Entsprechendes gilt, wenn sich die Beteiligung im Sonderbetriebsvermögen mehrerer Mitunternehmer befindet (R 16 Abs. 3 Satz 7 EStR). Gleiches dürfte auch dann in Betracht kommen, wenn sie sich teils im Gesamthandsvermögen und teils im Sonderbetriebsvermögen befindet.

§ 16 Abs. 1 Satz 1 Nr. 1 EStG ist nicht anwendbar, wenn die Beteiligung an einer Kapitalgesellschaft ganz oder teilweise zum **Privatvermögen** des Steuerpflichtigen gehört. Entsprechendes gilt, wenn sie sich im Gesellschaftsvermögen einer vermögensverwaltenden Personengesellschaft mit betrieblich beteiligten Gesellschaftern befindet.

Bei Veräußerung insgesamt an verschiedene Erwerber liegt keine begünstigte Teilbetriebsveräußerung, sondern eine begünstigte Teilbetriebsaufgabe vor. Ebenso bei teilweiser Veräußerung und Entnahme in das Privatvermögen. Wird eine zum Betriebsvermögen gehörende Beteiligung an einer Kapitalgesellschaft veräußert,

---

36 BFH, BStBl 1989 II S. 973.
37 BFH, BStBl 1989 II S. 458.
38 BFH, BStBl 2007 II S. 772.

die nicht das gesamte Nennkapital umfasst, liegen laufende gewerbliche Einkünfte vor.

Ab 2009 fallen Gewinne aus der Veräußerung von Anteilen an Kapitalgesellschaften grundsätzlich unter das **Teileinkünfteverfahren.** Vor diesem Hintergrund reduziert sich die Privilegierung der Veräußerung einer im Betriebsvermögen gehaltenen 100 %-Beteiligung an einer Kapitalgesellschaft auf den Freibetrag nach § 16 Abs. 4 EStG (§ 34 Abs. 2 Nr. 1 EStG).

Der Gewinn aus der Veräußerung einer im Betriebsvermögen gehaltenen 100 %-Beteiligung an einer Kapitalgesellschaft ist gewerbesteuerpflichtig. Wird hingegen die im Betriebsvermögen gehaltene 100 %-Beteiligung an einer Kapitalgesellschaft zusammen mit dem übrigen Betrieb veräußert, ist auch der auf die 100 %-Beteiligung an der Kapitalgesellschaft entfallende Gewinn gewerbesteuerfrei.

Als Veräußerung oder Aufgabe einer im Betriebsvermögen gehaltenen 100 %-Beteiligung an einer Kapitalgesellschaft ist auch deren Auflösung und Liquidation anzusehen. Zu beachten ist dann § 17 Abs. 4 Satz 3 EStG (§ 16 Abs. 1 Satz 1 Nr. 1 Satz 2 EStG). Eine Kapitalherabsetzung ist nicht als Veräußerung oder Aufgabe einer im Betriebsvermögen gehaltenen 100 %-Beteiligung an einer Kapitalgesellschaft anzusehen.

20.4 Veräußerung eines Mitunternehmeranteils

20.4.1 Veräußerung des gesamten Mitunternehmeranteils
(§ 16 Abs. 1 Satz 1 Nr. 2 EStG)

Der Gewinn aus der Veräußerung des gesamten Mitunternehmeranteils ist nach § 16 Abs. 1 Satz 1 Nr. 2 EStG begünstigt. Unerheblich ist, in welchem Umfang der Gesellschafter an der Personengesellschaft beteiligt ist. Begünstigt ist auch der Gewinn eines Mitunternehmers aus der Veräußerung eines nur kurzfristig gehaltenen Mitunternehmeranteils.

Die Veräußerung von **Anteilen an einer vermögensverwaltenden Personengesellschaft** fällt nicht unter § 16 Abs. 1 Satz 1 Nr. 2 EStG. Dies gilt auch in den Fällen von Zebragesellschaften. Beim betrieblich beteiligten Gesellschafter liegt ein laufender, nicht begünstigter Gewinn vor, der auch der Gewerbesteuer unterliegt. Eine Ausnahme besteht nur dann, wenn gleichzeitig auch der eigene Betrieb veräußert wird.

Scheidet ein Gesellschafter aus einer Mitunternehmergemeinschaft aus, kann in dem **Ausscheiden** die Veräußerung eines Mitunternehmeranteils i. S. von § 16 Abs. 1 Satz 1 Nr. 2 EStG zu sehen sein. Dies gilt nicht nur, wenn der Mitunternehmeranteil im Rahmen eines Gesellschafterwechsels von einem neu eintretenden Gesellschafter übernommen wird, sondern auch dann, wenn die verbleibenden Gesellschafter den Mitunternehmeranteil des Ausscheidenden übernehmen. § 16

Abs. 1 Satz 1 Nr. 2 EStG erfasst nicht nur die Veräußerung des Anteils an einen neu eintretenden Gesellschafter, sondern auch die Übertragung des Gesellschaftsanteils auf einen oder alle anderen Mitgesellschafter gegen Leistung einer entsprechenden Abfindung. Auch die Übernahme aller Wirtschaftsgüter einer Personengesellschaft durch die verbleibenden Gesellschafter bei Ableben eines Gesellschafters führt zur Veräußerung des Mitunternehmeranteils. Gleiches gilt auch für den Tod eines Gesellschafters einer zweigliedrigen Personengesellschaft, wenn alle Vermögensgegenstände und Schulden der Gesellschaft vereinbarungsgemäß durch den verbleibenden Gesellschafter übernommen werden und dieser die Erben des verstorbenen Mitunternehmers abzufinden hat.[39]

Der Mitunternehmeranteil setzt sich aus der Gesellschaftsbeteiligung und dem Sonderbetriebsvermögen des Gesellschafters zusammen. Die begünstigte Veräußerung des Mitunternehmeranteils setzt somit auch die **Veräußerung des Sonderbetriebsvermögens** voraus, sofern sich in ihm wesentliche Betriebsgrundlagen befinden. Der Begriff der wesentlichen Betriebsgrundlage bestimmt sich auch hier nach der funktionalen und nach der quantitativen Betrachtungsweise.

Werden wesentliche Betriebsgrundlagen des Sonderbetriebsvermögens zurückbehalten und gewinnrealisierend ins Privatvermögen überführt, liegt keine begünstigte Veräußerung eines Mitunternehmeranteils vor, wohl aber eine begünstigte **Aufgabe eines Mitunternehmeranteils.** Gleiches gilt, wenn wesentliche Betriebsgrundlagen des Sonderbetriebsvermögens gleichzeitig an einen anderen als den Erwerber des Gesellschaftsanteils entgeltlich veräußert werden.

Beispiel:
A ist an der X-KG als Kommanditist beteiligt. Das Betriebsgrundstück gehört ihm zivilrechtlich allein. A veräußert seinen Anteil an der KG ohne das Betriebsgrundstück an B. Das Betriebsgrundstück, das zur wesentlichen Betriebsgrundlage seiner Beteiligung gehörte, verpachtet er an die KG, die es in derselben Weise wie bisher nutzt.
A hat nicht die wesentlichen Grundlagen seines Mitunternehmeranteils an B veräußert. Eine Betriebsveräußerung i. S. von § 16 Abs. 1 Nr. 2 EStG liegt nicht vor. Jedoch liegt eine Betriebsaufgabe i. S. von § 16 Abs. 3 Satz 1 EStG vor.

Werden bei der Veräußerung des Mitunternehmeranteils wesentliche Betriebsgrundlagen, die Sonderbetriebsvermögen des Gesellschafters sind, zurückbehalten und nach **§ 6 Abs. 5 EStG** in ein anderes Betriebsvermögen bzw. Sonderbetriebsvermögen des Steuerpflichtigen ohne Gewinnrealisierung überführt, liegt weder eine begünstigte Veräußerung noch eine begünstigte Aufgabe des Mitunternehmeranteils vor. Vielmehr handelt es sich insoweit um laufenden Gewinn.[40] Dies gilt zum einen dann, wenn wesentliche Betriebsgrundlagen des Sonderbetriebsvermögens zeitgleich mit der Anteilsveräußerung nach § 6 Abs. 5 EStG zu Buchwerten in ein anderes Betriebsvermögen umgegliedert werden, zum anderen aber auch dann, wenn die

---
39 BFH, BStBl 1998 II S. 290.
40 Wacker, in: Schmidt, EStG, 32. Auflage, § 16 Rz. 414.

20.4 Veräußerung eines Mitunternehmeranteils

Buchwertausgliederung im zeitlichen und wirtschaftlichen Zusammenhang im Sinne der Gesamtplanrechtsprechung mit der Anteilsveräußerung steht.[41] Zwar hat der BFH entschieden, dass nach § 6 Abs. 3 EStG die Aufdeckung der stillen Reserven im unentgeltlich übertragenen Mitunternehmeranteil ausscheidet, wenn eine wesentliche Betriebsgrundlage des Sonderbetriebsvermögens vorher oder zeitgleich zum Buchwert nach § 6 Abs. 5 EStG übertragen wird.[42] § 6 Abs. 3 und 5 EStG stehen gleichberechtigt nebeneinander. Die Wertungen nach §§ 16, 34 EStG können nicht auf § 6 Abs. 3 und 5 EStG übertragen werden. Fraglich ist, ob das Urteil des BFH vom 02.08.2012 auch den Fall der Veräußerung des Mitunternehmeranteils bei Ausgliederung wesentlicher Betriebsgrundlagen des Sonderbetriebsvermögens berührt. Dies ist zu verneinen. Eine entsprechende Übertragung wäre nicht vereinbar mit dem Sinn und Zweck von §§ 16, 34 EStG. Durch die genannten Regelungen soll die Aufdeckung aller stillen Reserven bezogen auf die wesentlichen Betriebsgrundlagen sowohl im Gesamthands- als auch im Sonderbetriebsvermögen privilegiert werden.[43] Daraus folgt, dass die Anwendung von §§ 16, 34 EStG auch dann ausgeschlossen sein muss, wenn ein Mitunternehmer wesentliche Betriebsgrundlagen des Sonderbetriebsvermögens nicht mitveräußert, sondern zum Buchwert nach § 6 Abs. 5 EStG in ein anderes Betriebsvermögen überträgt. Dementsprechend hat das FG Nürnberg auch entschieden, dass der Gewinn aus der Veräußerung eines Mitunternehmeranteils nicht nach §§ 16, 34 EStG begünstigt ist, wenn aufgrund einheitlicher Planung und in engem zeitlichem Zusammenhang mit der Anteilsveräußerung erhebliche stille Reserven beinhaltende, nach funktional-quantitativer Betrachtungsweise als wesentliche Betriebsgrundlagen der Personengesellschaft zu beurteilende Grundstücke aus dem Sonderbetriebsvermögen in das Sonderbetriebsvermögen einer beteiligungsidentischen KG übergehen.[44]

Werden nur **Wirtschaftsgüter des Sonderbetriebsvermögens ohne den Gesellschaftsanteil** veräußert, stellen die durch die Veräußerung aufgedeckten stillen Reserven ebenfalls laufenden Gewinn dar.

Die **Veräußerung des gesamten Gewerbebetriebs durch eine Personengesellschaft** an einen Gesellschafter ist abzugrenzen von der Veräußerung eines Mitunternehmeranteils. Dabei ist auf die vertraglichen Vereinbarungen abzustellen. Haben die Vertragsparteien den Vertrag tatsächlich wie eine Betriebsveräußerung an den Gesellschafter behandelt, eine Schlussbilanz eingereicht und den Veräußerungsgewinn den Gesellschaftern dem allgemeinen Gewinnverteilungsschlüssel entsprechend zugerechnet, liegt eine Betriebsveräußerung im Ganzen i. S. des § 16 Abs. 1 Satz 1 Nr. 1 EStG an den Gesellschafter vor und nicht etwa die Veräußerung oder Aufgabe von Mitunternehmeranteilen.[45] Dabei gehören zum Gewerbebetrieb der

---
41 Wacker, in: Schmidt, EStG, 32. Auflage, § 16 Rz. 414.
42 BFH vom 02.08.2012 IV R 41/11 (BFH/NV 2012 S. 2053).
43 BT-Drucksache 14/6882 S. 34.
44 FG Nürnberg vom 11.04.2013 6 K 730/10 (juris), Rev.: IV R 22/13.
45 BFH, BStBl 2003 II S. 700.

Personengesellschaft auch wesentliche Betriebsgrundlagen, die sich im Sonderbetriebsvermögen der Gesellschafter befinden. Veräußert ein Mitunternehmer bei der Veräußerung des Gewerbebetriebs durch die Mitunternehmerschaft wesentliche Betriebsgrundlagen im Sonderbetriebsvermögen nicht mit, gilt insoweit § 16 Abs. 3 Satz 7 EStG bei der Ermittlung des Veräußerungsgewinns nach § 16 Abs. 1 Satz 1 Nr. 1 EStG entsprechend. Soweit ein Mitunternehmer bei der Veräußerung des Gewerbebetriebs durch die Mitunternehmerschaft Wirtschaftsgüter des Sonderbetriebsvermögens, die wesentliche Betriebsgrundlagen sind, nicht mitveräußert, sondern nach § 6 Abs. 5 EStG zum Buchwert in ein anderes Betriebsvermögen überführt, ist der Anteil dieses Mitunternehmers am Gewinn aus der Veräußerung des Gewerbebetriebs der Personengesellschaft nicht begünstigt. Die aufgezeigten Grundsätze gelten auch bei der Veräußerung des Gewerbebetriebs der Personengesellschaft an einen Dritten oder an eine Schwesterpersonengesellschaft. Im letzteren Fall ist aber § 16 Abs. 2 Satz 3 EStG zu beachten.

20.4.2 Veräußerung eines Teils eines Mitunternehmeranteils (§ 16 Abs. 1 Satz 2 EStG)

Entgeltliche Übertragungen von Teilen eines Mitunternehmeranteils sind laufender Gewinn (§ 16 Abs. 1 Satz 2 EStG). Folge ist auch, dass die Veräußerung eines Teils eines Mitunternehmeranteils – im Gegensatz zur Veräußerung des gesamten Mitunternehmeranteils – der Gewerbesteuer unterliegt.[46]

Hierbei ist es unerheblich, ob **Sonderbetriebsvermögen** übertragen wird oder nicht. Keine Veräußerung des Teils eines Mitunternehmeranteils stellt es dar, wenn nur das Sonderbetriebsvermögen veräußert wird, nicht aber der Mitunternehmeranteil selbst.

Wird der Teil eines Mitunternehmeranteils veräußert, den der Veräußerer nach und nach zu **unterschiedlichen Anschaffungskosten** erworben hat, ist der Buchwert des veräußerten Teils des Mitunternehmeranteils im Wege einer Durchschnittsbewertung zu ermitteln.[47]

20.5 Veräußerung des gesamten Anteils eines persönlich haftenden Gesellschafters einer Kommanditgesellschaft auf Aktien (§ 16 Abs. 1 Satz 1 Nr. 3 EStG)

§ 16 Abs. 1 Satz 1 Nr. 3 EStG bestimmt, dass auch Veräußerungsgewinne aus der Komplementärbeteiligung einer Kommanditgesellschaft auf Aktien den gewerb-

---

46 BFH vom 14.12.2006 IV R 3/05 (BStBl 2007 II S. 777).
47 BFH, BStBl 1997 II S. 535.

lichen Betriebsveräußerungen gleichgestellt sind. Anteil des Komplementärs ist nur die Beteiligung an der Kommanditgesellschaft auf Aktien als persönlich haftender Gesellschafter. Begünstigt ist nur die Veräußerung des ganzen Anteils (§ 16 Abs. 2 Satz 2 EStG). Zum Anteil i. S. des § 16 Abs. 1 Satz 1 Nr. 3 EStG gehören auch wesentliche Betriebsgrundlagen des Sonderbetriebsvermögens.

Der Gewinn aus der Veräußerung der Aktien fällt nicht unter § 16 Abs. 1 Satz 1 Nr. 3 EStG.

20.6 Ausscheiden von Gesellschaftern

20.6.1 Gegen Barentgelt über dem Buchwert

Ist der Veräußerungspreis höher als der übernommene Kapitalanteil, erzielt der ausscheidende Gesellschafter einen begünstigten Veräußerungsgewinn nach § 16 Abs. 1 Satz 1 Nr. 2 EStG. Voraussetzung ist, dass Leistung und Gegenleistung objektiv gleichwertig sind oder zumindest subjektiv kaufmännisch gegeneinander abgewogen sind. Dabei gehört zum Veräußerungspreis auch die Übernahme eines negativen Kapitalkontos.

Ist das Entgelt niedriger als der Verkehrswert des übertragenen Gesellschaftsanteils, kann eine entgeltliche oder eine unentgeltliche Übertragung vorliegen. Bei derartigen **teilentgeltlichen Veräußerungen** eines Mitunternehmeranteils ist der Vorgang nicht in ein vollentgeltliches und ein voll unentgeltliches Geschäft aufzuteilen. Vielmehr gilt die Einheitstheorie. Der Veräußerungsgewinn ist durch Gegenüberstellung des Entgelts und des Kapitalkontos des Gesellschafters zu ermitteln. Ein begünstigter Veräußerungsgewinn ergibt sich, wenn die Gegenleistung den Buchwert des Mitunternehmeranteils übersteigt. Ist die Gegenleistung nicht höher als der Buchwert, liegt ein unentgeltlicher Übertragungsvorgang vor mit der Folge der Buchwertfortführung nach § 6 Abs. 3 EStG.

Bei dem oder den Erwerbern stellen die an den Ausgeschiedenen zu leistenden Zahlungen aktivierungspflichtige Anschaffungskosten dar. Das gilt auch im Hinblick auf das übernommene negative Kapitalkonto.

Die Mehrabfindung, die an einen **lästigen Gesellschafter** geleistet wird, ist sofort abzugsfähige Betriebsausgabe bei den verbleibenden Gesellschaftern. Voraussetzung ist, dass der ausscheidende Gesellschafter sich betriebsschädigend verhalten hat. Bloße Streitigkeiten zwischen den Gesellschaftern genügen nicht. Verlangt wird vielmehr, dass der ausgeschiedene Gesellschafter den Bestand und das Gedeihen der Gesellschaft durch dauernde Störungen des Betriebs ernsthaft gefährdet hat. Voraussetzung für den sofortigen Abzug ist des Weiteren, dass eine Mehrabfindung gezahlt wird, die über dem wirklichen Wert des Anteils des Gesellschafters liegt. Die Mehrabfindung ist beim ausscheidenden Gesellschafter Teil des Veräußerungspreises.

20.6.2 Gegen Barentgelt unter dem Buchwert

Ist die Abfindung niedriger als der Buchwert, entsteht nach § 16 Abs. 1 Satz 1 Nr. 2 EStG ein Veräußerungsverlust. Die erwerbenden Gesellschafter haben die Buchwerte der bilanzierten Wirtschaftsgüter des Gesamthandsvermögens nach Maßgabe dieser Anschaffungskosten entsprechend herauf- bzw. herabzusetzen.

20.6.3 Abfindung in Sachwerten

Werden die übereigneten Wirtschaftsgüter Privatvermögen des ausgeschiedenen Gesellschafters, liegt zum einen die begünstigte Veräußerung eines Mitunternehmeranteils nach § 16 Abs. 1 Satz 1 Nr. 2 EStG durch den Ausgeschiedenen mit gleichzeitigem Erwerb dieses Mitunternehmeranteils durch die verbleibenden Gesellschafter und zum anderen die nicht begünstigte Veräußerung des zum Gesamthandsvermögen gehörenden Sachwerts durch die verbleibenden Gesellschafter bei gleichzeitigem Erwerb dieses Sachwerts durch den Ausgeschiedenen vor.[48] Die Bewertung der jeweiligen Veräußerungs- und Anschaffungsvorgänge hat jeweils mit dem gemeinen Wert des Sachwerts zu erfolgen.

Gelangt die Sachwertabfindung beim ausscheidenden Mitunternehmer in ein Betriebsvermögen, ist bei der Übertragung nach § 6 Abs. 5 Satz 3 EStG (Minderung von Gesellschaftsrechten) zwingend der Buchwert unter Anpassung der Kapitalkonten fortzuführen. Wird die Sperrfrist nach § 6 Abs. 5 Satz 4 EStG nicht eingehalten, ist rückwirkend gewinnrealisierend der Teilwert anzusetzen.

20.6.4 Änderung der Beteiligungsverhältnisse

Die entgeltliche Änderung der Gewinnverteilung steht der Veräußerung eines Teils eines Mitunternehmeranteils gleich.[49] Sie ist nach § 16 Abs. 1 Satz 2 EStG nicht nach § 16 Abs. 4, § 34 EStG begünstigt. Die unentgeltliche Änderung der Gewinnverteilung führt zu keiner Gewinnrealisierung. Insoweit ist § 6 Abs. 3 Satz 1 EStG anzuwenden.

20.7 Unentgeltliche Übertragung

Unter Veräußerung ist die entgeltliche Übertragung zu verstehen. Es muss ein Leistungsaustausch stattfinden. Entgeltlich ist die Veräußerung, wenn die Gegenleistung wie unter fremden Dritten üblich nach dem Wert der Leistung bemessen ist. Bei Geschäften unter Fremden spricht die Vermutung für die Entgeltlichkeit und bei Geschäften unter Angehörigen für die Unentgeltlichkeit. Die Vermutungen sind allerdings widerlegbar.

---

48 BFH, BStBl 1996 II S. 194.
49 BFH, BStBl 1995 II S. 407.

20.7 Unentgeltliche Übertragung

Von der Betriebsveräußerung ist die unentgeltliche Betriebsübertragung zu unterscheiden. Bei ihr werden nach § 6 Abs. 3 EStG die Buchwerte durch den Erwerber fortgeführt. Ein Veräußerungsgewinn auf der Ebene des Übertragenden entsteht nicht. **§ 6 Abs. 3 EStG** betrifft die unentgeltliche Übertragung eines Betriebs, Teilbetriebs und eines Mitunternehmeranteils. Nach § 6 Abs. 3 Satz 1 Halbsatz 2 EStG gilt das Buchwertfortführungsgebot auch für die unentgeltliche Übertragung von Teilen von Mitunternehmeranteilen.

Für die unentgeltliche Übertragung eines Betriebs, Teilbetriebs oder Mitunternehmeranteils ist Voraussetzung, dass zumindest die wesentlichen Grundlagen des Betriebs, Teilbetriebs oder Mitunternehmeranteils unentgeltlich übertragen werden. Dies erfordert die Übertragung der wesentlichen Betriebsgrundlagen durch einen einheitlichen Übertragungsakt auf den Erwerber. Eine aufgespaltene Übertragung kann nur dann als einheitlicher Übertragungsakt angesehen werden, wenn sie auf einem einheitlichen Willensentschluss beruht und zwischen den einzelnen Übertragungsvorgängen ein zeitlicher und sachlicher Zusammenhang besteht.[50]

Unter **wesentlichen Betriebsgrundlagen** i. S. von § 6 Abs. 3 EStG sind nur die funktional bedeutsamen wesentlichen Betriebsgrundlagen zu verstehen.

Werden die wesentlichen Grundlagen eines Betriebs, Teilbetriebs oder Mitunternehmeranteils unentgeltlich übertragen und behält der Steuerpflichtige Wirtschaftsgüter zurück, die nicht zu den wesentlichen Betriebsgrundlagen zählen und die innerhalb eines kurzen Zeitraums veräußert oder in das Privatvermögen überführt werden, ist die Aufdeckung der stillen Reserven insoweit nicht steuerbegünstigt.[51] Werden nicht alle zur wesentlichen Betriebsgrundlage gehörenden Wirtschaftsgüter unentgeltlich übertragen, sondern Teile der wesentlichen Betriebsgrundlagen ins Privatvermögen übernommen oder an Dritte veräußert, stellt der gesamte Vorgang eine Betriebsaufgabe dar.[52]

> **Beispiel:**
> V überträgt im Wege vorweggenommener Erbfolge unentgeltlich seinen auf einem eigenen Grundstück betriebenen Gewerbebetrieb (Kfz-Handel und -Reparatur) auf seinen Sohn S. V behält aber festverzinsliche Wertpapiere, die als Sicherheit für betriebliche Kredite verpfändet sind und als gewillkürtes Betriebsvermögen behandelt wurden, für seine Alterssicherung zurück.
> Da alle wesentlichen Betriebsgrundlagen übertragen wurden, ist der Betrieb i. S. von § 6 Abs. 3 EStG unentgeltlich übertragen worden. Insoweit gilt die Buchwertfortführung. Die zurückbehaltenen Wertpapiere sind ins Privatvermögen überführt. Ein etwaiger Entnahmegewinn unterliegt der normalen Besteuerung.

Der Mitunternehmeranteil eines Gesellschafters umfasst sowohl den Anteil am Gesamthandsvermögen als auch das dem einzelnen Mitunternehmer zuzurechnende Sonderbetriebsvermögen. Wird der gesamte Anteil des Mitunternehmers an der

---
[50] BFH, BStBl 1989 II S. 653.
[51] BFH, BStBl 1981 II S. 566.
[52] BFH, BStBl 1961 III S. 514, 1982 II S. 20.

20 Betriebsveräußerung und Betriebsaufgabe

Gesellschaft übertragen, setzt § 6 Abs. 3 Satz 1 EStG voraus, dass neben dem Anteil am Gesamthandsvermögen auch sämtliche Wirtschaftsgüter des Sonderbetriebsvermögens, die für die Funktion des Betriebes von Bedeutung sind (funktional wesentliches Sonderbetriebsvermögen), übertragen werden.

Wird anlässlich der Übertragung eines Mitunternehmeranteils funktional wesentliches Sonderbetriebsvermögen zurückbehalten und in das Privatvermögen des Übertragenden überführt, ist eine Buchwertfortführung nach § 6 Abs. 3 Satz 1 EStG nicht zulässig. Es liegt insgesamt eine tarifbegünstigte Aufgabe des gesamten Mitunternehmeranteils vor.[53] Die stillen Reserven im Gesamthandsvermögen und im Sonderbetriebsvermögen sind aufzudecken. § 6 Abs. 3 Satz 2 EStG ist nicht anwendbar, da der Übertragende mit der Übertragung des Mitunternehmeranteils nicht mehr Mitunternehmer ist.

Wird anlässlich der Übertragung des Mitunternehmeranteils funktional wesentliches Sonderbetriebsvermögen nach **§ 6 Abs. 5 EStG** in ein anderes Betriebsvermögen bzw. Sonderbetriebsvermögen des Steuerpflichtigen überführt, findet § 6 Abs. 3 Satz 1 EStG auf die Übertragung des Mitunternehmeranteils keine Anwendung. Der sich aus der Übertragung des Mitunternehmeranteils ergebende Gewinn ist nicht nach §§ 16, 34 EStG begünstigt.[54] Gleiches gilt, wenn im zeitlichen und sachlichen Zusammenhang im Sinne der Gesamtplanrechtsprechung mit der Übertragung des Mitunternehmeranteils funktional wesentliches Sonderbetriebsvermögen entnommen oder nach § 6 Abs. 5 EStG zum Buchwert in ein anderes Betriebsvermögen übertragen wird. Der Mitunternehmeranteil am Gesamthandsvermögen kann nicht nach § 6 Abs. 3 EStG zum Buchwert übertragen werden. Die in dem Mitunternehmeranteil enthaltenen stillen Reserven sind – auch in den Fällen, in denen das Sonderbetriebsvermögen zum Buchwert übertragen wird – als laufender Gewinn zu versteuern.

Beispiel:

Vater V war Kommanditist bei der X-KG, an die er ein Grundstück (wesentliche Betriebsgrundlage) vermietet hatte. V übertrug im Juli 03 seinen Kommanditanteil unentgeltlich auf seinen Sohn S. Bereits im März 03 hatte V das Grundstück nach § 6 Abs. 5 Satz 3 Nr. 2 EStG zum Buchwert auf die von ihm neu gegründete gewerblich geprägte Y-GmbH & Co. KG übertragen.

Die Buchwertübertragung des Grundstücks ist nach der Gesamtplanrechtsprechung im Zusammenhang mit der Übertragung des Kommanditanteils nach § 6 Abs. 3 EStG zu beurteilen. Die Voraussetzungen für eine Buchwertübertragung nach § 6 Abs. 3 EStG liegen danach nicht vor, weil das Grundstück (wesentliche Betriebsgrundlage im Sonderbetriebsvermögen) nicht an den Sohn übertragen wurde. Ein Anwendungsfall von § 6 Abs. 3 Satz 2 EStG (unschädliches Zurückbehalten einer wesentlichen Betriebsgrundlage) liegt nicht vor, weil das Grundstück nicht mehr Sonderbetriebsvermögen der X-KG ist, sondern zum Betriebsvermögen der Y-GmbH & Co. KG gehört. V muss deshalb die stillen Reserven in seinem Kommanditanteil im Jahr 03 als laufenden

---

53 BFH, BStBl 1995 II S. 890.
54 BFH, BStBl 1998 II S. 104.

20.7 Unentgeltliche Übertragung

Gewinn versteuern. Der (zwingende) Buchwertansatz für das auf die GmbH & Co. KG übertragene Grundstück wird hiervon nicht berührt. Wird anlässlich der Übertragung des Anteils am Gesamthandsvermögen funktional nicht wesentliches Sonderbetriebsvermögen entnommen oder nach § 6 Abs. 5 EStG zum Buchwert in ein anderes Betriebsvermögen überführt oder übertragen, steht dies der Anwendung des § 6 Abs. 3 Satz 1 EStG im Hinblick auf die Übertragung des Mitunternehmeranteils nicht entgegen. Wird dieses Sonderbetriebsvermögen entnommen, entsteht insoweit ein laufender Gewinn.[55]

In diesem Zusammenhang hat der **BFH mit Urteil vom 02.08.2012** entschieden, dass nach § 6 Abs. 3 Satz 1 EStG die Aufdeckung der stillen Reserven im unentgeltlich übertragenen Mitunternehmeranteil auch dann ausscheidet, wenn ein funktional wesentliches Betriebsgrundstück des Sonderbetriebsvermögens vorher bzw. zeitgleich zum Buchwert nach § 6 Abs. 3 EStG übertragen wird.[56] Es handelt sich um eine Ausnahme von dem Grundsatz, nach dem, wenn funktional wesentliches Betriebsvermögen taggleich mit der Übertragung der Gesellschaftsanteile an einen Dritten veräußert oder übertragen oder in ein anderes Betriebsvermögen des bisherigen Mitunternehmers überführt wird, die Voraussetzungen des § 6 Abs. 3 Satz 1 EStG für eine Fortführung der Buchwerte grundsätzlich nicht vorliegen. Dies deshalb, weil die Privilegierungen nach § 6 Abs. 3 und 5 EStG nach dem Wortlaut des Gesetzes gleichberechtigt nebeneinanderstehen. Ein Rangverhältnis ist weder ausdrücklich geregelt noch lässt es sich im Wege der Auslegung bestimmen. Des Weiteren kommt es bei gleichzeitiger Anwendung beider Normen auch nicht zu einer Kumulation von Steuervergünstigungen, zumal die den §§ 16, 34 EStG zugrunde liegenden Wertungen des Gesetzgebers nicht auf § 6 Abs. 3 und 5 EStG übertragen werden können. Eine einschränkende Auslegung des § 6 Abs. 3 Satz 1 EStG kommt bei allen von dieser Regelung betroffenen Übertragungsvorgängen nur dann in Betracht, wenn die wirtschaftliche Lebensfähigkeit der entsprechenden Sachgesamtheit und damit die Einkünfteerzielung des betreffenden Einzelunternehmers oder der Personengesellschaft durch Übertragungen von Einzelwirtschaftsgütern in einer Weise berührt wird, dass es wirtschaftlich zu einer Zerschlagung des Betriebs und damit im Ergebnis zu einer Betriebsaufgabe kommt. Die aufgezeigten Grundsätze gelten nach Auffassung des BFH sowohl für Einzelunternehmer als auch für Mitunternehmer. Unberührt hiervon bleibt die Gesamtplanrechtsprechung.[57] Folgt man der Rechtsprechung des BFH, kann auch die Entnahme oder Veräußerung funktional wesentlicher Wirtschaftsgüter die Geltung von § 6 Abs. 3 Satz 1 EStG nicht hindern.[58] Die Finanzverwaltung folgt der Rechtsprechung des BFH nicht.[59] Sie widerspricht ihrer Auffassung nach der Zielsetzung des Gesetzgebers.

---

55 BFH, BStBl 1988 II S. 374.
56 BFH vom 02.08.2012 IV R 41/11 (DStR 2012 S. 2118).
57 BFH vom 30.08.2012 IV R 44/10 (BFH/NV 2013 S. 376).
58 Wacker, in: Schmidt, EStG, 32. Auflage, § 16 Rz. 15.
59 BMF vom 12.09.2013 – IV C 6 – S 2241/10/10002, 2013/0837216 (BStBl 2013 I S. 1164).

20.8 Veräußerungsgewinn (§ 16 Abs. 2 EStG)

20.8.1 Ermittlung des Veräußerungsgewinns (§ 16 Abs. 2 Satz 1 und 2 EStG)

Der Veräußerungsgewinn gehört zu den Einkünften aus Gewerbebetrieb und ist damit nach den allgemeinen Vorschriften der Gewinnermittlung zu ermitteln.[60] Dem trägt die Vorschrift des § 16 Abs. 2 EStG Rechnung. Veräußerungsgewinn ist danach der Betrag, um den der Veräußerungspreis nach Abzug der Veräußerungskosten den Wert des Betriebsvermögens oder den Wert des Anteils am Betriebsvermögen im Zeitpunkt der Veräußerung übersteigt. Ergebnis kann auch ein Veräußerungsverlust sein.

Schema zur Ermittlung des Veräußerungsgewinns nach § 16 Abs. 2 EStG:

	Veräußerungspreis bezüglich der wesentlichen und unwesentlichen Betriebsgrundlagen
+	gemeiner Wert der in das Privatvermögen überführten unwesentlichen Betriebsgrundlagen
./.	Veräußerungskosten
./.	Wert des Betriebsvermögens
=	Veräußerungsgewinn
./.	ggf. Freibetrag nach § 16 Abs. 4 EStG
=	steuerpflichtiger Veräußerungsgewinn (begünstigt nach § 34 EStG)

20.8.2 Veräußerungspreis

Zum Veräußerungspreis gehört alles, was der Veräußerer anlässlich der Veräußerung oder im wirtschaftlichen Zusammenhang mit der Veräußerung erhält.[61] Zum Veräußerungspreis sind somit nicht nur die als Kaufpreis bezeichneten Zahlungen, sondern auch sonstige Entschädigungen und Vorteile (z. B. Entgelte für den Wegfall künftiger Gewinnaussichten, für die Aufgabe der Geschäftsräume) zu rechnen.

Auch die Freistellung von einer privaten oder betrieblichen Schuld gehört danach zum Veräußerungspreis.[62] Entsprechendes muss für die Übernahme von privaten oder betrieblichen Verbindlichkeiten gelten. Zum Veräußerungspreis kann auch das Entgelt für ein vom Veräußerer übernommenes umfassendes Wettbewerbsverbot

---
60 BFH, BStBl 1967 II S. 70 und 1989 II S. 563.
61 BFH, BStBl 1971 II S. 92.
62 BFH vom 12.01.1983 IV R 180/80 (BStBl 1983 II S. 595) und vom 10.11.1988 IV R 70/86 (BFH/NV 1990 S. 31).

20.8 Veräußerungsgewinn

gehören. Dies setzt jedoch voraus, dass sich das Wettbewerbsverbot nicht als selbständiges Wirtschaftsgut, sondern, wovon im Regelfall auszugehen ist, als unselbständiger Teil der Übernahmevereinbarung darstellt.[63] Als selbständiges Wirtschaftsgut ist ein übernommenes Wettbewerbsverbot nur dann anzusehen, wenn es zeitlich begrenzt ist, sich in seiner wirtschaftlichen Bedeutung heraushebt und dies in den getroffenen Vereinbarungen, vor allem in einem neben dem Kaufpreis für den veräußerten Betrieb geleisteten Entgelt, klar zum Ausdruck kommt.[64]

Soweit der Veräußerungspreis in Bar- oder Buchgeld besteht, ist er mit dem jeweiligen Nennwert anzusetzen, der insoweit auch den darin enthaltenen Umsatzsteuerbetrag umfasst.[65] Entsprechendes gilt, wenn die Freistellung oder die Übernahme von Schulden das zivilrechtlich vereinbarte Entgelt für die Veräußerung des Betriebs darstellt.[66]

Nicht in Geld bestehende Teile des Veräußerungspreises sind nach den allgemeinen Vorschriften des BewG zu bewerten.[67] Maßgebend ist ansonsten grundsätzlich der gemeine Wert.

Im Fall der **Stundung des Veräußerungspreises** ist dieser mit seinem gemeinen Wert im Veräußerungszeitpunkt anzusetzen.[68] Der Ansatz eines unter dem Nennwert liegenden Betrags ist daher gerechtfertigt und geboten, wenn im Zeitpunkt der Veräußerung ernstliche Zweifel bestehen, ob der Erwerber bei Fälligkeit die gestundete Forderung in vollem Umfang entrichten wird.[69] Falls die Vertragsparteien keine Verzinsung vereinbart haben, ist eine Abzinsung der vereinbarten Kaufpreisforderung jedenfalls dann vorzunehmen, wenn der Veräußerungspreis erst nach mehr als einem Jahr fällig wird.[70]

Werden im Zusammenhang mit der Veräußerung eines Betriebs oder Teilbetriebs einzelne **Wirtschaftsgüter in das Privatvermögen überführt,** so ist entsprechend der Vorschrift des § 16 Abs. 3 Satz 7 EStG der gemeine Wert dieser Wirtschaftsgüter dem Veräußerungspreis hinzuzurechnen.[71] Voraussetzung ist jedoch im Fall der Veräußerung eines Teilbetriebs, dass die betreffenden Wirtschaftsgüter dem veräußerten Teilbetrieb gedient und damit zum Betriebsvermögen des veräußerten Teilbetriebs gehört haben.[72]

Teil des Veräußerungspreises ist auch die **Übernahme eines negativen Kapitalkontos** durch den Erwerber.

---

63 BFH, BStBl 1999 II S. 590.
64 BFH, BStBl 1972 II S. 937.
65 BFH, BStBl 1989 II S. 563.
66 BFH, BStBl 1989 II S. 563.
67 BFH, BStBl 1978 II S. 295.
68 BFH vom 11.12.1990 VIII R 37/88 (BFH/NV 1991 S. 516).
69 BFH vom 11.12.1990 VIII R 37/88 (BFH/NV 1991 S. 516).
70 BFH, BStBl 1981 II S. 160.
71 BFH, BStBl 1990 II S. 420.
72 BFH, BStBl 1973 II S. 700.

Soweit der Veräußerungspreis auf Anteile an Körperschaften, Personenvereinigungen und Vermögensmassen, die sich im Betriebsvermögen befinden, entfällt, gilt ab dem Veranlagungszeitraum 2009 das Teileinkünfteverfahren.

20.8.3 Veräußerungskosten

Unter den Veräußerungskosten sind alle durch die Veräußerung unmittelbar veranlassten Kosten wie z. B. die Notariatskosten, Maklerprovisionen oder Grundbuchgebühren zu verstehen. Auch Steuern, die durch den Veräußerungsvorgang selbst entstehen, wie z. B. die Grunderwerbsteuer oder die Umsatzsteuer, gehören zu den Veräußerungskosten.[73] Zu den Veräußerungskosten zählt nach der Rechtsprechung des BFH auch eine Vorfälligkeitsentschädigung, die vom Veräußerer zu zahlen ist, weil er im Rahmen der Betriebsveräußerung einen betrieblichen Kredit vorzeitig ablöst.[74]

Anzusetzen sind die Veräußerungskosten grundsätzlich in Höhe des Betrags, in der sie nach den getroffenen Vereinbarungen bzw. den maßgebenden gesetzlichen Regelungen entstanden sind oder entstehen werden.[75] Auf den Zeitpunkt der Verausgabung (§ 11 Abs. 2 EStG) der Veräußerungskosten kommt es nicht an. So sind z. B. auch die Veräußerungskosten zu berücksichtigen, die in dem der Veräußerung vorangegangenen Kalenderjahr verausgabt wurden.

Ab dem Veranlagungszeitraum 2009 sind die Grundsätze des Teileinkünfteverfahrens zu beachten, soweit die Veräußerungskosten auf Anteile an Körperschaften, Personenvereinigungen und Vermögensmassen, die sich im Betriebsvermögen befinden, entfallen.

20.8.4 Wert des Betriebsvermögens

Der Wert des Betriebsvermögens oder des Anteils am Betriebsvermögen ist für den Zeitpunkt der Veräußerung nach § 4 Abs. 1 oder nach § 5 EStG zu ermitteln. Zur Ermittlung des Veräußerungsgewinns ist somit dem Veräußerungspreis nicht der tatsächliche, sondern der buchmäßige Wert des Betriebsvermögens gegenüberzustellen. Erfolgt die Veräußerung im Laufe eines Wirtschaftsjahres, so ist bei der Ermittlung des Veräußerungsgewinns von dem Kapitalkonto auszugehen, das sich nach der Zurechnung des laufenden Gewinns auf den Zeitpunkt der Veräußerung ergibt.[76]

Bei der **Gewinnermittlung nach § 4 Abs. 3 EStG** ist der Steuerpflichtige so zu behandeln, als ob er im Augenblick der Veräußerung zunächst zur Gewinnermittlung durch Betriebsvermögensvergleich nach § 4 Abs. 1 oder nach § 5 EStG übergegangen wäre. Die wegen dieses Übergangs erforderlichen Zu- und Abrechnungen

---

73 BFH, BStBl 1978 II S. 100.
74 BFH, BStBl 2000 II S. 458.
75 BFH, BStBl 1989 II S. 563.
76 BFH, BStBl 1974 II S. 100.

(R 4.6 Abs. 1 EStR) sind beim laufenden Gewinn und nicht beim Veräußerungsgewinn zu berücksichtigen.[77]

Soweit ab 2009 der Buchwert auf **Anteile aus Körperschaften, Personenvereinigungen und Vermögensmassen,** insbesondere an Kapitalgesellschaften, entfällt, gelten die Grundsätze des Teileinkünfteverfahrens.

Werden bei einer Veräußerung einzelne Wirtschaftsgüter, die keine wesentlichen Betriebsgrundlagen darstellen, zurückbehalten und nicht gleichzeitig in das Privatvermögen überführt, so ist deren Buchwert bei der Ermittlung des Werts des Betriebsvermögens auszuscheiden. Entsprechend sind auch passivierte Verbindlichkeiten, die nicht auf den Erwerber übergehen, bei der Ermittlung des Werts des Betriebsvermögens unberücksichtigt zu lassen.

Beispiel:
Der Gewerbetreibende A hat seinen Gewerbebetrieb im Ganzen für 350.000 € an B veräußert.
Im Zeitpunkt der Veräußerung haben betragen: a) Aktiva (buchmäßig) = 180.000 €, b) Passiva (buchmäßig) = 20.000 €, c) Kapital (buchmäßig) = 160.000 €.
Die Passiva von 20.000 € sind von B nicht übernommen worden. Von den Aktiva hat A den PKW (Buchwert = 4.000 €, gemeiner Wert = 6.000 € + 1.140 € USt) zurückbehalten. Der PKW ist von A nach der Veräußerung ausschließlich für private Zwecke genutzt worden.
Der Veräußerungsgewinn ist in diesem Fall wie folgt zu berechnen:

Vereinbarter Preis		350.000 €
+ gemeiner Wert des PKW (ohne Umsatzsteuer)		6.000 €
Veräußerungspreis		356.000 €
Wert des Betriebsvermögens	160.000 €	
+ nicht übernommene Schulden	20.000 €	180.000 €
Veräußerungsgewinn		176.000 €

Die Umsatzsteuer auf die unentgeltliche Wertabgabe kann bei der Ermittlung des Veräußerungsgewinns vernachlässigt werden, da sie über den Abzug als Veräußerungskosten gewinnneutral ist. Bei dem PKW handelt es sich nicht um eine wesentliche Betriebsgrundlage.

20.8.5 Dieselben Personen als Veräußerer und Erwerber
(§ 16 Abs. 2 Satz 3 EStG)

Nach § 16 Abs. 2 Satz 3 EStG gilt der Veräußerungsgewinn insoweit als laufender Gewinn, als auf der Seite des Veräußerers und auf der Seite des Erwerbers dieselben Personen Unternehmer oder Mitunternehmer sind. Werden gleichzeitig **nicht**

---
[77] BFH, BStBl 1962 III S. 199.

wesentliche Betriebsgrundlagen entnommen, ist der Gewinn insoweit in vollem Umfang begünstigt.

§ 16 Abs. 2 Satz 3 EStG findet keine Anwendung bei der Veräußerung an eine **Kapitalgesellschaft,** an der der Veräußerer oder Mitgesellschafter der veräußernden Personengesellschaft beteiligt sind.

Im Fall der Betriebsaufgabe gilt die Regelung entsprechend (§ 16 Abs. 3 Satz 5 EStG). Sie betrifft auch insoweit nur den Fall der Veräußerung.

20.8.6 Zeitpunkt der Erfassung des Veräußerungsgewinns

Der Veräußerungsgewinn ist in dem Veranlagungszeitraum zu erfassen, in dem die Veräußerung vollzogen, das Veräußerungsobjekt also auf den Erwerber übergegangen ist. Maßgebend ist der Zeitpunkt des Übergangs des wirtschaftlichen Eigentums. Wird die Veräußerung nach den getroffenen Vereinbarungen im Jahreswechsel, d. h. im Schnittpunkt der Kalenderjahre, wirksam, ist unter Würdigung aller Umstände zu entscheiden, welchem Jahr der Veräußerungsvorgang zuzurechnen ist.[78]

In welchem Zeitpunkt der Veräußerungspreis vereinnahmt oder die Veräußerungskosten verausgabt worden sind, ist für die Frage, wann die Veräußerung erfolgt und damit der Veräußerungsgewinn bzw. Veräußerungsverlust zu erfassen ist, ohne Bedeutung. Dies gilt auch in den Fällen, in denen der vereinbarte Veräußerungspreis in Raten zu tilgen ist. Auch in diesen Fällen ist der Veräußerungsgewinn bzw. der Veräußerungsverlust als im Veräußerungszeitpunkt realisiert anzusehen. Ebenfalls nicht maßgebend ist der Zeitpunkt des Abschlusses des Kaufvertrages.

20.8.7 Betriebsveräußerung gegen wiederkehrende Bezüge

Veräußert ein Steuerpflichtiger z. B. seinen Betrieb oder seinen Mitunternehmeranteil gegen eine **Leibrente,** hat er ein Wahlrecht (R 16 Abs. 11 EStR). Er kann zwischen der Sofortversteuerung und der Zuflussbesteuerung wählen.

Er kann den bei der Veräußerung entstandenen Gewinn sofort versteuern. In diesem Fall ist § 16 EStG anzuwenden. Veräußerungsgewinn ist der Unterschiedsbetrag zwischen dem nach den Vorschriften des BewG ermittelten Barwert der Rente, vermindert um etwaige Veräußerungskosten des Steuerpflichtigen, und dem Buchwert des steuerlichen Kapitalkontos im Zeitpunkt der Veräußerung des Betriebs. Der Veräußerungsgewinn ist begünstigt nach § 16 Abs. 4, § 34 EStG. Die in den Rentenzahlungen enthaltenen Ertragsanteile sind sonstige Einkünfte i. S. des § 22 Nr. 1 Satz 3 Buchst. a Doppelbuchst. bb EStG.

Der Steuerpflichtige kann stattdessen die Rentenzahlungen als nachträgliche Betriebseinnahmen i. S. der §§ 15, 24 Nr. 2 EStG behandeln. In diesem Fall entsteht

---

[78] BFH, BStBl 1974 II S. 707.

ein Gewinn, wenn der Kapitalanteil der wiederkehrenden Leistungen das steuerliche Kapitalkonto des Veräußerers zzgl. etwaiger Veräußerungskosten des Veräußerers übersteigt. Der in den wiederkehrenden Leistungen enthaltene Zinsanteil stellt bereits im Zeitpunkt des Zuflusses nachträgliche Betriebseinnahmen dar. Der Freibetrag nach § 16 Abs. 4 EStG und die Steuerbegünstigung nach § 34 EStG sind nicht zu gewähren, wenn bei der Veräußerung gegen wiederkehrende Bezüge die Zahlungen beim Veräußerer als laufende nachträgliche Einkünfte aus Gewerbebetrieb i. S. des § 15 i. V. m. § 24 Nr. 2 EStG behandelt werden.[79]

Das Wahlrecht gilt sinngemäß, wenn ein Betrieb gegen einen festen **Barpreis und eine Leibrente** veräußert wird. Das Wahlrecht bezieht sich jedoch nicht auf den durch den festen Barpreis realisierten Teil des Veräußerungsgewinns. Wird ein Betrieb gegen festen Kaufpreis und Leibrente veräußert, ist für die Ermittlung des Freibetrags nach § 16 Abs. 4 EStG nicht allein auf den durch den festen Barpreis realisierten Veräußerungsgewinn abzustellen, sondern auch der Kapitalwert der Rente als Teil des Veräußerungspreises zu berücksichtigen.[80] Der Freibetrag kann jedoch höchstens in Höhe des durch den festen Kaufpreis realisierten Teils des Veräußerungsgewinns gewährt werden.[81]

Ermittelt der Verpflichtete seinen Gewinn durch Bestandsvergleich, hat er die betriebliche Rentenverpflichtung zu passivieren. Der Rentenbarwert stellt zugleich die Anschaffungskosten der erworbenen Wirtschaftsgüter dar. Die in den Rentenzahlungen enthaltenen Zinsanteile sind Betriebsausgaben. Die vollen Rentenzahlungen werden als Aufwand gebucht und die jährliche Barwertminderung ist Ertrag. Die Differenz zwischen Rentenzahlungen und Barwertminderung sind die Zinsen.

Veräußert ein Steuerpflichtiger seinen Betrieb gegen einen in **Raten** zu zahlenden Kaufpreis, sind die Grundsätze des Wahlrechts entsprechend mit der Maßgabe anzuwenden, dass an die Stelle des nach den Vorschriften des BewG ermittelten Barwerts der Rente der Barwert der Raten tritt, wenn die Raten während eines mehr als zehn Jahre dauernden Zeitraums zu zahlen sind und die Ratenvereinbarung sowie die sonstige Ausgestaltung des Vertrags eindeutig die Absicht des Veräußerers zum Ausdruck bringen, sich eine Versorgung zu verschaffen.[82]

Das Wahlrecht zwischen einer tarifbegünstigten Sofortbesteuerung eines Veräußerungsgewinns und einer nicht tarifbegünstigten Besteuerung nachträglicher Einkünfte aus Gewerbebetrieb besteht auch bei der Veräußerung gegen eine Zeitrente mit einer langen, nicht mehr überschaubaren Laufzeit, wenn sie auch mit dem

---

79 BFH, BStBl 1989 II S. 409.
80 BFH, BStBl 1968 II S. 75.
81 BFH, BStBl 1989 II S. 409.
82 BFH, BStBl 1968 II S. 653.

20 Betriebsveräußerung und Betriebsaufgabe

Nebenzweck vereinbart ist, dem Veräußerer langfristig eine etwaige zusätzliche Versorgung zu schaffen.[83]

Wird dagegen ein Betrieb, Teilbetrieb oder Mitunternehmeranteil gegen einen gewinnabhängigen oder umsatzabhängigen Kaufpreis veräußert, ist das Entgelt zwingend als laufende nachträgliche Betriebseinnahme im Jahr des Zuflusses in der Höhe zu versteuern, in der die Summe der Kaufpreiszahlungen das – ggf. um Einmalleistungen gekürzte – Schlusskapitalkonto zzgl. der Veräußerungskosten überschreitet.[84]

20.9 Betriebsaufgabe (§ 16 Abs. 3 Satz 1 EStG)

Zu den Einkünften aus Gewerbebetrieb gehören nach § 16 Abs. 3 Satz 1 EStG auch Gewinne und Verluste aus der Aufgabe eines Gewerbebetriebs. Der Aufgabe eines Gewerbebetriebs gleichgestellt sind die Aufgabe eines Teilbetriebs, die Aufgabe einer im Betriebsvermögen gehaltenen 100 %-Beteiligung an einer Kapitalgesellschaft sowie die Aufgabe eines Mitunternehmeranteils und die Aufgabe eines Anteils eines persönlich haftenden Gesellschafters an einer KGaA.

20.9.1 Begriff der Betriebsaufgabe

Eine Betriebsaufgabe liegt vor, wenn aufgrund eines Entschlusses des Steuerpflichtigen, den Betrieb aufzugeben, die bisher in diesem Betrieb entfaltete gewerbliche Tätigkeit endgültig eingestellt wird und alle wesentlichen Betriebsgrundlagen in einem einheitlichen Vorgang – d. h. innerhalb kurzer Zeit – entweder insgesamt klar und eindeutig und äußerlich erkennbar in das Privatvermögen überführt bzw. anderen betriebsfremden Zwecken zugeführt werden oder insgesamt einzeln an verschiedene Erwerber veräußert oder teilweise veräußert und teilweise in das Privatvermögen überführt werden und dadurch der Betrieb als selbständiger Organismus des Wirtschaftslebens zu bestehen aufhört.

Keine Betriebsaufgabe ist anzunehmen, wenn nicht der betriebliche Organismus, sondern nur wichtige Betriebsmittel übertragen werden, während der Steuerpflichtige das Unternehmen in derselben oder verwandelter Form fortführt.[85]

20.9.2 Aufgabehandlung

Die Betriebsaufgabe ist ein tatsächlicher Vorgang. Sie erfordert einen nach außen in Erscheinung tretenden Entschluss, der sich als Aufgabehandlung darstellt. Aufgabehandlungen sind z. B. die Einstellung der werbenden Tätigkeit, die Veräußerung bestimmter, für die Fortführung des Betriebs unerlässlicher Wirtschaftsgüter

---

83 BFH, BStBl 1984 II S. 82.
84 BFH, BStBl 2002 II S. 532.
85 BFH, BStBl 1985 II S. 131.

20.9 Betriebsaufgabe

ohne Wiederbeschaffungswillen oder die Veräußerung des beweglichen Anlagevermögens. Bei der Veräußerung von Umlaufvermögen kommt es entscheidend darauf an, ob die Wirtschaftsgüter an den üblichen Abnehmerkreis veräußert oder auf andere, unübliche Weise verwertet werden.

Beispiel:

Geschäftszweck einer GbR ist die Errichtung eines Gebäudes aufgrund eines zu diesem Zweck erworbenen Erbbaurechts sowie die anschließende Vermietung, die Verwertung des Objekts in Form der Veräußerung von Gesellschaftsanteilen insgesamt oder in Bruchteilen und die Durchführung weiterer Vorhaben dieser Art. Alle Gesellschafterinnen waren in der Baubranche tätige Unternehmerinnen, die die Gesellschaftsanteile in ihrem Betriebsvermögen hielten. Nach Bestellung des Erbbaurechts im Jahr 05 begann die GbR mit der Errichtung des Bauwerks und schloss einen Kaufvertrag mit einem Investor. Nachdem die Veräußerung gescheitert war, beschlossen die Gesellschafterinnen durch Vereinbarung vom August 06, den Betrieb der GbR mit Fertigstellung des Objekts aufzugeben und das Objekt in das Privatvermögen der Gesellschafterinnen zu überführen. Entgegen dieser Planungen fand sich ein weiterer Investor, der mit Vertrag im Jahr 07 das Erbbaurecht mit dem zu errichtenden Gebäude erwarb.

Eine gewerbliche Tätigkeit hat bis zur Veräußerung des Grundstücks vorgelegen. Die Veräußerung des Grundstücks als Wirtschaftsgut des Umlaufvermögens im zeitlichen Zusammenhang mit der Betriebsaufgabe führt nicht zu einem begünstigten Aufgabegewinn. Sie stellt sich als Fortsetzung der bisherigen unternehmerischen und damit als letzter Akt der gewerblichen Tätigkeit dar. Die Möglichkeit, den Erlös aus dem Verkauf noch vorhandenen Umlaufvermögens als begünstigten Aufgabegewinn zu versteuern, ist auf wenige Ausnahmen beschränkt. Dieser Ausnahmefall kann immer dann vorliegen, wenn die tatsächliche Verwertung des Umlaufvermögens im Rahmen einer Betriebsaufgabe eine andere ist, als der ursprüngliche betriebliche Zweck es vorsah. Sofern sich die ursprüngliche Planung von der anschließenden Verwertung nur dahin gehend unterscheidet, dass an einen anderen als den ursprünglichen Käufer veräußert wird, liegt darin eine Fortführung der bisherigen unternehmerischen Tätigkeit.

Werden vor der Entscheidung des Steuerpflichtigen, den Betrieb aufzugeben, wesentliche Betriebsgrundlagen veräußert, handelt es sich um einen laufenden Gewinn. Ein später gefasster Aufgabeentschluss kann nicht auf einen Zeitpunkt vor Veräußerung der wesentlichen Betriebsgrundlagen zurückbezogen werden.

20.9.3 Beendigung der unternehmerischen Tätigkeit

Von einer Betriebsaufgabe kann nur gesprochen werden, wenn die unternehmerische Tätigkeit ihr Ende gefunden hat. Sie liegt nicht vor, wenn den Umständen zu entnehmen ist, dass der Steuerpflichtige die Absicht hat, das Unternehmen weiterzuführen oder in absehbarer Zeit wieder aufleben zu lassen. Die formelle Löschung des Unternehmens im Handelsregister ist nicht notwendig. Der Aufgabe des ganzen Gewerbebetriebs steht nicht entgegen, dass der Steuerpflichtige auch nach der Betriebseinstellung weiterhin anderweitig gewerblich tätig ist. Eine Betriebsaufgabe ist z. B. auch dann gegeben, wenn der Steuerpflichtige nach der Aufgabe seines

Betriebs einen neuen Betrieb gleicher Art beginnt, sofern der aufgegebene Betrieb als wirtschaftliche Einheit untergegangen ist.

20.9.4 Realisierung der stillen Reserven bezüglich aller wesentlichen Betriebsgrundlagen

Der Tatbestand der Betriebsaufgabe erfordert, dass alle wesentlichen Betriebsgrundlagen einzeln veräußert oder ins Privatvermögen überführt oder teilweise veräußert und teilweise ins Privatvermögen überführt werden. Werden unwesentliche Betriebsgrundlagen zurückbehalten, tangiert dies die Betriebsaufgabe nicht. Die Wesentlichkeit von Betriebsgrundlagen beurteilt sich auch im Fall der Betriebsaufgabe nach der funktional-quantitativen Betrachtungsweise. Danach gehören zu den wesentlichen Betriebsgrundlagen nicht nur Wirtschaftsgüter, die zur Erreichung des Betriebszwecks erforderlich sind und denen ein besonderes wirtschaftliches Gewicht für die Betriebsführung zukommt, sondern auch solche Wirtschaftsgüter, die funktional gesehen für den Betrieb zwar nicht erforderlich sind, in denen aber erhebliche stille Reserven gebunden sind.

Überführt der Steuerpflichtige wesentliche Betriebsgrundlagen zu Buchwerten in ein anderes Betriebsvermögen, liegt mangels Aufdeckung aller stillen Reserven bezogen auf alle wesentlichen Betriebsgrundlagen keine Betriebsaufgabe vor.

20.9.5 Einheitlichkeit des Aufgabevorgangs

Die Betriebsaufgabe muss sich in einem wirtschaftlich einheitlichen Vorgang vollziehen. Ein wirtschaftlich einheitlicher Vorgang ist gegeben, wenn zwischen Beginn und Ende der Betriebsaufgabe nur ein kurzer Zeitraum liegt. Unschädlich ist dabei, dass Beginn und Ende der Betriebsaufgabe in verschiedenen Veranlagungszeiträumen liegen. Es muss im Einzelfall ermittelt werden, in welchem Zeitraum die Wirtschaftsgüter aufgrund ihrer Verkehrsfähigkeit veräußerbar sind. Entscheidungskriterium ist auch, ob der Steuerpflichtige alles getan hat, um die Abwicklung möglichst schnell durchzuführen. Bei einem Produktionsunternehmen oder bei einem Notariat kann eine Frist von sechs Monaten, bei einem Weingut mit verschiedenen Weinbergen und landwirtschaftlichem Streubesitz eine Frist von 14 bis 18 Monaten angemessen sein. Ein Abwicklungszeitraum von fünf Jahren ist bei Aufgabe eines Filialnetzes nicht mehr angemessen. 36 Monate sind zu lang. 25 Monate liegen an der oberen Grenze der noch denkbaren Zeitdauer.

Die Abwicklung kann sich, wenn die Frist als solche angemessen ist, auf **mehrere Veranlagungszeiträume** erstrecken.

Der Abwicklungszeitraum kann nicht dadurch verkürzt werden, dass zum notwendigen Betriebsvermögen gehörende Wirtschaftsgüter, die bei der Abwicklung des Betriebs nicht veräußert worden sind, formell in das Privatvermögen überführt werden mit der Absicht, sie anschließend zu veräußern. In solchen Fällen setzt der Steuerpflichtige i. d. R. seine gewerbliche Tätigkeit fort.[86] Bleibt nach Verwertungshandlungen im Zuge einer Betriebsaufgabe lediglich eine wesentliche Betriebsgrundlage – z. B. ein Betriebsgrundstück – zurück, die sich nicht veräußern lässt, wird diese notwendiges Privatvermögen, und zwar unabhängig davon, ob eine Überführungserklärung abgegeben wird oder nicht.[87]

Die **Betriebsaufgabe beginnt** nicht bereits mit dem Entschluss des Steuerpflichtigen, seinen Gewerbebetrieb aufzugeben, sondern erst mit Handlungen, die objektiv auf die Auflösung des Betriebs gerichtet sind, wie z. B. mit Einstellung der werbenden Tätigkeit oder der Veräußerung bestimmter für die Fortführung des Betriebs unerlässlicher Wirtschaftsgüter. Lediglich Vorbereitungshandlungen sind z. B. Erklärungen gegenüber Dritten, den Betrieb aufgeben zu wollen, Warenverkäufe zu herabgesetzten Preisen oder Vorbesprechungen beim Notar über einen Vertrag, der dem Erwerber den Umbau des Betriebsgebäudes ermöglicht. Die **Betriebsaufgabe ist beendet,** wenn alle wesentlichen Grundlagen des Betriebs veräußert oder entnommen sind. Die Zurückbehaltung von Wirtschaftsgütern, die nicht zu den wesentlichen Betriebsgrundlagen gehören, steht der Beendigung der Betriebsaufgabe nicht entgegen.

Die Betriebsaufgabe ist mit der Veräußerung bzw. mit der Überführung des letzten Wirtschaftsguts ins Privatvermögen vollzogen und abgeschlossen.[88] Es ist also nicht auf den Zeitpunkt abzustellen, in dem die stillen Reserven des Betriebs im Wesentlichen oder nahezu vollständig aufgedeckt worden sind.[89]

20.9.6 Abgrenzungsfragen

Allgemeines

Die Betriebsaufgabe ist zu unterscheiden von der allmählichen Abwicklung eines Betriebs, der Betriebsunterbrechung, dem Strukturwandel, der Betriebsverlegung und der Betriebsverpachtung.

Änderung des Unternehmenszwecks

Die Änderung des Unternehmenszwecks führt nicht zur Aufgabe des bisherigen und zur Gründung eines neuen Betriebs. Eine Betriebsaufgabe liegt auch nicht vor, wenn der Unternehmer seine bisherige Tätigkeit einstellt, gleichzeitig aber eine neue gewerbliche Tätigkeit aufgenommen hat, bei der die Wirtschaftsgüter, die bisher dem Betrieb als Anlagevermögen gedient haben, nunmehr Umlaufvermögen darstellen.

---

86 BFH, BStBl 1967 III S. 70.
87 BFH vom 21.05.1992 X R 77-78/90 (BFH/NV 1992 S. 659).
88 BFH, BStBl 1985 II S. 456.
89 BFH, BStBl 1993 II S. 710.

Beispiel:
Ein Unternehmer betrieb auf einem größeren Areal ein Bauunternehmen. Da inzwischen dieses Gelände im Flächennutzungsplan als Baugebiet ausgewiesen war, meldete er das Baugewerbe ab und beschloss, das Gelände in eigener Regie und auf eigenes Risiko zu parzellieren. Die in der Folgezeit von ihm erschlossenen Grundstücke veräußerte er einzeln an verschiedene Interessenten.
Es liegt keine Betriebsaufgabe, sondern eine Änderung des Unternehmenszwecks vor.
Auch bei der neuen Tätigkeit handelt es sich um eine gewerbliche Tätigkeit.

Entstrickung

Eine Betriebsaufgabe ist zu bejahen, wenn der Betrieb durch eine Handlung des Steuerpflichtigen oder durch einen Rechtsvorgang in seiner ertragsteuerlichen Einordnung so verändert wird, dass die Erfassung der im Buchansatz für die Wirtschaftsgüter des Betriebsvermögens enthaltenen stillen Reserven nicht mehr gewährleistet ist, obwohl der Betrieb als selbständiger Organismus des Wirtschaftslebens bestehen bleibt.

Ein Fall einer entstrickenden Betriebsaufgabe ist der Wegfall der Voraussetzungen einer Betriebsaufspaltung.[90] Entsprechendes gilt, wenn eine gewerblich geprägte Personengesellschaft durch Wegfall der in § 15 Abs. 3 Nr. 2 EStG aufgeführten Voraussetzungen aus dem Anwendungsbereich dieser Vorschrift herausfällt.

Allmähliche Abwicklung

Der Steuerpflichtige hat ein Wahlrecht zwischen der begünstigten Betriebsaufgabe und der allmählichen Abwicklung des Gewerbebetriebs, wenn er seine werbende gewerbliche Tätigkeit endgültig einstellt. Bei der allmählichen Abwicklung des Gewerbebetriebs werden die stillen Reserven im Zeitpunkt der tatsächlichen Verwertung oder der Entnahme als laufender Gewinn versteuert. Der Steuerpflichtige hat sein Wahlrecht im Sinne einer Betriebsaufgabe ausgeübt, wenn sein Verhalten alle Tatbestandsmerkmale einer Betriebsaufgabe erfüllt. Fehlt es hieran, bleibt das bisherige Betriebsvermögen einkommensteuerlich so lange Betriebsvermögen, als das rechtlich noch möglich ist, nämlich bis zum Zeitpunkt der tatsächlichen Verwertung oder der eindeutigen Übernahme in das Privatvermögen oder der Aufgabe der Verwertungsabsicht. Es besteht nicht die Möglichkeit, die Gewinnrealisierung dadurch auf ewig hinauszuschieben, dass die Wirtschaftsgüter weder veräußert noch ausdrücklich entnommen werden.

Beispiel:
Ein Steuerpflichtiger stellt seinen Betrieb ein. Er will das Umlaufvermögen und die Maschinen nach und nach veräußern, nicht hingegen das Betriebsgrundstück. In diesem Fall werden die stillen Reserven im Umlaufvermögen und in den Maschinen im jeweiligen Zeitpunkt der Veräußerung nicht begünstigt realisiert. Die stillen Reserven im Betriebsgrundstück werden spätestens zu dem Zeitpunkt realisiert, zu dem die

---

90 BFH vom 22.09.1999 X B 47/99 (BFH/NV 2000 S. 559).

20.9 Betriebsaufgabe

letzte Maschine oder der letzte Teil des Umlaufvermögens veräußert ist oder sich die beabsichtigte Veräußerung als undurchführbar erweist oder der Steuerpflichtige die Veräußerungsabsicht freiwillig aufgibt.

Betriebsunterbrechung

Eine Betriebsunterbrechung ist anzunehmen, wenn nach den äußerlich erkennbaren Umständen wahrscheinlich ist, dass die werbende Tätigkeit innerhalb eines überschaubaren Zeitraums, dessen Länge sich nach den Umständen des Einzelfalls bestimmt, in gleichartiger oder ähnlicher Weise wieder aufgenommen wird, sodass der stillgelegte und der wieder aufgenommene Betrieb wirtschaftlich identisch sind oder der Betrieb alsbald nach Aufgabe verpachtet wird. Die Art des Gewerbebetriebs ist unerheblich.

Bis zum Vorliegen einer zweifelsfreien Aufgabeerklärung ist von einer Betriebsunterbrechung auszugehen, wenn und solange die Möglichkeit zur jederzeitigen Wiederaufnahme der gewerblichen Tätigkeit besteht. Feste zeitliche Grenzen für die Betriebsunterbrechung gibt es nicht. Maßgebend sind die Verhältnisse des Einzelfalls. Entscheidend ist, dass das zur Wiederaufnahme des eingestellten Betriebs erforderliche Betriebsvermögen ohne Verpachtung längere Zeit gebrauchstüchtig erhalten wird. Hierbei ist die identitätswahrende Fortführung des Betriebs an den Fortbestand der wesentlichen Betriebsgrundlagen gebunden. Vor diesem Hintergrund liegt keine Betriebsunterbrechung, sondern eine Betriebsaufgabe vor, wenn wesentliche, für die spätere Fortführung des zunächst eingestellten Betriebs erforderliche Betriebsgrundlagen veräußert, zerstört, aufgegeben oder so umgestaltet werden, dass die Wiederaufnahme des Betriebs nicht mehr jederzeit möglich ist.

Beispiele:

a) Aufgabe des örtlichen Standorts und des dadurch bestimmten Kundenkreises eines Lebensmitteleinzelhändlers durch Verlegung des Betriebs.

b) Veräußerung des betrieblichen Grundbesitzes durch einen Bäcker und Konditor anlässlich der Betriebsverlegung.

c) Vernichtung des Betriebsgebäudes eines Kino-Betreibers durch Brand.

Zu beachten bei der Betriebsunterbrechung ist § 16 Abs. 3b EStG.

Strukturwandel

Eine Betriebsaufgabe liegt nicht vor, wenn der Betrieb als selbständiger Organismus in dem der inländischen Besteuerung unterliegenden Gebiet weitergeführt wird und die Einkünfte des Steuerpflichtigen aus dem Betrieb lediglich infolge Strukturwandels rechtlich anders eingeordnet werden, weil z. B. ein bisher als gewerblich behandelter Betrieb infolge Einschränkung des Zukaufs oder Erweiterung des Eigenanbaues zu einem land- und forstwirtschaftlichen Betrieb wird.

Der Übergang von einem Gewerbebetrieb zu einem einkommensteuerlich unbeachtlichen Liebhabereibetrieb stellt grundsätzlich keine Betriebsaufgabe dar, es sei denn, der Steuerpflichtige erklärt selbst die Betriebsaufgabe. Die dem Betrieb dienenden Wirtschaftsgüter bleiben eingefrorenes Betriebsvermögen und die bis zum Strukturwandel angewachsenen stillen Reserven werden z. B. bei späterer Veräußerung oder Entnahme realisiert. Auf den Zeitpunkt des Übergangs zur Liebhaberei ist für jedes Wirtschaftsgut des Anlagevermögens der Unterschiedsbetrag zwischen dem gemeinen Wert und dem Buchwert gesondert und bei mehreren Beteiligten einheitlich festzustellen.

Betriebsverlegung

Keine Betriebsaufgabe, sondern eine Betriebsverlegung liegt vor, wenn der alte und der neue Betrieb bei wirtschaftlicher Betrachtung und unter Berücksichtigung der Verkehrsauffassung wirtschaftlich identisch sind, wovon regelmäßig auszugehen ist, wenn die wesentlichen Betriebsgrundlagen in den neuen Betrieb überführt werden. Für eine bloße Betriebsverlegung spricht, dass kein neuartiger Betrieb eröffnet wird, der alte Kundenstamm im Wesentlichen der gleiche geblieben ist, der Gegenstand des Geschäfts nicht verändert oder nur ein verhältnismäßig kleiner Teil des Betriebsvermögens veräußert wird. Auch die Gleichartigkeit der vorher und nachher ausgeübten Tätigkeit spricht für die wirtschaftliche Identität.

Eine Betriebsaufgabe kann allerdings dann gegeben sein, wenn der Steuerpflichtige einen neuen Betrieb – auch der gleichen Branche – beginnt, sofern der bisher geführte betriebliche Organismus aufhört zu bestehen und sich der neue Betrieb in finanzieller, wirtschaftlicher und organisatorischer Hinsicht von dem bisherigen Betrieb unterscheidet.

Betriebsverpachtung

Hat der Steuerpflichtige die wesentlichen Betriebsgrundlagen im Ganzen verpachtet und besteht für ihn oder seinen Rechtsnachfolger objektiv die Möglichkeit, den Betrieb später fortzuführen, kann er gleichwohl die Betriebsaufgabe erklären (**Verpächterwahlrecht**). Der Verpachtung eines Betriebs im Ganzen steht die Verpachtung eines Teilbetriebs gleich.

Zur **wesentlichen Betriebsgrundlage** bei der Betriebsverpachtung zählen nur Wirtschaftsgüter, die funktionell die wesentliche Grundlage des Betriebs als Organismus des Wirtschaftslebens ausmachen.[91] Das sind Wirtschaftsgüter, die dem Betrieb das Gepräge geben.[92] Wirtschaftsgüter, die diese Voraussetzungen nicht erfüllen, gehören selbst dann nicht zu den wesentlichen Betriebsgrundlagen, wenn in ihnen nennenswerte stille Reserven enthalten sind. Der Steuerpflichtige behält daher sein Wahlrecht, wenn er unwesentliche Teile veräußert oder ins Privatvermögen überführt. Wird dagegen ein Teil der zur wesentlichen Betriebsgrundlage gehörenden

---

[91] BFH, BStBl 1977 II S. 45.
[92] BFH, BStBl 1980 II S. 181.

20.9 Betriebsaufgabe

Wirtschaftsgüter veräußert oder ins Privatvermögen überführt, während der übrige Teil verpachtet wird, liegt keine Betriebsverpachtung im vorgenannten Sinne, sondern eine Betriebsaufgabe nach § 16 Abs. 3 Satz 1 EStG vor.[93]

Der Steuerpflichtige kann den verpachteten Betrieb als fortbestehenden gewerblichen Betrieb behandeln (**ruhender Gewerbebetrieb**). Er erzielt dann weiter Einkünfte aus Gewerbebetrieb, wobei die Einkünfte aus Gewerbebetrieb jedoch nicht der Gewerbesteuer unterliegen. Die verpachteten Wirtschaftsgüter bleiben Betriebsvermögen. Es kommt nicht zur Aufdeckung der stillen Reserven. Hinsichtlich der Gewinnermittlung gelten die allgemeinen Grundsätze. Er kann aber auch sofort oder später die **Aufgabe des Betriebs** erklären. Er hat dann einen begünstigten Aufgabegewinn nach § 16 Abs. 3 Satz 1 EStG zu versteuern. Anschließend erzielt er aus der Verpachtung Einkünfte aus Vermietung und Verpachtung nach § 21 Abs. 1 EStG.

Das dem Verpächter gewährte Wahlrecht, ob er ohne Realisierung der stillen Reserven weiter Unternehmer bleiben oder ob er die stillen Reserven realisieren und in Zukunft privater Verpächter sein will, besteht nur dann, wenn eine Betriebsverpachtung und nicht eine Vermietung einzelner Wirtschaftsgüter des Betriebsvermögens vorliegt. Eine Betriebsverpachtung erfordert die Überlassung aller wesentlichen Betriebsgrundlagen, sodass bei wirtschaftlicher Betrachtung das bisherige Unternehmen in seinen wesentlichen Grundlagen zur Fortsetzung des Betriebs übergeben wird und deshalb der Verpächter oder sein Rechtsnachfolger bei Beendigung des Vertrags den Betrieb wieder aufnehmen und fortsetzen könnte.[94]

Das Verpächterwahlrecht besteht nicht, wenn der Steuerpflichtige einen Betrieb entgeltlich erwirbt, ihn aber nicht selbst betreibt, sondern im unmittelbaren Anschluss an den Erwerb verpachtet. Der Verpächter erzielt dann Einkünfte aus Vermietung und Verpachtung. Dagegen steht bei unentgeltlichem Erwerb dem Rechtsnachfolger das Wahlrecht zu.

Das Verpächterwahlrecht kann bei Personengesellschaften nur einheitlich ausgeübt werden.[95] Im Fall des unentgeltlichen Erwerbs eines verpachteten Betriebs hat der Rechtsnachfolger des Verpächters das Wahlrecht, das erworbene Betriebsvermögen während der Verpachtung fortzuführen.[96]

Die Voraussetzungen für eine Betriebsverpachtung im Ganzen müssen nicht nur zu Beginn der Verpachtung, sondern während der gesamten Dauer des Pachtverhältnisses vorliegen.

Die Versteuerung der gesamten stillen Reserven muss unabhängig von der Erklärung des Steuerpflichtigen erfolgen, wenn sich die Verhältnisse in einer Weise ändern, dass eine Zwangsaufgabe anzunehmen ist. Dies ist der Fall, wenn während der Ver-

---
93 BFH, BStBl 1976 II S. 415.
94 BFH, BStBl 1998 II S. 388.
95 BFH, BStBl 1998 II S. 388.
96 BFH, BStBl 1992 II S. 392.

pachtung wesentliche Betriebsgrundlagen mit der Folge veräußert werden, dass der verpachtete Betrieb nach Beendigung des Pachtverhältnisses nicht mehr fortgeführt werden kann. Eine Betriebsaufgabe ist ferner unabhängig von der Erklärung des Steuerpflichtigen auch dann anzunehmen, wenn er den verpachteten Betrieb oder zumindest die wesentlichen Betriebsgrundlagen durch eindeutige Handlungen in sein Privatvermögen überführt.

Im Rahmen der Betriebsverpachtung zu beachten ist § **16 Abs. 3b EStG**.

20.10 Realteilung (§ 16 Abs. 3 Satz 2 bis 4 EStG)

20.10.1 Allgemeines

Werden im Zuge einer Realteilung einer Mitunternehmerschaft Teilbetriebe, Mitunternehmeranteile oder einzelne Wirtschaftsgüter in das jeweilige Betriebsvermögen der einzelnen Mitunternehmer (Realteiler) übertragen, sind bei der Ermittlung des Gewinns der Mitunternehmerschaft die Wirtschaftsgüter mit den Buchwerten anzusetzen, sofern die Besteuerung der stillen Reserven sichergestellt ist; der übernehmende Mitunternehmer ist an diese Werte gebunden. Dagegen ist für den jeweiligen Übertragungsvorgang rückwirkend der gemeine Wert anzusetzen, soweit bei einer Realteilung, bei der einzelne Wirtschaftsgüter übertragen worden sind, zum Buchwert übertragener Grund und Boden, übertragene Gebäude oder andere übertragene wesentliche Betriebsgrundlagen innerhalb einer Sperrfrist nach der Übertragung veräußert oder entnommen werden; diese Sperrfrist endet drei Jahre nach Abgabe der Steuererklärung der Mitunternehmerschaft für den Veranlagungszeitraum der Realteilung (§ 16 Abs. 3 Satz 2 und 3 EStG).

Verwiesen wird in § 16 Abs. 3 Satz 2 EStG auch auf § 4 Abs. 1 Satz 4 EStG. Für die Realteilung wird von einer gewinnrealisierenden Entnahme ausgegangen, soweit Wirtschaftsgüter infolge der Realteilung einer ausländischen Betriebsstätte zuzuordnen sind.

Zu beachten ist die Einschränkung nach § 16 Abs. 5 EStG.

Einzelheiten zur Realteilung sind geregelt im BMF-Schreiben vom 28.02.2006.[97]

20.10.2 Begriff der Realteilung

Die Realteilung i. S. des § 16 Abs. 3 Satz 2 und 3 EStG ist durch den auf der Ebene der Mitunternehmerschaft verwirklichten Tatbestand der Betriebsaufgabe gekennzeichnet. § 16 Abs. 3 EStG hat Vorrang vor den Regelungen des § 6 Abs. 3 und 5 EStG. Unschädlich für die Annahme einer im Übrigen steuerneutralen Realteilung ist jedoch die Zahlung eines Spitzen- oder Wertausgleichs. Eine Realteilung setzt voraus, dass mindestens eine wesentliche Betriebsgrundlage nach der Realteilung

---
[97] BMF vom 28.02.2006 (BStBl 2006 I S. 228).

weiterhin Betriebsvermögen eines Realteilers darstellt. Wesentliche Betriebsgrundlage i. S. des § 16 Abs. 3 Satz 3 EStG sind Wirtschaftsgüter, in denen erhebliche stille Reserven ruhen (quantitative Betrachtungsweise), oder Wirtschaftsgüter, die zur Erreichung des Betriebszwecks erforderlich sind und denen ein besonderes wirtschaftliches Gewicht für die Betriebsführung zukommt (funktionale Betrachtungsweise). Es ist nicht erforderlich, dass jeder Realteiler wesentliche Betriebsgrundlagen des Gesamthandsvermögens erhält. Die in das Privatvermögen überführten oder übertragenen Wirtschaftsgüter stellen Entnahmen der Realteilungsgemeinschaft dar. Im Übrigen sind zwingend die Buchwerte fortzuführen.

Eine begünstigte Realteilung i. S. von § 16 Abs. 3 Satz 2 EStG ist insoweit nicht gegeben, als Einzelwirtschaftsgüter der real zu teilenden Mitunternehmerschaft unmittelbar oder mittelbar in das Betriebsvermögen einer Körperschaft, Personenvereinigung oder Vermögensmasse übertragen werden (§ 16 Abs. 3 Satz 4 EStG) und die Körperschaft nicht schon bisher mittelbar oder unmittelbar an dem übertragenen Wirtschaftsgut beteiligt war. Dies gilt auch dann, wenn an der real zu teilenden Mitunternehmerschaft ausschließlich Körperschaften, Personenvereinigungen oder Vermögensmassen beteiligt sind.

20.10.3 Abgrenzung der Realteilung von der Veräußerung bzw. Aufgabe eines Mitunternehmeranteils

Von der Realteilung ist die Veräußerung oder die Aufgabe eines Mitunternehmeranteils bei Fortbestehen der Mitunternehmerschaft zu unterscheiden. Scheidet ein Mitunternehmer aus einer mehrgliedrigen Mitunternehmerschaft aus und wird diese im Übrigen von den verbleibenden Mitunternehmern fortgeführt, liegt kein Fall der Realteilung vor. Dies gilt auch dann, wenn der ausscheidende Mitunternehmer wesentliche Betriebsgrundlagen des Gesamthandsvermögens erhält. Es handelt sich in diesen Fällen um den Verkauf oder die Aufgabe eines Mitunternehmeranteils nach § 16 Abs. 1 Satz 1 Nr. 2 oder § 16 Abs. 3 Satz 1 EStG. Gegebenenfalls ist eine Buchwertfortführung nach § 6 Abs. 3 oder 5 EStG unter den dort genannten Voraussetzungen vorzunehmen. Dies gilt insbesondere auch im Fall des Ausscheidens eines Mitunternehmers aus einer zweigliedrigen Mitunternehmerschaft unter Fortführung des Betriebs als Einzelunternehmen durch den verbleibenden Mitunternehmer. Scheidet ein Mitunternehmer aus einer mehrgliedrigen Mitunternehmerschaft in der Weise aus, dass sein Mitunternehmeranteil allen verbleibenden Mitunternehmern anwächst und er einen Abfindungsanspruch gegen die Gesellschaft erhält (Sachwertabfindung), liegt ebenfalls kein Fall der Realteilung vor.

20.10.4 Gegenstand der Realteilung

Gegenstand einer Realteilung ist das gesamte Betriebsvermögen der Mitunternehmerschaft, einschließlich des Sonderbetriebsvermögens der einzelnen Realteiler. Die Realteilung kann durch Übertragung oder Überführung von Teilbetrieben, Mitunternehmeranteilen oder Einzelwirtschaftsgütern erfolgen. Mitunternehmeranteile in diesem Sinne sind auch Teile von Mitunternehmeranteilen. Die Übertragung von Mitunternehmeranteilen stellt keinen Fall der Übertragung von Einzelwirtschaftsgütern mit der Folge der Anwendbarkeit der Sperrfrist dar.

Die Übertragung einer 100%igen Beteiligung an einer Kapitalgesellschaft ist als Übertragung eines Teilbetriebs zu behandeln.

20.10.5 Übertragung in das jeweilige Betriebsvermögen der einzelnen Mitunternehmer

Umfang des Betriebsvermögens

Voraussetzung für die Buchwertfortführung ist, dass das übernommene Betriebsvermögen – hierzu gehört auch das Sonderbetriebsvermögen – nach der Realteilung weiterhin Betriebsvermögen bleibt. Hierfür ist es ausreichend, wenn erst im Rahmen der Realteilung bei den Realteilern durch die Übernahme einzelner Wirtschaftsgüter ein neuer Betrieb (z. B. durch Begründung einer Betriebsaufspaltung) entsteht. Es ist demnach nicht erforderlich, dass die Realteiler bereits vor der Realteilung außerhalb der real zu teilenden Mitunternehmerschaft noch Betriebsvermögen (z. B. im Rahmen eines Einzelunternehmens) haben. Das übernommene Betriebsvermögen muss in das jeweilige Betriebsvermögen des einzelnen Realteilers übertragen werden. Hierzu zählt auch das Sonderbetriebsvermögen bei einer anderen Mitunternehmerschaft. Eine Übertragung einzelner Wirtschaftsgüter des Gesamthandsvermögens in das Gesamthandsvermögen einer anderen Mitunternehmerschaft, an der der Realteiler ebenfalls beteiligt ist, ist jedoch zu Buchwerten nicht möglich. Dies gilt auch dann, wenn es sich um eine personenidentische Schwesterpersonengesellschaft handelt.

Beim Übergang eines Mitunternehmeranteils oder eines Teils eines Mitunternehmeranteils ist eine Übertragung oder Überführung in ein weiteres Betriebsvermögen des Realteilers nicht erforderlich.

Betriebsverpachtung im Ganzen

Wird eine Mitunternehmerschaft real geteilt und erfolgt die Realteilung durch Übertragung von Teilbetrieben, können diese Teilbetriebe anschließend im Rahmen einer Betriebsverpachtung im Ganzen verpachtet werden.[98] Wird ein land- und forstwirtschaftlicher Betrieb im Wege der Realteilung mit Einzelwirtschaftsgütern geteilt, kann das Verpächterwahlrecht nach der Realteilung erstmalig begründet oder fortgeführt werden, wenn die erhaltenen Wirtschaftsgüter bei dem Realteiler nach der Realteilung einen selbständigen land- und forstwirtschaftlichen Betrieb darstellen.

---

98 BFH, BStBl 1979 II S. 300.

20.10.6 Sicherstellung der Versteuerung der stillen Reserven

Eine Übertragung oder Überführung des übernommenen Betriebsvermögens des Realteilers zu Buchwerten in ein anderes Betriebsvermögen ist nur dann möglich, wenn die stillen Reserven weiterhin steuerverhaftet bleiben. Dies ist z. B. dann nicht der Fall, wenn die Wirtschaftsgüter in eine ausländische Betriebsstätte überführt werden, deren Einkünfte durch ein DBA freigestellt sind.

20.10.7 Realteilung und Spitzen- oder Wertausgleich

Wird ein Spitzen- oder Wertausgleich gezahlt, liegt im Verhältnis des Spitzenausgleichs zum Wert des übernommenen Betriebsvermögens ein entgeltliches Geschäft vor. In Höhe des um den anteiligen Buchwert verminderten Spitzenausgleichs entsteht ein Veräußerungsgewinn für den veräußernden Realteiler. Dieser Gewinn ist nicht nach §§ 16, 34 EStG begünstigt, sondern als laufender Gewinn zu versteuern. Die Realteilung ist auch nach Gewerbesteuerrecht eine Betriebsaufgabe;[99] die nachträgliche Aufdeckung vorgenannter stiller Reserven ist diesem Vorgang zuzuordnen. Der Gewinn rechnet grundsätzlich nicht zum Gewerbeertrag nach § 7 Satz 1 GewStG. Der Gewinn aus der Aufdeckung der stillen Reserven ist aber nach § 7 Satz 2 GewStG als Gewerbeertrag zu erfassen, soweit er nicht auf eine natürliche Person als unmittelbar beteiligter Mitunternehmer entfällt.

Beispiel:
A und B sind Mitunternehmer eines aus zwei Teilbetrieben bestehenden Gewerbebetriebs. Teilbetriebsvermögen 1 hat einen Wert von 2 Mio. € und einen Buchwert von 200.000 €. Teilbetriebsvermögen 2 hat einen Wert von 1,6 Mio. € und einen Buchwert von 160.000 €. Im Wege der Realteilung erhält A das Teilbetriebsvermögen 1 und B das Teilbetriebsvermögen 2. Außerdem zahlt A an B eine Abfindung von 200.000 €.
A stehen bei der Realteilung wertmäßig 1,8 Mio. € (50 % von 3,6 Mio. €) zu. Da er aber 2 Mio. € erhält, also 200.000 € mehr, zahlt er diesen Betrag für 10 % (10 % von 2 Mio. € = 200.000 €) des Teilbetriebsvermögens 1, das er mehr erhält. A erwirbt also 90 % des Teilbetriebsvermögens 1 unentgeltlich und 10 % entgeltlich. Auf diese 10 % entfällt ein Buchwert von 20.000 €, sodass A die Aktivwerte um 180.000 € (200.000 € Abfindung abzgl. anteiligem Buchwert von 20.000 €) aufstocken muss und B einen als laufenden Gewinn zu versteuernden Veräußerungsgewinn von 180.000 € (200.000 € Abfindung ./. 20.000 € anteiliger Buchwert) zu versteuern hat.

20.10.8 Ansatz des übernommenen Betriebsvermögens

Entspricht der Buchwert des erhaltenen Vermögens dem Buchwert des bisherigen Kapitalkontos des jeweiligen Realteilers und geht auf den betreffenden Realteiler betragsmäßig genau der Anteil an den stillen Reserven über, der ihm zuvor auf Ebene der Mitunternehmerschaft zuzurechnen war, erübrigen sich in den Eröffnungsbilanzen der Realteiler bilanzielle Anpassungsmaßnahmen. Entspricht jedoch

---
99 BFH, BStBl 1994 II S. 809.

20 Betriebsveräußerung und Betriebsaufgabe

die Summe der Buchwerte der übernommenen Wirtschaftsgüter nicht dem Buchwert des Kapitalkontos, sind bilanzielle Anpassungsmaßnahmen erforderlich, damit sich Aktiva und Passiva in der Bilanz des Realteilers entsprechen. Hierzu ist die Kapitalkontenanpassungsmethode anzuwenden. Bei der Kapitalkontenanpassungsmethode werden die Buchwerte der übernommenen Wirtschaftsgüter von den Realteilern in ihren eigenen Betrieben fortgeführt. Die Kapitalkonten der Realteiler laut Schlussbilanz der Mitunternehmerschaft werden durch Auf- oder Abstocken gewinnneutral dahin angepasst, dass ihre Höhe der Summe der Buchwerte der übernommenen Wirtschaftsgüter entspricht.[100]

Beispiel:
A ist zu 40 %, B zu 60 % an der AB-OHG beteiligt. A und B beschließen, die OHG aufzulösen. Im Wege der Realteilung soll A den Teilbetrieb I und B den Teilbetrieb II erhalten. Die Schlussbilanz der OHG sieht wie folgt aus:

Schlussbilanz

Aktiva			Passiva		
	Buchwert	Gemeiner Wert		Buchwert	Auseinandersetzungsanspruch
Teilbetrieb I	50.000	80.000	Kapital A	40.000	80.000
Teilbetrieb II	50.000	120.000	Kapital B	60.000	120.000
	100.000	200.000		100.000	200.000

Der Buchwert des Teilbetriebs I (50.000) übersteigt den Buchwert des Kapitalkontos des A um 10.000, während der Buchwert des Teilbetriebs II den Buchwert des Kapitalkontos des B um 10.000 unterschreitet.
Die Eröffnungsbilanzen sehen wie folgt aus:

Eröffnungsbilanz A

Aktiva				Passiva
Teilbetrieb I	50.000	Kapital A	40.000	
		Kapitalanpassung	10.000	50.000
	50.000			50.000

---

100 BFH, BStBl 1992 II S. 385.

20.10 Realteilung

Eröffnungsbilanz B

Aktiva		Passiva	
Teilbetrieb II	50.000	Kapital B	60.000
		Kapitalanpassung ./. 10.000	50.000
	50.000		50.000

20.10.9 Sperrfrist

Werden im Rahmen einer Realteilung einzelne Wirtschaftsgüter in ein Betriebsvermögen des Realteilers übertragen, ist für den jeweiligen Übertragungsvorgang nach § 16 Abs. 3 Satz 3 EStG rückwirkend der gemeine Wert anzusetzen, soweit übertragener Grund und Boden, Gebäude (ausgenommen Umlaufvermögen) oder andere übertragene wesentliche Betriebsgrundlagen innerhalb der Sperrfrist entnommen oder veräußert (maßgeblicher Zeitpunkt: Übergang des wirtschaftlichen Eigentums) werden. Auch die Entnahme oder Veräußerung von Grund und Boden und Gebäuden des Anlagevermögens, die keine wesentlichen Betriebsgrundlagen darstellen, löst die Folgen des § 16 Abs. 3 Satz 3 EStG aus. Bei einer Realteilung durch Übertragung von Betrieben, Teilbetrieben oder Mitunternehmeranteilen ist die Sperrfrist jedoch unbeachtlich. Die Sperrfrist beginnt im Zeitpunkt der Realteilung und endet drei Jahre nach Abgabe der Feststellungserklärung der Mitunternehmerschaft für den Veranlagungszeitraum der Realteilung.

20.10.10 Folgen bei Veräußerung oder Entnahme während der Sperrfrist

Eine schädliche Entnahme oder Veräußerung i. S. des § 16 Abs. 3 Satz 3 EStG führt zu einer rückwirkenden Aufdeckung der in den veräußerten oder entnommenen Wirtschaftsgütern enthaltenen stillen Reserven. Dieser Vorgang stellt ein Ereignis mit steuerlicher Rückwirkung dar (§ 175 Abs. 1 Satz 1 Nr. 2 AO). Eine Aufdeckung der übrigen stillen Reserven erfolgt nicht. Der aus der nachträglichen Aufdeckung entstehende Gewinn stellt einen laufenden Gewinn dar, der nicht nach §§ 16, 34 EStG begünstigt ist. Die Realteilung ist auch nach Gewerbesteuerrecht eine Betriebsaufgabe;[101] die nachträgliche Aufdeckung vorgenannter stiller Reserven ist diesem Vorgang zuzuordnen. Der Gewinn rechnet daher grundsätzlich nicht zum Gewerbeertrag nach § 7 Satz 1 GewStG. Der Gewinn aus der Aufdeckung der stillen Reserven ist aber nach § 7 Satz 2 GewStG als Gewerbeertrag zu erfassen, soweit er nicht auf eine natürliche Person als unmittelbar beteiligter Mitunternehmer entfällt.

Dieser Gewinn ist bei Wirtschaftsgütern, die zum Gesamthandsvermögen der Mitunternehmerschaft gehörten, allen Realteilern nach dem allgemeinen Gewinnvertei-

---
101 BFH, BStBl 1994 II S. 809.

lungsschlüssel zuzurechnen, es sei denn, dass der Gewinn nach dem Gesellschaftsvertrag oder den von den Mitunternehmern schriftlich getroffenen Vereinbarungen über die Realteilung allein dem entnehmenden oder veräußernden Realteiler zuzurechnen ist. Gehörten die Wirtschaftsgüter zum Sonderbetriebsvermögen eines Realteilers, ist der Gewinn aus der schädlichen Entnahme oder Veräußerung diesem Realteiler zuzurechnen. Soweit Sonderbetriebsvermögen eines Realteilers von einem anderen Realteiler im Rahmen der Realteilung übernommen wurde, ist der Gewinn nur dann dem übernehmenden Realteiler zuzurechnen, wenn dies in den schriftlichen Vereinbarungen über die Realteilung so vereinbart wurde.

20.11 Aufgabegewinn (§ 16 Abs. 3 Satz 5 bis 8 EStG)

Die Ermittlung des Aufgabegewinns ergibt sich, da die Aufgabe des Betriebs nach § 16 Abs. 3 Satz 1 EStG als Veräußerung gilt, grundsätzlich ebenfalls aus § 16 Abs. 2 EStG. Dabei sind jedoch die Sondervorschriften des § 16 Abs. 3 Satz 5 bis 8 EStG zu beachten.

20.11.1 Ermittlung des Aufgabegewinns

Aufgabegewinn ist der Betrag, um den die Summe aus dem Veräußerungspreis für die im Rahmen der Betriebsaufgabe veräußerten wesentlichen und unwesentlichen Wirtschaftsgüter und aus dem gemeinen Wert der ins Privatvermögen überführten wesentlichen und unwesentlichen Wirtschaftsgüter und aus im wirtschaftlichen Zusammenhang mit der Betriebsaufgabe angefallenen sonstigen Erträgen oder Aufwendungen nach Abzug der Aufgabekosten den Buchwert im Zeitpunkt der Betriebsaufgabe übersteigt. Der Aufgabegewinn kann auch ein Verlust sein.

Schema zur Ermittlung des Aufgabegewinns nach § 16 Abs. 3 Satz 5 bis 8 EStG:

	Veräußerungspreis der veräußerten wesentlichen und unwesentlichen Betriebsgrundlagen
+	gemeiner Werte der in das Privatvermögen überführten wesentlichen und unwesentlichen Betriebsgrundlagen
./.	Aufgabekosten
./.	Wert des Betriebsvermögen
=	Aufgabegewinn
./.	ggf. Freibetrag nach § 16 Abs. 4 EStG
=	steuerpflichtiger Aufgabegewinn (begünstigt nach § 34 EStG)

20.11.2 Veräußerungspreis

Veräußerungspreis ist die Gegenleistung, die der Veräußerer für die veräußerten Wirtschaftsgüter erlangt. Die Veräußerung muss sich im zeitlichen Zusammenhang mit der Betriebsaufgabe vollziehen.

Sonstige Erträge, die in zeitlichem und wirtschaftlichem Zusammenhang mit der Betriebsaufgabe anfallen, sind bei der Ermittlung des Aufgabegewinns zu berücksichtigen. Zum Aufgabegewinn zählt alles, was der Betriebsinhaber im Zusammenhang mit der Betriebsaufgabe erhält. Hierzu gehören z. B. von dritter Seite gezahlte Entschädigungen bzw. Stilllegungsgelder oder Versicherungsleistungen.

20.11.3 Gemeiner Wert

Der Begriff des gemeinen Werts entspricht grundsätzlich der Definition des § 9 Abs. 2 BewG. Bewertungszeitpunkt ist bei sukzessiver Aufgabe der Zeitpunkt, zu dem das einzelne Wirtschaftsgut in das Privatvermögen übergeht. Beim Ansatz des gemeinen Werts des Wirtschaftsguts zu diesem Zeitpunkt bleibt es auch bei späteren Wertänderungen. Nicht anzusetzen bei der Betriebsaufgabe ist ein originärer oder derivativer Geschäftswert. Er geht durch die Betriebsaufgabe unter.

20.11.4 Aufgabekosten

Unter Aufgabekosten sind Aufwendungen zu verstehen, die in unmittelbarer sachlicher Beziehung zur Veräußerung einzelner Wirtschaftsgüter bzw. zur Entnahme von Wirtschaftsgütern im Rahmen der Betriebsaufgabe stehen. Ebenfalls gehören hierzu alle Betriebsausgaben, die vom Beginn bis zum Ende der Betriebsaufgabe in sachlichem Zusammenhang mit dieser anfallen. So mindern z. B. Gehälter für die mit den Aufgabehandlungen befassten Arbeitnehmer den Aufgabegewinn. Nicht zu den Aufgabekosten gehören Aufwendungen zur Vorbereitung einer Betriebsaufgabe. Sie mindern den laufenden Gewinn.

20.11.5 Wert des Betriebsvermögens

Nach § 16 Abs. 2 Satz 2 EStG ist für den Zeitpunkt der Betriebsaufgabe der Wert des veräußerten oder ins Privatvermögen überführten Betriebsvermögens zu ermitteln. Maßgebend ist der bis zum jeweiligen Betriebsaufgabezeitpunkt fortentwickelte Buchwert des Betriebsvermögens zum Schluss des vorangegangenen Wirtschaftsjahres.

Beispiel:
Zum Betriebsvermögen des Inhabers A einer kleinen Maschinenfabrik gehört neben dem beweglichen Anlagevermögen und dem Umlaufvermögen ein Betriebsgrundstück. Daneben hält A 20 % der Anteile an einer GmbH im Betriebsvermögen.
Im Zuge der Betriebsaufgabe veräußert A das bewegliche Anlagevermögen und das Umlaufvermögen mit Ausnahme der Geldbestände an verschiedene Abnehmer. Das

20 Betriebsveräußerung und Betriebsaufgabe

Betriebsgrundstück, die Geldbestände und die GmbH-Beteiligung überführt er in sein Privatvermögen. Für die veräußerten Wirtschaftsgüter erlöst er insgesamt 1 Mio. €. Ihr Buchwert beträgt im Zeitpunkt der Veräußerung 400.000 €. Die entnommene Bargeldsumme beträgt 50.000 €. Der gemeine Wert des Betriebsgrundstücks beläuft sich auf 1,2 Mio. €. Bei seiner Überführung in das Privatvermögen hatte es einen Buchwert von 700.000 €. Der gemeine Wert der GmbH-Beteiligung beträgt 100.000 €. Die in der Bilanz des A ausgewiesenen Anschaffungskosten betrugen 20.000 €. Soweit relevant, handelt es sich bei den genannten Beträgen um Beträge ohne Umsatzsteuer. Es gelten die Grundsätze des Teileinkünfteverfahrens.

Die Umsatzsteuer wird, da sie letztlich neutral ist, nicht berücksichtigt.

Der Aufgabegewinn bzw. Aufgabeverlust wird nach § 16 Abs. 3 EStG wie folgt ermittelt:

Erlöse der veräußerten Wirtschaftsgüter		1.000.000 €
Gemeiner Wert Bargeld		50.000 €
Gemeiner Wert Betriebsgrundstück		1.200.000 €
Gemeiner Wert GmbH-Anteile (§ 3 Nr. 40 Buchst. b EStG)		60.000 €
Zwischensumme		2.310.000 €
Buchwert veräußerte Wirtschaftsgüter	– 400.000 €	
Bargeld	– 50.000 €	
Buchwert Grundstück	– 700.000 €	
Buchwert GmbH-Anteile (§ 3c Abs. 2 EStG)	– 12.000 €	– 1.162.000 €
Aufgabegewinn		1.148.000 €

20.11.6 Dieselben Personen als Veräußerer und Erwerber (§ 16 Abs. 3 Satz 5 EStG)

Nach § 16 Abs. 3 Satz 5 EStG gilt der Aufgabegewinn insoweit als laufender Gewinn, soweit einzelne dem Betrieb gewidmete Wirtschaftsgüter im Rahmen der Betriebsaufgabe veräußert werden und soweit auf der Seite des Veräußerers und auf der Seite des Erwerbers dieselben Personen Unternehmer oder Mitunternehmer sind.

Beispiel:

Im Rahmen der Aufgabe eines Einzelunternehmens werden Wirtschaftsgüter an eine Personengesellschaft veräußert, an der der bisherige Unternehmer zu 50 % als Mitunternehmer beteiligt ist.

Der Gewinn aus der Veräußerung der einzelnen Wirtschaftsgüter gilt nach § 16 Abs. 3 Satz 2 EStG zur Hälfte als nicht begünstigter laufender Gewinn.

20.11.7 Zeitpunkt der Erfassung des Aufgabegewinns

Maßgeblich für die Gewinnverwirklichung und Bewertung ist der Zeitpunkt des einzelnen Aufgabeteilakts. Folglich entsteht der Aufgabegewinn nicht erst mit Beendigung der Betriebsaufgabe, sondern sukzessiv und damit unter Umständen in **verschiedenen Veranlagungszeiträumen.** Soweit Wirtschaftsgüter veräußert werden, entsteht der Aufgabegewinn jeweils im Zeitpunkt der Übertragung des wirtschaftlichen Eigentums. Bei Überführung von Wirtschaftsgütern in das Privatvermögen entsteht der entsprechende Aufgabegewinn im Zeitpunkt der Entnahme. Für solche Wirtschaftsgüter, die nicht zur Veräußerung bestimmt und die auch noch nicht in das Privatvermögen überführt worden sind, entsteht der Aufgabegewinn, sobald die werbende Tätigkeit eingestellt ist und alle wesentlichen Betriebsgrundlagen veräußert oder entnommen sind.

20.12 Abgrenzung zum laufenden Gewinn

Ungeachtet des Zeitpunkts der Betriebsveräußerung bzw. der Betriebsaufgabe sind Gewinne oder Verluste, die der Betrieb im Rahmen seiner normalen Geschäftstätigkeit erzielt, laufender Gewinn bzw. Verlust. Maßgebender Gesichtspunkt für die Abgrenzung des laufenden Gewinns vom tarifbegünstigten Gewinn ist der wirtschaftliche Zusammenhang und nicht der zeitliche Zusammenhang.

Zum laufenden Gewinn gehören z. B. der Ausgleichsanspruch des selbständigen Handelsvertreters nach § 89b HGB[102] sowie die Ausgleichszahlungen an Kommissionsagenten in entsprechender Anwendung des § 89b HGB[103]. Dies gilt auch, wenn der Anspruch auf Ausgleichsleistung durch den Tod des Handelsvertreters entstanden ist und der Erbe den Betrieb aufgibt.[104] Der Gewinn aus einem Räumungsverkauf gehört ebenfalls nicht zum begünstigten Aufgabegewinn.[105] Der Gewinn aus der Auflösung einer Rückstellung ist dann nicht zum Veräußerungsgewinn zu rechnen, wenn die Auflösung der Rückstellung und die Betriebsveräußerung in keinem rechtlichen oder ursächlichen, sondern lediglich in einem gewissen zeitlichen Zusammenhang miteinander stehen.[106]

Zum Veräußerungsgewinn gehören aber Gewinne, die sich bei der Veräußerung eines Betriebs aus der Auflösung von steuerfreien Rücklagen – z. B. der Rücklage für Ersatzbeschaffung oder der Rücklage nach § 6b EStG – ergeben.[107] Die spätere Auflösung einer anlässlich der Betriebsveräußerung gebildeten Rücklage nach § 6b EStG ist jedoch kein Veräußerungsgewinn.[108] Auch der Ertrag aus einer im zeitlichen und sachlichen Zusammenhang mit der Betriebsveräußerung oder Betriebsaufgabe vollzogenen Auflösung einer Ansparrücklage nach § 7g Abs. 3 EStG erhöht

---
102 BFH, BStBl 1969 II S. 196.
103 BFH, BStBl 1987 II S. 570.
104 BFH, BStBl 1983 II S. 271.
105 BFH, BStBl 1989 II S. 602.
106 BFH, BStBl 1980 II S. 150.
107 BFH, BStBl 1992 II S. 392.
108 BFH, BStBl 1982 II S. 348.

grundsätzlich den steuerbegünstigten Betriebsveräußerungs- bzw. Betriebsaufgabegewinn.[109] Gewinne aus der Veräußerung von Umlaufvermögen gehören zum Aufgabegewinn, wenn die Veräußerung nicht den Charakter einer normalen gewerblichen Tätigkeit hat, sondern die Waren z. B. an frühere Lieferanten veräußert werden.[110]

20.13 Ereignisse nach Betriebsveräußerung bzw. Betriebsaufgabe

Steuerrelevante Ereignisse, die nach einer Veräußerung des ganzen Betriebs eintreten, können zu nachträglichen positiven und negativen Einkünften aus Gewerbebetrieb (§ 24 Nr. 2 EStG) oder zu einer rückwirkenden Änderung des Veräußerungsgewinns oder -verlustes führen.

Ein rückwirkendes Ereignis liegt vor, wenn es dazu führt, dass sich der zugrunde gelegte Veräußerungspreis, die zugrunde gelegten Veräußerungskosten oder der angesetzte Buchwert als unzutreffend erweisen. Der Veräußerungsgewinn bzw. Veräußerungsverlust ist nachträglich über § 175 Abs. 1 Satz 1 Nr. 2 AO zu korrigieren.[111]

Vor diesem Hintergrund führt der volle oder teilweise Ausfall einer gestundeten Kaufpreisforderung zu einer rückwirkenden Änderung des Veräußerungsgewinns. Der Ausfall stellt ein rückwirkendes Ereignis i. S. des § 175 Abs. 1 Satz 1 Nr. 2 AO dar, sodass auch ein bereits bestandskräftiger Steuer- oder Feststellungsbescheid noch zu ändern ist.

Von diesen Grundsätzen ist auch auszugehen, wenn der Gesellschafter einer Personengesellschaft seinen Gesellschaftsanteil an einen Dritten veräußert und die gestundete Kaufpreisforderung später uneinbringlich wird. Nichts anderes kann gelten, wenn der Gesellschafter gegen Zahlung eines Abfindungsguthabens aus der Gesellschaft ausscheidet. Scheidet ein Kommanditist mit negativem Kapitalkonto ohne Ausgleichsverpflichtung aus einer KG aus und sind ihm die auf seinem Darlehenskonto ausgewiesenen Beträge zu zahlen, so gehört diese Forderung zu seinem Veräußerungserlös. Fällt die Forderung später wegen Vermögenslosigkeit der KG aus, wird der Veräußerungsgewinn rückwirkend gemindert.[112]

Als Ereignisse, die materiell-rechtlich auf den Zeitpunkt der Veräußerung zurückwirken, sind z. B. auch folgende Sachverhalte zu werten:

---

109 BFH vom 28.11.2007 X R 43/06 (BFH/NV 2008 S. 554).
110 BFH, BStBl 1981 II S. 798.
111 BFH, BStBl 1993 II S. 537.
112 BFH, BStBl 1995 II S. 112.

20.13 Ereignisse nach Betriebsveräußerung bzw. Betriebsaufgabe

- nachträgliche Inanspruchnahme für Betriebsschulden, die der Erwerber übernommen hat und die bei der Ermittlung des Veräußerungsgewinns angesetzt sind,[113]
- nachträgliche Erhöhung oder Minderung der Veräußerungskosten,
- ungewisse betriebliche Verbindlichkeiten, die der Erwerber nicht übernommen hat, werden mit geringerem oder höherem Betrag getilgt und
- nachträglich bekannt gewordene betriebliche Verbindlichkeiten, die der Erwerber nicht übernommen hat.

Beruht eine nachträgliche Erhöhung des Veräußerungspreises darauf, dass über den Veräußerungspreis im Zeitpunkt der Veräußerung noch keine abschließende Einigung erzielt wurde, so muss der später festgesetzte Erhöhungsbetrag auf den Zeitpunkt der Veräußerung zurückbezogen werden. Etwaige Steuerfestsetzungen sind daher nach § 175 Abs. 1 Satz 1 Nr. 2 AO zu ändern.[114]

Beispiel:

A ist zum 01.09.01 aus der X-OHG ausgeschieden. Da ihm ein Anteil an den stillen Reserven im Bereich des Anlagevermögens unter Berufung auf eine nicht ganz eindeutige Abfindungsklausel im Gesellschaftsvertrag vorenthalten wurde, ergab sich zunächst nur ein Veräußerungsgewinn i. H. von 50.000 €. Aufgrund eines von A erwirkten rechtskräftigen Urteils hat die X-OHG im Jahr 05 weitere 200.000 € als Abfindung gezahlt.

Sofern die Veranlagung für das Jahr 01 bereits endgültig durchgeführt und bestandskräftig ist, ist sie nach § 175 Abs. 1 Satz 1 Nr. 2 AO in der Weise zu ändern, dass bei der Ermittlung des Veräußerungsgewinns der nachträglich gezahlte weitere Abfindungsbetrag berücksichtigt wird.

Entsprechendes gilt auch, wenn zu einem späteren Zeitpunkt wegen unklarer Regelungen im Veräußerungsvertrag oder Meinungsverschiedenheiten über die Vertragsgrundlagen die getroffene Preisvereinbarung mit Erfolg angegriffen und der vereinbarte Preis nachträglich erhöht wird.[115] Nachträgliche gewerbliche Einkünfte werden hingegen angenommen, wenn diese aufgrund von Geschäftsvorfällen nach der Veräußerung erzielt werden.

Nicht nur der Ausfall einer Kaufpreisforderung aus der Betriebsaufgabe, sondern auch spätere Ereignisse, die ergeben, dass der der Besteuerung zugrunde gelegte Wert des Betriebsvermögens zu hoch oder zu niedrig angesetzt ist, wirken materiellrechtlich auf den Zeitpunkt der Betriebsaufgabe zurück. Sie mindern oder erhöhen den begünstigten Aufgabegewinn oder -verlust.

---

113 BFH vom 19.07.1993 GrS 1/92 (BStBl 1993 II S. 894) und vom 21.12.1993 VIII R 315/84 (BFH/NV 1994 S. 626).
114 BFH, BStBl 1984 II S. 786.
115 BFH, BStBl 1989 II S. 41.

20 Betriebsveräußerung und Betriebsaufgabe

Beispiel:
Der Steuerpflichtige A hat seinen Betrieb aufgegeben. Dabei hat er ein Grundstück in das Privatvermögen überführt. Bei der Ermittlung des Aufgabegewinns wurde der für den Aufgabezeitpunkt ermittelte gemeine Wert von 2 Mio. € angesetzt. Etwa drei Jahre später entstand der Verdacht, dass das Grundstück kontaminiert ist. Kurze Zeit darauf bestätigte sich der Altlastenverdacht. Wegen dieser Altlast konnte das Grundstück nur noch zu einem Preis von 500.000 € verkauft werden.
Die Veranlagung des Aufgabejahres war nicht nach § 175 Abs. 1 Satz 1 Nr. 2 AO zugunsten des Steuerpflichtigen zu ändern. Der bei der Ermittlung des Aufgabegewinns anzusetzende Grundstückswert ist der Wert, der dem Grundstück im Zeitpunkt der Betriebsaufgabe beizumessen gewesen ist. Die spätere Feststellung einer Altlast hat diesen Zeitpunktswert nicht gemindert. Sie betrifft den Wert des bereits im Privatvermögen befindlichen Grundstücks.

Nachträgliche Einkünfte aus Gewerbebetrieb nach § 24 Nr. 2 EStG können sich aus dem weiteren Schicksal nicht als entnommen geltender Wirtschaftsgüter ergeben. Soweit Vorräte nicht privat verwendbar sind, sind sie nicht entnahmefähig. Ihre Veräußerung führt zu nachträglichen Einkünften. Für als Betriebsvermögen zurückbehaltene Wirtschaftsgüter anfallende Aufwendungen wie Lager-, Transport- oder Finanzierungskosten sind nachträgliche Betriebsausgaben.

Schuldzinsen für betrieblich begründete Verbindlichkeiten sind nach Betriebsaufgabe als nachträgliche Betriebsausgaben abziehbar, soweit die Verbindlichkeit nicht durch den Verwertungserlös oder durch eine mögliche Verwertung von Aktivvermögen beglichen werden kann. Hat der Steuerpflichtige bei der Aufgabe seines Betriebs z. B. positive Wirtschaftsgüter nicht zur Schuldentilgung verwertet, sondern in das Privatvermögen überführt, gehen auch diejenigen Verbindlichkeiten in das Privatvermögen über, die bei der Verwertung des entnommenen Aktivvermögens hätten getilgt werden können. Schuldzinsen für sie können grundsätzlich nicht abgezogen werden, es sei denn, es liegen die Voraussetzungen einer Umwidmung vor. Die Schuldzinsen sind auch noch dann und so lange nachträgliche Betriebsausgaben, als der Schuldentilgung Auszahlungshindernisse hinsichtlich des Veräußerungserlöses, Verwertungshindernisse hinsichtlich der zurückbehaltenen Aktivwerte oder Rückzahlungshindernisse hinsichtlich der früheren Betriebsschulden entgegenstehen. Dies gilt allerdings nur für solche Hindernisse, die ihren Grund in der ursprünglich betrieblichen Sphäre haben.[116]

Beispiel:
Zum Betriebsvermögen eines Einzelunternehmens gehörte eine Leibrentenverbindlichkeit, die im Rahmen eines Grundstückserwerbs zu betrieblichen Zwecken als Teil des Kaufpreises begründet worden war. Die Differenz zwischen den Rentenzahlungen und den versicherungsmathematischen Grundsätzen ermittelten Barwertminderungen zu den jeweiligen Bilanzstichtagen behandelte die Einzelunternehmerin als Betriebsausgaben. Im Jahr 09 gab sie ihren Betrieb auf. Das Betriebsgrundstück wurde zu einem Kaufpreis von 400.000 € veräußert. Einer Ablösung der Rentenverpflichtung stimmte die Rentenberechtigte nicht zu. Den Zinsanteil der Rentenzahlungen machte

---
116 BFH, BStBl 2007 II S. 642.

die Einzelunternehmerin in den Folgejahren als nachträgliche Betriebsausgaben steuerlich geltend.

Zinsanteile von Rentenzahlungen nach Betriebsaufgabe sind als nachträgliche Betriebsausgaben abzugsfähig, wenn zwar ausreichendes Aktivvermögen zur Tilgung der Betriebsschulden vorliegt, der Tilgung aber rechtliche oder wirtschaftliche Hindernisse entgegenstehen, die eine Verrechnung der Schulden mit den Erlösen aus dem Aktivvermögen nicht zulassen. Vorliegend besteht ein solches Tilgungshindernis, weil die Rentenberechtigte der Ablösung der Rentenverpflichtung widersprochen hat. Mit Wegfall des wirtschaftlichen oder rechtlichen Hindernisses verliert eine verbliebene Betriebsschuld ihren betrieblichen Charakter, sodass ein Schuldzinsenabzug als nachträgliche Betriebsausgabe nicht mehr zulässig ist.

20.14 Betriebsaufgabe durch Steuerentstrickung (§ 16 Abs. 3a EStG)

Nach § 16 Abs. 3a EStG steht der Ausschluss oder die Beschränkung des Besteuerungsrechts der Bundesrepublik Deutschland hinsichtlich des Gewinns aus der Veräußerung des Betriebs bzw. des Teilbetriebs einer Betriebsaufgabe gleich. Von einer Steuerentstrickung durch Ausschluss oder Beschränkung des Besteuerungsrechts ist insbesondere dann auszugehen, wenn der Betrieb oder Teilbetrieb vom Inland in das Ausland verlegt wird und dadurch die bisher einer inländischen Betriebsstätte zugeordneten Wirtschaftsgüter des Betriebs oder Teilbetriebs einer ausländischen Betriebsstätte zuzuordnen sind. Zu beachten ist § 36 Abs. 5 EStG.

20.15 Betriebsunterbrechung/Betriebsverpachtung (§ 16 Abs. 3b EStG)

Bei der Betriebsverpachtung und der nicht lediglich kurzfristigen saisonalen Betriebsunterbrechung besteht ein Wahlrecht zur Betriebsaufgabe. Nach § 16 Abs. 3b EStG gilt in den genannten Fällen der Betrieb nicht als aufgegeben, bis der Steuerpflichtige die Betriebsaufgabe ausdrücklich gegenüber dem Finanzamt erklärt hat. Dabei ist die Betriebsaufgabe rückwirkend für den vom Steuerpflichtigen gewählten Zeitpunkt anzuerkennen, wenn die Aufgabeerklärung spätestens drei Monate nach diesem Zeitpunkt abgegeben wird. Wird die Aufgabeerklärung nicht spätestens drei Monate nach dem vom Steuerpflichtigen gewählten Zeitpunkt abgegeben, gilt der Betrieb erst in dem Zeitpunkt als aufgegeben, in dem die Aufgabeerklärung beim Finanzamt eingeht. Eine schriftliche Aufgabeerklärung ist nicht erforderlich. Darüber hinaus gilt der Betrieb erst zu dem Zeitpunkt als aufgegeben, zu dem dem Finanzamt Tatsachen bekannt werden, aus denen sich die Voraussetzungen einer Betriebsaufgabe ergeben. Die aufgezeigten Grundsätze gelten entsprechend in den Fällen des § 16 Abs. 1 Satz 1 Nr. 2 und 3 EStG. Anzuwenden ist § 16 Abs. 3b EStG für Betriebsaufgaben nach dem 04.11.2011.

20.16 Begünstigung des Veräußerungs- bzw. Aufgabegewinns (§ 16 Abs. 4 EStG)

Der Freibetrag beträgt 45.000 Euro, wenn der Steuerpflichtige im Zeitpunkt der Veräußerung bzw. Aufgabe das 55. Lebensjahr vollendet hat oder er sozialversicherungsrechtlich dauernd berufsunfähig ist. Der Freibetrag mindert sich um den Betrag, um den der Veräußerungs- bzw. Aufgabegewinn 136.000 Euro übersteigt.

Veräußert eine **Personengesellschaft,** bei der die Gesellschafter als Mitunternehmer anzusehen sind, ihren ganzen Gewerbebetrieb, steht den einzelnen Mitunternehmern für ihren Anteil am Veräußerungsgewinn nach Maßgabe ihrer persönlichen Verhältnisse der Freibetrag in voller Höhe zu.

Erstreckt sich eine Betriebsaufgabe über zwei Kalenderjahre und fällt der Aufgabegewinn daher in zwei Veranlagungszeiträumen an, ist der Freibetrag nach § 16 Abs. 4 EStG insgesamt nur einmal zu gewähren. Er bezieht sich auf den gesamten Betriebsaufgabegewinn und ist im Verhältnis der Gewinne auf beide Veranlagungszeiträume zu verteilen. Die Tarifermäßigung nach § 34 Abs. 3 EStG kann für diesen Gewinn auf Antrag in beiden Veranlagungszeiträumen gewährt werden. Der Höchstbetrag von 5 Mio. Euro ist dabei aber insgesamt nur einmal zu gewähren.

Beispiel:
Unternehmer A (60 Jahre alt) will seinen Gewerbebetrieb (Summe der Buchwerte des Betriebsvermögens 20.000 €) aufgeben. In der Zeit von November 04 bis Januar 05 werden daher alle – wesentlichen – Wirtschaftsgüter des Betriebsvermögens veräußert. Die Veräußerungserlöse betragen 80.000 € in 04 (hierauf entfällt anteilig ein Buchwert von 16.000 €) und 100.000 € in 05 (anteiliger Buchwert 4.000 €).
Der begünstigte Aufgabegewinn beträgt insgesamt 160.000 €. Davon entsteht ein Gewinn i. H. von 64.000 € (40 %) in 04 und ein Gewinn i. H. von 96.000 € (60 %) in 05.
Der zu gewährende Freibetrag beträgt insgesamt 21.000 € (45.000 € abzgl. [160.000 € ./. 136.000 €]). Er ist i. H. von 8.400 € (40 %) in 04 und i. H. von 12.600 € (60 %) in 05 zu gewähren.

Da die Höhe des zu berücksichtigenden Freibetrags nach § 16 Abs. 4 EStG nach dem Gesamtaufgabegewinn beider Veranlagungszeiträume zu bemessen ist, steht die Höhe des Freibetrags nach § 16 Abs. 4 EStG erst nach Abschluss der Betriebsaufgabe endgültig fest.

Ergibt sich im zweiten Veranlagungszeitraum durch den Gewinn oder Verlust eine Über- oder Unterschreitung der Kappungsgrenze oder insgesamt ein Verlust, ist der im ersten Veranlagungszeitraum berücksichtigte Freibetrag rückwirkend zu ändern. Diese Tatsache stellt ein Ereignis mit steuerlicher Rückwirkung dar (§ 175 Abs. 1 Satz 1 Nr. 2 AO).

Entsteht in einem Veranlagungszeitraum ein Gewinn und in dem anderen ein Verlust, ist die Tarifermäßigung des § 34 EStG nur auf den saldierten Betrag anzuwenden.

20.16 Begünstigung des Veräußerungs- bzw. Aufgabegewinns

Sowohl nach § 16 Abs. 4 EStG als auch nach § 34 Abs. 3 EStG ist in dem jeweiligen Veranlagungszeitraum maximal der Betrag begünstigt, der sich insgesamt aus dem einheitlich zu beurteilenden Aufgabevorgang ergibt.

Umfasst der Veräußerungsgewinn auch dem Teileinkünfteverfahren unterliegende Gewinne aus der Veräußerung von Anteilen an Körperschaften, Personenvereinigungen oder Vermögensmassen, ist der Freibetrag nach § 16 Abs. 4 EStG vorrangig von dem nicht tarifbegünstigten Veräußerungsgewinn abzuziehen.[117]

Vollendet der Steuerpflichtige das 55. Lebensjahr zwar nach Beendigung der Betriebsaufgabe oder -veräußerung, aber noch vor Ablauf des Veranlagungszeitraums der Betriebsaufgabe oder -veräußerung, sind weder der Freibetrag nach § 16 Abs. 4 EStG noch die Tarifermäßigung nach § 34 Abs. 3 EStG zu gewähren. Vollendet der Steuerpflichtige das 55. Lebensjahr bei einer Betriebsaufgabe über mehrere Veranlagungszeiträume zwar vor Beendigung der Betriebsaufgabe, aber erst im zweiten Veranlagungsjahr, sind der (anteilige) Freibetrag und die Tarifermäßigung auch für den ersten Veranlagungszeitraum zu gewähren.

Der Freibetrag ist dem Steuerpflichtigen **nur einmal** zu gewähren. Nicht verbrauchte Teile des Freibetrags können nicht bei einer anderen Veräußerung in Anspruch genommen werden.

Die Gewährung des Freibetrags nach § 16 Abs. 4 EStG ist ausgeschlossen, wenn dem Steuerpflichtigen für eine Veräußerung oder Aufgabe, die nach dem 31.12.1995 erfolgt ist, ein Freibetrag nach § 14 Satz 2, § 16 Abs. 4 oder § 18 Abs. 3 EStG bereits gewährt worden ist.

Wird der zum Betriebsvermögen eines Einzelunternehmers gehörende Mitunternehmeranteil im Zusammenhang mit der Veräußerung des Einzelunternehmens veräußert, ist die Anwendbarkeit des § 16 Abs. 4 EStG für beide Vorgänge getrennt zu prüfen. Liegen hinsichtlich beider Vorgänge die Voraussetzungen des § 16 Abs. 4 EStG vor, kann der Steuerpflichtige den Abzug des Freibetrags entweder bei der Veräußerung des Einzelunternehmens oder bei der Veräußerung des Mitunternehmeranteils beantragen.

In den Fällen des § 16 Abs. 2 Satz 3 und Abs. 3 Satz 5 EStG ist für den Teil des Veräußerungsgewinns, der nicht als laufender Gewinn gilt, der volle Freibetrag zu gewähren. Der Veräußerungsgewinn, der als laufender Gewinn gilt, ist bei der Kürzung des Freibetrags nach § 16 Abs. 4 Satz 3 EStG nicht zu berücksichtigen.

Über die Gewährung des Freibetrags wird bei der Einkommensteuerveranlagung entschieden. Dies gilt auch im Fall der Veräußerung eines Mitunternehmeranteils. In diesem Fall ist im Verfahren zur gesonderten und einheitlichen Gewinnfeststellung nur die Höhe des auf den Gesellschafter entfallenden Veräußerungsgewinns festzustellen.

---

117 BFH vom 14.07.2010 X R 61/08 (BStBl 2010 II S. 1011).

Bis zur Höhe des den jeweiligen Freibetrag übersteigenden Veräußerungs- bzw. Aufgabegewinns greift die Vergünstigung nach § 34 Abs. 1 EStG oder nach § 34 Abs. 3 EStG. Zu beachten ist die Regelung in § 34 Abs. 2 Nr. 1 EStG, wonach die Vergünstigung insoweit ausscheidet, als das Teileinkünfteverfahren angewendet wird.

20.17 Missbrauchsklausel (§ 16 Abs. 5 EStG)

Die Realteilung nach § 16 Abs. 3 Satz 2 EStG führt zum steuerfreien Übergang stiller Reserven zwischen den Mitunternehmern. Dies wird durch § 16 Abs. 5 EStG eingeschränkt. Die Vorschrift soll verhindern, dass das Veräußerungspriviel des § 8b Abs. 2 KStG ungerechtfertigt in Anspruch genommen wird.

Voraussetzung für die Anwendung von § 16 Abs. 5 EStG ist die Übertragung eines Teilbetriebs zu Buchwerten im Rahmen einer Realteilung. Die Übertragung eines einzelnen Wirtschaftsguts ist nur ausreichend, wenn es sich hierbei um eine 100%ige Beteiligung an einer Kapitalgesellschaft handelt, da auch eine solche Beteiligung nach § 16 Abs. 1 Satz 1 Nr. 1 EStG als Teilbetrieb anzusehen ist. Zum Betriebsvermögen des Teilbetriebs müssen Anteile an einer Körperschaft, Personenvereinigung oder Vermögensmasse gehören. Dabei reicht für die Anwendung von § 16 Abs. 5 EStG nicht nur eine unmittelbare Übertragung auf einen nach § 8b Abs. 2 KStG begünstigten Mitunternehmer, sondern auch eine nur mittelbare Übertragung aus. Letztere liegt vor, wenn ein Teilbetrieb auf eine Personengesellschaft übergeht und an dieser wiederum eine Körperschaft beteiligt ist. Nach einer steuerschädlichen Veräußerung der durch Realteilung übertragenen Anteile innerhalb der siebenjährigen Sperrfrist wird statt des bisher nach § 16 Abs. 3 Satz 2 EStG angesetzten Buchwerts nach § 16 Abs. 5 EStG der gemeine Wert der Besteuerung der Realteilung zugrunde gelegt. Einer Veräußerung werden die Vorgänge nach § 22 Abs. 1 Satz 6 Nr. 1 bis 5 UmwStG gleichgestellt. Der Ansatz des gemeinen Werts führt zu einer entsprechenden Gewinnrealisierung, durch die sich der Gewinn der real geteilten Mitunternehmerschaft rückwirkend auf den Zeitpunkt der Realteilung erhöht. Die Änderung der ursprünglichen Steuerfestsetzung erfolgt nach § 175 Abs. 1 Satz 1 Nr. 2 AO. Der nachträglich anzusetzende Gewinn ist in entsprechender Anwendung von § 22 Abs. 2 Satz 3 UmwStG für jedes seit der ursprünglichen Übertragung abgelaufene Zeitjahr um ein Siebtel zu vermindern.

21 Veräußerung von Anteilen an Kapitalgesellschaften im Privatvermögen (§ 17 EStG)

21.1 Allgemeines

Zu den Einkünften aus Gewerbebetrieb gehört auch der Gewinn aus der Veräußerung von Anteilen an einer Kapitalgesellschaft, wenn der Veräußerer innerhalb der letzten fünf Jahre zu irgendeinem Zeitpunkt am Kapital der Gesellschaft unmittelbar oder mittelbar in einem bestimmten Umfang beteiligt war (§ 17 Abs. 1 Satz 1 EStG). Derartige Beteiligungen wurden bisher als wesentliche Beteiligungen bezeichnet. Von dieser Bezeichnung hat der Gesetzgeber mit der erneuten Absenkung der Beteiligungsgrenze auf zumindest 1 % jedoch Abstand genommen.

Die Vorschrift des § 17 EStG umschreibt einen von der allgemeinen Systematik des Einkommensteuerrechts abweichenden **Sondertatbestand.** Im Allgemeinen werden Gewinne oder Verluste aus der Veräußerung von Wirtschaftsgütern einkommensteuerlich nur erfasst, wenn die Wirtschaftsgüter zu einem Betriebsvermögen gehören oder wenn es sich ausnahmsweise um ein privates Veräußerungsgeschäft i. S. von § 23 EStG handelt. Entsprechendes gilt in den Fällen des § 20 Abs. 2 EStG. Abweichend von diesem Grundsatz hat der Gesetzgeber jedoch Gewinne oder Verluste, die bei Veräußerung einer zum Privatvermögen zählenden Beteiligung i. S. von § 17 EStG entstehen, als gewerbliche Einkünfte der Einkommensbesteuerung unterworfen. Eine Gewerbesteuerpflicht wird durch § 17 EStG indessen nicht ausgelöst. § 17 EStG hat nach § 20 Abs. 8, § 23 Abs. 2 EStG Vorrang gegenüber § 20 Abs. 2 und § 23 Abs. 1 Nr. 2 EStG.

§ 17 gilt nur für die **Veräußerung von Anteilen im Privatvermögen.** Geltung hat dies auch bei einer Beteiligung von 100 %. § 16 Abs. 1 Nr. 1 Halbsatz 2 EStG gilt nur für entsprechende Beteiligungen im Betriebsvermögen. Die Gewinne aus der Veräußerung von Anteilen, die zu einem Betriebsvermögen zählen, sind als Einkünfte aus Land- und Forstwirtschaft, Gewerbebetrieb oder selbständiger Arbeit im Rahmen der Gewinnermittlung nach §§ 4, 5 EStG zu erfassen (R 17 Abs. 1 EStR).

Bei dem Veräußerer muss es sich grundsätzlich um eine natürliche Person handeln. Ist diese unbeschränkt steuerpflichtig, betrifft § 17 EStG die Veräußerung von Anteilen an in- und ausländischen Kapitalgesellschaften. Im Rahmen der beschränkten Steuerpflicht erfasst § 17 EStG nur Anteile an Kapitalgesellschaften, die Sitz oder Geschäftsleitung im Inland haben (§ 49 Abs. 1 Nr. 2 Buchst. e EStG).

Für Veräußerungsgewinne i. S. des § 17 EStG gilt das **Teileinkünfteverfahren.** Nach § 3 Nr. 40 Satz 1 Buchst. c EStG ist der Veräußerungspreis oder der gemeine Wert nach § 17 Abs. 2 EStG nur zu 60 % in die Ermittlung der Einkünfte einzubeziehen. Gleiches gilt in den Fällen der Kapitalherabsetzung, der Auflösung der Kapitalgesellschaft oder einer die Anschaffungskosten übersteigenden Ausschüttung aus dem steuerlichen Einlagekonto i. S. des § 27 KStG. Veräußerungskosten sowie Anschaffungskosten der veräußerten Anteile werden ebenfalls nur zu 60 % einbezogen (§ 3c Abs. 2 EStG). Die Grundsätze des Teileinkünfteverfahrens gelten ab dem Veranlagungszeitraum 2009.

Durch § 17 EStG wird nur der Veräußerungsgewinn erfasst. Die Erträge und Bezüge der Beteiligten, die nach § 20 Abs. 1 Nr. 1 und 2 EStG als Einkünfte aus Kapitalvermögen erfasst werden, gehören nicht dazu. Zu diesen laufenden Erträgen gehören auch etwaige verdeckte Gewinnausschüttungen, die im Zusammenhang mit einem Veräußerungsgeschäft i. S. des § 17 EStG anfallen. Schuldzinsen für einen Kredit zum Erwerb einer Beteiligung i. S. von § 17 EStG führen zu Werbungskosten bei den Einkünften aus Kapitalvermögen.[1] Entsprechendes gilt auch für nachträgliche Schuldzinsen, sofern sie nicht durch den Veräußerungserlös oder die Verwertung zurückbehaltener Wirtschaftsgüter beglichen werden können.[2] Diese unterliegen aber dem allgemeinen Abzugsverbot nach § 20 Abs. 9 EStG.[3]

Die Regelung in § 17 EStG ist verfassungsgemäß.[4]

21.2 Veräußerung von Anteilen an einer Kapitalgesellschaft (§ 17 Abs. 1 Satz 1 EStG)

Nach § 17 Abs. 1 Satz 1 EStG gehört zu den Einkünften aus Gewerbebetrieb auch der Gewinn aus der Veräußerung von Anteilen an einer Kapitalgesellschaft, wenn der Veräußerer innerhalb der letzten fünf Jahre am Kapital dieser Kapitalgesellschaft zu irgendeinem Zeitpunkt unmittelbar oder mittelbar zu mindestens 1 % beteiligt war.

21.2.1 Anteile an einer Kapitalgesellschaft (§ 17 Abs. 1 Satz 3 EStG)

Beteiligungen an einer Kapitalgesellschaft sind nach § 17 Abs. 1 Satz 3 EStG Aktien, Anteile an einer GmbH, Kuxe, Genussscheine oder ähnliche Beteiligungen und Anwartschaften auf solche Beteiligungen. Zu den Beteiligungen an einer Aktiengesellschaft zählen auch die Anteilscheine, die den Aktionären vor Ausgabe der Aktien gegeben werden (sog. Zwischenscheine i. S. von § 8 Abs. 4 AktG). Ebenfalls zu den Anteilen rechnen nach § 17 Abs. 7 EStG Anteile an einer Genossenschaft einschließlich der Europäischen Genossenschaft. Die Beteiligung eines persönlich haftenden Gesellschafters an der Kommanditgesellschaft auf Aktien zählt aber nicht dazu.

---

1 BFH vom 05.10.2004 VIII R 64/02 (BFH/NV 2005 S. 54).
2 BFH vom 08.09.2010 VIII R 1/10 (BFH/NV 2011 S. 223); BFH vom 29.10.2013 VIII R 13/11 (BStBl 2014 II S. 277).
3 BFH vom 16.03.2010 VIII R 20/08 (BStBl 2010 II S. 787).
4 BVerfG vom 07.07.2010 2 BvR 748/05 (BStBl 2011 II S. 86).

21.2 Veräußerung von Anteilen an einer Kapitalgesellschaft

Genussscheine sind Rechte an einer Kapitalgesellschaft, die keine vollwertigen Beteiligungsrechte wie etwa die Aktie verbriefen, die aber regelmäßig über die reinen Gläubigerrechte einer Schuldverschreibung hinausgehen. Genussscheine können mit unterschiedlichen Rechten ausgestattet sein. Sie gewähren im Allgemeinen eine Gewinnbeteiligung (aber keine Verzinsung) und eine Beteiligung am Liquidationserlös; sie können, brauchen aber nicht mit einem Stimmrecht ausgestattet zu sein. Die Genussscheine kann man mithin als Beteiligungsrechte minderer Art bezeichnen.[5]

Eine Beteiligung am Kapital der Gesellschaft i. S. des § 17 EStG liegt bei eingeräumten Genussrechten nicht schon dann vor, wenn diese eine Gewinnbeteiligung gewähren, sondern nur, wenn sie auch eine Beteiligung am Liquidationserlös der Gesellschaft vorsehen. Die Vereinbarung, dass das Genussrechtskapital erst nach der Befriedigung der übrigen Gesellschaftsgläubiger zurückzuzahlen ist (sog. Nachrangvereinbarung), verleiht dem Genussrecht noch keinen Beteiligungscharakter.[6]

Unter **ähnlichen Beteiligungen** sind z. B. die Anteile an ausländischen Kapitalgesellschaften zu verstehen, deren Rechtsform inländischen Kapitalgesellschaften vergleichbar ist.[7] Nicht zu den ähnlichen Beteiligungen gehören die Anteile an Genossenschaften, weil diese keine Kapitalgesellschaften i. S. des § 17 Abs. 1 Satz 3 EStG sind. Auch Einlagen eines stillen Gesellschafters[8] stellen ebenso wenig eine ähnliche Beteiligung i. S. des § 17 Abs. 1 EStG dar wie eigenkapitalersetzende Gesellschafter-Darlehen, die auf der Ebene der Kapitalgesellschaften grundsätzlich als Fremdkapital zu behandeln sind.[9] Gleiches gilt auch für sonstige kapitalersetzende Gesellschafterleistungen. Im Gegensatz zur Vorgründungsgesellschaft sind auch Anteile an einer Vorgesellschaft ähnliche Beteiligungen.

Anwartschaften auf Beteiligungen sind zunächst gesetzlich oder vertraglich festgelegte Rechte auf den Bezug weiterer Anteile bei einer Erhöhung des Grund- oder Stammkapitals (z. B. Bezugsrechte i. S. des § 186 AktG und auf GmbH-Anteile[10]). Auch eine schuldrechtliche Option auf den Erwerb einer Beteiligung kann eine Anwartschaft sein, deren Veräußerung unter den sonstigen tatbestandlichen Voraussetzungen zu einem steuerbaren Gewinn nach § 17 EStG führt, wenn und soweit sie die wirtschaftliche Verwertung des bei der Kapitalgesellschaft eingetretenen Zuwachses an Vermögenssubstanz ermöglicht.[11] Ferner zählen dazu die Umtauschrechte wie z. B. Wandelschuldverschreibungen i. S. von § 221 AktG, die zum Umtausch einer stillen Beteiligung oder eines schuldrechtlichen Geldanspruchs in

---
5 RFH, RStBl 1934 S. 773.
6 BFH, BStBl 2005 II S. 861.
7 BFH, BStBl 1996 II S. 312.
8 BFH, BStBl 1997 II S. 724.
9 BFH, BStBl 1992 II S. 532.
10 Vgl. dazu BFH, BStBl 1975 II S. 505.
11 BFH vom 19.12.2007 VIII R 14/06 (BStBl 2008 II S. 475).

Anteile an Kapitalgesellschaften (insbesondere Aktien und GmbH-Anteile) berechtigen.[12] Durch sie erlangt der Anleihegläubiger das feste Recht auf Umwandlung der Schuldverschreibung in Gesellschaftsrechte. Der Erwerb einer Anwartschaft liegt nicht vor, wenn der Anteilserwerb mangels Eintragung fehlschlägt.[13]

21.2.2 Beteiligungsgrenze

Wann Anteile an einer Kapitalgesellschaft als Anteile i. S. des § 17 EStG zu behandeln sind, hat sich im Laufe der Zeit wiederholt geändert. Bis zum Veranlagungszeitraum 1998 unterlagen Anteile an einer Kapitalgesellschaft als wesentliche Beteiligung der Vorschrift des § 17 EStG erst dann, wenn der Steuerpflichtige an dieser Kapitalgesellschaft innerhalb der letzten fünf Jahre vor der Veräußerung zu mehr als 25 % unmittelbar oder mittelbar beteiligt war. Vom Veranlagungszeitraum 1999 an unterlagen Anteile an einer Kapitalgesellschaft als wesentliche Beteiligung der Vorschrift des § 17 EStG bereits dann, wenn der Steuerpflichtige an dieser Kapitalgesellschaft innerhalb der letzten fünf Jahre vor der Veräußerung mindestens zu 10 % unmittelbar oder mittelbar beteiligt war. Die Grenze von 10 % ist durch das Steuersenkungsgesetz weiter auf nunmehr mindestens 1 % abgesenkt worden. Sie gilt ab dem Veranlagungszeitraum 2002.

Die Absenkung der Beteiligungsquote von mehr als 25 % auf mindestens 10 % ist **teilweise verfassungswidrig.**[14] Es liegt eine unechte Rückwirkung vor, soweit die Beteiligung im Zeitpunkt der Verkündung der Neuregelung durch Veröffentlichung im Bundesgesetzblatt am 31.03.1999 bereits bestanden hat. Weitere Voraussetzung ist, dass ein zu diesem Zeitpunkt bereits eingetretener Wertzuwachs besteuert wird, der nach der zuvor geltenden Rechtslage bereits steuerfrei realisiert worden ist oder zumindest hätte realisiert werden können. Dementsprechend ist der Gewinn aus der Veräußerung der Anteile nur insoweit steuerbar, als er auf einem Wertzuwachs nach dem 01.04.1999 beruht.[15] Maßgebend für die Ermittlung des steuerbaren Wertzuwachses ist der gemeine Wert der veräußerten Anteile zum 31.03.1999. Dieser gemeine Wert tritt an die Stelle der ursprünglichen Anschaffungskosten. Dabei kann aus Vereinfachungsgründen der steuerbare Wertzuwachs auch zeitanteilig linear ermittelt werden. Wird ein Verlust realisiert, ist auf die ursprünglichen Anschaffungskosten abzustellen. Für die Absenkung der Beteiligungsgrenze auf mindestens 1 % gelten die genannten Grundsätze entsprechend.

Eine Beteiligung i. S. des § 17 Abs. 1 Satz 1 EStG liegt vor, wenn der Steuerpflichtige nominell zu mindestens 1 % am **Nennkapital** der Kapitalgesellschaft beteiligt ist oder innerhalb der letzten fünf Jahre vor der Veräußerung zu irgendeinem Zeitpunkt beteiligt war. Das Tatbestandsmerkmal der Beteiligungshöhe innerhalb der

---

12 BFH, BStBl 1976 II S. 288.
13 FG Hamburg, EFG 2001 S. 1435.
14 BVerfG vom 07.07.2010 2 BvR 748/05, 2 BvR 753/05, 2 BvR 1738/05 (BGBl 2010 I S. 1296).
15 BMF vom 20.12.2010 – IV C 1 – S 2256/07/10001:006 (BStBl 2011 I S. 14).

21.2 Veräußerung von Anteilen an einer Kapitalgesellschaft

letzten fünf Jahre i. S. des § 17 Abs. 1 EStG ist nicht für jeden abgeschlossenen Veranlagungszeitraum nach der jeweils geltenden Beteiligungsgrenze i. S. des § 17 Abs. 1 Satz 1 EStG zu bestimmen, sondern richtet sich nach der im Jahr der Veräußerung geltenden Beteiligungsgrenze.[16] Nunmehr vertritt der BFH die Auffassung, dass der Beteiligungsbegriff veranlagungszeitraumbezogen auszulegen ist, indem das Tatbestandsmerkmal „innerhalb der letzten fünf Jahre am Kapital der Gesellschaft wesentlich beteiligt" für jeden abgeschlossenen Veranlagungszeitraum nach der in diesem Veranlagungszeitraum jeweils geltenden Beteiligungsgrenze zu bestimmen ist.[17] Dieser Auffassung folgt die Finanzverwaltung nur bezüglich der Absenkung der Beteiligungsgrenze von mehr als 25 % auf mindestens 10 %. Eine entsprechende Anwendung auf die Absenkung der Beteiligungsgrenze auf 1 % lehnt sie ab.[18] Verfassungsrechtlich nicht zu beanstanden ist die Beteiligungsgrenze von 1 %.[19] Nicht zu beanstanden ist insoweit auch die steuerliche Erfassung von Wertsteigerungen im Zeitraum von der Gesetzesverkündung bis zum Inkrafttreten der Grenze von 1 %.

Unter Anteil ist die jeweilige Einheit, mit der ein Anteilseigner am satzungsmäßig festgelegten Kapital – dem **Nennkapital** – der Gesellschaft beteiligt ist, zu verstehen. Die Beteiligung wird von der Summe der Nominalwerte der Anteile, die einem Anteilseigner zuzurechnen sind, gebildet. Bei einer GmbH ist daher insoweit auf die Geschäftsanteile abzustellen. Das gilt auch dann, wenn in der Satzung der Gesellschaft die Stimmrechte oder die Verteilung des Gewinns und des Liquidationserlöses davon abweichend geregelt sind.[20] Eine Beteiligung an einer GmbH mit weniger als 1 % der Geschäftsanteile ist somit auch dann keine Beteiligung i. S. des § 17 Abs. 1 EStG, wenn der Gesellschafter als Geschäftsführer erheblichen Einfluss auf die Gesellschaft hat und nach den Satzungsbestimmungen von seinen Mitgesellschaftern nicht überstimmt werden kann.[21] Der auf die Anteile eingezahlte Teil ist irrelevant. Etwas anderes dürfte aber dann in Betracht kommen, wenn sich nach dem Gesellschaftsvertrag einer GmbH die Gesellschafterrechte nach dem Verhältnis der eingezahlten Beträge bestimmen.[22]

Unerheblich für die Einordnung einer Beteiligung ist, wie die Anteile im Einzelnen erworben wurden. Insbesondere muss eine Beteiligung i. S. des § 17 Abs. 1 Satz 1 EStG nicht als solche erworben worden sein. Ein sukzessiver Erwerb einzelner Anteile führt mit Überschreiten der Wesentlichkeitsgrenze zu einer Beteiligung i. S. des § 17 Abs. 1 Satz 1 EStG, sodass eine anschließende Veräußerung (auch nur)

---
16 BFH, BStBl 2005 II S. 436.
17 BFH vom 11.12.2012 IX R 7/12 (BStBl 2013 II S. 372).
18 BMF vom 27.05.2013 – IV C 6 – S 2244/12/10001 – 2013/0463063 (BStBl 2013 I S. 721).
19 BFH vom 24.10.2012 IX R 26/11 (BStBl 2013 II S. 164), BVerfG: 2 BvR 364/13.
20 BFH, BStBl 1998 II S. 257.
21 BFH vom 25.11.1997 VIII R 49/96 (BFH/NV 1998 S. 694).
22 Weber-Grellet, in: Schmidt, EStG, 32. Auflage, § 17 Rz. 38.

eines dieser Anteile die Besteuerung nach § 17 EStG auslöst. Ebenso ist unerheblich, ob die Anteile entgeltlich oder unentgeltlich erworben wurden.

Beispiel:

A hat sich im Jahre 02 mit einem Anteil von 0,5 % an der X-GmbH beteiligt, an der auch seine Ehefrau und sein Vater mit jeweils 0,5 % beteiligt waren. Im Jahr 05 ist die Beteiligung seines Vaters im Erbwege auf A übergegangen.

Durch den unentgeltlichen Erwerb der Anteile seines verstorbenen Vaters ist die Beteiligung des A zu einer Beteiligung i. S. des § 17 EStG geworden.

Für die Prüfung, ob ein Anteilseigner i. S. des § 17 Abs. 1 Satz 1 EStG beteiligt ist, sind seine **sämtlichen Anteile** – nicht nur die im Privatvermögen gehaltenen – zu berücksichtigen und insoweit zusammenzufassen. Nicht entscheidend ist, wie die Anteile im Einzelnen steuerlich einzuordnen sind. Die veräußerten Anteile müssen allerdings für die Anwendung von § 17 EStG zum Privatvermögen gehört haben. Anteile Dritter – z. B. die von Angehörigen – werden nicht berücksichtigt.

Beispiel:

X besitzt die folgenden zwei Geschäftsanteile an einer GmbH, deren Stammkapital insgesamt 100.000 € beträgt:

- einen Geschäftsanteil über 7.000 € im Betriebsvermögen seines Gewerbebetriebs,
- einen Geschäftsanteil über 500 € in seinem Privatvermögen.

X ist beteiligt i. S. von § 17 Abs. 1 Satz 1 EStG. § 17 EStG erfasst im Fall der Veräußerung aber nur die Anteile im Privatvermögen.

Unerheblich für das Vorliegen einer Beteiligung i. S. des § 17 Abs. 1 Satz 1 EStG ist, ob der Anteilseigner mittelbar oder unmittelbar an der Gesellschaft beteiligt ist. **Unmittelbare und mittelbare Beteiligungen** sind zusammenzurechnen. Unmittelbar zuzurechnen sind einem Steuerpflichtigen diejenigen Anteile, mit denen er selbst an der Kapitalgesellschaft beteiligt ist. Eine mittelbare Beteiligung ist gegeben, soweit Anteile an einer Kapitalgesellschaft einer anderen Kapitalgesellschaft oder einer gewerblichen Personenhandelsgesellschaft zuzurechnen sind, an der der Veräußerer seinerseits unmittelbar oder wiederum auch nur mittelbar beteiligt ist. Eine mittelbare Beteiligung hat für § 17 EStG nur Bedeutung, wenn daneben auch eine unmittelbare Beteiligung besteht. Der einstufigen mittelbaren Beteiligung steht die mehrstufige mittelbare Beteiligung gleich.

Beispiel:

A ist an einer GmbH mit 0,8 % und an der AG mit 25 % beteiligt. Die AG ihrerseits ist mit 20 % an der GmbH beteiligt.

Die mittelbare Beteiligung des A an der GmbH, die ihm durch seine Beteiligung an der AG vermittelt wird, beträgt 5 % (25 % von 20 %). Zusammen mit der unmittelbaren Beteiligung ist eine Beteiligung i. S. des § 17 Abs. 1 Satz 1 EStG gegeben.

Hält die Kapitalgesellschaft **eigene Anteile,** ist bei der Ermittlung der Beteiligungsquote des Gesellschafters von dem um die eigenen Anteile verminderten Nennkapi-

21.2 Veräußerung von Anteilen an einer Kapitalgesellschaft

tal auszugehen.[23] Auch bei der **Einziehung** von Geschäftsanteilen einer GmbH muss der Nennwert des eingezogenen Geschäftsanteils vom Stammkapital abgezogen werden.

Bei der Bestimmung der Beteiligungshöhe sind nicht zu berücksichtigen **kapitalersetzende Gesellschafterleistungen** und Bezugsrechte. Gleiches gilt auch für **Anwartschaften.**[24]

21.2.3 Fünfjahresfrist

Für die Besteuerung des Veräußerungsgewinns ist nicht erforderlich, dass der Anteilseigner im Zeitpunkt der Veräußerung noch i. S. des § 17 Abs. 1 Satz 1 EStG an der Gesellschaft beteiligt war. Ausreichend ist, dass zu irgendeinem Zeitpunkt innerhalb des Fünfjahreszeitraums eine Beteiligung i. S. des § 17 Abs. 1 Satz 1 EStG vorgelegen hat. Der Gewinn aus der Veräußerung einer Beteiligung an einer Kapitalgesellschaft von weniger als 1 % ist auch dann nach § 17 Abs. 1 Satz 1 EStG zu erfassen, wenn der Gesellschafter die Beteiligung erst neu erworben hat, nachdem er zuvor innerhalb des Fünfjahreszeitraums eine Beteiligung i. S. des § 17 Abs. 1 Satz 1 EStG insgesamt veräußert hat und mithin vorübergehend überhaupt nicht an der Kapitalgesellschaft beteiligt war.[25]

Eine unter § 17 Abs. 1 Satz 1 EStG fallende Beteiligung liegt auch dann vor, wenn der Veräußerer nur kurze Zeit entsprechend beteiligt war.[26] Dies gilt selbst dann, wenn der Veräußerer die erworbene Beteiligung am Tag des Erwerbs wieder veräußert[27] oder sogar schon im Voraus an einen Dritten abgetreten hat.[28] Eine unter § 17 Abs. 1 Satz 1 EStG fallende Beteiligung, die durch den Erwerb weiterer Anteile entstanden ist, kann daher erst recht nicht dadurch beseitigt werden, dass die erworbenen Anteile rückwirkend verschenkt werden. Denn die dingliche Rechtsstellung des Beteiligten, auf die es für § 17 EStG ankommt, wird durch die Schenkung nicht rückwirkend beseitigt.[29] Eine unter § 17 Abs. 1 Satz 1 EStG fallende Beteiligung kann auch dann vorliegen, wenn der Veräußerer zwar formal zu weniger als 1 % beteiligt war, die Gestaltung der Beteiligungsverhältnisse jedoch einen Missbrauch der Gestaltungsmöglichkeiten i. S. von § 42 AO darstellt.[30]

Maßgebend für die **Berechnung der Frist** von fünf Jahren ist der Zeitpunkt des Übergangs des wirtschaftlichen Eigentums, also der dingliche Anschaffungs- und Veräußerungsvorgang.[31] Das schuldrechtliche Geschäft ist nicht maßgebend. Die

---
23 BFH vom 18.04.1989 VIII R 329/84 (BFH/NV 1990 S. 27).
24 BFH vom 19.02.2013 IX R 35/12 (BStBl 2013 II S. 578).
25 BFH, GmbHR 1999 S. 727.
26 BFH, BStBl 1977 II S. 198.
27 BFH vom 07.07.1992 VIII R 54/88 (BStBl 1993 II S. 331).
28 BFH, BStBl 1995 II S. 870.
29 BFH, BStBl 1985 II S. 50.
30 BFH, BStBl 1977 II S. 754.
31 BFH, BStBl 2004 II S. 651.

Berechnung der Frist erfolgt nach den Vorschriften des BGB (§ 108 Abs. 1 i. V. m. §§ 187 ff. BGB).

Beispiele:

a) A hat im Jahr 07 eine Beteiligung von 40 % an der X-GmbH erworben. Diese veräußert er wie folgt:

- 07 zu 20 %,
- 08 zu 19,5 % und
- 14 zu 0,5 %.

Die Veräußerungen in den Jahren 07 und 08 unterliegen der Besteuerung nach § 17 Abs. 1 Satz 1 EStG. Die Veräußerung in 14 ist einkommensteuerlich irrelevant.

b) A erwirbt eine Beteiligung von 2 % an der X-GmbH am 01.06.01. Er veräußert 1,5 % am 11.08.02 an B. Weitere 0,5 % veräußert er am 11.08.07.

Die Veräußerungsvorgänge am 11.08.02 und am 11.08.07 unterliegen der Besteuerung nach § 17 Abs. 1 Satz 1 EStG.

Verzichtet ein Gesellschafter zugunsten eines Mitgesellschafters unentgeltlich auf die Teilnahme an einer Kapitalerhöhung mit der Folge, dass seine bisher über der Beteiligungsgrenze liegende Beteiligung unterhalb der Beteiligungsgrenze liegt, beginnt der Lauf der Fünfjahresfrist grundsätzlich mit der Eintragung der Kapitalerhöhung im Handelsregister.[32]

21.2.4 Veräußerung

Eine Veräußerung i. S. des § 17 Abs. 1 Satz 1 EStG ist zunächst jedes (freiwillige) Rechtsgeschäft, das auf die Übertragung des rechtlichen oder wirtschaftlichen Eigentums an Anteilen einer Kapitalgesellschaft gegen Entgelt gerichtet ist und bei dem Leistung und Gegenleistung kaufmännisch gegeneinander abgewogen worden sind.[33] Dabei handelt es sich zivilrechtlich um einen Rechtskauf, bei dem die Rechtsübertragung durch Abtretung erfolgt.

Der Tatbestand des § 17 Abs. 1 Satz 1 EStG wird auch dann verwirklicht, wenn die wirtschaftliche Inhaberschaft an dem Kapitalgesellschaftsanteil auf den Erwerber übergeht. Der Übergang des wirtschaftlichen Eigentums an einem Kapitalgesellschaftsanteil ist nach § 39 AO zu beurteilen.[34] Bei dem Verkauf einer Beteiligung geht das wirtschaftliche Eigentum jedenfalls dann über, wenn der Käufer des Anteils aufgrund eines (bürgerlich-rechtlichen) Rechtsgeschäfts bereits eine rechtlich geschützte, auf den Erwerb des Rechts gerichtete Position erworben hat, die ihm gegen seinen Willen nicht mehr entzogen werden kann, und die mit dem Anteil verbundenen wesentlichen Rechte sowie das Risiko der Wertminderung und die Chance einer Wertsteigerung auf ihn übergegangen sind. Diese Voraussetzungen

---

32 BFH, BStBl 2006 II S. 746.
33 BFH, BStBl 1994 II S. 648, 1998 II S. 152, 2007 II S. 296.
34 BFH, BStBl 2004 II S. 651.

21.2 Veräußerung von Anteilen an einer Kapitalgesellschaft

müssen nicht in vollem Umfang erfüllt sein; entscheidend ist das Gesamtbild der Verhältnisse.[35] Auch eine kurze Haltezeit kann wirtschaftliches Eigentum begründen, wenn dem Steuerpflichtigen der in der Zeit seiner Inhaberschaft erwirtschaftete Erfolg – einschließlich eines Substanzwertzuwachses – zusteht.[36] Erwerbsoptionen können die Annahme wirtschaftlichen Eigentums nur begründen, wenn nach dem typischen und für die wirtschaftliche Beurteilung maßgeblichen Geschehensablauf tatsächlich mit einer Ausübung des Optionsrechts gerechnet werden kann.[37] Hierauf kommt es nicht an, wenn nicht nur dem Käufer ein Ankaufsrecht, sondern auch dem Verkäufer ein Andienungsrecht im Überschneidungsbereich der vereinbarten Optionszeiträume zum selben Optionspreis eingeräumt wird.[38]

Das Vorliegen einer Gegenleistung ist wesentliches Merkmal einer Veräußerung i. S. des § 17 Abs. 1 Satz 1 EStG.[39] Eine verdeckte Einlage ist damit keine Veräußerung, weil sie durch das Fehlen einer Gegenleistung gekennzeichnet ist.[40] Die verdeckte Einlage von Anteilen an einer Kapitalgesellschaft in eine Kapitalgesellschaft steht jedoch nach § 17 Abs. 1 Satz 2 EStG der Veräußerung der Anteile gleich. Demgegenüber ist die Übertragung von Anteilen auf eine andere Kapitalgesellschaft gegen Gewährung neuer Gesellschaftsanteile als Veräußerung anzusehen.

Wird das rechtliche oder wirtschaftliche Eigentum an einer Beteiligung i. S. des § 17 Abs. 1 EStG **unentgeltlich** auf einen anderen Rechtsträger übertragen, so liegt eine Veräußerung i. S. des § 17 Abs. 1 Satz 1 EStG nicht vor. Werden dagegen objektiv wertlose Anteile ohne Gegenleistung zwischen fremden Dritten übertragen, liegt eine entgeltliche Veräußerung vor. Dies kann auch in Betracht kommen bei der Übertragung zwischen nahen Angehörigen.[41] Die aufgezeigten Grundsätze gelten entsprechend bei der Übertragung zu einem symbolischen Kaufpreis.

Auch die Übertragung von Anteilen an Kapitalgesellschaften im Wege der vorweggenommenen Erbfolge unter Vorbehalt eines Nießbrauchsrechts stellt keine Veräußerung i. S. des § 17 Abs. 1 Satz 1 EStG dar. Dies gilt auch dann, wenn das Nießbrauchsrecht später abgelöst wird und der Nießbraucher für seinen Verzicht eine Abstandszahlung erhält, sofern der Verzicht auf einer neuen Entwicklung der Verhältnisse beruht.[42]

Eine Veräußerung liegt auch vor, wenn dem Steuerpflichtigen die Anteile im Wege der Zwangsversteigerung entzogen werden.[43] Wird eine im Privatvermögen gehaltene Beteiligung i. S. des § 17 Abs. 1 Satz 1 EStG gegen eine Beteiligung von weni-

---

35 BFH, BStBl 2007 II S. 296.
36 BFH, BStBl 2005 II S. 857.
37 BFH, BStBl 2007 II S. 937.
38 BFH, BStBl 2007 II S. 296.
39 BFH, BStBl 1990 II S. 615.
40 BFH, BStBl 1989 II S. 271.
41 BFH vom 10.11.1998 VIII R 28/97 (BFH/NV 1999 S. 616).
42 BFH, BStBl 2006 II S. 15.
43 BFH, BStBl 1970 II S. 310.

ger als 1 % an einer anderen Kapitalgesellschaft, die ebenfalls Privatvermögen wird, getauscht, erfüllt auch dieser Vorgang grundsätzlich den Tatbestand einer Veräußerung i. S. des § 17 Satz 1 EStG.[44]

Bei Einbringung einer **wertgeminderten Beteiligung** i. S. des § 17 Abs. 1 Satz 1 EStG aus dem Privatvermögen in das betriebliche Gesamthandsvermögen einer Personengesellschaft gegen Gewährung von Gesellschaftsrechten entsteht ein Veräußerungsverlust, der im Zeitpunkt der Einbringung nach Maßgabe des § 17 Abs. 2 Satz 6 EStG zu berücksichtigen ist.[45] Demgegenüber ist eine Beteiligung i. S. des § 17 EStG, deren Wert im Zeitpunkt der Einlage in das Einzelbetriebsvermögen unter die Anschaffungskosten gesunken ist, mit den Anschaffungskosten einzulegen. Wegen dieses Wertverlustes kommt eine Teilwertabschreibung nicht in Betracht. Die Wertminderung ist erst in dem Zeitpunkt steuermindernd zu berücksichtigen, in dem die Beteiligung veräußert wird oder nach § 17 Abs. 4 EStG als veräußert gilt, sofern ein hierbei realisierter Veräußerungsverlust nach § 17 Abs. 2 Satz 6 EStG zu berücksichtigen wäre.[46]

Die Änderung des Gewinn- und Liquidationsverteilungsschlüssels bei einer Kapitalgesellschaft ohne Minderung oder Erhöhung der nominellen Kapitalbeteiligung der Gesellschafter stellt keine Veräußerung dar, da § 17 Abs. 1 Satz 1 EStG auf die Beteiligung am Nennkapital abstellt.[47]

Veräußert ein i. S. des § 17 Abs. 1 Satz 1 EStG Beteiligter ihm aufgrund seiner Anteile zustehende **Bezugsrechte** auf weitere Beteiligungsrechte, liegt auch insoweit eine Veräußerung i. S. des § 17 Abs. 1 Satz 1 EStG vor.[48] Wird das Stammkapital einer GmbH erhöht und das Bezugsrecht einem Nichtgesellschafter gegen Zahlung eines Ausgleichs für die auf den neuen Geschäftsanteil übergehenden stillen Reserven eingeräumt, kann dies die Veräußerung eines Anteils an einer GmbH – Anwartschaft auf eine solche Beteiligung – sein. Wird dieser Ausgleich in Form eines Agios in die GmbH eingezahlt und in engem zeitlichem Zusammenhang damit wieder an die Altgesellschafter ausgezahlt, kann ein Missbrauch rechtlicher Gestaltungsmöglichkeiten nach § 42 AO vorliegen. Die Zahlung an die Altgesellschafter ist dann als Entgelt für die Einräumung des Bezugsrechts zu behandeln.[49]

Die Übertragung von Anteilen an einer Kapitalgesellschaft bei einer Beteiligung von mindestens 1 % im Wege einer **gemischten Schenkung** ist nach dem Verhältnis der tatsächlichen Gegenleistung zum Verkehrswert der übertragenen Anteile in eine vollentgeltliche Anteilsübertragung i. S. des § 17 Abs. 1 Satz 1 EStG und eine voll unentgeltliche Anteilsübertragung i. S. des § 17 Abs. 1 Satz 4 EStG aufzuteilen.[50]

---

44 BFH, BStBl 1993 II S. 331.
45 BMF vom 29.03.2000 – IV C 2 – S 2178 – 4/00 (BStBl 2000 I S. 462).
46 BFH vom 02.09.2008 X R 48/02 (BStBl 2010 II S. 162).
47 BFH, BStBl 1998 II S. 257.
48 BFH, BStBl 1975 II S. 505.
49 BFH, BStBl 1993 II S. 477.
50 BFH, BStBl 1981 II S. 11.

21.2.5 Anteile an Kapitalgesellschaften in vermögensverwaltenden Personengesellschaften

Nach § 39 Abs. 2 Nr. 2 AO werden Wirtschaftsgüter, die mehreren zur gesamten Hand zustehen, den Beteiligten anteilig zugerechnet, soweit eine getrennte Zurechnung für die Besteuerung erforderlich ist. Vor diesem Hintergrund gilt ein Steuerpflichtiger, der an einer vermögensverwaltenden Personengesellschaft beteiligt ist, nur dann als i. S. des § 17 Abs. 1 EStG beteiligt, wenn die ihm nach § 39 Abs. 2 Nr. 2 AO zuzurechnenden Anteile – ggf. unter Einbeziehung weiterer von ihm gehaltener Anteile – mindestens 1 % am Nennkapital der Gesellschaft ausmachen.

Beispiel:

Zum Gesamthandsvermögen einer aus zwei Miterben zu je 1/2 bestehenden Erbengemeinschaft gehört eine Beteiligung i. H. von 1,8 % an einer Kapitalgesellschaft.

Die Beteiligung an der Kapitalgesellschaft wird jedem der Miterben je zur Hälfte zugerechnet. Keiner der beiden Miterben ist somit zu mindestens 1 % an der Kapitalgesellschaft beteiligt.

Aufgrund dieser **Bruchteilsbetrachtung** kommt es bei der Einbringung einer Beteiligung nach § 17 EStG in eine vermögensverwaltende Personengesellschaft insoweit nicht zu einer Gewinnrealisierung, als die eingebrachten Wirtschaftsgüter dem Einbringenden nach wie vor zuzurechnen sind. Entsprechendes gilt für die Übertragung von der vermögensverwaltenden Gesellschaft auf den Gesellschafter. Eine Veräußerung nach § 17 EStG liegt jedoch vor, soweit der einbringende Gesellschafter infolge der Einbringung an Wirtschaftsgütern beteiligt wird, die durch Dritte eingebracht werden oder die bereits zum Gesamthandsvermögen der vermögensverwaltenden Personengesellschaft gehören.

Beispiele:

a) A und B gründen eine vermögensverwaltende Personengesellschaft. A bringt die Beteiligung an einer Kapitalgesellschaft ein, an der er zu 50 % beteiligt ist, B ein Grundstück, bei dem die Veräußerungsfrist nach § 23 Abs. 1 Satz 1 Nr. 1 EStG noch nicht abgelaufen ist. Beide sind an der vermögensverwaltenden Personengesellschaft zu je 50 % beteiligt.

In der Einbringung ist insoweit ein realisierender Tauschvorgang zu sehen, als A 50 % der Beteiligung an der Kapitalgesellschaft im Tausch gegen 50 % des Grundstücks und B 50 % des Grundstücks im Tausch gegen 50 % der Beteiligung veräußert.

b) A und B sind zu 50 % an einer Gesellschaft bürgerlichen Rechts beteiligt, zu deren Gesellschaftsvermögen eine 60%ige Beteiligung an der X-GmbH gehört. A und B nehmen C in die Gesellschaft mit der Maßgabe auf, dass A, B und C künftig mit je 1/3 beteiligt sind. C leistet dafür eine wertgerechte Einlage.

Damit haben A und B je 10 % Anteile an der X-GmbH an C i. S. von § 17 EStG veräußert.

Bringt nur ein Steuerpflichtiger eine Beteiligung i. S. des § 17 EStG ein, während die übrigen Gesellschafter keine Einlage leisten, kommt es nicht zu einer Veräußerung, wenn der Gesellschafter für die Einbringung der Beteiligung keine Gegenleistung erhält. Dabei stellt die Gewährung von Gesellschaftsrechten an die Gesellschafter, die keine Einlage leisten, keine Gegenleistung für den einbringenden Gesellschafter dar.

Des Weiteren stellt auch die entgeltliche Übertragung eines Gesamthandsanteils an einen Dritten eine Veräußerung des auf den Mitberechtigten entfallenden Anteils der zum Gesamthandsvermögen gehörenden Beteiligung dar.[51]

21.3 Verdeckte Einlage (§ 17 Abs. 1 Satz 2 EStG)

Nach § 17 Abs. 1 Satz 2 EStG steht die verdeckte Einlage von Anteilen an einer Kapitalgesellschaft in eine Kapitalgesellschaft der Veräußerung der Anteile gleich. Eine verdeckte Einlage liegt vor, wenn ein Anteilseigner der Kapitalgesellschaft einen einlagefähigen Vermögensvorteil zuwendet und diese Zuwendung durch das Gesellschaftsverhältnis veranlasst ist. Die Veranlassung durch das Gesellschaftsverhältnis ist gegeben, wenn ein Nichtgesellschafter bei Anwendung der Sorgfalt eines ordentlichen Kaufmanns den Vermögensvorteil der Gesellschaft nicht eingeräumt hätte. Bei einer verdeckten Einlage erhält der Anteilseigner keine bzw. keine angemessene Gegenleistung von der die Anteile aufnehmenden Gesellschaft, auch nicht in Form von Gesellschaftsrechten. An die Stelle des Veräußerungspreises tritt nach § 17 Abs. 2 Satz 2 EStG der **gemeine Wert**.

Bei der aufnehmenden Kapitalgesellschaft sind die Anteile zur Vermeidung einer doppelten Besteuerung, die einträte, wenn sowohl die verdeckte Einlage als auch die spätere Veräußerung zu den historischen Anschaffungskosten in Bezug gesetzt würden, im Wege der teleologischen Reduktion von § 6 Abs. 1 Nr. 5 EStG stets mit dem Teilwert anzusetzen.[52]

Beispiel:

A ist Alleingesellschafter der B-GmbH. Außerdem ist er zu 30 % an der C-GmbH beteiligt. In 09 überträgt A seine Anteile an der C-GmbH auf die B-GmbH. Eine Gegenleistung erhält er hierfür nicht.

A hat der B-GmbH einen einlagefähigen Vermögensvorteil zugewendet, ohne hierfür eine Gegenleistung zu erhalten. Diese Zuwendung ist in dem Gesellschaftsverhältnis begründet. Es handelt sich um eine verdeckte Einlage. Da die eingelegten Anteile nach § 17 Abs. 1 EStG steuerverhaftet sind, wird der Vorgang nach § 17 Abs. 1 Satz 2 EStG einer Veräußerung gleichgestellt.

---

51 BFH, BStBl 2000 II S. 686.
52 BFH vom 04.03.2009 I R 32/08 (BStBl 2012 II S. 341).

21.4 Unentgeltlich erworbene Anteile (§ 17 Abs. 1 Satz 4 EStG)

Nach § 17 Abs. 1 Satz 4 EStG gilt auch derjenige Steuerpflichtige als beteiligt i. S. des § 17 Abs. 1 Satz 1 EStG, dessen Beteiligung an einer Kapitalgesellschaft nicht die Beteiligungsgrenze des § 17 Abs. 1 Satz 1 EStG erreicht, sofern er die Anteile unentgeltlich von einem Rechtsvorgänger erworben hat. Voraussetzung ist, dass der unentgeltliche Erwerb innerhalb eines Zeitraums von fünf Jahren vor der Veräußerung stattgefunden hat und der Rechtsvorgänger oder, sofern der Anteil nacheinander unentgeltlich übertragen worden ist, einer der Rechtsvorgänger innerhalb der letzten fünf Jahre vor der Veräußerung zu irgendeinem Zeitpunkt i. S. von § 17 Abs. 1 Satz 1 EStG beteiligt gewesen ist. Die Anschaffungskosten bestimmen sich nach den Anschaffungskosten des Rechtsvorgängers (§ 17 Abs. 2 Satz 5 EStG).

§ 17 Abs. 1 Satz 4 EStG führt nicht dazu, dass auch andere Anteile des Erwerbers, die für sich allein nicht eine Beteiligung i. S. des § 17 Abs. 1 Satz 1 EStG sind bzw. mit den unentgeltlich erworbenen Anteilen nicht zu einer Beteiligung i. S. des § 17 Abs. 1 Satz 1 EStG führen, durch § 17 Abs. 1 Satz 4 EStG von der Steuerverhaftung des § 17 EStG infiziert werden.

Beispiel:
A ist seit Jahren mit 100 % an einer GmbH beteiligt. In 02 schenkt er seinen beiden Kindern S und T hiervon Anteile im Umfang von jeweils 0,5 %. S und T veräußern später diese Anteile, S in 05 und T in 08.
Zum Zeitpunkt der Schenkung gehörten die Anteile zu einer Beteiligung i. S. des § 17 Abs. 1 Satz 1 EStG des A. Da S und T jeweils nur zu 0,5 % an der GmbH beteiligt waren, ergab sich bei ihnen selbst keine Beteiligung i. S. des § 17 Abs. 1 Satz 1 EStG. Allerdings bleiben diese Anteile nach § 17 Abs. 1 Satz 4 EStG für fünf Jahre ab der unentgeltlichen Übertragung steuerverhaftet. Folglich löst die Veräußerung durch S die Anwendung des § 17 Abs. 1 Satz 1 EStG aus. T hat die Anteile erst nach Ablauf des Fünfjahreszeitraums veräußert. Die Rechtsfolge des § 17 EStG wird insoweit nicht ausgelöst.

21.5 Veräußerungsgewinn bzw. Veräußerungsverlust (§ 17 Abs. 2 EStG)

21.5.1 Ermittlung des Veräußerungsgewinns oder -verlusts (§ 17 Abs. 2 Satz 1, 2 und 5 EStG)

Nach § 17 Abs. 2 Satz 1 EStG ist der Veräußerungsgewinn i. S. des § 17 Abs. 1 EStG nach der Formel zu ermitteln:

21 Veräußerung von Anteilen an Kapitalgesellschaften im Privatvermögen

Veräußerungspreis
abzüglich Veräußerungskosten
abzüglich Anschaffungskosten
= Veräußerungsgewinn
abzüglich Freibetrag nach § 17 Abs. 3 EStG
= steuerpflichtiger Veräußerungsgewinn

Veräußerungsgewinn ist der Betrag, um den der Veräußerungserlös, vermindert um die Veräußerungskosten, die Anschaffungskosten des veräußerten Anteils übersteigt. Als Veräußerungsverlust ist entsprechend der Betrag anzusehen, um den die Anschaffungskosten des veräußerten Anteils den um die Veräußerungskosten geminderten Veräußerungserlös übersteigen.

In den Fällen der **verdeckten Einlage** nach § 17 Abs. 1 Satz 2 EStG tritt an die Stelle des Veräußerungspreises der Anteile nach § 17 Abs. 2 Satz 2 EStG ihr gemeiner Wert. Hat der Veräußerer den veräußerten Anteil **unentgeltlich erworben,** sind als Anschaffungskosten des Anteils die Anschaffungskosten des Rechtsvorgängers maßgebend, der den Anteil zuletzt entgeltlich erworben hat (§ 17 Abs. 2 Satz 5 EStG).

Bei der Ermittlung des Veräußerungsgewinns gelten nach § 3 Nr. 40 Buchst. c i. V. m. § 3c Abs. 2 EStG die Grundsätze des **Teileinkünfteverfahrens.**

§ 17 Abs. 2 Satz 1 EStG ist eine **Gewinnermittlungsvorschrift eigener Art,** bei der die Einkünfte aus Gewerbebetrieb in gleicher Weise wie laufende Gewinne oder Verluste stichtagsbezogen nach den Grundsätzen eines Betriebsvermögensvergleichs zu ermitteln sind. Folglich kommt es für den Zeitpunkt der Besteuerung nicht auf den Zufluss des Veräußerungserlöses an, sondern auf den Zeitpunkt, in dem das wirtschaftliche Eigentum auf den Erwerber übergeht. Sind die im Rahmen der Gewinnermittlung nach § 17 Abs. 2 Satz 1 EStG zu berücksichtigenden Aufwendungen bereits am maßgeblichen Stichtag veranlasst gewesen, sind die Beträge auch bei Entrichtung nach dem Stichtag zu berücksichtigen. Nachträgliche Änderungen des Veräußerungsgewinns führen nicht zu nachträglichen Einkünften aus § 17 EStG, sondern sind auf den Stichtag der Anteilsübertragung zurückzubeziehen (§ 175 Abs. 1 Satz 1 Nr. 2 AO).

Beispiel:

X ist mit 50 % an einer GmbH beteiligt. Die Anteile hat er im Rahmen der Gründung der Gesellschaft in 00 für 50.000 € erworben und im Privatvermögen gehalten. Mit notariellem Vertrag vom 25.11.08 veräußert er seine Beteiligung für 150.000 €. Er tritt die Anteile mit Wirkung zum 01.01.09 an den Erwerber ab (zugleich Übergang des wirtschaftlichen Eigentums). Der Erlös wird in zwei Raten zu 75.000 €, nämlich am 15.12.08 und am 15.01.09, entrichtet. Die Veräußerungskosten des X (Notar usw.) betragen 2.000 €. Bezahlt wurden sie in 10.

Erst mit der tatsächlichen Abtretung der Anteile am 01.01.09 sind das zivilrechtliche und das wirtschaftliche Eigentum auf den Erwerber übergegangen. Gewerbliche Einkünfte i. S. des § 17 Abs. 1 Satz 1 EStG fallen somit nach dem Realisationsgrundsatz in 09 an.

21.5 Veräußerungsgewinn bzw. Veräußerungsverlust

Ist die Beteiligung i. S. des § 17 Abs. 1 EStG zu verschiedenen Zeiten und zu verschiedenen Preisen erworben worden, kann der Veräußerer bestimmen, welchen Anteil oder Teil davon er veräußert. Für die Ermittlung des Veräußerungsgewinns bzw. Veräußerungsverlustes sind die tatsächlichen Anschaffungskosten dieses Teils maßgeblich.[53] Dies gilt nur, wenn der Veräußerer die Bestimmung bereits beim Veräußerungsakt trifft. Unterbleibt dies, ist von den durchschnittlichen Anschaffungskosten des Erwerbers auszugehen.[54] Bei rechtlich, wirtschaftlich und zeitlich verbundenen Erwerben von Aktienpaketen durch denselben Erwerber zu unterschiedlichen Entgelten muss der Veräußerungspreis für das einzelne Paket für steuerliche Zwecke abweichend von der zivilrechtlichen Vereinbarung aufgeteilt werden, wenn sich keine kaufmännisch nachvollziehbaren Gründe für die unterschiedliche Preisgestaltung erkennen lassen.[55]

Ein Veräußerungsgewinn bzw. -verlust nach § 17 EStG ist auch dann entstanden, wenn nicht die gesamte Beteiligung, sondern nur ein Teil davon veräußert worden ist.

21.5.2 Veräußerungspreis

Veräußerungspreis ist der Wert der Gegenleistung, den der Veräußerer durch den Abschluss des Veräußerungsgeschäfts erlangt. Dazu gehört alles, was der Veräußerer anlässlich der Veräußerung erhält. Auf den objektiven Wert der veräußerten Beteiligung kommt es nicht an. Zum Veräußerungspreis gehört daher auch das, was der Veräußerer für die bloße Tatsache der Veräußerung erhält. Somit gehören zum Veräußerungspreis grundsätzlich auch Leistungen, die der Veräußerer über den Wert der Anteile hinaus erlangt. Es darf sich insoweit aber nicht um Entgelte für zusätzliche selbständige Leistungen handeln. Ist das Entgelt unangemessen niedrig, kann ein teilentgeltlicher Übertragungsvorgang vorliegen.

Beispiel:

A, B und C sind mit je 33 1/3 % am Stammkapital der X-GmbH beteiligt. Die Gesellschafter A und B sind der Auffassung, dass C den Interessen der Gesellschaft zuwiderhandelt. Um C zur Veräußerung der Anteile an sie zu bewegen, bieten sie ihm einen über dem objektiven Wert liegenden Preis. Dieser Preis ist der Besteuerung nach § 17 EStG zugrunde zu legen.

Etwas anderes hätte dann zu gelten, wenn der gezahlte Mehrpreis als verdeckte Gewinnausschüttung des Erwerbers an den Veräußerer zu beurteilen wäre.

Beispiel:

A ist zu 50 % an der X-GmbH beteiligt; gleichzeitig ist er alleiniger Gesellschafter der Y-GmbH. Er veräußert seine Beteiligung an der X-GmbH für 1 Mio. € an die

---
53 BFH, BStBl 1979 II S. 77.
54 BFH, BStBl 1981 II S. 11.
55 BFH, BStBl 2007 II S. 937.

Y-GmbH. Einem Nichtgesellschafter hätte die Y-GmbH nur 0,5 Mio. € gezahlt. Bei A sind mithin 0,5 Mio. € gem. § 20 EStG als verdeckte Gewinnausschüttung der Y-GmbH an ihn zu versteuern. Für die Besteuerung nach § 17 EStG ist von einem Veräußerungserlös von 0,5 Mio. € auszugehen.

Wird im Zusammenhang mit der Veräußerung einer unter § 17 Abs. 1 EStG fallenden Beteiligung an einer Kapitalgesellschaft ein Wettbewerbsverbot mit eigener wirtschaftlicher Bedeutung vereinbart, gehört die Entschädigung für das Wettbewerbsverbot nicht zu dem Veräußerungsentgelt nach § 17 EStG.[56]

Wird vereinbart, dass der aus einem im Anschluss an die Anteilsübertragung vorgenommenen Gewinnverteilungsbeschluss resultierende Dividendenanspruch für Jahre vor der Anteilsübertragung dem Veräußerer zusteht, führt die Weiterleitung des Gewinnanteils durch den Erwerber zu einer Erhöhung des Veräußerungspreises und nicht beim Veräußerer zu Einnahmen aus Kapitalvermögen.[57] Der Erwerber hat die Gewinnausschüttung nach § 20 Abs. 5 EStG zu versteuern. Des Weiteren hat er nachträgliche Anschaffungskosten für die Beteiligung in dem Umfang, in dem er den Gewinnanspruch an den Veräußerer weiterleitet.[58] Ist der Gewinnverteilungsbeschluss vor der Anteilsübertragung getroffen worden und wird er durch den Erwerber der Anteile abgegolten, liegen in Höhe der beschlossenen Gewinnausschüttung beim Veräußerer Einnahmen aus Kapitalvermögen vor.

21.5.3 Veräußerungskosten

Veräußerungskosten sind nur solche Aufwendungen, die in einem unmittelbaren sachlichen Zusammenhang mit dem jeweiligen Veräußerungsgeschäft stehen.[59] Ein bloßer zeitlicher Zusammenhang reicht nicht aus. Kosten für eine **fehlgeschlagene Veräußerung** einer Beteiligung i. S. des § 17 Abs. 1 EStG können jedenfalls im Zeitpunkt ihrer Entstehung nicht als Veräußerungskosten angesehen werden.[60] Aufwendungen, die nur mittelbar mit der Veräußerung zusammenhängen, sind nicht berücksichtigungsfähig. Zu den Veräußerungskosten gehören unter anderem Maklergebühren, Vermittlungsprovisionen und Notariatsgebühren, soweit diese Aufwendungen vom Veräußerer zu tragen sind. Dazu zählen auch die Kosten eines etwaigen Rechtsstreits über das Veräußerungsgeschäft.[61] Schuldzinsen aufgrund der Fremdfinanzierung des Anteilserwerbs sind grundsätzlich Werbungskosten bei den Einkünften aus Kapitalvermögen, nicht dagegen Veräußerungskosten i. S. von § 17 EStG.

---
56 BFH, BStBl 1983 II S. 289.
57 BFH vom 17.10.2001 I R 111/00 (GmbHR 2002 S. 390).
58 BFH, BStBl 1984 II S. 746.
59 BFH, BStBl 1978 II S. 100; vgl. auch R 17 Abs. 6 EStR.
60 BFH, BStBl 1998 II S. 102.
61 RFH, RStBl 1931 S. 134.

21.5.4 Anschaffungskosten

Anschaffungskosten sind alle Aufwendungen, die der Erwerber aufwendet, um das Wirtschaftsgut zu erlangen und zu behalten. Zu den Anschaffungskosten gehören der Anschaffungspreis, die Anschaffungsnebenkosten und die nachträglichen Aufwendungen auf die Beteiligung, sofern sie durch das Gesellschaftsverhältnis veranlasst sind und weder Werbungskosten bei den Einkünften aus Kapitalvermögen noch Veräußerungskosten sind. Ebenfalls zu den Anschaffungskosten gehören vorweggenommene und vergebliche Anschaffungskosten.[62]

Anschaffungskosten bei Gründung

Werden die Anteile bei Gründung erworben, bestimmen sich die Anschaffungskosten nach der Einlageverpflichtung. Gleiches gilt bei einer Kapitalerhöhung aus gesellschaftsfremden Mitteln. Werden junge Anteile in Ausübung eines Bezugsrechts erworben, sind ihre Anschaffungskosten zu ermitteln, indem zum Einzahlungsbetrag des Gesellschafters die nach der Gesamtwertmethode berechneten Anschaffungskosten des Bezugsrechts addiert werden. Die Anschaffungskosten der Altanteile reduzieren sich entsprechend. Bei einer Kapitalerhöhung aus Gesellschaftsmitteln sind die Anschaffungskosten für die Altanteile auf diese und die Freianteile aufzuteilen (§ 3 KapErhStG).

Anschaffungskosten bei Erwerb

Werden Anteile durch Kauf oder Tausch erworben, ist Anschaffungspreis der Kaufpreis bzw. der gemeine Wert der in Tausch gegebenen Wirtschaftsgüter. Bei Entnahme aus dem Betriebsvermögen entstehen Anschaffungskosten in Höhe des Entnahmewerts. Dies ist entweder der Teilwert oder im Fall der Betriebsaufgabe der gemeine Wert.

Werden Anteile an derselben Kapitalgesellschaft zu unterschiedlichen Zeitpunkten erworben, sind die Anschaffungskosten jeweils gesondert zu ermitteln und festzuhalten. Die Anteile behalten ihre rechtliche Selbständigkeit.[63]

Anschaffungsnebenkosten

Die Anschaffungsnebenkosten gehören zu den Anschaffungskosten. Anschaffungsnebenkosten sind insbesondere Kosten der notariellen Beurkundung, Beratungskosten, Bankspesen oder Reisekosten im Zusammenhang mit dem Anteilserwerb. Voraussetzung für die Berücksichtigung ist, dass der Erwerber sie getragen hat. Kosten für ein zur Finanzierung der Beteiligung aufgenommenes Darlehen sind grundsätzlich Werbungskosten bei den Einkünften aus Kapitalvermögen.

---

[62] FG Münster vom 20.01.2010 7 K 5023/07 (EFG 2010 S. 957).
[63] BFH, BStBl 1997 II S. 727.

Nachträgliche Anschaffungskosten

Verdeckte Einlagen in das Vermögen der Gesellschaft führen zu nachträglichen Anschaffungskosten. Verdeckte Einlagen sind z. B. Nachschüsse i. S. der §§ 26 bis 28 GmbHG, verlorene Zuschüsse oder die Rückzahlung offener oder verdeckter Gewinnausschüttungen. Im Fall des Forderungsausfalls oder -verzichts führt nur der im Zeitpunkt des Verzichts werthaltige Teil der Forderung zu einer verdeckten Einlage.[64] Gegenstand einer verdeckten Einlage können alle materiellen und immateriellen Wirtschaftsgüter sein. Werden verdeckte Einlagen außerhalb einer Liquidation z. B. im Wege der Gewinnausschüttung zurückgewährt, für die Einlagen i. S. von § 27 KStG verwendet werden, die nach § 20 Abs. 1 Nr. 1 Satz 3 EStG nicht zu Einkünften aus Kapitalvermögen führen, vermindern sich die Anschaffungskosten entsprechend.

Nachträgliche Anschaffungskosten im Fall eines **Darlehensverlustes bzw. eines Darlehensverzichts** sind nach umstrittener Auffassung der Finanzverwaltung[65] nur gegeben, wenn eine gesellschaftliche Veranlassung besteht. Dies gilt unbeschadet der Aufgabe des Eigenkapitalersatzrechts durch das MoMiG.

Ein Darlehen ist dann durch das Gesellschaftsverhältnis veranlasst, wenn im Zeitpunkt seiner Gewährung oder Weitergewährung die Rückzahlung des Darlehens angesichts der finanziellen Situation der Gesellschaft in dem Maße gefährdet ist, dass ein ordentlicher Kaufmann das Risiko einer Kreditgewährung zu denselben Bedingungen wie der Gesellschafter nicht mehr eingegangen wäre (sog. Krise). Des Weiteren ist eine gesellschaftsrechtliche Veranlassung der Darlehensgewährung danach zu beurteilen, ob die Gesellschaft unter den bestehenden Verhältnissen von einem Dritten noch einen Kredit zu marktüblichen Bedingungen erhalten hätte.

Zu unterscheiden sind folgende Fallgruppen:

- **Krisendarlehen:** Das Darlehen wird erst nach Eintritt der Krise gewährt. Bei Ausfall oder Verzicht liegen nachträgliche Anschaffungskosten in Höhe des Nennwerts vor.

- **Krisenbestimmtes Darlehen:** Das Darlehen wird vor der Krise gewährt. Hat der Gesellschafter mit bindender Wirkung gegenüber der Gesellschaft oder den Gesellschaftsgläubigern erklärt, dass er das Darlehen auch in der Krise der Gesellschaft stehen lassen wird, führt der Ausfall eines solchen krisenbestimmten Darlehens zu nachträglichen Anschaffungskosten auf die Beteiligung in Höhe des Nennwerts des Darlehens. Denn zu einer solchen Erklärung wäre ein Darlehensgeber, der nicht auch Gesellschafter ist, mit Rücksicht auf das ihm bei Gefährdung des Rückzahlungsanspruchs regelmäßig zustehende außerordentliche Kündigungsrecht im Allgemeinen nicht bereit. Beruht die Krisenbindung des Darlehens auf den gesetzlichen Neuregelungen der InsO (§§ 39, 135 InsO)

---

64 BFH, BStBl 1998 II S. 307.
65 BMF vom 21.10.2010 – IV C 6 – S 2244/08/10001 (BStBl 2010 I S. 832).

21.5 Veräußerungsgewinn bzw. Veräußerungsverlust

und des AnfG (§ 6 AnfG) aufgrund des MoMiG, ist davon auszugehen, dass bereits die gesetzlichen Neuregelungen in der InsO und im AnfG mit Beginn des Anfechtungszeitraums den darlehensgebenden Gesellschafter wirtschaftlich regelmäßig so stellen, als habe er eine Krisenbindung vereinbart. Die nachträglichen Anschaffungskosten bemessen sich für den Fall, dass die gesellschaftsrechtliche Veranlassung auf die insolvenzrechtliche Nachrangigkeit zurückgeht, nach dem gemeinen Wert im Zeitpunkt des Beginns des Anfechtungszeitraums.

- **In der Krise stehen gelassenes Darlehen:** Wird das Darlehen vor Kriseneintritt ohne ausdrückliche Abrede gewährt, es auch in der Krise der Gesellschaft stehen zu lassen, entstehen bei Darlehensverlust bzw. Darlehensverzicht nachträgliche Anschaffungskosten lediglich in Höhe des gemeinen Werts der Darlehensforderung bei Eintritt der Krise. Der Wert der Darlehensforderung ist nach dem Grad der Wahrscheinlichkeit ihrer Werthaltigkeit im Zeitpunkt des Eintritts der Krise zu schätzen.

- **Finanzplandarlehen:** Derartige Darlehen sind dadurch gekennzeichnet, dass der Gesellschaftszweck ohne das Gesellschafterdarlehen nicht hätte verwirklicht werden können, ein fremder Dritter bei der Errichtung der Gesellschaft kein entsprechendes Fremdkapital zur Verfügung gestellt hätte, die Mittel der Gesellschaft dauerhaft zur Verfügung gestellt werden und es zu Bedingungen gewährt wird, die nicht marktüblich sind. Das Finanzplandarlehen kann bei der Gründung der Kapitalgesellschaft oder zu einem späteren Zeitpunkt eingeräumt werden. Gesellschafterkredite, die gewährt werden, weil das Gründungskapital zur Ingangsetzung des Geschäftsbetriebs nicht ausreicht und mangels Sicherheiten Kredite nicht erlangbar sind, sind den Finanzplandarlehen gleichzustellen.

Nach § 39 Abs. 1 Nr. 5, Abs. 4 InsO unterliegen Darlehen, die zum Zwecke der Sanierung des Unternehmens hingegeben werden, nicht dem Nachranggebot. Durch das **Sanierungsprivileg** sollen Anreize dahin gehend geschaffen werden, Risikokapital zur Verfügung zu stellen und sich an Sanierungen zu beteiligen. Dieser Zweck würde unterlaufen, wenn der das Sanierungskapital gebende Gesellschafter gegenüber anderen Gesellschaftern steuerrechtlich benachteiligt würde. Daher führen spätere Darlehensverluste zu nachträglichen Anschaffungskosten.

Aus dem **Kleinanlegerprivileg** nach § 39 Abs. 1 Nr. 5, Abs. 5 InsO folgt, dass nicht geschäftsführende Gesellschafter mit einer nur geringen Beteiligung am Stammkapital nicht unternehmerisch beteiligt sind und deshalb nicht in der Finanzierungsverantwortung für die Gesellschaft stehen. Dabei wurde die Schwelle für die Finanzierungsfolgenverantwortung des Gesellschafters nunmehr rechtsformneutral auf eine 10 %-Beteiligung festgesetzt. Entsprechende Verluste führen nicht zu nachträglichen Anschaffungskosten.

Im Fall der Inanspruchnahme eines Gesellschafters aus einer **Bürgschaft** gelten dieselben Grundsätze wie beim Darlehensverlust bzw. Darlehensverzicht.[66] Dabei erhöht die Bürgschaftsverpflichtung als solche die Anschaffungskosten noch nicht. Erst bei Wertlosigkeit des Ersatzanspruchs nach § 774 BGB gegen die Gesellschaft führt die Inanspruchnahme aus einer Bürgschaft zu nachträglichen Anschaffungskosten unter der Voraussetzung, dass die Übernahme der Bürgschaft ihre Ursache im Gesellschaftsverhältnis hat.[67] Entsprechendes gilt bei sonstigen Sicherheitsleistungen.

Nachträgliche Anschaffungskosten sind im Zeitpunkt der Veräußerung zu berücksichtigen, wenn der Gesellschafter ernsthaft damit rechnen muss, insoweit in Anspruch genommen zu werden. Aber auch eine später eintretende nachträgliche Inanspruchnahme z. B. aufgrund einer Bürgschaft führt zu nachträglichen Anschaffungskosten, die auf den Tag der Veräußerung zurückzubeziehen sind. Wird aber z. B. die Bürgschaft erst nach der Übertragung der Anteile übernommen, liegen insoweit keine nachträglichen Anschaffungskosten vor.

Drittaufwand

Von Dritten getragene Aufwendungen – sog. Drittaufwand – sind grundsätzlich nicht berücksichtigungsfähig.[68] Ausnahmsweise kann ein Steuerpflichtiger Aufwendungen eines Dritten einkünftemindernd geltend machen, wenn sie ihm als eigene zugerechnet werden können.[69]

- Die Aufwendungen eines Dritten sind dem Steuerpflichtigen als eigene zuzurechnen, wenn es sich um eine **Abkürzung des Zahlungsweges** handelt. Unter Abkürzung des Zahlungsweges ist die Zuwendung eines Geldbetrags an den Steuerpflichtigen in der Weise zu verstehen, dass ein Dritter im Einvernehmen mit dem Steuerpflichtigen dessen Schuld tilgt, anstatt ihm den Geldbetrag unmittelbar zuzuwenden. Leistet der Dritte auf eine eigene Verbindlichkeit, kommt ein Abzug dieser Aufwendungen beim Steuerpflichtigen nicht in Betracht.

- Die Aufwendungen eines Dritten sind dem Steuerpflichtigen auch dann als eigene zuzurechnen, wenn es sich um eine **Abkürzung des Vertragsweges** handelt. Ein abgekürzter Vertragsweg liegt vor, wenn der Dritte im eigenen Namen für den Steuerpflichtigen einen Vertrag abschließt und auch selbst die geschuldete Leistung erbringt, um dem Steuerpflichtigen etwas zuzuwenden. Eine Zuwendung ist jedoch nur dann zu bejahen, wenn der Dritte im Interesse des Steuerpflichtigen von vornherein auf eine Rückzahlung der Leistung verzichtet.[70]

---

66 BFH, BStBl 2001 II S. 385.
67 BFH vom 15.05.2006 VIII B 186/04 (BFH/NV 2006 S. 1472).
68 BFH, BStBl 1999 II S. 782.
69 Vgl. OFD Kiel vom 28.08.2001 (FR 2001 S. 1125).
70 BMF vom 07.07.2008 (BStBl 2008 I S. 717).

21.5 Veräußerungsgewinn bzw. Veräußerungsverlust

- Aufwendungen eines Dritten auf eine von ihm im eigenen Namen, aber im **wirtschaftlichen Interesse** des Steuerpflichtigen eingegangene Verbindlichkeit sind dann bei der Einkünfteermittlung des Steuerpflichtigen abziehbar, wenn der Dritte die Verbindlichkeit im Innenverhältnis für Rechnung des Steuerpflichtigen eingegangen ist. Dies ist bei der Inanspruchnahme eines Dritten aus einer im wirtschaftlichen Interesse des Steuerpflichtigen eingegangenen Bürgschaft der Fall, wenn der Dritte gegen den Steuerpflichtigen einen Rechtsanspruch auf Ersatz seiner Aufwendungen hat. Ein voller Abzug der Finanzierungsaufwendungen kommt auch dann in Betracht, wenn Ehegatten gemeinsam – d. h. als Gesamtschuldner nach § 421 BGB – ein Darlehen aufgenommen haben und dieses nur von einem von ihnen zur Erzielung von Einkünften genutzt wird.[71] In diesem Fall sind die Finanzierungsaufwendungen dem Ehegatten zuzurechnen, der das Darlehen für seine Einkünfteerzielung nutzt, unabhängig davon, ob die Leistungen auf das Darlehen mit Mitteln des einkünfteerzielenden Steuerpflichtigen oder seines Ehegatten geleistet wurden. Diese Grundsätze gelten in gleicher Weise, wenn sich Ehegatten gesamtschuldnerisch für die Rückzahlung eines Darlehens verbürgen, das nur der Einkünfteerzielung eines der Ehegatten dient.

Für Kreditgeber, die nicht Gesellschafter sind, gelten die aufgezeigten Grundsätze nur dann, wenn ihre Finanzierungshilfe an die Gesellschaft wirtschaftlich derjenigen durch den Gesellschafter selbst entspricht. Geltung hat dies insbesondere für solche Finanzierungshilfen Dritter, die zwar nicht rechtlich, aber im wirtschaftlichen Ergebnis aus dem Vermögen eines Gesellschafters aufgebracht werden. Diese Voraussetzung ist immer dann erfüllt, wenn die Finanzierungshilfe des Dritten wirtschaftlich für Rechnung des Gesellschafters gewährt wird, z. B. weil dieser dem Dritten im Innenverhältnis zum Ausgleich verpflichtet ist.

Eine Verpflichtung zum Aufwendungsersatz kommt z. B. dann in Betracht, wenn sich nicht nur ein Dritter, sondern auch der Gesellschafter selbst für die Verbindlichkeiten der Kapitalgesellschaft verbürgt hat. Nach § 426 Abs. 1 Satz 1 BGB sind mehrere Gesamtschuldner im Verhältnis zueinander zu gleichen Teilen verpflichtet, sofern sie nicht etwas anderes vereinbart haben. Die Ausgleichspflicht des § 426 BGB gilt auch für Ehegatten, die sich gemeinsam als Gesamtschuldner gegenüber einem Dritten verpflichtet haben. Dabei kann sich eine von der hälftigen Ausgleichspflicht des § 426 Abs. 1 Satz 1 BGB abweichende Bestimmung der Gesamtschuldner aus einer ausdrücklich oder stillschweigend geschlossenen Vereinbarung, aber auch aus dem Inhalt oder Zweck der zwischen den Gesamtschuldnern bestehenden Rechtsbeziehungen oder aus der Natur der Sache ergeben. Handelt der Dritte dagegen bei der Kreditgewährung oder Bürgschaftsübernahme auf eigene Rechnung, gilt dies nicht. Werden dem anderen Ehegatten die von diesem getragenen Aufwendungen ersetzt, dann können diese Aufwendungen nicht einkunftsmin-

---

71 BFH, BStBl 1999 II S. 782.

dernd berücksichtigt werden, wenn kein Anspruch auf Ersatz dieser Aufwendungen besteht.[72]

Beispiele:

a) A ist seit deren Gründung im Jahr 01 Alleingesellschafter der X-GmbH und zugleich deren Geschäftsführer. Das eingezahlte Stammkapital beträgt 50.000 €. Die X-GmbH erleidet in den Jahren 01 bis 07 erhebliche Verluste, die Ende 07 zur Betriebseinstellung führen. Zum 01.01.08 wird die X-GmbH aufgelöst, die Liquidation ist im Jahr 09 abgeschlossen. In den Bilanzen der X-GmbH für die Jahre 05 bis 07 und 09 taucht unter der Position „sonstige Verbindlichkeiten" ein Betrag i. H. von 70.000 € auf. Es handelt sich um ein Darlehen der Ehefrau E des A.

Der Verlust der Darlehensforderung ist bei der Ermittlung des Auflösungsverlustes nach § 17 Abs. 4 EStG steuerlich nicht zu berücksichtigen. A kann grundsätzlich nur solche Aufwendungen bei der Einkünfteermittlung abziehen, die er persönlich getragen hat.

Die Aufwendungen eines Dritten sind allerdings dem Steuerpflichtigen als eigene zuzurechnen, wenn es sich um eine Abkürzung des Zahlungsweges handelt. Eine Abkürzung des Zahlungsweges liegt nicht vor. E hat mit der Hingabe des Darlehens nicht eine Verpflichtung des A, sondern eine eigene Schuld aus einem mit der X-GmbH eingegangenen Darlehensverhältnis erfüllt.

Den Verlust der Darlehensforderung der E kann A auch nicht unter dem Gesichtspunkt einer Abkürzung des Vertragsweges als eigenen Aufwand geltend machen. Abgesehen davon, dass es sich nicht um ein Bargeschäft des täglichen Lebens handelt, sind auch keine Anhaltspunkte dafür ersichtlich, dass E ihrem Ehemann A mit der Gewährung des Darlehens an die X-GmbH etwas zuwenden wollte. Eine Zuwendung wäre nur dann zu bejahen, wenn E im Interesse des A von vornherein auf eine Rückzahlung des Darlehens verzichtet hätte.

b) A ist seit deren Gründung im Jahr 01 geschäftsführender Alleingesellschafter der X-GmbH. Das eingezahlte Stammkapital beträgt 25.000 €. Aufgrund fortlaufender Verluste befindet sich die X-GmbH seit dem Juli 04 in der Krise. Im Mai 05 stellt A einen Antrag auf Eröffnung des Insolvenzverfahrens. Der Antrag wird im Juni mangels einer die Verfahrenskosten deckenden Masse abgelehnt. A und seine Ehefrau E haben sich im September 04 durch Erklärungen gegenüber der Z-Bank für alle bestehenden Forderungen der Z-Bank gegenüber der X-GmbH verbürgt. Im Dezember 05 werden A und E von der Z-Bank aus ihren Bürgschaften in Anspruch genommen. A tritt aufgrund seiner Bürgschaftsverpflichtung Ansprüche aus Lebensversicherungen i. H. von 100.000 € an die Z-Bank ab. Die Bürgschaftsverpflichtung der E wird durch die Verwertung ihres Girokontos und ihres Festgeldkontos bei der Z-Bank erfüllt i. H. von zusammen 150.000 €. A und E haben keine von § 426 BGB abweichende Vereinbarung getroffen.

Die X-GmbH befand sich im Zeitpunkt der Eingehung der Bürgschaftsverbindlichkeiten in der Krise. Die Bürgschaftsaufwendungen des A sind durch das Gesellschaftsverhältnis veranlasst. Dies gilt auch partiell für die Bürgschaftsaufwendungen der E, da Aufwendungen eines Dritten, die er nicht im eigenen Namen, aber im wirtschaftlichen Interesse des Steuerpflichtigen eingegangene Verbindlichkeit dann bei der Einkünfteermittlung des Steuerpflichtigen abziehbar sind, wenn der Dritte die Verbindlichkeit im Innenverhältnis für Rechnung des Steuerpflichtigen eingegangen ist. Die Finanzierungshilfe des Dritten muss wirtschaftlich derjenigen durch den Gesellschafter selbst entsprechen. Diese Voraussetzung ist unter anderem dann erfüllt, wenn die

---

[72] BFH vom 27.06.2007 X B 73/06 (BFH/NV 2007 S. 1653).

Finanzierungshilfe des Dritten wirtschaftlich für Rechnung des Gesellschafters gewährt wird, z. B. weil dieser dem Dritten im Innenverhältnis zum Ausgleich verpflichtet ist.

Die Bürgschaft der E ist vorliegend insoweit relevant, als ihr ein Ausgleichsanspruch gegen A zusteht. In diesem Umfang hat sie für Rechnung ihres Ehemannes geleistet. Die Z-Bank hat zur Befriedigung ihrer Ansprüche aus der Bürgschaft Bankguthaben der E i. H. von 150.000 € verwertet. A hat aufgrund seiner Bürgschaft 100.000 € an die Z-Bank geleistet. Die Leistungen der E aus ihrer Bürgschaft übersteigen somit die des A um 50.000 €. Nach § 774 Abs. 2, § 426 Abs. 1 BGB waren beide Eheleute im Innenverhältnis zu gleichen Anteilen aus der gemeinschaftlich übernommenen Bürgschaft verpflichtet. Der E steht deshalb, soweit ihre Leistungen aus der Bürgschaft die des A übersteigen, ein hälftiger Ausgleichsanspruch gegen A nach § 426 Abs. 1 Satz 1 und § 426 Abs. 2 BGB zu. Sie hat in diesem Umfang (25.000 €) für Rechnung des A geleistet. Der Auflösungsverlust wird wie folgt berechnet:

Veräußerungspreis	0 €
./. Anschaffungskosten (60 % von 25.000 €)	15.000 €
./. nachträgliche Anschaffungskosten (60 % von 125.000 €)	75.000 €
Auflösungsverlust	90.000 €

21.6 Zuzug (§ 17 Abs. 2 Satz 3 und 4 EStG)

§ 17 Abs. 2 Satz 3 EStG regelt die Ermittlung des Veräußerungsgewinns nach § 17 Abs. 2 Satz 1 EStG in Zuzugsfällen. Voraussetzung für die Anwendung der Vorschrift ist zunächst der Zuzug eines Gesellschafters, nicht etwa der Zuzug der Gesellschaft, wobei der Zuzug des Gesellschafters vom Ausland in das Inland durch Begründung der unbeschränkten Steuerpflicht nach § 1 Abs. 1 EStG erfolgt sein muss. Nicht erfasst von § 17 Abs. 2 Satz 3 EStG wird der Umzug vom Ausland ins Ausland. Die Anteile an der Kapitalgesellschaft müssen des Weiteren dem Steuerpflichtigen bereits zum Zeitpunkt der Begründung der unbeschränkten Steuerpflicht zuzurechnen gewesen sein. Dies bestimmt sich nach § 39 AO. Auch muss der bis zum Zeitpunkt des Zuzugs entstandene Vermögenszuwachs aufgrund von gesetzlichen Bestimmungen des Wegzugsstaats im Wegzugsstaat einer Wegzugsbesteuerung unterlegen haben, die mit § 6 AStG vergleichbar ist. Liegen die genannten Voraussetzungen vor, ist bei der Ermittlung des Veräußerungsgewinns nach § 17 Abs. 2 Satz 1 EStG an die Stelle der historischen Anschaffungskosten für die Anteile grundsätzlich der Wert anzusetzen, den der Wegzugsstaat bei seiner Wegzugsbesteuerung zugrunde gelegt hat. Höchstens anzusetzen ist allerdings der gemeine Wert der Anteile im Zeitpunkt des Zuzugs. Keine Anwendung findet § 17 Abs. 2 Satz 3 EStG in den Fällen des § 6 Abs. 3 AStG (§ 17 Abs. 2 Satz 4 EStG).

21.7 Veräußerungsverluste (§ 17 Abs. 2 Satz 6 EStG)

Ein Verlust aus der Veräußerung von Beteiligungen i. S. des § 17 Abs. 1 EStG ist nach § 17 Abs. 2 Satz 6 EStG nur noch in bestimmten Fällen berücksichtigungsfähig. Dabei unterscheidet § 17 Abs. 2 Satz 6 EStG zwischen den Fällen des entgeltlichen und des unentgeltlichen Erwerbs. Bei teilentgeltlichem Erwerb hat eine Aufteilung zu erfolgen in einen entgeltlichen und einen unentgeltlichen Teil des Erwerbs. Der jeweilige Veräußerungsverlust ist gemäß den insoweit maßgebenden Grundsätzen zu beurteilen.

Soweit Verluste von § 17 Abs. 2 Satz 6 EStG erfasst werden, sind diese endgültig nicht mehr nutzbar. Verfassungsrechtliche Bedenken gegen § 17 Abs. 2 Satz 6 EStG bestehen nicht.[73]

Unentgeltlicher Anteilserwerb

Die Verlustberücksichtigung ist grundsätzlich ausgeschlossen, wenn die Anteile innerhalb der letzten fünf Jahre unentgeltlich erworben worden sind (§ 17 Abs. 2 Satz 6 Buchst. a EStG). Der Verlustabzug ist demgegenüber in diesen Fällen zulässig, wenn der Rechtsvorgänger anstelle des Steuerpflichtigen den Verlustabzug hätte geltend machen können.

Sind die Anteile vor mehr als fünf Jahren unentgeltlich erworben worden, erfolgt die Berücksichtigung des Verlustes, wenn die Veräußerung von § 17 Abs. 1 EStG erfasst wird.

Entgeltlicher Anteilserwerb

Die Verlustberücksichtigung ist ausgeschlossen, soweit der Verlust auf Anteile entfällt, die entgeltlich erworben wurden und nicht innerhalb der gesamten letzten fünf Jahre zu einer Beteiligung i. S. des § 17 Abs. 1 EStG gehört haben (§ 17 Abs. 2 Satz 6 Buchst. b EStG).

Sind die Anteile innerhalb der letzten fünf Jahre entgeltlich erworben worden, ist ein Verlust zu berücksichtigen, soweit ihr Erwerb

- zur Begründung einer Beteiligung i. S. des § 17 Abs. 1 EStG geführt oder
- nach Begründung einer Beteiligung i. S. des § 17 Abs. 1 EStG stattgefunden hat.

In begründeten Einzelfällen kann ein Verlustabzug allerdings aus Billigkeitsgründen möglich sein.[74]

Der Erwerb von Anteilen führt zur **Begründung einer Beteiligung** i. S. des § 17 Abs. 1 EStG, wenn die zeitgleich erworbenen Anteile entweder selbst mindestens 1 % am Nennkapital ausmachen oder der Anteilserwerb bedingt, dass unter Berücksichtigung bereits zuvor unmittelbar und mittelbar gehaltener Anteile eine Beteiligung von mindestens 1 % erreicht wird.

---

73 BFH vom 14.06.2005 VIII R 20/04 (BFH/NV 2005 S. 2202).
74 BFH vom 21.08.2012 IX R 39/10 (BFH/NV 2013 S. 11).

Beispiele:

a) A hat im Jahr 08 eine Beteiligung von 30 % an der in 01 gegründeten X-GmbH zu Anschaffungskosten von 500.000 € erworben. Er veräußert die Beteiligung Anfang 11 zum Preis von 375.000 €.
Der Veräußerungsverlust ist zu berücksichtigen.

b) A hat Ende 06 einen Gesellschaftsanteil von 0,8 % an der S-GmbH erworben. Im Jahr 07 erwirbt er einen weiteren Anteil von 1,2 % an der S-GmbH hinzu. Anfang 10 veräußert D beide Anteile mit Verlust.
Berücksichtigungsfähig ist nur der auf den Anteil von 1,2 % entfallende Verlust.

Nach Begründung einer Beteiligung i. S. des § 17 Abs. 1 EStG erworbene Anteile sind gegeben, wenn eine i. S. des § 17 Abs. 1 EStG vorliegende originäre Beteiligung aufgestockt wird.

Beispiel:
A hat im Rahmen der Gründung der X-GmbH im Jahr 00 einen Gesellschaftsanteil von 50 % erworben. Im Jahr 08 erwirbt er einen weiteren Anteil von 30 % hinzu. Anfang 11 veräußert er beide Anteile jeweils mit Verlust.
Der insgesamt entstehende Verlust aus der Veräußerung beider Anteile ist ausgleichsfähig.

21.8 Freibetrag (§ 17 Abs. 3 EStG)

Nach § 17 Abs. 3 EStG ist ein Veräußerungsgewinn nur insoweit zu besteuern, als er den Teil von 9.060 Euro übersteigt, der dem veräußerten Anteil am Nennkapital der Kapitalgesellschaft entspricht. Dieser Freibetrag ermäßigt sich um den Betrag, um den der Veräußerungsgewinn den Teil von 36.100 Euro übersteigt, der dem veräußerten Anteil am Nennkapital der Kapitalgesellschaft entspricht.

Der Freibetrag ist auf den nach den Grundsätzen des Teileinkünfteverfahrens ermittelten Gewinn anzuwenden.

Beispiele:

a) A war seit Gründung der inländischen A-GmbH in 09 – Stammkapital 200.000 € – deren Alleingesellschafter. Den Geschäftsanteil hält er im Privatvermögen. Die Anschaffungskosten des A betrugen 210.000 €. In 12 veräußert A seinen gesamten Geschäftsanteil für 280.000 €.
Der Veräußerungsgewinn wird nach den Grundsätzen des Teileinkünfteverfahrens wie folgt ermittelt:

Veräußerungserlös	280.000 €	
§ 3 Nr. 40 Buchst. c EStG	112.000 €	
Steuerpflichtiger Teil	168.000 €	168.000 €
Anschaffungskosten	210.000 €	
§ 3c Abs. 2 EStG	126.000 €	– 126.000 €
Veräußerungsgewinn		42.000 €

21 Veräußerung von Anteilen an Kapitalgesellschaften im Privatvermögen

Freibetrag		9.060 €	
Veräußerungsgewinn	42.000 €		
Grenzbetrag	− 36.100 €		
Übersteigender Betrag	5.900 €	− 5.900 €	
Reduzierter Freibetrag		3.160 €	− 3.160 €
Zu versteuernder Betrag			38.840 €

b) Abwandlung: Veräußerung von 60 % der Beteiligung für 170.000 €.

Der Veräußerungsgewinn wird nach den Grundsätzen des Teileinkünfteverfahrens wie folgt ermittelt:

Veräußerungserlös		170.000 €	
§ 3 Nr. 40 Buchst. c EStG		68.000 €	
Steuerpflichtiger Teil		102.000 €	102.000 €
Anschaffungskosten (60 % von 210.000 €)		126.000 €	
§ 3c Abs. 2 EStG		75.600 €	− 75.600 €
Veräußerungsgewinn			26.400 €
Freibetrag (60 % von 9.060 €)		5.436 €	
Veräußerungsgewinn	26.400 €		
Grenzbetrag (60 % von 36.100 €)	− 21.660 €		
Übersteigender Betrag	4.740 €	− 4.740 €	
Reduzierter Freibetrag		696 €	− 696 €
Zu versteuernder Betrag			25.704 €

Der Freibetrag ist bei der Veräußerung von Anteilen an verschiedenen Kapitalgesellschaften, an denen der Steuerpflichtige i. S. des § 17 Abs. 1 EStG beteiligt ist, für jede dieser Veräußerungen zu gewähren. Werden im selben Veranlagungszeitraum mehrmals Anteile derselben Kapitalgesellschaft veräußert, erfolgt eine entsprechende Zusammenrechnung.

Wird eine Beteiligung i. S. von § 17 Abs. 1 EStG gegen eine **Leibrente** oder gegen einen in Raten zu zahlenden Kaufpreis veräußert, gilt das Wahlrecht nach R 16 Abs. 11 EStR entsprechend (R 17 Abs. 7 Satz 2 EStR). Erfolgt die Veräußerung **gegen festen Kaufpreis und Leibrente,** ist für die Ermittlung des Freibetrags nicht allein auf den durch den festen Barpreis realisierten Veräußerungsgewinn abzustellen, sondern auch der Kapitalwert der Rente als Teil des Veräußerungspreises zu berücksichtigen. Der Freibetrag kann jedoch höchstens in Höhe des durch den festen Kaufpreis realisierten Teils des Veräußerungsgewinns gewährt werden.

21.9 Liquidation und Kapitalherabsetzung (§ 17 Abs. 4 EStG)

Die für die Veräußerung von Beteiligungen in § 17 Abs. 1 bis 3 EStG getroffenen Regelungen gelten nach § 17 Abs. 4 Satz 1 EStG entsprechend, wenn
- eine Kapitalgesellschaft aufgelöst (liquidiert) wird[75] oder
- ihr Kapital herabgesetzt und an die Anteilseigner zurückgezahlt wird oder
- Beträge aus dem steuerlichen Einlagekonto i. S. des § 27 KStG ausgeschüttet oder zurückgezahlt werden.

Diese Regelung gilt jedoch nach § 17 Abs. 4 Satz 3 EStG nicht, soweit die vorstehend bezeichneten Bezüge nach § 20 Abs. 1 Nr. 1 oder 2 EStG zu den Einnahmen aus Kapitalvermögen gehören.

In den Fällen des § 17 Abs. 4 Satz 1 EStG ist nach § 17 Abs. 4 Satz 2 EStG als Veräußerungspreis der gemeine Wert des dem Anteilseigner zugeteilten oder zurückgezahlten Vermögens der Kapitalgesellschaft anzusehen. Im Übrigen gelten die Grundsätze zur Ermittlung eines Veräußerungsgewinns oder -verlustes auch für die Ermittlung eines Auflösungsgewinns oder -verlustes nach § 17 Abs. 4 EStG. Dabei ist der Auflösungsgewinn in dem Jahr zu erfassen, in dem das auf die Beteiligung i. S. des § 17 Abs. 1 EStG entfallende Vermögen der Gesellschaft verteilt wurde. Auch nachträgliche Anschaffungskosten sind bei diesem Gewinn zu berücksichtigen.[76]

Im Fall der Liquidation einer Kapitalgesellschaft entsteht ein Auflösungsgewinn grundsätzlich im Zeitpunkt des Abschlusses der Liquidation. Ein Auflösungsverlust im Rahmen eines Insolvenzverfahrens ist zu erfassen, wenn feststeht, dass mit Zuteilungen und Rückzahlungen i. S. des § 17 Abs. 4 Satz 2 EStG an die Gesellschafter nicht mehr zu rechnen ist. Des Weiteren hängt das Entstehen des Auflösungsverlustes auch davon ab, dass feststeht, ob und in welcher Höhe noch nachträgliche Anschaffungskosten oder sonstige nach § 17 Abs. 2 EStG zu berücksichtigende wesentliche Aufwendungen anfallen.[77] Findet eine Liquidation mangels Masse nicht statt, ist auf den Zeitpunkt der zivilrechtlichen Auflösung der Gesellschaft – also den Zeitpunkt der Rechtskraft des Beschlusses über die Abweisung des Eröffnungsantrags – der Auflösungsverlust zu ermitteln.[78] Die Einleitung eines Insolvenzverfahrens führt allerdings dann nicht zur Entstehung eines Auflösungsverlustes, wenn es aufgrund der Umstände des Einzelfalls nicht völlig ausgeschlossen erscheint, dass es zu einer wenn auch nur partiellen Rückzahlung des Kapitals an die Gesellschafter kommt.[79]

---

[75] BFH, BStBl 1994 II S. 162.
[76] BFH, BStBl 1985 II S. 428.
[77] BFH, BStBl 2001 II S. 286.
[78] BFH, BStBl 2001 II S. 385.
[79] BFH, BStBl 2000 II S. 343.

21.10 Identitätswahrende Sitzverlegung (§ 17 Abs. 5 EStG)

§ 17 Abs. 5 EStG betrifft die identitätswahrende Sitzverlegung. Nicht identitätswahrende Sitzverlegungen, die zur Auflösung der Kapitalgesellschaft führen, führen zur Anwendung von § 17 Abs. 4 EStG.

§ 17 Abs. 5 Satz 1 EStG verlangt, dass durch die Verlegung des Sitzes oder des Ortes der Geschäftsleitung einer Kapitalgesellschaft in einen anderen Staat das Besteuerungsrecht der Bundesrepublik Deutschland hinsichtlich des Gewinns aus der Veräußerung der Anteile an dieser Kapitalgesellschaft ausgeschlossen oder beschränkt wird. Dies kann auch bei Sitzverlegungen von Kapitalgesellschaften mit Sitz oder Geschäftsleitung im Ausland der Fall sein, sofern dadurch ein bisher bestehendes Besteuerungsrecht der Bundesrepublik Deutschland ausgeschlossen oder beschränkt wird. Liegen die Voraussetzungen nach § 17 Abs. 5 Satz 1 EStG vor, gelten die Anteile an der Kapitalgesellschaft als zum gemeinen Wert veräußert. Es handelt sich insoweit um eine Veräußerungsfiktion. Nach § 17 Abs. 5 Satz 2 EStG gilt dies nicht, sofern eine im Inland errichtete Societas Europaea (SE) oder auch jede andere Kapitalgesellschaft ihren Sitz oder Ort der Geschäftsleitung in einen anderen Mitgliedstaat der EU verlegt. In diesen Fällen ist der Gewinn aus einer späteren Veräußerung der Anteile ungeachtet der Bestimmungen in einem etwaigen DBA in der gleichen Art und Weise zu besteuern, wie die Veräußerung dieser Anteile zu besteuern gewesen wäre, wenn keine Sitzverlegung stattgefunden hätte (§ 17 Abs. 5 Satz 3 EStG). Nach § 17 Abs. 5 Satz 4 EStG gilt § 15 Abs. 1a Satz 2 EStG entsprechend.

21.11 Anteile unterhalb der Beteiligungsgrenze von 1 % (§ 17 Abs. 6 EStG)

Nach § 17 Abs. 6 EStG gelten als Anteile i. S. von § 17 Abs. 1 Satz 1 EStG auch Anteile an Kapitalgesellschaften, an denen der Veräußerer innerhalb der letzten fünf Jahre am Kapital der Gesellschaft nicht unmittelbar oder mittelbar zu mindestens 1 % beteiligt war, wenn die

- Anteile aufgrund eines Einbringungsvorgangs im Sinne des UmwStG erworben wurden, bei dem nicht der gemeine Wert zum Ansatz kam, und
- zum Einbringungszeitpunkt für die eingebrachten Anteile die Voraussetzungen des § 17 Abs. 1 Satz 1 EStG erfüllt waren oder die Anteile auf einer Sacheinlage i. S. von § 20 Abs. 1 UmwStG a. F. beruhten.

Die Steuerverstrickung gilt ohne zeitliche Beschränkung.

21.12 Anteile an Genossenschaften (§ 17 Abs. 7 EStG)

§ 17 Abs. 7 EStG regelt, dass auch Anteile an Genossenschaften einschließlich der Europäischen Genossenschaft als Anteile i. S. von § 17 EStG gelten.

22 Einkünfte aus selbständiger Arbeit (§ 18 EstG)

22.1 Allgemeines

Zu den Einkünften aus selbständiger Arbeit gehören die Einkünfte aus den in § 18 Abs. 1 EStG abschließend (enumerativ) aufgezählten Tätigkeiten, bei denen im Allgemeinen das geistige Vermögen und die persönliche Arbeitskraft eines Menschen im Vordergrund stehen. Unerheblich ist nach § 18 Abs. 2 EStG, ob eine Tätigkeit nur vorübergehend ausgeübt wird. Selbst eine einmalige Betätigung genügt, sofern anzunehmen ist, dass die Tätigkeit bei sich bietender Gelegenheit wiederholt werden soll.[1] Dadurch unterscheidet sie sich von den Einkünften gem. § 22 Nr. 3 EStG (siehe 26.5). Voraussetzung für eine Tätigkeit i. S. des § 18 Abs. 1 EStG ist allerdings, dass diese selbständig ausgeübt wird.[2] Zudem darf die Tätigkeit keine gewerbliche Betätigung (vgl. § 15 Abs. 2 Satz 1 EStG) oder als (steuerlich unbeachtliche) Liebhaberei (siehe 3.3.1.4)[3] einzuordnen sein.

Letzteres kann der Fall sein, wenn Verluste aus persönlichen Neigungen hingenommen werden, z. B. nach der altersbedingten Beendigung der Berufstätigkeit[4] oder weil der Lebensunterhalt aus erheblichen anderen Einkünften bezogen wird.[5] Behält ein Architekt oder Steuerberater Arbeitszimmer, Telefon, PKW und Fachzeitschriftenabonnements bei, um aus persönlichem Interesse auf dem Laufenden zu bleiben, fehlt ihm die Gewinnerzielungsabsicht, wenn er keinen Einnahmen mehr erzielen will.

Im Umsatzsteuerrecht gelten für die Prüfung der Unternehmereigenschaft (§ 2 Abs. 2 UStG; Abschn. 2.1 UStAE) dieselben Kriterien für die Abgrenzung zwischen einer selbständigen und einer nichtselbständigen Tätigkeit. Ein Arbeitnehmer kann gegenüber seinem Arbeitgeber neben dem Dienstverhältnis auch selbständig tätig werden, z. B. durch die Vermietung seines PKW an den Arbeitgeber.[6]

Das Einkommensteuergesetz unterscheidet vier Gruppen von Einkünften aus selbständiger Arbeit:

- Einkünfte aus freiberuflicher Tätigkeit (§ 18 Abs. 1 Nr. 1 EStG),
- Einkünfte der Einnehmer einer staatlichen Lotterie, wenn sie nicht Einkünfte aus Gewerbebetrieb sind (§ 18 Abs. 1 Nr. 2 EStG),

---

1 BFH vom 10.09.2003 XI R 26/02 (BStBl 2004 II S. 218).
2 Zur Abgrenzung von der nichtselbständigen Arbeit siehe 23.1; R 18.1 EStR; H 19.0 LStH; BFH vom 05.10.2005 VI R 152/01 (BStBl 2006 II S. 94) und vom 22.02.2012 X R 14/10 (BStBl 2012 II S. 511).
3 BFH vom 06.03.2003 XI R 46/01 (BStBl 2003 II S. 602) und vom 14.12.2004 XI R 6/02 (BStBl 2005 II S. 392).
4 BFH vom 26.02.2004 IV R 43/02 (BStBl 2004 II S. 455).
5 BFH vom 14.12.2004 XI R 6/02 (BStBl 2005 II S. 392).
6 BFH vom 11.10.2007 V R 7/05 (BStBl 2008 II S. 443) und vom 10.06.2008 VIII R 76/05 (BStBl 2008 II S. 937).

- Einkünfte aus sonstiger selbständiger Arbeit (§ 18 Abs. 1 Nr. 3 EStG) und
- Einkünfte aus einer Beteiligung an einer Wagniskapital-Gesellschaft (§ 18 Abs. 1 Nr. 4 EStG).

22.2 Freiberufliche Tätigkeit

Der freiberuflichen Tätigkeit kommt in der Praxis die größte Bedeutung zu. Relevant und streitanfällig ist dabei insbesondere die Abgrenzung zu den Einkünften aus Gewerbebetrieb gem. § 15 Abs. 1 Satz 1 Nr. 1 (dazu 22.2.2).

22.2.1 Die verschiedenen Gruppen der freiberuflichen Tätigkeit

Ob eine Tätigkeit als freiberuflich zu qualifizieren ist, ergibt sich aus § 18 Abs. 1 Nr. 2 EStG. Dies ist der Fall, wenn die Tätigkeit (1.) mindestens eines der fünf gesetzlich normierten abstrakten Tätigkeitsmerkmale erfüllt (vgl. 22.2.1.1) oder (2.) einen gesetzlich normierten Katalogberuf darstellt (vgl. 22.2.1.2) oder (3.) ein den gesetzlich normierten Katalogberufen ähnlicher Beruf ist (vgl. 22.2.1.3).

Zu der **ersten Gruppe** der freiberuflichen Tätigkeit gehören die Tätigkeiten, die mindestens eines der fünf abstrakten Merkmale erfüllen, nämlich die selbständig ausgeübte wissenschaftliche, künstlerische, schriftstellerische, unterrichtende oder erzieherische Tätigkeit.

22.2.1.1 Die fünf abstrakten Tätigkeitsmerkmale

Eine **wissenschaftliche Tätigkeit** übt aus, wer eine forschende oder eine sonstige nach wissenschaftlichen Methoden zu erledigende Arbeit leistet. Die Verwertung kann in den Formen des Gutachtens, der Vortragstätigkeit, der schriftlichen Tätigkeit oder der Prüfungstätigkeit, z. B. als Prüfer bei Staatsexamen, erfolgen. Grundsätzlich muss die Befähigung zu wissenschaftlicher Tätigkeit durch ein wissenschaftliches Studium erworben werden.[7] Zum Beispiel ist ein Diplom-Dokumentar (FH) i. d. R. nicht wissenschaftlich tätig, weil sein Arbeitsschwerpunkt in der Technik der Information und Dokumentation liegt. Wissenschaftlichkeit kann hier nur durch den Erwerb wissenschaftlicher Kenntnisse aufgrund langjähriger Praxis erreicht werden.[8]

Als wissenschaftliche Tätigkeit ist auch eine **Erfindertätigkeit** anzusehen, die weder im Rahmen eines Gewerbebetriebes oder eines land- und forstwirtschaftlichen Betriebs noch im Rahmen eines Arbeitsverhältnisses ausgeübt wird. Eine solche Tätigkeit wird im Allgemeinen als wissenschaftliche Tätigkeit anzusehen sein.[9]

---

7 BFH vom 08.10.2008 VIII R 74/05 (BStBl 2009 II S. 238).
8 BFH vom 08.10.2008 VIII R 74/05 (BStBl 2009 II S. 238).
9 BFH vom 01.06.1978 IV R 152/73 (BStBl 1978 III S. 545) und vom 02.03.2011 II R 5/09 (BFH/NV 2011 S. 1147); R 18.1 Abs. 1 EStR.

22.2 Freiberufliche Tätigkeit

Eine planmäßige Erfindertätigkeit ist i. d. R. eine freie Berufstätigkeit i. S. des § 18 Abs. 1 Nr. 1 EStG. Der Erlös einer Zufallserfindung (Gelegenheitserfindung), die nicht im Rahmen eines Gewerbebetriebs oder eines land- und forstwirtschaftlichen Betriebs steht, ist nicht nach § 22 Nr. 2 oder Nr. 3 EStG steuerbar.[10]

Die Rechtsprechung des BFH versteht unter einer **künstlerischen Tätigkeit** eine eigenschöpferische Tätigkeit, die zu Leistungen führt, in denen sich eine individuelle Anschauungsweise und eine besondere Gestaltungskraft widerspiegeln und die eine gewisse künstlerische Gestaltungshöhe erreichen.[11] Das BVerfG sieht das Wesentliche der künstlerischen Betätigung in der freien schöpferischen Gestaltung, in der Eindrücke, Erfahrungen, Erlebnisse des Künstlers durch das Medium einer bestimmten Formensprache zu unmittelbarer Anschauung gebracht werden.[12] Diese Umschreibungen enthalten keinen allgemein verbindlichen Kunstbegriff. Was Kunst ist, welchen Wert und welche Bedeutung ein Kunstwerk hat, kann nur mit Hilfe der in den jeweiligen Gesellschaften und Epochen geltenden Maßstäbe bestimmt werden.[13] Unerheblich ist, aus welcher Zielsetzung heraus der Künstler schafft und wozu das von ihm Geschaffene später verwendet wird. Eine künstlerische Tätigkeit kann daher auch auf dem Gebiet der angewandten Kunst liegen. Auch alle Arten von Musik können daher im Einzelfall als künstlerische Betätigung zu qualifizieren sein, Jazz-, Pop- und Rockmusik ebenso wie Tanz- und Unterhaltungsmusik.[14] Verluste eines angestellten Pianisten aufgrund von Konzertreisen können unter bestimmten Voraussetzungen Werbungskosten im Rahmen einer nichtselbständigen Tätigkeit sein, sodass sie nicht die Voraussetzungen einer steuerlich unbeachtlichen Liebhaberei erfüllen (siehe 15.3.1).[15]

Als künstlerisch kann auch die Tätigkeit eines Redners anzusehen sein.[16] Wenn der Redner jedoch mit Schablonen arbeitet und die gleiche Rede, wenn auch mit Variationen, in zahlreichen Fällen immer wieder vorträgt, fehlt es ebenso an einer eigenschöpferischen Tätigkeit wie in den Fällen, in denen der Redner mit wenigen Grundmustern auskommt und nur für besonders gelagerte Ausnahmefälle einen individuellen Redetext entwirft.[17] Der Auftritt eines Künstlers als Interviewpartner in **Talkshows** ist keine künstlerische Tätigkeit.[18]

Bei der Beurteilung ist nicht jedes einzelne von dem Künstler geschaffene Werk für sich, sondern die gesamte von ihm im Veranlagungszeitraum ausgeübte Tätigkeit zu

---

10 BFH vom 10.09.2003 IX R 26/02 (BStBl 2004 II S. 218).
11 BFH vom 18.04.2007 XI R 21/06 (BStBl 2007 II S. 702).
12 BVerfG vom 24.02.1971 1 BvR 435/68 (BVerfGE 30, 173).
13 BFH vom 19.08.1982 IV R 64/79 (BStBl 1983 II S. 7).
14 BFH vom 22.03.1990 IV R 145/88 (BStBl 1990 II S. 643).
15 BFH vom 22.07.1993 VI R 122/92 (BStBl 1994 II S. 510).
16 BFH vom 29.07.1981 I R 183/79 (BStBl 1982 II S. 22).
17 BFH vom 26.02.1987 IV R 105/85 (BStBl 1987 II S. 376).
18 BFH vom 21.04.1999 I B 99/98 (BStBl 2000 II S. 254).

würdigen.[19] Während für das Vorliegen einer künstlerischen Tätigkeit im Bereich der freien Künste der allgemeinen Verkehrsauffassung besonderes Gewicht beizulegen ist, muss bei einer Tätigkeit im Bereich des Kunsthandwerks oder Kunstgewerbes aufgrund besonderer Sachkunde von Fall zu Fall festgestellt werden, ob die Tätigkeit als künstlerisch angesehen werden kann. Das gilt insbesondere für Gebrauchsgrafiker, Industrie-Formgestalter, Fotografen usw.[20] In Streitfällen kommen als Gutachter Lehrstuhlinhaber der entsprechenden Fachrichtungen an Hochschulen und Fachhochschulen in Betracht.

Eine **schriftstellerische Tätigkeit** liegt vor, wenn eigene Gedanken mit Mitteln der Sprache schriftlich ausgedrückt werden.[21] Hinsichtlich des Ausdrucks eigener Gedanken sind allerdings keine strengen Anforderungen zu stellen. Auf das Niveau des Geschriebenen kommt es ebenso wenig an wie auf die Vorbildung des Schriftstellers. Daher übt auch der Lokalberichterstatter oder Gelegenheitsdichter sowie der Verfasser wissenschaftlicher Werke eine schriftstellerische Tätigkeit aus. Eine Übersetzertätigkeit stellt allerdings keine schriftstellerische Tätigkeit dar, wenn sich die eigenen Gedanken darauf beschränken, den Eigenarten der fremden Sprache gerecht zu werden.[22]

Jede **unterrichtende oder erzieherische Tätigkeit,** die selbständig ausgeübt wird, ist eine freiberufliche Tätigkeit. Auf die Vorbildung kommt es insoweit bei beiden Tätigkeiten, die nicht ganz scharf voneinander zu trennen sind, nicht an. Als **unterrichtende Tätigkeit** ist jede Tätigkeit anzusehen, die auf die Vermittlung bestimmter Kenntnisse oder bestimmter Fähigkeiten gerichtet ist. Der Unterrichtsgegenstand ist insoweit ohne Bedeutung. Auch Schwimm-, Tennis-, Tanz-, Turn-, Reit-, Fahr- oder Sprachlehrer üben eine unterrichtende Tätigkeit aus,[23] ebenso der Student, der Nachhilfestunden gibt. Erziehung bedeutet nach der Rechtsprechung des BFH die planmäßige Tätigkeit zur körperlichen, geistigen und sittlichen Formung junger Menschen zu tüchtigen und mündigen Menschen; dabei wird unter Mündigkeit die Fähigkeit verstanden, selbständig und verantwortlich die Aufgaben des Lebens zu bewältigen.[24] Auch das Betreiben eines Kinderheims kann in diesem Sinne eine erzieherische Tätigkeit sein. Voraussetzung ist jedoch, dass die auswärtige Unterbringung in erster Linie zum Zweck einer planmäßigen körperlichen, geistigen und sittlichen Formung junger Menschen erfolgt und die erzieherische Tätigkeit der Gesamtleistung des Heims das Gepräge gibt.[25]

---

19 BFH vom 11.07.1960 V 96/59 S (BStBl 1960 III S. 453).
20 BFH vom 11.07.1991 IV R 15/90 (BStBl 1991 II S. 889).
21 BFH vom 25.04.2002 IV R 4/01 (BStBl 2002 II S. 475).
22 BFH vom 30.10.1975 IV R 142/72 (BStBl 1976 II S. 192); vgl. zum Internet-Börsenbrief: BB 2001 S. 909.
23 BFH vom 13.02.2003 IV R 49/01 (BStBl 2003 II S. 721).
24 BFH vom 11.06.1997 XI R 2/95 (BStBl 1997 II S. 687).
25 BFH vom 02.10.2003 IV R 4/02 (BStBl 2004 II S. 129).

22.2 Freiberufliche Tätigkeit

22.2.1.2 Katalogberufe

Die **zweite Gruppe** der freiberuflichen Tätigkeiten ist durch Aufzählung einzelner, konkreter Berufe gesetzlich bestimmt. Wer einen der angeführten **Katalogberufe** (Ärzte, Zahnärzte usw.) selbständig ausübt, erzielt Einkünfte aus selbständiger Arbeit, sofern er die für den Beruf erforderliche Qualifikation erworben hat und aufgrund der geltenden berufsrechtlichen Bestimmungen als Arzt, Rechtsanwalt, Steuerberater, Architekt usw. tätig ist.[26] Dass eine Tätigkeit mit einem Berufsbild vereinbar ist, reicht nicht aus, sie muss berufstypisch sein. So ist die Tätigkeit als Insolvenzverwalter bei einem Rechtsanwalt zwar zulässig, es handelt sich aber nicht um eine freiberufliche Tätigkeit i. S. des § 18 Abs. 1 Nr. 1 EStG, sondern um eine vermögensverwaltende Tätigkeit i. S. des § 18 Abs. 1 Nr. 3 EStG.[27]

Es genügt nicht, dass jemand eine bestimmte Berufsbezeichnung zu führen berechtigt ist, wenn die Ausübung des betreffenden Berufs eine gesetzlich vorgeschriebene Berufsausbildung erfordert. In diesem Fall erfordert die Ausübung des betreffenden Berufs, dass das Recht, die Berufsbezeichnung zu führen, aufgrund der gesetzlich vorgeschriebenen Berufsausbildung erworben worden ist.[28] Daher reicht es z. B. für die Zuordnung einer Berufstätigkeit zu dem Katalogberuf „Ingenieur" nicht aus, dass ein Steuerpflichtiger die Berufsbezeichnung „Ingenieur" nur aufgrund einer gesetzlichen Übergangsregelung zu führen berechtigt ist.[29]

22.2.1.3 Die einem Katalogberuf ähnlichen Berufe

Eine beschränkte Erweiterung erfährt die Aufzählung dadurch, dass zu den genannten Berufstätigkeiten auch **ähnliche Berufe** rechnen.

Ein ähnlicher Beruf liegt vor, wenn er in wesentlichen Punkten mit einem der in § 18 Abs. 1 Nr. 1 EStG genannten Katalogberufe verglichen werden kann.[30] Dazu gehört die Vergleichbarkeit sowohl der Ausbildung als auch der ausgeübten beruflichen Tätigkeit.[31] Dazu müssen zum einen die für den vergleichbaren Katalogberuf erforderlichen Kenntnisse nachgewiesen sein und zum anderen muss die so qualifizierte Arbeit den wesentlichen Teil der gesamten Berufstätigkeit ausmachen und dem gesamten Beruf das Gepräge im Sinne des Katalogberufs geben. Andernfalls handelt es sich um ein gewerbliches Unternehmen i. S. von § 2 Abs. 1 GewStG.[32]

---

26 BFH vom 18.06.1980 I R 113/78 (BStBl 1981 II S. 121) und vom 17.11.1981 VIII R 121/80 (BStBl 1982 II S. 492).
27 BFH vom 15.12.2010 VIII R 50/09 (BStBl 2011 II S. 506) und vom 26.01.2011 VIII R 3/10 (BStBl 2011 II S. 498).
28 BFH vom 09.02.2006 IV R 27/05 (BFH/NV 2006 S. 1270).
29 BFH vom 01.10.1986 I R 121/83 (BStBl 1987 II S. 116).
30 BFH vom 14.02.2013 III B 67/12 (BFH/NV 2013 S. 920).
31 BFH vom 17.01.2007 XI R 5/06 (BStBl 2007 II S. 519) und vom 14.02.2013 III B 67/12 (BFH/NV 2013 S. 920).
32 BFH vom 18.05.2000 IV R 89/99 (BStBl 2000 II S. 625); BMF vom 22.10.2004 (BStBl 2004 I S. 1030).

Setzt der Vergleichsberuf eine qualifizierte Ausbildung voraus, so muss auch die Ausbildung desjenigen, der einen ähnlichen Beruf ausübt, vergleichbar sein.[33] Die Annahme eines ähnlichen Berufs setzt allerdings nicht voraus, dass die Ausbildung in der gleichen Weise erlangt worden ist wie die des Vergleichsberufs.[34] Die Ausbildung für den ähnlichen Beruf braucht daher weder an den gleichen Lehranstalten noch überhaupt durch den Besuch einer Schule erlangt worden zu sein. Die erforderlichen Kenntnisse können z. B. auch durch Fernkurse oder durch ein Selbststudium erworben worden sein.[35] Bei einem ähnlichen Beruf, der ein Hochschulstudium voraussetzt, müssen jedoch die wissenschaftlich-theoretischen Kenntnisse dem Niveau eines Hochschulabsolventen, der den Vergleichsberuf studiert hat, entsprechen.[36] Den entsprechenden Nachweis kann der Autodidakt anhand eigener praktischer Arbeiten führen.[37] Der Nachweis kann auch mittels einer Wissensprüfung durch einen Sachverständigen erbracht werden.[38]

Ähnliche Berufe i. S. des § 18 Abs. 1 Nr. 1 Satz 2 EStG üben z. B. aus:

Altenpfleger, soweit keine hauswirtschaftliche Versorgung der Patienten erfolgt.[39] Leistungen der häuslichen Pflegehilfe führen zu Einkünften aus Gewerbebetrieb. Der BFH weist darauf hin, dass zwar zwischen der Pflege schwersthilfsbedürftiger und alter Menschen sowie der Krankenpflege von Patienten zahlreiche Berührungspunkte bestünden. Pflegeleistungen außerhalb der medizinischen Versorgung könnten aber wegen des nur die medizinische Versorgung enthaltenen Katalogs in § 18 Abs. 1 Nr. 1 Satz 2 EStG nicht als freiberuflich beurteilt werden;[40]

EDV-Berater, wenn die Ausbildung der Berufsausbildung eines Ingenieurs vergleichbar ist;[41] die Unterscheidung zwischen der Entwicklung von System- (freiberuflich) und Anwendungssoftware (gewerblich) hat der BFH mit der Begründung aufgegeben, dass sich das typische Berufsbild des **Diplom-Informatikers** auf das Gebiet der Anwendungssoftware-Entwicklung verlagert habe.[42] Diese sei aber abzugrenzen von der Trivialsoftware dadurch, dass die qualifizierte Software durch eine klassische ingenieurmäßige Vorgehensweise (Planung, Konstruktion, Überwachung) entwickelt werde;

Hebamme/Entbindungshelfer;

Ingenieur; nach der Rechtsprechung des BFH setzt die Berufstätigkeit eines Ingenieurs nicht voraus, dass die konkret ausgeübte Tätigkeit ein konstruierendes Ele-

---

33 BFH vom 16.05.2002 IV R 94/99 (BStBl 2002 II S. 565).
34 BFH vom 22.01.1988 III R 43-44/85 (BStBl 1988 II S. 497).
35 BFH vom 28.08.2003 IV R 21/02 (BStBl 2003 II S. 919).
36 BFH vom 14.06.2007 XI R 11/06 (BFH/NV 2007 S. 2091).
37 BFH vom 26.06.2002 IV R 56/00 (BStBl 2002 II S. 768).
38 BFH vom 26.06.2002 IV R 56/00 (BStBl 2002 II S. 768).
39 BMF vom 22.10.2004 (BStBl 2004 I S. 1030).
40 BFH vom 22.01.2004 IV R 51/01 (BStBl 2004 II S. 509).
41 BFH vom 25.04.2002 IV R 4/01 (BStBl 2002 II S. 475).
42 BFH vom 04.05.2004 XI R 9/03 (BStBl 2004 II S. 989).

22.2 Freiberufliche Tätigkeit

ment enthält.[43] Die – bei entsprechendem theoretischem Wissen – tatsächlich ausgeübte Tätigkeit muss, um freiberuflich zu sein, auch nicht das volle Tätigkeitsspektrum des jeweiligen Katalogberufs abdecken.[44] Es reicht aus, wenn sie sich auf ein Hauptgebiet einer vergleichbaren Ingenieurtätigkeit erstreckt. Zu diesem Bereich gehört bei einem Ingenieur im Allgemeinen auch die Bauleitertätigkeit;[45]

Kinder- und Jugendpsychotherapeut;[46]

Krankenpfleger/Krankenschwester, soweit keine hauswirtschaftliche Versorgung der Patienten erfolgt;[47]

Masseur (staatlich geprüft), **Heilmasseur,** soweit dieser nicht lediglich oder überwiegend kosmetische oder Schönheitsmassagen durchführt;[48]

Medizinischer Bademeister, soweit dieser auch zur Feststellung des Krankheitsbefunds tätig wird oder persönlich Heilbehandlungen am Körper des Patienten vornimmt;[49]

Medizinischer Fußpfleger und der **Fußreflexzonenmasseur;**[50]

Restaurator, die Tätigkeit kann künstlerisch i. S. des § 18 Abs. 1 Nr. 1 Satz 2 EStG sein, wenn sie ein Kunstwerk betrifft, dessen Beschädigung ein solches Ausmaß aufweist, dass seine Wiederherstellung eine eigenschöpferische Leistung des Restaurators erfordert;[51]

Zwangsverwalter; die Tätigkeit fällt i. d. R. unter § 18 Abs. 1 Nr. 3 EStG (siehe 22.4).

Einen ähnlichen Beruf üben dagegen **nicht** aus:

Kranken-/Altenpfleger, soweit eine häusliche Versorgung der Patienten erfolgt;

Anlageberater/Finanzanalyst;[52]

Apotheker;[53]

---

43 BFH vom 09.02.2006 IV R 27/05 (BFH/NV 2006 S. 1270) und vom 29.10.2012 III B 37/12 (BFH/NV 2013 S. 368).
44 BFH vom 16.10.1997 IV R 19/97 (BStBl 1998 II S. 139).
45 BFH vom 06.09.2006 XI R 3/06 (BStBl 2007 II S. 118); § 1 HOAI; ähnlich für die vergleichbare Situation der Architekten BFH vom 12.10.1989 (BStBl 1990 II S. 64).
46 BMF vom 27.12.1999 (BStBl 2000 I S. 42).
47 BMF vom 22.10.2004 (BStBl 2004 I S. 1030).
48 BMF vom 22.10.2004 (BStBl 2004 I S. 1030).
49 BMF vom 22.10.2004 (BStBl 2004 I S. 1030).
50 BMF vom 22.10.2004 (BStBl 2004 I S. 1030); vgl. zur Umsatzsteuer: BFH vom 12.08.2004 V R 18/02 (BStBl 2005 II S. 227).
51 BFH vom 04.11.2004 (BStBl 2005 II S. 362).
52 BFH vom 02.09.1988 III R 58/85 (BStBl 1989 II S. 24).
53 BMF vom 03.03.2003 (BStBl 2003 I S. 183).

Bezirksschornsteinfegermeister;[54]
Buchhalter;[55]
Datenschutzbeauftragter;[56]
Häusliche Pflegehilfe (§ 36 SGB XI);[57]
Personalberater, der seinen Auftraggebern von ihm ausgesuchte Kandidaten für eine zu besetzende Stelle vermittelt;[58]
Pilot;[59]
Versicherungsberater.[60]

22.2.2 Abgrenzung zu den gewerblichen Einkünften

Ein Angehöriger eines freien Berufs ist nach § 18 Abs. 1 Nr. 1 Satz 3 EStG auch dann freiberuflich tätig, wenn er sich der Mithilfe fachlich vorgebildeter Arbeitskräfte bedient; Voraussetzung ist aber, dass er aufgrund eigener Fachkenntnisse leitend und eigenverantwortlich tätig wird. Eine Vertretung im Fall vorübergehender Verhinderung steht der Annahme einer leitenden und eigenverantwortlichen Tätigkeit nicht entgegen.[61]

Das Erfordernis der persönlichen Leitung und der Eigenverantwortung des Berufsträgers schließt allerdings angesichts der Grenzen der menschlichen Leistungsfähigkeit eine Ausdehnung der freiberuflichen Tätigkeit über ein gewisses Maß hinaus aus.

Eine freiberufliche Tätigkeit setzt somit persönliche Fachkenntnisse des Berufsträgers voraus, die ihn befähigen, leitend und eigenverantwortlich tätig zu werden. Der Berufsträger darf weder die Leitung noch die Verantwortlichkeit einem Geschäftsführer oder Vertreter übertragen.

Leitung umfasst nicht nur die Festlegung der Grundzüge für die Organisation des Tätigkeitsbereichs und die dienstliche Aufsicht und darüber hinaus die Planung, Überwachung und Kompetenz zur Entscheidung in Einzelfällen in der Weise, dass die Teilnahme des Berufsträgers an der praktischen Arbeit in ausreichendem Maß gewährleistet ist. Nur unter diesen Voraussetzungen trägt die Arbeitsleistung – selbst wenn der Berufsträger ausnahmsweise in einzelnen Routinefällen nicht mitarbeitet

---

54 BFH vom 13.11.1996 XI R 53/95 (BStBl 1997 II S. 295).
55 BFH vom 28.06.2001 IV R 10/00 (BStBl 2002 II S. 338) und vom 23.01.2008 VIII B 46/07 (BFH/NV 2008 S. 785).
56 BFH vom 05.06.2003 IV R 34/01 (BStBl 2003 II S. 761).
57 BFH vom 22.01.2004 IV R 51/01 (BStBl 2004 II S. 509) und vom 05.09.2011 VIII B 135/10 (BFH/NV 2011 S. 2062).
58 BFH vom 19.09.2002 IV R 70/00 (BStBl 2003 II S. 25).
59 BFH vom 16.05.2002 IV R 94/99 (BStBl 2002 II S. 565).
60 BFH vom 16.10.1997 IV R 19/97 (BStBl 1998 II S. 139).
61 BFH vom 05.06.1997 IV R 43/96 (BStBl 1997 II S. 681).

22.2 Freiberufliche Tätigkeit

– den erforderlichen „Stempel der Persönlichkeit" des Steuerpflichtigen.[62] Die bloße Übernahme der Verantwortung für die vereinbarungsgemäße Ausführung eines Auftrags gegenüber dem Auftraggeber reicht allein nicht aus.[63]

Beispiele:
a) Ein Steuerpflichtiger unterhält ein Übersetzungsbüro, ohne dass er selbst über Kenntnisse in den Sprachen verfügt, auf die sich die Übersetzertätigkeit erstreckt.

b) Ein Architekt ist zwar fachlich vorgebildet, befasst sich aber vorwiegend mit der Beschaffung von Aufträgen und lässt die fachliche Arbeit durch Mitarbeiter ausführen.

c) Der Inhaber eines Kinderheims hat die pädagogische Leitung einer anderen Person überlassen und beschränkt sich auf die wirtschaftliche Leitung des Heims.

d) In der Praxis eines Arztes für Laboratoriumsmedizin werden jährlich ca. 100.000 Untersuchungsaufträge durchgeführt.[64]

In allen vier Fällen ist keine freiberufliche Tätigkeit, sondern eine gewerbliche Betätigung anzunehmen.

Die bloße Zugehörigkeit zu einer der in § 18 Abs. 1 Nr. 1 Satz 2 EStG genannten Berufsgruppen reicht für die Annahme einer freiberuflichen Tätigkeit nicht aus. Sie muss auch **berufstypisch** sein. So ist die **Treuhandtätigkeit** im Rahmen von Bauherrengemeinschaften für Rechtsanwälte, Steuerberater und Wirtschaftsprüfer nicht berufstypisch.[65] Wird sie für zahlreiche Treugeber wahrgenommen, gehört sie auch nicht zu der sonstigen selbständigen Tätigkeit i. S. des § 18 Abs. 1 Nr. 3 EStG.[66]

Wenn neben einer freiberuflichen Tätigkeit eine gewerbliche Tätigkeit (sog. gemischte Tätigkeit) ausgeübt wird, so sind die beiden Tätigkeiten grundsätzlich getrennt zu behandeln, wenn eine Trennung nach der Verkehrsauffassung ohne besondere Schwierigkeiten möglich ist.[67] Eine Trennung, die im Allgemeinen zu gerechteren steuerlichen Ergebnissen führen wird, kann auch erfolgen, wenn in einem Beruf freiberufliche und gewerbliche Merkmale zusammentreffen und ein enger sachlicher und wirtschaftlicher Zusammenhang zwischen den Tätigkeitsarten besteht.

Beispiel:
Ein Steuerberater hat Initiatoren von Bauherren-Modellen Kaufinteressenten von Eigentumswohnungen nachgewiesen und im Kreis seiner Mandanten entsprechende Verträge vermittelt.

Insoweit handelt es sich um nicht freiberufliche Tätigkeiten, die jedoch von der freiberuflichen Tätigkeit des Steuerberaters abgrenzbar sind.[68]

---
62 BFH vom 26.01.2011 VIII R 3/10 (BStBl 2011 II S. 498).
63 BFH vom 20.12.2000 XI R 8/00 (BStBl 2002 II S. 478).
64 BFH vom 01.02.1990 IV R 140/88 (BStBl 1990 II S. 507); die hiergegen gerichtete Verfassungsbeschwerde hat das BVerfG mit Beschluss vom 31.10.1992 2 BvR 714/90 nicht zur Entscheidung angenommen.
65 BFH vom 10.08.1994 I R 133/93 (BStBl 1995 II S. 171).
66 BFH vom 18.10.2006 XI R 9/06 (BStBl 2007 II S. 266).
67 BFH vom 25.07.2000 XI B 41/00 (BFH/NV 2001 S. 204).
68 BFH vom 09.08.1983 VIII R 92/83 (BStBl 1984 II S. 129).

22 Einkünfte aus selbständiger Arbeit

Wenn sich bei einer gemischten Tätigkeit die verschiedenen Tätigkeiten gegenseitig bedingen und derart miteinander verflochten sind, dass der gesamte Betrieb nach der Verkehrsauffassung als einheitlicher anzusehen ist, ist eine Trennung dagegen nicht mehr möglich.[69] In einem solchen Fall ist zur Qualifizierung dieser Tätigkeit auf das sich bei Betrachtung aller Umstände des Einzelfalls ergebende Gesamtbild der Tätigkeit abzustellen. Auf den Anteil am Umsatz oder auch an den Einkünften kann es allein nicht ankommen, da sich in diesem Anteil der Umfang der einzelnen Tätigkeitsarten nicht zutreffend widerspiegelt.[70]

Beispiele:

a) Ein Schriftsteller vertreibt ein Buch im Selbstverlag; im Übrigen hat er seine schriftstellerischen Werke an Verlage zur Verwertung überlassen.

Die Tätigkeiten sind zu trennen in eine verlegerische (gewerbliche) Tätigkeit und eine schriftstellerische (freiberufliche) Tätigkeit.[71]

b) Ein Gartenarchitekt übernimmt einheitliche Aufträge für die Gartenplanung und Gartenausführung, zum Teil übernimmt er lediglich die Gartenplanung.

Die Tätigkeiten sind zu trennen. Soweit er lediglich die Gartenplanung übernommen hat, ist freiberufliche Tätigkeit gegeben; die Übernahme der Gartenplanung und Gartenausführung ist einheitlich als gewerbliche Tätigkeit zu behandeln.[72]

c) Ein Arzt betreibt ein Kurheim, in dem die Patienten nach der von ihm zur Anwendung kommenden Naturheilmethode behandelt werden.

Da es sich um zwei unlöslich verflochtene Tätigkeiten (ärztliche Tätigkeit und Kurheimbetrieb) handelt, ist eine Trennung nicht möglich. Die Gesamtbetätigung ist als ärztliche Tätigkeit anzusprechen, wenn die Anstalt ein notwendiges Hilfsmittel für die ärztliche Tätigkeit ist und aus der Beherbergung und Verpflegung kein besonderer Gewinn erstrebt wird, andernfalls ist sie gewerblich.[73]

Eine Trennung ist dagegen möglich, wenn ein Arzt eine Privatklinik betreibt und sowohl ambulante als auch stationäre ärztliche Leistungen erbringt. Letztere sind freiberuflich, wenn sie im Verhältnis zu den Leistungen der Klinik gesondert abgerechnet werden.[74]

Die vorstehenden Grundsätze sind nur auf Tätigkeiten von Einzelpersonen anwendbar. Wird eine gewerbliche Tätigkeit im Rahmen einer Sozietät ausgeübt, kann eine gemischte Tätigkeit nicht angenommen werden (siehe 22.2.3).

Die Besteuerungsgrundlagen für die zu trennenden Tätigkeiten müssen ggf. nach § 162 AO geschätzt werden.[75]

---

69 BFH vom 04.11.2004 IV R 63/02 (BStBl 2005 II S. 362).
70 BFH vom 08.10.2008 VIII R 53/07 (BStBl 2009 II S. 143).
71 BFH vom 18.01.1962 IV 270/60 U (BStBl 1962 III S. 131).
72 BFH vom 16.03.1962 IV 318/59 U (BStBl 1962 III S. 302).
73 BFH vom 19.06.1963 I 375/61 (HFR 1963 S. 393).
74 BFH vom 02.10.2003 IV R 48/01 (BStBl 2004 II S. 363).
75 BFH vom 08.10.2008 VIII R 53/07 (BStBl 2009 II S. 143).

22.2 Freiberufliche Tätigkeit

22.2.3 Personenzusammenschlüsse

Selbständig Tätige, i. d. R. Freiberufler, schließen sich häufig zu einer Gesellschaft (Sozietät) zusammen. Hierzu bestimmt § 18 Abs. 4 EStG, dass § 15 Abs. 1 Satz 1 Nr. 2, Abs. 1a, Abs. 2 Satz 2 und 3, § 15a, § 15b EStG entsprechend anzuwenden sind. Die Gesellschafter sind also Mitunternehmer, sodass für sie die entsprechenden Besteuerungsgrundsätze gelten (dazu 18.6). Eine freiberufliche Tätigkeit liegt also grundsätzlich auch dann vor, wenn sich Freiberufler zu einer Personengesellschaft zusammenschließen. Voraussetzung ist jedoch, dass sämtliche Mitunternehmer die Merkmale eines freien Berufs erfüllen[76] und im Rahmen des ihnen innerhalb der Gesellschaft zugewiesenen Aufgabenkreises aufgrund eigener Fachkenntnisse leitend und eigenverantwortlich in einer in § 18 Abs. 1 Nr. 1 EStG genannten Weise freiberuflich tätig sind.[77] Dagegen ist die bloße **Bürogemeinschaft** keine Personengesellschaft.[78]

Auch Personen verschiedener freier artverwandter Berufe können sich zu einer Personengesellschaft zusammenschließen, wobei es unschädlich ist, wenn die einzelnen Gesellschafter in ihrem jeweiligen Fachgebiet tätig werden oder sie einen Beruf ausüben, für den eine besondere berufsrechtliche Zulassung nicht erforderlich ist, z. B. eine aus einem Arzt und einem wissenschaftlichen Dokumentar bestehende Personengesellschaft.[79] Selbst durch die Eintragung einer Personengesellschaft im Handelsregister übt diese noch nicht ohne Weiteres einen Gewerbebetrieb aus.[80] Eine solche Gesellschaft erzielt vielmehr erst dann Einkünfte aus Gewerbebetrieb, wenn ihr auch eine Kapitalgesellschaft oder eine andere berufsfremde Person als Mitunternehmer angehören.[81] Aus welchen Gründen eine berufsfremde Person als Mitunternehmer aufgenommen worden ist, ist grundsätzlich ohne Bedeutung. Dieser Sachverhalt wird im Gegensatz zur Abfärbewirkung (siehe unten) als **Infizierung** oder **Infektion** bezeichnet. Verstirbt ein Mitglied einer freiberuflichen Sozietät und verfügt der Erbe nicht über die Berufsqualifikation, wird die Sozietät ein Gewerbebetrieb.[82] Dies gilt selbst dann, wenn die Erben Kontroll- bzw. Einsichtsrechte zur Überprüfung ihrer Gewinnanteile haben.[83] Diese Konsequenz kann durch eine Nachfolgeklausel im Gesellschaftsvertrag oder eine Erbauseinandersetzung innerhalb von 6 Monaten nach dem Erbfall vermieden werden.[84]

---

76 BFH vom 10.10.2012 VIII R 42/10 (BStBl 2013 II S. 79).
77 BFH vom 28.10.2008 VIII R 69/06 (BStBl 2009 II S. 642).
78 BFH vom 14.04.2005 XI R 82/03 (BStBl 2005 II S. 752).
79 BFH vom 23.11.2000 IV R 48/99 (BStBl 2001 II S. 241).
80 H 5.1 „Handelsregister" EStH.
81 BFH vom 23.11.2000 IV R 48/99 (BStBl 2001 II S. 241) und vom 10.10.2012 VIII R 42/10 (BStBl 2013 II S. 79).
82 BMF vom 14.03.2006 (BStBl 2006 I S. 253), Rdnr. 5.
83 BFH vom 06.05.2010 IV R 52/08 (BStBl 2011 II S. 261).
84 BMF vom 14.03.2006 (BStBl 2006 I S. 253), Rdnr. 8, 72.

Am 01.07.1995 ist das **Partnerschaftsgesellschaftsgesetz** (PartGG) vom 25.07.1994[85] in Kraft getreten, das den Zusammenschluss von Freiberuflern zu Partnerschaften regelt. Das Gesetz vom 22.07.1998[86] hat in § 1 Abs. 2 Satz 1 PartGG eine Beschreibung des Typus eines freien Berufs eingefügt. Es ermöglicht eine mitunternehmerische Partnerschaft von natürlichen Personen, die einen der in § 1 PartGG aufgeführten Berufe ausüben, wobei sich der Katalog an den des § 18 Abs. 1 Nr. 1 Satz 2 EStG orientiert. Die Gesellschaftsform ist der OHG angenähert. Die Partnerschaft kann also unter ihrem Namen wie eine Personenhandelsgesellschaft auftreten. Sie entsteht durch schriftlichen Partnerschaftsvertrag und Eintragung in das Partnerschaftsregister. Die Beteiligung berufsfremder Personen an der Partnerschaft ist zwar nicht zulässig, bleibt aber nach dem PartGG sanktionslos. Deshalb ist zu prüfen, ob alle Partner die Voraussetzungen einer freiberuflichen Tätigkeit i. S. des § 18 Abs. 1 Nr. 1 EStG erfüllen. Da die geschäftsmäßige Hilfeleistung in Steuersachen auch den nicht als Steuerberatungsgesellschaften anerkannten Partnerschaftsgesellschaften erlaubt ist, können auch diese freiberufliche Einkünfte beziehen. Bei einer interprofessionellen Mitunternehmerschaft (z. B. Steuerberater, Wirtschaftsprüfer, Rechtsanwalt) müssen sich die einzelnen Mitunternehmer auf die Tätigkeit ihres Berufsgebiets beschränken und die Einnahmen entsprechend zuordnen.[87]

Der Frage, ob bei einer gemischten Tätigkeit eine Trennung der verschiedenen Tätigkeiten möglich ist oder nicht, kommt nur dann Bedeutung zu, wenn ein einzelner Steuerpflichtiger diese Tätigkeiten erbringt. Bei einer Mitunternehmergemeinschaft bzw. Partnerschaft führt jede Tätigkeit, die als solche als gewerbliche Tätigkeit zu qualifizieren ist, aufgrund der Vorschrift des § 15 Abs. 3 Nr. 1 EStG dazu, dass die gesamte Tätigkeit als gewerbliche Tätigkeit zu qualifizieren ist (sog. **Abfärbewirkung** des § 15 Abs. 3 Nr. 1 EStG).[88] Die Ungleichbehandlung verstößt nicht gegen das Grundgesetz.[89]

Beispiele:

a) Eine Gesellschaft bürgerlichen Rechts, die eine Tanzschule betreibt, verkauft im Rahmen ihrer Veranstaltungen Getränke und Schallplatten.

Da der Verkauf von Getränken und Schallplatten als gewerbliche Tätigkeit zu qualifizieren ist, ist die Gesamttätigkeit der Gesellschaft als gewerbliche Tätigkeit zu behandeln.[90]

---

85 BGBl 1994 I S. 1744.
86 BGBl 1998 I S. 1878.
87 BFH vom 23.11.2000 IV R 48/99 (BStBl 2001 II S. 241).
88 BFH vom 04.11.2004 IV R 63/02 (BStBl 2005 II S. 362).
89 BVerfG vom 15.01.2008 1 BvL 2/04 (BVerfGE 120 S. 1); BFH vom 29.11.2012 IV R 37/10 (BFH/NV 2013 S. 910).
90 BFH vom 18.05.1995 IV R 31/94 (BStBl 1995 II S. 718).

22.2 Freiberufliche Tätigkeit

b) Ein Steuerberater ist im Rahmen einer Sozietät als Treuhänder für eine Bauherrengemeinschaft tätig.
Die gesamte Tätigkeit der Personengesellschaft ist Gewerbebetrieb.[91]
c) Eine Rechtsanwaltssozietät führt in großem Umfang Insolvenzverwaltungen durch.
Die Insolvenzverwaltung ist keine freiberufliche Tätigkeit gem. § 18 Abs. 1 Nr. 1 EStG, sondern eine sonstige selbständige Arbeit gem. § 18 Abs. 1 Nr. 3 EStG. Bei Beschäftigung einer großen Zahl von Mitarbeitern wird die Insolvenzverwaltung und damit die Arbeit der gesamten Sozietät zur gewerblichen Tätigkeit.[92]
d) In den Fällen der integrierten Versorgung nach §§ 140a ff. SGB V werden zwischen dem Arzt und der Krankenkasse Verträge abgeschlossen, nach denen die Krankenkasse dem Arzt für die Behandlung der Patienten **Fallpauschalen** zahlt, die sowohl die medizinische Betreuung als auch die Abgabe von Arzneien und Hilfsmitteln abdeckt.

Die zwischen Krankenhaus und Arzt vereinbarte Fallpauschale umfasst Vergütungen sowohl für freiberufliche als auch für gewerbliche Tätigkeiten. Dies würde grundsätzlich zu einer gewerblichen Infizierung der gesamten Tätigkeit führen. Allerdings verzichtet der BFH nach dem Grundsatz der Verhältnismäßigkeit auf eine Umqualifizierung bei einer „Tätigkeit von ganz untergeordneter Bedeutung". In dem vom BFH entschiedenen Fall betrug der Anteil der originär gewerblichen Tätigkeit 1,25 %.[93]
Dies bedeutet für dieses Beispiel: Soweit die Fallpauschalen mit Gemeinschaftspraxen vereinbart werden, kommt es bei der integrierten Versorgung unter der Voraussetzung, dass die vom BFH aufgestellte Geringfügigkeitsgrenze (1,25 %) überschritten ist, zu einer gewerblichen Infizierung der gesamten Tätigkeit der Gemeinschaftspraxen. Die an der Gemeinschaftspraxis beteiligten Ärzte erzielen somit insgesamt Einkünfte aus Gewerbebetrieb. Zudem unterliegt der gesamte Gewinn der Gemeinschaftspraxis der Gewerbesteuer.

Auch die Grundsätze der **Betriebsaufspaltung** sind im Rahmen des § 18 EStG zu beachten:

Beispiel:
Eheleute betreiben eine kieferorthopädische Praxis als Gesellschaft bürgerlichen Rechts. Sie gründen eine Labor-GmbH, an deren Stammkapital beide beteiligt sind. Sie schließen mit der GmbH einen Miet- und Pachtvertrag über die in ihrem Eigentum stehenden Laborräume ab. Die Laborräume werden danach sowohl von den Eheleuten für ihre Praxis als auch von der GmbH genutzt.
Aus dieser Vertragsgestaltung ergibt sich eine Betriebsaufspaltung mit der Folge, dass auch die Einkünfte der Eheleute aus der kieferorthopädischen Praxis als solche aus Gewerbebetrieb zu behandeln sind.[94]

Die Abfärbewirkung erstreckt sich allerdings auch auf die Gewerbesteuerfreiheit, z. B. gem. § 3 Nr. 20 GewStG.[95]

Eine Freiberufler-Kapitalgesellschaft erzielt gewerbliche Einkünfte (§ 2 Abs. 2 Satz 1 GewStG).[96] Beteiligt sie sich mitunternehmerisch an einer Freiberufler-Per-

---
91 BFH vom 11.05.1989 IV R 43/88 (BStBl 1989 II S. 797).
92 BFH vom 15.12.2010 VIII R 50/09 (BStBl 2011 II S. 506).
93 BFH vom 11.08.1999 XI R 12/98 (BStBl 2000 II S. 229).
94 BFH vom 13.11.1997 IV R 67/96 (BStBl 1998 II S. 254).
95 BFH vom 30.08.2001 IV R 43/00 (BStBl 2002 II S. 152).
96 BVerfG vom 24.03.2010 1 BvR 2130/09 (HFR 2010 S. 756); BFH vom 03.12.2003 IV B 192/03 (BStBl 2004 II S. 303).

sonengesellschaft, so erzielt die Personengesellschaft insgesamt gewerbliche Einkünfte, weil die Kapitalgesellschaft einer berufsfremden Person gleichsteht.[97] Voraussetzung der Abfärbewirkung ist allerdings, dass der Berufsfremde ebenfalls die Stellung eines Mitunternehmers innehat, also Mitunternehmerinitiative ausüben kann und ein Mitunternehmerrisiko trägt.

Die Abfärbewirkung kann durch die Gründung einer selbständigen Personengesellschaft vermieden werden, die die gewerbliche Tätigkeit ausübt (Ausgliederungsmodell).[98] Im Übrigen ergibt sich eine zusätzliche steuerliche Belastung häufig nicht, weil die Gewerbesteuer gem. § 35 EStG auf die Einkommensteuer angerechnet werden kann (siehe 32.6).

Das BVerfG und der BFH haben die Abfärberegelung des § 15 Abs. 3 Nr. 1 EStG als verfassungsgemäß beurteilt.[99] Ebenso bestehen keine Zweifel an der Verfassungsmäßigkeit des § 2 Abs. 2 Satz 1 GewStG, nach der die Tätigkeit jeder Kapitalgesellschaft als gewerblich qualifiziert wird.[100]

22.3 Einnehmer einer staatlichen Lotterie

Einnehmer einer staatlichen Lotterie beziehen entweder Einkünfte aus selbständiger Arbeit oder – falls sie im Rahmen einer Kapitalgesellschaft betrieben wird – aus Gewerbebetrieb.[101] Einen Gewerbebetrieb haben solche Lotterieeinnehmer, deren Tätigkeit nach Art und Umfang einen in kaufmännischer Weise eingerichteten Geschäftsbetrieb erfordert oder bei denen sich die Tätigkeit des Lotterieeinnehmers als Hilfs- oder Nebengeschäft eines Gewerbebetriebs (z. B. Kiosk) darstellt. Ist das nicht der Fall, ist die Tätigkeit als Einnehmer einer staatlichen Lotterie als selbständige Arbeit zu behandeln (§ 18 Abs. 1 Nr. 2 EStG).

22.4 Einkünfte aus sonstiger selbständiger Arbeit

Zu der sonstigen selbständigen Arbeit i. S. des § 18 Abs. 1 Nr. 3 EStG gehören insbesondere die Vergütungen für die Vollstreckung von Testamenten, für Vermögensverwaltung (Nachlass-, Insolvenzverwalter, Kurator usw.) und für die Tätigkeit als Aufsichtsratsmitglied. Es handelt sich hierbei hauptsächlich um solche Tätigkeiten, die gelegentlich ausgeübt werden. Aus den beispielhaft aufgeführten Aktivitäten ergibt sich, dass es sich um eine vermögensverwaltende Tätigkeit handeln muss.[102] Eine treuhänderische Tätigkeit kann Vermögensverwaltung oder gewerblich sein.

---

97 BFH vom 10.10.2012 VIII R 42/10 (BStBl 2013 II S. 79).
98 BMF vom 14.05.1997 (BStBl 1997 I S. 566).
99 BVerfG vom 15.01.2008 1 BvL 2/04 (BVerfGE 120 S. 1); BFH vom 29.11.2012 IV R 37/10 (BFH/NV 2013 S. 910).
100 BFH vom 03.12.2003 IV B 192/03 (BStBl 2004 II S. 303).
101 BFH vom 24.10.1984 I R 158/81 (BStBl 1985 II S. 223).
102 BFH vom 28.04.2005 IV R 41/03 (BStBl 2005 II S. 611).

Die Treuhandtätigkeit eines Rechtsanwalts oder Steuerberaters für eine Bauherrengemeinschaft ist keine sonstige selbständige Tätigkeit, wenn sie im Wesentlichen im Abschluss der für die Verwirklichung des Bauobjekts erforderlichen Verträge und in der Abwicklung des Zahlungsverkehrs für eine Vielzahl von Treugebern besteht.[103]

Seine frühere Rechtsprechung, nach der aufgrund der Vervielfältigungstheorie anzunehmen gewesen war, dass bei einer Beschäftigung von mehr als einem qualifizierten Mitarbeiter (je Berufsträger) i. d. R. ein Gewerbebetrieb vorliegt, hat der BFH inzwischen aufgegeben.[104] Die Vorschrift des § 18 Abs. 1 Nr. 1 Satz 3 EStG gilt auch für eine sonstige selbständige Arbeit. Jedoch kann bei einer größeren Anzahl von Mitarbeitern die Voraussetzung der Eigenverantwortlichkeit der Tätigkeit des Steuerpflichtigen entfallen.[105]

Die Tätigkeit eines berufsmäßigen Betreuers gem. §§ 1896 ff. BGB stellt eine sonstige vermögensverwaltende Tätigkeit i. S. des § 18 Abs. 1 Nr. 3 EStG dar.[106]

Die Tätigkeit von Kreistagsabgeordneten, Stadt- und Gemeinderäten fällt unter § 18 Abs. 1 Nr. 3 EStG[107] (zu Bundes- und Landtagsabgeordneten siehe 27.6).

22.5 Einkünfte aus einer Beteiligung an einer Wagniskapital-Gesellschaft

Der Carried Interest ist der erhöhte Gewinnanteil, den Initiatoren von Wagniskapital-Gesellschaften (Carry Holder) für ihre erfolgreiche Tätigkeit neben ihrem quotalen Gewinnanteil erhalten. Er beträgt i. d. R. ca. 20 % des erwirtschafteten Gewinns. 2003 erklärte die Finanzverwaltung,[108] dass es sich dabei um eine Tätigkeitsvergütung handele. Durch das Gesetz zur Förderung von Wagniskapital vom 30.07.2004[109] wurden § 18 Abs. 1 Nr. 4 EStG und § 3 Nr. 40a EStG eingeführt. Dadurch wird ein Carried Interest zur Hälfte steuerfrei gestellt, wenn er von einer vermögensverwaltenden Wagniskapitalgesellschaft unter der Voraussetzung gezahlt wird, dass die Gesellschafter ihr eingesetztes Kapital vollständig zurückerhalten haben. Dabei handelt es sich nicht um das Halbeinkünfteverfahren, weil der Carried Interest eine Tätigkeitsvergütung ist. Wird der Carried Interest von einem gewerblich tätigen Fonds oder einem Fonds in der Rechtsform der Kapitalgesellschaft gezahlt, handelt es sich dagegen um eine voll steuerpflichtige Tätigkeitsver-

---

103 BFH vom 18.10.2006 XI R 9/06 (BStBl 2007 II S. 266).
104 BFH vom 15.12.2010 VIII R 50/09 (BStBl 2011 II S. 506).
105 BFH vom 26.01.2011 VIII R 3/10 (BStBl 2011 II S. 498).
106 BFH vom 17.10.2012 VIII R 57/09 (BStBl 2013 II S. 799) und vom 15.06.2010 VIII R 10/09 (BStBl 2010 II S. 906).
107 BFH vom 08.10.2008 VIII R 58/06 (BStBl 2009 II S. 405).
108 BMF vom 16.12.2003 (BStBl 2004 I S. 40).
109 BGBl 2004 I S. 846.

gütung.[110] Durch das Gesetz zur Modernisierung der Rahmenbedingungen für Kapitalbeteiligungen (MoRaKG) wird in § 3 Nr. 40a EStG der steuerfreie Anteil eines begünstigten Carried Interest von 50 % auf 40 % abgesenkt. Kernstück dieses Artikelgesetzes ist das Wagniskapitalbeteiligungsgesetz (WKBG), das die Geschäftstätigkeit und Anerkennung von Wagniskapitalbeteiligungsgesellschaften durch die Bundesanstalt für Finanzdienstleistungsaufsicht regelt. Die Absenkung des steuerfreien Anteils der Tätigkeitsvergütung auf 40 % dient der teilweisen Gegenfinanzierung der mit dem MoRaKG gewährten steuerlichen Entlastungen. Entsprechend wird in § 3c Abs. 2 EStG die Abzugsfähigkeit der mit den Vergütungen zusammenhängenden Aufwendungen in Höhe des gleichen Prozentsatzes abgesenkt. Zur Vermeidung rückwirkender Belastungen ist die Absenkung erstmals auf Vergütungen einer vermögensverwaltenden Gesellschaft oder Gemeinschaft anzuwenden, die nach dem 31.12.2008 gegründet worden ist (§ 52 Abs. 4c EStG i. d. F. des MoRaKG).

22.6 Gewinnermittlung

Die Gewinnermittlung ist allgemein an anderer Stelle behandelt (vgl. 7.2 und 7.3). Insbesondere gelten folgende Grundsätze:

1. Steuerpflichtige, die Einkünfte gem. § 18 EStG erzielen, sind nicht verpflichtet, Bücher zu führen und regelmäßig Abschlüsse zu machen. Sie können ihren Gewinn nach § 4 Abs. 3 EStG durch den Überschuss der Betriebseinnahmen über die Betriebsausgaben ermitteln. In diesem Fall ist der Einkommensteuererklärung eine Gewinnermittlung nach amtlich vorgeschriebenem Vordruck beizufügen (§ 60 Abs. 4 EStDV).[111] Liegen die Betriebseinnahmen unter 17.500 Euro reicht eine formlose Gewinnermittlung aus, die aber den gesetzlichen Vorschriften des § 4 Abs. 3 EStG entsprechen muss.[112] Dazu gehören die Einzelaufzeichnung der Betriebseinnahmen und die Aufbewahrung der Belege.[113]

2. Werden ordnungsgemäße Bücher geführt, so ist der Gewinn nach § 4 Abs. 1 EStG zu ermitteln. Eine Gewinnermittlung nach § 5 EStG scheidet in jedem Fall aus. Das gilt auch für Partnerschaften im Sinne des PartGG.

Die allgemeinen Regeln der kaufmännischen Buchführung sind zu befolgen. Zu Aufzeichnungspflichten siehe H 18.2 EStH.

Zu beachten ist die Buchführungspflicht bei dem sog. Ausgliederungsmodell (siehe 22.2.3).[114]

---

110 BMF vom 16.12.2003 (BStBl 2004 I S. 40).
111 BMF vom 23.08.2010 (BStBl 2010 I S. 649).
112 BMF vom 10.02.2005 (BStBl 2005 I S. 320) und vom 23.08.2010 (BStBl 2010 I S. 649).
113 BFH vom 13.03.2013 X B 16/12 (BFH/NV 2013 S. 902).
114 BMF vom 14.05.1997 (BStBl 1997 I S. 566).

22.6 Gewinnermittlung

3. Ob ein Wirtschaftsgut zum notwendigen Betriebsvermögen eines selbständig Tätigen gehört, richtet sich nach den gleichen Grundsätzen, die auch bei Gewerbetreibenden maßgebend sind. Auch GmbH-Anteile können zum notwendigen Betriebsvermögen eines Freiberuflers gehören, wenn mit ihrem Erwerb Honoraransprüche des Freiberuflers erfüllt werden[115] oder wenn der Geschäftsgegenstand der GmbH der freiberuflichen Tätigkeit nicht wesensfremd ist, z. B. Beteiligung eines Mediziners, der Präparate entwickelt, an einer GmbH, die diese Präparate als Lizenznehmerin vermarktet.[116] Bei einer aus Freiberuflern bestehenden Gesellschaft des bürgerlichen Rechts und Partnerschaften nach dem PartGG ist nach § 18 Abs. 4 EStG die Vorschrift des § 15 Abs. 1 Nr. 2 EStG entsprechend anzuwenden. Zum Betriebsvermögen gehört sowohl das Gesamthandsvermögen als auch das im Eigentum eines Gesellschafters stehende Vermögen (Sonderbetriebsvermögen, R 4.2 Abs. 2 EStR). Der selbst geschaffene bzw. entgeltlich erworbene **Praxiswert** bildet häufig die wesentliche Betriebsgrundlage. Anzusetzen und abzuschreiben ist nur der entgeltlich erworbene Praxiswert. Die Nutzungsdauer beträgt i. d. R. 3 bis 5 Jahre, beim Sozietätspraxiswert 6 bis 10 Jahre.[117]

Auch bei einer Gewinnermittlung nach § 4 Abs. 3 EStG kann **gewillkürtes Betriebsvermögen** gebildet werden.[118] Das Wirtschaftsgut muss jedoch mindestens zu 10 % betrieblich genutzt werden.[119] **Wertpapiere** kommen als gewillkürtes Betriebsvermögen eines Freiberuflers nicht in Betracht, wenn bereits bei ihrem Erwerb feststeht, dass sie nur in den Betrieb eingelegt werden, um ansonsten nicht abziehbare Verluste als betrieblichen Aufwand geltend machen zu können.[120]

Nach der Rechtsprechung des BFH[121] können unentgeltlich zugewendete Nutzungsrechte nicht mehr abgeschrieben werden.[122]

4. Zu den Betriebseinnahmen und -ausgaben wird auf die Ausführungen an anderer Stelle (siehe 8. und 9.) verwiesen. Bei einer Personengesellschaft gehören Einnahmen auch zu den Sonderbetriebseinnahmen, wenn sie an sich der Gesellschaft zustehen, ein Gesellschafter sie aber seinem eigenen Vermögen zuführt. Wenn die Sozietät ihren Gewinn durch Einnahmenüberschussrechnung ermittelt, kommt eine Aktivierung des Ersatzanspruchs nicht in Betracht.[123]

Abschlagszahlungen kassenärztlicher Vereinigungen (KV) für Dezember, die Anfang Januar zufließen, sind im Vorjahr zu erfassen.[124] Das Gleiche gilt auch für

---

115 BFH vom 01.02.2001 IV R 57/99 (BStBl 2001 II S. 546).
116 BFH vom 26.04.2001 IV R 14/00 (BStBl 2001 II S. 798).
117 BFH vom 24.02.1994 IV R 33/93 (BStBl 1994 II S. 590).
118 BFH vom 02.10.2003 IV R 13/03 (BStBl 2004 II S. 985).
119 R 4.2 Abs. 1 Satz 6 EStR; BMF vom 17.11.2004 (BStBl 2004 I S. 1064).
120 BFH vom 24.02.2000 IV R 6/99 (BStBl 2000 II S. 297).
121 BFH vom 20.09.1990 IV R 300/84 (BStBl 1991 II S. 82).
122 Zum sog. Drittaufwand siehe BFH vom 24.02.2000 IV R 75/98 (BStBl 2000 II S. 314) und 13.3.
123 BFH vom 14.12.2000 IV R 16/00 (BStBl 2001 II S. 238).
124 BFH vom 24.07.1986 IV R 309/84 (BStBl 1987 II S. 16).

Abschlusszahlungen, die kurze Zeit nach Beendigung des Kalenderjahres zugeflossen sind, zu dem sie wirtschaftlich gehören. Die Abschlusszahlung für das dritte Quartal des Jahres 2013, die einem Arzt am 03.01.2014 von der Krankenversicherung überwiesen wird, ist also gem. § 11 Abs. 1 Satz 2 EStG in 2013 zu erfassen.[125] Der bis zum Jahr 2012 einmal im Kalendervierteljahr zu leistende Betrag für ärztliche, zahnärztliche oder psychotherapeutische Versorgung (sog. **Praxisgebühr,** § 28 Abs. 4, § 61 Satz 2 SGB V) stellte beim Arzt, Zahnarzt oder Psychotherapeuten eine Betriebseinnahme und keinen durchlaufenden Posten dar. Unabhängig von der Art der Gewinnermittlung sind die Aufzeichnungspflichten für die Praxisgebühr (§ 28 Satz 4 SGB V) gem. § 140 AO auch für steuerliche Zwecke zu beachten. Bei der Gewinnermittlung durch Einnahmenüberschussrechnung wurde die Praxisgebühr im Zeitpunkt des Zuflusses, bei der durch Betriebsvermögensvergleich im Zeitpunkt der Entstehung des Anspruchs erfasst.[126]

Für die Einkünfte aus hauptberuflicher selbständiger, schriftstellerischer oder journalistischer Tätigkeit, aus wissenschaftlicher, künstlerischer und schriftstellerischer Nebentätigkeit sowie aus nebenamtlicher Lehr- und Prüfungstätigkeit hat die Finanzverwaltung Pauschalen festgesetzt.[127]

Nach Beendigung einer Tätigkeit, die die Voraussetzungen der Einkünfte aus selbständiger Arbeit erfüllt (siehe 22.7), kann es zu nachträglichen Betriebseinnahmen und -ausgaben kommen, die zu nachträglichen Einkünften i. S. des § 24 Nr. 2 EStG führen (siehe 28.3.2).

22.7 Veräußerungsgewinne gem. § 18 Abs. 3 EStG

Zu den gem. § 34 Abs. 2 Nr. 1 EStG tarifbegünstigten Einkünften aus selbständiger Arbeit gehört nach § 18 Abs. 3 Satz 1 EStG auch der Gewinn, der bei der Veräußerung des Vermögens oder eines selbständigen Teils des Vermögens oder eines Anteils am Vermögen erzielt wird, das der selbständigen Arbeit dient. Die Abgrenzung vom laufenden Gewinn ist erforderlich wegen der Anwendung des Freibetrags gem. § 16 Abs. 4 EStG (siehe 20.15) und des ermäßigten Steuersatzes gem. § 34 Abs. 3 EStG (siehe 32.6). Wenn das Betriebsvermögen unentgeltlich durch Schenkung oder Erbfall auf einen anderen übergeht, ist nicht § 18 Abs. 3 EStG, sondern § 6 Abs. 3 EStG (siehe 10.19) anzuwenden. Auch wenn der laufende Gewinn nach § 4 Abs. 3 EStG ermittelt worden ist, muss der Steuerpflichtige zur Ermittlung des Veräußerungs- bzw. Aufgabegewinns zu einer Gewinnermittlung nach § 4 Abs. 1 EStG übergehen.[128]

---
125 BFH vom 06.07.1995 IV R 63/94 (BStBl 1996 II S. 266).
126 BMF vom 25.04.2004 (BStBl 2004 I S. 526).
127 BMF vom 21.01.1994 (BStBl 1994 I S. 112); H 18.2 „Betriebsausgabenpauschale" EStH; zu den Tagesmüttern siehe 22.2.1 und BMF vom 17.12.2007 (BStBl 2008 I S. 17).
128 BFH vom 29.04.2011 VIII B 42/10 (BFH/NV 2011 S. 1345).

22.7 Veräußerungsgewinne gem. § 18 Abs. 3 EStG

Eine **Veräußerung des Vermögens** liegt vor, wenn die wesentlichen Grundlagen des der selbständigen Arbeit dienenden Vermögens, also insbesondere die immateriellen Wirtschaftsgüter der Praxis wie Mandantenstamm und Praxiswert, im Ganzen einem anderen übertragen werden und mit der Veräußerung der Grundlage der betreffenden selbständigen Tätigkeit auch die Tätigkeit selbst ihr Ende findet.[129] Die endgültige Aufgabe der Tätigkeit ist zwar nicht Voraussetzung für die Begünstigung. Erforderlich ist jedoch, dass der Veräußerer seine Tätigkeit im bisherigen örtlichen Wirkungskreis tatsächlich wenigstens für eine gewisse Zeit einstellt und eine solche Einstellung auch nach außen hin in Erscheinung tritt.[130] Die Veräußerung einer Praxis ist danach auch dann begünstigt, wenn der Steuerpflichtige einzelne Mandate zurückbehalten hat, auf die in den letzten drei Jahren weniger als 10 % der gesamten Einnahmen entfielen.[131] Der Mandantenstamm ist auch dann definitiv an den Erwerber veräußert, wenn der bisherige Praxisinhaber weiter in der Praxis nichtselbständig beschäftigt oder zwar selbständig für sie tätig ist, er die Honorare aber vom neuen Inhaber und nicht von seinen ehemaligen Mandanten erhält.[132] Die Nutzung eines Raumes im Einfamilienhaus, das im Miteigentum von Eheleuten steht, durch den als Freiberufler tätigen Ehemann führt nicht dazu, dass der auf die Ehefrau entfallende ideelle Anteil an dem Raum zum Betriebsvermögen des Ehemannes gehört.

Beispiel:
M praktizierte als Arzt in gemieteten Räumen und ermittelte den Gewinn nach § 4 Abs. 3 EStG. In dem gemeinsam mit seiner Ehefrau F bewohnten und in beider Miteigentum stehenden Einfamilienhaus nutzte er einen Kellerraum als Lagerraum für seine Praxis, der 15 % der gesamten Nutzfläche des Einfamilienhauses umfasste. Die anteiligen Hauskosten sowie die anteilige AfA zog er als Betriebsausgaben ab. Die Finanzierungskosten für den Bau des Einfamilienhauses trug er allein.

Die Veräußerung der Praxis und damit die Beendigung der betrieblichen Nutzung des Kellerraums führt nicht zur Realisierung der stillen Reserven des auf die Ehefrau entfallenden ideellen Anteils an dem Kellerraum.[133] Zwar umfasst der Veräußerungsgewinn auch die stillen Reserven einzelner dem Betriebsvermögen gewidmeter Wirtschaftsgüter, die im zeitlichen Zusammenhang mit der Veräußerung in das Privatvermögen überführt werden. Der im privaten Einfamilienhaus von M und F gelegene betrieblich genutzte Raum und der darauf entfallende Anteil am Grund und Boden waren M und F entsprechend ihren Miteigentumsanteilen zur Hälfte zuzurechnen als gesonderte Wirtschaftsgüter i. S. des § 7 Abs. 5a EStG. Eine vom bürgerlichen Recht abweichende Zurechnung des Raumes an M ergibt sich nicht, weil bei Ehegatten grundsätzlich angesichts der Vereinbarung von Miteigentum davon auszugehen ist, dass während der Ehe ein Herausgabeanspruch nicht geltend wird. Die Nutzungsbefugnis des M wertet der BFH auch nicht als materielles Wirtschaftsgut, weil es sich dabei nur um ein rechtstechnisches Instrument handele, um das Nettoprin-

---
129 BFH vom 24.05.1956 IV 24/55 U (BStBl 1956 III S. 205); R 18.3 Abs. 1 EStR.
130 H 18.3 „Veräußerung" EStH.
131 BFH vom 29.10.1992 IV R 16/91 (BStBl 1993 II S. 182).
132 BFH vom 18.05.1994 I R 109/93 (BStBl 1994 II S. 925).
133 BFH vom 29.04.2008 VIII R 98/04 (BStBl 2008 II S. 749) und vom 19.12.2012 IV R 29/09 (BStBl 2013 II S. 387).

22 Einkünfte aus selbständiger Arbeit

zip vollständig umzusetzen und einem Miteigentümer auch für den von ihm getragenen Anschaffungskostenanteil, der bürgerlich-rechtlich auf den anderen Miteigentümer entfällt, den Abzug von AfA zu eröffnen.[134] Das ändert aber nichts daran, dass der Anteil des betrieblichen Gebäudeteils, der bürgerlich-rechtlich auf die andere, nicht betrieblich oder beruflich nutzende Miteigentümerin F entfalle, als Wirtschaftsgut in deren einkommensteuerrechtlich unbeachtlichen Privatvermögen verbleibt, sodass es an einem Gewinnrealisierungstatbestand fehlt.[135]

Eine **Veräußerung eines selbständigen Teils** des der selbständigen Arbeit dienenden Vermögens ist anzunehmen, wenn eine von mehreren selbständigen, wesensmäßig verschiedenen Tätigkeiten in verschiedenen Mandantenkreisen oder bei gleichartiger Tätigkeit die in einem getrennten Büro ausgeübte Tätigkeit in einem bestimmten örtlich abgegrenzten Bereich eingestellt und das dieser Tätigkeit dienende Vermögen im Ganzen einem anderen übertragen wird.[136] Der BFH hält nunmehr über diese beiden Fallgruppen hinaus auch die erforderliche Selbständigkeit des veräußerten Vermögensteils (Teilbetriebs) für möglich, wenn der veräußerte Teilbetrieb als selbständiger Betrieb erworben und (neben anderen Betrieben) bis zu seiner Veräußerung im Wesentlichen unverändert fortgeführt wurde.[137] In diesem Fall kommt es auf eine Tätigkeit in örtlich abgegrenzten Bereichen nicht an, sofern die beim Erwerb bestehende Selbständigkeit des Betriebs beibehalten und nicht durch organisatorische, eingliedernde Maßnahmen aufgegeben wurde. Liegen dagegen die Voraussetzungen eines selbständigen Teilbetriebs nicht vor, ist das Vorliegen einer steuerbegünstigten Veräußerung einer Teilpraxis dagegen regelmäßig zu verneinen.

Beispiele:

a) Der Steuerberater A, der in X eine Praxis betreibt, in der neben der eigentlichen Beratertätigkeit im wesentlichen Umfang auch Buchführungsarbeiten erledigt werden, veräußert, weil er sein Büro verkleinern und sich auf eine rein beratende Tätigkeit beschränken möchte, die Beziehungen zu seinen Mandanten, für die er bislang auch die Bücher geführt hat, an den Steuerberater B.

Da die Buchführungspraxis des A organisatorisch nicht so verselbständigt war, dass sie nach außen als Einzelpraxis in Erscheinung trat, und dieser Teil der Tätigkeit des A nicht örtlich von seiner übrigen Tätigkeit abgegrenzt war, liegt keine steuerbegünstigte Veräußerung einer Teilpraxis vor.[138]

b) Der Tierarzt B behandelt im Rahmen seiner selbständigen Tätigkeit sowohl Groß- als auch Kleintiere. Die Behandlung der Großtiere erfolgt auf den jeweiligen Bauernhöfen mittels eines sog. Praxiswagens. Die Kleintierpraxis betreibt er in Räumen des Gebäudes, in dem sich auch seine Wohnung befindet. Die Veräußerung der Großtierpraxis fällt nicht unter § 18 Abs. 3 EStG, weil ein Tierarzt befähigt ist, sowohl Groß-

---

134 BFH vom 19.12.2012 IV R 29/09 (BStBl 2013 II S. 387).
135 BFH vom 30.01.1995 GrS 4/92 (BStBl 1995 II S. 281) und vom 19.12.2012 IV R 29/09 (BStBl 2013 II S. 387).
136 BFH vom 29.10.1992 IV R 16/91 (BStBl 1993 II S. 182) und vom 26.06.2012 VIII R 22/09 (BStBl 2012 II S. 777).
137 BFH vom 26.06.2012 VIII R 22/09 (BStBl 2012 II S. 777) zur Veräußerung einer Steuerberaterpraxis.
138 BFH vom 22.12.1993 I R 62/93 (BStBl 1994 II S. 352) zum Dentallabor eines Zahnarztes.

22.7 Veräußerungsgewinne gem. § 18 Abs. 3 EStG

als auch Kleintiere zu behandeln, und weil der Groß- und Kleintierkundenkreis sich örtlich überschneiden. Dass die Großtiere an ihrem Aufenthaltsort behandelt werden, ist ebenso unerheblich wie bei Humanmedizinern, die auch Patienten zu Hause besuchen. Da aber ebenfalls die oben dargestellte 10 %-Grenze gilt, kann § 18 Abs. 3 EStG ausnahmsweise anwendbar sein, wenn der auf die Kleintierpraxis entfallende Umsatzanteil unter 10 % liegt.[139]

c) Der Fahrschullehrer C betreibt eine Fahrschule in S und im 18 km davon entfernten W. Sowohl in S als auch in W erteilt er theoretischen Unterricht. Praktischen Unterricht erteilt er nur in S, während der bei ihm angestellte Fahrlehrer D die Schüler aus W betreut.

Die Veräußerung der Fahrschule in W an D kann unter § 18 Abs. 3 EStG fallen, weil zwei selbständige örtliche Wirkungsbereiche vorhanden sind aufgrund der getrennten Schulungsräume.[140]

Die **Veräußerung einer Beteiligung an einer Kapitalgesellschaft** ist begünstigt, wenn die Beteiligung das gesamte Nennkapital umfasst (§ 18 Abs. 3 Satz 2 i. V. m. § 16 Abs. 1 Satz 1 Nr. 1 Satz 2 EStG).

Die **Veräußerung eines Anteils am Vermögen** betrifft die Beteiligung an freiberuflich tätigen Personengesellschaften.[141] Auf die Einbringung einer freiberuflichen Praxis in eine bestehende Personengesellschaft ist § 24 UmwStG anwendbar.[142] Bei Veräußerungen nach dem 31.12.2001 ist die Begünstigung nach § 18 Abs. 3 i. V. m. § 16 EStG beschränkt auf die Veräußerung des **gesamten** freiberuflichen Mitunternehmeranteils.

Beispiel:

A ist an einer freiberuflichen Praxis mit 80 % beteiligt, B mit 20 %. A verkauft zum 01.01.02 30 Prozentpunkte an C.
Auf den Gewinn des A ist § 18 Abs. 3 EStG nicht anzuwenden.

Die Aufnahme als Sozius in eine Einzelpraxis ist nicht nach § 18 Abs. 3 EStG begünstigt.[143]

Beispiel:

A, der eine Einzelpraxis als Internist betreibt, gründet zum 01.01.02 mit B eine Gemeinschaftspraxis. B zahlt dem A für die in die Gemeinschaftspraxis eingebrachten Gegenstände und die Hälfte des ideellen Praxiswerts 150.000 € in dessen Privatvermögen. Der Buchwert der Einzelpraxis betrug 100.000 €, der Teilwert 300.000 €. A und B sind zu je 50 % beteiligt.

Mit der Einbringung der Gegenstände und des immateriellen Praxiswerts sind diese Gesamthandseigentum der Gesellschafter geworden (§ 718 Abs. 1 BGB). Die steuerlichen Folgen der Einbringung eines Betriebs in eine Personengesellschaft sind vorrangig in § 24 UmwStG geregelt. Die Vorschrift gilt auch für die Einbringung eines frei-

---

139 BFH vom 29.10.1992 IV R 16/91 (BStBl 1993 II S. 182).
140 BFH vom 24.08.1989 IV R 120/88 (BStBl 1990 II S. 55).
141 BFH vom 10.11.2005 IV R 29/04 (BStBl 2006 II S. 173).
142 BFH vom 23.05.1985 IV R 210/83 (BStBl 1985 II S. 695).
143 BFH vom 18.10.1999 GrS 2/98 (BStBl 2000 II S. 123).

22 Einkünfte aus selbständiger Arbeit

beruflichen Betriebes.[144] Die Steuerbegünstigung der § 18 Abs. 3, § 16 Abs. 4, § 34 Abs. 1 oder 3 EStG gelten nur, wenn die stillen Reserven aufgelöst werden (§ 24 Abs. 3 Satz 2 UmwStG).

Hier werden die Tatbestände der Veräußerung und der Einbringung miteinander verbunden: Der Betrieb wird in die Personengesellschaft durch den bisherigen Praxisinhaber teilweise für eigene Rechnung und teilweise für Rechnung eines Dritten, des künftigen Mitgesellschafters, eingebracht, der dafür dem Einbringenden ein Entgelt zahlt (Zuzahlung); diese „Einbringung" stellt sich als Veräußerungsvorgang dar. Hierauf ist § 24 UmwStG nicht anwendbar. A kann insoweit nicht die Buchwerte fortführen und den durch die Zuzahlung entstehenden Gewinn auch nicht durch eine negative Ergänzungsbilanz verhindern.[145] Es entsteht ein laufender Gewinn von 100.000 €.[146] Hinsichtlich des Teils der Einzelpraxis, den A nach den obigen Ausführungen für eigene Rechnung eingebracht hat, besteht ein Wahlrecht zwischen Buchwertfortführung und Ansatz eines höheren Wertes. Bei der Wahl der Buchwertfortführung tritt insoweit keine Gewinnrealisierung ein. Für B ist eine positive Ergänzungsbilanz (Mehrkapital 100.000 €) aufzustellen.

Wählt A auch für die Einbringung des bei ihm verbleibenden Anteils den Teilwertansatz, entsteht für ihn zusätzlich ein Einbringungsgewinn von 100.000 €, der nicht tarifbegünstigt ist, weil A insoweit an sich selbst veräußert (§ 24 Abs. 3 Satz 3 UmwStG).

Eine **Aufgabe** einer selbständigen Tätigkeit ist dann anzunehmen, wenn sie der betreffende Steuerpflichtige mit dem Entschluss einstellt, die Tätigkeit weder fortzusetzen noch das dazugehörige Vermögen an Dritte zu übertragen.[147]

Der Tod des Freiberuflers führt weder zur Betriebsaufgabe noch geht das der freiberuflichen Tätigkeit dienende Betriebsvermögen durch den Erbfall in das Privatvermögen der Erben über.[148] Die Erben beziehen keine Einkünfte aus einer ehemaligen Tätigkeit des Erblassers i. S. von § 24 Nr. 2 EStG, wie z. B. bei der Veräußerung der zum Nachlass eines Künstlers gehörenden Bilder.[149] Sie verwirklichen selbst den Einkunftserzielungstatbestand.[150] Die Erben erzielen also Einkünfte aus Gewerbebetrieb, wenn nicht alle Miterben die Berufsqualifikation zur Ausübung der freiberuflichen Tätigkeit haben.[151] Ein etwa vorhandener Praxiswert wandelt sich in einen Geschäftswert um.[152] Bei einer Vereinbarung über die Erbauseinandersetzung innerhalb von 6 Monaten nach dem Erbfall können die Einkünfte als freiberuflich rückwirkend auf den Erbfall demjenigen Erben zugerechnet werden, der die Praxis bzw. den Anteil daran übernimmt.[153]

---

144 BFH vom 26.02.1981 IV R 98/79 (BStBl 1981 II S. 568).
145 BFH vom 18.10.1999 GrS 2/98 (BStBl 2000 II S. 123).
146 Vgl. BMF vom 21.08.2001 (BStBl 2001 I S. 543), Rdnr. 24.11.
147 R 18.3 Abs. 3 EStR.
148 BFH vom 12.03.1992 IV R 29/91 (BStBl 1993 II S. 36).
149 BFH vom 29.04.1993 IV R 16/92 (BStBl 1993 II S. 716) und vom 21.09.1995 IV R 1/95 (BStBl 1995 II S. 893).
150 BFH vom 05.07.1990 GrS 2/98 (BStBl 1990 II S. 837).
151 BMF vom 14.03.2006 (BStBl 2006 I S. 253), Rdnr. 5.
152 BFH vom 14.12.1993 VIII R 13/93 (BStBl 1994 II S. 922).
153 BMF vom 14.03.2006 (BStBl 2006 I S. 253), Rdnr. 8 und 9.

22.7 Veräußerungsgewinne gem. § 18 Abs. 3 EStG

Die Aufteilung des Betriebsvermögens ohne Betriebsfortführung ist eine Betriebsaufgabe gem. § 18 Abs. 3 EStG, es sei denn, es liegt ein Fall der Realteilung vor.[154] Von dieser steuerneutralen Realteilung i. S. des § 16 Abs. 3 Satz 2 und 3 EStG zu unterscheiden ist die Aufgabe eines Mitunternehmeranteils bei Fortbestehen der Mitunternehmerschaft. Setzen nach dem Tod eines Gesellschafters die überlebenden Gesellschafter die Gesellschaft fort, realisiert der Erblasser einen begünstigten Veräußerungsgewinn.[155] Wenn ein Erbe die ererbte Praxis kraft eigener Berufsqualifikation fortführt, werden die Buchwerte fortgeführt (§ 6 Abs. 3 EStG). Lässt er die Praxis durch einen Freiberufler fortführen, bis er selbst die Berufsqualifikation erlangt, ist er nicht zur Betriebsaufgabe verpflichtet. Erst wenn er die Praxis nach abgeschlossener Berufsausbildung nicht fortführt oder die Ausbildung abbricht, ist eine Betriebsaufgabe anzunehmen. In der Zeit bis zur Übernahme erzielt der Erbe Einkünfte aus Gewerbebetrieb.[156]

Zahlungen des Erben eines Textdichters an dessen Abkömmlinge zur **Abgeltung von Pflichtteilsansprüchen** sind auch dann nicht abziehbar, wenn sie vereinbarungsgemäß aus laufenden Tantiemeeinnahmen von der GEMA erfolgen. Die Begleichung eines Pflichtteilsanspruchs führt nicht zu Anschaffungskosten.[157] Im Rahmen der Vereinbarung zwischen Erbe und Pflichtteilsberechtigten hätte die Steuerbelastung des Erben berücksichtigt werden müssen.[158]

Hinsichtlich der Ermittlung und der steuerlichen Behandlung des Veräußerungs- oder Aufgabegewinns gelten die Vorschriften in § 16 Abs. 2 bis 4 EStG entsprechend (vgl. 20.7 und 20.8). Es ist zu beachten, dass der Wert des Betriebsvermögens zur Errechnung des Veräußerungsgewinns nach § 4 Abs. 1 EStG festzustellen ist.[159]

---

154 BMF vom 28.02.2006 (BStBl 2006 I S. 228).
155 BMF vom 14.03.2006 (BStBl 2006 I S. 253), Rdnr. 69.
156 BFH vom 12.03.1992 IV R 29/91 (BStBl 1993 II S. 36); BMF vom 14.03.2006 (BStBl 2006 I S. 253), Rdnr. 5.
157 BMF vom 14.03.2006 (BStBl 2006 I S. 253), Rdnr. 35.
158 BFH vom 02.03.1995 IV R 62/93 (BStBl 1995 II S. 413).
159 BFH vom 29.04.2011 VIII B 42/10 (BFH/NV 2011 S. 1345); H 4.5 (6) „Tod eines Gesellschafters" EStH.

23 Einkünfte aus nichtselbständiger Arbeit (§ 19 EStG)[1]

23.1 Allgemeines

Während in § 18 EStG abschließend aufgeführt ist, welche Einkünfte ihrer Art nach zu den Einkünften aus selbständiger Arbeit gehören, enthält § 19 EStG keine solche abschließende Aufzählung hinsichtlich der Einkünfte aus nichtselbständiger Arbeit. In § 19 Abs. 1 EStG wird beispielhaft aufgeführt, welche Einnahmen bei den Einkünften aus nichtselbständiger Arbeit zu erfassen sind. Die Einkunftsart nichtselbständige Arbeit gem. § 19 i. V. m. § 2 Abs. 1 Satz 1 Nr. 4 EStG wird bestimmt durch die Kriterien Dienstverhältnis, Arbeitslohn, Arbeitnehmer und Arbeitgeber. Diese Begriffe werden nicht im EStG, sondern in §§ 1 und 2 LStDV definiert.

Einkünfte aus nichtselbständiger Arbeit einerseits und Einkünfte aus selbständiger Arbeit oder aus Gewerbebetrieb andererseits schließen sich einander aus. Eine Tätigkeit kann nämlich entweder nur selbständig oder nichtselbständig ausgeübt werden. Allerdings sind Einnahmen aus einem Dienstverhältnis im Bereich der Mitunternehmerschaft ausnahmsweise bei Einkünften aus Gewerbebetrieb (§ 15 Abs. 1 Satz 1 Nr. 2 EStG) bzw. bei den Einkünften aus selbständiger Arbeit (§ 18 Abs. 4 Satz 2 i. V. m. § 15 Abs. 1 Satz 1 Nr. 2 EStG) statt bei den Einkünften aus nichtselbständiger Arbeit zu erfassen (siehe 18.3 Sondervergütungen).

Der Abgrenzung der nichtselbständigen Arbeitnehmertätigkeit von der selbständigen Unternehmertätigkeit kommt steuerrechtlich eine besondere Bedeutung zu. Der Arbeitnehmer unterliegt dem Steuerabzug vom Arbeitslohn (Lohnsteuer), während der Unternehmer mit seinen Leistungen der Umsatzsteuer und bei einer gewerblichen Tätigkeit auch der Gewerbesteuer unterliegt. Eine natürliche Person unterliegt **mit einer bestimmten Tätigkeit** für einen Auftraggeber entweder der Lohnsteuer oder der Umsatzsteuer (vgl. § 1 Abs. 3 LStDV). Ein Arbeitnehmer kann jedoch **außerhalb seines Arbeitsverhältnisses** als Unternehmer tätig werden, beispielsweise, wenn er einen Gegenstand, z. B. seinen PKW, an seinen Arbeitgeber vermietet.[2] Hierbei kommt es nicht darauf an, in wessen Interesse die Vermietung erfolgt. Dagegen ist bei der Zuordnung von Zahlungen zu einer bestimmten Einkunftsart das Interesse der Vertragsparteien maßgebend. Leistet der Arbeitgeber Zahlungen für ein im Haus oder in der Wohnung des Arbeitnehmers gelegenes Büro, das der Arbeitnehmer für die Erbringung seiner Arbeitsleistung nutzt, so ist die Unterscheidung zwischen Arbeitslohn und Einkünften aus Vermietung und Verpachtung danach vorzunehmen, in wessen vorrangigem Interesse die Nutzung des Büros erfolgt.[3] Dient die Nutzung in erster Linie den Interessen des Arbeitnehmers,

---

[1] Zum weiteren Studium der Einkünfte aus nichtselbständiger Arbeit und zum Lohnsteuerabzug wird auf Band 4 der Grünen Reihe verwiesen.
[2] BFH vom 11.10.2007 V R 77/05 (BStBl 2008 II S. 443).
[3] BFH vom 16.09.2004 VI R 25/02 (BStBl 2006 II S. 10).

ist davon auszugehen, dass die Zahlungen des Arbeitgebers als Gegenleistung für das Zurverfügungstellen der Arbeitskraft des Arbeitnehmers erfolgt sind. Die Einnahmen sind als Arbeitslohn zu erfassen. Eine für die Zuordnung der Mietzahlungen zu den Einnahmen aus Vermietung und Verpachtung i. S. von § 21 Abs. 1 Nr. 1 EStG erforderliche, neben dem Dienstverhältnis gesondert bestehende Rechtsbeziehung setzt voraus, dass das Arbeitszimmer vorrangig im betrieblichen Interesse des Arbeitgebers genutzt wird und dieses Interesse über die Entlohnung des Arbeitnehmers sowie über die Erbringung der jeweiligen Arbeitsleistung hinausgeht (siehe 25.5). Die Ausgestaltung der Vereinbarung zwischen Arbeitgeber und Arbeitnehmer als auch die tatsächliche Nutzung des angemieteten Raums im Haus oder der Wohnung des Arbeitnehmers müssen maßgeblich und objektiv nachvollziehbar von den Bedürfnissen des Arbeitgebers geprägt sein.[4]

Umfangreiche Verwaltungsanweisungen zum gesamten Lohnsteuerrecht enthalten die Lohnsteuer-Richtlinien 2013 und die amtlichen Hinweise zu den Lohnsteuer-Richtlinien, Stand 2014.

23.2 Arbeitnehmer

Der Begriff des Arbeitnehmers ist für das Einkommen- und Lohnsteuerrecht in § 1 Abs. 1 LStDV festgelegt.[5] Die Begriffe des Arbeitsrechts[6], des Sozialversicherungsrechts[7] und des bürgerlichen Rechts[8] sind für das Steuerrecht nicht bindend.

Arbeitnehmerähnliche Selbständige i. S. des § 2 Satz 1 Nr. 9 SGB VI sind steuerlich regelmäßig selbständig tätig (R 15.1 Abs. 3 EStR). Gemäß § 7a Abs. 4 SGB IV können sowohl Arbeitgeber bzw. Auftraggeber als auch Arbeitnehmer bzw. Auftragnehmer beantragen, dass die Deutsche Rentenversicherung Bund prüft und entscheidet, ob im Einzelfall ein Arbeitnehmerverhältnis oder eine selbständige Tätigkeit vorliegt.

Arbeitnehmer sind nach § 1 Abs. 1 Satz 1 LStDV Personen, die in öffentlichem oder privatem Dienst angestellt oder beschäftigt sind oder waren und die aus diesem gegenwärtigen Dienstverhältnis oder aus einem früheren Dienstverhältnis Arbeitslohn beziehen.

> **Beispiele:**
> **a)** A ist als Buchhalter bei der X-AG tätig.
> A bezieht Arbeitslohn aus einem gegenwärtigen Dienstverhältnis.
> **b)** B erhält seit dem Eintritt in den Ruhestand von der X-AG, bei der er bis dahin als Prokurist tätig war, ein monatliches Ruhegehalt.

---

4 Abgrenzungskriterien in BMF vom 13.12.2005 (BStBl 2006 I S. 4).
5 BFH vom 11.03.1960 VI 172/58 U (BStBl 1960 III S. 214).
6 BFH vom 23.04.2009 VI R 81/06 (BStBl 2012 II S. 262).
7 BFH vom 23.04.2009 VI R 81/06 (BStBl 2012 II S. 262).
8 BFH vom 13.12.1960 I 171/60 U (BStBl 1961 III S. 127).

B bezieht Arbeitslohn aus seinem früheren Dienstverhältnis. Er ist steuerlich weiterhin als Arbeitnehmer der X-AG zu behandeln.

Arbeitnehmer sind nach § 1 Abs. 1 Satz 2 LStDV auch die Rechtsnachfolger der vorbezeichneten Personen, soweit sie Arbeitslohn aus dem früheren Dienstverhältnis ihres Rechtsvorgängers beziehen.

Beispiel:
Die Ehefrau des C, der bis zu seinem Tode als Werkmeister bei der X-AG tätig war, bezieht von der X-AG ein monatliches Witwengeld.

Als Witwengeldempfängerin ist auch die Ehefrau des C als Arbeitnehmerin der X-AG zu behandeln. Sie bezieht mit dem Witwengeld Arbeitslohn aus dem früheren Dienstverhältnis ihres Ehemanns.

Voraussetzung für die Bejahung der Arbeitnehmereigenschaft ist nach § 1 Abs. 1 LStDV, dass ein **Dienstverhältnis** besteht oder bestanden hat und aus diesem Dienstverhältnis Arbeitslohn bezogen wird. Nach § 1 Abs. 2 Satz 1 und 2 LStDV, die nach ständiger Rechtsprechung des BFH den Begriff des Arbeitnehmers zutreffend auslegen, liegt ein Dienstverhältnis vor, wenn der Angestellte (Beschäftigte) dem Arbeitgeber seine Arbeitskraft schuldet. Dies ist der Fall, wenn die tätige Person in der Betätigung ihres geschäftlichen Willens unter der Leitung des Arbeitgebers steht oder im geschäftlichen Organismus des Arbeitgebers dessen Weisungen zu folgen verpflichtet ist. Ebenfalls nach ständiger Rechtsprechung des BFH lässt sich der Arbeitnehmerbegriff nicht durch die Aufzählung feststehender Merkmale abschließend bestimmen. Der Begriff des Arbeitnehmers ist ein offener Typusbegriff, der nur durch eine größere unbestimmte Zahl von Merkmalen beschrieben werden kann. Die Bestimmung, ob eine Tätigkeit selbständig oder nichtselbständig ausgeübt wird, ist anhand einer Vielzahl von Merkmalen nach dem Gesamtbild der Verhältnisse zu bestimmen, die im konkreten Einzelfall zu gewichten und abzuwägen sind.[9] Eine umfassende Zusammenstellung der Einzelmerkmale, die für eine Arbeitnehmereigenschaft sprechen können, hat die Rechtsprechung des BFH entwickelt.[10] Maßgebliche in diesem Zusammenhang zu betrachtende Abgrenzungskriterien sind ebenso wie verschiedene Beispiele von Tätigkeiten in H 19.0 LStH aufgeführt.

Eine Person übt eine bestimmte Tätigkeit für einen Auftraggeber entweder selbständig als Unternehmer oder nichtselbständig als Arbeitnehmer aus. Das bedeutet nicht, dass eine Person nur Arbeitnehmer oder nur Unternehmer sein kann. Ein Steuerpflichtiger kann neben selbständigen auch nichtselbständige Tätigkeiten ausüben (H 15.1 EStH, H 19.2 LStH).

---
9 BFH vom 23.04.2009 VI R 81/06 (BStBl 2012 II S. 262).
10 BFH vom 14.06.1985 VI R 150-152/82 (BStBl 1985 II S. 661) und vom 30.05.1995 V R 2/95 (BStBl 1996 II S. 493).

23.2 Arbeitnehmer

Beispiel:
Ein Büroangestellter ist nebenberuflich als selbständiger Versicherungsagent für eine Versicherungsgesellschaft tätig.
Der Angestellte ist mit seiner nichtselbständigen Tätigkeit als Büroangestellter Arbeitnehmer und mit seiner selbständigen Agententätigkeit Unternehmer.

Eine selbständige und eine nichtselbständige Tätigkeit können auch bezüglich derselben Tätigkeitsart nebeneinander vorliegen.

Beispiel:
Ein in einem Krankenhaus angestellter Arzt unterhält zusätzlich eine eigene Arztpraxis.
Der Arzt ist als Angestellter des Krankenhauses Arbeitnehmer, bezüglich seiner eigenen Praxis ist er Unternehmer. Wird ihm dagegen nur ein Liquidationsrecht für gesondert berechenbare wahlärztliche Leistungen in seinem Dienstvertrag eingeräumt, ist er auch hinsichtlich dieser Einnahmen Arbeitnehmer, wenn er die wahlärztlichen Leistungen innerhalb des Dienstverhältnisses erbringt.[11]

Ein Steuerpflichtiger kann auch für eine Person nebeneinander eine selbständige und eine nichtselbständige Tätigkeit wahrnehmen. Dies kommt insbesondere bei einem hauptberuflich tätigen Arbeitnehmer in Betracht, der eine Nebentätigkeit für seinen Arbeitgeber zusätzlich, freiwillig, außerhalb seiner Dienstobliegenheiten, außerhalb des Dienstes und ohne Weisungsbefugnis des Dienstherrn übernommen hat.[12]

Beispiel:
Ein angestellter Schriftleiter eines Verlages schreibt außerhalb seines Dienstes und seines Dienstverhältnisses ein Buch und lässt es gegen Erfolgshonorar bei seinem Arbeitgeber verlegen.
Beide Tätigkeiten sind zu trennen. Es liegt eine nichtselbständige Schriftleitertätigkeit als Arbeitnehmer und daneben eine Unternehmertätigkeit als selbständiger Schriftsteller vor.

Ein Arbeitsverhältnis zwischen **Angehörigen** ist steuerlich nur anzuerkennen, wenn es rechtswirksam vereinbart, entsprechend der Vereinbarungen tatsächlich durchgeführt und inhaltlich dem zwischen Fremden Üblichen entspricht.[13]

Beispiel:
Ein als Arzt freiberuflich Tätiger hat mit seiner 17 Jahre alten Tochter einen Arbeitsvertrag geschlossen, wonach die Tochter in der Praxis am frühen und späten Nachmittag jeweils eine Stunde für die Praxis ankommende Telefongespräche entgegenzunehmen hat. Außerdem übernimmt sie alle sechs bis acht Wochen, wenn der Vater Notdienst am Wochenende hat, den Telefondienst.

---
11 BFH vom 05.10.2005 VI R 152/01 (BStBl 2006 II S. 94).
12 BFH vom 06.03.1995 VI R 63/94 (BStBl 1995 II S. 471); zur Einkunftsart Vermietung und Verpachtung siehe 23.1.
13 BFH vom 06.03.1995 VI R 86/94 (BStBl 1995 II S. 394) und vom 17.07.2013 X R 31/12 (BFH/NV 2013 S. 1968).

Das Arbeitsverhältnis ist steuerlich nicht anzuerkennen, weil derartige geringfügige und untergeordnete Tätigkeiten üblicherweise von haushaltsangehörigen Familienmitgliedern und damit auf familienrechtlicher Grundlage erbracht werden.[14]
Zu Arbeitsverhältnissen zwischen Ehegatten siehe unten 31.2.6.2.2.

23.3 Arbeitslohn

Arbeitslohn sind nach § 2 Abs. 1 Satz 1 LStDV alle Einnahmen, d. h. alle in Geld oder Geldeswert bestehenden Güter, die dem Arbeitnehmer aus dem Dienstverhältnis oder einem früheren Dienstverhältnis zufließen. Es ist gleichgültig, ob es sich um einmalige oder laufende Einnahmen handelt und ob ein Rechtsanspruch auf sie besteht (§ 19 Abs. 1 Satz 2 EStG). Zudem ist unerheblich, unter welcher Bezeichnung oder in welcher Form die Einnahmen gewährt werden (§ 2 Abs. 1 Satz 2 LStDV).[15]

Als Arbeitslohn ist die ungekürzte Einnahme aus einem Dienstverhältnis, d. h. der **Bruttoarbeitslohn**, zu erfassen. Die vom Arbeitgeber für den Arbeitnehmer gem. § 38 Abs. 3 Satz 1 EStG vom Arbeitslohn einzubehaltenen **Steuerabzugsbeträge** (z. B. Lohnsteuer, Solidaritätszuschlag und Kirchensteuer) sowie **Arbeitnehmeranteile** zur gesetzlichen Arbeitslosen-, Kranken-, Pflege- und Rentenversicherung) sind Bestandteil des Arbeitslohns, auch bei einer Nettolohnvereinbarung.[16] Entsprechendes gilt für vom Arbeitgeber übernommene Beiträge zur freiwilligen Rentenversicherung, und zwar auch dann, wenn die späteren Leistungen aus der gesetzlichen Rentenversicherung auf die zugesagten Versorgungsbezüge angerechnet werden sollen.[17] Auch bei Vereinbarung von Schwarzlöhnen führt die Nachentrichtung hinterzogener Arbeitnehmeranteile zur Gesamtsozialversicherung zum Zufluss eines zusätzlichen geldwerten Vorteils, obwohl der Arbeitgeber beim Arbeitnehmer gem. § 28g SGB IV keinen Rückgriff mehr nehmen kann.[18] Nicht zum Arbeitslohn gehören die Arbeitgeberanteile zur gesetzlichen Sozialversicherung, weil die Entrichtung des Arbeitgeberanteils nicht als Gegenleistung für die Arbeitsleistung zu beurteilen ist. § 3 Nr. 62 Satz 1 EStG hat insoweit nur deklaratorische Bedeutung.[19]

Nachdem der BFH Sonderzahlungen an Zusatzversorgungskassen anlässlich von Systemumstellungen oder eines Kassenwechsels nicht als Arbeitslohn behandelt hatte,[20] wurden diese Sachverhalte durch das JStG 2007 als neue Nr. 3 in § 19

---
14 BFH vom 09.12.1993 VI R 14/92 (BStBl 1994 II S. 298) und vom 22.11.1996 VI R 20/94 (BStBl 1997 II S. 187).
15 BFH vom 23.09.1998 XI R 18/98 (BStBl 1999 II S. 98).
16 BFH vom 16.01.2007 IX R 69/04 (BStBl 2007 II S. 579); R 39b.9 Abs. 1 LStR.
17 BMF vom 13.02.2007 (BStBl 2007 I S. 270) gegen BFH vom 05.09.2006 VI R 38/04 (BStBl 2007 II S. 181).
18 BFH vom 13.09.2007 VI R 54/03 (BStBl 2008 II S. 58).
19 BFH vom 06.06.2002 VI R 178/97 (BStBl 2003 II S. 34).
20 BFH vom 15.02.2006 VI R 92/04 (BStBl 2006 II S. 528).

23.3 Arbeitslohn

Abs. 1 Satz 1 EStG aufgenommen. Die Vorschrift erfasst laufende Beiträge sowie Sonderzahlungen eines Arbeitgebers an einen Pensionsfonds, eine Pensionskasse oder für eine Direktversicherung für die betriebliche Altersversorgung. Zu den Pensionskassen zählen auch die nichtrechtsfähigen Zusatzversorgungskassen des öffentlichen Dienstes. Sonderzahlungen an eine Pensionskasse können insbesondere beim Wechsel oder bei Veränderungen der Finanzierungsstruktur der Pensionskasse erforderlich werden.

Vom steuerrechtlichen Begriff des Arbeitslohns sind die **Entgeltbegriffe der Sozialversicherung** zu unterscheiden. Nach § 14 Abs. 1 SGB IV sind Arbeitsentgelt alle laufenden oder einmaligen Einnahmen aus einer Beschäftigung. Arbeitseinkommen ist gem. § 15 Abs. 1 Satz 1 SGB IV der nach den allgemeinen Gewinnermittlungsvorschriften des Einkommensteuerrechts ermittelte Gewinn aus einer selbständigen Tätigkeit.

Eine nicht abschließende Aufzählung von Bezügen, die zum Arbeitslohn gehören, enthalten § 19 Abs. 1 EStG und § 2 Abs. 2 LStDV. Zum Arbeitslohn gehören alle geldwerten Vorteile, die für eine Beschäftigung im öffentlichen oder privaten Dienst geleistet werden. Vorteile werden **für** eine Beschäftigung gewährt, wenn sie durch das individuelle Dienstverhältnis des Arbeitnehmers veranlasst sind. Voraussetzung ist, dass sie sich für den Arbeitnehmer als Frucht seiner Arbeit für den Arbeitgeber darstellt und im Zusammenhang mit dem Dienstverhältnis steht. Arbeitslohn liegt jedoch dann nicht vor, wenn die Zuwendung wegen anderer Rechtsbeziehungen oder wegen sonstiger nicht auf dem Dienstverhältnis beruhender Beziehungen zwischen Arbeitnehmer und Arbeitgeber gewährt wird.[21]

Es muss sich daher die Leistung des Arbeitgebers im weitesten Sinne als Gegenleistung für das Zurverfügungstellen der individuellen Arbeitskraft des Arbeitnehmers erweisen.[22] Das ist nicht der Fall, wenn die den Vorteil bewirkenden Aufwendungen ganz überwiegend im eigenbetrieblichen Interesse des Arbeitgebers getätigt werden und der Vorteil der Belegschaft als Gesamtheit zugewendet wird oder dem einzelnen Arbeitnehmer aufgedrängt wird, ohne dass ihm eine Wahl bei der Annahme des Vorteils bleibt und ohne dass der Vorteil eine Marktgängigkeit besitzt (z. B. unentgeltliche Verpflegung von Besatzungsmitgliedern an Bord eines Flusskreuzfahrtschiffes,[23] Aufwendungen für die Massage von Arbeitnehmern,[24] verbilligte Reisen,[25] Incentive-Reisen[26]).[27] Die Übernahme der Beiträge zur Berufskammer der Steuerberater durch den Arbeitgeber eines Steuerberaters ist Letzterem als Arbeitslohn zuzu-

---

21 BFH vom 18.11.2012 VI R 64/11 (BFHE 239 S. 270).
22 BFH vom 04.08.1994 VI R 61/92 (BStBl 1995 II S. 59); R 19.3 Abs. 1 LStR.
23 BFH vom 21.01.2010 VI R 51/08 (BStBl 2010 II S. 700).
24 BFH vom 30.05.2001 VI R 177/99 (BStBl 2001 II S. 671).
25 BMF vom 14.09.1994 (BStBl 1994 I S. 755).
26 BFH vom 09.03.1990 VI R 48/87 (BStBl 1990 II S. 711); H 19.7 LStH.
27 Zur Einkommensverwendung siehe BFH vom 02.09.2008 X R 8/06 (BStBl 2010 II S. 548).

rechnen.²⁸ Auch die durch einen Spediteur für seine angestellten Fahrer übernommenen Bußgelder, die wegen Verstöße gegen Lenk- und Ruhezeiten verhängt werden, stellen Arbeitslohn dar, weil die Übernahme nicht im ganz überwiegend eigenbetrieblichen Interesse des Arbeitgebers erfolgt.²⁹

Nicht zum Arbeitslohn gehören die Beträge, die der Arbeitnehmer vom Arbeitgeber erhält, um sie für ihn auszugeben (**durchlaufende Gelder**), und die Beträge, durch die Auslagen des Arbeitnehmers für den Arbeitgeber ersetzt werden (**Auslagenersatz**), z. B. der Ersatz von Gebühren für ein außerhalb des Betriebs geführtes geschäftliches Telefonat (R 3.50 Abs. 2 LStR; H 3.50 „Allgemeines" LStH). Von dem durch § 3 Nr. 50 EStG ausdrücklich steuerfrei gestellten Auslagenersatz zu unterscheiden ist der **Werbungskosten-Ersatz** durch den Arbeitgeber; denn dabei handelt es sich um Arbeitslohn, dem ein gleich hoher Aufwand des Arbeitnehmers gegenübersteht.³⁰ Die Steuerfreiheit der Werbungskostenerstattungen ist abschließend gesetzlich geregelt (§ 3 Nr. 12, 13, 30, 31, 32, 33 EStG).³¹ Zur Abgrenzung von Entlassungsentschädigungen siehe 27.2.2.

Einnahmen, die nicht in Geld bestehen (Wohnung, Kost, Waren und sonstige Sachbezüge³²), sind mit den üblichen Endpreisen am Abgabeort zu bewerten (§ 8 Abs. 2 Satz 1 EStG; siehe 15.2.3). Bei der Bemessung des steuerpflichtigen Arbeitslohns werden bei einem Arbeitnehmer Rabatte, die der Arbeitgeber nicht nur seinen Arbeitnehmern, sondern auch fremden Dritten üblicherweise einräumt, außen vor gelassen. Soweit diese Preisnachlässe im normalen Geschäftsverkehr fremden Dritten gewährt werden, werden diese nicht als Vorteil „für" die Beschäftigung gewährt und gehören deshalb auch nicht zum steuerpflichtigen Arbeitslohn.³³ Der Arbeitnehmer kann im Rahmen seiner Einkommensteuerveranlagung den geldwerten Vorteil nach § 8 Abs. 2 EStG ohne Bewertungsabschlag und ohne Rabattfreibetrag oder mit diesen Abschlägen auf der Grundlage des Endpreises des Arbeitgebers nach § 8 Abs. 3 EStG bewerten lassen. Endpreise i. S. des § 8 Abs. 3 Satz 1 EStG sind keine typisierten und pauschalierten Werte, wie z. B. der inländische Listenpreis i. S. des § 6 Abs. 1 Nr. 4 Satz 2 EStG. Vielmehr ist der Endpreis im Sinne der Vorschrift der am Ende von Verkaufsverhandlungen als letztes Angebot stehende Preis und umfasst deshalb auch Rabatte.³⁴ Ob die Veräußerung eines Wirtschaftsguts vom Arbeitgeber an den Arbeitnehmer verbilligt erfolgt und deshalb insoweit beim Arbeitnehmer ein lohnsteuerlicher Vorteil anzusetzen ist, beurteilt sich anhand

---

28 BFH vom 17.01.2008 VI R 26/06 (BStBl 2008 II S. 378).
29 BFH vom 14.11.2013 VI R 36/12 (BStBl 2014 II S. 278).
30 BFH vom 27.04.2001 VI R 2/98 (BStBl 2001 II S. 601).
31 Zur verfassungsrechtlichen Problematik des § 3 Nr. 12 EStG siehe BFH vom 21.10.1994 VI R 15/94 (BStBl 1995 II S. 142).
32 Vgl. BFH vom 14.11.2012 VI R 56/11 (BStBl 2013 II S. 382) zum Erwerb einer vergünstigten Jahresnetzkarte (Jobticket).
33 BFH vom 26.07.2012 VI R 27/11 (BStBl 2013 II S. 402) und vom 10.04.2014 VI R 62/11 (www.bundesfinanzhof.de).
34 BFH vom 26.07.2012 VI R 30/09 (BStBl 2013 II S. 400).

23.3 Arbeitslohn

Wertverhältnisse der vereinbarten Leistungen im Zeitpunkt des Abschlusses des verbindlichen Veräußerungsgeschäfts.[35]

Nach der Rechtsprechung des BFH stellen auch Zuwendungen von einem Dritten an einen Arbeitnehmer für diesen Arbeitslohn dar, wenn sie ein Entgelt „für" eine Leistung sind, die der Arbeitnehmer im Rahmen eines Dienstverhältnisses für seinen Arbeitgeber erbringt, erbracht hat oder erbringen soll.[36] Hiervon ist auszugehen, wenn der Dritte anstelle des Arbeitgebers die Arbeitsleistung des Arbeitnehmers entgilt, indem der Arbeitgeber etwa einen ihm zustehenden Vorteil im abgekürzten Weg an seine Beschäftigten weitergibt. Dagegen sind die Zuwendungen kein Arbeitslohn, wenn sie wegen anderer Rechtsbeziehungen oder wegen sonstiger nicht auf dem Dienstverhältnis beruhender Beziehungen zwischen Arbeitgeber und Arbeitnehmer gewährt werden. Deshalb liegt nicht allein deshalb Arbeitslohn vor, wenn der Arbeitgeber an der Verschaffung der Rabatte mitgewirkt hat. Dies soll erst recht gelten, wenn er von der Rabattgewährung nur Kenntnis hatte oder hätte haben müssen.[37]

Auch Zahlungen an einen Dritten können eine steuerbare Einnahme bei den Einkünften aus nichtselbständiger Arbeit sein. Eine Drittzuwendung ist dem Arbeitnehmer immer dann als Arbeitslohn zuzurechnen, wenn ihm über den Dritten, beispielsweise einen Familienangehörigen, ein Vorteil für geleistete Dienste zugewendet wird.[38]

Für bestimmte Waren oder Dienstleistungen werden amtliche Sachbezugswerte in der regelmäßig angepassten Sozialversicherungsentgeltverordnung (SvEV) nach § 17 Abs. 1 Satz 1 Nr. 1 und 3 SGB IV oder durch die obersten Landesfinanzbehörden festgesetzt, die auch für die steuerliche Bewertung bei den Arbeitnehmern maßgebend sind (§ 8 Abs. 2 Satz 2 und 3 EStG; R 8.1 Abs. 4 LStR).

Eine größere praktische Bedeutung hat die Abgrenzung zu den Einkünften aus Kapitalvermögen. Die in § 20 Abs. 8 EStG enthaltene Subsidiaritätsregelung bezieht sich nicht auf die Einkünfte aus nichtselbständiger Arbeit. Nach ständiger Rechtsprechung des BFH[39] ist für die Abgrenzung die Einkunftsart maßgebend, die im Vordergrund steht und die Beziehungen zu den anderen Einkunftsarten verdrängt. So stellt die verbilligte Überlassung von Aktien[40] einen geldwerten Vorteil dar in Höhe der Verbilligung, die dem Arbeitnehmer für eine Beschäftigung gezahlt wird. Problematisch kann der Zeitpunkt des Zuflusses gem. § 11 Abs. 1 Satz 4 EStG i. V. m. § 38a Abs. 1 Satz 3 EStG sein. Bei Aktien ist das der Zeitpunkt, in dem der Anspruch auf Verschaffung der tatsächlichen Verfügungsmacht über die Aktien

---
35 BFH vom 07.05.2014 VI R 73/12 (www.bundesfinanzhof.de).
36 BFH vom 07.05.2014 VI R 73/12 (www.bundesfinanzhof.de).
37 BFH vom 18.10.2012 VI R 64/11 (BFHE 239 S. 270) gegen BMF vom 27.01.2004 (BStBl 2004 I S. 173).
38 BFH vom 07.05.2014 VI R 73/12 (www.bundesfinanzhof.de).
39 BFH vom 19.06.2008 VI R 4/05 (BStBl 2008 II S. 826) und vom 05.04.2006 IX R 111/00 (BStBl 2006 II S. 654).
40 Vgl. BFH vom 23.06.2005 VI R 124/99 (BStBl 2005 II S. 766).

erfüllt wird, also in der Regel die Einbuchung in das Depot bei der Bank des Arbeitnehmers; der Kurs der Aktien in diesem Zeitpunkt bestimmt auch die Höhe des geldwerten Vorteils.[41] Hier kommt auch die Anwendung des § 34 EStG in Betracht.[42] Verfällt das Aktienoptionsrecht, können die Optionskosten Werbungskosten sein.[43] Bei der Übertragung nicht handelbarer Wandelschuldverschreibungen fließt der Arbeitslohn erst zu, wenn dem Arbeitnehmer nach Ausübung des Wandlungsrechts die Verfügungsmacht über die Aktien verschafft wird.[44]

Die steuerrechtlichen Regelungen für geringfügig entlohnte Beschäftigte knüpfen unmittelbar an die **sozialversicherungsrechtliche Behandlung** des Beschäftigungsverhältnisses an, wobei es darauf ankommt, ob der Arbeitgeber für das entsprechende Beschäftigungsverhältnis die pauschalen oder die allgemeinen Beiträge zur Rentenversicherung zu entrichten hat (§ 40a Abs. 2 und Abs. 2a EStG; siehe 34.2.7). Aus sozialversicherungsrechtlicher Sicht handelt es sich seit dem 01.01.2013 um ein geringfügig entlohntes Beschäftigungsverhältnis, wenn das Arbeitsentgelt aus dieser Beschäftigung regelmäßig **im Monat 450 Euro** nicht übersteigt (§ 8 Abs. 1 Nr. 1 SGB IV; Einzelheiten unter **www.minijob-zentrale.de**).

23.4 Einkunftsermittlung

Die Einkünfte aus nichtselbständiger Arbeit werden aus dem **Überschuss der Einnahmen (§ 8 EStG) über die Werbungskosten (§§ 9, 9a EStG)** berechnet (siehe 15.3).

Als Arbeitslohn sind alle Einnahmen zu erfassen, die dem Arbeitnehmer aus dem Dienstverhältnis oder beim Vorliegen mehrerer Dienstverhältnisse aus seinen Dienstverhältnissen zufließen (§ 2 Abs. 1 Satz 1 LStDV).

Der Zeitpunkt der Erfassung der Einnahmen richtet sich nach § 11 Abs. 1 EStG, der in Satz 4 für Einnahmen aus nichtselbständiger Arbeit die Geltung des § 38 Abs. 1 Satz 2 und 3 EStG normiert. Nach diesen Vorschriften gilt laufender Arbeitslohn in dem Kalenderjahr als bezogen, in dem der Lohnzahlungszeitraum endet; in den Fällen des § 39b Abs. 5 Satz 1 EStG tritt der Lohnabrechnungszeitraum anstelle des Lohnzahlungszeitraums (§ 38a Abs. 1 Satz 2 EStG). Dagegen wird Arbeitslohn, der nicht als laufender Arbeitslohn gezahlt wird (sonstige Bezüge), in dem Kalenderjahr bezogen, in dem er dem Arbeitnehmer zufließt (§ 38a Abs. 1 Satz 3 EStG). Insoweit bestimmt sich der Zeitpunkt der Erfassung der Einnahmen nach dem allgemeinen Grundsatz des § 11 Abs. 1 EStG.

Stellt der Arbeitslohn Versorgungsbezüge dar, ist zunächst ein Versorgungsfreibetrag (§ 19 Abs. 2 EStG, dazu 22.5) abzuziehen.

---

41 BFH vom 23.06.2005 VI R 10/03 (BStBl 2005 II S. 770).
42 BFH vom 18.12.2007 VI R 62/05 (BStBl 2008 II S. 294).
43 BFH vom 03.05.2007 VI R 36/05 (BStBl 2007 II S. 647).
44 BFH vom 23.06.2005 VI R 124/99 (BStBl 2005 II S. 766).

23.4 Einkunftsermittlung

Danach sind die Werbungskosten abzuziehen. Ergibt sich danach ein negativer Betrag, können diese negativen Einkünfte aus nichtselbständiger Arbeit mit etwaigen positiven Einkünften aus anderen Einkunftsarten ausgeglichen werden. Werden keine oder nicht höhere Werbungskosten nachgewiesen, sind bei der Ermittlung der Einkünfte ein **Arbeitnehmer-Pauschbetrag** i. H. von 1.000 Euro (§ 9a Satz 1 Nr. 1 Buchst. a EStG) oder bei Versorgungsbezügen i. S. des § 19 Abs. 2 EStG ein Pauschbetrag von 102 Euro (§ 9a Satz 1 Nr. 1 Buchst. b EStG) abzuziehen (dazu siehe 15.4.2). Der Arbeitnehmer-Pauschbetrag bzw. der Werbungskosten-Pauschbetrag darf nur bis zur Höhe der ggf. um den Versorgungsfreibetrag einschließlich des Zuschlags zum Versorgungsfreibetrag geminderten Einnahmen abgezogen werden (§ 9a Satz 2 EStG). Diese Pauschbeträge sind in einem Veranlagungszeitraum in voller Höhe abzuziehen, unabhängig davon, in wie vielen Monaten der Steuerpflichtige, und unabhängig davon, im Rahmen wie vieler Dienstverhältnisse er als Arbeitnehmer tätig war.

> **Beispiele:**
> **a)** Student A war nur drei Monate im Jahr als Arbeitnehmer tätig und erzielte in diesem Zeitraum einen Bruttoarbeitslohn i. H. von 6.000 €.
> Kann A keine höheren Werbungskosten nachweisen, betragen seine Einkünfte aus nichtselbständiger Arbeit 5.000 €.
> **b)** Student B war im Jahr bei zwei Betrieben als Arbeitnehmer tätig und erzielte in diesem Zeitraum Bruttoarbeitslohn i. H. von 4.000 € und 3.000 €.
> Kann B keine höheren Werbungskosten nachweisen, betragen seine Einkünfte aus nichtselbständiger Arbeit 6.000 €.
> **c)** Student C erhielt im Jahr als Arbeitnehmer einen Bruttoarbeitslohn i. H. von 850 €.
> Kann C keine höheren Werbungskosten nachweisen, betragen seine Einkünfte aus nichtselbständiger Arbeit 0 €.

Werbungskosten sind Aufwendungen zur Erwerbung, Sicherung und Erhaltung der Einnahmen (§ 9 Abs. 1 Satz 1 EStG). Dazu rechnen alle Aufwendungen, die durch die Erzielung steuerpflichtiger Einnahmen veranlasst sind. Veranlasst in diesem Sinne sind die Aufwendungen, wenn sie in einem Zusammenhang mit der auf Einnahmeerzielung gerichteten beruflichen Tätigkeit stehen und zur Förderung dieser steuerlich relevanten Tätigkeit getragen werden. Werbungskosten bei den Einkünften aus nichtselbständiger Arbeit liegen danach vor, wenn die Aufwendungen den Beruf des Arbeitnehmers im weitesten Sinne fördern. Zu diesen Aufwendungen i. S. des § 9 Abs. 1 Satz 1 EStG zählen alle Vermögensabflüsse in Geld und Geldeswert einschließlich den Arbeitnehmer unfreiwillig treffende Substanzverluste.[45]

Nach ständiger Rechtsprechung des BFH liegen Werbungskosten vor, wenn zwischen den Aufwendungen und den Einnahmen ein objektiver Zusammenhang besteht. Ob Aufwendungen der beruflichen Sphäre oder der Lebensführung i. S. von § 12 Nr. 1 EStG zuzurechnen sind, entscheidet sich dabei unter Würdigung aller

---
45 BFH vom 25.11.2010 VI R 34/08 (BStBl 2012 II S. 24).

Umstände des Einzelfalls, ohne dass dabei allerdings schon ein abstrakter Kausalzusammenhang im Sinne einer conditio sine qua non die einkommensteuerliche Zuordnung der Aufwendungen zur Erwerbssphäre rechtfertigt. Aufwendungen sind vielmehr nur dann als durch eine Einkunftsart veranlasst anzusehen, wenn sie hierzu in einem steuerrechtlich anzuerkennenden wirtschaftlichen Zusammenhang stehen. Maßgebend dafür, ob ein solcher Zusammenhang besteht, ist zum einen die wertende Beurteilung des die betreffenden Aufwendungen auslösenden Moments, zum anderen die Zuweisung dieses maßgebenden Besteuerungsgrundes zur einkommensteuerrechtlich relevanten Erwerbssphäre.[46] Diese Definition entspricht der für alle Überschuss-Einkunftsarten geltenden Werbungskostendefinition, sodass auf die Ausführungen zu 15.3.1 verwiesen werden kann.

Zu den Fahrten zwischen Wohnung und Arbeitsstätte siehe 15.3.5, zu der doppelten Haushaltsführung siehe 15.3.6 und zu den Arbeitsmitteln siehe 15.3.7.

In einigen Fällen ist bei der Zuordnung von Aufwendungen auch eine Abgrenzung zu anderen Einkunftsarten, beispielsweise zu den Einkünften aus Kapitalvermögen, erforderlich. Wenn der Arbeitnehmer dem Arbeitgeber ein Darlehen gewährt, um seinen Arbeitsplatz zu sichern, stellt sich die Frage, ob der wirtschaftliche Verlust des Darlehens bei der Insolvenz des Arbeitgebers zu Werbungskosten des Arbeitnehmers führt. Da die Subsidiaritätsregelung des § 20 Abs. 8 EStG nicht die Einkünfte aus nichtselbständiger Arbeit erfasst, ist die Einkunftsart maßgebend, die im Vordergrund steht und die Beziehungen zu den anderen Einkünften verdrängt.[47] Wenn es dem Arbeitnehmer auf die Zinsen ankommt, stehen bei Hingabe eines Darlehens an den Arbeitgeber die Einkünfte aus Kapitalvermögen im Vordergrund. Deshalb sind Schuldzinsen für Darlehen, mit denen Arbeitnehmer den Erwerb von Gesellschaftsanteilen an ihrer Arbeitgeberin finanzieren, um damit die arbeitsvertragliche Voraussetzung für die Erlangung einer höher dotierten Position zu erfüllen, regelmäßig Werbungskosten bei den Einkünften aus Kapitalvermögen.

Da bei der Überlassung von Kapitalvermögen zur Nutzung nicht das Kapitalvermögen selbst, sondern dessen Nutzungsmöglichkeit eingesetzt wird, berührt der Verlust des Kapitals die Einkunftsart des § 20 EStG grundsätzlich nicht, sodass ein Werbungskostenabzug ausscheidet (siehe 24.1). Dagegen kommt nach der Rechtsprechung des BFH eine Berücksichtigung eines Verlustes bei den Einkünften aus nichtselbständiger Arbeit in Betracht, wenn mit der Darlehensgewährung der Verlust des Kapitals bewusst aus Gründen riskiert wird, die in der beruflichen Sphäre des Arbeitnehmers liegen. Ist das der Fall, kann der Arbeitnehmer den Darlehensbetrag in dem Jahr geltend machen, in dem für ihn die Wertlosigkeit der Forderung erkennbar ist.[48] Zweifel an der beruflichen Veranlassung gehen zulasten des den Werbungs-

---
46 BFH vom 09.02.2012 VI R 23/10 (BStBl 2012 II S. 829); R 9.1 Abs. 1 LStR.
47 BFH vom 25.11.2010 VI R 34/08 (BStBl 2012 II S. 24).
48 BFH vom 07.02.2008 VI R 75/06 (BStBl 2010 II S. 48).

kostenabzug begehrenden Arbeitnehmers.[49] Verfällt ein vom Arbeitgeber eingeräumtes Optionsrecht auf Aktien, können die Optionskosten als vergebliche Werbungskosten bei den Einkünften aus nichtselbständiger Arbeit abziehbar sein.[50] Im Bereich der Einkünfte nach § 20 Abs. 2 Satz 1 Nr. 3 Buchst. a EStG sind die Kosten nicht abziehbar (siehe 24.2.15).

23.5 Versorgungsbezüge, Versorgungsfreibetrag (§ 19 Abs. 2 EStG)

Versorgungsbezüge, die Arbeitnehmern nach dem Ausscheiden aus dem Dienst aus einer gesetzlichen oder einer privaten Rentenversicherung zufließen, sind grundsätzlich private Leibrenten i. S. des § 22 Nr. 1 Satz 3 Buchst. a EStG und unterliegen der Einkommensteuer nur mit dem sich aus § 22 Nr. 1 Satz 3 Buchst. a EStG ergebenden Anteil. Demgegenüber gehören Versorgungsbezüge und Vorteile aus früheren Dienstleistungen, die der Dienstherr seinen Beamten oder der Arbeitgeber seinen Arbeitnehmern nach dem Ausscheiden aus dem Dienst gewährt, zu den Einkünften aus nichtselbständiger Arbeit i. S. des § 19 Abs. 1 EStG. Vom Arbeitgeber zufließende Versorgungsbezüge sind aber insoweit Leibrenten i. S. des § 22 Nr. 1 Satz 3 Buchst. a EStG, als sie Ertrag eines vom Arbeitnehmer hingegebenen, auf die Lebenszeit des Bezugsberechtigten verrenteten Kapitals sind.[51] Die Vorschrift des § 19 Abs. 2 EStG begünstigt Versorgungsbezüge und erfordert deshalb eine Abgrenzung zu den laufenden Dienstbezügen. Vergleiche dazu im Einzelnen § 19 Abs. 2 Satz 2 EStG und R 19.8 Abs. 1 LStR.

Um die Ruhegehaltsempfänger gegenüber den Rentenbeziehern steuerlich nicht zu benachteiligen und eine volle Steuerpflicht dieser Ruhegehaltsbezüge zu vermeiden, wird bei der Besteuerung von Versorgungsbezügen, die als Arbeitslohn zufließen, ein **Versorgungsfreibetrag** nach Maßgabe des § 19 Abs. 2 EStG berücksichtigt.

Durch das Alterseinkünftegesetz erfolgt seit 2005 ein schrittweiser Systemwechsel zur nachgelagerten Besteuerung der Renten (siehe 25.2.4). Der Versorgungsfreibetrag gem. § 19 Abs. 2 EStG, der zum Ausgleich der Ungleichbehandlung von Renten und Pensionen eingeführt worden war, wird deshalb in gleichem Maße abgeschmolzen, in dem der steuerpflichtige Anteil der Renten erhöht wird. Das geschieht in der Form seiner relativen Höhe von 40 % der Versorgungsbezüge, indem diese mit jährlich 1,6 Prozentpunkten in den ersten 15 Jahren nach der Neuregelung und mit jährlich 0,8 Prozentpunkten in den nachfolgenden 20 Jahren über 35 Jahre auf 0 % gesenkt werden. Die Absenkung des Höchstbetrags von 3.000 Euro über 35 Jahre erfolgt in den ersten 15 Jahren, entsprechend dem Anstieg des steuerpflich-

---

49 BFH vom 02.04.2005 VI R 36/01 (BFH/NV 2006 S. 33).
50 BFH vom 03.05.2007 VI R 36/05 (BStBl 2007 II S. 647).
51 BFH vom 21.10.1996 VI R 46/96 (BStBl 1997 II S. 127).

23 Einkünfte aus nichtselbständiger Arbeit

tigen Anteils bei den Renten, mit doppelt so hohen Beträgen wie in den nachfolgenden 20 Jahren.

Die stufenweisen Umstellungen werden nach dem sog. Kohortenprinzip durchgeführt, d. h., für den einzelnen Bezieher von Alterseinkünften wird die Besteuerungssituation jeweils in dem Zustand „eingefroren", der im Jahr seines Eintritts in die Rente oder Pension vorgelegen hat. Der Versorgungsfreibetrag nach der seit 2005 geltenden Fassung des § 19 Abs. 2 EStG wird danach für den einzelnen Pensionär zu einem individuellen Besteuerungsmerkmal, das für jeden Einzelnen festgestellt werden muss und dann beibehalten wird (§ 19 Abs. 2 Satz 8 EStG).

Da der Arbeitnehmer-Pauschbetrag gem. § 9a Satz 1 Nr. 1 EStG für Bezieher von Versorgungsbezügen ebenfalls abgesenkt wird (siehe 15.4.2), erfolgt eine Milderung dadurch, dass ein Zuschlag zum Versorgungsfreibetrag gewährt wird. Der Zuschlag anstelle eines schrittweisen Abschmelzens des Arbeitnehmer-Pauschbetrags soll deutlich machen, dass es sich nicht um einen Werbungskosten-Pauschbetrag handelt, der gegenüber anderen Alterseinkünften und gegenüber den aktiv Beschäftigten nicht gerechtfertigt wäre. Die Prozentsätze, die Höchstbeträge und die Zuschläge werden in tabellarischer Form in das Gesetz übernommen (§ 19 Abs. 2 Satz 3 EStG).

Ausgangswert für die Ermittlung des Versorgungsfreibetrags ist der Versorgungsbezug für den ersten vollen Monat oder bei Versorgungsbezügen, die bereits vor Inkrafttreten der Neuregelung gezahlt wurden, der Versorgungsbezug für Januar 2005 (§ 19 Abs. 2 Satz 4 EStG). Der Zuschlag zum Versorgungsfreibetrag darf nur bis zur Höhe der um den Versorgungsfreibetrag geminderten Bemessungsgrundlage berücksichtigt werden, um zu verhindern, dass sich, entsprechend der bisherigen Regelung beim Arbeitnehmer-Pauschbetrag, durch den Zuschlag negative Einkünfte ergeben (§ 19 Abs. 2 Satz 5 EStG). Bei mehreren Versorgungsbezügen, die in verschiedenen Jahren beginnen, bestimmen sich der Höchstbetrag des Versorgungsfreibetrags und der Zuschlag zum Versorgungsfreibetrag nach der Kohorte des ersten Versorgungsbezugs (§ 19 Abs. 2 Satz 6 EStG). Diese Begrenzung kann nur im Veranlagungsverfahren zur Einkommensteuer geprüft werden (siehe 31.3.2).

Regelmäßige Anpassungen des Versorgungsbezugs (laufender Bezug und Sonderzahlungen) führen nicht zu einer Neuberechnung (§ 19 Abs. 2 Satz 9 EStG). Zu einer Neuberechnung führen nur Änderungen des Versorgungsbezugs, die ihre Ursache in der Anwendung von Anrechnungs-, Ruhens-, Erhöhungs- oder Kürzungsregelungen haben (§ 19 Abs. 2 Satz 10 EStG), z. B. Wegfall, Hinzutreten oder betragsmäßige Änderungen.

In den Fällen einer Neuberechnung ist der geänderte Versorgungsbezug, ggf. einschließlich zwischenzeitlicher Anpassungen, Bemessungsgrundlage für die Berechnung der Freibeträge für Versorgungsbezüge (§ 19 Abs. 2 Satz 11 EStG).

Bei mehreren Versorgungsbezügen werden der maßgebende **Prozentsatz** für den steuerfreien Teil der Versorgungsbezüge und der Höchstbetrag des Versorgungsfrei-

23.5 Versorgungsbezüge, Versorgungsfreibetrag

betrags sowie der Zuschlag zum Versorgungsfreibetrag nach dem Beginn des jeweiligen Versorgungsbezugs bestimmt. Die Summe aus den jeweiligen Freibeträgen für Versorgungsbezüge wird nach § 19 Abs. 2 Satz 6 EStG auf den Höchstbetrag des Versorgungsfreibetrags und den Zuschlag zum Versorgungsfreibetrag nach dem Beginn des ersten Versorgungsbezugs begrenzt. Fällt der maßgebende Beginn mehrerer laufender Versorgungsbezüge in dasselbe Kalenderjahr, können die Bemessungsgrundlagen aller Versorgungsbezüge zusammengerechnet werden, da in diesen Fällen für sie jeweils dieselben Höchstbeträge gelten.

Werden mehrere Versorgungsbezüge von unterschiedlichen Arbeitgebern gezahlt, ist die Begrenzung der Freibeträge für Versorgungsbezüge im Lohnsteuerabzugsverfahren nicht anzuwenden; die Gesamtbetrachtung und ggf. die Begrenzung erfolgt im Veranlagungsverfahren. Treffen mehrere Versorgungsbezüge bei demselben Arbeitgeber zusammen, ist die Begrenzung auch im Lohnsteuerabzugsverfahren zu beachten.

Beispiel:[52]
Zwei Ehegatten erhalten jeweils eigene Versorgungsbezüge. Der Versorgungsbeginn des einen Ehegatten liegt im Jahr 2005, der des anderen im Jahr 2006. Im Jahr 2010 verstirbt der Ehegatte, der bereits seit 2005 Versorgungsbezüge erhalten hatte. Dem überlebenden Ehegatten werden ab 2010 zusätzlich zu seinen eigenen Versorgungsbezügen in Höhe von monatlich 400 € Hinterbliebenenbezüge i. H. von monatlich 250 € gezahlt.

Für die eigenen Versorgungsbezüge des überlebenden Ehegatten berechnen sich die Freibeträge für Versorgungsbezüge nach dem Jahr des Versorgungsbeginns 2006. Der Versorgungsfreibetrag beträgt demnach 38,4 % von 4.800 € (= 400 € Monatsbezug × 12) = 1.844 € (aufgerundet); der Zuschlag zum Versorgungsfreibetrag beträgt 864 €.

Für den Hinterbliebenenbezug sind mit Versorgungsbeginn im Jahr 2010 die Freibeträge für Versorgungsbezüge nach § 19 Abs. 2 Satz 7 EStG unter Zugrundelegung des maßgeblichen **Prozentsatzes,** des Höchstbetrags und des Zuschlags zum Versorgungsfreibetrag des verstorbenen Ehegatten zu ermitteln (siehe dazu Rz. 123 bis 126). Für die Berechnung sind also die Beträge des maßgebenden Jahres 2005 zugrunde zu legen. Der Versorgungsfreibetrag für die Hinterbliebenenbezüge beträgt demnach 40 % von 3.000 € (= 250 € Monatsbezug × 12) = 1.200 €; der Zuschlag zum Versorgungsfreibetrag beträgt 900 €.

Die Summe der Versorgungsfreibeträge ab 2010 beträgt (1.844 € zzgl. 1.200 € =) 3.044 €. Der insgesamt berücksichtigungsfähige Höchstbetrag bestimmt sich nach dem Jahr des Beginns des ersten Versorgungsbezugs (2005: 3.000 €). Da der Höchstbetrag überschritten ist, ist der Versorgungsfreibetrag auf insgesamt 3.000 € zu begrenzen. Auch die Summe der Zuschläge zum Versorgungsfreibetrag (864 € zzgl. 900 € =) 1.764 € ist nach dem maßgebenden Jahr des Versorgungsbeginns (2005) auf insgesamt 900 € zu begrenzen.

Folgt ein Hinterbliebenenbezug einem Versorgungsbezug, bestimmt sich der Prozentsatz, der Höchstbetrag des Versorgungsfreibetrags und der Zuschlag zum Versorgungsfreibetrag für den Hinterbliebenenbezug nach dem Jahr des Beginns des

---
[52] Vgl. BMF vom 13.09.2010 (BStBl 2010 I S. 681), Rz. 122.

Versorgungsbezugs (§ 19 Abs. 2 Satz 7 EStG). Bei Bezug von Witwen- oder Waisengeld ist für die Berechnung der Freibeträge für Versorgungsbezüge das Jahr des Versorgungsbeginns des Verstorbenen maßgebend, der diesen Versorgungsanspruch zuvor begründete.[53]

Beispiel:[54]
Im Oktober 2009 verstirbt ein 67-jähriger Ehegatte, der seit dem 63. Lebensjahr Versorgungsbezüge erhalten hat. Der überlebende Ehegatte erhält ab November 2009 Hinterbliebenenbezüge.

Für den verstorbenen Ehegatten sind die Freibeträge für Versorgungsbezüge bereits mit der Pensionsabrechnung für Januar 2005 (40 % der voraussichtlichen Versorgungsbezüge 2005, maximal 3.000 € zzgl. 900 € Zuschlag) festgeschrieben worden. Im Jahr 2009 sind die Freibeträge für Versorgungsbezüge des verstorbenen Ehegatten mit zehn Zwölfteln zu berücksichtigen. Für den überlebenden Ehegatten sind mit der Pensionsabrechnung für November 2009 eigene Freibeträge für Versorgungsbezüge zu ermitteln. Zugrunde gelegt werden dabei die hochgerechneten Hinterbliebenenbezüge (einschl. Sonderzahlungen). Darauf sind nach § 19 Abs. 2 Satz 7 EStG der maßgebliche **Prozentsatz,** der Höchstbetrag und der Zuschlag zum Versorgungsfreibetrag des verstorbenen Ehegatten (40 %, maximal 3.000 € zzgl. 900 € Zuschlag) anzuwenden.
Im Jahr 2009 sind die Freibeträge für Versorgungsbezüge des überlebenden Ehegatten mit zwei Zwölfteln zu berücksichtigen.

In den Fällen, in denen zunächst Versorgungsbezüge aus einer Direktzusage oder einer Unterstützungskasse gezahlt werden und dann die Versorgungsverpflichtung auf einen Pensionsfond übertragen wird, liegen im Übertragungsjahr vor der Übertragung Versorgungsbezüge und nach der Übertragung sonstige Einkünfte nach § 22 Nr. 5 Satz 1 EStG vor. Hier handelt es sich um dasselbe Stammrecht (§ 52 Abs. 34c Satz 1 EStG), sodass die Freibeträge für Versorgungsbezüge auch im Übertragungsjahr nur einmal und nur bis zur festgeschriebenen Höhe für den Versorgungsbezug zu berücksichtigen sind. In diesem Fall werden weiterhin der Arbeitnehmer-Pauschbetrag (§ 9a Satz 1 Nr. 1 Buchst. a EStG) bzw. der Pauschbetrag für Werbungskosten nach § 9a Satz 1 Nr. 1 Buchst. b EStG und der Versorgungsfreibetrag sowie der Zuschlag zum Versorgungsfreibetrag (§ 19 Abs. 2 EStG) berücksichtigt. Dies gilt auch, wenn der Zeitpunkt des erstmaligen Leistungsbezugs und der Zeitpunkt der Übertragung der Versorgungsverpflichtung auf den Pensionsfond in denselben Monat fallen. Die Leistungen unterliegen unabhängig davon als sonstige Einkünfte nach § 22 Nr. 5 Satz 1 EStG der Besteuerung.[55]

---

53 BMF vom 13.09.2010 (BStBl 2010 I S. 681), Rz. 123.
54 Vgl. BMF vom 13.09.2010 (BStBl 2010 I S. 681), Rz. 124.
55 BMF vom 31.03.2010 (BStBl 2010 I S. 270), Rz. 340.

24 Einkünfte aus Kapitalvermögen (§ 20 EStG)

24.1 Allgemeines

Als Einkünfte aus Kapitalvermögen sind die Einkünfte aus den in § 20 Abs. 1 Nr. 1 bis 11 EStG aufgeführten Kapitalanlagen sowie aus Kapitalanlagen ähnlicher Art zu behandeln, soweit diese nicht aus besonderen Gründen zu den Einkünften aus Land- und Forstwirtschaft, aus Gewerbebetrieb, aus selbständiger Arbeit oder aus Vermietung und Verpachtung gehören (§ 20 Abs. 8 EStG; siehe 24.5).[1] Der Anwendungsbereich des § 20 EStG ist auch maßgebend für die Erhebung der Einkommensteuer in der Form der Kapitalertragsteuer (§§ 43 ff. EStG). Für Kapitalerträge, die nach dem 31.12.2008 zufließen, ist die Abgrenzung darüber hinaus wegen der Höhe der endgültigen Einkommensteuer bedeutsam. Nur wenn die Erträge unter § 20 EStG fallen, kommt die Anwendung der Abgeltungsteuer von 25 % in Betracht, sind sie anderen Einkunftsarten zuzurechnen, unterliegen sie dem individuellen Steuersatz (siehe 32.5).

Nach Einführung des Zinsabschlags zum 01.01.1993 wurden neuartige Schuldverschreibungen entwickelt (Zerobonds und Festzinsanleihe), bei denen im ersten Abschnitt der Laufzeit keine Zinsen gezahlt werden. Der Gesetzgeber reagierte darauf mit einem Katalog von Tatbeständen (§ 20 Abs. 2 Satz 1 Nr. 4 EStG), bei denen die auf die Besitzzeit des Anlegers bestimmter Schuldverschreibungen entfallende Rendite (sog. Emissionsrendite) im Fall der Veräußerung, Abtretung oder Einlösung der Besteuerung unterworfen wird. Als der BFH[2] entschied, dass eine Besteuerung gem. § 20 EStG gar nicht in Betracht komme, wenn eine Emissionsrendite sich nicht berechnen lasse, wurde § 20 Abs. 2 Satz 1 Nr. 4 EStG durch das StÄndG 2001 dahin gehend geändert, dass bei fehlender Emissionsrendite der steuerpflichtige Kapitalertrag nach der Marktrendite (Differenzmethode) zu ermitteln ist. Diese Regelung gilt für alle noch offenen Veranlagungszeiträume (§ 52 Abs. 37b EStG). Die Marktrendite passt aber nur insoweit in das Besteuerungsprinzip des § 20 EStG, als damit eine bestehende, lediglich nicht nachgewiesene Emissionsrendite erfasst werden soll. Kann eine Emissionsrendite von vornherein nicht ermittelt werden, handelt es sich um eine systemwidrige Besteuerung von Wertänderungen auf der Vermögensebene (Kapitalstamm). Der BFH hat 2006 in mehreren Urteilen entschieden, dass eine (negative) Marktrendite nicht angesetzt werden dürfe, wenn sich für das Wertpapier nach seinen Ausgabebedingungen grundsätzlich eine bezifferbare Emissionsrendite berechnen lasse.[3] Die dadurch notwendig werdende Diffe-

---

1 Zur Abgrenzung von den Einkünften aus nichtselbständiger Arbeit siehe BFH vom 19.06.2008 VI R 4/05 (BStBl 2008 II S. 826); BFH vom 17.06.2009 VI R 69/06 (BStBl 2010 II S. 69).
2 BFH vom 24.10.2000 VIII R 28/99 (BStBl 2001 II S. 97), sog. Floater-Urteil.
3 BFH vom 11.07.2006 VIII R 67/04 (BStBl 2007 II S. 553), vom 13.12.2006 VIII R 62/04 (BStBl 2007 II S. 568) und vom 13.12.2006 VIII R 6/05 (BStBl 2007 II S. 571).

renzierung von Finanzinnovationen lässt sich im Massengeschäft der Kreditwirtschaft nicht durchführen. Deshalb wurde weiter die Marktrendite zugrunde gelegt.[4]

Mit der Einführung einer Abgeltungsteuer (§§ 32d, 43 Abs. 5 EStG) auf alle Kapitaleinkünfte zum 01.01.2009 durch das Unternehmensteuerreformgesetz 2008 (UntStRefG 2008) wird die systematische Unterscheidung zwischen dem Ertrag einer Kapitalanlage als Entgelt für die zeitliche Überlassung des Kapitals (Früchte, Zinsen) und der auf der Vermögensebene sich vollziehenden Mehrung oder Minderung des Kapitals grundsätzlich überflüssig. § 20 Abs. 2 EStG wird erweitert und erfasst sowohl das Kapitalnutzungsentgelt als auch realisierte Vermögensänderungen. Wegen der stark einzelfallbezogenen Rechtsprechung des BFH zur Emissions- und Marktrendite würde der mit der Abgeltungsteuer verfolgte Vereinfachungseffekt verfehlt, weil sich viele Veranlagungsfälle ergeben könnten.[5] Deshalb wird § 52a Abs. 10 Satz 7 EStG i. d. F. des UntStRefG 2008 vor Inkrafttreten durch das JStG 2009 ergänzt. Danach liegen Kapitalforderungen i. S. des § 20 Abs. 2 Satz 1 Nr. 4 EStG in der **vor** dem UntStRefG 2008 geltenden Fassung auch dann vor, wenn die Rückzahlung nur teilweise garantiert ist oder wenn eine Trennung zwischen Ertrags- und Vermögensebene möglich erscheint. Diese Regelung wird als zulässige unechte Rückwirkung angesehen (Regierungsentwurf JStG 2009 S. 105). Zu beachten ist, dass die Abgeltungsteuer nicht gilt für Kapitaleinnahmen im betrieblichen Bereich, sodass hier der persönliche Steuersatz anzuwenden ist. In Betracht kommt die Thesaurierungsbegünstigung des § 34a EStG (Einzelheiten siehe 32.5.1 und 32.7.1).

Die **Verfassungsmäßigkeit** der Zinsbesteuerung blieb auch nach Einführung des Zinsabschlags zum 01.01.1993 umstritten. Das BVerfG hat am 10.03.2008 die Besteuerung der Einkünfte aus Kapitalvermögen gem. § 20 Abs. 1 Nr. 7 EStG in den Veranlagungszeiträumen 1994, 1995, 2001 und 2002 für verfassungsgemäß erklärt.[6] Daraufhin haben die obersten Finanzbehörden der Länder am 22.07.2008 gem. § 367 Abs. 2b und § 172 Abs. 3 AO eine **Allgemeinverfügung** erlassen, durch die alle am 22.07.2008 anhängigen und zulässigen Einsprüche zurückgewiesen werden, soweit mit ihnen geltend gemacht wird, die Besteuerung der Einkünfte aus Kapitalvermögen verstoße gegen das Grundgesetz.

Einkünfte aus Kapitalvermögen bezieht, wer Kapitalvermögen gegen Entgelt zur Nutzung überlässt (siehe 5.2.6).[7] Die Einkünfte sind grundsätzlich demjenigen zuzurechnen, der den Tatbestand der Erzielung von Einkünften aus Kapitalvermögen erfüllt. Das ist derjenige, der Kapital in der in § 20 EStG bezeichneten Art

---

4 BMF vom 18.07.2007 (BStBl 2007 I S. 548) und vom 17.06.2008 (BStBl 2008 I S. 715).
5 BFH vom 13.12.2006 VIII R 79/03 (BStBl 2007 II S. 562) und vom 04.12.2007 VIII R 53/05 (BStBl 2008 II S. 563); BMF vom 17.06.2008 (BStBl 2008 I S. 715).
6 BVerfG vom 10.03.2008 2 BvR 2077/05 (DStRE 2008 S. 1320).
7 BFH vom 26.11.1997 X R 114/94 (BStBl 1998 II S. 190); vom 07.09.2005 VIII R 80/99 (BFH/NV 2006 S. 57).

24.1 Allgemeines

zur Erzielung von Einnahmen im Sinne dieser Vorschrift zur Nutzung überlässt; als Bezieher von Einkünften gilt auch der Nachfolger in dem Rechtsverhältnis.[8]

Beispiele:
a) A hat von seinem Vater ein unverzinsliches Darlehen i. H. von 30.000 € erhalten und diesen Betrag zum Erwerb von Bundesanleihen verwandt.

Die Zinseinnahmen aus den Bundesanleihen sind A steuerlich zuzurechnen, weil er den ihm darlehensweise überlassenen Betrag von 30.000 € zur Erzielung von Zinseinnahmen angelegt hat.

b) B hat von seinem Vater unter anderem Aktien geerbt, die dieser vor zehn Jahren erworben hatte.

Die Dividenden aus diesen Aktien sind dem B als dem bürgerlich-rechtlichen Inhaber zuzurechnen, obwohl er die Papiere nicht selbst erworben hat und die entsprechenden Beträge nicht von ihm angelegt worden sind.

Nach § 20 Abs. 5 Satz 1 EStG sind die Einkünfte aus Kapitalvermögen i. S. des § 20 Abs. 1 Nr. 1 und 2 EStG dem Anteilseigner zuzurechnen. Anteilseigner ist gem. § 20 Abs. 5 Satz 2 EStG derjenige, dem nach § 39 AO die Anteile am Kapitalvermögen i. S. des Abs. 1 Nr. 1 im Zeitpunkt des Gewinnverteilungsbeschlusses zuzurechnen sind.

Beispiel:
A verkauft und überträgt als Alleingesellschafter der A-GmbH alle Anteile an B am 30.06.01. Der Gewinnverteilungsbeschluss für das Wirtschaftsjahr 01 wird 02 gefasst. B hat gem. § 20 Abs. 5 Satz 2 EStG den Gewinn 01 zu versteuern. A hat gegen B gem. § 101 Nr. 2 BGB einen Anspruch auf die Hälfte des Gewinns. Es ist deshalb zweckmäßig, einen höheren Kaufpreis zu vereinbaren und § 101 BGB vertraglich auszuschließen.

Gemäß § 20 Abs. 7 Satz 1 EStG sind die Regelungen des § 15b EStG zu den Steuerstundungsmodellen bei den Einkünften aus Kapitalvermögen sinngemäß anzuwenden. Ein vorgefertigtes Konzept i. S. des § 15b Abs. 2 Satz 2 EStG liegt auch vor, wenn die positiven Einkünfte nicht der tariflichen Einkommensteuer unterliegen (§ 20 Abs. 7 Satz 2 EStG). Diese Regelung zielt auf Kapitalanlagen im Hinblick auf die ab dem Veranlagungszeitraum 2009 in Kraft getretene Abgeltungsteuer. Ein steuerlicher Vorteil ergibt sich auch, wenn die bis zum Veranlagungszeitraum 2008 entstandenen Werbungskostenüberschüsse bei den Einkünften aus Kapitalvermögen sich in Höhe des persönlichen Steuersatzes steuermindernd auswirken und die späteren positiven Einkünfte, z. B. Gewinne aus der Veräußerung von Wertpapieren, nur der Abgeltungsteuer unterliegen.

Gehen festverzinsliche Wertpapiere, Sparbücher und ähnliche Kapitalforderungen während einer laufenden Zinsperiode im Wege der **Gesamtrechtsnachfolge** auf einen Erben über, sind die Zinsen aus diesen Kapitalforderungen in vollem Umfang dem Erwerber als Einnahmen nach § 20 Abs. 1 Nr. 7 EStG zuzurechnen. Eine rechnerische Aufteilung dieser Zinsen auf den Zeitraum bis zum Erbfall (Zurechnung

---

8 BFH vom 30.04.1991 VIII R 38/87 (BStBl 1991 II S. 574).

beim Erblasser) und ab dem Erbfall (Zurechnung beim Erben) ist nicht vorzunehmen. Die Zurechnung der gesamten Zinsen beim Erwerber folgt aus dem Zuflussprinzip des § 11 Abs. 1 EStG. Kapitalerträge sind erst bei Zufluss steuerlich zu erfassen. Der Zufluss liegt bei Kapitalerträgen regelmäßig in dem Zeitpunkt der Erlangung der wirtschaftlichen Verfügungsmacht, d. h., sobald der Steuerpflichtige über die in Geld- oder Geldeswert bestehenden Güter wirtschaftlich verfügen kann. Geldbeträge fließen i. d. R. dadurch zu, dass sie bar ausgezahlt oder einem Konto des Empfängers bei einem Kreditinstitut gutgeschrieben werden.[9] In einem Schneeballsystem sind Gutschriften grundsätzlich in dem Zeitpunkt als Einnahmen bei den Einkünften aus Kapitalvermögen zu erfassen, in dem der Betreiber des Schneeballsystems bei einem entsprechenden Verlangen des Anlegers zur Auszahlung der gutgeschriebenen Beträge leistungsbereit und leistungsfähig gewesen wäre.[10]

Ein Erbe tritt als **Gesamtrechtsnachfolger** hinsichtlich aller bis zum Erbfall entstandenen Zinsen für die laufende Zinsperiode in die Rechtsstellung des Erblassers ein. Demzufolge sind im Veranlagungszeitraum des Zuflusses sämtliche Zinsen für die Zinsperiode Einnahmen bei den Einkünften aus Kapitalvermögen.

Werden hingegen Kapitalforderungen i. S. des § 20 Abs. 1 Nr. 7 EStG im Wege der **Einzelrechtsnachfolge** übertragen (Abtretung, Veräußerung), erfolgt die Besteuerung nach den Grundsätzen des § 20 Abs. 2 EStG (Besteuerung des Entgelts beim Veräußerer/entgeltlich Abtretenden) bzw. dem Rechtsgedanken des § 101 BGB (Zurechnung der Erträge entsprechend der Besitzzeit oder abweichender vertraglicher Vereinbarungen).

Für die Abstandnahme vom Zinsabschlag der ihm zuzurechnenden Zinsen benötigt der Erbe einen eigenen Freistellungsauftrag bzw. eine NV-Bescheinigung. Der vom Erblasser erteilte Freistellungsauftrag bzw. die ihm erteilte NV-Bescheinigung verliert mit dem Todestag seine bzw. ihre Gültigkeit.[11]

Wer Einnahmen aus Kapitalanlagen der in § 20 EStG bezeichneten Art erhält, ohne zugleich Inhaber des überlassenen Vermögens zu sein, erzielt grundsätzlich keine Einkünfte aus Kapitalvermögen.

Beispiele:
a) A hat seinen Gewinnanspruch aus seiner Beteiligung an der X-GmbH für die Jahre 01 und 02 an B abgetreten, ohne ihm die Beteiligung selbst zu übertragen.
Die Gewinnausschüttungen der X-GmbH für die Jahre 01 und 02 sind B nicht als Einnahmen aus Kapitalvermögen zuzurechnen, obwohl ihm die ausgeschütteten Beträge tatsächlich zugeflossen sind. Die Zurechnung erfolgt bei A.

b) C hat seine Beteiligung an der X-GmbH im Wege der vorweggenommenen Erbfolge unentgeltlich auf seinen Sohn D übertragen. D hat in den Jahren 01 und 02 gegenüber der X-GmbH zugunsten des C auf die ihm zustehenden Gewinnausschüttungen verzichtet.

---
9 BFH vom 28.09.2011 VIII R 10/08 (BStBl 2012 II S. 315).
10 BFH vom 11.02.2014 VIII R 25/12 (DStR 2014 S. 890).
11 BMF vom 05.11.2002 (BStBl 2002 I S. 1346), Rdnr. 25.

24.1 Allgemeines

Die von der X-GmbH an C überwiesenen Ausschüttungsbeträge sind gleichwohl dem D steuerlich zuzurechnen.[12]

Von der Abtretung der Kapitalerträge als steuerlich unbeachtliche Einkommensverwendung, durch die die Zurechnung der Einkünfte nicht verändert wird,[13] ist also die Übertragung der Kapitalanlage (Einkunftsquelle) zu unterscheiden, z. B. bei der Einrichtung eines Sparkontos für ein Kind, was wegen des Sparer-Pauschbetrags und des steuerfreien Existenzminimums eine erhebliche Steuerersparnis im Familienverbund zur Folge haben kann. Wenn Eltern ein Sparkonto einrichten, müssen sie der Bank erkennbar deutlich machen, wer Inhaber der Guthabenforderung sein soll. Einem minderjährigen Kind ist die Forderung als Einkünfte nur zuzurechnen, wenn ersichtlich ist, dass die Verfügungsbefugnis der Eltern nicht auf eigenem Recht, sondern auf dem elterlichen Sorgerecht beruht. Sie müssen das Sparguthaben wie fremdes Vermögen verwalten.[14] Die Darlehensgewährung von Kindern an Eltern führt nicht zu Einkünften der Kinder aus Kapitalvermögen, wenn die Eltern ihnen die Geldbeträge mit der Auflage der Darlehensgewährung geschenkt haben.[15] Die Zinsen sind nicht abziehbare Zuwendungen gem. § 12 Nr. 2 EStG.[16]

Bei der Bestellung eines Nießbrauchs am Kapitalvermögen ist zu prüfen, ob der Nießbraucher den Tatbestand der Einkünfteerzielung erfüllt. Aus § 20 Abs. 5 Satz 3 EStG folgt, dass der Gesetzgeber davon ausgeht, dass dem Nießbraucher Einkünfte aus Kapitalvermögen zugerechnet werden können.

Stehen die Einnahmen aus Vermögenswerten i. S. des § 20 EStG aufgrund eines daran eingeräumten unentgeltlichen Zuwendungsnießbrauchs dem **Nießbraucher** zu, so können diesem die Einnahmen steuerlich regelmäßig nicht zugerechnet werden, weil er den Tatbestand der Einkunftserzielung nicht erfüllt hat und er auch nicht zum bürgerlich-rechtlichen oder wirtschaftlichen Inhaber der nießbrauchbelasteten Vermögenswerte geworden ist.[17]

Beispiel:

A hat seinem Sohn am 01.04.2010 unentgeltlich für die Dauer von sechs Jahren den Nießbrauch an Bundesanleihen im Nennwert von 50.000 € eingeräumt, die er im Jahr 2007 erworben hat und die eine Laufzeit bis zum Jahre 2016 haben.

Die Zinseinnahmen aus den Bundesanleihen sind trotz des bürgerlich-rechtlich wirksamen Nießbrauchs weiterhin dem A zuzurechnen und als dem B von A zugewendet anzusehen.

---

12 Siehe dazu 24.2.12.
13 BFH vom 26.11.1997 X R 114/94 (BStBl 1998 II S. 190).
14 BFH vom 24.04.1990 VIII R 170/83 (BStBl 1990 II S. 539).
15 BFH vom 12.02.1992 X R 121/88 (BStBl 1992 II S. 468); zu Darlehen zwischen Angehörigen siehe BMF vom 23.12.2010 (BStBl 2011 I S. 37).
16 BFH vom 31.07.2002 X R 103/96 (BFH/NV 2003 S. 26); zum Drittaufwand siehe BFH vom 25.06.2008 X R 36/05 (BFH/NV 2008 S. 2093).
17 BMF vom 23.11.1983 (BStBl 1983 I S. 508),Rdnr. 57 ff.

Stehen Einnahmen aus Vermögenswerten i. S. des § 20 EStG dem Nießbraucher aufgrund eines **Vorbehaltsnießbrauchs** zu, so sind ihm diese Einnahmen dagegen auch steuerlich zuzurechnen.

Beispiel:
B hat seinem Sohn am 01.04.2012 im Wege der vorweggenommenen Erbfolge unentgeltlich seine Anteile an der X-GmbH übertragen, sich bei der Übertragung jedoch den lebenslänglichen Nießbrauch an diesen Anteilen vorbehalten.

Die Gewinnausschüttungen der X-GmbH sind steuerlich auch weiterhin dem B aufgrund des Nießbrauchs zuzurechnen.

Die auf dem Anderkonto eines Notars anfallenden Guthabenzinsen sind dem Treugeber zuzurechnen.[18]

Die Einkünfte aus Kapitalvermögen sind bis zum Veranlagungszeitraum 2008 als Überschuss der Einnahmen über die Werbungskosten zu ermitteln. Ab dem Veranlagungszeitraum 2009 ist der Abzug der tatsächlichen Werbungskosten nach § 20 Abs. 9 Satz 1 Halbsatz 1 EStG grundsätzlich ausgeschlossen (zu den Ausnahmen siehe 32.5.1).

Die Einkünfte sind in dem Veranlagungszeitraum zu versteuern, in dem die Einnahmen dem Steuerpflichtigen zugeflossen sind (§ 11 Abs. 1 EStG). Der Zufluss liegt bei Kapitalerträgen regelmäßig in dem Zeitpunkt der Erlangung der wirtschaftlichen Verfügungsmacht, d. h., sobald der Steuerpflichtige über die in Geld- oder Geldeswert bestehenden Güter wirtschaftlich verfügen kann. Geldbeträge fließen i. d. R. dadurch zu, dass sie bar ausgezahlt oder einem Konto des Empfängers bei einem Kreditinstitut gutgeschrieben werden.[19] Bei beherrschenden Gesellschaftern einer Kapitalgesellschaft fließen die Einnahmen mit der Fälligkeit bzw. Gutschrift zu, wenn die Gesellschaft leistungsfähig ist.[20] Bei einer Gutschrift in den Büchern des Schuldners ist beim Gläubiger ein Zufluss nicht anzunehmen, wenn der Schuldner zahlungsunfähig ist (siehe 15.5.2).

Durch die Rückzahlung von Kapitaleinnahmen wird der Zufluss nicht rückgängig gemacht. Werden offene Ausschüttungen von Anteilseignern aufgrund tatsächlicher oder rechtlicher Verpflichtung zurückgezahlt, handelt es sich um **negative Einnahmen** aus Kapitalvermögen.[21] Die Rückzahlung einer verdeckten Gewinnausschüttung ist eine Einlage.[22]

Ein Zufluss liegt auch bei einem Zahlungsersatz aufgrund eines freien Entschlusses des Gläubigers in seinem eigenen Interesse (Novation) vor. Der aufgrund einer

---

18 Zum Nachweis eines Treuhandverhältnisses siehe BFH vom 04.12.1996 I R 99/94 (BStBl 1997 II S. 404).
19 BFH vom 28.09.2011 VIII R 10/08 (BStBl 2012 II S. 315).
20 BFH vom 19.07.1994 VIII R 58/92 (BStBl 1995 II S. 362) und vom 08.05.2007 VIII R 13/06 (BFH/NV 2007 S. 2249); H 20.2 „Zuflusszeitpunkt bei Gewinnausschüttungen" EStH.
21 BFH vom 03.08.1993 VIII R 82/91 (BStBl 1994 II S. 561).
22 BFH vom 29.08.2000 VIII R 7/99 (BStBl 2001 II S. 173).

Schuldumwandlung (Novation) anzunehmende Zufluss von wieder angelegten Renditen entfällt nicht dadurch, dass diese später uneinbringlich werden.[23]

24.2 Die einzelnen Einnahmen aus Kapitalvermögen

24.2.1 Einnahmen i. S. des § 20 Abs. 1 Nr. 1 EStG

Zu den Einnahmen aus Kapitalvermögen gehören nach § 20 Abs. 1 Nr. 1 EStG vor allem die Gewinnanteile (Dividenden), Ausbeuten und sonstigen Bezüge aus Aktien, Genussrechten, Anteilen an Gesellschaften mit beschränkter Haftung, an Erwerbs- und Wirtschaftsgenossenschaften sowie an bergbautreibenden Vereinigungen, die die Rechte einer juristischen Person haben. Ausschüttungen der nicht in § 20 Abs. 1 Nr. 1 EStG genannten Körperschaften können zu Einkünften aus Kapitalvermögen nur führen, wenn die Mitgliedschaftsrechte einer kapitalmäßigen Beteiligung gleichstehen, reine Mitgliedschaftsrechte reichen nicht.[24]

Zu den sonstigen Bezügen gehören auch verdeckte Gewinnausschüttungen (§ 20 Abs. 1 Nr. 1 Satz 2 EStG). Einnahmen aus Kapitalvermögen sind insoweit auch dann anzunehmen, wenn die Einnahmen aus einer wesentlichen Beteiligung i. S. des § 17 EStG stammen.[25]

Bei den genannten Einnahmen handelt es sich vor allem um Erträge aus solchen Beteiligungen, die ihrem Inhaber einen Anspruch auf einen Teil des Reingewinns gewähren. Die betreffenden Gesellschaften besitzen als juristische Person eigene Rechtspersönlichkeit, haben eigenes Vermögen und betreiben das Unternehmen selbst. Aus diesem Grunde sind die dem Steuerpflichtigen hieraus zufließenden Erträge keine gewerblichen Einkünfte, sondern Einkünfte aus Kapitalvermögen. Möglich ist allerdings auch die Zurechnung zu anderen Einkunftsarten (§ 20 Abs. 8 EStG, siehe 24.5).

Verluste einer Kapitalgesellschaft wirken sich also im Gegensatz zu denen einer Personengesellschaft beim Anteilseigner nicht aus. Nur eigene Werbungskosten des Anteilseigners können bei ihm zu Verlusten aus Kapitalvermögen führen (siehe 24.3). Leistungen der Kapitalgesellschaft an den Anteilseigner außerhalb des Gesellschaftsverhältnisses aufgrund schuldrechtlicher Beziehungen, z. B. Zinszahlungen für ein der Gesellschaft gewährtes Darlehen, führen beim Anteilseigner also nicht zu Einnahmen gem. § 20 Abs. 1 Nr. 1 EStG, sondern zu Zinseinnahmen gem. § 20 Abs. 1 Nr. 7 EStG, es sei denn, es handelt sich um eine sog. verdeckte Gewinnausschüttung (siehe unten).

---

23 BFH vom 22.07.1997 VIII R 57/95 (BStBl 1997 II S. 755), sog. Ambros-Fall; siehe auch BFH vom 28.10.2008 VIII R 36/04 (BStBl 2009 II S. 190) und 25.2.4.
24 BFH vom 08.02.1995 I R 73/94 (BStBl 1995 II S. 552).
25 BFH vom 19.07.1994 VIII R 58/92 (BStBl 1995 II S. 362).

Um zu erreichen, dass der erwirtschaftete Gewinn mit KSt und ESt nicht höher belastet wird, als wenn der Gesellschafter ihn unmittelbar erzielt hätte, wird in § 3 Nr. 40 Buchst. d EStG in der bis zum 31.12.2008 geltenden Fassung (§ 52a Abs. 3 Satz 1 EStG) bestimmt, dass die von Körperschaften bezogenen Gewinnausschüttungen und diesen gleichzusetzende Vermögensmehrungen nur zu 50 % der Besteuerung unterliegen (Halbeinkünfteverfahren, siehe oben 6.1).

Durch das UntStRefG 2008 wird diese Regelung für Kapitalerträge abgeschafft, die nach dem 31.12.2008 zufließen, sodass ab dem 01.01.2009 Dividenden im Privatvermögen zu 100 % steuerpflichtig sind. Für Einkünfte aus Anteilen an Kapitalgesellschaften, die im Betriebsvermögen gehalten werden, wird das Halbeinkünfteverfahren zu einem modifizierten **Teileinkünfteverfahren** umgestaltet. Im Einleitungssatz des § 3 Nr. 40 EStG werden die Wörter „die Hälfte" durch die Angabe „40 %" ersetzt. Die – voll steuerpflichtigen – Kapitalerträge im Privatvermögen unterliegen wie bisher der Kapitalertragsteuer gem. § 43 Abs. 1 Nr. 1 EStG i. H. von grundsätzlich 25 % (§ 43a Abs. 1 Nr. 1 EStG). Im Unterschied zur bisherigen Regelung hat die Kapitalertragsteuer jedoch Abgeltungswirkung (§ 43 Abs. 5 Satz 1 EStG), abgesehen von den in § 32d Abs. 2 EStG enthaltenen Ausnahmen (siehe 32.5.5). Damit ergibt sich für Dividenden im Privatvermögen eine definitive Belastung von 25 %, während Dividenden aus Beteiligungen im Betriebsvermögen mit einem Anteil von 40 % mit dem persönlichen Steuersatz belastet werden.

Beispiel:
A erhält in 2009 Dividenden aus Aktien im Privatvermögen i. H. von 1.000 €. B erhält in 2009 Dividenden aus Aktien im Betriebsvermögen i. H. von ebenfalls 1.000 €. Der Grenzsteuersatz (siehe 32.2) von A und B beträgt 40 %. Für A ergibt sich eine definitive Belastung von 250 €, während bei B eine Einkommensteuer von 240 € anfällt (60 % von 1.000 €, darauf 40 % Grenzsteuersatz). Unter der Geltung des Halbeinkünfteverfahrens hätte sich für A und B jeweils eine Einkommensteuer von 200 € ergeben (40 % von 500 €).

Zu den **Gewinnanteilen,** die insbesondere bei Aktiengesellschaften als Dividenden bezeichnet werden, gehören nicht nur die laufenden offenen Gewinnausschüttungen, sondern auch aus besonderem Anlass gewährte Extradividenden (Bonus). Den Erträgen aus Beteiligungen gleichgestellt sind die Erträge aus **Genussrechten,** mit denen das Recht am Gewinn und Liquidationserlös einer Kapitalgesellschaft verbunden ist und die damit wirtschaftlich betrachtet ebenfalls Beteiligungscharakter haben, obwohl sie zivilrechtlich weder Stimmrechte noch sonstige Mitgliedsrechte vermitteln.

Ausbeuten sind die Beträge, die von bergrechtlichen Gewerkschaften bzw. von bergbautreibenden Vereinigungen mit eigener Rechtspersönlichkeit an die Inhaber der Anteile ausgeschüttet werden. Die Ausschüttungen der bergbautreibenden Kapitalgesellschaften fallen jedoch nicht unter diesen Begriff. Bei diesen Ausschüttungen handelt es sich vielmehr um Dividenden oder sonstige Gewinnanteile.

24.2 Die einzelnen Einnahmen aus Kapitalvermögen

Sonstige Bezüge sind alle in Geld oder Geldeswert bestehenden Güter, die ein Beteiligter von seiner Gesellschaft erhält und die sich nicht als Rückzahlung des Nennkapitals (Grundkapital der AG, Stammkapital der GmbH), sondern als Ertrag der Beteiligung darstellen. Einen sonstigen Bezug aus Aktien erzielen auch Aktionäre, denen die Aktiengesellschaft satzungsgemäß Ferienwohnungen zur zeitlich vorübergehenden Nutzung nach Maßgabe eines Wohnberechtigungspunktesystems überlässt (Hapimag).[26]

Durch das JStG 2007 wurde § 20 Abs. 1 Nr. 1 EStG für Verkaufsgeschäfte nach dem 31.12.2006 (§ 52 Abs. 36 Satz 6 EStG) um einen Satz 4 erweitert, der sich auf die Abwicklung von Aktiengeschäften an der Börse in zeitlicher Nähe zum Ausschüttungstermin bezieht. Damit soll der sog. **Leerverkäufer** nicht nur in Höhe der Nettodividende, sondern auch in Höhe der Kapitalertragsteuer belastet werden.

> **Beispiel:**
> A kaufte 5.000 Aktien der B-AG am 17.01.2008 einschl. Dividendenberechtigung. Die B-AG hatte am 16.01.2008 beschlossen, am 18.01.2008 pro Aktie 5 € Dividende zu zahlen. Die Lieferung der Aktien erfolgte am 21.01.2008 durch Zubuchung im Wertpapierdepot des A ohne Dividendenberechtigung. Da A die erworbene Dividendenberechtigung nicht erhalten hatte, zahlte der Verkäufer als Ausgleich 19.725 €. Außerdem erhielt A eine Steuerbescheinigung über 5.000 € anrechenbare Kapitalertragsteuer. Die Ausgleichszahlung des Verkäufers fällt unter § 20 Abs. 1 Nr. 1 Satz 4 EStG. Die Vorschrift enthält also eine Ausnahme von der Zurechnungsvorschrift des § 20 Abs. 5 Satz 1 EStG.

Erhöhungen und Herabsetzungen des Nennkapitals sind Vorgänge auf gesellschaftsrechtlicher Ebene, die das Einkommen der Gesellschafter grundsätzlich nicht berühren. Bei der **Erhöhung des Nennkapitals** ist zu unterscheiden zwischen der Kapitalerhöhung aus Einlagen und aus Gesellschaftsmitteln. Im ersten Fall handelt es sich um neues Eigenkapital, das von den bisherigen und/oder hinzutretenden Anteilseignern zugeführt wird, während im zweiten Fall vorhandenes Eigenkapital insbesondere aus Kapital- und/oder Gewinnrücklagen in Nennkapital umgewandelt und unter die bisherigen Anteilseigner verteilt wird. Die Kapitalerhöhung aus Einlagen fällt nicht unter § 20 EStG. Die Kapitalerhöhung aus Gesellschaftsmitteln (Freianteile) ist auch einkommensneutral.

Verdeckte Gewinnausschüttungen gehören zu den sonstigen Bezügen (§ 20 Abs. 1 Nr. 1 Satz 2 EStG). Sie werden zwar auch in § 8 Abs. 3 KStG angesprochen, aber weder im EStG noch im KStG definiert. Nach der Rechtsprechung handelt es sich um eine Vermögensminderung oder verhinderte Vermögensmehrung, die durch das Gesellschaftsverhältnis veranlasst ist, sich auf die Höhe des Unterschiedsbetrags gem. § 4 Abs. 1 Satz 1 EStG i. V. m. § 8 Abs. 1 KStG auswirkt und in keinem Zusammenhang mit einer offenen Ausschüttung steht.[27] Im Rahmen des § 20 Abs. 1

---
26 BFH vom 16.12.1992 I R 32/92 (BStBl 1993 II S. 399).
27 BFH vom 07.08.2002 I R 2/02 (BStBl 2004 II S. 131) und vom 05.10.2004 VIII R 9/03 (BFH/NV 2005 S. 526).

Nr. 1 EStG ist die verdeckte Gewinnausschüttung beim Gesellschafter zu erfassen, wenn ihm der Vermögensvorteil zufließt.[28] Maßgebend ist die Veranlassung durch das Gesellschaftsverhältnis: Das jeweilige Rechtsgeschäft muss daraufhin überprüft werden, inwieweit es betrieblich oder gesellschaftsrechtlich veranlasst ist. Letzteres ist der Fall, wenn ein ordentlicher und gewissenhafter Geschäftsführer diesen Vorteil unter sonst gleichen Umständen einem Nichtgesellschafter nicht zugewendet hätte.[29] Eine verdeckte Gewinnausschüttung kann auch ohne Zufluss beim Gesellschafter dann gegeben sein, wenn der Vorteil dem Gesellschafter mittelbar in der Weise zugewendet wird, dass eine ihm nahestehende Person aus der Vermögensverlagerung Nutzen zieht. Das „Nahestehen" in diesem Sinne kann familien-, gesellschafts-, schuldrechtlicher oder auch rein tatsächlicher Art sein.[30] Eine besondere Erscheinungsform der verdeckten Gewinnausschüttung gibt es beim beherrschenden Gesellschafter, bei dem eine Veranlassung durch das Gesellschaftsverhältnis auch dann anzunehmen ist, wenn die Kapitalgesellschaft eine Leistung an ihn erbringt, für die es an einer klaren und von vornherein abgeschlossenen zivilrechtlich wirksamen und tatsächlich auch durchgeführten Vereinbarung fehlt.[31] Die Möglichkeiten und Formen der verdeckten Gewinnausschüttungen sind zahlreich und vielfältig. Sie kommen besonders bei Einmanngesellschaften, Familiengesellschaften und bei Betriebsaufspaltungen vor.

Wenn die verdeckte Gewinnausschüttung bereits beim Gesellschafter z. B. als Einnahmen aus nichtselbständiger Arbeit erfasst worden ist, führt die (nachträgliche) Feststellung als verdeckte Gewinnausschüttung zu einer Umqualifizierung in Einkünfte aus Kapitalvermögen, wenn sich die Anteile an der Kapitalgesellschaft im Privatvermögen des Gesellschafters befinden. Werden sie im Betriebsvermögen gehalten, ist bis 2008 das Halbeinkünfte- und ab 2009 das Teileinkünfteverfahren anzuwenden. Für Gewinnausschüttungen nach dem 31.12.2008 ergibt sich also durch das UntStRefG 2008 (§ 3 Nr. 40 Satz 1 EStG) eine Veränderung der Belastungsverhältnisse von Tätigkeitsvergütung und Gewinnausschüttung.

Nachdem der BFH[32] eine Korrespondenz zwischen den Steuerbescheiden der Gesellschaft und des Gesellschafters verneint hatte, wurde durch das JStG 2007 mit § 32a eine Änderungsnorm in das KStG eingefügt, die es ermöglicht, auch nach Bestandskraft den Steuerbescheid des Empfängers einer verdeckten Gewinnausschüttung zu ändern, wenn gegenüber der Gesellschaft ein entsprechender Körperschaftsteuerbescheid ergangen ist.

---

28 BFH vom 07.08.2002 I R 2/02 (BStBl 2004 II S. 131) und vom 19.06.2007 VIII R 54/05 (BStBl 2007 II S. 830); zum Zufluss beim gesetzlichen Vertreter vgl. BFH vom 01.07.2003 VIII R 45/01 (BStBl 2004 II S. 35).
29 BFH vom 13.12.2006 VIII R 31/05 (BStBl 2007 II S. 393).
30 BFH vom 19.06.2007 VIII R 54/05 (BStBl 2007 II S. 830) und vom 06.12.2005 VIII R 70/04 (BFH/NV 2006 S. 722).
31 BFH vom 23.02.2005 I R 70/04 (BStBl 2005 II S. 882).
32 BFH vom 18.05.2006 III R 25/05 (BFH/NV 2006 S. 1747).

24.2 Die einzelnen Einnahmen aus Kapitalvermögen

Ein Anspruch der Gesellschaft auf Rückgewähr der verdeckten Gewinnausschüttung schließt die Annahme einer verdeckten Gewinnausschüttung nicht aus. Der Rückgewähranspruch ist steuerlich als Einlageforderung zu behandeln.[33]

Gemäß § 20 Abs. 1 Nr. 1 Satz 3 EStG gehören Bezüge nicht zu den Einnahmen aus Kapitalvermögen, soweit sie aus Ausschüttungen einer Körperschaft stammen, für die Beträge aus dem steuerlichen Einlagekonto i. S. des § 27 KStG als verwendet gelten. Mit dieser Regelung wird sichergestellt, dass die Rückgewähr von Gesellschaftereinlagen nicht zu Einkünften aus Kapitalvermögen führt. Daraus folgt, dass zu den sonstigen Bezügen i. S. des § 20 Abs. 1 Nr. 1 EStG die Ausschüttung aller nicht in das Nennkapital geleisteten Einlagen gehören.[34]

Investmentfonds sind Kapitalsammelstellen für Investitionen (z. B. Aktien-, Renten-, Geldmarkt-, Immobilien-, Hedgefonds). Als offene Fonds sind Fondskapital und Zahl der Anleger nicht begrenzt. Sie sind von den geschlossenen Fonds abzugrenzen, die i. d. R. als Personengesellschaft konzipiert sind. Aufsichtsrechtliche Regelungen enthält das Investmentgesetz (InvG). Nach deutschem Investmentrecht aufgelegte Fonds sind ausschließlich als Sondervermögen oder als Investmentgesellschaft organisiert. REITs (vgl. REITG vom 28.05.2007, BGBl 2007 I S. 914) und ausländische Personengesellschaften sind vom Fondsbegriff ausgenommen. Die steuerliche Behandlung der Erträge ergibt sich aus dem Investmentsteuergesetz (InvStG), das als Spezialnorm dem EStG vorgeht. Nicht unter das InvStG fallen Wagniskapitalbeteiligungsgesellschaften nach dem Wagniskapitalbeteiligungsgesetz (WKBG). Dieses Gesetz ist Bestandteil des Gesetzes zur Modernisierung der Rahmenbedingungen für Kapitalbeteiligungsgesellschaften (MoRaKG). Wagnisbeteiligungsgesellschaften sind einkommensteuerrechtlich vermögensverwaltende Gesellschaften, die von der Bundesanstalt für Finanzdienstleistungsaufsicht (BaFin) anerkannt werden müssen. Die Initiatoren der Wagniskapitalfonds (Carry Holder) erzielen Einkünfte aus selbständiger Arbeit (siehe 22.5).

Nach dem InvStG sind zu unterscheiden die Besteuerung der Kapitalanlagegesellschaft, des Investmentvermögens und der Anteilsinhaber. Die Kapitalanlagegesellschaft nimmt Geld der Anleger für Rechnung eines Investmentvermögens getrennt von ihrem eigenen Vermögen ein und verwaltet es. Prinzip der Investmentbesteuerung ist die Gleichbehandlung des Anlegers in Investmentanteilen mit dem Direktanleger **(Transparenzprinzip),** der Anteilscheininhaber soll also seine Erträge so versteuern, als hätte er eine Direktinvestition getätigt. Inländische Investmentvermögen sind daher von der Körperschaftsteuer und Gewerbesteuer befreit. Bis 2008 unterliegen entsprechend der einkommensteuerrechtlichen Systematik nur die Erträge, nicht die Wertzuwächse der Besteuerung. Durch Art. 8 des UntStRefG 2008 ist die Abgeltungsteuer in das InvStG transferiert worden, sodass ab 2009 Veräußerungsgewinne nicht mehr als sonstige Einkünfte, sondern als Kapitalerträge erfasst

---
33 BFH vom 14.07.2009 VIII R 10/07 (BFH/NV 2009 S. 1815).
34 BMF vom 04.06.2003 (BStBl 2003 I S. 366).

werden und der Abgeltungsteuer gem. § 32d EStG unterliegen. Allerdings weichen Sonderregelungen des InvStG von den für Direktanleger geltenden Bestimmungen des EStG ab. Zwar werden wie bis 2008 Investmenterträge nach den §§ 2 bis 4 InvStG regelbesteuert, wenn die Transparenzanforderungen des § 5 InvStG erfüllt sind. Dann gelten ausschüttungsgleiche und ausgeschüttete Erträge als Einkünfte aus § 20 Abs. 1 Nr. 1 EStG (Dividenden). Die Neufassung des § 1 Abs. 3 Satz 2 und 3 InvStG beinhaltet jedoch mit dem Begriff „Kapitalerträge" den Hinweis auf alle Besteuerungstatbestände des § 20 EStG. Ausgeschüttete Gewinne aus Veräußerungen von Wertpapieren gelten also als steuerpflichtige Kapitalerträge, während das Fondsprivileg bei der Thesaurierung erhalten bleibt, indem in § 1 Abs. 3 Satz 3 InvStG für Stillhalteprämien, Termingeschäfte und Wertpapierveräußerungsgeschäfte eine Ausnahme angeordnet wird. Das sind die in § 23 Abs. 1 Satz 1 Nr. 1 bis 3 EStG in der vor 2009 geltenden Fassung aufgeführten Tatbestände. Veräußerungsgewinne aus Finanzinnovationen fallen ab 2009 unter § 20 Abs. 2 EStG und sind deshalb erst bei Verkauf zu erfassen, denn Papiere mit einer Emissionsrendite fallen ausschließlich unter den Veräußerungstatbestand. Wenn die Wertpapiere oder Bezugsrechte vor dem 01.01.2009 angeschafft worden sind, ist § 2 Abs. 3 Nr. 1 InvStG in der vor dem 01.01.2009 geltenden Fassung weiter anzuwenden (§ 18 Abs. 1 Satz 2 InvStG). Der Wertzuwachs bleibt also steuerfrei. Durch das JStG 2009 wird das InvStG mit Wirkung ab 01.01.2009 geändert. Im Anschluss an die Regelung des UntStRefG 2008 wird der Begriff „Wertpapierveräußerungsgeschäft" genauer definiert. Ausgenommen von der Besteuerung sind danach neben den Erträgen aus Stillhalteprämien und Termingeschäften nur noch Aktienveräußerungsgewinne und Gewinne i. S. des § 20 Abs. 2 Satz 1 Nr. 7 EStG, bei denen das Entgelt für die Kapitalüberlassung nach einem Bruchteil des Kapitals bemessen und periodengerecht abgegrenzt wird. Damit gehören zu den ausschüttungsgleichen Erträgen auch Gewinne, die der Fond aus dem Verkauf von Zertifikaten erzielt. Das gilt auch für Finanzinnovationen, unabhängig vom Zeitpunkt der Anschaffung durch den Fond, und für Risikozertifikate, sofern sie vom Fond nach dem 31.12.2008 erworben werden. Die Regelung über die Anrechnung ausländischer Quellensteuer in § 4 Abs. 2 Satz 8 InvStG dient der Anpassung an die Vorgaben der Abgeltungsteuer.

Auch Real Estate Investment Trusts (**REITs**) sind von der Körperschaft- und Gewerbesteuer befreit, sofern sie mindestens 90 % ihres Gewinns an ihre Anleger ausschütten. Die Besteuerung findet wie bei der Fondsbesteuerung auf der Anleger- und nicht auf der Ebene des REIT statt. Mit dem Gesetz zur Schaffung deutscher Immobilien-Aktiengesellschaften mit börsennotierten Anteilen vom 28.05.2007 (REITG) soll der deutsche Immobilienmarkt mobilisiert werden, indem das Immobilienvermögen an die Börse gebracht wird, um darin gebundenes Kapital freizusetzen.[35] Allerdings haben sich die entsprechenden Erwartungen bisher angesichts der Immobilienkrise in den USA und der weltweiten Finanzkrise nicht erfüllt. Während der Haltedauer von REIT-Aktien bezieht der Anleger im Umfang der Ausschüttungen nach § 19 Abs. 1 Satz 1 REITG Einkünfte aus Kapitalvermögen gem. § 20 Abs. 1 Nr. 1 EStG (Dividenden), wenn es sich nicht um einen betrieblichen Anleger handelt. Nach § 19 Abs. 3 REITG in der Fassung des JStG 2009 hängt die Nichtanwendung von § 3 Nr. 40 EStG, § 8b KStG von der steuerlichen Vorbelastung ab, um die vorher bestehende steuerliche Doppelbelastung zu vermeiden, die sich daraus ergeben konnte, dass das Teileinkünfteverfahren nicht angewendet wurde, weil es wegen der Befreiung der REIT-AG von Körperschaft- und Gewerbesteuer grundsätzlich an einer Vorbelastung auf der Ebene der Gesellschaft fehlt. Es gibt aber Fallgestaltungen, in denen es zu einer Vorbelastung kommt. Nach § 19a REITG werden deshalb die Regelungen des Teileinkünfteverfahrens (bis 2008: Halbeinkünfteverfahren) angewendet, wenn eine Vorbelastung von mindestens 15 % für die laufenden Erträge vorliegt. Die Regelung differenziert nicht danach, ob es sich um eine Vorbelastung mit deutscher oder ausländischer Steuer handelt. Durch den im JStG 2009 enthaltenen neuen Tatbestand des § 19 Abs. 6 REITG ergeben sich umfangreiche Änderungen für Anteilseigner ausländischer REITs. Die vom Ausland erhobene Steuer wird nur noch wie eine Vorauszahlung auf die Steuerzahlung in Deutschland behandelt. Mit den Änderungen in § 20 REITG passt das JStG 2009 das REITG an die Bestimmungen der Abgeltungsteuer an.

24.2.2 Bezüge aufgrund von Kapitalherabsetzungen oder nach der Auflösung von Körperschaften

Liquidationsraten, Abschlusszahlungen nach Auflösung von Gesellschaften oder Kapitalherabsetzungen, die nicht Rückzahlung von Nennkapital (Stammkapital der GmbH, Grundkapital der AG) darstellen, sind dem Grunde nach Einnahmen aus Kapitalvermögen (§ 20 Abs. 1 Nr. 2 EStG). Durch das SEStEG (BStBl 2007 I S. 4) sind in § 20 Abs. 1 Nr. 2 Satz 1 EStG die Wörter „unbeschränkt steuerpflichtige" gestrichen worden. Das steht im Zusammenhang mit der Einführung eines allgemeinen Entstrickungstatbestandes und der Besteuerung stiller Reserven durch das SEStEG. Damit können Bezüge i. S. des § 20 Abs. 1 Nr. 2 EStG, die aus nicht unbeschränkt steuerpflichtigen Kapitalgesellschaften stammen, erfasst werden.

Ausschüttungen aus dem Nennkapital und dem steuerlichen Einlagekonto sind nicht steuerbar (§ 20 Abs. 1 Nr. 1 Satz 3 EStG i. V. m. § 27 KStG). In Nennkapital umgewandelte Gewinnrücklagen mindern das steuerliche Einlagekonto und sind bei Ausschüttung und Kapitalherabsetzung nach § 20 Abs. 1 Nr. 1 bzw. Nr. 2 EStG i. V. m. § 3 Nr. 40 Buchst. d und e EStG zur Hälfte bzw. ab 2009 zu 100 % (siehe 25.2.1) zu versteuern. Der Anfangsbestand des steuerlichen Einlagekontos entspricht dem

---
35 BMF vom 10.07.2007 (BStBl 2007 I S. 527).

24 Einkünfte aus Kapitalvermögen

positiven Endbestand des EK 04 beim Wechsel vom Anrechnungs- zum Halbeinkünfteverfahren. § 20 Abs. 1 Nr. 2 EStG i. V. m. § 28 KStG beschränkt die Besteuerung auf die Rückzahlung umgewandelter Gewinnrücklagen. Da zu den Einkünften aus Kapitalvermögen grundsätzlich alle Liquidationsraten gehören, die nicht in der Rückzahlung von Nennkapital bestehen, wird die Liquidation also nicht als veräußerungsgleicher Vorgang behandelt. Im Rahmen einer Liquidation ist zurückgezahltes Nennkapital als Einnahme aus Kapitalvermögen zu erfassen, sofern zur Bildung dieses Nennkapitals sonstige Rücklagen umgewandelt worden sind.[36]

24.2.3 Einnahmen aus einer Beteiligung als stiller Gesellschafter

Stiller Gesellschafter ist nach § 230 HGB, wer sich an dem Handelsgewerbe, das ein anderer (Einzelunternehmer, Personen- oder Kapitalgesellschaft) betreibt, mit einer Vermögenseinlage in der Weise beteiligt, dass seine Einlage in das Vermögen des Inhabers des Handelsgeschäfts übergeht und nur dieser nach außen in Erscheinung tritt.[37] Die unentgeltliche Bestellung eines Nießbrauchs an einer typischen stillen Beteiligung verändert nicht die persönliche Zurechnung der Einkünfte.[38] Der BFH hat in mehreren Entscheidungen zu den sog. **Ambros-Renditen** das Kapitalnutzungsverhältnis zwischen Anlegern und der Firma Ambros als typische stille Gesellschaft beurteilt.[39] Bei den **Scheinrenditen** aus den im großen Stil betriebenen Wertpapiergeschäften handele es sich um Einnahmen aus Kapitalvermögen i. S. des § 20 Abs. 1 Nr. 4 1. Alt. EStG und nicht um Kapitalrückzahlungen. Dafür sei es unerheblich, ob die ausgezahlten oder gutgeschriebenen Renditen tatsächlich erwirtschaftet worden seien und ob die Firma imstande sei, die Ansprüche aller Anleger zu erfüllen.[40] Zum Zufluss siehe 15.6.2.

Die Vermögenseinlage muss nicht unbedingt in Form von Geld oder Sachwerten erbracht werden. Sie kann vielmehr auch in Dienstleistungen bestehen. Hat ein Steuerpflichtiger einem Unternehmen lediglich seine Arbeitskraft zur Verfügung gestellt, so ist stets zu prüfen, ob tatsächlich eine stille Beteiligung oder lediglich ein Angestelltenverhältnis vorliegt. Bei dieser Prüfung sind grundsätzlich alle Umstände des einzelnen Falls zu berücksichtigen, und zwar auch solche, die außerhalb des Vertrages liegen.[41] Dabei ist jedoch zu beachten, dass selbst eine hohe Gewinnbeteiligung nicht ohne Weiteres gegen ein Angestelltenverhältnis spricht.[42]

---

36 Vgl. BMF vom 04.06.2003 (BStBl 2003 I S. 366) und vom 26.08.2003 (BStBl 2003 I S. 434 mit Beispiel).
37 BFH vom 08.04.2008 VIII R 3/05 (BStBl 2008 II S. 852) und vom 19.02.2009 IV R 83/06 (BFH/NV 2009 S. 1021).
38 BFH vom 22.08.1990 I R 69/89 (BStBl 1991 II S. 38).
39 BFH vom 22.07.1997 VIII R 57/95 (BStBl 1997 II S. 755) und vom 22.07.1997 VIII R 13/96 (BStBl 1997 II S. 767).
40 BFH vom 19.06.2007 VIII R 63/03 (BFH/NV 2008 S. 194) und vom 28.10.2008 VIII R 36/04 (BStBl 2009 II S. 190).
41 BFH vom 07.12.1983 I R 144/79 (BStBl 1984 II S. 373).
42 BFH vom 03.07.1964 VI 355/62 U (BStBl 1964 III S. 511).

24.2 Die einzelnen Einnahmen aus Kapitalvermögen

Wird eine stille Gesellschaft aufgelöst, so erhält der stille Gesellschafter nach § 235 HGB im Allgemeinen lediglich sein Guthaben ausbezahlt. Der stille Gesellschafter ist demnach im Regelfall lediglich am Gewinn bzw. am Gewinn und Verlust beteiligt.

Beispiel:
S hat sich mit einer Vermögenseinlage von 50.000 € als stiller Gesellschafter am Einzelunternehmen des E beteiligt. Nach dem Gesellschaftsvertrag soll er mit 25 % am Gewinn und Verlust des E teilhaben. 2008 erwirtschaftet E einen Verlust von 20.000 €.
S sind Einkünfte aus Kapitalvermögen i. H. von ./. 5.000 € zuzurechnen. Als Zeitpunkt kommen in Betracht das Verlustjahr, das Jahr der Auffüllung der Einlage und das Jahr der Abbuchung von der Einlage, Letzteres ist wohl zutreffend.[43]

Bei der Verlustbeteiligung (§§ 231, 232 HGB) ist einkommensteuerrechtlich zu unterscheiden zwischen laufenden Verlusten bis zur Höhe der Einlage, Verlusten über die Einlage hinaus und dem Verlust der Einlage. Im ersten Fall handelt es sich um Werbungskosten, die abzugsfähig sind, wenn der Verlustanteil von der Einlage abgebucht worden ist.[44] Im zweiten Fall entsteht ein negatives Einlagekonto i. S. des § 15a EStG. Die in § 20 Abs. 1 Satz 1 Nr. 4 Satz 2 EStG angeordnete nur sinngemäße Anwendung des § 15a EStG muss das für die Überschussrechnung maßgebende Abflussprinzip nach § 11 Abs. 2 EStG berücksichtigen, wonach der dem stillen Gesellschafter über den Betrag seiner tatsächlich geleisteten Einlage hinaus zugewiesene Verlustanteil nicht zu einem Abfluss von Werbungskosten führen kann.[45] Der Verlust der Einlage selbst durch Insolvenz des Handelsgewerbes vollzieht sich auf der Vermögensebene und ist deshalb ohne einkommensteuerliche Auswirkung. Das negative Einlagekonto bestimmt das Verlustausgleichpotenzial für die Verrechnung mit den künftigen Gewinnanteilen des stillen Gesellschafters. Dieser kann also den seine Einlage übersteigenden Verlustanteil nicht als Werbungskosten bei seinen Einkünften aus Kapitalvermögen abziehen und auch keinen Verlustabzug gem. § 10d EStG geltend machen. Der auf dem negativen Einlagekonto ausgewiesene Verlust ist jährlich zum Bilanzstichtag als verrechenbarer Verlust gesondert festzustellen. Später anfallende Gewinnanteile sind zunächst neutral mit dem negativen Einlagekonto zu verrechnen und erst nach dessen Auffüllung bei den Einkünften aus Kapitalvermögen zu erfassen. Durch das StVergAbG (BStBl 2003 I S. 321) wurde die Verlustverrechnung bei stillen Gesellschaften im Fall der direkten Beteiligung einer Kapitalgesellschaft beschränkt, um nach der Abschaffung der Mehrmütterorganschaft (§ 14 Abs. 1 Nr. 2, Abs. 2 KStG) zu verhindern, dass die Beschränkung bei stillen Beteiligungen an Kapitalgesellschaften durch Zwischenschaltung einer Personengesellschaft umgangen wurde. Durch das StVergAbG – Korb II (BStBl 2004 I S. 14) ist die Verlustausgleichsbeschränkung erweitert wor-

---
43 BFH vom 16.10.2007 VIII R 21/06 (BStBl 2008 II S. 126).
44 BFH vom 23.07.2002 VIII R 36/01 (BStBl 2002 II S. 858).
45 BFH vom 16.10.2007 VIII R 21/06 (BStBl 2008 II S. 126).

den mit Wirkung ab 2004. Gemäß § 15 Abs. 4 Satz 6 bis 8 EStG sind Verluste aus stillen Beteiligungen, nicht jedoch der Verlust der Beteiligung selbst, nur insoweit sofort abziehbar, als der Verlust auf Mitunternehmer oder Beteiligte entfällt, die natürliche Personen sind. Damit soll verhindert werden, dass sich von Kapitalgesellschaften erwirtschaftete Verluste über stille Beteiligungen an anderen Kapitalgesellschaften steuermindernd auswirken. Durch die in § 20 Abs. 1 Nr. 4 Satz 2 EStG angeordnete sinngemäße Anwendung der Vorschrift wird diese Verlustabzugsbeschränkung auf typische stille Gesellschaften ausgedehnt. Durch das JStG 2007 sind die Bestimmungen über die eingeschränkte Verlustberücksichtigung bei Steuerstundungsgestaltungen gem. § 15b EStG, die vorher nur für die Einkünfte aus stillen Beteiligungen galten, ab 2006 (§ 52 Abs. 37d EStG) auf sämtliche Einkünfte aus Kapitalvermögen ausgedehnt worden (§ 20 Abs. 7 EStG).[46]

Ist der stille Gesellschafter nach den getroffenen Vereinbarungen ausnahmsweise auch an den stillen Reserven der Wirtschaftsgüter im Anlagevermögen beteiligt, so ist er steuerlich nicht als stiller Gesellschafter, sondern als Mitunternehmer i. S. des § 15 EStG zu behandeln. In diesem Fall spricht man von einer **atypischen stillen Gesellschaft** (siehe 18.3). Zu den Einkünften i. S. des § 20 Abs. 1 Nr. 4 EStG gehören mithin nur die Einkünfte aus einer typischen stillen Gesellschaft. Zur Abgrenzung von einer ähnlichen Beteiligung i. S. des § 17 Abs. 1 EStG siehe BFH vom 28.05.1997.[47]

Wenn ein Steuerpflichtiger einen nahen Angehörigen als stillen Gesellschafter an seinem Unternehmen beteiligt, so kann der vereinbarte Gewinnanteil des stillen Gesellschafters allerdings – auch wenn die stille Beteiligung als solche steuerlich anzuerkennen ist[48] – steuerlich nur insoweit zugrunde gelegt werden, als er wirtschaftlich angemessen ist.

Zur Ermittlung der angemessenen Gewinnquote ist zunächst der höchstzulässige Renditesatz festzulegen. Dieser ist zum einen davon abhängig, ob der stille Gesellschafter auch am Verlust beteiligt ist; zum anderen ist von Bedeutung, ob er dem Unternehmen neues Kapital zugeführt hat.[49]

24.2.4 Einnahmen aus partiarischen Darlehen

Zu den Einnahmen aus Kapitalvermögen gehören nach § 20 Abs. 1 Nr. 4 EStG auch die Einnahmen aus partiarischen, d. h. gewinnabhängigen Darlehen, es sei denn, dass der Darlehensgeber als Mitunternehmer anzusehen ist.[50] Bei der stillen Gesellschaft und dem partiarischen Darlehen werden Verzinsungen vereinbart, die nicht vom Ertrag einzelner Rechtsgeschäfte, sondern vom Gewinn des Unternehmens

---

46 BMF vom 17.07.2007 (BStBl 2007 I S. 542).
47 BFH vom 28.05.1997 VIII R 25/96 (BStBl 1997 II S. 724).
48 Dazu BMF vom 23.10.2010 (BStBl 2011 I S. 37), Rdnr. 15.
49 Einzelheiten dazu in BFH vom 14.02.1973 I R 131/70 (BStBl 1973 II S. 395).
50 BFH vom 25.01.2000 VIII R 50/97 (BStBl 2000 II S. 393).

abhängig sind.[51] Zur Abgrenzung partiarischer Darlehen und stiller Beteiligungen hat der BFH Stellung genommen.[52]

24.2.5 Zinsen aus Hypotheken und Grundschulden

Der Vorschrift des § 20 Abs. 1 Nr. 5 EStG, nach welcher zu den Einkünften aus Kapitalvermögen auch die Zinsen aus Hypotheken und Grundschulden gehören, kommt in der Praxis keine besondere Bedeutung zu, weil diese Grundpfandrechte im Allgemeinen der Sicherung von persönlichen Forderungen dienen und die Zinsen aus diesen Forderungen unter § 20 Abs. 1 Nr. 7 EStG fallen. Von Bedeutung ist § 20 Abs. 1 Nr. 5 EStG daher allenfalls, wenn der Grundstückseigentümer nicht der Schuldner der persönlichen Forderung ist und als solcher vom Gläubiger in Anspruch genommen wird.

24.2.6 Renten aus Rentenschulden

Die Rentenschuld (§ 20 Abs. 1 Nr. 5 EStG) ist eine Grundschuld, bei der aus einem Grundstück an regelmäßig wiederkehrenden Terminen eine bestimmte Geldsumme zu zahlen ist. Einnahmen aus Rentenschulden sind die einzelnen Geldleistungen, nicht jedoch eine zur Auszahlung kommende Ablösesumme.

24.2.7 Erträge aus Kapitalversicherungen

Bei der Besteuerung von Kapitalversicherungen (kapitalbildende Lebensversicherungen und Rentenversicherungen mit Kapitalwahlrecht) ist zunächst aufgrund des Inkrafttretens des Alterseinkünftegesetzes zu unterscheiden zwischen **Altverträgen** (Abschluss vor dem 01.01.2005) und Neuverträgen (Abschluss nach dem 31.12.2004). Sodann ergeben sich Änderungen für nach dem 31.12.2008 zufließende Erträge durch die Abgeltungsteuer im Rahmen der Unternehmensteuerreform 2008. Die Altverträge wurden i. d. R. so ausgestaltet, dass sich eine Besteuerung nach § 20 Abs. 1 Nr. 6 EStG für die in der Ablaufleistung enthaltenen Zinsen nur ergibt bei schädlichen Verwendungen, z. B. zur Besicherung von Darlehen. Wenn das Kapitalwahlrecht bei Rentenversicherungen nicht vor Ablauf von 12 Jahren seit Vertragsschluss ausgeübt und bei Kapitallebensversicherungen der Vertrag für die Dauer von mindestens 12 Jahren abgeschlossen wurde, bleiben die Zinsen steuerfrei. Außerhalb der Frist des § 23 Abs. 1 Nr. 2 EStG ergab sich auch bei einer Veräußerung des Vertrages keine Steuerpflicht.[53] Daran ändert sich nichts durch die ab 2009 geltende Steuerpflicht des Veräußerungsgewinns gem. § 20 Abs. 2 Satz 1 Nr. 6 EStG (§ 52a Abs. 10 Satz 5 EStG), wenn seit Vertragsabschluss mehr als 12 Jahre

---

51 BFH vom 13.09.2000 I R 61/99 (BStBl 2001 II S. 67).
52 Vgl. BFH vom 21.06.1983 VIII R 237/80 (BStBl 1983 II S. 563) und vom 19.10.2005 I R 48/04 (BStBl 2006 II S. 334).
53 BMF vom 22.08.2002 (BStBl 2002 I S. 827).

vergangen sind. Bei steuerfreien Altverträgen ergibt sich also weder aufgrund der Neuregelungen zum 01.01.2005 noch durch die Abgeltungsteuer ab 01.01.2009 ein Handlungsbedarf. Sind dagegen die in der Ablaufleistung oder dem Rückkaufwert eines Altvertrages enthaltenen Zinsen z. B. wegen schädlicher Verwendung des Vertrages steuerpflichtig, ergibt sich bei einem Zufluss ab dem 01.01.2009 eine steuerliche Entlastung, wenn der persönliche tarifliche Steuersatz geringer ist als die Abgeltungsteuer von 25 % (siehe 32.5.5.1, 32.5.7).

Bei **Neuverträgen** ist erheblich die Unterscheidung zwischen Kapitalanlage und Versorgungsprodukt. Die Ablaufleistung von nach dem 31.12.2004 abgeschlossenen Kapitallebensversicherungen[54] ist gem. § 20 Abs. 1 Nr. 6 EStG als Zinsertrag steuerpflichtig (Wegfall des Lebensversicherungsprivilegs). Das ist der Unterschiedsbetrag zwischen der Versicherungsleistung (Summe der Spartanteile, Verzinsung, Überschüsse) und den geleisteten Beiträgen. Eine günstigere Regelung besteht für Kapitalversicherungen, deren Laufzeit mindestens 12 Jahre beträgt und deren Versicherungsleistung erst nach Vollendung des 60. Lebensjahres des Bezugsberechtigten ausgezahlt wird:[55] Die gleichen Regelungen gelten für den Rückkauf (§ 20 Abs. 1 Nr. 6 Satz 1, 2 EStG).[56] Nicht unter § 20 Abs. 1 Nr. 6 EStG fällt die Kapitalauszahlung im Todesfall.[57] Wird bei einer **Kapitalversicherung mit Rentenwahlrecht** die Rentenzahlung gewährt, bleiben die Erträge in der Ansparphase unbesteuert. Die Rentenzahlungen gehören zu den Einnahmen aus § 22 Nr. 1 Satz 3 Buchst. a Doppelbuchst. bb EStG.[58] Davon zu unterscheiden ist die gestreckte Kapitalauszahlung mit der Besteuerung nach § 20 Abs. 1 Nr. 6 EStG.[59] Bei **Rentenversicherungen** werden die in der Ansparphase entstandenen Erträge nicht besteuert. Die Ertragsanteilsbesteuerung gem. § 22 Nr. 1 Satz 3 Buchst. a Doppelbuchst. bb EStG erfasst nur die Zinsen, die in der Auszahlungsphase aufgrund der zeitlichen Streckung entstehen. Das gilt auch für die Rentenversicherung mit Kapitalwahlrecht, soweit die Rentenzahlung gewählt wird. Um ausschließlich die lebenslange Absicherung zu begünstigen, ist durch das JStG 2007 die Begünstigung auf lebenslange Rentenzahlungen beschränkt worden (§ 20 Abs. 1 Nr. 6 Satz 1 EStG). Daraus folgt, dass **abgekürzte Leibrenten und Zeitrenten nach § 20 Abs. 1 Nr. 6 EStG zu versteuern sind.** Ebenfalls durch das JStG 2007 ist § 20 Abs. 1 Nr. 6 Satz 3 EStG erweitert worden auf Rentenversicherungen ohne Kapitalwahlrecht. Auf eine Besteuerung nach § 20 Abs. 1 Nr. 6 EStG wird nur verzichtet, wenn die Rentenzahlungen eine lebenslange Absicherung des Bezugsberechtigten sicherstellen. Die Einschränkung erfasst auch den Rückkauf einer Rentenversicherung ohne Kapitalwahlrecht, um die Besteuerungslücke zu schließen, die sich bei Kündigungen kurz

---

54 Zum Zeitpunkt siehe BMF vom 01.10.2009 (BStBl 2009 I S. 1172), Rdnr. 88 f.
55 BMF vom 01.10.2009 (BStBl 2009 I S. 1172), Rdnr. 65.
56 Dazu BMF vom 01.10.2009 (BStBl 2009 I S. 1172), Rdnr. 48 f.
57 BMF vom 01.10.2009 (BStBl 2009 I S. 1172), Rdnr. 40.
58 BMF vom 01.10.2009 (BStBl 2009 I S. 1172), Rdnr. 26.
59 BMF vom 01.10.2009 (BStBl 2009 I S. 1172), Rdnr. 43.

24.2 Die einzelnen Einnahmen aus Kapitalvermögen

vor Rentenbeginn ergab. Diese Regelung ist auf Verträge anzuwenden, die nach dem 31.12.2006 abgeschlossen wurden (§ 52 Abs. 36 Satz 8 EStG). Rentenzahlungen aus **reinen Risikoverträgen** (z. B. Unfallrente, Erwerbsunfähigkeitsrente) sind nicht nach § 20 Abs. 1 Nr. 6 EStG zu versteuern.

Durch das UntStRefG 2008 ist eine Veräußerungsgewinnbesteuerung im Zusammenhang mit der Abgeltungsteuer eingeführt worden (siehe 32.5.1), die auch eine Ergänzung des § 20 Abs. 1 Nr. 6 EStG brachte für Erwerbsvorgänge nach dem 31.12.2007 (§ 52 Abs. 1 EStG). Der neue Satz 3 in § 20 Abs. 1 Nr. 6 EStG ermöglicht es dem privaten Erwerber einer Kapitalversicherung (kapitalbildende Lebensversicherung oder Rentenversicherung mit Kapitalwahlrecht), nicht nur die vom Veräußerer gezahlten Beiträge, sondern den gezahlten Kaufpreis anzusetzen, wenn er die Ablaufleistung bzw. den Rückkaufswert vereinnahmt. Beim Veräußerer unterliegt der volle Unterschiedsbetrag zwischen der Auszahlung und der Summe der auf sie entrichteten Beiträge der Abgeltungsteuer. Nur wenn die Laufzeit mindestens 12 Jahre beträgt und die Versicherung erst nach Vollendung des 60. Lebensjahres ausgezahlt wird, ist die Hälfte des Unterschiedsbetrags anzusetzen (§ 20 Abs. 1 Nr. 6 Satz 2 EStG), der dann dem individuellen Steuersatz unterliegt (§ 32d Abs. 2 Nr. 2 EStG).

Durch das JStG 2009 werden § 20 Abs. 1 Nr. 6 EStG die Sätze 5 und 6 angefügt. Damit werden zum einen **vermögensverwaltende Versicherungsverträge** von der privilegierten Besteuerung ausgenommen, weil hier der Versorgungscharakter einer Lebensversicherung hinter den Zweck der Kapitalanlage zurücktritt. Zum anderen werden Mindeststandards für die Anforderungen an die Risikoleistung gesetzt als Reaktion auf Angebote im Zusammenhang mit der Einführung der Abgeltungsteuer, die mit einem minimalistischen Versicherungsschutz hinsichtlich des biometrischen Risikos ausgestattet sind. Im Vordergrund steht hier nicht die Vorsorge durch eine Versicherung, sondern die Erzielung steuerlicher Vorteile. § 20 Abs. 1 Nr. 6 Satz 5 EStG ist auf alle Kapitalerträge anzuwenden, die dem Versicherungsunternehmen nach dem 31.12.2008 zufließen; § 20 Abs. 1 Nr. 6 Satz 6 EStG ist für alle Versicherungsverträge anzuwenden, die nach dem 31.03.2009 abgeschlossen werden oder bei denen danach die erstmalige Beitragsleistung erfolgt (§ 52 Abs. 36 EStG).

24.2.8 Zinsen aus sonstigen Kapitalforderungen

Nach § 20 Abs. 1 Nr. 7 EStG gehören zu den Einkünften aus Kapitalvermögen Zinsen aus Kapitalforderungen jeder Art. Das sind nicht nur Darlehenszinsen, Guthabenzinsen aus Bankeinlagen, sondern z. B. auch Prozesszinsen[60] oder der Zinsanteil in wiederkehrenden Leistungen bei der entgeltlichen Vermögensübertragung (siehe 16.3.3.2), auch die im Zusammenhang mit Rentennachzahlungen gezahlten Zin-

---

60 BFH vom 25.10.1994 VIII R 79/91 (BStBl 1995 S. 121) und vom 09.02.2010 VIII R 35/07 (BFH/NV 2010 S. 1793).

sen.[61] Nach § 20 Abs. 1 Nr. 7 Satz 3 EStG sind Erstattungszinsen i. S. des § 233a AO Erträge i. S. des § 20 Abs. 1 Nr. 7 Satz 1 EStG. Diese Regelung ist – auch hinsichtlich ihrer gesetzlich angeordneten Rückwirkung für zurückliegende Veranlagungszeiträume – verfassungsgemäß.[62] Bei Darlehen und Sicherheiten, die Bewohner von Senioren-, Wohn- und Pflegeeinrichtungen leisten, gilt Folgendes: Die an die Darlehensgeber entsprechend dem Heimvertrag ausgezahlten Zinsen sind gem. § 20 Abs. 1 Nr. 7 EStG zu erfassen. Wird anstelle der Verzinsung eine Ermäßigung der Entgelte für Heimleistungen gewährt, fällt dieser Vorteil unter § 20 Abs. 2 Nr. 1 i. V. m. § 20 Abs. 1 Nr. 7 EStG. Zu den **Scheinrenditen** siehe 15.6.2 und 24.2.3.

Nach Einführung des Zinsabschlags entstand eine Vielzahl neuer Kapitalanlagemodelle, auf die der Gesetzgeber mit neuen Tatbeständen in § 20 EStG reagierte (siehe 24.1). Die Einbeziehung von Veräußerungsvorgängen und Finanzinnovationen in den Anwendungsbereich des § 20 EStG durch die Vorschriften des § 20 Abs. 2 Satz 1 Nr. 2 bis 4 EStG bewirkte, dass neben Forderungen mit zugesagtem Ertrag und garantierter Kapitalrückzahlung (z. B. Sparbuch) auch Forderungen mit ungewissem Ertrag, aber garantierter Rückzahlung (z. B. Index-Zertifikat) und Forderungen mit zugesagtem Ertrag und ungewisser Rückzahlung unter § 20 EStG fielen. Nicht unter § 20 EStG fielen Forderungen mit ungewissem Ertrag und ungewisser Kapitalrückzahlung. Durch das UntStRefG 2008 wurde § 20 Abs. 1 Nr. 7 EStG auf Erträge aus diesen Forderungen erweitert und erfasst damit auch Erträge aus reinen Spekulationsanlagen. Die Neufassung gilt für alle Erträge, die dem Gläubiger nach dem 31.12.2008 zufließen (§ 52a Abs. 8 EStG).

24.2.9 Diskontbeträge von Wechseln und Anweisungen

Unter dem Diskont i. S. des § 20 Abs. 1 Nr. 8 EStG versteht man den Betrag, der beim Ankauf einer Forderung vor dem Fälligkeitszeitpunkt zum Ausgleich des Zinsverlustes zum Abzug gebracht wird. Der Diskont ist mithin ebenfalls eine besondere Form des Zinses. Die Zinsen gem. Art. 5 des Wechselgesetzes fallen unter § 20 Abs. 1 Nr. 7 EStG.

Von einer Anweisung spricht man, wenn jemand einen anderen anweist, Geld, Wertpapiere oder andere vertretbare Sachen an einen Dritten zu leisten (vgl. auch § 783 BGB). Eine besondere Form der Anweisung stellt ein gezogener Wechsel dar.

24.2.10 Einnahmen aus Leistungen

Das Teileinkünfteverfahren (bis 2008: das Halbeinkünfteverfahren; siehe 24.2.1) ist auf Kapitalgesellschaften i. S. des § 1 Abs. 1 Nr. 1 KStG zugeschnitten. Die mit 15 % Körperschaftsteuer belasteten Gewinne lösen bei Ausschüttung eine Kapital-

---

61 BFH vom 13.11.2007 VIII R 36/05 (BStBl 2008 II S. 292).
62 BFH vom 12.11.2013 VIII R 36/10 (BStBl 2014 II S. 168) und vom 10.04.2014 III R 20/13 (www.bundesfinanzhof.de).

24.2 Die einzelnen Einnahmen aus Kapitalvermögen

ertragsteuerpflicht aus (§ 43 Abs. 1 Satz 1 Nr. 1, § 43a Abs. 1 Nr. 1 EStG). Auf der Ebene des Anteilseigners ist die Einkommensteuer mit dem Kapitalertragsteuerabzug von 25 % (§ 43a Abs. 1 Nr. 1 EStG) der vollen Kapitalerträge (§ 43a Abs. 2 Satz 1 EStG) abgegolten (§ 43 Abs. 5 Satz 1 EStG). Entsprechendes gilt im Verhältnis von Erwerbs- und Wirtschaftsgenossenschaften (§ 1 Abs. 1 Nr. 2 KStG) und ihren Mitgliedern. Andere körperschaftsteuerpflichtige Gebilde unterliegen zwar auch dem Körperschaftsteuersatz von 15 %, bei ihnen kommt es aber nicht zu Ausschüttungen, sondern zu Vermögensübertragungen an die dahinterstehenden Personen. Da diese Vermögensübertragungen mit Gewinnausschüttungen vergleichbar sind, ist auch hier eine Erfassung auf der Ebene der hinter diesen Körperschaften stehenden Personen erforderlich.

Für „Anteilseigner" von Körperschaften i. S. des § 1 Abs. 1 Nr. 3 bis 5 KStG (Versicherungsvereine auf Gegenseitigkeit, sonstige juristische Personen des privaten Rechts – insbesondere rechtsfähige Vereine und Stiftungen – sowie nichtrechtsfähige Vereine, Anstalten, Stiftungen und andere Zweckvermögen des privaten Rechts) enthält § 20 Abs. 1 Nr. 9 EStG einen Besteuerungstatbestand. Die Leistungen unterliegen dem Kapitalertragsteuerabzug (§ 43 Abs. 1 Satz 1 Nr. 7a EStG) i. H. von 25 % des Kapitalertrags (§ 43a Abs. 1 Nr. 1 EStG). Die Einkommensteuer ist mit diesem Steuerabzug abgegolten (§ 43 Abs. 5 Satz 1 EStG); das gilt für Leistungen, die nach dem 31.12.2008 zufließen (§ 52a Abs. 1 EStG). Mit dem durch das JStG 2007 eingefügten Hinweis auf § 20 Abs. 1 Nr. 2 EStG wird nach der Gesetzesbegründung klargestellt, dass nicht nur laufende, sondern auch Zahlungen bei Auflösung der Körperschaft unter § 20 Abs. 1 Nr. 9 EStG fallen.

Nach Ansicht der Finanzverwaltung fallen unter § 20 Abs. 1 Nr. 9 EStG alle wiederkehrenden oder einmaligen **Leistungen einer Stiftung,** die von den beschlussfassenden Stiftungsgremien aus den Erträgen der Stiftung an den Stifter, seine Angehörigen oder deren Abkömmlinge ausgekehrt werden.[63] Der Stifter, seine Angehörigen oder deren Abkömmlinge erzielen dann entsprechende Einkünfte aus Kapitalvermögen. Es wird auch die Auffassung vertreten, dass es sich um wiederkehrende Bezüge handele, die nicht der Kapitalertragsteuerpflicht unterliegen. Nicht unter § 20 Abs. 1 Nr. 9 EStG fallen Zuwendungen ausländischer (z. B. Liechtensteiner) Stiftungen. Die ertragsteuerliche Behandlung der Ausschüttungen dieser ausländischen Stiftungen an ihre Destinatäre richtet sich nach der Ausgestaltung der Stiftung im Einzelfall nach § 15 AStG oder § 22 Nr. 1 EStG.

Der Besteuerungstatbestand in § 20 Abs. 1 Nr. 10 EStG betrifft Vermögensübertragungen von Betrieben gewerblicher Art mit eigener Rechtspersönlichkeit (z. B. Sparkassen) an ihre Anteilseigner (§ 20 Abs. 1 Nr. 10 Buchst. a EStG) und den durch Betriebsvermögensvergleich ermittelten Gewinn eines Betriebs gewerblicher Art ohne eigene Rechtspersönlichkeit (soweit er nicht den Rücklagen zugeführt wird) sowie die entsprechenden Vorgänge bei wirtschaftlichen Geschäftsbetrieben

---
63 BMF vom 27.06.2006 (BStBl 2006 I S. 417).

privater Körperschaften, Personenvereinigungen und Vermögensmassen (§ 20 Abs. 1 Nr. 10 Buchst. b EStG), z. B. ein gemeinnütziger Verein überführt den Gewinn seines wirtschaftlichen Geschäftsbetriebs in den steuerbefreiten Bereich. Die Auskehrung von Gewinnen des Betriebs gewerblicher Art an die Trägerkörperschaft ist also ein kapitalertragsteuerpflichtiger Vermögenszufluss, sodass es für die Besteuerung der Trägerkörperschaft keinen Unterschied macht, ob sie ihre wirtschaftlichen Aktivitäten in einem Betrieb gewerblicher Art oder einer Kapitalgesellschaft ausübt. Kehrt der Betrieb gewerblicher Art laufende Gewinne nicht unmittelbar an die Trägerkörperschaft aus, sondern führt er sie zulässigerweise den Rücklagen zu, so kommt es erst dann zu einer Kapitalertragsteuerpflicht, wenn die Rücklagen für Zwecke außerhalb des Betriebs gewerblicher Art verwendet werden (§ 20 Abs. 1 Nr. 10 Buchst. b Satz 2 EStG). Durch das JStG 2007 ist in Satz 2 klargestellt worden, dass die Einbringung eines Betriebs gewerblicher Art in eine Kapitalgesellschaft eine Verwendung der Rücklagen für Zwecke außerhalb des Betriebs gewerblicher Art darstellt. Die Rücklagen stehen nun der Kapitalgesellschaft und nicht mehr dem Betrieb gewerblicher Art zu. Die Kapitalertragsteuer entsteht entsprechend den Vorgaben des § 44 Abs. 6 Satz 2 letzter Halbsatz EStG. Für wirtschaftliche Geschäftsbetriebe gilt Entsprechendes (§ 20 Abs. 1 Nr. 10 Buchst. b Satz 4 EStG).

24.2.11 Stillhalterprämien

Durch das UntStRefG 2008 wurde § 20 Abs. 1 EStG eine Nr. 11 angefügt, die ab 01.01.2009 anzuwenden ist (§ 52a Abs. 9 EStG). Danach sind Stillhalterprämien steuerpflichtig, die für die Einräumung von Optionen vereinnahmt werden. Optionen sind Rechte (Anwartschaften), eine bestimmte Finanzposition (bestimmte Wertpapiere, Devisen, Terminkontrakte, aber auch Finanzierungen usw.) zu vorab festgelegten Preisen/Kursen (Basiskurs) in einer bestimmten Zeitspanne oder zu einem bestimmten Termin zu kaufen bzw. zu verkaufen, ohne hierzu verpflichtet zu sein. Der Erwerber einer Option zahlt hierfür einen Preis (Optionsprämie). Die Option verfällt, wenn sie nicht in Anspruch genommen wird. Es gibt zwei Arten von Optionen, „calls" (Kaufoptionen) und „puts" (Verkaufsoptionen). Der Stillhalter erhält die Optionsprämie für seine Bindung und die Risiken, die er durch die Einräumung des Optionsrechts während der Optionsfrist eingeht. Der BFH[64] und die Finanzverwaltung[65] beurteilten die Vereinnahmung der Stillhalterprämien als sonstige Einkünfte gem. § 22 Nr. 3 EStG. Als Werbungskosten abzugsfähig war der Aufwand für ein Gegengeschäft, mit dem der Stillhalter eine Option der gleichen Art kauft, wie er sie zuvor verkauft hat (Glattstellung). Das UntStRefG 2008 qualifiziert den Vermögenszuwachs als Kapitaleinkünfte in § 20 Abs. 1 Nr. 11 EStG. Besteuert wird

---
64 BFH vom 18.12.2002 I R 17/02 (BStBl 2004 II S. 126) und vom 17.04.2007 IX R 40/06 (BStBl 2007 II S. 608).
65 BMF vom 27.11.2001 (BStBl 2001 I S. 986).

24.2 Die einzelnen Einnahmen aus Kapitalvermögen

der beim Stillhalter nach Abschluss eines Gegengeschäfts (Glattstellung) verbleibende Vermögenszuwachs. § 20 Abs. 1 Nr. 11 EStG gilt für alle Stillhalteprämien, die nach dem 31.12.2008 zufließen (§ 52a Abs. 9 EStG). Sie unterliegen der Kapitalertragsteuer (§ 43 Abs. 1 Nr. 8 EStG).

Beispiel:

A räumt der D-Bank am 01.03.2009 das Recht ein, 500 Aktien der B-AG am 01.09.2009 für 50 € pro Stück zu kaufen. Die D-Bank zahlt A dafür eine Optionsprämie (Stillhalteprämie) von 300 €. A erzielt Einnahmen gem. § 20 Abs. 1 Nr. 11 EStG; die D-Bank hat Kapitalertragsteuer i. H. von 25 % (75 €) einzubehalten (§ 43 Abs. 1 Satz 1 Nr. 8, § 43a Abs. 1 Nr. 1 EStG). Die Einkommensteuer des A ist damit abgegolten (§ 43 Abs. 5 EStG).

Durch das JStG 2009 wurde § 22 Nr. 3 EStG im Hinblick darauf geändert, dass die Einnahmen aus Stillhaltergeschäften ab 2009 unter § 20 Abs. 1 Nr. 11 EStG fallen. Es kann vorkommen, dass Verluste insgesamt unberücksichtigt bleiben, wenn die für Stillhaltergeschäfte auf Einkünfte aus § 22 Nr. 3 EStG begrenzte Verlustverrechnung weiter gilt. Durch die Übergangsregelung in § 22 Nr. 3 Satz 5 und 6 EStG können Altverluste aus privaten Veräußerungsgeschäften für 5 Jahre mit Einkünften aus § 20 Abs. 1 Nr. 11 EStG verrechnet werden.

24.2.12 Wertzuwächse

§ 20 Abs. 2 Nr. 1 EStG in der bis zum 31.12.2008 geltenden Fassung enthielt keinen selbständigen Besteuerungstatbestand, sondern stellt nur den Umfang der Einnahmen nach Abs. 1 und 2 klar. Entscheidend ist die Unterscheidung zwischen der Nutzung des privaten Geldvermögens als Einkünfte aus Kapitalvermögen und der bei dessen Veräußerung realisierten Wertsteigerung, die unter §§ 17, 23 EStG fallen kann.[66] Beispiele für besondere Entgelte und Vorteile sind das Agio/Disagio (Aufgeld/Abgeld) beim Kauf von Schuldverschreibungen sowie Bonusaktien.[67] Der bisherige § 20 Abs. 2 Satz 1 Nr. 1 EStG wurde durch das UntStRefG 2008 wortgleich mit § 20 Abs. 3 EStG. Nach der Gesetzesbegründung[68] geschieht dies, um eine gleichgerichtete Nummerierung in den Absätzen 1 und 2 zu erreichen.

Der durch das UntStRefG 2008 neu gefasste § 20 Abs. 2 EStG regelt die Besteuerung der Wertzuwächse von Kapitalanlagen im Privatvermögen. Mit der Einbeziehung des realisierten Wertzuwachses ohne Behaltensfrist in die Besteuerung der Einkünfte aus Kapitalvermögen entfallen zahlreiche Abgrenzungsprobleme zwi-

---

66 BFH vom 13.12.2006 VIII R 79/03 (BStBl 2007 II S. 562).
67 BFH vom 07.12.2004 VIII R 70/02 (BStBl 2005 II S. 468).
68 BT-Drucksache 16/4841 S. 57.

schen steuerpflichtigem Ertrag und – nach Ablauf der Frist des § 23 Nr. 2 EStG – Vermögenszuwachs, z. B. bei finanzinnovativen Schuldverschreibungen.[69] Die Neuregelung der einheitlichen Besteuerung von Kapitalerträgen und privaten Veräußerungsgeschäften aus Kapitalanlagen in § 20 EStG erforderte auch zahlreiche Änderungen in § 23 EStG, der deshalb ebenfalls neu gefasst worden ist (siehe 26.1). § 20 Abs. 2 Satz 1 EStG enthält acht Besteuerungstatbestände. Damit soll gewährleistet werden, dass die die Kapitalerträge auszahlenden Stellen, also insbesondere die Kreditinstitute, den Steuerabzug vom Kapitalertrag nach § 43 EStG vornehmen können. Als Veräußerung gilt auch die verdeckte Einlage in eine Kapitalgesellschaft (§ 20 Abs. 2 Satz 2 EStG). Die Anschaffung oder Veräußerung einer unmittelbaren oder mittelbaren Beteiligung an einer Personengesellschaft gilt als Anschaffung oder Veräußerung der anteiligen Wirtschaftsgüter (§ 20 Abs. 2 Satz 3 EStG). Grundsätzlich gilt die Neufassung des § 20 Abs. 2 EStG für Kapitalanlagen, die nach dem 31.12.2008 angeschafft werden. § 52a Abs. 10 EStG enthält für die einzelnen Tatbestände detaillierte Regelungen. Durch das JStG 2009 wird Satz 7 dieser Vorschrift folgender Halbsatz angefügt: „Kapitalforderungen i. S. des § 20 Abs. 2 Satz 1 Nr. 4 in der am 31. Dezember 2008 anzuwendenden Fassung liegen auch vor, wenn die Rückzahlung nur teilweise garantiert ist oder wenn eine Trennung zwischen Ertrags- und Vermögensebene möglich erscheint." Diese Regelung ist eine Reaktion des Gesetzgebers auf die Rechtsprechung des BFH[70] zu Finanzinnovationen, die eine Differenzierung zwischen Ertrags- und Vermögensebene bei jedem einzelnen Produkt erforderte.[71] Dadurch würde der mit der Abgeltungsteuer ab 2009 angestrebte Vereinfachungseffekt konterkariert. Deshalb kommt es ab 2009 für die steuerrechtliche Behandlung eines Finanzprodukts unabhängig von dem Zeitpunkt des Erwerbs ausschließlich darauf an, dass es unter den Wortlaut des § 20 Abs. 2 Satz 1 Nr. 4 EStG fällt.

24.2.13 Anteile an Kapitalgesellschaften

Zu den Einkünften aus Kapitalvermögen gehören gem. § 20 Abs. 2 Satz 1 Nr. 1 EStG auch Gewinne aus der Veräußerung von Anteilen an einer Körperschaft i. S. des § 20 Abs. 1 Nr. 1 EStG unabhängig von der Haltedauer. § 20 Abs. 2 Satz 1 Nr. 1 Satz 2 EStG bestimmt, dass die Veräußerung von Genussrechten oder ähnlichen Beteiligungen oder auch Anwartschaften auf Beteiligungen steuerpflichtig ist. Genussrechte sind Forderungsrechte gegen eine Kapitalgesellschaft, die eine Betei-

---

[69] Vgl. BFH vom 20.11.2006 VIII R 43/05 (BStBl 2007 II S. 560), vom 13.12.2006 VIII R 79/03 (BStBl 2007 II S. 562), vom 13.12.2006 VIII R 62/04 (BStBl 2007 II S. 568) und vom 13.12.2006 VIII R 6/05 (BStBl 2007 II S. 571) sowie BMF vom 18.07.2007 (BStBl 2007 I S. 548) zum Ansatz der Emissions- oder Marktrendite.

[70] BFH vom 20.11.2006 VIII R 43/05 (BStBl 2007 II S. 560), vom 13.12.2006 VIII R 79/03 (BStBl 2007 II S. 562), vom 13.12.2006 VIII R 62/04 (BStBl 2007 II S. 568) und vom 13.12.2006 VIII R 6/05 (BStBl 2007 II S. 571).

[71] BFH vom 04.12.2007 VIII R 53/05 (BStBl 2008 II S. 563); BMF vom 17.06.2008 (BStBl 2008 I S. 715).

24.2 Die einzelnen Einnahmen aus Kapitalvermögen

ligung am Gewinn und Liquidationserlös sowie eventuell zusätzliche Rechte wie z. B. eine feste Verzinsung gewähren.

Beträgt die im Privatvermögen gehaltene Beteiligung an einer Kapitalgesellschaft mindestens 1 %, werden Veräußerungsgewinne nach § 17 EStG besteuert und unterliegen dann nicht der Abgeltungsteuer auf den vollen Ertrag (§ 32d Abs. 1, § 43 Abs. 5 EStG), sondern unter Anwendung des Teileinkünfteverfahrens dem individuellen Steuersatz.

Anzuwenden ist die Neuregelung, wenn die Anteile nach dem 31.12.2008 erworben werden (§ 52a Abs. 10 Satz 1 EStG).

Beispiel:
A erwirbt am 01.12.2008 Aktien der B-AG und veräußert sie am 01.04.2009. Da A die Aktien vor dem 01.01.2009 erworben hat, fällt ein Veräußerungsgewinn nicht unter § 20 Abs. 2 Satz 1 Nr. 1 EStG. Er ist aber steuerpflichtig nach § 23 Abs. 1 Nr. 2 EStG a. F., weil Anschaffung und Veräußerung innerhalb eines Jahres erfolgen (§ 52a Abs. 11 Satz 4 EStG).

Durch Art. 8 des UntStRefG 2008 wird die Abgeltungsteuer in das Investmentsteuergesetz transferiert. Damit gelten auch die vom Fonds ausgeschütteten Gewinne aus der Veräußerung von Wertpapieren als steuerpflichtige Kapitalerträge. Das „Fondsprivileg", d. h. die Steuerfreiheit der Veräußerungsgewinne des Fonds innerhalb der Jahresfrist für Privatanleger, entfällt (siehe 24.2.1). Gewinne des Fonds aus der Veräußerung von vor dem 01.01.2009 angeschafften Wertpapieren führen beim privaten Anleger weder bei Thesaurierung noch bei Ausschüttung zu steuerpflichtigen Erträgen. Bei nach dem 31.12.2008 angeschafften Anteilen unterliegen Veräußerungsgewinne hieraus unabhängig von der Haltedauer der Abgeltungsteuer (§ 8 Abs. 5 InvStG).

24.2.14 Dividenden und Zinsen

Die Regelung des § 20 Abs. 2 Satz 1 Nr. 2 EStG entspricht der bisherigen Regelung, nach der die Veräußerung von Dividendenscheinen ohne das Stammrecht und die isolierte Veräußerung von Zinsscheinen oder Zinsforderungen steuerbar ist. Gewinnansprüche werden bei Veräußerung des Anteils an Kapitalgesellschaften grundsätzlich nicht verselbständigt.[72] Sie sind von demjenigen als Kapitalertrag zu versteuern, dem im Zeitpunkt des Gewinnverteilungsbeschlusses das Stammrecht steuerlich zuzurechnen ist (§ 20 Abs. 5 Satz 2 EStG).

Die Veräußerung von Dividendenscheinen, Zinsscheinen und sonstigen Ansprüchen ist nach § 20 Abs. 2 Satz 1 Nr. 2 EStG steuerpflichtig, wenn die dazugehörigen Aktien, Schuldverschreibungen oder sonstigen Anteile nicht mitveräußert werden. Denn das Entgelt für die bezeichneten Ansprüche stellt wirtschaftlich ebenfalls

---

[72] BFH vom 21.05.1986 I R 190/81 (BStBl 1986 II S. 815).

einen Ertrag aus dem zurückbehaltenen Kapitalvermögen dar. Auf die spätere Fälligkeit des Gewinn- oder Zinsanspruchs kommt es nicht an.

Beispiel:
A überträgt dem B gegen Zahlung eines einmaligen Betrages das Gewinnbezugsrecht an den ihm gehörenden Anteilen an der X-GmbH für die Dauer von acht Jahren.
Der vereinbarte Betrag ist nach § 20 Abs. 2 Satz 1 Nr. 2 EStG im Jahr des Zuflusses in voller Höhe zu den Einkünften aus Kapitalvermögen zu rechnen.

Dividendenscheine können vom Stammrecht getrennt und ohne die Aktie veräußert werden. Erfolgt die Veräußerung vor dem Gewinnverteilungsbeschluss, erzielt der Veräußerer Einnahmen gem. § 20 Abs. 2 Satz 1 EStG. Ist die Gewinnverteilung bereits beschlossen, wird ein bereits entstandener Gewinnanspruch veräußert, ist er dem Veräußerer, unabhängig von dem späteren Zufluss beim Erwerber, gem. § 20 Abs. 1 Nr. 1 EStG zuzurechnen. Die Besteuerung des Veräußerungsentgelts tritt also an die Stelle der Besteuerung nach § 20 Abs. 1 EStG (§ 20 Abs. 2 Satz 1 Nr. 2 Buchst. a Satz 2 EStG), sodass der spätere Zufluss beim Erwerber von diesem nicht zu versteuern ist.

Die Veräußerung von Zinsscheinen und Zinsforderungen fällt unter § 20 Abs. 2 Satz 1 Nr. 2 Buchst. b EStG, wenn der Inhaber die Schuldverschreibung nicht veräußert oder bereits veräußert hat. Unter Satz 2 dieser Vorschrift fallen die Einnahmen aus der Einlösung von Zinsscheinen und Zinsforderungen des ehemaligen Inhabers der Schuldverschreibung, wenn diese vorher veräußert worden ist. § 20 Abs. 1 Satz 1 Nr. 7 EStG ist hier mangels Kapitals nicht anwendbar. Wird die Schuldverschreibung mit Zinsscheinen bzw. Zinsforderungen veräußert, ist § 20 Abs. 2 Satz 1 Nr. 2 Buchst. b EStG nicht einschlägig, hier kommt § 20 Abs. 2 Satz 1 Nr. 3 EStG in Betracht. Wenn Zinsschein oder Zinsforderung durch den Erwerber eingelöst oder weiterveräußert werden, führt dieser Vorgang nicht zur Anwendung des § 20 Abs. 2 Satz 1 Nr. 2 Buchst. b EStG, weil der Erwerber nicht Inhaber der Schuldverschreibung war. Hier kommt die Anwendung des § 20 Abs. 2 Satz 1 Nr. 4 Buchst. b EStG in Betracht (siehe 24.2.15).

Die Trennung von Zinsscheinen und Zinsforderungen ist üblich bei den sog. „stripped bonds". Unter Bond-Stripping versteht man das Trennen der Zinsscheine vom Mantel (= Stammrecht) einer Anleihe. Der Mantel und die einzelnen oder zum Paket zusammengefassten Zinsscheine werden danach getrennt gehandelt und notiert. Das Bond-Stripping bzw. der Erwerb einzelner gestrippter Bestandteile einer ehemals konventionellen Anleihe hat für den Anleger den Vorteil, künftige Rück-/Auszahlungen abweichend von den üblichen Restlaufzeiten selber bestimmen zu können. Weil der isolierte Anleihemantel keine Zinsen abwirft, sondern nur den Anspruch auf Zahlung des Nominalwerts der Anleihe bei deren Endfälligkeit verbrieft, wird er regelmäßig diskontiert veräußert; Entsprechendes gilt für vom Anleihemantel abgetrennte Zinsscheine, die den Anspruch auf Zahlung der Zinsen zu den verschiedenen Zinsterminen verbriefen. Wirtschaftlich führen der Erwerb und die

24.2 Die einzelnen Einnahmen aus Kapitalvermögen

spätere Weiterveräußerung oder Einlösung eines zu einem abgezinsten Preis erworbenen „stripped bonds" daher zu demselben Ergebnis wie bei einem klassischen Zero-Bond. Die Trennung der Anleihe selbst in die einzelnen Komponenten löst keine einkommensteuerlichen Folgen aus. Die Veräußerung der Zinsscheine durch den Inhaber, der die Trennung vorgenommen hat, fällt, wie dargelegt, unter § 20 Abs. 2 Satz 1 Nr. 2 Buchst. b EStG. Die Veräußerung des Stammrechts ist ein Vorgang auf der Vermögensebene, der unter § 20 Abs. 2 Satz 1 Nr. 1 EStG fällt. Wenn der Inhaber nach der Trennung die Komponenten der gestrippten Anleihe nicht durch Veräußerung aus der Hand gibt, sondern selbst zu den jeweiligen Fälligkeitsterminen einlöst, fallen die Zinsen unter § 20 Abs. 1 Nr. 7 EStG und handelt es sich bei der Einlösung des Stammrechts um eine Veräußerung gem. § 20 Abs. 2 Satz 1 Nr. 1 EStG.

24.2.15 Termingeschäfte

§ 20 Abs. 2 Satz 1 Nr. 3 EStG regelt neben § 20 Abs. 1 Nr. 11 EStG (siehe 24.2.11) die Besteuerung der Wertzuwächse aus Termingeschäften. Der Begriff Termingeschäfte umfasst sämtliche als Options- oder Festgeschäft ausgestaltete Finanzinstrumente sowie Kombinationen zwischen Options- und Festgeschäften, deren Preis unmittelbar oder mittelbar abhängt von

- dem Börsen- oder Marktpreis von Wertpapieren,
- dem Börsen- oder Marktpreis von Geldmarktinstrumenten,
- dem Kurs von Devisen oder Rechnungseinheiten,
- Zinssätzen oder anderen Erträgen oder
- dem Börsen- oder Marktpreis von Waren oder Edelmetallen.

Dabei ist es ohne Bedeutung, ob das Termingeschäft in einem Wertpapier verbrieft ist und ob es an einer amtlichen Börse oder außerbörslich abgeschlossen wird. Zu den Termingeschäften gehören insbesondere Optionsgeschäfte, Swaps, Devisentermingeschäfte, Forwards oder Futures.

In der vor dem 01.01.2009 geltenden Gesetzesfassung sind Veräußerungsgewinne aus Termingeschäften unter § 22 Nr. 2 EStG i. V. m. § 23 Abs. 1 Nr. 2 bis 4 EStG a. F. nur steuerbar, wenn Erwerb und Veräußerung/Beendigung des Rechts innerhalb eines Jahres erfolgen. § 20 Abs. 2 Satz 1 Nr. 3 Buchst. a EStG i. d. F. des UntStRefG 2008 bestimmt, dass die entsprechenden Wertzuwächse unabhängig von dem Zeitpunkt der Beendigung des Rechts steuerbar sind; lässt der Optionsinhaber die Option verfallen, ist der Verlust nicht nach § 20 Abs. 2 Satz 1 Nr. 3 Buchst. a EStG abzugsfähig.[73] § 20 Abs. 2 Satz 1 Nr. 3 Buchst. b EStG bestimmt, dass auch die Veräußerung eines als Termingeschäft ausgestalteten Finanzinstruments, z. B. einer

---

73 BFH vom 19.12.2007 IX R 11/06 (BStBl 2008 II S. 519) und vom 24.04.2012 IX B 154/10 (BStBl 2012 II S. 454).

Verkaufs- oder Kaufoption, im Privatvermögen steuerbar ist unabhängig von der Haltedauer. Darunter fallen auch die Glattstellungsgeschäfte bei Optionen (siehe 24.2.11). Glattstellungsgeschäfte bei Futures fallen unter § 20 Abs. 2 Satz 1 Nr. 3 Buchst. a EStG.

§ 20 Abs. 2 Satz 1 Nr. 3 EStG ist erstmals auf Gewinne aus Termingeschäften anzuwenden, bei denen der Rechtserwerb nach dem 31.12.2008 erfolgt (§ 52a Abs. 10 Satz 3 EStG).

24.2.16 Partiarische Darlehen und stille Beteiligungen

Nach § 20 Abs. 2 Satz 1 Nr. 4 EStG sind Wertzuwächse, die aufgrund der Abtretung von Forderungen aus einem partiarischen Darlehen oder bei Beendigung der Laufzeit des Darlehens zufließen, ebenso wie die Veräußerung einer stillen Beteiligung an Gesellschaftsfremde steuerbar. Durch die Erweiterung des Veräußerungsbegriffs auf das Auseinandersetzungsguthaben in den Fällen der Auseinandersetzung bei stillen Gesellschaften in § 20 Abs. 2 Satz 2 EStG werden auch Wertzuwächse erfasst, die einem stillen Gesellschafter bei der Auflösung der stillen Gesellschaft zufließen.

§ 20 Abs. 2 Satz 1 Nr. 4 EStG ist auf Gewinne anzuwenden, bei denen die zugrunde liegenden Wirtschaftsgüter, Rechte oder Rechtspositionen nach dem 31.12.2008 erworben oder geschaffen werden (§ 52a Abs. 10 Satz 4 EStG).

24.2.17 Hypotheken und Grundschulden

§ 20 Abs. 2 Satz 1 Nr. 5 EStG bestimmt in Ergänzung zu § 20 Abs. 1 Nr. 5 EStG, dass auch der Gewinn aus der Übertragung der entsprechenden Rechte zu den Einkünften aus Kapitalvermögen gehört.

24.2.18 Kapitalversicherungen

Nach § 20 Abs. 2 Satz 1 Nr. 6 EStG gehört der Gewinn aus der Veräußerung von Ansprüchen auf eine Versicherungsleistung i. S. des § 20 Abs. 1 Nr. 6 EStG (siehe 24.2.7) zu den Einkünften aus Kapitalvermögen. Bemessungsgrundlage ist die Differenz zwischen Kaufpreis und den Anschaffungskosten (§ 20 Abs. 4 EStG, siehe 24.2.7). Die Neuregelung erfasst die Veräußerung von sämtlichen nach dem 31.12.2004 abgeschlossenen Verträgen (Neuverträge) sowie solcher Altverträge, deren Zinsen bei einem Rückkauf zum Veräußerungszeitpunkt nach § 20 Abs. 1 Nr. 6 EStG a. F. steuerpflichtig gewesen wären (steuerpflichtige Altverträge, z. B. bei Veräußerung innerhalb von 12 Jahren nach Vertragsabschluss, R 154 EStR 2003). Dadurch wird sichergestellt, dass die Erträge aus der Veräußerung von vor dem 01.01.2005 abgeschlossenen Verträgen, die schon vor der Neuregelung durch das UntStRefG 2008 steuerpflichtig gewesen wären, auch ab dem 01.01.2009 zu steuerpflichtigen Einkünften führen (§ 52a Abs. 10 Satz 5 EStG).

24.2 Die einzelnen Einnahmen aus Kapitalvermögen

Als Folgeänderung zu der Anwendungsregelung wird in § 20 Abs. 2 Satz 1 Nr. 6 Satz 2 EStG bestimmt, dass das Versicherungsunternehmen nach Kenntniserlangung von einer Veräußerung nicht nur das Finanzamt des Steuerpflichtigen zu informieren, sondern auf dessen Verlangen eine Bescheinigung über die Höhe der entrichteten Beiträge im Zeitpunkt der Veräußerung zu erteilen hat. Das ist insbesondere wichtig für Versicherungsverträge vor dem 01.01.2005, bei denen die Beitragshöhe bis jetzt nicht relevant war für die Ertragsbesteuerung. Die Hilfestellung des Versicherungsunternehmens benötigt der Steuerpflichtige auch bei Kombinationsprodukten aus Lebensversicherung und Zusatzversicherungen, z. B. Berufsunfähigkeitsversicherung. Nur der Kosten-, Risiko- und Sparanteil, der auf die Lebensversicherung entfällt, ist steuerlich zu berücksichtigen.

24.2.19 Sonstige Kapitalforderungen

Die Regelung des § 20 Abs. 2 Satz 1 Nr. 7 EStG ist entsprechend der Vorschrift des § 20 Abs. 1 Nr. 7 EStG als Auffangtatbestand gestaltet, um neben den Erträgen aufgrund der Nutzungsüberlassung aus sonstigem Kapitalvermögen auch die Besteuerung des Vermögenszuflusses aus der Veräußerung, Abtretung oder Endeinlösung von sonstigen Kapitalforderungen zu sichern. Neben den Zinserträgen, die bereits unter die bisherige Regelung des § 20 Abs. 2 Satz 1 Nr. 4 EStG fielen, erfasst diese Vorschrift auch die entsprechenden Wertzuwächse auf der Vermögensebene. Damit entfallen die Abgrenzungsprobleme bei den innovativen Schuldverschreibungen.[74]

Zu den Einnahmen aus der Veräußerung von sonstigen Kapitalforderungen gehören auch Erträge aus Veräußerungsgeschäften, bei denen die Veräußerung der Kapitalforderung früher erfolgt als der Erwerb (Baisse-Geschäfte), und vereinnahmte **Stückzinsen,** die als Entgelt für die auf den Zeitraum bis zur Veräußerung der Schuldverschreibung entfallenden Zinsen bezahlt werden und besonders in Rechnung gestellt werden. Die Stückzinsen waren bisher nach § 20 Abs. 2 Satz 1 Nr. 3 EStG a. F. zu versteuern und fallen jetzt unter § 20 Abs. 2 Satz 1 Nr. 7 EStG.

Beispiel:

Veräußerung einer 6 %-Anleihe zum 01.10.01, Nennwert 100.000 € (= Kurswert), Zinstermin 01.04.

Abrechnung:

Kaufpreis	100.000 €
Stückzinsen 100.000 € × 6 % × 180 Tage/360 Tage	= 3.000 €
Verkaufspreis:	103.000 €

Der Verkäufer hat 3.000 € gem. § 20 Abs. 2 Satz 1 Nr. 7 EStG zu versteuern.

---

74 Vgl. BFH vom 20.11.2006 VIII R 43/05 (BStBl 2007 II S. 560), vom 13.12.2006 VIII R 79/03 (BStBl 2007 II S. 562), vom 13.12.2006 VIII R 62/04 (BStBl 2007 II S. 568) und vom 13.12.2006 VIII R 6/05 (BStBl 2007 II S. 571).

Für den Erwerber der Kapitalforderung sind bezahlte Stückzinsen keine Anschaffungskosten i. S. des § 20 Abs. 4 EStG, sondern im Jahr der Zahlung entstandene negative Einnahmen.[75]

§ 20 Abs. 2 Satz 1 Nr. 7 EStG gilt für nach dem 31.12.2008 zufließende Kapitalerträge aus der Veräußerung sonstiger Kapitalforderungen. Handelt es sich nicht um Finanzinnovationen i. S. des § 20 Abs. 2 Satz 1 Nr. 4 EStG a. F. und sind sie vor dem 01.01.2009 erworben worden, wird die Neuregelung nicht angewendet. Sind zwar die Voraussetzungen des § 20 Abs. 2 Satz 1 Nr. 7 EStG n. F., aber nicht die des § 20 Abs. 1 Nr. 7 EStG a. F. erfüllt, fallen Veräußerungen nach dem 30.06.2009 unter die Neuregelung, es sei denn, die Kapitalforderung wurde vor dem 15.03.2007 erworben.

Beispiel 1:
A erwirbt am 25.03.2007 eine festverzinsliche Anleihe mit einem Nennwert von 1.000 € zu einem Kurs von 95 % (950 €). Am 01.08.2009 veräußert er die Anleihe für einen Kurs von 101 % (1.010 €). Bei der festverzinslichen Anleihe handelt es sich um eine sonstige Kapitalforderung i. S. des § 20 Abs. 1 Nr. 7 EStG a. F. Eine Finanzinnovation liegt nicht vor (§ 20 Abs. 2 Satz 1 Nr. 4 EStG a. F.), auch § 23 Abs. 1 Nr. 2 EStG a. F. ist nicht erfüllt. Da die Anleihe vor dem 01.01.2009 angeschafft wurde, ist der Veräußerungsgewinn nicht steuerpflichtig.

Beispiel 2:
A erwirbt am 28.06.2007 ein Zertifikat auf den DAX für 80 € (Laufzeit bis 31.12.2012). Ein laufender Kapitalertrag wird nicht gezahlt, der Rückzahlungsbetrag ist nicht garantiert. Am 04.08.2009 veräußert A das Zertifikat für 90 €. Das Zertifikat fällt nicht unter § 20 Abs. 1 Nr. 7 EStG a. F., wohl aber unter § 20 Abs. 1 Nr. 7 EStG n. F. Da die Veräußerung nach Ablauf eines Jahres erfolgte, ist § 23 Abs. 1 Nr. 2 EStG a. F. nicht anzuwenden. Der Veräußerungsgewinn fällt aber unter § 20 Abs. 2 Satz 1 Nr. 7 EStG, da die Veräußerung nach dem 30.06.2009 und die Anschaffung nach dem 14.03.2007 erfolgte (§ 52a Abs. 10 Satz 8 EStG).

24.2.20 Leistungen von Körperschaften i. S. des § 1 Abs. 1 Nr. 3 bis 5 KStG

Gemäß § 20 Abs. 2 Satz 1 Nr. 8 EStG gehört zu den Einkünften aus Kapitalvermögen der Gewinn aus der Übertragung oder Aufgabe einer die Einnahmen i. S. des § 20 Abs. 1 Nr. 9 vermittelnden Rechtsposition (siehe 24.2.10). Damit sind Vermögensmehrungen oder -minderungen steuerpflichtig, die einem Steuerpflichtigen durch sein Ausscheiden als Mitglied oder Gesellschafter einer Körperschaft i. S. des § 1 Abs. 1 Nr. 3 bis 5 KStG (z. B. rechtsfähiger oder nichtrechtsfähiger Verein, Stiftung) oder durch Übertragung seiner Mitglieds- oder Gesellschafterstellung auf Dritte zufließen. Damit sollen Gestaltungen verhindert werden, durch die eine Besteuerung von Veräußerungsvorgängen vermieden werden könnte.

---

[75] FG Münster vom 28.08.2008 14 K 1337/07 E (EFG 2008 S. 1882); BMF vom 09.10.2012 (BStBl 2012 I S. 953), Rdnr. 51.

24.2.21 Ermittlung des Gewinns bei Veräußerungsgeschäften

Die Bemessungsgrundlage für Veräußerungen i. S. des § 20 Abs. 2 EStG ist in § 20 Abs. 4 EStG geregelt.

In Anlehnung an die Veräußerungsvorschriften der §§ 17 und 23 EStG ist Bemessungsgrundlage grundsätzlich der Betrag, um den die Einnahmen aus der Veräußerung abzüglich der im Zusammenhang mit dem Veräußerungsgeschäft stehenden Aufwendungen die Anschaffungskosten des Wirtschaftsguts (einschließlich Provisionen, Maklergebühren, Ausgabeaufschläge bei Investmentfonds) übersteigen. Zu den Aufwendungen gehören auch Veräußerungskosten. Bei einer verdeckten Einlage tritt an die Stelle der Anschaffungskosten der gemeine Wert (§ 9 BewG). Bei Wirtschaftsgütern, die im Wege der Entnahme oder Betriebsaufgabe in das Privatvermögen überführt wurden, ist der Entnahmewert (Teilwert) bzw. der gemeine Wert im Fall der Betriebsaufgabe anzusetzen. Bei der **Kapitallebensversicherung** gelten die durch den Veräußerer entrichteten Beiträge als Anschaffungskosten oder, bei einem vorangegangenen Erwerb, die nach dem Erwerb entrichteten Beiträge. § 20 Abs. 4 Satz 4 EStG ist sowohl auf Neu- als auf Altverträge anwendbar. Da der Verkauf in Höhe der Abgeltungsteuer von 25 % belastet ist, ergibt sich bei begünstigten Neuverträgen ein Unterschied gegenüber der Ablaufleistung und dem Rückkauf, der nach dem progressiven Tarif besteuert wird (§ 32d Abs. 2 Nr. 2 EStG). Auch beim Verkauf von steuerpflichtigen Altverträgen ergeben sich Unterschiede zum Rückkauf. Beim Verkauf unterliegt der Veräußerungsgewinn der Besteuerung, beim Rückkauf nur die Zinsen (§ 20 Abs. 1 Nr. 6 EStG a. F.). Der Gewinn aus **Termingeschäften** ist der Differenzausgleich oder der durch den Wert einer veränderlichen Bezugsgröße bestimmte Geldbetrag oder Vorteil. Die in unmittelbarem sachlichem Zusammenhang mit dem Termingeschäft anfallenden Aufwendungen mindern den Gewinn, z. B. die Aufwendungen für das Optionsrecht bei den Optionsgeschäften mit Barausgleich. Bei einem unentgeltlichen Erwerb von Wirtschaftsgütern im Wege der Einzelrechtsnachfolge sind dem Erwerber bei der Ermittlung des Gewinns die Aufwendungen des Rechtsvorgängers zuzurechnen (§ 20 Abs. 2 Satz 1 Nr. 4 Satz 6 EStG). Erfolgen Anschaffung und Veräußerung der Kapitalanlage in Fremdwährungen, so ist der Wert des Wirtschaftsguts im Zeitpunkt der Anschaffung sowie der Veräußerung jeweils in Euro anzusetzen. Dadurch werden auch Gewinne aus **Währungsschwankungen** erfasst. Bei Wertpapieren in der sog. Girosammelverwahrung ist die Fifo-Methode (first in first out) als Verwertungsreihenfolge anzuwenden (§ 20 Abs. 4 Satz 7 EStG). Durch das JStG 2009 wurde in § 20 EStG ein Absatz 4a eingefügt. Damit soll die Abgeltungsteuer für den Anleger und die Kreditinstitute praktikabler gestaltet werden. Grundregel ist, dass bei den in § 20 Abs. 4a EStG angeführten Kapitalmaßnahmen abweichend von § 20 Abs. 4 EStG der Gewinn mit 0 Euro angesetzt wird und die Anschaffungskosten der erhaltenen Anteile mit den Anschaffungskosten der hingegebenen Anteile bei einer zukünftigen Veräußerung angesetzt werden. Dadurch bleiben die steuerlichen Reserven dauerhaft verstrickt und werden bei einer zukünftigen Veräußerung gegen Geldzahlung realisiert.

24.3 Verlustabzug

In der bis zum 31.12.2008 geltenden Fassung des § 20 EStG enthält Abs. 2b eine Verlustabzugsbeschränkung für alle Einkünfte aus Kapitalvermögen bei Steuerstundungsgestaltungen i. S. des § 15b EStG (siehe 19.2; 19.2.11). Diese Vorschrift ist gem. § 20 Abs. 7 EStG ab dem 01.01.2009 sinngemäß weiter anzuwenden.

Durch das UntStRefG 2008 ist in § 20 EStG ein Absatz 6 angefügt worden, der bestimmt, dass Verluste aus Kapitalvermögen nicht mit Einkünften aus anderen Einkunftsarten ausgeglichen werden dürfen; sie dürfen auch nicht nach § 10d EStG abgezogen werden. Der Grund liegt darin, dass diese Einkünfte nur mit einem Steuersatz von 25 % besteuert werden. Die Verluste mindern jedoch die Einkünfte, die der Steuerpflichtige in den folgenden Veranlagungszeiträumen aus Kapitalvermögen erzielt. § 10d Abs. 4 EStG ist sinngemäß anzuwenden. Noch weiter eingeschränkt wird die Verrechenbarkeit von Verlusten aus privaten Veräußerungsgeschäften mit Aktien (§ 20 Abs. 6 Satz 5 EStG). Diese dürfen nur mit Aktienveräußerungsgewinnen ausgeglichen werden. Die Einschränkung bezieht sich nur auf Aktien, nicht auf andere Finanzmarktprodukte wie Zertifikate, Termingeschäfte oder Aktienfondsanteile.

Spekulationsverluste i. S. des § 23 EStG a. F., die bis zum Ende des Veranlagungszeitraums 2008 entstanden sind, können bis einschließlich 2013 vorgetragen und mit Veräußerungsgewinnen i. S. des § 20 Abs. 2 EStG n. F. verrechnet werden (§ 52a Abs. 11 Satz 11 EStG). Nach 2013 können diese Verluste nur noch mit Gewinnen i. S. des § 23 EStG n. F., also insbesondere aus Immobilienveräußerungen innerhalb der Zehnjahresfrist, verrechnet werden.

Die Verlustverrechnung innerhalb der Einkünfte aus Kapitalvermögen wird grundsätzlich von der auszahlenden Stelle, i. d. R. der Bank, bei der Einbehaltung der Kapitalertragsteuer vorgenommen (§ 43a Abs. 3 Satz 2 EStG). Sie muss dabei die Einschränkung des § 20 Abs. 6 Satz 5 EStG hinsichtlich der Aktien beachten. Das geschieht, indem der bisherige Stückzinstopf (§ 43a EStG a. F.) zu einem Verlustverrechnungstopf erweitert wird. Topf 1 enthält die Aktienveräußerungsverluste, die gem. § 20 Abs. 6 Satz 5 EStG nur mit Aktiengewinnen verrechnet werden dürfen. Topf 2 besteht aus sonstigen negativen Kapitalerträgen und gezahlten Stückzinsen. Der nicht ausgeglichene Verlust ist von der Bank auf das nächste Jahr zu übertragen. Der Steuerpflichtige kann aber bis zum 15.12. des laufenden Jahres eine Bescheinigung über die Höhe eines nicht ausgeglichenen Verlustes beantragen (§ 43a Abs. 3 Satz 4 EStG). Das kann zweckmäßig sein, wenn Gewinne aus Konten bei einer anderen Bank angefallen sind, sodass der Verlustausgleich im Rahmen einer Veranlagung erfolgen kann (§ 32d Abs. 4 EStG).

Im Rahmen der Günstigerprüfung des § 32d Abs. 6 EStG (siehe 32.5.7) können Verluste aus anderen Einkunftsarten mit positiven Einkünften aus Kapitalvermögen verrechnet werden.

24.4 Werbungskosten und Sparer-Pauschbetrag

Gemäß § 20 Abs. 4 Satz 1 EStG in der bis 2008 geltenden Fassung war bei der Ermittlung der Einkünfte aus Kapitalvermögen nach Abzug der Werbungskosten ein Betrag von 750 Euro abzuziehen (Sparer-Freibetrag). Diese Regelung sowie auch die in den Sätzen 2 bis 4 wurden durch das UntStRefG 2008 in § 20 Abs. 9 EStG aufgenommen. § 9a Satz 1 Nr. 2 EStG a. F., der einen Werbungskosten-Pauschbetrag von 51 Euro enthielt, wurde aufgehoben. Beide Beträge wurden ab dem Veranlagungszeitraum 2009 in § 20 Abs. 9 Halbsatz 1 EStG zu einem **Sparer-Pauschbetrag** von 801 Euro zusammengefasst (bei zusammenzuveranlagenden Steuerpflichtigen 1.602 Euro). Der Sparer-Freibetrag ist damit abgeschafft. Der Abzug der tatsächlichen Werbungskosten ist ausgeschlossen (§ 20 Abs. 9 Satz 1 Halbsatz 2 EStG). Nicht mehr abzugsfähig sind also beispielsweise Depot- und Kontoführungsgebühren, Schuldzinsen für refinanzierte Kapitalanlagen[76] und Vermögensverwaltungsgebühren. Das gilt allerdings nur, wenn die Einkünfte unter den gesonderten Steuertarif von 25 % fallen (§ 32d Abs. 1 EStG). Der gesonderte Steuersatz gilt nicht für Einnahmen im Zusammenhang mit stillen Gesellschaften und sonstigen Kapitalforderungen, wenn eine der in § 32d Abs. 2 Nr. 1 EStG genannten Voraussetzungen erfüllt ist (siehe 32.5.5). Dann ist auch nicht der Sparer-Pauschbetrag anzusetzen mit der Folge, dass Werbungskosten geltend gemacht werden können.

Die Finanzverwaltung hat die Vordrucke für Freistellungsaufträge an die neue Rechtslage angepasst.[77] Damit kann der Anleger erreichen, dass keine Kapitalertragsteuer einbehalten wird, wenn er gegenüber dem Kreditinstitut versichert, dass seine Kapitalerträge den Höchstbetrag von 801 Euro insgesamt nicht übersteigen.

Der Sparer-Pauschbetrag darf nicht höher sein als die um eine abzuziehende ausländische Steuer geminderten und nach Maßgabe des § 20 Abs. 6 EStG verrechneten Kapitalerträge (§ 20 Abs. 9 Satz 4 EStG).

Beispiel:
A erzielt 2009 Zinseinnahmen von 900 € sowie Verluste aus Aktienverkäufen von 700 €. Die Verluste aus den Aktienverkäufen dürfen nicht mit den Zinseinnahmen verrechnet werden (§ 20 Abs. 6 Satz 5 EStG). Der Sparer-Pauschbetrag von 801 € ist von den Zinseinnahmen abzuziehen (§ 20 Abs. 9 Satz 4 EStG), sodass die steuerpflichtigen Einkünfte aus Kapitalvermögen 99 € betragen. Der nicht verrechenbare Verlust aus

---
76 Der Abzug von Schuldzinsen ist bereits nach § 3c EStG ausgeschlossen, soweit die Erträge aus der finanzierten Kapitalanlage nicht steuerpflichtig sind: Vgl. BFH vom 27.08.2013 VIII R 3/11(BFHE 243 S. 192).
77 BMF vom 31.07.2013 (BStBl 2013 I S. 940).

den Aktienverkäufen von 700 € ist gesondert festzustellen und in den folgenden Jahren mit zukünftigen Gewinnen aus Aktienverkäufen zu verrechnen.

Bei zusammenveranlagten Steuerpflichtigen ist der gemeinsame Sparer-Pauschbetrag bei der Ermittlung der Einkünfte aus Kapitalvermögen bei jedem Steuerpflichtigen grundsätzlich je zur Hälfte abzuziehen. Sind die Kapitalerträge eines Steuerpflichtigen niedriger als 801 Euro, so ist der anteilige Sparer-Pauschbetrag insoweit, als er die Kapitalerträge dieses Steuerpflichtigen übersteigt, bei dem anderen Steuerpflichtigen abzuziehen (§ 20 Abs. 9 Satz 3 EStG).

24.5 Zurechnung zu anderen Einkunftsarten

Die Zurechnung von Kapitalerträgen und Vermögensmehrungen zu den Einkünften aus Kapitalvermögen gem. § 20 EStG ist gegenüber anderen Einkunftsarten subsidiär (§ 20 Abs. 8 EStG). Die Zuordnung wirkt sich auf den Steuersatz aus, denn die Abgeltungsteuer von 25 % gilt nur, wenn die Einkünfte unter § 20 EStG fallen. Allerdings ist bei den Erträgen aus Aktien zu beachten, dass sie zu 60 % steuerpflichtig sind mit dem individuellen progressiven Steuersatz, wenn die Aktien sich im Betriebsvermögen befinden, während sie voll steuerpflichtig sind, allerdings mit dem Abgeltungsteuersatz von 25 %, wenn sie sich im Privatvermögen befinden. Daraus folgt, dass bis zu einem Grenzsteuersatz von 41,66 % die Steuerbelastung geringer ist, wenn sich die Aktien im Betriebsvermögen befinden (ohne Berücksichtigung von Gewerbesteuer und Sparer-Pauschbetrag).

Zu beachten ist, dass sich die Kollisionsregelung des § 20 Abs. 8 EStG nicht auf die Einkünfte aus nichtselbständiger Arbeit bezieht. Nach ständiger Rechtsprechung des BFH ist für die Abgrenzung die Einkunftsart maßgebend, die im Vordergrund steht und die Beziehungen zu den anderen Einkunftsarten verdrängt (siehe 23.3).[78]

---

78 BFH vom 19.06.2008 VI R 4/05 (BStBl 2008 II S. 826) und vom 17.06.2009 VI R 69/06 (BStBl 2010 II S. 69).

25 Einkünfte aus Vermietung und Verpachtung (§ 21 EStG)

25.1 Allgemeines

Einkünfte aus Vermietung und Verpachtung sind nur anzunehmen, wenn Einkünfte aus einem der in § 21 Abs. 1 EStG abschließend aufgezählten Tatbestände vorliegen, der Rahmen einer bloßen Vermögensverwaltung nicht überschritten und nicht ausnahmsweise das Vorliegen einer Liebhaberei zu bejahen ist.

Der steuerrechtliche Begriff „Vermietung und Verpachtung" weicht in verschiedener Hinsicht von den bürgerlich-rechtlichen Begriffen „Miete" (§ 535 BGB) und „Pacht" (§ 581 BGB) ab. Steuerrechtlich kommt den Begriffen „Miete" und „Pacht" nach der an ihrem wirtschaftlichen Gehalt orientierten herrschenden Auffassung eine erheblich weiter gehende, umfassendere Bedeutung zu.

Für die Zuordnung von Einnahmen zu der Einkunftsart Vermietung und Verpachtung kommt es daher nicht immer darauf an, ob die abgeschlossenen Verträge nach bürgerlichem Recht als Miet- oder Pachtverträge anzusehen sind.

> **Beispiel:**
> Der Steuerpflichtige A veräußert ein Grundstück, das zu seinem Privatvermögen gehört, an einen Abbauunternehmer, wobei der Preis nach dem Sandvorkommen bemessen wird, das sich unter der Oberfläche befindet. In dem Vertrag wird außerdem dem A das Recht eingeräumt, das Grundstück nach Aussandung zurückzuerwerben.
> Der zivilrechtliche Kaufvertrag ist steuerrechtlich als Pachtvertrag zu behandeln, weil wirtschaftlich nur die zeitlich begrenzte Überlassung eines Grundstücks zur Hebung der darin ruhenden Bodenschätze vereinbart ist.[1]

Gewinne aus der **Veräußerung** unbeweglichen Privatvermögens sind nicht steuerbar, es sei denn, es handelt sich um ein privates Veräußerungsgeschäft i. S. des § 23 EStG oder es war Grundlage einer gewerblichen Vermietung (siehe 18.2).[2] Erforderlich ist also die **Überlassung** des Gebrauchs oder der Nutzung des Gegenstandes (Ausnahme: § 21 Abs. 1 Nr. 4 EStG). Vermietet ein Steuerpflichtiger mehrere Objekte auf Grundlage verschiedener Rechtsverhältnisse, ist jede Tätigkeit grundsätzlich für sich zu beurteilen und zwar auch dann, wenn sich die Objekte auf einem Grundstück befinden.[3] Erhält ein Eigentümer für die Inanspruchnahme seines Grundstücks im Zuge der Errichtung einer baulichen Anlage auf dem Nachbargrundstück ein Entgelt, unterfällt dieses auch § 21 Abs. 1 EStG.[4]

Bei den Einkünften aus Vermietung und Verpachtung ist nach ständiger Rechtsprechung des BFH grundsätzlich typisierend von der **Einkunftserzielungsabsicht** als subjektivem Tatbestandsmerkmal auszugehen, wenn die Vermietungstätigkeit auf

---
[1] BFH vom 21.07.1993 IX R 9/89 (BStBl 1994 II S. 231); H 21.7 EStH 2012.
[2] BFH vom 26.06.2007 IV R 49/04 (BStBl 2009 II S. 289).
[3] BFH vom 21.01.2014 IX R 37/12 (DB 2014 S. 1171).
[4] BFH vom 02.03.2004 IX R 43/03 (BStBl 2004 II S. 507).

Dauer angelegt ist.[5] Diese Typisierung gilt nicht für die dauerhafte Verpachtung von unbebautem Grundbesitz, weil es dort anders als bei dem abnutzbaren Wirtschaftsgut Gebäude grundsätzlich nicht zu einer Inanspruchnahme von Absetzungen für Abnutzung kommt. Bei Gewerbeimmobilien ist ebenfalls in jedem Einzelfall festzustellen, ob der Steuerpflichtige beabsichtigt, auf die voraussichtliche Dauer der Nutzung einen Überschuss der Einnahmen über die Werbungskosten zu erzielen.[6] Auch bei der langfristigen Vermietung eines bebauten Grundstücks zu Wohnzwecken ist ausnahmsweise die Einkunftserzielungsabsicht zu prüfen, wenn der Steuerpflichtige die Anschaffungskosten oder Herstellungskosten des Vermietungsobjekts sowie anfallende Schuldzinsen fremdfinanziert und somit Zinsen auflaufen lässt, ohne dass durch ein Finanzierungskonzept von vornherein deren Kompensation durch spätere positive Ergebnisse vorgesehen ist.[7] Der BFH legt hier einen Prognosezeitraum von 30 Jahren zugrunde.[8] Eine auf Dauer angelegte Vermietungstätigkeit als Indiz für die Einkunftserzielungsabsicht ist gegeben, wenn das Gebäude oder die Wohnung mindestens 5 Jahre vermietet wird.[9] Eine Veräußerung oder Selbstnutzung vor Ablauf dieser Frist ist also ein Indiz gegen die Einkunftserzielungsabsicht, das zusätzliches Gewicht erlangt durch den Abschluss eines entsprechenden Zeitmietvertrages mit Selbstnutzungs- oder Verkaufsabsicht.[10]

Maßgeblich ist die Einkunftserzielungsabsicht des jeweiligen Steuerpflichtigen, der in eigener Person die Voraussetzungen eines Tatbestands des § 21 EStG verwirklicht. Bei einem entgeltlichen Erwerb eines Vermietungsobjekts gibt es keine Rechtsgrundlage für die Zurechnung der Einkunftserzielungsabsicht des Rechtsvorgängers auf den Erwerber.[11]

Die Einkunftserzielungsabsicht ist wie der objektive Tatbestand objektbezogen. Werden verschiedene auf einem Grundstück gelegene Gebäudeteile (einzeln) vermietet, bezieht sie sich jeweils nur auf das einzelne Objekt.[12]

Von der Problematik der Einkunftserzielungsabsicht im Hinblick auf die Vermietungsdauer zu unterscheiden ist die **verbilligte Überlassung einer Wohnung**. Nach § 21 Abs. 2 Satz 1 EStG ist die Nutzungsüberlassung in einen entgeltlichen und in einen unentgeltlichen Teil aufzuteilen, wenn das Entgelt für die Wohnungsüberlassung weniger als 66 % der ortsüblichen Marktmiete beträgt. Die Vorschrift gilt nur für die Einkünfte aus Vermietung und Verpachtung, nicht für Gewinneinkünfte.

---

5 BFH vom 22.01.2013 IX R 13/12 (BStBl 2013 II S. 533); BMF vom 08.10.2004 (BStBl 2004 I S. 933).
6 BFH vom 19.02.2013 IX R 7/10 (BStBl 2013 II S. 436).
7 BFH vom 10.05.2007 IX R 7/07 (BStBl 2007 II S. 873).
8 BFH vom 28.11.2007 IX R 9/06 (BStBl 2008 II S. 515).
9 BFH vom 09.07.2002 IX R 47/99 (BStBl 2003 II S. 580); BMF vom 08.10.2004 (BStBl 2004 II S. 933), Rdnr. 7.
10 BFH vom 14.12.2004 IX R 1/04 (BStBl 2005 II S. 211).
11 BFH vom 22.01.2013 IX R 13/12 (BStBl 2013 II S. 533).
12 BFH vom 21.01.2014 IX R 37/12 (DB 2014 S. 1171).

25.1 Allgemeines

Durch diese neue ab dem VZ 2012 gesetzlich normierte Grenze ist die bisherige Unterstellung, nach der bei einem Entgelt für die Überlassung einer Wohnung zu Wohnzwecken (Kaltmiete und gezahlte Umlagen) von mindestens 75 % der ortsüblichen Marktmiete bei einer langfristigen Vermietung grundsätzlich die Einkunftserzielungsabsicht zu unterstellen ist, entfallen.

Beträgt das tatsächliche Entgelt weniger als 66 % der ortsüblichen Miete, ist zwar auch ohne **Totalüberschussprognose** eine Einkunftserzielungsabsicht zu unterstellen. Jedoch ist der Werbungskostenabzug anteilig, nämlich in Höhe des unentgeltlichen Teils, zu kürzen. Beträgt dagegen das tatsächliche Entgelt einer auf Dauer angelegten Wohnraumvermietung mindestens 66 % der ortsüblichen Miete, gilt die Wohnungsvermietung als (in vollem Umfang) entgeltlich (vgl. § 21 Abs. 2 Satz 2 EStG) mit der Folge, dass die durch die Vermietung veranlassten Werbungskosten ungekürzt zu berücksichtigen sind.

In Ausnahmefällen der verbilligten Überlassung muss die Einkunftserzielungsabsicht in Bezug auf den entgeltlich überlassenen Teil geprüft werden, wenn die typisierende Annahme nicht gerechtfertigt ist, dass eine langfristige Vermietung i. d. R. letztlich zu positiven Einkünften führt. Nach der Rechtsprechung des BFH liegt ein solcher Ausnahmefall vor, wenn bei einer Wohnung in einem aufwändig gestalteten oder ausgestatteten Wohngebäude die auf dem Wohnungsmarkt erzielbare Miete den besonderen Wohnwert offensichtlich nicht angemessen widerspiegelt.[13] Kriterien sind: eine Wohnungsgröße von mehr als 250 m², Schwimmhalle, mehr als 1.600 m² großes Grundstück. Da Mietverträge über derartige Wohnungen häufig zwischen Verwandten abgeschlossen werden, ist hier auch zu prüfen, ob der Mietvertrag einem Fremdvergleich standhält (siehe 5.2.1; 31.2.6.2.4). Ist das nicht der Fall, wäre der Mietvertrag steuerlich nicht anzuerkennen, sodass das Thema der Teilentgeltlichkeit gar nicht relevant wäre.

Im Gegensatz zur Dauervermietung war bei der Vermietung von **Ferienwohnungen** schon immer die Einkunftserzielungsabsicht problematisch, ebenso die Beurteilung der sog. **Leerstandszeiten** bei Ferienwohnungen, die sowohl vermietet als auch selbst genutzt werden. Ausgangspunkt ist die typisierende Annahme einer Einkunftserzielungsabsicht bei einer auf Dauer angelegten Vermietungstätigkeit als Regelungszweck des § 21 Abs. 1 Satz 1 Nr. 1 EStG.[14] Die folgenden Ausführungen gelten deshalb nur für die Vermietung im Rahmen der Einkunftsart Vermietung und Verpachtung. Die **gewerbliche Überlassung** einer Ferienwohnung beurteilt der BFH[15] (siehe 26.5) nicht typisierend. Bei Ferienwohnungen unterscheiden BFH[16] und Finanzverwaltung[17] bei der Vermietung von Ferienwohnungen zwischen der ausschließlichen Vermietung und der zeitweisen Vermietung bei zeitweiser Selbst-

---

13 BFH vom 06.10.2004 IX R 30/03 (BStBl 2005 II S. 386).
14 BFH vom 24.08.2006 IX R 15/06 (BStBl 2007 II S. 256).
15 BFH vom 29.03.2007 IV R 6/05 (BFH/NV 2007 S. 1492).
16 BFH vom 05.11.2002 IX R 18/02 (BStBl 2003 II S. 914).
17 BMF vom 08.10.2004 (BStBl 2004 I S. 933).

nutzung. Bei der in Eigenregie oder durch Beauftragung eines Dritten ausschließlich an wechselnde Feriengäste vermieteten und in der übrigen Zeit hierfür bereitgehaltenen Ferienwohnung ist grundsätzlich ohne weitere Prüfung von der Einkunftserzielungsabsicht auszugehen. Das gilt auch bei hohen Werbungskostenüberschüssen.[18] Dagegen ist eine Überschussprognose nach der oben beschriebenen Methode[19] erforderlich, wenn das Vermieten die ortsübliche Vermietungszeit von Ferienwohnungen – ohne dass Vermietungshindernisse gegeben sind – erheblich, d. h. mindestens um 25 %, unterschreitet.[20] Das Gleiche gilt, wenn ortsübliche Vermietungszeiten nicht festgestellt werden.[21] Keine Selbstnutzung sind kurzfristige Aufenthalte in der Ferienwohnung zu Wartungsarbeiten, Schlüsselübergabe an Feriengäste, Reinigung bei Mieterwechsel, allgemeine Kontrolle, Beseitigung von durch Mieter verursachten Schäden, Durchführung von Schönheitsreparaturen oder Teilnahme an Eigentümerversammlungen bei einem Aufenthalt von nicht mehr als einem Tag.[22] Selbstnutzung ist gegeben, wenn die Wohnung selbst genutzt oder unentgeltlich an Dritte zur Nutzung überlassen wird. Hier ist eine Überschussprognose erforderlich. Eine derartige Prognose ist auch erforderlich, wenn der Vorbehalt einer Selbstnutzung vereinbart wird, unabhängig davon, ob, wann und in welchem Umfang der Steuerpflichtige von seinem Recht auf Eigennutzung tatsächlich Gebrauch macht.[23]

Leerstandszeiten sind der Vermietungszeit zuzurechnen, wenn die Selbstnutzung zeitlich beschränkt wird, z. B. bei einer Vermietung durch Dritte. Ist die Selbstnutzung dagegen jederzeit möglich, sind die Leerstandszeiten im Wege der Schätzung entsprechend dem Verhältnis der tatsächlichen Selbstnutzung zur tatsächlichen Vermietung aufzuteilen.[24]

Da aber wegen der zeitweisen Selbstnutzung die Frage der Überschusserzielungsabsicht zu prüfen ist, können die auf die Leerstandszeiten entfallenden und berücksichtigungsfähigen Werbungskosten zu einer negativen Prognoseentscheidung führen, die die steuerliche Berücksichtigung des gesamten Verlustes ausschließt. Als Zeitraum für die Prognoseentscheidung wird 30 Jahre angesetzt.[25] Die Einnahmen und Ausgaben sind anhand des Durchschnitts der in der Vergangenheit in einem bestimmten Zeitraum (i. d. R. in den letzten fünf Veranlagungszeiträumen) angefallenen Einnahmen und Werbungskosten zu schätzen, es sei denn, der Steuerpflichtige trägt ausreichende objektive Umstände über die zukünftige Entwicklung vor. Hin-

---

18 BFH vom 24.08.2006 IX R 15/06 (BStBl 2007 II S. 256).
19 BMF vom 08.10.2004 (BStBl 2004 I S. 933), Rdnr. 33 ff.
20 BFH vom 26.10.2004 IX R 57/02 (BStBl 2005 II S. 388) und vom 18.01.2013 IX B 143/12 (BFH/NV 2013 S. 554).
21 BFH vom 19.08.2008 IX R 39/07 (BStBl 2009 II S. 138) und vom 28.10.2009 IX R 30/08 (BFH/NV 2010 S. 850).
22 BMF vom 08.10.2004 (BStBl 2004 I S. 933), Rdnr. 19.
23 BFH vom 16.04.2013 IX R 26/11 (BStBl 2013 II S. 613).
24 BMF vom 08.10.2004 (BStBl 2004 I S. 933), Rdnr. 22.
25 BMF vom 08.10.2004 (BStBl 2004 I S. 933), Rdnr. 34.

25.1 Allgemeines

sichtlich der erzielbaren Einnahmen können Angaben eines Fremdenverkehrsverbandes oder Auskünfte der Gemeinde einen Anhaltspunkt bieten. Bei den Werbungskosten sind insbesondere Zinsen für Fremdkapital zu berücksichtigen, während als Abschreibung nur die lineare AfA gem. § 7 Abs. 4 EStG anzusetzen ist. Künftig anfallende Instandhaltungsaufwendungen können nach der Betriebskostenverordnung (BetrKV) vom 25.11.2003[26] in die Schätzung einbezogen werden. Wegen der Unsicherheitsfaktoren des 30-jährigen Prognosezeitraums ist bei der Gesamtsumme der geschätzten Einnahmen ein Sicherheitszuschlag von 10 % und bei der Gesamtsumme der geschätzten Werbungskosten ein Sicherheitsabschlag von 10 % vorzunehmen.[27]

Einkünfte aus Vermietung und Verpachtung sind steuerlich grundsätzlich demjenigen zuzurechnen, der den objektiven Tatbestand der Einkunftsart Vermietung und Verpachtung verwirklicht, d. h. demjenigen, der einem anderen eines der in § 21 Abs. 1 EStG genannten Wirtschaftsgüter entgeltlich auf Zeit zum Gebrauch oder zur Nutzung überlässt und in diesem Zusammenhang Träger der Rechte und Pflichten aus einem Miet- oder Pachtvertrag ist. Maßgeblich ist daher die wirtschaftliche Dispositionsbefugnis über das Mietobjekt und nicht das rechtliche bzw. wirtschaftliche Eigentum an dem Mietobjekt.[28] Mietverträge zwischen **Angehörigen** werden steuerlich nach den allgemeinen Grundsätzen beurteilt.[29] Es kommt also im Gegensatz zur früheren Rechtsprechung des BFH nicht mehr auf die Einhaltung aller Formvorschriften an. Unklarheiten bei Nebenabgaben und Barzahlungen allein stehen einer Anerkennung nicht entgegen.[30] Mietverträge unter nahe stehenden Personen sind jedoch i. d. R. der Besteuerung nicht zu Grunde zu legen, wenn die Gestaltung oder tatsächliche Durchführung nicht dem zwischen Fremden Üblichen entspricht.[31] Die für die steuerliche Beurteilung von Verträgen zwischen Ehegatten geltenden Grundsätze (siehe 32.2.6.2) können nicht auf Verträge zwischen Partnern einer nichtehelichen Lebensgemeinschaft – ausgenommen eingetragene Lebenspartnerschaften – übertragen werden, es sei denn, dass der Vertrag die gemeinsam genutzte Wohnung betrifft.[32]

Der Anerkennung eines Mietverhältnisses zwischen Eltern und ihrem unterhaltsberechtigten Kind steht es nach der neuen Rechtsprechung des BFH nicht entgegen,

---

26 BGBl 2003 I S. 2346.
27 BFH vom 06.11.2001 IX R 97/00 (BStBl 2002 II S. 726); BMF vom 08.10.2004 (BStBl 2004 I S. 933), Rdnr. 34.
28 BFH vom 21.01.2014 IX R 10/13 (noch nicht veröffentlicht).
29 BFH vom 10.12.2003 IX R 12/01 (BStBl 2004 II S. 643).
30 BFH vom 17.02.1998 IX R 30/96 (BStBl 1998 II S. 349); H 21.4 „Fremdvergleich" EStH 2012.
31 BFH vom 09.10.2013 IX R 2/13 (noch nicht veröffentlicht).
32 R 21.4 EStR.

dass das Kind die Miete aus dem Barunterhalt der Eltern zahlt.[33] Die Vermietung des Kinderzimmers im Haushalt der Eltern wird nicht anerkannt.[34] Bei einer Mehrheit von Vermietern erfolgt eine gesonderte Feststellung gem. § 180 Abs. 1 Nr. 2 Buchst. a AO. Die Zuordnung der Einkünfte folgt grundsätzlich dem Beteiligungsverhältnis. Bei Angehörigen ist eine abweichende Verteilung von Einnahmen und Werbungskosten nach Maßgabe des Fremdvergleichs zu prüfen.[35] Ein Treugeber erzielt Einkünfte aus Vermietung und Verpachtung, wenn dem Treugeber im Innenverhältnis die Rechte an und aus dem Treugut zustehen und der Treugeber das Marktgeschehen jederzeit beherrscht und wirtschaftlich die Rechte und Pflichten aus dem Mietverhältnis trägt.[36] Diese Regelung ist bedeutsam bei den sog. geschlossenen Immobilienfonds in der Rechtsform der KG oder GbR, für die Treuhänder tätig werden.[37] Bei einer Verlustzuweisungsgesellschaft wird vermutet, dass sie keine Einkunftserzielungsabsicht hat.[38]

Unangemessenheit und damit Gestaltungsmissbrauch gem. § 42 AO liegt bei mietrechtlichen Gestaltungen vor, bei denen derjenige, der ein Gebäude bzw. einen Gebäudeteil für eigene Zwecke benötigt, jedoch einem anderen die wirtschaftliche Verfügungsmacht darüber einräumt, um es bzw. ihn wieder zurück zu mieten.[39] Auch die wechselseitige Vermietung von Wohnungen zu eigenen Wohnzwecken innerhalb eines geschlossenen Personenkreises (sog. „Poolvermietung") kann die Voraussetzungen eines Gestaltungsmissbrauchs gem. § 42 AO erfüllen.[40]

Den Tatbestand der Einkunftsart Vermietung und Verpachtung kann auch der Inhaber eines **Nießbrauchs** oder eines anderen **Nutzungsrechts** erfüllen. Eine umfassende Darstellung enthält das BMF-Schreiben vom 24.07.1998:[41] „Einkommensteuerrechtliche Behandlung des Nießbrauchs und anderer Nutzungsrechte bei Einkünften aus Vermietung und Verpachtung". Änderungen erfolgten durch weitere BMF-Schreiben.[42] Entscheidend für die Zurechnung von Einnahmen ist, dass der Nutzungsberechtigte den Tatbestand der Einkunftserzielung erfüllt. Die Mitwirkung eines Ergänzungspflegers ist bei der Bestellung eines Nießbrauchs zugunsten des eigenen minderjährigen Kindes nicht erforderlich, wenn das Vormundschaftsgericht sie für entbehrlich hält.[43] Der Nießbraucherlass enthält auch Ausführungen zum Sicherungsnießbrauch (Rz. 9). Dieser ist steuerlich unbeachtlich, wenn er lediglich

---

33 BFH vom 19.10.1999 IX R 30/98 (BStBl 2000 II S. 223) und vom 17.12.2002 IX R 18/00 (BFH/NV 2003 S. 749).
34 BFH vom 16.01.2003 IX B 172/02 (BStBl 2003 II S. 301).
35 BFH vom 31.03.1992 IX R 245/87 (BStBl 1992 II S. 890).
36 Einzelheiten in BMF vom 01.09.1994 (BStBl 1994 I S. 604).
37 Zu den geschlossenen Fonds siehe BMF vom 20.10.2003 (BStBl 2003 I S. 546).
38 BMF vom 08.10.2004 (BStBl 2004 I S. 933), Rdnr. 32.
39 BFH vom 09.10.2013 IX R 2/13 (noch nicht veröffentlicht).
40 BFH vom 22.01.2013 IX R 18/12 (BFH/NV 2013 S. 1094).
41 BMF vom 24.07.1998 (BStBl 1998 I S. 914).
42 Vgl. BMF vom 09.02.2001 (BStBl 2001 I S. 171) und vom 29.05.2006 (BStBl 2006 I S. 392).
43 BMF vom 09.02.2001 (BStBl 2001 I S. 171).

25.1 Allgemeines

dazu bestimmt ist, die dem Berechtigten versprochenen Leistungen dinglich abzusichern, ohne dass der Berechtigte selbst auf Art und Umfang Einfluss nehmen kann. Der BFH hat einen Gestaltungsmissbrauch i. S. des § 42 AO verneint, wenn nach der entgeltlichen Veräußerung einer Eigentumswohnung zwischen dem früheren Eigentümer (Vater) und dem jetzigen Eigentümer (Sohn) ein Mietvertrag geschlossen wird und der Nießbrauch nur zur Sicherung des Mietverhältnisses vereinbart wird.[44] Allerdings kann bei der unentgeltlichen Übertragung und der Vereinbarung von Versorgungsleistungen ein Gestaltungsmissbrauch vorliegen, wenn den Mietzahlungen des Vaters entsprechende Versorgungsleistungen des Sohnes gegenüberstehen. Der Nießbraucherlass regelt außer der Behandlung bestehender Nutzungsrechte auch die Ablösung von Nutzungsrechten.

Bei den Nutzungsrechten ist zu unterscheiden zwischen dem unentgeltlich zugewendeten Nutzungsrecht (einschließlich Vermächtnisnießbrauch), dem entgeltlich zugewendeten Nutzungsrecht und dem vorbehaltenen Nutzungsrecht.

- Unentgeltlich bestelltes Nutzungsrecht

    Der Eigentümer erzielt keine Einkünfte, er kann deshalb weder die AfA noch andere Werbungskosten geltend machen (Rz. 23, 24).

    Der Nutzungsberechtigte kann Einkünfte aus § 21 EStG erzielen (Rz. 18 i. V. m. Rz. 1 und 6). AfA steht ihm nur für die in Ausübung des Nutzungsrechts eingebauten Anlagen und Einrichtungen gem. § 95 BGB zu, nicht dagegen für das Gebäude und das unentgeltliche Nutzungsrecht (Rz. 19, 20). Andere Werbungskosten kann er geltend machen, soweit er sie schuldet und tatsächlich trägt (Rz. 21).

- Entgeltlich bestelltes Nutzungsrecht

    Der Eigentümer erzielt Einnahmen gem. § 21 Abs. 1 Nr. 1 EStG in Höhe des Entgelts für die Bestellung des Nutzungsrechts, die aus Billigkeitsgründen auf die Laufzeit des Nutzungsrechts, höchstens auf zehn Jahre verteilt werden können (Rz. 28, 29). Seit 2005 gilt die gesetzliche Regelung des § 11 Abs. 1 Satz 3 EStG. Er kann die AfA für das Gebäude geltend machen sowie andere Werbungskosten, soweit er sie schuldet und tatsächlich getragen hat (Rz. 30).

    Der Nutzungsberechtigte erzielt Einkünfte aus Vermietung und Verpachtung; er kann AfA für das Nutzungsrecht gem. § 7 Abs. 1 EStG und für die Anlagen i. S. des § 95 BGB geltend machen, nicht aber für das Gebäude (Rz. 26, 27). Andere Werbungskosten kann er abziehen, soweit er sie schuldet und tatsächlich trägt (Rz. 27).

Die Übertragung eines Grundstücks gegen die Verpflichtung, dieses mit einem Wohngebäude zu bebauen und dem Veräußerer ein dingliches Wohnrecht an einer Wohnung zu bestellen, stellt keine entgeltliche Überlassung des Wohn-

---

44 BFH vom 03.02.1998 IX R 38/96 (BStBl 1998 II S. 539).

rechts, sondern ein auf die Anschaffung des Grundstücks gerichtetes Rechtsgeschäft dar.[45]

- Vorbehaltenes Nutzungsrecht

  Der Eigentümer erzielt keine Einkünfte, soweit das Nutzungsrecht reicht, also auch keine AfA für das Gebäude und auch keinen anderen Werbungskostenabzug (Rz. 45).

  Der Nutzungsberechtigte erzielt Einkünfte, soweit er den Tatbestand des § 21 EStG verwirklicht (Rz. 41). Ihm steht die AfA für das Gebäude wie bisher als Eigentümer zu (Rz. 42, 44). Werbungskosten kann er abziehen, soweit er sie schuldet und tatsächlich trägt (Rz. 43, 21).

Bei der Ablösung von Nutzungsrechten ist zu unterscheiden zwischen Einmalzahlungen und wiederkehrenden Leistungen (siehe dazu auch 16.3.3).

- Unentgeltliches Nutzungsrecht

  Sowohl bei der Einmalzahlung als auch bei wiederkehrenden Leistungen handelt es sich um eine Zuwendung i. S. des § 12 Nr. 2 EStG. Der Eigentümer hat keine nachträglichen Anschaffungskosten und der Nutzungsberechtigte hat keine steuerbaren Einnahmen (Rz. 61). Nur wenn der ablösende Eigentümer das Grundstück selbst bereits mit der Belastung des Nießbrauchs erworben hat, ist die Einmalzahlung in voller Höhe und sind die wiederkehrenden Leistungen mit ihrem Barwert Anschaffungskosten (Rz. 62).

- Entgeltliches Nutzungsrecht

  Der Eigentümer hat bei der Einmalzahlung negative Einnahmen aus Vermietung und Verpachtung und bei wiederkehrenden Leistungen negative Einnahmen in Höhe der jährlichen Zahlungen (Rz. 63).

  Beim Nutzungsberechtigten handelt es sich sowohl im Fall der Einmalzahlung als auch bei den wiederkehrenden Leistungen um einen nicht steuerbaren Vorgang auf der privaten Vermögensebene (Rz. 64).

- Vorbehaltenes Nutzungsrecht und Vermächtnisnießbrauch im Zusammenhang mit einer Vermögensübergabe

  Der Eigentümer hat bei der Einmalzahlung nachträgliche Anschaffungskosten für das belastete Grundstück (Rz. 57, 65). Aufwendungen zur Ablösung eines Wohnrechts entfallen in vollem Umfang auf das Gebäude (Rz. 66). Bei Ablösung des Nutzungsrechts durch wiederkehrende Leistungen kann er diese als Sonderausgaben abziehen, entweder als dauernde Last in voller Höhe oder als Leibrente in Höhe des Ertragsanteils (Rz. 57, 65; siehe dazu 26.2.5).

  Für den Nutzungsberechtigten ist die Einmalzahlung ein nicht steuerbarer Vorgang auf der Vermögensebene (Rz. 58, 65). Wiederkehrende Leistungen fallen

---

45 BMF vom 29.05.2006 (BStBl 2006 I S. 392).

dagegen unter § 22 EStG und sind steuerpflichtig entweder als wiederkehrender Bezug in voller Höhe oder als Leibrente in Höhe des Ertragsanteils (siehe dazu 26.2.5).

- Vorbehaltenes Nutzungsrecht und Vermächtnisnießbrauch im Zusammenhang mit sonstigen Vermögensübertragungen
  Der Eigentümer hat bei der Einmalzahlung nachträgliche Anschaffungskosten für das belastete Grundstück (Rz. 59, 65). Aufwendungen zur Ablösung eines Wohnrechts entfallen in vollem Umfang auf das Gebäude (Rz. 66). Bei Ablösung des Nutzungsrechts durch wiederkehrende Leistungen hat er nachträgliche Anschaffungskosten in Höhe des Rentenbarwerts. Der Zinsanteil ist als Werbungskosten gem. § 9 Abs. 1 Satz 3 Nr. 1 Satz 2 EStG abzugsfähig. Wenn die Einmalzahlung bzw. der Barwert höher ist als der Wert des übertragenen Vermögens, ist der übersteigende Betrag eine Zuwendung i. S. des § 12 Nr. 2 EStG (Rz. 59, 65).

  Für den Nutzungsberechtigten ist die Einmalzahlung ein nicht steuerbarer Vorgang auf der Vermögensebene (Rz. 60, 65). Bei wiederkehrenden Leistungen ist der Tilgungsanteil auch ein nicht steuerbarer Vorgang auf der Vermögensebene. Bei dem Zinsanteil handelt es sich grundsätzlich um Einnahmen i. S. des § 20 Abs. 1 Nr. 7 EStG, nur im Fall der Veräußerungsleibrente ist er mit dem Ertragsanteil gem. § 22 Nr. 1 Satz 3 Buchst. a Satz 3 EStG steuerbar (Rz. 60, 65).

Nach § 21 Abs. 1 Satz 2 EStG sind die §§ 15a und 15b EStG (siehe 19) auch im Rahmen der Einkunftsart Vermietung und Verpachtung sinngemäß anzuwenden. Die sinngemäße Anwendung des § 15a EStG bedeutet, dass diese Vorschrift nach Ermittlung der Einkünfte aus Vermietung und Verpachtung im Rahmen des Verlustausgleichs bzw. -abzugs zu prüfen ist. Da § 15b EStG nur modellhafte Gestaltungen betrifft, ist der Verlustausgleich nicht eingeschränkt, wenn ein Bauherr ein Mietobjekt durch einen Architekten und Bauhandwerker erstellen lässt.[46] Im Übrigen ist vor der Anwendung des § 15b EStG die Einkunftserzielungsabsicht zu prüfen.[47] Die Modellhaftigkeit ist bei geschlossenen Immobilienfonds gegeben, wenn diese ihren Anlegern mehr als 10 % Verlust zuweisen.[48]

25.2 Die einzelnen Einkünfte des § 21 Abs. 1 EStG

25.2.1 Einkünfte aus Vermietung und Verpachtung von unbeweglichem Vermögen (§ 21 Abs. 1 Nr. 1 EStG)

Zu den Einkünften aus Vermietung und Verpachtung gehören nach § 21 Abs. 1 Nr. 1 EStG vor allem die Einkünfte aus der Vermietung und Verpachtung von unbeweg-

---
46 BMF vom 17.07.2007 (BStBl 2007 I S. 542), Rdnr. 7 ff.
47 BMF vom 17.07.2007 (BStBl 2007 I S. 542), Rdnr. 2.
48 BMF vom 17.07.2007 (BStBl 2007 I S. 542), Rdnr. 14.

25 Einkünfte aus Vermietung und Verpachtung

lichem Vermögen, insbesondere von Grundstücken, Gebäuden, Gebäudeteilen, Schiffen, die in ein Schiffsregister eingetragen sind, und Rechten, die den Vorschriften des bürgerlichen Rechts über Grundstücke unterliegen (z. B. Erbbaurecht, Mineralgewinnungsrecht). Wenn dagegen z. B. Erwerb, Vermietung und Veräußerung von in der Luftfahrzeugrolle eingetragenen Flugzeugen planmäßig miteinander verknüpft sind, handelt es sich um gewerbliche Tätigkeiten.[49]

Der Hauptanwendungsfall des § 21 Abs. 1 Nr. 1 EStG ist die Vermietung unmöblierter Gebäude und Wohnungen. Die Überlassung von Zimmereinrichtungen fällt unter § 21 Abs. 1 Nr. 2 EStG. Auch die Einnahmen aus der Vermietung eines in der Luftfahrzeugrolle eingetragenen Flugzeugs[50] oder eines im Schiffsregister eingetragenen Schiffes können unter § 21 Abs. 1 Nr. 1 EStG fallen. Die Gleichstellung dieser beweglichen Sachen mit Immobilien beruht darauf, dass in ein öffentliches Register eingetragene bewegliche Sachen ähnlich wie Immobilien auf Dauer als Einkunftsquellen geeignet und für Zwecke der Besteuerung einfach zu erfassen sind.

Als Einkünfte aus der Vermietung und Verpachtung eines Grundstücks sind steuerlich auch die für die Bestellung eines **Erbbaurechts** an einem Grundstück erbrachten Leistungen zu behandeln.[51] Die Belastung eines Grundstücks mit einem Erbbaurecht bedeutet also nicht eine Veräußerung des Grundstücks. Ein Erbbaurecht ist nach § 1 der Verordnung über das Erbbaurecht vom 15.01.1919 (RGBl 1919 S. 72) das dingliche Recht, auf oder unter der Oberfläche des belasteten Grundstücks ein Bauwerk zu haben. Durch die Bestellung des Erbbaurechts überlässt der Grundstückseigentümer dem Erbbauberechtigten das Grundstück auf Zeit zur Nutzung, nämlich zum Errichten eines Bauwerks. Dass die Nutzungsüberlassung nicht auf einem obligatorischen, sondern auf einem dinglichen Recht beruht, ist insoweit ohne Bedeutung. Der Grundstückseigentümer hat für die Dauer der Erbbaurechtsbestellung die Nutzung des Grundstücks durch den Erbbauberechtigten zu dulden und erhält als Entgelt laufende Leistungen des Erbbauberechtigten in Form des wiederkehrenden Erbbauzinses.[52] Auch die einmalige Zahlung für die Bestellung des Erbbaurechts ist bei dem Grundstückseigentümer grundsätzlich den Einkünften aus Vermietung und Verpachtung zuzuordnen; möglich ist eine Verteilung gem. § 11 Abs. 1 Satz 3 EStG. Ist das Grundstück dagegen bebaut, kann die Zahlung in ein Nutzungsentgelt und in einen Kaufpreis für das Gebäude aufzuteilen sein. Letzterer ist dann Bemessungsgrundlage für die Gebäude-AfA bei dem Erbbauberechtigten (siehe 25.4.2).

Zu den Einkünften aus Vermietung und Verpachtung eines Grundstücks gehören grundsätzlich auch Leistungen, die für die Einräumung einer **Grunddienstbarkeit** oder einer beschränkten persönlichen Dienstbarkeit erbracht werden. Dies gilt selbst

---
49 BFH vom 26.06.2007 IV R 49/04 (BStBl 2009 II S. 289).
50 BFH vom 02.05.2000 IX R 71/96 (BStBl 2000 II S. 467).
51 BFH vom 23.11.1993 IX R 84/92 (BStBl 1994 II S. 292).
52 BFH vom 20.09.2006 IX R 17/04 (BStBl 2007 II S. 112).

25.2 Die einzelnen Einkünfte des § 21 Abs. 1 EStG

dann, wenn die damit verbundene Nutzungsüberlassung ohne zeitliche Beschränkung vereinbart ist. Etwas anderes gilt nur, wenn die gewählte Gestaltung und die tatsächliche Durchführung der durch die Dienstbarkeit gesicherten Vereinbarung dazu führen, dass der Eigentümer seine Herrschaftsgewalt an dem belasteten Grundstück wirtschaftlich gesehen endgültig in vollem Umfang verliert und eine Rückübertragung der Herrschaftsgewalt praktisch unmöglich wird.[53] Das Entgelt für die Duldung der Nutzung des Nachbargrundstücks als Ausgleich für die damit verbundene Wertminderung des eigenen Grundstücks kann unter § 22 Nr. 3 EStG fallen.[54]

Beispiele:

a) A vereinbart mit der Elektrizitätswerke AG, dass diese berechtigt ist, sein landwirtschaftlich genutztes Grundstück zumindest für die Dauer von 30 Jahren für den Bau, den Betrieb und die Unterhaltung von Hochspannungsfreileitungen mit dazugehörigen Masten und ihrem Zubehör in Anspruch zu nehmen und betreten zu lassen. Das Recht der AG wird als beschränkt persönliche Dienstbarkeit in das Grundbuch eingetragen. Die dafür von der AG gezahlten Beträge sind Einnahmen aus Vermietung und Verpachtung. Die Belastung des Grundstücks ist kein endgültiger Rechtsverlust, weil es weiter landwirtschaftlich genutzt werden kann.[55]

b) B hat der Y-AG unwiderruflich die Bebauung seines Grundstücks im Rahmen des Baus einer Untergrundbahn gestattet.

Da die Belastung des Grundstücks zu einem endgültigen Rechtsverlust führt, stellen die Gegenleistungen der Y-AG bei B keine Einnahmen aus Vermietung und Verpachtung dar.

Als Pachtverträge über ein Grundstück sind steuerlich grundsätzlich auch die Verträge anzusehen, durch die der Grundstückseigentümer einem Dritten gegen Entgelt die Entnahme von **Bodenschätzen** (z. B. Kohle, Erdöl, Sand, Mineralien, Salzabbaugerechtigkeiten) gestattet.[56] Nach welchen Gesichtspunkten das Entgelt bemessen wird, ist in diesem Zusammenhang ohne Bedeutung.[57] Die aus derartigen Verträgen erzielten Einnahmen sind selbst dann zu den Einkünften aus Vermietung und Verpachtung zu rechnen, wenn die Grundstücke zu einem land- und forstwirtschaftlichen Betrieb des Steuerpflichtigen gehören.[58] Als Kaufvertrag über die im Boden befindliche Substanz kann ein derartiger Ausbeutevertrag nur ausnahmsweise behandelt werden, wenn es sich um die einmalige Lieferung einer fest begrenzten Menge handelt oder wenn der Grund und Boden mitveräußert wird.[59] Selbst wenn der Grund und Boden mitveräußert wird, ist das Vorliegen eines Kauf-

---

53 BFH vom 17.05.1995 IX R 64/92 (BStBl 1995 II S. 640).
54 BFH vom 10.08.1994 X R 42/91 (BStBl 1995 II S. 57) und vom 21.11.1997 X R 124/94 (BStBl 1998 II S. 133).
55 BFH vom 17.05.1995 IX R 64/92 (BStBl 1995 II S. 640).
56 BFH vom 04.12.2006 GrS 1/05 (BStBl 2007 II S. 508) und vom 11.02.2014 IX R 25/13 (www.bundesfinanzhof.de); H 21.7 „Abgrenzung Pacht-/Kaufvertrag" EStH.
57 BFH vom 05.10.1974 VIII R 78/70 (BStBl 1974 II S. 130).
58 BFH vom 07.12.1989 IV R 1/88 (BStBl 1990 II S. 317).
59 BFH vom 19.07.1994 VIII R 75/91 (BStBl 1994 II S. 846) und vom 11.02.2014 IX R 25/13 (www.bundesfinanzhof.de).

vertrages über die im Boden befindliche Substanz regelmäßig zu verneinen, wenn dem Grundstückseigentümer ein Rückkaufsrecht zugestanden wird, der endgültige Übergang des Eigentums am Grund und Boden somit von den Vertragsparteien nicht ernsthaft gewollt ist.[60] Die Besteuerung kann auch nicht durch eine Überführung des Bodenschatzes aus dem Privatvermögen in das Betriebsvermögen umgangen werden. Der BFH verhindert dies, indem er die Einlage mit dem Teilwert ansetzt und beim Abbau Absetzungen für Substanzverringerung nicht zulässt.[61]

25.2.2 Einkünfte aus Vermietung und Verpachtung von Sachinbegriffen

Zu den Einkünften aus Vermietung und Verpachtung gehören auch die Einkünfte aus Vermietung und Verpachtung von **Sachinbegriffen,** insbesondere von beweglichem Betriebsvermögen (§ 21 Abs. 1 Nr. 2 EStG). Sachinbegriff ist eine Vielheit von beweglichen Sachen, die wirtschaftlich nach ihrer Zweckbestimmung eine Einheit bilden, z. B. landwirtschaftliches Inventar, bewegliches gewerbliches Betriebsvermögen, Praxiseinrichtung eines Freiberuflers. Einkünfte aus der Vermietung oder Verpachtung von Sachinbegriffen rechnen aber nur dann zu den Einkünften i. S. des § 21 Abs. 1 Nr. 2 EStG, wenn der Sachinbegriff nicht (mehr) zum Betriebsvermögen des Vermieters oder Verpächters gehört, also nach Betriebsaufgabe.

Die Einkünfte aus der Vermietung oder Verpachtung einzelner zum Privatvermögen gehörender beweglicher Wirtschaftsgüter, die keinen Sachinbegriff bilden, fallen nicht unter § 21 EStG, sondern unter § 22 Nr. 3 EStG oder § 15 Abs. 2 EStG, z. B. Wohnmobile.[62]

25.2.3 Einkünfte aus zeitlich begrenzter Überlassung von Rechten

Zu den Einkünften aus Vermietung und Verpachtung werden in § 21 Abs. 1 Nr. 3 EStG schließlich auch die Einkünfte aus zeitlich begrenzter Überlassung von Rechten, insbesondere von schriftstellerischen, künstlerischen und gewerblichen Urheberrechten, von gewerblichen Erfahrungen (z. B. Lizenzgebühren für die Überlassung eines Patents) und von Gerechtigkeiten (z. B. Fischerei- und Apothekengerechtigkeiten) und Gefällen (z. B. Holzbezugs- oder Grasbezugsberechtigungen) gerechnet. Außer den Einkünften aus zeitlich begrenzter Überlassung der vorstehend aufgeführten, im Gesetz ausdrücklich erwähnten Rechte fallen unter diese Vorschrift auch Einkünfte aus zeitlich begrenzter Überlassung anderer Rechte, die den im Gesetz beispielhaft genannten Rechten allerdings ähnlich sein müssen.[63]

---

60 BFH vom 21.07.1993 IX R 9/89 (BStBl 1994 II S. 231) und vom 16.10.1997 IV R 5/97 (BStBl 1998 II S. 185).
61 BFH vom 04.12.2006 GrS 1/05 (BStBl 2007 II S. 508).
62 BFH vom 22.01.2003 X R 37/00 (BStBl 2003 II S. 464).
63 BFH vom 12.12.1969 VI R 301/67 (BStBl 1970 II S. 212).

25.2 Die einzelnen Einkünfte des § 21 Abs. 1 EStG

Die Rechte müssen erworben sein, z. B. Rechte an Bildern oder Aufnahmen von Sportlern.[64] Im Allgemeinen werden diese Einkünfte vielmehr zu den Einkünften aus selbständiger Arbeit oder aus Gewerbebetrieb gehören, wenn der Erfinder oder Urheber seine Rechte selbst verwertet oder wenn gewerbliche Schutzrechte im Rahmen eines Gewerbebetriebs entwickelt und dann zur Nutzung entgeltlich überlassen werden.

Beispiele:
a) Die Witwe eines Erfinders setzt die Patentüberlassung gegen Lizenzgebühren als Rechtsnachfolgerin nach den von ihrem verstorbenen Ehemann gestalteten Verträgen fort.
Die Witwe erzielt aus der Patentüberlassung Einkünfte aus selbständiger Arbeit nach § 18 i. V. m. § 24 Nr. 2 EStG.[65]

b) Die Witwe eines Erfinders verkauft ein zum Nachlass gehörendes Patent an eine Privatperson, die es einem Betriebsinhaber gegen Entgelt zur Ausnutzung überlässt.
Die Privatperson erzielt aus der Patentüberlassung Einkünfte i. S. des § 21 Abs. 1 Nr. 3 EStG.

25.2.4 Veräußerung von Miet- und Pachtzinsforderungen

Wenn ein Wirtschaftsgut zusammen mit den auf abgelaufene oder laufende Einnahmezeiträume entfallenden Einnahmen veräußert wird, muss grundsätzlich geprüft werden, wer die auf diese Zeiträume entfallenden Einnahmen zu versteuern hat, es sei denn, die Veräußerung des Einnahmeanspruchs erfüllt selbst einen Steuertatbestand (siehe 24.2.13). Das ist bei § 21 Abs. 1 Nr. 4 EStG der Fall. Der auf die Veräußerung des Miet- oder Pachtzinsanspruchs entfallende Teil ist bei einem Verkauf des Grundstücks herauszurechnen und gehört beim Verkäufer zu den Einnahmen aus Vermietung und Verpachtung.

Beispiel:
Ein Steuerpflichtiger verkauft am 01.03. eines Jahres sein Mietwohngrundstück für 180.000 € (Grund und Boden: 30.000 €, Gebäude: 150.000 €). Die vierteljährliche Miete (3.000 €) ist nachträglich zahlbar; der auf die Monate Januar und Februar entfallende Mietzins ist mitveräußert, d. h., die Mietforderung für die Monate Januar und Februar (2.000 €) steht dem Erwerber zu.

Der Veräußerer vereinnahmt im Rahmen des Veräußerungspreises die Miete für die Monate Januar und Februar mit 2.000 € und hat diese Mieteinnahmen nach § 21 Abs. 1 Nr. 4 EStG anzusetzen. Seine Einkünfte aus Vermietung und Verpachtung werden unter Berücksichtigung der sonstigen noch von ihm in diesem Kalenderjahr vereinnahmten Mieten und der verausgabten Werbungskosten berechnet.

Die Anschaffungskosten des Erwerbers für das Mietwohngrundstück betragen 180.000 €. Der Erwerb der Mietforderung berührt nicht die Anschaffungskosten, sodass die AfA-Bemessungsgrundlage 150.000 € beträgt.

---

[64] BFH vom 28.01.2004 I R 73/02 (BStBl 2005 II S. 550) und vom 19.12.2007 I R 19/06 (BStBl 2010 II S. 398).
[65] BFH vom 29.04.1993 IV R 16/92 (BStBl 1993 II S. 716) und vom 15.11.2006 XI R 6/06 (BFH/NV 2007 S. 437).

Vereinnahmt der Erwerber später die Mieteinnahmen für das erste Vierteljahr mit 3.000 €, so kann er den für die Übernahme der Mietzinsforderung Januar und Februar aufgewendeten Betrag von 2.000 € als negative Einnahme absetzen.

25.2.5 Nutzungswert der Wohnung im eigenen Haus

Die Nutzungswertbesteuerung einer Wohnung im eigenen Haus gem. § 21 Abs. 2 Satz 1 EStG a. F. war aufgrund einer Übergangsregelung noch bis zum 31.12.1998 möglich (siehe dazu die Vorauflagen). Ab dem 01.01.1999 gibt es also keine Nutzungswertbesteuerung mehr mit Ausnahme von selbst bewohnten Baudenkmalen des land- und forstwirtschaftlichen Betriebsvermögens (§ 13 Abs. 2 Nr. 2 EStG). § 21 Abs. 2 Satz 1 EStG a. F. ist durch das StBereinG 1999 aufgehoben worden.

25.3 Verbilligte Überlassung einer Wohnung gem. § 21 Abs. 2 EStG

Nach Aufhebung des den Nutzungswert regelnden § 21 Abs. 2 Satz 1 EStG durch das StBereinG 1999 enthält § 21 Abs. 2 EStG nunmehr ausschließlich die Regelung der verbilligten Überlassung einer Wohnung. Die Vorschrift ist auf Gewinneinkünfte nicht entsprechend anwendbar.[66]

Ab dem Veranlagungszeitraum 2012 gilt Folgendes: Beträgt das Entgelt für die Überlassung einer Wohnung mindestens 66 % der ortsüblichen Marktmiete, d. h. der Kaltmiete zzgl. der umlagefähigen Kosten (R 21.3 EStR), kann der Vermieter die Werbungskosten in vollem Umfang geltend machen. In diesem Fall ist die Einkunftserzielungsabsicht zu unterstellen. Liegt die Miete dagegen unterhalb der 66 %-Grenze, kann der Vermieter seine durch die Vermietung veranlassten Aufwendungen nur in dem Verhältnis als Werbungskosten abziehen, in dem die vereinbarte Miete zur ortsüblichen Marktmiete steht.

25.4 Einkunftsermittlung

Die Einkünfte aus Vermietung und Verpachtung errechnen sich grundsätzlich als **Überschuss der Einnahmen über die Werbungskosten** (§§ 8, 9 EStG; siehe 15).

25.4.1 Einnahmen

Einnahmen aus Vermietung und Verpachtung sind alle Einnahmen, die der Vermieter oder Verpächter für eine Nutzungsüberlassung erzielt.[67] Dazu gehören insbesondere die Miet- oder Pachtzinsen, aber auch alle anderen Vorteile einschließlich der Einnahmen für Nebenleistungen, z. B. Umlagen für Müllabfuhr, Straßenreinigungs-

---

66 BFH vom 29.04.1999 IV R 49/97 (BStBl 1999 II S. 652).
67 BFH vom 01.12.1992 IX R 333/87 (BStBl 1994 II S. 12).

25.4 Einkunftsermittlung

kosten, Wassergeld, zentrale Beheizung, oder für besondere Ausstattungen, z. B. Heißwasserspeicher, Elektroherde.[68] Auch Zahlungen, die der Mieter oder Pächter wegen vertragswidriger Vorenthaltung der Miet- oder Pachtsache nach Ablauf der Miet- oder Pachtzeit leistet, können nach Lage der tatsächlichen Verhältnisse Einnahmen aus Vermietung und Verpachtung sein.[69]

Von diesen Einnahmen für die Nutzung von Vermögen sind zu unterscheiden die Einnahmen für die Umschichtung von Vermögen, also die grundsätzlich (Ausnahmen: §§ 17, 20, 23 EStG) nicht steuerbaren Veräußerungsvorgänge im privaten Bereich (siehe 26.1).

Beträge, die Werbungskosten ersetzen, sind im Jahr des Zuflusses steuerpflichtige Einnahmen, unabhängig davon, ob die Erstattung durch den Empfänger der Zahlungen erfolgt.[70]

Beispiel:
Der Steuerpflichtige A erwirbt von der Stadt S ein Grundstück, auf dem er ein Mietgebäude errichtet. Später stellt sich heraus, dass das Grundstück verseucht ist. Die Stadt kauft es von A zurück zu einem Preis, der neben den ursprünglichen Anschaffungskosten des Grundstücks und den Herstellungskosten des Gebäudes auch eine Entschädigung für Finanzierungskosten enthalten ist, die das Finanzamt bei der Ermittlung der Einkünfte aus Vermietung und Verpachtung als Werbungskosten berücksichtigt hatte. Obwohl das Entgelt zivilrechtlich Gegenleistung für die Rückübereignung des Grundstücks an die Stadt war, ist die darin enthaltene Entschädigung für die Finanzierungskosten als Einnahme aus Vermietung und Verpachtung bei A zu erfassen.[71]

Dagegen fließen dem Darlehensnehmer keine Einnahmen zu, wenn er bei vorzeitiger Beendigung des Darlehensvertrags eine Vorfälligkeitsentschädigung (dazu 25.4.2) zu entrichten hat, bei deren Berechnung die Bank auf der Grundlage des Effektivzinses den auf die Zeit nach der Vertragsbeendigung entfallenden Rest des Disagios abzieht.[72]

Beispiel:
A hatte den Erwerb eines Mietwohngebäudes mit einem Darlehen finanziert, bei dessen Auszahlung die Bank ein Disagio einbehielt. Als A das Gebäude später verkaufen wollte, erklärte sich die Bank mit der vorzeitigen Rückzahlung des Darlehens gegen Zahlung einer Vorfälligkeitsentschädigung einverstanden, die sie wie folgt berechnete:

Zinsschaden	70.000 €
Abzüglich anteilig auf die Zeit nach Vertragsbeendigung entfallendes Disagio	30.000 €
Differenz = Vorfälligkeitsentschädigung	40.000 €

---

[68] BFH vom 14.12.1999 IX R 69/98 (BStBl 2000 II S. 197).
[69] BFH vom 05.05.1971 I R 166/69 (BStBl 1971 II S. 624).
[70] BFH vom 01.12.1992 IX R 333/87 (BStBl 1994 II S. 12) und vom 30.09.2003 IX R 9/03 (BStBl 2004 II S. 225).
[71] BFH vom 28.03.1995 IX R 41/93 (BStBl 1995 II S. 704).
[72] BFH vom 19.02.2002 IX R 36/98 (BStBl 2003 II S. 126) und vom 14.01.2004 IX R 34/01 (BFH/NV 2004 S. 1091).

25 Einkünfte aus Vermietung und Verpachtung

Das mit dem Zinsschaden verrechnete Disagio ist nicht als Einnahme zu erfassen mit der Begründung, es handele sich um die Rückzahlung von Werbungskosten. Es fehlt am Zufluss eines selbständigen Anspruchs des A, weil das restliche Disagio nur ein unselbständiger Rechnungsposten der Vorfälligkeitsentschädigung ist.

Abstandszahlungen, die ein Mieter vor dem Einzug für die Entlassung aus einem Mietverhältnis zahlt, können als Entschädigung gem. § 24 Nr. 1 Buchst. a EStG zu den Einkünften aus Vermietung und Verpachtung gehören.[73] Zinsen, die Beteiligte einer Wohnungseigentümergemeinschaft aus der Anlage der Instandhaltungsrücklage erzielen, gehören zu den Einnahmen aus Kapitalvermögen.[74] Der auf die Instandhaltungsrücklage entfallende Teil des Kaufpreises ist beim Veräußerer nicht als Werbungskosten abzugsfähig. **Kautionen** sind keine Einnahmen des Vermieters, die Zinsen auf dem Kautionskonto sind dem Mieter zuzurechnen. Der Zufluss ist nach Rückzahlung anzunehmen.[75] Zu den Mieteinnahmen bei Miteigentum an einer Wohnung siehe H 21.6 EStH.

Bei einer Option für Vermietungsumsätze zur Umsatzsteuerpflicht gem. § 9 UStG sind die angerechneten bzw. erstatteten **Vorsteuerbeträge** Einnahmen aus Vermietung und Verpachtung.[76]

Werterhöhende Aufwendungen des Mieters oder Pächters, z. B. Gebäude oder Gebäudeeinbauten, die er für seine Zwecke erstellt und dem Vermieter bzw. Verpächter nach Vertragsende entschädigungslos überlassen muss, sind auch Einnahmen des Vermieters bzw. Verpächters. Sie fließen ihm aber erst zu, wenn er wieder frei über sie verfügen kann.[77] Das ist erst nach Vertragsbeendigung der Fall, wenn der Vermieter bzw. Verpächter wirtschaftlicher Eigentümer des Gebäudes oder der Einbauten ist. Nur wenn der Grundstückseigentümer rechtliches und wirtschaftliches Eigentum am Gebäude schon mit dessen Errichtung erlangt, kann ihm der Gebäudewert bereits bei der Herstellung des Gebäudes als Einnahme aus Vermietung und Verpachtung zufließen.[78]

Errichtet der **Erbbauberechtigte** ein Gebäude, wird er sowohl rechtlicher als auch wirtschaftlicher Eigentümer.[79] Der Wert des Gebäudes kann dem Grundstückseigentümer also erst bei Beendigung des Erbbaurechtsverhältnisses zufließen (vgl. 25.2.1). Der Erbbauzins gehört zu den Einnahmen des Grundstückseigentümers.[80] Durch **Erschließungskosten,** die der Erbbauberechtigte übernimmt, tritt beim

---
73 BFH vom 21.08.1990 VIII R 17/86 (BStBl 1991 II S. 76) und vom 11.01.2005 IX R 67/02 (BFH/NV 2005 S. 1044).
74 R 21.2 Abs. 2 EStR.
75 BFH vom 08.10.1991 VIII R 48/88 (BStBl 1992 II S. 174).
76 BFH vom 17.03.1992 IX R 55/90 (BStBl 1993 II S. 17).
77 BFH vom 21.11.1989 IX R 170/85 (BStBl 1990 II S. 310).
78 BFH vom 26.07.1983 VIII R 30/82 (BStBl 1983 II S. 755).
79 BFH vom 20.01.1983 IV R 158/80 (BStBl 1983 II S. 413).
80 BFH vom 20.09.2006 IX R 17/04 (BStBl 2007 II S. 112).

Grundstückseigentümer (Erbbauverpflichteten) ein Wertzuwachs ein, der diesem aber erst im Zeitpunkt der Beendigung oder des Heimfalls des Erbbaurechts zufließt, es sei denn, der Erbbauberechtigte zahlt die Erschließungskosten für Rechnung des Grundstückseigentümers an die Gemeinde.[81] Der bilanzierende Grundstückseigentümer muss einen passiven Rechnungsabgrenzungsposten bilden.[82]

Zu den Einnahmen aus Vermietung und Verpachtung gehören nach § 21 Abs. 1 Nr. 4 EStG auch die **Erlöse aus der Veräußerung von Miet- und Pachtzinsforderungen,** und zwar auch dann, wenn diese Erlöse im Veräußerungspreis von Grundstücken enthalten sind und die veräußerten Miet- und Pachtzinsforderungen sich auf einen Zeitraum beziehen, in dem der Veräußerer noch Besitzer des Grundstücks war (siehe 25.2.4).

Mieterzuschüsse, die nach den vertraglichen Vereinbarungen auf die Miete angerechnet werden, sind grundsätzlich in dem Veranlagungszeitraum als Mieteinnahmen anzusetzen, in dem sie zufließen. Bei der Behandlung wie eine Mietvorauszahlung ist § 11 Abs. 1 Satz 3 EStG zu beachten. Als vereinnahmte Miete ist jeweils die tatsächlich gezahlte Miete zzgl. des anteiligen Vorauszahlungsbetrags anzusehen.[83]

Erhält ein Steuerpflichtiger einen **Zuschuss aus öffentlichen Mitteln** oder einen privaten Zuschuss, der kein Mieterzuschuss ist (z. B. Zuschuss einer Flughafengesellschaft für den Einbau von Lärmschutzfenstern), zur Finanzierung von Baumaßnahmen an einem Gebäude und sind die Aufwendungen **Herstellungskosten** des Gebäudes, so sind als Herstellungskosten der geförderten Baumaßnahme die um den Zuschuss verminderten Kosten als Bemessungsgrundlage der AfA anzusetzen.[84] Dagegen gehört der Zuschuss zu den Einnahmen, wenn Vereinbarungen getroffen werden, die mit der Gebrauchsüberlassung des Grundstücks in unmittelbarem rechtlichem und wirtschaftlichem Zusammenhang stehen, z. B. über Mietzinsbindungen und Belegungsrechte.[85]

Miteigentümern sind die Einnahmen grundsätzlich nach dem Verhältnis der bürgerlich-rechtlichen Anteile zuzurechnen.[86] Wird eine Wohnung eines im Miteigentum stehenden Wohnhauses an einen Miteigentümer vermietet und nutzt dieser das gemeinschaftliche Wohnhaus insgesamt über seinen Miteigentumsanteil hinaus, so erzielt der andere Miteigentümer anteilig Einkünfte aus Vermietung und Verpachtung.[87] Die wechselseitige Vermietung zwischen Ehegatten kann rechtsmissbräuch-

---
81 BFH vom 21.11.1989 IX R 170/85 (BStBl 1990 II S. 310).
82 BFH vom 08.12.1988 IV R 33/87 (BStBl 1989 II S. 407).
83 R 21.3 Abs. 3 Satz 3 EStR.
84 BFH vom 29.11.2007 IV R 81/05 (BStBl 2008 II S. 561); R 21.5 Abs. 1 EStR.
85 BFH vom 14.10.2003 IX R 60/02 (BStBl 2004 II S. 14).
86 R 21.6 Satz 1 EStR
87 BFH vom 18.05.2004 IX R 49/02 (BStBl 2004 II S. 929).

lich i. S. des § 42 AO sein.[88] Zu den Voraussetzungen der steuerlichen Anerkennung von Miet- und Pachtverträgen zwischen Angehörigen siehe 25.1.

25.4.2 Werbungskosten

Auch bei den Einkünften aus Vermietung und Verpachtung gehören zu den Werbungskosten alle Aufwendungen, die durch die Erzielung von Einnahmen aus Vermietung und Verpachtung veranlasst sind.[89] **Typische Werbungskosten** bei den Einkünften aus Vermietung und Verpachtung sind in § 9 Abs. 1 Satz 3 Nr. 1 und 2 EStG geregelt. Insoweit kann auf die Ausführungen unter 15.3 verwiesen werden. Zu beachten ist, dass Anschaffungs- und Herstellungskosten bei abnutzbaren Wirtschaftsgütern, insbesondere Gebäuden, nur in der Form der AfA, verteilt auf die Nutzungsdauer, abzugsfähig sind (siehe 15.3.8).[90]

Die Verwendung von Mieteinnahmen für Optionsgeschäfte beendet den Veranlassungszusammenhang, sodass Verluste auch dann nicht Werbungskosten bei den Einkünften aus Vermietung und Verpachtung sind, wenn die angelegten Beträge für Vermietungszwecke verwendet werden sollten.[91] Aufwendungen, die den Grund und Boden betreffen, sind i. d. R. (nachträgliche) Anschaffungskosten, wenn sie sein Wesen oder seine Substanz verändern; sie können aber durch die Vermietung veranlasst und deshalb Werbungskosten sein, wenn sie z. B. für ein Schadstoff-Gutachten angefallen sind, das der Feststellung der durch den Mieter verursachten Bodenverunreinigung dient.[92]

Zum Schuldzinsenabzug bei einem Darlehen für die Anschaffung und Herstellung eines teilweise vermieteten und teilweise selbstgenutzten Gebäudes hat der BFH mehrere Grundsatzentscheidungen getroffen.[93] Die Finanzverwaltung hat mit BMF-Schreiben vom 16.04.2004[94] wie folgt Stellung genommen: Darlehenszinsen sind nur anteilig als Werbungskosten abzugsfähig, wenn die einheitlich abgerechneten Herstellungskosten durch ein einheitliches Darlehen finanziert werden. Aufteilungsmaßstab ist das Verhältnis der selbst bewohnten zur vermieteten Wohn- bzw. Nutzfläche. Wenn das Darlehen aber tatsächlich zur Finanzierung des dem Einkünftebereich dienenden Gebäudeteils verwendet wird, kann es diesem auch mit steuerlicher Wirkung zugeordnet werden. Das gilt sowohl für den Innenausbau als auch für die anteiligen Kosten des Gesamtgebäudes. Erforderlich ist also, die ausschließlich die einzelnen Gebäudeteile betreffenden Anschaffungs- und Herstellungskosten, also insbesondere des Innenausbaus, gesondert zu ermitteln und außer-

---

88 BFH vom 25.01.1994 IX R 97-98/90 (BStBl 1994 II S. 738).
89 BFH vom 11.12.2012 IX R 14/12 (BStBl 2013 II S. 279).
90 Vgl. zur Inspruchnahme von AfaA: BFH vom 08.04.2013 IX R 7/13 (DStRE 2014 S. 646).
91 BFH vom 18.09.2007 IX R 42/05 (BStBl 2008 II S. 26).
92 BFH vom 17.07.2007 IX R 2/05 (BStBl 2007 II S. 941).
93 BFH vom 09.07.2002 IX R 65/00 (BStBl 2003 II S. 389) und vom 01.04.2009 IX R 35/08 (BStBl 2009 II S. 663).
94 BStBl 2004 I S. 464.

25.4 Einkunftsermittlung

dem die das Gesamtgebäude betreffenden Kosten z. B. für Aushub, Fundamente, Dach festzustellen und den einzelnen Gebäudeteilen entsprechend den Wohn- bzw. Nutzungsflächen zuzuordnen. Die Kosten für die verschiedenen Gebäudeteile sind dann durch getrennte Darlehen zu finanzieren. Ein weiteres Darlehen ist für die Anschaffungs- und Herstellungskosten des vermieteten Teils des Gesamtgebäudes aufzunehmen. Entscheidend ist die tatsächliche Durchführung der Finanzierung. Vorhandene Eigenmittel sind zweckmäßigerweise für den selbst bewohnten Gebäudeteil zu verwenden. Wenn auch für diesen Teil Fremdmittel erforderlich sind, sollten diese wegen des nicht möglichen Abzugs als Werbungskosten zuerst getilgt werden. Diese Grundsätze sind auch anwendbar bei einem beruflich genutzten Arbeitszimmer, das als selbständiger Gebäudeteil zu behandeln ist.[95]

Bezahlen **Eheleute** Aufwendungen für eine Immobilie, die nur einem von ihnen gehört, „aus einem Topf", d. h. aus Darlehensmitteln, die zulasten beider Eheleute aufgenommen worden sind (§ 421 BGB), so sind diese Aufwendungen in vollem Umfang als für Rechnung des Eigentümers aufgewendet anzusehen mit der Folge, dass ihm auch der Wert der Leistungen zufließt.[96] Das gilt nach der Rechtsprechung des BFH nicht für ein Darlehen, das ein Ehegatte allein zur Finanzierung der Immobilie des anderen Ehegatten aufgenommen hat. Danach sind Zinsen, die ein Ehegatte für ein von ihm allein aufgenommenes Darlehen zahlt, auch dann keine Werbungskosten des anderen Ehegatten, wenn das Darlehen zur Finanzierung einer vermieteten Immobilie des anderen Ehegatten aufgenommen und verwendet worden ist.[97] Bezahlt hingegen der Eigentümer-Ehegatte die Zinsen aus eigenen Mitteln, bilden sie bei ihm abziehbare Werbungskosten, auch wenn der Nichteigentümer-Ehegatte alleiniger Schuldner des Darlehens ist.

Beispiel:
Die Ehefrau errichtet auf ihrem Grundstück ein Zweifamilienhaus, das sie nach Fertigstellung vermietet. Zur Finanzierung nehmen die Eheleute gemeinsam ein Darlehen auf. Außerdem beleiht der Ehemann eine auf seinen Namen lautende Lebensversicherung. Die Zinsen für das gemeinsam aufgenommene Darlehen kann die Ehefrau voll als Werbungskosten bei ihren Einkünften aus Vermietung und Verpachtung geltend machen. Die Zahlungen für die allein vom Ehemann beliehene Lebensversicherung sind dagegen keine Werbungskosten der Ehefrau.

Wenn die Darlehen für die Immobilie eines Ehegatten teils von den Eheleuten gemeinschaftlich, teils allein vom Nichteigentümer-Ehegatten aufgenommen worden sind und wenn der Zahlungsverkehr für die Immobilie insgesamt über ein Konto des Nichteigentümer-Ehegatten abgewickelt wird, so werden aus den vom Eigentümer-Ehegatten auf dieses Konto geleiteten eigenen Mitteln, z. B. den Mieteinnahmen, vorrangig die laufenden Aufwendungen für die Immobilie und die Schuldzinsen für die gemeinschaftlich aufgenommenen Darlehen abgedeckt. Nur soweit die

---
95 BMF vom 16.04.2004 (BStBl 2004 I S. 464, 465).
96 BFH vom 19.08.2008 IX R 78/07 (BStBl 2009 II S. 299).
97 BFH vom 20.06.2012 IX R 29/11 (BFH/NV 2012 S. 1952).

eingesetzten Eigenmittel (Mieteinnahmen) des Eigentümer-Ehegatten darüber hinaus auch die allein vom Nichteigentümer-Ehegatten geschuldeten Zinsen abzudecken vermögen, sind diese Zinsen als Werbungskosten des Eigentümer-Ehegatten abziehbar.[98]

Diese Grundsätze ergeben sich aus dem Beschluss des Großen Senats des BFH vom 23.08.1999[99] zum **Drittaufwand**. Wenn Eheleute aus gemeinsamen Mitteln laufende Aufwendungen für eine vermietete Immobilie tragen, die einem von ihnen gehört, wird eine Zahlung jeweils für Rechnung desjenigen geleistet, der den Betrag schuldet. Deshalb kann die Ehefrau die Zinsen für das gemeinsam aufgenommene Darlehen voll als Werbungskosten geltend machen, unabhängig davon, aus wessen Mitteln die Zahlung im Einzelfall stammt. Das gilt nicht bei Zinsen eines Kredits, den ein Ehegatte allein zur Finanzierung der Immobilie des anderen Ehegatten aufgenommen hat. Denn dann leistet der Nichteigentümer-Ehegatte als alleiniger Schuldner der Zinsverpflichtung die Zahlungen für eine bürgerlich-rechtlich allein ihn treffende Verbindlichkeit. Der BFH eröffnet in seiner entsprechenden Entscheidung selbst eine Möglichkeit, diese Zahlungen doch noch steuerwirksam zu machen.[100] Wenn die Ehefrau in dem obigen Beispielsfall die Zahlungen für die beliehene Lebensversicherung des Ehemannes aus eigenen Mitteln bestreitet, kann sie sie als Werbungskosten bei ihren Einkünften aus Vermietung und Verpachtung geltend machen. Die gleiche Rechtsfolge – Nichtabziehbarkeit – ergibt sich nach der Rechtsprechung des BFH selbst dann, wenn die Eigentümer-Ehefrau eine selbstschuldnerische Bürgschaft für die allein vom Ehemann für das Haus eingegangene Verbindlichkeit übernimmt, weil die Bürgschaft nur ein Sicherungsrecht für das Kreditinstitut darstellt; ebenfalls kann hier die Abziehbarkeit erreicht werden, indem die Ehefrau die Zinsen aus eigenen Mitteln zahlt, z. B. durch Überweisung der Mieteinnahmen auf das Konto des Ehemannes mit der Maßgabe, dass dieser daraus die Schuldzinsen entrichten soll.[101]

Der BFH erkennt sogar den Abzug von Erhaltungsaufwendungen als Werbungskosten an, wenn sie auf einem von einem Dritten im eigenen Namen, aber im Interesse des Steuerpflichtigen abgeschlossenen Werkvertrag beruhen und der Dritte dem Steuerpflichtigen den Betrag zuwendet.[102]

Beispiel:

A hatte 2005 von seinen Eltern im Rahmen der vorweggenommenen Erbfolge eine Wohnung erworben, die er vermietete und um die sich seine ca. 50 km entfernt wohnende Mutter kümmerte. 2008 starb die langjährige Mieterin. Die Wohnung musste

---

98 BFH vom 04.09.2000 IX R 22/97 (BStBl 2001 II S. 785) und vom 20.06.2012 IX R 29/11 (BFH/NV 2012 S. 1952).
99 BFH vom 23.08.1999 GrS 2/97 (BStBl 1999 II S. 782).
100 BFH vom 02.12.1999 IX R 45/95 (BStBl 2000 II S. 310) und vom 20.06.2012 IX R 29/11 (BFH/NV 2012 S. 1952).
101 BFH vom 19.08.2008 IX R 78/07 (BStBl 2009 II S. 299).
102 BFH vom 15.01.2008 IX R 45/07 (BStBl 2008 II S. 572).

25.4 Einkunftsermittlung

vor ihrer erneuten Vermietung renoviert werden. Zu diesem Zweck beauftragte die Mutter des Klägers nach Rücksprache mit ihm Handwerker und bezahlte nach Durchführung der Erhaltungsarbeiten auch die nicht an den Kläger gerichteten Rechnungen.

Die durch die Erhaltungsarbeiten entstandenen Aufwendungen kann A als Werbungskosten bei den Einkünften aus Vermietung und Verpachtung abziehen.

Die Finanzverwaltung schließt sich inzwischen dieser Rechtsprechung an und erkennt Erhaltungsaufwendungen auch dann als Werbungskosten bei den Einkünften aus Vermietung und Verpachtung an, wenn sie auf einem von einem Dritten im eigenen Namen, aber im Interesse des Steuerpflichtigen abgeschlossenen Werkvertrag beruhen und der Dritte die geschuldete Zahlung auch selbst leistet.[103] Dagegen lehnt sie weiter eine Berücksichtigung ab bei Kreditverbindlichkeiten[104] und anderen Dauerschuldverhältnissen (z. B. Miet- und Pachtverträge) sowie bei Aufwendungen, die Sonderausgaben oder außergewöhnliche Belastungen darstellen.

Die Absicht, Einkünfte zu erzielen, kann bereits vor Beginn der Vermietungstätigkeit bestehen, sodass sog. **vorab entstandene Werbungskosten** abgezogen werden können,[105] z. B. Abschlussgebühren eines Bausparvertrages.[106] Voraussetzung ist, dass der Steuerpflichtige die Einkunftserzielungsabsicht hinsichtlich eines konkreten Objekts erkennbar aufgenommen haben muss und später nicht aufgegeben haben darf.[107] Dafür müssen aber äußere, objektive Umstände vorliegen, aus denen auf die innere Tatsache der Einkunftserzielungsabsicht geschlossen werden kann, z. B. Bebauungspläne oder der Nachweis wirtschaftlicher Schwierigkeiten, die den Baubeginn verzögern.[108] Dagegen schließt die Absicht, eine im Bau befindliche Wohnung selbst zu nutzen, den Abzug von Werbungskosten aus.[109] Das vorübergehende Leerstehen einer Wohnung steht dem Abzug von Werbungskosten nicht entgegen.[110] Voraussetzung ist jedoch, dass der Steuerpflichtige während des Zeitraums des Leerstands weiterhin die Absicht zur Einkunftserzielung hat.[111] Jedoch kann ein besonders lang andauernder, strukturell bedingter Leerstand einer Immobilie – auch nach einer vorherigen auf Dauer angelegten Vermietung – dazu führen, dass eine Einkunftserzielungsabsicht des Steuerpflichtigen ohne sein Zutun oder Verschulden wegfällt.[112]

Der Erwerb eines Grundstücks im Rahmen der **vorweggenommenen Erbfolge** ist grundsätzlich unentgeltlich, auch wenn Versorgungsleistungen zugesagt werden

---

103 BMF vom 07.07.2008 (BStBl 2008 I S. 717).
104 Vgl. BFH vom 25.06.2008 X R 36/05 (BFH/NV 2008 S. 2093).
105 BFH vom 11.12.2012 IX R 14/12 (BStBl 2013 II S. 279).
106 BFH vom 01.10.2002 IX R 12/00 (BStBl 2003 II S. 398).
107 BFH vom 11.12.2012 IX R 14/12 (BStBl 2013 II S. 279).
108 BFH vom 06.12.1994 IX R 11/91 (BStBl 1995 II S. 192).
109 BFH vom 23.07.1997 X R 106/94 (BStBl 1998 II S. 15).
110 R 21.2 Abs. 3 EStR.
111 BFH vom 11.12.2012 IX R 14/12 (BStBl 2013 II S. 279).
112 BFH vom 09.07.2013 IX R 48/12 (BStBl 2013 II S. 693).

(siehe auch 16.3.3).[113] Bei der **Erbauseinandersetzung**[114] kann es zu Anschaffungskosten und Veräußerungsgewinnen kommen (siehe 10.7.2.2), auch bei der vorzeitigen Erbauseinandersetzung.[115] Die Erbauseinandersetzungskosten können als Anschaffungsnebenkosten im Wege der AfA abziehbar sein, wenn sie der Überführung eines bebauten Grundstücks in die eigene Verfügungsmacht dienen. Dabei erhöhen die vom Rechtsnachfolger aufgewendeten Anschaffungsnebenkosten – ungeachtet der Vorschrift des § 11d Abs. 1 EStDV – die AfA-Bemessungsgrundlage.[116]

Nachträgliche Werbungskosten sind Aufwendungen, die erst nach Aufgabe der Vermietungstätigkeit anfallen, mit ihr jedoch noch in wirtschaftlichem Zusammenhang stehen. Davon zu unterscheiden sind Aufwendungen, die nicht in wirtschaftlichem Zusammenhang mit der Nutzung, sondern mit der Veräußerung eines Grundstücks stehen. Nach geänderter Rechtsprechung des BFH sind nunmehr auch **Schuldzinsen** nachträgliche Werbungskosten, wenn sie nach einer Veräußerung des zuvor vermieteten Grundstücks entstehen und soweit sie auf Darlehensverbindlichkeiten entfallen, die den Veräußerungserlös übersteigen.[117] Nach Auffassung des BMF soll dies allerdings nur dann gelten, wenn die Veräußerung der Immobilie innerhalb der 10-jährigen Frist des § 23 Abs. 1 Satz 1 Nr. 1 EStG erfolgt.[118] Der BFH hat dagegen entschieden, dass Schuldzinsen auch bei einer Veräußerung einer Immobilie nach Ablauf der 10-jährigen Frist gem. § 23 Abs. 1 Satz 1 Nr. 1 EStG als nachträgliche Werbungskosten berücksichtigt werden können, soweit bestehende Verbindlichkeiten nicht durch den Veräußerungserlös getilgt werden können.[119] Dagegen entfällt ein fortdauernder Veranlassungszusammenhang von (nachträglichen) Schuldzinsen mit früheren Einkünften i. S. des § 21 EStG, wenn der Steuerpflichtige zunächst zwar Einkunftserzielungsabsicht hatte, diese aber vor der Veräußerung des Immobilienobjekts aus anderen Gründen weggefallen ist.[120] In diesem Fall scheidet ein Abzug von nach der Veräußerung anfallenden Schuldzinsen als nachträgliche Werbungskosten aus.

Auch Aufwendungen für Erhaltungsmaßnahmen, die noch während der Vermietungszeit durchgeführt worden sind, können dann nicht als Werbungskosten abgezogen werden, wenn der Steuerpflichtige das Gebäude anschließend selbst nutzt, die Erhaltungsmaßnahmen für die **Selbstnutzung** bestimmt sind und in die Vermietungszeit vorverlagert werden.[121] Dies kann insbesondere der Fall sein, wenn das Mietverhältnis bereits gekündigt ist und die Maßnahmen unter Zugrundelegung

---

113 BMF vom 13.01.1993 (BStBl 1993 I S. 80), Tz. 3.
114 BMF vom 13.01.1993 (BStBl 1993 I S. 62).
115 BFH vom 19.12.2006 IX R 44/04 (BStBl 2008 II S. 216).
116 BFH vom 09.07.2013 IX R 43/11 (DStR 2013 S. 1984).
117 BFH vom 20.06.2012 IX R 67/10 (BStBl 2013 II S. 275).
118 BMF vom 28.03.2013 (BStBl 2013 I S. 508).
119 BFH vom 08.04.2014 IX R 45/13 (DStR 2014 S. 996).
120 BFH vom 21.01.2014 IX R 37/12 (DB 2014 S. 1171).
121 BFH vom 14.12.2004 IX R 34/03 (BStBl 2005 II S. 343).

25.4 Einkunftsermittlung

eines objektiven Maßstabs nicht nur zur Wiederherstellung oder Bewahrung der Mieträume und des Gebäudes erforderlich sind.[122] Der BFH lässt **Abbruchkosten** dagegen zum Abzug als nachträgliche Werbungskosten zu, wenn ungeachtet des anschließend auf dem Grundstück zu eigenen Wohnzwecken errichteten Gebäudes der Grund für den Abriss zumindest ganz überwiegend während der Vermietung des Grundstücks entstanden ist.[123]

> **Beispiel:**
> A erwarb im Jahr 1999 ein Grundstück und vermietete das darauf im Jahr 1959 errichtete Zweifamilienhaus. Nach Auszug der Mieter sowohl des Erdgeschosses als auch des Obergeschosses im Jahr 2012 wegen Baumängel entschloss sich A nach Beratung mit seinem Architekten zum Abriss und Neubau, weil das Haus nach dem Gutachten des Architekten vom Januar 2013 dünne, nicht gedämmte Hauswände, unzureichend isolierte Kellerwände, dünne Stahlbetondecken ohne ausreichenden Luft- und Trittschallschutz, einfachverglaste Holzfenster sowie eine veraltete Haustechnik habe. Die Schwammbildung im Keller und im Treppenhaus könnten nicht beseitigt werden.
>
> A ließ das Gebäude im Frühjahr 2013 abreißen und errichtete ein zu eigenen Wohnzwecken bestimmtes Wohngebäude. Die Abbruchkosten und die Absetzung für außergewöhnliche Abnutzung gem. § 7 Abs. 4 Satz 3 i. V. m. § 7 Abs. 1 Satz 7 EStG sind als nachträgliche Werbungskosten abziehbar, weil A das Gebäude mit dem Ziel langfristiger Vermietung erworben hatte und weil die baulichen Mängel beim Erwerb im Jahr 1999 noch nicht vorhanden gewesen seien.

Im Einzelfall wird es wegen dieser fein differenzierenden Rechtsprechung schwierig sein, als Werbungskosten abzugsfähige Aufwendungen vor Aufgabe der Vermietungsabsicht von nichtabzugsfähigen Aufwendungen wegen geplanter Eigennutzung[124] oder Veräußerung[125] abzugrenzen.

Auch der **Zugewinnausgleich** nach Scheidung einer Ehe betrifft die Vermögensebene. Selbst wenn die Ausgleichsverpflichtung des einen Ehegatten auf den Wert eines Grundstücks zurückzuführen ist, mit dem steuerpflichtige Einkünfte erzielt werden, besteht nach Auffassung des BFH kein wirtschaftlicher Zusammenhang mit der Einkunftsart Vermietung und Verpachtung. Die Zinsen für ein Darlehen zur Erfüllung der Ausgleichsverpflichtung sind nicht als Werbungskosten abziehbar.[126] Als Begründung für diese im Schrifttum abgelehnte Auffassung wird angeführt, dass die mit dem Darlehen finanzierten Aufwendungen nicht unmittelbar zu Herstellungs- bzw. Anschaffungskosten führen. Hier ist § 23 EStG zu prüfen (siehe 26.4.3).

Eine **Vorfälligkeitsentschädigung** (§ 490 Abs. 2 Satz 3 BGB) ist Bestandteil der Gegenleistung des Darlehensnehmers, bezogen auf die verkürzte Gesamtlaufzeit des

---
122 BMF vom 26.11.2001 (BStBl 2001 I S. 868).
123 BFH vom 31.07.2007 IX R 51/05 (BFH/NV 2008 S. 933).
124 BFH vom 11.07.2000 IX R 48/96 (BStBl 2001 II S. 784).
125 BFH vom 14.12.2004 IX R 34/03 (BStBl 2005 II S. 343).
126 BFH vom 08.12.1992 IX R 68/89 (BStBl 1993 II S. 434) und vom 11.05.1993 IX R 25/89 (BStBl 1993 II S. 751).

Kredits.[127] Sie ist nach ständiger Rechtsprechung des BFH nicht als Werbungskosten abzugsfähig, wenn sie anfällt, weil das Darlehen wegen einer Grundstücksveräußerung vorzeitig zurückgezahlt wird.[128] Sie gehört zu den Veräußerungskosten i. S. des § 23 EStG.[129] Der BFH lehnt es auch ab, die Vorfälligkeitsentschädigung als Werbungskosten bei der Finanzierung eines neuen Mietobjekts anzuerkennen.[130] Vorfälligkeitsentschädigungen zur Erlangung eines günstigeren Kredits sind dagegen als Werbungskosten abzugsfähig.

Nach neuerer, geänderter Rechtsprechung des BFH sind bei den Einkünften aus Vermietung und Verpachtung nunmehr wie bei den betrieblichen Verbindlichkeiten (siehe 27.3.2) Schuldzinsen eines Kredits zur Finanzierung von Anschaffungs- oder Herstellungskosten, die auf die Zeit nach der Veräußerung einer Immobilie entfallen, dann nachträgliche Werbungskosten, wenn der Veräußerungserlös nicht zur Schuldendeckung ausreicht.[131] Durch die gesetzgeberische Grundentscheidung, durch die Verlängerung der Frist für die Erfassung von Wertsteigerungen bei der Veräußerung von Grundstücken im Privatvermögen durch § 23 Abs. 1 Satz 1 Nr. 1 EStG in der Fassung des Steuerentlastungsgesetzes 1999/2000/2002 die Besteuerungsgrundlagen zu erweitern, sei die Grundlage der bisherigen Rechtsprechung, das Darlehen habe seine Ursache im privaten, steuerlich unbeachtlichen Vermögensbereich, entfallen. Dies verdeutliche auch die Vorschrift des § 23 Abs. 3 Satz 4 EStG, nach der die AfA, erhöhte AfA und Sonderabschreibungen, dem Gewinn aus dem privaten Veräußerungsgeschäft hinzuzurechnen sind, soweit sie der Steuerpflichtige in der Vergangenheit bei der Ermittlung der Einkünfte gem. § 2 Abs. 1 Satz 1 Nr. 4 bis 6 EStG abgezogen hat. Das BMF hat sich dieser Rechtsprechung angeschlossen, jedoch nur in den Fällen, in denen die Immobilie innerhalb der 10-jährigen Frist des § 23 Abs. 1 Satz 1 Nr. 1 EStG veräußert wird.[132] Auch wenn während der Vermietungszeit sofort abziehbare Werbungskosten, z. B. Erhaltungsaufwand, mit Kredit finanziert worden sind, bleibt der Zusammenhang dieser Kreditkosten mit der Einkunftssphäre auch nach Aufgabe der Vermietungstätigkeit bestehen, sodass die danach anfallenden Kreditkosten als nachträgliche Werbungskosten gem. § 9 Abs. 1 Satz 3 i. V. m. § 24 Nr. 2 EStG abziehbar sind.[133] Wird eine mit Darlehensmitteln angeschaffte Wohnung veräußert und mit dem Erlös eine andere Kapitalanlage erworben, können die für das aufrechterhaltene Darlehen gezahlten Zinsen Werbungskosten bei der neuen Kapitalanlage sein.

---

127 BFH vom 25.02.1999 IV R 55/97 (BStBl 1999 II S. 473) und vom 11.02.2014 IX R 42/13 (DStR 2014 S. 1272).
128 BFH vom 06.12.2005 VIII R 34/04 (BStBl 2006 II S. 265) und vom 11.02.2014 IX R 42/13 (DStR 2014 S 1272).
129 BFH vom 16.06.2004 X R 22/00 (BStBl 2005 II S. 91).
130 BFH vom 06.12.2005 VIII R 34/04 (BStBl 2006 II S. 265).
131 BFH vom 20.06.2012 IX R 67/10 (BStBl 2013 II S. 375).
132 BMF vom 28.03.2013 (BStBl 2013 I S. 508) (str.); a. A.: FG Niedersachsen vom 30.08.2013 11 K 31/13 (EFG 2013 S. 1990).
133 H 21.2 „Finanzierungskosten" EStH.

25.4 Einkunftsermittlung

Das Problem der **Umwidmung** eines Darlehenszwecks kann sich stellen, wenn ein betriebliches Darlehen nach Betriebsaufgabe oder -veräußerung nicht getilgt, sondern z. B. für ein zurückbehaltenes Betriebsgrundstück im Rahmen der Einkunftsart Vermietung und Verpachtung eingesetzt wird. Wenn das Darlehen für dieses Grundstück aufgenommen worden, also objektbezogen ist, sind die Zinsen als Werbungskosten abziehbar.[134] Handelt es sich dagegen um ein allgemeines betriebliches Darlehen, kommt eine Umwidmung in Höhe des Wertes des in das Privatvermögen überführten und zur Einkunftserzielung eingesetzten Grundstücks in Betracht.[135]

Wer einen Vermögensgegenstand, durch dessen Besitz bestimmte Aufwendungen anfallen, nicht zur Erzielung von Einnahmen einsetzt, kann diese Aufwendungen mangels Veranlassungszusammenhang mit einer Einkunftsart grundsätzlich nicht als Werbungskosten abziehen.

Beispiel:

Frau A überlässt ein in ihrem Eigentum stehendes unbebautes Grundstück unentgeltlich ihrem Ehemann zur Nutzung als Parkplatz im Rahmen seines Gewerbebetriebs.

Aufwendungen, die im Zusammenhang mit diesem Grundstück anfallen, kann Frau A nicht als Werbungskosten abziehen. In Betracht kommt ein Abzug beim Ehemann als Betriebsausgabe (zum sog. Drittaufwand siehe 13.3).

Etwas anderes gilt jedoch, wenn die Voraussetzungen des § 21 Abs. 2 EStG vorliegen.

Beispiel:

Der Steuerpflichtige hat seiner volljährigen Tochter seine Eigentumswohnung für 400 € vermietet. Die ortsübliche Marktmiete beträgt 500 €.

Da das Entgelt für die Überlassung der Wohnung nicht weniger als 66 % der ortsüblichen Miete beträgt, ist die Nutzungsüberlassung nicht in einen entgeltlichen und einen unentgeltlichen Teil aufzuteilen. Nach § 21 Abs. 2 Satz 2 EStG gilt die Nutzungsüberlassung in vollem Umfang als entgeltlich und die anfallenden Aufwendungen sind daher in vollem Umfang als Werbungskosten abziehbar.

Beträgt die Miete weniger als 66 % der ortsüblichen Marktmiete, kann der Vermieter seine Aufwendungen auch nur in dem Verhältnis als Werbungskosten ansetzen, in dem die vereinbarte Miete zur ortsüblichen Marktmiete steht (§ 21 Abs. 2 Satz 1 EStG; siehe 25.3).

Zum Werbungskosten-Abzug bei **Ferienwohnungen** siehe 25.1.

Vergebliche Aufwendungen zur Anschaffung oder Herstellung eines Gebäudes sind bei den Einkünften aus Vermietung und Verpachtung als Werbungskosten abziehbar.[136] Demgegenüber stellen vergebliche Aufwendungen im Zusammenhang

---

134 BFH vom 01.10.1996 VIII R 68/94 (BStBl 1997 II S. 454).
135 BFH vom 19.08.1998 X R 96/95 (BStBl 1999 II S. 353) und vom 28.03.2007 X R 15/04 (BStBl 2007 II S. 642).
136 BFH vom 04.07.1990 GrS 1/89 (BStBl 1990 II S. 830).

mit der Anschaffung von Grund und Boden keine Werbungskosten dar.[137] Vergebliche Aufwendungen gehören aber zu den Anschaffungs- oder Herstellungskosten eines anderen Gebäudes, das den gleichen Zweck erfüllt, wenn sie wertmäßig in dieses eingegangen sind. Das gilt auch, wenn die höheren Anschaffungs- oder Herstellungskosten Folgen einer Insolvenz oder eines Betruges sind. Vergebliche Werbungskosten können aber auch nach Aufgabe der Einkunftserzielungsabsicht abziehbar sein, wenn sie getätigt worden sind, um sich aus einer gescheiterten Investition zu lösen und so die Höhe der vergeblich aufgewendeten Kosten zu begrenzen.[138]

In der Praxis spielt die Abgrenzung zwischen den sofort als Werbungskosten abzugsfähigen **Erhaltungsaufwendungen** von den Herstellungskosten eine große Rolle, weil Letztere nur verteilt im Wege der AfA abzugsfähig sind (siehe 10.8.3 und 13.1).

Die Rechtsprechung des BFH greift bei der Begriffsbestimmung der Anschaffungs- und Herstellungskosten auch im Bereich der Einkünfte aus Vermietung und Verpachtung auf die Definition in § 255 HGB zurück.[139]

Nach § 6 Abs. 1 Satz 1 Nr. 1a EStG gehören zu den Herstellungskosten eines Gebäudes auch die **anschaffungsnahen Herstellungskosten**. Dies sind die Aufwendungen für Instandsetzungs- und Modernisierungsmaßnahmen, die innerhalb von 3 Jahren nach der Anschaffung des Gebäudes durchgeführt werden, wenn die Aufwendungen ohne die Umsatzsteuer 15 % der Anschaffungskosten des Gebäudes übersteigen. Hierzu gehören jedoch nicht die Aufwendungen für Erweiterungen i. S. des § 255 Abs. 2 Satz 1 HGB sowie Aufwendungen für Erhaltungsarbeiten, die jährlich üblicherweise anfallen. Die Vorschrift des § 6 Abs. 1 Satz 1 Nr. 1a EStG ist gem. § 9 Abs. 5 Satz 2 EStG auch bei den Überschusseinkünften, d. h. auch bei den Einkünften aus Vermietung und Verpachtung, entsprechend anzuwenden.

Aufwendungen im Zusammenhang mit der Anschaffung eines Gebäudes sind unabhängig davon, ob sie auf jährlich üblicherweise anfallenden Erhaltungsarbeiten i. S. des § 6 Abs. 1 Satz 1 Nr. 1a Satz 2 EStG beruhen, dann nicht als Erhaltungsaufwendungen sofort abziehbar, wenn sie im Rahmen von einheitlich zu würdigenden Instandsetzungs- und Modernisierungsmaßnahmen i. S. des § 6 Abs. 1 Satz 1 Nr. 1a Satz 1 EStG anfallen.[140]

Da für die Beurteilung von Aufwendungen als Anschaffungs- oder Herstellungskosten die handelsrechtlichen Begriffe (§ 255 HGB) maßgebend sind, kann von der Höhe des Aufwands allein nicht auf das Vorliegen dieser Kostenarten geschlossen

---
137 BFH vom 28.09.2010 IX R 37/09 (BFH/NV 2011 S. 36).
138 BFH vom 07.06.2006 IX R 45/05 (BStBl 2006 II S. 803).
139 BFH vom 25.09.2007 IX R 28/07 (BStBl 2008 II S. 218) und vom 23.05.2012 IX R 2/12 (BStBl 2012 II S. 674).
140 BFH vom 25.08.2009 IX R 20/08 (BStBl 2010 II S. 125); H 6.4 „Anschaffungsnahe Herstellungskosten" EStH.

25.4 Einkunftsermittlung

werden. Weiterhin gilt auch die Vereinfachungsregelung, dass auf Antrag ein Aufwand stets als Erhaltungsaufwand zu behandeln ist, wenn die Aufwendungen nach Fertigstellung eines Gebäudes für die einzelne Baumaßnahme nicht mehr als 4.000 € ohne Umsatzsteuer je Gebäude betragen.[141]

Bei der Prüfung, ob eine Baumaßnahme nach § 255 Abs. 2 HGB zu Herstellungsaufwand führt, darf nach der Rechtsprechung des BFH nicht auf das gesamte Gebäude, sondern nur auf den entsprechenden Gebäudeteil abgestellt werden, wenn das Gebäude in unterschiedlicher Weise genutzt wird und deshalb mehrere Wirtschaftsgüter umfasst.[142]

Beispiel:

A erzielt Einkünfte aus Vermietung eines Zweifamilienhauses, das von der Mieterin teils zum Betrieb einer psychotherapeutischen Praxis, teils zu eigenen Wohnzwecken genutzt wird. Die Wohnräume befinden sich im Erd- und Obergeschoss, die Praxisräume im Untergeschoss. Bei Baumaßnahmen im Untergeschoss ist für die Abgrenzung von Herstellungs- und Erhaltungsaufwand nicht auf das Gebäude, sondern nur auf das Untergeschoss abzustellen, weil dieser Gebäudeteil in einem von dem anderen Teil (Erd- und Obergeschoss) verschiedenen Nutzungs- und Funktionszusammenhang steht.[143] Bei der Frage, ob Baumaßnahmen in der Praxis zu einer Erweiterung der Nutzungsmöglichkeiten oder zu einer wesentlichen Verbesserung des ursprünglichen Zustands führen, ist also nur auf den Praxisteil und nicht auf das gesamte Zweifamilienhaus abzustellen.

Zu den Anschaffungskosten gehören bei nicht genutzten Gebäuden auch Aufwendungen zur Herstellung der **Betriebsbereitschaft.** Dabei wird unterschieden zwischen der objektiven Funktionsuntüchtigkeit und der subjektiven Funktionsuntüchtigkeit.[144] Objektive Funktionsuntüchtigkeit liegt z. B. vor, wenn die Heizung defekt ist und das erworbene Wohngebäude deshalb nicht vermietbar ist. Die Kosten der Heizungsreparatur sind Anschaffungskosten.[145] Subjektiv funktionsuntüchtig ist ein Gebäude, wenn es für die konkrete **Zweckbestimmung** des Erwerbers nicht nutzbar ist und deshalb z. B. Wohnräume zu Arztpraxisräumen umgebaut werden. Die Aufwendungen dafür sind Anschaffungskosten. Zur Zweckbestimmung gehört auch die Entscheidung, welchem Standard das Gebäude künftig entsprechen soll (sehr einfach, mittel oder sehr anspruchsvoll). Baumaßnahmen für die Hebung des Standards führen zu Anschaffungskosten. Die Hebung des Standards ist identisch mit dem Begriff der wesentlichen Verbesserung i. S. des § 255 Abs. 2 Satz 1 HGB.[146]

---

141 R 21.1 Abs. 2 EStR.
142 BFH vom 25.09.2007 IX R 28/07 (BStBl 2008 II S. 218).
143 BFH vom 26.11.1973 GrS 5/71 (BStBl 1974 II S. 132) unter C.II.3.d.
144 BMF vom 18.07.2003 (BStBl 2003 I S. 386), Rdnr. 5.
145 BFH vom 20.08.2002 IX R 70/00 (BStBl 2003 II S. 585).
146 BMF vom 18.07.2003 (BStBl 2003 I S. 386), Rdnr. 28.

Eine Hebung des Standards braucht nicht geprüft zu werden, wenn die Aufwendungen für die Instandsetzung und Modernisierung des Gebäudes in den ersten drei Jahren nach seiner Anschaffung 15 % der Anschaffungskosten nicht übersteigen.[147] Der Standard eines Wohngebäudes wird durch zentrale Ausstattungsmerkmale geprägt, das sind Umfang und Qualität der Heizungs-, Sanitär- und Elektroinstallationen sowie der Fenster. Der Standard des Gebäudes hebt sich, wenn ein Bündel von Baumaßnahmen bei mindestens drei dieser vier zentralen Ausstattungsmerkmalen zu einer Erhöhung und Erweiterung des Gebrauchswerts führt. Im Gegensatz zur früheren Regelung können auch Aufwendungen für die Beseitigung versteckter Mängel zu Anschaffungs- oder Herstellungskosten führen.[148] Treffen Baumaßnahmen, die ihrer Art nach, z. B. als Erweiterung i. S. des § 255 Abs. 2 Satz 1 HGB, stets zu Herstellungskosten führen und einen der den Nutzungswert eines Gebäudes bestimmenden Bereiche der zentralen Ausstattungsmerkmale betreffen, mit der Verbesserung von mindestens zwei weiteren Bereichen der zentralen Ausstattungsmerkmale zusammen, ist ebenfalls eine Hebung des Standards anzunehmen.

Beispiel:

Im Anschluss an den Erwerb eines leer stehenden, bisher als Büro genutzten Einfamilienhauses, das ihr eine Vermietung zu fremden Wohnzwecken vorgesehen ist, wird im bisher nicht ausgebauten Dachgeschoss ein zusätzliches Badezimmer eingerichtet. Außerdem werden einfach verglaste Fenster durch isolierverglaste Sprossenfenster ersetzt und die Leistungskapazität der Elektroinstallation durch den Einbau dreiphasiger anstelle zweiphasiger Elektroleitungen maßgeblich aufgebessert sowie die Zahl der Anschlüsse deutlich gesteigert.

Neben der Erweiterung des Gebäudes als Herstellungskosten i. S. des § 255 Abs. 2 Satz 1 HGB durch den Einbau des Badezimmers tritt die Verbesserung von zwei weiteren Bereichen der zentralen Ausstattungsmerkmale ein. Die hierdurch verursachten Aufwendungen führen zu Anschaffungskosten des Gebäudes.

Bei Herstellungskosten gem. § 255 Abs. 2 HGB ist zwischen der erstmaligen Herstellung eines Gebäudes (Neubau) und den Maßnahmen an einem bestehenden Gebäude zu unterscheiden.[149] Auch Maßnahmen an einem bestehenden Gebäude können bei Vollverschleiß zur Neuherstellung eines verbrauchten Gebäudes oder zur Herstellung eines anderen Gebäudes führen (Wesensänderung, z. B. Umbau eines alten Gasthofs zu einem modernen Restaurant). Im Übrigen handelt es sich um Herstellungskosten bei einer Erweiterung oder bei einer über den ursprünglichen Zustand hinausgehenden wesentlichen Verbesserung des Gebäudes. Erweitert wird ein Gebäude durch Aufstockung (z. B. Ausbau des Dachgeschosses zu Wohnraum) oder Anbau (z. B. eines Wintergartens), durch Vergrößerung der nutzbaren Fläche[150]

---

147 BMF vom 18.07.2003 (BStBl 2003 I S. 386), Rdnr. 38.
148 BFH vom 22.01.2003 X R 9/99 (BStBl 2003 II S. 596).
149 Einzelheiten: vgl. BMF vom 18.07.2003 (BStBl 2003 I S. 386), Rdnr. 17 ff.
150 BFH vom 15.05.2013 IX R 36/12 (BStBl 2013 II S. 732).

25.4 Einkunftsermittlung

(z. B. Satteldach statt Flachdach) oder durch die Vermehrung der Substanz ohne Flächenvergrößerung (z. B. Einbau eines Kamins, einer Alarmanlage, einer Sonnenmarkise). Auch die Schaffung einer neuen Verwendungsmöglichkeit kann eine wesentliche Verbesserung sein.[151] Keine Substanzvermehrung liegt vor, wenn der neue Gebäudebestandteil die Funktion des bisherigen Gebäudebestandteils in vergleichbarer Weise erfüllt.

Betrifft die Modernisierungs- und Instandsetzungsmaßnahme mindestens drei der vier zentralen Ausstattungsmerkmale (Heizung-, Elektro-, Sanitärinstallation und Fenster) und erfolgt dadurch eine Hebung des Standards (von sehr einfach auf mittel, von mittel auf sehr anspruchsvoll), so liegen **insoweit** Herstellungskosten vor. Allein das Versetzen oder Entfernen von Zwischenwänden erhöht unter dem Gesichtspunkt der wesentlichen Verbesserung nicht notwendigerweise den objektiven Gebrauchswert des Hauses. Deshalb muss die bloße Veränderung der Raumaufteilung durch Zwischenwände nicht als Herstellungsmaßnahme angesehen werden.[152]

Aufwendungen für ein Bündel von Einzelmaßnahmen, die für sich genommen teils Anschaffungskosten oder Herstellungskosten, teils Erhaltungsaufwendungen darstellen, sind **insgesamt** als Anschaffungs- oder Herstellungskosten zu beurteilen, wenn die Arbeiten im sachlichen Zusammenhang stehen, was der Fall ist, wenn die einzelnen Baumaßnahmen, die sich auch über mehrere Jahre erstrecken können, **bautechnisch ineinandergreifen.**

Beispiel:
Im Dachgeschoss eines mehrgeschossigen Gebäudes werden erstmals Bäder eingebaut. Diese Herstellungsarbeiten machen das Verlegen von größeren Fallrohren bis zum Anschluss an das öffentliche Abwassernetz erforderlich. Die hierdurch entstandenen Aufwendungen sind ebenso wie die Kosten für die Beseitigung der Schäden, die durch das Verlegen der größeren Fallrohre in den Badezimmern der darunterliegenden Stockwerke entstanden sind, den Herstellungskosten zuzurechnen.

Von einem bautechnischen Ineinandergreifen ist jedoch nicht allein deswegen auszugehen, weil der Vermieter solche Herstellungskosten zum Anlass nimmt, auch sonstige anstehende Renovierungsarbeiten auszuführen.

Beispiel:
Durch das Aufsetzen einer Dachgaube wird die nutzbare Fläche des Gebäudes geringfügig vergrößert. Diese Maßnahme wird zum Anlass genommen, gleichzeitig das alte, schadhafte Dach neu einzudecken. Die Erneuerung der gesamten Dachziegel steht insoweit nicht in einem bautechnischen Zusammenhang mit der Erweiterungsmaßnahme. Die Aufwendungen für Dachziegel, die zur Deckung der neuen Gauben verwendet werden, sind Herstellungskosten, die Aufwendungen für die übrigen Dachziegel sind Erhaltungsaufwendungen.

Die Feststellungslast für die Tatsachen, die eine Behandlung als Anschaffungs- oder Herstellungskosten begründen, trägt das Finanzamt. Soweit das Finanzamt nicht in

---
151 BFH vom 25.01.2006 I R 58/04 (BStBl 2006 II S. 707).
152 BFH vom 16.01.2007 IX R 39/05 (BStBl 2007 II S. 922).

der Lage ist, den Zustand des Gebäudes im Zeitpunkt der Anschaffung oder den ursprünglichen Zustand i. S. des § 255 Abs. 2 HGB festzustellen, trifft den Steuerpflichtigen eine erhöhte Mitwirkungspflicht (§ 90 Abs. 1 Satz 3 AO).[153]

Die Regelung des § 82b EStDV räumt dem Steuerpflichtigen die Möglichkeit der **Verteilung größeren Erhaltungsaufwands gleichmäßig auf 2 bis 5 Jahre** abweichend von § 11 Abs. 2 EStG ein. Dadurch sollen Härten vermieden werden, die sich aufgrund des Abflussprinzips auch unter Berücksichtigung der Möglichkeit des Verlustabzugs nach § 10d EStG ergeben können, wenn in einem Jahr größerer Erhaltungsaufwand anfällt.

Voraussetzung für die Anwendung des § 82b EStDV ist, dass das Gebäude im Zeitpunkt der Leistung des Erhaltungsaufwands nicht zu einem Betriebsvermögen gehört und überwiegend Wohnzwecken dient (§ 82b Abs. 1 Satz 1 EStDV). Ein Gebäude dient überwiegend Wohnzwecken, wenn die Grundfläche der Wohnzwecken dienenden Räume des Gebäudes mehr als die Hälfte der gesamten Nutzfläche beträgt. Steht das Gebäude im Eigentum mehrerer Personen, so ist der Erhaltungsaufwand von allen Eigentümern auf den gleichen Zeitraum zu verteilen (§ 82b Abs. 3 EStDV). Wird das Grundstück veräußert oder in ein Betriebsvermögen eingebracht, ist derjenige Teil des Erhaltungsaufwands, der infolge der Verteilung auf 2 bis 5 Jahre noch nicht berücksichtigt worden ist, im Jahr der Veräußerung oder der Überführung in ein Betriebsvermögen als Werbungskosten abzusetzen (§ 82b Abs. 2 EStDV). Bei unentgeltlichem Eigentumsübergang kann der Rechtsnachfolger größeren Erhaltungsaufwand noch in dem von seinem Rechtsvorgänger gewählten restlichen Verteilungszeitraum geltend machen. Für das Kalenderjahr des Eigentumsübergangs ist der Aufwand entsprechend der Besitzdauer in diesem Kalenderjahr aufzuteilen.[154]

Die gleichen Regelungen gelten bei Erhaltungsaufwand für Gebäude in einem förmlich festgelegten Sanierungsgebiet oder städtebaulichen Entwicklungsbereich (§ 11a EStG) sowie für Baudenkmäler (§ 11b EStG). Die Gebäude müssen allerdings nicht überwiegend wohnlich genutzt werden und können auch zu einem Betriebsvermögen gehören.[155]

Vorsteuerbeträge gem. § 15 UStG gehören bei einer Option gem. § 9 UStG nicht zu den Anschaffungs- oder Herstellungskosten. Die bei Veräußerung eines Grundstücks gem. § 15a UStG zurückzuzahlenden Vorsteuerbeträge sind Werbungskosten.[156] Wird ein in Anspruch genommener Vorsteuerabzug später wegen Nichtanerkennung eines Zwischenmietverhältnisses versagt, sind die gezahlten und als Werbungskosten abgezogenen Vorsteuerbeträge den Anschaffungs- bzw. Herstel-

---

153 BMF vom 18.07.2003 (BStBl 2003 I S. 386), Rdnr. 36.
154 R 21.1 Abs. 6 EStR.
155 H 11a und H 11b EStH, jeweils „Verteilung von Erhaltungsaufwand".
156 BFH vom 08.12.1992 IX R 105/89 (BStBl 1993 II S. 656); BMF vom 23.08.1993 (BStBl 1993 I S. 698).

25.4 Einkunftsermittlung

lungskosten des der Einkünfteerzielung dienenden Objekts zuzurechnen (§ 9b EStG). Die Rückzahlung an das Finanzamt führt nicht zu Werbungskosten.[157] Erstmalige **Erschließungskosten** gehören zu den Anschaffungskosten des Grundstücks, spätere Ergänzungsbeiträge sind sofort abzugsfähige Werbungskosten.[158] Einmalzahlungen (Notariats-, Vermessungs-, Gerichtskosten) für die Einräumung eines **Erbbaurechts** können Anschaffungskosten des Erbbaurechts sein, die gem. § 9 Abs. 1 Satz 3 Nr. 7 und § 7 Abs. 1 EStG auf die Laufzeit des Erbbaurechts zu verteilen sind (siehe 25.2.1),[159] während die Erbbauzinsen Werbungskosten des Erbbauberechtigten sind.[160] Vorauszahlungen für mehr als fünf Jahre sind auf den Vorauszahlungszeitraum gleichmäßig zu verteilen (§ 11 Abs. 2 Satz 3 EStG; siehe 15.6.3). Zahlungen zur **Ablösung** eines Erbbaurechts führen zu Herstellungskosten, wenn damit ein Neubau anstelle eines abgebrochenen Altbaus ermöglicht wird.[161]

Die Ablösung dinglicher Nutzungsrechte Dritter an einem Grundstück durch den Eigentümer führt zu (nachträglichen) Anschaffungskosten, weil der Eigentümer dadurch die insoweit bestehende Beschränkung seiner Eigentümerbefugnis (§ 903 BGB) beseitigt.[162]

Unter **Geldbeschaffungskosten** sind alle Aufwendungen zu verstehen, die zur Erlangung eines Kredits gemacht werden. Dazu gehören insbesondere Schätzungsgebühren, Gebühren für die Vermittlung einer Hypothek, Bereitstellungszinsen für einen aufgenommenen Kredit, Notariats- und Gerichtsgebühren. Auch Entgelte für die Überlassung zuteilungsreifer Bausparverträge oder für die Überlassung zinsgünstiger Hypotheken und Baudarlehen sowie ein bei der Aufnahme eines Darlehens vereinbartes Damnum gehören zu den Geldbeschaffungskosten. Diese Kosten sind dann als Werbungskosten bei den Einkünften aus Vermietung und Verpachtung anzusehen, wenn der Kredit zur Anschaffung oder Herstellung der Miet- oder Pachtsache aufgenommen wird oder in anderer Weise der Erwerbung, Sicherung oder Erhaltung der Einnahmen aus Vermietung und Verpachtung dient. Der Steuerpflichtige hat kein Wahlrecht, Bauzeitzinsen und Nebenkosten der Kreditaufnahme zu den Herstellungskosten zu rechnen.[163]

Auch **Abschlussgebühren** für einen Bausparvertrag sind als Werbungskosten bei den Einkünften aus Vermietung und Verpachtung anzusehen, wenn alleiniger Zweck des Vertragsabschlusses die Erlangung des Bauspardarlehens und die Verwendung der Kreditmittel zur Erzielung von Einkünften aus Vermietung und Verpachtung ist (siehe 24.5).[164]

---

157 BFH vom 21.06.2006 XI R 49/05 (BStBl 2006 II S. 712).
158 BFH vom 22.03.1994 IX R 52/90 (BStBl 1994 II S. 842).
159 BFH vom 04.06.1991 X R 136/87 (BStBl 1992 II S. 70).
160 BFH vom 23.09.2003 IX R 65/02 (BStBl 2005 II S. 159).
161 BFH vom 13.12.2005 IX R 24/03 (BStBl 2006 II S. 461).
162 BFH vom 17.04.2007 IX R 56/06 (BStBl 2007 II S. 956).
163 BFH vom 07.11.1989 IX R 190/85 (BStBl 1990 II S. 460).
164 BFH vom 01.10.2002 IX R 12/00 (BStBl 2003 II S. 398).

25 Einkünfte aus Vermietung und Verpachtung

Maklerkosten können nur dann als Werbungskosten bei den Einkünften aus Vermietung und Verpachtung abgezogen werden, wenn ihr auslösendes Moment die Finanzierung anderer Vermietungsobjekte durch eine Veräußerung ist und damit den Zusammenhang mit der Veräußerung überlagert.[165]

Dient ein Grundstück zum Teil eigenberuflichen oder eigenbetrieblichen Zwecken des Eigentümers, so stellen die diesen Teil betreffenden Aufwendungen keine Werbungskosten, sondern Betriebsausgaben dar. Dies gilt auch dann, wenn der eigenberuflichen oder eigenbetrieblichen Zwecken dienende Teil des Grundstücks nach den Grundsätzen des R 4.2 Abs. 8 EStR wegen seiner untergeordneten Bedeutung nicht zum Betriebsvermögen gehört.[166]

Bei den sog. **Bauherrengemeinschaften** hängt die Frage, ob Aufwendungen Werbungskosten oder Anschaffungskosten darstellen, davon ab, was Gegenstand des Vertragswerks ist.[167] Das BMF hat in Verwaltungsanweisungen Verfahrensfragen geregelt.[168]

Die zahlreichen Gebühren (Vermittlungs-, Treuhand-, Finanzierungs-, Bearbeitungsgebühren usw.) können vom Anleger nur dann als Werbungskosten geltend gemacht werden, wenn sie nicht zu den Herstellungs- oder Anschaffungskosten gehören. Der BFH hat entschieden, es fehle an einer wesentlichen Voraussetzung der Bauherreneigenschaft, wenn ein Bündel vorformulierter Verträge vorliege, das der Anleger nur insgesamt annehmen könne, und wenn er sich von einem Treuhänder vertreten lasse.[169] Der Anleger sei dann Erwerber. Als Werbungskosten kämen nur solche Aufwendungen in Betracht, die nicht mit der Übertragung des bebauten Grundstücks wirtschaftlich zusammenhängen und die auch der Erwerber eines bebauten Grundstücks außerhalb des Bauherrenmodells sofort als Werbungskosten abziehen könne. Wegen der sinngemäßen Anwendung des § 15b EStG (vgl. § 21 Abs. 1 Satz 2 EStG) nimmt die Bedeutung der Immobilienmodelle ab. Die Finanzverwaltung hat in dem sog. 5. Bauherrenerlass vom 20.10.2003[170] die einkommensteuerrechtliche Behandlung der geschlossenen Immobilienfonds geregelt. Er regelt den Werbungskostenabzug bei Objekten, in denen mehrere Personen gleichartige Rechtsbeziehungen zu Dritten herstellen oder unterhalten. Wenn ein Anleger ausnahmsweise als Bauherr zu qualifizieren ist, können Aufwendungen als Werbungskosten abgezogen werden, die auch der Erwerber als Werbungskosten abziehen kann, außerdem können als Werbungskosten Kosten im Rahmen der Zwischenfinanzierung und Teile der Treuhand- und Baubetreuungsgebühren abgezogen werden.

---

165 BFH vom 11.02.2014 IX R 22/13 (www.bundesfinanzhof.de).
166 R 4.7 Abs. 2 Satz 4 EStR.
167 BFH vom 22.04.1980 VIII R 149/75 (BStBl 1980 II S. 441).
168 BMF vom 13.07.1992 (BStBl 1992 I S. 404) und vom 28.06.1994 (BStBl 1994 I S. 420).
169 BFH vom 14.11.1989 IX R 197/84 (BStBl 1990 II S. 299).
170 BStBl 2003 I S. 546.

Dagegen sind **Aufwendungen für das private Wohnen** seit dem Wegfall der Nutzungswertbesteuerung für die eigengenutzte Wohnung in § 21 Abs. 2 EStG a. F. mit Wirkung vom Veranlagungszeitraum 1987 nach § 12 Nr. 1 EStG grundsätzlich nicht als Werbungskosten abziehbar.[171]

25.5 Zurechnung zu anderen Einkunftsarten

Einkünfte der in § 21 Abs. 1 und 2 EStG bezeichneten Art sind nach § 21 Abs. 3 EStG den Einkünften aus anderen Einkunftsarten zuzurechnen, soweit sie zu diesen gehören. Damit haben die Einkünfte aus Vermietung und Verpachtung grundsätzlich subsidiären Charakter. Etwas anderes gilt im Verhältnis zu § 20 EStG, dem die Vorschrift des § 21 EStG aufgrund der ausdrücklichen Regelung in § 20 Abs. 8 EStG vorgeht. Auch in § 22 Nr. 1 und Nr. 3 EStG sind speziellere Subsidiaritätsklauseln enthalten.

Beispiele:

a) Ein Steuerpflichtiger besitzt ein Grundstück, das in vollem Umfang zum Betriebsvermögen seines gewerblichen Betriebs gehört. Das Grundstück dient zum Teil eigengewerblichen, zum Teil fremdgewerblichen Zwecken.
Die Mieteinnahmen aus der Vermietung der zu fremdgewerblichen Zwecken genutzten Räume rechnen zu den Einkünften aus Gewerbebetrieb.

b) Ein Land- und Forstwirt bewohnt eine zu seinem Betrieb gehörende Wohnung, die die bei Betrieben gleicher Art übliche Größe nicht überschreitet.
Der Nutzungswert der Wohnung gehört nach § 13 Abs. 2 Nr. 2 EStG zu den Einkünften aus Land- und Forstwirtschaft.

c) Ein Arbeitnehmer vermietet ein Zimmer in seinem Einfamilienhaus als Büro an seinen Arbeitgeber und nutzt es für seine Arbeitnehmertätigkeit.
Zu den Einkünften aus nichtselbständiger Arbeit zählen nach § 19 Abs. 1 Satz 1 Nr. 1 EStG auch andere Bezüge und Vorteile, die einem Arbeitnehmer für eine Beschäftigung im öffentlichen oder privaten Dienst gewährt werden. Ein Vorteil wird gewährt, wenn er durch das individuelle Dienstverhältnis des Arbeitnehmers veranlasst ist. Hieran fehlt es, wenn der Arbeitgeber dem Arbeitnehmer Vorteile aufgrund einer anderen, neben dem Dienstverhältnis gesondert bestehenden Rechtsbeziehung – beispielsweise einem Mietverhältnis – zuwendet.
Leistet der Arbeitgeber Zahlungen für ein im Haus oder in der Wohnung des Arbeitnehmers gelegenes Büro, das der Arbeitnehmer für die Erbringung seiner Arbeitsleistung nutzt, so ist die Unterscheidung zwischen Arbeitslohn und Einkünften aus Vermietung und Verpachtung danach vorzunehmen, in wessen vorrangigem Interesse die Nutzung des Büros erfolgt.
Eine für die Zuordnung der Mietzahlungen zu den Einnahmen aus Vermietung und Verpachtung i. S. von § 21 Abs. 1 Nr. 1 EStG erforderliche, neben dem Dienstverhältnis gesondert bestehende Rechtsbeziehung setzt voraus, dass das Arbeitszimmer vorrangig im betrieblichen Interesse des Arbeitgebers genutzt wird und dieses Interesse über die Entlohnung des Arbeitnehmers sowie über die Erbringung der jeweiligen Arbeitsleistung hinausgeht. Die Ausgestaltung der Vereinbarung zwischen Arbeitgeber

---
171 BFH vom 11.02.2014 IX R 24/13 (DStRE 2014 S. 330).

und Arbeitnehmer als auch die tatsächliche Nutzung des angemieteten Raumes im Haus oder der Wohnung des Arbeitnehmers müssen maßgeblich und objektiv nachvollziehbar von den Bedürfnissen des Arbeitgebers geprägt sein. Liegen die Voraussetzungen für die Zuordnung der Mieteinnahmen zu den Einkünften aus Vermietung und Verpachtung vor, sind die das Dienstzimmer betreffenden Aufwendungen in vollem Umfang als Werbungskosten zu berücksichtigen. Sie fallen nicht unter die Abzugsbeschränkung des § 4 Abs. 5 Satz 1 Nr. 6b EStG.[172]

d) Die Vermietung einer einzigen Ferienwohnung außerhalb einer Ferienwohnungsanlage führt grundsätzlich zu Einkünften aus Vermietung und Verpachtung,[173] während die Ferienwohnung in einer Wohnanlage, die durch eine Feriendienstorganisation vermietet wird, einen Gewerbebetrieb begründet.[174] Im Bereich der Vermietung und Verpachtung ist eine die bloße Gebrauchsüberlassung nicht überschreitende Vermietungstätigkeit typisch, während die gewerbliche Überlassung von Ferienwohnungen dadurch gekennzeichnet ist, dass sie wegen der individuellen Gestaltung der steuerbaren Tätigkeit für eine Typisierung weniger geeignet ist. Daraus folgt, dass bei überwiegenden Verlusten geprüft werden muss, ob die verlustbringende Tätigkeit aus persönlichen Gründen oder Motiven fortgesetzt wird.[175]

e) Eine grundstücksverwaltende Gesellschaft bürgerlichen Rechts vermietet 3 % ihres Grundbesitzes an eine GmbH, mit der sie personell und sachlich verflochten ist (Betriebsaufspaltung), und den Rest des Grundbesitzes an fremde Dritte. Nicht nur die Mieteinnahmen von der GmbH, sondern die gesamten Mieteinnahmen sind wegen der Regelung des § 15 Abs. 3 Nr. 1 EStG als Einkünfte aus Gewerbebetrieb zu qualifizieren.[176]

---

172 Zu den Indizien und Abgrenzungskriterien siehe BMF vom 13.12.2005 (BStBl 2006 I S. 4).
173 BFH vom 24.08.2006 IX R 15/06 (BStBl 2007 II S. 256).
174 BFH vom 29.03.2007 IV R 6/05 (BFH/NV 2007 S. 1492).
175 BFH vom 17.11.2004 X R 62/01 (BStBl 2005 II S. 336).
176 BFH vom 29.11.2012 IV R 37/10 (BFH/NV 2013 S. 910).

26 Sonstige Einkünfte (§ 22 EStG)

26.1 Allgemeines

Die sonstigen Einkünfte umfassen nach § 22 EStG die folgenden acht Gruppen:

1. Einkünfte aus wiederkehrenden Bezügen i. S. des § 22 Nr. 1 EStG; darunter fallen die Leibrenten und andere Leistungen aus den gesetzlichen Rentenversicherungen, den landwirtschaftlichen Alterskassen, den berufsständischen Versorgungseinrichtungen und aus Leibrentenversicherungen i. S. des § 10 Abs. 1 Nr. 2 Buchst. b EStG (siehe 29.1.10.2.2), die innerhalb eines bis 2039 reichenden Übergangszeitraums in die vollständige nachgelagerte Besteuerung überführt werden (§ 22 Nr. 1 Satz 3 Buchst. a Doppelbuchst. aa EStG), sowie die übrigen Leibrenten, die mit dem Ertragsanteil besteuert werden (§ 22 Nr. 1 Satz 3 Buchst. a Doppelbuchst. bb EStG).

2. Einkünfte aus Unterhaltsleistungen i. S. des § 22 Nr. 1a EStG; dabei handelt es sich um die nach § 10 Abs. 1 Nr. 1 EStG beim Geber als Sonderausgaben abziehbaren Einkünfte (Realsplitting, siehe 29.1.2).

3. Einkünfte aus Versorgungsleistungen i. S. des § 22 Nr. 1b EStG; dieser durch das JStG 2008 eingefügte Tatbestand erfasst Leistungen, die der Zahlungsverpflichtete nach § 10 Abs. 1 Nr. 1a EStG als Sonderausgaben abziehen kann (Vermögensübergabe gegen Versorgungsleistungen, siehe 29.1.3).

4. Einkünfte aus Ausgleichszahlungen im Rahmen eines Versorgungsausgleichs nach den in § 22 Nr. 2c EStG genannten Vorschriften, soweit bei der ausgleichspflichtigen Person die Voraussetzungen für den Sonderausgabenabzug nach § 10 Abs. 1 Nr. 1b EStG erfüllt sind. Mit dieser durch das JStG 2008 eingefügten Regelung werden Abziehbarkeit und steuerliche Erfassung der Zahlungen miteinander verknüpft.

5. Einkünfte aus privaten Veräußerungsgeschäften i. S. von § 22 Nr. 2 i. V. m. § 23 EStG; nach Einführung der Besteuerung von Wertpapierveräußerungen im Rahmen des § 20 EStG ab 2009 hat § 23 EStG nur noch Bedeutung für die Besteuerung der Veräußerung privater Wirtschaftsgüter, die nicht Wertpapiere sind.

6. Einkünfte aus sonstigen Leistungen i. S. des § 22 Nr. 3 EStG.

7. Einkünfte aufgrund des Abgeordnetengesetzes oder des Europaabgeordnetengesetzes sowie vergleichbare Bezüge i. S. des § 22 Nr. 4 EStG.

8. Leistungen aus Altersvorsorgeverträgen i. S. des § 22 Nr. 5 EStG; diese durch das JStG 2007 neu gefasste Regelung ist anzuwenden auf Leistungen aus Altersvorsorgeverträgen i. S. des § 82 Abs. 1 EStG sowie auf Leistungen aus Pensionsfonds, Pensionskassen und Direktversicherungen. Korrespondierend mit der Freistellung der Beiträge, Zahlungen, Erträge und Wertsteigerungen von steuerlichen Belastungen in der Ansparphase werden die Leistungen erst in der Auszah-

lungsphase besteuert (nachgelagerte Besteuerung). Durch das Eigenheimrentengesetz (EigRentG) vom 28.07.2008 (BGBl 2008 I S. 1509) wird die Wohnimmobilie in die nach § 82 EStG begünstigten Anlageprodukte einbezogen mit der Folge, dass einerseits Darlehenstilgungen gefördert und andererseits das in der Immobilie gebundene Kapital gem. § 22 Nr. 5 EStG i. d. F. des EigRentG nachgelagert besteuert wird.

Die in § 22 EStG abschließend aufgezählten steuerlichen Tatbestände sind sehr wesensverschieden und haben keine systematischen Gemeinsamkeiten. Der Gesetzgeber hat in dieser Vorschrift bestimmte private Einkünfte zusammengefasst, die auch dann einkommensteuerbar sein sollen, wenn sie nicht die Voraussetzungen der in § 2 Abs. 1 Nr. 1 bis 6 EStG normierten Einkunftsarten erfüllen.

Die in § 22 EStG geregelten Tatbestände haben grundsätzlich subsidiären Charakter. Dies wird in § 22 Nr. 1 Satz 1 und Nr. 3 Satz 1 EStG sowie in § 23 Abs. 2 EStG ausdrücklich formuliert. § 23 EStG a. F. hatte nur gegenüber § 17 EStG Vorrang (§ 23 Abs. 2 Satz 2 EStG in der bis zum Veranlagungszeitraum 2008 geltenden Fassung). Ab dem Veranlagungszeitraum 2009 ist § 23 Abs. 2 Satz 2 EStG wegen der Ausdehnung der Tatbestände in § 20 EStG auf Wertpapierverkäufe aufgehoben.

Einkünfte aus wiederkehrenden Bezügen sind nur dann unter die Einkunftsart des § 22 Nr. 1 EStG einzuordnen, wenn sie nicht zu den in § 2 Abs. 1 Nr. 1 bis 6 EStG bezeichneten Einkunftsarten gehören. Gehören sie zu den vorbezeichneten Einkunftsarten, so sind sie im Rahmen dieser Einkunftsarten zu erfassen. Dabei kann auch eine Erfassung als nachträgliche Einkünfte i. S. des § 24 Nr. 2 EStG in Betracht kommen.

Beispiele:

a) Einem Rechtsanwalt wird als Gegenleistung für die von ihm erbrachte Beratungs- und Betreuungstätigkeit eine lebenslängliche Rente i. H. von monatlich 2.000 € zugesagt.
Die Rentenzahlungen gehören zu den Einnahmen des Rechtsanwalts aus selbständiger Arbeit.[1]

b) Ein Erfinder veräußert Ansprüche aus einem Lizenzvertrag gegen eine Leibrente. Er erzielt weiter Einkünfte aus selbständiger Arbeit.[2]

c) Der Steuerpflichtige hat zum 01.04.01 seinen gewerblichen Betrieb gegen Zusage einer lebenslänglichen Leibrente von monatlich 2.000 € veräußert und die nachträgliche Besteuerung des Veräußerungsgewinns gewählt.[3]
Nach erfolgter Verrechnung mit dem buchmäßigen Kapitalkonto des Steuerpflichtigen i. H. von 120.000 € sind die dem Steuerpflichtigen seit dem 01.04.06 zufließenden Rentenzahlungen bei ihm als nachträgliche Einkünfte aus Gewerbebetrieb i. S. des § 24 Nr. 2 EStG zu erfassen.

---

1 Vgl. BFH vom 26.03.1987 IV R 61/85 (BStBl 1987 II S. 597); BFH vom 15.03.1991 III R 112/89 (BStBl 1991 II S. 726).
2 BFH vom 18.10.1989 I R 126/88 (BStBl 1990 II S. 377).
3 Vgl. R 16 Abs. 11 Satz 6 EStR.

Durch das UntStRefG 2008 wurde die Besteuerung von Wertpapierveräußerungs- und Termingeschäften i. S. des § 23 Abs. 1 Nr. 2 bis 4 EStG ab Veranlagungszeitraum 2009 in § 20 Abs. 2 EStG geregelt (siehe 24.2.12 und 24.2.15). Damit fallen unter § 22 Nr. 2 EStG i. V. m. § 23 EStG nur noch Veräußerungsgeschäfte, die nicht Kapitalanlagen betreffen (siehe 26.4). Zu beachten ist, dass die Abgeltungsteuer (siehe 32.5.1) für diese Einkünfte nicht gilt.

Bei den Unterhaltsrenten gem. § 22 Nr. 1 Satz 2 EStG besteht eine Korrespondenz mit § 10 Abs. 1 Nr. 1, 1a und 1b EStG,[4] während die Besteuerung unterschiedlich ist, wenn die Rente beim Verpflichteten in den betrieblichen Bereich fällt.

Einkünfte aus sonstigen Leistungen rechnen nur dann zu den sonstigen Einkünften des § 22 Nr. 3 EStG, wenn sie weder zu anderen Einkunftsarten (§ 2 Abs. 1 Nr. 1 bis 6 EStG) noch zu den Einkünften i. S. des § 22 Nr. 1, 1a, 2 oder 4 EStG gehören, z. B. die entgeltliche Bestellung eines Vorkaufsrechts an einem Grundstück[5] oder das Entgelt für die regelmäßige Mitnahme eines Arbeitskollegen auf der Fahrt zwischen Wohnung und Arbeitsstätte.[6] Keine Einkünfte aus privaten Veräußerungsgeschäften i. S. von § 22 Nr. 2, § 23 EStG liegen dagegen vor, wenn Wirtschaftsgüter veräußert werden, die im Rahmen der Einkunftsarten i. S. des § 2 Abs. 1 Nr. 1 bis 6 EStG zu erfassen sind (§ 23 Abs. 2 EStG).

26.2 Einkünfte aus wiederkehrenden Bezügen (§ 22 Nr. 1 EStG)

26.2.1 Allgemeines

Die Vorschrift des § 22 Nr. 1 EStG betrifft Einkünfte aus wiederkehrenden Bezügen, soweit sie nicht zu den in § 2 Abs. 1 Nr. 1 bis 6 EStG bezeichneten Einkunftsarten gehören. Nicht unter § 22 Nr. 1 EStG fallen deshalb betriebliche wiederkehrende Bezüge (§ 24 Nr. 2 EStG), Arbeitslöhne (§ 19 EStG), Einnahmen aus Kapitalvermögen (§ 20 EStG) sowie Einnahmen aus einer Vermietung oder Verpachtung (§ 21 EStG). Insbesondere seit der Einführung der zusätzlichen privaten Altersvorsorge nach dem Altersvermögensgesetz (AVmG) und dem Gesetz zur Neuordnung der einkommensteuerrechtlichen Behandlung von Altersvorsorgeaufwendungen und Altersbezügen (AltEinKG) ist die Abgrenzung zum Arbeitslohn unter dem Begriff der nachgelagerten Besteuerung in den Blickpunkt gerückt. Die erzielten Überschusseinkünfte werden mit dem Zufluss bezogen (§ 11 Abs. 1 Satz 1 EStG). Zugeflossen sind (und damit vorgelagert besteuert werden) Lohnbestandteile, die für Direktversicherungen, Pensionskassen und Pensionsfonds verwendet werden und später als eigenes Vermögen verzinslich zufließen. Nicht zugeflossen sind Leistun-

---
4 BFH vom 25.10.1994 VIII R 79/91 (BStBl 1995 II S. 121).
5 BFH vom 10.08.1994 X R 42/91 (BStBl 1995 II S. 57).
6 BFH vom 15.03.1994 X R 58/91 (BStBl 1994 II S. 516).

gen aus Direktzusagen und Unterstützungskassen als rechtlich selbständige Einrichtungen, die keinen Rechtsanspruch auf Leistungen gewähren. Hier werden erst die späteren Altersversorgungsleistungen als Versorgungsbezüge lohnversteuert: Das gilt im Ergebnis auch für die Beamtenversorgung.[7]
Die Besteuerung der wiederkehrenden Bezüge ist kompliziert und aus dem Gesetzestext heraus kaum verständlich. Die wiederkehrenden Bezüge können Veräußerungs-, Versorgungs- oder Unterhaltsleistungen sein. Die Veräußerung fällt nicht unter § 22 Nr. 1 EStG, während die Versorgung dem Anwendungsbereich des § 22 Nr. 1 EStG (und des § 10 Abs. 1 Nr. 1a EStG) zuzuordnen ist. Unterhaltsleistungen fallen unter § 12 Nr. 2 EStG (dazu 16.3.3).

Die Zurechnung der wiederkehrenden Bezüge beim Empfänger setzt voraus, dass dieser unbeschränkt steuerpflichtig ist. § 22 Nr. 1 Satz 2 EStG enthält eine Ausnahme, wenn auch der Geber unbeschränkt steuerpflichtig ist und wenn außerdem die Bezüge freiwillig oder aufgrund einer freiwillig begründeten Rechtspflicht gezahlt werden oder dem Empfänger ein gesetzlicher Unterhaltsanspruch zusteht.[8] Die Bezüge sind bei Vorliegen dieser Voraussetzungen nicht dem Empfänger zuzurechnen. Eine Rückausnahme, also Zurechnung beim Empfänger, gilt für Bezüge von Einrichtungen, die in § 22 Nr. 1 Satz 2 Buchst. a und b EStG aufgeführt sind. Die Regelung gilt in dieser Fassung gem. § 52 Abs. 38 EStG ab Anwendung des „neuen" Körperschaftsteuerrechts, um die Einmalbesteuerung beim Halbeinkünfteverfahren sicherzustellen. Leistungen von einer von der Körperschaftsteuer befreiten Körperschaft werden also voll als Bezüge beim Empfänger erfasst, während der Empfänger die Hälfte versteuern muss, wenn die Körperschaft von der Körperschaftsteuer befreit ist (§ 3 Nr. 40 Buchst. i EStG). Durch das JStG 2009 wird § 22 Nr. 1 Satz 2 EStG mit Wirkung ab 01.01.2009 geändert. Die bisherige Voraussetzung der unbeschränkten Steuerpflicht des Gebers als Ausnahme von der Zurechnung der wiederkehrenden Bezüge beim Empfänger entfällt. Begründet wird das mit der Erkenntnis, dass derartige Zahlungen auch in anderen Ländern nicht beim Geber steuermindernd berücksichtigt werden. Mit der Beseitigung dieser Einschränkung soll außerdem europarechtlichen Bedenken gegen den Ausschluss von nicht unbeschränkt Steuerpflichtigen Rechnung getragen werden. Auch in § 22 Nr. 1 Satz 2 Halbsatz 2 Buchst. a EStG entfällt das Kriterium der unbeschränkten Steuerpflicht. Zur Abgrenzung der Unterhaltsleistung von der Versorgungsleistung siehe 26.2.5. Verfahrensrechtlich ist die Korrespondenz der Abzugsfähigkeit beim Zahlenden mit der Steuerbarkeit beim Empfänger in § 174 AO geregelt.[9]

Die Einkünfte aus wiederkehrenden Bezügen werden als Überschuss der Einnahmen über die Werbungskosten ermittelt. Die Werbungskosten bei Einnahmen gem. § 22 Nr. 1, 1a, 1b, 1c und 5 EStG werden mit einem **Pauschbetrag** von 102 Euro ange-

---

7 Einzelheiten unter 26.7 und BMF vom 24.07.2013 (BStBl 2013 I S. 1022), Rz. 369 ff.
8 BFH vom 07.03.2006 X R 12/06 (BStBl 2006 II S. 797).
9 BFH vom 18.09.2003 X R 152/97 (BStBl 2007 II S. 749).

26.2 Einkünfte aus wiederkehrenden Bezügen

setzt, wenn keine höheren Werbungskosten nachgewiesen werden (§ 9a Satz 1 Nr. 3 EStG). Bei einem Überschuss der Werbungskosten ist die Einkunftserzielungsabsicht zu prüfen, z. B. bei Vereinbarung einer Leibrente gegen einen Einmalbetrag.[10] AfA auf das nicht abnutzbare Rentenstammrecht kann nicht in Anspruch genommen werden.

26.2.2 Wiederkehrende Bezüge

Was unter dem Begriff „wiederkehrende Bezüge" zu verstehen ist, ist im Gesetz nicht näher geregelt. Der Begriff „Bezüge" stimmt inhaltlich mit dem Begriff der Einnahmen i. S. des § 8 Abs. 1 EStG überein. Bezüge sind somit alle in Geld oder Geldeswert bestehenden Güter, die einem Steuerpflichtigen zufließen.

Das Merkmal „wiederkehrend" setzt zunächst voraus, dass mehrere Bezüge vorliegen. Einmalige Bezüge fallen grundsätzlich nicht unter § 22 Nr. 1 EStG. Auch das Vorliegen mehrerer Bezüge reicht allein noch nicht aus, um wiederkehrende Bezüge anzunehmen.

> **Beispiel:**
> A schenkte dem B aus Dankbarkeit im Jahr 01 einen Geldbetrag von 500 €. Im Jahr 02 hat A dem B erneut einen Betrag von 1.000 € geschenkt, nachdem er im Lotto gewonnen hatte.
> Es handelt sich nicht um wiederkehrende Bezüge, sondern um zwei einmalige, voneinander unabhängige und damit nicht steuerbare Zuwendungen.

Als wiederkehrend sind mehrere Bezüge nur anzusehen, wenn die Bezüge sich nach ihrer Art und ihrem Zusammenhang als Ausfluss einer bestimmten Einkunftsquelle darstellen. Allein die zeitlich gestreckte Auszahlung führt nicht zur Besteuerung gem. § 22 Nr. 1 EStG (R 22.1 Abs. 1 EStR). Die Zinsanteile aus der zeitlichen Streckung nicht steuerbarer Privatforderungen sind gem. § 20 Abs. 1 Nr. 7 EStG steuerpflichtig (siehe 24.2.9).

> **Beispiel:**
> A hat ein unbebautes Grundstück zum Preis von 80.000 € an B veräußert und dem B zugestanden, den Kaufpreis in Teilbeträgen von jährlich 20.000 € zu entrichten.
> Da es sich um Ratenzahlungen handelt, liegen wiederkehrende Bezüge i. S. des § 22 Nr. 1 EStG bei A nicht vor. Der in den Raten enthaltene Zinsanteil gehört zu den Einkünften aus Kapitalvermögen (§ 20 Abs. 1 Nr. 7 EStG).[11] Die Abgeltungsteuer ist hier nicht anzuwenden (siehe 32.5.5.1).

Der BFH behandelt auch die ratenweise Auszahlung einer Erbschaft oder sonstiger Vermögensansprüche als Kapitalzahlungen, die keine wiederkehrenden Bezüge i. S. des § 22 Nr. 1 EStG sind.[12] Auch der Verzicht auf Erb-, Pflichtteils- oder Vermächt-

---

10 BFH vom 16.09.2004 X R 25/01 (BStBl 2006 II S. 228) und vom 20.06.2006 X R 3/06 (BStBl 2006 II S. 870).
11 BFH vom 11.12.1986 IV R 222/84 (BStBl 1987 II S. 553).
12 BFH vom 26.11.1992 X R 187/87 (BStBl 1993 II S. 298).

nisansprüche gegen Ratenzahlung sind keine wiederkehrenden Bezüge im Sinne dieser Vorschrift.[13]

Beispiel:
Der Steuerpflichtige A erhält aufgrund des Testaments seines Vaters unter Anrechnung auf den Pflichtteil 15 Jahre lang wiederkehrende Bezüge von seinem Bruder, deren Höhe sich nach den Privatentnahmen des Bruders aus der vom Vater geerbten Firma bemisst.
Es handelt sich hier um die zeitlich gestreckte Auszahlung von Vermögensansprüchen. Solche Vermögensumschichtungen sind nicht steuerbar. Steuerbar ist der in den wiederkehrenden Leistungen enthaltene Zinsanteil, der unter § 20 Abs. 1 Nr. 7 EStG fällt. Er ist grundsätzlich in der Weise zu ermitteln, dass von der jährlichen Gesamtleistung die jährliche Barwertminderung (Tilgungsanteil) abzuziehen ist. In Fällen geringerer betragsmäßiger Auswirkung lässt der BFH auch eine Berechnung anhand der Ertragswerttabelle des § 22 Nr. 1 Satz 3 Buchst. a EStG zu (vgl. das Beispiel in 26.2.5).

Das Gleiche gilt, wenn ein zur gesetzlichen Erbfolge Berufener auf seinen künftigen Erb- und Pflichtteil verzichtet und hierfür anstelle eines Einmalbetrags der Höhe nach begrenzte wiederkehrende Zahlungen erhält. Es handelt sich hier auch nicht um wiederkehrende Leistungen aus einer „Vermögensübergabe im Wege vorweggenommener Erbfolge gegen Versorgungsleistungen" (dazu 26.2.5), weil der Verzichtende einen der Höhe nach bestimmten, wenn auch in mehreren – und insoweit „wiederkehrenden" – Teilbeträgen zu entrichtenden Betrag erhält.[14]

Auch wenn die Vereinbarung über den Erb- und Pflichtteilsverzicht zivilrechtlich als entgeltlich beurteilt wird, was strittig ist,[15] käme als Rechtsgrundlage für die Steuerbarkeit nur § 22 Nr. 3 EStG in Betracht, der aber hier nicht anwendbar ist; Veräußerungsvorgänge oder veräußerungsähnliche Vorgänge im privaten Bereich, bei denen ein Entgelt dafür gezahlt wird, dass ein Vermögensgegenstand in seiner Substanz endgültig aufgegeben wird, führen nicht zu Einkünften aus Leistungen i. S. des § 22 Nr. 3 EStG.

Allein die äußere Form der Zahlung ist also kein Anknüpfungspunkt für die Besteuerung. Da Ersatzleistungen für Schäden im Bereich der privaten Lebensführung als Einmalzahlung unter keine Einkunftsart fallen und als bloße Umschichtung von Privatvermögen auch nicht die finanzielle Leistungsfähigkeit steigern, kann eine zeitlich gestreckte Auszahlung nicht anders behandelt werden.[16] Steuerlich relevant ist die wiederkehrende Zahlung hinsichtlich ihres Zinsanteils. Im Fall der Verrentung einer Versicherungsleistung auf die Lebenszeit einer Bezugsperson wird dieser Zinsanteil durch § 22 Nr. 1 Satz 3 Buchst. a Doppelbuchst. bb EStG als Ertragsanteil pauschaliert. Das gilt z. B. für einen Lottogewinn, der nicht in einem Einmalbetrag, sondern als lebenslängliche Rente ausgezahlt wird.

---
13 BFH vom 20.10.1999 X R 132/95 (BStBl 2000 II S. 82) und vom 09.02.2010 VIII R 43/06 (BStBl 2010 S. 818).
14 BFH vom 20.10.1999 X R 132/99 (BStBl 2000 II S. 82).
15 BFH vom 20.10.1999 X R 132/99 (BStBl 2000 II S. 82).
16 BFH vom 25.10.1994 VIII R 79/91 (BStBl 1995 II S. 121).

26.2 Einkünfte aus wiederkehrenden Bezügen

Beispiel:
A ist durch eine fehlerhafte ärztliche Behandlung arbeitsunfähig geworden. Außer Schmerzensgeld erhält er von der Versicherung des Arztes eine sog. **Mehrbedarfsrente** gem. § 843 Abs. 1 Alternative 2 BGB. Damit werden abgegolten die Aufwendungen für Hilfs- und Begleitpersonen, für erhöhte Körperpflege und für das Halten eines PKW.
Die Mehrbedarfsrente stellt keinen Ersatz für andere, steuerbare Einkünfte dar. Sie ist auch kein Unterhalt, sondern entsteht mit der den Mehrbedarf verursachenden Schädigung und soll die Nachteile ausgleichen, die dem Verletzten infolge dauernder Störungen seines körperlichen Wohlbefindens entstehen. Da der Schadensersatz von Anfang an zivilrechtlich als Rente geschuldet wird, enthalten die Zahlungen auch keinen Zinsanteil.[17]

Wiederkehrende Bezüge sind nicht in gleichem Umfang steuerpflichtig. Während bei Leibrenten nach § 22 Nr. 1 Satz 3 Buchst. a EStG nur der gesetzlich festgeschriebene Teil bzw. der Ertragsanteil anzusetzen ist, sind alle sonstigen wiederkehrenden Bezüge in voller Höhe zu erfassen.[18]

Enthält ein Rentenversicherungsvertrag sowohl Elemente, die eine Rente darstellen, als auch Merkmale, die wiederkehrende Bezüge begründen, ist eine einheitliche Beurteilung der Zahlungen erforderlich.[19] Zwar werden in § 22 Nr. 1 EStG nur die Begriffe wiederkehrende Bezüge und Renten verwendet. Aus dem Zusammenhang mit § 10 Abs. 1 Nr. 1a EStG ergibt sich jedoch, dass neben den Renten auch noch dauernde Lasten als Unterart der wiederkehrenden Bezüge in Betracht kommen, die sich von sonstigen wiederkehrenden Bezügen dadurch unterscheiden, dass sie auf besonderen Verpflichtungsgründen (z. B. Testament, Vertrag, Gesetz) beruhen.[20]

Sonstige wiederkehrende Bezüge, die nicht in Geld bestehen, sind nach § 8 Abs. 2 EStG mit den üblichen Mittelpreisen des Verbrauchsorts anzusetzen. Der Nutzungswert der einem Altenteiler überlassenen Wohnung ist auch dann mit dem ortsüblichen Mietpreis zu erfassen, wenn der Verpflichtete unter die Vorschrift des § 13a EStG fällt und daher wegen der überlassenen Wohnung nur einen pauschalierten Abzug vornehmen kann.[21]

26.2.3 Renten und dauernde Lasten

Was unter einer Rente zu verstehen ist, wird weder im EStG noch in der EStDV geregelt. In den §§ 759 ff. BGB ist die Leibrente geregelt, soweit es sich um Renten handelt, die durch einen Vertrag begründet werden. Danach ist die Leibrente ein einheitlich nutzbares Recht (Rentenstammrecht), das dem Berechtigten für die Lebens-

---
17 BFH vom 14.12.1994 X R 106/92 (BStBl 1995 II S. 410) und vom 26.11.2008 X R 31/07 (BStBl 2009 II S. 651); BMF vom 15.07.2009 (BStBl 2009 I S. 836); H 22.1 EStH.
18 BFH vom 18.09.2003 X R 152/97 (BStBl 2007 II S. 749).
19 BFH vom 20.06.2006 X R 3/06 (BStBl 2006 II S. 870).
20 BFH vom 31.03.2004 X R 66/98 (BStBl 2004 II S. 830) und vom 31.03.2004 X R 18/03 (BStBl 2004 II S. 1047).
21 BFH vom 21.04.1993 X R 96/91 (BStBl 1993 II S. 608).

26 Sonstige Einkünfte

zeit eines Menschen eingeräumt ist und dessen Erträge als fortlaufend wiederkehrende gleichmäßige Leistungen in Geld oder vertretbaren Sachen bestehen.

Renten und dauernde Lasten unterscheiden sich nach der Rechtsprechung des BFH[22] darin, dass Rentenbezüge gleich bleibende Leistungen in Geld oder vertretbaren Sachen voraussetzen, denn aus der Regelung des Ertragsanteils ergibt sich, dass der Gesetzgeber von gleich bleibenden Leistungen ausgeht.[23] Für die Gleichmäßigkeit ist es unschädlich, wenn das Stammrecht von Bedingungen abhängig gemacht wird (z. B. Wegfall der Rente bei Wiederverheiratung) oder wenn Wertsicherungsklauseln vereinbart werden.[24] Dagegen handelt es sich nicht um Renten, sondern um dauernde Lasten, wenn eine Abhängigkeit von variablen Werten wie Umsatz oder Gewinn vereinbart wird. Eine Rente kann für die Zukunft in eine dauernde Last umgewandelt werden.[25]

Eine Rentenvereinbarung muss im Übrigen unter Beachtung der bürgerlich-rechtlichen Formvorschriften abgeschlossen werden, sonst handelt es sich um freiwillige Zuwendungen i. S. des § 12 Nr. 2 EStG.[26] Während die Finanzverwaltung früher bei Renten und dauernden Lasten einen Mindestzeitraum von 10 Jahren forderte,[27] ist ein Zeitraum in den neuen Hinweisen nicht mehr aufgeführt.[28] Es ist auch zweifelhaft, ob der Begriff „Zeitrente" im privaten Bereich noch eine eigenständige Bedeutung hat. **Unentgeltliche Zeitrenten** sind in voller Höhe gem. § 22 Nr. 1 EStG steuerpflichtig. **Entgeltliche Zeitrenten** im privaten Bereich werden als Kaufpreisraten behandelt und in Höhe des Zinsanteils nach § 20 Abs. 1 Nr. 7 EStG besteuert.[29] Bei Leibrenten wird die Mindestlaufzeit dadurch ersetzt, dass sie auf die unbekannte Lebenszeit eines Menschen, nicht unbedingt des Empfängers (vgl. § 55 Abs. 1 Nr. 2, 3 EStDV), zugesagt wird. Wird eine Leibrente durch eine Kapitalabfindung abgelöst, so unterliegt diese nicht der Einkommensteuer. Bei einem Rentenversicherungsvertrag gegen Einmalbetrag ist die Einkunftserzielungsabsicht zu prüfen.[30] Dabei wird die neueste, im Zeitpunkt des Vertragsabschlusses verfügbare Sterbetafel des Statistischen Bundesamtes herangezogen.

Von den Leibrenten unterscheiden sich die sonstigen Renten oder **Zeitrenten** lediglich dadurch, dass sie nicht an die Lebenszeit eines oder mehrerer Menschen geknüpft, sondern in anderer Weise begrenzt sind.

---

22 BFH vom 15.07.1991 GrS 1/90 (BStBl 1992 II S. 78).
23 Vgl. H 22.3 „Begriff der Leibrente" EStH.
24 R 22.4 Abs. 1 EStR.
25 BFH vom 03.03.2004 X R 135/98 (BStBl 2004 II S. 824).
26 BFH vom 03.03.2004 X R 135/98 (BStBl 2004 II S. 824).
27 Vgl. H 87 EStH 1994.
28 H 22.4 „Zeitrente" EStH.
29 R 22.1 Abs. 1 EStR.
30 BFH vom 20.06.2006 X R 3/06 (BStBl 2006 II S. 870).

26.2 Einkünfte aus wiederkehrenden Bezügen

Beispiel:
C hat sich verpflichtet, seinem Neffen D für die Dauer von 20 Jahren eine Rente von jährlich 12.000 € zu zahlen, die im Fall des vorzeitigen Ablebens des D an dessen Erben weitergezahlt werden soll.

Da die Rente auch im Fall des vorzeitigen Ablebens für die bestimmte Zeit gezahlt werden muss, handelt es sich um eine Zeitrente.

Abgekürzte Leibrenten (§ 55 Abs. 2 EStDV) sind Leibrenten, die auf eine bestimmte Höchstzeit beschränkt sind und daher gelegentlich auch als Höchstzeitrenten bezeichnet werden.[31]

Beispiel:
A gewährt an B eine lebenslängliche Rente mit der Maßgabe, dass sie höchstens 15 Jahre lang gezahlt werden soll.

Stirbt B vor Ablauf der zeitlichen Befristung, endet die Rentenleistung mit seinem Tode. Überlebt B die zeitliche Begrenzung, endet die Rente mit Ablauf von 15 Jahren.

Verlängerte Leibrenten (Mindestzeitrenten) sind Renten, die im Fall des Todes der Person, von deren Lebenszeit die Dauer der Rente abhängt, dann nicht erlöschen, wenn der Tod innerhalb der Mindestzeit eintritt. Während der Mindestzeit geht der Rentenanspruch auf die Erben über.

Beispiel:
A gewährt dem B eine lebenslängliche Rente mit der Maßgabe, dass sie mindestens 20 Jahre läuft.

Stirbt B vor Ablauf der zeitlichen Begrenzung, so geht der Rentenanspruch auf seine Erben über, die bis zum Ablauf der 20 Jahre noch Rentenbezüge erhalten. Überlebt B aber die zeitliche Begrenzung, so erlischt der Rentenanspruch erst mit seinem Tod.

Eine Leibrente kann auch gleichzeitig durch eine Mindest- und eine Höchstzeit begrenzt sein.

Beispiel:
A gewährt dem B eine lebenslängliche Rente mit der Maßgabe, dass sie mindestens 10 Jahre und längstens 20 Jahre laufen soll.

Stirbt B innerhalb der Mindestzeit, so geht der Rentenanspruch auf seine Erben über, die bis zum Ablauf der 10 Jahre noch Rentenbezüge erhalten. Überlebt B die Mindestzeit, so erlischt der Rentenanspruch mit seinem Tod, spätestens aber nach Ablauf von 20 Jahren.

Nach Ansicht der Finanzverwaltung kann eine Leibrente i. S. des § 22 Nr. 1 Satz 3 Buchst. a Doppelbuchst. aa EStG auch vorliegen, wenn die Bemessungsgrundlage für die Bezüge keinen oder nur geringen Schwankungen unterliegt.[32] Veränderungen in der absoluten Höhe, die sich deswegen ergeben, weil die Bezüge aus gleichmäßigen Sachleistungen bestehen, stehen der Annahme einer Leibrente nicht entgegen.[33]

---

31 BFH vom 14.06.2000 X R 33/97 (BStBl 2000 II S. 672).
32 R 22.3 Abs. 1 Satz 1 EStR.
33 R 22.3 Abs. 1 Satz 2 EStR.

Zur Abgrenzung der lebenslänglichen von der abgekürzten Leibrente vertritt die Finanzverwaltung folgende Auffassung: Ist die Höhe einer Rente von mehreren selbständigen Voraussetzungen abhängig, kann einkommensteuerrechtlich eine lebenslängliche Leibrente erst ab dem Zeitpunkt angenommen werden, in dem die Voraussetzung für eine fortlaufende Gewährung der Rente in gleichmäßiger Höhe bis zum Lebensende des Berechtigten erstmals vorliegt. Wird die Rente schon vor diesem Zeitpunkt zeitlich begrenzt nach einer anderen Voraussetzung oder in geringerer Höhe voraussetzungslos gewährt, handelt es sich um eine abgekürzte Leibrente.[34]

26.2.4 Besteuerung der Leibrenten

Für die Besteuerung sind die wiederkehrenden Bezüge und die Leibrente als Form der wiederkehrenden Bezüge zu unterscheiden. Wiederkehrende Bezüge sind als sonstige Einkünfte nach § 22 Nr. 1 Satz 1 EStG zu erfassen, wenn sie nicht zu anderen Einkunftsarten gehören und soweit sie sich bei wirtschaftlicher Betrachtung nicht als Kapitalrückzahlungen, z. B. Kaufpreisraten, darstellen.[35] Die Besteuerung wiederkehrender Bezüge in der Form einer Leibrente ist davon abhängig, ob die Leibrente und andere Leistungen i. S. des § 22 Nr. 1 Satz 3 Buchst. a EStG unter Doppelbuchstabe aa oder bb dieser Vorschrift fallen. Bei der ersten Alternative erfolgt eine Überführung der Besteuerung in die vollständige nachgelagerte Besteuerung während eines Übergangszeitraums bis 2039, während die übrigen Leibrenten mit dem Ertragsanteil besteuert werden.[36]

Bei einer Rente aufgrund eines privaten Vertrages enthält eine Gegenleistung für die Leibrente bis zur Grenze der Angemessenheit eine nicht steuerbare oder steuerbare (z. B. gem. § 23 EStG) Vermögensumschichtung in Höhe ihres Barwerts und einen Zinsanteil.[37] Der Zinsanteil der Veräußerungsleibrente ist nach der Ertragsanteilstabelle des § 22 Nr. 1 Satz 3 Buchst. a Doppelbuchst. bb EStG i. V. m. § 55 Abs. 1 EStDV zu ermitteln.

Beispiel:

V überträgt seinem Sohn S im Wege der vorweggenommenen Erbfolge ein unbebautes Grundstück mit einem Verkehrswert von 100.000 €. S verpflichtet sich, V eine an dessen Bedürfnissen orientierte lebenslängliche Rente i. H. von monatlich 2.000 € (jährlich 24.000 €) zu zahlen. Der Barwert der wiederkehrenden Leistungen beträgt 175.000 €.

Da das Grundstück nicht in den Anwendungsbereich des § 10 Abs. 1 Nr. 1a EStG fällt, liegt keine Vermögensübergabe gegen Versorgungsleistungen (dazu 26.2.5), sondern

---

34 R 22.3 Abs. 2 EStR.
35 R 22.1 EStR.
36 BMF vom 19.08.2013 (BStBl 2013 I S. 1087), Rdnr. 190 ff.
37 BMF vom 11.03.2010 (BStBl 2010 I S. 227), Rdnr. 71.

26.2 Einkünfte aus wiederkehrenden Bezügen

bis zur Höhe eines angemessenen Kaufpreises ein entgeltliches Geschäft gegen wiederkehrende Leistungen vor. Die Gegenleistung ist in dem Umfang als unangemessen anzusehen, in dem der Barwert der Leibrente (175.000 €) den Verkehrswert des übertragenen Vermögens (100.000 €) übersteigt (75.000/175.000 = 42,9 %). Der übersteigende Betrag i. H. von (42,9 % von 24.000 € =) 10.296 € ist als Zuwendung i. S. des § 12 Nr. 2 EStG zu beurteilen. Der verbleibende Betrag von (24.000 € ./. 10.296 € =) 13.704 € ist in einen Tilgungs- und einen Zinsanteil zu zerlegen. Der nach der Ertragsanteilstabelle des § 22 Nr. 1 Satz 3 Buchst. a Doppelbuchst. bb EStG ermittelte Zinsanteil der Veräußerungsleibrente ist bei V als Berechtigtem zu versteuern. Bei S als Verpflichtetem unterliegt der Zinsanteil nach § 12 Nr. 1 EStG dem Verbot des privaten Schuldzinsenabzugs.

Die ertragsteuerliche Behandlung der Veräußerung von Wirtschaftsgütern des Betriebsvermögens gegen Leibrenten, Veräußerungsrenten oder Kaufpreisraten im Fall der Gewinnermittlung nach § 4 Abs. 3 EStG ist geregelt in R 4.5 Abs. 4 und 5 EStR.[38]

Mit dem Gesetz zur Neuordnung der einkommensteuerrechtlichen Behandlung von Altersvorsorgeaufwendungen und Altersbezügen – Alterseinkünftegesetz (AltEinkG) hat der Gesetzgeber die steuerliche Behandlung von Renten neu geregelt. Nach dem Betriebsrentengesetz von 1974 erfolgte die Alterssicherung durch drei Säulen:

– gesetzliche Altersvorsorge,
– betriebliche Altersversorgung,
– private Altersvorsorge.

Die durch das Altersvermögensgesetz (AVmG) vom 26.06.2001 eingeführte Entgeltumwandlung (§ 3 Nr. 63 EStG) und kapitalgedeckte Altersvorsorge (§§ 10a, 79 ff. EStG „Riesterrente") bewirkten eine Vermischung von betrieblicher Altersversorgung und privater Altersvorsorge. Durch das Alterseinkünftegesetz vom 05.07.2004 wurden kapitalgedeckte Leibrentenversicherungen in das System eingefügt, sodass sich sowohl für die Vorsorge als auch für die Besteuerung der Leistungen drei Schichten ergeben:

– Basisversorgung (gesetzliche Rentenversicherung/berufsständige Versorgungseinrichtung/landwirtschaftliche Alterskasse und bestimmte kapitalgedeckte Leibrentenversicherungen – sog. „Rürup-Rente")
– kapitalgedeckte betriebliche Altersversorgung (Pensionskasse, Direktversicherung und Pensionsfonds) und Altersvorsorgeverträge („Riester-Rente") sowie die Zusatzversorgung im öffentlichen Dienst (z. B. VBL)
– Kapitalanlageprodukte und private Rentenversicherungen, die die Kriterien der Basisversorgung nicht erfüllen

Die Produkte der einzelnen Schichten werden in der Anspar- und Auszahlungsphase steuerlich unterschiedlich behandelt. Die Finanzverwaltung hat dazu mehrere

---

[38] Vgl. BMF vom 11.03.2010 (BStBl 2010 I S. 227), Rdnr. 71.

umfangreiche Verwaltungsanweisungen erlassen; zum einen ein Schreiben betreffend die einkommensteuerrechtliche Behandlung von Altersvorsorgeaufwendungen und Altersbezügen,[39] dieses geändert durch ein weiteres Schreiben,[40] und zum anderen ein Schreiben zur steuerlichen Förderung der privaten Altersvorsorge und betrieblichen Altersversorgung,[41] dieses ebenfalls geändert durch ein weiteres Schreiben.[42]

Ausgangspunkt der gesetzlichen Neuregelung war das Urteil des BVerfG vom 06.03.2002,[43] in dem die (nach der damaligen Rechtslage bestehende) unterschiedliche Besteuerung von Renten einerseits und Pensionen andererseits für verfassungswidrig erklärt und der Gesetzgeber verpflichtet wurde, bis zum 01.01.2005 die Besteuerung neu zu regeln. Eingeführt wurde durch die Neufassung des § 22 Abs. 1 Satz 3 Buchst. a Doppelbuchst. aa EStG das Prinzip der nachgelagerten Besteuerung in voller Höhe für Renten, die auf steuerlich entlasteten Beiträgen beruhen, während andere Renten weiterhin mit einem Ertragsanteil besteuert werden (§ 22 Abs. 1 Satz 3 Buchst. a Doppelbuchst. bb EStG).[44] Der vollen Besteuerung unterliegen Renten allerdings erst nach einer Übergangsphase ab 2040 (§ 22 Abs. 1 Satz 3 Buchst. a Doppelbuchst. aa Satz 3 EStG). Die steuersystematische Folge der Abzugsfähigkeit der Einzahlungen als vorweggenommene Werbungskosten ist durch die Regelung in § 10 Abs. 3 EStG vermieden worden. Der BFH hält dies für verfassungsgemäß.[45]

Die Besteuerung der anderen Renten nur mit dem Ertragsanteil beruht darauf, dass die Beiträge nicht als Vorsorgeaufwendungen abgezogen werden konnten, z. B. Renten aus vor 2005 abgeschlossenen Versicherungen, Veräußerungsleibrenten, Vermögensübergaberenten, Betriebsrenten aus lohnversteuerten Beiträgen.

Die steuerliche Entlastung der Beiträge zu einer Basisrente und die Besteuerung ihrer Leistungen erfolgt analog zu den Regelungen für die gesetzliche Rentenversicherung. Voraussetzung für die Anwendung des § 22 Nr. 1 Satz 3 Buchst. a Doppelbuchst. aa EStG ist also die Abzugsfähigkeit ihrer Beiträge nach § 10 Abs. 1 Nr. 2 Buchst. b EStG.[46]

Von der Besteuerung der Sozialversicherungsrenten und Leistungen der berufsständischen Versorgung gem. § 22 Nr. 1 Satz 3 Buchst. a Doppelbuchst. aa EStG zu unterscheiden ist die Besteuerung der kapitalgedeckten Leibrentenversicherungen

---

39 BMF vom 19.08.2013 (BStBl 2013 I S. 1087).
40 BMF vom 10.01.2014 (BStBl 2014 I S. 70).
41 BMF vom 24.07.2013 (BStBl 2013 I S. 1022).
42 BMF vom 13.01.2014 (BStBl 2014 I S. 97).
43 BVerfG vom 06.03.2002 2 BvL 17/99 (BStBl 2002 II S. 618).
44 BMF vom 19.08.2013 (BStBl 2013 I S. 1087), Rdnr. 190 ff.
45 BFH vom 08.11.2006 X R 45/02 (BStBl 2007 II S. 574); eine gegen diese Entscheidung gerichtete Verfassungsbeschwerde hat das BVerfG nicht zur Entscheidung angenommen, vgl. BVerfG vom 25.02.2008 2 BvR 325/07 (HFR 2008 S. 753); BFH vom 07.12.2011 X B 116/11 (BFH/NV 2012 S. 416).
46 BMF vom 19.08.2013 (BStBl 2013 I S. 1087), Rdnr. 206 f.

26.2 Einkünfte aus wiederkehrenden Bezügen

gem. § 22 Nr. 5 EStG (siehe 26.7). Unter § 22 Nr. 5 EStG fallen neben den Leistungen aus zertifizierten Altersvorsorgeverträgen auch von den fünf Durchführungswegen der betrieblichen Altersversorgung (Direktzusage, Unterstützungskasse, Direktversicherung, Pensionskasse und Pensionsfonds) die drei letzteren.[47]

Ab dem Veranlagungszeitraum 2040 unterliegen Renten und andere Leistungen aus der Basisversorgung in vollem Umfang der Besteuerung.

Der Systemwechsel zu einer nachgelagerten Besteuerung erfolgt schrittweise über einen Zeitraum von 35 Jahren, beginnend ab 2005. Die Übergangsregelungen sind verfassungsgemäß.[48]

Ab dem Jahr 2005 werden die oben genannten Renten aus der gesetzlichen Rentenversicherung und vergleichbare Renten zu 50 % steuerlich erfasst. Der sich daraus ergebende, nicht der Besteuerung unterliegende Rentenanteil wird in einen Eurobetrag umgerechnet und als **Rentenfreibetrag** für die Laufzeit der Rente festgeschrieben (§ 22 Nr. 1 Satz 3 Buchst. a Doppelbuchst. aa Satz 4 und 5 EStG). Der in 2005 steuerpflichtige Anteil von 50 % entspricht dem in der Rente enthaltenen steuerfreien Arbeitgeberanteil. Insoweit ist die Rente jedenfalls aus steuerunbelastetem Einkommen aufgebaut worden. Bestandsrenten und Neurenten des Jahres 2005 bleiben danach bis zu einer Jahresrente von ca. 18.900 Euro steuerlich unbelastet.

Für jeden neu hinzukommenden Rentnerjahrgang ab 2006 wird der Besteuerungsanteil bis zum Jahr 2020 jährlich um jeweils 2 Prozentpunkte angehoben. Von 2020 bis 2040 steigt der Besteuerungsanteil jährlich um 1 Prozentpunkt, sodass für den Rentnerjahrgang 2040 die Leibrente in voller Höhe steuerpflichtig wird. Regelmäßige Anpassungen des Jahresbetrags der Rente führen nicht zu einer Neuberechnung.[49]

Beispiel:
A bezieht seit September 2011 eine Regelaltersrente der Deutschen Rentenversicherung von 1.000 €. Zum 01.07.2013 wird sie auf 1.100 € erhöht.
A hat in 2011 sonstige Einkünfte gem. § 22 Nr. 1 Satz 3 Buchst. a Doppelbuchst. aa EStG von

Einnahmen:	4 × 1.000 € =	4.000 €
	./. steuerfreier Anteil: 38 % =	– 1.520 €
	verbleiben	2.480 €
	./. WK-Pauschbetrag =	– 102 €
	sonstige Einkünfte 2011	2.378 €
In 2013 betragen sie		
Einnahmen:	6 × 1.000 € + 6 × 1.100 €	12.600 €
	./. steuerfreier Anteil: 38 % von 12.000 €	– 4.788 €
	verbleiben	7.812 €
	./. WK-Pauschbetrag =	– 102 €
	sonstige Einkünfte 2013	7.710 €

---

47 Vgl. BMF vom 24.07.2013 (BStBl 2013 I S. 1022), Rdnr. 370 ff.
48 BFH vom 18.05.2010 X R 29/09 (BStBl 2011 II S. 591).
49 BMF vom 19.08.2013 (BStBl 2013 I S. 1087), Rdnr. 232.

Der steuerfreie Anteil von 4.788 € bleibt dann grundsätzlich für die weiteren Jahre konstant.

Folgen Renten aus derselben Versicherung einander nach, z. B. der Altersrente folgt eine Hinterbliebenenrente oder der Erwerbsminderungsrente folgt eine Altersrente, richtet sich der Prozentsatz zur Ermittlung des Besteuerungsanteils der nachfolgenden Rente nach dem Jahr, das sich ergibt, wenn die Laufzeit der vorhergehenden Renten von dem Jahr des Beginns der späteren Rente abgezogen wird, mindestens jedoch der Prozentsatz des Jahres 2005.[50]

§ 22 Nr. 1 Satz 3 Buchst. a Doppelbuchst. aa EStG erfasst alle Leistungen aus den gesetzlichen Rentenversicherungen, den landwirtschaftlichen Alterskassen, den berufsständischen Versorgungseinrichtungen[51] und aus Leibrentenversicherungen i. S. des § 10 Abs. 1 Nr. 2 Buchst. b EStG, unabhängig davon, ob sie als Rente oder Teilrente (z. B. Altersrente, Erwerbsminderungsrente, Hinterbliebenenrente als Witwen-/Witwerrente, Waisenrente oder Erziehungsrente[52]) oder als einmalige Leistung (z. B. Sterbegeld[53] oder Abfindung von Kleinstrenten) ausgezahlt werden. Insbesondere bei den Renten wegen teilweiser oder voller Erwerbsminderung führt das zu einer höheren Belastung, weil sie früher als abgekürzte Leibrenten mit einem niedrigen Ertragsanteil (§ 55 Abs. 2 EStDV) besteuert wurden. Die Begründung ergibt sich daraus, dass auch sie auf einem zumindest 50 %igen steuerfreien Arbeitgeberanteil beruhen.

Beispiel:[54]
A bezieht vom Oktober 2003 bis Dezember 2006 (= 3 Jahre und 3 Monate) eine Erwerbsminderungsrente i. H. von 1.000 €. Anschließend ist er wieder erwerbstätig. Ab Februar 2013 erhält er seine Altersrente i. H. von 2.000 €.
In 2003 und 2004 ist die Erwerbsminderungsrente gem. § 55 Abs. 2 EStDV mit einem Ertragsanteil von 4 % zu versteuern, in 2005 und 2006 gem. § 22 Nr. 1 Satz 3 Buchst. a Doppelbuchst. aa EStG mit einem Besteuerungsanteil von 50 %. Der der Besteuerung unterliegende Teil für die ab Februar 2013 gewährte Altersrente wird wie folgt ermittelt:

Rentenbeginn der Altersrente	Februar 2013
Abzüglich der Laufzeit der Erwerbsminderungsrente (3 Jahre und 3 Monate) = fiktiver Rentenbeginn	November 2009
Besteuerungsanteil lt. Tabelle	58 %
Jahresbetrag der Rente in 2013: 11 × 2.000 €	22.000 €
Betragsmäßiger Besteuerungsanteil (58 % von 22.000 €)	12.760 €

---
50 BMF vom 19.08.2013 (BStBl 2013 I S. 1087), Rdnr. 235.
51 BFH vom 23.10.2013 X R 21/12 (BFH/NV 2014 S. 330) – Verfassungsbeschwerde anhängig: BVerfG: 2 BvR 143/14.
52 BFH vom 19.08.2013 X R 35/11 (BFHE 242 S. 364).
53 A. A. FG Baden-Württemberg vom 13.11.2013 4 K 1203/11 (Rev. anhängig: BFH X R 13/14), betreffend ein als Einmalzahlung gewährtes Sterbegeld, weil es keine kapitalisierten wiederkehrenden Bezüge i. S. des § 22 Nr. 1 Satz 1 EStG darstelle.
54 Vgl. BMF vom 19.08.2013 (BStBl 2013 I S. 1087), Rdnr. 226.

26.2 Einkünfte aus wiederkehrenden Bezügen

Renten, die vor dem 01.01.2005 geendet haben, werden nicht als vorhergehende Renten berücksichtigt und wirken sich daher auf die Höhe des Prozentsatzes für die Besteuerung der nachfolgenden Rente nicht aus. Wenn die Erwerbsminderungsrente z. B. vom Oktober 2000 bis Dezember 2004 bezogen wurde, folgen nach dem 31.12.2004 nicht mehrere Renten aus derselben Versicherung einander nach. Dann ist für die Ermittlung des Besteuerungsanteils für die Altersrente das Jahr 2013 maßgebend mit der Folge eines Besteuerungsanteils von 66 %.[55]

Lebt eine wegen Wiederheirat des Berechtigten weggefallene Witwen- oder Witwerrente wegen Auflösung oder Nichtigerklärung der erneuten Ehe oder der erneuten Lebenspartnerschaft wieder auf, ist bei Wiederaufleben der Witwen- oder Witwerrente für die Ermittlung des Prozentsatzes nach § 22 Nr. 1 Satz 3 Buchst. a Doppelbuchst. aa EStG der Rentenbeginn des erstmaligen Bezugs maßgebend.[56] Im Zusammenhang mit Nachzahlungen vereinnahmte Zinsen sind nicht nach § 22 Nr. 1 Satz 3 Buchst. a Doppelbuchst. aa EStG, sondern nach § 20 Abs. 1 Nr. 7 EStG steuerbar.[57]

Für die Besteuerung ist eine Unterscheidung der Leistungen zwischen Leibrente, abgekürzter Leibrente und Einmalzahlungen nur bei Anwendung der **Öffnungsklausel** von Bedeutung (§ 22 Nr. 1 Satz 3 Buchst. a Doppelbuchst. bb Satz 2 EStG). Dabei handelt es sich um Fälle von Selbständigen, die vor 2005 freiwillig in der gesetzlichen Rentenversicherung Höchstbeiträge zahlten und zusätzlich Beiträge an eine berufsständische Versorgungseinrichtung abführten. Um hier eine Zweifachbesteuerung zu vermeiden, wurde eine Öffnungsklausel (auch „Escape-Klausel" genannt) eingeführt. Sie bewirkt, dass der Teil der Leistungen, der auf Beiträgen oberhalb des Betrags des Höchstbeitrags zur gesetzlichen Rentenversicherung beruht, nicht nach § 22 Nr. 1 Satz 3 Buchst. a Doppelbuchst. aa EStG **(Kohortenbesteuerung),** sondern nach § 22 Nr. 1 Satz 3 Buchst. a Doppelbuchst. bb EStG **(Ertragsanteil)** besteuert wird. Für die Prüfung, ob die 10-Jahres-Grenze des § 22 Nr. 1 Satz 3 Buchst. a Doppelbuchst. bb Satz 2 Halbsatz 2 EStG erfüllt ist, sind nur die vor dem 01.01.2005 liegenden Beitragsjahre zu berücksichtigen. Darüber hinaus gilt nicht das sog. In-Prinzip; es kommt vielmehr darauf an, für welche Jahre Beiträge geleistet werden.[58] Die Öffnungsklausel wird nicht von Amts wegen angewandt, sondern kann formlos durch Eintragung des vom Versorgungswerk bescheinigten Prozentsatzes in der Anlage R beantragt werden.[59]

---

[55] BMF vom 19.08.2013 (BStBl 2013 I S. 1087), Rdnr. 227 f.
[56] BMF vom 19.08.2013 (BStBl 2013 I S. 1087), Rdnr. 229.
[57] BFH vom 13.11.2007 VIII R 36/05 (BStBl 2008 II S. 292).
[58] BFH vom 19.01.2010 X R 53/08 (BStBl 2011 II S. 567) und vom 04.02.2010 X R 58/08 (BStBl 2011 II S. 579); BMF vom 19.08.2013 (BStBl 2013 I S. 1087), Rdnr. 240; vgl. Einzelheiten zur Nachweisführung: OFD Frankfurt vom 26.03.2014 – S 2255 A – 37 – St 220).
[59] Einzelheiten in H 22.3 „Öffnungsklausel" EStH; BMF vom 19.08.2013 (BStBl 2013 I S. 1087), Rdnr. 239, 247.

Beispiel:
A erhält vom Zahnärzteversorgungswerk neben einer Rente eine einmalige Kapitalauszahlung. A weist durch die Bescheinigung des Versorgungswerks nach, dass 15 % der Leistungen auf Beträge oberhalb der Beitragsbemessungsgrenze beruhen.
Die laufenden Rentenzahlungen unterliegen zu 85 % der nachgelagerten Besteuerung gem. § 22 Nr. 1 Satz 3 Buchst. a Doppelbuchst. aa EStG und zu 15 % der Ertragsanteilbesteuerung gem. § 22 Nr. 1 Satz 3 Buchst. a Doppelbuchst. bb EStG. Die Kapitalauszahlung unterliegt zu 85 % der nachgelagerten Besteuerung gem. § 22 Nr. 1 Satz 3 Buchst. a Doppelbuchst. aa EStG. Die restlichen 15 % unterliegen nicht der Besteuerung.

Im Rahmen der Öffnungsklausel können nur tatsächlich geleistete Beiträge einbezogen werden, beispielsweise bleiben Versorgungsanwartschaften eines Beamten unberücksichtigt.[60]

Anwartschaften, auf deren Leistungen die Öffnungsklausel anzuwenden ist, können in einen **Versorgungsausgleich** unter Ehegatten oder Lebenspartnern einbezogen worden sein. Soweit eine solche Anwartschaft auf den Ausgleichsberechtigten übertragen bzw. soweit zulasten einer solchen Anwartschaft für den Ausgleichsberechtigten eine Anwartschaft begründet wurde (§ 1587b Abs. 1 BGB, § 1 Abs. 2 oder 3 des Gesetzes zur Regelung von Härten im Versorgungsausgleich), kann auf Antrag des Ausgleichsberechtigten auf die darauf beruhenden Leistungen die Öffnungsklausel ebenfalls angewendet werden.[61]

Zu den Leistungen i. S. des § 22 Nr. 1 Satz 3 Buchst. a Doppelbuchst. aa EStG gehören auch Zusatzleistungen und andere Leistungen wie z. B. Rentenabfindungen bei Wiederheirat von Witwen und Witwer oder Zinsen. Ausnahmen gelten für die in § 3 EStG steuerfrei gestellten Einnahmen.[62] Durch das JStG 2007 ist die Vorschrift des § 3 Nr. 3 EStG neu gefasst und ihr Anwendungsbereich auf berufsständische Versorgungseinrichtungen ausgedehnt worden. Dadurch werden Abfindungen und bestimmte Beitragserstattungen steuerfrei gestellt.

§ 22 Nr. 1 Satz 3 Buchst. a Doppelbuchst. bb EStG umfasst diejenigen Leibrenten und andere Leistungen, die nicht bereits unter Doppelbuchst. aa der Vorschrift fallen (siehe oben). Leistungen aus Altersvorsorgeverträgen i. S. des § 82 Abs. 1 EStG sowie Leistungen einer Pensionskasse, eines Pensionsfonds oder aus einer Direktversicherung (z. B. Rente, Auszahlungsplan, Teilkapitalauszahlung, Einmalkapitalauszahlung) unterliegen der Besteuerung nach § 22 Nr. 5 EStG (siehe 27.7). Unter § 22 Nr. 1 Satz 3 Buchst. a Doppelbuchst. bb EStG fallen also Rentenversicherungen, die nicht den Voraussetzungen des § 10 Abs. 1 Nr. 2 Buchst. b EStG entsprechen, weil sie z. B. eine Teilkapitalisierung oder Einmalkapitalauszahlung (Kapitalwahlrecht) oder einen Rentenbeginn vor Vollendung des 60. Lebensjahres vorsehen (bei nach dem 31.12.2011 abgeschlossenen Verträgen ist regelmäßig die Vollendung

---

60 BFH vom 18.05.2010 X R 29/09 (BStBl 2011 II S. 591).
61 BMF vom 19.08.2013 (BStBl 2013 I S. 1087), Rdnr. 258 ff.
62 BMF vom 19.08.2013 (BStBl 2013 I S. 1087), Rdnr. 197.

26.2 Einkünfte aus wiederkehrenden Bezügen

des 62. Lebensjahres maßgebend) oder weil es sich um Verträge i. S. des § 10 Abs. 1 Nr. 3 Buchst. b EStG handelt.

Die Ertragsanteile ergeben sich aus der Tabelle in § 22 Nr. 1 Satz 3 Buchst. a Doppelbuchst. bb Satz 4 EStG.

Unter § 22 Nr. 1 Satz 3 Buchst. a Doppelbuchst. bb EStG fallen auch abgekürzte Leibrenten wie z. B. private selbständige Erwerbsminderungsrenten und Waisenrenten aus einer privaten Versicherung, die die Voraussetzungen des § 10 Abs. 1 Nr. 2 Buchst. b EStG nicht erfüllt. Dies gilt bei Rentenversicherungen nur, wenn sie vor dem 01.01.2005 abgeschlossen wurden.[63] Der Ertragsanteil bestimmt sich nach § 55 Abs. 2 EStDV.[64]

Unter Beginn der Rente (Kopfleiste der in § 22 Nr. 1 Satz 3 Buchst. a Doppelbuchst. bb EStG aufgeführten Tabelle) ist bei Renten aufgrund von Versicherungsverträgen der Zeitpunkt zu verstehen, ab dem versicherungsrechtlich die Rente zu laufen beginnt.

Steht eine Rente nur einer Person zu, z. B. dem Ehemann, und erhält eine andere Person, z. B. die Ehefrau, nur für den Fall eine Rente, dass sie die erste Person überlebt, so liegen zwei Renten vor, von denen die letzte aufschiebend bedingt ist. Der Ertragsanteil für diese Rente ist erst von dem Zeitpunkt an zu versteuern, in dem die Bedingung eintritt. Ist die Dauer einer Leibrente von der Lebenszeit mehrerer Personen abhängig, ist der Ertragsanteil nach § 55 Abs. 1 Nr. 3 EStDV zu ermitteln.

Beispiel:
Einem Ehepaar wird gemeinsam eine lebenslängliche Rente von 24.000 € jährlich mit der Maßgabe gewährt, dass sie beim Ableben des zuerst Sterbenden auf 15.000 € jährlich ermäßigt wird. Der Ehemann ist zu Beginn des Rentenbezugs 55, die Ehefrau 50 Jahre alt.

Es sind zu versteuern
a) bis zum Tod des zuletzt Sterbenden der Ertragsanteil des Sockelbetrags von 15.000 €. Dabei ist nach § 55 Abs. 1 Nr. 3 EStDV das Lebensalter der jüngsten Person, mithin der Ehefrau, zugrunde zu legen. Der Ertragsanteil beträgt 30 % von 15.000 € = 4.500 € (§ 22 Nr. 1 Satz 3 Buchst. a Doppelbuchst. bb EStG);
b) außerdem bis zum Tod des zuerst Sterbenden der Ertragsanteil des über den Sockelbetrag hinausgehenden Rententeils von 9.000 €. Dabei ist nach § 55 Abs. 1 Nr. 3 EStDV das Lebensalter der ältesten Person, mithin des Ehemannes, zugrunde zu legen. Der Ertragsanteil beträgt 26 % von 9.000 € = 2.340 € (§ 22 Nr. 1 Satz 3 Buchst. a Doppelbuchst. bb EStG).

Der jährliche Ertragsanteil beläuft sich somit auf (4.500 € + 2.340 € =) 6.840 €.

Bei Renten wegen verminderter Erwerbsfähigkeit handelt es sich regelmäßig um abgekürzte Leibrenten. Für die Bemessung der Laufzeit kommt es auf die vertraglichen Vereinbarungen oder die gesetzlichen Regelungen an. Für die Ermittlung des Ertragsanteils der stets als abgekürzte Leibrenten zu behandelnden Kleinen Witwen-

---
63 BMF vom 19.08.2013 (BStBl 2013 I S. 1087), Rdnr. 214.
64 BMF vom 19.08.2013 (BStBl 2013 I S. 1087), Rdnr. 237.

oder Witwerrente ist davon auszugehen, dass die Rente mit Vollendung des 45. Lebensjahres in eine lebenslängliche Große Witwen- oder Witwerrente umgewandelt wird.[65] Wird eine Leibrente durch eine Kapitalabfindung abgelöst, unterliegt diese nicht der Besteuerung nach § 22 Nr. 1 Satz 3 Buchst. a Doppelbuchst. bb EStG.[66]

Setzt der Beginn des Rentenbezugs die Vollendung eines bestimmten Lebensjahres der Person voraus, von deren Lebenszeit die Dauer der Rente abhängt, und wird die Rente schon vom Beginn des Monats an gewährt, in dem die Person das bestimmte Lebensjahr vollendet hat, so ist dieses bei der Ermittlung des Ertragsanteils nach § 22 Nr. 1 Satz 3 Buchst. a Doppelbuchst. bb EStG zugrunde zu legen.[67]

Der **Ertragsanteil von abgekürzten Leibrenten** ist nach § 55 Abs. 2 Satz 1 EStDV nach der Lebenserwartung unter Berücksichtigung der zeitlichen Begrenzung zu ermitteln.

Liegt die Lebenserwartung der Person, auf deren Lebenszeit die Rente abstellt, über der maßgebenden Höchstzeit, so ist der Ertragsanteil ebenfalls aus der Tabelle in § 22 Nr. 1 Satz 3 Buchst. a Doppelbuchst. bb EStG zu entnehmen. Ist dies nicht der Fall, ist der Ertragsanteil anzusetzen, der sich aus der Tabelle des § 55 Abs. 2 EStDV ergibt. Bei abgekürzten Leibrenten kommt somit immer der niedrigste Ertragsanteil zum Ansatz, der sich aus einem Vergleich der Tabellen des § 22 Nr. 1 Satz 3 Buchst. a Doppelbuchst. bb EStG und des § 55 Abs. 2 EStDV ergibt.

Beispiel:

A erhält von B eine lebenslängliche Rente mit der Maßgabe, dass sie höchstens 20 Jahre läuft. A ist bei Beginn der Rente

a) 58 Jahre　　　b) 60 Jahre　　　c) 65 Jahre alt.

Im **Fall a)** ist der Ertragsanteil der Tabelle des § 55 Abs. 2 EStDV zu entnehmen, weil A zu Beginn der Rente das 60. Lebensjahr noch nicht vollendet hatte. Er beträgt 21 %.

Im **Fall b)** ist der Ertragsanteil bei Rentenbeginn der Tabelle des § 22 Nr. 1 Satz 3 Buchst. a Doppelbuchst. bb EStG zu entnehmen, weil sich aus der Tabelle des § 55 Abs. 2 EStDV ein höherer Prozentsatz ergeben würde.

Im **Fall c)** ist der Ertragsanteil der Tabelle des § 22 Nr. 1 Satz 3 Buchst. a EStG zu entnehmen, weil A zu Beginn der Rente schon über 60 bzw. über 59 Jahre, nämlich 65 Jahre, alt war. Es ergibt sich ein Ertragsanteil von 18 %.

Bemisst sich die festgelegte Höchstzeit bei einer abgekürzten Leibrente nicht auf volle Jahre, so ist nach R 22.4 Abs. 4 EStR bei Anwendung der Tabelle des § 55 Abs. 2 EStDV die Laufzeit aus Vereinfachungsgründen auf volle Jahre auf- bzw. abzurunden. Eine Aufrundung kommt in Betracht, wenn der Jahresbruchteil mehr als $^6/_{12}$ beträgt.

---

[65] R 22.4 Abs. 6 EStR
[66] H 22.4 „Kapitalabfindung" EStH.
[67] R 22.4 Abs. 3 EStR.

26.2 Einkünfte aus wiederkehrenden Bezügen

Beispiel:
Der am 01.09.1990 geborene A ist Vollwaise und erhält seit dem 01.12.1996 eine Waisenrente von monatlich 200 €, die längstens bis zur Vollendung des 18. Lebensjahres läuft.
Die Laufzeit der Rente (01.12.1996 bis 31.08.2008) beträgt 11 Jahre und 9 Monate, sodass aus Vereinfachungsgründen von einer Laufzeit von 12 Jahren ausgegangen werden kann. Der Ertragsanteil der Rente ist mit jeweils 14 % anzusetzen.

Wie der **Ertragsanteil von verlängerten Leibrenten** zu ermitteln ist, ist gesetzlich nicht geregelt und kann daher als zweifelhaft erscheinen.

Bleibt die Lebenserwartung des Berechtigten nicht hinter der vereinbarten Mindestzeit zurück, ist aus der Tabelle in § 22 Nr. 1 Satz 3 Buchst. a Doppelbuchst. bb EStG ein Prozentsatz zu entnehmen, der der Lebenserwartung des Berechtigten entspricht.[68]

Beispiel:
A erhält von B eine lebenslängliche Kaufpreisrente, die mindestens für 20 Jahre zu zahlen ist. A ist bei Beginn der Rente 40 Jahre alt.
Die durchschnittliche Lebenserwartung des Rentenberechtigten übersteigt die Mindestzeit erheblich. Der Ertragsanteil beträgt nach der Tabelle des § 22 Nr. 1 Satz 3 Buchst. a Doppelbuchst. bb EStG 38 %.

Ist die Mindestlaufzeit erheblich länger als die Lebenserwartung, sind die vereinbarten Leistungen nach den für Zeitrenten oder Ratenzahlungen geltenden Grundsätzen zu behandeln, weil die Mindestlaufzeit in diesem Fall von der voraussichtlichen Lebenserwartung des Berechtigten völlig gelöst ist.[69]

Beispiel:
A erhält von B eine lebenslängliche Kaufpreisrente, die mindestens für 20 Jahre zu zahlen ist. A ist bei Beginn der Rente 80 Jahre alt.
Die vereinbarte Mindestzeit übersteigt erheblich die durchschnittliche Lebenserwartung des Rentenberechtigten. Die Rentenleistungen sind daher als Kaufpreisraten zu behandeln. Die in den Rentenleistungen enthaltenen Zinsanteile sind als Einkünfte aus Kapitalvermögen zu erfassen.

Wenn eine **Rente nachträglich erhöht** wird und dadurch das Rentenstammrecht eine zusätzliche Erhöhung erfährt, so ist der Erhöhungsbetrag grundsätzlich als selbständige Rente anzusehen, für die der Ertragsanteil vom Zeitpunkt der Erhöhung an gesondert zu ermitteln ist.

Der spätere Erhöhungsbetrag einer Rente ist aber dann nicht als selbständige Rente anzusehen, wenn die Rente lediglich den gestiegenen Lebenshaltungskosten angepasst wird (Wertsicherungsklausel) oder die Erhöhung in einem zeitlichen Zusammenhang mit einer vorangegangenen Herabsetzung steht.[70] Das Gleiche gilt für die

---

68 BFH vom 29.10.1974 VIII R 131/70 (BStBl 1975 II S. 173).
69 BFH vom 29.10.1974 VIII R 131/70 (BStBl 1975 II S. 173).
70 R 22.4 Abs. 1 Satz 3 EStR.

Anpassung von Renten aus den gesetzlichen Rentenversicherungen bei Veränderungen der allgemeinen Bemessungsgrundlage.[71] Ist eine Erhöhung der Rentenzahlung durch eine Überschussbeteiligung von vornherein im Rentenrecht vorgesehen, sind die der Überschussbeteiligung dienenden Erhöhungsbeträge Erträge dieses Rentenrechts; es tritt insoweit keine Werterhöhung des Rentenrechts ein.[72]

Bei einer nachträglichen **Herabsetzung einer Rente** sind nach R 22.4 Abs. 2 EStR folgende Fälle zu unterscheiden:

1. Ist die spätere Herabsetzung der Rente von vornherein vereinbart worden, so ist zunächst der Ertragsanteil des Grundbetrags der Rente (Betrag, auf den die Rente später ermäßigt wird) nach der Tabelle des § 22 Nr. 1 Satz 3 Buchst. a Doppelbuchst. bb EStG zu ermitteln. Der über den Grundbetrag der Rente hinausgehende Betrag ist unter Beachtung des § 55 Abs. 2 EStDV als abgekürzte Leibrente besonders zu behandeln.

2. Wird die Herabsetzung der Rente während des Rentenbezugs vereinbart und sofort wirksam, so bleibt der bisherige Prozentsatz des Ertragsanteils der Rente unverändert.

    Beispiel:
    A gewährt dem B ab 01.01.2005 eine lebenslängliche Rente von jährlich 6.000 € mit der Maßgabe, dass sie nach Ablauf von 10 Jahren auf jährlich 4.000 € herabgesetzt wird. B war zu Beginn des Rentenbezugs von jährlich 6.000 € 50 Jahre alt.
    B hat zu versteuern
    1. während der gesamten Dauer des Rentenbezugs den Ertragsanteil des Grundbetrags der Rente, der 30 % von 4.000 € = 1.200 € beträgt;
    2. außerdem in den ersten 10 Jahren den Ertragsanteil des über den Grundbetrag hinausgehenden Rententeils, der 12 % von 2.000 € = 240 € beträgt.

3. Wird die Herabsetzung der Rente während des Rentenbezugs mit der Maßgabe vereinbart, dass sie erst zu einem späteren Zeitpunkt wirksam wird, so bleibt der Prozentsatz des Ertragsanteils der Rente bis zum Zeitpunkt der Vereinbarung der Herabsetzung der Rente unverändert. Von diesem Zeitpunkt an ist der Ertragsanteil für den Grundbetrag der Rente (Betrag, auf den die Rente ermäßigt wird) nach der Tabelle des § 22 Nr. 1 Satz 3 Buchst. a Doppelbuchst. bb EStG und für den darüber hinausgehenden Betrag als abgekürzte Leibrente nach der Tabelle des § 55 Abs. 2 EStDV zu ermitteln. Dabei sind jedoch das zu Beginn des Rentenbezugs vollendete Lebensjahr des Rentenberechtigten und insoweit, als die Rente eine abgekürzte Leibrente ist, die beschränkte Laufzeit ab Beginn des Rentenbezugs zugrunde zu legen.

    Beispiel:
    A gewährt dem B ab 01.01.2005 eine lebenslängliche Rente von jährlich 24.000 €. Während des Rentenbezugs wird vereinbart, dass die Rente nach Ablauf von zehn Jah-

---

71 R 22.4 Abs. 1 EStR.
72 R 22.4 Abs. 1 Satz 2 EStR.

26.2 Einkünfte aus wiederkehrenden Bezügen

ren seit Beginn des Rentenbezugs auf jährlich 20.000 € herabgesetzt werden soll. B war bei Beginn des Rentenbezugs von jährlich 24.000 € 60 Jahre alt.
B hat vom Zeitpunkt der Vereinbarung über die Herabsetzung der Rente zu versteuern
1. den Ertragsanteil des Grundbetrags der Rente, der 22 % von 20.000 € = 4.400 € beträgt;
2. außerdem bis zum Zeitpunkt der Herabsetzung der Rente den Ertragsanteil des über den Grundbetrag hinausgehenden Rententeils als abgekürzte Leibrente, der sich auf 12 % von 4.000 € = 480 € beläuft.

26.2.5 Wiederkehrende Leistungen im Zusammenhang mit der Übertragung von Privat- und Betriebsvermögen

Wiederkehrende Leistungen im Zusammenhang mit einer Vermögensübertragung können Versorgungsleistungen, Unterhaltsleistungen oder wiederkehrende Leistungen im Austausch mit einer Gegenleistung sein. Versorgungsleistungen sind bei dem Verpflichteten Sonderausgaben nach § 10 Abs. 1 Nr. 1a EStG und bei dem Berechtigten wiederkehrende Bezüge nach § 22 Nr. 1 EStG (entweder Renten oder dauernde Lasten). Unterhaltsleistungen dürfen nach § 12 Nr. 2 EStG nicht abgezogen werden. Wiederkehrende Leistungen im Austausch mit einer Gegenleistung enthalten eine nicht steuerbare oder steuerbare Vermögensumschichtung und einen Zinsanteil.[73]

Die Probleme der Abgrenzung der Versorgungsleistungen von den Unterhaltsleistungen einerseits und von den wiederkehrenden Leistungen im Austausch mit einer Gegenleistung andererseits sind bei den Ausführungen zu § 10 (29.1.3) und § 12 EStG dargestellt worden (16.3.3). Durch das JStG 2008 ist § 10 Abs. 1 Nr. 1a EStG mit Wirkung vom 01.01.2008 (§ 52 Abs. 23g EStG) durch § 10 Abs. 1 Nr. 1a und 1b EStG ersetzt worden. Die Neuregelung bedeutet eine erhebliche Einschränkung des Anwendungsbereichs des Rechtsinstituts „Vermögensübergabe gegen Versorgungsleistungen" und wirkt sich über die Neuregelung des § 22 Nr. 1b EStG auf die Besteuerung des Empfängers der Versorgungsleistungen aus.

Für Versorgungsleistungen, die auf vor dem 01.01.2008 vereinbarten Vermögensübertragungen beruhen, ist § 10 Abs. 1 Nr. 1a EStG nur anwendbar, wenn das übertragene Vermögen nur deshalb einen ausreichenden Ertrag bringt, weil ersparte Aufwendungen mit Ausnahme des Nutzungsvorteils eines zu eigenen Zwecken vom Vermögensübernehmer genutzten Grundstücks zu Erträgen des Vermögens gerechnet werden (§ 52 Abs. 23g Satz 2 EStG).[74]

Die nach einer Verwaltungsanweisung („Rentenerlass II")[75] maßgebenden Kriterien für die Abgrenzung der unentgeltlichen Vermögensübertragung gegen Versorgungs-

---

73 BFH vom 18.09.2003 X R 152/97 (BStBl 2007 II S. 749); BMF vom 11.03.2010 (BStBl 2010 I S. 227), Rdnr. 1, 65 ff.
74 Diese gesetzliche Regelung ist eine Reaktion auf die Rechtsprechung des BFH u. a. vom 18.08.2010 X R 55/09 (BStBl 2011 II S. 633).
75 BMF vom 26.08.2002 (BStBl 2002 I S. 893).

leistungen von der entgeltlichen Vermögensübertragung gegen wiederkehrende Bezüge sind durch zwei Beschlüsse des Großen Senats des BFH[76] in weiten Teilen nicht akzeptiert worden.[77] Der BFH stellte klar, dass sich die Abziehbarkeit von wiederkehrenden Leistungen und ihre Steuerbarkeit als wiederkehrende Bezüge nur mit der Unentgeltlichkeit der Vermögensübertragung rechtfertigen lässt. Maßgebendes Kriterium für die Unentgeltlichkeit sei die Vergleichbarkeit mit dem Vorbehaltsnießbrauch. Die Vermögensübergabe müsse sich so darstellen, dass die vom Übernehmer zugesagten Leistungen, die zwar von ihm erwirtschaftet werden müssten, als zuvor vom Übergeber vorbehaltene, abgespaltene Nettoerträge vorstellbar seien.

Die Finanzverwaltung hat sich dieser Rechtsprechung angeschlossen und den Rentenerlass durch eine weitere Verwaltungsanweisung („Rentenerlass III")[78] ersetzt. Darin wurde zwar der Typus 2 (übertragener Vermögenswert mindestens 50 % des Kapitalwerts der wiederkehrenden Leistungen) aufgegeben, aber entgegen der Entscheidung des BFH[79] ein Sonderausgabenabzug auch zugelassen, wenn der übergebene Betrieb nicht über einen ausreichenden Substanzwert verfügt, die Versorgungsleistungen aber aus den laufenden Nettoerträgen gezahlt werden können.[80] Bei der Übertragung von **Betriebsvermögen** besteht nach Auffassung des Großen Senats des BFH eine widerlegbare Vermutung, dass die Beteiligten von ausreichenden künftigen Erträgen ausgegangen sind, sodass hier eine Unentgeltlichkeit als Voraussetzung für die Anwendung des § 22 Nr. 1 EStG gegeben ist.[81] Diese Vermutung ist allerdings entkräftet, wenn die Vertragsparteien Leistung und Gegenleistung wie unter Fremden nach kaufmännischen Gesichtspunkten gegeneinander abgewogen haben und subjektiv davon ausgegangen sind, dass die Leistungen im maßgeblichen Zeitpunkt des Vertragsschlusses in etwa wertgleich sind. Maßgebend ist dabei primär die Vorstellung des Erwerbers, weil für den Empfänger der wiederkehrenden Leistungen regelmäßig das Versorgungsbedürfnis mitbestimmend ist.

Durch das JStG 2008 werden die Einkünfte aus Versorgungsleistungen als eigener Tatbestand im Rahmen des § 22 Nr. 1b EStG erfasst. Die neue Regelung verwirklicht das Korrespondenzprinzip, d. h., die Einkünfte aus Unterhaltsleistungen sind nur steuerbar, soweit sie beim Geber nach § 10 Abs. 1 Nr. 1a EStG abgezogen werden können. Nach dieser Vorschrift sind nur Versorgungsleistungen abziehbar, die im Zusammenhang mit der Übertragung eines Mitunternehmeranteils an einer Personengesellschaft (§ 10 Abs. 1 Nr. 1a Satz 2 Buchst. a EStG), mit der Übertragung eines Betriebs oder Teilbetriebs (§ 10 Abs. 1 Nr. 1a Satz 2 Buchst. b EStG) sowie mit der Übertragung eines mindestens 50 % betragenden Anteils an einer GmbH, wenn der Übergeber als Geschäftsführer tätig war und der Übernehmer diese Tätig-

---

76 BFH vom 12.05.2003 GrS 1/00 (BStBl 2004 II S. 95) und vom 12.05.2003 GrS 2/00 (BStBl 2004 II S. 100).
77 BMF vom 08.01.2004 (BStBl 2004 I S. 191).
78 BMF vom 16.09.2004 (BStBl 2004 I S. 922).
79 BFH vom 12.05.2003 GrS 2/00 (BStBl 2004 II S. 100).
80 BMF vom 16.09.2004 (BStBl 2004 I S. 922), Rdnr. 8.
81 BFH vom 12.05.2003 GrS 2/00 (BStBl 2004 II S. 100).

keit nach der Übertragung übernimmt (§ 10 Abs. 1 Nr. 1a Satz 2 Buchst. c EStG), stehen. Außerdem sind Versorgungsleistungen abziehbar, soweit sie auf den Wohnteil eines Betriebs der Land- und Forstwirtschaft entfallen (§ 10 Abs. 1 Nr. 1a Satz 3 EStG).

Die Neuregelung des § 22 Nr. 1b EStG unterscheidet nicht mehr zwischen Renten und dauernden Lasten. Sie erfasst alle lebenslangen und wiederkehrenden Versorgungsleistungen.

Die Finanzverwaltung hat in einer weiteren Verwaltungsanweisung („Rentenerlass IV")[82] ausführlich zu den verschiedenen Komplexen der Neuregelung Stellung genommen. Die darin getroffenen Regelungen sind grundsätzlich auf alle wiederkehrenden Leistungen im Zusammenhang mit einer Vermögensübertragung anzuwenden, die auf einem nach dem 31.12.2007 geschlossenen Übertragungsvertrag (Abschluss des schuldrechtlichen Rechtsgeschäfts) beruhen. Für wiederkehrende Leistungen im Zusammenhang mit einer Vermögensübertragung, die auf einem vor dem 01.01.2008 geschlossenen Übertragungsvertrag beruhen, bleiben grundsätzlich § 10 Abs. 1 Nr. 1a EStG in der vor dem 01.01.2008 geltenden Fassung und das BMF-Schreiben vom 16.09.2004 („Rentenerlass III")[83] weiter anwendbar.[84]

Wegen der Einzelheiten der als Sonderausgaben abziehbaren Versorgungsleistungen wird auf die Ausführungen in 29.1.3.4 verwiesen.

26.3 Einkünfte aus Unterhaltsleistungen, Versorgungsleistungen und Leistungen aufgrund eines schuldrechtlichen Versorgungsausgleichs

Grundsätzlich sind Unterhaltsleistungen beim Empfänger gem. § 22 Nr. 1 Satz 2 EStG nicht einkommensteuerbar. Ausnahmen ergeben sich bei den Versorgungsverträgen (siehe 26.2). Auch Unterhaltsleistungen an geschiedene oder getrennt lebende Ehegatten fallen grundsätzlich unter das Abzugsverbot des § 12 Nr. 2 EStG (siehe 16.3.4) und sind deshalb wegen § 22 Nr. 1 Satz 2 EStG nicht als wiederkehrende Bezüge vom Empfänger zu versteuern. Durch Einführung des sog. **Realsplittings** (nicht zu verwechseln mit Rentensplitting, siehe 16.3.4) ist davon eine Ausnahme zugelassen worden. Gemäß § 10 Abs. 1 Nr. 1 EStG kann der Unterhalt leistende, getrennt lebende oder geschiedene Ehegatte jährlich bis zu 13.805 Euro als Sonderausgaben geltend machen, wenn der Empfänger zustimmt (Einzelheiten siehe 29.1.1). Die Zustimmung ist erforderlich, weil der Empfänger die Unterhaltsleistungen als wiederkehrende Bezüge gem. § 22 Nr. 1a EStG versteuern muss. Unterhaltsleistungen können bei unentgeltlicher Wohnungsüberlassung auch die

---

82 BMF vom 11.03.2010 (BStBl 2010 I S. 227).
83 BMF vom 16.09.2004 (BStBl 2004 I S. 922).
84 BMF vom 11.03.2010 (BStBl 2010 I S. 227), Rdnr. 80 f.

durch die Nutzung verursachten Kosten sein.[85] Das Realsplitting führt insgesamt zu einer Steuerersparnis, wenn das Einkommen des Leistenden einem höheren Steuersatz unterliegt als das des Empfängers. Die Zustimmung zum Realsplitting kann widerrufen werden.[86]

Liegen der Antrag des Gebers und die Zustimmungserklärung des Empfängers vor, so kommt es nicht mehr darauf an, ob der Sonderausgabenabzug bereits erfolgt ist.

Beispiel:
A hat in 02 an seine von ihm geschiedene, unbeschränkt einkommensteuerpflichtige frühere Ehefrau Unterhaltsleistungen i. H. von 13.805 € erbracht. In seiner Steuererklärung für das Jahr 02 hat A beantragt, diese Unterhaltsleistungen als Sonderausgaben abzuziehen. Die geschiedene Ehefrau hat einem Sonderausgabenabzug nach § 10 Abs. 1 Nr. 1 EStG zugunsten des Steuerpflichtigen zugestimmt.

Die Unterhaltsleistungen können beim Steuerpflichtigen mit dem Höchstbetrag von 13.805 € als Sonderausgaben nach § 10 Abs. 1 Nr. 1 EStG abgezogen werden; auf der anderen Seite hat die geschiedene Ehefrau die Unterhaltsbezüge mit dem Höchstbetrag von 13.805 € abzgl. Werbungskosten bzw. Werbungskosten-Pauschbetrag als sonstige Einkünfte nach § 22 Nr. 1a EStG zu versteuern.

Als sonstige Einkünfte sind beim Empfänger nach § 22 Nr. 1a EStG die Unterhaltsbezüge insoweit zu erfassen, als sie nach § 10 Abs. 1 Nr. 1 EStG vom Geber als Sonderausgaben abgezogen werden können.[87] Die Steuerpflicht erstreckt sich somit grundsätzlich auf die tatsächlichen Unterhaltsbezüge eines Kalenderjahres, höchstens jedoch auf den Betrag von 13.805 Euro. Unterhaltsleistungen, die ein unbeschränkt Steuerpflichtiger von seinem nicht unbeschränkt steuerpflichtigen geschiedenen oder dauernd getrennt lebenden Ehegatten erhält, sind nicht steuerbar.[88] Wenn ein Ehepartner Vermögensgegenstände im Privatbereich entgeltlich in Raten an den anderen veräußert, fällt der Vorgang nicht unter § 22 Nr. 1a EStG; es handelt sich um Kaufpreisraten, die in Höhe des Zinsanteils unter § 20 Abs. 1 Nr. 7 EStG fallen (siehe 26.2.3). Zu wechselseitigen Geschäften im Scheidungsverfahren siehe 31.2.6.

Zum Versorgungsausgleich siehe 16.3.4.

Durch das JStG 2008 wurde § 22 EStG um die Nummern 1b und 1c ergänzt, die in Bezug auf die Neuregelung des § 10 Abs. 1 Nr. 1a und 1b EStG Rechtssicherheit schaffen und die Korrespondenz zwischen der Abziehbarkeit der Versorgungsleistungen beim Vermögensübernehmer bzw. der Leistungen aufgrund eines schuldrechtlichen Versorgungsausgleichs beim Zahlungsverpflichteten und der Besteuerung beim Empfänger gesetzlich festschreiben.

---

85 H 10.2 „Wohnungsüberlassung" EStH; zum Mietvertrag zwischen geschiedenen Ehegatten siehe BFH vom 17.03.1992 IX R 264/87 (BStBl 1992 II S. 1009).
86 BFH vom 02.07.2003 XI R 8/03 (BStBl 2003 II S. 803).
87 BFH vom 09.12.2009 X R 49/07 (BFH/NV 2010 S. 1790).
88 BFH vom 31.03.2004 X R 18/03 (BStBl 2004 II S. 1047).

§ 22 Nr. 1b EStG erfasst Einkünfte aus Versorgungsleistungen, soweit beim Zahlungsverpflichteten die Voraussetzungen für den Sonderausgabenabzug nach § 10 Abs. 1 Nr. 1a EStG erfüllt sind.

Einkünfte gem. § 22 Nr. 1c EStG sind Einkünfte aus Ausgleichszahlungen im Rahmen des Versorgungsausgleichs nach den §§ 20, 21, 22 und 26 des Versorgungsausgleichsgesetzes, §§ 1587f, 1587g und 1587i BGB sowie § 3a des Gesetzes zur Regelung von Härten im Versorgungsausgleich, soweit bei der ausgleichspflichtigen Person die Voraussetzungen für den Sonderausgabenabzug nach § 10 Abs. 1 Nr. 1b EStG erfüllt sind.[89] Ein schuldrechtlicher Versorgungsausgleich kann auch in einem Ehevertrag vereinbart werden.[90]

Die im Rahmen der § 22 Nr. 1, 1a, 1b und 1c EStG anzusetzenden Einnahmen sind um etwaige Werbungskosten, z. B. für Prozessgebühren, zu kürzen. Sofern höhere tatsächliche Werbungskosten nicht angefallen sind, ist der Werbungskosten-Pauschbetrag des § 9a Satz 1 Nr. 3 EStG i. H. von 102 Euro abzuziehen.

26.4 Einkünfte aus privaten Veräußerungsgeschäften (§ 22 Nr. 2, § 23 EStG)

26.4.1 Allgemeines

Die Veräußerung von Wirtschaftsgütern des Privatvermögens ist im Gegensatz zu denen des Betriebsvermögens grundsätzlich nicht einkommensteuerbar, es sei denn, es handelt sich um die Veräußerung der Beteiligung an einer Kapitalgesellschaft i. S. des § 17 EStG (siehe 21.) oder um die Veräußerung eines Wirtschaftsguts innerhalb einer bestimmten Frist nach der Anschaffung, die nach § 22 Nr. 2 i. V. m. § 23 EStG einkommensteuerbar sein kann. Während die nach § 17 EStG steuerbare Veräußerung zu Einkünften aus Gewerbebetrieb führt, handelt es sich in den Fällen des § 23 EStG nicht um gewerbliche, sondern um sonstige Einkünfte. Allerdings enthält § 23 Abs. 2 EStG eine Subsidiaritätsklausel, d. h., Einkünfte aus privaten Veräußerungsgeschäften sind den Einkünften anderer Einkunftsarten zuzuordnen, soweit sie zu diesen gehören.

§ 23 EStG ist in der Vergangenheit mehrfach geändert worden. Die umfangreichsten Änderungen erfuhr die Vorschrift durch das UntStRefG 2008, das die Besteuerung der Wertpapierveräußerungs- und der Termingeschäfte mit Wirkung vom Veranlagungszeitraum 2009 von § 23 Abs. 1 Satz 1 Nr. 2 EStG nach § 20 Abs. 2 EStG verlagert und damit Veräußerungstatbestände in einer Vorschrift regelt, die vorher

---
89 Für die Einzelheiten vgl. BMF vom 09.04.2010 (BStBl 2010 I S. 323).
90 Vgl. BFH vom 22.08.2012 X R 36/09 (BFH/NV 2013 S. 436).

26 Sonstige Einkünfte

geprägt war durch die Unterscheidung zwischen steuerpflichtiger Nutzung eines Vermögens und seiner grundsätzlich steuerfreien Veräußerung (siehe 24.1).

Vor dieser grundlegenden Umgestaltung ist § 23 EStG schon mehrfach verändert worden: ab 1999 durch das StEntlG, das fertig gestellte Gebäude in die Grundstücksveräußerung einbezog und außerdem Entnahmevorgänge als Anschaffung im Privatvermögen behandelte; außerdem wurden die Veräußerungsfristen verlängert.[91] Auf Entnahmen vor 1999 ist die Anschaffungsfiktion nicht anwendbar.[92] Die rückwirkende Verlängerung der alten Fristen ab 01.01.1999 ist umstritten. Der BFH hat dem BVerfG die Rechtsfrage vorgelegt, ob die für die Besteuerung privater Grundstücksveräußerungsgeschäfte eingeführte rückwirkende, übergangslose Verlängerung der zum Stichtag bereits abgelaufenen Spekulationsfrist von 2 auf 10 Jahre verfassungskonform ist.[93] Durch das StBereinG 1999 wurde die Veräußerungsfiktion von Einlagen in das Betriebsvermögen eingeführt[94] und ab Veranlagungszeitraum 2002 durch das StSenkG das Halbeinkünfteverfahren, das sich auch auf § 23 EStG auswirkt (§ 3 Nr. 40 Buchst. j EStG).[95]

Schließlich hat das BVerfG die Vorschrift des § 23 Abs. 1 Satz 1 Nr. 1 Buchst. b EStG in der für die Veranlagungszeiträume 1997 und 1998 geltenden Fassung wegen des strukturellen Erhebungsdefizits im Bereich der Besteuerung der Wertpapiere für verfassungswidrig erklärt.[96] Wegen der inzwischen eingeführten Möglichkeit des Kontenabrufs (§ 93 Abs. 7, § 93b AO) hält der BFH die Besteuerung der privaten Veräußerungsgeschäfte ab 1999 für verfassungsgemäß.[97] Das BVerfG hat eine Verfassungsbeschwerde gegen dieses Urteil nicht zur Entscheidung angenommen.[98]

Verluste aus privaten Veräußerungsgeschäften können nur mit entsprechenden Gewinnen ausgeglichen werden; das gilt auch für den Verlustrücktrag und Verlustvortrag nach § 10d EStG (§ 23 Abs. 3 Satz 7 EStG). Diese Beschränkung ist verfassungsgemäß.[99] Durch das JStG 2007 ist ab 2007 in § 23 Abs. 3 Satz 8 EStG die gesonderte Verlustfeststellung nach § 10d Abs. 4 EStG normiert worden.

Die Neuregelung der einheitlichen Besteuerung von Kapitalerträgen und privaten Veräußerungsgeschäften aus Kapitalanlagen in § 20 EStG (siehe 24.1) durch das UntStRefG 2008 führte zu einer Neufassung des § 23 EStG ab 2009. Während § 23 Abs. 1 Satz 1 Nr. 1 EStG nicht verändert wurde, ist in Nr. 2 die Regelung zu Wert-

---

91 BMF vom 05.10.2000 (BStBl 2000 I S. 1383).
92 BMF vom 07.02.2007 (BStBl 2007 I S. 262).
93 BFH vom 16.12.2003 IX R 46/02 (BStBl 2004 II S. 284).
94 BMF vom 05.10.2000 (BStBl 2000 I S. 1383).
95 BMF vom 25.10.2004 (BStBl 2004 I S. 1034) und vom 20.12.2005 (BStBl 2006 I S. 8).
96 BVerfG vom 09.03.2004 2 BvL 17/02 (BStBl 2005 II S. 56).
97 BFH vom 29.11.2005 IX R 49/04 (BStBl 2006 II S. 178).
98 BVerfG vom 10.01.2008 2 BvR 294/06 (DStR 2008 S. 197).
99 BFH vom 18.10.2006 IX R 28/05 (BStBl 2007 II S. 259) und vom 07.11.2006 IX R 45/04 (BFH/NV 2007 S. 1473).

26.4 Einkünfte aus privaten Veräußerungsgeschäften

papieren entfallen. Dies führt dazu, dass die Veräußerungsgeschäfte bei anderen Wirtschaftsgütern als Grundstücke oder grundstücksgleiche Rechte (vgl. § 23 Abs. 1 Nr. 1 EStG) unter § 23 Abs. 1 Nr. 2 EStG fallen. Ausgenommen sind jedoch Veräußerungen von Gegenständen des täglichen Gebrauchs (§ 23 Abs. 1 Nr. 2 Satz 2 EStG). Andere Wirtschaftsgüter des Privatvermögens fallen dagegen unter Nr. 2, wie z. B. ein Gebrauchtwagen oder auch Forderungen im Privatvermögen.[100]

Das alle Einkunftsarten kennzeichnende Merkmal der Einkünfteerzielungsabsicht für die Einkünfte aus Spekulationsgeschäften gem. § 23 EStG wird durch die verhältnismäßig kurzen Spekulationsfristen in typisierender Weise objektiviert.[101]

Da die Besteuerung der Veräußerung von Wertpapieren ab dem Veranlagungszeitraum 2009 in § 20 EStG erfasst ist, entfällt der bisherige § 23 Abs. 1 Nr. 2 Satz 2 EStG, der die Fifo-Methode („first in first out") bei der Veräußerung von Wertpapieren normierte. § 23 Abs. 1 Nr. 2 Satz 2 (ab 14.12.2010: Satz 3) EStG bestimmt vielmehr jetzt, dass sich der Zeitraum von 1 Jahr auf 10 Jahre erhöht, wenn aus der Nutzung eines Wirtschaftsguts als Einkunftsquelle zumindest in einem Kalenderjahr Einkünfte erzielt werden. Damit sollen Steuersparmodelle verhindert werden.

Beispiel:
Die A-GmbH erwirbt Container und vermietet sie für eine bestimmte Zeitspanne an verschiedene Nutzer. Zur Refinanzierung verkauft sie die Wirtschaftsgüter an Privatpersonen (Investoren). Die Investoren schließen gleichzeitig mit der A-GmbH einen Verwaltungsvertrag ab, in dem diese eine bestimmte Miete für eine bestimmte Anzahl von Jahren garantiert, die Gefahr des zufälligen Untergangs trägt und den Rückkauf nach Ablauf der Mietzeit anbietet.
Die Einnahmen aus der Vermietung der Wirtschaftsgüter fallen bei den Investoren zwar unter § 22 Nr. 3 EStG. Der Gewinn aus der Veräußerung nach mehr als 1 Jahr war bisher aber nicht steuerbar (§ 23 Abs. 1 Satz 1 Nr. 2 Satz 1 EStG a. F.). Die Investoren erzielten aber mit den Mieteinnahmen und dem Rückkaufswert abzgl. der Anschaffungskosten einen Überschuss, während bei den Einnahmen aus der Vermietung die Absetzungen für Abnutzung abgezogen werden konnten.
Um diese Steuersparmodelle zu vermeiden, wurde die Veräußerungsfrist in § 23 Abs. 1 Satz 1 Nr. 2 Satz 2 (ab 14.12.2010: Satz 3) EStG auf 10 Jahre verlängert.

Die früheren Nr. 3 und 4 des § 23 Abs. 1 Satz 1 EStG entfallen, weil die Tatbestände ab 2009 durch § 20 EStG erfasst werden. Nach dem früheren § 23 Abs. 2 Satz 2 EStG ging bei im Privatvermögen gehaltenen Anteilen bei einer Veräußerung innerhalb der Jahresfrist die Regelung des § 23 EStG abweichend von der allgemeinen Subsidiaritätsregel des Satzes 1 gegenüber § 17 EStG vor. Dieser Satz ist entfallen, weil § 23 EStG wegen der Neuregelung der Besteuerung von Anteilsveräußerungen in § 20 EStG insgesamt subsidiär ist. Auch der frühere § 23 Abs. 3 Satz 5 EStG entfällt, weil der Gewinn bei einem Termingeschäft in § 20 EStG definiert ist. Die in § 23 Abs. 3 Satz 5 EStG enthaltene Freigrenze von 512 Euro wurde durch das Unt-

---
100 BFH vom 22.04.2008 IX R 29/06 (BStBl 2009 II S. 296) und vom 24.01.2012 IX R 62/10 (BStBl 2012 II S. 564).
101 BFH vom 01.06.2004 IX R 35/01 (BStBl 2005 II S. 26).

StRefG 2008 ab 2008 auf 600 Euro erhöht. Die Verlustregelung in den neuen Sätzen 9 und 10 des § 23 Abs. 3 EStG bewirkt, dass ab 2009 Altverluste aus privaten Veräußerungsgeschäften bis 2013 sowohl mit Gewinnen aus privaten Veräußerungsgeschäften als auch mit Erträgen aus Kapitalanlagen i. S. des § 20 Abs. 2 EStG verrechnet werden können. Damit können also insbesondere Verluste aus Veräußerungen von Wertpapieren nach den früher geltenden Regelungen für die Übergangszeit auch mit Gewinnen aus Veräußerungsgeschäften mit Kapitalanlagen verrechnet werden, obwohl diese nicht mehr von § 23 EStG erfasst werden.

26.4.2 Anschaffung von Wirtschaftsgütern

Unter § 23 Abs. 1 Satz 1 Nr. 1 EStG fällt die Veräußerung von Grundstücken und grundstücksgleichen Rechten. Grundlegendes Besteuerungsmerkmal ist der entgeltliche Erwerb. Ausreichend ist die Übertragung wirtschaftlichen Eigentums gem. § 39 AO.[102] Es kommt nicht auf das dingliche Rechtsgeschäft, sondern auf die schuldrechtliche Vereinbarung an. Als Anschaffung gilt auch die Entnahme von Grundstücken aus einem Betriebsvermögen oder deren Überführung in das Privatvermögen im Zuge einer Betriebsaufgabe (§ 23 Abs. 1 Satz 2 EStG).[103] Damit wird dem in der Praxis verbreiteten zu niedrigen Wertansatz bei der Entnahme durch eine Besteuerung des Wertzuwachses im Privatvermögen entgegengewirkt. Der Zeitpunkt der Entnahme ist bei einer eindeutigen Entnahmehandlung, z. B. der Buchung einer Privatentnahme, unproblematisch (R 4.3 Abs. 3 EStR).

Keine Anschaffung ist der unentgeltliche Erwerb.[104] Hier normiert § 23 Abs. 1 Satz 3 EStG einen eigenen Besteuerungstatbestand. Dem Einzelrechtsnachfolger sind danach die Anschaffungstatbestände für die Fristberechnung zuzurechnen, die der Rechtsvorgänger erfüllt hat.

Beispiel:

A übertrug seinem Sohn S am 20.01.11 im Wege der vorweggenommenen Erbfolge ein zu seinem Privatvermögen gehörendes vermietetes bebautes Grundstück unter Übernahme der valutierten Restschulden. A hatte das Grundstück am 05.01.05 für 800.000 € erworben. Der Wert des Grundstücks belief sich im Zeitpunkt der Übertragung auf 1.000.000 €. Die von S übernommenen Finanzierungsdarlehen betrugen 500.000 €. S vermietete das Grundstück zunächst und veräußerte es am 01.04.12 für 1.200.000 €.

A hat das Grundstück teilentgeltlich, nämlich zu 50 %, übertragen, weil die von S übernommenen Schulden Entgelt sind. Der Veräußerungsgewinn des A beträgt 100.000 € (Erlös 500.000 € ./. 50 % der Anschaffungskosten).

S hat das Grundstück je zur Hälfte unentgeltlich und entgeltlich erworben. Der Weiterverkauf am 01.04.12 sowohl der entgeltlich erworbenen Hälfte (Anschaffung am 20.01.11) als auch der unentgeltlich erworbenen Hälfte (maßgebliche Anschaffung durch A am 05.01.05) fällt unter § 23 EStG.

---

102 BFH vom 27.06.2006 IX R 47/04 (BStBl 2007 II S. 162).
103 BMF vom 07.02.2007 (BStBl 2007 I S. 262).
104 H 23 „Anschaffung" EStH.

26.4 Einkünfte aus privaten Veräußerungsgeschäften

Hier ist zu prüfen, ob zumindest hinsichtlich der unentgeltlich erworbenen Hälfte die 10-Jahres-Frist abgewartet werden sollte, um die Rechtsfolge des § 23 EStG zu vermeiden.

Die Rechtsfolge der Teilentgeltlichkeit kann vermieden werden, wenn die Voraussetzungen der Vermögensübergabe gegen Versorgungsleistungen erfüllt sind (dazu 26.2.5). Danach ist auch eine Vermögensumschichtung in anderes existenzsicherndes Vermögen für die Anerkennung einer Versorgungsrente unschädlich (zur Neuregelung ab 2008 siehe 26.2.5).

Der Erbfall ist kein entgeltlicher Erwerb und damit keine Anschaffung, während bei der davon zu trennenden Erbauseinandersetzung jeder Miterbe nur dann unentgeltlich vom Erblasser erwirbt, wenn die Realteilung ohne Ausgleichszahlung erfolgt.[105] Soweit ein Miterbe dem anderen für die Zuteilung eines Wirtschaftsguts Ausgleichszahlungen leistet, weil er mehr erhält, als seinem Erbteil entspricht, liegen Anschaffungskosten vor.[106]

26.4.3 Veräußerung von Wirtschaftsgütern

Grundsätzlich müssen angeschafftes und veräußertes Wirtschaftsgut wirtschaftlich identisch (Nämlichkeit) sein.[107] Eine partielle Nämlichkeit ist auch dann anzunehmen, wenn der Steuerpflichtige ein mit einem Erbbaurecht belastetes Grundstück anschafft und es nach der Löschung des Erbbaurechts (lastenfrei) veräußert. In diesem Fall ist jedoch nur der anteilige (ggf. zu schätzende) Veräußerungspreis anzusetzen, der wirtschaftlich gesehen auf das mit dem Erbbaurecht belastete Grundstück entfällt.[108] Ein privates Veräußerungsgeschäft liegt nach Ansicht der Finanzverwaltung auch vor bei der Veräußerung eines „bebauten" Erbbaurechts, wenn der Zeitraum zwischen dem Abschluss des Erbbaurechtsvertrags und der Veräußerung des „bebauten" Erbbaurechts oder der Anschaffung und der Veräußerung des „bebauten" Erbbaurechts nicht mehr als 10 Jahre beträgt.[109]

Im Übrigen sind gem. § 23 Abs. 1 Satz 1 Nr. 1 Satz 2 EStG Gebäude und Außenanlagen einzubeziehen, soweit sie innerhalb des Zehnjahreszeitraums errichtet, ausgebaut oder erweitert werden; dies gilt entsprechend für Gebäudeteile, die selbständige unbewegliche Wirtschaftsgüter sind sowie für Eigentumswohnungen und im Teileigentum stehende Räume. Dann liegt sowohl hinsichtlich des Grund und Bodens als auch hinsichtlich des Gebäudes ein privates Veräußerungsgeschäft vor.

---

105 BFH vom 05.07.1990 GrS 2/89 (BStBl 1990 II S. 837).
106 Vgl. BMF vom 14.03.2006 (BStBl 2006 I S. 253), Rdnr. 26.
107 BFH vom 13.12.2005 IX R 14/03 (BStBl 2006 II S. 513) und vom 12.06.2013 IX R 31/12 (BStBl 2013 II S. 1011).
108 BFH vom 12.06.2013 IX R 31/12 (BStBl 2013 II S. 1011).
109 BMF vom 05.10.2000 (BStBl 2000 I S.1383), Rdnr. 14.

Beispiel:
A errichtet auf dem von ihm im Jahr 06 erworbenen Grund und Boden im Jahr 08 ein Einfamilienhaus, das zu Wohnzwecken vermietet wird. Im Jahr 11 beginnt er mit dem Ausbau des bisher nicht nutzbaren Dachgeschosses zu einer zweiten, zur Vermietung bestimmten Wohnung. Im Februar 12 wird das Grundstück mit dem teilfertigen Zweifamilienhaus veräußert.

Der auf das Gebäude (einschl. des noch nicht fertig gestellten Dachgeschosses) entfallende Teil des Veräußerungserlöses ist in die Ermittlung des steuerbaren Veräußerungsgewinns einzubeziehen.

Wurde der Grund und Boden vom Veräußerer unentgeltlich erworben und vom Rechtsvorgänger innerhalb von 10 Jahren vor der Veräußerung durch den Rechtsnachfolger angeschafft, unterliegt ein Veräußerungsgewinn beim Rechtsnachfolger sowohl hinsichtlich des Grund und Bodens als auch eines zwischenzeitlich errichteten Gebäudes der Besteuerung, unabhängig davon, ob der Rechtsvorgänger oder der Veräußerer das Gebäude errichtet hat (§ 23 Abs. 1 Satz 3 EStG). Wird ein teilweise entgeltlich (z. B. im Wege der vorweggenommenen Erbfolge, siehe oben 26.2.5) oder gegen Abfindungszahlung bei der Erbauseinandersetzung erworbenes Grundstück während der 10-Jahres-Frist nach Anschaffung bebaut und veräußert, ist das Gebäude anteilig in die Besteuerung nach § 23 Abs. 1 Nr. 1 EStG einzubeziehen.

Zur Ermittlung des Veräußerungspreises bei der entgeltlichen Vermögensübertragung gegen Versorgungsleistungen siehe unten 26.4.4.

Nach § 23 Abs. 1 Satz 1 Nr. 1 Satz 3 EStG sind jedoch Veräußerungen von Gebäuden, selbständigen Gebäudeteilen, Eigentumswohnungen und in Teileigentum stehenden Räumen (Wirtschaftsgüter) ausgenommen, die im Zeitraum zwischen der Anschaffung oder Fertigstellung und Veräußerung ausschließlich zu eigenen Wohnzwecken **oder** im Jahr der Veräußerung und in den beiden vorangegangenen Jahren zu eigenen Wohnzwecken genutzt wurden.[110] Da die Vorschrift auf Wirtschaftsgüter abstellt,[111] ist also z. B. bei einem Zwei- oder Mehrfamilienhaus die zu eigenen Wohnzwecken genutzte Wohnung aus der Veräußerungsgewinnbesteuerung herauszunehmen. Ein häusliches **Arbeitszimmer** dient nicht Wohnzwecken, selbst wenn der Abzug der Aufwendungen als Betriebsausgaben oder Werbungskosten nach § 4 Abs. 5 Satz 1 Nr. 6b, § 9 Abs. 5 EStG ausgeschlossen oder eingeschränkt ist.[112] Wenn das Arbeitszimmer nur im Rahmen der Überschusseinkünfte genutzt wird, kann es steuerunschädlich zu Wohnzwecken umgewidmet werden, was sich insbesondere empfiehlt, nachdem das Arbeitszimmer sich wegen § 9 Abs. 5 i. V. m. § 4 Abs. 5 Satz 1 Nr. 6b EStG nicht mehr steuerlich auswirkt. Die Umwidmung muss aber rechtzeitig erfolgen, damit die Selbstnutzung zu Wohnzwecken innerhalb der letzten 3 Kalenderjahre vor der Veräußerung gegeben ist.[113]

---

110 BMF vom 05.10.2000 (BStBl 2000 I S. 1383), Rdnr. 22 ff.
111 Vgl. R 4.2 Abs. 4 EStR.
112 BMF vom 05.10.2000 (BStBl 2000 I S. 1383), Rdnr. 21.
113 BMF vom 05.10.2000 (BStBl 2000 I S. 1383), Rdnr. 27.

26.4 Einkünfte aus privaten Veräußerungsgeschäften

Bewohnt ein Miteigentümer eines Zwei- oder Mehrfamilienhauses eine Wohnung allein, liegt eine Nutzung zu eigenen Wohnzwecken vor, soweit er die Wohnung aufgrund eigenen Rechts nutzt.[114]

Für **Einlagen** sind in § 23 Abs. 1 Satz 5 EStG zwei Veräußerungsgewinntatbestände eingeführt worden. Die Einlage eines Grundstücks oder grundstücksgleichen Rechts in ein Betriebsvermögen wird dann als Veräußerung fingiert, wenn die Veräußerung aus dem Betriebsvermögen innerhalb eines Zeitraums von 10 Jahren seit Anschaffung des Wirtschaftsguts erfolgt (§ 23 Abs. 1 Satz 5 Nr. 1 EStG); die verdeckte Einlage eines Grundstücks oder grundstücksgleichen Rechts in eine Kapitalgesellschaft gilt ohne weitere Voraussetzung als Veräußerung (§ 23 Abs. 1 Satz 5 Nr. 2 EStG).

Beispiel:
A erwarb am 01.11.07 ein Grundstück für sein Privatvermögen für 1.000.000 €. Am 02.11.10 legte er das Grundstück zu einem Teilwert von 1.800.000 € in das Betriebsvermögen seines Einzelunternehmens ein. Am 02.11.11 veräußerte er das Grundstück aus dem Betriebsvermögen für 2.000.000 €.
Durch die Anschaffung am 01.11.07 wurde die 10-Jahres-Frist gem. § 23 Abs. 1 Satz 1 Nr. 1 i. V. m. Satz 5 Nr. 1 EStG ausgelöst. Die Einlage in das Betriebsvermögen am 02.11.10 ist keine Veräußerung i. S. des § 23 EStG und löst auch keine neue Zehnjahresfrist aus, im Gegensatz zur Entnahme, die gem. § 23 Abs. 1 Satz 2 EStG als Anschaffung fingiert wird. Die Veräußerung am 02.11.11 führt zu einem betrieblichen Veräußerungsgewinn von 200.000 € und einem privaten Veräußerungsgewinn gem. § 23 EStG von 800.000 € (zzgl. einer während der Zugehörigkeit zum Privatvermögen geltend gemachten AfA, siehe unten 27.4.4). Bei einer Veräußerung nach dem 01.11.17 wäre nur der betriebliche Gewinn steuerbar.

Zum Begriff der Veräußerung „aus dem Betriebsvermögen" siehe BMF vom 05.10.2000 (BStBl 2000 I S. 1383), Rdnr. 4.

Zu beachten ist, dass die Einlage eines Grundstücks in das Betriebsvermögen eines Einzelunternehmers oder in das Sonderbetriebsvermögen des Steuerpflichtigen bei einer Personengesellschaft oder in das Gesamthandsvermögen einer Personengesellschaft **ohne** Gewährung von Gesellschaftsrechten und sonstigen Gegenleistungen keine Veräußerung i. S. des § 23 EStG ist. Hier handelt es sich um eine Einlage, bei der die Gegenbuchung für das eingelegte Grundstück nicht auf einem Kapitalkonto erfolgt, das für die Beteiligung des Gesellschafters am Gesellschaftsvermögen maßgebend ist, sondern auf einem Rücklagekonto.

Eine Veräußerung i. S. des § 23 Abs. 1 Nr. 1 EStG (nicht i. S. des § 23 Abs. 1 Satz 5 Nr. 1 EStG) ist die Übertragung eines Grundstücks aus dem Privatvermögen in das betriebliche Gesamthandsvermögen einer Personengesellschaft oder in das Vermögen einer Kapitalgesellschaft, soweit sie gegen Gewährung von Gesellschaftsrechten erfolgt.[115] Damit ist die Einbringung eines im Privatvermögen steuerverstrickten Grundstücks in das Gesamthandsvermögen gegen Gewährung von

---
114 Vgl. R 21.6 EStR; H 21.6 „Miteigentum" EStH.
115 BMF vom 29.03.2000 (BStBl 2000 I S. 462), II. 1. a).

26 Sonstige Einkünfte

Gesellschaftsrechten als tauschähnlicher Vorgang steuerpflichtig, während die Einbringung aus einem Betriebsvermögen gem. § 6 Abs. 5 Satz 3 EStG zum Buchwert erfolgt.

Die Anschaffung oder Veräußerung einer unmittelbaren oder mittelbaren Beteiligung an einer Personengesellschaft gilt als Anschaffung oder Veräußerung der anteiligen Wirtschaftsgüter (§ 23 Abs. 1 Satz 4 EStG). Die vermögensverwaltende Personengesellschaft ist insoweit kein selbständiges Subjekt der Gewinnermittlung, als der Steuertatbestand an Merkmale anknüpft, die in der Sphäre des jeweiligen Gesellschafters verwirklicht werden. Diese Bruchteilsbetrachtung (§ 39 Abs. 2 Nr. 2 AO) ergibt für die Einbringung eines Grundstücks Folgendes: Die Einbringung in eine vermögensverwaltende Personengesellschaft gegen Gewährung von Gesellschaftsrechten ist insoweit keine steuerpflichtige Veräußerung gem. § 23 Abs. 1 Satz 1 Nr. 1 EStG, als der bisherige Eigentümer am Vermögen der vermögensverwaltenden Personengesellschaft beteiligt ist.[116]

Beispiel:
An der vermögensverwaltend tätigen BC-GbR sind B und C zu je $^1/_2$ beteiligt. Im Jahr 10 beteiligt sich A an der GbR und bringt dazu ein unbebautes Grundstück mit einem Wert von 240.000 €, das er im Jahr 03 für 180.000 € erworben hatte, in die GbR ein. Danach sind A, B und C zu je $^1/_3$ an der GbR beteiligt. Im Jahr 14 veräußert die GbR das Grundstück zu einem Kaufpreis von 270.000 € an den Gesellschafter B, der es seinerseits im Jahr 15 für 300.000 € an einen fremden Dritten verkauft.

1. Einbringung durch A in die GbR

Die Übertragung des Grundstücks auf die GbR ist zu $^1/_3$ nicht als Veräußerung anzusehen, weil A in diesem Umfang an der GbR beteiligt ist.

Berechnung des Veräußerungsgewinns:

$^2/_3$ des Veräußerungserlöses von 240.000 €	160.000 €
Abzüglich $^2/_3$ der Anschaffungskosten von 180.000 €	120.000 €
Veräußerungsgewinn A	40.000 €

2. Verkauf GbR an B

Die Veräußerung durch die GbR an B ist als anteilige Veräußerung des Grundstücks durch A und C an B zu behandeln. Der von A erzielte Veräußerungsgewinn unterliegt nicht der Besteuerung nach § 23 Abs. 1 Satz 1 Nr. 1 EStG, weil er das Grundstück, das ihm noch zu $^1/_3$ zuzurechnen ist, vor mehr als 10 Jahren vor der Veräußerung erworben hat.

Berechnung des Veräußerungsgewinns:

$^1/_3$ des Veräußerungserlöses von 270.000 €	90.000 €
Abzüglich $^1/_3$ der Anschaffungskosten von 240.000 € im Jahr 10	80.000 €
Veräußerungsgewinn des C	10.000 €

3. Verkauf B an Dritten

Der Erwerb des Grundstücks durch die GbR im Jahr 10 ist zu $^1/_3$ als Anschaffung durch B und der Erwerb des Grundstücks von der GbR durch B im Jahr 14 zu $^2/_3$ als

---

116 BMF vom 05.10.2000 (BStBl 2000 I S. 1383), Rdnr. 8.

26.4 Einkünfte aus privaten Veräußerungsgeschäften

Anschaffung des Grundstücks durch B zu behandeln. Da die Anschaffungsvorgänge und die Veräußerung der jeweiligen Grundstücksanteile innerhalb der 10-Jahres-Frist erfolgten, unterliegt der gesamte Vorgang der Besteuerung nach § 23 Abs. 1 Satz 1 Nr. 1 EStG.

Berechnung des Veräußerungsgewinns:

Veräußerungserlös:		300.000 €
$^1/_3$ von 240.000 € im Jahr 10	80.000 €	
$^2/_3$ von 270.000 € im Jahr 12	180.000 €	260.000 €
Veräußerungsgewinn des B		40.000 €

Ein Veräußerungsgeschäft liegt auch vor bei der Eigentumsübertragung im Ehescheidungsverfahren zur Regelung des Zugewinnausgleichs, wenn der Zugewinnausgleichsanspruch i. S. des § 1378 BGB als eine auf Geld gerichtete Forderung dadurch erfüllt wird, dass der eine Ehegatte dem anderen an Erfüllung statt (§ 364 BGB) ein Grundstück überträgt (zum Versorgungsausgleich siehe 26.3).

Beispiele:

a) Das Ehepaar A und B lebt im gesetzlichen Güterstand der Zugewinngemeinschaft (§ 1363 BGB). Ehemann A erwarb im Jahr 04 für (umgerechnet) 100.000 € ein Grundstück zu alleinigem Eigentum, das er vermietete. Die Ehe wird im Jahr 12 geschieden. Der Ehefrau B stand daraufhin ein Zugewinnausgleichsanspruch gegen A i. H. von 250.000 € zu. Zur Abgeltung dieses Anspruchs übertrug A ihr das Grundstück, das im Übertragungszeitpunkt einen Verkehrswert von 250.000 € hatte.

A hat das Grundstück innerhalb von 10 Jahren seit dem Erwerb wieder veräußert i. S. des § 23 Abs. 1 Satz 1 Nr. 1 EStG. Der Veräußerungsgewinn beträgt 250.000 € ./. 100.000 € = 150.000 €.

b) Abwandlung zu a): Das Grundstück hat 12 einen Wert von 300.000 €. A und B vereinbaren, dass die 50.000 €, um die der Grundstückswert den Zugewinnausgleichsanspruch übersteigt, mit Unterhaltsforderungen der B gegen A verrechnet werden.

Auch hier veräußert A das Grundstück zu seinem Wert von 300.000 €, sodass sich ein Veräußerungsgewinn gem. § 23 Abs. 1 Satz 1 Nr. 1 EStG von 200.000 € ergibt. Den überschießenden Betrag von 50.000 € kann er als Sonderausgaben gem. § 10 Abs. 1 Nr. 1 EStG innerhalb der Höchstbeträge geltend machen.

c) Abwandlung zu b): A verrechnet die 50.000 €, um die der Grundstückswert den Zugewinnausgleichsanspruch übersteigt, nicht mit Unterhaltsforderungen der B gegen ihn. Hier handelt es sich um ein teilentgeltliches Geschäft. In Höhe des übersteigenden 50.000 € (= $^1/_6$ des Grundstückswerts) hat A das Grundstück unentgeltlich auf B übertragen. Der Veräußerungserlös von 300.000 € ist zu $^5/_6$ = 250.000 € heranzuziehen, die Anschaffungskosten von 100.000 € sind zu $^5/_6$ = 83.333 € davon abzuziehen, sodass sich ein Gewinn gem. § 23 EStG von 166.667 € ergibt. Für B ergibt sich entsprechend ein entgeltlicher Erwerb von 250.000 € und die Fortführung der ursprünglichen Anschaffungskosten des A in Höhe des unentgeltlichen Teils von 16.667 € (100.000 € × $^1/_6$). In Höhe des entgeltlich erworbenen Teils beginnt für B eine neue zehnjährige Veräußerungsfrist i. S. des § 23 Abs. 1 Satz 1 Nr. 1 EStG. Hinsichtlich des unentgeltlich erworbenen Grundstücksanteils gilt § 23 Abs. 1 Satz 3 EStG.

Ein Veräußerungsgeschäft liegt mangels Entgeltlichkeit nicht vor, wenn das Grundstück als sog. existenzsichernde Wirtschaftseinheit im Rahmen der Vermögensübertragung gegen Versorgungsleistungen übergeht (dazu oben 26.2.5) oder wenn die

Übertragung gegen den Vorbehalt dinglicher oder obligatorischer Nutzungsrechte erfolgt.[117] Eine Veräußerung liegt auch dann nicht vor, wenn sich das ursprüngliche Anschaffungsgeschäft aufgrund eines Vertragsrücktritts lediglich in ein Abwicklungsverhältnis wandelt.[118]

26.4.4 Ermittlung des Veräußerungsgewinns

Gewinn oder Verlust aus Veräußerungsgeschäften nach § 23 Abs. 1 Satz 1 Nr. 1 bis 3 EStG ist der Unterschied zwischen Veräußerungspreis einerseits und den Anschaffungs- oder Herstellungskosten und den Werbungskosten andererseits (§ 23 Abs. 3 Satz 1 EStG). Anschaffungs- und Herstellungskosten sind die Aufwendungen i. S. des § 255 HGB.[119] Herstellungskosten sind grundsätzlich nachträgliche Herstellungskosten auf ein angeschafftes Wirtschaftsgut. Einzubeziehen sind die Herstellungskosten eines innerhalb von 10 Jahren seit Anschaffung des Grundstücks neu hergestellten Gebäudes (§ 23 Abs. 1 Satz 1 Nr. 1 Satz 2 EStG, siehe oben 26.4.2).

Veräußerungsgeschäfte bei Grundstücken und grundstücksgleichen Rechten fallen nur unter § 23 EStG, wenn der Zeitraum zwischen Anschaffung und Veräußerung nicht mehr als 10 Jahre beträgt (§ 23 Abs. 1 Satz 1 Nr. 1 EStG). Bei anderen Wirtschaftsgütern beträgt der Zeitraum 1 Jahr (§ 23 Abs. 1 Satz 1 Nr. 2 EStG). Für die Berechnung sind die Zeitpunkte der obligatorischen Verträge maßgebend. Die Genehmigung eines durch einen vollmachtlosen Vertreter abgeschlossenen Rechtsgeschäfts wirkt nicht auf den Zeitpunkt der Vornahmen des Rechtsgeschäfts zurück.[120]

Da der Erwerb eines nießbrauchbelasteten Grundstücks eine vollentgeltliche Anschaffung ist, führt der Wegfall des Vorbehaltsnießbrauchs z. B. durch Tod des Berechtigten zu einer Werterhöhung, sodass bei einer Veräußerung innerhalb der Zehnjahresfrist ein entsprechend höherer Veräußerungspreis erzielt werden kann.

Als **Werbungskosten** kommen nur die vom Veräußerer getragenen, im Zusammenhang mit der Veräußerung angefallenen Aufwendungen in Betracht, nicht dagegen die Aufwendungen im Zusammenhang mit der Anschaffung.[121] Wenn innerhalb der Frist Erträge aus dem Wirtschaftsgut und im Zusammenhang mit diesen Einnahmen Werbungskosten anfallen, so sind die Einkünfte nach den allgemeinen Grundsätzen zu beurteilen.

Bei der Veräußerung eines teilweise entgeltlich, teilweise unentgeltlich oder im Wege der Erbauseinandersetzung mit Abfindungszahlung erworbenen Grundstücks ist der Veräußerungsgewinn i. S. des § 23 Abs. 3 EStG für den entgeltlich erworbenen Teil durch Gegenüberstellung des anteiligen Veräußerungserlöses zu den tat-

---

117 BMF vom 30.09.2013 (BStBl 2013 I S. 1184), Rdnr. 40.
118 BFH vom 27.06.2006 IX R 47/04 (BStBl 2007 II S. 162).
119 Siehe dazu BMF vom 05.10.2000 (BStBl 2000 I S. 1383), Rdnr. 28, und oben 26.4.2.
120 BFH vom 02.10.2001 IX R 45/99 (BStBl 2002 II S. 10).
121 BFH vom 12.12.1996 X R 65/95 (BStBl 1997 II S. 603); H 23 „Werbungskosten" EStH.

26.4 Einkünfte aus privaten Veräußerungsgeschäften

sächlichen Anschaffungskosten zu berechnen.[122] Wird ein teilweise entgeltlich oder im Wege der Erbauseinandersetzung gegen Abfindungszahlung erworbenes Grundstück während der Zehnjahresfrist nach Anschaffung bebaut und veräußert, ist der auf das Gebäude entfallende Teil des Veräußerungserlöses in die Berechnung des Veräußerungsgewinns einzubeziehen, soweit das Grundstück als entgeltlich erworben gilt.[123] Der steuerpflichtige Veräußerungsgewinn bei teilweise zu eigenen Wohnzwecken und teilweise zu anderen Zwecken genutzten Gebäuden ist in der Weise zu ermitteln, dass die Anschaffungs- oder Herstellungskosten und der Veräußerungspreis des gesamten Grundstücks auf den zu eigenen Wohnzwecken und auf den zu anderen Zwecken genutzten Gebäudeteil aufgeteilt werden, grundsätzlich entsprechend den jeweiligen Nutzflächen.[124]

Wird ein Grundstück veräußert, das vorher aus einem Betriebsvermögen in das Privatvermögen überführt worden ist, tritt an die Stelle der Anschaffungs- oder Herstellungskosten der Wert, mit dem das Grundstück bei der Überführung angesetzt worden ist (§ 23 Abs. 3 Satz 3 i. V. m. § 6 Abs. 1 Nr. 4 EStG).

Wird das Grundstück in das Betriebsvermögen eingelegt und innerhalb der Zehnjahresfrist seit Anschaffung veräußert, tritt bei der Ermittlung des Gewinns oder des Verlustes aus dem privaten Veräußerungsgeschäft an die Stelle des Veräußerungspreises der Wert, mit dem die Einlage angesetzt wurde.[125]

Für die zeitliche Zuordnung von Einnahmen und Ausgaben gilt § 11 EStG. Bei einer Einlage in das Betriebsvermögen hängt die Besteuerung ab von der Veräußerung aus dem Betriebsvermögen innerhalb des Zehnjahreszeitraums. Die Besteuerung im Privatvermögen erfolgt also erst im Zeitpunkt des Zuflusses des Veräußerungspreises im Betriebsvermögen (§ 23 Abs. 6 Satz 5 Halbsatz 1 EStG; vgl. das Beispiel zur Einlage oben 26.4.3). In den Fällen einer verdeckten Einlage gem. § 23 Abs. 1 Satz 5 Nr. 2 EStG erfolgt die Besteuerung im Einlagezeitpunkt (§ 23 Abs. 6 Satz 5 Halbsatz 2 EStG). Fließt der Veräußerungspreis in Teilbeträgen über mehrere Kalenderjahre zu, ist der Veräußerungsgewinn erst zu berücksichtigen, wenn die Summe der gezahlten Teilbeträge die ggf. um die Absetzung für Abnutzung, erhöhten Absetzungen und Sonderabschreibungen geminderten Anschaffungs- und Herstellungskosten des veräußerten Wirtschaftsguts übersteigt.[126] Bei der **entgeltlichen Vermögensübertragung** gegen wiederkehrende Leistungen (siehe oben 16.3.3 und 26.2.5) enthalten diese bis zur Grenze der Angemessenheit eine nicht steuerbare oder steuerbare Vermögensumschichtung in Höhe ihres Barwerts (Tilgungsanteil) und einen Zinsanteil. Der **Berechtigte** erzielt für das entgeltlich im Austausch mit wiederkehrenden Leistungen übertragene Vermögen einen Veräußerungspreis in

---
122 BMF vom 05.10.2000 (BStBl 2000 I S. 1383), Rdnr. 30.
123 Beispiel in BMF vom 05.10.2000 (BStBl 2000 I S. 1383), Rdnr. 31.
124 BMF vom 05.10.2000 (BStBl 2000 I S. 1383), Rdnr. 32.
125 Beispiel in BMF vom 05.10.2000 (BStBl 2000 I S. 1383), Rdnr. 35.
126 BMF vom 05.10.2000 (BStBl 2000 I S. 1383), Rdnr. 36.

Höhe des Barwerts der wiederkehrenden Leistungen.[127] Veräußerungspreis bei privaten Veräußerungsgeschäften gegen wiederkehrende Leistungen (Renten oder dauernde Lasten) ist – bis zur Höhe des Barwerts der wiederkehrenden Leistungen – der Unterschiedsbetrag zwischen der Summe der jährlichen Zahlungen und dem Zinsanteil.[128] Ein Gewinn aus privaten Veräußerungsgeschäften entsteht erstmals in dem Veranlagungszeitraum, in dem der in der Summe der jährlichen Zahlungen enthaltene Veräußerungspreis die gegebenenfalls um die Absetzungen für Abnutzung, erhöhten Absetzungen und Sonderabschreibungen verminderten Anschaffungs- oder Herstellungskosten sowie die zugehörigen Werbungskosten übersteigt.[129] Der in den dauernden Lasten enthaltene Zinsanteil ist auf die Laufzeit der wiederkehrenden Leistungen zu verteilendes Entgelt (Zinsen) für die Stundung des Veräußerungspreises. Der Zinsanteil ist als Einkünfte aus Kapitalvermögen nach § 20 Abs. 1 Nr. 7 EStG zu versteuern (siehe 24.2.8). Der in Veräußerungsleibrenten enthaltene Ertragsanteil ist nach § 22 Nr. 1 Satz 3 Buchst. a Doppelbuchst. bb EStG zu versteuern (siehe 26.2.5).

Die Grundsätze des sog. **Fremdvergleichs** rechtfertigen es nicht, anstelle der im Vertrag tatsächlich vereinbarten Leistung der Besteuerung eine höhere Gegenleistung unter Hinweis darauf zugrunde zu legen, dass eine solche unter fremden Dritten gefordert (und erbracht) worden wäre.[130]

Bei Veräußerungsgeschäften, bei denen das Wirtschaftsgut nach dem 31.07.1995 angeschafft oder in das Privatvermögen überführt und veräußert worden ist, mindern sich die Anschaffungs- oder Herstellungskosten um Absetzungen für Abnutzung, erhöhte Absetzungen und Sonderabschreibungen, soweit sie bei der Ermittlung der Einkünfte i. S. des § 2 Abs. 1 Nr. 4 bis 7 EStG abgezogen worden sind (§ 23 Abs. 3 Satz 4 EStG).

26.4.5 Freigrenze und Verlustverrechnung

Gewinne bleiben steuerfrei, wenn der aus allen privaten Veräußerungsgeschäften erzielte Gesamtgewinn im Kalenderjahr weniger als 600 Euro (bis 2007: 512 Euro) betragen hat (§ 23 Abs. 3 Satz 5 EStG). Bei der Zusammenveranlagung von Ehegatten oder Lebenspartnern ist der Gesamtgewinn aus privaten Veräußerungsgeschäften für jeden Ehegatten bzw. Lebenspartner zunächst getrennt zu ermitteln. Dabei ist für den Gewinn jedes Ehegatten bzw. Lebenspartners die Freigrenze von 600 Euro gesondert zu berücksichtigen. Eine von einem Ehegatten bzw. Lebenspartner nicht ausgeschöpfte Freigrenze kann nicht – auch nicht anteilig – beim anderen Ehegatten bzw. Lebenspartner berücksichtigt werden. Verluste aus privaten Veräußerungsgeschäften des einen Ehegatten bzw. Lebenspartners sind mit Gewinnen des anderen

---

127 Zur Ermittlung siehe BMF vom 16.09.2004 (BStBl 2004 I S. 922), Rdnr. 50.
128 Zur Ermittlung siehe BMF vom 16.09.2004 (BStBl 2004 I S. 922), Rdnr. 56.
129 BMF vom 16.09.2004 (BStBl 2004 I S. 922), Rdnr. 56.
130 BFH vom 31.05.2001 IX R 78/98 (BStBl 2001 II S. 756).

Ehegatten bzw. Lebenspartners aus privaten Veräußerungsgeschäften auszugleichen. Ein Ausgleich ist nicht vorzunehmen, wenn der erzielte Gesamtgewinn aus privaten Veräußerungsgeschäften des anderen Ehegatten bzw. Lebenspartners steuerfrei bleibt, weil er im Kalenderjahr weniger als 600 Euro betragen hat.

Nicht im Entstehungsjahr mit Veräußerungsgewinnen ausgeglichene Veräußerungsverluste sind nach Maßgabe des § 10d EStG rück- und vortragsfähig. Sie mindern in den Rück- und Vortragsjahren erzielte private Veräußerungsgewinne i. S. des § 23 EStG, soweit diese in die Ermittlung der Summe der Einkünfte eingegangen sind oder eingehen würden (§ 23 Abs. 3 Satz 8 EStG). Die Regelungen zur Verlustausgleichs- und -abzugsbeschränkung sind denen in § 15 Abs. 4 EStG nachgebildet (siehe 18.11). Bei der Zusammenveranlagung von Ehegatten bzw. Lebenspartnern ist der Verlustabzug nach Maßgabe des § 10d Abs. 1 und 2 EStG zunächst getrennt für jeden Ehegatten bzw. Lebenspartner und anschließend zwischen den Ehegatten bzw. Lebenspartnern durchzuführen. Der am Schluss eines Veranlagungszeitraums verbleibende Verlustvortrag ist gesondert festzustellen (§ 23 Abs. 3 Satz 8, nach Maßgabe des § 10d Abs. 4 Satz 1 EStG).

Der Hinweis auf die entsprechende Anwendung des § 10d Abs. 4 EStG ist durch das JStG 2007 in § 23 Abs. 3 Satz 8 EStG eingefügt worden. Die Neuregelung ist nach § 52a Abs. 11 Satz 10 EStG auch in den Fällen anzuwenden, in denen am 01.01.2007 die Feststellungsfrist noch nicht abgelaufen war.

Durch das UntStRefG 2008 sind § 23 Abs. 3 Satz 9 und 10 EStG neu gefasst worden. Danach können Altverluste aus privaten Veräußerungsgeschäften übergangsweise bis zum Veranlagungszeitraum 2013 (§ 52a Abs. 11 Satz 11 EStG) sowohl mit Gewinnen aus privaten Veräußerungsgeschäften als auch mit Erträgen aus Kapitalanlagen i. S. des § 20 Abs. 2 EStG verrechnet werden. Damit wird sichergestellt, dass Anleger insbesondere Verluste aus Wertpapierveräußerungsgeschäften nach den bis 2008 geltenden Regelungen für die Übergangszeit auch mit Gewinnen aus Veräußerungsgeschäften mit Kapitalanlagen verrechnen können, obwohl diese ab 2009 nicht mehr von § 23 EStG erfasst werden.

26.5 Sonstige Leistungseinkünfte (§ 22 Nr. 3 EStG)

Zu den sonstigen Einkünften i. S. des § 22 Nr. 3 EStG gehören Einkünfte aus Leistungen, soweit sie weder zu anderen Einkunftsarten (§ 2 Abs. 1 Nr. 1 bis 6 EStG) noch zu den Einkünften i. S. des § 22 Nr. 1, 1a, 2 oder 4 EStG gehören. Einkünfte aus sich wiederholenden Leistungen werden grundsätzlich bereits von den Einkunftsarten 1 bis 6 erfasst. Daher beschränkt sich die Vorschrift des § 22 Nr. 3 EStG allgemein auf die Erfassung gelegentlicher Leistungen und solcher Leistungen, die den Einkunftsarten 1 bis 6 ähnlich sind, aber in diese Einkunftsarten nicht eingeordnet werden können. Zur Änderung des § 22 Nr. 3 Satz 4 EStG durch das JStG 2009 siehe 24.2.11.

26 Sonstige Einkünfte

Eine Leistung i. S. des § 22 Nr. 3 EStG ist **jedes Tun, Dulden oder Unterlassen, das Gegenstand eines entgeltlichen Vertrages sein kann und das eine Gegenleistung auslöst.**[131] Jedoch müssen Leistung und Gegenleistung in einem synallagmatischen Verhältnis stehen.[132]

Die Leistung kann im **Tätigkeitsbereich** oder im Bereich der **Vermögensnutzung** liegen. Abzustellen ist darauf, ob das Entgelt als Ausgleich für den endgültigen Verlust eines Wirtschaftsguts gezahlt wird oder für die Gebrauchsüberlassung zur Nutzung, für den Verzicht auf die Nutzungsmöglichkeit oder für deren Beschränkung. Der endgültige Verzicht fällt unter § 23 EStG, während § 22 Nr. 3 (oder § 21) EStG anzuwenden ist, wenn der Vermögenswert dem Steuerpflichtigen in seiner Substanz erhalten bleibt.[133] Die zivilrechtliche Form ist nicht entscheidend.

Beispiel:

A, Eigentümer eines Privatgrundstücks, verpflichtete sich in 02 gegenüber dem Eigentümer eines Nachbargrundstücks gegen Zahlung von 150.000 €, eine bestimmte Nutzung des Nachbargrundstücks zu dulden und dem Nachbarn ein Vorkaufsrecht einzuräumen zu einem wertgesicherten Preis von 350.000 €. Wenn der Nachbar das Vorkaufsrecht ausübt, sollen die gezahlten 150.000 € auf den Kaufpreis angerechnet werden.

Der Betrag von 150.000 € ist bei Zahlung in 02 steuerpflichtig gem. § 22 Nr. 3 EStG. Wenn A später das Grundstück veräußern will und der Nachbar sein Vorkaufsrecht ausübt, handelt es sich um einen steuerfreien Veräußerungsvorgang. Der Tatbestand des § 22 Nr. 3 EStG entfällt rückwirkend gem. § 175 Abs. 1 Satz 1 Nr. 2 AO.[134]

Dagegen liegt eine nicht unter § 22 Nr. 3 EStG fallende **Vermögensumschichtung** vor, wenn der Steuerpflichtige als Grundstückseigentümer Inhaber eines dinglichen Rechts, z. B. einer Grunddienstbarkeit, am Nachbargrundstück ist, wodurch dessen Bebauung eingeschränkt wird. Verzichtet er gegen Entgelt endgültig auf diese Rechtsposition, gibt er ein selbständiges Wirtschaftsgut auf. Das ist ein veräußerungsähnlicher Vorgang, der nicht unter § 22 Nr. 3 EStG fällt.[135] Im Gegensatz zur entgeltlichen Bestellung eines Vorkaufsrechts ist die Vereinnahmung eines **Reugeldes** für den Rücktritt des Käufers vom Grundstückskaufvertrag nicht steuerbar, weil das Reugeld als Folgevereinbarung eines nicht steuerbaren Grundstückskaufs dem Vermögensbereich zuzuordnen ist.[136] Auch der Erlös aus der Veräußerung einer sog. **Zufallserfindung** fällt nicht unter § 22 Nr. 3 EStG.[137]

Welche Leistungen aus § 22 Nr. 3 EStG zu besteuern sind, lässt sich nicht erschöpfend aufzählen. Das Gesetz führt als Beispiele Einkünfte aus gelegentlichen Ver-

---

131 BFH vom 17.08.2005 IX R 23/03 (BStBl 2006 II S. 248) und vom 08.05.2008 VI R 50/05 (BStBl 2008 II S. 868).
132 BFH vom 07.12.2010 IX R 46/09 (BStBl 2012 II S. 310).
133 BFH vom 21.11.1997 X R 124/94 (BStBl 1998 II S. 133).
134 BFH vom 10.08.1994 X R 42/91 (BStBl 1995 II S. 57).
135 BFH vom 19.12.2000 IX R 96/97 (BStBl 2001 II S. 391).
136 BFH vom 24.08.2006 IX R 32/04 (BStBl 2007 II S. 44).
137 BFH vom 10.09.2003 XI R 26/02 (BStBl 2004 II S. 218).

mittlungen und aus der Vermietung beweglicher Gegenstände an, z. B. eines Wohnmobils;[138] zur Abgrenzung zum Gewerbebetrieb siehe 18.1.[139] Selbständig tätige Prostituierte erzielen keine sonstigen Einkünfte gem. § 22 Nr. 3 EStG, sondern Einkünfte aus Gewerbebetrieb.[140]

Dagegen unterfallen den Einkünften aus sonstiger Leistung i. S. des § 22 Nr. 3 EStG auch Einnahmen aufgrund einer einmaligen Leistung.[141] Zu den Einkünften aus sonstiger Leistung zählen daher auch einmalige Bürgschaftsprovisionen,[142] Abfindungen für die Aufgabe einer Wohnung[143] sowie das Entgelt für die Einhaltung eines umfassenden Wettbewerbsverbots,[144] für den Verzicht eines Grundstückseigentümers auf die Einhaltung des gesetzlich vorgeschriebenen Abstandes zugunsten eines Nachbarn,[145] für den Verzicht des Inhabers eines eingetragenen Warenzeichens auf bestehende oder vermeintliche Abwehransprüche[146] oder für eine Vereinbarung, durch die sich der Zahlungsempfänger verpflichtet, ein Bauvorhaben des Zahlenden zu dulden[147] oder auf mögliche Rechtsbehelfe gegen den Bau und Betrieb eines Kraftwerks zu verzichten, sowie Eigenprovisionen eines Versicherungsvertreters[148] oder für vertraglich vereinbarte Stillhalte-, Förder-, oder Wohlverhaltenspflichten[149] (weitere Beispiele in H 22.8 EStH). Dagegen fällt die vorübergehende Nutzung eines Grundstücks für Materialien zur Errichtung eines Gebäudes auf dem Nachbargrundstück unter § 21 Abs. 1 EStG.[150] Die Weiterleitung eines Teils der Provision des Versicherungsvertreters an den Versicherungsnehmer ist bei diesem nicht steuerbar gem. § 22 Nr. 3 EStG. Es handelt sich um einen Rückfluss von Aufwendungen zum Erwerb der Versicherung, der diese mindert.[151] Dagegen ist die an einen anderen, z. B. Ehegatten, ausgezahlte Provision steuerbar gem. § 22 Nr. 3 EStG.[152] Vergütungen, die der Sprecher einer Bürgerinitiative, die eine Vereinbarung der vorbezeichneten Art mit dem Kraftwerksbetreiber geschlossen hat, für seinen Einsatz im Zusammenhang mit der abgeschlossenen Vereinbarung erhalten hat, zählen zu den Einkünften aus sonstigen Leistungen i. S. des § 22 Nr. 3 EStG,[153] ebenso das Entgelt für die regelmäßige Mitnahme eines Arbeitskollegen auf der

---

138 BFH vom 12.11.1997 XI R 44/95 (BStBl 1998 II S. 774).
139 Siehe auch BFH vom 31.05.2007 IV R 17/05 (BStBl 2007 II S. 768).
140 BFH vom 20.02.2013 GrS 1/12 (BStBl 2013 II S. 441).
141 BFH vom 21.09.1982 VIII R 73/79 (BStBl 1983 II S. 201).
142 BFH vom 22.01.1965 VI 243/62 U (BStBl 1965 III S. 313).
143 BFH vom 05.08.1976 VIII R 117/75 (BStBl 1977 II S. 27).
144 BFH vom 12.06.1996 XI R 43/94 (BStBl 1996 II S. 516).
145 BFH vom 05.08.1976 VIII R 97/73 (BStBl 1977 II S. 26).
146 BFH vom 25.09.1979 VIII R 34/78 (BStBl 1980 II S. 114).
147 BFH vom 26.10.1982 VIII R 83/79 (BStBl 1983 II S. 404).
148 BFH vom 27.05.1998 X R 94/96 (BStBl 1998 II S. 619).
149 BFH vom 19.03.2013 IX R 65/10 (BFH/NV 2013 S. 1085).
150 BFH vom 02.03.2004 IX R 43/03 (BStBl 2004 II S. 507).
151 BFH vom 02.03.2004 IX R 68/02 (BStBl 2004 II S. 506).
152 BFH vom 17.07.2007 IX R 1/06 (BFH/NV 2007 S. 2263).
153 BFH vom 10.12.1985 IX R 67/81 (BStBl 1986 II S. 340).

Fahrt zwischen Wohnung und Arbeitsstätte.[154] Zur ehrenamtlichen Tätigkeit siehe BMF vom 25.11.2008 (BStBl 2008 I S. 985) und BMF vom 14.10.2009 (BStBl 2009 I S. 1318).

Schmiergelder, Bestechungsgelder oder ähnliche Vorteile, die nicht vom Arbeitgeber bezahlt werden, sowie das Entgelt für ein freiwilliges Einsammeln und Verwerten leerer Flaschen[155] gehören auch zu den Einkünften aus sonstigen Leistungen wie das Entgelt für bloße Weitergabe von zufällig erlangten Informationen an interessierte Dritte.[156] Die Rückzahlung des Entgelts in einem späteren Veranlagungszeitraum ist in voller Höhe steuermindernd zu berücksichtigen. Das Verlustausgleichs- und Abzugsverbot des § 22 Nr. 3 EStG steht dem nicht entgegen.[157]

Spiel- und Wettgewinne sowie Gewinne aus Rennwetten, die nicht in einem gewerblichen oder landwirtschaftlichen Betrieb anfallen, unterliegen nicht der Einkommensteuer, weil es am Verhältnis von Leistung und Gegenleistung fehlt (siehe 3.3.2).[158] Dagegen sind **Preisgelder** für die Teilnahme als Kandidat an einer Fernsehshow als sonstige Einkünfte nach § 22 Nr. 3 EStG steuerbar.[159] Die Finanzverwaltung hat dafür folgende Kriterien zur Abgrenzung von nicht steuerbaren Gewinnen aufgestellt:[160] Dem Kandidaten wird vom Produzenten ein bestimmtes Verhaltensmuster vorgegeben; dem Kandidaten wird neben der Gewinnchance noch ein erfolgsunabhängiges Tagegeld oder Ähnliches gezahlt; der Auftritt erstreckt sich über mehrere Folgen und das Preisgeld hat die Funktion einer Entlohnung für eine Leistung.

Für die Teilnahme von prominenten Kandidaten an Fernseh-, Spiel- und Quizshows gilt Folgendes: Nach dem Konzept bestimmen die prominenten Kandidaten lediglich, welchen gemeinnützigen Organisationen die Sender die „Spielgewinne" zuwenden sollen. Da der Kandidat deshalb nicht die tatsächliche Verfügungsmacht über die erspielten Geld- oder Sachmittel erhält, führen die „Spielgewinne" bei ihm nicht zu einem Zufluss von Einnahmen i. S. des § 2 Abs. 1 EStG.[161]

Streikunterstützungen der Gewerkschaft fallen nicht unter § 22 Nr. 3 EStG, weil sie nicht als Gegenleistung für die Teilnahme am Streik gewährt werden.[162] Auch **Entschädigungen für Substanzverluste** von Beteiligungen des Steuerpflichtigen an Kapitalgesellschaften sind nicht steuerbar.[163]

---

154 BFH vom 15.03.1994 X R 58/91 (BStBl 1994 II S. 516).
155 BFH vom 06.06.1973 I R 203/71 (BStBl 1973 II S. 727).
156 BFH vom 21.09.1982 VIII R 73/79 (BStBl 1983 II S. 201).
157 BFH vom 21.06.2000 IX R 87/95 (BStBl 2000 II S. 396).
158 BFH vom 02.09.2008 X R 8/06 (BStBl 2010 II S. 548).
159 BFH vom 28.11.2007 IX R 39/06 (BStBl 2008 II S. 469).
160 BMF vom 30.05.2008 (BStBl 2008 I S. 645).
161 BMF vom 27.04.2006 (BStBl 2006 I S. 342).
162 BFH vom 24.10.1990 X R 161/88 (BStBl 1991 II S. 337).
163 BFH vom 19.03.2013 IX R 65/10 (BFH/NV 2013 S. 1085).

16.6 Einkünfte aufgrund des Abgeordnetengesetzes usw.

Einkünfte des § 22 Nr. 3 EStG sind nicht einkommensteuerpflichtig, wenn sie weniger als 256 Euro im Kalenderjahr betragen haben. Sind sie höher, sind sie in vollem Umfang steuerpflichtig. Übersteigen die Werbungskosten die Einnahmen, so darf der übersteigende Betrag bei Ermittlung des Einkommens nicht ausgeglichen werden; er darf auch nicht nach § 10d EStG abgezogen werden (§ 22 Nr. 3 Satz 3 EStG). Diese Beschränkung des Verlustausgleichs ist verfassungsgemäß.[164] Die Verluste mindern jedoch nach Maßgabe des § 10d EStG die Einkünfte, die der Steuerpflichtige in dem unmittelbar vorangegangenen Veranlagungszeitraum oder in den folgenden Veranlagungszeiträumen aus Leistungen i. S. des § 22 Nr. 3 Satz 1 EStG erzielt hat oder erzielt (§ 22 Nr. 3 Satz 4 EStG). Der am Ende des Veranlagungszeitraums verbleibende Verlustvortrag ist gesondert festzustellen (§ 22 Nr. 3 Satz 4 i. V. m. § 10d Abs. 4 EStG).

Werbungskosten sind bei den Einkünften aus einmaligen (sonstigen) Leistungen auch dann im Jahr des Zuflusses der Einnahme abziehbar, wenn sie vor diesem Jahr angefallen sind oder nach diesem Jahr mit Sicherheit anfallen werden. Entstehen zukünftig Werbungskosten, die im Jahr des Zuflusses noch nicht vorhersehbar waren, ist die Veranlagung des Jahres des Zuflusses gem. § 175 Abs. 1 Satz 1 Nr. 2 AO zu ändern.[165]

Haben zusammenveranlagte Ehegatten bzw. Lebenspartner beide Einkünfte aus § 22 Nr. 3 EStG, so ist bei jedem Ehegatten bzw. Lebenspartner die bezeichnete Freigrenze – höchstens jedoch bis zur Höhe seiner Einkünfte i. S. des § 22 Nr. 3 EStG – zu berücksichtigen.[166]

26.6 Einkünfte aufgrund des Abgeordnetengesetzes sowie vergleichbare Bezüge (§ 22 Nr. 4 EStG)

§ 22 Nr. 4 EStG umfasst nur solche Leistungen, die aufgrund des Abgeordnetengesetzes, des Europaabgeordnetengesetzes oder der entsprechenden Gesetze der Länder gezahlt werden. Leistungen, die außerhalb dieser Gesetze gewährt werden, z. B. Zahlungen der Fraktionen, unterliegen den allgemeinen Grundsätzen steuerlicher Beurteilung. Gesondert gezahlte Tage- oder Sitzungsgelder sind nur dann nach § 3 Nr. 12 EStG steuerfrei, wenn sie nach bundes- oder landesrechtlicher Regelung als Aufwandsentschädigung gezahlt werden.[167] Diese Regelung ist verfassungsgemäß und ist nicht auf andere Steuerpflichtige anzuwenden.[168]

---

164 BFH vom 18.09.2007 IX R 42/05 (BStBl 2008 II S. 26).
165 BFH vom 03.06.1992 X R 91/90 (BStBl 1992 II S. 1017).
166 R 22.8 EStR.
167 R 22.9 EStR.
168 BVerfG vom 26.07.2010 2 BvR 2227/08, 2 BvR 2228/08 (DB 2010 S. 1796); BFH vom 19.10.2010 X R 43/05 (BFH/NV 2011 S. 772).

26 Sonstige Einkünfte

Durch das JStG 2009 wurden die Zahlungen der EU in § 22 Nr. 4 EStG einbezogen; denn im Juli 2009 trat das Abgeordnetenstatut des Europäischen Parlaments in Kraft. Danach werden die Zahlungen an die Abgeordneten aus dem Haushalt der EU geleistet und unterliegen der EU-Gemeinschaftssteuer.

Zu den ehrenamtlichen Mitgliedern kommunaler Vertretungen siehe 22.4.

Der Erhalt einer Aufwandsentschädigung zur Abgeltung von durch das Mandat veranlassten Aufwendungen schließt nach § 22 Nr. 4 Satz 2 EStG den Abzug jeglicher mandatsbedingter Aufwendungen, auch von Sonderbeiträgen an eine Partei, als Werbungskosten aus.[169]

Wahlkampfkosten zur Erlangung eines Mandats im Bundestag, im Europäischen Parlament oder im Parlament eines Landes dürfen nach § 22 Nr. 4 Satz 3 EStG ebenfalls nicht als Werbungskosten abgezogen werden; anders dagegen bei einem ehrenamtlichen Stadtratsmandat in Bayern.[170] Partei- und Fraktionsbeiträge sind Sonderausgaben.[171]

Durch § 22 Nr. 4 Satz 4 EStG wird die Besteuerung der Abgeordnetenbezüge an die des Arbeitslohns angepasst. Die Neufassung des § 22 Nr. 4 Satz 4 Buchst. b EStG ab 2005 ist eine Folge der Änderung des § 19 Abs. 2 EStG durch das Alterseinkünftegesetz (siehe 23.5).

Durch das JStG 2009 wurde in § 22 Nr. 4 Satz 4 EStG ein Buchstabe d angefügt, der die entsprechende Anwendung des § 34c Abs. 1 EStG für die Gemeinschaftssteuer anordnet, die auf die Entschädigungen, das Übergangsgeld, das Ruhegehalt und die Hinterbliebenenversorgung aufgrund des Abgeordnetenstatuts des Europäischen Parlaments von der Europäischen Union erhoben wird.

26.7 Leistungen aus Altersvorsorgeverträgen

26.7.1 Allgemeines

Die Alterssicherung in der Bundesrepublik wird in drei Bereichen geregelt: die Sozialversicherungen, die betriebliche Altersversorgung und die private Eigenvorsorge durch Privatversicherung bzw. private – auch staatlich geförderte – Vermögensbildung. Durch das Gesetz zur Reform der gesetzlichen Rentenversicherung und Förderung eines kapitalgedeckten Altersvorsorgevermögens (Altersvermögensgesetz – AVmG) vom 26.06.2001[172] soll als Ausgleich für Leistungskürzungen in der gesetzlichen Rentenversicherung eine zusätzliche kapitalgedeckte Altersversorgung gefördert werden. Die Förderung erfolgt über eine staatliche Altersvorsor-

---

169 BFH vom 23.01.1991 X R 6/84 (BStBl 1991 II S. 396); vgl. auch BFH vom 11.09.2008 VI R 13/06 (BStBl 2008 II S. 928).
170 BFH vom 25.01.1996 IV R 15/95 (BStBl 1996 II S. 431).
171 BFH vom 08.12.1987 IX R 161/83 (BStBl 1988 II S. 433).
172 BGBl 2001 I S. 420.

26.7 Leistungen aus Altersvorsorgeverträgen

gezulage (siehe dazu 29.1.9.4) in Form einer Grundzulage mit Kinderzulage bzw. – sofern dies für den Steuerpflichtigen günstiger ist – durch den Abzug als Sonderausgaben. Das Verfahren entspricht der Regelung beim Kindergeld bzw. Kinderfreibetrag. Die Regelungen zum Sonderausgabenabzug sind in § 10a EStG enthalten (siehe 29.1.9.2). Die Regelungen zur Zulage enthält Abschnitt XI des EStG (§§ 79 bis 99 EStG). Die Bestimmungen werden ergänzt durch das Altersvorsorgeverträge-Zertifizierungsgesetz (AltZertG) und die Altersvorsorge-Durchführungsverordnung,[173] die die Kriterien für förderfähige Altersvorsorgeverträge enthalten. Die Zertifizierung ist gem. § 82 Abs. 1 Satz 2 EStG Grundlagenbescheid i. S. des § 171 Abs. 10 AO. Die Zertifizierung eines Altersvorsorgevertrages, zu dessen Gunsten die Altersvorsorgebeiträge geleistet werden, kann nur von den Anbietern bzw. einem Spitzenverband der Anbieter beantragt werden; der Anleger braucht also die Förderfähigkeit eines angebotenen Altersvorsorgevertrages nicht selbst prüfen zu lassen. Die Deutsche Rentenversicherung Bund (§ 81 EStG) ermittelt den Zulageanspruch (§ 90 Abs. 1 EStG), veranlasst die Auszahlung der Zulage an den Anbieter (§ 90 Abs. 2 EStG) und überwacht die Zulageberechtigung (§ 90 Abs. 3, § 91 EStG).

Die Leistungen aus Altersvorsorgeverträgen unterliegen nach § 22 Nr. 5 EStG der Besteuerung. Die Finanzverwaltung erläutert die Regelungen im BMF-Schreiben vom 24.07.2013,[174] teilweise geändert durch das BMF-Schreiben vom 13.01.2014.[175] Die private Altersvorsorge durch Zulage und Sonderausgabenabzug wird ebenfalls in dem BMF-Schreiben vom 24.07.2013,[176] teilweise geändert durch das BMF-Schreiben vom 13.01.2014,[177] erläutert. Bei der betrieblichen Altersversorgung handelt es sich um Leistungen des Arbeitgebers an den Arbeitnehmer zur Absicherung mindestens eines biometrischen Risikos (Alter, Tod, Invalidität) auf den Durchführungswegen Direktzusage, Unterstützungskasse, Direktversicherung, Pensionskasse oder Pensionsfonds. Die Leistungen aus einer Versorgungszusage des Arbeitgebers können Einkünfte aus nichtselbständiger Arbeit oder sonstige Einkünfte sein oder nicht der Besteuerung unterliegen.[178]

26.7.2 Die Tatbestände des § 22 Nr. 5 EStG

Durch das JStG 2007 ist § 22 Nr. 5 EStG neu strukturiert worden, ohne die Grundsätze zu verändern. Die Vorschrift geht dem § 20 Abs. 1 Nr. 6 EStG vor mit der Folge, dass keine Kapitalertragsteuer einzubehalten ist. Die ab 2009 einzubehaltende Abgeltungsteuer findet hier keine Anwendung. Allerdings hat der Anbieter eine Mitteilung nach § 22 Nr. 5 Satz 7 EStG zu machen. Der Sparer-Pauschbetrag nach § 20 Abs. 9 EStG gilt nicht. Für Einnahmen i. S. des § 22 Nr. 1 bis 1c und 5 EStG

---
173 BGBl 2007 I S. 39.
174 BMF vom 24.07.2013 (BStBl 2013 I S. 1022), Rdnr. 121 ff.
175 BMF vom 13.01.2014 (BStBl 2014 I S. 97).
176 BMF vom 24.07.2013 (BStBl 2013 I S. 1022), Rdnr. 1 bis 120.
177 BMF vom 13.01.2014 (BStBl 2014 I S. 97).
178 BMF vom 24.07.2013 (BStBl 2013 I S. 1022), Rdnr. 369.

beträgt der Pauschbetrag für Werbungskosten (insgesamt) 102 Euro (§ 9a Satz 1 Nr. 3 EStG).

§ 22 Nr. 5 EStG ist anzuwenden auf Leistungen aus privaten Altersvorsorgeverträgen i. S. des § 82 Abs. 1 EStG sowie auf Leistungen aus Pensionsfonds, Pensionskassen und Direktversicherungen. Korrespondierend mit der Freistellung der Beiträge, Zahlungen, Erträge und Wertsteigerungen von steuerlichen Belastungen in der Ansparphase werden die Leistungen erst in der Auszahlungsphase besteuert (nachgelagerte Besteuerung). Der Umfang der Besteuerung der Leistungen in der Auszahlungsphase richtet sich danach, inwieweit die Beträge in der Ansparphase steuerfrei gestellt, nach § 10a EStG oder Abschnitt XI EStG gefördert worden sind oder durch steuerfreie Zuwendungen erworben wurden.

Folgende Beiträge und Zahlungen führen also zu einer vollen nachgelagerten Besteuerung gem. § 22 Nr. 5 Satz 1 EStG:

- Beiträge, auf die § 3 Nr. 63 EStG angewendet wurde,

- Beiträge, auf die § 10a EStG oder Abschnitt XI EStG angewendet wurde,

- Zulagen im Sinne des Abschnitts XI EStG,

- steuerfreie Leistungen i. S. des § 3 Nr. 66 EStG,

- Ansprüche, die durch steuerfreie Zuwendungen (§ 3 Nr. 56 EStG) nach dem 31.12.2007 erworben wurden.

Gefördertes Kapital ist Kapital, das auf geförderten Beiträgen und Zulagen im Sinne des Abschnitts XI EStG beruht.

Die von § 22 Nr. 5 EStG erfassten Leistungen aus der betrieblichen Altersversorgung werden auch dann nach § 22 Nr. 5 EStG besteuert, wenn der Vertrag ganz oder teilweise privat fortgeführt wird (z. B. § 1b Abs. 5 Satz 1 Nr. 2, § 2 Abs. 2 BetrAVG).

Versorgungsleistungen des Arbeitgebers aufgrund einer Direktzusage und Versorgungsleistungen einer Unterstützungskasse führen zu Einkünften aus nichtselbständiger Arbeit. Werden solche Versorgungsleistungen nicht fortlaufend, sondern in einer Summe gezahlt, handelt es sich um Arbeitslohn für mehrjährige Tätigkeiten i. S. des § 34 Abs. 2 Nr. 4 EStG.[179]

Wenn die Versorgungsverpflichtung auf einen Pensionsfonds übertragen wird (§ 3 Nr. 66 EStG), liegen im Übertragungsjahr zunächst Versorgungsbezüge nach § 19 Abs. 2 EStG und nach der Übertragung sonstige Einkünfte gem. § 22 Nr. 5 Satz 1 EStG vor. Auf Letztere sind auch die Beträge nach § 9a Satz 1 Nr. 1 und § 19 Abs. 2 EStG entsprechend anzuwenden; § 9a Satz 1 Nr. 3 EStG ist nicht anzuwenden (§ 52 Abs. 34c EStG).

---

179 BFH vom 12.04.2007 VI R 6/02 (BStBl 2007 II S. 581).

26.7 Leistungen aus Altersvorsorgeverträgen

In § 22 Nr. 5 Satz 2 EStG ist die Besteuerung der Leistungen geregelt, soweit diese nicht auf geförderten Beiträgen beruhen.[180] Dazu gehören z. B.

- Zahlungen aus dem versteuerten Einkommen,
- Beiträge, die nach § 40b EStG pauschal versteuert wurden,
- Zahlungen zugunsten eines zertifizierten Altersversorgungsvertrags, die den Höchstbetrag des § 10a Abs. 1 EStG übersteigen.

Da das AltZertG nicht für die betriebliche Altersversorgung gilt, können Versorgungseinrichtungen Tarife anbieten, die zwar die in § 10 Abs. 1 Nr. 2 Buchst. b EStG genannten Voraussetzungen erfüllen; es handelt sich aber trotzdem um nicht geförderte Beiträge i. S. des § 22 Nr. 5 Satz 2 EStG.

Die Besteuerung von Leistungen, die auf nicht geförderten Beiträgen beruhen, richtet sich nach der Art der ausgezahlten Leistung. Drei Gruppen werden in § 22 Nr. 5 Satz 2 EStG unterschieden:

- Leistungen in Form einer lebenslangen Rente bzw. einer Berufsunfähigkeits-, Erwerbsminderungs- oder Hinterbliebenenrente werden entweder mit der Kohorte (§ 22 Nr. 1 Satz 3 Buchst. a Doppelbuchst. aa EStG) oder mit dem Ertragsanteil (§ 22 Nr. 1 Satz 3 Buchst. a Doppelbuchst. bb EStG; siehe 26.2.4) erfasst.

- Bei anderen Leistungen aus Versicherungsverträgen, Pensionsfonds, Pensionskassen und Direktversicherungen treten die Rechtsfolgen des § 20 Abs. 1 Nr. 6 EStG in der jeweils für den Vertrag geltenden Fassung ein. Daraus folgt, dass z. B. eine steuerfreie Kapitalauszahlung möglich ist, wenn der Versicherungsvertrag vor dem 01.01.2005 abgeschlossen wurde (siehe 24.2.7).

- In allen anderen Fällen wird der Unterschiedsbetrag zwischen der ausgezahlten Leistung und den auf sie entrichteten Beiträgen besteuert. Die Ertragsermittlung entspricht der in § 20 Abs. 1 Nr. 6 EStG geregelten (siehe 24.2.7). Hauptanwendungsfall sind Leistungen aus Fonds- und Banksparplänen, die auf nicht geförderten Beiträgen beruhen. Wenn die Auszahlung nach Vollendung des 60. Lebensjahres erfolgt und dies frühestens nach Ablauf von 12 Jahren seit Vertragsschluss der Fall ist, wird nur der hälftige Unterschiedsbetrag angesetzt (§ 22 Nr. 2 Buchst. c EStG).[181]

Gemäß § 22 Nr. 5 Satz 7 EStG hat der Anbieter dem Leistungsempfänger nach amtlichem Vordruckmuster eine Mitteilung über die im abgelaufenen Kalenderjahr zugeflossenen Leistungen zu erteilen bei erstmaligem Bezug der Leistung i. S. des § 22 Nr. 5 Satz 1 und 2 EStG, bei der Änderung des Leistungsbetrags im Vergleich zum Vorjahr und bei Bezug von Leistungen i. S. des § 22 Nr. 5 Satz 3 und 4 EStG.[182]

---

180 Vgl. BMF vom 24.07.2013 (BStBl 2013 I S. 1022), Rdnr. 134 ff.
181 BMF vom 24.07.2013 (BStBl 2013 I S. 1022), Rz. 141.
182 BMF vom 13.01.2014 (BStBl 2014 I S. 97), Rdnr. 188 f.

§ 22 Nr. 5 Satz 8 EStG bestimmt, dass eine Leistung i. S. des § 22 Nr. 5 Satz 1 EStG auch in Höhe des Erstattungsbetrags vorliegt, wenn dem Steuerpflichtigen Abschluss- und Vertriebskosten eines Altersvorsorgevertrages erstattet werden. Hintergrund ist die Rechtsprechung des BFH zur Auswirkung dieser Erstattungen auf den Sonderausgabenabzug[183] und zur von ihm verneinten Frage, ob es sich dabei um sonstige Einkünfte des Versicherten handele (siehe 26.5). Da der Anbieter regelmäßig keine Kenntnis von den Erstattungsbeträgen hat, würden sich Unterschiede ergeben bei den Beträgen, die im Zulageantrag bescheinigt werden, und denen, für die ein Zulageanspruch besteht. Deshalb stellt die Besteuerung der Provisionserstattung beim Anleger als Einkunft nach § 22 Nr. 5 EStG sicher, dass – unabhängig davon, ob die Provisionserstattung auf den Altersvorsorgevertrag eingezahlt oder an den Anleger ausgezahlt wird – eine zutreffende steuerliche Erfassung möglich wird.

Durch das Gesetz zur verbesserten Einbeziehung der selbstgenutzten Wohnimmobilie in die geförderte Altersvorsorge (Eigenheimrentengesetz – ERG) sollen der Verbreitungsgrad und die Attraktivität der steuerlich geförderten Altersvorsorge mit Wirkung ab 2008 erhöht werden. Das wird erreicht durch eine Erweiterung der begünstigten Anlageprodukte in § 82 EStG und die Förderung von Darlehenstilgungen. Diese Altersvorsorgebeiträge werden wie die Sparbeiträge zugunsten eines zertifizierten Altersvorsorgevertrages steuerlich gefördert, wenn das Darlehen für eine nach dem 31.12.2007 vorgenommene wohnungswirtschaftliche Verwendung i. S. des § 92a Abs. 1 Satz 1 EStG in der Fassung des Eigenheimrentengesetzes genutzt wird. Wenn also Tilgungsleistungen i. H. von mindestens 4 % der maßgebenden Einnahmen (maximal 2.100 Euro abzüglich Zulage) in den Altersvorsorgevertrag mit Darlehenskomponente eingezahlt werden, wird dem Zulageberechtigten die ungekürzte Grundzulage i. H. von 154 Euro und Kinderzulagen von 185 Euro für vor dem 01.01.2008 geborene Kinder bzw. von 300 Euro für ab dem 01.01.2008 geborene Kinder gewährt. Die Altersvorsorgezulage bewirkt dann eine Sondertilgung. Die geförderten Tilgungsbeiträge, die hierfür gewährten Zulagen sowie der entnommene Altersvorsorge-Eigenheimbetrag werden in einem sog. **Wohnförderkonto** erfasst als Grundlage für die spätere **nachgelagerte Besteuerung**. Diese Besteuerung erfolgt durch eine Neufassung des § 22 Nr. 5 Satz 4 EStG sowie die Ergänzung um die Sätze 5 und 6. Danach wird die selbstgenutzte Wohnimmobilie nicht durch einen fiktiven Mietvorteil besteuert, sondern durch die Erfassung der in das Wohnförderkonto eingestellten Beträge.[184] Nach § 22 Nr. 5 Satz 4 EStG ist der sog. Verminderungsbetrag (§ 92a Abs. 2 Satz 4 EStG) nachgelagert zu besteuern. Dabei handelt es sich um den jährlichen Wert, um den das Wohnförderkonto vermindert wird; dieser ergibt sich durch die Verteilung des Betrags zu Beginn der Auszahlungsphase auf die Jahre bis zur Vollendung des 85. Lebensjahres. Nachgelagert besteuert wird auch der sog. Auflösungsbetrag nach § 92 Abs. 3 Satz 4 EStG. Dieser

---

183 BFH vom 02.03.2004 IX R 68/02 (BStBl 2004 II S. 506).
184 Vgl. zu den Einzelheiten BMF vom 24.07.2013 (BStBl 2013 I S. 1022), Rdnr. 161 ff., teilweise geändert durch BMF vom 13.01.2014 (BStBl 2014 I S. 97).

26.7 Leistungen aus Altersvorsorgeverträgen

Fall tritt bei einer steuerlich relevanten schädlichen Verwendung der geförderten Wohnimmobilie ein (siehe 26.7.3). Durch die Neuregelung des § 22 Nr. 5 Satz 5 und 6 EStG wird neben der planmäßigen Verteilung des Wohnförderkontos auch die Möglichkeit einer einmaligen Besteuerung eingeräumt. In diesem Fall wird der Wert des Wohnförderkontos nur zu 70 % bei der Ermittlung des zu versteuernden Einkommens berücksichtigt.

26.7.3 Schädliche Verwendung von Altersvorsorgevermögen

Das mit staatlicher Förderung während der Ansparphase angesammelte Kapital soll zwingend im Alter für eine Rentenzahlung verwendet werden.[185] Deshalb ist jede Verfügung darüber während der Anspar- und der Auszahlungsphase eine schädliche Verwendung (§ 93 EStG), die zur Rückzahlung der gewährten Steuervorteile (Zulagen, Sonderausgabenabzug) und gem. § 22 Nr. 5 Satz 3 EStG zur Versteuerung der auf das geförderte Altersvermögen entfallenden Zuwächse (Zinserträge, Kursgewinne) führt.[186] **Nicht schädlich** ist die zwischenzeitliche Verwendung für eine eigenen Wohnzwecken dienende Wohnung im eigenen Haus (§ 92a Abs. 1 EStG; zum Verfahren siehe § 92b EStG), die Übertragung des Kapitals auf einen anderen Altersvorsorgevertrag des Anlegers (§ 93 Abs. 2 EStG) und die Übertragung auf den Ehegatten im Rahmen einer Scheidungsfolgenvereinbarung.[187] Die Regelung in § 92a EStG (Altersvorsorge-Eigenheimbetrag) bedeutet, dass aus einem nach § 10a EStG oder Abschnitt XI EStG geförderten Altersvorsorgevermögen Beträge zwischen 10.000 Euro und 50.000 Euro für wohnungswirtschaftliche Zwecke unschädlich entnommen werden können. Voraussetzung ist, dass das entnommene Kapital bis zu Beginn der Auszahlungsphase in einen Altersvorsorgevertrag zurückgezahlt wird. Durch das Eigenheimrentengesetz wird § 92a EStG mit Wirkung ab 2008 neu gefasst. Wenn die Selbstnutzung der geförderten Wohnung aufgegeben wird, hat der Zulageberechtigte dies dem Anbieter anzuzeigen, der das Wohnförderkonto führt (§ 92a Abs. 3 Satz 1 und 2 EStG). Die Besteuerung erfolgt nach § 22 Nr. 5 Satz 4 EStG. Allerdings hat der Gesetzgeber in § 92a Abs. 3 Satz 9 EStG und in § 92a Abs. 4 EStG zahlreiche Ausnahmen zugelassen, sodass nur selten eine schädliche Verwendung vorliegt. Die steuerlichen Folgen der schädlichen Verwendung in der Auszahlungsphase hängen davon ab, ob sich der Zulageberechtigte für eine jährliche oder eine einmalige nachgelagerte Besteuerung entschieden hat (§ 22 Nr. 5 Satz 6 EStG).

Der Anbieter hat der Deutschen Rentenversicherung Bund die schädliche Verwendung mitzuteilen, die das zuständige Finanzamt unterrichtet (§§ 81, 94 EStG). In diesen Fällen wird zunächst die nach § 10a EStG bzw. Abschnitt XI EStG gewährte

---
185 Beispiele in BMF vom 13.01.2014 (BStBl 2014 I S. 97), Rdnr. 190.
186 BMF vom 24.07.2013 (BStBl 2013 I S. 1022), Rdnr. 217 ff. mit Beispielen.
187 BMF vom 24.07.2013 (BStBl 2013 I S. 1022), Rdnr. 179 ff., teilweise geändert durch BMF vom 13.01.2014 (BStBl 2014 I S. 97), mit Beispielen.

Förderung rückabgewickelt. Da es sich hier nicht mehr um geförderte Beträge i. S. des § 22 Nr. 5 Satz 1 EStG handelt, ordnet § 22 Nr. 5 Satz 2 EStG eine entsprechende Anwendung des § 22 Nr. 1 Satz 3 Buchst. a EStG an.

26.8 Rentenbezugsmitteilungen (§ 22a EStG)

Durch das AltEinkG wurde eine Meldepflicht der Versicherungsträger gegenüber der Deutschen Rentenversicherung Bund eingeführt für Leibrenten oder andere Leistungen nach § 22 Nr. 1 Satz 3 Buchst. a und § 22 Nr. 5 EStG. Durch diese in § 22a EStG enthaltenen Regelungen wird sichergestellt, dass die Finanzverwaltung Kenntnis von den Leistungen erlangt und damit deren Besteuerung sicherstellen kann.[188] Einzelheiten zum Verfahren für die Rentenbezugsmitteilungen sind im BMF-Schreiben vom 07.12.2011 (BStBl 2011 I S. 1223) geregelt.

Nach § 22a Abs. 4 EStG ist die zentrale Stelle bei der Deutschen Rentenversicherung Bund (§ 81 EStG) ermächtigt, bei den Mitteilungspflichtigen zu prüfen, ob sie ihre Pflichten nach § 22a Abs. 1 EStG erfüllt haben, also die Rentenbezugsmitteilungen richtig, vollständig und rechtzeitig übermittelt haben. Die Vorschriften der §§ 193 bis 203 AO gelten sinngemäß (§ 22a Abs. 4 Satz 2 EStG).

---

188 BMF vom 13.01.2014 (BStBl 2014 I S. 97), Rdnr. 188 f.

27 Entschädigungen und Einkünfte aus ehemaliger Tätigkeit (§ 24 EStG)

27.1 Allgemeines

Die Vorschrift des § 24 EStG begründet keine eigene Einkunftsart; sie ist lediglich eine **Ergänzung** der §§ 13 bis 23 EStG.[1] Im Wesentlichen stellt sie klar, dass auch die in den Nummern 1 bis 3 bezeichneten Einnahmen zu den Einkünften i. S. des § 2 Abs. 1 EStG gehören.

Die Einnahmen müssen nicht einer bestimmten Einkunftsart zugeordnet werden können. So fällt das Entgelt für die Einhaltung eines umfassenden Wettbewerbsverbots unter § 22 Nr. 3 EStG, wenn eine eindeutige Zuordnung zu den Einkünften aus § 15 EStG oder § 19 EStG nicht möglich ist. Die Anwendung des § 24 Nr. 1 Buchst. b EStG ist trotzdem möglich.[2]

Die Feststellung, ob eine Leistung als Entschädigung i. S. des § 24 Nr. 1 EStG angesehen werden kann, ist von besonderer Bedeutung, weil solche Entschädigungen begünstigt besteuert werden, wenn es sich dabei um außerordentliche Einkünfte handelt (§ 34 Abs. 2 Nr. 2 EStG; R 34.3 EStR; H 34.3 EStH; Einzelheiten siehe 32.4.3). Für die steuerliche Behandlung beim Leistenden ist diese Einordnung ohne Bedeutung.

27.2 Entschädigungen

27.2.1 Allgemeines

Unter einer Entschädigung i. S. des § 24 Nr. 1 EStG ist allgemein eine Zahlung oder sonstige Leistung zu verstehen, die unmittelbar dazu bestimmt ist, einen finanziellen Schaden auszugleichen, den der Steuerpflichtige infolge einer Beeinträchtigung der durch diese Vorschrift geschützten Güter erlitten hat. In dieser allgemeinen Bedeutung gilt der Entschädigungsbegriff gleichmäßig für alle in § 24 Nr. 1 Buchst. a bis c EStG aufgeführten Tatbestände.[3] Die beiden ersten Alternativen des § 24 Nr. 1 EStG sind in der Weise voneinander abzugrenzen, dass der Buchst. a Ersatzleistungen wegen oder infolge entgangener Einnahmen betrifft, die der Abgeltung und Abwicklung von Interessen aus dem bisherigen Rechtsverhältnis dienen. Demgegenüber erfasst der Buchst. b jegliche Gegenleistung, die „für" die Aufgabe oder Nichtausübung einer Tätigkeit – mithin als Gegenleistung für den Verzicht auf eine

---
1 BFH vom 12.06.1996 XI R 43/94 (BStBl 1996 II S. 516).
2 BFH vom 12.06.1996 XI R 43/94 (BStBl 1996 II S. 516).
3 BFH vom 13.02.1987 VI R 230/83 (BStBl 1987 II S. 386) und vom 08.08.1986 VI R 28/84 (BStBl 1987 II S. 106).

mögliche Einkunftserzielung – erbracht wird.[4] Die Finanzverwaltung hat im Schreiben vom 01.11.2013,[5] Zweifelsfragen im Zusammenhang mit der ertragsteuerlichen Behandlung von Entlassungsentschädigungen erläutert.

Entschädigungen i. S. des § 24 Nr. 1 EStG sind die Nettoentschädigungen. Anzusetzen sind jeweils die um die anteiligen Betriebsausgaben oder Werbungskosten geminderten Einnahmen. Abzuziehen sind insoweit allerdings Betriebsausgaben oder Werbungskosten nur, soweit sie in unmittelbarem Zusammenhang mit den betreffenden Einnahmen stehen.[6] Entschädigungen müssen nicht zwingend Geldleistungen sein, sondern können auch durch Sachleistungen erfolgen.[7]

27.2.2 Entschädigungen für entgangene oder entgehende Einnahmen

Die Annahme einer Entschädigung i. S. des § 24 Nr. 1 Buchst. a EStG setzt voraus, dass die Ersatzleistung zur Abgeltung eines Schadens gezahlt wird, der zum ersatzlosen Wegfall von Einnahmen innerhalb einer Einkunftsart geführt hat. Der Kern dieses Begriffs liegt in dem Schadensausgleich. Nach der Rechtsprechung kann von einem zu einem Schaden führenden Ereignis nur dann die Rede sein, wenn der Verlust der Einnahmen auf einen im Rahmen der Einkunftsart ungewöhnlichen Sachverhalt zurückzuführen ist, mit dem der Steuerpflichtige im Allgemeinen nicht rechnet. Dies gilt unter Anlegung eines strengen Maßstabs für unternehmerische, insbesondere gewerbliche Betätigungen. Eine Entschädigung liegt danach nicht vor, wenn der zur Ersatzleistung führende Sachverhalt sich als ein normaler und üblicher Geschäftsvorfall im Rahmen der jeweiligen unternehmerischen Einkunftsart darstellt.[8] Die an die Stelle der bisherigen Einnahmen tretende Ersatzleistung muss auf einer neuen Rechts- oder Billigkeitsgrundlage beruhen.[9]

Eine Entschädigung für entgangene oder entgehende Einnahmen liegt nicht vor, wenn sie auf Einnahmen aus Geschäftsvorfällen beruhen, die der laufenden Geschäftsführung zuzurechnen sind. Welche Geschäftsvorfälle im Einzelfall zur laufenden Geschäftsführung gehören, hängt maßgebend von der Art der Tätigkeit ab. Bei Steuerpflichtigen, die im Rahmen ihrer gewerblichen oder selbständigen Tätigkeit üblicherweise eine Vielzahl von Verträgen abschließen, gehören auch die Kündigung oder Auflösung einzelner Verträge sowie deren Abwicklung nach Leistungsstörungen zur laufenden Geschäftsführung. Eine Entschädigung i. S. von § 24 Nr. 1 Buchst. a EStG ist deshalb grundsätzlich noch nicht anzunehmen, wenn Scha-

---
4 BFH vom 12.06.1996 XI R 43/94 (BStBl 1996 II S. 516).
5 BMF vom 01.11.2013 (BStBl 2013 I S. 1326).
6 BFH vom 26.08.2004 IV R 5/03 (BStBl 2005 II S. 215).
7 BFH vom 22.01.2009 IV R 212/09 (BFH/NV 2009 S. 933).
8 BFH vom 06.03.2002 XI R 51/00 (BStBl 2002 II S. 516), vom 10.01.2001 XI R 54/00 (BStBl 2002 S. 181) und vom 16.04.1980 VI R 86/77 (BStBl 1980 II S. 393).
9 BFH vom 29.05.2008 IX R 55/05 (BFH/NV 2008 S. 1666) und vom 10.09.2003 XI R 9/02 (BStBl 2004 II S. 349).

densersatz oder Ausgleich für die Nichterfüllung eines (üblichen) Vertrags geleistet wird, einschließlich des entgangenen Gewinns.[10]

Wenn der Steuerpflichtige bei dem zum Einnahmeausfall führenden Ereignis selbst mitgewirkt hat, muss er bei Aufgabe seiner Rechte unter erheblichem rechtlichem, wirtschaftlichem oder tatsächlichem Druck gehandelt haben. Freiwilliges Mitwirken oder die Verwirklichung eigenen Strebens schließen Ersatz für entgangene oder entgehende Einnahmen aus.[11] Scheidet ein Arbeitnehmer auf Veranlassung des Arbeitgebers vorzeitig aus einem Dienstverhältnis aus, kann es sich bei den Leistungen des Arbeitgebers handeln um normal zu besteuernden Arbeitslohn gem. § 19 EStG, gegebenenfalls i. V. m. § 24 Nr. 2 EStG (siehe 27.3), um steuerbegünstigte Entschädigungen gem. § 24 Nr. 1 EStG i. V. m. § 34 Abs. 1 und 2 EStG und/oder um steuerbegünstigte Leistungen für eine mehrjährige Tätigkeit i. S. des § 34 EStG (siehe 32.4). Abfindungen sind grundsätzlich gem. § 24 Nr. 1 EStG i. V. m. § 34 Abs. 1 und 2 EStG zu versteuern, wenn es sich um eine Entschädigung handelt. Eine Leistung in Erfüllung eines bereits vor dem Ausscheiden begründeten Anspruchs des Empfängers ist keine Entschädigung. Die Entschädigung anlässlich der Entlassung aus dem Dienstverhältnis setzt den Verlust von Einnahmen voraus, mit denen der Arbeitnehmer rechnen konnte. Weder eine Abfindung noch eine Entschädigung i. S. des § 24 Nr. 1 EStG sind Zahlungen des Arbeitgebers, die bereits erdiente Ansprüche abgelten.[12]

Lebenslange Bar- oder Sachleistungen (z. B. Betriebsrenten) sind Einkünfte i. S. des § 24 Nr. 2 EStG, sodass sie nicht in den Anwendungsbereich des § 24 Nr. 1 Buchst. a EStG fallen.[13]

Streikunterstützungen sind weder Arbeitslohn noch Gegenleistung für eine Leistung nach § 22 Nr. 3 EStG noch eine Entschädigung in der Form des Ersatzes entgangener Einnahmen i. S. des § 24 Nr. 1 Buchst. a EStG, weil das Schaden stiftende Ereignis Streik der Sphäre der gewerkschaftlich organisierten Arbeitnehmer zuzuordnen ist.[14]

27.2.3 Entschädigungen für die Aufgabe oder Nichtausübung einer Tätigkeit

Die Entschädigung i. S. des § 24 Nr. 1 Buchst. b EStG ist eine Gegenleistung, die für den Verzicht auf eine mögliche Einkunftserzielung gezahlt wird. Die Annahme einer Entschädigung ist insoweit nicht schon deshalb ausgeschlossen, weil der Empfänger der Entschädigung einen der aufgezählten Tatbestände freiwillig verwirklicht oder zu seiner Verwirklichung beigetragen hat. Nach ihrem Sinn und Zweck geht

---

10 BFH vom 10.07.2012 VIII R 48/09 (BStBl 2013 II S. 155).
11 BFH vom 06.03.2002 XI R 51/00 (BStBl 2002 II S. 516).
12 BFH vom 15.10.2003 XI R 17/02 (BStBl 2004 II S. 264).
13 BFH vom 18.09.1967 IV S 288/62 (BStBl 1968 II S. 76).
14 BFH vom 24.10.1990 X R 161/88 (BStBl 1991 II S. 337).

die Vorschrift des § 24 Nr. 1 Buchst. b EStG gerade davon aus, dass der zur Entschädigung führende Tatbestand mit dem Willen oder zumindest der Zustimmung des Empfängers der Entschädigung verwirklicht wird.[15] Für die Annahme einer Entschädigung reicht es im Übrigen auch aus, dass der Schaden nicht unmittelbar durch die Aufgabe oder Nichtausübung einer Tätigkeit, sondern erst mittelbar dadurch eingetreten ist, dass durch die Aufgabe oder die Nichtausübung einer Tätigkeit Einnahmen wegfallen.[16] Ein danach anzunehmender Schaden ist auch dann zu bejahen, wenn anstelle der aufgegebenen oder nicht ausgeübten Tätigkeit eine andere gleichartige Tätigkeit ausgeübt wird.

Beispiel:
Eine Flugbegleiterin hat das Angebot der Fluggesellschaft A, gegen Zahlung einer Abfindung aus dem Arbeitsverhältnis auszuscheiden, angenommen. Sie hat im Anschluss an ihre Tätigkeit bei der Fluggesellschaft A eine entsprechend bezahlte Tätigkeit als Flugbegleiterin bei einer anderen Fluggesellschaft aufgenommen. Die gezahlte Abfindung stellt eine Entschädigung i. S. des § 24 Nr. 1 Buchst. b EStG dar.[17]

Der Annahme einer Entschädigung i. S. des § 24 Nr. 1 Buchst. b EStG steht es auch nicht entgegen, dass für die Aufgabe oder Nichtausübung einer Tätigkeit von vornherein bestimmte Zahlungen dem Grunde und der Höhe nach festgelegt sind.

Beispiel:
Sachverhalt wie zuvor. Der Flugbegleiterin stand jedoch tarifvertraglich das Optionsrecht zu, nach Vollendung des 32. Lebensjahres gegen Zahlung einer Abfindung aus dem Arbeitsverhältnis mit der Fluggesellschaft auszuscheiden.
Die gezahlte Abfindung stellt auch in diesem Fall eine Entschädigung i. S. des § 24 Nr. 1 Buchst. b EStG dar.[18]

Wenn es auch für die Annahme einer Entschädigung i. S. des § 24 Nr. 1 Buchst. b EStG ohne Bedeutung ist, dass der Steuerpflichtige eine andere gleichartige Tätigkeit ausübt, so kann eine Entschädigung für die Aufgabe einer bestimmten Tätigkeit jedoch nur angenommen werden, wenn die konkrete Tätigkeit endgültig nicht mehr ausgeübt wird. Etwas anderes gilt insoweit allerdings für eine Entschädigung für die Nichtausübung einer bestimmten Tätigkeit. Die Annahme einer solchen Entschädigung setzt nicht voraus, dass auf die Ausübung einer bestimmten Tätigkeit endgültig verzichtet wird. Insoweit reicht auch ein zeitlich befristeter Verzicht auf die Ausübung einer bestimmten Tätigkeit aus. Auch Zahlungen für ein vereinbartes Wettbewerbsverbot können daher als Entschädigung für die Nichtausübung einer bestimmten Tätigkeit anzusehen sein. Im Gegensatz zu § 24 Nr. 1 Buchst. a EStG muss das Wettbewerbsverbot nicht auf einer neuen Rechtsgrundlage beruhen.[19]

---

15 BFH vom 14.02.1984 VIII R 126/82 (BStBl 1984 II S. 580).
16 BFH vom 08.08.1986 VI R 28/84 (BStBl 1987 II S. 106).
17 BFH vom 08.08.1986 VI R 28/84 (BStBl 1987 II S. 106).
18 BFH vom 08.08.1986 VI R 28/84 (BStBl 1987 II S. 106).
19 BFH vom 16.03.1993 XI R 10/92 (BStBl 1993 II S. 497).

27.2 Entschädigungen

§ 24 Nr. 1 Buchst. b EStG ist auch anwendbar auf Zahlungen, die für die Nichtausübung einer Tätigkeit (Karenzentschädigung) als vertragliche Hauptpflicht vereinbart worden sind.[20]

Beispiel:

A ist Gesellschafter-Geschäftsführer einer GmbH. Das Anstellungsverhältnis wird auf Veranlassung der GmbH einvernehmlich aufgehoben. Als Ausgleich für den Verlust des Arbeitsplatzes erhält A eine vertragliche Abfindung von 450.000 €. Zugleich verpflichtet er sich gegenüber der GmbH in einem weiteren Vertrag gegen Zahlung eines als Karenzentschädigung bezeichneten Betrags von 255.000 €, für die Dauer von 5 Jahren nach Beendigung des Arbeitsverhältnisses nicht für ein bestimmtes Konkurrenzunternehmen tätig zu werden, und zwar weder als Arbeitnehmer noch direkt oder indirekt selbständig. Das Entgelt von 255.000 € fällt unter § 24 Nr. 1 Buchst. b EStG, obwohl es nicht für den Verzicht auf eine bestimmte Tätigkeit gezahlt wird und obwohl es als vertragliche Hauptleistungspflicht vereinbart worden ist.

27.2.4 Entschädigungen für die Aufgabe einer Gewinnbeteiligung oder einer entsprechenden Anwartschaft

Unter einer Gewinnbeteiligung sind alle Beteiligungen an einem Unternehmen zu verstehen, die auch das Recht auf einen bestimmten Anteil an den Gewinnen umfassen, die von dem Unternehmen erzielt werden. Auch eine Beteiligung des stillen Gesellschafters ist in diesem Sinne selbst dann eine Gewinnbeteiligung, wenn es sich um eine typische stille Gesellschaft handelt.[21] Auch Genussscheine dürften in diesem Sinne als Gewinnbeteiligungen anzusehen sein. Etwas anderes gilt allerdings wohl für ein sog. partiarisches Darlehen, bei dem der Zins in Form von Gewinnanteilen gezahlt wird. Der gewinnabhängige Tantiemeanspruch eines leitenden Angestellten ist keine Gewinnbeteiligung.[22]

Hinsichtlich des Entschädigungsbegriffs und der Voraussetzungen für die Annahme einer Entschädigung i. S. des § 24 Nr. 1 Buchst. b EStG gelten die Ausführungen zu 27.2.3 entsprechend.

Beispiel:

A überträgt dem B gegen Zahlung eines einmaligen Betrages das Gewinnbezugsrecht aus den ihm gehörenden Anteilen an der X-AG für die Dauer von 8 Jahren.

Eine Entschädigung für die Aufgabe einer Gewinnbeteiligung i. S. des § 24 Nr. 1 Buchst. b EStG liegt nicht vor, weil die Gewinnbeteiligung nicht endgültig aufgegeben worden ist.

Im Übrigen findet die Vorschrift des § 24 Nr. 1 Buchst. b EStG auch schon aus dem Grunde keine Anwendung, weil der Betrag nach § 20 Abs. 2 Satz 1 Nr. 2 EStG zu den Einkünften aus Kapitalvermögen gehört (siehe 24.2.12).

---

20 BFH vom 23.02.1999 IX R 86/95 (BStBl 1999 II S. 590).
21 BFH vom 14.02.1984 VIII R 126/82 (BStBl 1984 II S. 580).
22 BFH vom 10.10.2001 XI R 50/99 (BStBl 2002 II S. 347).

27 Entschädigungen und Einkünfte aus ehemaliger Tätigkeit

27.2.5 Ausgleichszahlungen an Handelsvertreter nach § 89b HGB

Zu den Einkünften des § 24 Nr. 1 Buchst. c EStG gehören nur Ausgleichszahlungen an Handelsvertreter nach § 89b HGB.[23] Der Anspruch des Handelsvertreters aus der Wettbewerbsabrede gem. § 90a HGB ist keine Entschädigung i. S. des § 24 Nr. 1 Buchst. c EStG. Zahlungen, die ein Nachfolgevertreter seinem Vorgänger aufgrund eines selbständigen Vertrages leistet, um dessen Handelsvertretung oder Teile davon zu erwerben, sind keine Entschädigung i. S. des § 24 Abs. 1 Buchst. c EStG.[24] Wie Ausgleichszahlungen an Handelsvertreter sind auch Ausgleichszahlungen zu behandeln, die ein Kommissionsagent in sinngemäßer Anwendung des § 89b HGB erhält;[25] das Gleiche gilt für Kfz-Vertragshändler, die im eigenen Namen und auf eigene Rechnung handeln.[26] Eine Ausgleichszahlung i. S. des § 24 Abs. 1 Buchst. c EStG setzt voraus, dass Rechtsgrundlage der Zahlung § 89b HGB bzw. eine analoge Anwendung dieser Vorschrift ist.[27]

Die Ausgleichszahlungen gem. § 89b HGB gehören zum laufenden, der Gewerbesteuer unterliegenden Gewinn, sodass die Bedeutung des § 24 Nr. 1 Buchst. c EStG allein darin liegt, dass auf die Zahlungen der ermäßigte Tarif des § 34 Abs. 2 Nr. 2 EStG anzuwenden ist. Wenn der Verpflichtung zum Unterlassen von Wettbewerb eine eigenständige wirtschaftliche Bedeutung zukommt, kann es sich um eine nicht der Gewerbesteuer unterliegende sonstige Leistung i. S. des § 22 Nr. 3 EStG handeln.[28]

27.3 Nachträgliche Einkünfte

27.3.1 Allgemeines

Als nachträgliche Einkünfte sind nach § 24 Abs. 1 Nr. 2 EStG Einkünfte aus einer ehemaligen Tätigkeit i. S. des § 2 Abs. 1 Nr. 1 bis 4 EStG und Einkünfte aus einem früheren Rechtsverhältnis i. S. des § 2 Abs. 1 Nr. 5 bis 7 EStG zu erfassen. Zu erfassen sind diese nachträglichen Einkünfte auch, wenn sie nicht mehr dem Steuerpflichtigen zufließen, der die ehemalige Tätigkeit ausgeübt bzw. das frühere Rechtsverhältnis begründet hat. Sie sind in diesem Fall dem Rechtsnachfolger zuzurechnen. § 24 Nr. 2 EStG begründet also auch eine subjektive Steuerpflicht des Rechtsnachfolgers.

Zwischen den Einkünften aus einer ehemaligen Tätigkeit i. S. des § 2 Abs. 1 Nr. 1 bis 4 EStG und den Einkünften aus einem früheren Rechtsverhältnis i. S. des § 2

---
23 BFH vom 20.07.1988 I R 250/83 (BStBl 1988 II S. 936).
24 BFH vom 13.01.1993 X R 86/91 (BFH/NV 1993 S. 412).
25 BFH vom 09.10.1996 XI R 71/95 (BStBl 1997 II S. 236).
26 BFH vom 12.10.1999 VIII R 21/97 (BStBl 2000 II S. 220).
27 BFH vom 12.10.1999 VIII R 21/97 (BStBl 2000 II S. 220).
28 BFH vom 02.04.2008 X R 61/06 (BFH/NV 2008 S. 1491).

27.3 Nachträgliche Einkünfte

Abs. 1 Nr. 5 bis 7 EStG ist grundsätzlich zu unterscheiden, weil die Behandlung dieser beiden Arten von nachträglichen Einkünften nicht einheitlich ist.

In beiden Fällen sind nur die nachträglichen **Einkünfte** zu erfassen. Zur Ermittlung der nachträglichen Einkünfte sind von den nachträglichen Einnahmen etwaige damit zusammenhängende Betriebsausgaben oder Werbungskosten abzusetzen (H 24.2 EStH).

27.3.2 Einkünfte aus ehemaligen Tätigkeiten

Einkünfte aus einer ehemaligen Tätigkeit i. S. des § 24 Nr. 2 EStG sind Einkünfte aus Land- und Forstwirtschaft, Gewerbebetrieb, selbständiger und nichtselbständiger Arbeit.

Als Einnahmen aus einer ehemaligen Tätigkeit sind also alle Einnahmen zu erfassen, die in wirtschaftlichem Zusammenhang mit einer ehemaligen Tätigkeit i. S. des § 2 Abs. 1 Nr. 1 bis 4 EStG stehen. Zugeflossene Beträge, die nach den Gewinnermittlungsvorschriften bereits früher als Teil der Gewinne aus Land- und Forstwirtschaft, Gewerbebetrieb oder selbständiger Arbeit erfasst worden sind, stellen jedoch keine Einnahmen aus einer ehemaligen Tätigkeit dar.

Beispiel:
A hat seinen Gewerbebetrieb im Jahr 01 für 250.000 € veräußert. Der Veräußerungspreis ist vom Erwerber in 5 Raten zu je 50.000 € zu zahlen.
Die einzelnen Ratenzahlungen stellen keine Einnahmen aus der ehemaligen gewerblichen Tätigkeit des A dar, weil die zugrunde liegende Kaufpreisforderung bereits bei der Ermittlung des Veräußerungsgewinns zu berücksichtigen war.

Zugeflossene Beträge, die nach den Gewinnermittlungsvorschriften gewinnneutral zu behandeln wären, können auch nicht als Einnahmen aus einer ehemaligen Tätigkeit erfasst werden.

Beispiel:
A hat zum 01.04.01 seinen gewerblichen Betrieb gegen Zusage einer lebenslänglichen Leibrente von monatlich 2.000 € an B veräußert. Im Veräußerungszeitpunkt lautete das buchmäßige Kapitalkonto des A auf 120.000 €. Veräußerungskosten waren von A nicht zu tragen. A hat die nachträgliche Besteuerung des Veräußerungsgewinns gewählt (siehe R 16 Abs. 11 Satz 6 EStR).
Die laufenden Rentenzahlungen waren bis zur Höhe von 120.000 € als gewinnneutrale Zuflüsse und damit auch nicht als nachträgliche Einnahmen aus Gewerbebetrieb zu behandeln. Erst die ab dem 01.04.06 gezahlten und zu zahlenden Rentenbeträge sind in voller Höhe als nachträgliche Einnahmen zu erfassen (siehe 20.4).

Zur Anwendung des § 24 Nr. 2 EStG auf Abstandszahlungen im Rahmen der vorweggenommenen Erbfolge siehe 26.1.

Zu den Einnahmen aus einer ehemaligen Tätigkeit gehören insbesondere alle Einnahmen, die ein Entgelt für die im Rahmen der ehemaligen Tätigkeit erbrachten Leistungen darstellen (R 24.2 EStR).

Durch die ehemalige Tätigkeit veranlasste Aufwendungen können als nachträgliche Betriebsausgaben zu berücksichtigen sein, wenn und soweit sie nach den Gewinnermittlungsvorschriften nicht bereits früher zulasten der Gewinne aus Land- und Forstwirtschaft, Gewerbebetrieb oder selbständiger Arbeit zu berücksichtigen waren.

Liegt im Zusammenhang mit der Inanspruchnahme der Leistungen nach dem Gesetz zur Förderung der Einstellung der landwirtschaftlichen Erwerbstätigkeit (FELEG) vom 21.02.1989 (BStBl 1989 I S. 116) eine Betriebsaufgabe vor, sind die steuerpflichtigen Teile (vgl. § 3 Nr. 27 EStG) der Produktionsaufgaberente nachträgliche Einkünfte aus Land- und Forstwirtschaft (§ 13 Abs. 2 Nr. 3, § 24 Nr. 2 EStG).

Als nachträgliche Betriebsausgaben können allerdings auch gezahlte Betriebssteuern abgezogen werden, wenn bei Gewinnermittlung nach § 4 Abs. 3 EStG auf den Zeitpunkt der Betriebsaufgabe eine Schlussbilanz nicht erstellt wurde und dies nicht zur Erlangung ungerechtfertigter Steuervorteile geschah.[29]

Schuldzinsen für betrieblich begründete Verbindlichkeiten können nachträgliche Betriebsausgaben sein, soweit die Verbindlichkeiten nicht durch den Veräußerungserlös oder durch Verwertung von Aktivvermögen beglichen werden konnten.[30] In diesen Fällen besteht die betriebliche Veranlassung der nicht erfüllten Verbindlichkeit fort. Sie müssen aber während des Bestehens des Betriebs begründet worden sein.[31] Das ist insbesondere nicht der Fall, wenn sie im Zusammenhang mit der Aufgabe des Betriebs stehen.[32]

Schuldzinsen im Zusammenhang mit einer im Privatvermögen gehaltenen Beteiligung i. S. des § 17 EStG können unter den gleichen Voraussetzungen wie nachträgliche Betriebsausgaben bei den Einkünften aus Kapitalvermögen abgezogen werden, soweit sie auf Zeiträume nach der Beteiligung oder nach der Auflösung der Kapitalgesellschaft entfallen.[33]

27.3.3 Einkünfte aus einem früheren Rechtsverhältnis

Als Einnahmen aus einem früheren Rechtsverhältnis i. S. des § 2 Abs. 2 Nr. 5 bis 7 EStG sind alle Einnahmen zu erfassen, die ihre Grundlage in dem früheren Rechtsverhältnis haben und die, falls das Rechtsverhältnis noch fortbestünde, als im Rahmen einer der Einkunftsarten des § 2 Abs. 1 Nr. 5 bis 7 EStG zugeflossen anzusehen wären.

---

29 BFH vom 13.05.1980 VIII R 84/79 (BStBl 1980 II S. 692); H 24.2 EStH.
30 BFH vom 31.07.2002 X R 48/99 (BStBl 2003 II S. 282).
31 BFH vom 08.06.2000 IV R 39/99 (BStBl 2000 II S. 670).
32 BFH vom 12.11.1997 XI R 98/96 (BStBl 1998 II S. 144).
33 BFH vom 29.10.2013 VIII R 13/11 (BStBl 2014 II S. 251) und vom 05.02.2014 X R 5/11 (noch nicht veröffentlicht).

27.3 Nachträgliche Einkünfte

Beispiel:
Ein Steuerpflichtiger hat im Vorjahr sein zum Privatvermögen gehörendes Mietwohngrundstück veräußert. In diesem Jahr zahlt ihm der Mieter noch einen aus dem Vorjahr rückständigen Mietbetrag.
Die nachträgliche Mietzahlung gehört zu den Einkünften aus Vermietung und Verpachtung.

Auch insoweit können nachträgliche Werbungskosten anfallen. Als nachträgliche Werbungskosten kommen jedoch nur Ausgaben in Betracht, die auf die Zeit vor Beendigung des früheren Rechtsverhältnisses entfallen. Ausgaben, die auf die Zeit nach Beendigung des früheren Rechtsverhältnisses entfallen, können danach selbst dann nicht als nachträgliche Werbungskosten berücksichtigt werden, wenn sie in wirtschaftlichem Zusammenhang mit dem früheren Rechtsverhältnis stehen.

Beispiele:
a) A hat gegen den Mieter einer ihm gehörenden Eigentumswohnung auf Räumung geklagt, weil dieser die vereinbarte Miete wiederholt nicht gezahlt hatte. Im Mai 01 hat der Mieter die Wohnung geräumt, nachdem zuvor ein gerichtlicher Vergleich abgeschlossen worden war, in welchem die entstandenen Verfahrenskosten gegeneinander aufgerechnet wurden. Im Juni 01 hat A die von ihm zu tragenden Verfahrenskosten an seinen Rechtsanwalt und die Gerichtskasse überwiesen.
Die überwiesenen Beträge können als nachträgliche Werbungskosten abgesetzt werden, weil sie nicht auf die Zeit nach Beendigung des Mietverhältnisses entfallen.
b) B hat im April 01 sein Zweifamilienhaus an C veräußert. Das wirtschaftliche Eigentum an dem Grundstück ist am 01.05.01 auf C übergegangen. Für einen zur Finanzierung von größeren Reparaturen aufgenommenen Bankkredit hat B am 01.07.01 Schuldzinsen i. H. von 1.200 € gezahlt, die i. H. von 400 € auf die Monate Mai und Juni 01 entfallen.
Als nachträgliche Werbungskosten kann A nur die Schuldzinsen absetzen, die auf die Zeit vor der Übertragung des wirtschaftlichen Eigentums auf C entfallen.[34] Die auf die Monate Mai und Juni 01 entfallenden Zinsen sind daher nichtabzugsfähig (siehe auch 26.4.2).

Zu § 101 BGB bei der Zurechnung von Einkünften aus Kapitalvermögen siehe 24.2.12.

27.3.4 Nachträgliche Einkünfte des Rechtsnachfolgers

Einnahmen aus einer ehemaligen Tätigkeit bzw. aus einem früheren Rechtsverhältnis sind auch dann als nachträgliche Einnahmen zu erfassen, wenn sie dem Steuerpflichtigen als Rechtsnachfolger zufließen.

Hier hat der Rechtsvorgänger eine Tätigkeit ausgeübt oder ein Rechtsverhältnis begründet, aber noch nicht den durch den Zufluss von Einnahmen vollendeten Steuertatbestand verwirklicht. Der Rechtsnachfolger hat zwar Einnahmen, verwirklicht aber nicht den Steuertatbestand. Diese Besteuerungslücke schließt § 24 Nr. 2 EStG

---
34 BMF vom 03.05.2006 (BStBl 2006 I S. 363).

dadurch, dass die dem Rechtsnachfolger zufließenden Einnahmen diesem als „Steuerpflichtigem" zugerechnet werden. Die Einkünfte des Rechtsvorgängers werden also nicht nachträglich erhöht.[35]

Als Rechtsnachfolger ist insoweit nicht nur der Gesamtrechtsnachfolger, sondern auch der Einzelrechtsnachfolger anzusehen. Dabei kommt es nicht darauf an, ob eine Einzelrechtsnachfolge auch im bürgerlich-rechtlichen Sinne anzunehmen ist. Es genügt vielmehr, dass der Steuerpflichtige die Grundlage der ihm zufließenden Einnahmen wirtschaftlich von demjenigen ableiten kann, der die ehemalige Tätigkeit ausgeübt oder das frühere Rechtsverhältnis begründet hat.[36]

Beispiel:

Die Witwe eines selbständigen Versicherungsvertreters erhält von einem Versicherungsunternehmen im Hinblick auf die frühere Tätigkeit ihres verstorbenen Ehemanns auf Lebenszeit laufende Versorgungsleistungen.

Es handelt sich um nachträgliche Einkünfte aus Gewerbebetrieb, die der Witwe als Rechtsnachfolgerin ihres verstorbenen Ehemanns zufließen und von ihr im Jahr des Zuflusses in voller Höhe zu versteuern sind (vgl. auch 22.6).

Rechtsnachfolger von Arbeitnehmern gelten selbst als Arbeitnehmer, soweit sie Arbeitslohn aus einem früheren Dienstverhältnis ihres Rechtsvorgängers beziehen, z. B. die Witwe eines Beamten.

Dem Rechtsnachfolger zufließende nachträgliche Einkünfte sind nach den in seiner Person liegenden Besteuerungsmerkmalen zu versteuern.

27.4 Nutzungsvergütungen

Zu den Einkünften i. S. des § 2 Abs. 1 EStG gehören auch **Nutzungsvergütungen** für die Inanspruchnahme von Grundstücken für öffentliche Zwecke (z. B. Enteignungsentschädigungen) sowie **Zinsen** auf solche Nutzungsvergütungen und auf Entschädigungen, die mit der Inanspruchnahme von Grundstücken für öffentliche Zwecke zusammenhängen (§ 24 Nr. 3 EStG). Diese Nutzungsvergütungen und die darauf gezahlten Zinsen sind tarifbegünstigte außerordentliche Einkünfte i. S. des § 34 Abs. 2 Nr. 3 EStG. Es sind die gesamten Vergütungen begünstigt, wenn sie für mehr als 3 Jahre nachgezahlt werden.[37] Der Zweck des § 24 Nr. 3 EStG besteht in der Abgrenzung der Vergütungen von den übrigen Einkünften, um auf sie den Steuersatz des § 34 Abs. 2 Nr. 3 EStG anwenden zu können. Die Steuerpflicht wird dadurch nicht erweitert.[38]

---

35 BFH vom 24.01.1996 X R 14/94 (BStBl 1996 II S. 287).
36 BFH vom 25.01.1994 VIII B 111/93 (BStBl 1994 II S. 455).
37 BFH vom 19.04.1994 IX R 19/90 (BStBl 1994 II S. 640).
38 BFH vom 17.05.1995 X R 64/92 (BStBl 1995 II S. 640).

28 Ermittlung des Gesamtbetrags der Einkünfte

28.1 Allgemeines

Gemäß § 2 Abs. 3 EStG ist die Summe der Einkünfte, vermindert um den Altersentlastungsbetrag, den Entlastungsbetrag für Alleinerziehende und den Abzug nach § 13 Abs. 3 EStG, der Gesamtbetrag der Einkünfte.

Seit dem Veranlagungszeitraum 2009 ist die Vorschrift auch für beschränkt Steuerpflichtige anzuwenden, da sie nicht mehr in § 50 Abs. 1 Satz 3 EStG ausgeschlossen wird.

28.2 Altersentlastungsbetrag (§ 24a EStG)

Die einkommensteuerliche Begünstigung von Alterseinkünften ist in verschiedenen Vorschriften des EStG geregelt. Die als Leibrenten zufließenden Altersruhegelder der Arbeitnehmer und die sonstigen privaten Leibrenten unterliegen als sonstige Einkünfte des § 22 Nr. 1 Satz 3 Buchst. a EStG nur mit ihrem Ertragsanteil der Einkommensteuer, während bei Versorgungsbezügen, die als Arbeitslohn zufließen, ein besonderer Versorgungsfreibetrag nach Maßgabe des § 19 Abs. 2 EStG gewährt wird. Die Vorschrift des § 24a EStG ergänzt diese Regelungen durch Gewährung eines Altersentlastungsbetrags für solche Steuerpflichtige, deren Alterseinkünfte nicht in Altersruhegeld oder Pensionen, sondern z. B. in Vermietungs-, Gewinneinkünften oder auch in laufendem Arbeitslohn bestehen. Die durch das Alterseinkünftegesetz ab 2005 neu geregelte Besteuerung der Altersbezüge (siehe 26.3.4) wirkt sich auch auf den Altersentlastungsbetrag aus. Da das Besteuerungssystem über einen Zeitraum von 35 Jahren umgestellt wird, wird der Altersentlastungsbetrag wie der Versorgungsfreibetrag (siehe 23.5) und der Arbeitnehmer-Pauschbetrag (siehe 15.4.2) in Stufen gesenkt. Entsprechend seiner relativen Höhe von 40 % des Arbeitslohns und der **positiven** Summe der Einkünfte, die nicht solche aus nichtselbständiger Arbeit sind, erfolgt die Senkung in den ersten 15 Jahren mit jährlich 1,6 Prozentpunkten und in den nachfolgenden 20 Jahren mit jährlich 0,8 Prozentpunkten bis auf 0 Euro im Jahr 2040. Die Umstellung erfolgt wie bei den anderen Alterseinkünften nach dem sog. Kohortenprinzip, d. h., das auf die Vollendung des 64. Lebensjahres folgende Jahr ist maßgebend für den anzuwendenden Prozentsatz und den Höchstbetrag. Im Gegensatz zu den Renten und den Versorgungsbezügen wird aber kein lebenslanger Freibetrag festgeschrieben, weil die zugrunde liegenden Einkünfte schwanken können. Der Jahreshöchstbetrag wird zu Beginn der Umstellungsphase auf einen durch 50 teilbaren Betrag festgesetzt (1.900 Euro). Die für das jeweilige Jahr maßgebenden Werte für den Prozentsatz und den Höchstbetrag sind im Gesetz festgeschrieben (§ 24a Satz 5 EStG).

28 Ermittlung des Gesamtbetrags der Einkünfte

Ein Lebensjahr wird mit Ablauf des Tages vollendet, der dem Tag der Wiederkehr des Geburtstages vorausgeht (§ 108 Abs. 1 AO, § 187 Abs. 2 Satz 2, § 188 Abs. 2 BGB). Damit vollendet ein am 01.01. eines Jahres geborener Steuerpflichtiger sein Lebensjahr bereits mit Ablauf des 31.12. des vorangegangenen Jahres. Somit erhalten beispielsweise Steuerpflichtige für das Kalenderjahr 2013 den Altersentlastungsbetrag, wenn sie vor dem 02.01.1949 geboren sind. Wer vor dem 02.01.1941 geboren wurde, vollendete also 2004 das 64. Lebensjahr, sodass der Altersentlastungsbetrag von 40 % der übrigen Alterseinkünfte bis zu einem Höchstbetrag von 1.900 Euro gewährt wird (erste Zeile der Tabelle in § 24a Satz 5 EStG). Wer nach dem 01.01.1975 geboren ist, erhält keinen Altersentlastungbetrag (letzte Zeile der Tabelle in § 24a Satz 5 EStG).

Die Vorschriften der § 19 Abs. 2, § 22 Nr. 1 Satz 3 Buchst. a und § 24a EStG stehen nicht in Konkurrenz zueinander. Sie können nebeneinander angewendet werden, wenn dazu die Voraussetzungen vorliegen.

Beispiel:
Ein Steuerpflichtiger bezieht seit 2012 ein Altersruhegeld aus der gesetzlichen Rentenversicherung, außerdem erhält er von seinem Arbeitgeber eine Betriebsrente. Zusätzlich bezieht er laufenden Arbeitslohn aus einem gegenwärtig ausgeübten Dienstverhältnis und positive Einkünfte aus Vermietung und Verpachtung.
Das Altersruhegeld ist mit dem Besteuerungsanteil des § 22 Nr. 1 Satz 3 Buchst. a Doppelbuchst. aa EStG mit 64 % zu besteuern, auf die Betriebsrente sind der Versorgungsfreibetrag und der Zuschlag dazu nach § 19 Abs. 2 EStG anzurechnen und für die übrigen Einkünfte (laufender Arbeitslohn und Einkünfte aus Vermietung und Verpachtung) ist der Altersentlastungsbetrag nach § 24a EStG zu berücksichtigen.

Der Altersentlastungsbetrag beeinflusst nicht die Einkünfte, sondern ist von der Summe der Einkünfte bei der Ermittlung des Gesamtbetrags der Einkünfte abzuziehen. Zur Bemessungsgrundlage gehören der Arbeitslohn und die positive Summe der anderen Einkünfte, auch tarifbegünstigte Einkünfte i. S. des § 34 EStG sind einzubeziehen.[1] Bei der Berechnung des Altersentlastungsbetrags sind Einkünfte aus Land- und Forstwirtschaft nicht um den Freibetrag nach § 13 Abs. 3 EStG zu kürzen.[2] Versorgungsbezüge i. S. des § 19 Abs. 2 EStG, Einkünfte aus Leibrenten i. S. des § 22 Nr. 1 Satz 3 Buchst. a EStG, Einkünfte i. S. des § 22 Nr. 4 Satz 4 Buchst. b EStG, Einkünfte i. S. des § 22 Nr. 5 Satz 1 EStG, soweit § 52 Abs. 34c EStG anzuwenden ist, sowie Einkünfte i. S. des § 22 Nr. 5 Satz 2 Buchst. a EStG bleiben bei der Bemessung des Betrags außer Betracht, nicht dagegen alle anderen Leistungen nach § 22 Nr. 5 EStG. Kapitalerträge, die nach § 32d Abs. 1 und § 43 Abs. 5 EStG dem gesonderten Steuertarif für Einkünfte aus Kapitalvermögen unterliegen, sind in die Berechnung des Altersentlastungsbetrags nicht einzubeziehen.[3]

---

1 BFH vom 14.07.2010 X R 61/08 (BStBl 2010 II S. 1011).
2 R 24a Abs. 1 Satz 1 EStR.
3 R 24a Abs. 1 Satz 2 EStR.

28.2 Altersentlastungsbetrag

Beispiel:

Ein Steuerpflichtiger, der 2011 das 64. Lebensjahr vollendete, hat im Kalenderjahr 2012 bezogen

Arbeitslohn		28.000 €
darin enthalten:		
Versorgungsbezüge i. H. von	12.000 €	
Einkünfte aus Kapitalvermögen (die Erträge unterliegen dem gesonderten Tarif nach § 32d Abs. 1 EStG)		1.000 €
Einkünfte aus Vermietung und Verpachtung		– 3.000 €
Einkünfte aus privaten Veräußerungsgeschäften		2.500 €

Der Altersentlastungsbetrag beträgt 28,8 % des Arbeitslohns (28.000 € ./. 12.000 € = 16.000 €), das sind 4.608 €, höchstens jedoch 1.368 €. Die Einkünfte aus Kapitalvermögen bleiben außer Betracht, da die Kapitalerträge dem nach § 32d Abs. 1 EStG gesonderten Tarif für Einkünfte aus Kapitalvermögen unterliegen. Die Einkünfte aus Vermietung und Verpachtung und die sonstigen Einkünfte, die auf privaten Veräußerungsgeschäften beruhen (§ 22 Nr. 2, § 23 Abs. 1 EStG), werden bei der Berechnung des Altersentlastungsbetrags nicht berücksichtigt, weil ihre Summe negativ ist (./. 3.000 € + 2.500 € = ./. 500 €).

Da der Altersentlastungsbetrag vom nicht in Versorgungsbezügen i. S. des § 19 Abs. 2 EStG bestehenden **Arbeitslohn** und nicht von den Einkünften aus nichtselbständiger Arbeit berechnet wird, kann er bereits beim Lohnsteuerabzug durch den Arbeitgeber berücksichtigt werden (§ 39b Abs. 2 Satz 3 EStG).

Werden in eine Veranlagung Einkünfte aus nichtselbständiger Arbeit einbezogen, so scheiden diese aus der Bemessungsgrundlage für die Berechnung des Altersentlastungsbetrags aus; an die Stelle der Einkünfte aus nichtselbständiger Arbeit tritt der nicht in Versorgungsbezügen i. S. des § 19 Abs. 2 EStG bestehende Arbeitslohn.

Beispiel:

Ein Steuerpflichtiger, der die altersmäßige Voraussetzung des § 24a EStG erfüllt, erzielte neben Einkünften aus Leibrenten i. S. des § 22 Nr. 1 Satz 3 Buchst. a EStG im Veranlagungszeitraum 2012

a) aus einem gegenwärtigen Dienstverhältnis einen Bruttoarbeitslohn i. H. von 6.000 €,

b) aus Vermietung und Verpachtung i. S. des § 21 EStG Einkünfte i. H. von 1.000 €.

Der Altersentlastungsbetrag beträgt 28,8 % des Arbeitslohns (6.000 €) zzgl. der positiven Einkünfte aus Vermietung und Verpachtung (1.000 €), somit 28,8 % von 7.000 € = 2.016 €, höchstens jedoch 1.368 €. Die Einkünfte aus Leibrenten i. S. des § 22 Nr. 1 Satz 3 Buchst. a EStG bleiben bei der Bemessung des Altersentlastungsbetrags außer Betracht.

Im Übrigen kommt es bei der Berechnung des Altersentlastungsbetrags auf **die positive Summe der Einkünfte** an, die nicht solche aus nichtselbständiger Arbeit und nicht Einkünfte i. S. des § 22 Nr. 1 Satz 3 Buchst. a EStG, Einkünfte i. S. des § 22 Nr. 4 Satz 4 Buchst. b EStG, Einkünfte i. S. des § 22 Nr. 5 Satz 1 EStG, soweit § 52

Abs. 34c EStG anzuwenden ist, sowie Einkünfte i. S. des § 22 Nr. 5 Satz 2 Buchst. a EStG sind; ein Freibetrag nach § 13 Abs. 3 EStG bleibt außer Betracht.[4]

Beispiele:

a) Ein Steuerpflichtiger, der die altersmäßige Voraussetzung des § 24a EStG erfüllt, erzielt im Veranlagungszeitraum 2012

1. einen Gewinn aus Gewerbebetrieb (§ 15 EStG) i. H. von 4.000 €,
2. Einkünfte aus Vermietung (§ 21 EStG) i. H. von 500 €.

Der Altersentlastungsbetrag des § 24a EStG beträgt 28,8 % der positiven Summe der Einkünfte von 4.500 € = 1.296 €. Dieser Betrag liegt unterhalb des Höchstbetrags i. H. von 1.368 €.

b) Ein Steuerpflichtiger, der die altersmäßige Voraussetzung des § 24a EStG erfüllt, erzielt im Veranlagungszeitraum 2012

1. einen Gewinn aus Gewerbebetrieb (§ 15 EStG) i. H. von 10.000 €,
2. einen Vermietungsverlust (§ 21 EStG) i. H. von 5.500 €.

Die positive Summe der Einkünfte beträgt (10.000 € ./. 5.500 € =) 4.500 €. Der Altersentlastungsbetrag des § 24a EStG beträgt somit 28,8 % von 4.500 € = 1.296 €. Auch dieser Betrag überschreitet nicht den Höchstbetrag i. H. von 1.368 €.

Sind in den Einkünften neben Leibrenten auch andere wiederkehrende Bezüge i. S. des § 22 Nr. 1 EStG enthalten, so ist der Werbungskosten-Pauschbetrag nach § 9a Satz 1 Nr. 3 EStG stets vom Ertragsanteil der Leibrenten abzuziehen, soweit er diesen nicht übersteigt.[5]

Beispiel:

Ein Steuerpflichtiger, der 2005 das 64. Lebensjahr vollendet hat, erzielt im Veranlagungszeitraum 2012

1. Leibrentenbezüge i. S. des § 22 Nr. 1 Satz 3 Buchst. a Doppelbuchst. bb EStG i. H. von 18.000 €,
2. wiederkehrende Bezüge i. S. des § 22 Nr. 1 Satz 3 Buchst. b EStG i. H. von 4.000 €.

Da der Werbungskosten-Pauschbetrag nach § 9a Satz 1 Nr. 3 EStG beim Ertragsanteil der Leibrenten berücksichtigt werden muss, ist der Altersentlastungsbetrag mit 38,4 % von den ungekürzten wiederkehrenden Bezügen von 4.000 € = 1.536 € abzuziehen.

Im Fall der **Zusammenveranlagung von Ehegatten** wird der Altersentlastungsbetrag für jeden Ehegatten abgezogen, der die Voraussetzungen erfüllt. Der Altersentlastungsbetrag wird dabei nur bei dem Ehegatten berücksichtigt, der die altersmäßige Voraussetzung erfüllt, und bezieht sich auf den Arbeitslohn bzw. die anderen berücksichtigungsfähigen Einkünfte des jeweiligen Ehegatten.[6]

---

[4] R 24a Abs. 1 Satz 1 EStR.
[5] R 24a Abs. 1 Satz 3 EStR.
[6] H 24a EStH.

28.3 Entlastungsbetrag für Alleinerziehende

Beispiel:

Der Ehemann, der 2009 das 64. Lebensjahr vollendet hat, und die Ehefrau, die 2011 das 64. Lebensjahr vollendet hat, erklären zu einer Zusammenveranlagung für den Veranlagungszeitraum 2012 folgende Besteuerungsgrundlagen:

Ehemann

Einkünfte aus Gewerbebetrieb (§ 15 EStG)	12.000 €
Einkünfte aus Vermietung (§ 21 EStG)	– 6.000 €
Sonstige Einkünfte (§ 22 Nr. 1 Satz 3 Buchst. a EStG)	2.000 €

Ehefrau

Arbeitslohn aus einem gegenwärtigen Dienstverhältnis	12.000 €
Einkünfte aus nichtselbständiger Arbeit	10.000 €
Einkünfte aus Vermietung (§ 21 EStG)	– 6.000 €

Der beim **Ehemann** anzusetzende Altersentlastungsbetrag wird nach der positiven Summe der Einkünfte mit Ausnahme der sonstigen Einkünfte i. S. des § 22 Nr. 1 Satz 3 Buchst. a EStG mit 32,0 % von 6.000 € = 1.920 €, höchstens 1.520 € berechnet.

Der bei der **Ehefrau** anzusetzende Altersentlastungsbetrag wird nach dem Arbeitslohn berechnet, ohne dass der Vermietungsverlust zu berücksichtigen ist. Er beträgt daher 28,8 % von 12.000 € = 3.456 €, höchstens 1.368 €.

Der Gesamtbetrag der Einkünfte ist daher wie folgt zu berechnen:

	Ehemann	Ehefrau
Einkünfte aus Gewerbebetrieb	12.000 €	
Einkünfte aus nichtselbständiger Arbeit		10.000 €
Einkünfte aus Vermietung	– 6.000 €	– 6.000 €
Sonstige Einkünfte	2.000 €	
Summe der Einkünfte	8.000 €	4.000 €
Altersentlastungsbetrag		
32,0 % von 6.000 €, höchstens	1.520 €	
28,8 % von 12.000 €, höchstens		1.368 €
	6.480 €	2.632 €
	2.632 €	↵
Gesamtbetrag der Einkünfte	9.112 €	

28.3 Entlastungsbetrag für Alleinerziehende

Durch das Haushaltsbegleitgesetz 2004 wurde der Haushaltsfreibetrag (§ 32 Abs. 7 EStG) mit Wirkung ab dem 01.01.2004 aufgehoben und ein Entlastungsbetrag für Alleinerziehende i. H. von 1.308 Euro jährlich eingeführt (§ 24b EStG). Durch das Gesetz zur Änderung der Abgabenordnung und weiterer Gesetze vom 21.07.2004 ist § 24b EStG rückwirkend zum 01.01.2004 geändert worden, um die Vorschrift auf einen größeren Personenkreis anwenden zu können als in der ursprünglichen Fassung.[7]

Mit dem Entlastungsbetrag sollen die höheren Kosten für die eigene Lebens- bzw. Haushaltsführung der sog. echten Alleinerziehenden abgegolten werden, die einen gemeinsamen Haushalt nur mit ihren Kindern und keiner anderen erwachsenen Person führen, die tatsächlich oder finanziell zum Haushalt beiträgt. Der Entlastungsbetrag wird von der Summe der Einkünfte abgezogen (§ 24b Abs. 1 Satz 1 EStG). Er wird neben den Freibeträgen für Kinder des § 32 EStG bzw. dem Kindergeld und anderen kinderbedingten Entlastungen gewährt. Im Lohnsteuer-Abzug wirkt er sich wie der frühere Haushaltsfreibetrag durch den Eintrag der Lohnsteuerklasse II aus (siehe 34.2.3). Die Gewährung eines Entlastungsbetrags nur für Alleinerziehende begegnet keinen verfassungsrechtlichen Bedenken.[8] Eine hiergegen gerichtete Verfassungsbeschwerde hat das BVerfG nicht zur Entscheidung angenommen.[9] Im Nachgang hat der Europäische Gerichtshof für Menschenrechte entschieden, dass die Nichtgewährung des Entlastungsbetrags für Alleinerziehende an Verheiratete nicht gegen die Europäische Menschenrechtskonvention verstößt.[10]

Gemäß § 24b Abs. 1 EStG muss mindestens ein Kind zum Haushalt des Alleinstehenden gehören. Während es sich nach der ersten Gesetzesfassung um ein minderjähriges Kind handeln musste, reicht nunmehr ein Kind aus, für das dem Steuerpflichtigen ein Freibetrag nach § 32 Abs. 6 EStG oder Kindergeld zusteht. Die Zugehörigkeit zum Haushalt ist anzunehmen, wenn das Kind in der Wohnung des alleinstehenden Steuerpflichtigen gemeldet ist (§ 24b Abs. 1 Satz 2 EStG). Insbesondere in Fällen der auswärtigen Unterbringung zur Schul- und Berufsausbildung reicht es auch aus, dass das volljährige Kind nur mit Nebenwohnsitz in der Wohnung des Steuerpflichtigen gemeldet ist. Ist das Kind sowohl in der Wohnung der Mutter als auch in der Wohnung des von dieser getrennt lebenden Vaters mit Haupt- und Nebenwohnsitz gemeldet, steht der Entlastungsbetrag demjenigen Alleinerziehenden zu, der die Voraussetzungen für die Auszahlung des Kindergeldes nach § 64 Abs. 2 Satz 1 EStG erfüllt oder erfüllen würde in Fällen, in denen nur ein Anspruch auf einen Freibetrag nach § 32 Abs. 6 EStG besteht. Der Hinweis in § 24b Abs. 1 Satz 3 EStG: „. . . erfüllen würde . . ." bezieht sich auf den Fall des § 63 Abs. 1 Satz 3 EStG.

Aus der Formulierung in § 24b Abs. 2 Satz 1 EStG ergibt sich, dass der Entlastungsbetrag auch verwitweten Alleinerziehenden gewährt wird, wenn diese noch die Voraussetzungen für die Anwendung des Splitting-Tarifs erfüllen (§ 32a Abs. 5 und 6 Nr. 1 EStG). Ohne Prüfung des Vorliegens einer Hausgemeinschaft sind Steuerpflichtige auch dann als alleinstehend anzusehen, wenn es sich bei der anderen

---

7 BMF vom 29.10.2004 (BStBl 2004 I S. 1042).
8 BFH vom 19.10.2006 III R 4/05 (BStBl 2007 II S. 637).
9 BVerfG vom 22.05.2009 2 BvR 310/07 (HFR 2009 S. 1027).
10 EGMR vom 28.03.2013 – 45624/09.

Person im Haushalt um ein Kind handelt, das zwar grundsätzlich als leibliches Kind, Adoptiv-, Pflege-, Stief- oder Enkelkind bei dem Steuerpflichtigen zu berücksichtigen wäre, für das dem Steuerpflichtigen aber weder ein Freibetrag nach § 32 Abs. 6 EStG noch Kindergeld zusteht, weil es den gesetzlichen Grundwehr- oder Zivildienst leistet, sich freiwillig für die Dauer von nicht mehr als 3 Jahren zum Wehrdienst verpflichtet hat oder eine Tätigkeit als Entwicklungshelfer ausübt. § 24b Abs. 2 Satz 2 und 3 EStG enthält neben der widerlegbaren Vermutung für das Vorliegen einer die Gewährung des Entlastungsbetrags grundsätzlich ausschließenden Haushaltsgemeinschaft auch die gesetzliche Definition der **Haushaltsgemeinschaft.** Das sind insbesondere nichteheliche, aber eheähnliche (Lebens-)Gemeinschaften, eingetragene Lebenspartnerschaften oder „Wohngemeinschaften" mit einem Lebenspartner in nichteheähnlicher Gemeinschaft, mit Studierenden, Großeltern, Geschwistern des Steuerpflichtigen oder weiteren volljährigen Kindern des Steuerpflichtigen, für die ihm weder Kindergeld noch ein Freibetrag nach § 32 Abs. 6 EStG zusteht, aber auch mit nicht dauernd getrennt lebenden Ehegatten. Die Vermutung für eine Haushaltsgemeinschaft, die an den Sachverhalt des Wohnens anknüpft, der sich in der Meldung mit Haupt- oder Nebenwohnsitz ausdrückt, muss vom Steuerpflichtigen widerlegt werden. Ausführliche Erläuterungen zur Haushaltsgemeinschaft enthält das BMF-Schreiben vom 29.10.2004 (BStBl 2004 I S. 1042).

Für jeden vollen Kalendermonat, in dem die Voraussetzungen des § 24b Abs. 1 EStG nicht vorgelegen haben, ermäßigt sich der Entlastungsbetrag um ein Zwölftel (§ 24b Abs. 3 EStG).

28.4 Freibetrag für Land- und Forstwirte (§ 13 Abs. 3 EStG)

Die Einkünfte aus Land- und Forstwirtschaft werden nach § 13 Abs. 3 Satz 1 EStG bei der Ermittlung des Gesamtbetrags der Einkünfte nur berücksichtigt, soweit sie den Betrag von 670 Euro übersteigen. Bei Ehegatten oder Lebenspartnern, die nach den §§ 26, 26b EStG zusammenveranlagt werden, erhöht sich der Betrag nach § 13 Abs. 3 Satz 3 EStG auf 1.340 Euro.

Voraussetzung ist, dass die Summe der Einkünfte ohne Berücksichtigung dieses Freibetrags 30.700 Euro bzw. bei zusammenveranlagten Ehegatten oder Lebenspartnern 61.400 Euro nicht übersteigt (§ 13 Abs. 3 Satz 2 EStG).

Der Freibetrag, der nicht bei der Ermittlung der Einkünfte aus Land- und Forstwirtschaft, sondern bei der Ermittlung des Gesamtbetrags der Einkünfte zu berücksichtigen ist und daher die Höhe der Einkünfte aus Land- und Forstwirtschaft in keiner Weise berührt,[11] kommt allen Land- und Forstwirten i. S. des § 13 Abs. 1 EStG zugute. Es spielt keine Rolle, ob es sich um buchführende oder nicht buchführende

---
11 BFH vom 15.03.1990 IV R 90/88 (BStBl 1990 II S. 689).

28 Ermittlung des Gesamtbetrags der Einkünfte

Land- und Forstwirte oder um Land- und Forstwirte handelt, deren Gewinn nach Durchschnittssätzen zu ermitteln ist. Ohne Bedeutung ist auch, welcher Art die land- und forstwirtschaftlichen Einkünfte sind und wie hoch das Einkommen ist. Der Freibetrag ist auch dann zu gewähren, wenn der Steuerpflichtige lediglich einen Veräußerungsgewinn i. S. des § 14 EStG oder nachträgliche Einkünfte aus Land- und Forstwirtschaft erzielt.[12] Er ist bis zur Höhe der Einkünfte aus Land- und Forstwirtschaft abzugsfähig. Bei zusammenveranlagten Ehegatten oder Lebenspartnern, die beide Einkünfte aus Land- und Forstwirtschaft erzielen, sind die Einkünfte vor Abzug des Freibetrags zusammenzurechnen.[13] Der erhöhte Freibetrag für Ehegatten und Lebenspartner ist auch dann zu gewähren, wenn nur einer der Ehegatten bzw. Lebenspartner Einkünfte aus Land- und Forstwirtschaft hat. Sind mehrere Personen an dem Betrieb beteiligt (Gesellschaft, Gemeinschaft), so steht der Freibetrag jedem Beteiligten zu.[14] Der Freibetrag ist auch dann in voller Höhe zu gewähren, wenn der Steuerpflichtige den land- und forstwirtschaftlichen Betrieb im Laufe des Veranlagungszeitraums aufgegeben oder den land- und forstwirtschaftlichen Betrieb erst im Laufe des Veranlagungszeitraums übernommen hat.[15]

Beispiel:
Der verwitwete Steuerpflichtige A hat seinen land- und forstwirtschaftlichen Betrieb zu Beginn des Wirtschaftsjahres 2011/2012 auf seinen verheirateten Sohn B übertragen. Die Ehegatten erfüllen die Voraussetzungen des § 26 EStG und beantragen die Zusammenveranlagung.
Im Wirtschaftsjahr 2010/2011 hat A einen Gewinn aus Land- und Forstwirtschaft i. H. von 10.000 € erzielt. Im Kalenderjahr 2011 hat A ferner Einkünfte aus Gewerbebetrieb i. H. von 8.000 € erzielt. Im Wirtschaftsjahr 2011/2012 hat B einen Gewinn bei den Einkünften aus Land- und Forstwirtschaft von 4.500 € erwirtschaftet. Die Ehefrau des B hat im Kalenderjahr 2011 außerdem Einkünfte aus Vermietung und Verpachtung i. H. von 12.000 € vereinnahmt.
Der Gesamtbetrag der Einkünfte des A für 2011 wird danach wie folgt berechnet:

Gewinn aus Land- und Forstwirtschaft ($^1/_2$ von 10.000 € =)	5.000 €
Einkünfte aus Gewerbebetrieb	8.000 €
	13.000 €
./. Freibetrag nach § 13 Abs. 3 EStG	670 €
Gesamtbetrag der Einkünfte	12.330 €

Der Gesamtbetrag der Einkünfte der Eheleute B ist für das Kalenderjahr 2011 wie folgt zu ermitteln:

Gewinn aus Land- und Forstwirtschaft ($^1/_2$ von 4.500 € =)	2.250 €
Einkünfte aus Vermietung und Verpachtung	12.000 €
	14.250 €
./. Freibetrag nach § 13 Abs. 3 EStG	1.340 €
Gesamtbetrag der Einkünfte	12.910 €

---

12 R 13.1 Satz 2 EStR.
13 BFH vom 25.02.1988 IV 32/86 (BStBl 1988 II S. 827).
14 R 13.1 Satz 1 EStR.
15 R 13.1 Satz 3 EStR.

29 Einkommensermittlung

29.1 Sonderausgaben (§ 10 EStG)

29.1.1 Allgemeines

Sonderausgaben sind Aufwendungen, die nicht im Zusammenhang mit der Erzielung von Einnahmen stehen, sondern durch die private Lebensführung veranlasst sind. Es handelt sich im Grundsatz um Privatausgaben, die entweder zwangsläufig anfallen oder vernünftigerweise – wie z. B. Versicherungsbeiträge – aufgewendet werden.

Sonderausgaben mindern den Gesamtbetrag der Einkünfte (§ 2 Abs. 4 EStG). Die Aufzählung der Sonderausgaben in § 10 EStG ist abschließend, d. h., es können nur die in dieser Vorschrift genannten Aufwendungen als Sonderausgaben abgezogen werden. Die als Sonderausgaben qualifizierten Aufwendungen sind aus unterschiedlichen wirtschafts- und sozialpolitischen Gründen abziehbar.

Die aufgezählten Aufwendungen sind jedoch nur dann als Sonderausgaben vom Gesamtbetrag der Einkünfte abzugsfähig, wenn sie **weder Betriebsausgaben noch Werbungskosten** sind **oder wie Betriebsausgaben oder Werbungskosten behandelt werden** (vgl. den Eingangssatz des § 10 Abs. 1 EStG).

Beispiele:
a) Der Eigentümer eines Mietwohngrundstücks leistet Beiträge zur Gebäudehaftpflichtversicherung.
Die Beiträge zur Gebäudehaftpflichtversicherung sind Werbungskosten.
b) Ein Gewerbetreibender leistet für seinen ausschließlich gewerblichen Zwecken dienenden PKW Beiträge zur Autohaftpflichtversicherung.
Die Beiträge zur Autohaftpflichtversicherung sind Betriebsausgaben.
c) Ein Steuerpflichtiger leistet für seinen ausschließlich privaten Zwecken dienenden PKW Beiträge zur Autohaftpflichtversicherung.
Die Beiträge zur Autohaftpflichtversicherung sind Sonderausgaben.

Ob Aufwendungen, die die Voraussetzungen als Betriebsausgaben oder Werbungskosten erfüllen, tatsächlich als Betriebsausgaben oder Werbungskosten abziehbar sind oder nach § 4 Abs. 5 EStG bzw. § 4 Abs. 5 i. V. m. § 9 Abs. 5 EStG vom Abzug ausgeschlossen sind, ist insoweit ohne Bedeutung.

Zudem können Aufwendungen nur dann als Sonderausgaben abgezogen werden, wenn sie nicht die Voraussetzungen des § 12 EStG erfüllen. Wie im Eingangssatz des § 12 EStG normiert, finden die Abzugsverbote dieser Vorschrift keine Anwendung auf Aufwendungen, deren Abzug in § 10 Abs. 1 Nr. 1, 2 bis 5 und 7 bis 9, §§ 10a, 10b EStG zugelassen ist. Diese Vorschriften gehen § 12 EStG vor. Dagegen werden die Tatbestände des § 10 Abs. 1 Nr. 1a und 1b EStG nicht in § 12 EStG genannt, sodass ein Abzug der darin aufgezählten Aufwendungen nur in Betracht kommt, wenn die Voraussetzungen des § 12 EStG nicht erfüllt sind.

Beispiele:

a) A hat im Jahre 01 3.000 € Kirchensteuer entrichtet.
Der Betrag von 3.000 € ist nach § 10 Abs. 1 Nr. 4 EStG als Sonderausgabe abzugsfähig. Die Vorschrift des § 12 Nr. 3 EStG steht dem nicht entgegen.

b) B hat seinem Vater die Zahlung einer lebenslänglichen Leibrente von monatlich 500 € zugesagt.
Die gezahlten Rentenbeträge können nicht als Sonderausgaben nach § 10 Nr. 1a EStG abgezogen werden, weil diesem Abzug § 12 Nr. 2 EStG entgegensteht.

Darüber hinaus dürfen nach § 33 Abs. 2 Satz 2 EStG Aufwendungen, die Sonderausgaben darstellen, nicht als außergewöhnliche Belastungen berücksichtigt werden. Für Aufwendungen i. S. von § 10 Abs. 1 Nr. 7 und 9 EStG gilt dies allerdings nur insoweit, als diese als Sonderausgaben abgezogen werden können.

Für den Abzug von Sonderausgaben ist ein Antrag des Steuerpflichtigen grundsätzlich nicht erforderlich. Sie sind von Amts wegen zu berücksichtigen.

Grundsätzlich kann der Steuerpflichtige nur seine eigenen Sonderausgaben geltend machen, d. h. die Sonderausgaben, die er selbst schuldet und entrichtet.[1] Leistungen Dritter können daher nur dann als Sonderausgaben des Steuerpflichtigen berücksichtigt werden, wenn sie aufgrund konkreter Zuwendungs- oder Deckungsverhältnisse eine doppelte Wertbewegung mit einer Vermögensminderung beim Steuerpflichtigen erkennen lassen; z. B. im Fall der Anweisung nach §§ 783 ff. BGB oder bei Zahlung des Arbeitgebers für Rechnung des Steuerpflichtigen. Bei Ehegatten und Lebenspartnern, die gem. § 26 Abs. 1, § 26b EStG zusammen zur Einkommensteuer veranlagt werden, bilden aber die Sonderausgaben grundsätzlich ein einheitliches Ganzes. Es kommt grundsätzlich nicht darauf an, wer von den Ehegatten die Sonderausgaben im Einzelnen leistet oder schuldet. Im Fall der Einzelveranlagung von Ehegatten oder Lebenspartnern werden die als Sonderausgaben abzuziehenden Beträge grundsätzlich demjenigen zugerechnet, der die Aufwendungen wirtschaftlich getragen hat (§ 26a Abs. 2 Satz 1 EStG). Auf übereinstimmenden Antrag der Ehegatten bzw. Lebenspartner werden sie jeweils zur Hälfte abgezogen (§ 26a Abs. 2 Satz 2 EStG).

Jedoch hat der BFH entschieden, dass die Einschränkung, nach der ein Steuerpflichtiger nur Sonderausgaben abziehen kann, die er als Vertragspartner schuldet, nicht auf den Sonderausgabenabzug für das Schulgeld übertragen werden kann. Bereits aus dem Tatbestand des § 10 Abs. 1 Nr. 9 EStG ergibt sich, dass diese Sonderausgabe im Gegensatz zu den anderen in § 10 Abs. 1 EStG genannten Aufwendungen ausnahmsweise nicht dem Steuerpflichtigen selbst zugutekommt, sondern einer

---

[1] BFH vom 08.03.1995 X R 80/91 (BStBl 1995 II S. 637).

29.1 Sonderausgaben

anderen Person, seinem Kind. Die Übernahme von Schulgeld wie auch von Studiengebühren stellt einen typischen Unterhaltsaufwand dar.[2]

Sonderausgaben, die ein Kind des Steuerpflichtigen (§ 32 Abs. 1 EStG) aufgrund einer eigenen Verpflichtung zu leisten hat, können bei dem Steuerpflichtigen nicht berücksichtigt werden. Das gilt selbst dann, wenn er mit den Aufwendungen finanziell belastet ist.[3]

Sonderausgaben werden nur in dem Kalenderjahr abgesetzt, in dem sie verausgabt worden sind; das gilt auch bei Steuerpflichtigen mit einem abweichenden Wirtschaftsjahr. Der Zeitpunkt des Abzugs richtet sich nach dem in § 11 Abs. 2 EStG normierten Abflussprinzip. Dagegen sind willkürliche Zahlungen nicht abziehbar. Dem Steuerpflichtigen ist es nicht erlaubt, die Höhe seiner Steuerschuld durch Verlagerung von Ausgaben willkürlich zu beeinflussen.

Werden gezahlte Sonderausgaben in einem späteren Veranlagungszeitraum an den Steuerpflichtigen erstattet, ist der Erstattungsbetrag aus Gründen der Praktikabilität im Erstattungsjahr mit gleichartigen Sonderausgaben zu verrechnen mit der Folge, dass die abziehbaren Sonderausgaben des Erstattungsjahres entsprechend gemindert werden. Ist im Jahr der Erstattung der Sonderausgaben an den Steuerpflichtigen ein Ausgleich mit gleichartigen Aufwendungen nicht oder nicht in voller Höhe möglich, so ist der Sonderausgabenabzug des Jahres der Verausgabung insoweit um die nachträgliche Erstattung zu mindern. Ein bereits bestandskräftiger Bescheid ist nach § 175 Abs. 1 Satz 1 Nr. 2 AO zu ändern.[4] Eine Verrechnung mit anderen Sonderausgaben ist ebenso ausgeschlossen wie die Verrechnung mit gleichartigen Sonderausgaben nachfolgender Veranlagungszeiträume.

Ab dem Veranlagungszeitraum 2012 sind gem. § 10 Abs. 4b EStG steuerfreie Zuschüsse, die ein Steuerpflichtiger für von ihm für einen anderen Veranlagungszeitraum geleistete Aufwendungen i. S. des § 10 Abs. 1 Nr. 2 bis 3a EStG erhält, den erstatteten Aufwendungen gleichzustellen. Übersteigen bei diesen Sonderausgaben die im Veranlagungszeitraum erstatteten Aufwendungen die geleisteten Aufwendungen (Erstattungsüberhang), ist der Erstattungsüberhang mit anderen im Rahmen der jeweiligen Nummer anzusetzenden Aufwendungen zu verrechnen (§ 10 Abs. 4b Satz 2 EStG). Darüber hinaus ist ein verbleibender Betrag des sich bei den Aufwendungen nach § 10 Abs. 1 Nr. 3 EStG (Krankenversicherungen und gesetzliche Pflegeversicherungen) und § 10 Abs. 1 Nr. 4 EStG (gezahlte Kirchensteuer) ergebenden Erstattungsüberhangs dem Gesamtbetrag der Einkünfte hinzuzurechnen (§ 10 Abs. 4b Satz 3 EStG). Obwohl diese Erstattungen nach der Systematik des Einkommensteuergesetzes nicht steuerbar sind, weil sie dem Steuerpflichtigen nicht

---
2 BFH vom 09.11.2011 X R 24/09 (BStBl 2012 II S. 321).
3 BFH vom 19.04.1989 X R 28/86 (BStBl 1989 II S. 862) und vom 09.11.2011 X R 24/09 (BStBl 2012 II S. 321).
4 BFH vom 07.07.2004 XI R 10/04 (BStBl 2004 II S. 1058).

im Rahmen einer Einkunftsart i. S. des § 2 Abs. 1 Nr. 1 bis 7 EStG zufließen, erhöhen sie aufgrund dieser gesetzlichen Sonderregelung den Gesamtbetrag der Einkünfte.

Beispiel:
Ein Steuerpflichtiger hat in einem Kalenderjahr laufende Kirchensteuervorauszahlungen i. H. von 12.000 € geleistet. Aufgrund der Kirchensteuerveranlagung für das Vorjahr erhielt er im gleichen Kalenderjahr eine Kirchensteuererstattung i. H. von 4.000 €.
Für das Kalenderjahr sind Sonderausgaben für Kirchensteuerzahlungen i. H. von (12.000 € ./. 4.000 € =) 8.000 € zu berücksichtigen.

Steht bereits im Zeitpunkt der Zahlung einer Sonderausgabe fest, dass die Zahlung – z. B. aufgrund einer vom Steuerpflichtigen abgeschlossenen Versicherung – erstattet wird, so scheidet mangels einer endgültigen wirtschaftlichen Belastung des Steuerpflichtigen ein Sonderausgabenabzug aus. Vergleichbares gilt z. B. auch für Nachzahlungen zur Kirchensteuer, wenn bei der Veranlagung des Nachzahlungsjahres bereits feststeht, dass der Steuerpflichtige die Kirchensteuer mangels Kirchenmitgliedschaft nicht geschuldet hat.[5]

Sonderausgaben, die im Veranlagungszeitraum der Zahlung nicht berücksichtigt werden können oder sich nicht ausgewirkt haben, können nicht auf ein späteres Kalenderjahr übertragen werden.

Nebenkosten von abziehbaren Sonderausgaben ohne unmittelbaren Zusammenhang können nicht als Sonderausgaben abgezogen werden.[6]

Eine Regelung, in welcher Reihenfolge der Abzug der Sonderausgaben vorzunehmen ist, enthält das Gesetz nicht. Der Steuerpflichtige kann verlangen, dass der Abzug in der für ihn günstigsten Reihenfolge vorgenommen wird.

Sonderausgaben sind in Vorsorgeaufwendungen und in übrigen Sonderausgaben zu unterscheiden. Während der Abzug von einigen Sonderausgaben (Vorsorgeaufwendungen, Sonderausgaben gem. § 10 Abs. 1 Nr. 1, 5, 7 und 9 EStG) betragsmäßig begrenzt ist, können die übrigen Sonderausgaben ohne betragsmäßige Beschränkung abgezogen werden.

Sonderausgaben können sich ganz oder teilweise nicht mehr auf die Höhe der Einkommensteuer auswirken, wenn das Einkommen bereits vor oder nach ihrem Abzug unterhalb der Höhe des Grundfreibetrags liegt. In diesem Fall hat der Steuerpflichtige von den Sonderausgaben keinen Vorteil mehr. Insbesondere kann er sie nicht nach § 10d EStG in einen anderen Veranlagungszeitraum vor- oder zurücktragen. Diese Vorschrift gilt nur für negative Einkünfte, die bei der Ermittlung des Gesamtbetrags der Einkünfte nicht ausgeglichen werden.

---

5 BFH vom 26.06.1996 X R 73/94 (BStBl 1996 II S. 646).
6 BFH vom 14.11.2001 X R 120/98 (BStBl 2002 II S. 413).

29.1 Sonderausgaben

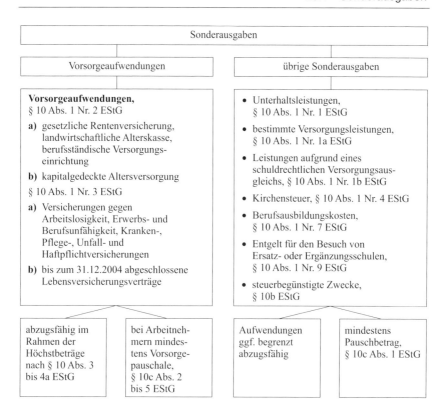

29.1.2 Unterhaltsleistungen i. S. des § 10 Abs. 1 Nr. 1 EStG

Allgemeines

Unterhaltsleistungen, die aus Anlass der Scheidung, der Nichtigkeit oder der Aufhebung der Ehe sowie des dauernden Getrenntlebens von Ehegatten an den unbeschränkt einkommensteuerpflichtigen Ehegatten erbracht werden, sind nach § 10 Abs. 1 Nr. 1 EStG im Rahmen des sog. Realsplittings bis zum Höchstbetrag von 13.805 Euro im Kalenderjahr als Sonderausgabe abzugsfähig, wenn der Geber dies mit Zustimmung des Empfängers beantragt. Seit dem Veranlagungszeitraum 2010 erhöht sich der Höchstbetrag um die im jeweiligen Veranlagungszeitraum tatsächlich angefallenen und übernommenen Beiträge nach § 10 Abs. 1 Nr. 3 EStG (Krankenversicherungs- und Pflegeversicherungsbeiträge) für die Absicherung des geschiedenen oder dauernd getrennt lebenden Ehegatten (§ 10 Abs. 1 Nr. 1 Satz 2 EStG).

Der Unterhalt leistende Ehegatte hat die Wahl zwischen dem Sonderausgabenabzug nach § 10 Abs. 1 Nr. 1 EStG und der Berücksichtigung der Unterhaltsleistungen als außergewöhnliche Belastung nach § 33a Abs. 1 EStG. Der Steuerpflichtige muss sich für jeden Veranlagungszeitraum für eine dieser Wahlmöglichkeiten entscheiden. Dabei kann er den Antrag zwar auf einen Teilbetrag der Unterhaltsleistung beschränken; er kann jedoch nicht gleichzeitig für die Unterhaltsleistungen eines Kalenderjahres für einen Teil der Ausgaben den Sonderausgabenabzug und für einen anderen Teil der Ausgaben die Berücksichtigung als außergewöhnliche Belastung beantragen. Entscheidet er sich für die Berücksichtigung der Unterhaltsleistungen als außergewöhnliche Belastung, sind die Unterhaltsleistungen bei dem Empfänger nicht steuerbar; entscheidet er sich für den Sonderausgabenabzug, so bedarf er der Zustimmung des Empfängers mit der Folge, dass die Unterhaltsleistungen beim Empfänger nach § 22 Nr. 1a EStG insoweit einkommensteuerbar und -pflichtig sind, als sie nach § 10 Abs. 1 EStG vom Geber als Sonderausgaben abgezogen werden können.

Wer als Rechtsnachfolger eines verstorbenen Ehegatten an dessen früheren Ehegatten Unterhaltszahlungen fortführt, kann die Aufwendungen nicht als Sonderausgaben abziehen, da zwischen ihm und dem Empfänger weder eine Ehe bestand noch eine gescheiterte Ehe besteht.[7]

Voraussetzungen für den Sonderausgabenabzug

Unterhaltsleistungen an den geschiedenen oder dauernd getrennt lebenden Ehegatten kommen nur dann als Sonderausgaben nach § 10 Abs. 1 Nr. 1 EStG in Betracht, **wenn der Empfänger unbeschränkt einkommensteuerpflichtig ist,** weil nur in diesem Fall die Unterhaltsleistungen der unbeschränkten Einkommensteuerpflicht des Empfängers der Einkommensteuer unterliegen.

Ist der Empfänger nicht unbeschränkt einkommensteuerpflichtig, kann ein Abzug der Unterhaltsleistungen bei Vorliegen der Voraussetzungen des § 1a Abs. 1 Nr. 1 EStG oder aufgrund eines DBA in Betracht kommen. Entsprechende Regelungen gibt es z. B. in den DBA mit Dänemark, Kanada und den USA sowie in der mit der Schweiz getroffenen Verständigungsvereinbarung.[8]

Ansonsten können, wenn der Empfänger nicht unbeschränkt einkommensteuerpflichtig ist, die Unterhaltsleistungen nur als außergewöhnliche Belastung nach § 33a Abs. 1 EStG berücksichtigt werden.

Berücksichtigungsfähig sind nur **Unterhaltsleistungen** an den geschiedenen oder dauernd getrennt lebenden Ehegatten. Es muss sich somit um Leistungen handeln, die zum Unterhalt bestimmt sind. Auf welchem Rechtsgrund sie beruhen, ob sie freiwillig oder aufgrund gesetzlicher Unterhaltspflicht geleistet werden, ist ohne

---

7 BFH vom 12.11.1997 (BStBl 1998 II S. 148).
8 Vgl. H 10.2 EStH mit den entsprechenden Fundstellen.

29.1 Sonderausgaben

Bedeutung. Ist der Unterhaltsanspruch z. B. nach §§ 90, 91 BSHG auf den Träger der Sozialhilfe übergeleitet worden, können auch laufende Unterhaltszahlungen zugunsten des Ehegatten als Sonderausgaben abgezogen werden.

Als Unterhaltsleistungen können Bar- und Sachleistungen berücksichtigt werden. Unterhaltsleistungen sind alle typischen Aufwendungen zur Bestreitung der Lebensführung, wie z. B. Ernährung, Kleidung oder Wohnung.

Auch die unentgeltliche Überlassung einer Wohnung – sei es einer Mietwohnung, einer Wohnung im eigenen Ein- oder Mehrfamilienhaus oder einer Eigentumswohnung – zur Nutzung stellt eine Unterhaltsleistung dar. Sie ist mit der ortsüblichen Miete anzusetzen.[9] Bei der Überlassung einer eigenen Wohnung werden Unterhaltsleistungen in Höhe der entgangenen Bruttomiete erbracht, sofern der Geber weiterhin die Kosten der Wohnung trägt. Befindet sich die überlassene Wohnung im Miteigentum des geschiedenen oder dauernd getrennt lebenden Ehegatten, kann der überlassende Ehegatte neben dem Mietwert seines Miteigentumsanteils auch die von ihm aufgrund der Unterhaltsvereinbarung getragenen verbrauchsunabhängigen Kosten für den Miteigentumsanteil des anderen Ehegatten als Sonderausgabe abziehen.[10]

Der Abzug von Unterhaltsleistungen als Sonderausgaben nach § 10 Abs. 1 Nr. 1 EStG setzt einen entsprechenden **Antrag des Gebers und die Zustimmung des Empfängers** voraus. Wird ein solcher Antrag vom Geber nicht gestellt oder fehlt die Zustimmung des Empfängers, so kommt für die Unterhaltsleistungen kein Sonderausgabenabzug nach § 10 Abs. 1 Nr. 1 EStG, sondern ggf. nur eine Berücksichtigung als außergewöhnliche Belastung nach § 33a Abs. 1 EStG in Betracht. Nur die rechtskräftige Verurteilung zur Zustimmung[11] steht einer erteilten Zustimmung gleich. Ob die Verweigerung der Zustimmung missbräuchlich ist, haben weder die Finanzbehörden noch die Finanzgerichte zu prüfen.[12] Bei einer missbräuchlichen Verweigerung der Zustimmung kann somit der Abzug der Unterhaltsleistungen als Sonderausgaben zunächst nicht vorgenommen werden. Der Unterhaltsleistende hat gegen den Empfänger jedoch einen zivilrechtlichen Anspruch auf Erteilung der Zustimmung für einen abgelaufenen Veranlagungszeitraum, sofern er sich verpflichtet, die wirtschaftlichen Nachteile in Form der erhöhten Steuerbelastung beim Empfänger auszugleichen.[13] Rechtsanwaltskosten, die ein Steuerpflichtiger aufwendet, um die Zustimmung seines geschiedenen oder dauernd getrennt lebenden unbeschränkt steuerpflichtigen Ehegatten zum begrenzten Realsplitting zu erlangen, sind keine Unterhaltsleistungen.[14]

---

9 BFH vom 12.04.2000 XI R 127/96 (BStBl 2002 II S. 130).
10 BFH vom 12.04.2000 XI R 127/96 (BStBl 2002 II S. 130).
11 BFH vom 25.10.1988 IX R 53/84 (BStBl 1989 II S. 192).
12 BFH vom 21.02.2013 X B 53/11 (BFH/NV 2013 S. 972) und vom 25.07.1990 X R 137/88 (BStBl 1990 II S. 1022).
13 BGH vom 09.10.1985 (NJW 1986 S. 254).
14 BFH vom 10.03.1999 XI R 86/95 (BStBl 1999 II S. 522).

Der Antrag bezieht sich auf die Behandlung der Unterhaltsleistungen eines bestimmten Kalenderjahres. Er kann nach § 10 Abs. 1 Nr. 1 Satz 3 EStG nicht zurückgenommen werden. Dies gilt auch, wenn der Antrag zum Zweck der Eintragung eines Freibetrags auf der Lohnsteuerkarte oder der Festsetzung von Einkommensteuer-Vorauszahlungen gestellt worden ist. Unzulässig ist jedoch nur die Zurücknahme des Antrags auf den Abzug der Unterhaltsleistungen als Sonderausgaben. Ist zunächst die Berücksichtigung der Unterhaltsleistungen als außergewöhnliche Belastung beantragt worden, kann bis zur Bestandskraft der Steuerfestsetzung des betreffenden Kalenderjahres noch zum Abzug der Unterhaltsleistungen als Sonderausgaben gewechselt werden. Im Übrigen kann das Wahlrecht zwischen Sonderausgabenabzug und Berücksichtigung als außergewöhnliche Belastung für jedes Jahr neu ausgeübt werden, d. h., dass z. B. in einem Jahr die Berücksichtigung als außergewöhnliche Belastung und im anderen Jahr der Abzug als Sonderausgaben möglich ist.

Eine einmal erteilte Zustimmung bleibt „bis auf Widerruf wirksam", gilt also auch für die Folgejahre. Die Zustimmung wirkt auch dann bis auf Widerruf, wenn sie im Rahmen eines Vergleichs erteilt wird; lediglich die rechtskräftige Verurteilung nach § 894 Abs. 1 ZPO zur Erteilung der Zustimmung wirkt nur für das Kalenderjahr, das Gegenstand des Rechtsstreits war.[15] Der Widerruf ist vor Beginn des Kalenderjahres, für das die Zustimmung erstmals nicht gelten soll, gegenüber dem Finanzamt zu erklären (§ 10 Abs. 1 Nr. 1 Satz 5 EStG).

Ein Antrag und die Zustimmung zum begrenzten Realsplitting können nicht – auch nicht übereinstimmend – zurückgenommen oder nachträglich eingeschränkt werden.[16] Dagegen ist die betragsmäßige Erweiterung eines bereits gestellten begrenzten Abzugs zum Realsplitting auch noch nach Bestandskraft des Einkommensteuerbescheids möglich. Der erweiterte Antrag stellt in Verbindung mit der erweiterten Zustimmungserklärung des Empfängers ein rückwirkendes Ereignis i. S. des § 175 Abs. 1 Satz 1 Nr. 2 AO dar.[17]

Sämtliche Unterhaltsaufwendungen – unbeschadet der betragsmäßigen Begrenzung – qualifizieren sich durch die Antragstellung und die Zustimmung des Unterhaltsberechtigten in Sonderausgaben um.

Dabei ist es auch unerheblich, ob es sich um Einmalzahlungen bzw. Nachzahlungen oder Vorauszahlungen handelt.

Die der Art nach als Sonderausgaben zu behandelnden Aufwendungen können nicht insoweit als außergewöhnliche Belastungen abgezogen werden, als sie den für das Realsplitting geltenden Höchstbetrag übersteigen.[18]

---

15 BFH vom 25.10.1988 IX R 53/84 (BStBl 1989 II S. 192).
16 BFH vom 22.09.1999 XI R121/96 (BStBl 2000 II S. 218).
17 BFH vom 28.06.2006 XI R 32/05 (BStBl 2007 II S. 5).
18 BFH vom 07.11.2000 III R 23/98 (BStBl 2001 II S. 338).

29.1 Sonderausgaben

Wird die Zustimmung unter einer Bedingung erteilt oder wird sie auf eine vom Antrag abweichende Betragshöhe beschränkt, so stellt sie keine rechtswirksame Zustimmung i. S. des § 10 Abs. 1 Nr. 1 EStG dar. Stimmt der Empfänger einem der Höhe nach beschränkten Antrag des Gebers zu, liegt darin keine der Höhe nach unbeschränkte Zustimmung für die Folgejahre.[19]

Werden Unterhaltsleistungen an mehrere Personen (z. B. mehrere geschiedene Ehegatten) erbracht, so ist im Hinblick auf jeden Empfänger gesondert zu beurteilen, ob Sonderausgaben anzunehmen sind.

Der Abzug von Unterhaltsleistungen an den geschiedenen oder dauernd getrennt lebenden Ehegatten ist nach § 10 Abs. 1 Nr. 1 EStG auf den **Höchstbetrag von 13.805 Euro** (ggf. nach Satz 2 erhöht um geleistete Kranken- und Pflegeversicherungsbeiträge) im Kalenderjahr beschränkt. Das gilt auch, wenn Unterhaltsleistungen tatsächlich nur für einen Teil des Jahres erbracht werden.

Beispiele:

a) Ein Steuerpflichtiger hat für die Zeit vom 01.08. bis 31.12.01 Unterhaltsleistungen (keine Beiträge zur Kranken- und Pflegeversicherung) i. H. von insgesamt 15.000 € an seine dauernd getrennt lebende Ehefrau erbracht.

Der Steuerpflichtige kann auf Antrag mit Zustimmung seiner dauernd getrennt lebenden Ehefrau für 01 Unterhaltsleistungen i. H. von 13.805 € als Sonderausgaben abziehen.

b) Ein Steuerpflichtiger erbringt seit Jahren an seine geschiedene Ehefrau Unterhaltsleistungen (keine Beiträge zur Kranken- und Pflegeversicherung) von monatlich 3.000 €. Zum 01.07.01 verlegte die Ehefrau ihren Wohnsitz in die Schweiz. Bis zum 30.06.01 hatte der Steuerpflichtige Unterhaltsleistungen i. H. von 18.000 € erbracht.

Der Steuerpflichtige kann auf Antrag mit Zustimmung seiner geschiedenen Ehefrau für 01 Unterhaltsleistungen i. H. von 13.805 € als Sonderausgaben abziehen.

Unterhaltsleistungen an mehrere Personen können jeweils nur bis zur Höhe von 13.805 Euro als Sonderausgaben abgezogen werden.

Beispiel:

A hat im Jahr 2012 Unterhaltsleistungen (keine Beiträge zur Kranken- und Pflegeversicherung) an seine seit 2001 von ihm geschiedene (erste) Ehefrau i. H. von 20.000 € erbracht. An seine seit dem 01.09.2012 von ihm dauernd getrennt lebende (zweite) Ehefrau hat er im Jahr 2012 Unterhalt i. H. von insgesamt 8.000 € gezahlt. Beide Ehefrauen haben eine betragsmäßig nicht eingeschränkte Zustimmung gem. § 10 Abs. 1 Nr. 1 EStG erteilt.

A kann im Jahre 2012 einen Betrag i. H. von insgesamt (13.805 € + 8.000 € =) 21.805 € als Sonderausgaben nach § 10 Abs. 1 Nr. 1 EStG abziehen.

---
19 BFH vom 14.04.2005 XI R 33/03 (BStBl 2005 II S. 825).

Werden erst nach Eintritt der Bestandskraft des ESt-Bescheids sowohl die Zustimmung zur Anwendung des Realsplittings erteilt als auch der Antrag nach § 10 Abs. 1 Nr. 1 EStG gestellt, ist der Bescheid nach § 175 Abs. 1 Satz 1 Nr. 2 AO zu ändern.[20]

29.1.3 Wiederkehrende Versorgungsleistungen (§ 10 Abs. 1 Nr. 1a EStG)

29.1.3.1 Allgemeines

Nach § 10 Abs. 1 Nr. 1a EStG können bestimmte auf besonderen Verpflichtungsgründen beruhende, lebenslange und wiederkehrende Versorgungsleistungen als Sonderausgaben abgezogen werden, wenn sie nicht Betriebsausgaben oder Werbungskosten sind oder wie Betriebsausgaben oder Werbungskosten behandelt werden, und nicht mit Einkünften in wirtschaftlichem Zusammenhang stehen, die bei der Veranlagung außer Betracht bleiben, wenn der Empfänger unbeschränkt steuerpflichtig ist. Letzteres ist der Fall bei steuerbaren Einkünften, die einer der sieben Einkunftsarten zuzurechnen sind, jedoch nach § 3 EStG oder nach einem DBA steuerfrei bleiben. Voraussetzung für den Sonderausgabenabzug ist jedoch, dass die Versorgungsleistungen mit der Übertragung eines Mitunternehmeranteils an einer Personengesellschaft (§ 10 Abs. 1 Nr. 1a Satz 2 Buchst. a EStG), mit der Übertragung eines Betriebs oder Teilbetriebs (§ 10 Abs. 1 Nr. 1a Satz 2 Buchst. b EStG) sowie mit der Übertragung eines mindestens 50 % betragenden Anteils an einer GmbH, wenn der Übergeber als Geschäftsführer tätig war und der Übernehmer diese Tätigkeit nach der Übertragung übernimmt (§ 10 Abs. 1 Nr. 1a Satz 2 Buchst. c EStG), im Zusammenhang stehen. Außerdem sind Versorgungsleistungen abziehbar, soweit sie auf den Wohnteil eines Betriebs der Land- und Forstwirtschaft entfallen (§ 10 Abs. 1 Nr. 1a Satz 3 EStG).

Die Probleme der Abgrenzung der Versorgungsleistungen von den Unterhaltsleistungen einerseits und von den wiederkehrenden Leistungen im Austausch mit einer Gegenleistung andererseits sind bei den Ausführungen zu § 10 (29.1.3) und § 12 EStG dargestellt worden (16.3.3). Durch das JStG 2008[21] ist in § 10 Abs. 1 Nr. 1a EStG mit Wirkung vom 01.01.2008 (§ 52 Abs. 23g EStG) das Rechtsinstitut der Vermögensübertragung gegen Versorgungsleistungen neu geregelt worden, indem § 10 Abs. 1 Nr. 1a EStG durch § 10 Abs. 1 Nr. 1a und 1b EStG ersetzt worden ist. Die Neuregelung bedeutet eine erhebliche Einschränkung des Anwendungsbereichs des Rechtsinstituts „Vermögensübergabe gegen Versorgungsleistungen" und wirkt sich über die Neuregelung des § 22 Nr. 1b EStG auf die Besteuerung des Empfängers der Versorgungsleistungen aus.

Die Neuregelung gilt erstmals für solche Versorgungsleistungen, die auf nach dem 31.12.2007 vereinbarten Vermögensübertragungen beruhen (§ 52 Abs. 23g Satz 1

---

20 BFH vom 12.07.1989 X R 8/84 (BStBl 1989 II S. 957).
21 BGBl 2007 I S. 3150.

29.1 Sonderausgaben

EStG). Für Versorgungsleistungen, die aufgrund von Vermögensübertragungen erbracht werden, die bis zum 31.12.2007 vereinbart worden sind, gilt ohne zeitliche Begrenzung die bisherige Rechtslage weiter. Für Versorgungsleistungen, die auf vor dem 01.01.2008 vereinbarten Vermögensübertragungen beruhen, ist § 10 Abs. 1 Nr. 1a EStG nur anwendbar, wenn das übertragene Vermögen nur deshalb einen ausreichenden Ertrag bringt, weil ersparte Aufwendungen mit Ausnahme des Nutzungsvorteils eines zu eigenen Zwecken vom Vermögensübernehmer genutzten Grundstücks zu Erträgen des Vermögens gerechnet werden (§ 52 Abs. 23g Satz 2 EStG).[22] Mit dieser Regelung will der Gesetzgeber verhindern, dass die Übergabe von Geldbeträgen zur Schuldentilgung als Vermögensübergabe gegen Versorgungsleistungen ausgestaltet werden kann. Dies bedeutet, dass das neue Recht bei der Übergabe eines Geldbetrags zur Schuldentilgung auch in Altfällen bereits ab dem 01.01.2008 anzuwenden ist.

Für die bis zum 31.12.2007 geltende Rechtslage hat die Finanzverwaltung mehrere ausführliche Verwaltungsanweisungen („Rentenerlass II"[23] und „Rentenerlass III"[24]) erlassen.

Zu der Neuregelung hat die Finanzverwaltung in einer weiteren Verwaltungsanweisung („Rentenerlass IV")[25] ausführlich zu den verschiedenen Komplexen Stellung genommen. Die darin getroffenen Regelungen sind grundsätzlich auf alle wiederkehrenden Leistungen im Zusammenhang mit einer Vermögensübertragung anzuwenden, die auf einem nach dem 31.12.2007 geschlossenen Übertragungsvertrag (Abschluss des schuldrechtlichen Rechtsgeschäfts) beruhen.[26] Für wiederkehrende Leistungen im Zusammenhang mit einer Vermögensübertragung, die auf einem vor dem 01.01.2008 geschlossenen Übertragungsvertrag beruhen, bleiben grundsätzlich § 10 Abs. 1 Nr. 1a EStG in der vor dem 01.01.2008 geltenden Fassung und das BMF-Schreiben vom 16.09.2004 („Rentenerlass III")[27] weiter anwendbar.[28] Außerdem hat die Finanzverwaltung für vor dem 01.01.2008 abgeschlossene Übertragungsverträge im „Rentenerlass IV" Anwendungsregelungen für die Fälle einer Ablösung eines Nießbrauchsrechts[29], einer Umschichtung[30] und einer Umwandlung einer Versorgungsleistung[31] getroffen.

---

22 Diese gesetzliche Regelung ist eine Reaktion auf die Rechtsprechung des BFH, u. a. vom 18.08.2010 X R 55/09 (BStBl 2011 II S. 633).
23 BMF vom 26.08.2002 (BStBl 2002 I S. 893).
24 BMF vom 16.09.2004 (BStBl 2004 I S. 922).
25 BMF vom 11.03.2010 (BStBl 2010 I S. 227).
26 BMF vom 11.03.2010 (BStBl 2010 I S. 227), Rdnr. 80.
27 BStBl 2004 I S. 922.
28 BMF vom 11.03.2010 (BStBl 2010 I S. 227), Rdnr. 80 f.
29 BMF vom 11.03.2010 (BStBl 2010 I S. 227), Rdnr. 85 f.
30 BMF vom 11.03.2010 (BStBl 2010 I S. 227), Rdnr. 87 ff.
31 BMF vom 11.03.2010 (BStBl 2010 I S. 227), Rdnr. 90.

29.1.3.2 Versorgungsleistungen

1. Allgemeines

Wiederkehrende Leistungen im Zusammenhang mit einer Vermögensübertragung können Versorgungsleistungen, Unterhaltsleistungen oder wiederkehrende Leistungen im Austausch mit einer Gegenleistung sein. Liegen die Voraussetzungen des § 10 Abs. 1 Nr. 1a EStG vor, sind die Versorgungsleistungen beim Verpflichteten als Sonderausgaben abziehbar und beim Berechtigten im Rahmen des § 22 Nr. 1b EStG als Einnahmen zu erfassen. Unterhaltsleistungen sind dagegen nicht nach § 12 Nr. 2 EStG abziehbar. Wiederkehrende Leistungen im Austausch mit einer Gegenleistung enthalten eine nichtsteuerbare oder steuerbare Vermögensumschichtung und einen Zinsanteil.[32]

2. Vermögensübertragung mit einer unentgeltlichen Vermögensübertragung

a) Vermögensübertragung i. S. des § 10 Abs. 1 Nr. 1a EStG

Begriff der Vermögensübergabe

Vermögensübergabe ist die Vermögensübertragung kraft einzelvertraglicher Regelung unter Lebenden – i. d. R. zur vorweggenommenen Erbfolge mit Rücksicht auf die künftige Erbfolge –, bei der sich der Übergeber in Gestalt der Versorgungsleistungen typischerweise Erträge seines Vermögens vorbehält, die nunmehr allerdings vom Übernehmer erwirtschaftet werden müssen.[33] Eine solche Übergabe ist auch unter Fremden nicht ausgeschlossen.[34] Rechtsgrund der Vermögensübertragung kann ihren Rechtsgrund auch in einer Verfügung von Todes wegen haben, wenn sie im Wege der vorweggenommenen Erbfolge zu Lebzeiten des Erblassers ebenfalls begünstigt wäre.[35] Soweit im Zusammenhang mit der Vermögensübertragung Versorgungsleistungen zugesagt werden, sind diese weder Veräußerungsentgelt noch Anschaffungskosten.[36]

Empfänger des Vermögens

Eine nach § 10 Abs. 1 Nr. 1a EStG begünstigte Vermögensübertragung ist stets unter Angehörigen, aber auch unter Fremden möglich.[37] Empfänger des Vermögens können die Abkömmlinge und grundsätzlich auch gesetzlich erbberechtigte entfernte Verwandte des Übergebers sein.[38] Hat der Übernehmer aufgrund besonderer persön-

---
32 BMF vom 11.03.2010 (BStBl 2010 I S. 227), Rdnr. 1.
33 BFH vom 15.07.1991 GrS 1/90 (BStBl 1992 II S. 78).
34 BFH vom 16.12.1997 IX R 11/94 (BStBl 1998 II S. 718).
35 BFH vom 11.10.2007 X R 14/06 (BStBl 2008 II S. 123).
36 BFH vom 05.02.1990 GrS 4-6/89 (BStBl 1990 II S. 847); BMF vom 11.03.2010 (BStBl 2010 I S. 227), Rdnr. 2 f.
37 BMF vom 11.03.2010 (BStBl 2010 I S. 227), Rdnr. 4.
38 BFH vom 16.12.1993 X R 67/92 (BStBl 1996 II S. 669).

licher Beziehungen zum Übergeber ein persönliches Interesse an der lebenslangen angemessenen Versorgung des Übergebers oder sind die Vertragsbedingungen allein nach dem Versorgungsbedürfnis des Übergebers und der Leistungsfähigkeit des Übernehmers vereinbart worden, können auch nahestehende Dritte – z. B. Schwiegerkinder, Neffen und Nichten – und ausnahmsweise auch familienfremde Dritte Empfänger des Vermögens sein.[39]

Abgrenzung zu vollentgeltlichen Geschäften

Nach dem Willen der Beteiligten soll der Übernehmer wenigstens teilweise eine unentgeltliche Zuwendung erhalten. Bei einer Vermögensübertragung an Angehörige spricht eine widerlegbare Vermutung dafür, dass die wiederkehrenden Leistungen unabhängig vom Wert des übertragenen Vermögens nach dem Versorgungsbedürfnis des Berechtigten und nach der wirtschaftlichen Leistungsfähigkeit des Verpflichteten bemessen worden sind. Diese Vermutung ist widerlegt, wenn die Beteiligten Leistung und Gegenleistung nach kaufmännischen Gesichtspunkten gegeneinander abgewogen haben und subjektiv von der Gleichwertigkeit der beiderseitigen Leistungen ausgehen durften, auch wenn Leistung und Gegenleistung objektiv ungleichwertig sind.[40] In diesem Fall gelten die Grundsätze über die einkommensteuerrechtliche Behandlung wiederkehrender Leistungen im Austausch mit einer Gegenleistung.[41]

Unter Fremden besteht eine nur in Ausnahmefällen widerlegbare Vermutung, dass bei der Übertragung von Vermögen Leistung und Gegenleistung kaufmännisch gegeneinander abgewogen sind. Ein Anhaltspunkt für ein entgeltliches Rechtsgeschäft kann sich auch daraus ergeben, dass die wiederkehrenden Leistungen auf Dauer die erzielbaren Erträge übersteigen. Die für die Entgeltlichkeit des Übertragungsvorgangs sprechende Vermutung kann hingegen zum Beispiel widerlegt sein, wenn der Übernehmer aufgrund besonderer persönlicher – insbesondere familienähnlicher – Beziehungen zum Übergeber ein persönliches Interesse an der lebenslangen angemessenen Versorgung des Übergebers hat.[42]

Gegenstand der Vermögensübergabe

Eine begünstigte Vermögensübertragung i. S. des § 10 Abs. 1 Nr. 1a EStG liegt nur vor bei Versorgungsleistungen im Zusammenhang mit der Übertragung betrieblicher Einheiten im Sinne von Betrieben, Teilbetrieben, Mitunternehmeranteilen und bestimmten GmbH-Anteilen. Insbesondere die Übergabe von Grundbesitz und

---

39 BFH vom 16.12.1997 IX R 11/94 (BStBl 1998 II S. 718).
40 BFH vom 30.07.2003 X R 12/01 (BStBl 2004 II S. 211).
41 BMF vom 11.03.2010 (BStBl 2010 I S. 227), Rdnr. 5.
42 BFH vom 16.12.1997 IX R 11/94 (BStBl 1998 II S. 718); BMF vom 11.03.2010 (BStBl 2010 I S. 227), Rdnr. 6.

Geldvermögen fällt nicht mehr in den Anwendungsbereich der Vermögensübergabe gegen Versorgungsleistungen.

- Begünstigt ist die Übertragung von Mitunternehmeranteilen an einer Mitunternehmerschaft (§ 10 Abs. 1 Nr. 1a Satz 2 Buchst. a EStG).[43] Eine typische stille Gesellschaft gehört dazu nicht. Die Mitunternehmerschaft muss originär betriebliche Einkünfte erzielen. Die Übertragung von Anteilen an einer Personengesellschaft, die aufgrund der Abfärberegelung § 15 Abs. 3 Nr. 1 EStG insgesamt gewerbliche Einkünfte erzielt, ist ebenfalls begünstigt wie auch ein Mitunternehmeranteil an einer Besitzgesellschaft im Rahmen einer Betriebsaufspaltung, soweit ihr die gewerbliche Tätigkeit auch nach der Übertragung zugerechnet wird. Dagegen ist eine gewerblich geprägte, vermögensverwaltend tätige Personengesellschaft i. S. von § 15 Abs. 3 Nr. 2 EStG nicht begünstigt. Neben originär gewerblich tätigen Mitunternehmerschaften sind begünstigt auch Mitunternehmerschaften, die Einkünfte nach §§ 13 bzw. 18 EStG erzielen.

- Die Übertragung eines Betriebs oder Teilbetriebs ist ebenfalls begünstigt (§ 10 Abs. 1 Nr. 1a Satz 2 Buchst. b EStG).[44] Hierzu zählt auch die Übertragung eines verpachteten Betriebs oder Teilbetriebs, sofern er mangels Betriebsaufgabeerklärung als fortgeführt gilt. Dabei ist es gleichgültig, ob es sich um gewerbliche, land- und forstwirtschaftliche Betriebe oder Betriebe der selbstständigen Arbeit handelt.

- Die Begünstigung umfasst auch die Übertragung eines mindestens 50 % betragenden Anteils an einer GmbH, wenn der Übergeber als Geschäftsführer tätig war und der Übernehmer diese Tätigkeit nach der Übertragung übernimmt (§ 10 Abs. 1 Nr. 1a Satz 2 Buchst. c EStG).[45] Es ist nicht erforderlich, dass der Übergeber seinen gesamten Anteil überträgt, sofern der übertragende Anteil mindestens 50 % beträgt. Maßgebend ist der Anteil am Stammkapital. Es ist unschädlich, wenn der Übernehmer bereits vor der Übertragung Geschäftsführer der Gesellschaft war, solange er es auch nach der Übertragung bleibt. Anteile an anderen Kapitalgesellschaften als einer GmbH (einschließlich Unternehmergesellschaft, § 5a GmbHG) sind nicht begünstigt.

Bei der Übertragung von Betrieben der Land- und Forstwirtschaft ist auch der auf den Wohnteil entfallende Teil der Versorgungsleistungen abziehbar (§ 10 Abs. 1 Nr. 1a Satz 3 EStG).

Wird anderes Vermögen übertragen (z. B. privater Grundbesitz, Wertpapiervermögen) oder erfüllt das übertragene Vermögen nicht die Begünstigungsvoraussetzungen, liegt keine begünstigte Vermögensübertragung im Zusammenhang mit Versorgungsleistungen vor.[46] Dies gilt auch für die Einräumung eines Nießbrauchs-

---

[43] BMF vom 11.03.2010 (BStBl 2010 I S. 227), Rdnr. 8 ff.
[44] BMF vom 11.03.2010 (BStBl 2010 I S. 227), Rdnr. 12 ff.
[45] BMF vom 11.03.2010 (BStBl 2010 I S. 227), Rdnr. 15 ff.
[46] BMF vom 11.03.2010 (BStBl 2010 I S. 227), Rdnr. 21 ff.

29.1 Sonderausgaben

rechts, und zwar unabhängig davon, ob das Nießbrauchsrecht an Vermögen i. S. des § 10 Abs. 1 Nr. 1a Satz 2 EStG bestellt ist oder nicht.

Bei der Übergabe von Vermögenswerten, die nicht unter § 10 Abs. 1 Nr. 1a EStG fallen, findet das Sonderrecht der Vermögensübergabe gegen Versorgungsleistungen keine Anwendung. Vielmehr gelten hinsichtlich der Besteuerung die allgemeinen Grundsätze. Zu differenzieren ist dabei zum einen danach, ob die zugesagten Leistungen als Unterhaltsleistungen oder als Veräußerungsentgelt anzusehen sind, und zum anderen danach, ob der übergebene Gegenstand Privatvermögen oder Betriebsvermögen darstellt.

Zu beachten ist jedoch folgende Missbrauchsregelung:[47] Wird der Anteil an einer GmbH in einem Betriebsvermögen eines Betriebs, Teilbetriebs oder einer Mitunternehmerschaft im Zusammenhang mit wiederkehrenden Leistungen auf den Vermögensübernehmer (mit-)übertragen, liegt eine insgesamt nach § 10 Abs. 1 Nr. 1a Satz 2 Buchst. a oder b EStG begünstigte Übertragung vor. Wurde der Anteil an der Körperschaft binnen eines Jahres vor der Vermögensübertragung in den Betrieb, Teilbetrieb oder die Mitunternehmerschaft eingelegt und gehört dort nicht zum notwendigen Betriebsvermögen oder der Betrieb Teilbetrieb oder die Mitunternehmerschaft ist binnen eines Jahres vor der Vermögensübertragung durch Umwandlung einer Körperschaft entstanden, ist zu vermuten, dass § 10 Abs. 1 Nr. 1a Satz 2 Buchst. c EStG umgangen werden soll.

Übertragung von Vermögen unter Nießbrauchsvorbehalt

Der Anerkennung von Versorgungsleistungen steht nicht entgegen, wenn das begünstigte Vermögen unter Vorbehalt eines Nießbrauchs übertragen wird, wenn der Nießbrauch lediglich Sicherungszwecken dient und der Übergeber gleichzeitig mit der Bestellung des Nießbrauchs dessen Ausübung nach § 1059 BGB dem Übernehmer überlässt.[48] Wird ein an begünstigtem Vermögen vorbehaltenes oder durch Vermächtnis eingeräumtes Nießbrauchsrecht im Zusammenhang mit wiederkehrenden Leistungen abgelöst, können diese im sachlichen Zusammenhang mit der Vermögensübergabe stehen und daher Versorgungsleistungen sein (sog. zeitlich gestreckte „gleitende" Vermögensübertragung[49]). Dies gilt nicht, wenn die Ablösung des Nießbrauchs der lastenfreien Veräußerung des Vermögens dient. Für die Anerkennung von Versorgungsleistungen kommt es nicht darauf an, ob die wiederkehrenden Leistungen im Vermögensübergabevertrag selbst oder erst im Zusammenhang mit der Ablösung des Nießbrauchs vereinbart werden.[50]

---

47 BMF vom 11.03.2010 (BStBl 2010 I S. 227), Rdnr. 23.
48 BMF vom 11.03.2010 (BStBl 2010 I S. 227), Rdnr. 24 f.
49 Vgl. BFH vom 03.06.1992 X R 14/98 (BStBl 1993 II S. 23).
50 BFH vom 03.06.1992 X R 147/88 (BStBl 1993 II S. 98).

Ausreichend Ertrag bringendes Vermögen

Das Merkmal der Versorgung ist nur bei der Übertragung von Vermögen i. S. des § 10 Abs. 1 Nr. 1a Satz 2 EStG erfüllt, das ausreichend Ertrag bringt, um die Versorgung der übergebenden Person aus dem übernommenen Vermögen zumindest zu einem Teil zu sichern.[51] Von einem ausreichend Ertrag bringenden Vermögen ist auszugehen, wenn nach überschlägiger Berechnung die wiederkehrenden Leistungen nicht höher sind als der langfristig erzielbare Ertrag des übergebenen Vermögens.

Zu Erträgen führen grundsätzlich nur Einnahmen aus einer Tätigkeit, die den Tatbestand einer Einkunftsart i. S. des § 2 Abs. 1 EStG erfüllt. Einnahmen aus einer Tätigkeit ohne Einkünfte- oder Gewinnerzielungsabsicht sind daher nicht als Erträge zu beurteilen.

Wird ein Betrieb oder Teilbetrieb i. S. des § 10 Abs. 1 Nr. 1a Satz 2 Buchst. b EStG im Zusammenhang mit wiederkehrenden Leistungen im Wege der vorweggenommenen Erbfolge übertragen, besteht eine nur in Ausnahmefällen – z. B. mehrjährige Verluste oder im Verhältnis zu den wiederkehrenden Leistungen geringe Gewinne des Unternehmens – widerlegbare Vermutung dafür, dass die Erträge ausreichen, um die wiederkehrenden Leistungen in der vereinbarten Höhe zu erbringen, wenn das Unternehmen vom Übernehmer tatsächlich fortgeführt wird. Entsprechendes gilt, wenn ein Mitunternehmeranteil oder der Teil des Mitunternehmeranteils i. S. des § 10 Abs. 1 Nr. 1a Satz 2 Buchst. a EStG oder ein Anteil an einer GmbH i. S. des § 10 Abs. 1 Nr. 1a Satz 2 Buchst. c EStG[52] übertragen wird. Die Beweiserleichterung ist nicht anzuwenden bei verpachteten oder überwiegend verpachteten Betrieben, Teilbetrieben, (Teil-)Mitunternehmeranteilen und GmbH-Anteilen oder bei Personengesellschaften, die selbst ihren gesamten Betrieb verpachtet haben. Wird im Rahmen einer einheitlichen Vermögensübergabe neben begünstigtem Vermögen i. S. des § 10 Abs. 1 Nr. 1a Satz 2 EStG weiteres nicht begünstigtes Vermögen übertragen, greift diese Beweiserleichterung nicht.

Die Finanzverwaltung vertritt entgegen der Rechtsprechung des BFH[53] die Auffassung, dass Versorgungsleistungen, die aus den langfristig erzielbaren Erträgen des übergebenen Vermögens erbracht werden können, auch dann als Sonderausgaben abziehbar sind, wenn das übertragene Vermögen nicht über einen ausreichenden Unternehmenswert verfügt.[54]

---

51 BMF vom 11.03.2010 (BStBl 2010 I S. 227), Rdnr. 26 f.
52 Vgl. BFH vom 12.05.2003 GrS 1/00 (BStBl 2003 II S. 95).
53 BFH vom 12.05.2003 GrS 2/00 (BStBl 2004 II S. 100).
54 BMF vom 11.03.2010 (BStBl 2010 I S. 227), Rdnr. 31.

29.1 Sonderausgaben

Ermittlung der Erträge

Greift die oben dargestellte Beweiserleichterung nicht, sind zur Ermittlung der maßgebenden Erträge die auf der Grundlage des steuerlichen Gewinns ermittelten Erträge heranzuziehen.[55] Den auf der Grundlage der steuerlichen Einkünfte ermittelten Erträgen sind Absetzungen für Abnutzung, erhöhte Absetzungen und Sonderabschreibungen sowie außerordentliche Aufwendungen, z. B. größere Erhaltungsaufwendungen, die nicht jährlich üblicherweise anfallen, dabei den Erträgen hinzuzurechnen. Bei Einkünften aus Land- und Forstwirtschaft, aus Gewerbebetrieb und aus selbstständiger Arbeit ist ein Unternehmerlohn nicht abzuziehen. Bei Übertragung eines Anteils an einer GmbH mindert das Gehalt des Gesellschafter-Geschäftsführers die auf der Grundlage der steuerlichen Einkünfte ermittelten Erträge nicht. Bei der Ermittlung der Erträge aus dem GmbH-Anteil ist nicht auf die tatsächlich ausgeschütteten, sondern auf die ausschüttungsfähigen Gewinne abzustellen.[56]

Die wiederkehrenden Leistungen müssen durch entsprechende Erträge aus dem übernommenen Vermögen abgedeckt sein. Davon ist auszugehen, wenn nach den Verhältnissen im Zeitpunkt der Vermögensübergabe der durchschnittliche jährliche Ertrag ausreicht, um die jährlichen wiederkehrenden Leistungen zu erbringen. Bei Ablösung eines vom Übergeber vorbehaltenen Nutzungsrechts in den Fällen der zeitlich gestreckten Vermögensübergabe sind die Verhältnisse im Zeitpunkt der Ablösung maßgeblich.[57] Aus Vereinfachungsgründen ist es nicht zu beanstanden, wenn zur Ermittlung des durchschnittlichen Ertrags die Einkünfte des Jahres der Vermögensübergabe und der beiden vorangegangenen Jahre herangezogen werden.

Reicht der durchschnittliche jährliche Ertrag nach den Verhältnissen im Zeitpunkt der Vermögensübergabe nicht aus, um die jährlichen wiederkehrenden Leistungen zu erbringen, bleibt es dem Übernehmer unbenommen, nachzuweisen, dass für die Zukunft ausreichend hohe Nettoerträge zu erwarten sind. Hiervon kann regelmäßig ausgegangen werden, wenn die durchschnittlichen Erträge des Jahres der Vermögensübergabe und der beiden folgenden Jahre ausreichen, um die wiederkehrenden Leistungen zu erbringen. Die Veranlagungen sind insoweit sowohl beim Übergeber als auch beim Übernehmer ab dem Jahr der Vermögensübergabe vorläufig gem. § 165 AO vorzunehmen.[58]

In den Fällen der nachträglichen Umschichtung des Vermögens sind für die Beurteilung, ob ausreichende Erträge erzielt werden, die Erträge ab dem Zeitpunkt der Umschichtung maßgebend. Von ausreichenden Erträgen kann regelmäßig ausgegangen werden, wenn die durchschnittlichen Erträge des Jahres der Umschichtung und der beiden folgenden Jahre ausreichen, um die wiederkehrenden Leistungen zu

---

55 BMF vom 11.03.2010 (BStBl 2010 I S. 227), Rdnr. 32 ff.
56 BFH vom 21.07.2004 X R 44/01 (BStBl 2005 II S. 133).
57 BFH vom 16.06.2004 X R 50/01 (BStBl 2005 II S. 130).
58 BMF vom 11.03.2010 (BStBl 2010 I S. 227), Rdnr. 35.

erbringen. Die Veranlagungen sind insoweit sowohl beim Übergeber als auch beim Übernehmer in dem Jahr der Umschichtung und in den beiden Folgejahren vorläufig gem. § 165 AO vorzunehmen.[59]

Ermittlung der Erträge bei teilentgeltlichem Erwerb

Wird Vermögen zum Teil entgeltlich und zum Teil unentgeltlich übertragen, ist zu prüfen, ob Erträge, die auf den unentgeltlich erworbenen Teil entfallen, zur Erbringung der wiederkehrenden Leistungen ausreichen. Für die Aufteilung in einen entgeltlich und einen unentgeltlich erworbenen Teil gelten die Grundsätze in den BMF-Schreiben vom 13.01.1993[60] und vom 26.02.2007[61].

Betriebsaufgabe, Übertragung, Umwandlung und Umschichtung von übertragenem Vermögen

Verpflichtet sich der Übernehmer im Übertragungsvertrag zur Umschichtung des übertragenen Vermögens in Vermögen i. S. des § 10 Abs. 1 Nr. 1a Satz 2 EStG, liegt keine begünstigte Vermögensübertragung im Zusammenhang mit Versorgungsleistungen vor.[62]

Der sachliche Zusammenhang der wiederkehrenden Leistungen mit der begünstigten Vermögensübertragung endet grundsätzlich, wenn der Übernehmer den Betrieb aufgibt oder das übernommene Vermögen dem Übernehmer steuerrechtlich nicht mehr zuzurechnen ist. Die im Zusammenhang mit der Vermögensübertragung vereinbarten wiederkehrenden Leistungen zwischen dem Übergeber und dem Übernehmer sind ab diesem Zeitpunkt Unterhaltsleistungen i. S. des § 12 Nr. 2 EStG und dürfen beim Übernehmer nicht mehr als Sonderausgaben nach § 10 Abs. 1 Nr. 1a EStG abgezogen werden. Beim Übergeber sind sie nicht mehr nach § 22 Nr. 1 EStG steuerbar.[63]

Der sachliche Zusammenhang der wiederkehrenden Leistungen mit der Vermögensübergabe endet nicht, wenn der Übernehmer seinerseits das übernommene Vermögen im Wege der vorweggenommenen Erbfolge weiter überträgt. Geht dabei die Versorgungsverpflichtung nicht mit über, können die Versorgungsleistungen weiterhin abgezogen werden, wenn der Übernehmer diese aus ihm im Rahmen der weiteren Vermögensübertragung seinerseits eingeräumten Versorgungsleistungen oder aus einem an dem weiterübertragenen Vermögen vorbehaltenen Nießbrauch bewirken kann.

---

59 BMF vom 11.03.2010 (BStBl 2010 I S. 227), Rdnr. 41.
60 BMF vom 13.01.1993 (BStBl 1993 I S. 80).
61 BMF vom 26.02.2007 (BStBl 2007 I S. 269).
62 BMF vom 11.03.2010 (BStBl 2010 I S. 227), Rdnr. 36.
63 BFH vom 31.03.2004 X R 66/98 (BStBl 2004 II S. 830) und vom 17.03.2010 X R 38/06 (BStBl 2011 II S. 622); BMF vom 11.03.2010 (BStBl 2010 I S. 227), Rdnr. 37.

29.1 Sonderausgaben

Beispiel:[64]
Der 65-jährige Vater übergab seinen bislang als Einzelunternehmen geführten Betrieb im Jahr 2008 im Zusammenhang mit lebenslänglich zu erbringenden wiederkehrenden Leistungen von monatlich 5.000 € an seinen Sohn S. Im Jahr 2028 überträgt S das Einzelunternehmen im Hinblick auf die Generationennachfolge an seinen Sohn, den Enkel E des V. S erhält hierfür von dem weiteren Vermögensübernehmer E lebenslang monatlich 10.000 €. Er bleibt aber weiterhin verpflichtet, an seinen inzwischen 85-jährigen Vater wiederkehrende Leistungen zu erbringen, die zwischenzeitlich in steuerlich anzuerkennender Weise auf 8.000 € angepasst wurden.

Die von S zu erbringenden Zahlungen an V bleiben auch im Jahr 2028 und in den folgenden Jahren Versorgungsleistungen und können von S als Sonderausgaben abgezogen werden. Korrespondierend muss V die von S erhaltenen wiederkehrenden Leistungen ebenso als sonstige Einkünfte versteuern, wie dies für S hinsichtlich der von E gezahlten Versorgungsleistungen der Fall ist.

Werden nur Teile des begünstigt übernommenen Vermögens auf Dritte übertragen, können die nach der Übertragung entrichteten wiederkehrenden Leistungen an den Übergeber weiterhin als Versorgungsleistungen zu beurteilen sein, wenn der nicht übertragene Teil des übernommenen Vermögens nach der Übertragung auf den Dritten ausreichende Erträge abwirft, um die Versorgungsleistungen zu finanzieren, und weiterhin begünstigtes Vermögen i. S. des § 10 Abs. 1 Nr. 1a Satz 2 EStG vorliegt. Maßgebend für die Beurteilung sind die Erträge ab dem Zeitpunkt, ab dem der übertragene Vermögensteil dem Übernehmer steuerrechtlich nicht mehr zuzurechnen ist.[65]

Überträgt der Übernehmer das begünstigt übernommene Vermögen auf einen Dritten und erwirbt er mit dem Erlös zeitnah anderes Vermögen i. S. des § 10 Abs. 1 Nr. 1a Satz 2 EStG, sind die nach der Übertragung an den Übergeber entrichteten wiederkehrenden Leistungen weiterhin Versorgungsleistungen.[66]

Dies gilt auch, wenn

- nicht der gesamte Erlös aus der Veräußerung zur Anschaffung verwendet wird und die wiederkehrenden Leistungen durch die Erträge aus dem neu angeschafften Vermögen abgedeckt werden oder

- der gesamte Erlös aus der Veräußerung zur Anschaffung dieses Vermögens nicht ausreicht, der Übernehmer bei der Umschichtung zusätzlich eigene Mittel zur Anschaffung aufwendet und der auf den reinvestierten Veräußerungserlös entfallende Anteil an den Erträgen ausreicht, um die vereinbarten wiederkehrenden Leistungen zu erbringen.

Maßgebend für die Beurteilung sind die Erträge ab dem Zeitpunkt der Anschaffung oder Herstellung dieser Wirtschaftseinheit (nachträgliche Umschichtung). Von aus-

---
64 Vgl. BMF vom 11.03.2010 (BStBl 2010 I S. 227), Rdnr. 39.
65 BMF vom 11.03.2010 (BStBl 2010 I S. 227), Rdnr. 40.
66 BMF vom 11.03.2010 (BStBl 2010 I S. 227), Rdnr. 41 ff.

reichenden Erträgen kann regelmäßig ausgegangen werden, wenn die durchschnittlichen Erträge des Jahres der nachträglichen Umschichtung und der beiden folgenden Jahre ausreichen, um die wiederkehrenden Leistungen zu erbringen. Die Veranlagungen sind insoweit sowohl beim Übergeber als auch beim Übernehmer ab dem Jahr der nachträglichen Umschichtung vorläufig gem. § 165 AO vorzunehmen.

Beispiel:

V hat seinem Sohn S im Jahr 2013 im Rahmen einer vorweggenommenen Erbfolgeregelung einen als Einzelunternehmen geführten Betrieb gegen lebenslang zu erbringende wiederkehrende Leistungen i. H. von monatlich 5.000 € übertragen. Im Oktober 2024 veräußert S diesen Betrieb für 1 Mio. €. Den Veräußerungserlös verwendet er im November 2024 vollumfänglich zur Anschaffung eines weiteren als Einzelunternehmen geführten Betriebs. Die durchschnittlichen jährlichen Nettoerträge aus dem neu erworbenen Betrieb belaufen sich auf 68.000 €.

Die wiederkehrenden Leistungen i. H. von monatlich 5.000 € sind auch nach der Veräußerung des ersten Betriebs bei S als Sonderausgaben nach § 10 Abs. 1 Nr. 1a Satz 2 Buchst. a EStG abziehbare Versorgungsleistungen, da S mit dem Verkaufserlös zeitnah begünstigtes Vermögen i. S. des § 10 Abs. 1 Nr. 1a Satz 2 Buchst. a EStG erworben hat. Demzufolge muss V die wiederkehrenden Leistungen auch weiterhin als sonstige Einkünfte i. S. des § 22 Nr. 1b EStG versteuern.

Die Einbringung begünstigt übernommenen Vermögens in eine GmbH i. S. des § 20 UmwStG oder in eine Personengesellschaft i. S. des § 24 UmwStG gegen Gewährung von Gesellschaftsanteilen bzw. -rechten und der Anteilstausch i. S. des § 21 UmwStG stellen keine nachträgliche Umschichtung dar – unabhängig davon, mit welchem Wert das eingebrachte Vermögen bei der übernehmenden Gesellschaft angesetzt wird. Der sachliche Zusammenhang der wiederkehrenden Leistungen mit der begünstigten Vermögensübertragung endet in diesen Fällen nicht. Dies gilt auch für die formwechselnde Umwandlung oder Verschmelzung von Personengesellschaften. Der sachliche Zusammenhang endet hingegen, soweit dem Vermögensübernehmer die erhaltenen GmbH-Anteile oder Mitunternehmeranteile steuerrechtlich nicht mehr zuzurechnen sind.

Im Fall der Realteilung (§ 16 Abs. 3 Satz 2 bis 4 EStG) wird der sachliche Zusammenhang der wiederkehrenden Leistungen mit der begünstigten Vermögensübertragung nur dann nicht beendet, wenn der Vermögensübernehmer einen Teilbetrieb oder Mitunternehmeranteil erhält und nach der Realteilung die Voraussetzungen eines nach § 10 Abs. 1 Nr. 1a Satz 2 Buchst. a oder Buchst. b EStG begünstigten Vermögens erfüllt sind. Im Fall der Realteilung eines land- und forstwirtschaftlichen Betriebs gilt dies auch, wenn der Vermögensübernehmer einzelne Wirtschaftsgüter erhält, die ihm nach der Realteilung einen selbständigen landwirtschaftlichen Betrieb darstellen.[67]

---

67 BMF vom 28.02.2006 (BStBl 2006 I S. 228) und vom 11.03.2010 (BStBl 2010 I S. 227), Rdnr. 43.

29.1 Sonderausgaben

b) Versorgungsleistungen i. S. des § 10 Abs. 1 Nr. 1a EStG

Umfang der Versorgungsleistungen

Versorgungsleistungen sind alle im Vermögensübergabevertrag vereinbarten wiederkehrenden Leistungen in Geld oder Geldeswert. Hierzu gehören insbesondere Geldleistungen, Übernahme von Aufwendungen und Sachleistungen.[68] Leistungen in Geld sind mit dem vom Verpflichteten tatsächlich aufgewendeten Geldbetrag anzusetzen. Bei Sachleistungen sind mit Ausnahme persönlicher Dienstleistungen und der Wohnraumüberlassung die Werte nach § 8 Abs. 2 EStG maßgebend.

Die Verpflichtung zur Erbringung wiederkehrender persönlicher Dienstleistungen durch persönliche Arbeit ist keine Versorgungsleistung. Stellt der Verpflichtete dagegen eine fremde Arbeitskraft, sind die Dienstleistungen Versorgungsleistungen in Höhe des Lohnaufwands.[69]

In den Fällen der Wohnungsüberlassung an den Übergeber sind nur die mit der Nutzungsüberlassung tatsächlich zusammenhängenden Aufwendungen anzusetzen. Hierzu gehören insbesondere Aufwendungen für Sachleistungen wie Strom, Heizung, Wasser und Instandhaltungskosten, zu denen der Übernehmer aufgrund einer klaren und eindeutigen Bestimmung im Übergabevertrag verpflichtet ist. Entsprechendes gilt für Aufwendungen, mit denen der Übernehmer seiner bürgerlich-rechtlich wirksamen Verpflichtung zur Instandhaltung nachkommt. Instandhaltungskosten dürfen jedoch nur als Versorgungsleistungen abgezogen werden, soweit sie der Erhaltung des vertragsgemäßen Zustands der Wohnung im Zeitpunkt der Übergabe dienen.[70] Ein Abzug anteiliger Absetzungen für Abnutzung und Schuldzinsen sowie anteiliger – vor allem öffentlicher – Lasten des Grundstücks, die vom Übernehmer als Eigentümer geschuldet werden, kommt nicht in Betracht.[71]

Hat der Vermögensübergeber neben dem nach § 10 Abs. 1 Nr. 1a Satz 2 EStG begünstigten Vermögen im Rahmen des Übertragungsvertrages oder der Verfügung von Todes wegen weiteres nicht begünstigtes Vermögen übertragen (z. B. Grundvermögen, Wertpapiervermögen), ist für die Zuordnung der Versorgungsleistungen die konkrete Vereinbarung im Übertragungsvertrag maßgebend. Dabei wird es grundsätzlich nicht beanstandet, wenn die wiederkehrenden Leistungen in vollem Umfang der Übertragung des begünstigten Vermögens zugeordnet werden. Wirft das begünstigte Vermögen im Zeitpunkt der Vermögensübertragung im Verhältnis zu den wiederkehrenden Leistungen durchschnittlich nur geringe Erträge ab und wurde keine konkrete Vereinbarung getroffen, sind die wiederkehrenden Leistungen anhand eines angemessenen Maßstabs (z. B. Verhältnis der Erträge der einzelnen Vermögenswerte) aufzuteilen.

---

68 BMF vom 11.03.2010 (BStBl 2010 I S. 227), Rdnr. 44 ff.
69 BFH vom 22.01.1992 X R 35/89 (BStBl 1992 II S. 552).
70 BFH vom 22.08.1999 X R 38/95 (BStBl 2000 II S. 21) sowie BMF vom 21.07.2003 (BStBl 2003 I S. 405).
71 BFH vom 25.03.1992 X R 196/87 (BStBl 1992 II S. 1012).

Empfänger der Versorgungsleistungen

Der Empfänger muss zum sog. Generationennachfolge-Verbund gehören.[72] Als Empfänger der Versorgungsleistungen kommen in erster Linie der Übergeber des begünstigten Vermögens, dessen Ehegatte und die gesetzlich erb- und pflichtteilsberechtigten Abkömmlinge des Übergebers[73] sowie der Lebenspartner einer eingetragenen Lebenspartnerschaft in Betracht.[74] Empfänger von Versorgungsleistungen können auch die Eltern des Übergebers sein, wenn der Übergeber das übergebene Vermögen seinerseits von den Eltern im Wege der Vermögensübergabe gegen Versorgungsleistungen erhalten hat.[75] Sind Empfänger der wiederkehrenden Leistungen die Geschwister des Übernehmers, besteht die widerlegbare Vermutung, dass diese nicht versorgt, sondern gleichgestellt werden sollen.[76] Nicht zum Generationennachfolge-Verbund gehörende Personen (z. B. die langjährige Haushälterin, der Lebensgefährte/die Lebensgefährtin, Mitarbeiter im Betrieb) können nicht Empfänger von Versorgungsleistungen sein.[77]

Korrespondenzprinzip bei Versorgungsleistungen

Im Zusammenhang mit einer Vermögensübertragung vereinbarte Versorgungsleistungen sind vom Berechtigten als sonstige Einkünfte nach § 22 Nr. 1b EStG zu versteuern, wenn der Verpflichtete zum Abzug der Leistungen als Sonderausgaben nach § 10 Abs. 1 Nr. 1a EStG berechtigt ist.[78] Es kommt nicht darauf an, dass sich die wiederkehrenden Leistungen auch tatsächlich steuermindernd ausgewirkt haben.

Versorgungsleistungen anlässlich einer begünstigten Vermögensübertragung sind beim Empfänger in vollem Umfang steuerpflichtig und beim Verpflichteten in vollem Umfang als Sonderausgaben abziehbar. Dies gilt unabhängig davon, ob die wiederkehrenden Versorgungsleistungen in Form von Renten oder dauernden Lasten vereinbart sind. Bei der Ermittlung der Einkünfte nach § 22 Nr. 1b EStG ist § 9a Satz 1 Nr. 3 EStG anzuwenden.

Versorgungsleistungen können nur dann nach § 10 Abs. 1 Nr. 1a EStG als Sonderausgaben abgezogen werden, wenn der Empfänger unbeschränkt einkommensteuerpflichtig ist. Eine Ausnahme gilt in den Fällen des § 1a Abs. 1 Nr. 1a EStG: Ist der Vermögensübernehmer Staatsangehöriger eines Mitgliedstaats der EU oder des EWR und nach § 1 Abs. 1 oder Abs. 3 EStG unbeschränkt einkommensteuerpflich-

---
72 BFH vom 07.03.2006 X R 12/05 (BStBl 2006 II S. 797) und vom 25.02.2014 X R 34/11 (www.bundesfinanzhof.de).
73 BFH vom 26.11.2003 X R 11/01 (BStBl 2004 II S. 820).
74 BMF vom 11.03.2010 (BStBl 2010 I S. 227), Rdnr. 50.
75 BFH vom 23.01.1997 IV R 45/96 (BStBl 1997 II S. 458) und vom 26.11.2003 X R 11/01 (BStBl 2004 II S. 820).
76 BFH vom 20.10.1999 X R 86/96 (BStBl 2000 II S. 602).
77 BFH vom 26.11.2003 X R 11/01 (BStBl 2004 S. 820).
78 BFH vom 31.03.2004 X R 66/98 (BStBl 2004 II S. 830) und vom 19.01.2010 X R 17/09 (BStBl 2010 II S. 544); BMF vom 11.03.2010 (BStBl 2010 I S. 227), Rdnr. 51 ff.

29.1 Sonderausgaben

tig, sind Versorgungsleistungen auch dann als Sonderausgaben abziehbar, wenn der Empfänger nicht der unbeschränkten Steuerpflicht unterliegt. Voraussetzung ist jedoch, dass der Empfänger seinen Wohnsitz oder gewöhnlichen Aufenthalt im Hoheitsgebiet eines anderen Mitgliedstaats der EU- oder eines EWR-Mitgliedstaats hat und die Besteuerung der Versorgungsleistungen beim Empfänger durch eine Bescheinigung der zuständigen ausländischen Steuerbehörde nachgewiesen wird.

Ist der Vermögensübernehmer in Deutschland nicht unbeschränkt einkommensteuerpflichtig und kann er daher die wiederkehrenden Leistungen nicht als Sonderausgaben nach § 10 Abs. 1 Nr. 1a EStG abziehen, hat der Empfänger der Versorgungsleistungen die wiederkehrenden Leistungen nicht zu versteuern.

Wiederkehrende Leistungen auf die Lebenszeit des Empfängers der Versorgungsleistungen

Versorgungsleistungen sind nur wiederkehrende Leistungen, die lebenslang – auf die Lebenszeit des Empfängers – gezahlt werden.[79] Wiederkehrende Leistungen auf die Lebenszeit des Empfängers der Versorgungsleistungen, die (a) für eine Mindestlaufzeit zu erbringen sind (sog. Mindestzeitrenten oder verlängerte Leibrenten oder dauernde Lasten)[80] oder (b) auf eine bestimmte Zeit beschränkt sind (sog. Leibrenten oder dauernde Lasten), sind stets nach den Grundsätzen über die einkommensteuerrechtliche Behandlung wiederkehrender Leistungen im Austausch mit einer Gegenleistung zu behandeln.

Rechtliche Einordnung von wiederkehrenden Leistungen, die keine Versorgungsleistungen sind

Liegen die Voraussetzungen einer begünstigten unentgeltlichen Vermögensübertragung im Zusammenhang mit Versorgungsleistungen nicht vor, weil z. B. kein begünstigtes Vermögen i. S. des § 10 Abs. 1 Nr. 1a Satz 2 EStG übertragen worden ist, die wiederkehrenden Leistungen nicht auf die Lebenszeit des Berechtigten zu zahlen sind oder die Erträge nicht ausreichen, um die wiederkehrenden Leistungen zu finanzieren, gelten die unten dargestellten Grundsätze zu einer entgeltlichen Vermögensübertragung gegen wiederkehrende Leistungen (vgl. 29.1.3.3).[81]

Sind wiederkehrende Leistungen an Berechtigte zu erbringen, die nicht zum Generationennachfolgeverband gehören, oder erfüllt der Übertragungsvertrag nicht die Voraussetzungen für eine steuerliche Anerkennung (vgl. unten unter c)), ist zu prüfen, ob nicht abziehbare Unterhaltsleistungen nach § 12 Nr. 2 EStG oder wiederkehrende Leistungen im Austausch mit einer Gegenleistung vorliegen.[82]

---

79 BMF vom 11.03.2010 (BStBl 2010 I S. 227), Rdnr. 56.
80 BFH vom 21.10.1999 X R 75/97 (BStBl 2002 II S. 650).
81 BFH vom 12.05.2003 GrS 1/00 (BStBl 2004 II S. 95); BMF vom 11.03.2010 (BStBl 2010 I S. 227), Rdnr. 57.
82 BMF vom 11.03.2010 (BStBl 2010 I S. 227), Rdnr. 58.

c) Anforderungen an den Versorgungsvertrag

Die steuerrechtliche Anerkennung des Übergabevertrages setzt voraus, dass die gegenseitigen Rechte und Pflichten klar und eindeutig sowie rechtswirksam vereinbart und ernsthaft gewollt sind und die Leistungen wie vereinbart tatsächlich erbracht werden.[83] Als wesentlicher Inhalt des Übergabevertrages müssen der Umfang des übertragenen Vermögens, die Höhe der Versorgungsleistungen und die Art und Weise der Zahlung vereinbart sein.[84] Machen die Parteien eines Versorgungsvertrages von einer vereinbarten Wertsicherungsklausel keinen Gebrauch, lässt dies für sich allein noch keinen zwingenden Schluss auf das Fehlen des Rechtsbindungswillens zu; die Abweichung vom Vereinbarten kann aber im Rahmen der gebotenen Gesamtwürdigung von Bedeutung sein.[85]

Die Vereinbarungen müssen zu Beginn des durch den Übergabevertrag begründeten Rechtsverhältnisses oder bei Änderung dieses Verhältnisses für die Zukunft getroffen werden. Änderungen der Versorgungsleistungen sind steuerrechtlich nur anzuerkennen, wenn sie durch ein i. d. R. langfristig verändertes Versorgungsbedürfnis des Berechtigten und/oder die veränderte wirtschaftliche Leistungsfähigkeit des Verpflichteten veranlasst sind.[86] Rückwirkende Vereinbarungen sind steuerrechtlich nicht anzuerkennen, es sei denn, die Rückbeziehung ist nur von kurzer Zeit und hat lediglich technische Bedeutung.[87] Nachträgliche Einschränkungen sind schriftlich zu fixieren.[88]

Werden die auf der Grundlage eines Vermögensübergabevertrags geschuldeten Versorgungsleistungen ohne Änderung der Verhältnisse, also willkürlich, nicht mehr erbracht, sind sie steuerrechtlich nicht anzuerkennen, auch wenn die vereinbarten Zahlungen später wieder aufgenommen werden.

Versorgungsleistungen aufgrund einer Verfügung von Todes wegen

Eine Vermögensübertragung i. S. des § 10 Abs. 1 Nr. 1a EStG kann ihren Rechtsgrund auch in einer Verfügung von Todes wegen haben, wenn sie im Wege der vorweggenommenen Erbfolge zu Lebzeiten des Erblassers ebenfalls begünstigt wäre.[89] Dies ist auch bei einem Schenkungsversprechen von Todes wegen (§ 2301 BGB) der Fall.[90] Voraussetzungen sind aber, dass der Erbe wirtschaftlich belastet ist und

---

83 BMF vom 11.03.2010 (BStBl 2010 I S. 227), Rdnr. 59 ff.
84 BFH vom 15.07.1992 X R 165/90 (BStBl 1992 II S. 1020).
85 BFH vom 03.03.2004 X R 14/01 (BStBl 2004 II S. 826) und vom 09.11.2011 X R 60/09 (BStBl 2012 II S. 638).
86 BFH vom 15.07.1992 X R 165/90 (BStBl 1992 II S. 1020).
87 BFH vom 21.05.1987 IV R 80/85 (BStBl 1987 II S. 710) und vom 29.11.1988 VIII R 83/82 (BStBl 1989 II S. 281).
88 Vgl. BFH vom 15.09.2010 X R 13/09 (BStBl 2011 II S. 641).
89 BFH vom 27.02.1992 X R 139/88 (BStBl 1992 II S. 612); BMF vom 11.03.2010 (BStBl 2010 I S. 227), Rdnr. 2.
90 BFH vom 20.06.2007 X R 2/06 (BStBl 2008 II S. 99).

die Versorgungsleistungen aus den Erträgen des geerbten Vermögens erbracht werden können. Außerdem muss der Begünstigte zum Generationennachfolge-Verbund (pflichtteilsberechtigte Personen) gehören.[91]

29.1.3.3 Entgeltliche Vermögensübertragung gegen wiederkehrende Leistungen

Wiederkehrende Leistungen im Austausch mit einer Gegenleistung enthalten bis zu einer Grenze der Angemessenheit eine nicht steuerbare oder eine steuerbare Vermögensumschichtung in Höhe ihres Barwerts (Tilgungsanteil) und einen Zinsanteil.[92]

Ist der Barwert (Tilgungsanteil) der wiederkehrenden Leistungen höher als der Wert des übertragenen Vermögens, ist die Entgeltlichkeit in Höhe des angemessenen Kaufpreises anzunehmen. Der übersteigende Betrag ist eine Zuwendung i. S. des § 12 Nr. 2 EStG. Ist der Barwert der wiederkehrenden Leistung nicht mehr als doppelt so hoch wie der Wert des übertragenen Vermögens, liegt insgesamt eine Zuwendung i. S. des § 12 Nr. 2 EStG vor. Wiederkehrende Leistungen werden teilentgeltlich erbracht, wenn der Wert des übertragenen Vermögens höher als der Barwert der wiederkehrenden Leistungen ist.[93]

29.1.3.3.1 Übertragung von Betriebsvermögen

Hinsichtlich der ertragsteuerlichen Behandlung der Veräußerung von Wirtschaftsgütern des Betriebsvermögens gegen Leibrenten, Veräußerungsrenten oder Kaufpreisraten gelten die allgemeinen Grundsätze.[94] Im Fall der Gewinnermittlung nach § 4 Abs. 3 EStG sind R 4.5 Abs. 4 und Abs. 5 EStR zu beachten. Das Wahlrecht nach R 16 Abs. 11 EStR bleibt bei der Veräußerung eines Betriebs gegen wiederkehrende Bezüge unberührt.

29.1.3.3.2 Übertragung von Privatvermögen

29.1.3.3.2.1 Vermögensübertragung gegen wiederkehrende Leistungen auf Lebenszeit

Behandlung beim Verpflichteten

a) Anschaffungskosten

Die Anschaffungskosten bemessen sich nach dem Barwert der wiederkehrenden Leistungen, ggf. nach dem anteiligen Barwert, der nach §§ 12 ff. BewG (bei lebenslänglichen Leistungen nach § 14 Abs. 1 BewG i. V. m. Anlage 9) oder nach ver-

---

91 BFH vom 26.11.2003 X R 11/01 (BStBl 2004 II S. 820).
92 BMF vom 11.03.2010 (BStBl 2010 I S. 227), Rdnr. 65 f.
93 BMF vom 11.03.2010 (BStBl 2010 I S. 227), Rdnr. 66.
94 BMF vom 11.03.2010 (BStBl 2010 I S. 227), Rdnr. 67 f.

sicherungsmathematischen Grundsätzen berechnet werden kann (R 6.2 Satz 1 EStR).[95] Bei der Berechnung des Barwerts ungleichmäßig wiederkehrender Leistungen (dauernde Lasten) ist als Jahreswert der Betrag zugrunde zu legen, der – aus der Sicht des Anschaffungszeitpunkts – in Zukunft im Durchschnitt der Jahre voraussichtlich erzielt wird.[96]

Werden die wiederkehrenden Leistungen für den Erwerb eines zur Einkünfteerzielung dienenden abnutzbaren Wirtschaftsguts gezahlt, ist der Barwert der Rente oder dauernden Last Bemessungsgrundlage für die Absetzungen für Abnutzung, erhöhten Absetzungen und Sonderabschreibungen.[97] Der in den wiederkehrenden Leistungen enthaltene Tilgungsanteil kann im Zeitpunkt der Zahlung nicht gesondert als Werbungskosten abgezogen werden.

b) Zinsanteil

Der Zinsanteil von Veräußerungsleibrenten ist nach der Ertragsanteilstabelle des § 22 Nr. 1 Satz 3 Buchst. a Doppelbuchst. bb EStG (ggf. i. V. m. § 55 Abs. 1 EStDV) zu ermitteln.[98] Der Zinsanteil von dauernden Lasten ist in entsprechender Anwendung der Ertragsanteilstabelle des § 22 Nr. 1 Satz 3 Buchst. a Doppelbuchst. bb EStG (ggf. i. V. m. § 55 Abs. 1 EStDV) zu berechnen.[99] Der Zinsanteil von dauernden Lasten kann aber auch nach finanzmathematischen Grundsätzen unter Verwendung eines Zinsfußes von 5,5 % berechnet werden. Bei der Berechnung nach finanzmathematischen Grundsätzen ist die voraussichtliche Laufzeit nach der zum jeweiligen Berechnungszeitpunkt geltenden Sterbetafel zu bemessen.[100]

Der Zinsanteil von Renten und dauernden Lasten darf grundsätzlich nicht abgezogen werden.[101] Dient das gegen Zahlung einer Rente oder dauernden Last erworbene Wirtschaftsgut der Einkünfteerzielung, ist der in den einzelnen Zahlungen enthaltene Zinsanteil dagegen als Betriebsausgaben oder Werbungskosten abzuziehen,[102] sofern kein Werbungskostenabzugsverbots greift (z. B. § 20 Abs. 9 EStG). Bei Veräußerungsleibrenten sind auch die Erhöhungs- und Mehrbeträge aufgrund einer Wertsicherungsklausel nur mit dem Ertragsanteil als Werbungskosten zu berücksichtigen.[103]

---

95 BMF vom 11.03.2010 (BStBl 2010 I S. 227), Rdnr. 69 f.
96 BFH vom 18.10.1994 IX R 46/88 (BStBl 1995 II S. 169).
97 BFH vom 09.02.1994 IX R 110/90 (BStBl 1995 II S. 47).
98 BFH vom 25.11.1992 X R 91/89 (BStBl 1996 II S. 666); BMF vom 11.03.2010 (BStBl 2010 I S. 227), Rdnr. 71 f.
99 BFH vom 09.02.1994 IX R 110/90 (BStBl 1995 II S. 47).
100 BFH vom 25.11.1992 X R 34/89 (BStBl 1996 II S. 663).
101 BFH vom 25.11.1992 X R 91/89 (BStBl 1996 II S. 666).
102 BFH vom 09.02.1994 IX R 110/90 (BStBl 1995 II S. 47); BMF vom 11.03.2010 (BStBl 2010 I S. 227), Rdnr. 39.
103 BFH vom 19.08.2008 IX R 56/07 (BStBl 2010 II S. 24).

29.1 Sonderausgaben

Behandlung beim Berechtigten

a) Veräußerungspreis

Der Berechtigte erzielt für das entgeltlich im Austausch mit wiederkehrenden Leistungen übertragene Vermögen einen Veräußerungspreis in Höhe des Barwerts der wiederkehrenden Leistungen, der nach §§ 12 ff. BewG (bei lebenslänglichen Leistungen nach § 14 Abs. 1 i. V. m. Anlage 9 BewG) oder nach versicherungsmathematischen Grundsätzen berechnet werden kann (R 6.2 Satz 1 EStR).[104]

Veräußerungspreis bei privaten Veräußerungsgeschäften (§ 22 Nr. 2 EStG) gegen wiederkehrende Leistungen (Renten oder dauernde Lasten) ist – bis zur Höhe des Barwerts der wiederkehrenden Leistungen – der Unterschiedsbetrag zwischen der Summe der jährlichen Zahlungen und dem Zinsanteil. Ein Gewinn aus privaten Veräußerungsgeschäften entsteht erstmals in dem Veranlagungszeitraum, in dem der in der Summe der jährlichen Zahlungen enthaltene Veräußerungspreis die ggf. um die Absetzungen für Abnutzung, erhöhten Absetzungen und Sonderabschreibungen verminderten Anschaffungs- oder Herstellungskosten sowie die zugehörigen Werbungskosten übersteigt. Bei Veräußerungsgewinnen i. S. des § 17 Abs. 2 EStG entsteht der Gewinn im Zeitpunkt der Veräußerung. Wird eine Beteiligung i. S. des § 17 EStG gegen eine Leibrente oder gegen einen in Raten zu zahlenden Kaufpreis veräußert, sind die Grundsätze der R 17 Abs. 7 Satz 2 i. V. m. R 16 Abs. 11 EStR und des BMF-Schreiben vom 03.08.2004[105] zu beachten. Wird Kapitalvermögen gegen wiederkehrende Leistungen veräußert, kann auch ein Gewinn oder Ertrag i. S. des § 20 Abs. 2 EStG vorliegen, der den Regelungen über die Abgeltungsteuer unterliegt.

b) Zinsanteil

Der in wiederkehrenden Leistungen enthaltene Zinsanteil ist Entgelt für die Stundung des Veräußerungspreises, das auf die Laufzeit der wiederkehrenden Leistungen zu verteilen ist.[106] Bei dauernden Lasten ist der zu ermittelnde Zinsanteil als Einkünfte aus Kapitalvermögen nach § 20 Abs. 1 Nr. 7 EStG zu versteuern.[107] Der in Veräußerungsleibrenten enthaltene Ertragsanteil ist nach § 22 Nr. 1 Satz 3 Buchst. a Doppelbuchst. bb EStG zu versteuern.

Beispiel:[108]
V überträgt seinem Sohn S im Wege der vorweggenommenen Erbfolge eine vermietete Eigentumswohnung mit einem Verkehrswert von 210.000 €. S verpflichtet sich, V eine an dessen Bedürfnissen orientierte lebenslängliche Rente i. H. von monatlich

---
104 BMF vom 11.03.2010 (BStBl 2010 I S. 227), Rdnr. 73 f.
105 BMF vom 03.08.2004 (BStBl 2004 I S. 1187).
106 BMF vom 11.03.2010 (BStBl 2010 I S. 227), Rdnr. 75 f.
107 BFH vom 25.11.1992 X R 34/89 (BStBl 1996 II S. 663) und vom 26.11.1992 X R 187/87 (BStBl 1993 II S. 298).
108 Vgl. BMF vom 11.03.2010 (BStBl 2010 I S. 227), Rdnr. 76.

2.500 € (jährlich 30.000 €) zu zahlen. Der Barwert der wiederkehrenden Leistungen beträgt 350.000 €.

Da die vermietete Eigentumswohnung nicht zu den begünstigten Wirtschaftsgütern des § 10 Abs. 1 Nr. 1a Satz 2 EStG gehört, liegt keine Vermögensübertragung im Zusammenhang mit Versorgungsleistungen, sondern bis zur Höhe eines angemessenen Kaufpreises (210.000 €) ein entgeltliches Geschäft gegen wiederkehrende Leistungen vor. Die Gegenleistung ist in dem Umfang als unangemessen anzusehen, in dem der Barwert der wiederkehrenden Leistungen (350.000 €) den Verkehrswert des übertragenen Vermögens (210.000 €) übersteigt (140.000/350.000 = 40 %). S hat Anschaffungskosten für die vermietete Eigentumswohnung i. H. von 210.000 €, die − abzgl. des Anteils für den Grund und Boden − Bemessungsgrundlage für die AfA sind. Der unangemessene Anteil der jährlichen Zahlung, also ein Betrag i. H. von (40 % von 30.000 Euro =) 12.000 €, ist als Zuwendung i. S. des § 12 Nr. 2 EStG zu beurteilen. Der verbleibende Betrag von (30.000 € ./. 12.000 € =) 18.000 € ist in einen Tilgungs- und einen Zinsanteil zu zerlegen. Den nach der Ertragsanteilstabelle des § 22 Nr. 1 Satz 3 Buchst. a Doppelbuchst. bb EStG ermittelten Zinsanteil der Veräußerungsleibrente muss V als Berechtigter versteuern. S als Verpflichteter kann den Zinsanteil, der ebenfalls nach der Ertragsanteilstabelle des § 22 Nr. 1 Satz 3 Buchst. a Doppelbuchst. bb EStG zu ermitteln ist, als Werbungskosten nach § 9 Abs. 1 Satz 3 Nr. 1 EStG abziehen, weil er das erworbene Wirtschaftsgut zur Erzielung von Einkünften aus Vermietung und Verpachtung verwendet. Bei V ist zu prüfen, ob der (angemessene) Tilgungsanteil als Gewinn aus einem privaten Veräußerungsgeschäft zu erfassen ist.

29.1.3.3.2.2 Vermögensübertragung gegen wiederkehrende Leistungen auf bestimmte Zeit

a) Anschaffungskosten und Veräußerungspreis

In Zusammenhang mit einer Vermögensübertragung vereinbarte wiederkehrende Leistungen auf bestimmte Zeit oder die Lebenszeit des Berechtigten, die auf eine bestimmte Zeit beschränkt sind (sog. abgekürzte Leibrenten oder dauernde Lasten), sind regelmäßig nach den Grundsätzen über wiederkehrende Leistungen im Austausch mit einer Gegenleistung zu behandeln. Dies gilt auch, wenn Leistung und Gegenleistung nicht wie unter Fremden nach kaufmännischen Gesichtspunkten abgewogen sind. Die wiederkehrenden Leistungen können ausnahmsweise Versorgungsleistungen sein, wenn die zeitliche Beschränkung dem etwaigen künftigen Wegfall der Versorgungsbedürftigkeit des Berechtigten Rechnung trägt.[109] Hiervon ist auszugehen, wenn die wiederkehrenden Leistungen dazu bestimmt sind, eine Versorgungslücke beim Berechtigten zu schließen, z. B. bis zum erstmaligen Bezug einer Sozialversicherungsrente.[110]

Bei wiederkehrenden Leistungen auf bestimmte Zeit und bei für eine Mindestlaufzeit zu erbringenden wiederkehrenden Leistungen liegen Anschaffungskosten in Höhe des nach § 13 Abs. 1 BewG zu ermittelnden (ggf. anteiligen) Barwerts (Til-

---

109 BFH vom 26.01.1994 X R 54/92 (BStBl 1994 II S. 633) und vom 18.03.2009 I R 9/08 (BStBl 2010 II S. 560).
110 BFH vom 31.08.1994 X R 44/93 (BStBl 1996 II S. 676).

gungsanteil) vor.[111] Bei wiederkehrenden Leistungen auf die Lebenszeit des Berechtigten, die auf eine bestimmte Zeit beschränkt sind, hat der Verpflichtete Anschaffungskosten in Höhe des nach § 13 Abs. 1 Satz 2 BewG i. V. m. § 14 BewG zu ermittelnden Barwerts. Der Barwert kann auch nach versicherungsmathematischen Grundsätzen ermittelt werden. Der Veräußerungspreis ist diesen Grundsätzen entsprechend zu ermitteln.

b) Zinsanteil

Für die Ermittlung des Zinsanteils einer Rente auf die Lebenszeit des Berechtigten bei vereinbarter Mindestlaufzeit ist zunächst zu bestimmen, ob die laufenden Zahlungen mehr von den begrifflichen Merkmalen einer Leibrente oder mehr von denjenigen einer (Kaufpreis-)Rente geprägt werden.[112] Eine einheitliche Rente ist dabei nicht in eine Zeitrente und in eine durch den Ablauf der Mindestlaufzeit aufschiebend bedingte Leibrente aufzuspalten. Wurde die durch die Lebensdauer des Berechtigten bestimmte Wagniskomponente nicht zugunsten eines vorausbestimmten Leistungsvolumens ausgeschaltet, dann ist der Ertragsanteil mittels der Ertragswerttabelle des § 22 Nr. 1 Satz 3 Buchst. a Doppelbuchst. bb Satz 4 EStG zu ermitteln.[113] Dies ist z. B. bei einer Rente auf die Lebenszeit des Empfängers mit vereinbarter Mindestlaufzeit, die kürzer ist als die durchschnittliche Lebensdauer, der Fall.

Überwiegen hingegen die Gründe für die Annahme, bei den wiederkehrenden Leistungen handelt es sich um (Kaufpreis-)Raten (z. B. bei einer Zeitrente, bei einer abgekürzten Leibrente oder bei einer Leibrente, bei der die Mindestlaufzeit höher ist als die durchschnittliche Lebensdauer), ist der Zinsanteil dieser auf besonderen Verpflichtungsgründen beruhenden Renten bzw. dauernden Lasten der Unterschiedsbetrag zwischen der Summe der jährlichen Zahlungen und der jährlichen Minderung des Barwerts der wiederkehrenden Leistungen, der nach finanzmathematischen Grundsätzen unter Verwendung eines Zinsfußes von 5,5 % zu ermitteln ist.[114] Die jährliche Barwertminderung ist nach § 13 Abs. 1 BewG, bei sog. verlängerten Leibrenten oder dauernden Lasten nach § 13 Abs. 1 Satz 2 BewG i. V. m. § 14 BewG zu bestimmen. Aus Vereinfachungsgründen kann der Zinsanteil auch in Anlehnung an die Ertragswerttabelle des § 55 Abs. 2 EStDV bestimmt werden.

29.1.4 Schuldrechtlicher Versorgungsausgleich
(§ 10 Abs. 1 Nr. 1b EStG)

§ 10 Abs. 1 Nr. 1b EStG wurde durch das JStG 2008 in § 10 EStG eingefügt. Die Regelung betrifft den schuldrechtlichen Versorgungsausgleich; sie gilt erstmals für den Veranlagungszeitraum 2008.

---

111 BMF vom 11.03.2010 (BStBl 2010 I S. 227), Rdnr. 77.
112 BMF vom 11.03.2010 (BStBl 2010 I S. 227), Rdnr. 78 f.
113 BFH vom 19.08.2008 IX R 56/07 (BStBl 2010 II S. 24).
114 BFH vom 26.11.1992 X R 187/87 (BStBl 1993 II S. 298).

29 Einkommensermittlung

Im Rahmen des schuldrechtlichen Versorgungsausgleichs fließen die jeweiligen Alterseinkünfte in voller Höhe zunächst demjenigen zu, der die entsprechenden Anwartschaften erwirtschaftet hat. Der Ehegatte mit den höheren Versorgungsanwartschaften ist aber verpflichtet, den auf den anderen Ehegatten entfallenden Anteil an diesen auszukehren. Der Empfänger der Versorgungsbezüge hatte diese zunächst in voller Höhe – also auch insoweit, als er zur Auskehrung verpflichtet ist – nach dem jeweiligen Rechtsregime – sei es nach § 19 EStG oder nach § 22 Nr. 1 EStG – zu versteuern. Den an den anderen Ehegatten auszukehrenden Anteil konnte er bisher nach § 10 Abs. 1 Nr. 1a EStG als Sonderausgaben abziehen. Die Höhe des Sonderausgabenabzugs bestimmte sich nach dem Umfang seiner Steuerpflicht.

Durch das JStG 2008 ist § 10 Abs. 1 Nr. 1a EStG auf die Vermögensübergabe gegen Versorgungsleistungen beschränkt worden. Für die Leistungen aufgrund eines schuldrechtlichen Versorgungsausgleichs nach §§ 20, 21, 22 und 26 des Versorgungsausgleichsgesetzes, §§ 1587f, 1587g, 1587i BGB und § 3a des Gesetzes zur Regelung von Härten im Versorgungsausgleich ist ab dem Veranlagungszeitraum 2008 in § 10 Abs. 1 Nr. 1b EStG ein entsprechender Sonderausgabenabzug normiert worden. Voraussetzung für den Sonderausgabenabzug ist, dass die dem Versorgungsausgleich zugrunde liegenden Einnahmen bei der ausgleichspflichtigen Person der Besteuerung unterliegen, wenn die ausgleichspflichtige Person unbeschränkt einkommensteuerpflichtig ist. Dementsprechend ist in Ergänzung zu § 10 Abs. 1 Nr. 1b EStG ab dem Veranlagungszeitraum 2008 ein entsprechend korrespondierender Besteuerungstatbestand in § 22 Nr. 1c EStG eingeführt worden.

29.1.5 Kirchensteuer (§ 10 Abs. 1 Nr. 4 EStG)

Kirchensteuern i. S. des § 10 Abs. 1 Nr. 4 EStG sind Geldleistungen, die von den als Körperschaften des öffentlichen Rechts anerkannten Religionsgemeinschaften von ihren Mitgliedern aufgrund gesetzlicher Bestimmungen erhoben werden. Dazu zählen insbesondere die römisch-katholische Kirche und die evangelischen Landeskirchen. Rechtsgrundlage für die Erhebung der Kirchensteuer bilden die Kirchensteuergesetze und Kirchensteuerordnungen der steuerberechtigten Religionsgemeinschaften nach Maßgabe der landesrechtlichen Vorschriften. Da es kein einheitliches Kirchensteuerrecht für das Bundesgebiet gibt, gelten jeweils die für die einzelnen Länder maßgeblichen Rechtsgrundlagen.

Die Kirchensteuer wird weitgehend als Zuschlag zur Einkommensteuer von den Finanzbehörden der Länder erhoben. Freiwillige Beiträge, die an öffentlich-rechtliche Religionsgemeinschaften oder andere religiöse Gemeinschaften entrichtet werden, sind keine Kirchensteuern und können daher grundsätzlich nur als Spenden nach § 10b Abs. 1 EStG abgezogen werden. Beiträge der Mitglieder von Religionsgemeinschaften, die mindestens in einem Bundesland als Körperschaften des öffentlichen Rechts anerkannt sind, aber während des ganzen Kalenderjahres keine Kirchensteuern erheben, können wie Kirchensteuern abgezogen werden.

29.1 Sonderausgaben

Abzugsfähig sind nur die in einem Kalenderjahr tatsächlich gezahlten Kirchensteuern; für welchen Zeitraum sie geleistet werden, ist grundsätzlich unerheblich (Vorauszahlungen, Abschlusszahlungen, Nachzahlungen). Willkürliche Vorauszahlungen, die ohne vernünftig begründeten Anlass geleistet werden, sind jedoch nichtabzugsfähig.[115] Ist ein Steuerpflichtiger aus der Kirche ausgetreten, so sind die Zahlungen von Kirchensteuern aufgrund einer versehentlich vorgenommenen Festsetzung nicht als Sonderausgaben abzugsfähig.[116] Ein Erbe kann die für den Erblasser gezahlte Kirchensteuer als Sonderausgabe geltend machen.[117]

Erstattungsbeträge mindern die geleisteten Zahlungen des Veranlagungszeitraums, in dem die Erstattung erfolgt. Übersteigende Beträge sind im Jahr des Sonderausgabenabzugs zu verrechnen.

Ab dem Veranlagungszeitraum 2012 sind gezahlte Kirchensteuern mit erstatteten Kirchensteuern gem. § 10 Abs. 4b Satz 2 EStG zu verrechnen. Zudem ist ein sich ergebender Erstattungsüberhang gezahlter Kirchensteuer (§ 10 Abs. 1 Nr. 4 EStG) dem Gesamtbetrag der Einkünfte hinzuzurechnen (§ 10 Abs. 4b Satz 3 EStG).

Durch das UntStReformG 2008 vom 14.08.2007[118] wurde ein zweiter Halbsatz in § 10 Abs. 1 Nr. 4 EStG eingefügt. Die Neuregelung ist nach § 52a Abs. 7 EStG erstmals für die Abgeltungs-Kirchensteuer auf Kapitalerträge anzuwenden, die nach dem 31.12.2008 zufließen.

Nach § 51a Abs. 2b bis 2d EStG wird auf Antrag des Steuerpflichtigen neben der Kapitalertragsteuer auf Kapitalerträge auch die Kirchensteuer einbehalten. Nach § 10 Abs. 1 Nr. 4 Halbsatz 2 EStG kann die nach § 51a Abs. 2b bis 2d EStG erhobene Kirchensteuer nicht als Sonderausgabe abgezogen werden. Die Regelung dient der Vermeidung eines doppelten Abzugs. In den Fällen des § 32d Abs. 2 und Abs. 6 EStG gilt der Ausschluss nicht.

29.1.6 Steuerberatungskosten

Allgemeines

Durch das Gesetz zum Einstieg in ein steuerliches Sofortprogramm vom 22.12.2005[119] wurde der Abzug von Steuerberatungskosten als Sonderausgaben ab dem Veranlagungszeitraum 2006 ausgeschlossen. Steuerberatungskosten sind nur

---

115 BFH vom 25.01.1963 VI 69/61 U (BStBl 1963 III S. 141).
116 BFH vom 22.11.1974 VI R 138/72 (BStBl 1975 II S. 350).
117 BFH vom 01.03.1957 VI 57/55 U (BStBl 1957 III S. 135) und vom 05.02.1960 VI 204/59 U (BStBl 1960 III S. 140).
118 BGBl 2007 I S. 1912.
119 BGBl 2005 I S. 3682.

noch zu berücksichtigen, soweit sie die Voraussetzungen von Betriebsausgaben oder Werbungskosten erfüllen. Einzelheiten sind im BMF-Schreiben vom 21.12.2007[120] geregelt.

Die Abschaffung des Abzugs von privaten Steuerberaterkosten als Sonderausgaben ab dem 01.01.2006 ist verfassungsgemäß.[121]

Begriffsbestimmung

Steuerberatungskosten umfassen alle Aufwendungen, die in sachlichem Zusammenhang mit dem Besteuerungsverfahren stehen. Hierzu zählen insbesondere solche Aufwendungen, die dem Steuerpflichtigen durch die Inanspruchnahme eines Angehörigen der steuerberatenden Berufe zur Erfüllung seiner steuerlichen Pflichten und zur Wahrung seiner steuerlichen Rechte entstehen. Dazu gehören auch die damit zwangsläufig verbundenen und durch die Steuerberatung veranlassten Nebenkosten,[122] wie Fahrtkosten zum Steuerberater und Unfallkosten auf dem Weg zum Steuerberater. Steuerberatungskosten sind u. a. auch Beiträge zu Lohnsteuerhilfevereinen, Aufwendungen für Steuerfachliteratur und sonstige Hilfsmittel (z. B. Software).

Nicht zu den Steuerberatungskosten zählen u. a. Rechtsanwaltskosten, die der Steuerpflichtige aufwendet, um die Zustimmung seines geschiedenen oder dauernd getrennt lebenden, unbeschränkt steuerpflichtigen Ehegatten zum begrenzten Realsplitting zu erlangen, oder die für die Verteidigung in einem Steuerstrafverfahren anfallen.[123]

Zuordnung zu den Betriebsausgaben/Werbungskosten

Steuerberatungskosten sind als Betriebsausgaben oder Werbungskosten abzuziehen, soweit sie bei der Ermittlung der Einkünfte anfallen[124] oder im Zusammenhang mit Betriebssteuern (z. B. Gewerbesteuer – die bis Veranlagungszeitraum 2007 als Betriebsausgabe abziehbar war –, Umsatzsteuer, Grundsteuer für Betriebsgrundstücke) oder Investitionszulagen für Investitionen im einkünfterelevanten Bereich stehen. Die Ermittlung der Einkünfte umfasst die Kosten der Buchführungsarbeiten und der Überwachung der Buchführung, die Ermittlung von Ausgaben oder Einnahmen, die Anfertigung von Zusammenstellungen, die Aufstellung von Bilanzen oder von Einnahmenüberschussrechnungen, die Beantwortung der sich dabei ergebenden

---

120 BMF vom 21.12.2007 – IV B 2 – S 2144/07/0002 (BStBl 2008 I S. 256).
121 BFH vom 04.02.2010 X R 10/08 (BStBl 2010 II S. 617) und vom 17.10.2012 VIII R 51/09 (BFH/NV 2013 S. 365).
122 BFH vom 12.07.1989 X R 35/86 (BStBl 1989 S. 967).
123 BFH vom 20.09.1989 X R 43/86 (BStBl 1990 II S. 20) und vom 20.11.2012 VIII R 29/10 (BStBl 2013 II S. 344).
124 BFH vom 18.11.1965 IV 151/64 (BStBl 1966 III S. 190) und vom 04.02.2010 X R 10/08 (BStBl 2010 II S. 617).

29.1 Sonderausgaben

Steuerfragen, soweit es sich nicht um Nebenleistungen nach § 12 Nr. 3 EStG handelt, und die Kosten der Beratung. Zur Ermittlung der Einkünfte zählt auch das Ausfüllen des Vordrucks Einnahmenüberschussrechnung (EÜR).

Zuordnung zu den Kosten der Lebensführung

Das Übertragen der Ergebnisse aus der jeweiligen Einkunftsermittlung in die entsprechende Anlage zur Einkommensteuererklärung und das übrige Ausfüllen der Einkommensteuererklärung gehören nicht zur Einkunftsermittlung. Die hierauf entfallenden Kosten sowie Aufwendungen, die die Beratung in Tarif- oder Veranlagungsfragen betreffen oder im Zusammenhang mit der Ermittlung von Sonderausgaben und außergewöhnlichen Belastungen stehen, sind als Kosten der privaten Lebensführung gem. § 12 Nr. 1 EStG steuerlich nicht zu berücksichtigen.[125]

Zu den der Privatsphäre zuzurechnenden Aufwendungen zählen auch die Steuerberatungskosten, die

- durch haushaltsnahe Beschäftigungsverhältnisse veranlasst sind,
- im Zusammenhang mit der Inanspruchnahme haushaltsnaher Dienstleistungen oder der steuerlichen Berücksichtigung von Kinderbetreuungskosten stehen,
- die Erbschaft- oder Schenkungsteuer,
- das Kindergeld oder
- die Eigenheimzulage

betreffen.

Zuordnung zur Betriebs-/Berufssphäre oder zur Privatsphäre

Steuerberatungskosten, die für Steuern entstehen, die sowohl betrieblich/beruflich als auch privat verursacht sein können, sind anhand ihrer Veranlassung zunächst den Betriebsausgaben, Werbungskosten oder Kosten der privaten Lebensführung zuzuordnen (z. B. Grundsteuer, Kraftfahrzeugsteuer, Zweitwohnungsteuer, Gebühren für verbindliche Auskünfte nach § 89 Abs. 3 AO). Als Aufteilungsmaßstab dafür ist grundsätzlich die Gebührenrechnung des Steuerberaters heranzuziehen.

Zuordnung gemischt veranlasster Aufwendungen

Entstehen dem Steuerpflichtigen Aufwendungen, die sowohl betrieblich/beruflich als auch privat veranlasst sind, wie z. B. Beiträge an Lohnsteuerhilfevereine, Anschaffungskosten für Steuerfachliteratur zur Ermittlung der Einkünfte und des Einkommens, Beratungsgebühren für einen Rechtsstreit, der sowohl die Ermittlung von Einkünften als auch z. B. den Ansatz von außergewöhnlichen Belastungen umfasst, ist im Rahmen einer sachgerechten Schätzung eine Zuordnung zu den

---

125 BFH vom 12.07.1989 X R 35/86 (BStBl 1989 S. 967) und vom 04.02.2010 X R 10/08 (BStBl 2010 II S. 617).

29 Einkommensermittlung

Betriebsausgaben, Werbungskosten oder Kosten der Lebensführung vorzunehmen. Dies gilt auch in den Fällen einer Vereinbarung einer Pauschalvergütung nach § 14 StBGebV.

Bei Beiträgen an Lohnsteuerhilfevereine, Aufwendungen für steuerliche Fachliteratur und Software wird es nicht beanstandet, wenn diese Aufwendungen i. H. von 50 % den Betriebsausgaben oder Werbungskosten zugeordnet werden. Dessen ungeachtet ist aus Vereinfachungsgründen der Zuordnung des Steuerpflichtigen bei Aufwendungen für gemischte Steuerberatungskosten bis zu einem Betrag von 100 Euro im Veranlagungszeitraum zu folgen.[126]

Beispiel:
Der Steuerpflichtige zahlt in 01 einen Beitrag an einen Lohnsteuerhilfeverein i. H. von 120 €. Davon ordnet er 100 € den Werbungskosten zu; diese Zuordnung ist nicht zu beanstanden.

Anwendungszeitpunkt

Steuerberatungskosten, die den Kosten der Lebensführung zuzuordnen sind, sind ab dem 01.01.2006 nicht mehr als Sonderausgaben zu berücksichtigen. Maßgebend dafür ist der Zeitpunkt des Abflusses der Aufwendungen (§ 11 Abs. 2 Satz 1 EStG). Werden Steuerberatungskosten für den Veranlagungszeitraum 2005 vorschussweise (§ 8 StBGebV) bereits in 2005 gezahlt, so sind sie dem Grunde nach abziehbar. Eine spätere Rückzahlung aufgrund eines zu hohen Vorschusses mindert die abziehbaren Aufwendungen des Veranlagungszeitraums 2005. Ein bereits bestandskräftiger Bescheid ist nach § 175 Abs. 1 Satz 1 Nr. 2 AO zu ändern.[127]

29.1.7 Ausbildungskosten (§ 10 Abs. 1 Nr. 7 EStG)

Allgemeines

Nach § 10 Abs. 1 Nr. 7 EStG sind Aufwendungen für die eigene Berufsausbildung bis zu 6.000 Euro im Kalenderjahr als Sonderausgaben abziehbar. Ein Abzug als Sonderausgabe kommt nur in Betracht, wenn die Aufwendungen nicht die Voraussetzungen von Betriebsausgaben oder Werbungskosten erfüllen (vgl. Eingangssatz zu § 10 Abs. 1 EStG).

Die einkommensteuerliche Behandlung von Berufsausbildungskosten wurde durch das Gesetz zur Änderung der Abgabenordnung und weiterer Gesetze vom 21.07.2004[128] neu geregelt. Der Gesetzgeber wollte unter anderem den Abzug von Aufwendungen als (vorweggenommene) Betriebsausgaben oder Werbungskosten für die erstmalige Berufsausbildung ausschließen und hat in § 12 Nr. 5 EStG ein Abzugsverbot normiert, das aus seiner Sicht dieses Ziel umsetzt. Nach der Recht-

---
126 Vgl. BMF vom 21.12.2007 – IV B 2 – S 2144/07/0002 (BStBl 2008 I S. 256).
127 Vgl. BFH vom 02.09.2008 X R 46/07 (BStBl 2009 II S. 229).
128 BGBl 2004 I S. 1753.

29.1 Sonderausgaben

sprechung des BFH hatte der Gesetzgeber das Abzugsverbot in § 12 Nr. 5 EStG jedoch systematisch unzutreffend verortet und erkannte deshalb die Aufwendungen für ein Erststudium als vorweggenommenen Erwerbsaufwand (Betriebsausgaben oder Werbungskosten) an, wenn der Steuerpflichtige es mit der Absicht durchführte, aufgrund des Studiums entsprechende Einkünfte zu erzielen.[129] Als Reaktion auf diese Rechtsprechung hat der Gesetzgeber dann durch das Gesetz zur Umsetzung der Beitreibungsrichtlinie sowie zur Änderung steuerlicher Vorschriften (Beitreibungsrichtlinie-Umsetzungsgesetz – BeitrRLUmsG) vom 07.12.2011[130] in § 4 Abs. 9 EStG und in § 9 Abs. 6 EStG ein Verbot des Abzugs von Aufwendungen des Steuerpflichtigen für seine erstmalige Berufsausbildung oder für ein Erststudium, das zugleich eine Erstausbildung vermittelt, normiert. Das Abzugsverbot für Werbungskosten gilt jedoch nicht, wenn diese Berufsausbildung oder das Erststudium im Rahmen eines Dienstverhältnisses stattfindet (§ 9 Abs. 6 am Ende EStG). Die in § 4 Abs. 9 EStG und § 9 Abs. 6 EStG aufgenommenen Abzugsverbote sollen – da sie ja nur die der Einführung des § 12 Nr. 5 EStG zugrunde liegende Absicht klarstellen[131] – rückwirkend ab dem Veranlagungszeitraum 2004 Anwendung finden (§ 52 Abs. 12 Satz 11 und Abs. 23d Satz 9 EStG).

Einzelheiten zur Neuregelung der einkommensteuerlichen Behandlung von Berufsausbildungskosten sind im BMF-Schreiben vom 22.09.2010[132] geregelt. Die geregelten Grundsätze sind in allen offenen Fällen ab dem Veranlagungszeitraum 2004 anzuwenden.[133]

Im Umkehrschluss zu § 4 Abs. 9 EStG und § 9 Abs. 6 EStG handelt es sich bei einer Berufsausbildung oder einem Studium nach einer abgeschlossenen erstmaligen Berufsausbildung oder einem abgeschlossenen Erststudium um eine weitere Berufsausbildung oder weiteres Studium. Die dadurch veranlassten Aufwendungen sind Betriebsausgaben oder Werbungskosten, wenn ein hinreichend konkreter, objektiv feststellbarer Zusammenhang mit späteren im Inland steuerpflichtigen Einnahmen aus der angestrebten beruflichen Tätigkeit besteht.[134] Dies gilt auch für ein Erststudium, das der Steuerpflichtige nach einer abgeschlossenen nichtakademischen Berufsausbildung unternimmt.[135]

Aufgrund der Neuordnung ist die frühere Unterscheidung nach Weiterbildungskosten in einem nicht ausgeübten Beruf entfallen. Derartige Aufwendungen können jedoch als vorab entstandene Werbungskosten zu beurteilen sein, wenn sie der Steu-

---

129 BFH vom 28.07.2011 VI R 7/10 (BStBl 2012 II S. 557) und vom 28.07.2011 VI R 38/10 (BStBl 2012 II S. 561).
130 BGBl 2011 I S. 2592.
131 BT-Drucksache 17/7524 S. 20.
132 BStBl 2010 I S. 721.
133 BMF vom 22.09.2010 (BStBl 2010 I S. 721), Rdnr. 30.
134 BMF vom 22.09.2010 (BStBl 2010 I S. 721), Rdnr. 2.
135 BFH vom 18.06.2009 VI R 14/07 (BStBl 2010 II S. 816); BMF vom 22.09.2010 (BStBl 2010 I S. 721), Rdnr. 2.

erpflichtige für eine Bildungsmaßnahme erbringt, die ihm die Wiederaufnahme seines Berufs ermöglichen soll.

Unberührt von der Neuordnung bleibt dagegen die Behandlung von Aufwendungen für eine berufliche Fort- und Weiterbildung. Sie stellen Betriebsausgaben oder Werbungskosten dar, sofern sie durch den Beruf veranlasst sind, soweit es sich dabei nicht um eine erstmalige Berufsausbildung oder ein Erststudium i. S. des § 12 Nr. 5 EStG handelt.

Aufwendungen für die erstmalige Berufsausbildung oder ein Erststudium stellen nach § 4 Abs. 9 EStG keine Betriebsausgaben oder nach § 9 Abs. 6 EStG keine Werbungskosten dar, es sei denn, die Bildungsmaßnahme findet im Rahmen eines Dienstverhältnisses statt (Ausbildungsdienstverhältnis).

Aufwendungen für die eigene Berufsausbildung, die nicht Betriebsausgaben oder Werbungskosten darstellen, können nach § 10 Abs. 1 Nr. 7 EStG bis zu 6.000 Euro im Kalenderjahr als Sonderausgaben abgezogen werden. Bei Ehegatten oder Lebenspartnern, die die Voraussetzungen nach § 26 Abs. 1 Satz 1 EStG erfüllen, gilt die Regelung für jeden Ehegatten bzw. Lebenspartner.

Der Werbungskostenabzug ist gegenüber dem Abzug von Aufwendungen als Sonderausgaben vorrangig. Denn Aufwendungen des Steuerpflichtigen für seine Berufsausbildung sind nur dann Sonderausgaben, „wenn sie weder Betriebsausgaben noch Werbungskosten sind". Das ist ein allgemeiner, für alle Sonderausgaben durch den Einleitungssatz zu § 10 Abs. 1 EStG normierter Grundsatz.[136] Dieser Einleitungssatz blieb auch durch das Beitreibungsrichtlinie-Umsetzungsgesetz unverändert. § 10 Abs. 1 Nr. 7 EStG steht deshalb dem Abzug der Berufsbildungskosten als Werbungskosten nach wie vor nicht entgegen.[137] Ein Abzug von Aufwendungen für die eigene Berufsausbildung als Sonderausgaben kommt daher in Betracht, wenn die Voraussetzungen der Abzugsverbote des § 4 Abs. 9 EStG oder § 9 Abs. 6 EStG (Erstausbildung oder Erststudium) erfüllt sind oder es sich zwar um eine weitere Ausbildung oder ein weiteres Studium handelt, jedoch kein hinreichend konkreter, objektiv feststellbarer Zusammenhang mit späteren im Inland steuerpflichtigen Einnahmen aus der angestrebten beruflichen Tätigkeit erkennbar ist. Letzteres ist beispielsweise bei einem Seniorenstudium denkbar.

Erstmalige Berufsausbildung

Unter dem Begriff „Berufsausbildung" i. S. des § 12 Nr. 5 EStG ist eine berufliche Ausbildung unter Ausschluss eines Studiums zu verstehen. Gegenbegriff zur Berufsausbildung ist die Allgemeinbildung, die keine notwendige Voraussetzung für eine geplante Berufsausübung darstellt.[138]

---

136 BFH vom 28.07.2011 VI R 38/10 (BStBl 2012 II S. 561).
137 BFH vom 27.10.2011 VI R 52/10 (BStBl 2012 II S. 825) und vom 28.02.2013 VI R 6/12 (DStR 2013 S. 1223).
138 BFH vom 27.10.2011 VI R 52/10 (BStBl 2012 II S. 825).

29.1 Sonderausgaben

Nach Auffassung der Finanzverwaltung liegt eine Berufsausbildung vor, wenn der Steuerpflichtige durch eine berufliche Ausbildungsmaßnahme die notwendigen fachlichen Fertigkeiten und Kenntnisse erwirbt, die zur Aufnahme eines Berufs befähigen. Voraussetzung ist, dass der Beruf durch eine Ausbildung im Rahmen eines öffentlich-rechtlich geordneten Ausbildungsgangs erlernt wird und der Ausbildungsgang durch eine Prüfung abgeschlossen wird.[139]

Nach der Rechtsprechung des BFH befindet sich derjenige in Berufsausbildung, der sein Berufsziel noch nicht erreicht hat, sich aber ernstlich darauf vorbereitet. Der Vorbereitung auf ein Berufsziel dienen alle Maßnahmen, bei denen es sich um den Erwerb von Kenntnissen, Fähigkeiten und Erfahrungen handelt, die als Grundlage für die Ausübung des angestrebten Berufs geeignet sind.[140] In neueren Entscheidungen vertritt der BFH die Auffassung, dass eine Berufsausbildung im Sinne des Steuerrechts nicht nur dann vorliegt, wenn der Steuerpflichtige im dualen System oder innerbetrieblich Berufsbildungsmaßnahmen durchläuft.[141] Der im Gesetz nicht näher beschriebene steuerrechtliche Begriff der Berufsausbildung setzt nach Auffassung des BFH weder ein Berufsausbildungsverhältnis nach dem Berufsbildungsgesetz noch eine Ausbildungsdauer von mindestens zwei Jahren voraus. Maßgeblich ist vielmehr, ob die Ausbildung den Steuerpflichtigen befähigt, aus der angestrebten Tätigkeit Einkünfte zu erzielen.[142]

Die Finanzverwaltung zählt zu den Berufsausbildungen:[143]

- Berufsausbildungsverhältnisse gem. § 1 Abs. 3, §§ 4 bis 52 Berufsbildungsgesetz (BBiG) sowie anerkannte Lehr- und Anlernberufe oder vergleichbar geregelte Ausbildungsberufe aus der Zeit vor dem Inkrafttreten des BBiG (§ 104 BBiG). Der erforderliche Abschluss besteht hierbei in der erfolgreich abgelegten Abschlussprüfung i. S. des § 37 BBiG. Gleiches gilt, wenn die Abschlussprüfung nach § 43 Abs. 2 BBiG ohne ein Ausbildungsverhältnis aufgrund einer entsprechenden schulischen Ausbildung abgelegt wird, die durch Verordnung des jeweiligen Landes als im Einzelnen gleichwertig anerkannt ist;

- mit Berufsausbildungsverhältnissen vergleichbare betriebliche Ausbildungsgänge außerhalb des Geltungsbereichs des BBiG (z. B. nach der Schiffsmechaniker-Ausbildungsverordnung vom 12.04.1994, BGBl 1994 I S. 797);

- die Ausbildung aufgrund der bundes- oder landesrechtlichen Ausbildungsregelungen für Berufe im Gesundheits- und Sozialwesen;

---
139 BMF vom 22.09.2010 (BStBl 2010 I S. 721), Rdnr. 2, unter Hinweis auf BFH vom 06.03.1991 VI R 163/88 (BStBl 1992 II S. 661).
140 BFH vom 27.10.2011 VI R 52/10 (BStBl 2012 II S. 825) und vom 28.02.2013 VI R 6/12 (DStR 2013 S. 1223).
141 BFH vom 18.06.2009 VI R 79/06 (DStRE 2012 S. 272).
142 BFH vom 27.10.2011 VI R 52/10 (BStBl 2012 II S. 825) und vom 28.02.2013 VI R 6/12 (DStR 2013 S. 1223).
143 BMF vom 22.09.2010 (BStBl 2010 I S. 721), Rdnr. 5.

- landesrechtlich geregelte Berufsabschlüsse an Berufsfachschulen;

- die Berufsausbildung behinderter Menschen in anerkannten Berufsausbildungsberufen oder aufgrund von Regelungen der zuständigen Stellen in besonderen „Behinderten-Ausbildungsberufen" und

- die Berufsausbildung in einem öffentlich-rechtlichen Dienstverhältnis sowie die Berufsausbildung auf Kauffahrtschiffen, die nach dem Flaggenrechtsgesetz vom 08.02.1951 (BGBl 1951 I S. 79) die Bundesflagge führen, soweit es sich nicht um Schiffe der kleinen Hochseefischerei und der Küstenfischerei handelt.

Andere Bildungsmaßnahmen werden einer Berufsausbildung i. S. des § 12 Nr. 5 EStG gleichgestellt, wenn sie dem Nachweis einer Sachkunde dienen, die Voraussetzung zur Aufnahme einer fest umrissenen beruflichen Betätigung ist.[144] Die Ausbildung muss im Rahmen eines geordneten Ausbildungsgangs erfolgen und durch eine staatliche oder staatlich anerkannte Prüfung abgeschlossen werden.[145] Der erfolgreiche Abschluss der Prüfung muss Voraussetzung für die Aufnahme der beruflichen Betätigung sein. Die Ausbildung und der Abschluss müssen von Umfang und Qualität der Ausbildungsmaßnahmen und Prüfungen her grundsätzlich mit den Anforderungen, die im Rahmen der o. g. üblichen Berufsausbildungsmaßnahmen gestellt werden, vergleichbar sein. Dazu gehört z. B. die Ausbildung zu Berufspiloten aufgrund der JAR-FCL 1 vom 15.04.2003.[146]

Aufwendungen für den Besuch allgemeinbildender Schulen sind Kosten der privaten Lebensführung i. S. des § 12 Nr. 1 EStG und dürfen daher nicht bei den einzelnen Einkunftsarten abgezogen werden. Der Besuch eines Berufskollegs zum Erwerb der Fachhochschulreife gilt als Besuch einer allgemeinbildenden Schule. Dies gilt auch, wenn ein solcher Abschluss, z. B. das Abitur, nach Abschluss einer Berufsausbildung nachgeholt wird.[147] Derartige Aufwendungen können als Sonderausgaben gem. § 10 Abs. 1 Nr. 7 EStG vom Gesamtbetrag der Einkünfte abgezogen werden.

Die Berufsausbildung ist als erstmalige Berufsausbildung anzusehen, wenn ihr keine andere abgeschlossene Berufsausbildung beziehungsweise kein abgeschlossenes berufsqualifizierendes Hochschulstudium vorausgegangen ist. Wird ein Steuerpflichtiger ohne entsprechende Berufsausbildung in einem Beruf tätig und führt die zugehörige Berufsausbildung nachfolgend durch (nachgeholte Berufsausbildung), handelt es sich dabei um eine erstmalige Berufsausbildung.[148]

---

144 BMF vom 22.09.2010 (BStBl 2010 I S. 721), Rdnr. 6.
145 Nach BFH vom 28.02.2013 VI R 6/12 (DStR 2013 S. 1223) kann auch der Abschluss eines innerbetrieblichen Lehrgangs (im Streitfall zur Flugbegleiterin) ausreichen.
146 BAnz 2003 Beilage 80a.
147 BFH vom 22.06.2006 VI R 5/04 (BStBl 2006 II S. 717).
148 BFH vom 06.03.1992 VI R 163/88 (BStBl 1992 II S. 661); BMF vom 22.09.2010 (BStBl 2010 I S. 721), Rdnr. 8.

29.1 Sonderausgaben

Diese Grundsätze gelten auch für die Behandlung von Aufwendungen für Anerkennungsjahre und praktische Ausbildungsabschnitte als Bestandteil einer Berufsausbildung.[149] Soweit keine vorherige abgeschlossene Berufsausbildung vorangegangen ist, stellen sie Teil einer ersten Berufsausbildung dar und unterliegen § 12 Nr. 5 EStG. Nach einer vorherigen abgeschlossenen Berufsausbildung oder einem berufsqualifizierenden Studium können Anerkennungsjahre und Praktika einen Bestandteil einer weiteren Berufsausbildung darstellen oder bei einem entsprechenden Veranlassungszusammenhang als Fort- oder Weiterbildung anzusehen sein.

Bei einem Wechsel und einer Unterbrechung der erstmaligen Berufsausbildung gelten die Grundsätze bezüglich eines Wechsels und einer Unterbrechung des Studiums entsprechend.[150]

Inländischen Abschlüssen gleichgestellt sind Berufsausbildungsabschlüsse von Staatsangehörigen eines EU-Mitgliedstaats oder eines EWR-Vertragsstaats oder der Schweiz, die in einem dieser Länder erlangt werden, sofern der Abschluss in mindestens einem dieser Länder unmittelbar den Zugang zu dem entsprechenden Beruf eröffnet.[151] Ferner muss die Tätigkeit, zu der die erlangte Qualifikation in mindestens einem dieser Länder befähigt, der Tätigkeit, zu der ein entsprechender inländischer Abschluss befähigt, gleichartig sein. Zur Vereinfachung kann i. d. R. davon ausgegangen werden, dass eine Gleichartigkeit vorliegt.

Erststudium

Ein Studium i. S. des § 12 Nr. 5 EStG liegt dann vor, wenn es sich um ein Studium an einer Hochschule i. S. des § 1 Hochschulrahmengesetzes (HRG) handelt.[152] Nach dieser Vorschrift sind Hochschulen die Universitäten, die pädagogischen Hochschulen, die Kunsthochschulen, die Fachhochschulen und die sonstigen Einrichtungen des Bildungswesens, die nach Landesrecht staatliche Hochschulen sind. Gleichgestellt sind private und kirchliche Bildungseinrichtungen sowie die Hochschulen des Bundes, die nach Landesrecht als Hochschule anerkannt werden (§ 70 HRG). Studien können auch als Fernstudien durchgeführt werden (§ 13 HRG). Auf die Frage, welche schulischen Abschlüsse oder sonstigen Leistungen den Zugang zum Studium eröffnet haben, kommt es nicht an.

Ein Studium stellt dann ein erstmaliges Studium dar, wenn es sich um eine Erstausbildung handelt. Es darf ihm kein anderes durch einen berufsqualifizierenden Abschluss beendetes Studium oder keine andere abgeschlossene nichtakademische Berufsausbildung vorangegangen sein.[153] Dies gilt auch in den Fällen, in denen während eines Studiums eine Berufsausbildung erst abgeschlossen wird, unabhän-

---
149 BMF vom 22.09.2010 (BStBl 2010 I S. 721), Rdnr. 9.
150 BMF vom 22.09.2010 (BStBl 2010 I S. 721), Rdnr. 10.
151 BMF vom 22.09.2010 (BStBl 2010 I S. 721), Rdnr. 11.
152 BMF vom 22.09.2010 (BStBl 2010 I S. 721), Rdnr. 12 ff.
153 BFH vom 18.06.2009 VI R 14/07 (BStBl 2010 II S. 816).

29 Einkommensermittlung

gig davon, ob die beiden Ausbildungen sich inhaltlich ergänzen. In diesen Fällen ist eine Berücksichtigung der Aufwendungen für das Studium als Werbungskosten/Betriebsausgaben erst – unabhängig vom Zahlungszeitpunkt – ab dem Zeitpunkt des Abschlusses der Berufsausbildung möglich. Davon ausgenommen ist ein Studium, das im Rahmen eines Dienstverhältnisses stattfindet. Ein Studium wird aufgrund der entsprechenden Prüfungsordnung einer inländischen Hochschule durch eine Hochschulprüfung oder eine staatliche oder kirchliche Prüfung abgeschlossen (§§ 15, 16 HRG).

Aufgrund einer berufsqualifizierenden Hochschulprüfung kann ein Hochschulgrad verliehen werden. Hochschulgrade sind der Diplom- und der Magistergrad i. S. des § 18 HRG. Das Landesrecht kann weitere Grade vorsehen. Ferner können die Hochschulen Studiengänge einrichten, die aufgrund entsprechender berufsqualifizierender Prüfungen zu einem Bachelor- oder Bakkalaureusgrad und einem Master- oder Magistergrad führen (§ 19 HRG). Der Magistergrad i. S. des § 18 HRG setzt anders als der Master- oder Magistergrad i. S. des § 19 HRG keinen vorherigen anderen Hochschulabschluss voraus. Zwischenprüfungen stellen keinen Abschluss eines Studiums i. S. des § 12 Nr. 5 EStG dar.

Die von den Hochschulen angebotenen Studiengänge führen i. d. R. zu einem berufsqualifizierenden Abschluss (§ 10 Abs. 1 Satz 1 HRG). Im Zweifel ist davon auszugehen, dass die entsprechenden Prüfungen berufsqualifizierend sind.

Die Ausführungen bei den Berufsausbildungskosten zur Behandlung von Aufwendungen für Anerkennungsjahre und Praktika gelten entsprechend, z. B. für den „Arzt im Praktikum".

Studien- und Prüfungsleistungen an ausländischen Hochschulen, die zur Führung eines ausländischen akademischen Grades berechtigen, der nach § 20 HRG in Verbindung mit dem Recht des Landes, in dem der Gradinhaber seinen inländischen Wohnsitz oder inländischen gewöhnlichen Aufenthalt hat, anerkannt wird, sowie Studien- und Prüfungsleistungen, die von Staatsangehörigen eines Mitgliedstaats der EU oder von Vertragsstaaten des EWR oder der Schweiz an Hochschulen dieser Staaten erbracht werden, sind nach diesen Grundsätzen inländischen Studien- und Prüfungsleistungen gleichzustellen. Der Steuerpflichtige hat die Berechtigung zur Führung des Grades nachzuweisen. Für die Gleichstellung von Studien- und Prüfungsleistungen werden die in der Datenbank „anabin" (www.anabin.de) der Zentralstelle für ausländisches Bildungswesen beim Sekretariat der Kultusministerkonferenz aufgeführten Bewertungsvorschläge zugrunde gelegt.

29.1 Sonderausgaben

Fachschulen

Die erstmalige Aufnahme eines Studiums nach dem Abschluss einer Fachschule stellt auch dann ein Erststudium dar, wenn die von der Fachschule vermittelte Bildung und das Studium sich auf ein ähnliches Wissensgebiet beziehen.[154]

Wechsel und Unterbrechung des Studiums

Bei einem Wechsel des Studiums ohne Abschluss des zunächst betriebenen Studiengangs, z. B. von Rechtswissenschaften zu Medizin, stellt das zunächst aufgenommene Jurastudium kein abgeschlossenes Erststudium dar.[155] Bei einer Unterbrechung eines Studiengangs ohne einen berufsqualifizierenden Abschluss und seiner späteren Weiterführung stellt der der Unterbrechung nachfolgende Studienteil kein weiteres Studium dar.

Beispiel:[156]

An einer Universität wird der Studiengang des Maschinenbaustudiums aufgenommen, anschließend unterbrochen und nunmehr eine Ausbildung als KfZ-Mechaniker erfolgreich begonnen und abgeschlossen. Danach wird der Studiengang des Maschinenbaustudiums an derselben Hochschule weitergeführt und abgeschlossen.

Das Abzugsverbot von Betriebsausgaben und Werbungskosten ist auf beide Teile des Maschinenbaustudiums anzuwenden. Wird das begonnene Studium stattdessen, nachdem die Ausbildung zum KfZ-Mechaniker erfolgreich abgeschlossen wurde, weitergeführt und abgeschlossen, ist das Abzugsverbot von Erwerbsaufwendungen nur auf den ersten Teil des Studiums anzuwenden, da der Fortsetzung des Studiums eine abgeschlossene nichtakademische Berufsausbildung vorausgeht.

Mehrere Studiengänge

Werden zwei (oder ggf. mehrere) Studiengänge parallel studiert, die zu unterschiedlichen Zeiten abgeschlossen werden, stellt der nach dem berufsqualifizierenden Abschluss eines der Studiengänge weiter fortgesetzte andere Studiengang vom Zeitpunkt des Abschlusses an ein weiteres Studium dar.[157]

Aufeinanderfolgende Abschlüsse unterschiedlicher Hochschultypen

Da die Universitäten, pädagogischen Hochschulen, Kunsthochschulen, Fachhochschulen sowie weitere entsprechende landesrechtliche Bildungseinrichtungen gleichermaßen Hochschulen i. S. des § 1 HRG darstellen, stellt ein Studium an einer dieser Bildungseinrichtungen nach einem abgeschlossenen Studium an einer ande-

---

154 BMF vom 22.09.2010 (BStBl 2010 I S. 721), Rdnr. 18.
155 BMF vom 22.09.2010 (BStBl 2010 I S. 721), Rdnr. 19.
156 Vgl. BMF vom 22.09.2010 (BStBl 2010 I S. 721), Rdnr. 19.
157 BMF vom 22.09.2010 (BStBl 2010 I S. 721), Rdnr. 20.

ren dieser Bildungseinrichtungen ein weiteres Studium dar. So handelt es sich bei einem Universitätsstudium nach einem abgeschlossenen Fachhochschulstudium um ein weiteres Studium.[158]

Ergänzungs- und Aufbaustudien

Postgraduale Zusatz-, Ergänzungs- und Aufbaustudien i. S. des § 12 HRG setzen den Abschluss eines ersten Studiums voraus und stellen daher ein weiteres Studium dar.[159]

Vorbereitungsdienst

Als berufsqualifizierender Studienabschluss gilt auch der Abschluss eines Studiengangs, durch den die fachliche Eignung für einen beruflichen Vorbereitungsdienst oder eine berufliche Einführung vermittelt wird (§ 10 Abs. 1 Satz 2 HRG).[160] Dazu zählt beispielhaft der juristische Vorbereitungsdienst (Referendariat). Das erste juristische Staatsexamen stellt daher einen berufsqualifizierenden Abschluss dar.

Bachelor- und Masterstudiengänge

Nach § 19 Abs. 2 HRG stellt der Bachelor- oder Bakkalaureusgrad einer inländischen Hochschule einen berufsqualifizierenden Abschluss dar. Daraus folgt, dass der Abschluss eines Bachelorstudiengangs den Abschluss eines Erststudiums darstellt und ein nachfolgender Studiengang als weiteres Studium anzusehen ist.[161]

Nach § 19 Abs. 3 HRG kann die Hochschule aufgrund von Prüfungen, mit denen ein weiterer berufsqualifizierender Abschluss erworben wird, einen Master- oder Magistergrad verleihen. Die Hochschule kann einen Studiengang ausschließlich mit dem Abschluss Bachelor anbieten (grundständig). Sie kann einen Studiengang mit dem Abschluss als Bachelor und einem inhaltlich darauf aufbauenden Masterstudiengang vorsehen (konsekutives Masterstudium). Sie kann aber auch ein Masterstudium anbieten, ohne selbst einen entsprechenden Bachelorstudiengang anzubieten (postgraduales Masterstudium).

Ein Masterstudium i. S. des § 19 HRG kann nicht ohne ein abgeschlossenes Bachelor- oder anderes Studium aufgenommen werden. Es stellt daher ein weiteres Studium dar. Dies gilt auch für den Master of Business Administration (MBA). Er ermöglicht Studenten verschiedener Fachrichtungen ein anwendungsbezogenes Postgraduiertenstudium in den Wirtschaftswissenschaften.

---

158 BMF vom 22.09.2010 (BStBl 2010 I S. 721), Rdnr. 21.
159 BMF vom 22.09.2010 (BStBl 2010 I S. 721), Rdnr. 22.
160 BMF vom 22.09.2010 (BStBl 2010 I S. 721), Rdnr. 23.
161 BMF vom 22.09.2010 (BStBl 2010 I S. 721), Rdnr. 24.

29.1 Sonderausgaben

Berufsakademien und andere Ausbildungseinrichtungen

Nach Landesrecht kann vorgesehen werden, dass bestimmte an Berufsakademien oder anderen Ausbildungseinrichtungen erfolgreich absolvierte Ausbildungsgänge einem abgeschlossenen Studium an einer Fachhochschule gleichwertig sind und die gleichen Berechtigungen verleihen, auch wenn es sich bei diesen Ausbildungseinrichtungen nicht um Hochschulen i. S. des § 1 HRG handelt.[162] Soweit dies der Fall ist, stellt ein entsprechend abgeschlossenes Studium unter der Voraussetzung, dass ihm kein anderes Studium vorangegangen ist, ein Erststudium i. S. des § 12 Nr. 5 EStG dar.

Promotion

Es ist regelmäßig davon auszugehen, dass dem Promotionsstudium und der Promotion durch die Hochschule selber der Abschluss eines Studiums vorangeht.[163] Aufwendungen für ein Promotionsstudium und die Promotion stellen Betriebsausgaben oder Werbungskosten dar, sofern ein berufsbezogener Veranlassungszusammenhang zu bejahen ist.[164] Dies gilt auch, wenn das Promotionsstudium bzw. die Promotion im Einzelfall ohne vorhergehenden berufsqualifizierenden Studienabschluss durchgeführt wird.

Eine Promotion stellt keinen berufsqualifizierenden Abschluss eines Studienganges dar.

Berufsausbildung oder Studium im Rahmen eines Ausbildungsdienstverhältnisses

Eine erstmalige Berufsausbildung oder ein Studium findet im Rahmen eines Ausbildungsdienstverhältnisses statt, wenn die Ausbildungsmaßnahme Gegenstand des Dienstverhältnisses ist.[165] Die dadurch veranlassten Aufwendungen stellen Werbungskosten dar. Zu den Ausbildungsdienstverhältnissen zählen z. B. die Berufsausbildungsverhältnisse gem. § 1 Abs. 3, §§ 4 bis 52 BBiG.

Dementsprechend liegt kein Ausbildungsdienstverhältnis vor, wenn die Berufsausbildung oder das Studium nicht Gegenstand des Dienstverhältnisses ist, auch wenn die Berufsbildungsmaßnahme oder das Studium seitens des Arbeitgebers durch Hingabe von Mitteln, z. B. eines Stipendiums, gefördert wird.

Abzug von Aufwendungen für die Berufsausbildung

Bei der Ermittlung der Aufwendungen gelten die allgemeinen Grundsätze des EStG.[166] Dabei sind die Regelungen in § 4 Abs. 5 Satz 1 Nr. 5 und 6b, § 9 Abs. 1

---

162 BMF vom 22.09.2010 (BStBl 2010 I S. 721), Rdnr. 25.
163 BMF vom 22.09.2010 (BStBl 2010 I S. 721), Rdnr. 26.
164 BFH vom 04.11.2003 VI R 96/01 (BStBl 2004 II S. 891).
165 BMF vom 22.09.2010 (BStBl 2010 I S. 721), Rdnr. 27 f.
166 BMF vom 22.09.2010 (BStBl 2010 I S. 721), Rdnr. 29.

Satz 3 Nr. 5 und Abs. 2 EStG zu beachten. Zu den abziehbaren Aufwendungen gehören z. B.

- Lehrgangs-, Schul- oder Studiengebühren, Arbeitsmittel, Fachliteratur,
- Fahrten zwischen Wohnung und Ausbildungsort,[167]
- Mehraufwendungen für Verpflegung,
- Mehraufwendungen wegen auswärtiger Unterbringung,
- Kosten für ein häusliches Arbeitszimmer.

Für den Abzug von Aufwendungen für eine auswärtige Unterbringung ist nicht erforderlich, dass die Voraussetzungen einer doppelten Haushaltsführung vorliegen.

29.1.8 Kinderbetreuungskosten (§ 10 Abs. 1 Nr. 5 EStG)

Nach § 10 Abs. 1 Nr. 5 EStG sind Sonderausgaben zwei Drittel der Aufwendungen, höchstens 4.000 Euro pro Kind, für Dienstleistungen zur Betreuung eines zum Haushalt des Steuerpflichtigen gehörenden Kindes i. S. des § 32 Abs. 1 EStG, welches das 14. Lebensjahr noch nicht vollendet hat oder wegen einer vor der Vollendung des 25. Lebensjahres eingetretenen körperlichen, geistigen oder seelischen Behinderung außerstande ist, sich selbst zu unterhalten.[168] Dies gilt nicht für Aufwendungen für Unterricht, die Vermittlung besonderer Fähigkeiten sowie für sportliche und andere Freizeitbetätigungen. Ist das zu betreuende Kind nicht nach § 1 Abs. 1 oder Abs. 2 EStG unbeschränkt einkommensteuerpflichtig, ist der Betrag von 4.000 Euro zu kürzen, soweit es nach den Verhältnissen im Wohnsitzstaat des Kindes notwendig und angemessen ist. Voraussetzung für den Abzug ist, dass der Steuerpflichtige für die Aufwendungen eine Rechnung erhalten hat und die Zahlung auf das Konto des Erbringers der Leistung erfolgt ist. Eine betragsmäßige Begrenzung und das Vorliegen von persönlichen Voraussetzungen für den Abzug von Kinderbetreuungskosten sind verfassungsgemäß.[169]

Die Regelung des § 10 Abs. 1 Nr. 5 EStG gilt ab dem Veranlagungszeitraum 2012, sodass Kinderbetreuungskosten ab Veranlagungszeitraum 2012 einheitlich als Sonderausgaben abziehbar sind.[170] Damit entfallen die mit Wirkung vom Veranlagungszeitraum 2006 eingeführten und seit 2009 in § 9c EStG a. F. zusammengeführten Regelungen zum Abzug von erwerbsbedingten und nicht erwerbsbedingten Kinder-

---

167 Nach der ab dem Veranlagungszeitraum 2014 anzuwendenden Vorschrift des § 9 Abs. 4 Satz 8 EStG gilt als erste Tätigkeitsstätte auch eine Bildungseinrichtung, die außerhalb eines Dienstverhältnisses zum Zwecke eines Vollzeitstudiums oder einer vollzeitigen Bildungsmaßnahme aufgesucht wird. Dagegen stellt der Ort der Bildungseinrichtung einer vollzeitigen Aus- oder Fortbildung bis zum Veranlagungszeitraum 2013 nach der Rechtsprechung des BFH grundsätzlich keine regelmäßige Arbeitsstätte dar (BFH vom 09.02.2012 VI R 44/10, BStBl 2013 II S. 234).
168 Vgl. zur letzteren Voraussetzung BFH vom 09.06.2011 III R 61/08 (BStBl 2012 II S. 141).
169 BFH vom 05.07.2012 III R 80/09 (BStBl 2012 II S. 816) und 14.11.2013 III R 18/13 (BFH/NV 2014 S. 754).
170 BMF vom 14.03.2012 (BStBl 2012 I S. 307), Rdnr. 1 f.

29.1 Sonderausgaben

betreuungskosten ebenso wie der Abzug als Betriebsausgaben oder Werbungskosten.

Einzelheiten zu den Kinderbetreuungskosten sind im BMF-Schreiben vom 14.03.2012[171] geregelt. Für die Veranlagungszeiträume 2006 bis 2011 ist das BMF-Schreiben vom 19.01.2007[172] weiter anzuwenden.[173]

Dienstleistungen zur Betreuung i. S. des § 10 Abs. 1 Nr. 5 EStG ist die behütende oder beaufsichtigende Betreuung, d. h., die persönliche Fürsorge für das Kind muss der Dienstleistung erkennbar zugrunde liegen.[174] Berücksichtigt werden können danach z. B. Aufwendungen für

- die Unterbringung von Kindern in Kindergärten,[175] Kindertagesstätten, Kinderhorten, Kinderheimen und Kinderkrippen sowie bei Tagesmüttern, Wochenmüttern und in Ganztagespflegestellen,
- die Beschäftigung von Kinderpflegern und Kinderpflegerinnen oder -schwestern, Erziehern und Erzieherinnen,
- die Beschäftigung von Hilfen im Haushalt, soweit sie ein Kind betreuen,
- die Beaufsichtigung des Kindes bei Erledigung seiner häuslichen Schulaufgaben.[176]

Der Begriff der Kinderbetreuung ist nach Auffassung des BFH weit zu fassen. Er umfasst nicht nur die behütende und beaufsichtigende Betreuung, sondern auch die pädagogisch sinnvolle Gestaltung der in Kindergärten und ähnlichen Einrichtungen verbrachten Zeit. Der Bildungsauftrag dieser Einrichtungen hindert den vollständigen Abzug der von den Eltern geleisteten Beiträge und Gebühren grundsätzlich nicht.[177]

Aufwendungen für Kinderbetreuung durch Angehörige des Steuerpflichtigen können nur berücksichtigt werden, wenn den Leistungen klare und eindeutige Vereinbarungen zugrunde liegen, die zivilrechtlich wirksam zustande gekommen sind, inhaltlich dem zwischen Fremden Üblichen entsprechen, tatsächlich so auch durchgeführt werden und die Leistungen nicht üblicherweise auf familienrechtlicher Grundlage unentgeltlich erbracht werden.[178] So können z. B. Aufwendungen für eine Mutter, die zusammen mit dem gemeinsamen Kind im Haushalt des Steuerpflichtigen lebt, nicht berücksichtigt werden.[179] Auch bei einer eheähnlichen Lebensgemeinschaft oder einer Lebenspartnerschaft zwischen dem Steuerpflichti-

---
171 BMF vom 14.03.2012 (BStBl 2012 I S. 307).
172 BMF vom 19.01.2007 (BStBl 2007 I S. 184).
173 BMF vom 14.03.2012 (BStBl 2012 I S. 307), Rdnr. 34.
174 BMF vom 14.03.2012 (BStBl 2012 I S. 307), Rdnr. 3.
175 BFH vom 19.04.2012 III R 29/11 (BStBl 2012 II S. 862).
176 BFH vom 17.11.1978 VI R 116/78 (BStBl 1979 II S. 142).
177 BFH vom 19.04.2012 III R 29/11 (BStBl 2012 II S. 862).
178 BMF vom 14.03.2012 (BStBl 2012 I S. 307), Rdnr. 4.
179 BFH vom 06.11.1997 III R 27/91 (BStBl 1998 II S. 187).

gen und der Betreuungsperson ist eine Berücksichtigung von Kinderbetreuungskosten nicht möglich. Leistungen an eine Person, die für das betreute Kind Anspruch auf einen Freibetrag nach § 32 Abs. 6 EStG oder auf Kindergeld hat, können nicht als Kinderbetreuungskosten anerkannt werden.

Zu berücksichtigen sind Ausgaben in Geld oder Geldeswert (Wohnung, Kost, Waren, sonstige Sachleistungen) für Dienstleistungen zur Betreuung eines Kindes einschließlich der Erstattungen an die Betreuungsperson (z. B. Fahrtkosten), wenn die Leistungen im Einzelnen in der Rechnung oder im Vertrag aufgeführt werden.[180] Für Sachleistungen gilt § 8 Abs. 2 EStG entsprechend. Aufwendungen für Unterricht (z. B. Schulgeld, Nachhilfe oder Fremdsprachenunterricht), die Vermittlung besonderer Fähigkeiten (z. B. Musikunterricht, Computerkurse) oder für sportliche und andere Freizeitbetätigungen (z. B. Mitgliedschaft in Sportvereinen oder anderen Vereinen, Tennis- oder Reitunterricht) sind nicht zu berücksichtigen. Auch Aufwendungen für die Verpflegung des Kindes sind nicht zu berücksichtigen.[181]

Ein Kind gehört zum Haushalt des jeweiligen Elternteils, in dessen Wohnung es dauerhaft lebt oder mit dessen Einwilligung es vorübergehend auswärtig untergebracht ist.[182] Auch in Fällen, in denen dieser Elternteil mit dem Kind in der Wohnung seiner Eltern oder Schwiegereltern oder in Wohngemeinschaft mit anderen Personen lebt, ist die Haushaltszugehörigkeit des Kindes als gegeben anzusehen. Haushaltszugehörigkeit erfordert ferner eine Verantwortung für das materielle (Versorgung, Unterhaltsgewährung) und immaterielle Wohl (Fürsorge, Betreuung) des Kindes. Eine Heimunterbringung ist unschädlich, wenn die Wohnverhältnisse in der Familienwohnung die speziellen Bedürfnisse des Kindes berücksichtigen und es sich im Haushalt dieses Elternteils regelmäßig aufhält.[183] Bei nicht zusammenlebenden Elternteilen ist grundsätzlich die Meldung des Kindes maßgebend.

Zum Abzug von Kinderbetreuungskosten ist grundsätzlich nur der Elternteil berechtigt, der die Aufwendungen getragen hat[184] und zu dessen Haushalt das Kind gehört.[185] Der Höchstbetrag von 4.000 Euro beläuft sich auch bei einem Elternpaar, das entweder gar nicht oder nur zeitweise zusammengelebt hat, auf 4.000 Euro je Kind für das gesamte Kalenderjahr.[186] Eine Aufteilung auf die Zeiträume des gemeinsamen Haushalts bzw. der getrennten Haushalte ist nicht vorzunehmen. Haben beide Elternteile entsprechende Aufwendungen getragen, sind diese bei jedem Elternteil grundsätzlich nur bis zu einem Höchstbetrag von 2.000 Euro zu berücksichtigen. Für den Abzug von Kinderbetreuungskosten als Sonderausgaben kommt es bei verheirateten Eltern, die nach § 26b EStG zusammen zur Einkommen-

---

180 BMF vom 14.03.2012 (BStBl 2012 I S. 307), Rdnr. 5 ff.
181 BFH vom 28.11.1996 IIIR 1/86 (BStBl 1987 II S. 490).
182 BMF vom 14.03.2012 (BStBl 2012 I S. 307), Rdnr. 12 f.
183 BFH vom 14.11.2001 X R 24/99 (BStBl 2002 II S. 244).
184 BFH vom 25.11.2010 III R 79/09 (BStBl 2011 II S. 450).
185 BMF vom 14.03.2012 (BStBl 2012 I S. 307), Rdnr. 14.
186 BMF vom 14.03.2012 (BStBl 2012 I S. 307), Rdnr. 16 f.

steuer veranlagt werden, nicht darauf an, wer die Aufwendungen geleistet hat.[187] Bei nicht verheirateten Eltern ist der Elternteil zum Abzug von Kinderbetreuungskosten berechtigt, der die Aufwendungen getragen hat und zu dessen Haushalt das Kind gehört. Trifft dies auf beide Elternteile zu, kann jeder seine tatsächlichen Aufwendungen grundsätzlich nur bis zur Höhe des hälftigen Abzugshöchstbetrags geltend machen. Etwas anderes gilt nur dann, wenn die Eltern einvernehmlich eine andere Aufteilung wählen und dies gegenüber dem Finanzamt anzeigen.[188] Wenn von den zusammenlebenden, nicht miteinander verheirateten Eltern nur ein Elternteil den Kinderbetreuungsvertrag (z. B. mit der Kindertagesstätte) abschließt und das Entgelt von seinem Konto zahlt, kann dieses weder vollständig noch anteilig dem anderen Elternteil als von ihm getragener Aufwand zugerechnet werden.[189]

Der Höchstbetrag von 4.000 Euro pro Kind pro Kalenderjahr ist ein Jahresbetrag. Eine zeitanteilige Aufteilung findet auch dann nicht statt, wenn für das Kind nicht im gesamten Kalenderjahr Betreuungskosten angefallen sind.[190] Erfüllen Kinderbetreuungskosten grundsätzlich die Voraussetzungen für einen Abzug als Sonderausgaben, kommt für diese Aufwendungen eine Steuerermäßigung nach § 35a EStG nicht in Betracht (§ 35a Abs. 5 Satz 1 Halbsatz 2 EStG).[191] Auf den tatsächlichen Abzug als Sonderausgaben kommt es dabei nicht an. Dies gilt sowohl für das nicht abziehbare Drittel der Aufwendungen als auch für die Aufwendungen, die den Höchstbetrag von 4.000 Euro je Kind übersteigen.

Der Abzug von Kinderbetreuungskosten setzt nach § 10 Abs. 1 Nr. 5 Satz 4 EStG voraus, dass der Steuerpflichtige für die Aufwendungen eine Rechnung erhalten hat und die Zahlung auf das Konto des Erbringers der Leistung erfolgt ist.[192] Einer Rechnung stehen gleich:

– bei einem sozialversicherungspflichtigen Beschäftigungsverhältnis oder einem Minijob der zwischen dem Arbeitgeber und dem Arbeitnehmer abgeschlossene schriftliche (Arbeits-)Vertrag,
– bei Au-pair-Verhältnissen ein Au-pair-Vertrag, aus dem ersichtlich ist, dass ein Anteil der Gesamtaufwendungen auf die Kinderbetreuung entfällt,
– bei der Betreuung in einem Kindergarten oder Hort der Bescheid des öffentlichen oder privaten Trägers über die zu zahlenden Gebühren,
– eine Quittung, z. B. über Nebenkosten zur Betreuung, wenn die Quittung genaue Angaben über die Art und die Höhe der Nebenkosten enthält. Ansonsten sind Nebenkosten nur zu berücksichtigen, wenn sie in den Vertrag oder die Rechnung aufgenommen worden sind.

---

[187] BMF vom 14.03.2012 (BStBl 2012 I S. 307), Rdnr. 25.
[188] BMF vom 14.03.2012 (BStBl 2012 I S. 307), Rdnr. 28.
[189] BFH vom 25.11.2010 III R 79/09 (BStBl 2011 II S. 450).
[190] BMF vom 14.03.2012 (BStBl 2012 I S. 307), Rdnr. 18.
[191] BMF vom 14.03.2012 (BStBl 2012 I S. 307), Rdnr. 30.
[192] BMF vom 14.03.2012 (BStBl 2012 I S. 307), Rdnr. 20 ff.

Die Zahlung auf das Konto des Erbringers der Leistung erfolgt i. d. R. durch Überweisung. Beträge, für deren Begleichung ein Dauerauftrag eingerichtet worden ist oder die durch eine Einzugsermächtigung abgebucht oder im Wege des Online-Bankings überwiesen wurden, können in Verbindung mit dem Kontoauszug, der die Abbuchung ausweist, berücksichtigt werden. Dagegen können Barzahlungen einschließlich Baranzahlungen oder Barteilzahlungen sowie Barschecks nicht anerkannt werden. Das gilt selbst dann, wenn die Barzahlung von dem Erbringer der Betreuungsleistung tatsächlich ordnungsgemäß verbucht worden ist und der Steuerpflichtige einen Nachweis über die ordnungsgemäße Buchung erhalten hat oder wenn eine Barzahlung durch eine später veranlasste Zahlung auf das Konto des Erbringers der Leistung ersetzt wird.[193] Der Sonderausgabenabzug durch den Steuerpflichtigen ist auch möglich, wenn die Betreuungsleistung, für die der Steuerpflichtige eine Rechnung erhalten hat, von dem Konto eines Dritten bezahlt worden ist (abgekürzter Zahlungsweg).

29.1.9 Schulgeld für private Schulen und Ersatzschulen
(§ 10 Abs. 1 Nr. 9 EStG)

Nach § 10 Abs. 1 Nr. 9 EStG wird ein auf 30 % des gezahlten Schulgeldes beschränkter Sonderausgabenabzug zugelassen. Dies gilt für Schulen in freier Trägerschaft oder einer überwiegend privat finanzierten Schule.[194] Die Schule muss in einem Mitgliedstaat der EU oder in einem Staat des EWR belegen sein und zu einem von dem zuständigen inländischen Ministerium eines Landes, von der Kultusministerkonferenz der Länder oder von einer inländischen Zeugnisanerkennungsstelle anerkannten oder inländischen Abschluss an einer öffentlichen Schule als gleichwertig anerkannten allgemeinbildenden oder berufsbildenden Schul-, Jahrgangs- oder Berufsabschluss führen (§ 10 Abs. 1 Nr. 9 Satz 2 EStG). Der Besuch einer anderen Einrichtung, die auf einen Schul-, Jahrgangs- oder Berufsabschluss vorbereitet, ist ebenfalls begünstigt wie der Besuch einer Deutschen Schule im Ausland, unabhängig von ihrer Belegenheit (§ 10 Abs. 1 Nr. 9 Satz 3 und 4 EStG). Vom Abzug ausgeschlossen sind Aufwendungen für Beherbergung, Betreuung und Verpflegung (§ 10 Abs. 1 Nr. 9 Satz 1 am Ende EStG). Diese Gesetzesänderung trägt der Rechtsprechung[195] Rechnung, dass Schulgeldzahlungen auch nicht teilweise als Spenden abzugsfähig sind, weil die Eltern eine Gegenleistung erhalten und das einheitliche Leistungsentgelt nicht in einen abziehbaren und einen nicht abziehbaren Teil aufgeteilt werden kann.

Nicht begünstigt sind Aufwendungen für den Besuch von Hochschulen und Fachhochschulen, sodass Studiengebühren nicht abziehbar sind.[196] Ebenfalls nicht

---
193 Vgl. BFH vom 23.03.2012 III B 126/11 (BFH/NV 2012 S. 1126).
194 BMF vom 09.03.2009 (BStBl 2009 I S. 487).
195 BFH vom 25.08.1987 IX R 24/85 (BStBl 1987 II S. 850).
196 BMF vom 09.03.2009 (BStBl 2009 I S. 487), Rdnr. 4.

29.1 Sonderausgaben

begünstigt sind Besuche von Nachhilfeeinrichtungen, Musikschulen, Sportvereinen, Ferienkursen (z. B. Feriensprachkursen) und Ähnlichem.[197] Dagegen zählen zu den Einrichtungen, die auf einen Schul-, Jahrgangs- oder Berufsabschluss ordnungsgemäß vorbereiten (§ 10 Abs. 1 Nr. 9 Satz 3 EStG), solche, die nach einem staatlich vorgegebenen, genehmigten oder beaufsichtigten Lehrplan ausbilden. Hierzu gehören auch Volkshochschulen und Einrichtungen der Weiterbildung in Bezug auf die Kurse zur Vorbereitung auf die Prüfungen für Nichtschülerinnen und Nichtschüler zum Erwerb des Haupt- oder Realschulabschlusses, der Fachhochschulreife oder des Abiturs, wenn die Kurse hinsichtlich der angebotenen Fächer sowie in Bezug auf Umfang und Niveau des Unterrichts den Anforderungen und Zielsetzungen der für die angestrebte Prüfung maßgeblichen Prüfungsordnung entsprechen.[198]

Der Sonderausgabenabzug ist für jedes Kind, für das der Steuerpflichtige einen Anspruch auf einen Freibetrag nach § 32 Abs. 6 EStG oder Kindergeld hat, auf einen Höchstbetrag von 5.000 Euro begrenzt. Der Höchstbetrag wird für jedes Kind je Elternpaar nur einmal gewährt (§ 10 Abs. 1 Nr. 9 Satz 5 EStG).

Als Ausnahme von dem allgemeinen Grundsatz, dass ein Steuerpflichtiger nur eigene Aufwendungen als Sonderausgaben (§ 10 EStG) geltend machen kann, d. h. grundsätzlich Vertragspartner des die Aufwendungen auslösenden Vertrags sein muss, muss der Steuerpflichtige für die Inanspruchnahme eines Sonderausgabenabzugs nach § 10 Abs. 1 Nr. 9 EStG kein Vertragspartner der Schule sein. Dies ergibt sich daraus, dass die Schulgeldzahlungen im Gegensatz zu den anderen in § 10 Abs. 1 EStG genannten Aufwendungen nicht dem unterhaltsverpflichteten Steuerpflichtigen, sondern dem Kind zugutekommt und der Steuerpflichtige durch die Schuldgeldzahlungen seinen Unterhaltsverpflichtungen nachkommt.[199]

Nach § 52 Abs. 24a EStG ist die nunmehr geltende, durch das JStG 2009 geänderte Regelung des § 10 Abs. 1 Nr. 9 EStG ab dem Veranlagungszeitraum 2008 anzuwenden. Für noch nicht bestandskräftige Veranlagungszeiträume vor 2008 ist ein Abzug von Schulgeldzahlungen sowohl an allgemeinbildende als auch an berufsbildende Schulen in freier Trägerschaft oder an überwiegend privat finanzierte Schulen in EU- bzw. EWR-Staaten nach der bisher in § 10 Abs. 1 Nr. 9 EStG enthaltenen Regelungen möglich, ohne dass es sich um eine staatlich genehmigte oder nach Landesrecht erlaubte Ersatzschule oder eine nach Landesrecht anerkannte allgemeinbildende Ergänzungsschule handeln muss.

---

197 BMF vom 09.03.2009 (BStBl 2009 I S. 487), Rdnr. 2.
198 BMF vom 09.03.2009 (BStBl 2009 I S. 487), Rdnr. 2.
199 BFH vom 09.11.2011 X R 24/09 (BStBl 2012 II S. 321).

29.1.10 Vorsorgeaufwendungen

29.1.10.1 Allgemeines

Vorsorgeaufwendungen sind nach der in § 10 Abs. 2 Satz 1 EStG enthaltenen **Legaldefinition** Beträge zu den in § 10 Abs. 1 Nr. 2, Nr. 3 und Nr. 3a EStG aufgeführten Versicherungen. Bei diesen Aufwendungen steht der Vorsorgezweck, d. h. die Lebens-, Kranken- und Altersvorsorge, im Vordergrund. Auch Vorsorgeaufwendungen sind nur dann als Sonderausgaben abzugsfähig, wenn sie weder Betriebsausgaben noch Werbungskosten sind (vgl. Eingangssatz in § 10 Abs. 1 EStG).

Mit dem Gesetz zur Neuordnung der einkommensteuerrechtlichen Behandlung von Altersvorsorgeaufwendungen und Altersbezügen (**Alterseinkünftegesetz – AltEinkG**) hat der Gesetzgeber insoweit einer Vorgabe des Bundesverfassungsgerichts[200] Rechnung getragen und ab 2005 nicht nur die Besteuerung von Renten und Pensionen, sondern auch den Sonderausgabenabzug von Vorsorgeaufwendungen neu geregelt.

Mit einer für die Kalenderjahre 2005 bis 2025 angelegten Übergangsregelung soll durch ein gleitendes Verfahren erreicht werden, dass bestimmte Beiträge zur Altersvorsorge – zunächst beginnend mit 60 % – aus unversteuertem Einkommen geleistet werden und dann später in Form der Alterseinkünfte der sog. nachgelagerten Besteuerung unterliegen.

Dieser Übergang wird in Wechselwirkung mit dem Anwachsen der Besteuerung von Leistungen aus der Rentenversicherung vollzogen.

Nach dem AltEinkG ist ab 01.01.2005 streng zwischen Vorsorgeaufwendungen zur zukünftigen Altersvorsorge als Basisversorgung nach § 10 Abs. 1 Nr. 2 EStG und den sonstigen Vorsorgeaufwendungen nach § 10 Abs. 1 Nr. 3 und Nr. 3a EStG zu unterscheiden, da zukünftig diese Vorsorgeaufwendungen jeweilig im Rahmen separat zu errechnender Höchstbeträge nach § 10 Abs. 3 bis 4a EStG unterschiedlich abzugsfähig sind. Einzelheiten ergeben sich aus den BMF-Schreiben vom 19.08.2013[201] und 10.01.2014[202].

Das Altersvorsorgeverbesserungsgesetz vom 24.06.2013,[203] das zum 31.07.2013 in Kraft trat, hat weitere Änderungen zur Folge: Durch dieses Gesetz ist insbesondere ein Produktinformationsblatt für alle Produktgruppen zertifizierter steuerlich geförderter Altersvorsorgeverträge eingeführt worden, um dem Verbraucher einen besseren Produktvergleich zu ermöglichen. Darüber hinaus können nunmehr auch Beiträge für Versicherungen gegen Berufs- und Erwerbsunfähigkeit mit lebenslangen Leistungen als Sonderausgaben gem. § 10 Abs. 1 Nr. 2 Satz 1 Buchst. b Doppel-

---
200 BVerfG vom 06.03.2002 2 BvL 17/99 (BStBl 2002 II S. 618).
201 BStBl 2013 I S. 1087.
202 BStBl 2014 I S. 70.
203 BGBl 2013 I S. 1667.

29.1 Sonderausgaben

buchst. bb EStG geltend gemacht werden. Zudem ist die steuerliche Förderung von Eigenheimrenten („Wohn-Riester") an mehreren Stellen geändert worden.

Allgemeine Voraussetzungen für den Abzug von Vorsorgeaufwendungen als Sonderausgaben ist nach § 10 Abs. 2 EStG, dass sie

1. nicht in einem unmittelbaren wirtschaftlichen Zusammenhang mit steuerfreien Einnahmen stehen; steuerfreie Zuschüsse zu einer Kranken- und Pflegeversicherung stehen insgesamt in unmittelbarem wirtschaftlichem Zusammenhang mit den Vorsorgeaufwendungen i. S. des § 10 Abs. 1 Nr. 3 EStG;
2. an Versicherungsunternehmen, die ihren Sitz oder ihre Geschäftsleitung in einem Mitgliedstaat der Europäischen Gemeinschaft oder einem anderen Vertragsstaat des Europäischen Wirtschaftsraums haben und das Versicherungsgeschäft im Inland betreiben dürfen, und Versicherungsunternehmen, denen die Erlaubnis zum Geschäftsbetrieb im Inland erteilt ist, an berufsständische Versorgungseinrichtungen, an einen Sozialversicherungsträger oder an einen Anbieter i. S. des § 80 EStG geleistet werden.

Die **Vorsorgeaufwendungen** sind **beschränkt abzugsfähige Sonderausgaben,** d. h., die in einem Kalenderjahr abzugsfähigen Vorsorgeaufwendungen werden durch die **Höchstbeträge des § 10 Abs. 3, 4 und 4a EStG** beschränkt.

Bis zum Veranlagungszeitraum 2009 wurde einem Steuerpflichtigen, der Arbeitslohn bezogen hat, für Vorsorgeaufwendungen eine **Vorsorgepauschale** nach Maßgabe des § 10c Abs. 2 bis Abs. 5 EStG a. F. berücksichtigt. Seit dem Veranlagungszeitraum 2010 sind die Vorschriften über die Vorsorgepauschale aufgehoben, sodass im **Lohnsteuerabzugsverfahren** ohne Antrag des Arbeitnehmers für Vorsorgeaufwendungen eine Vorsorgepauschale gem. § 39b Abs. 2 Satz 5 Nr. 3, § 39 Abs. 4 Nr. 4 EStG den hochgerechneten Jahresarbeitslohn vermindert.[204] Über die Vorsorgepauschale hinaus werden im Lohnsteuerabzugsverfahren keine weiteren Vorsorgeaufwendungen berücksichtigt.[205] Im **Veranlagungsverfahren** ist der Abzug von Vorsorgeaufwendungen auf die durch die elektronische Lohnsteuerbescheinigung gem. § 41b Abs. 1 Satz 2 Nr. 11 bis 14 EStG, § 52b EStG feststehenden tatsächlich gezahlten Beiträge zur Vorsorge (vgl. § 10 Abs. 2, Abs. 2a EStG) begrenzt.

Begünstigte Beiträge i. S. des § 10 Abs. 1 Nr. 2 und 3 EStG bilden sowohl laufend erbrachte Geldleistungen als auch Einmalbeträge.

29.1.10.2 Gemeinsame Regelungen für den Abzug von Vorsorgeaufwendungen

29.1.10.2.1 Zu- und Abflussprinzip (§ 11 EStG)

Regelmäßig wiederkehrende Ausgaben (z. B. Versicherungsbeiträge) sind im Rahmen des Sonderausgabenabzugs grundsätzlich in dem Kalenderjahr anzusetzen, in

---
[204] BMF vom 26.11.2013 (BStBl 2013 I S. 1532).
[205] BMF vom 26.11.2013 (BStBl 2013 I S. 1532), Rdnr. 1.

dem sie geleistet wurden (allgemeines Abflussprinzip des § 11 Abs. 2 Satz 1 EStG).[206] Eine Ausnahme von diesem Grundsatz wird durch § 11 Abs. 2 Satz 2 EStG normiert. Danach sind regelmäßig wiederkehrende Ausgaben, die kurze Zeit (i. d. R. in einem Zeitraum von 10 Tagen) vor oder nach Beendigung des Kalenderjahres geleistet werden, abweichend vom Jahr des tatsächlichen Abflusses dem Jahr der wirtschaftlichen Zugehörigkeit zuzuordnen, wenn die Ausgaben kurze Zeit vor oder nach dem Jahreswechsel fällig werden (vgl. H 11 „Kurze Zeit" EStH).

29.1.10.2.2 Kein unmittelbarer wirtschaftlicher Zusammenhang mit steuerfreien Einnahmen

Voraussetzung für die Berücksichtigung von Vorsorgeaufwendungen i. S. des § 10 Abs. 1 Nr. 2 EStG ist, dass sie nicht in unmittelbarem wirtschaftlichem Zusammenhang mit steuerfreien Einnahmen stehen.[207] Dieser Zusammenhang ist z. B. in folgenden Fällen gegeben:

- Gesetzliche Arbeitnehmeranteile, die auf steuerfreien Arbeitslohn entfallen (z. B. nach dem Auslandstätigkeitserlass, aufgrund eines DBA oder aufgrund des zusätzlichen Höchstbetrags von 1800 Euro nach § 3 Nr. 63 Satz 3 EStG).

- Aufwendungen aus Mitteln, die nach ihrer Zweckbestimmung zur Leistung der Vorsorgeaufwendungen dienen:

  - steuerfreie Zuschüsse zur Krankenversicherung der Rentner, z. B. nach § 106 SGB VI,

  - steuerfreie Beträge, die Land- und Forstwirte nach dem Gesetz über die Alterssicherung der Landwirte zur Entlastung von Vorsorgeaufwendungen i. S. des § 10 Abs. 1 Nr. 2 Satz 1 Buchst. a EStG erhalten.

Beiträge in unmittelbarem wirtschaftlichem Zusammenhang mit steuerfreiem Arbeitslohn sind nicht als Sonderausgaben abziehbar.[208] Dies gilt nicht, wenn der Arbeitslohn nicht zum Zufluss von Arbeitslohn führt, jedoch beitragspflichtig ist (z. B. Umwandlung zugunsten einer Direktzusage oberhalb von 4 % der Beitragsbemessungsgrenze in der allgemeinen Rentenversicherung; § 115 SGB IV). Die Hinzurechnung des nach § 3 Nr. 62 EStG steuerfreien Arbeitgeberanteils zur gesetzlichen Rentenversicherung oder eines gleichgestellten steuerfreien Zuschusses des Arbeitgebers nach § 10 Abs. 1 Nr. 2 Satz 2 EStG und die Verminderung um denselben nach § 10 Abs. 3 Satz 5 EStG bleiben hiervon unberührt; dies gilt nicht, soweit der steuerfreie Arbeitgeberanteil auf steuerfreien Arbeitslohn entfällt.

---

206 BMF vom 19.08.2013 (BStBl 2013 I S. 1087), Rdnr. 152 ff.
207 BMF vom 19.08.2013 (BStBl 2013 I S. 1087), Rdnr. 156 f.
208 BFH vom 18.04.2012 X R 62/90 (BStBl 2012 II S. 721).

29.1 Sonderausgaben

29.1.10.2.3 Erstattungsüberhänge (§ 10 Abs. 4b Satz 2 und 3 EStG)

Übersteigen die vom Steuerpflichtigen erhaltenen Erstattungen zzgl. steuerfreier Zuschüsse die im Veranlagungszeitraum geleisteten Aufwendungen i. S. des § 10 Abs. 1 Nr. 2 bis 3a EStG, sind die Aufwendungen mit null anzusetzen und es ergibt sich ein Erstattungsüberhang.[209] Dieser ist mit anderen Aufwendungen der jeweiligen Nummer zu verrechnen (§ 10 Abs. 4b Satz 2 EStG). In den Fällen des § 10 Abs. 1 Nr. 3 EStG ist der verbleibende Erstattungsüberhang dem gem. § 2 Abs. 3 EStG ermittelten Gesamtbetrag der Einkünfte hinzuzurechnen (vgl. § 10 Abs. 4b Satz 3 EStG, gültig ab Veranlagungszeitraum 2012).

Eine Verrechnungsmöglichkeit mit Sonderausgaben nach § 10 Abs. 1 Nr. 2 bis 3a EStG mit gezahlter Kirchensteuer sieht § 10 Abs. 4b Satz 2 EStG nicht vor.[210]

29.1.10.3 Sonderausgabenabzug für Beiträge nach § 10 Abs. 1 Nr. 2 EStG

29.1.10.3.1 Beiträge i. S. des § 10 Abs. 1 Nr. 2 Buchst. a EStG

Beiträge zu den gesetzlichen Rentenversicherungen

Als Beiträge zur gesetzlichen Rentenversicherung sind Beiträge an folgende Träger der gesetzlichen Rentenversicherung zu berücksichtigen:[211]

- Deutsche Rentenversicherung Bund
- Deutsche Rentenversicherung Knappschaft-Bahn-See
- Deutsche Rentenversicherung Regionalträger

Die Beiträge können wie folgt erbracht und nachgewiesen werden:

Art der Beitragsleistung	Nachweis durch
Pflichtbeiträge aufgrund einer abhängigen Beschäftigung einschließlich des nach § 3 Nr. 62 EStG steuerfreien Arbeitgeberanteils	Lohnsteuerbescheinigung
Pflichtbeiträge aufgrund einer selbständigen Tätigkeit (mit Ausnahme von selbständigen Künstlern und Publizisten)	Beitragsbescheinigung des Rentenversicherungsträgers
freiwillige Beiträge	Beitragsbescheinigung des Rentenversicherungsträgers

---
209 BMF vom 19.08.2013 (BStBl 2013 I S. 1087), Rdnr. 158 f.
210 BFH vom 21.07.2009 X R 32/07 (BStBl 2010 II S. 38); BMF vom 19.08.2013 (BStBl 2013 I S. 1087), Rdnr. 158 f.
211 BMF vom 19.08.2013 (BStBl 2013 I S. 1087), Rdnr. 1 ff.

Art der Beitragsleistung	Nachweis durch
Nachzahlung von freiwilligen Beiträgen	Beitragsbescheinigung des Rentenversicherungsträgers
freiwillige Zahlung von Beiträgen zum Ausgleich einer Rentenminderung (bei vorzeitiger Inanspruchnahme einer Altersrente), § 187a SGB VI	Beitragsbescheinigung des Rentenversicherungsträgers
freiwillige Zahlung von Beiträgen zum Auffüllen von Rentenanwartschaften, die durch einen Versorgungsausgleich gemindert worden sind, § 187 SGB VI	besondere Beitragsbescheinigung des Rentenversicherungsträgers
Abfindung von Anwartschaften auf betriebliche Altersversorgung, § 187b SGB VI	besondere Beitragsbescheinigung des Rentenversicherungsträgers

Bei selbständigen Künstlern und Publizisten, die nach Maßgabe des Künstlersozialversicherungsgesetzes versicherungspflichtig sind, ist als Beitrag zur gesetzlichen Rentenversicherung der von diesen entrichtete Beitrag an die Künstlersozialkasse zu berücksichtigen. Die Künstlersozialkasse fungiert als Einzugsstelle und nicht als Träger der gesetzlichen Rentenversicherung. Der Beitrag des Versicherungspflichtigen stellt den hälftigen Gesamtbeitrag dar. Der andere Teil wird i. d. R. von der Künstlersozialkasse aufgebracht und setzt sich aus der Künstlersozialabgabe und einem Zuschuss des Bundes zusammen. Der von der Künstlersozialkasse gezahlte Beitragsanteil ist bei der Ermittlung der nach § 10 Abs. 1 Nr. 2 EStG zu berücksichtigenden Aufwendungen nicht anzusetzen.

Zu den Beiträgen zur gesetzlichen Rentenversicherung gehören auch Beiträge an ausländische gesetzliche Rentenversicherungsträger.[212] Der Beitrag eines inländischen Arbeitgebers, den dieser an eine ausländische Rentenversicherung zahlt, ist dem Arbeitnehmer zuzurechnen, wenn die Abführung auf vertraglicher und nicht auf gesetzlicher Grundlage erfolgte.[213] Die Anwendung des § 3 Nr. 62 EStG kommt in diesen Fällen nicht in Betracht.

Beiträge zu den landwirtschaftlichen Alterskassen

In der Alterssicherung der Landwirte können der Landwirt, sein Ehegatte oder in bestimmten Fällen mitarbeitende Familienangehörige versichert sein.[214] Beiträge zu

---
212 BFH vom 24.06.2009 X R 57/06 (BStBl 2009 II S. 1000); BMF vom 19.08.2013 (BStBl 2013 I S. 1087), Rdnr. 4.
213 BFH vom 18.05.2004 VI R 11/01 (BStBl 2004 II S. 1014); BMF vom 19.08.2013 (BStBl 2013 I S. 1087), Rdnr. 4.
214 BMF vom 19.08.2013 (BStBl 2013 I S. 1087), Rdnr. 5.

29.1 Sonderausgaben

den landwirtschaftlichen Alterskassen können, soweit sie zum Aufbau einer eigenen Altersversorgung führen, von dem zur Zahlung Verpflichteten als Beiträge i. S. des § 10 Abs. 1 Nr. 2 Buchst. a EStG geltend gemacht werden. Werden dem Versicherungspflichtigen aufgrund des Gesetzes zur Alterssicherung der Landwirte Beitragszuschüsse gewährt, mindern diese die nach § 10 Abs. 1 Nr. 2 Buchst. a EStG anzusetzenden Beiträge.

Beiträge zu berufsständischen Versorgungseinrichtungen

Bei berufsständischen Versorgungseinrichtungen im steuerlichen Sinne handelt es sich um öffentlich-rechtliche Versicherungs- oder Versorgungseinrichtungen für Beschäftigte und selbständig tätige Angehörige der kammerfähigen freien Berufe, die den gesetzlichen Rentenversicherungen vergleichbare Leistungen erbringen.[215] Die Mitgliedschaft in der berufsständischen Versorgungseinrichtung tritt aufgrund einer gesetzlichen Verpflichtung bei Aufnahme der betreffenden Berufstätigkeit ein. Die Mitgliedschaft in einer berufsständischen Versorgungseinrichtung führt in den in § 6 Abs. 1 SGB VI genannten Fallgestaltungen auf Antrag zu einer Befreiung von der gesetzlichen Rentenversicherungspflicht.

Welche berufsständischen Versorgungseinrichtungen diese Voraussetzung erfüllen, wird jeweils durch ein gesondertes BMF-Schreiben bekannt gegeben (zuletzt BMF vom 08.07.2014[216]).

29.1.10.3.2 Beiträge i. S. des § 10 Abs. 1 Nr. 2 Buchst. b EStG

Allgemeines

Eigene Beiträge zum Aufbau einer eigenen kapitalgedeckten Altersversorgung liegen vor, wenn Personenidentität zwischen dem Beitragszahler, der versicherten Person und dem Leistungsempfänger besteht, bei Ehegatten siehe R 10.1 EStR; dies gilt für eingetragene Lebenspartner entsprechend).[217] Im Fall einer ergänzenden Hinterbliebenenabsicherung ist insoweit ein abweichender Leistungsempfänger zulässig.

Die Beiträge können als Sonderausgaben berücksichtigt werden, wenn die Laufzeit des Vertrages nach dem 31.12.2004 beginnt und der Vertrag nur die Zahlung einer monatlichen, gleich bleibenden oder steigenden, lebenslangen Leibrente vorsieht, die nicht vor Vollendung des 62. Lebensjahres des Steuerpflichtigen beginnt. Bei

---

215 BMF vom 19.08.2013 (BStBl 2013 I S. 1087), Rdnr. 6 f.
216 BMF vom 08.07.2014 (bisher nur veröffentlicht auf der Homepage des BMF: www.bundesfinanzministerium.de).
217 BMF vom 19.08.2013 (BStBl 2013 I S. 1087), Rdnr. 8 ff., geändert ab 01.01.2014 durch BMF vom 10.01.2014 (BStBl 2014 I S. 70).

vor dem 01.01.2012 abgeschlossenen Verträgen ist regelmäßig die Vollendung des 60. Lebensjahres maßgebend.[218]

Ein Auszahlungsplan erfüllt dieses Kriterium nicht.[219] Bei einem Auszahlungsplan wird nur ein bestimmtes zu Beginn der Auszahlungsphase vorhandenes Kapital über eine gewisse Laufzeit verteilt. Nach Laufzeitende ist das Kapital aufgebraucht, sodass die Zahlungen dann enden. Insoweit ist eine lebenslange Auszahlung nicht gewährleistet. Eine andere Wertung ergibt sich auch nicht durch eine Kombination eines Auszahlungsplans mit einer sich anschließenden Teilkapitalverrentung. Begrifflich ist die „Teilverrentung" zwar eine Leibrente, allerdings wird der Auszahlungsplan durch die Verknüpfung mit einer Rente nicht selbst zu einer Leibrente.

Ein planmäßiges Sinken der Rentenhöhe ist nicht zulässig.[220] Geringfügige Schwankungen in der Rentenhöhe, sofern diese Schwankungen auf in einzelnen Jahren unterschiedlich hohen Überschussanteilen in der Auszahlungsphase beruhen, die für die ab Beginn der Auszahlung garantierten Rentenleistungen gewährt werden, sind unschädlich. Das heißt, der auf Basis des zu Beginn der Auszahlungsphase garantierten Kapitals zzgl. der unwiderruflich zugeteilten Überschüsse zu errechnende Rentenbetrag darf während der gesamten Auszahlungsphase nicht unterschritten werden. Ein Anlageprodukt, bei dem dem Anleger lediglich eine Rente zugesichert wird, die unter diesen Rentenbetrag sinken kann, erfüllt demnach nicht die an eine Leibrente i. S. des § 10 Abs. 1 Nr. 2 Buchst. b EStG zu stellenden steuerlichen Voraussetzungen.

Eine Auszahlung durch die regelmäßige Gutschrift einer gleich bleibenden oder steigenden Anzahl von Investmentanteilen sowie die Auszahlung von regelmäßigen Raten im Rahmen eines Auszahlungsplans sind keine lebenslange Leibrente i. S. des § 10 Abs. 1 Nr. 2 Buchst. b EStG.[221]

In der vertraglichen Vereinbarung muss geregelt sein, dass die Ansprüche aus dem Vertrag nicht vererblich, nicht übertragbar, nicht beleihbar, nicht veräußerbar und nicht kapitalisierbar sind.[222]

Seit dem Veranlagungszeitraum 2010 ist für die Berücksichtigung von Beiträgen i. S. des § 10 Abs. 1 Nr. 2 Buchst. b EStG als Sonderausgaben Voraussetzung, dass die Beiträge zugunsten eines Vertrags geleistet wurden, der nach § 5a des Altersvorsorgeverträge-Zertifizierungsgesetzes zertifiziert ist (Grundlagenbescheid gem.

---

218 BMF vom 19.08.2013 (BStBl 2013 I S. 1087), Rdnr. 9.
219 BMF vom 19.08.2013 (BStBl 2013 I S. 1087), Rdnr. 10; ab 01.01.2014: BMF vom 10.01.2014 (BStBl 2014 I S. 70), Rdnr. 11.
220 BMF vom 19.08.2013 (BStBl 2013 I S. 1087), Rdnr. 11; ab 01.01.2014: BMF vom 10.01.2014 (BStBl 2014 I S. 70), Rdnr. 12.
221 BMF vom 19.08.2013 (BStBl 2013 I S. 1087), Rdnr. 12; ab 01.01.2014: BMF vom 10.01.2014 (BStBl 2014 I S. 70), Rdnr. 13.
222 BMF vom 19.08.2013 (BStBl 2013 I S. 1087), Rdnr. 14; ab 01.01.2014: BMF vom 10.01.2014 (BStBl 2014 I S. 70), Rdnr. 15ff.

§ 171 Abs. 10 AO), und der Steuerpflichtige gegenüber dem Anbieter in die Datenübermittlung nach § 10 Abs. 2a EStG eingewilligt hat.[223]

Absicherung von Berufsunfähigkeit, verminderter Erwerbsfähigkeit und Hinterbliebenen

Ergänzend können der Eintritt der Berufsunfähigkeit, der verminderten Erwerbsfähigkeit oder auch Hinterbliebene abgesichert werden, wenn die Zahlung einer Rente vorgesehen ist.[224] Eine zeitliche Befristung der Rente ist ausschließlich im Hinblick auf die entfallende Versorgungsbedürftigkeit (Verbesserung der Gesundheitssituation oder Erreichen der Altersgrenze für den Bezug der Altersrente aus dem entsprechenden Vertrag) nicht zu beanstanden. Ebenso ist es unschädlich, wenn der Vertrag bei Eintritt der Berufsunfähigkeit oder der verminderten Erwerbsfähigkeit anstelle oder ergänzend zu einer Rentenzahlung eine Beitragsfreistellung vorsieht.

Die ergänzende Absicherung des Eintritts der Berufsunfähigkeit, der verminderten Erwerbsfähigkeit und von Hinterbliebenen ist nur dann unschädlich, wenn mehr als 50 % der Beiträge auf die eigene Altersversorgung des Steuerpflichtigen entfallen.[225] Für das Verhältnis der Beitragsanteile zueinander ist regelmäßig auf den konkret vom Steuerpflichtigen zu zahlenden (Gesamt-)Beitrag abzustellen. Dabei dürfen die Überschussanteile aus den entsprechenden Risiken die darauf entfallenden Beiträge mindern.

Sieht der Basisrentenvertrag vor, dass der Steuerpflichtige bei Eintritt der Berufsunfähigkeit oder einer verminderten Erwerbsfähigkeit von der Verpflichtung zur Beitragszahlung für diesen Vertrag – vollständig oder teilweise – freigestellt wird, sind die insoweit auf die Absicherung dieses Risikos entfallenden Beitragsanteile der Altersvorsorge zuzuordnen.[226] Das gilt jedoch nur, wenn sie der Finanzierung der vertraglich vereinbarten lebenslangen Leibrente i. S. des § 10 Abs. 1 Nr. 2 Satz 1 Buchst. b EStG dienen und aus diesen Beitragsanteilen keine Leistungen wegen Berufsunfähigkeit oder verminderter Erwerbsfähigkeit gezahlt werden, d. h., es wird lediglich der Anspruch auf eine Altersversorgung weiter aufgebaut. Eine Zuordnung zur Altersvorsorge kann jedoch nicht vorgenommen werden, wenn der Steuerpflichtige vertragsgemäß wählen kann, ob er eine Rente wegen Berufsunfähigkeit oder verminderter Erwerbsfähigkeit erhält oder die Beitragsfreistellung in Anspruch nimmt.

---

223 BMF vom 19.08.2013 (BStBl 2013 I S. 1087), Rdnr. 15; ab 01.01.2014: BMF vom 10.01.2014 (BStBl 2014 I S. 70), Rdnr. 23, 25.
224 BMF vom 19.08.2013 (BStBl 2013 I S. 1087), Rdnr. 17 ff; ab 01.01.2014: BMF vom 10.01.2014 (BStBl 2014 I S. 70), Rdnr. 26 ff.
225 BMF vom 19.08.2013 (BStBl 2013 I S. 1087), Rdnr. 18; ab 01.01.2014: BMF vom 10.01.2014 (BStBl 2014 I S. 70), Rdnr. 27.
226 BMF vom 19.08.2013 (BStBl 2013 I S. 1087), Rdnr. 19; ab 01.01.2014: BMF vom 10.01.2014 (BStBl 2014 I S. 70), Rdnr. 28.

Durch das Altersvorsorgeverbesserungsgesetz vom 24.06.2013,[227] das zum 31.07.2013 in Kraft trat, sind auch Beiträge des Steuerpflichtigen für seine Absicherung gegen den Eintritt der Berufsunfähigkeit oder der verminderten Erwerbsfähigkeit (Versicherungsfall) nach § 10 Abs. 1 Nr. 2 Satz 1 Buchst. b Doppelbuchst. bb EStG als Sonderausgaben abziehbar, wenn der Vertrag nur die Zahlung einer monatlichen, auf das Leben des Steuerpflichtigen bezogenen lebenslangen Leibrente für einen Versicherungsfall vorsieht, der bis zur Vollendung des 67. Lebensjahres eingetreten ist. Voraussetzung für den Sonderausgabenabzug ist die Einzahlung auf einen nach § 5a AltZertG zertifizierten Vertrag. Die Zertifizierung wird auf Antrag der Anbieter erstmalig mit Wirkung zum 01.01.2014 erteilt. Deshalb sind Beiträge zu Basisrentenverträgen-Erwerbsminderung grundsätzlich ab dem Veranlagungszeitraum 2014 als Sonderausgaben abziehbar.[228] Der Vertrag kann die Beendigung der Rentenzahlung wegen eines medizinisch begründeten Wegfalls der Berufsunfähigkeit oder der verminderten Erwerbsfähigkeit vorsehen. Die Höhe der zugesagten Rente kann vom Alter des Steuerpflichtigen bei Eintritt des Versicherungsfalls abhängig gemacht werden, wenn der Steuerpflichtige das 55. Lebensjahr vollendet hat.[229] Das BMF-Schreiben vom 10.01.2014[230] äußert sich zu weiteren Einzelheiten.

Sieht der Basisrentenvertrag vor, dass der Steuerpflichtige eine Altersrente und nach seinem Tode der überlebende Ehepartner seinerseits eine lebenslange Leibrente i. S. des § 10 Abs. 1 Nr. 2 Satz 1 Buchst. b Doppelbuchst aa EStG (insbesondere nicht vor Vollendung seines 62. bzw. 60. Lebensjahres für Verträge, die vor dem 01.01.2012 abgeschlossen wurden) erhält, handelt es sich nicht um eine ergänzende Hinterbliebenenabsicherung, sondern insgesamt um eine Altersvorsorge.[231] Der Beitrag ist deshalb in vollem Umfang der Altersvorsorge zuzurechnen. Erfüllt dagegen die zugesagte Rente für den hinterbliebenen Ehegatten nicht die Voraussetzungen des § 10 Abs. 1 Nr. 2 Satz 1 Buchst. b Doppelbuchst. aa EStG (insbesondere im Hinblick auf das Mindestalter für den Beginn der Rentenzahlung), liegt eine ergänzende Hinterbliebenenabsicherung vor. Die Beitragsanteile, die nach versicherungsmathematischen Grundsätzen auf das Risiko der Rentenzahlung an den hinterbliebenen Ehegatten entfallen, sind daher der ergänzenden Hinterbliebenenabsicherung zuzuordnen.

Wird die Hinterbliebenenversorgung ausschließlich aus dem bei Tod des Steuerpflichtigen vorhandenen Altersvorsorge(rest)kapital finanziert, handelt es sich bei der Hinterbliebenenabsicherung nicht um eine Risikoabsicherung und der Beitrag

---

227 BGBl 2013 I S. 1667.
228 BMF vom 10.01.2014 (BStBl 2014 I S. 70), Rdnr. 34.
229 BMF vom 10.01.2014 (BStBl 2014 I S. 70), Rdnr. 38.
230 BMF vom 10.01.2014 (BStBl 2014 I S. 70), Rdnr. 34 ff.
231 BMF vom 19.08.2013 (BStBl 2013 I S. 1087), Rdnr. 20; ab 01.01.2014: BMF vom 10.01.2014 (BStBl 2014 I S. 70), Rdnr. 24.

29.1 Sonderausgaben

ist insoweit der Altersvorsorge zuzurechnen.[232] Das gilt auch, wenn der Steuerpflichtige eine entsprechend gestaltete Absicherung des Ehegatten als besondere Komponente im Rahmen seines (einheitlichen) Basisrentenvertrages hinzu- oder später wieder abwählen kann (z. B. bei Scheidung, Wiederheirat etc.).

Sowohl die Altersversorgung als auch die ergänzenden Absicherungen müssen in einem einheitlichen Vertrag geregelt sein.[233] Andernfalls handelt es sich nicht um ergänzende Absicherungen zu einem Basisrentenvertrag, sondern um eigenständige Versicherungen. In diesem Fall sind die Aufwendungen hierfür unter den Voraussetzungen des § 10 Abs. 1 Nr. 3a EStG als sonstige Vorsorgeaufwendungen zu berücksichtigen.

Bei einem Basisrentenvertrag auf Grundlage von Investmentfonds kann der Einschluss einer ergänzenden Absicherung des Eintritts der Berufsunfähigkeit, der verminderten Erwerbsfähigkeit oder einer zusätzlichen Hinterbliebenenrente im Wege eines einheitlichen Vertrages zugunsten Dritter gem. §§ 328 ff. BGB erfolgen.[234] Hierbei ist die Kapitalanlagegesellschaft Versicherungsnehmer, während der Steuerpflichtige die versicherte Person ist und den eigentlichen (Renten-)Anspruch gegen das entsprechende Versicherungsunternehmen erhält. Dies wird im Fall der Vereinbarung einer Berufsunfähigkeits- bzw. Erwerbsunfähigkeitsrente in den Vertragsbedingungen durch Abtretung des Bezugsrechts an den Steuerpflichtigen ermöglicht. Im Fall der Vereinbarung einer zusätzlichen Hinterbliebenenrente erfolgt die Abtretung des Bezugsrechts an den privilegierten Hinterbliebenen. Die Kapitalanlagegesellschaft leitet die Beiträge des Steuerpflichtigen, soweit sie für die ergänzende Absicherung bestimmt sind, an den Versicherer weiter.

Zu den Hinterbliebenen, die zusätzlich abgesichert werden können, gehören nur der Ehegatte oder der eingetragene Lebenspartner des Steuerpflichtigen und seine Kinder i. S. des § 32 EStG.[235] Der Anspruch auf Waisenrente ist dabei auf den Zeitraum zu begrenzen, in dem das Kind die Voraussetzungen des § 32 EStG erfüllt. Es ist nicht zu beanstanden, wenn die Waisenrente auch für den Zeitraum gezahlt wird, in dem das Kind nur die Voraussetzungen nach § 32 Abs. 4 Satz 1 EStG erfüllt. Für die vor dem 01.01.2007 abgeschlossenen Verträge gilt für das Vorliegen einer begünstigten Hinterbliebenenversorgung die Altersgrenze des § 32 EStG in der bis zum 31.12.2006 geltenden Fassung (§ 52 Abs. 40 Satz 7 EStG). In diesen Fällen können z. B. Kinder in Berufsausbildung i. d. R. bis zur Vollendung des 27. Lebensjahres berücksichtigt werden.

---

232 BMF vom 19.08.2013 (BStBl 2013 I S. 1087), Rdnr. 21; ab 01.01.2014: BMF vom 10.01.2014 (BStBl 2014 I S. 70), Rdnr. 30.
233 BMF vom 19.08.2013 (BStBl 2013 I S. 1087), Rdnr. 22; ab 01.01.2014: BMF vom 10.01.2014 (BStBl 2014 I S. 70), Rdnr. 31.
234 BMF vom 19.08.2013 (BStBl 2013 I S. 1087), Rdnr. 23; ab 01.01.2014: BMF vom 10.01.2014 (BStBl 2014 I S. 70), Rdnr. 32.
235 BMF vom 19.08.2013 (BStBl 2013 I S. 1087), Rdnr. 24; ab 01.01.2014: BMF vom 10.01.2014 (BStBl 2014 I S. 70), Rdnr. 33.

29 Einkommensermittlung

Weitere Vertragsvoraussetzungen

Für die Anerkennung als Beiträge zur eigenen kapitalgedeckten Altersversorgung i. S. des § 10 Abs. 1 Nr. 2 Buchst. b EStG müssen die Ansprüche aus dem Vertrag folgende weitere Voraussetzungen erfüllen:[236]

- Nichtvererblichkeit[237]

Es darf nach den Vertragsbedingungen nicht zu einer Auszahlung an die Erben kommen; im Todesfall kommt das vorhandene Vermögen der Versichertengemeinschaft bzw. der Gemeinschaft der verbleibenden Vorsorgesparer zugute. Die Nichtvererblichkeit wird z. B. nicht ausgeschlossen durch gesetzlich zugelassene Hinterbliebenenleistungen im Rahmen der ergänzenden Hinterbliebenenabsicherung und durch Rentenzahlungen für die Zeit bis zum Ablauf des Todesmonats an die Erben.

Eine Rentengarantiezeit, also die Vereinbarung, dass die Altersrente unabhängig vom Tod der versicherten Person mindestens bis zum Ablauf einer vereinbarten Garantiezeit gezahlt wird, widerspricht der im EStG geforderten Nichtvererblichkeit.

Im Rahmen von Fondsprodukten (Publikumsfonds) kann die Nichtvererblichkeit dadurch sichergestellt werden, dass keine erbrechtlich relevanten Vermögenswerte aufgrund des Basisrentenvertrages beim Steuerpflichtigen vorhanden sind. Diese Voraussetzung kann entweder über eine auflösend bedingte Ausgestaltung des schuldrechtlichen Leistungsanspruchs („Treuhandlösung") oder im Wege spezieller Sondervermögen erfüllt werden, deren Vertragsbedingungen vorsehen, dass im Fall des Todes des Anlegers dessen Anteile zugunsten des Sondervermögens eingezogen werden („Fondslösung"). Ebenso kann diese Voraussetzung durch eine vertragliche Vereinbarung zwischen dem Anbieter und dem Steuerpflichtigen erfüllt werden, nach der im Fall des Todes des Steuerpflichtigen der Gegenwert seiner Fondsanteile der Spargemeinschaft zugutekommt („vertragliche Lösung").

- Nichtübertragbarkeit[238]

Der Vertrag darf keine Übertragung der Ansprüche des Leistungsempfängers auf eine andere Person vorsehen, z. B. im Wege der Schenkung; die Pfändbarkeit nach den Vorschriften der ZPO steht dem nicht entgegen. Die Übertragbarkeit zur Regelung von Scheidungsfolgen nach dem Vorsorgeausgleichsgesetz ist unschädlich. Der Vertrag darf zulassen, dass die Ansprüche des Leistungsemp-

---

236 BMF vom 19.08.2013 (BStBl 2013 I S. 1087), Rdnr. 25 ff.; ab 01.01.2014: BMF vom 10.01.2014 (BStBl 2014 I S. 70), Rdnr. 15 ff.
237 BMF vom 19.08.2013 (BStBl 2013 I S. 1087), Rdnr. 26; ab 01.01.2014: BMF vom 10.01.2014 (BStBl 2014 I S. 70), Rdnr. 16.
238 BMF vom 19.08.2013 (BStBl 2013 I S. 1087), Rdnr. 27; ab 01.01.2014: BMF vom 10.01.2014 (BStBl 2014 I S. 70), Rdnr. 17.

29.1 Sonderausgaben

fängers aus dem Vertrag unmittelbar auf einen nach § 5a des Altersvorsorgeverträge-Zertifizierungsgesetzes zertifizierten Vertrag des Leistungsempfängers auch bei einem anderen Unternehmen übertragen werden. Dieser Vorgang ist steuerfrei nach § 3 Nr. 55 d EStG. Das übertragene Vermögen ist nicht als Beitrag nach § 10 Abs. 1 Nr. 2 Satz 1 Buchst. b EStG zu berücksichtigen.

- Nichtbeleihbarkeit[239]

  Es muss vertraglich ausgeschlossen sein, dass die Ansprüche z. B. sicherungshalber abgetreten oder verpfändet werden können.

- Nichtveräußerbarkeit[240]

  Der Vertrag muss so gestaltet sein, dass die Ansprüche nicht an einen Dritten veräußert werden können.

- Nichtkapitalisierbarkeit[241]

  Es darf vertraglich kein Recht auf Kapitalisierung des Rentenanspruchs vorgesehen sein mit Ausnahme der Abfindung einer Kleinbetragsrente in Anlehnung an § 93 Abs. 3 Satz 2 und 3 EStG. Die Abfindungsmöglichkeit besteht erst mit dem Beginn der Auszahlungsphase, frühestens mit Vollendung des 62. Lebensjahres des Leistungsempfängers (bei vor dem 01.01.2012 abgeschlossenen Verträgen ist grundsätzlich die Vollendung des 60. Lebensjahres maßgebend). Bei Renten wegen Berufsunfähigkeit, verminderter Erwerbsfähigkeit und bei Leistungen an Hinterbliebene ist die Abfindung einer Kleinbetragsrente schon im Versicherungsfall möglich.

Zu den nach § 10 Abs. 1 Nr. 2 Satz 1 Buchst. b EStG begünstigten Beiträgen können auch Beiträge an Pensionsfonds, Pensionskassen und Direktversicherungen gehören, die im Rahmen der betrieblichen Altersversorgung erbracht werden (rein arbeitgeberfinanzierte und durch Entgeltumwandlung finanzierte Beiträge sowie Eigenbeiträge), sofern es sich um Beiträge zu einem entsprechend zertifizierten Vertrag handelt. Nicht zu berücksichtigen sind steuerfreie Beiträge, pauschal besteuerte Beiträge und Beiträge, die aufgrund einer Altzusage geleistet werden.[242]

Werden Beiträge zugunsten von Vorsorgeverträgen geleistet, die u. a. folgende Möglichkeiten vorsehen, liegen keine Beiträge i. S. des § 10 Abs. 1 Nr. 2 Satz 1 Buchst. b EStG vor:

---

[239] BMF vom 19.08.2013 (BStBl 2013 I S. 1087), Rdnr. 28; ab 01.01.2014: BMF vom 10.01.2014 (BStBl 2014 I S. 70), Rdnr. 18.
[240] BMF vom 19.08.2013 (BStBl 2013 I S. 1087), Rdnr. 29; ab 01.01.2014: BMF vom 10.01.2014 (BStBl 2014 I S. 70), Rdnr. 19.
[241] BMF vom 19.08.2013 (BStBl 2013 I S. 1087), Rdnr. 30 ff.; ab 01.01.2014: BMF vom 10.01.2014 (BStBl 2014 I S. 70), Rdnr. 20 ff.
[242] Vgl. BMF vom 24.07.2013 (BStBl 2013 I S. 1022), Rdnr. 349 ff., 374 und 376.

- Kapitalwahlrecht
- Anspruch bzw. Optionsrecht auf (Teil-)Auszahlung nach Eintritt des Versorgungsfalls
- Zahlung eines Sterbegeldes
- Abfindung einer Rente
- Abfindungsansprüche und Beitragsrückerstattungen im Fall einer Kündigung des Vertrags; dies gilt nicht für gesetzliche Abfindungsansprüche (z. B. § 3 BetrAVG) oder die Abfindung einer Kleinbetragsrente

29.1.10.3.3 Beitragsempfänger

Zu den Beitragsempfängern i. S. des § 10 Abs. 2 Satz 1 Nr. 2 EStG gehören auch Pensionsfonds, die wie Versicherungsunternehmen den aufsichtsrechtlichen Regelungen des Versicherungsaufsichtsgesetzes unterliegen, und – seit 01.01.2006 – Anbieter i. S. des § 80 EStG.[243] Die Produktvoraussetzungen für das Vorliegen einer Basisrente (§ 10 Abs. 1 Nr. 2 Satz 1 Buchst. b EStG) werden dadurch nicht erweitert.

29.1.10.3.4 Ermittlung des Höchstbetrags nach § 10 Abs. 3 EStG

Höchstbetrag

Die begünstigten Beiträge sind nach § 10 Abs. 3 EStG bis zu 20.000 Euro als Sonderausgaben abziehbar.[244] Im Fall der Zusammenveranlagung von Ehegatten oder Lebenspartnern verdoppelt sich der Betrag auf 40.000 Euro unabhängig davon, wer von den Ehegatten bzw. Lebenspartnern die begünstigten Beiträge entrichtet hat.

Kürzung des Höchstbetrags nach § 10 Abs. 3 Satz 3 EStG

Der Höchstbetrag ist bei einem Steuerpflichtigen, der zum Personenkreis des § 10 Abs. 3 Nr. 1 oder 2 EStG gehört, um den Betrag zu kürzen, der dem Gesamtbeitrag (Arbeitgeber- und Arbeitnehmeranteil) zur allgemeinen Rentenversicherung entspricht.[245] Der Gesamtbeitrag ist dabei anhand der Einnahmen aus der Tätigkeit zu ermitteln, die die Zugehörigkeit zum genannten Personenkreis begründen. Für die Berechnung des Kürzungsbetrags ist auf den zu Beginn des jeweiligen Kalenderjahres geltenden Beitragssatz in der allgemeinen Rentenversicherung abzustellen.

---

243 BMF vom 19.08.2013 (BStBl 2013 I S. 1087), Rdnr. 45.
244 BMF vom 19.08.2013 (BStBl 2013 I S. 1087), Rdnr. 46.
245 BMF vom 19.08.2013 (BStBl 2013 I S. 1087), Rdnr. 47 f.

29.1 Sonderausgaben

Kürzung des Höchstbetrags beim Personenkreis des § 10c Abs. 3 Satz 3 Nr. 1 Buchst. a EStG

Zum Personenkreis des § 10 Abs. 3 Satz 3 Nr. 1 Buchst. a EStG gehören insbesondere[246]

- Beamte, Richter, Berufssoldaten, Soldaten auf Zeit, Amtsträger,
- Arbeitnehmer, die nach § 5 Abs. 1 Nr. 2 und 3 SGB VI oder § 230 SGB VI versicherungsfrei sind (z. B. Beschäftigte bei Trägern der Sozialversicherung, Geistliche der als öffentlich-rechtliche Körperschaften anerkannten Religionsgemeinschaften),
- Arbeitnehmer, die auf Antrag des Arbeitgebers von der gesetzlichen Rentenversicherungspflicht befreit worden sind, z. B. eine Lehrkraft an nicht öffentlichen Schulen, bei der eine Altersversorgung nach beamtenrechtlichen oder entsprechenden kirchenrechtlichen Grundsätzen gewährleistet ist.

Der Höchstbetrag nach § 10 Abs. 3 Satz 1 EStG ist um einen fiktiven Gesamtbeitrag zur allgemeinen Rentenversicherung zu kürzen.[247] Bemessungsgrundlage für den Kürzungsbetrag sind die erzielten steuerpflichtigen Einnahmen aus der Tätigkeit, die die Zugehörigkeit zum Personenkreis des § 10 Abs. 3 Satz 3 Nr. 1 Buchst. a EStG begründen, höchstens bis zum Betrag der Beitragsbemessungsgrenze in der allgemeinen Rentenversicherung.

Es ist unerheblich, ob die Zahlungen insgesamt beitragspflichtig gewesen wären, wenn Versicherungspflicht in der gesetzlichen Rentenversicherung bestanden hätte.[248] Aus Vereinfachungsgründen ist einheitlich auf die Beitragsbemessungsgrenze (Ost) in der allgemeinen Rentenversicherung abzustellen.

Kürzung des Höchstbetrags beim Personenkreis des § 10 Abs. 3 Satz 3 Nr. 1 Buchst. b EStG

Zum Personenkreis des § 10 Abs. 3 Satz 3 Nr. 1 Buchst. b EStG gehören Arbeitnehmer, die während des ganzen oder eines Teils des Kalenderjahres nicht der gesetzlichen Rentenversicherungspflicht unterliegen und denen eine betriebliche Altersversorgung im Zusammenhang mit einem im betreffenden Veranlagungszeitraum bestehenden Dienstverhältnis zugesagt worden ist.[249] Hierzu können insbesondere beherrschende Gesellschafter-Geschäftsführer einer GmbH oder Vorstandsmitglieder einer Aktiengesellschaft gehören. Für die Beurteilung der Zugehörigkeit zu diesem Personenkreis sind alle Formen der betrieblichen Altersversorgung zu berücksichtigen. Ohne Bedeutung sind dabei die Art der Finanzierung, die Höhe der Versorgungszusage und die Art des Durchführungswegs.

---

246 BMF vom 19.08.2013 (BStBl 2013 I S. 1087), Rdnr. 47 f.
247 BMF vom 19.08.2013 (BStBl 2013 I S. 1087), Rdnr. 50.
248 BMF vom 19.08.2013 (BStBl 2013 I S. 1087), Rdnr. 51.
249 BMF vom 19.08.2013 (BStBl 2013 I S. 1087), Rdnr. 52 ff.

Kommt eine Kürzung des Höchstbetrags nach § 10 Abs. 3 Satz 3 EStG in Betracht, gelten die Ausführungen zur Kürzung des Höchstbetrags beim Personenkreis des § 10 Abs. 3 Satz 3 Nr. 1 Buchst. a EStG entsprechend.[250]

Kürzung des Höchstbetrags beim Personenkreis des § 10 Abs. 3 Satz 3 Nr. 2 EStG

Zu den Steuerpflichtigen, die Einkünfte i. S. des § 22 Nr. 4 EStG beziehen, gehören insbesondere:[251]

- Bundestagsabgeordnete
- Landtagsabgeordnete
- Abgeordnete des Europaparlaments

Nicht zu diesem Personenkreis gehören z. B.

- ehrenamtliche Mitglieder kommunaler Vertretungen
- kommunale Wahlbeamte wie Landräte und Bürgermeister

Eine Kürzung des Höchstbetrags nach § 10 Abs. 3 Satz 3 Nr. 2 EStG ist jedoch nur vorzunehmen, wenn der Steuerpflichtige zum genannten Personenkreis gehört und ganz oder teilweise ohne eigene Beitragsleistung einen Anspruch auf Altersversorgung nach dem Abgeordnetengesetz, dem Europaabgeordnetengesetz oder entsprechenden Gesetzen der Länder erwirbt.[252]

Bemessungsgrundlage für den Kürzungsbetrag sind die Einnahmen i. S. des § 22 Nr. 4 EStG, soweit sie die Zugehörigkeit zu dem entsprechenden Personenkreis begründen, höchstens der Betrag der Beitragsbemessungsgrenze in der allgemeinen Rentenversicherung.[253] Aus Vereinfachungsgründen ist einheitlich auf die Beitragsbemessungsgrenze (Ost) in der allgemeinen Rentenversicherung abzustellen.

Kürzung des Höchstbetrags bei Ehegatten und eingetragenen Lebenspartnern

Bei Ehegatten ist für jeden Ehegatten gesondert zu prüfen, ob und ggf. in welcher Höhe der gemeinsame Höchstbetrag von 40.000 Euro zu kürzen ist.[254] Dies gilt für eingetragene Lebenspartner entsprechend.

Übergangsregelung (2005 bis 2024)

Für den Übergangszeitraum von 2005 bis 2024 sind die zu berücksichtigenden Aufwendungen mit dem sich aus § 10 Abs. 3 Satz 4 und 6 EStG ergebenden Prozentsatz anzusetzen:[255]

---

250 BMF vom 19.08.2013 (BStBl 2013 I S. 1087), Rdnr. 55.
251 BMF vom 19.08.2013 (BStBl 2013 I S. 1087), Rdnr. 56 ff.
252 BMF vom 19.08.2013 (BStBl 2013 I S. 1087), Rdnr. 58.
253 BMF vom 19.08.2013 (BStBl 2013 I S. 1087), Rdnr. 59.
254 BMF vom 19.08.2013 (BStBl 2013 I S. 1087), Rdnr. 60.
255 BMF vom 19.08.2013 (BStBl 2013 I S. 1087), Rdnr. 61.

Jahr	Prozentsatz
2005	60
2006	62
2007	64
2008	66
2009	68
2010	70
2011	72
2012	74
2013	76
2014	78
2015	80
2016	82
2017	84
2018	86
2019	88
2020	90
2021	92
2022	94
2023	96
2024	98
ab 2025	100

Kürzung des Abzugsbetrags bei Arbeitnehmern nach § 10 Abs. 3 Satz 5 EStG

Bei Arbeitnehmern, die steuerfreie Arbeitgeberleistungen nach § 3 Nr. 62 EStG oder diesen gleichgestellte steuerfreie Zuschüsse des Arbeitgebers erhalten haben, ist der sich ergebende Abzugsbetrag um diese Beträge zu kürzen (nicht jedoch unter 0 Euro).[256] Haben beide Ehegatten oder beide eingetragene Lebenspartner steuerfreie Arbeitgeberleistungen erhalten, ist der Abzugsbetrag um beide Beträge zu kürzen.

---

256 BMF vom 19.08.2013 (BStBl 2013 I S. 1087), Rdnr. 62.

29 Einkommensermittlung

Beispiele:[257]
Bei der Berechnung der Beispiele wurde ein Beitragssatz zur allgemeinen Rentenversicherung (RV) i. H. von 19,6 % unterstellt.

Beispiel 1:
Ein lediger Arbeitnehmer zahlt im Jahr 2012 einen Arbeitnehmeranteil zur allgemeinen Rentenversicherung i. H. von 4.000 €. Zusätzlich wird ein steuerfreier Arbeitgeberanteil in gleicher Höhe gezahlt. Daneben hat der Arbeitnehmer noch einen Basisrentenvertrag i. S. des § 10 Abs. 1 Nr. 2 Satz 1 Buchst. b EStG abgeschlossen und dort Beiträge i. H. von 3.000 € eingezahlt.

Im Jahr 2012 können Altersvorsorgeaufwendungen i. H. von 4.140 € als Sonderausgaben nach § 10 Abs. 1 Nr. 2 i. V. m. Abs. 3 EStG abgezogen werden:

Arbeitnehmerbeitrag	4.000 €	
Arbeitgeberbeitrag	4.000 €	
Basisrentenvertrag	3.000 €	
insgesamt	11.000 €	
Höchstbetrag	20.000 €	
74 % des geringeren Betrages		8.140 €
abzgl. steuerfreier Arbeitgeberanteil		4.000 €
verbleibender Betrag		4.140 €

Zusammen mit dem steuerfreien Arbeitgeberbeitrag werden damit Altersvorsorgeaufwendungen i. H. von 8.140 € von der Besteuerung freigestellt. Dies entspricht 74 % der insgesamt geleisteten Beiträge.

Beispiel 2:
Ein lediger Beamter zahlt 3.000 € in einen begünstigten Basisrentenvertrag i. S. des § 10 Abs. 1 Nr. 2 Satz 1 Buchst. b EStG, um zusätzlich zu seinem Pensionsanspruch eine Altersversorgung zu erwerben. Seine Einnahmen aus dem Beamtenverhältnis betragen 40.816 €.

Im Jahr 2012 können Altersvorsorgeaufwendungen i. H. von 2.220 € als Sonderausgaben abgezogen werden:

Basisrentenvertrag		3.000 €
Höchstbetrag	20.000 €	
abzgl. fiktiver Gesamtbeitrag RV		
(40.816 € × 19,6 % =)	8.000 €	
gekürzter Höchstbetrag		12.000 €
74 % des geringeren Betrags		2.220 €

Auch bei diesem Steuerpflichtigen werden 74 % der Beiträge von der Besteuerung freigestellt.

Beispiel 3:
Die Eheleute A und B zahlen im Jahr 2012 jeweils 8.000 € für einen Basisrentenvertrag i. S. des § 10 Abs. 1 Nr. 2 Satz 1 Buchst. b EStG. A ist im Jahr 2012 als selbständiger Steuerberater tätig und zahlt darüber hinaus 15.000 € in die berufsständische

---

[257] Aus BMF vom 19.08.2013 (BStBl 2013 I S. 1087), Rdnr. 63 ff.

29.1 Sonderausgaben

Versorgungseinrichtung der Steuerberater, die der gesetzlichen Rentenversicherung vergleichbare Leistungen erbringt. B ist Beamtin ohne eigene Aufwendungen für ihre künftige Pension. Ihre Einnahmen aus dem Beamtenverhältnis betragen 40.816 €.
Im Jahr 2012 können Altersvorsorgeaufwendungen i. H. von 22.940 € als Sonderausgaben abgezogen werden:

berufsständische Versorgungseinrichtung	15.000 €	
Basisrentenvertrag	16.000 €	
insgesamt		31.000 €
Höchstbetrag	40.000 €	
abzgl. fiktiver Gesamtbeitrag RV		
(40.816 € × 19,6 % =)	8.000 €	
gekürzter Höchstbetrag		32.000 €
74 % des geringeren Betrages		22.940 €

Die Beiträge nach § 168 Abs. 1 Nr. 1b oder 1c SGB VI (geringfügig versicherungspflichtig Beschäftigte) oder nach § 172 Abs. 3 oder 3a SGB VI (versicherungsfrei geringfügig Beschäftigte) vermindern den abziehbaren Betrag nur, wenn der Steuerpflichtige die Hinzurechnung dieser Beiträge zu den Vorsorgeaufwendungen nach § 10 Abs. 1 Nr. 2 Satz 3 EStG beantragt hat.[258] Dies gilt, obwohl der Arbeitgeberbeitrag nach § 3 Nr. 62 EStG steuerfrei ist.

29.1.10.4 Sonderausgabenabzug für sonstige Vorsorgeaufwendungen nach § 10 Abs. 1 Nr. 3 und 3a EStG

Mit dem Gesetz zur verbesserten steuerlichen Berücksichtigung von Vorsorgeaufwendungen (Bürgerentlastungsgesetz Krankenversicherung vom 16.07.2009)[259] hat der Gesetzgeber die steuerliche Berücksichtigung von Kranken- und Pflegeversicherungsbeiträgen zum 01.01.2010 neu geregelt.[260]

Die vom Steuerpflichtigen tatsächlich geleisteten Beiträge für eine Absicherung auf sozialhilfegleichem Versorgungsniveau (Basisabsicherung) zur privaten und gesetzlichen Krankenversicherung und zur gesetzlichen Pflegeversicherung werden in vollem Umfang steuerlich berücksichtigt.[261] Ab dem Veranlagungszeitraum 2010 ist deshalb innerhalb der sonstigen Vorsorgeaufwendungen zwischen den Basiskrankenversicherungsbeiträgen und den Beiträgen zur gesetzlichen Pflegeversicherung in § 10 Abs. 1 Nr. 3 EStG sowie den weiteren sonstigen Vorsorgeaufwendungen in § 10 Abs. 1 Nr. 3a EStG zu unterscheiden. Die Beiträge zur Basisabsicherung können grundsätzlich vom Versicherungsnehmer – in den Fällen des § 10 Abs. 1 Nr. 3 Satz 2 EStG abweichend aber auch vom Unterhaltsverpflichteten – geltend gemacht werden, wenn dieser die eigenen Beiträge eines Kindes, für das ein Anspruch auf

---
258 BMF vom 19.08.2013 (BStBl 2013 I S. 1087), Rdnr. 67.
259 BGBl 2009 I S. 1959.
260 BMF vom 19.08.2013 (BStBl 2013 I S. 1087), Rdnr. 68.
261 BMF vom 19.08.2013 (BStBl 2013 I S. 1087), Rdnr. 68.

einen Kinderfreibetrag oder auf Kindergeld besteht, wirtschaftlich getragen hat. Hierbei kommt es nicht darauf an, ob die Beiträge in Form von Bar- oder Sachunterhaltsleistungen getragen wurden. Die Beiträge können zwischen den Eltern und dem Kind aufgeteilt, im Ergebnis aber nur einmal – entweder bei den Eltern oder beim Kind – als Vorsorgeaufwendungen berücksichtigt werden (Grundsatz der Einmalberücksichtigung). Die Einkünfte und Bezüge des Kindes haben keinen Einfluss auf die Höhe der bei den Eltern zu berücksichtigenden Vorsorgeaufwendungen.

29.1.10.4.1 Beiträge i. S. des § 10 Abs. 1 Nr. 3 Satz 1 Buchst. a EStG (Beiträge zur Basiskrankenversicherung)

Allgemeines

Begünstigt sind nach § 10 Abs. 1 Nr. 3 Satz 1 Buchst. a EStG Beiträge zur Krankenversicherung, soweit diese zur Erlangung eines durch das SGB XII bestimmten sozialhilfegleichen Versorgungsniveaus erforderlich sind (Basiskrankenversicherung):[262]

– Für **Beiträge zur gesetzlichen Krankenversicherung** (GKV) sind dies die nach dem Dritten Titel des Ersten Abschnitts des Achten Kapitels des SGB V oder die nach dem Sechsten Abschnitt des Zweiten Gesetzes über die Krankenversicherung der Landwirte festgesetzten Beiträge, ggf. gemindert um 4 % des Beitrags, soweit sich aus diesem ein Anspruch auf Krankengeld oder ein Anspruch auf eine Leistung, die anstelle von Krankengeld gewährt wird, ergeben kann. Bei selbst getragenen Eigenleistungen für Vorsorgeuntersuchungen handelt es sich hingegen nicht um Beiträge zu einer Krankenversicherung und damit auch nicht um Vorsorgeaufwendungen i. S. des § 10 EStG.

– Für **Beiträge zu einer privaten Krankenversicherung** (PKV) sind dies die Beitragsanteile, die auf Vertragsleistungen entfallen, die, mit Ausnahme der auf das Krankengeld entfallenden Beitragsanteile, in Art, Umfang und Höhe den Leistungen nach dem Dritten Kapitel des SGB V vergleichbar sind, auf die ein Anspruch besteht. Die aufgrund eines tariflichen Selbstbehalts oder wegen der Wahl einer Beitragsrückerstattung selbst getragenen Krankheitskosten sind keine Beiträge zur Krankenversicherung.

– Bei einer bestehenden Basisabsicherung durch die GKV ist eine zeitgleiche zusätzliche PKV zur Basisabsicherung nicht erforderlich. In diesen Fällen sind bei Pflichtversicherten ausschließlich die Beiträge zur GKV und bei freiwillig Versicherten die höheren Beiträge als Beiträge für eine Basisabsicherung anzusetzen. Aus verwaltungsökonomischen Gründen ist der Sonderausgabenabzug für Beiträge an eine PKV als Basisabsicherung zu gewähren, wenn zeitgleich eine beitragsfreie Familienversicherung in der GKV gegeben ist.

---

[262] BMF vom 19.08.2013 (BStBl 2013 I S. 1087), Rdnr. 69 ff.

29.1 Sonderausgaben

Die im einkommensteuerrechtlichen Zusammenhang verwendeten Begriffe Basisabsicherung und Basiskrankenversicherung sind vom Basistarif i. S. des § 12 Abs. 1a VAG abzugrenzen.[263] Der Basistarif wurde zum 01.01.2009 eingeführt und ist ein besonders gestalteter Tarif. Dieser muss grundsätzlich von jedem privaten Krankenversicherungsunternehmen angeboten werden. Die Leistungen des Basistarifs entsprechen den Pflichtleistungen der GKV. Die sog. Basisabsicherung im Sinne des Einkommensteuerrechts ist jedoch kein spezieller Tarif, sondern die Absicherung der Leistungen auf dem Niveau der GKV (mit Ausnahme des Krankengeldes), die auch in jedem anderen Tarif als dem Basistarif enthalten sein kann. Für die Absicherung solcher Leistungen gezahlte Beitragsanteile können nach § 10 Abs. 1 Nr. 3 Satz 1 Buchst. a EStG steuerlich geltend gemacht werden.

Beitragsrückerstattungen mindern – unabhängig von ihrer Bezeichnung, z. B. als Pauschalleistung, und soweit sie auf die Basisabsicherung entfallen – die nach § 10 Abs. 1 Nr. 3 Satz 1 Buchst. a EStG abziehbaren Krankenversicherungsbeiträge in dem Jahr, in dem sie zufließen.[264] Die Minderung erfolgt unabhängig davon, ob oder in welcher Höhe sich die Beiträge im Abflussjahr steuerlich ausgewirkt haben. Zur Ermittlung der auf die Basisabsicherung entfallenden Höhe der Beitragsrückerstattung ist der Vertragsstand zugrunde zu legen, der den erstatteten Beitragszahlungen zugrunde lag, unabhängig vom Vertragsstand zum Zuflusszeitpunkt der Beitragsrückerstattung. Aus Vereinfachungsgründen kann auf den Vertragsstand zum 31.12. des Beitragsjahres abgestellt werden, welcher der erstatteten Beitragszahlung zugrunde lag.

Beitragsrückerstattungen in diesem Sinne sind z. B. auch Prämienzahlungen nach § 53 SGB V und Bonuszahlungen nach § 64a SGB V.[265] Beitragserstattungen für Bonusprogramme sind erstmals zu dem Zeitpunkt zu melden, zu dem der Vorteil dem Grunde nach verfügbar ist. Wird der Vorteil z. B. in Form von Bonuspunkten gewährt, sind diese in Euro umzurechnen und als Beitragsrückerstattung zu melden. Boni für familienversicherte Bonusprogrammteilnehmer sind dem Stammversicherten zuzurechnen. Aus Vereinfachungsgründen kann bei einem Stammversicherten, der für sich und seine im Rahmen seiner Familienversicherung mit abgesicherten Angehörigen Bonuspunkte sammelt, eine Beitragserstattung in dem Jahr gemeldet werden, in dem die Sach- oder Geldprämie an den Versicherten ausgegeben wird.

Die Rückzahlung von Beiträgen aus Vorjahren infolge einer rückwirkenden Vertragsänderung ist keine Beitragsrückerstattung.[266] Sie ist vielmehr über eine Datensatzstornierung bzw. -korrektur des betreffenden Jahres zu melden. Gleiches gilt für eine aus diesem Grund gewährte Gutschrift, die mit laufenden Beiträgen verrechnet wird.

---
263 BMF vom 19.08.2013 (BStBl 2013 I S. 1087), Rdnr. 70.
264 BMF vom 19.08.2013 (BStBl 2013 I S. 1087), Rdnr. 71.
265 BMF vom 19.08.2013 (BStBl 2013 I S. 1087), Rdnr. 72.
266 BMF vom 19.08.2013 (BStBl 2013 I S. 1087), Rdnr. 73.

Keine Beiträge i. S. des § 10 Abs. 1 Nr. 3 Satz 1 Buchst. a EStG sind Beiträge zu einer Auslandskrankenversicherung (Reisekrankenversicherung), die zusätzlich zu einem bestehenden Versicherungsschutz in der GKV oder PKV ohne eingehende persönliche Risikoprüfung abgeschlossen wird.[267]

§ 10 Abs. 1 Nr. 3 Satz 4 EStG begrenzt ab dem Veranlagungszeitraum 2011 die innerhalb eines Veranlagungszeitraums als Sonderausgaben abziehbaren Basiskranken- und gesetzlichen Pflegeversicherungsbeiträge auf die Summe des Zweieinhalbfachen der auf den Veranlagungszeitraum entfallenden Beiträge.[268] Sie betrifft ausschließlich Beiträge, die für nach Ablauf des Veranlagungszeitraums beginnende Beitragsjahre geleistet werden (Beitragsvorauszahlungen), und enthält eine Einschränkung des Abflussprinzips (§ 11 Abs. 2 Satz 1 EStG). Ausgenommen sind Basiskranken- und gesetzliche Pflegeversicherungsbeiträge, soweit sie der unbefristeten Beitragsminderung nach Vollendung des 62. Lebensjahres dienen. Die Vorschrift gilt für Beiträge zur gesetzlichen und zur privaten Kranken- und Pflegeversicherung gleichermaßen. Für die Beiträge zur Pflegeversicherung und für die Beiträge zur Krankenversicherung sind jeweils getrennte Berechnungen durchzuführen.

§ 10 Abs. 1 Nr. 3 Satz 4 EStG schränkt die Anwendung des für Vorsorgeaufwendungen geltenden Abflussprinzips nach § 11 Abs. 2 Satz 1 EStG insoweit ein, als die betreffenden Beiträge abweichend vom Jahr der Zahlung in dem Veranlagungszeitraum anzusetzen sind, für den sie geleistet wurden.[269] Wird bei der Vorauszahlung von Kranken- und Pflegeversicherungsbeiträgen für mehrere Zeiträume das zulässige Vorauszahlungsvolumen nicht überschritten, ist grundsätzlich kein Raum für die Anwendung des § 10 Abs. 1 Nr. 3 Satz 4 EStG.

Findet § 10 Abs. 1 Nr. 3 Satz 4 EStG Anwendung, ist der das zulässige Vorauszahlungsvolumen nicht übersteigende Teil der Beitragsvorauszahlungen im Veranlagungszeitraum des Abflusses abziehbar (§ 11 Abs. 2 Satz 1 EStG); § 11 Abs. 2 Satz 2 EStG bleibt unberührt.[270] Der verbleibende, das zulässige Vorauszahlungsvolumen übersteigende Teil der Summe der im Veranlagungszeitraum geleisteten Beitragsvorauszahlungen ist den Zeiträumen, für die die Beitragsvorauszahlungen geleistet wurden, gemäß ihrer zeitlichen Abfolge zuzuordnen und in dem betreffenden Veranlagungszeitraum anzusetzen. Vom zulässigen Vorauszahlungsvolumen sind dabei die Beiträge für jene Veranlagungszeiträume gedeckt, die zeitlich am nächsten am Kalenderjahr der Zahlung liegen.

---

267 BMF vom 19.08.2013 (BStBl 2013 I S. 1087), Rdnr. 75.
268 BMF vom 19.08.2013 (BStBl 2013 I S. 1087), Rdnr. 126 ff.
269 BMF vom 19.08.2013 (BStBl 2013 I S. 1087), Rdnr. 133.
270 BMF vom 19.08.2013 (BStBl 2013 I S. 1087), Rdnr. 134.

29.1 Sonderausgaben

Beiträge zur gesetzlichen Krankenversicherung

Die Beiträge zur GKV sowie die Beiträge zur landwirtschaftlichen Krankenkasse gehören grundsätzlich zu den Beiträgen für eine Basiskrankenversicherung.[271] Hierzu zählt auch ein eventuell von der Krankenkasse erhobener kassenindividueller Zusatzbeitrag i. S. des § 242 SGB V. Beiträge zu einer über das Leistungsspektrum der gesetzlichen Krankenversicherung hinausgehenden Zusatzversicherung sind jedoch insgesamt nicht der Basisabsicherung i. S. des § 10 Abs. 1 Nr. 3 Satz 1 EStG zuzurechnen, da sie nicht zur Erlangung des sozialhilfegleichen Versorgungsniveaus erforderlich sind.

Nicht der Basisabsicherung zuzurechnen ist hingegen der Beitragsanteil, der der Finanzierung des Krankengeldes dient.[272] Dieser Anteil wird mit einem pauschalen Abschlag i. H. von 4 % bemessen und von der Finanzverwaltung von den übermittelten Beträgen abgezogen. Der Abschlag ist allerdings nur dann vorzunehmen, wenn sich für den Steuerpflichtigen im Krankheitsfall ein Anspruch auf Krankengeldzahlung oder ein Anspruch auf eine Leistung ergeben kann, die anstelle von Krankengeld gewährt wird. Werden über die GKV auch Leistungen abgesichert, die über die Pflichtleistungen hinausgehen, so sind auch die darauf entfallenden Beitragsanteile nicht der Basisabsicherung zuzurechnen. Hierzu gehören Beiträge für Wahl- und Zusatztarife, die z. B. Leistungen wie Chefarztbehandlung oder Einbettzimmer abdecken. Vom kassenindividuellen Zusatzbeitrag i. S. des § 242 SGB V ist kein Abschlag vorzunehmen, da sich aus ihm kein unmittelbarer Anspruch auf Krankengeld oder Anspruch auf eine Leistung, die anstelle von Krankengeld gewährt wird, ergibt.

Ermittelt sich bei einem freiwillig Versicherten der Beitrag unter Berücksichtigung mehrerer Einkunftsarten nach einem einheitlichen Beitragssatz, ist die Kürzung um 4 % für den gesamten Beitrag vorzunehmen, auch wenn nur ein Teil der Einkünfte bei der Bemessung der Höhe des Krankengeldes berücksichtigt wird.[273]

Pflichtversicherte Arbeitnehmer

Der dem pflichtversicherten Arbeitnehmer zuzurechnende GKV-Beitrag ist grundsätzlich von der Finanzverwaltung um 4 % zu mindern.[274] Ist der Finanzverwaltung bekannt, dass sich bei dem Arbeitnehmer im Einzelfall aus den Beiträgen kein Anspruch auf Krankengeld bzw. auf eine Leistung ergeben kann, die anstelle von Krankengeld gewährt wird, ist bei Berücksichtigung des Sonderausgabenabzugs von der Finanzverwaltung keine Minderung i. H. von 4 % vorzunehmen.

---
271 BMF vom 19.08.2013 (BStBl 2013 I S. 1087), Rdnr. 76 ff.
272 BMF vom 19.08.2013 (BStBl 2013 I S. 1087), Rdnr. 77.
273 BMF vom 19.08.2013 (BStBl 2013 I S. 1087), Rdnr. 78.
274 BMF vom 19.08.2013 (BStBl 2013 I S. 1087), Rdnr. 79.

29 Einkommensermittlung

Freiwillig gesetzlich versicherte Arbeitnehmer

Bei Arbeitnehmern, bei denen der Arbeitgeber den Gesamtbeitrag des Arbeitnehmers an die GKV abführt (Firmenzahler), oder bei Arbeitnehmern, bei denen der Beitrag an die GKV vom Arbeitnehmer selbst gezahlt wird (Selbstzahler), ist der Beitrag nach Abzug des steuerfreien Arbeitgeberzuschusses (§ 3 Nr. 62 EStG) von der Finanzverwaltung um 4 % zu mindern, wenn sich grundsätzlich ein Anspruch auf Krankengeld oder auf eine Leistung ergeben kann, die anstelle von Krankengeld gewährt wird.[275] Bei freiwillig versicherten Versorgungsempfängern ist der geleistete Beitrag nicht um 4 % zu mindern, wenn sich kein Anspruch auf Krankengeld oder auf eine Leistung anstelle von Krankengeld ergeben kann.

Freiwillig gesetzlich versicherte Selbständige

Kann sich aus den geleisteten Beiträgen bei Selbständigen ein Anspruch auf Krankengeld oder ein Anspruch auf eine Leistung ergeben, die anstelle von Krankengeld gewährt wird, ist der Beitrag von der Finanzverwaltung um 4 % zu mindern.[276]

Pflichtversicherte selbständige Künstler und Publizisten

Wird von der Künstlersozialkasse anstelle der steuerfreien Arbeitgeberanteile ein steuerfreier Betrag abgeführt, ist der Beitrag um diesen Betrag zu kürzen.[277] Kann sich aus den Beiträgen ein Anspruch auf Krankengeld oder ein Anspruch auf eine Leistung ergeben, die anstelle von Krankengeld gewährt wird, ist der ggf. um den steuerfreien Betrag gekürzte Beitrag von der Finanzverwaltung um 4 % zu mindern.

Freiwillig gesetzlich versicherte Künstler und Publizisten

Der Beitrag ist um den von der Künstlersozialkasse gewährten steuerfreien Beitragszuschuss zu kürzen.[278] Kann sich aus den Beiträgen ein Anspruch auf Krankengeld oder ein Anspruch auf eine Leistung ergeben, die anstelle von Krankengeld gewährt wird, ist der ggf. um den steuerfreien Zuschuss gekürzte Beitrag von der Finanzverwaltung um 4 % zu mindern.

Pflichtversicherte Rentner

Der im Rahmen der Krankenversicherung der Rentner (KVdR) erhobene Beitrag ist nicht um 4 % zu mindern.[279]

---

275 BMF vom 19.08.2013 (BStBl 2013 I S. 1087), Rdnr. 80.
276 BMF vom 19.08.2013 (BStBl 2013 I S. 1087), Rdnr. 81.
277 BMF vom 19.08.2013 (BStBl 2013 I S. 1087), Rdnr. 82.
278 BMF vom 19.08.2013 (BStBl 2013 I S. 1087), Rdnr. 83.
279 BMF vom 19.08.2013 (BStBl 2013 I S. 1087), Rdnr. 84.

29.1 Sonderausgaben

Freiwillig gesetzlich versicherte Rentner

Der Beitrag ist um einen gewährten steuerfreien Zuschuss zur Krankenversicherung zu kürzen.[280] Bezieht ein freiwillig gesetzlich versicherter Rentner neben der Rente noch andere Einkünfte und kann sich im Zusammenhang mit diesen anderen Einkünften ein Anspruch auf Krankengeld oder ein Anspruch auf eine Leistung ergeben, die anstelle von Krankengeld gewährt wird, ist der ggf. um den von der Rentenversicherung gezahlten steuerfreien Zuschuss gekürzte Beitrag von der Finanzverwaltung um 4 % zu mindern.

Beiträge zur privaten Krankenversicherung

Der Basisabsicherung in einer PKV dienen die jeweiligen Beitragsanteile, mit denen Versicherungsleistungen finanziert werden, die in Art, Umfang und Höhe den Leistungen nach dem Dritten Kapitel des SGB V – also den Pflichtleistungen der GKV – vergleichbar sind und auf die ein Anspruch besteht.[281] Nicht zur Basisabsicherung gehören – wie bei der GKV – Beitragsanteile, die der Finanzierung von Wahlleistungen (z. B. Chefarztbehandlung, Einbettzimmer) i. S. des § 1 Abs. 1 i. V. m. § 2 Abs. 1 der Krankenversicherungsbeitragsanteil-Ermittlungsverordnung (KVBEVO)[282] des Krankenhaustagegeldes oder des Krankentagegeldes dienen. Der Gesetzgeber hat in § 10 Abs. 5 EStG die Rechtsgrundlage für den Erlass der KVBEVO geschaffen.

Sind in einem Versicherungstarif begünstigte und nicht begünstigte Versicherungsleistungen abgesichert, muss der vom Versicherungsnehmer geleistete Beitrag durch das Krankenversicherungsunternehmen aufgeteilt werden.[283] Wie diese Aufteilung in typisierender Weise zu erfolgen hat, wird durch die KVBEVO geregelt. Die wesentlichen Grundsätze der Beitragsaufteilung lassen sich wie folgt zusammenfassen:[284]

– Enthält ein Tarif nur Leistungen, mit denen eine Basisabsicherung gewährleistet wird, ist eine tarifbezogene Beitragsaufteilung nicht erforderlich. Der für diesen Tarif geleistete Beitrag ist insgesamt abziehbar. Dies gilt auch für Beiträge zum Basistarif i. S. des § 12 Abs. 1a VAG. Kann sich im Rahmen des Basistarifs ein Anspruch auf Krankengeld ergeben, ist vom Beitrag ein Abschlag von 4 % vorzunehmen.

– Enthält ein Tarif nur Wahlleistungen, ist eine tarifbezogene Beitragsaufteilung nicht durchzuführen. Der für diesen Tarif geleistete Beitrag ist insgesamt nicht nach § 10 Abs. 1 Nr. 3 EStG abziehbar.

---

280 BMF vom 19.08.2013 (BStBl 2013 I S. 1087), Rdnr. 85.
281 BMF vom 19.08.2013 (BStBl 2013 I S. 1087), Rdnr. 86 ff.
282 BGBl 2009 I S. 2730.
283 BMF vom 19.08.2013 (BStBl 2013 I S. 1087), Rdnr. 87.
284 BMF vom 19.08.2013 (BStBl 2013 I S. 1087), Rdnr. 87.

- Enthält ein Tarif sowohl Leistungen, mit denen eine Basisabsicherung gewährleistet wird, als auch solche, die darüber hinausgehen, hat das Krankenversicherungsunternehmen nach den Vorschriften der KVBEVO den nicht nach § 10 Abs. 1 Nr. 3 EStG abziehbaren Beitragsanteil zu ermitteln.
- Enthält ein erstmals nach dem 01.05.2009 für das Neugeschäft angebotener Tarif nur in geringerem Umfang Leistungen, mit denen eine Basisabsicherung gewährleistet wird, und ansonsten Leistungen, die diesem Niveau nicht entsprechen, hat das Krankenversicherungsunternehmen vom geleisteten Beitrag einen Abschlag i. H. von 99 % vorzunehmen. Gleiches gilt, wenn – mit Ausnahme des Basistarifs i. S. des § 12 Abs. 1a VAG – Krankentagegeld oder Krankenhaustagegeld zusammen mit anderen Leistungen in einem Tarif abgesichert ist.

Zahlt der Versicherte für seine Basisabsicherung zunächst einen erhöhten Beitrag, um ab einem bestimmten Alter durch eine entsprechend erhöhte Alterungsrückstellung i. S. des § 12 Abs. 4a VAG eine zuvor vereinbarte, zeitlich unbefristete Beitragsentlastung für seine Basisabsicherung zu erhalten, ist auch der auf die Basisabsicherung entfallende Beitragsanteil für die erhöhte Alterungsrückstellung nach § 10 Abs. 1 Nr. 3 Satz 1 Buchst. a EStG abziehbar und im Rahmen der für den Veranlagungszeitraum der Zahlung geleisteten Beiträge zu melden.[285]

Mit Beiträgen zugunsten einer sog. Anwartschaftsversicherung erwirbt der Versicherungsnehmer den Anspruch, zu einem späteren Zeitpunkt eine private Krankenversicherung zu einem ermäßigten Beitrag zu erhalten.[286] Der Versicherungsnehmer wird dabei hinsichtlich seines der Beitragsbemessung zugrunde gelegten Gesundheitszustands und ggf. auch hinsichtlich der Alterungsrückstellung so gestellt, als sei der Krankenversicherungsvertrag bereits zu einem früheren Zeitpunkt abgeschlossen worden. Übersteigen die Beiträge für eine Anwartschaftsversicherung jährlich nicht einen Betrag i. H. von 100 Euro, sind sie aus Billigkeitsgründen insgesamt wie Beiträge zu einer Basiskrankenversicherung zu behandeln. Die den Betrag von 100 Euro überstcigcnden Bciträge für eine Anwartschaftsversicherung sind nur insoweit wie Beiträge zu einer Basiskrankenversicherung zu behandeln, als sie auf die Minderung von Beitragsbestandteilen gerichtet sind, die der Basiskrankenversicherung zuzurechnen sind.

Privat versicherte Arbeitnehmer

Hat ein Arbeitnehmer mit dem Lohn einen steuerfreien Zuschuss für seine Krankenversicherung erhalten, steht dieser insgesamt in unmittelbarem Zusammenhang mit den Vorsorgeaufwendungen i. S. des § 10 Abs. 1 Nr. 3 EStG (§ 10 Abs. 2 Satz 1 Nr. 1 EStG).[287] Dies gilt auch, wenn der Arbeitnehmer Wahlleistungen abgesichert hat. Der Zuschuss mindert in vollem Umfang die Beiträge zur Basisabsicherung.

---

285 BMF vom 19.08.2013 (BStBl 2013 I S. 1087), Rdnr. 88.
286 BMF vom 19.08.2013 (BStBl 2013 I S. 1087), Rdnr. 89.
287 BMF vom 19.08.2013 (BStBl 2013 I S. 1087), Rdnr. 90.

29.1 Sonderausgaben

Privat versicherte Künstler und Publizisten

Der Beitrag ist um einen gewährten steuerfreien Zuschuss zur Krankenversicherung zu kürzen.[288]

Privat versicherte Rentner

Der Beitrag ist um einen gewährten steuerfreien Zuschuss zur Krankenversicherung zu kürzen.[289]

29.1.10.4.2 Beiträge i. S. des § 10 Abs. 1 Nr. 3 Satz 1 Buchst. b EStG (Beiträge zur gesetzlichen Pflegeversicherung)

Begünstigt sind nach § 10 Abs. 1 Nr. 3 Satz 1 Buchst. b EStG Beiträge zur gesetzlichen Pflegeversicherung, d. h. zur sozialen Pflegeversicherung und zur privaten Pflege-Pflichtversicherung.[290] Die Beiträge sind nach Abzug des steuerfreien Arbeitgeberzuschusses (§ 3 Nr. 62 EStG) bzw. des anstelle des steuerfreien Arbeitgeberzuschusses gezahlten Betrags, z. B. von der Künstlersozialkasse, ungekürzt anzusetzen. Für Beiträge zugunsten einer Anwartschaftsversicherung zur Pflegeversicherung gelten die diesbezüglichen Ausführungen zur privaten Krankenversicherung entsprechend.

Auch die seit dem Veranlagungszeitraum 2011 in § 10 Abs. 1 Nr. 3 Satz 4 EStG eingeführte Regelung zur Begrenzung der Berücksichtigung von Beiträgen bzw. Beitragsvorauszahlungen als Sonderausgaben auf das Zweieinhalbfache der auf den Veranlagungszeitraum entfallenden Beiträge betrifft die Höhe der abziehbaren gesetzliche Pflegeversicherungsbeiträge.[291] Auf die oben dargestellten diesbezüglichen Ausführungen zur Begrenzung der Basiskrankenversicherungsbeiträge nach dieser Vorschrift wird verwiesen.

29.1.10.4.3 Beiträge i. S. des § 10 Abs. 1 Nr. 3a EStG (weitere sonstige Vorsorgeaufwendungen)

Begünstigt sind nach § 10 Abs. 1 Nr. 3a EStG Beiträge zu[292]

- gesetzlichen oder privaten Kranken- und Pflegeversicherungen, soweit diese nicht nach § 10 Abs. 1 Nr. 3 EStG zu berücksichtigen sind; hierzu zählen z. B. Beitragsanteile, die auf Wahlleistungen entfallen oder der Finanzierung des Krankengeldes dienen, Beiträge zur freiwilligen privaten Pflegeversicherung oder Basiskrankenversicherungsbeiträge und Beiträge zur gesetzlichen Pflegeversicherung bei fehlender Einwilligung nach § 10 Abs. 2a EStG,

---

288 BMF vom 19.08.2013 (BStBl 2013 I S. 1087), Rdnr. 92.
289 BMF vom 19.08.2013 (BStBl 2013 I S. 1087), Rdnr. 93.
290 BMF vom 19.08.2013 (BStBl 2013 I S. 1087), Rdnr. 94.
291 BMF vom 19.08.2013 (BStBl 2013 I S. 1087), Rdnr. 126 ff.
292 BMF vom 19.08.2013 (BStBl 2013 I S. 1087), Rdnr. 95 ff.

29 Einkommensermittlung

- Versicherungen gegen Arbeitslosigkeit (gesetzliche Beiträge an die Bundesagentur für Arbeit und Beiträge zu privaten Versicherungen),
- Erwerbs- und Berufsunfähigkeitsversicherungen, die nicht Bestandteil einer Versicherung i. S. des § 10 Abs. 1 Nr. 2 Satz 1 Buchst. b EStG sind; dies gilt auch für Beitragsbestandteile einer kapitalbildenden Lebensversicherung i. S. des § 20 Abs. 1 Nr. 6 EStG, die bei der Ermittlung des steuerpflichtigen Ertrags nicht abgezogen werden dürfen,
- Unfallversicherungen, wenn es sich nicht um eine Unfallversicherung mit garantierter Beitragsrückzahlung handelt, die insgesamt als Rentenversicherung oder Kapitalversicherung behandelt wird,
- Haftpflichtversicherungen,

Wird ein Kraftfahrzeug teils für berufliche und teils für private Zwecke benutzt, kann der Steuerpflichtige den Teil seiner Aufwendungen für die Kfz-Haftpflichtversicherung, der dem Anteil der privaten Nutzung entspricht, im Rahmen des § 10 EStG als Sonderausgaben abziehen. Werden Aufwendungen für Wege zwischen Wohnung und Arbeitsstätte oder Familienheimfahrten mit eigenem Kraftfahrzeug in Höhe der Entfernungspauschale nach § 9 Abs. 1 Satz 3 Nr. 4 EStG als Werbungskosten abgezogen, können die Aufwendungen für die Kfz-Haftpflichtversicherung zur Vereinfachung in voller Höhe als Sonderausgaben anerkannt werden.[293]

- Lebensversicherungen, die nur für den Todesfall eine Leistung vorsehen (Risikolebensversicherung).

Aufgrund der abschließenden Aufzählung der berücksichtigungsfähigen Aufwendungen in § 10 EStG können nur die in dieser Vorschrift genannte Aufwendungen als Sonderausgaben abgezogen werden.[294] Ein Sonderausgabenabzug ist daher für Beiträge für eine Hausratversicherung, Kaskoversicherung, Rechtsschutzversicherung und Sachversicherung ausgeschlossen.[295]

Beiträge zu nachfolgenden Versicherungen sind ebenfalls nach § 10 Abs. 1 Nr. 3a EStG begünstigt, wenn die Laufzeit dieser Versicherungen vor dem 01.01.2005 begonnen hat und mindestens ein Versicherungsbeitrag bis zum 31.12.2004 entrichtet wurde; der Zeitpunkt des Vertragsabschlusses ist insoweit unmaßgeblich:[296]

- Rentenversicherungen ohne Kapitalwahlrecht, die die Voraussetzungen des § 10 Abs. 1 Satz 1 Nr. 2 EStG nicht erfüllen,
- Rentenversicherungen mit Kapitalwahlrecht gegen laufende Beitragsleistungen, wenn das Kapitalwahlrecht nicht vor Ablauf von 12 Jahren seit Vertragsabschluss ausgeübt werden kann,

---
[293] R 10.5 EStR.
[294] BFH vom 04.02.2010 X R 10/08 (BStBl 2010 II S. 617).
[295] H 10.5 „Keine Sonderausgaben" EStH.
[296] BMF vom 19.08.2013 (BStBl 2013 I S. 1087), Rdnr. 96.

29.1 Sonderausgaben

– Kapitalversicherungen gegen laufende Beitragsleistungen mit Sparanteil, wenn der Vertrag für die Dauer von mindestens 12 Jahren abgeschlossen worden ist.

Ein Versicherungsbeitrag ist bis zum 31.12.2004 entrichtet, wenn nach § 11 Abs. 2 EStG der Beitrag einem Kalenderjahr vor 2005 zuzuordnen ist.[297] Für Beiträge im Rahmen der betrieblichen Altersversorgung an einen Pensionsfonds, an eine Pensionskasse oder für eine Direktversicherung gilt Rdnr. 330 des BMF-Schreibens vom 24.07.2013.[298]

Für die Berücksichtigung der nach § 10 Abs. 1 Nr. 3a EStG begünstigten Beiträgen gelten außerdem die bisherigen Regelungen des § 10 Abs. 1 Nr. 2 Satz 2 bis 6 und Abs. 2 Satz 2 EStG in der am 31.12.2004 geltenden Fassung.[299]

29.1.10.5 Ermittlung des Höchstbetrags nach § 10 Abs. 4 EStG

Höchstbetrag

Vorsorgeaufwendungen i. S. des § 10 Abs. 1 Nr. 3 und 3a EStG können (vorbehaltlich des Mindestansatzes und der Günstigerprüfung) grundsätzlich bis zur Höhe von 2.800 Euro abgezogen werden (z. B. bei Steuerpflichtigen, die Aufwendungen für ihre Krankenversicherung und Krankheitskosten vollständig aus eigenen Mitteln tragen).[300]

Bei einem Steuerpflichtigen, der ganz oder teilweise ohne eigene Aufwendungen einen eigenen Anspruch auf vollständige oder teilweise Erstattung oder Übernahme von Krankheitskosten hat oder für dessen Krankenversicherung Leistungen i. S. des § 3 Nr. 9, 14, 57 oder 62 EStG erbracht werden, vermindert sich der Höchstbetrag auf 1.900 Euro.[301] Dies gilt auch, wenn die Voraussetzungen nur in einem Teil des Kalenderjahres vorliegen. Ohne Bedeutung ist hierbei, ob aufgrund eines Anspruches tatsächlich Leistungen erbracht werden sowie die konkrete Höhe des Anspruchs. Es kommt nur darauf an, dass ganz oder teilweise ohne eigene Aufwendungen ein eigener Anspruch besteht. Ein vom Arbeitgeber im Rahmen einer geringfügigen Beschäftigung erbrachter pauschaler Beitrag zur gesetzlichen Krankenversicherung führt nicht zum Ansatz des verminderten Höchstbetrages.

Der Höchstbetrag i. H. von 1.900 Euro gilt z. B. für:[302]

- Rentner, die aus der gesetzlichen Rentenversicherung nach § 3 Nr. 14 EStG steuerfreie Zuschüsse zu den Krankenversicherungsbeiträgen erhalten

- Rentner, bei denen der Träger der gesetzlichen Rentenversicherung Beiträge an eine gesetzliche Krankenversicherung zahlt

---

297 BMF vom 19.08.2013 (BStBl 2013 I S. 1087), Rdnr. 97.
298 BMF vom 24.07.2013 (BStBl 2013 I S. 1022).
299 BMF vom 19.08.2013 (BStBl 2013 I S. 1087), Rdnr. 98.
300 BMF vom 19.08.2013 (BStBl 2013 I S. 1087), Rdnr. 99 ff.
301 BMF vom 19.08.2013 (BStBl 2013 I S. 1087), Rdnr. 100.
302 BMF vom 19.08.2013 (BStBl 2013 I S. 1087), Rdnr. 101.

29 Einkommensermittlung

- sozialversicherungspflichtige Arbeitnehmer, für die der Arbeitgeber nach § 3 Nr. 62 EStG steuerfreie Beiträge zur Krankenversicherung leistet; das gilt auch dann, wenn der Arbeitslohn aus einer Auslandstätigkeit aufgrund eines DBA steuerfrei gestellt wird
- Besoldungsempfänger oder gleichgestellte Personen, die von ihrem Arbeitgeber nach § 3 Nr. 11 EStG steuerfreie Beihilfen zu Krankheitskosten erhalten
- im Veranlagungszeitraum beihilferechtlich berücksichtigungsfähige Ehegatten oder eingetragene Lebenspartner[303]
- Beamte, die in der gesetzlichen Krankenversicherung freiwillig versichert sind und deshalb keine Beihilfe zu ihren Krankheitskosten – trotz eines grundsätzlichen Anspruchs – erhalten
- Versorgungsempfänger im öffentlichen Dienst mit Beihilfeanspruch oder gleichgestellte Personen
- in der gesetzlichen Krankenversicherung ohne eigene Beiträge familienversicherte Angehörige
- Personen, für die steuerfreie Leistungen der Künstlersozialkasse nach § 3 Nr. 57 EStG erbracht werden

Der nach § 3 Nr. 62 EStG steuerfreie Arbeitgeberanteil zur gesetzlichen Kranken- und Pflegeversicherung ist bei der Ermittlung des Höchstbetrags nach § 10 Abs. 4 EStG nicht zu berücksichtigen.[304]

Mindestansatz

Übersteigen die vom Steuerpflichtigen geleisteten Beiträge für die Basisabsicherung (Basiskrankenversicherung und gesetzliche Pflegeversicherung) den Höchstbetrag von 2.800 Euro bzw. 1.900 Euro, sind diese Beiträge für die Basisabsicherung als Sonderausgaben anzusetzen.[305] Eine betragsmäßige Deckelung auf den Höchstbetrag erfolgt in diesen Fällen nicht. Ein zusätzlicher Abzug von Beiträgen nach § 10 Abs. 1 Nr. 3a EStG ist daneben nicht möglich (vorbehaltlich der Günstigerprüfung).

Abzugsbetrag bei Ehegatten und eingetragenen Lebenspartnern

Bei **zusammen veranlagten** Ehegatten oder eingetragenen Lebenspartnern ist zunächst für jeden Ehegatten oder eingetragenen Lebenspartner nach dessen persönlichen Verhältnissen der ihm zustehende Höchstbetrag zu bestimmen.[306] Die Summe der beiden Höchstbeträge ist der gemeinsame Höchstbetrag (§ 10 Abs. 4 Satz 3

---
303 BFH vom 23.01.2013 X R 43/09 (BStBl 2013 II S. 608).
304 BMF vom 19.08.2013 (BStBl 2013 I S. 1087), Rdnr. 102.
305 BMF vom 19.08.2013 (BStBl 2013 I S. 1087), Rdnr. 103.
306 BMF vom 19.08.2013 (BStBl 2013 I S. 1087), Rdnr. 104.

29.1 Sonderausgaben

EStG). Übersteigen die von den Ehegatten oder eingetragenen Lebenspartnern geleisteten Beiträge für die Basisabsicherung (Basiskrankenversicherung und gesetzliche Pflegeversicherung) in der Summe den gemeinsamen Höchstbetrag, sind diese Beiträge für die Basisabsicherung als Sonderausgaben zu berücksichtigen. Eine betragsmäßige Deckelung auf den gemeinsamen Höchstbetrag erfolgt in diesen Fällen nicht. Ein zusätzlicher Abzug von Beiträgen nach § 10 Abs. 1 Nr. 3a EStG ist daneben nicht möglich (vorbehaltlich der Günstigerprüfung).

Wird von den Ehegatten oder eingetragenen Lebenspartnern die **Einzelveranlagung** beantragt, wird der Höchstbetrag sowie der Mindestansatz für jeden Ehegatten oder eingetragenen Lebenspartner gesondert ermittelt.[307] Für die Berechnung des Mindestansatzes ist bei jedem Ehegatten oder eingetragenen Lebenspartner der von ihm als Versicherungsnehmer geleistete Beitrag zur Basisabsicherung anzusetzen. Ist ein Kind Versicherungsnehmer, werden die Beiträge zur Kranken- und Pflegeversicherung i. S. des § 10 Abs. 1 Nr. 3 Satz 2 EStG jedoch von Unterhaltsverpflichteten getragen, sind die Beiträge entsprechend der wirtschaftlichen Tragung von dem jeweiligen unterhaltsverpflichteten Elternteil zu beantragen und anzusetzen (Grundsatz der Einmalberücksichtigung). Innerhalb der Ehe bzw. der eingetragenen Lebenspartnerschaft folgt die weitere Zuordnung den Regelungen des § 26a Abs. 2 EStG.

29.1.10.6 Günstigerprüfung nach § 10 Abs. 4a EStG

Die Regelungen zum Abzug von Vorsorgeaufwendungen nach § 10 Abs. 1 Nr. 2, 3 und 3a EStG sind in bestimmten Fällen ungünstiger als nach der für das Kalenderjahr 2004 geltenden Fassung des § 10 Abs. 3 EStG.[308] Zur Vermeidung einer Schlechterstellung wird in diesen Fällen der höhere Betrag berücksichtigt. Die Überprüfung erfolgt von Amts wegen. Einbezogen in die Überprüfung werden nur Vorsorgeaufwendungen, die nach dem ab 2005 geltenden Recht abziehbar sind. Hierzu gehört nicht der nach § 10 Abs. 1 Nr. 2 Satz 2 EStG hinzuzurechnende Betrag (steuerfreier Arbeitgeberanteil zur gesetzlichen Rentenversicherung und ein diesem gleichgestellter steuerfreier Zuschuss des Arbeitgebers).

Für die Jahre bis 2019 werden bei der Anwendung des § 10 Abs. 3 EStG in der für das Kalenderjahr 2004 geltenden Fassung die Höchstbeträge für den Vorwegabzug schrittweise gekürzt; Einzelheiten ergeben sich aus der Tabelle zu § 10 Abs. 4a EStG.[309]

In die Günstigerprüfung nach § 10 Abs. 4a Satz 1 EStG werden zunächst nur die Vorsorgeaufwendungen ohne die Beiträge nach § 10 Abs. 1 Nr. 2 Satz 1 Buchst. b EStG einbezogen.[310] Die Beiträge zu einer eigenen kapitalgedeckten Altersversor-

---
307 BMF vom 19.08.2013 (BStBl 2013 I S. 1087), Rdnr. 105.
308 BMF vom 19.08.2013 (BStBl 2013 I S. 1087), Rdnr. 164 ff.
309 BMF vom 19.08.2013 (BStBl 2013 I S. 1087), Rdnr. 165.
310 BMF vom 19.08.2013 (BStBl 2013 I S. 1087), Rdnr. 166.

gung i. S. des § 10 Abs. 1 Nr. 2 Satz 1 Buchst. b EStG werden gesondert, und zwar stets mit dem sich aus § 10 Abs. 3 Satz 4 und 6 EStG ergebenden Prozentsatz, berücksichtigt. Hierfür erhöhen sich die nach der Günstigerprüfung als Sonderausgaben zu berücksichtigenden Beträge um einen Erhöhungsbetrag (§ 10 Abs. 4a Satz 1 und 3 EStG) für Beiträge nach § 10 Abs. 1 Nr. 2 Satz 1 Buchst. b EStG. Es ist jedoch im Rahmen der Günstigerprüfung mindestens der Betrag anzusetzen, der sich ergibt, wenn auch die Beiträge nach § 10 Abs. 1 Nr. 2 Satz 1 Buchst. b EStG in die Günstigerprüfung nach § 10 Abs. 4a Satz 1 EStG einbezogen werden, allerdings ohne Hinzurechnung des Erhöhungsbetrags nach § 10 Abs. 4a Satz 1 und 3 EStG. Der jeweils höhere Betrag (Vorsorgeaufwendungen nach dem seit 2010 geltenden Recht, Vorsorgeaufwendungen nach dem für das Jahr 2004 geltenden Recht zuzüglich Erhöhungsbetrag oder Vorsorgeaufwendungen nach dem für das Jahr 2004 geltenden Recht einschließlich Beiträge nach § 10 Abs. 1 Nr. 2 Satz 1 Buchst. b EStG) wird dann als Sonderausgaben berücksichtigt.

Beispiel:[311]

Die Eheleute A (Gewerbetreibender) und B (Hausfrau) zahlen im Jahr 2012 folgende Versicherungsbeiträge:

Basisrente (§ 10 Abs. 1 Nr. 2 Satz 1 Buchst. b EStG)	2.000 €
private Krankenversicherung (Basisabsicherung – § 10 Abs. 1 Nr. 3 Satz 1 Buchst. a EStG)	5.000 €
private Krankenversicherung (Wahlleistungen – § 10 Abs. 1 Nr. 3a EStG)	500 €
Beiträge zur gesetzlichen Pflegeversicherung	500 €
Haftpflichtversicherungen	1.200 €
Kapitalversicherung (Versicherungsbeginn 1995, Laufzeit 25 Jahre)	3.600 €
Kapitalversicherung (Versicherungsbeginn 2005, Laufzeit 20 Jahre)	2.400 €
insgesamt	15.200 €

Die Beiträge zu der Kapitalversicherung mit Versicherungsbeginn im Jahr 2005 sind nicht zu berücksichtigen, weil sie nicht die Voraussetzungen des § 10 Abs. 1 Nr. 2 und 3a EStG erfüllen.

Abziehbar nach § 10 Abs. 1 Nr. 2 i. V. m. § 10 Abs. 3 EStG und § 10 Abs. 1 Nr. 3 und 3a i. V. m. § 10 Abs. 4 EStG (abziehbare Vorsorgeaufwendungen nach dem seit 2010 geltenden Recht):

a)	Beiträge zur Altersversorgung:	2.000 €
	Höchstbetrag (ungekürzt)	40.000 €
	zu berücksichtigen	2.000 €
	davon 74 %	1.480 €

---

[311] Nach BMF vom 19.08.2013 (BStBl 2013 I S. 1087), Rdnr. 167.

29.1 Sonderausgaben

b) sonstige Vorsorgeaufwendungen:

private Krankenversicherung (Basisabsicherung – § 10 Abs. 1 Nr. 3 Satz 1 Buchst. a EStG)	5.000 €	
private Krankenversicherung (Wahlleistungen – § 10 Abs. 1 Nr. 3a EStG)	500 €	
gesetzliche Pflegeversicherung	500 €	
Haftpflichtversicherungen	1.200 €	
Kapitalversicherung (88 % von 3.600 €)	3.168 €	
Summe	10.368 €	
Höchstbetrag nach § 10 Abs. 4 EStG	5.600 €	
Beiträge nach § 10 Abs. 1 Nr. 3 EStG (Basisabsicherung und gesetzliche Pflegeversicherung)	5.500 €	
anzusetzen		5.600 €

c) abziehbar 7.080 €

Günstigerprüfung nach § 10 Abs. 4a Satz 1 EStG:
Abziehbare Vorsorgeaufwendungen in der für das Kalenderjahr 2004 geltenden Fassung des § 10 Abs. 3 EStG (ohne Beiträge i. S. des § 10 Abs. 1 Nr. 2 Satz 1 Buchst. b EStG) zzgl. Erhöhungsbetrag nach § 10 Abs. 4a Satz 3 EStG:

a)	private Krankenversicherung (Basisabsicherung – § 10 Abs. 1 Nr. 3 Satz 1 Buchst. a EStG)	5.000 €	
	private Krankenversicherung (Wahlleistungen – § 10 Abs. 1 Nr. 3a EStG)	500 €	
	gesetzliche Pflegeversicherung	500 €	
	Haftpflichtversicherungen	1.200 €	
	Kapitalversicherung	3.168 €	
	Summe	10.368 €	
	davon abziehbar:		
	Vorwegabzug	4.800 €	4.800 €
	verbleibende Aufwendungen	5.568 €	
	Grundhöchstbetrag	2.668 €	2.668 €
	verbleibende Aufwendungen	2.900 €	
	hälftige Aufwendungen	1.450 €	
	hälftiger Höchstbetrag	1.334 €	1.334 €
	Zwischensumme		8.802 €

29 Einkommensermittlung

b) zzgl. Erhöhungsbetrag nach § 10 Abs. 4a Satz 3 EStG/Basisrente (§ 10 Abs. 1 Nr. 2 Satz 1 Buchst. b EStG)   2.000 €
davon 74 %   1.480 €
Erhöhungsbetrag   1.480 €

c) Abzugsvolumen nach § 10 Abs. 4a Satz 1 EStG somit: 10.282 €

Ermittlung des Mindestbetrags nach § 10 Abs. 4a Satz 2 EStG:

Nach § 10 Abs. 4a Satz 2 EStG ist bei Anwendung der Günstigerprüfung aber mindestens der Betrag anzusetzen, der sich ergibt, wenn auch die Beiträge zur Basisrente (§ 10 Abs. 1 Nr. 2 Satz 1 Buchst. b EStG) in die Berechnung des Abzugsvolumens nach dem bis 2004 geltenden Recht einbezogen werden:

a)
Basisrente	2.000 €	
private Krankenversicherung (Basisabsicherung – § 10 Abs. 1 Nr. 3 Satz 1 Buchst. a EStG)	5.000 €	
private Krankenversicherung (Wahlleistungen – § 10 Abs. 1 Nr. 3a EStG)	500 €	
gesetzliche Pflegeversicherung	500 €	
Haftpflichtversicherungen	1.200 €	
Kapitalversicherung	3.168 €	
Summe	12.368 €	
davon abziehbar:		
Vorwegabzug	4.800 €	4.800 €
verbleibende Aufwendungen	7.568 €	
Grundhöchstbetrag	2.668 €	2.668 €
verbleibende Aufwendungen	4.900 €	
hälftige Aufwendungen	2.450 €	
hälftiger Höchstbetrag	1.334 €	1.334 €
Zwischensumme		8.802 €

b) Mindestabzugsvolumen nach § 10 Abs. 4a Satz 2 EStG   8.802 €

Zusammenstellung:

Abzugsvolumen nach neuem Recht	7.080 €
Günstigerprüfung nach § 10 Abs. 4a Satz 1 EStG	10.282 €
Mindestabzugsvolumen nach § 10 Abs. 4a Satz 2 EStG	8.802 €

Die Eheleute A können somit für das Jahr 2012 einen Betrag von 10.282 € als Vorsorgeaufwendungen abziehen.

29.1.11 Zusätzliche Altersvorsorge

Allgemeines

§ 10a EStG regelt einen weiteren Sonderausgabenabzug für Altersvorsorgebeiträge. Die Aufwendungen sind nur im Rahmen bestimmter Höchstbeträge abzugsfähig. § 10a EStG gewährt den Sonderausgabenabzug für Beiträge zu Altersvorsorgeverträgen privater Anbieter. Neben der Rente aus der gesetzlichen Rentenversicherung und neben einer etwaigen betrieblichen Altersvorsorge soll – quasi als drittes Bein – die Rente aus einem Vertrag bei einem privaten Anbieter die Altersversorgung (sog. Riester-Rente) abdecken. Damit soll der zukünftigen Absenkung des Rentenniveaus begegnet werden.

Als Anreiz zum Abschluss solcher Verträge dient zum einen der Sonderausgabenabzug nach § 10a EStG. Zum anderen sind §§ 79 bis 99 EStG zu beachten, die für Altersvorsorgebeiträge einen Anspruch auf Zulage gewähren. Zunächst wird die Zulage gewährt. Bei der Veranlagung prüft die Finanzverwaltung im Rahmen einer Günstigerprüfung, ob die Zulage oder der Sonderausgabenabzug günstiger ist.

Der Sonderausgabenabzug nach § 10a EStG kann nur im Veranlagungsverfahren geltend gemacht werden. Bei der Festsetzung von Vorauszahlungen findet er keine Anwendung (§ 37 Abs. 3 Satz 6 EStG).

Zum begünstigten Personenkreis rechnen grundsätzlich alle Personen, die von der zukünftigen Absenkung des Rentenniveaus betroffen sind. Dies gilt z. B. auch für Beamte. Nicht zum begünstigten Personenkreis gehören insbesondere Selbständige.

Nur Beiträge zu zertifizierten Altersvorsorgeverträgen (§ 82 EStG) sind begünstigt. Zertifizierungsbehörde ist das Bundesaufsichtsamt für das Versicherungswesen. Die Zertifizierung ist Grundlagenbescheid i. S. des § 171 Abs. 10 AO für die steuerliche Anerkennung der Beiträge (§ 82 Abs. 1 Satz 2 EStG). Die Wohnsitzfinanzämter sind an die entsprechenden Feststellungsbescheide gebunden.

Altersvorsorgebeiträge sind die auf einen solchen Vertrag eingezahlten Beiträge, auch wenn sie über den Mindesteigenbetrag hinausgehen. Dies gilt nicht für die dem Vertrag gutgeschriebenen Zulagen.

Die Höhe des Sonderausgabenabzugs ist beschränkt. Zuzüglich der nach §§ 79 ff. EStG zustehenden Zulagen können seit dem Veranlagungszeitraum 2008 bis zu 2.100 Euro jährlich abgezogen werden. Maßgebend ist nicht die tatsächlich ausgezahlte Zulage, sondern der Anspruch auf die Zulage.

Ergibt sich im Rahmen der von Amts wegen vorzunehmenden Günstigerprüfung gem. § 10a Abs. 2 EStG, dass der Anspruch auf die Zulage höher ist als der Steuervorteil aus dem Abzug der Aufwendungen als Sonderausgaben, kommt ein Sonderausgabenabzug nicht in Betracht. Erfolgt durch den Sonderausgabenabzug eine höhere steuerliche Förderung als durch die Zulage, ist der Sonderausgabenabzug zu gewähren. Die tarifliche Einkommensteuer ist um die Zulage zu erhöhen. Die sich aus § 10a EStG ergebende Steuerermäßigung wird nicht Bestandteil des Altersvorsorgevermögens. Die Zulage verbleibt immer beim Altersvorsorgevermögen. Dies gilt auch dann, wenn die Günstigerprüfung ergibt, dass der Sonderausgabenabzug für den Steuerpflichtigen günstiger ist.

Wird nach der Günstigerprüfung der Sonderausgabenabzug gewährt, ist der über den Zulagenanspruch hinausgehende steuerliche Vorteil gesondert festzustellen und der Deutsche Rentenversicherung Bund mitzuteilen. Hintergrund ist, dass im Falle einer schädlichen Verwendung i. S. von § 93 Abs. 1 EStG die auf das ausgezahlte Altersvorsorgevermögen entfallenden Zulagen und der festgestellte Steuervorteil zurückzuzahlen sind. Die Deutsche Rentenversicherung Bund setzt einen etwaigen Rückzahlungsbetrag fest und teilt dies dem Anbieter mit, der wiederum den festgesetzten Betrag einzubehalten und an die Deutsche Rentenversicherung Bund abzuführen hat. Eine Änderung des Steuerbescheids erfolgt in den Fällen der schädlichen Verwendung nicht. Auch eine Nachversteuerung findet nicht statt. Die gesonderte Feststellung ist Grundlagenbescheid für die Deutsche Rentenversicherung Bund. § 10d Abs. 4 Sätze 3 bis 5 EStG finden auf die gesonderte Feststellung entsprechende Anwendung.

Der Steuerpflichtige muss die Höhe der Altersvorsorgebeiträge durch eine vom Anbieter auszustellende Bescheinigung (§ 92 EStG) nach amtlich vorgeschriebenem Vordruck nachweisen. Ist die Bescheinigung materiell unzutreffend, ist nach § 10a Abs. 5 Satz 4 EStG seit dem Veranlagungszeitraum 2008 eine Änderung der Steuerfestsetzung möglich.

Der Zulageberechtigte erhält nach § 83 EStG eine Altersvorsorgezulage. Diese setzt sich aus einer Grundzulage nach § 84 EStG und einer Kinderzulage nach § 85 EStG zusammen. Die Zahlung der vollen Zulage ist abhängig von einem Mindesteigenbeitrag des Zulageberechtigten (§ 86 EStG). Erbringt er geringere Beträge, wird die Zulage gekürzt.

Die Grundzulage beträgt nach § 84 Satz 1 EStG seit dem Jahr 2008 jährlich 154 Euro. Für Zulagenberechtigte, die zu Beginn des Beitragsjahres (§ 88 EStG) das 25. Lebensjahr noch nicht vollendet haben, erhöht sich die Grundzulage um einmalig 200 Euro (§ 84 Satz 2 EStG). Diese Erhöhung ist für das erste nach dem 31.12.2007 beginnende Beitragsjahr zu gewähren, für das eine Altersvorsorgezulage beantragt wird.

Zusätzlich zur Grundzulage wird nach § 85 Abs. 1 Satz 1 EStG eine Kinderzulage für jedes Kind gewährt, für das dem Zulageberechtigten Kindergeld ausgezahlt wird. Die Kinderzulage beträgt für jedes Kind seit dem Jahr 2008 jährlich 185 Euro. Für nach dem 31.12.2007 geborene Kinder erhöht sich die Kinderzulage auf 300 Euro (§ 85 Abs. 1 Satz 2 EStG).

Die volle Grund- und Kinderzulage wird nach § 86 Abs. 1 Satz 1 EStG nur gewährt, wenn der Zulageberechtigte ausreichende eigene Beiträge auf den Altersvorsorgevertrag leistet (Mindesteigenbeitrag). Der Mindesteigenbeitrag beträgt jährlich

29.1 Sonderausgaben

4 % der Summe der in dem dem Kalenderjahr vorangegangenen Kalenderjahr beispielsweise erzielten beitragspflichtigen Einnahmen im Sinne des SGB VI (§ 86 Abs. 1 Satz 2 Nr. 1 EStG), bezogenen Besoldung und Amtsbezüge (§ 86 Abs. 1 Satz 2 Nr. 2 EStG). Er ist nach oben hin durch die Beträge des § 10a Abs. 1 EStG, vermindert um die Zulagen nach §§ 84, 85 EStG, begrenzt. Nach unten erfolgt die Begrenzung durch einen Sockelbetrag. Diesen muss der Zulageberechtigte in jedem Fall zahlen. Der Sockelbetrag beträgt ab 2005 jährlich einheitlich 60 Euro (§ 86 Abs. 1 Satz 4 EStG), d. h. umgerechnet auf 12 Monate 5 Euro Euro pro Monat. Sofern der Sockelbetrag höher ist als der Mindesteigenbeitrag, ist der Sockelbetrag als Mindesteigenbeitrag zu leisten (§ 86 Abs. 1 Satz 5 EStG).

Einzelheiten zur steuerlichen Förderung der privaten Altersvorsorge und betrieblichen Altersvorsorge sind im BMF-Schreiben vom 24.07.2013[312] und vom 13.01.2014[313] geregelt.

Unmittelbar begünstigter Personenkreis

Als begünstigte Personen kommen nur Steuerpflichtige in Betracht, die unbeschränkt einkommensteuerpflichtig (§ 1 Abs. 1 bis 3 EStG) sind. Beschränkt Steuerpflichtige können weder den Sonderausgabenabzug nach § 10a EStG (siehe § 50 Abs. 1 Satz 3 EStG) noch die Zulageförderung nach Abschnitt XI EStG (§ 79 EStG) in Anspruch nehmen.

Die persönlichen Voraussetzungen müssen im jeweiligen Beitragsjahr (Veranlagungszeitraum) zumindest während eines Teils des Jahres vorgelegen haben.[314]

Unmittelbar begünstigte Personen sind:

- Pflichtversicherte in der inländischen gesetzlichen Rentenversicherung (§ 10a Abs. 1 Satz 1 Halbsatz 1 EStG) und Pflichtversicherte nach dem Gesetz über die Alterssicherung der Landwirte (§ 10a Abs. 1 Satz 3 EStG)[315]

  In der inländischen gesetzlichen Rentenversicherung pflichtversichert ist, wer nach §§ 1 bis 4, 229, 229a und 230 SGB VI der Versicherungspflicht unterliegt. Allein die Zahlung von Pflichtbeiträgen zur inländischen gesetzlichen Rentenversicherung ohne Vorliegen einer Versicherungspflicht begründet nicht die Zugehörigkeit zu dem nach § 10a Abs. 1 Satz 1 EStG begünstigten Personenkreis.

  Pflichtversicherte nach dem Gesetz über die Alterssicherung der Landwirte gehören, soweit sie nicht als Pflichtversicherte der inländischen gesetzlichen Rentenversicherung ohnehin bereits anspruchsberechtigt sind, in dieser Eigenschaft ebenfalls zum begünstigten Personenkreis.

---

312 BMF vom 24.07.2013 (BStBl 2013 I S. 1022).
313 BMF vom 13.01.2014 (BStBl I 2014 S. 97).
314 BMF vom 24.07.2013 (BStBl 2013 I S. 1022), Rdnr. 1.
315 BMF vom 24.07.2013 (BStBl 2013 I S. 1022), Rdnr. 2 f.

- Empfänger von Besoldung und diesen gleichgestellte Personen (§ 10a Abs. 1 Satz 1 Halbsatz 2 EStG)[316]

  Zum begünstigten Personenkreis nach § 10a Abs. 1 Satz 1 Halbsatz 2 EStG gehören:

  - Empfänger von Besoldung nach dem BBesG oder einem entsprechenden Landesbesoldungsgesetz (§ 10a Abs. 1 Satz 1 Halbsatz 2 Nr. 1 EStG),
  - Empfänger von Amtsbezügen aus einem inländischen Amtsverhältnis, deren Versorgungsrecht die entsprechende Anwendung des § 69e Abs. 3 und 4 BeamtVG vorsieht (§ 10a Abs. 1 Satz 1 Halbsatz 2 Nr. 2 EStG),
  - die nach § 5 Abs. 1 Satz 1 Nr. 2 und 3 SGB VI versicherungsfrei Beschäftigten und die nach § 6 Abs. 1 Satz 1 Nr. 2 SGB VI oder nach § 230 Abs. 2 Satz 2 SGB VI von der Versicherungspflicht befreiten Beschäftigten, deren Versorgungsrecht die entsprechende Anwendung des § 69e Abs. 3 und 4 BeamtVG vorsieht (§ 10a Abs. 1 Satz 1 Halbsatz 2 Nr. 3 EStG),
  - Beamte, Richter, Berufssoldaten und Soldaten auf Zeit, die ohne Besoldung beurlaubt sind, für die Zeit einer Beschäftigung, wenn während der Beurlaubung die Gewährleistung einer Versorgungsanwartschaft unter den Voraussetzungen des § 5 Abs. 1 Satz 1 SGB VI auf diese Beschäftigung erstreckt wird (§ 10a Abs. 1 Satz 1 Halbsatz 2 Nr. 4 EStG), und
  - Steuerpflichtige i. S. von § 10a Abs. 1 Satz 1 Nr. 1 bis 4 EStG, die beurlaubt sind und deshalb keine Besoldung, Amtsbezüge oder Entgelt erhalten, sofern sie eine Anrechnung von Kindererziehungszeiten nach § 56 SGB VI in Anspruch nehmen könnten, wenn die Versicherungsfreiheit in der inländischen gesetzlichen Rentenversicherung nicht bestehen würde (§ 10a Abs. 1 Satz 1 Halbsatz 2 Nr. 5 EStG). Der formale Grund für die Beurlaubung ist insoweit ohne Bedeutung.

Neben den vorstehend genannten Voraussetzungen ist für die steuerliche Förderung die schriftliche Einwilligung zur Weitergabe der für einen maschinellen Datenabgleich notwendigen Daten von der zuständigen Stelle (§ 81a EStG) an die ZfA erforderlich.[317] Die Einwilligung ist spätestens bis zum Ablauf des zweiten Kalenderjahres, das auf das Beitragsjahr folgt, gegenüber der zuständigen Stelle zu erteilen. Die zuständigen Stellen haben die Daten nach § 10a Abs. 1 Satz 1 EStG bis zum 31.03. des dem Beitragsjahr folgenden Kalenderjahres an die ZfA zu übermitteln (§ 91 Abs. 2 Satz 1 EStG). Liegt die Einwilligung erst nach diesem Meldetermin vor, hat die zuständige Stelle die Daten nach § 10a Abs. 1 Satz 1 EStG zeitnah – spätestens bis zum Ende des folgenden Kalendervierteljahres – nach Vorlage der Einwilligung an die ZfA zu übermitteln (§ 91 Abs. 2 Satz 2 EStG). Wechselt die

---

316 BMF vom 24.07.2013 (BStBl 2013 I S. 1022), Rdnr. 4 f.
317 BMF vom 24.07.2013 (BStBl 2013 I S. 1022), Rdnr. 5.

zuständige Stelle, muss gegenüber der neuen zuständigen Stelle eine Einwilligung abgegeben werden.

Nach § 10a Abs. 1 Satz 3 EStG stehen den Pflichtversicherten der inländischen gesetzlichen Rentenversicherung Personen gleich, die wegen Arbeitslosigkeit bei einer inländischen Agentur für Arbeit als Arbeitsuchende gemeldet sind und der Versicherungspflicht in der Rentenversicherung nicht unterliegen, weil sie eine Leistung nach dem Zweiten Buch Sozialgesetzbuch nur wegen des zu berücksichtigenden Einkommens oder Vermögens nicht beziehen.[318] Wird eine Leistung nicht gezahlt, weil sich der Arbeitslose nicht bei einer Agentur für Arbeit als Arbeitsuchender gemeldet hat, besteht keine Förderberechtigung nach § 10a Abs. 1 Satz 3 EStG.

Bei Pflichtversicherten in der inländischen gesetzlichen Rentenversicherung, die von ihrem Arbeitgeber entsendet werden, ergibt sich die Zugehörigkeit zum begünstigten Personenkreis unmittelbar aus § 10a Abs. 1 Satz 1 Halbsatz 1 EStG.[319]

Beamte, denen im dienstlichen oder öffentlichen Interesse vorübergehend eine Tätigkeit bei einer öffentlichen Einrichtung außerhalb der Bundesrepublik Deutschland zugewiesen wurde (§ 123a BRRG) und die in ihrem bisherigen inländischen Alterssicherungssystem verbleiben, gehören unmittelbar zu der nach § 10a Abs. 1 Satz 1 Nr. 1 EStG begünstigten Personengruppe.[320]

Zum begünstigten Personenkreis nach § 10a Abs. 1 Satz 4 EStG gehören Personen, die nicht nach § 10a Abs. 1 Satz 1 oder 3 EStG begünstigt sind und eine Rente wegen voller Erwerbsminderung oder Erwerbsunfähigkeit oder eine Versorgung wegen Dienstunfähigkeit aus einem der in § 10a Abs. 1 Satz 1 oder 3 EStG genannten inländischen Alterssicherungssysteme beziehen, wenn sie unmittelbar vor dem Bezug der Leistung einer in § 10a Abs. 1 Satz 1 oder 3 EStG genannten Personengruppe angehörten.[321] Eine vorangegangene Zugehörigkeit zu einer begünstigten Personengruppe ist auch anzunehmen, wenn eine Förderberechtigung nur wegen des Fehlens der Einwilligung nicht bestand. Der Bezug einer Rente wegen teilweiser Erwerbsminderung oder einer Rente wegen Berufsunfähigkeit begründet keine Zugehörigkeit zum begünstigten Personenkreis nach § 10a Abs. 1 Satz 4 EStG. Voraussetzung für die Inanspruchnahme der steuerlichen Förderung bei Beziehern einer Versorgung wegen Dienstunfähigkeit ist die Erteilung einer Einwilligungserklärung. Zum begünstigten Personenkreis gehören auch Bezieher einer Rente wegen voller Erwerbsminderung oder Erwerbsunfähigkeit oder einer Versorgung wegen Dienstunfähigkeit, deren Rente/Versorgung vor dem 01.01.2002 begonnen hat.

---

318 BMF vom 24.07.2013 (BStBl 2013 I S. 1022), Rdnr. 6.
319 BMF vom 24.07.2013 (BStBl 2013 I S. 1022), Rdnr. 7.
320 BMF vom 24.07.2013 (BStBl 2013 I S. 1022), Rdnr. 8.
321 BMF vom 24.07.2013 (BStBl 2013 I S. 1022), Rdnr. 9 ff.

Aufgrund der Änderung durch das Gesetz zur Umsetzung steuerlicher EU-Vorgaben sowie zur Änderung steuerlicher Vorschriften[322] gehören ab dem 01.01.2010 die in einem ausländischen Alterssicherungssystem Versicherten nicht mehr zum Kreis der nach § 10a Abs. 1 EStG begünstigten Personen.[323] Für Altfälle sieht das Gesetz eine Bestandsschutzregelung im § 52 Abs. 24c EStG vor.

Mittelbar begünstigter Personenkreis

Bei Ehegatten oder Lebenspartnern einer eingetragenen Lebenspartnerschaft, von denen nur ein Ehegatte/eingetragener Lebenspartner unmittelbar zulageberechtigt ist, ist auch der andere Ehegatte/eingetragene Lebenspartner (mittelbar) zulageberechtigt, wenn[324]

– die Ehegatten/eingetragenen Lebenspartner nicht dauernd getrennt gelebt haben (§ 26 Abs. 1 EStG),

– beide Ehegatten/eingetragenen Lebenspartner jeweils einen auf ihren Namen lautenden, nach § 5 des Altersvorsorgeverträge-Zertifizierungsgesetzes (AltZertG) zertifizierten Vertrag (Altersvorsorgevertrag) abgeschlossen haben oder der unmittelbar zulageberechtigte Ehegatte/eingetragene Lebenspartner über eine förderbare Versorgung i. S. des § 82 Abs. 2 EStG bei einer Pensionskasse, einem Pensionsfonds oder über eine nach § 82 Abs. 2 EStG förderbare Direktversicherung verfügt und der andere Ehegatte/eingetragene Lebenspartner einen auf seinen Namen lautenden, nach § 5 AltZertG zertifizierten Vertrag abgeschlossen hat,

– sie ihren Wohnsitz oder gewöhnlichen Aufenthalt in einem Mitgliedstaat der Europäischen Union oder einem Staat gehabt haben, auf den das Abkommen über den Europäischen Wirtschaftsraum anwendbar ist (EU-/EWR-Staat),

– der nicht unmittelbar zulageberechtigte Ehegatte/eingetragene Lebenspartner Altersvorsorgebeiträge i. H. von mindestens 60 Euro auf seinen Altersvorsorgevertrag geleistet hat. Eine anteilige Zahlung ist nicht ausreichend; dies gilt auch, wenn dieser Ehegatte/eingetragene Lebenspartner innerhalb des Beitragsjahres verstirbt,
und

– bei dem Altersvorsorgevertrag, für den die Zulage beansprucht wird, die Auszahlungsphase noch nicht begonnen hat.

---

322 BGBl 2010 I S. 386.
323 BMF vom 24.07.2013 (BStBl 2013 I S. 1022), Rdnr. 14 ff.
324 BMF vom 24.07.2013 (BStBl 2013 I S. 1022), Rdnr. 21 ff., teilweise geändert durch BMF vom 13.01.2014 (BStBl 2014 I S. 97).

29.1 Sonderausgaben

Die Voraussetzungen für das Vorliegen einer mittelbaren Zulageberechtigung sind für jedes Beitragsjahr gesondert zu prüfen.[325]

Es reicht nicht aus, wenn der nicht unmittelbar zulageberechtigte Ehegatte/eingetragene Lebenspartner über eine förderbare Versorgung i. S. des § 82 Abs. 2 EStG bei einer Pensionskasse, einem Pensionsfonds oder über eine nach § 82 Abs. 2 EStG förderbare Direktversicherung verfügt hat.[326]

Die mittelbare Zulageberechtigung entfällt, wenn[327]

– der mittelbar Zulageberechtigte unmittelbar zulageberechtigt wird,

– der unmittelbar zulageberechtigte Ehegatte/eingetragene Lebenspartner für das Beitragsjahr nicht mehr zum zulageberechtigten Personenkreis gehört,

– die Ehegatten/eingetragenen Lebenspartner im gesamten Beitragsjahr dauernd getrennt gelebt haben,

– mindestens ein Ehegatte/eingetragener Lebenspartner seinen Wohnsitz oder gewöhnlichen Aufenthalt im gesamten Beitragsjahr nicht mehr in einem EU-/EWR-Staat gehabt hat.

Ein mittelbar zulageberechtigter Ehegatte/eingetragener Lebenspartner verliert im Fall der Auflösung der Ehe bzw. der Aufhebung der eingetragenen Lebenspartnerschaft – auch wenn die Ehegatten/eingetragenen Lebenspartner nicht bereits während des ganzen Jahres getrennt gelebt haben – bereits für das Jahr der Auflösung der Ehe bzw. der Aufhebung der eingetragenen Lebenspartnerschaft seine Zulageberechtigung, wenn der unmittelbar Zulageberechtigte im selben Jahr wieder geheiratet hat bzw. eine neue eingetragene Lebenspartnerschaft begründet hat und er und der neue Ehegatte/eingetragene Lebenspartner nicht dauernd getrennt leben und ihren Wohnsitz oder gewöhnlichen Aufenthalt in einem EU-/EWR-Staat haben.[328]

Altersvorsorgebeiträge

Altersvorsorgebeiträge i. S. des § 82 Abs. 1 EStG sind die zugunsten eines auf den Namen des Zulageberechtigten lautenden, nach § 5 AltZertG zertifizierten Vertrags (Altersvorsorgevertrag) bis zum Beginn der Auszahlungsphase geleisteten Beiträge und Tilgungsleistungen.[329] Die dem Vertrag gutgeschriebenen oder zur Tilgung eingesetzten Zulagen stellen – anders als im AltZertG – keine Altersvorsorgebeiträge dar und sind daher selbst nicht zulagefähig. Beiträge zugunsten von Verträgen, bei

---

325 BMF vom 24.07.2013 (BStBl 2013 I S. 1022), Rdnr. 21, teilweise geändert durch BMF vom 13.01.2014 (BStBl 2014 I S. 97).
326 BFH vom 21.07.2009 X R 33/07 (BStBl 2009 II S. 995); BMF vom 24.07.2013 (BStBl 2013 I S. 1022), Rdnr. 22.
327 BMF vom 24.07.2013 (BStBl 2013 I S. 1022), Rdnr. 23.
328 BMF vom 24.07.2013 (BStBl 2013 I S. 1022), Rdnr. 24, teilweise geändert durch BMF vom 13.01.2014 (BStBl 2014 I S. 97).
329 BMF vom 24.07.2013 (BStBl 2013 I S. 1022), Rdnr. 26 ff., teilweise geändert durch BMF vom 13.01.2014 (BStBl 2014 I S. 97).

denen mehrere Personen Vertragspartner sind, sind nicht begünstigt. Dies gilt auch für Verträge, die von Ehegatten/eingetragenen Lebenspartnern gemeinsam abgeschlossen werden.

Altersvorsorgebeiträge nach § 82 Abs. 1 Satz 1 Nr. 2 EStG sind die zugunsten eines auf den Namen des Zulageberechtigten lautenden Altersvorsorgevertrags geleisteten Tilgungen für ein Darlehen, das der Zulageberechtigte ausschließlich für eine nach dem 31.12.2007 vorgenommene wohnungswirtschaftliche Verwendung i. S. des § 92a Abs. 1 Satz 1 EStG eingesetzt hat.[330]

Dagegen kommt eine steuerliche Förderung nach § 10a oder Abschnitt XI EStG für Altersvorsorgebeiträge zugunsten eines Vertrags, aus dem Altersvorsorgeleistungen fließen und die **nach** Beginn der Auszahlungsphase geleistet werden, nicht mehr in Betracht.[331]

Auch Beiträge, die über den Mindesteigenbeitrag hinausgehen, sind Altersvorsorgebeiträge.[332]

Sieht der Altersvorsorgevertrag allerdings eine vertragliche Begrenzung auf einen festgelegten Höchstbetrag vor (z. B. den Betrag nach § 10a EStG oder den nach § 86 EStG erforderlichen Mindesteigenbeitrag zuzüglich Zulageanspruch), handelt es sich bei Zahlungen, die darüber hinausgehen, um zivilrechtlich nicht geschuldete Beträge, hinsichtlich derer dem Anleger ein Rückerstattungsanspruch gegen den Anbieter zusteht.[333] Diese Beträge stellen grundsätzlich keine Altersvorsorgebeiträge i. S. des § 82 Abs. 1 EStG dar.

Grundzulage

Jeder unmittelbar Zulageberechtigte erhält auf Antrag für seine im abgelaufenen Beitragsjahr gezahlten Altersvorsorgebeiträge eine Grundzulage.[334] Die Grundzulage beträgt ab dem Jahr 2008 jährlich 154 Euro.

Für unmittelbar Zulageberechtigte, die das 25. Lebensjahr noch nicht vollendet haben, erhöht sich die Grundzulage einmalig um einen Betrag von 200 Euro (sog. Berufseinsteiger-Bonus).[335] Für die Erhöhung ist kein gesonderter Antrag erforderlich. Die erhöhte Grundzulage ist einmalig für das erste nach dem 31.12.2007 beginnende Beitragsjahr zu zahlen, für das der Zulageberechtigte die Altersvorsorgezulage beantragt, wenn er zu Beginn des betreffenden Beitragsjahres das 25. Lebensjahr noch nicht vollendet hat. Das Datum des Vertragsabschlusses ist insoweit unerheblich. Für die Berechnung des Mindesteigenbeitrags ist in dem ers-

---

330 BMF vom 24.07.2013 (BStBl 2013 I S. 1022), Rdnr. 27 ff., 241 ff., teilweise geändert durch BMF vom 13.01.2014 (BStBl 2014 I S. 97).
331 BMF vom 24.07.2013 (BStBl 2013 I S. 1022), Rdnr. 36.
332 BMF vom 24.07.2013 (BStBl 2013 I S. 1022), Rdnr. 37 f.
333 BMF vom 24.07.2013 (BStBl 2013 I S. 1022), Rdnr. 38.
334 BMF vom 24.07.2013 (BStBl 2013 I S. 1022), Rdnr. 40f.
335 BMF vom 24.07.2013 (BStBl 2013 I S. 1022), Rdnr. 41.

ten Beitragsjahr, in dem die Voraussetzungen für die Gewährung des Erhöhungsbetrags vorliegen, die erhöhte Grundzulage zu berücksichtigen. Erbringt der Zulageberechtigte nicht den erforderlichen Mindesteigenbeitrag (§ 86 Abs. 1 EStG), erfolgt eine entsprechende Kürzung der Altersvorsorgezulage und damit auch des in der erhöhten Grundzulage enthaltenen einmalig zu gewährenden Erhöhungsbetrags. Eine Nachholungsmöglichkeit des gekürzten Erhöhungsbetrags in späteren Beitragsjahren besteht nicht.

Kinderzulage

Anspruch auf Kinderzulage besteht für jedes Kind, für das für mindestens einen Monat des Beitragsjahres Kindergeld an den Zulageberechtigten ausgezahlt worden ist.[336] Die Kinderzulage beträgt ab dem Jahr 2008 für jedes vor dem 01.01.2008 geborene Kind 185 Euro und für jedes nach dem 31.12.2007 geborene Kind 300 Euro jährlich. Auf den Zeitpunkt der Auszahlung des Kindergeldes kommt es nicht an. Anspruch auf Kinderzulage besteht für ein Beitragsjahr auch dann, wenn das Kindergeld für dieses Jahr erst in einem späteren Kalenderjahr rückwirkend gezahlt wurde. Wird ein Kind z. B. am Ende des Beitragsjahres geboren, so besteht der Anspruch auf Kinderzulage für das gesamte Jahr, auch wenn das Kindergeld für Dezember regelmäßig erst im nachfolgenden Kalenderjahr ausgezahlt wird.

Wird einem anderen als dem Kindergeldberechtigten, z. B. einer Behörde, das Kindergeld ausgezahlt (§ 74 EStG), ist die Festsetzung des Kindergelds für die Zulageberechtigung maßgebend.[337]

Dem Kindergeld gleich stehen andere Leistungen für Kinder i. S. des § 65 Abs. 1 Satz 1 EStG (§ 65 Abs. 1 Satz 2 EStG).[338]

Steht ein Kind zu beiden Ehegatten, die nicht dauernd getrennt leben (§ 26 Abs. 1 EStG) und ihren Wohnsitz oder gewöhnlichen Aufenthalt in einem EU-/EWR-Staat haben, in einem Kindschaftsverhältnis (§ 32 Abs. 1 EStG), erhält grundsätzlich die Mutter die Kinderzulage.[339] Die Eltern können gemeinsam für das jeweilige Beitragsjahr beantragen, dass der Vater die Zulage erhält. In beiden Fällen kommt es nicht darauf an, welchem Elternteil das Kindergeld ausgezahlt wurde. Die Übertragung der Kinderzulage muss auch in den Fällen beantragt werden, in denen die Mutter keinen Anspruch auf Altersvorsorgezulage hat, weil sie beispielsweise keinen Altersvorsorgevertrag abgeschlossen hat. Eine Übertragungsmöglichkeit besteht nicht, wenn das Kind nur zu einem der Ehegatten in einem Kindschaftsverhältnis steht.

---
336 BMF vom 24.07.2013 (BStBl 2013 I S. 1022), Rdnr. 42 ff.
337 BMF vom 24.07.2013 (BStBl 2013 I S. 1022), Rdnr. 43.
338 BMF vom 24.07.2013 (BStBl 2013 I S. 1022), Rdnr. 45.
339 BMF vom 24.07.2013 (BStBl 2013 I S. 1022), Rdnr. 46 ff.

29 Einkommensermittlung

Der Antrag kann für jedes einzelne Kind gestellt werden und nach Eingang beim Anbieter nicht mehr widerrufen werden.[340] Hat der Vater seinem Anbieter eine Vollmacht zur formlosen Antragstellung erteilt, kann der Antrag auf Übertragung der Kinderzulage von der Mutter auf ihn auch für die Folgejahre bis auf Widerruf erteilt werden.[341] Der Antrag kann vor Ende des Beitragsjahres, für das er erstmals nicht mehr gelten soll, gegenüber dem Anbieter des Vaters widerrufen werden.

Sind die Eltern nicht miteinander verheiratet, leben sie dauernd getrennt oder haben sie ihren Wohnsitz oder gewöhnlichen Aufenthalt nicht in einem EU-/EWR-Staat, erhält der Elternteil die Kinderzulage, dem das Kindergeld für das Kind ausgezahlt wird (§ 85 Abs. 1 Satz 1 EStG).[342] Eine Übertragung der Kinderzulage nach § 85 Abs. 2 EStG ist in diesen Fällen nicht möglich. Dies gilt auch, wenn derjenige Elternteil, dem das Kindergeld ausgezahlt wird, keine Grundzulage erhält.

Sind nicht beide Ehegatten Eltern des Kindes, ist eine Übertragung der Kinderzulage nach § 85 Abs. 2 EStG nicht zulässig.[343] Erhält beispielsweise ein Zulageberechtigter Kindergeld für ein in seinen Haushalt aufgenommenes Kind seines Ehegatten (§ 63 Abs. 1 Satz 1 Nr. 2 EStG), steht nur ihm die Kinderzulage nach § 85 Abs. 1 EStG zu.

Erhält ein Großelternteil nach § 64 Abs. 2 EStG das Kindergeld, steht nur ihm die Kinderzulage zu.[344]

Wird das Kindergeld dem Kind selbst ausgezahlt, haben die Eltern keinen Anspruch auf die Kinderzulage für dieses Kind.[345] Dem Kind selbst steht in diesem Fall die Kinderzulage nur zu, soweit es auch eine Grundzulage erhält.

Wurde während des Beitragsjahres mehreren Zulageberechtigten für unterschiedliche Zeiträume Kindergeld ausgezahlt, hat gem. § 85 Abs. 1 Satz 4 EStG grundsätzlich derjenige den Anspruch auf die Kinderzulage, dem für den zeitlich frühesten Anspruchszeitraum im Beitragsjahr Kindergeld ausgezahlt wurde.[346]

Hat der Kindergeldberechtigte keinen Kindergeldantrag gestellt, wird aber vom Finanzamt der Kinderfreibetrag nach § 32 Abs. 6 Satz 1 EStG berücksichtigt, besteht nach § 85 Abs. 1 Satz 1 EStG kein Anspruch auf die Kinderzulage.[347]

Stellt sich zu einem späteren Zeitpunkt heraus, dass das gesamte Kindergeld im Beitragsjahr zu Unrecht ausgezahlt wurde und wird das Kindergeld dahin gehend insgesamt zurückgefordert, entfällt der Anspruch auf die Zulage gem. § 85 Abs. 1

---

340 BMF vom 24.07.2013 (BStBl 2013 I S. 1022), Rdnr. 47.
341 BMF vom 24.07.2013 (BStBl 2013 I S. 1022), Rdnr. 48.
342 BMF vom 24.07.2013 (BStBl 2013 I S. 1022), Rdnr. 49 ff.
343 BMF vom 24.07.2013 (BStBl 2013 I S. 1022), Rdnr. 50.
344 BMF vom 24.07.2013 (BStBl 2013 I S. 1022), Rdnr. 51.
345 BMF vom 24.07.2013 (BStBl 2013 I S. 1022), Rdnr. 52.
346 BMF vom 24.07.2013 (BStBl 2013 I S. 1022), Rdnr. 53.
347 BMF vom 24.07.2013 (BStBl 2013 I S. 1022), Rdnr. 55.

29.1 Sonderausgaben

Satz 3 EStG.[348] Darf dieses zu Unrecht ausgezahlte Kindergeld aus verfahrensrechtlichen Gründen nicht zurückgefordert werden, bleibt der Anspruch auf die Zulage für das entsprechende Beitragsjahr bestehen. Wird Kindergeld teilweise zu Unrecht ausgezahlt und später für diese Monate zurückgezahlt, bleibt der Anspruch auf Zulage für das entsprechende Beitragsjahr ebenfalls bestehen; allerdings ist in diesen Fällen § 85 Abs. 1 Satz 4 EStG zu beachten.

Mindesteigenbeitrag

Die Altersvorsorgezulage wird nur dann in voller Höhe gewährt, wenn der Berechtigte einen bestimmten Mindesteigenbeitrag zugunsten der begünstigten – maximal zwei – Verträge erbracht hat (§§ 86, 87 EStG).[349]

Der jährliche Mindesteigenbeitrag ermittelt sich ab dem Veranlagungszeitraum 2008 wie folgt: 4 % der maßgebenden Einnahmen, maximal 2.100 Euro, abzüglich der Zulage.[350]

Der Mindesteigenbeitrag ist – auch bei Beiträgen zugunsten von Verträgen, die vor dem 01.01.2005 abgeschlossen wurden – mit dem Sockelbetrag nach § 86 Abs. 1 Satz 4 EStG zu vergleichen. Dieser beträgt ab dem Beitragsjahr 2005 jährlich einheitlich 60 Euro. Die Altersvorsorgezulage wird nicht gekürzt, wenn der Berechtigte in dem maßgebenden Beitragsjahr den höheren der beiden Beträge als Eigenbeitrag zugunsten der begünstigten – maximal zwei – Verträge eingezahlt hat.[351] Hat der Zulageberechtigte in dem dem Beitragsjahr vorangegangenen Kalenderjahr keine maßgebenden Einnahmen erzielt, ist als Mindesteigenbeitrag immer der Sockelbetrag zugrunde zu legen.[352]

Beispiel:[353]
Der ledige A ohne Kinder erzielt Einkünfte aus nichtselbständiger Arbeit und ist in der inländischen gesetzlichen Rentenversicherung pflichtversichert. Für ihn ist die Beitragsbemessungsgrenze West maßgeblich. Er zahlt zugunsten seines Altersvorsorgevertrags im Jahr 2013 eigene Beiträge von 1.946 € ein. Im Jahr 2012 hatte er beitragspflichtige Einnahmen i. H. von 53.000 €. Die beitragspflichtigen Einnahmen des A überschreiten nicht die Beitragsbemessungsgrenze in der allgemeinen Rentenversicherung (West) für das Kalenderjahr 2012.

beitragspflichtige Einnahmen	53.000 €	
4 %	2.120 €	
höchstens	2.100 €	
anzusetzen		2.100 €
abzgl. Zulage		154 €

---

348 BMF vom 24.07.2013 (BStBl 2013 I S. 1022), Rdnr. 56.
349 BMF vom 24.07.2013 (BStBl 2013 I S. 1022), Rdnr. 57 ff.
350 BMF vom 24.07.2013 (BStBl 2013 I S. 1022), Rdnr. 58.
351 BMF vom 24.07.2013 (BStBl 2013 I S. 1022), Rdnr. 59.
352 BMF vom 24.07.2013 (BStBl 2013 I S. 1022), Rdnr. 60.
353 Vgl. BMF vom 24.07.2013 (BStBl 2013 I S. 1022), Rdnr. 61.

Mindesteigenbeitrag (§ 86 Abs. 1 Satz 2 EStG)	1.946 €
Sockelbetrag (§ 86 Abs. 1 Satz 4 EStG)	60 €
maßgebend (§ 86 Abs. 1 Satz 5 EStG)	1.946 €

Da A den Mindesteigenbeitrag erbracht hat, wird die Zulage von 154 € nicht gekürzt.

Abwandlung des Beispiels:[354]

A erhält zudem Kinderzulage für seine in den Jahren 2004 und 2005 geborenen Kinder.

beitragspflichtige Einnahmen	53.000 €	
4 %	2.120 €	
höchstens	2.100 €	
anzusetzen		2.100 €
abzüglich. Zulage (154 € + 2 × 185 €)		524 €
Mindesteigenbeitrag (§ 86 Abs. 1 Satz 2 EStG)		1.576 €
Sockelbetrag (§ 86 Abs. 1 Satz 4 EStG)		60 €
maßgebend (§ 86 Abs. 1 Satz 5 EStG)		1.576 €

Die von A geleisteten Beiträge übersteigen den Mindesteigenbeitrag. Die Zulage wird nicht gekürzt.

Maßgebend für den individuell zu ermittelnden Mindesteigenbeitrag ist die Summe der in dem dem Beitragsjahr vorangegangenen Kalenderjahr erzielten beitragspflichtigen Einnahmen im Sinne des SGB VI, der bezogenen Besoldung und Amtsbezüge und in den Fällen des § 10a Abs. 1 Satz 1 Halbsatz 2 Nr. 3 und 4 EStG der erzielten Einnahmen, die beitragspflichtig gewesen wären, wenn die Versicherungsfreiheit in der gesetzlichen Rentenversicherung nicht bestanden hätte (maßgebende Einnahmen).[355] Die entsprechenden Beträge sind auf volle Euro abzurunden, dies gilt auch für die Ermittlung des Mindesteigenbeitrags.

Als beitragspflichtige Einnahmen im Sinne des SGB VI ist nur der Teil des Arbeitsentgelts zu erfassen, der die jeweils gültige Beitragsbemessungsgrenze nicht übersteigt. Insoweit ist auf diejenigen Einnahmen abzustellen, die im Rahmen des sozialrechtlichen Meldeverfahrens den Trägern der gesetzlichen Rentenversicherung gemeldet werden. Die beitragspflichtigen Einnahmen ergeben sich bei Arbeitnehmern und Beziehern von Vorruhestandsgeld aus der Durchschrift der „Meldung zur Sozialversicherung nach der DEÜV" (Arbeitsentgelte) und bei rentenversicherungspflichtigen Selbständigen aus der vom Rentenversicherungsträger erstellten Bescheinigung.[356]

---
354 Vgl. BMF vom 24.07.2013 (BStBl 2013 I S. 1022), Rdnr. 62.
355 BMF vom 24.07.2013 (BStBl 2013 I S. 1022), Rdnr. 65 ff.
356 BMF vom 24.07.2013 (BStBl 2013 I S. 1022), Rdnr. 67.

29.1 Sonderausgaben

Die Besoldung und die Amtsbezüge ergeben sich aus den Bezüge-/Besoldungsmitteilungen bzw. den Mitteilungen über die Amtsbezüge der die Besoldung bzw. die Amtsbezüge anordnenden Stelle.[357]
Für die Mindesteigenbeitragsberechnung sind sämtliche Bestandteile der Besoldung oder Amtsbezüge außer den Auslandsdienstbezügen i. S. der §§ 52 ff. BBesG oder entsprechender Regelungen eines Landesbesoldungsgesetzes zu berücksichtigen.[358] Dabei ist es unerheblich, ob die Bestandteile beitragspflichtig wären, wenn die Versicherungsfreiheit in der gesetzlichen Rentenversicherung nicht bestünde, steuerfrei oder ruhegehaltsfähig sind. Besoldungsbestandteile sind u. a. das Grundgehalt, Leistungsbezüge an Hochschulen, der Familienzuschlag, Zulagen und Vergütungen, ferner Anwärterbezüge, jährliche Sonderzahlungen, vermögenswirksame Leistungen, das jährliche Urlaubsgeld, der Altersteilzeitzuschlag und die Sachbezüge. Nicht zur Besoldung gehören Fürsorgeleistungen (z. B. Beihilfe, Zuschuss zur privaten Krankenversicherung bei Elternzeit), die zwar zum Teil mit der Besoldung zusammen ausgezahlt werden, aber auf gesetzliche Regelungen mit anderer Zielsetzung beruhen.

Bei einem Land- und Forstwirt, der nach dem Gesetz über die Alterssicherung der Landwirte pflichtversichert ist, ist für die Berechnung des Mindesteigenbeitrags auf die Einkünfte i. S. des § 13 EStG des zweiten dem Beitragsjahr vorangegangenen Veranlagungszeitraums abzustellen (§ 86 Abs. 3 EStG).[359] Ist dieser Land- und Forstwirt neben seiner land- und forstwirtschaftlichen Tätigkeit auch als Arbeitnehmer tätig und in der gesetzlichen Rentenversicherung pflichtversichert, sind die beitragspflichtigen Einnahmen des Vorjahres und die positiven Einkünfte i. S. des § 13 EStG des zweiten dem Beitragsjahr vorangegangenen Veranlagungszeitraums zusammenzurechnen. Eine Saldierung mit negativen Einkünften i. S. des § 13 EStG erfolgt nicht.

Bei Beziehern einer Rente wegen voller Erwerbsminderung/Erwerbsunfähigkeit oder einer Versorgung wegen Dienstunfähigkeit ist Bruttorentenbetrag der Jahresbetrag der Rente vor Abzug der einbehaltenen eigenen Beitragsanteile zur Kranken- und Pflegeversicherung.[360] Nicht diesem Betrag hinzuzurechnen sind Zuschüsse zur Krankenversicherung. Leistungsbestandteile wie z. B. der Auffüllbetrag nach § 315a SGB VI oder der Rentenzuschlag nach § 319a SGB VI sowie Steigerungsbeträge aus der Höherversicherung nach § 269 SGB VI zählen zum Bruttorentenbetrag. Es sind nur die Rentenzahlungen für die Mindesteigenbeitragsberechnung zu berücksichtigen, die zur unmittelbaren Zulageberechtigung führen. Private Renten oder Leistungen der betrieblichen Altersversorgung bleiben unberücksichtigt.

---

357 BMF vom 24.07.2013 (BStBl 2013 I S. 1022), Rdnr. 70 ff., teilweise geändert durch BMF vom 13.01.2014 (BStBl 2014 I S. 97).
358 BMF vom 24.07.2013 (BStBl 2013 I S. 1022), Rdnr. 71, teilweise geändert durch BMF vom 13.01.2014 (BStBl 2014 I S. 97).
359 BMF vom 24.07.2013 (BStBl 2013 I S. 1022), Rdnr. 73.
360 BMF vom 24.07.2013 (BStBl 2013 I S. 1022), Rdnr. 74 ff.

Hat der Bezieher einer Rente wegen voller Erwerbsminderung/Erwerbsunfähigkeit oder einer Versorgung wegen Dienstunfähigkeit im maßgeblichen Bemessungszeitraum (auch) Einnahmen nach § 86 Abs. 1 Satz 2 Nr. 1 bis 3 EStG bezogen, sind diese Einnahmen bei der Mindesteigenbeitragsberechnung mit zu berücksichtigen.[361]

Das Elterngeld ist keine maßgebende Einnahme i. S. des § 86 EStG. Eine Berücksichtigung im Rahmen der Mindesteigenbeitragsberechnung scheidet daher aus.[362]

Gehören beide Ehegatten/eingetragene Lebenspartner zum unmittelbar begünstigten Personenkreis, ist für jeden Ehegatten/eingetragenen Lebenspartner anhand seiner jeweiligen maßgebenden Einnahmen ein eigener Mindesteigenbeitrag zu berechnen.[363] Die Grundsätze zur Zuordnung der Kinderzulage gelten auch für die Ermittlung des Mindesteigenbeitrags.[364]

Ist nur ein Ehegatte/eingetragener Lebenspartner unmittelbar und der andere mittelbar begünstigt, ist die Mindesteigenbeitragsberechnung nur für den unmittelbar begünstigten Ehegatten/eingetragenen Lebenspartner durchzuführen.[365] Berechnungsgrundlage sind seine Einnahmen. Der sich ergebende Betrag (4 % der maßgebenden Einnahmen, höchstens 2.100 Euro) ist um die den Ehegatten/eingetragenen Lebenspartnern insgesamt zustehenden Zulagen zu vermindern.

Hat der unmittelbar begünstigte Ehegatte/eingetragene Lebenspartner den erforderlichen geförderten Mindesteigenbeitrag zugunsten seines Altersvorsorgevertrags oder einer förderbaren Versorgung i. S. des § 82 Abs. 2 EStG bei einer Pensionskasse, einem Pensionsfonds oder einer nach § 82 Abs. 2 EStG förderbaren Direktversicherung erbracht, erhält auch der Ehegatte/eingetragene Lebenspartner mit dem mittelbaren Zulageanspruch die Altersvorsorgezulage ungekürzt.[366]

Beispiel:[367]

A und B sind verheiratet und haben drei Kinder, die in den Jahren 1995, 1997 und 2000 geboren wurden. A erzielt Einkünfte aus nichtselbständiger Arbeit und ist in der inländischen gesetzlichen Rentenversicherung pflichtversichert. Für ihn ist die Beitragsbemessungsgrenze West maßgeblich. Im Jahr 2012 betragen seine beitragspflichtigen Einnahmen 53.000 €.

B erzielt keine Einkünfte und hat für das Beitragsjahr auch keinen Anspruch auf Kindererziehungszeiten mehr. B ist nur mittelbar zulageberechtigt. Beide haben in 2008 einen eigenen Altersvorsorgevertrag abgeschlossen. A zahlt einen eigenen jährlichen Beitrag von 1.237 € zugunsten seines Vertrags ein. B erbringt den Mindestbeitrag zur

---

361 BMF vom 24.07.2013 (BStBl 2013 I S. 1022), Rdnr. 75.
362 BMF vom 24.07.2013 (BStBl 2013 I S. 1022), Rdnr. 77.
363 BMF vom 24.07.2013 (BStBl 2013 I S. 1022), Rdnr. 80 ff., teilweise geändert durch BMF vom 13.01.2014 (BStBl 2014 I S. 97).
364 BMF vom 24.07.2013 (BStBl 2013 I S. 1022), Rdnr. 81.
365 BMF vom 24.07.2013 (BStBl 2013 I S. 1022), Rdnr. 82.
366 BMF vom 24.07.2013 (BStBl 2013 I S. 1022), Rdnr. 83.
367 Vgl. BMF vom 24.07.2013 (BStBl 2013 I S. 1022), Rdnr. 84.

29.1 Sonderausgaben

Erlangung der mittelbaren Zulageberechtigung i. H. von 60 €. Daneben fließen die ihr zustehende Grundzulage und die Kinderzulagen für drei Kinder auf ihren Vertrag.

Mindesteigenbeitragsberechnung für A:

beitragspflichtige Einnahmen	53.000 €	
4 %	2.120 €	
höchstens	2.100 €	
anzusetzen		2.100 €
abzüglich Zulage (2 × 154 € + 3 × 185 €)		863 €
Mindesteigenbeitrag (§ 86 Abs. 1 Satz 2 EStG)		1.237 €
Sockelbetrag (§ 86 Abs. 1 Satz 4 EStG)		60 €
maßgebend (§ 86 Abs. 1 Satz 5 EStG)		1.237 €

Beide Ehegatten haben Anspruch auf die volle Zulage, da B den Mindestbeitrag zur Erlangung der mittelbaren Zulageberechtigung i. H. von 60 € und A seinen Mindesteigenbeitrag von 1.237 € erbracht hat, der sich auch unter Berücksichtigung der B zustehenden Kinder- und Grundzulage errechnet.

Erbringt der unmittelbar Begünstigte in einem Beitragsjahr nicht den erforderlichen Mindesteigenbeitrag, ist die für dieses Beitragsjahr zustehende Altersvorsorgezulage (Grundzulage und Kinderzulage) nach dem Verhältnis der geleisteten Altersvorsorgebeiträge zum erforderlichen Mindesteigenbeitrag zu kürzen. Für den mittelbar zulageberechtigten Ehegatten/eingetragenen Lebenspartner gilt dieser Kürzungsmaßstab auch für seinen Zulageanspruch; der vom mittelbar zulageberechtigten Ehegatten/eingetragenen Lebenspartner zu leistende Mindestbeitrag wird nicht als Altersvorsorgebeitrag des unmittelbar berechtigten Ehegatten/eingetragenen Lebenspartners berücksichtigt (§ 86 Abs. 2 Satz 1 EStG).

Abwandlung des Beispiels:[368]

Wie obiges Beispiel, allerdings haben A und B im Beitragsjahr 2013 zugunsten ihrer Verträge jeweils folgende Beiträge geleistet:

A	1.100 €
B	200 €

Mindesteigenbeitragsberechnung für A:

beitragspflichtige Einnahmen	53.000 €	
4 %	2.120 €	
höchstens	2.100 €	
anzusetzen		2.100 €
abzgl. Zulage (2 × 154 € + 3 × 185 €)		863 €
Mindesteigenbeitrag (§ 86 Abs. 1 Satz 2 EStG)		1.237 €
Sockelbetrag (§ 86 Abs. 1 Satz 4 EStG)		60 €
maßgebend (§ 86 Abs. 1 Satz 5 EStG)		1.237 €
tatsächlich geleisteter Eigenbeitrag		1.100 €
dies entspricht 88,92 % des Mindesteigenbeitrags (1.100 : 1.237 × 100 % = 88,92 %)		

---

[368] Vgl. BMF vom 24.07.2013 (BStBl 2013 I S. 1022), Rdnr. 86.

29 Einkommensermittlung

Zulageanspruch A: 88,92 % von 154 €	136,94 €
Zulageanspruch B: 88,92 % von 709 € (154 € + 3 × 185 €)	630,44 €
Zulageansprüche insgesamt	767,38 €

Die eigenen Beiträge von B haben keine Auswirkung auf die Berechnung der Zulageansprüche, können aber von A im Rahmen seines Sonderausgabenabzugs nach § 10a Abs. 1 EStG geltend gemacht werden (1.100 € + 200 € + Zulagen A und B 767,38 € = 2.067,38 €).

Sonderausgabenabzug

Neben der Zulageförderung nach Abschn. XI EStG können die zum begünstigten Personenkreis gehörenden Steuerpflichtigen ihre Altersvorsorgebeiträge bis zu bestimmten Höchstbeträgen als Sonderausgaben geltend machen (§ 10a Abs. 1 EStG).[369] Bei Ehegatten/eingetragenen Lebenspartnern, die nach § 26b EStG zusammen zur Einkommensteuer veranlagt werden, kommt es nicht darauf an, ob der Ehemann oder die Ehefrau bzw. welcher der eingetragenen Lebenspartner die Altersvorsorgebeiträge geleistet hat. Altersvorsorgebeiträge gelten auch dann als eigene Beiträge des Steuerpflichtigen, wenn sie im Rahmen der betrieblichen Altersversorgung direkt vom Arbeitgeber an die Versorgungseinrichtung gezahlt werden.

Zu den abziehbaren Sonderausgaben gehören die im Veranlagungszeitraum geleisteten Altersvorsorgebeiträge. Außerdem ist die dem Steuerpflichtigen zustehende Altersvorsorgezulage (Grund- und Kinderzulage) zu berücksichtigen.[370] Hierbei ist abweichend von § 11 Abs. 2 EStG der für das Beitragsjahr (= Kalenderjahr) entstandene Anspruch auf Zulage für die Höhe des Sonderausgabenabzugs maßgebend (§ 10a Abs. 1 Satz 1 EStG). Ob und wann die Zulage dem begünstigten Vertrag gutgeschrieben wird, ist unerheblich.

Die Höhe der vom Steuerpflichtigen geleisteten Altersvorsorgebeiträge ist durch einen entsprechenden Datensatz des Anbieters nachzuweisen. Hierzu hat der Steuerpflichtige gegenüber dem Anbieter schriftlich darin einzuwilligen, dass dieser die im jeweiligen Beitragsjahr zu berücksichtigenden Altersvorsorgebeiträge unter Angabe der steuerlichen Identifikationsnummer (§ 139b AO) an die ZfA übermittelt.[371]

---

369 BMF vom 24.07.2013 (BStBl 2013 I S. 1022), Rdnr. 87 ff.
370 BMF vom 24.07.2013 (BStBl 2013 I S. 1022), Rdnr. 88.
371 BMF vom 24.07.2013 (BStBl 2013 I S. 1022), Rdnr. 89, teilweise geändert durch BMF vom 13.01.2014 (BStBl 2014 I S. 97).

29.1 Sonderausgaben

Für Ehegatten/eingetragene Lebenspartner, die beide unmittelbar begünstigt sind, ist die Begrenzung auf den Höchstbetrag nach § 10a Abs. 1 EStG jeweils gesondert vorzunehmen.[372] Ein nicht ausgeschöpfter Höchstbetrag eines Ehegatten/eingetragenen Lebenspartners kann dabei nicht auf den anderen Ehegatten/eingetragenen Lebenspartner übertragen werden.

Ist nur ein Ehegatte/eingetragener Lebenspartner nach § 10a Abs. 1 EStG unmittelbar begünstigt, kommt ein Sonderausgabenabzug bis zu der in § 10a Abs. 1 EStG genannten Höhe grundsätzlich nur für seine Altersvorsorgebeiträge sowie die ihm und dem mittelbar zulageberechtigten Ehegatten/eingetragenen Lebenspartner zustehenden Zulagen in Betracht.[373] Der Höchstbetrag erhöht sich um 60 Euro, wenn der andere Ehegatte/eingetragene Lebenspartner die Voraussetzungen der mittelbaren Zulageberechtigung (§ 79 Satz 2 EStG) erfüllt. Die vom mittelbar zulageberechtigten Ehegatten/eingetragenen Lebenspartner zugunsten seines Altersvorsorgevertrags geleisteten Altersvorsorgebeiträge können beim Sonderausgabenabzug des unmittelbar zulageberechtigten Ehegatten/eingetragenen Lebenspartners berücksichtigt werden, wenn der Höchstbetrag durch die vom unmittelbar Zulageberechtigten geleisteten Altersvorsorgebeiträge sowie die zu berücksichtigenden Zulagen nicht ausgeschöpft wird. Dabei sind die vom unmittelbar zulageberechtigten Ehegatten/eingetragenen Lebenspartner geleisteten Altersvorsorgebeiträge vorrangig zu berücksichtigen, jedoch mindestens 60 Euro der vom mittelbar zulageberechtigten Ehegatten/eingetragenen Lebenspartner geleisteten Altersvorsorgebeiträge.

Ein Sonderausgabenabzug nach § 10a Abs. 1 EStG wird nur gewährt, wenn er für den Steuerpflichtigen einkommensteuerlich günstiger ist als der Anspruch auf Zulage nach Abschn. XI EStG (§ 10a Abs. 2 Satz 1 und 2 EStG).[374] Bei der Veranlagung zur Einkommensteuer wird diese Prüfung von Amts wegen vorgenommen. Voraussetzung hierfür ist allerdings, dass der Steuerpflichtige gegenüber seinem Anbieter in die Datenübermittlung nach § 10a Abs. 2a Satz 1 EStG einwilligt und die weiteren für den Sonderausgabenabzug erforderlichen Angaben in die Anlage AV zur Einkommensteuererklärung erklärt oder dies bis zum Eintritt der Bestandskraft des Steuerbescheids nachholt. Der Nachweis über die Höhe der geleisteten Beiträge erfolgt dann durch den entsprechenden Datensatz des Anbieters.

Bei der Günstigerprüfung wird stets auf den sich nach den erklärten Angaben ergebenden Zulageanspruch abgestellt.[375] Daher ist es für die Höhe des im Rahmen des Sonderausgabenabzugs zu berücksichtigenden Zulageanspruchs unerheblich, ob ein

---

372 BMF vom 24.07.2013 (BStBl 2013 I S. 1022), Rdnr. 94 f., teilweise geändert durch BMF vom 13.01.2014 (BStBl 2014 I S. 97).
373 BMF vom 24.07.2013 (BStBl 2013 I S. 1022), Rdnr. 95, teilweise geändert durch BMF vom 13.01.2014 (BStBl 2014 I S. 97).
374 BMF vom 24.07.2013 (BStBl 2013 I S. 1022), Rdnr. 96 ff.
375 BMF vom 24.07.2013 (BStBl 2013 I S. 1022), Rdnr. 97.

Zulageantrag gestellt worden ist. Der Erhöhungsbetrag nach § 84 Satz 2 und 3 EStG bleibt bei der Ermittlung der dem Steuerpflichtigen zustehenden Zulage außer Betracht.

Erfolgt aufgrund der Günstigerprüfung ein Sonderausgabenabzug, erhöht sich die unter Berücksichtigung des Sonderausgabenabzugs ermittelte tarifliche Einkommensteuer um den Anspruch auf Zulage (§ 10a Abs. 2 EStG i. V. m. § 2 Abs. 6 Satz 2 EStG).[376] Durch diese Hinzurechnung wird erreicht, dass dem Steuerpflichtigen im Rahmen der Einkommensteuerveranlagung nur die über den Zulageanspruch hinausgehende Steuerermäßigung gewährt wird. Der Erhöhungsbetrag nach § 84 Satz 2 und 3 EStG bleibt bei der Ermittlung der dem Steuerpflichtigen zustehenden Zulage außer Betracht. Um die volle Förderung sicherzustellen, muss stets die Zulage beantragt werden. Über die zusätzliche Steuerermäßigung kann der Steuerpflichtige verfügen; sie wird nicht Bestandteil des Altersvorsorgevermögens. Die Zulage verbleibt auch dann auf dem Altersvorsorgevertrag, wenn die Günstigerprüfung ergibt, dass der Sonderausgabenabzug für den Steuerpflichtigen günstiger ist.

Wird bei einer Zusammenveranlagung von Ehegatten/eingetragenen Lebenspartnern der Sonderausgabenabzug beantragt, gilt für die Günstigerprüfung Folgendes:[377]

- Ist nur ein Ehegatte/eingetragener Lebenspartner unmittelbar begünstigt und hat der andere Ehegatte/eingetragene Lebenspartner keinen Altersvorsorgevertrag abgeschlossen, wird die Steuerermäßigung für die Aufwendungen nach § 10a Abs. 1 EStG des berechtigten Ehegatten/eingetragenen Lebenspartners mit seinem Zulageanspruch verglichen.[378]

- Ist nur ein Ehegatte/eingetragener Lebenspartner unmittelbar begünstigt und hat der andere Ehegatte/eingetragene Lebenspartner einen Anspruch auf Altersvorsorgezulage aufgrund seiner mittelbaren Zulageberechtigung nach § 79 Satz 2 EStG, wird die Steuerermäßigung für die im Rahmen des § 10a Abs. 1 EStG berücksichtigten Aufwendungen beider Ehegatten/eingetragener Lebenspartner einschließlich der hierfür zustehenden Zulagen mit dem den Ehegatten/eingetragenen Lebenspartnern insgesamt zustehenden Zulageanspruch verglichen (§ 10a Abs. 3 Satz 2 bis 4 i. V. m. Abs. 2 EStG).[379]

Haben beide unmittelbar begünstigten Ehegatten/eingetragenen Lebenspartner Altersvorsorgebeiträge geleistet, wird die Steuerermäßigung für die Summe der für jeden Ehegatten/eingetragenen Lebenspartner nach § 10a Abs. 1 EStG anzusetzenden Aufwendungen mit dem den Ehegatten/eingetragenen Lebenspartnern insgesamt zustehenden Zulageanspruch verglichen (§ 10a Abs. 3 Satz 1 i. V. m. Abs. 2 EStG).[380] Auch wenn nur für die von einem Ehegatten/eingetragenen Lebenspartner

---

376 BMF vom 24.07.2013 (BStBl 2013 I S. 1022), Rdnr. 99.
377 BMF vom 24.07.2013 (BStBl 2013 I S. 1022), Rdnr. 100 ff.
378 BMF vom 24.07.2013 (BStBl 2013 I S. 1022), Rdnr. 101.
379 BMF vom 24.07.2013 (BStBl 2013 I S. 1022), Rdnr. 102.
380 BMF vom 24.07.2013 (BStBl 2013 I S. 1022), Rdnr. 103.

29.1 Sonderausgaben

geleisteten Altersvorsorgebeiträge ein Sonderausgabenabzug nach § 10a Abs. 1 EStG beantragt wird, wird bei der Ermittlung der über den Zulageanspruch hinausgehenden Steuerermäßigung die den beiden Ehegatten/eingetragenen Lebenspartnern zustehende Zulage berücksichtigt (§ 10a Abs. 3 Satz 5 EStG).

Beispiel 1:[381]
Ehegatten, die beide unmittelbar begünstigt sind, haben im Jahr 2013 ein zu versteuerndes Einkommen i. H. von 150.000 € (ohne Sonderausgabenabzug nach § 10a EStG). Darin sind Einkünfte aus unterschiedlichen Einkunftsarten enthalten. Sie haben mit den Beiträgen i. H. von 2.300 € (Ehemann) / 900 € (Ehefrau) zugunsten ihrer Verträge mehr als die erforderlichen Mindesteigenbeiträge gezahlt und daher für das Beitragsjahr 2013 jeweils einen Zulageanspruch von 154 €.

Ehemann		**Ehefrau**	
Eigenbeitrag	2.300 €	Eigenbeitrag	900 €
davon gefördert		davon gefördert	
höchstens (2.100 € – 154 €)	1.946 €	höchstens (2.100 € – 154 €)	1.946 €
gefördert somit	1.946 €	gefördert somit	900 €
abziehbare Sonderausgaben		abziehbare Sonderausgaben	
(1.946 € + 154 € =)	2.100 €	(900 € + 154 € =)	1.054 €

zu versteuerndes Einkommen (bisher)	150.000 €
abzgl. Sonderausgaben Ehemann	2.100 €
abzgl. Sonderausgaben Ehefrau	1.054 €
	3.154 €
zu versteuerndes Einkommen (neu)	146.846 €
Einkommensteuer auf 150.000 €	49.171 €
Einkommensteuer auf 146.846 €	47.773 €
Differenz	1.398 €
abzgl. Zulageansprüche insgesamt (2 × 154 €)	308 €
zusätzliche Steuerermäßigung insgesamt	1.090 €

Der Sonderausgabenabzug nach § 10a EStG ergibt für die Ehegatten eine zusätzliche Steuerermäßigung i. H. von 1.090 €.

Beispiel 2:[382]
Ehegatten haben im Jahr 2013 ein zu versteuerndes Einkommen i. H. von 150.000 € (ohne Sonderausgabenabzug nach § 10a EStG). Darin sind Einkünfte aus unterschiedlichen Einkunftsarten enthalten. Nur der Ehemann ist unmittelbar begünstigt; er hat den erforderlichen Mindesteigenbeitrag erbracht. Seine Ehefrau hat einen eigenen Altersvorsorgevertrag abgeschlossen und ist daher mittelbar zulageberechtigt. Sie

---
381 Vgl. BMF vom 24.07.2013 (BStBl 2013 I S. 1022), Rdnr. 105.
382 Vgl. BMF vom 24.07.2013 (BStBl 2013 I S. 1022), Rdnr. 106.

haben Beiträge i. H. von 1.700 € (Ehemann) bzw. 250 € (Ehefrau) zugunsten ihrer Verträge gezahlt und – da der Ehemann den erforderlichen Mindesteigenbeitrag geleistet habt – für das Beitragsjahr 2013 jeweils einen Zulageanspruch von 154 €.

Ehemann		**Ehefrau**	
Eigenbeitrag	1.700 €	Eigenbeitrag	250 €
davon gefördert	1.700 €		

durch den unmittelbar Zulageberechtigten ausgeschöpftes Abzugsvolumen:

Eigenbeitrag des Ehemanns	1.700 €		
Zulageanspruch Ehemann	154 €		
Zulageanspruch Ehefrau	154 €		
ausgeschöpft somit	2.008 €		
Abzugsvolumen	2.100 €	60 €	
noch nicht ausgeschöpft	92 €		
von der Ehefrau noch nutzbares Abzugsvolumen		92 €	
Abzugsvolumen Ehefrau			152 €
Eigenbeitrag Ehefrau			250 €
davon abziehbar			152 €
förderbar (1.700 € + 152 € + 154 € + 154 €) 2008 €		förderbar	152 €

Abziehbare Sonderausgaben der Ehegatten insgesamt:
(1.700 € + 152 € + 154 € + 154 € =) 2.160 €

zu versteuerndes Einkommen (bisher)	150.000 €
abzgl. Sondcrausgaben Ehemann/Ehefrau	2.160 €
zu versteuerndes Einkommen (neu)	147.840 €
Steuer auf 150.000 €	49.171 €
Steuer auf 147.840 €	48.214 €
Differenz	957 €
abzgl. Zulageansprüche insgesamt (2 × 154 €)	308 €
zusätzliche Steuerermäßigung insgesamt	649 €

Der Sonderausgabenabzug nach § 10a EStG ergibt für die Ehegatten eine zusätzliche Steuerermäßigung i. H. von 649 €. Zur Zurechnung der auf den einzelnen Ehegatten entfallenden Steuerermäßigung siehe unten (Fortführung der Beispiele).

Eine gesonderte Feststellung der zusätzlichen Steuerermäßigung nach § 10a Abs. 4 Satz 1 EStG ist nur durchzuführen, wenn der Sonderausgabenabzug nach § 10a Abs. 1 EStG günstiger ist als der Zulageanspruch nach Abschn. XI EStG. Das Wohnsitzfinanzamt stellt in diesen Fällen die über den Zulageanspruch hinausgehende Steuerermäßigung fest und teilt sie der ZfA mit. Wirkt sich eine Änderung der Einkommensteuerfestsetzung auf die Höhe der Steuerermäßigung aus, ist die Feststellung nach § 10a Abs. 4 Satz 1 i. V. m. § 10d Abs. 4 Satz 4 EStG ebenfalls zu ändern.[383]

Ehegatten/eingetragenen Lebenspartner, bei denen die Voraussetzungen des § 26 Abs. 1 EStG vorliegen, ist die über den Zulageanspruch hinausgehende Steuerermäßigung – unabhängig von der gewählten Veranlagungsart – jeweils getrennt zuzurechnen (§ 10a Abs. 4 Satz 3 EStG).[384] Hierbei gilt Folgendes:

- Gehören beide Ehegatten/eingetragene Lebenspartner zu dem nach § 10a Abs. 1 EStG begünstigten Personenkreis, ist die über den Zulageanspruch hinausgehende Steuerermäßigung jeweils getrennt zuzurechnen (§ 10a Abs. 4 Satz 3 EStG).[385] Die Zurechnung erfolgt im Verhältnis der als Sonderausgaben berücksichtigten Altersvorsorgebeiträge (geförderte Eigenbeiträge; § 10a Abs. 4 Satz 3 Halbsatz 2 EStG).

- Gehört nur ein Ehegatte/eingetragener Lebenspartner zu dem nach § 10a Abs. 1 EStG begünstigten Personenkreis und ist der andere Ehegatte/eingetragene Lebenspartner nicht nach § 79 Satz 2 EStG zulageberechtigt, weil er keinen eigenen Altersvorsorgevertrag abgeschlossen hat oder weniger als 60 Euro im Beitragsjahr zugunsten seines Altersvorsorgevertrags geleistet hat, ist die Steuerermäßigung dem Ehegatten/eingetragenen Lebenspartner zuzurechnen, der zum unmittelbar begünstigten Personenkreis gehört.[386]

- Gehört nur ein Ehegatte/eingetragener Lebenspartner zu dem nach § 10a Abs. 1 EStG begünstigten Personenkreis und ist der andere Ehegatte/eingetragene Lebenspartner nach § 79 Satz 2 EStG zulageberechtigt, ist die Steuerermäßigung den Ehegatten/eingetragenen Lebenspartnern getrennt zuzurechnen.[387] Die Zurechnung erfolgt im Verhältnis der als Sonderausgaben berücksichtigten Altersvorsorgebeiträge (geförderte Eigenbeiträge; § 10a Abs. 4 Satz 3 und 4 EStG).

Fortführung Beispiel 1:[388]

Die zusätzliche Steuerermäßigung von 1.090 € ist den Ehegatten für die gesonderte Feststellung nach § 10a Abs. 4 Satz 2 EStG getrennt zuzurechnen. Aufteilungsmaßstab hierfür sind die nach § 10a Abs. 1 EStG berücksichtigten Eigenbeiträge.

Zusätzliche Steuerermäßigung insgesamt		1.090,00 €
davon Ehemann	(1.946 € : 2.846 € × 100 % = 68,38 %)	745,34 €
davon Ehefrau	(900 € : 2.846 € × 100 % = 31,62 %)	344,66 €

---

383 BMF vom 24.07.2013 (BStBl 2013 I S. 1022), Rdnr. 107 ff.
384 BMF vom 24.07.2013 (BStBl 2013 I S. 1022), Rdnr. 108.
385 BMF vom 24.07.2013 (BStBl 2013 I S. 1022), Rdnr. 109.
386 BMF vom 24.07.2013 (BStBl 2013 I S. 1022), Rdnr. 110.
387 BMF vom 24.07.2013 (BStBl 2013 I S. 1022), Rdnr. 111.
388 Vgl. BMF vom 24.07.2013 (BStBl 2013 I S. 1022), Rdnr. 112.

Diese Beträge und die Zuordnung zu den jeweiligen Verträgen sind nach § 10a Abs. 4 EStG gesondert festzustellen und der ZfA als den jeweiligen Verträgen zugehörig mitzuteilen.

Fortführung Beispiel 2:[389]
Die zusätzliche Steuerermäßigung von 649 € ist den Ehegatten für die gesonderte Feststellung nach § 10a Abs. 4 Satz 4 EStG getrennt zuzurechnen. Aufteilungsmaßstab hierfür ist das Verhältnis der Eigenbeiträge des unmittelbar zulageberechtigten Ehegatten zu den wegen der Nichtausschöpfung des Höchstbetrags berücksichtigten Eigenbeiträgen des mittelbar zulageberechtigten Ehegatten.

Zusätzliche Steuerermäßigung insgesamt		649,00 €
davon Ehemann	(1.700 € : 1.852 € × 100 % = 91,79 %)	595,72 €
davon Ehefrau	(152 € : 1.852 € × 100 % = 8,21 %)	53,28 €

Diese Beträge und die Zuordnung zu den jeweiligen Verträgen sind nach § 10a Abs. 4 EStG gesondert festzustellen und der ZfA als den jeweiligen Verträgen zugehörig mitzuteilen.

Zusammentreffen mehrerer Verträge

Die Altersvorsorgezulage wird bei einem unmittelbar Zulageberechtigten höchstens für zwei Verträge gewährt (§ 87 Abs. 1 Satz 1 EStG).[390] Der Zulageberechtigte kann im Zulageantrag jährlich neu bestimmen, für welche Verträge die Zulage gewährt werden soll (§ 89 Abs. 1 Satz 2 EStG). Wurde nicht der gesamte nach § 86 EStG erforderliche Mindesteigenbeitrag zugunsten dieser Verträge geleistet, wird die Zulage entsprechend gekürzt (§ 86 Abs. 1 Satz 6 EStG). Die zu gewährende Zulage wird entsprechend dem Verhältnis der zugunsten dieser beiden Verträge geleisteten Altersvorsorgebeiträge verteilt. Es steht dem Zulageberechtigten allerdings frei, auch wenn er mehrere Verträge abgeschlossen hat, die Förderung nur für einen Vertrag in Anspruch zu nehmen.

Erfolgt bei mehreren Verträgen keine Bestimmung oder wird die Zulage für mehr als zwei Verträge beantragt, wird die Zulage nur für die zwei Verträge gewährt, für die im Beitragsjahr die höchsten Altersvorsorgebeiträge geleistet wurden (§ 89 Abs. 1 Satz 3 EStG).[391]

Beispiel:[392]
Der Zulageberechtigte zahlt im Jahr 2013 800 €, 800 € und 325 € zugunsten von drei verschiedenen Altersvorsorgeverträgen (ohne Zulage). Sein Mindesteigenbeitrag beträgt 1.461 €.

---
389 Vgl. BMF vom 24.07.2013 (BStBl 2013 I S. 1022), Rdnr. 113.
390 BMF vom 24.07.2013 (BStBl 2013 I S. 1022), Rdnr. 114 ff.
391 BMF vom 24.07.2013 (BStBl 2013 I S. 1022), Rdnr. 115.
392 Vgl. BMF vom 24.07.2013 (BStBl 2013 I S. 1022), Rdnr. 116.

29.1 Sonderausgaben

Der Zulageberechtigte beantragt die Zulage für die Verträge 1 und 2:

	Vertrag 1	Vertrag 2	Vertrag 3
Beiträge	800 €	800 €	325 €
Zulage	77 € (800 € : 1.600 € × 154 €)	77 € (800 € : 1.600 € × 154 €)	–

Er erhält die ungekürzte Zulage von 154 €, da zugunsten der Verträge 1 und 2 in der Summe der erforderliche Mindesteigenbeitrag geleistet worden ist.

Abwandlung:[393]

Wie oben, der Zulageberechtigte zahlt die Beiträge (ohne Zulage) jedoch i. H. von 650 €, 650 € und 325 € zugunsten von drei verschiedenen Altersvorsorgeverträgen.

Weil der Zulageberechtigte mit den Einzahlungen zugunsten der zwei Verträge, für die die Zulage beantragt wird, nicht den Mindesteigenbeitrag von 1.461 € erreicht, wird die Zulage von 154 € im Verhältnis der Altersvorsorgebeiträge zum Mindesteigenbeitrag gekürzt (§ 86 Abs. 1 Satz 6 EStG). Die Zulage beträgt 154 € × 1.300 € : 1.461 € = 137,03 €, sie wird den Verträgen 1 und 2 mit jeweils 68,52 € gutgeschrieben:

	Vertrag 1	Vertrag 2	Vertrag 3
Beiträge	650 €	650 €	325 €
Zulage	68,52 € (650 € : 1.300 € × 137,03 €)	68,52 € (650 € : 1.300 € × 137,03 €)	–

Der nach § 79 Satz 2 EStG mittelbar Zulageberechtigte kann die Zulage für das jeweilige Beitragsjahr nicht auf mehrere Verträge verteilen (§ 87 Abs. 2 EStG).[394] Es ist nur der Vertrag begünstigt, für den zuerst die Zulage beantragt wird.

Für den Sonderausgabenabzug nach § 10a Abs. 1 EStG ist keine Begrenzung der Anzahl der zu berücksichtigenden Verträge vorgesehen.[395] Der Steuerpflichtige kann im Rahmen des Höchstbetrags nach § 10a Abs. 1 Satz 1 EStG auch Altersvorsorgebeiträge für Verträge geltend machen, für die keine Zulage beantragt wurde oder aufgrund des § 87 Abs. 1 EStG keine Zulage gewährt wird. In dem Umfang, in dem eine Berücksichtigung nach § 10a EStG erfolgt, gelten die Beiträge als steuerlich gefördert. Die Zurechnung der über den Zulageanspruch nach Abschnitt XI EStG hinausgehenden Steuerermäßigung erfolgt hierbei im Verhältnis der berücksichtigten Altersvorsorgebeiträge (§ 10a Abs. 4 Satz 2 EStG).

Beispiel:[396]

Der Steuerpflichtige zahlt im Jahr 2013 insgesamt 2.400 € Beiträge (ohne Zulage von 154 €) auf vier verschiedene Altersvorsorgeverträge ein (800 €, 800 €, 400 €,

---

393 Vgl. BMF vom 24.07.2013 (BStBl 2013 I S. 1022), Rdnr. 117.
394 BMF vom 24.07.2013 (BStBl 2013 I S. 1022), Rdnr. 118.
395 BMF vom 24.07.2013 (BStBl 2013 I S. 1022), Rdnr. 119.
396 Vgl. BMF vom 24.07.2013 (BStBl 2013 I S. 1022), Rdnr. 120.

400 €). Sein Mindesteigenbeitrag beträgt 1.461 €. Die Zulage wird für die beiden Verträge mit je 800 € Beitragsleistung beantragt. Die zusätzliche Steuerermäßigung für den Sonderausgabenabzug nach § 10a Abs. 1 EStG beträgt 270 €.

Obwohl die Altersvorsorgebeiträge für die Verträge 3 und 4 sich nicht auf die Zulagegewährung auswirken (§ 87 Abs. 1 Satz 1 EStG), gehören die auf diese Beiträge entfallenden Leistungen aus diesen Verträgen in der Auszahlungsphase ebenfalls zu den sonstigen Einkünften nach § 22 Nr. 5 Satz 1 EStG, soweit sie als Sonderausgaben berücksichtigt wurden. In folgender Höhe sind die Beiträge steuerlich begünstigt worden:

Sonderausgabenhöchstbetrag abzgl. Zulage (2.100 € – 154 € = 1.946 €) im Verhältnis zu den geleisteten Beiträgen	648,67 € (1.946 € : 2.400 € × 800 €)	648,67 € (1.946 € : 2.400 € × 800 €)	324,33 € (1.946 € : 2.400 € × 400 €)	324,33 € (1.946 € : 2.400 € × 400 €)
Zulage	77 €	77 €	–	–
bei den einzelnen Verträgen sind somit die folgenden Einzahlungen steuerlich begünstigt (725,67 € + 725,67 € + 324,33 € + 324,33 € = 2.100,00 €)	725,67 €	725,67 €	324,33 €	324,33 €

Die Steuerermäßigung ist den vier Verträgen wie folgt zuzurechnen:

	Vertrag 1	Vertrag 2	Vertrag 3	Vertrag 4
Beiträge	800 €	800 €	400 €	400 €
Zulage	77 €	77 €	–	–
zusätzliche Steuerermäßigung	90 € (648,67 € : 1.946 € × 270 €)	90 € (648,67 € : 1.946 € × 270 €)	45 € (324,33 € : 1.946 € × 270 €)	45 € (324,33 € : 1.946 € × 270 €)

29.2 Steuerbegünstigte Zwecke (§ 10b EStG)

§ 10b EStG stellt eine weitere Norm zur Ermittlung des Einkommens dar. Hiernach können Zuwendungen zur Förderung steuerbegünstigter Zwecke i. S. der §§ 52 bis 54 AO sowie Zuwendungen an politische Parteien i. S. des § 2 des Parteiengesetzes im begrenzten Umfang als Sonderausgaben abgezogen werden. Bei den Zuwendungen kann es sich um einmalige oder laufende Leistungen handeln.

Unter dem Oberbegriff der Zuwendungen fasst das Gesetz nach § 10b Abs. 1 Satz 1 EStG **Spenden** und **Mitgliedsbeiträge** zusammen.

Die freiwilligen und unentgeltlichen Ausgaben, die der Steuerpflichtige zur Förderung steuerbegünstigter Zwecke leistet, sind Kosten der Lebensführung. Deren Abzug als Sonderausgaben nach § 10b EStG ist in § 12 Satz 1 EStG vorbehalten. Als Sonderausgaben vermindern die Zuwendungen den Gesamtbetrag der Einkünfte (§ 2 Abs. 4 EStG). Die Beiträge und Spenden sind jeweils in dem Kalenderjahr als Sonderausgaben abzugsfähig, in dem sie geleistet werden (§ 11 Abs. 2 EStG).

29.2 Steuerbegünstigte Zwecke

Für die Abgrenzung der Spenden von den Betriebsausgaben bzw. den Werbungskosten kommt es auf die Motivation an, aus der heraus die Ausgaben gemacht werden. Eine Spende liegt vor, wenn für die Ausgabe eine deutlich überwiegende und im Vordergrund stehende **Spendenmotivation** gegeben ist. Maßgebend sind die Motive, wie sie durch äußere Umstände erkennbar werden.[397]

Ob mit der Ausgabe z. B. betriebliche Werbezwecke (sog. **Sponsoring-Aufwendungen**) oder uneigennützige Ziele verfolgt werden, lässt sich nur anhand äußerer Beweisanzeichen beurteilen. Am deutlichsten spiegelt sich ein Werbzweck im Gebrauch üblicher Werbemittel und -hilfen wider. Aufwendungen des Sponsors sind Betriebsausgaben, wenn der Sponsor wirtschaftliche Vorteile, die insbesondere in der Sicherung oder Erhöhung seines unternehmerischen Ansehens liegen können,[398] für sein Unternehmen erstrebt oder für Produkte seines Unternehmens werben will. Das ist insbesondere der Fall, wenn der Empfänger der Leistungen auf Plakaten, Veranstaltungshinweisen, in Ausstellungskatalogen, auf den von ihm benutzten Fahrzeugen oder anderen Gegenständen auf das Unternehmen oder auf die Produkte des Sponsors werbewirksam hinweist. Die Berichterstattung in Zeitungen, Rundfunk oder Fernsehen kann einen wirtschaftlichen Vorteil, den der Sponsor für sich anstrebt, begründen, insbesondere wenn sie in seine Öffentlichkeitsarbeit eingebunden ist oder der Sponsor an Pressekonferenzen oder anderen öffentlichen Veranstaltungen des Empfängers mitwirken und eigene Erklärungen über sein Unternehmen oder seine Produkte abgeben kann.

Wirtschaftliche Vorteile für das Unternehmen des Sponsors können auch dadurch erreicht werden, dass der Sponsor durch Verwendung des Namens, von Emblemen oder Logos des Empfängers oder in anderer Weise öffentlichkeitswirksam auf seine Leistungen aufmerksam macht.[399]

Zuwendungen des Sponsors, die keine Betriebsausgaben oder Werbungskosten sind, sind als Spenden (§ 10b EStG) zu behandeln, wenn sie zur Förderung steuerbegünstigter Zwecke freiwillig oder aufgrund einer freiwillig eingegangenen Rechtspflicht erbracht werden, kein Entgelt für eine bestimmte Leistung des Empfängers sind und nicht in einem tatsächlichen wirtschaftlichen Zusammenhang mit dessen Leistungen stehen.[400]

---

[397] BFH vom 02.02.2011 IV B 110/09 (BFH/NV 2011 S. 792) m. w. N.
[398] BFH vom 29.06.1993 VI B 108/92 (BStBl 1993 II S. 441).
[399] BMF vom 18.02.1998 (BStBl 1998 I S. 212).
[400] BFH vom 02.02.2011 IV B 110/09 (BFH/NV 2011 S. 792) m. w. N.

29 Einkommensermittlung

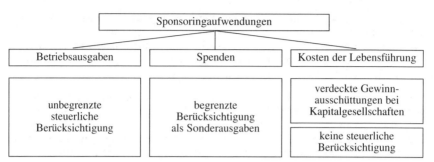

Die im Zusammenhang mit dem Sponsoring erhaltenen Leistungen können, wenn der Empfänger eine steuerbegünstigte Körperschaft ist, steuerfreie Einnahmen im ideellen Bereich, steuerfreie Einnahmen aus der Vermögensverwaltung oder steuerpflichtige Einnahmen eines wirtschaftlichen Geschäftsbetriebs sein. Die steuerliche Behandlung der Leistungen beim Empfänger hängt grundsätzlich nicht davon ab, wie die entsprechenden Aufwendungen beim leistenden Unternehmen behandelt werden.

Auf Ausgaben, die Betriebsausgaben oder Werbungskosten darstellen, ist § 10b EStG nicht anzuwenden, selbst wenn deren steuerliche Berücksichtigung durch § 4 Abs. 5 EStG ausgeschlossen oder eingeschränkt ist. Für Beiträge und Spenden an politische Parteien ist der Abzug als Betriebsausgaben oder Werbungskosten gesetzlich ausgeschlossen (§ 4 Abs. 6 und § 9 Abs. 5 EStG).

Zuwendungen i. S. des § 10b EStG dürfen nach § 33 Abs. 2 Satz 2 EStG nicht als außergewöhnliche Belastungen nach §§ 33, 33a EStG abgezogen werden, selbst wenn diese Zuwendungen wegen der Abzugsbeschränkungen des § 10b EStG unberücksichtigt bleiben.

29.2.1 Abzug von Zuwendungen zur Förderung steuerbegünstigter Zwecke (§ 10b Abs. 1 EStG)

Zuwendungen i. S. des § 10b EStG sind nach der Legaldefinition in § 10b Abs. 1 Satz 1 EStG Spenden und Mitgliedsbeiträge. Zu den steuerbegünstigten Zwecken i. S. von § 10b Abs. 1 EStG gehören nur die in den §§ 52 bis 54 AO genannten gemeinnützigen, mildtätigen oder kirchlichen Zwecke. Unerheblich ist, ob diese Zwecke im Inland oder Ausland verfolgt werden. Werden die steuerbegünstigten Zwecke im Ausland verwirklicht, setzt die Steuervergünstigung voraus, dass natürliche Personen, die ihren Wohnsitz oder ihren gewöhnlichen Aufenthalt im Geltungsbereich dieses Gesetzes haben, gefördert werden oder die Tätigkeit der Körperschaft neben der Verwirklichung der steuerbegünstigten Zwecke auch zum Ansehen der Bundesrepublik Deutschland im Ausland beitragen kann (§ 51 Abs. 2 AO, § 10b Abs. 1 Satz 6 EStG). Durch die Bezugnahme auf die Vorschriften der AO wirken

29.2 Steuerbegünstigte Zwecke

sich Änderungen bei diesen Vorschriften daher auch auf den Sonderabgabenabzug nach § 10b Abs. 1 EStG aus.

Spenden sind von den Mitgliedsbeiträgen abzugrenzen, da Mitgliedsbeiträge besonderen Abzugsbeschränkungen unterliegen.

Spenden sind Ausgaben, die freiwillig und unentgeltlich geleistet werden, um steuerbegünstigte Zwecke in fremdnütziger Weise zu fördern. Sie müssen zu einer endgültigen wirtschaftlichen Belastung des Steuerpflichtigen geführt haben. Die Herkunft der Mittel ist gleichgültig.

Gegenleistungen jeder Art schließen den Spendenabzug aus. Daher sind – mangels Unentgeltlichkeit – sog. **Eintrittsgelder, Aufnahmespenden** oder **Beitrittsspenden,** die der Steuerpflichtige leistet, um als Vereinsmitglied Leistungen des Vereins in Anspruch nehmen zu können, keine Spenden i. S. des § 10b EStG.[401]

Ob Beiträge der Eltern für den Schulbesuch der Kinder als Spende oder als Entgelt für den Schulbesuch anzusehen sind, richtet sich nicht danach, ob sie freiwillig oder unfreiwillig geleistet wurden. Entscheidend ist vielmehr, ob die Leistungen der Eltern dazu dienen, die Kosten des normalen Schulbetriebs zu decken und deshalb als Entgelt zu werten sind, oder ob sie darüber hinausgehen und deshalb als Spende abziehbar sind.[402]

Leistet der **Erbe** oder auch der **Testamentsvollstrecker** Spenden zur Erfüllung eines vom Erblasser angeordneten Vermächtnisses, sind diese Zahlungen ggf. weder beim Erblasser noch beim Erben als Spenden abziehbar, auch wenn im Übrigen die sachlichen Voraussetzungen des § 10b EStG erfüllt werden. Bei den Erben ist ein **Spendenabzug** bereits deshalb **ausgeschlossen,** weil die Zahlungen nicht freiwillig i. S. des § 10b Abs. 1 EStG geleistet werden, sondern aufgrund einer den Erben auferlegten rechtlichen Verpflichtung. Bei der Einkommensteuerveranlagung des Erblassers scheitert der Spendenabzug daran, dass bis zum Ende der persönlichen Steuerpflicht des Erblassers die Beträge noch nicht abgeflossen sind, denn die Vermächtnisanordnung begründet lediglich eine die Erben treffende Schuld, die erst durch den Erbfall entsteht. Erst mit der **Erfüllung des Vermächtnisses** ist die Spende tatsächlich abgeflossen. Der spätere Zahlungsvorgang durch die Erben kann dem Erblasser nicht mehr zugerechnet werden, dessen persönliche Steuerpflicht endet mit dem Todestag.[403]

Die Ausgaben müssen **zur Förderung** der begünstigten Zwecke gemacht worden sein. Dies setzt nicht voraus, dass der Geber mit seiner Ausgabe keinerlei eigennützige Zwecke verfolgt. Der Abzug der Ausgaben ist jedoch dann ausgeschlossen, wenn die Ausgaben das Entgelt für eine Gegenleistung darstellen.[404] Es genügt, wenn der Ausgabe bei wirtschaftlicher Betrachtung eine Gegenleistung gegenüber-

---

[401] BFH vom 02.08.2006 XI R 6/03 (BStBl 2007 II S. 8).
[402] BFH vom 20.07.2006 XI B 51/05 (BFH/NV 2006 S. 2070).
[403] BFH vom 19.06.1997 IV R 4/97 (BStBl 1997 II S. 239).
[404] BFH vom 25.08.1987 IX R 24/85 (BStBl 1987 II S. 850).

steht, die der „Spender" als Ausgleich für seine Ausgabe erhält. Daher sind Lose einer Wohlfahrtstombola und Wohlfahrtsmarken keine abzugsfähigen Spenden i. S. des § 10b EStG.[405] Auch Spenden, die als Bewährungsauflage im Straf- oder Gnadenverfahren an gemeinnützige Einrichtungen geleistet werden, sind keine abzugsfähigen Spenden i. S. des § 10b EStG.[406] Auch Zahlungen an eine gemeinnützige Einrichtung zur Erfüllung einer Auflage nach § 153a StPO sind nicht als Spende abziehbar, da die Zahlung nicht zur Förderung der gemeinnützigen Einrichtung geleistet wird, sondern um eine endgültige Verfahrenseinstellung zu erreichen.[407]

Mitgliedsbeiträge sind Geldleistungen, die ein Mitglied einer Körperschaft aufgrund satzungsmäßiger Vorschriften an die Körperschaft erbringt. Hierzu gehören auch Umlagen und Aufnahmegebühren.

Der Abzug von Mitgliedsbeiträgen – nicht jedoch von Spenden – wird durch § 10b Abs. 1 Satz 8 EStG eingeschränkt. Die gesamten Mitgliedsbeiträge, die an Körperschaften geleistet werden, die – mindestens – einen der folgenden Zwecke fördern, dürfen nicht abgezogen werden:

- den Sport (§ 52 Abs. 2 Satz 1 Nr. 21 AO),
- kulturelle Betätigungen, die in erster Linie der Freizeitgestaltung dienen,
- die Heimatpflege und Heimatkunde (§ 52 Abs. 2 Satz 1 Nr. 22 AO) oder
- Zwecke i. S. des § 52 Abs. 2 Satz 1 Nr. 23 AO (Tierzucht, Pflanzenzucht, Kleingärtnerei, traditionelles Brauchtum, Soldaten- und Reservistenbetreuung, Amateurfunk, Modellflug, Hundesport).

Entsprechendes gilt für Spenden, die als Mitgliedsbeiträge kaschiert werden. Dem Abzugsverbot unterliegen somit Mitgliedsbeiträge, die typischerweise überwiegend der Finanzierung von Leistungen an die Mitglieder oder die in erster Linie der Freizeitgestaltung des Steuerpflichtigen dienen. Unerheblich ist, ob und in welchem Umfang die Körperschaft die Mitgliedsbeträge tatsächlich verwendet.

Ausgenommen von diesem Abzugsverbot sind Mitgliedsbeiträge an Körperschaften, die Zwecke nach § 52 Abs. 2 Nr. 5 AO (Kunst und Kultur) fördern, selbst wenn den Mitgliedern Vergünstigungen (z. B. verbilligte Eintrittskarten) gewährt werden, es sei denn, die Körperschaft fördert kulturelle Betätigungen, die in erster Linie der Freizeitgestaltung dienen (§ 10b Abs. 1 Satz 7 EStG).

Steuerbegünstigt sind nur Zuwendungen an **bestimmte Empfänger.** Der Sonderabgabenabzug nach § 10b Abs. 1 EStG setzt voraus, dass die Zuwendung an

- eine juristische Person des öffentlichen Rechts oder an eine öffentliche Dienststelle, die in einem Mitgliedstaat der EU oder in einem Staat belegen ist, auf den

---
405 BFH vom 29.01.1971 VI R 159/68 (BStBl 1971 II S. 799).
406 BFH vom 08.04.1964 VI 83/63 U (BStBl 1964 III S. 333).
407 BFH vom 16.04.1991 VIII R 100/87 (BStBl 1991 II S. 234).

29.2 Steuerbegünstigte Zwecke

das Abkommen über den Europäischen Wirtschaftsraum[408] (EWR-Abkommen) Anwendung findet, oder
- eine nach § 5 Abs. 1 Nr. 9 KStG steuerbefreite Körperschaft, Personenvereinigung oder Vermögensmasse oder
- eine Körperschaft, Personenvereinigung oder Vermögensmasse, die in einem EU-Staat oder in einem Staat belegen ist, auf den das EWR-Abkommen Anwendung findet, und die nach § 5 Abs. 1 Nr. 9 KStG i. V. m. § 5 Abs. 2 Nr. 2 Halbsatz 2 KStG steuerbefreit wäre, wenn sie inländische Einkünfte erzielen würde

geleistet wird. Nicht abzugsfähig sind daher Spenden, die unmittelbar einer natürlichen Person zugewendet werden.

Juristische Person des öffentlichen Rechts sind insbesondere die Gebietskörperschaften (Bund, Länder, Gemeinden, Gemeinde- und Zweckverbände), ausländische Staaten, inländische Religionsgemeinschaften in der Rechtsform einer Körperschaft des öffentlichen Rechts (z. B. die Evangelischen Landeskirchen und die Katholische Kirche), staatliche Hochschulen sowie öffentlich-rechtliche Anstalten und Stiftungen.

Öffentliche Dienststellen haben keine eigene Rechtspersönlichkeit. Sie sind einer juristische Person des öffentlichen Rechts nachgeordnet oder in sie eingegliedert. Öffentliche Dienststellen sind beispielsweise Regie- und kommunale Eigenbetriebe, staatliche Forschungsinstitute, Schulen in öffentlicher Trägerschaft sowie die Gemeinden Evangelischer Landeskirchen und die Katholische Kirche.

Von der Körperschaftsteuer nach § 5 Abs. 1 Nr. 9 KStG befreit sind Körperschaften, Personenvereinigungen sowie Vermögensmassen,
- wenn sie – aufgrund ihrer Geschäftsleitung und/oder ihres Sitzes im Inland – unbeschränkt körpersteuerpflichtig sind und nach der Satzung, dem Stiftungsgeschäft oder der sonstigen Verfassung sowie nach ihrer tatsächlichen Geschäftsführung ausschließlich und unmittelbar gemeinnützigen, mildtätigen oder kirchlichen Zwecken dienen[409] oder
- wenn sie beschränkt körpersteuerpflichtig sind – da sie weder ihre Geschäftsleitung noch ihren Sitz im Inland haben, aber inländische Einkünfte erzielen (§ 2 Nr. 1 KStG) – und nach ihrer Satzung, dem Stiftungsgeschäft oder der sonstigen Verfassung und nach ihrer der tatsächlichen Geschäftsführung ausschließlich und unmittelbar gemeinnützigen, mildtätigen oder kirchlichen Zwecken verfolgen sowie die Voraussetzungen des § 5 Abs. 2 Nr. 2 Halbsatz 2 KStG erfüllen.

Eine besondere Anerkennung als steuerbegünstigte Körperschaft ist im steuerlichen Gemeinnützigkeitsrecht nicht vorgesehen.[410] Ob eine Körperschaft steuerbegünstigt ist, entscheidet das für die Körperschaft zuständige Finanzamt im Veranlagungsver-

---
408 BGBl 1993 II S. 267.
409 BFH vom 11.04.2012 I R 11/11 (BStBl 2013 II S. 146).
410 AEAO zu § 59 AO Nr. 3.

fahren durch Steuerbescheid (ggf. Freistellungsbescheid).[411] Die Voraussetzungen der Körperschaftsteuerbefreiung werden i. d. R. alle drei Jahre überprüft. Das für die Veranlagung des Zuwendenden zuständige Finanzamt ist an diese Entscheidung gebunden.[412]

Bei neu gegründeten Körperschaften erteilt das Finanzamt auf Antrag eine vorläufige Bescheinigung über die Gemeinnützigkeit, wenn die Satzung den gemeinnützigkeitsrechtlichen Vorschriften entspricht.[413] Diese Bescheinigung gilt höchstens für 18 Monate und wird durch den Körperschaftsteuerbescheid (ggf. Freistellungsbescheid) ersetzt.

Zuwendungen können nunmehr auch dann als Sonderausgaben nach § 10b EStG abgezogen werden, wenn der Zuwendungsempfänger eine gemeinnützige, mildtätige oder kirchliche Organisation ist, die in einem Mitgliedstaat der EU oder einem Staat, auf den das EWR-Abkommen Anwendung findet, belegen ist und nach § 5 Abs. 1 Nr. 9 KStG i. V. m. § 5 Abs. 2 Nr. 2 Halbsatz 2 KStG steuerbefreit wäre, wenn sie inländische Einkünfte erzielen würde. Hintergrund dieser Rechtsänderung ist die Entscheidung des EuGH in Sachen „Persche",[414] wonach der freie Kapitalverkehr einem Abzugsverbot von **Auslandsspenden** entgegenstehe. Für nicht im Inland ansässige Zuwendungsempfänger setzt der Sonderabgabenabzug nach § 10b Abs. 1 EStG weiter voraus, dass durch diese Staaten Amtshilfe und Unterstützung bei der Beitreibung (z. B. bei etwaigen Haftungsansprüchen gegen den Zuwendungsempfänger oder andere Haftungsschuldner gem. § 10b Abs. 4 EStG) geleistet werden. Amtshilfe ist nach § 10b Abs. 1 Satz 4 EStG der Auskunftsaustausch im Sinne oder entsprechend der Amtshilferichtlinie gem. § 2 Abs. 2 des EU-Amtshilfegesetzes. Beitreibung ist nach § 10b Abs. 1 Satz 5 EStG die gegenseitige Unterstützung bei der Beitreibung von Forderungen im Sinne oder entsprechend der Beitreibungsrichtlinie einschließlich der in diesem Zusammenhang anzuwendenden Durchführungsbestimmungen in den für den jeweiligen Veranlagungszeitraum geltenden Fassungen oder eines entsprechenden Nachfolgerechtsakts.

Bescheinigungen über Zuwendungen des ausländischen Zuwendungsempfängers reichen als alleiniger Nachweis nicht aus. Den Nachweis, dass der ausländische Zuwendungsempfänger die deutschen gemeinnützigkeitsrechtlichen Vorgaben erfüllt, hat der inländische Spender gegenüber dem für ihn zuständigen Finanzamt durch Vorlage geeigneter Belege zu erbringen.[415] Diese sind insbesondere Satzung, Tätigkeitsbericht, Aufstellung der Einnahmen und Ausgaben, Kassenbericht, Vermögensübersicht mit Nachweisen über die Bildung und Entwicklung der Rücklagen, Aufzeichnung über die Vereinnahmung von Zuwendungen und deren zweckgerechte Verwendung sowie Vorstandsprotokolle. Bleibt aus tatsächlichen Gründen

---

411 BFH vom 13.11.1996 I R 152/93 (BStBl 1998 II S. 711).
412 BFH vom 18.07.1980 VI R 167/77 (BStBl 1981 II S. 52).
413 AEAO zu § 59 AO Nr. 4.
414 EuGH vom 27.01.2009 C-318/07 „Persche" (DStR 2009 S. 207).
415 BMF vom 16.05.2011 (BStBl 2011 I S. 559).

29.2 Steuerbegünstigte Zwecke

zweifelhaft, ob die Voraussetzungen des Sonderabgabenabzugs erfüllt sind, ist das Finanzamt berechtigt, dem Steuerpflichtigen den Abzug zu versagen.

Ab dem Veranlagungszeitraum 2000 ist das **Durchlaufspendenverfahren nicht mehr notwendig.** Nunmehr können alle gemeinnützigen Körperschaften, die steuerbegünstigte Zwecke fördern, selbst Zuwendungen entgegennehmen und die Zuwendung durch förmliche Zuwendungsbestätigungen bescheinigen. Die Finanzverwaltung lässt das Durchlaufspendenverfahren weiterhin zu (R 10b.1 Abs. 2 EStH, H 10b.1 „Durchlaufspendenverfahren" EStH). Inländische juristische Personen des öffentlichen Rechts, die Gebietskörperschaften sind, und ihre Dienststellen sowie inländische kirchliche juristische Personen des öffentlichen Rechts (sog. Durchlaufstellen) können ihnen zugewendete Spenden – nicht jedoch Mitgliedsbeiträge, sonstige Mitgliedsumlagen und Aufnahmegebühren – an Zuwendungsempfänger i. S. des § 10b Abs. 1 EStG weiterleiten. Weitere Voraussetzung ist, dass die Durchlaufstelle die tatsächliche Verfügungsmacht über die Spendenmittel erhält. Dies geschieht bei Geldspenden durch Buchung auf deren Konto. Der Durchlaufstelle obliegt der Nachweis über die Vereinnahmung der Spenden und ihre Verwendung (Weiterleitung) unter Beachtung der haushaltsrechtlichen Vorschriften. Die Durchlaufstelle muss prüfen, ob der Zuwendungsempfänger wegen Verfolgung gemeinnütziger, mildtätiger oder kirchlicher Zwecke i. S. des § 5 Abs. 1 Nr. 9 KStG anerkannt oder vorläufig anerkannt worden ist und ob die Verwendung der Spenden für diese Zwecke sichergestellt ist. Die Zuwendungsbestätigung darf nur von der Durchlaufstelle ausgestellt werden.

Zu den **Ausgaben** i. S. des § 10b Abs. 1 EStG gehören alle Wertabgaben, die aus dem geldwerten Vermögen des Spenders zur Förderung der in § 10b Abs. 1 EStG begünstigten Zwecke abfließen. Hierunter fallen neben Geldzahlungen und Sachzuwendungen auch Aufwendungen, die der Steuerpflichtige im Zusammenhang mit sonst nicht berücksichtigungsfähigen Leistungen erbringt, z. B. Ausgaben durch PKW-Fahrten, die anlässlich persönlich erbrachter Arbeitsleistungen des Spenders aus dessen Vermögen effektiv abfließen, nicht aber „Nutzungen und Leistungen" i. S. des § 10b Abs. 3 Satz 1 EStG, z. B. die Arbeitsleistung selbst oder bloßer Zeitaufwand.

Der Ausschluss von „Nutzungen und Leistungen" nach § 10b Abs. 3 Satz 1 EStG betrifft nur solche Zuwendungen, die keine Wertabgaben aus dem geldwerten Vermögen des Zuwendenden darstellen. Daher stellt bei natürlichen Personen die (von vornherein vereinbarte) unentgeltliche Bereitstellung der Arbeitskraft selbst keine Spende im steuerlichen Sinne dar.[416] Demgegenüber kann der Verzicht auf eine durch Vertrag oder Satzung vereinbarte Lohnzahlung eine abzugsfähige Spende begründen (§ 10b Abs. 3 Satz 4 und 5 EStG). Da Löhne üblicherweise zeitnah ausgezahlt werden, ist es auch erforderlich, auf den Anspruch auf Lohnauszahlungen zeitnah (und nicht erst zum Jahreswechsel oder erst im nächsten Veranlagungszeit-

---
416 BFH vom 28.04.1978 VI R 147/75 (BStBl 1979 II S. 297).

raum) zu verzichten. Bei nicht zeitnaher Auszahlung (nicht zeitnahem Verzicht) ist zu vermuten, dass kein Arbeitsverhältnis bestand.

Der Steuerpflichtige muss die Zuwendungen nachweisen. Einzelheiten des Nachweises regelt § 50 EStDV. Hiernach dürfen Zuwendungen i. S. von § 10b und § 34g EStG nur abgezogen werden, wenn sie durch eine nach amtlich vorgeschriebenem Vordruck ausgestellte **Zuwendungsbestätigung** nachgewiesen werden.[417] Die Zuwendungsbestätigung ist eine unverzichtbare sachliche Voraussetzung für den Spendenabzug (§ 50 Abs. 1 EStDV). Die Bestätigung hat jedoch nur den Zweck einer Beweiserleichterung hinsichtlich der Verwendung der Spende und ist nicht bindend; entscheidend ist die tatsächliche Verwendung der Spende.[418] Kann ein Steuerpflichtiger Aufwendungen i. S. des § 10b EStG nicht durch Zuwendungsbestätigungen belegen, z. B. bei Haus- und Straßensammlungen, dann liegen hinsichtlich dieser Aufwendungen die Voraussetzungen für die Abzugsfähigkeit nicht vor. Ein Nachweis der Zuwendung auf andere Weise, z. B. durch eidesstattliche Versicherung oder durch Zeugenbeweis, reicht nicht aus.

Eine Zuwendungsbestätigung wird vom Finanzamt nicht als Nachweis für den Spendenabzug anerkannt, wenn das Datum des Körperschaftsteuer-Freistellungsbescheides länger als 5 Jahre bzw. das Datum der vorläufigen Bescheinigung länger als 3 Jahre seit der Ausstellung der Bestätigung zurückliegt.[419] Eine Aufteilung von Spenden in abziehbare und nicht abziehbare Teile, je nach satzungsmäßer und nicht satzungsmäßer anteiliger Verwendung der Spende, ist unzulässig.[420]

Nach § 50 Abs. 1a EStDV kann der Zuwendende den Zuwendungsempfänger bevollmächtigen, die Zuwendungsbestätigung der Finanzbehörde direkt elektronisch zu übermitteln. Hierzu hat der Zuwendende dem Zuwendungsempfänger seine Identifikationsnummer gem. § 139b AO mitzuteilen. In diesem Fall muss der Zuwendungsempfänger – bis zum 28. Februar des auf die Leistung der Zuwendung folgenden Jahres – den amtlich vorgeschriebenen Datensatz durch Datenfernübertragung nach Maßgabe der Steuerdaten-Übermittlungsverordnung an die Finanzbehörde übermitteln. Der Zuwendungsempfänger hat nach § 50 Abs. 1a Satz 5 EStDV dem Zuwendenden die der Finanzbehörde übermittelten Daten elektronisch oder als Ausdruck zur Verfügung zu stellen. Die erteilte Vollmacht kann nur mit Wirkung für die Zukunft widerrufen werden.

Gemäß § 50 Abs. 2 EStDV gelten für Geldzuwendungen zur Hilfe in Katastrophenfällen sowie für Geldzuwendungen von nicht mehr als 200 Euro vereinfachende Nachweisregelungen.

---

417 BMF vom 18.11.1999 (BStBl 1999 I S. 979), vom 02.06.2000 (BStBl 2000 I S. 592) und vom 07.11.2013 (BStBl 2013 I S. 1333).
418 BFH vom 23.05.1989 X R 17/85 (BStBl 1989 II S. 879).
419 BMF vom 15.12.1994 (BStBl 1994 I S. 884).
420 BFH vom 07.11.1990 X R 203/87 (BStBl 1991 II S. 547).

Für **Zuwendung zur Hilfe in Katastrophenfällen** genügt der Bareinzahlungsbeleg oder die Buchungsbestätigung eines Kreditinstituts als Nachweis, wenn

- die Zuwendung innerhalb eines Zeitraums, den die obersten Finanzbehörden der Länder im Benehmen mit dem BMF bestimmen, auf ein für den Katastrophenfall eingerichtetes Sonderkonto einer inländischen juristischen Person des öffentlichen Rechts, einer inländischen öffentlichen Dienststelle oder eines inländischen amtlich anerkannten Verbandes der freien Wohlfahrtspflege einschließlich seiner Mitgliedsorganisationen eingezahlt worden ist.

Wird die Zuwendung in einem solchen Fall über ein Treuhandkonto eines Dritten an eine inländische juristische Person des öffentlichen Rechts, eine inländische öffentliche Dienststelle oder eine nach § 5 Abs. 1 Nr. 9 KStG steuerbefreite Körperschaft, Personenvereinigung oder Vermögensmasse geleistet, reicht als Nachweis die auf den jeweiligen Spender ausgestellte Zuwendungsbestätigung des Zuwendungsempfängers, wenn die Spenden von dem Treuhandkonto aus an den Zuwendungsempfänger weitergeleitet und dem Zuwendungsempfänger eine Liste mit den einzelnen Spendern und dem Anteil des jeweiligen Spenders an der Spendensumme übergeben wurde.

- die Geldspende „bis zur Einrichtung des Sonderkontos" auf ein anderes Konto des Zuwendungsempfängers geleistet worden ist (§ 50 Abs. 2 Satz 1 Nr. 1 Buchst. b Satz 1 EStDV).

Wird die Spende über ein Treuhandkonto eines Dritten – z. B. aufgrund eines Spendenaufrufs im Fernsehen über ein vom Sender eingerichtetes Treuhandkonto – auf das Sonderkonto geleistet, genügt als Nachweis der Bareinzahlungsbeleg oder die Buchungsbestätigung des Kreditinstituts des Spenders zusammen mit einer Kopie des Barzahlungsbelegs oder der Buchungsbestätigung des Kreditinstituts des Dritten (§ 50 Abs. 2 Satz 1 Nr. 1 Buchst. b Satz 2 EStDV).

Bei **Zuwendungen bis 200 Euro** reicht als Nachweis der Bareinzahlungsbeleg oder die Buchungsbestätigung eines Kreditinstituts,

- wenn der Empfänger eine inländische juristische Person des öffentlichen Rechts oder eine inländische öffentliche Dienststelle ist oder

- wenn der Empfänger eine Körperschaft, Personenvereinigung oder Vermögensmasse i. S. des § 5 Abs. 1 Nr. 9 KStG ist und auf einen vom Empfänger hergestellten Beleg der steuerbegünstigte Zweck, für den die Zuwendung verwendet wird, sowie die Angaben über die Freistellung der Empfängerin von der Körperschaftsteuer aufgedruckt sind und zudem auf dem Beleg angegeben ist, ob es sich bei der Zuwendung um eine Spende oder um einen Mitgliedsbeitrag handelt.

Die Buchungsbestätigung muss nach § 50 Abs. 2 Satz 2 EStDV die Namen und Kontonummern des Auftraggebers und des Empfängers der Zuwendung, den Betrag der Zuwendung und den Buchungstag enthalten. Wenn der Empfänger eine Körperschaft, Personenvereinigung oder Vermögensmasse i. S. des § 5 Abs. 1 Nr. 9 KStG ist, muss zusätzlich der von ihr hergestellte Beleg vorgelegt werden (§ 50 Abs. 2 Satz 2 EStDV).

Nach § 50 Abs. 4 EStDV ist die ausstellende Körperschaft zu besonderen Aufzeichnungen verpflichtet. Diese müssen Folgendes enthalten:

- Zeitpunkt der Vereinnahmung der Zuwendung
- Nachweis über die zweckentsprechende Verwendung
- Doppel der Zuwendungsbestätigung

Bei Sachspenden muss aus der Zuwendungsbescheinigung der Wert der Sache i. S. des § 10b Abs. 3 Satz 3 EStG ersichtlich sein.[421]

Die Möglichkeit des Zuwendungsabzugs ist durch zwei **Höchstbeträge** begrenzt.

Zuwendungen i. S. von § 10b Abs. 1 EStG sind zum einen nach § 10b Abs. 1 Satz 1 Nr. 1 EStG als Sonderausgaben abzugsfähig i. H. von 20 % des Gesamtbetrags der Einkünfte des jeweiligen Veranlagungszeitraums.

Gesamtbetrag der Einkünfte ist die Summe der Einkünfte, vermindert um den Altersentlastungsbetrag und den Abzug nach § 13 Abs. 3 EStG. Bei der Berechnung des Gesamtbetrags der Einkünfte werden die der Abgeltungsteuer unterliegenden Kapitalerträge (§ 32d Abs. 1, § 43 Abs. 5 EStG) nicht mit einbezogen (§ 2 Abs. 5b EStG). Dies galt in den Veranlagungszeiträumen 2009 bis einschließlich 2011 allerdings nicht, wenn der Steuerpflichtige dies beantragte (§ 2 Abs. 5b Satz 2 EStG a. F.). In diesem Fall waren die der Abgeltungsteuer unterliegenden Kapitalerträge – allerdings nur für Zwecke der Ermittlung des Höchstbetrags – in die Berechnung des Gesamtbetrags der Einkünfte einzubeziehen. Als Gesamtbetrag der Einkünfte war bei der Zusammenveranlagung nach § 26b EStG die Summe aller Einkünfte der Ehegatten bzw. der eingetragenen Lebenspartner zugrunde zu legen. Durch das StVereinfG 2011 wurde § 2 Abs. 5b Satz 2 EStG ersatzlos aufgehoben, um das Festsetzungsverfahren zu vereinfachen.

Zum anderen sind Zuwendungen i. S. von § 10b Abs. 1 EStG nach § 10b Abs. 1 Satz 1 Nr. 2 EStG als Sonderausgaben abzugsfähig i. H. von 4‰ der Summe der gesamten Umsätze im Sinne des UStG und der im jeweiligen Kalenderjahr aufgewendeten Löhne und Gehälter. Zu den gesamten Umsätzen gehören außer den steuerbaren Umsätzen i. S. des § 1 Abs. 1 Nr. 1 und 2 UStG auch nicht steuerbare Umsätze, z. B. Umsätze im Ausland, in Freihäfen und Zollausschlüssen und auf Schiffen außerhalb der Hoheitsgrenze. Die Summe der Umsätze, Löhne und Gehälter kann – bei der Zusammenveranlagung nach § 26b EStG – nicht verdoppelt werden.

Die Finanzverwaltung berücksichtigt von Amts wegen jeweils den höheren Höchstbetrag.

---

421 BFH vom 22.10.1971 VI R 310/69 (BStBl 1972 II S. 55).

29.2 Steuerbegünstigte Zwecke

Der Satz von 4‰ wird bei Gesellschaftern von Personengesellschaften von dem Teil der Summe der gesamten Umsätze und der im Kalenderjahr aufgewendeten Löhne und Gehälter der Personengesellschaft berechnet, der dem Anteil des Steuerpflichtigen am Gewinn der Gesellschaft entspricht (R 10b.3 Abs. 1 EStR). Die seitens einer Personengesellschaft gegebenen Spenden berühren nicht den einheitlich festzustellenden Gewinn der Gesellschaft, sind aber anteilig auf die Mitunternehmer zu verteilen und im Verfahren der Veranlagung der einzelnen Gesellschafter zu berücksichtigen. Über die Abzugsfähigkeit der Spenden ist bei der Veranlagung der einzelnen Gesellschafter zu entscheiden.[422] Der Gesellschafter einer Mitunternehmerschaft erfährt bei dieser Betrachtung in Bezug auf den Spendenabzug die gebotene Gleichstellung mit einer als Einzelunternehmer tätigen Person.

§ 10b Abs. 1 Satz 9 EStG regelt den **Zuwendungsvortrag**. Danach sind abziehbare Zuwendungen, die die Höchstbeträge nach § 10b Abs. 1 Satz 1 EStG überschreiten oder die den um die Beträge nach § 10 Abs. 3 und Abs. 4 EStG, § 10c EStG und § 10d EStG verminderten Gesamtbetrag der Einkünfte übersteigen, in den folgenden Veranlagungszeiträumen im Rahmen der Höchstbeträge als Sonderausgaben abzuziehen. Der Abzug darf nicht zu einem negativen Einkommen führen. Der Zuwendungsvortrag ist nicht vererbbar.[423] Der Zuwendungsvortrag ist zeitlich nicht begrenzt. Er ist gesondert festzustellen (§ 10b Abs. 1 Satz 10 EStG).

> **Beispiel:**
> Veranlagungszeitraum 01: Die dem Grunde nach abziehbaren Zuwendungen nach § 10b Abs. 1 EStG betragen 15.000 €. Der Gesamtbetrag der Einkünfte beläuft sich auf 60.000 € und die Summe der gesamten Umsätze und der aufgewendeten Löhne und Gehälter beträgt 1 Mio. €. Die gegenüber dem Abzug nach § 10b Abs. 1 EStG vorrangig als Sonderausgaben abzuziehenden Beträge belaufen sich auf 20.000 €. Die Höchstbeträge betragen 12.000 € (20 % von 60.000 €) und 4.000 € (4‰ von 1 Mio. €). Maßgebend ist der höhere Höchstbetrag von 12.000 €. Als Sonderausgaben nach § 10b Abs. 1 EStG sind abzuziehen 12.000 €. Der übersteigende Betrag von 3.000 € ist als Zuwendungsvortrag festzustellen.
> Veranlagungszeitraum 02: Die Zuwendungen nach § 10b Abs. 1 EStG betragen 7.000 € und der maßgebende Höchstbetrag auf der Basis der Umsätze Löhne und Gehälter 8.000 €. Der Gesamtbetrag der Einkünfte beträgt 20.000 € und die vorrangig als Sonderausgaben abzuziehenden Beträge belaufen sich auf 15.000 €. Als Sonderausgaben nach § 10b Abs. 1 EStG abziehbar sind 5.000 € (7.000 € [Veranlagungszeitraum 02] + 3.000 € [Veranlagungszeitraum 01] = max. 8.000 €; 20.000 € ./. 15.000 € = 5.000 €). Der Zuwendungsvortrag beträgt 5.000 € (3.000 € + 2.000 €).

Einen Zuwendungsrücktrag sieht das Gesetz nicht vor. Die Regelungen des Verlustvor- und -rücktrags nach § 10d EStG umfasst die Sonderausgaben nicht.

Das BMF hat Muster für Zuwendungsbestätigungen veröffentlicht.[424]

---
422 BFH vom 18.12.1991 X R 146/88 (juris).
423 BFH vom 21.10.2008 X R 44/05 (BFH/NV 2009 S. 375).
424 BMF vom 30.08.2012 (BStBl 2012 I S. 884) und vom 07.11.2013 (BStBl 2013 I S. 1333).

29.2.2 Spendenabzug für Zuwendungen an Stiftungen (§ 10b Abs. 1a EStG)

§ 10b Abs. 1a EStG enthält für Spenden zur Förderung steuerbegünstigter Zwecke i. S. der §§ 52 bis 54 AO in den Vermögensstock einer inländischen oder ausländischen Stiftung, die die Voraussetzungen des § 10b Abs. 1 Satz 2 bis 6 EStG erfüllt, eine Sonderregelung. Die Regelung gilt nicht nur für Spenden anlässlich der Neugründung einer Stiftung, sondern – abweichend von der bis zum Veranlagungszeitraum 2006 geltenden Regelung – auch für Spenden in den Vermögensstock einer bereits seit über 12 Monaten bestehenden Stiftung (sog. **Zustiftungen**). Der Steuerpflichtige kann wählen, ob er seine Vermögensstockspende nach § 10b Abs. 1 EStG oder § 10b Abs. 1a EStG geltend macht.

Voraussetzung für die Anwendung von § 10b Abs. 1a EStG ist:

- Es muss sich um eine Zuwendung in Form einer Spende i. S. des § 10b Abs. 1 Satz 1 EStG handeln. Die Zuwendung muss also zur Förderung steuerbegünstigter Zwecke i. S. von §§ 52 bis 54 AO geleistet werden.

- Spendenempfänger muss eine inländische oder ausländische Stiftung sein, die die Voraussetzungen des § 10b Abs. 1 Satz 2 bis 6 EStG erfüllt.

- Die Spende muss in den Vermögensstock der Stiftung geleistet werden.

- Ein Antrag des Steuerpflichtigen muss vorliegen.

Es handelt sich um einen rechtsformbezogenen Abzug. Stiftungen i. S. des § 10b Abs. 1a EStG sind sowohl die rechtsfähigen als auch die unselbständigen Stiftungen. Zuwendungen an andere Empfänger, wie z. B. ein steuerbegünstigter „Stiftungs-Verein" oder eine „Stiftungs-GmbH", werden nicht durch den erhöhten Sonderausgabenabzug begünstigt. Auf die sog. Vorstiftung – also im Zeitraum nach Vornahme des Stiftungsgeschäfts und vor der staatlichen Anerkennung – findet § 10b Abs. 1a EStG ebenfalls keine Anwendung.

Steuerbegünstigt sind nur Spenden **in den Vermögensstock** der Stiftung. Der Vermögensstock ist der Teil des Stiftungsvermögens, der nicht verbraucht werden darf, sondern erhalten werden muss. Spenden in das verbrauchbare Vermögen der Stiftung können nicht nach § 10b Abs. 1a EStG berücksichtigt werden. Mit den durch das Ehrenamtsstärkungsgesetz (EhrAmtStG) vom 21.03.2013[425] erfolgten Änderungen in § 10b Abs. 1a EStG hat der Gesetzgeber dies klargestellt. Die Verwendung der Spende zur Erfüllung des Stiftungszwecks ist keine Spende in den Vermögensstock und daher nicht gem. § 10b Abs. 1a EStG begünstigt.

§ 10b Abs. 1a EStG ist weder bei Verbrauchsstiftungen noch bei Förderstiftungen anzuwenden. Eine sog. **Verbrauchsstiftung** liegt vor, wenn nicht nur die Erträge

---

425 BGBl 2013 I S. 556.

29.2 Steuerbegünstigte Zwecke

des Stiftungsvermögens, sondern auch das Stiftungsvermögen selbst für satzungsgemäße Zwecke der Stiftung verbraucht werden soll. Bei der sog. **Förderstiftung** werden die erhaltenen Zuwendungen an eine andere Körperschaft für die Erfüllung steuerbegünstigter Zwecke weitergeleitet. In beiden Fällen ist das zugewendete Vermögen nicht dazu bestimmt, auf Dauer der Stiftung zu dienen.

Nur Zuwendungen in Form einer Spende, die für einen der in den §§ 52 bis 54 AO aufgeführten steuerbegünstigten Zwecke verwendet werden, sind nach § 10b Abs. 1a EStG gefördert. Der Steuerpflichtige muss die Spende durch eine Zuwendungsbestätigung nachweisen.

Liegen die genannten Voraussetzungen vor, können alle Spenden, die innerhalb eines 10-Jahres-Zeitraums geleistet werden, in diesem Zeitraum bis zu einem Höchstbetrag von 1 Mio. Euro zusätzlich zu den Höchstbeträgen nach § 10b Abs. 1 Satz 1 EStG als Sonderausgaben abgezogen werden. Im Fall der Zusammenveranlagung nach §§ 26, 26b EStG kann jeder Ehegatte bzw. eingetragene Lebenspartner für seine Vermögensstockspenden den entsprechenden Höchstbetrag in Anspruch nehmen; unerheblich ist, aus wessen Vermögen die Spende stammt.[426] Ehegatten bzw. eingetragene Lebenspartner, die nach §§ 26, 26b EStG zusammen veranlagt werden, können Spenden in den Vermögensstock einer Stiftung bis zu einem Gesamtbetrag von 2 Mio. Euro steuerlich geltend machen.

Der Abzugsbetrag von 1 Mio. Euro bezieht sich auf den gesamten Zeitraum von 10 Jahren. Er kann vom Steuerpflichtigen der Höhe nach innerhalb dieses Zeitraums auch nur einmal in Anspruch genommen werden. Durch diese Regelung wird verhindert, dass von den innerhalb des 10-Jahres-Zeitraums geleisteten Vermögensstockspenden mehr als 1 Mio. Euro nach § 10b Abs. 1a EStG als Sonderausgaben abgezogen werden können. Der 10-Jahres-Zeitraum umfasst den Veranlagungszeitraum, in dem die erste Vermögensstockspende geleistet wird, für die dem Grunde nach der Abzug nach § 10b Abs. 1a EStG in Anspruch genommen werden kann, und die folgenden 9 Veranlagungszeiträume.

§ 10 Abs. 1a EStG wird nur auf Antrag des Steuerpflichtigen angewandt. Der Antrag kann für jeden Veranlagungszeitraum des 10-Jahres-Zeitraums getrennt gestellt werden. Er muss die Angabe enthalten, für welchen Betrag und für welchen Veranlagungszeitraum der Abzug beantragt wird.

Für jeden 10-Jahres-Zeitraum sind auf den Schluss jedes zu ihm gehörenden Veranlagungszeitraums die Summe der nach § 10b Abs. 1a EStG abziehbaren Spendenbeträge und ihr Verbrauch durch den Spendenabzug nach § 10b Abs. 1a EStG gesondert festzustellen. Bei zusammen zur Einkommensteuer veranlagten Steuerpflichtigen müssen die Beträge für jeden Steuerpflichtigen einzeln gesondert festgestellt werden. Einzelheiten sind geregelt im BMF-Schreiben vom 18.12.2008.[427]

---
426 BFH vom 03.08.2005 XI R 76/03 (BStBl 2006 II S. 121).
427 BMF vom 18.12.2008 (BStBl 2009 I S. 16).

29.2.3 Zuwendungen an politische Parteien (§ 10b Abs. 2 EStG)

Mitgliedsbeiträge und Spenden an politische Parteien i. S. des § 2 PartG können nur insoweit als Sonderausgaben abgezogen werden, als sie die für die Steuerermäßigung nach § 34g EStG maßgebende Grenze von 1.650 Euro (bei zusammenveranlagten Ehegatten/eingetragenen Lebenspartnern 3.300 Euro) überschreiten. Zu den Mitgliedsbeiträgen gehören auch Sonderbeiträge im Hinblick auf ein künftiges Mandat.[428] Die Berücksichtigung der Zuwendung als Betriebsausgabe oder als Werbungskosten scheidet gem. § 4 Abs. 6 EStG und § 9 Abs. 5 EStG aus.

Politische Parteien i. S. des § 2 PartG sind die Parteien, deren Parteieigenschaft innerhalb der letzten 6 Jahre durch den Bundeswahlausschuss oder durch einen Landeswahlausschuss festgestellt worden ist. Die Feststellung, ob eine Partei die Voraussetzungen des § 2 PartG erfüllt, erfolgt durch die für den Sitz der Partei zuständige oberste Landesfinanzbehörde. Für den Zuwendungsabzug nach § 10b Abs. 2 EStG verlangt der BFH, dass die Partei nicht nur die formellen Anforderungen des § 2 PartG, sondern auch die übrigen zwingenden Vorschriften des PartG, vor allem die im zweiten Abschnitt über die innere Ordnung (§§ 6 ff. PartG), erfüllt.[429] Spenden und Mitgliedsbeiträge an unabhängige Wählervereinigungen sind nicht nach § 10b EStG als Sonderausgaben abzugsfähig. Dieser Ausschluss verstößt nicht gegen das Grundgesetz.[430] Von einer entsprechenden im Gesetzentwurf vorgesehenen Ausdehnung des § 10b EStG hat der Gesetzgeber abgesehen und stattdessen diese Aufwendungen in die Steuerermäßigung nach § 34g EStG einbezogen (siehe dazu 33.4).

Als Nachweis für die Zahlung von Mitgliedsbeiträgen genügt die Vorlage von Bareinzahlungsbelegen, Buchungsbestätigungen oder Beitragsquittungen (§ 50 Abs. 3 EStDV), im Übrigen gilt der allgemeine Zuwendungsnachweis i. S. von § 50 EStDV. Bei Zuwendungen bis 200 Euro genügt als Nachweis der Bareinzahlungsbeleg oder die Buchungsbestätigung eines Kreditinstituts und bei Spenden der Verwendungszweck, der auf dem vom Empfänger hergestellten Beleg aufgedruckt ist.

Der Höchstbetrag für Mitgliedsbeiträge und Spenden i. H. von 1.650 Euro bzw. 3.300 Euro gilt auch dann ungekürzt, wenn der Steuerpflichtige in demselben Kalenderjahr Ausgaben zur Förderung steuerbegünstigter Zwecke i. S. des § 10b Abs. 1 EStG geleistet hat. Die Höchstbeträge nach § 10b Abs. 1 und 2 EStG gelten unabhängig – kumulativ – nebeneinander.

Mitgliedsbeiträge und Spenden an politische Parteien können nach § 10b Abs. 2 Satz 2 EStG nur insoweit als Sonderausgaben abgezogen werden, als die Zuwendungen die nach § 34g EStG berücksichtigungsfähigen Ausgaben übersteigen. Da

---
428 BFH vom 23.01.1991 X R 6/84 (BStBl 1991 II S. 396).
429 BFH vom 07.12.1990 X R 1/85 (BStBl 1991 II S. 508).
430 BFH vom 25.10.1989 X R 190/87 (BStBl 1990 II S. 158).

die Steuerermäßigung nach § 34g EStG jedoch auch dann zu gewähren ist, wenn ein entsprechender Antrag nicht gestellt wird, kann aus dem Wortlaut des § 10b Abs. 2 Satz 2 EStG nicht gefolgert werden, dass der Steuerpflichtige wählen kann, ob er die Steuerermäßigung nach § 34g EStG in Anspruch nehmen oder den Sonderausgabenabzug nach § 10b EStG vornehmen will. Ein solches Wahlrecht hat der Steuerpflichtige selbst dann nicht, wenn Spenden an verschiedene Parteien geleistet worden sind.

> **Beispiel:**
> A, ledig, hat im Jahre 01 Spenden an eine Partei i. H. von 300 € und an eine andere Partei i. H. von 1.000 € geleistet.
> Als Sonderausgaben abzugsfähig ist lediglich der Betrag, der nach Abzug des nach § 34g EStG begünstigten Betrags von 1.650 € verbleibt, d. h. ein Betrag i. H. von 0 €.

Zuwendungen, für die eine Steuerermäßigung nach § 34g EStG gewährt worden ist, sind hingegen nicht auf den Höchstbetrag nach § 10b Abs. 2 EStG anzurechnen.

> **Beispiel:**
> M und F werden zusammen zur Einkommensteuer veranlagt. Sie haben 01 Spenden an politische Parteien von insgesamt 6.000 € geleistet.
> Die Steuerermäßigung nach § 34g EStG beträgt 50 % von 3.300 € = 1.650 €. Die verbleibende Spende von (6.000 € ./. 3.300 € =) 2.700 € ist in voller Höhe als Sonderausgabe abzugsfähig. Der Höchstbetrag ist nicht um den Teil der Spende zu kürzen, der sich bei Berechnung der Steuerermäßigung nach § 34g EStG ausgewirkt hat.

29.2.4 Sachspenden (§ 10b Abs. 3 EStG)

Als Ausgabe i. S. des § 10b EStG gilt auch die Zuwendung von Wirtschaftsgütern mit Ausnahme von Nutzungen und Leistungen (§ 10b Abs. 3 Satz 1 EStG). Auch gebrauchte Wirtschaftsgüter können Gegenstand einer Zuwendung sein.

> **Beispiel:**
> A erbringt unentgeltliche Arbeitsleistungen in Form ehrenamtlicher Vereinstätigkeit zur Förderung der Entwicklungshilfe.
> Für Leistungen, z. B. Arbeitsleistungen, ist ein Spendenabzug nicht möglich.

Ebenfalls ist kein Spendenabzug möglich bei Nutzungsüberlassungen eines Wirtschaftsguts, z. B. unentgeltliche Überlassung eines privaten PKW an eine gemeinnützige Institution.

Die Höhe der Zuwendung bestimmt sich grundsätzlich nach dem gemeinen Wert. Der gemeine Wert des zugewendeten Wirtschaftsguts ist zugleich die Obergrenze der Zuwendungshöhe. Der gemeine Wert ist nach § 9 Abs. 2 BewG der Preis, der im gewöhnlichen Geschäftsverkehr bei einer Veräußerung zu erzielen wäre; die für die Schätzung des gemeinen Werts maßgeblichen Faktoren hat der Steuerpflichtige nachzuweisen.[431]

---
431 BFH vom 23.05.1989 X R 17/85 (BStBl 1989 II S. 879).

Zuwendungen von Wirtschaftsgütern aus dem Privatvermögen sind nur dann mit dem gemeinen Wert des zugewendeten Wirtschaftsguts anzusetzen, wenn dessen Veräußerung im Zeitpunkt der Zuwendung keinen Besteuerungstatbestand erfüllen würde (§ 10b Abs. 3 Satz 3 EStG). Ansonsten dürfen bei der Ermittlung der Zuwendungshöhe die fortgeführten Anschaffungs- oder Herstellungskosten nur überschritten werden, soweit eine Gewinnrealisierung stattgefunden hat (§ 10b Abs. 3 Satz 4 EStG). Zugeschnitten ist diese Regelung insbesondere auf die Zuwendung von Beteiligungen i. S. von § 17 EStG.

Ist ein Wirtschaftsgut unmittelbar vor seiner Zuwendung dem Betriebsvermögen entnommen worden, so bemisst sich die Zuwendungshöhe nach dem Wert, der bei der Entnahme angesetzt wurde, und nach der Umsatzsteuer, die auf die Entnahme entfällt (§ 10b Abs. 3 Satz 2 EStG). Nach § 6 Abs. 1 Nr. 4 Satz 4 EStG kann die Entnahme mit dem Buchwert erfolgen. Die auf die Entnahme anfallende Umsatzsteuer ist ein eigenständiger Bestandteil der Zuwendungshöhe.

Beispiel:

Das Chemieunternehmen B in L überlässt der Universität K ein gebrauchtes Laboratorium; der Buchwert beträgt 100.000 €, der Teilwert 200.000 € und der gemeine Wert 232.000 €.

B kann die Entnahme wahlweise zum Teilwert (mit Umsatzsteuer) mit Gewinnrealisierung oder aber auch zum Buchwert (mit Umsatzsteuer) gewinnneutral vornehmen.

Als Spenden kommen nicht nur Zuwendungen von Geld in Betracht, sondern auch sonstige geldwerte Vorteile, sofern der Spender Ausgaben gehabt hat und der Vorteil unmittelbar für den begünstigten Empfänger bestimmt gewesen ist. Der Empfänger muss selbst zum Empfang der Spende berechtigt sein. Bei sog. Durchlaufspenden kommen insoweit Aufwandsspenden nicht in Betracht. Nach § 10b Abs. 3 EStG sind Aufwendungen zugunsten steuerbegünstigter Körperschaften nur abzugsfähig, wenn ein Erstattungsanspruch durch Vertrag oder Satzung eingeräumt und auf die Erstattung verzichtet worden ist. Im Vereinsleben führt das zu einer Vielzahl von Spenden in Form des Verzichts auf Erstattung von Mitgliederaufwendungen. Abzugsvoraussetzung nach § 10b Abs. 3 Satz 4 und 5 EStG ist, dass

- die **Aufwendungen** nicht in Nutzungen (z. B. AfA) und Leistungen (z. B. unentgeltliche Arbeit) zugunsten einer zum Empfang berechtigten Körperschaft bestehen,

- ein vertraglicher oder satzungsmäßiger **Ersatzanspruch** ohne Verzichtsbedingungen (stillschweigender Verzichtsvorbehalt des Spenders ist unschädlich) und

- ein wirksamer **Anspruchsverzicht** des Spenders (in diesem Rahmen sind auch Fahrtkosten abziehbar) bestehen.

29.2 Steuerbegünstigte Zwecke

Beispiel:

A vermietet für eine Kleidersammlung des DRK einen betrieblichen LKW einschließlich Fahrergestellung, wobei ein Betrag jeweils pro gefahrenen Kilometer und zur Verfügung gestellter Stunde vereinbart wird. Soweit A auf einen Geldanspruch im Nachhinein verzichtet, kann er insoweit eine Aufwandsspende i. S. von § 10b Abs. 3 Satz 4 und 5 EStG steuerlich in Anspruch nehmen.

Bei dem Verzicht auf die Erstattung des Aufwands handelt es sich nicht um eine Spende des Aufwands, sondern um eine (abgekürzte) Geldspende. In der Zuwendungsbestätigung muss deshalb nicht angegeben werden, welcher Aufwand dem Erstattungsanspruch zugrunde gelegt hat. Die Höhe des bestätigten Betrags richtet sich dabei grundsätzlich nach der Höhe des vereinbarten Erstattungsanspruchs. Die Empfängerkörperschaft hat den entsprechenden Sachverhalt in ihren Unterlagen in einer Art und Weise festzuhalten, die eine einwandfreie Überprüfung durch die Finanzbehörde ermöglicht. Es darf insbesondere kein unangemessen hoher Erstattungsanspruch vereinbart werden.

Aufwandsspenden sind steuerrechtlich als reguläre Spenden zu berücksichtigen, sofern beim Spender eine tatsächliche Vermögenseinbuße eintritt. Im Hinblick auf die gleichlaufenden Interessen von Spender und Empfänger ist in Fällen dieser Art darauf zu achten, dass die Beteiligten ernstlich gewollte, klare, eindeutige und widerspruchsfreie Abmachungen getroffen haben und dass die einzelnen Verträge und Willenserklärungen ihrem Inhalt entsprechend durchgeführt worden sind. Der Anspruch auf die Erstattung von Aufwendungen darf nicht unter der Bedingung des Verzichts eingeräumt worden sein (§ 10b Abs. 3 Satz 6 EStG). Der Umstand, dass das Vermögen des zum Ersatz Verpflichteten nicht alle Ansprüche abdeckt, steht diesen Anforderungen nicht entgegen. Entscheidend ist die Werthaltigkeit des einzelnen Anspruchs bei Verzicht. Aufwendungen, die auch im eigenen Interesse des Zuwendenden getätigt werden, fehlt das für den Spendenabzug zwingend erforderliche Element der Uneigennützigkeit.[432]

Das BMF hat Muster zur Zuwendungsbestätigung bei Sachspenden veröffentlicht.[433]

29.2.5 Vertrauensschutz (§ 10b Abs. 4 EStG)

Der Spender darf bei geleisteten Spendenbeiträgen grundsätzlich auf die Richtigkeit der Bestätigung über Spenden und Mitgliedsbeiträge vertrauen, d. h., der Sonderausgabenabzug bleibt dem Steuerpflichtigen auch dann erhalten, wenn das Finanzamt bei der begünstigten Körperschaft Feststellungen trifft, nach denen die Bestätigung unrichtig ist, z. B. weil die Mittel nicht zweckentsprechend verwendet worden sind

---

[432] BFH vom 09.05.2007 XI R 23/06 (BFH/NV 2007 S. 2251).
[433] BMF vom 30.08.2012 (BStBl 2012 I S. 884) und vom 07.11.2013 (BStBl 2013 I S. 1333).

oder der Empfänger der Zuwendung im Zeitpunkt der Erstellung der Bestätigung zu ihrer Ausstellung nicht berechtigt war.[434]

Eine Ausnahme von diesem Grundsatz gilt allerdings dann, wenn der Steuerpflichtige die Bestätigung durch unlautere Mittel oder falsche Angaben erwirkt hat. Unlautere Mittel sind insbesondere Täuschung, Drohung und Bestechung. Falsche Angaben sind Erklärungen, die in wesentlichen Teilen objektiv unrichtig oder unvollständig sind, wobei es unmaßgeblich ist, ob der Steuerpflichtige die Unrichtigkeit gekannt hat und auf diese Weise die Erteilung einer falschen Spendenbescheinigung erreichen wollte; insoweit kommt es auch nicht auf ein Verschulden an. Entsprechendes gilt, wenn dem Steuerpflichtigen die Unrichtigkeit der Bestätigung bekannt war oder infolge grober Fahrlässigkeit nicht bekannt geworden ist. Wird dies dem Finanzamt bekannt, so kann es den Sonderausgabenabzug korrigieren.

Mit der Vertrauensregelung korrespondierend hat der Gesetzgeber einen neuen Haftungstatbestand geschaffen. Danach haftet für entgangene Steuern, wer vorsätzlich oder grob fahrlässig eine unrichtige Bestätigung ausstellt (sog. **Ausstellerhaftung**). Entsprechendes gilt für denjenigen, der veranlasst, dass Zuwendungen nicht zu den in der Bestätigung angegebenen steuerbegünstigten Zwecken verwendet werden (sog. **Veranlasserhaftung**). Eine Fehlverwendung in diesem Sinne ist nicht gegeben, wenn der Spendenempfänger die Zuwendung zu dem in der Bestätigung angegebenen steuerbegünstigten Zweck verwendet hat, auch wenn er im Körperschaftsteuerveranlagungsverfahren nicht als gemeinnützig anerkannt wird.[435] Die Steuer, für die in diesen Fällen gehaftet wird, beläuft sich auf 30 % des zugewendeten Betrages, unabhängig davon, ob und in welchem Umfang die Steuer beim Zuwendenden gemindert worden ist.

In § 10b Abs. 4 Satz 4 EStG ist bei der Veranlasserhaftung eine Reihenfolge der Inanspruchnahme der Gesamtschuldner festgelegt. Das Ermessen der Behörde wird hierdurch bei der Wahl des Haftenden eingeschränkt. Zunächst ist der Zuwendungsempfänger zur Haftung heranzuziehen. Erst wenn dieser nicht zahlt und Vollstreckungsmaßnahmen gegen ihn nicht erfolgreich sind, kann eine für ihn handelnde Person in Anspruch genommen werden.

§ 10b Abs. 4 Satz 5 EStG enthält eine Sonderregelung hinsichtlich der **Festsetzungsverjährung für Haftungsansprüche**. Danach läuft die Festsetzungsfrist für die Haftungsansprüche nicht ab, solange die Festsetzungsfrist für die vom Zuwendungsempfänger geschuldete Körperschaftsteuer für den Veranlagungszeitraum nicht abgelaufen ist, in dem die unrichtige Bestätigung ausgestellt worden ist oder veranlasst wurde, dass die Zuwendung nicht zu den in der Bestätigung angegebenen steuerbegünstigten Zwecken verwendet worden ist; § 191 Abs. 5 AO ist nicht anzuwenden.

---

434 BFH vom 19.07.2011 X R 32/10 (BFH/NV 2012 S. 179).
435 BFH vom 28.07.2004 XI R 39/03 (BFH/NV 2005 S. 516).

29.3 Sonderausgaben-Pauschbetrag, Vorsorgepauschale (§ 10c EStG)

Für Sonderausgaben i. S. des § 10 Abs. 1 Nr. 1, 1a, 4, 5, 7 und 9 und des § 10b EStG wird ein **Sonderausgaben-Pauschbetrag** von 36 Euro abgezogen, wenn der Steuerpflichtige nicht höhere Aufwendungen nachweist. Bei der Zusammenveranlagung (§ 26b EStG) verdoppelt sich der Sonderausgaben-Pauschbetrag auf 72 Euro (§ 10c Satz 2 EStG).

Die früher in § 10c EStG geregelte Vorsorgepauschale ist zuletzt für den Veranlagungszeitraum 2009 anzuwenden. Sie ist ersatzlos ab dem Veranlagungszeitraum 2010 weggefallen.

Sonderausgaben-Pauschbetrag

Der Sonderausgaben-Pauschbetrag wird zur Abgeltung folgender Sonderausgaben gewährt:

- Unterhaltsleistungen an den geschiedenen oder dauernd getrennt lebenden unbeschränkt einkommensteuerpflichtigen Ehegatten (§ 10 Abs. 1 Nr. 1 EStG)
- Renten und dauernde Lasten (§ 10 Abs. 1 Nr. 1a EStG)
- gezahlte Kirchensteuer (§ 10 Abs. 1 Nr. 4 EStG)
- Kinderbetreuungskosten (§ 10 Abs. 1 Nr. 5 EStG)
- Berufsausbildungskosten oder Weiterbildungskosten in einem nicht ausgeübten Beruf (§ 10 Abs. 1 Nr. 7 EStG)
- Aufwendungen für den Besuch von Ersatzschulen (§ 10 Abs. 1 Nr. 9 EStG)
- Zuwendungen für steuerbegünstigte Zwecke (§ 10b EStG)

Vorsorgeaufwendungen und Aufwendungen, die wie Sonderausgaben abgezogen werden (§ 10f bis § 10i EStG), werden vom Sonderausgaben-Pauschbetrag nicht umfasst.

Der Sonderausgaben-Pauschbetrag des § 10c EStG ist ein **Mindestbetrag.** Bei jeder Veranlagung kommt somit mindestens der maßgebliche Sonderausgaben-Pauschbetrag nach § 10c Satz 1 EStG zum Abzug. Der Pauschbetrag bezieht sich auf den Veranlagungszeitraum und ist daher nicht zu ermäßigen, wenn die persönliche Steuerpflicht nur während eines Teils des Kalenderjahres bestanden hat. Der Pauschbetrag kommt nur zum Ansatz, wenn die vom Steuerpflichtigen nachgewiesenen Aufwendungen unter Berücksichtigung der Höchstbeträge zu keinem höheren Abzugsbetrag führen.

Weist der Steuerpflichtige höhere Sonderausgaben i. S. des § 10 Abs. 1 Nr. 1, 1a, 4, 5, 7 und 9 und des § 10b EStG als den maßgeblichen Sonderausgaben-Pauschbetrag des § 10c Abs. 1 EStG nach, so sind die tatsächlich nachgewiesenen höheren Sonderausgaben abzuziehen.

Beispiele:

a) Ein lediger Steuerpflichtiger hat in seiner Steuererklärung für den Veranlagungszeitraum 01 Sonderausgaben i. S. des § 10 Abs. 1 Nr. 1, 1a, 4, 5, 7 und 9 und des § 10b EStG nicht geltend gemacht.

Bei der Einkommensteuerveranlagung ist für diese Sonderausgaben der Sonderausgaben-Pauschbetrag des § 10c Abs. 1 EStG mit 36 € abzuziehen.

b) Ehegatten, die die Voraussetzungen des § 26 Abs. 1 Satz 1 EStG erfüllen, werden zusammen zur Einkommensteuer veranlagt. Sonderausgaben i. S. des § 10 Abs. 1 Nr. 4, 7 und 9 und des § 10b EStG sind wie folgt angefallen: Ehemann 35 €; Ehefrau 30 €.

Die Ehegatten erhalten den Sonderausgaben-Pauschbetrag nach § 10c Abs. 4 EStG i. H. von 72 €.

Im Fall der Einzelveranlagung von Ehegatten steht jedem Ehegatten der Sonderausgaben-Pauschbetrag i. H. von 36 Euro zu.

Vorsorgepauschale

Der pauschale Ansatz von Vorsorgeaufwendungen im Veranlagungsverfahren mittels Vorsorgepauschale (§ 10c Abs. 2 bis 5 EStG in der am 31. Dezember 2009 geltenden Fassung) wurde durch das BürgerEntlG vom 16.07.2009[436] mit Wirkung ab dem Veranlagungszeitraum 2010 abgeschafft. Sie galt zuletzt für den Veranlagungszeitraum 2009. Für den pauschalen Ansatz von Vorsorgeaufwendungen besteht kein Bedarf mehr, da die Finanzämter über alle Daten für die Berechnung der als Sonderausgaben abziehbaren Vorsorgeaufwendungen verfügen, seitdem – aufgrund der Neuregelungen in § 10 EStG – eine Datenübermittlung durch die verschiedenen Versicherungsunternehmen an eine zentrale staatliche Stelle erfolgt.

Eine Vorsorgepauschale wird ab dem Veranlagungszeitraum 2010 ausschließlich im Lohnsteuerabzugsverfahren berücksichtigt (§ 39b Abs. 2 Satz 5 Nr. 3 und Abs. 4 EStG). Über die Vorsorgepauschale hinaus werden im Lohnsteuerabzugsverfahren keine weiteren Vorsorgeaufwendungen berücksichtigt; hier ist auch die früher zu beachtende Günstigerprüfung entfallen.

29.4 Verlustabzug (§ 10d EStG)

Verluste sind, wie sich aus § 10d Abs. 1 Satz 1 EStG ergibt, negative Einkünfte aus allen Einkunftsarten des § 2 Abs. 1 EStG. Um die Bedeutung des Abzugs dieser Verluste zu erfassen, muss man auf das System der Einkommensbesteuerung zurückgreifen. Gemäß § 25 Abs. 1 EStG wird die Einkommensteuer nach Ablauf des Kalenderjahres nach dem Einkommen veranlagt, das der Steuerpflichtige in diesem Veranlagungszeitraum bezogen hat. Diese auch Periodenbesteuerung genannte Abschnittsbesteuerung geschieht aus Gründen der Praktikabilität. Sie hat zur

---
[436] BGBl 2009 I S. 1959.

29.4 Verlustabzug

Voraussetzung, dass die Besteuerungsgrundlagen ebenfalls grundsätzlich für ein Kalenderjahr zu ermitteln sind (§ 2 Abs. 7 EStG). Die Abschnittsbesteuerung kann zu Härten führen. Um sie zu mildern, können Steuerpflichtige unter den nachfolgend dargestellten Voraussetzungen unter Durchbrechung des Prinzips der periodengerechten Besteuerung den negativen Gesamtbetrag der Einkünfte des Verlustentstehungsjahres im Wege des Verlustrücktrags (§ 10d Abs. 1 EStG) bzw. des Verlustvortrags (§ 10d Abs. 2 EStG) vorrangig vor Sonderausgaben, außergewöhnlichen Belastungen und sonstigen Abzugsbeträgen vom Gesamtbetrag der Einkünfte abziehen.

Die Summe der Einkünfte aus den Einkunftsarten stellt die für einen Veranlagungszeitraum zusammengerechneten Einkünfte der verschiedenen Einkunftsarten dar, die der Steuerpflichtige in diesem Veranlagungszeitraum bezogen hat. Summe der Einkünfte ist die Summe der positiven und negativen Einkünfte. Haben sich bei einem Steuerpflichtigen in einem Kalenderjahr neben positiven Einkünften auch negative Einkünfte ergeben, so sind die negativen Einkünfte grundsätzlich mit den positiven Einkünften zu verrechnen.

- Innerhalb derselben Einkunftsart sind zunächst die negativen Einkünfte unbeschränkt auszugleichen (**horizontaler Verlustausgleich**).
- Danach sind ab dem Veranlagungszeitraum 2004 die noch verbleibenden negativen Einkünfte mit positiven Einkünften aus anderen Einkunftsarten auszugleichen (**vertikaler Verlustausgleich**).
- Für danach noch nicht ausgeglichene negative Einkünfte gilt der Verlustabzug nach § 10d EStG.

Ab dem 01.01.1999 ist nach § 10d Abs. 1 EStG der **Verlustrücktrag auf ein Jahr und hinsichtlich der Höhe** des Verlustrücktrags in den Veranlagungszeiträume 2002 bis 2012 auf 511.500 Euro **begrenzt.** Bei der Zusammenveranlagung nach §§ 26, 26b EStG verdoppelt sich der Betrag. Durch Art. 1 des Gesetzes zur Änderung und Vereinfachung der Unternehmensbesteuerung und des steuerlichen Reisekostenrechts vom 20.02.2013 sind die Beträge des § 10d Abs. 1 EStG angehoben worden.[437] Ab dem Veranlagungszeitraum 2013 ist der Verlustrücktrag auf 1 Mio. Euro – im Fall der Zusammenveranlagung auf 2 Mio. Euro – begrenzt. Der angehobene Höchstsatz ist erstmals auf negative Einkünfte anzuwenden, die bei der Ermittlung des Gesamtbetrags der Einkünfte des Veranlagungszeitraums 2013 nicht ausgeglichen werden können (§ 52 Abs. 25 EStG).

Der Abzug erfolgt vom Gesamtbetrag der Einkünfte vorrangig vor den Sonderausgaben, den außergewöhnlichen Belastungen und den sonstigen Abzugsbeträgen. Ist für den unmittelbar vorangegangenen Veranlagungszeitraum bereits ein Steuerbescheid erlassen worden, so ist er insoweit zu ändern, als der Verlustrücktrag zu gewähren ist. Das gilt auch dann, wenn der Steuerbescheid unanfechtbar geworden

---
[437] BGBl 2013 I S. 285.

ist. Die Festsetzungsfrist endet insoweit nicht, bevor die Festsetzungsfrist für den Veranlagungszeitraum abgelaufen ist, in dem die negativen Einkünfte nicht ausgeglichen werden (§ 10d Abs. 1 Satz 4 EStG).

Der Verlustrücktrag ist zwingend nach dem Verlustausgleich und vor dem Verlustvortrag vorzunehmen. Der Steuerpflichtige hat gem. § 10d Abs. 1 Satz 5 EStG ein Wahlrecht, ob und inwieweit er vom Verlustrücktrag Gebrauch machen will. Stellt der Steuerpflichtige keinen Antrag, wird der Verlust nach § 10d Abs. 1 Satz 1 EStG von Amts wegen in höchstmöglichem Umfang berücksichtigt. Eine besondere Form für die Ausübung des Wahlrechts ist gesetzlich nicht vorgesehen.

Ab dem Veranlagungszeitraum 2008 gilt für Einzel- und Mitunternehmer die Thesaurierungsbegünstigung nach § 34a EStG. Nach § 34a Abs. 8 EStG dürfen negative Einkünfte nicht mit ermäßigt besteuerten Gewinnen ausgeglichen werden. Sie dürfen insoweit auch nicht im Rahmen des Verlustabzugs abgezogen werden. Bei allen nicht begünstigten Einkünften wird allerdings weiterhin ein Verlustrücktrag auf Antrag des Steuerpflichtigen durchgeführt. Nach § 10d Abs. 1 Satz 2 EStG ist der Verlustrücktrag aber insoweit ausgeschlossen, als die Einkünfte im Vorjahr aufgrund der Thesaurierungsbegünstigung ermäßigt besteuert worden sind (§ 10d Abs. 1 Satz 2 EStG). Dies kann der Steuerpflichtige dadurch vermeiden, dass er den Antrag auf Anwendung der ermäßigten Besteuerung zurücknimmt. Tut er dies nicht, wird der nach § 10d Abs. 1 Satz 2 EStG nicht verrechnete Verlust vorgetragen.

Über die Frage, ob und in welcher Höhe ein abziehbarer Verlust entstanden ist, wird im jeweiligen Abzugsjahr entschieden.[438]

Verluste, die nicht oder nicht in vollem Umfang im Rahmen des Verlustrücktrags nach § 10d Abs. 1 EStG abgezogen worden sind, sind ab dem Veranlagungszeitraum 2004 nach § 10d Abs. 2 EStG in den folgenden Veranlagungszeiträumen bis zu einem Gesamtbetrag der Einkünfte von 1 Mio. Euro unbeschränkt, darüber hinaus bis zu 60 % des 1 Mio. Euro übersteigenden Gesamtbetrags der Einkünfte vorrangig vor den Sonderausgaben, den außergewöhnlichen Belastungen und den sonstigen Abzugsbeträgen abzuziehen. Bei der Zusammenveranlagung nach §§ 26, 26b EStG tritt an die Stelle des Betrags von 1 Mio. Euro ein Betrag von 2 Mio. Euro. Im Gegensatz zum Verlustrücktrag ist der **Verlustvortrag zeitlich unbegrenzt** möglich.

Zu beachten ist auch hier § 34a Abs. 8 EStG. Nicht ausgeglichene Verluste gehen in den weiteren Verlustvortrag ein. Will der Steuerpflichtige den Verlustabzug dennoch erreichen, muss er den Antrag auf Anwendung des ermäßigten Steuersatzes zurücknehmen.

§ 10d Abs. 2 EStG enthält keine eigenständige Regelung über die Änderung von Steuerbescheiden zur Durchführung des Verlustvortrags. Die verbleibenden Verlustabzüge werden vielmehr in der gesonderten Feststellung nach § 10d Abs. 4

---

438 BFH vom 11.10.1985 III R 71/85 (BFH/NV 1986 S. 159).

EStG zusammengefasst, die über § 175 Abs. 1 Nr. 1 AO die Berücksichtigung in nachfolgenden Steuerbescheiden ermöglicht.

§ 10d EStG erfasst grundsätzlich alle nicht ausgeglichenen negativen Einkünfte aller Einkunftsarten i. S. von § 2 Abs. 1 EStG. Zu beachten sind aber Verlustausgleichsbeschränkungen z. B. nach § 2a EStG, § 2b EStG, § 15 Abs. 4 EStG, § 15a EStG, § 20 Abs. 6 EStG, § 22 Nr. 3 Satz 3 und 4 EStG, § 23 Abs. 3 Satz 7 bis 10 EStG oder § 37 Abs. 3 Satz 8 bis 11 EStG. Des Weiteren dürfen ab dem Veranlagungszeitraum 2008 bei der ermäßigten Besteuerung nicht entnommener Gewinne bei Einzel- und Mitunternehmern negative Einkünfte nicht mit ermäßigt besteuerten Gewinnen verrechnet werden. Insoweit ist auch ein Verlustabzug nach § 10d ausgeschlossen (§ 34a Abs. 8 EStG). Auch Verluste bei den Einkünften aus nichtselbständiger Arbeit, die nach §§ 40 bis 40b EStG pauschal besteuert worden sind, werden von § 10d EStG nicht erfasst (§ 40 Abs. 3 EStG). Gleiches gilt auch bei Verlusten aus Kapitalerträgen, wenn die Einkommensteuer durch den Steuerabzug abgegolten ist (§ 2 Abs. 5b EStG).

Bis einschließlich Veranlagungszeitraum 2008 war für beschränkt Steuerpflichtige die Anwendung des § 10d EStG auf Verluste eingeschränkt, die im Zusammenhang mit inländischen Einkünften stehen (§ 50 Abs. 1 Satz 2 EStG a. F.). Verluste aus Einkünften, die dem Steuerabzug unterlagen, und aus Einkünften i. S. des § 20 Abs. 1 Nr. 5 und 7 EStG durften dabei nicht berücksichtigt werden (§ 50 Abs. 2 Satz 2 EStG a. F.). In der aktuellen Fassung des § 50 EStG finden sich keine den Verlustausgleich einschränkende Regelungen mehr.

Der Verlustabzug kann grundsätzlich nur von dem Steuerpflichtigen geltend gemacht werden, der die negativen Einkünfte erzielt hat. Deshalb kann die Verlustabzugsberechtigung nicht durch Rechtsgeschäft übertragen werden.

Die Begrenzung des Verlustrücktrags auf 1 Mio. Euro bezieht sich auf den einzelnen Steuerpflichtigen, der die negativen Einkünfte erzielt hat. Bei zusammen veranlagten Steuerpflichtigen verdoppelt sich der Höchstbetrag auf 2 Mio. Euro und kann unabhängig davon, wer von beiden Steuerpflichtigen die positiven oder die negativen Einkünfte erzielt hat, ausgeschöpft werden. Bei Personengesellschaften und Personengemeinschaften gilt der Höchstbetrag für jeden Beteiligten. Über die Frage, welcher Anteil an den negativen Einkünften der Personengesellschaft oder Personengemeinschaft auf den einzelnen Beteiligten entfällt, ist im Bescheid über die gesonderte und einheitliche Feststellung zu entscheiden. Inwieweit diese anteiligen negativen Einkünfte beim einzelnen Beteiligten nach § 10d EStG abziehbar sind, ist im Rahmen der Einkommensteuerveranlagung zu beurteilen. In Organschaftsfällen (§ 14 KStG) bezieht sich der Höchstbetrag auf den Organträger. Er ist bei diesem auf die Summe der Ergebnisse aller Mitglieder des Organkreises anzuwenden. Ist der Organträger eine Personengesellschaft, sind die Grundsätze für Personengesellschaften entsprechend zu beachten. Die aufgezeigten Grundsätze gelten für die Begrenzung des Verlustvortrags entsprechend.

Der Antrag nach § 10d Abs. 1 Satz 5 EStG kann bis zur Bestandskraft des aufgrund des Verlustrücktrags geänderten Steuerbescheids an das nach § 19 AO zuständige Finanzamt gestellt werden. Wird der Einkommensteuerbescheid des Rücktragsjahres gem. § 10d Abs. 1 Satz 3 EStG geändert, weil sich die Höhe des Verlusts im Entstehungsjahr ändert, kann das Wahlrecht nur im Umfang des Erhöhungsbetrags neu ausgeübt werden. Der Antrag, vom Verlustrücktrag nach § 10d Abs. 1 Satz 1 EStG ganz abzusehen, kann widerrufen werden bis zur Bestandskraft des den verbleibenden Verlustvortrag feststellenden Bescheids nach § 10d Abs. 4 EStG. Das Wahlrecht steht auch dem Erben für die negativen Einkünfte des Erblassers zu, die beim Erblasser nicht ausgeglichen werden können und nicht im Wege des Verlustrücktrags berücksichtigt werden sollen und beim Erben im Veranlagungszeitraum des Erbfalls nicht ausgeglichen werden können. Der Antrag nach § 10d Abs. 1 Satz 5 EStG kann der Höhe nach beschränkt werden.

Bei der Zusammenveranlagung nach §§ 26, 26b EStG ist bei der Berechnung des verbleibenden Verlustabzugs zunächst ein Ausgleich mit den anderen Einkünften des Ehegatten bzw. eingetragenen Lebenspartners vorzunehmen, der die negativen Einkünfte erzielt hat. Verbleibt bei ihm ein negativer Betrag, ist dieser bei der Ermittlung der Summe der Einkünfte mit dem positiven Betrag des anderen Ehegatten bzw. eingetragenen Lebenspartners auszugleichen. Ist die Summe der Einkünfte negativ und wird sie nach § 10d Abs. 1 EStG nicht oder nicht in vollem Umfang zurückgetragen, ist der verbleibende Betrag als Verlustvortrag gesondert festzustellen. Bei dieser Feststellung sind die negativen Einkünfte auf die Steuerpflichtigen nach dem Verhältnis aufzuteilen, in dem die auf den einzelnen Steuerpflichtigen entfallenden Verluste im Veranlagungszeitraum der Verlustentstehung zueinander stehen.

Hinsichtlich des Verlustabzugs bei Ehegatten und eingetragenen Lebenspartnern ist § 62d EStDV zu beachten. Im Fall der Einzelveranlagung kann der Steuerpflichtige den Verlustabzug nach § 10d EStG auch für Verluste derjenigen Veranlagungszeiträume geltend machen, in denen die Ehegatten bzw. eingetragenen Lebenspartner nach § 26b EStG zusammen veranlagt worden sind. Der Verlustabzug kann in diesem Fall nur für Verluste geltend gemacht werden, die der einzeln veranlagte Steuerpflichtige erlitten hat. Im Fall der Zusammenveranlagung von Ehegatten und eingetragenen Lebenspartnern kann der Steuerpflichtige den Verlustabzug nach § 10d EStG auch für Verluste derjenigen Veranlagungszeiträume geltend machen, in denen die Ehegatten bzw. die eingetragenen Lebenspartner nach § 26a EStG einzeln veranlagt worden sind. Im Fall der Zusammenveranlagung in einem Veranlagungszeitraum, in den negative Einkünfte nach § 10d Abs. 1 EStG zurückgetragen werden, sind nach Anwendung des § 10d Abs. 1 EStG verbleibende negative Einkünfte für den Verlustvortrag nach § 10d Abs. 2 EStG in Veranlagungszeiträume, in denen eine Zusammenveranlagung nicht stattfindet, auf die Ehegatten bzw. eingetragenen Lebenspartnern nach dem Verhältnis aufzuteilen, in dem die auf den einzelnen Steu-

29.4 Verlustabzug

erpflichtigen entfallenden Verluste im Veranlagungszeitraum der Verlustentstehung zueinander stehen.

Beispiel:

Spalte 1	2	Ehemann 3	Ehefrau 4
Einkünfte im laufenden Veranlagungszeitraum aus			
§ 15		1.750.000	1.250.000
§ 22 Nr. 2 i. V. m. § 23		2.500.000	500.000
§ 22 Nr. 3		250.000	250.000
Verbleibender Verlustabzug aus dem vorangegangenen Veranlagungszeitraum			
nach § 10d Abs. 2		6.000.000	2.000.000
§ 22 Nr. 2 i. V. m. § 23		500.000	4.500.000
§ 22 Nr. 3			1.000.000
Berechnung der Summe der Einkünfte im laufenden Veranlagungszeitraum			
§ 15		1.750.000	1.250.000
§ 22 Nr. 2 i. V. m. § 23		2.500.000	500.000
Verlustvortrag aus dem vorangegangenen Veranlagungszeitraum, Höchstbetragsberechnung			
Summe der Einkünfte			
§ 22 Nr. 2 i. V. m. § 23	3.000.000		
Unbeschränkt abziehbar	2.000.000		
Verbleiben	1.000.000		
Davon 60 %	600.000		
Höchstbetrag	2.600.000		
Verhältnismäßige Aufteilung			
Ehemann:			
$\dfrac{500.000}{5.000.000} \times 2.600.000$		260.000	
Ehefrau:			
$\dfrac{4.500.000}{5.000.000} \times 2.600.000$		2.340.000	

29 Einkommensermittlung

Spalte 1	2	Ehemann 3	Ehefrau 4
Verlustvortrag max. in Höhe der positiven Einkünfte		260.000	500.000
Zwischensumme		2.240.000	0
Übertragung Verlustvolumen 2.340.000 – 500.000	1.840.000	1.840.000	
Einkünfte § 22 Nr. 2 i. V. m. § 23		400.000	0
§ 22 Nr. 3		250.000	250.000
Verlustvortrag aus dem vorangegangenen Veranlagungszeitraum max. in Höhe der positiven Einkünfte		250.000	250.000
Einkünfte § 22 Nr. 3		0	0
Summe der Einkünfte		2.150.000	1.250.000
Gesamtbetrag der Einkünfte		3.400.000	
Verlustvortrag § 10d Berechnung Höchstbetrag			
Gesamtbetrag der Einkünfte	3.400.000		
Unbeschränkt abziehbar	2.000.000		
Verbleiben	1.400.000		
Davon 60 %	840.000		
Höchstbetrag	2.840.000	2.840.000	
Verhältnismäßige Aufteilung			
Ehemann: $\dfrac{6.000.000}{8.000.000} \times 2.840.000$		2.130.000	
Ehefrau: $\dfrac{2.000.000}{8.000.000} \times 2.840.000$		710.000	
Berechnung des festzustellenden verbleibenden Verlustvortrags zum 31.12. des laufenden Veranlagungszeitraums:			
Verlustvortrag zum 31.12. des vorangegangenen Veranlagungszeitraums		6.000.000	2.000.000
Abzgl. Verlustvortrag in den laufenden Veranlagungszeitraum		2.130.000	710.000

29.4 Verlustabzug

Spalte 1	2	Ehemann 3	Ehefrau 4
Verbleibender Verlustvortrag zum 31.12. des laufenden Veranlagungszeitraums		3.870.000	1.290.000
Verlustvortrag zum 31.12. des vorangegangenen Veranlagungszeitraums aus § 22 Nr. 2 i. V. m. § 23		500.000	4.500.000
Abzgl. Verlustvortrag in den laufenden Veranlagungszeitraum		260.000	2.340.000
Verbleibender Verlustvortrag aus § 22 Nr. 2 i. V. m. § 23 zum 31.12. des laufenden Veranlagungszeitraums		240.000	2.160.000
Verlustvortrag zum 31.12. des vorangegangenen Veranlagungszeitraums aus § 22 Nr. 3			1.000.000
Abzgl. Verlustvortrag in den laufenden Veranlagungszeitraum			500.000
Verbleibender Verlustvortrag aus § 22 Nr. 3 zum 31.12. des laufenden Veranlagungszeitraums			500.000

Verluste, die der Steuerpflichtige vor und während des Insolvenzverfahrens erlitten hat, sind dem Grunde nach in vollem Umfang ausgleichsfähig und nach § 10d EStG abzugsfähig.[439]

Der Erbe kann einen vom Erblasser nicht ausgenutzten Verlustabzug nach § 10d EStG nicht bei seiner eigenen Veranlagung zur Einkommensteuer geltend machen.[440] Die früher geltende gegenteilige Rechtsprechung des BFH ist aus Gründen des Vertrauensschutzes weiterhin in allen Erbfällen anzuwenden, die bis zum Ablauf des 18.08.2008 eingetreten sind.[441] Nach der früheren Auffassung des BFH waren die in der Person des Erblassers entstandenen Verluste, soweit sie bei diesem nicht ausgeglichen werden konnten und auch nicht im Wege des Verlustrücktrags abgezogen wurden, im Veranlagungszeitraum des Erbfalls bei der Ermittlung des Gesamtbetrags der Einkünfte des Erben mit dessen Einkünften auszugleichen.[442] Soweit der Verlustausgleich nicht möglich war, waren die Verluste beim Erben im Wege des Verlustabzugs zu berücksichtigen.[443] Der Erbe konnte die Verluste des Erblassers jedoch nur dann ausgleichen bzw. abziehen, wenn er durch sie wirtschaft-

---
439 BFH vom 04.09.1969 IV R 288/66 (BStBl 1969 II S. 726).
440 BFH vom 17.12.2007 GrS 2/04 (BStBl 2008 II S. 608).
441 BMF vom 24.07.2008 (BStBl 2008 I S. 809).
442 BFH vom 16.05.2001 I R 76/99 (BStBl 2002 II S. 487).
443 BFH vom 22.06.1962 VI 49/61 S (BStBl 1962 III S. 386).

lich belastet war.[444] Eine wirtschaftliche Belastung des Erben liegt insbesondere dann nicht vor, wenn der Erbe für Nachlassverbindlichkeiten entweder gar nicht oder nur beschränkt haftet.[445] Wenn mehrere Erben vorhanden waren, waren die Verluste des Erblassers nach dem Verhältnis der Erbteile bei den einzelnen Erben auszugleichen oder abzuziehen. Schlug ein Erbe die Erbschaft aus, stand das Recht des Erblassers zum Verlustabzug dem Erben zu, der an die Stelle des ausschlagenden Erben trat.

Verluste des verstorbenen Ehegatten aus dem Todesjahr sind zu verrechnen und die Verlustvorträge des verstorbenen Ehegatten sind abzuziehen, wenn die Ehegatten für dieses Jahr zusammen veranlagt werden (R 10d Abs. 9 EStR). Ein Rücktrag des im Todesjahr nicht ausgeglichenen Verlusts des Erblassers in das Vorjahr ist bei Ehegatten möglich, wenn die Ehegatten für das Vorjahr zusammen veranlagt werden (§ 62d Abs. 2 Satz 1 EStDV). Werden allerdings die Ehegatten im Vorjahr einzeln gem. § 26a EStG veranlagt, ist ein Rücktrag des noch nicht ausgeglichenen Verlusts des Erblassers nur bei der Veranlagung des Erblassers zu berücksichtigen (§ 62d Abs. 1 EStDV). Diese Grundsätze gelten auch für eingetragene Lebenspartner.

Nur der am Schluss eines Veranlagungszeitraums verbleibende Verlustvortrag wird gesondert festgestellt. Die gesonderte Feststellung ist bindend für die Einkommensteuerbescheide der Verlustvortragsjahre, aber auch für Feststellungsbescheide nach § 10d Abs. 4 Satz 1 EStG auf spätere Stichtage. Ein Verlustabzug ist nur zulässig, wenn der Verlust im vorhergehenden Veranlagungszeitraum festgestellt worden ist. Zur Errechnung des verbleibenden Verlustabzugs ist nach § 10d Abs. 4 Satz 2 EStG von dem Verlust auszugehen, der bei der Ermittlung des Gesamtbetrags der Einkünfte des Veranlagungszeitraums nicht ausgeglichen ist. Dieser Betrag ist sodann um die nach § 10d Abs. 1 und 2 EStG abgezogenen Beträge zu vermindern und um den auf den Schluss des vorangegangenen Veranlagungszeitraums ggf. festgestellten verbleibenden Verlustabzug zu erhöhen. Die damit vorgeschriebene Fortschreibung hat zur Folge, dass am Schluss eines jeden Veranlagungszeitraums der verbleibende Verlustabzugsbetrag unabhängig vom Jahr der Entstehung der Verluste als **einheitlicher Betrag gesondert festgestellt** wird. Feststellungsfinanzamt ist das für die Besteuerung zuständige Finanzamt.

Die Steuerbescheide für die dem Verlustjahr vorangegangenen Veranlagungszeiträume sind nach § 10d Abs. 1 Satz 3 EStG zu ändern, wenn sich bei der Ermittlung des Gesamtbetrags der Einkünfte für das Verlustjahr Änderungen ergeben, die zu einem höheren oder niedrigeren Verlustrücktrag führen. Die Änderung des Steuerbescheids kann auch dann durchgeführt werden, wenn der Steuerbescheid unanfechtbar geworden ist. Auch in diesen Fällen gilt die Verjährungsregelung des § 10d Abs. 1 Satz 4 Halbsatz 2 EStG. Danach endet die Festsetzungsfrist insoweit nicht, bevor die Festsetzungsfrist für den Veranlagungszeitraum abgelaufen ist, in dem die

---

444 BFH vom 05.05.1999 XI R 1/97 (BStBl 1999 II S. 653).
445 BMF vom 26.07.2002 (BStBl 2002 I S. 667).

29.4 Verlustabzug

negativen Einkünfte nicht ausgeglichen werden. Wirkt sich die Änderung eines Verlustrücktrags oder anderer Besteuerungsgrundlagen auf den im Wege des Verlustvortrags abzuziehenden Verlust aus, so sind die betroffenen Feststellungsbescheide i. S. des § 10d Abs. 4 EStG nach § 10d Abs. 4 Satz 4 EStG und die Steuerbescheide für die betreffenden Veranlagungszeiträume nach § 175 Abs. 1 Satz 1 Nr. 1 AO zu ändern, auch wenn sie bereits bestandskräftig sind.

Nach Bestandskraft des Steuerbescheids ist eine erstmalige oder geänderte Verlustfeststellung nur möglich, wenn auch der Steuerbescheid aufgehoben, geändert oder berichtigt werden könnte. Die Besteuerungsgrundlagen des bestandskräftigen Steuerbescheids sind gem. § 10d Abs. 4 Satz 4 EStG im Feststellungsbescheid zu berücksichtigen. Zudem sind die Regelungen in § 171 Abs. 10 AO (Ablaufhemmung der Festsetzungsfrist des Folgebescheids), § 175 Abs. 1 Nr. 1 AO (Änderung von Folgebescheiden zur Anpassung an den Grundlagenbescheid) und § 351 Abs. 2 AO (Anfechtungsbeschränkung des Folgebescheids) und § 42 FGO (Anfechtungsbeschränkung des Folgebescheids) entsprechend anzuwenden. Eine abweichende Berücksichtigung der Besteuerungsgrundlagen ist nach § 10d Abs. 4 Satz 5 EStG nur dann möglich, wenn der Steuerbescheid noch nach den Korrekturvorschriften der AO geändert werden könnte, die Aufhebung, Änderung oder Berichtigung des Steuerbescheids aber mangels steuerlicher Auswirkung unterbleibt. Durch die Neufassung des § 10d Abs. 4 Satz 4 und 5 EStG durch das JStG 2010[446] wird eine inhaltliche Bindung an den Steuerbescheid erreicht, obwohl es sich nicht um einen Grundlagenbescheid handelt. Die Neuregelung gilt erstmals für Verluste, für die nach dem 13.12.2010 eine Feststellungserklärung abgegeben wird.

Die Feststellungsfrist endet gem. § 10d Abs. 4 Satz 6 EStG nicht, bevor die Festsetzungsfrist für den Veranlagungszeitraum abgelaufen ist, auf dessen Schluss der verbleibende Verlustvortrag gesondert festzustellen ist. Nach § 181 Abs. 5 AO kann eine Feststellung aber auch nach Ablauf der für sie geltenden Feststellungsfrist erfolgen, wenn sie für eine Steuerfestsetzung von Bedeutung ist, für die die Festsetzungsfrist im Zeitpunkt der Feststellung noch nicht abgelaufen ist. Die Fristverlängerung nach § 181 Abs. 5 AO ist allerdings nur dann anzuwenden, wenn das Finanzamt die Feststellung des Verlustvortrags pflichtwidrig unterlassen hat (§ 10d Abs. 4 Satz 6 EStG).

Bei der gesonderten Feststellung des verbleibenden Verlustvortrags ist eine Unterscheidung nach Einkunftsarten und Einkunftsquellen nur insoweit vorzunehmen, als negative Einkünfte besonderen Verlustverrechnungsbeschränkungen unterliegen. Über die Höhe der im Verlustentstehungsjahr nicht ausgeglichenen negativen Einkünfte wird im Steuerfestsetzungsverfahren für das Verlustrücktragsjahr und hinsichtlich des verbleibenden Verlustvortrags für die dem Verlustentstehungsjahr folgenden Veranlagungszeiträume im Feststellungsverfahren nach § 10d Abs. 4 EStG bindend entschieden. Der Steuerbescheid des Verlustentstehungsjahres ist daher

---
446 BGBl 2010 I S. 1768.

1247

weder Grundlagenbescheid für den Einkommensteuerbescheid des Verlustrücktragsjahres noch für den Feststellungsbescheid nach § 10d Abs. 4 EStG. Der Feststellungsbescheid nach § 10d Abs. 4 EStG ist nach § 182 Abs. 1 AO Grundlagenbescheid für die Einkommensteuerfestsetzung des Folgejahres und für den auf den nachfolgenden Feststellungszeitpunkt zu erlassenden Feststellungsbescheid. Er ist kein Grundlagenbescheid für den Steuerbescheid eines Verlustrücktragsjahres (§ 10d Abs. 1 EStG). Der verbleibende Verlustvortrag ist auf 0 Euro festzustellen, wenn die in dem Verlustentstehungsjahr nicht ausgeglichenen negativen Einkünfte in vollem Umfang zurückgetragen werden. Der verbleibende Verlustvortrag ist auch dann auf 0 Euro festzustellen, wenn ein zum Schluss des vorangegangenen Veranlagungszeitraums festgestellter verbleibender Verlustvortrag in einem folgenden Veranlagungszeitraum aufgebraucht worden ist.

Will ein Arbeitnehmer einen Verlustabzug geltend machen, so muss er, wenn er nicht aus anderen Gründen zur Einkommensteuer zu veranlagen ist, seine Einkommensteuerveranlagung zur Berücksichtigung des Verlustabzugs beantragen.

29.5 Baudenkmale und Gebäude in Sanierungsgebieten (§ 10f EStG)

29.5.1 Anschaffungs- und Herstellungskosten (§ 10f Abs. 1 EStG)

Nach § 10f Abs. 1 EStG kann der Steuerpflichtige Aufwendungen an einem eigenen Gebäude im Kalenderjahr des Abschlusses der Baumaßnahme und in den neun folgenden Kalenderjahren jeweils bis zu 9 % für nach dem 31.12.2003 begonnene Baumaßnahmen wie Sonderausgaben abziehen, wenn die Voraussetzungen des § 7h EStG oder des § 7i EStG vorliegen. Da diese Vorschriften erhöhte Absetzungen nur für bestimmte Anschaffungs- oder Herstellungskosten zulassen, erfordert auch § 10f Abs. 1 EStG das Vorliegen derartiger Anschaffungs- oder Herstellungskosten. Wegen der Voraussetzungen der §§ 7h und 7i EStG im Einzelnen wird auf 13.12 und 13.13 hingewiesen.

Der Sonderausgabenabzug kommt nur in Betracht, soweit der Steuerpflichtige das Gebäude in dem jeweiligen Kalenderjahr zu eigenen Wohnzwecken nutzt (§ 10f Abs. 1 Satz 2 EStG).

Für Zeiträume, für die der Steuerpflichtige erhöhte Absetzungen von Aufwendungen nach § 7h oder § 7i EStG abgezogen hat, kann er für dieselben Aufwendungen keinen Sonderausgabenabzug nach § 10f Abs. 1 EStG in Anspruch nehmen (§ 10f Abs. 1 Satz 3 EStG). Dies beruht gesetzessystematisch auf dem Vorrang des Betriebsausgaben- und Werbungskostenabzugs gegenüber dem Sonderausgabenabzug (§ 10 Abs. 1 Satz 1 EStG). Hierdurch wird jedoch im Fall des Nutzungswechsels innerhalb des 10-jährigen Begünstigungszeitraums ein Übergang von der Inanspruchnahme erhöhter Absetzungen nach § 7h EStG oder § 7i EStG zum Sonderausgabenabzug nach § 10f Abs. 1 EStG und umgekehrt nicht ausgeschlossen.

Der Sonderausgabenabzug nach § 10f Abs. 1 EStG kommt nur in Betracht, soweit der Steuerpflichtige die Aufwendungen nicht in die Bemessungsgrundlage nach § 10e EStG oder dem EigZulG einbezogen hat (§ 10f Abs. 1 Satz 2 EStG); zwischen § 10f EStG und § 10e Abs. 1 bis 5 EStG bzw. dem EigZulG besteht damit ein Kumulierungsverbot.

§ 10f Abs. 1 EStG setzt voraus, dass der Steuerpflichtige das Gebäude zu eigenen Wohnzwecken nutzt. Nach § 10f Abs. 5 EStG ist die Vorschrift auf Gebäudeteile, die selbständige unbewegliche Wirtschaftsgüter sind, und auf Eigentumswohnungen entsprechend anzuwenden.

29.5.2 Erhaltungsaufwand (§ 10f Abs. 2 EStG)

Nach § 10f Abs. 2 EStG kann der Steuerpflichtige Erhaltungsaufwand, der an einem eigenen Gebäude entsteht und nicht zu den Betriebsausgaben oder Werbungskosten gehört, im Kalenderjahr des Abschlusses der Maßnahme und in den neun folgenden Kalenderjahren jeweils bis zu 9 % für nach dem 31.12.2003 begonnene Baumaßnahmen wie Sonderausgaben abziehen, wenn die Voraussetzungen

- des § 11a Abs. 1 EStG i. V. m. § 7h Abs. 2 EStG

  oder

- des § 11b Satz 1 oder 2 EStG i. V. m. § 7i Abs. 1 Satz 2 und Abs. 2 EStG

vorliegen.

Wegen der Voraussetzungen im Einzelnen wird auf 25.4.2 Bezug genommen.

Der Sonderausgabenabzug nach § 10f Abs. 2 EStG kommt nur in Betracht, soweit der Steuerpflichtige das Gebäude in dem jeweiligen Kalenderjahr zu eigenen Wohnzwecken nutzt (§ 10f Abs. 2 Satz 2 EStG). Soweit er hingegen das Gebäude zur Erzielung von Einkünften nutzt und der Erhaltungsaufwand zu den Betriebsausgaben oder Werbungskosten gehört, ist der Sonderausgabenabzug ausgeschlossen.

Der Sonderausgabenabzug nach § 10f Abs. 2 EStG kommt darüber hinaus nur in Betracht, soweit der Steuerpflichtige diese Aufwendungen nicht nach § 10e Abs. 6 oder § 10i EStG abgezogen hat (§ 10f Abs. 2 Satz 2 EStG); zwischen § 10f Abs. 2 EStG und § 10e Abs. 6 bzw. § 10i EStG besteht damit ein Kumulierungsverbot.

Geht der Steuerpflichtige während des 10-jährigen Verteilungszeitraums von der Nutzung des Gebäudes zu eigenen Wohnzwecken zur Einkunftserzielung über, ist der noch nicht berücksichtigte Teil des Erhaltungsaufwands im Jahr des Übergangs zur Einkunftserzielung wie Sonderausgaben abzuziehen (§ 10f Abs. 2 Satz 3 EStG). Ebenso wie Absatz 1 der Vorschrift ist § 10f Abs. 2 EStG auf Gebäudeteile, die selbständige unbewegliche Wirtschaftsgüter sind, und auf Eigentumswohnungen entsprechend anzuwenden.

29.5.3 Objektbegrenzung (§ 10f Abs. 3 und 4 EStG)

Nach § 10f Abs. 3 EStG kann der Steuerpflichtige die Abzugsbeträge nach den Absätzen 1 und 2 nur bei einem Gebäude in Anspruch nehmen (sog. Objektbegrenzung). Hinsichtlich desselben Gebäudes kann der Steuerpflichtige jedoch Abzugsbeträge nach § 10f Abs. 1 EStG als auch nach § 10f Abs. 2 EStG in Anspruch nehmen.

Den Gebäuden i. S. des § 10f Abs. 1 und 2 EStG stehen im Rahmen der Objektbegrenzung nach § 10f Abs. 3 EStG solche Gebäude gleich, für die Sonderausgabenabzugsbeträge nach § 52 Abs. 21 Satz 6 EStG 1987 i. V. m. § 82g EStDV – dies betrifft Herstellungskosten für bestimmte Baumaßnahmen i. S. des § 177 BauGB und Ähnliches – oder § 82i EStDV – dies betrifft Herstellungskosten für Baudenkmale – in Anspruch genommen worden sind. Entsprechendes gilt für die Abzugsbeträge nach § 52 Abs. 21 Satz 7 EStG 1987. Andere Gebäude sind demgegenüber nicht in diese Objektbegrenzung einbezogen worden; in die Objektbegrenzung nach § 10f Abs. 3 EStG sind daher weder Gebäude, für die erhöhte Absetzungen nach § 7b EStG oder §§ 7h oder 7i EStG in Anspruch genommen worden sind, noch solche Gebäude einzubeziehen, für die Sonderausgabenabzugsbeträge nach § 10e EStG, § 52 Abs. 21 Satz 4 oder 5 EStG 1987 oder § 52 Abs. 21 Satz 6 EStG 1987 i. V. m. § 82a EStDV, §§ 7 und 12 Abs. 3 SchutzbauG oder i. V. m. § 82a Abs. 3 EStDV in Anspruch genommen worden sind.

Sind mehrere Steuerpflichtige Eigentümer eines Gebäudes, steht der Anteil des Steuerpflichtigen an einem solchen Gebäude für Zwecke der Objektbegrenzung dem Gebäude gleich. Ein Miteigentümer, der für seinen ursprünglichen Anteil bereits Abzugsbeträge nach § 10f Abs. 1 oder 2 EStG in Anspruch genommen hat, kann im Fall des Hinzuerwerbs eines weiteren Anteils an demselben Gebäude für danach von ihm durchgeführte Maßnahmen die Abzugsbeträge auch insoweit in Anspruch nehmen, als sie auf den hinzuerworbenen Anteil entfallen (§ 10f Abs. 4 Satz 2 EStG).

Ehegatten, bei denen die Voraussetzungen der Zusammenveranlagung nach § 26 Abs. 1 EStG vorliegen, können die Abzugsbeträge nach den Absätzen 1 und 2 bei insgesamt zwei Gebäuden abziehen. Dabei ist zusätzlich zu berücksichtigen, dass die Anteile der Ehegatten an einem Gebäude zusammen nur ein Objekt im Sinne der Objektbegrenzung darstellen, wenn Eigentümer des Gebäudes ausschließlich der Steuerpflichtige und sein Ehegatte sind und bei den Ehegatten die Voraussetzungen des § 26 Abs. 1 EStG für eine Zusammenveranlagung vorliegen (§ 10f Abs. 4 Satz 3 i. V. m. § 10e Abs. 5 Satz 2 EStG).

29.6 Steuerbegünstigung für schutzwürdige Kulturgüter, die weder zur Einkunftserzielung noch zu eigenen Wohnzwecken genutzt werden (§ 10g EStG)

Steuerpflichtige können Aufwendungen für Herstellungs- und Erhaltungsmaßnahmen an eigenen schutzwürdigen Kulturgütern im Inland jeweils bis zu 9 % für nach dem 31.12.2003 entstandenen Erhaltungsaufwand wie Sonderausgaben abziehen, soweit sie öffentliche oder private Zuwendungen oder erzielte Einnahmen übersteigen.

Als Kulturgüter kommen i. d. R. Baudenkmale und als Gebäudegruppen geschützte Gesamtanlagen sowie gärtnerische und sonstige Anlagen in Betracht. Die Regelung entspricht weitgehend den §§ 7i und 10f EStG. Begünstigt sind aber auch Herstellungs- bzw. Erhaltungsmaßnahmen bei Mobiliar, Kunstgegenständen, Kunstsammlungen usw. Grundsätzlich ist nach § 10g Abs. 3 EStG durch eine amtliche Bescheinigung der nach Landesrecht zuständigen Stelle die Voraussetzung als Kulturgut sowie die Erforderlichkeit der Aufwendungen nachzuweisen.

Der Abzugsbetrag kann nur in Anspruch genommen werden, wenn die Kulturgüter weder zur Erzielung von Einkünften noch, soweit es sich um Gebäude handelt, zu eigenen Wohnzwecken genutzt werden; auch dürfen insbesondere keine Absetzungen für Abnutzung, erhöhte Absetzungen oder Sonderabschreibungen in Anspruch genommen werden.

29.7 Außergewöhnliche Belastungen

Es gibt Aufwendungen, die weder als Betriebsausgaben oder Werbungskosten noch als Sonderausgaben abzugsfähig sind, die aber wegen ihres besonderen außergewöhnlichen Charakters gleichwohl steuerlich berücksichtigt werden sollen, weil sie die individuelle Leistungsfähigkeit des einzelnen Steuerpflichtigen wesentlich beeinflussen.

Die steuerliche Berücksichtigung solcher außergewöhnlichen Belastungen erfolgt nach den Grundsätzen der §§ 33, 33a und 33b EStG durch Gewährung steuerfreier Beträge. Dabei sind zwei Gruppen zu unterscheiden:

a) individuelle Einzelfälle, die nicht einheitlich geregelt werden können (§ 33 EStG),

b) im Wesentlichen gleichartige Fälle, die durch eine Typisierung weitgehend schematisch (§ 33a EStG) oder pauschal geregelt werden können (§ 33b EStG).

§ 33c EStG, der den Abzug von Kinderbetreuungskosten regelte, galt nur bis 2005, weil die Kosten der Kinderbetreuung ab 2006 in §§ 4f, 9 Abs. 5, § 10 Abs. 1 Nr. 5 und Nr. 8 EStG und ab 2009 ausschließlich in § 9c EStG bzw. ab 2011 – nach Aufhebung des § 9c EStG – in § 10 Abs. 1 Nr. 5 EStG geregelt sind (siehe 29.1.8).

29.7.1 Außergewöhnliche Belastung (§ 33 EStG)

Erwachsen einem Steuerpflichtigen zwangsläufig größere Aufwendungen als der überwiegenden Mehrzahl der Steuerpflichtigen gleicher Einkommensverhältnisse, gleicher Vermögensverhältnisse und gleichen Familienstandes (**außergewöhnliche Belastung**), so wird auf Antrag die Einkommensteuer dadurch ermäßigt, dass der Teil der Aufwendungen, der die dem Steuerpflichtigen zumutbare Belastung (§ 33 Abs. 3 EStG) übersteigt, vom Gesamtbetrag der Einkünfte abgezogen wird (§ 33 Abs. 1 EStG).

Aufwendungen, die zu den Betriebsausgaben, Werbungskosten oder Sonderausgaben gehören, bleiben dabei außer Betracht; das gilt für Aufwendungen i. S. des § 10 Abs. 1 Nr. 7 EStG (Ausbildungsaufwendungen) und des § 10 Abs. 1 Nr. 9 EStG (Aufwendungen für Schulbesuch) nur insoweit, als sie als Sonderausgaben abgezogen werden können. Hier gilt also das Abzugsverbot nur der Höhe nach.

Aufwendungen, die durch Diätverpflegung entstehen, können nicht als außergewöhnliche Belastung berücksichtigt werden (§ 33 Abs. 2 Satz 3 EStG). Das Abzugsverbot gilt auch dann, wenn die Diät ärztlich verordnet wurde.

§ 33 EStG führt im Gegensatz zu §§ 33a und 33b EStG nicht an, welche Sachverhalte im Einzelnen eine außergewöhnliche Belastung darstellen. Während die normalen Lebensaufwendungen durch den Grundfreibetrag, den Familienleistungsausgleich und die Sonderausgaben berücksichtigt werden, geht es hier um **existenziell notwendige** Aufwendungen, die darüber hinausgehen.[447]

Erwachsen einer Person Aufwendungen für außergewöhnlichen Bedarf (z. B. wegen Krankheit oder Pflegebedürftigkeit) wie auch Aufwendungen für typischen Unterhalt, so kann **neben einer Steuerermäßigung nach § 33 EStG gleichzeitig § 33a EStG** in Betracht kommen (H 33a.1 „Abgrenzung zu § 33 EStG" EStH). Bei einer krankheitsbedingten Unterbringung eines Angehörigen in einem Altenpflegeheim kommt eine Aufteilung in Unterhaltskosten i. S. von § 33a EStG und Krankheitskosten i. S. von § 33 EStG nicht in Betracht.[448]

Zunächst sind die Aufwendungen für den typischen Bedarf vom außergewöhnlichen Bedarf abzugrenzen. Grundsätzlich ist § 33a Abs. 1 EStG **vor** § 33 EStG zu prüfen, da ein Abzug der Aufwendungen nach § 33 EStG nur in Betracht kommt, soweit die eigenen Einkünfte und die zur Bestreitung des Unterhalts bestimmten und geeigneten Bezüge nicht ausreichen.[449] Nach der Rechtsprechung des BFH können Unterhaltskosten als Bestandteil von Krankheitskosten auch insoweit unter § 33 EStG fallen, als sie Mehrkosten gegenüber Aufwendungen bei normaler Lebensführung

---
447 BFH vom 21.06.2007 III R 48/04 (BStBl 2007 II S. 880).
448 BFH vom 30.06.2011 VI R 14/10 (BStBl 2012 II S. 876).
449 BFH vom 19.06.2008 III R 57/05 (BStBl 2009 II S. 365); BMF vom 02.12.2002 (BStBl 2002 I S. 1389) mit weiteren Beispielen.

darstellen, z. B. Kosten für Unterbringung und Verpflegung bei krankheitsbedingter Heimunterbringung.[450]

§ 33 gilt für nur für natürliche Personen, die unbeschränkt einkommensteuerpflichtig sind, sowie für natürliche Personen, die nach § 1 Abs. 3 EStG als solche behandelt werden. Für beschränkt Steuerpflichtige ist § 33 nicht anzuwenden (§ 50 Abs. 1 Satz 3 EStG).

Im Einzelnen setzt § 33 EStG Folgendes voraus:

1. Aufwendungen

Es müssen Aufwendungen, d. h. freiwillige Ausgaben, vorliegen. Leistungen im Rahmen von Vermögensauseinandersetzungen[451] und Vermögensverluste (z. B. durch Diebstahl, Brand, Unfall) sind keine Aufwendungen in diesem Sinne.

Jedoch können auch Kosten zur Beseitigung von Schäden an einem Vermögensgegenstand Aufwendungen i. S. des § 33 EStG sein. Voraussetzung dafür ist, dass der Vermögensgegenstand für den Steuerpflichtigen von existenziell wichtiger Bedeutung ist, kein Anhaltspunkt für ein Verschulden des Steuerpflichtigen erkennbar ist und realisierbare Ersatzansprüche gegen Dritte nicht gegeben sind. Eine Berücksichtigung scheidet auch dann aus, wenn der Steuerpflichtige eine allgemein zugängliche und mögliche Versicherungsmöglichkeit nicht wahrgenommen hat.[452] Der Verzicht auf die Inanspruchnahme von staatlichen Transferleistungen, z. B. von Eingliederungshilfe für seelisch behinderte junge Menschen gem. § 35a SGB VIII, steht dem Abzug von Krankheitskosten als außergewöhnliche Belastungen nach § 33 EStG aber nicht entgegen.[453]

Diese Ausgaben müssen in dem entsprechenden Veranlagungszeitraum auch tatsächlich entsprechend dem Abflussprinzip nach § 11 EStG geleistet worden sein.

Aufwendungen können nur in dem Veranlagungszeitraum berücksichtigt werden, in dem sie tatsächlich erbracht worden sind. Das gilt auch, wenn die Aufwendungen aus einem Darlehen bestritten worden sind, das erst in späteren Jahren zu tilgen ist.[454] War die Aufnahme des Darlehens selbst zwangsläufig, sind auch die Zinsen nach § 33 EStG abzugsfähig.[455] Die Ansammlung von Beträgen zur Bestreitung künftiger Ausgaben stellt noch keine Aufwendungen i. S. des § 33 EStG dar. Eine außergewöhnliche Belastung kann erst im Zeitpunkt der späteren **Verausgabung** der angesammelten Beträge eintreten. Sie sind im Jahr der Verausgabung abzuziehen. Ob die Aufwendungen aus dem Vermögen oder dem Einkommen geleistet werden, spielt keine Rolle.

---

450 BFH vom 24.02.2000 III R 80/97 (BStBl 2000 II S. 294).
451 BFH vom 12.11.1993 III R 11/93 (BStBl 1994 II S. 240).
452 BFH vom 26.06.2003 III R 36/01 (BStBl 2004 II S. 47).
453 BFH vom 11.11.2010 VI R 17/09 (BStBl 2011 II S. 969).
454 BFH vom 10.06.1988 III R 248/83 (BStBl 1988 II S. 814).
455 BFH vom 06.04.1990 III R 60/88 (BStBl 1990 II S. 958).

2. Belastung

Der Steuerpflichtige muss belastet sein, d. h., in seine persönliche Lebenssphäre muss ein ihn belastendes Ereignis eintreten. Dieses Ereignis muss ihn zu Ausgaben zwingen, die er endgültig selbst zu tragen hat. Der Steuerpflichtige ist insoweit nicht belastet, als er steuerfreie Unterstützungen von dritter Seite erhält, z. B. Beihilfen des Arbeitgebers in Krankheitsfällen, Ersatzleistungen aus einer Krankenversicherung für Arztkosten und Arzneimittel, Bezüge aus einer Krankenhaustagegeldversicherung bis zur Höhe der durch einen Krankenhausaufenthalt verursachten Kosten, nicht aber Leistungen aus einer Krankentagegeldversicherung.[456] Unterstützungen und Versicherungsleistungen sind auch dann von den berücksichtigungsfähigen Aufwendungen abzusetzen, wenn sie erst in einem späteren Kalenderjahr gezahlt werden, der Steuerpflichtige aber bereits in dem Kalenderjahr, in dem die Belastung eingetreten ist, mit der Zahlung rechnen konnte (H 33.1–33.4 „Ersatz von dritter Seite" EStH).[457]

Werden Ersatzansprüche gegen Dritte nicht geltend gemacht, entfällt die Zwangsläufigkeit, wobei die Zumutbarkeit Umfang und Intensität der erforderlichen Rechtsverfolgung bestimmt.[458]

Der Steuerpflichtige ist im Allgemeinen **nicht belastet, wenn** er für seine Aufwendungen einen wie auch immer gearteten **Gegenwert erlangt,** der von einem länger dauernden Wert oder Nutzen ist und auch für einen Dritten von Vorteil wäre, also eine gewisse Marktgängigkeit besitzt.[459] Das ist z. B. bei Aufwendungen für ein Schwimmbad, für eine Babyausstattung, für Haushaltsgeräte, für den Einbau eines Schalldämmfensters oder für Zuschüsse zur Erlangung einer Wohnung der Fall. Die Lehre vom Gegenwert ist auch bei Mietereinbauten anwendbar, sodass z. B. die Kosten für den Einbau eines Aufzugs nicht abziehbar sind, auch wenn der Anlass eine Erkrankung des Mieters ist.[460] Die Erlangung eines Gegenwerts schließt die Anwendung des § 33 EStG jedoch regelmäßig dann nicht aus, wenn die Aufwendungen der Beseitigung eines Verlustes dienen, wobei es sich um einen engen Kreis von schwerwiegenden, aus dem normalen Geschehensablauf herausragenden Ereignissen handeln muss (Katastrophen, höhere Gewalt im engeren Sinn). Eine solche Absage an die Gegenwerttheorie über den Abzug eines **verlorenen Aufwands** hat der BFH entwickelt.[461] Danach können auch Kosten zur Beseitigung von Schäden an einem Vermögensgegenstand Aufwendungen i. S. von § 33 EStG sein, vorausgesetzt, dass es sich nicht nur um eine Vermögensumschichtung handelt, sondern der Vermögensgegenstand für den Steuerpflichtigen von **existenziell wichtiger Bedeutung** ist, ein Verschulden des Steuerpflichtigen nicht erkennbar ist und reali-

---

456 BFH vom 22.10.1971 VI R 242/69 (BStBl 1972 II S. 177).
457 BFH vom 21.08.1974 VI R 236/71 (BStBl 1975 II S. 14).
458 BFH vom 20.09.1991 III R 91/89 (BStBl 1992 II S. 137).
459 BFH vom 06.05.1994 III R 27/92 (BStBl 1995 II S. 104).
460 BFH vom 15.12.2005 III R 10/04 (BFH/NV 2006 S. 931).
461 BFH vom 06.05.1994 III R 27/92 (BStBl 1995 II S. 104).

sierbare Ersatzansprüche gegen Dritte nicht erkennbar sind. Es muss sich also um den **Ausgleich eines endgültigen Verlustes** handeln, z. B. die Wiederbeschaffung von Hausrat und Kleidung.[462]

3. Außergewöhnlichkeit

Das Ereignis und die darauf beruhenden Aufwendungen müssen für den Steuerpflichtigen außergewöhnlich sein. Aufwendungen sind außergewöhnlich, wenn sie nicht nur ihrer Höhe, sondern auch ihrer Art und dem Grunde nach außerhalb des Üblichen liegen.[463] Es müssen somit dem Steuerpflichtigen größere Aufwendungen als der überwiegenden Mehrzahl der Steuerpflichtigen gleicher Einkommens-, Vermögens- und Familienverhältnisse erwachsen. Das bedeutet, dass es sich um Aufwendungen handeln muss, die in den besonderen Verhältnissen des einzelnen Steuerpflichtigen oder einer kleinen Minderheit von Steuerpflichtigen begründet sind. Ereignisse, die in einem Kalenderjahr bei der überwiegenden Mehrzahl der in gleichen Verhältnissen lebenden Steuerpflichtigen eintreten, können also nicht im Rahmen des § 33 EStG berücksichtigt werden.[464] Fälle dieser Art bedürfen einer besonderen gesetzlichen Regelung, wenn sie steuerlich berücksichtigt werden sollen. Entsprechend sind Umzugskosten unabhängig von der Art der Wohnungskündigung durch den Mieter oder Vermieter i. d. R. nicht außergewöhnlich.[465]

4. Zwangsläufigkeit

Die Aufwendungen müssen für den Steuerpflichtigen zwangsläufig sein. Aufwendungen erwachsen dem Steuerpflichtigen zwangsläufig,

- wenn er sich ihnen aus rechtlichen, tatsächlichen oder sittlichen Gründen nicht entziehen kann (**Zwangsläufigkeit dem Grunde nach**) und
- soweit die Aufwendungen den Umständen nach notwendig sind und einen angemessenen Betrag nicht übersteigen (**Zwangsläufigkeit der Höhe nach**).

Diese Voraussetzungen sind erfüllt, wenn die rechtlichen, tatsächlichen oder sittlichen Gründe der Zwangsläufigkeit von außen, d. h. vom Willen des Steuerpflichtigen unabhängig, auf die Entscheidung des Steuerpflichtigen in einer Weise einwirken, dass er ihnen nicht ausweichen kann.[466] Die Zwangsläufigkeit bezieht sich auf das Ereignis und die Beseitigung seiner Folgen, d. h., es ist zu untersuchen, ob das Ereignis für den Steuerpflichtigen unabwendbar gewesen ist. Bei Krankheiten ist Zwangsläufigkeit stets anzunehmen, auch dann, wenn der Steuerpflichtige die Krankheit fahrlässig, etwa durch fahrlässig verursachten Verkehrsunfall, Unachtsamkeit oder Alkoholmissbrauch, herbeigeführt hat. Es wird typisierend davon aus-

---

462 BFH vom 26.06.2003 III R 36/01 (BStBl 2004 II S. 47).
463 BFH vom 29.09.1989 III R 129/86 (BStBl 1990 II S. 418).
464 BFH vom 22.08.1980 VI R 196/77 (BStBl 1981 II S. 25).
465 BFH vom 23.06.1978 VI R 175/76 (BStBl 1978 II S. 526).
466 BFH vom 19.12.1995 III R 177/94 (BStBl 1996 II S. 197).

gegangen, dass der Steuerpflichtige sich der Entstehung der Krankheit nicht hat entziehen können.[467]

In anderen Fällen ist maßgebend, ob das Ereignis durch eigenes Verhalten des Steuerpflichtigen herbeigeführt wurde. Keine Zwangsläufigkeit deshalb bei Vorsatz oder grober Fahrlässigkeit, ebenso nicht bei strafbarem oder sittenwidrigem Tun; keine Zwangsläufigkeit also, wenn schuldhaftes sozial-inadäquates Verhalten des Steuerpflichtigen Ursache für die Aufwendungen ist. Ebenso nicht bei Aufwendungen zur Beseitigung eines Vermögensverlustes, wenn der Steuerpflichtige es unterlassen hat, sich gegen die Folgen eines solchen Verlustes durch geeignete Maßnahmen, insbesondere durch Abschluss einer Sachversicherung, abzusichern.[468] Die Zwangsläufigkeit setzt voraus, dass etwaige Ansprüche auf Ersatz der Aufwendungen gegen Dritte erfolglos geltend gemacht worden sind, wobei die Zumutbarkeit Umfang und Intensität der erforderlichen Rechtsverfolgung bestimmt.[469] So fehlt es an der Zwangsläufigkeit bezüglich des Abzugs einer **vergleichsweise** vereinbarten Kapitalabfindung zur Abgeltung sämtlicher in der Vergangenheit entstandener und künftiger Unterhaltsansprüche eines geschiedenen Ehegatten.[470]

Rechtliche Gründe können nur dann zu zwangsläufigen Aufwendungen i. S. des § 33 EStG führen, wenn der Steuerpflichtige die rechtlichen Gründe für die Verpflichtung nicht selbst gesetzt hat, d. h., wenn die Übernahme der rechtlichen Verpflichtung ihrerseits auf rechtlichen oder sittlichen Verpflichtungen oder einer tatsächlichen Zwangslage beruhte.[471] Verpflichtungen aus einer rechtsgeschäftlichen Vereinbarung können daher für sich allein keine Zwangsläufigkeit begründen.

Tatsächliche Gründe der Zwangsläufigkeit sind zu bejahen, wenn die geltend gemachten Aufwendungen unmittelbar durch ein unausweichliches Ereignis, wie Katastrophen, Krankheit sowie andere Gesundheits- und Lebensbedrohungen oder unzumutbare Beschränkungen der Freiheit, ausgelöst wurden.[472] Tatsächliche Gründe können den Steuerpflichtigen selbst betreffen und ihn unmittelbar veranlassen, die Folgen dieses Ereignisses abzuwenden. Das Ereignis kann aber auch eine andere Person betroffen haben und den Steuerpflichtigen zu Aufwendungen veranlassen, denen er sich aus tatsächlichen Gründen nicht entziehen kann. Zwangsläufigkeit aus tatsächlichen Gründen liegt beispielsweise bei der Zahlung einer Lösegeldforderung für einen nahen Angehörigen vor. **Aufwendungen zur Unterstützung dritter Personen sind regelmäßig nicht zwangsläufig** aus tatsächlichen Gründen. Es kommt nur eine Zwangsläufigkeit aus rechtlichen oder sittlichen Gründen in Betracht.

---

467 BFH vom 01.02.2001 III R 22/00 (BStBl 2001 II S. 543).
468 BFH vom 26.06.2003 III R 36/01 (BStBl 2004 II S. 47); BMF vom 01.10.2002 (BStBl 2002 I S. 960).
469 BFH vom 06.05.1994 III R 27/92 (BStBl 1995 II S. 104).
470 BFH vom 26.02.1998 III R 59/97 (BStBl 1998 II S. 605).
471 BFH vom 24.17.1987 III R 208/82 (BStBl 1987 II S. 715).
472 BFH vom 11.11.1988 III R 262/83 (BStBl 1989 II S. 280).

29.7 Außergewöhnliche Belastungen

Eine **sittliche** Pflicht ist nur dann gegeben, wenn diese so unabdingbar auftritt, dass sie ähnlich einer Rechtspflicht von außen her als eine Forderung oder zumindest Erwartung der Gesellschaft derart auf den Steuerpflichtigen einwirkt, dass ihre Erfüllung als eine selbstverständliche Handlung erwartet, die Missachtung dieser Erwartung als moralisch anstößig empfunden wird[473] und das Unterlassen der Aufwendungen Sanktionen im sittlich-moralischen Bereich oder auf gesellschaftlicher Ebene zur Folge hätte. Dabei sind alle Umstände des Einzelfalls zu berücksichtigen.[474] Eine solche sittliche Verpflichtung wird i. d. R. nur in Beziehung zu den Angehörigen des Steuerpflichtigen i. S. des § 15 AO vorliegen, und zwar unabhängig davon, ob dem Unterhaltenen gegen den Leistenden ein Rechtsanspruch zusteht oder nicht (H 33.1–33.4 „Sittliche Pflicht" EStH).

Die allgemeine sittliche Pflicht, in Not geratenen Mitmenschen zu helfen, kann die Zwangsläufigkeit nicht begründen. Es ist nicht so, dass jede Verpflichtung sittlicher Art zugleich auch zwingender Natur i. S. des § 33 EStG ist. Für die Annahme einer sittlichen Verpflichtung i. S. des § 33 EStG bedarf es des Erfordernisses einer besonderen Beziehung zwischen den beteiligten Personen, sodass eine aus anerkennenswerter sittlicher Haltung gewährte Unterstützung allein nicht die Zwangsläufigkeit begründen kann.[475] Eine sittliche Verpflichtung zur Leistung von Unterhalt zwischen Partnern einer **nichtehelichen Lebensgemeinschaft** volljähriger Personen kommt nur in Betracht, wenn die Bedürftigkeit eines Partners gemeinschaftsbedingt ist und besondere Umstände vorliegen, die die Unterhaltsgewährung bei Würdigung der gesamten Umstände als unausweichlich erscheinen lassen.[476] Wenn einem hilfsbedürftigen Partner im Hinblick auf das Zusammenleben die **Sozialhilfe verweigert** wird oder wenn der Partner einer eheähnlichen Gemeinschaft arbeitslos wird und ihm aufgrund des Zusammenlebens mit dem Steuerpflichtigen kein Arbeitslosengeld II gewährt wird, ist eine Zwangsläufigkeit gegeben.[477] Zur Anwendbarkeit des § 33a Abs. 1 Satz 3 EStG siehe 29.9.1.2.

Wird das **Arbeitslosengeld II** des Partners einer eheähnlichen Gemeinschaft wegen des Zusammenlebens mit dem Steuerpflichtigen nach § 9 Abs. 2 SGB II **gekürzt,** so ist der Steuerpflichtige dem arbeitslosen Partner gegenüber aus sittlichen Gründen zur Gewährung angemessenen Unterhalts verpflichtet.[478]

Eine generelle sittliche Pflicht, die Kosten eines Hochschulstudiums für volljährige Geschwister zu tragen, besteht nicht.[479]

---

473 BFH vom 11.11.1988 III R 262/83 (BStBl 1989 II S. 280).
474 BFH vom 30.10.2003 III R 23/02 (BStBl 2004 II S. 267).
475 BFH vom 02.03.1984 VI R 158/80 (BStBl 1984 II S. 484).
476 BFH vom 12.04.1991 III R 85/89 (BStBl 1991 II S. 518).
477 BFH vom 21.09.1993 III R 15/93 (BStBl 1994 II S. 236).
478 BFH vom 04.08.1994 III R 62/93 (BStBl 1994 II S. 897).
479 BFH vom 11.11.1988 III R 262/83 (BStBl 1989 II S. 280).

Es besteht keine sittliche Verpflichtung i. S. des § 33 EStG, eine von der Krankenkasse nicht bezahlte Krebsnachbehandlung für einen Elternteil zu zahlen.[480] Eigenes Verschulden kann bei der Prüfung der Zwangsläufigkeit aus rechtlichen oder sittlichen Gründen wesentlich sein, bei einer finanziellen Belastung durch tatsächliche Gründe, z. B. Krankheit, muss sie aber außer Betracht bleiben.[481]

5. Notwendigkeit und Angemessenheit

Die Aufwendungen sind der Höhe nach nur zwangsläufig, soweit sie den Umständen nach notwendig sind und einen angemessenen Betrag nicht übersteigen (§ 33 Abs. 2 Satz 1 EStG). Unterhaltsleistungen sind nur dann notwendig i. S. des § 33a Abs. 1 i. V. m. § 33 Abs. 2 EStG, wenn die unterhaltene Person unterhaltsbedürftig ist.[482] Die zwangsläufig erwachsenen Beträge sind notfalls zu schätzen. Dabei sind die Verhältnisse des Einzelfalls zu berücksichtigen. Für die Zwangsläufigkeit der Aufwendungen ist die Höhe des Vermögens des Steuerpflichtigen ohne Bedeutung. Unerheblich ist auch, ob der Steuerpflichtige die Aufwendungen aus seinem Einkommen oder seinem Vermögen bestritten hat. Bei Krankheitskosten nimmt der BFH grundsätzlich keine Angemessenheitsprüfung vor.

6. Zumutbare Belastung

Die nach § 33 EStG berücksichtigungsfähigen Aufwendungen müssen die dem Steuerpflichtigen zumutbare Belastung übersteigen. Diese Voraussetzung dient dem Zweck, die wirtschaftliche Leistungsfähigkeit des Steuerpflichtigen zu berücksichtigen.[483] Bemessungsgrundlage für die zumutbare Belastung ist der Gesamtbetrag der Einkünfte.

Steuerfreie Einnahmen, auch wenn sie dem Progressionsvorbehalt unterliegen, und steuerfreie Veräußerungsgewinne bleiben außer Ansatz. Der Gesamtbetrag der Einkünfte war bislang um die Kapitalerträge zu erhöhen, die der Abgeltungsteuer unterliegen. Ab dem Veranlagungszeitraum 2012 gilt dies nicht mehr. § 2 Abs. 5b Satz 2 EStG wurde durch das StVereinfG 2011[484] aufgehoben.

---

480 BFH vom 12.12.2002 III R 25/01 (BStBl 2003 II S. 299).
481 BFH vom 17.07.1981 VI R 77/78 (BStBl 1981 II S. 711).
482 BFH vom 05.12.1986 III R 255/83 (BStBl 1987 II S. 238).
483 BFH vom 15.11.1991 III R 30/88 (BStBl 1992 II S. 179).
484 BGBl 2011 I S. 2131.

29.7 Außergewöhnliche Belastungen

Die zumutbare Belastung beträgt danach:

bei einem Gesamtbetrag der Einkünfte	bis 15.340 €	über 15.340 € bis 51.130 €	über 51.130 €
1. bei Steuerpflichtigen, die keine Kinder haben und bei denen die Einkommensteuer			
a) nach § 32a Abs. 1 EStG	5	6	7
b) nach § 32a Abs. 5 oder 6 EStG (Splitting-Verfahren)	4	5	6
zu berechnen ist;			
2. bei Steuerpflichtigen mit			
a) einem oder zwei Kindern	2	3	4
b) drei oder mehr Kindern	1	1	2
	Prozent des Gesamtbetrags der Einkünfte		

Als **Kinder** des Steuerpflichtigen zählen die, für die er einen Anspruch auf Freibetrag nach § 32 Abs. 6 EStG hat oder Anspruch auf Kindergeld. Auch die Kinder, für die er einen Anspruch auf einen halben Kinderfreibetrag hat, zählen dabei mit.

Steuerpflichtige, bei denen aus Billigkeitsgründen die Einkommensteuer nach dem Splittingverfahren ermittelt wird und die keinen Kinderfreibetrag erhalten, fallen unter Nr. 1 Buchst. b der Übersicht. Im Fall der Einzelveranlagung von Ehegatten bzw. eingetragenen Lebenspartnern ist die zumutbare Belastung nach den für die Zusammenveranlagung geltenden Grundsätzen zu ermitteln (§ 26a Abs. 2 Satz 1 EStG).

7. Nachweis der Aufwendungen

Durch das StVereinfG 2011 wurde § 33 Abs. 4 EStG neu angefügt. Hierdurch wird die Bundesregierung ermächtigt, durch RVO mit Zustimmung des Bundesrates die Einzelheiten des Nachweises von Aufwendungen nach § 33 Abs. 1 EStG zu bestimmen. Aufgrund dieser Ermächtigung wurde § 64 EStDV neu gefasst. Hierdurch sind die bisherigen Grundsätze der ständigen Rechtsprechung ab dem Veranlagungszeitraum 2012 gesetzlich festgeschrieben, nach der für die Abgrenzung von echten Krankheitskosten zu nur gesundheitsfördernden Vorbeuge- oder Folgekosten regelmäßig die Vorlage eines zeitlich vor Beginn der Maßnahme oder dem Erwerb des medizinischen Hilfsmittels erstellten amtsärztlichen Gutachtens erforderlich ist. Dem ärztlichen Gutachten ist die ärztliche Bescheinigung eines Medizinischen Dienstes der Krankenversicherung i. S. des § 275 SGB V gleichgestellt. § 64 EStDV beschränkt sich auf den Nachweis von Krankheitskosten. Die Regelung ist auf alle noch offenen Fälle anzuwenden (§ 84 Abs. 3f EStDV). Unter verfassungsrechtlichen Gesichtspunkten ist die rückwirkende Geltung des § 64 EStDV nicht zu beanstanden.[485]

29.7.2 Einzelfälle

Adoptionskosten

Aufwendungen eines Steuerpflichtigen für die Adoption eines Kindes sind keine zwangsläufigen außergewöhnlichen Belastungen.[486]

Asbestsanierung

Aufwendungen für die Asbestsanierung der Außenfassade eines Wohnhauses können als außergewöhnliche Belastung zu berücksichtigen sein, wenn durch ein vor Durchführung der Maßnahme erstelltes amtliches Gutachten nachgewiesen ist, dass eine Sanierung zur Beseitigung einer von der Fassade ausgehenden konkreten Gesundheitsgefährdung infolge der Freisetzung von Asbestfasern in das Innere des Hauses unverzüglich erforderlich ist.[487]

Aussteueraufwendungen

Aussteueraufwendungen für eine heiratende Tochter sind grundsätzlich auch dann nicht aus sittlichen Gründen zwangsläufige außergewöhnliche Belastungen für die steuerpflichtigen Eltern, wenn diese ihrer Tochter keine Berufsausbildung gewähren.[488]

Badekuren

Die Zwangsläufigkeit einer Badekur ist dem Grunde nach zu bejahen, wenn sie geeignet ist, einen Krankheitszustand zu beheben, zu lindern oder die Genesung nach vorangegangener schwerer Krankheit zu fördern, und eine andere Behandlung nicht oder kaum erfolgversprechend erscheint (R 33.4 Abs. 3 EStR und H 33.1–33.4 „Kur" EStH). Die Zwangsläufigkeit einer Badekur ist durch ein vor Antritt der Reise ausgestelltes amtsärztliches Gutachten oder eine ärztliche Bescheinigung eines Medizinischen Dienstes der Krankenversicherung nachzuweisen (§ 64 Abs. 1 Nr. 2 Buchst. a EStDV).

Von dem Erfordernis, die medizinische Notwendigkeit einer Kurreise durch ein vor ihrem Antritt ausgestelltes amtsärztliches Gutachten oder vergleichbare Bescheinigung nachzuweisen, kann nach Auffassung der Finanzverwaltung abgesehen wer-

---

485 BFH vom 19.04.2012 VI R 74/10 (BStBl 2012 II S. 577).
486 BFH vom 13.03.1987 III R 301/84 (BStBl 1987 II S. 495) und vom 20.03.1987 III R 150/86 (BStBl 1987 II S. 596).
487 BFH vom 09.08.2001 III R 6/01 (BStBl 2002 II S. 240); dazu Pel, DB 2002 S. 918.
488 BFH vom 03.06.1987 III R 141/86 (BStBl 1987 II S. 779).

29.7 Außergewöhnliche Belastungen

den, wenn feststeht, dass eine gesetzliche Krankenkasse diese Notwendigkeitsprüfung vorgenommen und positiv beschieden hat.[489] Davon kann i. d. R. ausgegangen werden, wenn die Kasse einen Zuschuss zu den Kosten für die Durchführung der Kur – z. B. zu den Kosten für Unterkunft und Verpflegung – gewährt hat.[490] Nach früherer Rechtsprechung genügte ein privatärztliches Attest, wenn das Finanzamt selbst mit hinreichender Sicherheit die Notwendigkeit einer vom behandelnden Arzt verordneten Badekur erkennen kann (i. d. R. bei Genesenden nach schwerer Krankheit oder Operation, bei kinderreichen Müttern und Schwerbeschädigten). Soweit es sich um Kinderkuren handelt, bei denen das Kind mit einer Begleitperson privat untergebracht ist, sind strenge Anforderungen zum Nachweis der Zwangsläufigkeit zu stellen, um eine sichere Abgrenzung zum Familienurlaub vornehmen zu können. Der Nachweis hat durch amtsärztliche Bescheinigung zu erfolgen.[491] Allgemeine Urlaubs- und Erholungsreisen und ärztlich verordnete Nachkuren sind grundsätzlich nicht außergewöhnlich.[492]

Aufwendungen für Vorsorgekuren werden nur anerkannt, wenn auch die Gefahr einer durch die Kur abzuwendenden Krankheit – bei einer Klimakur zusätzlich der medizinisch angezeigte Kurort – und die voraussichtliche Dauer der Kur aus dem amtsärztlichen Gutachten oder der ärztlichen Bescheinigung des Medizinischen Dienstes der Krankenkassen hervorgeht. Im Übrigen muss die Kur unter ärztlicher Aufsicht und Anleitung durchgeführt werden.

Eine Badereise, die dazu dient, eine Krankheit, z. B. Heuschnupfen, asthmatische Beschwerden oder Hautallergie, ohne ständige ärztliche Betreuung allein durch den Klimawechsel zu beheben, stellt grundsätzlich eine nicht berücksichtigungsfähige Erholungsreise dar, selbst wenn sie von einem Amtsarzt als erforderlich bezeichnet worden ist.[493] Eine derartige **Klimakur** kann aber unter besonderen Umständen wegen der Art und Schwere der Krankheit zwangsläufig sein.[494]

Gegen eine Heilkur und für einen Erholungsurlaub kann auch der äußere Ablauf der Reise sprechen (z. B. die gesamte Familie ist anwesend oder die Reise wird normalerweise von Reisebüros für Erholungsuchende vermittelt).

Liegen die Voraussetzungen zur Anerkennung einer Badekur nicht vor, so können aber die am Badeort entstandenen Arzt- und Kurmittelkosten regelmäßig als zwangsläufig angesehen werden.

Zu den **Kurkosten** gehören auch die Fahrtkosten für öffentliche Verkehrsmittel, ausnahmsweise auch für das eigene Kraftfahrzeug, wenn die Benutzung eines

---
489 FinMin Schleswig-Holstein vom 12.03.2013 – VI 313 – S 2284 – 187.
490 BFH vom 30.06.1995 III R 52/93 (BStBl 1995 II S. 614).
491 BFH vom 02.04.1998 III R 67/97 (BStBl 1998 II S. 613).
492 BFH vom 14.02.1980 VI R 218/77 (BStBl 1980 II S. 295).
493 BFH vom 11.12.1987 III R 95/85 (BStBl 1988 II S. 275).
494 BFH vom 05.10.2011 VI R 88/10 (BFH/NV 2012 S. 35).

öffentlichen Verkehrsmittels nach der Art des Leidens nicht zuzumuten ist.[495] Gezahlte Trinkgelder sind nicht zwangsläufig.[496] Bei alten, hilflosen Personen kann i. d. R. als notwendig unterstellt werden, dass sie bei ihrer Kur von einer Person begleitet werden.[497]

Kosten für Kuren im Ausland sind i. d. R. nur bis zur Höhe der Aufwendungen, die in einem dem Heilzweck entsprechenden inländischen Kurort entstehen würden, als außergewöhnliche Belastung anzuerkennen.

Bei der Anerkennung von Verpflegungsmehraufwendungen anlässlich der Kur ist die Haushaltsersparnis von $^1/_5$ der Aufwendungen zu berücksichtigen.

Berufsausbildung

Aufwendungen für die eigene Berufsausbildung erwachsen einem Steuerpflichtigen grundsätzlich nicht zwangsläufig, weil er sich i. d. R. frei entschließen kann, welche Ausbildung er sich zukommen lässt.[498] Daher sind auch Aufwendungen für ein Auslandsstudium in einem Fach mit Zulassungsbeschränkungen (Numerus clausus) nicht aus tatsächlichen Gründen zwangsläufig.[499]

Aufwendungen für die eigene Berufsausbildung erwachsen selbst dann nicht zwangsläufig, wenn der Steuerpflichtige minderjährig und Halbwaise ist und der überlebende Elternteil sich nicht um die Erziehung kümmert.[500] Der BFH versagte die Zwangsläufigkeit der aus dem ererbten Vermögen gezahlten Internatskosten.

Der BFH hat das Vorliegen außergewöhnlicher Belastungen allerdings für denkbar gehalten, wenn der Steuerpflichtige etwa wegen unfall- oder krankheitsbedingter Behinderung zu einer Umschulung gezwungen ist.[501]

Die Finanzierung der Ausbildung fremder Personen oder von Geschwistern oder sonstigen Verwandten ist nicht zwangsläufig.[502]

Besuchsreisen zu nahen Angehörigen im Inland oder im Ausland

Fahrtkosten für Besuchsreisen zu im Ausland lebenden Familienangehörigen, wie Ehegatten, minderjährigen Kindern oder Verlobten, können nicht allgemein als außergewöhnlich und zwangsläufig i. S. des § 33 EStG anerkannt werden. Eine Steuerermäßigung kann entsprechend der steuerlichen Behandlung der Kosten des Besuchs eines nahen Angehörigen im Bundesgebiet nur ausnahmsweise dann in

---

495 BFH vom 18.12.1998 VI B 215/98 (BStBl 1999 II S. 231).
496 BFH vom 30.10.2003 III R 32/01 (BStBl 2004 II S. 270); BMF vom 04.06.2004 (BStBl 2004 I S. 527).
497 BFH vom 13.03.1964 VI 231/64 U (BStBl 1964 III S. 331).
498 BFH vom 18.04.1990 III R 126/86 (BStBl 1990 II S. 738).
499 BFH vom 21.04.1987 III B 165/86 (BFH/NV 1987 S. 501).
500 BFH vom 18.04.1990 III R 126/86 (BStBl 1990 II S. 738).
501 BFH vom 22.03.1967 VI R 300/66 (BStBl 1967 III S. 596).
502 BFH vom 11.03.1988 III B 122/86 (BStBl 1988 II S. 534), vom 11.11.1988 III R 262/83 (BStBl 1989 II S. 280) und vom 15.03.1991 III R 26/89 (BFH/NV 1991 S. 669).

29.7 Außergewöhnliche Belastungen

Betracht kommen, wenn die Reise in das Ausland durch eine schwere Krankheit oder den Todesfall eines nahen Angehörigen ausgelöst wird.[503] Aufwendungen eines Elternteils für Besuche seiner bei dem anderen Elternteil lebenden Kinder sind nach der Rechtsprechung des BFH[504] nicht abziehbar, obwohl zivilrechtlich (§ 1684 Abs. 1 BGB) eine Pflicht zum Umgang mit dem Kind besteht. Der BFH verneint insoweit die Außergewöhnlichkeit der Aufwendungen.[505]

Bürgschaft

Aufwendungen aufgrund einer freiwillig übernommenen Bürgschaft sind grundsätzlich nicht zwangsläufig.[506] Sie können ggf. Betriebsausgaben oder Werbungskosten sein.[507] Nichtabzugsfähige Aufwendungen aufgrund einer Bürgschaft können unter Umständen dann eine außergewöhnliche Belastung sein, wenn die Bürgschaft mit Schulden im Zusammenhang steht, die dem Grunde nach eine außergewöhnliche Belastung sind, z. B. Bürgschaften für Arztschulden von Verwandten. Bürgschaften, die den laufenden Lebensunterhalt von Verwandten sicherstellen sollen, können zu außergewöhnlichen Belastungen i. S. des § 33a Abs. 1 EStG führen.

Diätkosten

Aufwendungen, die durch Diätverpflegung entstehen, können nicht als außergewöhnliche Belastung berücksichtigt werden (§ 33 Abs. 2 Satz 3 EStG). Das gilt auch dann, wenn eine ärztliche Bescheinigung i. S. des § 64 EStDV über die Notwendigkeit der Diätverpflegung beigebracht wird.

Geburten

Die bei der Geburt von Kindern entstehenden Kosten, z. B. Arztkosten, Krankenhauskosten, Arzneimittel, Kosten für die Hebamme, sind als außergewöhnliche Belastung zu berücksichtigen. Aufwendungen für eine Säuglingsschwester sind nur dann anzusetzen, wenn die Inanspruchnahme ärztlich angeordnet wird.

Ausgaben für die Erstlingsausstattung eines Kindes begründen keine außergewöhnliche Belastung. Es ist jedoch nicht ausgeschlossen, dass unter ganz besonderen Umständen durch eine Mehrlingsgeburt Kosten entstehen können, die zu einer außergewöhnlichen Belastung führen.[508]

---

[503] BFH vom 22.10.1996 III R 265/94 (BStBl 1997 II S. 558).
[504] BFH vom 27.09.2007 III R 28/05 (BStBl 2008 II S. 287).
[505] BFH vom 28.03.1996 III R 208/94 (BStBl 1997 II S. 54).
[506] BFH vom 08.11.1977 VI R 42/75 (BStBl 1978 II S. 147).
[507] BFH vom 06.07.1999 VIII R 9/98 (BStBl 1999 II S. 817).
[508] BFH vom 19.12.1969 VI R 125/69 (BStBl 1970 II S. 242).

29 Einkommensermittlung

Kraftfahrzeugkosten für Privatfahrten Behinderter

Behinderte mit einem Grad der Behinderung von wenigstens 70 und zusätzlich erheblicher Beeinträchtigung der Bewegungsfreiheit im Straßenverkehr – Geh- und Stehbehinderung (**Ausweismerkzeichen G** oder ggf. Bescheinigung des Versorgungsamtes) – sowie Schwerbehinderte mit einem Grad der Behinderung von wenigstens 80 können in angemessenem Umfang auch die Kraftfahrzeugkosten für durch die Behinderung veranlasste unvermeidbare Privatfahrten geltend machen, die nicht als Betriebsausgaben oder Werbungskosten abgesetzt werden können.

Als angemessen gilt im Allgemeinen ein Aufwand für **Privatfahrten von 3.000 km jährlich** (R 33.4 Abs. 4 EStR).

Bei außergewöhnlich Gehbehinderten (**Ausweismerkzeichen aG**) können grundsätzlich alle Kraftfahrzeugkosten, also nicht nur die unvermeidbaren Kosten zur Erledigung privater Angelegenheiten, sondern auch die Kosten für Erholungs-, Freizeit- und Besuchsfahrten, i. d. R. insgesamt **bis zu 15.000 km** jährlich geltend gemacht werden, in Ausnahmefällen auch mehr.[509] Als km-Satz können 0,30 Euro – bei 3.000 km also ein Aufwand von 900 Euro, bei 15.000 km ein Aufwand von 4.500 Euro – zugrunde gelegt werden. Daneben können auch **Blinde (Bl)** und **Hilflose (H) jährlich 15.000 km** als außergewöhnliche Fahrtkosten geltend machen (R 33.4 Abs. 4 EStR).

Ein höherer Aufwand als 0,30 Euro/km gilt als unangemessen und darf deshalb im Rahmen des § 33 EStG nicht berücksichtigt werden;[510] der BFH[511] lässt auch bei sehr geringer jährlicher Fahrleistung (im entschiedenen Fall 3.146 km) grundsätzlich nur den Pauschbetrag von 0,30 Euro und nicht die tatsächlich angefallenen höheren Kosten als außergewöhnliche Belastung zum Abzug zu. Eine Berücksichtigung der tatsächlichen Aufwendungen von 8.146 DM statt der aufgrund der Pauschbeträge ermittelten Aufwendungen von 2.089 DM verstoße gegen das in § 33 Abs. 2 Satz 1 letzter Halbsatz EStG normierte Angemessenheitsgebot.[512]

PKW-Kosten für die Privatfahrten von 3.000 km jährlich können für jeden Ehegatten gesondert als außergewöhnliche Belastung berücksichtigt werden, wenn beide Ehegatten die Voraussetzung erfüllen, in einer Haushaltsgemeinschaft leben und denselben PKW benutzen. Entsprechendes gilt für eingetragene Lebenspartner.

Schwerbehinderte mit einem Grad der Behinderung von weniger als 70 können die Kosten geltend machen, wenn die Fahrten ausschließlich wegen der Behinderung notwendig geworden sind. Sie müssen einen entsprechenden Nachweis (Fahrtenbuch, Aufstellung) führen (z. B. Fahrten zum Arzt, zur Apotheke oder zur Massage).

---
509 BFH vom 13.12.2001 III R 6/99 (BStBl 2002 II S. 198).
510 BMF vom 29.04.1996 (BStBl 1996 I S. 446).
511 BFH vom 18.12.2003 III R 31/03 (BStBl 2004 II S. 453).
512 BFH vom 19.05.2004 III R 16/02 (BStBl 2005 II S. 23).

29.7 Außergewöhnliche Belastungen

Anstelle der Kosten für ein eigenes Kraftfahrzeug können auch Taxikosten in angemessenem Umfang geltend gemacht werden. Macht ein Gehbehinderter neben den Aufwendungen für Privatfahrten mit dem eigenen PKW auch solche für andere Verkehrsmittel (z. B. Taxi) geltend, so ist die als noch angemessen anzusehende jährliche Fahrleistung von 3.000 km bzw. 15.000 km beim Merkzeichen aG, Bl oder H entsprechend zu kürzen (R 33.4 Abs. 4 EStR).

Soweit Kraftfahrzeugkosten für eine Urlaubsreise als außergewöhnliche Belastung zu berücksichtigen sind, gilt dies auch für einen dabei erlittenen Unfallschaden, für den der Steuerpflichtige keinen Ersatz vom Schädiger verlangen kann.[513]

Die vorstehenden Grundsätze zur Berücksichtigung von Kraftfahrzeugkosten bei Behinderten gelten für Fälle, in denen die Kraftfahrzeugkosten nicht bei dem Behinderten selbst, sondern bei einem Steuerpflichtigen entstanden sind, auf den der Behinderten-Pauschbetrag nach § 33b Abs. 5 EStG übertragen worden ist, mit der Maßgabe entsprechend, dass nur solche Fahrten berücksichtigt werden können, an denen der Behinderte selbst teilgenommen hat.

Krankheitskosten

Krankheitskosten rechnen grundsätzlich zu den nach § 12 Nr. 1 EStG nichtabzugsfähigen Kosten der Lebenshaltung. Nur in ganz besonders gelagerten Fällen können Krankheitskosten Werbungskosten oder Betriebsausgaben sein, z. B. bei den sog. typischen Berufskrankheiten oder wenn die Entstehung der Krankheit wesentlich durch den Beruf mit bedingt ist. Darüber hinaus können Werbungskosten oder Betriebsausgaben gegeben sein, wenn der Steuerpflichtige bei der Ausübung seines Berufs oder auf dem Weg zur Arbeitsstätte einen Unfall erlitten hat, soweit für die Kosten nicht Dritte eintreten.[514]

Als außergewöhnliche Belastungen berücksichtigungsfähig sind die krankheitsbedingten Aufwendungen, die der Heilung einer Krankheit dienen oder den Zweck verfolgen, die Krankheit erträglich zu machen.[515] Dazu können unter besonderen Umständen auch die Kosten einer Hauspflegerin gehören.[516] Keine außergewöhnlichen Belastungen werden dagegen durch vorbeugende, der Gesundheit ganz allgemein dienende Maßnahmen oder durch die mit einer Krankheit verbundenen Folgekosten[517] begründet, so z. B. für die Anschaffung einer Waschmaschine[518] oder den Unterhalt einer Zweitwohnung.[519]

---

513 BFH vom 15.11.1991 III R 30/88 (BStBl 1992 II S. 179).
514 BFH vom 16.02.1970 VI R 254/68 (BStBl 1970 II S. 662).
515 BFH vom 03.11.2005 V R 21/05 (BStBl 2006 II S. 495, 497).
516 BFH vom 17.04.1980 IV R 207/75 (BStBl 1980 II S. 639).
517 BFH vom 20.03.1987 III R 150/86 (BStBl 1987 II S. 596) und vom 11.01.1991 III R 70/88 (BFH/NV 1991 S. 386).
518 BFH vom 28.04.1978 VI R 145/75 (BStBl 1978 II S. 456).
519 BFH vom 20.11.1987 III R 296/84 (BStBl 1988 II S. 137).

29 Einkommensermittlung

Ausgaben zur Heilung einer Krankheit sind immer zwangsläufig, weil sich der Steuerpflichtige ihnen aus tatsächlichen Gründen nicht entziehen kann. Ob der Steuerpflichtige die Krankheit durch eigenes Verschulden herbeigeführt hat (z. B. Trunksucht), muss außer Betracht bleiben.[520]

Der Begriff der Heilbehandlung umfasst alle Eingriffe und andere Behandlungen, die nach den Erkenntnissen und Erfahrungen der Heilkunde und nach den Grundsätzen eines gewissenhaften Arztes zu dem Zweck angezeigt sind und vorgenommen werden, Krankheiten, Leiden, Körperschäden, körperliche Beschwerden oder seelische Störungen zu verhüten, zu erkennen, zu heilen oder zu lindern.[521]

Berücksichtigungsfähig sind Aufwendungen für ärztliche Betreuung, Medikamente, Heil- und Hilfsmittel, Krankenpflegerin, Krankenhausaufenthalt und Heil- sowie Badekuren. Bei Krankenhausaufenthalten ist eine Haushaltsersparnis nicht zu berücksichtigen.[522] Aufwendungen für Arzneimittel, Stärkungsmittel oder ähnliche Präparate können als außergewöhnliche Belastung i. d. R. nur anerkannt werden, wenn ihre durch Krankheit bedingte Zwangsläufigkeit und Notwendigkeit durch eine ärztliche Verordnung oder die Verordnung eines Heilpraktikers nachgewiesen sind (§ 64 Abs. 1 Nr. 1 EStDV).

Für die steuerliche Berücksichtigung von Krankheitskosten sind die Finanzbehörden auf die medizinische Beurteilung der Gesundheitsbehörden angewiesen. Die zuständigen **Gesundheitsbehörden** haben auf Verlangen des Steuerpflichtigen die für die steuerlichen Zwecke erforderlichen Gesundheitszeugnisse, Gutachten oder **Bescheinigungen auszustellen (§ 64 Abs. 2 EStDV)**. Auch Aufwendungen für die Behandlung eines an **Legasthenie** leidenden Kindes sind grundsätzlich nur dann als außergewöhnliche Belastung zu berücksichtigen, wenn im konkreten Fall **vor Beginn** der betreffenden Maßnahme durch ein amtsärztliches Gutachten oder diesem gleichgestellte Bescheinigung deren medizinische Notwendigkeit bescheinigt wird (§ 64 Abs. 1 Nr. 2 Buchst. c EStDV).[523] Das Gleiche gilt nach § 64 Abs. 1 Nr. 2 Buchst. f EStDV für wissenschaftlich umstrittene Methoden wie z. B. eine Ayurveda-Behandlung[524] oder eine Delfintherapie[525].

Ohne besondere ärztliche Bescheinigung können solche Aufwendungen berücksichtigt werden, wenn es sich um eine länger dauernde Krankheit handelt, deren Vorliegen schon früher glaubhaft gemacht oder nachgewiesen worden ist und die einen laufenden Verbrauch bestimmter Medikamente bedingt.[526] Grundsätzlich sind derartige Aufwendungen jedoch nicht zwangsläufig, wenn auf eine Erstattungs- bzw. Ersatzmöglichkeit verzichtet wird. Demnach kann ein Steuerpflichtiger Aufwendun-

---

520 BFH vom 30.11.1966 VI R 108/66 (BStBl 1967 III S. 459).
521 BFH vom 20.03.1987 III R 150/86 (BStBl 1987 II S. 596).
522 BFH vom 22.06.1979 VI R 43/76 (BStBl 1979 II S. 646).
523 BFH vom 07.06.2000 III R 54/98 (BStBl 2001 II S. 94).
524 BFH vom 01.02.2001 III R 22/00 (BStBl 2001 II S. 543).
525 BFH vom 15.11.2007 III B 205/06 (BFH/NV 2008 S. 368).
526 BFH vom 06.04.1990 III R 60/88 (BStBl 1990 II S. 958).

29.7 Außergewöhnliche Belastungen

gen insbesondere für Schmerzmittel nicht als außergewöhnliche Belastung geltend machen, soweit er vorher nicht zumindest schriftlich versucht hat, die Krankenversicherung in Anspruch zu nehmen.[527]

Auch bei den **unmittelbaren Krankheitskosten** bzw. bei der Beschaffung von Hilfsmitteln im engeren Sinne, wie Brillen, Hörapparate, Rollstühle, muss die Zwangsläufigkeit der Anschaffung durch eine Verordnung eines Arztes oder Heilpraktikers nachgewiesen werden (§ 64 Abs. 1 Nr. 1 EStDV).

Bei medizinischen Hilfsmitteln, die nach § 33 Abs. 1 SGB V als allgemeine Gebrauchsgegenstände des täglichen Lebens anzusehen sind (z. B. Spezialbetten, Gesundheitsschuhe oder orthopädische Stühle), bedarf es der Vorlage eines amtsärztlichen Gutachtens oder einer gleichgestellten Bescheinigung (§ 64 Abs. 1 Nr. 2 Buchst. e EStDV). Die Aufwendungen für einen behindertengerechten Neubau eines 100 %igen Rollstuhlfahrers können nicht als außergewöhnliche Belastungen geltend gemacht werden.[528] Demgegenüber können Aufwendungen für medizinische Hilfsmittel im engeren Sinne, z. B. für einen Treppenschräglift, außergewöhnliche Belastungen darstellen (H 33.1–33.4 „Behindertengerechte Ausstattung" EStH).[529]

Aufwendungen für Mittagsheimfahrten stellen auch dann keine Krankheitskosten dar, wenn die Fahrten wegen des Gesundheitszustandes oder einer Behinderung des Steuerpflichtigen angebracht oder erforderlich sind.[530]

Die Steuerbehörden haben im Allgemeinen nicht zu prüfen, ob die ärztliche Behandlung, durch die die geltend gemachten Kosten verursacht wurden, notwendig oder angemessen war und welche Kosten bei einer anderen Behandlungsart entstanden wären. Die Höhe, der Umfang und die Zweckmäßigkeit der Krankheitsbehandlung gehören zu den höchstpersönlichen Angelegenheiten. Deshalb ist bei der an sich erforderlichen Prüfung, ob und inwieweit die Krankheitskosten notwendig und angemessen sind, kein strenger Maßstab anzulegen.[531] Daher werden Krankenhauskosten ohne Rücksicht auf die Wahl der Pflegeklasse, Arztkosten ohne Rücksicht darauf, ob die Inanspruchnahme einer ärztlichen Kapazität erforderlich war, anerkannt.

Aufwendungen für eine Frischzellenbehandlung können – wie die Aufwendungen einer Kur – lediglich Kosten einer vorbeugenden oder einer krankheitsbedingten Maßnahme sein. Sie stellen nur dann eine außergewöhnliche Belastung dar, wenn die Behandlung zur Heilung oder Linderung einer Krankheit vorgenommen wird. Ob dies der Fall ist, muss jeweils durch ein vor Beginn der Behandlung erstelltes amtsärztliches Gutachten oder eine gleichgestellte Bescheinigung nachgewiesen

---

527 BFH vom 20.09.1991 III R 91/89 (BStBl 1992 II S. 137).
528 BFH vom 10.10.1996 III R 209/94 (BStBl 1997 II S. 491).
529 BFH vom 10.10.1996 III R 209/94 (BStBl 1997 II S. 491) und vom 06.02.1997 III R 72/96 (BStBl 1997 II S. 607).
530 BFH vom 04.07.1975 VI R 30/73 (BStBl 1975 II S. 738).
531 BFH vom 17.07.1981 VI R 77/78 (BStBl 1981 II S. 711).

werden. Dasselbe gilt für Aufwendungen, die einem Steuerpflichtigen durch den Besuch einer Gruppe von anonymen Alkoholikern entstehen.[532]

Zu den nach § 33 EStG berücksichtigungsfähigen Aufwendungen gehören im Fall einer Anstalts- oder Heimunterbringung die gesamten von der Anstalt oder dem Heim in Rechnung gestellten Unterbringungskosten einschließlich der Kosten für ärztliche Betreuung und Pflege, nicht aber die dem Steuerpflichtigen darüber hinaus entstehenden üblichen Unterhaltsaufwendungen, die unter § 33a Abs. 1 EStG fallen.[533]

Beispiel:
Ein Steuerpflichtiger hat seine blinde Mutter in einer Pflegeanstalt untergebracht und zahlt für die Unterbringung, Pflege und Betreuung an das Heim monatlich 1.500 €. Außerdem hat er für Kleidung, Wäsche und sonstige persönliche Bedürfnisse monatlich 100 € für seine Mutter aufgewandt. Die Mutter hat keine eigenen Einkünfte und kein Vermögen.

Die gesamten Heimunterbringungskosten sind nach § 33 EStG unter Berücksichtigung der zumutbaren Belastung, die darüber hinausgehenden üblichen Unterhaltsaufwendungen mit monatlich 100 € nach § 33a Abs. 1 EStG abzusetzen.

Auch die Kosten der **krankheitsbedingten** Unterbringung in einem Altenpflegeheim oder Pflegeheim zählen zu den Krankheitskosten, wobei nur die über die üblichen Kosten der Unterhaltung eines Haushalts hinausgehenden Kosten als außergewöhnliche Belastungen berücksichtigt werden.[534] Im Regelfall ist die Haushaltsersparnis mit dem in § 33a Abs. 1 Satz 1 EStG genannten Höchstbetrag von 8.354 Euro pro Jahr (bis 2012: 8.004 Euro; für 2013: 8.130 Euro) anzusetzen (R 33.3 Abs. 2 Satz 2 EStR). Wer in einem Wohn- und Pflegeheim untergebracht ist, kann die ihm gesondert in Rechnung gestellten Pflegesätze, die das Heim mit dem Sozialhilfeträger für pflegebedürftige Personen vereinbart hat, als außergewöhnliche Belastung absetzen; das gilt auch für die Pflegestufe 0.[535]

Die Aufwendungen für eine **altersbedingte** Unterbringung in einem Alterswohnheim sind nicht außergewöhnlich; es handelt sich um typische Kosten der Lebensführung.

Soweit von allen Heimbewohnern eine Pauschale zu entrichten ist, durch die im Krankheitsfall notwendige Pflegekosten abzudecken sind, so können derartige Aufwendungen nicht als außergewöhnlich angesehen werden.[536] Solche Pauschalen sind nach Ansicht des BFH typische, durch Freibetragsregelungen abgegoltene Aufwendungen der Lebensführung, da grundsätzlich alle Menschen Vorsorge für die im Alter auftretenden Krankheiten zu treffen hätten.

---

532 BFH vom 13.02.1987 III R 208/81 (BStBl 1987 II S. 427).
533 BFH vom 18.04.2002 III R 15/00 (BStBl 2003 II S. 70).
534 BFH vom 18.04.2002 III R 15/00 (BStBl 2003 II S. 70).
535 BFH vom 10.05.2007 III R 39/05 (BStBl 2007 II S. 764).
536 BFH vom 29.09.1989 III R 129/86 (BStBl 1990 II S. 418).

29.7 Außergewöhnliche Belastungen

Aufwendungen zum Besuch eines nahen Angehörigen (z. B. Ehegatten, Kind) während eines längeren Krankenhausaufenthalts oder während einer Heilkur sind nur dann eine außergewöhnliche Belastung, wenn der behandelnde Krankenhausarzt bescheinigt, dass der Besuch zur Heilung oder Linderung der Krankheit entscheidend beitragen kann (§ 64 Abs. 1 Nr. 3 EStDV).[537]

Die Aufwendungen für Besuche zwischen nahen Angehörigen sind regelmäßig ebenso wenig als außergewöhnlich anzusehen wie Aufwendungen für sonstige Formen der Kontaktpflege. Eine Ausnahme gilt, wenn **Besuchsfahrten ausschließlich zum Zweck der Heilung oder Linderung** der Krankheit oder eines Leidens getätigt werden oder den Zweck verfolgen, die Krankheit oder das Leiden erträglicher zu machen, sodass die **Kosten zu den unmittelbaren Krankheitskosten** rechnen. Ferner können die Aufwendungen für Besuchsfahrten dann außergewöhnliche Belastungen sein, wenn ein Steuerpflichtiger sie auf sich nimmt, um einen nahen Angehörigen, der im eigenen Haushalt lebt, mit Rücksicht auf dessen Erkrankung betreuen und versorgen zu können, soweit die Aufwendungen jene für Besuchsfahrten überschreiten, die der Steuerpflichtige auch ohne die Erkrankung üblicherweise ausgeführt hätte.[538] Die Fahrten dürfen nicht lediglich der allgemeinen Pflege verwandtschaftlicher Beziehungen dienen, wozu z. B. auch die Erledigung von Besorgungen – wie Einkäufe und Schriftverkehr – für einen alten oder kranken Verwandten gehören kann. Darüber hinaus setzt § 33 EStG voraus, dass sich der Steuerpflichtige aufgrund einer tatsächlichen Zwangslage oder einer rechtlichen oder sittlichen Pflicht den Aufwendungen nicht entziehen kann. Ob dies der Fall ist, kann nur nach den näheren Umständen des Einzelfalls entschieden werden. Selbst bei nahen Angehörigen kann nicht ohne Weiteres vom Bestehen einer solchen sittlichen Pflicht ausgegangen werden.

Aufwendungen für den Besuch einer Privatschule sind typische Kosten der Berufsausbildung, die durch das Kindergeld oder Freibeträge für Kinder abgegolten sind. Dies gilt auch dann, wenn die Aufwendungen für den Privatschulbesuch infolge einer Krankheit des Kindes erwachsen, es sei denn, eine geeignete öffentliche oder schulgeldfreie Schule, die die erforderliche individuelle Förderung ermöglicht, steht nicht zur Verfügung (siehe dazu im Einzelnen R 33.4 Abs. 2 EStR).

Im Übrigen können nach § 10 Abs. 1 Nr. 9 EStG 30 % des Entgelts – mit Ausnahme des Entgelts für Beherbergung, Betreuung und Verpflegung –, höchstens jedoch 5.000 Euro, regelmäßig als Sonderausgaben geltend gemacht werden (vgl. 29.1.9).

Ist der Aufenthalt auf einer Nordseeinsel aus klimatischen Gründen zur Behandlung eines an Asthma erkrankten Kindes nachweislich unabdingbar notwendig, so ist der Schulbesuch anlässlich dieser Behandlung nachrangig; die Kosten der Unterbringung in dem Schulinternat sind nach § 33 EStG (nicht auch nach § 33a Abs. 2

---
537 BFH vom 08.12.1988 XI R 157/83 (BStBl 1989 II S. 282).
538 BFH vom 22.10.1996 III R 265/94 (BStBl 1997 II S. 558).

EStG) zu berücksichtigen.[539] Ähnliches gilt bei auswärtiger Unterbringung für die medizinische Behandlung einer Legasthenie.[540]

Übernimmt jemand zwangsläufig Krankheitskosten einer von ihm unterhaltenen Person (§ 33a Abs. 1 EStG), so sind diese Aufwendungen nach § 33 EStG neben dem Freibetrag des § 33a Abs. 1 EStG zu berücksichtigen. Ob die Übernahme von Krankheitskosten eine außergewöhnliche Belastung begründet, ist allein aus § 33 EStG zu beurteilen. § 33a EStG gilt insoweit nicht. Eine Steuerermäßigung kommt nur insoweit in Betracht, als der Unterhaltsempfänger die Kosten nicht selbst tragen kann und die Aufwendungen in der Person des Unterhaltspflichtigen zwangsläufig erwachsen. Dabei sind die Grenzen des § 33a Abs. 1 EStG für die eigenen Einkünfte der unterstützten Personen nicht maßgebend, wenn es darum geht, ob die erkrankte Person die Krankheitskosten aus ihren eigenen Einkünften decken konnte.[541]

Aufwendungen des Steuerpflichtigen für eine eigene Heilkur sind grundsätzlich nach § 33 EStG gesondert neben dem Behinderten-Pauschbetrag nach § 33b EStG zu berücksichtigen.[542]

Ist ein Kind, das bei dem Steuerpflichtigen zu berücksichtigen ist, wegen körperlicher oder geistiger Gebrechen auf Kosten des Steuerpflichtigen in einer Anstalt untergebracht, so hat der Steuerpflichtige die Wahl, ob er den maßgeblichen Pauschbetrag des § 33b Abs. 3 EStG nach § 33b Abs. 5 EStG übernehmen oder ob er die tatsächlichen Anstaltskosten nach § 33 EStG unter Berücksichtigung der zumutbaren Belastung geltend machen will.[543]

Aufwendungen sind steuerlich nur in der Höhe als außergewöhnliche Belastung zu berücksichtigen, in der sie das Einkommen des Steuerpflichtigen tatsächlich und endgültig belasten. Dies ist nicht der Fall, soweit der Steuerpflichtige aus einer Krankenkasse oder als Beihilfe des Arbeitgebers Ersatz erhält. Krankentagegelder, die eine Versicherungsgesellschaft einem Versicherten bei einem Krankenhausaufenthalt zahlt, mindern anders als Krankenhaustagegelder die Krankenhauskosten nicht (H 33.1–33.4 „Krankenhaustagegeldversicherung" EStH).[544] Bei der Ermittlung der Höhe der außergewöhnlichen Belastungen sind auch solche Ersatzleistungen und Beihilfen im Rahmen der **Vorteilsanrechnung** abzuziehen, die der Steuerpflichtige in einem früheren oder späteren Veranlagungszeitraum als dem der Aufwendungen erhält.[545]

---

539 BFH vom 26.06.1992 III R 83/91 (BStBl 1993 II S. 212).
540 BFH vom 26.06.1992 III R 8/91 (BStBl 1993 II S. 278) und vom 03.12.1998 III R 5/98 (BStBl 1999 II S. 227).
541 BFH vom 11.07.1990 III R 111/86 (BStBl 1991 II S. 62).
542 BFH vom 22.10.1987 IV R 17/84 (BStBl 1988 II S. 62).
543 BMF vom 14.04.2003 (BStBl 2003 I S. 360) mit weiteren Einzelheiten.
544 BFH vom 22.10.1971 VI R 242/69 (BStBl 1972 II S. 177) und vom 18.12.1991 X R 38/90 (BStBl 1992 II S. 177).
545 BFH vom 21.08.1974 VI R 236/71 (BStBl 1975 II S. 14).

29.7 Außergewöhnliche Belastungen

Künstliche Befruchtung

Aufwendungen für eine künstliche Befruchtung einer Frau können auch bei einem nicht verheirateten Paar außergewöhnliche Belastungen sein, wenn die Richtlinien der ärztlichen Berufsordnungen beachtet werden, insbesondere eine fest gefügte Partnerschaft vorliegt und der Mann die Vaterschaft anerkennen wird.[546] Keine außergewöhnlichen Belastungen sind Aufwendungen im Zusammenhang mit einer künstlichen Befruchtung nach vorangegangener freiwilliger Sterilisation.[547]

Pflegebedürftigkeit

Aufwendungen des Steuerpflichtigen, die ihm infolge seiner eigenen Pflegebedürftigkeit oder wegen der Pflegebedürftigkeit einer anderen Person erwachsen, können nach § 33 EStG abzugsfähige außergewöhnliche Belastungen sein. Pflegebedürftig ist, wer die Voraussetzungen des § 14 SGB XI erfüllt. Der Nachweis ist durch eine Bescheinigung (z. B. Leistungsbescheid oder -mitteilung) der sozialen Pflegekasse oder des privaten Versicherungsunternehmens, das die private Pflegepflichtversicherung durchführt, oder nach § 65 Abs. 2 EStDV zu führen (R 33.3 Abs. 1 EStR).

Damit ist die Pflegebedürftigkeit nicht mehr durch das strenge Kriterium der Hilflosigkeit i. S. des § 33b Abs. 6 Satz 3 EStG beschrieben. Es reicht vielmehr die Feststellung einer der drei Pflegestufen aus.

Die Aufwendungen für die **altersbedingte Unterbringung** in einem Altenwohnheim sind grundsätzlich **nicht außergewöhnlich.**[548] Die Aufwendungen für die Unterbringung in der Pflegestation eines Altenheims, in einem Altenpflegeheim oder Pflegeheim aufgrund von Krankheit oder Pflegebedürftigkeit können als außergewöhnliche Belastungen berücksichtigt werden. Pflegebedingte Aufwendungen können im Rahmen des § 33 EStG nur berücksichtigt werden, wenn nicht der erhöhte Behinderten-Pauschbetrag von 3.700 Euro nach § 33b Abs. 3 EStG in Anspruch genommen wird. Dies gilt auch dann, wenn es sich um den auf den Steuerpflichtigen übertragenen Pauschbetrag seines pflegebedürftigen Kindes handelt (R 33.3 Abs. 4 EStR).

Dieselben Grundsätze gelten auch für die Beschäftigung einer **ambulanten Pflegekraft.**

Entsprechendes gilt, wenn Pflegekosten für andere Personen, denen gegenüber der Steuerpflichtige zum Unterhalt verpflichtet ist, **getragen werden.**

Auch in diesen Fällen können neben der Berücksichtigung der Unterhaltsleistungen nach § 33a Abs. 1 EStG die Pflegekosten als allgemeine außergewöhnliche Belastungen abgezogen werden.[549]

---
546 BFH vom 10.05.2007 III R 47/05 (BStBl 2007 II S. 871).
547 BFH vom 03.03.2005 III R 68/03 (BStBl 2005 II S. 566).
548 BFH vom 29.09.1989 III R 129/86 (BStBl 1990 II S. 418).
549 BMF vom 02.12.2002 (BStBl 2002 I S. 1389) mit weiteren Beispielen.

Bei einer Heimunterbringung wegen eigener Pflegebedürftigkeit mit Auflösung des privaten Haushalts ist die **Haushaltsersparnis** mit 8.354 Euro/Jahr (bis 2012: 8.004 Euro; für 2013: 8.130 Euro) anzusetzen (R 33.3 Abs. 2 EStR). Bezüglich **Pflegeaufwendungen für Dritte**, die dem Steuerpflichtigen Vermögenswerte zugewendet haben, **ist eine Wertverrechnung vorzunehmen**. Ein Abzug der Pflegeaufwendungen kommt nur in Betracht, soweit die Aufwendungen den Wert des hingegebenen Wertes übersteigen.

Eine Berücksichtigung der Unterstützungsleistungen als außergewöhnliche Belastungen ist ausgeschlossen, wenn die Unterstützungsbedürftigkeit sich dadurch ergeben hat, dass der Steuerpflichtige sich zuvor dessen Vermögen oder Teile davon hat übertragen lassen.[550]

Beispiel:
Mit notariellem Vertrag aus dem Jahr 01 übertrug der 67-jährige Vater des Steuerpflichtigen sein Einfamilienhaus unter Vorbehalt eines Nießbrauchsrechts auf den Sohn (Verkehrswert: 400.000 €). Im Jahr 03 bewilligte der Vater die Löschung des im Grundbuch eingetragenen Nießbrauchrechts. Im Jahr 05 veräußerte der Sohn das Anwesen (Erlös: 700.000 €). Der Vater lebt seit dem Jahr 06 in einem Wohnstift. S macht die Aufwendungen unter anderem für die Pflege in seiner Einkommensteuererklärung geltend. Die Aufwendungen für die Unterbringung und Pflege seines pflegebedürftigen Vaters sind nicht als außergewöhnliche Belastung zu berücksichtigen, da der Steuerpflichtige von dem Vater dessen gesamtes sicheres Vermögen zu einem Zeitpunkt übernommen hatte, als dieser sich bereits im Rentenalter befand.

Prozesskosten

Aufwendungen für die Führung eines Rechtsstreits (Prozesskosten) sind vom Abzug ausgeschlossen, es sei denn, es handelt sich um Aufwendungen, ohne die der Steuerpflichtige Gefahr liefe, seine Existenzgrundlage zu verlieren und seine lebensnotwendigen Bedürfnisse in dem üblichen Rahmen nicht mehr befriedigen zu können (§ 33 Abs. 2 Satz 4 EStG). Diese durch das AmtshilfeRLUmsG[551] neu eingeführte Regelung gilt ab dem 01.01.2013. Damit reagiert der Gesetzgeber auf die geänderte Rechtsprechung des BFH zur steuerlichen Berücksichtigung von Prozesskosten als außergewöhnliche Belastung.

Nach neuerer Auffassung des BFH können **Zivilprozesskosten** sowohl dem Kläger wie auch dem Beklagtem unabhängig vom Gegenstand des Prozesses aus rechtlichen Gründen zwangsläufig erwachsen.[552] Damit hat der BFH seine jahrzehntelange Rechtsprechung aufgegeben, nach der Kosten eines Zivilprozesses grundsätzlich nicht zwangsläufig anfallen. Aufgrund des staatlichen Gewaltmonopols könnten strittige Ansprüche nur gerichtlich durchgesetzt werden. Eine Berücksichtigung solcher Kosten als außergewöhnliche Belastung nach § 33 EStG komme

---

550 BFH vom 12.11.1996 III R 38/95 (BStBl 1997 II S. 387).
551 BGBl 2013 I S. 1809.
552 BFH vom 12.05.2011 VI R 42/10 (BStBl 2011 II S. 1015).

29.7 Außergewöhnliche Belastungen

jedoch nur in Betracht, wenn die beabsichtigte Rechtsverfolgung oder Rechtsverteidigung hinreichende Aussicht auf Erfolg biete und nicht mutwillig erscheine. Die Zivilprozesskosten seien jedoch nur insoweit abziehbar, als sie notwendig seien und einen angemessenen Betrag nicht überschreiten. Etwaige Leistungen aus einer Rechtsschutzversicherung seien im Rahmen der Vorteilsanrechnung zu berücksichtigen.

Die Finanzverwaltung hat auf diese Änderung der Rechtsprechung mit einem Nichtanwendungserlass reagiert.[553] Nach Auffassung der Finanzverwaltung sind Prozesskosten, die beim Verlust eines **Zivilprozesses** entstehen, i. d. R. **nicht zwangsläufig.** Dies gelte unabhängig davon, ob der Steuerpflichtige Kläger oder Beklagter des Prozesses sei.[554] Eine Zwangsläufigkeit sei insbesondere dann nicht anzunehmen, wenn ein erhebliches Verschulden im straf- und zivilrechtlichen Sinne beim Steuerpflichtigen vorläge, z. B. Schadensersatzprozess bei grob fahrlässig verursachtem Verkehrsunfall. Der Steuerpflichtige könne im Allgemeinen durch eine entsprechende Gestaltung seiner zivilrechtlichen Beziehungen einen Rechtsstreit und Ansprüche aus einem Vertrag von vornherein ausschließen; auf die Zwangsläufigkeit eines Rechtsstreits wegen zweifelhafter vertraglicher Ansprüche könne er sich daher nicht berufen. Bei den Kosten eines Zivilprozesses spreche eine Vermutung gegen ihre Zwangsläufigkeit, auch wenn der Prozess mit einer Ehescheidung in tatsächlichem Zusammenhang steht. Berühre ein Rechtsstreit einen für den Steuerpflichtigen existenziell wichtigen Bereich, könne sich die Frage stellen, ob unter engen Voraussetzungen die Übernahme eines Prozesskostenrisikos als zwangsläufig anzusehen sei.

Prozess- und Anwaltskosten einer **Ehescheidung** sind nach bisheriger Auffassung der Finanzverwaltung als außergewöhnliche Belastung abziehbar (vgl. H 33.1–33.4 „Scheidung" EStH). Nach dem Ehe- und Familienrecht werden alle mit der Scheidung zusammenhängenden Fragen (Sorgerecht für die Kinder, Unterhaltspflichten, Güterrechtsverhältnisse, Rechtsverhältnisse an Ehewohnung und Hausrat) in einem gerichtlichen Verfahren geregelt, zu dem eine einheitliche Kostenentscheidung ergeht. Diese Prozesskosten und der Versorgungsausgleich (sog. Zwangsverbund, § 137 FamFG) erkennt die Finanzverwaltung als **außergewöhnliche Belastung** an. Gleiches gilt auch für Scheidungskosten, die der Steuerpflichtige aufgrund einer vom Gericht übernommenen freiwilligen Vereinbarung zahlt.

Aufwendungen für die Auseinandersetzung gemeinsamen Vermögens sind keine außergewöhnliche Belastung, unabhängig davon, ob die Eheleute die Vermögensverteilung selbst regeln oder die Entscheidung dem Familiengericht übertragen.[555]

---

553 BMF vom 20.12.2011 (BStBl 2011 I S. 1286).
554 BFH vom 30.06.2005 III R 27/04 (BStBl 2006 II S. 492).
555 BFH vom 30.06.2005 III R 36/03 (BStBl 2006 II S. 491) und vom 30.06.2005 III R 27/04 (BStBl 2006 II S. 492).

Die Kosten eines **Vaterschaftsfeststellungsprozesses** können unter engen Voraussetzungen als außergewöhnliche Belastung abzugsfähig sein. Wenn ein Steuerpflichtiger auf Feststellung der Vaterschaft und Zahlung des Regelunterhalts verklagt wird und nur infrage stellt, ob er der einzige Geschlechtspartner der Mutter gewesen sei, sind die ihm auferlegten Verfahrenskosten nicht zwangsläufig. Voraussetzung ist darüber hinaus, dass er ernsthafte Zweifel an seiner Vaterschaft substantiiert darlegt sowie schlüssige Beweise angeboten hat und dass sein Verteidigungsvorbringen bei objektiver Betrachtung Erfolg zu versprechen scheint. Insoweit sind die Grundsätze der Rechtsprechung der Zivilgerichte zur hinreichenden Erfolgsaussicht eines Antrags auf Prozesskostenhilfe in Vaterschaftssachen entsprechend heranzuziehen.[556]

Strafprozesskosten sind grundsätzlich keine nach § 33 EStG zu berücksichtigenden außergewöhnlichen Belastungen, wenn der Steuerpflichtige zu einer Strafe verurteilt worden ist und die Kosten des Verfahrens zu tragen hat.[557] Kosten der Eltern für die Strafverteidigung eines volljährigen Kindes sind grundsätzlich keine außergewöhnlichen Belastungen.[558]

Beispiel:

S ist der Sohn der alleinerziehenden Mutter M. Nachdem er ein Studium abgebrochen hatte, absolvierte er im Alter von 27 Jahren in einem Berufsförderungszentrum eine Umschulung und bezog ein Übergangsgeld. Er mietete eine Wohnung, in der er eine Bekannte tötete. Neben dem vom Gericht bestellten Pflichtverteidiger nimmt M für einen von ihr engagierten Wahlverteidiger einen Kredit von 5.000 € auf.

Die Kosten der M sind nicht aus rechtlichen Gründen zwangsläufig, weil der volljährige S eine selbstständige Lebensstellung erreicht und deshalb keinen Unterhaltsanspruch mehr hatte (§ 1603 BGB). Sie sind auch nicht aus tatsächlichen Gründen zwangsläufig, weil die Aufwendungen nicht durch ein unausweichliches Ereignis, wie z. B. eine Krankheit oder Katastrophe, ausgelöst wurden. Eine Zwangsläufigkeit aus sittlichen Gründen setzt voraus, dass eine andere Entscheidung kaum möglich erscheint. Sittlich zu billigende oder besonders anerkennenswerte Gründe allein genügen nicht. Die Übernahme der Kosten einer Strafverteidigung für Kinder wird umso eher als selbstverständlich angesehen, je jünger die Kinder sind. Bei volljährigen Kindern ist zu unterscheiden, ob es sich um Heranwachsende oder um Kinder handelt, die das Elternhaus schon lange verlassen haben und persönlich und wirtschaftlich selbstständig sind. Da die Allgemeinheit nicht erwartet, dass sich Eltern für ihren über einen eigenen Haushalt verfügenden Sohn persönlich hoch verschulden, um ihm neben einem Pflichtverteidiger noch zusätzlich einen Wahlverteidiger zu finanzieren, sind die Aufwendungen der M nicht als außergewöhnliche Belastung abziehbar.

Strafverteidigungskosten des Steuerpflichtigen selbst können Werbungskosten sein, wenn der strafrechtliche Vorwurf durch sein berufliches Verhalten veranlasst war. Ein Abzug als außergewöhnliche Belastungen scheidet schon deshalb aus, weil

---

556 BFH vom 18.03.2004 III R 24/03 (BStBl 2004 II S. 726).
557 BFH vom 21.06.1989 X R 20/88 (BStBl 1989 II S. 831).
558 BFH vom 30.10.2003 III R 23/02 (BStBl 2004 II S. 267).

sie bei einem Freispruch von der Staatskasse getragen werden.[559] Hat der Steuerpflichtige mit seinem Verteidiger ein Honorar vereinbart, das über den durch die Staatskasse erstattungsfähigen Kosten liegt, ist ein Abzug dieser Mehraufwendungen mangels Zwangsläufigkeit nicht möglich.[560]

Schadensersatz

Schadensersatzleistungen sind zwar außergewöhnlich, aber nicht schon immer dann zwangsläufig, wenn sie auf einer gesetzlichen Pflicht beruhen. Bei der Beurteilung der Frage der Zwangsläufigkeit ist zusätzlich auf die Umstände abzustellen, die zu der gesetzlichen Pflicht geführt haben.[561] Hätte der Steuerpflichtige die Gründe der Schadensersatzpflicht vermeiden können, ist die Zwangsläufigkeit der Aufwendungen grundsätzlich zu verneinen. War dies aus tatsächlichen, rechtlichen oder sittlichen Gründen nicht möglich, dann sind die Aufwendungen grundsätzlich als zwangsläufig anzuerkennen. Bei dieser Abwägung führt ein vorsätzliches oder grob fahrlässiges (leichtfertiges) Verhalten des Schädigers zu dem Schluss, dass der darauf beruhende Schadensersatz nicht als zwangsläufig angesehen werden kann, während dies bei leichter Fahrlässigkeit i. d. R. nicht der Fall ist (H 33.1–33.4 „Schadensersatzleistungen" EStH).[562]

Schuldzinsen, Tilgung von Schulden

Ausgaben zur Tilgung von Schulden sowie etwaige mit diesen Schulden zusammenhängende Schuldzinsen sind dem Grunde nach eine außergewöhnliche Belastung, soweit die Schuldaufnahme durch Aufwendungen veranlasst worden ist, die eine außergewöhnliche Belastung i. S. des § 33 EStG darstellen und für die eine Steuerermäßigung noch nicht gewährt werden konnte.[563] Mit Darlehensmitteln geleistete Ausgaben, die eine außergewöhnliche Belastung darstellen, können im Jahr der Verausgabung zu einer außergewöhnlichen Belastung führen.[564] Die für solche Darlehen geleisteten Zinsen sind eine außergewöhnliche Belastung im Jahr des Zinsabflusses.[565]

Übernimmt und tilgt der alleinige Gesellschafter und Geschäftsführer einer GmbH deren Schulden, um die GmbH zu sanieren und vor der Insolvenz zu retten, so geschieht dies nicht zwangsläufig i. S. des § 33 Abs. 2 Satz 1 EStG.[566] Tilgt die Ehe-

---

559 BFH vom 18.10.2007 VI R 42/04 (BStBl 2008 II S. 223).
560 BFH vom 18.10.2007 VI R 42/04 (BStBl 2008 II S. 223).
561 BFH vom 19.03.1987 IV R 140/84 (BFH/NV 1987 S. 577).
562 BFH vom 03.06.1982 VI R 41/79 (BStBl 1982 II S. 749).
563 BFH vom 18.07.1986 III R 178/80 (BStBl 1986 II S. 745).
564 BFH vom 10.06.1988 III R 248/83 (BStBl 1988 II S. 814).
565 BFH vom 01.12.1989 III R 94/87 (BStBl 1990 II S. 960).
566 BFH vom 19.04.1974 VI R 63/71 (BStBl 1974 II S. 516).

frau eines Gemeinschuldners, die nicht dessen Rechtsnachfolger ist, Insolvenzschulden ihres Ehegatten, so liegt grundsätzlich keine außergewöhnliche Belastung i. S. des § 33 Abs. 1 EStG vor.[567]

Todesfälle

Aufwendungen, die aus Anlass des Todes von Angehörigen entstehen, sind, soweit sie zwangsläufig erwachsen und angemessen sind, nach § 33 EStG zu berücksichtigen. Dazu rechnen insbesondere die Kosten für die Bestattung (z. B. für den Sarg, Blumen, Kränze, Trauerdrucksachen, Anzeigen, Friedhofsgebühren, Kosten des Bestattungsunternehmers) einschließlich der Kosten für ein Grabmal (H 33.1–33.4 „Bestattungskosten" EStH). Nicht dazu rechnen grundsätzlich Aufwendungen für die Trauerkleidung[568] und Bewirtungskosten anlässlich der Bestattung[569] sowie Aufwendungen für einen auswärtigen Gräberbesuch und die Grabpflegekosten. Auch Aufwendungen für eine Flugreise bzw. Fahrtkosten ins Ausland zur Vorbereitung der Einäscherung eines Verwandten und Überführung der Urne in die Bundesrepublik können nicht abgezogen werden.[570]

Beerdigungskosten sind Nachlassverbindlichkeiten und für den Erben dann keine außergewöhnliche Belastung, wenn er sie aus dem Nachlass decken kann.[571] Das gilt auch für einen Steuerpflichtigen, der seinen Ehegatten beerbt, wenn die Ehegatten im Todesjahr oder im vorangegangenen Kalenderjahr beide unbeschränkt steuerpflichtig waren und nicht dauernd getrennt gelebt haben.[572] § 33 EStG kann danach nicht angewendet werden, wenn der Wert des Nachlasses höher ist als der für die Bestattung und die sonstigen Nachlassverbindlichkeiten aufgewendete Betrag.

Auch die aus einer Sterbegeldversicherung zugeflossenen Beträge mindern die abzugsfähigen Aufwendungen, obwohl diese Leistungen regelmäßig nicht in den Nachlass des Verstorbenen fließen. Andererseits sollen derartige **Versicherungsleistungen** regelmäßig alle Aufwendungen abdecken, die mit einer Beerdigung zusammenhängen. Dementsprechend sind die als außergewöhnliche Belastung anzuerkennenden Beträge ggf. im Schätzungswege um die auf die eigentlichen Bestattungskosten entfallenden Versicherungsleistungen zu kürzen.[573]

Auch Leistungen aus einer Lebensversicherung, die dem Steuerpflichtigen anlässlich des Todes des nahen Angehörigen außerhalb des Nachlasses zufließen, sind auf die als außergewöhnliche Belastung anzuerkennenden Kosten anzurechnen.[574]

---

567 BFH vom 18.04.1972 VIII R 12/66 (BStBl 1972 II S. 757).
568 BFH vom 12.08.1966 VI R 76/66 (BStBl 1967 III S. 364).
569 BFH vom 17.09.1987 III R 242/83 (BStBl 1988 II S. 130).
570 BFH vom 17.06.1994 III R 42/93 (BStBl 1994 II S. 754).
571 BFH vom 04.04.1989 X R 14/85 (BStBl 1989 II S. 779).
572 BFH vom 08.09.1961 VI R 177/60 U (BStBl 1962 III S. 31).
573 BFH vom 30.10.1990 IX R 110/86 (BStBl 1991 II S. 142).
574 BFH vom 22.02.1996 III R 7/94 (BStBl 1996 II S. 413).

29.7 Außergewöhnliche Belastungen

Krankheitskosten des Erblassers, die von den Hinterbliebenen aus dem Nachlass bezahlt werden, können bei der letzten Einkommensteuerveranlagung des Erblassers gem. § 33 EStG berücksichtigt werden.

Aufwendungen in Erfüllung von **Nachlassverbindlichkeiten** sind grundsätzlich nicht aus rechtlichen Gründen zwangsläufig, weil der Steuerpflichtige die Möglichkeit hat, den Nachlassverbindlichkeiten durch Ausschlagung der Erbschaft auszuweichen.[575] Etwas anderes gilt nur, wenn eine weitere, über die Haftung des Erben hinausgehende rechtliche oder sittliche Verpflichtung des Steuerpflichtigen zur Leistung der Aufwendungen hinzutritt.[576] Bei der Frage, ob derartige Aufwendungen aus sittlichen Gründen zwangsläufig sind, ist auf die persönlichen Beziehungen der Beteiligten, ihre Einkommens- und Vermögenssituation, die konkreten Lebensumstände und den Inhalt des übernommenen Schuldverhältnisses abzustellen.[577]

Wiederbeschaffung von Hausrat oder Kleidung

Aufwendungen für die Anschaffung oder Wiederinstandsetzung von Hausrat oder Kleidung sind i. d. R. keine außergewöhnlichen Belastungen, weil der Steuerpflichtige einen Gegenwert erhält.[578] Sie sind jedoch dem Grunde nach dann eine außergewöhnliche Belastung, wenn Hausrat oder Kleidung durch ein unabwendbares Ereignis (Brand, Diebstahl, Hochwasser, Unwetter, Kriegseinwirkung, Vertreibung, politische Verfolgung) verloren wurden und wieder beschafft werden müssen (R 33.2 EStR). Kosten zur Beseitigung von unvermeidbaren Schäden (z. B. Wasserschäden) an einem für den Steuerpflichtigen existenziell wichtigen Vermögensgegenstand (z. B. selbstgenutztes Einfamilienhaus) können insoweit als außergewöhnliche Belastung geltend gemacht werden.[579] Allerdings dürfen keine Anhaltspunkte für ein eigenes ursächliches Verschulden des Steuerpflichtigen erkennbar sein, es dürfen auch keine realisierbaren Ersatzansprüche gegen Dritte bestehen und die zerstörten oder beschädigten Vermögensgegenstände dürfen in Größe und Ausstattung nicht erheblich über das Notwendige und Übliche hinausgehen.[580] Ebenso wie den Verzicht auf Ersatzansprüche behandelt der BFH den unterlassenen Abschluss einer Versicherung für Schäden am Einfamilienhaus[581] und für den Hausrat[582] mit der Folge, dass Aufwendungen zur Beseitigung entsprechender Schäden nicht zwangsläufig sind. Der BFH hält es für nicht gerechtfertigt, dass Nichtversicherte die Kosten zur Beseitigung von Schäden an lebensnotwendigen Gegenständen auf die Allgemeinheit abwälzen dürfen, wenn sie durch den

---
575 BFH vom 24.07.1987 III R 208/82 (BStBl 1987 II S. 715).
576 BFH vom 18.07.1986 III R 178/80 (BStBl 1986 II S. 745).
577 BFH vom 24.07.1987 III R 208/82 (BStBl 1987 II S. 715).
578 BFH vom 21.08.1974 VI R 237/71 (BStBl 1974 II S. 745).
579 BFH vom 06.05.1994 III R 27/92 (BStBl 1995 II S. 104).
580 BFH vom 30.06.1999 III R 8/95 (BStBl 1999 II S. 766).
581 BFH vom 06.05.1994 III R 27/92 (BStBl 1995 II S. 104).
582 BFH vom 26.06.2003 III R 36/01 (BStBl 2004 II S. 47)

Abschluss einer üblichen und zumutbaren Versicherung die Belastung hätten vermeiden oder eingrenzen können. Vergebliche Zahlungen für den Erwerb eines Grundstücks und für die Erstellung eines selbst zu nutzenden Einfamilienhauses (Maklerkosten, Werklohnvorauszahlungen), zu denen der Steuerpflichtige durch einen Betrug seiner Vertragspartner veranlasst worden ist und für die er nach dem Scheitern der Verträge keine realisierbaren Ersatzansprüche erworben hat, sind nicht als außergewöhnliche Belastung zu berücksichtigen.[583] Aufwendungen zur Vermeidung oder Behebung gesundheitlicher Schäden infolge von Formaldehyd und Holzschutzmittelausgasungen (z. B. der Ersatz von chemisch verseuchten Möbeln oder Baumaßnahmen am Wohngebäude) sind als außergewöhnliche Belastungen gem. § 33 EStG zu berücksichtigen, sofern es sich nicht um Betriebsausgaben oder Werbungskosten handelt.[584] Auch Mietzahlungen für eine Zweitwohnung können für einen begrenzten Zeitraum abgezogen werden, wenn es sich um ein existenznotwendiges Wirtschaftsgut handelt und ein vor der Maßnahme eingeholtes technisches Gutachten die Notwendigkeit bescheinigt.[585] Aufwendungen zur Wiederbeschaffung von Kleidungsstücken, die dem Steuerpflichtigen auf einer Urlaubsreise entwendet wurden, können regelmäßig nicht als außergewöhnliche Belastung berücksichtigt werden.[586] Ergänzungsbeschaffungen sind nicht begünstigt. Die Aufwendungen müssen dem Steuerpflichtigen zwangsläufig erwachsen, sie müssen den Umständen nach notwendig sein und dürfen außerdem einen angemessenen Betrag nicht übersteigen. Dazu rechnen Aufwendungen für Gegenstände, die nach allgemeiner Anschauung unter Berücksichtigung der Lebensverhältnisse des Steuerpflichtigen zur Einrichtung einer Wohnung und zur Führung eines Haushalts üblicherweise erforderlich sind.

Der BFH[587] hat Aufwendungen i. H. von 26.000 DM im Jahr 1995 für die Anschaffung neuer Schlafzimmermöbel anstelle formaldehydbelasteter Möbel als angemessen bezeichnet. Bei der Berechnung des abziehbaren Betrags ist allerdings im Wege des Vorteilsausgleichs die Werterhöhung zu berücksichtigen.[588] Die Ermittlung des Schadens kann nach AfA-Grundsätzen erfolgen. Sind beispielsweise bereits 80 % der üblichen Nutzungsdauer des auszutauschenden Möbelstücks abgelaufen, sind lediglich noch 20 % der Aufwendungen für die Ersatzbeschaffung zu berücksichtigen.

---

583 BFH vom 19.05.1995 III R 12/92 (BStBl 1995 II S. 774).
584 BFH vom 23.05.2002 III R 52/99 (BStBl 2002 II S. 592).
585 BFH vom 21.04.2010 VI R 62/08 (BStBl 2010 II S. 965).
586 BFH vom 03.09.1976 VI R 185/74 (BStBl 1976 II S. 712).
587 BFH vom 23.05.2002 III R 52/99 (BStBl 2002 II S. 592) und vom 26.02.2002 VIII R 92/98 (BStBl 2002 II S. 596).
588 BFH vom 09.08.2001 III R 6/01 (BStBl 2002 II S. 240) und vom 14.11.2001 X R 24/99 (BStBl 2002 II S. 244).

29.8 Die typisierten Fälle des § 33a und des § 33b EStG

Die Vorschriften des § 33a und des § 33b EStG behandeln die außergewöhnlichen Belastungen in besonderen Fällen. Auf die Steuerermäßigung hat der Steuerpflichtige einen Rechtsanspruch.

Bei den außergewöhnlichen Belastungen des § 33a und des § 33b EStG handelt es sich um besondere Fälle, die bei einer größeren Zahl von Steuerpflichtigen auftreten und die zweckmäßig typisiert geregelt werden, um eine Gleichmäßigkeit der Besteuerung herbeizuführen. Die Typisierung betrifft neben den Tatbeständen die Höhe der als zwangsläufig zu berücksichtigenden Aufwendungen.

Nach § 33a Abs. 1 EStG können unter bestimmten Voraussetzungen Aufwendungen für Unterhalt und Berufsausbildung anderer Personen berücksichtigt werden. § 33a Abs. 2 EStG regelt den Abzug von Mehrkosten für die Berufsausbildung auswärts untergebrachter volljähriger Kinder, für die der Steuerpflichtige Anspruch auf einen Freibetrag nach § 32 Abs. 6 EStG oder Kindergeld hat.

Nach der Vorschrift des **§ 33b EStG** werden berücksichtigt:

1. Behinderten-Pauschbeträge (§ 33b Abs. 1 bis 3 EStG)

2. Hinterbliebenen-Pauschbeträge (§ 33b Abs. 4 EStG)

3. Pflege-Pauschbetrag (§ 33b Abs. 6 EStG)

Wesentlicher Unterschied zu § 33 EStG ist, dass in den Fällen des § 33a und des § 33b EStG **keine zumutbare Belastung** zu berücksichtigen ist. Die sich aus § 33a und § 33b EStG ergebenden Beträge sind in voller Höhe vom Gesamtbetrag der Einkünfte abzusetzen.

Aufwendungen i. S. des § 33a Abs. 1 und Abs. 2 EStG können nur nach der Vorschrift des § 33a EStG berücksichtigt werden. Eine Steuerermäßigung nach § 33 EStG kann für diese Aufwendungen nicht anstelle der Freibeträge des § 33a EStG oder neben diesen Freibeträgen gewährt werden, auch wenn höhere Aufwendungen angefallen sind (§ 33a Abs. 4 EStG).[589] § 33 EStG kann neben § 33a Abs. 1 Satz 1 EStG dann anwendbar sein, wenn dem Steuerpflichtigen außer Unterhaltsaufwendungen beispielsweise Krankheitskosten für die unterhaltene Person entstehen.[590] Krankheitskosten können dann nach § 33 EStG Berücksichtigung finden.

§ 33 EStG kann auch neben § 33b EStG anwendbar sein, wenn sich die Aufwendungen der Typisierung des § 33b EStG entziehen, z. B. Operationskosten oder Mehraufwendungen für eine Reisebegleitung im Urlaub.[591]

---

[589] BFH vom 04.07.2002 III R 8/01 (BStBl 2002 II S. 760).
[590] BMF vom 02.12.2002 (BStBl 2002 I S. 1389).
[591] BFH vom 04.07.2002 III R 58/98 (BStBl 2002 II S. 765).

29.9 Außergewöhnliche Belastung in besonderen Fällen (§ 33a EStG)

Im Einzelnen werden nach § 33a EStG berücksichtigt:

1. Aufwendungen für den Unterhalt und (oder) eine etwaige Berufsausbildung für eine Person, für die weder der Steuerpflichtige noch eine andere Person Anspruch auf einen Freibetrag gem. § 32 Abs. 6 EStG oder Kindergeld hat, wenn die unterhaltene Person kein oder nur ein geringes Vermögen besitzt (§ 33a Abs. 1 EStG);
2. Sonderbedarf für die Berufsausbildung eines auswärtig untergebrachten volljährigen Kindes, für das der Steuerpflichtige einen Freibetrag nach § 32 Abs. 6 EStG oder Kindergeld erhält (Ausbildungsfreibetrag des § 33a Abs. 2 EStG).

Bis zum Veranlagungszeitraum 2008 konnten nach § 33a Abs. 3 EStG a. F. unter bestimmten Voraussetzungen Aufwendungen für eine Hilfe im Haushalt berücksichtigt werden. Diese Fallgestaltungen sind nun in § 35a EStG geregelt.

In § 33a Abs. 3 EStG ist für beide Abzugstatbestände die zeitanteilige Zuordnung geregelt. § 33a Abs. 4 EStG behandelt die Konkurrenz zu § 33 EStG.

29.9.1 Aufwendungen für den Unterhalt und eine etwaige Berufsausbildung (§ 33a Abs. 1 EStG)

Erwachsen einem Steuerpflichtigen **Aufwendungen für den Unterhalt und eine etwaige Berufsausbildung** einer dem Steuerpflichtigen oder seinem Ehegatten gegenüber **gesetzlich unterhaltsberechtigten oder gleichgestellten Person,** so wird auf Antrag die Einkommensteuer dadurch ermäßigt, dass die Aufwendungen bis zu 8.354 Euro (bis 2012: 8.004 Euro; für 2013: 8.130 Euro) im Kalenderjahr vom Gesamtbetrag der Einkünfte abgezogen werden (§ 33a Abs. 1 Satz 1 EStG).

Der Höchstbetrag nach § 33a Abs. 1 Satz 1 EStG i. H. von 8.354 Euro (bis 2012: 8.004 Euro; für 2013: 8.130 Euro) erhöht sich ab dem Veranlagungszeitraum 2010 um die für die Absicherung der unterhaltsberechtigten Person aufgewandten Beiträge zur Basis-Kranken- und Pflegeversicherung nach § 10 Abs. 1 Nr. 3 EStG, wenn für diese kein Sonderausgabenabzug möglich ist (§ 33a Abs. 1 Satz 2 EStG). Übrige Sozialversicherungsbeiträge, z. B. u. a. Aufwendungen für Renten- und Arbeitslosenversicherung sowie der nicht anzusetzende Teil der Krankenversicherung zur Finanzierung des Krankengeldes, sind bei der Erhöhung des Höchstbetrags nicht zu berücksichtigen.

§ 33a Abs. 1 EStG lässt existenzsichernde Aufwendungen zum Abzug zu und hat als speziellere Norm Vorrang vor dem generellen Abzugsverbot von Unterhaltsaufwendungen nach § 12 EStG.

29.9 Außergewöhnliche Belastung in besonderen Fällen

29.9.1.1 Überblick

Voraussetzung ist, dass weder der Steuerpflichtige noch eine andere Person Anspruch auf einen Freibetrag nach § 32 Abs. 6 EStG oder auf Kindergeld für die unterhaltene Person hat und die unterhaltene Person kein oder nur ein geringes Vermögen besitzt (§ 33a Abs. 1 Satz 4 EStG).

Damit soll eine doppelte Berücksichtigung des jeweiligen Aufwands verhindert werden. Schädlich sind auch nach ausländischem Recht gezahlte kindergeldähnliche Leistungen gem. § 65 Abs. 1 EStG.[592]

Zu den Voraussetzungen der Abzugsfähigkeit von Unterhaltsleistungen an Angehörige im Ausland hat die Finanzverwaltung[593] Stellung genommen, ausgehend von der gesetzlichen Regelung in § 33a Abs. 1 Satz 6 Halbsatz 2 EStG, dass die Unterhaltspflicht ausschließlich nach inländischem Recht zu beurteilen ist.[594] Diese Regelung ist verfassungsrechtlich nicht zu beanstanden.[595] Sowohl für die Unterhaltsbedürftigkeit als auch für die Unterhaltsleistungen im Ausland bestehen erhöhte Nachweispflichten. Während bei Inlandssachverhalten die Bedürftigkeit des Unterhaltsempfängers unterstellt wird, wenn er als potenziell Unterhaltsberechtigter auch tatsächlich Unterhalt erhält (R 33a Abs. 1 Satz 4 EStR), ist bei Unterhaltsempfängern im Ausland davon auszugehen, dass sie ihren Lebensunterhalt durch eigene Arbeit verdienen, wenn sie sich im erwerbsfähigen Alter befinden. Für diesen Personenkreis sind daher keine Unterhaltsaufwendungen anzuerkennen.[596]

Durch eigene Einkünfte und Bezüge des Unterhaltsempfängers vermindert sich der Höchstbetrag nach § 33a Abs. 1 Satz 1 und Satz 2 EStG um den Betrag, um den diese Einkünfte und Bezüge den Betrag von 624 Euro (sog. **Anrechnungsgrenze**) übersteigen. Erhält der Unterhaltsempfänger Ausbildungshilfe aus öffentlichen Mitteln oder von Förderungseinrichtungen, die hierfür öffentliche Mittel erhalten, sind diese Zuschüsse in voller Höhe auf den Höchstbetrag anzurechnen (§ 33a Abs. 1 Satz 5 EStG).

29.9.1.2 Gesetzlich unterhaltsberechtigte Personen und gleichgestellte Unterhaltsempfänger

Berücksichtigungsfähig sind nur Aufwendungen, die an gesetzlich unterhaltsberechtigte oder gleichgestellte Personen geleistet werden. Die Unterhaltsberechtigung des Empfängers richtet sich nach inländischem Zivilrecht. Dies gilt auch bei Unterhaltszahlungen an Empfänger im Ausland.

---

592 BFH vom 04.12.2003 III R 32/02 (BStBl 2004 II S. 275).
593 BMF vom 07.06.2010 (BStBl 2010 I S. 588).
594 BFH vom 04.07.2002 III R 8/01 (BStBl 2002 II S. 760).
595 BVerfG vom 24.05.2005 2 BvR 1683/02 (HFR 2005 S. 777).
596 BMF vom 07.06.2010 (BStBl 2010 I S. 588), Rz. 8.

29 Einkommensermittlung

Zu den gesetzlich unterhaltsberechtigten Personen gehören Verwandte in gerader Linie (z. B. Kinder, Enkel, Eltern und Großeltern) und Ehegatten (§§ 1601, 1589 BGB). Geschwister sind Verwandte in der Seitenlinie (§ 1589 Satz 2 BGB) und daher nicht unterhaltsberechtigt.

Gesetzlich unterhaltsverpflichtet ist auch der Vater gegenüber der ledigen Mutter für die Dauer von 6 Wochen vor und 8 Wochen nach der Geburt des gemeinsamen Kindes (§ 1615l Abs. 1 BGB). Die Unterhaltspflicht besteht weiter bis 3 Jahre nach der Entbindung, wenn die Mutter nicht oder nur beschränkt erwerbsfähig ist, weil das Kind sonst nicht versorgt werden könnte (§ 1615l Abs. 2 BGB). Eine Unterhaltspflicht der Mutter gegenüber dem Vater besteht, wenn dieser das Kind betreut (§ 1615l Abs. 4 BGB).

Voraussetzung für die zivilrechtliche Unterhaltsberechtigung ist zunächst, dass die unterhaltene Person bedürftig und die unterhaltende Person leistungsfähig ist (sog. konkrete Betrachtungsweise). Gesetzlich unterhaltsberechtigt ist nur derjenige, der außerstande ist, sich selbst zu unterhalten. Nach bisheriger BFH-Rechtsprechung genügte, dass der Unterhaltsempfänger dem Grunde nach gesetzlich unterhaltsberechtigt war. Die Bedürftigkeit wurde bei Vorliegen der übrigen Voraussetzungen des § 33a Abs. 1 EStG unterstellt (sog. abstrakte Betrachtungsweise). Diese Rechtsauffassung hat der BFH aufgegeben und verlangt für die Anwendung des § 33a Abs. 1 EStG, dass die unterstützte Person nach Maßgabe des Zivilrechts tatsächlich unterhaltsberechtigt ist.[597] Das bedeutet, dass die Bedürftigkeit des Unterhaltsempfängers nach § 1602 BGB nicht mehr typisierend unterstellt werden darf, sondern konkret zu bestimmen ist. Ob sich der Sachverhalt im In- oder Ausland ereignet, ist unerheblich. Die konkrete Betrachtungsweise führt dazu, dass auch die **Unterhaltskonkurrenzen** zu beachten sind. So geht die Unterhaltspflicht des Ehegatten der Unterhaltspflicht der Eltern, die der Eltern der Unterhaltspflicht der Großeltern vor. Ebenso geht die Unterhaltsverpflichtung des Vaters gegenüber der nicht verheirateten Mutter des gemeinsamen Kindes derjenigen der Eltern gegenüber der Tochter vor und umgekehrt die der Mutter gegenüber dem Vater, wenn dieser das Kind betreut (§§ 1606, 1608, 1615l Abs. 3 BGB). Zu beachten ist auch, dass Eltern grundsätzlich nicht verpflichtet sind, ihren Kindern eine Zweitausbildung zu finanzieren, wenn sie ihnen eine ihren Neigungen und Fähigkeiten entsprechende Ausbildung bereits gewährt haben.

Nach derzeitiger Auffassung der Finanzverwaltung reicht es für die Anwendung des § 33a Abs. 1 EStG aus, dass die unterhaltsberechtigte Person dem Grunde nach gesetzlich unterhaltsberechtigt (z. B. verwandt in gerader Linie) und bedürftig ist. Eine Prüfung, ob im Einzelfall tatsächlich ein Unterhaltsanspruch besteht, ist aus Gründen der Verwaltungsvereinfachung nicht erforderlich, wenn die unterstützte Person unbeschränkt steuerpflichtig sowie dem Grunde nach (potenziell) unterhaltsberechtigt ist, tatsächlich Unterhalt erhält und alle übrigen Voraussetzungen des

---
597 BFH vom 04.08.2011 III R 48/08 (BStBl 2011 II S. 975).

§ 33a Abs. 1 EStG vorliegen; insoweit wird die Bedürftigkeit der unterstützten Person typisierend unterstellt. Auf die Höhe der konkreten Unterhaltsverpflichtung nach dem Bürgerlichen Gesetzbuch kommt es nicht an.[598] An das Zivilrecht wird also nur angeknüpft, um die Unterhaltsberechtigung dem Grunde nach festzustellen.

Auch Unterhaltszahlungen an Schwiegereltern sind abzugsfähig, weil die Schwiegereltern gegenüber der Ehefrau des Steuerpflichtigen unterhaltsberechtigt sind. Es kann aus dem Gesetzeswortlaut nicht geschlossen werden, dass die Unterhaltsberechtigung gegenüber dem zusammenveranlagten Ehegatten bestehen muss. Dabei sind Unterhaltsaufwendungen auch dann abzugsfähig, wenn der Ehegatte aus finanziellen Gründen nicht in der Lage ist, der grundsätzlich bestehenden Unterhaltsverpflichtung nachzukommen.

Die Erfüllung der gesetzlichen Unterhaltspflicht zwischen zusammenlebenden, unbeschränkt steuerpflichtigen Ehegatten stellt keine außergewöhnliche Belastung dar.[599] Die Sonderregelung des Splitting-Verfahrens nach §§ 26, 32a Abs. 5 EStG (Prinzip der Verbrauchsgemeinschaft) verdrängt § 33a EStG.[600] Gleiches gilt für Partner einer eingetragenen Lebensgemeinschaft, da sie nach § 5 LPartG einander unterhaltspflichtig sind. Nunmehr können auch Partner einer eingetragenen Lebensgemeinschaft unter denselben Voraussetzungen wie Ehegatten das Splittingverfahren in Anspruch nehmen (siehe 32.2.5). Nach § 2 Abs. 8 EStG sind die Regelungen des Einkommensteuergesetzes zu Ehegatten und Ehen auch auf Lebenspartner und Lebenspartnerschaften anzuwenden.

Fehlt es an der Anwendbarkeit des Splitting-Tarifs (z. B. dauerndes Getrenntleben, nur ein Ehegatte bzw. ein eingetragener Lebenspartner ist beschränkt steuerpflichtig), kann der Steuerpflichtige selbst die Unterhaltsleistungen an seinen Ehegatten bzw. an seinen eingetragenen Lebenspartner nach § 33a Abs. 1 EStG geltend machen. Allerdings ist der Abzug als Sonderausgabe i. d. R. günstiger (siehe 29.1.2).

Sind für das Kalenderjahr der Trennung oder Scheidung noch die Vorschriften über die Ehegattenbesteuerung (§§ 26 bis 26b, 32a Abs. 5 EStG) anzuwenden, können Aufwendungen für den Unterhalt des Ehegatten nicht nach § 33a Abs. 1 EStG abgezogen werden.[601]

Der gesetzlich unterhaltsberechtigten Person gleichgestellt ist nach § 33a Abs. 1 Satz 3 EStG eine Person, bei der im Hinblick auf die Unterhaltsleistungen des Steuerpflichtigen öffentliche Leistungen (z. B. Sozialhilfe oder Arbeitslosengeld II) ganz oder teilweise nicht gewährt oder, wenn ein entsprechender Antrag gestellt würde, ganz oder teilweise nicht zu gewähren wären (sog. **sozialrechtliche Bedarfsgemeinschaft**). Eine solche sozialrechtliche Bedarfsgemeinschaft kommt

---
598 BFH vom 18.05.2006 III R 26/05 (BStBl 2007 II S. 108).
599 BFH vom 28.11.1988 GrS 1/87 (BStBl 1989 II S. 164).
600 BMF vom 07.06.2010 (BStBl 2010 I S. 582), Rz. 2.
601 BFH vom 31.05.1989 III R 166/86 (BStBl 1989 II S. 658).

insbesondere bei Partnern einer eheähnlichen bzw. lebenspartnerschaftsähnlichen Gemeinschaft oder bei in Haushaltsgemeinschaft mit dem Steuerpflichtigen lebenden Verwandten und Verschwägerten in Betracht.[602] Da diese eheähnliche und lebenspartnerschaftsähnliche Gemeinschaften beim Arbeitslosengeld II und bei der Sozialhilfe faktisch wie Ehegatten behandelt werden, sind bei der unterstützten Person die Voraussetzungen des § 33a Abs. 1 Satz 3 EStG i. d. R. erfüllt.[603] Sie können Unterhaltsaufwendungen nur nach Maßgabe des § 33a EStG geltend machen, da sie nach geltendem Recht nicht die Zusammenveranlagung wählen können und auch das Realsplitting gem. § 10 Abs. 1 Satz 1 EStG für sie nicht gilt.[604] Daraus folgt, dass Unterhaltszahlungen sich steuerlich nicht auswirken, wenn die Einkünfte des geringer verdienenden Partners die Summe von Unterhaltshöchstbetrag und Anrechnungsfreigrenze übersteigen.[605] Bei einer bestehenden Haushaltsgemeinschaft mit der unterhaltenen Person ist die Opfergrenze nicht mehr anzuwenden.[606]

29.9.1.3 Kein Anspruch auf einen Freibetrag für Kinder oder Kindergeld (§§ 31, 32, 61 ff. EStG)

Voraussetzung für die Berücksichtigung der Aufwendungen ist, dass weder der Steuerpflichtige noch eine andere Person Anspruch auf einen Freibetrag nach § 32 Abs. 6 EStG oder auf Kindergeld hat (§ 33a Abs. 1 Satz 4 EStG). Für das Bestehen eines Anspruchs kommt es nicht darauf an, ob der Anspruch geltend gemacht wurde und ob er sich tatsächlich ausgewirkt hat. Unerheblich ist auch, ob (unberechtigterweise) tatsächlich Kindergeld gezahlt wurde. Maßgebend ist allein, ob ein Anspruch auf einen Freibetrag nach § 32 Abs. 6 EStG oder auf Kindergeld besteht.

Die Vorschrift des § 33a Abs. 1 EStG schränkt die Möglichkeit einer Steuerermäßigung für Kosten des Unterhalts und der Berufsausbildung für Kinder i. S. des § 32 EStG erheblich ein, weil für Kinder regelmäßig irgendeine Person Anspruch auf einen Freibetrag/Kindergeld hat.

Deshalb können die Aufwendungen eines geschiedenen oder dauernd getrennt lebenden Steuerpflichtigen für ein Kind z. B. dann nicht nach § 33a Abs. 1 EStG berücksichtigt werden, wenn er, der andere Elternteil oder eine andere Person für dieses Kind Anspruch auf einen Freibetrag/Kindergeld hat. Dasselbe gilt für Aufwendungen eines Steuerpflichtigen für sein nichteheliches Kind, wenn der andere Elternteil des nichtehelichen Kindes oder eine andere Person Anspruch auf einen Freibetrag/Kindergeld für dieses Kind hat.

---

602 BFH vom 18.03.2004 III R 50/02 (BStBl 2004 II S. 594) und vom 20.04.2006 III R 23/05 (BStBl 2007 II S. 41).
603 BMF vom 07.06.2010 (BStBl 2010 I S. 582).
604 BFH vom 20.07.2006 III R 8/04 (BStBl 2006 II S. 883).
605 BMF vom 07.06.2010 (BStBl 2010 I S. 582).
606 BMF vom 07.06.2010 (BStBl 2010 I S. 582).

29.9 Außergewöhnliche Belastung in besonderen Fällen

Das gilt auch für nicht unbeschränkt steuerpflichtige Kinder (**Auslandskinder**), da diesen nach den wirtschaftlichen Verhältnissen des Wohnsitzstaates der Kinder der Freibetrag/Kindergeld gewährt wird.[607] Nach ausländischem Recht gezahlte kindergeldähnliche Leistungen schließen § 33a Abs. 1 EStG aus.

Für ein verheiratetes Kind besteht ein Anspruch auf Kindergeld im sog. Mangelfall. Dieser liegt vor, wenn die Einkünfte und Bezüge einschließlich der Unterhaltszahlungen des Ehepartners niedriger sind als das steuerrechtliche Existenzminimum.[608] Das entspricht dem Grundfreibetrag des § 32a Abs. 1 Satz 2 Nr. 1 EStG.

29.9.1.4 Berücksichtigung von Vermögen und Einkünften oder Bezügen des Unterhaltsempfängers

Voraussetzung für den Abzug der Aufwendungen ist nach § 33a Abs. 1 Satz 4 EStG ferner, dass die unterhaltene Person kein oder nur geringes Vermögen besitzt. Der Unterhaltsberechtigte muss außerstande sein, sich selbst zu unterhalten. Er muss also zunächst sowohl seine eigene Arbeitskraft als auch die ihm zustehenden Vermögensmittel einsetzen.

Als **geringfügiges, unschädliches Vermögen** wird ein Vermögen bis zu einem gemeinen Wert (Verkehrswert) von **15.500 Euro** angesehen (R 33a.1 Abs. 2 EStR, H 33a.1 „Geringes Vermögen" EStH).

Nicht berücksichtigt werden:

– Vermögensgegenstände, deren Veräußerung offensichtlich eine **Verschleuderung** bedeuten würde,

– Vermögensgegenstände, die einen **persönlichen Wert,** z. B. Erinnerungswert, für den Unterstützten haben oder zum Hausrat gehören, und

– ein **angemessenes Hausgrundstück,** wenn der Unterhaltsempfänger das Hausgrundstück allein oder zusammen mit Angehörigen, denen es nach seinem Tode weiter als Wohnung dienen soll, ganz oder teilweise bewohnt (§ 33a Abs. 1 Satz 4 Halbsatz 2 EStG; R 33a.1 Abs. 2 Nr. 2 EStR).

Hat die unterhaltene Person andere Einkünfte oder Bezüge, so vermindert sich der Höchstbetrag gem. § 32a Abs. 1 Satz 1 und Satz 2 EStG um den Betrag, um den diese Einkünfte und Bezüge den Betrag von 624 Euro im Kalenderjahr übersteigen (§ 33a Abs. 1 Satz 5 EStG).

Sinn und Zweck dieser einschränkenden Vorschrift ist es, die wirtschaftliche Leistungsfähigkeit des Unterhaltsempfängers hinreichend zu berücksichtigen. Diesem Grundgedanken entspricht es, bei der Berechnung nicht nur die Einkünfte, sondern auch die Bezüge, die zur Bestreitung des Unterhalts bestimmt oder geeignet sind, zu berücksichtigen. Unter die „anderen" Einkünfte und Bezüge im vorgenannten Sinne

---

[607] BFH vom 04.12.2003 III R 32/02 (BStBl 2004 II S. 275).
[608] BFH vom 19.04.2007 III R 65/06 (BStBl 2008 II S. 756).

fallen Leistungen, die keine Unterhaltsleistungen i. S. von § 33a Abs. 1 EStG sind. Dies gilt selbst dann, wenn sie zusätzlich von Unterstützungspflichtigen erbracht werden.

Unter **Einkünften** sind solche im Sinne des EStG zu verstehen.[609] Bei der Ermittlung der anzurechnenden Einkünfte sind diese stets in vollem Umfang zu berücksichtigen. Die Höhe der anrechenbaren Einkünfte ist nach den Grundsätzen der Einkunftsermittlung, d. h. unter Berücksichtigung der im Rahmen der Ermittlung der einzelnen Einkünfte gesetzlich abzugsfähigen Freibeträge, Betriebsausgaben, Werbungskosten bzw. Werbungskosten-Pauschbeträge, festzustellen. Die Einkünfte entsprechen der Höhe nach also grundsätzlich den Beträgen, die bei einer Veranlagung zum Ansatz kommen würden. Ermittelt beispielsweise die unterhaltsberechtigte Person ihren Gewinn durch Einnahmenüberschussrechnung nach § 4 Abs. 3 EStG, wird bei der Berücksichtigung des § 32a Abs. 1 EStG nur dieser Gewinn zugrunde gelegt, auch wenn bei einer Gewinnermittlung durch Bestandsvergleich der Gewinn niedriger wäre.

Bezüge sind alle Einnahmen in Geld oder Geldeswert, die nicht im Rahmen der einkommensteuerrechtlichen Einkunftsermittlung erfasst werden. Ab dem Veranlagungszeitraum 2012 ist der bislang in § 33a Abs. 1 Satz 4 EStG a. F. enthaltene Verweis auf § 32 Abs. 4 Satz 4 EStG a. F. entfallen. Inhaltliche Änderungen ergeben sich hierdurch nicht, da die bisherige Regelung des § 32 Abs. 4 Satz 4 EStG a. F. wortgleich in § 33a Abs. 1 Satz 5 EStG übernommen wurde. Zu den Bezügen gehören nach § 33a Abs. 1 Satz 5 Halbsatz 2 EStG auch steuerfreie Gewinne nach §§ 14, 16 Abs. 4, § 17 Abs. 3, § 18 Abs. 3 EStG sowie die nach § 19 Abs. 2 EStG steuerfrei bleibenden Einkünfte. Auch Sonderabschreibungen und erhöhte Abnutzungen, soweit sie die höchstmöglichen Absetzungen für Abnutzungen nach § 7 EStG übersteigen, gelten als Bezüge.

Unterhaltsbeiträge des Sozialamts sind grundsätzlich anzurechnende Bezüge, soweit das Sozialamt von einer Rückforderung bei gesetzlich unterhaltsverpflichteten Steuerpflichtigen abgesehen hat. Bestimmte, zweckgebundene Sozialhilfeleistungen (Beträge für häusliche Hilfe, Krankenhilfe, Mehrbedarfszuschläge, Telefonhilfe) gehören hingegen nicht zu den anrechenbaren Bezügen.[610]

Zu den anrechenbaren Bezügen gehören auch der Wehrsold, die Sachbezüge, das Weihnachtsgeld und das Entlassungsgeld von Wehrpflichtigen (vgl. R 32.10 Abs. 2 EStR).

Das **Elterngeld** nach dem Bundeselterngeldgesetz gehört **in Höhe der Mindestbeträge** von monatlich 300 Euro (§ 2 Abs. 5 BEEG) bzw. 150 Euro (§ 6 Satz 2 BEEG) **nicht** zu den anrechenbaren Bezügen, da es nicht zur Bestreitung des Unterhalts, sondern aus familienpolitischen Gründen gezahlt wird (R 32.10 Abs. 2 Nr. 2

---

609 BFH vom 08.05.1992 III R 66/90 (BStBl 1992 II S. 900).
610 BFH vom 22.07.1988 III R 175/86 (BStBl 1988 II S. 939).

29.9 Außergewöhnliche Belastung in besonderen Fällen

EStR). Der Mindestbetrag wird auch an vor der Geburt nicht erwerbstätige Elternteile gezahlt. Das die Mindestbeträge übersteigende Elterngeld gilt als Lohnersatz und gehört zu den Bezügen des Unterhaltsberechtigten. Unberücksichtigt bleiben im Rahmen des § 33a EStG solche Zahlungen, die der unterhaltenen Person zweckgebunden wegen eines nach Art und Höhe über das Übliche hinausgehenden Bedarfs zufließen, um etwa nach der Geburt eines Kindes dessen Erziehung und Betreuung vornehmen zu können.[611]

In voller Höhe werden als **Ausbildungsbeihilfe** gewährte (verlorene, d. h. nicht rückzahlbare) Zuschüsse angerechnet, die aus öffentlichen Mitteln oder von Förderungseinrichtungen stammen, die hierfür öffentliche Mittel erhalten. Aus öffentlichen Mitteln stammen alle Zahlungen von Körperschaften des öffentlichen Rechts, einschließlich der Kirchen; in der Praxis handelt es sich um Leistungen nach dem BAföG oder dem SGB XII. Zu den in § 33a Abs. 1 Satz 4 EStG erwähnten Einrichtungen, die öffentliche Mittel erhalten, gehören z. B. die Studienstiftung des Deutschen Volkes, die deutsche Forschungsgemeinschaft und die Max-Planck-Gesellschaft.

Hinsichtlich der Ermittlung der Einkünfte und Bezüge gilt R 32.10 EStR entsprechend. Bei der Feststellung der anzurechnenden Bezüge einschließlich der Ausbildungshilfen aus öffentlichen Mitteln sind aus **Vereinfachungsgründen insgesamt 180 Euro im Kalenderjahr abzuziehen,** wenn nicht höhere Aufwendungen, die im Zusammenhang mit dem Zufluss der entsprechenden Einnahmen stehen, nachgewiesen oder glaubhaft gemacht werden (R 32.10 Abs. 4 EStR).

Nach Ermittlung der Einkünfte und Bezüge der unterhaltenen Person ist also von der Gesamtsumme – mit Ausnahme der Ausbildungshilfen – der anrechnungsfreie Betrag von 624 Euro abzuziehen. Das Ergebnis sowie die erhaltenen Ausbildungshilfen sind dann die anzurechnenden Einkünfte und Bezüge, um die der Höchstbetrag nach § 33a Abs. 1 Satz 1 und Satz 2 EStG zu kürzen ist.[612]

29.9.1.5 Unterhaltsaufwendungen/Aufwendungen für eine Berufsausbildung

Unterhaltsleistungen i. S. von § 33a Abs. 1 EStG sind Zuwendungen zur Bestreitung des Lebensbedarfs, besonders zur Ernährung, Kleidung und Wohnung,[613] sowie die Unterbringung in Altenheimen aus Altersgründen.[614] Ebenso Zuwendungen von Büchern, soweit sie nachweislich aus Gründen der Ausbildung oder wegen eines konkreten beruflichen Bedürfnisses des Empfängers zwangsläufig erwachsen,[615] und die Erstattung von Krankenversicherungsbeiträgen.[616] Die Zuwendung einer

---
611 BFH vom 24.11.1994 III R 37/93 (BStBl 1995 II S. 527).
612 Siehe das Beispiel in H 33a.1 „Anrechnung eigener Einkünfte und Bezüge" EStH.
613 BFH vom 19.06.2008 III R 57/05 (BStBl 2009 II S. 365).
614 BFH vom 29.09.1989 III R 129/86 (BStBl 1990 II S. 418).
615 BFH vom 24.10.1990 X R 43/89 (BStBl 1991 II S. 175).
616 BFH vom 31.10.1973 VI R 206/70 (BStBl 1974 II S. 86).

Waschmaschine, eines Fernsehgerätes oder sonstiger Haushaltsgeräte ist keine typische Unterhaltsleistung i. S. von § 33a Abs. 1 EStG.[617] Auch die Kosten einer angemessenen Berufsausbildung gehören zu den Unterhaltskosten i. S. des § 33a Abs. 1 EStG. Die Regelung des § 33a Abs. 2 EStG ist insoweit jedoch die speziellere.[618] Erwachsen einem Steuerpflichtigen aufgrund besonderer Umstände außergewöhnliche Unterhaltsleistungen, z. B. durch Krankheit, Unfall, Wiederbeschaffung von Hausrat oder Kleidung, Unterbringung in einer Blinden-, Taubstummen- oder Heil- und Pflegeanstalt, so ist auf diese Aufwendungen nicht § 33a Abs. 1 EStG, sondern unter Umständen § 33 EStG anzuwenden.[619]

Die steuerliche Berücksichtigung von Aufwendungen für typischen Unterhalt und zugleich für außergewöhnlichen Bedarf (z. B. wegen Krankheit und/oder Pflegebedürftigkeit) einer anderen Person ist in dem BMF-Schreiben vom 02.12.2002[620] anhand von Beispielen dargestellt.

Der BFH geht in ständiger Rechtsprechung grundsätzlich davon aus, dass Unterhaltsleistungen nicht auf Zeiträume vor ihrer Zahlung zurückbezogen werden dürfen.[621] Diese Rechtsprechung beruht auf der tatsächlichen Vermutung, dass der Unterhaltsverpflichtete seine Zahlungen so einrichtet, dass sie zur Deckung des Lebensunterhalts des Empfängers bis zur nächsten Zahlung dienen, es sei denn, diese Vermutung könnte im Einzelfall widerlegt werden, etwa dass der Empfänger der Zahlung vorher nicht unterstützt wurde. Diese grundsätzlichen Überlegungen gelten für Unterhaltszahlungen sowohl im Inland als auch für im Ausland lebende unterstützte Personen.[622]

Die Steuervergünstigung nach § 33a Abs. 1 EStG wird auch dann gewährt, wenn dem Steuerpflichtigen nur **Aufwendungen für die Berufsausbildung** einer anderen Person erwachsen. Es müssen also nicht Aufwendungen für den Lebensunterhalt und eine Berufsausbildung entstehen, wobei in derartigen Fällen regelmäßig § 33a Abs. 2 EStG in Betracht kommen dürfte.

Zum Ausbildungsfreibetrag nach § 33a Abs. 2 EStG steht § 33a Abs. 1 EStG in einem Ausschließlichkeitsverhältnis, denn § 33a Abs. 1 EStG enthält ein Abzugsverbot bei einem Anspruch auf Freibetrag nach § 32 Abs. 6 EStG oder Kindergeld.

Soweit jedoch kein Anspruch auf Kindergeld/Freibetrag besteht, können Aufwendungen für etwaige Berufsausbildung als außergewöhnliche Belastung in Betracht kommen.

---

617 BFH vom 10.08.1990 III R 30/87 (BStBl 1991 II S. 73) und vom 30.10.1990 VIII R 42/87 (BStBl 1991 II S. 340).
618 BFH vom 09.11.1984 VI R 40/83 (BStBl 1985 II S. 135).
619 BFH vom 22.07.1988 III R 253/83 (BStBl 1988 II S. 830); vgl. auch H 33a.1 „Abgrenzung zu § 33 EStG" EStH.
620 BMF vom 02.12.2002 (BStBl 2002 I S. 1389).
621 BFH vom 25.07.1991 III R 52/88 (BStBl 1992 II S. 32).
622 BMF vom 07.06.2010 (BStBl 2010 I S. 588), Rz. 24.

29.9 Außergewöhnliche Belastung in besonderen Fällen

Die Berufsausbildung des Unterhaltsempfängers muss Anlass für die Aufwendungen des Steuerpflichtigen sein. Zivilrechtlich gehören Ausbildungskosten zum Unterhalt (§ 1610 BGB). Die Aufwendungen sind also unabhängig von der Zweckbindung (Lebensunterhalt oder Berufsausbildung) nur einmal im Rahmen des Höchstbetrags abziehbar. Selbst wenn daher mehrere Steuerpflichtige unterhaltspflichtig sind und Aufwendungen tragen, ist der Höchstbetrag gem. § 33a Abs. 1 Satz 7 EStG anteilig aufzuteilen.

Berufsausbildung i. S. des § 33a Abs. 1 EStG ist ebenso wie nach § 33a Abs. 2 Satz 1 EStG und § 10 Abs. 1 Nr. 7 EStG oder § 32 Abs. 4 Nr. 2 Buchst. a EStG der Inbegriff derjenigen Maßnahmen, durch die erst das für den Beruf typische Können und schließlich eine selbständige gesicherte Lebensstellung erworben werden soll. Auch die Finanzverwaltung geht von der Übereinstimmung des Begriffs der Berufsausbildung in den genannten Vorschriften aus und verweist daher wegen des Begriffs im Rahmen des Ausbildungsfreibetrags auf R 32.5 EStR.

Ihrer Art nach handelt es sich auch bei Aufwendungen von Studiengebühren, Fahrtkosten und Aufwendungen für Bücher um Ausbildungskosten. Da jedoch nur typische Aufwendungen von § 33a Abs. 1 EStG erfasst werden, sind atypische Aufwendungen (wie z. B. Prozesskosten für die Zulassung zum Studium) allein nach § 33 EStG abziehbar. Die Ableistung von freiwilligen Diensten i. S. des § 32 Abs. 4 Nr. 2 Buchst. d EStG ist nicht Berufsausbildung i. S. des § 33a EStG.[623]

29.9.1.6 Opfergrenze

Eine Beschränkung der Abziehbarkeit von Aufwendungen für den Unterhalt kann sich durch die Berücksichtigung der Verhältnisse des Steuerpflichtigen selbst ergeben. Unterhaltsleistungen dürfen im Allgemeinen nur insoweit als außergewöhnliche Belastung anerkannt werden, als sie in einem angemessenen Verhältnis zum Nettoeinkommen des Leistenden stehen und diesem nach Abzug der Unterhaltsleistungen noch die angemessenen Mittel zur Bestreitung des Lebensbedarfs für sich sowie ggf. für seine Ehefrau und seine Kinder verbleiben (sog. Opfergrenze).[624] Diese Opfergrenze entspricht dem Grundgedanken des zivilrechtlichen Unterhaltsrechts, stimmt jedoch nicht mit dem zivilrechtlichen Selbstbehalt nach § 1581 BGB überein. Derjenige, der dem Grunde nach unterhaltspflichtig ist, kann nur dann auf Zahlung eines Unterhaltsbetrags verpflichtet werden, wenn er leistungsfähig ist. Die Zahlung des Unterhalts darf den eigenen angemessenen Unterhalt nicht gefährden.

Es ist daher zu prüfen, inwieweit der Steuerpflichtige zur Unterhaltsleistung unter Berücksichtigung seiner persönlichen Einkommensverhältnisse verpflichtet ist bzw.

---

[623] BFH vom 24.06.2004 III R 3/03 (BStBl 2006 II S. 294).
[624] BFH vom 18.05.2006 III R 26/05 (BStBl 2007 II S. 108, 111) und vom 29.05.2008 III R 23/07 (BStBl 2009 II S. 363).

bis zu welcher Höhe ihm die Übernahme der Unterhaltsleistungen überhaupt möglich ist.[625]
Bei Unterhaltsaufwendungen für den Ehegatten und in Fällen der sozialrechtlichen Bedarfsgemeinschaft ist die Opfergrenze nicht anzuwenden.

Die Opfergrenze beträgt 1 % je volle 500 Euro des Nettoeinkommens, höchstens 50 %. Dieser Prozentsatz ist um je 5 Prozentpunkte für den Ehegatten bzw. eingetragenen Lebenspartner und für jedes Kind, für das dem Steuerpflichtigen der Freibetrag für Kinder zusteht, zu kürzen, höchstens um 25 Prozentpunkte.[626]

Bei der Ermittlung des Nettoeinkommens sind alle steuerpflichtigen und steuerfreien Einnahmen (z. B. Kindergeld und vergleichbare Leistungen, Leistungen nach dem SGB III, Arbeitnehmer-Sparzulagen nach dem VermBG) sowie etwaige Steuererstattungen anzusetzen. Davon abzuziehen sind die gesetzlichen Lohnabzüge (Lohn- und Kirchensteuer, Sozialabgaben) und Werbungskosten (einschließlich etwaiger steuerlich anzuerkennender Mehraufwendungen für doppelte Haushaltsführung). Macht der Steuerpflichtige keine erhöhten Werbungskosten geltend, ist mindestens der Arbeitnehmer-Pauschbetrag abzuziehen.[627]

Diese Opfergrenze ist nicht nur bei Unterhaltsleistungen an Angehörige im Ausland zu beachten, sondern auch bei Unterhaltsleistungen an Angehörige im Inland (H 33.1 „Opfergrenze" EStH).

> **Beispiel:**
> A ist verheiratet und hat ein Kind. Sein Nettoeinkommen für die Ermittlung der Opfergrenze beträgt 27.000 €.
>
> | | |
> |---|---:|
> | 1 % je volle 500 € des Nettoeinkommen ergibt 54 %, höchstens | 50 % |
> | ./. je 5 %-Punkte für die Ehefrau und das Kind | − 10 % |
> | Opfergrenze | 40 % |
>
> Unterhaltsleistungen z. B. an seine Eltern kann A also maximal bis 40 % von 27.000 € = 10.800 € als außergewöhnliche Belastung geltend machen.

Für die Berechnung dieser Opfergrenze darf nur auf das Einkommen abgestellt werden, das auf die Zeit der Unterstützungsverpflichtung entfällt. Eine solche Verpflichtung besteht nicht für Zeiten während eines Veranlagungszeitraums, in denen keine Einkünfte oder Bezüge angefallen sind.[628]

Im Rahmen der sog. Opfergrenzeregelung besteht für entferntere Angehörige, wozu auch volljährige Kinder, für die ein Ausbildungsfreibetrag nicht in Betracht kommt, bzw. minderjährige verheiratete Kinder gehören, keine erweiterte Unterhaltspflicht. Diese Personen müssen sich das teilen, was der Unterhaltsverpflichtete nach Befriedigung der Ansprüche der Ehefrau und der minderjährigen unverheirateten Kinder

---
625 BMF vom 07.06.2010 (BStBl 2010 I S. 582).
626 BMF vom 07.06.2010 (BStBl 2010 I S. 582), Rz. 11.
627 BMF vom 07.06.2010 (BStBl 2010 I S. 582), Rz. 10.
628 BFH vom 31.07.1996 III B 38/96 (BFH/NV 1997 S. 221).

noch ohne Gefährdung des eigenen angemessenen Unterhalts zu leisten imstande ist.[629]

29.9.1.7 Nachweisanforderungen

Die Unterhaltszahlungen sind grundsätzlich nachzuweisen. Gehört die unterhaltsberechtigte Person zum Haushalt des Steuerpflichtigen, kann regelmäßig davon ausgegangen werden, dass ihm dafür Unterhaltsaufwendungen in Höhe des maßgeblichen Höchstbetrags erwachsen (R 33a.1 Abs. 1 Satz 5 EStR).

Unterhaltszahlungen sind grundsätzlich durch Post- oder Bankbelege **nachzuweisen**, die die unterhaltende Person als Empfänger ausweisen. Werden mehrere Personen (Eltern, Ehefrau), die in einem gemeinsamen Haushalt oder in demselben Ort leben, unterhalten, so genügt es, wenn die Überweisungsbelege auf den Namen einer dieser Personen lauten. Wird von einem Steuerpflichtigen ein anderer Zahlungsweg gewählt, z. B. die Mitnahme von Bargeld durch ihn selbst anlässlich einer Familienheimfahrt oder durch beauftragte Personen, so sind wegen der oft schwer überschaubaren Verhältnisse an den Nachweis bzw. an die Glaubhaftmachung einer Zahlung erhöhte Anforderungen zu stellen (§ 90 Abs. 2 AO). Abhebungsnachweise und detaillierte Empfängerbestätigungen sind erforderlich.[630]

Bei eigenen Heimfahrten zur Familie kann auf den Nachweis bzw. auf die Glaubhaftmachung verzichtet werden, wenn für die Heimfahrt nicht mehr als die Mitnahme eines Netto-Monatslohns, höchstens aber insgesamt ein Betrag geltend gemacht wird, der sich ergibt, wenn der vierfache Netto-Monatslohn um die auf andere Weise erbrachten und nachgewiesenen bzw. glaubhaft gemachten Zahlungen gekürzt wird.[631] Die Familienheimfahrt selbst ist dann durch Vorlage von Tankbelegen, Flug- oder Fahrscheinen nachzuweisen.

Werden die Unterhaltsleistungen nur gelegentlich (ein- oder zweimalig) im Jahr erbracht, ist die Unterhaltsbedürftigkeit des Empfängers und die Eignung der Leistung zur Deckung des laufenden Lebensbedarfs besonders sorgfältig zu prüfen.[632]

29.9.1.8 Unterhaltsaufwendungen mehrerer Steuerpflichtiger und/oder zugunsten mehrerer Unterhaltsempfänger

Werden Unterhaltszahlungen für mehrere Personen, die in einem gemeinsamen Haushalt oder am selben Ort leben, zur Berücksichtigung nach § 33a Abs. 1 EStG geltend gemacht, so sind die insgesamt nachgewiesenen und glaubhaft gemachten

---

629 BFH vom 27.09.1991 III B 42/91 (BStBl 1992 II S. 35).
630 BMF vom 07.06.2010 (BStBl 2010 I S. 588), Rz. 14.
631 BMF vom 07.06.2010 (BStBl 2010 I S. 588), Rz. 16.
632 BFH vom 09.08.1991 III R 63/89 (BFH/NV 1992 S. 101) und vom 01.12.1995 VI R 59/95 (BStBl 1995 II S. 144).

Unterhaltszahlungen nach Köpfen aufzuteilen, und zwar auch, soweit unterhaltene Personen nicht unterhaltsberechtigt sind.[633]

Werden neben Personen, für deren Unterhalt eine Steuerermäßigung nach § 33a Abs. 1 EStG möglich ist, auch eigene Kinder unterhalten, für die Anspruch auf einen Freibetrag nach § 32 Abs. 6 EStG, Kindergeld oder eine andere Leistung für Kinder besteht, so sind diese Kinder für die Aufteilung ebenfalls zu berücksichtigen. Ausbildungsfreibeträge bleiben für die Aufteilung außer Betracht.[634]

Beispiel:
Der ausländische Arbeitnehmer A aus Indien unterhält seine im Heimatland in einem Haushalt lebenden vier Angehörigen: seine Ehefrau, sein minderjähriges Kind, seine verwitwete Mutter sowie seine Schwester. In den Haushalt fließen an Unterhaltsleistung 5.000 €.

Den vier Personen sind dabei zunächst jeweils 1.250 € zuzurechnen. Dies gilt unabhängig davon, dass A für sein Kind Kindergeld erhält und der Abzug von Unterhaltszahlungen insoweit ausgeschlossen ist bzw. Unterhaltszahlungen an die Schwester steuerlich nicht berücksichtigt werden können. **Lediglich die anteiligen 2.500 €** für die Mutter und die Ehefrau können sich daher vorbehaltlich eigener Einkünfte und Bezüge **steuerlich auswirken**.

Handelt es sich bei den unterhaltenen Personen um in Haushaltsgemeinschaft lebende Ehegatten, z. B. Eltern, so sind die Einkünfte und Bezüge für jeden Ehegatten besonders festzustellen und sodann zusammenzurechnen. Die zusammengerechneten Einkünfte und Bezüge sind um 1.248 Euro (2 × 624 Euro) zu kürzen (§ 33a Abs. 1 Satz 5 EStG). Der verbleibende Betrag ist von der Summe der beiden Höchstbeträge abzuziehen.[635]

Tragen mehrere Steuerpflichtige die Aufwendungen für den Unterhalt und die Berufsausbildung eines Unterhaltsempfängers, so ermäßigt sich der nach § 33a Abs. 1 Satz 1 und Satz 2 EStG ergebende Höchstbetrag nach § 33a Abs. 1 Satz 7 EStG für jeden Steuerpflichtigen auf den Betrag, der seinem Anteil am Gesamtbetrag der Leistungen entspricht (**Prinzip der Einmalgewährung des Höchstbetrags**). Die Vorschrift soll darüber hinaus verhindern, dass sich Unterhaltsleistungen verschiedener Steuerpflichtiger gegenseitig ausschließen. Aufwendungen der an der Aufteilung teilnehmenden Steuerpflichtigen sind keine anderen Einkünfte oder Bezüge des Unterhaltsempfängers, die den Abzugsbetrag nach § 33a Abs. 1 Satz 5 EStG mindern.

Beispiel:
A und B unterstützen ihre Mutter, die eine Rente von jährlich 3.600 € bezieht: A mit 2.500 € und B mit 5.000 €. Beträge nach § 33a Abs. 1 Satz 2 EStG liegen nicht vor.

Die eigenen Einkünfte und Bezüge der Mutter sind nach Abzug des Werbungskosten-Pauschbetrags (102 €), der Kostenpauschale (180 €) und des anrechnungsfreien

---
633 BFH vom 12.11.1993 III R 39/92 (BStBl 1994 II S. 731).
634 BMF vom 07.06.2010 (BStBl 2010 I S. 588), Rz. 19.
635 BFH vom 15.11.1991 III R 84/89 (BStBl 1992 II S. 245).

29.9 Außergewöhnliche Belastung in besonderen Fällen

Betrags (624 €) mit 2.694 € anzusetzen. Vom Unterhaltshöchstbetrag von 8.354 € verbleiben also nach Abzug von 2.694 € als abzugsfähiger Unterhaltsbetrag 5.660 €. Entsprechend ihrem Unterhaltsanteil entfällt ein Drittel (= 1.887 €) auf A und zwei Drittel (= 3.773 €) auf B.

29.9.1.9 Unterhaltsaufwendungen für Personen, die nicht im Inland leben (§ 33a Abs. 1 Satz 6 EStG)

Nach § 33a Abs. 1 Satz 6 EStG können Aufwendungen zum Unterhalt einer nicht im Inland lebenden Person (nicht unbeschränkt einkommensteuerpflichtige Person) nur abgezogen werden, soweit sie nach den Verhältnissen des Wohnsitzstaates der unterhaltenen Person notwendig und angemessen sind.[636] Die Höchstbeträge des § 33a Abs. 1 Sätze 1 und 2 EStG bilden dabei die oberste Grenze. Abziehbar sind nur die Aufwendungen, die nach den Verhältnissen des Wohnsitzstaates der unterhaltenen, nicht unbeschränkt einkommensteuerpflichtigen Person notwendig und angemessen sind, höchstens jedoch der sich nach § 33a Abs. 1 Satz 1 bis 5 EStG ergebende Betrag.

Die nach § 33a Abs. 1 Satz 5 EStG maßgeblichen Beträge sind anhand der Ländergruppeneinteilung zu ermitteln.[637] Als Maßstab gilt ab 2004 grundsätzlich das Pro-Kopf-Einkommen der Bevölkerung.

Diese Grundsätze beschränken nicht den Anwendungsbereich der Vorschrift des § 33a Abs. 1 EStG dem Grunde nach. Die Beschränkung betrifft die Angemessenheit der Höhe nach und lässt es gesetzlich zu, dass abweichend von den Höchstbeträgen des § 33a Abs. 1 EStG diese Grenzen an die Verhältnisse des Wohnsitzstaates angepasst werden. Diese Einschränkung gilt dann nicht, wenn sich die unterhaltene Person in einem Land befindet, in dem die Lebenshaltungskosten denen der Bundesrepublik Deutschland in etwa entsprechen (z. B. bestimmte EU-Staaten, Schweiz). Die Finanzverwaltung hat die Wohnsitzländer der unterstützten Personen ab 2004 in vier Ländergruppen eingeteilt. Bei der ersten Gruppe sind die Beträge des § 33a Abs. 1 EStG in voller Höhe, bei der zweiten Gruppe mit ¾, bei der dritten mit ½ und bei der letzten Gruppe mit ¼ anzusetzen. Wegen der Ländergruppeneinteilung ab 01.01.2012 siehe BMF-Schreiben vom 04.10.2011.[638] Auf die konkreten Lebenshaltungskosten am Wohnort ist nicht abzustellen.[639]

Abziehbar sind die tatsächlichen Aufwendungen bis zur Höhe der nach Maßgabe der Vereinfachungsregelung gekürzten Beträge. Das gilt auch dann, wenn sich die Unterhaltsberechtigten vorübergehend zu Besuch im Inland aufhalten. Für die Tage des Inlandaufenthalts ist der Höchstbetrag mit (8.354 Euro : 12 Monate : 30 Tage =) 23,21 Euro täglich anzusetzen.[640]

---
636 BFH vom 04.07.2002 III R 8/01 (BStBl 2002 II S. 760).
637 BMF vom 04.10.2011 (BStBl 2011 I S. 961).
638 BMF vom 04.10.2011 (BStBl 2011 I S. 961).
639 BFH vom 22.02.2006 I R 60/05 (BStBl 2007 II S. 106).
640 BFH vom 05.06.2003 III R 10/02 (BStBl 2003 II S. 714).

Zu beachten sind die Anforderungen an den Nachweis der Unterhaltsbedürftigkeit.[641] Zur Erleichterung und Vereinheitlichung der Sachverhaltsaufklärung sowie zur erleichterten Beweisführung werden zweisprachige Unterhaltserklärungen in den gängigsten Sprachen auf den Internetseiten des BMF (www.formulare-bfinv.de) zum Download bereitgestellt. Die Richtigkeit der darin zu den persönlichen und wirtschaftlichen Verhältnissen geforderten detaillierten Angaben ist durch Unterschrift der unterhaltenen Person zu bestätigen und durch Vorlage geeigneter Unterlagen (z. B. Steuerbescheide, Rentenbescheide, Verdienstbescheinigungen, Bescheide der Arbeits- oder Sozialverwaltung) zu belegen. Für jede unterhaltene Person muss eine eigene Unterhaltserklärung eingereicht werden. Trotz Vorlage der Unterhaltserklärung kann das Finanzamt weitere Auskünfte oder Nachweise verlangen.

Für Personen im erwerbsfähigen Alter sind grundsätzlich keine Unterhaltsaufwendungen anzuerkennen. Bei ihnen ist davon auszugehen, dass sie ihren Lebensunterhalt durch eigene Arbeit verdienen (sog. Erwerbsobliegenheit).[642] Der Einsatz der eigenen Arbeitskraft darf nicht gefordert werden, wenn die unterhaltene Person aus gewichtigen Gründen keiner oder nur in geringem Umfang einer Beschäftigung gegen Entgelt nachgehen kann. Wichtige Gründe sind beispielsweise Alter (ab vollendetem 65. Lebensjahr), Behinderung, schlechter Gesundheitszustand, die Erziehung oder Betreuung von Kindern unter 6 Jahren, die Pflege behinderter Angehöriger, ein ernsthaft und nachhaltig betriebenes Studium oder eine Berufsausbildung der unterstützten Person. Die nachweisliche Arbeitslosigkeit des Unterhaltsempfängers reicht nicht aus.[643]

29.9.1.10 Unterhalt des Ehegatten bzw. eingetragenen Lebenspartners

Unterhaltsleistungen eines Steuerpflichtigen an seinen von ihm nicht dauernd getrennt lebenden, unbeschränkt einkommensteuerpflichtigen Ehegatten bzw. eingetragenen Lebenspartner stellen keine außergewöhnliche Belastung dar.[644] Die Zusammenveranlagung gem. § 32a Abs. 5 EStG berücksichtigt die gegenseitigen Unterhaltsverpflichtungen der Steuerpflichtigen.[645]

Unterhaltsleistungen an geschiedene oder dauernd getrennt lebende Ehegatten bzw. eingetragene Lebenspartner stellen, mit Ausnahme der Unterhaltsleistungen im Veranlagungszeitraum der Trennung, eine außergewöhnliche Belastung i. S. des § 33a Abs. 1 EStG dar.[646] Kapitalabfindungen gem. § 1585 Abs. 2 BGB zur Ablösung von Unterhaltsverpflichtungen gegenüber einem unterhaltsberechtigten Ehegatten oder früheren Ehegatten sind im Jahr der Zahlung nur bis zum Unterhaltshöchstbetrag

---

641 BMF vom 07.06.2010 (BStBl 2010 I S. 588), Rz. 5
642 BMF vom 07.06.2010 (BStBl 2010 I S. 588), Rz. 8.
643 BMF vom 07.06.2010 (BStBl 2010 I S. 588), Rz. 9.
644 BFH vom 28.11.1988 GrS 1/87 (BStBl 1989 II S. 164).
645 BVerfG vom 04.12.2002 2 BvR 400/98 (BStBl 2003 II S. 534), C.II.3.
646 BFH vom 31.05.1989 III R 166/86 (BStBl 1989 II S. 658) m. w. N.

bzw. im Rahmen des Realsplittings (siehe 29.1.2) abzugsfähig. Dies gilt auch für eingetragene Lebenspartner. Darüber hinausgehende Beträge können nicht nach § 33 EStG berücksichtigt werden.[647]

Für die einkommensteuerliche Berücksichtigung von Unterhaltsleistungen aus Anlass der Scheidung, der Nichtigkeit und der Aufhebung einer Ehe bzw. eingetragenen Lebenspartnerschaft sowie des dauernden Getrenntlebens von Ehegatten bzw. eingetragenen Lebenspartnern besteht ein **Wahlrecht**. Der unterhaltsverpflichtete Ehegatte bzw. eingetragene Lebenspartner kann für jeden Veranlagungszeitraum wählen, ob er die Unterhaltsleistungen nach § 10 Abs. 1 Nr. 1 EStG als Sonderausgaben oder unter den Voraussetzungen des § 33a Abs. 1 EStG als außergewöhnliche Belastung geltend machen will. Nach § 10 Abs. 1 Nr. 1 EStG können Unterhaltsleistungen an den geschiedenen oder dauernd getrennt lebenden unbeschränkt steuerpflichtigen Ehegatten bzw. eingetragenen Lebenspartner **bis zu 13.805 Euro** im Kalenderjahr als Sonderausgaben abgezogen werden. Entsprechendes gilt auch für Unterhaltsleistungen in den Fällen der Nichtigkeit oder der Aufhebung der Ehe bzw. der eingetragenen Lebenspartnerschaft (**begrenztes Realsplitting**). Die Berücksichtigung von Unterhaltsleistungen als Sonderausgaben setzt voraus, dass der Geber dies mit Zustimmung des Empfängers beantragt. Wird ein solcher Antrag nicht gestellt oder fehlt die Zustimmung, so können die Unterhaltsleistungen nur als außergewöhnliche Belastung berücksichtigt werden. Zu § 10 Abs. 1 Nr. 1 EStG im Einzelnen siehe 29.1.2.

Werden Unterhaltszahlungen ganz oder teilweise als Sonderausgaben nach § 10 Abs. 1 Nr. 1 EStG abgezogen, so kann eine Steuerermäßigung nach § 33a EStG auch nicht für den Teil gewährt werden, der über den als Sonderausgaben abzugsfähigen Teil hinausgeht.[648] Der Abzug der Unterhaltsleistungen als Sonderausgaben beim Geber führt auf der anderen Seite zur Steuerpflicht beim Empfänger nach § 22 Nr. 1a EStG, während die nach § 33a Abs. 1 EStG berücksichtigten Unterhaltsleistungen beim Empfänger keine Steuerpflicht auslösen.

29.9.1.11 Zeitanteilige Anwendung (§ 33a Abs. 3 EStG)

Haben die Voraussetzungen des § 33a Abs. 1 EStG nicht während des vollen Kalenderjahres vorgelegen, so ermäßigt sich der im § 33a Abs. 1 EStG bezeichnete Betrag um je $^1/_{12}$ für jeden vollen Kalendermonat, in dem die Voraussetzungen nicht vorgelegen haben, d. h., dass für jeden angefangenen und jeden vollen Monat, in dem die Voraussetzungen vorgelegen haben, ein Zwölftel des Jahresbetrages berücksichtigt werden kann (§ 33a Abs. 3 EStG).

In diesem Fall ist zur Anrechnung der eigenen Einkünfte und Bezüge der unterhaltenen Person der anteilige Höchstbetrag von 8.354 Euro um den Betrag zu kürzen, um

---
647 BFH vom 19.06.2008 III R 57/05 (BStBl 2009 II S. 365).
648 BFH vom 07.11.2000 III R 23/98 (BStBl 2001 II S. 338).

den die eigenen Einkünfte und Bezüge der unterhaltenen Person, die auf diesen Zeitraum entfallen, den anteiligen Betrag von 624 Euro im Kalenderjahr übersteigen (R 33a.3 Abs. 2 EStR). Eigene Einkünfte und Bezüge der unterstützten Person, die auf die Monate entfallen, in denen die in § 33a Abs. 1 EStG genannten Voraussetzungen nicht vorgelegen haben, vermindern die ermäßigten Höchstbeträge nicht (§ 33a Abs. 4 Satz 2 EStG).

Beispiel:
Der Steuerpflichtige unterhält seine alleinstehende im Inland lebende Mutter vom 15. April bis 15. September (Unterhaltszeitraum) mit insgesamt 3.000 €. Die Mutter bezieht ganzjährig eine monatliche Rente von 200 € (Besteuerungsanteil 50 %). Außerdem hat sie im Kalenderjahr Einkünfte aus Vermietung und Verpachtung i. H. von 1.050 €.

Höchstbetrag für das Kalenderjahr 8.354 € (§ 33a Abs. 1 EStG)			
Anteiliger Höchstbetrag für April bis September ($^6/_{12}$ von 8.354 € =)			4.177 €
Eigene Einkünfte der Mutter im Unterhaltszeitraum:			
Einkünfte aus Leibrenten			
Steuerpflichtiger Besteuerungsanteil 50 % von 2.400 € =	1.200 €		
Abzgl. Werbungskosten-Pauschbetrag (§ 9a Satz 1 Nr. 3 EStG)	− 102 €		
Einkünfte	1.098 €		
Auf den Unterhaltszeitraum entfallen $^6/_{12}$		549 €	
Einkünfte aus Vermietung und Verpachtung	1.050 €		
Auf den Unterhaltszeitraum entfallen $^6/_{12}$		525 €	
Summe der Einkünfte im Unterhaltszeitraum		1.074 €	
Eigene Bezüge der Mutter im Unterhaltszeitraum:			
Steuerlich nicht erfasster Teil der Rente	1.200 €		
Abzgl. Kostenpauschale	− 180 €		
Verbleibende Bezüge	1.020 €		
Auf den Unterhaltszeitraum entfallen $^6/_{12}$		510 €	
Summe der eigenen Einkünfte und Bezüge im Unterhaltszeitraum		1.584 €	
Abzgl. anteiliger anrechnungsfreier Betrag ($^6/_{12}$ von 624 € =)		− 312 €	
Anzurechnende Einkünfte und Bezüge		1.272 €	− 1.272 €
Abzuziehender Betrag			2.905 €

Als Ausbildungshilfe bezogene Zuschüsse jeglicher Art, z. B. Stipendien für ein Auslandsstudium aus öffentlichen oder aus privaten Mitteln, mindern die zeitanteiligen Höchstbeträge und Freibeträge nur der Kalendermonate, für die die Zuschüsse bestimmt sind (§ 33a Abs. 3 Satz 3 EStG).

29.9.2 Ausbildungsfreibetrag (§ 33a Abs. 2 EStG)

Die früheren, nach Alter und Unterbringungsort des Kindes gestaffelten Ausbildungsfreibeträge sind seit 2002 entfallen. Der allgemeine Ausbildungsbedarf wird durch einen einheitlichen Freibetrag für Betreuungs- und Erziehungs- oder Ausbildungsbedarf des Kindes berücksichtigt (siehe 30.2.3.1). Nur bei volljährigen Kindern, die sich in Berufsausbildung befinden und auswärts untergebracht sind, kann ein Ausbildungsfreibetrag von 924 Euro als außergewöhnliche Belastung abgezogen werden. Die Voraussetzungen des § 33a Abs. 2 EStG sind im Rahmen des Familienleistungsausgleichs dargestellt, worauf hier verwiesen wird (30.3).

29.10 Pauschbeträge für behinderte Menschen, Hinterbliebene und Pflegepersonen (§ 33b EStG)

Nach der Vorschrift des **§ 33b EStG** werden berücksichtigt:

1. Behinderten-Pauschbeträge (§ 33b Abs. 1 bis 3 EStG)
2. Hinterbliebenen-Pauschbeträge (§ 33b Abs. 4 EStG)
3. Pflege-Pauschbetrag (§ 33b Abs. 6 EStG)

Die in § 33b EStG geregelten Pauschbeträge für behinderte Menschen, Hinterbliebene und Pflegepersonen bezwecken eine pauschale Abgeltung der damit zusammenhängenden Aufwendungen als außergewöhnliche Belastung ohne Einzelnachweis.

29.10.1 Behinderten-Pauschbetrag (§ 33b Abs. 1 bis 3 EStG)

Der Behinderten-Pauschbetrag (§ 33b Abs. 3 EStG) wird in allen Fällen gewährt, in denen die Voraussetzungen des § 33b Abs. 2 EStG erfüllt sind. Eines besonderen Nachweises der Aufwendungen bedarf es nicht. Abgegolten sind dadurch die Aufwendungen für die Hilfe bei den gewöhnlichen und regelmäßig wiederkehrenden Verrichtungen des täglichen Lebens, für die Pflege sowie für einen erhöhten Wäschebedarf.

Der Steuerpflichtige hat die Möglichkeit, auf die Inanspruchnahme des Pauschbetrags nach § 33b EStG zu verzichten und stattdessen auch diese Aufwendungen im Rahmen des § 33 EStG geltend zu machen. Ein solcher Verzicht bezieht sich auf die gesamten, vom Pauschbetrag für behinderte Menschen erfassten Aufwendungen; ein Teilverzicht – beispielsweise nur für die Pflegekosten, die nach § 33 EStG geltend gemacht werden sollen, aber nicht für den erhöhten Wäschebedarf, für den der Pauschbetrag in Anspruch genommen werden soll – ist nicht möglich (§ 33b Abs. 1 Satz 2 EStG). Kosten, die sich infolge ihrer Einmaligkeit der Typisierung des § 33b EStG entziehen sowie zusätzliche Krankheitskosten können daneben als außergewöhnliche Kosten nach § 33 EStG geltend gemacht werden.[649] Hierzu zählen z. B. Aufwendungen für Heilbehandlungen, Kuren, Arzneimittel (R 33b Abs. 1 Satz 4 EStR). Der Behinderten-Pauschbetrag nach § 33b Abs. 3 EStG und der Pflege-Pauschbetrag nach § 33b Abs. 6 EStG können nebeneinander gewährt werden.

Das Verhältnis zu § 35a Abs. 2 Satz 2 EStG hängt davon ab, ob die pflegebedürftige Person den erhöhten Behinderten-Pauschbetrag nach § 33b Abs. 3 Satz 3 EStG in Anspruch nimmt. Die Inanspruchnahme schließt eine Berücksichtigung der Pflegeaufwendungen nach § 35a Abs. 2 Satz 1 EStG aus.[650]

Die Höhe des Pauschbetrags richtet sich nach dem dauernden und nicht nur vorübergehenden Grad der Behinderung. § 33b Abs. 3 Satz 2 EStG enthält acht verschiedene Pauschbeträge von 310 Euro bei einem Grad der Behinderung von 25 und 30 bis 1.420 Euro bei einem Grad der Behinderung von 95 und 100.

Für behinderte Menschen, die hilflos i. S. des § 33b Abs. 6 EStG sind, und für Blinde erhöht sich der Pauschbetrag auf **3.700 Euro** (§ 33b Abs. 3 Satz 3 EStG).

Die persönlichen Voraussetzungen für die Gewährung sind in § 33b Abs. 2 EStG geregelt.

Zu den behinderten Menschen gehören nicht nur die durch äußere Einflüsse, wie Kriegsverletzung oder Unfall, sondern auch die durch innere Krankheiten oder geistige Gebrechen behinderten Personen einschließlich der Personen, die unheilbar erkrankt und im Endstadium pflegebedürftig sind. Die Behinderung darf aber **nicht überwiegend auf Alterserscheinungen** beruhen. Die Feststellung einer Behinderung setzt nach den Anhaltspunkten für die ärztliche Begutachtung Behinderter im sozialen Entschädigungsrecht und nach dem SGB IX stets eine Regelwidrigkeit gegenüber dem für das Lebensalter typischen Zustand voraus. Alterserscheinungen können danach für behinderte Menschen grundsätzlich nicht berücksichtigt werden, weil sie für das fortgeschrittene Lebensalter typisch sind. Die ständige Pflegebedürftigkeit ist nicht als Alterserscheinung, sondern stets als Hilflosigkeit i. S. von § 33b Abs. 3 Satz 3 EStG anzusehen.

Ein Pauschbetrag wird nur bei einer **dauernden Behinderung** gewährt. Der Pauschbetrag kann auch gewährt werden, wenn sich der Grad der Behinderung im Laufe der Zeit ändert und nach einer längeren Zeit mit seiner Minderung oder seinem Wegfall zu rechnen ist; bei einer nur vorübergehenden Behinderung infolge einer Körperbeschädigung kann jedoch ein Pauschbetrag nicht gewährt werden.[651] Etwaige Mehraufwendungen muss der Steuerpflichtige in diesen Fällen einzeln nach § 33 EStG geltend machen.[652] Eine in zeitlichem Zusammenhang mit einem

---
649 BFH vom 04.11.2004 III R 38/02 (BStBl 2005 II S. 271).
650 BMF vom 15.02.2010 (BStBl 2010 I S. 140), Rz. 29.
651 BFH vom 28.09.1984 VI R 164/80 (BStBl 1985 II S. 129).
652 BFH vom 30.11.1966 VI R 108/66 (BStBl 1967 III S. 459).

29.10 Pauschbeträge für behinderte Menschen, Hinterbliebene usw.

Unfall oder einer Krankheit vorübergehend höhere Behinderung ist im Rahmen des § 33b EStG nicht zu berücksichtigen.[653]

Behinderte Menschen, deren Grad der Behinderung auf mindestens 50 festgestellt ist (sog. schwerbehinderte Menschen) können den Behinderten-Pauschbetrag ohne jede Einschränkung geltend machen.

Bei behinderten Menschen, deren Grad der Behinderung auf weniger als 50, aber mindestens 25 festgestellt ist, denen aber wegen ihrer Behinderung Renten oder andere laufende Bezüge nicht zustehen, muss die Behinderung auf einer typischen Berufskrankheit beruhen oder die Krankheit zu einer dauernden Einbuße der körperlichen Beweglichkeit geführt haben.

Eine zeitanteilige Kürzung dieser Pauschbeträge erfolgt nicht. Der Pauschbetrag ist daher stets in voller Höhe zu gewähren. Bei Beginn, Änderung oder Wegfall der Behinderung im Laufe eines Kalenderjahres ist stets der Pauschbetrag nach dem höchsten Grad der Behinderung zu gewähren (R 33b Abs. 7 EStR).

Wird einem Antrag auf Anerkennung der Behinderung oder auf Erhöhung des Grads der Behinderung für vorhergehende Kalenderjahre entsprochen, so sind die Steuerfestsetzungen für die vorhergehenden Jahre nach § 175 Abs. 1 AO zu ändern. Die Feststellung eines Versorgungsamtes gem. § 68 SGB IX über das Vorliegen einer Behinderung und den Grad der Behinderung ist ein Grundlagenbescheid.[654] Sie ist ab Feststellungszeitpunkt zu berücksichtigen.[655]

Der **Nachweis** der Voraussetzungen für die Inanspruchnahme eines Pauschbetrags für Behinderte nach § 33b Abs. 2 und 3 EStG ist durch Bescheinigungen, Ausweise oder Bescheide nach Maßgabe des **§ 65 Abs. 1 EStDV** zu führen. Zum Nachweis der Behinderung von in Deutschland nicht steuerpflichtigen Kindern bedarf es eines Feststellungsbescheides des zuständigen Auslandsversorgungsamtes.[656]

An die für die Gewährung der Behinderten-Pauschbeträge und des Pflege-Pauschbetrags vorzulegenden Bescheinigungen, Ausweise oder Bescheide sind die Finanzbehörden gebunden (vgl. auch H 33b „Allgemeines und Nachweise" EStH).[657]

Nach **§ 65 Abs. 2 EStDV** steht die Einstufung als Schwerstpflegebedürftiger in Pflegestufe III nach dem SGB XI oder entsprechenden gesetzlichen Bestimmungen dem Merkmal „H" in einem Ausweis nach dem SGB IX gleich, das für das gesundheitliche Merkmal „hilflos" steht.

Für die Gewährung des Pauschbetrags von 3.700 Euro kommen behinderte Menschen in Betracht, in deren Ausweis nach § 69 SGB IX das Merkzeichen „Bl" oder

---
[653] BFH vom 06.12.1974 VI R 181/72 (BStBl 1975 II S. 394).
[654] BFH vom 13.12.1985 III R 204/81 (BStBl 1986 II S. 245).
[655] BFH vom 22.09.1989 III R 167/86 (BStBl 1990 II S. 60).
[656] BMF vom 08.08.1997 (BStBl 1997 I S. 1016).
[657] BFH vom 05.02.1988 III R 244/83 (BStBl 1988 II S. 436).

"H" eingetragen ist, sowie Behinderte, denen von der für die Durchführung des Bundesversorgungsgesetzes zuständigen Behörde Hilflosigkeit bescheinigt wurde. Treffen bei einem Steuerpflichtigen mehrere Behinderungen zusammen (z. B. als Kriegsbeschädigter und als Unfallbeschädigter), so kann der Pauschbetrag nur einmal gewährt werden. Dabei ist jeweils der Grund maßgebend, der zu dem höchsten Pauschbetrag führt, soweit der Steuerpflichtige nicht einen höheren Gesamtgrad der Behinderung geltend macht und durch besondere Bescheinigung des zuständigen Versorgungsamtes nachweist.

29.10.2 Hinterbliebenen-Pauschbetrag (§ 33b Abs. 4 EStG)

Personen, denen laufende Hinterbliebenenbezüge bewilligt worden sind, erhalten auf Antrag einen Pauschbetrag **von 370 Euro** (Hinterbliebenen-Pauschbetrag), wenn die Hinterbliebenenbezüge nach den in § 33b Abs. 4 Satz 1 Nr. 1 bis 4 EStG aufgeführten Vorschriften geleistet werden.

Der Pauschbetrag wird auch dann gewährt, wenn das Recht auf die Bezüge ruht oder der Anspruch auf die Bezüge durch Zahlung eines Kapitals abgefunden worden ist.

Zu den Gesetzen, die das Bundesversorgungsgesetz für entsprechend anwendbar erklären, gehören z. B. das SoldVersG, das Gesetz über die Bundespolizei, das Häftlingshilfegesetz, das Infektionsschutzgesetz und das Gesetz über die Entschädigung für Opfer von Gewalttaten (vgl. H 33b „Hinterbliebenen-Pauschbetrag" EStH).

Das Vorliegen der Voraussetzungen für die Gewährung des steuerfreien Pauschbetrags ist durch Vorlage des Rentenbescheids (z. B. Rentenbescheid eines Versorgungsamts, der zuständigen Entschädigungsbehörde oder eines Trägers der gesetzlichen Unfallversicherung) oder eines entsprechenden Bescheids der nach den beamtenrechtlichen Vorschriften zuständigen Behörde nachzuweisen. Aus diesen Unterlagen muss die Bewilligung von laufenden Hinterbliebenenbezügen oder aber der Grund hervorgehen, weshalb diese Hinterbliebenenbezüge ruhen.

Der Behinderten-Pauschbetrag und der Hinterbliebenen-Pauschbetrag können nebeneinander gewährt werden; diese Pauschbeträge sind personenbezogen und können daher auch bei einer Veranlagung mehr als einmal berücksichtigt werden, z. B. wenn bei beiden Ehegatten der Fall des § 33b Abs. 5 EStG vorliegt und der Steuerpflichtige auch die Voraussetzungen des § 33b Abs. 4 EStG erfüllt.

29.10.3 Übertragung von Pauschbeträgen (§ 33b Abs. 5 EStG)

Steht der Behinderten-Pauschbetrag oder Hinterbliebenen-Pauschbetrag einem Kind zu, für das der Steuerpflichtige Anspruch auf einen Freibetrag nach § 32 Abs. 6 EStG oder auf Kindergeld hat, so wird der Pauschbetrag auf Antrag auf den Steuerpflichtigen übertragen, wenn ihn das Kind nicht in Anspruch nimmt (§ 33b Abs. 5 EStG). Der Pauschbetrag ist auf beide Elternteile je zur Hälfte aufzuteilen, falls der

29.10 Pauschbeträge für behinderte Menschen, Hinterbliebene usw.

Kinderfreibetrag nicht auf den anderen Elternteil übertragen wurde. Eine Übertragung der Pauschbeträge auf andere Personen ist nicht möglich, selbst wenn diese die Aufwendungen für das behinderte Kind tragen.

Für die Kinderberücksichtigung auch eines volljährigen behinderten Kindes müssen die besonderen Voraussetzungen des § 32 Abs. 4 EStG vorliegen (siehe 30.2.5).

Die Übertragung ist jedoch nur möglich, wenn das Kind selbst Anspruch auf den Pauschbetrag hat. Ein solcher Anspruch ist grundsätzlich nicht gegeben, wenn das Kind nicht unbeschränkt einkommensteuerpflichtig ist (§ 50 Abs. 1 Satz 3 EStG), es sei denn, § 1 Abs. 3 EStG findet Anwendung. Die Behinderung eines im Heimatland des ausländischen Arbeitnehmers lebenden Kindes führt daher regelmäßig nicht zu einem auf den Steuerpflichtigen übertragbaren Pauschbetrag.[658] Soweit dem Steuerpflichtigen in solchen Fällen Aufwendungen infolge der Behinderung des Kindes entstehen, können sie nur in dem allgemeinen Verfahren nach § 33 EStG berücksichtigt werden.

Soweit ausnahmsweise einem nicht unbeschränkt einkommensteuerpflichtigen Kind der Behinderten-Pauschbetrag zusteht, ist die Übertragung im Übrigen nur zulässig, wenn

– der unbeschränkt Steuerpflichtige EU-/EWR-Staatsangehöriger ist,
– die nicht der deutschen Einkommensteuer unterliegenden Einkünfte des Kindes den Grundfreibetrag nach § 32a Abs. 1 Satz 2 Nr. 1 EStG nicht übersteigen (§ 1 Abs. 3 Satz 2 2. Alternative EStG) und
– das Kind seinen Wohnsitz oder gewöhnlichen Aufenthalt im Hoheitsgebiet eines EU-/EWR-Mitgliedstaates hat (R 33b Abs. 3 EStR).[659]

Bei Kleinstkindern ist eine Hilflosigkeit i. S. von § 33b Abs. 3 Satz 3 EStG nur dann anzunehmen, wenn infolge der Behinderung eine besondere Wartungs- und Pflegebedürftigkeit vorliegt, die die bei allen Kindern derselben Altersstufe regelmäßig bestehende Hilflosigkeit dauernd wesentlich übersteigt.

Mit dem Behinderten-Pauschbetrag werden nur die Aufwendungen des behinderten Kindes abgegolten. Daher können Eltern ihre eigenen zwangsläufigen Aufwendungen für ein behindertes Kind nach § 33 EStG geltend machen, auch wenn der Behinderten-Pauschbetrag nicht auf sie übertragen worden ist.[660] Hat ein Kind Anspruch auf einen Behinderten-Pauschbetrag nach § 33b EStG, können andere Personen, auf die der Behinderten-Pauschbetrag nicht übertragen worden ist, wegen der behinderungsbedingten Aufwendungen keine Steuerermäßigungen nach § 33 EStG in Anspruch nehmen (§ 33b Abs. 5 Satz 4 EStG).

Bei Ehegatten, die beide unbeschränkt einkommensteuerpflichtig sind und nicht dauernd getrennt leben, genügt es, wenn bei einem von ihnen die Voraussetzungen

---
658 BFH vom 09.12.1994 III R 16/89 (BStBl 1995 II S. 408).
659 BFH vom 22.11.1995 I R 6/91 (BStBl 1997 II S. 20).
660 BFH vom 11.02.2010 VI R 61/08 (BStBl 2010 II S. 621).

für die Übertragung des Behinderten- oder Hinterbliebenen-Pauschbetrags vorliegen. Der einem Kind dauernd getrennt lebender oder geschiedener Eltern sowie einem nichtehelichen Kind zustehende Behinderten- oder Hinterbliebenen-Pauschbetrag kann auf beide Elternteile übertragen werden, wenn beide Elternteile unbeschränkt einkommensteuerpflichtig sind und sie für das Kind einen Anspruch auf einen Freibetrag nach § 32 Abs. 6 EStG oder auf Kindergeld haben. Grundsätzlich wird der Pauschbetrag auf beide Elternteile je zur Hälfte übertragen, es sei denn, der Kinderfreibetrag wurde auf den anderen Elternteil übertragen. Abweichend hiervon kann auf gemeinsamen Antrag beider Elternteile bei einer Veranlagung zur Einkommensteuer der zu übertragende Pauschbetrag anders aufgeteilt werden (§ 33b Abs. 5 Satz 3 EStG); in diesem Fall kann eine Steuerermäßigung nach § 33 EStG wegen derselben Aufwendungen nicht gewährt werden. Anstelle einer Übertragung des Pauschbetrags können die Eltern auch die im Rahmen des § 33 EStG abziehbaren Aufwendungen geltend machen.[661]

Erhalten bei einem adoptierten Kind sowohl die leiblichen als auch die annehmenden Eltern einen Freibetrag für Kinder, kann der dem Kind zustehende Pauschbetrag zur Hälfte auf die leiblichen Eltern übertragen werden, wenn das Kind bei ihnen zu berücksichtigen ist, weil sie ihrer Unterhaltspflicht im Wesentlichen nachkommen; die andere Hälfte des Pauschbetrags kann auf die annehmenden Eltern übertragen werden. Das Gleiche gilt im Verhältnis von leiblichen Eltern und Pflegeeltern.

Beispiele:

a) Das Kind eines zusammenveranlagten Ehepaares ist behindert und hat Anspruch auf einen Pauschbetrag nach § 33b Abs. 3 EStG. Das Kind hatte im Veranlagungszeitraum keine eigenen Einkünfte.

Der von dem Kind zu beanspruchende Pauschbetrag des § 33b Abs. 3 EStG kann auf Antrag nach § 33b Abs. 5 EStG auf die Steuerpflichtigen übertragen werden.

b) Sachverhalt wie vorstehend zu a) mit dem Unterschied, dass es sich um das Kind geschiedener Ehegatten handelt.

Der Pauschbetrag ist grundsätzlich auf jeden Elternteil zur Hälfte aufzuteilen. Bei einer Veranlagung zur Einkommensteuer können die Eltern gemeinsam eine andere Aufteilung beantragen.

c) Ein Steuerpflichtiger unterhält seine schwerbehinderte Mutter, die in seinem Haushalt lebt und für die er eine Steuerermäßigung nach § 33a Abs. 1 EStG erhält.

Der von der Mutter zu beanspruchende Behinderten-Pauschbetrag kann nicht auf den Steuerpflichtigen übertragen werden. Der Steuerpflichtige kann die über die Unterhaltsaufwendungen hinausgehenden besonderen Aufwendungen, z. B. Krankheitskosten, nur nach § 33 EStG geltend machen.

29.10.4 Pflege-Pauschbetrag (§ 33b Abs. 6 EStG)

Der Steuerpflichtige kann wegen der außergewöhnlichen Belastungen, die ihm durch die Pflege einer Person erwachsen, die nicht nur vorübergehend so hilflos ist,

---

661 BMF vom 14.04.2003 (BStBl 2003 I S. 360) mit weiteren Einzelheiten.

29.10 Pauschbeträge für behinderte Menschen, Hinterbleibene usw.

dass sie für die gewöhnlichen und regelmäßig wiederkehrenden Verrichtungen im Ablauf des täglichen Lebens in erheblichem Umfang fremder Hilfe dauernd bedarf, anstelle einer Steuerermäßigung nach § 33 EStG einen Pauschbetrag von 924 Euro im Kalenderjahr geltend machen, wenn er dafür keine Einnahmen erhält (Pflege-Pauschbetrag). Das Pflegegeld gem. § 3 Nr. 36 EStG ist unschädlich (§ 33b Abs. 6 Satz 2 EStG).

Der Pflege-Pauschbetrag wird **anstelle** einer Steuerermäßigung nach § 33 EStG gewährt. Daraus folgt zum einen, dass der Abzug höherer nachgewiesener Aufwendungen nach § 33 EStG durch § 33b Abs. 6 EStG nicht ausgeschlossen wird. Dies wird in erster Linie bei der Pflege durch Angehörige in Betracht kommen; die Angehörigeneigenschaft ist jedoch nicht tatbestandsmäßige Voraussetzung für die Gewährung des Pflege-Pauschbetrags.

Voraussetzung ist, dass der Steuerpflichtige die Pflege entweder in seiner Wohnung oder in der Wohnung des Pflegebedürftigen persönlich durchführt (§ 33b Abs. 6 Satz 5 EStG). Bis zum Veranlagungszeitraum 2012 musste die Pflege im Inland erfolgen. Ab dem Veranlagungszeitraum 2013 ist die Möglichkeit, einen Pflegepauschbetrag geltend zu machen, auf Fälle erweitert worden, in denen der Steuerpflichtige die Pflege in seiner Wohnung oder in der Wohnung des Pflegebedürftigen persönlich durchführt und diese Wohnung in einem EU- oder EWR-Staat belegen ist.

Wird ein Pflegebedürftiger von mehreren Steuerpflichtigen im Veranlagungszeitraum gepflegt, wird der Pauschbetrag nach der Zahl der Pflegepersonen, bei denen die Voraussetzungen des § 33b Abs. 6 Satz 1 bis 5 EStG vorliegen, geteilt.

Bei einer vollstationären Heimunterbringung eines erwachsenen behinderten Menschen können Eltern den Pflege-Pauschbetrag in Anspruch nehmen, wenn sie ihr Kind an den Wochenenden in ihrer Wohnung betreuen.[662]

Der Nachweis des gesundheitlichen Merkmals „hilflos" wird nach § 65 Abs. 2 EStDV durch einen Ausweis nach dem SGB IX, der mit den Merkzeichen „BL" oder „H" gekennzeichnet ist, oder durch einen Bescheid der für die Durchführung des BVG zuständigen Behörde mit den entsprechenden Feststellungen erbracht. Dementsprechend fordert die Finanzverwaltung den Nachweis der Hilflosigkeit der Pflegebedürftigkeit in gleicher Weise wie für den erhöhten Behinderten-Pauschbetrag.[663]

Der Steuerpflichtige muss die Pflege persönlich vornehmen, kann sich aber zeitweise (z. B. im Urlaub oder bei eigener Verhinderung) durch eine andere Person vertreten lassen. Wenn mehrere Pflegepersonen die Voraussetzungen erfüllen, gemeinsam oder zeitlich nacheinander, ist der Pauschbetrag nach der Zahl der Personen

---
662 BMF vom 14.04.2003 (BStBl 2003 I S. 360), Tz. V.
663 BFH vom 20.02.2003 III R 9/02 (BStBl 2003 II S. 476).

aufzuteilen (§ 33b Abs. 6 Satz 6 EStG). Dies gilt selbst dann, wenn nur eine der Pflegepersonen den Pauschbetrag tatsächlich in Anspruch nimmt.[664]

Der Pflege-Pauschbetrag ist ein Jahresbetrag und nicht zeitanteilig zu kürzen, wenn die Pflege nur zeitweise erfolgt (R 33b Abs. 8 EStR).

Der Pflege-Pauschbetrag soll Aufwendungen abgelten, die bei Nachweis auch nach § 33 Abs. 1 EStG geltend gemacht werden könnten. Soweit die Pflegeperson für die Pflegeleistung und die damit verbundenen Aufwendungen Einnahmen erhält, entfällt der Pflege-Pauschbetrag. Gehen ihre Aufwendungen über die Einnahmen hinaus, kann sie die Aufwendungen insoweit nach § 33 EStG geltend machen.

29.11 Ergänzende Hinweise zur Einkommensermittlung

Der Aufbau des Einkommensteuergesetzes entspricht nicht hinsichtlich aller Vorschriften dem Verfahrensablauf, wie er sich im Veranlagungsverfahren darstellt. Ausgehend vom Gesamtbetrag der Einkünfte wird das Einkommen wie folgt berechnet:

Gesamtbetrag der Einkünfte (§ 2 Abs. 3 EStG)

./. Verlustabzug nach § 10d EStG
./. Sonderausgaben (in der Reihenfolge §§ 10, 10c, 10a, 10b EStG)
./. außergewöhnliche Belastungen (§§ 33 bis 33b EStG)
+ zuzurechnendes Einkommen gem. § 15 Abs. 1 AStG

Einkommen (§ 2 Abs. 4 EStG)

---

664 BFH vom 14.10.1997 III R 102/96 (BStBl 1998 II S. 20).

30 Ermittlung des zu versteuernden Einkommens

30.1 Allgemeines

Das zu versteuernde Einkommen als Bemessungsgrundlage für die tarifliche Einkommensteuer wird ermittelt, indem das Einkommen (siehe 29.11) vermindert wird um die Freibeträge nach § 32 Abs. 6 EStG (siehe 30.2.3) und um die sonstigen vom Einkommen abzuziehenden Beträge (§ 2 Abs. 5 Satz 1 EStG). Sonstiger Betrag ist der Härteausgleich nach § 46 Abs. 3 EStG, § 70 EStDV.

Die steuerliche Freistellung des Existenzminimums eines Kindes erfolgt seit 1996 nicht mehr kumulativ durch Kinderfreibetrag und Kindergeld, sondern alternativ durch Kindergeld oder die Freibeträge nach § 32 Abs. 6 EStG. Da aber in der Mehrzahl der Fälle das Kindergeld günstiger ist als der Kinderfreibetrag (zur Günstigerprüfung siehe 30.2.4), ergab sich allein wegen des Wegfalls des Kinderfreibetrags ab 1996 ein höheres zu versteuerndes Einkommen; um die sich daraus ergebenden steuerlichen Nachteile zu vermeiden, ist in § 2 Abs. 5 Satz 2 EStG bestimmt, dass für andere Gesetze, die an den Begriff des zu versteuernden Einkommens anknüpfen, das Einkommen in allen Fällen des § 32 EStG um die Freibeträge nach § 32 Abs. 6 EStG zu vermindern ist. Bedeutung hat diese Bestimmung z. B. für die Wohnungsbauprämie und die Arbeitnehmer-Sparzulage.

Bei volljährigen Kindern, die sich in Berufsausbildung befinden und **auswärtig** untergebracht sind, kann zur Abgeltung des hierdurch entstehenden **Sonderbedarfs zusätzlich** zum Kindergeld bzw. Freibetrag nach § 32 Abs. 6 EStG ein Ausbildungsfreibetrag von 924 Euro nach § 33a Abs. 2 EStG als **außergewöhnliche Belastung** vom Gesamtbetrag der Einkünfte abgezogen werden (siehe 30.3).

§ 2 Abs. 5a EStG in der ab Veranlagungszeitraum 2009 geltenden Fassung bestimmt, dass die in § 2 Abs. 1 bis 4 EStG definierten Begriffe (Einkünfte, Summe der Einkünfte, Gesamtbetrag der Einkünfte, Einkommen, zu versteuerndes Einkommen) zu erhöhen sind um die nach § 32d Abs. 1 und nach § 43 Abs. 5 EStG zu besteuernden Beträge sowie um die nach § 3 Nr. 40 EStG steuerfreien Beträge, wenn **außersteuerliche Rechtsnormen** an diese Begriffe anknüpfen; sie vermindern sich um die nach § 3c Abs. 2 EStG nicht abziehbaren Beträge. Damit werden Kapitaleinkünfte für außersteuerliche Zwecke wieder hinzugerechnet, weil dafür allein die Höhe der Einkünfte maßgebend ist und nicht die Tatsache, dass ein Teil der Einkünfte einem besonderen Steuersatz (Abgeltungsteuer) unterliegt. Abziehbare Kinderbetreuungskosten nach § 10 Abs. 1 Satz 5 EStG sind gem. § 2 Abs. 5a Satz 2 EStG ab dem Veranlagungszeitraum 2012 bei der Bestimmung der in § 2 Abs. 1 bis 3 EStG genannten Begriffe (Einkünfte, Summe der Einkünfte, Gesamtbetrag der Einkünfte) nicht zu berücksichtigen, wenn außersteuerliche Rechtsnormen an diese Begriffe anknüpfen. Da Kinderbetreuungskosten zukünftig nicht mehr als Betriebsausgaben oder Werbungskosten, sondern nur noch als Sonderausgaben zu berücksichtigen sind, sollen durch § 2 Abs. 5a Satz 2 EStG nicht beabsichtigte Auswirkungen auf außersteuerliche Vorschriften (z. B. § 14 Abs. 1 WohngeldG) verhindert werden.

Auch der durch das UntStRefG 2008 in § 2 EStG eingefügte Absatz 5b ist eine Folge der Abgeltungsteuer auf Kapitalerträge im Privatvermögen. Hier geht es um die Verwendung der in § 2 Abs. 1 bis 4 EStG definierten Begriffe im Einkommensteuergesetz. Dabei sind Kapitalerträge nach § 32d Abs. 1 und § 43 Abs. 5 EStG nicht einzubeziehen.

Die Einkünfte aus Kapitalvermögen konnten gem. § 2 Abs. 5b Satz 2 EStG bis zum Veranlagungszeitraum 2011 auf Antrag einbezogen werden, um steuerliche Vorteile geltend zu machen, die an die Begriffe in § 2 EStG anknüpfen, nämlich bei der Ermittlung der abzugsfähigen Zuwendungen i. S. des § 10b EStG; bei der Berücksichtigungsfähigkeit eines Kindes nach § 32 Abs. 4 Satz 2 EStG, der Ermittlung der zumutbaren Belastung nach § 33 Abs. 3 EStG und der Ermittlung des berücksichtigungsfähigen Unterhalts nach § 33a Abs. 1 Satz 4 EStG und des Sonderbedarfs nach § 33a Abs. 2 Satz 2 EStG waren sie einzubeziehen. Durch das StVereinfG 2011 ist § 2 Abs. 5b Satz 2 EStG ersatzlos aufgehoben worden.

Bei den **Zuschlagsteuern** (§ 51a EStG: Solidaritätszuschlag, Kirchensteuer) wird die Benachteiligung im Fall der Kindergeldzahlung vermieden, indem als Bemessungsgrundlage nicht die tatsächliche, sondern die Einkommensteuer zugrunde gelegt wird, die sich ergibt, wenn die Freibeträge nach § 32 Abs. 6 EStG bei der Ermittlung des zu versteuernden Einkommens abgezogen werden (§ 51a Abs. 2 EStG).

30.2 Familienleistungsausgleich (§§ 31, 32, 62 bis 78 EStG)

30.2.1 Allgemeines

Nachdem das BVerfG[1] den früher aus Kindergeld **und** Kinderfreibetrag bestehenden Kinderlastenausgleich für die Jahre 1983 bis 1985 für verfassungswidrig erklärt hatte, stellte der Gesetzgeber ab 1996 den Einkommensbetrag in Höhe des Existenzminimums eines Kindes ab 1996 durch Kindergeld **oder** Kinderfreibetrag frei (§ 31 EStG). Seit 2002 wird dieser das sächliche Existenzminimum berücksichtigende Kinderfreibetrag ergänzt durch einen Freibetrag für den Betreuungs- und Erziehungs- oder Ausbildungsbedarf des Kindes (§ 32 Abs. 6 Satz 1 EStG).

Das im Laufe des Kalenderjahres ausgezahlte Kindergeld ist eine Vorausleistung auf die einkommensteuerliche Kinderentlastung. Wenn der Anspruch auf Kindergeld nicht die Höhe der Steuerentlastung erreicht, die sich beim Ansatz der Freibeträge gem. § 32 Abs. 6 EStG ergäbe, sind die Freibeträge anzusetzen und die tarif-

---

[1] BVerfG vom 29.05.1990 1 BvL 20/84, 1 BvL 26/84, 1 BvL 4/86 (BStBl 1990 II S. 653) und vom 12.06.1990 1 BvL 72/86 (BStBl 1990 II S. 664).

30.2 Familienleistungsausgleich

liche Einkommensteuer ist um den Anspruch auf Kindergeld zu erhöhen, um eine Doppelbegünstigung zu vermeiden.

Durch das JStG 2007 ist § 31 Satz 1 und 4 EStG (nach Ansicht der Finanzverwaltung klarstellend) dahin umformuliert worden, dass für die Vergleichsberechnung auf den gesamten Veranlagungszeitraum abzustellen ist. Daraus folgt, dass ab 2007 für Monate ohne Kindergeldanspruch auch kein (anteiliger) Freibetrag beansprucht werden kann.[2]

Nach der Erhöhung des Kindergeldes ab 2002 ist in der Mehrzahl der Fälle das Kindergeld günstiger als die Freibeträge. Seit dem 01.01.2010 beträgt das Kindergeld für das erste und zweite Kind jeweils 184 Euro monatlich, für das dritte Kind 190 Euro und für das vierte und jedes weitere Kind jeweils 215 Euro monatlich (§ 66 Abs. 1 EStG).

> **Beispiel:**
> Bei Ehegatten mit einem Kind ergibt sich für die Günstigerrechnung Folgendes: Das monatlich gezahlte Kindergeld von 184 € ergibt einen Jahresbetrag von 2.208 €. Der Freibetrag für das sächliche Existenzminimum von 2.184 € und für den Betreuungs-, Erziehungs- oder Ausbildungsbedarf von 1.320 € ergeben 3.504 €, verdoppelt gem. § 32 Abs. 6 Satz 2 EStG: 7.008 €. Bis zu einem Grenzsteuersatz von 31,51 % (2.208 € × 100 % / 7.008 €) ist die Entlastung durch die Freibeträge nicht höher als durch das Kindergeld.

Die Verrechnung mit dem Kindergeldanspruch und nicht mit dem gezahlten Kindergeld ab 2004 dient der Verwaltungsvereinfachung. Damit ist eine Bescheidänderung wegen nachträglich gezahlten Kindergeldes ab 2004 nicht mehr erforderlich.

30.2.2 Kindergeld

30.2.2.1 Allgemeines

Die grundlegende Neuordnung des Familienleistungsausgleichs 1996 führte zu einer Einbeziehung des Kindergeldes in das Einkommensteuergesetz, dem ein neuer Abschnitt X angefügt wurde, der in den §§ 62 bis 78 EStG die Regelungen zum Kindergeld enthält. Das Bundeskindergeldgesetz[3] enthält nur noch Regelungen für die Anspruchsberechtigung und Auszahlung in einigen Sonderfällen, wenn das Kindergeld nicht an Eltern, sondern an das Kind selbst ausgezahlt wird (Vollwaise) oder wenn beschränkt Steuerpflichtige, die sich nicht gem. § 1 Abs. 3 EStG als unbeschränkt Steuerpflichtige behandeln lassen, z. B. wegen einer Tätigkeit als Entwicklungshelfer, Anspruch auf Kindergeld haben.

Das Kindergeld dient der Förderung der Familie, soweit es den für die gebotene steuerliche Freistellung erforderlichen Betrag übersteigt. Reicht es dafür nicht aus, werden bei der Veranlagung zur Einkommensteuer die Freibeträge für Kinder abge-

---
2 So noch BFH vom 16.12.2002 VIII R 65/99 (BStBl 2003 II S. 593).
3 BGBl 2007 I S. 1450.

zogen und das gezahlte Kindergeld der tariflichen Einkommensteuer gem. § 31 Satz 4 EStG im Rahmen der Steuererhebung hinzugerechnet (siehe 34.1.1). Da das Kindergeld als Steuervergütung gezahlt wird (§ 31 Satz 3 EStG), sind die AO und die FGO anzuwenden.

Die Anspruchsvoraussetzungen für Kindergeld sind in den §§ 62 und 63 EStG geregelt, die §§ 64 und 65 EStG enthalten Ausschlusstatbestände, § 66 EStG bestimmt die Höhe des Kindergeldes und in den §§ 67 bis 78 EStG sind Regelungen über das Verfahren und Auszahlungsmodalitäten enthalten. Das Merkblatt „Kindergeld" wird regelmäßig veröffentlicht.[4] Anwendungsvorschriften für den Familienleistungsausgleich enthalten das BMF-Schreiben vom 09.03.1998,[5] die H 62 bis H 78 EStH sowie die Dienstanweisung des Bundeszentralamts für Steuern (DA-FamEStG)[6]. Die Dienstanweisung sowie Vordrucke zur Beantragung von Kindergeld können auch im Internet abgerufen werden unter www.bzst.de. Für den Familienleistungsausgleich stellt die Bundesagentur für Arbeit ihre Behörden (Agenturen für Arbeit) dem Bundeszentralamt für Steuern als Familienkasse zur Verfügung. Die Fachaufsicht obliegt dem Bundeszentralamt für Steuern. Diese Familienkassen gelten insoweit als Bundesfinanzbehörden und unterliegen der Aufsicht des Bundeszentralamts für Steuern. Bei Kindergeldberechtigten im öffentlichen Dienst sind die juristischen Personen insoweit Familienkasse (§ 72 Abs. 1 Satz 2 EStG). Kindergeldansprüche aufgrund über- oder zwischenstaatlicher Rechtsvorschriften werden durch die Familienkassen der Bundesagentur für Arbeit festgesetzt und ausgezahlt (§ 72 Abs. 8 EStG). Gegen die Kindergeldfestsetzung ist der Einspruch gegeben (§ 77 Abs. 1 Satz 1 EStG). Klage ist vor dem Finanzgericht zu erheben (§ 33 Abs. 1 Nr. 2 FGO).

30.2.2.2 Anspruchsberechtigte

Anspruchsberechtigt sind gem. § 62 Abs. 1 EStG Deutsche, wenn sie ihren Wohnsitz oder gewöhnlichen Aufenthalt in Deutschland haben oder im Ausland wohnen, aber in Deutschland entweder gem. § 1 Abs. 2 EStG unbeschränkt einkommensteuerpflichtig sind oder gem. § 1 Abs. 3 EStG entsprechend behandelt werden. Bei einem Studium im Ausland wird der inländische Wohnsitz beibehalten, wenn dieser in der ausbildungsfreien Zeit genutzt wird (DA-FamEStG 63.6.1).[7] Ausländer erhalten Kindergeld, wenn sie eine Niederlassungserlaubnis oder eine befristete Aufenthaltserlaubnis besitzen, die einen dauerhaften Aufenthalt indiziert (§ 62 Abs. 2 EStG). Diese Voraussetzung ist nicht erforderlich bei Staatsangehörigen der Europäischen Union sowie des Europäischen Wirtschaftsraums und der Schweiz. Das Gleiche gilt für Staatsangehörige Bosnien-Herzegowinas, Kosovos, Marokkos, Serbiens, Montenegros, Tunesiens und der Türkei auf der Grundlage der jeweiligen Abkom-

---
4 BZSt vom 18.02.2013 (BStBl 2013 I S. 199).
5 BMF 09.03.1998 (BStBl 1998 I S. 347).
6 BZSt vom 11.07.2013 (BStBl 2013 I S. 882).
7 BFH vom 23.11.2000 VI R 107/99 (BStBl 2001 II S. 294).

men über soziale Sicherheit bzw. Kindergeld, wenn sie in Deutschland als Arbeitnehmer arbeitslosenversicherungspflichtig beschäftigt sind oder beispielsweise Arbeitslosengeld bzw. Krankengeld beziehen. Einzelheiten sind geregelt in Abschnitt 62.4 der DA-FamEStG unter anderem aufgrund des Gesetzes zur Umsetzung aufenthalts- und asylrechtlicher Richtlinien der Europäischen Union.[8]

Ein Arbeitnehmer, der in einem Mitgliedstaat der Europäischen Union wohnt, aber in einem anderen Mitgliedstaat arbeitet (sog. **Grenzgänger**), hat Anspruch auf Familienleistungen nach dem Recht des Beschäftigungslandes. Ist das Kindergeld im Wohnland höher als im Beschäftigungsland, hat der Grenzgänger keinen Anspruch auf Teilkindergeld in Höhe der Differenz. Differenzkindergeld im Wohnland ist nur vorgesehen, wenn lediglich ein Elternteil im Ausland arbeitet, nicht dagegen, wenn beide Elternteile Grenzgänger sind.[9] Deshalb stehen Eltern, die mit ihren Kindern in Deutschland wohnen und beide in der Schweiz arbeiten, Leistungen für ihre Kinder nur nach dem in der Schweiz geltenden Recht zu. Ein Anspruch auf die Differenz zwischen dem in der Schweiz gezahlten und dem höheren Kindergeld nach § 66 EStG besteht nicht.[10] Allerdings sieht der EuGH die Versagung von Differenzkindergeld wegen vergleichbarer Ansprüche in anderen EU-Staaten als Verstoß gegen die Arbeitnehmerfreizügigkeit an.[11] Die vom EuGH aufgestellten Grundsätze sind auch auf Fallkonstellationen übertragbar, die Grenzgänger in die Schweiz betreffen. Es bleibt abzuwarten, welche Folgerungen die Finanzverwaltung aus dem Wawrzyniak-Urteil des EuGH ziehen wird.

Anerkannte Flüchtlinge und Asylberechtigte können ebenfalls Kindergeld ab dem Zeitpunkt der Anerkennung erhalten. Wer im Ausland wohnt und in Deutschland nicht unbeschränkt steuerpflichtig ist, kann Kindergeld als Sozialleistung nach dem Bundeskindergeldgesetz erhalten, wenn er in einem Versicherungsverhältnis zur Bundesagentur für Arbeit nach SGB III steht oder versicherungsfrei nach § 28 Abs. 1 Nr. 1 SGB III ist oder als Entwicklungshelfer oder Missionar tätig ist oder Rente nach deutschen Rechtsvorschriften bezieht, Staatsangehöriger eines Mitgliedstaates des Europäischen Wirtschaftsraums ist und in einem der Mitgliedstaaten lebt (§ 1 Abs. 1 BKGG). Wenn der eine Elternteil Anspruch auf Kindergeld nach dem EStG und der andere nach dem BKGG hat, ist derjenige kindergeldberechtigt, der das Kind in seinen Haushalt aufgenommen hat oder, wenn das Kind nicht im Haushalt eines Elternteils lebt, ihm den höheren Barunterhalt leistet (§ 2 Abs. 4 Satz 2 BKGG, § 63 Abs. 1 Satz 4 EStG). Das Kind selbst ist grundsätzlich nicht kindergeldberechtigt. Gemäß § 1 Abs. 2 BKGG erhält Kindergeld für sich selbst, wer in Deutschland einen Wohnsitz oder seinen gewöhnlichen Aufenthalt hat, außerdem Vollwaise ist oder den Aufenthalt seiner Eltern nicht kennt und nicht bei einer anderen Person als Kind zu berücksichtigen ist. Zur Zahlung des Kindergeldes an das

---
8 BZSt vom 11.07.2013 (BStBl 2013 I S. 882).
9 BVerfG vom 08.06.2004 2 BvL 5/00 (HFR 2004 S. 1139).
10 BFH vom 24.03.2006 III R 41/05 (BStBl 2008 II S. 369).
11 EuGH vom 12.06.2012 C-612/10 „Wawrzyniak" (DStR 2012 S. 1894).

Kind wegen Unterhaltsverletzungen gem. § 74 EStG siehe unten. Weitere Anspruchsvoraussetzung für das Kindergeld ist, dass es sich um ein **Kind i. S. des § 32 Abs. 1 EStG handelt.** Insoweit gelten also dieselben Voraussetzungen wie für den Kinderfreibetrag und den Freibetrag für den Betreuungs- und Erziehungs- oder Ausbildungsbedarf (siehe dazu 30.2.3). Im Gegensatz zu diesen Freibeträgen, bei denen der Halbteilungsgrundsatz gilt – jedem Elternteil stehen die halben Freibeträge zu –, wird Kindergeld immer nur an eine Person gezahlt (§ 64 Abs. 1 EStG). Hier räumt § 63 Abs. 1 Satz 1 Nr. 2 und 3 EStG auch demjenigen einen Kindergeldanspruch ein, der Kinder seines Ehegatten oder Enkel in seinen Haushalt aufnimmt. Die daraus entstehende Anspruchskonkurrenz wird grundsätzlich dadurch gelöst, dass das Kindergeld an den gezahlt wird, der das Kind in seinen Haushalt aufgenommen hat **(Obhutsprinzip).** Lebt das Kind nicht im Haushalt eines Elternteils, erhält das Kindergeld derjenige Elternteil, der dem Kind laufend (den höheren) Barunterhalt zahlt; andersartige Unterhaltsleistungen bleiben außer Betracht (§ 64 Abs. 3 EStG). Wird dem Kind von beiden Elternteilen kein Barunterhalt oder Barunterhalt in gleicher Höhe gezahlt, können die Eltern untereinander bestimmen, wer von ihnen das Kindergeld erhalten soll.[12] Eltern, die nicht dauernd getrennt leben, können untereinander durch eine **Berechtigtenbestimmung** gegenüber der Familienkasse (dazu weiter unten) festlegen, wer von ihnen das Kindergeld für ihre im gemeinsamen Haushalt lebenden Kinder erhalten soll; das Gleiche gilt für den leiblichen und den nicht leiblichen Elternteil, wenn z. B. das Kind im gemeinsamen Haushalt der Mutter und des Stiefvaters lebt, sowie für nicht dauernd getrennt lebende Pflegeeltern oder Großeltern (§ 64 Abs. 2 Satz 1 bis 5 EStG). Wird eine Bestimmung nicht getroffen, so bestimmt das Familiengericht auf Antrag den Berechtigten (§ 64 Abs. 2 Satz 3 EStG). Für ein verheiratetes Kind besteht Anspruch auf Kindergeld nur, wenn ein sog. **Mangelfall** vorliegt.[13] Lebt ein Kind im gemeinsamen Haushalt eines Elternteils und der Großeltern, steht das Kindergeld vorrangig dem Elternteil zu. Dieser kann jedoch zugunsten eines Großelternteils verzichten.

Beispiel:
Eine geschiedene Mutter mit drei Kindern (3, 5 und 7 Jahre alt) kehrt in den Haushalt ihres Vaters, des Großvaters der Kinder, zurück. In diesem Haushalt lebt auch noch ihr 17-jähriger Bruder.

Für den Bruder kann nur ihr Vater Kindergeld erhalten. Dagegen können die Kinder der Tochter auch bei deren Vater, dem Großvater, als Enkelkinder berücksichtigt werden. Verzichtet nun die Mutter gegenüber ihrem Vater, dem Großvater der Kinder, nicht auf ihren Vorrang, steht ihr für ihre drei Kinder Kindergeld in Höhe von 2 × 184 € und 1 × 190 € = 558 € zu, dem Großvater für ihren Bruder 184 €. Zusammen würde die gesamte Familie demnach 742 € Kindergeld im Monat erhalten.

Verzichtet die Mutter hingegen auf ihren Vorrang, indem sie den Großvater zum Berechtigten für ihre drei Kinder bestimmt, erhält dieser für den Bruder 184 € und für

---
12 BFH vom 23.03.2005 III R 91/03 (BStBl 2008 II S. 752) und vom 14.12.2004 VIII R 106/03 (BStBl 2008 II S. 762).
13 BFH vom 19.04.2007 III R 65/06 (BStBl 2008 II S. 756).

30.2 Familienleistungsausgleich

die drei Enkelkinder 1 × 184 € und 1 × 190 € sowie 1 × 215 € = 589 €. Durch den Vorrangverzicht der Mutter erhöht sich das monatliche Kindergeld für die Gesamtfamilie um 31 € auf insgesamt 773 €.

Eine Erhöhung des Kindergeldes für die Gesamtfamilie durch eine abweichende Zuordnung ergibt sich in dem Beispiel nur deshalb, weil vier Kinder zuzuordnen sind. Der sog. Zählkindervorteil beginnt erst bei dem dritten Kind, denn ein Kind, für das an den vorrangig Berechtigten Kindergeld gezahlt wird, ist gleichwohl auch bei dem nachrangig Berechtigten als sog. **Zählkind** zu berücksichtigen. Sind bei einem älteren Zählkind mindestens zwei jüngere Kinder vorhanden, für die Kindergeld gezahlt wird (Zahlkinder), schiebt dieses Zählkind die anderen jüngeren Kinder in der Rangfolge auf die Ordnungszahlen 2., 3. und 4. Kind, sodass für das jüngste Kind statt 184 Euro der höhere Kindergeldsatz von 190 Euro (bei drei Kindern) bzw. 215 Euro (bei vier und mehr Kindern) anfällt.

Beispiel:

Ein Ehepaar hat drei gemeinsame Kinder. Ein älteres eigenes Kind des Ehemannes lebt bei der leiblichen Mutter, an die auch als vorrangig Berechtigte das Kindergeld für dieses Kind gezahlt wird.

Bei der Ehefrau zählen nur die drei gemeinsamen Kinder als erstes, zweites und drittes Kind. Sie könnte Kindergeld in Höhe von monatlich 2 × 184 € + 1 × 190 € = 558 € erhalten.

Beim Ehemann zählt das eigene Kind als erstes Kind (Zählkind), die drei gemeinsamen jüngeren Kinder zählen als zweites, drittes und viertes Kind. Als vorrangig Berechtigter kann er für die gemeinsamen Kinder monatlich 1 × 184 € + 1 × 190 € + 1 × 215 € = 589 €) erhalten, also monatlich 31 € mehr als seine Ehefrau. Deshalb empfiehlt es sich, dass die Eheleute den Ehemann zum Berechtigten bestimmen.

Kindergeld wird nicht gezahlt, wenn ein Anspruch besteht auf Kinderzulagen aus der gesetzlichen Unfallversicherung, auf Kinderzuschuss aus einer gesetzlichen Rentenversicherung, auf Leistungen für Kinder, die im Ausland gezahlt werden und die dem Kindergeld, der Kinderzulage bzw. dem Kinderzuschuss vergleichbar sind, und schließlich auf Leistungen für Kinder von einer zwischen- oder überstaatlichen Einrichtung, die dem Kindergeld vergleichbar sind (§ 65 Abs. 1 EStG). Der Anspruch für ein Kind ist ausgeschlossen, wenn dem Berechtigten oder einer anderen Person für das Kind eine der genannten Leistungen zusteht. Das Kind kann jedoch in diesen Fällen bei einem etwaigen Kindergeldanspruch für jüngere Kinder als Zählkind mitgezählt werden und dadurch zur Erhöhung des Kindergeldanspruchs beitragen. Ist der Kinderzuschuss bzw. die Kinderzulage zur Rente niedriger als das Kindergeld, wird der Unterschiedsbetrag als Teilkindergeld gezahlt (§ 65 Abs. 2 EStG). Ausländische kindbezogene Leistungen schließen den Kindergeldanspruch auch dann aus, wenn sie niedriger als das deutsche Kindergeld sind. Dies gilt allerdings nicht für Familienleistungen, die von einem anderen Mitgliedstaat der Europäischen Union, des Europäischen Wirtschaftsraums oder der Schweiz gewährt werden. Hier besteht gegebenenfalls ein Anspruch auf einen Unterschiedsbetrag als Teilkindergeld.[14]

Wenn der Berechtigte seinem Kind – trotz bestehender Verpflichtung (Unterhaltstitel oder Ähnliches) – nachhaltig keinen Unterhalt leistet bzw. nur unregelmäßig, kann die Familienkasse das auf dieses Kind entfallende Kindergeld auf Verlangen an das (volljährige) Kind selbst oder an diejenige Person oder Behörde auszahlen (abzweigen), die dem Kind tatsächlich Unterhalt laufend gewährt.[15] Das Kindergeld kann auch dann abgezweigt werden, wenn der Berechtigte seiner Unterhaltspflicht mit einem geringeren Betrag als dem anteiligen Kindergeld nachkommt (§ 74 Abs. 1 EStG). Abgezweigt wird der auf das Kind entfallende Betrag, der sich bei gleichmäßiger Verteilung des monatlichen Gesamtanspruchs auf alle Kinder ergibt. Der Betrag ist also höher als 184 Euro pro Kind, wenn ein Kindergeldanspruch für drei oder mehr Kinder besteht. Bezieht ein Sozialhilfeempfänger Kindergeld, ist dieses bei der Ermittlung der Hilfe zum Lebensunterhalt als Einkommen i. S. des § 11 SGB II anzurechnen und mindert dementsprechend die Hilfe zum Lebensunterhalt. Wird rückwirkend Kindergeld festgesetzt, kann der Sozialleistungsträger das Kindergeld erstattet verlangen.

Ist Hilfeempfänger dagegen nicht der Elternteil, der Anspruch auf das Kindergeld hat, sondern das im eigenen Haushalt lebende Kind, ist das Kindergeld nur dann als Einkommen des Kindes anzurechnen, wenn das Kindergeld nach § 74 Abs. 1 EStG an das Kind abgezweigt wird.[16]

Vom 01.01.2002 bis 31.12.2008 betrug das Kindergeld für erste, zweite und dritte Kinder jeweils 154 Euro monatlich und für das vierte und jedes weitere Kind jeweils 179 Euro monatlich (§ 66 Abs. 1 EStG). Im Jahr 2009 betrug es für das erste und zweite Kind jeweils 164 Euro, für dritte Kinder 170 Euro und für das vierte und jedes weitere Kind jeweils 195 Euro. Das Kindergeld ab dem 01.01.2010 liegt für jedes Kind um 20 Euro höher (§ 66 Abs. 1 EStG i. d. F. des FamLeistG).

30.2.2.3 Zählkinder

Welches Kind bei einem Berechtigten erstes, zweites, drittes oder weiteres Kind ist, richtet sich nach der Reihenfolge der Geburten. Das älteste Kind ist stets das erste Kind. In der Reihenfolge zählen als „Zählkinder" auch diejenigen Kinder mit, für die der Berechtigte kein Kindergeld erhalten kann, weil es einem anderen Elternteil vorrangig zusteht (siehe Beispiel oben). Kinder, für die überhaupt kein Kindergeldanspruch mehr besteht, zählen in der Reihenfolge nicht mit.

---

14 BFH vom 24.03.2006 III R 41/05 (BStBl 2008 II S. 369).
15 BFH vom 23.02.2006 III R 65/04 (BStBl 2008 II S. 753).
16 BFH vom 17.04.2008 III R 33/05 (BStBl 2009 II S. 919).

30.2 Familienleistungsausgleich

Beispiel:
Ein Berechtigter erhält für seine vier Kinder monatlich 2 × 184 € + 1 × 190 € + 1 × 215 = 773 € Kindergeld. Wenn das älteste Kind wegfällt, rücken die drei jüngeren Geschwister an die Stelle des ersten, zweiten und dritten Kindes. Für sie werden nun 2 × 184 € + 1 × 190 € = 558 € monatlich gezahlt. Durch den Wegfall des ältesten Kindes verringert sich also das monatliche Kindergeld um 215 €.

Ein Anspruch auf Kindergeld besteht grundsätzlich für jeden Monat, in dem wenigstens an einem Tag die Anspruchsvoraussetzungen vorgelegen haben (§ 66 Abs. 2 EStG).

30.2.2.4 Verfahren und Auszahlung

Das Kindergeld ist bei der zuständigen Familienkasse schriftlich zu beantragen (§ 67 Satz 1 EStG). Einen Antrag kann außer dem Berechtigten auch stellen, wer ein berechtigtes Interesse an der Kindergeldzahlung hat, z. B. weil einem Kind Unterhalt anstelle der Eltern gewährt (§ 67 Satz 2 EStG). Familienkasse ist grundsätzlich die Agentur für Arbeit, in deren Bezirk der Antragsteller seinen Wohnsitz oder gewöhnlichen Aufenthalt hat. Für Angehörige des öffentlichen Dienstes und Empfänger von Versorgungsbezügen ist zuständige Familienkasse i. d. R. die mit der Bezügefestsetzung befasste Stelle des jeweiligen öffentlich-rechtlichen Arbeitgebers (§ 72 EStG). Die für die Antragstellung bei den Familienkassen der Agenturen für Arbeit vorhandenen Vordrucke können aus dem Internet unter www.familienkasse.de oder www.bzst.de heruntergeladen werden. Die monatliche (§ 66 Abs. 2 EStG) Auszahlung des Kindergeldes erfolgt durch die Agentur für Arbeit – Familienkasse; bei Angehörigen des öffentlichen Dienstes und Empfängern von Versorgungsbezügen wird das Kindergeld von ihren Dienstherren oder Arbeitgebern in ihrer Eigenschaft als Familienkasse festgesetzt und monatlich ausgezahlt. Das Kindergeld wird von den Familienkassen durch Bescheid festgesetzt und ausgezahlt (§ 70 Abs. 1 EStG).

Eine Änderung der tatsächlichen Verhältnisse, z. B. der Haushaltswechsel eines Kindes, muss der Familienkasse unverzüglich mitgeteilt werden (§ 68 Abs. 1 Satz 1 EStG). Die Mitwirkungspflicht bezieht sich auch auf Kinder, die das 18. Lebensjahr vollendet haben (§ 68 Abs. 1 Satz 2 EStG). Die Mitteilung ist keine Anzeige i. S. des § 170 Abs. 2 Satz 1 Nr. 1 AO und führt deshalb nicht zu einer Anlaufhemmung der Festsetzungsfrist für den Kindergeldanspruch.[17] Um eine doppelte Zahlung von Kindergeld für dasselbe Kind in verschiedenen Bundesländern auszuschließen, übermitteln die Meldebehörden den Familienkassen Daten aller Einwohner, zu deren Person Daten von minderjährigen Kindern gespeichert sind (§ 69 EStG).

§ 76 EStG enthält Pfändungsbeschränkungen für das Kindergeld. Der Anspruch auf Kindergeld kann nur wegen gesetzlicher Unterhaltsansprüche eines Kindes, das bei der Festsetzung des Kindergeldes (d. h. als Zahlkind oder anspruchserhöhendes

---
17 BFH vom 18.05.2006 III R 80/04 (BStBl 2008 II S. 371).

Zählkind) berücksichtigt wird, gepfändet werden. Die frühere Regelung des § 76a EStG, wonach das Kindergeld für den Zeitraum von sieben Tagen seit der Gutschrift der Überweisung unpfändbar war, wurde ab 01.01.2012 aufgehoben. Damit wurde dem Kindergeldberechtigten der erste Zugriff auf Kontengutschriften ermöglicht.

Im Gegensatz zum außergerichtlichen Rechtsbehelfsverfahren nach der AO können Kosten von Einsprüchen gegen Kindergeldfestsetzungen erstattet werden (§ 77 EStG).

Das Kindergeld wird jeweils für einzelne Monate von der Familienkasse durch einen Dauerverwaltungsakt festgesetzt und ausgezahlt. Bei Angehörigen des öffentlichen Dienstes wird das Kindergeld durch den Dienstherrn festgesetzt und ausgezahlt (§ 72 EStG). Da es eine Steuervergütung ist (§ 31 Satz 3 EStG), sind gem. § 155 Abs. 4 AO die für Steuerfestsetzungen geltenden Vorschriften anwendbar.[18] Gegen die (teilweise) Ablehnung sind der Einspruch (§ 347 Abs. 1 Satz 1 Nr. 1 AO) und die Verpflichtungsklage vor dem Finanzgericht (§ 40 FGO) statthaft.

Für die Änderung der Kindergeldfestsetzung enthält § 70 EStG eigenständige Änderungsnormen. Wenn die Verhältnisse sich ändern, z. B. die Haushaltszugehörigkeit des Kindes, kann die Festsetzung des Kindergeldes mit Wirkung vom Zeitpunkt der Änderung, also auch rückwirkend im Rahmen der Verjährungsfrist von 4 Jahren, aufgehoben oder geändert werden (§ 70 Abs. 2 EStG). Das gilt auch für die Veränderung der rechtlichen Verhältnisse.[19] Bei Rechtsfehlern ist eine Neufestsetzung oder Aufhebung der Festsetzung nur mit Wirkung für die Zukunft möglich (§ 70 Abs. 3 EStG).[20]

Durch § 70 Abs. 4 EStG a. F. war bis einschließlich Veranlagungszeitraum 2011 sichergestellt, dass die Kindergeldfestsetzung auch nach Ablauf des Kalenderjahres korrigiert werden konnte, wenn nachträglich bekannt wurde, dass das über 18 Jahre alte Kind höhere Einkünfte und Bezüge hatte als den in § 32 Abs. 4 Satz 2 EStG a. F. festgesetzten Grenzbetrag. Diese Regelung wurde mit dem Steuervereinfachungsgesetz 2011[21] aufgehoben. Sie ist jedoch nach § 52 Abs. 62a EStG weiter für Kindergeldfestsetzungen anzuwenden, die Zeiträume bis 31.12.2011 betreffen. Nach § 70 Abs. 4 EStG konnte z. B. ein bestandskräftiger Bescheid, mit dem die Familienkasse die Festsetzung von Kindergeld im laufenden Kalenderjahr wegen der den Jahresgrenzbetrag voraussichtlich überschreitenden Einkünfte und Bezüge des Kindes aufgehoben hatte, geändert werden, wenn sich die tatsächlichen Einkünfte und Bezüge gegenüber den prognostizierten Beträgen geändert hatten. § 70 Abs. 4 EStG a. F. war nach Ansicht des BFH[22] dagegen nicht anwendbar, wenn es

---

18 BFH vom 23.11.2001 VI R 125/00 (BStBl 2002 II S. 296).
19 BFH vom 24.03.2006 III R 41/05 (BStBl 2008 II S. 369) und vom 18.05.2006 III R 80/04 (BStBl 2008 II S. 371).
20 BFH vom 28.06.2006 III R 13/06 (BStBl 2007 II S. 714).
21 BGBl 2011 I S. 986.
22 BFH vom 28.06.2006 III R 13/06 (BStBl 2007 II S. 714).

30.2 Familienleistungsausgleich

sich nicht um eine Prognoseentscheidung handelte, sondern die Festsetzung von Kindergeld für ein abgelaufenes Kalenderjahr nach Prüfung der Einkünfte und Bezüge des Kindes abgelehnt worden war. Schließlich hatte der BFH eine Aufhebung abgelehnt, wenn der Grenzbetrag überschritten wurde, weil die gesetzlichen Sozialversicherungsbeiträge des Kindes nicht abgezogen wurden, obwohl später das BVerfG entschied,[23] dass diese zu berücksichtigen seien.

Beispiel:
Die Eltern eines volljährigen, in Ausbildung befindlichen Kindes haben für 2009 kein Kindergeld beantragt, weil ihr Kind Einkünfte aus nichtselbständiger Arbeit von mehr als 8.004 € erzielte. Später erfuhren sie, dass die Sozialversicherungsbeiträge abziehbar seien.
Die Eltern können bis zum Ablauf der vierjährigen Verjährungsfrist Ende 2013 das Kindergeld beantragen.

Abwandlung:
Die Familienkasse hat die Kindergeldfestsetzung in einer Prognoseentscheidung 2004 bestandskräftig aufgehoben, weil die Einkünfte des Kindes ohne Abzug der Sozialversicherungsbeiträge über dem Grenzbetrag lagen.
Nach Auffassung des BFH[24] kommt § 70 Abs. 4 EStG a. F. nicht in Betracht, wenn sich ein von der Prognoseentscheidung der Familienkasse abweichender Betrag nur deshalb ergibt, weil sich nach Erlass des Kindergeldbescheids aufgrund der Entscheidung des BVerfG vom 11.01.2005 die Rechtsauffassung zur Auslegung des § 32 Abs. 4 Satz 2 EStG geändert hat. Der BFH[25] behandelt aber einen Anruf innerhalb der Rechtsbehelfsfrist gegen den ablehnenden Bescheid als Antrag auf schlichte Änderung (§ 172 Abs. 1 Satz 1 Nr. 2 Buchst. a AO).

Der BFH[26] berücksichtigte die Entscheidung des BVerfG allerdings im Rahmen einer Korrektur nach § 70 Abs. 4 EStG a. F., wenn auch die tatsächlichen Einkünfte und Bezüge gegenüber den prognostizierten Beträgen sich geändert hatten.

Fortsetzung des Beispiels:
Bei der ursprünglichen Prognoseentscheidung war nur der Arbeitnehmer-Pauschbetrag angesetzt worden. Später wurden höhere Werbungskosten nachgewiesen, die aber nicht ausreichten, um den Grenzbetrag zu unterschreiten. Da bei Berücksichtigung der Sozialversicherungsbeiträge der Grenzbetrag unterschritten wird, ist die Prognoseentscheidung gem. § 70 Abs. 4 EStG a. F. aufzuheben.

30.2.2.5 Kindergeldabhängige Steuervergünstigungen

Vom Kindergeld bzw. den Freibeträgen für Kinder abhängig sind andere steuerliche Vergünstigungen:

- § 1a EStG – unbeschränkte Steuerpflicht von EU-/EWR-Bürgern
- § 10 Abs. 1 Nr. 2 Buchst. b EStG – Vorsorgeaufwendungen

---
23 BVerfG vom 11.01.2005 2 BvR 167/02 (DStR 2005 S. 911).
24 BFH vom 28.11.2006 III R 6/06 (BStBl 2007 II S. 717).
25 BFH vom 10.05.2007 III R 67/06 (BFH/NV 2007 S. 2063).
26 BFH vom 10.05.2007 III R 103/06 (HFR 2007 S. 997).

- § 10 Abs. 1 Nr. 9 EStG – Schulgeld
- § 24b EStG– Entlastungsbetrag für Alleinerziehende
- § 33 Abs. 3 EStG– zumutbare Belastung
- § 33a Abs. 1 EStG – Unterhaltsfreibetrag
- § 33a Abs. 2 EStG – Ausbildungsfreibetrag
- § 33b Abs. 5 EStG – Übertragung des Behinderten- oder Hinterbliebenen-Pauschbetrags
- § 34f EStG – Baukindergeld
- § 39 Abs. 4 bis 6 EStG – Lohnsteuerabzugsmerkmale
- § 51a Abs. 2, 2a EStG – Einkommensteuer als Maßstabsteuer (Kirchensteuer, Solidaritätszuschlag)
- §§ 83, 85 EStG – Altersvorsorgezulage
- § 9 Abs. 5 EigZulG – Kinderzulage bei der Eigenheimzulage

30.2.3 Freibeträge für Kinder (§ 32 Abs. 6 EStG)

30.2.3.1 Allgemeines

Das sächliche Existenzminimum eines Kindes wird durch einen Kinderfreibetrag steuerfrei gestellt. Abgezogen wird außerdem ein Freibetrag für den Betreuungs- und Erziehungs- oder Ausbildungsbedarf des Kindes (§§ 31, 32 Abs. 6 EStG). Die Regelungen des § 32 EStG knüpfen an § 31 EStG an. Der Kindbegriff wird in § 32 Abs. 1 EStG definiert. § 32 Abs. 3 EStG regelt die Berücksichtigung von Kindern bis zum 18. Lebensjahr und § 32 Abs. 4 und 5 EStG für die Zeit bis zur Vollendung des 25. Lebensjahres. § 32 Abs. 6 EStG normiert die Höhe der Freibeträge und ihre Übertragungsmöglichkeiten.

Für den Regelfall bedeutet die Regelung, dass zusammenveranlagte Eltern neben dem Kinderfreibetrag von 4.368 Euro den Freibetrag für den Betreuungs- und Erziehungs- oder Ausbildungsbedarf von 2.640 Euro, also insgesamt 7.008 Euro jährlich, in Anspruch nehmen können. In welcher Höhe tatsächlich entsprechende Aufwendungen anfallen, wird nicht geprüft.

Bei **Kindern im Ausland** ist für beide Freibeträge eine Notwendigkeits- und Angemessenheitsprüfung vorzunehmen (§ 32 Abs. 6 Satz 4 EStG). Daraus kann sich eine Kürzung der abziehbaren Freibeträge ergeben.[27] Auch der Freibetrag für den Betreuungs- und Erziehungs- oder Ausbildungsbedarf ist nur abzuziehen, wenn die gebotene steuerliche Freistellung nicht in vollem Umfang durch das Kindergeld bewirkt wird (§ 31 Satz 4 EStG; zur Günstigerprüfung siehe 30.2.4).

---

27 BMF vom 04.10.2011 (BStBl 2011 I S. 961).

30.2 Familienleistungsausgleich

Ebenso wie der Kinderfreibetrag steht auch der Freibetrag für den Betreuungs- und Erziehungs- oder Ausbildungsbedarf grundsätzlich jedem Elternteil zur Hälfte zu. Ein Steuerpflichtiger erhält diese Freibeträge voll, wenn der andere Elternteil verstorben oder nicht unbeschränkt steuerpflichtig ist (§ 32 Abs. 6 Satz 3 Nr. 1 EStG) oder wenn der Wohnsitz oder gewöhnliche Aufenthalt des anderen Elternteils nicht zu ermitteln ist bzw. wenn der Vater des Kindes amtlich nicht feststellbar ist (R 32.12 EStR).

Eine einvernehmliche **Übertragung** der Freibeträge ist bei zusammenveranlagten Eltern nicht möglich, wohl aber die Übertragung von den leiblichen Eltern – auch mit deren Zustimmung – auf Groß- oder Stiefeltern (§ 32 Abs. 6 Satz 10 und 11 EStG), weil diese Personen nach dem im Kindergeldrecht geltenden Vorrangprinzip (§ 63 Abs. 1 Nr. 2 und 3 EStG) grundsätzlich kindergeldberechtigt sind, wenn sie ein Enkel- oder Stiefkind in ihrem Haushalt aufgenommen haben (DA-Fam-EStG 63.2.4).[28] Ab dem Veranlagungszeitraum 2012 ist die Übertragung auf einen Stief- oder Großelternteil auch dann möglich, wenn dieser gegenüber dem Stief- bzw. Enkelkind unterhaltspflichtig ist. Eine Unterhaltspflicht der Großeltern kann beispielsweise dann vorliegen, wenn die Eltern des (Enkel-)Kindes nicht leistungsfähig sind (§ 1603 BGB).[29] Zu beachten ist, dass die Übertragung nach § 32 Abs. 6 Satz 10 EStG ohne Zustimmung der Eltern möglich ist und im Ermessen der Finanzbehörde steht.

Bei Elternpaaren, bei denen die Voraussetzungen des § 26 Abs. 1 Satz 1 EStG nicht vorliegen, kann sich ein Elternteil den Kinderfreibetrag des anderen Elternteils übertragen lassen, wenn er, nicht aber der andere Elternteil, seiner Unterhaltspflicht gegenüber dem Kind für das Kalenderjahr im Wesentlichen nachkommt oder der andere Elternteil mangels Leistungsfähigkeit nicht unterhaltspflichtig ist (§ 32 Abs. 6 Satz 6 EStG). Eine Übertragung des Kinderfreibetrags auf einen Elternteil, der Unterhaltsleistungen nach dem Unterhaltsvorschussgesetz bezieht, ist allerdings nach § 32 Abs. 6 Satz 7 EStG nicht möglich. Nach R 32.13 Abs. 4 Satz 2 EStR 2008 führt die Übertragung des Kinderfreibetrags stets auch zur Übertragung des Freibetrags für den Betreuungs- und Erziehungs- oder Ausbildungsbedarf. Da § 32 Abs. 6 EStG zwischen Kinderfreibetrag und Freibetrag für den Betreuungs- und Erziehungs- oder Ausbildungsbedarf unterscheidet, ist eine „zwangsweise" Übertragung des Letzteren ohne Zustimmung des Elternteils bedenklich. Die Prüfung, ob ein Elternteil seiner Unterhaltspflicht im Wesentlichen nachkommt, als Voraussetzung für die Übertragung des Kinderfreibetrages (§ 32 Abs. 6 Satz 6 EStG) hängt bei einer Barunterhaltsverpflichtung davon ab, dass er sie zu mindestens 75 % erfüllt (R 32.13 Abs. 2 EStR). Der Elternteil, in dessen Obhut sich das Kind befindet, erfüllt seine Unterhaltsverpflichtung i. d. R. durch Pflege und Erziehung des Kindes (§ 1606 Abs. 3 Satz 2 BGB).

---
28 BMF vom 09.03.1998 (BStBl 1998 I S. 347), Rz. 21.
29 BMF vom 28.06.2013 (BStBl 2013 I S. 845).

30 Ermittlung des zu versteuernden Einkommens

Nach § 32 Abs. 6 Satz 8 EStG kann auf Antrag der Freibetrag für den Betreuungs- und Erziehungs- oder Ausbildungsbedarf, der dem Elternteil zusteht, in dessen Wohnung das minderjährige Kind nicht gemeldet ist, auf den anderen Elternteil übertragen werden. Weitere Voraussetzung ist, dass das Elternpaar die Voraussetzungen des § 26 Abs. 1 EStG nicht erfüllt. Hierzu gehören dauernd getrennt lebende oder geschiedene Ehegatten und miteinander nicht verheiratete Eltern. Ab dem Veranlagungszeitraum 2012 kann der Elternteil, bei dem das Kind nicht gemeldet ist, der Übertragung widersprechen (§ 32 Abs. 6 Satz 9 EStG). Die Finanzbehörden haben zu prüfen, ob der Widerspruch begründet ist. Er ist begründet, wenn der widersprechende Elternteil Kinderbetreuungskosten trägt (z. B., weil er als barunterhaltsverpflichteter Elternteil ganz oder teilweise für einen sich aus Kindergartenbeiträgen ergebenden Mehrbedarf des Kindes aufkommt) oder er das Kind in einem nicht unwesentlichen Umfang betreut (z. B., wenn eine außergerichtliche Vereinbarung über einen regelmäßigen Umgang an Wochenenden und in den Ferien vorliegt).[30] Die Voraussetzungen für die Übertragung sind monatsweise zu prüfen. In dem Kalenderjahr, in dem das Kind das 18. Lebensjahr vollendet, ist eine Übertragung des Freibetrags für Betreuungs- und Erziehungs- oder Ausbildungsbedarf nur für den Teil des Kalenderjahres möglich, in dem das Kind noch minderjährig ist (R 32.13 Abs. 4 Satz 6 EStR).

Antragsvordrucke können aus dem Internet heruntergeladen werden: www.bzst.de oder www.familienkasse.de.

30.2.3.2 Kindbegriff

Die Grundvoraussetzungen für das Kindergeld und die Freibeträge für Kinder sind identisch. Es muss ein Kindschaftsverhältnis vorliegen, das bei Kindern vor Vollendung des 18. Lebensjahres die einzige Voraussetzung ist. Kinder ab Vollendung des 18. Lebensjahres werden bis zu einer bestimmten Altersgrenze berücksichtigt, wenn zusätzliche Voraussetzungen erfüllt sind; außerdem dürfen Einkünfte und Bezüge des volljährigen Kindes bestimmte Beträge nicht überschreiten. Zum Kindbegriff siehe auch das Merkblatt „Kindergeld" der Bundesagentur für Arbeit www.familienkasse.de und DA-FamEStG 63.1.[31]

Lediglich bei **Stief- und Enkelkindern** bestehen Unterschiede. Sie erfüllen zwar den kindergeldrechtlichen Kindbegriff (§ 63 Abs. 1 Nr. 2 und 3 EStG), für sie werden aber keine Freibeträge für Kinder gewährt. Diese können aber auf den Stiefelternteil bzw. auf die Großeltern übertragen werden (§ 32 Abs. 6 Satz 10 und 11 EStG); Letzteres kann insbesondere bei Eltern ohne Einkommen steuerliche Vorteile bringen. Eine Übertragung ist nicht erforderlich, wenn Stief- oder Großeltern mit der Aufnahme des Kindes Pflegeeltern gem. § 32 Abs. 1 Nr. 2 EStG werden.

---

30 BMF vom 28.06.2013 (BStBl 2013 I S. 845).
31 BZSt vom 11.07.2013 (BStBl 2013 I S. 882).

30.2 Familienleistungsausgleich

Kinder i. S. des § 32 Abs. 1 und des § 63 Abs. 1 Nr. 1 EStG sind im ersten Grad mit dem Steuerpflichtigen verwandte Kinder und Pflegekinder. Im ersten Grad verwandt mit dem Steuerpflichtigen sind leibliche (eheliche, für ehelich erklärte, nichteheliche) Kinder (§ 1589 BGB) und Adoptivkinder (§ 1754 BGB). Mit der Annahme als Kind erlischt das Verwandtschaftsverhältnis zu den bisherigen Verwandten (§ 1755 BGB), es sei denn, es handelt sich um einen Volljährigen, der mit seinen leiblichen Eltern verwandt bleibt (§ 1770 Abs. 1 BGB). Auf Kindergeld und Kinderfreibetrag haben jedoch ab Zustellung des Adoptionsbeschlusses nur die Adoptiveltern Anspruch (DA-FamEStG 63.2.1.2). Erkennt der leibliche Vater eines Kindes die Vaterschaft an, nachdem das Kind die Scheinvaterschaft des ehelichen Kindes angefochten hat, wirkt die **Anerkennung der Vaterschaft** zivilrechtlich rechtsgestaltend auf den Zeitpunkt der Geburt zurück. Lediglich die Rechtswirkungen können naturgemäß erst nach der Erklärung der Vaterschaftsanerkennung geltend gemacht werden (§ 1594 Abs. 1 BGB). Da das Vaterschaftsanerkenntnis ein Ereignis i. S. des § 175 Abs. 1 Satz 1 Nr. 2 AO ist, das steuerliche Wirkung für die Vergangenheit hat, sind bereits bestandskräftige Steuerbescheide zu ändern.[32] Das Kind ist auch rückwirkend als Zählkind (siehe 30.2.2.3) zu berücksichtigen (DA-FamEStG 63.2.1.2). Das Kind des Partners/der Partnerin einer gleichgeschlechtlichen Lebensgemeinschaft ist nicht Stiefkind des anderen Partners/der anderen Partnerin.[33] Möglich ist aber eine Adoption (§ 9 Abs. 7 LPartG).

Pflegekinder sind Personen, mit denen der Steuerpflichtige durch eine familienähnliche, auf längere Dauer angelegte Beziehung verbunden ist und die er in seinem Haushalt aufgenommen hat. Die Absicht, das Kind zu adoptieren, reicht aus (R 32.2 Abs. 1 EStR). Das Kind darf nicht zu Erwerbszwecken, z. B. als Hortkind, aufgenommen werden. Auf eine nicht unwesentliche Kostenbeteiligung, die eine Ermittlung der Gesamtkosten erforderte, kommt es nicht an. Nur wenn mehr als sechs Kinder in dem Haushalt sind, spricht eine Vermutung dafür, dass es sich um Kostkinder handelt (R 32.2 Abs. 1 Satz 5 EStR; DA-FamEStG 63.2.2.3).

Ein im ersten Grad mit dem Steuerpflichtigen verwandtes Kind, das zugleich Pflegekind ist, kann nur als Pflegekind berücksichtigt werden (§ 32 Abs. 2 Satz 2 EStG).

Freibeträge für Kinder können auch für Kinder in Betracht kommen, die weder ihren Wohnsitz noch ihren gewöhnlichen Aufenthalt im Inland haben (**Auslandskinder),** allerdings nur, soweit diese nach den Verhältnissen des Wohnsitzstaates des Kindes notwendig und angemessen sind (§ 32 Abs. 6 Satz 4 EStG; siehe 29.9.1.9). Diese Regelung bedeutet, dass die Ländergruppeneinteilung zu § 33a Abs. 1 Satz 6 EStG anzuwenden ist (siehe 29.9.1.9).

---

32 BFH vom 28.07.2005 III R 68/04 (BStBl 2008 II S. 350).
33 BFH vom 20.04.2004 VIII R 88/00 (BFH/NV 2004 S. 1103).

30.2.3.3 Kinder bis 18 Jahre

Für ein Kind bis zur Vollendung des 18. Lebensjahres ist nur ein Kindschaftsverhältnis erforderlich, um einen Anspruch auf Kindergeld oder Freibeträge für Kinder zu begründen. Familienstand, Berufsausbildung oder eigene Einkünfte sind unerheblich (§ 32 Abs. 3, § 63 Abs. 1 Satz 2 EStG). Ein Kind wird berücksichtigt ab dem Kalendermonat, in dem es lebend geboren wurde, und in jedem folgenden Kalendermonat, zu dessen Beginn es das 18. Lebensjahr noch nicht vollendet hat. Für die Berechnung gilt § 187 Abs. 2 Satz 2 i. V. m. § 188 Abs. 2 BGB. Ein am 01.01.1995 geborenes Kind hat das 18. Lebensjahr mit Ablauf des 31.12.2012 vollendet, sodass es für Januar 2013 nicht mehr gem. § 32 Abs. 3 EStG berücksichtigt werden kann. Es kommt auf das tatsächliche Alter des Kindes und nicht auf das fälschlicherweise in amtlichen Ausweispapieren angegebene an.[34] § 33a SGB I, wonach das zuerst gegenüber dem Sozialleistungsträger oder Arbeitgeber angegebene Alter maßgeblich ist, wenn nicht ein Schreibfehler vorliegt oder sich aus einer vor der erstmaligen Altersangabe erstellten Urkunde ein anderes Geburtsdatum ergibt, ist im Steuerrecht nicht anzuwenden.

30.2.3.4 Kinder über 18 Jahre

Kinder, die das 18. Lebensjahr vollendet haben, werden unter den Voraussetzungen des § 32 Abs. 4 und 5 EStG, auf den § 63 Abs. 1 Satz 2 EStG für das Kindergeld verweist, berücksichtigt.

- **Kinder ohne Arbeitsplatz**

Ein noch nicht 21 Jahre altes Kind kann berücksichtigt werden, wenn es der Arbeitsvermittlung im Inland zur Verfügung steht. Eine geringfügige Beschäftigung i. S. des § 8 SGB IV ist unschädlich. Die Arbeitslos-Meldung muss persönlich erfolgen, wobei als Anfangszeitpunkt für den Kindergeldanspruch grundsätzlich derjenige Zeitpunkt maßgebend ist, zu dem das Kind bei der zuständigen Arbeitsvermittlung ein Bewerberangebot abgegeben hat und ihr zur Verfügung steht (DA-FamEStG 63.3.1). Eine einmalige Meldung reicht nicht aus, wenn die Arbeitsagentur nach drei Monaten die Arbeitsvermittlung einstellt. Dann muss das Kind sich erneut als Arbeitsuchender melden.[35] Nicht als Arbeitsuchender gemeldet ist ein Kind, das keinen Anspruch auf eine Vermittlungsleistung hat, z. B. weil das Kind aufgrund seines ausländerrechtlichen Status keine Arbeitsgenehmigung erlangen konnte.[36]

---

34 BFH vom 24.09.2009 III R 62/07 (BFH/NV 2010 S. 616).
35 BFH vom 19.06.2008 III R 68/05 (BStBl 2009 II S. 1008).
36 BFH vom 07.04.2011 III R 24/08 (BStBl 2012 II S. 210).

30.2 Familienleistungsausgleich

- **Kinder in Berufsausbildung**

Ein Kind, das noch nicht das 25. Lebensjahr vollendet hat (zu den Verlängerungstatbeständen siehe unten), wird berücksichtigt, wenn es für einen Beruf ausgebildet wird (§ 32 Abs. 4 Satz 1 Nr. 2 Buchst. a EStG).

Die Höchstaltersgrenze ist durch das StÄndG 2007 vom 27. auf das 25. Lebensjahr abgesenkt worden und gilt für **nach dem 01.01.1983** geborene Kinder. Nach der Übergangsregelung in § 52 Abs. 40 Satz 4 und 5 EStG gilt Folgendes: Für Kinder, die vom 02.01.1982 bis 01.01.1983 geboren sind: 26 Jahre; für die bis zum 01.01.1982 geborenen Kinder gilt die frühere Altersgrenze von 27 Jahren weiter. Die Absenkung der Altersgrenze ist verfassungsrechtlich nicht zu beanstanden.[37]

Als Berufsausbildung ist die Ausbildung für einen künftigen Beruf anzusehen. Darunter fällt z. B. der Besuch von Allgemeinwissen vermittelnden Schulen (Hauptschule, Realschule, höhere Schule), Hoch-, Fachhoch- und Fachschulen, die Ausbildung für einen handwerklichen, kaufmännischen, technischen oder hauswirtschaftlichen Beruf. Auch Praktika und Sprachaufenthalte im Ausland gelten als Berufsausbildung. Ein schwerbehindertes Kind befindet sich auch dann in der Berufsausbildung, wenn es durch gezielte Maßnahmen auf eine – wenn auch einfache – Erwerbstätigkeit vorbereitet wird, die nicht spezifische Fähigkeiten oder Fertigkeiten erfordert (z. B. Besuch einer Behindertenschule, einer Heimsonderschule oder das Arbeitstraining in einer Anlern- oder beschützenden Werkstatt – R 32.5 EStR).

Den Eltern und dem Kind wird bei der Gestaltung der Ausbildung ein weiter Ermessensspielraum zugebilligt. Die Ausbildung muss auch nicht überwiegend die Zeit und Arbeitskraft des Kindes in Anspruch nehmen.[38] Nach früherer Auffassung des BFH war ein Kind, das vollzeitig erwerbstätig war, nicht als Kind zu berücksichtigen, weil keine typische Unterhaltssituation vorgelegen habe.[39] Der BFH stellte dabei auf die unterhaltsrechtliche Situation ab, wie sie sich in den einzelnen Monaten des Kalenderjahres darstellte, unabhängig davon, ob das Kind schon eine berufsqualifizierende Ausbildung beendet hatte oder sich noch in dem Stadium nach Beendigung der Schulausbildung befand. Diese Rechtsprechung hat der BFH aufgegeben.[40] Eine Vollzeittätigkeit ist hiernach kein negatives Tatbestandsmerkmal. Der Gesetzgeber hat in § 32 Abs. 4 Satz 3 EStG mit Wirkung ab dem Veranlagungszeitraum 2012 die frühere Rechtsprechung des BFH zur Vollzeiterwerbstätigkeit bei der Abgrenzung von schädlichen und unschädlichen Ausbildungen nach Abschluss einer erstmaligen Berufsausbildung oder eines Erststudiums aufgegriffen und teilweise ins Gesetz übernommen. Allerdings stellt § 32 Abs. 4 Satz 3 EStG nicht auf eine Vollzeittätigkeit, sondern auf eine Erwerbstätigkeit ab.

---

37 BVerfG vom 22.10.2012 2 BvR 2875/10.
38 BFH vom 24.06.2004 III R 3/03 (BStBl 2006 II S. 294).
39 BFH vom 15.09.2005 III R 67/04 (BStBl 2006 II S. 305).
40 BFH vom 17.06.2010 III R 34/09 (BStBl 2010 II S. 982).

Die in die Berufsausbildung oder zwischen zwei Ausbildungsabschnitte fallenden Ferien, z. B. Semesterferien, rechnen zur **Berufsausbildungszeit,** nicht aber die nach Abschluss der Ausbildung bis zum Berufsantritt genommenen Ferien, auch nicht Unterbrechungszeiten wegen der Betreuung eines eigenen Kindes.[41] Wer sein Berufsziel nicht erreicht hat, sich aber noch ernsthaft darauf vorbereitet, befindet sich noch in der Berufsausbildung.[42] Dabei kommt es nicht auf die Unterscheidung zwischen Ausbildungs- und Fortbildungskosten an. Eine zeitlich kontinuierlich durchgeführte Ausbildung ist auch dann Berufsausbildung i. S. des § 32 Abs. 4 Satz 1 Nr. 2 Buchst. a EStG, wenn sie sich in mehreren Stufen vollzieht, von denen an sich jede einzelne zur Ausübung eines Berufes schon befähigt, wenn aber das endgültige Berufsziel noch nicht erreicht ist. Die Vorbereitung auf eine Promotion ist Berufsausbildung, wenn diese im Anschluss an das Studium ernsthaft und nachhaltig durchgeführt wird.[43] Eine Berufsausbildung ist anzunehmen, wenn das Kind neben dem Wehr- oder Zivildienst eine Ausbildung ernsthaft und nachhaltig betreibt.[44] Nicht in der Berufsausbildung befindet sich der Aufstiegsbeamte, der sich bei voller Weiterbezahlung seiner Dienstbezüge auf den Aufstieg in die nächsthöhere Laufbahn vorbereitet.[45] Das Gleiche gilt für Zeitsoldaten, die zum Studium an einer Hochschule der Bundeswehr abkommandiert sind.[46]

Eine Berufsausbildung ist abgeschlossen, wenn ein Ausbildungsstand erreicht ist, der zur Berufsausübung befähigt oder – bei behinderten Menschen – eine den Fähigkeiten angemessene Beschäftigung ermöglicht (R 32.5 Satz 3 EStR). Auch dann, wenn das Kind zwar weiterhin ein höhergestecktes Berufsziel anstrebt, dabei aber einen Beruf ausübt, wie er von vielen als Dauerberuf ausgeübt wird und werden kann, ist die Berufsausbildung beendet.

Für akademische Berufe wird die Berufsausbildung regelmäßig mit Ablegung des ersten Staatsexamens oder einer entsprechenden Abschlussprüfung, bei Handwerkern und anderen Lehrberufen mit Abschluss der Gesellen- bzw. Gehilfenprüfung beendet (H 32.5 „Beginn und Ende der Berufsausbildung" EStH). Der Abschluss einer Berufsausbildung schließt nicht aus, dass das Kind später erneut in eine Berufsausbildung eintritt. Dies kann eine weiterführende Ausbildung, z. B. der Besuch einer Fach- oder Meisterschule, oder eine Ausbildung für einen gehobenen oder andersartigen Beruf sein. Nach nicht bestandener Prüfung befindet sich das Kind weiter in Ausbildung, wenn sich das Ausbildungsverhältnis auf sein Verlangen bis zur Wiederholungsprüfung verlängert (DA-FamEStG 63.3.2.7 Abs. 6).

---

41 BFH vom 15.07.2003 VIII R 47/02 (BStBl 2003 II S. 848).
42 BFH vom 10.02.2000 VI B 108/99 (BStBl 2000 II S. 398).
43 BFH vom 22.10.2009 III R 29/08 (BFH/NV 2010 S. 627).
44 BfF vom 06.03.2003 (BStBl 2003 I S. 184).
45 BFH vom 02.07.1993 III R 81/91 (BStBl 1993 II S. 870).
46 BFH vom 22.09.1993 X R 48/92 (BStBl 1994 II S. 107).

30.2 Familienleistungsausgleich

- **Kinder in einer Übergangszeit**

Ein Kind, das noch nicht das 25. Lebensjahr vollendet hat (zu den Verlängerungstatbeständen siehe unten), wird in einer Übergangszeit von höchstens vier vollen zusammenhängenden Monaten zwischen zwei Ausbildungsabschnitten berücksichtigt (§ 32 Abs. 4 Satz 1 Nr. 2 Buchst. b EStG). Eine Teilzeitbeschäftigung während der Übergangszeit ist unschädlich.[47]

Mit Wirkung vom Veranlagungszeitraum 2002 an sind die Übergangsregelungen dahin ergänzt worden, dass ein Kind nicht nur in einer 4-monatigen Übergangszeit zwischen zwei Ausbildungsabschnitten berücksichtigt wird, sondern auch zwischen einem Ausbildungsabschnitt und der Ableistung des – ab 01.07.2011 ausgesetzten – gesetzlichen Wehr- oder Zivildienstes sowie zwischen einem Ausbildungsabschnitt und einer vom Wehr- oder Zivildienst befreienden Tätigkeit als Entwicklungshelfer oder als Dienstleistender im Ausland nach § 14b des Zivildienstgesetzes, der Ableistung eines freiwilligen ökologischen Jahres oder des Europäischen Freiwilligendienstes (§ 32 Abs. 4 Nr. 2 Buchst. b und d EStG; siehe dazu H 32.6 EStH). Begünstigt sind auch Übergangszeiten, wenn die genannten Tätigkeiten in der umgekehrten Reihenfolge aufeinanderfolgen, ebenso zwischen Ausbildungsende und Wehrdienst für eine Übergangszeit von höchstens vier Monaten.[48] Während der Pflichtdienstzeit selbst ist eine Berücksichtigung nicht möglich.[49] Dem gesetzlichen Wehrdienst ist ein freiwilliger Wehrdienst gleichgestellt (DA-FamEStG 63.3.3).

Die Ferienzeit zwischen zwei Ausbildungsabschnitten ist keine Übergangszeit, sondern gehört zur Ausbildung. Bei einer Übergangszeit von mehr als vier Monaten entfällt die Berücksichtigung auch für die ersten vier Monate.[50] In Betracht kommt hier aber die Regelung des § 32 Abs. 4 Satz 1 Nr. 2 Buchst. c EStG.

- **Kinder ohne Ausbildungsplatz**

Ein Kind, das noch nicht das 25. Lebensjahr vollendet hat (zu den Verlängerungstatbeständen siehe unten), wird berücksichtigt, wenn es eine Berufsausbildung mangels Ausbildungsplatzes nicht beginnen oder fortsetzen kann (§ 32 Abs. 4 Satz 1 Nr. 2 Buchst. c EStG). Dafür ist Voraussetzung, dass es dem Kind trotz ernsthafter Bemühungen nicht gelungen ist, seine Berufsausbildung zu beginnen oder fortzusetzen. Als Nachweis kommen z. B. Bescheinigungen der Agentur für Arbeit über die Meldung des Kindes als Bewerber für eine berufliche Ausbildungsstelle, Unterlagen über eine Bewerbung bei der Zentralen Vergabestelle von Studienplätzen, Bewerbungsschreiben oder Ablehnungen in Betracht (R 32.7 Abs. 3, 4 EStR). Den Nach-

---

47 BFH vom 23.02.2006 III R 82/03 (BStBl 2008 II S. 702).
48 BFH vom 25.01.2007 III R 23/06 (BStBl 2008 II S. 664).
49 BFH vom 25.01.2007 III R 23/06 (BStBl 2008 II S. 664).
50 BFH vom 15.07.2003 VIII R 78/99 (BStBl 2003 II S. 841).

weis für die Ausbildungswilligkeit und für das Bemühen des Kindes, einen Ausbildungsplatz zu finden, muss der Kindergeldberechtigte erbringen.[51]

Beispiel:
Das Kind legt die Abiturprüfung im Juni des Jahres 2012 ab (offizielles Schuljahresende). Es möchte sich zunächst orientieren und beabsichtigt, danach eine Berufsausbildung zu beginnen. Im August 2012 bewirbt das Kind sich schriftlich zum nächsten Ausbildungsjahr bei einem Ausbildungsbetrieb und erhält im Januar 2013 eine schriftliche Zusage zum August des Jahres 2013.

Das Kind kann bis einschließlich Juni 2012 als Kind in Berufsausbildung, vom August 2012 bis Juli 2013 als Kind ohne Ausbildungsplatz, ab August 2013 als Kind in Berufsausbildung berücksichtigt werden.

- **Kinder, die bestimmte freiwillige Dienste leisten**

Ein Kind, das noch nicht das 25. Lebensjahr vollendet hat (zu den Verlängerungstatbeständen siehe unten), wird berücksichtigt, wenn es einen der folgenden Dienste ableistet:

- Freiwilliges soziales oder ökologisches Jahr im Sinne des Jugendfreiwilligendienstegesetzes (JFDG)
- Dienst im Sinne des Beschlusses Nr. 1719/2006/EG des Europäischen Parlaments und des Rates vom 15.11.2006 (Abl EU Nr. L 327 S. 30)
- Auslandsdienst nach § 14b ZDG
- Freiwilligendienst „weltwärts"
- Freiwilligendienst aller Generationen nach § 2 Abs. 1a SGB VII
- Internationaler Jugendfreiwilligendienst (Richtlinie des Bundesministeriums für Familie, Senioren, Frauen und Jugend vom 20.12.2010, GMBl 2010 I S. 1178)
- Bundesfreiwilligendienst

Bei einem Dienst handelt es sich nicht um Berufsausbildung i. S. des § 33a Abs. 2 EStG. Während der Zeit des Grundwehr- oder Zivildienstes des Kindes besteht kein Anspruch auf Kindergeld oder Kinderfreibetrag. Um diesen Zeitraum wird jedoch die Altersgrenze von 21 bzw. 25 Jahren hinausgeschoben (§ 32 Abs. 5 Satz 1 Nr. 1 EStG; siehe unter Verlängerungstatbestände).

Bei einem Dienst, der die Voraussetzungen des § 32 Abs. 4 Satz 1 Nr. 2 Buchst. d EStG nicht erfüllt, kommt eine Berücksichtigung als Praktikum nach § 32 Abs. 4 Satz 1 Nr. 2 Buchst. a EStG in Betracht.

- **Behinderte Kinder**

Ein Kind, das wegen körperlicher, geistiger oder seelischer Behinderung außerstande ist, sich selbst zu unterhalten, kann nach § 32 Abs. 4 Satz 1 Nr. 3 EStG ohne

---

51 BFH vom 03.03.2011 III R 58/09 (BFH/NV 2011 S. 1127).

30.2 Familienleistungsausgleich

altersmäßige Begrenzung berücksichtigt werden. Voraussetzung ist, dass die Behinderung vor Vollendung des 25. Lebensjahres eingetreten ist. Bei einem behinderten Kind unter 25 Jahren wird zunächst geprüft, ob es wegen Berufsausbildung, Arbeitslosigkeit oder fehlenden Ausbildungsplatzes berücksichtigt werden kann (DA-FamEStG 63.3.6.1 Abs. 4). Der Nachweis der Behinderung ist in § 65 Abs. 1 EStDV geregelt (siehe 29.10.1). Der Steuerpflichtige kann den Nachweis der Behinderung auch auf andere Weise erbringen, z. B. in Form einer Bescheinigung oder eines Zeugnisses des behandelnden Arztes oder eines ärztlichen Gutachtens (DA-FamEStG 63.3.6.2).

Die Behinderung muss nicht die einzige Ursache dafür sein, dass das Kind sich nicht selbst unterhalten kann. Eine Mitursächlichkeit ist ausreichend, wenn der Behinderung nach den Gesamtumständen erhebliche Bedeutung zukommt. Der Grad der Behinderung hat lediglich indizielle Bedeutung. Beträgt der Grad der Behinderung weniger als 50, ist die Behinderung grundsätzlich nicht ursächlich für die mangelnde Fähigkeit zum Selbstunterhalt (DA-FamEStG 63.3.6.3). Bei einem Grad der Behinderung von mindestens 50 und bei einem Hinzutreten weiterer Umstände wie z. B. Unterbringung in einer Werkstatt für behinderte Menschen, bei Gewährung einer vollen Erwerbsminderung, bei Fortdauer der Schul- oder Berufsausbildung aufgrund der Behinderung über das 25. Lebensjahr hinaus, nimmt die Finanzverwaltung an, dass die Behinderung ursächlich für die Unfähigkeit zum Selbstunterhalt ist.

Das behinderte Kind ist außerstande, sich selbst zu unterhalten, wenn es seinen Lebensunterhalt nicht selbst durch eigene Arbeit oder eigene Mittel bestreiten kann. Der notwendige Lebensbedarf des behinderten Kindes setzt sich aus dem allgemeinen Lebensbedarf und dem individuellen behinderungsbedingten Mehrbedarf zusammen. Als allgemeiner Lebensbedarf kann der Grundfreibetrag nach § 32a Abs. 1 Satz 2 Nr. 1 EStG i. H. von 8.354 Euro (bis 2012: 8.004 Euro; für 2013: 8.130 Euro) angesetzt werden. Zum behinderungsbedingten Mehrbedarf gehören alle mit einer Behinderung zusammenhängenden außergewöhnlichen Belastungen, z. B. Aufwendungen für die Hilfe bei den gewöhnlichen und regelmäßig wiederkehrenden Verrichtungen des täglichen Lebens, für die Pflege sowie für einen erhöhten Wäschebedarf. Der behinderungsbedingte Mehrbedarf bemisst sich grundsätzlich nach dem Behinderten-Pauschbetrag i. S. des § 33b Abs. 3 EStG, wenn keine höheren Aufwendungen nachgewiesen werden. Zudem können Aufwendungen angesetzt werden, die nicht vom Pauschbetrag abgedeckt sind, wie z. B. Operationskosten und Heilbehandlungen, Kuren, Arzt- und Arzneikosten. Zum behinderungsbedingten Mehrbedarf zählen auch persönliche Betreuungsleistungen der Eltern, soweit sie über die durch das Pflegegeld abgedeckte Grundpflege und hauswirtschaftliche Verrichtungen hinausgehen und nach amtsärztlicher Bescheinigung unbedingt erforderlich sind (DA-FamEStG 63.3.6.4 Abs. 5). Diese Betreuungsleistungen der Eltern können mit einem Stundensatz von 8 Euro angesetzt werden. Im Zusammenhang mit einer Urlaubsreise entstandene Kosten für Fahrten, Unterbringung und Verpflegung einer Begleitperson können bis zu 767 Euro als weiterer behinderungsbedingter Mehrbedarf berücksichtigt werden, wenn das behinderte Kind einer ständigen Begleitung bedarf. Dem so ermittelten Bedarf des behinderten Kindes sind die ihm zur Verfügung stehenden Mittel gegenüberzustellen (Berechnungsbeispiele in H 32.9 EStH). Zu den eigenen Mitteln des Kindes zählen dessen verfügbares Nettoeinkommen und die Leistungen Dritter. Das Vermögen des Kindes bleibt unberücksichtigt (DA-FamEStG 63.3.6.4 Abs. 3).[52] Übersteigen die Einkünfte und Bezüge des Kindes nicht den Grundfreibetrag nach § 32a Abs. 1 Satz 2 Nr. 1 EStG, ist aus Vereinfachungsgründen davon auszugehen, dass das Kind außerstande ist, sich selbst zu unterhalten (H 32.9 EStH). Dies gilt auch, wenn das Kind voll- oder teilstationär untergebracht ist und das Kind neben der Eingliederungshilfe Arbeitsentgelt aus einer Werkstatt für behinderte Menschen zuzüglich Arbeitsförderungsgeld nach § 43 SGB IX erhält.

- **Verlängerungstatbestände**

Arbeitslose Kinder und Kinder in Berufsausbildung werden über das 21. bzw. 25. Lebensjahr hinaus nach § 32 Abs. 5 Satz 1 Nr. 1 bis 3 EStG berücksichtigt, wenn sie

- den gesetzlichen Grundwehrdienst oder Zivildienst geleistet haben für einen der Dauer des gesetzlichen Dienstes entsprechenden Zeitraum,

- sich freiwillig für eine Dauer von nicht mehr als 3 Jahren zum Wehrdienst oder zum Polizeivollzugsdienst anstelle des gesetzlichen Grundwehr- oder Zivildienstes verpflichtet haben, allerdings nur für die Dauer des gesetzlichen Grundwehr- oder Zivildienstes,

- eine vom gesetzlichen Grundwehrdienst oder Zivildienst befreiende Tätigkeit als Entwicklungshelfer ausgeübt haben, für die Dauer des gesetzlichen Grundwehr- oder Zivildienstes.

Höchstgrenze für alle Tatbestände ist die gesetzlich vorgesehene Dauer von 9 Monaten (in der Zeit vom 01.01.2011 bis zum 30.06.2011: 6 Monaten) für den inländischen Grundwehr- und Zivildienst. Leistet das Kind den gesetzlichen Grundwehrdienst oder Zivildienst in einem Mitgliedstaat der EU oder einem Staat, auf den das Abkommen über den EWR Anwendung findet, so ist die Dauer dieses Dienstes maßgebend (§ 32 Abs. 5 Satz 2 EStG). Wird für ein Kind noch Kindergeld für einen Monat gezahlt, in dem es den Wehr- oder Zivildienst bereits angetreten hat (z. B. Diensteintritt am 2. eines Monats), so verlängert sich der Bezug von Kindergeld auch um diesen Monat.[53]

---

52 BFH vom 19.08.2002 VIII R 17/02 (BStBl 2003 II S. 88), vom 19.08.2002 VIII R 51/01 (BStBl 2003 II S. 91) und vom 26.11.2003 VIII R 32/02 (BStBl 2004 II S. 588).
53 BFH vom 20.05.2010 III R 4/10 (BStBl 2010 II S. 827).

Für Kinder ohne Ausbildungsplatz ist kein Verlängerungstatbestand vorgesehen, weil sie bis zur Vollendung des 25. Lebensjahres berücksichtigt werden können. Über 21 Jahre alte Kinder ohne Ausbildungsplatz sowie über 25 Jahre alte Kinder in Berufsausbildung sind trotz Erfüllung eines Verlängerungstatbestandes nicht mehr zu berücksichtigen, wenn die Voraussetzungen des § 32 Abs. 4 Satz 2 und 3 EStG vorliegen (§ 32 Abs. 5 Satz 3 EStG).

30.2.3.5 Ausschlussgründe

Die Berücksichtigung volljähriger Kinder erfolgt allein nach den Voraussetzungen des § 32 Abs. 4 EStG. Das Gesetz knüpft an das Bestehen einer typischen Unterhaltspflicht an.[54] Der Gesetzgeber ging bis zum Veranlagungszeitraum 2011 davon aus, dass keine typische Unterhaltssituation mehr gegeben ist, wenn die Einkünfte und Bezüge eines volljährigen Kindes bestimmte Grenzbeträge überschritten (§ 32 Abs. 4 Satz 2 EStG a. F.). Hierbei orientierte er sich am steuerfrei zu stellenden Existenzminimum.

Durch das StVereinfG 2011 wurde § 32 Abs. 4 Satz 2 EStG a. F. aufgehoben. Ab dem Veranlagungszeitraum 2012 ist für die Frage, ob eine typische Unterhaltssituation besteht, nicht mehr auf die Höhe der Einkünfte und Bezüge des Kindes abzustellen. Nunmehr ist nach der ab 2012 geltenden Fassung des § 32 Abs. 4 Satz 2 EStG der Abschluss einer erstmaligen Berufsausbildung oder eines Erststudiums sowie der Umfang der Erwerbstätigkeit des Kindes maßgebend.

Die Berücksichtigung von volljährigen Kindern i. S. des § 32 Abs. 4 Satz 1 Nr. 1 (Kinder ohne Arbeitsplatz) und Nr. 3 (behinderte Kinder) EStG wird durch § 32 Abs. 4 Satz 2 EStG nicht eingeschränkt.

Rechtslage ab Veranlagungszeitraum 2012

Nach Abschluss einer erstmaligen Berufsausbildung oder eines Erststudiums wird ein Kind in den Fällen des § 32 Abs. 4 Satz 1 Nr. 2 EStG nur berücksichtigt,

- wenn das Kind einer Erwerbstätigkeit mit bis zu 20 Stunden regelmäßiger wöchentlicher Arbeitszeit nachgeht oder
- sich in einem Ausbildungsdienstverhältnis befindet oder
- eine geringfügige Beschäftigung (sog. Mini-Jobber) ausübt.

In diesen Fällen unterstellt der Gesetzgeber, dass Kinder trotz Berufsausbildung oder Studium weiterhin unterhaltsberechtigt sind, wenn sie einer Erwerbstätigkeit nachgehen, die einen bestimmten Umfang nicht übersteigt.

Eine Berufsausbildung i. S. des § 32 Abs. 4 Satz 2 EStG liegt vor, wenn das Kind durch eine berufliche Ausbildungsmaßnahme die notwendigen fachlichen Fertigkei-

---
54 BFH vom 02.03.2000 VI R 13/99 (BStBl 2000 II S. 522).

ten und Kenntnisse erwirbt, die zur Aufnahme eines Berufs befähigen (DA-FamEStG 63.4.1.1), der Beruf durch eine Ausbildung in einem öffentlich-rechtlich geordneten Ausbildungsgang erlernt und der Ausbildungsgang durch eine Prüfung abgeschlossen wird. Zur Berufsausbildung nach § 32 Abs. 4 Satz 1 Nr. 2 Buchst. a EStG gehört auch der Besuch einer allgemeinbildenden Schule und das Studium an einer Universität. Der Begriff der Berufsausbildung nach § 32 Abs. 4 Satz 2 EStG ist enger gefasst, da beispielsweise der Erwerb eines Schulabschlusses oder das Ableisten eines Volontariats bzw. eines freiwilligen Berufspraktikums nicht zur Aufnahme eines Berufes befähigt.

Eine erstmalige Berufsausbildung liegt vor, wenn ihr keine andere abgeschlossene Berufsausbildung bzw. kein abgeschlossenes Hochschulstudium vorausgegangen ist. Sie ist abgeschlossen, wenn sie zur Aufnahme eines Berufs befähigt, auch wenn sich darauf aufbauend eine weitere Ausbildung anschließt. In Handwerksberufen wird die Berufsausbildung mit bestandener Gesellenprüfung abgeschlossen. Das Ende der Ausbildung ist spätestens der Zeitpunkt der Bekanntgabe des Prüfungsergebnisses.[55]

Kennzeichnend für ein Erststudium ist der Umstand, dass es sich um eine Erstausbildung an einer Hochschule i. S. des § 1 HRG handelt. Es darf also kein vorheriger berufsqualifizierender Abschluss oder ein vorher beendetes Studium vorhanden sein. Studienabbruch und -wechsel sind unschädlich. Eine nachfolgende weitere Ausbildung, die ein Erststudium voraussetzt (z. B. Aufbau-, Ergänzungs-, Zusatz-, Masterstudium), stellt kein Erststudium dar. Die weitere Ausbildung führt nur dann zur Berücksichtigung des Kindes, wenn keine schädliche Erwerbstätigkeit vorliegt.

Wenn das Kind eine abgeschlossene erstmalige Berufsausbildung oder ein abgeschlossenes Erststudium hat und einen Berücksichtigungstatbestand nach § 32 Abs. 4 Satz 1 Nr. 2 EStG erfüllt, so kommt es darauf an, ob das Kind eine Erwerbstätigkeit ausübt. Ein Kind ist erwerbstätig, wenn die Beschäftigung den Einsatz seiner persönlichen Arbeitskraft erfordert. Unerheblich ist, welche Einkunftsart das Kind hierdurch erzielt. Die Verwaltung eigenen Vermögens ist keine Erwerbstätigkeit.

Erwerbstätigkeit mit einer regelmäßigen Arbeitszeit von mehr als 20 Wochenstunden schließt die Berücksichtigung als Kind aus. Bei der nichtselbständigen Tätigkeit ist auf die vertraglich vereinbarte Arbeitszeit abzustellen. Leistet das Kind regelmäßig Überstunden, obwohl der Arbeitsvertrag nur 20 Wochenstunden vorsieht, ist die Stundengrenze überschritten. Unschädlich ist allerdings eine **vorübergehende Ausdehnung** der Erwerbstätigkeit auf mehr als 20 Wochenstunden, wenn im Kalenderjahr die durchschnittliche Arbeitszeit nicht mehr als 20 Stunden beträgt (DA-FamEStG 63.4.3.1). Übt das Kind mehrere Tätigkeiten nebeneinander aus, sind die Zeiten zusammenzurechnen.

---

55 BFH vom 28.01.2010 III B 165/09 (BFH/NV 2010 S. 876).

Die nach einer erstmaligen Berufsausbildung oder einem Erststudium aufgenommene Erwerbstätigkeit im Rahmen eines Ausbildungsdienstverhältnisses ist stets unschädlich. Auf die wöchentliche Arbeitszeit kommt es nicht an. Ein Ausbildungsdienstverhältnis liegt vor, wenn die Ausbildung Gegenstand und Ziel des Dienstverhältnisses ist (R 9.2 LStR). Hierzu zählen beispielsweise das Referendariat bei Lehramtsanwärtern und Rechtsreferendaren, das Anerkennungsjahr zum Erzieher, das Dienstverhältnis eines Soldaten während des Studiums sowie die dualen Studiengänge.

Eine geringfügige Beschäftigung i. S. von §§ 8, 8a SGB IV ist ebenfalls eine unschädliche Erwerbstätigkeit nach § 32 Abs. 4 Satz 3 EStG. Auch in diesem Fall erlangt die wöchentliche Arbeitszeit keine Bedeutung.

Rechtslage bis Veranlagungszeitraum 2011

Nach § 32 Abs. 4 Satz 2 EStG a. F. ist ein **volljähriges** Kind von einer Berücksichtigung gem. § 32 Abs. 4 Satz 1 Nr. 1 und 2 EStG ausgeschlossen, wenn es Einkünfte und Bezüge von mehr als 8.004 Euro (bis 31.12.2009: 7.680 Euro) im Kalenderjahr hat, die zur Bestreitung seines Unterhalts oder seiner Berufsausbildung bestimmt oder geeignet sind. Zu beachten ist, dass es für den Grenzbetrag keine Übergangszone gibt. Der sog. Fallbeil-Effekt bewirkt, dass Eltern kein Kindergeld und keinen Freibetrag erhalten, wenn die Einkünfte und Bezüge ihres Kindes auch nur um 1 Euro über dem Grenzbetrag liegen. Der BFH[56] hält diese Regelung für verfassungsgemäß.

Wegen des für die Freibeträge und das Kindergeld geltenden Monatsprinzips ermäßigt sich der Grenzbetrag um ein Zwölftel für jeden Kalendermonat, in dem die Voraussetzungen der Berücksichtigung des Kindes an keinem Tag des Monats vorgelegen haben. Einkünfte und Bezüge des Kindes, die auf diese Kalendermonate entfallen, bleiben außer Ansatz. Liegen die Voraussetzungen für die Berücksichtigung nur in einem Teil des Kalendermonats vor, werden die Freibeträge für diesen Monat gewährt, die Einkünfte und Bezüge müssen taggenau errechnet und insoweit angesetzt werden, als sie auf diesen Teil des Monats entfallen (§ 32 Abs. 4 Satz 6 ff. EStG a. F.). Die Anwendung dieser Regelung kann nicht durch einen Verzicht auf Einkünfte oder Bezüge vermieden werden (§ 32 Abs. 4 Satz 9 EStG a. F.).

> **Beispiel:**
>
> Ein volljähriges Kind befindet sich bis einschl. 10.09.2011 in Berufsausbildung und erhält eine Ausbildungsvergütung von 720 € monatlich. Nach Abschluss der Berufsausbildung bekommt es einen monatlichen Bruttoarbeitslohn von 1.500 €. Die Eltern haben bis einschl. September Anspruch auf Kindergeld bzw. Freibeträge, wenn die eigenen Einkünfte und Bezüge nicht mehr als 6.003 € betragen ($^9/_{12}$ von 8.004 €).

---

56 BFH vom 29.05.2008 III R 54/06 (BFH/NV 2008 S. 1821).

30 Ermittlung des zu versteuernden Einkommens

Einnahmen des Kindes im Ausbildungszeitraum:
Januar bis August 2011	720 € × 8 Monate =	5.760 €
September 2011	$^1/_3$ von 720 € =	240 €
Insgesamt		6.000 €
Einnahmen des Kindes außerhalb des Ausbildungszeitraums:		
September 2011	$^2/_3$ von 1.500 € =	1.000 €
Oktober bis Dezember 2011	1.500 € × 3 Monate =	4.500 €
Insgesamt		5.500 €
Einnahmen aus nichtselbständiger Arbeit insgesamt		11.500 €
Abzgl. Arbeitnehmer-Pauschbetrag		1.000 €
Einkünfte aus nichtselbständiger Arbeit in 2011		10.500 €

Der Arbeitnehmer-Pauschbetrag ist zeitanteilig und nicht nach dem Verhältnis der Einnahmen aufzuteilen.

Für 2011 besteht danach ein Anspruch der Eltern auf kindbedingte Steuervergünstigungen, weil die eigenen Einkünfte und Bezüge des Kindes im Ausbildungszeitraum die unschädliche Grenze von 6.003 € nicht überschreiten.

Zu berücksichtigen sind sowohl positive als auch negative Einkünfte, sodass die Summe der Einkünfte maßgebend ist.

Beispiel:
Die 22 Jahre alte Tochter T der Eltern E erzielt 2011 Einkünfte aus einem Ausbildungsdienstverhältnis von 8.500 €. Außerdem hat sie aus künstlerischer Tätigkeit gem. § 18 Abs. 1 Nr. 1 EStG einen Verlust von 1.000 €. Die Summe der Einkünfte von 7.500 € unterschreitet den Grenzbetrag des § 32 Abs. 4 Satz 2 EStG von 8.004 €, sodass die Eltern Anspruch auf Kindergeld bzw. Freibetrag für T haben.

Abzugsfähig von positiven Einkünften sind auch Verluste aus der Beteiligung an einer Personengesellschaft.[57] Aufwendungen für Arbeitsmittel (z. B. Personalcomputer) sind auch als Werbungskosten abziehbar, wenn die Eltern die Gegenstände bezahlen.

Bezüge i. S. des § 32 Abs. 4 Satz 2 EStG a. F. sind alle Einnahmen in Geld oder Geldeswert, die nicht im Rahmen der Einkunftsermittlung erfasst werden (R 32.10 EStR 2008), z. B. der BAföG-Zuschuss, pauschal versteuerter Arbeitslohn, Entlassungsgeld von Wehrdienst- und Zivildienstleistenden (H 32.10 EStH 2011). Zu den Bezügen gehören nicht z. B. der Darlehensanteil der Förderung nach dem BAföG, die Unterhaltsleistungen der Eltern, Geldzuwendungen von Großeltern, die der Vermögensbildung dienen sollen.[58] Bezüge, die für besondere Ausbildungszwecke bestimmt sind, und auch Einkünfte, die dafür verwendet werden, bleiben gem. § 32 Abs. 4 Satz 5 EStG a. F. außer Ansatz, d. h., sie können abgezogen werden. Dabei handelt es sich um alle über die Lebensführung hinausgehenden ausbildungsbeding-

---
[57] BFH vom 18.05.2006 III R 1/06 (BFH/NV 2006 S. 1825).
[58] BFH vom 28.01.2004 VIII R 21/02 (BStBl 2004 II S. 555).

30.2 Familienleistungsausgleich

ten Mehraufwendungen.[59] Während also Aufwendungen im Rahmen eines Ausbildungsdienstverhältnisses als Werbungskosten abzugsfähig sind, ergibt sich die Abzugsfähigkeit dieser Kosten bei einer Ausbildung außerhalb eines Dienstverhältnisses aus § 32 Abs. 4 Satz 5 EStG a. F.

Hierzu gehören insbesondere Leistungen für:

- Studiengebühren und Reisekosten bei einem Auslandsstudium,
- Wechselkursausgleich bei einem Auslandsaufenthalt (Auslandszuschlag),
- Auslandskrankenversicherung bei einem Auslandsstudium,
- Reisekosten bei einem Freiwilligendienst im Sinne des Gesetzes zur Förderung von Jugendfreiwilligendiensten sowie
- das Büchergeld von Ausbildungshilfen gewährenden Förderungseinrichtungen.

Bei der Feststellung der anzurechnenden Bezüge sind aus Vereinfachungsgründen insgesamt 180 Euro im Kalenderjahr abzuziehen, wenn nicht höhere Aufwendungen, die im Zusammenhang mit dem Zufluss der entsprechenden Einnahmen stehen, nachgewiesen oder glaubhaft gemacht werden (R 32.10 Abs. 4 EStR 2008).

Da nach dem steuerrechtlichen Einkunftsbegriff **Beiträge an die gesetzliche Sozialversicherung** nicht die Einkünfte mindern, waren nach früherer Auffassung[60] die Einkünfte und Bezüge des Kindes nicht um diese Beiträge zu mindern. Das BVerfG hat entschieden, dass die gesetzlichen Pflichtbeiträge unabhängig von einer Willensbildung der Beteiligten nicht für den laufenden Unterhalt des Kindes zur Verfügung stehen und deshalb die finanzielle Leistungsfähigkeit nicht erhöhen können.[61] In welchen weiteren Fällen eine Anrechnung ausgeschlossen ist, hat das BVerfG ausdrücklich offengelassen. Im Anschluss an diese Entscheidung lässt der BFH[62] auch den Abzug der Beiträge als freiwilliges Mitglied einer gesetzlichen Kranken- und Pflegeversicherung von seinen Einkünften zu, ebenso die Beiträge für eine private Kranken- und Pflegeversicherung einer volljährigen Tochter im Vorbereitungsdienst für das Lehramt, soweit sie den nicht beihilfefähigen Teil der Aufwendungen abdecken.[63] Durch die EStÄR 2008 sind diese Grundsätze in R 32.10 Abs. 1 Satz 2 EStR übernommen worden. Beiträge für die private Renten- und Krankenversicherung sind nichtabzugsfähig, wenn eine gesetzliche Mindestversorgung besteht,[64] ebenso nicht die einbehaltene Lohn- und Kirchensteuer.[65]

Wenn die Voraussetzungen für die Berücksichtigung des Kindes gem. § 32 Abs. 4 Satz 1 Nr. 1 oder 2 EStG nicht im gesamten Kalenderjahr erfüllt sind, ermäßigt sich

---

59 BFH vom 14.11.2000 VI R 62/97 (BStBl 2001 II S. 491).
60 BFH vom 04.11.2003 VIII R 59/03 (BStBl 2004 II S. 584).
61 BVerfG vom 11.01.2005 2 BvR 167/02 (DStR 2005 S. 911).
62 BFH vom 16.11.2006 III R 74/05 (BStBl 2007 II S. 527).
63 BFH vom 14.12.2006 III R 24/06 (BStBl 2007 II S. 530).
64 BFH vom 29.05.2008 III R 33/06 (BFH/NV 2008 S. 1664).
65 BFH vom 26.09.2007 III R 4/07 (BStBl 2008 II S. 738).

zum einen der Grenzbetrag um ein Zwölftel für jeden Monat, in dem die Voraussetzungen des § 32 Abs. 4 Satz 1 Nr. 1 oder 2 EStG an keinem Tag vorgelegen haben (§ 32 Abs. 4 Satz 7 EStG a. F.), und zum anderen werden Einkünfte und Bezüge des Kindes nicht erfasst, soweit sie auf die betroffenen Monate (§ 32 Abs. 4 Satz 8 EStG a. F.) oder Monatsteile (§ 32 Abs. 4 Satz 6 EStG a. F.) entfallen. Hier gilt nicht das Zuflussprinzip, sondern „entfallen" bedeutet wirtschaftliche Zuordnung, sodass z. B. der Arbeitnehmer-Pauschbetrag auf die Monate aufzuteilen ist, in denen Einkünfte aus nichtselbständiger Arbeit erzielt werden.[66]

Beispiele:

a) Der 21 Jahre alte S besteht am 05.12.2011 die Gesellenprüfung. S wird ganzjährig berücksichtigt i. S. des § 32 Abs. 4 Satz 1 Nr. 2 Buchst. a EStG. Dagegen werden Einkünfte und Bezüge, die er nach dem 05.12.2008 bis zum Jahresende erzielt, nicht bei der Ermittlung des Jahresgrenzbetrags erfasst.

b) A wird am 05.10.2008 volljährig. Er befindet sich während des gesamten Jahres in Ausbildung. Die zeitanteilige Einkommensgrenze beträgt 2/12 von 8.004 € = 1.334 €. A hat monatliche Einkünfte von 2.000 €.

Die Eltern verlieren ihren Kindergeldanspruch ab November 2011 wegen der Volljährigkeit. Bis einschl. Oktober 2011 steht den Eltern Kindergeld gem. § 63 Abs. 1 Satz 2 i. V. m. § 32 Abs. 3 EStG zu.

c) K, 23 Jahre alt, beendet am 30.06.2008 das Jurastudium und beginnt am 01.07.2008 den Referendardienst, ist also während des gesamten Jahres in Ausbildung. Im zweiten Halbjahr hat er Einkünfte und Bezüge von mehr als 7.680 €. Der BFH[67] lehnt die Berücksichtigung des Kindes für das ganze Jahr ab. Die dagegen erhobene Verfassungsbeschwerde[68] mit dem Ziel, den Grenzbetrag aufzuteilen, sodass K im ersten Halbjahr mangels Einkünfte und Bezüge berücksichtigt werden könnte, wurde nicht zur Entscheidung angenommen.

Wenn ein Kind zwischen zwei Ausbildungsabschnitten oder während der Wartezeit auf einen Ausbildungs-/Studienplatz eine Erwerbstätigkeit in Vollzeit ausübt, wurde es nach früherer Rechtsprechung während dieser Tätigkeit nicht bei den Eltern berücksichtigt. Der BFH sah in solchen Fällen keine typische Unterhaltssituation vorliegen. Das hatte aber die positive Folge, dass der Kindergeldanspruch der Eltern für die übrigen Monate bestehen blieb, wenn die Einkünfte des Kindes während der Erwerbsphase den anteiligen Grenzbetrag überstiegen. Bei einer Erwerbstätigkeit in Teilzeitform wurde das Kind auch in den Monaten der Erwerbstätigkeit berücksichtigt. Eine Vollzeiterwerbstätigkeit wurde angenommen, wenn die Arbeitszeit mindestens 75 % der regelmäßigen Arbeitszeit betrug.

Beispiel:

K bricht im April 2008 sein Studium ab, arbeitet vom Mai bis August 20 Stunden wöchentlich in einem Supermarkt und erzielt daraus Einkünfte aus nichtselbständiger Arbeit von 7.000 €. Am 01.09.2008 beginnt er eine Ausbildung. Er erzielt während des ganzen Jahres Einkünfte aus Kapitalvermögen von 4.000 €.

---

66 BFH vom 01.07.2003 VIII R 96/02 (BStBl 2003 II S. 759).
67 BFH vom 13.07.2004 VIII R 20/02 (BFH/NV 2005 S. 36).
68 BVerfG vom 07.09.2009 2 BvR 1966/04 (HFR 2010 S. 173).

K wird gem. § 32 Abs. 4 Satz 1 Nr. 2 Buchst. a und b EStG a. F. auch während der Übergangszeit von Mai bis August als Kind berücksichtigt, weil er nur eine Teilzeiterwerbstätigkeit ausübt. Da die erzielten Einkünfte aber den Jahresbetrag von 7.680 € überschreiten, besteht kein Kindergeldanspruch. Hätte K in der Übergangszeit eine Vollzeiterwerbstätigkeit ausgeübt, könnte er in den Monaten bis April und ab September berücksichtigt werden; denn die Einkünfte aus dem Supermarkt würden nicht einbezogen, während die übrigen Einkünfte von 4.000 € unter dem anteiligen Grenzbetrag von 8/12 von 7.680 € = 5.120 € liegen.

Inzwischen hat der BFH[69] seine Rechtsprechung geändert. Er stellt nicht mehr auf die Vollzeiterwerbstätigkeit, sondern auf die zeitanteiligen Einkünfte und Bezüge des Kindes ab. Die Finanzverwaltung hat sich dem angeschlossen und DA-Fam-EStG 2011 63.2.6 Abs. 2a aufgehoben.[70]

Für ein verheiratetes Kind besteht ein Anspruch auf Kindergeld nur dann, wenn die Einkünfte des Ehepartners für den vollständigen Unterhalt des Kindes nicht ausreichen, das Kind selbst auch nicht über ausreichende Mittel verfügt, sodass die Eltern weiterhin für das Kind aufkommen müssen (sog. Mangelfall). Ein Mangelfall liegt vor, wenn die Einkünfte und Bezüge des Kindes einschließlich der Unterhaltsleistungen des Ehepartners niedriger sind als das steuerrechtliche Existenzminimum in Höhe des maßgeblichen Grenzbetrags.

30.2.4 Vergleichsberechnung

Bei der Veranlagung zur Einkommensteuer kommt im Rahmen der Ermittlung des zu versteuernden Einkommens ein Abzug des Kinderfreibetrages und des Freibetrags für den Betreuungs- und Erziehungs- oder Ausbildungsbedarf des Kindes nur dann in Betracht, wenn sie zu einer höheren steuerlichen Entlastung als der Anspruch auf Kindergeld führen. Das Kindergeld wird dann der Einkommensteuer hinzugerechnet (§ 31 Satz 4 EStG).

Beispiele:

a) Das zu versteuernde Einkommen der Eheleute A und B beträgt im Jahr 2014 ohne Freibeträge für Kinder 70.000 €. Sie haben für ihre minderjährige Tochter 2.208 € (12 Monate × 184 €) erhalten.

Zu versteuerndes Einkommen	70.000 €	
Einkommensteuer hierauf		14.384 €
Abzgl. Kinderfreibetrag	4.368 €	
Abzgl. Freibetrag für Betreuungs- und Erziehungs- oder Ausbildungsbedarf	2.640 €	
Zu versteuerndes Einkommen (neu)	62.992 €	
Einkommensteuer hierauf		12.070 €
Differenz		2.314 €

---

69 BFH vom 16.11.2006 III R 15/06 (BStBl 2008 II S. 56).
70 BZSt vom 04.07.2008 (BStBl 2008 I S. 716) und vom 11.07.2013 (BStBl 2013 I S. 882).

30 Ermittlung des zu versteuernden Einkommens

Da die kindbedingten Freibeträge zu einer höheren steuerlichen Entlastung führen (2.314 €) als das Kindergeld (2.208 €), werden sie von Amts wegen bei der Ermittlung des zu versteuernden Einkommens der Eheleute A und B abgezogen und das Kindergeld wird der tariflichen Einkommensteuer hinzugerechnet.

b) Das zu versteuernde Einkommen der Eheleute C und D beträgt im Jahre 2014 ohne Freibeträge für Kinder 60.000 €. Sie haben für ihren minderjährigen Sohn 2.208 € (12 Monate × 184 €) Kindergeld erhalten.

Zu versteuerndes Einkommen	60.000 €	
Einkommensteuer hierauf		11.116 €
Abzgl. Kinderfreibetrag	4.368 €	
Abzgl. Freibetrag für Betreuungs- und Erziehungs- oder Ausbildungsbedarf	2.640 €	
Zu versteuerndes Einkommen (neu)	52.992 €	
Einkommensteuer hierauf		8.962 €
Differenz		2.154 €

Da die kindbedingten Freibeträge nicht zu einer höheren steuerlichen Entlastung führen (2.154 €) als das Kindergeld (2.208 €), werden sie bei der Ermittlung des zu versteuernden Einkommens der Eheleute C und D nicht abgezogen.

Da das Kindergeld für das erste Kind ca. 31,51 % der Freibeträge ausmacht, bewirken die Freibeträge eine größere steuerliche Entlastung, wenn der Grenzsteuersatz über 32 % liegt.

Bei minderjährigen Kindern wird der dem Elternteil, in dessen Wohnung das Kind nicht gemeldet ist, zustehende Freibetrag für den Betreuungs- und Erziehungs- oder Ausbildungsbedarf auf Antrag des anderen Elternteils auf diesen übertragen (§ 32 Abs. 6 Satz 8 EStG).

Beispiele:

a) Die Eltern M und F sind geschieden. Die minderjährige Tochter ist 2014 bei F gemeldet und wird von ihr betreut. M zahlt Barunterhalt. Einen Antrag gem. § 32 Abs. 6 Satz 8 EStG hat F nicht gestellt.

M und F erhalten jeweils den Kinderfreibetrag von 2.184 € und den Freibetrag für den Betreuungs-, Erziehungs- oder Ausbildungsbedarf von 1.320 €, insgesamt also 3.504 €. Das Kindergeld von 184 € × 12 Monate = 2.208 € wird an die F ausgezahlt (§ 64 Abs. 2 Satz 1 EStG). Der Kindergeldanspruch der F (2.208 €) wird gem. § 31 Satz 4 Halbsatz 2 EStG im Umfang ihres Kinderfreibetrags, also zur Hälfte, angesetzt. Das Kindergeld (1.104 €) beträgt also für M und F im Rahmen der Günstigerrechnung jeweils 31,5 % der Freibeträge (3.504 €). Erst bei einem über diesen Prozentsatz hinausgehenden Steuersatz sind also die Freibeträge für M bzw. F günstiger als das Kindergeld.

b) Auf Antrag der F ist im Beispiel a) der Freibetrag für Betreuungs- und Erziehungs- oder Ausbildungsbedarf auf sie übertragen worden; M hat der Übertragung nicht widersprochen.

Während der Kinderfreibetrag M und F i. H. von jeweils 2.184 € zusteht, erhält F entsprechend ihrem Antrag den Freibetrag für Betreuungs- und Erziehungs- oder Ausbildungsbedarf von 2.640 €, also insgesamt 4.824 €. Das Kindergeld von 2.208 € wird an F gezahlt. Die Hinzurechnung des Kindergeldanspruchs folgt nur der Verteilung des Kinderfreibetrags und nicht des Freibetrags für Betreuungs-, Erziehungs- oder Ausbildungsbedarf. Da M den Kinderfreibetrag (2.184 €) erhält, ergibt sich für ihn bei der Günstigerrechnung ein Prozentsatz von (1.104 € : 2.184 € =) 50,55 %. Da der Spitzensteuersatz im Veranlagungszeitraum 2014 45 % beträgt, ist für M das Kindergeld immer günstiger als der Kinderfreibetrag.

Der F steht wie im Beispiel a) der halbe Kinderfreibetrag zu, sodass der Vergleichsrechnung auch der halbe Kindergeldanspruch zugrunde zu legen ist. Daraus ergibt sich ein Prozentsatz von 22,88. Damit ist die steuerliche Auswirkung der Freibeträge schon bei einem Grenzsteuersatz von mehr als 22,88 % günstiger als das Kindergeld. Kommt M dagegen seiner Unterhaltspflicht nicht nach und lässt F deshalb den dem M zustehenden Kinderfreibetrag auf sich übertragen (§ 32 Abs. 6 Satz 6 Halbsatz 1 EStG), wird der gesamte Kindergeldanspruch gegengerechnet, sodass sich ein Prozentsatz von 31,51 (2.208 € : 7.008 €) ergibt. Die steuerliche Auswirkung der Freibeträge ist also erst dann größer als der Kindergeldanspruch, wenn der Grenzsteuersatz der F über 31,51 % liegt.[71]

30.3 Ausbildungsfreibetrag

Seit 2002 wird der allgemeine Ausbildungsbedarf eines Kindes durch den einheitlichen Freibetrag für Betreuungs- und Erziehungs- oder Ausbildungsbedarf des Kindes (§ 32 Abs. 6 EStG; siehe 30.2.1) berücksichtigt. Deshalb ist ein gesonderter Abzug von Ausbildungsfreibeträgen als außergewöhnliche Belastung entfallen, und zwar ersatzlos für Kinder unter 18 Jahren und für Kinder über 18 Jahre, die nicht auswärts untergebracht sind.

Bei volljährigen Kindern, die sich in Berufsausbildung befinden und auswärts untergebracht sind, kann seit 2002 zur Abgeltung des hierdurch entstehenden Sonderbedarfs zusätzlich zum Kindergeld bzw. zu den Freibeträgen für Kinder ein Ausbildungsfreibetrag von 924 Euro als **außergewöhnliche Belastung** vom Gesamtbetrag der Einkünfte abgezogen werden (§ 33a Abs. 2 EStG). Der Begriff „Berufsausbildung" entspricht dem in § 32 Abs. 4 Satz 1 EStG. Dieser Freibetrag ermäßigt sich für jeden vollen Kalendermonat, in dem die Voraussetzungen für die Gewährung nicht vorgelegen haben, um ein Zwölftel. Die Begrenzung auf 924 Euro ist verfassungsgemäß.[72] Sie gilt deshalb auch für eine Ausbildung im Ausland, die im Inland nicht angeboten wird.[73]

Der Ausbildungsfreibetrag wird gewährt, wenn der Steuerpflichtige Anspruch auf einen Freibetrag nach § 32 Abs. 6 EStG oder auf Kindergeld hat. Es kommt nicht darauf an, ob er den Anspruch oder das Kindergeld tatsächlich erhält.

Auswärtige Unterbringung ist die räumliche und hauswirtschaftliche Ausgliederung aus dem elterlichen Haushalt. Bei dauernd getrennt lebenden oder geschiedenen Ehegatten ist eine auswärtige Unterbringung nur dann gegeben, wenn das Kind aus

---

71 BFH vom 16.03.2004 VIII R 88/98 (BStBl 2005 II S. 594).
72 BFH vom 31.05.2005 III B 59/04 (BFH/NV 2005 S. 1081).
73 BFH vom 21.02.2008 III B 56/07 (BFH/NV 2008 S. 951).

30 Ermittlung des zu versteuernden Einkommens

dem Haushalt beider Eltern ausgegliedert ist. Auswärtige Unterbringung liegt auch vor, wenn das Kind in einer Eigentumswohnung der Eltern einen selbständigen Haushalt führt, nicht dagegen, wenn die Wohnung nach dem Eigenheimzulagengesetz begünstigt und deshalb als Teil eines elterlichen Haushalts anzusehen ist.[74] Weshalb das Kind auswärtig untergebracht ist, spielt keine Rolle.

Der Ausbildungsfreibetrag wird bis einschließlich Veranlagungszeitraum 2011 um die eigenen Einkünfte und Bezüge gekürzt, soweit diese 1.848 Euro übersteigen. Ausbildungshilfen aus öffentlichen Mitteln oder Zuschüsse von Förderungseinrichtungen, die hierfür öffentliche Mittel erhalten, werden in voller Höhe angerechnet.[75] Stipendien aus dem ERASMUS/SOKRATES-Programm der EU sind nicht anzurechnen, weil die Stipendien nicht die üblichen Unterhaltsaufwendungen, sondern die anfallenden Mehrkosten eines Auslandsstudiums (teilweise) abdecken.[76]

Ab dem Veranlagungszeitraum 2012 spielen die Einkünfte und Bezüge des Kindes grundsätzlich keine Rolle mehr. Hintergrund ist die Abschaffung der Einkünfte- und Bezügegrenze für volljährige Kinder beim Familienleistungsausgleich (§ 32 Abs. 4 Satz 2 EStG).

Bei Auslandskindern (§ 33a Abs. 2 Satz 2 EStG) ist der Freibetrag nach Maßgabe der Ländergruppeneinteilung[77] zu kürzen.

Der Ausbildungsfreibetrag kann insgesamt nur einmal gewährt werden, auch wenn mehrere Steuerpflichtige für dasselbe Kind die Voraussetzungen für die Gewährung des Ausbildungsfreibetrages erfüllen (§ 33a Abs. 2 Satz 3 EStG). Jedem Elternteil steht grundsätzlich die Hälfte des Ausbildungsfreibetrags zu. Ledige, geschiedene oder dauernd getrennt lebende Eltern erhalten den Ausbildungsfreibetrag je zur Hälfte, wenn jeder Kindergeld, einen Kinderfreibetrag oder den Freibetrag für Betreuungs- und Erziehungs- oder Ausbildungsbedarf in Anspruch nimmt. Nur auf gemeinsamen Antrag der Eltern ist eine andere Verteilung möglich (§ 33a Abs. 2 Satz 5 EStG).

Nach § 33a Abs. 3 Satz 1 EStG ermäßigt sich der Freibetrag um ein Zwölftel für jeden vollen Kalendermonat, in dem die Voraussetzungen für die Gewährung des Freibetrages nicht vorgelegen haben. § 33a Abs. 3 Satz 2 EStG stellt klar, dass eigene Einkünfte und Bezüge des Kindes, die auf diese Kalendermonate entfallen, den ermäßigten Höchstbetrag nicht vermindern. Als Ausbildungshilfe bezogene Zuschüsse, z. B. Stipendien für ein Auslandsstudium aus öffentlichen oder aus privaten Mitteln, mindern nur die zeitanteiligen Höchstbeträge und Freibeträge der Kalendermonate, für die die Zuschüsse bestimmt sind (§ 33a Abs. 3 Satz 3 EStG).

---

74 BMF vom 02.10.2003 (BStBl 2003 I S. 488), Rz. 86.
75 BFH vom 07.03.2002 III R 22/01 (BStBl 2002 II S. 802).
76 BFH vom 17.10.2001 III R 3/01 (BStBl 2002 II S. 793).
77 BMF vom 04.10.2011 (BStBl 2011 I S. 961).

Beispiel:

Ein über 18 Jahre altes Kind des A befindet sich während des ganzen Kalenderjahres in Berufsausbildung und ist auswärtig untergebracht. Für den Monat Dezember bezieht es ein Auslandsstipendium i. H. von 500 €.

Das Stipendium ist ein Ausbildungszuschuss für den Monat Dezember. Nach Abzug der Kostenpauschale i. H. von 180 € verbleiben 320 €, die sich auf den Freibetrag (924 €) auswirken. Der auf den Monat Dezember entfallende Ausbildungsfreibetrag i. H. von 77 € (1/12 von 924 €) ist kleiner als der Zuschuss. Damit wird bei A ein Ausbildungsfreibetrag i. H. von 847 € berücksichtigt.

30.4 Kinderbetreuungskosten

Kinderbetreuungskosten sind grundsätzlich durch die Freibeträge für Kinder nach § 32 Abs. 6 EStG abgegolten (siehe 30.2.3). Bis einschließlich Veranlagungszeitraum 2005 konnten sie jedoch darüber hinaus in besonderen Fällen als außergewöhnliche Belastungen gem. § 33c EStG abgezogen werden. § 33c EStG ist ab Veranlagungszeitraum 2006 aufgehoben.

In den Veranlagungszeiträumen 2006 bis 2011 stand die Behandlung der Kinderbetreuungskosten auf einer neuen gesetzlichen Grundlage. Erwerbsbedingte Kinderbetreuungskosten konnten nach §§ 4f, 9 Abs. 5 EStG a. F. wie Betriebsausgaben oder Werbungskosten abgezogen werden. Nicht erwerbsbedingte Kinderbetreuungskosten wurden nach § 10 Abs. 1 Nr. 5 und 8 EStG a. F. als Sonderausgaben behandelt.

Durch diese Regelungen wurde die Berücksichtigung von Kinderbetreuungskosten weiter verkompliziert.

Beispiel:

Als Arbeitnehmer berufstätige Eltern lassen während des gesamten Jahres 2008 ihr Kind betreuen. Die Ehefrau gibt ab dem 01.06.2008 ihre Berufstätigkeit auf. Das Kind vollendet am 30.09.2008 das 6. Lebensjahr.

Für Januar bis Mai ergeben sich gem. §§ 4f, 9 EStG erwerbsbedingte Kinderbetreuungskosten, die der Ehegatte als Werbungskosten geltend machen kann, der sie getragen hat. Auf die Vorlage der Rechnung und des Zahlungsnachweises wird seit 2008 verzichtet (§ 4f Satz 5 EStG i. d. F. des JStG 2008).

Für Juni bis September sind für einen Abzug als Sonderausgaben gem. § 10 Abs. 1 Nr. 5 EStG nur Art und Höhe der Kosten zu ermitteln.

Für Oktober bis Dezember ist für einen Sonderausgabenabzug gem. § 10 Abs. 1 Nr. 8 EStG erforderlich, dass die Ehefrau eine der Voraussetzungen Krankheit, Behinderung oder Ausbildung erfüllt.

Durch das FamLeistG wurden die Regelungen zur steuerlichen Berücksichtigung von Kinderbetreuungskosten ab 2009 (siehe § 52 Abs. 23f EStG i. d. F. des FamLeistG) wieder in einer Vorschrift – § 9c EStG – ohne materiell-rechtliche Änderungen zusammengefasst.

Durch das StVereinfG 2011[78] ist § 9c mit Wirkung ab dem Veranlagungszeitraum 2012 aufgehoben worden. **Kinderbetreuungskosten** können nur noch als **Sonderausgaben** nach § 10 Abs. 1 Nr. 5 EStG abgezogen werden. Die Unterscheidung nach erwerbsbedingten und nicht erwerbsbedingten Kinderbetreuungskosten ist entfallen. Die persönlichen Anspruchsvoraussetzungen bei den Eltern spielen keine Rolle mehr.

---

[78] BGBl 2011 I S. 2131.

31 Veranlagung und Veranlagungsarten

31.1 Allgemeines

Die Einkommensteuer ist eine Veranlagungssteuer, d. h. eine Steuer, die nach Ablauf eines bestimmten Zeitraums in einem förmlichen Verfahren, dem Veranlagungsverfahren, festgesetzt wird. Die Einkommensteuer ist eine Jahressteuer (§ 2 Abs. 7 EStG). Sie wird dementsprechend nach § 25 EStG grundsätzlich nach Ablauf des Kalenderjahres (Veranlagungszeitraum) nach dem Einkommen veranlagt, das der Steuerpflichtige in diesem Veranlagungszeitraum bezogen hat. Bezug bedeutet nicht Zufluss i. S. des § 11 Abs. 1 EStG.

Sind nur während eines Teils des Kalenderjahres Einkünfte bezogen worden, so sind diese Einkünfte als Bemessungsgrundlage für das Kalenderjahr anzusetzen.

> **Beispiel:**
> Der minderjährige A hat am 01.09.01 umfangreichen Grundbesitz von seinem Vater geerbt und daraus bis zum 31.12.01 Einkünfte aus Vermietung und Verpachtung i. H. von 20.000 € bezogen.
> A ist für den Veranlagungszeitraum 01 zur Einkommensteuer zu veranlagen. Bei dieser Veranlagung sind lediglich die Einkünfte von 20.000 € zu berücksichtigen.

Nach Streichung des früheren § 25 Abs. 2 EStG ab dem Veranlagungszeitraum 1996 werden die Grundlagen für die Festsetzung der Einkommensteuer auch dann jeweils für ein Kalenderjahr ermittelt, wenn die unbeschränkte oder beschränkte Einkommensteuerpflicht nicht während des ganzen Kalenderjahres besteht. Dabei werden die nicht der deutschen Einkommensteuerpflicht unterliegenden Einkünfte im Wege des Progressionsvorbehalts berücksichtigt (vgl. 32.3.3).

Eine Veranlagung ist nach § 25 Abs. 1 EStG nicht durchzuführen, wenn die Vorschriften des § 46 EStG anzuwenden sind und danach eine Veranlagung unterbleibt. Besteht das Einkommen ganz oder teilweise aus Einkünften aus nichtselbständiger Arbeit, von denen ein Steuerabzug vorgenommen worden ist, so hat eine Veranlagung zu unterbleiben, sofern sie durch die verschiedenen Vorschriften des § 46 EStG weder vorgeschrieben noch zugelassen ist. Durch das UntStRefG 2008 ist § 25 Abs. 1 EStG mit Wirkung vom Veranlagungszeitraum 2009 (§ 52a Abs. 13 EStG) ergänzt worden um den Hinweis auf § 43 Abs. 5 EStG. Das bedeutet, dass Kapitalerträge, deren Besteuerung nach § 43 Abs. 5 EStG abgegolten ist, nicht in das zu veranlagende Einkommen einbezogen werden. Sie sind auch nicht in der Einkommensteuererklärung anzugeben.

Die Vorschriften des § 46 EStG sind nur anzuwenden, wenn das Einkommen ganz oder teilweise aus Einkünften aus nichtselbständiger Arbeit besteht, die als solche dem Lohnsteuerabzug unterliegen. Sind Einkünfte anderer Art irrtümlich als Einkünfte aus nichtselbständiger Arbeit behandelt und damit dem Steuerabzug unterworfen worden, so rechtfertigt dies allein noch nicht die Anwendung der Vorschriften des § 46 EStG. In einem solchen Fall ist eine Veranlagung nach § 25 Abs. 1 EStG vorzunehmen.[1]

Auf die Durchführung einer Veranlagung hat der Steuerpflichtige bei Vorliegen der entsprechenden Voraussetzungen einen Rechtsanspruch.[2]

Da das Einkommensteuerrecht von dem Individualprinzip beherrscht wird, geht auch § 25 EStG als selbstverständlich davon aus, dass die Einkommensteuer grundsätzlich im Wege der Einzelveranlagung festzusetzen ist.

Die **Einzelveranlagung** stellt damit die grundsätzliche Veranlagungsart dar. Sie ist immer dann vorzunehmen, wenn nicht eine der besonderen Veranlagungsarten in Betracht kommt, die in den §§ 26 bis 26b EStG bei Vorliegen bestimmter Voraussetzungen für Ehegatten vorgesehen sind.

Für Partner einer eingetragenen Partnerschaft war nach bisheriger Rechtslage nur die Einzelveranlagung nach § 25 EStG möglich. Die für Ehegatten geltenden Vorschriften über die Veranlagung und den Tarif waren für Lebenspartner nicht anwendbar. Das BVerfG hat mit Beschluss vom 07.05.2013 entschieden, dass Partner einer eingetragenen Lebenspartnerschaft unter den gleichen Voraussetzungen wie Ehegatten zusammenveranlagt werden und damit die Anwendung des Splittingtarifs beanspruchen können (vgl. 32.2).[3] Der Gesetzgeber hat auf diese Entscheidung des BVerfG reagiert und in § 2 Abs. 8 EStG bestimmt, dass die Regelungen des Einkommensteuerrechts zu Ehegatten und Ehen auch auf Lebenspartner und Lebenspartnerschaften anzuwenden sind. Die Regelung ist in allen Fällen anzuwenden, in denen die Einkommensteuer noch nicht bestandskräftig festgesetzt ist (§ 52 Abs. 2a EStG). Daher gelten die nachfolgenden Ausführungen zu Ehegatten und Ehen auch für (gleichgeschlechtliche) Lebenspartner und eingetragene Lebenspartnerschaften.

Das StVereinfG 2011 hat die Veranlagungsmöglichkeiten von Ehegatten neu gestaltet. Mit Wirkung ab dem Veranlagungszeitraum 2013 sind die getrennte und besondere Veranlagung von Ehegatten nach §§ 26a und 26c EStG a. F. weggefallen. Die Einzelveranlagung von Ehegatten (§ 26a EStG) ersetzt die getrennte Veranlagung von Ehegatten (§ 26a EStG a. F.). Ersatzlos weggefallen ist die für Ehegatten geltende besondere Veranlagung nach § 26c EStG. Zugleich wurden § 25 Abs. 3 EStG sowie § 56 Abs. 1 Satz 1 EStDV sprachlich einfacher gestaltet. Zudem musste § 25 Abs. 3 EStG an die neu geregelten Veranlagungsmöglichkeiten von Ehegatten angepasst werden.

Die Einzelveranlagung nach § 25 EStG ist allerdings von der **Einzelveranlagung von Ehegatten nach § 26a EStG** zu unterscheiden. Bei der Einzelveranlagung von

---
1 BFH vom 09.07.1959 IV 209/58 U (BStBl 1959 III S. 348).
2 BFH vom 09.07.1959 IV 209/58 U (BStBl 1959 III S. 348).
3 BVerfG vom 07.05.2013 2 BvR 909/06, 2 BvR 1981/06, 2 BvR 288/07 (BGBl 2013 I S. 1647).

Ehegatten nach § 26a EStG können die Ehegatten die Zurechnung von Sonderausgaben, außergewöhnlichen Belastungen und die Steuerermäßigung nach § 35a EStG bestimmen.

Einer besonderen gesetzlichen Erläuterung der Einzelveranlagung nach § 25 EStG bedarf es nicht, weil das Gesetz grundsätzlich die bei der Veranlagung in Betracht kommenden Merkmale für die Einzelveranlagung bestimmt und zusätzlich Besonderheiten regelt, die für die Ehegattenbesteuerung gelten. Im Einzelnen kommen für die Einzelveranlagung nach § 25 EStG in Betracht:

a) ledige Steuerpflichtige

b) verwitwete Steuerpflichtige, bei denen die Voraussetzungen des § 26 Abs. 1 Satz 1 EStG nicht vorliegen

c) geschiedene Steuerpflichtige, bei denen die Voraussetzungen des § 26 Abs. 1 Satz 1 EStG nicht vorliegen

d) Ehegatten, bei denen die Voraussetzungen des § 26 Abs. 1 Satz 1 EStG nicht vorliegen

e) Steuerpflichtige, deren Ehe im Veranlagungszeitraum durch Tod, Scheidung oder Aufhebung aufgelöst worden ist, wenn in diesem Veranlagungszeitraum bei den Ehegatten der aufgelösten Ehe die Voraussetzungen des § 26 Abs. 1 Satz 1 EStG vorgelegen haben, der andere Ehegatte jedoch wieder geheiratet hat und bei diesem und seinem neuen Ehegatten die Voraussetzungen des § 26 Abs. 1 Satz 1 EStG ebenfalls vorliegen

Die Einkommensteuer wird durch Einkommensteuerbescheid festgesetzt und gegenüber demjenigen, für den er bestimmt ist, in dem Zeitpunkt wirksam, in dem er ihm bekannt gegeben wird (§§ 155, 124 AO).

Das Veranlagungsverfahren wird in Gang gesetzt durch die **Einkommensteuererklärung,** die der Steuerpflichtige nach § 25 Abs. 3 Satz 1 EStG für den abgelaufenen Veranlagungszeitraum abzugeben hat. Der Steuerpflichtige hat die Einkommensteuererklärung **eigenhändig zu unterschreiben.**[4] Durch die eigenhändige Unterschrift soll sichergestellt werden, dass sich der Steuerpflichtige auch dann von der Richtigkeit und Vollständigkeit der Angaben in seiner Einkommensteuererklärung überzeugt, wenn er deren Erstellung einem Dritten überlassen hat. Eine Unterschrift durch einen Bevollmächtigten kommt ausnahmsweise in Betracht, nachdem ein Ausländer auf Dauer in seine Heimat zurückgekehrt ist.[5] Eine eigenhändige Unterschrift des Steuerpflichtigen, die auf einem Unterschriftsstreifen geleistet wird, der dann später auf die Einkommensteuererklärung aufgeklebt wird, stellt daher keine eigenhändige Unterschrift i. S. des § 25 Abs. 3 Satz 1 EStG dar.[6] Als

---

4 BFH vom 29.02.2000 VII R 109/98 (BStBl 2000 II S. 573).
5 BFH vom 10.04.2002 VI R 66/98 (BStBl 2000 II S. 455).
6 BFH vom 08.07.1983 VI R 80/81 (BStBl 1984 II S. 13).

eigenhändige Unterschrift in diesem Sinne ist jedoch eine vor Aufstellung der Einkommensteuererklärung blanko geleistete eigenhändige Unterschrift anzusehen.[7] Durch das Gesetz zur Modernisierung und Entbürokratisierung des Steuerverfahrens (Steuerbürokratieabbaugesetz) wurde dem § 25 EStG ein Absatz 4 angefügt, der erstmals für Einkommensteuererklärungen anzuwenden ist, die für den Veranlagungszeitraum 2011 abzugeben sind (§ 52 Abs. 39 EStG). Damit wird für alle, die Gewinneinkünfte erzielen, eine Verpflichtung zur elektronischen Übermittlung der Einkommensteuererklärung eingeführt. Zur Vermeidung unbilliger Härten kann die Finanzverwaltung auf eine elektronische Übermittlung verzichten (§ 150 Abs. 8 AO).

Für die Einkommensteuererklärung ist der amtlich vorgeschriebene Vordruck zu verwenden (§ 150 AO). In § 60 EStDV ist geregelt, welche Unterlagen der Steuererklärung beizufügen sind, wenn der Gewinn nach § 4 Abs. 1 oder § 5 EStG ermittelt wird. Für Wirtschaftsjahre, die nach dem 31.12.2004 beginnen, ist der Steuererklärung eine Gewinnermittlung nach amtlich vorgeschriebenem Vordruck beizufügen, wenn der Gewinn nach § 4 Abs. 3 EStG ermittelt wird (§ 60 Abs. 4 EStDV).[8] Bei Betriebseinnahmen unter 17.500 Euro im Wirtschaftsjahr darf der Steuererklärung anstelle des Vordrucks eine formlose Gewinnermittlung beigefügt werden.

Durch die detaillierten Regelungen in § 56 EStDV ist die Steuererklärungspflicht auf die Fälle beschränkt, in denen die Festsetzung einer Einkommensteuer in Betracht kommt. Zur Abgabe einer Steuererklärung ist ein Steuerpflichtiger beispielsweise verpflichtet, wenn er nicht die Voraussetzung des § 26 Abs. 1 EStG erfüllt, der Gesamtbetrag seiner Einkünfte im Veranlagungszeitraum 2014 mindestens 8.354 Euro beträgt und er keine dem Lohnsteuerabzug unterliegenden Einkünfte aus nichtselbständiger Arbeit erzielt hat (§ 56 Satz 1 Nr. 2 Buchst. a i. V. m. § 84 Abs. 3b EStDV). Eine Steuererklärung ist stets abzugeben, wenn zum Schluss des vorangegangenen Veranlagungszeitraums ein verbleibender Verlustabzug festgestellt worden ist (§ 56 Satz 2 EStDV; vgl. 29.4).

Eine Steuererklärung ist außerdem abzugeben, wenn eine Veranlagung nach § 46 Abs. 2 Nr. 1 bis 8 EStG in Betracht kommt.

Zur Abgabe einer Steuererklärung ist auch der verpflichtet, den das Finanzamt nach pflichtgemäßem Ermessen dazu auffordert (§ 149 Abs. 1 Satz 2 AO). Bei gesonderten Feststellungen ergibt sich die Steuererklärungspflicht aus § 181 AO.

Die Frist für die Abgabe der Erklärung beträgt grundsätzlich 5 Monate nach Ablauf des Kalenderjahres (§ 149 Abs. 2 Satz 1 AO).

---

7 BFH vom 08.07.1983 VI R 80/81 (BStBl 1984 II S. 13).
8 BMF vom 12.10.2012 (BStBl 2012 I S. 1003).

31.2 Veranlagung von Ehegatten

31.2.1 Allgemeines

Für Ehegatten in einer zu berücksichtigenden Ehe, bei denen die Voraussetzungen des § 26 Abs. 1 Satz 1 EStG hinsichtlich eines bestimmten Veranlagungszeitraums vorliegen, sehen die §§ 26 bis 26b EStG für diesen Veranlagungszeitraum besondere Veranlagungsarten vor. Bei Ehegatten in einer zu berücksichtigenden Ehe, die beide unbeschränkt steuerpflichtig sind und nicht dauernd getrennt leben und bei denen diese Voraussetzungen zu Beginn des Veranlagungszeitraums vorgelegen haben oder im Laufe des Veranlagungszeitraums eingetreten sind, kann danach entweder eine Einzelveranlagung nach den Grundsätzen des § 26a EStG oder eine Zusammenveranlagung nach den Grundsätzen des § 26b EStG durchgeführt werden. Den Eheleuten steht ein Wahlrecht zwischen den beiden Arten der Veranlagung zu. Ab dem Veranlagungszeitraum 2013 können Ehegatten die besondere Veranlagung für den Veranlagungszeitraum der Eheschließung nach § 26c EStG nicht mehr wählen. Die Vorschrift wurde durch das StVereinfG 2011 mit Wirkung ab dem Jahr 2013 aufgehoben.

Die Zusammenveranlagung und der damit verbundene Splittingtarif (siehe 32.2.2) beruhen auf der Vorstellung, dass zusammenlebende Ehegatten eine Gemeinschaft des Erwerbs und des Verbrauchs bilden, in der jeder Ehegatte an dem Einkommen des anderen zur Hälfte teilhat, auch wenn die Einkünfte als solche von dem anderen Ehegatten i. S. des § 2 Abs. 1 EStG erzielt werden.[9] Steuersubjekt bleibt aber der jeweilige Ehegatte.[10] Dies gilt auch für die Kirchensteuer. Deshalb kann in einer konfessionsverschiedenen Ehe ein Bescheid über evangelische Kirchensteuer nur gegenüber dem Ehegatten ergehen, der der evangelischen Kirche mitgliedschaftlich angehört.[11]

Die Ehegattenveranlagung ist auch bei einer unbeschränkten Steuerpflicht gem. § 1a EStG möglich (§ 26 Abs. 1 Satz 1 Nr. 1 EStG). Dadurch wird sichergestellt, dass nur bei Ehegatten-Grenzpendlern aus dem Bereich der EU oder des EWR das Splittingverfahren Anwendung findet (vgl. auch 2.6).

> **Beispiele:**
> a) A ist italienischer Staatsangehöriger und lebt in Köln, wo er auch arbeitet. Seine Ehefrau, von der er nicht dauernd getrennt lebt, wohnt in Italien. Die Ehegatten beziehen außer dem inländischen Arbeitslohn des A keine weiteren Einkünfte.
> A ist unbeschränkt steuerpflichtig gem. § 1 Abs. 1 EStG. Da die Einkünfte der Ehegatten ausschließlich der deutschen Besteuerung unterliegen und die nicht dauernd getrennt lebende Ehefrau in einem Mitgliedstaat der EU lebt, kann A beantragen, dass seine Ehefrau als unbeschränkt einkommensteuerpflichtig behandelt wird. Die Ehegatten können die Zusammenveranlagung wählen (§ 1a Abs. 1 Nr. 2 EStG).

---

[9] BFH vom 15.03.1995 I R 85/94 (BStBl 1995 II S. 547).
[10] BFH vom 25.06.2008 X R 36/05 (BFH/NV 2008 S. 2093).
[11] BFH vom 29.06.1994 I R 132/93 (BStBl 1995 II S. 510).

b) Die nicht dauernd getrennt lebenden eingetragenen Lebenspartner A und B haben die niederländische Staatsangehörigkeit und leben in den Niederlanden. A bezieht im Veranlagungszeitraum 2014 Einkünfte aus nichtselbständiger Arbeit i. H. von 80.000 €, die der deutschen Einkommensteuer unterliegen. Außerdem hat er Einkünfte i. H. von 10.000 €, die in den Niederlanden besteuert werden. Weitere Einkünfte haben die Lebenspartner nicht. Eine entsprechende Bescheinigung der niederländischen Steuerbehörde liegt vor. A beantragt, ihn und seinen Lebenspartner als unbeschränkt steuerpflichtig zu behandeln.

A ist unbeschränkt einkommensteuerpflichtig nach § 1 Abs. 3 EStG, weil er Staatsangehöriger eines Mitgliedstaates der EU ist, sein nicht dauernd getrennt lebender Lebenspartner in einem EU-Staat wohnt und die nicht der deutschen Einkommensteuer unterliegenden Einkünfte nicht mehr als 16.708 € (doppelter Grundfreibetrag) betragen. Sein Lebenspartner ist ebenfalls als unbeschränkt einkommensteuerpflichtig zu behandeln. Die Lebenspartner können die Zusammenveranlagung wählen (§ 1a Abs. 1 Nr. 2 i. V. m. § 2 Abs. 8 EStG).

c) Die Ehegatten A und B haben die niederländische Staatsangehörigkeit und leben in den Niederlanden. A bezieht Einkünfte aus nichtselbständiger Arbeit i. H. von 80.000 €, die der deutschen Einkommensteuer unterliegen. B bezieht Einkünfte i. H. von 20.000 €, die in den Niederlanden versteuert werden. Weitere Einkünfte haben die Ehegatten nicht bezogen. Eine entsprechende Bescheinigung der niederländischen Steuerbehörde liegt vor. A beantragt, als unbeschränkt einkommensteuerpflichtig behandelt zu werden.

A ist unbeschränkt einkommensteuerpflichtig gem. § 1 Abs. 3 EStG, weil seine eigenen Einkünfte in voller Höhe der deutschen Einkommensteuer unterliegen. Die Vorschriften der Ehegattenbesteuerung können nicht angewendet werden, weil die gemeinsamen Einkünfte der Ehegatten zu weniger als 90 % der deutschen Einkommensteuer unterliegen und die nicht der deutschen Einkommensteuer unterliegenden Einkünfte mehr als 16.708 € (doppelter Grundfreibetrag) betragen. A ist einzeln zur Einkommensteuer zu veranlagen. Diese Regelung widerspricht nicht dem EU-Recht.[12]

Bis einschließlich dem Veranlagungszeitraum 2012 können Ehegatten nach § 26 Abs. 1 EStG a. F. für den Veranlagungszeitraum, in dem die Ehe geschlossen worden ist, statt einer getrennten Veranlagung nach § 26a EStG a. F. oder der Zusammenveranlagung nach § 26b EStG auch die besondere Veranlagung nach § 26c EStG a. F. wählen.

Eine Einzelveranlagung nach § 25 EStG kommt daher bei Ehegatten in einer zu berücksichtigenden Ehe, bei denen die Voraussetzungen des § 26 Abs. 1 Satz 1 EStG hinsichtlich eines bestimmten Veranlagungszeitraums vorliegen, für diesen Veranlagungszeitraum selbst dann nicht in Betracht, wenn dies von ihnen ausdrücklich beantragt wird.

Eine **Einzelveranlagung nach § 26a EStG** (bis Veranlagungszeitraum 2012: getrennte Veranlagung), oder eine **Zusammenveranlagung nach § 26b EStG** ist danach nur durchzuführen, wenn die nachfolgend dargestellten Voraussetzungen des § 26 Abs. 1 EStG während des Veranlagungszeitraums zumindest zu einem bestimmten Zeitpunkt sämtlich erfüllt waren.

---

12 EuGH vom 25.01.2007 C-329/05 „Meindl" (DStR 2007 S. 232).

31.2 Veranlagung von Ehegatten

1. Es muss sich um **Ehegatten,** d. h. um Personen handeln, die durch eine rechtsgültige Ehe miteinander verbunden sind.

Eine nichteheliche Lebensgemeinschaft steht der Ehe nicht gleich.[13] Die Zusammenveranlagung und damit die Anwendung des Splitting-Verfahrens nach § 32a Abs. 5 EStG ist ausgeschlossen (siehe 32.2.5).

Ob eine rechtsgültige Ehe besteht, ist ausschließlich nach bürgerlichem Recht zu beurteilen.[14]

Die Wirksamkeit der Eheschließung richtet sich gem. Art. 13 Abs. 1 EGBGB nach dem Recht der Staatsangehörigkeit der Verlobten. Für deutsche Staatsangehörige gelten die §§ 1303 ff. BGB. Bei einer im Inland geschlossenen Ehe bestimmt sich die Form der Eheschließung nach Art. 13 Abs. 3 EGBGB ausschließlich nach den deutschen Gesetzen. Dies gilt auch, wenn zwei Angehörige eines ausländischen Staates im Inland eine Ehe schließen und ein Ehegatte zudem die deutsche Staatsangehörigkeit besitzt.[15] Wenn eine Ehe nach § 1310 BGB auch grundsätzlich vor dem Standesamt zu schließen ist, so sieht Art. 13 Abs. 3 Satz 2 EGBGB jedoch eine Ausnahme vor, wenn keiner der Verlobten die deutsche Staatsangehörigkeit besitzt. In diesem Fall kann die Ehe vor einer von der Regierung des Landes, dessen Staatsangehörigkeit einer der Verlobten besitzt, ordnungsgemäß ermächtigten Person in der von den Gesetzen dieses Landes vorgeschriebenen Form geschlossen werden.

Bei einer im Ausland geschlossenen Ehe bestimmt sich die Form der Eheschließung nach dem Recht des Staates, in dem die Ehe geschlossen wird (Art. 11 EGBGB).

Da die materiell-rechtlichen Voraussetzungen einer Ehe bei Ausländern für jeden Beteiligten nach den Gesetzen des Staates zu beurteilen sind, dem er angehört, kann auch eine nach ausländischem Recht zulässige Mehrehe anzuerkennen sein. Auch die in einer solchen Mehrehe lebenden Ausländer sind daher jedenfalls dann als Ehegatten anzusehen, wenn sie an dieser Mehrehe im Inland einvernehmlich festhalten.[16]

Die Voraussetzungen der Begründung einer eingetragenen Lebenspartnerschaft finden sich in § 1 LPartG. Bei der eingetragenen Lebenspartnerschaft handelt es sich um eine auf Lebenszeit eingegangene Partnerschaft zwischen zwei Personen gleichen Geschlechts aufgrund übereinstimmender Erklärungen gegenüber dem Standesbeamten.

Ein Steuerpflichtiger, dessen Ehegatte verschollen oder vermisst ist, gilt als verheiratet, solange sein Ehegatte nicht für tot erklärt worden ist (H 26 „Allgemeines" EStH). Im Fall der Todeserklärung gilt der Steuerpflichtige nach § 49 AO vom Tag der Rechtskraft des Todeserklärungsbeschlusses an als verwitwet.

---

13 BFH vom 12.03.2012 III B 52/11 (BFH/NV 2012 S. 1125) m. w. N.
14 BFH vom 27.10.1989 III R 205/82 (BStBl 1990 II S. 294).
15 BFH vom 17.04.1998 VI R 16/97 (BStBl 1998 II S. 473).
16 BFH vom 06.12.1995 VI R 56/82 (BStBl 1986 II S. 390).

Eine Ehe ist bei Scheidung (§ 1564 BGB) oder bei Aufhebung (§ 1313 BGB) erst mit Rechtskraft der gerichtlichen Entscheidung aufgelöst. Gleiches gilt für die eingetragene Lebenspartnerschaft (§ 15 LPartG). Diese Regelungen sind auch für das Einkommensteuerrecht maßgebend.[17] Die Vorschriften zur sog. nichtigen Ehe nach §§ 16 bis 26 EheG sind seit der Aufhebung des Ehegesetzes im Jahr 1998[18] nicht mehr anzuwenden. Deren Regelungsgehalt wurde nicht in das BGB übernommen. Die Eheaufhebungsgründe sind in § 1314 BGB abschließend aufgezählt.

2. Es muss sich um eine zu berücksichtigende Ehe handeln.

Zu berücksichtigen ist jede wirksam geschlossene Ehe, die während des gesamten Veranlagungszeitraums bestanden hat, sofern beide Ehegatten nur diese eine Ehe geschlossen haben. Hat ein Ausländer in rechtsgültiger Form mehrere Ehen geschlossen und lebt nicht nur eine seiner Ehefrauen im Inland, so ist zweifelhaft, ob alle Ehen Berücksichtigung finden oder welche Ehe ggf. zu berücksichtigen ist. Der BFH[19] hat diese Frage ausdrücklich offengelassen. Lebt nur eine Ehefrau eines in nicht rechtsgültiger Mehrehe lebenden Ausländers mit diesem im Inland, so ist (nur) die Ehe mit dieser Ehefrau zu berücksichtigen.[20]

Hat eine Ehe nicht während des gesamten Veranlagungszeitraums bestanden, so ist die Vorschrift des § 26 Abs. 1 Satz 2 EStG zu beachten. Eine Ehe, die im Laufe des Veranlagungszeitraums aufgelöst worden ist, bleibt nach dieser Vorschrift hinsichtlich der Art der durchzuführenden Veranlagung unberücksichtigt, wenn einer der Ehegatten in demselben Veranlagungszeitraum wieder geheiratet hat und bei ihm und dem neuen Ehegatten die Voraussetzungen des § 26 Abs. 1 Satz 1 EStG ebenfalls vorliegen. Zu berücksichtigen ist damit in einem solchen Fall nur die neue bzw. letzte Ehe bei zweimaliger Wiederheirat in einem Veranlagungszeitraum (R 26 Abs. 2 EStR).[21] Ziel der Vorschrift ist es, die mehrfache Ehegattenveranlagung für dieselbe Person in einem Veranlagungszeitraum auszuschließen.

Beispiele:

a) Die Eheleute A sind zum 31. März eines Jahres rechtskräftig geschieden worden. Frau A hat am 1. Oktober dieses Jahres wieder geheiratet. Bei ihr und ihrem neuen Ehemann sind die Voraussetzungen des § 26 Abs. 1 Satz 1 EStG erfüllt.

Die aufgelöste Ehe bleibt unberücksichtigt. Herr A ist damit für diesen Veranlagungszeitraum so zu behandeln, als ob er nicht verheiratet gewesen wäre. Bei ihm ist daher eine Einzelveranlagung nach § 25 EStG durchzuführen. Bei Frau A und ihrem neuen Ehemann ist für diesen Veranlagungszeitraum eine Einzelveranlagung nach § 26a EStG oder eine Zusammenveranlagung nach § 26b EStG durchzuführen.

---

17 BFH vom 09.03.1973 VI R 396/70 (BStBl 1973 II S. 487).
18 BGBl 1998 I S. 833, 841.
19 BFH vom 06.12.1985 VI R 56/82 (BStBl 1986 II S. 390).
20 BFH vom 06.12.1985 VI R 56/82 (BStBl 1986 II S. 390).
21 BVerfG vom 03.06.1987 1 BvL 5/81 (BStBl 1988 II S. 395).

31.2 Veranlagung von Ehegatten

b) Die Eheleute B sind zum 31. März eines Jahres rechtskräftig geschieden worden. Frau B hat am 10. Dezember dieses Jahres den in der Schweiz ansässigen C geheiratet und ihren Wohnsitz ebenfalls in die Schweiz verlegt.

Da bei Frau B und ihrem neuen Ehemann die Voraussetzungen des § 26 Abs. 1 Satz 1 EStG nicht erfüllt sind, bleibt die aufgelöste Ehe für diesen Veranlagungszeitraum zu berücksichtigen.

Herr und Frau B sind damit für diesen Veranlagungszeitraum einzeln nach § 26a EStG oder zusammen nach § 26b EStG zur Einkommensteuer zu veranlagen.

Zu den Auswirkungen dieser Regelung bei der besonderen Veranlagung nach § 26c EStG a. F. siehe 31.2.5.

3. Beide Ehegatten müssen **unbeschränkt steuerpflichtig** sein. Die unbeschränkte Steuerpflicht kann sich aus § 1 Abs. 1 oder 2 EStG oder aus § 1a EStG ergeben.

Unbeschränkt steuerpflichtig sind nach § 1 Abs. 1 Satz 1 EStG natürliche Personen, die im Inland einen Wohnsitz oder ihren gewöhnlichen Aufenthalt haben. Auf die Staatsangehörigkeit kommt es nicht an. Nach § 1a Abs. 1 Nr. 2 EStG wird die unbeschränkte Steuerpflicht eines im EU- oder EWR-Ausland lebenden Ehegatten auf seinen Antrag hin fingiert, wenn beim anderen Ehegatten die Voraussetzungen der unbeschränkten Steuerpflicht nach § 1 Abs. 1 bis 3 EStG vorliegen. In den Fällen des § 1 Abs. 2 und 3 EStG ist zu beachten, dass die nicht der deutschen Steuer unterliegenden gemeinsamen Einkünfte nur geringfügig sein dürfen. Dies ist der Fall, wenn die Einkünfte nicht mehr als 10 % oder weniger als der doppelte Grundfreibetrag betragen. Es ist mit dem EU-Recht vereinbar, wenn als Voraussetzung für die Gewährung des Splittingtarifs bei Gebietsfremden bestimmt wird, dass sie 90 % ihres Einkommens im Inland erzielen.[22]

4. Die Ehegatten dürfen **nicht dauernd getrennt leben.** Ob diese Voraussetzung erfüllt ist, haben die Finanzämter und Finanzgerichte selbst dann von Amts wegen zu ermitteln, wenn die Ehegatten im Ehescheidungsprozess dazu bestimmte Erklärungen abgegeben haben. Eine Bindung der Ehegatten an die im Ehescheidungsprozess abgegebenen Erklärungen ist sogar dann zu verneinen, wenn aufgrund der übereinstimmenden Erklärung der Ehegatten vor dem Familiengericht, ein Jahr getrennt gelebt zu haben, die Ehe rechtskräftig geschieden worden ist.[23] Die Beiziehung familiengerichtlicher Scheidungsakten ist nur in Ausnahmefällen zulässig.[24]

Ob die Ehegatten dauernd getrennt gelebt haben oder nicht, ist jeweils nach den Gesamtumständen des Einzelfalls zu beurteilen. Ein dauerndes Getrenntleben ist anzunehmen, wenn die zum Wesen der Ehe gehörende Lebens- und Wirtschaftsgemeinschaft auf Dauer nicht mehr besteht. Unter Lebensgemeinschaft ist die räumliche, persönliche und geistige Gemeinschaft der Ehegatten, unter Wirtschafts-

---
22 EuGH vom 25.01.2007 C-329/05 „Meindl" (DStR 2007 S. 232).
23 BFH vom 13.12.1985 VI R 190/82 (BStBl 1986 II S. 486).
24 BFH vom 12.06.1991 III R 106/87 (BStBl 1991 II S. 806).

gemeinschaft die gemeinsame Erledigung der die Ehegatten gemeinsam berührenden wirtschaftlichen Fragen ihres Zusammenlebens zu verstehen.[25]

Einer auf Dauer herbeigeführten räumlichen Trennung wird bei Abwägung der für und gegen die Annahme eines dauernden Getrenntlebens sprechenden Merkmale regelmäßig eine besondere Bedeutung zukommen. Eine nur vorübergehende räumliche Trennung der Ehegatten, z. B. bei einem beruflich bedingten Auslandsaufenthalt eines der Ehegatten, hebt im Allgemeinen die eheliche Lebens- und Wirtschaftsgemeinschaft nicht auf. Sogar in den Fällen, in denen die Ehegatten infolge zwingender äußerer Umstände für eine nicht absehbare Zeit räumlich voneinander getrennt leben müssen, z. B. infolge Krankheit, Verbüßung einer Freiheitsstrafe, kann die eheliche Lebens- und Wirtschaftsgemeinschaft noch weiterbestehen, wenn die Ehegatten die erkennbare Absicht haben, die eheliche Verbindung in dem noch möglichen Rahmen aufrechtzuerhalten und nach dem Wegfall der Hindernisse die volle eheliche Gemeinschaft wieder herzustellen.

Die Angaben der Ehegatten, sie lebten nicht dauernd getrennt, sind i. d. R. der Einkommensteuerveranlagung zugrunde zu legen. Dies gilt jedoch nicht, wenn die äußeren Umstände das Bestehen einer ehelichen Lebens- und Wirtschaftsgemeinschaft fraglich erscheinen lassen (H 26 „Getrenntleben" EStH).

Erklärungen der Ehegatten im Ehescheidungsprozess vor dem Familiengericht, die als solche nicht bindend sind, können ebenfalls ein wichtiges Indiz für die von den Finanzämtern und Finanzgerichten selbständig zu treffende Entscheidung darstellen.[26]

Ehegatten, von denen einer vermisst ist, sind im Allgemeinen, solange der vermisste Ehegatte noch nicht für tot erklärt ist, nicht als dauernd getrennt lebend anzusehen (R 26 Abs. 1 Satz 4 EStR).

5. Die vorstehenden Voraussetzungen müssen **zu Beginn des Veranlagungszeitraums** vorgelegen haben oder **im Laufe des Veranlagungszeitraums** eingetreten sein.

Beispiele:
a) A und B haben am 30. Dezember dieses Jahres geheiratet.
b) A und B waren zu Beginn dieses Jahres verheiratet.
Sofern die übrigen Voraussetzungen des § 26 Abs. 1 Satz 1 EStG bei den Ehegatten gegeben sind, können sie in beiden Fallvarianten zwischen einer Einzelveranlagung nach § 26a EStG und einer Zusammenveranlagung nach § 26b EStG wählen.

Diese Voraussetzungen müssen auch vorliegen, wenn die Ehegatten für den Veranlagungszeitraum der Eheschließung eine **besondere Veranlagung nach § 26c EStG a. F.** wählen; diese Veranlagungsart kann **letztmalig im Veranlagungszeitraum 2012** gewählt werden.

---

25 BFH vom 15.06.1973 VI R 150/69 (BStBl 1973 II S. 640).
26 BFH vom 13.12.1985 VI R 190/82 (BStBl 1986 II S. 486).

31.2.2 Wahl der Veranlagungsart

Allgemeines

Die Ehegatten haben nach § 26 Abs. 1 Satz 1 EStG ein Wahlrecht zwischen den beiden Arten der Ehegattenveranlagung. Sie werden gem. § 26 Abs. 2 Satz 1 EStG einzeln veranlagt, wenn nur einer der Ehegatten die Einzelveranlagung i. S. des § 26a EStG wählt. Die Einzelveranlagung von Ehegatten kann in Sonderfällen zu einer geringeren Steuerschuld führen als die Zusammenveranlagung (siehe 31.2.4 und 32.3.1). Nach § 26 Abs. 2 Satz 2 EStG werden Ehegatten zusammen veranlagt, wenn beide Ehegatten die Zusammenveranlagung wählen.

Auch die bis 2012 geltende besondere Veranlagung für den Veranlagungszeitraum der Eheschließung nach § 26c EStG a. F. setzte nach § 26 Abs. 2 Satz 2 EStG a. F. voraus, dass beide Ehegatten diese Veranlagungsart wählen.

Machen die Eheleute vom Wahlrecht nicht oder nicht wirksam Gebrauch, so ist nach § 26 Abs. 3 EStG eine Zusammenveranlagung durchzuführen. Nach dem Wortlaut des bis einschließlich 2012 geltenden § 26 Abs. 3 EStG a. F. wird unterstellt, dass die Ehegatten die Zusammenveranlagung wählen, wenn sie die für die Wahl erforderlichen Erklärungen nicht (wirksam) abgeben. Der Unterschied beider Normfassungen ist rein sprachlicher Natur und ändert die bisherige Rechtslage nicht.

Die Vorschrift des § 26 Abs. 3 EStG kann jedoch nur dann ohne Weiteres zur Anwendung kommen, wenn beide Ehegatten noch leben. Im Fall des Todes eines Ehegatten kann die Vorschrift auf den Erben dieses Ehegatten nur angewandt werden, wenn eindeutig feststeht, dass er Kenntnis von seiner Rechtsnachfolge und von den steuerlich wirksamen, den verstorbenen Ehegatten betreffenden Vorgängen hatte. Anderenfalls kommt eine Zusammenveranlagung nur in Betracht, wenn der überlebende Ehegatte die Zusammenveranlagung wählt und der Erbe des verstorbenen Ehegatten dem zustimmt.[27] Im Ergebnis wird das Wahlrecht nach § 26 Abs. 1 EStG als vererbliches Recht verstanden.

Die Wahl der Veranlagungsart kann sich nicht nur auf die Gesamthöhe der Einkommensteuerschuld auswirken, sondern auch deren Verteilung auf die Ehegatten. Folglich können sich Unterschiede zu Steuernachzahlungen bzw. Steuererstattungen ergeben. Im Falle einer Insolvenz eines Ehegatten geht das Wahlrecht nach § 26 Abs. 1 EStG auf den Insolvenzverwalter über (§ 80 Abs. 1 InsO). Der Insolvenzverwalter kann anstelle des insolventen Ehegatten die Veranlagungsart wählen.[28] Im vereinfachten Insolvenzverfahren wird das Wahlrecht durch den Treuhänder (§ 313 Abs. 1 Satz 1 InsO) ausgeübt.[29]

Demgegenüber ist der Pfändungsgläubiger eines Ehegatten nicht berechtigt, anstelle seines Vollstreckungsschuldners und dessen Ehegatten beim Finanzamt den Antrag

---

27 BFH vom 13.11.1979 VIII R 193/77 (BStBl 1980 II S. 188).
28 BFH vom 22.03.2011 III B 114/09 (BFH/NV 2011 S. 1142).
29 BGH vom 24.05.2007 IX ZR 8/06 (DStR 2007 S. 1411).

auf Durchführung einer Ehegattenzusammenveranlagung zu stellen.[30] Durch den Pfändungs- und Überweisungsbeschluss geht das Wahlrecht der Ehegatten nicht auf den Pfändungsgläubiger über.

Ist die Vorschrift des § 26 Abs. 3 EStG anwendbar, so ist eine Einzelveranlagung von Ehegatten danach im Ergebnis nur durchzuführen, wenn zumindest einer der Ehegatten wirksam diese Veranlagung wählt. In diesem Fall ist für jeden Ehegatten eine Veranlagung durchzuführen.

Der einseitige Antrag eines Ehegatten auf Einzelveranlagung nach § 26a EStG ist grundsätzlich auch wirksam, wenn der andere Ehegatte eine Zusammenveranlagung beantragt. Unwirksam ist der einseitige Antrag eines Ehegatten auf Einzelveranlagung bei widerstreitenden Anträgen der Eheleute jedoch dann, wenn er selbst keine eigenen – positiven oder negativen – Einkünfte hat oder wenn diese so gering sind, dass sie weder zu einer Einkommensteuerveranlagung führen noch einem Steuerabzug unterlegen haben.[31] Im Übrigen kann eine Zusammenveranlagung nur im Zivilrechtsweg durchgesetzt werden.[32]

Durch das StVereinfG 2011 ergeben sich ab dem Veranlagungszeitraum 2013 Neuerungen hinsichtlich der Art und Weise, wie das Wahlrecht ausgeübt werden kann, sowie bei der Änderungsmöglichkeit einer bereits getroffenen Wahl.

Regelung bis 31.12.2012

Die zur Ausübung der Wahl erforderlichen Erklärungen sind nach § 26 Abs. 2 Satz 2 EStG beim Finanzamt schriftlich oder zu Protokoll abzugeben. Eine Frist ist für die Abgabe dieser Erklärung nicht vorgesehen. In der Praxis werden die zur Ausübung der Wahl erforderlichen Erklärungen in den eingereichten Einkommensteuererklärungen abgegeben, in denen die entsprechenden Erklärungen vordruckmäßig vorgesehen sind.

Die zur Ausübung der Wahl angegebenen Erklärungen können grundsätzlich auch widerrufen werden. Ein Widerruf der einmal getroffenen Wahl kann jedoch ausnahmsweise nach den Grundsätzen von Treu und Glauben unzulässig sein.[33] Auch für einen an sich zulässigen Widerruf ist eine Frist nicht vorgesehen.

Da eine Frist nicht vorgesehen ist, können die zur Ausübung der Wahl erforderlichen Erklärungen auch noch im Rahmen der Änderung von Steuerbescheiden abgegeben oder widerrufen werden, soweit dies nach den Vorschriften der AO zulässig ist.[34] Abgabe und Widerruf der zur Ausübung der Wahl erforderlichen Erklärungen sind darüber hinaus auch noch im Rechtsbehelfsverfahren möglich (H 26 „Widerruf

---

30 BFH vom 29.02.2000 VII R 109/98 (BStBl 2000 II S. 573).
31 BFH vom 10.01.1992 III R 103/87 (BStBl 1992 II S. 297).
32 BGH vom 23.05.2007 XII ZR 250/04 (DB 2007 S. 1636); BFH vom 17.01.2008 III B 81/07 (BFH/NV 2008 S. 568).
33 BFH vom 08.03.1973 VI R 305/68 (BStBl 1973 II S. 625).
34 BFH vom 17.05.1977 VI R 243/74 (BStBl 1977 II S. 605).

der Wahl der Veranlagungsart" EStH).[35] Im Revisionsverfahren können entsprechende Erklärungen jedoch nicht mehr abgegeben oder widerrufen werden.[36]

> **Beispiel:**
> Die Ehefrau hat für den Veranlagungszeitraum 2012 ausdrücklich eine getrennte Veranlagung beantragt. Der Ehemann hat keine Wahl getroffen. Daraufhin ist es zu einer getrennten Veranlagung des Ehemannes und der Ehefrau gekommen. Die getrennte Veranlagung des Ehemannes ist bestandskräftig geworden. Bezüglich der getrennten Veranlagung der Ehefrau schwebt eine Klage beim Finanzgericht. Im Laufe dieses Verfahrens widerruft die Ehefrau ihren Antrag auf getrennte Veranlagung.
> Wenn der Ehemann nicht widerspricht, kommt es jetzt zu einer Zusammenveranlagung der Ehegatten nach § 26b EStG. Die bereits bestandskräftige Veranlagung des Ehemannes ist als Folgeänderung nach § 175 Abs. 1 Satz 1 Nr. 2 AO aufzuheben.[37]

Die durch einen Änderungsbescheid erneut eröffnete Möglichkeit der Ausübung des Veranlagungswahlrechts ist jedoch vom Bestand des Änderungsbescheids abhängig. Wird dieser wieder aufgehoben, ist auch die Ausübung des Wahlrechts gegenstandslos.[38]

Zu einer Einzelveranlagung der Ehegatten nach § 25 EStG kommt es dann, wenn bei den Ehegatten die Voraussetzungen des § 26 Abs. 1 Satz 1 EStG nicht erfüllt sind.

> **Beispiele:**
> a) Ehegatten haben während des ganzen Veranlagungszeitraums dauernd getrennt gelebt.
>
> b) Einer der Ehegatten war während des ganzen Veranlagungszeitraums nicht unbeschränkt steuerpflichtig.

In diesen Fällen kann eine Ehegattenbesteuerung nach den Grundsätzen der §§ 26, 26a, 26b oder 26c EStG nicht erfolgen, weil die Voraussetzungen des § 26 Abs. 1 Satz 1 EStG nicht erfüllt sind. Jeder Ehegatte ist daher für sich (einzeln) zu veranlagen. Nur die für den einzelnen Ehegatten maßgebenden Merkmale sind bei den Einzelveranlagungen zu berücksichtigen.

Es muss nachdrücklich darauf hingewiesen werden, dass die Begriffe „Einzelveranlagung" und „getrennte Veranlagung" zwei ganz verschiedene Veranlagungsarten ausdrücken, bei denen unterschiedliche Grundsätze zur Anwendung kommen.

Regelung ab 01.01.2013

Nach § 26 Abs. 2 Satz 3 EStG wird die Wahl der Veranlagungsart für den betreffenden Veranlagungszeitraum stets durch Angabe in der Steuererklärung getroffen. Im

---
35 BFH vom 24.01.2002 III R 49/00 (BStBl 2002 II S. 408).
36 BFH vom 27.09.1988 VIII R 432/83 (BStBl 1989 II S. 225) und vom 27.09.1988 VIII R 98/87 (BStBl 1989 II S. 229).
37 BFH vom 03.03.2005 III R 22/02 (BStBl 2005 II S. 690).
38 BFH vom 24.05.1991 III R 105/89 (BStBl 1992 II S. 123).

Unterschied zur bisherigen Rechtslage können die Ehegatten ihre Wahl allein in der Weise erklären, dass sie das für die gewünschte Veranlagungsart vorgesehene Kästchen auf dem Mantelbogen der Einkommensteuererklärung ankreuzen.

Bis zur Unanfechtbarkeit des Zusammenveranlagungsbescheids oder eines der beiden Einzelveranlagungsbescheide kann die bereits getroffene Wahl der Veranlagungsart ohne Weiteres geändert werden.

Nach Eintritt der Unanfechtbarkeit des Steuerbescheides kann die wirksam ausgeübte Wahl der Veranlagungsart nur noch unter den Voraussetzungen des § 26 Abs. 2 Satz 4 EStG erfolgen. Hierdurch wird das Änderungsrecht im Vergleich zur bisherigen Rechtslage eingeschränkt. Die Voraussetzungen des § 26 Abs. 2 Satz 4 Nr. 1 bis 3 EStG müssen kumulativ erfüllt sein und sind für jeden Ehegatten gesondert zu prüfen. Zu beachten ist, dass im Falle der gemeinsamen Veranlagung nach § 26b EStG zwar ein zusammengefasster Einkommensteuerbescheid erlassen wird; es handelt sich jedoch um zwei selbständige Steuerbescheide, die lediglich äußerlich miteinander verbunden sind.[39]

§ 26 Abs. 2 Satz 4 Nr. 1 EStG setzt voraus, dass ein Steuerbescheid, der die Ehegatten betrifft, aufgehoben, geändert oder berichtigt wird. Es muss also ein Aufhebungs-, Änderungs- oder Berichtigungsbescheid für den betreffenden Veranlagungszeitraum vorliegen. Unerheblich ist, nach welcher Vorschrift der Steuerbescheid korrigiert worden ist und ob die Korrektur rechtmäßig erfolgte. Gegenstand der Korrektur kann sowohl der Zusammenveranlagungsbescheid als auch ein oder beide Einzelveranlagungsbescheide sein.

Nach § 26 Abs. 2 Satz 4 Nr. 2 EStG muss die Änderung der Wahl der Veranlagungsart der zuständigen Finanzbehörde bis zum Eintritt der Unanfechtbarkeit des Änderungs- oder Berichtigungsbescheids schriftlich oder elektronisch mitgeteilt oder zur Niederschrift erklärt werden.

Zudem muss nach § 26 Abs. 2 Satz 4 Nr. 3 EStG der Unterschiedsbetrag aus der Differenz der festgesetzten Einkommensteuer entsprechend der bisher gewählten Veranlagungsart und der festzusetzenden Einkommensteuer, die sich bei einer geänderten Ausübung der Wahl der Veranlagungsarten ergeben würde, positiv sein; die Einkommensteuer der einzeln veranlagten Ehegatten ist hierbei zusammenzurechnen. Der Wechsel der Veranlagungsart muss den Ehegatten bei gemeinsamer Betrachtung einen Steuervorteil bringen. Die nach dem Änderungsbescheid festzusetzende Einkommensteuer muss mit der festzusetzenden Einkommensteuer, die bei der anderen Veranlagungsart festzusetzen wäre, verglichen werden.

Liegen die Voraussetzungen des § 26 Abs. 2 Satz 4 Nr. 1 bis 3 EStG vor, kann das Wahlrecht nach § 26 Abs. 1 EStG erneut ausgeübt werden. Die wirksame Änderung der Veranlagungsart ist ein rückwirkendes Ereignis i. S. des § 175 Abs. 1 Satz 1

---

39 BFH vom 28.07.2005 III R 48/03 (BStBl 2005 II S. 865).

Nr. 2 AO. Ein gegenüber einem Ehegatten bereits bestandskräftiger Bescheid ist nach § 175 Abs. 1 Satz 1 Nr. 2 AO aufzuheben.

31.2.3 Zusammenveranlagung von Ehegatten (§ 26b EStG)

Obwohl in § 26a EStG zunächst die Einzelveranlagung (bis 2012: getrennte Veranlagung) geregelt ist, stellt die Zusammenveranlagung der Ehegatten nach den Grundsätzen des § 26b EStG in der Praxis die Regel dar, weil sie im Allgemeinen wegen der Anwendung des Splittingtarifs (siehe 32.2.2) günstiger ist. Sofern die Ehegatten ihr Wahlrecht nicht oder nicht wirksam ausüben, wird dementsprechend nach § 26 Abs. 3 EStG die Zusammenveranlagung durchgeführt. Die Einzelveranlagung nach § 26a EStG kann aber zu einer insgesamt geringeren Belastung führen. Bei Anwendung des Progressionsvorbehalts nach § 32b EStG, der Fünftelregelung des § 34 EStG und in Fällen des Verlustabzugs nach § 10d EStG kann die Einzelveranlagung nach § 26a EStG steuerlich günstiger sein als die Zusammenveranlagung. Auch aus der Berücksichtigung der Höchstbeträge für Vorsorgeaufwendungen nach § 10 Abs. 3 Satz 1 und 2 EStG können sich Vorteile bei der Einzelveranlagung ergeben. In diesen Fällen ist regelmäßig eine Vergleichsberechnung erforderlich.

Zur Durchführung der Zusammenveranlagung haben die Ehegatten nach § 25 Abs. 3 Satz 2 EStG eine von beiden eigenhändig zu unterschreibende gemeinsame Einkommensteuererklärung abzugeben. Fehlt die Unterschrift eines Ehegatten, so kann das Finanzamt die Nachholung der Unterschriftsleistung verlangen. Das Finanzamt kann aber auch eine eigene Steuererklärung dieses Ehegatten anfordern. Die Weigerung eines Ehegatten, die von dem anderen Ehegatten abgegebene gemeinsame Erklärung zu unterzeichnen, rechtfertigt nicht die Durchführung einer Einzelveranlagung nach § 26a EStG.[40]

Haben die Ehegatten gemeinsame Einkünfte, so ist darüber grundsätzlich eine besondere Erklärung abzugeben und eine gesonderte und einheitliche Feststellung nach § 180 Abs. 1 Nr. 2 Buchst. a und § 179 Abs. 2 AO zu treffen, sofern es sich nicht um Fälle geringerer Bedeutung handelt (§ 180 Abs. 3 AO). Fälle geringerer Bedeutung liegen insbesondere vor, wenn die Verhältnisse leicht überschaubar sind und die Gefahr widersprechender Entscheidungen nahezu ausgeschlossen ist. Das ist insbesondere bei Einkünften aus einem Einfamilienhaus, das den Ehegatten gehört, der Fall, auch wenn es teils eigenen Wohnzwecken, teils freiberuflichen Zwecken dient. Das Gleiche gilt bei für ein den Ehegatten je zur Hälfte gehörendes, Wohnzwecken dienendes Zweifamilienhaus, wenn die Veranlagung von dem Finanzamt durchgeführt wird, das für den Erlass des Grundlagenbescheids zuständig wäre. Eine solche gesonderte Feststellung kann z. B. bei Einkünften aus einem den Ehegatten gemeinsam gehörenden Mietwohngrundstück dann unterbleiben, wenn die Gefahr widersprüchlicher Entscheidungen nicht besteht oder gering ist und die

---
40 BFH vom 09.03.1973 VI R 217/71 (BStBl 1973 II S. 557).

Einkünfte verhältnismäßig leicht zu ermitteln sind (R 26b Abs. 2 EStR). Eine gesonderte Feststellung ist dagegen durchzuführen, wenn bei den gemeinschaftlichen Einkünften der Ehegatten zu entscheiden ist über die Abgrenzung verschiedener Einkunftsarten,[41] insbesondere über das Bestehen eines gewerblichen Grundstückshandels.[42]

Grundsätzlich ist an zusammenveranlagte Ehegatten je ein Bescheid zu richten (§ 122 Abs. 1, § 124 Abs. 1, § 155 Abs. 1 AO), weil die subjektive Steuerpflicht durch die Zusammenveranlagung unberührt bleibt. Als Gesamtschuldner (§ 44 Abs. 1 AO) können sie aber auch durch einen zusammengefassten Bescheid in Anspruch genommen werden (§ 155 Abs. 3 AO). Das ist auch nach dem Tod des einen Ehegatten gegenüber dem Überlebenden möglich.[43] Für die Bekanntgabe eines zusammengefassten Bescheides ist ausreichend, wenn beiden Ehegatten eine Ausfertigung unter ihrer gemeinsamen Anschrift übermittelt wird (§ 122 Abs. 7 Satz 1 AO). Eine Einzelbekanntgabe ist dagegen erforderlich, wenn keine gemeinsame Anschrift besteht und ein Einverständnis nicht vorliegt oder wenn die Einzelbekanntgabe von einem Ehegatten beantragt wird (AEAO zu § 122 AO).[44]

Jeder Ehegatte schuldet die sich aus der Zusammenveranlagung ergebende Steuer als Gesamtschuldner (§§ 44, 155 Abs. 3 AO). Im Vollstreckungsverfahren kann aber jeder der Ehegatten nach § 268 AO beantragen, dass die Vollstreckung dieser Steuern jeweils auf den Betrag beschränkt wird, der sich bei einer Aufteilung der Steuern nach Maßgabe der §§ 269 bis 278 AO für seine Einkünfte ergibt. Die Aufteilung ist bei einer Aufrechnung zu berücksichtigen.[45]

Die Gesamtschuldnerschaft der zusammenveranlagten Ehegatten bedeutet nicht, dass sie auch Gesamtgläubiger für die Erstattungsansprüche aus zu Unrecht gezahlter Einkommensteuer sind. § 36 Abs. 4 Satz 3 EStG besagt nur, dass das Finanzamt befugt ist, an einen der Ehegatten auszuzahlen. Der Erstattungsanspruch steht demjenigen Ehegatten zu, der die Steuer gezahlt hat bzw. auf dessen Rechnung die Zahlung bewirkt worden ist. Das Finanzamt kann an die Ehegatten jeweils die Hälfte auszahlen.[46]

Bei der Zusammenveranlagung von Ehegatten zur Einkommensteuer ist grundsätzlich jeder Ehegatte rechtsbehelfsbefugt, unabhängig davon, wem im Einzelnen die Einkünfte zugerechnet werden. Der zusammenveranlagende Bescheid stellt keinen einheitlichen Bescheid dar. Vielmehr handelt es sich dabei um die Zusammenfassung zweier Bescheide zu einem gemeinsamen Bescheid, den jeder der Ehegatten

---

41 BFH vom 26.07.1983 VIII R 28/79 (BStBl 1984 II S. 290).
42 BFH vom 01.02.1989 VIII R 49/84 (BFH/NV 1990 S. 6).
43 BFH vom 24.04.1986 IV R 82/84 (BStBl 1986 II S. 545).
44 BMF vom 14.01.2014 (BStBl 2014 I S. 290).
45 BFH vom 12.01.1988 VII R 66/87 (BStBl 1988 II S. 406) und vom 04.04.1995 VII R 82/94 (BStBl 1995 II S. 492).
46 BFH vom 15.11.2005 VII R 16/05 (BStBl 2006 II S. 453).

mit verschiedenen Gründen angreifen oder gegen sich gelten lassen kann. Eine Hinzuziehung des anderen Ehegatten gem. § 360 Abs. 3 AO ist nicht erforderlich.[47]

Zusammenveranlagung bedeutet, dass die einzelnen Einkünfte, die die Ehegatten erzielt haben, getrennt ermittelt, zusammengerechnet, den Ehegatten gemeinsam zugerechnet und, soweit nichts anderes vorgeschrieben ist, die Ehegatten sodann gemeinsam als Steuerpflichtige behandelt werden. Gleichwohl handelt es sich bei den für die Zusammenveranlagung ergehenden Steuerbescheiden nicht um „einheitliche", sondern um „zusammengefasste" Steuerbescheide.[48]

Die Zusammenveranlagung führt also zu einer Zusammenrechnung, nicht aber zu einer einheitlichen Ermittlung der Einkünfte der Ehegatten (R 26b Abs. 1 EStR). Das ist von besonderer Bedeutung für den Abzug von Werbungskosten-Pauschbeträgen i. S. des § 9a EStG (siehe die Beispiele bei 15.4.1).

Ansonsten werden Ehegatten erst nach der Zusammenrechnung der Einkünfte bei der Zusammenveranlagung als ein Steuerpflichtiger behandelt. Es werden also nur ein Gesamtbetrag der Einkünfte (siehe 28.1), nur ein Einkommen (siehe 29.11) und nur ein zu versteuerndes Einkommen (siehe 30.1) ermittelt.

Bei den Sonderausgaben verdoppeln sich die Höchstbeträge der Vorsorgeaufwendungen (§ 10 Abs. 3 Satz 2 EStG) und der Sonderausgaben-Pauschbetrag (§ 10c Satz 2 EStG). Die Berücksichtigung von Absetzungen vom Gesamtbetrag der Einkünfte oder vom Einkommen erfolgt unabhängig davon, in welcher Person die Voraussetzungen für den Abzug begründet werden. Die Ehegatten können also Pausch-, Frei- und Höchstbeträge, die nicht bei der Ermittlung der Einkünfte zu berücksichtigen sind, in Anspruch nehmen, auch wenn nur einer die Voraussetzungen erfüllt oder nur einer Einkünfte erzielt, z. B. Pauschbetrag für Behinderte gem. § 33b EStG, Verlustabzug gem. § 10d EStG (§ 62d Abs. 2 EStDV). Erzielt dagegen ein Steuerpflichtiger nach Scheidung der Ehe einen nach § 10d EStG abzugsfähigen Verlust und muss dieser Verlust im Wege des Verlustrücktrags in einem Veranlagungszeitraum abgezogen werden, für den die früheren Ehegatten zur Einkommensteuer zusammenveranlagt worden sind, so steht ein sich daraus ergebender Erstattungsanspruch den Ehegatten nach dem Verhältnis der Beträge zu, in dem die Steuer für Rechnung eines jeden von ihnen an das Finanzamt gezahlt worden war (R 10d Abs. 6 EStR).[49]

---

47 BFH vom 10.10.1988 IV R 202/85 (BFH/NV 1990 S. 42).
48 BFH vom 13.10.1994 IV R 100/93 (BStBl 1995 II S. 484) und vom 08.06.1995 IV R 104/94 (BStBl 1995 II S. 681).
49 BFH vom 08.09.1990 VII R 99/89 (BStBl 1991 II S. 47).

31.2.4 Einzelveranlagung (bis 31.12.2012: getrennte Veranlagung) von Ehegatten (§ 26a EStG)

Mit dem StVereinfG 2011 hat der Gesetzgeber nicht nur die Veranlagungsmöglichkeiten für Ehegatten eingeschränkt, sondern auch den Begriff der getrennten Veranlagung durch den der Einzelveranlagung in § 26a EStG ersetzt. In § 26a EStG sind die Rechtsfolgen geregelt, wenn Ehegatten, die die weiteren Voraussetzungen des § 26 EStG erfüllen, die Einzelveranlagung wählen.

Anders als bei einer Zusammenveranlagung werden die Ehegatten bei der Einzelveranlagung nach § 26a EStG nicht gemeinsam als Steuerpflichtige behandelt. Jeder Ehegatte wird vielmehr selbständig als einzelner Steuerpflichtiger veranlagt. Durch die Einzelveranlagung nach § 26a EStG wird daher jeder Ehegatte Steuerschuldner für die nach seinem zu versteuernden Einkommen festgesetzte Steuer. Es tritt damit auch keine Gesamtschuldnerschaft der Ehegatten ein, wie dies bei einer Zusammenveranlagung der Fall ist.

Bei der Einzelveranlagung von Ehegatten sind nach § 26a Abs. 1 Satz 1 EStG jedem Ehegatten die von ihm bezogenen Einkünfte zuzurechnen. Für die Zurechnung gelten die allgemeinen Grundsätze, die unter 31.2.6 eingehend dargestellt sind. Nach § 26a Abs. 1 Satz 2 EStG sind Einkünfte eines Ehegatten nicht allein deshalb zum Teil dem anderen Ehegatten zuzurechnen, weil dieser bei der Erzielung der Einkünfte mitgewirkt hat.

Von einer Einzelveranlagung (§ 25 EStG) ist die Einzelveranlagung von Ehegatten nach § 26a EStG jedoch gleichwohl streng zu unterscheiden. Bei der Einzelveranlagung von Ehegatten nach § 26a hat der Gesetzgeber den Tatbestand der Ehe als Lebens- und Wirtschaftsgemeinschaft nämlich nicht ganz außer Acht gelassen. Die entsprechenden Regelungen enthält § 26a Abs. 2 EStG. Zu beachten ist, dass § 26a Abs. 2 EStG durch das StVereinfG 2011 nicht nur sprachlich, sondern auch inhaltlich geändert wurde.

Regelung bis 31.12.2012: getrennte Veranlagung von Ehegatten

Die Sonderausgaben werden nicht bei jedem Ehegatten zur Hälfte, sondern bei demjenigen Ehegatten berücksichtigt, der sie aufgrund einer eigenen Verpflichtung selbst geleistet hat oder für dessen Rechnung sie im abgekürzten Zahlungsweg entrichtet wurden (R 26a Abs. 1 EStR). Dies entspricht dem Grundsatz der Individualbesteuerung.

Eine Ausnahme von diesem Grundsatz gilt gem. § 26a Abs. 2 EStG a. F. für Kinderbetreuungskosten (§ 10 Abs. 1 Nr. 5 und 8 EStG, ab 2009: § 9c EStG, siehe 15.5) und für außergewöhnliche Belastungen (§§ 33 bis 33b EStG, siehe 29.10). Diese Aufwendungen werden in Höhe des bei einer Zusammenveranlagung in Betracht kommenden Betrags bei beiden getrennten Veranlagungen jeweils zur Hälfte abgezogen,

31.2 Veranlagung von Ehegatten

wenn die Ehegatten nicht gemeinsam eine andere Aufteilung beantragen (§ 61 EStDV a. F.).

Etwas anderes gilt insoweit lediglich für die nach § 33b Abs. 5 EStG übertragbaren Pauschbeträge für behinderte Menschen und Hinterbliebene. Sie stehen den Ehegatten insgesamt nur einmal zu und werden ihnen stets je zur Hälfte gewährt (§ 26a Abs. 2 Satz 2 EStG a. F.). Eine andere Aufteilung kommt auch dann nicht in Betracht, wenn beide Ehegatten einen entsprechenden gemeinsamen Antrag stellen (R 26a Abs. 2 Satz 3 ff. EStR). Die besondere Zuordnungsregelung des § 26a Abs. 2 Satz 2 EStG a. F. geht nämlich anderen Zuordnungsregelungen vor.[50]

Für die außergewöhnlichen Belastungen i. S. des § 33 EStG bedeutet dies, dass diese insgesamt bei den getrennten Veranlagungen nur in der Höhe abgezogen werden können, wie sie im Fall einer Zusammenveranlagung von Ehegatten unter Berücksichtigung der zumutbaren Belastung des § 33 Abs. 3 EStG abzugsfähig wären. Es ist somit auf die gesamten Aufwendungen der Ehegatten die Tabelle des § 33 Abs. 3 EStG nach den Grundsätzen einer Zusammenveranlagung anzuwenden.[51] Der danach abzugsfähige Betrag für die außergewöhnlichen Belastungen i. S. des § 33 EStG und die sonstigen nach §§ 33a und 33b EStG abzugsfähigen Beträge werden grundsätzlich bei den getrennten Veranlagungen der Ehegatten je zur Hälfte abgesetzt. Nach gemeinsamer Wahl der Ehegatten können sie den insgesamt abzugsfähigen Betrag beliebig – ganz bei einer oder in Teilen bei beiden Veranlagungen – unter sich aufteilen. Eine Ausnahme gilt für die nach § 33b Abs. 5 EStG übertragbaren Pauschbeträge, die in jedem Fall je zur Hälfte bei beiden Ehegatten berücksichtigt werden müssen.

Beispiele:

a) Im Rahmen der getrennten Veranlagung von Ehegatten ohne Kinder beträgt der Gesamtbetrag der Einkünfte im Veranlagungszeitraum:

Bei der Ehefrau	5.000 €
Bei dem Ehemann	10.000 €
Zusammen	15.000 €

Die insgesamt von den Ehegatten nach § 33 EStG geltend gemachten Ausgaben für außergewöhnliche Belastungen betrugen im Veranlagungszeitraum = 1.400 €.

Nach § 33 Abs. 3 EStG beträgt die zumutbare Belastung im Fall einer Zusammenveranlagung (§ 32a Abs. 5 EStG) bei einem Gesamtbetrag der Einkünfte „bis 15.340 €" 4 % des Gesamtbetrags der Einkünfte, im Beispielsfall somit 4 % von 15.000 € = 600 €. Der übersteigende Betrag von (1.400 € ./. 600 €) 800 € kann insgesamt bei den getrennten Veranlagungen der Ehegatten vom Gesamtbetrag der Einkünfte abgezogen werden.

b) Bei den getrennten Veranlagungen von Ehegatten sind folgende außergewöhnliche Belastungen insgesamt abzuziehen:

---

50 BFH vom 19.04.2012 III R 1/11 (BStBl 2012 II S. 861).
51 BFH vom 26.03.2009 VI R 59/08 (BStBl 2009 II S. 808).

31 Veranlagung und Veranlagungsarten

Nach § 33 EStG	800 €
Nach § 33a EStG	624 €
Nach § 33b Abs. 5 EStG	1.420 €
Zusammen	2.844 €

Bei dem nach § 33b Abs. 5 EStG abzugsfähigen Betrag handelt es sich um den übertragbaren Pauschbetrag für ein behindertes Kind.

Treffen die Ehegatten keine gemeinsame Wahl zur Verteilung der abzugsfähigen außergewöhnlichen Belastungen, so ist der insgesamt abzugsfähige Betrag von 2.844 € je zur Hälfte mit 1.422 € bei den getrennten Veranlagungen der Ehegatten abzuziehen.

Wollen die Ehegatten eine andere Wahl treffen, so beschränkt sich die Wahlmöglichkeit auf die nach §§ 33 und 33a EStG mit insgesamt 1.424 € abzugsfähigen außergewöhnlichen Belastungen. Der nach § 33b Abs. 5 EStG übertragene Pauschbetrag muss bei den Ehegatten je zur Hälfte abgesetzt werden.

Hinsichtlich der Steuerermäßigung nach § 34f EStG wird in § 26a Abs. 2 Satz 3 EStG a. F. klargestellt, dass sie den Ehegatten in dem Verhältnis zusteht, in dem sie Abzugsbeträge nach § 10e Abs. 1 bis 5 EStG oder nach § 15b BerlinFG in Anspruch nehmen. Damit ist zugleich zum Ausdruck gebracht, dass die Steuerermäßigung nach § 34f EStG den Ehegatten auch im Fall der getrennten Veranlagung nur einmal zusteht (H 26a EStH). Sind Ehegatten Miteigentümer einer Wohnung und nutzt ein Ehegatte ein Arbeitszimmer, ist § 10e Abs. 1 Satz 6 EStG bei der Ermittlung des Abzugsbetrags nach § 10e Abs. 1 bis 5 EStG anzuwenden, wenn die Ehegatten getrennt veranlagt werden.

Regelung ab 01.01.2013: Einzelveranlagung von Ehegatten

Ab dem Veranlagungszeitraum 2013 stellt § 26a Abs. 2 Satz 1 EStG klar, dass Sonderausgaben, außergewöhnliche Belastungen und die Steuerermäßigung nach § 35a EStG demjenigen Ehegatten zugerechnet werden, der die Aufwendungen wirtschaftlich getragen hat. Dies entspricht dem Grundsatz der Individualbesteuerung.

Nach § 26a Abs. 2 Satz 2 EStG werden diese Aufwendungen bei jedem Ehegatten jeweils zur Hälfte angesetzt, wenn die Ehegatten dies übereinstimmend beantragen. Insoweit wird der Grundsatz der Individualbesteuerung durchbrochen und die Ehegatten werden als Einheit behandelt. Der Antrag ist in der jeweiligen Steuererklärung zu stellen. In begründeten Einzelfällen reicht der Antrag eines Ehegatten aus, wenn dieser die Aufwendungen wirtschaftlich getragen hat. Unabhängig davon, wer den Aufwand getragen hat, kann ein Ehegatte den Antrag nach § 26a Abs. 2 EStG stellen, wenn einer der Ehegatten hierzu aus zwingenden Gründen nicht in der Lage ist (§ 61 EStDV).

Im Gegensatz zur früheren Rechtslagen ist eine andere als die hälftige Aufteilung nicht mehr zulässig. Eine steueroptimierende freie Zuordnung der Aufwendungen ist nicht mehr möglich. Zudem erfasst der Antrag auf hälftige Aufteilung sämtliche im Veranlagungszeitraum angefallenen Sonderausgaben, außergewöhnlichen Belastungen und die Steuerermäßigung nach § 35a EStG. Der Antrag nach § 26a Abs. 2

31.2 Veranlagung von Ehegatten

EStG kann weder auf einzelne Aufwendungsarten noch auf einzelne Abzugsbeträge beschränkt werden.

Bei der Berücksichtigung von außergewöhnlichen Belastungen nach § 33 EStG ist die zumutbare Belastung i. S. des § 33 Abs. 3 EStG nach dem Gesamtbetrag der Einkünfte eines jeden Ehegatten zu bestimmen. Nach bisheriger Rechtslage war die zumutbare Belastung bei der getrennten Veranlagung nach dem Gesamtbetrag der Einkünfte beider Ehegatten zu ermitteln.

Vorteile einer Veranlagung nach § 26a EStG

Da bei der Einzelveranlagung nach § 26a EStG (bis Veranlagungszeitraum 2012: getrennte Veranlagung) die jeweilige Einkommensteuer der Ehegatten nach dem Grundtarif ermittelt wird, führt die Veranlagung nach § 26a EStG i. d. R. zu einer höheren steuerlichen Gesamtbelastung als die Zusammenveranlagung mit Anwendung des Splittingtarifs (vgl. 32.2.2). Die Einzelveranlagung nach § 26a ist nur in Ausnahmefällen günstiger als die Zusammenveranlagung. Das kann insbesondere der Fall sein, wenn die Ehegatten neben laufenden auch außerordentliche Einkünfte gem. § 34 Abs. 2 EStG beziehen (siehe 32.6.1). Hier ist eine Vergleichsrechnung erforderlich.

Die Veranlagung nach § 26a EStG kann zu einer insgesamt geringeren steuerlichen Belastung führen, wenn ein Ehegatte überwiegend steuerfreie, aber dem Progressionsvorbehalt nach § 32b EStG zu unterwerfende Einkünfte (z. B. ausländische Einkünfte) hat und diese Einkünfte die steuerpflichtigen Einkünfte des anderen Ehegatten übersteigen.

Eine Veranlagung nach § 26a EStG kommt in Betracht, wenn ein Ehegatte den Verlustabzug nach § 10d EStG allein in Anspruch nehmen will.

Nachdem der BFH[52] die Vererblichkeit des Verlustabzugs nach § 10d EStG aufgegeben hat, kommt der Nutzung von Verlusten durch die Wahl der Veranlagung eine noch größere Bedeutung zu.

> **Beispiel:**
> E verstirbt am 30.12.12 und hat einen Verlust i. H. von 2 Mio. €. Im Veranlagungszeitraum 11 hatte er ein steuerliches Ergebnis von 0 € erwirtschaftet. Erben des E sind seine Kinder A und B. Er wurde bisher zusammenveranlagt mit seiner Ehefrau F, die im Veranlagungszeitraum 12 einen Gewinn von 2 Mio. € erwirtschaftet hat.
> Bei getrennter Veranlagung ist ein Verlustrücktrag mangels positiver Einkünfte des E im Veranlagungszeitraum 11 nicht möglich. Für den Veranlagungszeitraum des Todes kann jedoch mit Zustimmung der Kinder durch die überlebende F eine Zusammenveranlagung durchgeführt werden.[53] Hierdurch ist ein Verlustausgleich mit dem Gewinn der Ehefrau möglich. Die Frage der Vererblichkeit des Verlustabzugs spielt dann keine Rolle.

---

52 BFH vom 17.12.2007 GrS 2/04 (BStBl 2008 II S. 608).
53 BFH vom 21.06.2007 III R 59/06 (BStBl 2007 II S. 770).

§ 26a Abs. 3 EStG ermächtigt die Bundesregierung, die Anwendung des § 10d EStG für den Fall des Übergangs von der Einzelveranlagung zur Zusammenveranlagung und umgekehrt zu regeln. Aufgrund des § 26a Abs. 3 EStG ist § 62d EStDV ergangen.

31.2.5 Besondere Veranlagung nach § 26c EStG (Geltung bis 31.12.2012)

Die besondere Veranlagung für den Veranlagungszeitraum der Eheschließung nach § 26c EStG a. F. kann letztmalig für 2012 angewendet werden. Die Vorschrift ist durch das StVereinfG 2011 mit Wirkung ab dem Veranlagungszeitraum 2013 aufgehoben worden (§ 52 Abs. 68 EStG).

Ehegatten, die die Voraussetzungen des § 26 Abs. 1 Satz 1 EStG erfüllen, ist das Recht eingeräumt, für den Veranlagungszeitraum der Eheschließung statt der Zusammenveranlagung nach § 26b EStG oder der getrennten Veranlagung nach § 26a EStG a. F. die besondere Veranlagung zu wählen. Eine besondere Veranlagung nach § 26c EStG a. F. wird danach nur durchgeführt, wenn **beide** Ehegatten diese Veranlagung wählen. Damit sollen im Jahr der Eheschließung der Entlastungsbetrag für Alleinerziehende (siehe 28.3) und das sog. Witwensplitting erhalten werden. Ob die besondere Veranlagung zu einer insgesamt geringeren Belastung führt als die Zusammenveranlagung, hängt vom Einzelfall ab. Wenn beide Ehegatten gleich hohe Einkünfte beziehen, ist die besondere Veranlagung vorteilhaft, weil der Splittingtarif hier keine Steuerersparnis bewirkt.

Dagegen führt die mit der Zusammenveranlagung verbundene Besteuerung nach dem Splittingtarif zu einer geringeren Belastung, wenn ein Ehegatte deutlich höhere Einkünfte bezieht als der andere Ehegatte, dem das Kindergeld bzw. die Freibeträge für Kinder und der Entlastungsbetrag für Alleinerziehende zustehen.

Bei der besonderen Veranlagung für den Veranlagungszeitraum der Eheschließung werden Ehegatten nach § 26c Abs. 1 EStG a. F. so behandelt, als ob sie unverheiratet wären. Das zu versteuernde Einkommen ist danach für jeden Ehegatten grundsätzlich nach den Vorschriften zu ermitteln, die für unverheiratete Personen anzuwenden sind. Dieser Grundsatz gilt mit den Ausnahmen, die in § 26c Abs. 1 Satz 2 und 3 EStG a. F. abschließend aufgeführt sind.

Die besondere Veranlagung kann sich ungünstig auswirken, wenn ein Ehegatte im Veranlagungszeitraum der Eheschließung mehr als einmal verheiratet war, weil für die vorangegangene Ehe kein Veranlagungswahlrecht besteht (§ 26 Abs. 1 Satz 2 EStG a. F.). Eine Zusammenveranlagung des wieder verheirateten Ehegatten mit seinem im Veranlagungszeitraum verstorbenen früheren Ehegatten ist also nicht möglich. Wenn eine Ehe durch Tod aufgelöst worden ist und die Ehegatten der

31.2 Veranlagung von Ehegatten

neuen Ehe die besondere Veranlagung nach § 26c EStG wählen, besteht die Möglichkeit, für die vorangegangene Ehe die Zusammenveranlagung zu wählen (§ 26 Abs. 1 Satz 3 EStG a. F.).

Nach § 26c Abs. 1 Satz 3 EStG a. F. gilt die Vorschrift des § 26a Abs. 1 EStG sinngemäß. Auch bei der besonderen Veranlagung von Ehegatten sind danach jedem Ehegatten die von ihm bezogenen Einkünfte zuzurechnen. Einkünfte eines Ehegatten sind entsprechend § 26a Abs. 1 Satz 2 EStG auch bei der besonderen Veranlagung nicht allein deshalb dem anderen Ehegatten zuzurechnen, weil dieser bei der Erzielung der Einkünfte mitwirkte.

Die Vorschrift des § 12 Nr. 2 EStG bleibt nach § 26c Abs. 1 Satz 2 EStG a. F. unberührt. Zuwendungen an eine gegenüber dem Steuerpflichtigen oder seinem Ehegatten gesetzlich unterhaltsberechtigte Person oder deren Ehegatten sind danach auch im Fall der besonderen Veranlagung grundsätzlich nichtabzugsfähig. Weil durch die Fiktion des § 26c Abs. 1 Satz 1 EStG a. F. bürgerlich-rechtliche Unterhaltsberechtigungen dritter Personen nicht berührt werden können, handelt es sich insoweit weitgehend um eine Klarstellung. Rechtsbegründende Wirkung kommt der Vorschrift des § 26c Abs. 1 Satz 2 EStG a. F. jedoch zu, soweit sie das Abzugsverbot des § 12 Nr. 2 EStG auch für Zuwendungen an Personen für anwendbar erklärt, die gegenüber dem anderen Ehegatten unterhaltsberechtigt sind.

Aus dem Grundsatz, dass die Ehegatten bei der besonderen Veranlagung so zu behandeln sind, als ob sie unverheiratet wären, folgt insbesondere:

– Bei der Veranlagung jedes Ehegatten sind nur die ihm selbst zustehenden Werbungskosten-Pauschbeträge anzusetzen.

– Für eine Steuerermäßigung wegen außergewöhnlicher Belastung kommen bei dem einzelnen Ehegatten nur die Aufwendungen in Betracht, die ihm selbst entstanden sind. Von den Ehegatten gemeinsam getragene Aufwendungen sind entsprechend aufzuteilen.

Da die Ehegatten nach § 26c Abs. 1 Satz 1 EStG a. F. so zu behandeln sind, als ob sie unverheiratet wären, ist die tarifliche Einkommensteuer für jeden Ehegatten grundsätzlich nach der Grundtabelle zu ermitteln. Von diesem Grundsatz macht § 26c Abs. 2 EStG a. F. jedoch eine Ausnahme. Nach dieser Vorschrift ist bei der besonderen Veranlagung das Verfahren nach § 32a Abs. 5 EStG anzuwenden, wenn der zu veranlagende Ehegatte zu Beginn des Veranlagungszeitraums verwitwet war und bei ihm die Voraussetzungen des § 32a Abs. 6 Nr. 1 EStG vorgelegen hatten. Durch diese Ausnahmeregelung soll eine Steuernachzahlung vermieden werden, die sich anderenfalls bei einem Arbeitnehmer ergeben würde, weil er lohnsteuerlich für das Jahr der Eheschließung von Anfang an in die Lohnsteuerklasse III eingeordnet worden ist.

31.2.6 Zurechnung der Einkünfte von Ehegatten

Für die Zurechnung der Einkünfte bei Ehegatten gelten die allgemeinen Grundsätze, d. h., die Einkünfte sind dem Ehegatten zuzurechnen, der sie bezogen hat (vgl. H 26b „gesonderte Ermittlung der Einkünfte" EStH). Dabei ist die Frage, wem die Einkünfte zustehen, grundsätzlich nach bürgerlichem Recht zu beurteilen.

Nachdem Lebenspartner und Lebenspartnerschaften durch § 2 Abs. 8 EStG Eheleuten und Ehen einkommensteuerrechtlich gleichgestellt wurden, müssen dieselben Grundsätze der Zurechnung von Einkünften bei Ehegatten auch für Lebenspartner angewandt werden.

31.2.6.1 Güterstand der Ehegatten

Gesetzlicher Güterstand ist der Güterstand der Zugewinngemeinschaft (§§ 1363 ff. BGB). In diesem gesetzlichen Güterstand leben Ehegatten nach § 1363 Abs. 1 BGB, wenn sie nicht durch Ehevertrag etwas anderes vereinbart haben.

Vereinbaren können die Ehegatten durch Ehevertrag anstelle des Güterstandes der Zugewinngemeinschaft auch die Gütertrennung (§ 1414 BGB) und die Gütergemeinschaft (§§ 1415 ff. BGB).

Gleiches gilt gem. §§ 6, 7 LPartG auch für die eingetragene Lebenspartnerschaft.

Bei der **Zugewinngemeinschaft** bleiben das Vermögen des Ehemannes und das Vermögen der Ehefrau getrennt. Dies gilt auch für Vermögen, das ein Ehegatte nach der Eheschließung erwirbt. Der Zugewinn, den die Ehegatten in der Ehe erzielen, wird jedoch ausgeglichen, wenn die Zugewinngemeinschaft endet, z. B. durch Tod eines Ehegatten oder Scheidung. Zugewinn ist der Betrag, um den das Endvermögen eines Ehegatten das Anfangsvermögen übersteigt.

Bei der **Gütertrennung** bleiben das Vermögen des Ehemannes und das Vermögen der Ehefrau getrennt; dies gilt auch für Vermögen, das ein Ehegatte nach der Eheschließung erwirbt. Im Grundsatz gelten bei der Gütertrennung einkommensteuerlich die gleichen Folgen wie bei der Zugewinngemeinschaft.

Zu einer Gütertrennung (§ 1414 BGB) kommt es dann, wenn die Ehegatten den gesetzlichen Güterstand ausschließen oder aufheben, falls sich nicht aus dem Ehevertrag etwas anderes ergibt. Das Gleiche gilt, wenn der Ausgleich des Zugewinns ausgeschlossen oder die Gütergemeinschaft aufgehoben wird.

Das Vermögen des Mannes und das Vermögen der Frau werden durch die **Gütergemeinschaft** (§§ 1415 ff. BGB) gemeinschaftliches Vermögen beider Ehegatten (Gesamtgut). Zu dem Gesamtgut gehört auch das Vermögen, das der Mann oder die Frau während der Gütergemeinschaft erwirbt. Vom Gesamtgut sind das Sondergut (§ 1417 BGB) und das Vorbehaltsgut (§ 1418 BGB) ausgeschlossen. Zur Gütergemeinschaft kommt es bei Ehegatten, wenn sie durch Ehevertrag die Gütergemeinschaft vereinbaren.

31.2 Veranlagung von Ehegatten

Die Ehegatten können vereinbaren, dass die Gütergemeinschaft nach dem Tod eines Ehegatten zwischen dem überlebenden Ehegatten und den gemeinschaftlichen Abkömmlingen fortgesetzt wird (fortgesetzte Gütergemeinschaft: § 1483 BGB).

Zu der Frage der Zurechnung der Einkünfte im Fall der Gütergemeinschaft hat der BFH in seinem Gutachten vom 18.02.1959[54] Stellung genommen. Für die einzelnen Einkunftsarten kommt das Gutachten zu folgenden Lösungen:

1. Einkünfte aus Land- und Forstwirtschaft sind i. d. R. jedem Ehegatten zur Hälfte zuzurechnen. Die Gütergemeinschaft stellt ein den in § 15 Abs. 1 Nr. 2 EStG genannten Gesellschaftsverhältnissen vergleichbares Gemeinschaftsverhältnis dar; es ist taugliche Grundlage für eine Mitunternehmerschaft.[55] Einzubeziehen sind als Sonderbetriebsvermögen auch im Alleineigentum eines Ehegatten stehende landwirtschaftliche Flächen.[56] Grundstücksveräußerungen eines Landwirts sind grundsätzlich landwirtschaftliche Hilfsgeschäfte. Sie begründen einen gewerblichen Grundstückshandel, wenn der Landwirt neben der Parzellierung und Veräußerung Aktivitäten im Zusammenhang mit der Bebaubarkeit des Grundstücks (z. B. Beantragung eines Bebauungsplans) entfaltet.[57]

2. Einkünfte aus Gewerbebetrieb sind, wenn beide Ehegatten im Betrieb tätig sind, regelmäßig jedem Ehegatten zur Hälfte zuzurechnen. Wird nur ein Ehegatte im Betrieb tätig, so muss dieser Umstand bei der Gewinnverteilung berücksichtigt werden. Gewinne aus der Beteiligung eines Ehegatten an einer Gesellschaft (OHG, KG) sind diesem Ehegatten allein zuzurechnen, wenn er die Beteiligung mit in die Ehe gebracht hat.[58] Die Beteiligung rechnet dann zum Sondergut. Wird die Beteiligung aber zugunsten nur eines Ehegatten aus dem Gesamtgut begründet, so muss das Vermögen i. d. R. dem Gesamtgut zugerechnet werden.[59] In diesen Fällen ist regelmäßig ein Gesellschaftsverhältnis zwischen den Ehegatten anzunehmen, es sei denn, dass im Gewerbebetrieb die persönliche Arbeitsleistung eines Ehegatten in den Vordergrund tritt und im Betrieb kein nennenswertes, ins Gesamtgut fallendes Kapital eingesetzt wird.[60]

3. Einkünfte aus selbständiger Arbeit sind grundsätzlich dem Berufsträger zuzurechnen; eine Aufteilung des Gewinns auf beide Ehegatten kann z. B. in Betracht kommen, wenn sie gemeinschaftlich freiberuflich tätig sind. Ein Arbeitsverhältnis eines Ehegatten in der freiberuflichen Praxis des anderen Ehegatten ist bei untergeordneten Tätigkeiten steuerlich anzuerkennen, z. B. wenn die Ehefrau als Schreibhilfe oder Sprechstundenhilfe tätig ist.

---

54 BFH, Gutachten vom 18.02.1959 VI D 1/58 S (BStBl 1959 III S. 263).
55 BFH vom 18.08.2005 IV R 37/04 (BStBl 2006 II S. 165).
56 BFH vom 16.02.1995 IV R 62/94 (BStBl 1995 II S. 592).
57 BFH vom 08.11.2007 IV R 34/05 (BStBl 2008 II S. 231).
58 BFH vom 07.03.1961 I 287/60 U (BStBl 1961 III S. 253).
59 BFH vom 29.03.1962 VI 254/61 U (BStBl 1962 III S. 346).
60 BFH vom 22.06.1977 I R 185/75 (BStBl 1977 II S. 836) und vom 20.03.1980 IV R 53/76 (BStBl 1980 II S. 634).

4. Einkünfte aus nichtselbständiger Arbeit sind dem Ehegatten zuzurechnen, der sie als Arbeitnehmer bezieht.

5. Einkünfte aus Kapitalvermögen und Vermietung und Verpachtung sind jedem Ehegatten zur Hälfte zuzurechnen, wenn das Vermögen zum Gesamtgut gehört.

6. Sonstige Einkünfte, insbesondere Leib- und Zeitrenten, sind grundsätzlich beiden Ehegatten je zur Hälfte zuzurechnen, sofern das Rentenstammrecht zum Gesamtgut gehört oder die wiederkehrenden Bezüge in ihrem Ursprung mit dem Gesamtgut zusammenhängen, z. B. Renten aus dem Verkauf eines zum Gesamtgut gehörenden Grundstücks, private Versicherungsvertragsrenten, Sozialversicherungsrenten.

Ist strittig, wie sich die Gütergemeinschaft zwischen Ehegatten einkommensteuerlich auswirkt, so ist über die strittigen Einkünfte im Verfahren der gesonderten Feststellung (§§ 179, 180 AO) zu befinden.[61]

Wird die Gütergemeinschaft zwischen dem überlebenden Ehegatten und den gemeinschaftlichen Abkömmlingen fortgesetzt (fortgesetzte Gütergemeinschaft), so gelten die Einkünfte, die in das Gesamtgut fallen, grundsätzlich als Einkünfte des überlebenden Ehegatten, wenn dieser unbeschränkt steuerpflichtig ist (§ 28 EStG). Wird die Gütergemeinschaft im Innenverhältnis nicht fortgesetzt, so können die Einkünfte allen Beteiligten zugerechnet werden.[62]

Die Grundsätze zur Gütergemeinschaft gelten entsprechend bei der Fahrnis- und Errungenschaftsgemeinschaft.

Im Übrigen ist es eine Frage des Einzelfalls, ob und wie sich das Güterrecht auf die Einkünftezurechnung auswirkt. Wenn die Ehegatten im gesetzlichen Güterstand der Zugewinngemeinschaft leben, kann der eine Ehegatte nur dann Mitunternehmer im Gewerbebetrieb des anderen Ehegatten sein, wenn die entsprechenden zivilrechtlichen Vereinbarungen abgeschlossen und durchgeführt worden sind.[63] Die **Zugewinnausgleichsschuld** ist Privatschuld und deshalb nicht als Betriebsausgabe oder Werbungskosten abzugsfähig.

31.2.6.2 Vereinbarungen zwischen Ehegatten

31.2.6.2.1 Allgemeines

Vereinbarungen zwischen Ehegatten sind einkommensteuerlich grundsätzlich anzuerkennen, wenn ein Ehegatte dem anderen Ehegatten gegenüber für eine erbrachte Leistung auch nach bürgerlichem Recht ein Entgelt zu beanspruchen hat und eine entsprechende ernsthafte Vereinbarung besteht, die auch tatsächlich durchgeführt wird (vgl. die Beispiele in H 4.8 EStH).

---
61 BFH vom 23.06.1971 I B 16/71 (BStBl 1971 II S. 730).
62 BFH vom 13.05.1966 VI 238/64 (BStBl 1966 III S. 505).
63 BFH vom 27.01.1994 IV R 26/93 (BStBl 1994 II S. 462) und vom 22.01.2004 IV R 44/02 (BStBl 2004 II S. 500).

31.2 Veranlagung von Ehegatten

Dies gilt allerdings mit der Einschränkung, dass die Einkünfte eines Ehegatten nicht allein deshalb zum Teil dem anderen Ehegatten zuzurechnen sind, weil dieser bei der Erzielung der Einkünfte mitgewirkt hat (§ 26a Abs. 1 Satz 2 EStG). Die bloße Mitwirkung bei der Erzielung der Einkünfte verschafft dem anderen Ehegatten keine eigenen Einkünfte. Es muss schon ein Vertragsverhältnis hinzukommen, und zwar ein solches, wie es auch unter fremden Personen zustande gekommen wäre.[64]

Der Grundsatz, dass die Mitwirkung des anderen Ehegatten bei der Erzielung der Einkünfte unbeachtlich ist, gilt nicht für den Fall, dass die Einkünfte gemeinsam bezogen werden. Gemeinsame Einkünfte sind beispielsweise gegeben, wenn beide Ehegatten an einer Personengesellschaft beteiligt sind, ferner, wenn beide Ehegatten freiberuflich zusammenarbeiten (z. B. Anwaltsehepaar, Arztehepaar) oder wenn die Ehegatten einen gemeinsamen Grundbesitz haben.[65] Derartige gemeinsame Einkünfte sind auf die Ehegatten aufzuteilen. Falls keine andere Aufteilung in Betracht kommt, sind sie den Ehegatten jeweils zur Hälfte zuzurechnen (R 26 Abs. 5 EStR).

31.2.6.2.2 Arbeitsverhältnisse

Arbeitsverhältnisse zwischen Ehegatten sind nach der Rechtsprechung des BFH steuerlich anzuerkennen, wenn vor Beginn des Leistungsaustausches klare und eindeutige Vereinbarungen getroffen wurden, diese Vereinbarungen auch tatsächlich durchgeführt worden sind und die getroffenen Vereinbarungen und ihre tatsächliche Durchführung als auch zwischen Fremden üblich anzusehen sind (R 4.8 Abs. 1 EStR).[66] Durch den Fremdvergleich, der jedoch auf Inhalt und Durchführung des Vertrags beschränkt zu bleiben hat,[67] soll verhindert werden, dass auch solche Vereinbarungen berücksichtigt werden, die nur vordergründig auf arbeitsvertraglicher Grundlage beruhen, in Wirklichkeit jedoch durch die familienrechtliche Verbundenheit veranlasst sind. Eine im Verhältnis zur tatsächlichen Leistung überhöhte (unangemessene) „Entlohnung" belegt, dass eine Vermögensverschiebung gewollt ist, die auf privaten Erwägungen beruht.[68]

Wesentlicher Bestandteil eines **Arbeitsvertrags** ist die Vereinbarung über die Höhe des Arbeitslohns; fehlt es hieran, so kann ein wirksamer Vertrag nicht angenommen werden (H 4.8 „Arbeitsverhältnisse zwischen Ehegatten" EStH). Für die Anerkennung des Arbeitsverhältnisses ist außerdem wesentlich, dass der Arbeitnehmer-Ehegatte, wenn nicht besondere Umstände vorliegen, seinen Arbeitslohn laufend, wie eine fremde Arbeitskraft, erhält.[69]

---

[64] BFH vom 22.11.1996 VI R 20/94 (BStBl 1997 II S. 187).
[65] BFH vom 22.01.2004 IV R 44/02 (BStBl 2004 II S. 500).
[66] BFH vom 25.07.1991 XI R 30, 31/89 (BStBl 1991 II S. 842).
[67] BFH vom 04.11.1986 VIII R 82/85 (BStBl 1987 II S. 336).
[68] BFH vom 27.11.1989 GrS 1/88 (BStBl 1990 II S. 160).
[69] BFH vom 25.07.1991 XI R 30, 31/89 (BStBl 1991 II S. 842).

Nach der früheren BFH-Rechtsprechung[70] ist eine **klare Trennung** der sich für die Ehegatten aus der Ehe als Wirtschaftsgemeinschaft ergebenden Einkommens- und Vermögensverhältnisse von den sich aus dem Arbeitsvertrag ergebenden Rechtsbeziehungen erforderlich. Das BVerfG[71] hat diese Rechtsprechung nicht gebilligt. Ein ernsthaft vereinbartes und tatsächlich durchgeführtes Ehegatten-Arbeitsverhältnis könne auch dann anerkannt werden, wenn das Entgelt auf ein „Oder-Konto" überwiesen werde, über das beide Ehegatten allein verfügen können. Die Art der Zahlung sei nur ein Merkmal im Rahmen der erforderlichen Gesamtbetrachtung.

Da der Fremdvergleich auf Inhalt und Durchführung des Arbeitsverhältnisses beschränkt ist und nicht auf die Verwendung des Vermögens des Arbeitnehmer-Ehegatten und damit auch nicht auf die Verwendung des zugeflossenen Arbeitslohns erstreckt werden kann, ist es grundsätzlich ohne Bedeutung, in welcher Weise der Arbeitnehmer-Ehegatte über den erhaltenen Arbeitslohn verfügt.

Beispiele:

a) Frau A, die ein Arbeitsverhältnis mit ihrem Ehemann begründet hat, verwendet den ihr auf ein nur ihrer Verfügungsmacht unterliegendes Konto überwiesenen Arbeitslohn zur Anschaffung von Möbeln und Teppichen für die gemeinsame Wohnung.

b) Frau B, die ein Arbeitsverhältnis mit ihrem Ehemann begründet hat, verwendet den ihr auf ein nur ihrer Verfügungsmacht unterliegendes Konto überwiesenen Arbeitslohn zur Einzahlung auf einen Bausparvertrag, den sie abgeschlossen hat, um das von ihrem Ehemann geplante Einfamilienhaus finanzieren zu helfen.

In beiden Fällen steht die Verwendung des tatsächlich zugeflossenen Arbeitslohns der Anerkennung eines Arbeitsverhältnisses nicht entgegen.

Etwas anderes muss insoweit allerdings gelten, wenn aus der Art und Weise, in der der Arbeitnehmer-Ehegatte über den erhaltenen Arbeitslohn verfügt, auf einen Verzicht auf Entlohnung geschlossen werden kann und muss.[72]

Der steuerrechtlichen Anerkennung eines sonst ordnungsmäßig vereinbarten und tatsächlich durchgeführten Arbeitsverhältnisses steht danach auch nicht entgegen, wenn der Arbeitnehmer-Ehegatte den bezogenen Arbeitslohn dem Arbeitgeber-Ehegatten aus freien Stücken als Darlehen wieder zur Verfügung stellt; Voraussetzung ist, dass das Darlehen beim Arbeitgeber-Ehegatten ordnungsmäßig gebucht und bilanziert sowie zwischen den Ehegatten eindeutige Vereinbarungen zumindest über angemessene Verzinsung und Rückzahlung des Darlehens getroffen worden sind.[73] Unschädlich ist auch, wenn der Arbeitnehmer-Ehegatte dem Arbeitgeber-Ehegatten

---

70 BFH vom 27.11.1989 GrS 1/88 (BStBl 1990 II S. 160) und vom 10.04.1990 VIII R 289/84 (BStBl 1990 II S. 741).
71 BVerfG vom 07.11.1995 2 BvR 802/90 (BStBl 1996 II S. 34).
72 BFH vom 24.09.1985 II R 238/82 (BStBl 1986 II S. 46) und vom 04.11.1986 VIII R 82/85 (BStBl 1987 II S. 336).
73 BMF vom 23.12.2010 (BStBl 2011 I S. 37).

31.2 Veranlagung von Ehegatten

den erhaltenen Arbeitslohn ohne zeitlichen Zusammenhang mit den Lohnzahlungen in größeren Beträgen schenkt.[74]

In **tatsächlicher Hinsicht** setzt die Anerkennung des Arbeitsverhältnisses voraus, dass der Arbeitnehmer-Ehegatte tatsächlich mitarbeitet, eine fremde Arbeitskraft ersetzt und sämtliche Arbeiten verrichtet, die sonst einer fremden Hilfe aufgetragen werden. Der Arbeitsvertrag muss auch durchführbar sein. Das ist nicht der Fall, wenn sich Ehegatten, die beide einen Betrieb unterhalten, wechselseitig verpflichten, mit ihrer vollen Arbeitskraft jeweils im Betrieb des anderen tätig zu sein.[75] Wechselseitige Teilzeitarbeitsverhältnisse können ausnahmsweise anerkannt werden, wenn sie einem Fremdvergleich standhalten (siehe die Beispiele in H 4.8 „Arbeitsverhältnisse zwischen Ehegatten" EStH).

Aus dem Arbeitsverhältnis müssen alle Folgerungen gezogen werden, z. B. Einbehaltung und Abführung der Lohnsteuer, Einbehaltung und Abführung von Sozialversicherungsbeiträgen, soweit Sozialversicherungspflicht besteht.

Ist das Arbeitsverhältnis anzuerkennen, so kann die Vergütung für die Arbeitsleistung des im Betrieb beschäftigten Ehegatten nur insoweit als Arbeitslohn behandelt und demgemäß als Betriebsausgabe abgezogen werden, als sie **angemessen** ist und nicht den Arbeitslohn übersteigt, den ein fremder Arbeitnehmer für eine gleichartige Tätigkeit erhalten würde. Heirats- und Geburtsbeihilfen, Unterstützungen, Aufwendungen für die Zukunftssicherung, die Gewährung freier Unterkunft und Verpflegung, soweit sie ausnahmsweise zum tariflichen oder vertraglich vereinbarten angemessenen Gehalt gehört, und ähnliche Zuwendungen an den Arbeitnehmer-Ehegatten können nur berücksichtigt werden, wenn die Zuwendungen in dem Betrieb des Unternehmers üblich sind.[76] Ist der Arbeitnehmer-Ehegatte rentenversicherungspflichtig, so ist der gesetzliche Beitragsanteil des Arbeitnehmer-Ehegatten zur gesetzlichen Rentenversicherung Teil des steuerpflichtigen Arbeitslohns; der gesetzliche Beitragsanteil des Arbeitgeber-Ehegatten ist als Betriebsausgabe abzugsfähig.[77]

Einzelheiten zur steuerlichen Behandlung von Aufwendungen des Arbeitgebers für die betriebliche **Altersversorgung** des im Betrieb mitarbeitenden Ehegatten ergeben sich aus den BMF-Schreiben vom 04.09.1984[78] sowie vom 09.01.1986[79]. Danach sind Beiträge des Arbeitgeber-Ehegatten für eine Direktversicherung unter bestimmten Voraussetzungen auch dann Betriebsausgaben, wenn die Versicherungsleistung bei vorzeitigem Tod des Arbeitnehmer-Ehegatten ganz oder teilweise dem Arbeitgeber-Ehegatten oder den gemeinsamen Kindern zusteht (vgl. auch H 6a

---
74 BFH vom 04.11.1986 VIII R 82/85 (BStBl 1987 II S. 336).
75 BFH vom 12.10.1988 X R 2/86 (BStBl 1989 II S. 354).
76 BVerfG vom 22.07.1970 1 BvR 285/66, 1 BvR 445/67, 1 BvR 192/69 (BStBl 1970 II S. 652).
77 BFH vom 14.07.1989 III R 97/86 (BStBl 1989 II S. 969).
78 BMF vom 04.09.1984 (BStBl 1984 I S. 495).
79 BMF vom 09.01.1986 (BStBl 1986 I S. 7).

Abs. 9 EStH). Entsprechendes gilt für Zuwendungen des Arbeitgeber-Ehegatten an eine Pensions- oder Unterstützungskasse zugunsten eines Arbeitnehmer-Ehegatten sowie für die Übernahme von Beiträgen zur freiwilligen Höherversicherung und Weiterversicherung in der gesetzlichen Rentenversicherung.

Die vorstehenden Grundsätze gelten grundsätzlich auch für die einkommensteuerliche Beurteilung des Arbeitsverhältnisses eines Ehegatten mit einer Personengesellschaft, die von dem anderen Ehegatten als Mitunternehmer aufgrund seiner wirtschaftlichen Machtstellung beherrscht wird, z. B. i. d. R. bei einer Beteiligung zu mehr als 50 % (R 4.8 Abs. 2 Satz 1 EStR).[80] Sind an einer Personengesellschaft zwei Gesellschafter beteiligt und kann keiner von ihnen als allein beherrschend angesehen werden, weil beide bei der Geschäftsführung und bei Beschlüssen über das Gesellschaftsverhältnis zusammenwirken müssen, so sind beide gemeinsam als beherrschende Gesellschafter zu behandeln, soweit sie einen Gegenstand von gemeinsamem Interesse in gegenseitiger Abstimmung regeln.[81] Dies ist z. B. der Fall, wenn sie aufeinander abgestimmte Arbeitsverträge mit Angehörigen der Gesellschafter schließen.[82]

31.2.6.2.3 Gesellschaftsverträge

Ein steuerlich zu beachtendes Gesellschaftsverhältnis zwischen Ehegatten liegt grundsätzlich nur dann vor, wenn beide Ehegatten, wie es bei einander fremden Gesellschaftern der Fall wäre, zur Erreichung des Gesellschaftszwecks durch Mitarbeit, Bereitstellung von Kapital oder durch Überlassung von Wirtschaftsgütern tatsächlich beitragen. Der Beitrag darf nicht nur von untergeordneter Bedeutung sein.[83] Dabei ist auch grundsätzlich zu beachten, dass die Gewinnverteilung den Leistungen der Ehegatten für die Gesellschaft entspricht. Die steuerliche Anerkennung einer Familiengesellschaft kann nicht lediglich mit der Begründung versagt werden, dass außerbetriebliche Gesichtspunkte, z. B. steuerliche und familienrechtliche, den Abschluss des Gesellschaftsvertrags veranlasst haben.[84] Die Anerkennung von Einkünften i. S. des § 15 Abs. 1 Nr. 2 EStG setzt aber eine echte Mitunternehmerschaft voraus mit der Folge, dass der aufgenommene Ehegatte auch volle Gesellschafterrechte genießt (H 15.9 Abs. 1 „Allgemeines" EStH).

---

80 BFH vom 18.12.2001 VIII R 69/98 (BStBl 2002 II S. 353).
81 BFH vom 20.10.1983 IV R 116/83 (BStBl 1984 II S. 298).
82 BFH vom 14.04.1983 IV R 198/80 (BStBl 1983 II S. 555).
83 BFH vom 05.06.1986 IV R 53/82 (BStBl 1986 II S. 798) und vom 14.08.1986 IV R 341/84 (BStBl 1987 II S. 23).
84 BFH vom 18.12.1990 VIII R 290/82 (BStBl 1991 II S. 391) und vom 07.11.2000 VIII R 16/97 (BStBl 2001 II S. 186).

31.2.6.2.4 Pachtverträge, Darlehensverträge usw.

Miet- und Pachtverträge, Darlehensverträge und ähnliche Verträge zwischen Ehegatten sind grundsätzlich auch einkommensteuerlich zu beachten (H 21.4 EStH). Die wirtschaftliche Gestaltung muss aber auch hier mit den tatsächlichen Verhältnissen in Deckung sein. Scheingeschäfte und Scheinverträge sind unbeachtlich. Für die Zahlung von Vergütungen aus diesen Verträgen ist ebenso wie bei Arbeitsverträgen eine klare Trennung der Vermögens- und Einkommensbereiche der Ehegatten erforderlich.[85] Die zivilrechtliche Unwirksamkeit des Darlehensvertrages ist jedoch ein besonderes Indiz gegen den vertraglichen Bindungswillen der Vertragsbeteiligten, das zur Versagung der steuerrechtlichen Anerkennung führen kann.[86] Bei zinslosen Darlehen ist Schenkungsteuer zu prüfen.[87] Zu Verträgen zwischen Angehörigen siehe auch 24.1 und 25.1.

31.2.6.3 Nichteheliche Lebensgemeinschaften

Nach der Rechtsprechung des BFH[88] können die für die steuerliche Beurteilung von Verträgen zwischen Eheleuten geltenden Grundsätze nicht auf Verträge zwischen Partnern einer nichtehelichen Lebensgemeinschaft – ausgenommen eingetragene Lebenspartnerschaften – übertragen werden (R 21.4 EStR). Eine Benachteiligung der Ehe gegenüber der nichtehelichen Lebensgemeinschaft soll darin nach Ansicht des BFH nicht liegen. Dem ist zuzustimmen, solange die gegenwärtigen zivilrechtlichen Regelungen bestehen bleiben, denn dem Leistungsaustausch zwischen Partnern einer nichtehelichen Lebensgemeinschaft kann Familienrecht nicht zugrunde liegen.[89] Die partnerschaftsähnliche Lebensgemeinschaft steht der nichtehelichen Lebensgemeinschaft gleich und ist daher gleich zu behandeln.

31.3 Veranlagung von Arbeitnehmern (§ 46 EStG)

31.3.1 Allgemeines

Arbeitnehmer unterliegen nach §§ 38 bis 42f EStG dem Steuerabzug vom Arbeitslohn (siehe 34.2). Grundsätzlich muss der Lohnempfänger seine Verhältnisse (Berücksichtigung des Familienstands, erhöhte Werbungskosten oder Sonderausgaben, außergewöhnliche Belastungen usw.) im Lohnsteuerverfahren berücksichtigen lassen. **Eine Veranlagung von Arbeitnehmern ist allgemein nicht vorgesehen, sondern darf nur in den Fällen erfolgen, in denen eine solche gesetzlich vorgeschrieben oder zumindest zugelassen ist.** Kommt eine Veranlagung nicht in

---

85 BFH vom 19.06.1991 IX R 306/87 (BStBl 1992 II S. 75).
86 BFH vom 12.05.2009 IX R 46/08 (BStBl 2011 II S. 24); BMF vom 23.12.2010 (BStBl 2011 I S. 37).
87 BFH vom 29.06.2005 II R 52/03 (BStBl 2005 II S. 800).
88 BFH vom 30.01.1996 IX R 100/93 (BStBl 1996 II S. 359).
89 BFH vom 27.11.1989 GrS 1/88 (BStBl 1990 II S. 160).

Betracht, so gilt die Einkommensteuer, die auf die Einkünfte aus nichtselbständiger Arbeit entfällt, für den Arbeitnehmer durch den Lohnsteuerabzug als abgegolten, soweit er nicht für zu wenig erhobene Lohnsteuer in Anspruch genommen werden kann (§ 46 Abs. 4 EStG).

Die Abschaffung des Lohnsteuer-Jahresausgleichs durch das Finanzamt ab dem Veranlagungszeitraum 1991 bewirkt, dass eine Änderung des Einkommensteuerbescheids nach bestandskräftiger Durchführung der Veranlagung nur unter den Voraussetzungen der §§ 172 ff. AO möglich ist.

Der weiter gesetzlich vorgesehene Lohnsteuer-Jahresausgleich durch den Arbeitgeber gehört noch zum Lohnsteuer-Abzugsverfahren (siehe 34.2).

Die Fälle, in denen die Veranlagung von Arbeitnehmern vorgeschrieben oder zugelassen ist, sind **im Wesentlichen in § 46 EStG zusammenfassend geregelt.** Wird ein Arbeitnehmer veranlagt, so gelten für die Veranlagung der Einkünfte aus nichtselbständiger Arbeit zur Einkommensteuer die Anordnungen entsprechend, die in den Vorschriften über den Steuerabzug vom Arbeitslohn (Lohnsteuer) und in den dazu ergangenen Lohnsteuer-Richtlinien über die Ermittlung der Einkünfte aus nichtselbständiger Arbeit enthalten sind. Die Höhe der Einkünfte ist jedoch im Veranlagungsverfahren selbständig zu ermitteln.

In den in § 46 EStG aufgeführten Fällen werden die Veranlagungen entweder **von Amts wegen** (§ 46 Abs. 2 Nr. 1 bis 7 EStG) oder **auf Antrag** nach § 46 Abs. 2 Nr. 8 EStG durchgeführt. Für die örtliche Zuständigkeit des Finanzamts gelten die allgemeinen Regelungen gem. § 19 AO, sodass grundsätzlich das Finanzamt zuständig ist, in dessen Bezirk der Arbeitnehmer im Zeitpunkt der Durchführung der Veranlagung seinen Wohnsitz hat.

Ist eine Arbeitnehmerveranlagung nach § 46 EStG von Amts wegen durchzuführen, so muss der Arbeitnehmer eine Einkommensteuererklärung abgeben. Die Antragsveranlagung ist eine Maßnahme zur Erstattung überzahlter Lohnsteuer (§ 46 Abs. 2 Nr. 8 EStG). Sie ist demgemäß nicht auf die Festsetzung einer Steuerschuld, sondern auf die Ermittlung eines Erstattungsbetrages gerichtet. Zur Nachforderung von Lohnsteuer beim Arbeitnehmer siehe H 41c.3 „Einzelfälle" LStH. Nach Ergehen eines Einkommensteuer-Bescheids kann das Finanzamt gegen den Arbeitnehmer nicht mehr durch einen Nachforderungsbescheid, sondern nur noch durch eine Änderung des Einkommensteuer-Bescheids vorgehen.[90] Wenn sich im Rahmen der Antragsveranlagung keine Erstattung, sondern eine Nachzahlung ergibt, kann diese durch Rücknahme des Antrags auf Veranlagung vermieden werden, vorausgesetzt, es ist kein Tatbestand einer Pflichtveranlagung gem. § 46 Abs. 2 Nr. 1 bis 7 EStG erfüllt bzw. es liegen die Voraussetzungen für ein isoliertes Nachforderungsverfahren vor (R 41c.3 Abs. 5 LStR).

---

[90] BFH vom 13.01.1989 VI R 153/85 (BStBl 1989 II S. 447).

31.3.2 Pflichtveranlagungen (§ 46 Abs. 2 Nr. 1 bis 7 EStG)

Seit 1996 ist die früher in § 46 Abs. 1 EStG geregelte Pflichtveranlagung, die auf die Höhe des Einkommens abstellte, entfallen. Die Fälle der Pflichtveranlagung sind in § 46 Abs. 2 EStG geregelt.

- **Veranlagung gem. § 46 Abs. 2 Nr. 1 EStG**

Die Vorschrift enthält zwei Tatbestände, nämlich die **positive** Summe der Einkünfte ohne Lohnsteuerabzugspflicht und die **positive** Summe der Einkünfte und Leistungen, die dem Progressionsvorbehalt unterliegen. Für eine Pflichtveranlagung reicht es aus, wenn bei einem Tatbestand die Grenze von 410 Euro überschritten ist. Die Beschränkung auf die positive Summe ist durch das JStG 2007 eingefügt worden als Reaktion auf Entscheidungen des BFH,[91] in denen eine Pflichtveranlagung auch bei einer negativen Summe der Einkünfte angenommen worden war. Die Regelung ist rückwirkend auf alle offenen Veranlagungszeiträume anzuwenden (§ 52 Abs. 55j Satz 1 EStG). Damit sollte verhindert werden, dass Steuerpflichtige, die die Antragsfrist des § 46 Abs. 2 Nr. 8 EStG (in der vor dem JStG 2008 geltenden Fassung) versäumt hatten, im Rahmen einer Pflichtveranlagung Verluste geltend machen konnten. Inzwischen kann eine Veranlagung bis zum Ablauf der allgemeinen Verjährungsfrist erreicht werden, weil durch das JStG 2008 die 2-jährige Antragsfrist des § 46 Abs. 2 Nr. 8 Satz 2 EStG aufgehoben worden ist (siehe 31.3.3).

Die Freigrenze von 410 Euro ist ein Jahresbetrag und dient dazu, aus Vereinfachungsgründen Pflichtveranlagungen wegen geringer Steuernachforderungen zu vermeiden. Bei zusammenveranlagten Ehegatten, deren Einkünfte miteinander zu verrechnen sind, verdoppelt sich der Betrag nicht.

Für dem Progressionsvorbehalt unterliegende Einkünfte und Leistungen gilt eine eigene Freigrenze von 410 Euro, die zunächst auf die nach einem Doppelbesteuerungsabkommen von der Einkommensteuer freigestellten Einkünften anzuwenden ist, außerdem auf die sonstigen Leistungen, die nach § 32b EStG dem Progressionsvorbehalt unterliegen (siehe 32.3). Der Härteausgleich nach § 46 Abs. 3 EStG ist nur auf die erste Alternative des § 46 Abs. 2 Nr. 1 EStG anzuwenden.[92]

- **Veranlagung gem. § 46 Abs. 2 Nr. 2 EStG**

Nach § 46 Abs. 2 Nr. 2 EStG ist ein Arbeitnehmer von Amts wegen zu veranlagen, wenn er nebeneinander von mehreren Arbeitgebern Arbeitslohn bezogen hat. Damit wird der progressive Steuersatz erfasst; deshalb wird keine Pflichtveranlagung

---

[91] BFH vom 21.09.2006 VI R 52/04 (BStBl 2007 II S. 45), vom 21.09.2006 VI R 47/05 (BStBl 2007 II S. 47) und vom 29.11.2006 VI R 14/06 (BStBl 2007 II S. 129).
[92] BFH vom 05.05.1994 VI R 90/93 (BStBl 1994 II S. 654).

durchgeführt, wenn der Arbeitslohn aus mehreren Dienstverhältnissen über eine Lohnsteuerkarte abgewickelt wird (§ 38 Abs. 3a Satz 7 EStG).

- **Veranlagung gem. § 46 Abs. 2 Nr. 3 EStG**

Bis einschließlich Veranlagungszeitraum 2009 hatte eine Veranlagung stets zu erfolgen, wenn der Steuerpflichtige zu den unter § 10c Abs. 3 EStG a. F. fallenden Personen gehörte und die Lohnsteuer für einen Teil des Veranlagungszeitraums nach den Steuerklassen I bis IV unter Berücksichtigung der ungekürzten Vorsorgepauschale erhoben worden war. Durch die Veranlagung sollte die Anwendung der gekürzten Vorsorgepauschale sichergestellt werden.

Ab dem Veranlagungszeitraum 2010 wird die Vorsorgepauschale ausschließlich im Lohnsteuerabzugsverfahren berücksichtigt. Dem Steuerpflichtigen könnten Vorteile daraus erwachsen, dass bei der Berechnung der Lohnsteuer die (Mindest-)Vorsorgepauschale berücksichtigt wird, obwohl er geringere Aufwendungen hat. Damit er keine ungerechtfertigten Steuervorteile erlangt, wird eine Pflichtveranlagung durchgeführt, wenn bei ihm die Summe der beim Lohnsteuerabzug berücksichtigten Teilbeträge der Vorsorgepauschale für die gesetzliche und private Kranken- und Pflegeversicherung höher ist als die bei der Veranlagung als Sonderausgaben abziehbaren Vorsorgeaufwendungen nach § 10 Abs. 1 Nr. 3, 3a und Abs. 4 EStG. Bei der Einkommensteuerveranlagung werden dann nur die tatsächlich gezahlten Versicherungsbeiträge berücksichtigt. Die Pflichtveranlagung erfolgt nur dann, wenn der im Kalenderjahr insgesamt erzielte Arbeitslohn 10.700 Euro (bis 2013: 10.500 Euro) übersteigt. Bei Ehegatten, die die Voraussetzungen des § 26 Abs. 1 EStG erfüllen, erhöht sich diese Bagatellgrenze auf 20.200 Euro (bis 2013: 19.700 Euro).

- **Veranlagung gem. § 46 Abs. 2 Nr. 3a EStG**

Ehegatten, die beide Arbeitslohn bezogen haben, sind zu veranlagen, wenn einer von ihnen für den Veranlagungszeitraum oder einen Teil davon nach der Steuerklasse V oder VI besteuert oder bei der Steuerklasse IV der Faktor (§ 39f EStG) eingetragen worden ist. Auf die Höhe des zu versteuernden Einkommens kommt es nicht an. Zweck der Vorschrift ist die Korrektur des Lohnsteuerabzugsverfahrens. Wenn sich zusammenzuveranlagende Ehegatten für die Steuerklassen-Kombination III/V oder für einen Faktor nach § 39f EStG entscheiden, kann die einzubehaltende Lohnsteuer niedriger als die tarifliche Einkommensteuer sein.

- **Veranlagung gem. § 46 Abs. 2 Nr. 4 EStG**

Nach § 46 Abs. 2 Nr. 4 EStG wird ein Arbeitnehmer von Amts wegen veranlagt, wenn für ihn ein Freibetrag i. S. des § 39a Abs. 1 Nr. 1 bis 3, 5 oder 6 EStG ermittelt worden ist. Ziel der Vorschrift ist es, die im Lohnsteuerabzugsverfahren berücksichtigten Freibeträge im Rahmen der Veranlagung zu überprüfen. Hiervon ausgenommen ist der Pauschbetrag für Behinderte und Hinterbliebene gem. § 39a Abs. 1 Nr. 4

31.3 Veranlagung von Arbeitnehmern

EStG. Die mit Wirkung ab dem Veranlagungszeitraum 2009 eingeführte Bagatellgrenze verhindert Pflichtveranlagungen mit geringer steuerlicher Auswirkung. Die Pflichtveranlagung erfolgt nur dann, wenn der im Kalenderjahr insgesamt erzielte Arbeitslohn 10.700 Euro (bis 2013: 10.500 Euro) übersteigt. Bei Ehegatten, die die Voraussetzungen des § 26 Abs. 1 EStG erfüllen, erhöht sich diese Bagatellgrenze auf 20.200 Euro (bis 2013: 19.700 Euro). Bei diesen Grenzbeträgen entsteht unabhängig von den Freibeträgen keine Einkommensteuer.

Dasselbe gilt für einen Steuerpflichtigen, der nach § 1 Abs. 2 EStG unbeschränkt steuerpflichtig ist, und für einen beschränkt steuerpflichtigen Arbeitnehmer, wenn die Eintragungen i. S. des § 39a Abs. 1 Nr. 1 bis 3, 5 oder 6 EStG auf einer Bescheinigung für den Lohnsteuerabzug erfolgt sind.

Arbeitnehmer erhalten im Laufe eines Kalenderjahres zunächst ausschließlich Kindergeld (siehe 30.2). Freibeträge für Kinder gem. § 32 Abs. 6 EStG haben auf die Berechnung der Lohnsteuer keinen Einfluss mehr, sie sind nur noch bedeutsam für die Zuschlagsteuern gem. § 51a EStG (Kirchensteuer, Solidaritätszuschlag). Im Übrigen wird durch die Verweisung auf § 39a Abs. 1 Nr. 5 EStG (siehe 34.2.5) eine weitgehende Gleichbehandlung mit Steuerpflichtigen erreicht, die Einkommensteuer-Vorauszahlungen leisten. Die Berücksichtigung der entsprechenden Beträge beim Lohnsteuerabzug erfordert eine Kontrolle im Rahmen einer Pflichtveranlagung.

- **Veranlagung gem. § 46 Abs. 2 Nr. 4a EStG**

Die unter § 46 Abs. 2 Nr. 4a Buchst. d und e EStG aufgeführten Pflichtveranlagungen betreffen Eltern, die nicht unter § 26 Abs. 1 Satz 1 EStG fallen und ein gemeinsames Kind haben mit Anspruch auf je einen halben Kinderfreibetrag, einen Ausbildungsfreibetrag oder einen Pauschbetrag für Behinderte oder Hinterbliebene. Durch die Pflichtveranlagung wird verhindert, dass Kindervergünstigungen doppelt berücksichtigt werden, weil die Freibeträge im Lohnsteuer-Abzugsverfahren auf den anderen Elternteil übertragen werden können (siehe 34.2.5). Beim Pauschbetrag für Behinderte und Hinterbliebene kommt im Lohnsteuer-Abzugsverfahren nur eine Aufteilung auf beide Elternteile je zur Hälfte in Betracht. Um sicherzustellen, dass die zu übertragenden Pauschbeträge bei beiden Elternteilen insgesamt nur einmal zum Ansatz kommen, lässt § 33b Abs. 5 Satz 3 EStG eine andere Aufteilung nur bei einer Veranlagung zur Einkommensteuer zu. Die Durchführung einer entsprechenden Veranlagung beider Elternteile in derartigen Fällen hat der Gesetzgeber daher in § 46 Abs. 2 Nr. 4a Buchst. e EStG zwingend vorgeschrieben. Für jeden Elternteil, der Einkünfte aus nichtselbständiger Arbeit bezogen hat und aus diesem Grunde andernfalls möglicherweise nicht veranlagt werden könnte, ist in § 46 Abs. 2 Nr. 4a Satz 2 EStG auch insoweit die Veranlagungspflicht ausdrücklich begründet worden.

Beispiel:
Das geistig behinderte Kind geschiedener Eltern ist infolge der Körperbehinderung pflege- und wartungsbedürftig und in einer Heil- und Pflegeanstalt auf Dauer unterge-

bracht. Das Kind erfüllt die Voraussetzungen für den Pauschbetrag für Behinderte nach § 33b Abs. 3 EStG i. H. von 3.700 €. Das Kind hat keine eigenen Einkünfte. Es ist der Mutter zuzuordnen; der Vater kommt seiner Unterhaltsverpflichtung für das Kind nach.

Der Pauschbetrag nach § 33b Abs. 3 EStG von 3.700 € wird nach § 33b Abs. 5 Satz 2 EStG auf jeden Elternteil zur Hälfte übertragen.

Wünschen die Eltern eine andere Aufteilung des Pauschbetrags oder soll der Pauschbetrag allein auf den Vater des Kindes übertragen werden, so sind beide Elternteile nach § 46 Abs. 2 Nr. 4a Buchst. e EStG zu veranlagen, sofern sie nicht bereits aus einem anderen Grunde von Amts wegen veranlagt werden müssen.

- **Veranlagung gem. § 46 Abs. 2 Nr. 5 EStG**

Dieser Pflichtveranlagungstatbestand ist erfüllt, wenn ein Arbeitnehmer eine Entschädigung i. S. des § 24 Nr. 1 EStG oder eine Vergütung für mehrjährige Tätigkeiten bezogen hat und die Lohnsteuer auf diese sonstigen Bezüge nach § 39b Abs. 3 Satz 9 EStG ermäßigt wurde; außerdem erfasst er Fälle der Lohnversteuerung eines sonstigen Bezugs ohne Lohnsteuerkarte durch einen Dritten (§ 39c Abs. 3 EStG).

- **Veranlagung gem. § 46 Abs. 2 Nr. 5a EStG**

Die Vorschrift bestimmt eine Pflichtveranlagung für den Fall, dass der Arbeitnehmer dem Arbeitgeber die Lohnsteuer-Bescheinigung aus vorangegangenen Dienstverhältnissen desselben Kalenderjahres nicht vorlegt und deshalb die Lohnsteuer für einen sonstigen Bezug nur mit dem Näherungswert des § 39b Abs. 3 Satz 2 EStG einbehalten wird, weil der Arbeitslohn aus den früheren Dienstverhältnissen des Kalenderjahres außer Betracht bleibt. Dies bewirkt den Großbuchstaben S in der Lohnsteuer-Bescheinigung (§ 41 Abs. 1 Satz 7 EStG). Durch die Veranlagung wird die Ungenauigkeit beseitigt. Der Arbeitnehmer kann die Pflichtveranlagung durch Vorlage der Lohnsteuerbescheinigung für die vorangegangenen Dienstverhältnisse vermeiden.

- **Veranlagung gem. § 46 Abs. 2 Nr. 6 EStG**

Ein Arbeitnehmer ist von Amts wegen nach § 46 Abs. 2 Nr. 6 EStG zu veranlagen, wenn die Ehe des Arbeitnehmers im Veranlagungszeitraum durch Tod, Scheidung oder Aufhebung aufgelöst worden ist und er oder sein Ehegatte der aufgelösten Ehe im Veranlagungszeitraum wieder geheiratet hat.

Diese Vorschrift hat den Zweck, Unabgestimmtheiten zwischen dem Lohnsteuerverfahren und dem Veranlagungsverfahren im Veranlagungszeitraum der Auflösung einer Ehe auszuschließen. Diese können sich dadurch ergeben, dass auf der Lohnsteuerkarte des Arbeitnehmers noch Freibeträge für Sonderausgaben oder außergewöhnliche Belastungen seines früheren Ehegatten eingetragen sind. Die Vorschrift des § 46 Abs. 2 Nr. 6 EStG begründet in diesen Fällen einen Veranlagungszwang, um eine zutreffende Einkommensbesteuerung der Ehegatten der aufgelösten Ehe und der Ehegatten der neu geschlossenen Ehe sicherzustellen. Diese Vorschrift ist auch dann anzuwenden, wenn für die aufgelöste Ehe oder die neue Ehe die Voraussetzungen des § 26 Abs. 1 Satz 1 EStG nicht vorliegen.

Beispiel:
Die Ehegatten A und B sind geschieden worden. Im selben Veranlagungszeitraum heiratet A wieder, und zwar die ledige Steuerpflichtige C. Alle Beteiligten sind Arbeitnehmer und unbeschränkt einkommensteuerpflichtig.
Die Ehegatten A und C und auch die Steuerpflichtige B müssen für das Jahr der Auflösung der Ehe nach § 46 Abs. 2 Nr. 6 EStG veranlagt werden. Die Ehegatten A und C haben die Wahl zwischen der Zusammenveranlagung (§ 26b EStG) und der Einzelveranlagung (§ 26a EStG); die geschiedene Steuerpflichtige B wird einzeln zum Splitting nach § 32a Abs. 6 Nr. 2 EStG veranlagt.

- **Veranlagung gem. § 46 Abs. 2 Nr. 7 EStG**

Gemäß § 46 Abs. 2 Nr. 7 EStG ist eine Pflichtveranlagung vorgesehen für verheiratete EU-/EWR-Arbeitnehmer, deren Ehegatte im Heimatstaat wohnt, wenn die Lohnsteuer nach Steuerklasse III erhoben wurde (vgl. 34.2.7).

Für Steuerpflichtige, die gem. § 1 Abs. 3 EStG unbeschränkt steuerpflichtig sind (Grenzpendler), ist eine Pflichtveranlagung durchzuführen, wenn die Lohnsteuermerkmale nach § 39 Abs. 2 EStG gebildet worden sind. Durch die Pflichtveranlagung gem. § 46 Abs. 2 Nr. 7 Buchst. b EStG wird die Überprüfung der Eintragungen sichergestellt. Dafür ist das Betriebsstättenfinanzamt auch dann zuständig, wenn der Arbeitnehmer im laufenden Jahr ins Inland umzieht.

31.3.3 Veranlagung auf Antrag

Der in § 46 Abs. 2 Nr. 8 EStG geregelte Antrag auf Veranlagung ist durch die Abgabe einer Einkommensteuererklärung (siehe 31.1) zu stellen. Ein fotokopierter oder privat gedruckter Vordruck, der eigenhändig unterschrieben ist, genügt.[93]

Durch das JStG 2008 ist § 46 Abs. 2 Nr. 8 Satz 2 EStG geändert worden. Daraus folgt, dass ein Antrag auf Veranlagung innerhalb der allgemeinen Festsetzungsfrist von 4 Jahren zu stellen ist. Die Neuregelung gilt für Veranlagungszeiträume ab 2005 (§ 52 Abs. 55j Satz 2 EStG) bei erstmaligen Anträgen. Für Veranlagungszeiträume vor 2005 gilt die Neuregelung, wenn über einen bereits vor Verkündung des JStG 2008 (28.12.2007) gestellten Antrag noch nicht bestandskräftig entschieden ist.[94] Die Anlaufhemmung des § 170 Abs. 2 Satz 1 Nr. 1 AO gilt nicht, da insoweit eine Pflicht zur Abgabe einer Steuererklärung nicht besteht.[95]

§ 46 Abs. 2 Nr. 8 EStG gilt für alle Fälle der Arbeitnehmer-Veranlagung, die nicht von § 46 Abs. 2 Nr. 1 bis 7 EStG erfasst werden, also z. B. für den Antrag auf Ein-

---

[93] BFH vom 22.05.2006 VI R 15/02 (BStBl 2007 II S. 2).
[94] BFH vom 12.11.2009 VI R 1/09 (BStBl 2009 II S. 406).
[95] BFH vom 14.04.2011 VI R 53/10 (BStBl 2011 II S. 746).

zelveranlagung oder zur Anwendung des negativen Progressionsvorbehalts (R 46.2 Abs. 3 EStR). Die Bestandskraft eines vorher ergangenen Schätzungsbescheids kann durch die Antragsveranlagung nicht aufgehoben werden.[96]

31.3.4 Härteausgleich nach § 46 Abs. 3 EStG

In § 46 Abs. 2 Nr. 1 EStG ist aus Vereinfachungsgründen eine Freigrenze (nicht Freibetrag!) für Nebeneinkünfte bis 410 Euro enthalten, die durch § 46 Abs. 3 EStG auf die übrigen Fälle des § 46 Abs. 2 EStG übertragen wird. Dabei ist in § 46 Abs. 2 Nr. 1 EStG zu unterscheiden zwischen der Summe der einkommensteuerpflichtigen Einkünfte (1. Alternative) und der Summe der Einkünfte und Leistungen, die dem Progressionsvorbehalt unterliegen (2. Alternative). Erforderlich ist das Überschreiten des Betrags von 410 Euro jeweils für jede Summe. Der Härteausgleich gem. § 46 Abs. 3 EStG knüpft nur an die einkommensteuerpflichtigen Einkünfte an.

Beispiel:

A, der nicht von Amts wegen zu veranlagen ist, beantragt gem. § 46 Abs. 2 Nr. 8 EStG die Veranlagung zur Anrechnung von Lohnsteuer. Er hat im Veranlagungszeitraum 400 € Kurzarbeitergeld bezogen. Das gem. § 3 Nr. 2 EStG steuerfreie und dem Progressionsvorbehalt gem. § 32b Abs. 1 Nr. 1 Buchst. a EStG unterliegende Kurzarbeitergeld ist nicht einkommensteuerpflichtig i. S. des § 46 Abs. 3 EStG, es ist also bei der Berechnung des Steuersatzes für die übrigen Einkünfte zu berücksichtigen, obwohl es unter 410 € liegt.[97]

Der abzuziehende Betrag vermindert sich nach § 46 Abs. 3 Satz 2 EStG ggf. um den Altersentlastungsbetrag, soweit dieser den unter Verwendung des nach § 24a Satz 5 EStG maßgebenden Prozentsatzes zu ermittelnden Anteil des Arbeitslohns mit Ausnahme der Versorgungsbezüge i. S. des § 19 Abs. 2 EStG übersteigt, und um den nach § 13 Abs. 3 EStG zu berücksichtigenden Betrag.

Bestehen die Einkünfte, die nicht der Lohnsteuer zu unterwerfen waren, sowohl aus positiven als auch aus negativen Einkünften (Verlusten), so wird ein Härteausgleich nach § 46 Abs. 3 EStG gewährt, wenn die Summe dieser Einkünfte einen positiven Einkunftsbetrag von nicht mehr als 410 Euro ergibt. Das gilt auch in den Fällen der Zusammenveranlagung von Ehegatten, in denen der eine Ehegatte positive und der andere Ehegatte negative Einkünfte, die nicht der Lohnsteuer zu unterwerfen waren, bezogen hat, und im Fall der Veranlagung nach § 46 Abs. 2 Nr. 4 EStG.

Beispiel:

Ein Arbeitnehmer, der im Jahr 2011 das 65. Lebensjahr vollendet hatte und auf dessen Lohnsteuerkarte ein Freibetrag i. S. des § 39a Abs. 1 Nr. 5 EStG eingetragen worden ist, hat neben seinen Einkünften aus nichtselbständiger Arbeit (Ruhegeld) in 2014 folgende Einkünfte bezogen:

---

[96] BFH vom 22.05.2006 VI R 17/05 (BStBl 2006 II S. 806).
[97] BFH vom 05.05.1994 VI R 90/93 (BStBl 1994 II S. 654).

Gewinn aus Land- und Forstwirtschaft		2.000 €
Verlust aus Vermietung und Verpachtung		− 300 €
Positive Summe dieser Einkünfte		1.700 €
Prüfung des Veranlagungsgrundes nach § 46 Abs. 2 Nr. 1 EStG:		
Summe der einkommensteuerpflichtigen Einkünfte, die nicht dem Steuerabzug vom Arbeitslohn unterlagen		1.700 €
Abzug nach § 13 Abs. 3 EStG	670 €	
Altersentlastungsbetrag nach § 24a EStG (40 % aus 1.700 € =)	+ 680 €	− 1.350 €
		350 €

Die Voraussetzungen nach § 46 Abs. 2 Nr. 1 EStG sind nicht gegeben; der Arbeitnehmer ist nach § 46 Abs. 2 Nr. 4 EStG zu veranlagen.

Härteausgleich nach § 46 Abs. 3 EStG:

Betrag der einkommensteuerpflichtigen (Neben-)Einkünfte	1.700 €
Abzug nach § 13 Abs. 3 EStG	− 670 €
Altersentlastungsbetrag nach § 24a EStG	− 680 €
Vom Einkommen abziehbarer Betrag	350 €

31.3.5 Härteausgleich nach § 70 EStDV

Betragen in den Fällen des § 46 Abs. 2 Nr. 1 bis 7 EStG die einkommensteuerpflichtigen Einkünfte, von denen der Steuerabzug vom Arbeitslohn nicht vorgenommen worden ist, insgesamt mehr als 410 Euro, so ist vom Einkommen der Betrag abzuziehen, um den die bezeichneten Einkünfte, vermindert um den auf sie entfallenden Altersentlastungsbetrag (siehe 28.2) und den nach § 13 Abs. 3 EStG zu berücksichtigenden Betrag (siehe 28.4), insgesamt niedriger als 820 Euro sind.

Bei Einkünften von 411 Euro ergeben sich also nach Abzug von 409 Euro zu versteuernde Einkünfte von 2 Euro. Bei 620 Euro sind 200 Euro abzuziehen, sodass 420 Euro steuerpflichtig bleiben. Die volle Steuerpflicht ergibt sich dann bei 820 Euro.

Zur Ermittlung des vom Einkommen abzuziehenden Betrags sind die Einkünfte um den auf sie entfallenden Altersentlastungsbetrag zu vermindern.

32 Ermittlung der tariflichen Einkommensteuer

32.1 Allgemeines

Das zu versteuernde Einkommen (siehe 30.1) bildet die Bemessungsgrundlage für die tarifliche Einkommensteuer (§ 2 Abs. 5 und § 32a Abs. 1 Satz 1 EStG). Bei der tariflichen Einkommensteuer handelt es sich aber nicht immer um den Steuerbetrag, der sich aus dem in § 32a Abs. 1 EStG aufgeführten Tarif ergibt, denn die Vorschrift enthält in Satz 2 die Regelung: „vorbehaltlich der §§ 32b, 32d, 34, 34a, 34b und 34c". Die Tarifregelungen sind mehrfach geändert und erweitert worden, insbesondere durch das Steueränderungsgesetz 2007, das Jahressteuergesetz 2007, das Unternehmensteuerreformgesetz 2008 und das Jahressteuergesetz 2008. Zuletzt erfolgten Änderungen der §§ 32b und 32d EStG durch das Amtshilferichtlinie-Umsetzungsgesetz vom 26.06.2013.[1] § 32a Abs. 1 EStG wurde durch das StÄndG 2007 neu gefasst und mit Wirkung ab Veranlagungszeitraum 2007 um eine fünfte Tarifzone für hohe Einkommen ergänzt (sog. Reichensteuer). Ebenfalls durch das StÄndG 2007 wurde § 32c Abs. 1 bis 3 EStG eingefügt, der nur für den Veranlagungszeitraum 2007 gilt (§ 52 Abs. 44 EStG i. d. F. des JStG 2007). Mit der Vorschrift sind die Gewinneinkünfte von der Reichensteuer ausgenommen worden. Das war nur für den Veranlagungszeitraum 2007 erforderlich, weil durch das UntStRefG 2008 ab Veranlagungszeitraum 2008 die Thesaurierungsbegünstigung nicht entnommener Gewinne nach § 34a EStG eingeführt worden ist.

Während Details des Progressionsvorbehalts in § 32b EStG durch das JStG 2007 und das JStG 2008 geändert wurden, ist durch das UntStRefG 2008 ein gesonderter Steuertarif für Einkünfte aus Kapitalvermögen (so die Überschrift des § 32d EStG) mit Wirkung ab Veranlagungszeitraum 2009 eingeführt worden (sog. Abgeltungsteuer). Durch die Abgeltungsteuer ab 2009 ist erstmals für die Einkunftsart Kapitalvermögen ein eigener Steuertarif eingeführt worden.

§ 34b EStG, der Regelungen der außerordentlichen Einkünfte aus Forstwirtschaft enthält, ist durch das StVereinfG 2011 mit Wirkung ab dem Veranlagungszeitraum 2012 neu gefasst worden. Die Neufassung führt zu einer vereinfachten Ermittlung der tarifbegünstigten außerordentlichen Einkünfte.

Wegen der Neugestaltung der Veranlagungsarten für Ehegatten durch das StVereinfG 2011 ist § 32a EStG entsprechend geändert worden.

Die Gestaltung des Einkommensteuertarifs ist eine politische Entscheidung, bei der Gesichtspunkte wie Steuerfreistellung des Existenzminimums, Familienstand, Progression und Spitzensteuersatz eine Rolle spielen. Dementsprechend sind die Tarifzonen des § 32a Abs. 1 Satz 2 und 3 EStG wiederholt verändert worden. Durch das

---

[1] BGBl 2013 I S. 1809.

Gesetz zur Sicherung von Beschäftigung und Stabilität in Deutschland[2] (StabSiG) vom 02.03.2009 wurden die Tarifzonen verändert. Hiernach beträgt der Grundfreibetrag für den Veranlagungszeitraum 2009 7.834 Euro und für die Veranlagungszeiträume 2010 bis 2012 jeweils 8.004 Euro. § 32a Abs. 1 Satz 2 und 3 EStG wurde durch das Gesetz zum Abbau der kalten Progression vom 20.02.2013[3] geändert. Hierdurch ist der Grundfreibetrag für den Veranlagungszeitraum 2013 auf 8.130 Euro angehoben worden. Ab dem Veranlagungszeitraum 2014 beträgt der Grundfreibetrag 8.354 Euro. Eine Veränderung des Eingangssteuersatzes oder des Spitzensteuersatzes erfolgte jedoch nicht.

32.2 Grundtarif, Splitting

32.2.1 Veranlagungsarten und Tarif

Die durchzuführende Einkommensteuerveranlagung ist entweder eine Einzelveranlagung, eine Zusammenveranlagung oder eine Einzelveranlagung von Ehegatten nach § 26a EStG (bis Veranlagungszeitraum 2012: getrennte Veranlagung). Die besondere Veranlagung nach § 26c EStG a. F. kann letztmals für den Veranlagungszeitraum 2012 gewählt werden (siehe 31.1). Den einzelnen Veranlagungsarten entspricht grundsätzlich auch ein bestimmter Tarif.

Es erfolgen

– die Einzelveranlagung von Ehegatten nach § 26a EStG stets zum Grundtarif und
– die Zusammenveranlagung nach den §§ 26, 26b EStG stets nach dem Splittingverfahren.

Bei einer Einzelveranlagung nach § 25 EStG (und bis einschließlich Veranlagungszeitraum 2012 bei einer besonderen Veranlagung nach § 26c EStG a. F.) kann neben dem Grundtarif bei Vorliegen bestimmter Voraussetzungen auch der Tarif anzuwenden sein, der sich aus dem Splittingverfahren ergibt.

Die Einzelveranlagung verwitweter Personen wird unter den Voraussetzungen des § 32a Abs. 6 Nr. 1 EStG zum Splitting durchgeführt. Außerdem wird das Splitting auch bei einer Person, deren Ehe im Veranlagungszeitraum durch Tod, Scheidung oder Aufhebung aufgelöst worden ist, angewendet, wenn in diesem Veranlagungszeitraum bei den Ehegatten der aufgelösten Ehe die Voraussetzungen des § 26 Abs. 1 Satz 1 EStG vorgelegen haben, der andere Ehegatte jedoch wieder geheiratet hat und bei diesem und seinem neuen Ehegatten die Voraussetzungen des § 26 Abs. 1 Satz 1 EStG ebenfalls vorliegen (§ 32a Abs. 6 Nr. 2 EStG).

Die letztmalig für das Kalenderjahr 2012 mögliche besondere Veranlagung für den Veranlagungszeitraum der Eheschließung nach § 26c EStG a. F. wird regelmäßig

---
2 BGBl 2009 I S. 416.
3 BGBl 2013 I S. 283.

zum Grundtarif durchgeführt. Bei verwitweten Personen, bei denen zu Beginn des Veranlagungszeitraums der erneuten Eheschließung die Voraussetzungen des § 32a Abs. 6 Nr. 1 EStG vorgelegen haben, ist die besondere Veranlagung zum Splittingtarif durchzuführen (§ 26c Abs. 2 EStG a. F.).

Der in § 32a EStG geregelte Einkommensteuertarif ist nach dem Wegfall des § 32a Abs. 2 und 3 EStG ab dem Veranlagungszeitraum 2004 ein stufenloser Tarif. Durch das StÄndG 2007 ist § 32a Abs. 1 EStG mit Wirkung ab Veranlagungszeitraum 2007 geändert worden. Die vorher vier Tarifzonen sind um eine fünfte Tarifzone mit einem erhöhten Steuersatz für hohe Einkommen erweitert worden (§ 32a Abs. 1 Satz 2 Nr. 5 EStG, sog. Reichensteuer). Für diese Einkommen gilt ein konstanter Grenzsteuersatz von 45 %. Damit ist die Proportionalzone mit einem Steuersatz von 42 % begrenzt ab dem Veranlagungszeitraum 2013 auf ein zu versteuerndes Einkommen von 52.882 Euro bis 250.730 Euro.

Beispiel:

Der ledige Geschäftsführer einer GmbH bezieht im Veranlagungszeitraum 2014 ausschließlich Einkünfte aus nichtselbständiger Arbeit und erzielt ein zu versteuerndes Einkommen von 400.730 €. Das 250.730 € übersteigende Einkommen beträgt 150.000 €. Daraus ergibt sich ein Steuerzuschlag von 3 % = 4.500 €. Ohne diesen Zuschlag würde die Einkommensteuer 160.067 € betragen.

Von diesem Erhöhungsbetrag sind **nur im Veranlagungszeitraum 2007** (§ 52 Abs. 44 EStG) die Gewinneinkünfte durch einen Entlastungsbetrag gem. § 32c EStG (siehe 32.4) ausgenommen. Der Gesetzgeber des StÄndG 2007 begründet dies mit der Entlastung der Gewinneinkünfte durch das UntStRefG 2008 ab dem Veranlagungszeitraum 2008.

Die Tarifformel des § 32a Abs. 1 EStG wird unmittelbar auf das als voller Euro-Betrag ermittelte zu versteuernde Einkommen angewendet, der ermittelte Betrag ist auf volle Euro abzurunden. Die früher dem EStG als Anlagen beigefügten Steuertabellen sind durch Streichung des § 32a Abs. 4, Abs. 6 Satz 3 EStG bereits ab Veranlagungszeitraum 2001 entfallen. Allerdings veröffentlicht das BMF Einkommensteuertabellen auf seiner Internetseite www.bundesfinanzministerium.de und im Bundesanzeiger.

Zur Gewährleistung des steuerlichen Existenzminimums wurde durch das Gesetz zum Abbau der kalten Progression der Grundfreibetrag in zwei Stufen um 350 Euro angehoben. Ab dem 01.01.2013 beträgt der Grundfreibetrag 8.130 Euro und erhöht sich ab dem 01.01.2014 auf 8.354 Euro.

Einkommensteuertarif für 2014

	Zu versteuerndes Einkommen	
	Grundtarif Euro	**Splittingtarif** Euro
Grundfreibetrag (Null-Zone) keine Steuer bis zu	8.354	16.708
Erste Progressionszone: Der Grenzsteuersatz steigt linear von 15 % (Eingangssteuersatz) auf 23,96 %	8.355 bis 13.469	16.709 bis 26.939
Zweite Progressionszone: Der Grenzsteuersatz steigt linear von 23,97 % auf 42 %	13.470 bis 52.881	26.940 bis 105.763
Untere Proportionalzone: konstanter Grenzsteuersatz von 42 % bis	52.882 250.730	105.764 501.461
Obere Proportionalzone: konstanter Grenzsteuersatz von 45 % ab	250.731	501.462

32.2.2 Grundtarif und Splittingverfahren

Bei Steuerpflichtigen, die nach den §§ 26, 26b EStG zusammen zur Einkommensteuer veranlagt werden, beträgt die tarifliche Einkommensteuer vorbehaltlich der §§ 32b, 32d, 34, 34a, 34b und 34c EStG das Zweifache des Steuerbetrags, der sich für die Hälfte ihres gemeinsam zu versteuernden Einkommens nach § 32a Abs. 1 EStG ergibt (Splitting-Verfahren, § 32a Abs. 5 EStG).

Beispiel:
Das zu versteuernde Einkommen zusammenzuveranlagender Ehegatten beträgt 2014:

	a) 30.000 € zu a)	b) 70.000 € zu b)	c) 100.000 € zu c)
Zu versteuerndes Einkommen	30.000 €	70.000 €	100.000 €
Davon die Hälfte	15.000 €	35.000 €	50.000 €
Davon die Einkommensteuer	1.343 €	7.192 €	12.780 €
Das Zweifache davon	2.686 €	14.384 €	25.560 €

Das Splittingverfahren bewirkt, dass bei zusammenveranlagten Steuerpflichtigen das zu versteuernde Einkommen zu gleichen Teilen (50 : 50) auf beide Steuerpflichtige verteilt besteuert wird und daher die höchstmögliche **Progressionsmilderung** erreicht wird. Die größte Milderung ergibt sich, wenn nur ein Steuerpflichtige Einkünfte bezieht. Der Vorteil wird geringer, wenn auch der andere Steuerpflichtige mit

Einkünften beteiligt ist. Kein Unterschied zum Grundtarif besteht, wenn beide Steuerpflichtige gleich hohe Einkünfte beziehen.

Beispiel:
Das zu versteuernde Einkommen 2014 zusammenzuveranlagender Ehegatten beträgt 48.000 €. Der Anteil der einzelnen Ehegatten an diesem zu versteuernden Einkommen beträgt:

	Ehemann	Ehefrau
Im Fall a)	48.000 €	0 €
Im Fall b)	36.000 €	12.000 €
Im Fall c)	24.000 €	24.000 €

Wählen die Ehegatten die Zusammenveranlagung, beträgt für das zu versteuernde Einkommen von 48.000 € die tarifliche Einkommensteuer nach dem Splittingtarif 7.496 €.

Wählen die Ehegatten die getrennte Veranlagung, so ergeben sich folgende Einkommensteuern nach dem Grundtarif:

	Fall a)	Fall b)	Fall c)
Ehemann	11.975 €	7.575 €	3.748 €
Ehefrau	0 €	639 €	3.748 €
Zusammen	11.975 €	8.214 €	7.496 €
Einkommensteuer nach Splittingtarif	7.496 €	7.496 €	7.496 €
Splittingvorteil	4.479 €	718 €	0 €

32.2.3 Verwitwetenregelung

Das Splittingverfahren ist nach § 32a Abs. 6 Nr. 1 EStG auch bei einem verwitweten Steuerpflichtigen für den Veranlagungszeitraum anzuwenden, der dem Kalenderjahr folgt, in dem der Ehegatte verstorben ist. Der Steuerpflichtige und sein verstorbener Ehegatte müssen im Zeitpunkt dessen Todes die Voraussetzungen des § 26 Abs. 1 Satz 1 EStG erfüllt haben. Beide Ehegatten müssen daher im Zeitpunkt des Todes des verstorbenen Ehegatten unbeschränkt einkommensteuerpflichtig gewesen sein (dazu 31.2.1) und nicht dauernd getrennt gelebt haben.[4] Durch die Regelung soll für das Todesjahr und das Folgejahr der Übergang vom Splitting- zum Grundtarif gemildert werden.

Verwitwet sind solche Personen, deren gültige Ehe durch Tod ihres Ehegatten aufgelöst worden ist. Ist ein Ehegatte vermisst oder verschollen, so gilt er als verheiratet. Wird der Vermisste oder Verschollene für tot erklärt, so gilt der überlebende Ehegatte mit Ablauf des Tages, an dem der Todeserklärungsbeschluss rechtskräftig geworden ist, als verwitwet (§ 49 AO).

Heiratet der überlebende Ehegatte wieder, so kann er auch i. S. des § 32a Abs. 6 Nr. 1 EStG grundsätzlich nicht mehr als verwitwet angesehen werden. Eine Aus-

---
4 BFH vom 27.02.1998 VI R 55/97 (BStBl 1998 II S. 350).

nahme gilt insoweit jedoch, wenn die neue Ehe noch im Jahr des Todes des ersten Ehegatten geschlossen und ebenfalls in diesem Jahr wieder aufgehoben oder geschieden worden ist. In diesem Fall gilt der ehemals verwitwete Steuerpflichtige im folgenden Veranlagungszeitraum wieder als verwitwet. Ist die neue Ehe erst in dem Veranlagungszeitraum aufgelöst worden, der dem Veranlagungszeitraum des Todes des früheren Ehegatten folgt, so gilt der überlebende Ehegatte i. S. des § 32a Abs. 6 Nr. 1 EStG nur als verwitwet, wenn für die neue Ehe die Voraussetzungen des § 26 Abs. 1 Satz 1 EStG nicht vorgelegen haben, wenn die Ehegatten also nicht beide unbeschränkt einkommensteuerpflichtig waren oder dauernd getrennt gelebt haben.

Die Vergünstigung des § 32a Abs. 6 Nr. 1 EStG gilt nur für den Veranlagungszeitraum, der dem Kalenderjahr folgt, in dem der Ehegatte verstorben ist. In späteren Veranlagungszeiträumen werden verwitwete Steuerpflichtige, auch wenn sie Kinder i. S. des § 32 Abs. 1 bis 5 EStG haben, stets nach der Grundtabelle besteuert.

Heiratet der überlebende Ehegatte wieder und wählt er für den Veranlagungszeitraum der Eheschließung die besondere Veranlagung, ist bei ihm das Splittingverfahren anzuwenden, wenn er zu Beginn dieses Veranlagungszeitraumes verwitwet war und bei ihm die Voraussetzungen des § 32a Abs. 6 Nr. 1 EStG vorgelegen haben (§ 26c Abs. 2 EStG a. F.). Von dieser Möglichkeit kann letztmalig im Veranlagungszeitraum 2012 Gebrauch gemacht werden, da ab dem 01.01.2013 die besondere Veranlagung weggefallen ist.

32.2.4 Splitting nach Auflösung der Ehe

Das Splittingverfahren des § 32a Abs. 5 EStG ist auch bei einem Steuerpflichtigen anzuwenden, dessen Ehe in dem Kalenderjahr, in dem er sein Einkommen bezogen hat, durch Tod, Scheidung oder Aufhebung aufgelöst worden ist, wenn der bisherige Ehegatte noch in diesem Kalenderjahr wieder geheiratet hat.

Voraussetzung für die Anwendung des Splittingverfahrens ist im Übrigen, dass

a) der Steuerpflichtige und sein bisheriger Ehegatte die Voraussetzungen des § 26 Abs. 1 Satz 1 EStG erfüllt haben,

b) der bisherige Ehegatte und dessen neuer Ehegatte ebenfalls die Voraussetzungen des § 26 Abs. 1 Satz 1 EStG erfüllen und

c) der Steuerpflichtige nicht nach den §§ 26, 26a EStG zur Einkommensteuer veranlagt wird.

Aus § 26 Abs. 1 Satz 2 EStG folgt, dass für die aufgelöste Ehe das Wahlrecht zwischen Zusammenveranlagung (§ 26b EStG) und der Einzelveranlagung von Ehegatten (§ 26a EStG) (sowie für Fallgestaltungen bis 31.12.2012 die getrennte Veranlagung nach § 26c EStG) nicht ausgeübt werden kann, wenn bei den Ehegatten der neuen Ehe die Voraussetzungen des § 26 Abs. 1 Satz 1 EStG ebenfalls vorliegen.

Beispiele:

a) Der verheiratete A ist am 15. Februar dieses Jahres gestorben. Bei ihm und seiner Ehefrau haben im Zeitpunkt seines Todes die Voraussetzungen des § 26 Abs. 1 Satz 1 EStG vorgelegen.
Am 20. November dieses Jahres ist Frau A eine neue Ehe eingegangen. Sie und ihr Ehemann erfüllen ebenfalls die Voraussetzungen des § 26 Abs. 1 Satz 1 EStG.
Für A ist für dieses Jahr eine Einzelveranlagung durchzuführen, bei der nach § 32a Abs. 6 Nr. 2 EStG das Splittingverfahren anzuwenden ist.

b) Ehegatten, die beide die Voraussetzungen des § 26 Abs. 1 Satz 1 EStG erfüllen, werden Anfang des Jahres 2014 geschieden. Einer der Ehegatten heiratet im Laufe dieses Jahres wieder und erfüllt auch mit seinem neuen Ehegatten die Voraussetzungen des § 26 Abs. 1 Satz 1 EStG.
Der wieder verheiratete Ehegatte kann mit seinem neuen Ehegatten entweder eine Einzelveranlagung (§ 26a EStG) oder die Zusammenveranlagung (§ 26b EStG) wählen.
Der nicht wieder verheiratete Ehegatte wird einzeln (§ 25 Abs. 1 EStG) unter Anwendung des Splittingverfahrens nach § 32a Abs. 6 Nr. 2 EStG veranlagt.

Für den verstorbenen Ehegatten kommt der Splittingvorteil nicht in Betracht, wenn der überlebende Ehegatte mit seinem Ehegatten der neuen Ehe die besondere Veranlagung nach § 26c EStG wählt (§ 32a Abs. 6 Nr. 2 Satz 2 EStG). Diese Veranlagungsart kann letztmalig für den Veranlagungszeitraum 2012 gewählt werden. Daher ist § 32a Abs. 6 Nr. 2 Satz 2 EStG mit Wirkung ab dem 01.01.2013 aufgehoben worden.

32.2.5 Lebenspartnerschaften

Die Anwendung des Splittingtarifs für die gleichgeschlechtlichen Lebenspartnerschaften nach dem LPartG vom 16.02.2001 war lange Zeit umstritten. Nach dem Wortlaut der §§ 26, 26b EStG ist der Splittingtarif nach § 32a Abs. 5 EStG nur bei Ehegatten zu gewähren. Darin liegt eine Ungleichbehandlung von Verheirateten und eingetragenen Lebenspartnern, die mit dem Gleichheitssatz des Art. 3 Abs. 1 GG nicht vereinbar ist.[5] Das BVerfG hat entschieden, dass eine steuerliche Benachteiligung von Lebens- im Verhältnis zu Ehepartnern nicht gerechtfertigt ist, da die Partner einer eingetragenen Lebenspartnerschaft ähnliche Rechte und Pflichten eingehen, wie es Ehepartner durch die Eheschließung tun. Sowohl die Ehe als auch die eingetragene Lebenspartnerschaft stellt jeweils eine vergleichbare Gemeinschaft von Erwerb und Verbrauch dar. Nach der Entscheidung des BVerfG vom 07.05.2013 bleiben §§ 26, 26b, 32a Abs. 5 EStG weiterhin anwendbar. Allerdings können auch eingetragene Lebenspartner, deren Einkommensteuerveranlagungen noch nicht bestandskräftig durchgeführt sind, rückwirkend ab dem 01.08.2001 die Anwendung des Splittingverfahrens in Anspruch nehmen. Voraussetzung hierfür ist, dass die eingetragenen Lebenspartner die für Ehegatten geltenden Voraussetzungen einer Zusammenveranlagung erfüllen. Zur Beseitigung der Ungleichbehandlung hat der

---

5 BVerfG vom 07.05.2013 2 BvR 909/06, 2 BvR 1981/06, 2 BvR 288/07 (DStR 2013 S. 1228).

Gesetzgeber durch das EStGÄndG vom 15.07.2013[6] in § 2 Abs. 8 EStG bestimmt, dass die Regelungen des Einkommensteuergesetzes zu Ehegatten und Ehen auch auf Lebenspartner und Lebenspartnerschaften anzuwenden sind.

Demgegenüber können Partner einer nichtehelichen Lebensgemeinschaft oder einer lebenspartnerschaftsähnlichen Gemeinschaft nicht nach §§ 26, 26b EStG zusammen veranlagt werden. Der Splittingtarif geht grundsätzlich von einer auf Dauer angelegten Gemeinschaft des Erwerbs und Verbrauchs aus. Weder die nichteheliche Lebensgemeinschaft noch die lebenspartnerschaftsähnliche Gemeinschaft ist auf Dauer angelegt. Denn diese Steuerpflichtigen haben sich nicht rechtsverbindlich zu einer Gemeinschaft von Erwerb und Verbrauch zusammengeschlossen. Es verstößt nicht gegen Art. 3 Abs. 1 GG, dass der Splittingtarif auf Partner nichtehelicher Lebensgemeinschaften nicht anzuwenden ist.[7] Lebenspartnerschaftsähnliche Gemeinschaften werden wie nichteheliche Lebensgemeinschaften behandelt. Unterhaltsleistungen können hier nur nach § 33a EStG als außergewöhnliche Belastung berücksichtigt werden.

32.3 Progressionsvorbehalt (§ 32b EStG)

32.3.1 Allgemeines

Der in § 32b EStG geregelte Progressionsvorbehalt bedeutet, dass auf das zu versteuernde Einkommen ein anderer als der in § 32a EStG festgelegte Steuersatz anzuwenden ist. Wenn steuerfreie Leistungen und Einkünfte nicht erfasst werden, führt dies im Bereich der Progressionszone auch zu einem niedrigeren Steuersatz bei den übrigen Einkünften. Das soll durch § 32b EStG vermieden werden. Die Veranlagung erfolgt mit den steuerpflichtigen Einkünften nach einem Steuersatz, der sich unter Einbeziehung der steuerfreien bzw. nicht steuerbaren Leistungen und Einkünfte ergäbe.

§ 32b EStG enthält verschiedene sachliche Anwendungsbereiche, die nicht aufeinander abgestimmt sind und sich auch teilweise überschneiden. Die in § 32b Abs. 1 Nr. 1 EStG enthaltene Aufzählung der Lohn- und Einkommensersatzleistungen sowie der Sozialleistungen ist abschließend. Durch das JStG 2008 sind die Mitteilungspflichten der Träger der Sozialleistungen in § 32b Abs. 3 EStG neu geregelt worden.

Ausländische Einkünfte während einer zeitweisen unbeschränkten Steuerpflicht sind in § 32b Abs. 1 Nr. 2 EStG geregelt, während § 32b Abs. 1 Nr. 3 bis 5 EStG weitere ausländische Einkünfte erfasst. Diese Bestimmungen sind durch das JStG 2007 mit Wirkung ab Veranlagungszeitraum 2007 neu gefasst worden. Durch das

---

6 BGBl 2013 I S. 2397.
7 BVerfG vom 03.11.1982 1 BvR 620/78 (BStBl 1982 II S. 717).

JStG 2008 wurde mit Wirkung vom Veranlagungszeitraum 2008 auch der negative Progressionsvorbehalt zugelassen.

Durch das JStG 2009 wurde § 32b EStG dem ebenfalls durch das JStG 2009 geänderten § 50 EStG (siehe 35.3) angepasst. Entgegen den ursprünglichen Planungen wird beschränkt steuerpflichtigen Arbeitnehmern weiter der Grundfreibetrag gewährt, ebenso wird der Progressionsvorbehalt auf Einkünfte beibehalten, die bei der Veranlagung unberücksichtigt bleiben. Die durch das JStG 2009 dem § 32b Abs. 1 EStG angefügten Sätze 2 und 3 ergänzen die Neuregelung des § 2a EStG. Dabei geht es um den Ausschluss des Progressionsvorbehalts bei bestimmten Tatbeständen, die innerhalb der EU-/EWR-Staaten verwirklicht werden.

Durch das DNeuG[8] vom 05.02.2009 erfolgte eine Anpassung des § 32b Abs. 1 Satz 1 Nr. 1 Buchst. c EStG an die Änderungen im Beamtenrecht. Auch die nach beamtenrechtlichen Vorschriften erhaltenen Zuschüsse bei Beschäftigungsverboten für die Zeit vor und nach einer Entbindung sowie für den Entbindungstag während einer Elternzeit unterliegen dem Progressionsvorbehalt.

Eine weitere Anpassung erfolgte durch das Gesetz zur Verbesserung von Eingliederungschancen am Arbeitsmarkt[9] vom 20.12.2011, nachdem das SGB III geändert wurde. § 32b Abs. 1 Satz 1 Nr. 1 Buchst. a und Abs. 3 Satz 3 EStG nimmt mit Wirkung vom 01.04.2012 nunmehr auf § 170 SGB III statt auf § 188 SGB III Bezug, ohne dass eine inhaltliche Änderung erfolgte.

Mit der Einführung einer Gewinnermittlungsvorschrift in § 32b Abs. 2 Satz 1 Nr. 2 Satz 2 Buchst. c EStG durch das Gesetz zur Umsetzung der Amtshilferichtlinie sowie Änderung steuerlicher Vorschriften vom 26.06.2013 (AmtshilfeRLUmsG)[10] bezweckt der Gesetzgeber, ein Steuersparmodell (sog. Goldfinger-Modell) abzuschaffen.

Der Progressionsvorbehalt ist auf das Gesamteinkommen **zusammenveranlagter Ehegatten** anzuwenden. Wenn ein Ehegatte nur steuerfreie Ersatzleistungen und der andere Ehegatte steuerpflichtige Einkünfte hat, kann der mit einer Einzelveranlagung (bis 2012: getrennten Veranlagung) verbundene Wegfall des Splittingtarifs geringere Auswirkungen haben als der Vorteil des nicht anzuwendenden Progressionsvorbehalts.

32.3.2 Lohn- und Einkommensersatzleistungen

Die Aufzählung der dem Progressionsvorbehalt unterliegenden Lohn- und Einkommensersatzleistungen in § 32b Abs. 1 Nr. 1 Buchst. a bis j EStG ist abschließend. Unter Buchst. a fällt z. B. das wegen vorheriger Lohnabtretung an Dritte ausgezahlte, aber dem Arbeitnehmer zuzurechnende **Insolvenzgeld** i. S. von § 170 SGB III.

---

8 BGBl 2009 I S. 160.
9 BGBl 2011 I S. 2854.
10 BGBl 2013 I S. 1809.

32.3 Progressionsvorbehalt

Keine vergleichbaren Lohnersatzleistungen i. S. des § 32b Abs. 1 Nr. 1 Buchst. b EStG sind die Leistungen der gesetzlichen Krankenkassen bei Gewährung einer Haushaltshilfe (§ 38 Abs. 4 Satz 2 SGB V), das Arbeitslosengeld II und das Krankentagegeld aus einer privaten Krankenversicherung. Im Gegensatz zu dem bis 2006 gezahlten Erziehungsgeld unterliegt das ab 2007 steuerfreie **Elterngeld** nach dem Bundeselterngeld- und Elternzeitgesetz dem Progressionsvorbehalt (§ 32b Abs. 1 Nr. 1 Buchst. j EStG).

Zurückgezahlte Lohn- und Einkommensersatzleistungen sind von den empfangenen Leistungen des Kalenderjahres abzuziehen, auch wenn die Rückzahlungen bei Bezug nicht dem Progressionsvorbehalt unterlegen haben; dabei kann auch ein negativer Progressionsvorbehalt entstehen (Einzelheiten in R 32b Abs. 2 EStR).

Durch das JStG 2008 wurde mit Wirkung ab Veranlagungszeitraum 2008 durch eine Erweiterung des § 32b Abs. 1 Nr. 1 Buchst. b EStG klargestellt, dass das Mutterschaftsgeld krankenversicherter Mütter als Lohnersatzleistung auch dann unter den Progressionsvorbehalt fällt, wenn es noch nach den Vorschriften der früheren Reichsversicherungsordnung gezahlt wird.

32.3.3 Ausländische Einkünfte

Die Regelung des § 32b Abs. 1 Nr. 2 EStG ist auch eine Folge des § 2 Abs. 7 Satz 3 EStG, weil die Einkünfte eines zeitweise unbeschränkt Steuerpflichtigen mit denen nach § 49 EStG steuerpflichtigen zusammengerechnet werden und die Bemessungsgrundlage bilden für die Einkommensteuerveranlagung als unbeschränkt Steuerpflichtiger. Erfasst werden darüber hinaus aber sämtliche Einkünfte der zeitweise unbeschränkt Steuerpflichtigen unabhängig von der persönlichen Steuerpflicht in der restlichen Zeit und unabhängig von DBA-Regelungen.[11] Die durch das JStG 2007 an § 32b Abs. 1 Nr. 2 EStG angefügte Regelung stellt klar, dass der Progressionsvorbehalt auch bei zeitweiser unbeschränkter Steuerpflicht nicht auf Einkünfte angewendet wird, die nach einem sonstigen zwischenstaatlichen Übereinkommen steuerfrei sind, wenn der Progressionsvorbehalt nicht ausdrücklich in diesen sonstigen zwischenstaatlichen Übereinkommen vereinbart wurde. Sonstige zwischenstaatliche Übereinkommen sind z. B. Privilegienprotokolle und Sitzstaatabkommen von internationalen Organisationen oder Übereinkommen über diplomatische oder konsularische Beziehungen.[12] Die Vertragspartner können also davon ausgehen, dass Deutschland den Progressionsvorbehalt nicht anwenden wird, wenn er nicht ausdrücklich vereinbart ist.

Wird beispielsweise das EU-Tagegeld nach einem DBA von der deutschen Steuer freigestellt, ist gem. § 32b Abs. 1 Nr. 2 und 3 EStG bei unbeschränkter Steuerpflicht der Steuersatz anzuwenden, der sich unter Berücksichtigung des EU-Tagegeldes

---
11 BFH vom 19.12.2001 I R 63/00 (BStBl 2003 II S. 302) und vom 19.11.2003 I R 19/03 (BStBl 2004 II S. 549).
12 Zusammenstellung in BMF vom 20.08.2007 (BStBl 2007 I S. 656).

ergibt. Dies gilt allerdings nicht, soweit das EU-Tagegeld gem. § 9a Abs. 2 BBesG auf steuerfreie Auslandsdienstbezüge angerechnet wird.[13]

Durch das JStG 2007 ist die Regelung in § 32b Abs. 1 Nr. 3 EStG mit Wirkung vom Veranlagungszeitraum 2007 aufgeteilt worden in die Nr. 3 bis 5. § 32b Abs. 1 Nr. 3 EStG erfasst seitdem nur noch die Einkünfte, die nach einem DBA steuerfrei sind. Die Worte „unter dem Vorbehalt der Einbeziehung bei der Berechnung der Einkommensteuer" in dem früheren § 32b Abs. 1 Nr. 3 EStG sind gestrichen worden, weil nach der Rechtsprechung des BFH[14] die Anwendung der Vorschrift abkommensrechtlich lediglich davon abhängt, dass das einschlägige DBA die Berücksichtigung eines Progressionsvorbehalts nicht verbiete. Dagegen hält der Gesetzgeber in dem durch das JStG 2007 eingefügten § 32b Abs. 1 Nr. 4 EStG daran fest, dass die nach einem sonstigen zwischenstaatlichen Übereinkommen steuerfreien Einkünfte nur dann in den Progressionsvorbehalt einbezogen werden, wenn die jeweiligen Übereinkommen das ausdrücklich zulassen.

§ 32b Abs. 1 Nr. 5 EStG erfasst die Fälle, in denen Einkünfte bei der Anwendung des § 1 Abs. 3 EStG oder des § 1a EStG oder des § 50 Abs. 2 Satz 2 Nr. 4 EStG bei der Ermittlung des zu versteuernden Einkommens außer Ansatz bleiben, weil sie entweder nicht der deutschen Einkommensteuer oder einem Steuerabzug unterliegen, wenn die Summe dieser Einkünfte positiv ist; der zweite Halbsatz enthält die gleiche Einschränkung wie Nr. 4, sodass der Progressionsvorbehalt nur für Einkünfte zu berücksichtigen ist, die nach einem sonstigen zwischenstaatlichen Übereinkommen steuerfrei sind, wenn er ausdrücklich in dem sonstigen zwischenstaatlichen Übereinkommen vereinbart wurde. Durch das JStG 2008 sind in § 32b Abs. 1 Nr. 5 EStG die Wörter „wenn deren Summe positiv ist" gestrichen worden. Dies ist eine Folge der EuGH-Rechtsprechung.[15] Danach sind bei Steuerpflichtigen, die nach § 1 Abs. 3 EStG als unbeschränkt einkommensteuerpflichtig behandelt werden, weil sie zum weit überwiegenden Teil (90 %) ihre Einkünfte aus Deutschland beziehen, auch die negativen Einkünfte in den Progressionsvorbehalt einzubeziehen. Aus Gründen der Gleichbehandlung gilt dasselbe für beschränkt Steuerpflichtige, die nach § 50 Abs. 2 Satz 2 Nr. 4 EStG veranlagt werden. Wegen der unmittelbaren Anwendung des EuGH-Urteils ist die Neuregelung bei dem genannten Personenkreis auf Antrag auch für Veranlagungszeiträume vor 2008 anzuwenden, soweit Steuerbescheide noch nicht bestandskräftig sind (§ 52 Abs. 43a Satz 1 EStG).

Nach dem im Juli 2009 in Kraft getretenen **Abgeordnetenstatut des Europäischen Parlaments** unterliegen die Zahlungen an neu gewählte Abgeordnete der EU-Gemeinschaftsteuer. Das Abgeordnetenstatut sieht die Möglichkeit vor, die Zahlungen der Europäischen Union dem nationalen Progressionsvorbehalt zu unterwerfen.

---

13 BMF vom 12.04.2006 (BStBl 2006 I S. 340).
14 BFH vom 19.12.2001 I R 63/00 (BStBl 2003 II S. 302).
15 EuGH vom 18.07.2007 Rs. C-182/06 „Lakebrink" (DStR 2007 S. 1339).

Für bestimmte steuerfreie ausländische Einkünfte, die im Rahmen einer **Organschaft** erzielt werden, bestimmt § 32b Abs. 1a EStG, dass insoweit Einkünfte i. S. des § 32b Abs. 1 Nr. 3 EStG vorliegen. Dadurch werden steuerfreie ausländische Einkünfte, die im Wege einer Organschaft einer natürlichen Person zuzurechnen sind, in den Progressionsvorbehalt einbezogen. § 32b Abs. 1a EStG erfasst Einkünfte, die eine Organgesellschaft aus einer ausländischen Betriebsstätte erzielt und die wegen eines DBA im Inland steuerfrei sind. Damit bei der natürlichen Person als Organträger hinsichtlich dieser ausländischen Einkünfte der besondere Steuersatz gem. § 32b Abs. 2 EStG eingreift, wird der Progressionsvorbehalt durch § 32b Abs. 1a EStG dadurch erweitert, dass die betreffenden Einkünfte als unmittelbar dem Organträger zugeflossen angesehen werden.

32.3.4 Besonderer Steuersatz

Zur Ermittlung des besonderen Steuersatzes wird das nach § 32a EStG zu versteuernde Einkommen (siehe 32.2.1) um die nach § 32b Abs. 1 Nr. 1 EStG steuerfreien Leistungen und um die nach § 32b Abs. 1 Nr. 2 bis 5 EStG steuerfreien Einkünfte vermehrt oder vermindert und der so ermittelte (höhere oder geringere) Steuersatz auf das zu versteuernde Einkommen angewendet.

Zunächst ist also die Summe der nach § 32b Abs. 1 Nr. 1 EStG steuerfreien Leistungen zu ermitteln; davon abzuziehen ist nur der Arbeitnehmer-Pauschbetrag gem. § 9a Satz 1 Nr. 1 EStG, soweit er nicht bei der Ermittlung der Einkünfte aus nichtselbständiger Arbeit abziehbar ist (§ 32b Abs. 2 Nr. 1 EStG). Weitere Abzüge sind bei der Steuersatzermittlung nicht zulässig. Insbesondere ist eine Kürzung des nach § 32b Abs. 1 Nr. 1 Buchst. a EStG zu berücksichtigenden Insolvenzgelds um sog. Vorsorgeaufwendungen gesetzlich nicht vorgesehen und auch nicht aufgrund einer verfassungskonformen Auslegung geboten.[16]

Die in § 32b Abs. 2 Satz 1 Nr. 2 EStG aufgeführten Einkünfte sind solche i. S. des § 2 Abs. 2 EStG ohne Abzug der ausländischen Steuer. Sie sind nach deutschem Recht zu ermitteln (siehe die Berechnungsbeispiele in H 32b „Ausländische Einkünfte" EStH).[17]

Vorab entstandene Werbungskosten im Zusammenhang mit einer beabsichtigten nichtselbständigen Tätigkeit im Ausland, z. B. Umzugskosten für eine Tätigkeit in Australien, sind also nicht als Werbungskosten bei der Tätigkeit im Inland, sondern bei der Bemessung des anzuwendenden Steuersatzes zu berücksichtigen, wenn dies nicht durch ein Doppelbesteuerungsabkommen ausgeschlossen wird.[18]

Durch das JStG 2007 ist in § 32b Abs. 2 Satz 1 Nr. 2 EStG ein Satz 2 eingefügt worden, durch den eine doppelte Berücksichtigung des Arbeitnehmer-Pauschbetrags

---
16 BFH vom 05.03.2009 VI R 78/06 (BFH/NV 2009 S. 1110).
17 BFH vom 17.12.2003 I R 75/03 (BStBl 2005 II S. 96).
18 BFH vom 20.09.2006 I R 59/05 (BStBl 2007 II S. 756).

sowohl bei den inländischen als auch bei den ausländischen Einkünften vermieden wird (Buchst. a); außerdem sind steuerfreie ausländische Einkünfte auch dann um die tatsächlich angefallenen Werbungskosten zu kürzen, wenn bei der Ermittlung des im Inland zu versteuernden Einkommens der Arbeitnehmer-Pauschbetrag gewährt wurde. Damit werden nur die Werbungskosten berücksichtigt, die insgesamt einen bei der Ermittlung der inländischen Einkünfte bereits berücksichtigten Arbeitnehmer-Pauschbetrag übersteigen (Buchst. b). Das sog. Goldfinger-Modell ist durch die Erweiterung des § 32b Abs. 2 Satz 1 Nr. 2 Satz 2 EStG um Buchst. c durch das AmtshilfeRLUmsG[19] abgeschafft worden. Ziel dieses Modells ist die Ausnutzung des negativen Progressionsvorbehalts. Die ausländischen Gewinneinkünfte eines unbeschränkt Steuerpflichtigen können nach einem DBA im Inland steuerfrei sein. Diese Einkünfte unterliegen gem. § 32b Abs. 1 Satz 1 Nr. 3 EStG dem positiven und negativen Progressionsvorbehalt. Wenn der Steuerpflichtige über die ausländische Betriebsstätte ein Wirtschaftsgut des Umlaufvermögens (z. B. Goldbarren) erwirbt und er den Gewinn nach § 4 Abs. 3 EStG ermittelt, liegen im Jahr der Anschaffung abzugsfähige Betriebsausgaben vor, was zu negativen Einkünften führen kann. Durch den negativen Progressionsvorbehalt nach § 32b Abs. 1 Satz 1 Nr. 3 EStG mindern diese negativen Einkünfte den Steuersatz auf die inländischen Einkünfte. Bei der Veräußerung des Wirtschaftsguts entsteht zwar ein steuerfreier Gewinn, der ebenfalls dem Progressionsvorbehalt nach § 32b Abs. 1 Satz 1 Nr. 3 EStG unterliegt. Ist beim Steuerpflichtigen aufgrund anderer Einkünfte der Spitzensteuersatz anzuwenden, kann sich der positive Progressionsvorbehalt im Veräußerungsjahr nicht auswirken. Steuerpflichtige inländische Einkünfte können maximal mit dem Spitzensteuersatz besteuert werden. Nach § 32b Abs. 2 Satz 1 Nr. 2 Satz 2 Buchst. c EStG sind nunmehr bei der Ermittlung der dem Progressionsvorbehalt unterliegenden Einkünfte die Betriebsausgaben, die durch Anschaffung von Wirtschaftsgütern des Umlaufvermögens entstehen, erst im Zeitpunkt der Veräußerung dieser Wirtschaftsgüter abzuziehen. Es erfolgt eine zeitlich versetzte Berücksichtigung von Betriebsausgaben bei Progressionseinkünften. Diese Neuregelung bei der Gewinnermittlung gilt für alle Wirtschaftsgüter, die nach dem 28.02.2013 angeschafft wurden (§ 52 Abs. 43a EStG).

Soweit in den Einkünften des § 32b Abs. 1 Nr. 2 bis 5 EStG außerordentliche Einkünfte gem. § 34 EStG enthalten sind, werden sie in den Progressionsvorbehalt in Anlehnung an § 34 Abs. 1 EStG zu 1/5 einbezogen.[20] Bei der Berechnung des besonderen Steuersatzes nach § 34 EStG werden allerdings die dem Progressionsvorbehalt unterliegenden Einkünfte nicht nur mit einem Fünftel, sondern in voller Höhe einbezogen.[21] Berechnungsbeispiele finden sich in H 34.2 EStH 2011. Der BFH[22] hat sich unter Hinweis auf das Beispiel 4 in H 34.2 EStH 2011 der Auffas-

---

19 BGBl 2013 I S. 1809.
20 BFH vom 22.09.2009 IX R 93/07 (BStBl 2010 II S. 1032).
21 BFH vom 17.01.2008 VI R 44/07 (BStBl 2011 II S. 21).
22 BFH vom 17.01.2008 VI R 44/07 (BStBl 2011 II S. 21).

sung der Finanzverwaltung angeschlossen und entschieden, dass bei der Steuerberechnung nach § 34 Abs. 1 Satz 3 EStG die Progressionseinkünfte nur insoweit zu berücksichtigen sind, als sich nach einer Verrechnung mit dem negativen verbleibenden zu versteuernden Einkommen ein positiver Differenzbetrag ergibt. **Negative ausländische außerordentliche Einkünfte** sind beim Progressionsvorbehalt in vollem Umfang und nicht lediglich zu einem Fünftel steuersatzmindernd zu berücksichtigen.[23]

Wegen der vorrangigen Anwendung des Progressionsvorbehalts kann auch ein zu versteuerndes Einkommen unterhalb des Grundfreibetrags der Einkommensteuer unterliegen.[24] Durch den negativen Progressionsvorbehalt kann der Steuersatz bis auf null sinken. Der Verlustabzug darf allerdings nicht gesetzlich ausgeschlossen sein, z. B. durch § 15a oder § 15b EStG.

Durch das StÄndG 2007 ist in § 32a EStG ein Spitzensteuersatz (sog. Reichensteuer) eingefügt worden (siehe 32.2.1). Um unsystematische Ergebnisse dieser Regelung in den Fällen der Anwendung des Progressionsvorbehalts zu vermeiden, ist durch das JStG 2007 § 32b Abs. 2 EStG um die Sätze 2 und 3 mit Wirkung vom 01.01.2007 erweitert worden. Danach ist der besondere Steuersatz für den Anteil des zu versteuernden Einkommens, der auf die Gewinneinkünfte entfällt, nicht nach dem Höchststeuersatz gem. § 32a Abs. 1 Satz 2 Nr. 5 EStG, sondern lediglich nach dem Höchststeuersatz gem. § 32a Abs. 1 Satz 2 Nr. 4 EStG zu berechnen. Durch den ebenfalls im JStG 2007 enthaltenen neuen Absatz 4 des § 32c EStG wird der Entlastungsbetrag nach § 32c Abs. 1 bis 3 EStG immer dann ausgeschlossen, wenn der Steuersatz in den Fällen des Progressionsvorbehalts nach § 32b EStG ermittelt wird. Zu beachten ist, dass § 32c nur für den Veranlagungszeitraum 2007 gilt (§ 52 Abs. 44 EStG). Damit soll eine vom Entlastungsbetrag nicht bezweckte Günstigerstellung von Gewinneinkünften im Jahr 2007 vermieden werden. § 32b Abs. 2 Satz 2 und 3 EStG gelten daher nur für den Veranlagungszeitraum 2007 (§ 52 Abs. 43a Satz 3 EStG).

32.3.5 Mitteilungspflichten und Bescheinigungen

In § 32b Abs. 3 und 4 EStG in der vor dem JStG 2008 geltenden Fassung waren Bescheinigungspflichten der Träger der Sozialleistungen i. S. des § 32b Abs. 1 Nr. 1 EStG und Mitteilungspflichten der Bundesagentur für Arbeit für das gewährte Insolvenzrecht geregelt. Durch das JStG 2008 ist Absatz 3 neu gefasst und Absatz 4 aufgehoben worden, weil dessen Inhalt durch die Neuregelung in Absatz 3 entbehrlich geworden ist.

§ 32b Abs. 3 EStG richtet sich an die Träger der Sozialleistungen und hat keine Auswirkungen auf den Steueranspruch. Zwar wird der vom Arbeitgeber ausgezahlte

---

23 BFH vom 01.02.2012 I R 34/11 (BStBl 2012 II S. 405).
24 BFH vom 09.08.2001 III R 50/00 (BStBl 2001 II S. 778).

Teil der Leistungen (z. B. Kurzarbeitergeld, nach § 3 Nr. 28 EStG steuerfreie Aufstockungsbeiträge) von diesem in der elektronischen Lohnsteuerbescheinigung übermittelt (§ 41b Abs. 1 Satz 2 Nr. 5 EStG), aber insbesondere das Mutterschaftsgeld war in der Vergangenheit nur unzureichend steuerlich erfasst worden. Durch die Änderung des § 32b Abs. 3 EStG werden – abgesehen von den in der Lohnsteuerbescheinigung enthaltenen – alle dem Progressionsvorbehalt unterliegenden Leistungen elektronisch bis zum 28.02. des Folgejahres nach amtlich vorgeschriebenem Datensatz durch amtlich bestimmte Datenfernübertragung übermittelt (§ 32b Abs. 3 Satz 1 EStG). Somit wird die Finanzverwaltung z. B. auch über den Bezug von Elterngeld unterrichtet.

Die Zuordnung zu den einzelnen Steuerpflichtigen ist nach Einführung der Identifikationsnummer (§ 139b AO) möglich. Ab dem 01.01.2012 hat das BMF die Möglichkeit der Übermittlung für alle Träger der Sozialleistungen geschaffen; die Übergangsregelung, wonach § 32b Abs. 3 und 4 EStG in der alten Fassung noch anzuwenden war, ist gegenstandslos.[25]

32.4 Tarifbegrenzung bei Gewinneinkünften

Der durch das StÄndG 2007 neu geschaffene und durch das JStG 2007 um einen Absatz 4 ergänzte **§ 32c EStG gilt nur für den Veranlagungszeitraum 2007 (§ 52 Abs. 44 EStG).**

Es handelt sich um eine Tarifbegrenzungsvorschrift, die Gewinneinkünfte i. S. des § 2 Abs. 1 Nr. 1 bis 3 EStG von der Besteuerung nach der fünften Tarifzone des § 32a Abs. 1 EStG ausnimmt. Da die Tarifbegrenzung die Erhöhung des Steuersatzes nach § 32a Abs. 1 Satz 2 Nr. 5 EStG ausgleichen soll, greift die Tarifbegrenzung erst ab einem zu versteuernden Einkommen von mehr als 250.000 Euro.

Ausgangsgröße für die Berechnung des Entlastungsbetrags ist der Anteil der Gewinneinkünfte am zu versteuernden Einkommen. Diese müssen gem. § 32c Abs. 1 Satz 2 EStG zusammengerechnet und ins Verhältnis zur Summe der Einkünfte gesetzt werden. Wenn die Summe der anderen Einkünfte negativ ist, wird der Anteil der Gewinneinkünfte auf 100 % begrenzt (§ 32c Abs. 1 Satz 3 EStG). Gemäß § 32c Abs. 2 EStG ergibt sich die Bemessungsgrundlage für den Entlastungsbetrag, indem dieser Anteilssatz auf den Teil des zu versteuernden Einkommens angewandt wird, der oberhalb 250.000 Euro liegt. Der Entlastungsbetrag beträgt dann 3 % dieser Bemessungsgrundlage.

---

[25] BMF vom 28.09.2009 (BStBl 2009 I S. 1171) und vom 15.12.2010 (BStBl 2010 I S. 1499).

32.5 Gesonderter Steuertarif für Einkünfte aus Kapitalvermögen

32.5.1 Allgemeines

Durch das UntStRefG 2008 wurde **ab 2009** (§ 52a Abs. 1 EStG) **ein gesonderter Steuertarif für Einkünfte aus Kapitalvermögen** (sog. **Abgeltungsteuer**) i. H. von 25 % eingeführt (§ 32d Abs. 1 Satz 1 EStG). Hinzu kommen der Solidaritätszuschlag und ggf. die Kirchensteuer. Die Erhebung der Einkommensteuer auf Kapitalerträge erfolgt weiterhin durch die **Kapitalertragsteuer,** die in den §§ 43 ff. EStG geregelt ist. Die Einführung der Abgeltungsteuer ab 2009 hat aber zur Folge, dass grundsätzlich die Einkommensteuer mit dem Steuerabzug abgegolten ist (§ 43 Abs. 5 Satz 1 EStG). Daraus folgt auch, dass nur der Sparer-Pauschbetrag abzuziehen ist. Der Abzug der tatsächlichen Werbungskosten ist ausgeschlossen (§ 20 Abs. 9 Satz 1 EStG).

Daraus ergeben sich insbesondere für Anleger große Veränderungen, die ein Aktiendepot auf Kreditbasis anlegen wollen. Für nach dem 31.12.2008 angeschaffte Aktien gilt, dass sie – nach Abschaffung des Halbeinkünfteverfahrens für Kapitalanlagen im Privatvermögen und Erfassung der Kursgewinne als Ertrag – voll der 25 %igen Abgeltungsteuer unterliegen, während die Zinsen für den Kredit, mit dem sie angeschafft worden sind, nicht als Werbungskosten abziehbar sind. Der Sparer-Pauschbetrag wird hier i. d. R. nur einen geringen Teil der Kosten abdecken.

Die nur für natürliche Personen geltende Abgeltungsteuer von 25 % ist nicht anzuwenden, wenn die Kapitaleinkünfte zu den Einkünften aus Land- und Forstwirtschaft, aus Gewerbebetrieb, aus selbständiger Arbeit oder aus Vermietung und Verpachtung gehören (§ 32d Abs. 1 Satz 1 i. V. m. § 20 Abs. 8 EStG). Damit können Eigenkapitalerträge mit bis zu 45 % Einkommensteuer belastet sein, während Fremdkapitalerträge mit 25 % zu versteuern sind. Im Unternehmensbereich ist für den Kreditnehmer beim Fremdkapital die Zinsschranke des § 4h EStG (siehe 9.9) zu beachten.

Durch das JStG 2009 wurde § 32d Abs. 5 EStG noch vor Inkrafttreten der Vorschrift neu gefasst. Dabei geht es um die Anrechnung ausländischer Steuern auf Kapitalerträge (siehe 32.5.6).

In § 32d Abs. 2 EStG i. d. F. des UntStRefG 2008 sind Ausnahmen von der Abgeltungsteuer enthalten. Der individuelle progressive Steuersatz ist anzuwenden, wenn

- Gläubiger und Schuldner nahestehende Personen sind oder
- die Zinsen von einer Kapitalgesellschaft an einen Anteilseigner gezahlt werden, der zu mindestens 10 % an ihr beteiligt ist (z. B. Zahlung aufgrund eines Gesellschafterdarlehens), oder wenn der Gläubiger der Zinsen eine diesem Anteilseigner nahestehende Person ist oder

- ein Dritter die Kapitalerträge schuldet, der seinerseits Kapital an einen Betrieb des Gläubigers überlassen hat (sog. **Back-to-Back-Finanzierungen**); Entsprechendes gilt für den Fall der nahestehenden Person.

Mit diesen Regelungen sollen Gestaltungen verhindert werden, bei denen aufgrund der Steuersatzspreizung einem Unternehmen Fremdkapital zugeführt wird, obwohl Eigenkapital zur Verfügung gestellt werden könnte, das aber stattdessen als private Kapitalanlage verwendet wird. Da insbesondere die Regelung der Back-to-Back-Finanzierung über den Gesetzeszweck hinausging, weil sie z. B. Kapitalerträge bereits dann von der Abgeltungsteuer ausschloss, wenn sie aus Konten bei dem Kreditinstitut resultierten, das dem Steuerpflichtigen z. B. den Erwerb einer Immobilie finanzierte, ist § 32d Abs. 2 EStG durch das JStG 2008 vor seinem Inkrafttreten ab Veranlagungszeitraum 2009 (§ 52a Abs. 1 EStG) bereits wieder geändert worden.

Das JStG 2010 brachte Änderungen bei den nach § 32d Abs. 2 EStG normierten Ausnahmen von der Abgeltungsteuer.

In § 32d Abs. 4 EStG ist eine Antragsveranlagung zur Anwendung der Abgeltungsteuer geregelt und § 32d Abs. 6 EStG enthält die Möglichkeit einer Günstigerprüfung für den Fall, dass der Grenzsteuersatz aus den anderen Einkunftsarten unter 25 % liegt. Die durch das Steuerrechtsänderungsgesetz 2003 eingeführte **Jahresbescheinigung** über Kapitalerträge und Veräußerungsgewinne aus Finanzanlagen (§ 24c EStG) ist durch das UntStRefG 2008 ab 2009 wieder abgeschafft worden. Das wird damit begründet, dass die notwendigen Daten sich aus den Steuerbescheinigungen nach § 45a Abs. 2 und 3 EStG ergeben.[26]

Allerdings bleibt die Höhe der Kapitalerträge nach § 32d Abs. 1 EStG auch ab 2009 bedeutsam für andere Bereiche, z. B. bei Transferzahlungen (siehe § 2 Abs. 5a EStG i. d. F. des UntStRefG 2008) und bei Ausgaben für steuerbegünstigte Zwecke oder bei außergewöhnlichen Belastungen (siehe den durch das UntStRefG 2008 eingefügten § 2 Abs. 5b EStG), ebenso beim nicht ausgeschöpften Sparer-Pauschbetrag, bei nicht berücksichtigten Verlusten bzw. Verlustvorträgen i. S. des § 43a EStG oder bei noch anzurechnenden ausländischen Steuern (§ 32d Abs. 4 EStG).

Ab 2009 gehören also Kapitaleinkünfte grundsätzlich nicht mehr zum Gesamtbetrag der Einkünfte. Um die steuerliche Wirkung z. B. von Spenden gem. § 10b EStG zu erhalten, ermöglichte § 2 Abs. 5b Satz 2 Nr. 1 EStG bis einschließlich Veranlagungszeitraum 2011 die Einbeziehung der Kapitaleinkünfte in die Bemessungsgrundlage des Gesamtbetrags der Einkünfte. Damit richtete sich die Höhe der Spende (20 %) bis zum 31.12.2011 nach dem Gesamtbetrag **aller** Einkünfte. Ein Abzug von den Kapitaleinkünften selbst war nicht möglich. § 2 Abs. 5b Satz 2 Nr. 1 EStG ist allerdings durch das StVereinfG 2011 mit Wirkung zum 01.01.2012 ersatzlos aufgehoben worden. Damit dürfen Kapitaleinkünfte, die der Abgeltungsteuer

---

26 BMF vom 24.11.2008 (BStBl 2008 I S. 973).

32.5 Gesonderter Steuertarif für Einkünfte aus Kapitalvermögen

unterliegen, nicht mehr bei der Berechnung des Spendenhöchstbetrags berücksichtigt werden.

32.5.2 Kapitalerträge

32.5.2.1 Laufende Einnahmen

Die Abgeltungsteuer ist grundsätzlich auf alle Einkünfte aus Kapitalvermögen anzuwenden, sodass auf die Erläuterungen zu § 20 Abs. 1 EStG verwiesen wird (siehe 24.2). Während sich insbesondere für die Zinsen aus sonstigen Kapitalforderungen i. S. des § 20 Abs. 1 Nr. 7 EStG eine Steuerentlastung ergibt, wenn der progressive, bis 45 % reichende Steuersatz bei den Einkünften aus Kapitalvermögen nur 25 % beträgt, werden Dividenden und sonstige Bezüge aus Aktien höher besteuert, weil durch das UntStRefG 2008 das Halbeinkünfteverfahren für Einkünfte aus Kapitalvermögen abgeschafft worden ist. Bei Anteilen, die in einem Betriebsvermögen gehalten werden, ist das Halbeinkünfteverfahren durch ein Teileinkünfteverfahren ersetzt worden, wonach die Dividendenerträge zu 60 % mit dem individuellen progressiven Steuersatz steuerpflichtig sind (§ 3 Nr. 40 Satz 1 EStG). Wenn man die Gewerbesteuer im Hinblick auf § 35 EStG (siehe 33.5) außer Betracht lässt, folgt daraus, dass die Steuerbelastung von Dividenden aus Beteiligungen im Betriebsvermögen bis zu einem persönlichen Grenzsteuersatz von 41,66 % geringer ist als bei Dividenden aus Beteiligungen im Privatvermögen.

Die Abgeltungsteuer ist auf den **Ertragsanteil** von Einkünften i. S. des § 22 EStG nicht anzuwenden.[27] Auch die Einkünfte i. S. des § 22 Nr. 5 EStG (z. B. **„Riester-Rente"**) unterliegen nicht dem gesonderten Steuertarif nach § 32d EStG.[28]

Bei nach dem 31.12.2004 abgeschlossenen Lebens- und Rentenversicherungsverträgen mit Kapitalwahlrecht gehört der Unterschiedsbetrag zwischen der Versicherungsleistung und den eingezahlten Beiträgen zu den Einkünften aus Kapitalvermögen (§ 20 Abs. 1 Nr. 6 EStG, siehe 24.2.7), die der Abgeltungsteuer unterliegen. Bei den nach § 20 Abs. 1 Nr. 6 Satz 2 EStG begünstigten Lebensversicherungen gilt dagegen der individuelle progressive Steuertarif (§ 32d Abs. 2 Nr. 2 Satz 2 EStG). Gleichwohl erfolgt der Kapitalertragsteuerabzug von 25 %, der dann im Rahmen der Einkommensteuerveranlagung angerechnet werden kann.

32.5.2.2 Veräußerungs- und Einlösungserträge

Auch die in § 20 Abs. 2 EStG aufgeführten Tatbestände (siehe 24.2.1) unterliegen der Abgeltungsteuer. Ein Veräußerungsgewinn ist danach unabhängig von der Haltedauer des jeweiligen Wertpapiers steuerpflichtig. Mit Ausnahme von Immobilien und sonstigen Wirtschaftsgütern ist damit eine vollständige Besteuerung von Vermögenszuwächsen im Privatvermögen eingeführt worden. Dazu zählen auch Ver-

---
27 BFH vom 18.05.2010 X R 32/01 (BStBl 2011 II S. 675).
28 BMF vom 20.01.2009 (BStBl 2009 I S. 273), Rdnr. 94.

32 Ermittlung der tariflichen Einkommensteuer

äußerungsgewinne aus Zertifikaten mit oder ohne Kapitalgarantie. Beträgt die Beteiligung mindestens 1 % und fällt sie deshalb unter § 17 EStG (siehe 21), dann unterliegt die Veräußerung nicht der Abgeltungsteuer, sondern im Rahmen des Teileinkünfteverfahrens dem individuellen progressiven Steuersatz. In den unter § 20 Abs. 2 EStG fallenden Veräußerungsfällen beträgt der Steuersatz einheitlich 25 % und ist mit der von der Bank einbehaltenen Kapitalertragsteuer abgegolten (§ 32d Abs. 1, § 43 Abs. 5 EStG). Wenn der Bank die Anschaffungskosten nicht bekannt sind, beträgt die Bemessungsgrundlage 30 % des Veräußerungspreises (§ 43a Abs. 2 Satz 7 EStG).

Die Regelung gilt grundsätzlich für **Wertpapiere, die nach dem 31.12.2008 erworben worden sind. Die Veräußerung von vor dem 01.01.2009 angeschafften Wertpapieren bleibt nach Ablauf einer Mindesthaltefrist von einem Jahr steuerfrei.** Für Zertifikate enthält das UntStRefG 2008 (§ 52a Abs. 10 EStG) davon Ausnahmen, weil der Gesetzgeber Steuergestaltungen befürchtete, um die Steuerpflicht zu vermeiden. Die Veräußerungsgewinne sind bereits dann steuerpflichtig, wenn die Zertifikate nach dem 15.03.2007 (Kabinettsbeschluss) erworben und nach dem 30.06.2009 veräußert werden (§ 52a Abs. 10 Satz 8 EStG).

Durch das JStG 2008 ist die Steuerpflicht für **Investmenterträge** (siehe 24.2.1) rückwirkend ausgedehnt worden. Gemäß § 18 Abs. 2a InvStG ist die Veräußerung oder Rückgabe von Anteilen an inländischen Spezial-Sondervermögen, inländischen Spezial-Investment-Aktiengesellschaften und ausländischen Spezial-Investmentvermögen nach dem 31.12.2008 steuerpflichtig, wenn die entsprechenden Fondsanteile nach dem 09.11.2007 erworben werden. Grund für diese rückwirkende Ausdehnung der Steuerpflicht ist, dass Veräußerungsgewinne, die der Fonds erzielt, so lange nicht in die vom Anteilsinhaber laufend zu versteuernden Fondserträge einzubeziehen sind, wie sie vom Fondsvermögen nicht ausgeschüttet werden. Wenn beim Spezial-Investmentvermögen keine Ausschüttung erfolgt, bleibt der Anleger also zunächst steuerfrei. Aber auch eine spätere Veräußerung des Fondsanteils, in der sich die vom Fondsvermögen thesaurierten Veräußerungsgewinne als Veräußerungspreis niederschlagen, bleibt beim Anleger steuerfrei, wenn er den Fondsanteil vor dem 10.11.2007 erworben hat. Von dieser Ausdehnung der Steuerpflicht nicht betroffen sind die Erwerber von Anteilen an Publikumsfonds. Diese können noch bis zum 31.12.2008 Fondsanteile erwerben, die nach Ablauf der Haltefrist von einem Jahr steuerfrei veräußerbar bleiben.

32.5.3 Werbungskosten

Gemäß § 20 Abs. 9 Satz 1 EStG ist bei der Ermittlung der Einkünfte aus Kapitalvermögen als Werbungskosten ein Betrag von 801 Euro (Sparer-Pauschbetrag) abzuziehen; der Abzug der tatsächlichen Werbungskosten (z. B. Depotgebühren, Finanzierungskosten, Vermögensverwaltungsgebühren) ist ausgeschlossen. Bei der

32.5 Gesonderter Steuertarif für Einkünfte aus Kapitalvermögen

Ermittlung der Veräußerungsgewinne, die auch unter die Abgeltungsteuer fallen, können Veräußerungskosten berücksichtigt werden.
Das Verbot des Werbungskostenabzugs gilt nicht, wenn auf die Kapitalerträge nicht die Abgeltungsteuer, sondern der individuelle progressive Steuersatz anzuwenden ist (§ 32d Abs. 2 Satz 2 EStG; siehe 32.5.5).

32.5.4 Verluste

Die Regelungen zur Verlustverrechnung, zum Verlustausgleich und zum Verlustabzug im Zusammenhang mit Verlusten aus Kapitalvermögen enthält § 20 Abs. 6 EStG (siehe 24.3). Wegen der Abgeltungsteuer dürfen Verluste nicht mit Einkünften aus anderen Einkunftsarten ausgeglichen und nicht nach § 10d EStG abgezogen werden. Verluste sind von der auszahlenden Stelle (Kreditinstitut) zu berücksichtigen (§ 43a Abs. 3 EStG). Verluste, die bei einem ausländischen Kreditinstitut entstanden sind, können nur im Veranlagungsverfahren berücksichtigt werden. Kann der Verlust im Veranlagungsjahr nicht in voller Höhe mit Einnahmen verrechnet werden, wird der verbleibende Negativbetrag in das Folgejahr vorgetragen. Wird das Depot gewechselt, werden die Verluste dem neuen Kreditinstitut mitgeteilt (§ 43a Abs. 3 Satz 6 EStG). Veräußerungsverluste aus Aktien dürfen ausschließlich mit Veräußerungsgewinnen aus Aktien, nicht aber mit anderen Einkünften aus Kapitalvermögen verrechnet werden (§ 43a Abs. 3 Satz 2 EStG i. V. m. § 20 Abs. 6 Satz 5 EStG). Damit sollen Haushaltsrisiken durch Spekulationsgeschäfte verhindert werden.

Beispiel:
A erzielt einen Gewinn aus der Veräußerung eines Zertifikats von 4.000 € und einen Verlust aus Aktienverkäufen von 1.000 €.
Die Abgeltungsteuer beträgt 1.000 €. Der Verlust aus dem Aktienverkauf wird auf den nächsten Veranlagungszeitraum vorgetragen.

Durch das JStG 2009 ist § 43a Abs. 3 Satz 2 EStG um eine **ehegattenübergreifende Verlustverrechnung** erweitert worden. Die Regelung gilt für Kapitalerträge, die nach dem 31.12.2008 zufließen. Danach ist eine Verrechnung zwischen allen für die Ehegatten geführten Konten und Depots bei einem Kreditinstitut möglich. Nach der bisher geltenden Rechtslage erfolgte eine Verlustverrechnung nur bei Gemeinschaftskonten. Die Verlustverrechnung setzt voraus, dass es sich um zusammenveranlagte Ehegatten handelt, die dem Kreditinstitut einen gemeinsamen Freistellungsauftrag erteilt haben. Leben die Ehegatten nicht dauernd getrennt, wird eine Zusammenveranlagung unterstellt.

Der Steuerpflichtige kann von der Bank eine Bescheinigung nach amtlichem Muster verlangen, in der die Höhe eines nicht ausgeglichenen Verlustes bescheinigt wird (§ 43a Abs. 3 Satz 4 EStG). Damit entfällt ein Vortrag in den nachfolgenden Veranlagungszeitraum. Der Antrag ist bis zum 15.12. des laufenden Jahres bei dem Kreditinstitut zu stellen (§ 43a Abs. 3 Satz 5 EStG). Damit wird eine doppelte

Berücksichtigung im Rahmen des Verlustverrechnungstopfes und bei der Veranlagung verhindert.

Verluste aus anderen Einkunftsarten können im Rahmen der Günstigerprüfung gem. § 32d Abs. 6 EStG bei der Veranlagung berücksichtigt werden.

32.5.5 Ausnahmen vom gesonderten Steuertarif

32.5.5.1 Allgemeines

Aus dem in § 20 Abs. 8 EStG normierten Subsidiaritätsprinzip folgt, dass die Abgeltungsteuer nicht anzuwenden ist, wenn die Kapitalerträge zu den Einkünften aus Land- und Forstwirtschaft, Gewerbebetrieb, selbständiger Arbeit oder Vermietung und Verpachtung gehören. Darüber hinaus wurden durch das UntStRefG 2008 Kapitalerträge bestimmt, die zwar unter die Einkunftsart Kapitalvermögen, aber nicht unter den abgeltenden Steuersatz von 25 % fallen, sondern für die gemeinsam mit den Einkünften aus den anderen Einkunftsarten der normale progressive Einkommensteuersatz gilt. Das sind im Privatvermögensbereich anfallende Einkünfte i. S. des § 20 Abs. 1 Nr. 4 und 7 sowie Abs. 2 Satz 1 Nr. 4 und 7 EStG, also insbesondere solche im Zusammenhang mit partiarischen Darlehen und mit Beteiligungen als stiller Gesellschafter und sonstige Kapitalüberlassungen (§ 32d Abs. 2 Nr. 1 Satz 1 EStG). In diesen Fällen sind ein Verlustausgleich nach den allgemeinen einkommensteuerrechtlichen Grundsätzen und die Berücksichtigung von Werbungskosten möglich, weil § 20 Abs. 6 und 9 EStG nicht anzuwenden sind (§ 32d Abs. 2 Nr. 1 Satz 2 EStG).

Nach § 32d Abs. 2 Nr. 2 EStG erfasst die Abgeltungsteuer ebenfalls nicht Kapitalerträge aus Lebensversicherungen i. S. des § 20 Abs. 1 Nr. 6 Satz 2 EStG (siehe 24.2.7).

Mit den Regelungen in § 32d Abs. 2 Nr. 1 EStG sollten typisierend Missbrauchsfälle verhindert werden, indem z. B. einerseits Fremdkapitalzinsen genutzt werden, um den Unternehmensgewinn zu senken, während andererseits die Kapitalerträge nur dem günstigeren Abgeltungsteuersatz unterliegen **(Back-to-Back-Finanzierung).** Da die Gestaltungshinweise für die Praxis im Anschluss an diese Gesetzgebung z. B. die Zwischenschaltung einer zweiten Bank empfahlen, um die Anwendung des § 32d Abs. 2 Nr. 1 Satz 1 Buchst. c EStG zu verhindern, ist diese Bestimmung durch das JStG 2008 nachgebessert und konkretisiert worden. Durch die bisherige Regelung ergaben sich aber auch Nachteile insbesondere für den gewerblichen Mittelstand. Da private Geldanlagen oft bei demselben Institut getätigt werden, das auch betriebliche Kredite zur Verfügung stellt (Hausbankprinzip), wurde durch das JStG 2008 deshalb die Möglichkeit geschaffen, betriebliche Kredite von den privaten Geldanlagen zu trennen, um für Letztere die Anwendung der Abgeltungsteuer zu erhalten.

32.5 Gesonderter Steuertarif für Einkünfte aus Kapitalvermögen

Schließlich ist durch das JStG 2008 mit dem neuen § 32d Abs. 2 Nr. 3 EStG eine Option eingeführt worden für einen Antrag des Steuerpflichtigen, Kapitalerträge aus einer im Privatvermögen gehaltenen Beteiligung an einer Kapitalgesellschaft dem progressiven Einkommensteuertarif unter Anwendung des Teileinkünfteverfahrens zu unterwerfen.

Durch das JStG 2010 wurde im § 32b Abs. 2 Nr. 4 EStG mit Wirkung ab dem Veranlagungszeitraum 2011 eine materiell-rechtliche Korrespondenzregelung zwischen der Behandlung der verdeckten Gewinnausschüttung auf Ebene der Kapitalgesellschaft und auf Ebene des Gesellschafters neu geschaffen.

32.5.5.2 Kreditgewährung

Die einbehaltene Kapitalertragsteuer hat keine abgeltende Wirkung, wenn Gläubiger und Schuldner einander nahestehende Personen sind (§ 43 Abs. 5 Satz 2 EStG), mit der Folge, dass die in § 32d Abs. 2 Nr. 1 Satz 1 Buchst. a EStG bezeichneten Kapitalerträge dem progressiven Einkommensteuersatz unterliegen. Der Begriff der nahestehenden Person wird im Außensteuergesetz verwendet (§ 1 Abs. 2 AStG; vgl. H 36 III. „Nahe stehende Person" KStH) und ist nicht mit dem in § 15 AO verwendeten Begriff des Angehörigen identisch. Nach Auffassung der Finanzverwaltung sind Angehörige i. S. des § 15 AO stets nahestehende Personen.[29] Der Kreis der nahestehenden Personen ist jedoch weiter als der Angehörigenbegriff nach § 15 EStG. Der BFH geht bei verdeckten Gewinnausschüttungen bereits dann von einer „nahe stehenden Person" aus, wenn die Beziehung zwischen einem Gesellschafter und dem Dritten den Schluss zulässt, dass sie die Vorteilszuwendung der Kapitalgesellschaft an den Dritten beeinflusst hat. Daher kann die Beziehung familien-, gesellschafts- sowie schuldrechtlicher oder auch rein tatsächlicher Art sein. Die Regelung des § 32d Abs. 2 Nr. 1 EStG findet nur Anwendung, wenn eine sog. „**Steuersatzspreizung**" vorliegt.[30] Eine solche Steuersatzspreizung liegt vor, wenn der betriebliche Gewinn z. B. in Form von Darlehenszinsen gemindert wird und so die Steuerbelastung auf den Abgeltungsteuersatz von 25 % reduziert wird. Ab dem Veranlagungszeitraum 2011 stellt § 32d Abs. 2 Nr. 1 Satz 1 Buchst. a EStG klar, dass die Regelungen über die Abgeltungsteuer nur dann nicht anzuwenden sind, soweit die den Kapitalerträgen entsprechenden Aufwendungen beim Schuldner Betriebsausgaben oder Werbungskosten aus Einkünften sind, die der inländischen Besteuerung unterliegen und § 20 Abs. 9 Satz 1 Halbsatz 2 EStG keine Anwendung findet.

32.5.5.3 Kapitalüberlassung an Körperschaften

Durch § 32d Abs. 2 Nr. 1 Satz 1 Buchst. b EStG wird die Abgeltungsteuer für Kapitalerträge ausgeschlossen, die von einer Kapitalgesellschaft oder Genossenschaft an

---
29 BMF vom 09.12.2012 (BStBl 2012 I S. 953), Rn. 136.
30 BT-Drucksache 17/3549 S. 24.

einen Anteilseigner ausgezahlt wird, der zu mindestens 10 % an der Gesellschaft bzw. Genossenschaft beteiligt ist; das gilt auch, wenn der Gläubiger der Kapitalerträge eine dem Anteilseigner nahestehende Person ist (siehe 32.5.5.2).

32.5.5.4 Back-to-back-Finanzierungen

Die in § 32d Abs. 2 Nr. 1 Satz 1 Buchst. c EStG i. d. F. des UntStRefG 2008 geregelten Ausnahmen von der Anwendung der Abgeltungsteuer im Fall einer sog. Back-to-Back-Finanzierung erfassten alle Fälle, in denen die Hausbank des Steuerpflichtigen ihm z. B. Zinsen aus einem bei ihr geführten Sparguthaben zahlte, wenn sie ihm gleichzeitig einen betrieblichen Kredit gewährte. Für den Ausschluss der Abgeltungsteuer reichte es also aus, dass Geldanlage und Kredit bei demselben Kreditinstitut bestehen. In der Fassung des JStG 2008 kommt es nur noch auf den Zusammenhang zwischen beiden an. Der Ausschluss der Abgeltungsteuer hängt davon ab, dass die betroffene und von (irgend-)einem Dritten geschuldete Kapitalanlage in einem gewissen Zusammenhang mit einer Kapitalüberlassung (Darlehen) an einen Betrieb des Gläubigers steht, Kapitalanlage und Kapitalüberlassung müssen auf einem einheitlichen Plan beruhen; hiervon ist insbesondere dann auszugehen, wenn die Kapitalüberlassung in engem zeitlichem Zusammenhang mit einer Kapitalanlage steht oder die Zinsvereinbarungen miteinander verknüpft sind; wenn die Zinsvereinbarungen marktüblich sind und gegenüber der Abgeltungsbesteuerung nicht zu einem Belastungsvorteil führen, ist ein Zusammenhang nicht anzunehmen (§ 32d Abs. 2 Nr. 1 Satz 1 Buchst. c Satz 3 bis 5 EStG).

§ 32d Abs. 2 Nr. 1 Satz 1 Buchst. c Satz 2 EStG regelt weitere Fälle, die dem Grundfall entsprechend zu behandeln sind, nämlich wenn ein Dritter Kapitalerträge schuldet und die Kapitalanlage im Zusammenhang mit einer Darlehensgewährung an bestimmte dem Gläubiger nahestehende Personen oder Gesellschaften erfolgt.

Auch **Überschusseinkünfte** können bei einer Back-to-back-Finanzierung zu einem Ausschluss der Abgeltungsteuer für Kapitalerträge führen (§ 32d Abs. 1 Nr. 1 Satz 1 Buchst. c Satz 6 EStG). Das ist z. B. zu prüfen, wenn der Steuerpflichtige bei einer Bank eine Kapitalanlage unterhält und diese ihm einen Kredit für den Erwerb eines Mietobjekts gewährt.

32.5.5.5 Unternehmerische Beteiligungen

Der Ausschluss des Werbungskostenabzugs in § 20 Abs. 9 Satz 1 Halbsatz 2 EStG bedeutete für eine fremdfinanzierte Beteiligung an einer GmbH i. S. des § 17 EStG, dass die laufenden Erträge zwar nur der Abgeltungsteuer unterliegen, die Finanzierungszinsen aber nicht geltend gemacht werden können. Durch § 32d Abs. 2 Nr. 3 EStG ist dem Steuerpflichtigen das Recht eingeräumt worden, für Kapitalerträge i. S. des § 20 Abs. 1 Nr. 1 und 2 EStG aus einer Beteiligung an einer Kapitalgesellschaft die Anwendung des Teileinkünfteverfahrens (§ 32d Abs. 2 Nr. 3 Satz 2 EStG) zu beantragen. Er kann dann im Veranlagungsverfahren die tatsächlichen Aufwen-

32.5 Gesonderter Steuertarif für Einkünfte aus Kapitalvermögen

dungen, also insbesondere die Finanzierungskosten, auch oberhalb der Grenze des Sparer-Pauschbetrags geltend machen, die gem. § 3c Abs. 2 EStG zu 60 % abzugsfähig sind. Voraussetzung ist, dass die Beteiligung nicht der Kapitalanlage dient, sondern unternehmerisch ist. Hierfür enthält § 32d Abs. 2 Nr. 3 Satz 1 EStG typisierende Regelungen, die entweder eine mindestens 25 %ige Beteiligung an der Kapitalgesellschaft verlangen oder eine mindestens 1 %ige, wenn der Steuerpflichtige außerdem für sie beruflich tätig ist. Der Antrag kann für alle Beteiligungen an der Kapitalgesellschaft nur einheitlich gestellt werden und gilt grundsätzlich als für 5 Veranlagungszeiträume gestellt (§ 32d Abs. 2 Nr. 3 Satz 3 bis 6 EStG).

Zu beachten ist, dass bei nicht kirchensteuerpflichtigen Anteilsinhabern mit einem Grenzsteuersatz bis 41,66 % die Teileinkünftebesteuerung günstiger ist als die Abgeltungsteuer (siehe 32.5.2.1). Dessen Anwendung gem. § 32d Abs. 2 Nr. 3 EStG sollte also in solchen Fallgestaltungen beantragt werden.

32.5.5.6 Korrespondenzregelung

Für Fälle der verdeckten Gewinnausschüttungen schließt § 32d Abs. 2 Nr. 4 EStG die Anwendung der Abgeltungsteuer aus, wenn die verdeckte Gewinnausschüttung auf Ebene der ausschüttenden Körperschaft zu einer Einkommensminderung geführt hat. Demnach besteht eine materiell-rechtliche Korrespondenz zwischen der Behandlung der verdeckten Gewinnausschüttung auf Ebene der Kapitalgesellschaft und auf Ebene des Gesellschafters. Die Abgeltungsteuer findet daher nur insoweit beim Gesellschafter Anwendung, als die verdeckte Gewinnausschüttung das Einkommen der Körperschaft nicht gemindert und deshalb mit 15 % Körperschaftsteuer belastet ist. Soweit die verdeckte Gewinnausschüttung das Einkommen der Körperschaft gemindert hat, muss der Gesellschafter die verdeckte Gewinnausschüttung mit seinem persönlichen Steuersatz versteuern. Dies gilt nach § 32d Abs. 2 Nr. 4 Halbsatz 2 EStG nicht, soweit die verdeckte Gewinnausschüttung das Einkommen einer dem Steuerpflichtigen nahestehenden Person erhöht hat und § 32a KStG auf die Veranlagung dieser nahe stehenden Person keine Anwendung findet.

Die Regelung des § 32d Abs. 2 Nr. 4 EStG gilt ab dem Veranlagungszeitraum 2011 (§ 52a Abs. 15 EStG). Sie ist § 3 Nr. 40 Buchst. d Satz 2 EStG in Verbindung mit § 8b Abs. 1 Satz 2 KStG nachgebildet. Danach kann der Gesellschafter das Teileinkünfteverfahren nur insoweit in Anspruch nehmen, als die verdeckte Gewinnausschüttung das Einkommen der Körperschaft nicht gemindert hat.

32.5.6 Ausländische Steuern

§ 32d Abs. 5 EStG regelt die Berücksichtigung der im Ausland anfallenden Quellensteuer auf ausländische Kapitalerträge durch das depotführende Kreditinstitut. Soweit ein DBA besteht, ist diesem zu entnehmen, wer zur Anrechnung befugt ist, was ausländische Einkünfte sind und welche ausländische Steuer angerechnet werden kann. § 32d Abs. 1 Satz 2 EStG stellt klar, dass die nach § 32d Abs. 5 EStG anrechenbare ausländische Quellensteuer die Einkommensteuer nach § 32d Abs. 1 Satz 1 EStG mindert. Durch das JStG 2009 wurde § 32d Abs. 5 EStG nach der Gesetzesbegründung klarstellend geändert. Anstelle einer abgewandelten sinngemäßen Anwendung von § 34c Abs. 1 Satz 1 EStG wurde der Regelungsgehalt der Norm eigenständig formuliert. Durch eine Ergänzung des § 32d Abs. 5 Satz 2 EStG ist klargestellt, dass die Berechnung der anzurechnenden Steuer auch für den Fall der sog. fiktiven Quellensteuer gilt. § 32d Abs. 5 Satz 3 EStG stellt schließlich klar, dass durch die Anrechnung ausländischer Steuer die deutsche Steuer bis auf 0 Euro reduziert wird, es aber nicht zu einer Erstattung kommen kann. Entsprechend bewirken die Neuregelungen in § 34c Abs. 1 Satz 1 und 3 sowie Abs. 6 Satz 2 EStG durch das JStG 2009, dass diese Einkünfte aus dem Anwendungsbereich des Anrechnungs- und Abzugsverfahrens des § 34c EStG ausgenommen werden. Vorrangig zu prüfen ist also, ob ausländische Einkünfte der Abgeltungsteuer nach § 32d EStG unterliegen. Bei ausländischen Einkünften, für die nach einem Doppelbesteuerungsabkommen fiktive Steuern zu berücksichtigen sind und die der Abgeltungsteuer unterliegen, richtet sich die Anrechnung folglich nach § 32d Abs. 5 EStG und nicht nach § 34c EStG.

32.5.7 Veranlagung zur Einkommensteuer

Abgesehen von den Ausnahmefällen des § 32d Abs. 2 EStG (siehe 32.5.5) besteht eine **Veranlagungspflicht** bei Erträgen, die nicht dem Kapitalertragsteuerabzug unterliegen (§ 32d Abs. 3 EStG). Dazu gehören z. B. Gewinne aus der Veräußerung von GmbH-Anteilen, die Steuererstattungszinsen nach § 233a AO und die Erträge aus Darlehen zwischen nahen Angehörigen. Eine Veranlagungspflicht nach § 32d Abs. 3 EStG ergibt sich auch, wenn Wertpapiere in ausländischen Depots verwahrt werden oder die auszahlende Stelle kein inländisches Kreditinstitut ist. Die Veranlagung wird nach den allgemeinen Regeln der Abgeltungsteuer mit einem Steuersatz von 25 % durchgeführt. Die Abgeltungsteuer erhöht in diesen Fällen die tarifliche Einkommensteuer (§ 32d Abs. 3 Satz 2 EStG). Hier kann ein Antrag auf Günstigerprüfung gem. § 32d Abs. 6 EStG in Betracht kommen (siehe weiter unten).

§ 32d Abs. 4 EStG ermöglicht eine **Veranlagung auf Antrag** zur nachträglichen Berücksichtigung von Tatbeständen, die bei der Kapitalertragsteuer nicht berücksichtigt werden, z. B. eines nicht vollständig ausgeschöpften Sparer-Pauschbetrags, eines noch nicht verrechneten Verlustes. Die Kapitalertragsteuer wird dann auf die Einkommensteuer angerechnet (§ 36 Abs. 2 Nr. 2 EStG).

Die in § 32d Abs. 6 EStG geregelte **Günstigerprüfung** kommt für Personen in Betracht, deren persönlicher Grenzsteuersatz (32.2.1) niedriger ist als der Steuersatz der Abgeltungsteuer von 25 %. Das Finanzamt prüft im Rahmen der Steuerfestsetzung, ob die Anwendung der allgemeinen Regelungen (insbesondere unter Berücksichtigung des Grundfreibetrags, des Altersentlastungsbetrags sowie des Härteausgleichs nach § 46 Absatz 3 EStG) zu einer niedrigeren Steuerfestsetzung führt. Die

32.5 Gesonderter Steuertarif für Einkünfte aus Kapitalvermögen

Zuschlagsteuern sind gemäß der durch das JStG 2010 erfolgten Neufassung des § 32d Abs. 6 Satz 1 EStG in die Prüfung einzubeziehen. Der Antrag auf Veranlagung kann nur einheitlich für sämtliche Kapitalerträge und nicht kontenbezogen gestellt werden (§ 32d Abs. 6 Satz 3 EStG). Zusammenveranlagte Eheleute können das Wahlrecht nur einheitlich ausüben. Ergibt die Günstigerprüfung, dass der persönliche Steuersatz über dem Abgeltungsteuersatz liegt, gilt der Antrag als nicht gestellt und es verbleibt bei der bisherigen Abgeltungsteuer. Nach § 32d Abs. 6 Satz 2 EStG ist die Anrechnungsmethode des § 32d Abs. 5 EStG auch in den Fällen der Günstigerprüfung anwendbar. Die ausländischen Steuern werden aber nur bis zur Höhe der auf die Kapitalerträge entfallenden tariflichen Einkommensteuer berücksichtigt. Hierbei wird die auf die Kapitalerträge entfallende Einkommensteuer – abweichend von der Vorgehensweise in § 34c EStG – dadurch bestimmt, dass auf die durch die Kapitalerträge verursachte zusätzliche tarifliche Steuer abgestellt wird.

32.5.8 Veranlagung zur Kirchensteuer

Die Abgeltungsteuer mindert sich im Fall der Kirchensteuerpflicht um 25 % der auf die Kapitalerträge entfallenden Kirchensteuer (§ 32d Abs. 1 Satz 3 EStG). Die Berechnung der Einkommensteuer für diesen Fall ist in § 32d Abs. 1 Satz 4 und 5 EStG geregelt. Damit wird einerseits die als Sonderausgabe gem. § 10 Abs. 1 Nr. 4 EStG abzugsfähige Kirchensteuer bereits pauschal berücksichtigt und andererseits erreicht, dass sich die Wechselbeziehung zwischen Einkommensteuer und Kirchensteuer auswirkt. Denn Bemessungsgrundlage der Kirchensteuer ist die Einkommensteuer. Wird die Bemessungsgrundlage durch die gezahlte Kirchensteuer gemindert, verringert sich somit auch die Kirchensteuer. Die in den Sätzen 4 und 5 des § 32d Abs. 1 EStG enthaltene mathematische Formel ist die Berechnungsgrundlage für die Ermittlung der Einkommensteuer in allen Fällen der Kapitaleinkünfte, unabhängig davon, ob eine Quellensteuer oder Kirchensteuer zu berücksichtigen ist.

Beispiel:
A erzielt Kapitaleinkünfte i. H. von 4.000 €. Die anrechenbare ausländische Quellensteuer beträgt 600 €. Sein Kirchensteuersatz beträgt 8 %.

Die Einkommensteuer beträgt $\dfrac{4.000\ € - 4 \times 600\ €}{(4 + 0{,}08)}$, also 392,16 €.

Ohne Anrechnung der Kirchensteuer ergäbe sich eine Einkommensteuer von 25 % von (4.000 € – 600 € =) 400 €. Durch die Anrechnung der Kirchensteuer vermindert sie sich also um 7,84 €. Das sind 25 % der Kirchensteuer, die (8 % von 392,16 € =) 31,37 € beträgt.

Durch das UntStRefG 2008 sind die Regelungen der sog. Zuschlagsteuern in § 51a EStG, zu denen auch die Kirchensteuer gehört, umfangreich im Interesse einer einheitlichen Anwendung der Abgeltungsteuer erweitert worden. Die Umsetzung erfordert eine Veränderung der Landeskirchensteuergesetze.

32 Ermittlung der tariflichen Einkommensteuer

Ab dem Veranlagungszeitraum 2009 wird dem Kirchensteuerpflichtigen ein Wahlrecht eingeräumt, auf welchem Weg die Kirchensteuer auf die Einkünfte aus Kapitalvermögen entrichtet werden soll:

- Er kann gem. § 51a Abs. 2c EStG bei dem Kreditinstitut (Kirchensteuerabzugsverpflichteter) beantragen, die Kirchensteuer in der in dem obigen Beispielsfall dargestellten Höhe für ihn einzubehalten und über das für das Kreditinstitut zuständige Finanzamt an die Religionsgemeinschaft weiterzuleiten, der der Kirchensteuerpflichtige angehört. Damit wird die Kirchensteuer mit abgeltender Wirkung erhoben. Eine Veranlagung gem. § 32d Abs. 4 EStG (siehe 32.5.7) ist nicht erforderlich.

- Er kann gem. § 51a Abs. 2d EStG die Kirchensteuer im Veranlagungsverfahren festsetzen lassen. Dazu hat er die einbehaltene Kapitalertragsteuer zu erklären und eine entsprechende Bescheinigung der Bank vorzulegen. Bemessungsgrundlage ist nicht die einbehaltene Kapitalertragsteuer, sondern die geminderte Steuer auf Kapitalerträge, die sich bei einer Berechnung gem. § 32d Abs. 1 Satz 4 und 5 EStG ergibt (siehe Beispielsrechnung oben). Damit wird auch bei der Veranlagung der Kirchensteuer die Wirkung des Sonderausgabenabzugs berücksichtigt. Auf die einbehaltene Kapitalertragsteuer wird der Kirchensteuersatz angewendet.

Ab dem Veranlagungszeitraum 2014 wird das bisherige Antragsverfahren nach § 51a Abs. 2c EStG durch ein elektronisches Abzugsverfahren für die Kirchensteuer bei den Einkünften aus Kapitalvermögen ersetzt. Durch das BeitrRLUmsG[31] wurde § 51a Abs. 2c EStG neu gefasst und durch das AmtshilfeRLUmsG[32] ergänzt. Die Neuregelung ist erstmals für Kapitaleinkünfte anzuwenden, die nach dem 31.12.2014 zufließen (§ 52a Abs. 18 EStG). Das Abzugsverfahren ist nur für Kirchensteuerabzugsverpflichtete zwingend. Der Steuerpflichtige kann durch Eintragung eines Sperrvermerks beim BZSt verhindern, dass seine Religionszugehörigkeit offenbart wird. § 51a Abs. 2c Satz 1 Nr. 3 Satz 6 und 7 EStG bestimmt Fristen, in denen die Eintragung eines Sperrvermerks beantragt werden kann. Ein solcher Sperrvermerk hat zur Folge, dass der Kirchensteuerabzugsverpflichtete den Abzug der Kirchensteuer bei der Einkommensquelle nicht vornehmen kann. Nach § 51a Abs. 2e Satz 1 und 5 EStG ist der Steuerpflichtige zur Abgabe einer Steuererklärung für Zwecke der Kirchensteuerveranlagung verpflichtet.

---

31 BGBl 2011 I S. 2592.
32 BGBl 2013 I S. 1809.

32.6 Außerordentliche Einkünfte

32.6.1 Allgemeines

Grundsätzlich werden alle Einkünfte zusammengerechnet und mit einem einheitlichen Steuersatz der Einkommensteuer unterworfen, abgesehen von der durch das UntStRefG 2008 ab 2009 eingeführten Abgeltungsteuer von 25 % bei den Kapitaleinkünften (siehe 32.5). Wegen des progressiven Tarifverlaufs der Einkommensteuer kann die Einbeziehung von nicht regelmäßig bezogenen Einnahmen, z. B. Abfindungen, zu Härten führen, weil dadurch auch die laufenden Einnahmen von der Progressionswirkung erfasst und höher besteuert werden. Die gleiche Wirkung kann sich durch die Aufdeckung von stillen Reserven bei Veräußerung oder Aufgabe eines Betriebs ergeben. Um die Progressionswirkung zu mildern, ermöglicht § 34 EStG die Besteuerung mit einem ermäßigten Steuersatz. § 34 Abs. 1 und 3 EStG sind Tarifvorschriften, die keine neue Einkunftsart schaffen. Außerordentliche Einkünfte i. S. des § 34 Abs. 2 EStG werden gem. § 34 Abs. 1 EStG ermäßigt besteuert. Für die in § 34 Abs. 2 Nr. 1 EStG aufgeführten außerordentlichen Einkünfte wird gem. § 34 Abs. 3 EStG als Alternative zur Besteuerung nach § 34 Abs. 1 EStG einmal im Leben (R 34.5 Abs. 2 EStR) der ermäßigte Steuersatz angewendet. Diese Besteuerung muss beantragt werden.

Durch das JStG 2008 ist § 50 Abs. 1 Satz 3 EStG aufgehoben worden. Daraus folgt, dass auch beschränkt Steuerpflichtige die Ermäßigung für alle Tatbestände des § 34 Abs. 2 EStG in Anspruch nehmen können. Die Neuregelung gilt auch für alle noch nicht bestandskräftigen Veranlagungen (§ 52 Abs. 58 EStG).

Die in § 34 Abs. 1 EStG geregelte Tarifglättung besteht darin, dass die außerordentlichen Einkünfte mit dem Fünffachen der auf ein Fünftel der außerordentlichen Einkünfte entfallenden Einkommensteuer nach dem allgemeinen Tarif besteuert werden. Die Entlastungswirkung verringert sich bei höheren laufenden Einkünften gegen null, wenn die obere Proportionalzone erreicht ist. Ehegatten können durch die **Wahl der Veranlagung nach § 26a EStG eine höhere Entlastung** erreichen, wenn der Ehegatte mit den begünstigten außerordentlichen Einkünften keine laufenden Einkünfte mehr hat, während der andere Ehegatte höhere laufende Einkünfte bezieht. Wenn bei Betriebsveräußerungen wegen bereits in Anspruch genommener Steuersatzermäßigung nach § 34 Abs. 3 EStG eine Begünstigung nach dieser Vorschrift nicht mehr möglich ist, kann die Vereinbarung von Ratenzahlungen oder einer Veräußerungsrente (R 16 Abs. 11 EStR) vorteilhafter sein als die Anwendung des § 34 Abs. 1 EStG.

32.6.2 Begünstigte Einkünfte

§ 34 Abs. 2 EStG enthält eine abschließende Aufzählung der außerordentlichen Einkünfte, die für eine Tarifglättung nach § 34 Abs. 1 EStG in Betracht kommen. Nur für die in § 34 Abs. 2 Nr. 1 EStG aufgeführten außerordentlichen Einkünfte kommt auf Antrag alternativ die Steuersatzermäßigung nach § 34 Abs. 3 EStG in Betracht.

32.6.2.1 Veräußerungsgewinne

Nach § 34 Abs. 2 Nr. 1 EStG sind begünstigt Gewinne aus der Veräußerung/ Aufgabe von Betrieben, Teilbetrieben und Mitunternehmeranteilen sowie die Einbringung von Betriebsvermögen und Gesellschaftsanteilen. Ausgenommen sind Veräußerungsgewinne i. S. des § 17 EStG.[33] Ausgenommen ist auch der steuerpflichtige Teil von Veräußerungsgewinnen, die nach § 3 Nr. 40 Buchst. b EStG i. V. m. § 3c EStG teilweise steuerbefreit sind (Halbeinkünfteverfahren; ab 2009: Teileinkünfteverfahren). Damit soll eine Doppelbegünstigung verhindert werden.

Veräußerungs- und Aufgabegewinne gehören nur dann zu den tarifbegünstigten außerordentlichen Einkünften, wenn durch die Veräußerung oder Aufgabe alle wesentlichen vermögensmäßigen Grundlagen der land- und forstwirtschaftlichen, gewerblichen oder freiberuflichen Tätigkeit, d. h. die wesentlichen Betriebsgrundlagen, **in einem einheitlichen wirtschaftlichen Vorgang** auf den Betriebserwerber übertragen oder in das Privatvermögen überführt werden (R 34.1 Abs. 2 EStR).[34] Wegen dieser Voraussetzungen siehe 20.2 und 20.7. Entscheidend für die Anwendung des § 34 EStG ist die Zusammenballung der Einkünfte. Erstreckt sich eine Betriebsaufgabe über zwei Kalenderjahre und fällt der Aufgabegewinn daher in zwei Veranlagungszeiträumen an, kann die Tarifermäßigung nach § 34 Abs. 3 EStG für diesen Gewinn auf Antrag in beiden Veranlagungszeiträumen gewährt werden. Der Höchstbetrag von 5 Mio. Euro ist dabei aber insgesamt nur einmal zu gewähren.[35] Fließt der Veräußerungsgewinn in laufenden Bezügen (z. B. Renten) zu, so scheidet eine Begünstigung nach § 34 Abs. 1 EStG aus. Etwas anderes gilt nur, wenn der Veräußerungspreis in einer Leibrente besteht und der Steuerpflichtige von seinem Recht, die sofortige Besteuerung des Veräußerungsgewinns zu wählen, Gebrauch macht (siehe 20.8.7).

Wird ein Betrieb gegen einen festen Kaufpreis und eine Leibrente veräußert, ist für den durch den festen Kaufpreis realisierten Veräußerungsgewinn die Tarifvergünstigung des § 34 Abs. 1 EStG zu gewähren (H 16 (11) „Freibetrag" EStH; siehe 20.8.7).

Beispiel:

A hat seinen Gewerbebetrieb (Buchwert 60.000 €) gegen einen festen Kaufpreis von 90.000 € und eine monatliche Leibrente von 1.000 € veräußert. Der Kapitalwert der Leibrente hat im Zeitpunkt der Veräußerung 100.000 € betragen. Der durch den festen Kaufpreis realisierte Veräußerungsgewinn von (90.000 € ./. 60.000 € =) 30.000 € ist

---

33 BFH vom 19.06.2006 VIII B 129/05 (BFH/NV 2006 S. 1830).
34 BFH vom 18.10.1999 XI R 96/96 (BStBl 2000 II S. 123) und vom 26.04.2001 IV R 14/00 (BStBl 2001 II S. 798).
35 BMF vom 20.12.2005 (BStBl 2006 I S. 7).

32.6 Außerordentliche Einkünfte

zwar nicht nach § 16 Abs. 4 EStG, wohl aber nach § 34 Abs. 1 EStG tarifbegünstigt. Die dem A zufließenden Renten sind dagegen im Jahr des Zuflusses in vollem Umfang dem normalen Steuersatz zu unterwerfen.

Nach § 34 Abs. 1 Satz 4 EStG ist der ermäßigte Steuersatz des § 34 Abs. 1 Satz 1 und 2 EStG ferner dann nicht anwendbar, wenn der Steuerpflichtige auf die außerordentlichen Einkünfte ganz oder teilweise § 6b oder § 6c EStG anwendet. Durch diese Vorschrift, die für die Besteuerung von Veräußerungsgewinnen gilt, soll ebenfalls der Rechtsprechung Rechnung getragen werden, nach der ein Veräußerungsgewinn nicht tarifbegünstigt ist, wenn die vorhandenen stillen Reserven nicht ausnahmslos aufgedeckt und versteuert werden.

Bei der Besteuerung von Veräußerungsgewinnen i. S. der §§ 14, 14a Abs. 1, §§ 16 und 18 Abs. 3 EStG ist zu beachten, dass ggf. entsprechend der Höhe des Veräußerungsgewinns ein Freibetrag nach Maßgabe des § 16 Abs. 4 EStG zu berücksichtigen ist. Nur der diesen Freibetrag übersteigende Veräußerungsgewinn kommt für eine tarifliche Begünstigung nach § 34 Abs. 1 EStG in Betracht.

32.6.2.2 Entschädigungen

Nach § 34 Abs. 2 Nr. 2 EStG begünstigungsfähige Entschädigungen i. S. des § 24 Nr. 1 EStG können sowohl im Bereich der Gewinneinkünfte als auch der übrigen Einkünfte anfallen. Nicht begünstigt sind nachträgliche Einkünfte i. S. des § 24 Nr. 2 EStG.

Die außerordentlichen Einkünfte begründen sich hier durch die **Zusammenballung von Einnahmen,** die wirtschaftlich zu mehreren Jahren gehören (H 34.3 EStH). Eine solche Zusammenballung von Einnahmen wird wegen der Progression des Einkommensteuertarifs i. d. R. zu einer höheren steuerlichen Belastung führen. Dass es infolge der Zusammenballung von Einnahmen, verglichen mit der steuerlichen Belastung bei verteiltem Zufluss, auch tatsächlich zu einer erhöhten steuerlichen Belastung kommt, ist jedoch nicht Voraussetzung für die Annahme außerordentlicher Einkünfte.

Bei den **Einkünften aus nichtselbständiger Arbeit** ist zu unterscheiden zwischen der Zusammenballung von Einkünften in einem Veranlagungszeitraum und der Zusammenballung von Einkünften unter Berücksichtigung der wegfallenden Einnahmen.

Im ersten Fall ist erforderlich, dass die Entschädigungsleistungen grundsätzlich zusammengeballt in einem Veranlagungszeitraum zufließen.[36] Zahlungen in einem späteren Veranlagungszeitraum sind nur dann unschädlich, wenn sie weniger als 50 % der Hauptleistung ausmachen und der sozialen Fürsorge dienen, z. B. die befristete Übernahme von Versicherungsbeiträgen oder die befristete Weiterbenut-

---

[36] BFH vom 03.07.2002 XI R 80/00 (BStBl 2004 II S. 447) und vom 21.01.2004 XI R 40/02 (BStBl 2004 II S. 716).

zung des Dienstwagens.[37] Auch wenn die Nachzahlung auf einem Sozialplan beruht, ist ein höherer Prozentsatz schädlich.[38] Im zweiten Fall ist das Merkmal der Zusammenballung von Einkünften nicht erfüllt, wenn die anlässlich der Beendigung eines Dienstverhältnisses gezahlte Entschädigung die bis zum Ende des (Zufluss-)Veranlagungszeitraums entgehenden Einnahmen nicht übersteigt und der Steuerpflichtige keine weiteren Einnahmen bezieht, die er bei Fortsetzung des Dienstverhältnisses nicht bezogen hätte. Bei der Berechnung der Einkünfte, die der Steuerpflichtige bei Fortbestand des Vertragsverhältnisses im Veranlagungszeitraum bezogen hätte, ist auf die Einkünfte des Vorjahres abzustellen.[39] Der Arbeitnehmer-Pauschbetrag ist vorrangig von den laufenden Einkünften abzuziehen.[40]

Beispiel:
Das Dienstverhältnis wird im Jahr 02 aufgelöst. Die Abfindungszahlung im Jahr 02 beträgt 20.000 €.

Vergleich

Jahr 01

Einkünfte i. S. des § 19 EStG		
(50.000 € – 1.000 €)		49.000 €
Einkünfte aus den übrigen Einkunftsarten		0 €
Summe		49.000 €
Jahr 02		
Einnahmen i. S. des § 19 EStG		
Aus dem bisherigen Dienstverhältnis	20.000 €	
Abzgl. Arbeitnehmer-Pauschbetrag	1.000 €	19.000 €
Entschädigung		20.000 €
Einnahmen i. S. des § 20 EStG	600 €	
Abzgl. Sparer-Pauschbetrag	600 €	0 €
Summe		39.000 €

Die Entschädigung (20.000 €) übersteigt nicht den Betrag der entgehenden Einnahmen (30.000 €). Der auf der Basis der Einkünfte vorgenommene Vergleich der aus dem bisherigen Dienstverhältnis im Jahr 02 bezogenen Einkünfte einschließl. der Entschädigung (19.000 € + 20.000 € = 39.000 €) übersteigt nicht die bisherigen Einkünfte des Jahres 01 (49.000 €).

Auch bei einem Vergleich nach Maßgabe der Einnahmen aus nichtselbständiger Arbeit übersteigen die im Jahr 02 bezogenen Einnahmen einschl. der Abfindung nicht die Einnahmen des Jahres 01 (50.000 €). Eine Zusammenballung der Einkünfte liegt

---

37 BMF vom 24.05.2004 (BStBl 2004 I S. 505), Rn. 15.
38 BFH vom 21.01.2004 XI R 33/02 (BStBl 2004 II S. 715).
39 BFH vom 04.03.1998 XI R 46/97 (BStBl 1998 II S. 787).
40 BFH vom 29.10.1998 XI R 63/97 (BStBl 1999 II S. 588).

32.6 Außerordentliche Einkünfte

daher nicht vor. Für die steuerpflichtige Entschädigung kommt eine ermäßigte Besteuerung nach § 34 Abs. 1 und 2 EStG deshalb nicht in Betracht.

Der früher in § 3 Nr. 9 EStG enthaltene Freibetrag für Abfindungen wegen einer vom Arbeitgeber veranlassten Auflösung des Dienstverhältnisses ist für nach dem 31.12.2005 vereinbarte Abfindungen entfallen, sodass hierfür nur die Begünstigung gem. § 34 Abs. 2 Nr. 2 EStG in Betracht kommt.

Die Rückzahlung einer Abfindung ist auch dann im Abflussjahr zu berücksichtigen, wenn die Abfindung im Zuflussjahr begünstigt besteuert worden ist. Eine Lohnrückzahlung ist regelmäßig kein rückwirkendes Ereignis, das zur Änderung des Einkommensteuerbescheids des Zuflussjahres berechtigt.[41]

32.6.2.3 Nutzungsvergütungen und Zinsen

Nutzungsvergütungen und Zinsen i. S. des § 24 Nr. 3 EStG sind begünstigt, soweit sie für einen Zeitraum von mehr als drei Jahren nachgezahlt werden (§ 34 Abs. 2 Nr. 3 EStG). Nicht begünstigt sind Nutzungsvergütungen, die in einem Einmalbetrag für einen drei Jahre übersteigenden Zeitraum gezahlt werden und von denen ein Teilbetrag auf einen Nachzahlungszeitraum von weniger als drei Jahren entfällt, wenn sie im Übrigen auf den zukünftigen Nutzungszeitraum entfallen (siehe auch R 34.3 Abs. 2 EStR und H 34.3 „Nutzungsvergütungen i. S. des § 24 Nr. 3 EStG" EStH).

Beispiel:
A erhält von einem Elektrizitätswerk für die Duldung von Hochspannungsfreileitungen auf seinem Grundstück 100.000 €. Die Nutzung begann 2004 und war für die Dauer von 30 Jahren vereinbart. Die Zahlung erfolgt 2008.
Es handelt sich um gem. § 21 Abs. 1 Nr. 1 EStG steuerpflichtige Einnahmen, die nicht nach § 34 Abs. 2 Nr. 3 EStG begünstigt sind. Auch eine Begünstigung nach § 34 Abs. 2 Nr. 2 EStG kommt nicht in Betracht (siehe auch das Beispiel bei 25.2.1).[42]

32.6.2.4 Vergütungen für mehrjährige Tätigkeiten

§ 34 Abs. 2 Nr. 4 EStG, der bestimmt, dass Vergütungen für mehrjährige Tätigkeiten außerordentliche Einkünfte sein können, ist durch das JStG 2007 ab Veranlagungszeitraum 2007 ergänzt worden um eine Definition des Begriffs „mehrjährig", die die Begünstigung beschränkt auf Tätigkeiten, die mehr als 12 Monate umfassen. Früher war ausreichend, dass die Tätigkeit in einem Veranlagungszeitraum beginnt und im nächsten endet.

Die Vergütung für eine mehrjährige Tätigkeit i. S. des § 34 Abs. 2 Nr. 4 EStG kann sich grundsätzlich bei allen Einkunftsarten ergeben.

---
41 BFH vom 04.05.2006 VI R 33/03 (BStBl 2006 II S. 911).
42 BFH vom 19.04.1994 IX R 19/90 (BStBl 1994 II S. 640).

32 Ermittlung der tariflichen Einkommensteuer

Voraussetzung ist, dass aufgrund der Einkunftsermittlungsvorschriften eine Zusammenballung von Einkünften eintritt (R 34.4 Abs. 1 EStR). Hauptanwendungsgebiet sind allerdings die Einkünfte aus nichtselbständiger Arbeit (H 34.4 EStH). Von den Entschädigungen gem. § 24 Nr. 1 Buchst. a EStG unterscheiden sie sich dadurch, dass Entschädigungen dazu dienen, einen Schaden aus dem Wegfall von Einkünften auszugleichen. Auf Gewinneinkünfte ist die Vorschrift nur anzuwenden, wenn diese die Vergütung für eine sich über mehr als 12 Monate erstreckende **Sondertätigkeit** sind, die von der übrigen Tätigkeit des Steuerpflichtigen abgrenzbar ist und nicht zum regelmäßigen Gewinnbetrieb gehört, oder wenn der Steuerpflichtige sich über mehr als 12 Monate ausschließlich der einen Sache gewidmet und die Vergütung dafür in einem Kalenderjahr erhalten hat (z. B. ein Arzt schreibt ein Buch). Eine Zusammenballung kann grundsätzlich nur bei der Gewinnermittlung nach § 4 Abs. 3 EStG eintreten (H 34.4 „Gewinneinkünfte" EStH). Wird der Vertrag eines Drehbuchautors mit einer Produktionsgesellschaft dahin gehend geändert, dass die Vergütung für die Ausarbeitung von Drehbüchern einer Fernsehserie, die bislang von der Zahl der ausgestrahlten Sendungen abhing, nur noch einmal für jedes gelieferte Drehbuch gezahlt wird (sog. „Buy-out"-Vergütung), so unterliegt die Vergütung nicht dem ermäßigten Steuersatz des § 34 EStG.[43] Eine Vergütung für eine mehrjährige Tätigkeit liegt also nicht schon bei einer bloßen Nachzahlung von im Vorjahr verdienten Vergütungen vor.[44] Voraussetzung ist, dass die Vergütung für mehrjährige Tätigkeiten eine entsprechende Progressionswirkung typischerweise erwarten lässt, z. B. die einmalige Sonderzahlung für langjährige Dienste aufgrund einer arbeitnehmerähnlichen Stellung.[45] Das ist auch der Fall, wenn eine Vergütung für eine mehrjährige Tätigkeit eines Freiberuflers aufgrund einer vorangegangenen rechtlichen Auseinandersetzung zusammengeballt zufließt.[46]

Bei den Einkünften aus **nichtselbständiger Arbeit** kommt es nicht darauf an, dass die Vergütung für eine abgrenzbare Sondertätigkeit gezahlt wird. Für die Zusammenballung müssen nur wirtschaftlich vernünftige Gründe vorliegen. Begünstigt sind Gehaltsnachzahlungen für frühere Jahre wegen einer unwirksamen Kündigung[47] und Zahlungen für die Abfindung von Pensionsanwartschaften.[48] Voraussetzung ist, dass das Arbeitsverhältnis beendet wird.[49] Zuwendungen aus Anlass eines Firmenjubiläums sind nur insoweit verteilungsfähig, als mit ihnen eine mehrjährige Tätigkeit abgegolten werden soll.[50]

---

43 BFH vom 01.07.2004 IV R 23/02 (BStBl 2004 II S. 876).
44 BFH vom 14.10.2004 VI R 46/99 (BStBl 2005 II S. 289).
45 BFH vom 07.07.2004 XI R 44/03 (BStBl 2005 II S. 276).
46 BFH vom 14.12.2006 IV R 57/05 (BStBl 2007 II S. 180).
47 BFH vom 22.07.1993 VI R 104/92 (BStBl 1993 II S. 795).
48 BFH vom 09.07.1992 XI R 5/91 (BStBl 1993 II S. 27, 29).
49 BFH vom 10.10.2001 XI R 54/00 (BStBl 2002 II S. 181).
50 BFH vom 03.07.1987 VI R 43/86 (BStBl 1987 II S. 820).

32.6 Außerordentliche Einkünfte

Da nur Einkünfte begünstigt sind, die sich als Entlohnung für eine Tätigkeit darstellen, ist z. B. die Nachzahlung einer Altersrente aus der gesetzlichen Rentenversicherung nicht nach dieser Vorschrift zu besteuern,[51] wohl aber die Nachzahlung von Versorgungsbezügen (H 34.4 EStH). Versorgungsleistungen des Arbeitgebers aufgrund einer **Direktzusage** und Versorgungsleistungen einer **Unterstützungskasse** führen zu Einkünften aus nichtselbständiger Arbeit. Werden solche Versorgungsleistungen nicht fortlaufend, sondern in einer Summe gezahlt, handelt es sich um Vergütungen (Arbeitslohn) für mehrjährige Tätigkeiten i. S. des § 34 Abs. 2 Nr. 4 EStG,[52] die bei Zusammenballung als außerordentliche Einkünfte nach § 34 Abs. 1 EStG zu besteuern sind; im Fall von Teilkapitalauszahlungen ist der Tatbestand der Zusammenballung dagegen nicht erfüllt.[53] Die steuerliche Behandlung der Leistungen aus einer Direktversicherung, Pensionskasse und einem Pensionsfonds in der Auszahlungsphase erfolgt nach § 22 Nr. 5 EStG. Nach Ansicht der Finanzverwaltung[54] handelt es sich hier im Fall von Teil- bzw. Einmalkapitalauszahlungen nicht um außerordentliche Einkünfte i. S. des § 34 Abs. 2 EStG, weil es sich weder um eine Entschädigung noch um eine Vergütung für eine mehrjährige Tätigkeit handelt.

Ob das Übergangsgeld gem. § 62 BAT begünstigt ist, hängt von seiner jeweiligen Funktion ab.[55] Der Lohnzufluss aus der Ausübung einer **Aktienoption** kann eine Vergütung für eine mehrjährige Tätigkeit sein, wenn zwischen der Einräumung der Option und der Ausübung der Option mehr als ein Jahr liegt.[56]

Bei der Ermittlung der Einkünfte können nur die im Veranlagungszeitraum des Zuflusses bei den außerordentlichen Einkünften angefallenen Betriebsausgaben oder Werbungskosten abgezogen werden (R 34.4 Abs. 4 EStR).

Zu den außerordentlichen Einkünften gehörten bis einschließlich Veranlagungszeitraum 2011 auch die Einkünfte aus außerordentlicher Holznutzung gem. § 34 Abs. 2 Nr. 5 EStG. Diese Vorschrift ist durch das StVereinfG 2011 aufgehoben worden. Die Berechnung der Tarifermäßigung für Einkünfte aus außerordentlicher Holznutzung ist abschließend im neu gefassten § 34b EStG geregelt (siehe 32.6.4). Die Neuregelung des § 34b EStG gilt ab dem Veranlagungszeitraum 2012.

32.6.3 Berechnung der Einkommensteuer

Die ermäßigte Besteuerung der außerordentlichen Einkünfte i. S. des § 34 Abs. 2 Nr. 1 bis 4 EStG ist in § 34 Abs. 1 EStG in der Form der **Tarifglättung** (Fünftelregelung) normiert. Auf außerordentliche Einkünfte i. S. des § 34 Abs. 2 Nr. 1 EStG

---

51 BFH vom 31.07.1970 VI R 177/68 (BStBl 1970 II S. 784).
52 BFH vom 12.04.2007 VI R 6/02 (BStBl 2007 II S. 581).
53 BMF vom 31.03.2010 (BStBl 2010 I S. 270), Rn. 328.
54 BMF vom 31.03.2010 (BStBl 2010 I S. 270), Rn. 330.
55 BFH vom 18.09.1991 XI R 8/90 (BStBl 1992 II S. 34).
56 BFH vom 20.06.2001 VI R 105/99 (BStBl 2001 II S. 689) und vom 18.12.2007 VI R 62/05 (BStBl 2008 II S. 294).

wird gem. § 34 Abs. 3 EStG einmal im Leben ein ermäßigter Steuersatz angewendet (R 34.1 Abs. 1 EStR).

Für Zwecke der Steuerberechnung nach § 34 Abs. 1 EStG ist zunächst für das Kalenderjahr, in dem die außerordentlichen Einkünfte erzielt worden sind, die Einkommensteuerschuld zu ermitteln, die sich ergibt, wenn die in dem zu versteuernden Einkommen enthaltenen außerordentlichen Einkünfte nicht in die Bemessungsgrundlage einbezogen werden. Sodann ist in einer Vergleichsberechnung die Einkommensteuer zu errechnen, die sich unter Einbeziehung eines Fünftels der außerordentlichen Einkünfte ergibt. Der Unterschiedsbetrag zwischen beiden Steuerbeträgen ist zu verfünffachen und der sich so ergebende Steuerbetrag dem anderen Steuerbetrag hinzuzurechnen.

Beispiel:

A erhält im April 2014 eine Vergütung für mehrjährige Tätigkeit von seinem Arbeitgeber i. H. von 10.000 €. Sein zu versteuerndes Einkommen beträgt ohne die Nachzahlung 40.000 €.

Zu versteuerndes Einkommen mit Sondervergütung	50.000 €	
Sondervergütung	– 10.000 €	
Zu versteuerndes Einkommen ohne Sondervergütung	40.000 €	
Einkommensteuer Grundtarif		8.940 €
Ein Fünftel der Sondervergütung	+ 2.000 €	
Zwischensumme	42.000 €	
Einkommensteuer Grundtarif	9.671 €	
Differenz (9.671 € – 8.940 €)	731 €	
Einkommensteuer auf die Sondervergütung 731 € × 5 =		3.655 €
Einkommensteuer insgesamt		12.595 €

Da die Einkommensteuer für ein zu versteuerndes Einkommen von 50.000 € 12.780 € betragen würde, ergibt sich durch die Anwendung des § 34 EStG auf die Sondervergütung eine Steuerersparnis von 185 €.

Durch § 34 Abs. 1 Satz 3 EStG wird die Tarifglättung auch für den Fall sichergestellt, dass das verbleibende zu versteuernde Einkommen negativ, aber das zu versteuernde Einkommen positiv ist, Letzteres also allein auf den außerordentlichen Einkünften beruht. Hier ist die Steuerermäßigung durch Verfünffachung der für ein Fünftel des zu versteuernden Einkommens sich ergebenden Einkommensteuer zu ermitteln (vgl. Beispiel 2 in H 34.2 EStH).[57] Ist das verbleibende zu versteuernde Einkommen negativ, fällt darauf keine Einkommensteuer an, sodass die außerordentlichen Einkünfte, z. B. eine Abfindung, bis zum Fünffachen des Grundfreibetrages, für 2014 also 41.770 Euro, bei Anwendung des Grundtarifs steuerfrei bleiben.

---

[57] BFH vom 22.09.2009 IX R 93/07 (BStBl 2010 II S. 1032).

32.6 Außerordentliche Einkünfte

Im Gegensatz zu § 34 Abs. 3 EStG enthält § 34 Abs. 1 EStG keine ausdrückliche Regelung zur Behandlung von Progressionsvorbehalten. Wenn das verbleibende zu versteuernde Einkommen positiv ist, werden z. B. Lohnersatzleistungen nach § 32b Abs. 1 Nr. 1 EStG in voller Höhe in die Berechnung des maßgebenden Steuersatzes einbezogen (H 34.2 „Beispiel 3" EStH).[58] Ist das verbleibende zu versteuernde Einkommen dagegen negativ und das zu versteuernde Einkommen positiv, ist zu entscheiden, in welcher Höhe der im Rahmen des Progressionsvorbehalts des § 32b EStG zu berücksichtigende Betrag anzusetzen ist. Die Finanzverwaltung (H 34.4 „Beispiel 4" EStH) berücksichtigt die dem Progressionsvorbehalt unterliegenden Bezüge nur insoweit, als sie das **negative verbleibende zu versteuernde Einkommen übersteigen**. Der BFH[59] hat sich der Ansicht der Finanzverwaltung angeschlossen.

Der ermäßigte Steuersatz nach § 34 Abs. 3 EStG kommt nur in Betracht für außerordentliche Einkünfte i. S. des § 34 Abs. 2 Nr. 1 EStG, also für Gewinne aus Betriebsveräußerung und Betriebsaufgabe, und zwar auf Antrag alternativ zur Tarifglättung nach § 34 Abs. 1 EStG. Für das gesamte zu versteuernde Einkommen i. S. des § 32a Abs. 1 EStG – also einschließlich der außerordentlichen Einkünfte, soweit sie zur Einkommensteuer heranzuziehen sind – ist der Steuerbetrag nach den allgemeinen Tarifvorschriften zu ermitteln. Aus dem Verhältnis des sich ergebenden Steuerbetrags zu dem zu versteuernden Einkommen ergibt sich der durchschnittliche Steuersatz, der auf 4 Dezimalstellen abzurunden ist; 56 % dieses durchschnittlichen Steuersatzes, mindestens 14 %, ist der anzuwendende ermäßigte Steuersatz (R 34.5 Abs. 1 EStG). Da § 34 Abs. 1 EStG und § 34 Abs. 3 EStG sich wechselseitig beeinflussen, ergeben sich komplizierte Berechnungen (siehe Beispiel 5 in H 34.2 EStH). Liegen die Voraussetzungen für die Steuerermäßigung nach beiden Bestimmungen vor (z. B. Entschädigung gem. § 24 Nr. 1 EStG und Betriebsveräußerung gem. § 16 EStG), ist eine Verrechnung der noch nicht abgezogenen Beträge mit den außerordentlichen Einkünften in der Reihenfolge vorzunehmen, dass sie zu dem für den Steuerpflichtigen günstigsten Ergebnis führt (R 34.1 Abs. 1 Satz 4 EStR).

Der ermäßigte Steuersatz wird nur bis zu einem Betrag des Veräußerungsgewinns von 5 Mio. Euro und nur einmal im Leben gewährt. Der Steuerpflichtige muss entweder das 55. Lebensjahr vollendet haben oder dauernd berufsunfähig sein (siehe R 16 Abs. 14 EStR).

---

58 BFH vom 18.05.1994 I R 99/93 (BStBl 1994 II S. 845).
59 BFH vom 17.01.2008 VI R 44/07 (BStBl 2011 II S. 21).

32.6.4 Steuersätze bei außerordentlichen Einkünften aus Forstwirtschaft

Ursächlich für eine Zusammenballung von Einkünften sind auch außerordentliche Holznutzungen durch volkswirtschaftliche oder staatswirtschaftliche Gründe oder aufgrund von Schadensereignissen infolge höherer Gewalt **(Kalamitätsnutzungen)**.

§ 34b EStG enthält die entsprechende Aufzählung der in Betracht kommenden Einkünfte und die Regelung des ermäßigten Steuersatzes zum Ausgleich der Progressionsnachteile bei forstwirtschaftlichen Betrieben. Als Tarifvorschrift bezweckt § 34b EStG den Ausgleich von Progressionsnachteilen in der Forstwirtschaft. Die Steuerbegünstigung erfolgt unabhängig von der Einkunftsart. Durch das StVereinfG 2011 ist § 34b EStG neu gefasst worden und ab dem Veranlagungszeitraum 2012 anzuwenden.

§ 34b Abs. 1 EStG definiert den Begriff der außerordentlichen Holznutzungen. Nach der Neufassung des § 34b EStG ist die Begünstigung für Holznutzungen aus privatwirtschaftlichen Gründen entfallen.

In § 34b Abs. 2 EStG wird die Ermittlung der zu begünstigenden Einkünfte erläutert. Anknüpfungspunkt hierfür ist eine Verhältnisrechnung anhand der Holzmengen für die ordentlichen und außerordentlichen Holznutzungen. Die ermäßigte Besteuerung der Einkünfte aus den außerordentlichen Holznutzungen wird nach den Verhältnissen im Wirtschaftsjahr der Gewinnrealisierung vorgenommen.

Die Gewährung der Tarifvergünstigung ist von zwei Voraussetzungen abhängig. Nach § 34b Abs. 4 Nr. 1 EStG müssen die verschiedenen veräußerten oder entnommenen Holzmengen getrennt nach ordentlichen und außerordentlichen Holznutzungen nachgewiesen werden, um die Ermittlung der begünstigten Einkünfte aus außerordentlichen Holznutzungen zu gewährleisten. Kalamitätsschäden müssen nach § 34b Abs. 4 Nr. 2 EStG unverzüglich dem zuständigen Finanzamt gemeldet werden, um eine forstfachliche Begutachtung der Schäden sicherzustellen. Nach Aufarbeitung des Schadens ist die tatsächlich angefallene Holzmenge der Finanzbehörde schriftlich anzuzeigen und nachzuweisen.

Nach § 34b Abs. 3 Nr. 1 EStG beträgt der Steuersatz für die Einkünfte aus außerordentlichen Holznutzungen, die den Nutzungssatz nach § 68 EStDV nicht überschreiten, die Hälfte des Durchschnittssteuersatzes, der sich ergäbe, wenn alle Einkünfte inklusive der Einkünfte aus außerordentlichen Holznutzungen berücksichtigt würden. Für Einkünfte aus außerordentlichen Holznutzungen, die den Nutzungssatz nach § 68 EStDV überschreiten, vermindert sich der Steuersatz auf $^1/_4$ des regulären durchschnittlichen Steuersatzes, da diese Einkünfte nach dem halben Steuersatz des § 34b Abs. 3 Nr. 1 EStG zu versteuern sind (§ 34b Abs. 3 Nr. 2 EStG).

32.7 Begünstigung der nicht entnommenen Gewinne

32.7.1 Allgemeines

Durch das UntStRefG 2008 wurde das Einkommensteuergesetz ab Veranlagungszeitraum 2008 (§ 52 Abs. 48 EStG) um die Tarifvorschrift des § 34a EStG ergänzt. Danach können nicht entnommene Gewinne eines Personenunternehmens anstelle des persönlichen Steuersatzes nach einem besonderen Steuersatz von 28,25 % besteuert werden. Die Gewerbesteuer wird nicht berücksichtigt wegen der Ermäßigung der Einkommensteuer nach § 35 EStG (siehe 33.5). Der Steuersatz von 28,25 % entspricht dem Körperschaftsteuersatz von 15 % (§ 23 Abs. 1 KStG) zzgl. einer durchschnittlichen Gewerbesteuerbelastung von 13,25 %. Die ermäßigte Besteuerung des nicht entnommenen Gewinns bewirkt einen nachversteuerungspflichtigen Betrag, der aus dem begünstigt besteuerten Gewinn, vermindert um die darauf entfallende Einkommensteuer von 28,25 % (und den Solidaritätszuschlag von 5,5 %), berechnet wird (§ 34a Abs. 3 EStG). Übersteigt in den folgenden Wirtschaftsjahren der positive Saldo der Entnahmen und Einlagen den bilanziell ermittelten Gewinn (Überentnahmen), ergibt sich eine Nachversteuerung, soweit zum Ende des vorangegangenen Veranlagungszeitraums ein nachversteuerungspflichtiger Betrag festgestellt wurde (§ 34a Abs. 3 EStG). Der Steuersatz von 25 % (§ 34a Abs. 4 EStG) entspricht dem Abgeltungsteuersatz für Einkünfte aus Kapitalvermögen (§ 32d Abs. 1 EStG).

Ziel dieser Regelung ist, Einzelunternehmer und Mitunternehmer (= Personenunternehmen) mit ihren Gewinneinkünften wie Kapitalgesellschaften tariflich zu belasten. Damit soll sie auch einen Ausgleich schaffen für § 32c EStG, der nur im Veranlagungszeitraum 2007 anwendbar ist (siehe 32.4). Zu beachten ist, dass die Unterschiede der Gewinnermittlung zwischen Personenunternehmen und Kapitalgesellschaften bestehen bleiben.

Allgemeine Aussagen zur Vorteilhaftigkeit der Thesaurierungsbegünstigung sind auch nicht möglich, weil die Entscheidung von den Vergleichskategorien abhängt. Beim Vergleich der Gesamtsteuerbelastung von Kapital- und Personengesellschaft ist die Belastung der Personengesellschaft i. d. R. geringer. Kommt die Anlage des Gewinns im Privatvermögen in Betracht, ist diese wegen der Abgeltungsteuer i. d. R. günstiger als die Thesaurierung. Die Thesaurierungsbegünstigung kann günstiger sein bei einer alternativen Investition im Betriebsvermögen.[60]

Die Ermittlung des zu versteuernden Einkommens bleibt durch § 34a EStG unberührt. § 34a EStG beeinflusst nicht die Höhe der abzugsfähigen Sonderausgaben oder der außergewöhnlichen Belastungen, weil sie erst nach der Ermittlung des zu versteuernden Einkommens anzuwenden ist. Auch Verlustausgleich und Verlustabzug sind vorher durchzuführen. Eine Anrechnung der Gewerbesteuer nach § 35

---

60 Einzelheiten bei Schanz, Kollruss, Zipfel (DStR 2008 S. 1702).

EStG, der Abgeltungsteuer nach § 32d EStG und der ausländischen Steuer nach § 34c EStG auf die Steuern nach § 34a Abs. 1 und 4 EStG ist möglich. Vor einer Antragstellung nach § 34a EStG ist deshalb die Auswirkung auf anrechenbare Steuern zu prüfen, um Anrechnungsüberhänge zu vermeiden.

Da der Saldo von Entnahmen und Einlagen erst nach Ablauf des Wirtschaftsjahres feststeht, kann § 34a EStG nicht im Vorauszahlungsverfahren berücksichtigt werden (§ 37 Abs. 3 Satz 5 EStG).

Wegen der vorgeschriebenen Nachversteuerung stellt § 34a EStG vor allem eine Steuerstundungsvorschrift dar, aus der sich besonders für Steuerpflichtige mit einem hohen zu versteuernden Einkommen Vorteile ergeben, wenn sie Gewinne längere Zeit im Unternehmen lassen können.

Die überaus komplexe Vorschrift enthält bislang nicht im EStG verwendete Begriffe: **nicht entnommener Gewinn** (= Gewinn nach § 4 Abs. 1 Satz 1 oder § 5 EStG abzüglich Saldo aus Entnahmen und Einlagen, wenn dieser kleiner ist als der Gewinn), **Begünstigungsbetrag** (= Teil des nicht entnommenen Gewinns, für den der Antrag auf Thesaurierungsbegünstigung gestellt wird), **nachversteuerungspflichtiger Betrag** (= Begünstigungsbetrag abzüglich Einkommensteuer nach § 34a Abs. 1 EStG und abzüglich Solidaritätszuschlag), **Nachversteuerungsbetrag** (= Gewinn nach § 4 Abs. 1 Satz 1 oder § 5 EStG abzüglich Saldo Entnahmen/Einlagen, wenn der Saldo größer ist als der Gewinn, **oder** Betrag, der nach § 34a Abs. 6 Satz 1 Nr. 4 EStG freiwillig nachversteuert wird, **oder** Betrag in den Fällen der Betriebsaufgabe, -veräußerung, Umwandlung und Wechsel der Gewinnermittlungsart gem. § 34a Abs. 6 Satz 1 Nr. 1 bis 3 EStG). Die Finanzverwaltung hat ein Anwendungsschreiben veröffentlicht.[61]

32.7.2 Thesaurierungsbegünstigung

Der Steuerpflichtige kann die Tarifbegünstigung nach § 34a EStG nur für Einkünfte aus Land- und Forstwirtschaft, Gewerbebetrieb und selbständiger Arbeit in Anspruch nehmen. Die Begünstigung ist betriebs- und personenbezogen, bei einer Mitunternehmerschaft also der einzelne Mitunternehmer mit seinem Mitunternehmeranteil. Dieser muss aber mehr als 10 % betragen oder 10.000 Euro übersteigen (§ 34a Abs. 1 Satz 3 EStG). Damit soll verhindert werden, dass z. B. an Medien- oder Windkraftfonds beteiligte Kleinstunternehmer die Thesaurierungsbegünstigung in Anspruch nehmen können. Der Gewinn der betrieblichen Einkunftsarten muss durch Bestandsvergleich nach § 4 Abs. 1 Satz 1 oder § 5 EStG ermittelt werden. Veräußerungsgewinne können nur unter § 34a EStG fallen, wenn für sie nicht der Freibetrag nach § 16 Abs. 4 EStG oder die Steuerermäßigung nach § 34 Abs. 3 EStG in Anspruch genommen wird oder es sich nicht um den von einer vermögensverwaltenden Wagniskapitalgesellschaft gezahlten Carried Interest i. S. des § 18 Abs. 1

---

61 BMF vom 11.08.2008 (BStBl 2008 I S. 838).

32.7 Begünstigung der nicht entnommenen Gewinne

Nr. 4 EStG handelt (§ 34a Abs. 1 Satz 1 Halbsatz 2 EStG). Da Gewinne aus der Veräußerung eines unmittelbar gehaltenen Mitunternehmeranteils gem. § 34a Abs. 6 Nr. 1 EStG eine Nachversteuerung auslösen, kommt es nur bei der Veräußerung einer Untergesellschaft zu der beschriebenen Alternative.

Die Thesaurierungsbegünstigung wird nur auf **Antrag** gewährt. Der Einzelunternehmer kann sie für jeden seiner Betriebe für den nicht entnommenen Gewinn ganz oder teilweise in Anspruch nehmen. Bei Personengesellschaften ist der Antrag pro Mitunternehmeranteil zulässig, wenn der Gewinnanteil mehr als 10 % beträgt oder 10.000 Euro übersteigt (§ 34a Abs.1 Satz 3 EStG). Der Antrag kann grundsätzlich bis zur materiellen Bestandskraft des Einkommensteuerbescheids gestellt werden. Danach kann eine beantragte Begünstigung bis zur Unanfechtbarkeit des Einkommensteuerbescheids für den folgenden Veranlagungszeitraum nur noch ganz oder teilweise zurückgenommen werden (§ 34a Abs. 1 Satz 4 EStG).

Der nach § 34a Abs. 1 EStG begünstigte **nicht entnommene Gewinn** ist legal definiert in § 34a Abs. 2 EStG. Es handelt sich um den durch Bestandsvergleich ermittelten Gewinn, vermindert um den positiven Saldo der Entnahmen und Einlagen des Wirtschaftsjahres. Der Saldo ist positiv, wenn die Entnahmen höher sind als die Einlagen.

Beispiel:

Das Betriebsvermögen am Schluss des Wirtschaftsjahres beträgt 100 und am Schluss des vorangegangenen Wirtschaftsjahres 0. Der Steuerpflichtige tätigt Entnahmen von 80 und Einlagen von 50. Der Gewinn i. S. des § 4 Abs. 1 bzw. § 5 EStG beträgt (100 + 80 − 50 =) 130. Der positive Saldo von Entnahmen und Einlagen beträgt (80 − 50 =) 30. Daraus ergibt sich ein nicht entnommener Gewinn i. S. des § 34a Abs. 2 EStG von (130 − 30 =) 100.

Wenn die Entnahmen 50 und die Einlagen 80 betragen, ergibt sich ein Gewinn von (100 + 50 − 80 =) 70. Der Saldo von Entnahmen und Einlagen (50 − 80) ist nicht positiv, sodass der nicht entnommene Gewinn (70) dem Gewinn i. S. des § 4 Abs. 1 bzw. § 5 EStG entspricht.

Der nicht entnommene Gewinn und damit auch der spätere Nachversteuerungsbetrag entspricht also dem betrieblich veranlassten und nicht entnommenen Unterschiedsbetrag des Betriebsvermögens. Enthält der Gewinn steuerfreie Einnahmen, z. B. 40 % der Kapitalerträge i. S. des § 3 Nr. 40 EStG (Teileinkünfteverfahren), ist es zweckmäßig, den Antrag auf Begünstigung nach § 34a EStG auf den steuerpflichtigen Teil des nicht entnommenen Gewinns zu beschränken. Die nach § 4 Abs. 4a, 5 und 5b und § 4h EStG nichtabzugsfähigen Betriebsausgaben haben den nach § 4 Abs. 1 Satz 1 oder § 5 EStG ermittelten Gewinn gemindert, da sie außerbilanziell hinzuzurechnen sind. Soweit der steuerpflichtige Gewinn also auf Betriebsausgabenabzugsverboten beruht, kann keine Tarifbegünstigung nach § 34a EStG in Anspruch genommen werden.

Beispiel:

Der Gewinn (§ 4 Abs. 1 Satz 1 oder § 5 EStG) des Unternehmens beträgt 330.000 €. Es sind nichtabzugsfähige Betriebsausgaben (§ 4 Abs. 5 EStG) von 45.000 € angefallen. Der Unternehmer hat 70.000 € entnommen. Einlagen wurden i. H. von 10.000 € getätigt.

Der nicht entnommene Gewinn beträgt 270.000 € (330.000 € abzgl. Saldo 60.000 € aus Entnahmen 70.000 € und Einlagen 10.000 €). Der steuerpflichtige Gewinn beträgt 375.000 € (330.000 € zzgl. 45.000 € nichtabzugsfähige Betriebsausgaben). Der Steuerpflichtige kann einen Antrag nach § 34a EStG für einen Gewinn bis zu 270.000 € stellen.

Steuerfreie Gewinnanteile sind Bestandteil des Steuerbilanzgewinns, können aufgrund ihrer Steuerfreiheit jedoch selbst nicht Gegenstand der Tarifbegünstigung nach § 34a EStG sein. Bei der Ermittlung des nicht entnommenen Gewinns gelten sie jedoch als vorrangig entnommen.

Beispiel:

Der Gewinn (§ 4 Abs. 1 Satz 1 oder § 5 EStG) des Unternehmens beträgt 330.000 €. Hierin sind steuerfreie Gewinnanteile (z. B. nach § 3 Nr. 40 EStG) von 50.000 € enthalten. Der Unternehmer hat 70.000 € entnommen. Einlagen wurden nicht getätigt.

Der nicht entnommene Gewinn beträgt 260.000 € (330.000 € abzgl. 70.000 € Entnahmen). Der steuerpflichtige Gewinn beträgt 280.000 € (330.000 € abzgl. 50.000 € steuerfreie Gewinnanteile). Der Steuerpflichtige kann einen Antrag nach § 34a EStG für einen Gewinn bis zu 260.000 € stellen.

Der im Veranlagungszeitraum nach § 34a Abs. 1 EStG nicht entnommene Gewinn ist gem. § 34a Abs. 3 EStG der **Begünstigungsbetrag** als Bemessungsgrundlage für die Steuer nach § 34a Abs. 1 EStG.

Beispiel:

Der nicht entnommene Gewinn (§ 34a Abs. 2 EStG) beträgt 450.000 €. A stellt einen Antrag nach § 34a Abs. 1 Satz 1 EStG für 220.000 €.

Die Einkommensteuer gem. § 34a Abs. 1 EStG beträgt 62.150 € (28,25 % von 220.000 €). Hinzu kommt der Solidaritätszuschlag von 3.418,25 € (5,5 % von 62.150 €). Der übrige Betrag von 230.000 € unterliegt dem persönlichen progressiven Steuersatz des A.

Die Thesaurierungsbegünstigung kann nicht in Anspruch genommen werden, wenn der Gewinn nicht bilanziell, sondern durch Einnahmenüberschussrechnung nach § 4 Abs. 3 EStG ermittelt wird.

Aus dem Begünstigungsbetrag wird der nachversteuerungspflichtige Betrag für jeden Betrieb oder den Mitunternehmeranteil für den laufenden Veranlagungszeitraum ermittelt durch Abzug der auf den Begünstigungsbetrag entfallenden Steuerbelastung (Einkommensteuer und Solidaritätszuschlag); er wird gesondert festgestellt (§ 34a Abs. 3 Satz 3 EStG) und jährlich fortgeschrieben. Zuständig ist das für die Einkommensbesteuerung zuständige Finanzamt (§ 34a Abs. 9 EStG).

32.7 Begünstigung der nicht entnommenen Gewinne

**Nachversteuerungspflichtiger Betrag zum 01.01. des Veranlagungszeitraums
(= auf Antrag begünstigter Gewinn des Vorjahres)**

+ nachversteuerungspflichtiger Betrag des laufenden Veranlagungszeitraums
  (= Begünstigungsbetrag des laufenden Veranlagungszeitraums abzgl. Steuer und Solidaritätszuschlag nach § 34a Abs. 1 EStG)
+ auf diesen Betrieb oder Mitunternehmeranteil von einem anderen Betrieb oder Mitunternehmeranteil desselben Steuerpflichtigen übertragener nachversteuerungspflichtiger Betrag (§ 34a Abs. 5 EStG)
./. auf einen anderen Betrieb oder Mitunternehmeranteil von diesem Betrieb oder Mitunternehmeranteil übertragener nachversteuerungspflichtiger Betrag (§ 34a Abs. 5 EStG).
./. Nachversteuerungsbetrag des laufenden Veranlagungszeitraums (§ 34a Abs. 4, 5 und 6 EStG)

= nachversteuerungspflichtiger Betrag zum 31.12. des Veranlagungszeitraums

32.7.3 Nachversteuerung

Bei späterer Entnahme der thesaurierten Gewinne ist gem. § 34a Abs. 4 EStG eine Nachversteuerung des festgestellten nachversteuerungspflichtigen Betrags durchzuführen. Zur Nachversteuerung kommt es, wenn der positive Saldo von Entnahmen und Einlagen im Wirtschaftsjahr über dem Gewinn nach § 4 Abs. 1 oder § 5 EStG dieses Wirtschaftsjahres liegt, also eine bilanzielle Überentnahme vorliegt. Die Nachversteuerung erfolgt mit einem Einkommensteuersatz von 25 % zuzüglich des 5,5 %igen Solidaritätszuschlags (§ 34a Abs. 4 Satz 2 EStG) sowie ggf. Kirchensteuer. Die Nachsteuer beträgt stets 25 %. Ein Antragsrecht auf Veranlagung wie in den Fällen der Ausschüttung von Kapitalgesellschaften, bei der der Abgeltungsteuersatz von 25 % durch einen niedrigeren individuellen Einkommensteuersatz ersetzt werden kann, ist nicht vorgesehen.

Beispiel:

A erzielt 2014 einen Gewinn gem. § 5 EStG von 10.000 €, seine Entnahmen betragen 70.000 €. Einlagen hat er nicht getätigt. Der für 2013 festgestellte nachversteuerungspflichtige Betrag beläuft sich auf 50.000 €.
Der laufende Gewinn von 10.000 € in 2014 ist mit dem persönlichen Steuersatz gem. § 32a EStG zu versteuern. Die Überentnahme beträgt zwar 60.000 €, die Nachversteuerung ist aber auf den nachversteuerungspflichtigen Betrag von 50.000 € beschränkt, sodass dieser zum 31.12.2014 mit 0 € festzustellen ist.

Für die Anwendung des § 34a EStG werden Entnahmen zunächst mit Einlagen des laufenden Wirtschaftsjahres, danach mit dem laufenden Steuerbilanzgewinn und dann mit dem nachversteuerungspflichtigen Gewinn der Vorjahre saldiert. Folgende Ausnahmen von der Nachversteuerung sind möglich:

- Die Entnahme für Zahlungen der Erbschaft-/Schenkungsteuer aus dem Unternehmen führt nicht zur Nachversteuerung (§ 34a Abs. 4 Satz 3 EStG).

- Die Nachversteuerung kann bei Übertragung oder Überführung einzelner Wirtschaftsgüter in ein anderes Betriebsvermögen des Steuerpflichtigen (§ 6 Abs. 5 Satz 1 bis 3 EStG) vermieden werden, indem der nachversteuerungspflichtige Betrag gem. § 34a Abs. 5 EStG auch übertragen wird. Betragsmäßig ist die Übertragung begrenzt durch den Buchwert des Wirtschaftsguts und die Höhe des festgestellten nachversteuerungspflichtigen Betrags.
- Bei unentgeltlichen Übertragungen von Betrieben oder Mitunternehmeranteilen gem. § 6 Abs. 3 EStG ist eine Nachversteuerung nicht vorgesehen, da der nachversteuerungspflichtige Betrag von Amts wegen auf den Rechtsnachfolger übergeht (§ 34a Abs. 7 EStG).

§ 34a Abs. 6 EStG enthält weitere Nachversteuerungstatbestände:

- Betriebsveräußerung/-aufgabe
- Umwandlungsfälle
- Wechsel der Gewinnermittlungsart
- Antrag des Steuerpflichtigen (= freiwillige Nachversteuerung)

In den Fällen der Betriebsveräußerung/-aufgabe oder der Umwandlung besteht gem. § 34a Abs. 6 Satz 2 EStG die Möglichkeit der zinslosen Stundung über einen Zeitraum von bis zu 10 Jahren, wenn die sofortige Begleichung der Steuer eine erhebliche Härte darstellen würde.

Durch das JStG 2009 ist § 34a EStG in Abs. 1 ergänzt und um die Absätze 10 und 11 ergänzt worden mit Wirkung ab Veranlagungszeitraum 2008 (§ 52 Abs. 48 EStG). Dabei handelt es sich um verfahrensrechtliche Bestimmungen.

33 Ermittlung der festzusetzenden Einkommensteuer

33.1 Allgemeines

Für die festzusetzende Einkommensteuer ist die tarifliche Einkommensteuer (dazu 32.1) die Ausgangsgröße (R 2 EStR). Gemäß § 2 Abs. 6 EStG sind von der tariflichen Einkommensteuer die anzurechnenden ausländischen Steuern nach § 34c Abs. 1 und 6 EStG und § 12 AStG, die Steuerermäßigung nach § 35 EStG, die Steuerermäßigung für Steuerpflichtige mit Kindern bei Inanspruchnahme erhöhter Absetzungen für Wohngebäude oder der Steuerbegünstigung für eigengenutztes Wohneigentum (§ 34f Abs. 1 und 2 EStG), die Steuerermäßigung bei Zuwendungen an politische Parteien und unabhängige Wählervereinigungen (§ 34g EStG), die Steuerermäßigung nach § 34f Abs. 3 EStG, die Steuerermäßigung nach § 35a EStG sowie die Steuerermäßigung bei Belastung mit Erbschaftsteuer (§ 35b EStG) abzuziehen.

Hinzuzurechnen ist die Steuer nach § 32d Abs. 3 und 4 EStG, § 34c Abs. 5 EStG, der Zuschlag nach § 3 Abs. 4 Satz 2 in der jeweils gültigen Fassung des Forstschäden-Ausgleichsgesetzes, das Kindergeld oder vergleichbare Leistungen, soweit in den Fällen des § 31 EStG das Einkommen um Freibeträge für Kinder gemindert wurde, und der Anspruch auf Altersvorsorgezulage, wenn der Gesamtbetrag der Einkünfte in den Fällen des § 10a Abs. 2 EStG um Sonderausgaben nach § 10a Abs. 1 EStG gemindert wurde.

33.2 Anrechnung ausländischer Steuern (§ 34c EStG)

Bei unbeschränkt Steuerpflichtigen erstreckt sich die inländische Steuerpflicht auf alle Einkünfte, unabhängig davon, ob sie im Inland oder Ausland erwirtschaftet werden (Welteinkommensprinzip; § 1 Abs. 1 bis 3, § 2 Abs. 1 EStG). Um Doppelbesteuerungen zu vermeiden, weil auch andere Staaten diese Besteuerungsgrundsätze anwenden, werden sog. Doppelbesteuerungsabkommen geschlossen. Diese orientieren sich an dem OECD-Musterabkommen 2003.[1] Daneben gibt es mit den §§ 34c, 34d EStG innerstaatliches Recht, das die **Anrechnung** der im Ausland gezahlten Steuer ermöglicht (§ 34c Abs. 1 EStG). Es regelt außerdem den **Abzug** der ausländischen Steuern von der inländischen Bemessungsgrundlage (§ 34c Abs. 2 und 3 EStG) und die Festsetzung der auf die ausländischen Einkünfte entfallenden deutschen Einkommensteuer in einem **Pauschbetrag** bzw. ihren vollständigen **Erlass** (§ 34c Abs. 5 EStG). § 34d EStG enthält eine abschließende Aufzählung der betroffenen ausländischen Einkünfte.

---

[1] BMF vom 07.01.2004 (BStBl 2004 I S. 286).

§ 34c Abs. 1 bis 3 EStG sind grundsätzlich nicht anzuwenden, wenn ein Doppelbesteuerungsabkommen (DBA) besteht und die Einkünfte aus dem Staat stammen, mit dem das DBA abgeschlossen worden ist (§ 34c Abs. 6 Satz 1 EStG). Das gilt ohne Ausnahme dann, wenn die ausländischen Einkünfte nach dem DBA von der deutschen Besteuerung freigestellt sind (Freistellungsmethode). Ist dagegen nach dem DBA die sog. Anrechnungsmethode vorgesehen, sind § 34c Abs. 1 Satz 2 bis 5, Abs. 2 EStG entsprechend anzuwenden (§ 34c Abs. 6 Satz 2 Halbsatz 1 EStG), wenn das DBA keine eigenen Anrechnungsvorschriften enthält (H 34c (5) EStH). Bei der Anrechnung ausländischer Steuern sind die jeweilige Einkunftsart und die Einkunftshöhe nach deutschem Recht zu ermitteln (R 34c Abs. 3 Satz 3 EStR). Wenn die Steuern nicht in dem Staat erhoben werden, aus dem die ausländischen Einkünfte stammen, sondern in einem Drittstaat, kommt keine Anrechnung, sondern nur ein Abzug gem. § 34c Abs. 3 EStG in Betracht. Die ausländische Steuer entspricht der deutschen Einkommensteuer i. S. des § 34c Abs. 1 Satz 1 EStG, wenn sie dieser funktional gleichartig und auf die Besteuerung des gesamten oder des teilweisen Einkommens gerichtet ist. Ein Verzeichnis ausländischer Steuern in Nicht-DBA-Staaten, die der deutschen Einkommensteuer entsprechen, enthält der Anhang zu H 34c EStH.

Durch das JStG 2007 ist § 34c Abs. 1 Satz 1 und Abs. 3 EStG geändert worden mit der Folge, dass ausländische Einkommensteuer auch dann nicht angerechnet bzw. abgezogen werden kann, wenn der Ermäßigungsanspruch nicht geltend gemacht wird, obwohl er besteht.

Beispiel:
A erzielt in einem Staat, mit dem kein DBA besteht, Einkünfte von 2.000 €, von denen 500 € Quellensteuer einbehalten werden. Er versäumt es, den möglichen Antrag auf Erstattung von 200 € zu stellen. Im Inland werden nur 300 € angerechnet, obwohl A 500 € gezahlt hat.

Durch das JStG 2009 wurde der Regelungsgehalt des § 34c EStG hinsichtlich der Abgeltungsteuer in § 32d EStG für die Kapitaleinkünfte übernommen. Die Neuregelungen in § 34c Abs. 1 Satz 1 und 3 sowie Abs. 6 Satz 2 EStG durch das JStG 2009 bewirken, dass diese Einkünfte aus dem Anwendungsbereich des Anrechnungs- und Abzugsverfahrens des § 34c EStG ausgenommen werden. Bei ausländischen Einkünften, für die nach einem DBA fiktive Steuern zu berücksichtigen sind und die der Abgeltungsteuer unterliegen, richtet sich die Anrechnung nach § 32d Abs. 5 EStG und nicht nach § 34c EStG.

Der Anrechnungsbetrag wird errechnet, indem die deutsche Einkommensteuer mit den ausländischen Einkünften multipliziert und dieser Betrag durch die Summe der inländischen und ausländischen Einkünfte dividiert wird (§ 34c Abs. 1 Satz 2 EStG). Anzusetzen ist der Gesamtbetrag der ausländischen Einkünfte, bezogen auf den einzelnen Staat (§ 68a EStDV) und für den einzelnen Veranlagungszeitraum. Der Anrechnungshöchstbetrag ist für jeden Staat gesondert zu ermitteln (§ 68a Satz 2 EStDV).

33.2 Anrechnung ausländischer Steuern

Beispiel:
Bei D und E, die zusammen veranlagt werden, betragen im Veranlagungszeitraum 2014 die Summe der Einkünfte 60.000 € und das zu versteuernde Einkommen 50.000 €. Darin enthalten sind steuerpflichtige Einkünfte aus Kapitalvermögen aus den USA von 5.000 €, aus Frankreich von 2.000 €, aus Deutschland von 7.000 €. Die Einkommensteuer nach dem Splittingtarif beträgt 8.078 €.
Für die Einkünfte in den USA folgt daraus ein Anrechnungshöchstbetrag von (5.000 € : 60.000 € × 8.078 € =) 673 €, für die Einkünfte in Frankreich beträgt der Anrechnungshöchstbetrag (2.000 € : 60.000 € × 8.078 € =) 269 €. Wenn die in den USA einbehaltene Quellensteuer höher ist als 673 €, geht sie insoweit verloren, das Gleiche gilt für eine in Frankreich einbehaltene Quellensteuer von mehr als 269 €. In einem solchen Fall kommt alternativ der Abzug der gesamten ausländischen Quellensteuer von den Einkünften gem. § 34c Abs. 2 EStG in Betracht.

Auf Antrag ist statt der Anrechnung die ausländische Steuer bei der Ermittlung der Einkünfte abzuziehen (§ 34c Abs. 2 EStG). Ein solcher Antrag, der noch im Rechtsbehelfsverfahren mit Ausnahme des Revisionsverfahrens gestellt werden kann (R 34c Abs. 4 Satz 7 EStR), ist zweckmäßig, wenn die ausländischen Steuern die inländische Einkommensteuer übersteigen. Der Antrag muss für die gesamten Einkünfte und Steuern aus demselben Staat einheitlich gestellt werden. Das gilt nicht für zusammenveranlagte Ehegatten (R 34c Abs. 4 Satz 2 EStR).

Durch § 34c Abs. 3 EStG wird ein Steuerabzug in Fällen gewährt, in denen die Voraussetzungen des § 34c Abs. 1 EStG nicht vorliegen. Diese Vorschrift kommt in Betracht bei Steuern, die nicht im Ursprungsland, sondern in einem Drittland erhoben werden, sodass die Voraussetzungen des § 34c Abs. 1 EStG nicht erfüllt sind (z. B. Montagebetriebsstätten). Zwischen der Steueranrechnung gem. § 34c Abs. 1 EStG und dem Abzug gem. § 34c Abs. 3 EStG besteht keine Wahlmöglichkeit.

§ 34c Abs. 5 EStG enthält eine Ermächtigungsgrundlage für Billigkeitsmaßnahmen der Finanzbehörden. Praktisch bedeutsam sind der **Auslandstätigkeitserlass**[2] und der **Pauschalierungserlass**[3]. Der Auslandstätigkeitserlass betrifft die Besteuerung des Arbeitslohns von Arbeitnehmern inländischer Arbeitgeber, die aufgrund eines gegenwärtigen Dienstverhältnisses eine begünstigte Tätigkeit im Ausland ausüben, insbesondere Montagen, Errichtung von Anlagen über mindestens 3 Monate, nicht aber die Tätigkeiten von Bordpersonal auf Seeschiffen und von Leiharbeitnehmern. Freigestellt werden nur solche Löhne, die nicht nach DBA allein im Ausland zu besteuern sind. Zu den nach dem Pauschalierungserlass pauschal zu besteuernden Einkünften gehören gewerbliche Einkünfte aus aktiver Tätigkeit einer ausländischen Betriebsstätte, Einkünfte aus einer in einem inländischen Betriebsvermögen gehaltenen Beteiligung an einer aktiven ausländischen Mitunternehmerschaft, Einkünfte aus selbständiger Arbeit, die auf der technischen Beratung, Planung und Überwachung bei Anlageerrichtungen beruhen und einer ausländischen Betriebsstätte oder festen Einrichtung zuzurechnen sind, und Schachteldividenden, jeweils voraus-

---
2 BMF vom 31.10.1983 (BStBl 1983 I S. 470); BFH vom 14.06.1991 VI R 185/87 (BStBl 1991 II S. 926).
3 BMF vom 10.04.1984 (BStBl 1984 I S. 252).

gesetzt, mit dem ausländischen Staat besteht kein DBA. Die antragsabhängige Pauschalierung beträgt 25 % der Einkünfte, höchstens 25 % des zu versteuernden Einkommens.

§ 34d EStG bestimmt, wie oben schon erwähnt, welche ausländischen Einkünfte gem. § 34c Abs. 1 und 2 EStG begünstigt sind. Die nicht unter § 34d EStG fallenden Einkünfte können allenfalls gem. § 34c Abs. 3 EStG abgezogen werden. § 34d EStG ist Gegenstück zu den inländischen Einkünften beschränkt Steuerpflichtiger gem. § 49 Abs. 1 EStG (siehe 35.2).

33.3 Steuerermäßigung bei Einkünften aus Land- und Forstwirtschaft

Die Ermäßigungsvorschrift des § 34e EStG, die einen Steuerabzugsbetrag bei Einkünften aus Land- und Forstwirtschaft gewährt im Fall des Übergangs von der Gewinnermittlung nach § 13a EStG zur Gewinnermittlung nach § 4 Abs. 1 oder Abs. 3 EStG, war letztmals für den Veranlagungszeitraum 2000 anzuwenden. Wegen der Einzelheiten wird deshalb auf die Vorauflagen verwiesen.

33.4 Steuerermäßigung bei Mitgliedsbeiträgen und Spenden an politische Parteien und an unabhängige Wählervereinigungen (§ 34g EStG)

Die Steuerermäßigung des § 34g EStG ist Bestandteil der Regelung des Parteispendenabzugs ab 1984.[4] Bis zum Höchstbetrag von 825 Euro, bei Zusammenveranlagung 1.650 Euro, sind Zuwendungen, d. h. Mitgliedsbeiträge und Spenden, zur Hälfte abziehbar. Eine weitere Obergrenze folgt aus der Höhe der tariflichen Einkommensteuer, vermindert um die sonstigen Steuerermäßigungen (dazu 33.3 bis 33.5), mit Ausnahme des § 34f Abs. 3 EStG (§ 34g Satz 1 EStG).

Im Rahmen des § 34g EStG gilt § 10b Abs. 3 und 4 EStG entsprechend (siehe 29.2.4 und 29.2.5). Als Ausgabe gilt daher auch die Zuwendung von Wirtschaftsgütern mit Ausnahme von Nutzungen und Leistungen. Auch die Vertrauensschutzregelung des § 10b Abs. 4 EStG ist entsprechend anzuwenden.

Die Steuerermäßigung nach § 34g EStG geht bei Zuwendungen an politische Parteien dem Sonderausgabenabzug nach § 10b EStG vor. Wegen der Auslegung des § 34g EStG durch die Finanzverwaltung im Einzelnen wird auf das BMF-Schreiben vom 16.06.1989[5] hingewiesen.

---
4 BMF vom 16.06.1989 (BStBl 1989 I S. 239).
5 BMF vom 16.06.1989 (BStBl 1989 I S. 239).

Die Voraussetzungen der Steuerermäßigung nach § 34g EStG sind durch eine besondere Bestätigung nachzuweisen (§ 50 Abs. 1 EStDV).[6] Bei Mitgliedsbeiträgen an politische Parteien reichen Beitragsquittungen aus (§ 50 Abs. 3 EStDV).

33.5 Steuerermäßigung bei Einkünften aus Gewerbebetrieb (§ 35 EStG)

33.5.1 Allgemeines

Bei der Gewerbesteueranrechnung handelt es sich um eine Ermäßigung der tariflichen Einkommensteuer bei gewerblichen Einkünften i. S. des § 15 EStG, die einer pauschalen Anrechnung der Gewerbesteuer auf die Einkommensteuer nachgebildet ist, soweit diese sich auf die mit Gewerbesteuer belasteten Einkünfte bezieht. Die Ermäßigung knüpft an die tarifliche Einkommensteuer an, die sich nach §§ 32a, 32b, 34, 34b EStG ergibt. Die Steuerermäßigung betrug bis zum Veranlagungszeitraum 2007 das 1,8-Fache des festgesetzten Gewerbesteuer-Messbetrags. Durch das UntStRefG 2008 ist § 35 EStG mit Wirkung ab Veranlagungszeitraum 2008 geändert worden. Die Steuerermäßigung beträgt das 3,8-Fache des festgesetzten Gewerbesteuer-Messbetrags, maximal aber die tatsächlich gezahlte Gewerbesteuer. Das ist ein Ausgleich für die ebenfalls durch das UntStRefG 2008 eingefügte Regelung des § 4 Abs. 5b EStG, wonach die Gewerbesteuer keine Betriebsausgabe mehr ist. Daraus ergibt sich unter Berücksichtigung des Solidaritätszuschlags eine vollständige Entlastung von der Gewerbesteuer bei einem Hebesatz bis 400 %. Bei höheren Hebesätzen verbleibt eine steuerliche Belastung, während bei geringeren Hebesätzen der Ermäßigungsbetrag auf die tatsächlich zu zahlende Gewerbesteuer beschränkt ist (§ 35 Abs. 1 Satz 5 EStG). Da der BFH[7] negative Einkünfte vorrangig mit positiven Einkünften verrechnete, für die die Steuerermäßigung des § 35 EStG nicht in Anspruch genommen werden kann, wurde § 35 Abs. 1 Satz 2 EStG durch das JStG 2008 mit Wirkung ab Veranlagungszeitraum 2008 ersetzt durch eine Regelung, die eine anteilige Kürzung der nach § 35 EStG tarifbegünstigten gewerblichen Einkünfte bei Verlusten aus anderen Einkunftsarten bewirkt. Durch das JStG 2009 wurde in § 35 Abs. 1 Satz 1 EStG klargestellt, dass § 35 EStG in der Berechnungsreihenfolge vor § 35a EStG berücksichtigt wird.

33.5.2 Ermittlung des Ermäßigungsbetrags

Die Steuerermäßigung wird auf die tarifliche Einkommensteuer beschränkt, die anteilig auf die gewerblichen Einkünfte entfällt (Ermäßigungshöchstbetrag). Fraglich ist, wie sich Verluste auswirken. Positive und negative gewerbliche Einkünfte

---

6 BMF vom 18.11.1999 (BStBl 1999 I S. 979), vom 02.06.2000 (BStBl 2000 I S. 592) und vom 10.04.2003 (BStBl 2003 I S. 286).
7 BFH vom 27.09.2006 X R 25/04 (BStBl 2007 II S. 694).

im Rahmen des § 15 EStG sind bei der Ermittlung des Ermäßigungshöchstbetrags zu verrechnen (horizontaler Verlustausgleich). Nach Auffassung des BFH[8] sind auch negative Einkünfte aus anderen Einkunftsarten mit nicht gem. § 35 EStG begünstigten Einkünften vorrangig zu verrechnen (vertikaler Verlustausgleich). Wenn also z. B. Verluste aus Vermietung und Verpachtung mit positiven Einkünften aus nichtselbständiger Arbeit vor Anwendung des § 35 EStG verrechnet werden, bleibt die Anrechnungsbasis in Gestalt der Einkommensteuer, die auf die gewerblichen Einkünfte entfällt, unberührt. Davon ging auch die Finanzverwaltung aus für Veranlagungszeiträume ab 2004, indem sie das sog. Meistbegünstigungsprinzip anwandte und die positiven und negativen Einkünfte in der für den Steuerpflichtigen günstigsten Weise ausglich.[9] Einkünfte aus §§ 16, 17 EStG seien auch nicht gewerblich i. S. des § 35 EStG, wohl aber die gewerbesteuerpflichtige Veräußerung einer 100 %igen Beteiligung an einer Kapitalgesellschaft und ein Veräußerungsgewinn, der nach § 7 Satz 2 GewStG gewerbesteuerpflichtig ist.[10] Diese Auffassungen sind durch die Gesetzesänderung ab Veranlagungszeitraum 2008 überholt (§ 52 Abs. 50a Satz 2 EStG). Der Ermäßigungshöchstbetrag ist gem. § 35 Abs. 1 Satz 2 EStG nach folgender Formel zu ermitteln:

$$\frac{\text{Summe der positiven gewerblichen Einkünfte}}{\text{Summe aller positiven Einkünfte}} \times \text{geminderte tarifliche Steuer}$$

Gewerbliche Einkünfte sind die der Gewerbesteuer unterliegenden Gewinne und Gewinnanteile, soweit sie nicht nach anderen Vorschriften von der Steuerermäßigung nach § 35 EStG ausgenommen sind. Geminderte tarifliche Steuer ist die tarifliche Steuer nach Abzug von Beträgen aufgrund der Anwendung zwischenstaatlicher Abkommen und nach Anrechnung der ausländischen Steuern nach § 34c Abs. 1 und 6 EStG und § 12 AStG.

Danach führen Verluste aus den jeweiligen Einkunftsarten bei der Ermittlung des Ermäßigungshöchstbetrags zu einer anteiligen Kürzung der nach § 35 EStG tarifbegünstigten gewerblichen Einkünfte. Dadurch wird die Anrechnungsbasis verringert.

Beispiel:
A erzielt folgende Einkünfte:

§ 15 EStG	400.000 €
§ 16 EStG	– 650.000 €
§ 21 EStG	400.000 €
§ 20 EStG	– 10.000 €
Summe der Einkünfte	140.000 €
Summe der positiven Einkünfte	800.000 €
Summe der positiven gewerblichen Einkünfte	400.000 €

---

8 BFH vom 27.09.2006 X R 25/04 (BStBl 2007 II S. 694).
9 BMF vom 25.11.2010 (BStBl 2010 I S. 1312).
10 BMF vom 25.11.2010 (BStBl 2010 I S. 1312), Rn. 14.

33.5 Steuerermäßigung bei Einkünften aus Gewerbebetrieb

A hat für das Jahr 2014 ein zu versteuerndes Einkommen von 100.000 € mit einer Einkommensteuerschuld von 33.761 €.
Der Ermäßigungshöchstbetrag ergibt sich aus der Formel
$$\frac{400.000\ \text{€}}{800.000\ \text{€}} \times 33.761\ \text{€} = 16.880\ \text{€}.$$

Da Verluste weder im Zähler noch im Nenner berücksichtigt werden, wird also erreicht, dass sie anteilig alle positiven Einkünfte mindern und nicht, wie der BFH[11] entschieden hatte, vorrangig mit nicht tarifbegünstigten Einkünften verrechnet werden. Damit verringert sich ab Veranlagungszeitraum 2008 die Entlastungswirkung der Gewerbesteueranrechnung bei Verlusten erheblich. Ein Steuerermäßigungsbetrag aus § 35 EStG kann nicht von der tariflichen Einkommensteuer abgezogen werden, wenn diese nach einem durchgeführten Verlustabzug gem. § 10d EStG 0 Euro beträgt. Der Verlustabzug nach § 10d EStG verdrängt also die konkurrierende Steuerermäßigung nach § 35 EStG. Die Festsetzung einer negativen Einkommensteuer in Höhe des verfallenden Anrechnungsvolumens ist gesetzlich nicht vorgesehen. Verfassungsrechtlich ist das Ergebnis nicht zu beanstanden.[12]

Da § 35 EStG nur darauf abstellt, dass die Einkünfte gewerbesteuerpflichtig sind, kann die Steuerermäßigung auch für den Teil der Einkünfte gewährt werden, der nach § 34a EStG ermäßigt besteuert wird (siehe 32.7.1). Für die Gewinne, die nach § 34a Abs. 4 EStG nachzuversteuern sind (siehe 32.7.3), kommt eine Ermäßigung nach § 35 EStG nicht in Betracht, weil der nachzuversteuernde Gewinn im Veranlagungszeitraum der Nachversteuerung nicht in die Ermittlung der Einkünfte einbezogen wird und deshalb auch keine Gewerbesteuerbelastung entsteht.

Beispiel:
A erzielt im Veranlagungszeitraum 2014 Einkünfte aus seinem Gewerbebetrieb nach außerbilanzieller Hinzurechnung der gem. § 4 Abs. 5b EStG nicht abziehbaren Gewerbesteuer i. H. von 150.000 €. Der darauf entfallende Gewerbesteuer-Messbetrag soll 3.850 € betragen. Außerdem erzielt er Einkünfte aus Vermietung und Verpachtung i. H. von 20.000 €. Nach Abzug der Sonderausgaben und außergewöhnlichen Belastungen von 10.000 € verbleibt ein zu versteuerndes Einkommen von 160.000 €.
A beantragt für 30.000 € der gewerblichen Einkünfte die Thesaurierungsbegünstigung gem. § 34a EStG. Der Gewerbesteuer-Hebesatz der Kommune, in der sich der Betrieb des A befindet, beträgt 420 %. Bei einem Gewerbesteuer-Messbetrag von 3.850 € beträgt die zu entrichtende Gewerbesteuer (3.850 € × 420 % =) 16.170 €.

Tarifliche Einkommensteuer gem. § 34a EStG (30.000 € × 28,25 % =)	8.475 €
Tarifliche Einkommensteuer für die übrigen Einkünfte von 130.000 €	46.361 €
Summe tarifliche Einkommensteuer	**54.836 €**

---
11 BFH vom 27.09.2006 X R 25/04 (BStBl 2007 II S. 694).
12 BFH vom 23.04.2008 X R 32/06 (BStBl 2009 II S. 7); BVerfG vom 29.06.2009 2 BvR 1540/08 (nicht veröffentlicht).

Steuerermäßigung gem. § 35 EStG
Anrechnungsbetrag
(3,8 × 3.850 € Gewerbesteuer-Messbetrag =)   14.630 €
Ermäßigungshöchstbetrag

$$\frac{\text{Summe der positiven gewerblichen Einkünfte } 150.000\ \text{€}}{\text{Summe aller positiven Einkünfte } 170.000\ \text{€}} \times 100\ \% = 88{,}24\ \%$$

88,24 % × tarifliche Steuer i. S. des § 35 EStG
(54.836 €) =   48.387 €

Obergrenze der tatsächlich gezahlten Gewerbesteuer
(16.170 €) ist nicht erreicht

Abziehbare Steuerermäßigung nach § 35 EStG   − 14.630 €

Festzusetzende Einkommensteuer   **40.206 €**

33.5.3 Mitunternehmerschaften und Verfahren

Bei Einkünften aus Gewerbebetrieb als Mitunternehmer (§ 15 Abs. 1 Satz 1 Nr. 2 EStG) oder als persönlich haftender Gesellschafter einer Kommanditgesellschaft auf Aktien (§ 15 Abs. 1 Satz 1 Nr. 3 EStG) ermäßigt sich die Einkommensteuer um das 3,8-Fache des jeweils für den dem Veranlagungszeitraum entsprechenden Erhebungszeitraum festgesetzten anteiligen Gewerbesteuer-Messbetrags (§ 35 Abs. 1 Satz 1 Nr. 2 EStG). Abzustellen ist für die Aufteilungsquoten auf die gewinnabhängigen Gewinnanteile. Nicht der Gewerbesteuer unterliegende Veräußerungsgewinne und gewinnunabhängige Sondervergütungen bleiben unberücksichtigt (§ 35 Abs. 2 Satz 2 EStG). Der Gewerbesteuer-Messbetrag, die tatsächlich zu zahlende Gewerbesteuer und der auf die einzelnen Gesellschafter entfallende Anteil sind gesondert und einheitlich festzustellen (§ 35 Abs. 2 Satz 1 EStG). In die Aufteilung sind auch Gesellschafter einzubeziehen, für die eine Ermäßigung nach § 35 EStG nicht in Betracht kommt.[13] Dies gilt insbesondere auch für Mitunternehmer in der Rechtsform einer Kapitalgesellschaft.

Die in § 35 Abs. 2 und 3 EStG enthaltenen Regelungen zum Aufteilungsmaßstab und zur örtlichen Zuständigkeit für die Mitteilung der für die Veranlagung erforderlichen Angaben bei Mitunternehmerschaften und Kommanditgesellschaften auf Aktien finden für die Feststellung der tatsächlich zu zahlenden Gewerbesteuer gleichermaßen Anwendung. Für die Ermittlung der Steuerermäßigung nach § 35 EStG dient die spätere Festsetzung der Gewerbesteuer durch die Gemeinde als Grundlagenbescheid. Weicht die später festgesetzte Gewerbesteuer aufgrund von Änderungen der tatsächlich zu zahlenden Gewerbesteuer, die zunächst vorläufig bei der Ermittlung der Gewerbesteuer nach § 35 EStG zugrunde gelegt wurde, ab, sind die Einkommensteuerbescheide dementsprechend nach § 175 Abs. 1 Satz 1 Nr. 1 AO zu berichtigen.

---

13 BFH vom 22.09.2011 IV R 8/09 (BStBl 2012 II S. 183).

33.6 Steuerermäßigung bei Aufwendungen für haushaltsnahe Beschäftigungsverhältnisse und für die Inanspruchnahme haushaltsnaher Dienstleistungen (§ 35a EStG)

33.6.1 Allgemeines

Zur Bekämpfung der Schwarzarbeit bei Dienstleistungen in privaten Haushalten wurde zum 01.01.2003 eine steuerliche Förderung von haushaltsnahen Beschäftigungen und Dienstleistungen eingeführt in der Form einer Ermäßigung der tariflichen Einkommensteuer, die auf Antrag gewährt wird (§ 35a EStG). Zum 01.01.2006 wurde die Regelung ausgedehnt auf Erhaltungs- und Modernisierungsmaßnahmen sowie Betreuungsleistungen für eine pflegebedürftige Person. Ebenfalls zum 01.01.2006 wurde durch § 35a Abs. 2 Satz 2 EStG eine Doppelförderung bei Maßnahmen ausgeschlossen, die nach dem CO_2-Gebäudesanierungsprogramm der KfW Förderbank gefördert werden. Schließlich ist § 35a EStG durch das JStG 2008 auf Haushalte erweitert worden, die in der Europäischen Union oder dem Europäischen Wirtschaftsraum liegen. Diese Änderung gilt für alle Fälle, in denen die Einkommensteuer noch nicht bestandskräftig festgesetzt ist (§ 52 Abs. 50b Satz 3 EStG). Ebenfalls durch das JStG 2008 ist ab 2008 die Nachweispflicht für die Aufwendungen geändert worden. Die Nachweise müssen nicht mehr der Steuererklärung beigefügt werden. Damit sollen nach der Gesetzesbegründung[14] Hemmnisse der elektronischen Steuererklärung abgebaut werden.

Ab 2009 gilt eine neue Fassung des § 35a EStG, die durch das FamLeistG eingefügt worden ist. Die bis 2008 in § 33a Abs. 3 EStG geregelten Pflege- und Betreuungsleistungen wurden in § 35a Abs. 2 Satz 2 EStG übernommen. In § 35a Abs. 1 EStG ist die geringfügige Beschäftigung i. S. des § 8a SGB IV geregelt, während alle anderen Beschäftigungsverhältnisse und die haushaltsnahen Dienstleistungen einschließlich Pflege- und Betreuungsleistungen in § 35a Abs. 2 EStG zusammengefasst sind. Aus Vereinfachungsgründen entfällt die Regelung, dass die Aufwendungen für jeden Kalendermonat um ein Zwölftel zu vermindern sind, in dem die Voraussetzungen für den Abzug dem Grunde nach nicht vorgelegen haben. Die bis 2008 in § 35a Abs. 2 Satz 2 EStG enthaltenen Regelungen zu den Handwerksleistungen befinden sich in § 35a Abs. 3 EStG: § 35a Abs. 4 und 5 EStG enthält weitere, früher in Absatz 2 normierte Voraussetzungen. Aus Vereinfachungsgründen wurden die Fördersätze für alle Tatbestände einheitlich auf 20 Prozent festgelegt, bei geringfügiger Beschäftigung begrenzt auf 510 Euro (§ 35a Abs. 1 EStG), bei anderen Beschäftigungsverhältnissen und Dienstleistungen auf 4.000 Euro (§ 35a Abs. 2 EStG) und bei Handwerkerleistungen auf 1.200 Euro (§ 35a Abs. 3 EStG).

---

14 BT-Drucksache 16/7036 S. 22.

Die Neuregelung gilt für Leistungen, die nach dem 31.12.2008 erbracht werden (§ 52 Abs. 50b EStG).

Durch das JStG 2010[15] wurde § 35a EStG an die Neuregelung der steuerlichen Berücksichtigung von Kinderbetreuungskosten angepasst. Zuletzt erfolgte durch das StVereinfG[16] eine Änderung des § 35a Abs. 3 EStG. Die Steuerermäßigung für Handwerkerleistungen wird nicht gewährt, wenn die Maßnahme durch zinsverbilligte Darlehen oder steuerfreie Zuschüsse öffentlich gefördert ist.

Eine Steuerermäßigung nach § 35a Abs. 1 bis 3 EStG ist **ausgeschlossen** für Aufwendungen, die Betriebsausgaben oder Werbungskosten sind und soweit die Aufwendungen als Sonderausgaben oder als außergewöhnliche Belastungen berücksichtigt worden sind (§ 35a Abs. 5 Satz 1 EStG). Für Aufwendungen, die dem Grunde nach unter § 10 Abs. 1 Nr. 5 EStG fallen, ist eine Steuerermäßigung nach § 35a EStG ausgeschlossen. Dies gilt sowohl für den Betrag, der zwei Drittel der Aufwendungen für Dienstleistungen übersteigt, als auch für alle Aufwendungen, die den Höchstbetrag von 4.000 Euro je Kind übersteigen.

Zur Anwendung des § 35a EStG ist zuletzt am 10.01.2014 ein BMF-Schreiben ergangen.[17]

33.6.2 Haushaltsnahe Beschäftigungsverhältnisse und Dienstleistungen

Der Begriff des haushaltsnahen Beschäftigungsverhältnisses ist gesetzlich nicht definiert. Tätigkeiten mit einer Nähe zum Haushalt sind z. B. Einkaufen von Verbrauchsgütern, Kochen, Pflege der Wäsche, Reinigung und Pflege der Räume und des Gartens. Die Betreuung der Kinder fällt nur darunter, wenn die Aufwendungen nicht in den Anwendungsbereich von § 10 Abs. 1 Nr. 5 EStG fallen. Die Erteilung von Unterricht und Freizeitaktivitäten fallen nicht darunter.

Das haushaltsnahe Beschäftigungsverhältnis i. S. des § 35a Abs. 1 EStG muss eine geringfügige Beschäftigung i. S. des § 8a SGB IV sein. Es muss sich also um einen sog. Minijob handeln, bei dem die Abgaben im **Haushaltsscheckverfahren** durch die Minijob-Zentrale vom Konto des Arbeitgebers eingezogen werden (www.minijob-zentrale.de).

Seit dem Veranlagungszeitraum 2009 beträgt die Steuerermäßigung für eine geringfügig entlohnte Beschäftigung 20 % der Aufwendungen, höchstens 510 € jährlich (§ 35a Abs. 1 EStG).

Wenn ein Mini-Jobber sowohl im privaten Haushalt als auch im Betrieb des Arbeitgebers beschäftigt wird, ist von einem einheitlichen Beschäftigungsverhältnis auszugehen, bei dem das Haushaltsscheckverfahren nicht angewendet werden kann. Hier kommt eine Steuerermäßigung nach § 35a Abs. 2 Satz 1 EStG in Betracht.

---

15 BGBl 2010 I S. 1768.
16 BGBl 2011 I S. 2131.
17 BMF vom 10.01.2014 (BStBl 2014 I S. 75).

33.6 Steuerermäßigung bei haushaltsnahen Dienstleistungen usw.

Begünstigt ist jedoch nur die Tätigkeit des Mini-Jobbers im privaten Haushalt des Steuerpflichtigen. Für Wohnungseigentümergemeinschaften und Vermieter im Rahmen ihrer Vermietungstätigkeit kommt das Haushaltsscheckverfahren ebenfalls nicht in Betracht; auch in diesen Fällen ist ein Abzug nach § 35a Abs. 2 Satz 1 EStG zu prüfen.

Beschäftigungsverhältnisse zwischen Angehörigen und Partnern einer eingetragenen Lebenspartnerschaft sind grundsätzlich nicht nach § 35a Abs. 1 EStG begünstigt, weil es an einem arbeitnehmertypischen Abhängigkeitsverhältnis fehlt; möglich ist ein solches Verhältnis allenfalls mit Angehörigen, die nicht im Haushalt des Steuerpflichtigen leben.[18]

Bei haushaltsnahen Beschäftigungsverhältnissen, für die aufgrund des Beschäftigungsverhältnisses Pflichtbeiträge zur gesetzlichen Sozialversicherung entrichtet werden und die keine geringfügig entlohnte Beschäftigung i. S. des § 8 Abs. 1 Nr. 1 SGB IV darstellen, ermäßigt sich die tarifliche Einkommensteuer auf Antrag um 20 % der Aufwendungen, höchstens 4.000 Euro jährlich. Gefördert werden also Aufwendungen bis 20.000 Euro. In diesen Fällen erfolgt die Abrechnung nach den allgemeinen Grundsätzen über die vom Arbeitnehmer vorzulegende Lohnsteuerkarte und die Abführung der Sozialversicherungsbeiträge an eine Krankenkasse.

Haushaltsnahe Dienstleistungen i. S. des § 35a Abs. 2 Satz 1 EStG sind Tätigkeiten, die durch die Haushaltsführung begründet und **keine Handwerkerleistungen** i. S. des § 35a Abs. 3 EStG sind.

Unter die Regelung fallen Aufwendungen für Tätigkeiten, die auch Inhalt eines geringfügigen Beschäftigungsverhältnisses sein können. Zu den haushaltsnahen Tätigkeiten gehören z. B. die Innen- und Außenreinigung der Wohnung oder des Hauses durch selbständige Fensterputzer, soweit es sich um ein Privatgrundstück handelt. Personenbezogene Dienstleistungen wie Frisör- oder Kosmetikdienste sind keine haushaltsnahen Dienstleistungen.

Aufwendungen für haushaltsnahe Pflege- und Betreuungsleistungen sind ab dem Veranlagungszeitraum 2009 nach § 35a Abs. 2 EStG förderungsfähig. Die Feststellung und der Nachweis einer Pflegebedürftigkeit oder der Bezug von Leistungen der Pflegeversicherung sowie eine Unterscheidung nach Pflegestufen sind im Gegensatz zur früheren Rechtslage nicht mehr erforderlich. Es reicht aus, wenn Dienstleistungen zur Grundpflege, d. h. zur unmittelbaren Pflege am Menschen (Körperpflege, Ernährung und Mobilität), oder zur Betreuung in Anspruch genommen werden.

Die Steuerermäßigung steht neben der pflegebedürftigen Person auch anderen Personen zu, wenn diese für Pflege- oder Betreuungsleistungen aufkommen, die in ihrem inländischen oder in einem anderen Mitgliedstaat der Europäischen Union oder im Europäischen Wirtschaftsraum liegenden Haushalt bzw. im Haushalt der gepflegten oder betreuten Person durchgeführt werden. Die Steuerermäßigung ist

---
18 BMF vom 10.01.2014 (BStBl 2014 I S. 75), Rn. 5.

haushaltsbezogen. Werden z. B. zwei pflegebedürftige Personen in einem Haushalt gepflegt, kann die Steuerermäßigung nur einmal in Anspruch genommen werden (§ 35a Abs. 5). Für den Teil der Aufwendungen, der durch den Ansatz der zumutbaren Belastung nach § 33 Abs. 3 EStG oder wegen der Gegenrechnung von Pflegegeld oder Pflegetagegeld nicht als außergewöhnliche Belastung berücksichtigt wird, kann der Steuerpflichtige die Steuerermäßigung nach § 35a EStG in Anspruch nehmen.[19] Nimmt die pflegebedürftige Person den erhöhten Behinderten-Pauschbetrag nach § 33b Abs. 3 Satz 3 EStG in Anspruch, schließt dies die Berücksichtigung der Pflegeaufwendungen nach § 35a Abs. 2 EStG bei ihr aus.[20] Das gilt aber nicht, wenn der einem Kind zustehende Behinderten-Pauschbetrag nach § 33b Abs. 5 EStG auf den Steuerpflichtigen übertragen wird und dieser für Pflege- und Betreuungsaufwendungen des Kindes aufkommt.[21]

33.6.3 Handwerkerleistungen

Vor dem Veranlagungszeitraum 2006 kam die Anwendung des § 35a EStG für Handwerkerleistungen nur in Betracht, wenn es sich um haushaltsnahe Dienstleistungen wie Schönheitsreparaturen handelte, die gewöhnlich durch Mitglieder des privaten Haushalts erledigt werden. § 35a Abs. 3 EStG begünstigt alle handwerklichen Tätigkeiten für Renovierungs-, Erhaltungs- und Modernisierungsmaßnahmen, die in einem Haushalt des Steuerpflichtigen erbracht werden, unabhängig davon, ob es sich um regelmäßig vorzunehmende Renovierungsarbeiten, kleine Ausbesserungsarbeiten oder um Maßnahmen handelt, die im Regelfall nur von Fachkräften durchgeführt werden. Abziehbar sind 20 % der Aufwendungen von höchstens 6.000 Euro, also 1.200 Euro jährlich. Begünstigt sind jeweils nur die **Arbeitskosten** und nur die Aufwendungen, die keine Betriebsausgaben oder Werbungskosten sind (§ 35a Abs. 5 Satz 1 EStG). Das BMF-Schreiben vom 10.01.2014[22] enthält zahlreiche Beispiele solcher Maßnahmen: Modernisierung oder Austausch der Einbauküche, Modernisierung des Badezimmers, Pflasterarbeiten auf dem Grundstück, Reparatur und Wartung von Gegenständen **im Haushalt** (Waschmaschine, Geschirrspüler, Personalcomputer und andere Gegenstände, die in der Hausratversicherung mitversichert werden können). Handwerkliche Tätigkeiten im Rahmen einer Neubaumaßnahme sind nicht begünstigt, ebenso nicht Aufwendungen im Zusammenhang mit Zuleitungen, die sich auf öffentlichen Grundstücken befinden.[23] Maßnahmen im Zusammenhang mit neuer Wohn- bzw. Nutzflächenschaffung in einem vorhandenen Haushalt sind begünstigt.[24]

---

19 BMF vom 10.01.2014 (BStBl 2014 I S. 75).
20 BMF vom 10.01.2014 (BStBl 2014 I S. 75).
21 BFH vom 11.02.2010 VI R 61/08 (BStBl 2010 II S. 621).
22 BMF vom 10.01.2014 (BStBl 2014 I S. 75).
23 BMF vom 10.01.2014 (BStBl 2014 I S. 75).
24 BFH vom 13.07.2011 VI R 61/10 (BStBl 2012 II S. 232).

33.6 Steuerermäßigung bei haushaltsnahen Dienstleistungen usw.

Ausgeschlossen sind schließlich Maßnahmen, für die eine öffentliche Förderung in der Form eines zinsverbilligten Darlehens oder steuerfreier Zuschüsse in Anspruch genommen wird. Werden im Rahmen von Renovierungs-, Erhaltungs- und Modernisierungsmaßnahmen mehrere Einzelmaßnahmen durchgeführt, von denen einzelne öffentlich gefördert werden, ist die Inanspruchnahme der Steuerermäßigung für Einzelmaßnahmen, die nicht unter diese öffentliche Förderung fallen, zulässig.

33.6.4 Anspruchsberechtigte

Anspruchsberechtigt ist der Inhaber des Haushalts. Dazu gehört auch eine Wohnung, die der Steuerpflichtige einem bei ihm gem. § 32 EStG zu berücksichtigenden Kind unentgeltlich zur Nutzung überlässt. Das Gleiche gilt für eine vom Steuerpflichtigen tatsächlich genutzte Zweit-, Wochenend- oder Ferienwohnung. Die Steuerermäßigung wird hier insgesamt nur einmal bis zu den jeweiligen Höchstbeträgen gewährt.[25] Der Haushalt kann sich auch in einem Heim befinden, wenn die Räumlichkeiten des Steuerpflichtigen von ihrer Ausstattung her für eine Haushaltsführung geeignet sind.[26]

Der Steuerpflichtige kann die Steuerermäßigung nach § 35a Abs. 1 bis 3 EStG grundsätzlich nur in Anspruch nehmen, wenn er in den Fällen des § 35a Abs. 1 EStG Arbeitgeber oder in den Fällen des § 35a Abs. 2 und 3 EStG Auftraggeber ist.

Bei **Wohnungseigentümergemeinschaften** kommt für jeden Eigentümer eine Steuerermäßigung in Betracht, wenn in der Jahresabrechnung

- die im Kalenderjahr unbar gezahlten Beträge nach den begünstigten haushaltsnahen Beschäftigungsverhältnissen, Dienstleistungen und Handwerkerleistungen jeweils gesondert aufgeführt sind,
- der Anteil der steuerbegünstigten Kosten (Arbeits- und Fahrtkosten) ausgewiesen ist und
- der Anteil des jeweiligen Wohnungseigentümers individuell errechnet wurde.

Ist das nicht der Fall, kann der Verwalter eine Bescheinigung ausstellen; ein Muster ist als Anlage dem BMF-Schreiben vom 10.01.2014[27] beigefügt. Die Bescheinigung kann auch von einem Vermieter bzw. Träger eines Heims verwendet werden.

Die Höchstbeträge verdoppeln sich bei Ehegatten nicht. Bei der Einzelveranlagung von Ehegatten kann eine andere als die hälftige Aufteilung nicht beantragt werden (§ 26a Abs. 2 Satz 2 EStG). Die doppelte Gewährung bei zwei Alleinstehenden in einem Haushalt wird durch § 35a Abs. 5 Satz 4 EStG ausgeschlossen.

Die Steuerermäßigung nach § 35a Abs. 1 EStG für ein geringfügiges Beschäftigungsverhältnis und die Steuerermäßigung nach § 35a Abs. 2 EStG für ein sozial-

---

25 BMF vom 10.01.2014 (BStBl 2014 I S. 75).
26 BMF vom 10.01.2014 (BStBl 2014 I S. 75).
27 BMF vom 10.01.2014 (BStBl 2014 I S. 75).

versicherungspflichtiges Beschäftigungsverhältnis können **nebeneinander** in Anspruch genommen werden. **Zusätzlich** kann der Steuerpflichtige die Steuerermäßigungen nach § 35a Abs. 3 EStG geltend machen. Da diese auch nebeneinander möglich sind, beträgt die maximale Steuerermäßigung nach § 35a EStG 5.710 Euro. Für dasselbe Beschäftigungsverhältnis können aber nicht die Steuerermäßigungen nach § 35a Abs. 1 EStG und diejenige nach § 35a Abs. 2 EStG nebeneinander geltend gemacht werden. Für die haushaltsbezogene Inanspruchnahme der einzelnen Ermäßigungstatbestände sind sämtliche Beschäftigungsverhältnisse und Dienstleistungen sowie Handwerkerleistungen pro Haushalt zusammenzurechnen.

33.6.5 Begünstigte Aufwendungen und ihr Nachweis

Begünstigt sind im Rahmen des § 35a Abs. 1 EStG der Bruttoarbeitslohn bzw. das Arbeitsentgelt bei dem Haushaltsscheckverfahren; dazu gehören auch die Sozialversicherungsbeiträge und die Beiträge zur Unfallversicherung. Im Rahmen des § 35a Abs. 2 Satz 1 und 2 EStG sind abzugsfähig die Arbeitskosten; dazu gehören auch die in Rechnung gestellten Maschinen- und Fahrtkosten sowie Verbrauchsmittel wie Schmier- und Spülmittel. Nicht begünstigt sind die Materialkosten und die Aufwendungen, bei denen die Entsorgung im Vordergrund steht, z. B. Haushaltsauflösungen.

Für den Abzugszeitpunkt gilt grundsätzlich § 11 Abs. 2 EStG. Wohnungseigentümer können die gesamten Aufwendungen in dem Jahr geltend machen, in dem die Jahresabrechnung im Rahmen der Eigentümerversammlung genehmigt worden ist.[28] Das Gleiche gilt für Nebenkostenabrechnungen der Mieter.

Die Steuerermäßigung ist davon abhängig, dass der Steuerpflichtige für die Aufwendungen eine Rechnung erhalten hat und die Zahlung auf das Konto des Erbringers der haushaltsnahen Dienstleistung, der Handwerkerleistung oder der Pflege- oder Betreuungsleistung erfolgt ist (§ 35a Abs. 5 Satz 3 EStG). Barzahlungen, Baranzahlungen oder Barteilzahlungen werden nicht anerkannt.[29] Mit der Steuerermäßigung des § 35a EStG verfolgt der Gesetzgeber den Zweck, einen Anreiz für Beschäftigungsverhältnisse im Privathaushalt zu schaffen und die Schwarzarbeit in diesem Bereich zu bekämpfen. § 35a Abs. 5 Satz 3 EStG ist nach Auffassung des BFH eine folgerichtige Ausgestaltung dieser gesetzgeberischen Zielsetzung, da Barzahlungen regelmäßig wesentliches Kennzeichen der Schwarzarbeit im Privathaushalt sind.

---

28 BMF vom 10.01.2014 (BStBl 2014 I S. 75).
29 BFH vom 20.11.2008 VI R 14/08 (BStBl. 2009 II S. 307).

33.7 Steuerermäßigung bei Belastung mit Erbschaftsteuer (§ 35b EStG)

Allgemeines

Eine weitere Ermäßigung der tariflichen Einkommensteuer kann auf Antrag gewährt werden, wenn die weiteren Voraussetzungen des § 35b EStG vorliegen. § 35b EStG bezweckt, die Doppelbelastung mit Einkommensteuer und mit Erbschaftsteuer zu mindern. Die Vorschrift wurde durch das ErbStRG[30] mit Wirkung ab dem Veranlagungszeitraum 2009 eingeführt. Sie ist fast wortgleich mit dem bis Veranlagungszeitraum 1998 geltenden § 35 EStG. Daher können die zur alten Regelung ergangenen Entscheidungen bei der Auslegung der Vorschrift herangezogen werden.

Einkommensteuer und Erbschaftsteuer schließen sich nicht aus, sodass es zu einer steuerlichen Doppelbelastung kommen kann. Noch nicht entstandene Einkommensteuer ist bei der Ermittlung des erbschaftssteuerpflichtigen Vermögens nicht abzugsfähig, da im Erbschaftsteuerrecht das Stichtagsprinzip gilt. Umgekehrt kann der Erbe die von ihm geschuldete Erbschaftsteuer einkommensteuerlich weder als Betriebsausgabe bzw. Werbungskosten noch als Sonderausgabe oder außergewöhnliche Belastung geltend machen.

Zur Vermeidung der Doppelbelastung sieht § 35b EStG vor, dass der tarifliche Einkommensteuerbetrag, soweit er auf die mit Erbschaftsteuer belasteten Einkünfte entfällt, um einen bestimmten Prozentsatz ermäßigt wird.

Die Steuerermäßigung nach § 35b EStG wird nur natürlichen Personen gewährt, soweit sie als Einzel- oder Gesamtrechtsnachfolger mit Erbschaftsteuer belastet sind. Sie gilt sowohl für Gewinneinkünfte als auch für Überschusseinkünfte.

Tatbestandsvoraussetzungen

Begünstigt sind nur Einkünfte, die bei der „Einkommensermittlung berücksichtigt" werden. Im Rahmen einer Einkommensteuerveranlagung müssen die Einkünfte in die Summe der Einkünfte und in den Gesamtbetrag der Einkünfte (§ 2 Abs. 3 und Abs. 4 EStG) eingehen. Da der Verlustabzug nach § 10d EStG erst nach der Ermittlung des Gesamtbetrags der Einkünfte zu berücksichtigen ist, ist er für die Steuerermäßigung nach § 35b EStG unerheblich. Unterliegen die Einnahmen aus Kapitalvermögen der Abgeltungsteuer, so sind diese Einkünfte von der Steuerermäßigung nach § 35b EStG ausgeschlossen.[31] Auch steuerfreie Einkünfte werden von § 35b EStG nicht erfasst, da sie nicht in die Summe der Einkünfte einfließen. Es reicht nicht aus, dass die steuerfreien Einkünfte dem Progressionsvorbehalt nach

---

30 BGBl 2008 I S. 3018.
31 BMF vom 22.12.2009 (BStBl 2010 I S. 94), Rn. 132.

§ 32b EStG unterliegen, da sie nicht bei der Ermittlung des Einkommens, sondern bei der Anwendung des Tarifs zu erfassen sind.

§ 35b EStG regelt seinem Wortlaut nach die Ermäßigung der Einkommensteuer für „Einkünfte, die der Erbschaftsteuer unterlegen haben". Der Gesetzeswortlaut ist ungenau, da der Erbschaftsteuer keine Einkünfte unterliegen. Nach § 10 ErbStG wird die Bereicherung des Erben durch Vermögensgegenstände besteuert. § 35b EStG erfasst Fallgestaltungen, in denen beim Erben Einkünfte, die zuvor als Vermögen oder Bestandteil von Vermögen bereits der inländischen Erbschaftsteuer unterlagen, mit Einkommensteuer belastet werden. Der Anwendungsbereich des § 35b EStG ist daher eröffnet, wenn die von der Erbschaftsteuer erfassten Vermögensgegenstände des Erblassers beim Erwerber durch „Umwandlung" in Geld oder in sonstiger Weise zu einkommensteuerpflichtigen Einkünften werden.

Eine gleichzeitige Berücksichtigung bei der Einkommensermittlung und der Erbschaftsteuer setzt voraus, dass der Erwerber Einkünfte aus der „Umwandlung" eines Vermögensgegenstandes realisiert, die nicht bereits beim Erblasser zu erfassen sind.[32] Vermögenserträge, die auf die Zeit nach dem Erbfall entfallen, sind nicht steuerbegünstigt. Denn die Erbschaftsteuer erfasst nur Vermögensgegenstände als solche, nicht jedoch künftige Erträge hieraus.[33]

Beispiel:

B ist selbständiger Architekt. Er ermittelt seinen Gewinn nach § 4 Abs. 3 EStG. B verstirbt, bevor er eine fällige Honorarforderung vereinnahmen konnte. A als dessen Alleinerbin führt das Architekturbüro fort. Sie veräußert den betrieblichen PKW und verschenkt einen Computer aus dem Architekturbüro an ihren Sohn.

A kann die Steuerermäßigung nach § 35b EStG beantragen. Die von B nicht vereinnahmte Honorarforderung stellt einen Vermögensgegenstand dar und unterliegt der Erbschaftsteuer. In der Gewinnermittlung des B hat sich die Honorarforderung nicht ausgewirkt. Erst im Zeitpunkt der Vereinnahmung der Forderung ist diese bei A als Betriebseinnahme zu erfassen und der Einkommensteuer zu unterwerfen. Durch den Zahlungseingang auf die Forderung erfolgte eine Umwandlung des Vermögensgegenstandes zu Einkünften.

Sowohl die Veräußerung des betrieblichen PKW als auch die Entnahme des Computers durch A führen bei ihr zu einkommensteuerpflichtigen Einnahmen. Die stillen Reserven, die der Erbschaftsteuer als Wertbestandteil der erbschaftsteuerlichen Bereicherung unterlagen, werden erfolgswirksam erst bei A erfasst.

Gewinne aus der Auflösung von vor dem Tod des Erblassers in der Bilanz gebildeten Rücklagen[34] oder aus der Veräußerung von zum Nachlass gehörenden Anteilen an Kapitalgesellschaften i. S. des § 17 EStG[35] können sowohl mit Erbschaftsteuer als auch mit Einkommensteuer belastet sein. Gleiches gilt für Gewinne aus der Ver-

---

32 BFH vom 15.04.1993 IV R 66/92 (BStBl 1994 II S. 227).
33 BFH vom 23.02.1994 X R 123/92 (BStBl 1994 II S. 690).
34 FG Hamburg vom 23.02.1984 (EFG 1984 S. 505).
35 BFH vom 10.03.1988 IV R 226/85 (BStBl 1988 II S. 832).

33.7 Steuerermäßigung bei Belastung mit Erbschaftsteuer

äußerung oder Aufgabe eines ganzen Gewerbebetriebs, Teilbetriebs oder eines Mitunternehmeranteils nach § 16 EStG.

Im Bereich der Überschusseinkünfte kann eine Doppelbelastung mit beiden Steuerarten beispielsweise vorliegen, wenn der Erbe Wirtschaftsgüter des Erblassers innerhalb der für private Veräußerungsgeschäfte (§ 23 EStG) geltenden Fristen veräußert. Gleiches gilt für Zahlungseingänge auf entstandene Forderungen des Erblassers, z. B. Mietforderungen oder rückständige Zinsen aus Darlehensverträgen, da diese Zahlungseingänge beim Erben als nachträgliche Einkünfte zu erfassen sind. Eine Doppelbelastung i. S. des § 35b EStG kann sich auch bei Erbauseinandersetzungen ergeben, wenn der Erbe nach den Grundsätzen des BFH[36] Veräußerungsgeschäfte bewirkt.[37]

Nur erbschaftsteuerpflichtige Erwerbe von Todes wegen gem. § 1 Abs. 1 Nr. 1 ErbStG sind nach § 35b EStG begünstigt. Sowohl die Erbschaft als auch das Vermächtnis sind Erwerbe von Todes wegen. Die Steuerermäßigung wird für andere nach dem ErbStG steuerpflichtige Erwerbe wie beispielsweise Schenkungen unter Lebenden (§ 1 Abs. 1 Nr. 2 ErbStG) oder Zweckzuwendungen (§ 1 Abs. 1 Nr. 3 ErbStG) nicht gewährt. Dies gilt auch, wenn die Schenkung im Wege der vorweggenommenen Erbfolge erfolgt.

Auf die tatsächliche Zahlung der Erbschaftsteuer kommt es nicht an. Der erbschaftsteuerpflichtige Erwerber und die Person, die die Einkommensteuer schuldet, müssen nicht identisch sein. Denn nach dem Wortlaut des § 35b Satz 2 EStG reicht es aus, dass inländische Erbschaftsteuer festgesetzt wird. Ausländische Erbschaftsteuer ist nicht zu berücksichtigen.

Die Steuerermäßigung ist zeitlich beschränkt. Sie kommt nur bei Einkünften in Betracht, die „im Veranlagungszeitraum oder in den vorangegangenen vier Veranlagungszeiträumen ... der Erbschaftsteuer unterlegen haben". Der Begünstigungszeitraum beginnt im Zeitpunkt, in dem die Erbschaftsteuer entsteht. Beim Erwerb von Todes wegen ist dies in der Regel der Todeszeitpunkt des Erblassers (§ 9 Abs. 1 Nr. 1 ErbStG). Die begünstigungsfähigen Einnahmen müssen daher im Veranlagungszeitraum des Erbfalls oder in den folgenden vier Jahren erfolgswirksam sein. Der Begünstigungszeitraum umfasst insgesamt 5 Veranlagungszeiträume.

Rechtsfolgen

Die Steuerermäßigung nach § 35b EStG erfolgt durch Anwendung eines bestimmten Prozentsatzes auf die tarifliche Einkommensteuer, die sich nach Gewährung sonstiger Steuerermäßigungen ergibt. Sowohl die Tarifvorschriften als auch die anderen Ermäßigungsvorschriften sind also vor der Begünstigung nach § 35b EStG zu berücksichtigen.

---

36 BFH, Beschluss vom 05.07.1990 GrS 2/89 (BStBl 1990 II S. 837).
37 BMF vom 14.03.2006 (BStBl 2006 I S. 253).

33 Ermittlung der festzusetzenden Einkommensteuer

Ermäßigt wird jedoch nicht die gesamte Einkommensteuer, sondern nur die Einkommensteuer, die auf die nach § 35b Satz 1 EStG begünstigten Einkünfte entfällt. Die auf die begünstigten Einkünfte entfallende Einkommensteuer ist nach folgender Formel zu ermitteln:

$$\frac{\text{begünstigte Einkünfte}}{\text{Summe der Einkünfte}} \times \text{tarifliche Steuer}$$

Der Prozentsatz, nach dem die Ermäßigung der Einkommensteuer erfolgt, bemisst sich gem. § 35b Satz 2 EStG nach dem Verhältnis der festgesetzten Erbschaftsteuer zum erbschaftsteuerlichen Gesamterwerb. Folgende Formel ist anzuwenden:

$$\frac{\text{festgesetzte Erbschaftsteuer}}{\text{erbschaftsteuerlicher Gesamterwerb}} \times 100$$

Der erbschaftsteuerliche Gesamterwerb umfasst den Wert des gesamten Vermögensanfalls gem. § 10 Abs. 1 ErbStG mit den Steuerwerten nach § 12 ErbStG vermindert um die Nachlassverbindlichkeiten. Hinzuzurechnen sind die tatsächlich genutzten Freibeträge nach §§ 16, 17 ErbStG (persönlicher Freibetrag, Versorgungsfreibetrag) und für den fiktiven Zugewinnausgleich nach § 5 ErbStG. Die in Anspruch genommenen Freibeträge nach § 13 ErbStG bleiben unberührt.

Der sich nach dieser Verhältnisrechnung für die Steuerermäßigung ergebende Prozentsatz bleibt während des gesamten Begünstigungszeitraums unverändert.

Da der nach § 35b Satz 2 EStG zu ermittelnde Prozentsatz der Ermäßigung sich auf die festgesetzte Erbschaftsteuer bezieht, ist der Erbschaftsteuerbescheid Grundlagenbescheid für den Einkommensteuerbescheid. Änderungen der Erbschaftsteuerfestsetzung führen über § 175 Abs. 1 Nr. 1 AO zur Korrektur des Einkommensteuerbescheides. Der Antrag auf Steuerermäßigung nach § 35b EStG kann bis zum Ablauf der Festsetzungsfrist nachgeholt werden, wenn bis zum Eintritt der Bestandskraft des Einkommensteuerbescheides überhaupt noch keine Erbschaftsteuerveranlagung durchgeführt worden ist.

Wird die festgesetzte Erbschaftsteuer gestundet, verbleibt es bei der Steuerermäßigung nach § 35b EStG. Etwas anderes gilt, wenn die festgesetzte Erbschaftsteuer erlassen oder aufgehoben wird. Der Erlass der Erbschaftsteuer bzw. die Aufhebung der Erbschaftsteuerfestsetzung bewirkt, dass die Voraussetzungen des § 35b EStG nicht mehr erfüllt sind.

Das Wahlrecht nach § 23 Abs. 1 ErbStG, wonach die Erbschaftsteuer in Jahresbeträgen nach dem Jahreswert der Bezüge zu entrichten ist, führt dazu, dass die Erbschaftsteuer als dauernde Last nach § 10 Abs. 1 Nr. 1a EStG als Sonderausgaben geltend gemacht werden kann. In diesen Fällen ist die Steuerermäßigung gem. § 35b Satz 3 EStG ausgeschlossen.

34 Steuererhebung

34.1 Erhebung der Einkommensteuer

34.1.1 Allgemeines

Die vom Steuerpflichtigen persönlich geschuldete Einkommensteuer entsteht, soweit im Einkommensteuergesetz nichts anderes bestimmt ist, mit Ablauf des Veranlagungszeitraums (§ 36 Abs. 1 EStG; vgl. 31.1). Sonderregelungen bestehen z. B. für die Entstehung der Einkommensteuer-Vorauszahlungen (§ 37 Abs. 1 Satz 2 EStG), für die Entstehung der Lohnsteuer (§ 38 Abs. 2 Satz 2 EStG), für die Entstehung der Kapitalertragsteuer (§ 44 Abs. 1 Satz 2 EStG) sowie für die Bauabzugsteuern und für Abzugsteuern beschränkt Steuerpflichtiger (§ 50a Abs. 5 Satz 1 EStG, § 73c EStDV). Die Vorschriften über die Steueranrechnung (§ 36 Abs. 2 EStG) gehören dagegen zum Steuererhebungsverfahren. Die Entstehung der Einkommensteuer bewirkt den Beginn der Festsetzungsverjährung (§ 170 Abs. 2 AO), den Zinslauf (§ 233a Abs. 2 AO), die Gesamtrechtsnachfolge (§ 45 Abs. 1 AO) und die Haftung (§§ 69 ff., 191 AO). Anrechnungsberechtigt ist derjenige, auf dessen Rechnung die Zahlung bewirkt worden ist, nicht derjenige, auf dessen Kosten die Zahlung erfolgt ist. Bei zusammen veranlagten Ehegatten ist also grundsätzlich davon auszugehen, dass der Ehegatte, der die Zahlung leistet, auch die Steuerschuld des anderen Ehegatte tilgen will.[1]

Von der Einkommensteuer, die der Steuerpflichtige persönlich schuldet, ist die pauschale Lohnsteuer zu unterscheiden, die der Arbeitgeber schuldet und zu übernehmen hat. Der entsprechende Arbeitslohn und die pauschale Lohnsteuer bleiben bei der Veranlagung außer Ansatz (§ 40 Abs. 3 EStG). Von der Lohnsteuer-Pauschalierung wiederum zu unterscheiden ist die Nettolohnvereinbarung, bei der der Arbeitnehmer Steuerschuldner bleibt; er hat aber einen Anspruch gegenüber dem Arbeitgeber auf Freistellung von der Lohnsteuer.

Der Steuerpflichtige wird von dem Ergebnis der Veranlagung durch Steuerbescheid unterrichtet. Der Steuerbescheid wird in dem Zeitpunkt und mit dem Inhalt wirksam, in dem er demjenigen, für den er bestimmt ist oder der von ihm betroffen wird, bekannt gegeben wird (§ 124 AO).

Der Steuerbescheid enthält gleichzeitig auch eine Abrechnung und Zahlungsaufforderung bzw. Mitteilung über eine Überzahlung.

34.1.2 Tilgung der Einkommensteuer

Wenn sich nach der Abrechnung ein Überschuss zuungunsten des Steuerpflichtigen ergibt, hat der Steuerpflichtige (Steuerschuldner) diesen Betrag, soweit er den fällig

---

1 BFH vom 15.11.2005 VII R 16/05 (BStBl 2006 II S. 453).

gewordenen, aber nicht entrichteten Einkommensteuer-Vorauszahlungen entspricht, sofort, im Übrigen innerhalb eines Monats nach Bekanntgabe des Steuerbescheids zu entrichten (Abschlusszahlung). Wenn sich nach der Abrechnung ein Überschuss zugunsten des Steuerpflichtigen ergibt, wird dieser dem Steuerpflichtigen nach Bekanntgabe des Steuerbescheids ausgezahlt. Bei Steuerpflichtigen, die nach den §§ 26, 26b EStG zusammen zur Einkommensteuer veranlagt worden sind, wirkt die Auszahlung an einen Steuerpflichtigen auch für und gegen den anderen Steuerpflichtigen (§ 36 Abs. 4 EStG).

In den Fällen des § 16 Abs. 3a EStG (sog. finale Betriebsaufgabe) kann nach § 36 Abs. 5 EStG auf Antrag des Steuerpflichtigen die festgesetzte Steuer, die auf den Aufgabegewinn und den durch den Wechsel der Gewinnermittlungsart erzielten Gewinn entfällt, in fünf gleichen Jahresraten entrichtet werden. Die gestreckte Besteuerung setzt voraus, dass die Wirtschaftsgüter einem Betriebsvermögen des Steuerpflichtigen in einem anderen EU-/EWR-Staat zuzuordnen sind und dieser Staat Amtshilfe entsprechend dem EU-Amtshilfegesetz sowie Unterstützung bei der Beitreibung von Forderungen leistet. Die erste Jahresrate ist innerhalb eines Monats nach Bekanntgabe des Steuerbescheids zu entrichten. Die übrigen vier Jahresraten sind jeweils am 31. Mai der Folgejahre fällig. Insoweit wird die Einkommensteuer gestundet, ohne dass die Jahresraten zu verzinsen sind (§ 36 Abs. 5 Satz 3 EStG). Mangels Fälligkeit der Jahresraten fallen hierfür keine Säumniszuschläge an. Der gestundete Teil der Steuer darf weder vollstreckt werden noch kann das Finanzamt damit aufrechnen. In § 36 Abs. 5 Satz 5 EStG findet sich eine gegenüber § 131 AO spezielle Rechtsgrundlage, wonach die Stundungsverfügung geändert werden kann. Bei Änderung der festgesetzten Steuer sind die Jahresraten entsprechend anzupassen. Die nicht entrichtete Einkommensteuer wird gem. § 36 Abs. 5 Satz 4 EStG vorzeitig fällig gestellt, wenn der Betrieb oder Teilbetrieb während des Zeitraums eingestellt, veräußert oder in andere als die in § 36 Abs. 5 Satz 1 EStG genannten Staaten verlegt wird. Die noch nicht entrichtete Einkommensteuer wird innerhalb eines Monats nach diesem Zeitpunkt fällig.

34.1.3 Anzurechnende Beträge

In § 36 Abs. 2 EStG ist bestimmt, welche Beträge auf die Einkommensteuer angerechnet werden. Das sind grundsätzlich

– die Einkommensteuer, die der Steuerpflichtige selbst (Einkommensteuer-Vorauszahlungen) oder

– ein Dritter für ihn (Lohnsteuer, Kapitalertragsteuer, Bauabzugsteuer)

an das Finanzamt gezahlt hat.

Die Hinzurechnungsvorschrift für das Kindergeld, die sich früher in § 36 Abs. 2 Satz 1 EStG befand, ist ab dem Veranlagungszeitraum 2004 in § 31 Satz 4 EStG enthalten (siehe 30.2.1).

34.1 Erhebung der Einkommensteuer

Anzurechnen sind nach § 36 Abs. 2 Nr. 1 EStG die für den Veranlagungszeitraum entrichteten **Einkommensteuer-Vorauszahlungen** (§ 37 EStG). Festgesetzte Vorauszahlungen, die noch nicht entrichtet sind, dürfen danach nicht angerechnet werden.

Weiter ist nach § 36 Abs. 2 Nr. 2 EStG grundsätzlich anzurechnen die **durch Steuerabzug erhobene Einkommensteuer,** soweit sie auf die bei der Veranlagung erfassten Einkünfte oder die dort aufgeführten Bezüge entfällt. Voraussetzung ist jedoch, dass die durch den Steuerabzug erhobenen Beträge nicht erstattet worden sind oder ihre Erstattung beantragt ist.

> **Beispiel:**
> A ist als stiller Gesellschafter an einer GmbH beteiligt. Er vereinnahmt am 20.12. dieses Jahres seinen Gewinnanteil aus dem abgelaufenen Geschäftsjahr. Die von dem Gewinnanteil einbehaltene Kapitalertragsteuer führt die GmbH am 10.01. des nächsten Jahres an das zuständige Finanzamt ab.
>
> Der Gewinnanteil ist in diesem Jahr vereinnahmt worden (§ 11 Abs. 1 EStG) und ist in der Veranlagung für dieses Jahr zu erfassen. Die darauf entfallende und einbehaltene Kapitalertragsteuer ist ebenfalls auf die Einkommensteuer dieses Jahres anzurechnen. Dass die Kapitalertragsteuer erst im nächsten Jahr von der GmbH an das Finanzamt abgeführt wird, ist unbeachtlich.

Zu der durch Steuerabzug erhobenen Einkommensteuer gehören im Fall der Nettolohnvereinbarung auch die einbehaltenen, aber ohne Wissen des Arbeitnehmers vom Arbeitgeber weder angemeldeten noch abgeführten Lohnsteuerbeträge.[2]

Die Anrechnung der Steuerabzugsbeträge ist ausgeschlossen, soweit die Einkommensteuer durch den Steuerabzug als abgegolten gilt (z. B. nach § 43 Abs. 5, § 46 Abs. 4, § 50 Abs. 2 EStG) oder wenn die Einkünfte, von denen der Steuerabzug vorgenommen worden ist, bei der Veranlagung gar nicht erfasst worden sind.[3]

Die **Kapitalertragsteuer** (§§ 43 ff. EStG) wird angerechnet, soweit sie keine abgeltende Wirkung hat. Für nach dem 31.12.2008 zufließende Kapitalerträge i. S. des § 20 EStG, die dem Kapitalertragsteuerabzug unterlegen haben, ist die Einkommensteuer grundsätzlich mit dem Steuerabzug abgegolten (§ 43 Abs. 5 EStG; siehe 34.3.1). Die Anrechnungsvorschrift des § 36 Abs. 1 Nr. 2 EStG bezieht sich also ab 2009 nur auf Beteiligungseinkünfte im Betriebsvermögen einschließlich § 17 EStG. Erfasst werden gem. § 3 Nr. 40 EStG ab 2009 nur 60 % der Einnahmen (Teileinkünfteverfahren). Angerechnet wir aber die volle auf die Beteiligungseinnahmen angefallene und entrichtete Kapitalertragsteuer. Das frühere Anrechnungsverfahren bezüglich der **Körperschaftsteuer** wurde 2002 mit der Einführung des Halbeinkünfteverfahrens abgeschafft. Seitdem werden Kapitalgesellschaft und Gesellschafter völlig getrennt besteuert. Für natürliche Personen als Anteilseigner gilt § 3 Nr. 40 EStG mit der Folge, dass Einnahmen bis 2008 zur Hälfte (Halbeinkünfteverfah-

---

2 BFH vom 12.05.1993 XI R 66/92 (BStBl 1994 II S. 182) und vom 13.12.2007 I R 57/04, 2008 II S. 434).
3 BFH vom 19.12.2000 VII R 69/99 (BStBl 2001 II S. 353).

fahren) und ab 2009 zu 60 % (Teileinkünfteverfahren) erfasst werden; das gilt ab 2009 allerdings nur, wenn sich die Anteile im Betriebsvermögen befinden. Befinden sie sich im Privatvermögen, ist die Einkommensteuer grundsätzlich durch die Kapitalertragsteuer von 25 % abgegolten (§ 43 Abs. 5 EStG). Zu beachten ist also, dass die Kapitalertragsteuer als Erhebungsform der Einkommensteuer (und der Körperschaftsteuer) auch nach Einführung des Halbeinkünfteverfahrens (2002) bzw. des Teileinkünfteverfahrens und der Abgeltungsteuer (2009) bestehen bleibt. Ab 2009 ist nur zu beachten, dass durch die Kapitalertragsteuer im Anwendungsbereich des § 43 Abs. 5 Satz 1 EStG die Einkommensteuer abgegolten ist, die Einnahmen im Rahmen der Veranlagung also nicht erfasst werden und deshalb auch nicht unter § 36 Abs. 2 Nr. 2 EStG fallen.

Der Nachweis über den Kapitalertragsteuerabzug wird durch die Vorlage der Bescheinigungen gem. § 45a Abs. 2 oder 3 EStG geführt (siehe 34.3.7). Der Nachweis über den Steuerabzug für die Lohnsteuer wird durch die Vorlage der Lohnsteuer-Bescheinigung geführt (siehe 34.2.11).

Bei der Anrechnung von Einkommensteuer-Vorauszahlungen und einbehaltenen Steuerabzugsbeträgen sind die besonderen Aufrundungsvorschriften des § 36 Abs. 3 EStG zu beachten.

Die Anrechnung der in § 36 Abs. 2 EStG genannten Beträge auf die Einkommensteuer stellt trotz der technischen Zusammenfassung im Steuerbescheid keinen Teil der Steuerfestsetzung dar, sondern fällt in das Gebiet der Steuererhebung (H 36 „Anrechnung" EStH).[4] Sie kann daher jederzeit bis zum Ablauf der Zahlungsverjährung zugunsten des Steuerpflichtigen geändert werden, wenn sich die ursprüngliche Anrechnung als unzutreffend erwiesen hat. Eine Änderung zuungunsten des Steuerpflichtigen ist dagegen nur unter den einschränkenden Voraussetzungen des § 130 Abs. 2 AO zulässig,[5] soweit nicht andere Änderungsvorschriften, z. B. § 129 AO, in Betracht kommen. Bei Erlass eines **Abrechnungsbescheids** durch das Finanzamt gem. § 218 Abs. 2 Satz 1 AO kann die vorangegangene Anrechnungsverfügung als begünstigender Verwaltungsakt nur unter den Voraussetzungen des § 130 Abs. 2 AO geändert werden. Zwar handelt es sich nur um einen deklaratorischen Verwaltungsakt, dessen Außenwirkung (§ 118 AO) sich je nach dem Ergebnis der Anrechnung in einem Leistungsgebot oder in einer Erstattungsverfügung äußert. Wenn diese aber einen Fehler zugunsten des Steuerpflichtigen enthält, kann sie nur unter den Voraussetzungen des § 130 Abs. 2 AO geändert werden.[6] § 48c EStG enthält eine besondere Regelung für die Reihenfolge der Anrechnung von Abzugsbeträgen bei den Bauleistungen (siehe 34.4).[7]

---

4 BFH vom 19.12.2000 VII R 69/99 (BStBl 2001 II S. 353).
5 BFH vom 15.04.1997 VII R 100/96 (BStBl 1997 II S. 787).
6 BFH vom 26.06.2007 VII R 35/06 (BStBl 2007 II S. 742.)
7 BMF vom 27.12.2002 (BStBl 2002 I S. 1399), Rdnr. 88 ff.

34.1.4 Einkommensteuer-Vorauszahlung (§ 37 EStG)

Der Steuerpflichtige hat am 10. März, 10. Juni, 10. September und 10. Dezember Vorauszahlungen auf die Einkommensteuer zu entrichten, die er für den laufenden Veranlagungszeitraum voraussichtlich schulden wird. Die Einkommensteuer-Vorauszahlung entsteht jeweils mit Beginn des Kalendervierteljahres, in dem die Vorauszahlungen zu entrichten sind, oder, wenn die Steuerpflicht erst im Laufe des Kalendervierteljahres begründet wird, mit Begründung der Steuerpflicht (§ 37 Abs. 1 EStG).

Ab dem Veranlagungszeitraum 2009 werden keine von § 37 Abs. 1 EStG abweichenden Vorauszahlungstermine mehr festgesetzt. Da das Lohnsteuerabzugsverfahren nach der Rechtsprechung des BFH[8] nur ein Unterfall des § 37 EStG ist, können Einkommensteuer-Vorauszahlungen auch dann festgesetzt werden, wenn der Steuerpflichtige ausschließlich Einkünfte aus nichtselbständiger Arbeit bezieht, die dem Lohnsteuerabzug unterliegen.

Das Finanzamt setzt Vorauszahlungen durch Vorauszahlungsbescheid erstmalig fest (§ 37 Abs. 3 Satz 1 EStG), wenn sie mindestens 400 Euro im Kalenderjahr und mindestens 100 Euro für einen Vorauszahlungszeitpunkt betragen (§ 37 Abs. 5 EStG). Vorauszahlungen auf die Einkommensteuer sind grundsätzlich in vier gleich großen Teilbeträgen zu leisten.[9]

Festgesetzte Vorauszahlungen sind bei der Anpassung gem. § 37 Abs. 3 Satz 2 bis 5 EStG nur zu erhöhen, wenn der Erhöhungsbetrag für den jeweiligen Vorauszahlungszeitpunkt mindestens 100 Euro beträgt (§ 37 Abs. 5 Satz 2 Halbsatz 1 EStG). Bei einer nachträglichen Anpassung gem. § 37 Abs. 4 EStG beträgt der Mindestbetrag 5.000 Euro (§ 37 Abs. 5 Satz 2 Halbsatz 2 EStG). Auch wenn die Betragsgrenzen überschritten sind, muss nicht angepasst werden; es besteht auch kein Anpassungsanspruch. Der Steuerpflichtige ist auch nicht verpflichtet, einen Antrag zu stellen, wenn feststeht, dass eine die Vorauszahlungen übersteigende Steuerschuld entstehen wird. Allerdings muss er auf eine entsprechende Anfrage des Finanzamts eine zutreffende Auskunft erteilen.[10]

Als selbständiger Steuerbescheid kann der Vorauszahlungsbescheid mit dem Einspruch angefochten werden. Die Ablehnung des Antrags auf Herabsetzung der Vorauszahlungen ist aber nach Ansicht des BFH[11] nicht aussetzungsfähig. Hier kommt nur eine Stundung in Betracht. Ist der Einkommensteuerbescheid ergangen, kommt eine Aussetzung der Vollziehung der vorangegangenen Vorauszahlungsbescheide nicht mehr in Betracht.[12] Die Aussetzung und Aufhebung der Vollziehung des Einkommensteuerbescheids beschränkt sich auf die sich daraus ergebende

---

8 BFH vom 20.12.2004 VI R 182/97 (BStBl 2005 II S. 358).
9 BFH vom 22.11.2011 VIII R 11/09 (BStBl 2012 II S. 329).
10 BFH vom 15.04.1997 VII R 74/96 (BStBl 1997 II S. 600).
11 BFH vom 27.03.1991 I B 187/90 (BStBl 1991 II S. 643).
12 BFH vom 03.07.1995 GrS 3/93 (BStBl 1995 II S. 730).

Abschlusszahlung, gemindert um die festgesetzte Vorauszahlung (§ 361 Abs. 2 AO, § 69 Abs. 2 FGO). Die Aussetzung der Vollziehung des Einkommensteuerbescheids bewirkt also nicht die Erstattung bereits geleisteter Vorauszahlungen.

Bemessung der Vorauszahlungen

Die Vorauszahlungen bemessen sich nach § 37 Abs. 3 Satz 2 EStG grundsätzlich nach der Einkommensteuer, die sich nach Anrechnung der Steuerabzugsbeträge bei der letzten Veranlagung ergeben hat. Zuletzt veranlagte Einkommensteuer ist immer die jeweils festgesetzte Steuerschuld für das zuletzt veranlagte Kalenderjahr. Unwesentlich ist, ob die letzte Veranlagung das vorhergehende Kalenderjahr betrifft. Bestandskraft ist nicht erforderlich.

Beispiel:

Die Einkommensteuerschuld eines Steuerpflichtigen für ein Kalenderjahr beträgt nach dem Ergebnis der Veranlagung 6.000 €.

Die Einkommensteuervorauszahlungen für das nächste Kalenderjahr bemessen sich vierteljährlich auf je 1.500 €.

Die noch nicht fälligen Vorauszahlungen des laufenden Veranlagungszeitraums können dabei so erhöht oder gemindert werden, dass die voraussichtliche Jahresschuld gedeckt wird.

Beispiel:

Bei der Veranlagung eines Steuerpflichtigen für das vorangegangene Kalenderjahr wird eine Steuerschuld i. H. von 6.000 € festgesetzt. Der Bescheid ergeht im Juli dieses Jahres. Bisher waren für den Steuerpflichtigen noch keine Einkommensteuer-Vorauszahlungen festgesetzt worden.

Die für das III. und IV. Vierteljahr dieses Jahres zu entrichtenden Vorauszahlungen werden auf je 3.000 € und die Vorauszahlungen vom I. Vierteljahr des folgenden Jahres an auf je 1.500 € festgesetzt.

Bei der Bemessung der Vorauszahlungen nach den Verhältnissen der letzten Veranlagung wird unterstellt, dass in der Entwicklung der Einkommensverhältnisse des Steuerpflichtigen keine wesentlichen Veränderungen eintreten. Sind Umstände gegeben, die erkennen lassen, dass sich eine wesentlich veränderte Einkommensteuerschuld für das laufende Kalenderjahr ergibt, kann das Finanzamt die Vorauszahlungen an die sich voraussichtlich ergebende Steuerschuld anpassen. Die **Anpassung** ist auch dann noch möglich, wenn die Einkommensteuererklärung für den abgelaufenen Veranlagungszeitraum bereits abgegeben wurde.[13] Eine Anpassung hat ebenfalls zu erfolgen, wenn der Steuerpflichtige dartut, dass die Einkommensteuer voraussichtlich wesentlich niedriger sein wird als bei der letzten Veranlagung.

---

13 BFH vom 27.09.1976 VIII B 69/75 (BStBl 1977 II S. 33).

34.1 Erhebung der Einkommensteuer

Bei der Bemessung der Vorauszahlungen sind in jedem Fall die **Sonderregelungen** zu beachten, die **in § 37 Abs. 3 Satz 4 bis 12 EStG** getroffen worden sind. Im Rahmen der Festsetzung von Vorauszahlungen kann die Günstigerprüfung nach § 32d Abs. 6 EStG berücksichtigt werden.

Im Interesse der Gleichbehandlung aller Steuerpflichtigen bestimmt § 37 Abs. 3 Satz 4 EStG, dass Aufwendungen i. S. des § 10 Abs. 1 Nr. 1, 1a, 1b, 4, 5, 7 und 9 EStG sowie der §§ 10b und 33 EStG ebenso wie abziehbare Beträge nach § 33a EStG bei der Festsetzung der Vorauszahlungen außer Ansatz zu bleiben haben, wenn die Aufwendungen und abziehbaren Beträge insgesamt 600 Euro nicht übersteigen. Der Sonderausgabenabzug nach § 10a Abs. 1 EStG bleibt ganz außer Ansatz (§ 37 Abs. 3 Satz 6 EStG), ebenso die Steuerermäßigung nach § 34a EStG.

Hinsichtlich der Versicherungsbeiträge i. S. des § 10 Abs. 1 Nr. 2 EStG sowie der Behinderten- und Hinterbliebenen-Pauschbeträge nach § 33b EStG ergeben sich aus der Vorschrift des § 37 Abs. 3 Satz 4 EStG keine Beschränkungen, weil diese Aufwendungen und Beträge auch im Lohnsteuer-Abzugsverfahren berücksichtigt werden oder doch berücksichtigt werden können.

Bei der Festsetzung von Einkommensteuer-Vorauszahlungen ist § 37 Abs. 3 Satz 4 EStG nur anzuwenden, wenn sich auch ohne Anwendung dieser Vorschrift ein Vorauszahlungsbetrag ergibt. Dadurch wird vermieden, dass Vorauszahlungen festgesetzt werden, obgleich nach der Veranlagung und Anrechnung von Steuerabzugsbeträgen keine Einkommensteuer zu zahlen ist.

Für die **Ermittlung der 600 Euro-Grenze** gilt Folgendes:

1. Bei nicht in Vorsorgeaufwendungen bestehenden Sonderausgaben (§ 10 Abs. 1 Nr. 1, 1a, 1b, 4, 6, 7 und 9 EStG) sowie Mitgliedsbeiträgen und Spenden i. S. des § 10b EStG sind nur die tatsächlich geleisteten Beträge, im Fall des § 10b EStG höchstens der jeweils in Betracht kommende Höchstbetrag, zu berücksichtigen. Der Sonderausgaben-Pauschbetrag nach § 10c EStG gilt nicht als Aufwendung.

2. Bei außergewöhnlichen Belastungen i. S. des § 33 EStG ist von den dem Grunde und der Höhe nach anzuerkennenden Aufwendungen auszugehen. Dagegen sind bei außergewöhnlichen Belastungen in besonderen Fällen (§ 33a EStG) die abziehbaren Beträge maßgebend.

Nach § 37 Abs. 3 Satz 7 EStG bleiben bei der Festsetzung oder Anpassung von Vorauszahlungen Aufwendungen, die nach § 10e Abs. 6 EStG und § 10h Satz 3 EStG (der letztmals anzuwenden ist, wenn mit der Herstellung vor dem 01.01.1996 begonnen worden ist) wie Sonderausgaben abgezogen werden, bis zum Zeitpunkt der Anschaffung oder Fertigstellung der Objekte außer Ansatz. Diese können erst nach Anschaffung oder Fertigstellung bei der Festsetzung der Vorauszahlungen berücksichtigt werden. Ob der besondere Abzugsbetrag nach § 10e Abs. 1 bis 5 EStG schon vor der Anschaffung oder Fertigstellung der Wohnung bei der Festsetzung der Vorauszahlungen des Veranlagungszeitraums berücksichtigt werden kann, ist nicht ausdrücklich geregelt. Was aber für § 10e Abs. 6 und § 10h Satz 3 EStG gilt, muss erst recht für § 10e Abs. 1 und § 10h Satz 1 EStG gelten.

Nach § 37 Abs. 3 Satz 8 EStG werden negative Einkünfte aus der Vermietung und Verpachtung eines Gebäudes i. S. des § 21 Abs. 1 Nr. 1 EStG bei der Festsetzung von **Vorauszahlungen** nur für Kalenderjahre berücksichtigt, die nach der Anschaffung oder Fertigstellung dieses Gebäudes beginnen.[14]

Beispiel:

A erwirbt im März 01 eine soeben fertig gestellte Eigentumswohnung für 250.000 €. Die Wohnung soll fremdvermietet werden.

Etwaige negative Einkünfte aus dieser Eigentumswohnung können erst bei der Festsetzung der Vorauszahlungen für das Jahr 02 berücksichtigt werden.

Einer Berücksichtigung von negativen Einkünften aus Vermietung und Verpachtung im Rahmen der **Veranlagung** zur Einkommensteuer steht die Vorschrift des § 37 Abs. 3 Satz 8 EStG nicht entgegen.

Beispiel:

B errichtet ein Mehrfamilienhaus, das im Oktober 01 fertig gestellt wird und aus dem ihm in 01 ein Verlust aus Vermietung und Verpachtung i. H. von insgesamt 15.000 € entsteht.

Der Verlust von 15.000 € kann zwar nicht bei der Festsetzung der Vorauszahlungen für 01 berücksichtigt werden. Er ist jedoch bei der Veranlagung 01 in voller Höhe zu berücksichtigen.

Zu Vorauszahlungen bei **Verlustzuweisungen** hat das BMF Stellung bezogen.[15] Durch die Regelung des § 37 Abs. 8 bis 11 EStG und durch die weiteren Abzugsbeschränkungen nach § 15b EStG hat sich das Vorprüfungsverfahren des Betriebsstättenfinanzamts weitgehend erledigt.

Das Verbot der Berücksichtigung von negativen Einkünften aus Vermietung und Verpachtung gilt nach § 37 Abs. 3 Satz 10 EStG nicht für negative Einkünfte aus der Vermietung und Verpachtung eines Gebäudes, für das erhöhte Absetzungen nach §§ 14a, 14c oder 14d BerlinFG oder Sonderabschreibungen nach § 4 FörderG in Anspruch genommen werden. Zu berücksichtigen sind in diesen Fällen nicht nur die erhöhten Absetzungen selbst, sondern auch die übrigen Werbungskosten.

Negative Einnahmen aus der Vermietung und Verpachtung eines anderen Vermögensgegenstandes i. S. des § 21 Abs. 1 Nr. 1 bis 3 EStG werden nach § 37 Abs. 3 Satz 11 EStG bei der Festsetzung der Vorauszahlungen nur für Kalenderjahre berücksichtigt, die nach der Aufnahme der Nutzung durch den Steuerpflichtigen beginnen. Zu den anderen Vermögensgegenständen i. S. des § 21 Abs. 1 Nr. 1 bis 3 EStG zählen der Grund und Boden, Gebäudeteile, in ein Schiffsregister eingetragene Schiffe, grundstücksgleiche Rechte (z. B. Erbbaurecht, Mineralgewinnungs-

---

14 BFH vom 17.03.1994 VI B 154/93 (BStBl 1994 II S. 567).
15 BMF vom 13.07.1992 (BStBl 1992 I S. 404) und vom 28.06.1994 (BStBl 1994 I S. 420).

34.1 Erhebung der Einkommensteuer

recht), Sachinbegriffe, Rechte (insbesondere schriftstellerische, künstlerische und gewerbliche Urheberrechte), gewerbliche Erfahrungen sowie Gerechtigkeiten und Gefälle.

Von einer Aufnahme der Nutzung ist auszugehen, wenn der Steuerpflichtige aus dem Gegenstand durch Nutzungsüberlassung an einen Dritten steuerlich zu erfassende Einkünfte zieht. Das Bemühen um den Abschluss eines Miet- oder Pachtvertrages reicht zur Annahme der Nutzungsaufnahme ebenso wenig aus wie der bloße Abschluss des Miet- oder Pachtvertrages.

Wenn die steuerliche Freistellung des Existenzminimums eines Kindes nicht durch Kindergeld erreicht wird, können die entsprechenden Freibeträge (§ 31 EStG) nicht im Vorauszahlungs-, sondern erst im Veranlagungsverfahren berücksichtigt werden (§ 37 Abs. 3 Satz 12 EStG).

Während des Kalenderjahres kann das Finanzamt die Vorauszahlungen für das laufende Kalenderjahr stets anpassen. Dies gilt unabhängig davon, ob die Anpassung zugunsten oder zuungunsten des Steuerpflichtigen, auf Antrag des Steuerpflichtigen oder von Amts wegen erfolgt. Die Monatsfrist des § 37 Abs. 4 Satz 2 EStG gilt hier nicht (H 37 EStH). Festgesetzte Vorauszahlungen sind aber nur dann zu erhöhen, wenn sich der Erhöhungsbetrag für einen Vorauszahlungszeitpunkt auf mindestens 100 Euro beläuft (§ 37 Abs. 5 EStG).

Nach § 37 Abs. 3 Satz 3 EStG kann das Finanzamt die **nachträgliche Anpassung** bis zum Ablauf des auf den Veranlagungszeitraum folgenden **15. Kalendermonats** vornehmen (korrespondiert mit § 233a AO); dieser Zeitraum verlängert sich auf 21 Monate, wenn die Einkünfte aus Land- und Forstwirtschaft die anderen Einkünfte voraussichtlich überwiegen werden. Bei einer Erhöhung ist die letzte Vorauszahlung zum 10. Dezember anzupassen, wenn sich die Erhöhung auf mindestens 5.000 Euro beläuft (§ 37 Abs. 5 Satz 2 EStG). Die Zahlungsfrist beträgt einen Monat (§ 37 Abs. 4 Satz 2 EStG). Wie bei der Anpassung der laufenden Vorauszahlungen sind auch bei der nachträglichen Anpassung der Vorauszahlungen die Vorschriften des § 37 Abs. 3 Satz 4 bis 12 EStG zu beachten.

34.1.5 Pauschalierung der Einkommensteuer durch Dritte
(§ 37a EStG)

Gemäß § 3 Nr. 38 EStG sind Sachprämien bis zu einem Wert von 1.080 Euro im Kalenderjahr steuerfrei, die der Steuerpflichtige für die persönliche Inanspruchnahme von Dienstleistungen von Unternehmen unentgeltlich erhält, die diese zum Zweck der Kundenbindung im allgemeinen Geschäftsverkehr in einem jedermann zugänglichen planmäßigen Verfahren gewähren.

Durch § 37a EStG wird dem Unternehmen die Möglichkeit der Pauschalierung eingeräumt, das die Prämien gewährt. Hintergrund dieser 1997 eingeführten und allgemein formulierten Regelungen ist das Miles-&-More-Bonusprogramm der Deutschen Lufthansa. Sachprämien sind Leistungen, die nicht in Geld bestehen (vgl. § 8 Abs. 2 EStG), z. B. Freiflüge, Hotelübernachtungen. Die Prämien müssen für Dienstleistungen (vgl. § 8 Abs. 3 EStG) gewährt werden, weil bei diesen eine Anknüpfung an die persönliche Inanspruchnahme möglich ist. Die Prämie muss zum Zweck der Kundenbindung gewährt werden. Das Unternehmen, das die Sachprämien gewährt, kann beim Finanzamt beantragen, dass es die Einkommensteuer für den Teil der Prämien, der gem. § 3 Nr. 38 EStG nicht steuerfrei ist, pauschal erhebt. Bemessungsgrundlage der pauschalen Einkommensteuer ist dann die Summe der Werte aller Prämien, die dem Kunden im Zeitpunkt der Inanspruchnahme nach dem jeweiligen Kundenbindungsprogramm zufließen (§ 37a Abs. 1 EStG). Damit wird auch der steuerfreie Betrag von dem Pauschsteuersatz von 2,25 % erfasst, was für den Steuerpflichtigen selbst aber keine Auswirkung hat. Die Pauschalierungsgenehmigung des Finanzamts (§ 37a Abs. 3 EStG) bewirkt, dass die pauschal besteuerte Sachprämie bei der Veranlagung des Begünstigten außer Betracht bleibt (§ 37a Abs. 2 i. V. m. § 40 Abs. 3 Satz 3 EStG). Das gewährende Unternehmen ist verpflichtet, die Pauschalsteuer als fiktive Lohnsteuer beim Betriebsstättenfinanzamt anzumelden und an dieses abzuführen (§ 37a Abs. 4 EStG). Das Unternehmen hat die Prämienempfänger von der Steuerübernahme zu unterrichten (§ 37a Abs. 2 Satz 2 EStG).

34.1.6 Pauschalierung der Einkommensteuer bei Sachzuwendungen (§ 37b EStG)

34.1.6.1 Allgemeines

Im Wirtschaftsleben ist es üblich, durch verschiedenste Sachzuwendungen Geschäftsbeziehungen zu pflegen und Leistungsanreize für Arbeitnehmer zu geben. Solche Zuwendungen (z. B. Einladungen zu Veranstaltungen, Geschenke) sind i. d. R. Betriebseinnahmen des Geschäftspartners bzw. Drittlohn bei dessen Arbeitnehmern oder Arbeitslohn bei den eigenen Arbeitnehmern. Die steuerliche Erfassung beim Zuwendungsempfänger beeinträchtigte häufig die Geschäftsbeziehungen bzw. das Arbeitsklima. Die Regelungen der Finanzverwaltung zur Aufteilung der Sachzuwendungen in Werbung, Bewirtung und Geschenke[16] wurden als unzureichend angesehen. Deshalb ist durch das JStG 2007 § 37b in das Einkommensteuergesetz eingefügt worden, der es dem zuwendenden Steuerpflichtigen ermöglicht, die Einkommensteuer auf Sachzuwendungen an Arbeitnehmer oder Nichtarbeitnehmer zu übernehmen und abzuführen. Dadurch ist der geldwerte Vorteil beim Zuwendungsempfänger abgegolten (§ 37b Abs. 3 Satz 1 EStG). Der Zuwendende hat den Empfänger über die Steuerübernahme zu informieren (§ 37b Abs. 3 Satz 3 EStG). Mit dieser Information kann der Empfänger die Besteuerung durch den Zuwenden-

---

[16] BMF vom 14.10.1996 (BStBl 1996 I S. 1192) zu Incentive-Reisen, vom 22.08.2005 und 11.07.2006 (BStBl 2005 I S. 845 und BStBl 2006 I S. 447) zu VIP-Logen sowie vom 30.02.2006 (BStBl 2006 I S. 307) zu Hospitality-Leistungen.

34.1 Erhebung der Einkommensteuer

den nachweisen. Fraglich ist, ob durch die Vorschrift nur Zuwendungen erfasst werden, die beim Empfänger unter eine bestimmte Einkunftsart fallen. Die Finanzverwaltung vertritt in ihrem Anwendungsschreiben zu § 37b EStG die Ansicht, dass es nicht darauf ankommt, dass die Zuwendungen im Rahmen einer Einkunftsart zufließen.[17]

Zuwendender i. S. des § 37b EStG kann jede natürliche oder juristische Person sein, die Gewinneinkünfte erzielt.

In § 37b EStG wird unterschieden zwischen Sachzuwendungen und Geschenken an Geschäftspartner sowie deren Arbeitnehmer (Absatz 1) und betrieblich veranlasste Zuwendungen an eigene Arbeitnehmer (Absatz 2). Zur Sozialversicherungspflicht siehe Sozialversicherungsentgeltverordnung.

34.1.6.2 Sachzuwendungen und Geschenke an Dritte

Zum Empfängerkreis des § 37b Abs. 1 EStG gehören alle Personen, denen im Hinblick auf betriebliche Interessen und Belange die Sachzuwendung als konkrete Belohnung oder konkreter Anreiz gewährt wird (betrieblich veranlasste Zuwendung) oder die eine Zuwendung zur Kontaktpflege erhalten: AGs, GmbHs, Aufsichtsräte, Verwaltungsratsmitglieder, sonstige Organmitglieder von Vereinen und Verbänden, Geschäftspartner und deren Familienangehörige, Arbeitnehmer Dritter. Bei Zuwendungen an Arbeitnehmer Dritter ist eine Besteuerung durch deren eigenen Arbeitgeber unter Anwendung des § 37b Abs. 2 EStG ausgeschlossen. In die Pauschalierung des § 37b EStG sind auch Betriebsausgaben einzubeziehen, die unter Abzugsverbote fallen, wie z. B. § 4 Abs. 5 Satz 1 Nr. 10 EStG **(Bestechung),** oder gem. § 160 AO nicht abziehbar sind.[18] Um diese Rechtsfolge der Nichtabziehbarkeit nach § 160 AO zu vermeiden, kann der Steuerpflichtige auf die Pauschalierung – allerdings dann für alle Zuwendungen – verzichten. Barzuwendungen sind nicht pauschalierungsfähig. Auch Sachzuwendungen, die nach anderen Bestimmungen beim Empfänger nicht zu steuerpflichtigen Einnahmen führen, fallen nicht unter § 37b EStG, z. B. Streuwerbeartikel, deren Anschaffungs- oder Herstellungskosten 10 Euro nicht übersteigen.[19] Da der Vorteil aus der Teilnahme an einer geschäftlichen Bewirtung i. S. des § 4 Abs. 5 Satz 1 Nr. 2 EStG beim Empfänger aus Vereinfachungsgründen nicht zu erfassen ist (R 4.7 Abs. 3 EStR), fällt dieser auch nicht unter § 37b EStG.[20]

Die Vereinfachungsregelungen zur Aufteilung der Gesamtaufwendungen für VIP-Logen[21] werden von der Finanzverwaltung im Anwendungsbereich des § 37b EStG

---

17 BMF vom 29.04.2008 (BStBl 2008 I S. 566), Rdnr. 13.
18 BMF vom 29.04.2008 (BStBl 2008 I S. 566), Rdnr. 25, 34.
19 BMF vom 29.04.2008 (BStBl 2008 I S. 566), Rdnr. 10.
20 BMF vom 29.04.2008 (BStBl 2008 I S. 566), Rdnr. 10.
21 BMF vom 22.08.2005 (BStBl 2005 I S. 845) und vom 11.07.2006 (BStBl 2006 I S. 447).

weiter angewendet.[22] Der danach ermittelte, auf Geschenke entfallende pauschale Anteil stellt die Aufwendungen dar, die in die Bemessungsgrundlage nach § 37b EStG einzubeziehen sind. Die Vereinfachungsregelungen zur Übernahme der Besteuerung[23] sind ab dem 01.01.2007 nicht mehr anzuwenden, weil mit § 37b EStG dafür eine gesetzliche Grundlage geschaffen worden ist. Gibt der Zuwendungsempfänger die Zuwendung unmittelbar weiter, entfällt eine erneute pauschale Besteuerung nach § 37b EStG, wenn er hierfür keinen Betriebsausgabenabzug vornimmt.[24]

Die Pauschalierung nach § 37b Abs. 1 Nr. 2 EStG für Geschenke setzt zwar nicht voraus, dass die Aufwendungen als Betriebsausgabe abziehbar sind. Bei Überschreiten der Freigrenze von 35 Euro (§ 4 Abs. 5 Satz 1 Nr. 1 Satz 2 EStG) sind aber weder die Geschenkaufwendungen noch die Pauschsteuer als Betriebsausgaben abzugsfähig.[25]

Bemessungsgrundlage der pauschalen Einkommensteuer sind die Aufwendungen einschließlich Umsatzsteuer (§ 37b Abs. 1 Satz 2 EStG). Bei der Zuwendung eines Wirtschaftsguts, z. B. eines PKW an einen freien Mitarbeiter, ist der gemeine Wert anzusetzen.

Pauschalierungsgrenze ist ein Betrag von 10.000 Euro, entweder pro Empfänger und Wirtschaftsjahr (§ 37b Abs. 1 Satz 3 Nr. 1 EStG) oder pro einzelner Zuwendung (§ 37b Abs. 1 Satz 3 Nr. 2 EStG). In der ersten Alternative handelt es sich um einen **Höchstbetrag**, in der zweiten Alternative um eine **Höchstgrenze**. Bei drei Zuwendungen von jeweils 4.000 Euro ist § 37b EStG also auch auf die Hälfte der dritten Zuwendung anzuwenden, um den Höchstbetrag auszuschöpfen, während bei einer einzelnen Zuwendung im Wert von 15.000 Euro die Höchstgrenze überschritten und damit § 37b EStG darauf nicht anwendbar ist. Das schließt nicht aus, für andere Zuwendungen an diesen Empfänger die Pauschalierung nach § 37b Abs. 1 Satz 3 Nr. 1 EStG in Anspruch zu nehmen.[26]

Das Pauschalierungswahlrecht kann in einem Wirtschaftsjahr nur einheitlich für alle Sachzuwendungen und Geschenke ausgeübt werden (§ 37b Abs. 1 Satz 1 EStG).

34.1.6.3 Sachzuwendungen an eigene Arbeitnehmer

Zum Empfängerkreis des § 37b Abs. 2 EStG gehören nur die eigenen Arbeitnehmer. Zuwendender kann also nur der Arbeitgeber sein. Zuwendungen, die die Arbeitnehmer von einem Dritten erhalten haben, fallen nicht unter § 37b EStG, sondern unter § 38 Abs. 1 Satz 3 EStG.

---

22 BMF vom 29.04.2008 (BStBl 2008 I S. 566), Rdnr. 15.
23 BMF vom 22.08.2005 (BStBl 2005 I S. 845), Rdnr. 16, 18.
24 BMF vom 29.04.2008 (BStBl 2008 I S. 566), Rdnr. 12.
25 BMF vom 29.04.2008 (BStBl 2008 I S. 566), Rdnr. 26.
26 BMF vom 29.04.2008 (BStBl 2008 I S. 566), Rdnr. 21.

34.1 Erhebung der Einkommensteuer

Zuwendungen an eigene Arbeitnehmer sind Sachbezüge i. S. des § 8 Abs. 2 Satz 1 EStG, für die keine gesetzliche Bewertungsmöglichkeit nach § 8 Abs. 2 Satz 2 bis 8, Abs. 3 EStG sowie keine Pauschalierungsmöglichkeit nach § 40 Abs. 2 EStG besteht. Damit ist § 37b EStG ausgeschlossen für die Nutzungsüberlassung eines Dienstwagens für private Zwecke, für den Bezug von Waren oder Dienstleistungen, die auch im allgemeinen Geschäftsverkehr angeboten werden, für die Überlassung von Vermögensbeteiligungen, für Sachprämien im Rahmen von Kundenbindungsprogrammen und für solche Sachzuwendungen, für die die Lohnsteuer mit einem Pauschsteuersatz von 25 % für bestimmte Sachzuwendungen pauschal ermittelt wurde. Bei der Lohnsteuerpauschalierung nach § 40 Abs. 1 EStG gibt es ein Wahlrecht.[27]

§ 37b Abs. 2 EStG ist wie § 37b Abs. 1 EStG einheitlich anzuwenden, d. h., wenn Sachzuwendungen an einen Arbeitnehmer pauschal versteuert werden, sind sämtliche Sachzuwendungen an alle eigenen Arbeitnehmer pauschal zu versteuern. Dabei ist es aber zulässig, § 37b EStG für Zuwendungen an Dritte (Absatz 1) und an eigene Arbeitnehmer (Absatz 2) jeweils gesondert anzuwenden.[28]

Wird die Freigrenze des § 8 Abs. 2 letzter Satz EStG i. H. von 44 Euro nicht überschritten, liegt kein steuerpflichtiger Sachbezug vor. Bei der Prüfung der Freigrenze bleiben die nach § 8 Abs. 2 Satz 1 EStG zu bewertenden Vorteile, die nach §§ 37b und 40 EStG pauschal versteuert werden, außer Ansatz. Mahlzeiten aus besonderem Anlass (R 8.1 Abs. 8 Nr. 2 LStR) können pauschal nach § 37b EStG besteuert werden, wenn der Wert der Mahlzeit 40 Euro übersteigt. Zuwendungen an Arbeitnehmer, die als bloße Aufmerksamkeiten (R 19.6 LStR) anzusehen sind und deren jeweiliger Wert 40 Euro nicht übersteigt, gehören nicht zum Arbeitslohn und sind daher nicht in die Pauschalierung nach § 37b EStG einzubeziehen. Bei Überschreitung des Betrags von 40 Euro ist die Anwendung des § 37b EStG möglich. Für die Bemessungsgrundlage und die Pauschalierungsgrenze gelten die Ausführungen zu den Zuwendungen an Dritte entsprechend.

34.1.6.4 Verfahren der Pauschalierung

Die Zuwendung ist im Zeitpunkt der Erlangung der wirtschaftlichen Verfügungsmacht zu erfassen. Die Entscheidung zur Anwendung der Pauschalierung kann für den Anwendungsbereich des § 37b Abs. 1 EStG auch im laufenden Wirtschaftsjahr, spätestens in der letzten Lohnsteuer-Anmeldung des Wirtschaftsjahres der Zuwendung getroffen werden; denn die pauschale Einkommensteuer gilt als Lohnsteuer (§ 37b Abs. 4 Satz 1 EStG). Für den Anwendungsbereich des § 37b Abs. 2 EStG ist die Entscheidung spätestens bis zu dem für die Übermittlung der elektronischen Lohnsteuerbescheinigung geltenden Termin (§ 41b Abs. 1 Satz 2 EStG, 28. Februar des Folgejahres) zu treffen. Besondere Aufzeichnungspflichten für die Ermittlung

---

27 BMF vom 29.04.2008 (BStBl 2008 I S. 566), Rdnr. 3.
28 BMF vom 29.04.2008 (BStBl 2008 I S. 566), Rdnr. 4.

der Zuwendungen, für die § 37b EStG angewandt wird, bestehen nicht. Aus der Buchführung oder den Aufzeichnungen muss sich ablesen lassen, dass bei Wahlrechtsausübung alle Zuwendungen erfasst wurden. Für Sachverhalte zur Pauschalierung nach § 37b EStG kann eine Anrufungsauskunft i. S. des § 42e EStG eingeholt werden.[29]

34.2 Steuerabzug vom Arbeitslohn (Lohnsteuer)

34.2.1 Erhebung der Lohnsteuer (§ 38 EStG)

Die auf den Lohn eines Arbeitnehmers entfallenden Lohnsteuerabzugsbeträge stellen ihrer materiell-rechtlichen Qualifikation nach Vorauszahlungen auf die Jahreseinkommensteuer des Arbeitnehmers dar. Ebenso wie § 37 EStG dient auch der Lohnsteuerabzug der Sicherung eines stetigen Steueraufkommens, wobei durch die Möglichkeit sowohl der Anpassung der Vorauszahlung nach § 37 Abs. 3 EStG als auch der als Lohnsteuerabzugsmerkmal ermittelten Freibeträge die Vorauszahlungen der voraussichtlichen Jahreseinkommensteuer entsprechen bzw. angenähert sein sollen. Ungeachtet der zwischen Finanzamt und Arbeitgeber bestehenden Rechtsbeziehungen ist das Lohnsteuerabzugsverfahren, soweit es das Verhältnis zwischen Finanzamt und Arbeitnehmer betrifft, materiell-rechtlich ein Unterfall des § 37 EStG.

Die Rechtsbeziehungen zwischen Arbeitgeber und Finanzamt sind öffentlich-rechtlicher Art, während zwischen Arbeitgeber und Arbeitnehmer Privatrecht gilt, sodass z. B. für einen Streit über das Bestehen einer Nettolohnvereinbarung nicht das Finanzgericht, sondern das Arbeitsgericht zuständig ist.[30]

Die gesetzlichen Grundlagen für den Steuerabzug vom Arbeitslohn (Lohnsteuer) ergeben sich aus dem EStG und sind insbesondere in den §§ 38 bis 42g EStG geregelt. Zusätzlich sind die Vorschriften der LStDV zu beachten. Die LStR behandeln Zweifelsfragen und Auslegungsfragen für die praktische Anwendung des Lohnsteuerrechts. Der Gesetzgeber ist seit einiger Zeit bemüht, das Abzugsverfahren kostengünstiger zu gestalten. Die Lohnsteuerkarte als Grundlage wurde 2013 endgültig abgeschafft (siehe 34.2.4).

Schuldner der Lohnsteuer ist der Arbeitnehmer (siehe 23.2), auch bei einer Nettolohnvereinbarung. Dagegen ist bei pauschaliertem Arbeitslohn der Arbeitgeber Steuerschuldner (§ 40 Abs. 3 Satz 2 EStG).

Die Lohnsteuer entsteht in dem Zeitpunkt, in dem der Arbeitslohn dem Arbeitnehmer zufließt (§ 38 Abs. 2 Satz 2 EStG). Davon zu unterscheiden ist die Abführung (§ 41a EStG).

---

29 BMF vom 29.04.2008 (BStBl 2008 I S. 566), Rdnr. 37.
30 BFH vom 13.12.2007 I R 57/04 (BStBl 2008 II S. 434) m. w. N.

34.2 Steuerabzug vom Arbeitslohn (Lohnsteuer)

Der Arbeitgeber hat die Lohnsteuer für Rechnung des Arbeitnehmers bei jeder Lohnzahlung vom Arbeitslohn einzubehalten (§ 38 Abs. 3 Satz 1 EStG). Die Definition des Arbeitslohns enthält § 19 EStG (siehe 23.3). Eine Stundung der Lohnsteuer gem. § 222 Satz 3 AO ist ausgeschlossen. Der Arbeitgeberbegriff ergibt sich aus § 1 LStDV (siehe 23.1). Einbehaltungspflichtig ist nach § 38 Abs. 1 Satz 1 EStG der der inländischen Steuerhoheit unterliegende Arbeitgeber (inländischer Arbeitgeber). Er muss also im Inland einen Wohnsitz (§ 8 AO), seinen gewöhnlichen Aufenthalt (§ 9 AO), seine Geschäftsleitung (§ 10 AO), seinen Sitz (§ 11 AO), eine Betriebsstätte (§ 12 AO) oder einen ständigen Vertreter (§ 13 AO) haben. Der Betriebsstättenbegriff des § 41 Abs. 2 Satz 2 EStG ist hier nicht maßgebend, weil er nur den Ort der Aufzeichnungspflichten und das zuständige Finanzamt regelt. Gemäß § 38 Abs. 1 Satz 1 Nr. 2 EStG ist der ausländische Verleiher, der gewerbsmäßig Arbeitnehmerüberlassung betreibt, ebenfalls einbehaltungspflichtig. Durch diese Regelung wird die in § 42d Abs. 6 bis 8 EStG normierte Haftung des Entleihers ermöglicht.

Durch das Steueränderungsgesetz 2003 ist der inländische Arbeitgeberbegriff erweitert worden. § 38 Abs. 1 Satz 2 EStG ist auf laufenden Arbeitslohn anzuwenden, der für einen nach dem 31.12.2003 endenden Lohnzahlungszeitraum gezahlt wird, sowie auf sonstige Bezüge, die nach dem 31.12.2003 zufließen. Dadurch wurde eine früher bestehende Regelungslücke für den Lohnsteuerabzug bei grenzüberschreitendem Mitarbeitereinsatz im Bereich der Arbeitnehmerentsendung geschlossen.[31] Die Verwaltungsgrundsätze zur Arbeitnehmerentsendung vom Ausland in das Inland finden sich im BMF-Schreiben vom 09.11.2001.[32] Während das Besteuerungsrecht nach dem Doppelbesteuerungsabkommen für den gezahlten Arbeitslohn i. d. R. Deutschland zustand, weil der Arbeitnehmer sich entweder mehr als 183 Tage in Deutschland aufhielt oder die Vergütungen von einem Arbeitgeber gezahlt wurden, der in Deutschland als dem Tätigkeitsstaat ansässig war, unterblieb der Lohnsteuerabzug, weil die den Arbeitnehmer aufnehmenden deutschen Firmen nicht als Arbeitgeber i. S. des § 38 Abs. 1 Satz 1 Nr. 1 EStG angesehen wurden.[33] Jetzt kann auch ein deutsches Unternehmen, das lediglich wirtschaftlicher Arbeitgeber im Sinne der Doppelbesteuerungsabkommen ist, zum Lohnsteuerabzug verpflichtet werden.[34] Dabei handelt es sich i. d. R. um verbundene Unternehmen mit grenzüberschreitendem Personaleinsatz mit der Folge, dass das deutsche Unternehmen zur Einbehaltung und Abführung der Lohnsteuer verpflichtet ist, weil es den Lohn wirtschaftlich trägt und auch im Inland als Betriebsausgabe abzieht. Auf Leiharbeitnehmer ist die 183 Tage-Klausel nicht anwendbar.[35]

Seit 2004 unterliegt gem. § 38 Abs. 1 Satz 3, Abs. 4 Satz 3 EStG auch der im Rahmen des Dienstverhältnisses von einem Dritten gewährte Arbeitslohn dem Lohn-

---
31 BFH vom 19.02.2004 VI R 122/00 (BStBl 2004 II S. 620).
32 BMF vom 09.11.2001 (BStBl 2001 I S. 796).
33 BFH vom 24.03.1999 I R 64/98 (BStBl 2000 II S. 41).
34 BMF vom 27.01.2004 (BStBl 2004 I S. 173), Tz. III.1.
35 BMF vom 14.09.2006 (BStBl 2006 I S. 532), Tz. 4.3.4.

1453

steuerabzug, wenn der Arbeitgeber weiß oder erkennen kann, dass derartige Vergütungen erbracht werden. Hiervon wird insbesondere ausgegangen, wenn Arbeitgeber und Dritter verbundene Unternehmen i. S. des § 15 AktG sind. Die Regelung betrifft nur die Pflicht zum Lohnsteuerabzug; den Arbeitslohnbegriff dehnt sie nicht aus.

Beispiel:
Der Kraftfahrzeughersteller K gewährt dem deutschlandweit besten Verkäufer eine Schiffsreise im Wert von 2.000 €. Im November 2014 wird der Verkäufer V vom Händler H als bester Verkäufer ausgezeichnet. Er übergibt ihm den von K übersandten Reisegutschein.

Die Schiffsreise führt bei V zu einem steuerpflichtigen Sachbezug, der mit 96 % des ortsüblichen Endpreises (1.920 €) zu bewerten ist (§ 8 Abs. 2 Satz 1 EStG i. V. m. R 8.1 Abs. 2 Satz 9 LStR). H ist zum Lohnsteuerabzug verpflichtet, weil er durch die Übersendung des Reisegutscheins von der Lohnzahlung durch Dritte (K) Kenntnis hat.

Zu beachten sind die Handlungspflichten sowohl des Arbeitnehmers als auch des Arbeitgebers (§ 38 Abs. 4 Satz 3 EStG). Im Hinblick auf seine Haftung (§ 42d EStG) sollte der Arbeitgeber seine Arbeitnehmer auf ihre Anzeigepflichten gem. § 38 Abs. 4 Satz 3 Halbsatz 1 EStG hinweisen (R 38.4 Abs. 2 Satz 3 LStR). Hinsichtlich der Voraussetzung „erkennen kann" in § 38 Abs. 1 Satz 3 EStG ist das Finanzamt beweispflichtig.[36]

Ebenfalls seit 2004 ist in § 38 Abs. 3a Satz 1 EStG eine Regelung enthalten als Reaktion auf die Rechtsprechung des BFH[37], wonach bei Entschädigungszahlungen der Urlaubs- und Lohnausgleichskasse der Bauwirtschaft (ULAK) für verfallene Urlaubsansprüche kein Lohnsteuerabzug vorzunehmen ist. Die Steuerabzugsverpflichtung erfasst also Sonderfälle, in denen ein drittes Unternehmen zentral tarifliche Teilleistungen zahlt, die Arbeitslohn sind. Zur Erleichterung des Lohnsteuerabzugs kann der Dritte bis zu einer Jahresarbeitslohngrenze von 10.000 Euro (bezogen auf die vom Dritten geleisteten Zahlungen) die Lohnsteuer für sonstige Bezüge mit einem festen Steuersatz von 20 % und unabhängig von den Lohnsteuerabzugsmerkmalen des Arbeitnehmers erheben (§ 39c Abs. 3 EStG). Im Gegensatz zur Lohnsteuer-Pauschalierung nach den §§ 40 ff. EStG bleibt der Arbeitnehmer Schuldner der Lohnsteuer. Der Dritte hat eine Lohnsteuerbescheinigung zu erteilen und es kommt zu einer Pflichtveranlagung des Arbeitnehmers (§ 46 Abs. 2 Nr. 5 EStG).

Durch § 38 Abs. 3a Satz 2 ff. EStG wird es generell einem Dritten ermöglicht, den Lohnsteuerabzug vorzunehmen, wenn er sich gegenüber einem Arbeitgeber dazu verpflichtet hat und die Finanzverwaltung zustimmt. Die Vorschrift dient im Wesentlichen dazu, eine gesetzliche Grundlage für eine schon geübte Praxis zu schaffen, z. B. zusammengefasste Lohnabrechnung von Mehrarbeitsverhältnissen

---
36 BFH vom 10.05.2006 IX R 82/98 (BStBl 2006 II S. 669).
37 BFH vom 21.02.2003 VI R 74/00 (BStBl 2003 II S. 496).

34.2 Steuerabzug vom Arbeitslohn (Lohnsteuer)

eines Arbeitnehmers im Konzernverbund, studentische Arbeitsvermittlungen, zentrale Abrechnungsstellen bei den Kirchen, Arbeitnehmer von Wohneigentümergemeinschaften.[38]

34.2.2 Höhe der Lohnsteuer (§ 38a EStG)

Die Lohnsteuer bemisst sich nach dem Arbeitslohn, den der Arbeitnehmer im Kalenderjahr (Erhebungszeitraum) bezieht (Jahresarbeitslohn). Die Lohnsteuer ist somit eine **Jahreslohnsteuer** (§ 38a EStG).

Zwar ist die Lohnsteuer bei jeder Lohnzahlung bzw. Lohnabrechnung im Laufe des Kalenderjahres einzubehalten (§ 38 Abs. 3 Satz 1 EStG), endgültig bemisst sie sich aber nach dem Arbeitslohn, den der Arbeitnehmer im Kalenderjahr bezogen hat.[39] Während bis 1990 überzahlte Lohnsteuer durch den Lohnsteuer-Jahresausgleich erstattet wurde, ist dies seit 1991 im Rahmen der Antragsveranlagung gem. § 46 Abs. 2 Nr. 8 EStG vorgesehen (siehe 31.3.3). Der weiter mögliche Lohnsteuer-Jahresausgleich durch den Arbeitgeber gem. § 42b EStG gehört noch zum Lohnsteuer-Abzugsverfahren.

Bei der zeitlichen Zuordnung des Lohns ist zu unterscheiden zwischen laufendem Arbeitslohn (R 39b.2 LStR) und sonstigen Bezügen (R 39b.2 Abs. 2 LStR).

Laufender Arbeitslohn gilt in dem Kalenderjahr als bezogen, in dem der Lohnzahlungszeitraum endet. Wenn der Arbeitslohn für einen bestimmten Zeitraum zwischen Arbeitgeber und Arbeitnehmer abgerechnet und gezahlt wird, stimmen Lohnabrechnungszeitraum und Lohnzahlungszeitraum überein, nur in den Fällen des § 39b Abs. 5 Satz 1 EStG (Abschlagszahlungen) kann der Arbeitgeber abweichend einbehalten. Arbeitslohn, der nicht als laufender Arbeitslohn gezahlt wird (**sonstige Bezüge**), wird in dem Kalenderjahr bezogen, in dem er dem Arbeitnehmer zufließt (§ 38a Abs. 1 Satz 3 EStG). Sonstige Bezüge, die zu einem bereits abgelaufenen Kalenderjahr gehören, fallen nicht unter § 38a Abs. 1 Satz 3 EStG.[40]

Bei der **Ermittlung der Lohnsteuer** werden gem. § 38a Abs. 4 EStG die Besteuerungsgrundlagen des Einzelfalls durch die Einreihung der Arbeitnehmer in Steuerklassen (§ 38b EStG), Feststellung von Freibeträgen und Hinzurechnungsbeträgen (§ 39a EStG) sowie Bereitstellung von elektronischen Lohnsteuerabzugsmerkmalen (§ 39e EStG) oder Ausstellung von entsprechenden Bescheinigungen für den Lohnsteuerabzug (§ 39 Abs. 3 und § 39e Abs. 7 und 8 EStG) berücksichtigt.

34.2.3 Lohnsteuerklassen, Zahl der Kinderfreibeträge (§ 38b EStG)

Zur Vereinfachung des Steuerabzugs werden unbeschränkt und beschränkt steuerpflichtige Arbeitnehmer in Steuerklassen eingereiht. Es stehen sechs Steuerklassen

---
38 BMF vom 27.01.2004 (BStBl 2004 I S. 173), Tz. III.3.1.
39 BMF vom 28..09.2001 (BStBl 2001 I S. 672).
40 BFH vom 22.07.1993 VI R 104/92 (BStBl 1993 II S. 795).

34 Steuererhebung

zur Verfügung. Die Steuerklasseneinteilung vereinfacht den Steuerabzug, weil mit Hilfe der Steuerklassen, die entsprechend dem Familienstand usw. gebildet sind, eine einfache Ermittlung der Lohnsteuer möglich ist. Mit der Einführung des Verfahrens für die elektronischen Lohnsteuerabzugsmerkmale durch das Beitreibungsrichtlinien-Umsetzungsgesetz vom 07.12.2011[41] wurde die Spezialvorschrift für die Lohnsteuererhebung bei beschränkt Steuerpflichtigen (§ 39d EStG) aufgehoben. Sämtliche Regelungen zur Einreihung in Steuerklassen finden sich ab dem Veranlagungszeitraum 2012 in § 38b Abs. 1 EStG zusammengefasst.

Nach der Streichung des § 38c EStG durch das StSenkG ist das BMF ab 2001 nicht mehr verpflichtet, Lohnsteuer-Tabellen herauszugeben. Die Berechnungsanleitung für die Lohnsteuer ergibt sich nun aus § 39b Abs. 2 und 3 EStG.[42]

In die **Steuerklasse I** gehören ledige unbeschränkt steuerpflichtige Arbeitnehmer, bei denen kein Entlastungsbetrag für Alleinerziehende nach § 24b EStG zu berücksichtigen ist (§ 38b Abs. 1 Satz 2 Nr. 1 Buchst. a EStG). Auch verheiratete unbeschränkt steuerpflichtige Arbeitnehmer, bei denen die Voraussetzungen für eine Einreihung in die Steuerklasse III oder IV nicht gegeben sind, werden in der Steuerklasse I erfasst (§ 38b Abs. 1 Satz 2 Nr. 1 Buchst. a Doppelbuchst. bb EStG). Hierzu gehören z. B. dauernd getrennt lebende Ehegatten, verheiratete Grenzpendler i. S. des § 1 Abs. 3 EStG ohne EU-/EWR-Staatsangehörigkeit[43] sowie Grenzpendler mit EU-/EWR-Staatsangehörigkeit i. S. von § 1 Abs. 3 i. V. m. § 1a Abs. 1 Nr. 2 EStG, deren Ehegatten im Inland lediglich steuerfreien Arbeitslohn beziehen.[44] Beschränkt steuerpflichtige Arbeitnehmer sind stets in der Steuerklasse I zu erfassen (§ 38b Abs. 1 Satz 2 Nr. 1 Buchst. b EStG).

Die **Steuerklasse II** kommt nur bei einem ledigen, unbeschränkt steuerpflichtigen Arbeitnehmer, bei dem ein Entlastungsbetrag für Alleinerziehende gem. § 24b EStG (siehe 28.3) zu berücksichtigen ist, in Betracht (§ 38b Abs. 1 Satz 2 Nr. 2 EStG).[45]

Die **Steuerklasse III** erfasst verheiratete und nicht dauernd getrennt lebende Arbeitnehmer, die unbeschränkt steuerpflichtig sind, wenn der Ehegatte entweder keinen Arbeitslohn bezieht oder auf Antrag beider Ehegatten in die Steuerklasse V eingereiht wird (§ 38b Abs. 1 Satz 2 Nr. 3 Buchst. a EStG). Unter den gleichen Voraussetzungen sind auch Partner einer eingetragenen Lebenspartnerschaft einzugruppieren. Verwitwete Arbeitnehmer und Arbeitnehmer im Jahr der Auflösung der Ehe können unter den weiteren Voraussetzungen des § 38b Abs. 1 Satz 2 Nr. 3 Buchst. b und c EStG in die Steuerklasse III eingereiht werden.

---

41 BGBl 2011 I S. 2592.
42 BMF vom 28.09.2001 (BStBl 2001 I S. 672); zum Programmablaufplan siehe BMF vom 23.09.2011 (BStBl 2011 I S. 864).
43 BMF vom 29.09.1995 (BStBl 1995 I S. 429).
44 BFH vom 05.09.2001 I R 88/00 (BFH/NV 2002 S. 623).
45 BMF vom 29.10.2004 (BStBl 2004 I S. 1042).

34.2 Steuerabzug vom Arbeitslohn (Lohnsteuer)

In die **Steuerklasse IV** gehören Arbeitnehmer, die verheiratet sind, wenn beide Ehegatten unbeschränkt einkommensteuerpflichtig sind und nicht dauernd getrennt leben und der Ehegatte des Arbeitnehmers ebenfalls Arbeitslohn bezieht und beide nicht die Steuerklassenkombination III/V wählen (§ 38b Abs. 1 Satz 2 Nr. 4 EStG). Liegen die Voraussetzungen für die Einreihung in der Steuerklasse IV vor, können die Ehegatten die Anwendung des Faktorverfahrens beantragen (siehe 34.2.8). Gleiches gilt für Partner einer eingetragenen Lebenspartnerschaft.

Als unbeschränkt einkommensteuerpflichtig i. S. der § 38b Abs. 1 Satz 2 Nr. 3 und 4 EStG gelten nach § 38b Abs. 1 Satz 3 EStG nur Personen, die die Voraussetzungen des § 1 Abs. 1 oder 2 EStG oder des § 1a EStG erfüllen. Durch diese Regelung wird vermieden, dass Einpendler ohne Staatsangehörigkeit eines EU-Mitgliedstaates und ohne Wohnsitz in einem EU-Mitgliedstaat nach dem Splittingtarif besteuert werden (siehe auch 34.2.7).

In die **Steuerklasse V** gehören Arbeitnehmer, bei denen der gleichfalls berufstätige Ehegatte in die Steuerklasse III eingeordnet ist (§ 38b Abs. 1 Satz 2 Nr. 5 EStG). Bei Ehegatten, die die Steuerklassenkombination III/V gewählt haben, kann es im Rahmen der hierfür vorgeschriebenen Veranlagung gem. § 46 Abs. 2 Nr. 3a EStG (siehe 31.3.2) zu Nachzahlungen kommen, wenn der Bruttolohn des höher verdienenden Ehegatten mehr als 60 % des Gesamtlohns beträgt. Wählen sie dagegen die Kombination IV/IV, kann es bei unterschiedlich hohen Löhnen zu Überzahlungen während des Jahres kommen. Das BMF veröffentlicht jährlich ein Merkblatt zur günstigsten Steuerklassenwahl.

Die **Steuerklasse VI** gilt bei Arbeitnehmern, die nebeneinander von mehreren Arbeitgebern Arbeitslohn beziehen, für die Einbehaltung der Lohnsteuer vom Arbeitslohn aus dem zweiten und einem weiteren Dienstverhältnis sowie in den Fällen des § 39c EStG.

In § 38b Abs. 2 EStG finden sich Regelungen zur Bildung der Kinderfreibetragszähler. Die Vorschrift wurde durch das Beitreibungsrichtlinien-Umsetzungsgesetz vom 07.12.2011[46] neu gefasst und übernimmt die bis dahin geltenden Vorschriften des § 39 Abs. 3 EStG. Als Lohnsteuerabzugsmerkmal ist bei der Anwendung der Steuerklassen I bis IV für jedes minderjährige unbeschränkt einkommensteuerpflichtige Kind i. S. des § 32 Abs. 1 Nr. 1 und Abs. 3 EStG der **Zähler 0,5** anzusetzen, wenn dem Arbeitnehmer der Kinderfreibetrag nach § 32 Abs. 6 Satz 1 EStG zusteht. Der **Zähler 1** wird unter den weiteren Voraussetzungen des § 38b Abs. 2 Satz 1 Nr. 2 EStG gewährt. Diese Zähler sollen künftig regelmäßig ab der Geburt des Kindes bis zum 18. Lebensjahr aufgrund der durch die Meldebehörden an das BZSt nach § 39e Abs. 2 EStG übermittelten Daten der Melderegister automatisch gebildet und entsprechend berücksichtigt werden.

---

[46] BGBl 2011 I S. 2592.

Kinder ab 18 Jahren sowie Pflegekinder werden nur auf Antrag des Arbeitnehmers berücksichtigt (§ 38b Abs. 2 Satz 2 EStG). Kinderfreibeträge i. S. des § 38b Abs. 2 Satz 2 EStG können für mehrere Jahre gebildet werden, wenn nach den tatsächlichen Verhältnissen zu erwarten ist, dass die Voraussetzungen bestehen bleiben. Durch die Umstellung auf das Verfahren der elektronischen Lohnsteuerabzugsmerkmale wurde das Jahresprinzip, das aus der jährlichen Ausstellung der Lohnsteuerkarte folgte, aufgehoben.

Werden Kinder nicht beim Lohnsteuerabzugsmerkmal berücksichtigt, erlangt der Kinderfreibetrag erst bei der Veranlagung zur Einkommensteuer Bedeutung. Da die Belastung durch den Unterhalt eines Kindes durch das monatlich ausgezahlte Kindergeld berücksichtigt wird, hat die Zahl der eingetragenen Kinderfreibeträge nur Auswirkung auf die Zuschlagsteuern (§ 51a EStG, Kirchensteuer, Solidaritätszuschlag).

Für die Bemessung der Lohnsteuer werden Kinder nicht berücksichtigt.

Soll eine für den Arbeitnehmer ungünstigere Steuerklasse oder eine geringere Anzahl von Kindern bzw. kein Kinderfreibetragszähler berücksichtigt werden, hat der Arbeitnehmer dies beim zuständigen Finanzamt zu beantragen (§ 38b Abs. 3 EStG).

34.2.4 Lohnsteuerabzugsmerkmale (§ 39 EStG)

Im Lohnsteuerabzugsverfahren bis einschließlich 2010 hatten die Gemeinden nach § 39 Abs. 1 EStG i. d. F. des JStG 2008[47] für ein erstes und jedes weitere Dienstverhältnis die Lohnsteuerkarten mit den Besteuerungsmerkmalen auszustellen und dem Arbeitnehmer zu übermitteln. Der Arbeitnehmer war verpflichtet, dem Arbeitgeber die Lohnsteuerkarte zu Beginn des Kalenderjahres bzw. des Beschäftigungsverhältnisses vorzulegen. Der Arbeitgeber hatte die Lohnsteuerkarte entgegenzunehmen und den Lohnsteuerabzug nach den auf der Vorderseite der Lohnsteuerkarte bescheinigten Lohnsteuerabzugsmerkmalen durchzuführen und diese im Lohnkonto aufzuzeichnen (§ 41 Abs. 1 EStG).

Durch das JStG 2008 ist ein neuer § 39e in das Einkommensteuergesetz mit Wirkung ab 2008 eingefügt worden, um das Lohnsteuerabzugsverfahren zu vereinfachen und zu modernisieren. Diese Ziele sollen dadurch erreicht werden, dass die Lohnsteuerkarte zukünftig durch ein elektronisches System ersetzt wird. Im herkömmlichen Lohnsteuerkartenverfahren mussten die bei den Gemeinden und den Finanzämtern elektronisch verfügbaren Daten, die insgesamt die Lohnsteuerabzugsmerkmale bilden, in die jährliche Lohnsteuerkarte eingehen, die der Arbeitnehmer dem Arbeitgeber vorlegt, der die Lohnsteuerabzugsmerkmale wiederum in seine elektronische Lohnsteuerberechnung übernimmt. Im neuen Lohnsteuerabzugsverfahren werden die lohnsteuerlichen Merkmale des Arbeitnehmers in der sog.

---
47 BGBl 2007 I S. 3150.

34.2 Steuerabzug vom Arbeitslohn (Lohnsteuer)

ELStAM-Datenbank beim Bundeszentralamt für Steuern zentral verwaltet. Der Arbeitgeber kann mit den vom Arbeitnehmer mitgeteilten Daten (Identifikationsnummer nach § 139b AO und Geburtsdatum) die für den Lohnsteuerabzug benötigten elektronischen Lohnsteuerabzugsmerkmale (ELStAM) bei der Finanzverwaltung abrufen. Etwaige Änderungen der Lohnsteuerabzugsmerkmale stellt die Finanzverwaltung dem Arbeitgeber zum Abruf bereit. Damit wird die bereits seit 2005 praktizierte elektronische Lohnsteuerbescheinigung („ElsterLohn I") fortentwickelt. Mit „ElsterLohn I" wurde bereits erreicht, dass die Lohnsteuerkarte beim Arbeitgeber verbleiben kann und die Lohnsteuerbescheinigung elektronisch an die Finanzverwaltung übermittelt wird. Das elektronische Abrufverfahren ersetzt vollständig die bisherige Lohnsteuerkarte.

Die Ausstellung einer Lohnsteuerkarte erfolgt letztmalig für das Kalenderjahr 2010. Die Gemeinden stellen für das Kalenderjahr 2011 keine Lohnsteuerkarte mehr aus; sie sind nicht mehr in das Lohnsteuerkartensystem eingeschaltet. Aufgrund des Wegfalls der Lohnsteuerkarte und deren Ersatz durch die elektronische Übermittlung der Lohnsteuerabzugsmerkmale wurde § 39 EStG durch das BeitrRLUmsG[48] an das neue elektronische Verfahren angepasst und neu gefasst.

§ 39 Abs. 1 EStG regelt die Zuständigkeit zur Bildung der Lohnsteuerabzugsmerkmale sowie deren Rechtsnatur. Entsprechend dem bisherigen Verfahren zur Ausstellung der Lohnsteuerkarte werden die elektronischen Lohnsteuerabzugsmerkmale für die Durchführung des Lohnsteuerabzugs gebildet. Diese Aufgabe fällt der Finanzverwaltung zu. Zuständig ist das Bundeszentralamt für Steuern (§ 39e Abs. 1 Satz 1 EStG). Sowohl die Steuerklasse als auch die Zahl der zu berücksichtigenden Kinder bildet das Bundeszentralamt für Steuern automatisiert aufgrund der ihm von Meldebehörden übermittelten melderechtlichen Daten. In der Regel erfolgt die erstmalige Bildung der Lohnsteuerabzugsmerkmale durch eine Anfrage des Arbeitgebers bei der Finanzverwaltung. Zum Zwecke des Lohnsteuerabzugs hat der Arbeitnehmer seine von der Finanzverwaltung erteilte Identifikationsnummer sowie sein Geburtsdatum dem Arbeitgeber mitzuteilen. Mit diesen Daten kann der Arbeitgeber die elektronischen Lohnsteuerabzugsmerkmale bei der Finanzverwaltung abrufen und diese Merkmale beim Lohnsteuerabzug nutzen. Die erstmalige automatisierte Bildung der Lohnsteuerabzugsmerkmale erfolgt auch dann, wenn der Arbeitnehmer in Hinblick auf ein zukünftiges Arbeitsverhältnis beim Finanzamt beantragt, ihm seine Lohnsteuerabzugsmerkmale mitzuteilen.

Steuermindernde Freibeträge wie z. B. Freibeträge für Werbungskosten, Pauschbeträge i. S. des § 33b EStG oder Freibeträge für Kinder über 18 Jahre können als Lohnsteuerabzugsmerkmale auf Antrag des Arbeitnehmers berücksichtigt werden. Der Arbeitnehmer kann auch beantragen, dass eine für ihn ungünstigere Steuerklasse oder geringere Zahl der Kinderfreibeträge als Lohnsteuerabzugsmerkmal gebildet wird. Für die Bearbeitung dieser Anträge und für die Bildung der Lohnsteu-

---

[48] BGBl 2011 I S. 2592.

erabzugsmerkmale ist nicht das Bundeszentralamt für Steuern, sondern das Finanzamt zuständig (§ 39 Abs. 1 Satz 2 EStG). § 39 Abs. 1 Satz 3 EStG legt fest, dass die Finanzverwaltung grundsätzlich an die melderechtlichen Daten gebunden ist. Daraus folgt, dass das Finanzamt beispielsweise nicht zu prüfen braucht, ob eine im Ausland geschlossene Ehe im Inland nach bürgerlichem Recht anzuerkennen ist. Maßgebend ist die Entscheidung der zuständigen Gemeindeverwaltung. In begründeten Einzelfällen kann das Finanzamt nach Überprüfung der melderechtlichen Daten ein von den Meldedaten abweichendes Lohnsteuerabzugsmerkmal bilden. Das Finanzamt muss in einem solchen Fall eine Papierbescheinigung ausstellen, die der Arbeitgeber beim Lohnsteuerabzug berücksichtigen muss; zugleich wird der Abruf der elektronischen Lohnsteuermerkmale für diesen Fall gesperrt.

Die Bildung der Lohnsteuerabzugsmerkmale ist eine gesonderte Feststellung von Besteuerungsgrundlagen i. S. des § 179 Abs. 1 AO, die unter dem Vorbehalt der Nachprüfung steht (§ 39 Abs. 1 Satz 4 EStG). Nach § 39 Abs. 1 Satz 5 EStG sind die Bildung und die Änderung der Lohnsteuerabzugsmerkmale dem Arbeitnehmer bekannt zu geben. Die Bekanntgabe richtet sich nach § 119 Abs. 2 AO und kann daher schriftlich, elektronisch, mündlich oder in anderer Weise erfolgen; einer Belehrung über den zulässigen Rechtsbehelf bedarf es nicht. Ein schriftlicher Bescheid mit einer Belehrung über den zulässigen Rechtsbehelf ist jedoch zu erteilen, wenn einem Antrag des Arbeitnehmers auf Bildung oder Änderung der Lohnsteuerabzugsmerkmale nicht oder nicht in vollem Umfang entsprochen wird oder der Arbeitnehmer die Erteilung eines Bescheids beantragt (§ 39 Abs. 1 Satz 7 EStG).

§ 39 Abs. 2 EStG bestimmt, welche Finanzämter für die Bildung und Änderung der Lohnsteuerabzugsmerkmale zuständig sind. Für die Bildung und die Änderung der Lohnsteuerabzugsmerkmale nach § 39 Abs. 1 Satz 2 EStG eines i. S. von § 1 Abs. 1 EStG unbeschränkt steuerpflichtigen Arbeitnehmers ist das Wohnsitzfinanzamt zuständig. Das Betriebsstättenfinanzamt nach § 41a Abs. 1 Satz 1 Nr. 1 EStG ist für die Mitteilungen nach § 39 Abs. 4 Nr. 5 EStG zuständig. Die Zuständigkeit des Betriebsstättenfinanzamtes liegt auch vor, wenn der Arbeitnehmer nach § 1 Abs. 2 EStG unbeschränkt einkommensteuerpflichtig, nach § 1 Abs. 3 EStG als unbeschränkt einkommensteuerpflichtig zu behandeln oder beschränkt einkommensteuerpflichtig ist.

§ 39 Abs. 3 EStG regelt die Verfahrensweise zur Bildung und Änderung der Lohnsteuerabzugsmerkmale für Arbeitnehmer, die nach § 1 Abs. 2 EStG unbeschränkt einkommensteuerpflichtig, nach § 1 Abs. 3 EStG als unbeschränkt einkommensteuerpflichtig zu behandeln oder beschränkt einkommensteuerpflichtig sind. Diesen Arbeitnehmern stellt das Betriebsstättenfinanzamt auf einen Antrag hin eine Bescheinigung für den Lohnsteuerabzug aus. Dabei ist statt der Identifikationsnummer die sog. eTIN nach § 41b Abs. 2 Satz 1 und 2 EStG zu verwenden, damit die

34.2 Steuerabzug vom Arbeitslohn (Lohnsteuer)

Finanzverwaltung die vom Arbeitgeber übermittelte Lohnsteuerbescheinigung maschinell zuordnen kann. Den Antrag auf Erteilung einer Bescheinigung mit der regelmäßig maßgebenden Steuerklasse I kann der Arbeitgeber im Namen des Arbeitnehmers stellen. Weitere Lohnsteuerabzugsmerkmale wie z. B. Zahl der Kinderfreibeträge werden jedoch nur auf Antrag des Arbeitnehmers gebildet. Die ausgestellte Bescheinigung ist vom Arbeitgeber als Beleg zum Lohnkonto zu nehmen und während des Dienstverhältnisses, längstens bis zum Ablauf des jeweiligen Kalenderjahres, aufzubewahren.

In § 39 Abs. 4 EStG werden die in Betracht kommenden Lohnsteuerabzugsmerkmale benannt. Lohnsteuerabzugsmerkmale sind:

- Steuerklasse (§ 38b Abs. 1 EStG) und Faktor (§ 39f EStG)
- Zahl der Kinderfreibeträge bei den Steuerklassen I bis IV (§ 38b Abs. 2 EStG)
- Freibetrag und Hinzurechnungsbetrag (§ 39a EStG)
- Höhe der Beiträge für eine private Krankenversicherung und für eine private Pflege-Pflichtversicherung (§ 39b Abs. 2 Satz 5 Nr. 3 Buchst. d EStG) für die Dauer von 12 Monaten, wenn der Arbeitnehmer dies beantragt
- Mitteilung, dass der von einem Arbeitgeber gezahlte Arbeitslohn nach einem Abkommen zur Vermeidung der Doppelbesteuerung von der Lohnsteuer freizustellen ist, wenn der Arbeitnehmer oder der Arbeitgeber dies beantragt

Nach § 39 Abs. 5 Satz 1 EStG ist der Arbeitnehmer verpflichtet, Umstände beim Finanzamt anzuzeigen, die eine für ihn ungünstigere Steuerklasse oder geringere Zahl der Kinderfreibeträge zur Folge haben, und die Steuerklasse und die Zahl der Kinderfreibeträge umgehend ändern zu lassen. Eine Mitteilung ist nicht erforderlich, wenn die Abweichung einen Sachverhalt betrifft, der zu einer Änderung der Daten führt, die nach § 39e Abs. 2 Satz 2 EStG von den Meldebehörden zu übermitteln sind. Verstößt der Arbeitnehmer gegen seine Mitteilungspflicht, ändert das Finanzamt die Steuerklasse und die Zahl der Kinderfreibeträge von Amts wegen. Unterbleibt die Änderung der Lohnsteuerabzugsmerkmale, hat das Finanzamt zu wenig erhobene Lohnsteuer vom Arbeitnehmer nachzufordern, wenn diese 10 Euro übersteigt (§ 39 Abs. 5 Satz 5 EStG). Entsprechendes gilt nach § 39 Abs. 7 EStG für den Fall, dass der Arbeitnehmer beschränkt einkommensteuerpflichtig wird.

Ändern sich die Voraussetzungen für die Steuerklasse oder für die Zahl der Kinderfreibeträge zugunsten des Arbeitnehmers, kann dieser beim Finanzamt die Änderung der Lohnsteuerabzugsmerkmale beantragen (§ 39 Abs. 6 Satz 1 EStG). Die Änderung ist mit Wirkung von dem ersten Tag des Monats an vorzunehmen, in dem erstmals die Voraussetzungen für die Änderung vorlagen. Die Änderungen wirken ab Beginn des Kalendermonats, der auf die Antragstellung folgt. Folglich können Änderungen im laufenden Kalenderjahr nur dann berücksichtigt werden, wenn der Antrag spätestens bis zum 30. November gestellt wird. Ehegatten, die beide in einem Dienstverhältnis stehen, können im Laufe eines Kalenderjahres nur einmal

1461

34 Steuererhebung

einen Wechsel der Steuerklassen beantragen. Nach § 39 Abs. 6 Satz 4 EStG wird dieses Wahlrecht nicht verbraucht, wenn Ehegatten die nach der Eheschließung automatisch gebildete neue Steuerklassenkombination ändern wollen. Gleiches gilt, wenn der Antrag auf Änderung im Laufe des Kalenderjahres erfolgt, weil z. B. ein Ehegatte keinen steuerpflichtigen Arbeitslohn mehr bezieht (R 39.2 Abs. 5 LStR).

In § 38 Abs. 8 und 9 EStG finden sich Schutzbestimmungen hinsichtlich der Verwendung und Offenbarung von Lohnsteuerabzugsmerkmalen.

34.2.5 Freibetrag und Hinzurechnungsbetrag beim Lohnsteuerabzug (§ 39a EStG)

Auf Antrag eines unbeschränkt einkommensteuerpflichtigen Arbeitnehmers ermittelt das Finanzamt die Höhe eines vom Arbeitslohn insgesamt abzuziehenden Freibetrags nach § 39a Abs. 1 EStG aus der Summe der in § 39a Abs. 1 Nr. 1 bis 8 EStG aufgeführten Beträge. Damit kann der Arbeitnehmer verhindern, dass im Lohnsteuer-Abzugsverfahren zu hohe Lohnsteuerbeträge als Vorauszahlung einbehalten werden; es wird eine weitgehende Gleichstellung mit Steuerpflichtigen erreicht, die gem. § 37 EStG Vorauszahlungen leisten.

Zu unterscheiden sind abzuziehende Freibeträge, die nur zulässig sind, wenn die Beträge eine Mindestgrenze übersteigen, und solche, die ohne Mindestgrenze berücksichtigungsfähig sind (§ 39a Abs. 2 Satz 4 EStG). Nicht berücksichtigt werden können Vorsorgeaufwendungen, weil Arbeitnehmer für Vorsorgeaufwendungen die Vorsorgepauschale erhalten.

Unter § 39a Abs. 1 Satz 1 Nr. 6 EStG fallen unbeschränkt einkommensteuerpflichtige Ausländer mit Kindern ohne Aufenthaltserlaubnis und -berechtigung sowie Einkommensteuerpflichtige mit Kindern im Ausland außerhalb eines EU- oder EWR-Staates, weil sie keinen Anspruch auf Kindergeld haben. Deshalb wird die Steuerbelastung durch die Gewährung eines Kinderfreibetrags auf der Lohnsteuerkarte gesenkt mit der Folge einer Pflichtveranlagung (§ 46 Abs. 2 Nr. 4 EStG). Der Arbeitnehmer ist verpflichtet, den ermittelten Freibetrag ändern zu lassen, wenn für das Kind ein Kinderfreibetrag nach § 38b Abs. 2 EStG berücksichtigt wird.

Gemäß § 39a Abs. 1 Satz 1 Nr. 7 EStG können geringverdienende Arbeitnehmer einen Freibetrag für ein zweites oder ein weiteres Dienstverhältnis bis zu der Höhe berücksichtigen lassen, die dem zu versteuernden Jahresbetrag entspricht, bis zu dem für das erste Dienstverhältnis noch keine Lohnsteuer zu erheben ist. Damit wird vermieden, dass aus den weiteren Dienstverhältnissen Lohnsteuer überzahlt wird. Berücksichtigt wird dann aber auch ein **Hinzurechnungsbetrag** für das erste Dienstverhältnis, der dem Freibetrag für ein zweites oder ein weiteres Dienstverhältnis entspricht.

Für verwitwete Arbeitnehmer ist im Kalenderjahr des Todes des Ehegatten und für das folgende Kalenderjahr das Splittingverfahren möglich, womit die Steuerklas-

34.2 Steuerabzug vom Arbeitslohn (Lohnsteuer)

se III gilt. Da hier der Entlastungsbetrag gem. § 24a EStG nicht möglich ist, ist ein Freibetrag zu berücksichtigen (§ 39a Abs. 1 Satz 1 Nr. 8 EStG).

Für die Berechnung der 600 Euro-Grenze sind die den Arbeitnehmer-Pauschbetrag überschreitenden Werbungskosten sowie die Aufwendungen gem. §§ 10, 33b Abs. 6 EStG anzusetzen und die außergewöhnlichen Belastungen sind nicht um die zumutbare Belastung zu kürzen. Für die Berechnung des Freibetrags selbst sind die Sonderausgaben-Pauschbeträge und die zumutbare Belastung abzuziehen. Der sich danach ergebende Betrag ist zzgl. weiterer, ohne die 600 Euro-Grenze berücksichtigungsfähiger Aufwendungen der einzutragende Freibetrag. Bei Ehegatten verdoppelt sich die Grenze nicht. Bei den ohne die 600 Euro-Grenze zu berücksichtigenden Aufwendungen handelt es sich um Beträge, die auch gem. § 37 Abs. 3 EStG bei der Festsetzung von Einkommensteuer-Vorauszahlungen zu berücksichtigen sind (siehe 34.1.4).

Der Arbeitnehmer kann beim zuständigen Finanzamt die Ermittlung des nach § 39a Abs. 1 EStG insgesamt in Betracht kommenden Freibetrags beantragen. Der Antrag kann nach § 39a Abs. 2 Satz 1 bis 3 EStG nur nach amtlichem Vordruck bis zum 30.11. des Kalenderjahres gestellt werden, für das der Freibetrag gelten soll. Das Finanzamt teilt den ermittelten Jahresbetrag gleichmäßig auf die Zeit vom Beginn des auf die Antragstellung folgenden Monats in Monatsfreibeträge, falls erforderlich in Wochen- und Tagesfreibeträge, auf. Eine rückwirkende Berücksichtigung auf den 1. Januar ist nur bei Antragstellung in diesem Monat zulässig (§ 39a Abs. 2 Satz 7 EStG). Das Finanzamt kann auf nähere Angaben verzichten, wenn der Arbeitnehmer höchstens den Freibetrag, der für das vorangegangene Kalenderjahr ermittelt wurde, beantragt und versichert, dass sich die maßgebenden Verhältnisse nicht wesentlich geändert haben (§ 39a Abs. 2 Satz 5 EStG).

Bei zusammenzuveranlagenden Steuerpflichtigen ist es unerheblich, in wessen Person die Voraussetzungen des Sonderausgabenabzugs oder der außergewöhnlichen Belastung erfüllt sind. Der Freibetrag wird aus der Gesamtsumme ermittelt. Nur die Werbungskosten sind für jeden gesondert zu ermitteln und auch bei demjenigen zu berücksichtigen, in dessen Person sie entstehen. Im Übrigen kann der Gesamtbetrag beliebig aufgeteilt werden (§ 39a Abs. 3 EStG).

Der ermittelte Freibetrag und der Hinzurechnungsbetrag gelten grundsätzlich für das jeweilige Kalenderjahr. Es gilt eine jahresbezogene Betrachtungsweise. Ausgenommen hiervon sind die Pauschbeträge für behinderte Menschen und Hinterbliebene. Der im Übrigen ermittelte Freibetrag wird längstens für einen Zeitraum von zwei Kalenderjahren ab Beginn des Kalenderjahres, für das der Freibetrag erstmals gilt, berücksichtigt. Der Arbeitnehmer kann eine Änderung des Freibetrags innerhalb dieses Zeitraums beantragen, wenn sich die Verhältnisse zu seinen Gunsten ändern. Ändern sich die Verhältnisse zu Ungunsten des Arbeitnehmers, ist er verpflichtet, dies dem Finanzamt umgehend anzuzeigen.

Für beschränkt steuerpflichtige Arbeitnehmer finden sich Sonderregelungen in § 39a Abs. 4 EStG. Der vom Arbeitslohn insgesamt abzuziehende Betrag ergibt sich aus der Summe der den Arbeitnehmer-Pauschbetrag übersteigenden Werbungskosten, der Sonderausgaben i. S. des § 10b EStG, soweit sie den Sonderausgaben-Pauschbetrag (§ 10c EStG) übersteigen, und des Freibetrags oder des Hinzurechnungsbetrags nach § 39a Abs. 1 Satz 1 Nr. 7 EStG. Der Antrag kann nur nach amtlich vorgeschriebenem Vordruck bis zum Ablauf des Kalenderjahres gestellt werden, für das die Lohnsteuerabzugsmerkmale gelten.

Für alle Nachforderungen, die auf einer unzutreffenden Eintragung eines Freibetrags beruhen, gilt eine Bagatellgrenze von 10 Euro (§ 39a Abs. 5 EStG).

Hinsichtlich der örtlichen Zuständigkeit des Finanzamts gilt auch insoweit die allgemeine Regelung des § 19 AO.

34.2.6 Einbehaltung der Lohnsteuer (§§ 39b, 39c EStG)

Das technische Verfahren zur Ermittlung der Lohnsteuer ist in § 39b EStG geregelt. Durch das BeitrRLUmsG[49] wurde § 39b EStG an das Verfahren zur Übermittlung der elektronischen Lohnsteuerabzugsmerkmale angepasst und zum Teil neu gefasst. § 39b EStG gilt sowohl für beschränkt als auch für unbeschränkt steuerpflichtige Arbeitnehmer.

Der Arbeitgeber hat den Lohnsteuerabzug nach den in § 39b Abs. 2 bis 6 EStG enthaltenen Regeln durchzuführen. Er muss hierbei die elektronischen Lohnsteuermerkmale des Arbeitnehmers zugrunde legen. Solange der Abruf der elektronischen Lohnsteuermerkmale daran scheitert, dass der Arbeitnehmer die ihm zugeteilte Identifikationsnummer sowie seinen Geburtstag dem Arbeitgeber schuldhaft nicht mitteilt, hat der Arbeitgeber die Lohnsteuer nach Steuerklasse VI zu ermitteln (§ 39c Abs. 1 EStG). Kann der Arbeitgeber die elektronischen Lohnsteuerabzugsmerkmale wegen technischer Störungen nicht abrufen, hat der Arbeitgeber für die Lohnsteuerberechnung die voraussichtlichen Lohnsteuerabzugsmerkmale i. S. des § 38b EStG längstens für die Dauer von drei Kalendermonaten zugrunde zu legen; danach wird die Lohnsteuer nach der Lohnsteuerklasse VI ermittelt. Sobald dem Arbeitgeber die elektronischen Lohnsteuerabzugsmerkmale vorliegen, sind die Lohnsteuerermittlungen für die vorangegangenen Monate zu überprüfen und zu ändern. Die zu wenig oder zu viel einbehaltene Lohnsteuer ist jeweils bei der nächsten Lohnabrechnung auszugleichen.

Die Ermittlung der Lohnsteuer bei laufendem Arbeitslohn ist in § 39b Abs. 2 EStG, das Verfahren bei sonstigen Bezügen ist in § 39b Abs. 3 EStG geregelt.

Für den Lohnsteuerabzug vom laufenden Arbeitslohn (vgl. R 39b.2 Abs. 1 LStR) unterstellt das Gesetz, dass in jedem Lohnzahlungszeitraum des Kalenderjahres ein gleich hoher Betrag erzielt wird. Durch das JStG 2008 ist § 39b Abs. 2 EStG umfor-

---

[49] BGBl 2011 I S. 2592.

34.2 Steuerabzug vom Arbeitslohn (Lohnsteuer)

muliert worden, um das Abzugsverfahren zu vereinfachen. Das geschieht dadurch, dass der Arbeitgeber für die Lohnsteuerberechnung den laufenden Arbeitslohn stets auf einen Jahresbetrag hochzurechnen hat und für den so ermittelten voraussichtlichen Jahresarbeitslohn die vollen Jahresfreibeträge (Versorgungsfreibetrag, Altersentlastungsbetrag und individuelle, als Lohnsteuerabzugsmerkmal mitgeteilte Freibeträge) oder Jahreshinzurechnungsbeträge berücksichtigt werden.

Vorsorgeaufwendungen eines Arbeitnehmers werden in pauschalierter Form ab dem Veranlagungszeitraum 2010 nur noch im Lohnsteuerabzugsverfahren berücksichtigt. Die früher in § 10c Abs. 2 und 3 EStG geregelte Vorsorgepauschale wurde in geänderter Form in § 39b Abs. 2 Satz 5 Nr. 3 EStG übernommen. Über die Vorsorgepauschale hinaus werden im Lohnsteuerabzugsverfahren keine weiteren Vorsorgeaufwendungen berücksichtigt.[50]

Der Zuschlag zum Versorgungsfreibetrag (siehe 23.5) wird bei der Ermittlung der zu erhebenden Lohnsteuer in der Steuerklasse VI nicht berücksichtigt, weil der Zuschlag den entfallenden Arbeitnehmer-Pauschbetrag ersetzt und deshalb bereits in dem nach Steuerklasse I bis V besteuerten ersten Dienstverhältnis berücksichtigt worden ist.

Bei sonstigen Bezügen (R 39b.2 Abs. 2 LStR) wird zunächst der voraussichtliche Jahresarbeitslohn nur aus dem bisher erhaltenen Arbeitslohn und dem noch zu erwartenden laufenden Arbeitslohn berechnet (R 39b.6 Abs. 2 LStR und Beispiele in H 39b.6 LStH). Die Lohnsteuer für den sonstigen Bezug ergibt sich dann aus dem Unterschied der Lohnsteuer vom voraussichtlichen Jahresarbeitslohn mit dem bzw. ohne den sonstigen Bezug. Handelt es sich bei dem sonstigen Bezug um einen gem. § 34 EStG zu besteuernden Arbeitslohn, wird die Lohnsteuer in einem besonderen Verfahren ermittelt.[51] Der voraussichtliche Jahresarbeitslohn ist nur um ein Fünftel dieser Bezüge zu erhöhen und der Lohnsteuerunterschied dann zu verfünffachen (§ 39b Abs. 3 Satz 9 EStG; vgl. 32.6.1). Mit Wirkung ab 2004 ist § 39b Abs. 3 Satz 2 EStG neu gefasst worden, weil der Arbeitnehmer bei einem Arbeitgeberwechsel im Laufe des Jahres nicht verpflichtet ist, seinem neuen Arbeitgeber die Ausfertigung der elektronischen Lohnsteuer-Bescheinigung (§ 41b EStG) vorzulegen. Durch die vorgenommene Änderung des § 39b Abs. 3 Satz 2 EStG kann der neue Arbeitgeber in einem solchen Fall den Arbeitslohn für die vom Arbeitnehmer anzugebenden früheren Beschäftigungszeiten des laufenden Kalenderjahres auch mit dem Betrag ansetzen, der sich aus der Hochrechnung des laufenden Arbeitslohns im Monat der Zahlung des sonstigen Bezugs entsprechend der Beschäftigungsdauer bei früheren Arbeitgebern ergibt.[52] Da diese Hochrechnung zu einer ungenauen Lohnsteuer für den sonstigen Bezug führen kann, hat der Arbeitgeber

---

50 BMF vom 22.10.2010 (BStBl 2010 I S. 1254).
51 BMF vom 27.01.2004 (BStBl 2004 I S. 173), Tz. IV. 3, und vom 24.05.2004 (BStBl 2004 I S. 505), Rdnr. 13.
52 BMF vom 27.01.2004 (BStBl 2004 I S. 173), Tz. IV. 2.

1465

bei Anwendung dieser Methode im Lohnkonto den Großbuchstaben S einzutragen (§ 41 Abs. 1 Satz 6 EStG) und auch zu bescheinigen (§ 41b Abs. 1 Satz 2 Nr. 3 EStG). Es kommt zu einer Pflichtveranlagung (§ 46 Abs. 2 Nr. 5a EStG).

Grundsätzlich ist es für Höhe und Zeitpunkt des Einbehalts der Lohnsteuer unerheblich, ob der bezahlte Lohn genau berechnet oder geschätzt wird (Abschlagszahlung). Etwas anderes gilt, wenn der Arbeitgeber bei kürzeren Lohnzahlungszeiträumen die genaue Lohnabrechnung für einen längeren Zeitraum durchführt (Lohnabrechnungszeitraum). Dann kann der Letztere als Lohnzahlungszeitraum behandelt und erst zu diesem Zeitpunkt die Lohnsteuer einbehalten werden. Voraussetzung dafür ist, dass der Lohnabrechnungszeitraum nicht mehr als fünf Wochen beträgt und die Abrechnung spätestens drei Wochen nach dessen Ablauf erfolgt (§ 39b Abs. 5 EStG, H 39b.5 „Abschlagszahlungen" LStH). Für Vorschüsse gilt die Vereinfachungsregelung nicht.

Gemäß § 39b Abs. 2 Satz 12 EStG kann das Betriebsstättenfinanzamt bei laufendem Arbeitslohn einen sog. permanenten Lohnsteuer-Jahresausgleich zulassen (R 39b.8 LStR). Dadurch werden Lohnsteuerüberzahlungen beim Lohnsteuer-Abzug vermieden. Die Rückzahlung von Arbeitslohn ist eine **negative Einnahme** des Arbeitnehmers. Wird der Lohn desselben Kalenderjahres zurückgezahlt, kann auch der Lohnsteuer-Abzug des früheren Lohnzahlungszeitraums geändert werden. Rückzahlungen nach Beendigung des Dienstverhältnisses können nur im Veranlagungsverfahren berücksichtigt werden.

Eine **Nettolohnvereinbarung** bedeutet, dass der Arbeitnehmer einen im Voraus festgelegten Nettobetrag erhalten soll und der Arbeitgeber alle darauf entfallenden gesetzlichen Abgaben zusätzlich übernimmt (Steuern und Sozialversicherungsanteile).[53] Für einen Streit darüber ist das Arbeitsgericht zuständig.[54] Dagegen sind die Finanzgerichte zuständig, wenn strittig ist, ob Lohnsteuer-Abzugsbeträge, die in der Lohnrechnung vorgenommen worden sind, in der Lohnsteuerbescheinigung auszuweisen sind.[55] Die Nettolohnvereinbarung unterscheidet sich von der Lohnsteuer-Pauschalierung (§ 40 EStG) auch dadurch, dass der Arbeitnehmer Schuldner der Steuer bleibt. Bei der Nettolohnvereinbarung liegt also in der Übernahme der Lohnsteuer durch den Arbeitgeber zusätzlicher Arbeitslohn, der mit dem ausgezahlten Nettolohn zufließt. Der sich danach ergebende Bruttolohn ist bei der Veranlagung des Arbeitnehmers zu berücksichtigen.[56] Bei einem vereinbarten **„Schwarzlohn"** handelt es sich nicht um eine Nettolohnvereinbarung, weil überhaupt keine Lohnsteuer abgeführt werden soll. Der Lohn ist also nicht im Zeitpunkt der Zahlung um die Lohnsteuer und die Gesamtsozialversicherung zu erhöhen. Durch die nach Auf-

---

53 BFH vom 29.10.1993 VI R 26/92 (BStBl 1994 II S. 197).
54 BFH vom 13.12.2007 I R 57/04 (BStBl 2008 II S. 434).
55 BFH vom 13.12.2007 I R 57/04 (BStBl 2008 II S. 434, 435).
56 BFH vom 18.06.1993 VI R 67/90 (BStBl 1994 II S. 182).

34.2 Steuerabzug vom Arbeitslohn (Lohnsteuer)

deckung der Schwarzlohnzahlung nachentrichteten Arbeitnehmeranteile fließt dem Arbeitnehmer ein geldwerter Vorteil zu.[57]

34.2.7 Elektronische Lohnsteuerabzugsmerkmale

In § 39e EStG ist das technische Verfahren zur Bildung und Anwendung der elektronischen Lohnsteuerabzugsmerkmale normiert.

§ 39e Abs. 1 EStG bestimmt, dass die von der Finanzverwaltung festgestellten Besteuerungsgrundlagen zentral verwaltet und beim Bundeszentralamt für Steuern gespeichert werden, wo sie für den automatischen Abruf durch den Arbeitgeber bereitstehen. Das Bundeszentralamt für Steuern bildet für jeden Arbeitnehmer grundsätzlich automatisiert die Steuerklasse und für die bei den Steuerklassen I bis IV zu berücksichtigenden Kinder die Zahl der Kinderfreibeträge nach § 38b Abs. 2 Satz 1 EStG als Lohnsteuerabzugsmerkmale.

§ 39e Abs. 2 EStG benennt die zu speichernden Daten und verpflichtet die Meldebehörden, die lohnsteuerrechtlich relevanten Daten dem Bundeszentralamt für Steuern mitzuteilen.

§ 39e Abs. 3 EStG zählt die vom Bundeszentralamt für Steuern dem Arbeitgeber bereitzustellenden Lohnsteuerabzugsmerkmale auf. Entsprechend dem Lohnsteuerkartensystem sind für jedes Dienstverhältnis elektronische Lohnsteuerabzugsmerkmale zu bilden. Durch die Verbindung der elektronischen Lohnsteuerabzugsmerkmale des Arbeitnehmers mit der Wirtschaftsidentifikationsnummer des Arbeitgebers bleiben die abgerufenen Lohnsteuerabzugsmerkmale für die Dauer des Dienstverhältnisses gesperrt und können nicht von anderen Arbeitgebern abgerufen werden.

Durch § 39e Abs. 4 EStG wird der Arbeitnehmer verpflichtet, seine Identifikationsnummer und das Geburtsdatum dem Arbeitgeber mitzuteilen. Ferner muss der Arbeitnehmer angeben, ob es sich um das erste oder ein weiteres Dienstverhältnis handelt sowie ob und in welcher Höhe ein nach § 39a Abs. 1 Satz 1 Nr. 7 EStG festgestellter Freibetrag abgerufen werden soll.

Der Arbeitgeber ist nach § 39e Abs. 5 EStG verpflichtet, die vom Bundeszentralamt für Steuern bereitgestellten Mitteilungen und elektronischen Lohnsteuerabzugsmerkmale monatlich anzufragen und abzurufen und diese für den Lohnsteuerabzug zu verwenden.

§ 39e Abs. 6 EStG regelt die Bekanntgabe der elektronischen Lohnsteuerabzugsmerkmale gegenüber dem Arbeitgeber sowie gegenüber dem Arbeitnehmer. Wird dem Arbeitnehmer bekannt, dass die elektronischen Lohnsteuerabzugsmerkmale zu seinen Gunsten von den nach § 39 EStG zu bildenden Lohnsteuerabzugsmerkmalen abweichen, ist er verpflichtet, dies dem Finanzamt unverzüglich mitzuteilen. Dem Arbeitnehmer wird die Möglichkeit eingeräumt, nur bestimmten Arbeitgebern den

---

[57] BFH vom 13.09.2007 VI R 54/03 (BStBl 2008 II S. 58).

Zugriff auf die elektronischen Lohnsteuerabzugsmerkmale zu geben. Die Finanzbehörden führen entsprechende Positiv- oder Negativlisten. Der Arbeitnehmer kann die Bildung oder die Bereitstellung der elektronischen Lohnsteuerabzugsmerkmale allgemein sperren oder allgemein freischalten lassen. Werden die Daten auf Veranlassung des Arbeitnehmers gesperrt, muss der Arbeitgeber die Lohnsteuer nach der Steuerklasse VI ermitteln.

In § 39e Abs. 7 EStG findet sich eine Härtefallregelung für Arbeitgeber, die nicht in der Lage sind, die Lohnsteuerabzugsmerkmale der Arbeitnehmer elektronisch abzurufen. Hierunter fallen regelmäßig Arbeitgeber ohne maschinelle Lohnabrechnung, die ausschließlich Arbeitnehmer im Rahmen einer geringfügigen Beschäftigung in ihrem Privathaushalt beschäftigen.

§ 39e Abs. 8 EStG schafft die Rechtsgrundlage für ein Antrags- und Bescheinigungsverfahren für die Fälle, in denen die Finanzverwaltung einem unbeschränkt einkommensteuerpflichtigen Arbeitnehmer noch keine steuerliche Identifikationsnummer zugeteilt hat.

Da sich die Einführung der Wirtschaftsidentifikationsnummer verzögert, bestimmt § 39e Abs. 9 EStG, dass an ihre Stelle die Steuernummer der lohnsteuerlichen Betriebsstätte tritt.

Nach § 39e Abs. 10 EStG können die beim Bundeszentralamt für Steuern nach § 39e Abs. 2 Satz 1 EStG gespeicherten Daten auch zur Prüfung und Durchführung der Einkommensbesteuerung (§ 2 EStG) des Steuerpflichtigen für Veranlagungszeiträume ab 2005 verwendet werden. Diese ab 2009 anzuwendende Vorschrift ermöglicht es der Finanzverwaltung, die gespeicherten Daten rückwirkend bis 2005 zur Prüfung der Einkommensteuerpflicht zu verwenden. Darunter fallen auch die seit 2005 in § 22a EStG (siehe 26.8) vorgesehenen Rentenbezugsmitteilungen. Durch die Zusammenführung der Mitteilungen ist es dann möglich, die Einkommensteuerpflicht sowohl von bisher nicht erfassten Steuerpflichtigen zu prüfen als auch bei schon erfassten Steuerpflichtigen die Anwendung des § 46 EStG zu prüfen.

Der Starttermin für die erstmalige Anwendung des ELStAM-Verfahrens wurde durch das BMF-Schreiben vom 19.12.2012[58] aufgrund des § 52 Abs. 5 EStG auf den 01.11.2012 festgelegt. Arbeitgeber können seitdem mit Wirkung ab dem 01.01.2013 die elektronischen Lohnsteuerabzugsmerkmale ihrer Arbeitnehmer abrufen (§ 52b Abs. 5 Satz 3 EStG). Sie sind jedoch hierzu nicht verpflichtet, da das Kalenderjahr 2013 als Einführungszeitraum für das ELStAM-Verfahren gilt. Der Abruf muss spätestens für den letzten im Kalenderjahr 2013 endenden Lohnzahlungszeitraum erfolgen; ein Abruf mit Wirkung ab 2014 ist verspätet.

Solange der Arbeitgeber im Einführungszeitraum das ELStAM-Verfahren nicht anwendet, ist für den Lohnsteuerabzug die Lohnsteuerkarte 2010, eine vom Finanzamt nach § 52b Abs. 3 EStG ausgestellte Bescheinigung für den Lohnsteuerabzug

---

58 BMF vom 19.12.2012 (BStBl 2012 I S. 1258).

34.2 Steuerabzug vom Arbeitslohn (Lohnsteuer)

2011, 2012 oder 2013 (Ersatzbescheinigung 2011, 2012, 2013), ein Ausdruck oder eine sonstige Papierbescheinigung des Finanzamts zugrunde zu legen. Die in den vor dem 01.01.2013 ausgestellten Bescheinigungen eingetragenen Lohnsteuerabzugsmerkmale (Steuerklasse, Zahl der Kinderfreibeträge, Freibetrag, Hinzurechnungsbetrag, Kirchensteuerabzugsmerkmal, Faktor) bleiben weiterhin gültig und sind dem Lohnsteuerabzug im Einführungszeitraum zugrunde zu legen. Der Arbeitgeber braucht nicht zu prüfen, ob die Voraussetzungen für die einzelnen Lohnsteuerabzugsmerkmale dem Grunde bzw. der Höhe nach noch vorliegen. Der Arbeitgeber hat auch im Einführungszeitraum die Lohnsteuerkarte 2010, Ersatzbescheinigung für 2011, 2012 bzw. 2013, eine Besondere Bescheinigung für den Lohnsteuerabzug sowie etwaige Papierbescheinigungen entgegenzunehmen, aufzubewahren sowie die darauf eingetragenen Lohnsteuerabzugsmerkmale in das Lohnkonto zu übernehmen. Sie dürfen erst nach Ablauf des Kalenderjahres 2014 vernichtet werden.

Die abgerufenen elektronischen Lohnsteuermerkmale sind grundsätzlich für die auf den Abrufzeitpunkt folgende nächste Lohnabrechnung anzuwenden (§ 52b Abs. 5 Satz 3 EStG). Der Arbeitgeber kann nach § 52b Abs. 5a Satz 7 EStG auf eine sofortige Anwendung der im Einführungszeitraum erstmals abgerufenen elektronischen Lohnsteuermerkmale mit Zustimmung des Arbeitnehmers einmalig, längstens für 6 Monate, verzichten. In diesem 6-Monats-Zeitraum kann der Arbeitgeber insbesondere die Funktionsfähigkeit der eingesetzten Lohnabrechnungsprogramme testen und dem Arbeitnehmer die abgerufenen elektronischen Lohnsteuermerkmale zur Überprüfung vorab mitteilt. Der Verzicht auf die Anwendung der erstmals abgerufenen elektronischen Lohnsteuermerkmale ist auch dann möglich, wenn die abgerufenen elektronischen Lohnsteuermerkmale zu einem vom bisherigen Verfahren abweichenden Lohnsteuerabzug führen. Der Arbeitnehmer kann in dem 6-Monats-Zeitraum die Abweichungen mit dem Finanzamt abklären.

34.2.8 Faktorverfahren anstelle Steuerklassenkombination III/V

Ehegatten, die beide unbeschränkt steuerpflichtig sind, nicht dauernd getrennt leben und beide Arbeitslohn beziehen, können für den Lohnsteuerabzug wählen, ob sie beide in die Steuerklasse IV eingeordnet werden wollen oder ob einer von ihnen nach Steuerklasse III und der andere nach Steuerklasse V besteuert werden soll. Wählen beide Ehegatten die Steuerklasse IV, können sie durch das Faktorverfahren nach § 39f EStG erreichen, dass die Höhe des Lohnsteuerabzugs der von ihnen tatsächlich geschuldeten Jahreseinkommensteuer entspricht. Gleiches gilt für Partner einer eingetragenen Lebenspartnerschaft.

Im Faktorverfahren wird für beide Steuerpflichtigen die Steuerklasse IV angewandt entsprechend der Grundregel des § 38b Abs. 1 Satz 2 Nr. 4 EStG. Das Faktorverfahren berücksichtigt durch seine Anbindung an Steuerklasse IV bereits beim Lohnsteuerabzug den familienrechtlich im Innenverhältnis zwischen den Ehegatten bestehenden Ausgleichsanspruch des einen Ehegatten gegen den anderen.

Nach § 39f Abs. 1 EStG können Arbeitnehmer-Ehegatten anstelle der Steuerklassenkombination III/V ab 2010 die Steuerklassenkombination IV-Faktor/IV-Faktor wählen. Damit wird erreicht, dass bei dem jeweiligen Ehegatten mindestens die ihm persönlich zustehenden steuerentlastend wirkenden Vorschriften beim Lohnsteuerabzug berücksichtigt werden (Grundfreibetrag, Vorsorgepauschale, Kinder). Mit dem Faktor Y : X (einem einzutragenden Multiplikator stets kleiner als 1, also eine Null mit drei Nachkommastellen) wird die Lohnsteuer der Steuerklasse IV jedoch gemindert entsprechend der Wirkung des Splittingverfahrens (siehe 32.2.2). „Y" ist die Einkommensteuer für beide Steuerpflichtigen nach dem Splittingverfahren. „X" ist die Summe der Lohnsteuer bei Anwendung jeweils der Steuerklasse IV.

Beispiel:

Arbeitnehmerehegatte A Jahreslohn 30.000 €, Lohnsteuer nach Steuerklasse IV:	3.951 €
Arbeitnehmerehegatte B Jahreslohn 10.000 €, Lohnsteuer nach Steuerklasse IV:	0 €
Summe Gesamtsteuer IV/IV	3.951 € (X)
Gesamtsteuer Splittingverfahren	3.166 € (Y) vom Finanzamt ermittelt

Faktor = Y : X   3.166/3.951 = 0,801 (auf den Lohnsteuerkarten der Ehegatten jeweils neben Steuerklasse IV vom Finanzamt einzutragen).

Der Arbeitgeber des A wendet auf den Arbeitslohn 30.000 € die Steuerklasse IV an: 3.951 € × 0,801 = 3.164 €

Der Arbeitgeber der B wendet auf den Arbeitslohn 10.000 € die Steuerklasse IV an: 0 € × 0,801 = 0 €.

Die Summe der Lohnsteuer im Steuerabzugsverfahren (Arbeitgeber von A und B) für die Ehegatten beträgt (3.164 € + 0 € =) 3.164 € für das Kalenderjahr 2014. Sie entspricht im Wesentlichen der Gesamtsteuer der Arbeitslöhne im Splittingverfahren (3.166 €).

Wollen die Arbeitnehmer-Ehegatten das Faktorverfahren wählen, müssen sie mit dem gemeinsamen Antrag mindestens die voraussichtlichen Jahresarbeitslöhne aus den ersten Dienstverhältnissen angeben, weil dies mindestens für die Berechnung von Y und X erforderlich ist. Dabei werden dann die gesetzlichen steuermindernden Pauschbeträge berücksichtigt, z. B. der Arbeitnehmer-Pauschbetrag. Wollen die Arbeitnehmer-Ehegatten über die gesetzlichen Pauschbeträge hinaus steuermindernde Beträge geltend machen, ist dies im Rahmen des § 39a EStG möglich (siehe 34.2.5). Beim Faktorverfahren sind diese Beträge bei der Ermittlung der Gesamtsteuer nach dem Splittingverfahren (Y) zu berücksichtigen. Sie wirken sich also über den Faktor beim Lohnsteuerabzug aus und können dann nicht mehr als Freibetrag neben dem Faktor eingetragen werden, damit sie sich nicht doppelt auswirken.

Das Faktorverfahren ist wie das Lohnsteuerabzugsverfahren nicht endgültig. Die genaue Einkommensteuer wird in der Veranlagung ermittelt. Deshalb ist eine Veranlagung von Amts wegen vorgesehen (§ 46 Abs. 2 Nr. 3a EStG).

34.2 Steuerabzug vom Arbeitslohn (Lohnsteuer)

In § 39f Abs. 2 EStG wird die Berechnung der Lohnsteuerabzugsbeträge durch den Arbeitgeber geregelt. Gemäß § 39f Abs. 3 Satz 1 EStG ist § 39 Abs. 6 Satz 3 und 5 EStG entsprechend anzuwenden, sodass der Faktor auf Antrag vom Finanzamt einmal im laufenden Kalenderjahr, spätestens bis zum 30. November, geändert werden kann. § 39a EStG ist entsprechend anzuwenden (§ 39f Abs. 3 Satz 2 EStG). Allein für die Wahl des Faktorverfahrens ist ein amtlicher Vordruck nicht erforderlich. Sollen zusätzlich Beträge nach § 39a Abs. 1 Satz 1 Nr. 1 bis 6 EStG berücksichtigt werden, muss der Antrag auf dem amtlichen Vordruck erfolgen.

Für die Durchführung des Lohnsteuerabzugs hat das BMF im Einvernehmen mit den obersten Finanzbehörden der Länder einen Programmablaufplan für die maschinelle Berechnung der Lohnsteuer aufzustellen und bekannt zu machen. Das Faktorverfahren ist dabei zu berücksichtigen (§ 39f Abs. 4 EStG).

34.2.9 Pauschalierung der Lohnsteuer

Die §§ 40, 40a und 40b EStG enthalten Vorschriften für die Voraussetzungen und die Durchführung der Lohnsteuer-Pauschalierung. Es handelt sich um ein besonderes Besteuerungsverfahren. Anstelle der individuellen Berechnung der Lohnsteuer wird diese mit einem durchschnittlichen (§ 40 Abs. 1 Satz 1 EStG) oder mit einem festen (§ 40 Abs. 2, §§ 40a, 40b EStG) Steuersatz erhoben. Vorgesehen ist die Pauschalierung für sonstige Bezüge in größerer Zahl und in Nacherhebungsfällen (§ 40 Abs. 1 EStG), für Mahlzeiten, Betriebsveranstaltungen usw. (§ 40 Abs. 2 EStG), für Teilzeitbeschäftigte und geringfügig Beschäftigte (§ 40a EStG) und für bestimmte Zukunftssicherungsleistungen (§ 40b EStG). Die pauschale Lohnsteuer hat **Abgeltungscharakter**. Sowohl der pauschal besteuerte Lohn als auch die pauschale Lohnsteuer bleiben bei der Veranlagung des Arbeitnehmers außer Betracht. Die auf den Arbeitnehmer überwälzte pauschale Lohnsteuer gilt als zugeflossener Arbeitslohn (§ 40 Abs. 3 EStG).[59] Die Pauschalierungsregelung des § 37b Abs. 2 EStG (siehe 34.2) ist ausgeschlossen, wenn § 40 Abs. 1 oder 2 EStG angewendet wird. Die Rückabwicklung einer bereits nach § 40 Abs. 1 Satz 1 Nr. 1 EStG erfolgten Pauschalierung zugunsten einer Anwendung des § 37b Abs. 2 EStG ist zulässig und muss für alle Arbeitnehmer einheitlich vorgenommen werden, die diese Zuwendung erhalten haben. Das umgekehrte Verfahren ist nicht zulässig.

- **Pauschalierung nach besonderen Pauschsteuersätzen** (§ 40 Abs. 1 EStG)

Die Pauschalierung nach § 40 Abs. 1 EStG setzt einen Antrag des Arbeitgebers voraus. Der ist außer in Nacherhebungsfällen nicht mehr nach Ausschreibung der Lohnsteuerbescheinigung möglich (§ 41c Abs. 3 Satz 1 EStG). Als Pauschalierungsfälle kommen in Betracht die Gewährung sonstiger Bezüge (§ 40 Abs. 1 Nr. 1 EStG), die Nacherhebung von Lohnsteuer (§ 40 Abs. 1 Nr. 2 EStG), insbesondere

---
[59] BMF vom 10.01.2000 (BStBl 2000 I S. 138).

nach Lohnsteuer-Außenprüfungen (§ 42f EStG), und die Lohnsteuer bei beschränkt steuerpflichtigen Künstlern.[60] Eine Nacherhebung ist ausgeschlossen, wenn der Arbeitgeber eine Anrufungsauskunft nach § 42e EStG eingeholt hat und danach verfahren ist.[61] Die Ermittlung des Pauschsteuersatzes ist in R 40.1 LStR und in H 40.1 LStH ausführlich erläutert. Die Pauschalierung ist ausgeschlossen, soweit der Arbeitgeber einem Arbeitnehmer sonstige Bezüge von mehr als 1.000 Euro gewährt (§ 40 Abs. 1 Satz 3 EStG).

- **Pauschalierung mit festen Steuersätzen** (§ 40 Abs. 2 EStG)

§ 40 Abs. 2 EStG enthält einen Pauschsteuersatz von 25 % für die Tatbestände des Satzes 1 und einen solchen von 15 % für die Tatbestände des Satzes 2. Mit **25 %** kann der geldwerte Vorteil der unentgeltlichen oder verbilligten Abgabe von arbeitstäglichen **Mahlzeiten** oder entsprechende Barzuschüsse abgegolten werden, neben oder statt der Freibetragsregelung gem. § 8 Abs. 3 EStG. Zur Bewertung siehe R 8.1 Abs. 7 LStR. Unter § 40 Abs. 2 Nr. 2 EStG fällt weiter die Zahlung von Arbeitslohn aus Anlass von **Betriebsveranstaltungen,** die selbst nicht Arbeitslohn sind.[62] Während einer Betriebsveranstaltung überreichte Geldgeschenke, die nicht zweckgebundenes Zehrgeld sind, können nicht pauschaliert besteuert werden.[63] **Erholungsbeihilfen** i. S. des § 40 Abs. 2 Nr. 3 EStG sind als solche bezeichnete zweckgebundene Sach- oder Barzuwendungen, die ausschließlich zur Förderung der Erholung der Arbeitnehmer verwendet werden dürfen. Die Pauschalierungsgrenze beträgt 156 Euro für den Arbeitnehmer, 104 Euro für dessen Ehegatten und 52 Euro für jedes Kind. Vergütungen des Arbeitgebers für **Mehraufwendungen für Verpflegung** sind gem. § 3 Nr. 13 und Nr. 16 EStG steuerfrei, soweit sie die in § 4 Abs. 5 Satz 1 Nr. 5 bzw. (ab 2014) in § 9 Abs. 4a EStG aufgeführten Beträge nicht übersteigen. Die darüber hinausgehenden Beträge können gem. § 40 Abs. 2 Nr. 4 EStG pauschal besteuert werden, soweit sie diese Beträge um nicht mehr als 100 % übersteigen (R 40.2 Abs. 1 Nr. 4 LStR). Die Pauschalierung für **Datenverarbeitungsgeräte und Internetzugang** (§ 40 Abs. 2 Nr. 5 EStG) umfasst geldwerte Vorteile aus der Übereignung von Personalcomputern und dazugehörigem Zubehör einschließlich Software. Der Vorteil muss zusätzlich zum geschuldeten Arbeitslohn gewährt werden. Barzuschüsse sind auch pauschalierungsfähig, aus Vereinfachungsgründen bis zu 50 Euro pro Monat ohne Nachweis, wenn der Arbeitnehmer erklärt, einen Internetzugang zu besitzen, und dafür im Kalenderjahr durchschnittlich Aufwendungen in der erklärten Höhe entstehen (R 40.2 Abs. 5 Satz 7 LStR). Bis zu diesem Betrag unterbleibt auch eine Anrechnung auf die Werbungskosten des Arbeitnehmers (R 40.2 Abs. 5 Satz 12 LStR).

---

60 BMF vom 31.07.2002 (BStBl 2002 I S. 707) und vom 28.03.2013 (BStBl 2013 I S. 443).
61 BFH vom 16.11.2005 VI R 23/02 (BStBl 2006 II S. 210).
62 BFH vom 25.05.1992 VI R 146/88 (BStBl 1992 II S. 700).
63 BFH vom 07.02.1997 VI R 3/96 (BStBl 1997 II S. 465).

34.2 Steuerabzug vom Arbeitslohn (Lohnsteuer)

Der Pauschsteuersatz von 15 % gilt für **Fahrten zwischen Wohnung und erster Tätigkeitsstätte (bis 2013: Fahrten zwischen Wohnung und Arbeitsstätte)** bei Sachbezügen in Form einer Beförderung oder von Zuschüssen. Die Pauschalierung betrifft die Gestellung eines Kraftfahrzeuges oder Barzuschüsse für Fahrten mit dem eigenen Kraftfahrzeug. Soweit pauschal besteuert wird, verringern sich die nach § 9 Abs. 1 Satz 3 Nr. 4 und Abs. 2 EStG als Werbungskosten abziehbaren Aufwendungen. Der entsprechende geldwerte Vorteil zählt aber nicht zum maßgeblichen Arbeitslohn für Teilzeitbeschäftigte in den Fällen des § 40a EStG.

- **Pauschalierung für Teilzeitbeschäftigte**

Für Teilzeitbeschäftigte ergibt sich eine Pauschalierungsmöglichkeit der Lohnsteuer im Fall der kurzfristigen Beschäftigung (§ 40a Abs. 1 EStG), der Beschäftigung im geringen Umfang und gegen geringen Arbeitslohn (§ 40a Abs. 2 EStG) und für Aushilfskräfte in Betrieben der Land- und Forstwirtschaft (§ 40a Abs. 3 EStG).

Zur Bemessungsgrundlage der pauschalen Lohnsteuer gehören alle Einnahmen, die dem Arbeitnehmer aus der Teilzeitbeschäftigung zufließen (R 40a.1 Abs. 4 LStR). Kurzfristig ist eine Beschäftigung, wenn der Arbeitgeber den Arbeitnehmer im Kalenderjahr nur gelegentlich und nicht regelmäßig wiederkehrend, z. B. jeweils am Wochenende, beschäftigt und die Dauer der Beschäftigung 18 zusammenhängende Arbeitstage nicht übersteigt (§ 40a Abs. 1 Satz 2 EStG). Weiter ist Voraussetzung, dass entweder der Arbeitslohn während der Beschäftigungsdauer 62 Euro durchschnittlich je Arbeitstag nicht übersteigt oder dass die Beschäftigung zu einem unvorhersehbaren Zeitpunkt sofort erforderlich wird. Schließlich darf der Arbeitslohn während der Beschäftigungsdauer durchschnittlich je Arbeitsstunde 12 Euro nicht übersteigen (§ 40a Abs. 4 Nr. 1 EStG).

Durch das Zweite Gesetz für moderne Dienstleistungen am Arbeitsmarkt wurde ab 01.04.2004 eine Neuregelung der sog. Mini-Jobs in Kraft gesetzt. Es gibt drei Arten von geringfügiger Beschäftigung: Die Geringfügigkeit wegen des Entgelts (regelmäßig bis 450 Euro im Monat; § 8 Abs. 1 Nr. 1 SGB IV), die Geringfügigkeit wegen der Zeit (nicht berufsmäßig ausgeübte, im Kalenderjahr längstens auf 2 Monate oder 50 Arbeitstage begrenzte Tätigkeit ohne Rücksicht auf die Höhe des Arbeitsentgelts; § 8 Abs. 1 Nr. 2 SGB IV) und die geringfügige, ausschließlich im Privathaushalt ausgeübte Beschäftigung (gewöhnliche Haushaltstätigkeiten; § 8a SGB IV). Steuerrechtlich ab 01.04.2003 neu geregelt ist nur die Geringfügigkeit wegen des Entgelts und die Haushaltsbeschäftigung. Für die Haushaltsbeschäftigung kann auch die Steuerermäßigung nach § 35a EStG (siehe 33.6) in Anspruch genommen werden. Die Entgeltgrenze von 450 Euro bezieht sich nur auf das steuerpflichtige und sozialversicherungspflichtige Entgelt, sodass daneben z. B. die nach § 3 Nr. 26, 26a EStG steuerfreien Beträge gezahlt werden können (R 40a.1 Abs. 4 LStR). Die Lohnsteuer-Pauschalierung der kurzfristigen Beschäftigung und der land- und forstwirtschaftlichen Aushilfstätigkeit ist weiterhin in § 40a Abs. 1 und 3

EStG geregelt. Da die Anwendung des § 40a EStG von den Definitionen des Sozialgesetzbuches abhängt, ist wie folgt zu prüfen. Wenn es sich um eine geringfügige Beschäftigung i. S. des § 8 Abs. 1 Nr. 1 oder des § 8a SGB IV handelt, für die pauschale Rentenversicherungsbeiträge i. H. von 15 % und ggf. pauschale Krankenversicherungsbeiträge i. H. von 13 % (bei Beschäftigung in Privathaushalten jeweils 5 %) zu entrichten sind, ist der einheitliche Pauschsteuersatz von 2 % anzuwenden (§ 40a Abs. 2 EStG). Ist dies nicht der Fall und handelt es sich auch nicht um eine Aushilfstätigkeit in der Land- und Forstwirtschaft, die die Voraussetzungen des § 40a Abs. 3 und 4 EStG erfüllt, sind die Voraussetzungen des § 40a Abs. 2a EStG für den Pauschsteuersatz von 20 % zu prüfen: Es muss sich um eine geringfügige Beschäftigung i. S. des § 8 Abs. 1 Nr. 1 SGB IV (regelmäßiger Monatslohn aus dem einzelnen Beschäftigungsverhältnis von höchstens 450 Euro) oder im Privathaushalt i. S. des § 8a SGB IV (regelmäßiger Monatslohn aus dem einzelnen Beschäftigungsverhältnis von höchstens 450 Euro, jedoch ohne die genannten pauschalen Sozialversicherungsbeiträge) handeln. § 40a Abs. 2a EStG regelt also die Fälle, in denen die Geringfügigkeitsgrenze z. B. wegen mehrerer geringfügiger Beschäftigungsverhältnisse überschritten wird, oder wenn neben einer Hauptbeschäftigung mehrere Nebenbeschäftigungen von jeweils bis 450 Euro ausgeübt werden: Die erste fällt unter § 40a Abs. 2 EStG, die weiteren können unter § 40a Abs. 2a EStG fallen. Im Gegensatz zur Sozialversicherung werden für die Prüfung der Pauschalierungsgrenze die Beschäftigungsverhältnisse nicht zusammengerechnet und die Stundenlohngrenze von 12 Euro gilt nicht. Wenn die Voraussetzungen nicht erfüllt sind, kommt noch die kurzfristige Beschäftigung unter den Voraussetzungen des § 40a Abs. 1 und 4 EStG in Betracht mit der Folge eines Pauschsteuersatzes von 25 %. Ist auch dies nicht der Fall, muss der Arbeitslohn individuell versteuert werden.

Das Verfahren für die Erhebung der einheitlichen Pauschsteuer gem. § 40a Abs. 2 EStG ist in § 40a Abs. 6 EStG geregelt. Zuständig ist die Deutsche Rentenversicherung Knappschaft-Bahn-See.

Durch das Gesetz zur Intensivierung der Bekämpfung der Schwarzarbeit und damit zusammenhängender Steuerhinterziehung vom 23.07.2004 ist mit Wirkung ab 01.08.2004 die Bußgeldvorschrift des § 50e EStG um einen zweiten Absatz erweitert worden, durch den bei geringfügiger Beschäftigung in Privathaushalten Steuerstraftaten von der Strafverfolgung ausgeschlossen werden. Das gilt sowohl für den Arbeitgeber als auch für den Arbeitnehmer. Die Bußgeldvorschriften der AO bleiben anwendbar.

- **Pauschalierung bei bestimmten Zukunftssicherungsleistungen**

Der Arbeitgeber kann die Lohnsteuer von den Beiträgen für eine Direktversicherung des Arbeitnehmers und von den Zuwendungen an eine Pensionskasse mit einem Pauschsteuersatz von 20 % der Beiträge und Zuwendungen erheben (§ 40b Abs. 1 EStG). Hier besteht ein Zusammenhang mit der Förderung der betrieblichen Alters-

34.2 Steuerabzug vom Arbeitslohn (Lohnsteuer)

versorgung (§§ 4b bis 4d EStG). Die Pauschalierung ist auf 1.752 Euro begrenzt (siehe R 40b.1 Abs. 9 LStR). Durch das Alterseinkünftegesetz[64] ist § 40b Abs. 1 und 2 EStG für Versorgungszusagen nach dem 31.12.2004 geändert worden (§ 52 Abs. 52a EStG). Für Beiträge, die zum Aufbau einer kapitalgedeckten betrieblichen Altersversorgung für eine Direktversicherung oder an eine Pensionskasse geleistet werden, besteht nicht mehr die Möglichkeit der Pauschalbesteuerung, weil sie als klassischer Fall der sog. vorgelagerten Besteuerung dem neuen System der nachgelagerten Besteuerung (siehe 26.7.1) widerspricht. Für vor dem Stichtag abgeschlossenes Direktvermögen kann jedoch die bisherige Möglichkeit der Pauschalversteuerung auf Antrag weitergeführt werden (§ 52 Abs. 52a EStG). Bei nach dem 31.12.2004 abgeschlossenen Verträgen ist eine Pauschalversteuerung mit 20 % nur noch für Zuwendungen an eine Pensionskasse zum Aufbau einer umlagefinanzierten betrieblichen Altersvorsorge möglich. Neue kapitaldeckende Versorgungszusagen können nicht mehr pauschal besteuert werden. Für den Bereich der umlagefinanzierten betrieblichen Altersversorgung verbleibt es bei der sog. vorgelagerten Besteuerung und der Möglichkeit der Pauschalbesteuerung nach § 40b Abs. 1 und 2 EStG. Davon betroffen sind vor allem die Zusatzversorgungseinrichtungen des öffentlichen Dienstes, soweit diese im Umlageverfahren finanziert werden.

34.2.10 Aufzeichnungspflicht beim Lohnsteuerabzug

Der Arbeitgeber hat am Ort der Betriebsstätte für jeden Arbeitnehmer und jedes Kalenderjahr ein Lohnkonto zu führen (§ 41 EStG; § 4 LStDV). Zahlen aus der Buchführung genügen nicht. Aufzeichnungspflichtig ist der Arbeitgeber, der den Lohnabzug durchzuführen hat. Zur Eintragung des Großbuchstabens S gem. § 41 Abs. 1 Satz 6 EStG siehe 34.2.6. Das Lohnkonto muss bis zum Ablauf des 6. Kalenderjahres nach der Eintragung aufbewahrt werden (§ 41 Abs. 1 Satz 9 EStG). Der Betriebsstättenbegriff des § 41 Abs. 2 EStG geht über den des § 12 AO hinaus. Als Betriebsstätte ist der Betrieb oder Teil des Betriebs zu behandeln, in dem der maßgebende Arbeitslohn ermittelt wird. Wird der Arbeitslohn außerhalb des Betriebs von einem Dritten oder nicht im Inland ermittelt, wird eine Betriebsstätte am Ort der Geschäftsleitung im Inland fingiert (§ 41 Abs. 2 Satz 2 EStG). Bei einem ausländischen Verleiher (§ 38 Abs. 1 Satz 1 Nr. 2 EStG) gilt der Ort, an dem im Inland die Arbeitsleistung ganz oder vorwiegend erbracht wird, als Betriebsstätte, sofern der Lohn nicht im Inland ermittelt wird.

34.2.11 Anmeldung und Abführung der Lohnsteuer, Abschluss und Änderung des Lohnsteuerabzugs

Die Erhebung und Durchsetzung des gem. § 38 EStG entstandenen und fälligen Lohnsteueranspruchs ist in § 41a EStG geregelt. Die Vorschrift enthält Bestimmun-

---

[64] BStBl 2004 I S. 554.

gen über Inhalt, Umfang und Zeitpunkt der Lohnsteuer-Anmeldung und -Abführung und legt den Lohnsteuer-Anmeldungszeitraum fest. Der Anmeldungszeitraum ist ein steuertechnischer Zeitraum. Wann die Lohnsteuer einzubehalten ist, bestimmen § 38 Abs. 3 und § 39b Abs. 5 EStG. Gemäß § 41a Abs. 3 EStG kann die oberste Finanzbehörde eine andere zuständige Kasse bestimmen, und das Betriebsstätten-Finanzamt kann den Anmelde- und Abführungszeitpunkt vorverlegen. Schließlich enthält § 41a Abs. 4 EStG Lohnsteuerermäßigungen für Seeleute (R 41a.1 Abs. 5 LStR).

Die Lohnsteueranmeldung ist eine Steuererklärung i. S. des § 150 Abs. 1 Satz 2 AO, in der der Arbeitgeber die Lohnsteuer selbst zu berechnen hat. Für jede Betriebsstätte und für jeden Lohnsteuer-Anmeldungszeitraum ist genau eine gesonderte Anmeldung abzugeben. Die Lohnsteuer-Anmeldung steht einer Steuerfestsetzung unter dem Vorbehalt der Nachprüfung gleich (§ 168 Satz 1 AO). Gemäß § 41a Abs. 1 Satz 1 Nr. 2 EStG ist die einbehaltene und übernommene Lohnsteuer bis zum Fälligkeitszeitpunkt an das Betriebsstätten-Finanzamt abzuführen, soweit auf die Schuld nicht gem. § 48c Abs. 1 Nr. 1 EStG die Bauabzugsteuer angerechnet wird. Der Lohnsteuer-Anmeldungszeitraum ist je nach Höhe der Lohnsteuer der Kalendermonat, das Kalendervierteljahr oder das Kalenderjahr (§ 41a Abs. 2 EStG). Durch das Steuerbürokratieabbaugesetz wurde § 41a Abs. 2 Satz 2 EStG für den Lohnsteuerabzug ab 2009 neu gefasst. Damit wurden die Grenzen für die jährliche und vierteljährliche Abgabe von Lohnsteuer-Anmeldungen von 800 Euro auf 1.000 Euro und von 3.000 Euro auf 4.000 Euro angehoben.

Für nach dem 31.12.2004 endende Anmeldungszeiträume hat der Arbeitgeber die Lohnsteuer-Anmeldung elektronisch zu übermitteln nach Maßgabe der Steuerdaten-Übermittlungsverordnung (§ 41a Abs. 1 Satz 2 EStG).[65] Zur Vermeidung von unbilligen Härtefällen kann das Betriebsstättenfinanzamt auf Antrag die Abgabe in Papierform weiterhin zulassen. Ein Härtefall kann vorliegen, wenn und solange es dem Arbeitgeber nicht zumutbar ist, die technischen Voraussetzungen einzurichten, die für die Übermittlung der elektronischen Lohnsteuer-Anmeldung nach der Steuerdaten-Übermittlungsverordnung[66] erforderlich sind. Muster zur Anmeldung der Lohnsteuer werden regelmäßig bekannt gegeben.[67]

Seit dem 01.01.2004 ist die bisher bei verspäteter Abgabe der Lohnsteuer-Anmeldung eingeräumte Abgabeschonfrist von 5 Tagen entfallen.[68]

Der Lohnsteuer-Abzug und das Lohnkonto sind bei Beendigung des Dienstverhältnisses oder am Ende des Kalenderjahres **abzuschließen** (§ 41b EStG; R 41b LStR, H 41b LStH). § 41c EStG ermöglicht dem Arbeitgeber eine **Änderung** des Lohnsteuer-Abzugs (Einzelheiten in R 41c.1 LStR). Zu den Anzeigepflichten des Arbeit-

---

65 BStBl 2003 I S. 162; BStBl 2007 I S. 94, 95.
66 BStBl 2003 I S. 162.
67 BMF vom 30.08.2012 (BStBl 2012 I S. 907).
68 BMF vom 01.04.2003 (BStBl 2003 I S. 239).

34.2 Steuerabzug vom Arbeitslohn (Lohnsteuer)

gebers gem. § 41c Abs. 4 EStG siehe R 41c.2 LStR. Eine Nachforderung zu wenig einbehaltener Lohnsteuer vom Arbeitgeber kommt in Betracht, wenn der Barlohn des Arbeitnehmers zur Deckung der Lohnsteuer nicht ausreicht (vgl. zu weiteren Tatbeständen H 41c.3 „Einzelfälle" LStH). Nach Aushändigung der Lohnsteuerbescheinigung durch den Arbeitgeber kann der Arbeitnehmer ihre Änderung nicht mehr verlangen.[69]

Durch das Steueränderungsgesetz 2003 ist ab 2004 die elektronische Lohnsteuer-Bescheinigung eingeführt worden (§ 41b Abs. 1 EStG). Der Arbeitgeber hat aufgrund der Eintragungen im Lohnkonto die Daten der Lohnsteuer-Bescheinigung (§ 41b Abs. 1 Satz 2 EStG) nach amtlich vorgeschriebenem Datensatz durch Datenfernübertragung an die amtlich bestimmte Übermittlungsstelle der Finanzverwaltung (sog. Clearingstelle) zu übermitteln. Gleiches gilt, wenn ein Dritter für den Arbeitgeber die Lohnsteuer-Berechnung maschinell durchführt. Hat der Arbeitgeber die elektronische Lohnsteuer-Bescheinigung übermittelt, ist eine Änderung des Lohnsteuer-Abzugs nicht mehr möglich (§ 41c Abs. 3 Satz 1 EStG). Dies gilt nicht für die bloße Korrektur eines zunächst unrichtig übermittelten Datensatzes. Die Anzeigeverpflichtung nach § 41c Abs. 4 Satz 1 Nr. 3 EStG bleibt unberührt. Der Arbeitnehmer kann nach der Übermittlung der Lohnsteuerbescheinigung ihre Berichtigung nicht mehr verlangen.[70]

Für die Datenfernübertragung hat der Arbeitgeber aus dem Namen, Vornamen und Geburtsdatum des Arbeitnehmers ein Ordnungsmerkmal nach amtlich festgelegter Regel für den Arbeitnehmer zu bilden und zu verwenden. Die Finanzverwaltung stellt die zur Bildung dieses lohnsteuerlichen Ordnungsmerkmals (sog. eTIN – electronic Taxpayer Identification Number) notwendigen Informationen zur Verfügung. Dieses lohnsteuerliche Ordnungsmerkmal (eTIN) ist in die elektronische Lohnsteuer-Bescheinigung aufzunehmen.[71]

Um Rückfragen bei Arbeitnehmern im Rahmen einer Veranlagung zu vermeiden, wird der Arbeitgeber verpflichtet, der Finanzverwaltung die für den Abzug von Vorsorgeaufwendungen als Sonderausgaben notwendigen Informationen über bestimmte Beiträge und Zuschüsse zu übermitteln (§ 41b Abs. 1 Satz 2 Nr. 11 bis 15 EStG). Die Einführung und Verbreitung der elektronischen Lohnsteuerbescheinigung wurde durch einen freien Zugang für die elektronische Übermittlung gefördert. Da die elektronischen Lohnsteuerbescheinigungen Grundlage für die Einkommensteuerveranlagungen sind, soll die Datenübermittlung besser gesichert werden, z. B. durch die Authentifizierung des Datenübermittlers nach § 6 der Steuerdaten-Übermittlungsverordnung. Deshalb ist in § 41b Abs. 1 Satz 2 EStG durch das JStG 2008 die Bestimmung eingefügt worden, dass die Datenfernübertragung auf elektronischem Weg nach Maßgabe der Steuerdaten-Übermittlungsverordnung in der jeweils

---
69 BFH vom 13.11.2012 VI R 38/11 (BStBl 2013 II S. 929).
70 BFH vom 13.11.2012 VI R 38/11 (BStBl 2013 II S. 929).
71 BMF vom 22.08.2011 (BStBl 2011 I S. 813) für weitere Einzelheiten.

geltenden Fassung zu erfolgen hat. Damit hat die Finanzverwaltung die Möglichkeit, den Beginn der Authentifizierung durch ein BMF-Schreiben bekannt zu geben. Gemäß § 52 Abs. 52b EStG ist die Authentifizierung zur Übermittlung der elektronischen Lohnsteuerbescheinigungen erstmals für Lohnsteuerbescheinigungen von Arbeitslöhnen des Kalenderjahres 2009 erforderlich. Unabhängig von der für die Übermittlung ausgewählten Software ist eine einmalige Registrierung im Elster-Online-Portal unter https://www.elsteronline.de/eportal/ erforderlich. Mit dem bei der Registrierung erzeugten und bei der Übermittlung verwendeten elektronischen Zertifikat kann die Finanzverwaltung feststellen, von wem eingehende Steuerdaten übermittelt wurden.

Der Arbeitnehmer ist im Datentransfer nicht eingebunden. Der Arbeitgeber hat aber dem Arbeitnehmer einen Ausdruck der elektronischen Lohnsteuerbescheinigung mit Angabe des lohnsteuerlichen Ordnungsmerkmals (§ 41b Abs. 2 EStG) auszuhändigen oder elektronisch bereitzustellen. Soweit der Arbeitgeber nicht zur elektronischen Übermittlung nach § 41b Abs. 1 Satz 2 EStG verpflichtet ist, hat er nach Ablauf des Kalenderjahres oder wenn das Dienstverhältnis vor Ablauf des Kalenderjahres beendet wird, auf der vom Finanzamt ausgestellten Bescheinigung für den Lohnsteuerabzug (§ 39 Abs. 3, § 39e Abs. 7 oder Abs. 8 EStG) eine Lohnsteuerbescheinigung auszustellen und dem Arbeitnehmer diese Bescheinigung auszuhändigen. Hierdurch wird der Arbeitnehmer ebenso informiert wie durch die bisherige maschinelle Lohnsteuerbescheinigung auf der Lohnsteuerkarte. Nicht ausgehändigte Bescheinigungen für den Lohnsteuerabzug mit Lohnsteuerbescheinigungen hat der Arbeitgeber dem Betriebsstättenfinanzamt einzureichen.

34.2.12 Lohnsteuer-Jahresausgleich durch den Arbeitgeber

Der Lohnsteuer-Jahresausgleich durch den Arbeitgeber gem. § 42b EStG ändert wie § 41c Abs. 3 EStG nur den Lohnsteuer-Abzug. Er ist der Abschluss des Lohnsteuer-Abzugsverfahrens, der Ausgleich wird also nicht wie die Antragsveranlagung (§ 46 Abs. 2 Nr. 8 EStG) nach dem zu versteuernden Einkommen ermittelt, sondern auf der Basis der nach § 39b Abs. 2 EStG zu errechnenden Jahreslohnsteuer.

Der Arbeitgeber ist zur Durchführung des Lohnsteuer-Jahresausgleichs verpflichtet, wenn er am 31. Dezember des Ausgleichsjahres **mindestens 10 Arbeitnehmer** beschäftigt (§ 42b Abs. 1 Satz 2 EStG). Dagegen darf der Arbeitgeber den Lohnsteuer-Jahresausgleich nicht durchführen, wenn einer der in § 42b Abs. 1 Satz 3 Nr. 1 bis 6 EStG aufgeführten Tatbestände vorliegt.

34.2.13 Haftung des Arbeitgebers und Haftung bei Arbeitnehmerüberlassung

Gemäß § 42d EStG kann das Finanzamt den Arbeitgeber und den Entleiher von Arbeitskräften für nicht erhobene oder nicht abgeführte Lohnsteuer in Haftung nehmen.[72] Durch die Entleiherhaftung wird sichergestellt, dass insbesondere der illegale Entleiher in Anspruch genommen werden kann, wenn der illegale Verleiher, der den Arbeitnehmer entlohnt, die Lohnsteuer nicht einbehält und abführt. Soweit der Arbeitgeber gem. § 40 Abs. 3 EStG die Lohnsteuer übernimmt, aber nicht abführt, muss das Finanzamt gegen ihn einen Pauschalierungsbescheid erlassen; das Pauschalierungsverfahren geht der Haftung vor. Die Entleiherhaftung wird durch § 48 Abs. 4 Nr. 2 EStG eingeschränkt.

Ersetzt der Arbeitgeber dem Arbeitnehmer einen Schaden, der diesem durch Fehler des Arbeitgebers beim Lohnsteuerabzug entstanden ist, führt dies nicht zu steuerbaren Einnahmen beim Arbeitnehmer.[73]

Während des laufenden Kalenderjahres haftet der Arbeitgeber für die Lohnsteuer der einzelnen Lohnzahlungszeiträume, danach richtet sich die Haftung des Arbeitgebers nach der Jahres-Lohnsteuer. Da das Lohnsteuer-Abzugsverfahren mit dem Veranlagungsverfahren des Arbeitnehmers nur durch die Anrechnung gem. § 36 Abs. 2 Nr. 2 EStG verbunden ist, betrifft die Haftungsschuld des Arbeitgebers ausschließlich die Lohnsteuer.

Die Haftung für die einzubehaltende und abzuführende Lohnsteuer (§ 42d Abs. 1 Nr. 1 EStG) knüpft an die Pflichten gem. § 38 Abs. 2, § 41a EStG an. Hält sich der Arbeitgeber an eine gem. § 42e EStG erteilte Anrufungsauskunft, wäre die Inanspruchnahme zumindest ermessensfehlerhaft. Voraussetzung der Haftung für verkürzte Einkommensteuer gem. § 42d Abs. 1 Nr. 3 EStG ist, dass falsche Angaben im Lohnkonto oder in der Lohnsteuer-Bescheinigung zu einer Verkürzung von Einkommensteuer geführt haben. Der Haftungsumfang berechnet sich aus der gem. § 38a EStG individuell ermittelten Lohnsteuer. Eine Schätzung gem. § 40 Abs. 1 Nr. 2 EStG ist zulässig, wenn der Arbeitgeber zustimmt oder die Voraussetzungen des § 162 AO vorliegen.[74] Zur Haftung des Geschäftsführers einer GmbH siehe H 42d.1 „Haftung anderer Personen" LStH. Das Betriebsstätten-Finanzamt kann die Steuerschuld gegenüber dem Arbeitnehmer oder die Haftungsschuld gegenüber dem Arbeitgeber nach pflichtgemäßem Ermessen geltend machen (§ 42d Abs. 3 Satz 2 EStG). Dieses Auswahlermessen besteht aber nur in den Fällen des § 42d Abs. 3 Satz 4 EStG. Ein Rückgriff des Arbeitgebers gegen den Arbeitnehmer ist ein privatrechtlicher Anspruch, für den die Arbeitsgerichte zuständig sind. Verzichtet er auf

---
72 BFH vom 29.05.2008 VI R 11/07 (BStBl 2008 II S. 933).
73 BFH vom 20.09.1996 VI R 57/95 (BStBl 1997 II S. 144).
74 BFH vom 17.03.1994 VI R 120/92 (BStBl 1994 II S. 536).

den Rückgriff, wendet er spätestens mit der Zahlung der Lohnsteuer dem Arbeitnehmer Arbeitslohn zu.

Nach § 75 AO haftet der **Betriebsübernehmer** für die Lohnsteuer, die seit Beginn des letzten vor der Übereignung liegenden Kalenderjahres entstanden ist und die bis zum Ablauf von einem Jahr nach Anmeldung des Betriebs durch den Erwerber festgesetzt oder angemeldet wird.

Zur Nachforderung von Lohnsteuer beim Arbeitnehmer siehe H 41c.3 „Einzelfälle" LStH.

Bei Leih-Arbeitsverhältnissen ist grundsätzlich der Verleiher Arbeitgeber gem. § 38 EStG. Der Entleiher haftet gem. § 42d Abs. 6 Satz 1 EStG neben dem Arbeitgeber, soweit dieser ihm Arbeitnehmer i. S. des § 1 Abs. 1 Satz 1 des Arbeitnehmerüberlassungsgesetzes überlässt (vgl. R 42d.2 Abs. 2 Satz 4 Abs. 6 LStR). Nach § 42d Abs. 6 Satz 2 EStG ist die Haftung des Entleihers für zu gering einbehaltene Lohnsteuer ausgeschlossen, wenn er den Meldepflichten des Arbeitnehmerüberlassungsgesetzes nachgekommen ist.

Als Folge des § 38 Abs. 3a EStG (siehe 34.2.1) ergibt sich die Regelung in § 42d Abs. 9 EStG. Es besteht eine Gesamtschuldnerschaft zwischen Arbeitgeber, dem Dritten und dem Arbeitnehmer. Eine Haftungsinanspruchnahme des Arbeitgebers unterbleibt, wenn beim Arbeitnehmer selbst eine Nachforderung unzulässig ist, weil der Mindestbetrag von 10 Euro nicht überschritten ist (§ 42d Abs. 5 EStG).

34.2.14 Anrufungsauskunft, Lohnsteuer-Außenprüfung, Lohnsteuer-Nachschau (§§ 42e, 42f, 42g EStG)

Das Betriebsstättenfinanzamt hat auf Anfrage eines Beteiligten darüber Auskunft zu geben, ob und inwieweit im einzelnen Fall die Vorschriften über die Lohnsteuer anzuwenden sind (§ 42e Satz 1 EStG). Anfragen können alle Beteiligten, also neben dem Arbeitgeber auch der Arbeitnehmer, der Entleiher, der Verleiher und andere Personen, die aus anderen Vorschriften in Haftung genommen werden können. Gegenstand der Auskunft können nur lohnsteuerrechtliche Vorschriften sein, die für den Steuereinbehalt, die Abführung der Lohnsteuer oder die Pauschalierung maßgebend sind.

Während die allgemeine Betriebsprüfung in den §§ 193 ff. AO geregelt ist, ist die Zuständigkeit für die Lohnsteuer-Außenprüfung in § 42f Abs. 1 EStG normiert. Die Befugnisse des Betriebsstättenfinanzamts werden unter Hinweis auf § 200 AO in § 42f Abs. 2 EStG und für einen Sonderfall in § 42f Abs. 3 EStG geregelt.

Durch das Steuerbürokratieabbaugesetz wurde § 42f Abs. 4 EStG angefügt. Dabei geht es um eine Koordinierung der Außenprüfungen von Finanzverwaltung und Träger der Rentenversicherung bei dem Arbeitgeber. Dieser erhält die Möglichkeit, formlos beim Betriebsstättenfinanzamt die Durchführung zeitgleicher Außenprüfun-

gen durch die Finanzverwaltung und den Träger der Rentenversicherung zu beantragen.
Die Regelungen zur Lohnsteuer-Nachschau in § 42g EStG sind durch das AmtshilfeRLUmsG[75] neu eingefügt worden. Im Gegensatz zur Lohnsteuer-Außenprüfung nach § 42f EStG handelt es sich bei der Lohnsteuer-Nachschau nicht um eine Außenprüfung i. S. der §§ 193 ff. AO, sodass für die Lohnsteuer-Nachschau keine schriftliche Prüfungsanordnung erforderlich ist. Die Lohnsteuer-Nachschau dient der Sicherstellung einer ordnungsgemäßen Einbehaltung und Abführung der Lohnsteuer. Nach § 42g Abs. 2 EStG findet die Lohnsteuer-Nachschau während der üblichen Geschäfts- und Arbeitszeiten statt. Geschäftsräume dürfen ohne vorherige Ankündigung betreten werden. Die Betroffenen haben auf Verlangen Lohn- und Gehaltsunterlagen, Aufzeichnungen, Bücher, Geschäftspapiere und andere Urkunden vorzulegen und Auskünfte zu erteilen. Der Übergang von der Lohnsteuer-Nachschau zur Lohnsteuer-Außenprüfung ist ohne vorherige Prüfungsanordnung möglich; der Übergang zur Außenprüfung wird schriftlich mitgeteilt.

34.3 Steuerabzug vom Kapitalertrag (Kapitalertragsteuer)

34.3.1 Allgemeines

Bei dem in den §§ 43 ff. EStG normierten Steuerabzug vom Kapitalertrag handelt es sich wie bei der Lohnsteuer um eine besondere Form der Erhebung der Einkommensteuer bzw. der Körperschaftsteuer (§ 31 KStG). Die Kapitalertragsteuer ist i. d. R. wie eine Objektsteuer ohne Berücksichtigung persönlicher Verhältnisse des Kapitalgläubigers zu erheben und umfasst sämtliche steuerpflichtigen und steuerfreien inländischen und ausländischen Erträge im Privatvermögen und im Betriebsvermögen (§ 43 Abs. 4 EStG) von natürlichen Personen, Personengesellschaften und Körperschaften. Ausnahmen gibt es u. a. bei Vorliegen eines Freistellungsauftrags oder wenn eine Veranlagung nicht in Betracht kommt (§ 44a EStG). § 43 EStG bestimmt, bei welchen Kapitalerträgen i. S. des § 20 EStG ein Steuerabzug vorzunehmen ist, seine Bemessung ergibt sich aus §§ 43a, 43b EStG. Das Erhebungsverfahren ist in den §§ 44, 45a EStG geregelt. Die § 43 Abs. 2, §§ 44a, 50d Abs. 2 EStG enthalten Vorschriften zur Freistellung und Abstandnahme vom Kapitalertragsteuerabzug. Die Begriffe Schuldner und Gläubiger in den §§ 43 ff. EStG beziehen sich nicht auf die Steuer, sondern auf die Kapitalerträge. So heißt es in § 44 Abs. 1 Satz 1 EStG, dass der **Gläubiger der Kapitalerträge Schuldner der Kapitalertragsteuer** sei. **Abzugsverpflichtet ist i. d. R. der Schuldner der Kapitalerträge,** der dann auch als Haftungsschuldner in Betracht kommt. In den Fällen des § 43 Abs. 1 Satz 4 EStG ist abzugsverpflichtet das Kredit- oder Finanzdienstleistungsinstitut, das für den Verkäufer den Verkaufsauftrag durchführt, in den Fällen des

---

[75] BGBl 2013 I S. 1809.

1481

§ 43 Abs. 1 Satz 1 Nr. 1a, 6, 7 und 8 bis 12 ist es die die Kapitalerträge auszahlende Stelle (§ 44 Abs. 1 EStG).

Durch die gesetzgeberischen Maßnahmen der letzten Jahre sind die §§ 43 ff. EStG umfangreich geändert worden. 2002 wurde das körperschaftsteuerrechtliche Anrechnungsverfahren durch das Halbeinkünfteverfahren ersetzt, das die Besteuerung der Kapitalgesellschaft und der Gesellschafter trennte mit einer definitiven Belastung der Erträge auf der Ebene der Körperschaft und einer davon unabhängigen Besteuerung der Gesellschafter. Handelt es sich dabei um eine Körperschaft, sind Ausschüttungen, Veräußerungen usw. umfassend gem. § 8b KStG freigestellt. Kapitalertragsteuer ist aber trotzdem gem. § 43 Abs. 1 Nr. 1 EStG einzubehalten und auf die Körperschaftsteuer anzurechnen (§ 31 KStG). Handelt es sich bei den Anteilseignern um natürliche Personen oder Personengesellschaften, sind die Beteiligungseinnahmen nicht voll, sondern gem. § 3 Nr. 40 EStG nur zum Teil anzusetzen, bis 2008 zur Hälfte (Halbeinkünfteverfahren), ab 2009 zu 60 % (Teileinkünfteverfahren). Der Ansatz zur Hälfte galt unabhängig davon, ob die Beteiligung sich im Betriebsvermögen oder Privatvermögen befand. Das Teileinkünfteverfahren gilt nur, wenn die Beteiligung sich im Betriebsvermögen befindet oder § 17 EStG anwendbar ist. Diese Regelungen sind Bestandteile des UntStRefG 2008, das eine umfassende Neuregelung der Kapitaleinkünfte enthält (siehe 24.1). Im Mittelpunkt steht die Einführung der Abgeltungsteuer auf die in § 20 EStG geregelten Kapitaleinkünfte. Zwar blieb das Kapitalertragsteuer-Abzugsverfahren erhalten, die einschneidende Veränderung ergibt sich jedoch durch § 32d EStG, der einen gesonderten Steuertarif von 25 % für Einkünfte aus Kapitalvermögen enthält. Die Kapitalertragsteuer in gleicher Höhe hat hier abgeltende Wirkung. § 43 Abs. 5 Satz 1 EStG, in dem dieses bestimmt ist, bildet die zentrale Regelung der Abgeltungswirkung. Der Steuerabzug ist hier also nicht nur eine Erhebungsform der Einkommensteuer, sondern bewirkt eine endgültige Festsetzung der Einkommensteuer für die entsprechenden Kapitaleinkünfte. Sie werden nicht mehr in die Veranlagung einbezogen. Deshalb ist auch die Veranlagungsvorschrift des § 25 Abs. 1 EStG mit Wirkung ab 2009 (§ 52a Abs. 13 EStG) geändert worden. Eine Veranlagung hängt dann nicht nur von den Voraussetzungen des § 46 EStG ab (siehe 31.3), sondern auch davon, ob die Voraussetzungen des § 43 Abs. 5 EStG vorliegen. Von dem die Einkommensteuer abgeltenden Steuersatz von 25 % sind die Kapitalerträge ausgenommen, die zu den Einkünften aus Land- und Forstwirtschaft, aus Gewerbebetrieb, aus selbständiger Arbeit oder aus Vermietung und Verpachtung gehören (§ 20 Abs. 8 EStG, siehe 24).

34.3.2 Kapitalertragsteuerpflichtige Kapitalerträge

Der Zusammenhang zwischen den Tatbeständen des § 20 EStG und denen des § 43 EStG ist kompliziert, weil nicht für alle in § 20 EStG geregelten Tatbestände auch ein Kapitalertragsteuerabzug erfolgt.

34.3 Steuerabzug vom Kapitalertrag (Kapitalertragsteuer)

Durch das UntStRefG 2008 ist nicht nur der Anwendungsbereich des § 20 EStG, sondern auch der des Kapitalertragsteuerabzugs wesentlich erweitert worden. Ab 2009 unterliegen auch Dividenden ausländischer Kapitalgesellschaften der Kapitalertragsteuer, wenn die Wertpapiere von einem inländischen Kreditinstitut verwahrt oder verwaltet werden und dieses die Kapitalerträge auszahlt oder gutschreibt. Dem Kapitalertragsteuerabzug mit Abgeltungswirkung unterliegen auch die in § 20 Abs. 2 EStG geregelten Veräußerungstatbestände.

Durch das JStG 2010[76] wurde § 43 EStG umfangreich geändert. Insbesondere ist die Abgeltungswirkung der Kapitalertragsteuer in § 43 Abs. 5 EStG überarbeitet worden. Nach § 43 Abs. 5 Satz 4 EStG umfasst eine vorläufige Festsetzung der Einkommensteuer i. S. des § 165 Abs. 1 Satz 2 Nr. 2 bis 4 AO auch Einkünfte, die der Abgeltungsteuer unterliegen. Ferner wurden die Mitteilungspflichten der auszahlenden Stelle bei einer unentgeltlichen Übertragung erweitert sowie § 43 Abs. 1a EStG aufgehoben. Die Aufbewahrungsfristen in § 43 Abs. 2 EStG sind auf 6 Jahre verkürzt worden.

§ 43 Abs. 1 Satz 1 Nr. 1 EStG erfasst alle Gewinnanteile i. S. von § 20 Abs. 1 Nr. 1 und 2 EStG einschließlich der nach § 3 Nr. 40 EStG und § 8b KStG steuerfreien Erträge (§ 43 Abs. 1 Satz 3 EStG) sowie Erträge aus Veräußerungen i. S. des § 20 Abs. 2 Satz 1 Nr. 2 Buchst. a und Nr. 2 Satz 2 EStG.

In § 43 Abs. 1 Satz 1 Nr. 1a EStG wurde durch das OGAW-IV-UmsG vom 22.06.2011[77] der Kapitalsteuerabzug bei Dividenden inländischer sammel- und streifbandverwahrter Aktien sowie bei Tafelgeschäften und depotfähigen Aktien neu geregelt. Die Neuregelung war erforderlich, da nach § 44 Abs. 1 Satz 4 Nr. 3 EStG nicht mehr der Schuldner, sondern das depotführende Institut zum Steuerabzug verpflichtet ist. Hierdurch sollen Missbräuche bei sog. Leerverkäufen verhindert werden. Das AmtshilfeRLUmsG vom 26.06.2013[78] hat den Anwendungsbereich des § 43 Abs. 1 Satz 1 Nr. 1a EStG auf bestimmte Kapitalerträge aus Genussscheinen und Teilschuldverschreibungen erweitert (§ 43 Abs. 1 Satz 1 Nr. 2 Satz 4 EStG). Die Neuregelung ist erstmalig anzuwenden auf Kapitalerträge, die dem Gläubiger nach dem 31.12.2012 zufließen.

§ 43 Abs. 1 Satz 1 Nr. 2 EStG erfasst mit den in Satz 2 geregelten Ausnahmen einzelne Erträge i. S. von § 20 Abs. 1 Nr. 7 EStG aus Wandelanleihen, Gewinnobligationen und Genussrechten.

§ 43 Abs. 1 Satz 1 Nr. 3 EStG bezieht sich auf Kapitalerträge i. S. des § 20 Abs. 1 Nr. 4 EStG. Erträge aus **atypischen** stillen Gesellschaften sind nicht kapitalertragsteuerpflichtig.

---
76 BGBl 2010 I S. 1768.
77 BGBl 2011 I S. 1126.
78 BGBl 2013 I S. 1809.

Kapitalerträge i. S. des § 20 Abs. 1 Nr. 6 EStG sind gem. § 43 Abs. 1 Satz 1 Nr. 4 EStG kapitalertragsteuerpflichtig. § 43 Abs. 1 Satz 1 Nr. 4 Satz 1 EStG regelt, dass das Versicherungsunternehmen bei steuerpflichtigen Versicherungsleistungen als Bemessungsgrundlage für die Kapitalertragsteuer den Unterschiedsbetrag anzuwenden hat. Ein etwaiger entgeltlicher Erwerb des Anspruchs auf die Versicherungsleistung bleibt für Zwecke der Kapitalertragsteuer unberücksichtigt. Den Ansatz der Anschaffungskosten anstelle der vor dem Erwerb entrichteten Beträge kann der Steuerpflichtige nur im Rahmen der Veranlagung nach § 32d Abs. 4 oder 6 EStG geltend machen. Der Ansatz des hälftigen Unterschiedsbetrags gem. § 20 Abs.1 Nr. 6 Satz 2 EStG erfolgt beim Steuerabzug nicht, um sicherzustellen, dass der Steuerpflichtige die Erträge in seiner Steuererklärung angibt, um die Freistellung im Veranlagungsverfahren zu erreichen.

Durch § 43 Abs. 1 Satz 1 Nr. 6 EStG wird geregelt, dass für die Tatbestände des § 20 EStG nicht nur im Fall inländischer, sondern auch bei ausländischen Kapitalerträgen grundsätzlich ein Steuerabzug vorzunehmen ist. Anders als bei inländischen Dividenden wird der Steuerabzug nicht vom Schuldner der Kapitalerträge, sondern von der auszahlenden Stelle vorgenommen. Die Neuregelung steht im Zusammenhang mit der Neuregelung in § 43a Abs. 3 EStG, die vorsieht, dass die auszahlende Stelle schon bei Erhebung der inländischen Kapitalertragsteuer die auf die Dividende entfallende ausländische Quellensteuer berücksichtigt. Dadurch wird erreicht, dass auch bei ausländischen Dividenden eine Abgeltungswirkung eintreten kann.

Kapitalerträge i. S. des § 20 Abs. 1 Nr. 7 EStG sind nach § 43 Abs. 1 Satz 1 Nr. 7 EStG kapitalertragsteuerpflichtig. Diese Tatbestände müssen der Kapitalertragsteuer unterworfen werden, da sie ansonsten häufig nachzuerklären wären.

Durch § 43 Abs. Satz 1 Nr. 8 EStG werden Stillhalterprämien der Kapitalertragsteuer unterworfen. Mit den durch das UntStRefG 2008 eingefügten Nummern 9 bis 12 werden bestimmte in § 20 Abs. 2 EStG ebenfalls durch das UntStRefG 2008 neu hinzugekomme Kapitalerträge der Kapitalertragsteuer unterworfen. Das sind die Kapitalerträge nach § 20 Abs. 2 Satz 1 Nr. 1, 2 Buchst. b und Nr. 7, Nr. 3 und 8 EStG. Nach § 43 Abs. 1 Satz 2 EStG unterliegen auch Kapitalerträge i. S. des § 20 Abs. 3 EStG dem Steuerabzug, die neben den in § 43 Abs. 1 Satz 1 Nr. 1 bis 12 EStG bezeichneten Kapitalerträgen oder an deren Stelle gewährt werden. Der Steuerabzug ist ungeachtet des § 3 Nr. 40 EStG und des § 8b KStG vorzunehmen (§ 43 Abs. 1 Satz 3 EStG).

In § 43 Abs. 1 Satz 4 bis 6 EStG ist geregelt, dass bei der Übertragung von Kapitalanlagen i. S. des § 20 Abs. 2 EStG auf einen anderen Gläubiger grundsätzlich von einem entgeltlichen Geschäft und damit von einer Veräußerung ausgegangen wird. Dies dient der Sicherstellung des Steueraufkommens. Der Steuerpflichtige kann allerdings der auszahlenden Stelle darlegen, dass z. B. eine Schenkung vorliegt. Mit der Regelung wird erreicht, dass bereits im Rahmen des Kapitalertragsteuerverfah-

34.3 Steuerabzug vom Kapitalertrag (Kapitalertragsteuer)

rens der tatsächliche Sachverhalt aufgeklärt wird. Die auszahlende Stelle hat dem Betriebsstättenfinanzamt derartige unentgeltliche Rechtsgeschäfte mitzuteilen (§ 43 Abs. 1 Satz 6 EStG).

Bei **Investmentanteilen** werden die Erträge grundsätzlich so besteuert, als seien sie dem Anteilinhaber unmittelbar zugeflossen (siehe 24.2.1), sodass sie auch dem Kapitalertragsteuerabzug unterliegen. Das Gleiche gilt für Erträge aus einer inländischen REIT-AG (§ 20 Abs. 1 REITG).

§ 43 Abs. 2 EStG enthält Ausnahmen vom Kapitalertragsteuerabzug, wenn Gläubiger der Kapitalerträge ein inländisches Kredit-, Finanzdienstleistungsinstitut oder eine Kapitalanlagegesellschaft ist. Durch das JStG 2009 wurden weitere Ausnahmen hinzugefügt, um Anwendungsprobleme der Kapitalertragsteuer als Abgeltungsteuer im Rahmen der Gewinneinkunftsarten zu vermeiden. Die würden sich insbesondere bei einem vom Kalenderjahr abweichenden Wirtschaftsjahr ergeben, ebenso bei der Anrechnung ausländischer Steuern nach § 34c EStG. Eine Anrechnung bereits im Abzugsverfahren nach den Regeln für die Einkünfte aus Kapitalvermögen würde einen großen Ermittlungsaufwand auslösen, obwohl später bei der Veranlagung eine andere Ermittlung durchzuführen ist. Deshalb wurden ab 2009 die Ausnahmen vom Kapitalertragsteuerabzug auf die Gewinneinkünfte ausgeweitet, wenn der Steuerpflichtige dies durch Abgabe einer entsprechenden Erklärung gegenüber dem Erhebungspflichtigen beantragt (§ 43 Abs. 2 Satz 3 Nr. 2 EStG). Das gilt auch für Kapitalerträge nach § 43 Abs. 1 Satz 1 Nr. 8 und 11 EStG, wenn sie zu den Einkünften aus Vermietung und Verpachtung gehören. Bei unbeschränkt Steuerpflichtigen i. S. des § 1 Abs. 1 Nr. 3 und 4 KStG ist zusätzlich eine Bescheinigung des Finanzamts erforderlich, weil bei diesen Rechtsformen die Kapitalerträge möglicherweise statt der Körperschaft, Personenvereinigung oder Vermögensmasse den dahinterstehenden Beteiligten zuzurechnen sind (§ 43 Abs. 2 Satz 4 EStG). Bei den beschränkt Steuerpflichtigen i. S. des § 2 Nr. 1 KStG und den Steuerpflichtigen mit Gewinneinkünften muss der Inhaber des Kontos oder Depots oder der Vertragspartner des Options- oder Termingeschäfts die Zugehörigkeit zum Betriebsvermögen bestätigen und das Absehen vom Steuerabzug wählen. Er entscheidet sich damit gleichzeitig dafür, dass der Entrichtungspflichtige – i. d. R. ein Kreditinstitut – das Konto, Depot und Options- oder Termingeschäft speichert und dem Bundeszentralamt für Steuern übermittelt (§ 43 Abs. 2 Satz 7 EStG).

§ 43 Abs. 3 EStG enthält die Definition der inländischen und ausländischen Kapitalerträge. Die oben bereits erläuterte Regelung, dass der Steuerabzug unabhängig davon ist, zu welcher Einkunftsart die Kapitalerträge gehören, ist in § 43 Abs. 4 EStG enthalten. Die zentrale Vorschrift der Abgeltungsteuer enthält, wie dargelegt, § 43 Abs. 5 EStG.

34.3.3 Bemessung der Kapitalertragsteuer

§ 43a EStG regelt die Bemessung der Kapitalertragsteuer und hat deshalb durch das UntStRefG 2008 als Folgeregelung zur Abgeltungsteuer erhebliche Veränderungen erfahren, die für alle nach dem 31.12.2008 zufließenden Kapitalerträge gelten. Die früheren Steuersätze (20, 25, 30 %) wurden durch einen einheitlichen Satz von 25 % ersetzt. Nur für Leistungen bzw. Gewinn von Betrieben gewerblicher Art wird ein Steuersatz von 15 % bestimmt (§ 43a Abs. 1 Satz 1 Nr. 2 EStG). Im Fall der Kirchensteuerpflicht ermäßigt sich die Kapitalertragsteuer um 25 % der auf die Kapitalerträge entfallenden Kirchensteuer (§ 43a Abs. 1 Satz 2 EStG). Damit wird die Abziehbarkeit der Kirchensteuer als Sonderausgabe (§ 10 Abs. 1 Nr. 4 EStG) pauschal berücksichtigt (vgl. § 32d Abs. 1 Satz 4 und 5 EStG und 32.5.8). Bemessungsgrundlage ist der Bruttobetrag ohne jeden Abzug. Nach § 43a Abs. 2 Satz 2 EStG wird die Bemessungsgrundlage in Veräußerungs- und Einlösungsfällen auf alle durch das UntStRefG 2008 in § 20 EStG eingefügten Tatbestände erstreckt. Durch die Verweisung auf § 20 Abs. 4 EStG und auf den durch das JStG 2009 eingefügten § 20 Abs. 4a EStG wird erreicht, dass die zum Steuerabzug Verpflichteten diese Sonderregelungen auch im Steuerabzugsverfahren berücksichtigen. § 43a Abs. 2 Satz 3, 5 und 6 EStG regelt die Ermittlung des Kapitalertrags bei Depotwechsel und identischem Gläubiger und eröffnet die Möglichkeit der Übermittlung der Anschaffungsdaten von der abgebenden an die übernehmende auszahlende Stelle. In Fällen der unentgeltlichen Übertragung werden die Anschaffungskosten an die auszahlende Stelle des Neugläubigers übermittelt, damit diese im Fall einer Veräußerung die Bemessungsgrundlage für den Kapitalertragsteuerabzug ermitteln kann (§ 43a Abs. 2 Satz 4 EStG). Werden beim Depotwechsel ohne Gläubigerwechsel sowie beim Depotwechsel im Fall unentgeltlicher Übertragung die Anschaffungskosten nicht übermittelt, hat im Fall der Veräußerung das Kreditinstitut, das die Wirtschaftsgüter in sein Depot übernommen hat, den Veräußerungsgewinn i. H. von 30 % der Einnahmen aus der Veräußerung oder Einlösung anzusetzen (§ 43a Abs. 2 Satz 7 EStG). § 43a Abs. 2 Satz 8 bis 15 EStG enthält die Regelungen für die Bemessung der Kapitalertragsteuer in den Fällen der Übertragung eines Wirtschaftsguts nach § 43 Abs. 1 Satz 4 EStG.

Der früher in § 43a Abs. 3 EStG geregelte sog. Stückzinstopf ist durch das UntStRefG 2008 erheblich ausgeweitet und in einen **Verlustverrechnungstopf** umgewandelt worden.[79] Dadurch wird erreicht, dass insbesondere auch bei Bezug von mit ausländischer Quellensteuer vorbelasteten Dividenden, von gezahlten Stückzinsen oder bei Veräußerungsverlusten die Kapitalertragsteuer in zutreffender Höhe einbehalten wird und durch die Berücksichtigung dieser Tatbestände im Quellensteuerabzug zusätzliche Veranlagungsfälle vermieden werden. Die auszahlende Stelle hat ausländische Steuern auf Kapitalerträge nach Maßgabe des § 32d Abs. 5 EStG zu berücksichtigen (§ 43a Abs. 3 Satz 1 EStG). Mit Wirkung ab dem Jahr

---

[79] BMF vom 09.10.2012 (BStBl 2012 I S. 953), Rdnr. 212.

34.3 Steuerabzug vom Kapitalertrag (Kapitalertragsteuer)

2010 haben die Kreditinstitute im Rahmen des Steuerabzugsverfahrens eine übergreifende Verlustverrechnung über alle Konten und Depots der Ehegatten vorzunehmen, wenn die Ehegatten einen gemeinsamen Freistellungsauftrag erteilt haben. Der nicht ausgeglichene Verlust ist grundsätzlich auf das nächste Kalenderjahr zu übertragen. In § 43a Abs. 3 Satz 4 bis 7 EStG finden sich Ausnahmen von diesem Grundsatz. § 43a Abs. 3 Satz 8 EStG ermöglicht im Anschluss an die Regelung des § 43 Abs. 2 EStG den Verzicht auf die Bestimmungen des § 43a Abs. 3 EStG, wenn die Kapitalerträge anderen Einkunftsarten als § 20 EStG zuzuordnen sind oder von Körperschaften, Personenvereinigungen bzw. Vermögensmassen erzielt werden.

§ 43a Abs. 4 EStG enthält Regelungen für die Verwahrung und Verwaltung durch die das Bundesschuldenbuch führende Stelle und die entsprechende Stelle eines Bundeslandes.

Durch § 43b EStG wird die EU-Mutter/Tochter-Richtlinie umgesetzt, mit der zur Schaffung binnenmarktähnlicher Verhältnisse in der EU die Unterschiede bei der Besteuerung von Gewinnausschüttungen einer Tochtergesellschaft an ihre Muttergesellschaft beseitigt werden sollen. Die Vorschrift stellt deshalb Dividendenzahlungen von der Kapitalertragsteuer frei, die von Tochtergesellschaften im Inland einer Muttergesellschaft zufließen, die weder ihren Sitz noch ihre Geschäftsleitung im Inland hat. Das Gleiche gilt für den Zufluss bei einer in einem anderen Mitgliedstaat der Europäischen Union gelegenen Betriebsstätte dieser Muttergesellschaft. Die Abstandnahme vom Kapitalertragsteuerabzug gilt nicht für Kapitalerträge, die anlässlich der Liquidation oder Umwandlung einer Tochtergesellschaft zufließen (§ 43b Abs. 1 Satz 4 EStG). Voraussetzung des von einem Antrag abhängigen Verzichts auf den Kapitalertragsteuerabzug ist, dass die Muttergesellschaft eine der in Anlage 2 zu § 43b EStG aufgeführten Rechtsformen hat, in einem anderen EU-Staat ansässig ist und dort einer der in Anlage 2 zu § 43b EStG aufgeführten oder entsprechenden Ersatzsteuer unterliegt. Die erforderliche Mindestbeteilung von 10 % nach § 43b Abs. 2 Satz 1 EStG gilt für Ausschüttungen, die nach dem 31.12.2008 zufließen (§ 52 Abs. 55c EStG). Deshalb wurde die Regelung in § 43b Abs. 3 EStG ab 01.01.2009 aufgehoben (§ 52 Abs. 55d EStG). Die Beteiligung muss ununterbrochen 12 Monate bestehen, um die Inanspruchnahme der Vergünstigung für kürzere Umschichtungen auszuschließen (§ 43b Abs. 2 Satz 4 EStG).

34.3.4 Entrichtung der Kapitalertragsteuer

Die in § 44 EStG geregelte Entrichtung der Kapitalertragsteuer umfasst Bestimmungen zur Schuldnereigenschaft bezogen auf die Kapitalertragsteuer, zur Entstehung, zum Steuerabzug, zur Haftung und zu Sonderregelungen für Betriebe gewerblicher Art.

Schuldner der Kapitalertragsteuer ist grundsätzlich der Gläubiger der Kapitalerträge. Ausnahmeregelungen sind im Fall des § 43 Abs. 1 Satz 1 Nr. 7c EStG vorgesehen für Betriebe gewerblicher Art von juristischen Personen des öffentlichen

Rechts, weil hier zivilrechtlich Gläubiger und Schuldner zusammenfallen (§ 44 Abs. 6 EStG). Die Kapitalertragsteuer entsteht in dem Zeitpunkt, in dem die Kapitalerträge dem Gläubiger zufließen (§ 44 Abs. 1 Satz 2 EStG). Eine Sonderregelung enthält § 44 Abs. 7 EStG für vororganschaftlich veranlasste Mehrabführungen gem. § 14 Abs. 3 KStG. Der BFH hält § 14 Abs. 3 KStG für verfassungswidrig.[80] Gewinnanteile (Dividenden) und andere Kapitalerträge i. S. des § 43 Abs. 1 Satz 1 Nr. 1 EStG, deren Ausschüttung von einer Körperschaft beschlossen wird, fließen dem Gläubiger der Kapitalerträge an dem Tag zu, der im Beschluss als Tag der Auszahlung bestimmt worden ist (§ 44 Abs. 2 Satz 1 EStG). Voraussetzung ist, dass er in dem Beschluss taggenau bestimmt worden ist.[81] Ist das nicht geschehen, gilt als Tag des Zuflusses der Tag nach der Beschlussfassung (§ 44 Abs. 2 Satz 2 EStG). Eine Stundung der Kapitalerträge schiebt die Fälligkeit der Kapitalertragsteuer hinaus (§ 44 Abs. 4 EStG). Zum Steuerabzug verpflichtet ist der Schuldner der Kapitalerträge in den Fällen des § 43 Abs. 1 Satz 1 Nr. 1, 2 bis 4 sowie 7a und 7b EStG. In den übrigen in § 44 Abs. 1 Satz 2 EStG aufgeführten Fallgestaltungen ist es das Institut, das den Verkauf durchführt (§ 20 Abs. 1 Nr. 1 Satz 4 EStG), bzw. die auszahlende Stelle: deren Definition ist in § 44 Abs. 1 Satz 4 EStG enthalten. Als Folge der Einführung der Abgeltungsteuer durch das UntStRefG 2008 ab 2009 sind in § 44 Abs. 1 EStG die entsprechenden Tatbestände für die Kapitalertragsteuer aufgenommen worden.

Die Abführung der einbehaltenen Kapitalertragsteuer ist in § 44 Abs. 1 Satz 5 bis 7 EStG geregelt.

Die Schuldner der Kapitalerträge, die den Verkaufsauftrag ausführenden Stellen oder die die Kapitalerträge auszahlenden Stellen haften für die Kapitalertragsteuer, die sie einzubehalten und abzuführen haben, es sei denn, sie weisen nach, dass sie die ihnen auferlegten Pflichten weder vorsätzlich noch grob fahrlässig verletzt haben (§ 44 Abs. 5 Satz 1 EStG). Es steht im Ermessen des Finanzamts, ob es den Haftungsschuldner durch Haftungsbescheid (§ 191 AO) bzw. durch Nachforderungsbescheid (§ 167 Abs. 1 Satz 1 AO) oder den Steuerschuldner durch Kapitalertragsteuer-Nachforderungsbescheid in Anspruch nimmt.[82]

34.3.5 Abstandnahme vom Kapitalertragsteuerabzug

Der Schuldner von Kapitalerträgen braucht bei der Einbehaltung der Kapitalertragsteuer grundsätzlich nicht zu prüfen, ob die Erträge beim Gläubiger steuerpflichtig sind. § 44a EStG enthält Ausnahmen von diesem Grundsatz für Fälle, in denen sich die Kapitalerträge beim Empfänger nicht auswirken. Bei natürlichen Personen ist der Abzug zu unterlassen, soweit die Kapitalerträge den Sparer-Pauschbetrag nach § 20 Abs. 9 EStG nicht übersteigen oder wenn anzunehmen ist, dass für die Person

---

80 BFH vom 06.06.2013 I R 38/11 (BStBl 2014 II S. 398).
81 BFH vom 20.12.2006 I R 13/06 (BStBl 2007 II S. 616).
82 BFH vom 20.12.2006 I R 13/06 (BStBl 2007 II S. 616).

34.3 Steuerabzug vom Kapitalertrag (Kapitalertragsteuer)

eine Veranlagung zur Einkommensteuer nicht in Betracht kommt. Voraussetzung für die erste Alternative ist, dass dem nach § 44 EStG zum Steuerabzug Verpflichteten ein **Freistellungsauftrag** des Gläubigers der Kapitalerträge nach amtlich vorgeschriebenem Vordruck vorliegt.[83] Bei der zweiten Alternative muss ihm eine **Nichtveranlagungs-(NV)-Bescheinigung** des für den Gläubiger zuständigen Wohnsitzfinanzamts vorliegen (§ 44a Abs. 2 Satz 1 EStG).

Bei dem Freistellungsauftrag handelt es sich um einen privatschriftlichen Auftrag des Gläubigers an den Abzugspflichtigen, z. B. die Bank, bis zum Sparer-Freibetrag nach § 20 Abs. 9 EStG keine Kapitalertragsteuer einzubehalten.[84] Bei unbeschränkt steuerpflichtigen Ehegatten kann auf gemeinsamen Antrag für alle Konten der doppelte Betrag freigestellt werden.[85] Der Freistellungsauftrag wird bei der Bank aufbewahrt und kann vom Bundeszentralamt für Steuern überprüft werden (§ 45d EStG). Die Freistellung war bis zum Veranlagungszeitraum 2012 beschränkt auf die Kapitalerträge i. S. des § 43 Abs. 1 Satz 1 Nr. 3, 4, 6, 7 und 8 bis 12 EStG und auf private Kapitalerträge i. S. des § 20 EStG. Das AmtshilfeRLUmsG hat für Kapitalerträge, die dem Gläubiger nach dem 31.12.2012 zufließen, die Möglichkeit der Freistellung vom Kapitalertragsteuerabzug erweitert. Die Freistellung ist möglich bei Kapitaleinkünften i. S. des

- § 43 Abs. 1 Satz 1 Nr. 1 und 2 EStG aus Genussrechten (§ 44a Abs. 1 Satz 1 Nr. 1 EStG);
- § 43 Abs. 1 Satz 1 Nr. 1 und 2 EStG aus Anteilen, die von einer Kapitalgesellschaft ihren Arbeitnehmern oder den Arbeitnehmern eines verbundenen Unternehmens überlassen worden sind und von der Kapitalgesellschaft selbst, einem Treuhänder, einem inländischen Kreditinstitut oder der inländischen Zweigniederlassung eines Kreditinstituts mit Sitz im EU-/EWR-Raum verwahrt werden (§ 44a Abs. 1 Satz 1 Nr. 2 und Abs. 1 Satz 2 EStG);
- § 43 Abs. 1 Satz 1 Nr. 3 bis 7 und 8 bis 12 sowie Satz 2 EStG, die einem unbeschränkt einkommensteuerpflichtigen Gläubiger zufließen (§ 44a Abs. 1 Satz 1 Nr. 3 EStG).

Bei Kapitalerträgen, die unter eine andere Einkunftsart fallen, ist zwar die Kapitalertragsteuer einzubehalten (§ 43 Abs. 4 EStG), eine Freistellung nach § 44a Abs. 1 Nr. 1 EStG ist nicht möglich. In Betracht kommt hier die Anwendung des § 44a Abs. 5 EStG für sog. Dauerüberzahler, z. B. Lebensversicherer, Verwertungsgesellschaften. Das Gläubigerunternehmen muss durch die Bescheinigung des Finanzamts nachweisen, dass bei ihm aufgrund der Art seiner Geschäfte auf Dauer die Kapitalertragsteuer höher wäre als die gesamte festzusetzende Einkommen-/Körperschaftsteuer. Der Anwendungsbereich des § 44a Abs. 5 EStG wurde durch das AmtshilfeRLUmsG erweitert und umfasst Kapitalerträge i. S. des § 43 Abs. 1 Satz 1 Nr. 1,

---

83 BMF vom 16.11.2010 (BStBl 2010 I S. 1305).
84 Muster in BMF vom 24.08.2006 (BStBl 2006 I S. 490).
85 BMF vom 22.12.2009 (BStBl 2010 I S. 94), Rdnr. 261.

2, 6, 7 und 8 bis 12 sowie Satz 2 EStG. Die in § 44a Abs. 5 Satz 4 und 5 EStG enthaltene Sonderregelung für Kredit- oder Finanzdienstleistungsinstitute ist durch das JStG 2009 aufgehoben worden, weil die entsprechende Ausnahme von der Kapitalertragsteuerpflicht in § 43 Abs. 2 EStG eingefügt worden ist.

Bei der NV-Bescheinigung des Finanzamts handelt es sich um den Nachweis, dass eine Veranlagung voraussichtlich nicht in Betracht kommt.[86] Sie kann sowohl für natürliche Personen als auch für körperschaftsteuerpflichtige Personen ausgestellt werden. Bei den Kapitalerträgen nach § 20 EStG ist Voraussetzung, dass auch ohne Anwendung des § 32d EStG (siehe 32.5.1) eine Veranlagung nicht in Betracht kommt (§ 44a Abs. 1 Nr. 2 EStG). Die Nichtveranlagung von juristischen Personen des öffentlichen Rechts und steuerbefreiten Körperschaften ist in § 44a Abs. 4 EStG geregelt: Satz 1 erfasst die dort bezeichneten Kapitalerträge ohne weitere Voraussetzungen, Satz 2 bezieht sich auf Gewinnanteile, die nur vom Abzug ausgenommen sind, wenn der Schuldner der Kapitalerträge eine von der Körperschaftsteuer befreite Körperschaft ist. Die Änderungen des § 44a Abs. 4 Satz 1 EStG durch das UntStRefG 2008 sind eine Folge der Erweiterung der Tatbestände für die Kapitalertragsteuer mit abgeltender Wirkung.

Unter § 44a Abs. 4 EStG fallen z. B. Unterstützungskassen, gemeinnützige Vereine und kirchliche Einrichtungen. Der Nachweis erfolgt durch die NV-Bescheinigung des Finanzamts oder eine Kopie des letzten Freistellungsbescheids des Finanzamts.[87] § 44a Abs. 4 Satz 6 EStG regelt eine Steuerfreistellung für die Fälle, in denen eine im EU-/EWR-Ausland ansässige steuerbefreite Pensionskasse bestimmte Zinsen aus dem Inland bezieht, die der beschränkten Steuerpflicht unterliegen.

§ 44a Abs. 4a EStG erklärt die Regelungen des § 44a Abs. 4 EStG für entsprechend anwendbar auf Personengesellschaften nach § 212 Abs. 1 SGB V. Hintergrund ist der Rechtsformwechsel des Bundesverbandes der Allgemeinen Ortskrankenkassen, der früher eine Körperschaft des öffentlichen Rechts war und somit vom Einbehalt der Kapitalertragsteuer nach § 44 a Abs. 4 EStG Abstand genommen werden konnte, in eine Gesellschaft bürgerlichen Rechts.

In § 44a Abs. 4b EStG werden die Voraussetzungen bestimmt, unter denen Genossenschaften bei Gewinnausschüttungen von Kapitalerträgen i. S. des § 43 Abs. 1 Satz 1 Nr. 1 EStG an ihre Mitglieder nicht abzugspflichtig sind. Diese Vorschrift wurde durch StVereinfG 2011 eingefügt.

Eine Abstandnahme vom Kapitalertragsteuerabzug ist ausgeschlossen bei anonymen Tafelgeschäften. Deshalb bestimmt § 44a Abs. 6 EStG, dass Einlagen, Wertpapiere und andere Kapitalforderungen unter dem Namen des Gläubigers bei der auszahlenden Stelle verwahrt oder verwaltet werden.[88]

---

[86] BMF vom 22.12.2009 (BStBl 2010 I S. 94), Rdnr. 252.
[87] BMF vom 22.12.2009 (BStBl 2010 I S. 94), Rdnr. 295.
[88] BMF vom 22.12.2009 (BStBl 2010 I S. 94), Rdnr. 301.

34.3 Steuerabzug vom Kapitalertrag (Kapitalertragsteuer)

Eine weitere Ausnahme vom Steuerabzug ist möglich bei Einrichtungen, die steuerbegünstigten Zwecken nach §§ 51 bis 68 AO dienen (§ 44a Abs. 7 EStG). Der Gläubiger muss seinen Status entsprechend § 44a Abs. 4 EStG nachweisen.[89] Ist der Gläubiger nach § 5 Abs. 1 KStG mit Ausnahme der Nr. 9 (diese fällt unter § 44a Abs. 7 EStG) von der Körperschaftsteuer befreit, ergibt sich die Entlastung aus § 44a Abs. 8 EStG. Diese durch das UntStRefG 2008 geänderten Vorschriften dienen dazu, den Steuersatz für die endgültige Belastung der inländischen öffentlichen Hand und der steuerbefreiten, nicht gemeinnützigen Körperschaften, Personenvereinigungen und Vermögensmassen an den tariflichen Steuersatz für die Körperschaftsteuer anzupassen durch eine Teilentlastung von 10 Prozentpunkten unabhängig von der jeweiligen Methode (teilweise Abstandnahme oder teilweise nachträgliche Erstattung). Entsprechendes gilt nach § 44a Abs. 8a EStG für Personengesellschaften i. S. des § 212 Abs. 1 SGB V. Dabei tritt die Personengesellschaft an die Stelle des Gläubigers der Kapitalerträge. § 44a Abs. 8a EStG wurde durch das BeitrRLUmsG eingefügt.

Durch das UntStRefG 2008 ist § 44a EStG um einen Absatz 9 erweitert worden, der auf Kapitalerträge anzuwenden ist, die dem Gläubiger nach dem 31.12.2008 zufließen (§ 52a Abs. 16 Satz 3 EStG). Wegen der Gleichbehandlung mit inländischen Körperschaftsteuersubjekten, bei denen der Kapitalertragsteuerabzug abgeltende Wirkung hat, wird der Steuersatz für die endgültige Belastung der ausländischen Körperschaften mit Kapitalertragsteuer ebenfalls an den tariflichen Steuersatz für die Körperschaftsteuer angepasst. Im Einzelfall kann sich eine weiter gehende Entlastung aus einem DBA ergeben. Die Entlastung erfolgt durch nachträgliche Erstattung durch das Bundesamt für Finanzen.

§ 44a Abs. 10 EStG regelt, unter welchen Voraussetzungen die auszahlende Stelle keinen Steuerabzug vorzunehmen hat, wenn Kapitalerträge i. S. des § 43 Abs. 1 Satz 1 Nr. 1a EStG gezahlt werden. Zur Vermeidung eines ungerechtfertigten Steuereinbehalts in den Fällen der Drittverwahrung oder Zwischenverwahrung wurden durch das BeitrRLUmsG die Sätze 4 bis 7 in § 44a Abs. 10 EStG eingefügt. Bei Verwahrung von Aktien kann die letzte inländische auszahlende Stelle in der Wertpapierverwahrkette bei der auszahlenden Stelle über den vor der Zahlung in das Ausland vorgenommenen Steuerabzug eine Sammel-Steuerbescheinigung beantragen. Die Sammel-Steuerbescheinigung hat die Funktion, die inländische depotführende Stelle in der Wertpapierverwahrkette (den Endverwahrer), in die Lage zu versetzen, die Abwicklung von Kapitalerträgen aus Aktienbeständen so vorzunehmen, wie im Falle einer reinen Inlandsverwahrung der Depotbestände vorzugehen wäre.[90]

---

89 BMF vom 12.01.2006 (BStBl 2006 I S. 101).
90 BMF vom 29.12.2011 (BStBl 2012 I S. 45).

34.3.6 Erstattung von Kapitalertragsteuer

§ 44a EStG wird ergänzt durch § 44b EStG. § 44b EStG regelt die Erstattung von Kapitalertragsteuer. Erstattungen können auch nach anderen Gesetzen, z. B. InvStG oder DBA, in Betracht kommen.

§ 44b Abs. 1 bis 4 EStG in der bis zum 31.12.2012 geltenden Fassung bezog sich auf Tatbestände, in denen eine Pflicht zum Kapitalertragsteuerabzug bestand. Er enthielt Regeln über das Einzelantragsverfahren zur Erstattung der Kapitalertragsteuer auf Kapitalerträge i. S. des § 43 Abs. 1 Satz 1 Nr. 1 und 2 EStG. Das beim Bundeszentralamt für Steuern durchzuführende Einzelantragsverfahren ist aufgrund der Neuregelung der Abstandnahme vom Steuerabzug nach § 44a EStG nicht mehr erforderlich. Daher wurde § 44b Abs. 1 bis 4 EStG durch das AmtshilfeRLUmsG aufgehoben.

Die Erstattung nach § 44b Abs. 5 EStG wegen rechtsgrundlosen Abzugs kommt in Betracht, wenn keine Verpflichtung bestand, z. B. wegen des Freistellungsauftrags gem. § 44a EStG. Erstattungsberechtigt ist nicht der Gläubiger, sondern der Abzugsverpflichtete (§ 44b Abs. 5 Satz 2 EStG). Die Erstattung wegen verspäteter Vorlage des Freistellungsauftrags oder der NV-Bescheinigung ist ebenfalls in § 44b Abs. 5 EStG geregelt. Rechtsfolge ist auf entsprechenden Antrag entweder eine Änderung der Steueranmeldung gem. § 45a Abs. 1 EStG oder eine entsprechende Kürzung der bei der folgenden Steueranmeldung abzuführenden Kapitalertragsteuer (§ 44b Abs. 5 Satz 1 EStG).

Unter den Voraussetzungen des § 44b Abs. 6 EStG wird eine Erstattung durch ein Kredit- oder Finanzdienstleistungsinstitut in den Fällen des § 43 Abs. 1 Satz 1 Nr. 1 und 2 EStG zugelassen, wenn das Kredit- oder Finanzdienstleistungsinstitut die Wertpapiere, Wertrechte oder sonstigen Wirtschaftsgüter für den Gläubiger verwahrt. Die Neuregelung ist durch das BürgerEntlG eingefügt worden.

Eine Gesamthandsgemeinschaft kann nach § 44b Abs. 7 EStG für ihre Mitglieder i. S. des § 44a Abs. 7 oder Abs. 8 EStG eine Erstattung der Kapitalertragsteuer bei dem für die gesonderte Feststellung ihrer Einkünfte zuständigen Finanzamt beantragen.

§ 45 EStG enthält einen Ausschluss der Erstattung in den Fällen, in denen Ertragsanspruch und Stammrecht voneinander getrennt wurden. Gemäß § 20 Abs. 5 EStG ist die Dividende von dem Inhaber des Stammrechts im Zeitpunkt des Gewinnverwendungsbeschlusses zu versteuern (siehe 24.1; 24.2.14). Ein hierauf gestützter Erstattungsanspruch wird jedoch durch § 45 Satz 1 EStG ausgeschlossen. Der Anteilseigner und der Inhaber des Erstattungsanspruchs müssen sich intern einigen. Eine von § 45 Satz 1 EStG abweichende Regelung trifft Satz 2 im Hinblick auf § 20 Abs. 2 Satz 1 Nr. 2 Buchst. a Satz 2 EStG (siehe 24.2.13), wonach die Besteuerung nach § 20 Abs. 2 Satz 1 Nr. 2 Buchst. a Satz 1 EStG an die Stelle der Besteuerung der Dividende nach § 20 Abs. 1 Nr. 1 EStG tritt. § 45 Satz 3 EStG enthält Regelungen für Zinsscheinerwerber (siehe 24.2.15).

34.3.7 Anmeldung und Bescheinigung der Kapitalertragsteuer

§ 45a EStG enthält Bestimmungen über die Anmeldung der Kapitalertragsteuer beim Finanzamt (Abs. 1) und über die Ausstellung einer Bescheinigung für den Gläubiger der Kapitalerträge (Abs. 2 bis 7). Die Vorschrift wurde durch das OGAW-IV-UmsG[91] den Änderungen durch die Einfügung des § 43 Abs. 1 Satz 1 Nr. 1a EStG und der damit verbundenen Umstellung der Abzugspflichten angepasst.

Die Anmeldung der einbehaltenen Kapitalertragsteuer erfolgt bei dem für den Schuldner bzw. die auszahlende Stelle zuständigen Finanzamt monatlich nach amtlich vorgeschriebenem Vordruck. Für die nach dem 31.12.2008 zufließenden Kapitalerträge (vgl. § 52a Abs. 16a EStG) muss dies nach dem durch das UntStRefG 2008 geänderten § 45a Abs. 1 EStG auf elektronischem Weg nach Maßgabe der Steuerdaten-Übermittlungsverordnung geschehen. Auf Antrag kann das Finanzamt zur Vermeidung unbilliger Härten auf eine elektronische Übermittlung verzichten (§ 45a Abs. 1 Satz 4 EStG). Für eine authentifizierte Übermittlung ist eine einmalige Registrierung im ElsterOnline-Portal unter https://www.elsteronline.de/eportal/ erforderlich.

Der Schuldner der Kapitalerträge, die auszahlende Stelle bzw. die zur Abführung der Steuer verpflichtete Stelle ist, vorbehaltlich der Regelungen in § 45a Abs. 3 EStG, verpflichtet, dem Gläubiger der Kapitalerträge auf Verlangen eine Bescheinigung nach amtlich vorgeschriebenem Muster auszustellen, die die nach § 32d EStG (siehe 32.5.1) erforderlichen Angaben enthält (§ 45a Abs. 2 Satz 1 EStG). Eine Bescheinigung wird auch ausgestellt, wenn die Erstattung der Kapitalertragsteuer nach § 44b EStG beantragt wird oder worden ist, weil dieser Sachverhalt sich aus der amtlichen Bescheinigung[92] ergibt.

Die Haftung des Ausstellers einer falschen Bescheinigung ist in § 45a Abs. 7 EStG geregelt.

34.3.8 Mitteilungen an das Bundeszentralamt für Steuern

Durch die in § 45d EStG normierten Mitteilungspflichten wird der Abzug der Kapitalertragsteuer sichergestellt. Wer zum Steuerabzug verpflichtet ist oder die Erstattung beantragt, muss dem Bundeszentralamt für Steuern nach amtlich vorgeschriebenem Datensatz auf amtlich vorgeschriebenen Datenträgern die persönlichen Daten der Personen mitteilen, die einen Freistellungsauftrag erteilt haben, sowie die Beträge, für die aufgrund von Freistellungsaufträgen keine Kapitalertragsteuer einbehalten worden ist bzw. für die Erstattung von Kapitalertragsteuer beantragt worden ist. Das Bundeszentralamt für Steuern darf diese Sachverhalte auch den Sozialleistungsträgern mitteilen, soweit das zur Überprüfung des bei der Sozialleistung zu berücksichtigenden Einkommens oder Vermögens erforderlich ist (§ 45d Abs. 2

---

91 BGBl 2011 I S. 1126.
92 BMF vom 18.12.2009 (BStBl 2010 I S. 79).

EStG). Die frühere Differenzierung zwischen Zinsen und Dividenden ist entfallen, da alle Kapitalerträge dem gleichen Steuersatz unterliegen. Nach Einführung der Abgeltungsteuer ab 2009 ist nur noch zu unterscheiden zwischen Kapitalerträgen, bei denen vom Steuerabzug Abstand genommen worden ist, und Kapitalerträgen, bei denen die Erstattung von Kapitalertragsteuer beim Bundeszentralamt für Steuern beantragt worden ist (§ 45d Abs. 1 Nr. 3 Buchst. a und b EStG).

Wer vorsätzlich oder leichtfertig entgegen § 45d Abs. 1 Satz 1 EStG oder § 45d Abs. 3 Satz 1 EStG eine Mitteilung nicht, nicht richtig, nicht vollständig oder nicht rechtzeitig abgibt, handelt ordnungswidrig (§ 50e Abs. 1 Satz 1 EStG). Die Ordnungswidrigkeit kann mit einer Geldbuße bis zu 5.000 Euro geahndet werden (§ 50e Abs. 1 Satz 2 EStG).

34.3.9 Zinsinformationsverordnung

§ 45e EStG enthält die Rechtsgrundlage für die Erfassung von privaten Auslandszinsen. Die Bundesregierung hat auf dieser Grundlage die **Zinsinformationsverordnung** vom 26.01.2004[93] erlassen, mit der im Bereich der EU eine Besteuerung grenzüberschreitender Zinszahlungen erreicht werden soll. Einzelheiten sind geregelt im Anwendungsschreiben des BMF vom 11.01.2008.[94] Das Ziel der Besteuerung natürlicher Personen wird dadurch angestrebt, dass über Zinszahlungen an wirtschaftliche Eigentümer in anderen Mitgliedstaaten der EU eine Auskunft an den Ansässigkeitsstaat gegeben wird. In Deutschland müssen derartige Zinszahlungen dem Bundeszentralamt für Steuern gemeldet werden. Der Zahlungsempfänger wird nicht als wirtschaftlicher Eigentümer angesehen, wenn er nachweist, dass die Zahlung nicht für ihn bestimmt ist.

Beispiel:

Rechtsanwalt R verwaltet als Testamentsvollstrecker ein Vermögen für eine zum Teil im EU-Ausland ansässige Erbengemeinschaft. Zu diesem Zweck führt er im eigenen Namen ein Depot des Erblassers bei der A-Bank fort. Aus einer im Depot gehaltenen festverzinslichen Anleihe werden dem Depot 1.000 € Zinsen gutgeschrieben.

Die A-Bank hat keine Meldeverpflichtung, da R im Rahmen seiner beruflichen Tätigkeit Zinsen vereinnahmt und infolgedessen nicht im Auftrag, sondern als Zahlstelle handelt. R hat erst bei der Weiterleitung der Zinsen an die im EU-Ausland ansässigen Miterben eine Mitteilung nach der Zinsinformationsverordnung zu erstellen.

Das Bundeszentralamt für Steuern erteilt Auskünfte nach § 8 der Zinsinformationsverordnung der zuständigen Behörde des Mitgliedstaates, in dem der wirtschaftliche Eigentümer ansässig ist; es erhält die entsprechenden Mitteilungen über Zinszahlungen von Zahlstellen aus dem Gebiet der EU und leitet sie an die Landesfinanzverwaltung weiter. Die innerstaatlichen Regelungen der Mitgliedstaaten über die Besteuerung der Zinserträge bleiben unberührt.

---

93 BGBl 2004 I S. 128, BStBl 2004 I S. 297 – in Kraft seit dem 01.07.2005 (BStBl 2005 I S. 806).
94 BMF vom 30.01.2008 (BStBl 2008 I S. 320).

An diesem automatischen Informationsaustausch in der EU beteiligen sich noch nicht Österreich, Belgien und Luxemburg. Diese Staaten erheben für einen Übergangszeitraum ansteigende Quellensteuern (20 % bis 30.06.2011, 35 % ab 01.07.2011), von denen 75 % an den Wohnsitzstaat überwiesen werden.

34.4 Steuerabzug von Vergütungen für im Inland erbrachte Bauleistungen

34.4.1 Allgemeines

Kern des Gesetzes zur Eindämmung der illegalen Betätigung im Baugewerbe vom 30.08.2001 ist Abschnitt VII des Einkommensteuergesetzes, der in den §§ 48 bis 48d EStG einen Steuerabzug bei Bauleistungen normiert. Bei Gegenleistungen, die nach dem 31.12.2001 erbracht werden, haben unternehmerisch tätige Auftraggeber von Bauleistungen (Leistungsempfänger) im Inland einen Steuerabzug von 15 % der Gegenleistung für Rechnung des die Bauleistung erbringenden Unternehmens (Leistender) vorzunehmen, wenn nicht eine gültige, vom für den Leistenden zuständigen Finanzamt ausgestellte Freistellungsbescheinigung vorliegt oder bestimmte Freigrenzen nicht überschritten werden.

Im Zusammenhang mit der Einführung des Steuerabzugs wurde außerdem für Unternehmen des Baugewerbes, die ihren Sitz oder ihre Geschäftsleitung im Ausland haben, jeweils ein Finanzamt im Bundesgebiet für zuständig erklärt (§ 20a AO). Die Zuständigkeit ist geregelt in der Umsatzsteuer-Zuständigkeitsverordnung. Vermieter, die nicht mehr als zwei Wohnungen vermieten, sind von der Verpflichtung zum Steuerabzug befreit (§ 48 Abs. 1 Satz 2 EStG), und in § 48b Abs. 6 EStG ist das Bundeszentralamt für Steuern verpflichtet worden, dem Leistungsempfänger Auskunft über den Freistellungsauftrag zu erteilen.

Die Finanzverwaltung hat zu den §§ 48 bis 48d EStG in einem ausführlichen Schreiben Stellung genommen.[95]

34.4.2 Steuerabzugspflicht

Eine Verpflichtung zum Steuerabzug kann nach § 48 Abs. 1 Satz 1 EStG nur entstehen, wenn jemand im Inland eine Bauleistung (Leistender) an einen Unternehmer i. S. des § 2 UStG oder an eine juristische Person des öffentlichen Rechts (Leistungsempfänger) erbringt.

34.4.2.1 Leistender

Der Begriff des Leistenden ist gesetzlich nicht definiert. In Betracht kommen natürliche und juristische Personen sowie Personenvereinigungen, unabhängig davon, ob

---
[95] BMF vom 27.12.2002 (BStBl 2002 I S. 1399) mit Änderungen vom 04.09.2003 (BStBl 2003 I S. 431).

sie im Inland oder Ausland ansässig sind. Auch wenn jemand nur ausnahmsweise gegenüber einem Unternehmer eine Bauleistung erbringt, unterliegt die Vergütung dem Steuerabzug. Die Gegenleistung unterliegt bei einem nicht unbeschränkt steuerpflichtigen Leistenden selbst dann dem Steuerabzug, wenn die im Inland erzielten Einkünfte des Leistenden nach einem DBA in der Bundesrepublik nicht besteuert werden dürfen (§ 48d Abs. 1 Satz 1 EStG). Das Gleiche gilt, wenn die Gegenleistung aufgrund eines DBA vom Steuerabzug freigestellt oder der Steuerabzug nach einem niedrigen Steuersatz vorzunehmen ist. Unberührt bleibt jedoch der Anspruch des Leistenden auf völlige oder teilweise Erstattung des Abzugsbetrags; die Erstattung erfolgt auf Antrag durch das nach § 20a AO für die Besteuerung des nicht unbeschränkt steuerpflichtigen Leistenden zuständige Finanzamt.[96]

Als Leistender gilt auch derjenige, der über eine Leistung nur abrechnet, ohne sie selbst erbracht zu haben (§ 48 Abs. 1 Satz 4 EStG). Daher ist der Steuerabzug auch von der Vergütung vorzunehmen, die ein Generalunternehmer erhält, der selbst nicht als Bauunternehmer tätig wird, aber mit dem Leistungsempfänger die Leistungen der beauftragten Subunternehmer abrechnet. Dagegen ist die Abrechnung einer Wohnungseigentümergemeinschaft mit den Eigentümern keine Abrechnung i. S. des § 48 Abs. 1 Satz 4 EStG.[97]

34.4.2.2 Leistungsempfänger

Abzugsverpflichtet ist der Leistungsempfänger, wenn es sich hierbei um eine juristische Person des öffentlichen Rechts oder um einen Unternehmer i. S. des § 2 UStG handelt. Da es nur darauf ankommt, dass die Tätigkeit auf Erzielung von Einnahmen gerichtet ist, werden auch selbständig ausgeübte Tätigkeiten erfasst, die einkommensteuerlich Liebhaberei darstellen. Die Abzugsverpflichtung betrifft auch Unternehmer, die ausschließlich steuerfreie Umsätze erbringen, also z. B. Vermieter, die lediglich Einkünfte aus Vermietung und Verpachtung beziehen, sowie Kleinunternehmer i. S. des § 19 Abs. 2 UStG. Es besteht aber eine Bagatellregelung, wonach ein Wohnungsvermieter nicht zum Steuerabzug bei Bauleistungen für diese Wohnungen verpflichtet ist, wenn er nicht mehr als zwei Wohnungen vermietet (§ 48 Abs. 1 Satz 2 EStG).[98]

Organgesellschaften einer umsatzsteuerlichen Organschaft sind keine Unternehmer. Bei Innenumsätzen zwischen verschiedenen Organgesellschaften bzw. zwischen der Organgesellschaft und dem Organträger besteht daher keine Abzugsverpflichtung.[99] Bei Bauleistungen, die jemand außerhalb des Organkreises an die Organgesellschaft erbringt, ist der Organträger Leistungsempfänger. Auch eine Gesellschaft bürgerlichen Rechts kann Leistungsempfänger sein, z. B. eine Arbeitsgemeinschaft. Ent-

---

96 BMF vom 27.12.2002 (BStBl 2002 I S. 1399), Rdnr. 100.
97 BMF vom 27.12.2002 (BStBl 2002 I S. 1399), Rdnr. 25.
98 BMF vom 27.12.2002 (BStBl 2002 I S. 1399), Rdnr. 28, 54.
99 BMF vom 27.12.2002 (BStBl 2002 I S. 1399), Rdnr. 21.

34.4 Steuerabzug von Vergütungen für im Inland erbrachte Bauleistungen

richtungsschuldner des Steuerabzugsbetrags ist die Personengesellschaft. Zur Vornahme des Steuerabzugs sind die geschäftsführenden Gesellschafter verpflichtet (§ 713 BGB).[100]
Juristische Personen des öffentlichen Rechts als Leistungsempfänger sind z. B. Bund, Länder, Gemeinden, Gemeindeverbände, die öffentlich-rechtlichen Religionsgemeinschaften, Handwerkskammern, Industrie- und Handelskammern, auch Bundes- und Landesversicherungsanstalten, Universitäten und Studentenwerke.

34.4.2.3 Bauleistungen im Inland

Bauleistungen sind alle Leistungen, die der Herstellung, Instandsetzung, Instandhaltung, Änderung oder Beseitigung von Bauwerken dienen (§ 48 Abs. 1 Satz 3 EStG). Diese gesetzliche Definition wird in dem BMF-Schreiben vom 27.12.2002 unter Hinweis auf die dem Schreiben als Anhang beigefügte Baubetriebe-Verordnung erläutert.[101] Materiallieferungen, z. B. durch Baustoffhändler oder Baumärkte, sind keine Bauleistungen, ebenso nicht reine Wartungsarbeiten an Bauwerken oder Teilen von Bauwerken, solange nicht Teile verändert, bearbeitet oder ausgetauscht werden. Auch ausschließlich planerische Leistungen, z. B. von Statikern, Architekten, Garten- und Innenarchitekten, Vermessungs- und Bauingenieuren, sind ebenso keine Bauleistungen wie die Arbeitnehmerüberlassung, wenn die überlassenen Arbeitnehmer für den Entleiher Bauleistungen erbringen. Eine zum Steuerabzug führende Fassadenreinigung gem. § 2 Nr. 3 der Baubetriebe-Verordnung liegt aber z. B. vor bei einer Behandlung, bei der die Oberfläche abgeschliffen oder abgestrahlt wird. Die bloße Reinigung von Räumlichkeiten oder Flächen stellt dagegen keine Bauleistung dar.

In der Praxis wird die zutreffende Beurteilung einer Leistung als Bauleistung im Einzelfall schwierig sein, sodass sich für den Leistungsempfänger das Problem der Haftung für den nicht einbehaltenen Abzugsbetrag ergibt (§ 48a Abs. 3 Satz 1 EStG). Da er dies vermeiden kann, wenn ihm eine Freistellungsbescheinigung (siehe unten 34.4.3.2) vorgelegt wird, verlagert sich das Problem der Definition einer Leistung als Bauleistung i. S. des § 48 Abs. 1 Satz 1 EStG auf den Leistenden, der diese Bescheinigung bei dem für ihn zuständigen Finanzamt beantragen kann (§ 48b Abs. 1 Satz 1 EStG; siehe 34.4.3.2). Hier stellt sich die Frage, ob der Leistende tatsächlich Bauleistungen i. S. des § 48 Abs. 1 Satz 1 EStG erbringen muss, um eine Freistellungsbescheinigung zu erhalten. Nach Ansicht des FG Berlin[102] ist das nicht erforderlich; es genüge, wenn verschiedene Geschäftspartner des Leistenden die Erteilung eines Auftrags von der Vorlage der Freistellungsbescheinigung abhängig machten. Dieser Ansicht ist zu folgen, weil es nicht vertretbar ist, das Risiko der zutreffenden Definition der Bauleistung auf den Leistenden zu verlagern.

---

100 BMF vom 27.12.2002 (BStBl 2002 I S. 1399), Rdnr. 19.
101 BMF vom 27.12.2002 (BStBl 2002 I S. 1399), Rdnr. 5 ff.
102 FG Berlin vom 21.12.2001 8 B 8408/01 (EFG 2002 S. 330).

34.4.2.4 Gegenleistung

Der Steuerabzug knüpft nicht an die Bauleistung, sondern an die Erbringung der Gegenleistung an. Bemessungsgrundlage ist das Entgelt zzgl. Umsatzsteuer (§ 48 Abs. 3 EStG). Die Vorsteuerabzugsberechtigung des Leistungsempfängers bedeutet also nicht, dass die Umsatzsteuer abgezogen werden kann. Der Steuerabzug beträgt 15 % des Bruttobetrags. Ein Solidaritätszuschlag wird auf den Abzugsbetrag nicht erhoben.

Beispiel:
V lässt durch den inländischen Bauunternehmer L ein Gebäude errichten, das steuerpflichtig vermietet werden soll. L erteilt eine Rechnung über 400.000 € zzgl. Umsatzsteuer. Eine Freistellungsbescheinigung legt er dem V nicht vor.

Die Gegenleistung beträgt 400.000 € zzgl. 76.000 € Umsatzsteuer, also 476.000 €. Der von V an das für L zuständige Finanzamt abzuführende Abzugsbetrag beträgt 15 % von 476.000 € = 71.400 €.

Erbringt ein ausländischer Unternehmer eine Bauleistung, ist gem. § 13b UStG der Auftraggeber (Leistungsempfänger) Schuldner der Umsatzsteuer, die somit nicht Teil des Entgelts ist. Sie ist aber gem. § 48 Abs. 3 EStG Teil der Bemessungsgrundlage für den Steuerabzug. Seit 01.04.2004 gilt die Steuerschuldnerschaft des Leistungsempfängers auch für Unternehmer, die Werklieferungen und sonstige Leistungen tätigen, die der Herstellung, Instandhaltung, Instandsetzung, Änderung oder Beseitigung von Bauwerken dienen, wenn sie derartige Leistungen durch andere (Sub-)Unternehmen ausführen lassen (vgl. § 13b Abs. 2 Nr. 4 Satz 1 und Abs. 5 UStG).

Beispiel:
Unternehmer A beauftragt die niederländische B-B.V., den Rohbau eines Bürogebäudes zu erstellen. Der Rechnungsbetrag lautet über 100.000 €. Eine Freistellungsbescheinigung wurde dem A nicht vorgelegt. A schuldet gem. § 13b UStG Umsatzsteuer i. H. von 19.000 €. Der Steuerabzug beträgt 15 % von (100.000 € + 19.000 €) = 17.850 €.

A überweist	an die B-B. V.	82.150 €
	an das Finanzamt	19.000 € Umsatzsteuer
		17.850 € Bauabzugsteuer
		119.000 €

Die Verpflichtung zum Steuerabzug entsteht in dem Zeitpunkt, in dem die Gegenleistung erbracht wird, also beim Leistungsempfänger abfließt (§ 11 EStG).[103] Das gilt auch in den Fällen, in denen die Gegenleistung in Teilbeträgen (Vorschüsse, Abschlagszahlungen, Zahlung gestundeter Beträge) erbracht wird. Der Leistungsempfänger hat bis zum 10. Tag nach Ablauf des Monats, in dem die Gegenleistung erbracht wurde, eine Anmeldung nach amtlich vorgeschriebenem Vordruck an das

---
103 BMF vom 27.12.2002 (BStBl 2002 I S. 1399), Rdnr. 64.

34.4 Steuerabzug von Vergütungen für im Inland erbrachte Bauleistungen

für die Besteuerung des Leistenden zuständige Finanzamt abzugeben, in der er den Steuerabzug für den Anmeldungszeitraum selbst zu berechnen hat (§ 48a Abs. 1 Satz 1 EStG). Der Betrag ist am 10. Tag nach Ablauf des Anmeldezeitraums fällig und an das für den Leistenden zuständige Finanzamt für Rechnung des Leistenden abzuführen (§ 48a Abs. 1 Satz 2 EStG). Erbringen natürliche Personen die Bauleistung, ist das Wohnsitzfinanzamt zuständig.[104] Ist das leistende Unternehmen eine Personengesellschaft mit Geschäftsleitung bzw. eine Körperschaft mit Sitz und Geschäftsleitung im Inland, ist das Finanzamt zuständig, in dessen Bezirk sich die Geschäftsleitung befindet. Wenn die erforderlichen Daten nicht vom Leistenden selbst erlangt werden können, ist eine Information auch über das Internet unter www.finanzamt.de möglich. Der Leistungsempfänger muss mit dem Leistenden über den einbehaltenen Steuerabzug abrechnen (§ 48a Abs. 2 EStG).[105]

Soweit der Abzugsbetrag einbehalten und angemeldet worden ist, wird er auf die von dem Leistenden zu entrichtenden Steuern nacheinander in der in § 48c Abs. 1 Nr. 1 bis 4 EStG aufgeführten Reihenfolge angerechnet, also auf die einbehaltene und angemeldete Lohnsteuer, die Vorauszahlungen auf die Einkommen- oder Körperschaftsteuer, die Einkommen- oder Körperschaftsteuer des Besteuerungs- oder Veranlagungszeitraums, in dem die Leistung erbracht worden ist, und schließlich auf die vom Leistenden i. S. der §§ 48, 48a EStG anzumeldenden und abzuführenden Abzugsbeträge. Verbleiben nach der Anrechnung Abzugsbeträge, werden sie dem Leistenden unter bestimmten Voraussetzungen erstattet (§ 48c Abs. 2 EStG).[106]

Der Leistungsempfänger haftet für einen nicht oder zu niedrig abgeführten Abzugsbetrag, es sei denn, ihm lag im Zeitpunkt der Gegenleistung eine Freistellungsbescheinigung vor, auf deren Richtigkeit er vertrauen konnte (§ 48a Abs. 3 EStG).

34.4.3 Abstandnahme vom Steuerabzug

Es gibt neben der Wohnungsvermietung, die sich auf zwei Wohnungen beschränkt (§ 48 Abs. 1 Satz 2 EStG), zwei weitere Ausnahmetatbestände, bei deren Vorliegen der Leistungsempfänger keinen Steuerabzug vornehmen muss: wenn die Gegenleistung für die vom Leistenden (Auftragnehmer) für den Leistungsempfänger erbrachten Bauleistungen im laufenden Kalenderjahr bestimmte Freigrenzen nicht übersteigt oder wenn der Leistende dem Leistungsempfänger eine im Zeitpunkt der Gegenleistung gültige Freistellungsbescheinigung vorlegt (§ 48 Abs. 2 EStG). Der Leistungsempfänger kann also dem Leistenden den vollen Rechnungsbetrag zahlen und braucht dafür nicht die Vorlage einer Freistellungsbescheinigung zu verlangen, wenn die Gegenleistung für die erbrachten Bauleistungen den Betrag von 15.000 Euro bzw. von 5.000 Euro nicht übersteigt.

---

[104] BMF vom 27.12.2002 (BStBl 2002 I S. 1399), Rdnr. 99.
[105] BMF vom 27.12.2002 (BStBl 2002 I S. 1399), Rdnr. 70 f. mit weiteren Einzelheiten.
[106] BMF vom 27.12.2002 (BStBl 2002 I S. 1399), Rdnr. 89.

34.4.3.1 Freigrenzen

Wenn der Leistungsempfänger ausschließlich steuerfreie Umsätze nach § 4 Nr. 12 Satz 1 UStG (umsatzsteuerbefreite Vermietungsumsätze) durchführt, beträgt die Freigrenze 15.000 Euro. Unter diese Regelung fällt insbesondere die langfristige Vermietung von Wohnungen durch private Vermieter (Einzelheiten siehe Abschn. 4.12.1 bis Abschn. 4.12.11 UStAE). Falls der Vermieter nicht mehr als zwei Wohnungen vermietet, entfällt die Abzugsverpflichtung schon gem. § 48 Abs. 1 Satz 2 EStG.

Diese Privilegierung von Wohnungsvermietern durch die erhöhte Freigrenze entfällt, wenn der Leistungsempfänger außer den gem. § 4 Nr. 12 Satz 1 UStG steuerfreien Umsätzen andere, wenn auch nur geringfügige umsatzsteuerpflichtige Umsätze erbringt. Dann gilt die Freigrenze von 5.000 Euro (§ 48 Abs. 2 Nr. 2 EStG). Für die Ermittlung des Betrags sind die für denselben Leistungsempfänger im Kalenderjahr erbrachten und voraussichtlich noch zu erbringenden Bauleistungen zusammenzurechnen. Daher ist eine Abstandnahme vom Steuerabzug im Hinblick auf diese Freigrenzen nur zulässig, wenn im laufenden Kalenderjahr nicht mit weiteren Zahlungen für Bauleistungen an **denselben Auftragnehmer** zu rechnen ist. Geht der Leistungsempfänger zunächst davon aus, dass die Freigrenze nicht überschritten wird, und nimmt er bei Erfüllung der Gegenleistung den Steuerabzug nicht vor, so ist der unterlassene Steuerabzug nachzuholen, wenn es im Nachhinein zur Überschreitung der maßgeblichen Freigrenze im Kalenderjahr kommt. Reicht der Betrag der Gegenleistung, die im Lauf des Kalenderjahres nachträglich zum Überschreiten der Freigrenze führt, für die Erfüllung der Abzugsverpflichtung nicht aus, so entfällt die Abzugsverpflichtung in der Höhe, in der sie die Gegenleistung übersteigt.[107]

34.4.3.2 Freistellungsbescheinigung

Angesichts der Kompliziertheit der oben dargestellten Ausnahmen vom Steuerabzug und der möglichen Haftung des Leistungsempfängers für den nicht oder zu niedrig abgeführten Abzugsbetrag (§ 48a Abs. 3 Satz 1 EStG) ist dem Leistungsempfänger zu empfehlen, sich eine Freistellungsbescheinigung gem. § 48b EStG vorlegen zu lassen. Denn er haftet nicht, wenn ihm im Zeitpunkt der Gegenleistung eine solche Freistellungsbescheinigung vorgelegen hat, auf deren Richtigkeit er vertrauen durfte (§ 48a Abs. 3 Satz 2 EStG).

Eine weitere Absicherung des Leistungsempfängers ergibt sich dadurch, dass § 160 Abs. 1 Satz 1 AO, § 42d Abs. 6 und 8 sowie § 50a Abs. 7 EStG nicht anzuwenden sind, wenn der Leistungsempfänger entweder seiner Verpflichtung zur Anmeldung und Abführung des Steuerabzugsbetrags nachgekommen ist oder wenn ihm im Zeit-

---

[107] BMF vom 27.12.2002 (BStBl 2002 I S. 1399), Rdnr. 48 ff. mit weiteren Beispielen.

34.4 Steuerabzug von Vergütungen für im Inland erbrachte Bauleistungen

punkt der Gegenleistung eine gültige Freistellungsbescheinigung vorgelegen hat (§ 48 Abs. 4, § 48b Abs. 5 EStG). Die Freistellungsbescheinigung hat der Leistende bei dem für ihn zuständigen Finanzamt zu beantragen (§ 48b Abs. 1 Satz 1 EStG). Für den Antrag gibt es einen Fragebogen, der im Finanzamt erhältlich oder im Internet (www.bundesfinanzministerium.de) abrufbar ist. Ist eine Personengesellschaft, z. B. Arbeitsgemeinschaft, Leistender, ist der Antrag bei dem für die Personengesellschaft zuständigen Finanzamt zu stellen. Wenn der Wohnsitz bzw. Sitz oder die Geschäftsleitung nicht im Inland liegt, ist eine zentrale Zuständigkeit gegeben, die sich nach der Zuständigkeit für die Umsatzsteuer richtet (§ 20a AO). Die für die einzelnen Herkunftsländer im Bundesgebiet zentral zuständigen Finanzämter ergeben sich aus der Umsatzsteuer-Zuständigkeitsverordnung. Dies gilt auch für die Verwaltung der Lohnsteuer.[108]

Eine Freistellungsbescheinigung soll erteilt werden, wenn der Leistende glaubhaft macht, dass keine zu sichernden Steueransprüche bestehen (§ 48b Abs. 2 EStG). Das kann bei Existenzgründern der Fall sein mit der Begründung, dass sich kein Gewinn ergibt.

Das Finanzamt hat dem Leistenden die Bescheinigung mit dem in § 48b Abs. 3 EStG vorgeschriebenen Inhalt auszustellen. Möglich ist, die Bescheinigung auf bestimmte Bauleistungen zu beschränken (§ 48b Abs. 3 Nr. 3 EStG). Dann ist sie dem Leistungsempfänger auszuhändigen. Um ein Haftungsrisiko (vgl. § 48a Abs. 3 Satz 3 EStG) auszuschließen, kann der Leistungsempfänger gem. § 48b Abs. 6 EStG beim Bundeszentralamt für Steuern Auskunft über die dort gespeicherten Freistellungsbescheinigungen erlangen.

Das Finanzamt hat dem Leistenden die Freistellungsbescheinigung zu erteilen, wenn der zu sichernde Steueranspruch nicht gefährdet erscheint. Nach der Formulierung in § 48b Abs. 1 Satz 2 EStG („insbesondere") enthält diese Bestimmung drei Beispiele für eine Gefährdung, zu denen auch weitere kommen können. Die Finanzverwaltung führt dazu aus, eine Gefährdung liege vor, wenn **nachhaltig** Steuerrückstände bestehen oder unzutreffende Angaben in Steueranmeldungen bzw. Steuererklärungen festgestellt werden oder der Leistende diese **wiederholt** nicht oder nicht rechtzeitig abgibt.[109] Daraus folgt, dass Steuerrückstände oder Mängel im Erklärungsverhalten nicht automatisch zur Versagung der Freistellungsbescheinigung führen dürfen, weil die Regelungen nicht steuerliches „Wohlverhalten" erzwingen sollen, sondern auf die Eindämmung illegaler Betätigung im Baugewerbe gerichtet sind. Der Regelfall ist also die Erteilung der Freistellungsbescheinigung. Ist über das Vermögen eines Bauunternehmens das Insolvenzverfahren eröffnet worden, so darf dem Insolvenzverwalter eine Freistellungsbescheinigung gem. § 48b EStG regelmäßig nicht versagt werden.[110]

---
108 BMF vom 27.12.2002 (BStBl 2002 I S. 1399), Rdnr. 100.
109 BMF vom 27.12.2002 (BStBl 2002 I S. 1399), Rdnr. 33.
110 BFH vom 13.11.2002 I B 147/02 (BStBl 2003 II S. 716).

Die Freistellungsbescheinigung kann auf bestimmte Zeit, längstens jedoch für einen Zeitraum von drei Jahren, oder bezogen auf einen bestimmten Auftrag erteilt werden.[111] Wird dem Antrag auf Erteilung einer Freistellungsbescheinigung nicht entsprochen, erlässt das Finanzamt einen Ablehnungsbescheid, gegen den der Einspruch statthaft ist. Vorläufiger Rechtsschutz gem. § 114 FGO kommt grundsätzlich nicht in Betracht, da anderenfalls die Hauptsache vorweggenommen wird. Eine Ausnahme hiervon besteht, wenn der Leistende Aufträge nur gegen Vorlage einer ihm vom Finanzamt versagten Freistellungsbescheinigung erhält und ohne diese Aufträge seine Existenz gefährdet ist.[112] Er kann in der Weise gewährt werden, dass das Finanzamt verpflichtet wird, eine Freistellungsbescheinigung für einen begrenzten Zeitraum zu erteilen.[113]

---

111 BMF vom 27.12.2002 (BStBl 2002 I S. 1399), Rdnr. 36.
112 BFH vom 23.10.2002 I B 132/02 (BFH/NV 2003 S. 313).
113 FG Berlin vom 21.12.2001 8 B 8408/01 (EFG 2002 S. 330).

35 Beschränkte Steuerpflicht

35.1 Allgemeines

Personen ohne Wohnsitz oder gewöhnlichen Aufenthalt im Inland (siehe 2.3) sind beschränkt steuerpflichtig, wenn sie bestimmte inländische Einkünfte i. S. des § 49 EStG erzielen (§ 1 Abs. 4 EStG). Inländisch sind alle Einkünfte, die nicht ausländisch i. S. des § 34d EStG sind. Der Unterschied zur unbeschränkten Steuerpflicht besteht grundsätzlich darin, dass bei beschränkter Steuerpflicht ein Steuerabzug ohne Veranlagung vorgenommen wird. Aus europarechtlichen Gründen wird dieser Unterschied infolge der Rechtsprechung des EuGH zunehmend abgebaut, zuletzt durch das EU-VorgabenG[1] vom 08.04.2010. Die unbeschränkte Steuerpflicht wurde schon früher durch § 1 Abs. 2 EStG auf im Ausland ansässige öffentlich Bedienstete erweitert (siehe 2.4). Deutsche Bedienstete der EU fallen nicht unter § 1 Abs. 2 EStG, weil sie von der EU besoldet werden. Nach besonderen zwischenstaatlichen Vereinbarungen werden sie wie unbeschränkt Steuerpflichtige behandelt. Seit 1996 gehören die **Grenzpendler** zum Personenkreis der fiktiv unbeschränkt Steuerpflichtigen (siehe 2.6). Schließlich normieren die §§ 2, 5 AStG eine sachliche Erweiterung durch eine erweiterte beschränkte Steuerpflicht. Diese sog. **Wegzugsbesteuerung** erfasst Personen, die ihren Wohnsitz und gewöhnlichen Aufenthalt als Deutsche nach mindestens 5-jähriger unbeschränkter Steuerpflicht aus dem Inland wegverlegt haben. Voraussetzung ist, dass sie in einem niedrig besteuernden Land ansässig sind und wesentliche wirtschaftliche Interessen im Inland haben.[2] Die Wegzugbesteuerung verstößt weder gegen EU-Recht noch gegen das Grundgesetz.[3]

Beim Wechsel von der unbeschränkten zur beschränkten Steuerpflicht während des Veranlagungszeitraums ist nur eine Veranlagung durchzuführen (§ 2 Abs. 7 Satz 3 EStG; siehe 2.3.7).

Da jeder Staat das Besteuerungsrecht selbständig regelt, kann es zu einer mehrfachen Besteuerung derselben Einkünfte kommen. Sie werden vermieden durch **Abkommen zur Vermeidung der Doppelbesteuerung (DBA)**. Das BMF veröffentlicht jährlich eine Zusammenstellung.[4] Außer diesen Abkommen gibt es weitere Vereinbarungen, durch die Personen von der deutschen Besteuerung ausgenommen werden, z. B. im Bereich der NATO.[5] § 49 EStG knüpft an die Einkunftsarten des § 2 Abs. 1 EStG an. Der Zusammenhang mit den DBA besteht darin, dass das inländische Besteuerungsrecht nach einem DBA ausgeschlossen oder eingeschränkt

---

1 BGBl 2010 I S. 1768.
2 BMF vom 14.05.2004 (BStBl 2004 I Sondernummer 1) m. w. N.
3 BFH vom 25.08.2009 I R 88, 89/07 (BFHE 226 S. 296).
4 BMF vom 22.01.2014 (BStBl 2014 I S. 171).
5 BMF vom 20.08.2007 (BStBl 2007 I S. 656).

sein kann, obwohl die Voraussetzungen des § 49 EStG erfüllt sind. Das hat die Finanzverwaltung von Amts wegen zu prüfen.

Wegen der abgeltenden Wirkung des Steuerabzugs, der grundsätzlich 15 % (bis 2008: 20 %) der Bruttoeinnahmen beträgt (Einzelheiten unter 35.3), können große Belastungsunterschiede entstehen, wenn festgestellt wird, dass ein Steuerpflichtiger unzutreffend als beschränkt steuerpflichtig behandelt worden ist.

Beispiel:

D ist amerikanischer Staatsangehöriger mit Hauptwohnsitz außerhalb Deutschlands und als Dirigent international tätig. Mit der Stadt Köln schloss er Anfang 2010 einen Vertrag als Chefdirigent des Gürzenich-Orchesters für die Spielzeiten bis 2013. In dem Vertrag wurde die Anwesenheitspflicht des D in Köln auf einen Zeitraum von weniger als 6 Monaten festgelegt. Daraus folgt eine beschränkte Steuerpflicht gem. § 1 Abs. 4 EStG und ein Steuerabzug von 15 % gem. § 50a Abs. 1 Nr. 1, Abs. 2 EStG. Ab November 2010 mietete D eine Wohnung in Köln, sodass er aufgrund seiner (Zweit-)Wohnsitznahme in Deutschland unbeschränkt einkommensteuerpflichtig wurde. Die Stadt Köln führte in Verkennung der Rechtslage jedoch weiterhin den Steuerabzug von 15 % an das Finanzamt ab. Nach Aufdeckung des Sachverhalts im Jahr 2012 durch eine Außenprüfung bei der Stadt Köln wurde D für die rückständigen Steuern einschl. Nachzahlungszinsen i. H. von 250.000 € in Anspruch genommen.

Der Bundesgerichtshof[6] sprach D grundsätzlich einen Schadensersatzanspruch zu. Zwar falle die Anmietung der Wohnung in Köln als steuerschädliche Maßnahme in den Risikobereich des D. Der Kulturdezernent der Stadt Köln sei jedoch in den Vertragsverhandlungen mit D auch in diesem Bereich kompetent aufgetreten, weil er ausdrücklich erklärt habe, dass die Wohnungsanmietung keine Folge für den Status des D als Steuerausländer habe, solange er sich nicht länger als 180 Tage im Jahr in Köln aufhalte. Die zumindest auf Fahrlässigkeit beruhende Fehleinschätzung der steuerlichen Gegebenheiten durch den Kulturdezernenten verschiebe die vertragliche Risikoverteilung zulasten der Stadt Köln und verlagere das steuerliche Risiko im Rahmen der Haftung für die Steuermehrbelastung auf die Stadt Köln.

§ 50 EStG enthält Sonderregelungen zur Ermittlung des zu versteuernden Einkommens und der Einkommensteuer, § 50a EStG ist in erster Linie wie § 38 EStG für die Lohnsteuer und § 44 EStG für die Kapitalertragsteuer eine Verfahrensvorschrift zur Steuererhebung durch Steuerabzug, um den inländischen Ertragsteueranspruch für die in § 49 EStG aufgeführten Einkünfte zu sichern. Wenn die inländischen Einkünfte nach den Regelungen eines DBA nur eingeschränkt besteuert werden oder ganz steuerfrei gestellt sind, muss der Vergütungsschuldner trotzdem den Steuerabzug vornehmen. Dies ist in § 50d Abs. 1 Satz 1 EStG klargestellt. In § 50d Abs. 1 EStG wird das Erstattungsverfahren geregelt, das mit dem Erlass eines Freistellungsbescheids endet. § 50d Abs. 2 EStG enthält Vorschriften zum Freistellungsverfahren, das mit der Erteilung einer Freistellungsbescheinigung endet, also Voraussetzung dafür ist, den Steuerabzug zu unterlassen.

§ 50g EStG dient der Entlastung vom Steuerabzug bei Zahlung von Zinsen und Lizenzgebühren zwischen verbundenen Unternehmen verschiedener Mitgliedstaaten

---

6 BGH vom 13.03.2008 III ZR 165/07 (DB 2008 S. 860).

der Europäischen Union. Damit soll der Zins- und Lizenzgebührenfluss zwischen verbundenen Unternehmen erleichtert und eine Doppelbesteuerung vermieden werden. Die letzte Änderung des § 50g EStG sowie der entsprechenden Anlage erfolgte durch das JStG 2008 aufgrund des Beitritts der Republik Bulgarien und Rumäniens zur Europäischen Union zum 01.01.2007.[7]

35.2 Inländische Einkünfte (§ 49 EStG)

Die inländischen Einkünfte im Sinne der beschränkten Einkommensteuerpflicht sind im § 49 EStG erschöpfend aufgezählt. Zu welcher Einkunftsart bestimmte Einkünfte gehören, ist bei der beschränkten Steuerpflicht danach zu beurteilen, wie sich diese Einkünfte vom Inland aus beurteilt darstellen (isolierende Betrachtungsweise). Im Ausland gegebene Besteuerungsmerkmale bleiben außer Betracht, soweit bei ihrer Berücksichtigung inländische Einkünfte i. S. des § 49 Abs. 1 EStG nicht angenommen werden könnten (§ 49 Abs. 2 EStG).

Beispiele:

a) Eine ausländische Personengesellschaft ohne Betriebsstätte oder ständigen Vertreter im Inland hat Einkünfte aus einem ihr gehörigen Mietwohngrundstück im Inland.
Die Einkünfte rechnen zu den Einkünften aus Vermietung und Verpachtung. Würden die Einkünfte innerhalb einer Betriebsstätte im Inland anfallen, wären sie Einkünfte aus Gewerbebetrieb.

b) Eine ausländische Kapitalgesellschaft ohne Betriebsstätte oder ständigen Vertreter im Inland hat Einkünfte aus einer durch inländischen Grundbesitz gesicherten Forderung.
Die Einkünfte rechnen zu den Einkünften aus Kapitalvermögen.[8] Würden die Einkünfte innerhalb einer Betriebsstätte im Inland anfallen, wären sie Einkünfte aus Gewerbebetrieb.

c) Eine ausländische Kapitalgesellschaft ohne Betriebsstätte oder ständigen Vertreter im Inland vereinbart mit der inländischen Werbeagentur W, dass sie eine Werbekampagne mit dem Sportler S durchführt. S soll zum einen selbst auftreten in Werbespots und ähnlichen Veranstaltungen. Zum anderen ist W berechtigt, von S Bilder zu Werbezwecken zu verbreiten.
Die Auftritte des S stellen Dienstleistungen dar, die Verbreitung der Bilder geschieht auf der Grundlage von Nutzungs- und Verwertungsrechten. Die Dienstleistungen begründen Einkünfte aus Gewerbebetrieb, die nicht unter § 49 EStG fallen, weil die Voraussetzungen des § 49 Abs. 1 Nr. 2 Buchst. a EStG nicht erfüllt sind. Die Überlassung der Rechte fällt unter § 49 Abs. 1 Nr. 6 EStG, obwohl es sich um eine ausländische Kapitalgesellschaft handelt und obwohl S selbst diesen Tatbestand nicht erfüllen könnte.[9] Es handelt sich also um Einkünfte aus Vermietung und Verpachtung gem. § 21 Abs. 1 Nr. 3 EStG, die isoliert zu betrachten sind. Die Gesamteinnahmen der ausländischen Kapitalgesellschaft sind aufzuteilen.[10]

---

7 BMF vom 27.04.2007 (BStBl 2007 I S. 479).
8 BFH vom 23.10.1985 I R 248/81 (BStBl 1986 II S. 178).
9 BFH vom 05.11.1992 I R 41/92 (BStBl 1993 II S. 407).
10 BFH vom 28.01.2004 I R 73/02 (BStBl 2005 II S. 550).

Die Tatbestände des § 49 Abs. 1 EStG, der die inländischen Einkünfte im Sinne der beschränkten Einkommensteuerpflicht regelt, sind durch mehrere Gesetze erweitert worden. Das SEStEG erweiterte den Tatbestand des § 49 Abs. 1 Nr. 2 Buchst. e EStG ab 2006, es passte Buchst. f Satz 2 der Änderung des § 8 Abs. 2 KStG an und gliederte Nr. 8 neu; durch das StÄndG 2007 ist ab 2007 der Tatbestand des § 49 Abs. 1 Nr. 2 Buchst. f Satz 1 EStG ausgedehnt worden auf Rechtsverkäufe. Vorher wurde nur die zeitlich begrenzte Überlassung von Rechten durch § 49 Abs. 1 Nr. 6 EStG erfasst (siehe oben Beispiel c). Unter § 49 Abs. 1 Nr. 2 Buchst. f EStG fällt z. B. die einmalige Bandenwerbung bei Sportveranstaltungen. Die Änderungen von § 49 Abs. 1 Nr. 5 und Nr. 8 EStG durch das UntStRefG 2008 sind Folgen der Einführung der Abgeltungsteuer und sind deshalb auf Kapitalerträge anzuwenden, die nach dem 31.12.2008 zufließen (§ 52a Abs. 17 EStG). Durch das Alterseinkünftegesetz vom 05.07.2004 ist § 49 Abs. 1 Nr. 7 EStG geändert worden. Weitreichend ist die Änderung des § 49 Abs. 1 EStG durch das JStG 2009: Nr. 2, 6 und 9 werden geändert und eine neue Nr. 10 wird angefügt.

Ab dem Veranlagungszeitraum 2010 unterliegen Transferleistungen für den Wechsel eines Berufssportlers von einem nicht im Inland ansässigen Verein zu einem inländischen Sportverein der beschränkten Steuerpflicht (§ 49 Abs. 1 Nr. 2 Buchst. g EStG). Diese Erweiterung des Tatbestandes des § 49 EStG erfolgte durch das JStG 2010.[11]

Zuletzt wurde § 49 EStG durch das LSV-NOG[12] vom 12.04.2012 geändert. Es handelt sich hierbei um eine Anpassung an die Neuordnung der Organisation der landwirtschaftlichen Sozialversicherung.

1. Einkünfte aus einer im Inland betriebenen **Land- und Forstwirtschaft** i. S. des § 13 EStG fallen unter § 49 Abs. 1 Nr. 1 EStG. Auf den Ort der Geschäftsleitung kommt es nicht an. Die Steuererhebung geschieht hier nicht durch Steuerabzug, sondern durch Veranlagung (§ 50 Abs. 2 Satz 2 Nr. 1 EStG).

2. Einkünfte aus **Gewerbebetrieb** fallen unter § 49 Abs. 1 Nr. 2 EStG, wenn es sich um einen Gewerbebetrieb i. S. des § 15 EStG handelt und zumindest eine der in den Buchstaben a bis g enthaltenen Voraussetzungen erfüllt ist. Schließlich darf keine davon abweichende Regelung in einem DBA bestehen.

Betriebsstätte i. S. des § 49 Abs. 1 Nr. 2 Buchst. a EStG ist jede feste Geschäftseinrichtung oder Anlage, die der Tätigkeit eines Unternehmens dient (§ 12 AO). Durch die Entwicklung der Computertechnik ergeben sich Schwierigkeiten für die Anwendung dieser Tatbestandsmerkmale, weil sie örtlich unabhängige elektronisch gesteuerte Geschäftsvorfälle und digitalisierte Dienstleistungen nicht erfassen. Die Einrichtung eines Internet-Servers kann eine Betriebsstätte begründen.[13] Ständiger

---

[11] BGBl 2010 I S. 1768.
[12] BGBl 2012 I S. 579.
[13] BFH vom 05.06.2002 I R 86/01 (BStBl 2002 II S. 683).

Vertreter ist eine Person, die nachhaltig die Geschäfte eines Unternehmens besorgt (vgl. § 13 AO).

Der Betrieb von Seeschiffen oder Luftfahrzeugen begründet zwar keine Betriebsstätte, unterliegt aber gem. § 49 Abs. 1 Nr. 2 Buchst. b EStG der beschränkten Steuerpflicht.[14] § 49 Abs. 4 EStG enthält Voraussetzungen für eine Steuerbefreiung. Nach § 49 Abs. 3 EStG sind die Einkünfte pauschal zu besteuern und nach § 49 Abs. 1 Nr. 2 Buchst. c EStG werden auch Unternehmen besteuert, die nicht selbst die Voraussetzungen des § 49 EStG erfüllen, aber über internationale Vertragsbeziehungen an inländischen Beförderungserträgen beteiligt sind (R 49.1 Abs. 2 EStR).

§ 49 Abs. 1 Nr. 2 Buchst. d EStG erfasst die Ausübung und Verwertung bestimmter **gewerblicher** Inlandstätigkeiten. Durch diese Regelung wird erreicht, dass sich z. B. ausländische Künstler ihrer Steuerpflicht nach § 49 Abs. 1 Nr. 3 EStG nicht dadurch entziehen können, dass sie als Arbeitnehmer einer ausländischen Kapitalgesellschaft ohne Betriebsstätte oder ständigen Vertreter im Inland auftreten. Nach den DBA hat für die Einkünfte aus inländischen Darbietungen von Künstlern und Sportlern der Auftrittsstaat ein Besteuerungsrecht, dessen Ausschöpfung in Bezug auf gewerbliche Einkünfte durch § 49 Abs. 1 Nr. 2 Buchst. d EStG gewährleistet wird. Die Darbietung als zentraler Begriff ist die Präsentation eigener oder fremder Werke oder eigener Fähigkeiten. Darbietende Künstler sind z. B. Tänzer, Musiker, Dirigenten, nicht dagegen schaffende Künstler wie Schriftsteller, Maler. Sportliche Darbietungen sind über den alltäglichen Rahmen hinausgehende körperliche Aktivitäten. Artistisch sind Darbietungen im Zirkus, Varieté, die ein besonderes körperliches Geschick erfordern. Abgrenzungsschwierigkeiten ergeben sich durch die Gesetzesformulierung „oder ähnliche Darbietungen". Nicht unter § 49 Abs. 1 Nr. 2 Buchst. d EStG fällt z. B. die Teilnahme eines Künstlers an einer Talkshow.[15] Problematisch ist z. B. die Tätigkeit eines Fotomodells, zum einen, ob sie als künstlerisch anzusehen ist, und zum anderen, wie die Überlassung des Rechts am Bild (sog. Buy-outs) zu beurteilen ist. Letzteres ist entweder Bestandteil der Tätigkeit oder eine davon zu trennende Überlassung von Rechten. Durch das JStG 2009 ist § 49 Abs. 1 Nr. 2 Buchst. d EStG um den Begriff „unterhaltende Darbietungen" ergänzt worden. Damit wird die Vorschrift an die Regelungen der DBA angepasst, nach denen die Darbietung nicht künstlerisch oder sportlich, sondern nur unterhaltend sein muss.

Der Darbietende braucht nach der ausdrücklichen Regelung in § 49 Abs. 1 Nr. 2 Buchst. d letzter Halbsatz EStG nicht selbst Vergütungsgläubiger zu sein. Die Einschaltung einer ausländischen Kapitalgesellschaft kann wegen des abgeltenden Bruttosteuerabzugs zu einer Überbesteuerung führen.[16]

§ 49 Abs. 1 Nr. 2 Buchst. e EStG erfasst Veräußerungsvorgänge i. S. des § 17 EStG. Veräußerungsgewinne nach Wohnsitzverlegung sind von späteren Veräußerungs-

---

14 BMF vom 24.12.1999 (BStBl 1999 I S. 1076), Tz. 4.5.
15 BFH vom 21.04.1999 I B 99/98 (BStBl 2000 II S. 254).
16 BFH vom 28.01.2004 I R 73/02 (BStBl 2005 II S. 550).

gewinnen abzuziehen (R 49.1 Abs. 4 EStR).[17] Bei den Tatbestandserweiterungen durch das SEStEG ab 2006 handelt es sich um Folgeänderungen zur Steuerentstrickung. Die Gewinne aus einer hinausgeschobenen Steuerentstrickung sollen auch bei späterer beschränkter Steuerpflicht erfasst werden.

§ 49 Abs. 1 Nr. 2 Buchst. f EStG erfasst sowohl die Vermietung und Verpachtung als auch die Veräußerung von inländischen unbeweglichen Vermögen, von Sachinbegriffen oder Rechten. Die Veräußerung ist die entgeltliche Übertragung auf einen anderen Rechtsträger. Sie muss nach inländischen Maßstäben eine gewerbliche Tätigkeit darstellen, z. B. gewerblicher Grundstückshandel.[18] Der Veräußerungsgewinn wird nach den §§ 4 ff. EStG ermittelt.[19] Die Besteuerung erfolgt unabhängig von der Rechtsform und Betätigungsform des Veräußerers (§ 49 Abs. 1 Nr. 2 Buchst. f Satz 2 EStG). Es ist nicht nur die zeitlich begrenzte Rechtsüberlassung erfasst (§ 49 Abs. 1 Nr. 6 EStG), sondern auch die Rechtsveräußerung, z. B. exklusive Nutzungsrechtsverkäufe an inländische Unternehmen gegen Einmalzahlung zur Bandenwerbung bei Sportveranstaltungen. Durch das JStG 2009 wurde § 49 Abs. 1 Nr. 2 Buchst. f EStG neu gefasst mit der Folge, dass Vermietungs- und Veräußerungsvorgänge ein und derselben Einkunftsart zugeordnet werden. Während vorher die Vermietung von inländischem Grundbesitz oder von im Inland verwerteten Rechten zu Vermietungseinkünften führte (§ 49 Abs. 1 Nr. 6 EStG), wenn die Einkünfte keiner inländischen Betriebsstätte zuzurechnen waren oder im Inland kein ständiger Vertreter bestellt war, während die Veräußerung unter § 49 Abs. 1 Nr. 2 Buchst. f EStG fiel, fallen nun beide Sachverhalte unter § 49 Abs. 1 Nr. 2 Buchst. f EStG, unabhängig von einer inländischen Betriebsstätte oder einem ständigen Vertreter im Inland. Um die Abgrenzung klarzustellen, wurde in § 49 Abs. 1 Nr. 6 EStG durch das JStG 2009 eine Subsidiaritätsregelung eingeführt. Daher erzielen natürliche Personen, die ein im Inland belegenes Grundstück vermieten, nach wie vor Einkünfte nach § 49 Abs. 1 Nr. 6 EStG.

§ 49 Abs. 1 Nr. 2 Buchst. g EStG bestimmt, dass Transferleistungen, die ein ausländischer Verein von einem inländischen Verein im Rahmen der sog. Spielerleihe oder bei endgültigen Transfergeschäften erhält, beschränkt steuerpflichtige Einkünfte sind. Umfasst sind sowohl die zeitlich begrenzte sog. Spielerleihe als auch der endgültige Spielertransfer. Hintergrund dieser Regelung ist die Entscheidung des BFH,[20] wonach Zahlungen bei einer Spielerleihe nicht unter § 49 Abs. 1 Nr. 6 EStG fallen. Die Vorschrift ist erstmals ab dem Veranlagungszeitraum 2010 anzuwenden. Zugunsten des Amateursports sind Transferleistungen bis zu 10.000 Euro von der Vorschrift nicht erfasst. Es handelt sich insoweit um eine Freigrenze. Überschreiten die Transferleistungen diesen Betrag auch nur geringfügig, unterliegen die gesamten Transferleistungen der beschränkten Steuerpflicht. Zu beachten ist, dass vom Steu-

---

17 BMF vom 08.06.2005 (BStBl 2005 I S. 714).
18 BFH vom 05.06.2002 I R 81/00 (BStBl 2004 II S. 344).
19 BFH vom 22.08.2006 I R 6/06 (BStBl 2007 II S. 163).
20 BFH vom 27.05.2009 I R 86/07 (BStBl 2010 II S. 120).

erabzug nach § 50a Abs. 1 Nr. 3 EStG lediglich die zeitlich begrenzte Spielerleihe erfasst wird.

3. Einkünfte aus **selbständiger Arbeit** fallen unter § 49 Abs. 1 Nr. 3 EStG, wenn die selbständige Arbeit entweder im Inland ausgeübt bzw. verwertet wird oder wenn für sie im Inland eine feste Einrichtung oder eine Betriebsstätte unterhalten wird. Ausübung ist der vorrangige Tatbestand, z. B. der Auftritt eines Künstlers oder die Prozessvertretung eines Anwalts. Verwertung ist z. B. die Übertragung des Urheberrechts an einem Werk auf ein inländisches Unternehmen durch einen beschränkt steuerpflichtigen Schriftsteller (R 49.2 Satz 2 EStR). Unter § 49 Abs. 1 Nr. 3 EStG fällt nur die Verwertung durch denjenigen, der die Leistung selbst erbracht hat. Die Verwertung durch Dritte fällt unter § 49 Abs. 1 Nr. 2 Buchst. d EStG.[21] Eine Einrichtung kann fest sein, wenn sie der selbständigen Arbeit mindestens 6 Monate zu dienen bestimmt ist.[22] Beschränkungen durch DBA sind zu beachten.[23] Danach gilt das Arbeitsortsprinzip. Es kommt also darauf an, wo die Arbeit ausgeübt wird, und nicht, wo sie verwertet wird. Beruhen die Einkünfte zum Teil auf Ausübung und zum Teil auf Verwertung einer selbständigen Tätigkeit, ist eine einheitliche Vergütung aufzuteilen nach dem Verhältnis der einzelnen Leistungen (R 49.3 Abs. 3 EStR).

4. Einkünfte aus **nichtselbständiger Arbeit** fallen unter § 49 Abs. 1 Nr. 4 EStG, wenn sie von § 19 EStG erfasst werden und eine der Voraussetzungen der Buchst. a bis e erfüllen.[24] Die Begriffe Ausübung und Verwertung in § 49 Abs. 1 Nr. 4 Buchst. a EStG entsprechen denen des § 49 Abs. 1 Nr. 3 EStG. Die Zahlungen aus öffentlichen Kassen können nach § 49 Abs. 1 Nr. 4 Buchst. b EStG bei Personen ohne Wohnsitz im Inland nach § 1 Abs. 2 oder 3 EStG zu einer unbeschränkten Steuerpflicht führen (siehe 2.4). § 49 Abs. 1 Nr. 4 Buchst. c EStG erfasst im Ausland ansässige und tätige Geschäftsführer, Prokuristen und Vorstandsmitglieder von Gesellschaften mit Geschäftsleitung, nicht Sitz, im Inland. § 49 Abs. 1 Nr. 4 Buchst. d EStG erfasst Entschädigungen für die Auflösung eines Dienstverhältnisses nach § 24 Nr. 1 EStG. § 49 Abs. 1 Nr. 4 Buchst. e EStG erfasst das nicht im Inland ansässige Bordpersonal von Luftfahrzeugen mit Geschäftsleitung im Inland.

5. Einkünfte aus **Kapitalvermögen** fallen unter § 49 Abs. 1 Nr. 5 EStG, wenn einer der in den Buchst. a bis d des Satzes 1 genannten Voraussetzungen erfüllt ist. Ab 2004 ist die Vorschrift an die Besteuerungsvorschriften für Investmenterträge nach dem InvStG angepasst worden. Durch das UntStRefG 2008 ist § 49 Abs. 1 Nr. 5 Buchst. d EStG eingeführt worden, der auf alle nach dem 31.12.2008 zufließenden Kapitalerträge anzuwenden ist (§ 52a Abs. 17 EStG). Durch das JStG 2009 wurde § 49 Abs. 1 Nr. 5 Buchst. d EStG neu gefasst mit dem Inhalt, dass Tafelgeschäfte

---

21 BFH vom 22.08.2007 I R 46/02 (BStBl 2008 II S. 190).
22 BFH vom 28.06.2006 I R 92/05 (BStBl 2007 II S. 100).
23 BMF vom 14.09.2006 (BStBl 2006 I S. 532).
24 BMF vom 14.09.2006 (BStBl 2006 I S. 532).

darunterfallen, wenn die Voraussetzungen des § 20 Abs. 2 Satz 1 Nr. 1 Satz 1, Nr. 2 Buchst. b und Nr. 7 EStG erfüllt sind.

6. Einkünfte aus **Vermietung und Verpachtung** fallen unter die in § 49 Abs. 1 Nr. 6 EStG genannten Voraussetzungen. Dabei handelt es sich um die zeitlich begrenzte Überlassung eines Wirtschaftsguts zur Nutzung. Die Besteuerung einer Rechtsveräußerung ist in § 49 Abs. 1 Nr. 2 Buchst. f EStG geregelt. Die Regelung ist nur anzuwenden, soweit Einkünfte nicht bereits unter § 49 Abs. 1 Nr. 1 bis 5 EStG fallen.

7. **Sonstige Einkünfte** i. S. des § 22 Nr. 1 Satz 3 Buchst. a EStG fallen unter § 49 Abs. 1 Nr. 7 EStG, wenn die dort genannten Voraussetzungen erfüllt sind. Betroffen sind im Ausland wohnende Rentner bei Bezügen aus inländischen Versicherungen. Mit Wirkung ab dem Veranlagungszeitraum 2010 ist die beschränkte Steuerpflicht auch auf Leibrenten und andere Leistungen ausländischer Zahlstellen ausgedehnt worden. Dies gilt nur dann, wenn diese Leistungen auf Beträgen beruhen, die nach § 10 Abs. 1 Nr. 2 EStG zumindest teilweise bei der Ermittlung der Sonderausgaben berücksichtigt wurden. Pensionen sind als Arbeitslohn steuerbar nach § 49 Abs. 1 Nr. 4 EStG. Das Besteuerungsrecht steht in diesen Fällen nach den Regelungen in den DBA häufig nicht Deutschland zu, sondern dem Wohnsitzstaat. Für die Riester-Rente ergibt sich allerdings eine Rückzahlungsverpflichtung aus § 95 EStG bei Beendigung der unbeschränkten Steuerpflicht.

8. **Sonstige Einkünfte** i. S. des § 22 Nr. 2 EStG fallen unter § 49 Abs. 1 Nr. 8 EStG, wenn eine der dort in Buchst. a oder b aufgeführten Voraussetzungen erfüllt ist. Erfasst sind nur Veräußerungsgeschäfte i. S. des § 23 EStG. Der Gewinn aus der Veräußerung einer wesentlichen Beteiligung an einer Kapitalgesellschaft oder einer Genossenschaft fällt also ab 2009 nicht mehr unter § 49 Abs. 1 Nr. 8 EStG, sondern unter § 49 Abs. 1 Nr. 2 Buchst. e EStG. Die Steuererhebung erfolgt durch Veranlagung.

§ 49 Abs. 1 Nr. 8a EStG erfasst die **Abgeordnetenbezüge.**

9. **Sonstige Einkünfte** i. S. des § 22 Nr. 3 EStG fallen unter § 49 Abs. 1 Nr. 9 EStG, soweit es sich nicht um steuerpflichtige Einkünfte i. S. von § 49 Abs. 1 Nr. 1 bis 8a EStG handelt. § 49 Abs. 1 Nr. 9 EStG ist eine Auffangvorschrift und auf einzelne Besteuerungstatbestände des § 22 Nr. 3 EStG begrenzt. In erster Linie fallen darunter Positionen, die keinen urheberrechtlichen Schutz genießen. Durch das JStG 2009 ist § 49 Abs. 1 Nr. 9 EStG neu gefasst worden. Anlass war die Rechtsprechung des BFH,[25] nach der die Teilnahme von Künstlern an Talkshows unter § 22 Nr. 3 EStG fällt und deshalb bei beschränkter Steuerpflicht nicht erfasst werden konnte, weil sie in § 49 Abs. 1 Nr. 9 EStG nicht aufgezählt wurde. Die Ergänzung der Vorschrift durch das JStG 2009 ermöglicht es, das Besteuerungsrecht auszuschöpfen, das die DBA dem Auftrittsstaat auch einräumen, wenn die Einkünfte nicht für eine eigen-

---

25 BFH vom 21.04.1999 I B 99/98 (BStBl 2000 II S. 254).

schöpferische Leistung gewährt werden oder der Empfänger der Einkünfte kein Künstler ist.

10. Durch das JStG 2009 wurde § 49 Abs. 1 Nr. 10 EStG eingefügt und ist erstmals für den Veranlagungszeitraum 2009 anzuwenden. Damit wird die Besteuerung von **Leistungen aus Pensionsfonds, Pensionskassen und Direktversicherungen** i. S. des § 22 Nr. 5 EStG auch dann ermöglicht, wenn der Empfänger der Leistung nicht unbeschränkt steuerpflichtig ist. Ab dem Veranlagungszeitraum 2010 sind auch Leistungen ausländischer Zahlstellen erfasst, wenn sie auf im Inland bei der Ermittlung der Sonderausgaben nach § 10 Abs. 1 Nr. 2 EStG berücksichtigten Beiträgen oder Zuwendungen beruhen (siehe 26.7.2). Damit soll ein Ausgleich dafür geschaffen werden, dass die Beiträge, auf denen diese Leistungen beruhen, in der Ansparphase zulasten des deutschen Steueraufkommens steuermindernd berücksichtigt worden sind.

35.3 Sondervorschriften für beschränkt Steuerpflichtige

§ 50 EStG enthält Sondervorschriften für die Ermittlung der Einkünfte von beschränkt Steuerpflichtigen und grundlegende Regelungen für die Steuererhebung in der Form des Steuerabzugs mit zum Teil abgeltender Wirkung. Nur in bestimmten Fällen ist für beschränkt Steuerpflichtige ein Veranlagungsverfahren vorgesehen, z. B. bei Einkünften aus inländischer Land- und Forstwirtschaft, aus Gewerbebetrieb, selbständiger Arbeit und Vermietung und Verpachtung. Dagegen ist bei den Einkünften aus nichtselbständiger Arbeit und Kapitalvermögen grundsätzlich ein abgeltender Steuerabzug vorgesehen. Bei den Einkünften aus nichtselbständiger Arbeit knüpft er zwar nicht an den Bruttolohn an, die Abzugsmöglichkeiten sind aber eingeschränkt (§ 39a Abs. 4 EStG; siehe 34.2.5); bei den Einkünften aus Kapitalvermögen bezieht sich die abgeltende Wirkung des Steuerabzugs auf die Bruttoeinnahmen (§ 49 Abs. 1 Nr. 5, § 43a Abs. 2 Satz 1 EStG). Diese Regelungen hat der EuGH als teilweise unvereinbar mit dem EU-Recht angesehen.[26] Danach verstößt zwar nicht das Steuerabzugsverfahren gegen EU-Recht, aber dem Steuerpflichtigen muss die Möglichkeit eingeräumt werden, bereits im Abzugsverfahren Betriebsausgaben im unmittelbaren Zusammenhang mit der Inlandstätigkeit nachzuweisen.

Um den europarechtlichen Bedenken insgesamt Rechnung zu tragen, wurde § 50 EStG durch das JStG 2009 mit Wirkung vom Veranlagungszeitraum 2009 neu gefasst. Die bisher in den Absätzen 1, 2 und 3 enthaltenen Regelungen zur Veranlagung sind im neuen Absatz 1 zusammengefasst. Die vorher in Absatz 5 enthaltenen Regelungen zur Abgeltungswirkung des Steuerabzugs sowie die Ausnahmen davon sind in Absatz 2 enthalten. Dabei wird die Zahl der Ausnahmen von der Abgeltungswirkung erweitert. Die Regelung zu § 34c Abs. 1 bis 3 EStG im früheren Absatz 6

---
26 EuGH vom 12.06.2003 C-234/01 „Gerritse" (BStBl 2003 II S. 859) und vom 03.10.2006 C-290/04 „Scorpio" (BStBl 2007 II S. 352); BFH vom 24.04.2007 I R 39/04 (BStBl 2008 II S. 95).

ist unverändert nach Absatz 3 übernommen. Die Ermächtigung für die obersten Finanzbehörden zum Erlass der Einkommensteuer bzw. zur Festsetzung von Pauschbeträgen im früheren Absatz 7 ist in veränderter Form in § 50 Abs. 4 EStG enthalten. Sowohl das BürgerEntlG[27] als auch das JStG 2010[28] veränderten § 50 EStG ab dem Veranlagungszeitraum 2010. Es wurde die Änderung des § 10c EStG, insbesondere der Wegfall der Versorgungspauschale nach § 10c Abs. 2 und 3 EStG a. F., berücksichtigt und die in § 50 Abs. 1 Satz 4 EStG enthaltenen Verweisungen auf § 10 Abs. 1 EStG redaktionell geklärt. Da Kinderbetreuungskosten ab dem Veranlagungszeitraum 2011 nur noch nach Maßgabe des § 10 Abs. 1 Nr. 5 EStG steuermindernd geltend gemacht werden können, wurde durch das StVereinfG 2011[29] § 50 Abs. 1 Satz 3 und 4 EStG geändert. Das BeitrRLUmsG[30] veränderte die Vorschrift mit Wirkung ab dem Veranlagungszeitraum 2011. § 50 Abs. 1 Satz 2 und 4 EStG verdeutlicht, dass sowohl der Grundfreibetrag als auch Sonderausgaben beim Vorliegen von nichtselbständigen Einkünften gem. § 49 Abs. 1 Nr. 4 EStG zu berücksichtigen sind. Ferner erfolgten in § 50 Abs. 2 Satz 2, 3 und 6 EStG Folgeänderungen, da die Lohnsteuerkarte durch elektronische Lohnsteuer-Abzugsmerkmale nach §§ 39, 39e EStG ersetzt wurde.

Beschränkt Steuerpflichtige dürfen Betriebsausgaben oder Werbungskosten nur insoweit abziehen, als sie mit inländischen Einkünften in wirtschaftlichem Zusammenhang stehen (§ 50 Abs. 1 Satz 1 EStG). § 49 EStG regelt, welche Einnahmen anzusetzen sind. Für die Zuordnung ist die inländische Betriebsstätte als selbständiges Unternehmen zu behandeln.[31] Die Tarifvorschrift des § 32a Abs. 1 EStG ist mit der Maßgabe anzuwenden, dass das zu versteuernde Einkommen um den Grundfreibetrag erhöht wird (§ 50 Abs. 1 Satz 2 EStG). Beschränkt steuerpflichtigen Arbeitnehmern wird der Grundfreibetrag gewährt (§ 50 Abs. 1 Satz 2 Halbsatz 2 EStG). Diese Regelung ersetzt den früheren Mindeststeuersatz von 25 %, der nach dem Urteil des EuGH vom 12.06.2003[32] in den Fällen dem EG-Vertrag widerspricht, in denen ein beschränkt Steuerpflichtiger auch dann mit dem Steuersatz von 25 % besteuert wird, wenn sich aus der Anwendung des progressiven Steuertarifs auf sein Einkommen zzgl. eines Betrags in Höhe des Grundfreibetrags tatsächlich ein niedrigerer Steuersatz ergeben würde. Die Neuregelung gilt nicht nur für beschränkt Steuerpflichtige aus EU- oder EWR-Staaten, sondern für alle beschränkt Steuerpflichtigen. Sonderausgaben und Kinderbetreuungskosten sind grundsätzlich nichtabzugsfähig (§ 50 Abs. 1 Satz 3 EStG). Der Grundfreibetrag wird ihnen nur unter den Voraussetzungen des § 1 Abs. 3 EStG gewährt (siehe 2.5).

---

27 BGBl 2009 I S. 1959.
28 BGBl 2010 I S. 1768.
29 BGBl 2011 I S. 2131.
30 BGBl 2011 I S. 2592.
31 BMF vom 26.02.2004 (BStBl 2004 I S. 270), vom 12.04.2005 (BStBl 2005 I S. 570) und vom 05.10.2006 (BStBl 2006 I S. 594).
32 EuGH vom 12.06.2003 C-234/01 „Gerritse" (BStBl 2003 II S. 859).

35.3 Sondervorschriften für beschränkt Steuerpflichtige

Sonderregelungen bestehen für Arbeitnehmer (§ 50 Abs. 1 Satz 4 EStG). Allerdings entfällt die frühere Regelung, dass bei ihrer Veranlagung ausnahmslos der Grundtarif anzuwenden ist. Auch für sie gilt § 50 Abs. 1 Satz 2 EStG, wonach der Grundfreibetrag nicht zu berücksichtigen ist. Ab dem Veranlagungszeitraum 2011 bestimmt § 50 Abs. 1 Satz 2 Halbsatz 2 EStG, dass der Grundsatz der Nichtberücksichtigung des Grundfreibetrags bei Einkünften nach § 49 Abs. 1 Nr. 4 EStG nur in Höhe des diese Einkünfte abzüglich der Aufwendungen nach § 50 Abs. 1 Satz 4 EStG übersteigenden Teils des Grundfreibetrags zur Anwendung kommt. Daraus folgt, dass ein beschränkt steuerpflichtiger Arbeitnehmer auch dann Einkommensteuer zu zahlen hat, wenn er neben seinen Einkünften i. S. des § 49 Abs. 1 Nr. 4 EStG andere Einkünfte hat und seine gesamten Einkünfte den Grundfreibetrag nicht übersteigen.

Das früher in § 50 Abs. 2 EStG normierte Verbot des Verlustausgleichs bei Einkünften, die dem Steuerabzug unterliegen, ist entfallen, weil es sich bereits aus der Abgeltungswirkung des § 50 Abs. 2 Satz 1 EStG ergibt. Das zusätzliche Verbot des Verlustausgleichs bei Einkünften i. S. des § 20 Abs. 1 Nr. 5 und 7 EStG entfällt aus europarechtlichen Gründen ebenfalls. Auch bei diesen Einkünften gilt das Verlustausgleichsverbot daher nur noch, soweit die Einkünfte einem abgeltenden Steuerabzug unterliegen. Der früher in § 50 Abs. 5 Satz 1 EStG enthaltene Grundsatz der Abgeltungswirkung des Steuerabzugs vom Arbeitslohn, des Steuerabzugs vom Kapitalertrag und des Steuerabzugs gem. § 50a EStG bei beschränkt Steuerpflichtigen ist durch das JStG 2009 nach § 50 Abs. 2 Satz 1 EStG übernommen worden. Die Ausnahmen von diesem Grundsatz in Satz 2 sind erweitert worden. Die Abgeltungswirkung tritt nicht ein:

- für Einkünfte eines inländischen Betriebs

- wenn nachträglich festgestellt wird, dass die Voraussetzungen der unbeschränkten Steuerpflicht i. S. des § 1 Abs. 2 oder 3 oder des § 1a EStG nicht vorgelegen haben. Damit soll die Nacherhebung von Einkommensteuer sichergestellt werden, wenn einem unbeschränkt Steuerpflichtigen Vergünstigungen wie beispielsweise das Ehegatten-Splitting gewährt worden sind, die bei beschränkt Steuerpflichtigen nicht zu gewähren wären

- in den Fällen des § 2 Abs. 7 Satz 3 EStG, wenn die während der beschränkten Einkommensteuerpflicht erzielten Einkünfte in eine Veranlagung zur unbeschränkten Einkommensteuerpflicht einzubeziehen sind

- für Einkünfte aus nichtselbständiger Arbeit i. S. des § 49 Abs. 1 Nr. 4 EStG, wenn bei einem Arbeitnehmer z. B. wegen Werbungskosten oder Sonderausgaben i. S. des § 10b EStG eine Einkommensteuerveranlagung beantragt wird oder als Lohnsteuerabzugsmerkmal ein Freibetrag nach § 39a Abs. 4 EStG gebildet worden ist. Dies entspricht der Regelung bei unbeschränkt Steuerpflichtigen, für die in entsprechenden Fällen ebenfalls eine Pflichtveranlagung vorgesehen ist. Die Veranlagung erfolgt durch das Betriebsstättenfinanzamt, das nach § 39

Abs. 2 Satz 2 oder 4 EStG für die Bildung und die Änderung der Lohnsteuerabzugsmerkmale zuständig ist (§ 50 Abs. 2 Satz 3 EStG)
- wenn eine Veranlagung zur Einkommensteuer beantragt wird (§ 46 Abs. 2 Nr. 8 EStG). Diese Antragsveranlagung gilt nur für beschränkt steuerpflichtige Arbeitnehmer in der EU/im EWR (§ 50 Abs. 2 Satz 7 EStG). Grenzpendler jeder Nationalität werden auf Antrag nach § 1 Abs. 3 oder § 1a EStG einkommensabhängig als unbeschränkt Steuerpflichtige nach § 46 Abs. 2 Nr. 7 EStG veranlagt
- für Einkünfte i. S. des § 50a Abs. 1 Nr. 1, 2 und 4 EStG, wenn die Veranlagung zur Einkommensteuer beantragt wird. Durch diese Regelung wird das bisherige Steuererstattungsverfahren ersetzt, in dem eine Überbesteuerung korrigiert wurde. Beschränkt Steuerpflichtige aus EU-/EWR-Staaten (§ 50 Abs. 2 Satz 7 EStG) haben also ein Veranlagungswahlrecht für alle Einkünfte, die dem Steuerabzug aufgrund des § 50a Abs. 1 Nr. 1, 2 oder 4 EStG unterliegen.

§ 50 Abs. 3 EStG bezweckt die Vermeidung der Mehrfachbelastung durch Steuerzahlung. Dies wird durch entsprechende Anwendung des § 34c EStG erreicht (siehe 33.2).

Die Pauschbesteuerung nach § 50 Abs. 4 EStG (früher Abs. 7) ermöglicht es der Finanzverwaltung, die Einkommensteuer bei beschränkt Steuerpflichtigen ganz oder zum Teil zu erlassen oder in einem Pauschbetrag festzusetzen. Dies kommt in Betracht bei international bedeutsamen kulturellen oder sportlichen Ereignissen im Inland, um dessen Ausrichtung ein internationaler Wettbewerb stattfindet (z. B. Fußballweltmeisterschaft), oder bei einem inländischen Auftritt einer ausländischen Kulturvereinigung, wenn ihr Auftritt wesentlich aus öffentlichen Mitteln gefördert wird.

35.4 Steuerabzug bei beschränkt Steuerpflichtigen

§ 50a EStG regelt die Steuererhebung durch Abzug an der Quelle einschließlich der Nachforderung und Haftung. Nach der Rechtsprechung des EuGH erfordert die Dienstleistungsfreiheit in der EU die Beseitigung jeder Diskriminierung von Dienstleistern, die in einem anderen Mitgliedstaat ansässig sind. Die Beibehaltung des Steuerabzugs ist trotzdem erforderlich, weil die Besteuerung durch Veranlagung angesichts der oft nur kurzen Aufenthaltsdauer beschränkt Steuerpflichtiger im Inland nicht sicherzustellen ist. Durch das JStG 2009 wurden die dem Steuerabzug unterliegenden Einkünfte in § 50a Abs. 1 EStG zusammengefasst. Die Neufassung ist erstmals auf Vergütungen anzuwenden, die nach dem 31.12.2008 zufließen (§ 52 Abs. 58a EStG). Die Finanzverwaltung hat zum § 50a EStG ein Anwendungsschreiben erlassen.[33]

---
33 BMF vom 25.11.2010 (BStBl 2010 I S. 1350).

35.4 Steuerabzug bei beschränkt Steuerpflichtigen

Die frühere Trennung der Aufsichtsratsteuer (§ 50a Abs. 1 EStG vor 2009) und des Steuerabzugs gem. § 50a Abs. 4 EStG a. F. wurde aufgehoben. Dem Steuerabzug unterliegen also weiterhin Einkünfte aus inländischen künstlerischen, sportlichen, artistischen und ähnlichen Darbietungen (§ 50a Abs. 1 Nr. 1 EStG), aus der Verwertung solcher inländischer Darbietungen (§ 50a Abs. 1 Nr. 2 EStG), aus der Überlassung von Rechten und Know-how (§ 50a Abs. 1 Nr. 3 EStG) und aus der Überwachung der Geschäftsführung inländischer Kapitalgesellschaften (§ 50a Abs. 1 Nr. 4 EStG). Mit der Erweiterung der beschränkt steuerpflichtigen Einkünfte auf Transferentschädigungen in § 49 Abs. 1 Nr. 2 Buchst. g EStG hat der Gesetzgeber mit dem JStG 2010[34] auch § 50 Abs. 1 Nr. 3 EStG insoweit erweitert. Dem Steuerabzug unterliegen allerdings nur die Entschädigungen im Zusammenhang mit der befristeten Spielerüberlassung (sog. Spielerleihe), nicht jedoch die Zahlungen, die mit einem endgültigen Transfer verbunden sind. Diese Regelung gilt ab dem Veranlagungszeitraum 2010.

Frühestens ab dem 31.12.2011 wird nach Maßgabe einer dafür noch zu erlassenden Rechtsverordnung die frühere Zuständigkeit der Wohnsitz- und Betriebsstättenfinanzämter auch für das Steuerabzugsverfahren des § 50a EStG künftig auf das Bundeszentralamt für Steuern verlagert. Eine solche Rechtsverordnung ist noch nicht erlassen.

Da die Zuweisung eines Besteuerungsrechts nach den DBA regelmäßig nur für die Einkünfte aus der persönlich ausgeübten inländischen Tätigkeit gilt, ist die frühere Regelung der Berufsgruppen in § 50a Abs. 4 Satz 1 Nr. 2 EStG a. F. entfallen. Im Übrigen setzt der neue § 50a Abs. 1 Nr. 1 EStG nicht mehr gewerbliche Einkünfte des beschränkt Steuerpflichtigen voraus. Auch die Einfügung unterhaltender Darbietungen in § 50a Abs. 1 Nr. 1 EStG nähert den Steuerabzug an die Regelung in den DBA an, da es nach diesen weniger auf den Status des beschränkt Steuerpflichtigen als Künstler, Sportler oder Artist ankommt, sondern auf den unterhaltenden Charakter der Darbietung selbst (vgl. § 49 Abs. 1 Nr. 2 Buchst. d und Nr. 9 EStG; siehe 35.2).

Dem Steuerabzug unterliegen zwar Einkünfte aus der Verwertung inländischer Darbietungen (§ 50a Abs. 1 Nr. 2 EStG), jedoch nicht die Einkünfte aus der inländischen Verwertung ausländischer Darbietungen, für die nach den DBA regelmäßig kein Besteuerungsrecht des Quellenstaates besteht. Das Gleiche gilt in Bezug auf die Einkünfte aus der Überlassung von beweglichen Sachen und der Veräußerung von Rechten, die regelmäßig aufgrund von Bestimmungen in den DBA nicht in Deutschland besteuert werden können. Der Steuerabzug besteht weiterhin für Einkünfte aus der zeitlich befristeten Überlassung von Rechten, insbesondere Urheberrechten, gewerblichen Schutzrechten, Persönlichkeitsrechten und Know-how sowie aus der Verwertung von inländischen Darbietungen (§ 50a Abs. 1 Nr. 2 und 3 EStG). Der Steuerabzug erfolgt schließlich auch für Aufsichtsratsvergütungen inländischer

---

34 BGBl 2010 I S. 1768.

Kapitalgesellschaften, für die Art. 16 des OECD-Musterabkommens dem Quellenstaat ein Besteuerungsrecht zuweist (§ 50a Abs. 1 Nr. 4 EStG).

Der Steuerabzug beträgt in den Fällen des § 50a Abs. 1 Nr. 1 bis 3 EStG 15 % (bis 2008: 20 %) der gesamten Einnahmen (§ 50a Abs. 2 Satz 1 EStG). Mit diesem **Bruttosteuerabzug** werden Betriebsausgaben oder Werbungskosten pauschal berücksichtigt. Der Steuersatz von 15 % soll den Verwaltungsaufwand verringern und ein angemessenes Ergebnis auch ohne Abzug von Aufwendungen gewährleisten. Der frühere Staffeltarif für geringfügige Einkünfte entfällt.[35] Werden Reisekosten besonders gewährt, so gehören sie zu den Einnahmen nur insoweit, als sie die Summe der tatsächlichen Kosten für Fahrten und Übernachtungen zuzüglich der Pauschbeträge nach § 4 Abs. 5 Satz 1 Nr. 5 EStG für Verpflegungsmehraufwand übersteigen (§ 50a Abs. 2 Satz 2 EStG). Bei den Darbietungseinkünften i. S. des § 50a Abs. 1 Nr. 1 EStG wird ein Steuerabzug nicht erhoben, wenn die Einnahmen je Darbietung 250 Euro nicht übersteigen (§ 50a Abs. 2 Satz 3 EStG). Bei den Aufsichtsratsvergütungen beträgt der Steuerabzug 30 % (§ 50a Abs. 2 Satz 1 EStG). Da der Vergütungsschuldner selbst Schuldner der Umsatzsteuer ist (§ 13b UStG), ist die Umsatzsteuer nicht Teil der Bemessungsgrundlage für den Steuerabzug. Bei der Prüfung einer künstlerischen Leistung ist zunächst allerdings zu entscheiden, ob die Leistung gem. § 4 Nr. 20 Buchst. a UStG von der Umsatzsteuer befreit ist. Dies ist zu bescheinigen (§ 4 Nr. 20 Buchst. a Satz 2 UStG). Ist die Leistung nicht steuerfrei, kommt die Anwendung des ermäßigten Steuersatzes (§ 12 Abs. 2 Nr. 7 UStG) in Betracht.

Der Schuldner der Vergütung kann von den Einnahmen in den Fällen der Darbietung, der inländischen Verwertung der Darbietung und der Aufsichtsratstätigkeit mit ihnen in unmittelbarem wirtschaftlichem Zusammenhang stehende Betriebsausgaben oder Werbungskosten abziehen, die ihm ein beschränkt Steuerpflichtiger in einer für die Steuerbehörde nachprüfbaren Form nachgewiesen hat oder die vom Schuldner der Vergütung übernommen worden sind (§ 50a Abs. 3 Satz 1 EStG; **Nettosteuerabzug**). Dies führt zu einer Erhöhung des Steuersatzes auf 30 %, wenn der Gläubiger der Vergütung eine natürliche Person ist, auf 15 %, wenn es sich um eine Körperschaft, Personenvereinigung oder Vermögensmasse handelt (§ 50a Abs. 3 Satz 4 EStG). Dadurch wird eine angemessene Besteuerung gewährleistet, die in Bezug auf den Steuersatz der Besteuerung eines unbeschränkt Steuerpflichtigen nahekommt. Diese Alternative kommt nur für beschränkt Steuerpflichtige aus EU-/ EWR-Staaten in Betracht (§ 50a Abs. 3 Satz 2 EStG). Der Steuersatz von 15 % für natürliche Personen liegt in der Mitte der für unbeschränkt Steuerpflichtige geltenden Steuersätze, wobei bei beschränkt Steuerpflichtigen der Grundfreibetrag außer Betracht bleibt. Bei beschränkt steuerpflichtigen Körperschaften beträgt der Steuersatz auch im Fall des Nettosteuerabzugs 15 % wegen des linearen Steuertarifs des § 23 Abs. 1 KStG.

---

[35] BMF vom 01.08.2002 (BStBl 2002 I S. 709).

35.4 Steuerabzug bei beschränkt Steuerpflichtigen

Wenn der Steuerabzug aufgrund des § 50a Abs. 2 EStG nach den Bruttoeinnahmen vorgenommen wird, kann es zu einer unangemessenen Erhöhung der Bemessungsgrundlage kommen, wenn die Weiterleitung der Vergütung wiederum dem Steuerabzug unterliegt, weil z. B. der Veranstalter die Vergütung an eine beschränkt steuerpflichtige Konzertagentur zahlt, die ihrerseits den Künstler vergütet (zweite Stufe). Gemäß § 50a Abs. 4 EStG kann der Vergütungsschuldner in diesen Fällen vom Steuerabzug absehen, wenn eine Vergütung bereits einmal dem Bruttosteuerabzug unterlegen hat. Wird die Steuer im Nachhinein ganz oder teilweise erstattet oder beantragt der Vergütungsgläubiger eine Veranlagung, bei der die weitergeleitete Vergütung als Betriebsausgaben oder Werbungskosten berücksichtigt werden kann, lebt die Verpflichtung zur Abführung des Steuerabzugsbetrags wieder auf, um die Einmalbesteuerung der Einnahmen sicherzustellen (§ 50a Abs. 4 Satz 2 EStG).

Die Steuer entsteht in dem Zeitpunkt, in dem die Vergütung dem Gläubiger zufließt. Der Zeitpunkt des Zuflusses ist in § 73c EStDV geregelt. In diesem Zeitpunkt hat der Schuldner der Vergütung den Steuerabzug für Rechnung des Gläubigers (Steuerschuldner) vorzunehmen (§ 50a Abs. 5 Satz 2 EStG). Die Regelung ist vergleichbar mit der für den Lohnsteuer- und Kapitalertragsteuerabzug (siehe 34.2.6 und 34.3.4). Der Vergütungsschuldner hat die innerhalb eines Kalendervierteljahres einbehaltene Steuer jeweils bis zum zehnten des dem Kalendervierteljahr folgenden Monats an das für ihn zuständige Finanzamt abzuführen (§ 50a Abs. 5 Satz 3 EStG). In der gleichen Frist hat er die Steuer beim Finanzamt anzumelden (§ 73e Satz 2 EStDV).[36] Anzumelden ist die abgeführte Steuer.[37] Die Steueranmeldung ist nach amtlich vorgeschriebenem Vordruck auf elektronischem Weg zu übermitteln nach Maßgabe der Steuerdaten-Übermittlungsverordnung in der jeweils geltenden Fassung (§ 73e Satz 4 EStDV). Wenn Betriebs- und Wohnsitzfinanzamt des Vergütungsschuldners nicht übereinstimmen, ist die einbehaltene Steuer an das Betriebsfinanzamt abzuführen. Der Vergütungsschuldner ist verpflichtet, dem Gläubiger auf Verlangen nach amtlich vorgeschriebenem Muster die in § 50a Abs. 5 Satz 6 EStG aufgeführten Daten zu bescheinigen. Wenn dem Vergütungsschuldner nicht eindeutig bekannt ist, ob der Vergütungsgläubiger beschränkt steuerpflichtig ist, kann er die Auszahlung ohne Steuerabzug davon abhängig machen, dass ihm der Vergütungsgläubiger eine Bescheinigung des für den Gläubiger zuständigen Finanzamts vorlegt, aus der sich ergibt, dass der Gläubiger unbeschränkt steuerpflichtig ist (§ 73e Satz 6 EStDV).[38] Damit schließt er sein Haftungsrisiko aus. Eine Ausnahme vom Steuerabzug gilt bei Abführung von Vergütungen i. S. des § 50a Abs. 1 Nr. 3 EStG an einen anderen Rechtsträger **(GEMA)**, wenn die Finanzverwaltung einwilligt, dass dieser andere Rechtsträger an die Stelle des Vergütungsschuldners tritt (§ 73f EStDV). Bei der Steuerfreiheit aufgrund eines DBA ist vor Auszahlung eine Freistellungsbescheinigung gem. § 50d Abs. 2 EStG einzuholen.

---
36 BFH vom 07.11.2007 I R 19/04 (BStBl 2008 II S. 228).
37 BFH vom 25.11.2002 I B 69/02 (BStBl 2003 II S. 189).
38 BMF vom 25.11.2010 (BStBl 2010 I S. 1350).

Vergütungsschuldner kann jede (teil-)rechtsfähige Person sein, die nicht im Inland steuerpflichtig sein muss; erforderlich ist nur ein Inlandsbezug durch eine inländische Einrichtung zur Durchführung des Steuerabzugs.[39] Das gem. § 19 Abs. 2, § 20 Abs. 4 AO für den beschränkt Steuerpflichtigen (Vergütungsgläubiger) zuständige Finanzamt kann zur Sicherstellung des Steueranspruchs einen Steuerabzug über die Tatbestände des § 50a Abs. 1 bis 4 EStG hinaus anordnen (§ 50a Abs. 7 Satz 1 EStG). Das für die Anordnung zuständige Finanzamt ist auch für die Anmeldung und Abführung der Abzugsteuer zuständig (§ 50a Abs. 7 Satz 3 EStG, § 73e Satz 7 EStDV). Mit dieser Anordnung kann das Finanzamt den Steueranspruch für inländische Einkünfte sicherstellen, z. B. im Bereich der Werkvertragsunternehmen.

Grundsätzlich gilt die Einkommensteuer für Einkünfte, die dem Steuerabzug vom Arbeitslohn oder vom Kapitalertrag oder dem Steuerabzug aufgrund des § 50a EStG unterliegen, bei beschränkt Steuerpflichtigen durch den Steuerabzug als abgegolten (§ 50 Abs. 2 Satz 1 EStG). Das gilt nicht in den Fällen des § 50 Abs. 2 Satz 2 EStG mit der Folge, dass hier eine Veranlagung durchzuführen ist (siehe oben). Wenn der Vergütungsschuldner im Bereich der grundsätzlichen Regelung des § 50 Abs. 2 Satz 1 EStG den Steuerabzug nicht vorschriftsmäßig vorgenommen hat, kann der Vergütungsgläubiger als Steuerschuldner durch **Nachforderungsbescheid** in Anspruch genommen werden. Die frühere Voraussetzung für die Inanspruchnahme des Steuerschuldners – Wissen, dass der Vergütungsschuldner die einbehaltene Steuer nicht vorschriftsmäßig abgeführt hat, und unverzügliche Mitteilung an das Finanzamt – entfällt für die nach dem 31.12.2008 zufließenden Vergütungen. Nach § 50a Abs. 5 Satz 5 EStG kann das Finanzamt den Vergütungsschuldner und den beschränkt steuerpflichtigen Steuerschuldner also in gleicher Weise für die Steuer in Anspruch nehmen, wenn der Steuerabzug nicht vorschriftsmäßig vorgenommen worden ist. Von dem Nachforderungsbescheid zu unterscheiden ist der **Haftungsbescheid** nach § 73g EStDV. Die Inanspruchnahme des im Inland ansässigen Vergütungsschuldners im Rahmen des Auswahlermessens kann in der Regel mit den Schwierigkeiten von Zustellung und Beitreibung im Ausland begründet werden.

Ein Erstattungsverfahren gibt es im Anwendungsbereich des § 50a EStG nicht. Das bisher in § 50 EStG geregelte Erstattungsverfahren für beschränkt Steuerpflichtige mit Einnahmen, die dem Steuerabzug nach § 50a Abs. 4 Satz 1 Nr. 1 oder 2 EStG unterliegen, ist ab 2009 durch ein Veranlagungswahlrecht für beschränkt Steuerpflichtige aus EU-/EWR-Staaten ersetzt worden (§ 50 Abs. 2 Satz 2 Nr. 5 EStG).

---

39 BFH vom 22.08.2007 I R 46/02 (BStBl 2008 II S. 190).

35.5 Besonderheiten im Fall von Doppelbesteuerungsabkommen

§ 50d EStG enthält in Absatz 1 Satz 1 den Grundsatz, dass bei beschränkt Steuerpflichtigen die Vorschriften über die Einbehaltung, Abführung und Anmeldung des Steuerabzugs auch dann anzuwenden sind, wenn Einkünfte, die dem Steuerabzug von Kapitalertrag oder dem Steuerabzug aufgrund des § 50a EStG unterliegen, nicht oder nur nach einem niedrigeren Steuersatz besteuert werden. § 50d EStG regelt dies für die drei häufig vorkommenden Fallgestaltungen der Steuerfreiheit nach einem DBA, nach § 43b EStG und nach § 50g EStG. Dieser Grundsatz, der das inländische Steueraufkommen sichern soll, ist vom EuGH gebilligt worden.[40]

§ 50d EStG regelt weiter die Ausnahmen von diesem Grundsatz, um das Steuerabzugsverfahren mit den gesetzlichen bzw. abkommensrechtlichen Steuerfreistellungen oder niedrigerer Besteuerung von Vergütungen in Einklang zu bringen. Zu unterscheiden sind der **Freistellungsbescheid** als Steuerbescheid für die Steuererstattung nach durchgeführtem Steuerabzug (§ 50d Abs. 1 EStG) und die **Freistellungsbescheinigung** zur Vermeidung der Steuerabzugspflicht vor Auszahlung (§ 50d Abs. 2 EStG). Die Abzugsverpflichtung lässt sich schließlich auch noch durch das **Kontrollmeldeverfahren** vermeiden (§ 50d Abs. 5 EStG).

Ein Zinsanspruch ergibt sich nur für die einbehaltene und nach § 50g EStG zu erstattende Kapitalertragsteuer (§ 50d Abs. 1a EStG). Die übrigen Erstattungsansprüche sind nicht zu verzinsen.

§ 50d Abs. 1 Satz 3 EStG bestimmt, dass über den Anspruch auf Erstattung einbehaltener und abgeführter Steuern durch Freistellungsbescheid entschieden wird, den nur der Gläubiger des Kapitalertrags oder der Vergütung beantragen kann. Die zu erstattende Steuer wird grundsätzlich nach Bekanntgabe des Freistellungsbescheids ausbezahlt; allerdings kann die Auszahlung der zu erstattenden Steuer zurückgestellt oder von einer Sicherheitsleistung abhängig gemacht werden, wenn der Gläubiger von Vergütungen i. S. des § 50a EStG zu diesem Zeitpunkt selbst nach § 50a Abs. 5 EStG verpflichtet ist, Abzugsteuer auf Vergütungen einzubehalten, die er seinerseits beschränkt Steuerpflichtigen schuldet. Der Antrag auf Freistellung ist auf amtlich vorgeschriebenem Vordruck beim Bundeszentralamt für Steuern zu stellen, das auch eine Antragstellung auf maschinell verwertbaren Datenträgern zulassen kann (§ 50d Abs. 1 Satz 7 EStG), um die Massenverfahren unter Nutzung elektronischer Datenübermittlung zu bewältigen. Der Antrag ist innerhalb von 4 Jahren nach Ablauf des Kalenderjahres zu stellen, in dem die Kapitalerträge oder Vergütungen bezogen worden sind; diese Frist endet allerdings nicht vor Ablauf von 6 Monaten nach dem Zeitpunkt der Entrichtung der Steuer (§ 50d Abs. 1 Satz 9 und 10 EStG). Der durch das AmtshilfeRLUmsG neu eingefügte Satz 11 in § 50d

---

40 EuGH vom 03.10.2006 C-290/04 „Scorpio" (BStBl 2007 II S. 352); BFH vom 24.04.2007 I R 39/04 (BStBl 2008 II S. 95).

Abs. 1 EStG behandelt ein Spezialproblem im Bereich der Erstattung der Quellensteuer. Bei hybriden Gesellschaftsformen ist es möglich, dass zwar ein Anspruch auf völlige oder teilweise Erstattung der Kapitalertrags- und Abzugsteuer aufgrund eines Doppelbesteuerungsabkommens besteht, der Erstattungsanspruch jedoch infolge der für Besteuerungszwecke unterschiedlichen Qualifikation des Gläubigers der Kapitalerträge bzw. Vergütungen durch die beteiligten Vertragsstaaten ins Leere läuft. Nach der Neuregelung steht der Erstattungsanspruch nur der Person zu, der die Kapitalerträge bzw. Vergütungen als Einkünfte bzw. Gewinne nach dem Steuerrecht des anderen Staates zugerechnet werden.

Das Freistellungsverfahren für Kapitalerträge i. S. von §§ 43b, 50g EStG und für Vergütungen i. S. von § 50a Abs. 1 EStG gibt dem Gläubiger die Möglichkeit, den Anspruch auf völlige oder teilweise Entlastung von der Quellensteuer schon geltend zu machen, bevor ihm die entsprechenden Kapitalerträge oder Vergütungen zufließen. Nur der Gläubiger ist berechtigt, den Antrag auf Freistellung im Steuerabzugsverfahren zu stellen. Ihm ist die **Freistellungsbescheinigung** darüber zu erteilen. Zuständig ist das Bundeszentralamt für Steuern. Ebenso wie für das Erstattungsverfahren ist auch für die Freistellung eine Wohnsitzbescheinigung erforderlich (§ 50d Abs. 4 Satz 1 EStG). Die Freistellung kann von Auflagen oder Bedingungen abhängig gemacht werden (§ 50d Abs. 2 Satz 2 EStG). Weitere Informationen und Merkblätter können im Internet abgerufen werden: www.bzst.de. Die zeitliche Wirkung der Bescheinigung ist so eingegrenzt, dass vom Steuerabzug nur bei Kapitalerträgen oder Vergütungen abgesehen werden kann, die dem Gläubiger im Zeitpunkt der Antragstellung noch nicht zugeflossen sind; zudem darf der Schuldner nur dann vom Steuerabzug absehen, wenn ihm die Bescheinigung vorliegt (§ 50d Abs. 2 Satz 5 EStG). Damit ist das Freistellungsverfahren ausschließlich in die Zukunft gerichtet.

Hat der Vergütungsschuldner Abzugsteuern in gesetzlicher Höhe einbehalten und abgeführt, kann der Gläubiger nach Erteilung eines Freistellungsbescheids beim Bundeszentralamt für Steuern die Erstattung der zu viel gezahlten Steuern beantragen. Für Erstattungen, die nicht auf einem DBA beruhen (z. B. bei irrtümlicher oder doppelter Abführung der Abzugsteuern), ist das Finanzamt zuständig, an das die Abzugsteuer abgeführt worden ist.

Im Erstattungsverfahren wird der Unterschiedsbetrag zwischen der Steuer, die der Bundesrepublik Deutschland nach dem jeweiligen Doppelbesteuerungsabkommen zusteht, und der einbehaltenen und abgeführten deutschen Abzugsteuer ermittelt und ein Bescheid erteilt. Der Erstattungsbetrag wird an den Gläubiger überwiesen.[41]

Nach § 50d Abs. 5 EStG kann das Bundeszentralamt für Steuern in den Abzugsfällen des § 50a Abs. 1 Nr. 3 EStG (bis 2008: § 50a Abs. 4 Nr. 2 und 3 EStG) den Schuldner auf Antrag **allgemein** ermächtigen, den Steuerabzug zu unterlassen oder zu einem niedrigeren Satz vorzunehmen. Der Sache nach handelt es sich hierbei um

---

41 BMF vom 07.05.2002 (BStBl 2002 I S. 521), Tz. 2.3.

35.5 Besonderheiten im Fall von Doppelbesteuerungsabkommen

ein vereinfachtes Freistellungsverfahren, das **Kontrollmeldeverfahren** genannt wird, weil das Bundeszentralamt für Steuern kontrolliert, ob der Antragsteller (Vergütungsschuldner) die ihm bei der Freistellung gemachten Auflagen auch erfüllt hat. Die Besonderheit des Kontrollmeldeverfahrens besteht darin, dass der Vergütungsschuldner nicht in jedem einzelnen Fall eine Freistellungsbescheinigung beantragen und deshalb auch nicht die dazu erforderliche Abkommensberechtigung des Gläubigers durch eine Ansässigkeitsbescheinigung nachweisen muss (§ 50d Abs. 5 Satz 3 EStG).

Das Kontrollmeldeverfahren ist nur bei Gläubigern zuzulassen, bei denen die jeweilige Zahlung (Einzelzahlung) den Bruttobetrag von 5.500 Euro und die während eines Kalenderjahres geleisteten gesamten Zahlungen den Bruttobetrag von 40.000 Euro nicht übersteigen.[42]

§ 50d Abs. 3 EStG enthält Missbrauchsregelungen, mit denen verhindert werden soll, dass Endempfänger von Vergütungen durch Zwischenschaltung einer ausländischen Gesellschaft (Briefkastengesellschaft) eine Entlastung nach § 50d Abs. 1 oder 2 EStG erlangen, die ihnen selbst nicht zustehen würde, weil die von der ausländischen Gesellschaft erzielten Bruttobeträge nicht aus eigener Wirtschaftstätigkeit stammen. Die Vorschrift ist zuletzt durch das BeitrRLUmsG[43] mit Wirkung ab dem 01.01.2012 geändert worden.[44] Die Finanzverwaltung hat zu aktuellen Anwendungsfragen der Neuregelung Stellung genommen.[45] Nach der bisherigen Regelung war eine Kapitalertragsteuerentlastung nur dann zu gewähren, wenn für die Einschaltung der ausländischen Gesellschaft wirtschaftliche oder sonst beachtliche Gründe vorlagen, die ausländische Gesellschaft mehr als 10 % ihrer gesamten Bruttoerträge aus eigener Wirtschaftstätigkeit erzielte und die ausländische Gesellschaft mit einem für ihren Geschäftszwecke angemessenen eingerichteten Geschäftsbetrieb am wirtschaftlichen Verkehr teilnahm. Diese drei Voraussetzungen mussten alle erfüllt sein. Zudem war für die Entlastung Voraussetzung, dass an der ausländischen (Zwischen-)Gesellschaft keine Person beteiligt sein durfte, der die Erstattung oder Freistellung nicht zugestanden hätte, wenn sie die Einkünfte unmittelbar erzielt hätte. Sofern die Voraussetzungen nicht erfüllt wurden, konnte insgesamt keine Entlastung erfolgen. Die Neuregelung bringt Änderungen sowohl bei den Voraussetzungen als auch bei der Rechtsfolge mit sich. Die bis zum Veranlagungszeitraum 2011 bestehende 10 %-Grenze in § 50d Abs. 3 Satz 1 Nr. 2 EStG a. F., wonach Gesellschaften ohne eine ins Gewicht fallende aktive Wirtschaftstätigkeit von der Entlastung nach § 50d Abs. 1 oder 2 EStG ausgeschlossen werden sollten, ist mit Wirkung ab dem Veranlagungszeitraum 2012 entfallen. Hintergrund dieser Gesetzesänderung war das gegen Deutschland eingeleitete Vertragsverletzungsverfahren der EU-Kommission, wonach insbesondere die 10 %-Grenze in § 50d EStG

---
42 BMF vom 18.12.2002 (BStBl 2002 I S. 1386).
43 BGBl 2011 I S. 2592.
44 BGBl 2011 I S. 1126.
45 BMF vom 24.01.2012 (BStBl 2012 I S. 171).

beanstandet wurde. Diese Grenze ist entfallen. Die Entlastung wird lediglich in dem Umfang nicht gewährt, in welchem die von der ausländischen Gesellschaft im betreffenden Wirtschaftsjahr erzielten Bruttoerträge nicht aus eigener Wirtschaftstätigkeit stammen (§ 50 Abs. 3 Satz 1 Halbsatz 2 EStG). Ein wirtschaftlicher Grund i. S. des § 50d Abs. 3 Satz 1 Nr. 1 EStG fehlt insbesondere dann, wenn die ausländische Gesellschaft überwiegend der Sicherung von Inlandsvermögen in Krisenzeiten dient. Das Merkmal der Teilnahme am allgemeinen wirtschaftlichen Verkehr in § 50d Abs. 3 Satz 1 Nr. 2 EStG ist schon dann erfüllt, wenn eine Gesellschaft Dienstleistungen nur gegenüber einem Auftraggeber erbringt. Eine gewerbliche Tätigkeit liegt daher auch dann vor, wenn eine Gesellschaft Dienstleistungen nur gegenüber einer oder mehreren Konzerngesellschaften erbringt.

Durch § 50d Abs. 3 Satz 2 EStG wird klargestellt, dass Struktur- und Strategiekonzepte für einen Konzern nicht dazu führen dürfen, dass funktionslosen ausländischen Gesellschaften Steuerentlastungen nach § 50d Abs. 1 oder 2 EStG gewährt werden. Bei den in § 50d Abs. 3 Satz 3 EStG aufgeführten Tatbeständen handelt es sich um Einkünfte aus der Vermögensverwaltung bzw. der Verwaltung von Wirtschaftsgütern. Außerdem wird die Möglichkeit ausgeschlossen, sämtliche Geschäftstätigkeiten auszulagern (Outsourcing), z. B. auf Anwaltskanzleien, und trotzdem eine Entlastung zu erhalten. Nach § 50d Abs. 3 Satz 4 EStG trägt die ausländische Gesellschaft die Feststellungslast für das Vorliegen der Voraussetzungen des § 50d Abs. 3 Satz 1 Nr. 1 und 2 EStG. Die Missbrauchsregelung des § 50d Abs. 3 EStG ist nicht anwendbar, wenn die ausländische Gesellschaft nach dem Vorbild des § 7 Abs. 6 Satz 3 Halbsatz 2 AStG an einer in- oder ausländischen Börse notiert ist (§ 50d Abs. 3 Satz 5 EStG).

§ 50d Abs. 6 EStG regelt die Freistellung bestimmter Dividendenzahlungen durch das Kontrollmeldeverfahren, die nicht unter § 50d Abs. 2 Satz 1 EStG fallen. Durch das JStG 2007 wurde die Regelung ausgedehnt auf Erträge aus Lebensversicherungen. Ausländische Lebensversicherungen können auf den Kapitalertragsteuerabzug verzichten, wenn sich der Anspruch auf niedrigere Besteuerung nach einem Doppelbesteuerungsabkommen ohne nähere Ermittlungen feststellen lässt.

§ 50d Abs. 7 EStG knüpft an § 49 Abs. 1 Nr. 4 EStG an (siehe 35.2 unter 4.) und bestimmt, dass die DBA-Kassenstaatsklauseln (ausschließliches Besteuerungsrecht des Kassenstaates bei Angehörigen des öffentlichen Dienstes) auch gelten für privatrechtlich organisierte, aber aus öffentlichen Kassen finanzierte Arbeitsverhältnisse, z. B. Auslandsschulen, Goethe-Institute.

§ 50d Abs. 8 EStG macht die in einem DBA vereinbarte Freistellung der Einkünfte eines **unbeschränkt** Steuerpflichtigen (für beschränkt Steuerpflichtige kommt § 50d Abs. 1 EStG in Betracht) **aus nichtselbständiger Arbeit** davon abhängig, dass der Steuerpflichtige nachweist, dass der Staat, dem nach dem DBA das Besteuerungsrecht zusteht (Tätigkeitsstaat), auf dieses Besteuerungsrecht verzichtet hat oder dass die in diesem Staat auf die Einkünfte festgesetzten Steuern entrichtet

35.5 Besonderheiten im Fall von Doppelbesteuerungsabkommen

wurden. Einzelheiten dazu enthält das Merkblatt zur Steuerfreistellung ausländischer Einkünfte gem. § 50d Abs. 8 EStG.[46] Zur steuerlichen Behandlung des Arbeitslohns nach den Doppelbesteuerungsabkommen hat die Finanzverwaltung Stellung bezogen.[47] § 50d Abs. 8 EStG wird im Veranlagungsverfahren angewendet und berührt nicht die Steuerfreiheit im Lohnsteuerabzugsverfahren bei Freistellungsnachweis.[48] Das Betriebsstättenfinanzamt kann daher unverändert auf Antrag des Arbeitnehmers oder des Arbeitgebers (§ 38 EStG) eine Freistellungsbescheinigung erteilen (§ 39b Abs. 6 Satz 1 EStG). Obwohl § 39b Abs. 6 Satz 1 EStG aufgehoben wurde, ist die Vorschrift gem. § 52 Abs. 51b EStG weiterhin anzuwenden.

Erbringt der Steuerpflichtige den Nachweis der Besteuerung im Ausland erst nach Bestandskraft der Inlandsveranlagung, ist diese Veranlagung nach § 175 Abs. 1 Satz 2 AO zu ändern, um eine Doppelbesteuerung zu vermeiden (§ 50d Abs. 8 Satz 2 EStG). § 50d Abs. 8 EStG gilt nicht für Staaten, mit denen kein DBA abgeschlossen worden ist; hier kommt der Auslandstätigkeitserlass nach § 34c EStG in Betracht.

Sofern Vergütungen im Rahmen der Entwicklungszusammenarbeit gezahlt werden, ist zunächst zu prüfen, ob das anzuwendende DBA Deutschland als Kassenstaat das Besteuerungsrecht zuweist und eine Anwendung des § 50d Abs. 8 EStG damit ausscheidet.

§ 50d Abs. 9 EStG betrifft ebenfalls nur **unbeschränkt** Steuerpflichtige. Die Freistellungsmethode der DBA soll zwar eine Doppelbesteuerung verhindern, indem Einkünfte in einem Staat freigestellt werden, wenn sie in einem anderen Staat besteuert werden. Wenn aber die Besteuerung in dem anderen Staat wegfällt, entfällt auch der Grund für die Freistellung im ersten Staat. Die Vorschrift betrifft diese Fälle. Die DBA-Freistellung wird nicht gewährt, wenn eine der beiden Voraussetzungen des § 50d Abs. 9 Satz 1 Nr. 1 oder Nr. 2 EStG vorliegt. Die Nichtbesteuerung kann dadurch verursacht sein, dass der Betriebsstättenbegriff unterschiedlich ausgelegt wird oder dass Unternehmenseinkünfte als Einkünfte aus Vermögensverwaltung beurteilt werden (§ 50d Abs. 9 Satz 1 Nr. 1 EStG). Einkünfte können unbesteuert bleiben, weil sie im Inland nach einem DBA steuerfrei sind, die Besteuerung im anderen Staat aber an der dort fehlenden unbeschränkten Steuerpflicht scheitert (§ 50d Abs. 9 Satz 1 Nr. 2 EStG).[49] Durch § 50d Abs. 9 Satz 2 EStG wird klargestellt, dass sich Satz 1 Nr. 2 nicht auf Dividenden bezieht, die nach einem DBA (Schachtelprivileg) von der deutschen Körperschaftsteuer auszunehmen sind. § 50d Abs. 9 Satz 3 EStG regelt das Verhältnis zu anderen Bestimmungen in DBA, in § 50d Abs. 8 EStG und § 20 Abs. 2 AStG in der Weise, dass diese Bestimmungen unberührt bleiben, soweit sie jeweils die Freistellung von Einkünften in einem wei-

---

46 BMF vom 21.07.2005 (BStBl 2005 I S. 821).
47 BMF vom 14.09.2006 (BStBl 2006 I S. 532).
48 BMF vom 21.07.2005 (BStBl 2005 I S. 821).
49 BMF vom 12.11.2008 (BStBl 2008 I S. 988).

ter gehenden Umfang einschränken. Wenn sich aus § 50d Abs. 9 EStG eine Besteuerung der Einkünfte im Inland nicht ergibt, muss die Möglichkeit einer Besteuerung nach § 50d Abs. 8 EStG geprüft werden.

§ 50d Abs. 10 EStG wurde durch das AmtshilfeRLUmsG[50] neu gefasst und stellt klar, dass Vergütungen i. S. des § 15 Abs. 1 Satz 1 Nr. 2 Satz 1 Halbsatz 2 und Nr. 3 Halbsatz 2 EStG, die eine inländische Personengesellschaft an ihre ausländischen Gesellschafter zahlt, als Teil des Gewinns der Personengesellschaft besteuert werden können. Damit reagiert der Bundesgesetzgeber auf die Entscheidung des BFH,[51] wonach Lizenzvergütungen, die eine deutsche Personengesellschaft an ihren in den USA ansässigen Gesellschafter gezahlt hat, nicht dem deutschen Besteuerungsrecht unterliegen.

§ 50d Abs. 11 EStG ist durch das Gesetz zur Änderung des Gemeindefinanzreformgesetzes und von steuerlichen Vorschriften[52] neu eingeführt worden. Die Regelung beschränkt die in den Doppelbesteuerungsabkommen vorgesehene Steuerfreistellung von Auslandsdividenden, soweit die Dividenden unabhängig von der Qualifikation des Empfängers als Kapitalgesellschaft nach deutschem Steuerrecht einer anderen Person zuzurechnen sind. Die Neuregelung ist auf alle Dividendenzahlungen anzuwenden, die nach dem 31.12.2011 erfolgen (§ 52 Abs. 59a EStG). Zweck der Regelung ist es, den steuerfreien Bezug von (Schachtel-)Dividenden bei persönlich haftenden Gesellschaftern bei sog. hybriden Gesellschaftsformen auszuschließen. Als hybride Gesellschaften sind international tätige Unternehmensformen anzusehen, die sowohl Elemente einer Personengesellschaft als auch einer Kapitalgesellschaft aufweisen. Wenn die Dividenden zwar nicht dem Zahlungsempfänger zuzurechnen sind, aber die Zurechnung bei einer Person erfolgt, die selbst die Voraussetzungen für die Freistellung erfüllt, gilt die Einschränkung des § 50d Abs. 11 Satz 1 EStG nicht.

Durch das AmtshilfeRLUmsG[53] wurde § 50i EStG eingefügt. Durch die Neuregelung soll das Besteuerungsrecht Deutschlands ungeachtet entgegenstehender Bestimmungen eines einschlägigen Doppelbesteuerungsabkommens insbesondere beim Wegzug des Steuerpflichtigen erhalten bleiben. Zur Vermeidung der Aufdeckung stiller Reserven bei einem Wegzug ins Ausland (§ 6 AStG) oder bei einer Umstrukturierung nach § 20 UmwStG oder bei einer Beschränkung des Besteuerungsrechts hinsichtlich des Gewinns aus der Veräußerung eines Wirtschaftsguts nach § 4 Abs. 1 Satz 3 und 4 EStG haben die betroffenen Steuerpflichtigen häufig Wirtschaftsgüter aus ihrem Betriebsvermögen oder Anteile an Kapitalgesellschaften auf eine gewerblich infizierte oder geprägte Personengesellschaft ohne Aufdeckung stiller Reserven übertragen. Erhält der Übertragende keine Gesellschaftsrechte, liegt

---

50 BGBl 2013 I S. 1809.
51 BFH vom 08.09.2010 I R 74/09 (DStR 2010 S. 2450).
52 BGBl 2012 I S. 1030.
53 BGBl 2013 I S. 1809.

35.5 Besonderheiten im Fall von Doppelbesteuerungsabkommen

eine Übertragung im Wege der verdeckten Einlage vor.[54] In der Regel wird die Rechtsform einer Ein-Mann-GmbH & Co. KG gewählt, sodass andere Personen keinen wirtschaftlichen Vorteil erlangen. Nach Auffassung der Finanzverwaltung stellen Einkünfte aus einer gewerblich infizierten oder geprägten Personengesellschaft Unternehmergewinne i. S. des Art. 7 OECD-MA 2010 dar, sodass ungeachtet des Wegzugs die eingelegten Wirtschaftsgüter im Inland steuerverstrickt bleiben.[55] Auf der Grundlage dieser Rechtsauffassung hat die Finanzverwaltung entsprechende verbindliche Auskünfte erteilt. Der Auffassung der Finanzverwaltung hat der BFH widersprochen und entschieden, dass bereits mit dem Wegzug des Gesellschafters der Personengesellschaft die Aufdeckung der stillen Reserven stattfindet.[56] Nach der Rechtsprechung steht Deutschland das Recht zur Besteuerung der stillen Reserven nicht zu, wenn die Aufdeckung der stillen Reserven erst nach dem Wegzug des Steuerpflichtigen erfolgt. Ziel des § 50i EStG ist es, die Besteuerung im Inland auch in diesen Fällen zu erreichen. Der Gesetzgeber befürchtet Steuerausfälle in solchen Fallgestaltungen, in denen die Finanzämter verbindlich zugesagt haben, dass der Wegzug keine Aufdeckung der stillen Reserven nach sich zieht. Steuerpflichtige könnten sich hinsichtlich des Wegzugs auf die verbindliche Auskunft berufen; bei Aufdeckung stiller Reserven nach dem Wegzug könnten sich die Steuerpflichtigen auf die Rechtsprechung beziehen. Ohne die Regelungen des § 50i EStG könnte in den vorgenannten Fällen Deutschland die stillen Reserven nicht besteuern.

---

54 BMF vom 11.07.2011 (BStBl 2011 I S. 713).
55 BMF vom 16.04.2010 (BStBl 2010 I S. 354).
56 BFH vom 28.04.2010 I R 81/09 (DStR 2010 S. 1220).

Abkürzungen

AbfG	Abfallgesetz	BAföG	Bundesausbildungsförderungsgesetz
Abs.	Absatz		
Abschn.	Abschnitt	BauGB	Baugesetzbuch
a. E.	am Ende	BB	Betriebsberater
AEAO	Anwendungserlass zur Abgabenordnung	BBauG	Bundesbaugesetz
		Bd.	Band
a. F.	alte Fassung	BdF	Bundesminister der Finanzen
AfA	Absetzung für Abnutzung	BEEG	Gesetz zum Elterngeld und zur Elternzeit
AfaA	Absetzung für außergewöhnliche Abnutzung	BeitrRLUmsG	Beitreibungsrichtlinie-Umsetzungsgesetz
AFG	Arbeitnehmerfortbildungsgesetz	BerlinFG	Berlinförderungsgesetz
AG	Aktiengesellschaft	betr.	betreffend
AIFM-StAnpG	Gesetz zur Anpassung des Investmentsteuergesetzes und anderer Gesetze an das AIFM-Umsetzungsgesetz	BetrAVG	Gesetz zur Verbesserung der betrieblichen Altersversorgung
		BetrKV	Verordnung über die Aufstellung von Betriebskosten – Betriebskostenverordnung
AIG	Auslandsinvestitionsgesetz		
AktG	Aktiengesetz		
Alt.	Alternative	BetrVerfG	Betriebsverfassungsgesetz
AltTZG	Altersteilzeitgesetz		
AmtshilfeRLUmsG	Amtshilferichtlinie-Umsetzungsgesetz	BewG	Bewertungsgesetz
		BewRGr	Richtlinien für die Bewertung des Grundvermögens
ÄndG	Änderungsgesetz		
AnfG	Anfechtungsgesetz		
Anm.	Anmerkung	BfF	Bundesamt für Finanzen
AO	Abgabenordnung	BFH	Bundesfinanzhof
Art.	Artikel	BFHE	Sammlung der Entscheidungen des Bundesfinanzhofs
AStG	Außensteuergesetz		
Aufl.	Auflage		
AVG	Angestelltenversicherungsgesetz	BFH/NV	Sammlung amtlich nicht veröffentlichter Entscheidungen des Bundesfinanzhofs
AVMG	Altersvermögensgesetz		

Abkürzungen

BGB	Bürgerliches Gesetzbuch	DMBilG	D-Mark-Bilanzgesetz
BGBl	Bundesgesetzblatt	DSchG	Denkmalschutzgesetz
BGH	Bundesgerichtshof	DStR	Deutsches Steuerrecht
BilMoG	Bilanzrechtsmodernisierungsgesetz	DStZ	Deutsche Steuerzeitung
BJagdG	Bundesjagdgesetz	EFG	Entscheidungen der Finanzgerichte
BKGG	Bundeskindergeldgesetz	EFTA	Europäische Freihandelsassoziation
BMF	Bundesministerium für Finanzen	EGBGB	Einführungsgesetz zum Bürgerlichen Gesetzbuch
BMWF	Bundesministerium für Wirtschaft und Finanzen	EGHGB	Einführungsgesetz zum Handelsgesetzbuch
BR	Bundesrat	EGMR	Europäischer Gerichtshof für Menschenrechte
BStBl	Bundessteuerblatt		
BT	Bundestag	EheG	Ehegesetz
Buchst.	Buchstabe	EigZulG	Eigenheimzulagegesetz
BV	Betriebsvermögen	ELStAM	elektronische Lohnsteuerabzugsmerkmale
BVerfG	Bundesverfassungsgericht	EntwLStG	Entwicklungsländer-Steuergesetz
BVerfGE	Entscheidungen des Bundesverfassungsgerichts	ErbStG	Erbschaftsteuergesetz
BZSt	Bundeszentralamt für Steuern	Erl.	Erlass
		ESt	Einkommensteuer
bzw.	beziehungsweise	EStDV	Einkommensteuer-Durchführungsverordnung
DA-FamEStG	Dienstanweisung zur Durchführung des Familienleistungsausgleichs	EStG	Einkommensteuergesetz
DB	Der Betrieb	EStH	Einkommensteuer-Handbuch
DBA	Doppelbesteuerungsabkommen	ESt-Kartei	Einkommensteuer-Kartei
DDR	Deutsche Demokratische Republik	EStR	Einkommensteuer-Richtlinien
DDR-IG	DDR-Investitionsgesetz vom 26.06.1990 (BStBl I S. 331)	EU	Europäische Union
		EuroEG	Euro-Einführungsgesetz
dgl.	dergleichen	e. V.	eingetragener Verein
d. h.	das heißt	evtl.	eventuell
d. J.	des Jahres	EWIV	Europäische wirtschaftliche Interessenvereinigung
DMBEG	D-Mark-Bilanzergänzungsgesetz		

1527

Abkürzungen

EWR	Europäischer Wirtschaftsraum	HAG	Heimarbeitsgesetz
FA	Finanzamt	HFR	Höchstrichterliche Finanzrechtsprechung
FamLeistG	Familienleistungsgesetz	HGB	Handelsgesetzbuch
FELEG	Gesetz zur Förderung der landwirtschaftlichen Erwerbstätigkeit	HStruktG	Haushaltsstrukturgesetz
		i. d. F.	in der Fassung
ff.	folgende	i. E.	im Einzelnen
FG	Finanzgericht	i. H.	in Höhe
FGO	Finanzgerichtsordnung	Inf.	Die Information über Steuer und Wirtschaft
FinMin NW	Finanzministerium Nordrhein-Westfalen	InsO	Insolvenzordnung
FinVerw	Finanzverwaltung	InvStG	Investmentsteuergesetz
FördG	Fördergebietsgesetz	InvG	Investmentgesetz
FR	Finanzrundschau	InvZulG	Investitionszulagengesetz
FV	Finanzverwaltung		
GbR	Gesellschaft bürgerlichen Rechts	i. S.	im Sinne
		IStR	Internationales Steuerrecht
GdB	Grad der Behinderung		
gem.	gemäß	i. V. m.	in Verbindung mit
GenG	Genossenschaftsgesetz	JStErgG	Jahressteuer-Ergänzungsgesetz
GewSt	Gewerbesteuer		
GewStDV	Gewerbesteuer-Durchführungsverordnung	JStG	Jahressteuergesetz
		KAGG	Gesetz über Kapitalanlagegesellschaften
GewStG	Gewerbesteuergesetz		
GewStR	Gewerbesteuer-Richtlinien	KapErhStG	Gesetz über steuerrechtliche Maßnahmen bei Erhöhung des Nennkapitals aus Gesellschaftsmitteln und bei Überlassung von eigenen Aktien an Arbeitnehmer
GG	Grundgesetz		
ggf.	gegebenenfalls		
GmbH	Gesellschaft mit beschränkter Haftung		
GmbHG	Gesetz betreffend die Gesellschaft mit beschränkter Haftung		
		KG	Kommanditgesellschaft
		KG a. A.	Kommanditgesellschaft auf Aktien
GoB	Grundsätze ordnungsmäßiger Buchführung		
GrS	Großer Senat	KiföG	Kinderförderungsgesetz
		Kj.	Kalenderjahr
GuV-Rechnung	Gewinn-und-Verlust-Rechnung	KredWG	Kreditwesengesetz
		KSt	Körperschaftsteuer

KStDV	Körperschaftsteuer-Durchführungsverordnung	o. a.	oben angegeben
		OFD	Oberfinanzdirektion
KStG	Körperschaftsteuergesetz	OGAW-IV-UmsG	Gesetz zur Umsetzung der Richtlinie 2009/65/EG zur Koordinierung der Rechts- und Verwaltungsvorschriften betreffend bestimmte Organismen für gemeinsame Anlagen in Wertpapieren
KStR	Körperschaftsteuer-Richtlinien		
LAbfG	Landesabfallgesetz		
LAG	Lastenausgleichsgesetz		
LKW	Lastkraftwagen		
LPartG	Lebenspartnerschaftsgesetz		
LStH	Lohnsteuer-Handbuch	OHG	Offene Handelsgesellschaft
LStDV	Lohnsteuer-Durchführungsverordnung	OWiG	Gesetz über Ordnungswidrigkeiten
LStR	Lohnsteuer-Richtlinien	PartG	Parteiengesetz
LSVNeuOG	Gesetz zur Neuordnung der Organisation der landwirtschaftlichen Sozialversicherung	PartGG	Partnerschaftsgesellschaftsgesetz
		PatG	Patentgesetz
MAVG	Milchaufgabevergütungsgesetz	PKW	Personenkraftwagen
		PSV	Pensionsversicherungsverein auf Gegenseitigkeit
m. E.	meines Erachtens		
Mio.	Millionen		
MoMiG	Gesetz zur Modernisierung des GmbH-Rechts und zur Bekämpfung von Missbräuchen	R	Rechtsspruch
		Rdnr.	Randnummer
		REIT	Real Estate Investment Trust
MoRaKG	Gesetz zur Modernisierung der Rahmenbedingungen für Kapitalbeteiligungsgesellschaften	Rev.	Revision
		RFH	Reichsfinanzhof
		RGBl	Reichsgesetzblatt
		RKG	Reichsknappschaftsgesetz
m. w. N.	mit weiteren Nachweisen		
n. F.	neue Fassung	RStBl	Reichssteuerblatt
Nr.	Nummer	RVO	Reichsversicherungsordnung
NV-Bescheinigung	Bescheinigung über die Nichtveranlagung zur Einkommensteuer		
		Rz.	Randziffer
		S.	Seite
NW	Nordrhein-Westfalen	SchwbG	Schwerbehindertengesetz
NWB	Neue Wirtschafts-Briefe		

Abkürzungen

SEStEG	Gesetz über steuerliche Begleitmaßnahmen zur Einführung der Europäischen Gesellschaft und zur Änderung weiterer steuerrechtlicher Vorschriften	UntStRefG	Unternehmensteuerreformgesetz
		USt	Umsatzsteuer
		UStAE	Umsatzsteuer-Anwendungserlass
		UStG	Umsatzsteuergesetz
SGB	Sozialgesetzbuch	usw.	und so weiter
sog.	so genannte	u. U.	unter Umständen
SolZG	Solidaritätszuschlagsgesetz	VAK	Vollarbeitskraft
		VE	Vieheinheiten
SparPG	Spar-Prämiengesetz	VDStjG	Veröffentlichungen der Deutschen Steuerjuristischen Gesellschaft
StädtebauFG	Städtebauförderungsgesetz		
StÄndG	Steueränderungsgesetz		
StBereinG	Steuerbereinigungsgesetz	VermBG	Gesetz zur Förderung der Vermögensbildung der Arbeitnehmer
StbJb	Steuerberater-Jahrbuch		
StEntlG	Steuerentlastungsgesetz	vgl.	vergleiche
StGB	Strafgesetzbuch	VZ	Veranlagungszeitraum
StLex	Steuer-Lexikon	WEG	Wohneigentumsgesetz
Stpfl.	Steuerpflichtiger	WG	Wirtschaftsgut
stpfl.	steuerpflichtig	Wistra	Zeitschrift für Wirtschaft, Steuer, Strafrecht
StRK	Steuerrechtskartei		
StuW	Steuer und Wirtschaft		
StVergAbG	Steuervergünstigungsabbaugesetz	Wj.	Wirtschaftsjahr
		WoBauFG	Wohnungsbauförderungsgesetz
s. u.	siehe unten		
TA	Technische Anleitung	WoBauG	Wohnungsbaugesetz
Tz.	Textziffer	WohneigFG	Wohneigentumsförderungsgesetz
u. a.	unter anderem		
u. Ä.	und Ähnliches	WoPG	Wohnungsbau-Prämiengesetz
u. E.	unseres Erachtens		
UmwG	Umwandlungsgesetz	z. B.	zum Beispiel
UmwStG	Gesetz über steuerliche Maßnahmen bei Änderung der Unternehmensform	ZfA	Zentrale Zulagenstelle für Altersvermögen
		Ziff.	Ziffer
		ZPO	Zivilprozessordnung
UntStFG	Unternehmenssteuerfortentwicklungsgesetz	zzgl.	zuzüglich

Paragraphenschlüssel

§	Seite	§	Seite
Einkommensteuergesetz		2 Abs. 2 Nr. 7	1102
EStG		2 Abs. 3	88, 677, 1105, 1304
1	37, 91	2 Abs. 4	57, 88, 1304
1 Abs. 1	41, 1343, 1457, 1460	2 Abs. 5	57, 88, 1305, 1378
		2 Abs. 5a	1305
1 Abs. 2	41, 49, 1457, 1460, 1503, 1513	2 Abs. 5b	1306
		2 Abs. 6	1421
1 Abs. 3	41, 51, 1301, 1307, 1344, 1388, 1456, 1460, 1512–1513	2 Abs. 7	91, 1339, 1503
		2 Abs. 8	1340
		2a	1386
1 Abs. 4	92, 1503	3	114
1a	53, 1315, 1343, 1388, 1457, 1513	3 Nr. 1	114
		3 Nr. 2	1376
1a Abs. 1	1456	3 Nr. 2 ff.	115
1a Abs. 1 Nr. 2	1343	3 Nr. 5	115
2	57	3 Nr. 10	116
2 Abs. 1	59, 81, 92, 108, 114, 1095, 1104, 1343	3 Nr. 12	116
		3 Nr. 13	117, 1472
2 Abs. 1 Nr. 1	1083, 1100	3 Nr. 16	117, 1472
2 Abs. 1 Nr. 2	1083, 1100	3 Nr. 26	117, 1473
2 Abs. 1 Nr. 3	1083	3 Nr. 26a	121, 1473
2 Abs. 1 Nr. 4	92, 551, 633, 635, 964, 1083	3 Nr. 27	723, 1102
		3 Nr. 29	128
2 Abs. 1 Nr. 5	92, 551, 633, 635, 1083, 1101–1102	3 Nr. 38	1447
		3 Nr. 40	128, 440–441, 1395, 1441, 1482–1484
2 Abs. 1 Nr. 6	92, 551, 633, 635, 1083, 1101–1102		
2 Abs. 1 Nr. 7	60, 92, 551, 633, 635, 1101–1102	3 Nr. 40a	134
		3 Nr. 41	134
2 Abs. 2 Nr. 1	83, 172	3 Nr. 45	135
2 Abs. 2 Nr. 2	83, 669	3 Nr. 50	136, 970
2 Abs. 2 Nr. 5	1102	3 Nr. 51	137
2 Abs. 2 Nr. 6	1102	3 Nr. 70	138

Paragraphenschlüssel

§	Seite	§	Seite
3a	114	4 Abs. 6	664, 1220
3b	114	4 Abs. 7	295
3c	139, 1401	4 Abs. 9	1147
3c Abs. 1	139	4a Abs. 1	92
3c Abs. 2	140, 402	4a Abs. 1 Nr. 1	93–94, 98
3c Abs. 3	142	4a Abs. 1 Nr. 2	94, 96, 98
4	83	4a Abs. 1 Nr. 3	95
4 Abs. 1	143–144, 146–148, 178, 182, 196, 214, 220, 247, 249, 255, 272, 295, 323, 410, 412, 417, 420, 541, 546, 562, 566, 963, 1342	4a Abs. 2 Nr. 1	98
		4c	301
		4d	301, 518
		4d Abs. 1	323
		4d Abs. 1 Nr. 1	302
		4d Abs. 1 Nr. 2	302
4 Abs. 2	146, 212	4f	304
4 Abs. 3	92, 143–144, 147–148, 225, 227, 247, 249, 251–252, 255, 272, 295, 444, 451, 526, 546, 549, 577, 633, 671, 1102	4g	306
		4h	306, 1393
		5	83, 92, 143–144, 147, 183, 246–247, 249, 272, 295, 323, 335, 410, 457, 520, 541, 956, 1342
4 Abs. 4	223, 252, 256, 642, 644	5 Abs. 1	146, 199, 323, 327, 347, 355, 397, 412, 418, 457
4 Abs. 4a	255, 649		
4 Abs. 5	185, 269–270, 272, 277, 295, 664, 669, 677	5 Abs. 2	444, 550, 576
		5 Abs. 2a	325
		5 Abs. 3	207, 325, 457, 485
4 Abs. 5 Nr. 1	269–272, 664, 677	5 Abs. 4	207, 457, 480–481
4 Abs. 5 Nr. 2	270, 273, 275, 1449–1450	5 Abs. 4a	207, 325, 457, 476, 493–494
4 Abs. 5 Nr. 3	276	5 Abs. 4b	208, 325, 488
4 Abs. 5 Nr. 4	276–277	5 Abs. 5	208–212, 323, 456
4 Abs. 5 Nr. 5	664, 1472	5 Abs. 6	326, 357
4 Abs. 5 Nr. 6	664	5 Abs. 6a	457
4 Abs. 5 Nr. 7	273, 289	5 Abs. 7	304
4 Abs. 5 Nr. 8	664, 677, 690	5a	232
4 Abs. 5 Nr. 8a	664	5a Abs. 1	234
4 Abs. 5 Nr. 10	293, 1449	5a Abs. 2	233
4 Abs. 5b	1425	5a Abs. 4a	325

§	Seite	§	Seite
5a Abs. 5	235	6 Abs. 3	424, 444, 454
6	83, 158, 210, 323, 452, 560	6 Abs. 4	432, 444, 454
		6 Abs. 4 Nr. 4	595
6 Abs. 1	357, 384, 457	6 Abs. 5	351, 432, 444
6 Abs. 1 Nr. 1	327, 375, 384–385, 391, 398, 452, 550, 582, 595, 601	6 Abs. 5 Satz 3	436, 441
		6 Abs. 5 Satz 5	440–441
		6 Abs. 5 Satz 6	440
6 Abs. 1 Nr. 1a	369	6 Abs. 6	351, 442, 444
6 Abs. 1 Nr. 2	327, 334, 375, 378, 386, 392–393, 403, 407, 409, 452–453	6 Abs. 7	444
		6a	457, 481, 486, 489, 498, 506, 508, 511, 513–514, 518
6 Abs. 1 Nr. 2 Satz 3	403	6a Abs. 1	499
6 Abs. 1 Nr. 2a	335–336, 338	6a Abs. 1 Nr. 1	498, 500, 506
6 Abs. 1 Nr. 3	327, 407, 409, 453, 457, 478	6a Abs. 1 Nr. 2	498, 500
		6a Abs. 1 Nr. 3	498, 502
6 Abs. 1 Nr. 3a	464	6a Abs. 2	499, 501
6 Abs. 1 Nr. 3a Buchst. a	464	6a Abs. 2 Nr. 2	505
		6a Abs. 3	498, 504–506
6 Abs. 1 Nr. 3a Buchst. a bis e	458	6a Abs. 3 Nr. 1	504, 507
		6a Abs. 3 Nr. 2	504–505
6 Abs. 1 Nr. 3a Buchst. b	465	6a Abs. 4	498, 505–506, 508
		6a Abs. 5	498
6 Abs. 1 Nr. 3a Buchst. c	465	6b	158, 351, 373, 384, 451, 519, 526, 528–529, 533, 537, 541–543, 546
6 Abs. 1 Nr. 3a Buchst. d	466		
6 Abs. 1 Nr. 3a Buchst. e	458, 466, 470	6b Abs. 1	529, 531, 546–547, 605
6 Abs. 1 Nr. 4	183, 186, 327, 375, 412, 416, 453, 520, 562, 566, 573, 595	6b Abs. 1 Nr. 1	546
		6b Abs. 1 Nr. 2	546
6 Abs. 1 Nr. 5	327, 375, 419–420, 422, 444, 447, 453, 573, 577, 595, 662	6b Abs. 1 Nr. 3	546
		6b Abs. 1 Nr. 4	546
		6b Abs. 2	538, 547
6 Abs. 1 Nr. 6	327, 417, 423, 447, 453	6b Abs. 3	536, 538, 540–541, 546–547, 605
6 Abs. 1 Nr. 7	327, 444	6b Abs. 4 Nr. 1	541
6 Abs. 2	386, 421, 447, 451–452, 605, 661	6b Abs. 4 Nr. 2	542, 546
		6b Abs. 4 Nr. 3	543

Paragraphenschlüssel

§	Seite	§	Seite
6b Abs. 4 Nr. 4	543	7a Abs. 4	603, 606–607
6b Abs. 4 Nr. 5	542	7a Abs. 5	606
6b Abs. 6	538	7a Abs. 6	606
6b Abs. 7	541	7a Abs. 7	607
6b Abs. 8	546	7a Abs. 8	607
6b Abs. 10	533	7a Abs. 9	596, 607
6c	158, 451, 546	7b	83, 603, 605
6c Abs. 1 Nr. 2	547	7c	83, 603, 605
7	377, 384, 548, 551, 573, 603–604, 649	7d	83, 603, 605
		7e	83, 603, 605
7 Abs. 1	362, 378, 385, 398, 403, 549, 553, 564, 573, 579–582, 584, 586–587, 591, 595, 601–603, 606, 1043	7f	83, 603, 605, 607
		7g	83, 603, 605
		7g Abs. 3	519
		7g Abs. 7	630–631
		7h	83, 603, 605, 609, 611–612, 669
7 Abs. 2	549, 583	7h Abs. 1	610
7 Abs. 3	584	7h Abs. 2	610
7 Abs. 4	360, 549, 555, 572, 579, 582, 587, 590, 593–597, 599, 606, 608	7i	83, 603, 605, 669
		7i Abs. 1	612
		7i Abs. 3	612
7 Abs. 4 Nr. 1	559, 595, 600	7k	603, 605
7 Abs. 4 Nr. 2	559, 592, 596, 599–600	8	83, 252, 633, 1026
		8 Abs. 1	252, 633, 673, 1051
7 Abs. 5	549, 555, 559, 576, 579, 583, 586–588, 590, 597, 599, 603	8 Abs. 2	633–634, 636, 970, 1053, 1451
7 Abs. 5 Nr. 1	588, 597, 600	8 Abs. 3	636, 1451, 1472
7 Abs. 5 Nr. 2	588, 596–597, 600	9	83, 633, 642, 650, 1026
7 Abs. 5 Nr. 3	559, 588–589, 597, 599–600	9 Abs. 1	560, 578, 642, 649–650, 1030
7 Abs. 5a	549, 559, 590, 596, 599	9 Abs. 1 Nr. 1	578, 1021
7 Abs. 6	549, 601–602	9 Abs. 1 Nr. 2	1030
7a	83, 604	9 Abs. 1 Nr. 4	651, 1473
7a Abs. 1	580, 605–606	9 Abs. 1 Nr. 5	657
7a Abs. 2	605	9 Abs. 1 Nr. 6	659
7a Abs. 3	603, 606	9 Abs. 1 Nr. 6b	661

§	Seite	§	Seite
9 Abs. 1 Nr. 7	421, 549, 560, 573, 601, 661–662	10 Abs. 1 Nr. 3a	1179, 1187
		10 Abs. 1 Nr. 4	1142, 1445, 1486
9 Abs. 1 Satz 3 Nr. 7	1043	10 Abs. 1 Nr. 5	1156, 1430, 1445, 1512
9 Abs. 2	653	10 Abs. 1 Nr. 6	1445
9 Abs. 4	549, 651	10 Abs. 1 Nr. 7	1146, 1252, 1445
9 Abs. 4a	652, 1472	10 Abs. 1 Nr. 8	1445
9 Abs. 5	549, 664, 1220	10 Abs. 1 Nr. 9	1160, 1252, 1269, 1445
9 Abs. 6	1147		
9a	83, 633, 664, 666, 1355, 1389	10 Abs. 2	1163
		10 Abs. 3	1174, 1355
9a Nr. 1	667, 1108	10 Abs. 3 Satz 3	1174
9a Nr. 3	668	10 Abs. 4	1189
9a Satz 1 Nr. 1 Buchst. a	973	10 Abs. 4a	1191
		10 Abs. 4b	1115, 1143, 1165
9a Satz 1 Nr. 1 Buchst. b	973	10 Abs. 5	90
		10a	88, 1195, 1421, 1445
9a Satz 1 Nr. 3	1051		
9b	1043	10a Abs. 1	1210
9b Abs. 1	447, 451	10b	88, 417, 1218, 1304, 1424, 1445, 1464, 1513
9b Abs. 2	374		
10	88, 345, 649–650, 1113, 1304		
		10b Abs. 1	417
10 Abs. 1	1289, 1316	10b Abs. 1a	1230
10 Abs. 1 Nr. 1	1117, 1295, 1445	10b Abs. 2	1232
10 Abs. 1 Nr. 1a	349, 677, 681, 1053, 1067, 1122, 1133, 1445	10b Abs. 3	1233, 1235, 1424
		10b Abs. 4	1235, 1424
		10c	88, 1304, 1355, 1445, 1464
10 Abs. 1 Nr. 1b	1141		
10 Abs. 1 Nr. 2	1445	10d	84, 88, 633, 1042, 1087, 1238, 1355, 1427
10 Abs. 1 Nr. 2 Buchst. a	1165		
		10e	88
10 Abs. 1 Nr. 2 Buchst. b	1167	10e Abs. 1	1358, 1446
		10e Abs. 2	1358, 1445
10 Abs. 1 Nr. 3	1179	10e Abs. 3	1358, 1445
10 Abs. 1 Nr. 3 Satz 1 Buchst. a	1180	10e Abs. 4	1358, 1445
		10e Abs. 5	1358, 1445
10 Abs. 1 Nr. 3 Satz 1 Buchst. b	1187	10e Abs. 6	1445

Paragraphenschlüssel

§	Seite
10f	88, 610, 1248
10g	1251
10h	1446
11	92, 224, 668, 674, 958, 1163, 1253, 1434
11 Abs. 1	673–674, 958, 984, 1441
11 Abs. 1 Satz 1	1049
11 Abs. 2	362, 370, 669–670, 674, 676, 1042, 1115, 1182, 1218
11a	1042
11b	1042
12	185, 255, 577, 677, 681, 1113, 1218, 1280
12 Nr. 1	273, 634, 643, 664, 677–678, 1265
12 Nr. 2	429, 564, 677, 681–683, 687, 983, 1020–1021, 1050, 1054, 1067, 1361
12 Nr. 3	677, 688
12 Nr. 4	677, 689–690
12 Nr. 5	1146
13	38, 59, 93, 98, 143, 147, 1506
13 Abs. 1	143, 1111
13 Abs. 1 Nr. 1	712
13 Abs. 1 Nr. 2	712
13 Abs. 1 Nr. 3	712
13 Abs. 2 Nr. 2	1045
13 Abs. 2 Nr. 3	1102
13 Abs. 3	88, 1105, 1108, 1111–1112
13a	98, 148, 578, 1053
13a Abs. 2	148
13a Abs. 3	143, 148

§	Seite
13a Abs. 3 Nr. 4	148
13a Abs. 4	143, 148
13a Abs. 5	143, 148
13a Abs. 6	143, 148
13a Abs. 7	143, 148
13a Abs. 8	143, 148
14	38, 59, 98, 543, 1112
14a	543
15	38, 59, 143, 147, 730, 1095, 1108–1109, 1506
15 Abs. 1	111, 631, 951
15 Abs. 1 Nr. 1	795
15 Abs. 1 Nr. 2	92, 178, 181, 511, 631, 795, 1363, 1428
15 Abs. 1 Nr. 2 Satz 2	813
15 Abs. 1 Nr. 3	832, 1428
15 Abs. 1 Satz 2	832
15 Abs. 1 Satz 3	833
15 Abs. 1a	837
15 Abs. 2	730, 951
15 Abs. 3 Nr. 1	952, 1046
15 Abs. 3 Nr. 2	835
15 Abs. 4	838
15a	840, 951
15b	856
15b Abs. 1	863
15b Abs. 2	857
15b Abs. 3	857
15b Abs. 3a	862
15b Abs. 4	863
16	38, 59, 98, 865, 1437
16 Abs. 1 Satz 1 Nr. 1 Satz 1	866

Paragraphenschlüssel

§	Seite	§	Seite
16 Abs. 1 Satz 1 Nr. 1 Satz 2	872	18 Abs. 4	951, 957
16 Abs. 1 Satz 1 Nr. 2	873	19	38, 59, 513, 635, 666, 683, 964, 1095, 1109, 1453, 1509
16 Abs. 1 Satz 1 Nr. 3	876	19 Abs. 1	964, 969, 975
16 Abs. 1 Satz 2	876	19 Abs. 2	666, 972, 975, 1105, 1376
16 Abs. 2	250, 882, 963		
16 Abs. 3	323, 429, 520, 595, 963	20	38, 59, 113, 635, 683, 974, 980, 983–984, 987, 1045, 1049, 1393, 1481
16 Abs. 3 Satz 1	888		
16 Abs. 3 Satz 2 bis 4	896		
		20 Abs. 1 Nr. 1	673, 981, 985, 1400, 1483
16 Abs. 3 Satz 5 bis 8	902	20 Abs. 1 Nr. 2	981, 1400, 1483
16 Abs. 3a	909, 1440	20 Abs. 1 Nr. 4	992, 1398, 1483
16 Abs. 3b	909	20 Abs. 1 Nr. 5	995, 1513
16 Abs. 4	543, 910, 963	20 Abs. 1 Nr. 6	1484
16 Abs. 5	912	20 Abs. 1 Nr. 7	563, 985, 995, 997–998, 1021, 1051, 1054, 1398, 1483–1484, 1513
17	38, 59, 343, 351, 418, 635, 913, 1027, 1396, 1436		
17 Abs. 1	422, 914		
17 Abs. 2	925	20 Abs. 1 Nr. 8	998
17 Abs. 3	937, 994	20 Abs. 1 Satz 1 Nr. 4	1398
17 Abs. 4	939	20 Abs. 2	1484
17 Abs. 5	940	20 Abs. 2 Satz 1 Nr. 2	1099, 1483
17 Abs. 6	940		
17 Abs. 7	940	20 Abs. 2 Satz 1 Nr. 7	1398
18	38, 59, 143, 148, 644, 953, 964	20 Abs. 2a	1492
18 Abs. 1 Nr. 1	943, 948, 951–952, 955	20 Abs. 3	1484
		20 Abs. 4	1486
18 Abs. 1 Nr. 1 Satz 2	952	20 Abs. 4a	1486
18 Abs. 1 Nr. 2	954	20 Abs. 5	981
18 Abs. 1 Nr. 3	954	20 Abs. 5 Satz 3	983
18 Abs. 1 Nr. 4	955	20 Abs. 6	1397
18 Abs. 3	543, 961	20 Abs. 7	981

Paragraphenschlüssel

§	Seite	§	Seite
20 Abs. 8	974, 985, 1045, 1482–1483	24	38, 1095, 1316
20 Abs. 9	1488–1489	24 Abs. 1 Nr. 4	1100
21	38, 59, 113, 549, 565, 578, 635, 642, 1013, 1019, 1024, 1045, 1049, 1107–1109	24 Nr. 1	513, 1028, 1095–1096, 1098–1100, 1374, 1509
		24 Nr. 2	958, 962, 1025, 1049, 1097, 1100–1103
21 Abs. 1	112, 1013, 1017, 1045, 1446	24 Nr. 3	1104, 1409
21 Abs. 1 Nr. 1	565, 1019, 1021, 1446	24a	88, 1107, 1463
		24b	1109–1110, 1456
21 Abs. 1 Nr. 2	1024, 1446	25	108, 1339–1340
21 Abs. 1 Nr. 3	1024–1025, 1446	25 Abs. 1	90, 108, 668, 1339–1340, 1384
21 Abs. 1 Nr. 4	1025, 1029		
21 Abs. 2	1013, 1037, 1045	25 Abs. 3	1341, 1353
21 Abs. 3	1045	26	668, 1111, 1340, 1343, 1351, 1379, 1383, 1440
22	38, 59–60, 345, 429, 635, 650, 1021, 1047		
		26 Abs. 1	1341–1343, 1346–1348, 1351, 1360, 1373, 1379, 1382–1383
22 Nr. 1	344, 578, 664, 667–668, 681, 975, 1021, 1045, 1049–1051, 1053, 1064, 1066–1067, 1083, 1105, 1107–1109		
		26 Abs. 2	1114, 1349–1350, 1359
		26 Abs. 3	1349
		26a	667–668, 1340, 1343, 1353, 1356, 1375, 1379, 1383–1384, 1433
22 Nr. 1a	664, 667–668, 1083		
22 Nr. 2	1083, 1510	26a Abs. 1	1356, 1365
22 Nr. 3	81, 1024, 1045, 1083–1085, 1087, 1095, 1510	26a Abs. 2	1259, 1356, 1358
		26b	667–668, 1111, 1340, 1343, 1348, 1351, 1360, 1375, 1379, 1384, 1440
22 Nr. 4	1083, 1087, 1108		
22 Nr. 5	1511		
22a	1468		
23	38, 59–60, 150, 343, 351, 635, 1027, 1047, 1084, 1510	26c	1344, 1351, 1360–1361
		26c Abs. 1	1360–1361
		26c Abs. 2	1380, 1383

§	Seite	§	Seite
28	1364	32d Abs. 2 Nr. 1 Satz 1 Buchst. a	1399
31	1284, 1306–1308, 1447	32d Abs. 2 Nr. 1 Satz 1 Buchst. b	1399
31 Satz 4	1308	32d Abs. 2 Nr. 1 Satz 1 Buchst. c	1400
32	1284, 1305	32d Abs. 2 Nr. 3	1400
32 Abs. 1	1259, 1319, 1457	32d Abs. 2 Nr. 4	1401
32 Abs. 2	1319	32d Abs. 3	1402
32 Abs. 3	1320, 1457	32d Abs. 4	1484
32 Abs. 4	1289, 1301, 1320, 1327	32d Abs. 5	1401, 1422
32 Abs. 4 Nr. 2	1289, 1321, 1323	32d Abs. 6	1402, 1445, 1484
32 Abs. 5	1320, 1326	33	1251–1253, 1258, 1268–1269, 1271, 1274–1276, 1278–1279, 1289, 1298, 1301–1302, 1304, 1356–1358, 1445
32 Abs. 6	88, 1259, 1319, 1373, 1457		
32a	1380, 1385		
32a Abs. 1	1378, 1512		
32a Abs. 1 Nr. 1	677		
32a Abs. 1 Nr. 2	1379	33 Abs. 1	1252, 1258, 1263, 1276, 1304
32a Abs. 1 Nr. 3	1379	33 Abs. 2	1220, 1252, 1258, 1263, 1275
32a Abs. 1 Nr. 4	1379		
32a Abs. 5	1259, 1357, 1361, 1381, 1383	33 Abs. 3	1252, 1316, 1357, 1432
32a Abs. 6	1259, 1379, 1384	33a	1251, 1279, 1287–1288, 1295, 1304, 1356–1358, 1445
32a Abs. 6 Nr. 1	1361, 1380, 1382–1383		
32a Abs. 6 Nr. 2	1375, 1379, 1384	33a Abs. 1	1252, 1263, 1268, 1270–1271, 1280, 1284, 1287–1289, 1291–1293, 1302, 1316, 1319
32b	1378, 1385, 1413, 1436		
32b Abs. 1 Nr. 1	1376, 1386		
32b Abs. 1 Nr. 2	1387		
32b Abs. 1 Nr. 3	1388		
32b Abs. 1 Nr. 4	1388		
32b Abs. 1 Nr. 5	1388	33a Abs. 1 Nr. 1	1295
32b Abs. 1a	1389	33a Abs. 2	1287–1289, 1316, 1335
32c	1380, 1392		
32d	1228, 1378, 1393, 1421, 1482	33a Abs. 3	1279
		33a Abs. 4	1296
32d Abs. 1	1486	33a Abs. 5	1279

Paragraphenschlüssel

§	Seite	§	Seite
33b	1251, 1270, 1279, 1297, 1299, 1301, 1304, 1355–1357, 1445, 1459	35a	1298, 1341, 1358, 1421, 1425, 1429
		35b	1421, 1435
		36 Abs. 1	1439
33b Abs. 1	1279, 1297	36 Abs. 2 Nr. 1	1441
33b Abs. 2	1279, 1297, 1299	36 Abs. 2 Nr. 2	1029, 1402, 1441, 1479
33b Abs. 3	1270–1271, 1279, 1297–1299, 1301, 1325, 1374, 1432	36 Abs. 4	1354, 1440
		36 Abs. 5	1440
33b Abs. 4	1279, 1297, 1300	37	1441, 1443, 1452, 1462
33b Abs. 5	1265, 1270, 1300, 1302, 1316, 1357, 1373–1374	37 Abs. 1	1439
		37 Abs. 3	1416, 1445–1447, 1452, 1463
33b Abs. 6	1271, 1279, 1297–1298, 1303–1304, 1463	37 Abs. 4	1447
		37 Abs. 5	1447
33c	1251, 1304	37a	1447
34	1097, 1378, 1390, 1405, 1465	37b	1448
		37b Abs. 2	1450, 1471
34 Abs. 2 Nr. 1	958	38	1369, 1452, 1504
34 Abs. 2 Nr. 2	513, 1095, 1100	38 Abs. 1	673, 1450, 1453–1454, 1475
34 Abs. 2 Nr. 3	1104		
34 Abs. 3	513	38 Abs. 2	1439, 1452
34a	1378, 1415, 1427, 1445	38 Abs. 3	1453, 1455, 1476
		38 Abs. 3a	1454
34a Abs. 8	1240	38 Abs. 4	1454
34b	1378, 1414	38a	1455
34c	1378, 1402–1403, 1421, 1426, 1485, 1514	38a Abs. 1	673, 1455
		38a Abs. 1 Satz 2	972
		38a Abs. 1 Satz 3	972
34c Abs. 5	90, 1423	38a Abs. 4	1455
34d	1421, 1424, 1503	38b	1455, 1461
34e	1424	38b Abs. 1	1456, 1469
34f	1316, 1358, 1421, 1424	38b Abs. 2	1457–1458, 1461–1462, 1467
34g	1226, 1232, 1421, 1424	38b Abs. 3	1458
		39	1369, 1452, 1458–1459
35	1395, 1421, 1425	39 Abs. 1	1459–1460

Paragraphenschlüssel

§	Seite	§	Seite
39 Abs. 2	1460	39e Abs. 5	1467
39 Abs. 3	1316, 1455, 1460, 1478	39e Abs. 6	1467
		39e Abs. 7	1468
39 Abs. 3a	1316	39e Abs. 8	1468
39 Abs. 4	1460–1461	39e Abs. 9	1468
39 Abs. 5	1461	39e Abs. 10	1468
39 Abs. 6	1461, 1471	39f	1372, 1461
39 Abs. 7	1461	39f Abs. 1	1470
39a	1369, 1455, 1461–1462, 1470–1471	39f Abs. 2	1471
		39f Abs. 3	1471
		40	484, 1369, 1452, 1471
39a Abs. 1	1462–1464, 1467		
39a Abs. 1 Nr. 1	1372–1373, 1462	40 Abs. 1	1451, 1471
39a Abs. 1 Nr. 2	1372–1373, 1462	40 Abs. 2	1451, 1472
39a Abs. 1 Nr. 3	1372–1373, 1462	40 Abs. 3	1439, 1448, 1452, 1479
39a Abs. 1 Nr. 4	1462		
39a Abs. 1 Nr. 5	1373, 1462	40a	484, 1452, 1471, 1473
39a Abs. 1 Nr. 6	1372–1373, 1462		
39a Abs. 2	1462–1463	40b	484, 1452, 1471, 1474
39a Abs. 3	1463		
39a Abs. 4	1464	41	1369, 1374, 1452, 1458, 1475
39a Abs. 5	1464		
39b	1369, 1464	41 Abs. 1	1466
39b Abs. 2	1107, 1238, 1461, 1464, 1478	41a	1452, 1460, 1475
		41b	1465, 1477
39b Abs. 3	1374, 1464–1465	41b Abs. 1	1451, 1466
39b Abs. 4	1238	41b Abs. 2	1460
39b Abs. 5	673, 1455, 1466, 1476	41c	1476
		41c Abs. 3	1471, 1477
39b Abs. 6	1523	41c Abs. 4	1477
39c	1457	42b	1369, 1452, 1455, 1478
39c Abs. 1	1464		
39c Abs. 3	1374, 1454	42d	1369, 1452–1454, 1479, 1500
39e	1455, 1458–1459, 1467, 1478		
		42d Abs. 4	484
39e Abs. 1	1467	42e	1369, 1452, 1472, 1479–1480
39e Abs. 2	1457, 1461, 1467		
39e Abs. 3	1467	42f	1369, 1452, 1472, 1480
39e Abs. 4	1467		

Paragraphenschlüssel

§	Seite	§	Seite
42g	1481	48	1495
43	1393, 1481	48a	1497, 1499–1500
43 Abs. 1	1482–1483, 1488	48b	1497, 1500
43 Abs. 2	1481, 1485	48c	1442, 1499
43 Abs. 5	1228, 1339, 1396, 1399, 1441–1442, 1482–1483	48d	1496
		49	41, 51, 92, 1387, 1503–1505
43a	1394, 1481, 1486	49 Abs. 1	1505
43a Abs. 2	1396	49 Abs. 1 Nr. 1	1506
43a Abs. 3	1397, 1484	49 Abs. 1 Nr. 2	1506
43b	1481, 1487	49 Abs. 1 Nr. 3	1509
44	1481, 1487, 1504	49 Abs. 1 Nr. 4	1509
44 Abs. 1	1439, 1482–1483	49 Abs. 1 Nr. 5	1509
44a	1481, 1488	49 Abs. 1 Nr. 6	1510
44b	1492–1493	49 Abs. 1 Nr. 7	1510
45	1492	49 Abs. 1 Nr. 8	1510
45a	1481, 1493	49 Abs. 1 Nr. 8a	1510
45d	1489, 1493	49 Abs. 1 Nr. 9	1510
45e	1494	49 Abs. 1 Nr. 10	1511
46	1339, 1369–1370, 1482	49 Abs. 2	1505
		50	36, 1386, 1388, 1405, 1504, 1511
46 Abs. 1	1371		
46 Abs. 2	1342, 1370–1371	50 Abs. 1	666, 1253, 1301
46 Abs. 2 Nr. 1	1342, 1370	50 Abs. 2	1441
46 Abs. 2 Nr. 2	1342, 1370–1371	50a	36, 1500, 1504, 1509, 1514
46 Abs. 2 Nr. 3	1342, 1370, 1372		
46 Abs. 2 Nr. 3a	1372, 1457, 1470	50a Abs. 5	1439
46 Abs. 2 Nr. 4	1342, 1370, 1372, 1376, 1462	50d	1481, 1504, 1519
		50e	1474, 1494
46 Abs. 2 Nr. 4a	1373–1374	50g	1504
46 Abs. 2 Nr. 5	1342, 1370, 1374, 1454	50i	1524
		51a	1306, 1373, 1403, 1458
46 Abs. 2 Nr. 5a	1374, 1466		
46 Abs. 2 Nr. 6	1342, 1370, 1374	51a Abs. 2	1316
46 Abs. 2 Nr. 7	1342, 1370, 1375	52 Abs. 14b	1445
46 Abs. 2 Nr. 8	1370, 1375, 1455, 1514	52 Abs. 46	1280
		52b	1468
46 Abs. 3	1305, 1376	55	406
46 Abs. 4	1370, 1441	55 Abs. 6	407

§	Seite	§	Seite
61 ff.	1284	60 Abs. 2 Satz 1	326
62	1306–1307	60 Abs. 2 Satz 2	326
63	1306–1307	61	1358
63 Abs. 1	1320	62d	1242, 1246, 1360
63 Abs. 1 Nr. 1	1319	62d Abs. 2	1355
64	1306–1307	64	1259, 1266
65	1281, 1306–1307	65	1271, 1299, 1325
66	1306–1308, 1312	68	1414
66 Abs. 1	1307	68a	1422
67	1306–1307	70	1305, 1377
68	1306–1307	73c	1439, 1517
69	1306–1307	73e	1517
70	1306–1307, 1314	73f	1517
71	1306–1307	73g	1518
72	1306–1307	82a	1250
73	1306–1307	82b	362
74	1306–1307	82i	1250
75	1306–1307	84	1259, 1342
76	1306–1307, 1313		
77	1306–1307, 1314	**Lohnsteuer-Durchführungs-**	
78	1306–1307	**verordung**	
82	1195, 1201	LStDV	
83	1316	1	964, 1453
84	1196	2	964
85	1196	4	1475
86	1197, 1205		
95	1510	**Abgabenordnung**	
		AO	
Einkommensteuerdurchführungs-		42	1018
verordnung			
EStDV		**Bürgerliches Gesetzbuch**	
50	1226, 1232, 1425	BGB	
55 Abs. 1	1054	1378	1079
55 Abs. 2	1055, 1064	**Handelsgesetzbuch**	
56	1342	HGB	
56 Abs. 1	1340	89b	1100
60	1342	**Umsatzsteuergesetz**	
60 Abs. 1	323	UStG	
60 Abs. 2	323	15 Abs. 4	374

Stichwortverzeichnis

A

Abbruchkosten 353, 359, 1035
Abfärbetheorie 834
Abfärbewirkung 952–953
Abfallentsorgung 474
Abfindungen 1098
Abfluss 224
— von Ausgaben 224
Abflussprinzip 1115, 1182
Abgekürzte Leibrenten 1055, 1064
Abgeltungsteuer 980, 1228, 1378, 1393, 1422, 1435, 1482, 1485
— Ertagsanteil von Einkünften 1395
— Günstigerprüfung 1394
— Korrespondenzregelung 1401
— Spendenhöchstbetrag 1395
— Verluste 1397
— Verlustverrechung 1397
Abgeordnete 1088
Abgeordnetenbezüge 1510
Abgrenzung der Einkunftsarten
— der freiberuflichen Tätigkeit von der gewerblichen Tätigkeit 948
— der Land- und Forstwirtschaft vom Gewerbebetrieb 723
— der Leibrenten von den sonstigen wiederkehrenden Bezügen 1049
— der nichtselbständigen von der selbständigen Arbeit 967
— von Gewerbebetrieb und Liebhaberei 66
— von Land- und Forstwirtschaft und Liebhaberei 64
Ablösung eines Erbbaurechts 1043
Abnutzbare Wirtschaftsgüter 549

Abnutzbares Anlagevermögen 227, 384
Abraumbeseitigung 495
Abrechnungen beim Wechsel der Gewinnermittlungsart 247
Abschlagszahlungen 408, 957, 1455, 1466
Abschlussgebühren 408, 1043
Abschlusszahlung 1440
Abschreibungen 548
Absetzung für Abnutzung 548
— degressive 582–583
— für außergewöhnliche Abnutzung 584
— für Gebäude 549, 587
— für Nutzungsrechte 551
— für Substanzverringerung 601
— lineare 581, 591
Absetzung für Substanzverringerung 662
Abstandszahlungen 353, 1028
Abtretung
— der Kapitalerträge 983
— von Forderungen 670
Abtretung von Forderungen 313
— aus schwebenden Geschäften 315
Abweichendes Wirtschaftsjahr 93
Abzinsung 458
— von Rückstellungen 458, 466, 469
Abzugsverbot 139
— für Geldstrafen und ähnliche Aufwendungen 689
— nach § 3c Abs. 1 EStG 139
— nach § 3c Abs. 2 EStG 140
— nach § 3c Abs. 3 EStG 142
Adoptivkosten 1260
Ähnliche Berufe 945

Stichwortverzeichnis

Ärztemuster 468
Äußerer Betriebsvergleich 244
AfA
— in fallenden Jahresbeträgen 583
— in gleichen Jahresbeträgen 581
— nach Maßgabe der Leistung 582
AfA-Berechtigung 559
— eines Nießbrauchers 560
— eines Nutzungsberechtigten 560
AfA-Sätze für Gebäude 587
Agio 408
Aktiengesellschaften 38
Aktienoption 1411
Aktivierungsverbot 324
Alleinerziehende 1109
Allgemeine Lohnsteuertabellen 1456
Allgemeinverfügung 980
Altenheime 1271
Altenpfleger 946
Altersentlastungsbetrag 1105, 1377, 1465
Altersversorgung 1367
Altersvorsorgebeiträge 1201
— Sonderausgabenabzug 1210
Altersvorsorgeverträge 1088
Altfahrzeuge 466, 483
Altmaterial 473
Altöl 474
Altreifen 474
Altverluste 1001
Ambros-Renditen 992
Ambulante Pflegekraft 1271
Anderkonto 984
Angehörige, Arbeitsvertrag zwischen Angehörigen 967
Angehörige, Verträge zwischen 111, 983, 1030
Anlagegüter
— abnutzbare 384
— nicht abnutzbare 386

Anlagevermögen 156, 384, 386
Anlaufverluste 401, 738
Anliegerbeiträge 352
Anpassung der Vorauszahlung 1447
Anrechnung auf die Einkommensteuer 1440
Anrechnung ausländischer Steuern 1421
Anrechnungsgrenze 1281
Anrechnungsmethode 1422
Anrufungsauskunft 1452, 1472, 1479–1480
Ansässigkeitsbescheinigung 1521
Ansatzvorschriften 324
Anschaffung 338–339
Anschaffungskosten 338
— Anschaffungsnebenkosten bei Anteilen an Kapitalgesellschaften 929
— Anteile an Kapitalgesellschaften 929
— fiktive – nach § 55 EStG 406
— nachträgliche – bei Anteilen an Kapitalgesellschaften 930
Anschaffungsnahe Aufwendungen 367–369
Anschaffungsnahe Herstellungskosten 369–371
Anschaffungsnebenkosten 351
Anstalten 38
Anstaltsunterbringung 1268
Anteile am Kapitalvermögen 981
Antizipative Posten 208
Antragsveranlagung 1370, 1375
Anweisungen 998
Anwendersoftware 449
Anzahlungen 394, 605
Arbeitgeberbegriff 1453
Arbeitgeberwechsel 1465
Arbeitnehmer 965

Arbeitnehmerähnliche Selbständige 965
Arbeitnehmer-Pauschbetrag 666, 1389
Arbeitnehmerprämien 469
Arbeitnehmerüberlassung 1453, 1497
Arbeitnehmerveranlagungen 1369
Arbeitslohn 968
Arbeitslosengeld II 1257
Arbeitsmittel 659
Arbeitsverhältnisse zwischen Ehegatten 1365
Arbeitsvertrag 1365
Arbeitszimmer 661
Asbestsanierung 1260
Atypische stille Gesellschaft 994, 1483
Aufbewahrungspflichten von Geschäftsunterlagen 469
Aufenthalt, gewöhnlicher 46
Auffüllverpflichtungen 490
Aufgabe
— einer Gewinnbeteiligung 1099
— einer selbständigen Tätigkeit 1098
Aufgabengewinn 1440
Aufkommen an Einkommensteuer 34
Auflösung
— einer Ehe 1273
— einer Rücklage nach § 6b Abs. 3 EStG 539
— einer Rückstellung 496
— von Kapitalgesellschaften 991
Aufsichtsratsmitglied 954
Aufsichtsratsvergütungen 1516
Aufteilungsverbot für Kosten der Lebensführung 678
Aufwandsentschädigung 1088
Aufwendungen 256, 1253
— für ähnliche Zwecke 276

— für Arbeitsmittel 659
— für Bestechungs- und Schmiergelder 293
— für Bestechungsgelder 293
— für Bewirtung 273
— für den Unterhalt einer unterhaltsberechtigten Person 1280
— für die Berufsausbildung 1280
— für die Beschäftigung einer Hilfe im Haushalt 1297
— für die Jagd 276
— für Fischerei 276
— für Gästehäuser 276
— für Geschenke 269, 681
— für Mittagsheimfahrten 1267
— für Schmiergelder 293
— i. S. des § 33a Abs. 1 EStG 1280
— Jachten 276
— vergebliche 1037
Aufwuchs auf Grund und Boden 530
Aufzeichnungen nach § 4 Abs. 7 EStG 295
Ausbeuten 986
Ausbildungsbeihilfe 1287
Ausbildungsfreibetrag 1297, 1335
Ausbildungskosten 1146
Ausbildungsplatz 1323
Ausgaben, regelmäßig wiederkehrende 674
Ausgleichsposten § 4g EStG 306
Ausgleichszahlungen 1100
— an Handelsvertreter 471, 1100
— im Erbfall 342, 411
Ausländische
— Arbeitnehmer 46
— Kapitalerträge 1484
— Quellensteuer 1484, 1486
— Steuern 1485
— Verluste 46
Auslagenersatz 136, 970

1547

Stichwortverzeichnis

Auslandskinder 1285, 1319, 1336
Auslandstätigkeitserlass 1423, 1523
Außenanlagen 553
— eines Gebäudes 146
Außergewöhnliche Abnutzung 584
Außergewöhnliche Belastungen 1220, 1239, 1251, 1335, 1445, 1463
Außergewöhnlichkeit 1255
Außerordentliche Einkünfte 1390, 1405
— Forstwirtschaft 1414
Ausstattungen 80
Aussteueraufwendungen 1260
Aussteuerversicherung 1260
Ausübung der Jagd 712
Ausweismerkzeichen 1264
Auszahlende Stelle 1488, 1491

B

Back-to-Back-Finanzierungen 1394, 1400
Badekuren 1260
Banküberweisungen 670
Bargeldverluste 223
Barwert 348
Basiskrankenversicherung 1180
Bauabzugsteuer 1440, 1495
Baudenkmale 611, 1248
Bauherrengemeinschaft 1044
Bauherrenmodell 341
Bauleistungen 1497
Bauleitzinsen 1043
Baumängel 362, 585
Be- und Verarbeitungsbetriebe, Land- und Forstwirtschaft 717
Bedarfsgemeinschaft 1283
Beeinträchtigung der Beweglichkeit im Straßenverkehr 1264
Beerdigungskosten 1276

Begünstigungsbetrag 1416
Behaltefrist 425
Beherbergung von Geschäftsfreunden 276
Beherrschende Gesellschafter 511
Behinderte Kinder 1324
Behinderten-Pauschbetrag 1297, 1325, 1432, 1445
Behördlicher Eingriff 521
Beihilfen an Pensionäre 471
Beiträge 650
— an Berufsgenossenschaften 471
— an Berufsverbände 650
Beitragsrückerstattung 1181
Beitragsvorauszahlung 1182
Belastungen, außergewöhnliche 1251
Bemessung der Vorauszahlungen 1444
Bemessungsgrundlage 57
— für die AfA 576
— für die tarifliche Einkommensteuer 57
Bergschäden 471
Berücksichtigung von Kindern 1305
Berufe, freie 942
Berufsausbildung 691, 1262
— Bachelor 1154
— Master 1154
— Promotion 1155
Berufsausbildungszeit 1322
Berufskrankheiten 1265
Besamungsstationen, Landwirtschaft 703
Bescheinigungsverfahren 1468
Besondere Aufzeichnungen für bestimmte Betriebsausgaben 295
Besondere Fragen bei Grundstücken 352
Besondere Veranlagung 1340, 1343, 1348, 1360

Besondere Verzeichnisse i. S. des § 4 Abs. 3 EStG 227
Bestechung 1449
Besteuerung
— privater Leibrenten 1054
— von Versorgungsbezügen 975
Besuchs-, Erholungs-, Kur- oder ähnliche private (nicht geschäftliche) Zwecke 48
Besuchsfahrten zu Kranken 1269
Besuchsreisen zu nahen Angehörigen im Inland oder Ausland 1262
Beteiligung, von Kindern 984
Beteiligung am allgemeinen wirtschaftlichen Verkehr 744
Betriebe gewerblicher Art 1486, 1487
Betriebliche Veranlassung 256
Betriebsaufspaltung 776
— Beachtung der Grundsätze auch im Rahmen des § 18 EStG 953
— Beginn und Ende 788
— Beherrschungsidentität 778
— Beteiligungsidentität 778
— Büro- und Verwaltungsgebäude 786
— echte 776
— Einstimmigkeits- und Mehrheitsprinzip 783
— faktische Beherrschung 782
— Gütergemeinschaft 782
— Insolvenz des Betriebsunternehmens 784
— kapitalistische 777
— mittelbare Nutzungsüberlassung 785
— mitunternehmerische 776, 793
— Nur-Besitzgesellschafter 783
— personelle Verflechtung 777
— Rechtsfolgen 788
— sachliche Verflechtung 784
— umgekehrte 777
— unechte 776
— unentgeltliche Nutzungsüberlassung 777
— Zusammenrechnung der Anteile von Eltern und Kindern 781
— Zusammenrechnung von Ehegattenanteilen 780
Betriebsausgaben 223, 255
— Abgrenzung zu Spenden 1219
— Begriff 255
— nachträgliche 257
— vorweggenommene 256
Betriebsbereitschaft 1039
Betriebseinnahmen 222, 252
— Begriff 252
— nachträgliche 254
— vorweggenommene 254
Betriebseröffnung 417
Betriebserwerb 444
Betriebsfeste 273
Betriebsgewöhnliche Nutzungsdauer 574
Betriebsprüfungen 471
Betriebsprüfungskosten 471
Betriebsunterbrechung 893, 909
Betriebsunterbrechungsversicherung 372
Betriebsverlegung 894
Betriebsvermögen bei Personengesellschaften 176
Betriebsvermögensarten 156
Betriebsverpachtung 894, 909
— Einkünfte aus Gewerbebetrieb 775
— Verpächterwahlrecht 894
Betriebsvorrichtungen 553
Betriebveräußerung und Betriebsaufgabe 865
— 100 %-Beteiligung an einer Kapitalgesellschaft 872

1549

Stichwortverzeichnis

— Änderung des Unternehmenszwecks 891
— allmähliche Abwicklung 892
— Ausscheiden von Gesellschaftern 877
— Begriff Betriebsaufgabe 888
— Begriff Betriebsveräußerung 866
— Begriff des Teilbetriebs 870
— Begünstigung des Veräußerungsbzw. Aufgabegewinns 910
— Behandlung zurückbehaltener nicht wesentlicher Betriebsgrundlagen 869
— Betriebsaufgabe durch Steuerentstrickung 909
— Betriebsunterbrechung 893, 909
— Betriebsveräußerung gegen wiederkehrende Bezüge 886
— Betriebsverlegung 894
— Betriebsverpachtung 894, 909
— dieselben Personen als Veräußerer und Erwerber 885, 904
— Einheitlichkeit des Aufgabevorgangs 890
— entgeltliche Veräußerung eines Teilbetriebs 869
— Entstrickung 892
— Ereignisse nach – 906
— Ermittlung des Aufgabegewinns 902
— Ermittlung des Veräußerungsgewinns 882
— Missbrauchsklausel 912
— Realteilung 896
— Strukturwandel 893
— unentgeltliche Übertragung 878
— Veräußerung des gesamten Anteils eines persönlich haftenden Gesellschafters einer Kommanditgesellschaft auf Aktien 876
— Veräußerung eines Mitunternehmeranteils, siehe dort 873, 876
— wesentliche Betriebsgrundlagen 867
— Zeitpunkt der Erfassung des Aufgabegewinns 904
— Zeitpunkt der Erfassung des Veräußerungsgewinns 886
Bewährungsauflage 1222
Bewegliche Wirtschaftsgüter, Veräußerung von – als Einkünfte aus Gewerbebetrieb 774
Bewertung
— der Einlagen 418
— der Einnahmen 636
— der Entnahmen 412
— der Sachbezüge 636
— der Verbindlichkeiten 407
— nach dem Lifo-Verfahren 335
— von Güterfernverkehrskonzessionen 403
Bewertungsfreiheit
— des abnutzbaren Anlagevermögens 384
— des nicht abnutzbaren Anlagevermögens 403
— für geringwertige Wirtschaftsgüter 447
— nach § 7f EStG 603
Bewertungsgegenstand 323
Bewertungsstetigkeit 334
Bewertungsstichtag 328
Bewertungsvorschriften 323, 452
Bewirtungsaufwendungen 273
Bewirtungskosten 680
Bezüge 1286, 1330
— der Mitglieder des Deutschen Bundestages, des Europäischen Parlaments und Parlamente der Bundesländer 1087
— eigene 1286

1550

— sonstige 987, 1455
— wiederkehrende 1049
Bezugsrechte 922
Bilanz 146
Bilanzänderung 212
Bilanzberichtigung 213
Bilanzierung
— von Verbrauchsteuern 211–212
— von Zöllen 211–212
Bilanzierungswahlrechte 199
Bilanzstichtag 328, 396
Bildung
— einer Pensionsrückstellung 486, 497
— einer Rücklage nach § 6b EStG 526
— einer Rückstellung 496
Binnenfischerei 712
Blinde 1264
Blumenspenden 271
Bodenschätze 164, 1023
Brandentschädigung 522
Brandschaden 520
Briefkastengesellschaften 1521
Bruchteilsnießbrauch 563
Bruttoarbeitslohn 968
Bruttosteuerabzug 1516
Buchführungskosten 472
Buchführungspflicht 147
Buchmacher 82
Buchwertprivileg 417
Bürgschaften 932, 1263
Bürogemeinschaft 951
Bürokratieabbau 1342

C

Carried Interest 955
Clearingstelle 1477
Computer 660

Computerprogramme 203, 449
Copyright für Filme 552

D

Damnum 342, 408, 648
Darlehen
— als Betriebsvermögen 160, 167
— Verlust 930
— Verzicht 930
Darlehensforderungen 167
Darlehensverträge 1369
— mit Kindern 983
Darlehenszweck 649
Dauernd erwerbsunfähige Kinder 1301
Dauernde Behinderung 1298
Dauernde Lasten 349, 577, 647
Dauerndes Getrenntleben 1347
Diätkosten 1263
Dienstjubiläum 480
Dienstverhältnisse 966, 1462
Differenzkindergeld 1309
Direktversicherung 298
Disagio 408
Diskontbeträge 998
Dividende 985, 1484
Dividendenschein 1003
Doppelbesteuerungsabkommen 1503, 1523
Dreiobjektgrenze 755
— Art des Objekts 757
Drittaufwand 362, 557, 932, 1032
Drittstaatenverluste 101
Drohende Enteignung 521
Durchbrechung des Maßgeblichkeitsgrundsatzes 326
Durchlaufende Gelder 136, 970
Durchschnittsbewertung 334, 405
Dynamisierungsklauseln 503

E

EBITDA 307
Echter Drittaufwand 567
Ehegatten 1343, 1345
Ehegattenarbeitsverhältnisse 1365
Ehegattenbesteuerung 1343
Ehemalige Tätigkeiten 1101
Eigenaufwand 555
Eigenbesitz 155
Eigenbetrieblich genutzte Gebäudeteile 172
Eigene Bezüge 1296
Eigene Einkünfte 1296
Eigenhändige Unterschrift 1341
Eigentum 154
Einbauten 554
Eingangshalle 173
Eingetragene Lebenspartnerschaft 1456, 1469
Eingetragenen Partnerschaft 1340
Einkommen, zu versteuerndes 57
Einkommensermittlung 1304
Einkommensteuer
— Bescheid 1354
— Durchführungsverordnung 34
— Erklärung 1341
— Splitting 1379, 1383
— Steuerhoheit 34
— Tarif 1379
— Verwaltung 34
— Vorauszahlungen 1440, 1463
— Wesen 33
Einkommensteuergesetz 34
— Entwicklung 31
— Geltungsbereich 33
Einkommensteuer-Vorauszahlungen 1441, 1443
Einkünfte 83, 1100
— aufgrund des Abgeordnetengesetzes 1087
— aus ehemaligen Tätigkeiten 1095, 1101
— aus einem früheren Rechtsverhältnis 1102
— aus Land- und Forstwirtschaft 692
— aus nichtselbständiger Arbeit 964
— aus Renten 1054
— aus selbständiger Arbeit 954
— aus sonstigen Leistungen 1083
— aus Vermietung und Verpachtung 1013
— aus wiederkehrenden Bezügen 1049
— eigene 1286
— nachträgliche 1101
— sonstige 1021
Einkünfte aus Gewerbebetrieb 730
— Abfärbetheorie 834
— Abgrenzung zur Vermögensverwaltung 746
— Anlaufverluste 738
— arbeitnehmerähnliche Selbständige 732
— Beginn und Ende des Gewerbebetriebs 794
— Begriff des Gewerbebetriebs 730
— Beteiligung am allgemeinen wirtschaftlichen Verkehr 744
— Betriebsaufspaltung, siehe dort 776
— Betriebsverpachtung 775
— Entnahme von Grund und Boden 833
— Europäische Genossenschaft 837
— Generalagenten 734
— Geschäftsführer 734
— gewerblich geprägte Personengesellschaften 835

Stichwortverzeichnis

— gewerblicher Grundstückshandel, siehe dort 749
— Gewinn der Mitunternehmer 795
— Gewinn des Einzelunternehmers 795
— Gewinnerzielungsabsicht 736
— Glücksspieler 745
— Handelsvertreter 733
— Hausgewerbetreibende 733
— Innengesellschaften 838
— Liebhaberei 740
— Mitunternehmerschaft, siehe dort 796
— Nachhaltigkeit 735
— nachträgliche Einkünfte 832
— Prostituierte 745
— Selbständigkeit 731
— Termingeschäfte 838
— Tierzucht und Tierhaltung 838
— Überlassung von Kapitalvermögen 774
— Veräußerung beweglicher Wirtschaftsgüter 774
— Verlustzuweisungsgesellschaften 740
— Vermietung beweglicher Sachen 746
— Vermietung und Verpachtung von Grundbesitz 747
— Versicherungsvertreter 735
Einkünfte aus Kapitalvermögen 1395
Einkünfte aus Land- und Forstwirtschaft 692
— Arten der Gewinnermittlung 693
— Zurechnung der Einkünfte 692
Einkunftsarten 635, 692
Einkunftserzielungsabsicht 1013
Einlage eines stillen Gesellschafters 992

Einlagehandlung 196
Einlagen 196, 417, 1077
— Bareinlage 418
— Leistungseinlage 418
— Nutzungseinlage 418
— Sacheinlage 418
— verdeckte 924, 1525
Einmalige Vermögensanfälle 80
Einmalrückstellung 505
Einnahmen 84, 633, 968, 992
— Abschlagszahlung 675
— Verzicht auf 671
Einnehmer einer stattlichen Lotterie 954
Eintragung eines Freibetrags 1462
Einzelantragsverfahren 1492
Einzelbewertung 329
Einzelveranlagung 1242, 1340
— von Ehegatten 1340, 1343–1344
Electronic Taxpayer Identification Number (eTIN) 1477
Elektronische Lohnsteuerabzugsmerkmale 1456, 1459, 1464, 1467
ELSTER 1478, 1493
Elterngeld 1286, 1387
Enteignungen 521
Entgangene Einnahmen 1096
Entgeltbegriffe der Sozialversicherung 969
Entgeltliche Vermögensübertragung 1081
Entgeltlicher Betriebserwerb 444
Entlastungsbetrag für Alleinerziehende 1105, 1456, 1463
Entnahmehandlung 187
Entnahmen 182
— Bedeutung 183
— Begriff 183
— Gegenstand 184
— Grund und Boden 833

1553

Stichwortverzeichnis

— Zuwendung 1234
Entschädigungen 522, 1095, 1407
— für Substanzverluste 1086
Entsorgungsverpflichtung 474
Entstrickung 194, 892
— Betriebsaufgabe durch Steuer– 909
Erbanfall eines Unternehmens 343
Erbauseinandersetzung 342–343, 542, 572, 1034
Erbbauberechtigte 1028
Erbbaurecht 347, 1022, 1028, 1043
Erbengemeinschaften 38
Erbersatzansprüche 344
Erbfall 572
Erbschaft 80
Erbschaftsteuer 1435
Erfindertätigkeit 942
Erfindungen 203, 1025
Erfolglose Aufwendungen für abnutzbare Anlagegüter 552
Erfolgsprämien 469
Erfüllungsbetrag von Verbindlichkeiten 496
Erfüllungsrückstände im Rahmen schwebender Geschäfte 493
Erhaltungsaufwendungen 1038, 1042
Erhebung
— bei Gebäuden in städtebaulichen Entwicklungsbereichen nach § 7h EStG 609
— der Lohnsteuer 1452
Erhöhte Absetzungen 604
— nach § 7b EStG 603
Erhöhung der Leibrente 1065
Erhöhung des Nennkapitals einer Kapitalgesellschaft 987
Ermäßigungshöchstbetrag 1425

Ermittlung
— der tariflichen Einkommensteuer 1378
— des zu versteuernden Einkommens 1305
Ermittlungszeitraum 91
Errungenschaftsgemeinschaft 1364
Ersatz für entgangene Einnahmen 1096
Ersatzbeschaffung 523
Ersatzbescheinigung 1469
Ersatzerbe 411
Ersatzwirtschaftsgut 528
Erschließungsbeiträge 352, 367
Erschließungskosten 352, 1028, 1043
Erstattungsüberhang 1115
Erstattungsverfahren 1504, 1520
Erstattungszinsen, 233a AO 998
Erstmalige Berufsausbildung, Erstausbildung, Erststudium 1146
Erststudium 678, 1151, 1328
Ertragsanteil von verlängerten Leibrenten 1065
Erweiterte unbeschränkte Steuerpflicht 49
Erwerber-Modelle 341
Erwerbs- und Wirtschaftsgenossenschaften 38
Erzieherische Tätigkeit 944
EU-Mutter/Tochter-Richtlinie 1487
Europäische Genossenschaften 837
Europäische wirtschaftliche Interessenvereinigungen 817
Existenzgründer 630
Existenzminimum 1305, 1380, 1447

F

Factoring
— echtes 314
— unechtes 313

Stichwortverzeichnis

Fahrnisgemeinschaft 1364
Fahrstuhlanlage 173
Fahrtenbuch 638
Fahrzeugkosten 1265
Faktorverfahren 1457, 1469
Fallpauschalen 953
Familienleistungsausgleich 1306
Familienpersonengesellschaften 820
Familienwohnsitz 43
Fehlmaßnahmen 382
Ferienwohnungen 1015, 1037
— Vermietung und Verpachtung 748
Fernsehquiz 81
Fernverkehrskonzessionen 204, 403
Fertigungsgemeinkosten 358
Festwerte 332
Festzusetzende Einkommensteuer 90, 1421
Fiktive Anschaffungskosten nach § 55 EStG 406
Fiktive Quellensteuer 1402
Fiktive unbeschränkte Steuerpflicht 50, 53
— von EU- und EWR-Familienangehörigen 53
Filmpreise 80
Finale Betriebsaufgabe 1440
Finanzierungskosten 340, 358
Finanzinnovationen 1002
Firmenjubiläum 481
Firmenwert 347, 375, 550
Fischereiaufwendungen 277
Fischzucht 712
Fluktuationsabschlag 469
Förderung der gemeinschaftlichen Tierhaltung 728
Folgen eines abweichenden Wirtschaftsjahres 98
Forderungen 393
— niedrig verzinsliche 396

Forfaitierung
— echte 314, 316
— unechte 313, 315
Formelmethode 390, 405
Formvorschriften von privaten Leibrenten 1054
Fortgesetzte Gütergemeinschaft 1364
Fotografen 944
Freiberufler-Kapitalgesellschaft 953
Freiberufliche Tätigkeit 942
Freibeträge, bei § 17 EStG 937
Freibetrag 728
— beim Lohnsteuerabzug 1462
— Förderung der gemeinschaftlichen Tierhaltung 728
— für Land- und Forstwirte 1111
— Veräußerungs- bzw. Aufgabegewinne 729
Freie Berufe 942
Freigrenze 272
Freiinspektionen 482
Freistellungsauftrag 1487, 1489, 1492
Freistellungsbescheid 1224, 1519
Freistellungsbescheinigung 1495, 1497, 1499–1500, 1519–1520
Freistellungsmethode 1422, 1523
Freistellungsverfahren 1504, 1520
Freiwillige Zuwendungen 681
Fremdkapital, Zinsschranke 309
Fremdvergleich 1082, 1365
Fünftelregelung 1390, 1411
Funktionsgleichheit 523

G

Gästehäuser 276
Garantieverpflichtungen 475
Gartenbau 94
Gastarbeiter 47
Gaststätteneinbauten 554

Stichwortverzeichnis

Gebäude 552
— in Sanierungsgebieten 1248
Gebäudeabbruchkosten 359
Gebäude-AfA 552
Gebäudeanschaffungskosten 352
Gebäudeteile 363, 553
Gebrauchsgrafiker 944
Gebrauchsmuster 203
Geburten 1263
Geldbeschaffungskosten 358, 1043
Geldstrafen 689
Geldwerte Güter 633
Geltungsbereich des EStG 33
Gemeinkosten 339, 354, 357, 465
Gemischte Tätigkeiten 950
Generalagenten 734
Generally Accepted Accounting Principles (US-GAAP) 326
Genossenschaften, Anteilsveräußerung 940
Genussrechte 986, 1483, 1489
Genussscheine 915, 1483
Geringfügige Beschäftigung 1429
Geringfügige Beschäftigungsverhältnisse 1430, 1474
Geringwertige Wirtschaftsgüter 421, 447
Gesamtbetrag der Einkünfte 57, 88, 1105, 1218, 1228, 1239, 1279
Gesamthandsvermögen 156
Gesamtrechtsnachfolge 444
Gesamtrechtsnachfolger 981
Gesamtschuldner 1236, 1354
Geschäftsführer 734
Geschäftswert 398, 550
Geschenke 269
Gesellschaften bürgerlichen Rechts 38, 816

Gesellschaftsvermögen 176
Gesellschaftsverträge zwischen Ehegatten 1368
Gesetzliche Rücklage 519
Gestreckte Besteuerung 1440
Gesundheitsbehörden 1266
Getrennt lebende Ehegatten 1347
Getrennte Veranlagung 1340, 1344, 1356
Gewährleistungsverpflichtung 477
Gewerbesteuer 688
Gewerbesteueranrechnung 1425
Gewerbesteuerrückstellungen 478
Gewerblich geprägte Personengesellschaften 1524
Gewerblicher Grundstückshandel
— Anteilsveräußerungen 769
— Art des Objekts 757
— bei Kapitalgesellschaften 770
— bei Personengesellschaften 767
— Dreiobjektgrenze 755
— eigene Wohnzwecke 759
— gewerbliche Großobjekte 766
— Gewinnermittlungsart 773
— Rechtsfolgen 771
— Schenkung an Angehörige 759
— Übertragungen im Wege der Realteilung 771
— Veräußerung bebauter Grundstücke 763
— Veräußerung durch Ehegatten 771
— Veräußerung selbst errichteter Gebäude 764
— Veräußerung unbebauter Grundstücke 762
— vorweggenommene Erbfolge 758
— zweistufige Prüfung 762
Gewillkürtes Betriebsvermögen 162
Gewinn 143

Gewinnanteile 986
— aus Kapitalvermögen 985
Gewinneinkünfte 633
Gewinnermittlung 232, 956
— für Handelsschiffe im internationalen Verkehr 232
— nach § 5a EStG 143
— Wechsel der Gewinnermittlungsart 1440
Gewinnermittlung nach Durchschnittssätzen 236
— Antragswahlrecht 238
— Anwendungsvoraussetzungen 236
— Grundbetrag 240
— Sondergewinne 241
— verausgabte Pachtzinsen, Schuldzinsen und dauernde Lasten 243
— vereinnahmte Kapitalerträge 243
— vereinnahmte Miet- und Pachtzinsen 242
— Wechsel der Gewinnermittlungsart 243
— Zuschläge für Sondernutzungen 240
Gewinnermittlungsarten 143
Gewinnerzielungsabsicht 736
Gewinnobligationen 1483
Gewinnzuschläge 631
— im Bereich des § 65 EStG 541
Gewöhnlicher Aufenthalt 46
Glücksspiel 82
Glücksspieler 745
GmbH Co. KG 829
Gratifikationen 469
Grenzgänger 46, 1309
Grenzpendler 1343, 1375, 1456, 1503, 1514
Grenzsteuersatz 1381, 1402

Grund und Boden 529
— Entnahme von 833
Grundbesitz, Vermietung und Verpachtung 747
Grundbetrag 240
Grunddienstbarkeit 1022
Grundfreibetrag 1381, 1512
Grundlagen der Einkommensteuer 34
Grundsatz des Bilanzzusammenhangs 214
Grundschulden 995
Grundstücksbewertung 383
Grundstückshandel, gewerblicher 749
Grundstücksverwaltungsgesellschaften oder -gemeinschaften 79
Grundtarif 1379, 1381
Grundzulage 1196, 1202
Gruppenbewertung 330
Günstigerprüfung 1402, 1445
Güterfernverkehrskonzessionen 403
Gütergemeinschaft 1362
Güterstand 1362
Gütertrennung 1362

H

Härteausgleich 1376–1377
Haftungsverpflichtungen 479
Halbeinkünfteverfahren 1395
Halbfertige Arbeiten 359
Halbfertige Bauten 394
Handelsbilanz 324, 355, 376, 393
Handelsvertreter 733, 1100
Handwerkerleistungen 1429, 1431–1432
Hapimag 672
Hausgewerbetreibende 733
Haushaltsersparnis 1272
Haushaltshilfe 1280

Stichwortverzeichnis

Haushaltsnahe Beschäftigungsverhältnisse 1429–1430
Haushaltsnahe Dienstleistungen 1429
Haushaltsscheckverfahren 1430, 1434
Heimunterbringung 1253
Heizungskeller 173
Herabsetzung einer Rente 1066
Herstellungsaufwand 355
Herstellungskosten 355, 1029, 1038
Hilflose 1264
Hinterbliebenen-Pauschbetrag 1300, 1445
Hinterziehungszinsen 689
Hinzurechnungsbetrag 1462
Höchstzeitrenten 1055, 1064
Höhe der Lohnsteuer 1455
Höhere Gewalt 520
Hörhilfen 484
home office 667
Hybride Gesellschaften 1524

I

Identifikationsnummer 1226, 1460, 1467
Imkerei 712
Immaterielle Wirtschaftsgüter 549
Imparitätsprinzip 410
Incentive-Reisen 969
Infektion 951
Inhaberklausel bei Pensionszusagen 501
Inländische Einkünfte 1505
Innengesellschaften 838
Innerer Betriebsvergleich 245
In-Prinzip 1061
Insolvenzgeld 1386
Instandhaltungsrücklage 674, 1028
Instandsetzung 364

Instandsetzungsaufwendungen 364, 366
Inventar 146
Inventur 146
Investmentanteile 406, 1485
Investmenterträge 1396
Investmentfonds 989
Isolierende Betrachtungsweise bei inländischen Einkünften 1505

J

Jachtaufwendungen 277
Jagdaufwendungen 65
Jahresabschluss 493
Journalisten 944
Jubiläumszuwendungen 325, 480
Juristische Personen 38

K

Kalamitätsnutzungen 1414
Kanalanschlusskosten 352
Kantinen 274
Kapitalabfindungen 1294
Kapitalerhöhungen 987
Kapitalerträge, ausländische 1484
Kapitalertragsteuer 1393, 1440–1441, 1481
— Nachforderungsbescheid 1488
Kapitalertragsteuerabzug
— Abstandnahme 1481
— Freistellung 1481
Kapitalforderungen, Zinsschranke 309
Kapitalgesellschaften 386
— Anteile an – 914
— Genossenschaften 940
— gewerblicher Grundstückshandel 770

Stichwortverzeichnis

— identitätswahrende Sitzverlegung 940
— Liquidation und Kapitalherabsetzung 939
— Veräußerung von Anteilen an – im Privatvermögen, siehe dort 913
Kapitalvermögen, Überlassung von – als Einkünfte aus Gewerbebetrieb 774
Kapitalversicherung 995
— mit Rentenwahlrecht 996
Karenzentschädigung 1099
Kassenärztliche Vereinigung 957
Katalogberufe 945
Kautionen 1028
Kernbrennelemente 464
Kernkraftwerke 466
Kinder
— angenommene 1319
— bis 18 Jahre 1320, 1457
— in Berufsausbildung 1321
— in Übergangszeiten 1323
— ohne Arbeitsplatz 1320
— ohne Ausbildungsplatz 1323
— über 18 Jahre 1320, 1458–1459
— Zählkinder 1312
Kinderbetreuungskosten 668, 1156, 1337, 1430
Kinderfreibeträge 1284, 1306, 1458, 1461, 1467
Kinderfreibetragszähler 1457
Kindergeld 1284, 1306–1307, 1458
Kinderzulage 1196, 1203
Kirchensteuer 1142, 1343, 1486
— Erstattungsüberhang 1143
Klageverfahren 482
Kleidung 660
Kleinanlegerprivileg 931
Klimakuren 1261
Körperbehinderte Kinder 1301

Kohortenbesteuerung 1061
Kohortenprinzip 976
Kommanditgesellschaften auf Aktien 38, 816, 832
— Veräußerung des gesamten Anteils eines persönlich haftenden Gesellschafters einer – 876
Kontrollmeldeverfahren 1519, 1521–1522
Korrespondenzprinzip 1068
Kosten
— der Lebensführung 678
— der Strafverteidigung 1274
— die die Lebensführung berühren 289
Kostkinder 1319
Kraftfahrzeugkosten für Privatfahrten Behinderter 1264
Krankenhauskosten 1270
Krankenhaustagegeldversicherung 1254
Krankentagegelder 1270
Krankentagegeldversicherung 1254
Krankheitskosten 1265
Kranzspenden 271
Kreditfinanzierungskosten 341
Künstlerische Tätigkeit 943
Künstliche Befruchtung 1271
Kulanzgewährleistungen 496
Kumulierungsverbot 606
Kundenstamm 203
Kunstgegenstände 550
Kunstpreise 80
Kuren im Ausland 1262
Kurkosten 1261

L

Ladenein- und -umbauten 554
Ländergruppen 1293

Stichwortverzeichnis

Land- und forstwirtschaftliche Betriebe 712
— Freibetrag § 13 Abs. 3 EStG 1111
— land- und forstwirtschaftliche Genossenschaften 713
— Realgemeinden 713
— sonstige land- und forstwirtschaftliche Nutzung 712
Land- und forstwirtschaftliche Genossenschaften 713
Land- und Fortstwirtschaft
— Be- und Verarbeitungsbetriebe 717
— Nebenbetriebe 714
Landwirtschaft
— Besamungsstationen 703
— Pensionstierhaltung 703
— Pferdehaltung 703
— Pferdezucht 703
— Reittiere 703
— selbst bewirtschaftete Flächen 704
— Tierzucht 702
Lasten, dauernde 1054
Laufender Arbeitslohn 1455
Layer 337
Leasing 571
Lebensführung, Kosten der 289
Lebenshaltungskosten 664, 678
Lebenspartnerschaft 1340, 1384
Lebenspartnerschaftsähnliche Gemeinschaft 1385
Leerstandszeiten 1015
Leerverkäufe 1483
Leerverkäufer 987
Leibrenten 348, 1055, 1064, 1510
Leihgut 483
Leistung von Ausgaben 673
Leistungen, wiederkehrende 1067
Leistungseinkünfte 1083
Leistungsprämien für Arbeitnehmer 469

Liebhaberei 740
Lifo-Verfahren 335, 404
Lineare AfA 591
Liquidationswert 380
Lizenzen 203
Lizenzvertrag 112
Lohnabrechnungszeitraum 1466
Lohnsteuer 1440, 1452
— Ermittlung 1455
— pauschale 1439
Lohnsteuerabzug 1452
Lohnsteuerabzugsmerkmale 1461
Lohnsteuerabzugsverfahren 1452, 1458, 1462
Lohnsteuer-Außenprüfung 1472
Lohnsteuerbescheinigung 1392
Lohnsteuer-Jahresausgleich 1455, 1478
— permanent 1466
Lohnsteuerkarte 1458
Lohnsteuerklassen 1455
Lohnsteuer-Nachschau 1481
Lotterieeinnehmer 82
Lotteriegewinne 82

M

Maklerkosten 1044
Mangelfall 1333
Marke eines Produkts 551
Markenrechte 202
Maßgeblichkeit der Handelsbilanz 333, 498
Materialkosten 356
Mehraufwendungen für Verpflegung 1472
Mehrbedarfsrenten 1053
Mehrehe 1345
Mehrkontenmodell 255

Mehrsteuern aufgrund von Betriebsprüfungen 483
Meistbegünstigungsprinzip 1426
Mieteinnahmen 1026
Mieterein- und -umbauten 554, 560
Mietkautionen 1028
Mietverträge zwischen Ehegatten 1369
Mietzuschüsse 1029
Minijob 1430
Minijob-Zentrale 972, 1430
Mischnachlass 343, 572
Miteigentümer 569
Mitgliedsbeiträge 1218, 1221–1222, 1424, 1445
Mitgliedsbeiträge und Spenden an politische Parteien 1232
Mitgliedschaftsrechte 985
Mitunternehmer 111, 1229
Mitunternehmerschaft 796
— doppelstöckige Personengesellschaften 813
— Europäische wirtschaftliche Interessenvereinigung 817
— faktische 797
— Familienpersonengesellschaft 820
— Gesellschaft bürgerlichen Rechts 816
— gewerbliche Einkünfte 801
— Gewinnanteil 802
— GmbH Co. KG 829
— Kommanditgesellschaft 816
— Kommanditgesellschaft auf Aktien 832
— Mitunternehmerinitiative 798
— Mitunternehmerrisiko 798
— offene Handelsgesellschaft 816
— Partnerschaftsgesellschaft 817
— Schwesterpersonengesellschaften 812
— Sonderbetriebsvermögen 805
— Sonderbetriebsvermögen I 805
— Sonderbetriebsvermögen II 807–808
— Sondervergütungen 804
— stille Gesellschaft 800, 818
— Unterbeteiligung 819
— verdeckte 800
— Vorabgewinn 803
— Zinsschranke 322
Modernisierungsaufwendungen 364, 366
Motorjachten 66

N

Nachbetreuungskosten 484
Nachfolgeklausel 424
Nachforderungsbescheid 1518
Nachgelagerte Besteuerung 1092
Nachhaltigkeit 735
Nachholung nicht ausgenutzter Abzugsbeträge 575
Nachholverbot 499
Nachkalkulation 245
Nachlassverbindlichkeiten 344, 1277
Nachträgliche Anschaffungs- oder Herstellungskosten 355, 579
Nachträgliche Betriebsausgaben 257, 1102
Nachträgliche Betriebseinnahmen 254
Nachträgliche Einkünfte 832, 1100
Nachträgliche Werbungskosten 1034
Nachversteuerung 1419
Nachversteuerungsbetrag 1416
Nachversteuerungspflichtiger Betrag 1416
Nahkonzession 204
Nasciturus 37
Natürliche Personen 33, 37

Stichwortverzeichnis

Nebenberufliche Tätigkeit 967
Nebenbetriebe, Land- und Forstwirtschaft 714
Nebentätigkeit von Arbeitnehmern 967
Negative Einnahmen 984, 1466
Negativer Progressionsvorbehalt 1390
Nennkapital 987
Nettolohnvereinbarung 1441, 1452, 1466
Nettoprinzip 677
Nettosteuerabzug 1516
Neubauten 596
Nicht entnommener Gewinn 1416
Nicht geborene Leibesfrucht 37
Nichtabzugsfähige
— Ausgaben 677
— Betriebsausgaben 269
— Steuern 688
Nichteheliche Lebensgemeinschaften 1257, 1345, 1369
Nichtrechtskräftige Vereine 38
Nichtveranlagungs-Bescheinigung 1489–1490, 1492
Niederlassungsfreiheit 40
Niederstwertprinzip 337, 381, 389
Niedrig verzinsliche Forderungen 396
Niedriger Teilwert 390
Nießbrauch 347, 560–561, 683, 983, 1018
— Quotennießbrauch 563
— Vermächtnisnießbrauch 564
Nießbraucherlass 561
Notwendiges Betriebsvermögen 158
Notwendiges Sonderbetriebsvermögen eines Mitunternehmers 181
Novation 984–985
Nutzungsdauer 573
Nutzungseinlagen 197
Nutzungsentnahme 185

Nutzungsrecht 555, 1018–1019
— vorbehaltenes 561
— zugewendetes 563
Nutzungsvergütungen 1104, 1409
Nutzungswert der Wohnung des Steuerpflichtigen in einem Baudenkmal 722
Nutzungswertbesteuerung 1026

O

Obhutsprinzip 1310
Oder-Konto 1366
Öffnungsklausel, bei der Rentenbesteuerung 1061
Offene Handelsgesellschaften 38, 816
Offene Rücklagen 519
Opfergrenze 1284, 1289–1290
Optionen 1000
Optionsgeschäfte 1030
Optionsrechte 203, 975, 1005
Organschaft, steuerfreie ausländische Einkünfte 1389
Outsourcing 1522

P

Pachteinnahmen 1013
Pachtverträge zwischen Ehegatten 1369
Parteispenden 1424
Partiarische Darlehen 994
Partnerschaftsgesellschaften 817
Partnerschaftsgesellschaftsgesetz 952
Passivierungsverbot 324
— Steuerbilanz 323
Passivische Wertberichtigung 397
Patente 166, 552
Patentüberlassung 1025
Patentverletzungen 485

Pauschalierung der Einkommensteuer 1447
Pauschalierung der Lohnsteuer 1439, 1471
Pauschalierungserlass 1423
Pauschalrückstellungen 473
Pauschbeträge, für Werbungskosten 664, 972
Pensionsaltersgrenze 516
Pensionsanwartschaften 497
Pensionskassen 301, 517
Pensionsrückstellungen 497
— bei Ehegatten-Arbeitsverhältnis 515
— für Gesellschafter-Geschäftsführer 511
— für Mitunternehmer bei Personengesellschaften 510
Pensionssicherungsvereine 486
Pensionstierhaltung, Landwirtschaft 703
Pensionszusagen 498
— zwischen Ehegatten 511
Periodenabgrenzung 456
Persönliche Zurechnung von Einkünften 108
Persönliche Zuwendungen an andere Personen 681
Personengesellschaften 38, 1229, 1241
— Ausscheiden von Gesellschaftern 877
— doppelstöckige – 813
— Europäische wirtschaftliche Interessenvereinigung 817
— Familien– 820
— Gesellschaft bürgerlichen Rechts 816
— gewerblich geprägte 835, 1524
— gewerblicher Grundstückshandel 767

— GmbH Co. KG 829
— Kommanditgesellschaft 816
— Kommanditgesellschaft auf Aktien 832
— offene Handelsgesellschaft 816
— Partnerschaftsgesellschaft 817
— Schwester– 812
— stille Gesellschaft 818
— Veräußerung von Anteilen an Kapitalgesellschaften in vermögensverwaltenden – 923
— Verlustverrechnung bei beschränkt haftenden –, siehe dort 840
Personenzusammenschlüsse bei Freiberuflern 951
Pfandgeld 483
Pferdehaltung, Landwirtschaft 703
Pferdezucht 65
— Landwirtschaft 703
Pflegebedürftigkeit 1271
Pflegeheime 1268, 1271
Pflegekinder 1319, 1458
Pflege-Pauschbetrag 1302
Pflegepersonen 1298
Pflichtteil 344, 411
Pflichtteilsansprüche 344, 963
Pflichtveranlagung 1371
Posten der Rechnungsabgrenzung 208, 210, 408
Praxisgebühr 958
Praxisveräußerungen 959
Praxiswert eines Freiberuflers 400, 550, 957–958
Preisausschreiben 81
Preisgelder 1086
Preisnachlässe 636
Prinzip der Berechnung des Welteinkommens 40
Private Nutzung eines Kraftfahrzeugs 416

1563

Stichwortverzeichnis

Privatentnahmen 183
Privatstraße 353
Privatvermögen 148
Produktionsaufgaberente 723
Produktverkostungen 275
Progressionsmilderung 1381
Progressionsvorbehalt 1339, 1385, 1413, 1435
Progressionszone 1381
Pro-rata-temporis-Regel 576
Prostituierte 745
Provisionen 209
Provisionsverpflichtungen 486
Prozesskosten 1272
Prüfungstätigkeit 942

Q

Quellensteuer 1401, 1520
— ausländische 1484, 1486

R

Rabatte 970
Realgemeinden 713
Realsplitting 1069, 1117, 1295
Realteilung 896, 963, 1132, 1295
Rechnungsabgrenzungsposten 208, 408
Rechtsanspruch auf Pensionsleistungen 500
Rechtsnachfolger als Einkunftsbezieher 1103
Rechtsverbindliche Pensionsverpflichtung 499
Redner 943
Reichensteuer 1378, 1380
Reinigungskosten 660, 679
Reinvestitionsobjekte nach § 6b EStG 531
Reinvestitionsrücklage 533

Reisekosten 1516
Reitlehrer 944
REIT 989–990, 1485
Reittiere, Landwirtschaft 703
Rekultivierungsverpflichtung 492
Rennwettgewinne 82
Renten 647, 1053
— aus Rentenschulden 1054
Renten und dauernde Lasten, als Werbungskosten 1054
Rentenbezugsmitteilung 1468
Rentenerhöhung 1065
Rentenfreibetrag 1059
Rentenherabsetzung 1066
Rentenschuld 995
Rentenstammrecht 1053
Rentenversicherungen 996
Rentenversicherungsbeiträge 1165
Restwert 573
Reugeld 1084
Richtsatzsammlung 245
Riester-Rente 1195, 1395, 1510
— mittelbar begünstigter Personenkreis 1200
— unmittelbar begünstigter Personenkreis 1197
Roheinnahmen 84
Rohgewinnaufschlag 390
Rückabwicklung von Verträgen 488
Rückbeziehung von Entnahmen und Einlagen 198
Rückgängigmachung von Entnahmen und Einnahmen 198
Rücklagen 519
— bei Zuschüssen zur Anschaffung oder Herstellung von Wirtschaftsgütern 371
— für Ersatzbeschaffung 520
— für Gewinn aus einer Wertaufholung 377

— nach § 63 EStG 528
Rückstellungen 325, 456
— bei Rekultivierungsverpflichtungen 492
— für Arbeitnehmerprämien 469
— für Aufwendungen, die Anschaffungs- oder Herstellungskosten für ein Wirtschaftsgut sind 208
— für Ausgleichsansprüche des Handelsvertreters 471
— für Beiträge an Berufsgenossenschaften 471
— für Bergschäden 471
— für betriebsinterne Lasten 495
— für Betriebsprüfungskosten 471
— für Buchführungskosten 472
— für Bürgschaften 472
— für die Verpflichtung zu einer Zuwendung anlässlich eines Dienstjubiläums 207
— für die Verpflichtung zur schadlosen Verwertung radioaktiver Reststoffe sowie ausgebauter oder abgebauter radioaktiver Anlageteile 208
— für drohende Verluste aus schwebenden Geschäften 325, 456, 493
— für Garantieverpflichtungen 475
— für Haftungsverpflichtungen 479
— für Jubiläumszuwendungen 480
— für Kosten der Aufstellung und Prüfung des Jahresabschlusses 493
— für Kundendienstverpflichtungen 482
— für Leihgut 483
— für Mehrsteuern von Betriebsprüfungen 483
— für Nachbetreuungskosten 484
— für Patentverletzungen 485
— für Pensionsabsicherungen 486
— für Pensionsverpflichtungen 486
— für Pensionszusage an Ehegatten 514
— für Prozesskosten 487
— für Sozialpläne 489
— für Substanzerhaltungsverpflichtungen 490
— für Tantiemen 469
— für Umweltschäden 490
— für Umweltschutz 490
— für ungewisse Verbindlichkeiten 456, 458
— für Urlaubsverpflichtungen 491
— für Wechselobligo 472
Rückwirkungsklausel 426
Rückzahlung von Kapitaleinnahmen 984
Ruhegehaltsbezüge 975
Rumpfwirtschaftsjahr 93
Rundfunkquiz 81

S

Saatzucht 712
Sacheinlagen 196
Sachentnahmen 413
Sachgesamtheiten 348
Sachinbegriffe 1024
Sachliche Steuerpflicht 57
Sachspenden 1228, 1233
Sachzuwendungen 1448
Säuglingsausstattung 1263
Säumniszuschläge 689
Sammel-Steuerbescheinigung 1491
Sanierungsaufwendungen 364
Sanierungsgebiete 609
Schachtelprivileg 1523
Schadensersatz für entgangenen Arbeitslohn 635
Schadensersatzanspruch 459

Schadensersatzleistungen als außergewöhnliche Belastung 1275
Schadensersatzrenten 1053
Schätzung 244
— des Teilwerts 379
— Teilschätzung 244
— Vollschätzung 244
Schätzungsrahmen 245
Schaufensteranlagen 554
Scheckauszahlung 670
Scheidung 1273
Scheidungsprozesskosten 1273
Scheinbestandteile 554
Scheinrenditen 992
Schenkungen 80
Schenkweise begründete Darlehensforderungen der Eltern gegenüber Kindern 167
Schönheitsreparaturen 368
Schriftstellerische Tätigkeit 944
Schulden 410
Schuldrechtlicher Versorgungsausgleich 1141
Schuldzinsen 647, 1034, 1275
— als nachträgliche Betriebsausgaben 1102
Schulgeld 1160, 1221
Schutzwürdige Kulturgüter 1251
Schwebende Geschäfte 394
— Abtretung von Forderungen aus – 315
Sechsmonatsfrist 48
Segeljachten 277
Sehhilfen 484
Selbständige Arbeit, Betriebsaufspaltung 953
Selbständigkeit 731
— arbeitnehmerähnliche Selbständige 732
— Generalagenten 734

— Geschäftsführer 734
— Handelsvertreter 733
— Hausgewerbetreibende 733
— Versicherungsvertreter 735
Sicherungseigentum 155
Sicherungsklausel 437
Sittliche Pflicht 1257
Sockelbetrag 1197
Software 203
Sonderabschreibungen, im Verhältnis zur Teilwertabschreibung 608
Sonderausgaben 1113, 1237, 1239, 1445
— Ausbildungskosten 1146
— Erstattung 1115
— Kinderbetreuungskosten 1156
— Kirchensteuer 1142
— Mitgliedsbeiträge 1218
— schuldrechtlicher Versorgungsausgleich 1141
— Schulgeld 1160
— Spenden 1218
— Steuerberatungskosten 1143
— Unterhaltsleistungen 1117
— Vorsorgeaufwendungen 1162
— wiederkehrende Versorgungsleistungen 1122
— zusätzliche Altersvorsorge 1195
Sonderausgaben-Pauschbetrag 1237, 1355, 1445, 1463
Sonderbetriebsvermögen 805
— eines Gesellschafters 179
— gewillkürtes – II 808
— notwendiges – I 805
— notwendiges – II 807
Sonderbetriebsvermögen
Sondergewinn 241
Sonderkosten der Fertigung 357
Sonstige Bezüge 987, 1464–1465, 1471

Sonstige land- und forstwirtschaftliche Nutzung 712
Sonstige Leistungseinkünfte 1083
Sozialpläne 469
Sozialversicherungsentgeltverordnung 971, 1449
Sozietät 400
Sozietätspraxiswert 551
Sparer-Freibetrag 1396, 1489
Sparer-Pauschbetrag 1011, 1393, 1488
Spekulationsgewinne 82
Spenden 1218, 1221, 1424, 1445
— Anspruchsverzicht 1234
— Aufnahmespenden 1221
— Aufwandsspende 1235
— Auslandsspenden 1224
— Beitrittsspenden 1221
— Durchlaufspendeverfahren 1225
— Eintrittsgelder 1221
— Höchstbeträge 1228
— in Katastrophenfälle 1227
— Nutzungen und Leistungen 1225
— Zuwendungsvortrag 1229
Sperrfrist 425, 437
Spieleinsätze 82
Splitting 1379, 1383
Splittingtarif 1343
Splittingverfahren 1283, 1381, 1462, 1470
Sponsoring 1219
Sprachlehrer 944
Stadtratsmitglied 955
Städtebauliche Maßnahmen 546
Städtebaulicher Entwicklungsbereich 609
Statistische Zusammenstellungen 295
Stehbehinderung 1264
Sterbegeld 1060
Sterbegeldversicherung 1276

Steuer, nichtabzugsfähige 688
Steuerabzug vom Arbeitslohn 1452
Steuerbefreiungen 114
— 40 % der dem Teileinkünfteverfahren unterliegenden Einnahmen 128
— 40 % der Vergütungen i. S. des § 18 Abs. 1 Nr. 4 EStG 134
— Aufwandsentschädigungen aus einer öffentlichen Kasse 116
— Bezüge von Wehr- und Zivildienstleistenden usw. 115
— durchlaufende Gelder und Auslagenersatz 136
— Einnahmen einer Gastfamilie für die Aufnahme eines behinderten Menschen 116
— Entlastung bei Hinzurechnungsbesteuerung 134
— Freibetrag für nebenberufliche Tätigkeiten 121
— Gehälter und Bezüge der Diplomaten und Konsulatsangehörigen 128
— Hälfte der Betriebsvermögensmehrungen oder Einnahmen aus der Veräußerung von Grund und Boden und Gebäude an eine REIT-AG oder eine Vor-REIT 138
— Leistungen der Arbeitsförderung 115
— Nutzungsvorteile durch Datenverarbeitungs- und Telekommunikationsgeräte 135
— Reise- und Umzugskostenvergütungen, Auslösungen usw. außerhalb des öffentlichen Dienstes 117
— Reise- und Umzugskostenvergütungen, Trennungsgeld im öffentlichen Dienst 117
— Steuerbefreiung für nebenberufliche Tätigkeiten 117
— Trinkgelder 137

1567

Stichwortverzeichnis

— Versicherungsleistungen 114
Steuerbegünstigte Zwecke 1218
— Mitgliedsbeiträge und Spenden an politische Parteien 1232
— Sachspenden 1233
Steuerberatungskosten 1143
Steuerberechtigung 35
Steuerbescheide 1354
Steuerbilanz 324, 357, 376, 390, 393, 502
Steuererhebung 1439
Steuererklärungen 1342
Steuerermäßigung
— bei Einkünften aus Gewerbebetrieb 1425
— bei Mitgliedsbeiträgen und Spenden an politische Parteien 1424
Steuerfreie Einnahmen 114
Steuerklassenwechsel 1462
Steuerpause durch Umstellung des Wirtschaftsjahres 97
Steuerpflicht
— beschränkte 1503
— unbeschränkte 1503
Steuersatzspreizung 1399
Steuerschuldner 33
Steuerstundungsmodelle 856
— Begriff 857
— Erwerb von Wirtschaftsgütern des Umlaufvermögens 862
— mehrstöckige Gesellschaften 864
— modellhafte Gestaltung 858
— prognostizierte Verluste/ 10 %-Grenze 861
— Umfang der Verlustverrechnungsbeschränkung 863
— Zebragesellschaften 863
Steuersubjekt 37, 1343
Stiftungen 38, 999
— des privaten Rechts 417

— Spenden, Förderstiftung 1231
— Verbrauchsstiftung 1231
— Vorstiftung 1230
— Zustiftung 1230
Stille Gesellschaften 818
— Mitunternehmerschaft 800
Stille Gesellschafter 992
Stille Reserven 533
Stille Rücklagen 519
Stillhalterprämien 1000, 1484
Strafprozesskosten 487, 1274
Strafverteidigungskosten 646, 690, 1274
Streikunterstützungen 1086, 1097
Strukturwandel 893
Stückzinsen 1007, 1486
Stundungszinsen 689
Substanzausbeuteverträge 601
Substanzbetriebe, Begriff 720
Substanzerhaltungsverpflichtungen 490
Substanzverringerung, AfA für 601, 662
Subtraktionsmethode 390, 404

T

Tafelgeschäfte 1483, 1509
Tantiemen 469
Tanzlehrer 944
Tarif 1379
Tarifermäßigung 1405
Tarifglättung 1405
Tarifvergünstigungen 958
Tatentgelt 690
Tausch 350
Teichwirtschaft 712
Teilbetrieb 424
— unentgeltlich übertragener 424
— Veräußerung 424

Teilbetriebsveräußerung 869
— 100 %-Beteiligung an einer Kapitalgesellschaft 872
— Begriff des Teilbetriebs 870
Teileinkünfteverfahren 986, 1395–1396, 1400–1401, 1406, 1417, 1441, 1482
Teilentgeltlichkeit bei Erbauseinandersetzung 345
Teilkindergeld 1309, 1312
Teilrente 506
Teilschätzung 244
Teilschuldverschreibungen 1483
Teilwert 375, 505
— einer Forderung 396
— einer Schuld 411
Teilwertabschreibung 375, 385, 402, 405, 608
Teilwertschätzung 382
Teilwertvermutung 380
Telefonkosten 679
Telekommunikationsaufwendungen 661
Tennislehrer 944
Termingeschäfte 1005
— Einkünfte aus Gewerbebetrieb 838
Testamentsvollstrecker 954
Thesaurierungsbegünstigung 1240, 1415–1416, 1427
Tierhaltung
— gemeinschaftliche 708
— Landwirtschaft 702
Tierzucht, Landwirtschaft 702
Tierzucht und Tierhaltung, gewerbliche 838
Tilgung von Schulden 1275
Tilgungsraten 1051
Todesfälle 1276
— Verlustabzug 1245

Tonnagebesteuerung 232, 293
— Antragstellung 233
— Rechtsfolgen 234
— Voraussetzung 232
Tonträger 203
Totalüberschussprognose 1015
Totogewinne 82
Transferleistungen für Berufssportler 1506, 1508
Transitorische Posten 208
Transparenzprinzip 989
Trauerkleidung 1276
Treppenhaus 173
Treugeber 1018
Treuhandtätigkeit 949, 955
Treuhandverhältnisse 1018
Treuhandvermögensverhältnisse 955
Trinkgelder 137
Trivialprogramme 203, 449

U
Übergang
— von der Gewinnermittlung durch Bestandsvergleich zur Gewinnermittlung nach § 4 Abs. 3 EStG 250
— von der Gewinnermittlung nach § 4 Abs. 3 EStG zur Gewinnermittlung durch Bestandsvergleich 247
— von der Gewinnermittlung nach § 4 Abs. 3 EStG zur Gewinnermittlung nach Durchschnittssätzen nach § 13a EStG 250
Überlassung von Rechten 1024
Überschuss der Einnahmen über die Werbungskosten 972
Überschusseinkünfte 633
Übertragung
— der Kapitalanlage 983

Stichwortverzeichnis

— stiller Reserven bei Veräußerung bestimmter Anlagegüter (§ 6b EStG) 526
— unentgeltliche 878, 882
— von Vermögen, Nießbrauchsvorbehalt 1127
Überversorgung 503
Umbauten eines Mieters 554
Umfang der Einkünfte aus Land- und Forstwirtschaft 713
— Nutzungswert der Wohnung des Steuerpflichtigen in einem Baudenkmal 722
Umlaufvermögen 156, 391, 403, 550
Umsatzsteuer 373, 451, 1028, 1043
Umstellung des Wirtschaftsjahres 96
Umweltschäden 490
Umweltschutzmaßnahmen 491
Unbewegliche Wirtschaftsgüter 549
Unechter Drittaufwand 568
Ungewisse Verbindlichkeiten 472
Unterbeteiligungen 819
Unterhalt
— von Ehegatten 687, 1294
— von Kindern 687
Unterhaltsaufwendungen 1252, 1291
— für Personen, die nicht im Inland leben 1293
Unterhaltsberechtigte 687
Unterhaltskonkurrenzen 1282
Unterhaltsleistungen 1117–1118
Unterhaltszahlungen 1283
Unterhaltungsmusiker 943
Unterlassene Instandhaltungen 495
Unternehmenszweck, Änderung des – 891
Unterrichtende Tätigkeit 944
Unterschlagung 361
Unterstützungskassen 301, 517
Urheberrechte 202

Urlaubsansprüche 491
Urlaubsrückstellungen 491

V

Valutaverbindlichkeiten 409
Vaterschaftsfeststellungsprozess 1274
Veräußerung eines Mitunternehmeranteils
— Veräußerung des gesamten Mitunternehmeranteils 873
— Veräußerung eines Teils eines Mitunternehmeranteils 876
Veräußerung von Anteilen an Kapitalgesellschaften im Privatvermögen 913
— ähnliche Beteiligung 915
— Anschaffungskosten 929
— Anschaffungsnebenkosten 929
— Anteile an einer Kapitalgesellschaft 914
— Anteile an Genossenschaften 940
— Anteile an Kapitalgesellschaften in vermögensverwaltenden Personengesellschaften 923
— Anteile unterhalb der Beteiligungsgrenze von 1 % 940
— Anwartschaften auf Beteiligungen 915
— Beteiligungsgrenze 916
— Bezugsrechte 922
— Bürgschaft 932
— Darlehensverlust 930
— Darlehensverzicht 930
— Drittaufwand 932
— Ermittlung des Veräußerungsgewinns oder -verlusts 925
— Freibetrag 937
— Fünfjahresfrist 919
— Genussscheine 915

- identitätswahrende Sitzverlegung 940
- Kleinanlegerprivileg 931
- Liquidation und Kapitalherabsetzung 939
- nachträgliche Anschaffungskosten 930
- unentgeltlich erworbene Anteile 925
- Veräußerung 920
- Veräußerungskosten 928
- Veräußerungspreis 927
- Veräußerungsverluste 935
- verdeckte Einlage 924
- wertgeminderten Beteiligung 922
- Zuzug 935

Veräußerung von Miet- und Pachtzinsforderungen 1025

Veräußerungsgewinne 958, 1406, 1428

Veräußerungsverluste, bei Anteilen an Kapitalgesellschaften 935

Veranlagung 1339
- auf Antrag 1370, 1375
- von Amts wegen 1370
- von Arbeitnehmern 1369
- von Ehegatten 1343, 1353

Veranlagungsarten 1339
- und Tarif 1339

Veranlagungspflicht, Kapitalerträge 1402

Veranlagungsverfahren 1339
Veranlagungswahlrecht 1518
Veranlagungszeitraum 90, 1339, 1348
Verausgabung 1253
Verbindlichkeiten 167, 407
Verbindlichkeitsrückstellungen 458
Verbrauchsteuern 211
Verdeckte Einlagen 1525

Verdeckte Gewinnausschüttungen 987, 1401

Vereinbarungen, zwischen Ehegatten 1364

Vereine 38
Vergebliche Aufwendungen 1037
Vergleichsverwalter 954
Vergleichswert 383
Vergütung für mehrjährige Tätigkeiten 1409
Vergütungsgläubiger 1518
Vergütungsschuldner 1517, 1521
Verkehrsunfall 521
Verlängerte Leibrenten 1055, 1065
Verlagsrechte 203
Verlustabzug 1238, 1359
- Anlaufverluste 738
- Verlustverrechnung bei beschränkt haftenden Personengesellschaften, siehe dort 840

Verlustausgleich 85
- horizontaler 85, 1239, 1426
- vertikaler 85, 1239, 1426

Verlustausgleichsbeschränkungen 1241

Verluste
- aus Drittstaaten 101
- einer Kapitalgesellschaft 985
- und Progressionsvorbehalt 1385

Verlustfreie Bewertung 390
Verlustprodukt 383
Verlustrücktrag 1239, 1355
Verlustverrechnung bei beschränkt haftenden Personengesellschaften 840
- Ausgleichs- und Abzugsverbot 841
- Ausscheiden eines Kommanditisten mit negativem Kapitalkonto 854
- Einlageminderung 849
- Einlagen 848

Stichwortverzeichnis

— Feststellung des verrechenbaren Verlustes 852
— Haftungsminderung 851
— Kapitalkonto 843
— persönlicher Geltungsbereich 853
— überschießende Außenhaftung 845
— Verlustanteil 842
— Verrechnung mit späteren Gewinnen 848
Verlustverrechnungsbeschränkungen 1247
Verlustverrechnungstopf 1486
Verlustvortrag 1239
Verlustzuweisungsgesellschaften 79, 740, 1018
Vermächtnis 80, 344, 411, 1221
Vermietung, wechselseitige 1018
Vermietung und Verpachtung 71, 1013
— verbilligte Überlassung einer Wohnung 73
— von beweglichen Sachen 746
— von Ferienwohnungen 75, 748
— von Grundbesitz 747
— von möblierten Zimmern 748
— von Sachinbegriffen 1024
— von unbeweglichem Vermögen 1022
Vermögen, eigenes 1285
Vermögensanlagegesellschaft 342
Vermögenseinlage des stillen Gesellschafters 992
Vermögensübergabe 683, 1068, 1124
Vermögensübersicht 146
Vermögensübertragung gegen Versorgungsleistungen 1122
Vermögensverwaltung 954, 1220
— Abgrenzung zum Gewerbebetrieb 746

Vermögenszuwachsrechnung 245
Vernichtung von Altöl und Altreifen 474
Verpackungskosten 351
Verpflegungsmehraufwendungen 1472, 1516
Verpflichtung
— zur Aufstellung und Prüfung des Jahresabschlusses 493
— zur Substanzerhaltung 490
— zur Wiederauffüllung einer Kiesgrube 492
Verpflichtungsüberschuss bei schwebenden Geschäften 494
Verschleuderung von Vermögensgegenständen 1285
Versicherungsbeiträge 299, 650
Versicherungsvertreter 735
Versorgungsausgleich 1062
Versorgungsbezüge 975
Versorgungsfreibetrag 975, 1465
Versorgungsleistungen 349, 1124, 1133
— Korrespondenzprinzip 1134
— Übertragung von Betriebsvermögen 1137
— Übertragung von Privatvermögen 1137
Versorgungsrenten 348
Verspätungszuschläge 689
Versteckte Mängel 362
Verstrickung 198
Verträge zwischen Ehegatten 1364
Vertriebene 1277
Vertriebskosten 358
Verwaltungsgemeinkosten 354
Verwitwetenregelung 1382
Verzinsung der Rücklage nach § 6b EStG 541
Vollkostenansatz 478

Vollschätzung 244
Vorab entstandene Werbungskosten bei Vermietung und Verpachtung 1033
Vorauszahlungen 361
— Anpassung 1444
— bei Verlustzuweisungen 1446
— Bemessung 1444
— nachträgliche Anpassung 1447
— Nichtberücksichtigung bestimmter Aufwendungen 1445
— Nichtberücksichtigung negativer Einkünfte aus Vermietung und Verpachtung 1446
— verlorene 361
— während des Kalenderjahres 1447
Vorbehaltsnießbrauch 561–562, 683, 984
Vorfälligkeitsentschädigungen 649, 1035
Vororganschaftlich veranlasste Mehrabführungen 1488
Vorratsgelände 164
Vorratsvermögen 330, 403
Vorsorgeaufwendungen 1162, 1355, 1462, 1465
— Basisabsicherung 1179
— Basiskrankenversicherung 1180
— Beitragsrückerstattung 1181
— Beitragsvorauszahlung 1182
— berufsständische Versorgungseinrichtungen 1167
— Erstattungsüberhang 1165
— gesetzliche Krankenversicherung 1183
— gesetzliche Pflichtversicherung 1187
— Günstigerprüfung 1191
— Höchstbetrag 1174
— Kürzung 1174
— Künstlersozialkasse 1166
— landwirtschaftliche Alterskasse 1166
— private Krankenversicherung 1185
— sonstige 1179
— weitere sonstige 1187
— Zu- und Abflussprinzip 1163
Vorsorgeleistungen, Vorsorgevertrag 1136
Vorsorgepauschale 1163, 1237, 1462, 1465
Vorsteuerabzug 373, 451
Vorsteuerbeträge 1028, 1042
Vorübergehender Aufenthalt 46
Vorweggenommene Betriebsausgaben 256
Vorweggenommene Betriebseinnahmen 254
Vorweggenommene Erbfolge 411, 1033, 1437
Vorweggenommene Werbungskosten 1033

W

Währungsumrechnung 409
Wagniskapitalbeteiligungsgesellschaften 956, 989
Wahl der Veranlagungsart 1349
Wahlärztliche Leistungen 967
Wahlkampfkosten 1088
Wahlrecht 371, 1295
Wahrscheinlichkeitsrechnung 504
Waldgenossenschaft 692
Wandelanleihen 1483
Wanderschäferei 712
Wandlung 461
Warenverkostung 275
Warenvorräte 404
Warenzeichen 551
Warenzeichenrechte 203

Wechsel der Gewinnermittlungsart 243, 246
Wechsel der Steuerklassen 1462
Wechselobligo 472
Wechselseitige Vermietung zwischen Ehegatten 1030
Wegfall der Steuerpflicht 1339
Wegzugsbesteuerung 1503
Weihnachtsfeiern 273
Weinbau 93
Welteinkommensprinzip 1421
Werbegeschenke 269
Werbungskosten 642, 1030
— Abgrenzung zu Spenden 1219
— bei Einkünften aus nichtselbständiger Arbeit 972
— bei Einkünften aus Vermietung und Verpachtung 1030
— nachträgliche 1034
Werbungskosten-Ersatz 970
Werbungskosten-Pauschbeträge 664
— bei Einkünften aus nichtselbständiger Arbeit 666
— bei sonstigen Einkünften 667
Wert des Betriebsvermögens 323
Wertaufhellung 328
Wertaufholung 325
Wertaufholungsgebot 377, 385, 387, 391–393, 587
Wertberichtigungen 396
Wertminderung 375
Wertobergrenze 357
Wertpapiere 406
Wertpapierverwahrkette 1491
Wertsicherungsklausel 1065
Wertuntergrenze 357
Wertverrechnung 650, 1272
Wertzusammenhang 334, 391–392
Wertzuwächse 1001
Wesen der Einkommensteuer 33

Wesentliche Betriebsgrundlagen 867
Wettbewerbsverbot 1098
Wettgewinne 82
Widerrufsvorbehalte bei Pensionszusagen 500
Wiederbeschaffung von Hausrat oder Kleidung 1277
Wiederbeschaffungskosten 404
Wiederherstellungskosten 404
Wiederkehrende Bezüge 349, 1051
— Betriebsveräußerung gegen – 886
Wirtschaftliches Eigentum 154, 559, 569
Wirtschaftsgenossenschaften 38
Wirtschaftsgüter 149, 162, 549
Wirtschaftsidentifikationsnummer 1467
Wirtschaftsjahr 92
Wissenschaftliche Tätigkeit 942
Witwensplitting 1360
Wohnförderkonto 1092
Wohnsitz 42
Wohnsitzbescheinigung 1520
Wohnsitzverlegung 1507
Wohnung 654
Wohnzwecke 589, 598

Z

Zählkinder 1311–1312
Zahlkinder 1311
Zahlung durch Banküberweisung 674
Zahlungsabzüge 346
Zebragesellschaften 863
Zeitlich begrenzte Überlassung von Rechten 1024
Zeitliche Voraussetzung 91
Zeitrenten 1054
Zinsaufwendungen, Zinsschranke 310
Zinsen aus Kapitalforderungen 997

Stichwortverzeichnis

Zinserträge, Zinsschranke 310
Zinsinformationsverordnung 1494
Zinsschein 1003
Zinsschranke 306, 1393
— Allgemeines 306
— Aufzinsung 312
— Ausnahmen von der Anwendung 317
— Eigenkapitalvergleich 320
— Einschränkung des Zinsabzugs 307
— Freigrenze 318
— Kapitalforderungen/Fremdkapital 309
— Konzernzugehörigkeit 318
— Mitunternehmerschaften 322
— Zinsaufwendungen/Zinserträge 310
Zivilprozesskosten 1273
Zölle 211
Zu versteuerndes Einkommen 57, 88
Zufallserfindungen 943, 1084
Zufluss 224, 982, 984
— von Arbeitslohn 673
— von Betriebseinnahmen 224
— von Einnahmen 670
Zugewinnausgleich 687
Zugewinnausgleichsschuld 1035, 1364
Zugewinngemeinschaft 1362
Zumutbare Belastung 1258, 1359, 1463
Zurechnung von Einkünften 108
— aus Gewerbebetrieb 111

— aus Kapitalvermögen 112
— aus Land- und Forstwirtschaft 111
— aus nichtselbständiger Arbeit 110
— aus selbständiger Arbeit 112
— aus Vermietung und Verpachtung 112, 1017
— von Ehegatten 1362
— zu anderen Einkunftsarten 1045
Zusätzliche Altersvorsorge 1195
Zusammenballung von Einnahmen 1407
Zusammenveranlagung 1108, 1228, 1231, 1237, 1240, 1242, 1344, 1353, 1355
Zuschläge für Sondernutzungen 240
Zuschreibung bei Wegfall der Voraussetzungen für eine außergewöhnliche Abnutzung 379
Zuschreibungsgebot 377
Zuschreibungsverpflichtung 587
Zuschüsse 371, 1281, 1336
Zuwendungen 270, 681, 687
— an eine Pensionskasse 301
— an politische Parteien 1218
— an Unterstützungskassen 301
— zur Förderung steuerbegünstigter Zwecke 1218
Zuwendungsbestätigung 1226
— Ausstellerhaftung 1236
— Veranlasserhaftung 1236
Zuzug 935
Zwangsläufigkeit 1255
Zwangsverbund 1273
Zwangsversteigerung 351

1575